中華古籍保護計劃

ZHONG HUA GU JI BAO HU JI HUA CHENG GUO

·成果·

第五批國家珍貴古籍名録圖録

第一册

中國國家圖書館
中國國家古籍保護中心 編

國家圖書館出版社

圖書在版編目（CIP）數據

第五批國家珍貴古籍名録圖録：全六册 / 中國國家圖書館，中國國家古籍保護中心編．-- 北京：國家圖書館出版社，2016.10
ISBN 978-7-5013-5831-1

Ⅰ．①第… Ⅱ．①中… ②中… Ⅲ．①古籍－圖書目録－中國②善本－圖書目録－中國 Ⅳ．① Z838

中國版本圖書館 CIP 數據核字 (2016) 第 108339 號

書　名	第五批國家珍貴古籍名録圖録（全六册）
著　者	中國國家圖書館　中國國家古籍保護中心　編
責任編輯	趙　嫄　張珂卿
出　版	國家圖書館出版社（100034 北京市西城區文津街 7 號） （原書目文獻出版社　北京圖書館出版社）
發　行	010-66114536 66126153 66151313 66175620 66121706（傳真） 66126156（門市部）
E-mail	nlcpress@nlc.cn（郵購）
Website	www.nlcpress.com →投稿中心
經　銷	新華書店
印　裝	北京信彩瑞禾印刷廠
版　次	2016 年 10 月第 1 版　2016 年 10 月第 1 次印刷
開　本	889 × 1194（毫米）　1/16
印　張	96
書　號	ISBN 978-7-5013-5831-1
定　價	2600.00 圓

001792

国务院文件

国发〔2016〕22号

国务院关于公布第五批国家珍贵古籍名录和第五批全国古籍重点保护单位名单的通知

各省、自治区、直辖市人民政府，国务院各部委、各直属机构：

国务院批准文化部确定的第五批国家珍贵古籍（899部）名录和第五批全国古籍重点保护单位（14个）名单，现予公布。

各地区、各部门要继续贯彻“保护为主、抢救第一、合理利用、加强管理”的古籍保护基本方针，认真总结经验，切实加大工作力度，进一步做好珍贵古籍的保护、管理和合理利用工作。

2016 年 3 月 27 日

《第五批國家珍貴古籍名録圖録》
編輯委員會

前言

在數千年歷史發展過程中，中華民族創造了光輝燦爛的文化，留下了燦若群星、獨具特色的古代文獻典籍。這些珍貴古籍是我們民族悠久歷史的見證，是民族智慧的結晶、民族精神的象徵，是民族生命力和創造力的重要載體，也是人類文明的瑰寶。保護好、傳承好、利用好這些古籍，對於繼承和發揚中華民族優秀傳統文化，弘揚以愛國主義爲核心的民族精神和以改革創新爲核心的時代精神，維護國家統一和民族團結，推動社會主義文化大發展大繁榮，促進國際文化交流和人類共同發展，具有十分重要的意義。

黨和國家歷來高度重視古籍保護工作。黨的十八大以來，黨中央從弘揚中華文化、發展社會主義先進文化的高度，將保護古籍放到更加重要的位置。十八大報告提出，建設優秀傳統文化傳承體系，弘揚中華優秀傳統文化。這是我們做好古籍保護工作的重要指導思想。習近平總書記指出："中國傳統文化博大精深，學習和掌握其中的各種思想精華，對樹立正確的世界觀、人生觀、價值觀很有益處。""一個國家、一個民族的强盛，總是以文化興盛爲支撑的，中華民族偉大復興需要以中華文化發展繁榮爲條件。"2016年3月，國務院發佈《中華人民共和國國民經濟和社會發展第十三個五年規劃綱要》，將"中華古籍保護計劃"列入重大文化工程，對古籍保護工作提出了更新、更高的要求。

近年來，各地區、各部門認真貫徹中央决策部署，採取有效措施，扎實推進各項工作，廣大古籍工作者積極參與，古籍保護工作呈現蓬勃發展的可喜局面，古籍保護工作逐項落實，目標陸續實現。主要表現在：古籍保護工作體系進一步完善；全國古籍普查登記有序進行，古籍普查平臺在全國各地運行；古籍庫房更新改造、在職人員培訓、高校學歷教育、古籍標準規範體系完善、實驗研究有計劃開展；在做好古籍原生性保護同時，古籍影印、數字化、縮微複製等再生性保護逐步展開，《中華再造善本》（續編）工程順利完成；按照中央領導批示，繼續推進《中華醫藏》項目，爲再生性保護工作再添濃墨重彩；全面開展國家珍貴古籍數字化工作，一批珍貴古籍化身千百；爲確保珍貴古籍安全傳承，文化部設立12家"國家級古籍修復中心"、12家"國家古籍保護人才培訓基地"、1家"國家級古籍修復技藝傳習中心"（附設22家"國家級古籍修復技藝傳習所"），修復工作穩步開展；"西藏古籍保護工作""新疆古籍保護工作"專項穩步推進，少數民族文字文獻的全面保護工作有序展開；海外中華文獻典籍合作項目啓動，海外古籍的調查、海内外合作逐步開展。總之，古籍保護工作在保護中傳承，在開拓中前進，有效發揮了傳承文明、服務社會的作用，爲提高全民族思想道德素質和科學文化素質、擴大中外文化交流、增强中華文化國際影響力做出了重要貢獻。

按照黨中央的部署，文化部協同全國古籍保護工作部際聯席會議成員單位共同推進《國家珍貴古籍名録》和"全國古籍重點保護單位"的申報、評審和公佈。2008年、2009年、2010年和2013年，國務院先後公佈第一批、第二批、第三批、第四批《國家珍貴古籍名録》及"全國古籍重點保護單位"名單，2016年3月27日，國務院公佈第五批《國家珍貴古籍名録》及"全國古籍重點保護單位"，使入選《國家珍貴古籍名録》的古籍總數達到12274部，"全國古籍重點保護單位"達到180家。

在各單位的大力支持下，《第一批國家珍貴古籍名録圖録》《第二批國家珍貴古籍名録圖録》《第三批國家珍貴古籍名録圖録》《第四批國家珍貴古籍名録圖録》先後編輯出版。這四部《圖録》爲古籍編目和鑒定，特别是後續的《國家珍貴古籍名録》申報提供了珍貴的參考資料，也使“中華古籍保護計劃”受到國内外古籍同行更多的關注。

第五批《國家珍貴古籍名録》，同前四批一樣，有許多令人震撼的珍貴典籍。第五批《國家珍貴古籍名録》共收録139家藏書單位的899部古籍文獻，囊括漢文古籍754部、少數民族文字古籍131部、其他文字古籍14部。本次收録甲骨13457片，來自山東博物館、旅順博物館、南京博物院三家單位，其中旅順博物館藏甲骨係羅振玉舊藏，彌足珍貴。簡帛文獻13種，是近年發現並取得重要研究成果的珍貴典籍，以清華大學藏戰國竹簡和北京大學藏漢簡尤其令人矚目。入選珍貴拓本22部，其中8部宋元善拓均爲香港中文大學中國文化研究所文物館所藏，係香港地區首次申報，擴大了《國家珍貴古籍名録》的重要影響；《趙城金藏》殘失的“黍”字號《因明論理門十四過類疏》一卷驚喜面世，可謂滄海遺珠，失而復得。遼寧省檔案館的43部清代皇帝實録、聖訓和暨格玉牒，有滿文、漢文抄本同時入選，裝幀舒朗大氣，盡顯皇家風範。清雍正四年（1726）内府銅活字印本光緒間描潤本《欽定古今圖書集成》十不存一，歷經抗日戰争南遷、日軍轟炸、焚餘古籍修補，是抗戰時期古籍搶救和當代古籍保護的重要見證。南三閣《四庫全書》早已散佚，此批五家單位申報26部並同時入選，爲今後尋找發現更多的南三閣本帶來了希望。明清稿抄本中有不少影宋、元抄本和知名學者手稿本、批校題跋本，清初錢氏述古堂影宋抄本《集韻十卷》，所據底本爲南宋初年明州刻修補本，原刊本、影宋抄本均藏於上海圖書館；清道光四年（1824）黄氏士禮居影宋抄本《李群玉詩集三卷後集五卷》，所據底本爲南宋臨安府陳宅書籍鋪刻本，抄本藏於國家圖書館，底本現藏臺灣傅斯年圖書館。東北師範大學申報的清咸豐五年（1855）韓氏讀有用書齋抄本《重學》七卷，是現代力學傳入中國的第一部著作，爲“西學東漸”重要科技著作，爲清代上海地區著名藏書家韓應陛抄校本，具有重要的價值，特例入選。少數民族文字古籍收録珍品131部，種類繁多，涵蓋藏文、西夏文、蒙古文、察合台文、彝文、滿文、東巴文、水文、古壯字、布依文等10種少數民族文字。入選藏文文獻多爲古籍普查成果，其中，尼木縣切卡曲德寺發現元大都刻本《量理寶藏詮釋》，是西藏地區古籍普查重要發現，也是入選《國家珍貴古籍名録》的又一部元刻本藏文典籍。

經過前四批《國家珍貴古籍名録》和“全國古籍重點保護單位”的申報評審，這項國家層面開展的《名録》評審工作的影響力持續擴大。藏品入選第五批《國家珍貴古籍名録》的單位新增31家，除公共圖書館外，還涵蓋了教育、文物、檔案、社科、民委、宗教、黨校、衛生等多個系統，其中包括北京市西城區第一圖書館、安徽省九華山歷史文物館、貴州省民族古籍整理辦公室、河南省社會科學院文獻信息中心、延邊大學圖書館、中共内蒙古自治區委員會黨校圖書館、四川博物院、西藏自治區藏醫院、香港中文大學中國文化研究所文物館等。“中華古籍保護計劃”的順利開展和全國古籍普查登記工作的有效推進，促使更多領域的珍貴古籍得到科學整理和有效保護，促進了中華優秀傳統文化在更廣闊的範圍傳承和弘揚。

今天，《第五批國家珍貴古籍名録圖録》即將面世，希望能爲今後各批次《國家珍貴古籍名録》申報提供參照，也希望能爲廣大古籍愛好者提供研究資料，更希望通過珍貴古籍的逐批公佈，揭示中華文化豐厚的底蘊，彰顯中華民族對世界文化發展的卓越貢獻。

古籍承載着中華民族的輝煌歷史，銘刻着中華民族的偉大創造，是弘揚優秀傳統文化、開展愛國主義教育的重要載體。古籍生動展示了中華民族豐富的歷史文化遺産和燦爛的文明進步成就，古籍保護工作成就展示了在中國共産黨領導下創造美好生活、實現中華民族偉大復興的艱辛歷程和輝煌成就。當前，黨和國家各項事業發展站在了一個新的歷史起點上，我國社會主義文化建設面臨着進一步繁榮發展的良好機遇。加快古籍保護工作的步伐，是深入貫徹落實科學發展觀、促進經濟社會又好又快發展的迫切需要；是弘揚中華民族優秀傳統文化、傳播社會主義先進文化、推動社會主義文化大發展大繁榮的迫切需要；是滿足人民群衆日益增長的精神文化需求、提高全民族思想道德素質和科學文化素質的迫切需要；是增進民族團結、維護國家統一和社會穩定的迫切需要；是提高國家文化軟實力、增强中華文化國際影響力的迫切需要；是維護世界文化多樣性和創造性、促進人類共同發展的迫切需要。

構建中華優秀傳統文化傳承體系，實現傳統文化創造性轉化和創新性發展，古籍保護工作責任重大，使命光榮。我們廣大古籍工作者要抓住機遇，開拓進取，奮發有爲，努力工作，隨着“中華古籍保護計劃”的推進，未來將有更多的成果呈現給大家。

《第五批國家珍貴古籍名録圖録》編委會

2016年8月

凡例

經全國古籍評審工作委員會反復審議、遴選、論證，並徵求全國古籍保護工作部際聯席會議成員單位及有關方面的意見，現出版《第五批國家珍貴古籍名録圖録》。

爲使《圖録》能夠準確、簡明地反映珍貴古籍特點，特制定此凡例。

一、收録原則：本書所收古籍，主要爲經國務院審批頒佈的第五批《國家珍貴古籍名録》中的古籍。另補入《第四批國家珍貴古籍名録圖録》未收的部分簡帛。

二、編排原則：本書總體上採取以文字分類、以時代先後爲序的原則。首先按文字類型將入選古籍劃分爲漢文珍貴古籍、少數民族文字珍貴古籍和其他文字珍貴古籍三大類。漢文古籍的編排以時代先後爲序，分先秦兩漢、魏晉南北朝隋唐五代、宋遼夏金元、明清四個時期。先秦兩漢時期古籍主要爲甲骨、簡帛，甲骨按照出土地編排，簡帛按照收藏單位編排；魏晉南北朝隋唐五代時期古籍主體爲敦煌文書，按照佛教文獻、其他宗教文獻、四部文獻的順序編排，佛教文獻按照《開元釋教録》的順序編排，其他宗教文獻按照宗教類别編排，四部文獻按照經史子集的順序編排；宋遼夏金元時期和明清時期按照經史子集順序編排，碑帖拓片、輿圖附於四部文獻之後。少數民族文字珍貴古籍和其他文字珍貴古籍按語種編排。

三、選圖原則：本書圖片由《國家珍貴古籍名録》入選單位提供，每種古籍選擇一幀或多幀能反映該書版本特徵的圖片，具體原則爲：

（一）題名葉。多卷本，原則上選取正文首卷卷端原刻原印葉，如首卷卷端缺失、補刻、補抄等，則另選其他卷端的原刻原印葉；單卷本，即不分卷或一卷，原則上選取卷端或正文首葉原刻原印葉，如卷端或首葉缺失、補刻、補抄等，則選取其他的原刻原印葉；合刻本，原則上選取合刻書的題名葉，如没有或缺失，則選擇能反映該書爲合刻本的原刻原印葉。

（二）責任者葉。選取正文首卷卷端或序跋等反映責任者的書葉。

（三）出版者、出版時間葉。選取牌記、刻書題記，或與出版者、出版時間相關的序、跋等葉。

（四）彩色套印葉。選取色彩最多最清晰的書葉，不可選取無套印葉。

（五）版印方式葉。選取具有本書版本或材料特徵的書葉，或具有相關文字記載的序、跋等書葉。如銅活字印刷，選取反映銅活字印刷的書葉或序跋等。

（六）特色葉。本書特有的著名藏書家印章、批、校、題、跋等葉。

（七）裝幀特色。具有裝幀特色的古籍，可以選取反映特色裝幀的圖片,如梵夾裝等。

四、著録原則：主要進行客觀著録，著録本書《國家珍貴古籍名録》編號、題名卷數、著者、版本、裝幀形式（漢文古籍綫裝形式者不著録）、鈐印、批校題跋、現藏單位、存卷等。

五、本書按第五批《國家珍貴古籍名録》條目選配書影，加以著録。如有書目完全相同而收藏地不同者，則併爲一條著録，所有收藏地信息在釋文最後依先後順序注明，圖片選用最有特色、效果最佳者一幀或多幀。

六、根據第五批《國家珍貴古籍名録》的特點，在以上著録原則的基礎上，特作如下幾點説明：

（一）某一版本多家收藏，而各家所存卷數等狀況不同，在藏書單位之後題某某存全，某某存殘。如國家圖書館、上海圖書館存全，南京圖書館、四川省圖書館存殘；一書卷帙較大，而某館僅存卷數極少者，不著具體存卷數，題存殘（各藏書單位的具體存卷情況，參見本《圖録》前總目録）。

（二）版本雖同，但遞修深度不同，將遞修深度相同各館集中注記，題某某館所藏爲××遞修本；某某館爲××遞修本。

（三）各館藏書來源不同，其上所鈐藏印也不同，衹著録時代早或藏家影響深遠之印記，一般藏印不予著録。

總目録

一、漢文珍貴古籍

（一）先秦兩漢時期

11376 **殷墟安陽小屯甲骨文** 商代後期 龜甲獸骨
山東博物館 8952片
旅順博物館 2305片
南京博物院 2200片
11377 **傅說之命三篇** 戰國中晚期 竹簡 清華大學出土文獻研究與保護中心
11378 **周公之琴舞** 戰國中晚期 竹簡 清華大學出土文獻研究與保護中心
11379 **芮良夫毖** 戰國中晚期 竹簡 清華大學出土文獻研究與保護中心
11380 **良臣** 戰國中晚期 竹簡 清華大學出土文獻研究與保護中心
11381 **祝辭** 戰國中晚期 竹簡 清華大學出土文獻研究與保護中心
11382 **赤鵠之集湯之屋** 戰國中晚期 竹簡 清華大學出土文獻研究與保護中心
11383 **筮法** 戰國中晚期 竹簡 清華大學出土文獻研究與保護中心
11384 **別卦** 戰國中晚期 竹簡 清華大學出土文獻研究與保護中心
11385 **算表** 戰國中晚期 竹簡 清華大學出土文獻研究與保護中心
11386 **數** 秦代 竹簡 湖南大學嶽麓書院
11387 **奏讞書** 秦代 竹簡 湖南大學嶽麓書院
11388 **揕輿** 西漢 竹簡 北京大學
11389 **節** 西漢 竹簡 北京大學

（二）魏晉南北朝隋唐五代時期

11390 **大般若波羅蜜多經卷第十一** （唐）釋玄奘譯 唐寫本 敦煌研究院
11391 **大般若波羅蜜多經卷第六十八** （唐）釋玄奘譯 吐蕃統治敦煌時期寫本 潘復 莊蘊寬 葉恭綽 王彭 梅光遠 張名振 馬振憲 彭憲 范熙壬 丁康保跋 國家圖書館
11392 **大般若波羅蜜多經卷第七十四** （唐）釋玄奘譯 唐八世紀寫本 國家圖書館
11393 **大般若波羅蜜多經卷第一百五十七** （唐）釋玄奘譯 吐蕃統治敦煌時期寫本 國家圖書館
11394 **摩訶般若波羅蜜經鈔** （後秦）釋鳩摩羅什譯 唐寫本 敦煌研究院
11395 **金剛般若波羅蜜經** （後秦）釋鳩摩羅什譯 唐寫本 釋曇昉題記並鈐印 浙江圖書館
11396 **大般涅槃經（北本）卷第一至五** （北涼）釋曇無讖譯 歸義軍時期寫本 國家圖書館
11397 **大般涅槃經卷第六** （北涼）釋曇無讖譯 唐寫本 華東師範大學圖書館
11398 **大般涅槃經卷第十五** （北涼）釋曇無讖譯 南北朝寫本 敦煌研究院
11399 **大般涅槃經卷第二十六** （北涼）釋曇無讖譯 南北朝晚期寫本 北京市文物局圖書資料中心
11400 **大般涅槃經卷第二十七** （北涼）釋曇無讖譯 隋寫本 國家圖書館
11401 **佛名經（十六卷本）卷第十三** 歸義軍時期寫本 國家圖書館
11402 **佛說無量壽宗要經** 吐蕃統治敦煌時期張議潮寫本 國家圖書館
11403 **妙法蓮華經卷第二** （後秦）釋鳩摩羅什譯 宋乾德六年（968，歸義軍時期）寫本 國家圖書館
11404 **妙法蓮華經卷第五** （後秦）釋鳩摩羅什譯 武周證聖元年（695）寫本 國家圖書館

11405 **妙法蓮華經卷第六** （後秦）釋鳩摩羅什譯 唐大曆九年（774）寫本 國家圖書館

11406 **思益梵天所問經卷第三** （後秦）釋鳩摩羅什譯 唐寫本 上海辭書出版社

11407 **藥師琉璃光七佛本願功德經卷下** （唐）釋義淨譯 唐八世紀寫本 國家圖書館

11408 **大佛頂如來密因修證了義諸菩薩萬行首楞嚴經卷第十** （唐）釋般剌蜜帝譯 歸義軍時期寫本 清華大學圖書館

11409 **般若波羅蜜光贊經卷第十五** （西晉）釋竺法護譯 唐寫本 青島市博物館

11410 **佛說大藥善巧方便經卷上** （唐）釋義淨譯 唐寫本 敦煌研究院

11411 **大智度論卷第十一** （後秦）釋鳩摩羅什譯 南北朝寫本 國家圖書館

11412 **二入四行論** 吐蕃統治敦煌時期寫本 國家圖書館

11413 **金剛般若波羅蜜經注** 歸義軍時期寫本 敦煌研究院

11414 **三界寺藏内經論目録** （唐）釋道真撰 歸義軍時期寫本 敦煌研究院

11415 **維摩詰所說經義記** 唐寫本 青島市博物館

11416 **佛圖棠所化經** 南北朝寫本 敦煌研究院

11417 **金剛般若波羅蜜經** （後秦）釋鳩摩羅什譯 **般若波羅蜜多心經** （唐）釋玄奘譯 吐蕃統治敦煌時期寫本 國家圖書館

（三）宋遼夏金元時期

11418 **周易程朱氏說二十卷** （宋）董楷輯 **程子上下篇義一卷** （宋）程頤撰 **朱子易圖說一卷周易五贊一卷筮儀一卷** （宋）朱熹撰 **雜卦朱氏說一卷序卦程朱氏說一卷** （宋）董楷輯 元刻本 路慎莊 朱善旂跋 上海圖書館

存十一卷（一、四至八，程子上下篇義全，朱子易圖說全，周易五贊全，雜卦朱氏說全，序卦程朱氏說全）

11419 **大易集義六十四卷** （宋）魏了翁輯 宋淳祐十二年（1252）魏克愚紫陽書院刻本（卷十一至十七抄配） 中共北京市委圖書館

存五十四卷（一下、五至十七、十九至二十八、三十一、三十六至六十四）

11420 **附釋音尚書註疏二十卷** 題（漢）孔安國傳 （唐）孔穎達疏 （唐）陸德明釋文 元刻明修本 延邊大學圖書館

11421 **尚書圖一卷** 宋刻本 胡珽 黄裳跋 國家圖書館

11422 **書集傳六卷** （宋）蔡沈撰 **尚書纂圖一卷書序一卷** 元刻本 南京圖書館

11423 **詩集傳二十卷** （宋）朱熹撰 宋刻本 北京大學圖書館

存四卷（十四至十七）

11424 **附釋音周禮註疏四十二卷** （漢）鄭玄注 （唐）賈公彥等疏 （唐）陸德明釋文 元刻明修本（卷八、十七有補配） 北京市文物局圖書資料中心

存三十九卷（一至三十九）

11425 **儀禮十七卷 儀禮圖十七卷儀禮旁通圖一卷** （宋）楊復撰 元刻明修本 羅振常跋 上海圖書館

存十七卷（儀禮全）

11426 **禮記二十卷** （漢）鄭玄注 宋刻遞修本 黄丕烈 韓應陛 張爾耆跋 國家圖書館

存九卷（五至八、十一至十五）

11427 **析城鄭氏家塾重校三禮圖二十卷** （宋）

聶崇義集注　蒙古定宗二年（1247）析城鄭氏家塾刻本（卷一至二配清初毛氏汲古閣抄本）　國家圖書館

11428 **司馬氏書儀十卷**　（宋）司馬光撰　宋刻元修本　國家圖書館

11429 **監本附音春秋公羊註疏二十八卷**　（漢）何休注　（唐）徐彥疏　（唐）陸德明音義　元刻明修本　江西省樂平市圖書館

11430 **四書章句集註標題二十一卷**　（宋）熊禾撰　元刻本　國家圖書館

存二十卷（大學章句一卷或問一卷、中庸或問一卷、論語十卷、孟子七卷）

11431 **漢隸分韻七卷**　元刻本　北京大學圖書館

11432 **廣韻五卷**　（宋）陳彭年等撰　宋紹興刻本　沈曾植題詩　國家圖書館

存三卷（一至二、四）

11433 **史記一百三十卷**　（漢）司馬遷撰　（南朝宋）裴駰集解　（唐）司馬貞索隱　宋乾道七年（1171）蔡夢弼東塾刻本（卷七至九、一百二十四至一百三十配宋淳熙三年張杅桐川郡齋刻八年耿秉重修本，卷一至六、十九至二十一、二十三至二十六、三十一至三十三、三十九至六十、七十一至八十、九十至一百十六配宋刻十四行本，卷十至十五、二十七至三十、六十二至七十配另一宋刻本）　袁克文跋　國家圖書館

11434 **古史六十卷**　（宋）蘇轍撰　宋刻遞修本（有抄配）　首都圖書館

存三卷（二十一至二十三）

11435 **漢書一百卷**　（漢）班固撰　（唐）顏師古注　元大德九年（1305）太平路儒學刻明成化正德遞修本　陝西省圖書館

11436 **三國志六十五卷**　（晉）陳壽撰　（南朝宋）裴松之注　宋刻遞修公文紙印本（有配補）　國家圖書館

11437 **晉書一百三十卷**　（唐）房玄齡等撰　宋嘉泰四年至開禧元年（1204-1205）秋浦郡齋刻本（卷九至十、十六至十八、六十二至六十六配明萬曆六年周若年、丁孟嘉刻本）　國家圖書館

存六十四卷（四至五、七至十一、十六至十八、二十、三十三至三十四、四十四至四十五、四十八至五十五、六十二至六十八、七十一至七十二、七十六至七十九、八十六至八十九、九十五至九十七、九十九、一百一至一百三、一百七至一百十二、一百十五至一百十八、一百二十二至一百二十五、一百二十八至一百三十）

11438 **周書五十卷**　（唐）令狐德棻等撰　宋刻宋元明遞修本　周星詒跋　國家圖書館

11439 **隋書八十五卷**　（唐）魏徵等撰　元刻明遞修本　重慶圖書館

11440 **隋書八十五卷**　（唐）魏徵等撰　元刻明遞修本　吉林省圖書館

11441 **隋書八十五卷**　（唐）魏徵等撰　元刻明遞修本　四川師範大學圖書館

11442 **唐書二百二十五卷**　（宋）歐陽修　宋祁等撰　宋刻本（卷一百六十三至一百六十四、二百十二至二百十三配明刻本）　傅增湘跋　國家圖書館

存一百二十四卷（九十七至二百七、二百十二至二百二十二中、二百二十四下至二百二十五）

11443 **金史一百三十五卷目録二卷**　（元）脫脫等撰　元至正五年（1345）江浙等處行中書省刻本　國家圖書館

存四十三卷（目録上，五、二十六、二十八至二十九、三十三至三十八、四十至四十五、四十八、五十一至五十三、五十五至六十一、六十五至六十七、七十七至七十八、八十七至九十、九十八至一百、一百三、一百十一至一百十二）

11444 **續資治通鑑後集十五卷** （宋）劉時舉撰 元陳氏餘慶堂刻本（卷十三至十五配元至治張氏刻本） 國家圖書館

11445 **通鑑總類二十卷** （宋）沈樞輯 元至正二十三年（1363）吴郡庠刻本 南開大學圖書館

11446 **漢雋十卷** （宋）林鉞輯 宋嘉定四年（1211）滁陽郡齋刻本 國家圖書館

11447 **輿地廣記三十八卷** （宋）歐陽忞撰 宋九江郡齋刻嘉泰四年（1204）淳祐十年（1250）遞修本 顧廣圻 黄丕烈 李盛鐸 袁克文跋 國家圖書館

存二十一卷（十八至三十八）

11448 **茅山志十五卷** （元）劉大彬撰 元刻本（卷三至七配明刻本，卷十至十二、十四至十五配清劉履芬抄本） 吴騫 章鈺跋 國家圖書館

11449 **揚子法言十三卷** （漢）揚雄撰 （晋）李軌注 **音義一卷** 宋刻宋元遞修本 顧廣圻 傅增湘跋 國家圖書館

11450 **西山先生真文忠公讀書記甲集三十七卷丁集二卷** （宋）真德秀撰 宋福州學官刻元修本 **乙集下二十二卷** （宋）真德秀撰 宋開慶元年（1259）福州官刻元修本 陝西省圖書館

11451 **西山先生真文忠公讀書記甲集三十七卷** （宋）真德秀撰 宋福州學官刻元明遞修本 浙江圖書館

11452 **類編圖經集註衍義本草四十二卷序例五卷** （宋）唐慎微撰 （宋）寇宗奭衍義 元刻本 中國書店

11453 **茶經三卷** （唐）陸羽撰 宋刻百川學海本 四川省圖書館

11454 **古今合璧事類備要前集六十九卷後集八十一卷續集五十六卷** （宋）謝維新輯 **别集九十四卷外集六十六卷** （宋）虞載輯 宋刻本 北京大學圖書館

存三十五卷（前集四十三至四十七，别集四十至四十五、五十七至六十六、七十五至八十八）

11455 **新編排韻增廣事類氏族大全十集** 元刻本 邵瑞彭跋 浙江圖書館

存三集（甲、乙、丙）

11456 **因明論理門十四過類疏一卷** （唐）釋窺基撰 金皇統九年至大定十三年（1149-1173）刻元重修趙城金藏本 河北大學圖書館

存一卷（殘）

11457 **石屋和尚住嘉興當湖福源禪寺語録一卷山居頌一卷** （元）釋至柔輯 元刻本 國家圖書館

11458 **了堂和尚語録八卷** 元刻本 國家圖書館

11459 **曇芳和尚五會録不分卷** （元）釋繼祖等輯 元至正刻本 國家圖書館

11460 **讀教記二十卷** （宋）釋法照撰 宋寶祐四年（1256）刻本 國家圖書館

存十六卷（一至十、十五至二十）

11461 **北山録十卷** （唐）釋神清撰 （宋）釋慧寶注 宋刻本 項元汴 袁克文跋 國家圖書館

存七卷（一至三、七至十）

11462 **沖虛至德真經八卷** （晉）張湛注 （唐）殷敬順釋文 元末明初刻本 重慶圖書館

11463 **沖虛至德真經八卷** （晉）張湛注 （唐）殷敬順釋文 元末明初刻本 雲南大學圖書館

11464 **楚辭集註八卷辯證二卷後語六卷** （宋）朱熹撰 元後至元二年（1336）建安傅子安刻本 國家圖書館

11465 **楚辭集註八卷** （宋）朱熹撰 元刻本 西南大學圖書館

11466 **集千家註分類杜工部詩二十五卷文集二卷** （唐）杜甫撰 （宋）徐居仁編次 （宋）黄鶴補注 **年譜一卷** （宋）黄鶴撰 元至正七年（1347）潘屏山圭山書院刻廣勤堂印本 重慶圖書館

11467 **集千家註分類杜工部詩二十五卷文集二卷** （唐）杜甫撰 （宋）徐居仁編次 （宋）黄鶴補注 **年譜一卷** （宋）黄鶴撰 元刻明修本 康有爲題記 鎮江市圖書館

11468 **節孝先生文集三十卷** （宋）徐積撰 **節孝先生語一卷事實一卷本朝名臣言行録一卷皇朝東都事略卓行傳序一卷諸君子帖一卷** 元刻明修本 重慶圖書館

11469 **范忠宣公文集二十卷** （宋）范純仁撰 元刻本 鄭州大學圖書館

11470 **華山廟碑** （漢）郭香察書 東漢延熹八年（165）四月刻石 宋拓本 姚鼐 趙之謙 羅惇㬊 胡毅生 李文田 李棪題簽 孫星衍 伊秉綬 趙魏 唐仲冕 張敦仁 湯貽汾 顧廣圻 龔自珍 宗源瀚 潘祖蔭 完顔崇實 沈秉成 陳澧 李文田等跋 香港中文大學中國文化研究所文物館

11471 **夏承碑** 傳（漢）蔡邕書 東漢建寧三年（170）刻石 宋拓本 黄易 翁方綱 張塤題簽 潘奕雋題端 豐道生 楊繩祖 翁方綱 李宗瀚 潘奕雋 宋葆淳 吴榮光 鄭孝胥 于右任等跋 香港中文大學中國文化研究所文物館

11472 **九成宫醴泉銘** （唐）魏徵撰 （唐）歐陽詢書 唐貞觀六年（632）刻石 南宋拓本 汪廷璋 翁方綱題簽 沈鳳 翁方綱等跋 香港中文大學中國文化研究所文物館

11473 **李思訓碑** （唐）李邕撰並書 唐開元八年（720）刻石 南宋拓本（有補配） 翁方綱題簽並跋 魏廣微 永瑆 英和 陳其錕 羅天池 康有爲 黄賓虹 羅振玉 羅惇㬊 梁啓超 王國維 羅原覺等跋 香港中文大學中國文化研究所文物館

11474 **淳化閣帖十卷** （宋）王著摹 北宋淳化三年（992）原刻南宋重刻 南宋拓泉州本 繆曰藻 褚德彝 吴昌碩題簽 王文治題簽並跋 彭紹升 潘奕雋 陸恭 顧莼跋 香港中文大學中國文化研究所文物館
存三卷（六至八）

11475 **蘭亭序** （晉）王羲之撰並書 南宋拓御府領字從山本（游佀藏甲之二） 游佀題字 佚名跋 香港中文大學中國文化研究所文物館

11476 **蘭亭序** （晉）王羲之撰並書 傳（唐）歐陽詢臨 南宋拓錢塘許氏本（游佀藏乙之五） 游佀題字 香港中文大學中國文化研究所文物館

11477 **蘭亭序** （晉）王羲之撰並書 南宋拓本（游佀藏庚之三） 游佀題字 香港中文大學中國文化研究所文物館

（四）明清時期

11478 **童溪王先生易傳三十卷** （宋）王宗傳撰

明抄本　寧波市天一閣博物館

11479 易序叢書十卷　（宋）趙汝楳撰　清初抄本　彭元瑞校並跋　上海圖書館
存七卷（一至二、六至十）

11480 易鄭氏爻辰廣義一卷易經傳互卦巵言一卷易章句異同一卷　（清）朱駿聲撰　稿本　浙江圖書館

11481 易學四同八卷　（明）季本撰　明嘉靖四十年（1561）刻本　北京大學圖書館

11482 易義提綱□卷　明抄本　遼寧省圖書館
存八卷（一至七、□）

11483 硯北易鈔不分卷　（清）黄叔琳輯　清初抄本　翁方綱簽注　文素松　王禮培跋　姜亮夫題款　浙江圖書館

11484 學易劄記三卷　（清）朱駿聲撰　稿本　朱師轍跋　浙江圖書館

11485 易釋不分卷　（清）黄以周撰　稿本　寧波市天一閣博物館

11486 鄭易小學一卷　（清）陶方琦撰　稿本　浙江圖書館

11487 書說七卷　（宋）黄度撰　明抄本　遼寧省圖書館
存六卷（二至七）

11488 書經集傳六卷　（宋）蔡沈撰　清嘉慶五年（1800）掃葉山房刻本　季錫疇批　錢式嘉題識　南京圖書館

11489 書經集註十卷　（宋）蔡沈撰　明刻本　浙江圖書館

11490 書義主意六卷　（元）王充耘撰　群英書義二卷　（元）張泰撰　清抄本　彭元瑞跋　上海圖書館

11491 書傳大全十卷綱領一卷圖一卷　（明）胡廣等輯　明刻本　無錫市圖書館

11492 古文尚書撰異不分卷　（清）段玉裁撰　稿本　佚名録臧庸　錢大昕校注　吴重熹　葉景葵跋　上海圖書館
缺兩篇（堯典、皋陶謨）

11493 尚書通義□卷　（清）邵懿辰撰　稿本　程鴻詔　邵章跋　國家圖書館
存二卷（六至七）

11494 毛詩七卷　（漢）毛亨傳　（漢）鄭玄箋　明刻本　高燮跋　復旦大學圖書館

11495 毛詩註疏二十卷詩譜序一卷　（漢）毛亨傳　（漢）鄭玄箋　（唐）孔穎達疏　（唐）陸德明音義　明前期刻本　謝无量題識　重慶圖書館

11496 毛詩要義二十卷譜序要義一卷　（宋）魏了翁撰　清道光二十九年（1849）翁心存家抄本　翁心存校並跋　翁同龢　翁曾文校　國家圖書館

11497 詩經疏義二十卷　（元）朱公遷撰　（明）王逢輯　（明）何英增釋　明書林三峰葉景達刻本　康有爲跋　上海圖書館
存十八卷（一至十六、十九至二十）

11498 詩經疏義會通二十卷綱領一卷圖一卷　（元）朱公遷撰　（明）王逢輯　（明）何英增釋　明嘉靖二年（1523）書林劉氏安正書堂刻本（卷十九抄配）　復旦大學圖書館

11499 詩瀋五卷　（清）范家相撰　清乾隆内府寫南三閣四庫全書本　華東師範大學圖書館

11500 魯詩世學三十二卷首四卷　（宋）豐稷正音　（明）豐慶續音　（明）豐耘補音　（明）豐熙正說　（明）豐坊考補　稿本　沈曾植跋　上海圖書館

11501 韓詩外傳十卷　（漢）韓嬰撰　明嘉靖十八年（1539）薛來芙蓉泉書屋刻本　龔橙校

莫棠跋 復旦大學圖書館

11502 **校正詳增音訓周禮句解十二卷** （宋）朱申撰 明成化四年（1468）孫世榮刻本 陳鱣跋 國家圖書館

11503 **周禮集說十一卷綱領一卷春官綱領一卷夏官綱領一卷秋官綱領一卷** （元）陳友仁輯 **復古編一卷** （宋）俞庭椿撰 明成化十年（1474）張瑄刻本（卷六、十至十一配明刻本） 丁丙跋 南京圖書館

11504 **重刊儀禮考註十七卷** （元）吳澄撰 明嘉靖元年（1522）宗文書堂刻本 遼寧省圖書館

11505 **三禮便蒙不分卷** （清）焦循撰 手稿本 上海圖書館

11506 **儀禮經傳通解三十七卷** （宋）朱熹撰 明正德十六年（1521）劉瑞、曹山刻本 江西省圖書館

11507 **五禮異義不分卷** （清）黄以周撰 稿本 寧波市天一閣博物館

11508 **樂律全書三十九卷** （明）朱載堉撰 明萬曆鄭藩刻本 山東大學圖書館

11509 **春秋經傳集解三十卷** （晉）杜預撰 （唐）陸德明釋文 **春秋名號歸一圖二卷** （後蜀）馮繼先撰 明刻本（首葉抄配） 允禮批點 華夏跋 北京師範大學圖書館

11510 **春秋經傳集解三十卷** （晉）杜預撰 （唐）陸德明釋文 明嘉靖刻本 吉林省博物院

存五卷（六至十）

11511 **春秋左氏傳補注十二卷** （清）沈欽韓撰 稿本 國家圖書館

11512 **左氏古義六卷** （清）臧壽恭撰 清勞氏丹鉛精舍抄本 勞格校並跋 國家圖書館

11513 **春秋穀梁註疏二十卷** （晉）范寧集解 （唐）楊士勛疏 （唐）陸德明音義 明嘉靖李元陽刻十三經注疏本 姚椿校 復旦大學圖書館

11514 **春秋集註十一卷** （宋）張洽撰 **綱領一卷** 明嘉靖四十三年（1564）朱睦㮮聚樂堂刻本 天津圖書館

11515 **孝經註疏九卷** （唐）玄宗李隆基注 （宋）邢昺疏 明前期刻本 江西省樂平市圖書館

11516 **附音傍訓句解孟子七卷** （元）李公凱撰 明初刻本 國家圖書館

存五卷（一至五）

11517 **孟子四考四卷** （清）周廣業撰 稿本 寧波市天一閣博物館

11518 **孟子正義三十卷** （清）焦循撰 稿本 汪鋆跋 南京圖書館

11519 **四書集注二十八卷** （宋）朱熹撰 明正統十二年（1447）司禮監刻本 廣西民族大學圖書館

11520 **四書蒙引十五卷** （明）蔡清撰 明嘉靖六年（1527）刻本 北京大學圖書館

11521 **泉齋簡端録十二卷** （明）邵寶撰 明秦榛刻本 浙江圖書館

11522 **唐石經攷異十三卷** （清）錢大昕撰 清袁氏貞節堂抄本 臧庸 瞿中溶 顧廣圻校並跋 國家圖書館

11523 **爾雅三卷** （晉）郭璞注 **埤雅二十卷** （宋）陸佃撰 明刻本 吉林省圖書館

11524 **字學九辨□□卷** （清）吳翌鳳編 稿本 華東師範大學圖書館

存四卷（七至九、十四）

11525 **羣經音辨七卷** （宋）賈昌朝撰 明抄本 馮知十跋 陸貽典校並跋 國家圖書館

11526 **埤雅二十卷** （宋）陸佃撰 明前期刻本（原缺卷六、十二） 中國藝術研究院圖書館

11527 **埤雅二十卷** （宋）陸佃撰 明前期刻本（原缺卷六、十二） 北京大學圖書館

11528 **埤雅二十卷** （宋）陸佃撰 明前期刻本（原缺卷六、十二） 鄧邦述跋 上海圖書館

11529 **重刊埤雅二十卷** （宋）陸佃撰 明前期刻本 北京師範大學圖書館

11530 **說文解字注三十卷** （清）段玉裁撰 清乾隆嘉慶間段氏經韻樓刻本 翁同書批並跋 南京圖書館

存十八卷（一、三至十九）

11531 **說文解字繫傳四十卷** （南唐）徐鍇撰 **附録一卷** 清乾隆四十七年（1782）汪啓淑刻本 盧文弨 汪啓淑 梁同書校 丁丙跋 南京圖書館

11532 **說文解字繫傳四十卷** （南唐）徐鍇撰 **校勘記三卷** （清）承培元等撰 清道光十九年（1839）祁寯藻刻本 何紹基録王筠校跋及陳慶鏞跋 譚澤闓 袁思亮跋 上海圖書館

11533 **說文釋例八卷** （清）王筠撰 稿本 國家圖書館

11534 **說文義例征訂不分卷** （清）陳倬撰 稿本 南京圖書館

11535 **大廣益會玉篇三十卷** （南朝梁）顧野王撰 （唐）孫强增字 （宋）陳彭年等重修 **玉篇廣韻指南一卷** 明前期刻本 北京師範大學圖書館

11536 **新加九經字樣一卷** （唐）唐玄度撰 清初席氏釀華草堂影宋抄本 國家圖書館

11537 **班馬字類五卷** （宋）婁機撰 明刻本 北京市西城區第一圖書館

11538 **班馬字類五卷** （宋）婁機撰 清影宋抄本 清高宗弘曆跋 吉林省博物院

存一卷（一）

11539 **六書正譌五卷** （元）周伯琦撰 明崇禎七年（1634）胡正言十竹齋刻本 王筠批 青島市博物館

11540 **漢隸分韻七卷** 明正德十一年（1516）刻本 南京圖書館

11541 **六書本義十二卷圖一卷** （明）趙撝謙撰 明正德十五年（1520）胡東皋刻本 曹元忠跋 南京圖書館

11542 **六書索隱五卷** （明）楊慎撰 明嘉靖刻本 河南省圖書館

11543 **金石韻府五卷** （明）朱雲撰 明朱墨抄本 浙江圖書館

11544 **集韻十卷** （宋）丁度等撰 清初錢氏述古堂影宋抄本 上海圖書館

11545 **切韻考一卷** （清）陳澧撰 稿本 廣東省立中山圖書館

11546 **切韻考殘稿一卷** （清）陳澧撰 稿本 廣東省立中山圖書館

11547 **切韻考外編三卷** （清）陳澧撰 稿本 廣東省立中山圖書館

11548 **古今韻會舉要三十卷禮部韻畧七音三十六母通攷一卷** （元）熊忠撰 明嘉靖六年（1527）鄭氏宗文堂刻本 北京大學圖書館

11549 **新編經史正音切韻指南一卷** （元）劉鑑撰 清咸豐趙同鈞抄本 趙同鈞 趙宗德校 王振聲批並跋 南京圖書館

11550 **韻畧易通二卷** （明）蘭茂撰 明嘉靖三十二年（1553）高岐刻本 華東師範大學圖書館

11551 **類聚音韻三十卷** （明）熊晦撰 明嘉靖十

三年（1534）宗文堂刻本　東北師範大學圖書館

存二十四卷（七至三十）

11552 **史記一百三十卷**　（漢）司馬遷撰　（南朝宋）裴駰集解　明正德十年（1515）白鹿洞書院刻本　山西博物院

11553 **史記一百三十卷**　（漢）司馬遷撰　（南朝宋）裴駰集解　（唐）司馬貞索隱　（唐）張守節正義　明嘉靖四年（1525）汪諒刻本　上海圖書公司

11554 **史記一百三十卷**　（漢）司馬遷撰　（南朝宋）裴駰集解　（唐）司馬貞索隱　（唐）張守節正義　明嘉靖四至六年（1525-1527）王延喆刻本　諸洛批校　復旦大學圖書館

11555 **史記一百三十卷**　（漢）司馬遷撰　（南朝宋）裴駰集解　（唐）司馬貞索隱　（唐）張守節正義　明嘉靖四至六年（1525-1527）王延喆刻本（有明嘉靖四年汪諒刻本、嘉靖十三年秦藩朱惟焯刻本補配）　傅增湘校　山西博物院

11556 **校刊史記集解索隱正義札記五卷**　（清）張文虎撰　稿本　浙江圖書館

11557 **古史六十卷**　（宋）蘇轍撰　清乾隆内府寫南三閣四庫全書本　四川師範大學圖書館

存一卷（十七）

11558 **通志二百卷**　（宋）鄭樵撰　清乾隆内府寫南三閣四庫全書本　四川師範大學圖書館

存一卷（八十七）

11559 **通志略五十二卷**　（宋）鄭樵撰　明嘉靖二十九年（1550）陳宗夔等刻本　吉林省圖書館

11560 **舊五代史一百五十卷目録二卷**　（宋）薛居正等撰　（清）邵晉涵等輯　清乾隆内府寫南三閣四庫全書本　四川師範大學圖書館

存十卷（二十四至二十六、一百二十六至一百三十二）

11561 **五代史七十四卷**　（宋）歐陽修撰　（宋）徐無黨注　清乾隆内府寫南三閣四庫全書本　四川師範大學圖書館

存四卷（二十一至二十四）

11562 **五代史吴越世家疑辯一卷**　（明）馬藎臣撰　明嘉靖三十九年（1560）錢德洪刻本　北京大學圖書館

11563 **班史藝文志一卷**　（漢）班固撰　明嘉靖三十年（1551）許初抄本　萬臺題首　李兆洛楊大中題款　方來等二十四人跋　浙江圖書館

11564 **漢書疏證三十六卷後漢書疏證三十卷**　（清）沈欽韓撰　清抄本　黄以周批校　武漢大學圖書館

11565 **東觀漢記二十四卷**　清乾隆内府寫南三閣四庫全書本　四川師範大學圖書館

存六卷（六至十一）

11566 **後漢書九十卷**　（南朝宋）范曄撰　（唐）李賢注　**志三十卷**　（晉）司馬彪撰　（南朝梁）劉昭注　明萬曆二十四年（1596）北京國子監刻本　傅山批校　山西博物院

存一百十一卷（一至八十、九十至一百二十）

11567 **後漢書九十卷**　（南朝宋）范曄撰　（唐）李賢注　**志三十卷**　（晉）司馬彪撰　（南朝梁）劉昭注　清乾隆内府寫南三閣四庫全書本　四川師範大學圖書館

存三卷（六十八至七十）

11568 **隋書八十五卷**　（唐）魏徵等撰　清乾隆内

府寫南三閣四庫全書本 四川師範大學圖書館

存二卷（二十一至二十二）

11569 **隋經籍志考證十三卷** （清）章宗源撰 清抄本 孫詒讓校並跋 傅以禮校 李濟鏘跋 浙江圖書館

11570 **舊唐書二百卷** （後晉）劉昫等撰 清乾隆內府寫南三閣四庫全書本 四川師範大學圖書館

存二卷（九十一至九十二）

11571 **唐書二百二十五卷** （宋）歐陽修 宋祁等撰 清乾隆內府寫南三閣四庫全書本 四川師範大學圖書館

存三卷（一百五十至一百五十二）

11572 **南唐書三十卷** （宋）馬令撰 明嘉靖二十九年（1550）顧汝達刻本 首都師範大學圖書館

11573 **南唐書三十卷** （宋）馬令撰 明嘉靖二十九年（1550）顧汝達刻本 朱天梵跋 河北大學圖書館

11574 **明史地理志稿不分卷** （清）萬斯同撰 清萬氏家抄本 馮貞群跋 浙江圖書館

11575 **少微通鑑節要五十卷外紀四卷** （宋）江贄撰 明正德九年（1514）司禮監刻本 山東省圖書館

11576 **少微通鑑節要五十卷外紀四卷** （宋）江贄撰 **資治通鑑節要續編三十卷** （明）張光啓撰 明正德九年（1514）司禮監刻本 東北師範大學圖書館

11577 **資治通鑑綱目五十九卷** （宋）朱熹撰 明成化九年（1473）內府刻本 甘肅省甘谷縣圖書館

11578 **資治通鑑綱目發明五十九卷** （宋）尹起莘撰 明內府刻本 河南省社會科學院文獻信息中心

11579 **資治通鑑綱目發明五十九卷** （宋）尹起莘撰 明內府刻本 首都圖書館

11580 **資治通鑑綱目集覽五十九卷** （元）王幼學撰 （明）陳濟正誤 明內府刻本 首都圖書館

11581 **續資治通鑑綱目二十七卷** （明）商輅等撰 明成化十二年（1476）內府刻本 山西博物院

11582 **續資治通鑑綱目二十七卷** （明）商輅等撰 （明）周禮發明 （明）張時泰廣義 明弘治十七年（1504）慎獨齋刻本 遼寧省圖書館

11583 **資治通鑑節要續編三十卷** （明）張光啓撰 明正德九年（1514）司禮監刻本 山西博物院

11584 **歷代通鑑纂要九十二卷** （明）李東陽 劉機等撰 明正德十四年（1519）慎獨齋刻本 東北師範大學圖書館

11585 **御批歷代通鑑輯覽一百二十卷** （清）傅恒等撰 清乾隆內府寫南三閣四庫全書本 四川師範大學圖書館

存一卷（七十一）

11586 **古今全史一覽四卷** （明）舒弘諤撰 （清）李漁續 （清）黄中道删訂 清康熙三十八年（1699）澹寧齋精抄本 羅振常 秦更年跋 鎮江市圖書館

11587 **西漢年紀三十卷** （宋）王益之撰 清乾隆內府寫南三閣四庫全書本 四川師範大學圖書館

存二卷（二十四至二十五）

11588 **大唐創業起居注三卷** （唐）温大雅撰 清乾隆吴翌鳳抄本 吴翌鳳校並跋 國家圖書館

11589 **續資治通鑑長編五百二十卷目録二卷** （宋）李燾撰 清乾隆内府寫南三閣四庫全書本 四川師範大學圖書館
存十五卷（三百四十六至三百五十六、三百五十九至三百六十、三百七十三至三百七十四）

11590 **建炎以來繫年要録二百卷** （宋）李心傳撰 清乾隆内府寫南三閣四庫全書本 四川師範大學圖書館
存二卷（一百七十五至一百七十六）

11591 **國榷不分卷** （清）談遷撰 清康熙抄本 佚名校 浙江圖書館

11592 **兩朝從信録三十五卷** （明）沈國元撰 明崇禎刻本 祁彪佳批並跋 黄裳跋 南京圖書館

11593 **東華録六卷** （清）蔣良騏撰 （清）奕賡校證 稿本 東北師範大學圖書館

11594 **大清太祖高皇帝實録十卷首三卷** （清）勒德洪 明珠等纂修 清乾隆十一年（1746）内府寫本 遼寧省檔案館

11595 **大清太宗文皇帝實録六十五卷首三卷** （清）圖海 勒德洪等纂修 清乾隆十一年（1746）内府寫本 遼寧省檔案館

11596 **大清世祖章皇帝實録一百四十四卷首三卷** （清）巴泰 圖海等纂修 清乾隆十一年（1746）内府寫本 遼寧省檔案館

11597 **大清聖祖仁皇帝實録三百卷首三卷** （清）馬齊 朱軾等纂修 清乾隆十一年（1746）内府寫本 遼寧省檔案館

11598 **大清世宗憲皇帝實録一百五十九卷首三卷** （清）鄂爾泰 張廷玉等纂修 清乾隆十一年（1746）内府寫本 遼寧省檔案館

11599 **大清高宗純皇帝實録一千五百卷首五卷** （清）慶桂 董誥等纂修 清嘉慶十二年（1807）内府寫本 遼寧省檔案館

11600 **大清仁宗睿皇帝實録三百七十四卷首四卷** （清）曹振鏞 戴均元等纂修 清道光四年（1824）内府寫本 遼寧省檔案館

11601 **大清宣宗成皇帝實録四百七十六卷首四卷** （清）文慶 花沙納等纂修 清咸豐六年（1856）内府寫本 遼寧省檔案館

11602 **大清文宗顯皇帝實録三百五十六卷首四卷** （清）賈楨 周祖培等纂修 清同治五年（1866）内府寫本 遼寧省檔案館

11603 **大清穆宗毅皇帝實録三百七十四卷首四卷** （清）寶鋆 沈桂芬等纂修 清光緒六年（1880）内府寫本 遼寧省檔案館

11604 **通鑑紀事本末四十二卷** （宋）袁樞撰 明萬曆三十五年（1607）黄吉士刻本 曹學佺批點 林佶跋 龔綸題記 福建省圖書館

11605 **繹史一百六十卷** （清）馬驌撰 清乾隆内府寫南三閣四庫全書本 四川師範大學圖書館
存二卷（八十六之四、一百四十七下）

11606 **平定準噶爾方略正編八十五卷** （清）傅恒 福德等撰 清乾隆内府寫南三閣四庫全書本 四川師範大學圖書館
存四卷（三十五至三十八）

11607 **欽定平定兩金川方畧一百五十二卷** （清）阿桂等撰 清乾隆内府寫南三閣四庫全書本 四川師範大學圖書館
存六卷（四十至四十二、一百十九至一百二十一）

11608 **貞觀政要十卷** （唐）吴兢撰 （元）戈直集論 明成化元年（1465）内府刻本 東北師範大學圖書館

11609 **貞觀政要十卷** （唐）吴兢撰 （元）戈直

集論　明成化元年（1465）内府刻本　翟文選跋　遼寧省圖書館

11610 **松漠記聞一卷續一卷**　（宋）洪皓撰　清抄本[四庫底本]　國家圖書館

11611 **辛巳泣蘄録一卷**　（宋）趙與褣撰　清初抄本　廣東省立中山圖書館

11612 **革除編年不分卷**　明抄本　遼寧省圖書館

11613 **永樂聖政記三卷**　（明）張輔撰　明抄本　寧波市天一閣博物館

存二卷（二至三）

11614 **國史考異六卷**　（清）潘檉章撰　清初抄本　南京圖書館

11615 **南渡録五卷**　（清）李清撰　清抄本　傅以禮題款並跋　附周星詒手札　浙江圖書館

11616 **大清太祖高皇帝聖訓四卷**　清乾隆十一年（1746）内府寫本　遼寧省檔案館

11617 **大清太宗文皇帝聖訓六卷**　清乾隆十一年（1746）内府寫本　遼寧省檔案館

11618 **大清世祖章皇帝聖訓六卷**　清乾隆十一年（1746）内府寫本　遼寧省檔案館

11619 **大清聖祖仁皇帝聖訓六十卷**　清乾隆十一年（1746）内府寫本　遼寧省檔案館

11620 **大清世宗憲皇帝聖訓三十六卷**　清乾隆十一年（1746）内府寫本　遼寧省檔案館

11621 **大清高宗純皇帝聖訓三百卷**　清嘉慶十二年（1807）内府寫本　遼寧省檔案館

11622 **大清仁宗睿皇帝聖訓一百十卷**　清道光四年（1824）内府寫本　遼寧省檔案館

11623 **大清宣宗成皇帝聖訓一百三十卷**　清咸豐六年（1856）内府寫本　遼寧省檔案館

11624 **大清穆宗毅皇帝聖訓一百六十卷**　清光緒六年（1880）内府寫本　遼寧省檔案館

存一百五十五卷（六至一百六十）

11625 **歷代名臣奏議三百五十卷**　（明）黄淮　楊士奇等輯　明永樂内府刻本　南開大學圖書館

11626 **歷代名臣奏議三百五十卷**　（明）黄淮　楊士奇等輯　明永樂内府刻本　東北師範大學圖書館

11627 **歷代名臣奏議三百五十卷**　（明）黄淮　楊士奇等輯　清乾隆内府寫南三閣四庫全書本　四川師範大學圖書館

存一卷（二百一）

11628 **劉東山招由一卷**　明嘉靖十七年（1538）刻本　寧波市天一閣博物館

11629 **浙江海防兵糧疏一卷**　明嘉靖刻本　寧波市天一閣博物館

11630 **張簡肅公奏議三卷**　（明）張敷華撰　明抄本　寧波市天一閣博物館

11631 **管遹群奏稿不分卷附中丞公行述稿一卷**　（清）管遹群撰　稿本　湖南省社會科學院圖書館

11632 **瓶齋奏稿不分卷**　（清）翁同書撰　稿本　國家圖書館

11633 **三史統三十六卷**　（明）屠本畯撰　明屠氏霞爽閣抄本　浙江圖書館

11634 **古今列女傳三卷**　（明）解縉等撰　明永樂元年（1403）内府刻本　國家圖書館

11635 **續高士傳二卷廉吏傳三卷**　（明）張允掄撰　稿本　煙臺市博物館

11636 **宋朝道學名臣言行録外集十七卷**　（宋）李幼武輯　明張鰲山刻本　宋實穎題識　康有爲跋　鎮江市圖書館

11637 **國朝名臣事略十五卷**　（元）蘇天爵撰　清抄本　李兆洛　繆荃孫跋　沈炳垣校並跋　北京師範大學圖書館

11638 **明女史八卷** （清）萬言撰 稿本 佚名批校 浙江圖書館

11639 **畿輔人物略不分卷** （清）孫承澤撰 稿本 國家圖書館

11640 **蛟川耆舊傳不分卷** （清）姚燮撰 手稿本 浙江圖書館

11641 **漢壽亭侯誌二卷** （元）胡琦撰 明嘉靖刻本 北京大學圖書館

11642 **誥授奉直大夫都察院湖廣道監察御史何公墓碑銘一卷何母陳宜人榮壽序一卷** （清）毛奇齡撰 稿本 沈秉鈺題簽並題款 浙江圖書館

11643 **越州西山以揆道禪師塔誌銘一卷** （清）毛奇齡撰 稿本 浙江圖書館

11644 **祁忠敏公年譜一卷** （明）王思任撰 稿本 國家圖書館

11645 **祁忠敏公日記十五卷（明崇禎四年至南明弘光元年）** （明）祁彪佳撰 清祁氏遠山堂抄本 浙江圖書館

11646 **觀我齋日記不分卷** （清）祁寯藻撰 稿本 劉承幹跋 國家圖書館

11647 **日譜不分卷（清嘉慶二十年至同治四年）** （清）管庭芬撰 稿本 浙江圖書館

11648 **清代宗室暨格玉牒五十一種** 清內府寫本 遼寧省檔案館

列祖子孫宗室暨格玉牒一卷 清順治十八年（1661）內府寫本

列祖子孫宗室暨格玉牒一卷 清康熙九年（1670）內府寫本

列祖子孫宗室暨格玉牒一卷 清康熙十八年（1679）內府寫本

列祖子孫宗室暨格玉牒一卷 清康熙二十七年（1688）內府寫本

列祖子孫宗室暨格玉牒一卷 清康熙三十六年（1697）內府寫本

列祖子孫宗室暨格玉牒一卷 清康熙四十五年（1706）內府寫本

列祖子孫宗室暨格玉牒一卷 清雍正二年（1724）內府寫本

列祖子孫宗室暨格玉牒一卷 清雍正十一年（1733）內府寫本

列祖子孫宗室暨格玉牒一卷 清乾隆七年（1742）內府寫本

列祖子孫宗室暨格玉牒一卷 清乾隆十四年（1749）內府寫本

列祖子孫宗室暨格玉牒一卷 清乾隆二十五年（1760）內府寫本

列祖子孫宗室暨格玉牒一卷 清乾隆三十三年（1768）內府寫本

列祖子孫宗室暨格玉牒一卷 清乾隆五十三年（1788）內府寫本

列祖子孫宗室暨格玉牒一卷 清嘉慶三年（1798）內府寫本

列祖子孫宗室暨格玉牒一卷 清嘉慶十二年（1807）內府寫本

列祖子孫宗室暨格玉牒一卷 清嘉慶二十三年（1818）內府寫本

列祖子孫宗室暨格玉牒一卷 清道光八年（1828）內府寫本

列祖子孫宗室暨格玉牒一卷 清道光十八年（1838）內府寫本

列祖子孫宗室暨格玉牒一卷 清道光二十八年（1848）內府寫本

列祖子孫宗室暨格玉牒一卷 清咸豐八年（1858）內府寫本

列祖子孫宗室暨格玉牒一卷 清同治六年

（1867）内府寫本
列祖子孫宗室暨格玉牒一卷　清光緒三年（1877）内府寫本
列祖子孫宗室暨格玉牒一卷　清光緒十三年（1887）内府寫本
列祖子孫宗室暨格玉牒一卷　清光緒二十三年（1897）内府寫本
列祖子孫宗室暨格玉牒一卷　清光緒三十三年（1907）内府寫本
列祖女孫宗室暨格玉牒一卷　清順治十八年（1661）内府寫本
列祖女孫宗室暨格玉牒一卷　清康熙九年（1670）内府寫本
列祖女孫宗室暨格玉牒一卷　清康熙十八年（1679）内府寫本
列祖女孫宗室暨格玉牒一卷　清康熙二十七年（1688）内府寫本
列祖女孫宗室暨格玉牒一卷　清康熙三十六年（1697）内府寫本
列祖女孫宗室暨格玉牒一卷　清康熙四十五年（1706）内府寫本
列祖女孫宗室暨格玉牒一卷　清雍正二年（1724）内府寫本
列祖女孫宗室暨格玉牒一卷　清雍正十一年（1733）内府寫本
列祖女孫宗室暨格玉牒一卷　清乾隆七年（1742）内府寫本
列祖女孫宗室暨格玉牒一卷　清乾隆十四年（1749）内府寫本
列祖女孫宗室暨格玉牒一卷　清乾隆二十五年（1760）内府寫本
列祖女孫宗室暨格玉牒一卷　清乾隆三十三年（1768）内府寫本
列祖女孫宗室暨格玉牒一卷　清乾隆四十三年（1778）内府寫本
列祖女孫宗室暨格玉牒一卷　清乾隆五十三年（1788）内府寫本
列祖女孫宗室暨格玉牒一卷　清嘉慶三年（1798）内府寫本
列祖女孫宗室暨格玉牒一卷　清嘉慶十二年（1807）内府寫本
列祖女孫宗室暨格玉牒一卷　清嘉慶二十三年（1818）内府寫本
列祖女孫宗室暨格玉牒一卷　清道光八年（1828）内府寫本
列祖女孫宗室暨格玉牒一卷　清道光十八年（1838）内府寫本
列祖女孫宗室暨格玉牒一卷　清道光二十八年（1848）内府寫本
列祖女孫宗室暨格玉牒一卷　清咸豐八年（1858）内府寫本
列祖女孫宗室暨格玉牒一卷　清同治六年（1867）内府寫本
列祖女孫宗室暨格玉牒一卷　清光緒三年（1877）内府寫本
列祖女孫宗室暨格玉牒一卷　清光緒十三年（1887）内府寫本
列祖女孫宗室暨格玉牒一卷　清光緒二十三年（1897）内府寫本
列祖女孫宗室暨格玉牒一卷　清光緒三十三年（1907）内府寫本

11649 **休寧率口程氏本宗譜十卷**　（明）程曾纂修　明正德六年（1511）刻本　浙江圖書館　存五卷（六至十）

11650 **陳氏家乘舊譜序跋一卷**　（清）陳澧輯　稿本　廣東省立中山圖書館

11651 **寶祐四年登科録一卷** 明刻本 華東師範大學圖書館

11652 **書系十六卷** （明）唐大章撰 南明隆武二年（1646）刻本 遼寧省圖書館
存十三卷（一至十三）

11653 **漢雋十卷** （宋）林鉞輯 明正統四年（1439）刻本 東北師範大學圖書館

11654 **元史節要十四卷** （明）張美和輯 明張克文刻本 曲阜師範大學圖書館

11655 **括地志不分卷** （唐）李泰撰 （清）孫星衍輯 清抄本 陳若疇校並跋 武漢大學圖書館

11656 **聖朝混一方輿勝覽三卷** 明初刻事文類聚翰墨全書後乙集本 中央民族大學圖書館

11657 **江南通志二百卷首四卷** （清）尹繼善等纂修 清乾隆内府寫南三閣四庫全書本 四川師範大學圖書館
存一卷（一百九十七）

11658 **[嘉靖]廣平府志十六卷** （明）翁相 陳棐纂修 明嘉靖二十九年（1550）刻藍印本 寧波市天一閣博物館

11659 **[洪武]蘇州府志五十卷** （明）盧熊纂修 明洪武刻本（毛氏汲古閣抄補） 毛晉 宋賓王 黄丕烈校 國家圖書館

11660 **[洪武]蘇州府志五十卷** （明）盧熊纂修 明洪武刻本 傅增湘跋 汪希董跋並録黄廷鑑校跋及顧遴士跋 南京圖書館

11661 **[弘治]上海志八卷** （明）郭經 唐錦纂修 明弘治刻本 寧波市天一閣博物館

11662 **[嘉靖]太原縣志六卷** （明）高汝行纂修 明嘉靖三十年（1551）刻本 東北師範大學圖書館

11663 **[嘉靖]萊蕪縣志八卷** （明）陳甘雨纂修 明嘉靖二十七年（1548）刻藍印本 寧波市天一閣博物館

11664 **[嘉靖]儀封縣志不分卷** 明抄本 寧波市天一閣博物館

11665 **[正德]新鄉縣志六卷** （明）儲珊 李錦纂修 明抄本 寧波市天一閣博物館

11666 **[弘治]偃師縣誌四卷** （明）魏津纂修 明抄本 寧波市天一閣博物館

11667 **[弘治]嘉興府志三十二卷** （明）柳琰纂修 明弘治刻本 上海圖書館

11668 **[康熙]臨川縣志三十卷** （清）胡亦堂纂修 清康熙刻本 撫州市臨川區圖書館

11669 **[嘉靖]歸州志二卷** （明）王錫 張時纂修 明嘉靖刻藍印本 寧波市天一閣博物館

11670 **[嘉靖]惠安縣志十三卷** （明）莫尚簡 張岳纂修 明嘉靖刻藍印本 寧波市天一閣博物館

11671 **[嘉靖]長泰縣誌六卷** 明抄本 寧波市天一閣博物館

11672 **[萬曆]建寧府志五十二卷首一卷** （明）丁繼嗣 朱東光等纂修 明天啓刻本 福建省圖書館
存四十九卷（一至三十四、三十八至五十二）

11673 **[嘉靖]仁化縣志五卷** （明）胡居安纂修 明抄本 寧波市天一閣博物館

11674 **六朝事迹編類二卷** （宋）張敦頤撰 明抄本 周星詒批並跋 福建省圖書館

11675 **中吴紀聞六卷** （宋）龔明之撰 明弘治七年（1494）嚴春刻本 佚名録毛晉跋 顧湄校並跋 南京圖書館

11676 **中吴紀聞六卷** （宋）龔明之撰 明末毛氏汲古閣刻本 王芑孫校並跋 南京圖書館

11677 **吴中舊事一卷** （元）陸友仁撰 明隆慶元年（1567）居節抄本 居節跋 南京圖書館

11678 **夢粱録二十卷** （宋）吴自牧撰 清抄本 吴騫校補 劉履芬校並跋 曹元忠跋 南京圖書館

11679 **武林舊事六卷** （宋）周密撰 明正德十三年（1518）宋廷佐刻本 方穀跋 浙江圖書館

11680 **城東雜録二卷** （清）厲鶚撰 清乾隆抄本 盧文弨校並跋 浙江圖書館

11681 **龍門志三卷** （明）樊得仁撰 明刻本 河北大學圖書館

11682 **華嶽全集十一卷** （明）李時芳撰 明嘉靖四十一年（1562）刻本 北京大學圖書館

11683 **行水金鑑一百七十五卷首一卷** （清）傅澤洪撰 清雍正三年（1725）淮揚官署刻本 王芑孫跋 暨南大學圖書館

11684 **具區志十六卷** （清）翁澍撰 清康熙刻本 北京市文物局圖書資料中心

11685 **蕭山三江閘議一卷** （清）毛奇齡撰 手稿本 浙江圖書館

11686 **徐霞客遊記不分卷** （明）徐弘祖撰 清鮑氏知不足齋抄本 鮑廷博校 吴騫 唐翰題跋 國家圖書館

11687 **使琉球録一卷** （明）陳侃 高澄撰 **日本國考略一卷補遺一卷** （明）薛俊撰 明抄本 天津圖書館

11688 **季漢官爵考三卷** （清）周廣業撰 稿本 南京圖書館

11689 **宋宰輔編年録二十卷** （宋）徐自明撰 清嘉慶二年（1797）王氏十萬卷樓抄本（卷一至二配清抄本） 王宗炎校並跋 丁丙跋 南京圖書館

11690 **學政録一卷** （明）朱衡撰 明嘉靖三十年（1551）興化府刻本 寧波市天一閣博物館

11691 **國子監通志十卷** （明）邢讓撰 明成化三年（1467）刻本 寧波市天一閣博物館

存九卷（一至五、七至十）

11692 **文獻通考三百四十八卷** （元）馬端臨撰 明嘉靖三年（1524）司禮監刻本 中共内蒙古自治區委員會黨校圖書館

11693 **六部纂修條例不分卷** 明抄本 天津圖書館

11694 **明謚考四卷** （清）傅以禮撰 稿本 余紹宋跋 浙江圖書館

11695 **冕服鹵簿儀仗圖不分卷** 明抄彩繪本 北京市文物局圖書資料中心

存六册（皇帝、中宫、皇妃冠服，東宫、東宫妃冠服，親王、親王妃冠服，公主、世子、郡王、郡王妃、郡主妃冠服；大射儀仗圖；鹵簿圖）

11696 **江西賦役紀十五卷** 明刻本 寧波市天一閣博物館

存十卷（二至六、十一至十五）

11697 **漕運議單不分卷** 明抄本 寧波市天一閣博物館

11698 **長蘆鹽法志十八卷首一卷** （清）徵瑞等纂修 （清）沈延年繪圖 清内府抄本 南開大學圖書館

11699 **軍政一卷** 明嘉靖二十六年（1547）刻本 寧波市天一閣博物館

11700 **兵部武選司條例不分卷** 明抄本 寧波市天一閣博物館

11701 **嘉靖新例不分卷** 明抄本 寧波市天一閣博物館

11702 **西都雜例一卷** 明抄本 寧波市天一閣博物館

11703 **風紀輯覽四卷** （明）傅漢臣輯 明嘉靖十年（1531）刻本 吉林大學圖書館

11704 **船政不分卷** 明嘉靖刻本 寧波市天一閣博物館

11705 **崇文總目六十六卷** （宋）王堯臣等撰 明抄本 寧波市天一閣博物館
存六十五卷（卷三原缺）

11706 **四庫全書纂校事略不分卷** （清）翁方綱撰 稿本 南京圖書館

11707 **古歡堂經籍舉要一卷** （清）吴翌鳳撰 稿本 章鈺跋 南京圖書館

11708 **南濠居士文跋四卷** （明）都穆撰 清環翠山房抄本 吴錫麒校並跋 南京圖書館

11709 **周秦刻石釋音一卷** （元）吾丘衍撰 清抄本 勞格校 上海圖書館

11710 **集古印譜一卷** （明）顧從德輯 明隆慶鈐印本 巢勝題簽並跋 浙江圖書館

11711 **史通會要三卷** （明）陸深撰 明天啓四年（1624）萬泰抄本 萬泰 萬學詩跋 浙江圖書館

11712 **諸子節録六種六卷** 清焦氏抄本 焦循校並跋 上海圖書館

11713 **荀子二十卷** 明黄之寀刻二十子本 葉奕校並跋 葉樹廉跋 國家圖書館

11714 **新書十卷** （漢）賈誼撰 明正德九年（1514）陸相刻本 陸心源跋並録楊節跋 浙江圖書館

11715 **新刊鹽鐵論十卷** （漢）桓寬撰 明初刻本 國家圖書館

11716 **新序十卷** （漢）劉向撰 明刻本 黄丕烈校並跋 陸損之校 孫星衍跋 國家圖書館

11717 **新刊劉向先生説苑二十卷** （漢）劉向撰 明永樂十四年（1416）西園精舍刻本 丁丙跋 南京圖書館

11718 **纂圖互註揚子法言十卷** （漢）揚雄撰 （晉）李軌 （唐）柳宗元 （宋）宋咸 吴祕 司馬光注 明前期刻本 孫鉄泉題記 重慶圖書館

11719 **申鑒五卷** （漢）荀悦撰 （明）黄省曾注 明正德十四年（1519）黄氏文始堂刻嘉靖重修本 馬一浮題記並跋 浙江圖書館

11720 **中説十卷** 題（隋）王通撰 （宋）阮逸注 明前期刻本 喬松年 蔣寶齡跋 復旦大學圖書館

11721 **公是先生弟子記一卷** （宋）劉敞撰 明穴研齋抄本 王芑孫跋 國家圖書館

11722 **讀書録十卷讀書續録十二卷** （明）薛瑄撰 明嘉靖三十四年（1555）沈維藩刻本 瞿鴻機 丁福保跋 南京圖書館

11723 **西田語畧二十三卷續集二十九卷** （明）樊深撰 明嘉靖二十七年（1548）刻本 北京大學圖書館

11724 **艾雲蒼先生希聖録不分卷** （明）艾自新撰 明萬曆二十六年（1598）刻本 吉林省圖書館

11725 **武經七書七卷** 明嘉靖三十四年（1555）陸柬河南刻本 河南省獲嘉縣檔案館

11726 **江東十鑑一卷** （宋）李舜臣撰 清彭氏知聖道齋抄本 彭元瑞校並跋 國家圖書館

11727 **尅敵武畧熒惑神機十卷** 明抄本 浙江圖書館

11728 **内經博議四卷** （清）羅美撰 清抄本 孫從添校並跋 南京圖書館

11729 **本草品彙精要四十二卷** （明）劉文泰 徐鎮等撰 明抄彩繪本 國家圖書館
存十一卷（一至二、十三、二十四至二十六、三十、三十二、三十四至三十五、四十）

11730 **新刊河間劉守真傷寒直格三卷** （金）劉完素撰 **後集一卷** （元）鎦洪撰 **續集一卷** （元）馬宗素撰 **别集張子和心鏡一卷** （金）張從正撰 明洪武六年（1373）陳氏

書堂刻本 國家圖書館

11731 **潛溪續編新增傷寒蘊要全書二卷** （明）彭用光撰 明嘉靖四十一年（1562）胡愷刻本 中國科學院上海生命科學信息中心

11732 **世醫得效方二十卷** （元）危亦林撰 明書林魏家刻本 國家圖書館

11733 **丹溪心法附餘二十四卷首一卷** （明）方廣輯 明嘉靖十五年（1536）姚文清、陳講刻公文紙印本 浙江圖書館

11734 **不自秘方一卷** 題梅山逸叟輯 明弘治十六年（1503）趙倫刻本 徐乃昌跋 國家圖書館

11735 **袖珍方四卷** （明）李恒撰 明初刻本 國家圖書館

11736 **魁本袖珍方大全四卷** （明）李恒撰 明嘉靖十八年（1539）熊氏種德書堂刻本 浙江圖書館

11737 **衛生易簡方十二卷附録一卷** （明）胡濙撰 明宣德二年（1427）刻本 重慶圖書館

11738 **衛生易簡方十二卷附録一卷** （明）胡濙撰 明嘉靖四十一年（1562）淮安府刻本 中國科學院上海生命科學信息中心

11739 **明醫雜著一卷續一卷** （明）王綸撰 明弘治十五年（1502）刻本 浙江圖書館

11740 **醫論問答一卷醫論一卷** （明）王綸撰 明嘉靖刻本 浙江圖書館

11741 **重校宋竇太師瘡瘍經驗全書十二卷** （宋）竇默撰 （明）竇夢齡增輯 明隆慶三年（1569）三衢大西堂刻本 浙江圖書館

11742 **原機啓微集二卷** （元）倪維德撰 （明）薛己校補 **附録一卷** 明嘉靖刻本 無錫市圖書館

11743 **便產須知二卷** 明嘉靖三十九年（1560）張景賢刻本 浙江圖書館

11744 **類證註釋錢氏小兒方訣十卷** （宋）錢乙撰 （明）熊宗立注 明正德三年（1508）存德書堂刻本 山東省圖書館

11745 **週天星鑑一卷** （明）章士純撰 明抄本 福建省圖書館

11746 **大統曆註不分卷** 明抄本 丁丙跋 南京圖書館

11747 **筭法全能集二卷** （明）賈亨撰 明初刻本 吉林大學圖書館

11748 **重學七卷** （英國）胡威立撰 （英國）艾約瑟口譯 （清）李善蘭筆受 清咸豐五年（1855）韓氏讀有用書齋抄本 韓應陛跋 東北師範大學圖書館

11749 **皇極經世書卦玄玄集不分卷** 明抄本 丁丙跋 南京圖書館

11750 **乾象通鑑一百卷** 題（宋）李季撰 明抄本 莫棠 康有爲跋 國家圖書館

11751 **六壬日占不分卷** 明藍印朱抄本 國家圖書館

11752 **易占經緯四卷附録一卷** （明）韓邦奇輯 明嘉靖二十七年（1548）金城刻本 南京圖書館

11753 **臞仙肘後經二卷** （明）朱權撰 明刻本 東北師範大學圖書館

11754 **禽星易見一卷** （明）池本理撰 明抄本 [四庫底本] 國家圖書館

11755 **蘇米齋蘭亭考八卷** （清）翁方綱撰 稿本 王樹枏跋 國家圖書館

存一卷（八）

11756 **宣和畫譜二十卷** 明抄本 韓應陛跋 上海圖書館

11757 **寶印齋印式二卷** （明）汪關藏並篆刻 明萬曆四十二年（1614）汪關鈐印本 李流芳 汪關 畢瀧跋 程嘉燧 唐汝詢題詩 南京圖

書館

11758 **明臣印譜二卷** （明）詹荷篆刻 明萬曆三十六年（1608）刻鈐印本 南京圖書館

11759 **印雋二卷** （明）梁袠篆刻並輯 明鈐印本 蘇州圖書館

11760 **古今印選二卷續一卷** （明）吳可賀輯 明萬曆刻鈐印本 浙江圖書館

11761 **叢珠館印譜二卷** （明）曹一鯤篆刻 明萬曆刻鈐印本 浙江圖書館

11762 **承清館印譜初集一卷續集一卷** （明）張灝輯 明刻鈐印本 西泠印社

11763 **承清館印譜初集一卷續集一卷** （明）張灝輯 明刻鈐印本 蘇州圖書館

11764 **曲水軒印志二卷** （明）黃賞篆刻並輯 明刻鈐印本 南京圖書館

11765 **學山堂印譜八卷學山記一卷學山紀遊一卷學山題咏一卷** （明）張灝輯 明崇禎刻鈐印本 浙江圖書館

11766 **茶書二十七種三十三卷** （明）喻政編 明萬曆四十一年（1613）刻本 丁丙跋 南京圖書館

11767 **蔣氏藿經十四卷** （明）蔣德璟撰 明天啓六年（1626）刻本 南京大學圖書館

11768 **晁氏客語一卷** （宋）晁説之撰 明弘治十四年（1501）華珵刻百川學海本[四庫底本] 王國維校並跋 國家圖書館

11769 **石林燕語十卷** （宋）葉夢得撰 明正德元年（1506）楊武刻本 丁丙跋 南京圖書館

11770 **元城先生語錄三卷** （宋）馬永卿編 **元城先生行録一卷** （明）崔銑輯 明正德十三年（1518）張儒刻本 丁丙跋 南京圖書館

11771 **猗覺寮襍記二卷** （宋）朱翌撰 清初抄本 武漢圖書館

11772 **北牕炙輠録二卷** （宋）施德操撰 清乾隆陸烜刻奇晉齋叢書本 吳騫校跋並録鮑廷博跋 丁祖蔭跋並録鮑廷博跋 上海圖書館

11773 **齊東野語二十卷** （宋）周密撰 明崇禎毛氏汲古閣刻津逮秘書本 勞權校並補目又録吳翌鳳校跋 上海圖書館

11774 **庶齋老學叢談三卷** （元）盛如梓撰 清抄本 鮑廷博校 黃丕烈校並跋 上海圖書館

11775 **南村輟耕録三十卷** （明）陶宗儀撰 明成化十年（1474）戴珊刻本 中央民族大學圖書館

11776 **霏雪録不分卷** （明）鎦績撰 清初抄本 鮑廷博校 吳騫校並跋 上海圖書館

11777 **荷亭辨論十卷補遺一卷** （明）盧格撰 清乾隆三十九年（1774）盧文弨抄本（卷六至十、補遺配清抄本） 盧文弨校並跋 丁丙跋 南京圖書館

11778 **餘冬序録六十五卷** （明）何孟春撰 明嘉靖七年（1528）郴州何氏家塾刻本 徐𤊹跋 暨南大學圖書館

11779 **新刻批點金罍子上篇二十卷中篇十二卷下篇十二卷** （明）陳絳撰 （明）李維楨批點 明泰昌元年（1620）刻本 山西省祁縣圖書館

11780 **林子會編七十九種一百十七卷** （明）林兆恩撰 明萬曆刻本 方濬師跋 南京大學圖書館

11781 **却掃編三卷** （宋）徐度撰 明穴研齋抄本 黃丕烈校並跋 國家圖書館

11782 **藝圃球瑯二卷** （明）蔣以忠 蔣以化撰 明吳航書林李氏善慶堂刻本 無錫市圖書館

11783 **東西均不分卷** （清）方以智撰 清初方氏家抄本 方以智校 安徽博物院

11784 **金屑一撮不分卷** 清雍正内府銅活字印本 首都圖書館

11785 **蟲獲軒筆記纂一卷** （清）張爲儒撰 （清）吴昂駒輯 清吴氏拜經樓抄本 吴騫跋 上海圖書館

11786 **東齋脞語一卷** （清）吴翌鳳撰 稿本 陳鱣跋 南京圖書館

11787 **潛邱札記七卷補正日知録一卷** （清）閻若璩撰 清抄本 吴騫校並跋 陳鱣校 上海圖書館

11788 **十駕齋養新録二十卷餘録三卷竹汀先生日記鈔三卷** （清）錢大昕撰 清嘉慶刻本 陳鱣校 上海圖書館

11789 **雲谿友議三卷** （唐）范攄撰 明刻本 顧廣圻 丁丙跋 南京圖書館

11790 **雲溪友議十二卷** （唐）范攄撰 明萬曆商濬刻稗海本 曹炎校 上海圖書館

11791 **鶴山雅言一卷** （宋）魏了翁撰 清盧氏抱經堂抄本 盧文弨校並跋 上海圖書館

11792 **山居新話一卷** （元）楊瑀撰 清抄本 鮑廷博校並題識 上海圖書館

11793 **能書四卷** （明）孫作撰 **後録一卷** 明抄本 黄丕烈跋 南京圖書館

存四卷（二至四、後録全）

11794 **立齋閑録四卷** （明）宋端儀撰 明抄本 羅振玉題記 遼寧省圖書館

11795 **蝶菴道人清夢録一卷** （明）顧成憲撰 明祁氏淡生堂抄本 祁駿佳録祁承㸁跋 丁丙跋 南京圖書館

11796 **筠軒清閟録三卷** 題（明）董其昌撰 清鮑氏困學齋抄本 鮑廷博校 上海圖書館

11797 **便于蒐檢四卷** 明衡藩刻本 王存善跋 浙江圖書館

11798 **博物志十卷** 題（晉）張華撰 （宋）周日用等注 明刻本 陳鱣跋 浙江圖書館

11799 **西京雜記二卷** 題（晉）葛洪撰 明銅活字印本 上海圖書館

11800 **述異記二卷** 題（南朝梁）任昉撰 明萬曆何允中刻廣漢魏叢書本 葉樹廉校並跋 上海圖書館

11801 **闕史二卷** （唐）高彦休撰 清抄本[四庫底本] 清高宗弘曆題識 吉林大學圖書館

11802 **太平廣記五百卷目録十卷** （宋）李昉等輯 明嘉靖四十五年（1566）談愷刻本（卷七至十、十七至二十、二百六十一至二百六十四、三百六至三百七、四百七十七，目録卷八至十配清抄本） 周星詒跋 國家圖書館

11803 **括異志十卷** （宋）張師正撰 明抄本 黄丕烈跋 南京圖書館

11804 **藝文類聚一百卷** （唐）歐陽詢輯 明正德十年（1515）華堅蘭雪堂銅活字印本 顧希昭跋 上海圖書館

11805 **歷代蒙求一卷** （宋）王芮撰 （元）鄭鎮孫纂注 清初毛氏汲古閣影元抄本 上海圖書館

11806 **太平御覽一千卷目録十五卷** （宋）李昉等輯 明萬曆二年（1574）周堂銅活字印本（卷二百九至二百十、二百四十、二百七十二至二百七十五、二百八十三至二百八十五、三百十一至三百十五、四百七十一至四百七十五抄配） 南開大學圖書館

存六百九十五卷（一至三百五十、四百五十一至五百、六百二十一至七百、八百一至一千，目録全）

11807 **新刻事物紀原十卷** （宋）高承輯 明胡文煥刻格致叢書本 陳鱣校並跋 上海圖書館

11808 **新編事文類聚翰墨大全後甲集十五卷後乙集十三卷後丙集十二卷後丁集十四卷後戊集九卷** （元）劉應李輯 明初刻本 南開大學圖書館

11809 **策場備覽一百七十三卷** （明）唐周輯 明抄本 浙江圖書館

11810 **欽定古今圖書集成一萬卷目録四十卷** （清）蔣廷錫 陳夢雷等輯 清雍正四年（1726）內府銅活字印光緒間描潤本 清華大學圖書館

存八百七十六卷（方輿彙編職方典六百三十三至六百三十四、八百五十五至八百五十八、一千二百三十七至一千二百四十，山川典一百四十一至一百六十；明倫彙編皇極典二百八十一至二百九十，宮闈典六十五至六十八、七十七至一百、一百二十九至一百三十，官常典六十七至八十、二百三至二百八、二百十一至二百二十、二百二十五至二百二十六、二百八十一至二百八十八、二百九十一至三百、四百八十一至五百，家範典九十五至一百十六，氏族典六十七至七十八、二百六十一至二百七十二、二百八十一至三百，閨媛典二百二十一至二百四十、三百十三至三百六十；博物彙編藝術典一至二十、四百四十一至四百四十四、四百四十七至四百四十八、四百五十三至四百六十，神異典五十一至五十二、五十五至五十六、二百二十一至二百六十，草木典二百六十七；理學彙編經籍典一至二十、一百二十一至一百四十、二百一至二百二十、二百六十一至二百六十二、二百六十七至二百八十二、二百八十五至三百、三百二十一至三百二十六、三百四十一至三百六十、三百九十七至四百二十八、四百八十五至五百，學行典十七至一百十、二百四十一至二百八十，文學典卷一百七至一百十四、一百四十一至一百六十、二百四十一至二百六十；經濟彙編食貨典六十一至八十、二百三至二百二十、二百四十一至二百六十，禮儀典三百一、三百三至三百四、三百六、三百九至三百十、三百十三，樂律典四十九至八十、九十七至一百十六，祥刑典九十一至一百八，考工典一百五十三至一百六十二、一百六十五至一百九十二）

11811 **賜題備選不分卷** （清）查昇輯 清查昇家抄本 吉林市圖書館

11812 **永樂南藏六千三百三十一卷續藏四百十卷** 明永樂十至十五年（1412-1417）刻萬曆十二年（1584）續刻本（有補抄、補刻） 新鄉市圖書館

存六千四十一册

11813 **金剛般若波羅蜜經** 明永樂泥金銀寫本 北京市文物局圖書資料中心

11814 **大方廣佛華嚴經八十卷** （唐）釋實叉難陀譯 明萬曆釋海玉刺血抄本 安徽省九華山歷史文物館

11815 **大般涅槃經四十卷** （北涼）釋曇無讖譯 **大般涅槃經後分二卷** **大乘本生心地觀經八卷** （唐）釋般若譯 **大方便佛報恩經七卷** 佚名譯 **大方廣佛華嚴經八十卷** （唐）釋實叉難陀譯 **金光明最勝王經十卷** （唐）釋義淨譯 明甘州如松、藏卜省吉等泥金銀寫本 甘肅省張掖市甘州區博物館

存一百二十六卷（大般涅槃經全，大般涅槃

經後分全，大乘本生心地觀經全，大方便佛報恩經全，大方廣佛華嚴經一至四十、四十六至五十五、六十一至六十五、七十一至七十五，金光明最勝王經一至九）

11816 **元叟和尚語録一卷** （元）釋行端撰 （元）釋法林輯 明洪武刻本 黄丕烈跋 南京圖書館

11817 **法苑珠林述意二卷** （明）周天球輯 稿本 遼寧省圖書館

11818 **清庵先生中和集前集三卷後集三卷** （元）李道純撰 （元）蔡志頤輯 清影元抄本 丁丙跋 南京圖書館

11819 **南華真經十卷** （晉）郭象注 （唐）陸德明音義 明桐陰書屋刻六子書本 袁廷檮跋並録顧之逵校 葉景葵跋 上海圖書館

11820 **古蒙莊子四卷** （明）吳宗儀校釋 明萬曆三十九年（1611）王繼賢蒙城縣學刻本 顧廣圻 鈕樹玉校 上海圖書館

11821 **真詮二卷** （明）桑喬撰 明嘉靖刻本 北京大學圖書館

11822 **觀化集一卷** （明）朱約佶撰 明嘉靖刻本 北京大學圖書館

11823 **天主實義二卷** （意大利）利瑪竇述 明萬曆三十五年（1607）汪汝淳燕貽堂刻天啓印本 劉墉跋 浙江圖書館

11824 **顧氏明朝四十家小說四十種四十三卷** （明）顧元慶編 明嘉靖十八至二十年（1539-1541）顧氏大石山房刻本 厦門大學圖書館

11825 **武英殿聚珍版書一百三十八種二千四百十六卷** 清乾隆武英殿活字印本（易緯、漢官舊儀、魏鄭公諫續録、帝範注清乾隆三十八年武英殿刻本） 河南省社會科學院文獻信息中心

11826 **楚辭章句十七卷** （漢）王逸撰 明正德十三年（1518）黄省曾、高第刻本 湖南圖書館

11827 **楚辭章句十七卷** （漢）王逸撰 明正德十三年（1518）黄省曾、高第刻本 雲南省圖書館

11828 **楚辭章句十七卷** （漢）王逸撰 （宋）洪興祖補注 明刻本 山西博物院

11829 **楚辭章句十七卷** （漢）王逸撰 （宋）洪興祖補注 明刻本 廣東省立中山圖書館

11830 **曹子建集十卷** （三國魏）曹植撰 明銅活字印本 趙鈁跋 國家圖書館

11831 **曹詩二卷** （三國魏）曹植撰 （明）朱多炤輯 明依隱亭刻本 沈曾植批 雲南大學圖書館

11832 **陶靖節集六卷** （晉）陶潛撰 明崇禎十三年（1640）葉益蓀春書堂刻本 錢陸燦批點並跋 上海圖書館

11833 **謝宣城詩集五卷** （南朝齊）謝朓撰 明末毛氏汲古閣影宋抄本 北京大學圖書館

11834 **徐孝穆全集六卷** （南朝陳）徐陵撰 （清）吳兆宜箋注 **備考一卷** （清）徐文炳撰 清刻本 王芑孫批並跋 上海圖書館

11835 **陳伯玉文集十卷** （唐）陳子昂撰 明弘治四年（1491）楊澄刻本 胡珽跋 國家圖書館

11836 **張説之文集二十五卷** （唐）張説撰 明嘉靖十六年（1537）伍氏龍池草堂刻本 彭年校 錢穀跋 國家圖書館

11837 **劉隨州文集十一卷** （唐）劉長卿撰 清乾隆四十一年（1776）盧文弨抄本 盧文弨校跋並録何焯跋 國家圖書館

11838 **顔魯公文集十五卷補遺一卷** （唐）顔真

卿撰 **年譜一卷** （宋）留元剛撰 **附録一卷** 明嘉靖二年（1523）安國安氏館刻本 趙鈁跋 國家圖書館

11839 **李翰林全集四十二卷目録四卷** （唐）李白撰 （明）劉世教輯 **年譜一卷** （宋）薛仲邕撰 明萬曆四十年（1612）刻合刻分體李杜全集本 趙士春批 海濱漫士題識 翁同龢跋 上海圖書館

11840 **韋蘇州集十卷拾遺一卷** （唐）韋應物撰 明刻本 趙慎畛 葉德輝 葉啟勳跋 湖南圖書館

11841 **韋蘇州集十卷拾遺一卷** （唐）韋應物撰 明崇禎毛氏汲古閣刻唐人六集本 錢陸燦批點 上海圖書館

11842 **岑嘉州詩八卷** （唐）岑參撰 明抄本 黄丕烈跋 國家圖書館

11843 **杜少陵集十卷** （唐）杜甫撰 明正德刻本 東北師範大學圖書館

11844 **讀杜詩愚得十八卷** （明）單復撰 明天順元年（1457）朱熊梅月軒刻弘治十四年（1501）重修本 雲南大學圖書館

11845 **杜律七言頗解四卷** （明）王維楨撰 明嘉靖三十七年（1558）朱茹刻本 北京大學圖書館

11846 **杜工部集二十卷** （唐）杜甫撰 （清）錢謙益箋注 **年譜一卷諸家詩話一卷唱酬題詠附録一卷附録一卷** 清康熙六年（1667）季氏靜思堂刻本 錢陸燦批 上海圖書館

11847 **杜工部集十八卷** （唐）杜甫撰 清杭世駿抄本 杭世駿録王士禛 屈復批 葉德輝 葉啟發跋 湖南圖書館

11848 **杜詩附記二十卷** （清）翁方綱撰 稿本 梁章鉅跋 吳嵩梁 李彦章題款 國家圖書館

11849 **朱文公校昌黎先生文集四十卷外集十卷遺文一卷** （唐）韓愈撰 （宋）朱熹考異 （宋）王伯大音釋 **傳一卷** 明初刻本 復旦大學圖書館

11850 **朱文公校昌黎先生文集四十卷外集十卷遺文一卷** （唐）韓愈撰 （宋）朱熹考異 （宋）王伯大音釋 **傳一卷** 明正統十三年（1448）書林王宗玉刻本 廣東省博物館

11851 **柳文四十三卷别集二卷外集二卷** （唐）柳宗元撰 **附録一卷** 明嘉靖十六年（1537）游居敬刻韓柳文本 方苞批 馬其昶跋 陳寶琛等題識 上海師範大學圖書館

11852 **增廣註釋音辯唐柳先生集四十三卷别集二卷外集二卷** （唐）柳宗元撰 （宋）童宗説注釋 （宋）張敦頤音辯 （宋）潘緯音義 **附録一卷** 明初刻本 何焯批校並跋 南京圖書館

11853 **白氏長慶集七十一卷目録二卷** （唐）白居易撰 **附録一卷** 明萬曆三十四年（1606）馬元調刻元白長慶集本（有抄配） 魏禧 曹炎批 王應奎跋 上海圖書館

11854 **白樂天文集三十六卷** （唐）白居易撰 明正德十四年（1519）郭勛刻本 國家圖書館

11855 **沈下賢文集十二卷** （唐）沈亞之撰 明謝肇淛小草齋抄本 復旦大學圖書館

11856 **周賀詩集一卷** （唐）周賀撰 清初毛氏汲古閣影宋抄本 東北師範大學圖書館

11857 **樊川文集二十卷** （唐）杜牧撰 明刻本 何紹基批校並跋 葉德輝 葉啟勳跋 湖南圖書館

11858 **杜牧之文抄一卷** （唐）杜牧撰 明末刻八

代文抄本　徐炯校　王芑孫批校並跋　上海圖書館

11859 **李羣玉詩集三卷後集五卷**　（唐）李群玉撰　清道光四年（1824）黄氏士禮居影宋抄本　黄丕烈跋　國家圖書館

11860 **重刊校正笠澤叢書四卷補遺詩一卷**　（唐）陸龜蒙撰　清雍正九年（1731）陸鍾輝水雲漁屋刻本　吳騫校並跋　上海圖書館

11861 **徐公文集三十卷**　（宋）徐鉉撰　清乾隆三十九年（1774）盧氏抱經堂抄本　盧文弨校並跋　國家圖書館

11862 **河東先生集十五卷**　（宋）柳開撰　清初抄本　王聞遠校並跋　上海圖書館

11863 **王黄州小畜集三十卷**　（宋）王禹偁撰　明抄本　張宗祥批校並跋　浙江圖書館

11864 **安陽集五十卷**　（宋）韓琦撰　明正德九年（1514）張士隆刻本　中共北京市委圖書館

11865 **孫明復小集一卷**　（宋）孫復撰　**附録一卷**　清鮑氏知不足齋抄本　鮑廷博校並跋　上海圖書館

11866 **歐陽文忠公集一百五十三卷**　（宋）歐陽修撰　**年譜一卷**　（宋）胡柯撰　**附録五卷**　明天順六年（1462）程宗刻本　山西博物院

11867 **臨川先生文集一百卷**　（宋）王安石撰　明刻本　吉林省博物院
存二卷（九十五至九十六）

11868 **蘇東坡詩集注三十二卷**　（宋）蘇軾撰　題（宋）吕祖謙分編　題（宋）王十朋纂集　**年譜一卷**　（宋）王宗稷撰　清康熙三十七年（1698）朱從延文蔚堂刻本　查慎行批注　上海圖書館

11869 **施註蘇詩四十二卷總目二卷**　（宋）蘇軾撰　（宋）施元之　顧禧注　（清）邵長蘅　顧嗣立　宋至删補　**蘇詩續補遺二卷**　（宋）蘇軾撰　（清）馮景補注　**王註正譌一卷**　（清）邵長蘅撰　**東坡先生年譜一卷**　（宋）王宗稷撰　清康熙三十八年（1699）宋犖刻本　查慎行批注　上海圖書館

11870 **豫章黄先生文集三十卷外集十四卷别集二十卷簡尺二卷詞一卷**　（宋）黄庭堅撰　**伐檀集二卷**　（宋）黄庶撰　**山谷先生年譜三十卷**　（宋）黄㽦撰　明弘治葉天爵刻嘉靖六年（1527）喬遷、余載仕重修本　山西博物院

11871 **山谷老人刀筆二十卷**　（宋）黄庭堅撰　明刻本　安徽師範大學圖書館

11872 **寶晉英光集殘册**　（宋）米芾撰　明抄本　石韞玉跋　福建省圖書館

11873 **劉給事文集五卷**　（宋）劉安上撰　**附録一卷**　清鮑氏知不足齋抄本[四庫底本]　鮑廷博校並跋　上海圖書館

11874 **斜川集六卷**　（宋）蘇過撰　**訂誤一卷**　（清）吳長元撰　**附録二卷補遺二卷續抄一卷附録一卷**　清乾隆五十三年（1788）趙懷玉亦有生齋刻嘉慶十六年（1811）唐仲冕增刻本　鮑廷博　傅以禮校並跋　楊海題識　上海圖書館

11875 **斜川詩集十卷**　題（宋）蘇過撰　清活字印本　吳騫校並跋　上海圖書館

11876 **斜川詩集十卷**　題（宋）蘇過撰　清活字印本　陳鱣校並跋　上海圖書館

11877 **龜山先生集三十五卷**　（宋）楊時撰　**年譜一卷**　（宋）黄去疾撰　**附録一卷**　明正德十二年（1517）沈暉刻本　湖南圖書館

11878 **雪溪詩五卷**　（宋）王銍撰　清馬氏小玲瓏山館抄本[四庫底本]　上海圖書館

11879 **胡澹菴先生文集六卷** （宋）胡銓撰 **附一卷** （清）鮑廷博補輯 清乾隆鮑氏知不足齋抄本 鮑廷博校並跋 上海圖書館

11880 **香溪先生范賢良文集二十二卷** （宋）范浚撰 明成化十五年（1479）唐韶刻遞修本 丁丙跋 南京圖書館

11881 **侍郎葛公歸愚集十卷** （宋）葛立方撰 清抄本 勞格校 王頌蔚跋 上海圖書館

11882 **竹洲文集二十卷** （宋）吳儆撰 **附録一卷** 明弘治六年（1493）吳雷亨刻本 國家圖書館

11883 **周益文忠公集二百卷** （宋）周必大撰 **附録五卷** 明純白齋抄本 上海辭書出版社

11884 **梅溪先生廷試策一卷奏議四卷文集二十卷後集二十九卷** （宋）王十朋撰 **附録一卷** 明初刻本 重慶圖書館

11885 **梅溪先生廷試策一卷奏議四卷文集二十卷後集二十九卷** （宋）王十朋撰 **附録一卷** 明正統五年（1440）劉謙、何灦刻天順六年（1462）重修本 陝西省圖書館

11886 **淳熙稿二十卷** （宋）趙蕃撰 清乾隆翰林院抄本[四庫底本] 國家圖書館

11887 **石湖居士集三十四卷** （宋）范成大撰 明弘治十六年（1503）金蘭館銅活字印本 上海圖書館

11888 **方是閑居士小藁二卷** （宋）劉學箕撰 清初毛氏汲古閣影元抄本 嚴元照跋 國家圖書館

11889 **漁墅類稿八卷** （宋）陳元晉撰 清乾隆翰林院抄本[四庫底本] 朱文鼎 孫曙滄校 國家圖書館

11890 **梅亭先生四六標準四十卷** （宋）李劉撰 明范氏臥雲山房抄本 浙江圖書館 存十卷（一至十）

11891 **後村居士詩二十卷** （宋）劉克莊撰 明抄本 錢允治 朱之赤校並跋 陸嘉穎跋 上海圖書館

11892 **彝齋文編四卷** （宋）趙孟堅撰 **補遺一卷** （清）鮑廷博輯 （清）勞權續輯 清仁和勞氏家抄本 勞權校並抄補 上海圖書館

11893 **玉楮集八卷** （宋）岳珂撰 清乾隆内府寫南三閣四庫全書本 吉林市圖書館

11894 **熊勿軒先生文集八卷附卷一卷續集一卷** （宋）熊禾撰 清抄本 張金吾校並跋 李兆洛 蔣因培跋 張蓉鏡題識 上海圖書館

11895 **馮秋水先生評定存雅堂遺藁十三卷補刊一卷** （宋）方鳳撰 （清）張燧輯 清順治十一年（1654）方兆儀等刻雍正二年（1724）補刻本（卷六至十配清抄本） 鮑廷博 勞權 勞格校 茱景葵跋 上海圖書館

11896 **閑閑老人滏水文集二十卷** （金）趙秉文撰 **附録一卷** 清初抄本[四庫底本] 鮑廷博校 錢桂森跋 上海圖書館

11897 **遺山先生文集四十卷** （金）元好問撰 **附録一卷** 明弘治十一年（1498）李瀚刻本 廣東省博物館

11898 **遺山先生文集四十卷** （金）元好問撰 **附録一卷** 明弘治十一年（1498）李瀚刻本 徐𤊹跋 福建省圖書館

11899 **遺山先生文集四十卷** （金）元好問撰 **附録一卷** （明）儲巏輯 清康熙四十六年（1707）華希閔刻本 王鳴盛批 陳鱣校 上海圖書館

11900 **遺山先生詩集二十卷** （金）元好問撰 明弘治十一年（1498）李瀚刻本 黄裳跋 國家圖書館

11901 **月屋樵吟四卷** （元）黄庚撰 清抄本 鮑廷博校並跋 上海圖書館

11902 **剡源戴先生文集三十卷** （元）戴表元撰 明萬曆九年（1581）戴洵刻本 鮑廷博校 趙懷玉跋 上海圖書館

11903 **巴西鄧先生文集一卷** （元）鄧文原撰 **補遺一卷** （清）鮑廷博輯 清嘉慶鮑氏知不足齋抄本 鮑廷博校並抄補序目 上海圖書館

11904 **静脩先生詩文拾遺七卷續集三卷** （元）劉因撰 **文集附録二卷** 明弘治十八年（1505）崔暠刻嘉靖十六年（1537）汪堅重修本 陝西省圖書館

11905 **秋澗先生大全文集一百卷** （元）王惲撰 清張穆家抄本 張穆批校 葉啟發跋 湖南圖書館

存二十七卷（四十七至六十一、八十至八十三、九十三至一百）

11906 **陳剛中詩集三卷** （元）陳孚撰 **附録一卷** 清清風萬卷堂抄本 鮑廷博校 上海圖書館

11907 **貢文靖公雲林詩集六卷** （元）貢奎撰 **附録一卷** 明弘治三年（1490）范吉刻本 南京圖書館

11908 **翰林楊仲弘詩八卷** （元）楊載撰 明嘉靖十五年（1536）遼藩朱寵瀼刻本 葉啟勳跋 湖南圖書館

11909 **圭齋文集十六卷** （元）歐陽玄撰 清彭氏知聖道齋抄本 彭元瑞 翁同龢校並跋 上海圖書館

11910 **清江碧嶂集一卷** （元）杜本撰 清抄本 宋賓王校並跋 上海圖書館

11911 **蜕菴詩五卷** （元）張翥撰 清鮑氏知不足齋抄本 鮑廷博校 上海圖書館

11912 **五峰集六卷文集一卷雁山十記一卷** （元）李孝光撰 **補遺三卷** （清）鮑廷博輯 清鮑廷博抄本 鮑廷博 勞格批校 中山大學圖書館

11913 **聞過齋集八卷** （元）吴海撰 清乾隆鮑氏知不足齋抄本 鮑廷博校並補録遺詩 上海圖書館

11914 **鐵崖先生古樂府十六卷** （元）楊維楨撰 明初刻本 葉德輝 葉啟勳 葉啟發跋 湖南圖書館

11915 **鐵崖賦藁二卷** （元）楊維楨撰 清仁和勞氏家抄本 勞權校 勞格校並跋 上海圖書館

11916 **楊鐵崖先生文集十卷** （元）楊維楨撰 明天啓馬宏道抄本 葉啟勳 葉啟發跋 湖南圖書館

11917 **石門集七卷** （明）梁寅撰 清初抄本 黄丕烈 金錫爵 戴光曾 葉啟勳 葉啟發跋 湖南圖書館

11918 **清江貝先生文集三十卷詩集十卷詩餘一卷** （明）貝瓊撰 明洪武刻本 貝墉跋 重慶圖書館

11919 **清江貝先生詩集十卷** （明）貝瓊撰 明洪武刻本 丁丙跋 南京圖書館

11920 **全室外集九卷續集一卷** （明）釋宗泐撰 明前期刻本 廣東省立中山圖書館

11921 **解學士先生集三十一卷** （明）解縉撰 明天順元年（1457）黄諫刻本 盧子樞題識 國家圖書館

11922 **巽隱程先生文集四卷** （明）程本立撰 明嘉靖吴昂刻本 黄丕烈 葉啟勳 葉啟發跋 湖南圖書館

11923 **楊文定公詩集七卷** （明）楊溥撰 明抄本 羅繼祖跋 南京圖書館

11924 **東里文集二十五卷詩集三卷續編六十二卷別集三卷** （明）楊士奇撰 **附録四卷** 明嘉靖二十九年（1550）黄如桂刻本 黄虞稷跋

國家圖書館

11925 **東里詩集三卷** （明）楊士奇撰 明正統刻重修本 黄丕烈 葉啟勳 葉啟發跋 湖南圖書館

11926 **王皆山先生白雲樵唱二卷** （明）王恭撰 明抄本[四庫底本] 徐乃昌題識 上海圖書館

11927 **類博稿十卷** （明）岳正撰 明嘉靖徐執策刻本 莆田市圖書館

11928 **白沙先生詩近藁十卷** （明）陳獻章撰 明弘治九年（1496）吳廷舉刻本 湖南圖書館

11929 **楊文懿公文集三十卷** （明）楊守陳撰 明弘治十二年（1499）楊茂仁刻本 黄丕烈跋 南京圖書館

11930 **黎文僖公集十七卷** （明）黎淳撰 明嘉靖三十五年（1556）陳甘雨刻本 北京大學圖書館

11931 **篁墩程先生文集九十三卷拾遺一卷** （明）程敏政撰 明正德二年（1507）何歆刻本 丁丙跋 南京圖書館

11932 **醫閭先生集九卷** （明）賀欽撰 明嘉靖九年（1530）成文刻本 北京大學圖書館

11933 **定山先生集十卷** （明）莊昶撰 明嘉靖十四年（1535）劉縉刻蕭惟馨等增修本 首都師範大學圖書館

11934 **震澤先生集三十六卷** （明）王鏊撰 明嘉靖刻本 南京圖書館

11935 **震澤先生集三十六卷** （明）王鏊撰 明嘉靖刻本 周星詒題記 復旦大學圖書館

11936 **雪洲集十二卷續集二卷** （明）黄瓚撰 明嘉靖九年（1530）黄長壽刻本 北京大學圖書館

11937 **北潭傅文毅公集八卷** （明）傅珪撰 明嘉靖四十五年（1566）刻本 北京大學圖書館

11938 **翰林羅圭峯先生文集十八卷續集十五卷** （明）羅玘撰 明嘉靖五年（1526）陳洪謨、余載仕刻本 首都師範大學圖書館

11939 **翰林羅圭峯先生文集十八卷** （明）羅玘撰 明嘉靖五年（1526）陳洪謨、余載仕刻本 無錫市圖書館

11940 **偲菴詩集十卷文集十卷** （明）楊旦撰 明嘉靖三十九年（1560）楊褱刻本 浙江圖書館

11941 **空同集六十三卷** （明）李夢陽撰 明嘉靖十一年（1532）曹嘉刻三十一年（1552）朱睦㮮增修本 天津師範大學圖書館

11942 **空同集六十三卷** （明）李夢陽撰 明嘉靖十一年（1532）曹嘉刻三十一年（1552）朱睦㮮增修本 曲阜師範大學圖書館

11943 **空同先生集六十三卷** （明）李夢陽撰 明嘉靖刻本 東北師範大學圖書館

11944 **祝氏集畧三十卷** （明）祝允明撰 明嘉靖三十七年（1558）張景賢刻本 南京圖書館

11945 **熊士選集一卷** （明）熊卓撰 明嘉靖二十二年（1543）范欽刻本 寧波市天一閣博物館

11946 **憑几集五卷續集二卷** （明）顧璘撰 明嘉靖刻本 首都圖書館

11947 **山中集四卷** （明）顧璘撰 明嘉靖刻本 雲南大學圖書館

11948 **息園存藁十四卷** （明）顧璘撰 明嘉靖十七年（1538）刻本 吉林省圖書館

11949 **息園存稿詩集十四卷** （明）顧璘撰 清乾隆内府寫南三閣四庫全書本 吉林省圖書館 存二卷（二至三）

11950 **東橋集詩二十三卷文十九卷詞一卷** （明）顧璘撰 明抄本 浙江圖書館

11951 **邊華泉集八卷** （明）邊貢撰 （明）劉天民輯 明嘉靖十七年（1538）司馬魯瞻刻本

湖北省圖書館

11952 **邊華泉集八卷** （明）邊貢撰 （明）劉天民輯 明嘉靖十七年（1538）司馬魯瞻刻本 南京圖書館

11953 **陽明先生文録五卷外集九卷別録十卷** （明）王守仁撰 明嘉靖十四年（1535）聞人詮刻本 江西省圖書館

11954 **陽明先生文録五卷外集九卷別録十卷** （明）王守仁撰 明嘉靖三十六年（1557）胡宗憲刻本 河南省社會科學院文獻信息中心

11955 **陽明先生文録續編八卷** （明）王守仁撰 明嘉靖四十五年（1566）徐必進刻本 首都師範大學圖書館

11956 **新刊精選陽明先生文粹六卷** （明）王守仁撰 （明）查鐸輯 明嘉靖四十五年（1566）唐龍泉刻本 寧波市天一閣博物館

11957 **張伎陵集七卷** （明）張鳳翔撰 明刻本 山東大學圖書館

11958 **洹詞十二卷** （明）崔銑撰 明趙府味經堂刻本 江西省圖書館

11959 **鈐山堂集四十卷** （明）嚴嵩撰 **附録一卷** 明嘉靖刻本 南京圖書館

11960 **鈐山堂集四十卷** （明）嚴嵩撰 **附録一卷** 明嘉靖刻本 寧波市天一閣博物館

11961 **鈐山詩選七卷** （明）嚴嵩撰 （明）楊慎輯並批點 明嘉靖刻本 王士禛批並跋 王式通 郭曾炘 黄濬 陳衍 樊增祥 楊天驥 朱文鈞 吳昌綬跋 首都圖書館

11962 **甘泉先生兩都風詠四卷** （明）湛若水撰 明嘉靖十四年（1535）朱敬之刻本 北京大學圖書館

11963 **甘泉湛子古詩選五卷** （明）湛若水撰 （明）謝錫命等輯 明嘉靖三十一年（1552）自刻本 浙江圖書館

11964 **儼山集一百卷** （明）陸深撰 清乾隆内府寫南三閣四庫全書本 吉林省圖書館

存九卷（三十三至三十七、四十八至五十一）

11965 **徐迪功集六卷談藝録一卷** （明）徐禎卿撰 明嘉靖二十九年（1550）姑蘇袁氏刻本 浙江圖書館

11966 **玉巖先生文集九卷** （明）周廣撰 **附録一卷** 明嘉靖三十七年（1558）杏華書屋刻本 陝西省圖書館

11967 **苑洛集二十二卷** （明）韓邦奇撰 明嘉靖三十九年（1560）刻本 吉林省社會科學院圖書館

11968 **端溪先生集八卷** （明）王崇慶撰 明嘉靖三十一年（1552）張蘊刻本 寧波市天一閣博物館

11969 **鳥鼠山人小集十六卷** （明）胡纘宗撰 明嘉靖刻本 蘭州大學圖書館

11970 **鳥鼠山人小集十六卷** （明）胡纘宗撰 明嘉靖刻本 山東大學圖書館

11971 **擬漢樂府八卷補遺一卷** （明）胡纘宗撰 （明）谷繼宗輯解 （明）鄒頤賢評校 **附録二卷** 明嘉靖十八年（1539）楊祜、李人龍等刻本 江西省圖書館

11972 **夏東巖先生文集六卷** （明）夏尚樸撰 明嘉靖四十五年（1566）斯正刻本[四庫底本] 北京大學圖書館

11973 **梓溪文集五卷** （明）舒芬撰 明嘉靖三十年（1551）張希舉刻本 浙江圖書館

11974 **馬文簡公集八卷** （明）馬汝驥撰 **附録一卷** 明嘉靖四十一年（1562）馬逢乾刻本 北京大學圖書館

11975 **林屋集二十卷** （明）蔡羽撰 明嘉靖八年（1529）刻本 北京大學圖書館

11976 **士齋詩集三卷** （明）鄒賽貞撰 明嘉靖三年（1524）傅希準刻本 北京大學圖書館

11977 **王遵巖家居集七卷** （明）王慎中撰 明嘉靖三十一年（1552）句吳書院刻本 楊泰亨跋 寧波市天一閣博物館

11978 **屠漸山蘭暉堂集十二卷** （明）屠應埈撰 明嘉靖三十一年（1552）屠仲律刻本 天津圖書館

11979 **少泉詩集十卷** （明）王格撰 明嘉靖刻本 浙江圖書館

11980 **念菴羅先生集十二卷** （明）羅洪先撰 明嘉靖四十二年（1563）劉玠刻本 保定市圖書館

11981 **自知堂集七卷** （明）蔡汝楠撰 明嘉靖四十三年（1564）朱炳如刻本 北京大學圖書館

11982 **孫文恪公集二十卷** （明）孫陞撰 明嘉靖袁洪愈、徐栻刻本 浙江圖書館

11983 **兩溪先生遺集七卷詩餘一卷** （明）駱文盛撰 明嘉靖三十九年（1560）王健刻本 北京大學圖書館

11984 **高光州詩選二卷** （明）高應冕撰 （明）茅坤輯 明嘉靖刻本 浙江圖書館

11985 **吳皋先生文集四卷** （明）喻時撰 明嘉靖三十六年（1557）陳大賓刻本 北京大學圖書館

11986 **白華樓藏稿十一卷** （明）茅坤撰 明刻本 謝國楨跋 湖南圖書館

11987 **海浮山堂詩稿五卷文稿五卷** （明）馮惟敏撰 明嘉靖四十五年（1566）刻本 北京大學圖書館

11988 **程士集四卷獻忱集五卷** （明）高拱撰 明嘉靖吉水廖如春刻本 首都圖書館

11989 **客建集四卷** （明）劉鳳撰 明嘉靖刻補修本 浙江圖書館

11990 **南紀集二卷** （明）徐學謨撰 明嘉靖四十一年（1562）刻本 南京圖書館

11991 **萬松吟卷一卷** （明）木公撰 明嘉靖雲南麗江刻本 雲南省圖書館

11992 **隱園春興一卷** （明）木公撰 明嘉靖雲南麗江刻本 雲南省圖書館

11993 **卯洞集四卷** （明）徐珊撰 明嘉靖二十四年（1545）刻本 浙江圖書館

11994 **中川遺藁三十三卷** （明）王教撰 明嘉靖三十九年（1560）清白堂刻本 北京大學圖書館

11995 **掃餘之餘三卷** （明）劉錫玄撰 明刻本 [四庫底本] 浙江圖書館

11996 **祁忠敏稿五卷** （明）祁彪佳撰 稿本 祁允題簽並跋 浙江圖書館

11997 **吳忠節公遺集四卷** （明）吳麟徵撰 南明弘光刻本 浙江圖書館

11998 **綠曉齋集一卷** （明）卜舜年撰 稿本 **詩來一卷附録一卷** （明）卜舜年輯 明末抄本 王昶跋 遼寧省圖書館

11999 **明徐勿齋自書贈倪鴻寶詩一卷** （明）徐汧撰 手稿本 王宗炎 余紹宋跋 金梁引首 浙江圖書館

12000 **千山詩集二十卷首一卷補遺一卷** （明）釋函可撰 清抄本 南京圖書館

12001 **華啓直詩文集不分卷** （明）華啓直撰 稿本 華上衢批 黄彭年 楊壽枏跋 無錫市圖書館

12002 **關中集一卷** （明）李延康撰 明嘉靖三十七年（1558）李乾齋刻本 南京圖書館

12003 酣半吟一卷 （清）丁雄飛撰 明末刻本 無錫市圖書館

12004 南雷文定十一卷後集四卷 （清）黄宗羲撰 附録一卷 清康熙二十七年（1688）靳治荆刻本 王芑孫批並跋 南京圖書館

12005 尺牘一卷湖上草一卷 （清）柳是撰 明汪然明刻本 趙宗建題簽並題記 徐楙 惠兆壬跋 林雲鳳 王國維題詩 王仁偶題詩並跋 浙江圖書館

12006 漁洋山人精華録訓纂十卷 （清）王士禛撰 （清）惠棟注 年譜註補二卷金氏精華録箋註辯訛一卷 （清）惠棟撰 清惠氏紅豆齋刻本 吴騫批校 上海圖書館

12007 流鉛集十六卷 （清）吴農祥撰 清盧氏抱經堂抄本 盧文弨校並跋 上海圖書館
存十卷（一至三、六至十、十三至十四）

12008 梧園詩文集不分卷 （清）吴農祥撰 稿本 丁丙 吴慶坻跋 浙江圖書館

12009 壬申紀游一卷 （清）查慎行撰 手稿本 浙江圖書館

12010 罔極録前編四卷後編四卷附觀化雜詠一卷 （清）許楹撰 清乾隆吴氏拜經樓抄本 吴騫校並跋 唐翰題 吴重熹 章鈺跋 上海圖書館

12011 幸魯寶翰九卷 （清）高宗弘曆撰 清乾隆内府寫本 山東大學圖書館

12012 全韻梅花詩一卷 （清）杭世駿撰 稿本 浙江圖書館

12013 鮚埼亭集三十七卷 （清）全祖望撰 清吴氏拜經樓抄本 吴騫批校並録杭世駿批注 陳鱣校 唐翰題 章鈺跋 吴重熹校並題識 上海圖書館

12014 癸卯入闈記一卷附書畫詩夢石研屏歌 （清）翁方綱撰 手稿本 李平書題簽 佚名題簽並跋 浙江圖書館

12015 春凫詩稿不分卷春凫殘稿一卷 （清）符曾撰 稿本 黄雨齋批 廣西壯族自治區桂林圖書館

12016 臺山文集不分卷 （清）羅有高撰 清抄本 徐時棟校並跋 南京大學圖書館

12017 龍莊先生詩稿不分卷 （清）汪輝祖撰 稿本 王暐昌跋 浙江圖書館

12018 鶴谿文稿不分卷 （清）王鳴韶撰 稿本 王昶批校 錢大昕 朱春生 汪照 葉德輝 葉啟勳跋 湖南圖書館

12019 茗柯文初編一卷二編二卷三編一卷四編一卷 （清）張惠言撰 清嘉慶十四年（1809）刻本 勞權校 上海圖書館

12020 新坡土風一卷 （清）陳鱣撰 稿本 長洲郭宗泰題記 鄒鏞題字 王朝題封 寧波市天一閣博物館

12021 仙屏書屋初集詩録十六卷後録二卷 （清）黄爵滋撰 清道光二十七年（1847）翟金生泥活字印本 江西省黎川縣圖書館

12022 定盦文集□□卷 （清）龔自珍撰 （清）魏源 龔橙輯 稿本 定盦集外未刻詩一卷詞一卷 鄧實輯 定盦詩集定本一卷 （清）龔橙輯 民國龔氏瞻麓齋抄本 龔心釗跋 上海圖書館
存八卷（文集九至十三，集外未刻詩、詞、詩集定本全）

12023 詩問藁一卷 （清）姚燮撰 稿本 傅溓題簽並批校 葉廷枚跋 浙江圖書館

12024 二張集四卷 （唐）張九齡 張説撰 （明）高叔嗣編 明刻本 廣東省立中山圖書館
存二卷（曲江集全）

12025 **漢魏六朝百三家集一百十八卷** （明）張溥編 （清）楊夢符校 清乾隆内府寫南三閣四庫全書本 吉林省圖書館

存二卷（四十一至四十二）

12026 **唐人八家詩四十二卷** （明）毛晉編 明崇禎十二年（1639）毛氏汲古閣刻本 錢陸燦批 上海圖書館

12027 **十二家唐詩二十四卷** （明）張遜業編 明嘉靖三十一年（1552）黄埻刻本 傅增湘批注 山西博物院

12028 **唐人集□□種□□卷** 明銅活字印本 寧波市天一閣博物館

存三十三種一百十七卷（唐太宗皇帝集二卷、唐玄宗皇帝集二卷、許敬宗集一卷、虞世南集一卷、盧照鄰集二卷、駱賓王集二卷、楊炯集二卷、杜審言集二卷、陳子昂集二卷、沈佺期集四卷、王摩詰集六卷、李頎集三卷、儲光羲集五卷、劉隋州集十卷、崔顥集二卷、崔曙集一卷、祖詠集一卷、常建集二卷、孟浩然集三卷、韋蘇州集十卷、岑嘉州集八卷、高常侍集八卷、錢考功集十卷、嚴維集二卷、顧況集二卷、耿湋集三卷、盧綸集六卷、李益集二卷、李端集四卷、司空曙集二卷、武元衡集三卷、權德輿集二卷、羊士諤集二卷）

12029 **李杜全集八十四卷** （明）鮑松編 明正德八年（1513）自刻本 徐渭批 南京圖書館

存三十四卷（李翰林集一至十三；杜工部集一至八、二十一至三十，文集二卷，年譜一卷）

12030 **巾箱集四卷** （清）吴騫輯 稿本 吴騫題識 南京圖書館

12031 **古文苑二十一卷** （宋）章樵注 明成化十八年（1482）張世用刻本 中央民族大學圖書館

12032 **古文苑二十一卷** （宋）章樵注 明刻本 顧之逵校 孫毓修題識 上海圖書館

12033 **古文苑二十一卷** （宋）章樵注 明萬曆張象賢刻本 戈宙襄校 戈載校並跋 上海圖書館

12034 **樂府詩集一百卷目録二卷** （宋）郭茂倩輯 明末毛氏汲古閣刻本 勞權校並跋 上海圖書館

12035 **古樂府十卷** （元）左克明編次 明嘉靖二十三年（1544）蕭一中刻本 丁福保跋 安徽省圖書館

12036 **御選唐宋詩醇四十七卷** （清）高宗弘曆輯 清咸豐謝氏活字四色套印本 曾國藩題識 湖南圖書館

12037 **秦漢文八卷** （明）胡纘宗輯 明嘉靖三十四年（1555）金陵雙橋全氏刻本 北京大學圖書館

12038 **文體明辯六十一卷首一卷目録六卷附録十四卷附録目録二卷** （明）徐師曾輯 明萬曆游榕銅活字印本 湖南圖書館

存十一卷（附録三至十一、附録目録全）

12039 **釋文紀四十五卷** （明）梅鼎祚編 清乾隆内府寫南三閣四庫全書本 吉林省圖書館

存二卷（六、九）

12040 **古文輯略不分卷** （清）曹本榮輯 清抄本 江西省圖書館

12041 **唐文約選不分卷宋文約選不分卷元文約選不分卷** 清雍正果親王府抄本 深圳圖書館

12042 **會心集不分卷** （清）管應祥輯 稿本 管庭芬跋 浙江圖書館

12043 **筆媚牋十二卷** （明）楊慎輯 （明）孫鑛評 明崇禎刻本 蘇州圖書館

12044 **春秋詞命三卷** （明）王鏊輯 明正德刻本 天津圖書館

12045 **重校正唐文粹一百卷** （宋）姚鉉輯 明嘉靖三年（1524）徐焴刻本 王芑孫跋 江沅校並跋 上海圖書館

12046 **松陵集十卷** （唐）皮日休 陸龜蒙撰 明弘治十五年（1502）劉濟民刻本 蔡鴻鑑題簽並題記 浙江圖書館

12047 **註唐詩鼓吹十卷** （金）元好問輯 （元）郝天挺注 明刻本 天津圖書館

12048 **批點唐音十五卷** （元）楊士弘輯 （明）顧璘批點 明嘉靖四十年（1561）顧履祥刻四十四年（1565）李蓘重修本 首都師範大學圖書館

12049 **唐詩品彙九十卷拾遺十卷首一卷** （明）高棅輯 明嘉靖十六年（1537）姚芹泉刻本 首都師範大學圖書館

12050 **唐雅八卷** （明）胡纘宗輯 明嘉靖二十八年（1549）文斗山堂刻本 蘭州大學圖書館

12051 **九僧詩一卷** （宋）釋希晝等撰 清初毛氏汲古閣影宋抄本 毛扆 袁克文跋 北京大學圖書館

12052 **新雕宋朝文鑑一百五十卷目録三卷** （宋）吕祖謙輯 明天順八年（1464）嚴州府刻弘治十七年（1504）胡韶重修本 煙臺圖書館

12053 **皇明風雅四十卷** （明）徐泰輯 明嘉靖十二年（1533）張沂刻本 天津圖書館

12054 **皇明近體詩抄二十三卷** （明）謝東山輯 明嘉靖四十五年（1566）刻本 北京大學圖書館

12055 **明詩綜一百卷** （清）朱彝尊輯 清康熙刻本 吳騫跋 杭州圖書館

12056 **姑蘇雜詠合刻四卷** （明）周希夔輯 明萬曆四十六年（1618）刻本 黄丕烈校 潘承弼跋 上海圖書館

12057 **半山亭詩集不分卷** （明）丁鉷輯 明弘治元年（1488）刻本 浙江圖書館

12058 **續甬上耆舊詩不分卷** （清）全祖望輯 稿本 馮貞群跋 浙江圖書館

12059 **續甬上耆舊詩不分卷** （清）全祖望輯 清全氏雙韭山房抄本 馮貞群跋 浙江圖書館

12060 **江干雜詠不分卷** （清）丁丙輯 稿本 吳士鎬題記 浙江圖書館

12061 **滇文不分卷** （明）謝肇淛輯 明謝氏小草齋抄本 郭柏蒼題識 福建省圖書館

12062 **姚氏世刻十五卷** （明）姚堦輯 明嘉靖三十五至三十六年（1556-1557）姚堦刻本 北京大學圖書館

12063 **全唐詩話三卷** 題（宋）尤袤撰 明正德二年（1507）秦昂刻本 遼寧大學圖書館

12064 **全唐詩話三卷** 題（宋）尤袤撰 明正德十二年（1517）鮑繼文教養堂刻本 雲南省圖書館

12065 **晦菴先生詩話一卷** （宋）朱熹撰 （明）沈爚輯 明抄本 寧波市天一閣博物館

12066 **文則一卷** （宋）陳騤撰 明末毛氏汲古閣影元抄本 葉啟發 葉啟勳跋 湖南圖書館

12067 **南溪筆録羣賢詩話前集一卷後集一卷續集一卷** 明正德五年（1510）程啓充刻本 首都圖書館

12068 **妙集吟堂詩話三卷** （明）瞿佑撰 明初刻本 南京圖書館

12069 **圍爐詩話六卷** （清）吳喬撰 清初抄本 宋賓王校並跋 上海圖書館

12070 **石洲詩話五卷** （清）翁方綱撰 稿本 翁方綱 葉繼雯跋 南京圖書館

12071 **全宋詩話十二卷** （清）孫濤輯 清抄本 馮登府校並跋 清華大學圖書館

12072 **金石三例十五卷** （清）盧見曾編 清乾隆

二十年（1755）盧見曾刻本　王芑孫批校並跋　上海圖書館

12073 **校補金石例四種十七卷**　（清）李瑤編　清道光十二年（1832）李瑤泥活字印本　河南省圖書館

12074 **酒邊詞二卷**　（宋）向子諲撰　**平齋詞一卷**　（宋）洪咨夔撰　清乾隆内府寫南三閣四庫全書本　吉林大學圖書館

12075 **玉笥山人詞集一卷**　（宋）王沂孫撰　明文淑抄本　葉德輝　葉啟勳　龍毓瑩跋　湖南圖書館

12076 **疎影樓詞二卷**　（清）姚燮撰　稿本　姚儒俠跋　寧波市天一閣博物館

12077 **樵風樂府不分卷**　鄭文焯撰　稿本　南京圖書館

12078 **金奩集一卷**　（唐）温庭筠撰　清勞權抄本　勞權校　曹元忠跋　上海圖書館

12079 **花間集十卷**　（後蜀）趙崇祚輯　明正德十六年（1521）陸元大刻本（卷九至十抄配）　秦更年題識並跋　南開大學圖書館

12080 **尊前集二卷**　明刻本　王國維跋　國家圖書館

12081 **御選歷代詩餘一百二十卷**　（清）沈辰垣　王奕清等編纂　清乾隆内府寫南三閣四庫全書本　吉林省圖書館

存一卷（八）

12082 **陽春白雪八卷外集一卷**　（宋）趙聞禮輯　清鮑氏知不足齋抄本　鮑廷博校　戈載校並跋　上海圖書館

12083 **絕妙好詞七卷**　（宋）周密輯　清初毛氏汲古閣抄本　朱祖謀跋　國家圖書館

12084 **元曲選十集一百卷**　（明）臧懋循編　**論曲一卷**　（明）陶宗儀等撰　明萬曆刻博古堂印本　首都圖書館

12085 **復莊今樂府選□□種□□卷總目一卷**　（清）姚燮編　稿本　姚燮　張宗祥批校並跋　姚夔校並跋　浙江圖書館

存二百五十五種四百七卷（迎鑾新曲一卷，康衢新樂府一卷，浙江迎鑾詞二卷，太平樂事一卷，萬壽圖一卷，西廂四卷，漢宫秋一卷，陳摶高臥一卷，黄粱夢一卷，岳陽樓一卷，青衫泪一卷，任風子一卷，薦福碑一卷，竇娥冤一卷，中秋切鱠一卷，魯齋郎一卷，玉鏡臺一卷，蝴蝶夢一卷，救風塵一卷，謝天香一卷，金線池一卷，墻頭馬上一卷，梧桐雨一卷，兩世姻緣一卷，金錢記一卷，揚州夢一卷，風花雪月一卷，東坡夢一卷，玉壺春一卷，老生兒一卷，生金閣一卷，麗春堂一卷，倩女離魂一卷，王粲登樓一卷，㑳梅香一卷，對玉梳一卷，金童玉女一卷，蕭淑蘭一卷，北邙說法一卷，團花鳳一卷，眼兒媚一卷，桃花人面一卷，死裏逃生一卷，花前一笑一卷，脱囊穎一卷，有情癡一卷，魚兒佛一卷，不伏老一卷，僧尼共犯一卷，漁陽弄一卷，翠鄉夢一卷，雌木蘭一卷，曲江春一卷，簪花髻一卷，鴛鴦夢一卷，通天臺一卷，臨春閣一卷，清平調一卷，弔琵琶一卷，讀離騷一卷，桃花源一卷，黑白衛一卷，鬱輪袍一卷，夢揚州一卷，飲中仙一卷，藍橋驛一卷，擬連廂詞一卷，買花錢一卷，大轉輪一卷，拈花笑一卷，浮西施一卷，夢花因一卷，一片石一卷，第二碑一卷，四絃秋一卷，昆明池一卷，集翠裘一卷，鑑湖隱一卷，旗亭館一卷，蘆花絮一卷，北孝烈一卷，圓香夢一卷，江梅夢一卷，花間九奏一卷，青溪笑二卷，牡蠣園一卷，吟風閣四卷，修簫譜一卷，列子御風一卷，艷禪一卷，四時春一卷，凌波影一卷，盂蘭夢一卷，飲酒讀騷一卷，園林午夢一卷，西廂記四卷，曇花記卷五至六，水滸記一卷，四喜記二卷，節孝記一卷，玉簪記二卷，雙烈記二卷，鳴鳳記四卷，分金記一卷，八義記一卷，夢磊記二卷，雙圓舫一卷，春蕪記一卷，玉鏡臺二卷，焚香記二卷，龍膏記三卷，紅梨記三卷，貞文祠三卷，撮盒圓二卷，想當然一卷，醉鄉記一卷，燕子箋三卷，白兔記卷上，綵樓記一卷，運甓記二卷，錦箋記二卷，投梭記一卷，玉盒記卷上，四賢記卷四，節俠記二卷，秣陵春五卷，鈞天樂二卷，桃花扇二卷，花筵賺四卷，鴛鴦棒三卷，夢花酣一卷，西樓記二卷，珍珠衫一卷，鷫霜裘二卷，醉月緣一卷，永團圓二卷，一捧雪二卷，牡丹圖二卷，漁家樂二卷，艷雲亭一卷，雙冠誥卷下，櫻桃夢三卷，靈寶刀一卷，綰春園一卷，息宰河三卷，人天樂一卷，忠孝福二卷，紅情言三卷，詞苑春秋一卷，醉菩提一卷，長生殿六卷，玉門關一卷，布袋錦一卷，新灌園二卷，長命縷二卷，廣寒香四卷，陰陽判二卷，雙奇會二卷，紅梅記一卷，香鞋記一卷，酒家傭二卷，遊子鑑二卷，精忠旗一卷，青雀舫一卷，禱河冰一卷，雙鴛祠一卷，桂花塔一卷，珊瑚玦二卷，元寶媒三卷，雙忠廟卷中、下，芙蓉峽一卷，揚州夢二卷，玉尺樓卷一至二，無瑕璧一卷，瑞筠圖一卷，廣寒梯二卷，杏花村一卷，南陽樂三卷，奈何天卷一至三，玉搔頭卷中、下，風箏誤卷上，香祖樓四卷，臨川夢卷下，冬青樹二卷，雪中人一卷，桂林雙二卷，夢中緣三卷，懷沙記三卷，玉獅墜二卷，梅花簪三卷，雙報應卷上，報恩緣卷中、下，伏虎韜四卷，地行仙卷三至五，寒香亭五卷，東海記一卷，八寶箱一卷，馬上緣二卷，琵琶俠四卷，魚水緣三卷，後一捧雪一卷，芝龕記六卷，載花舲四卷，栖雲石三卷，雙仙記三卷，石榴記四卷，鶴歸來一卷，芙蓉樓四卷，玉節記四卷，千金壽一卷，繡帕二卷，十二金錢二卷，血梅記一卷，黄河遠一卷，蘭桂仙一卷，仲氏紅樓四卷，紅樓散套二卷，梅花樓一卷，緑華軒一卷，宵光劍一卷，天宫寶一卷，鳳鸞圓五卷，南樓夢一卷，情郵一卷，桐葉一卷，鴛鴦塚一卷，七子圓二卷，慈悲願一卷，翡翠園一卷，蝴蝶夢一卷，盤陀山一卷，昇平寶筏一卷，丹鳳忠二卷，定心猿一卷，花神報一卷，千忠戮二卷，情中義一卷，六如曲一卷，擊節餘音一卷，山堂雜曲一卷，歸田小令二卷，山堂附録一卷，江東白苧二卷，續江東白苧二卷，樂府詞餘一卷，西堂樂府一卷，葉兒樂府一卷，北樂府小令一卷，道情十首一卷，黍香集一卷，漁鼓曲一卷，棣萼香詞二卷，有正味齋曲二卷，夾竹桃一卷，掛枝兒二卷；總目一卷）

12086 **復莊今樂府選□□種□□卷總目一卷**

（清）姚燮編　稿本（總目一卷爲光緒三十年馮辰元抄配）　姚燮批校並跋　姚夔校並跋　無我相居士　□文山農跋　寧波市天一閣博物館

存一百四十一種二百二十七卷（忍字記一卷、後庭花一卷、楚昭公一卷、看錢奴一卷、范張雞黍一卷、留鞋記一卷、度柳翠一卷、張生煮海一卷、羅李郎一卷、薛仁貴一卷、合汗衫一卷、秋胡戲妻一卷、曲江池一卷、魔合羅一卷、酷寒亭一卷、瀟湘雨一卷、東堂老一卷、趙禮讓肥一卷、柳毅傳書一卷、氣英布一卷、單鞭奪槊一卷、竹葉舟一卷、風光好一卷、趙氏孤兒一卷、黑旋風一卷、鐵拐李一卷、兒女團圓一卷、灰闌記一卷、救孝子一卷、燕青捕魚一卷、勘頭巾一卷、紅梨花一卷、李逵負荊一卷、竹塢聽琴一卷、伍員吹簫一卷、虎頭牌一卷、陳州糶米一卷、合同文字一卷、來生債一卷、小尉遲一卷、凍蘇秦一卷、馬陵道一卷、殺狗勸夫一卷、爭報恩一卷、鴛鴦被一卷、昊天塔一卷、隔江鬥智一卷、賺蒯通一卷、百花亭一卷、誶范叔一卷、硃砂擔一卷、桃花女一卷、碧桃花一卷、抱妝盒一卷、梧桐葉一卷、冤家債主一卷、謝金吾一卷、神奴兒一卷、貨郎旦一卷、馮玉蘭一卷、舉案齊眉一卷、連環計一卷、盆兒鬼一卷、悞入桃源一卷、劉行首一卷、還牢末一卷、城南柳一卷、牡丹仙一卷、西遊記四卷、琵琶記五卷、荆釵記三卷、幽閨記三卷、精忠記一卷、三元記一卷、千金記一卷、香囊記二卷、邯鄲記四卷、南柯記四卷、牡丹亭一卷、紫釵記五卷、紫簫記三卷、鸞鎞記一卷、金鎖記二卷、蕉帕記三卷、明珠記三卷、懷香記一卷、紅拂記一卷、祝髮記一卷、青衫記二卷、浣紗記二卷、種玉記二卷、獅吼記二卷、義俠記一卷、望湖亭一卷、翠屏山二卷、雙珠記二卷、鮫綃記二卷、綵毫記二卷、曇花記卷一至四、金蓮記四卷、黨人碑一卷、十五貫二卷、聚寶盆一卷、雙冠誥卷上、玉尺樓卷三至五、旗亭記一卷、一斛珠三卷、拜針樓二卷、珍珠塔一卷、錦香亭一卷、百花舫一卷、晉春秋四卷、量江記三卷、議大禮一卷、灑雪堂二卷、風流棒二卷、念八翻三卷、空青石二卷、緑牡丹二卷、畫中人二卷、西園二卷、乞食圖二卷、六如亭五卷、花萼吟一卷、陳氏紅樓五卷、海烈婦二卷、後七子四卷、合浦珠一卷、續牡丹亭一卷、雷峰塔一卷、富貴神仙一卷、影梅庵三卷、香畹樓四卷、鴛鴦鏡二卷、茂陵絃三卷、帝女花二卷、桃谿雪二卷、爛柯山一卷、名山志一卷、諧賸一卷、春雪新聲一卷，總目一卷）

12087 **復莊今樂府選□□種□□卷**　（清）姚燮編　稿本　姚燮校並跋　國家圖書館

存四種五卷（紅玉簪一卷、醉西湖一卷、小山小令二卷、喬氏小令一卷）

12088 **復莊今樂府選□□種□□卷**　（清）姚燮編　謄清稿本　蘇州博物館

存十九種十九卷（伍員吹簫一卷、虎頭牌一卷、陳州糶米一卷、合同文字一卷、來生債一卷、小尉遲一卷、凍蘇秦一卷、馬陵道一卷、殺狗勸夫一卷、爭報恩一卷、鴛鴦被一卷、昊天塔一卷、隔江鬥智一卷、賺蒯通一卷、百花亭一卷、勘頭巾一卷、紅梨花一卷、李逵負荊一卷、竹塢聽琴一卷）

12089 **新編洛陽風月牡丹仙一卷新編十美人慶賞牡丹園一卷新編天香圃牡丹品一卷**　（明）朱有燉撰　明宣德刻本　西北師範大學圖書館

12090 **紅拂記四卷**　（明）張鳳翼撰　（明）湯顯祖評　明凌玄洲刻朱墨套印本　湖南圖書館

12091 **吳騷二集四卷**　（明）張琦　王輝輯　明萬曆刻本　蘇州圖書館

12092 **詞林摘艷十卷**　（明）張禄輯　明嘉靖三十

年（1551）徽藩刻本（甲集、丙集、庚集、辛集抄配） 曹元忠 吳梅跋 國家圖書館

12093 **雍熙樂府二十卷** （明）郭勛輯 明嘉靖十年（1531）刻本（卷二、十、十二配清抄本） 江標跋 南京圖書館

12094 **南詞韻選十九卷** （明）沈璟輯 明萬曆刻本 東北師範大學圖書館

存十七卷（一至十七）

12095 **新鐫歌林拾翠六卷** 題棨花主人輯 西湖漫史點評 明崇禎刻本 浙江圖書館

12096 **昆弋腔選曲不分卷** 清四色抄本 河北大學圖書館

12097 **魏忠賢軼事四卷四十八回** （明）樂舜日撰 明崇禎抄本 吉林省圖書館

12098 **新刻繡像批評金瓶梅二十卷** （明）蘭陵笑笑生撰 明末刻本 首都圖書館

12099 **紅樓夢一百二十回（程甲本）** （清）曹霑撰 （清）高鶚增訂 清乾隆五十六年（1791）萃文書屋活字印本 中國書店

12100 **紅樓夢一百二十回（程乙本）** （清）曹霑撰 （清）高鶚增訂 清乾隆五十七年（1792）萃文書屋活字印本 中國書店

12101 **紅樓夢一百二十回（程乙本）** （清）曹霑撰 （清）高鶚增訂 清乾隆五十七年（1792）萃文書屋活字印本 陳其泰批校並跋 杭州圖書館

12102 **泰山刻石** 傳（秦）李斯書 秦始皇二十八年（前219）刻石 明拓本 趙之謙題簽 翁方綱 趙魏 沈樹鏞跋 張燕昌録錢大昕跋 青島市博物館

12103 **尹宙碑** 東漢熹平六年（177）四月刻石 明拓本 高毓浵跋 北京市文物局圖書資料中心

12104 **修太公祠碑** （北魏）穆子容撰 東魏武定八年（550）四月刻石 碑陽明拓本 碑陰清康熙拓本 周肇祥題簽並跋 邵章跋 北京市文物局圖書資料中心

12105 **顏氏家廟碑** （唐）顏真卿撰並書 （唐）李陽冰篆額 唐建中元年（780）刻石 明拓本 陳雲誥 羅繼祖跋 旅順博物館

12106 **杭州龍井山方圓庵記** （宋）釋守一撰 （宋）米芾書 北宋元豐六年（1083）刻石 明拓本 周肇祥 高毓浵跋 北京市文物局圖書資料中心

12107 **東坡雪堂詞刻行香子詞** （宋）蘇軾撰並書 北宋紹聖二年（1095）刻石 明拓本 張伯英觀款 許石楠 謝國楨 周肇祥 邵章等跋 北京市文物局圖書資料中心

12108 **東坡雪堂詞刻中呂滿庭芳詞** （宋）蘇軾撰並書 北宋紹聖四年（1097）刻石 明拓本 周肇祥 邵章跋 北京市文物局圖書資料中心

12109 **鮮于光祖墓誌** （元）周砥撰 （元）趙孟頫書並篆蓋 （元）盛彪撰後記 （元）王明鐫 元大德二年（1298）刻石 明拓本 唐翰題題簽題記並録陳子文跋 沈樹鏞跋並録周士甫題記 沈吾抄補志文並跋 劉鶚題記 北京大學圖書館

12110 **狄梁公碑** （宋）范仲淹撰 （宋）黄庭堅書 元刻石 明初拓本 集樓題簽 北京大學圖書館

12111 **墨池堂帖五卷** （明）章藻摹刻 明萬曆三十至三十八年（1602-1610）刻石 明拓本 程明超題簽 江蘇省海安縣圖書館

存四卷（一至四）

12112 **洛神賦十三行** （三國魏）曹植撰 （晉）王獻之書 宋刻石 明拓本 徐漢蒼觀款 曹

玉銘跋 北京市文物局圖書資料中心

12113 **蘭亭圖** 傳（宋）李公麟繪 （明）朱有燉摹 明永樂十五年（1417）刻石 明拓本 端甫舊藏並題簽 朱有燉跋並録何子楚跋 國家圖書館

12114 **曶鼎銘文** 西周曶作器 清拓原器未剔本 張廷濟跋 四川博物院

12115 **積古圖** （清）阮元輯 清嘉慶八年（1803）金石集拓本 翁方綱題端 阮元 伊秉綬 趙魏跋 周瓚繪圖 國家圖書館

12116 **新疆總圖** 清乾隆繪本 國家圖書館

12117 **新疆西北各城輿圖附說明** （清）長庚繪 清同治十年（1871）彩繪本 清華大學圖書館

12118 **[山西太原大同潞安三府輿地圖]** 清雍正初年絹地繪本 國家圖書館

12119 **黑圖阿拉城陵圖** 清初期彩繪本 國家圖書館

12120 **黑龍江東部屯墾圖** 清乾隆末年繪本 國家圖書館

12121 **九邊圖** 明末彩繪本 首都圖書館

存九軸（一、三至十）

12122 **[湘西營盤苗寨民莊輿地圖]** 清康熙雍正年間繪本 國家圖書館

12123 **[運河圖]** 清中期絹地彩繪本 國家圖書館

12124 **[漕河挽運圖]** 清乾隆繪本 朱啟鈐題記 國家圖書館

12125 **直隸分巡清河道屬河道工程圖册** 清乾隆末年繪本 國家圖書館

12126 **福建沿海圖** 清初期絹地繪本 國家圖書館

12127 **廣東沿海圖** 清乾隆絹地繪本 國家圖書館

12128 **[均州附近名勝圖]** 清中期絹地繪本 國家圖書館

12129 **封舟出洋順風針路圖** 清乾隆絹地繪本 國家圖書館

二、少數民族文字珍貴古籍

（一）藏文

12130 **般若波羅蜜多兩萬五千頌** 十世紀寫本 西藏大學圖書館

12131 **般若波羅蜜多十萬頌** 十二世紀寫本 西藏自治區曲水縣聶唐卓瑪拉康

12132 **古格王統史** 十二世紀寫本 西藏自治區札達縣托林寺

12133 **觀所緣論釋** （印度）陳那撰 噶瓦白則譯 十二世紀寫本 西藏自治區普蘭縣科迦寺

12134 **量理寶藏詮釋** 薩迦·貢嘎堅贊撰 元大都刻本 西藏自治區尼木縣切卡曲德寺

12135 **現觀莊嚴論名義釋** （印度）獅子賢撰 元刻本 西藏自治區尼木縣切卡曲德寺

12136 **八思巴文集** （元）八思巴·洛追堅贊撰 元寫本 西藏博物館

12137 **阿底峽傳** 元寫本 西藏自治區普蘭縣科迦寺

12138 **般若波羅蜜多八十萬頌** 元寫本 西藏自治區尼木縣瑪江卡曲寺

12139 **大般若波羅蜜多經** 元寫本 西藏自治區札達縣益日寺

12140 **苯教瓦塞儀軌** 元寫本 西藏圖書館

12141 **苯教觀點集** 象雄綽潘撰 元寫本 西藏圖書館

12142 **定量論** （印度）法稱撰 元寫本 西藏自治區普蘭縣科迦寺

12143 **定量論疏** （印度）法勝撰 元寫本 西藏自治區普蘭縣科迦寺

12144 **梵文拼讀論** 香敦曲蚌撰 元寫本 西藏圖書館

12145 **淨惡道壇城儀軌** 元寫本 西藏自治區普蘭縣科迦寺

12146 **空行母寶帳概論** 元寫本 西藏自治區普蘭縣科迦寺

12147 **希杰傳承志** 元寫本 西藏自治區革吉縣直熱寺

12148 **仁青白記薩迦•貢嘎堅贊傳記及聞法録** 尊巴•仁青白撰 元寫本 西藏博物館

12149 **藏文文法口劍之論** （印度）密底佳那撰 扎巴堅贊注釋 元寫本 西藏圖書館

12150 **勝樂金剛密集儀軌** 元寫本 西藏自治區普蘭縣科迦寺

12151 **文殊修法** 元寫本 西藏自治區普蘭縣科迦寺

12152 **喜金剛修法** 措吉多吉撰 元寫本 西藏自治區普蘭縣科迦寺

12153 **因明學論著** 元寫本 西藏自治區普蘭縣科迦寺

12154 **律經根本律** （印度）功德光撰 元寫本 西藏自治區普蘭縣科迦寺

12155 **八思巴傳** 比丘强熏撰 元末寫本 西藏博物館

12156 **大乘寶藏論** 隆欽•崔成洛追撰 明貢塘刻本 西藏圖書館

12157 **瑪尼遺教** 明貢塘刻本 西藏自治區札達縣白東坡倫珠曲德寺

12158 **米拉日巴廣傳及道歌** 藏年赫如嘎•茹白堅見撰 明貢塘刻本 西藏自治區曲水縣珠寺

12159 **蓮花生傳記** 明貢塘刻本 西藏圖書館

12160 **仲敦巴大師秘笈** 仲敦巴•杰瓦瓊乃撰 明貢塘刻本 西藏圖書館

12161 **達布拉杰教誨** 明山南加查達布拉鼎刻本 西藏自治區索縣扎西炯寺

12162 **梵文嘎拉巴總義** 夏魯•卻迥桑布撰 明刻本 西藏圖書館

12163 **賢者喜宴** （明）巴沃•祖拉陳瓦撰 明刻本 中國民族圖書館

12164 **薩迦世系** （明）阿旺•貢嘎索南撰 明刻本 西北民族大學圖書館

12165 **仲敦巴本生傳•弟子問道語録** 鄂•勒巴協若輯 明刻本 中國民族圖書館

12166 **噶舉派教法史** （明）桑杰阿波貝桑撰 明刻本 中國民族圖書館

12167 **巴協** 巴•賽囊撰 明抄本 西藏博物館

12168 **苯教甘珠爾** 明抄本 西藏自治區巴青縣布拉寺

存七十五函

12169 **黑金剛寶帳怙主訣竅法録** （元）八思巴•洛追堅贊撰 明抄本 西藏自治區曲水縣珠寺

12170 **響•卓衛貢布傳** 涅阿•熱納西日巴扎撰 明抄本 西藏博物館

12171 **洛扎執金剛傳記** 明抄本 西藏自治區措美縣古堆鄉拉沃寺

12172 **薩迦扎巴堅贊傳** 强秋協繞撰 明抄本 西藏博物館

12173 **央莌巴道歌集** 堅阿•雲旦仁青丹編 明抄本 西藏博物館

12174 **音勢論廣疏** 衛巴•羅色强秋益西撰 明抄本 西藏博物館

12175 **三十頌疏** 衛巴•羅色强秋益西撰 明抄本 西藏博物館

12176 **聲明積分論述** （元）薩桑•洛智堅贊撰 明抄本 西藏圖書館

12177 **聲明學積分論注釋明鑒** （元）薩桑•洛智堅贊撰 明抄本 西藏圖書館

12178 **時輪續部無垢光釋注疏** （元）布頓•仁欽珠撰 明抄本 西藏自治區日喀則市夏魯寺

12179 **扎西炯寺志** 明抄本 西藏自治區索縣扎西炯寺

12180 **夏魯日普寺法臺造像志** 明抄本 西藏圖書館

12181 **勝樂金剛訣竅耳傳如意寶** （印度）納若大師撰 瑪爾巴卻吉洛追譯 明抄本 西藏自治區曲水縣珠寺

12182 **藏傳佛教三大堪布傳承體系史** 明抄本 西藏博物館

12183 **經典源流及釋迦世系** 噶瓦白則撰 明抄本 西藏圖書館

12184 **昆吉黄色卷** 贊巴西拉哈編 明抄本 西藏自治區藏醫院

12185 **白若譯師傳** 準班扎西迥乃輯 清刻本 中國民族圖書館

12186 **漢地佛教源流** 貢布加撰 清刻本 中國民族圖書館

12187 **夏魯大譯師卻迥桑波傳** 仁欽桑波撰 清扎塘寺朱印本 西藏圖書館

12188 **納若巴、瑪爾巴、米拉日巴師徒傳** 清初銀字寫本 西藏圖書館

12189 **苯教雍仲定修法本** 辛繞米吾其述 清抄本 西藏自治區丁青縣米杰拉章寺

12190 **實踐寶鬘集要** 恰多貢布撰 清抄本 西藏自治區藏醫院

12191 **嘎巴拉注釋明燈** 藏寧黑如噶·桑杰堅贊撰 清抄本 西藏圖書館

12192 **哲木雄聖跡指南** 清抄本 西藏圖書館

12193 **詞藏論** 薩迦·貢嘎堅贊撰 清抄本 西藏圖書館

（二）西夏文

12194 **勝相頂尊總持功德依經録** 西夏刻本 内蒙古博物院

12195 **聖觀自在大悲心總持依經録** 西夏刻本 内蒙古博物院

12196 **音同** 西夏刻本 内蒙古自治區文物考古研究所

12197 **佛頂放無垢光明入普門觀察一切如來心陀羅尼經** 西夏寫本 内蒙古博物院

（三）蒙古文

12198 **金光明最勝王經** （元）希儒僧格譯 清康熙四年（1665）刻本 國家圖書館

12199 **聖者無量壽智大乘經** 清刻本 中國民族圖書館

12200 **佛頂大白傘蓋陀羅尼經** （明）固什朝爾濟譯 清金字寫本 國家圖書館

12201 **菩提道次第略論** （明）宗喀巴撰 清抄本 國家圖書館

12202 **蒙古秘史** 清抄本 西藏自治區札達縣托林寺

（四）察合台文

12203 **和卓傳** （清）穆罕默德·薩迪克·喀什噶里撰 清抄本 中國民族圖書館

12204 **哈拉巴提詩集** （清）穆罕默德·本·阿布都拉·哈拉巴提撰 清抄本 新疆大學圖書館

12205 **毛拉·薩里詩集** （清）毛拉·薩里撰 清抄本 新疆維吾爾自治區少數民族古籍搜集整理出版規劃領導小組辦公室

12206 **伊斯蘭倫理百科** 清抄本 中國民族圖書館

12207 **提比玉素甫（玉素甫醫學書）** 清抄本 新疆維吾爾自治區圖書館

12208 **艾格拉孜提比亞（醫學目的）** 穆拉特伯克·艾利伯克撰 清毛拉·沙木沙克拉帕提

抄本　新疆維吾爾醫學專科學校維吾爾醫藥古籍文獻研究所

（五）彝文

12209 勸善經　明刻本　國家圖書館

12210 水西制度　清嘉慶五年（1800）抄本　貴州省民族古籍整理辦公室

12211 彝漢天地　清道光二十六年（1846）抄本　國家圖書館

12212 羅婺姻親史　清光緒十五年（1889）抄本　國家圖書館

12213 納多庫瑟（聖經問答）（法國）保禄·維亞爾譯　清宣統元年（1909）香港鉛印本　雲南省石林彝族自治縣民族圖書館

12214 唄三小夥和嘰紅賽姑娘的故事　清抄本　楚雄彝族文化研究院

12215 姑娘哭嫁調　清抄本　楚雄彝族文化研究院

12216 唐王書　清抄本　楚雄彝族文化研究院

（六）滿文

12217 御製表忠録　（清）世祖福臨輯　清順治十三年（1656）刻本　中國民族圖書館

12218 内政輯要二卷　（清）世祖福臨輯　清順治十五年（1658）刻本　中國民族圖書館

12219 滿漢類書三十二卷　（清）桑額輯　清康熙四十五年（1706）天繪閣書坊刻本　遼寧省圖書館

12220 滿漢西廂記四卷　（元）王德信撰　清康熙四十九年（1710）刻本　遼寧省圖書館

12221 大清律集解附例　（清）朱軾等撰　清雍正三年（1725）刻本　中國民族圖書館

12222 清漢八旗炮位册不分卷　清五色套印本　大連圖書館

12223 無圈點字檔一百八十卷　清乾隆四十三年（1778）抄本　遼寧省檔案館

12224 大悲神咒　清抄本　國家圖書館

12225 難經脈訣四卷　清抄本　國家圖書館

12226 大清太祖高皇帝實録十卷首三卷　（清）勒德洪　明珠等纂修　清乾隆十一年（1746）内府寫本　遼寧省檔案館

12227 大清太宗文皇帝實録六十五卷首三卷　（清）圖海　勒德洪等纂修　清乾隆十一年（1746）内府寫本　遼寧省檔案館

12228 大清世祖章皇帝實録一百四十四卷首三卷　（清）巴泰　圖海等纂修　清乾隆十一年（1746）内府寫本　遼寧省檔案館

12229 大清聖祖仁皇帝實録三百卷首三卷　（清）馬齊　朱軾等纂修　清乾隆十一年（1746）内府寫本　遼寧省檔案館

12230 大清世宗憲皇帝實録一百五十九卷首三卷　（清）鄂爾泰　張廷玉等纂修　清乾隆十一年（1746）内府寫本　遼寧省檔案館

12231 大清高宗純皇帝實録一千五百卷首五卷　（清）慶桂　董誥等纂修　清嘉慶十二年（1807）内府寫本　遼寧省檔案館

缺一卷（一千五百）

12232 大清仁宗睿皇帝實録三百七十四卷首四卷　（清）曹振鏞　戴均元等纂修　清道光四年（1824）内府寫本　遼寧省檔案館

12233 大清宣宗成皇帝實録四百七十六卷首四卷　（清）文慶　花沙納等纂修　清咸豐六年（1856）内府寫本　遼寧省檔案館

12234 大清文宗顯皇帝實録三百五十六卷首四卷　（清）賈楨　周祖培等纂修　清同治五年（1866）内府寫本　遼寧省檔案館

缺二卷（一百二十六至一百二十七）

12235 **大清穆宗毅皇帝實録三百七十四卷首四卷** （清）寶鋆　沈桂芬等纂修　清光緒六年（1880）内府寫本　遼寧省檔案館

缺二卷（一百九十六、一百九十九）

12236 **大清太祖高皇帝聖訓四卷** 清乾隆十一年（1746）内府寫本　遼寧省檔案館

12237 **大清太宗文皇帝聖訓六卷** 清乾隆十一年（1746）内府寫本　遼寧省檔案館

12238 **大清世祖章皇帝聖訓六卷** 清乾隆十一年（1746）内府寫本　遼寧省檔案館

12239 **大清聖祖仁皇帝聖訓六十卷** 清乾隆十一年（1746）内府寫本　遼寧省檔案館

12240 **大清世宗憲皇帝聖訓三十六卷** 清乾隆十一年（1746）内府寫本　遼寧省檔案館

12241 **大清高宗純皇帝聖訓三百卷** 清嘉慶十二年（1807）内府寫本　遼寧省檔案館

12242 **大清仁宗睿皇帝聖訓一百十卷** 清道光四年（1824）内府寫本　遼寧省檔案館

12243 **大清宣宗成皇帝聖訓一百三十卷** 清咸豐六年（1856）内府寫本　遼寧省檔案館

12244 **大清文宗顯皇帝聖訓一百十卷** 清同治五年（1866）内府寫本　遼寧省檔案館

12245 **大清穆宗毅皇帝聖訓一百六十卷** 清光緒六年（1880）内府寫本　遼寧省檔案館

12246 **清代宗室暨格玉牒五十一種** 清内府寫本　遼寧省檔案館

列祖子孫宗室暨格玉牒一卷　清順治十八年（1661）内府寫本

列祖子孫宗室暨格玉牒一卷　清康熙九年（1670）内府寫本

列祖子孫宗室暨格玉牒一卷　清康熙十八年（1679）内府寫本

列祖子孫宗室暨格玉牒一卷　清康熙二十七年（1688）内府寫本

列祖子孫宗室暨格玉牒一卷　清康熙三十六年（1697）内府寫本

列祖子孫宗室暨格玉牒一卷　清康熙四十五年（1706）内府寫本

列祖子孫宗室暨格玉牒一卷　清雍正二年（1724）内府寫本

列祖子孫宗室暨格玉牒一卷　清雍正十一年（1733）内府寫本

列祖子孫宗室暨格玉牒一卷　清乾隆七年（1742）内府寫本

列祖子孫宗室暨格玉牒一卷　清乾隆十四年（1749）内府寫本

列祖子孫宗室暨格玉牒一卷　清乾隆二十五年（1760）内府寫本

列祖子孫宗室暨格玉牒一卷　清乾隆三十三年（1768）内府寫本

列祖子孫宗室暨格玉牒一卷　清乾隆五十三年（1788）内府寫本

列祖子孫宗室暨格玉牒一卷　清嘉慶三年（1798）内府寫本

列祖子孫宗室暨格玉牒一卷　清嘉慶十二年（1807）内府寫本

列祖子孫宗室暨格玉牒一卷　清嘉慶二十三年（1818）内府寫本

列祖子孫宗室暨格玉牒一卷　清道光八年（1828）内府寫本

列祖子孫宗室暨格玉牒一卷　清道光十八年（1838）内府寫本

列祖子孫宗室暨格玉牒一卷　清道光二十八年（1848）内府寫本

列祖子孫宗室暨格玉牒一卷　清咸豐八年

（1858）内府寫本

列祖子孫宗室暨格玉牒一卷　清同治六年（1867）内府寫本

列祖子孫宗室暨格玉牒一卷　清光緒三年（1877）内府寫本

列祖子孫宗室暨格玉牒一卷　清光緒十三年（1887）内府寫本

列祖子孫宗室暨格玉牒一卷　清光緒二十三年（1897）内府寫本

列祖子孫宗室暨格玉牒一卷　清光緒三十三年（1907）内府寫本

列祖女孫宗室暨格玉牒一卷　清順治十八年（1661）内府寫本

列祖女孫宗室暨格玉牒一卷　清康熙九年（1670）内府寫本

列祖女孫宗室暨格玉牒一卷　清康熙十八年（1679）内府寫本

列祖女孫宗室暨格玉牒一卷　清康熙二十七年（1688）内府寫本

列祖女孫宗室暨格玉牒一卷　清康熙三十六年（1697）内府寫本

列祖女孫宗室暨格玉牒一卷　清康熙四十五年（1706）内府寫本

列祖女孫宗室暨格玉牒一卷　清雍正二年（1724）内府寫本

列祖女孫宗室暨格玉牒一卷　清雍正十一年（1733）内府寫本

列祖女孫宗室暨格玉牒一卷　清乾隆七年（1742）内府寫本

列祖女孫宗室暨格玉牒一卷　清乾隆十四年（1749）内府寫本

列祖女孫宗室暨格玉牒一卷　清乾隆二十五年（1760）内府寫本

列祖女孫宗室暨格玉牒一卷　清乾隆三十三年（1768）内府寫本

列祖女孫宗室暨格玉牒一卷　清乾隆四十三年（1778）内府寫本

列祖女孫宗室暨格玉牒一卷　清乾隆五十三年（1788）内府寫本

列祖女孫宗室暨格玉牒一卷　清嘉慶三年（1798）内府寫本

列祖女孫宗室暨格玉牒一卷　清嘉慶十二年（1807）内府寫本

列祖女孫宗室暨格玉牒一卷　清嘉慶二十三年（1818）内府寫本

列祖女孫宗室暨格玉牒一卷　清道光八年（1828）内府寫本

列祖女孫宗室暨格玉牒一卷　清道光十八年（1838）内府寫本

列祖女孫宗室暨格玉牒一卷　清道光二十八年（1848）内府寫本

列祖女孫宗室暨格玉牒一卷　清咸豐八年（1858）内府寫本

列祖女孫宗室暨格玉牒一卷　清同治六年（1867）内府寫本

列祖女孫宗室暨格玉牒一卷　清光緒三年（1877）内府寫本

列祖女孫宗室暨格玉牒一卷　清光緒十三年（1887）内府寫本

列祖女孫宗室暨格玉牒一卷　清光緒二十三年（1897）内府寫本

列祖女孫宗室暨格玉牒一卷　清光緒三十三年（1907）内府寫本

（七）東巴文

12247 **祭三多神經** 清抄本 國家圖書館

12248 **祭神署經** 清抄本 國家圖書館

（八）水文

12249 **保福書** 清嘉慶二十年（1815）抄本 貴州省荔波縣檔案館

12250 **陸奪總會** 清同治元年（1862）抄本 黔南民族師範學院

12251 **金堂卷** 清光緒抄本 貴州民族文化宫民族圖書館

12252 **小兒命理** 清抄本 貴州省三都水族自治縣檔案館

12253 **論攻守** 清抄本 國家圖書館

（九）古壯字

12254 **送五海壹科** 清抄本 廣西壯族自治區圖書館

12255 **魯班唱** 清抄本 廣西壯族自治區圖書館

12256 **入口（壇）初開唱** 清抄本 廣西壯族自治區圖書館

（十）布依文

12257 **立願還願書** 清光緒九年（1883）抄本 貴州省荔波縣民族宗教事務局布依文古籍研究館

12258 **早晚儀疏** 清光緒十七年（1891）抄本 貴州省荔波縣民族宗教事務局布依文古籍研究館

（十一）多文種

12259 **佛說四十二章經** 藏滿蒙漢 清刻本 國家圖書館

12260 **滿洲實録八卷** 滿漢蒙 清乾隆四十三年（1778）抄本 遼寧省檔案館

三、其他文字珍貴古籍

（一）拉丁文

12261 **世界各地** （希臘）狄奥尼修斯撰 公元1477年威尼斯初版印本 上海圖書館

12262 **論人體構造** （比利時）安德雷亞斯·維薩留斯撰 公元1543年巴塞爾版印本 國家圖書館

12263 **地球大觀** （比利時）奥代理撰 公元1570年安特衛普初版印本 國家圖書館

12264 **幾何原本** （希臘）歐幾里德撰 公元1572年佩薩羅版印本 北京大學圖書館

12265 **論星盤** （德國）克里斯托夫·克拉維烏斯撰 公元1593年羅馬版印本 國家圖書館

12266 **基督教遠征中國史** （意大利）利瑪竇撰（法國）金尼閣編譯 公元1615年奥古斯堡初版印本 上海圖書館

12267 **中國植物志** （波蘭）卜彌格撰 公元1656年維也納初版印本 上海圖書館

（二）意大利文

12268 **曼德維爾游記** （英國）曼德維爾撰 公元1480年米蘭初版印本 上海圖書館

（三）英文

12269 **基督教要義簡本** （法國）約翰·加爾文撰 公元1585年愛丁堡版印本 北京大學圖書館

12270 **物種起源** （英國）達爾文撰 公元1859年

倫敦初版印本 中國科學院國家科學圖書館

（四）多文種

12271 **論各種工藝機械** （意大利）奥古斯蒂諾·拉梅利撰 意大利文法文 公元1588年巴黎版印本 國家圖書館

12272 **論語** （意大利）殷鐸澤譯 漢文拉丁文 公元1662年刻本 上海圖書館

12273 **漢葡辭典** 漢文葡萄牙文 十七世紀抄本 國家圖書館

12274 **漢字西譯** （意大利）葉尊孝撰 漢文拉丁文 公元1723年抄本 上海圖書館

第一册目録

第五批國家珍貴古籍名録圖録

漢文珍貴古籍

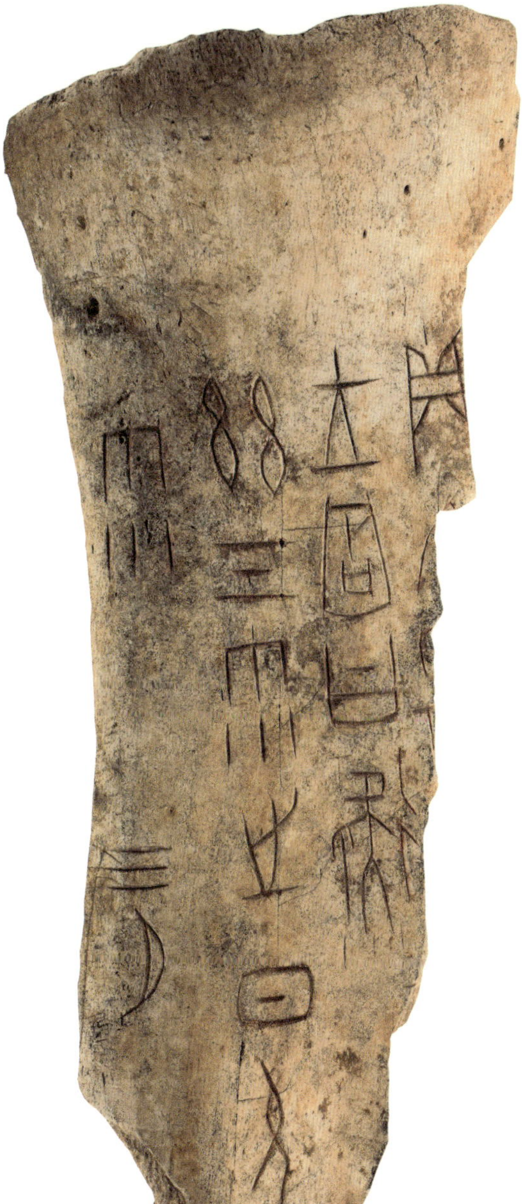

11376 殷墟安陽小屯甲骨文 商代後期 龜甲獸骨

山東博物館藏，8952片。羅振玉、孫文瀾、王惠堂、明義士、柏根氏等舊藏。

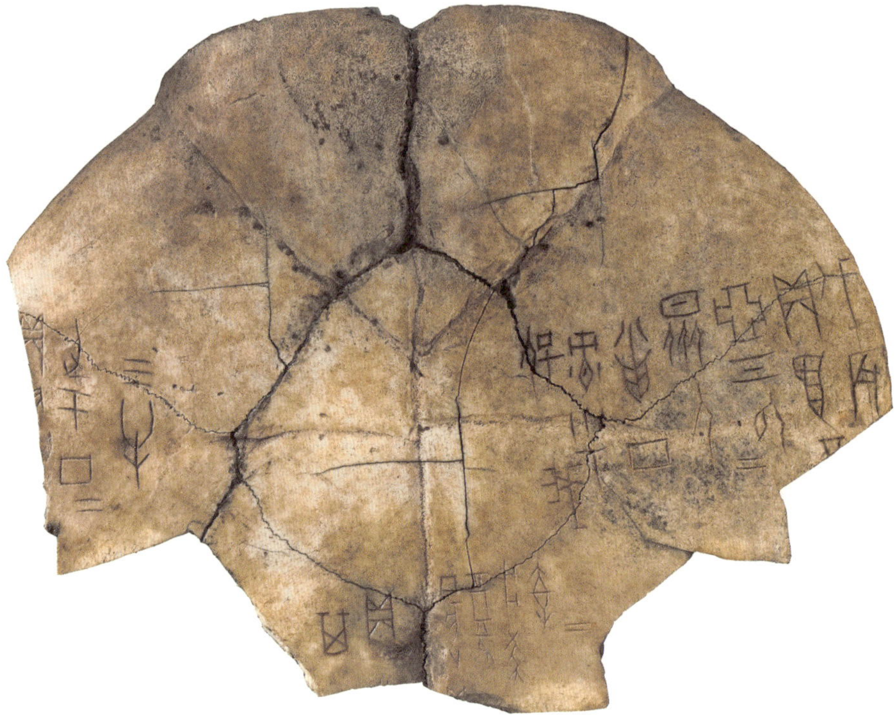

11376 殷墟安陽小屯甲骨文

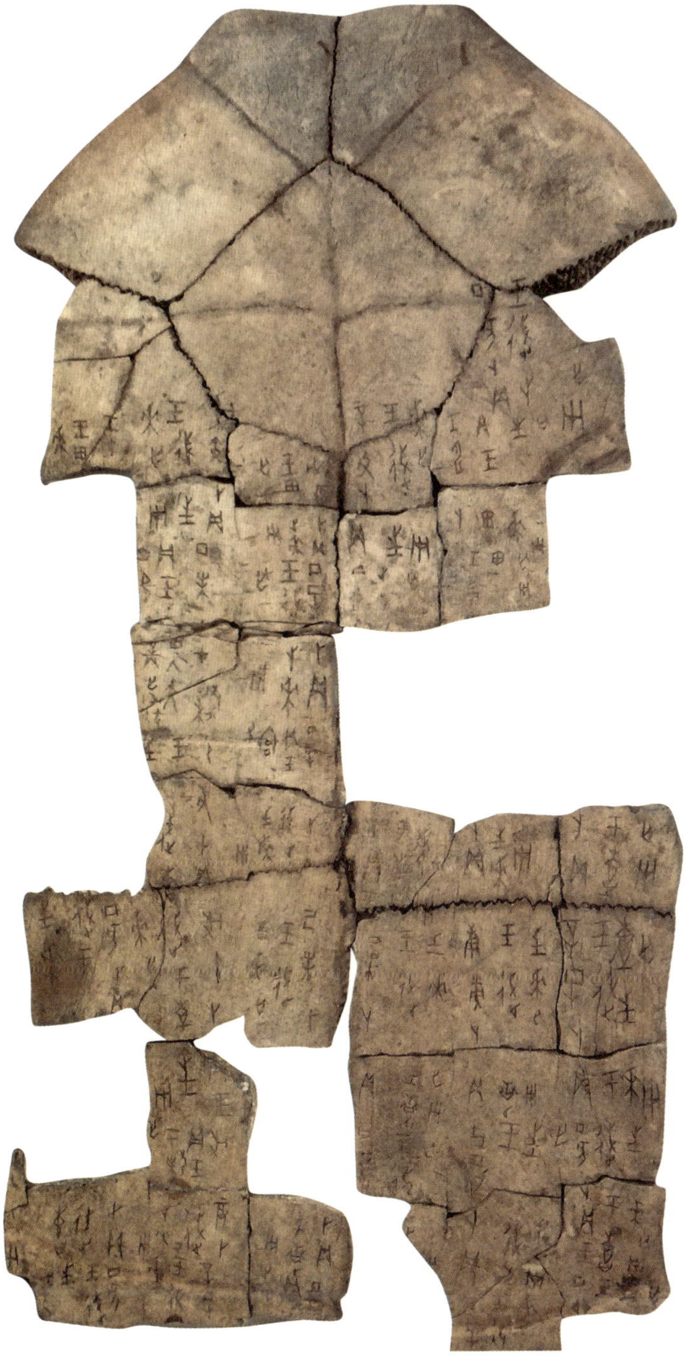

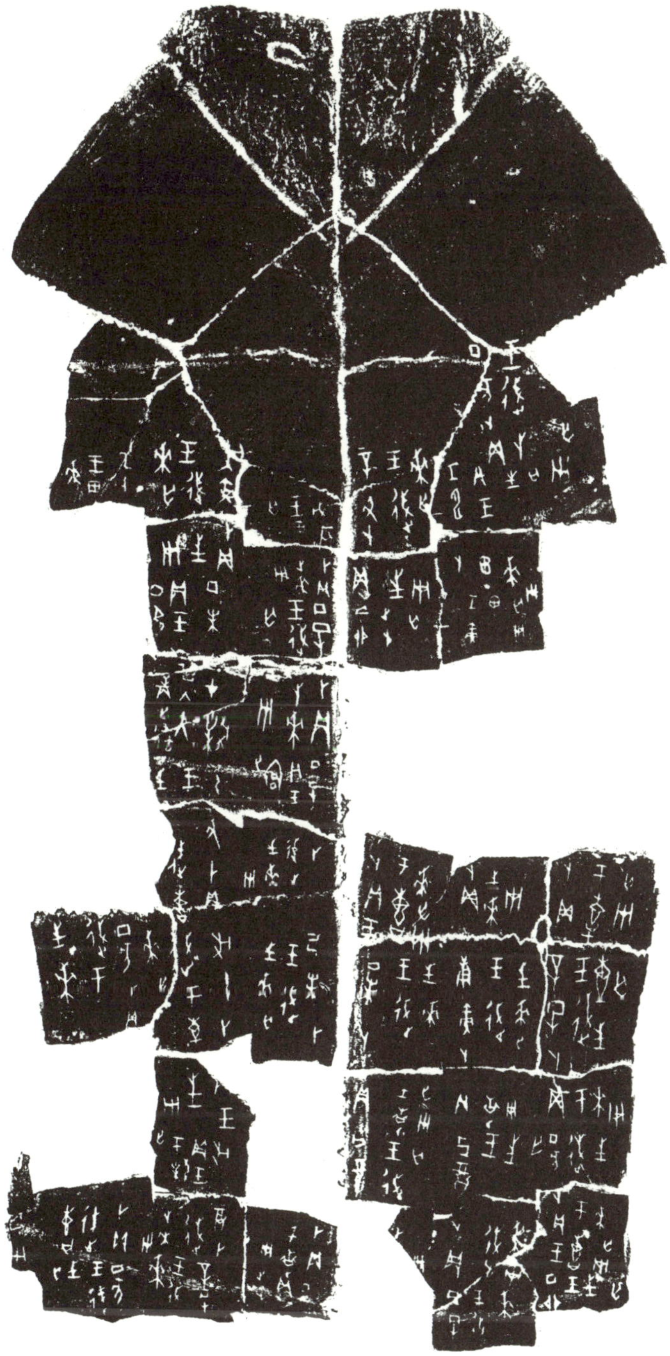

11376 殷墟安陽小屯甲骨文 商代後期 龜甲獸骨

旅順博物館藏，2305片。岩間德也、刁萬柱、唐立蘭、周士顥等人出售；旅順登峰街道、旅順供銷社等單位撥交。

11376 殷墟安陽小屯甲骨文

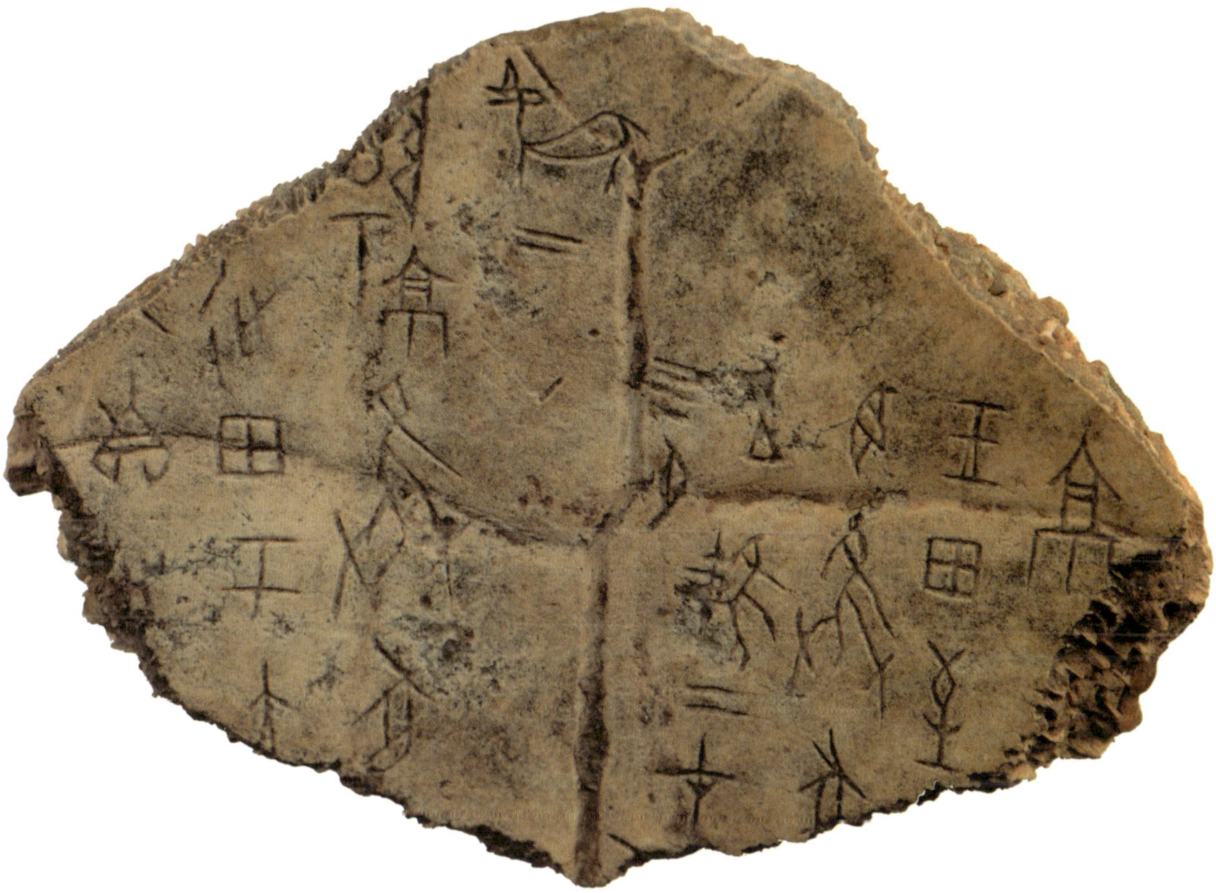

11376 殷墟安陽小屯甲骨文 商代後期　龜甲獸骨

南京博物院藏，2200片。明義士、胡小石舊藏。

11376 殷墟安陽小屯甲骨文

11377 傅說之命三篇 戰國中晚期 竹簡

清華大學出土文獻研究與保護中心藏。

11378 周公之琴舞 戰國中晚期 竹簡

清華大學出土文獻研究與保護中心藏。

11379 芮良夫毖 戰國中晚期 竹簡

清華大學出土文獻研究與保護中心藏。

11380 良臣 戰國中晚期 竹簡

清華大學出土文獻研究與保護中心藏。

11381 祝辭 戰國中晚期 竹簡

清華大學出土文獻研究與保護中心藏。

11382 赤鴼之集湯之屋 戰國中晚期 竹簡

清華大學出土文獻研究與保護中心藏。

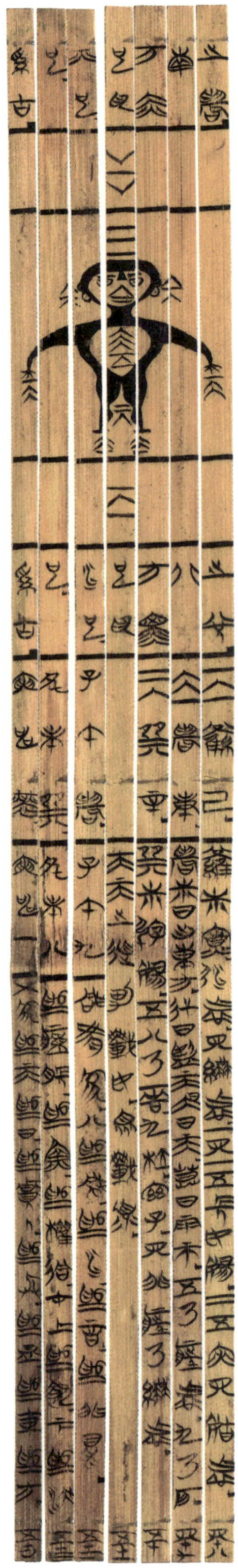

11383 筮法 戰國中晚期 竹簡

清華大學出土文獻研究與保護中心藏。

11384 别卦 戰國中晚期 竹簡

清華大學出土文獻研究與保護中心藏。

11385 算表 戰國中晚期 竹簡

清華大學出土文獻研究與保護中心藏。

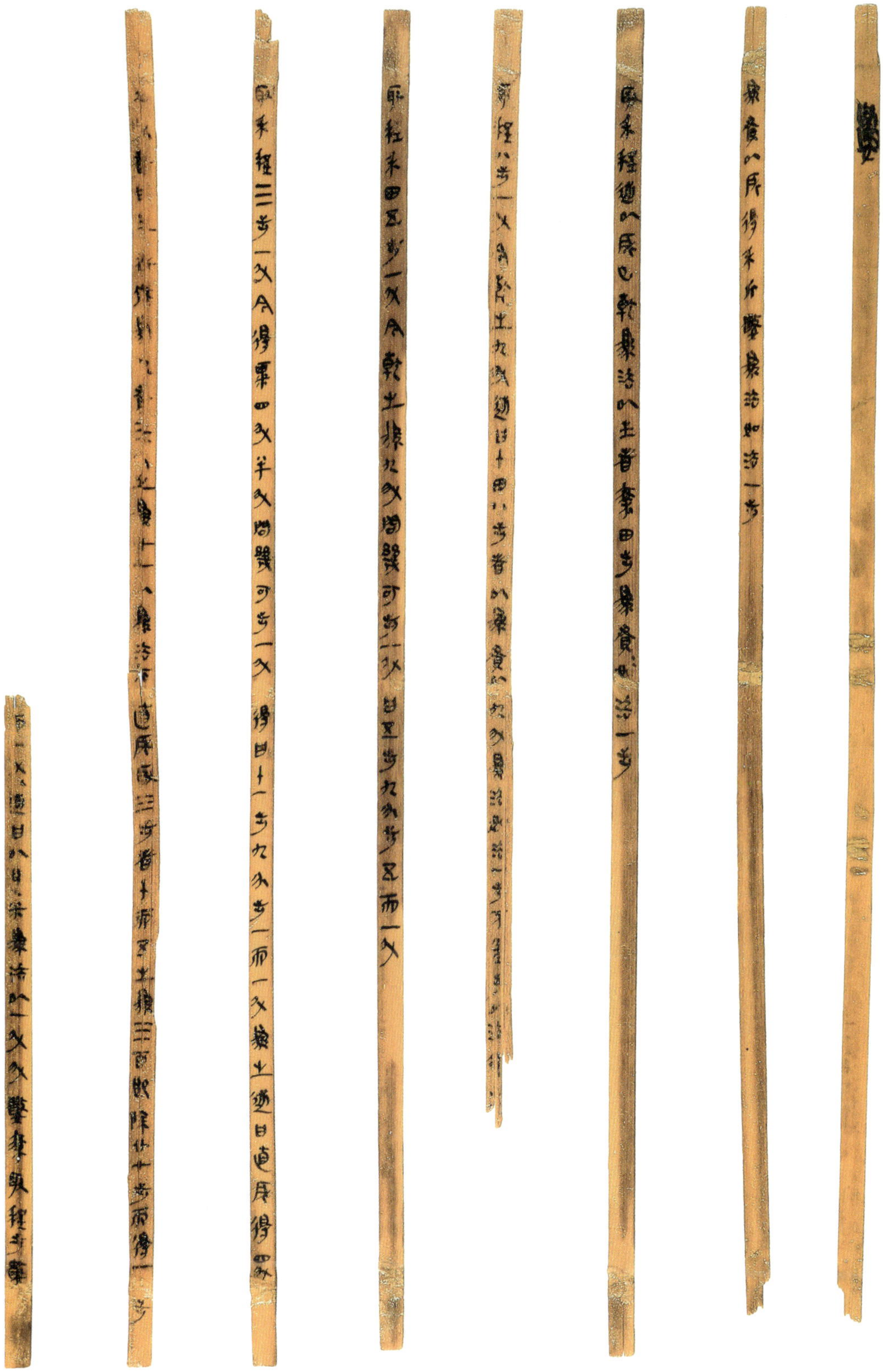

11386 數 秦代 竹簡

湖南大學嶽麓書院藏。

11387 奏讞書 秦代 竹簡

湖南大學嶽麓書院藏。

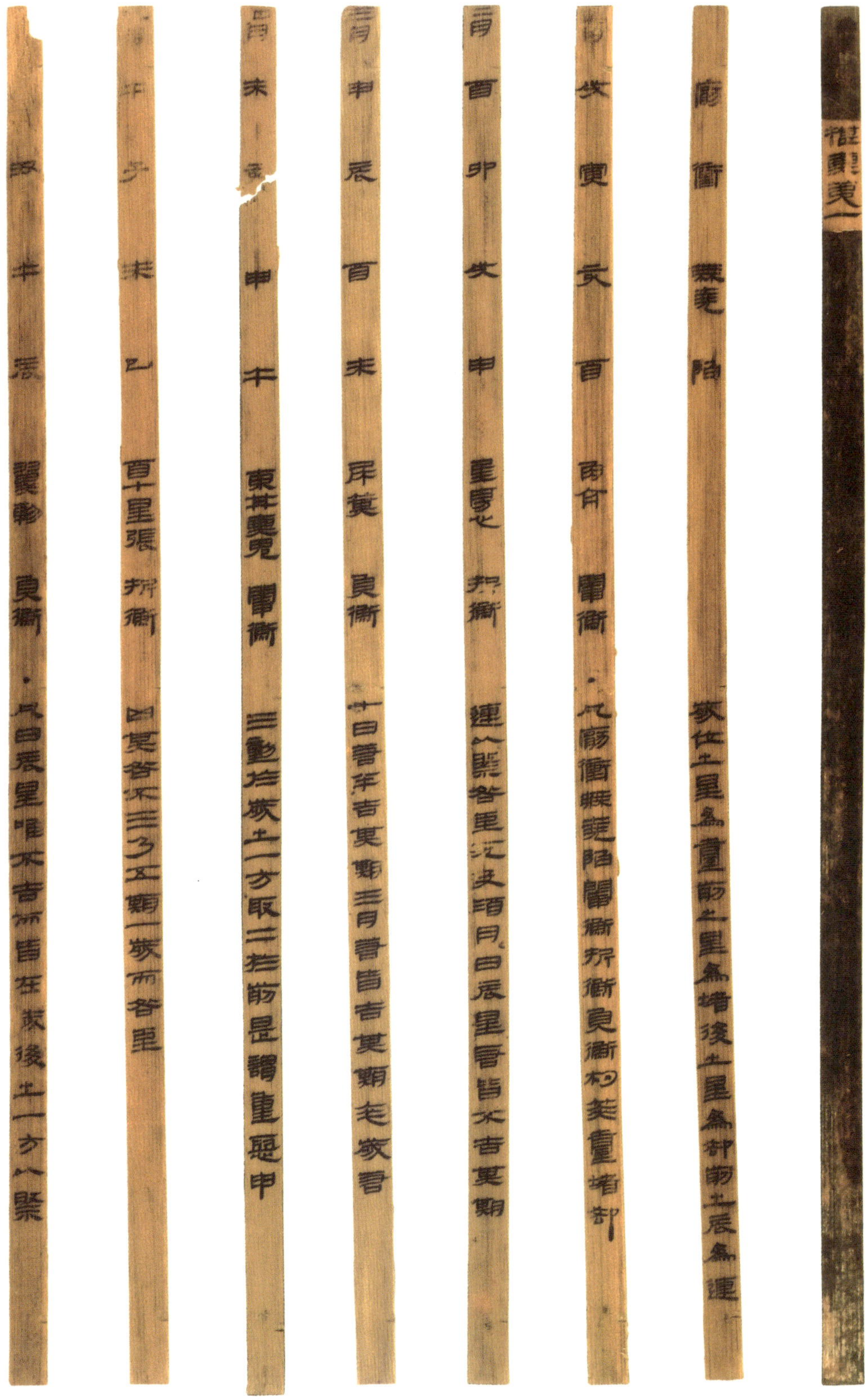

11388 堪輿 西漢 竹簡

北京大學藏。

11389 節 西漢 竹簡

北京大學藏。

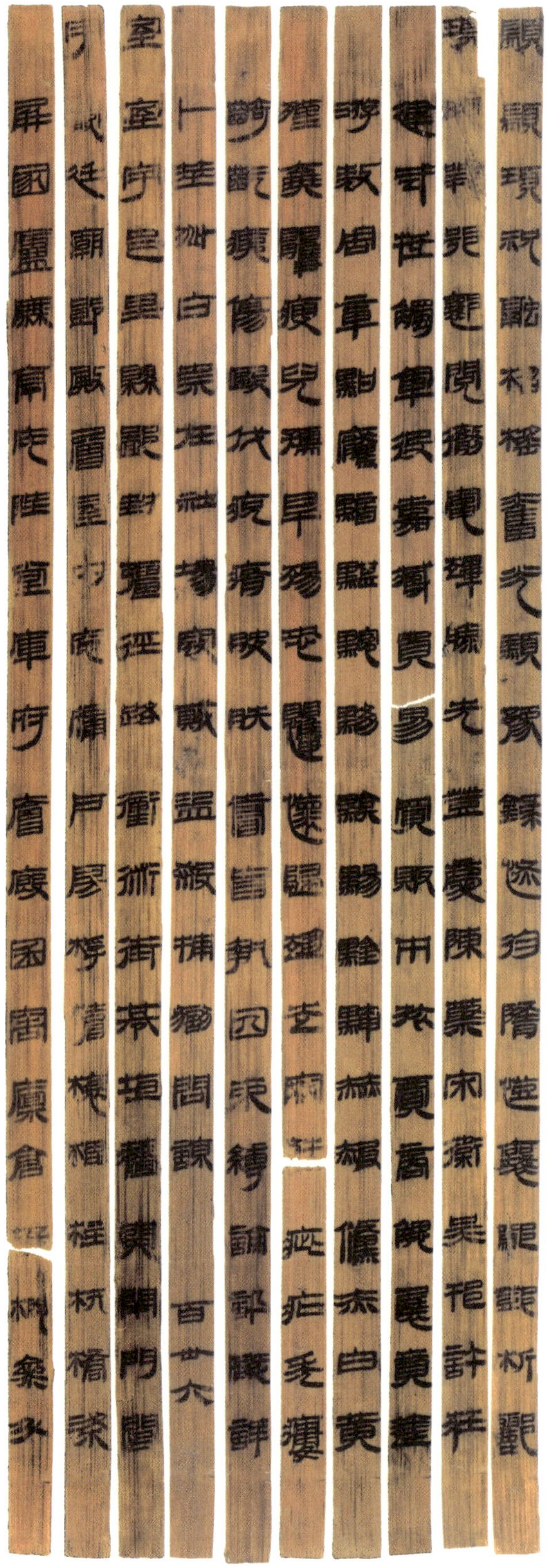

09878 蒼頡篇 西漢 竹簡

北京大學藏。

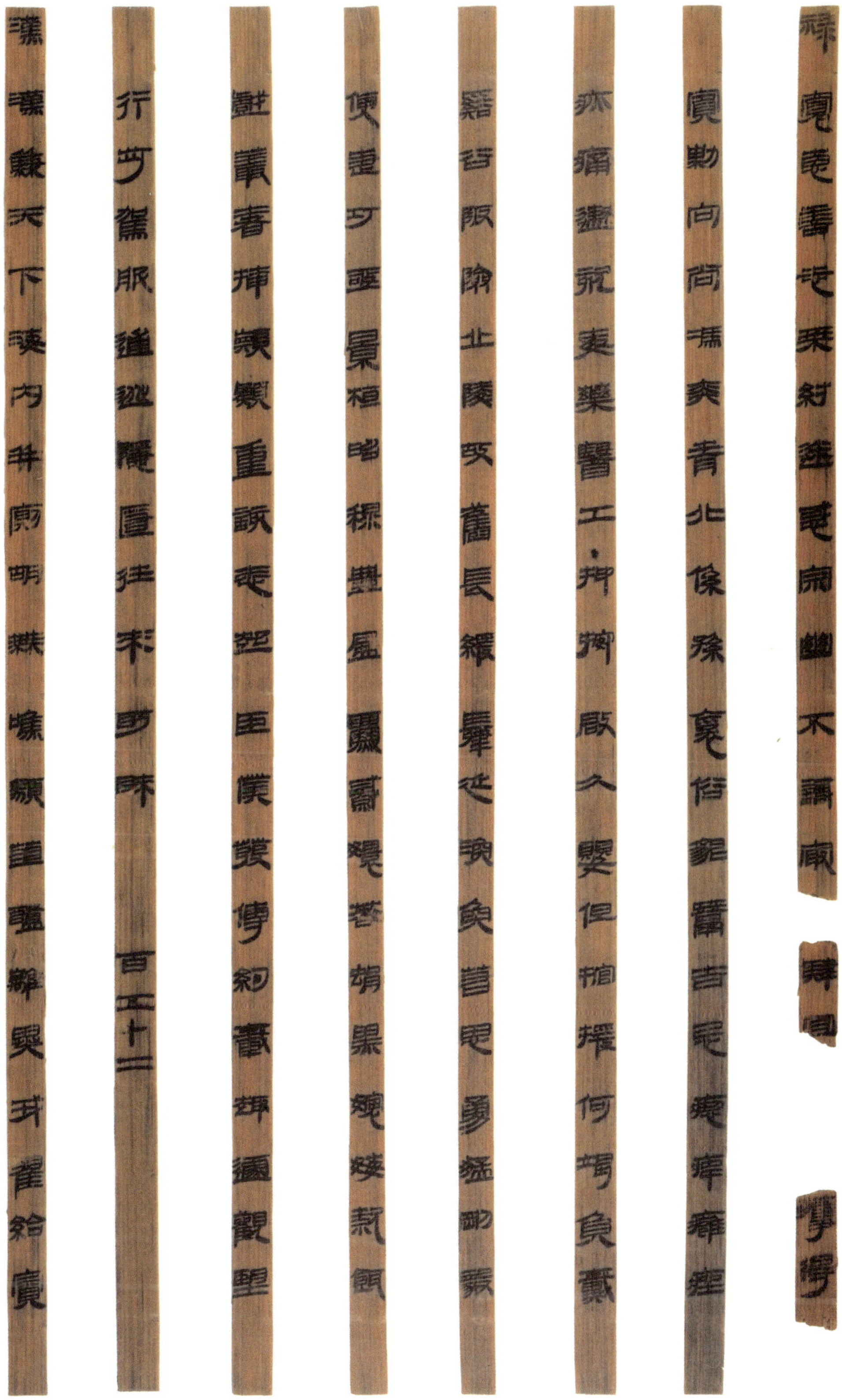

09879 趙正書 西漢 竹簡

北京大學藏。

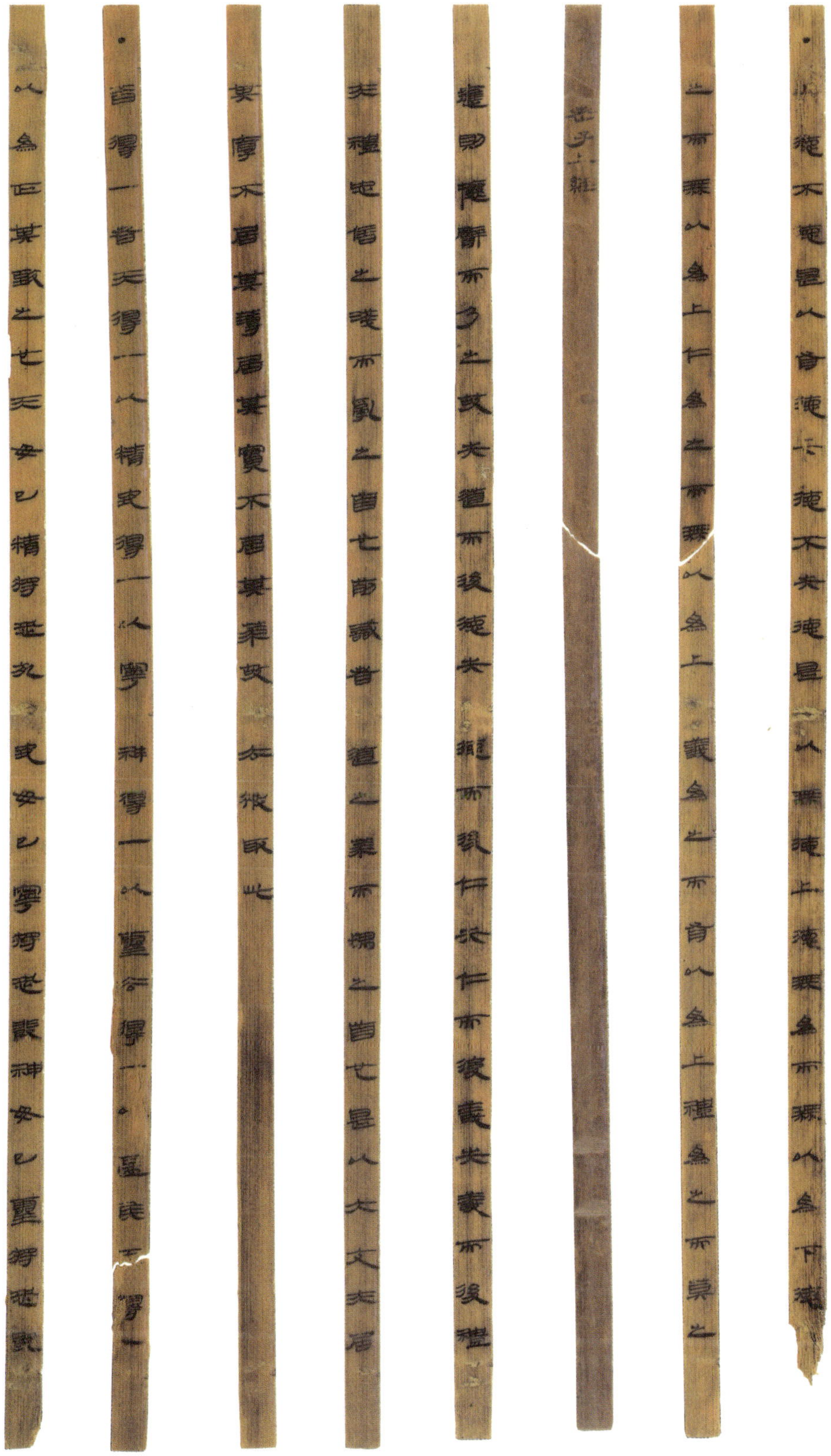

09880 老子 西漢 竹簡

北京大學藏。

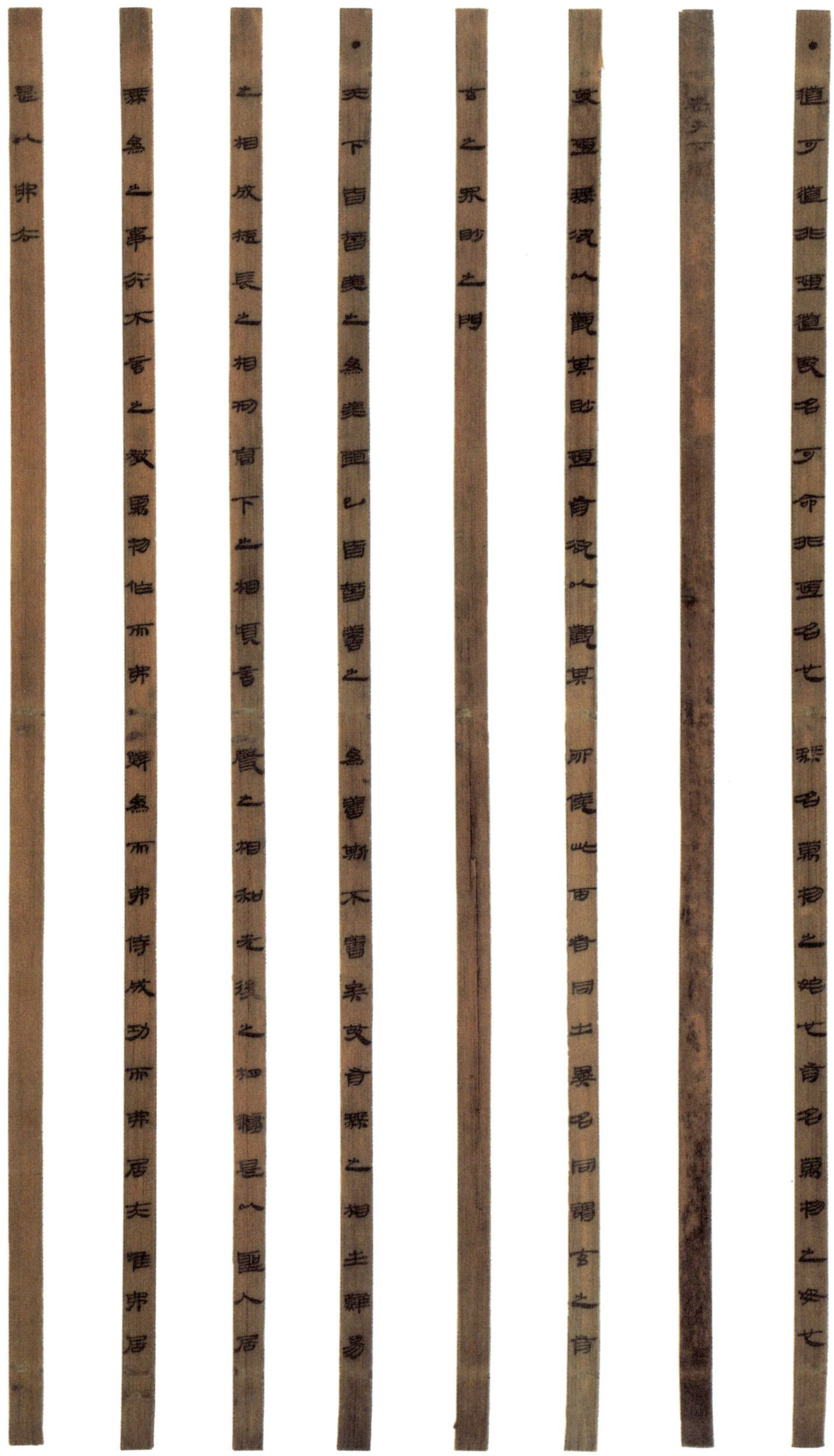

09880 老子

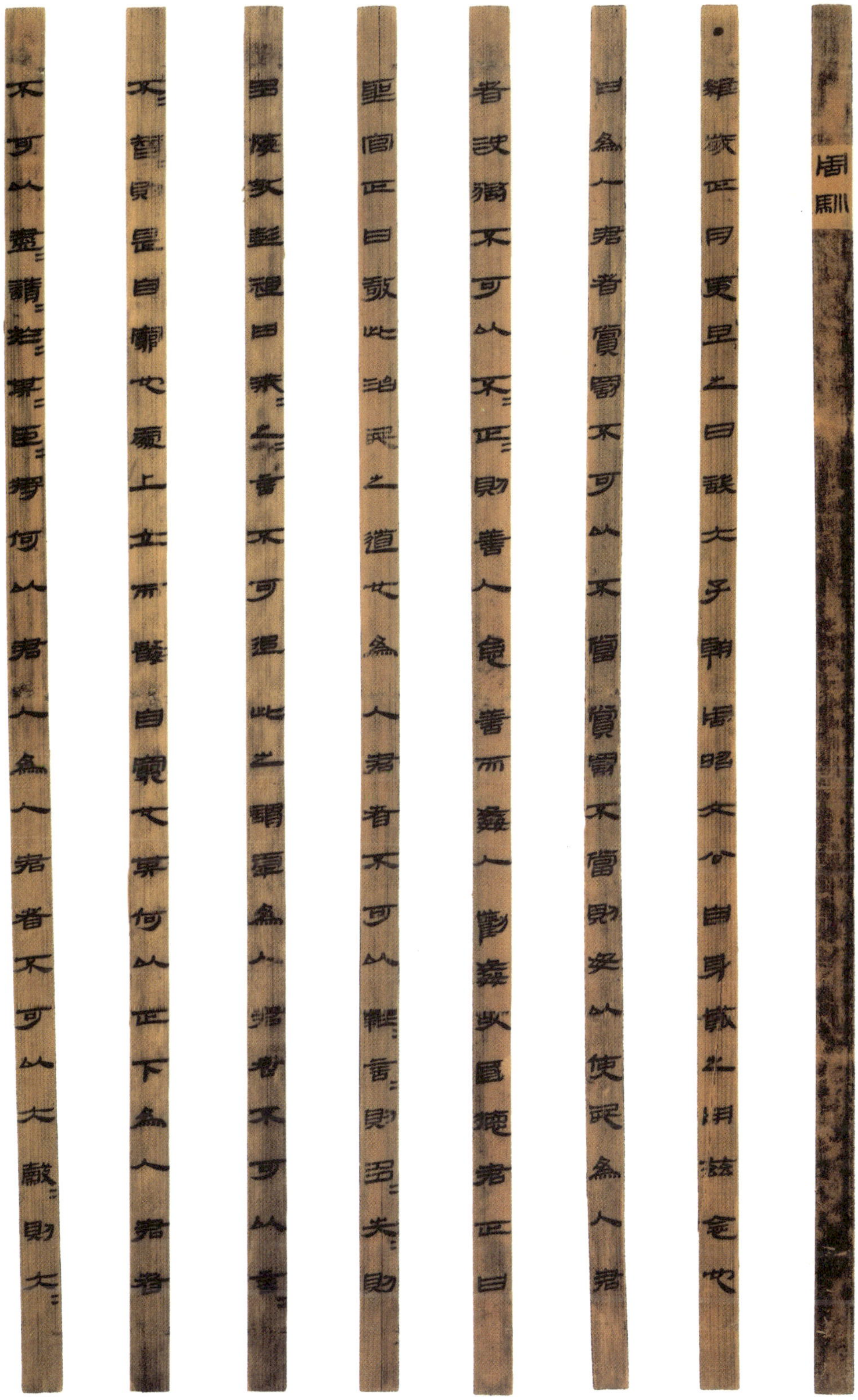

09881 周馴 西漢 竹簡

北京大學藏。

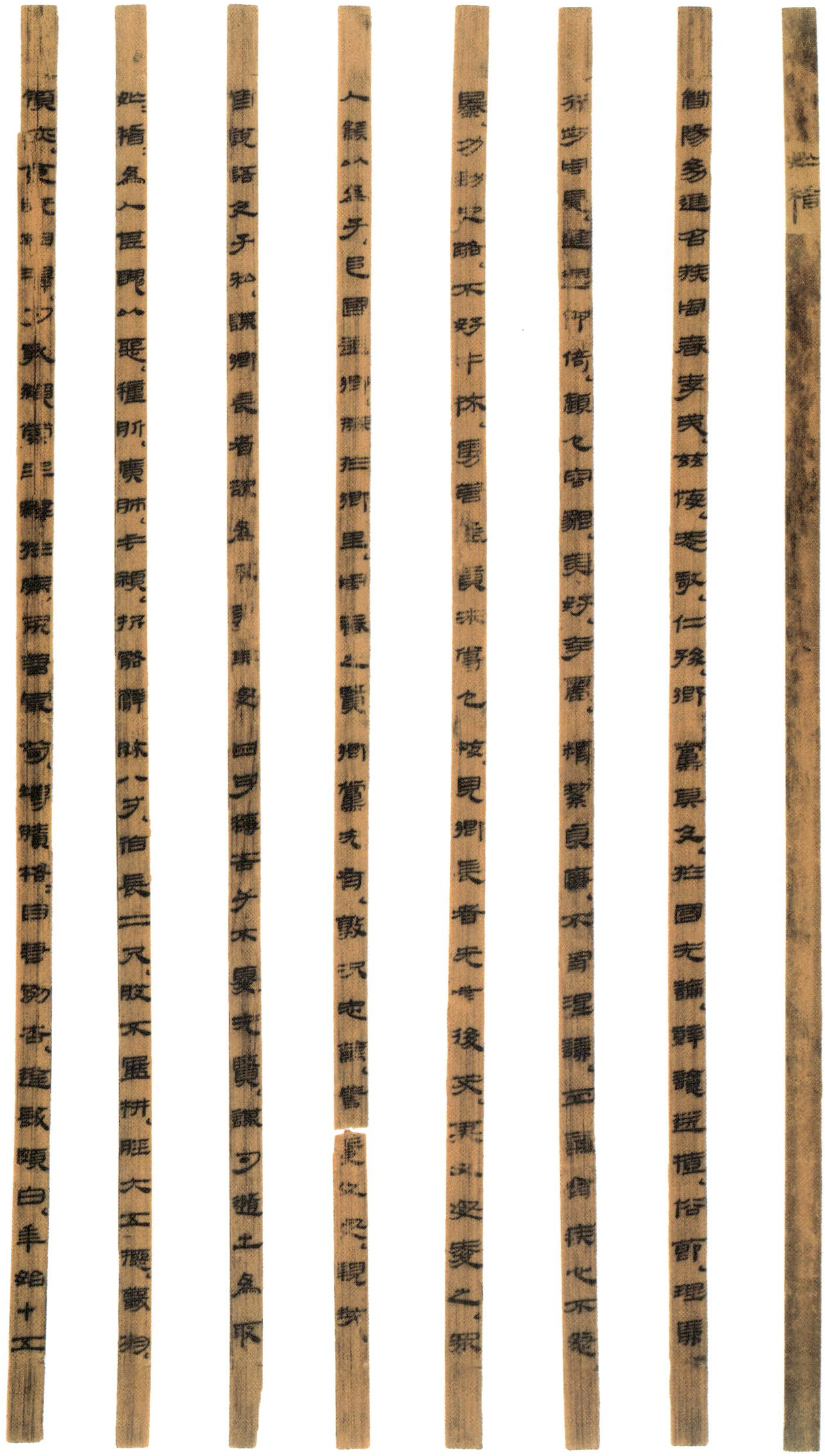

09882 妄稽 西漢 竹簡

北京大學藏。

09883 反淫 西漢 竹簡

北京大學藏。

09885 雨書 西漢 竹簡

北京大學藏。

09887 荆决 西漢 竹簡

北京大學藏。

09886 六博 西漢 竹簡

北京大學藏。

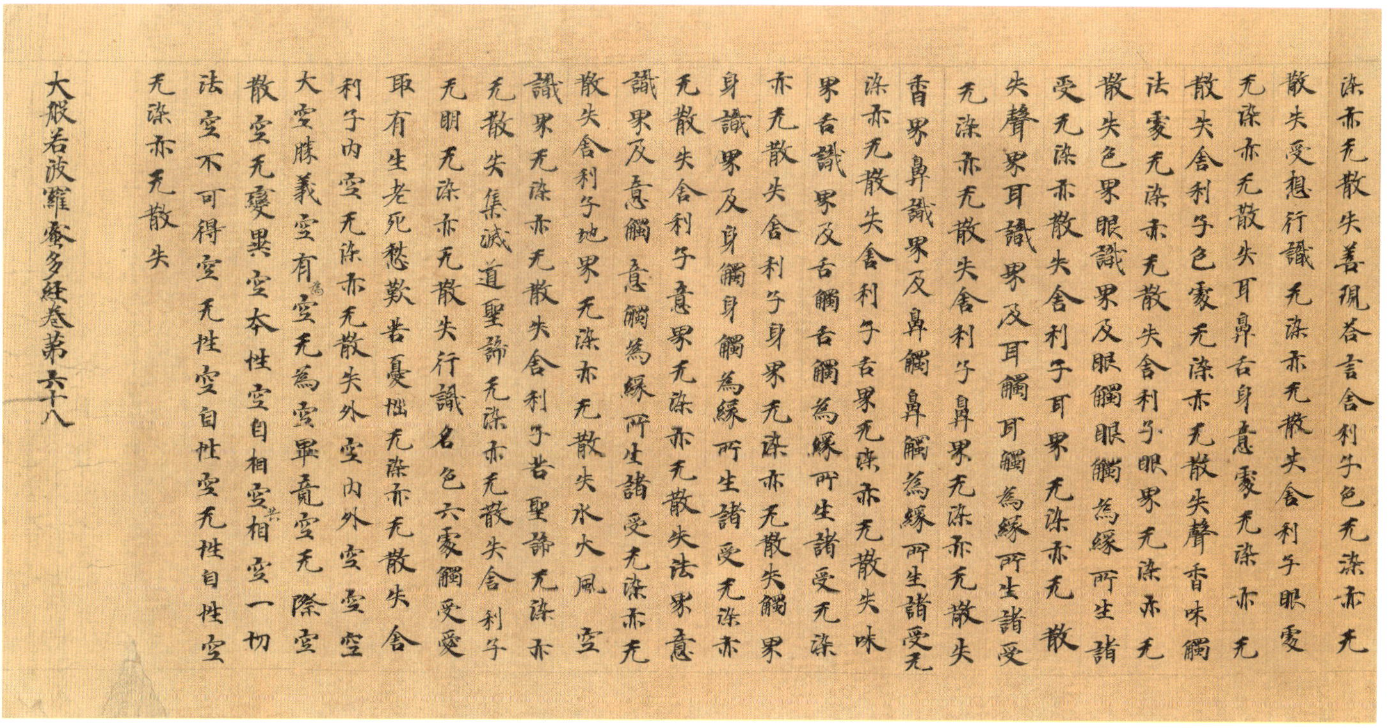
染亦无散失善現荅言舍利子色无染亦无
散失受想行識无染亦无散失舍利子眼處
无染亦无散失耳鼻舌身意處无染亦无
散失舍利子色處无染亦无散失聲香味觸
法處无染亦无散失舍利子眼界无染亦无
散失色界眼識界及眼觸眼觸爲緣所生諸
受无染亦无散失舍利子耳界无染亦无散
失聲界耳識界及耳觸耳觸爲緣所生諸受
无染亦无散失舍利子鼻界无染亦无散失
香界鼻識界及鼻觸鼻觸爲緣所生諸受无
染亦无散失舍利子舌界无染亦无散失味
界舌識界及舌觸舌觸爲緣所生諸受无染
亦无散失舍利子身界无染亦无散失觸界
身識界及身觸身觸爲緣所生諸受无染亦
无散失舍利子意界无染亦无散失法界意
識界及意觸意觸爲緣所生諸受无染亦无
散失舍利子地界无染亦无散失水火風空
識界无染亦无散失舍利子苦聖諦无染亦
无散失集滅道聖諦无染亦无散失舍利子
无明无染亦无散失行識名色六處觸受愛
取有生老死愁歎苦憂惱无染亦无散失舍
利子内空无染亦无散失外空内外空空空
大空勝義空有爲空无爲空畢竟空无際空
散空无變異空本性空自相空共相空一切
法空不可得空无性空自性空无性自性空
无染亦无散失

大般若波羅蜜多經卷第六十八

11391 大般若波羅蜜多經卷第六十八 （唐）釋玄奘譯　吐蕃統治敦煌時期寫本

卷軸裝。高24厘米，長704厘米。存十五紙，四百十八行。烏絲欄。潘復、莊藴寬、葉恭綽、王彭、梅光遠、張名振、馬振憲、彭憲、范熙壬、丁康保跋。國家圖書館藏。

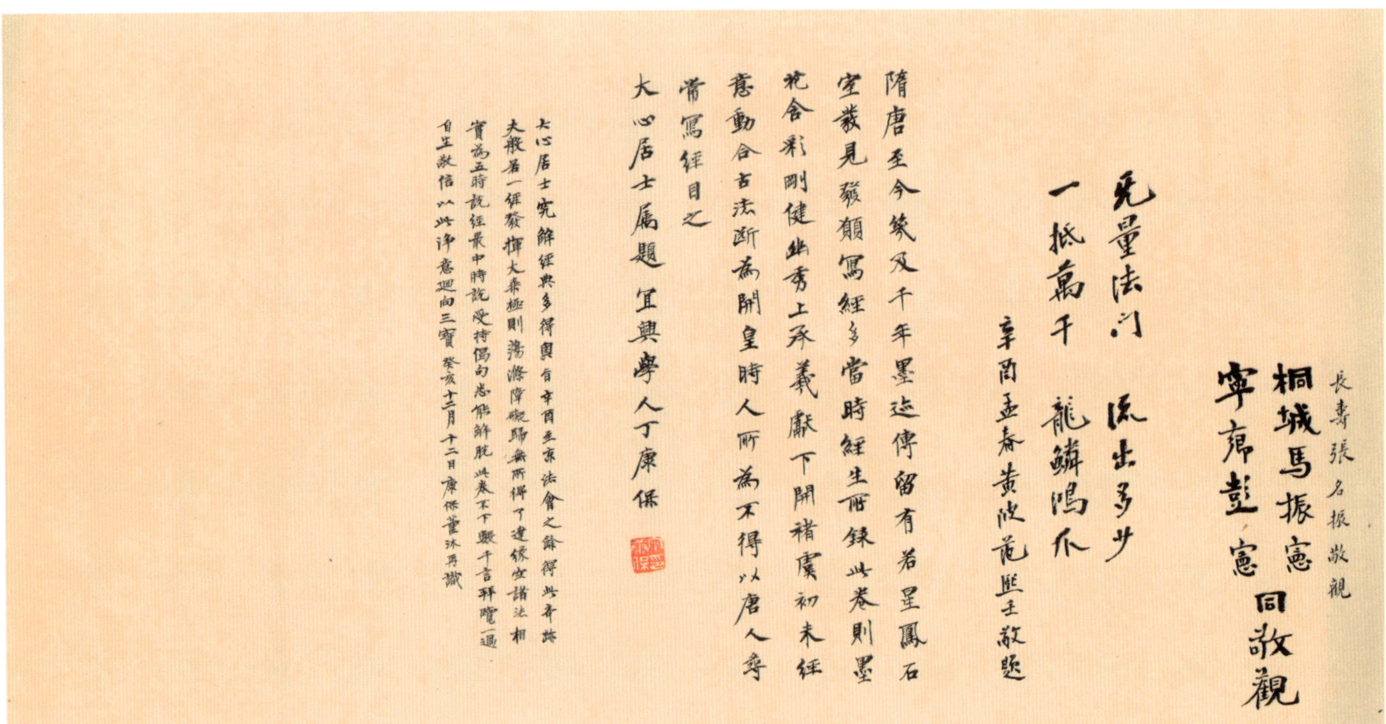

11391 大般若波羅蜜多經卷第六十八

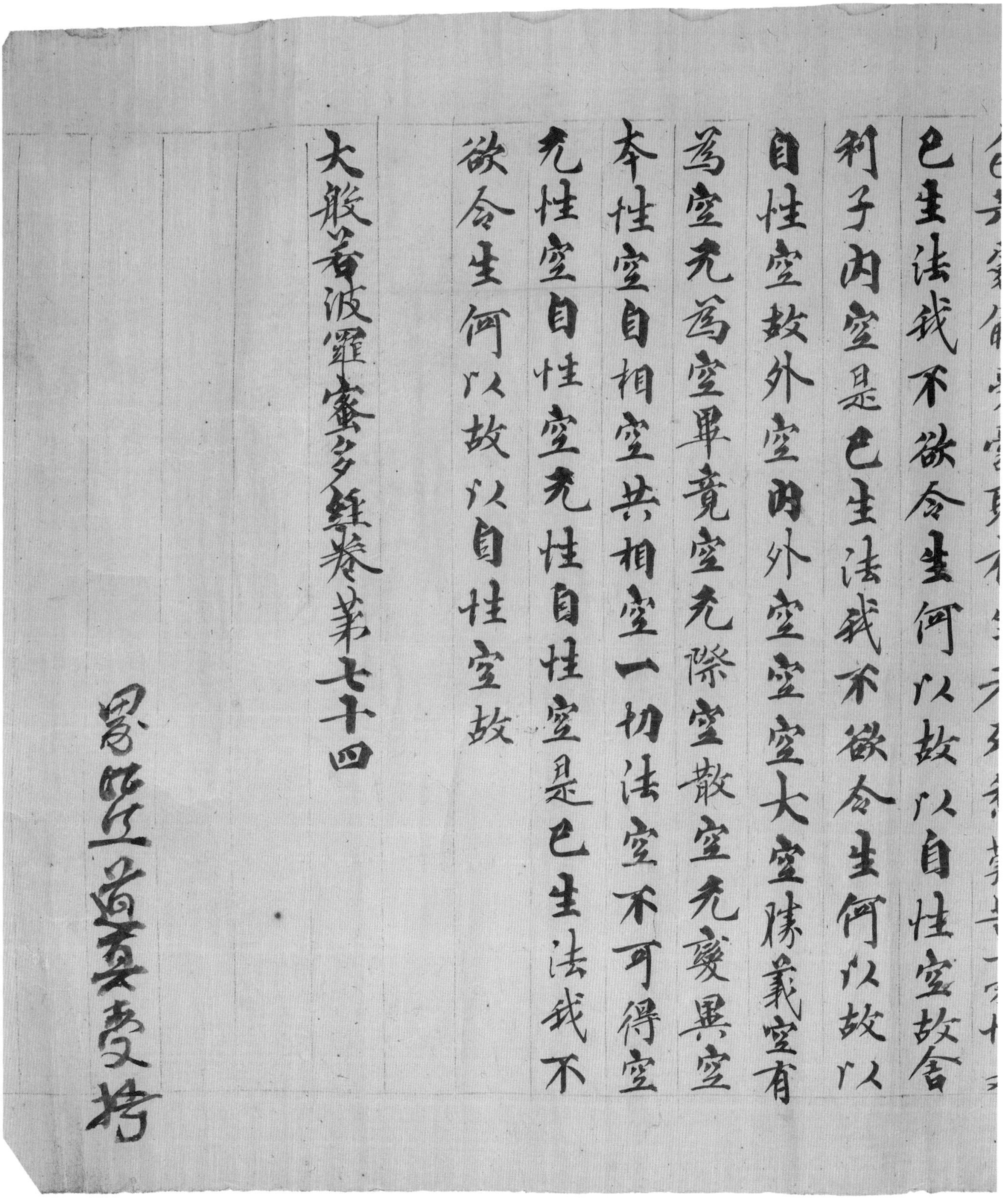
已生法我不欲令生何以故以自性空故舍
利子內空是已生法我不欲令生何以故以
自性空故外空內外空空空大空勝義空有
爲空无爲空畢竟空无際空散空无變異空
本性空自相空共相空一切法空不可得空
无性空自性空无性自性空是已生法我不
欲令生何以故以自性空故
大般若波羅蜜多經卷第七十四
界比丘道真受持

11392 大般若波羅蜜多經卷第七十四　（唐）釋玄奘譯　唐八世紀寫本

卷軸裝。高25.7厘米，長805.5厘米。存十八紙，四百六十行。烏絲欄。尾題後有題記"界比丘道真受持"。首紙背有勘記多處，已殘。國家圖書館藏。

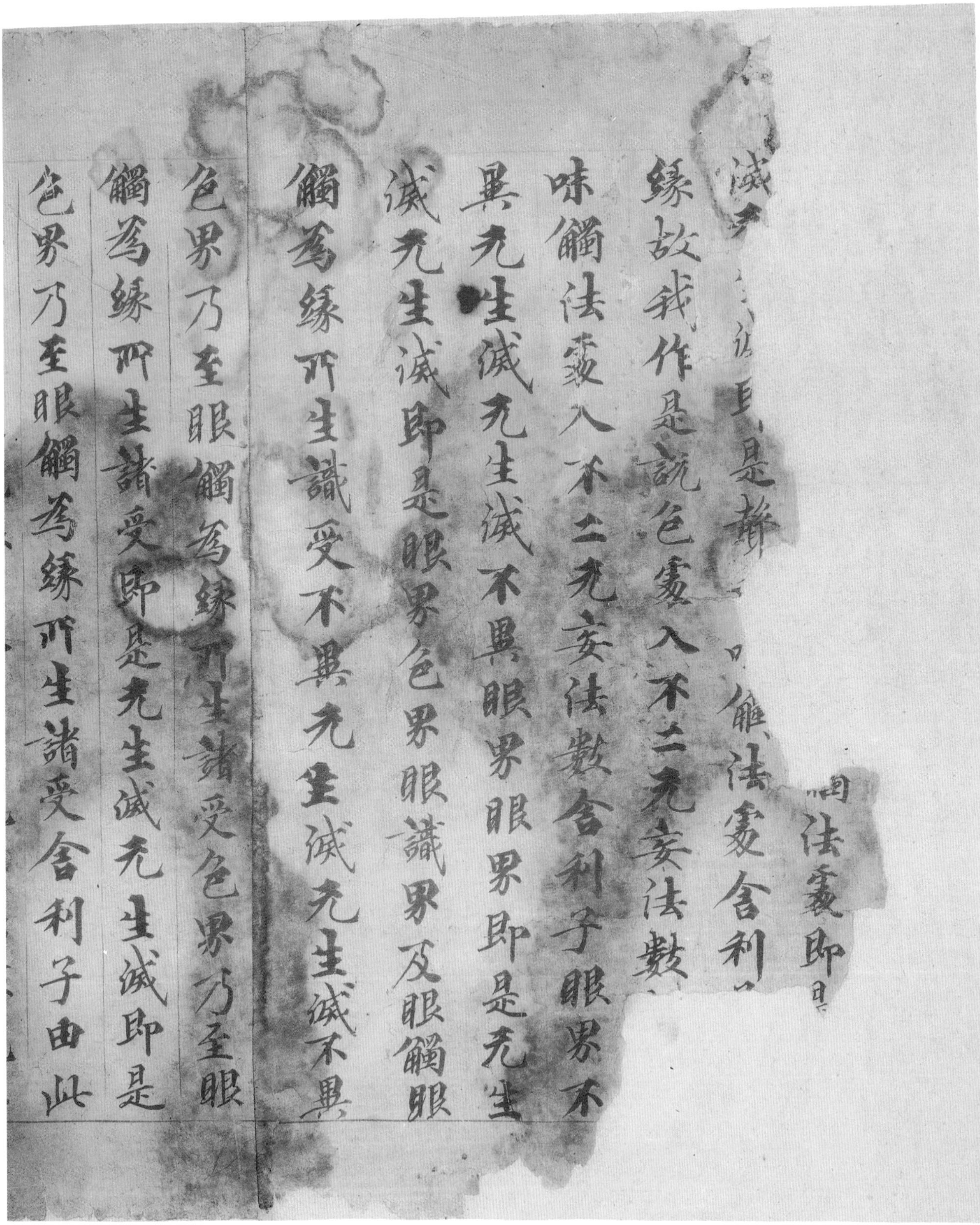

11392 大般若波羅蜜多經卷第七十四

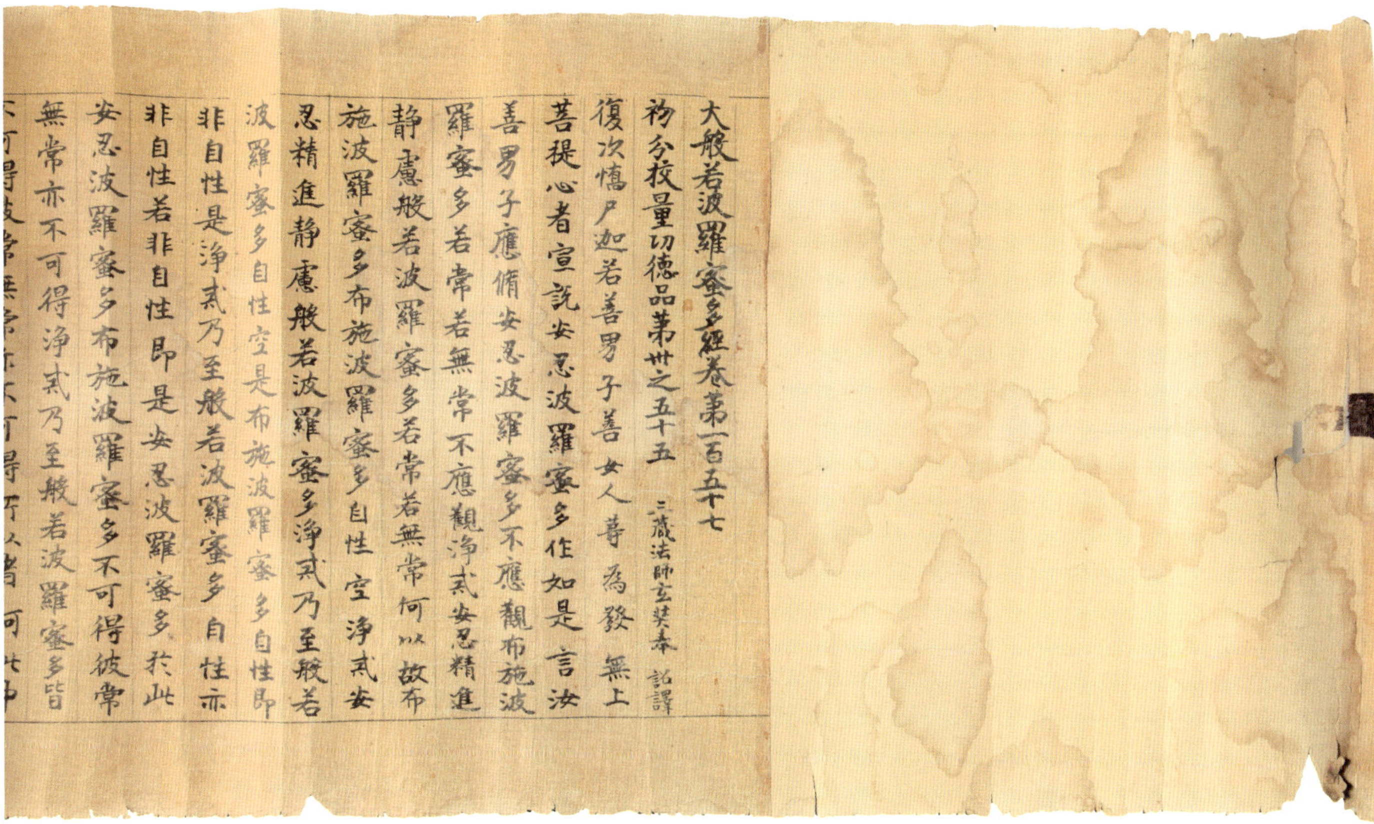

11393 大般若波羅蜜多經卷第一百五十七 （唐）釋玄奘譯　吐蕃統治敦煌時期寫本

卷軸裝。高26.1厘米，長770.8厘米。存十七紙，四百二十五行。烏絲欄。有標帶、護首、尾軸。國家圖書館藏。

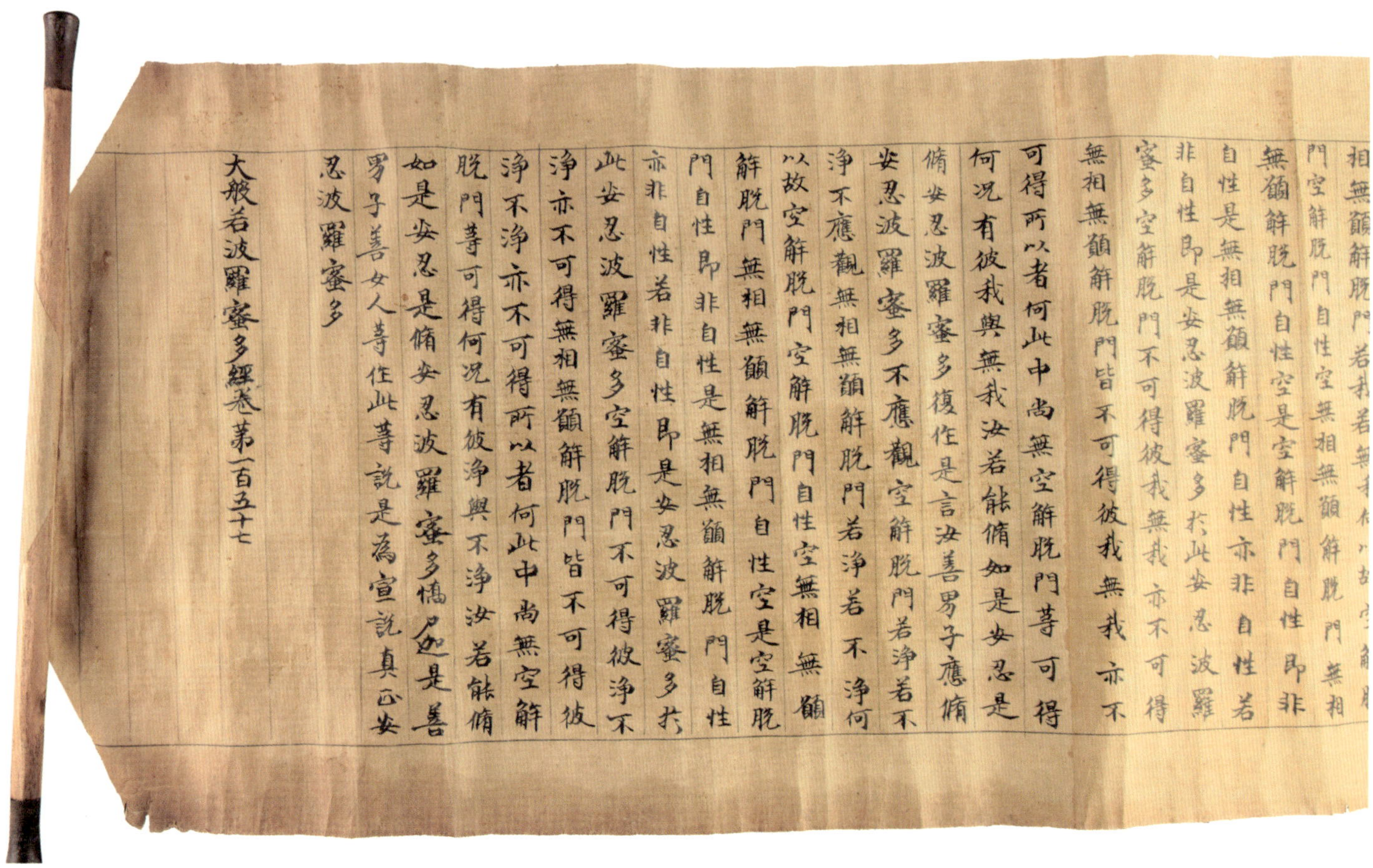

11393 大般若波羅蜜多經卷第一百五十七

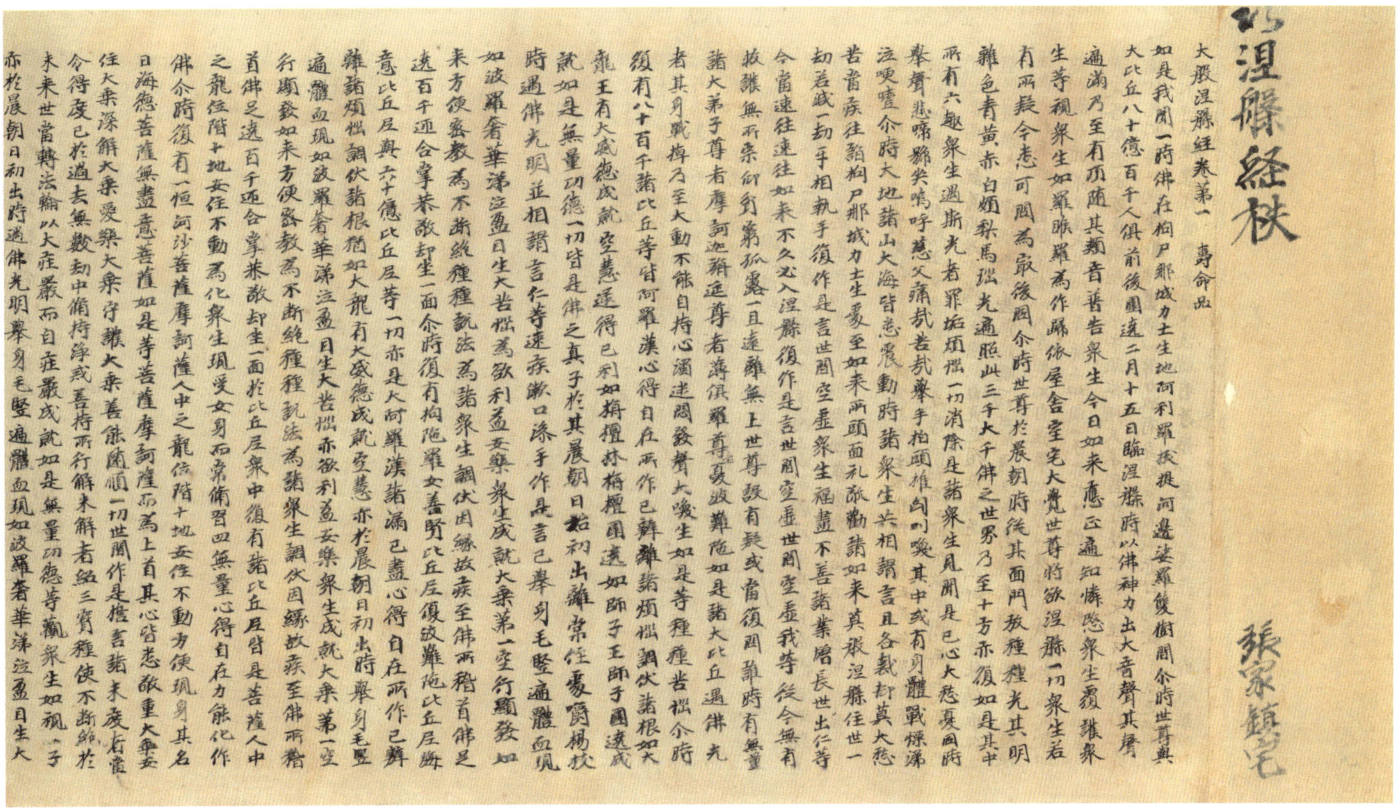

11396 大般涅槃經（北本）卷第一至五 （北涼）釋曇無讖譯　歸義軍時期寫本

卷軸裝。高27.1厘米，長1890.7厘米。存三十九紙，一千四百八十行。烏絲欄。卷尾有題記“大般涅槃經第一、第二、第三、第四、第五，已上五卷共成一卷”。國家圖書館藏。

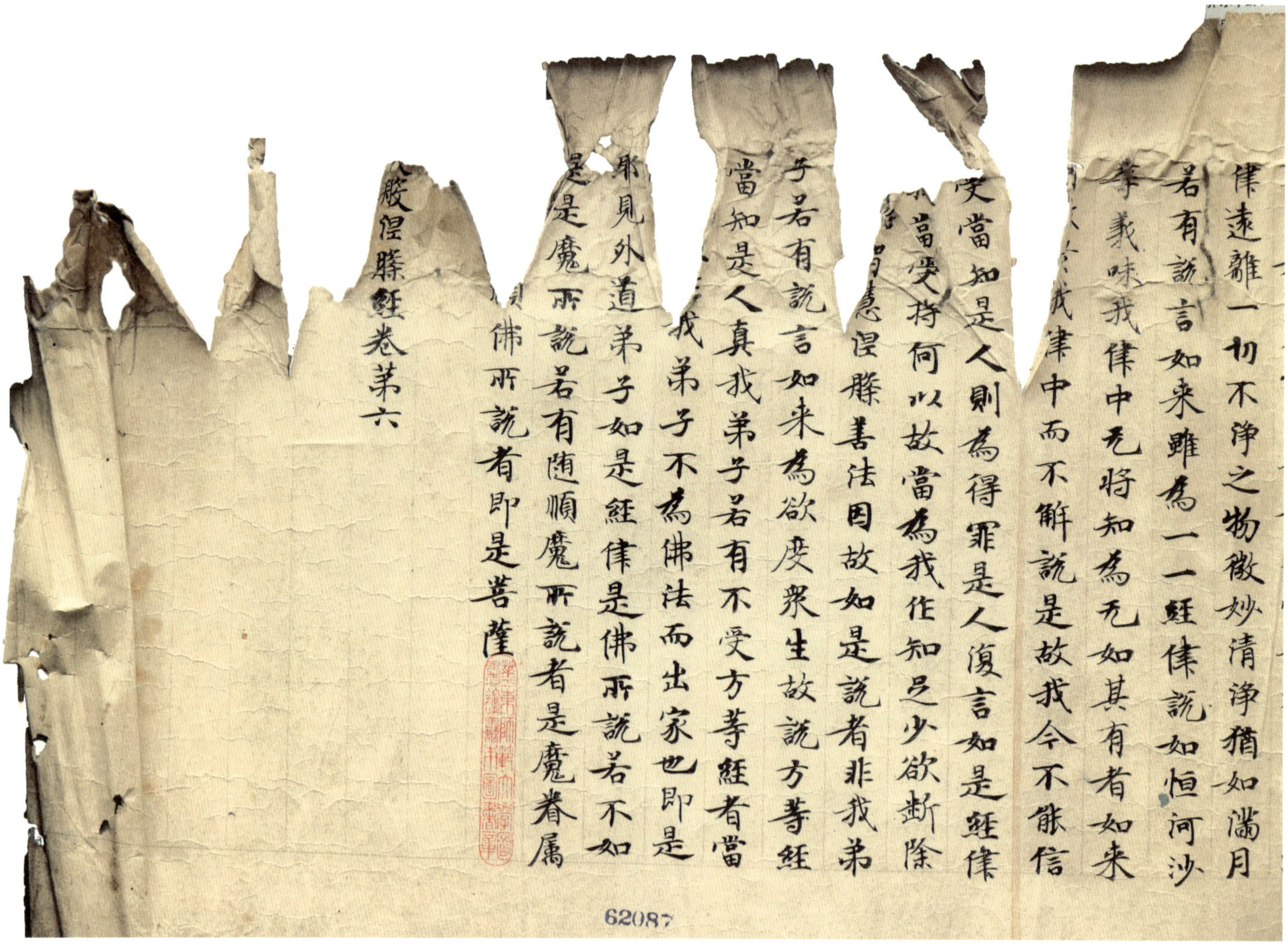
律遠離一切不淨之物微妙清淨猶如滿月
若有說言如來雖為一一經律說如恒河沙
等義味我律中无將知為无如其有者如來
我律中而不解說是故我今不能信
受當知是人則為得罪是人復言如是經律
當受持何以故當為我作知足少欲斷除
涅槃善法因故如是說者非我弟
子若有說言如來為欲度衆生故說方等經
當知是人真我弟子若有不受方等經者當
我弟子不為佛法而出家也即是
邪見外道弟子如是經律是佛所說若不如
是是魔所說若有隨順魔所說者是魔眷屬
佛所說者即是菩薩
大般涅槃經卷第六

11397 大般涅槃經卷第六　（北涼）釋曇無讖譯　唐寫本

卷軸裝。高27厘米，長836.5厘米。存十九紙，四百九十六行。烏絲欄。卷首有勘記。華東師範大學圖書館藏。

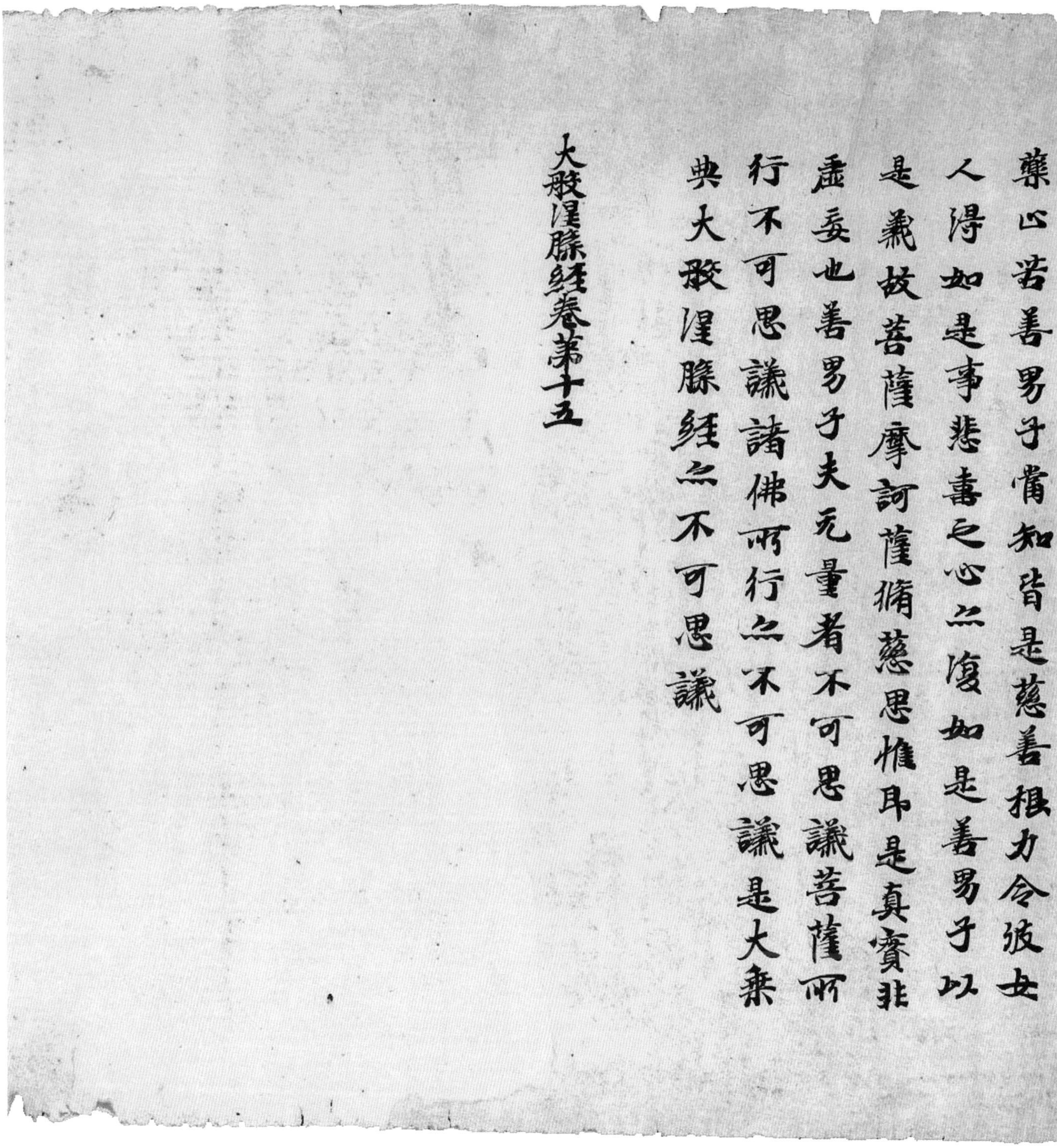
藥心若善男子當知皆是慈善根力令彼女
人得如是事悲喜之心亦復如是善男子以
是義故菩薩摩訶薩脩慈思惟即是真實非
虛妄也善男子夫无量者不可思議菩薩所
行不可思議諸佛所行亦不可思議是大乘
典大般涅槃經亦不可思議

大般涅槃經卷第十五

11398 大般涅槃經卷第十五 （北涼）釋曇無讖譯　南北朝寫本

卷軸裝。高25厘米，長843.2厘米。存二十一紙，每紙二十三至二十六行，共五百十八行。敦煌研究院藏。

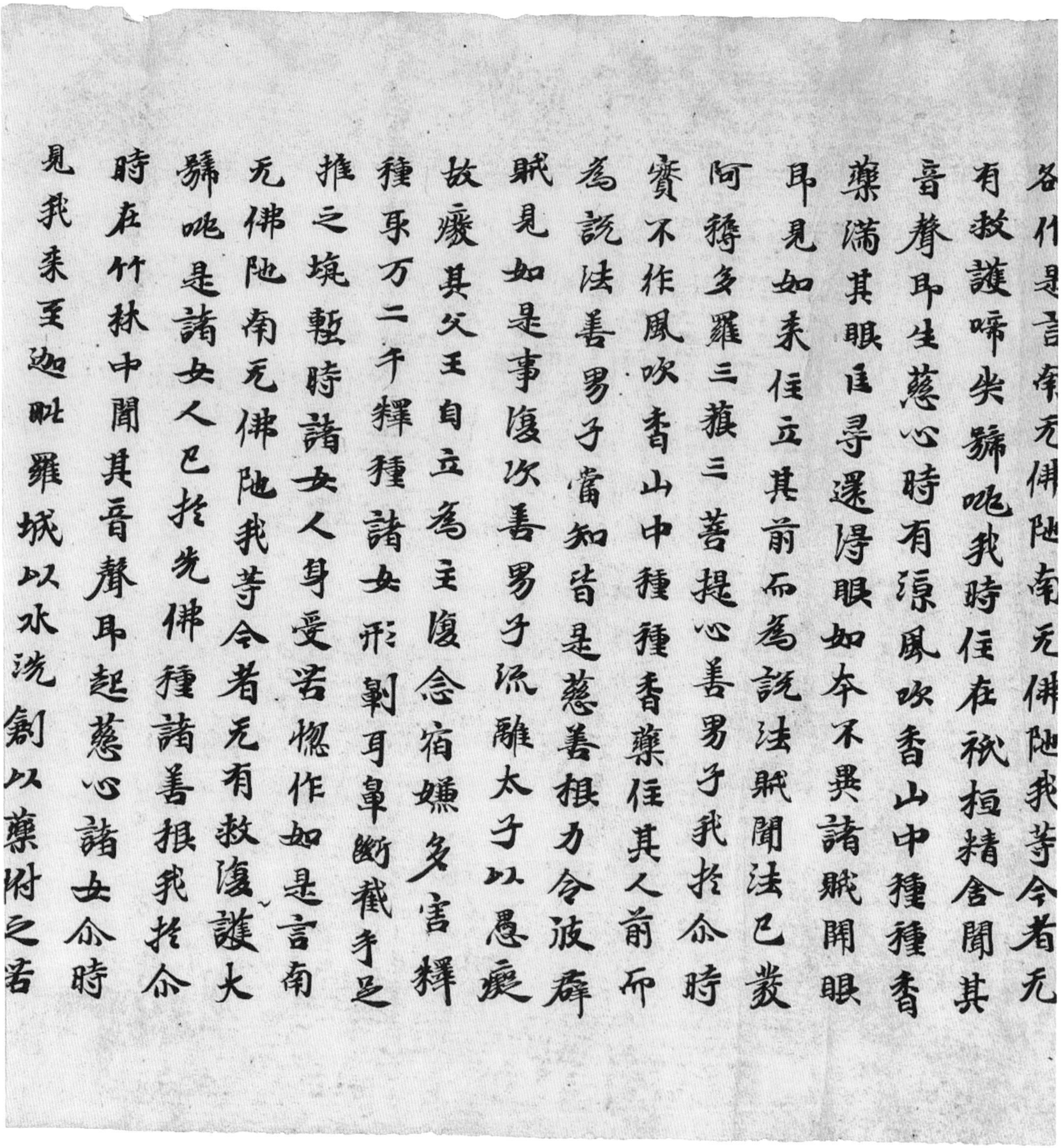
各作是言南无佛陁南无佛陁我等今者无
有救護啼哭號咷我時住在祇桓精舍聞其
音聲即生慈心時有涼風吹香山中種種香
藥滿其眼匡尋還得眼如本不異諸賊開眼
即見如來住立其前而為說法賊聞法已發
阿耨多羅三藐三菩提心善男子我於尒時
實不作風吹香山中種種香藥住其人前而
為說法善男子當知皆是慈善根力令彼群
賊見如是事復次善男子琉離太子以愚癡
故廢其父王自立為王復念宿嫌多害釋
種取万二千釋種諸女形剝耳鼻斷截手足
推之坑壍時諸女人身受苦惱作如是言南
无佛陁南无佛陁我等今者无有救護大
號咷是諸女人已於先佛種諸善根我於尒
時在竹林中聞其音聲即起慈心諸女尒時
見我來至迦毗羅城以水洗創以藥附之苦

11398 大般涅槃經卷第十五

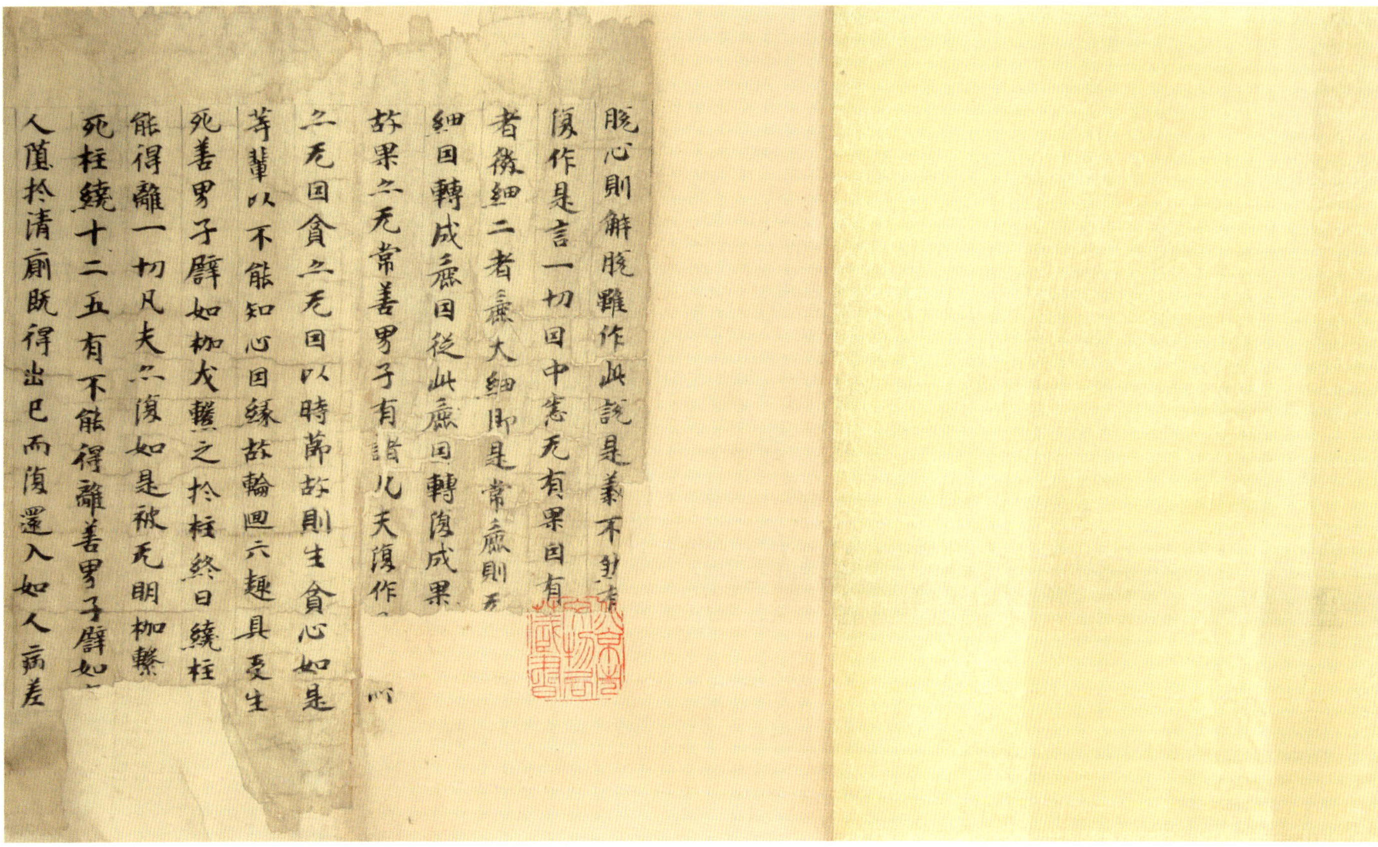

11399 大般涅槃經卷第二十六 （北凉）釋曇無讖譯 南北朝晚期寫本

卷軸裝。高25.9厘米，長903厘米。存十九紙，每紙二十八行，共四百九十九行。烏絲欄。有“乐氏藏书编号”“樂”“北平樂氏珎藏”等印。北京市文物局圖書資料中心藏。

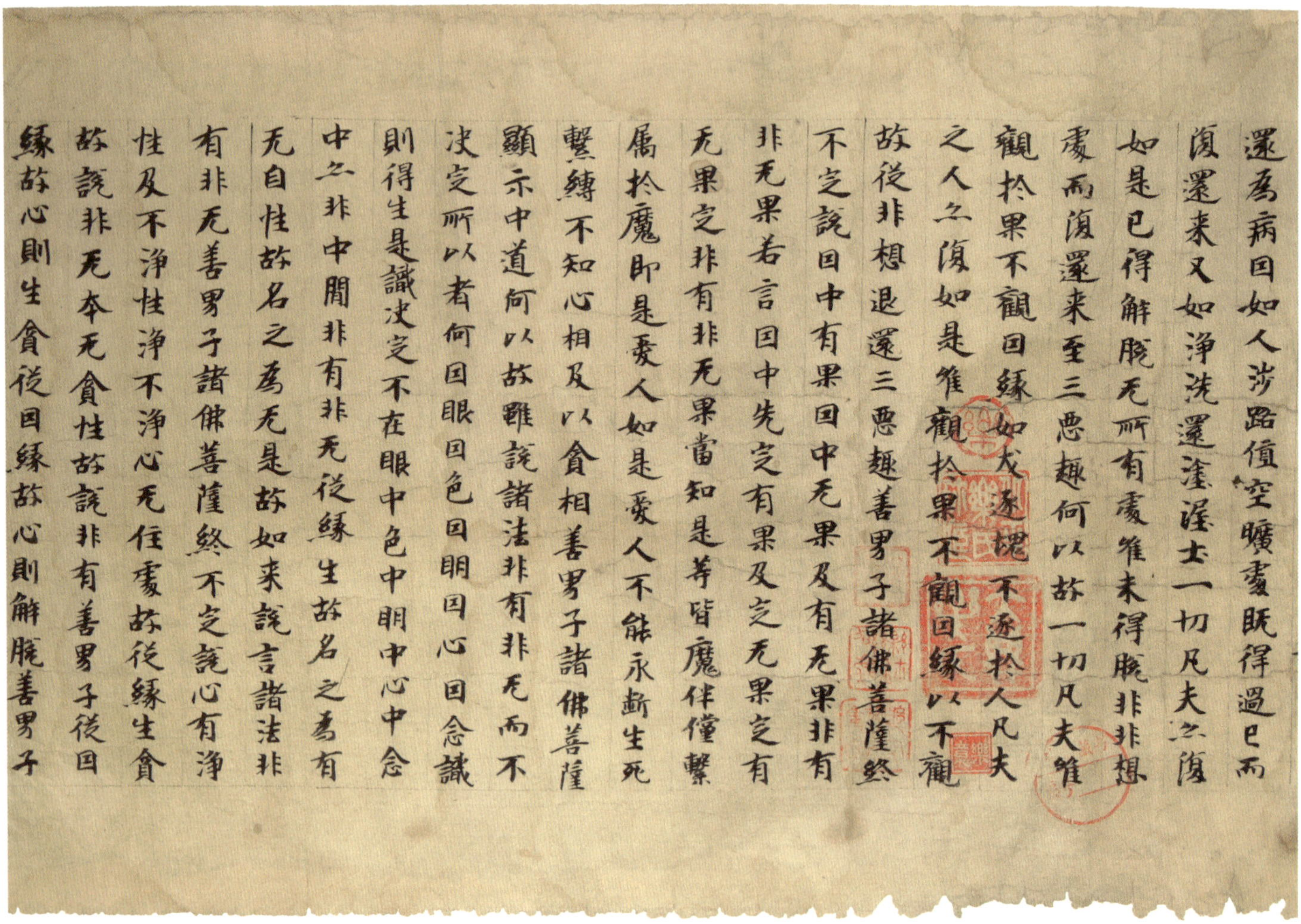
還爲病因如人涉路值空曠處既得過已而
復還來又如淨洗還塗泥土一切凡夫亦復
如是已得解脫无所有處唯未得脫非非想
處而復還來至三惡趣何以故一切凡夫唯
觀於果不觀因緣如犬逐塊不逐於人凡夫
之人亦復如是唯觀於果不觀因緣以不觀
故從非想退還三惡趣善男子諸佛菩薩終
不定說因中有果因中无果及有无果非有
非无果若言因中先定有果及定无果定有
无果定非有非无果當知是等皆魔伴儻繫
屬於魔即是愛人如是愛人不能永斷生死
繫縛不知心相及以貪相善男子諸佛菩薩
顯示中道何以故雖說諸法非有非无而不
決定所以者何因眼因色因明因心因念識
則得生是識決定不在眼中色中明中心中念
中亦非中間非有非无從緣生故名之爲有
无自性故名之爲无是故如來說言諸法非
有非无善男子諸佛菩薩終不定說心有淨
性及不淨性淨不淨心无住處故從緣生貪
故說非无本无貪性故說非有善男子從因
緣故心則生貪從因緣故心則解脫善男子

11399 大般涅槃經卷第二十六

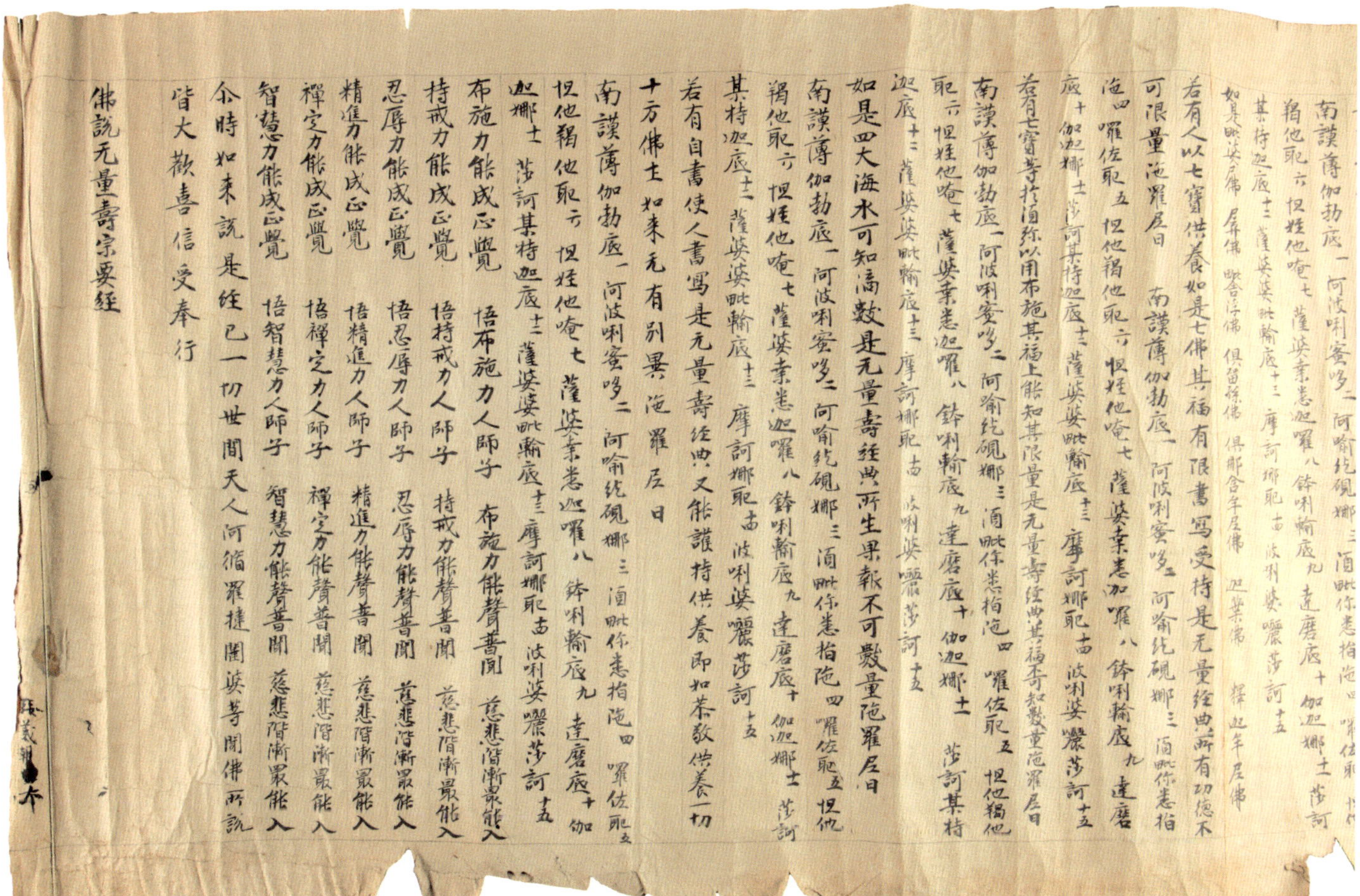

南謨薄伽勃底一 阿波唎蜜哆二 阿喻紇硯娜三 酒毗你悉指陁四 囉佐耶五 怛他
羯他耶六 怛姪他唵七 薩婆桑悉迦囉八 鉢唎輸底九 達磨底十 伽迦娜十一 莎訶
某持迦底十二 薩婆婆毗輸底十三 摩訶娜耶十四 波唎婆嚾莎訶十五
如是毗婆尸佛 尸棄佛 毗舍浮佛 俱留孫佛 俱那含牟尼佛 迦葉佛 釋迦牟尼佛
若有人以七寶供養如是七佛其福有限書寫受持是无量經典所有功德不
可限量陁羅尼曰 南謨薄伽勃底一 阿波唎蜜哆二 阿喻紇硯娜三 酒毗你悉指
陁四 囉佐耶五 怛他羯他耶六 怛姪他唵七 薩婆桑悉迦囉八 鉢唎輸底九 達磨
底十 伽迦娜十一 莎訶某持迦底十二 薩婆婆毗輸底十三 摩訶娜耶十四 波唎婆嚾莎訶十五
若有七寶等於酒弥以用布施其福上能知其限量是无量壽經典其福不可知數量陁羅尼曰
南謨薄伽勃底一 阿波唎蜜哆二 阿喻紇硯娜三 酒毗你悉指陁四 囉佐耶五 怛他羯他
耶六 怛姪他唵七 薩婆桑悉迦囉八 鉢唎輸底九 達磨底十 伽迦娜十一 莎訶某持
迦底十二 薩婆婆毗輸底十三 摩訶娜耶十四 波唎婆嚾莎訶十五
如是四大海水可知滴數是无量壽經典所生果報不可數量陁羅尼曰
南謨薄伽勃底一 阿波唎蜜哆二 阿喻紇硯娜三 酒毗你悉指陁四 囉佐耶五 怛他
羯他耶六 怛姪他唵七 薩婆桑悉迦囉八 鉢唎輸底九 達磨底十 伽迦娜十一 莎訶
某持迦底十二 薩婆婆毗輸底十三 摩訶娜耶十四 波唎婆嚾莎訶十五
若有自書使人書寫是无量壽經典又能護持供養即如恭敬供養一切
十方佛土如来无有別異陁羅尼曰
南謨薄伽勃底一 阿波唎蜜哆二 阿喻紇硯娜三 酒毗你悉指陁四 囉佐耶五
怛他羯他耶六 怛姪他唵七 薩婆桑悉迦囉八 鉢唎輸底九 達磨底十 伽
迦娜十一 莎訶某持迦底十二 薩婆婆毗輸底十三 摩訶娜耶十四 波唎婆嚾莎訶十五
布施力能成正覺 悟布施力人師子 布施力能聲聞 慈悲階漸最能入
持戒力能成正覺 悟持戒力人師子 持戒力能聲聞 慈悲階漸最能入
忍辱力能成正覺 悟忍辱力人師子 忍辱力能聲聞 慈悲階漸最能入
精進力能成正覺 悟精進力人師子 精進力能聲聞 慈悲階漸最能入
禪定力能成正覺 悟禪定力人師子 禪定力能聲聞 慈悲階漸最能入
智慧力能成正覺 悟智慧力人師子 智慧力能聲聞 慈悲階漸最能入
尒時如来說是經已一切世間天人阿循羅揵闥婆等聞佛所說
皆大歡喜信受奉行
佛說无量壽宗要經

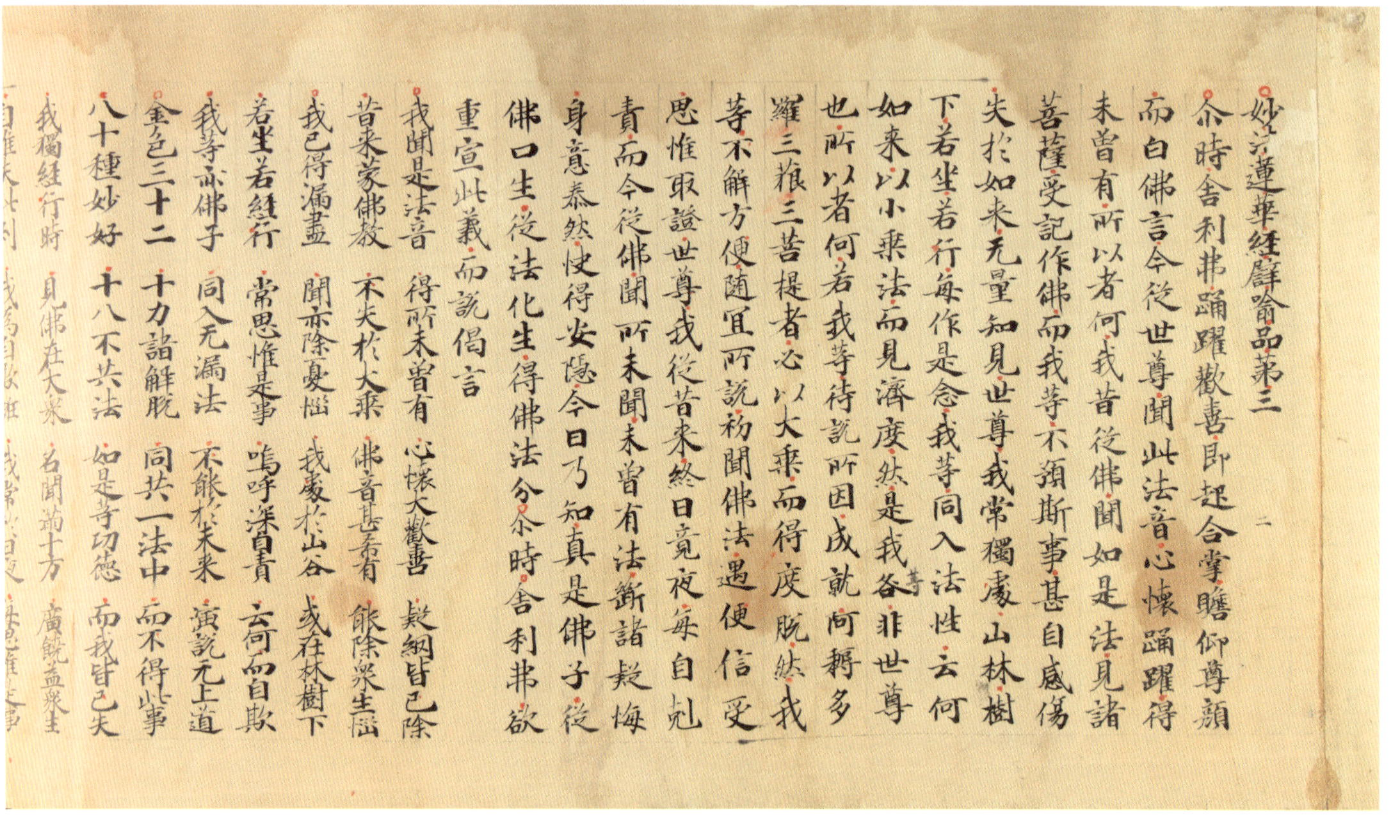

11403 妙法蓮華經卷第二 （後秦）釋鳩摩羅什譯　宋乾德六年（968，歸義軍時期）寫本

卷軸裝。高26.8厘米，長1104厘米。存二十六紙，五百九十五行。烏絲欄。卷尾有朱筆題記“西天取經僧繼從乾德六年二月日科記”。國家圖書館藏。

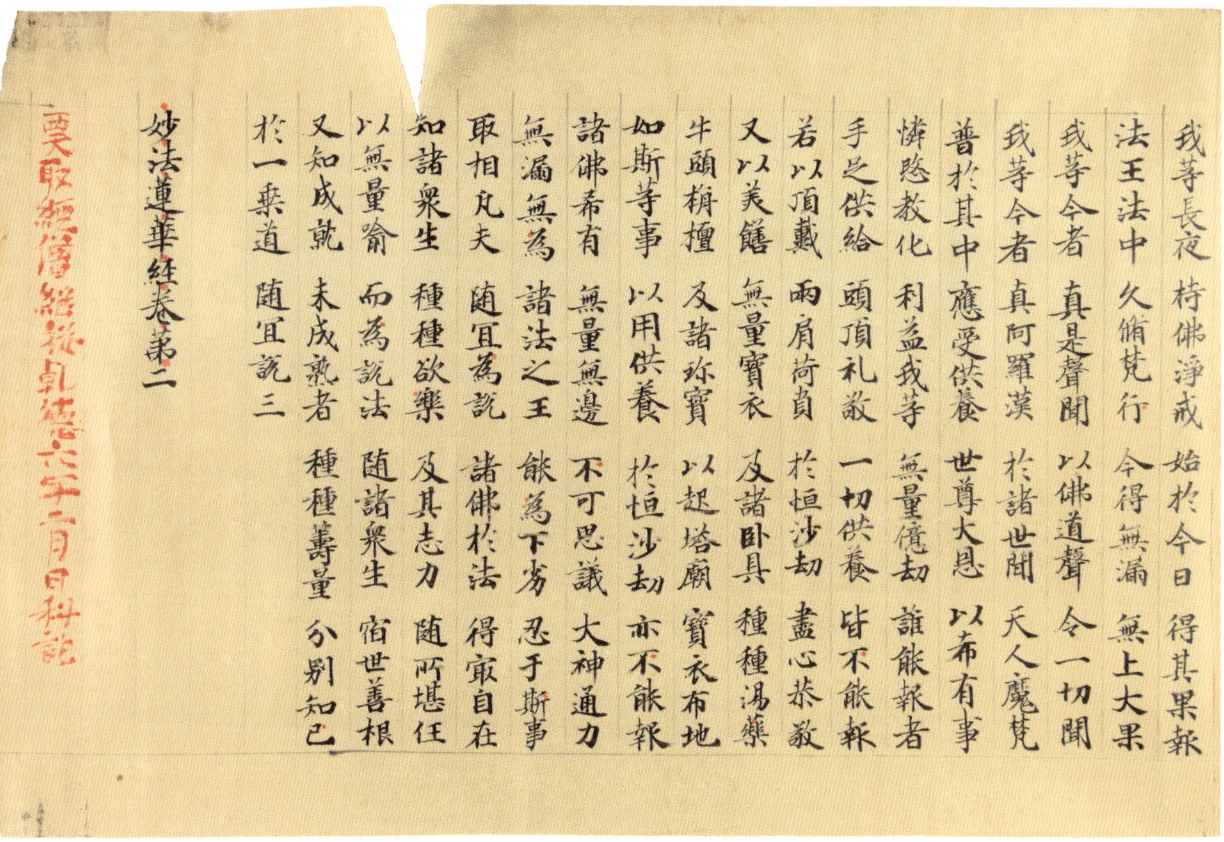
我等長夜　持佛淨戒　始於今日　得其果報
法王法中　久脩梵行　今得無漏　無上大果
我等今者　真是聲聞　以佛道聲　令一切聞
我等今者　真阿羅漢　於諸世間　天人魔梵
普於其中　應受供養　世尊大恩　以希有事
憐愍教化　利益我等　無量億劫　誰能報者
手足供給　頭頂禮敬　一切供養　皆不能報
若以頂戴　兩肩荷負　於恒沙劫　盡心恭敬
又以美饍　無量寶衣　及諸卧具　種種湯藥
牛頭栴檀　及諸珍寶　以起塔廟　寶衣布地
如斯等事　以用供養　於恒沙劫　亦不能報
諸佛希有　無量無邊　不可思議　大神通力
無漏無為　諸法之王　能為下劣　忍于斯事
取相凡夫　隨宜為說　諸佛於法　得最自在
知諸衆生　種種欲樂　及其志力　隨所堪任
以無量喻　而為說法　隨諸衆生　宿世善根
又知成就　未成熟者　種種籌量　分別知已
於一乘道　隨宜說三
妙法蓮華經卷第二
要取經僧結從乾德六年二月日科記

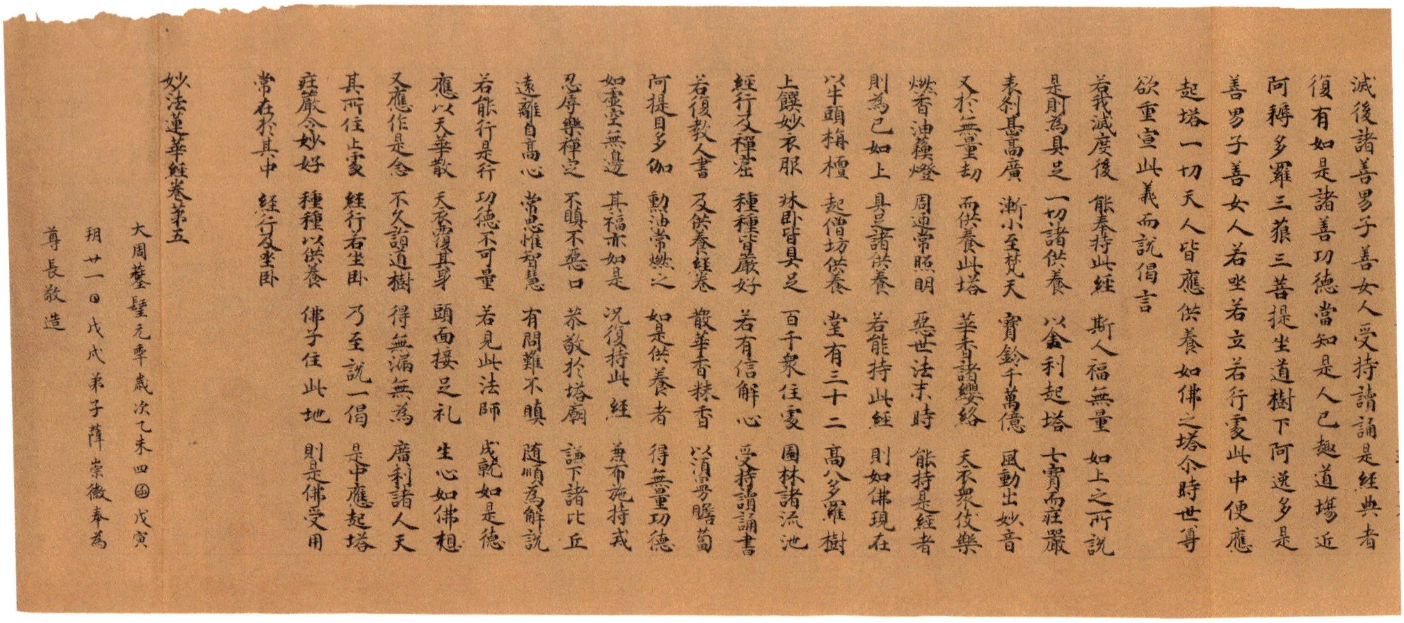

11404 妙法蓮華經卷第五 （後秦）釋鳩摩羅什譯 武周證聖元年（695）寫本

卷軸裝。高24.7厘米，長986.6厘米。存二十三紙，五百七十行。烏絲欄。卷尾有題記“大周證聖元年歲次乙未四月戊寅朔廿一日戊戌弟子薛崇徽奉爲尊長敬造”。國家圖書館藏。

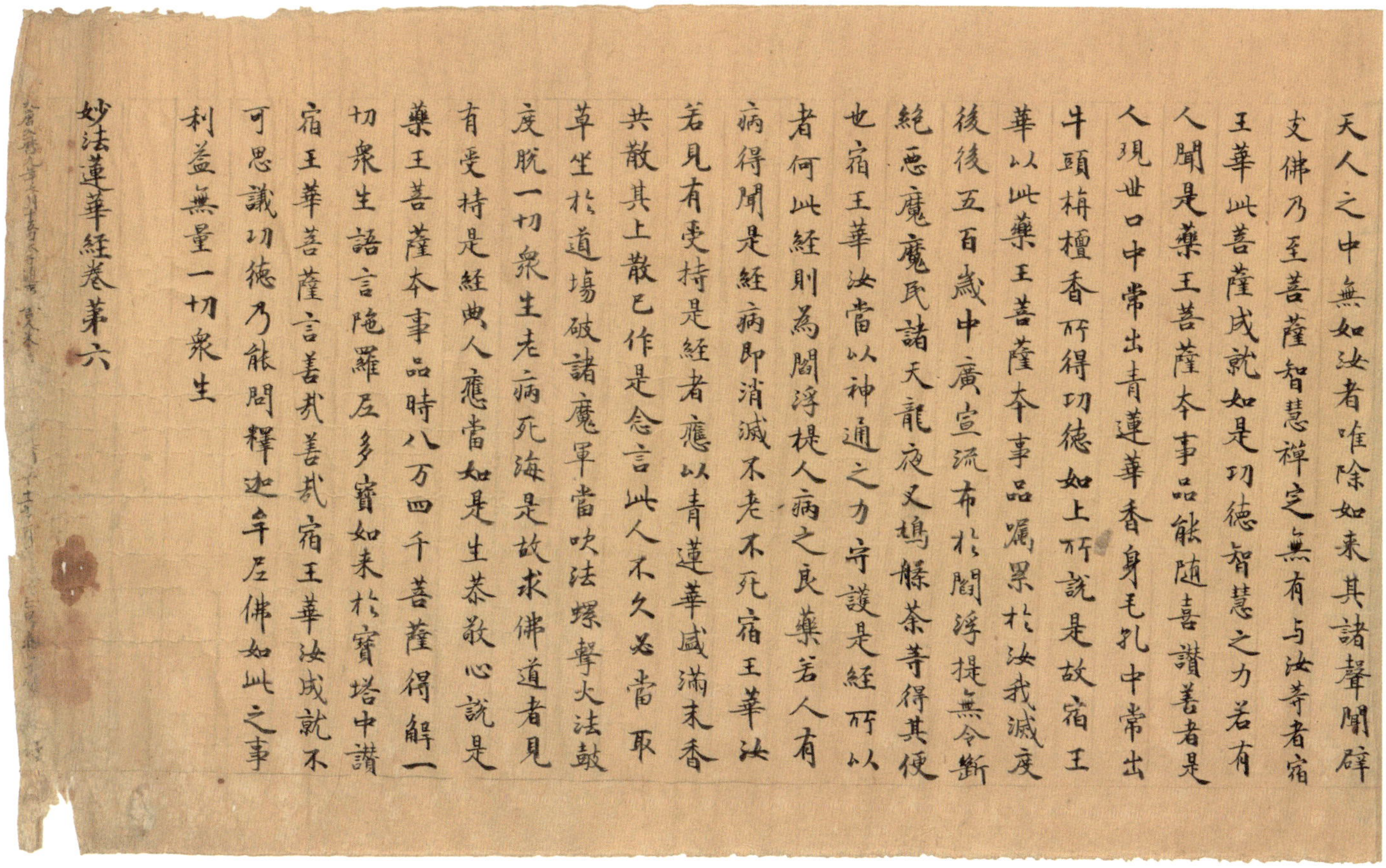

天人之中無如汝者唯除如來其諸聲聞辟
支佛乃至菩薩智慧禪定無有与汝等者宿
王華此菩薩成就如是功德智慧之力若有
人聞是藥王菩薩本事品能隨喜讚善者是
人現世口中常出青蓮華香身毛孔中常出
牛頭栴檀香所得功德如上所說是故宿王
華以此藥王菩薩本事品囑累於汝我滅度
後後五百歲中廣宣流布於閻浮提無令斷
絕惡魔魔民諸天龍夜叉鳩槃茶等得其便
也宿王華汝當以神通之力守護是經所以
者何此經則為閻浮提人病之良藥若人有
病得聞是經病即消滅不老不死宿王華汝
若見有受持是經者應以青蓮華盛滿末香
共散其上散已作是念言此人不久必當取
草坐於道場破諸魔軍當吹法螺擊大法鼓
度脫一切眾生老病死海是故求佛道者見
有受持是經典人應當如是生恭敬心說是
藥王菩薩本事品時八万四千菩薩得解一
切眾生語言陀羅尼多寶如來於寶塔中讚
宿王華菩薩言善哉善哉宿王華汝成就不
可思議功德乃能問釋迦牟尼佛如此之事
利益無量一切眾生

妙法蓮華經卷第六

11405 妙法蓮華經卷第六 （後秦）釋鳩摩羅什譯　唐大曆九年（774）寫本

卷軸裝。高26厘米，長1058.2厘米。存二十二紙，五百九十二行。烏絲欄。卷尾有小字題記“大唐大曆九年七月十五日太子通事舍人朱□……□十一年二月□……□亡男恭□……□讀”。國家圖書館藏。

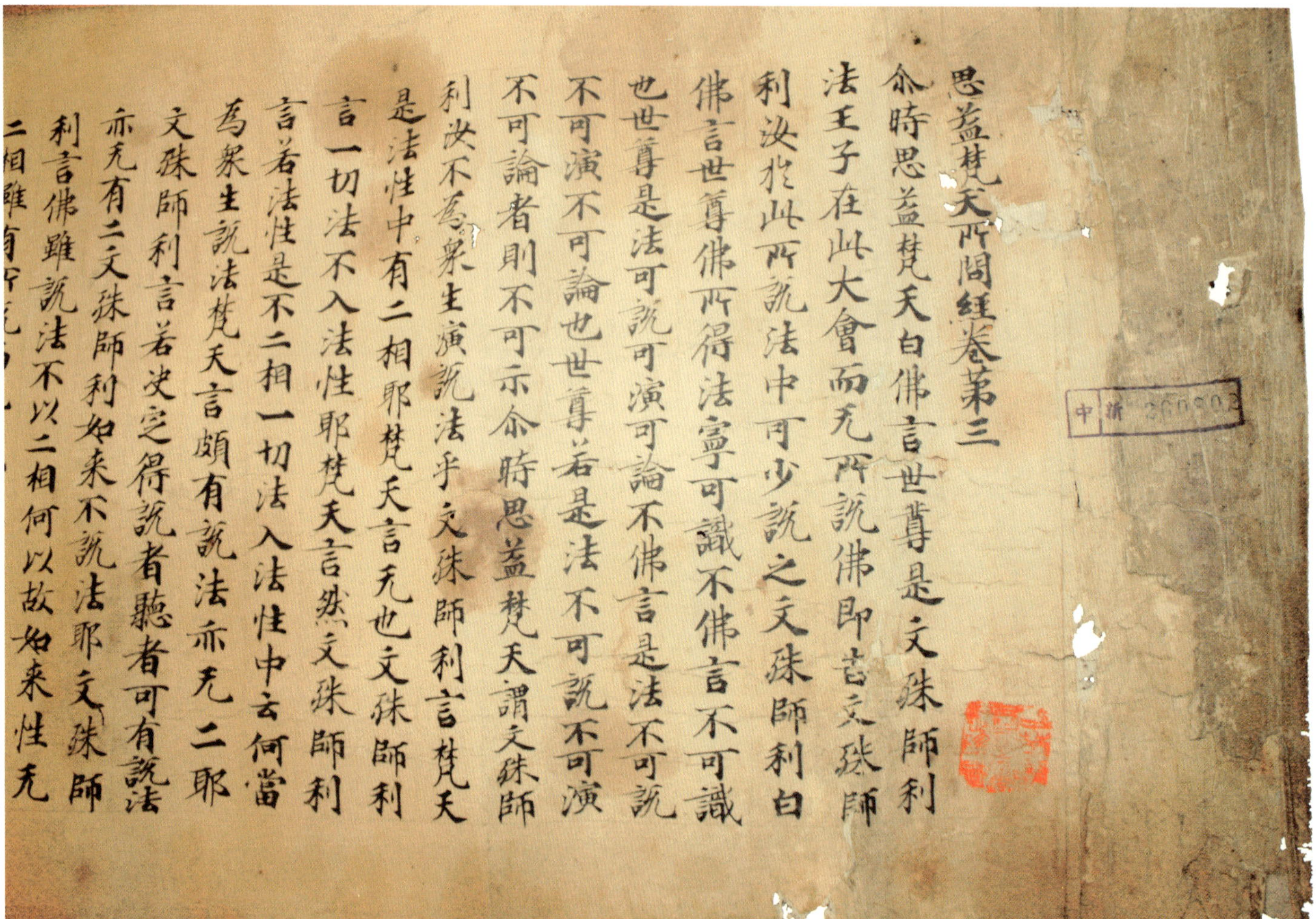

思益梵天所問經卷第三
尒時思益梵天白佛言世尊是文殊師利
法王子在此大會而无所說佛即告文殊師
利汝於此所說法中可少說之文殊師利白
佛言世尊佛所得法寧可識不佛言不可識
也世尊是法可說可演可論不佛言是法不可說
不可演不可論也世尊若是法不可說不可演
不可論者則不可示尒時思益梵天謂文殊師
利汝不爲衆生演說法乎文殊師利言梵天
是法性中有二相耶梵天言无也文殊師利
言一切法不入法性耶梵天言然文殊師利
言若法性是不二相一切法入法性中云何當
爲衆生說法梵天言頗有說法亦无二耶
文殊師利言若決定得說者聽者可有說法
亦无有二文殊師利如來不說法耶文殊師
利言佛雖說法不以二相何以故如來性无
二相雖有所

11406 思益梵天所問經卷第三　（後秦）釋鳩摩羅什譯　唐寫本

卷軸裝。高25.8厘米，長929厘米。存十九紙，每紙二十八行，共五百十八行。烏絲欄。上海辭書出版社藏。

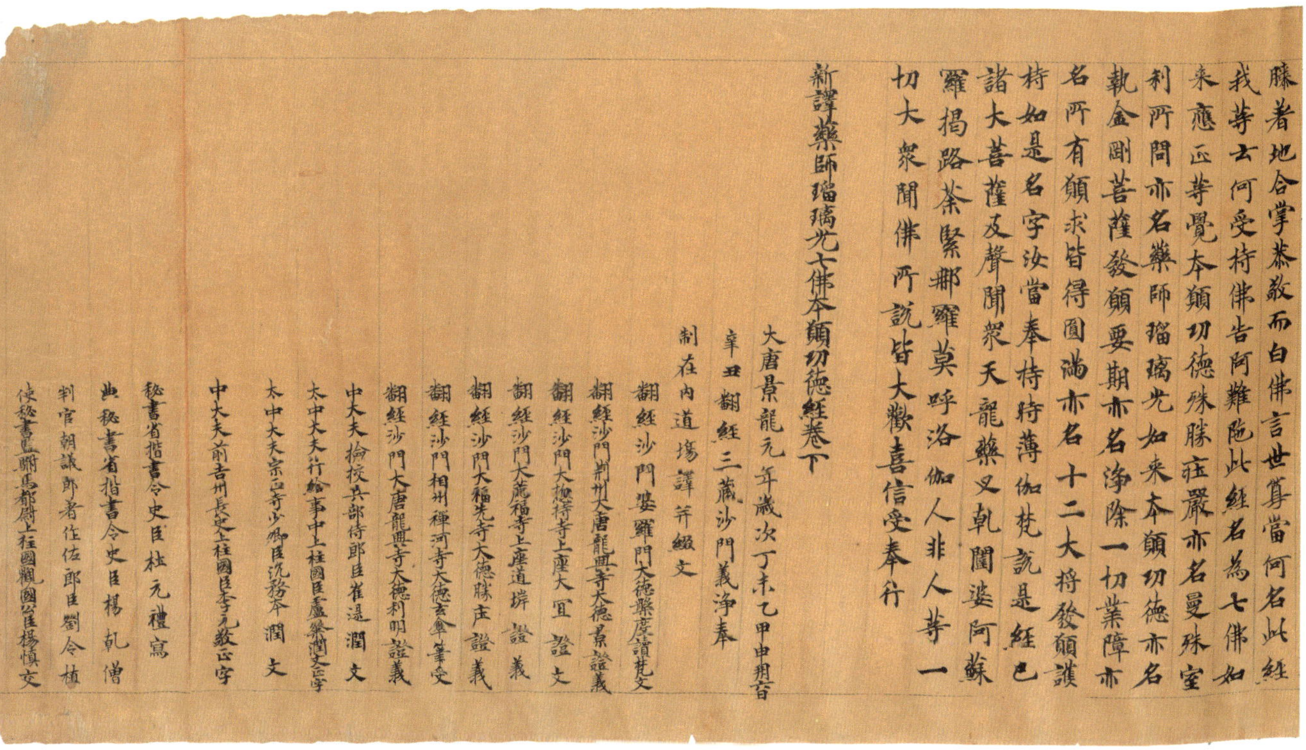
勝着地合掌恭敬而白佛言世尊當何名此經
我等云何受持佛告阿難陁此經名爲七佛如
來應正等覺本願功德殊勝莊嚴亦名曼殊室
利所問亦名藥師瑠璃光如來本願功德亦名
執金剛菩薩發願要期亦名淨除一切業障亦
名所有願求皆得圓滿亦名十二大將發願護
持如是名字汝當奉持時薄伽梵說是經已
諸大菩薩及聲聞衆天龍藥叉乾闥婆阿蘇
羅揭路荼緊那羅莫呼洛伽人非人等一
切大衆聞佛所說皆大歡喜信受奉行
新譯藥師瑠璃光七佛本願功德經卷下
大唐景龍元年歲次丁未乙甲申朔旮
辛丑翻經三藏沙門義淨奉
制在内道場譯并綴文
翻經沙門婆羅門大德槃度讀梵文
翻經沙門荊州大唐龍興寺大德弘景證義
翻經沙門大總持寺上座大宜證文
翻經沙門大薦福寺上座道岸證義
翻經沙門大福先寺大德勝莊證義
翻經沙門相州禪河寺大德玄傘筆受
翻經沙門大唐龍興寺大德利明證義
中大夫檢校兵部侍郎臣崔湜潤文
太中大夫行給事中上柱國臣盧粲潤文正字
太中大夫宗正寺少卿臣沈務本潤文
中大夫前吉州長史上柱國臣李元㪽正字
秘書省楷書令史臣杜元禮寫
典秘書省楷書令史臣楊軌僧
判官朝議郎著作佐郎臣劉令植
使秘書監駙馬都尉上柱國觀國公臣楊慎交

11407 藥師琉璃光七佛本願功德經卷下 （唐）釋義淨譯　唐八世紀寫本

卷軸裝。高26.1厘米，長619.1厘米。存十五紙，三百七十七行。烏絲欄。國家圖書館藏。

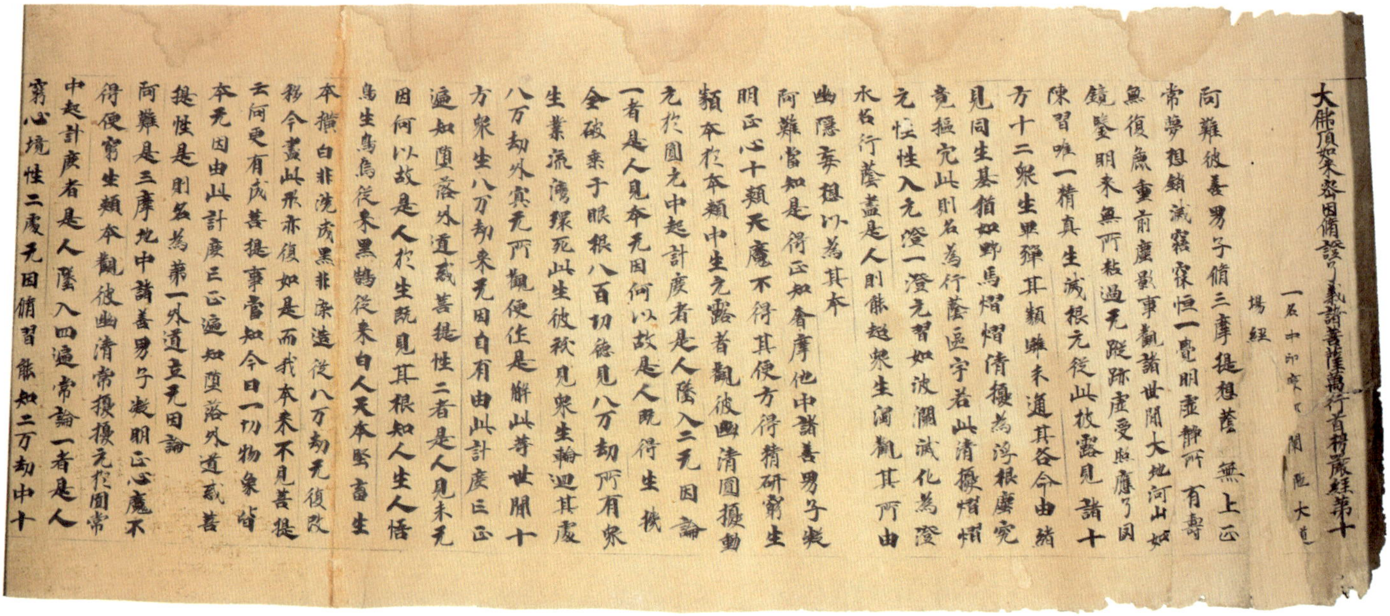

11408 大佛頂如來密因修證了義諸菩薩萬行首楞嚴經卷第十

（唐）釋般剌蜜帝譯　歸義軍時期寫本

卷軸裝。高25.7厘米，長576厘米。存十二紙，三百二十九行。烏絲欄。清華大學圖書館藏。

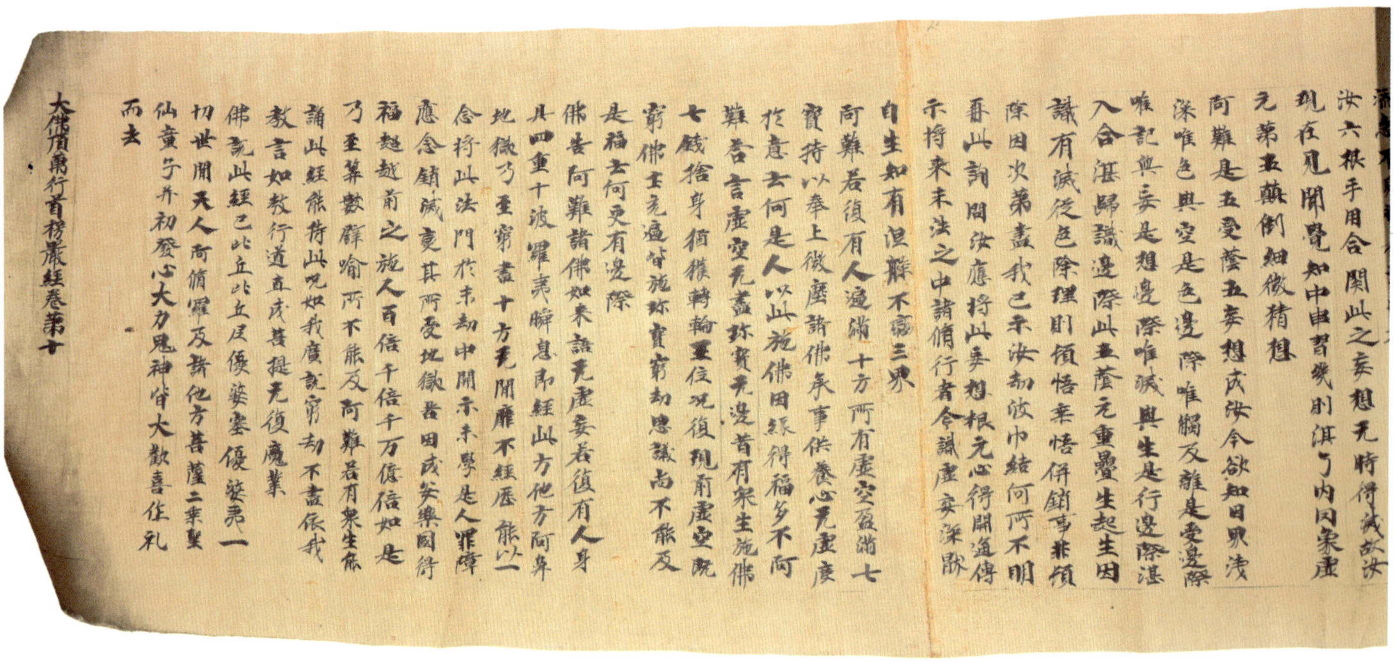

[illegible]
汝六根互用合開此之妄想无時得滅故汝
現在見聞覺知中串習幾則湛了內罔象虛
无第五顛倒細微精想
阿難是五受陰五妄想成汝今欲知因界淺
深唯色與空是色邊際唯觸及離是受邊際
唯記與妄是想邊際唯滅與生是行邊際湛
入合湛歸識邊際此五陰元重疊生起生因
識有滅從色除理則頓悟乘悟併銷事非頓
除因次第盡我已示汝劫波巾結何所不明
再此詢問汝應將此妄想根元心得開通傳
示將來末法之中諸修行者令識虛妄深厭
自生知有涅槃不戀三界
阿難若復有人遍滿十方所有虛空盈滿七
寶持以奉上微塵諸佛承事供養心无虛度
於意云何是人以此施佛因緣得福多不阿
難荅言虛空无盡珍寶无邊昔有眾生施佛
七錢捨身猶獲轉輪王位況復現前虛空既
窮佛土充遍皆施珍寶窮劫思議尚不能及
是福云何更有邊際
佛告阿難諸佛如來語无虛妄若復有人身
具四重十波羅夷瞬息即經此方他方阿鼻
地獄乃至窮盡十方无間靡不經歷能以一
念將此法門於末劫中開示未學是人罪障
應念銷滅變其所受地獄苦因成安樂國得
福超越前之施人百倍千倍千万億倍如是
乃至算數譬喻所不能及阿難若有眾生能
誦此經能持此咒如我廣說窮劫不盡依我
教言如教行道直成菩提无復魔業
佛說此經已比丘比丘尼優婆塞優婆夷一
切世間天人阿脩羅及諸他方菩薩二乘聖
仙童子并初發心大力鬼神皆大歡喜作礼
而去
大佛頂萬行首楞嚴經卷第十

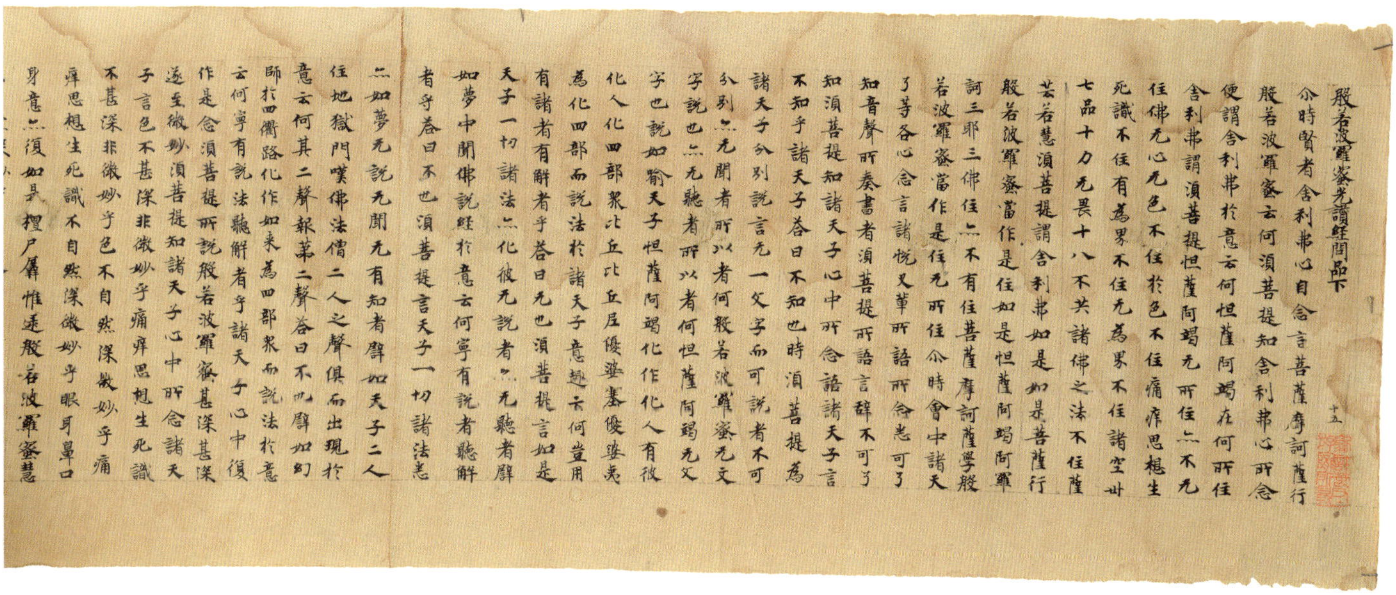

11409 般若波羅蜜光贊經卷第十五　（西晉）釋竺法護譯　唐寫本

卷軸裝。高26.6厘米，長628.5厘米。存十三紙，三百四十二行。烏絲欄。有“歙許芚父遊隴所得”印。青島市博物館藏。

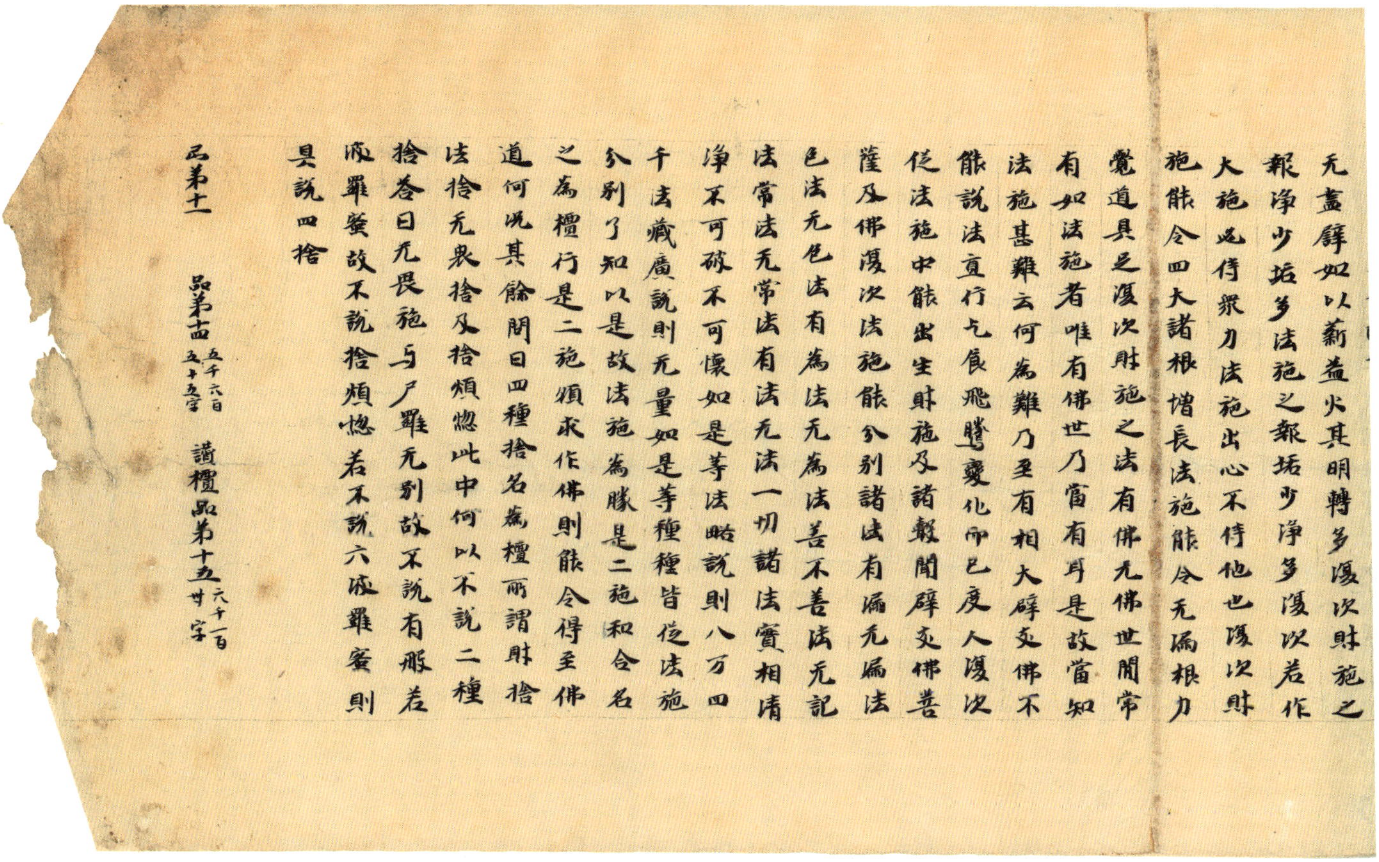
无盡譬如以薪益火其明轉多復次財施之
報淨少垢多法施之報垢少淨多復次若作
大施必待衆力法施出心不待他也復次財
施能令四大諸根增長法施能令无漏根力
覺道具足復次財施之法有佛无佛世間常
有如法施者唯有佛世乃當有耳是故當知
法施甚難云何為難乃至有相大辟支佛不
能說法直行乞食飛騰變化而已度人復次
從法施中能出生財施及諸聲聞辟支佛菩
薩及佛復次法施能分別諸法有漏无漏法
色法无色法有為法无為法善不善法无記
法常法无常法有法无法一切諸法實相清
淨不可破不可壞如是等法略說則八万四
千法藏廣說則无量如是等種種皆從法施
分別了知以是故法施為勝是二施和合名
之為檀行是二施須求作佛則能令得至佛
道何況其餘問曰四種捨名為檀所謂財捨
法捨无畏捨及捨煩惱此中何以不說二種
捨荅曰无畏施与尸羅无別故不說有般若
波羅蜜故不說捨煩惱若不說六波羅蜜則
具說四捨
品第十四 五千六百五十五字 讃檀品第十五 六千一百卅字
品第十一

11411 大智度論卷第十一 （後秦）釋鳩摩羅什譯　南北朝寫本

卷軸裝。高28厘米，長1192.5厘米。存三十紙，六百六十五行。烏絲欄。卷尾有題記“品第十四，五千六百五十五字；讃檀品第十五，六千一百卅字”。國家圖書館藏。

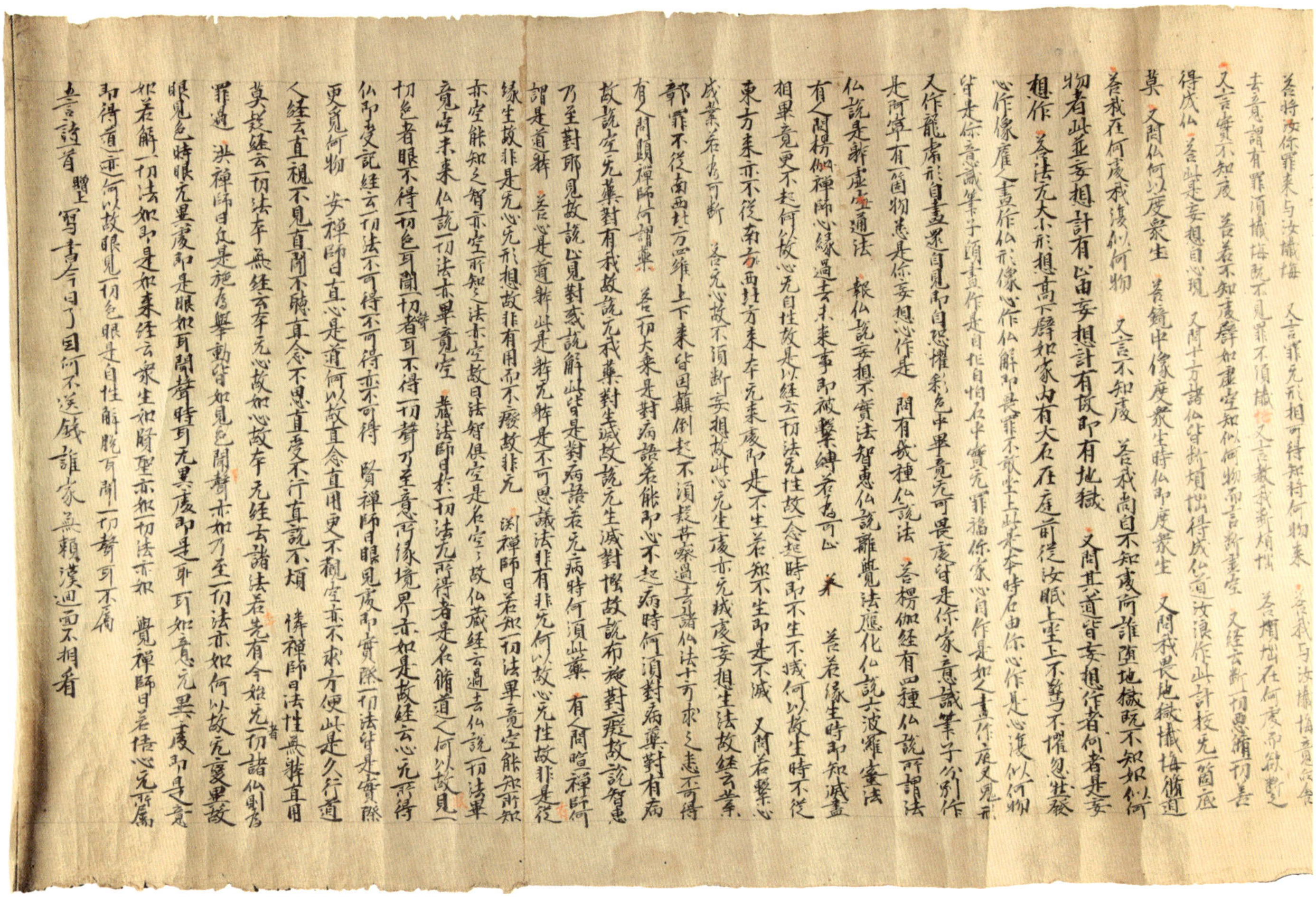

11412 二入四行論 吐蕃統治敦煌時期寫本

卷軸裝。高29.7厘米，長353.4厘米。存九紙，二百六十七行。烏絲欄。經後有《五言詩一首》。國家圖書館藏。

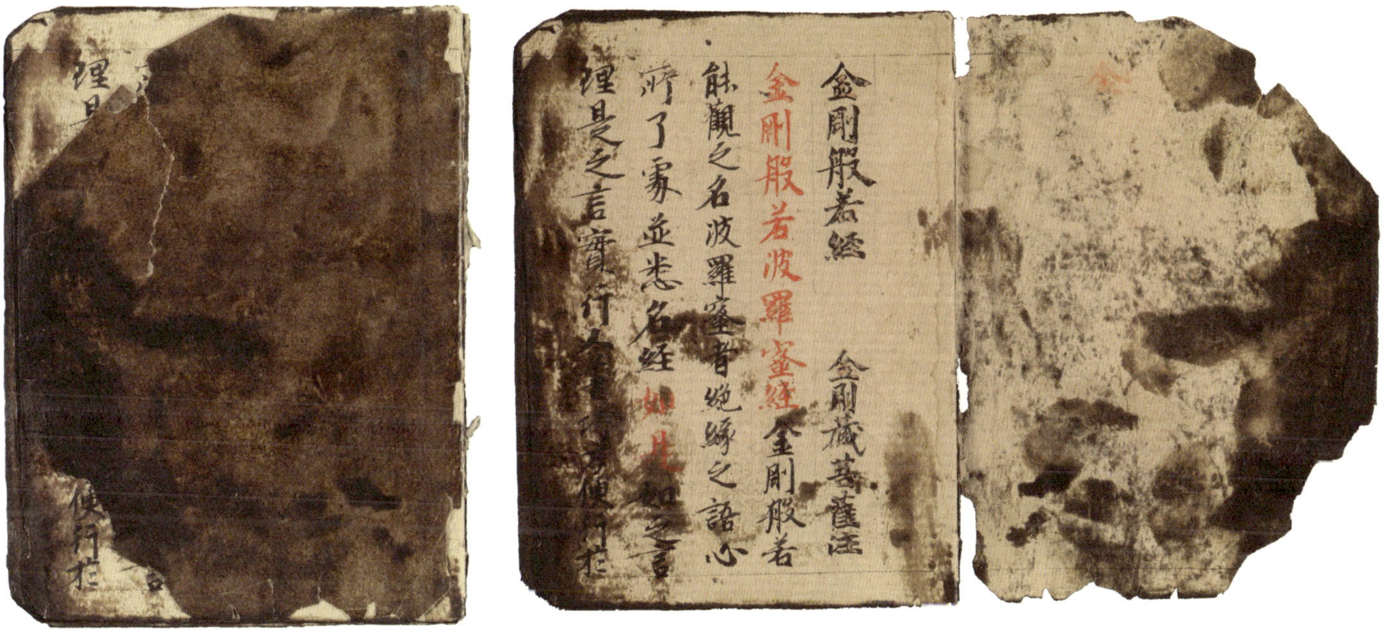

11413 金剛般若波羅蜜經注 歸義軍時期寫本

縫繢裝。開本高11.5厘米，廣15.5厘米。半葉六行，行十一至十五字，共九百三十三行。烏絲欄。敦煌研究院藏。

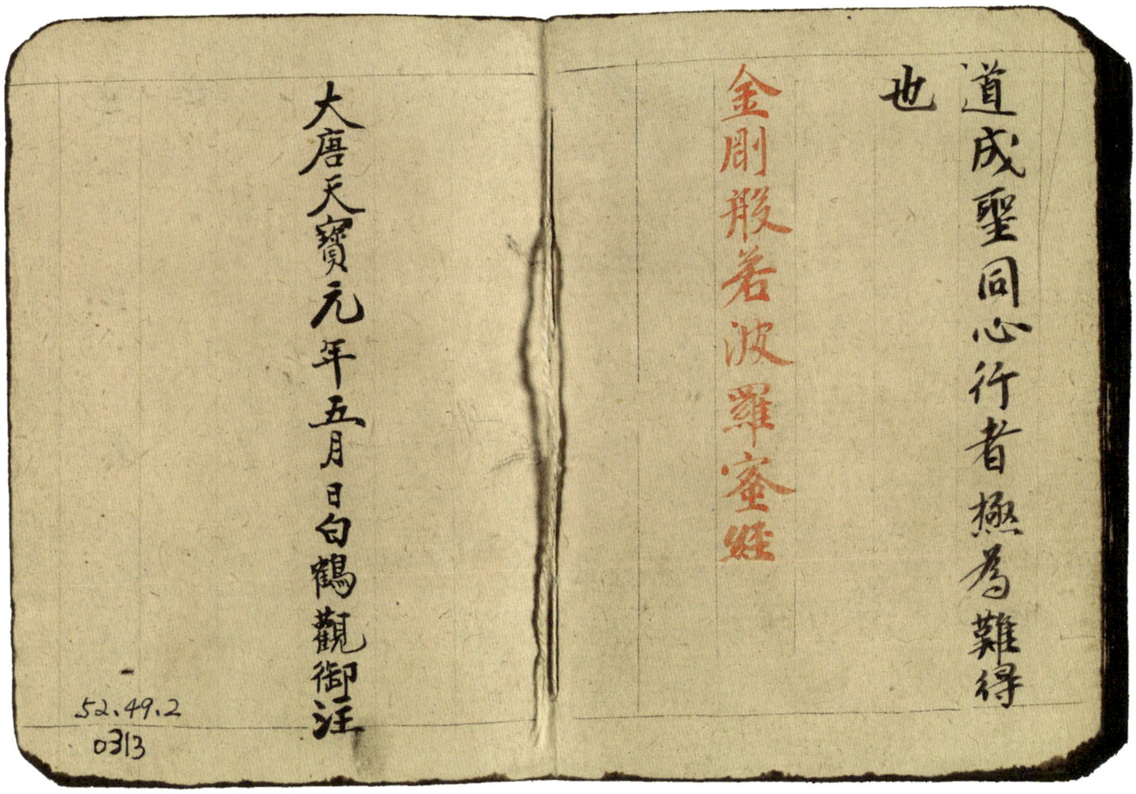

11413 金剛般若波羅蜜經注

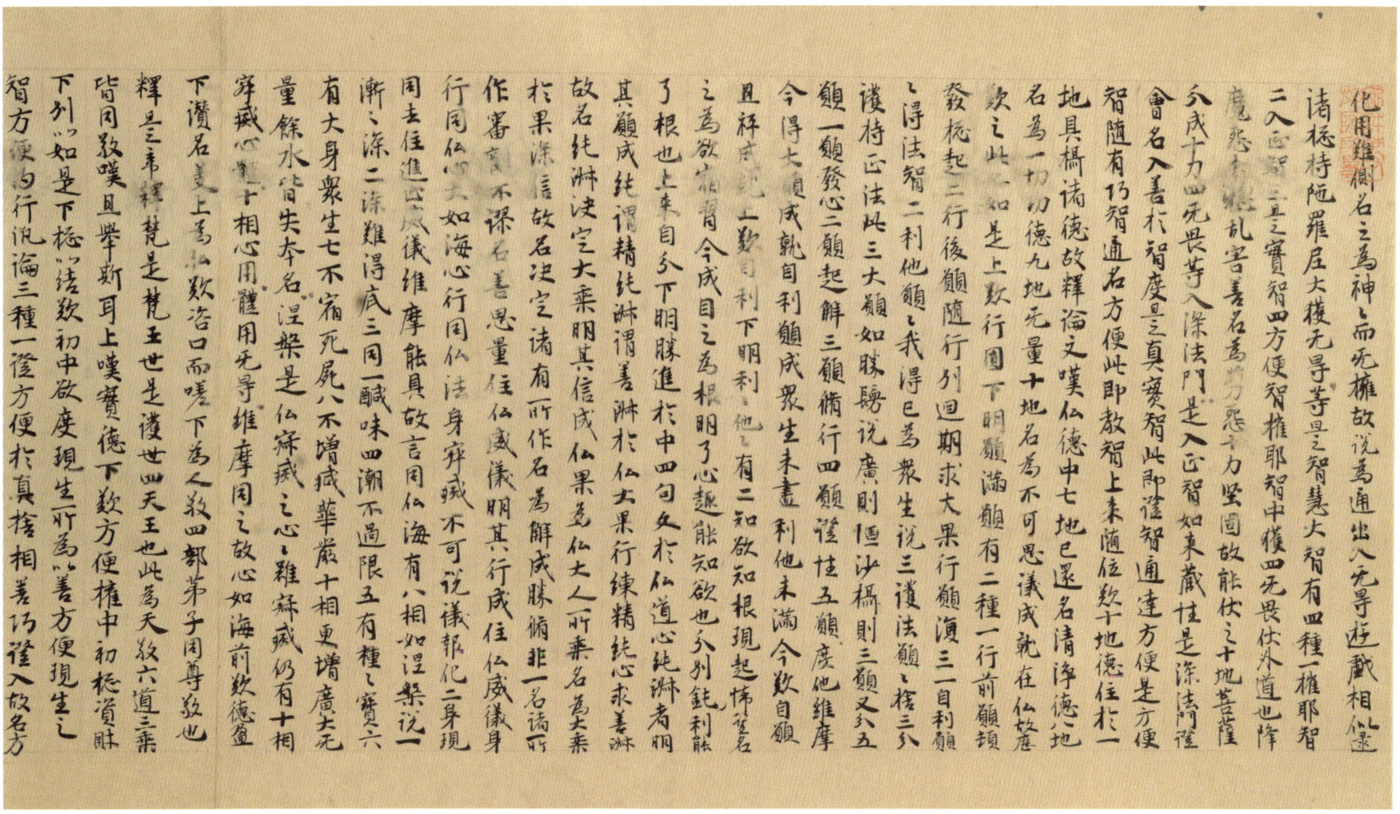

11415 維摩詰所說經義記 唐寫本

卷軸裝。高27.7厘米，長247.6厘米。存六紙，一百六十八行。烏絲欄。有“歙許芚父遊隴所得”等印。青島市博物館藏。

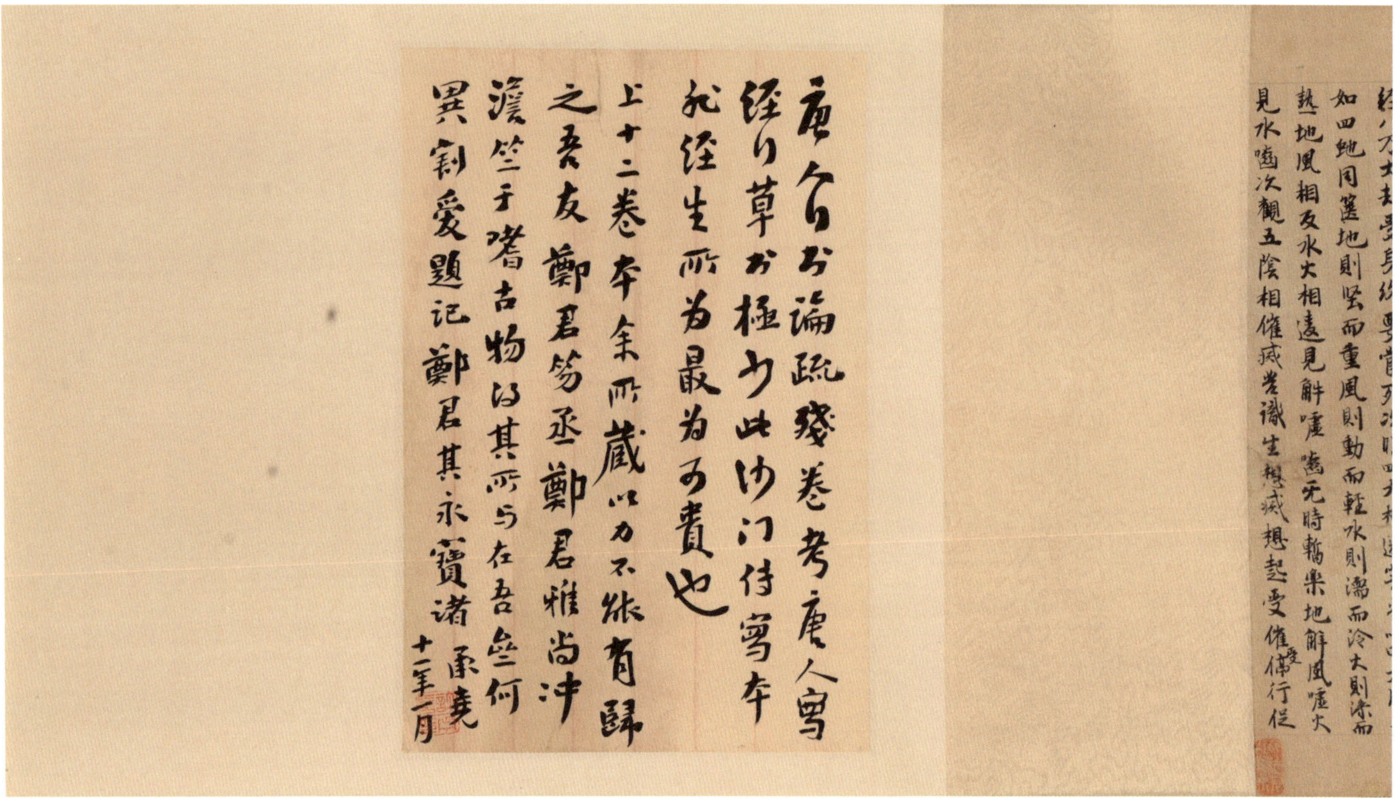

11415 維摩詰所説經義記

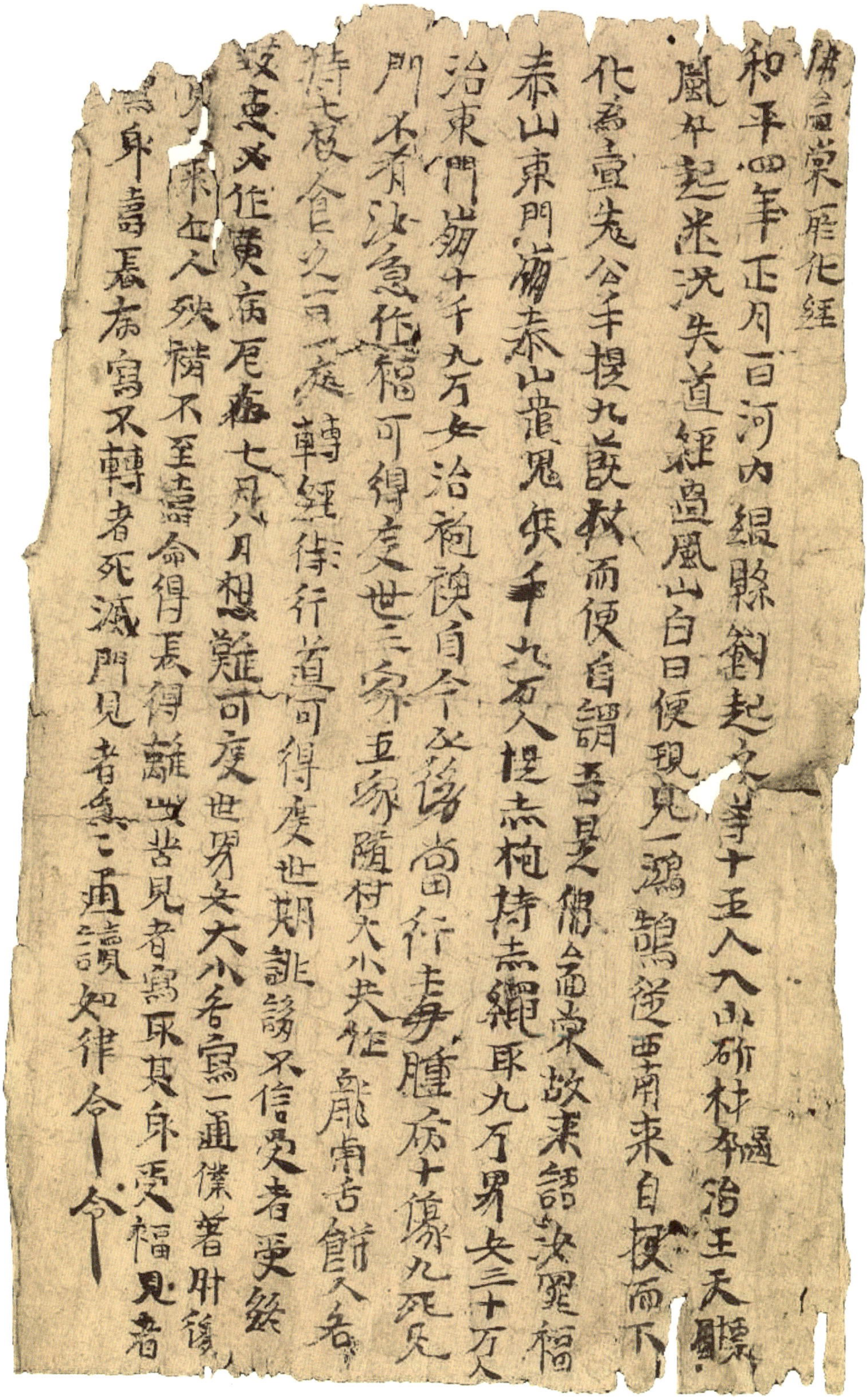

佛圖棠所化經
和平四年正月百河內組縣劉起之等十五人入山斫材木樞治王天驃
風卒起迷没失道經過風山白日便現見一鴻鵠從西南來自投而下
化為壹先公手提九節杖而便自謂吾是佛圖棠故來語汝罷福
泰山東門簿泰山鬼兵千九萬人提赤棒持赤繩取九萬男女三十萬人
治東門崩十千九萬女治禍殃自今以後當行毒腫病十傷九死見
門不有汝急作福可得度世三家五家隨村大小共作齋甫古餅人各
持七枚食之一日一度轉經侍行道可得度世期誹謗不信受者受殃
故更必作黃病厄疫七月八月想難可度世男女大小各寫一通儲著肘後
見采在人殃禍不至壽命得長得離此苦見者寫取其身受福見者
寫身壽長病寫不轉者死滅門見者急急三通讀如律令 一 令

11416 佛圖棠所化經 南北朝寫本

卷軸裝。高27.5厘米，長17.5厘米。存一紙，十一行，行二十八字。敦煌研究院藏。

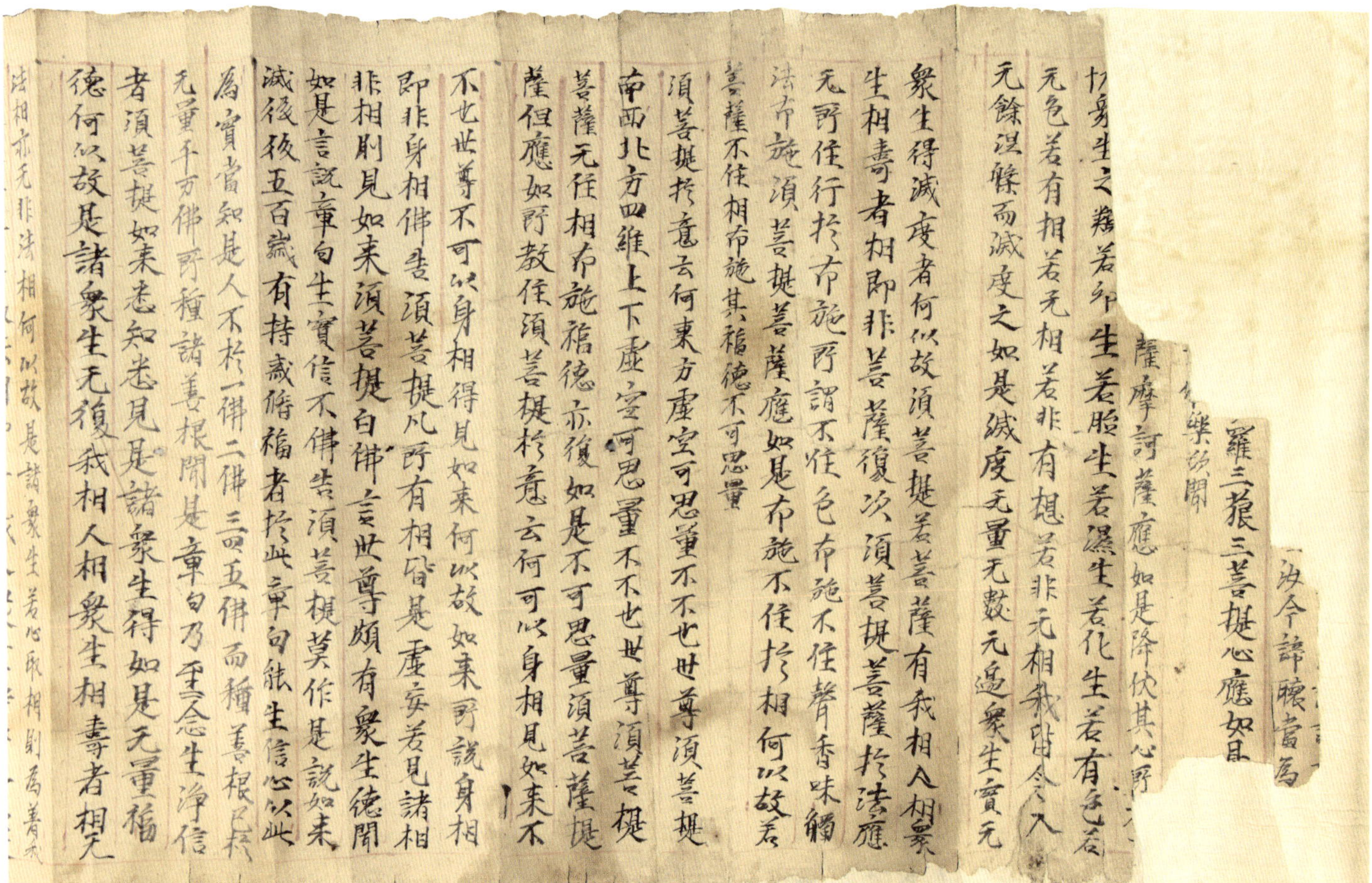

汝今諦聽當為
羅三藐三菩提心應如是
樂欲聞
薩摩訶薩應如是降伏其心所
切眾生之類若卵生若胎生若濕生若化生若有色若
无色若有相若无相若非有想若非无想我皆令入
无餘涅槃而滅度之如是滅度无量无數无邊眾生實无
眾生得滅度者何以故須菩提若菩薩有我相人相眾
生相壽者相即非菩薩復次須菩提菩薩於法應
无所住行於布施所謂不住色布施不住聲香味觸
法布施須菩提菩薩應如是布施不住於相何以故若
菩薩不住相布施其福德不可思量
須菩提於意云何東方虛空可思量不不也世尊須菩提
南西北方四維上下虛空可思量不不也世尊須菩提
菩薩无住相布施福德亦復如是不可思量須菩提
菩薩但應如所教住須菩提於意云何可以身相見如來不
不也世尊不可以身相得見如來何以故如來所說身相
即非身相佛告須菩提凡所有相皆是虛妄若見諸相
非相則見如來須菩提白佛言世尊頗有眾生得聞
如是言說章句生實信不佛告須菩提莫作是說如來
滅後後五百歲有持戒脩福者於此章句能生信心以此
為實當知是人不於一佛二佛三四五佛而種善根已於
无量千万佛所種諸善根聞是章句乃至一念生淨信
者須菩提如來悉知悉見是諸眾生得如是无量福
德何以故是諸眾生无復我相人相眾生相壽者相无
法相亦无非法相何以故是諸眾生若心取相則為著我

11417 金剛般若波羅蜜經 （後秦）釋鳩摩羅什譯 **般若波羅蜜多心經** （唐）釋玄奘譯 吐蕃統治敦煌時期寫本

梵夾裝。高27厘米，長461.8厘米。存十一紙，二百六十八行。朱絲欄。國家圖書館藏。

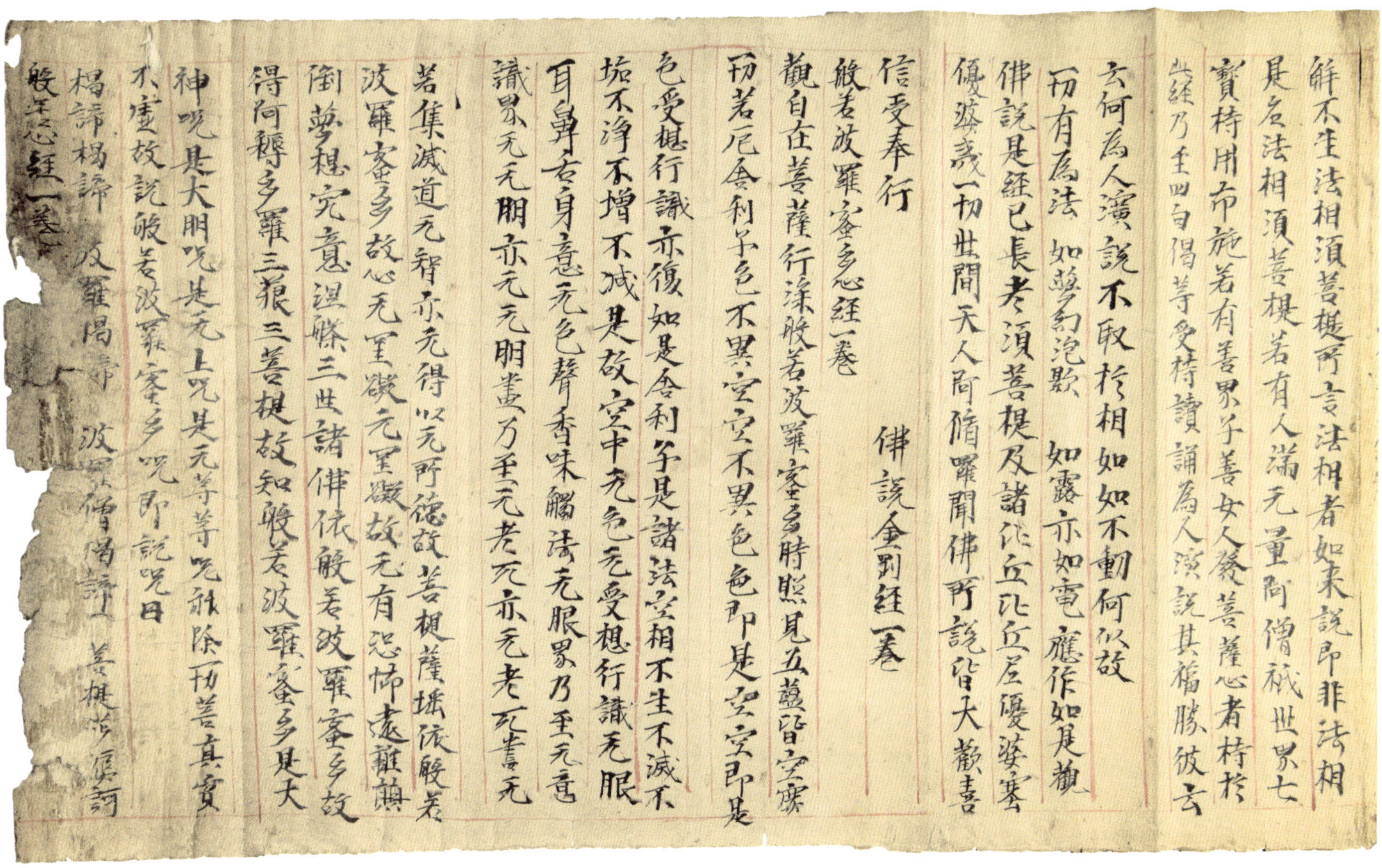
解不生法相須菩提所言法相者如來說即非法相
是名法相須菩提若有人滿无量阿僧祇世界七
寶持用布施若有善男子善女人發菩薩心者持於
此經乃至四句偈等受持讀誦為人演說其福勝彼云
何為人演說不取於相如如不動何以故
一切有為法 如夢幻泡影 如露亦如電 應作如是觀
佛說是經已長老須菩提及諸比丘比丘尼優婆塞
優婆夷一切世間天人阿脩羅聞佛所說皆大歡喜
信受奉行
佛說金剛經一卷
般若波羅蜜多心經一卷
觀自在菩薩行深般若波羅蜜多時照見五蘊皆空度
一切苦厄舍利子色不異空空不異色色即是空空即是
色受想行識亦復如是舍利子是諸法空相不生不滅不
垢不淨不增不減是故空中无色无受想行識无眼
耳鼻舌身意无色聲香味觸法无眼界乃至无意
識界无无明亦无无明盡乃至无老死亦无老死盡无
苦集滅道无智亦无得以无所得故菩提薩埵依般若
波羅蜜多故心无罣礙无罣礙故无有恐怖遠離顛
倒夢想究竟涅槃三世諸佛依般若波羅蜜多故
得阿耨多羅三藐三菩提故知般若波羅蜜多是大
神呪是大明呪是无上呪是无等等呪能除一切苦真實
不虛故說般若波羅蜜多呪即說呪曰
揭諦揭諦 波羅揭諦 波羅僧揭諦 菩提莎婆訶
般若心經一卷

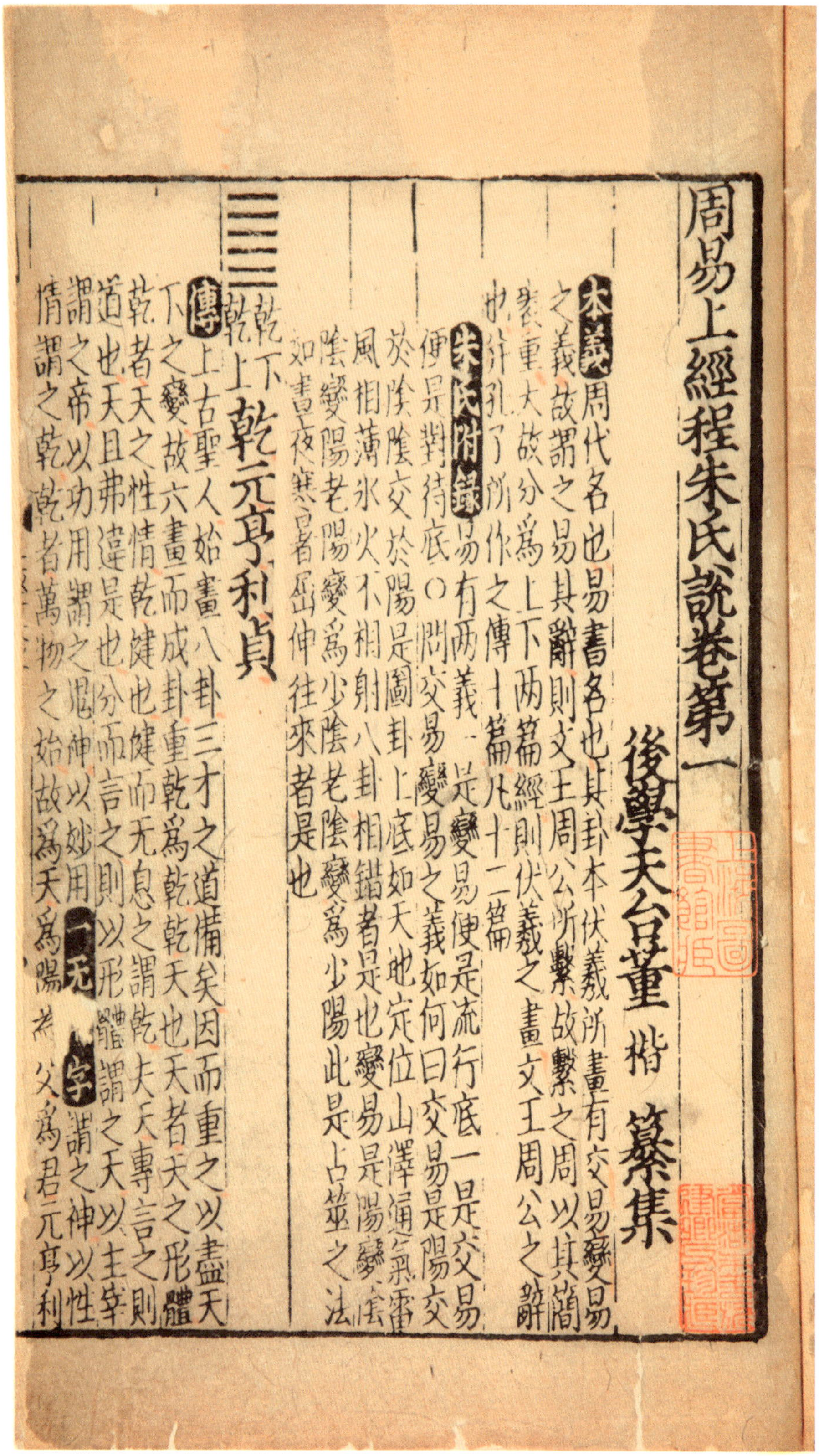
周易上經程朱氏說卷第一
後學天台董楷 纂集
本義 周代名也易書名也其卦本伏羲所畫有交易變易之義故謂之易其辭則文王周公所繫故繫之周以其簡袠重大故分爲上下兩篇經則伏羲之畫文王周公之辭也并孔子所作之傳十篇凡十二篇
朱氏附錄 易有兩義一是變易便是流行底一是交易便是對待底○問交易變易之義如何曰交易是陽交於陰陰交於陽是圖卦上底如天地定位山澤通氣雷風相薄水火不相射八卦相錯者是也變易是陽變陰陰變陽老陽變爲少陰老陰變爲少陽此是占筮之法如晝夜寒暑屈伸往來者是也
☰ 乾下乾上 乾元亨利貞
傳 上古聖人始畫八卦三才之道備矣因而重之以盡天下之變故六畫而成卦重乾爲乾乾天也天者天之形體乾者天之性情乾健也健而无息之謂乾夫天專言之則道也天且弗違是也分而言之則以形體謂之天以主宰謂之帝以功用謂之鬼神以妙用謂之神以性情謂之乾乾者萬物之始故爲天爲陽爲父爲君元亨利

11418 周易程朱氏說二十卷 （宋）董楷輯 **程子上下篇義一卷** （宋）程頤撰 **朱子易圖說一卷周易五贊一卷筮儀一卷** （宋）朱熹撰 **雜卦朱氏說一卷序卦程朱氏說一卷** （宋）董楷輯 元刻本

匡高18.5厘米，廣12.4厘米。半葉十一行，行二十一字，小字雙行二十四字，黑口，左右雙邊。有“當湖朱善旂建卿父珍藏”等印。路慎莊、朱善旂跋。上海圖書館藏，存十一卷。

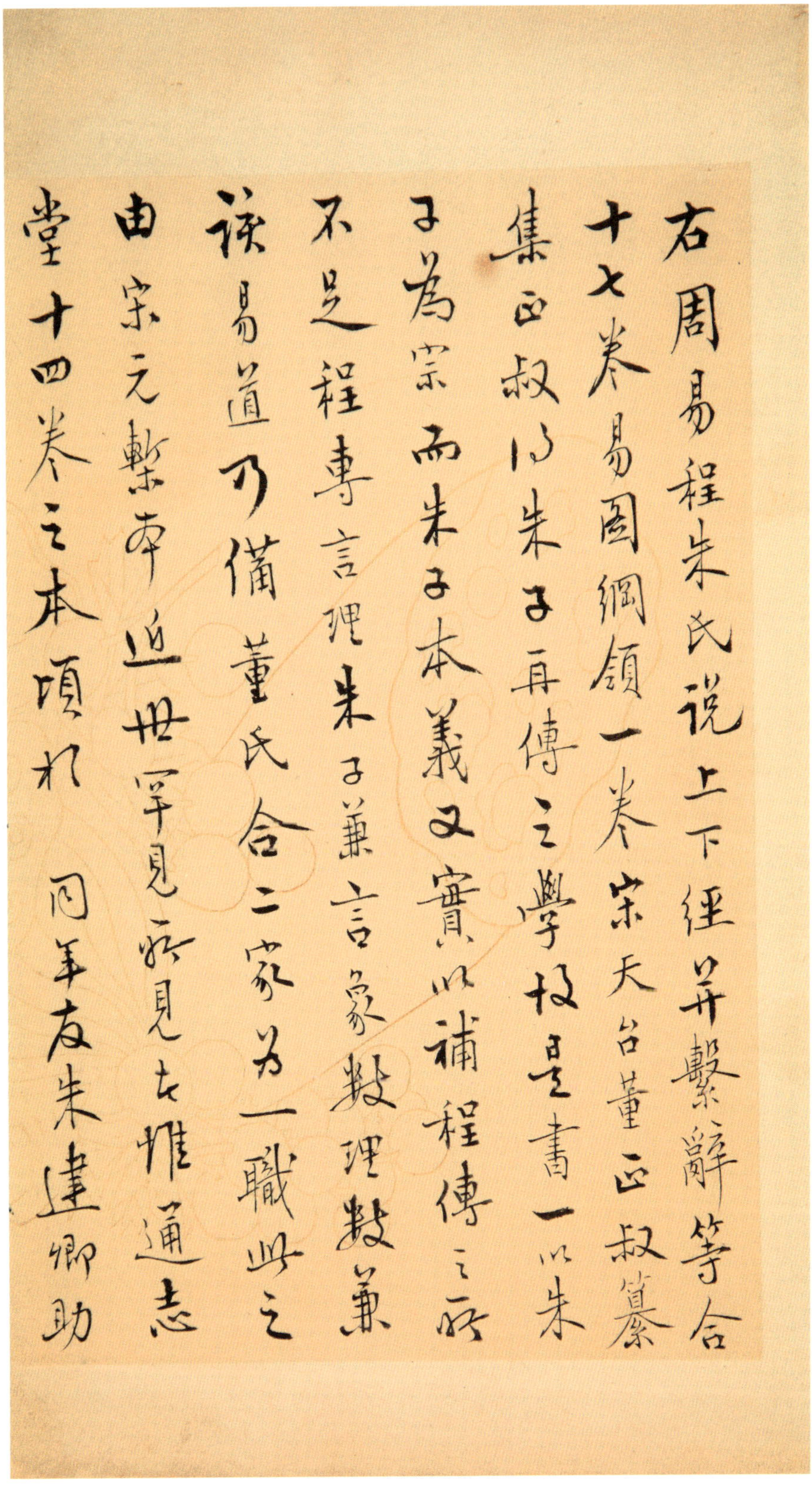
右周易程朱氏說上下經并繫辭等合十七卷易圖綱領一卷宋天台董正叔纂集正叔以朱子再傳之學校是書一以朱子爲宗而朱子本義又實以補程傳之所不足程專言理朱子兼言象數理數兼該易道乃備董氏合二家爲一職此之由宋元槧本近世罕見所見者惟通志堂十四卷之本頃[illegible]

同年友朱建卿助

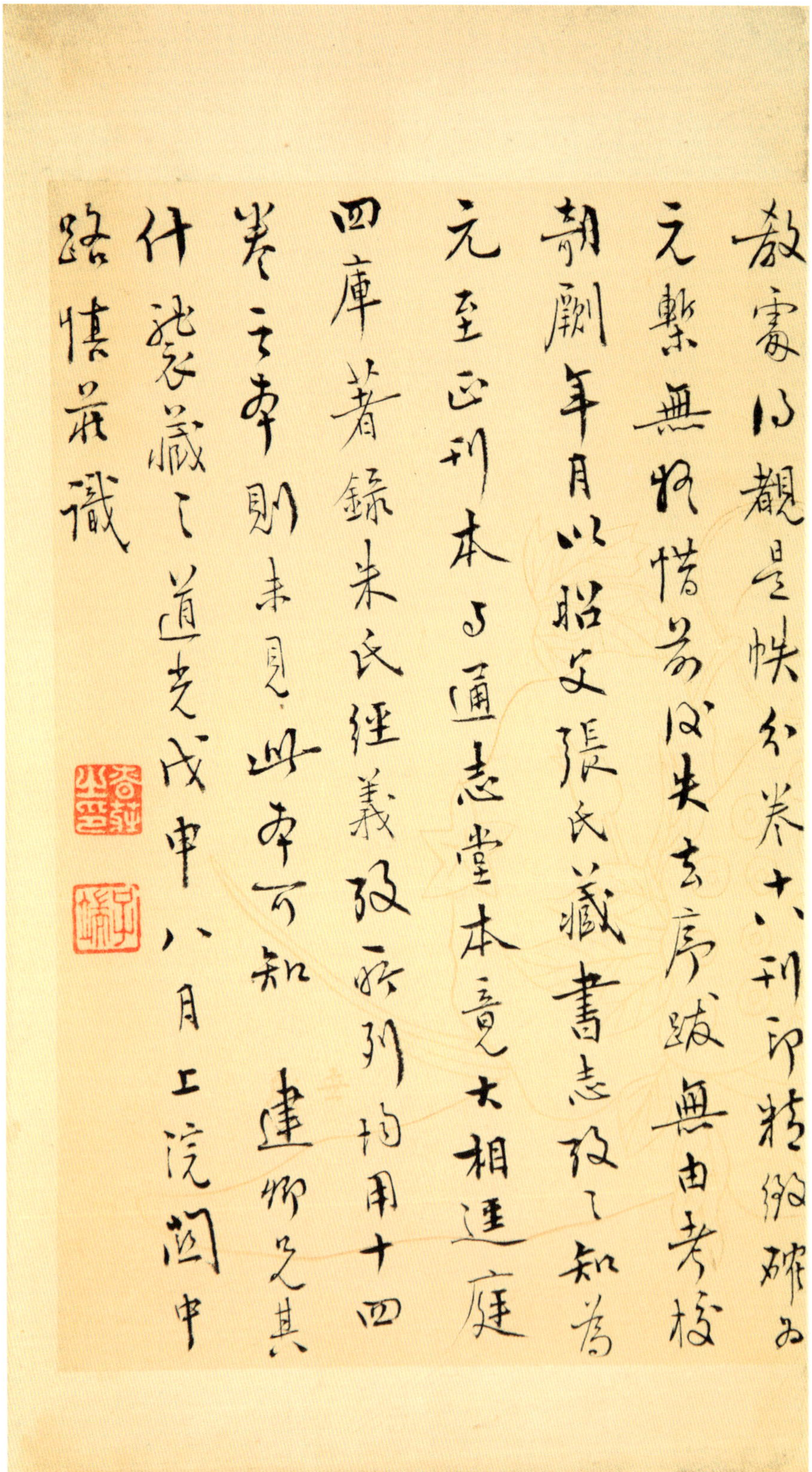
敬審以觀是帙分卷十六刊印精緻殊爲
元槧無疑惜前後失去序跋無由考校
剞劂年月以昭文張氏藏書志攷之知爲
元至正刊本與通志堂本竟大相逕庭
四庫著錄朱氏經義攷並列均用十四
卷之本則未見此本可知 建卿兄其
什襲藏之 道光戊申八月上浣閬中
路慎莊識

11418 周易程朱氏說二十卷 （宋）董楷輯 **程子上下篇義一卷** （宋）程頤撰 **朱子易圖說一卷周易五贊一卷筮儀一卷** （宋）朱熹撰 **雜卦朱氏說一卷序卦程朱氏說一卷** （宋）董楷輯

此書予于道光丙申獲於廠肆同年友路小洲給諫慎莊
性好書而深於書至戊申始屬爲跋頗得是書原委真諦
因以其親筆裝之卷首並抄入路氏蒲編堂書目内可以徵
信後人
冊首朱氏論程傳者凡四頁甚有意味誠讀程傳之津逮也
其中用硃墨筆者雖不知何人當是前代碩學鉅儒即如上經
卷一第十九頁第二行三居正之上改正爲貞亦可略見一斑其他不可枚
舉元板已甚精緻偶誤仍不免全賴校之精耳
咸豐三年二月十七日與家申甫壽岩兩兄飲後書與朱善旂

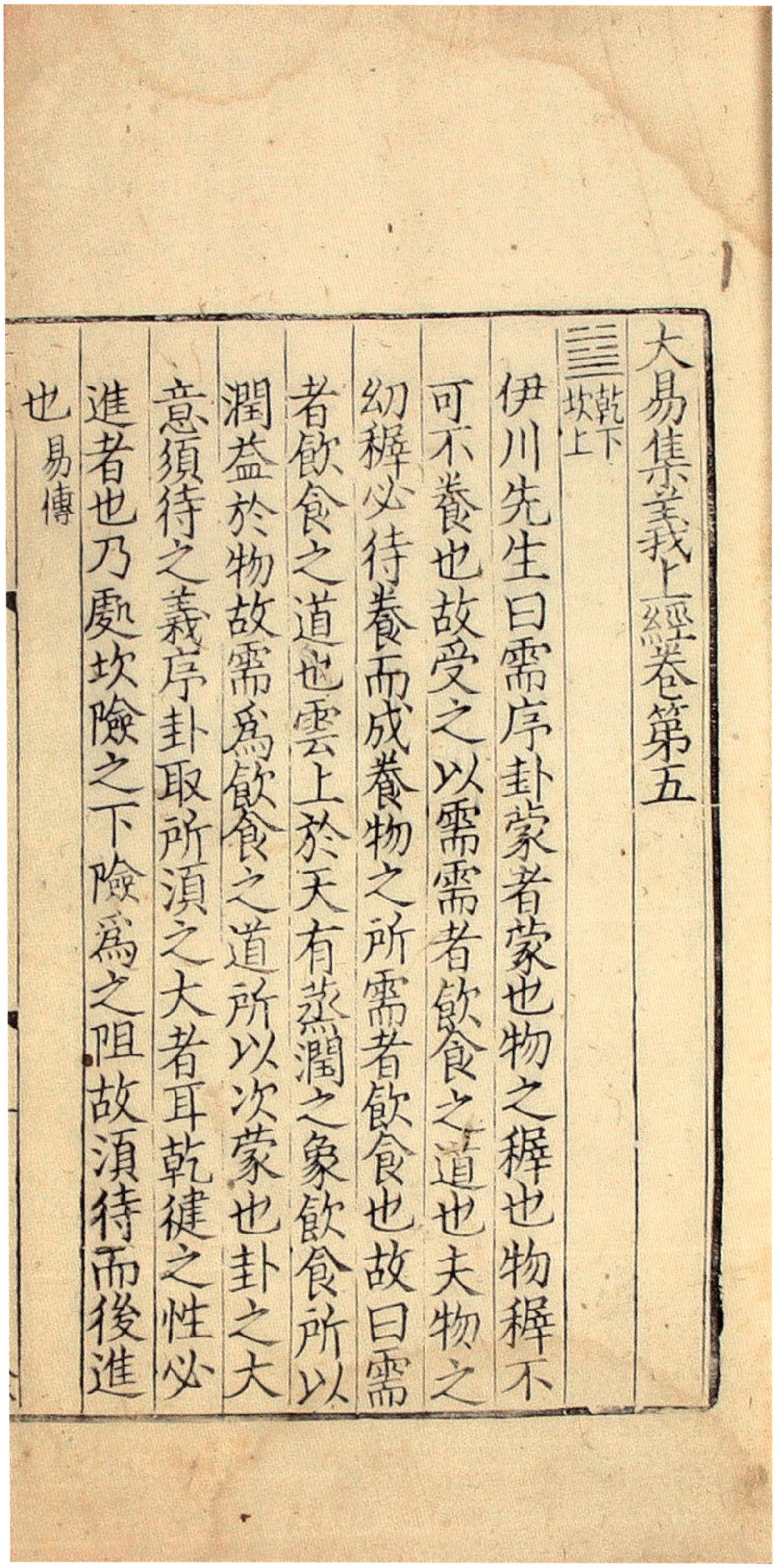
大易集義上經卷第五
䷄乾下坎上
伊川先生曰需序卦蒙者蒙也物之穉也物穉不可不養也故受之以需需者飲食之道也夫物之幼穉必待養而成養物之所需者飲食也故曰需者飲食之道也雲上於天有蒸潤之象飲食所以潤益於物故需爲飲食之道所以次蒙也卦之大意須待之義序卦取所須之大者耳乾健之性必進者也乃處坎險之下險爲之阻故須待而後進也易傳

11419 大易集義六十四卷 （宋）魏了翁輯　宋淳祐十二年（1252）魏克愚紫陽書院刻本（卷十一至十七抄配）

匡高22.6厘米，廣15.7厘米。半葉十行，行二十字，小字雙行同，白口，左右雙邊。中共北京市委圖書館藏，存五十四卷。

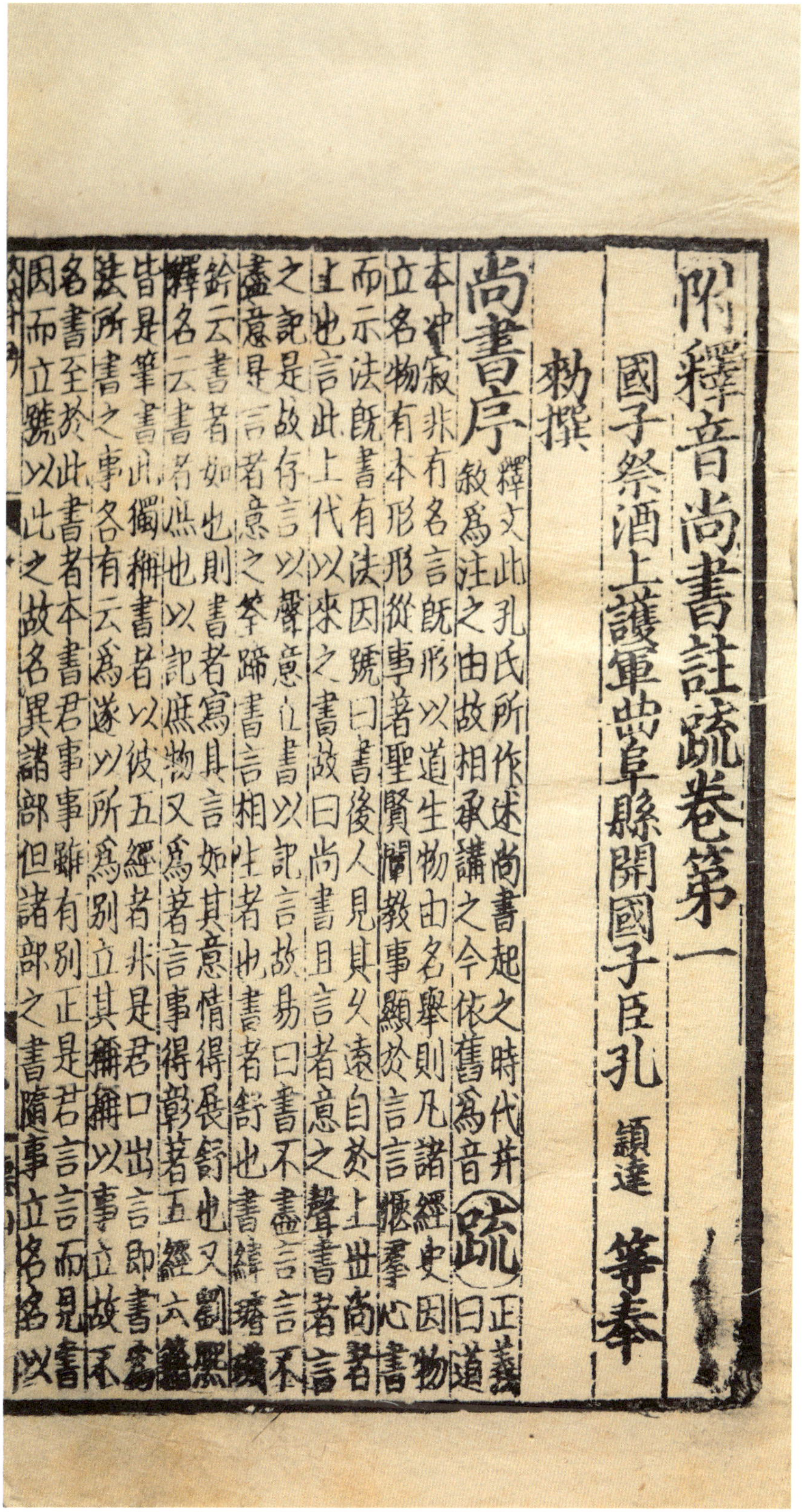

11420 附釋音尚書註疏二十卷 題（漢）孔安國傳 （唐）孔穎達疏 （唐）陸德明釋文 元刻明修本

匡高19厘米，廣13厘米。半葉十行，行十七字，小字雙行二十三字，白口，左右雙邊。延邊大學圖書館藏。

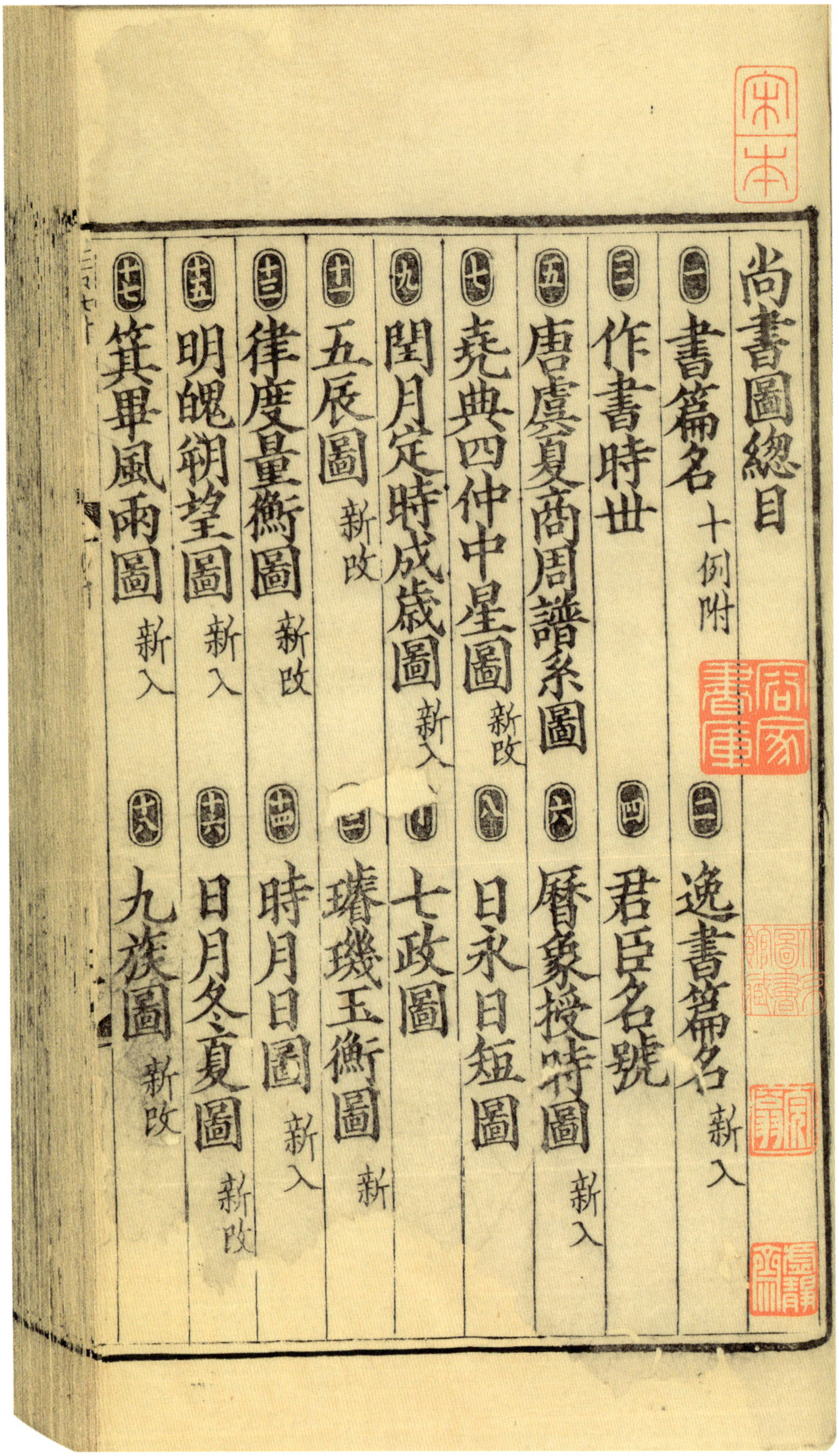

尚書圖總目

一 書篇名 十例附
二 逸書篇名 新入
三 作書時世
四 君臣名號
五 唐虞夏商周譜系圖
六 曆象授時圖 新入
七 堯典四仲中星圖 新改
八 日永日短圖
九 閏月定時成歲圖 新入
十 七政圖
十一 五辰圖 新改
十二 璿璣玉衡圖 新
十三 律度量衡圖 新改
十四 時月日圖 新入
十五 明魄朔望圖 新入
十六 日月冬夏圖 新改
十七 箕畢風雨圖 新入
十八 九族圖 新改

11421 尚書圖一卷 宋刻本

匡高19.8厘米，廣13厘米。半葉十一行，行字不等，黑口，四周雙邊。有“虚靜齋”“黄裳藏本”等印。胡珽、黄裳跋。國家圖書館藏。

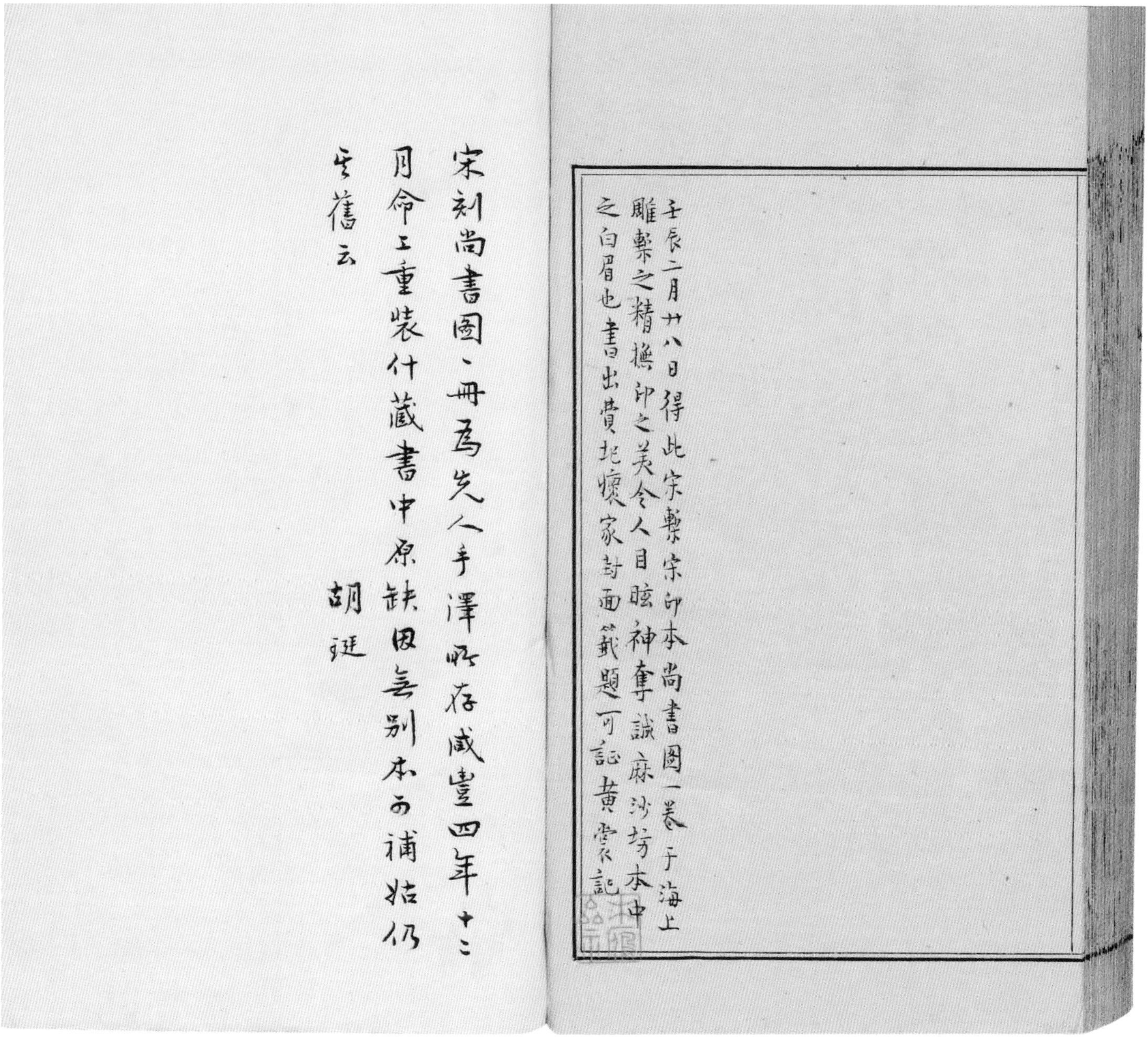

壬辰二月廿八日得此宋槧宋印本尚書圖一卷于海上
雕槧之精摹印之美令人目眩神奪誠麻沙坊本中
之白眉也書出貴池懷家封面籤題可記 黄裳記

宋刻尚書圖一冊爲先人手澤所存咸豐四年十二
月命工重裝什襲藏書中原缺因無別本可補姑仍
其舊云 胡珽

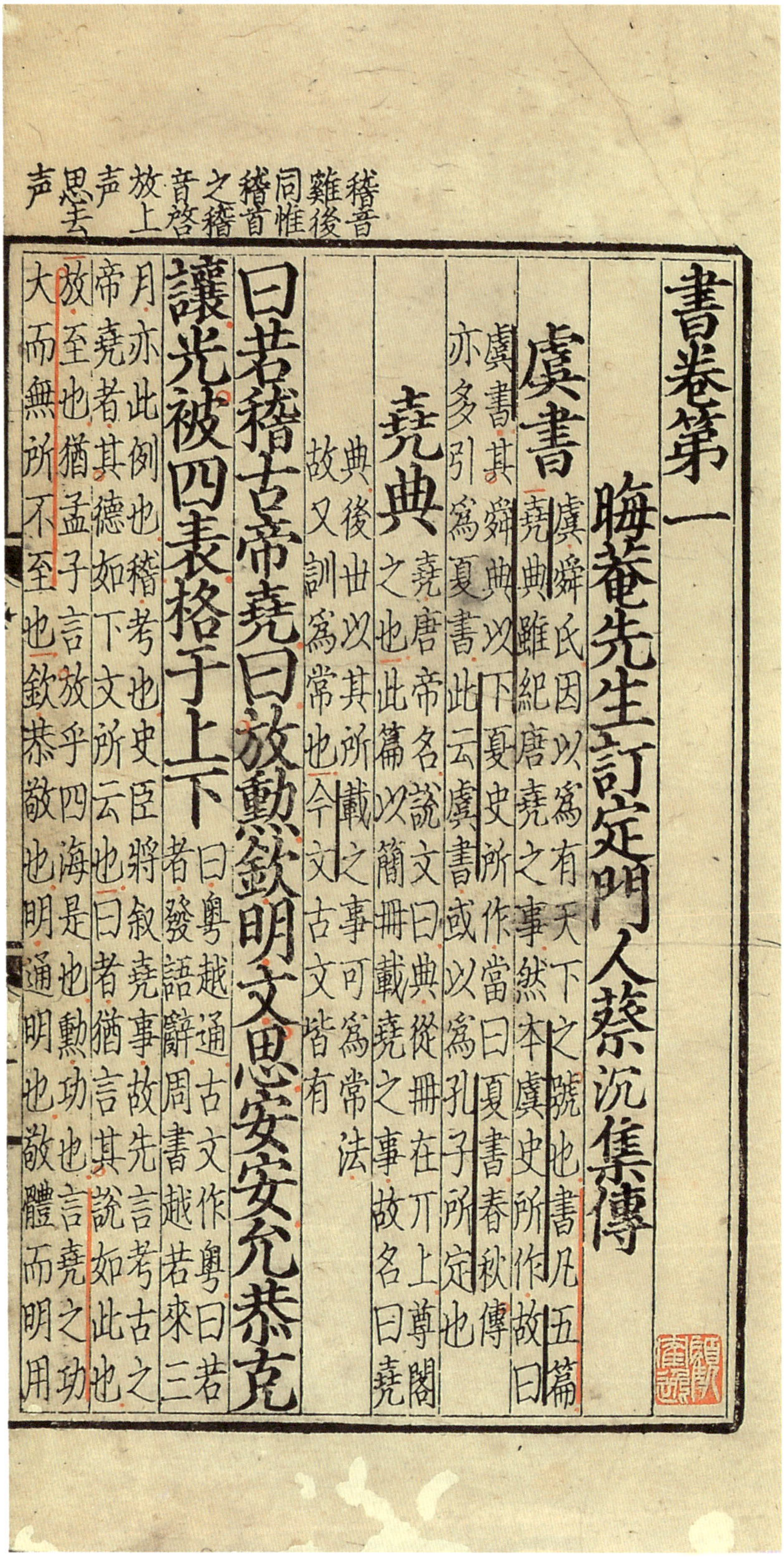

稽音雞後同　稽惟稽首之稽音啓　放上声　思去声

書卷第一　晦菴先生訂定門人蔡沉集傳

虞書　虞舜氏因以爲有天下之號也書凡五篇堯典雖紀唐堯之事然本虞史所作故曰虞書其舜典以下夏史所作當曰夏書春秋傳亦多引爲夏書此云虞書或以爲孔子所定也

堯典　堯唐帝名說文曰典從冊在丌上尊閣之也此篇以簡冊載堯之事故名曰堯典後世以其所載之事可爲常法故又訓爲常也今文古文皆有

曰若稽古帝堯曰放勳欽明文思安安允恭克讓光被四表格于上下　曰粤越通古文作粤曰若者發語辭周書越若來三月亦此例也稽考也史臣將叙堯事故先言考古之帝堯者其德如下文所云也曰者猶言其說如此也放至也猶孟子言放乎四海是也勳功也言堯之功大而無所不至也欽恭敬也明通明也敬體而明用

11422 書集傳六卷　（宋）蔡沈撰　**尚書纂圖一卷書序一卷**　元刻本

匡高20.3厘米，廣13.2厘米。半葉十行，行十八字，小字雙行二十字，黑口，四周雙邊。有“顧鶴逸”等印。南京圖書館藏。

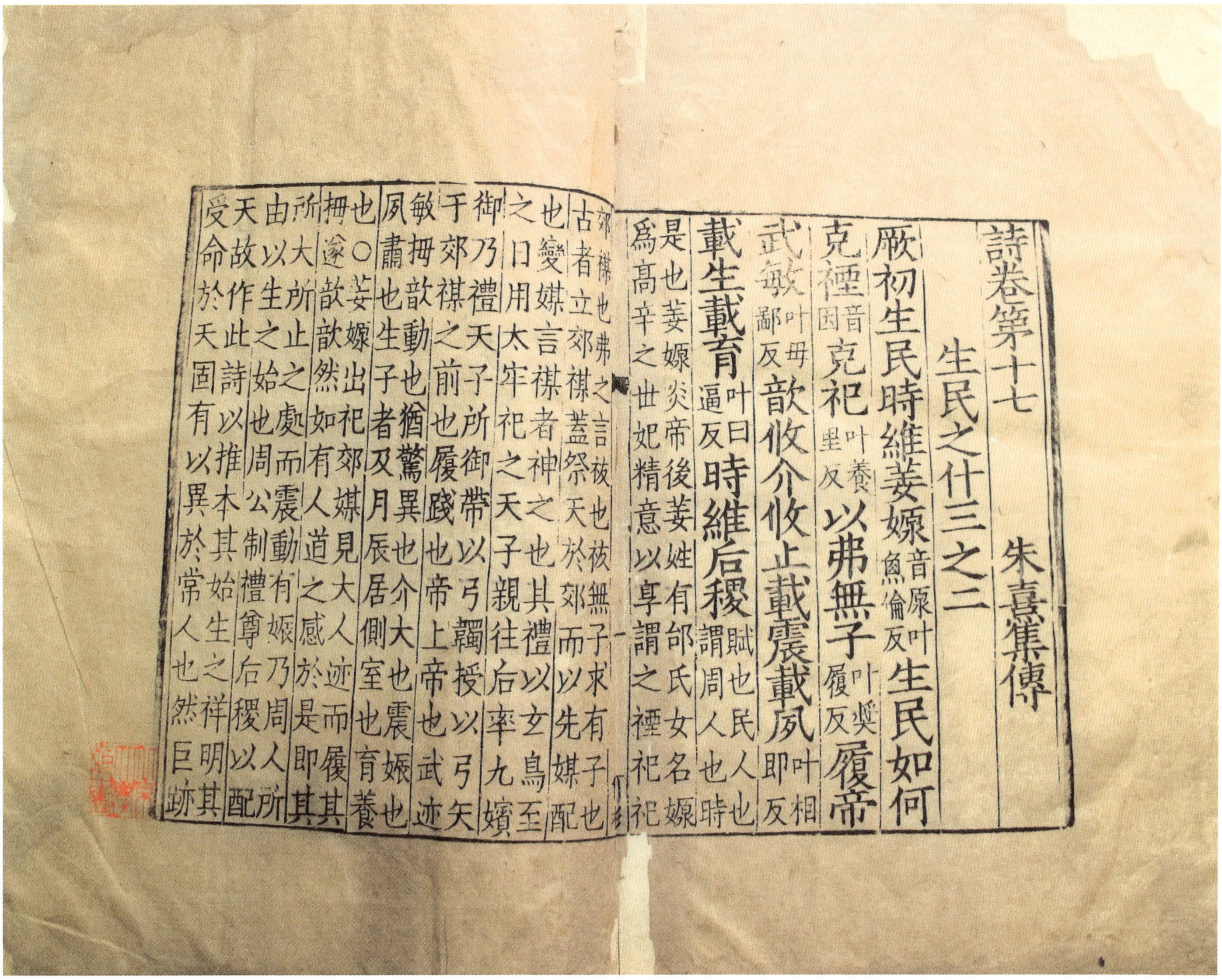

詩卷第十七　朱熹集傳
生民之什三之二
厥初生民時維姜嫄音原叶魚倫反生民如何
克禋音因克祀叶養里反以弗無子叶奬履反履帝
武敏叶毋鄙反歆攸介攸止載震載夙叶相即反
載生載育叶日逼反時維后稷賦也民人也謂周人也時
是也姜嫄炎帝後姜姓有邰氏女名嫄
爲高辛之世妃精意以享謂之禋祀祀
郊禖也弗之言祓也祓無子求有子也
古者立郊禖蓋祭天於郊而以先媒配
也變媒言禖者神之也其禮以玄鳥至
之日用太牢祀之天子親往后率九嬪
御乃禮天子所御帶以弓韣授以弓矢
于郊禖之前也履踐也帝上帝也武迹
敏拇歆動也猶驚異也介大也震娠也
夙肅也生子者及月辰居側室也育養
也○姜嫄出祀郊禖見大人迹而履其
拇遂歆歆然如有人道之感於是即其
所大所止之處而震動有娠乃周人所
由以生之始也周公制禮尊后稷以配
天故作此詩以推本其始生之祥明其
受命於天固有以異於常人也然巨跡

11423 詩集傳二十卷　（宋）朱熹撰　宋刻本

蝴蝶裝。匡高18.6厘米，廣14厘米。半葉七行，行十五字，小字雙行同，白口，左右雙邊。北京大學圖書館藏，存四卷。

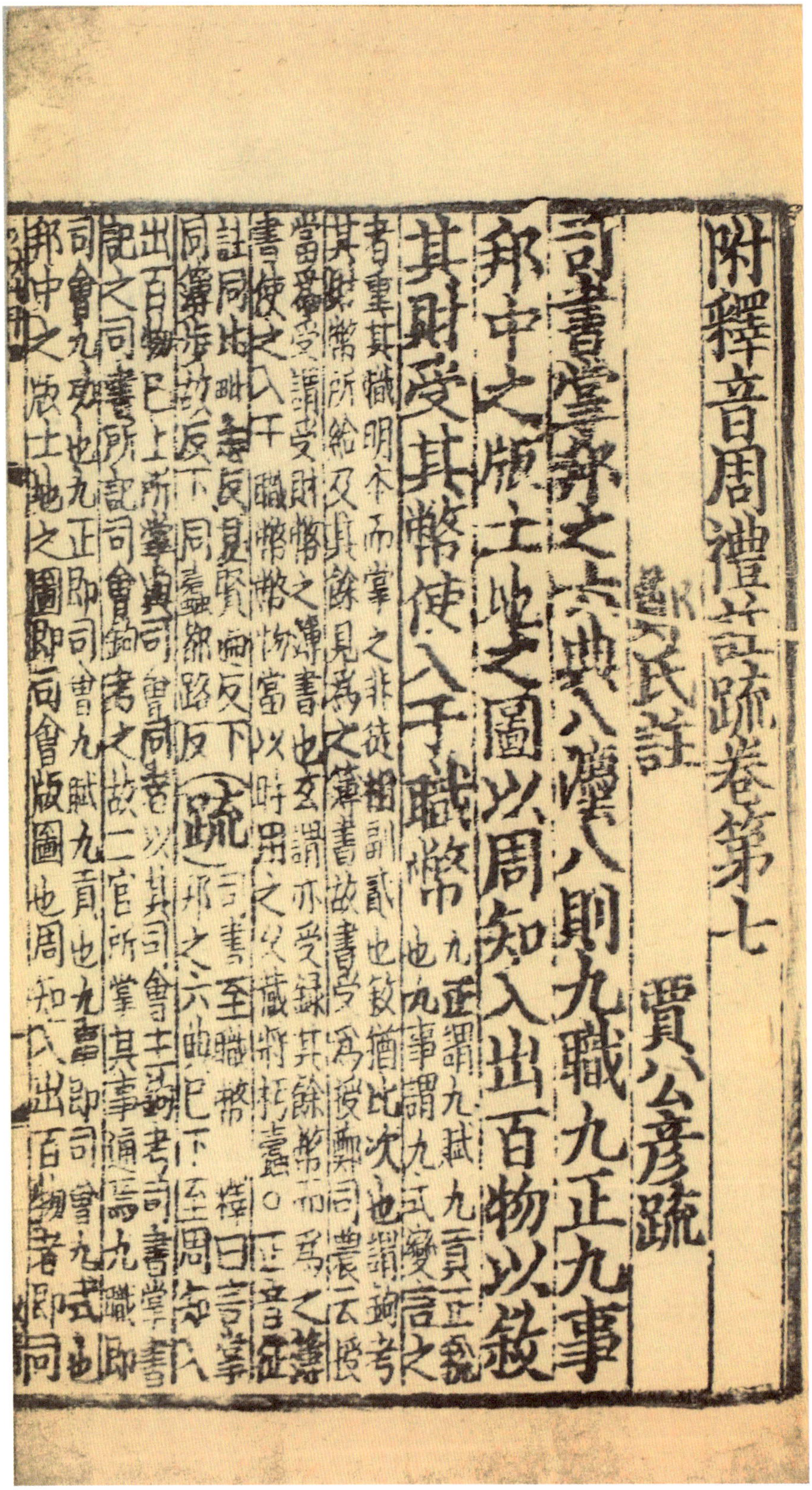

附釋音周禮註䟽卷第七

鄭氏註　賈公彦疏

司書掌邦之六典八灋八則九職九正九事

邦中之版土地之圖以周知入出百物以敘

其財受其幣使入于職幣

11424 附釋音周禮註疏四十二卷　（漢）鄭玄注　（唐）賈公彦等疏　（唐）陸德明釋文　元刻明修本（卷八、十七有補配）

匡高19.3厘米，廣13.4厘米。半葉十行，行十七字，小字雙行二十三字，黑口，左右雙邊。北京市文物局圖書資料中心藏，存三十九卷。

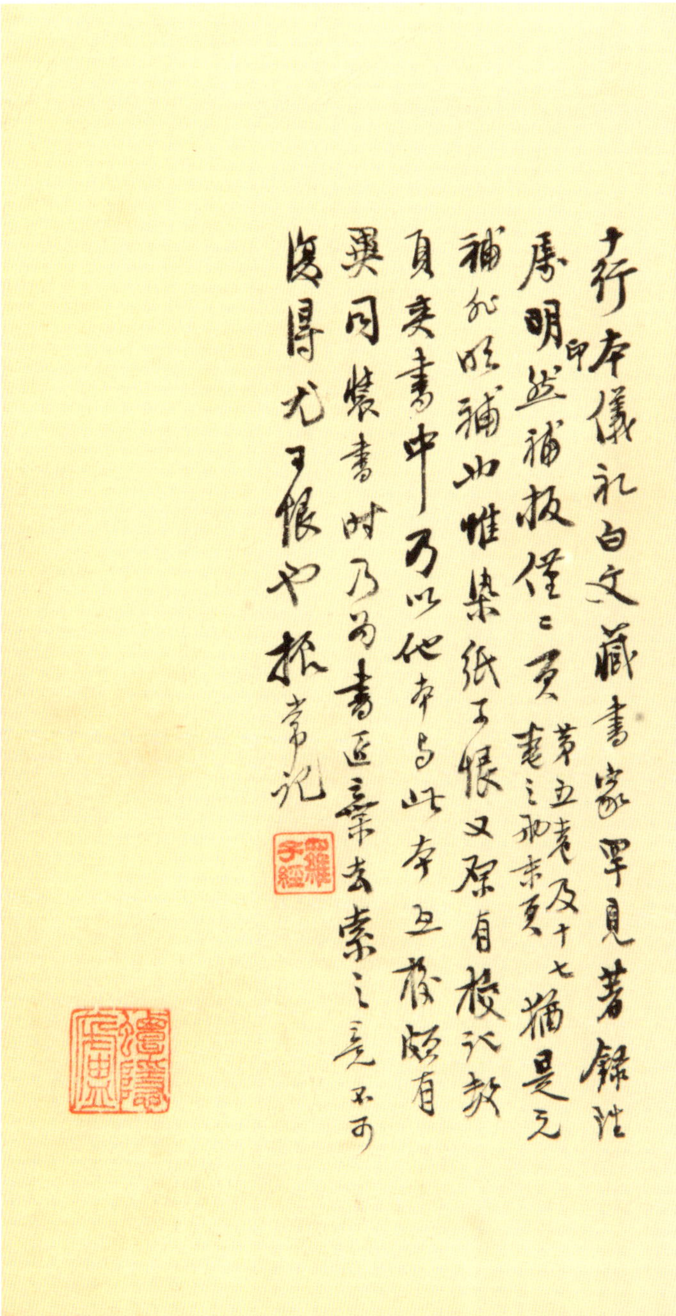

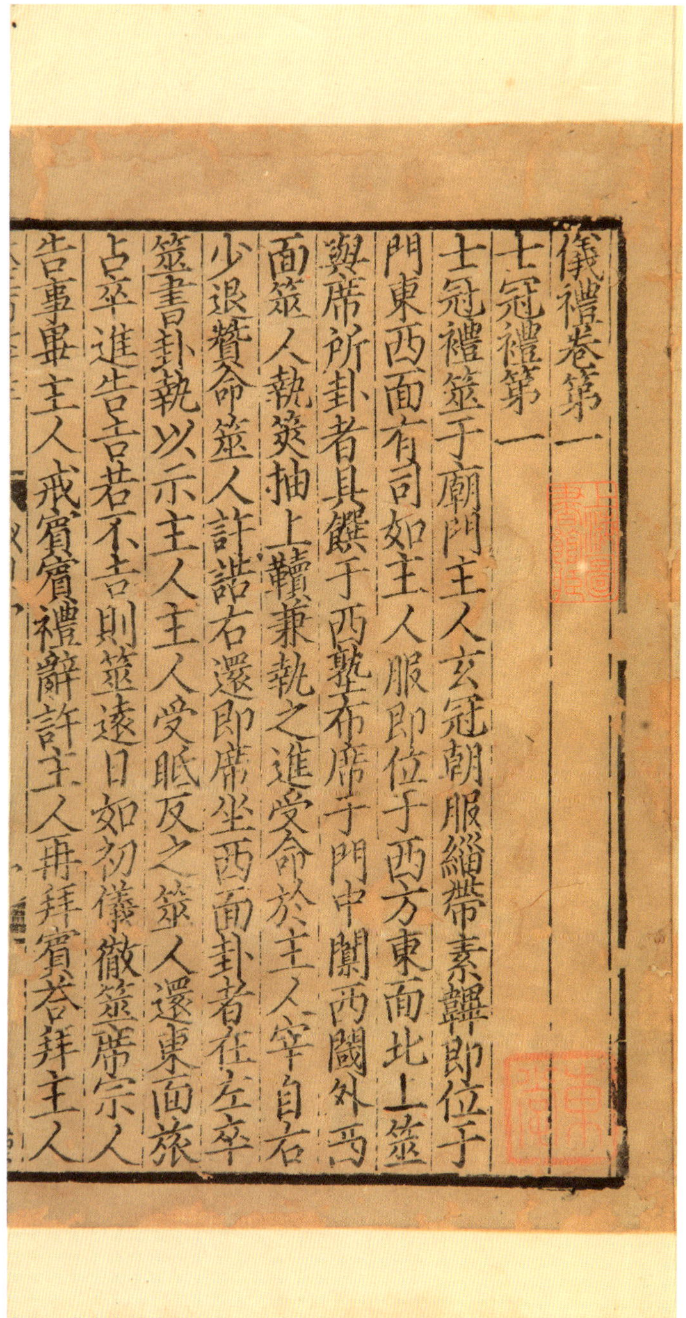

11425 儀禮十七卷　儀禮圖十七卷儀禮旁通圖一卷　（宋）楊復撰

元刻明修本

匡高18.6厘米，廣12.4厘米。半葉十行，行二十字，白口，左右雙邊。有“東堂”“羅子經”“蟫隱廬”等印。羅振常跋。上海圖書館藏，存十七卷。

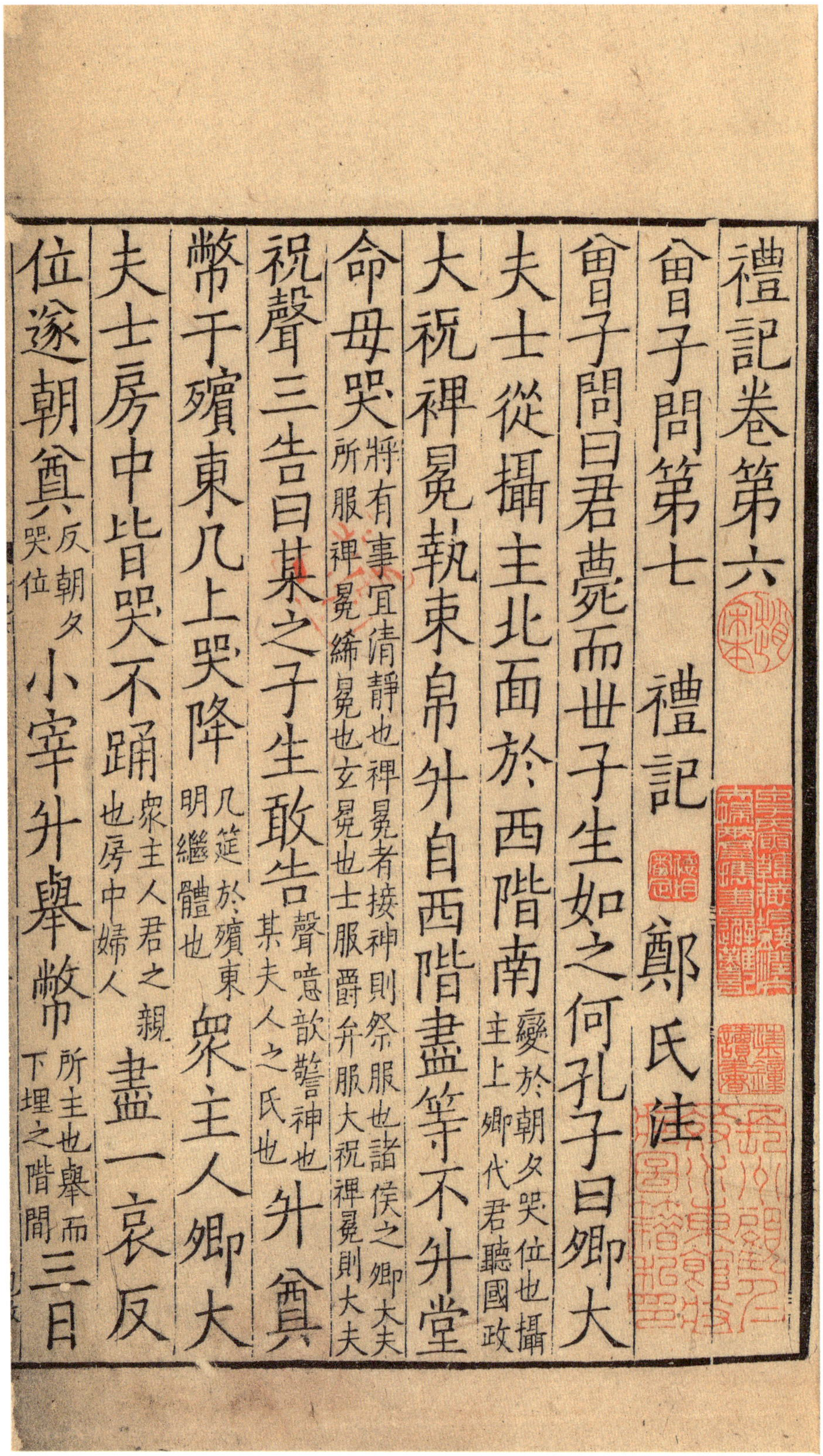
禮記卷第六　禮記　鄭氏注
曾子問第七
曾子問曰君薨而世子生如之何孔子曰卿大夫士從攝主北面於西階南變於朝夕哭位也攝主上卿代君聽國政大祝裨冕執束帛升自西階盡等不升堂命毋哭將有事宜清靜也裨冕者接神則祭服也諸侯之卿大夫所服裨冕絺冕也玄冕也士服爵弁服大祝裨冕則大夫祝聲三告曰某之子生敢告聲噫歆警神也某夫人之氏也升奠幣于殯東几上哭降几筵於殯東明繼體也衆主人卿大夫士房中皆哭不踊衆主人君之親也房中婦人盡一哀反位遂朝奠反朝夕哭位小宰升舉幣所主也舉而下埋之階間三日

11426 禮記二十卷　（漢）鄭玄注　宋刻遞修本

匡高21.5厘米，廣15.7厘米。半葉十行，行十六至十八字，小字雙行二十七至二十九字，白口，左右雙邊。有“長州顧仁效水東館收藏圖籍私印”“汪士鐘讀書”“甲子丙寅韓德均錢潤文夫婦兩度攜書避難記”等印。黄丕烈、韓應陛、張爾耆跋。國家圖書館藏，存九卷。

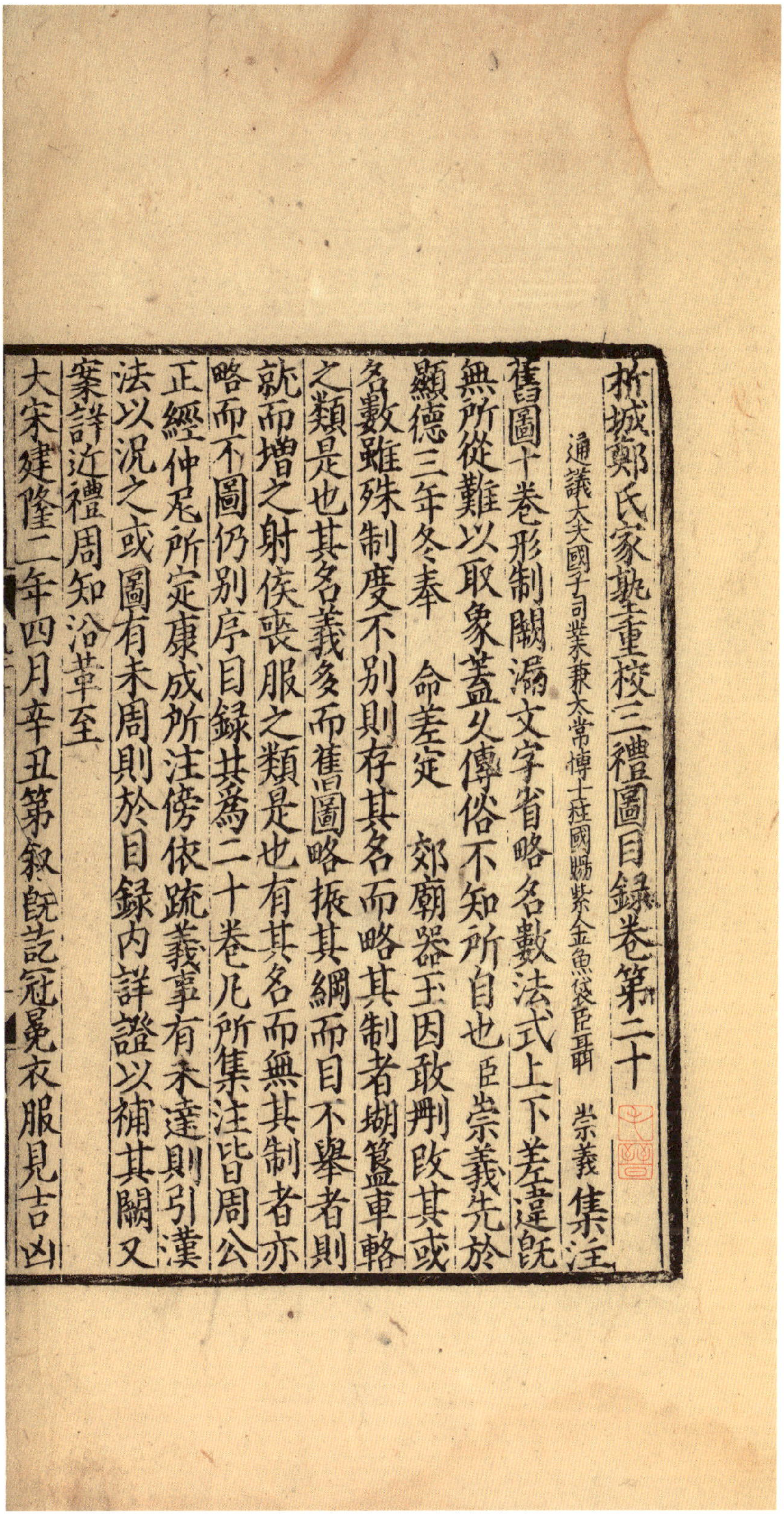
析城鄭氏家塾重校三禮圖目錄卷第二十
通議大夫國子司業兼太常博士柱國賜紫金魚袋臣聶 崇義 集注
舊圖十卷形制闕漏文字省略名數法式上下差違既
無所從難以取象蓋久傳俗不知所自也臣崇義先於
顯德三年冬奉 命差定 郊廟器玉因敢刪改其或
名數雖殊制度不別則存其名而略其制者瑚簋車輅
之類是也其名義多而舊圖略振其綱而目不舉者則
就而增之射侯喪服之類是也有其名而無其制者亦
略而不圖仍別序目錄共爲二十卷凡所集注皆周公
正經仲尼所定康成所注傍依䟽義事有未達則引漢
法以況之或圖有未周則於目錄內詳證以補其闕又
案詳近禮周知沿革至
大宋建隆二年四月辛丑第叙既訖冠冕衣服見吉凶

11427 析城鄭氏家塾重校三禮圖二十卷 （宋）聶崇義集注 蒙古定宗二年（1247）析城鄭氏家塾刻本（卷一至二配清初毛氏汲古閣抄本）

匡高21.8厘米，廣16.4厘米。半葉十三行，行二十一字，黑口，左右雙邊。有“汲古主人”“涵芬樓”等印。國家圖書館藏。

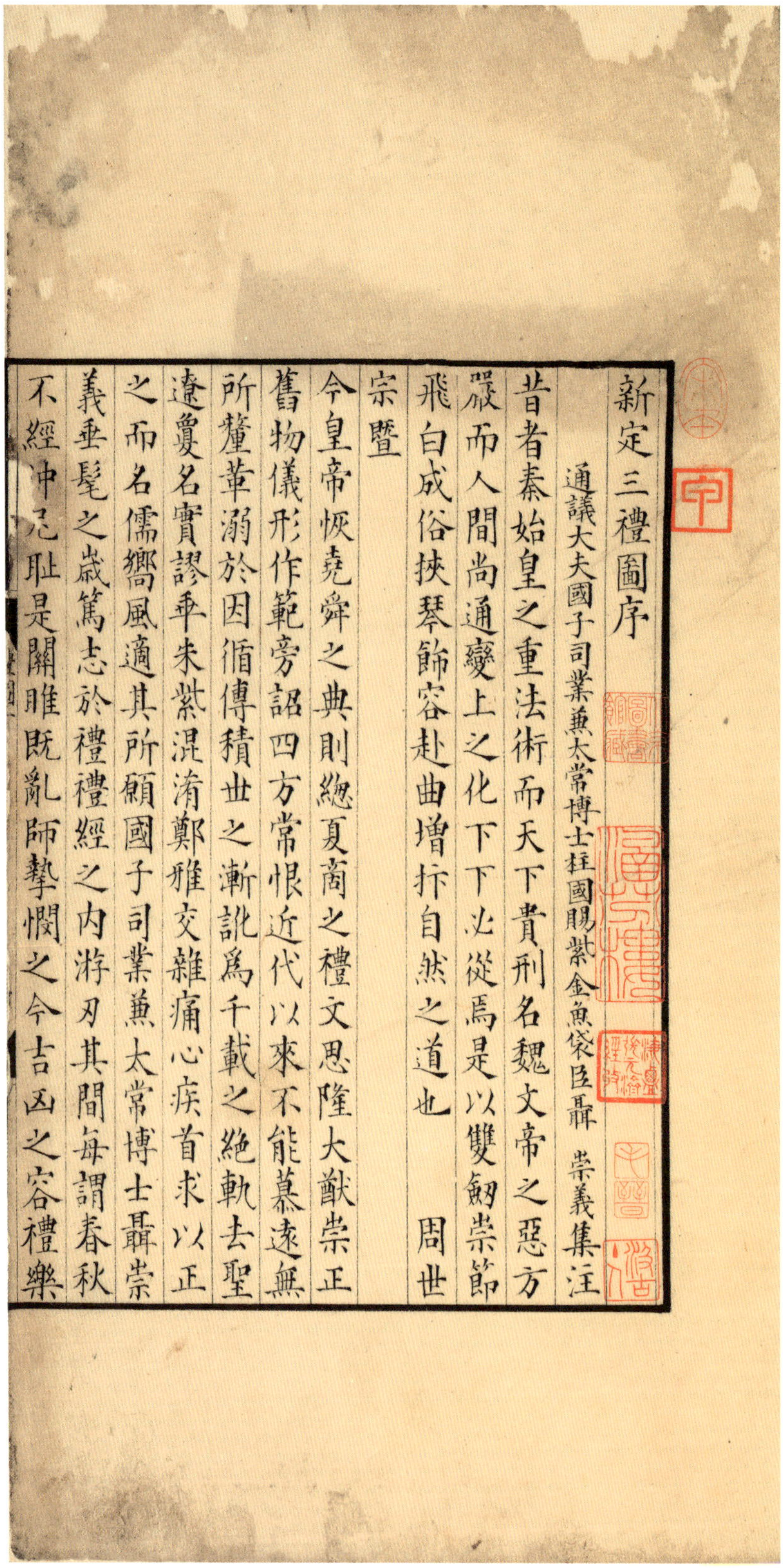

新定三禮圖序

通議大夫國子司業兼太常博士柱國賜紫金魚袋臣聶 崇義集注

昔者秦始皇之重法術而天下貴刑名魏文帝之惡方嚴而人間尚通變上之化下下必從焉是以雙劍崇節飛白成俗挾琴飾容赴曲增抃自然之道也 周世宗暨

今皇帝恢堯舜之典則總夏商之禮文思隆大猷崇正舊物儀形作範旁詔四方常恨近代以來不能慕遠無所釐革溺於因循傳積世之漸訛為千載之絶軌去聖逾夐名實謬乎朱紫混淆鄭雅交雜痛心疾首求以正之而名儒鄉風適其所願國子司業兼太常博士聶崇義垂髦之歲篤志於禮禮經之內游刃其間每謂春秋不經仲尼耻是關雎既亂師摯憫之今吉凶之容禮樂

11427 析城鄭氏家塾重校三禮圖二十卷

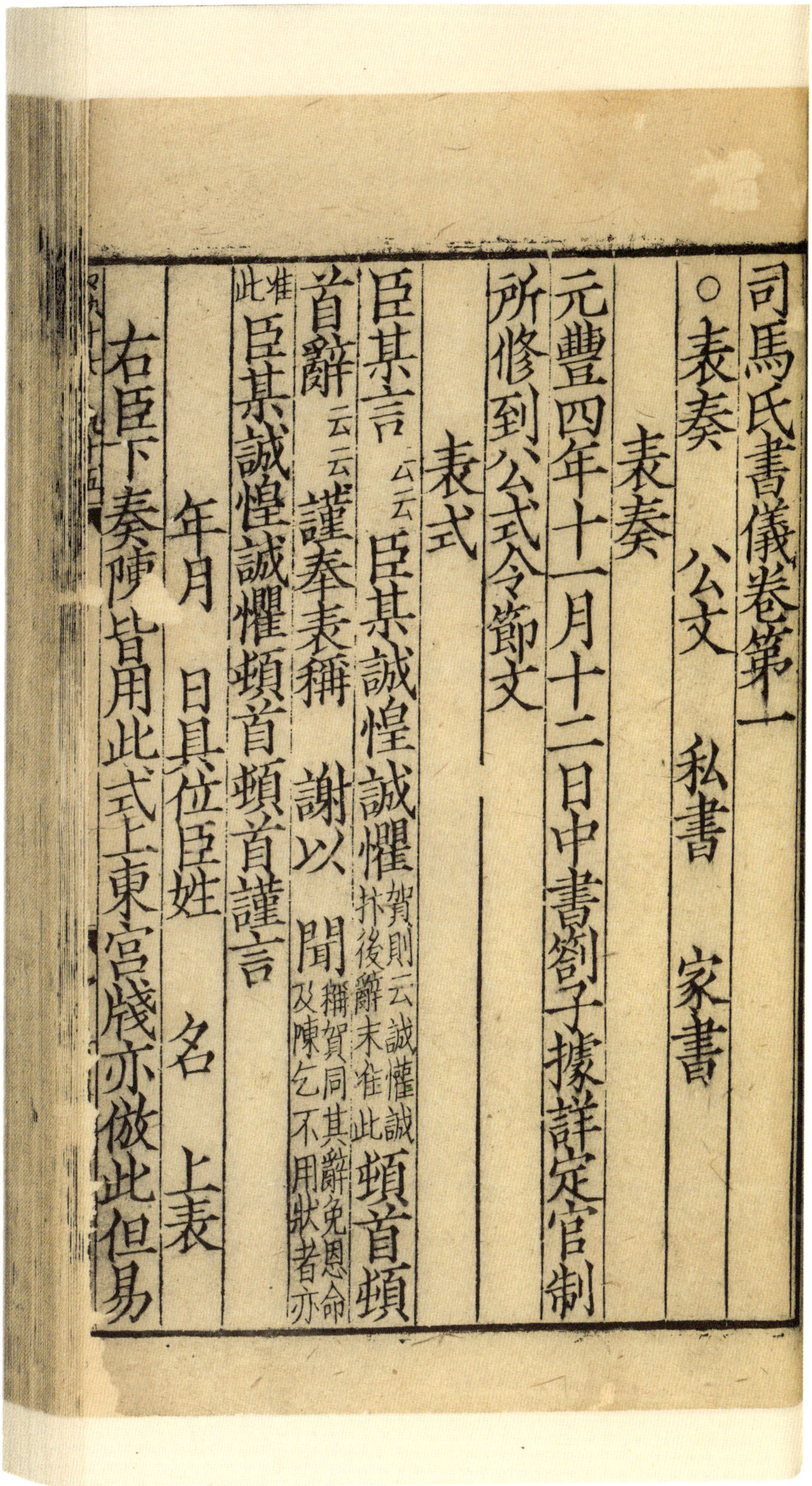

11428 司馬氏書儀十卷 （宋）司馬光撰　宋刻元修本

匡高19.3厘米，廣13.3厘米。半葉十一行，行十九字，小字雙行二十四字，黑口，左右雙邊。有“天禄繼鑑”“乾隆御覽之寶”等印。國家圖書館藏。

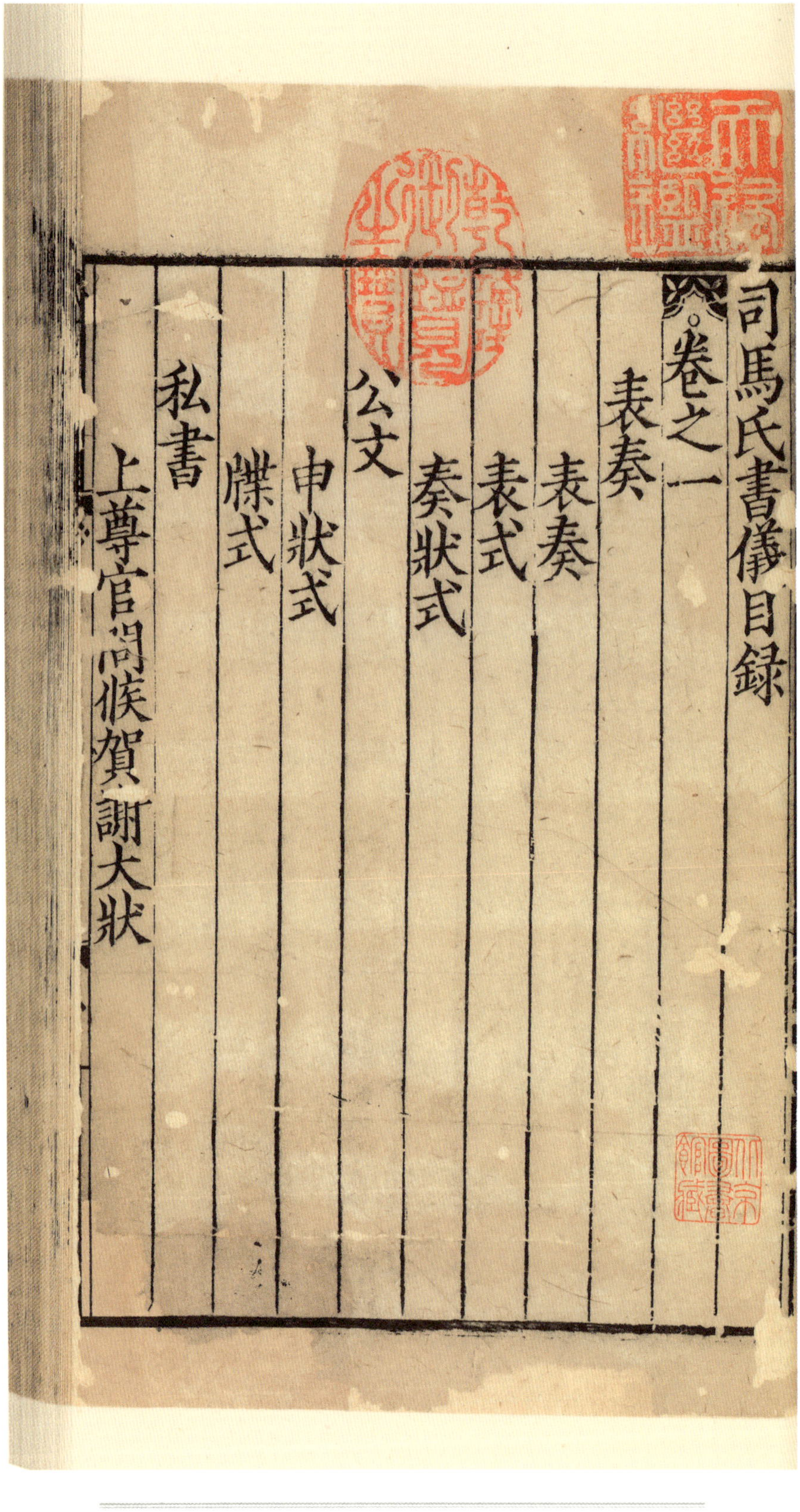
司馬氏書儀目録
卷之一
表奏
表奏
表式
奏狀式
公文
申狀式
牒式
私書
上尊官問候賀謝大狀

11428 司馬氏書儀十卷

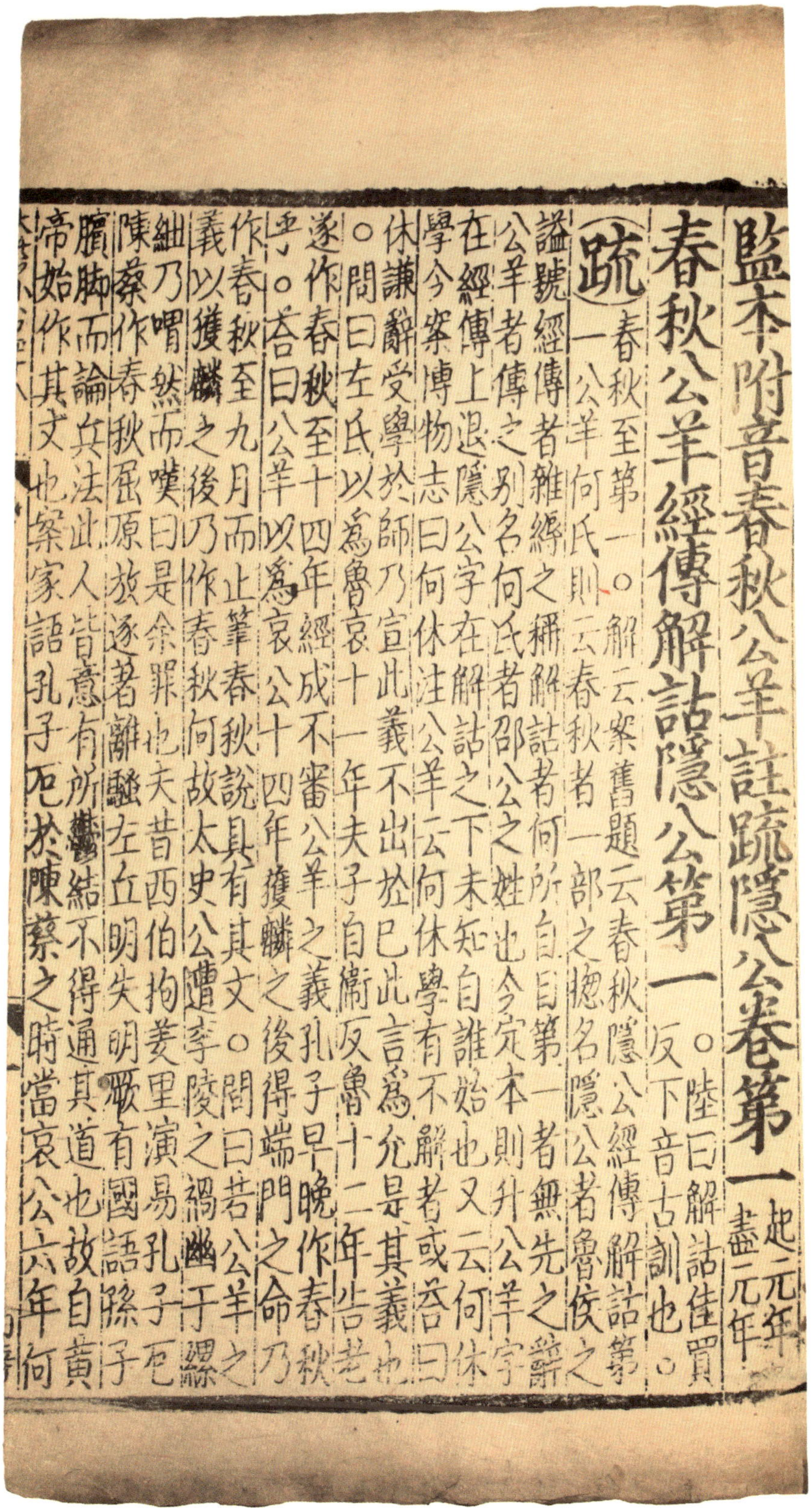
監本附音春秋公羊註疏隱公卷第一 起元年盡元年
春秋公羊經傳解詁隱公第一 ○陸曰解詁佳買反下音古訓也○
(疏)春秋至第一○解云案舊題云春秋隱公經傳解詁第
一公羊何氏則云春秋者一部之摠名隱公者魯侯之
謚號經傳者雜縟之稱解詁者何所自曰第一者無先之辭
公羊者傳之別名何氏者邵公之姓也今定本則升公羊字
在經傳上退隱公字在解詁之下未知自誰始也又云何休
學今案博物志曰何休注公羊云何休學有不解者或答曰
休謙辭受學於師乃宣此義不出於已此言為允是其義也
○問曰左氏以為魯哀十一年夫子自衛反魯十二年告老
遂作春秋至十四年經成不審公羊之義孔子早晚作春秋
乎○答曰公羊以為哀公十四年獲麟之後得端門之命乃
作春秋至九月而止筆春秋說具有其文○問曰若公羊之
義以獲麟之後乃作春秋何故太史公遭李陵之禍幽于縲
紲乃喟然而嘆曰是余罪也夫昔西伯拘羑里演易孔子戹
陳蔡作春秋屈原放逐著離騷左丘明失明厥有國語孫子
臏脚而論兵法此人皆意有所鬱結不得通其道也故自黃
帝始作其文也案家語孔子戹於陳蔡之時當哀公六年何

11429 監本附音春秋公羊註疏二十八卷 (漢)何休注 (唐)徐彥疏 (唐)陸德明音義 元刻明修本

匡高19.3厘米，廣13.1厘米。半葉十行，行十七字，小字雙行二十三字，白口，左右雙邊。有"孔繼涵印""葒谷"等印。江西省樂平市圖書館藏。

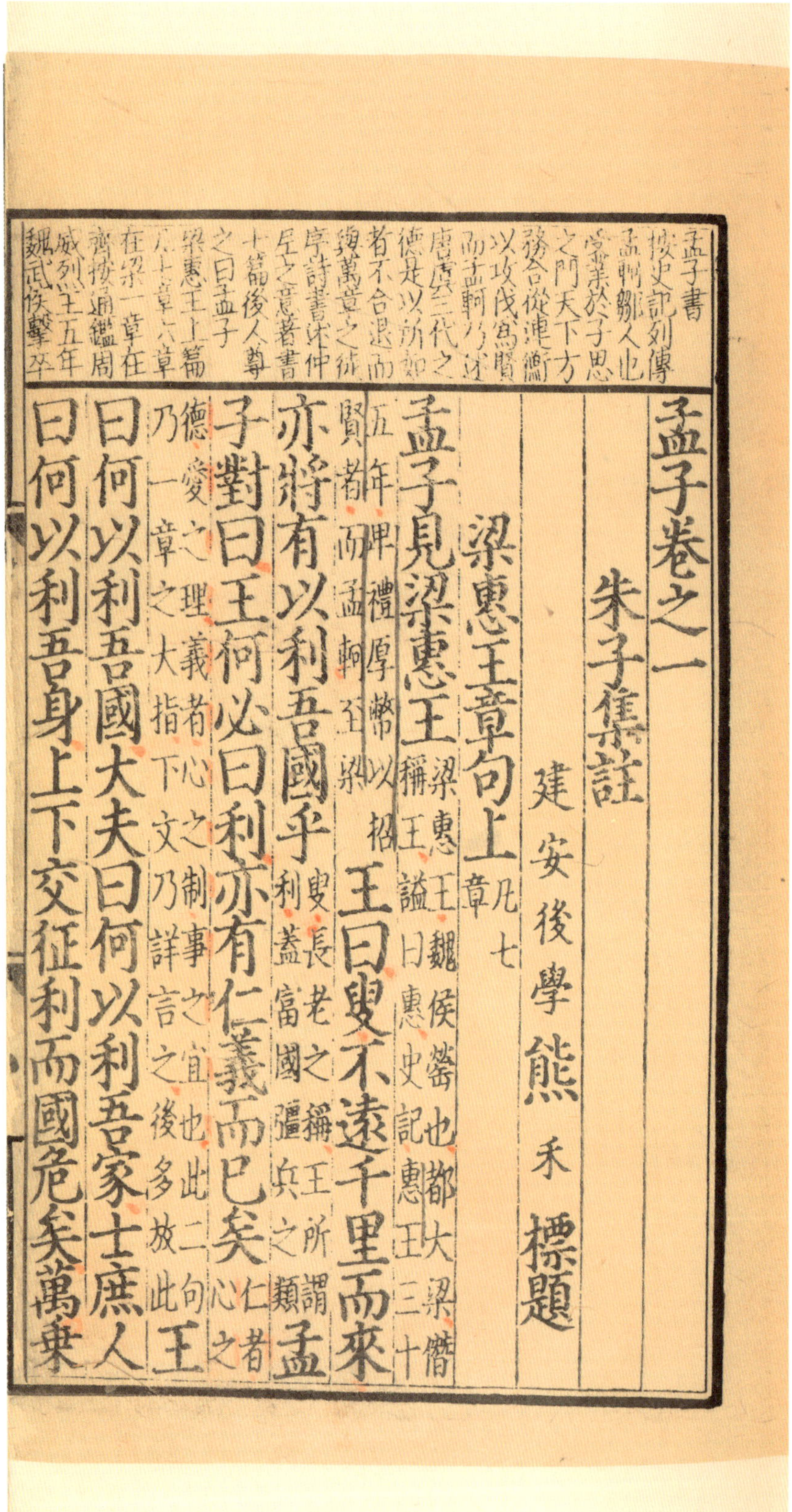

孟子書 按史記列傳孟軻鄒人也受業於子思之門天下方務合從連衡以攻伐爲賢而孟軻乃述唐虞三代之德是以所如者不合退而與萬章之徒序詩書述仲尼之意著書七篇後人尊之曰孟子 梁惠王上篇凡七章六章在梁一章在齊按通鑑周威烈王五年魏武侯擊卒

孟子卷之一
朱子集註
建安後學熊禾標題
梁惠王章句上 凡七章
孟子見梁惠王 梁惠王魏侯罃也都大梁僭稱王謚曰惠史記惠王三十五年卑禮厚幣以招賢者而孟軻至梁 王曰叟不遠千里而來亦將有以利吾國乎 叟長老之稱王所謂利蓋富國彊兵之類 孟子對曰王何必曰利亦有仁義而已矣 仁者心之德愛之理義者心之制事之宜也此二句乃一章之大指下文乃詳言之後多放此 王曰何以利吾國大夫曰何以利吾家士庶人曰何以利吾身上下交征利而國危矣萬乘

11430 四書章句集註標題二十一卷　（宋）熊禾撰　元刻本

匡高20.4厘米，廣13.1厘米。半葉十一行，行十七字，小字雙行同，黑口，四周雙邊。國家圖書館藏，存二十卷。

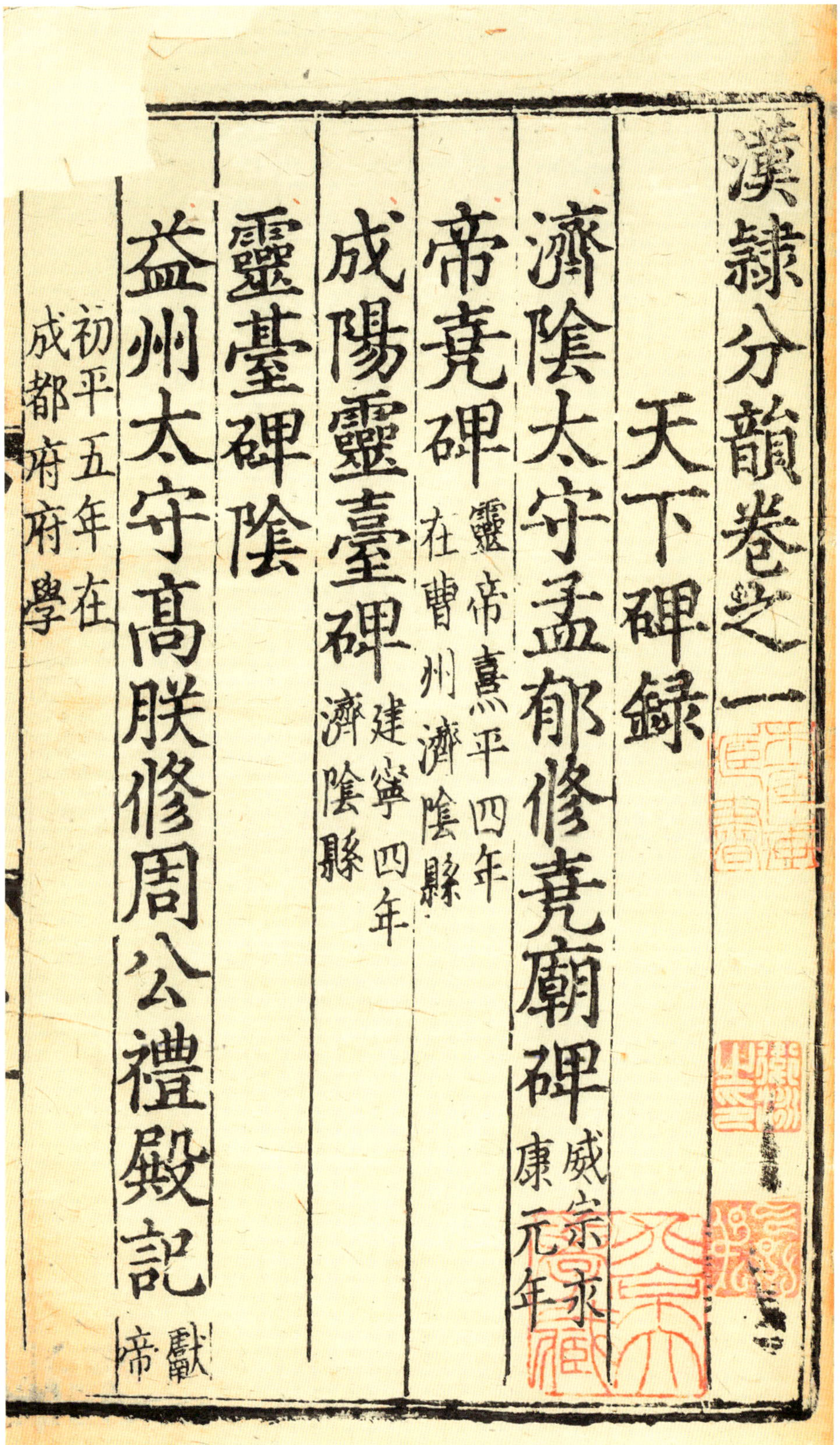

11431 漢隸分韻七卷 元刻本

匡高21.6厘米，廣13.9厘米。卷一半葉八行，行十四字，卷二至七半葉六行，行十字，黑口，四周雙邊。有“木犀軒藏書”等印。北京大學圖書館藏。

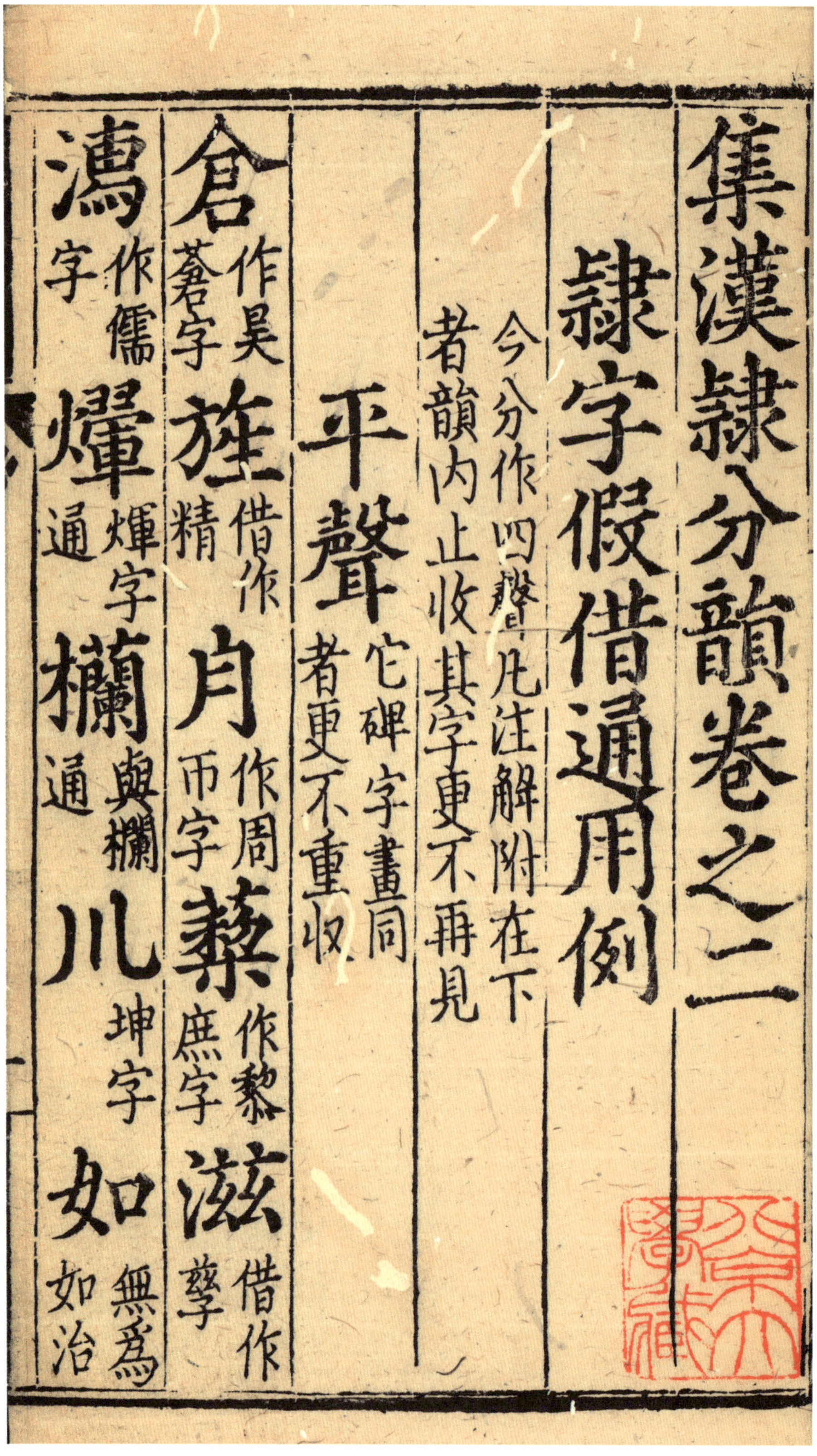
集漢隷分韻卷之二
隷字假借通用例
今分作四聲凡注解附在下者韻內止收其字更不再見
平聲它碑字畫同者更不重收
倉作昊蒼字 旌借作精 月作周币字 藜作黎庶字 滋借作孳
濡作儒字 燀煇字通 欄與欄通 川坤字 如無爲如治

11431 漢隷分韻七卷

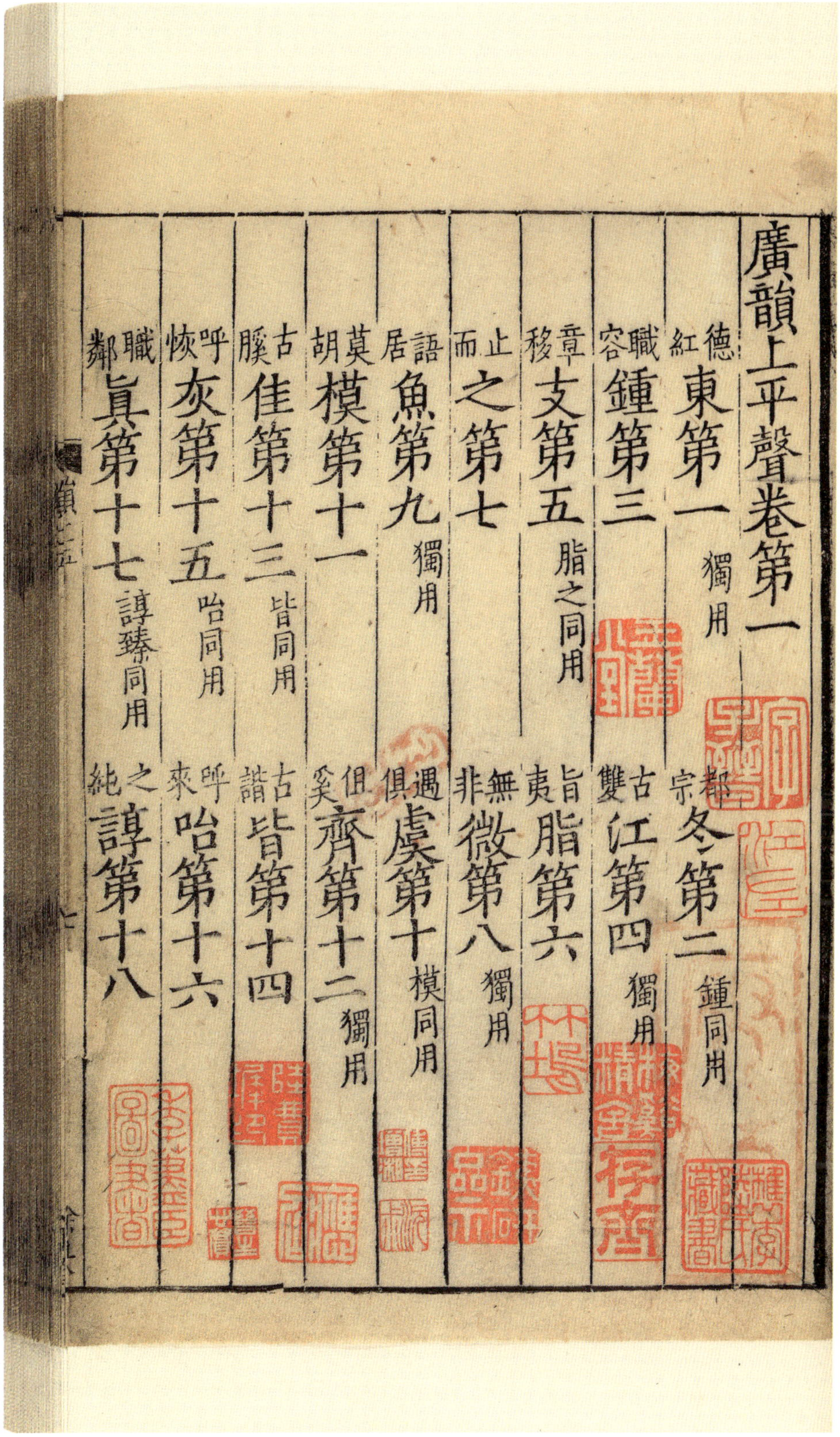
廣韻上平聲卷第一
德紅東第一獨用　都宗冬第二鍾同用
職容鍾第三　古雙江第四獨用
章移支第五脂之同用　旨夷脂第六
止而之第七　無非微第八獨用
語居魚第九獨用　遇俱虞第十模同用
莫胡模第十一　徂奚齊第十二獨用
古膎佳第十三皆同用　古諧皆第十四
呼恢灰第十五咍同用　呼來咍第十六
職鄰眞第十七諄臻同用　之純諄第十八

11432 廣韻五卷　（宋）陳彭年等撰　宋紹興刻本

匡高21.2厘米，廣15.6厘米。半葉十行，行字不等，白口，左右雙邊。有"字子晉""季印振宜""竹垞""檇李陸氏藏書""陸費墀印""傅印增湘"等印。沈曾植題詩。國家圖書館藏，存三卷。

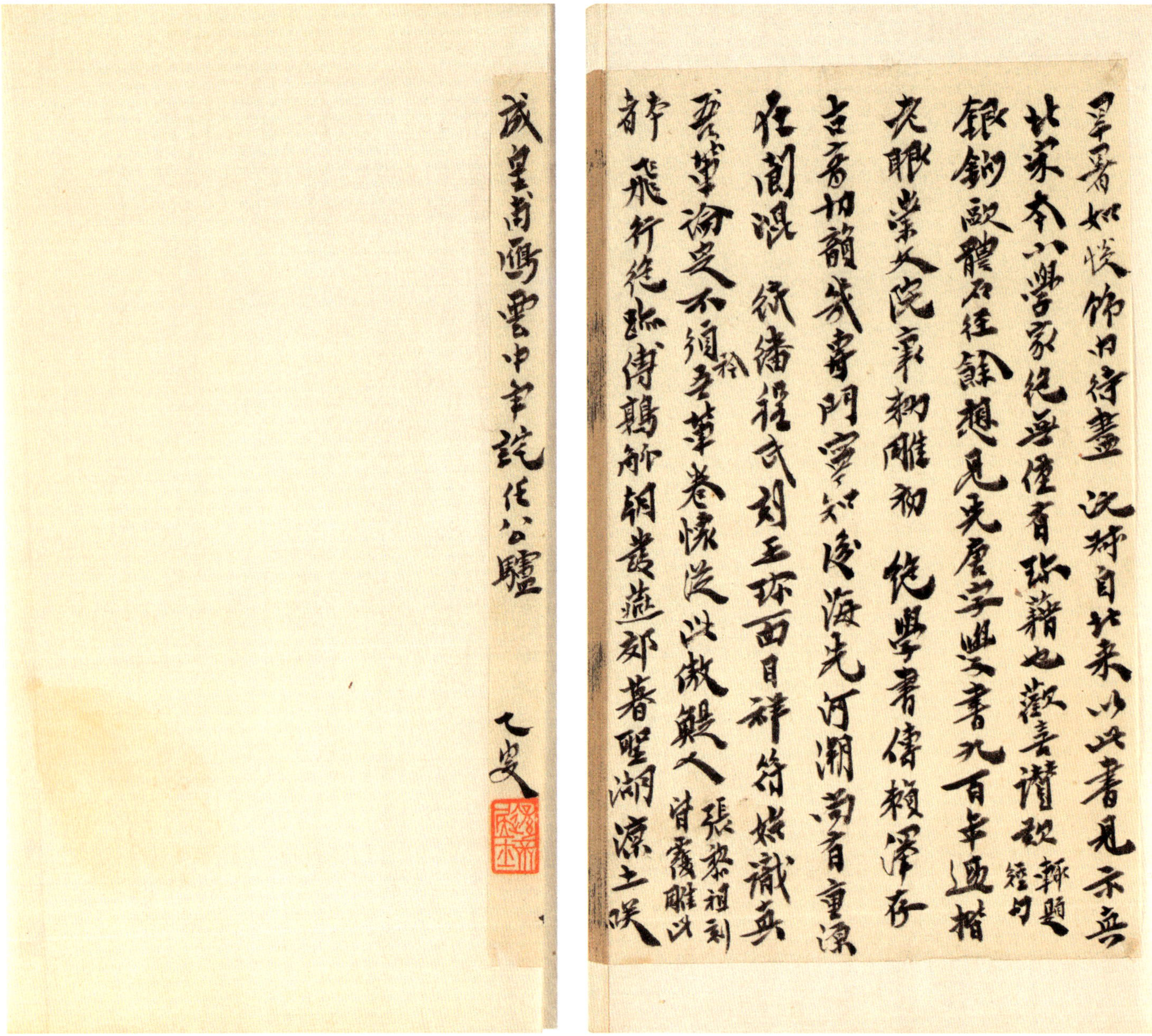

11432 廣韻五卷

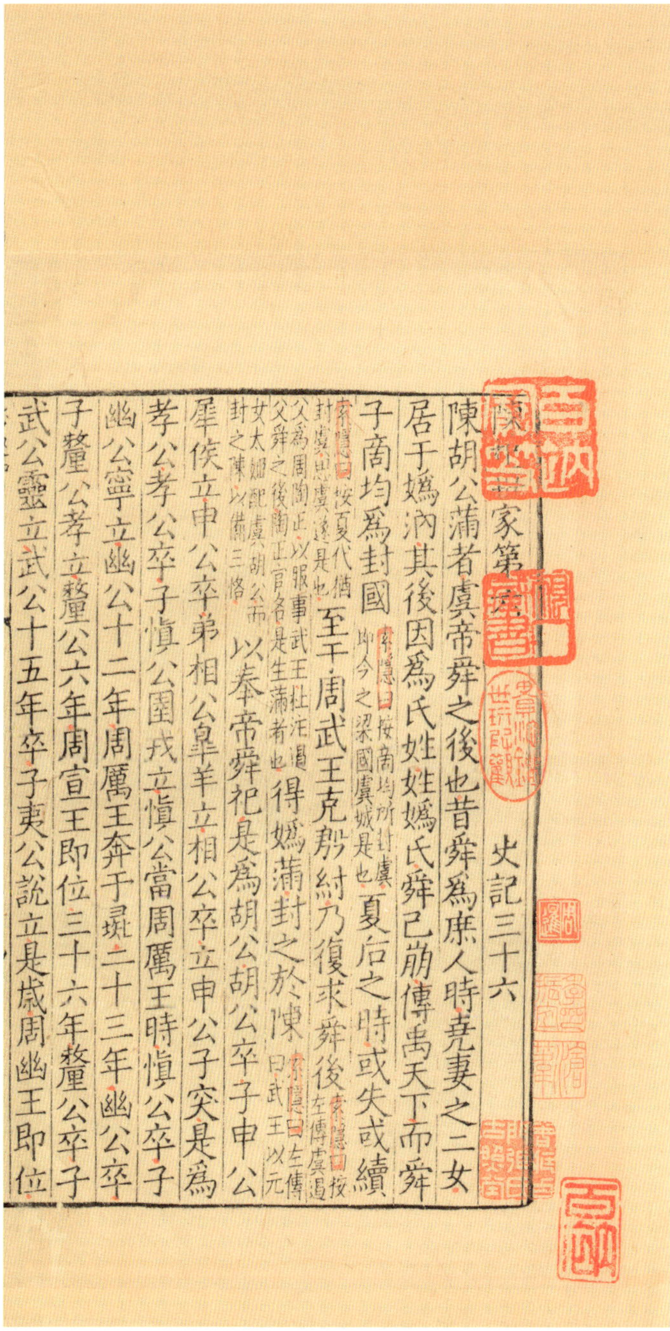
陳杞世家第六　史記三十六
陳胡公滿者虞帝舜之後也昔舜爲庶人時堯妻之二女
居于嬀汭其後因爲氏姓姓嬀氏舜已崩傳禹天下而舜
子商均爲封國（索隱曰按商均所封虞即今之梁國虞城是也）夏后之時或失或續
（索隱曰按夏代猶封虞思虞遂是也）至于周武王克殷紂乃復求舜後（索隱曰按左傳虞遏
父爲周陶正以服事武王杜注遏父舜之後陶正官名是生滿者也）得嬀滿封之於陳（索隱曰左傳曰武王以元
女大姬配虞胡公而封之陳以備三恪）以奉帝舜祀是爲胡公胡公卒子申公
犀侯立申公卒弟相公皋羊立相公卒立申公子突是爲
孝公孝公卒子慎公圉戎立慎公當周厲王時慎公卒子
幽公寧立幽公十二年周厲王奔于彘二十三年幽公卒
子釐公孝立釐公六年周宣王即位三十六年釐公卒子
武公靈立武公十五年卒子夷公說立是歲周幽王即位

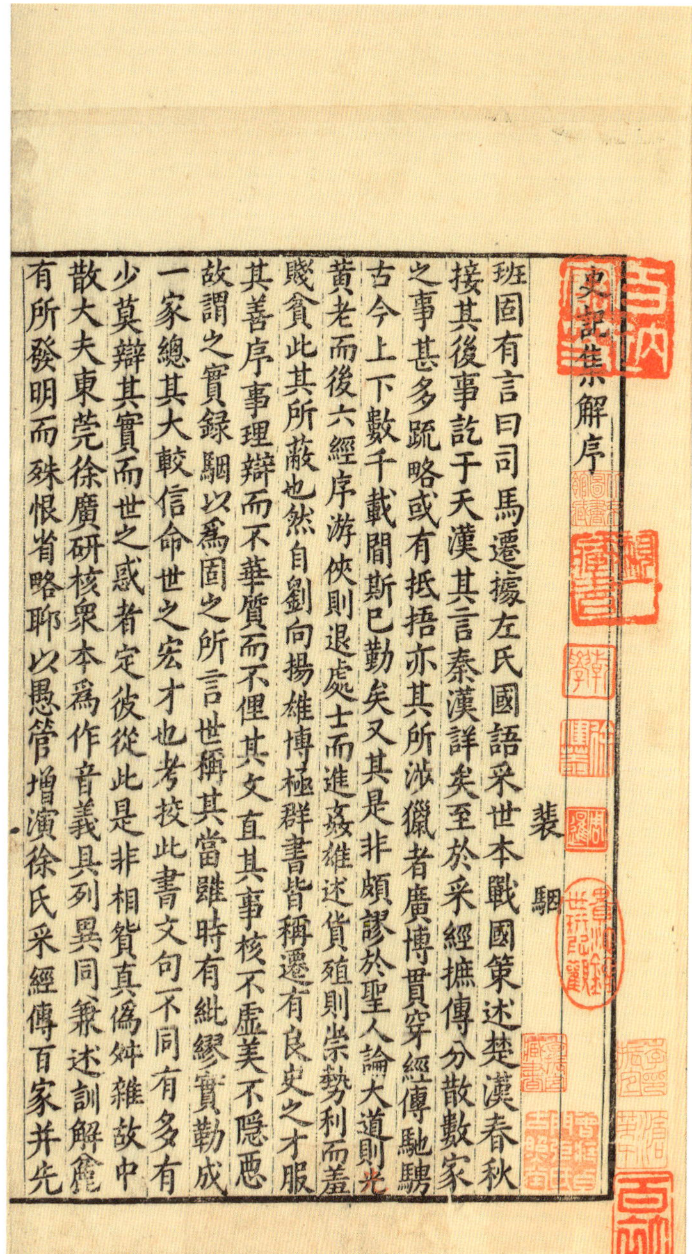
史記集解序
裴駰
班固有言曰司馬遷據左氏國語采世本戰國策述楚漢春秋
接其後事訖于天漢其言秦漢詳矣至於采經摭傳分散數家
之事甚多疏略或有抵捂亦其所涉獵者廣博貫穿經傳馳騁
古今上下數千載間斯已勤矣又其是非頗謬於聖人論大道則先
黄老而後六經序游俠則退處士而進姦雄述貨殖則崇勢利而羞
賤貧此其所蔽也然自劉向揚雄博極群書皆稱遷有良史之才服
其善序事理辯而不華質而不俚其文直其事核不虛美不隱惡
故謂之實録駰以爲固之所言世稱其當雖時有紕繆實勤成
一家緫其大較信命世之宏才也考校此書文句不同有多有
少莫辯其實而世之惑者定彼從此是非相貿真僞舛雜故中
散大夫東莞徐廣研核衆本爲作音義具列異同兼述訓解麤
有所發明而殊恨省略聊以愚管增演徐氏采經傳百家并先

11433 史記一百三十卷　（漢）司馬遷撰　（南朝宋）裴駰集解　（唐）司馬貞索隱　宋乾道七年（1171）蔡夢弼東塾刻本（卷七至九、一百二十四至一百三十配宋淳熙三年張杅桐川郡齋刻八年耿秉重修本，卷一至六、十九至二十一、二十三至二十六、三十一至三十三、三十九至六十、七十一至八十、九十至一百十六配宋刻十四行本，卷十至十五、二十七至三十、六十二至七十配另一宋刻本）匡高18.9厘米，廣13.2厘米。半葉十二行，行二十二字，小字雙行二十八字，白口，左右雙邊。有“曲阿孫育”“毛表”“毛奏叔”“季振宜藏書”“乾學”“周暹”等印。袁克文跋。國家圖書館藏。

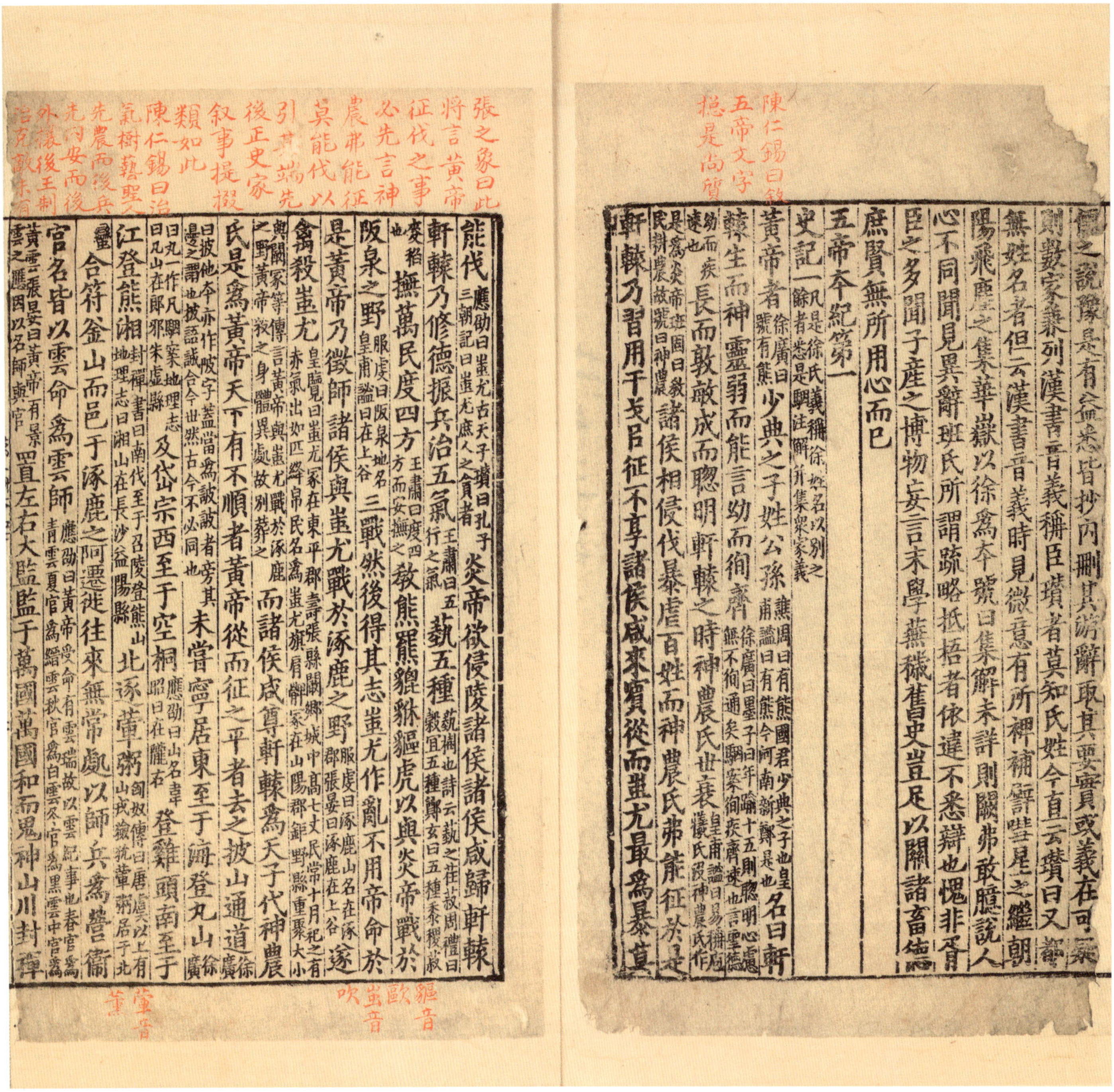

11433 史記一百三十卷

劉燕庭所藏百衲本史記焜燿一世今得見于
匋齋尚書京邸頗慰數年来仰宗之懷爲
之歡喜歎賞今年自雞林来輦下一無所見
然獲觀尚書鴻寶甚夥此冊尤歎觀止他日
冰雪途中夢寐猶當繞百回也冊中以小字本
爲最多亦爲最精其結體絶似歐虞有元以後
無此工矣宣统己酉十二月東坡生日鄧邦述謹記

遵義劉慶汾祥符顧瑗敬觀

余耳百衲史記久矣曾求之而未獲後爲
匋齋丈以重金購去又屢乞示觀輒以
他故未能一覩丈拜督辦之命移節
漢上京邸忽傳火警僅將藏書一室
焚去余每歎此書已不在人間矣今夏
又弟自英歸承
上命與托活洛氏聯姻婭誼檢視同篋忽驚
覩此書喜極欲狂展讀數四今過疊
翠樓又覽一過爰誌數言
又弟其善寶之甲寅臘月十七夜克文

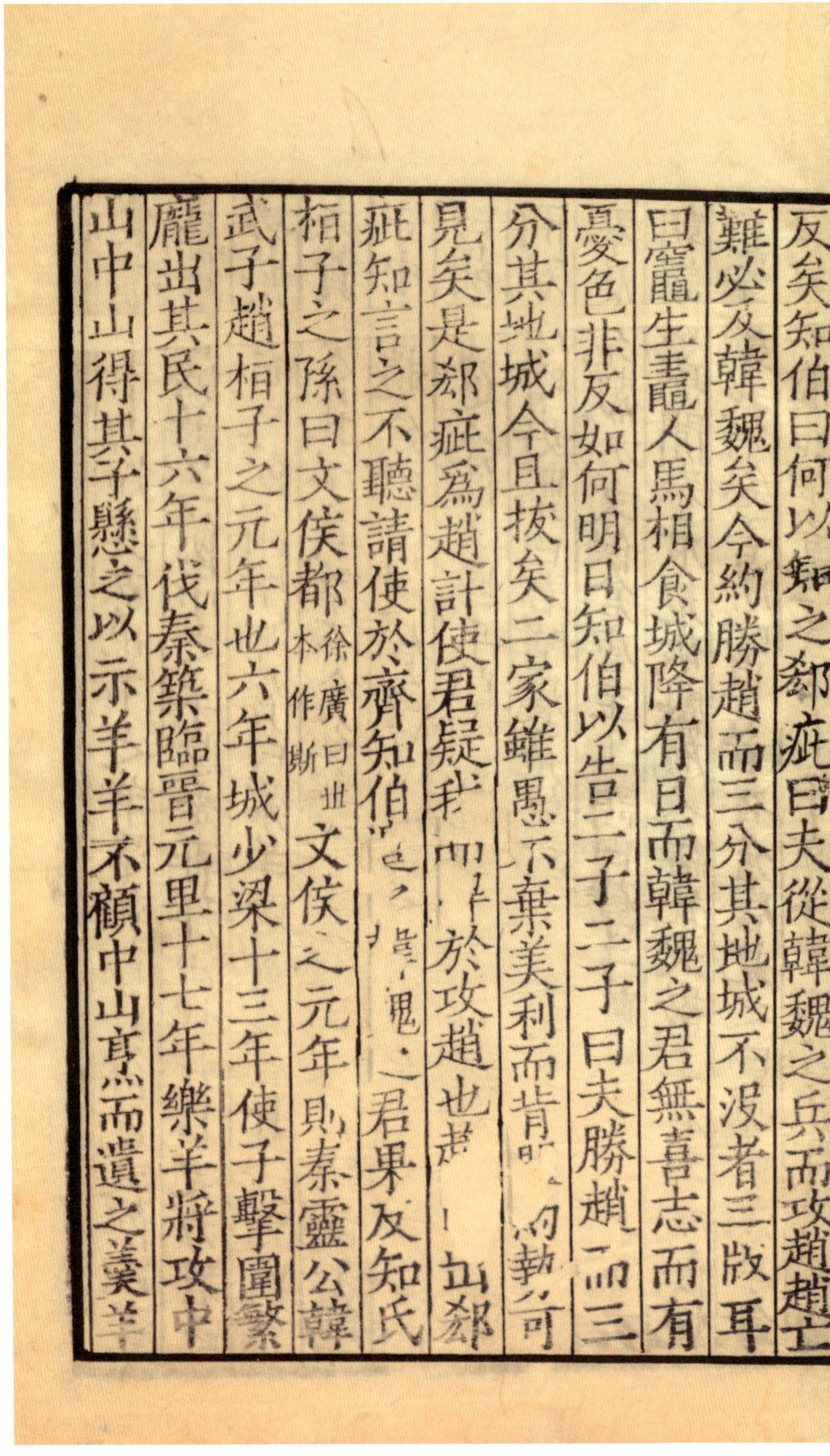
反矣知伯曰何以知之郄疵曰夫從韓魏之兵而攻趙趙亡
難必及韓魏矣今約勝趙而三分其地城不沒者三版耳
臼竈生鼃人馬相食城降有日而韓魏之君無喜志而有
憂色非反如何明日知伯以告二子二子曰夫勝趙而三
分其地城今且拔矣二家雖愚不棄美利而背[illegible]約[illegible]不可
見矣是郄疵爲趙計使君疑二子而[illegible]於攻趙也[illegible]郄
疵知言之不聽請使於齊知伯[illegible]君果及知氏
桓子之孫曰文侯都徐廣曰世本作斯文侯之元年則秦靈公韓
武子趙桓子之元年也六年城少梁十三年使子擊圍繁
龐出其民十六年伐秦築臨晉元里十七年樂羊將攻中
山中山得其子懸之以示羊羊不顧中山烹而遺之羹羊

11434 古史六十卷 （宋）蘇轍撰　宋刻遞修本（有抄配）

蝴蝶裝。匡高23.8厘米，廣16.5厘米。半葉十一行，行二十二至二十四字不等，小字雙行同，白口，左右雙邊。首都圖書館藏，存三卷。

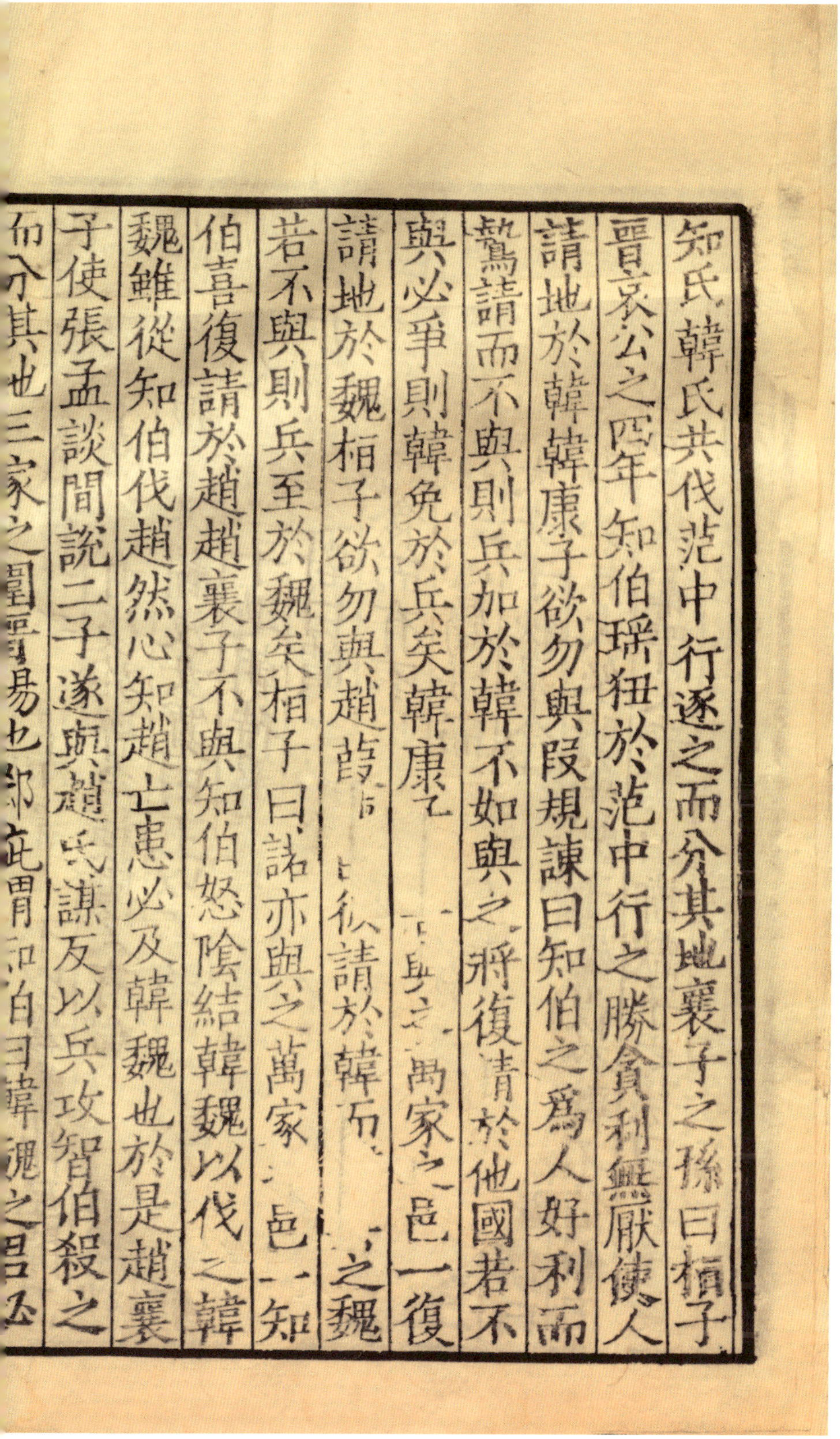
知氏韓氏共伐范中行逐之而分其地襄子之孫曰桓子
晉哀公之四年知伯瑶狃於范中行之勝貪利無厭使人
請地於韓韓康子欲勿與段規諫曰知伯之爲人好利而
鷙請而不與則兵加於韓不如與之將復請於他國若不
與必爭則韓免於兵矣韓康子乃與之萬家之邑一復
請地於魏桓子欲勿與趙葭[illegible]私請於韓而[illegible]之魏
若不與則兵至於魏矣桓子曰諾亦與之萬家之邑一知
伯喜復請於趙趙襄子不與知伯怒陰結韓魏以伐之韓
魏雖從知伯伐趙然心知趙亡患必及韓魏也於是趙襄
子使張孟談間說二子遂與趙氏謀反以兵攻智伯殺之
而分其地三家之圍晉陽也郗疵謂知伯曰韓魏之君必

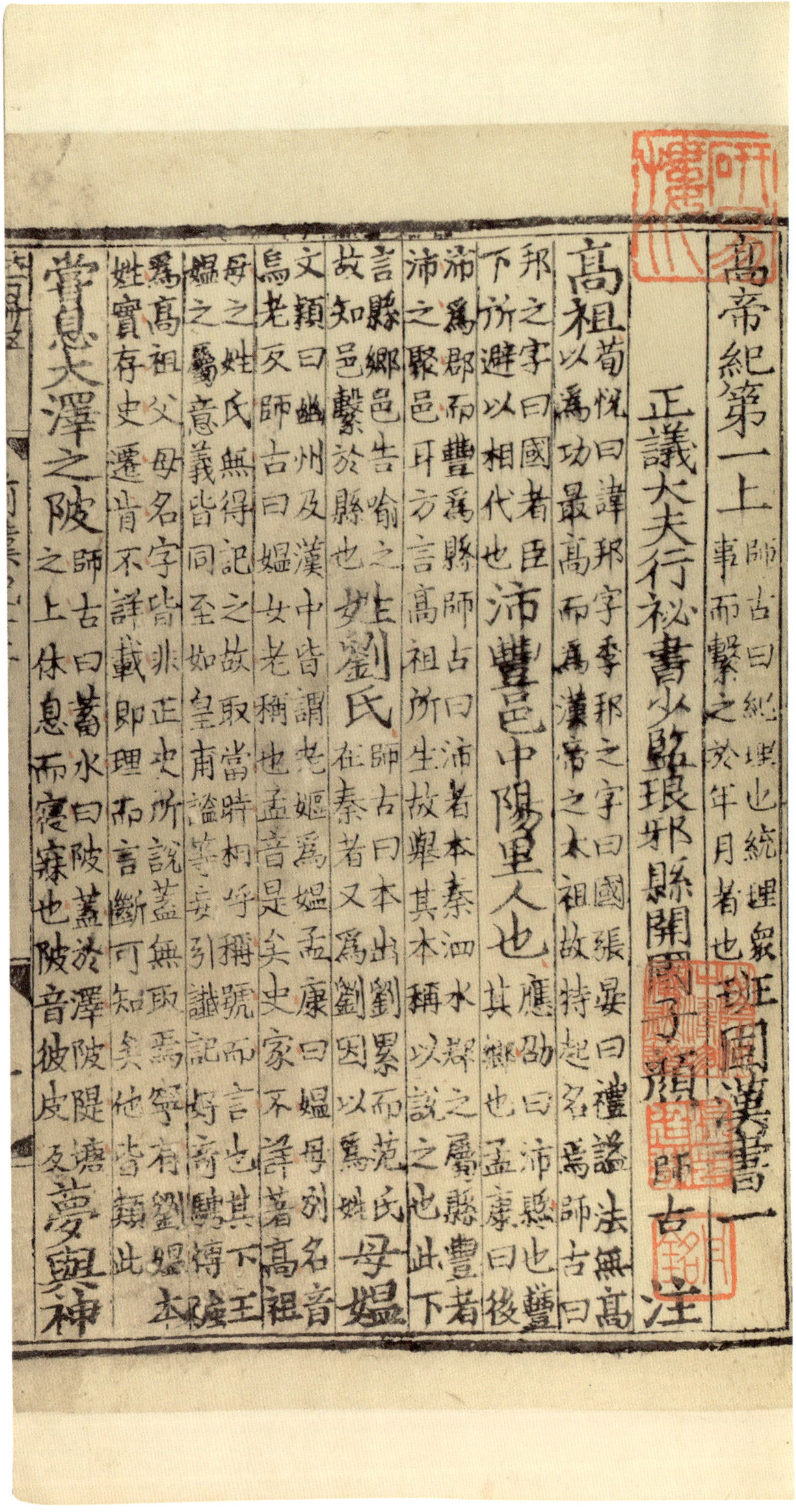

高帝紀第一上 師古曰紀理也統理衆事而繫之於年月者也 班固 漢書一
正議大夫行祕書少監琅邪縣開國子顔師古注
高祖 荀悅曰諱邦字季邦之字曰國張晏曰禮謚法無高以爲功最高而爲漢帝之太祖故特起名焉師古曰邦之字曰國者臣下所避以相代也
沛豐邑中陽里人也 應劭曰沛縣也豐其鄉也孟康曰後沛爲郡而豐爲縣師古曰沛者本秦泗水郡之屬縣豐者沛之聚邑耳方言高祖所生故舉其本稱以說之也此下言縣鄉邑告喻之故知邑繫於縣也
姓劉氏 師古曰本出劉累而范氏在秦者又爲劉因以爲姓
母媪 文穎曰幽州及漢中皆謂老嫗爲媪孟康曰媪母別名音烏老反師古曰媪女老稱也孟音是矣史家不詳著高祖母之姓氏無得記之故取當時相呼稱號而言之也其下王媪之屬意義皆同至如皇甫謐等妄引讖記好奇騁博[illegible]爲高祖父母名字皆非正史所說蓋無取焉寧有劉媪本姓實存史遷肯不詳載即理而言斷可知矣他皆類此
嘗息大澤之陂 師古曰蓄水曰陂蓋於澤陂隄塘之上休息而寢寐也陂音彼皮反
夢與神

11435 漢書一百卷 （漢）班固撰 （唐）顔師古注 元大德九年（1305）

太平路儒學刻明成化正德遞修本

匡高22.5厘米，廣16.9厘米。半葉十行，行二十二字，小字雙行同，細黑口，四周雙邊。有“研易樓”等印。陝西省圖書館藏。

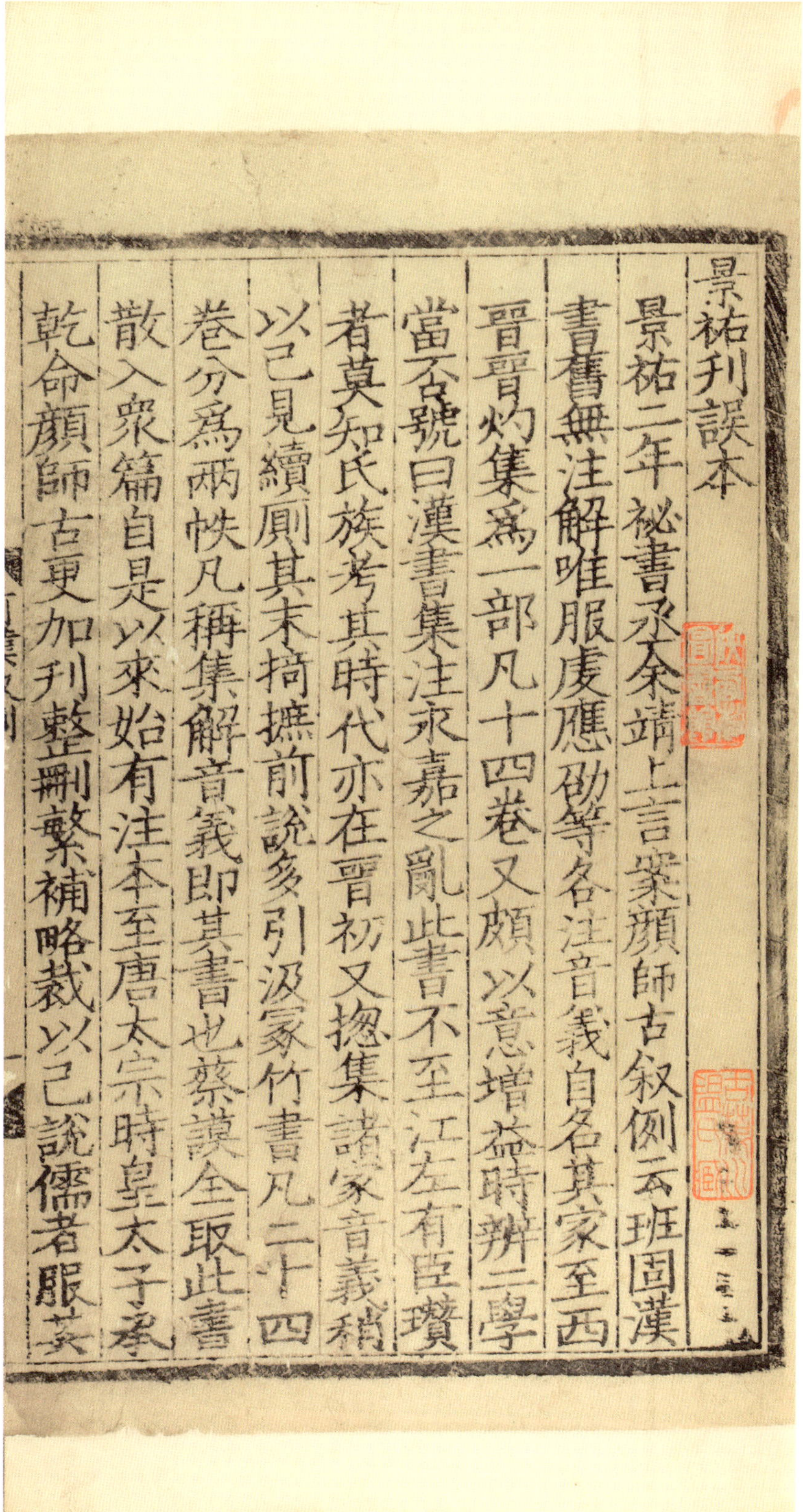

景祐刊誤本
景祐二年 祕書丞余靖上言窃顔師古叙例云班固漢書舊無注解唯服虔應劭等各注音義自名其家至西晋晋灼集爲一部凡十四卷又頗以意增益時辨二學當否號曰漢書集注永嘉之亂此書不至江左有臣瓚者莫知氏族考其時代亦在晋初又揔集諸家音義稍以己見續厠其末摘摭前說多引汲冢竹書凡二十四卷分爲兩帙凡稱集解音義即其書也蔡謨全取此書散入衆篇自是以來始有注本至唐太宗時皇太子承乾命顔師古更加刊整删繁補略裁以己說儒者服其

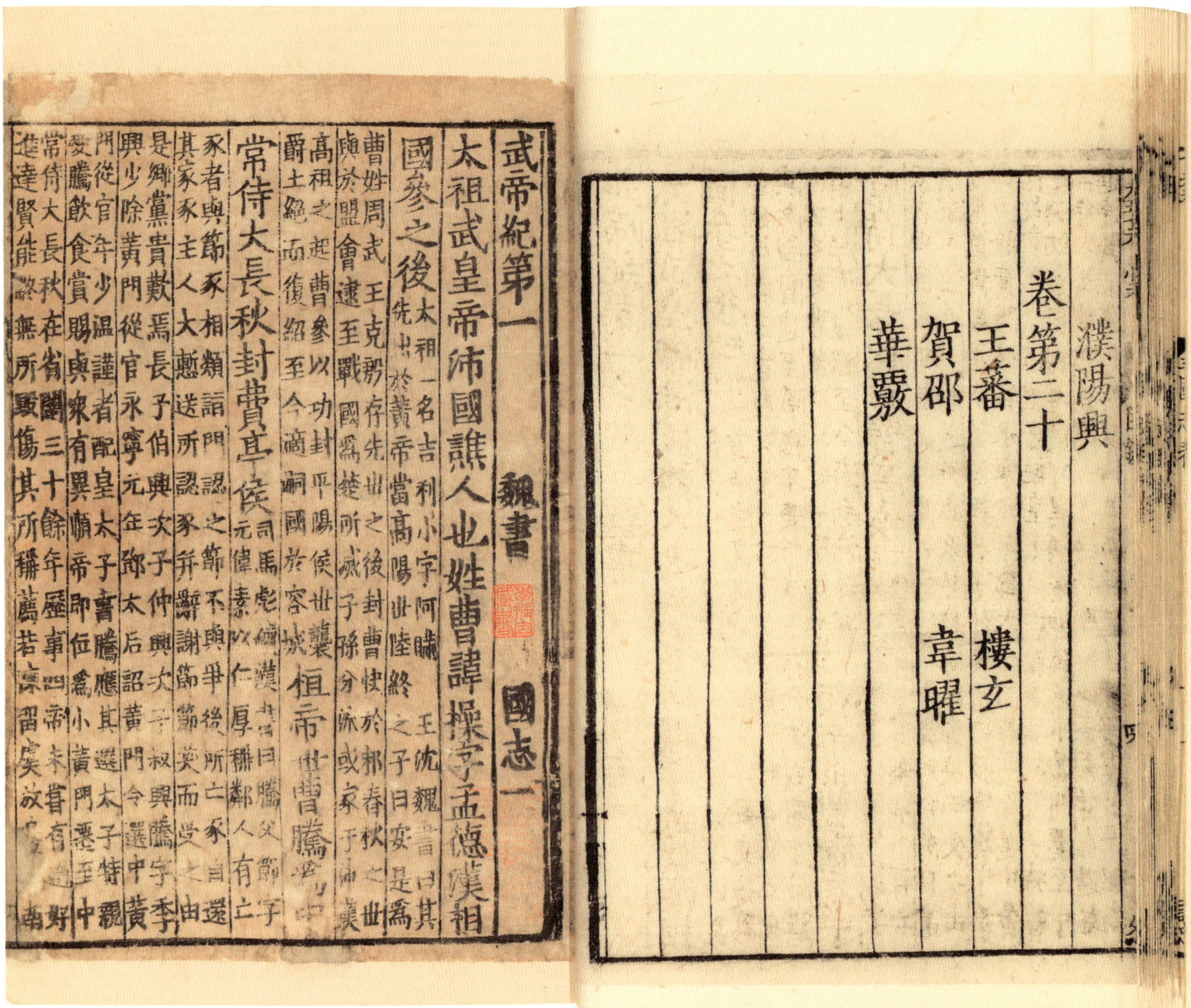

11436 三國志六十五卷　（晉）陳壽撰　（南朝宋）裴松之注　宋刻遞修公文紙印本（有配補）

匡高21.3厘米，廣15.3厘米。半葉十行，行十九字，小字雙行二十一字，白口，左右雙邊。有“華亭朱氏”“季振宜藏書”“御史之章”“大宗伯印”等印。國家圖書館藏。

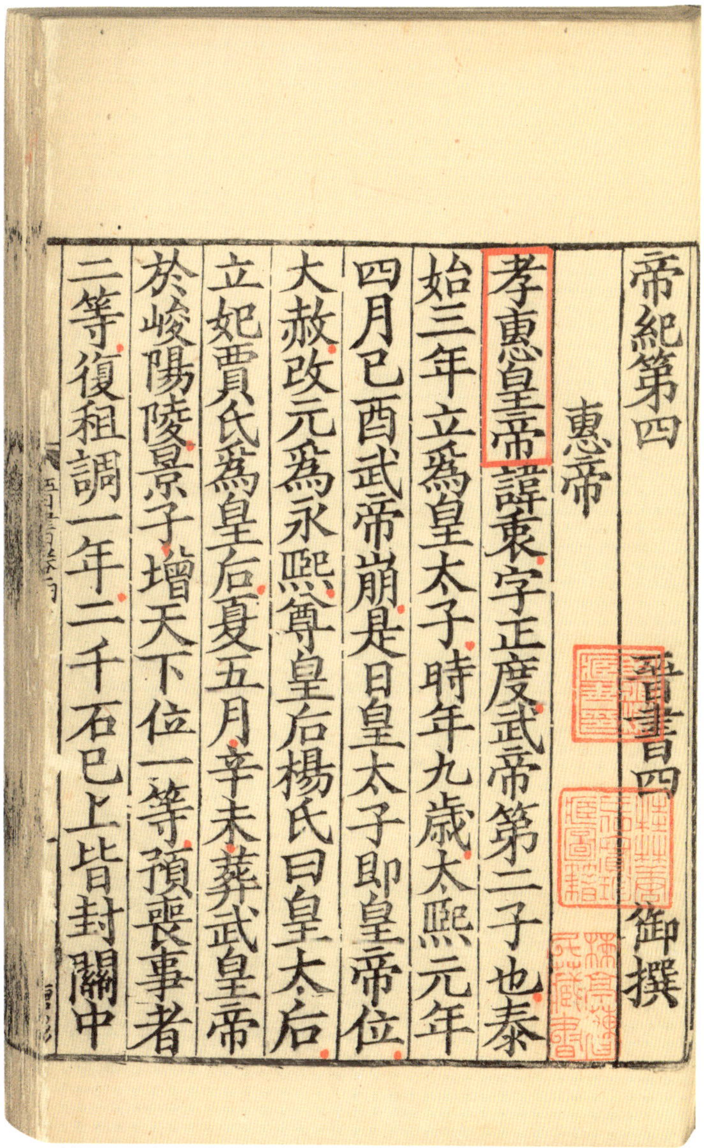

帝紀第四　晉書四　御撰
惠帝
孝惠皇帝諱衷字正度武帝第二子也泰
始三年立爲皇太子時年九歲太熙元年
四月己酉武帝崩是日皇太子卽皇帝位
大赦改元爲永熙尊皇后楊氏曰皇太后
立妃賈氏爲皇后夏五月辛未葬武皇帝
於峻陽陵景子增天下位一等預喪事者
二等復租調一年二千石已上皆封關中

11437 晉書一百三十卷　（唐）房玄齡等撰　宋嘉泰四年至開禧元年（1204-1205）秋浦郡齋刻本（卷九至十、十六至十八、六十二至六十六配明萬曆六年周若年、丁孟嘉刻本）

匡高21.9厘米，廣18.2厘米。半葉九行，行十六字，白口，左右雙邊。有“楝亭曹氏藏書”“桂林唐氏仲實珍藏圖籍”“十萬卷樓”等印。國家圖書館藏，存六十四卷。

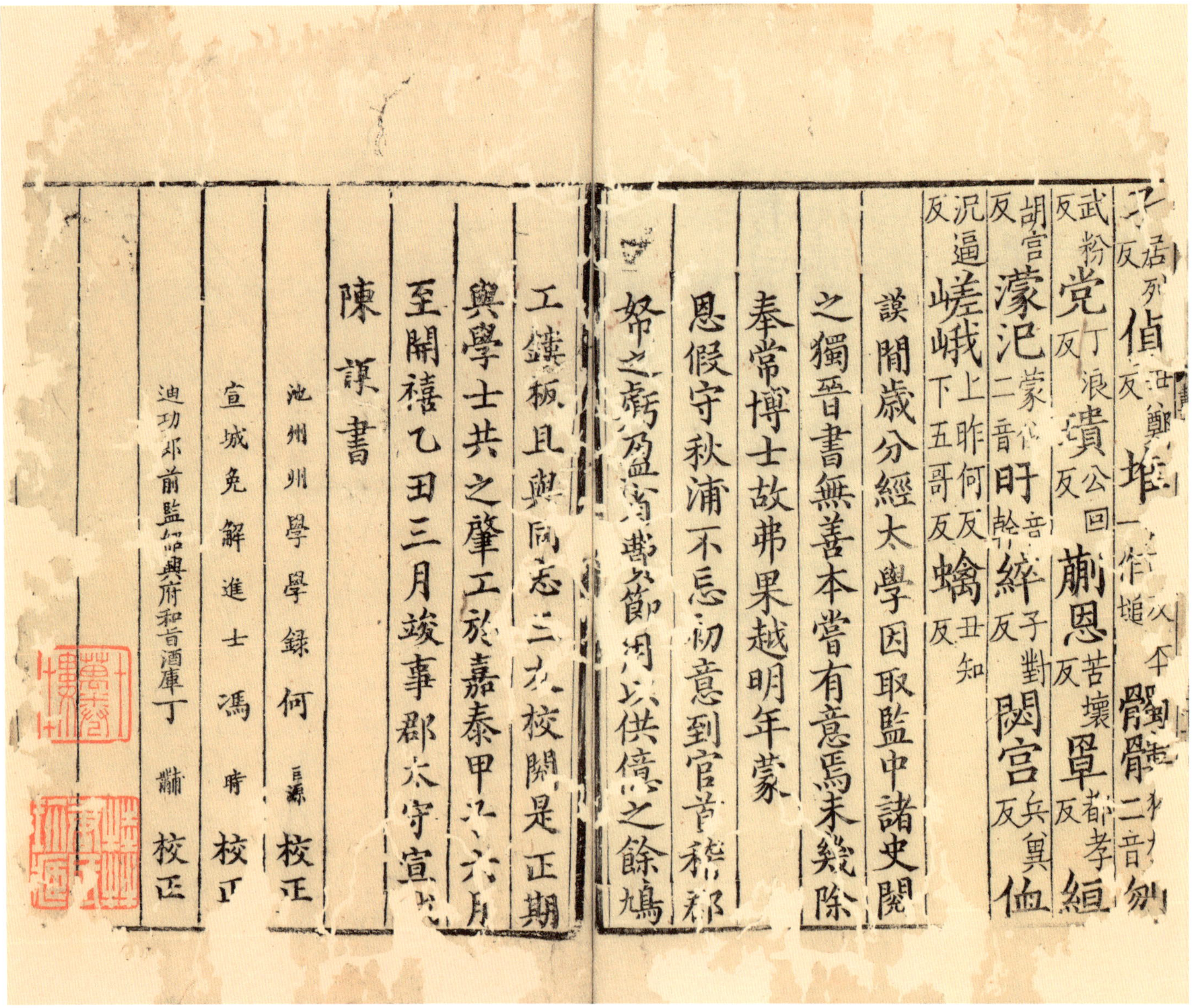

偵堆髑髏
党潰蒯罩組
濛氾盱綷閔宮伷
嵯峨螭
謨閒歲分經太學因取監中諸史閱
之獨晉書無善本嘗有意焉未幾除
奉常博士故弗果越明年蒙
恩假守秋浦不忘初意到官首稽郡
帑之羨……之餘鳩
工鏤板且與同志三友校閱是正期
與學士共之肇工於嘉泰甲子六月
至開禧乙丑三月竣事郡太守宣城
陳謨書
池州州學學録何　校正
宣城免解進士馮　校正
迪功郎前監紹興府和旨酒庫丁　校正

11437 晉書一百三十卷

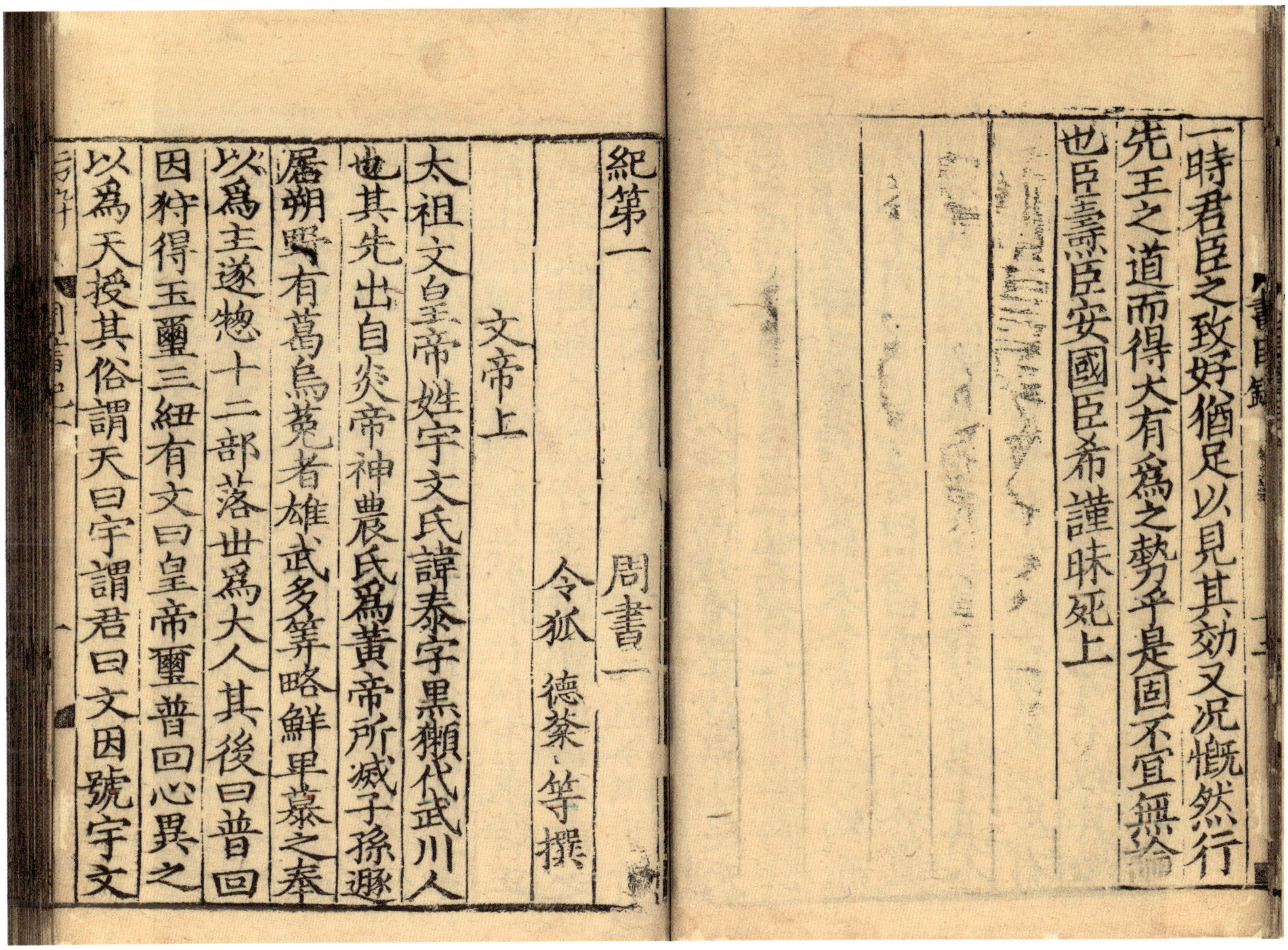

11438 周書五十卷　（唐）令狐德棻等撰　宋刻宋元明遞修本

匡高22.1厘米，廣18.7厘米。半葉九行，行十八字，白口，左右雙邊。周星詒跋。國家圖書館藏。

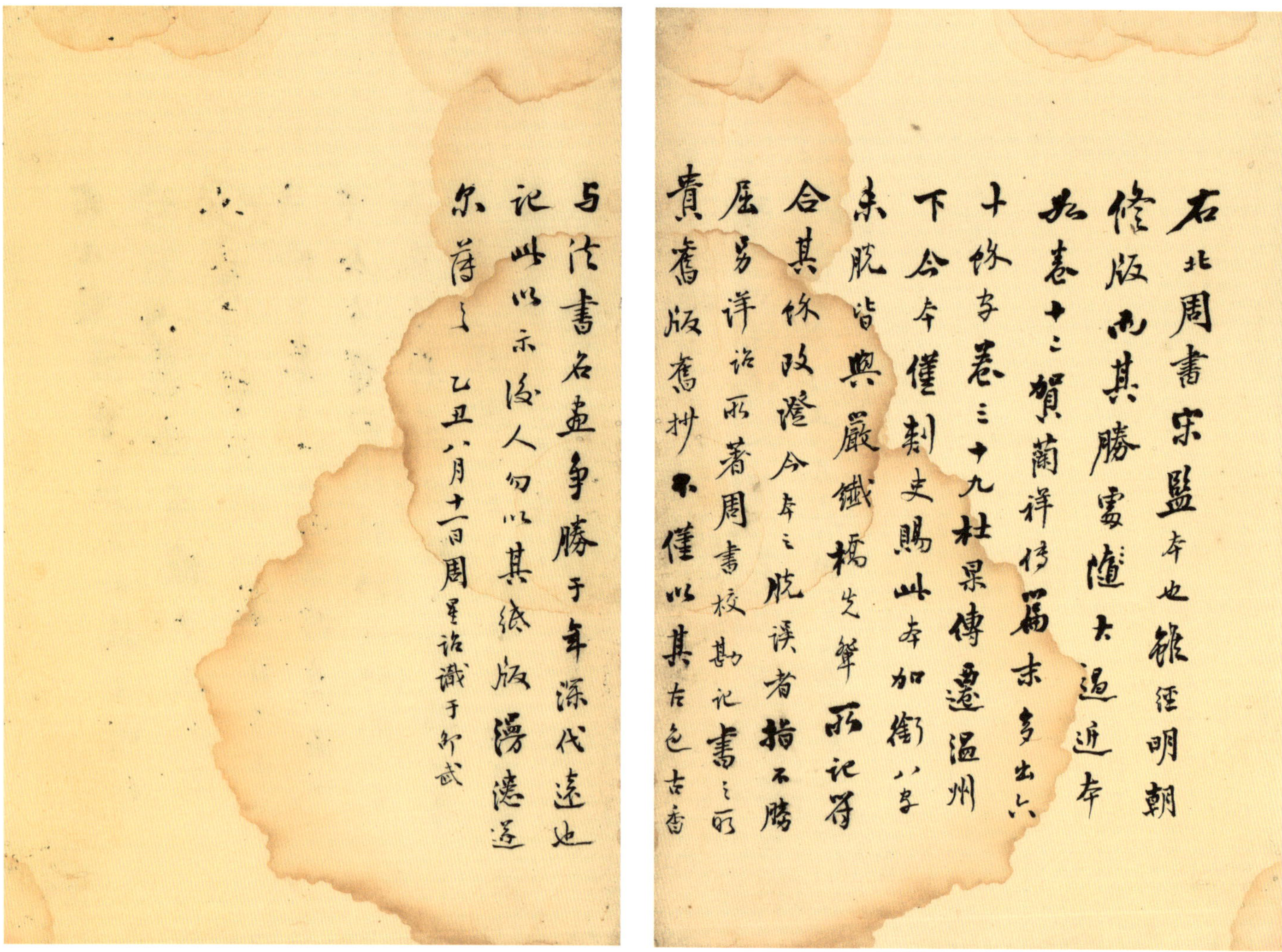

右北周書宋監本也雖經明朝修版而其勝處隨在過近本如卷十二賀蘭祥傳篇末多出六十餘字卷三十九杜杲傳遷溫州下今本僅刻史賜此本加衛八字未脫皆與嚴鐵橋先輩所記符合其餘改澄今本之脫誤者指不勝屈另詳拙著周書校勘記書之所貴舊版舊抄不僅以其古色古香與法書名畫爭勝于年深代遠也記此以示後人勿以其紙版漫漶遂尔薄之

乙丑八月十一日周星詒識于[illegible]武

11438 周書五十卷

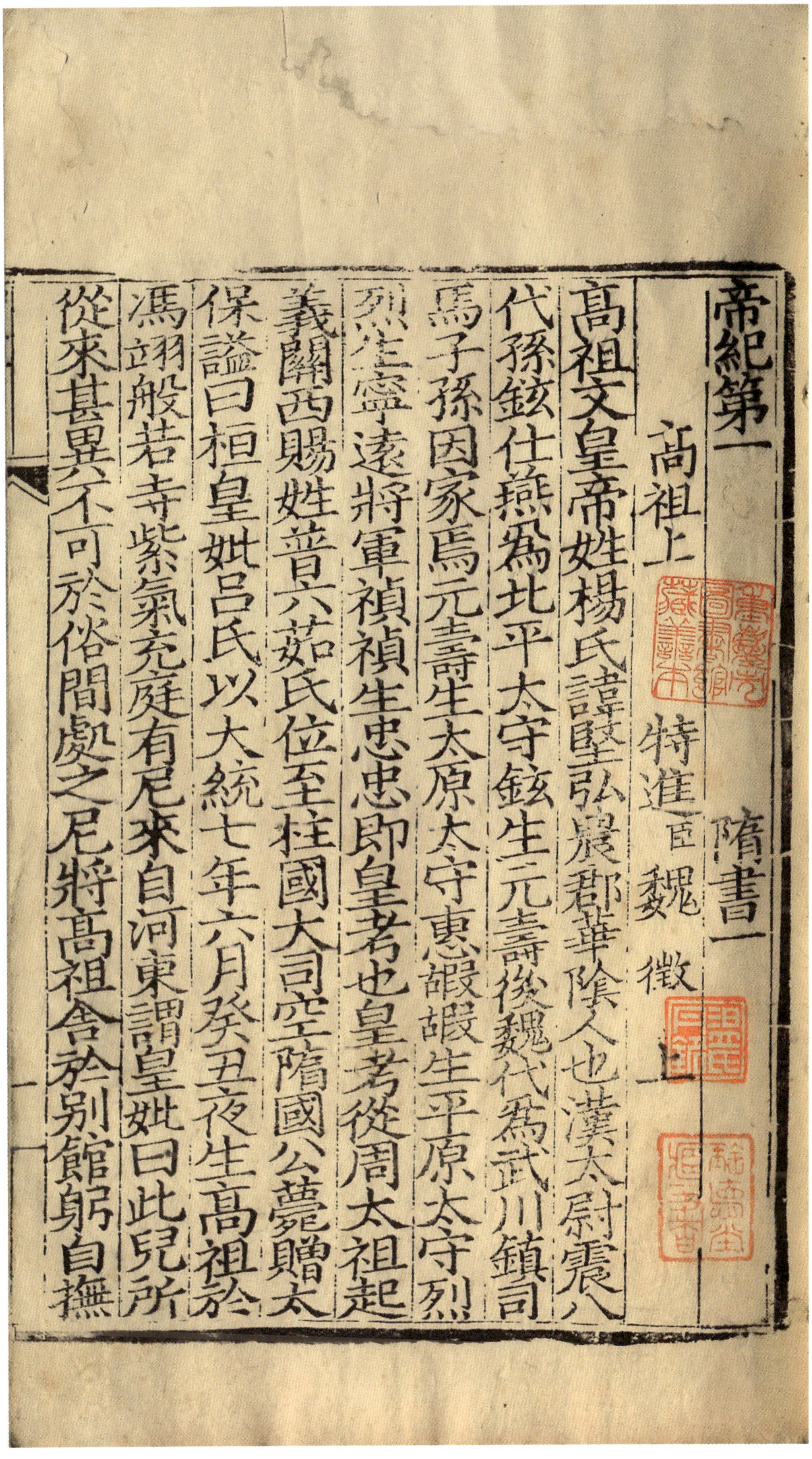
帝紀第一　　隋書一
高祖上　　特進臣魏徵上
高祖文皇帝姓楊氏諱堅弘農郡華陰人也漢太尉震八
代孫鉉仕燕爲北平太守鉉生元壽後魏代爲武川鎮司
馬子孫因家焉元壽生太原太守惠嘏嘏生平原太守烈
烈生寧遠將軍禎禎生忠忠即皇考也皇考從周太祖起
義關西賜姓普六茹氏位至柱國大司空隋國公薨贈太
保謚曰桓皇妣呂氏以大統七年六月癸丑夜生高祖於
馮翊般若寺紫氣充庭有尼來自河東謂皇妣曰此兒所
從來甚異不可於俗間處之尼將高祖舍於別館躬自撫

11439–11441 隋書八十五卷　（唐）魏徵等撰　元刻明遞修本

匡高21.6厘米，廣16.5厘米。半葉十行，行二十二字，小字雙行同，細黑口，四周雙邊。重慶圖書館、吉林省圖書館、四川師範大學圖書館藏。

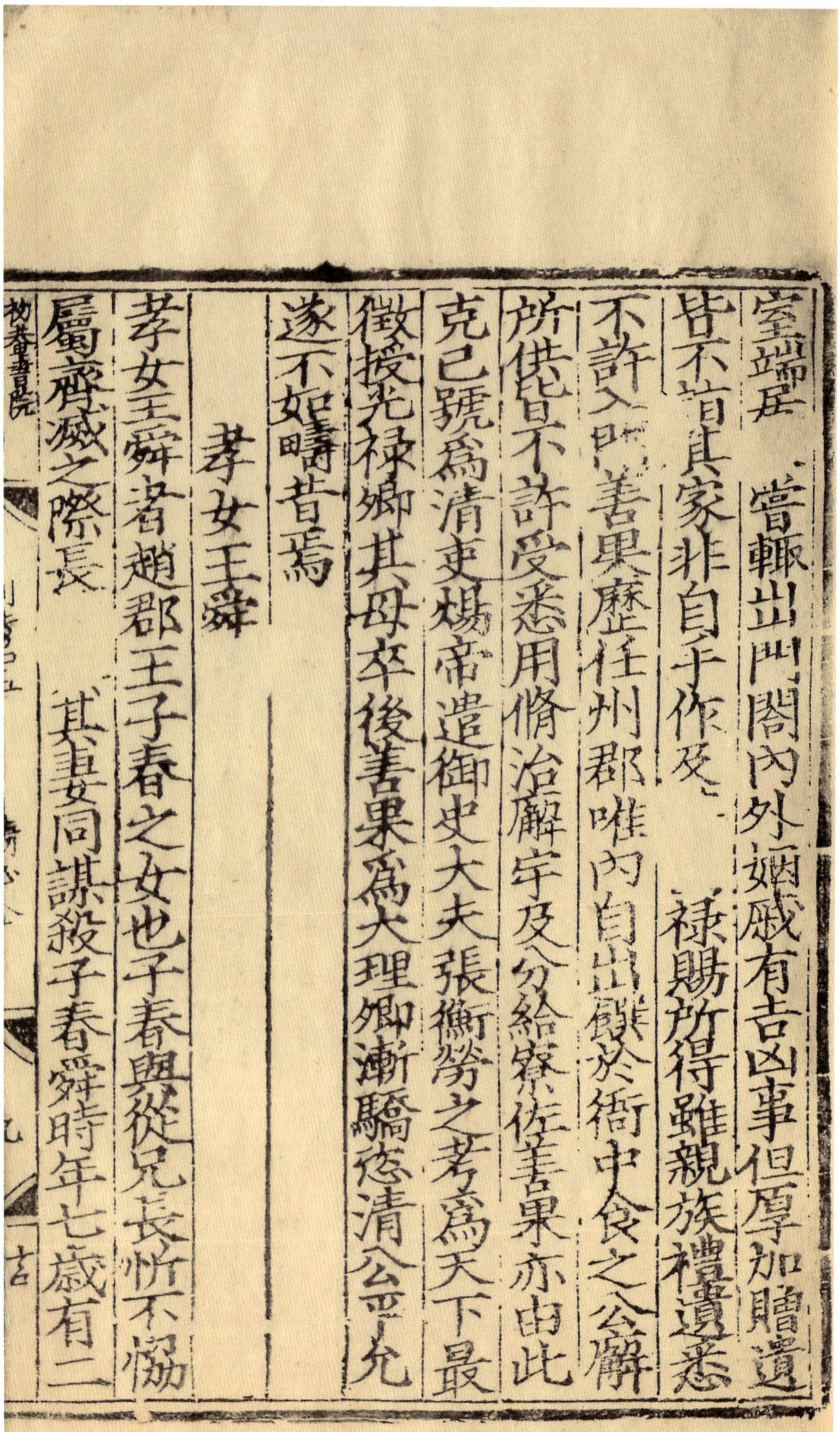

室端居　嘗輒出門閤內外姻戚有吉凶事但厚加贈遺
皆不詣其家非自手作及　祿賜所得雖親族禮遺悉
不許入門善果歷任州郡唯內自出饌於衙中食之公廨
所供皆不許受悉用脩治廨宇及分給寮佐善果亦由此
克己號爲清吏煬帝遣御史大夫張衡勞之考爲天下最
徵授光祿卿其母卒後善果爲大理卿漸驕恣清公平允
遂不如疇昔焉

孝女王舜

孝女王舜者趙郡王子春之女也子春與從兄長忻不協
屬齊滅之際長　其妻女同謀殺子春舜時年七歲有二

11439-11441 隋書八十五卷

汾州又義寧縣十八年改爲和川大業初州廢又廢和川縣入

河東郡後魏曰秦州後改周改曰蒲州統縣十戶十五萬七千七十八

河東舊曰蒲坂縣置河東郡開皇初郡廢十六年析置河東縣大業初置河東郡併蒲坂入有酒官有首山有嬀汭水桑泉開皇十六年置有三疑山汾陰舊置汾陰郡開皇初郡廢有龍門山龍門後魏置并置龍門郡開皇初郡廢芮城舊置曰安戎後周改焉又置永樂郡後省入焉有關官安邑開皇十六年置虞州大業初州廢有鹽池銀冶夏舊置安邑郡開皇初郡廢有巫咸山稷山虞坂河北舊置河北郡開皇初郡廢有關官有砥柱山有傅巖猗氏西魏改曰桑泉後周復焉虞鄉後魏曰安定西魏改曰南解又改曰綏化又曰虞鄉有石錐山百梯山百徑山

絳郡後魏置東雍州後周改曰絳州統縣八戶七萬一千八百七十六

正平舊曰臨汾置正平郡開皇初郡廢十八年縣改名焉大業初置絳郡又有後魏南絳郡後周廢郡又有南

樂平

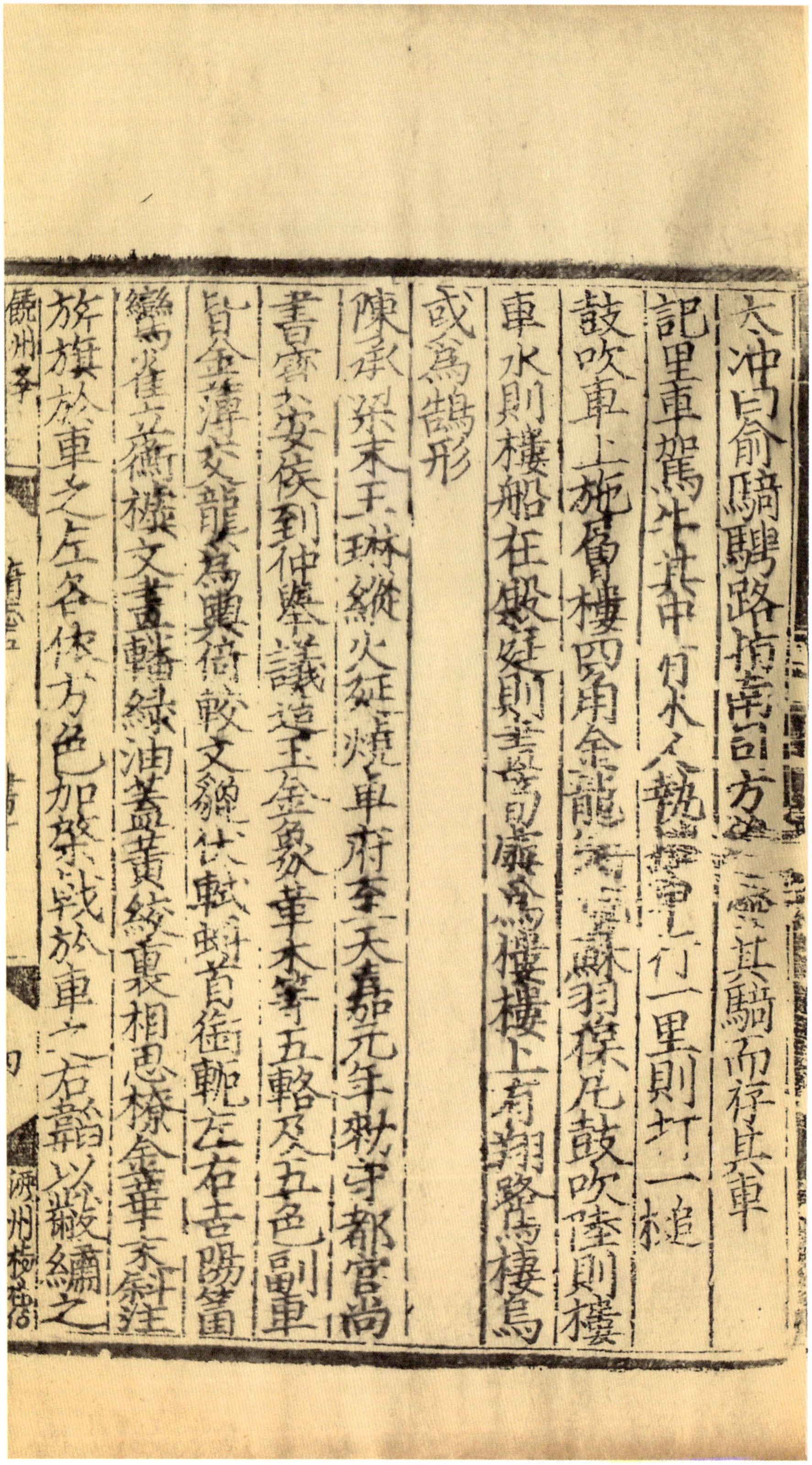
太冲司俞騎騾路指南司方各一[illegible]其騎而存其車
記里車駕牛其中有木人執槌向鼓行一里則打一槌
鼓吹車上施層樓四角金龍銜旒蘇羽葆凡鼓吹陸則樓
車水則樓船在殿庭則以簨簴為樓樓上有翔鸞棲鳥
或為鵠形
陳承梁末王琳縱火延燒車府至天嘉元年勑守都官尚
書寶安侯到仲舉議造玉金象革木等五輅及五色副車
皆金薄交龍為輿倚較文獸伏軾龜首銜軛左右吉陽筩
鸞雀立衡樓文畫輈綠油蓋黃紋裏相思橑金華末斜注
旂旗於車之左各依方色加棨戟於車之右皆以黻繡之

11439-11441 隋書八十五卷

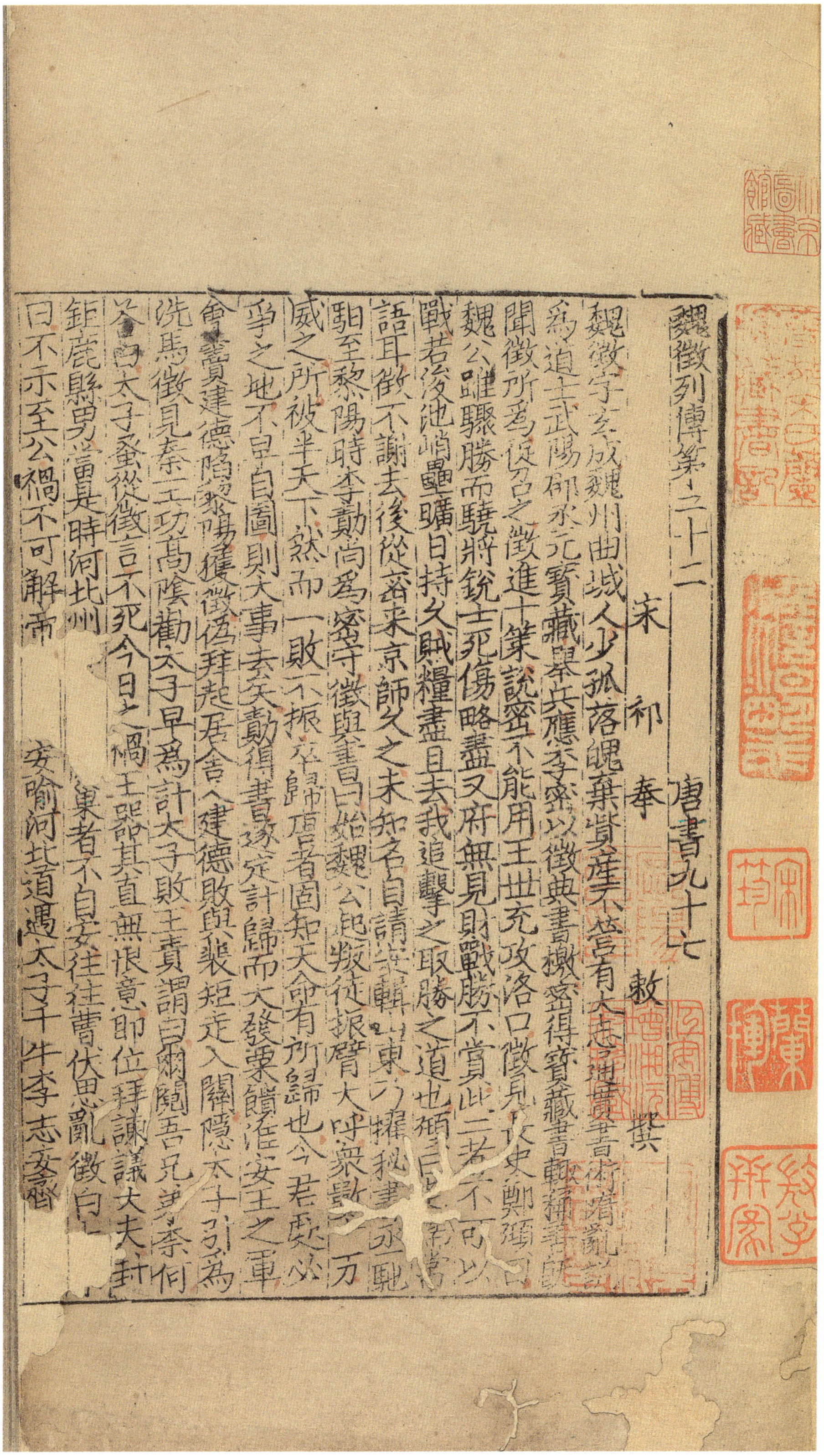

魏徵列傳第二十二　唐書九十七
宋祁奉敕撰
魏徵字玄成魏州曲城人少孤落魄棄貲產不營有大志通貫書術隋亂詭
為道士武陽郡丞元寶藏舉兵應李密以徵典書檄密得寶藏書輒稱善既
聞徵所為促召之徵進十策說密不能用王世充攻洛口徵見長史鄭頲曰
魏公雖驟勝而驍將銳士死傷略盡又府無見財戰勝不賞此二者不可以
戰若浚池峭壘曠日持久賊糧盡且去我追擊之取勝之道也頲曰此老生常
語耳徵不謝去後從密來京師久之未知名自請安輯山東乃擢秘書丞
馳至黎陽時李勣尚為密守徵與書曰始魏公起叛徒振臂大呼眾數十万
威之所被半天下然而一敗不振卒歸唐者固知天命有所歸也今君處必
爭之地不早自圖則大事去矣勣得書遂定計歸而大發粟饋淮安王之軍
會竇建德陷黎陽獲徵偽拜起居舍人建德敗與裴矩走入關隱太子引為
洗馬徵見秦王功高陰勸太子早為計太子敗王責謂曰爾閱吾兄弟奈何
答曰太子蚤從徵言不死今日之禍王器其直無恨意即位拜諫議大夫封
鉅鹿縣男當是時河北州縣素事隱巢者不自安往往曹伏思亂徵白帝
曰不示至公禍不可解帝曰爾行安喻河北道遇太子千牛李志安齊

11442 唐書二百二十五卷　（宋）歐陽修　宋祁等撰　宋刻本（卷一百六十三至一百六十四、二百十二至二百十三配明刻本）

匡高18.9厘米，廣13.6厘米。半葉十六行，行二十九字，白口，左右雙邊。有"歐陽玄印""宋景濂印""雪苑宋氏蘭揮藏書記""江安傅增湘沅叔珍藏"等印。傅增湘跋。國家圖書館藏，存一百二十四卷。

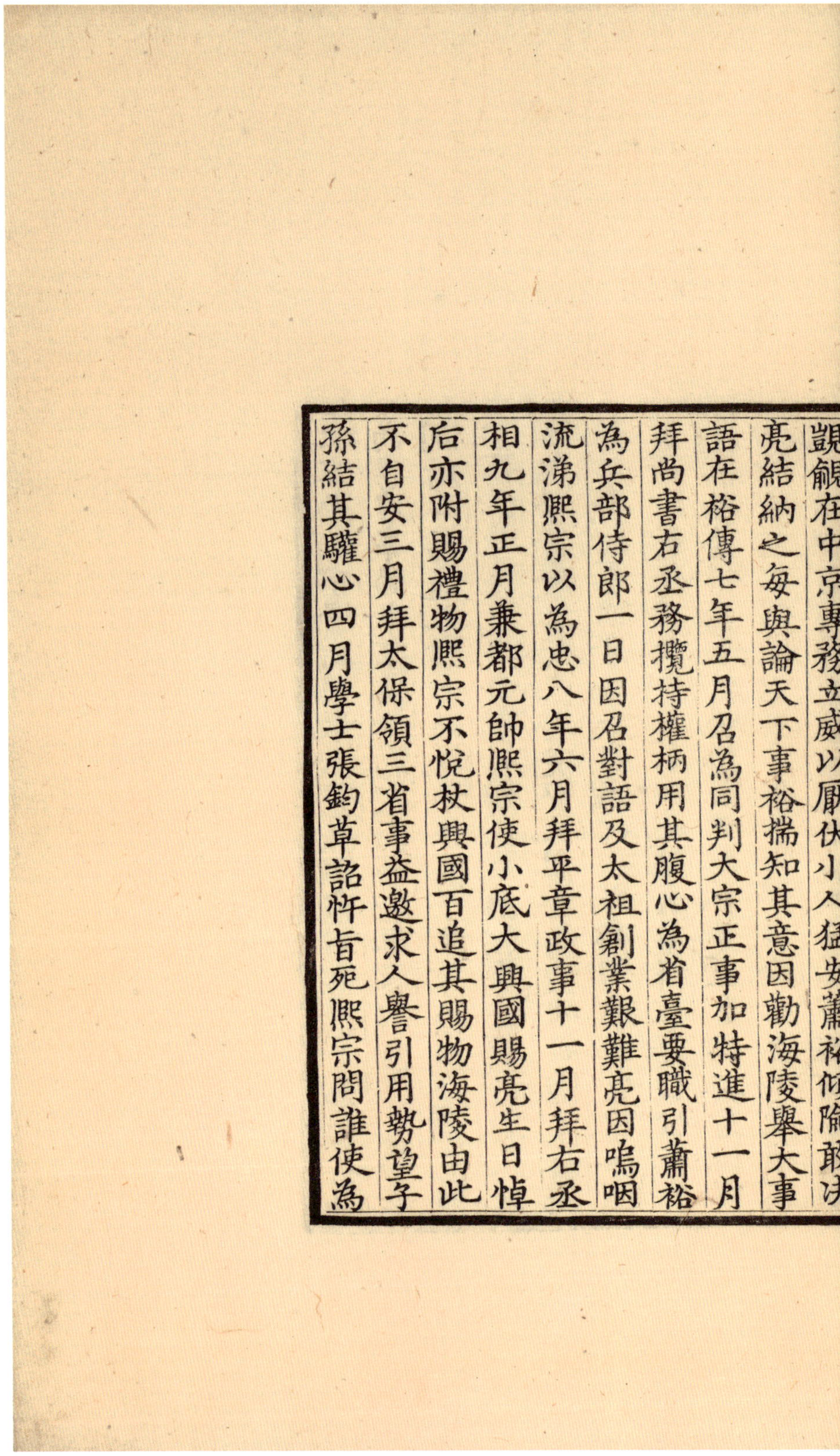
覬覦在中京專務立威以厭伏小人猛安蕭裕傾險敢決
亮結納之每與論天下事裕揣知其意因勸海陵舉大事
語在裕傳七年五月召為同判大宗正事加特進十一月
拜尚書右丞務攬持權柄用其腹心為省臺要職引蕭裕
為兵部侍郎一日因召對語及太祖創業艱難亮因嗚咽
流涕熙宗以為忠八年六月拜平章政事十一月拜右丞
相九年正月兼都元帥熙宗使小底大興國賜亮生日悼
后亦附賜禮物熙宗不悅杖興國百追其賜物海陵由此
不自安三月拜太保領三省事益邀求人譽引用勢望子
孫結其驩心四月學士張鈞草詔忤旨死熙宗問誰使為

11443 金史一百三十五卷目録二卷 （元）脱脱等撰　元至正五年（1345）江浙等處行中書省刻本

蝴蝶裝。匡高22.2厘米，廣16.4厘米。半葉十行，行二十二字，細黑口，四周雙邊。國家圖書館藏，存四十三卷。

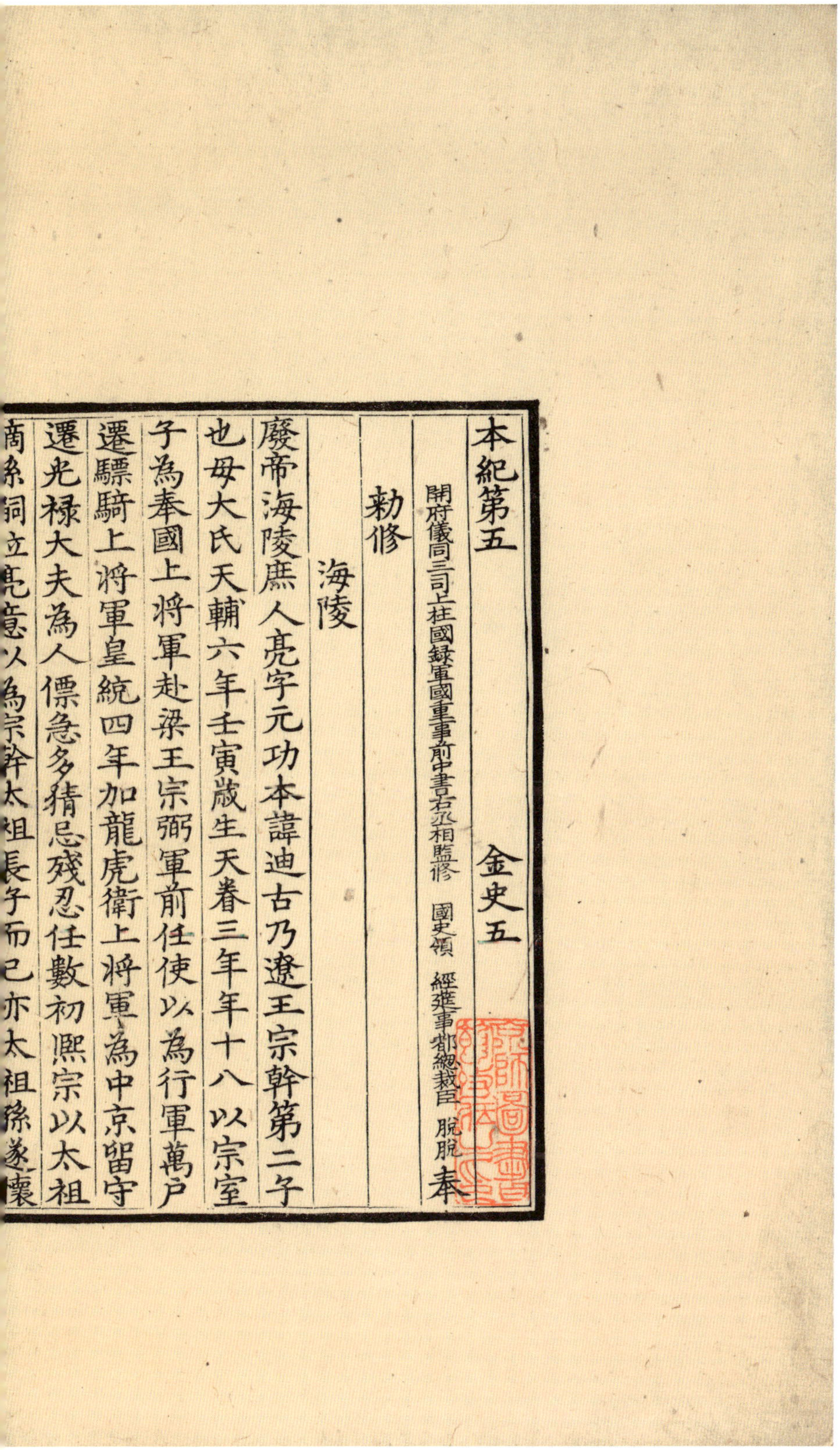

本紀第五　金史五

開府儀同三司上柱國録軍國重事前中書右丞相監修　國史領　經筵事都總裁臣　脱脱　奉

勅修

海陵

廢帝海陵庶人亮字元功本諱迪古乃遼王宗幹第二子也母大氏天輔六年壬寅歲生天眷三年年十八以宗室子為奉國上將軍赴梁王宗弼軍前任使以為行軍萬戶遷驃騎上將軍皇統四年加龍虎衛上將軍為中京留守遷光祿大夫為人慓急多猜忌殘忍任數初熙宗以太祖嫡孫嗣立亮意以為宗幹太祖長子而已亦太祖孫遂懷

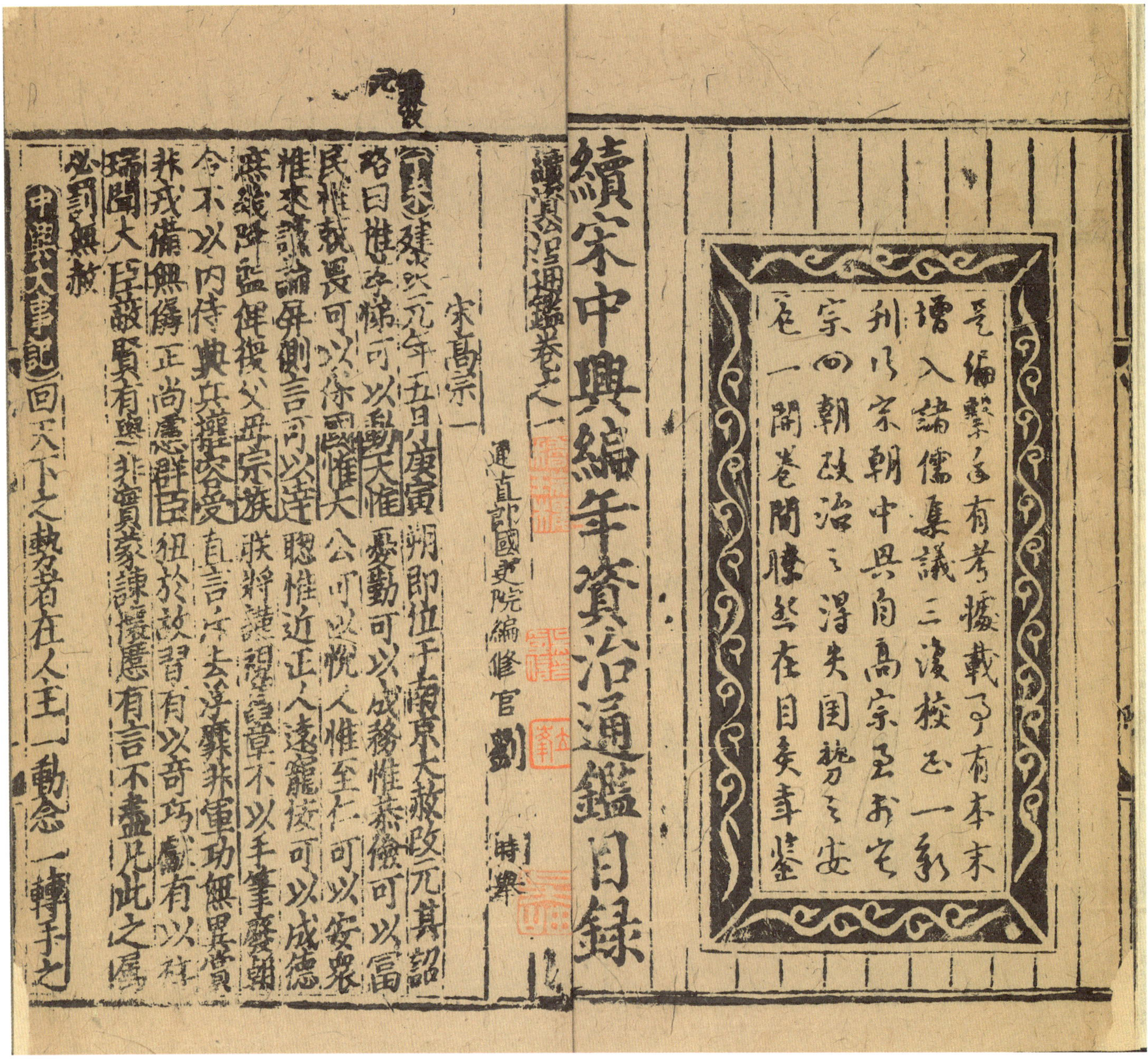

11444 續資治通鑑後集十五卷　（宋）劉時舉撰　元陳氏餘慶堂刻本（卷十三至十五配元至治張氏刻本）

匡高19.2厘米，廣13.5厘米。半葉十三行，行二十二字，細黑口，四周雙邊。有“浦玉田藏書記”“稽瑞樓”“鐵琴銅劍樓”“吴印卓信”“吴岫”“金林山房”等印。國家圖書館藏。

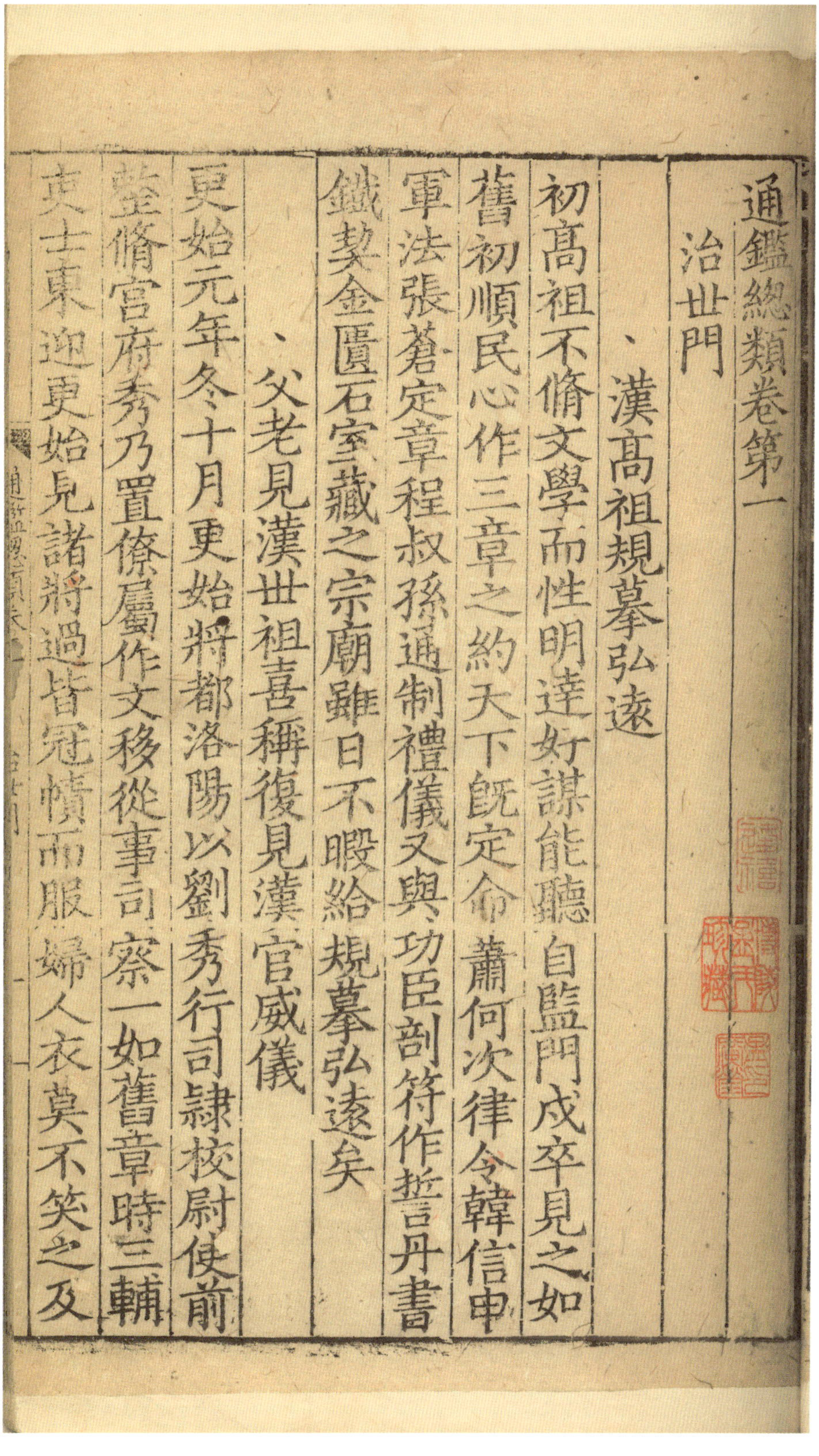

通鑑總類卷第一

治世門

、漢高祖規摹弘遠

初高祖不脩文學而性明達好謀能聽自監門戍卒見之如舊初順民心作三章之約天下既定命蕭何次律令韓信申軍法張蒼定章程叔孫通制禮儀又與功臣剖符作誓丹書鐵契金匱石室藏之宗廟雖日不暇給規摹弘遠矣

、父老見漢世祖喜稱復見漢官威儀

更始元年冬十月更始將都洛陽以劉秀行司隸校尉使前整脩宮府秀乃置僚屬作文移從事司察一如舊章時三輔吏士東迎更始見諸將過皆冠幘而服婦人衣莫不笑之及

11445 通鑑總類二十卷 （宋）沈樞輯　元至正二十三年（1363）吳郡庠刻本

匡高24.9厘米，廣17.8厘米。半葉十一行，行二十三字，細黑口，左右雙邊。有“韓印世能”“博陵孟氏珍藏”“孟印廣鋆”“韓逢禧書畫印”“逢禧”“吳氏珍玩”等印。南開大學圖書館藏。

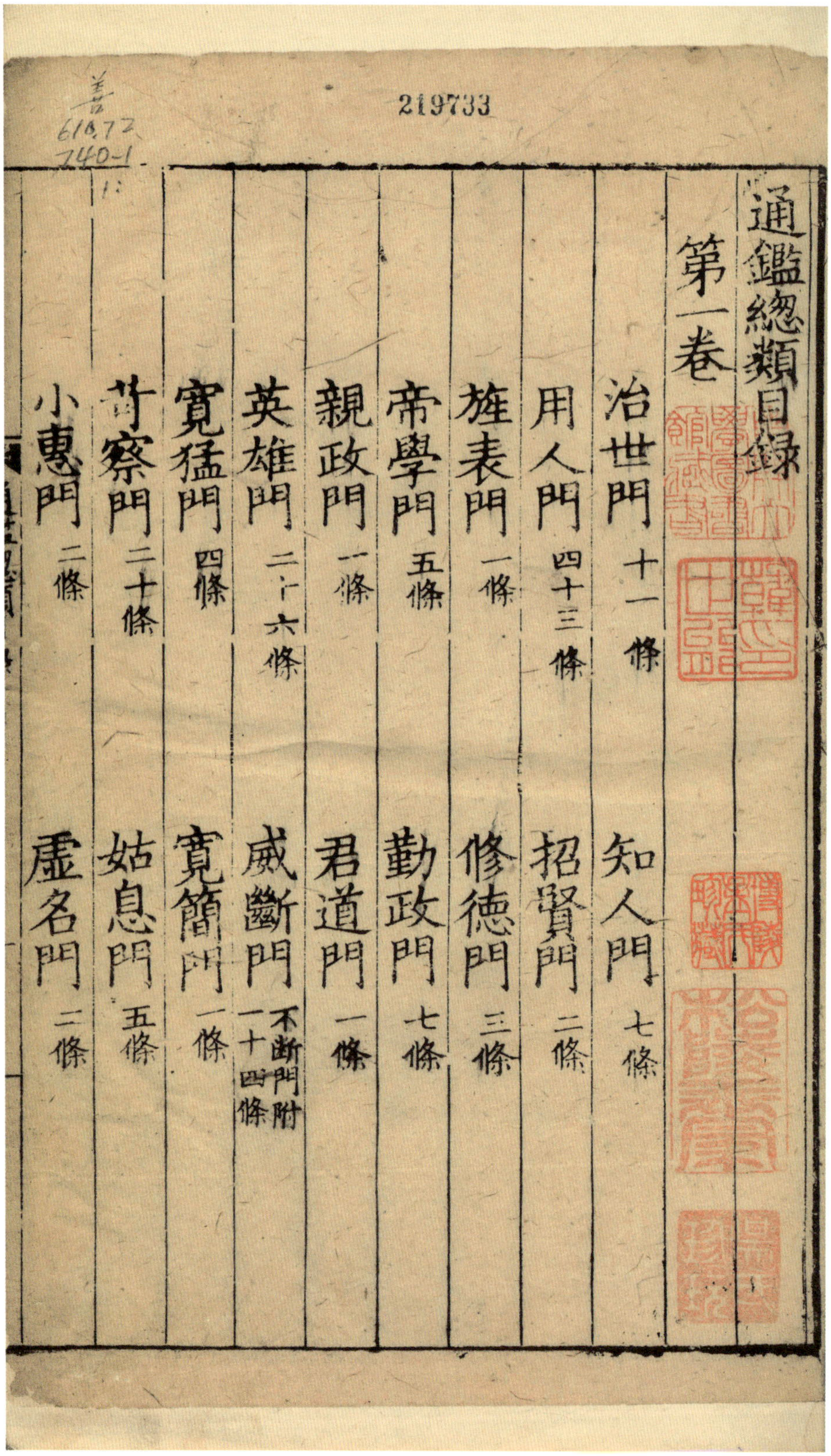
通鑑總類目録
第一卷
治世門 十一條　知人門 七條
用人門 四十三條　招賢門 二條
旌表門 一條　修德門 三條
帝學門 五條　勤政門 七條
親政門 一條　君道門 一條
英雄門 二十六條　威斷門 一十四條 不斷門附
寬猛門 四條　寬簡門 一條
苛察門 二十條　姑息門 五條
小惠門 二條　虛名門 二條

11445 通鑑總類二十卷

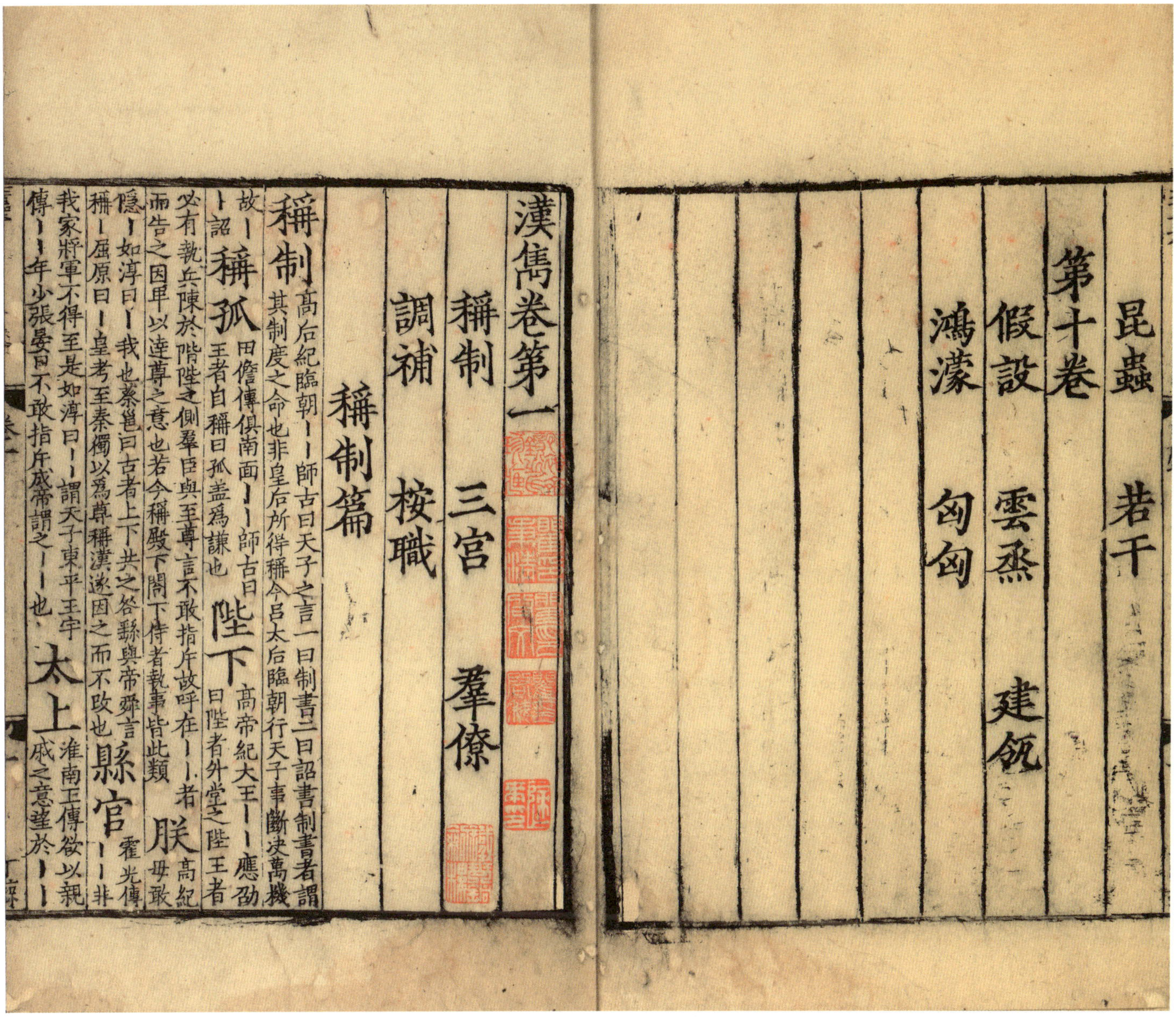
昆蟲　若干
第十卷
假設　雲烝　建瓴
鴻濛　匈匈

漢雋卷第一
稱制　三宮　羣僚
調補　梭職
稱制篇
稱制 高后紀臨朝丨丨師古曰天子之言一曰制書二曰詔書制書者謂其制度之命也非皇后所得稱今呂太后臨朝行天子事斷決萬機故丨丨詔
稱孤 田儋傳俱南面丨丨師古曰王者自稱曰孤盖爲謙也
陛下 高帝紀大王丨丨應劭曰陛者升堂之陛王者必有執兵陳於階陛之側羣臣與至尊言不敢指斥故呼在丨丨者而告之因卑以達尊之意也若今稱殿下閤下侍者執事皆此類
朕 高紀毋敢隱丨如淳曰丨我也蔡邕曰古者上下共之咎繇與帝舜言稱丨屈原曰丨皇考至秦獨以爲尊稱漢遂因之而不改也
縣官 霍光傳丨丨非我家將軍不得至是如淳曰丨丨謂天子東平王宇傳丨丨年少張晏曰不敢指斥成帝謂之丨丨也
太上 淮南王傳欲以親戚之意達於丨丨

11446 漢雋十卷　（宋）林鉞輯　宋嘉定四年（1211）滁陽郡齋刻本

匡高21厘米，廣16.6厘米。半葉九行，行十五字，小字雙行二十九至三十字，白口，左右雙邊。有“鐵琴銅劍樓”“恬裕齋鏡之氏珍藏”“瞿印秉清”“瞿印啓文”等印。國家圖書館藏。

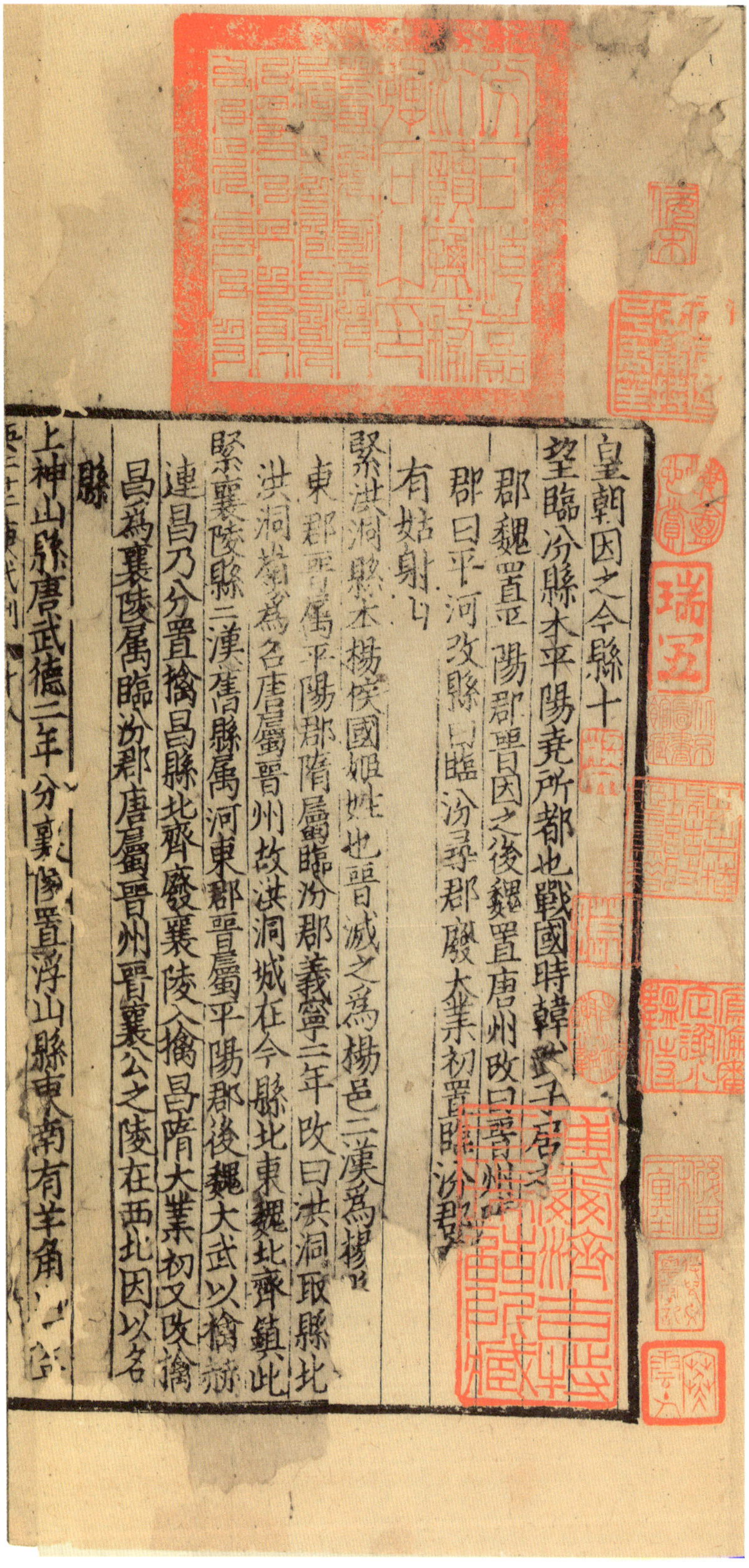

皇朝因之今縣十
望臨汾縣本平陽堯所都也戰國時韓武子居之
郡魏置平陽郡晉因之後魏置唐州改曰晉州
郡曰平河改縣曰臨汾尋郡廢大業初置臨汾郡
有姑射山
緊洪洞縣本楊侯國姬姓也晉滅之為楊邑二漢為楊縣
東郡晉屬平陽郡隋屬臨汾郡義寧二年改曰洪洞取縣北
洪洞嶺為名唐屬晉州故洪洞城在今縣北東魏北齊鎮此
緊襄陵縣二漢舊縣屬河東郡晉屬平陽郡後魏大武以禽赫
連昌乃分置禽昌縣北齊廢襄陵入禽昌隋大業初又改禽
昌為襄陵屬臨汾郡唐屬晉州晉襄公之陵在西北因以名
縣
上神山縣唐武德二年分襄陵置浮山縣東南有羊角山

11447 輿地廣記三十八卷　（宋）歐陽忞撰　宋九江郡齋刻嘉泰四年（1204）淳祐十年（1250）遞修本

匡高18.9厘米，廣12.8厘米。半葉十三行，行二十四字，白口，左右雙邊。有“佞宋”“後百宋一廛”“寒雲主人”等印。顧廣圻、黃丕烈、李盛鐸、袁克文跋。國家圖書館藏，存二十一卷。

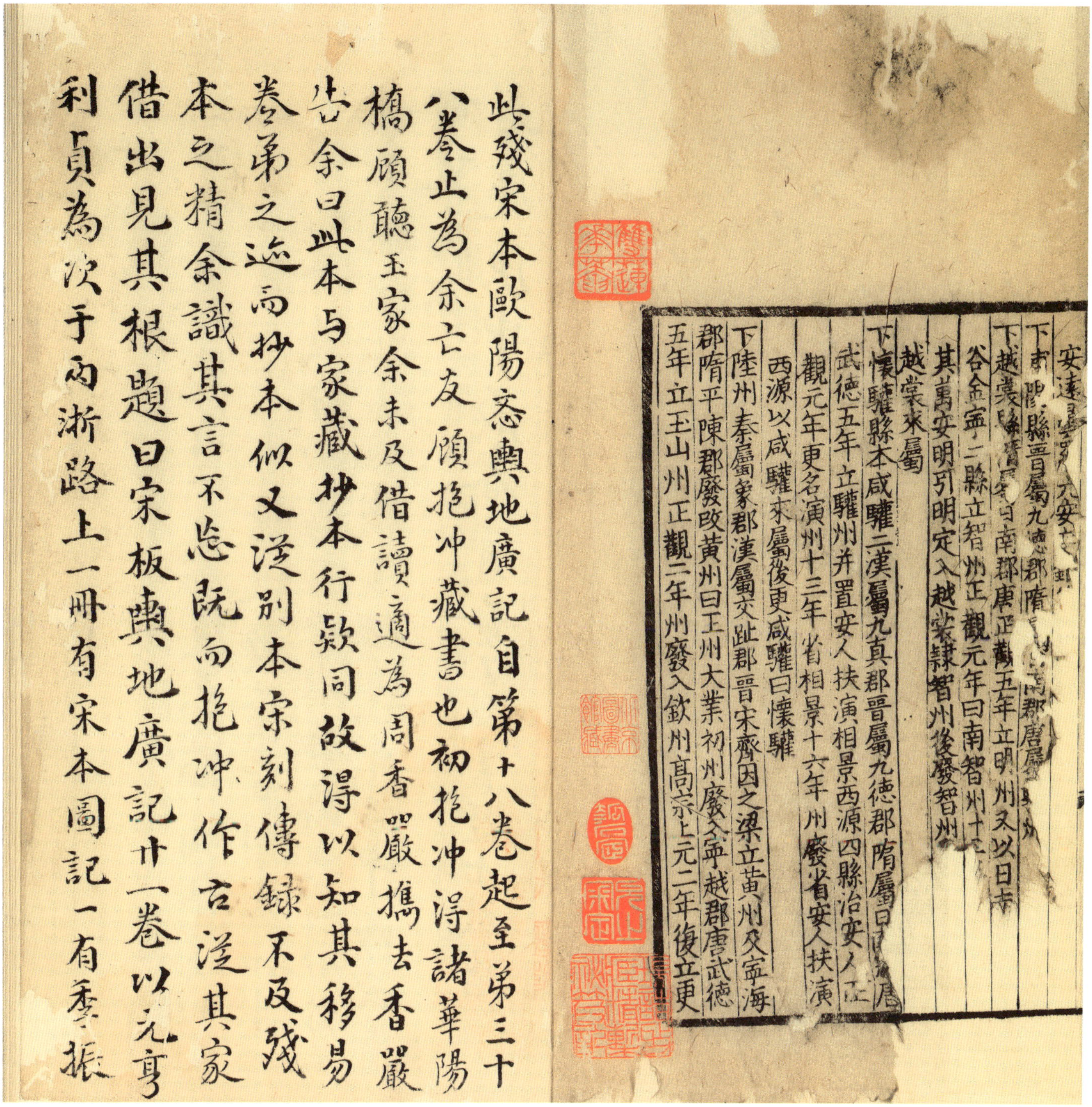
此殘宋本歐陽忞輿地廣記自第十八卷起至第三十
八卷止為余亡友顧抱冲藏書也初抱冲得諸華陽
橋顧聽玉家余未及借讀適為周香嚴攜去香嚴
告余曰此本与家藏抄本行款同故得以知其移易
卷第之迹而抄本似又從別本宋刻傳録不及殘
本之精余識其言不忘既而抱冲作古從其家
借出見其根題曰宋板輿地廣記卄一卷以元亨
利貞為次于兩浙路上一冊有宋本圖記一有季振

安遠[illegible]
下[illegible]縣晉屬九德郡隋[illegible]
下越裳縣[illegible]南郡唐武德五年立明州又以日南
谷金寧二縣立智州正觀元年曰南智州十三
其萬安明弘明定入越裳隸智州後廢智州
越裳來屬
下懷驩縣本咸驩二漢屬九真郡晉屬九德郡隋屬日[illegible]唐
武德五年立驩州并置安人扶演相景西源四縣治安人正
觀元年更名演州十三年省相景十六年州廢省安人扶演
西源以咸驩來屬後更咸驩曰懷驩
下陸州秦屬象郡漢屬交趾郡晉宋齊因之梁立黃州及寧海
郡隋平陳郡廢改黃州曰玉州大業初州廢入寧越郡唐武德
五年立玉山州正觀二年州廢入欽州高宗上元二年復立更

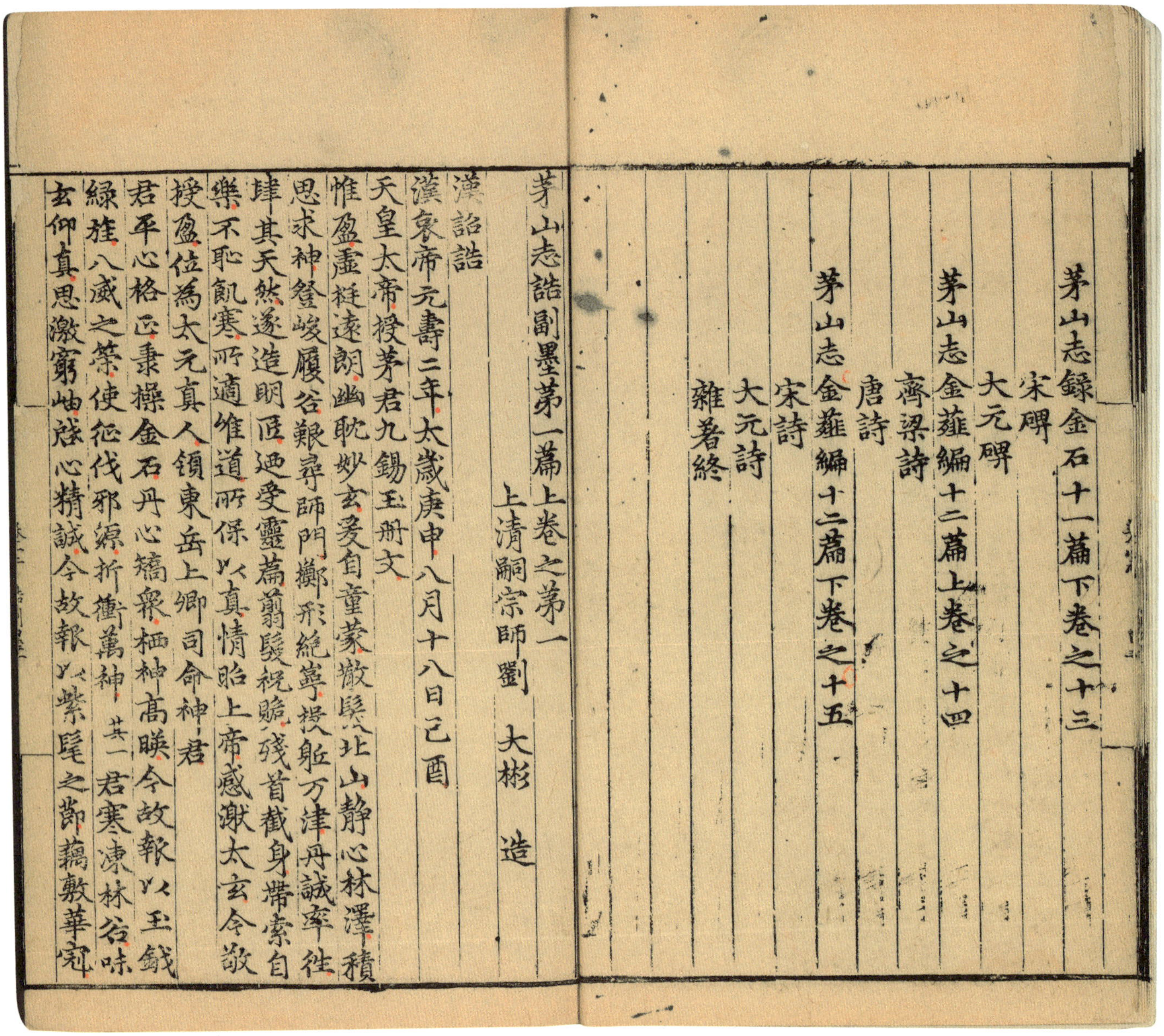
茅山志誥副墨第一篇上卷之第一
上清嗣宗師劉　大彬　造
漢誥
漢哀帝元壽二年太歲庚申八月十八日己酉
天皇太帝授茅君九錫玉册文
惟盈虛挺遠朗幽耽妙玄爰自童蒙撤跡北山靜心林澤積
思求神登峻履谷艱辛師門擲形絶嶂投軀万津丹誠率往
肆其天然遂造明匠陋受靈篇翦髮視聼殘首截身帶索自
樂不恥飢寒所適唯道所保以真情貽上帝感澈太玄今敬
授盈位爲太元真人領東岳上卿司命神君
君平心格正秉操金石丹心矯衆栖神高睬今故報以玉鉞
緑旌八威之策使征伐邪源折衝萬神其一君寒凍林谷味
玄仰真思澈窮岫炊心精誠今故報以紫毦之節藕敷華冠

茅山志録金石十一篇下卷之十三
宋碑
大元碑
茅山志金薤編十二篇上卷之十四
齊梁詩
唐詩
茅山志金薤編十二篇下卷之十五
宋詩
大元詩
雜著終

11448 茅山志十五卷　（元）劉大彬撰　元刻本（卷三至七配明刻本，卷十至十二、十四至十五配清劉履芬抄本）

匡高21.9厘米，廣15.9厘米。半葉十三行，行二十三字，細黑口，左右雙邊。有“唐翰題審正”“嘉興唐翰題字子冰書畫記”“元刊”“唐翰題”“鷦安校勘秘笈”“一廛十駕”“趙鈁珍藏”“無悔齋藏”“元方千萬”“曾在趙元方家”等印。吴騫、章鈺跋。國家圖書館藏。

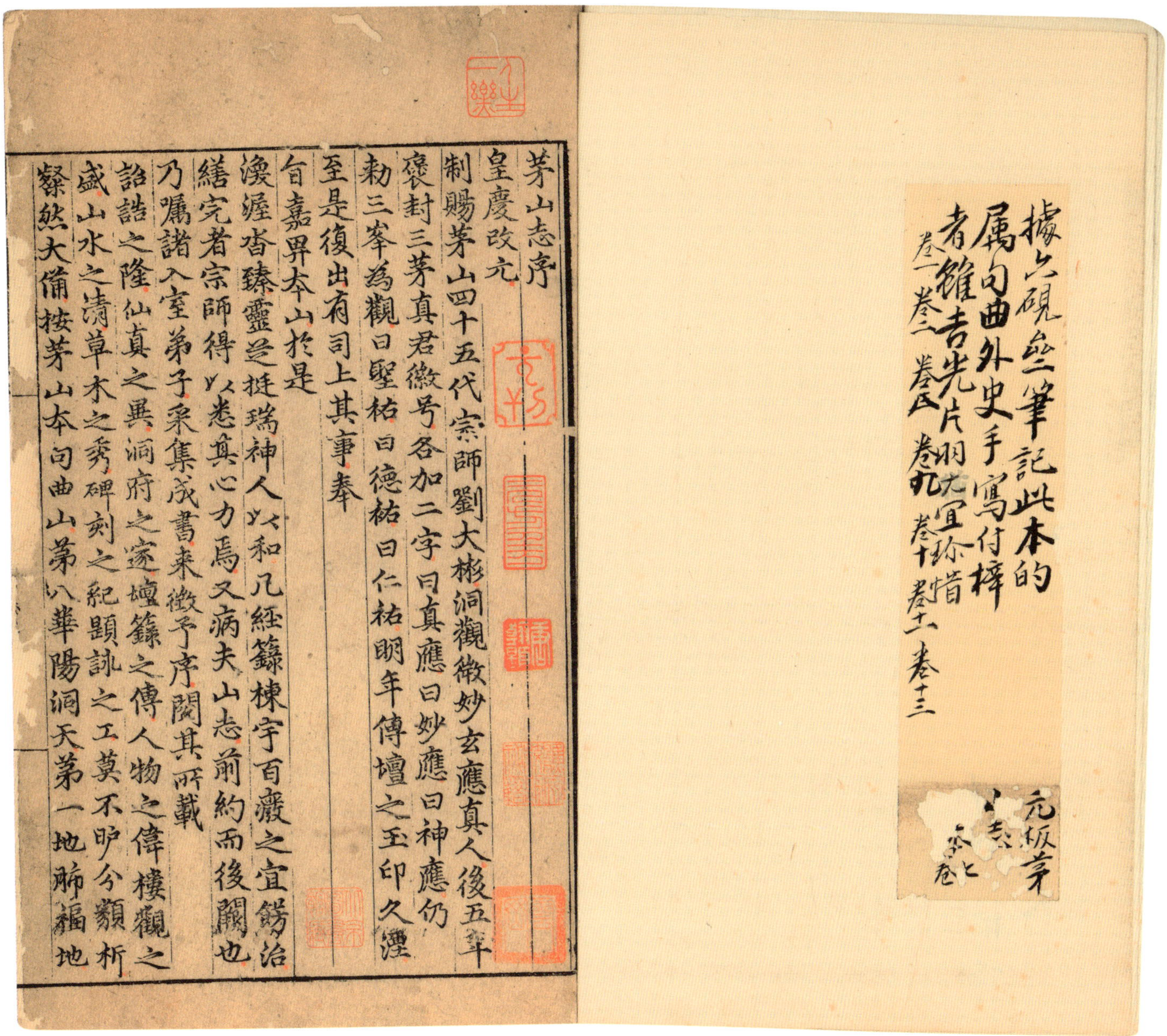
茅山志序
皇慶改元
制賜茅山四十五代宗師劉大彬洞觀微妙玄應真人後五年
褒封三茅真君徽号各加二字曰真應曰妙應曰神應仍
勑三峯爲觀曰聖祐曰德祐曰仁祐明年傳壇之玉印久湮
至是復出有司上其事奉
旨嘉畀本山於是
渙渥沓臻靈逆挺瑞神人以和凡經籙棟宇百廢之宜飭治
繕完者宗師得以悉其心力焉又病夫山志前約而後闕也
乃屬諸入室弟子采集成書來徵予序閱其所載
詔誥之隆仙真之異洞府之邃壇籙之傳人物之偉樓觀之
盛山水之清草木之秀碑刻之紀題詠之工莫不明分類析
粲然大備按茅山本句曲山第八華陽洞天第一地肺福地

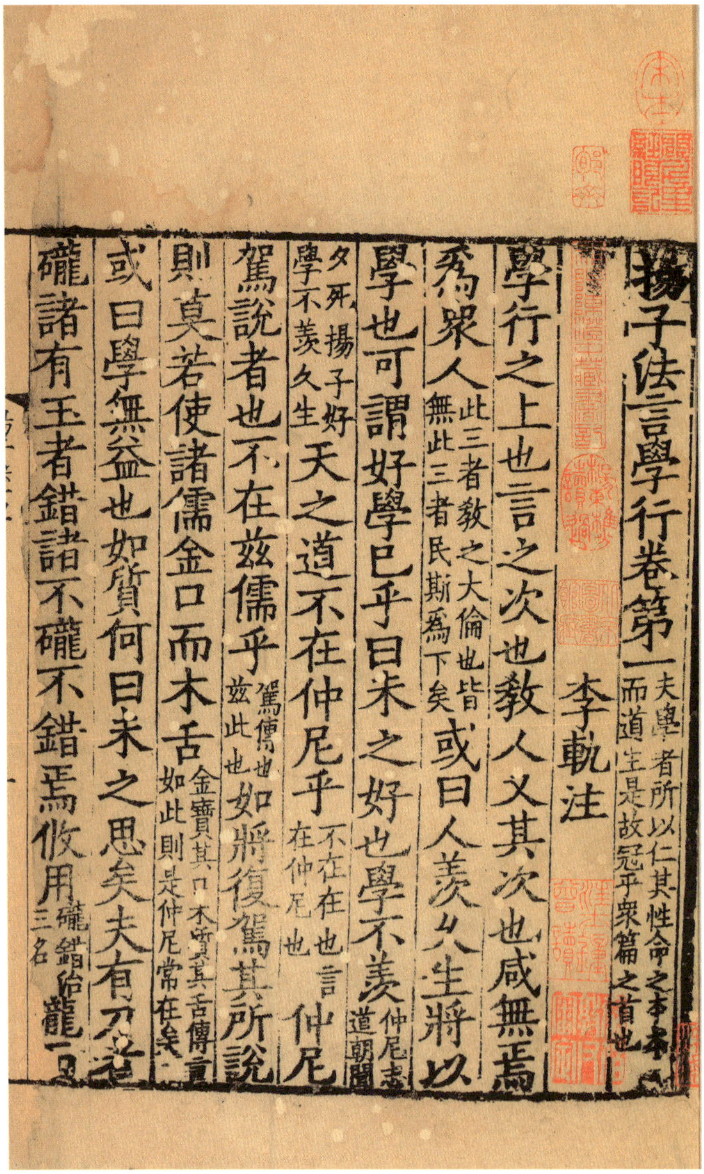
揚子法言學行卷第一 夫學者所以仁其性命之本也而道生是故冠乎衆篇之首也
李軌注
學行之上也言之次也教人又其次也咸無焉
爲衆人 此三者教之大倫也皆無此三者民斯爲下矣 或曰人羨久生將以
學也可謂好學已乎曰未之好也學不羨 仲尼志道朝聞
夕死揚子好學不羨久生 天之道不在仲尼乎 不在在也言在仲尼也 仲尼
駕說者也不在茲儒乎 駕傳也茲此也 如將復駕其所說
則莫若使諸儒金口而木舌 金寶其口木質其舌傳言如此則是仲尼常在矣
或曰學無益也如質何曰未之思矣夫有刀者
礲諸有玉者錯諸不礲不錯焉攸用 礲錯

11449 揚子法言十三卷 （漢）揚雄撰 （晉）李軌注 **音義一卷** 宋刻宋元遞修本

匡高20.8厘米，廣17.5厘米。半葉十行，行十八字，小字雙行二十三至二十五字，白口，左右雙邊。有“聊城楊氏宋存書室珍藏”“沅叔審定”“祁陽陳澄中藏書記”等印。顧廣圻、傅增湘跋。國家圖書館藏。

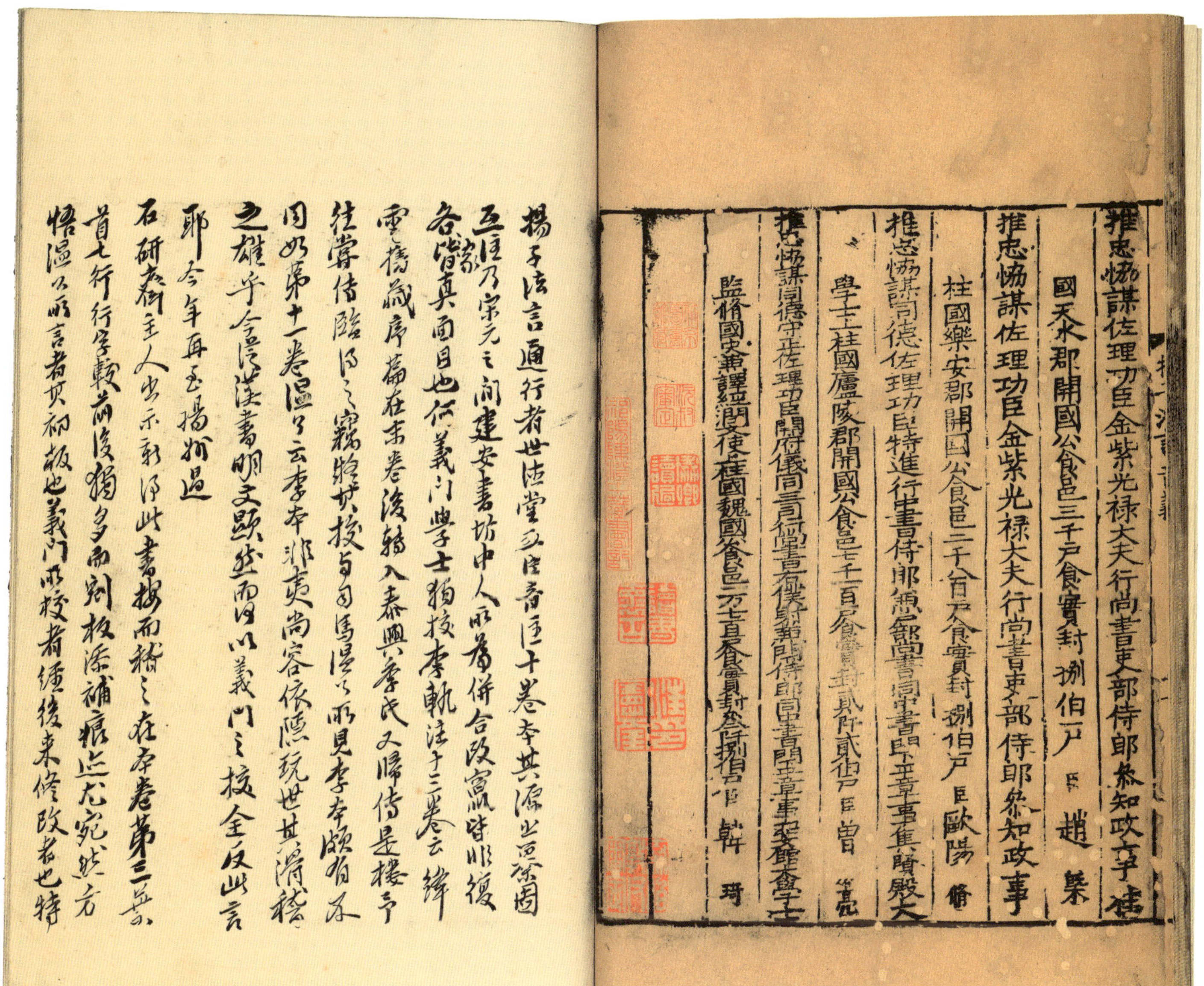

揚子法言通行者世德堂五臣音注十卷本其源出宋纂圖
互注乃宋元之間建安書坊中人所為併合改竄皆非復
舊觀真面目也何義門學士獨校李軌注十三卷云緯
雲樓藏本前在末卷後歸入泰興季氏又歸傳是樓予
往嘗借臨而竊疑其校與自馬渭之所見李本頗有不
同如第十一卷温公云李本作夷尚容依隱玩世其滑稽
之雄乎今浮注書明文既然而傳以義門之校全反此言
耶今年再至揚州過
石研齋主人出示新得此書按而稽之在本卷第三葉
首七行行字較前後獨多而剜板添補痕迹尤宛然方
悟温公所言者實初板也義門所校者經後來修改者也特

推忠協謀佐理功臣金紫光祿大夫行尚書吏部侍郎參知政事上柱
國天水郡開國公食邑三千戶食實封捌伯戶 臣 趙 槩
推忠協謀佐理功臣金紫光祿大夫行尚書吏部侍郎參知政事
柱國樂安郡開國公食邑二千伍伯戶食實封捌伯戶 臣 歐陽 脩
推忠協謀同德佐理功臣特進行中書侍郎兼戶部尚書同中書門下平章事集賢殿大
學士上柱國廬陵郡開國公食邑七千一百戶食實封貳仟貳伯戶 臣 曾 公亮
推忠協謀同德守正佐理功臣開府儀同三司行尚書左僕射兼門下侍郎同中書門下平章事昭文館大學士
監修國史兼譯經潤文使上柱國魏國公食邑一萬七千一百戶食實封陸仟捌伯戶 臣 韓 琦

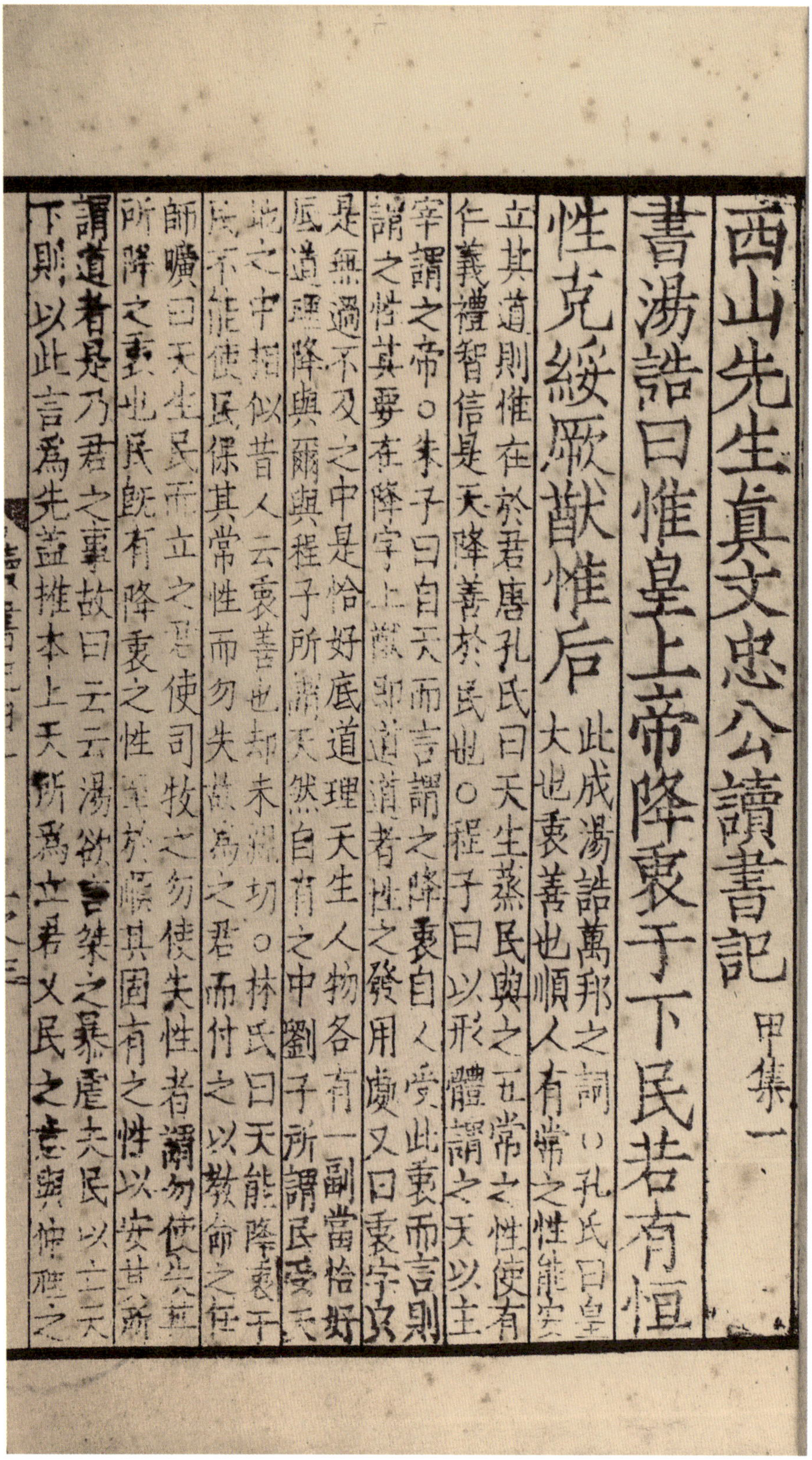
西山先生真文忠公讀書記 甲集一
書湯誥曰惟皇上帝降衷于下民若有恒
性克綏厥猷惟后 此成湯誥萬邦之詞○孔氏曰皇
大也衷善也順人有常之性能安
仁義禮智信是天降善於民也○程子曰以形體謂之天以主
宰謂之帝○朱子曰自天而言謂之降衷自人受此衷而言則
謂之性其要在降字上[illegible]即道道者性之發用處又曰衷字只
是無過不及之中是恰好底道理天生人物各有一副當恰好
底道理降與爾與程子所謂天然自有之中劉子所謂民受天
地之中相似昔人云衷善也却未親切○林氏曰天能降衷于
民不能使民保其常性而勿失故爲之君而付之以教命之任
師曠曰天生民而立之君使司牧之勿使失性者謂勿使失其
所降之衷也民既有降衷之性違於順其固有之性以安其所
謂道者是乃君之事故曰云云湯欲言桀之暴虐夫民以亡天
下則以此言爲先蓋推本上天所爲立君乂民之意與[illegible]之

11450 西山先生真文忠公讀書記甲集三十七卷丁集二卷 （宋）真德秀撰　宋福州學官刻元修本　**乙集下二十二卷** （宋）真德秀撰　宋開慶元年（1259）福州官刻元修本

匡高22.1厘米，廣15.9厘米。半葉九行，行十六字，小字雙行二十四字，白口，左右雙邊。陝西省圖書館藏。

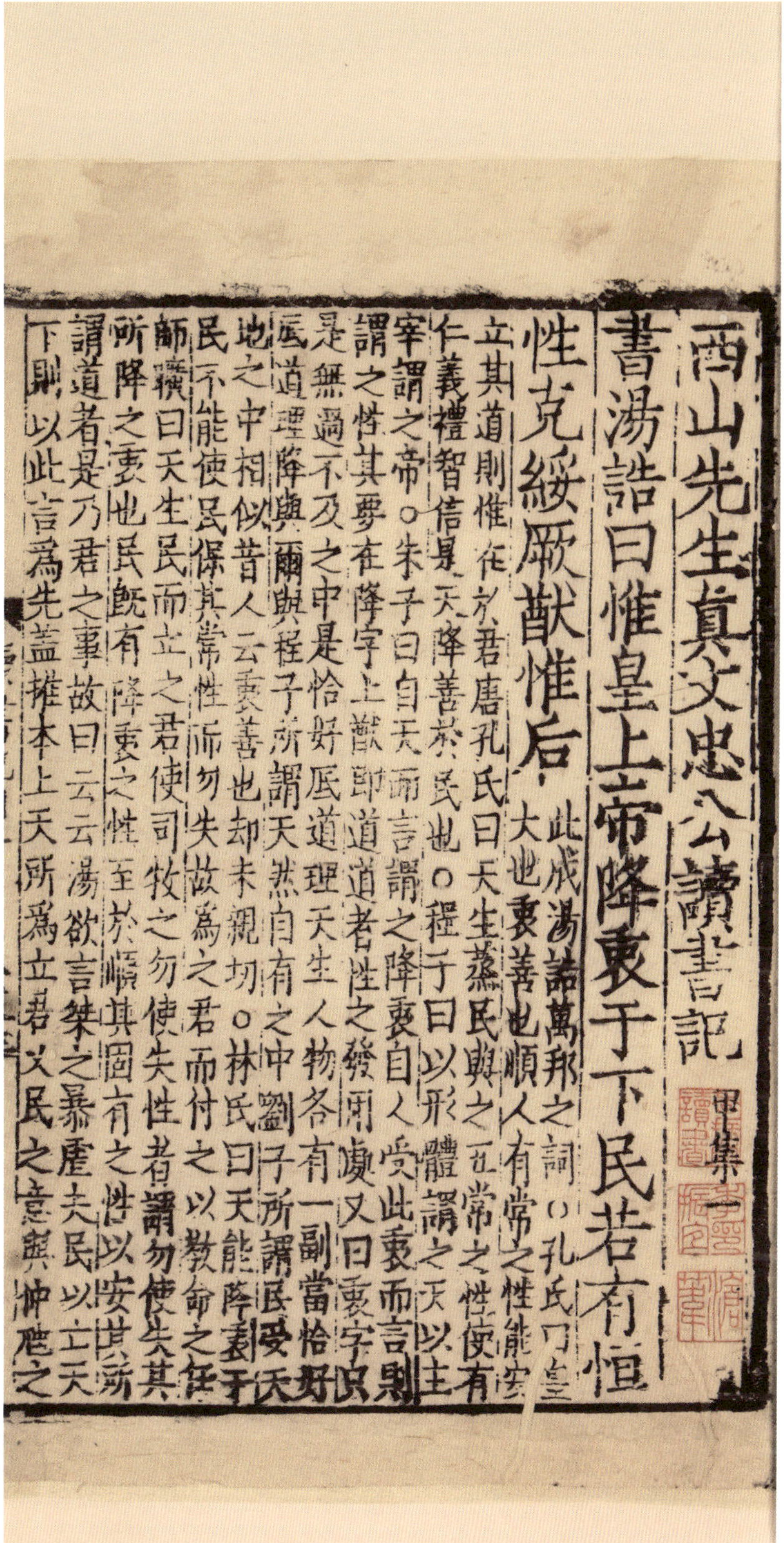
西山先生真文忠公讀書記　甲集一
書湯誥曰惟皇上帝降衷于下民若有恒
性克綏厥猷惟后此成湯誥萬邦之詞。孔氏曰皇大也衷善也順人有常之性能安
立其道則惟在於君唐孔氏曰天生烝民與之五常之性使有仁義禮智信是天降善於民也。程子曰以形體謂之天以主
宰謂之帝。朱子曰自天而言謂之降衷自人受此衷而言則謂之性其要在降字上歎即道道者性之發用處又曰衷字只
是無過不及之中是恰好底道理天生人物各有一副當恰好底道理降與爾與程子所謂天然自有之中劉子所謂民受天
地之中相似昔人云衷善也却未親切。林氏曰天能降衷于民不能使民保其常性而勿失故爲之君而付之以教命之任
師曠曰天生民而立之君使司牧之勿使失性者謂勿使失其所降之衷也民既有降衷之性至於順其固有之性以安其所
謂道者是乃君之事故曰云云湯欲言桀之暴虐夫民以立天下則以此言爲先蓋推本上天所爲立君又民之意與仲虺之

11451 西山先生真文忠公讀書記甲集三十七卷　（宋）真德秀撰　宋福州學官刻元明遞修本

匡高22.2厘米，廣16厘米。半葉九行，行十六字，小字雙行二十四字，白口，左右雙邊。浙江圖書館藏。

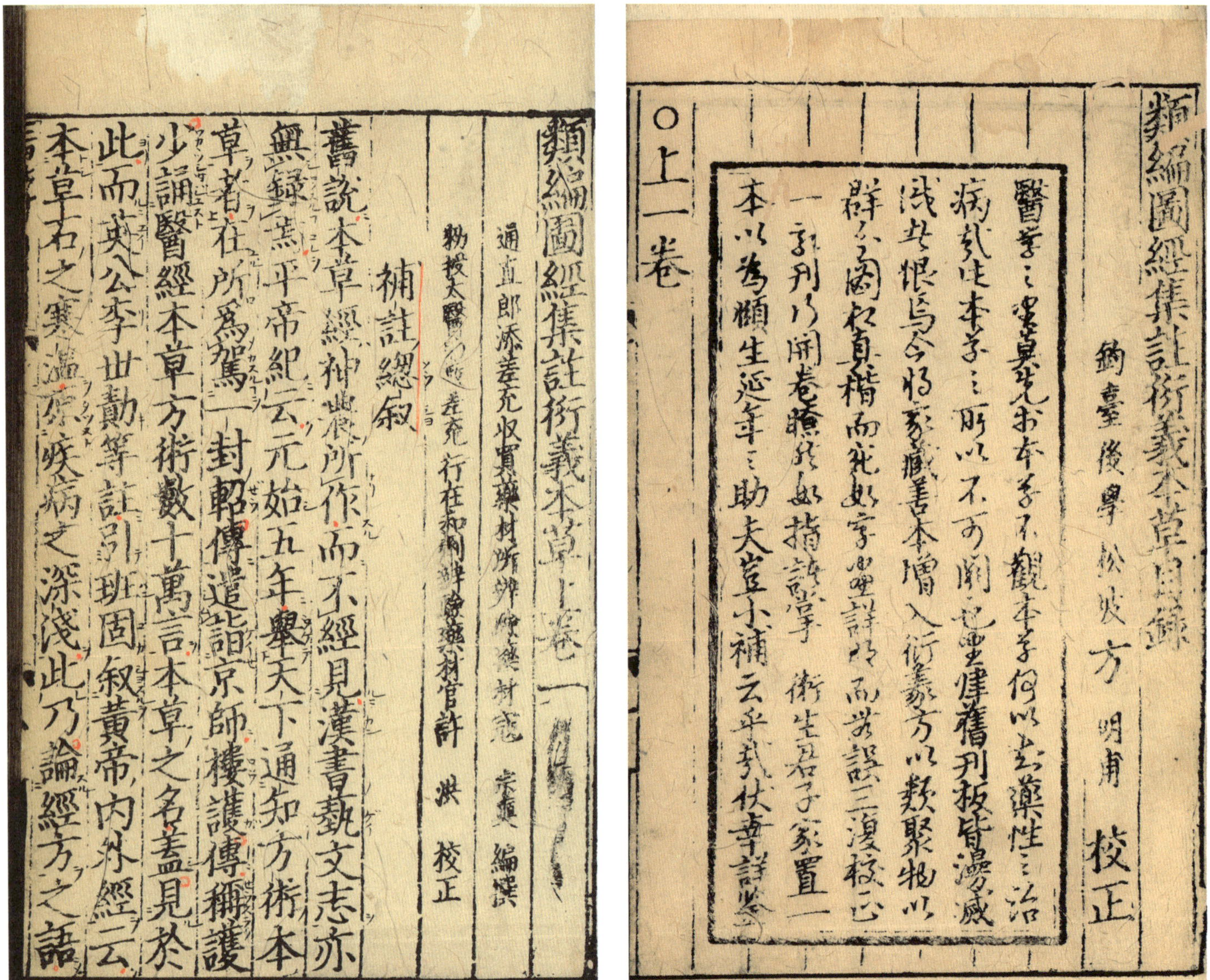

類編圖經集註衍義本草上卷一
通直郎添差充收買藥材所辨驗藥材寇宗奭編撰
勑授太醫助教差充行在和劑局辨驗藥材官許洪校正
補註總敘
舊說本草經神農所作而不經見漢書藝文志亦
無錄焉平帝紀云元始五年舉天下通知方術本
草者在所爲駕一封軺傳遣詣京師樓護傳稱護
少誦醫經本草方術數十萬言本草之名蓋見於
此而英公李世勣等註引班固敘黃帝內外經云
本草石之寒溫原疾病之深淺此乃論經方之語

類編圖經集註衍義本草目錄
鈎臺後學松坡方明甫校正
○上一卷

11452 類編圖經集註衍義本草四十二卷序例五卷 （宋）唐慎微撰 （宋）寇宗奭衍義 元刻本

匡高19.4厘米，廣13.4厘米。半葉十行，行十九字，小字雙行同，黑口，左右雙邊。中國書店藏。

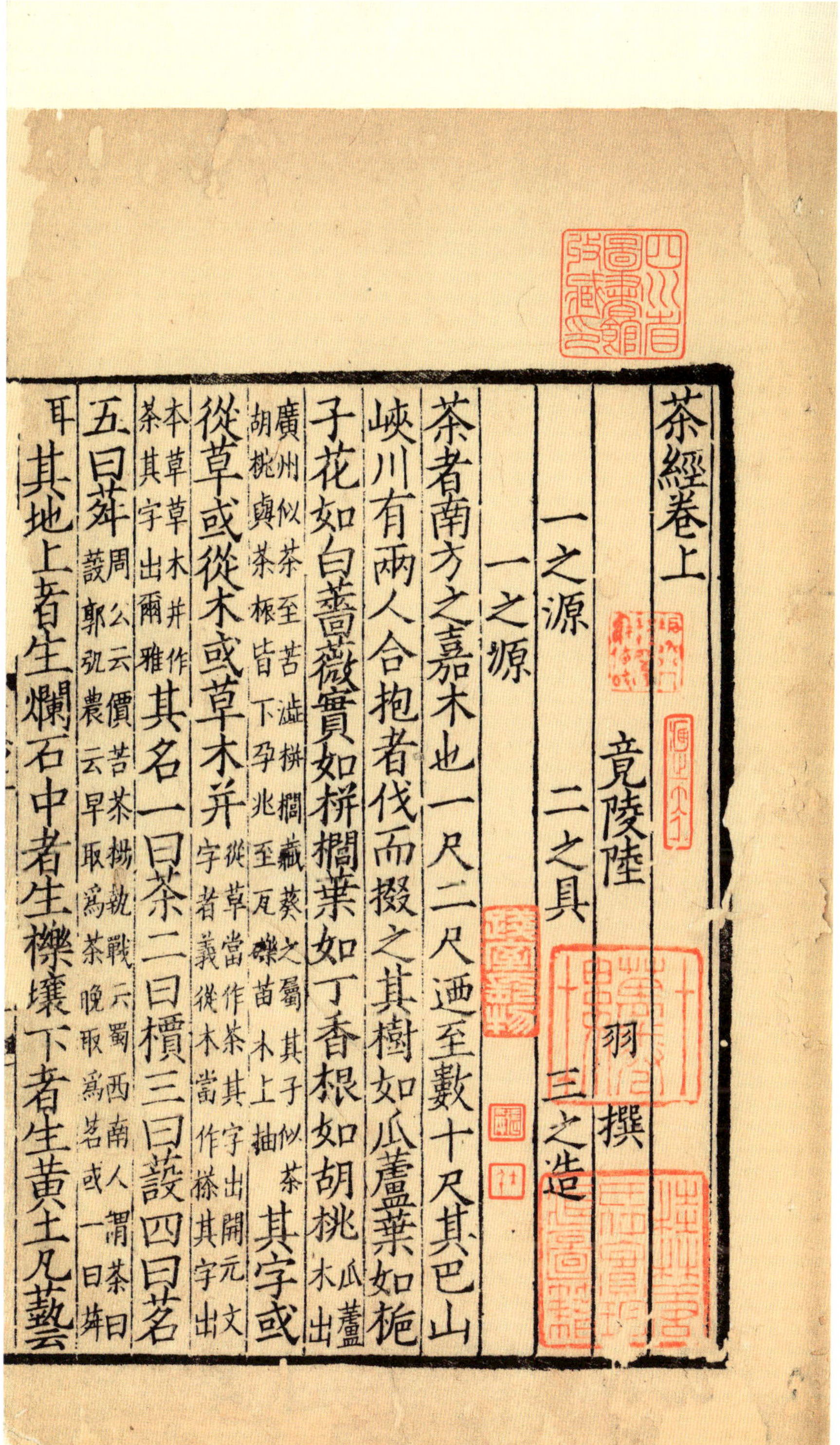

茶經卷上

竟陵陸　羽　撰

一之源　二之具　三之造

一之源

茶者南方之嘉木也一尺二尺迺至數十尺其巴山峽川有兩人合抱者伐而掇之其樹如瓜蘆葉如梔子花如白薔薇實如栟櫚葉如丁香根如胡桃瓜蘆木出廣州似茶至苦澀栟櫚蒲葵之屬其子似茶胡桃與茶根皆下孕兆至瓦礫苗木上抽其字或從草或從木或草木并從草當作茶其字出開元文字音義從木當作𣜣其字出本草草木并作茶其字出爾雅其名一曰茶二曰檟三曰蔎四曰茗五曰荈周公云檟苦茶楊執戟云蜀西南人謂茶曰蔎郭弘農云早取爲茶晚取爲茗或一曰荈耳其地上者生爛石中者生櫟壤下者生黃土凡藝

11453 茶經三卷　（唐）陸羽撰　宋刻百川學海本

匡高18厘米，廣13.5厘米。半葉十二行，行二十字，小字雙行同，白口，左右雙邊。有“十萬卷樓”等印。四川省圖書館藏。

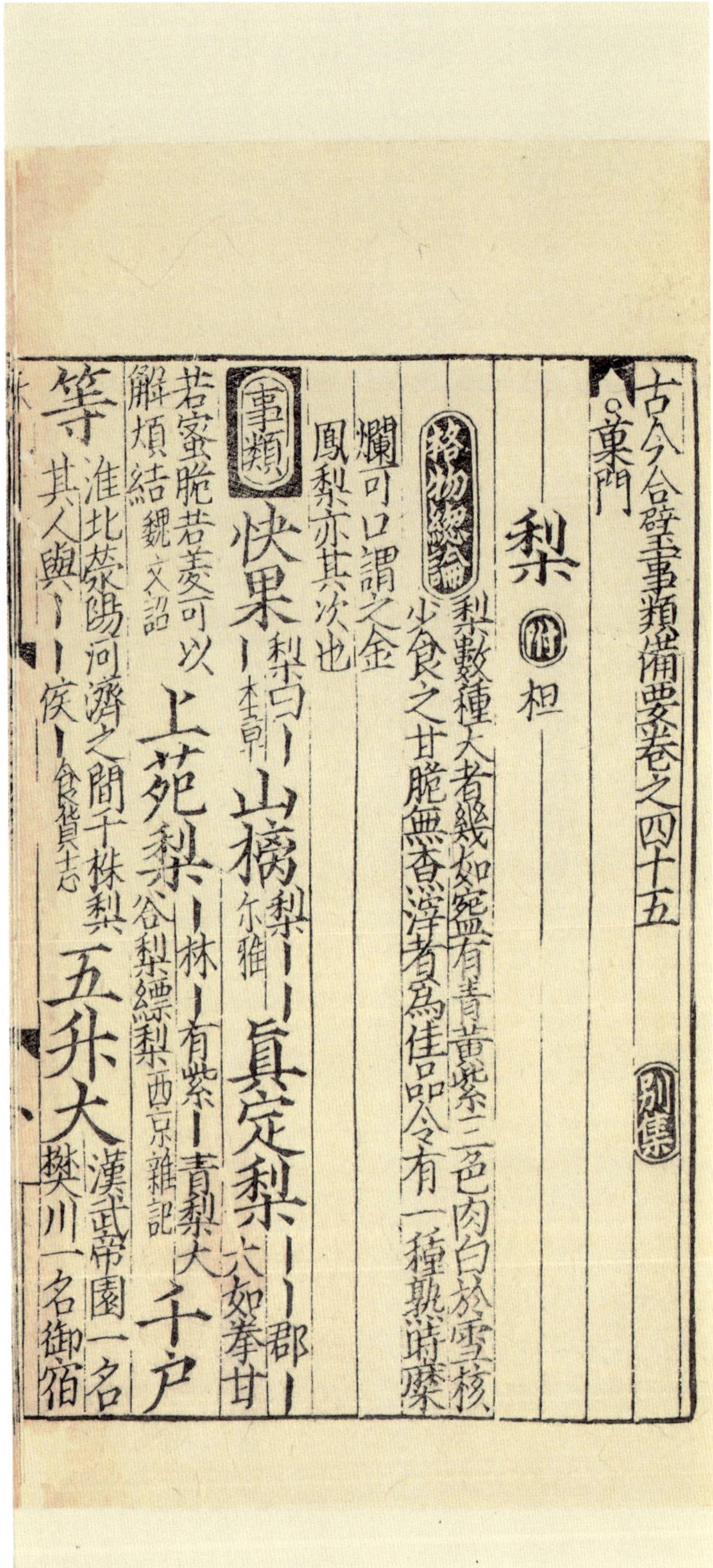
古今合璧事類備要卷之四十五 別集
菓門
梨 附柤
格物總論 梨數種大者幾如盌有青黄紫三色肉白於雪核少食之甘脆無香滓者爲佳品今有一種熟時糜爛可口謂之金鳳梨亦其次也
事類 快果 梨曰丨丨本草 山樆 梨丨丨尔雅 眞定梨 丨丨郡丨丨大如拳甘若蜜脆若菱可以解煩結魏文詔 上苑梨 丨林有紫丨青梨大谷梨縹梨西京雜記 千户等 淮北滎陽河濟之間千株梨其人與丨丨侯丨食貨志 五升大 漢武帝園一名樊川一名御宿

11454 古今合璧事類備要前集六十九卷後集八十一卷續集五十六卷

（宋）謝維新輯　**別集九十四卷外集六十六卷**　（宋）虞載輯　宋刻本

匡高17.4厘米，廣11.6厘米。半葉七行，行十六字，小字雙行二十四字，黑口，左右雙邊。北京大學圖書館藏，存三十五卷。

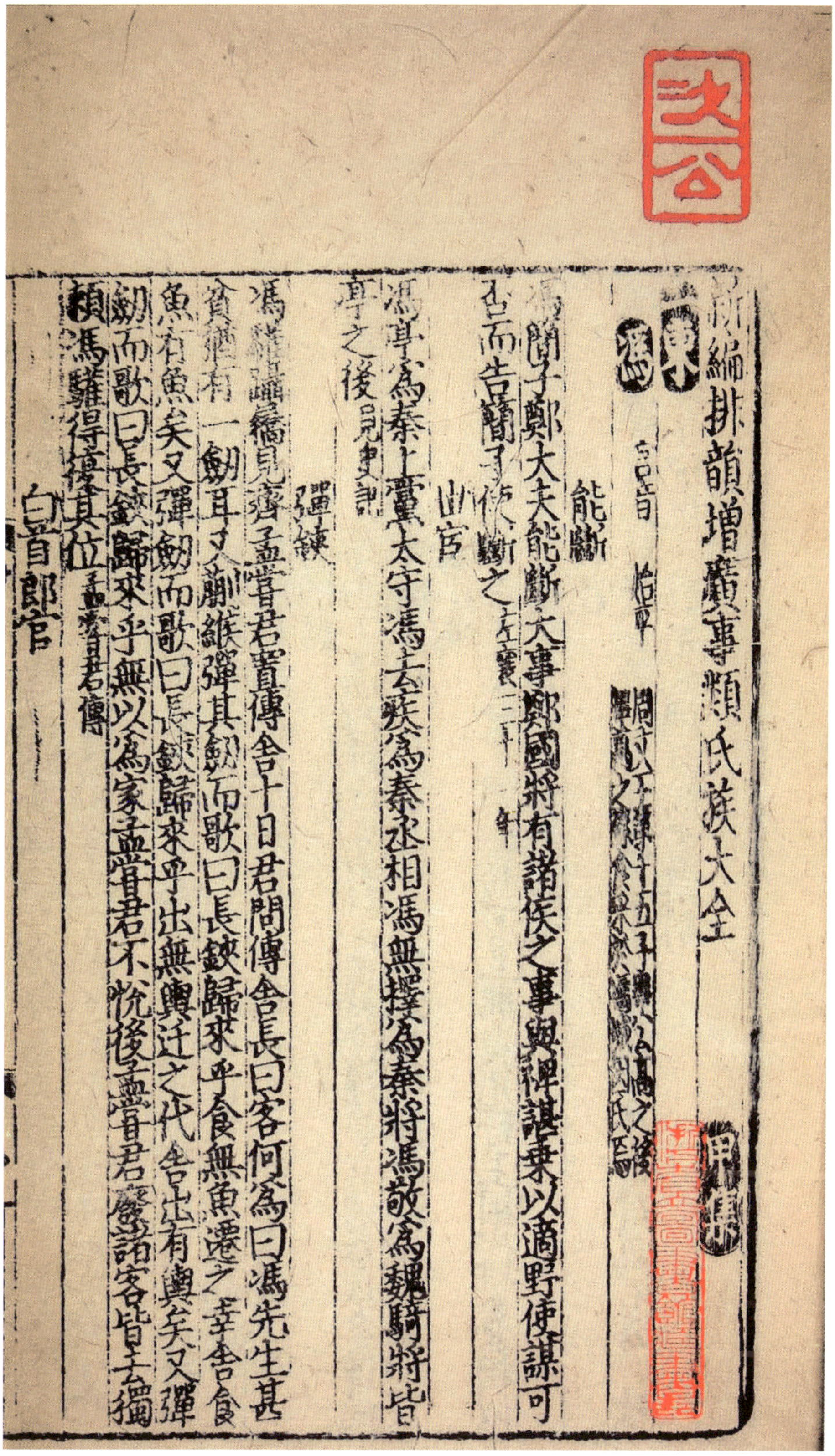

11455 新編排韻增廣事類氏族大全十集 元刻本

匡高18.8厘米，廣12.5厘米。半葉十六行，行二十八字，黑口，左右雙邊。邵瑞彭跋。浙江圖書館藏，存三集。

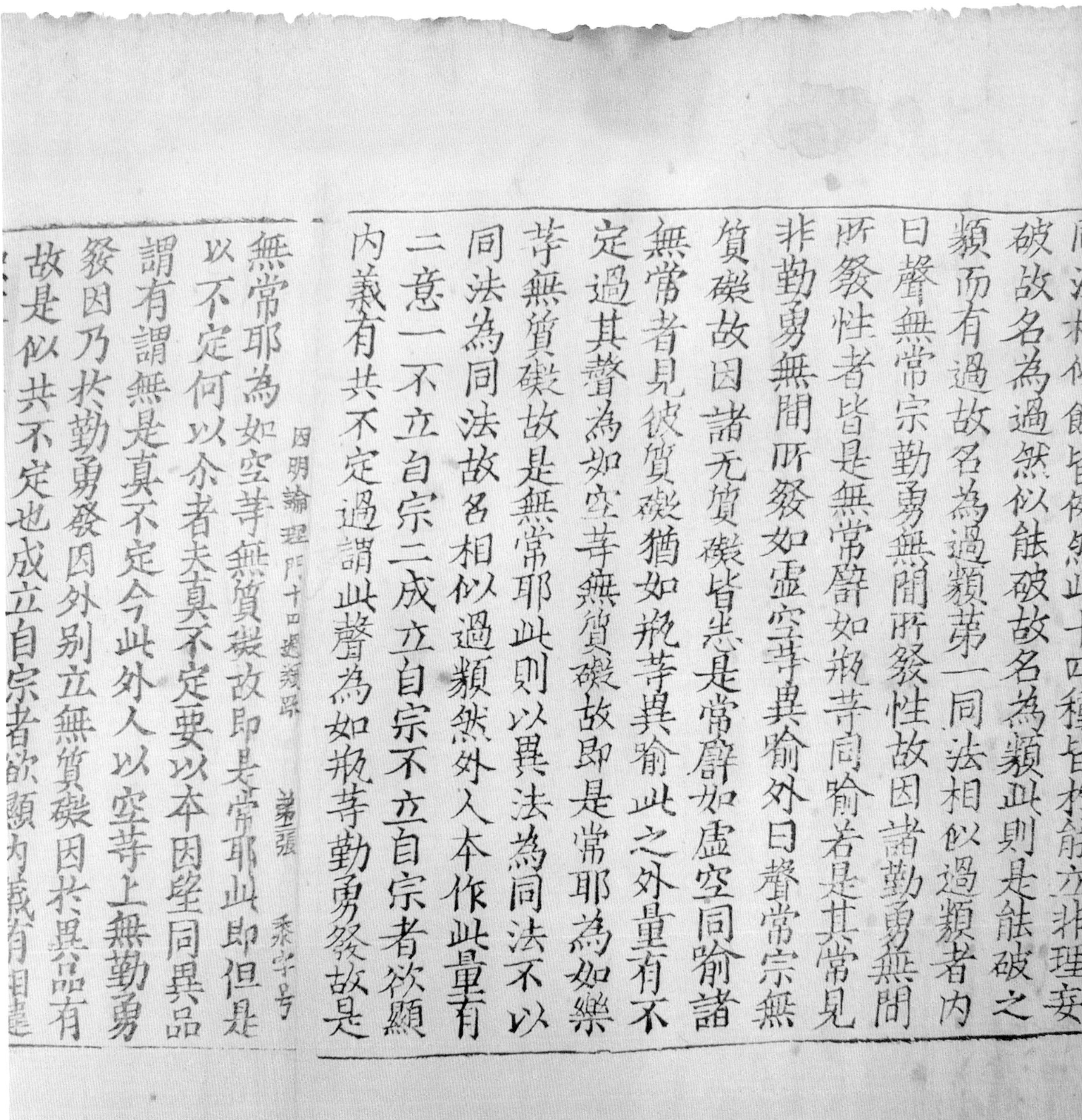

破故名為過然似能破故名為類此則是能破之
類而有過故名為過類第一同法相似過類者内
曰聲無常宗勤勇無間所發性故因諸勤勇無間
所發性者皆是無常辟如瓶等同喻若是其常見
非勤勇無間所發如虛空等異喻外曰聲常宗無
質礙故因諸无質礙皆悉是常辟如虛空同喻諸
無常者見彼質礙猶如瓶等異喻此之外量有不
定過其聲為如空等無質礙故即是常耶為如樂
等無質礙故是無常耶此則以異法為同法不以
同法為同法故名相似過類然外人本作此量有
二意一不立自宗二成立自宗不立自宗者欲顯
内義有共不定過謂此聲為如瓶等勤勇發故是

因明論理門十四過類疏　第二張　乘字号

無常耶為如空等無質礙故即是常耶此即但是
以不定何以介者夫真不定要以本因望同異品
謂有謂無是真不定今此外人以空等上無勤勇
發因乃於勤勇發因外別立無質礙因於異品有
故是似共不定也成立自宗者欲顯内義有相違

11456 因明論理門十四過類疏一卷 （唐）釋窺基撰　金皇統九年至大定十三年（1149-1173）刻元重修趙城金藏本

卷軸裝。高32.7厘米，長374.7厘米。存七紙，每紙二十七行，行十九字。河北大學圖書館藏，存一卷（殘）。

因明論理門十四過類疏

大慈恩寺沙門　窺基撰　　乔余

論云謂於圓滿能立顯示缺減性言於無過宗有過宗言於成就因不成就因言於決定因不決定因言於不相違因相違因言於無過喻有過喻言

述曰此解也立者三支悉皆圓滿敵者妄言有所缺減即是似破此顯惣似破也下顯別似破於無過宗有過宗言等者依理門論十四過類即是似破今不可具引其文但略取其意以彰似破十四過類者一同法相似過類二異法相似過類三分別相似過類四無異相似過類五可得相似過類六猶豫相似過類七義准相似過類八至非至相似過類九無因相似過類十無說相似過類十一無生相似過類十二所作相似過類十三生過相似過類十四常住相似過類同法[illegible]

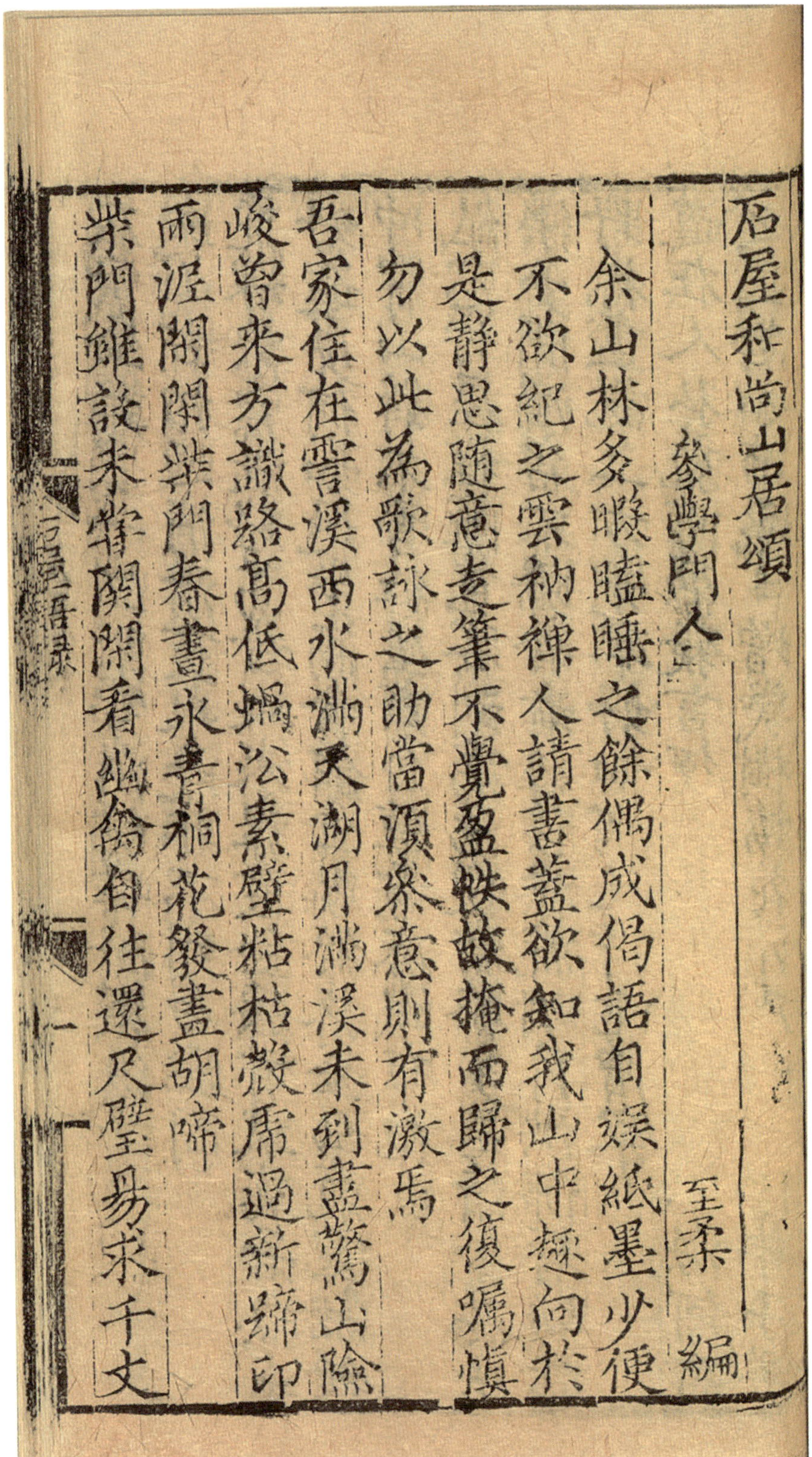
石屋和尚山居頌

參學門人　至柔　編

余山林多暇瞌睡之餘偶成偈語自娛紙墨少便不欲紀之雲衲禪人請書蓋欲知我山中趣向於是靜思隨意走筆不覺盈帙故掩而歸之復囑慎勿以此為歌詠之助當須參意則有激焉

吾家住在雪溪西水滿天湖月滿溪未到盡驚山險峻曾來方識路高低蝸涎素壁粘枯殼虎過新蹄印雨泥閑閉柴門春晝永青桐花發畫胡啼

柴門雖設未常關閑看幽禽自往還尺壁易求千丈

11457 石屋和尚住嘉興當湖福源禪寺語録一卷山居頌一卷

（元）釋至柔輯　元刻本

包背裝。匡高19.6厘米，廣12.5厘米。半葉十行，行二十字，黑口，左右雙邊。國家圖書館藏。

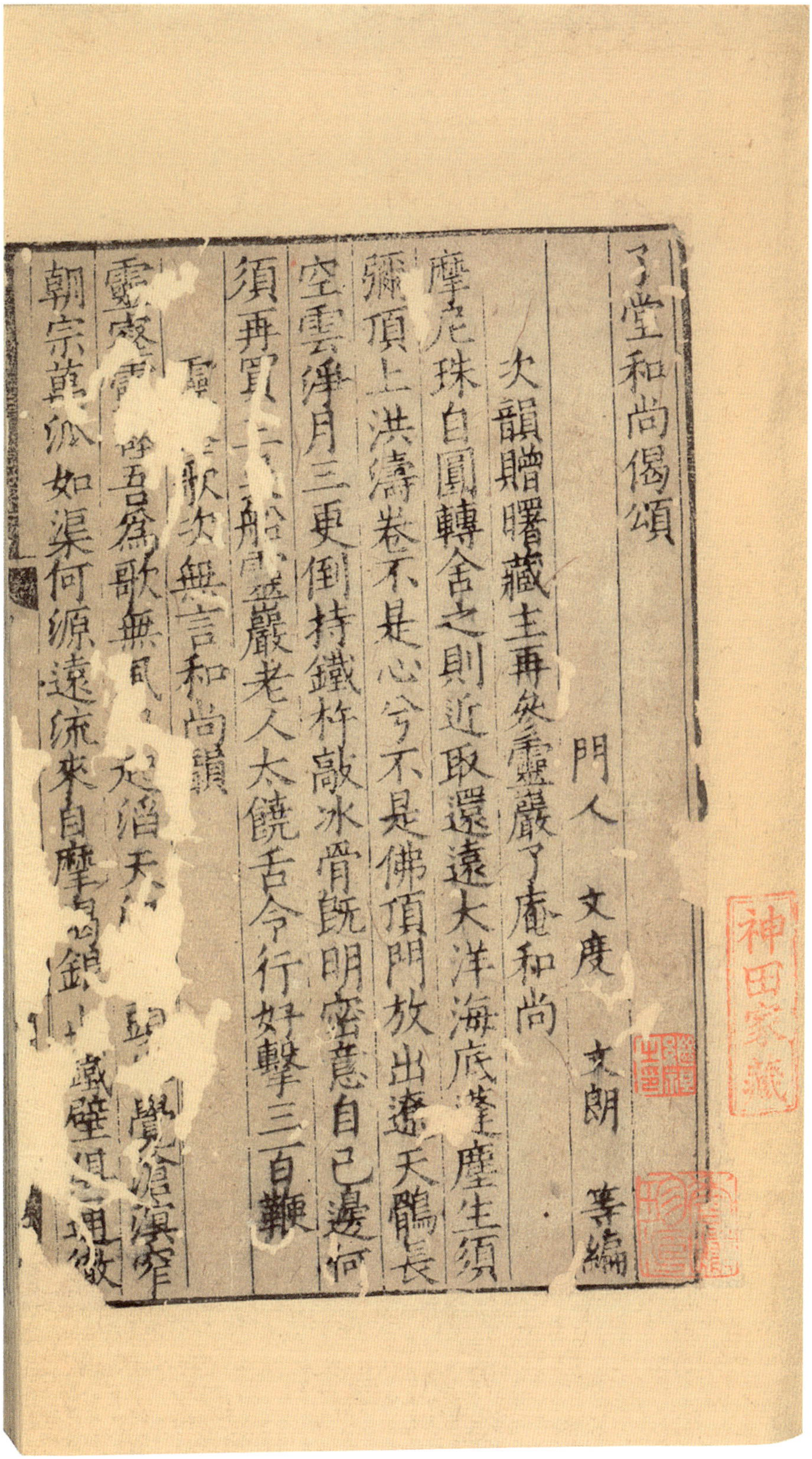

了堂和尚偈頌

門人　文度　文朗　等編

次韻贈曙藏主再參靈巖了菴和尚

摩尼珠自圓轉舍之則近取還遠大洋海底産塵生須彌頂上洪濤卷不是心兮不是佛頂門放出遼天鶻長空雲淨月三更倒持鐵杵敲冰骨既明密意自己邊何須再覓[illegible]船[illegible]靈巖老人太饒舌今行好擊三百鞭

[illegible]歌次無言和尚韻

靈[illegible]許吾爲歌無風[illegible]起滔天[illegible]

朝宗萬派如渠何源遠流來自摩[illegible]

11458 了堂和尚語録八卷　元刻本

包背裝。匡高19.4厘米，廣13.1厘米。半葉十行，行二十一字，黑口，左右雙邊。有“李一氓”等印。國家圖書館藏。

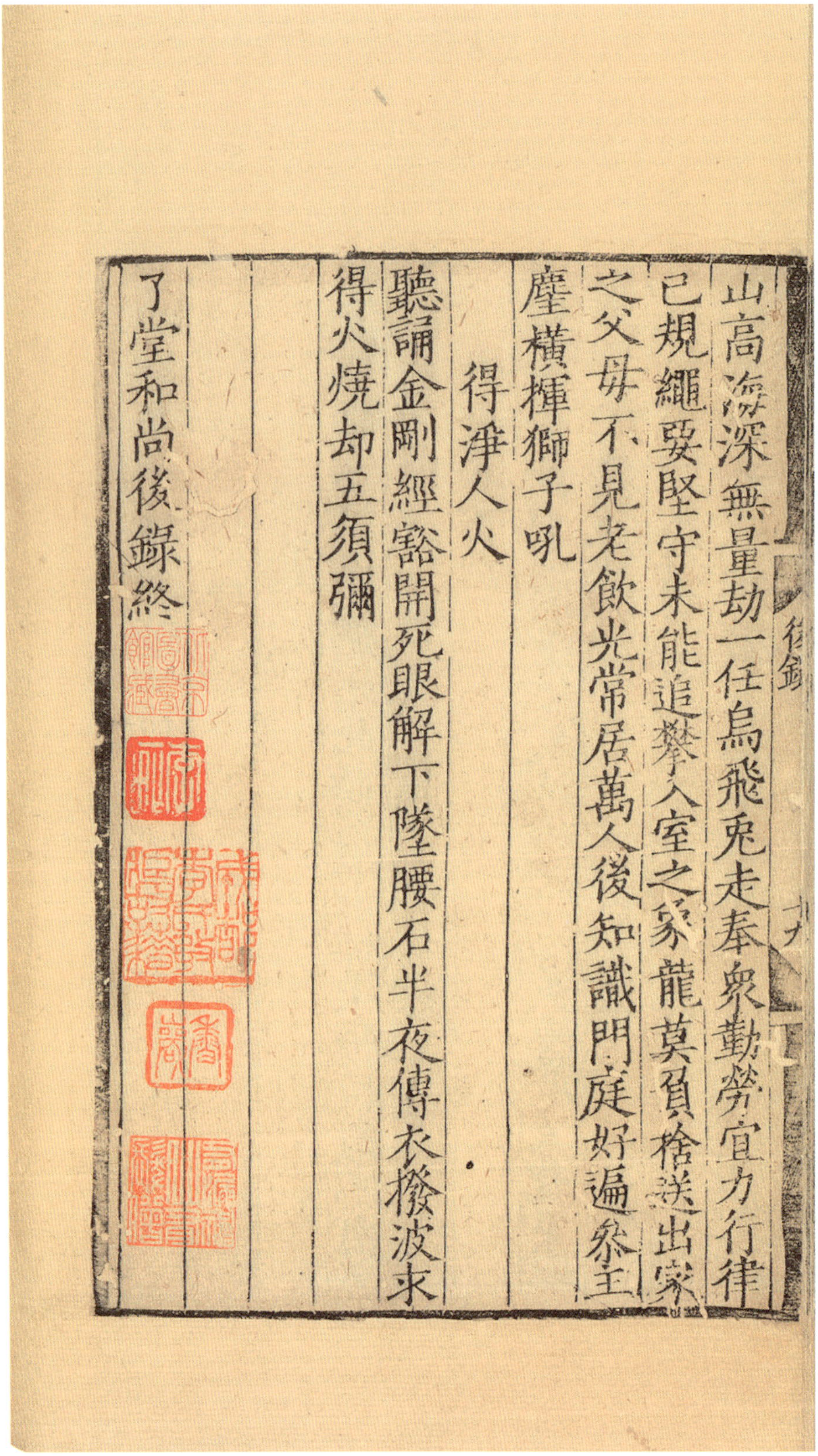
山高海深無量劫一任烏飛兎走奉衆勤勞宜力行律
已規繩要堅守未能追攀入室之參龍莫負捨送出家
之父母不見老飲光常居萬人後知識門庭好遍叅王
塵橫揮獅子吼
　得淨人火
聽誦金剛經豁開死眼解下墜腰石半夜傳衣撥波求
得火燒却五須彌
了堂和尚後録終

11458 了堂和尚語録八卷

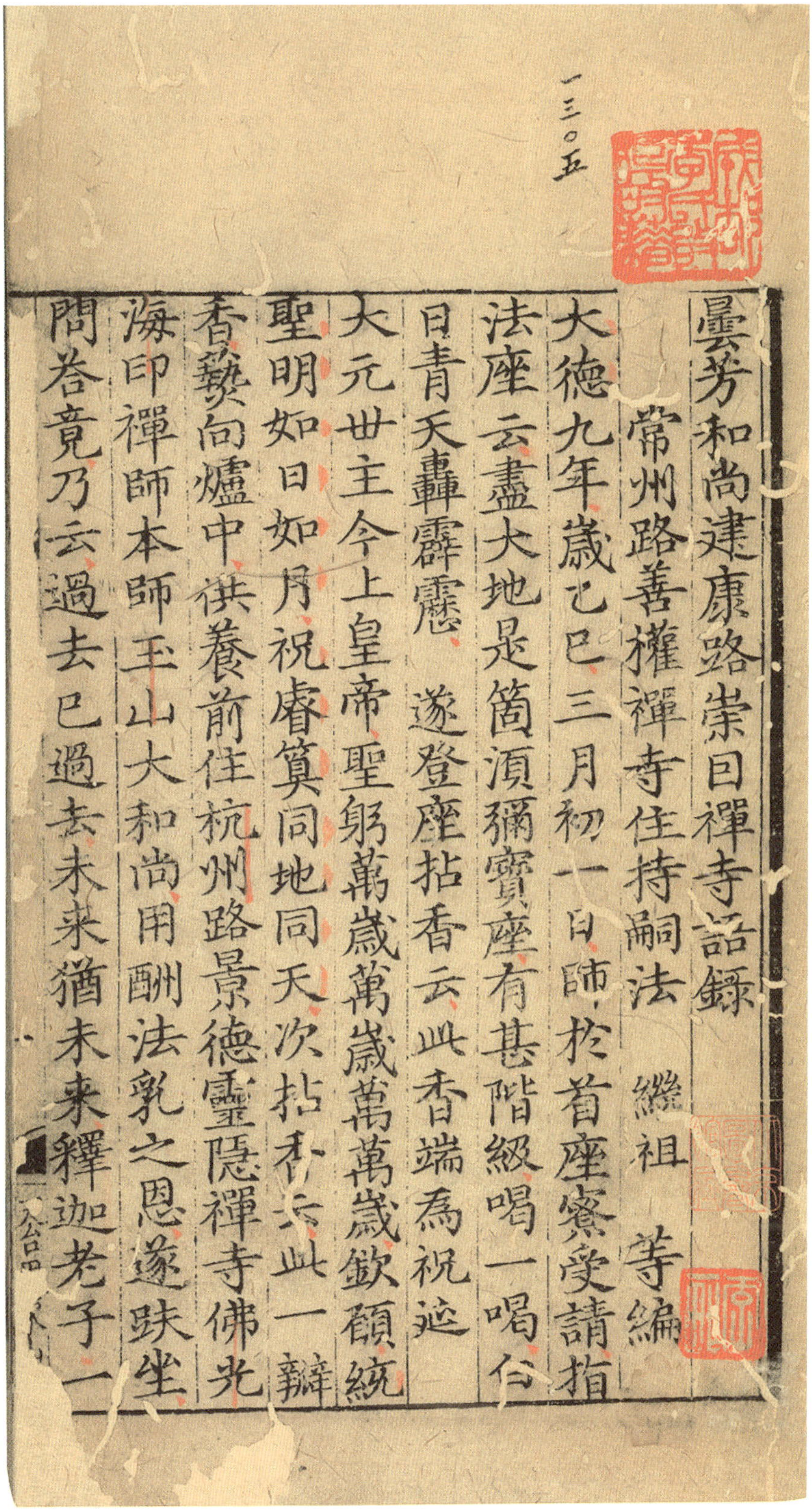
曇芳和尚建康路崇因禪寺語錄
常州路善權禪寺住持嗣法 繼祖 等編
大德九年歲乙巳三月初一日師於首座寮受請指
法座云盡大地是箇須彌寶座有甚階級喝一喝今
日青天轟霹靂 遂登座拈香云此香端爲祝延
大元世主今上皇帝聖躬萬歲萬歲萬萬歲欽願統
聖明如日如月祝睿算同地同天次拈香云此一瓣
香爇向爐中供養前住杭州路景德靈隱禪寺佛光
海印禪師本師玉山大和尚用酬法乳之恩遂趺坐
問荅竟乃云過去已過去未來猶未來釋迦老子一

11459 曇芳和尚五會録不分卷 （元）釋繼祖等輯 元至正刻本

匡高18.5厘米，廣13.1厘米。半葉十行，行二十字，黑口，左右雙邊。有“李一氓”等印。國家圖書館藏。

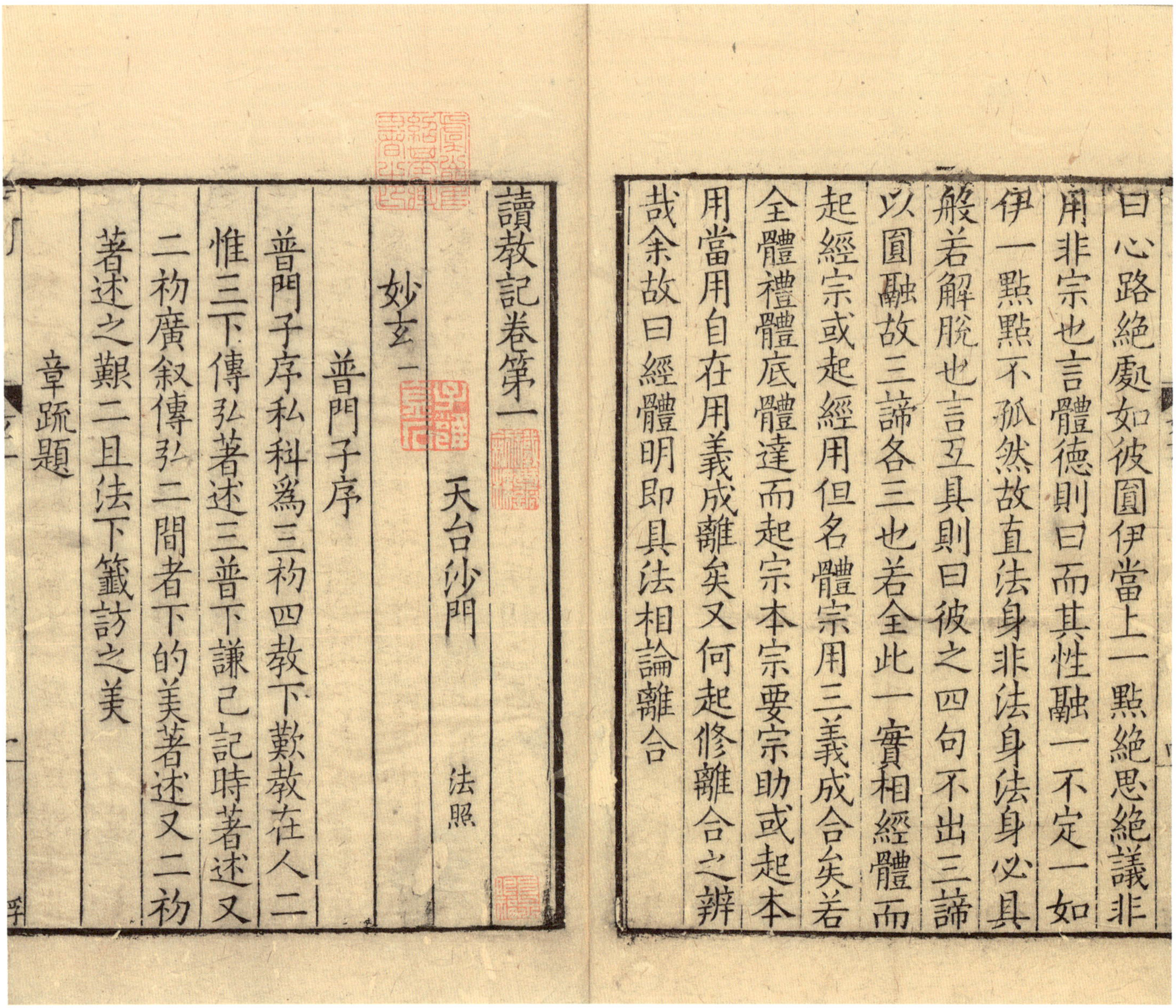
曰心路絶處如彼圓伊當上一點絶思絶議非
用非宗也言體德則曰而其性融一不定一如
伊一點點不孤然故直法身非法身法身必具
般若解脱也言互具則曰彼之四句不出三諦
以圓融故三諦各三也若全此一實相經體而
起經宗或起經用但名體宗用三義成合矣若
全體禮體底體達而起宗本宗要宗助或起本
用當用自在用義成離矣又何起修離合之辨
哉余故曰經體明即具法相論離合

讀教記卷第一
天台沙門　法照
妙玄一
普門子序
普門子序私科爲三初四教下歎教在人二
惟三下傳弘著述三普下謙己記時著述又
二初廣叙傳弘二間者下的美著述又二初
著述之艱二且法下籤訪之美
章疏題

11460 讀教記二十卷　（宋）釋法照撰　宋寶祐四年（1256）刻本

匡高21.3厘米，廣16.1厘米。半葉九行，行十八字，白口，左右雙邊。國家圖書館藏，存十六卷。

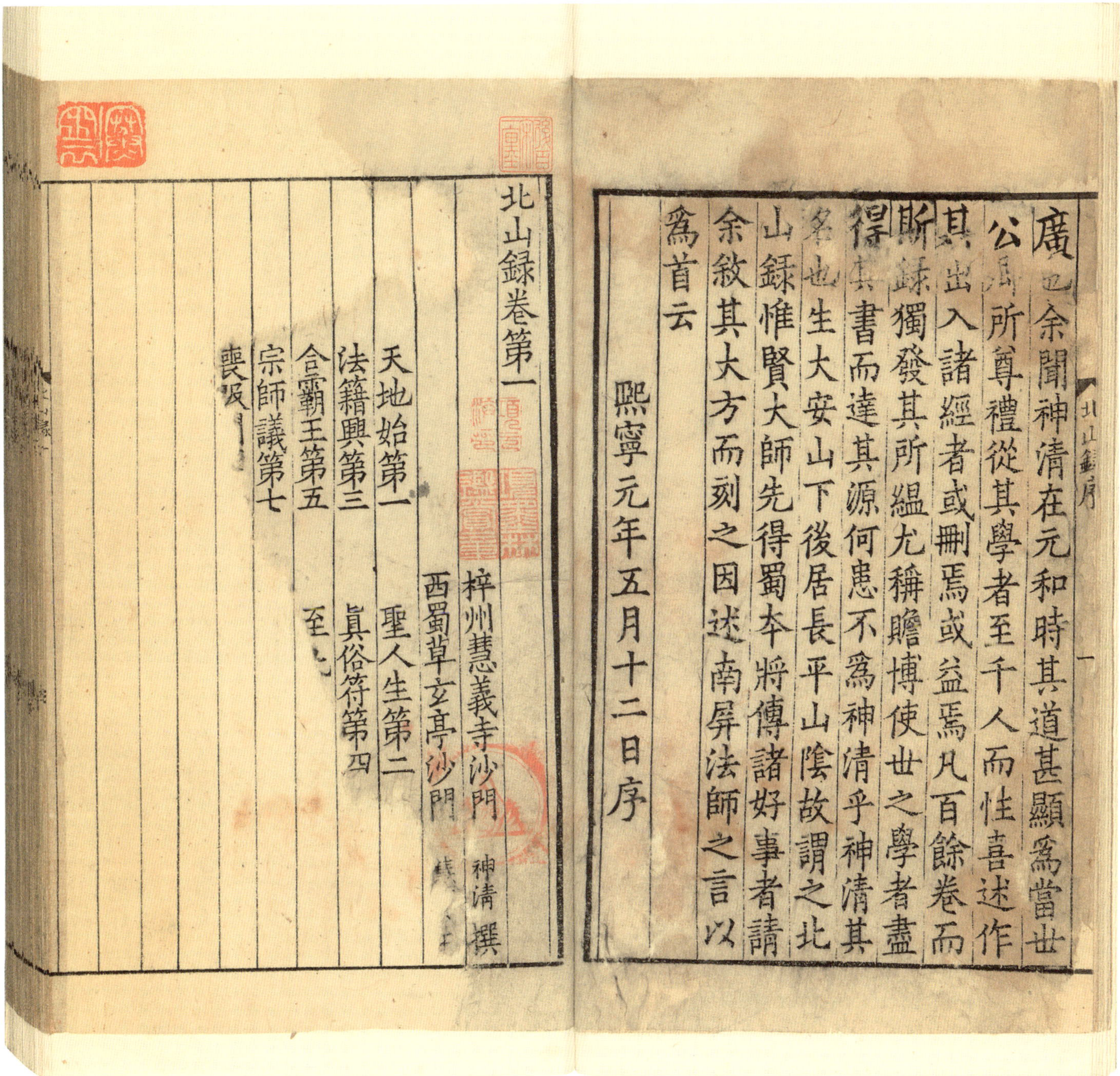

11461 北山録十卷　（唐）釋神清撰　（宋）釋慧寶注　宋刻本

匡高22.7厘米，廣15.5厘米。半葉十二行，行二十四字，白口，左右雙邊。項元汴、袁克文跋。國家圖書館藏，存七卷。

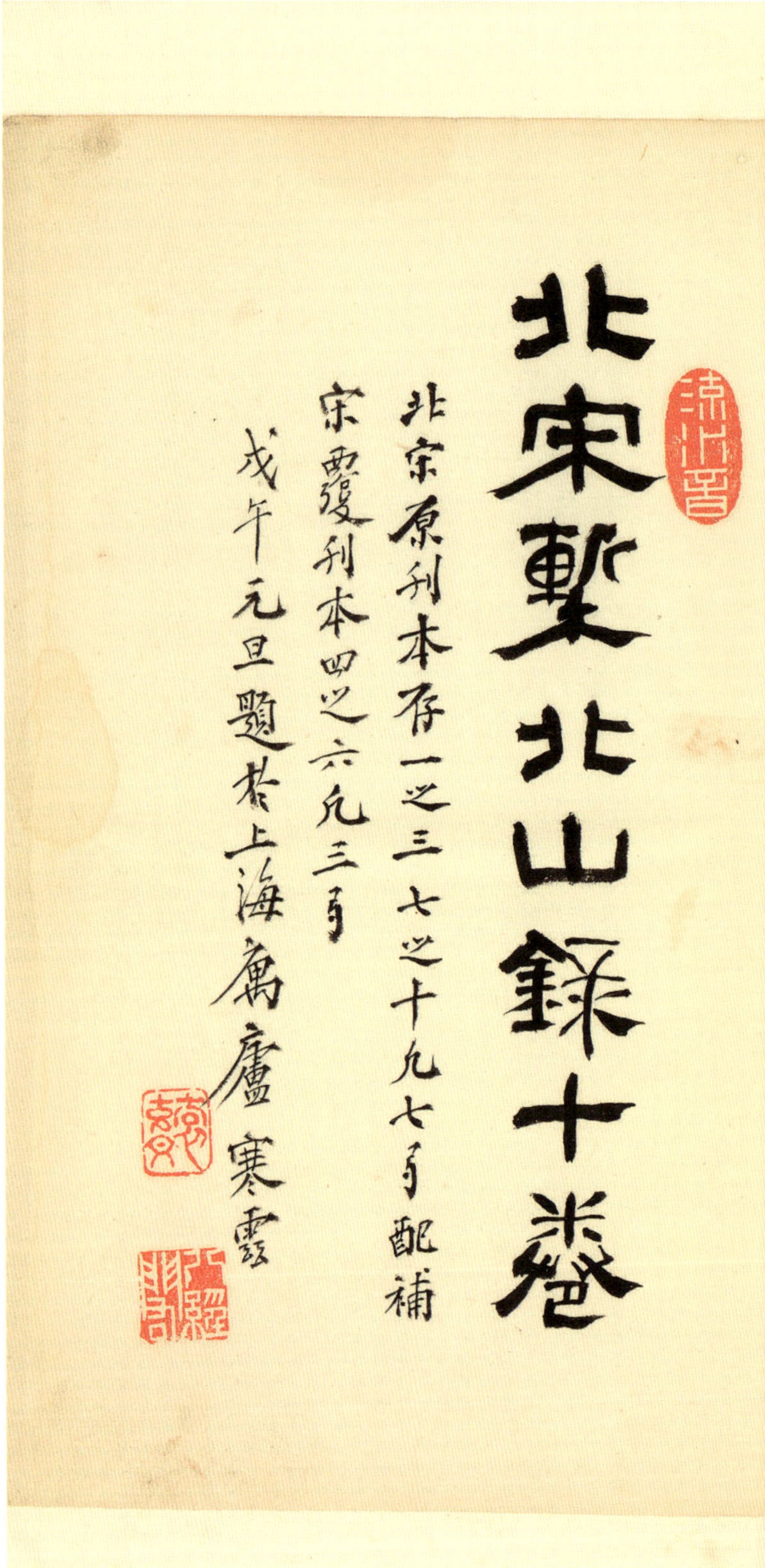

11461 北山録十卷

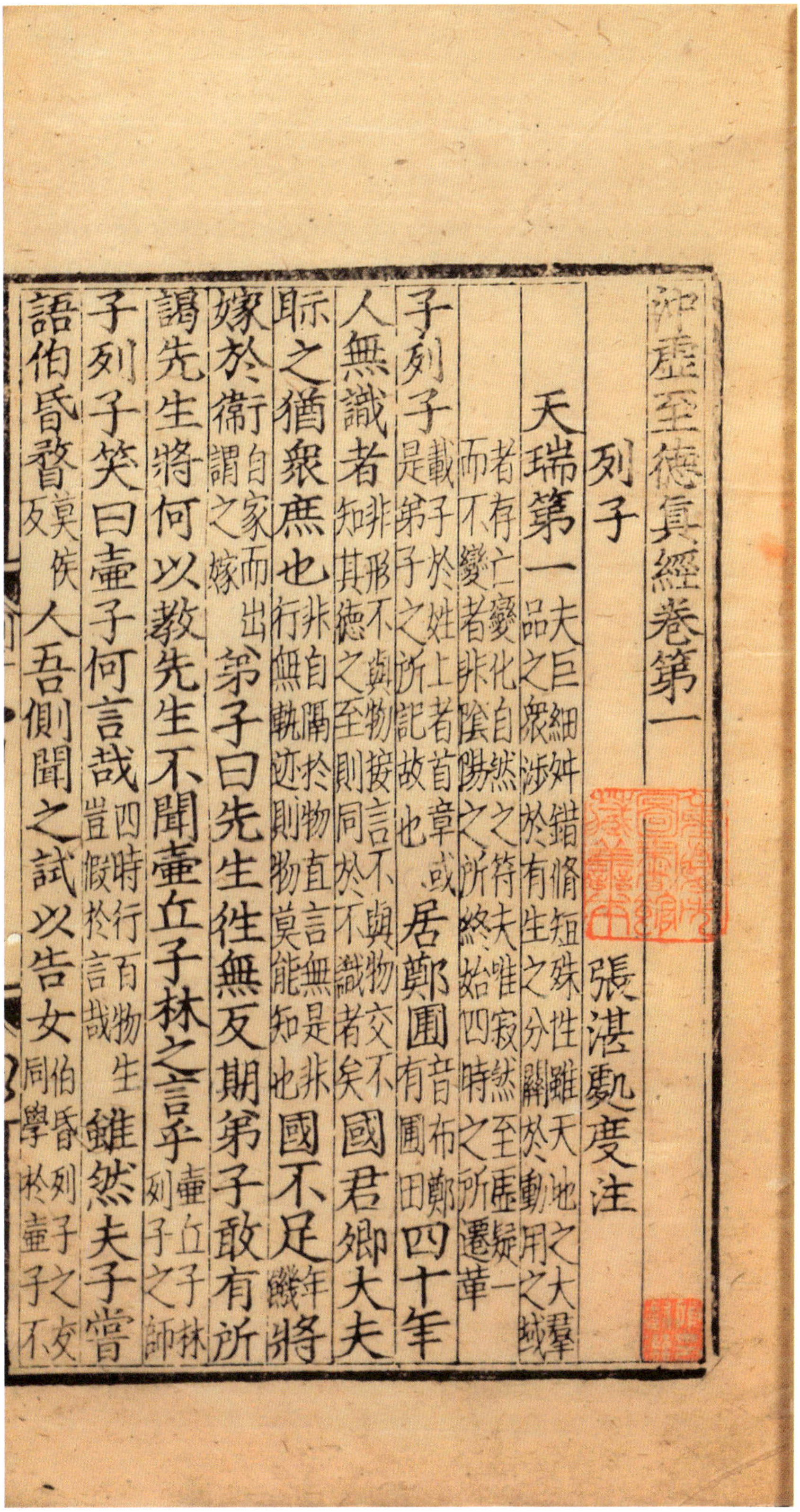

沖虛至德眞經卷第一

列子　張湛處度注

天瑞第一 夫巨細舛錯脩短殊性雖天地之大羣品之衆涉於有生之分關於動用之域者存亡變化自然之符夫唯寂然至虛凝一而不變者非陰陽之所終始四時之所遷革

子列子 載子於姓上者首章或是弟子之所記故也 居鄭圃 音布鄭有圃田 四十年人無識者 非形不與物接言不與物交不知其德之至則同於不識者矣 國君卿大夫眎之猶衆庶也 非自隔於物直言無是非行無軌迹則物莫能知也 國不足 年饑 將嫁於衛 自家而出謂之嫁 弟子曰先生往無反期弟子敢有所謁先生將何以教先生不聞壺丘子林之言乎 壺丘子林列子之師 子列子笑曰壺子何言哉 四時行百物生豈假於言哉 雖然夫子嘗語伯昏瞀 莫侯反 人吾側聞之試以告女 伯昏列子之友同學於壺子不

11462 沖虛至德真經八卷　（晉）張湛注　（唐）殷敬順釋文　元末明初刻本

匡高18.3厘米，廣12.2厘米。半葉十一行，行二十一字，小字雙行同，黑口，四周雙邊。重慶圖書館藏。

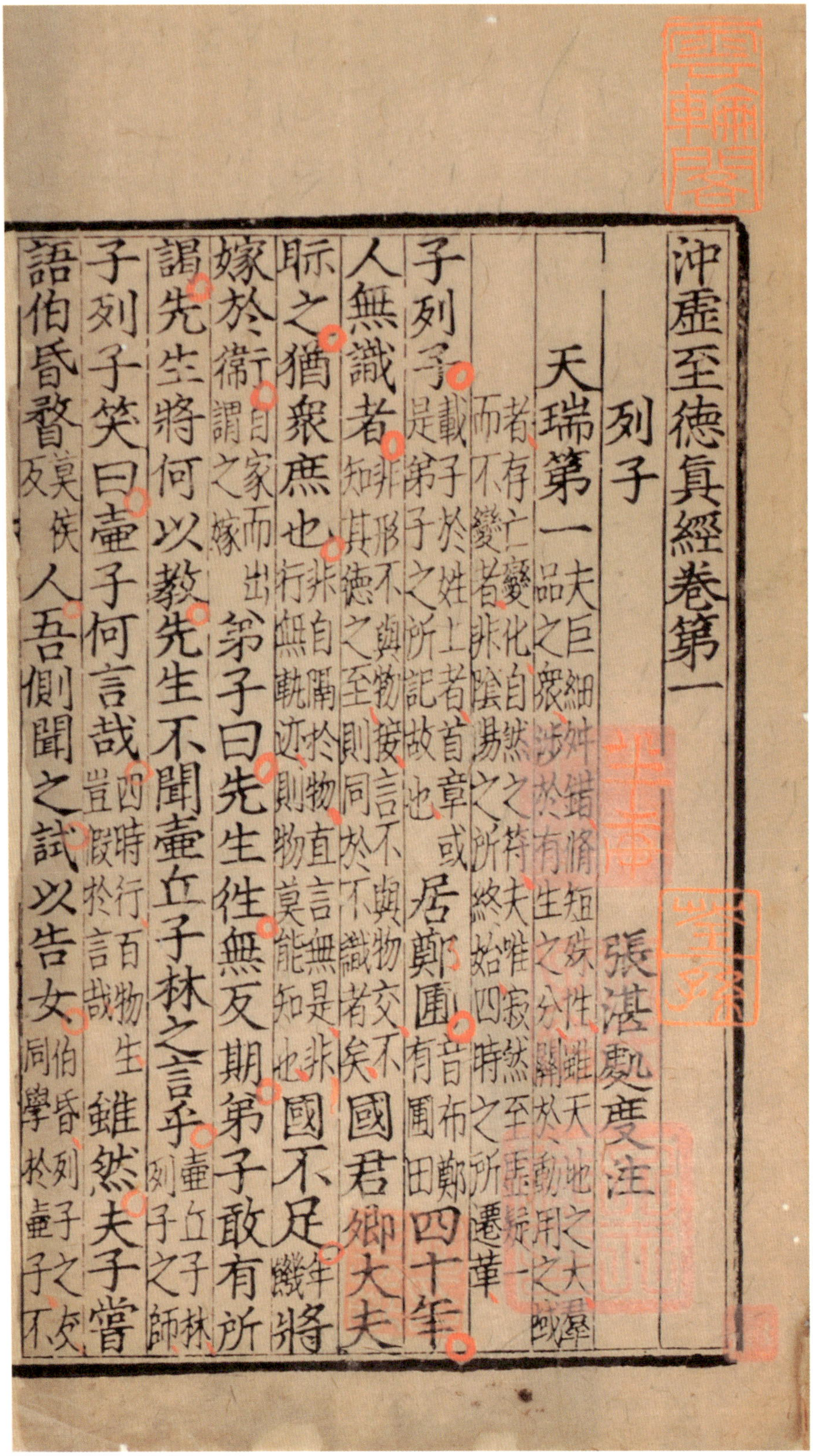
沖虚至德真經卷第一
列子　張湛處度注
天瑞第一　夫巨細舛錯脩短殊性雖天地之大羣品之衆涉於有生之分關於動用之域者存亡變化自然之符夫唯寂然至虚凝一而不變者非陰陽之所終始四時之所遷革
子列子　載子於姓上者首章或是弟子之所記故也　居鄭圃　音布鄭有圃田　四十年人無識者　非形不與物接言不與物交不知其德之至則同於不識者矣　國君卿大夫眡之猶衆庶也　非自隔於物直言無是非行無軌迹則物莫能知也　國不足　年饑　將嫁於衛　自家而出謂之嫁　弟子曰先生往無反期弟子敢有所謁先生將何以教先生不聞壺丘子林之言乎　壺丘子林列子之師　子列子笑曰壺子何言哉　四時行百物生豈假於言哉　雖然夫子嘗語伯昏瞀　莫侯反　人吾側聞之試以告女　伯昏列子之友同學於壺子不

11463 沖虚至德真經八卷　（晋）張湛注　（唐）殷敬順釋文　元末明初刻本

匡高18.1厘米，廣12.1厘米。半葉十一行，行二十一或二十二字，小字雙行同，黑口，四周雙邊。有“雲輪閣”“荃孫”等印。雲南大學圖書館藏。

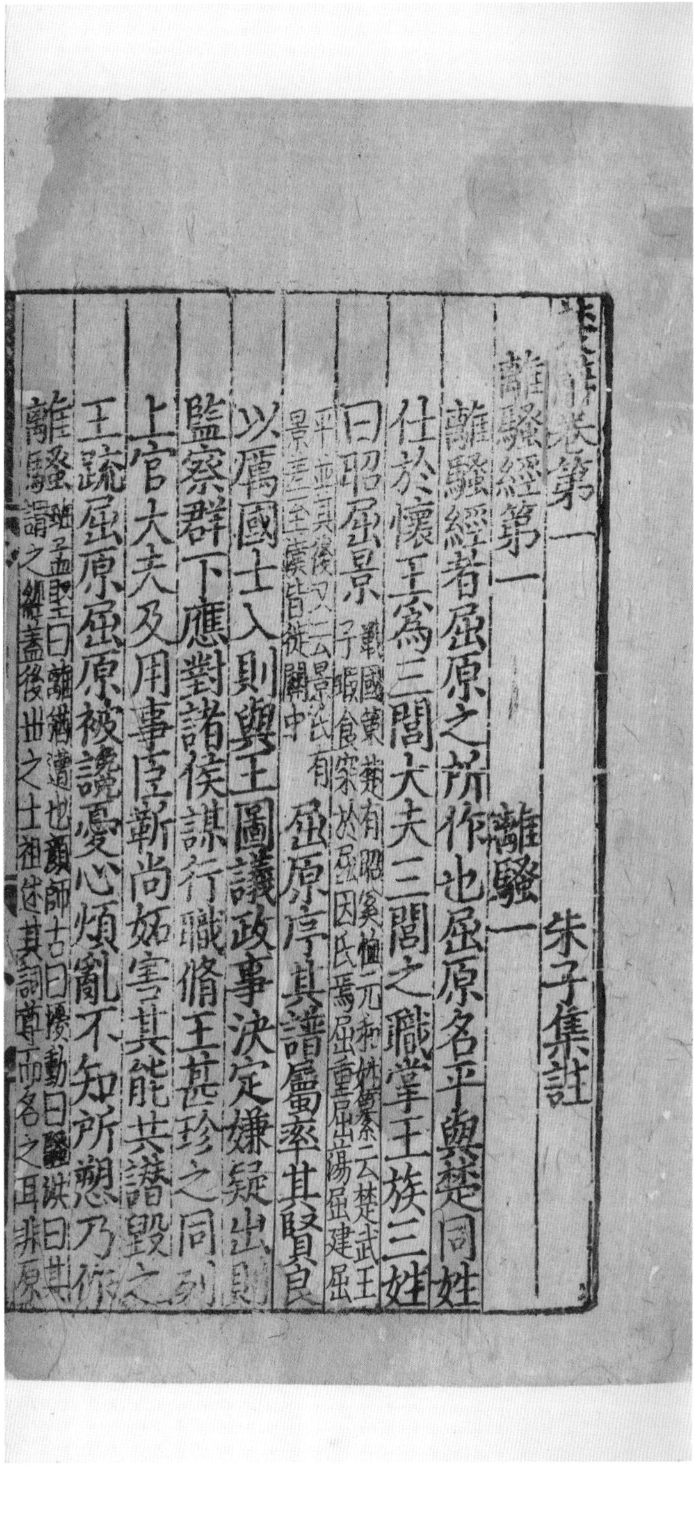

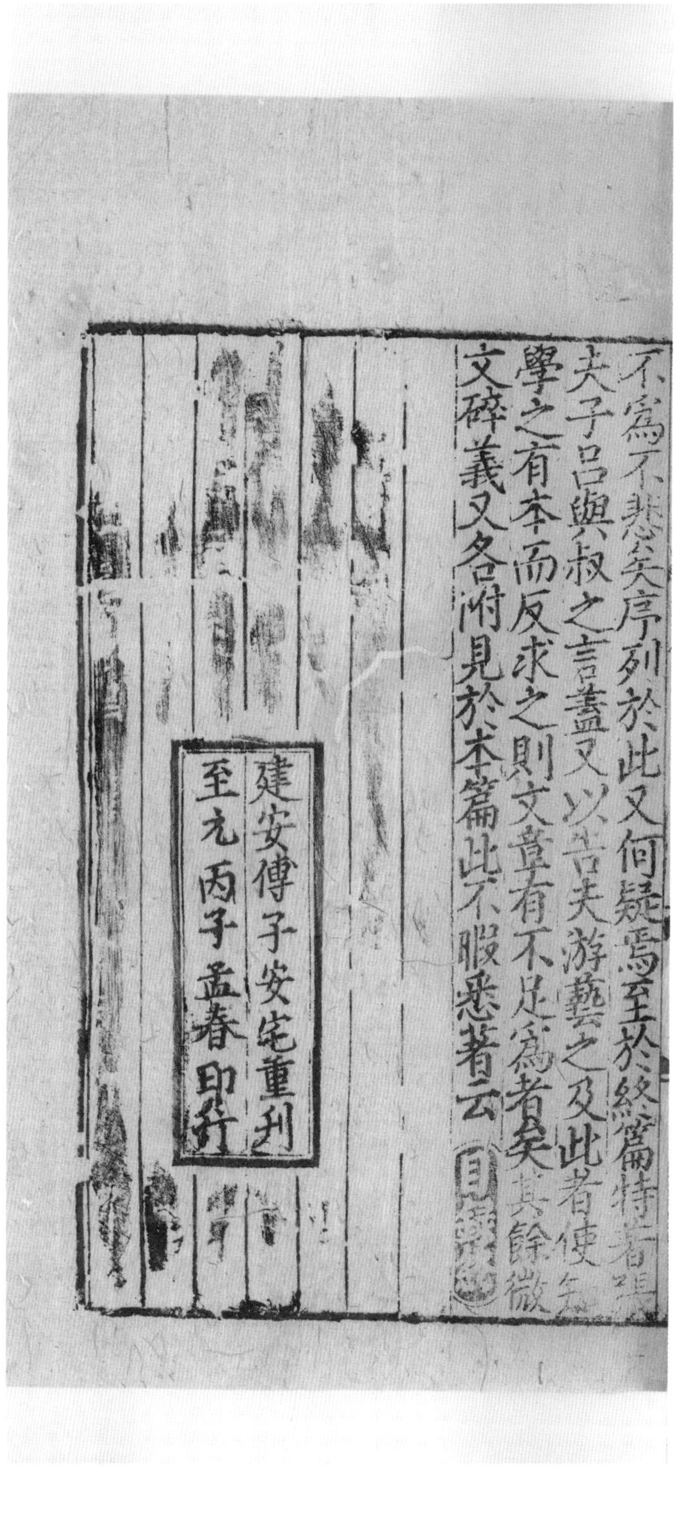

11464 楚辭集註八卷辯證二卷後語六卷　（宋）朱熹撰　元後至元二年（1336）建安傅子安刻本

匡高20.5厘米，廣12.5厘米。半葉十一行，行二十字，小字雙行二十四字，黑口，左右雙邊。有“建安傅子安宅重刊至元丙子孟春印行”牌記。國家圖書館藏。

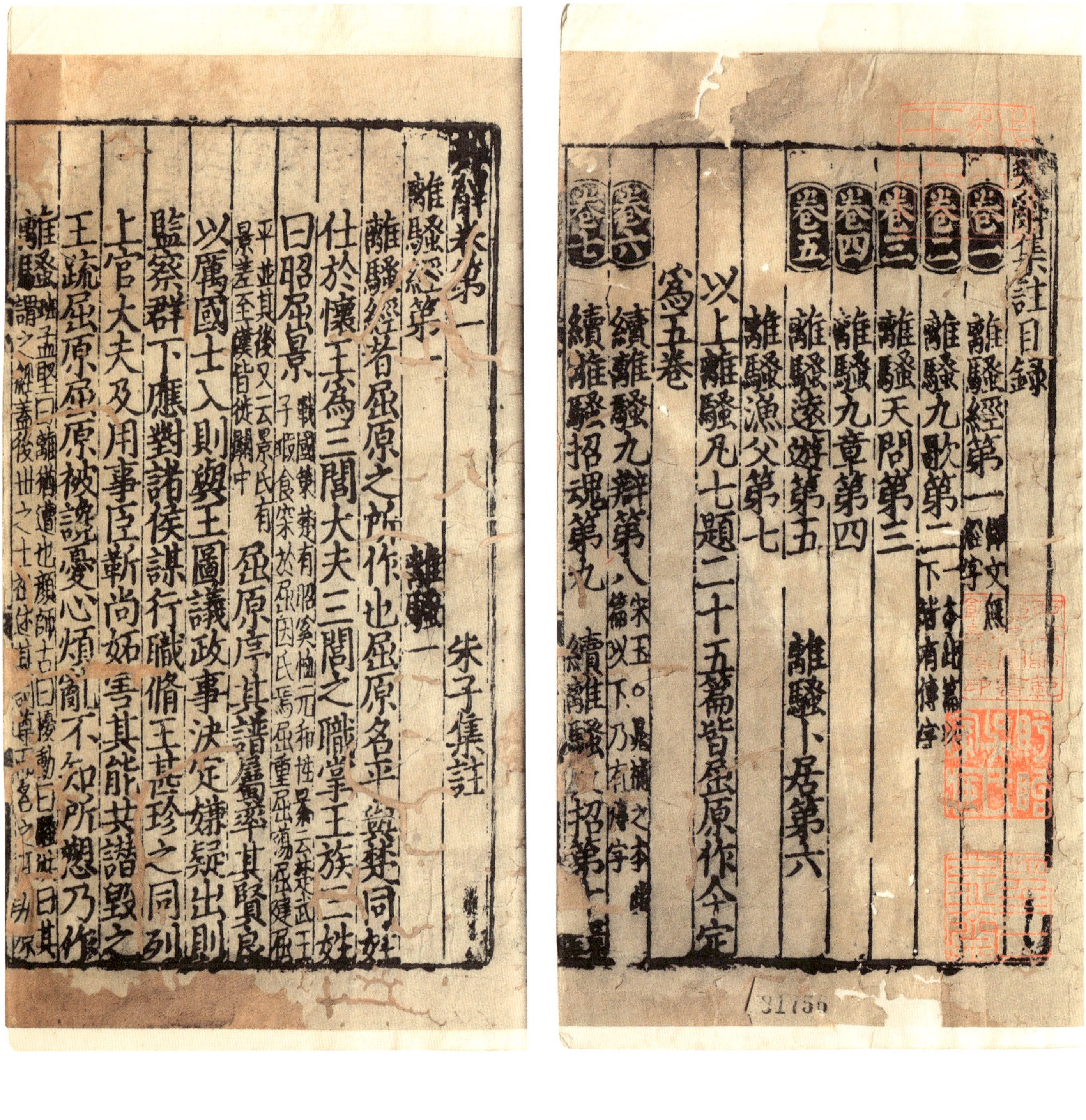

楚辭集註目録

卷一 離騷經第一

卷二 離騷九歌第二

卷三 離騷天問第三

卷四 離騷九章第四

卷五 離騷遠遊第五 離騷卜居第六 離騷漁父第七

以上離騷凡七題二十五篇皆屈原作今定爲五卷

卷六 續離騷九辯第八

卷七 續離騷招魂第九 續離騷大招第十

楚辭卷第一 朱子集註

離騷經第一 離騷一

離騷經者屈原之所作也屈原名平與楚同姓仕於懷王爲三閭大夫三閭之職掌王族三姓曰昭屈景 屈原序其譜屬率其賢良以厲國士入則與王圖議政事決定嫌疑出則監察群下應對諸侯謀行職脩王甚珍之同列上官大夫及用事臣靳尚妬害其能共譖毀之王疏屈原屈原被讒憂心煩亂不知所愬乃作離騷

11465 楚辭集註八卷 （宋）朱熹撰 元刻本

匡高20.4厘米，廣12.4厘米。半葉十一行，行二十字，小字雙行二十四字，黑口，左右雙邊。有“望三益齋”“盱眙吳氏家藏”等印。西南大學圖書館藏。

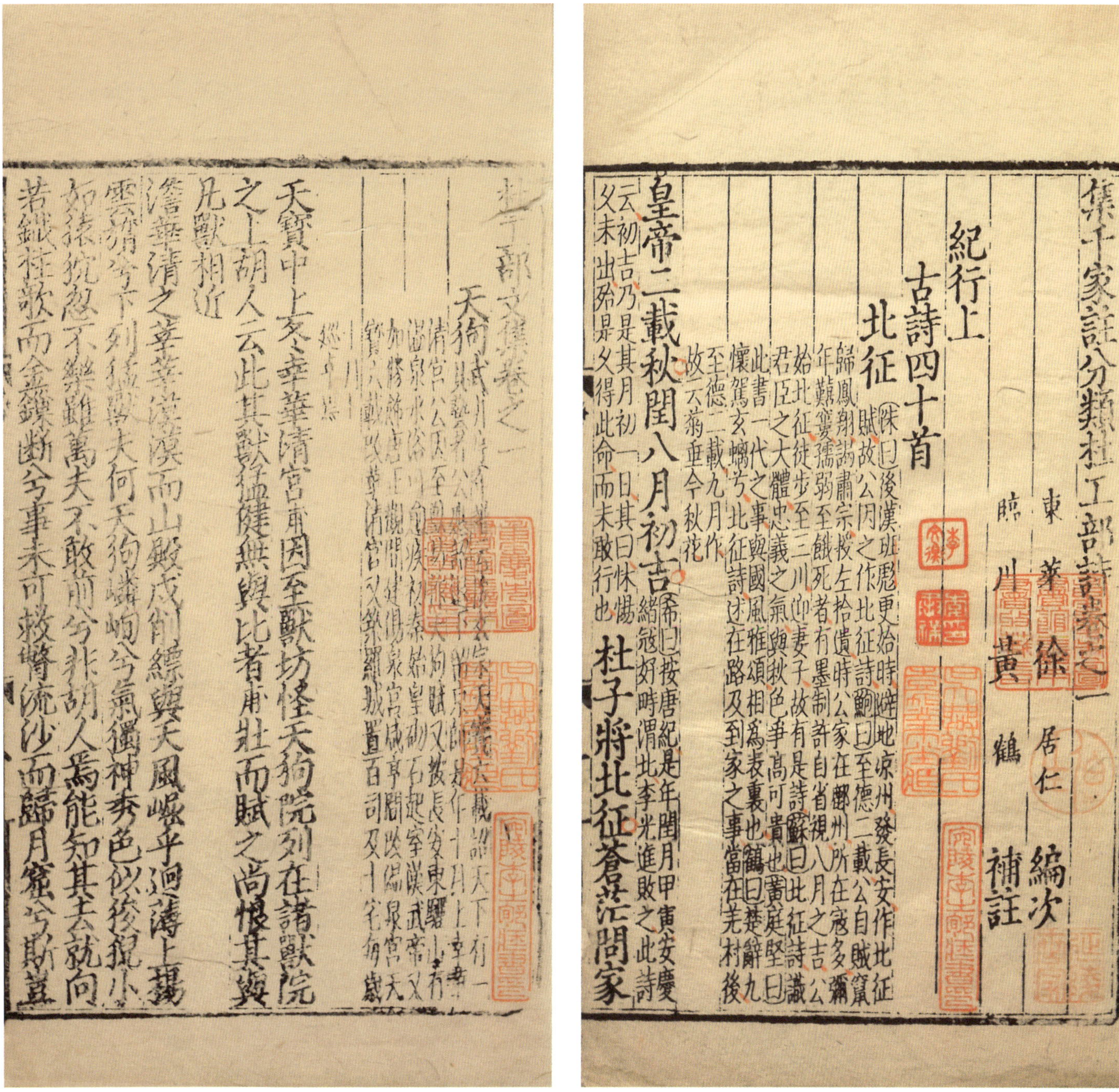

集千家註分類杜工部詩卷之一
東萊 徐居仁 編次
臨川 黃鶴 補註
紀行上
古詩四十首
北征
皇帝二載秋閏八月初吉 杜子將北征蒼茫問家

杜工部文集卷之一
天狗賦
天寶中上冬幸華清宮甫因至獸坊怪天狗院列在諸獸院之上胡人云此其猛健無與比者甫壯而賦之尚恨其與凡獸相近
繚華清之崒嵂兮瀕滻漢而山殿戍削縹與天風崢乎迴薄上揚雲旓兮下列猛獸夫何天狗嶙峋兮氣獨神秀色似狻猊小如猿狖忽不樂雖萬夫不敢前兮非胡人焉能知其去就向若鐵柱欹而金鏁斷兮事未可救瞥流沙而歸月窟兮斯豈

11466 集千家註分類杜工部詩二十五卷文集二卷 （唐）杜甫撰 （宋）徐居仁編次 （宋）黄鶴補注 **年譜一卷** （宋）黄鶴撰 元至正七年（1347）潘屏山圭山書院刻廣勤堂印本

匡高20.2厘米，廣13.3厘米。詩半葉十二行，行二十字，小字雙行二十六字，文集半葉十二行，行二十三字，小字雙行同，黑口，四周雙邊。有“三峯書舍”“廣勤堂”“廣勤書堂新刊”牌記。有“宛陵李之郇藏書印”“吴興劉氏嘉業堂藏”“李文衡”等印。重慶圖書館藏。

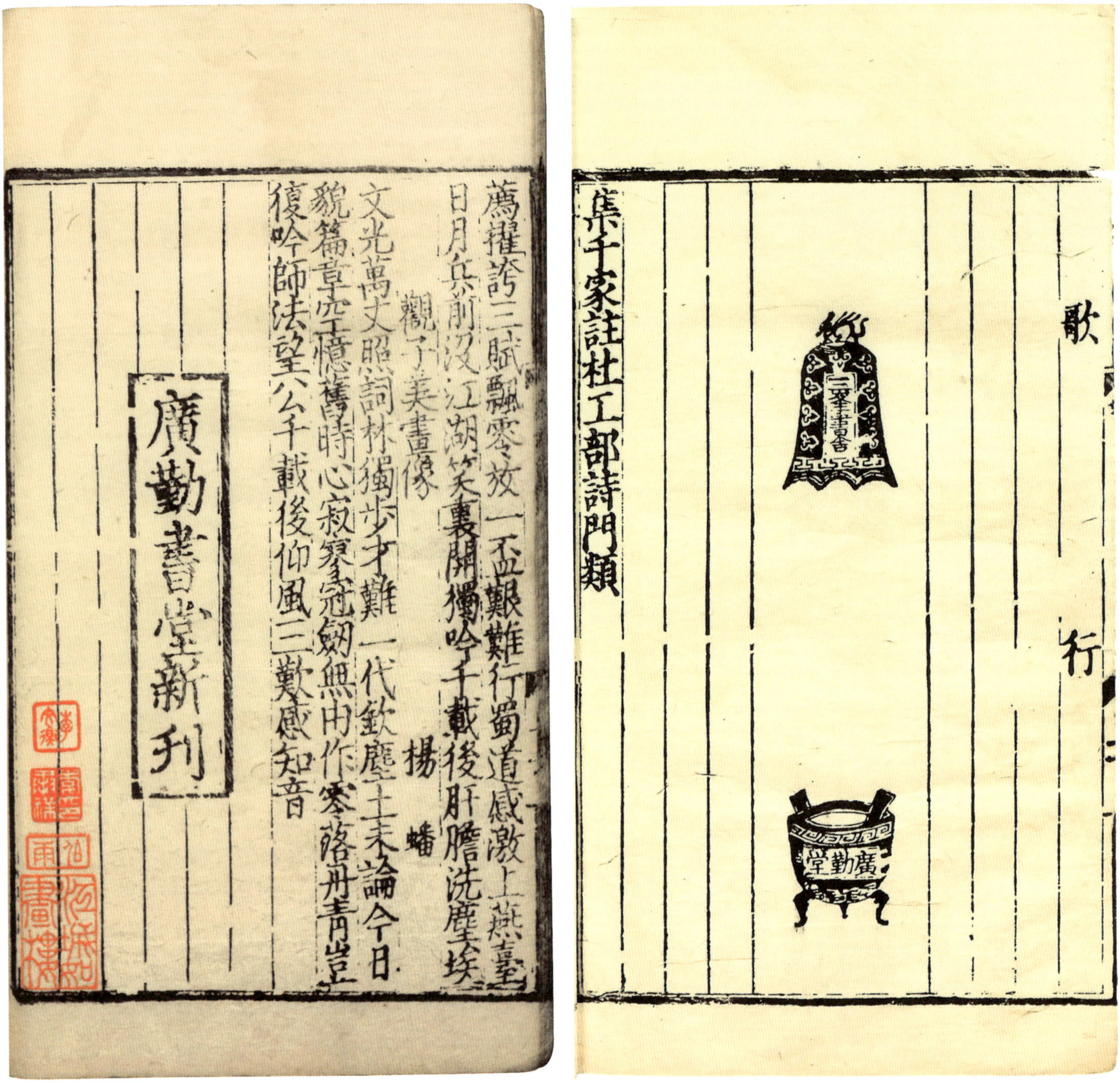

11466 集千家註分類杜工部詩二十五卷文集二卷 （唐）杜甫撰 （宋）徐居仁編次 （宋）黄鶴補注 **年譜一卷** （宋）黄鶴撰

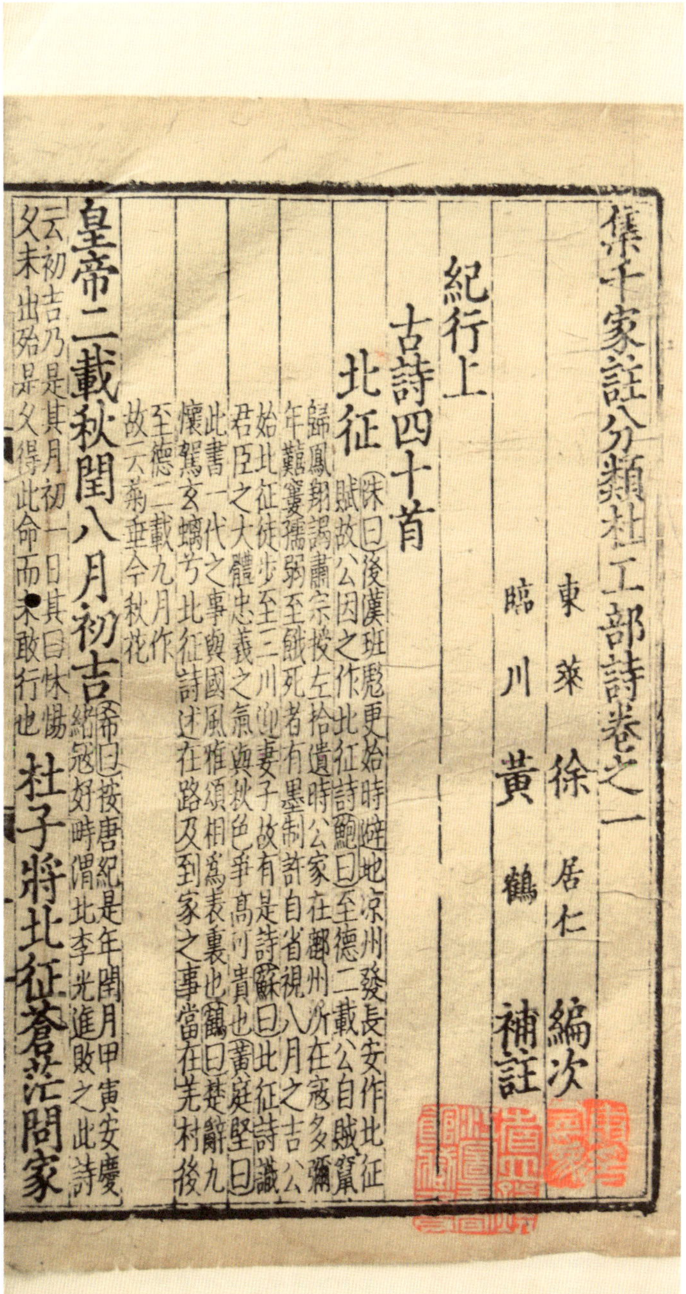

集千家註分類杜工部詩卷之一
東萊 徐 居仁 編次
臨川 黃 鶴 補註
紀行上
古詩四十首
北征（洙曰）後漢班彪更始時避地涼州發長安作北征賦故公因之作北征詩（鮑曰）至德二載公自賊竄歸鳳翔謁肅宗授左拾遺時公家在鄜州所在寇多彌年艱窶孺弱至餓死者有墨制許自省視八月之吉公始北征徒步至三川迎妻子故有是詩（蘇曰）北征詩識君臣之大體忠義之氣與秋色爭高可貴也（黃庭堅曰）此書一代之事與國風雅頌相爲表裏也（鶴曰）楚辭九懷駕玄螭兮北征詩述在路及到家之事當在羌村後至德二載九月作故云菊垂今秋花
皇帝二載秋閏八月初吉（希曰）按唐紀是年閏月甲寅安慶緒寇好畤渭北李光進敗之此詩云初吉乃是其月初一日其曰怵惕久未出詔許久得此命而未敢行也 杜子將北征蒼茫問家

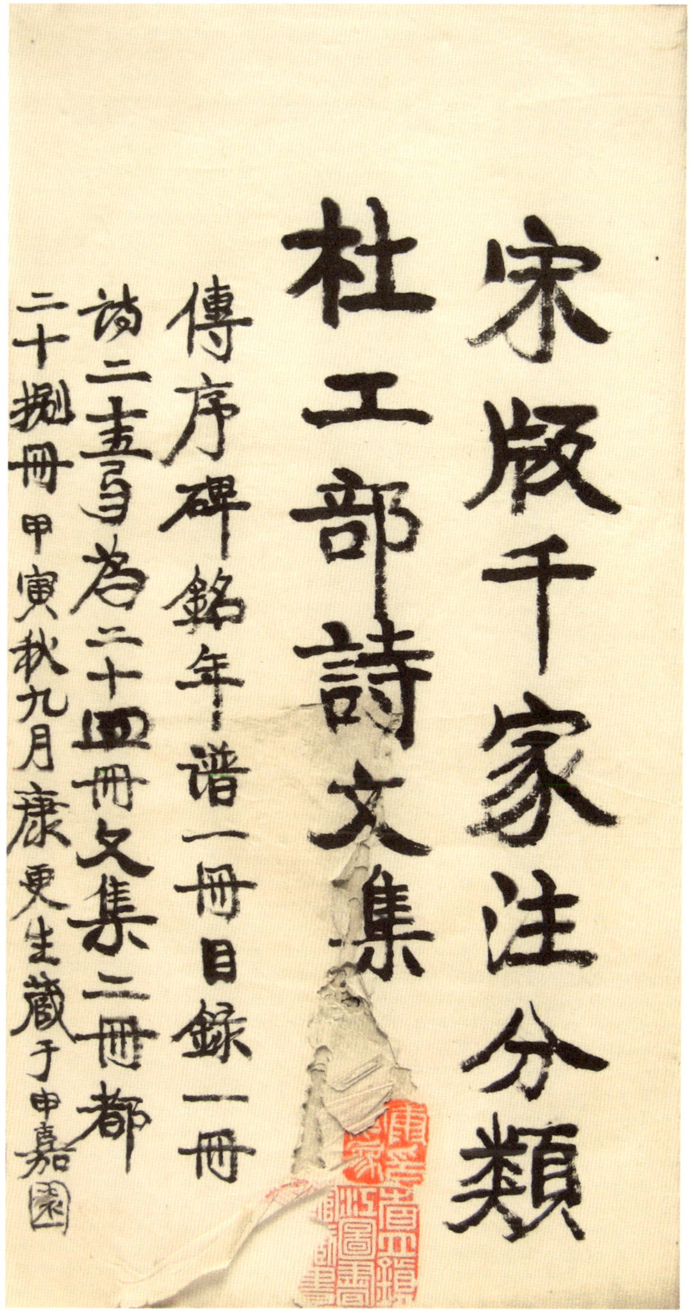

宋版千家注分類
杜工部詩文集
傳序碑銘年譜一冊目錄一冊
詩二十五卷為二十四冊文集二冊都
二十捌冊 甲寅秋九月康更生藏于申嘉園

11467 集千家註分類杜工部詩二十五卷文集二卷 （唐）杜甫撰 （宋）徐居仁編次 （宋）黄鶴補注 **年譜一卷** （宋）黄鶴撰 元刻明修本

匡高19.8厘米，廣13.3厘米。詩半葉十二行，行二十字，小字雙行二十六字，文集半葉十二行，行二十三字，小字雙行同，黑口，四周雙邊。有“康印有爲”等印。康有爲題記。鎮江市圖書館藏。

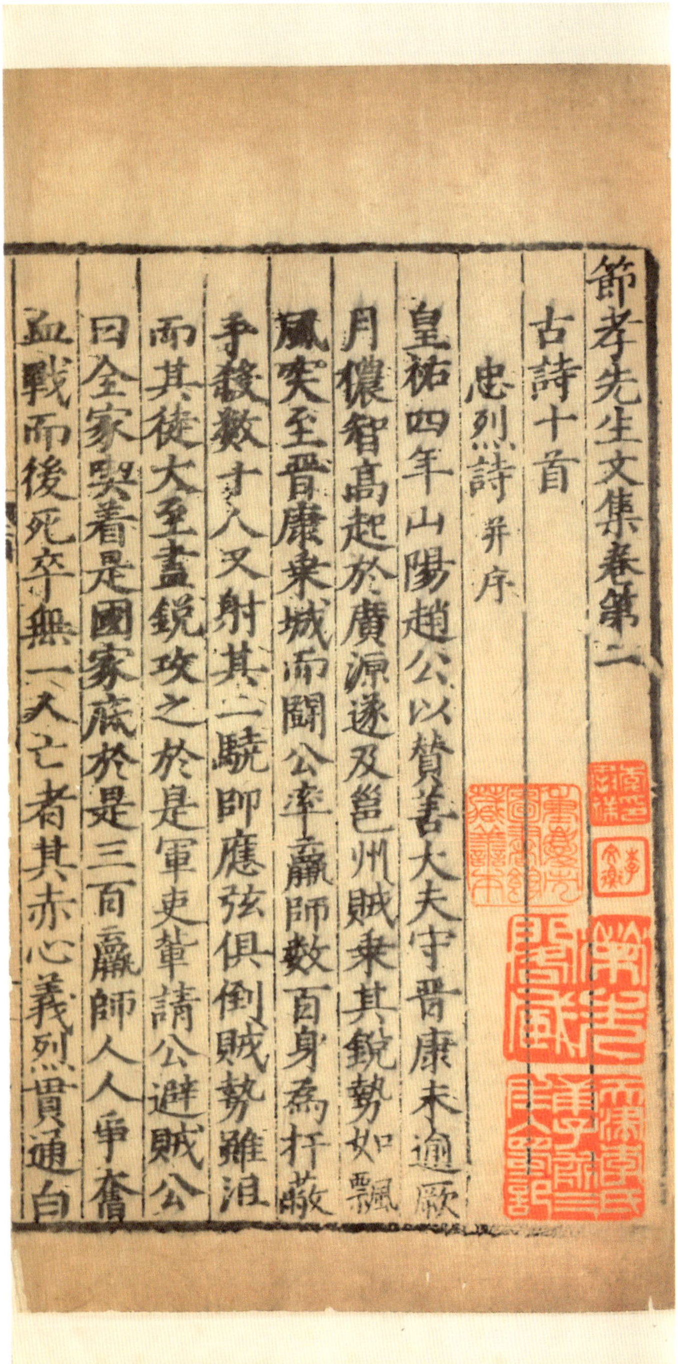
節孝先生文集卷第二
古詩十首
忠烈詩 并序
皇祐四年山陽趙公以賛善大夫守晋康未逾歲
月儂智高起於廣源遂及邕州賊乘其鋭勢如飄
風突至晋康乘城而鬬公率羸師數百身爲扞蔽
手殺數十人又射其二驍即應弦俱倒賊勢雖沮
而其徒大至盡鋭攻之於是軍吏輩請公避賊公
曰全家受着是國家廪於是三百羸師人人爭奮
血戰而後死卒無一人亡者其赤心義烈貫通白

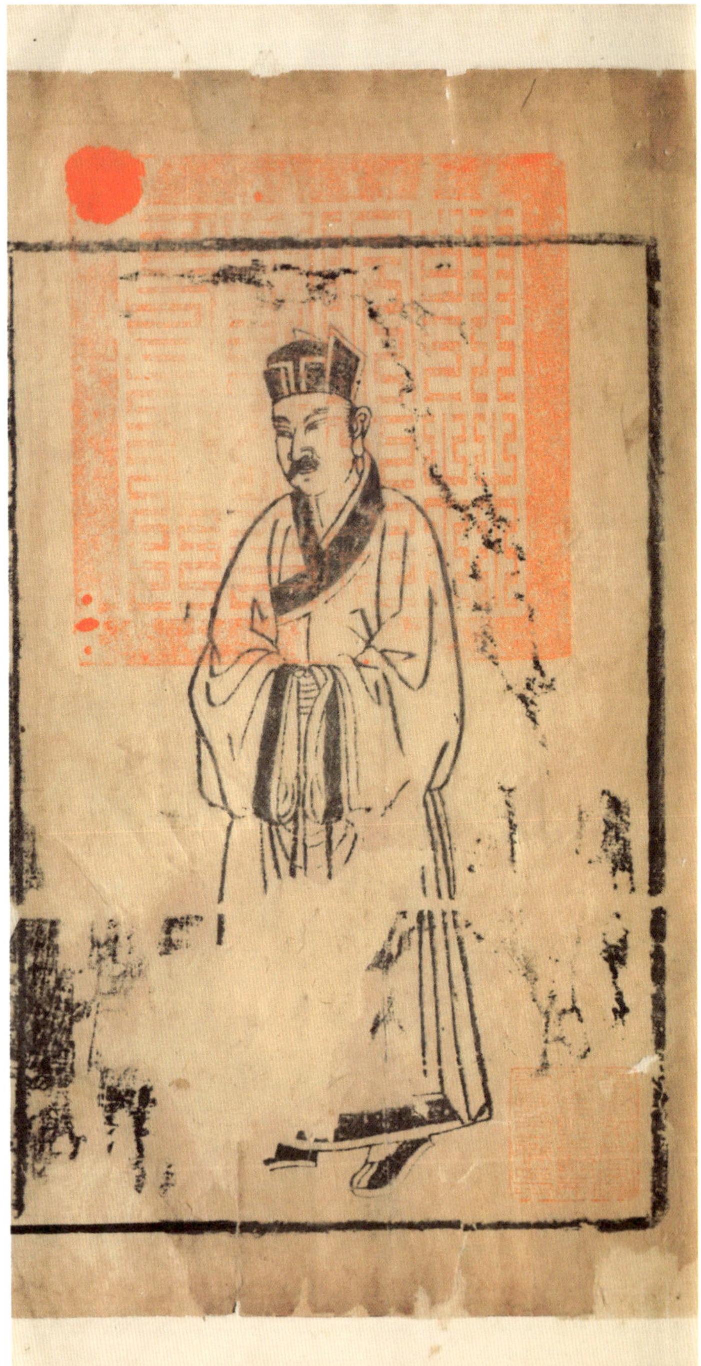

11468 節孝先生文集三十卷 （宋）徐積撰 **節孝先生語一卷事實一卷本朝名臣言行録一卷皇朝東都事略卓行傳序一卷諸君子帖一卷** 元刻明修本

匡高19.7厘米，廣13.9厘米。半葉十行，行二十字，白口，四周單邊。有“翰林院印”“天津李氏庚子前三年入蜀記”“榮先閣藏”“李文衡”等印。重慶圖書館藏。

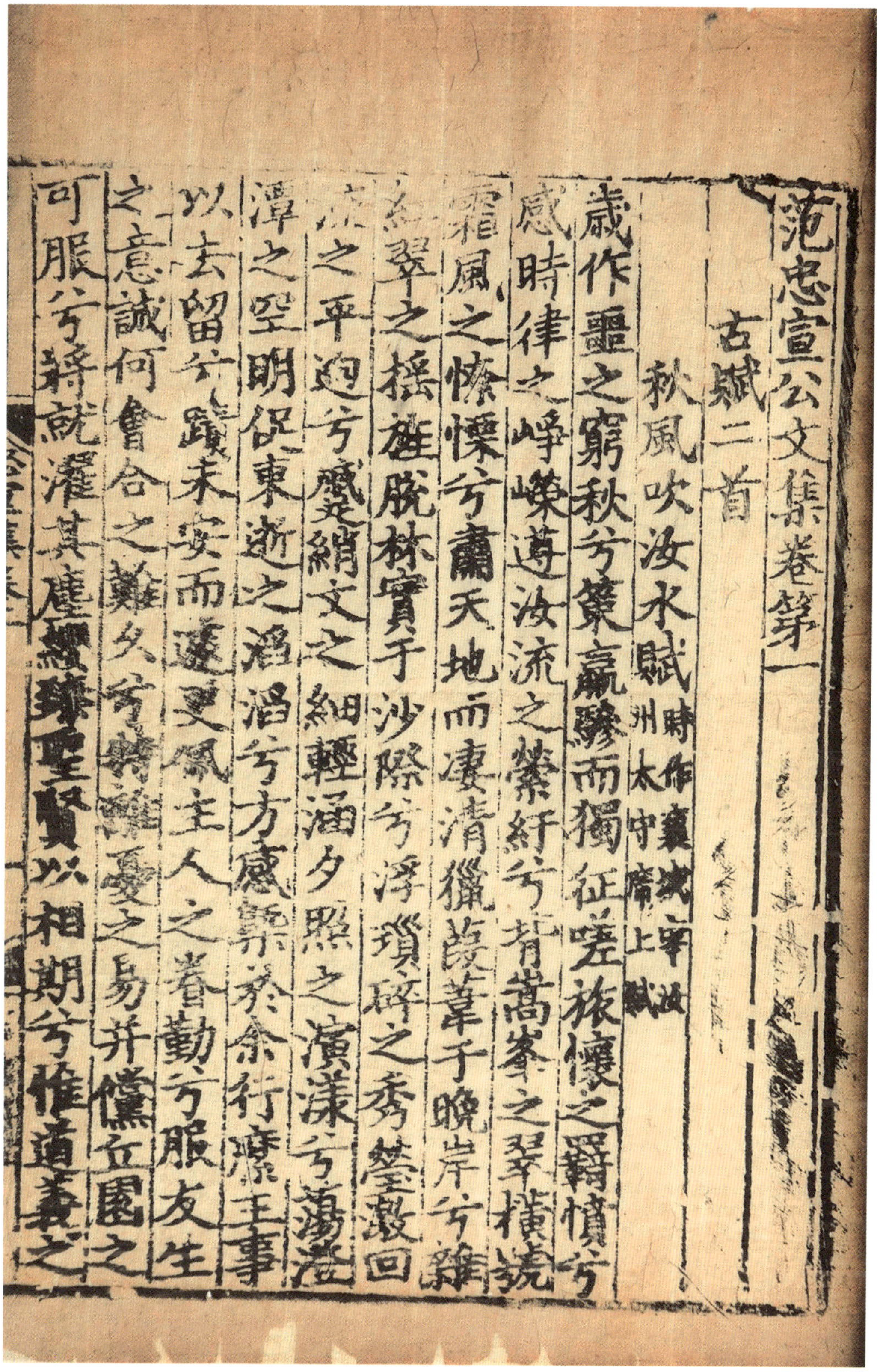

范忠宣公文集卷第一
古賦二首
秋風吹汝水賦 時作襄城宰汝州太守席上賦
歲作噩之窮秋兮衆羸驂而獨征嗟旅懷之羇憤兮
感時律之崢嶸遵汝流之縈紆兮眷嵩峯之翠橫繞
霜風之憀慄兮肅天地而凄清獵葭葦于晚岸兮雜
紛翠之搖旌脫林實于沙際兮浮瑣碎之秀瑩激回
流之平迴兮蹙綃文之細輕涵夕照之演漾兮蕩浩
潭之空明促東逝之滔滔兮方感喟於余行懔王事
以去留兮躡未安而遽更佩主人之眷勤兮服友生
之意誠何會合之難久兮雜離憂之易并儻丘園之
可服兮將就灌其塵纓瞻聖賢以相期兮惟道義之

11469 范忠宣公文集二十卷 （宋）范純仁撰 元刻本

匡高21.4厘米，廣15.8厘米。半葉十二行，行二十字，黑口，左右雙邊。鄭州大學圖書館藏。

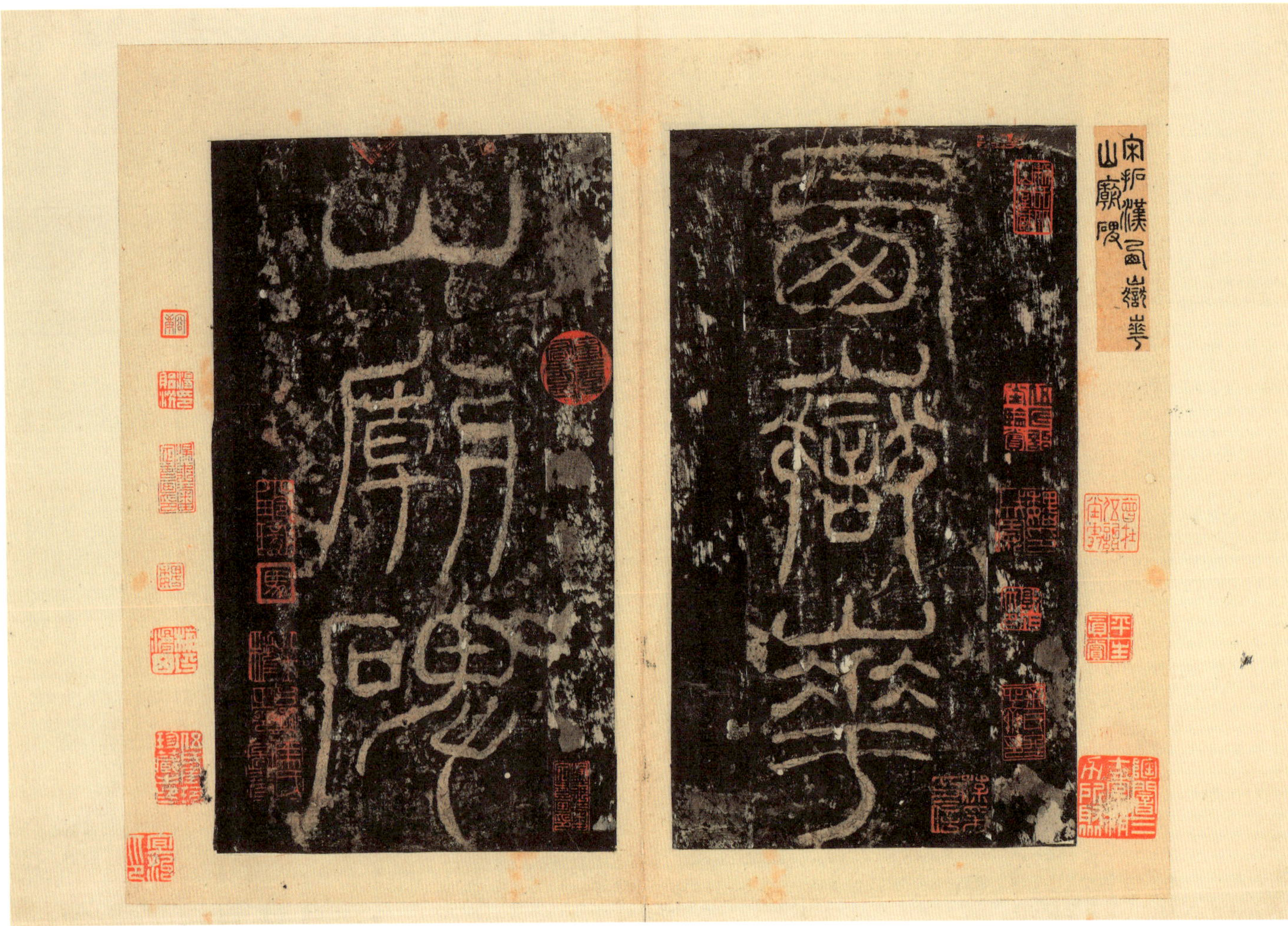

11470 華山廟碑　(漢) 郭香察書　東漢延熹八年 (165) 四月刻石　宋拓本

拓本十三開半，雙鉤補摹四開，題跋及題簽九開半。墨本高25厘米，廣17.6厘米。有“曰璐之印”“敦仁印”“薦粢珍賞”等印。姚鼐、趙之謙、羅惇曧、胡毅生、李文田、李棪題簽，孫星衍、伊秉綬、趙魏、唐仲冕、張敦仁、湯貽汾、顧廣圻、龔自珍、宗源瀚、潘祖蔭、完顏崇實、沈秉成、陳澧、李文田等跋。香港中文大學中國文化研究所文物館藏。

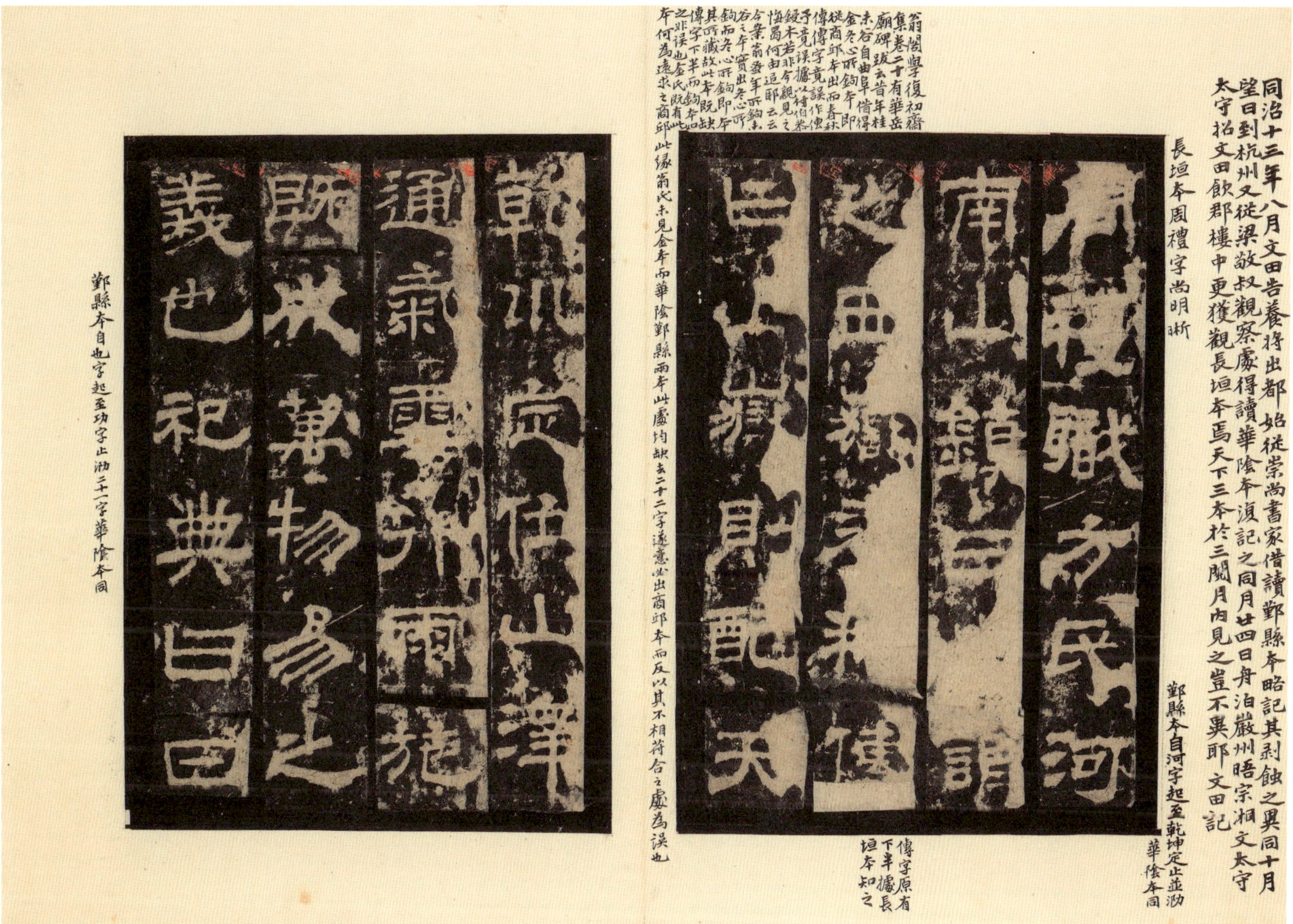

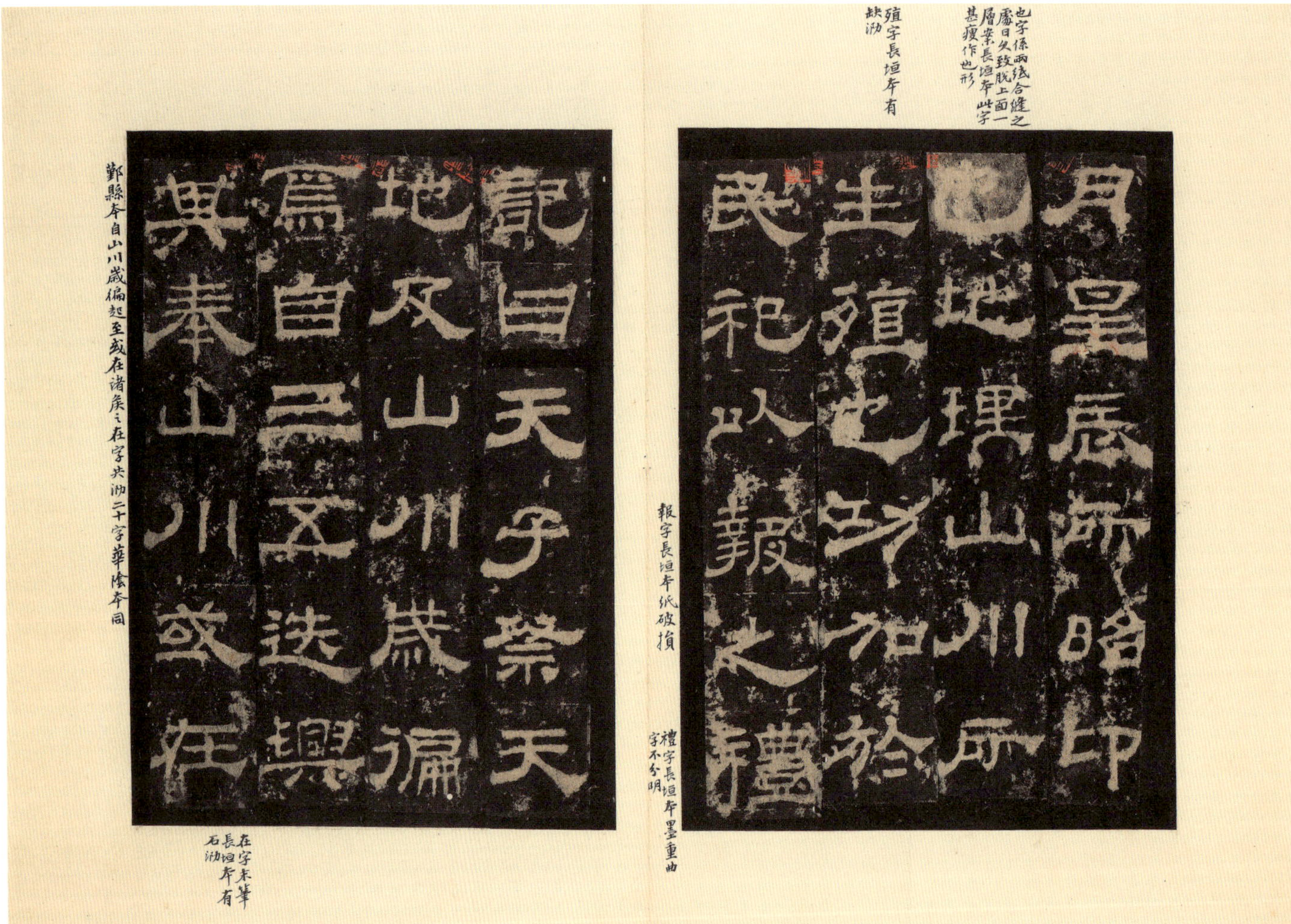

11470 華山廟碑

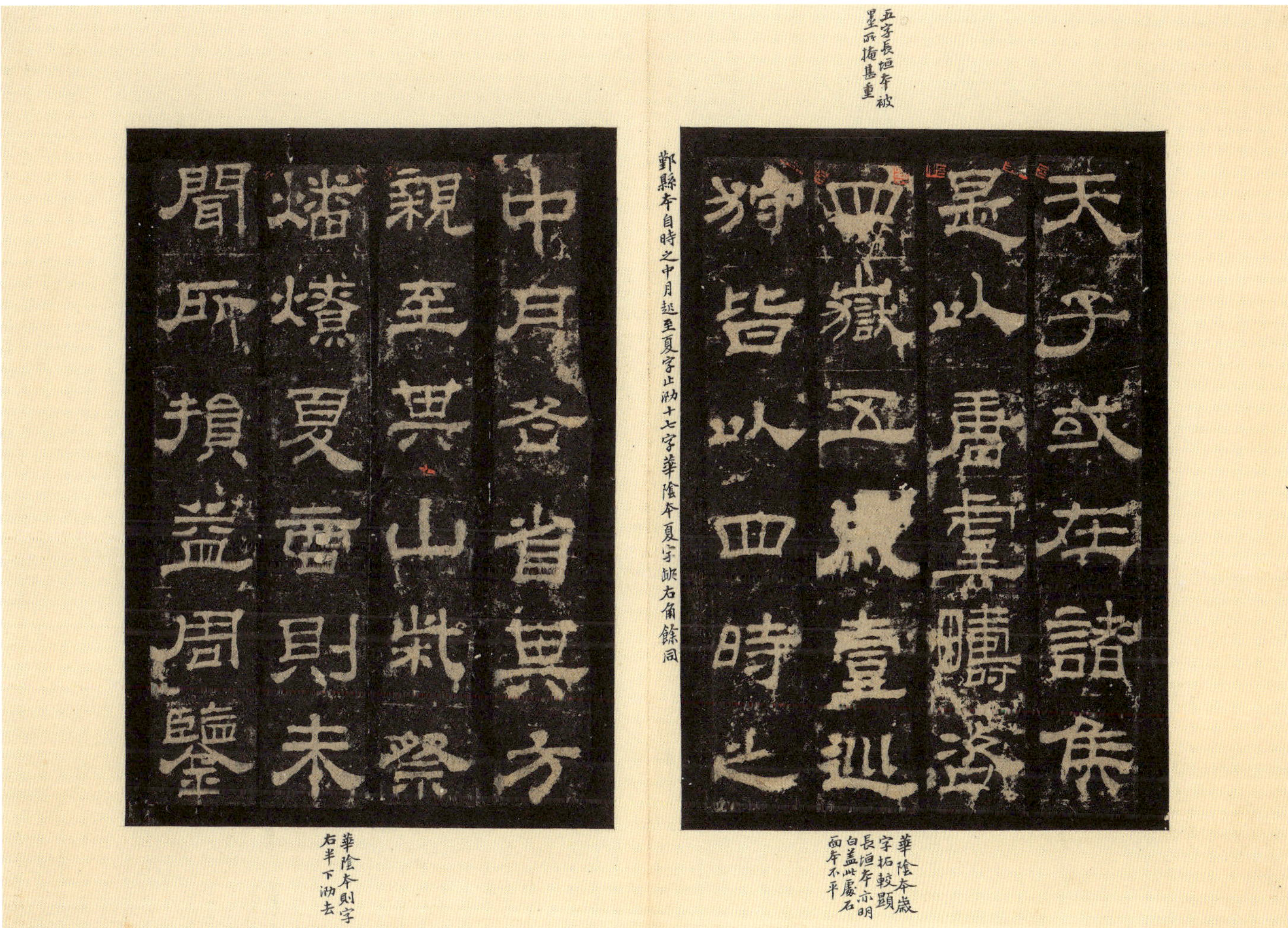

五字長垣本被墨所掩甚重

天子或在諸侯
是以唐虞疇咨
四嶽五歲壹巡
狩皆以四時之

華陰本歲字拓較顯長垣本亦明白蓋此處石面本不平

鄞縣本自時之中月起至夏字止泐十七字華陰本夏字缺右角餘同

中月省其方
親至其山柴祭
燔燎夏商則未
聞所損益周鑒

華陰本則字右半下泐去

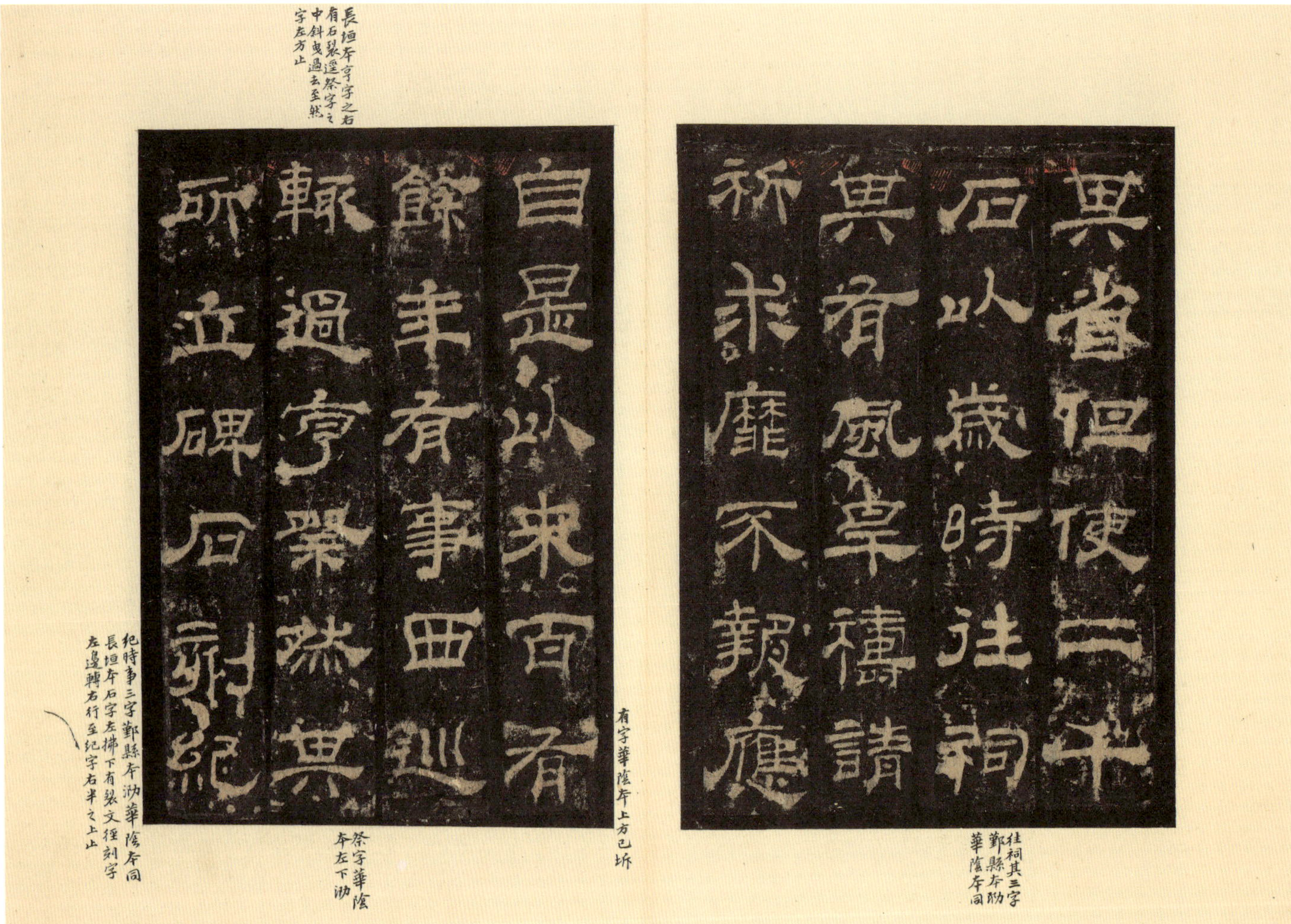

11470 華山廟碑

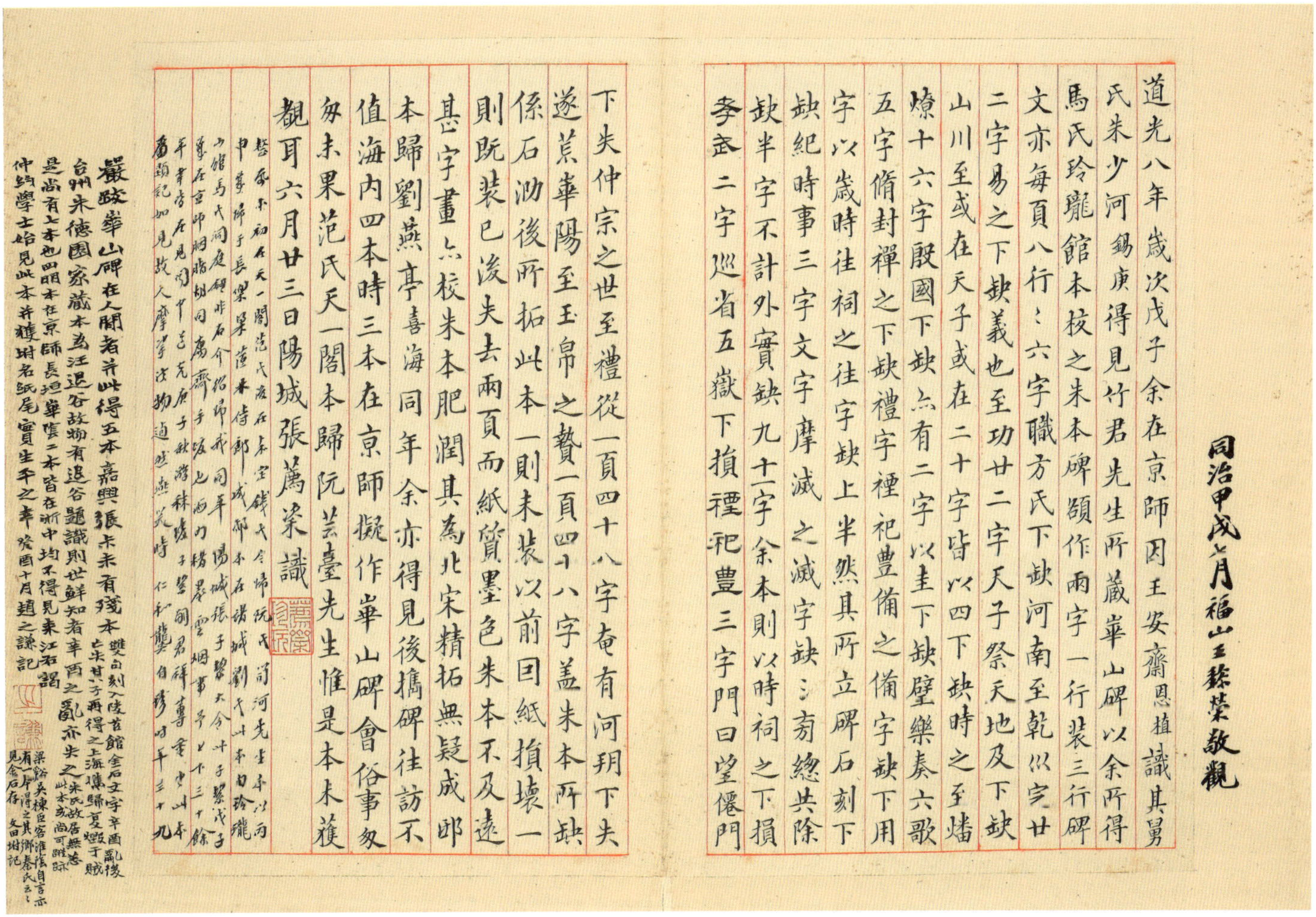

同治甲戌七月福山王懿榮敬觀

道光八年歲次戊子余在京師因王安齋恩植識其舅氏朱少河錫庚得見竹君先生所藏嵩山碑以余所得馬氏玲瓏館本校之朱本碑額作兩字一行裝三行碑文亦每頁八行〻六字職方氏下缺河南至乾巛字廿二字易之下缺義也至功廿二字天子祭天地及下缺山川至或在天子或在二十字皆以四下缺時之至燔燎十六字殷國下缺亦有二字以圭下缺壁樂奏六歌五字脩封禪之下缺禮字禋祀豐備之備字缺下用字以歲時往祠之往字缺上半然具所立碑石刻下缺紀時事三字文字摩滅之滅字缺〻旁總共除缺半字不計外實缺九十一字余本則以時祠之下損季武二字巡省五嶽下損禋祀豐三字門曰望僊門下失仲宗之世至禮從一頁四十八字奄有河玥下失遂蕞華陽至玉帛之贄一頁四十八字蓋朱本所缺係石泐後所拓此本一則未裝以前因紙損壞一則既裝已後失去兩頁而紙質墨色朱本不及遠甚字畫亦校朱本肥潤其為北宋精拓無疑成邸本歸劉燕亭喜海同年余亦得見後攜碑往訪不值海內四本時三本在京師擬作嵩山碑會俗事匆匆未果范氏天一閣本歸阮芸臺先生惟是本未獲覯耳六月廿三日陽城張萬棨識

暨承示初在天一閣范氏后在京宦錢氏今歸阮氏司河先生承以兩申蕘拂子長渠渠蓮舉侍郎成邸本在諸城劉氏此本自玲瓏山館馬氏間庭硯非石今昭歸我同年陽城張子黎大令此子黎戊子蕘在京師悯膀同癮齋手跋也而同楷果雲烟事今七十三年餘年者方在見聞中忘光庚子秋游秣陵于望嗣君碑尊重忠山本齋頭記如見故人摩挲汝物適然興笑時仁和龔自珍時年四十九

嶽跋嵩山碑在人間者并此得五本嘉興張叔未有殘本雙句刻入陵苔館金石文字辛酉亂後失朱甘亭再得之上海後歸夏燮于賊台州朱德園家藏本為汪退谷故物有退谷題識則世鮮知者辛酉之亂亦失之此本或朱氏故居無恙尚可蹤跡是尚有七本也四明本在京師長垣華氏二本皆在浙中均不得見來江右謁仲約學士始見此本并獲附名紙尾實生平之幸癸酉十月趙之謙記

梁谿吳棣臣客淮陰自言亦有一本得之其鄉秦氏云云見金石存文田附記

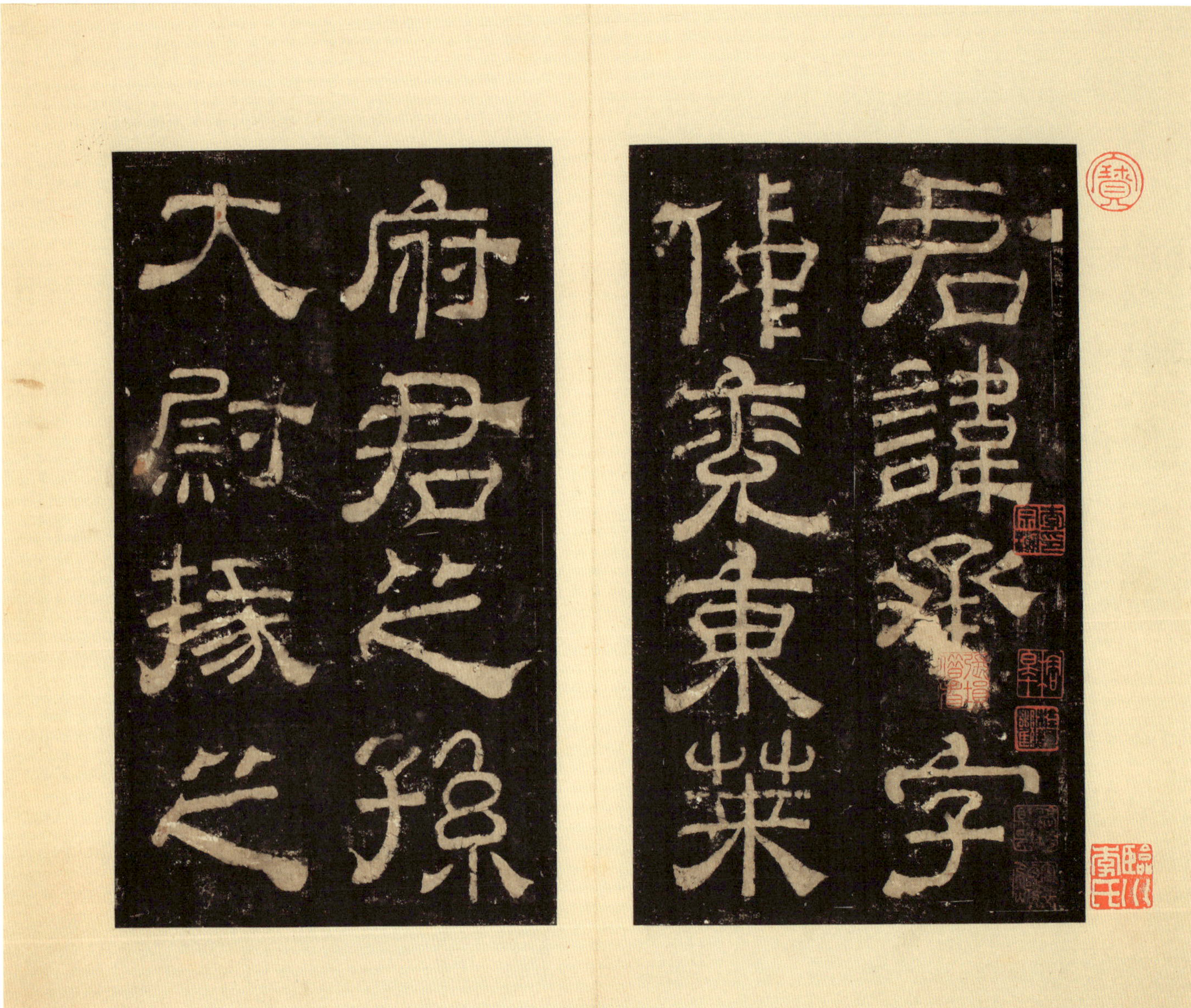

11471 夏承碑 傳（漢）蔡邕書 東漢建寧三年（170）刻石 宋拓本

拓本二十一開半，雙鈎補摹二開，引首及題跋五開半。墨本高26.4厘米，廣14.6厘米。有"繩祖圖書""臨川李氏"等印。黄易、翁方綱、張塤題簽，潘奕雋題端，豐道生、楊繩祖、翁方綱、李宗瀚、潘奕雋、宋葆淳、吴榮光、鄭孝胥、于右任等跋。香港中文大學中國文化研究所文物館藏。

中子右中郎將弟也累葉牧守印紱典據

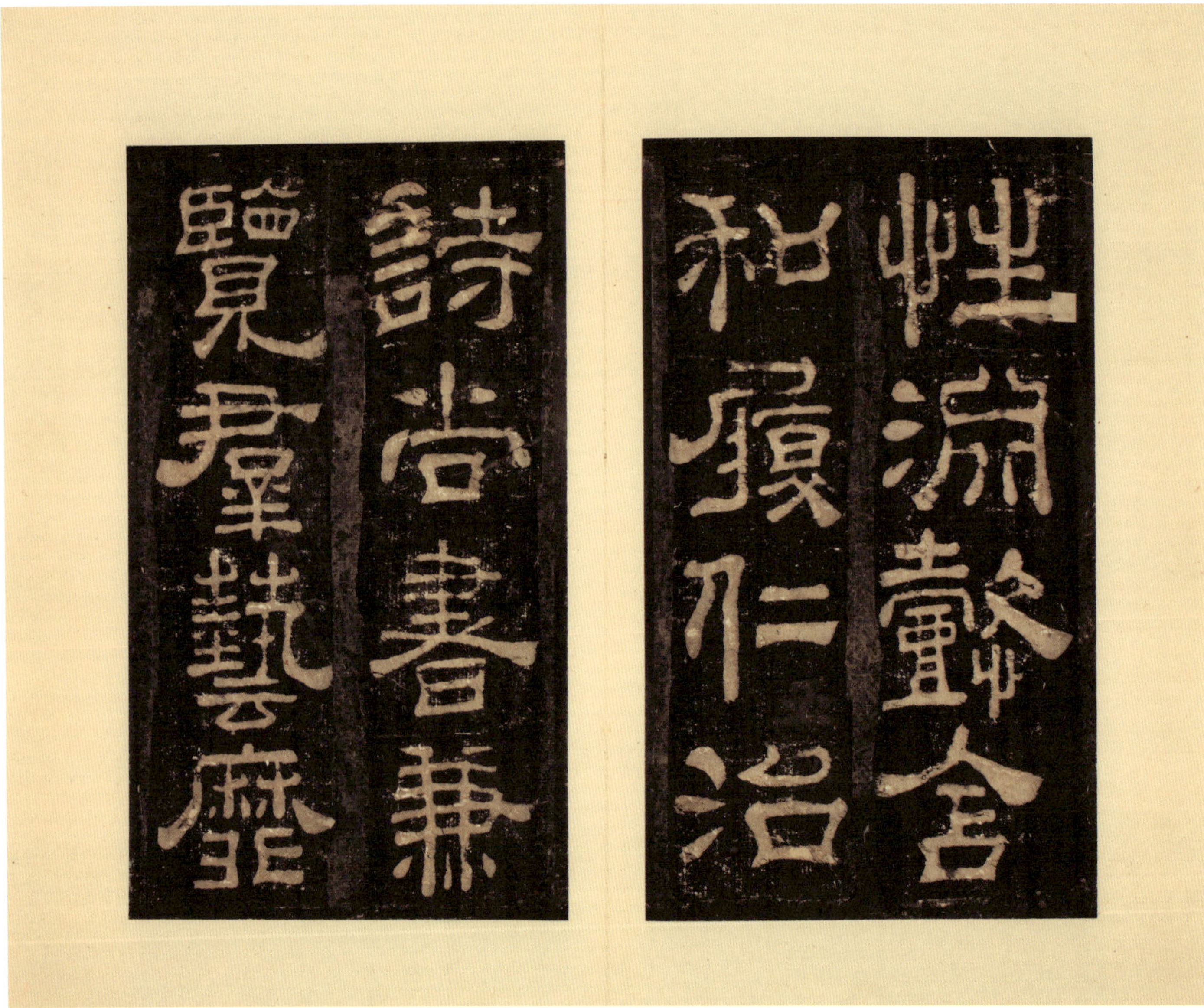
性淵懿含
和履仁治
詩尚書兼
覽羣藝靡

11471 夏承碑

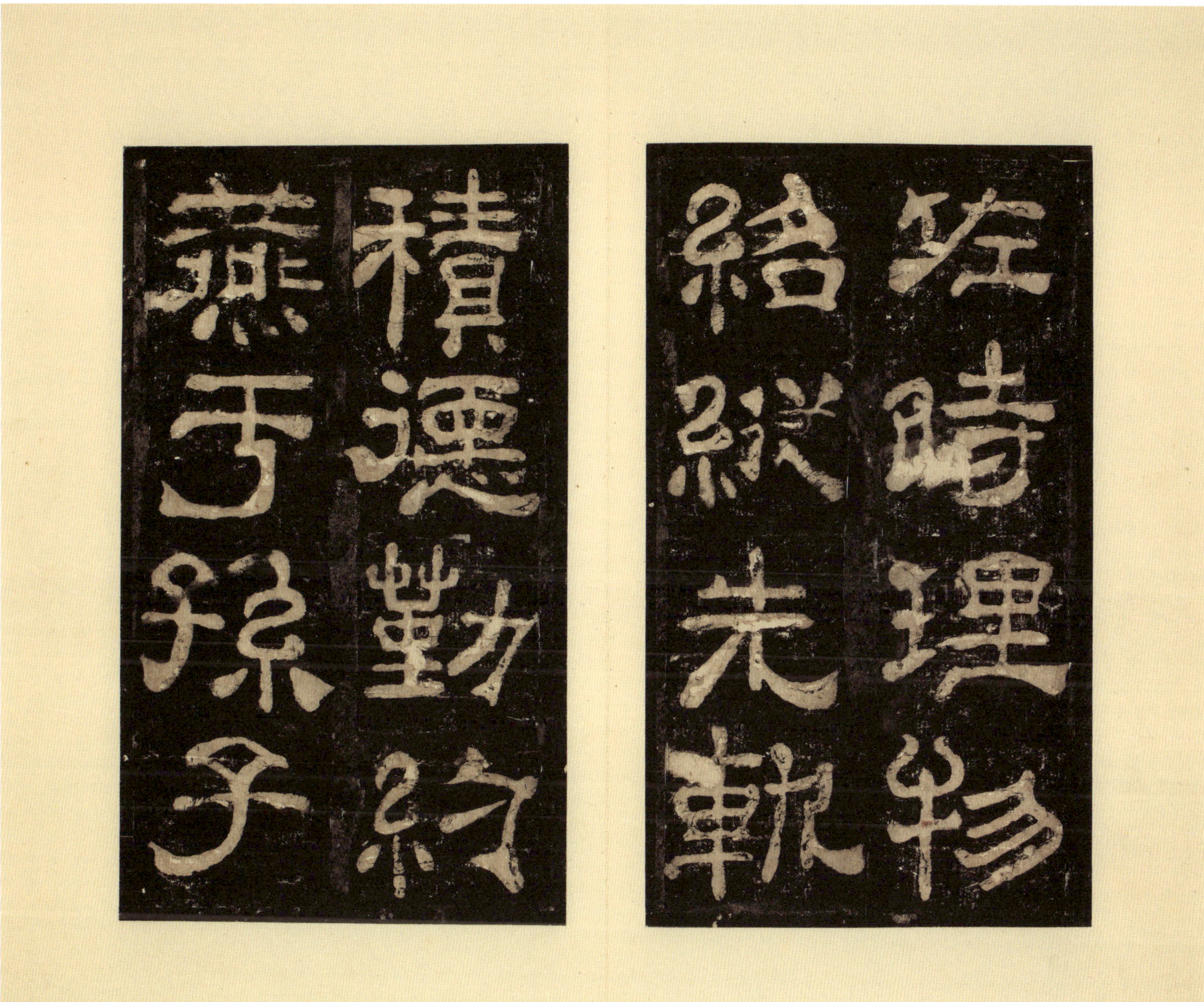

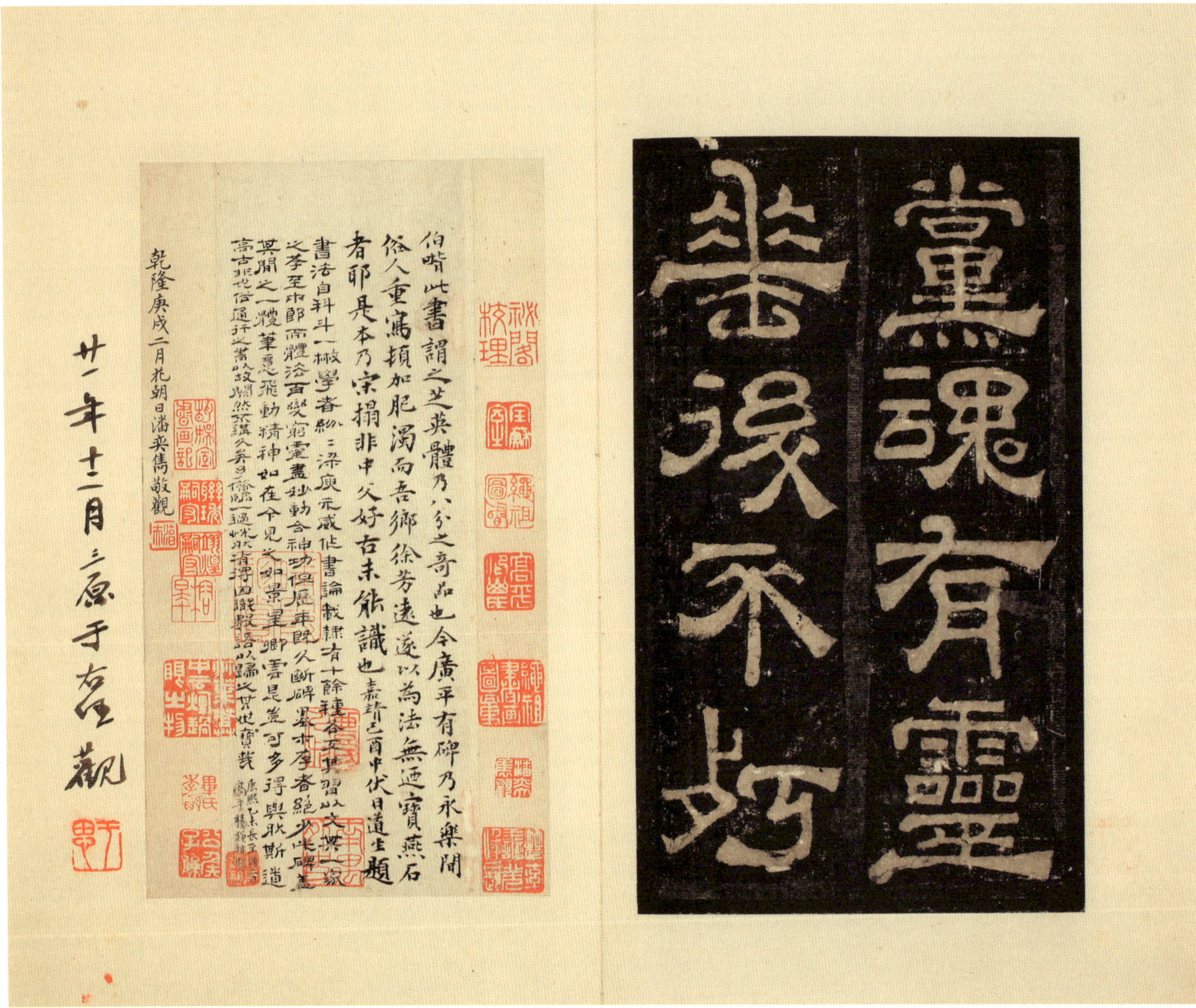

11471 夏承碑

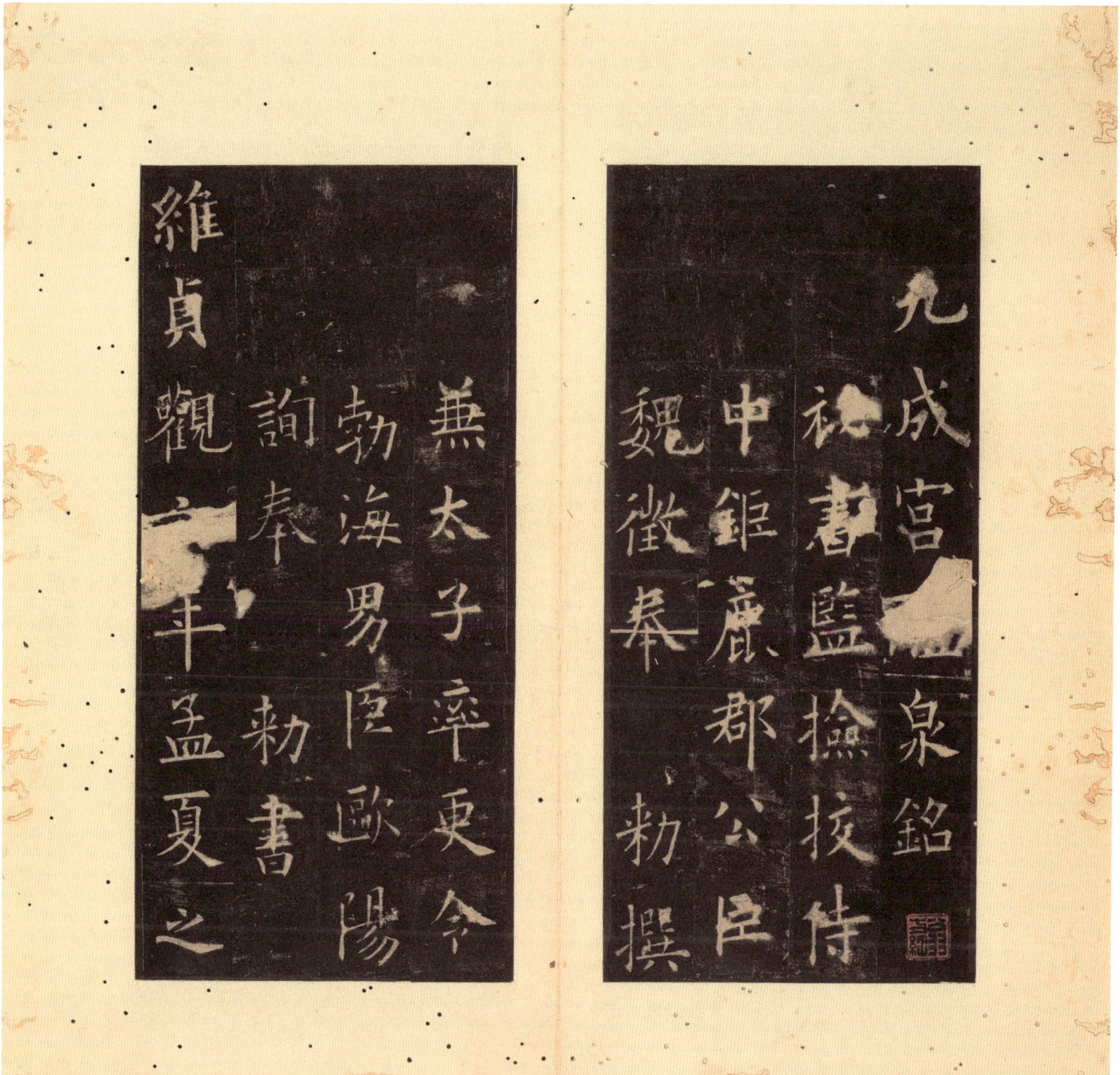

11472 九成宮醴泉銘　（唐）魏徵撰　（唐）歐陽詢書　唐貞觀六年（632）刻石　南宋拓本

拓本十八開，題簽及題跋六開。墨本高28.3厘米，廣13.3厘米。有“汪令聞曾經收藏”“孔繼幹印”“雩谷氏”“覃溪審定”“徐堅曾觀”等印。汪廷璋、翁方綱題簽，沈鳳、翁方綱等跋。香港中文大學中國文化研究所文物館藏。

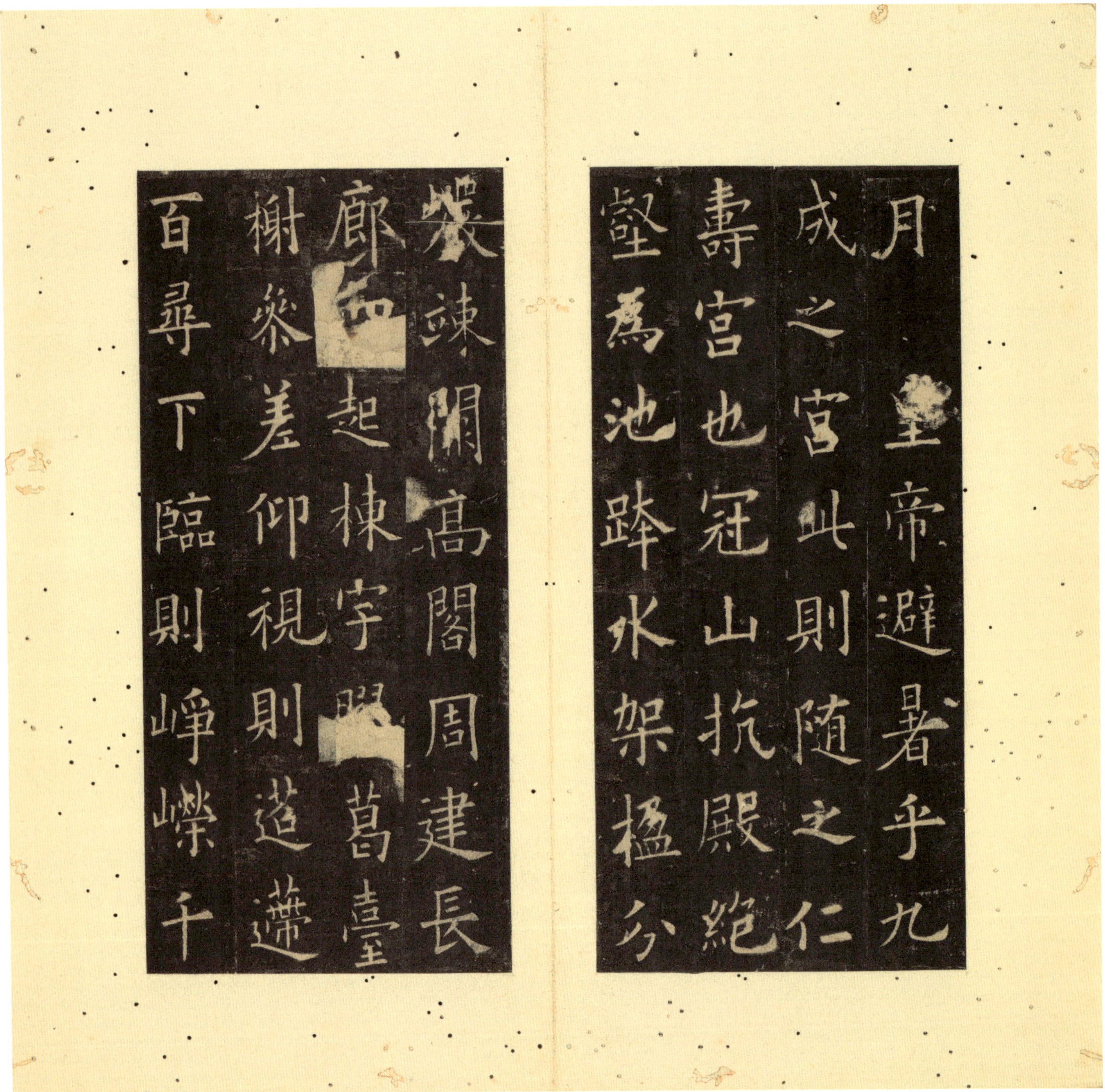

月皇帝避暑乎九
成之宮此則隨之仁
壽宮也冠山抗殿絶
壑爲池跨水架楹分
巖竦闕高閣周建長
廊四起棟宇膠葛臺
榭參差仰視則迢遰
百尋下臨則崢嶸千

11472 九成宮醴泉銘

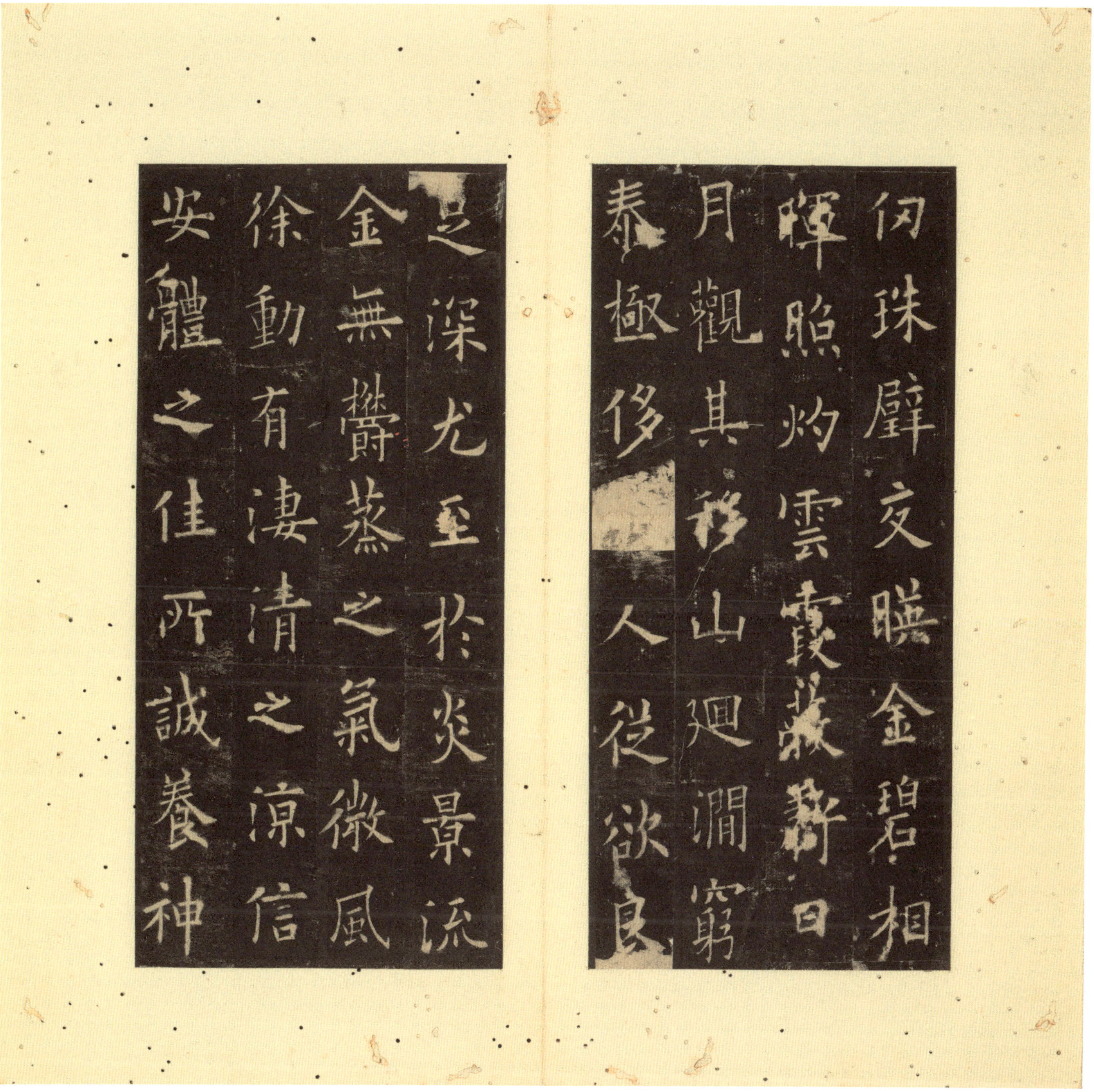
仞珠璧交暎金碧相
暉照灼雲霞蔽虧日
月觀其移山廻澗窮
泰極侈人從欲良
足深尤至於炎景流
金無鬱蒸之氣微風
徐動有淒清之涼信
安體之佳所誠養神

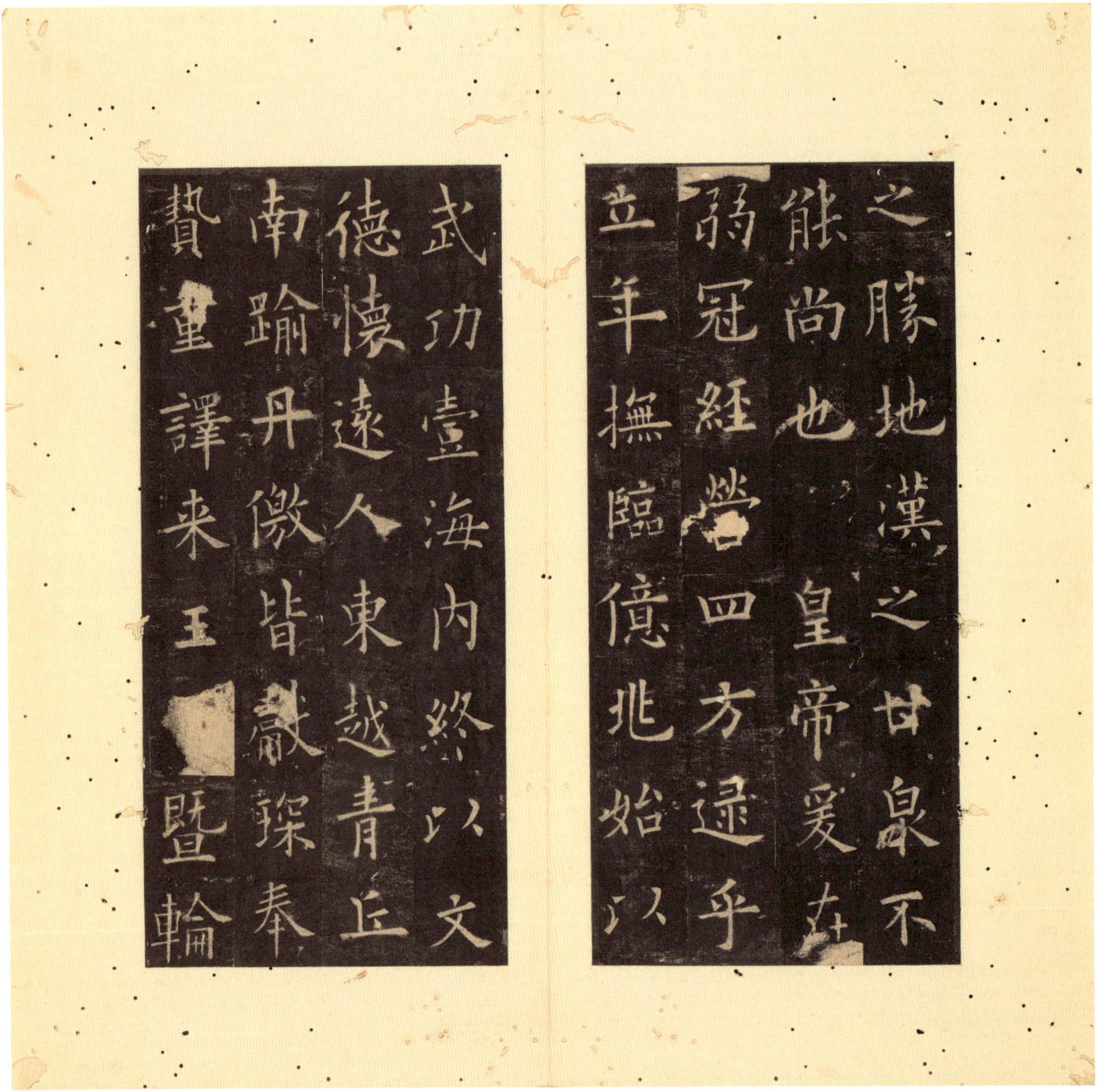

之滕地漢之甘泉不能尚也皇帝爰在弱冠經營四方逮乎立年撫臨億兆始以武功壹海内終以文德懷遠人東越青丘南踰丹徼皆獻琛奉贄重譯來王暨輪

11472 九成宮醴泉銘

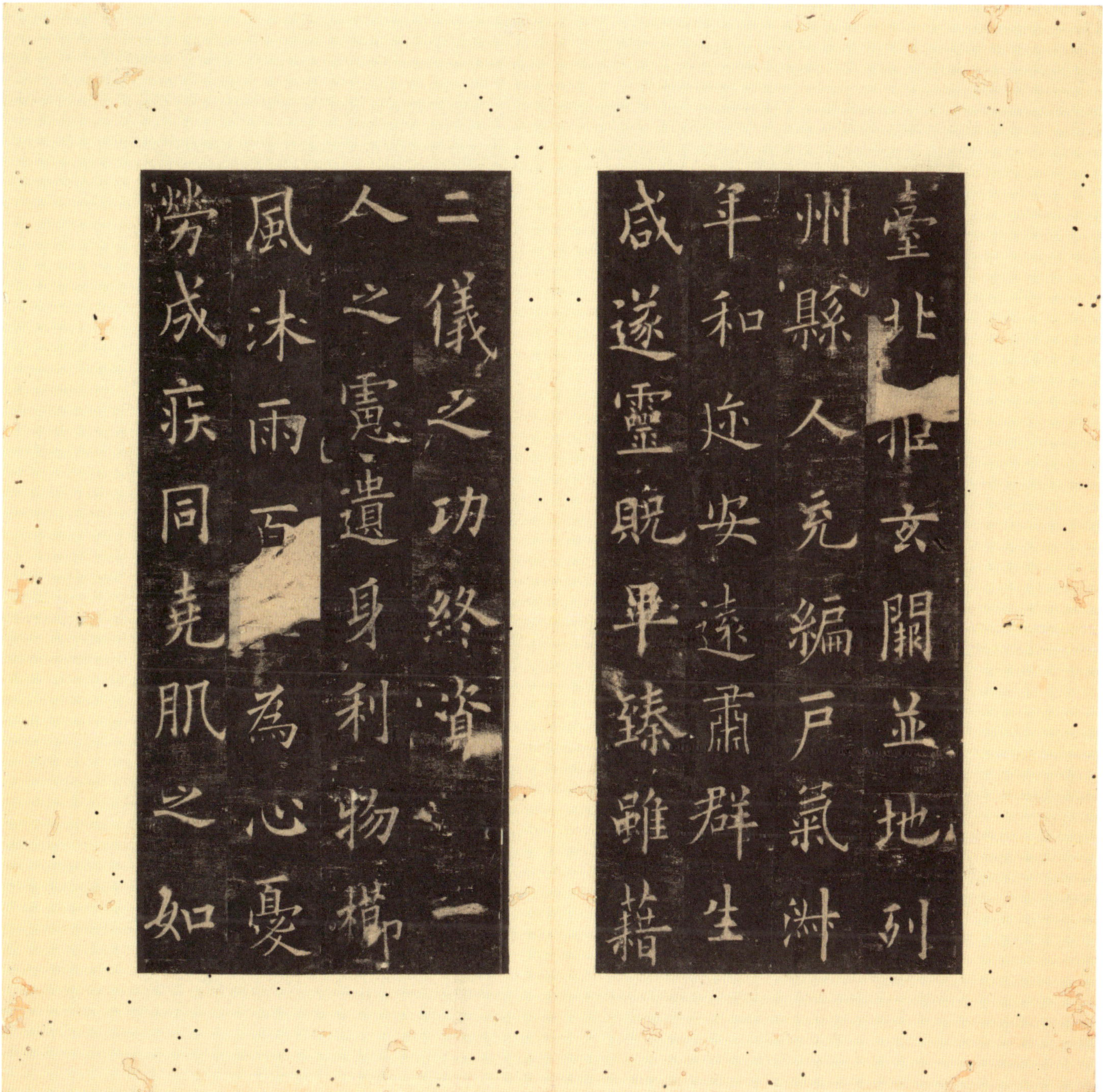

臺北北玄關並地列州縣人充編戶氣沸年和延安遠肅群生咸遂靈睨畢臻雖藉

二儀之功終資一人之靈遺身利物櫛風沐雨百[illegible]為心憂勞成疾同堯肌之如

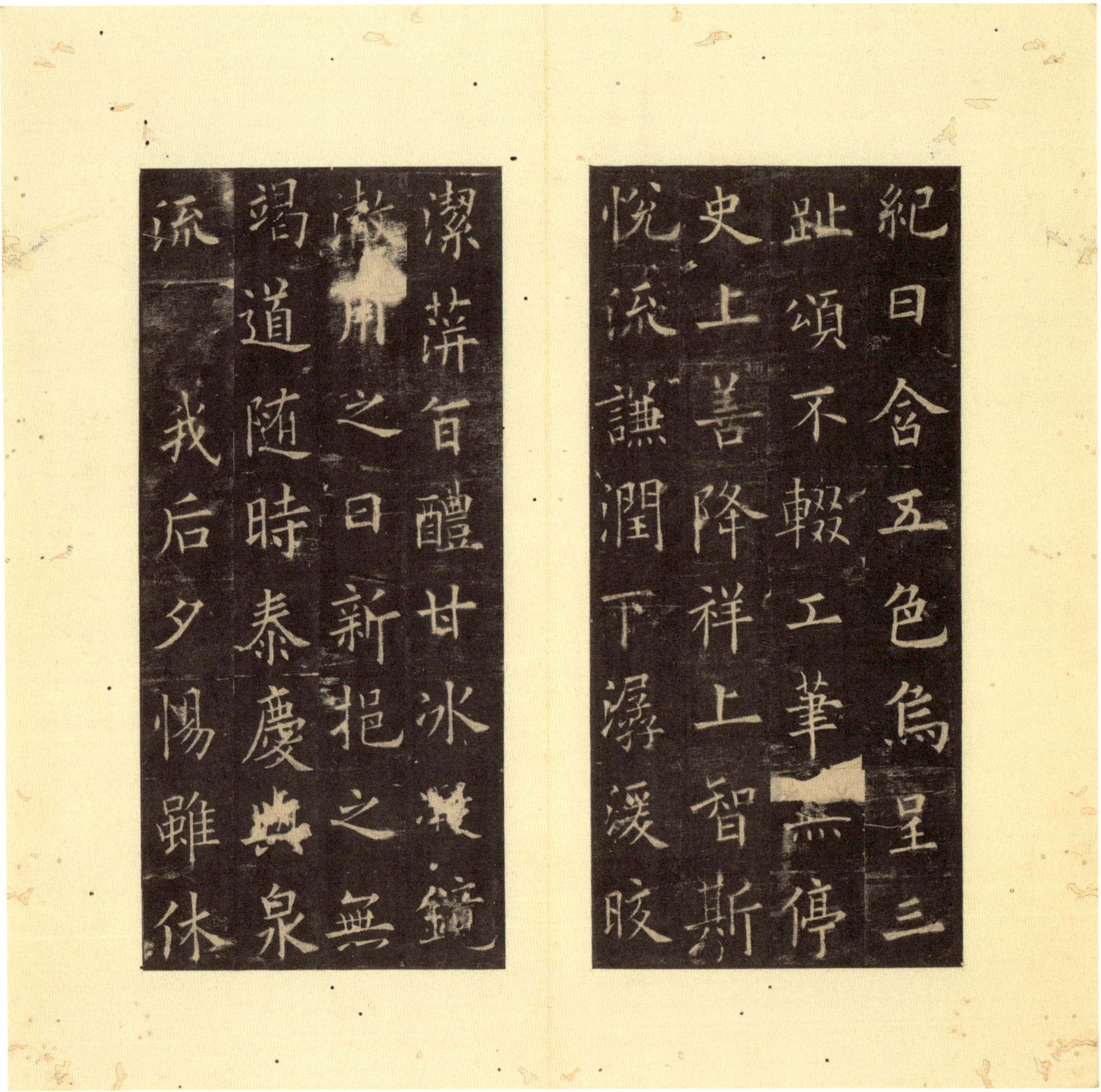

紀日含五色烏呈三
趾頌不輟工筆無停
史上善降祥上智斯
悅流謙潤下潺湲皎
潔萍旨醴甘冰凝鏡
澈用之日新挹之無
竭道隨時泰慶與泉
流我后夕惕雖休

11472 九成宫醴泉銘

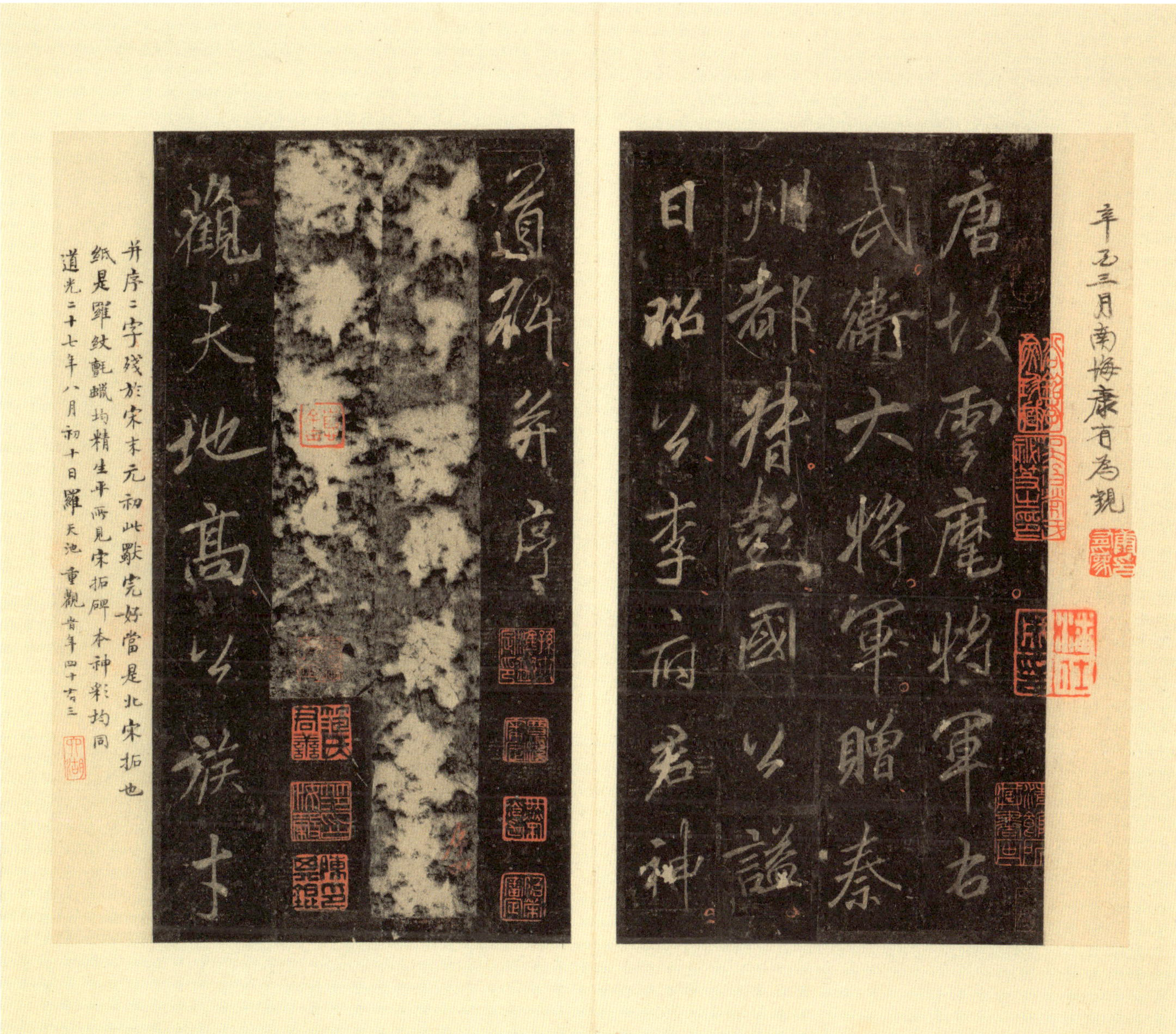

11473 李思訓碑 （唐）李邕撰並書 唐開元八年（720）刻石 南宋拓本（有補配）

拓本三十八開，題簽及鈐印二開半，題跋十開半。墨本高29厘米，廣15.7厘米。有“吳榮光印”“潘仕成印”“康有爲印”等印。翁方綱題簽並跋，魏廣微、永瑆、英和、陳其錕、羅天池、康有爲、黄賓虹、羅振玉、羅惇曧、梁啓超、王國維、羅原覺等跋。香港中文大學中國文化研究所文物館藏。

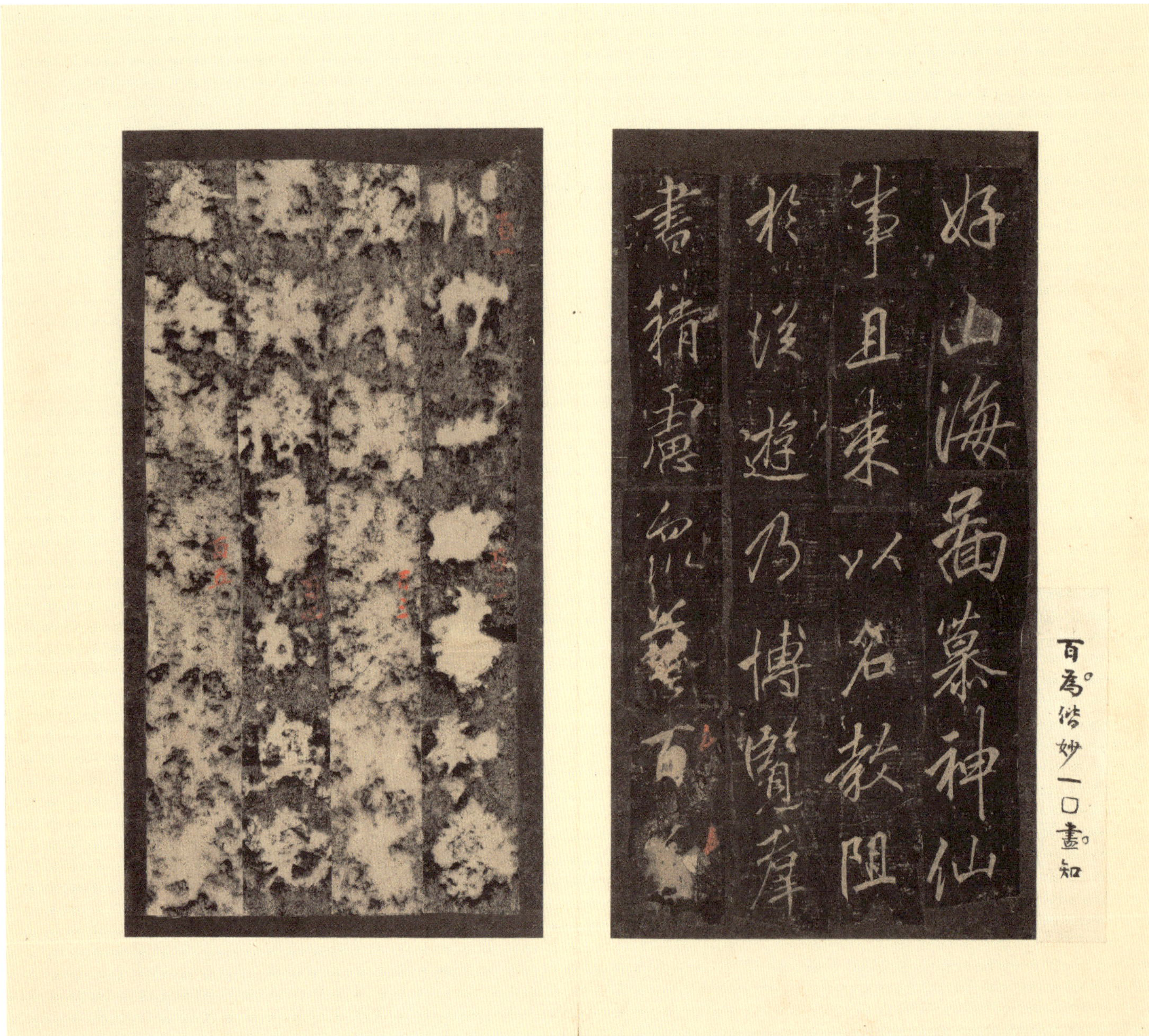

11473 李思訓碑

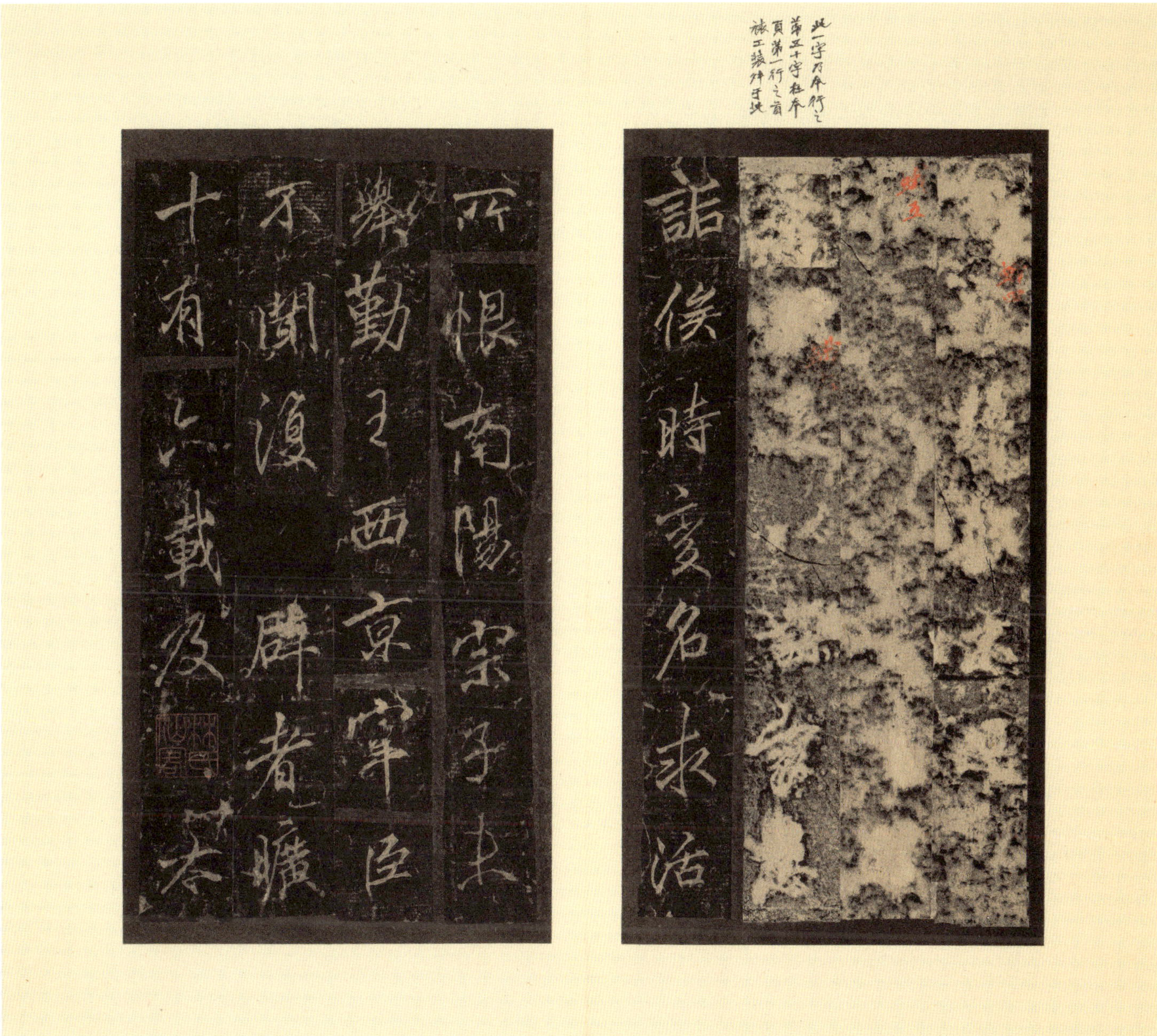

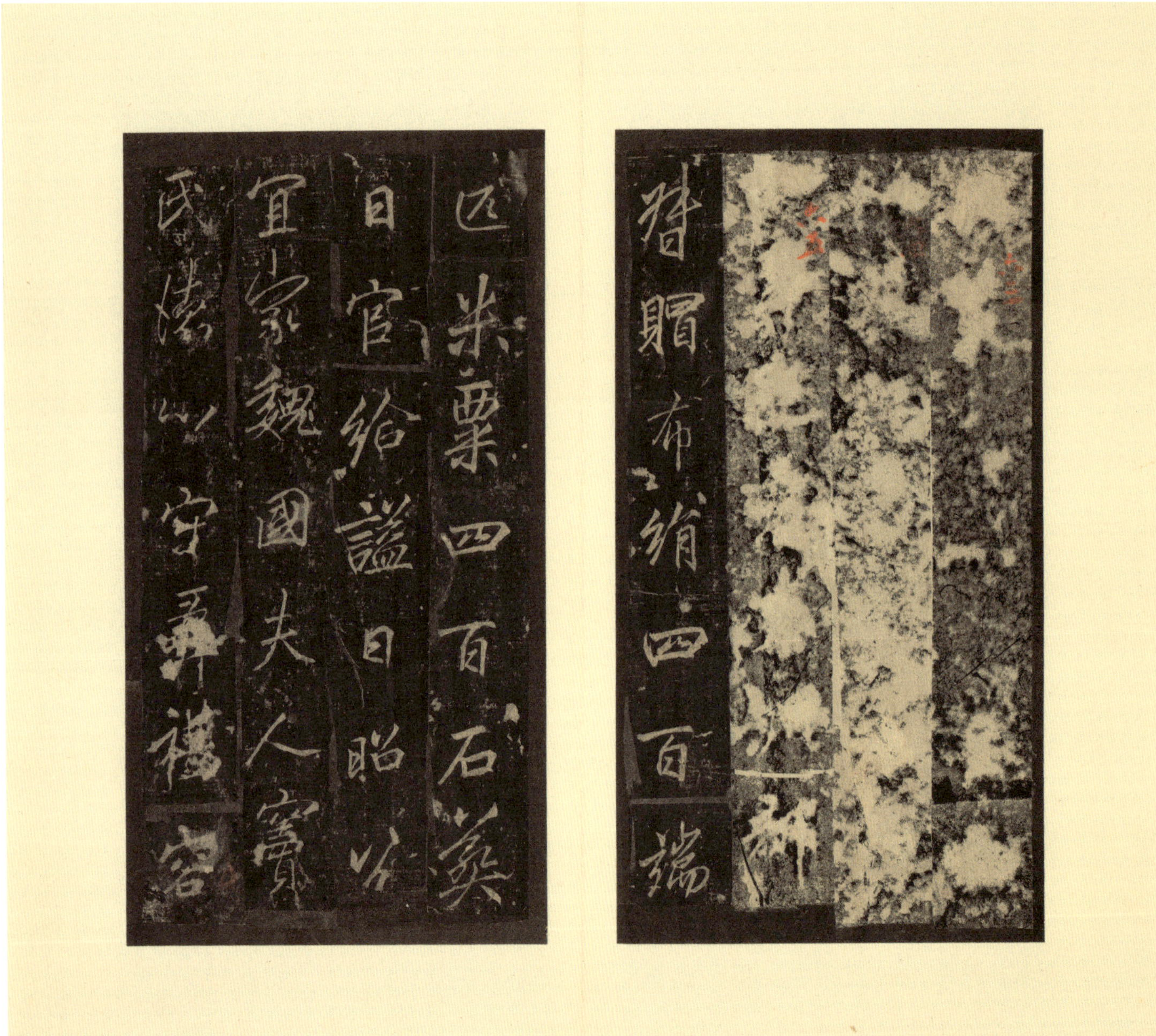

11473 李思訓碑

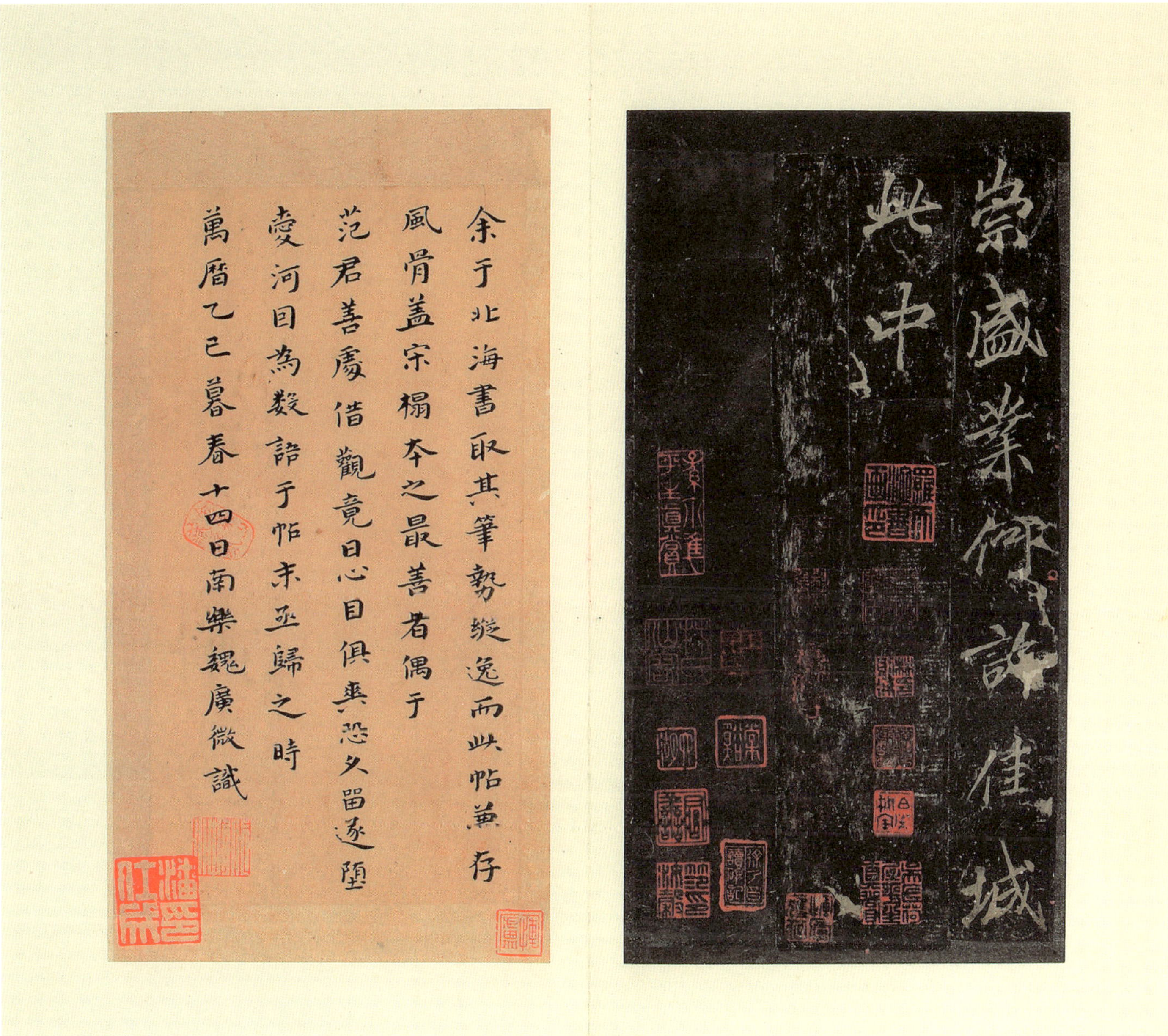
余于北海書取其筆勢縱逸而此帖兼存風骨蓋宋榻本之最善者偶于范君善處借觀竟日心目俱爽恐久留遂墮夔河因為数語于帖末亟歸之時萬曆乙巳暮春十四日南樂魏廣微識

崇盛業何許佳域此中

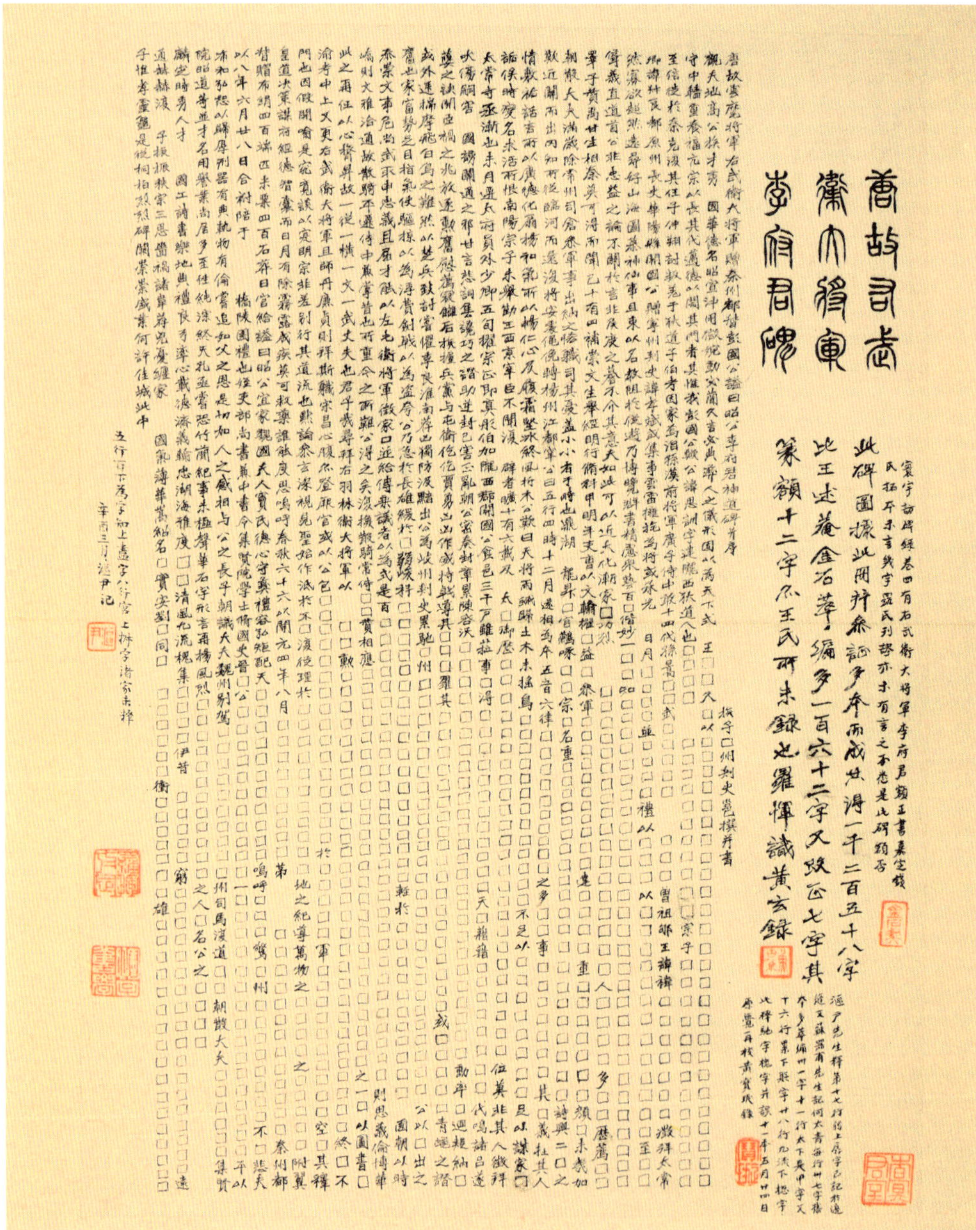

11473 李思訓碑

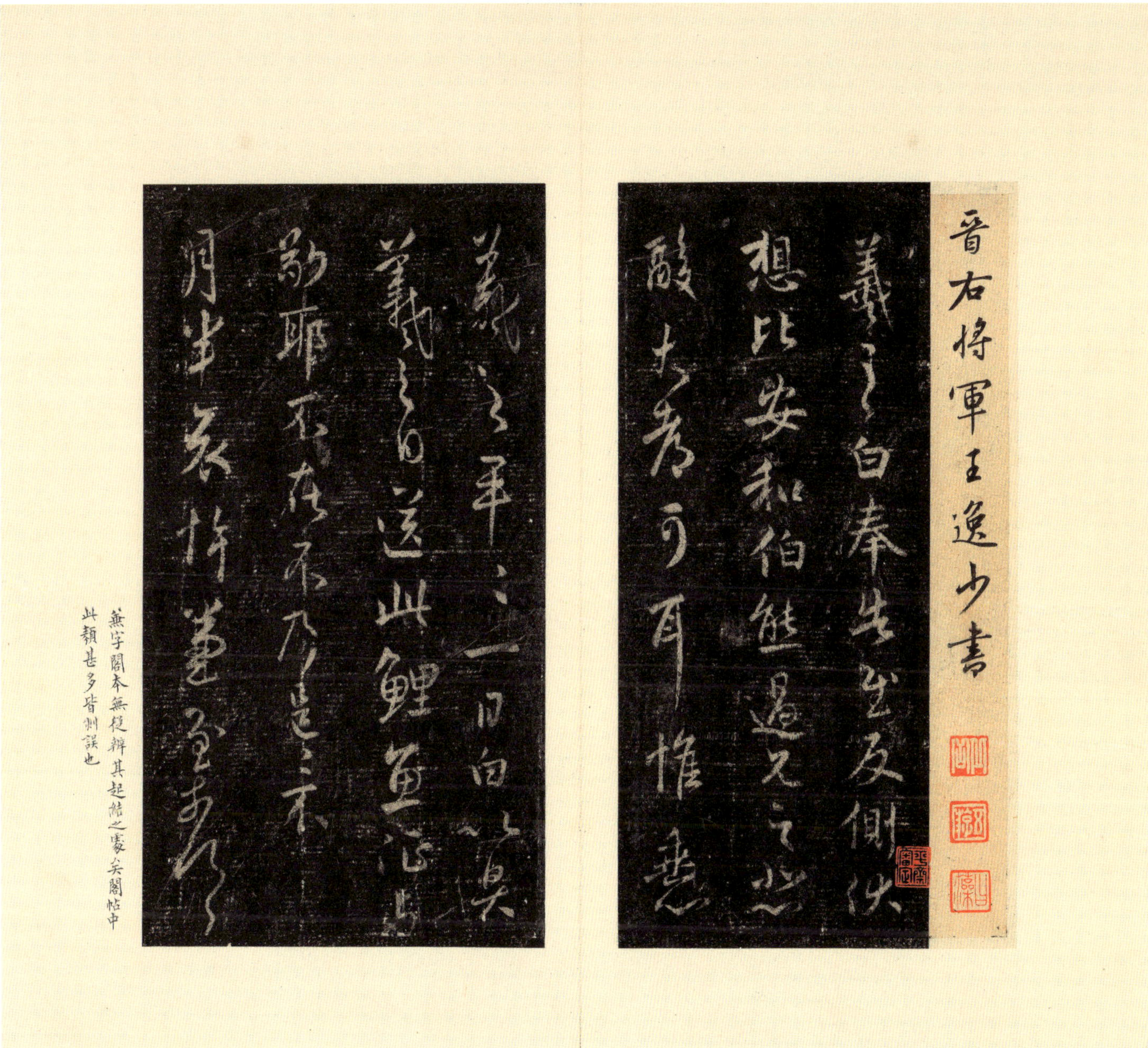

11474 淳化閣帖十卷　（宋）王著摹　北宋淳化三年（992）原刻南宋重刻　南宋拓泉州本

拓本三十三開，題簽及題跋六開。墨本高25厘米，廣13.6厘米。有“曰藻”“平齋審定”等印。繆曰藻、褚德彝、吴昌碩題簽，王文治題簽並跋，彭紹升、潘奕雋、陸恭、顧蒓跋。香港中文大學中國文化研究所文物館藏，存三卷。

11474 淳化閣帖十卷

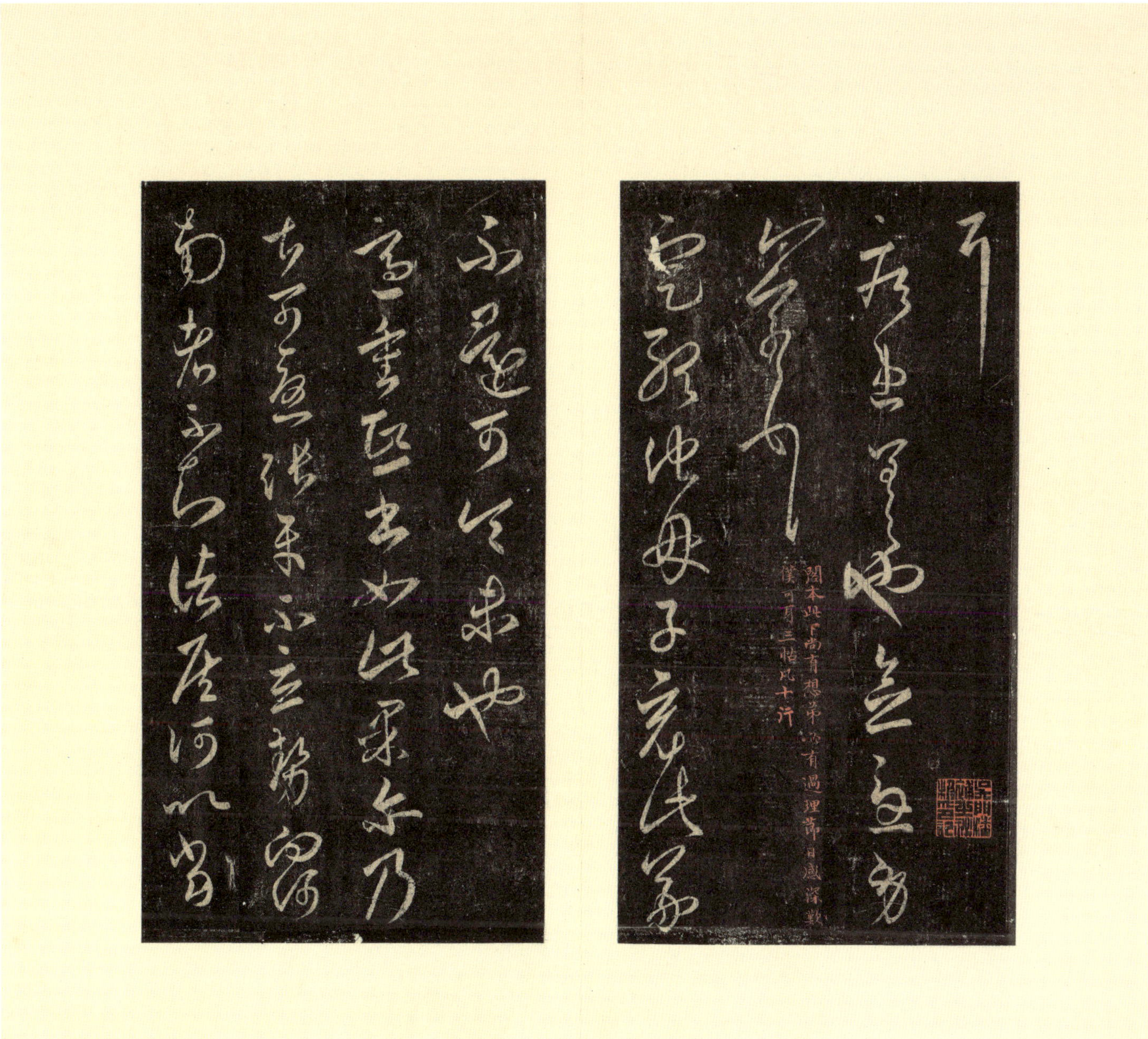

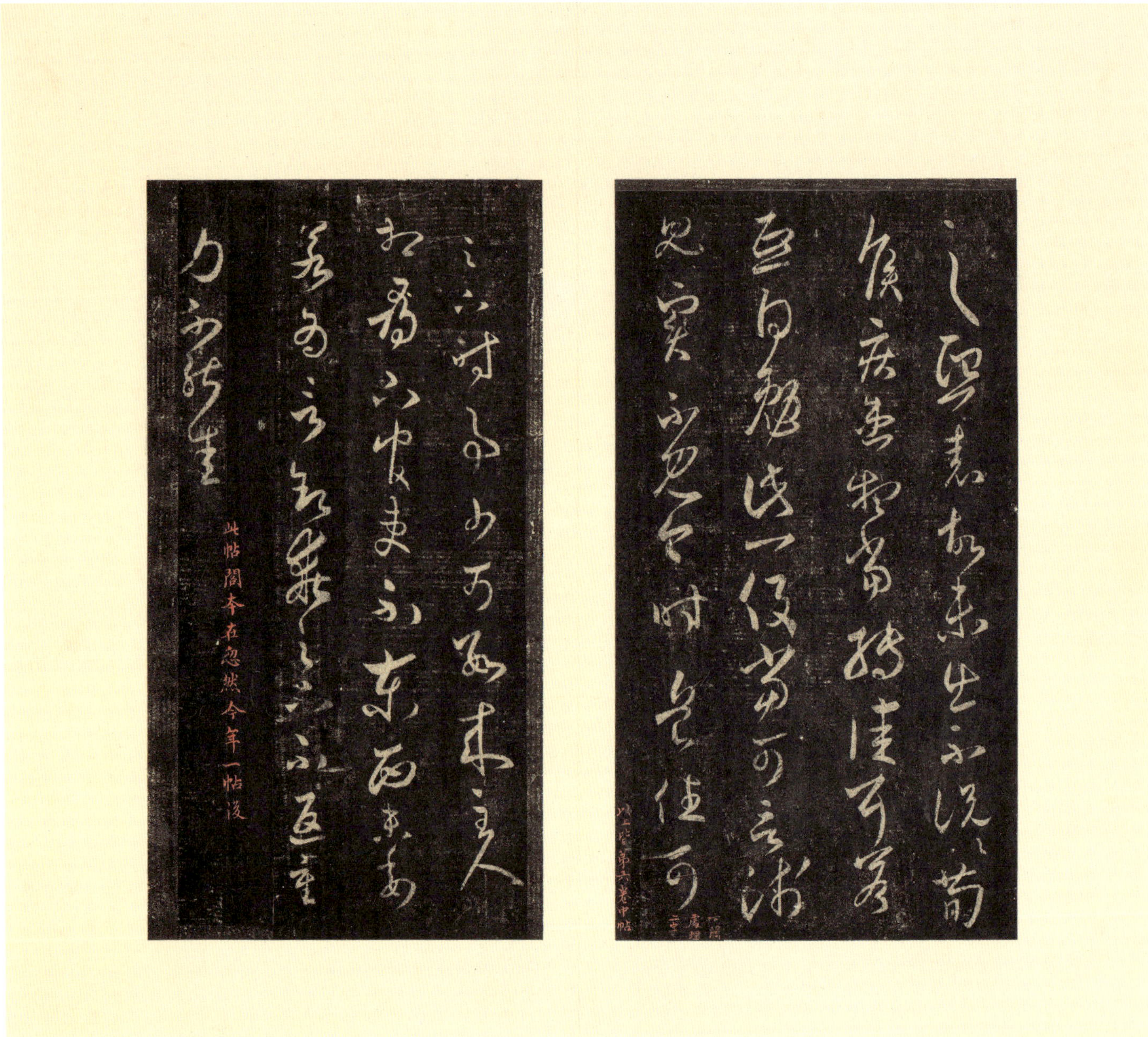

11474 淳化閣帖十卷

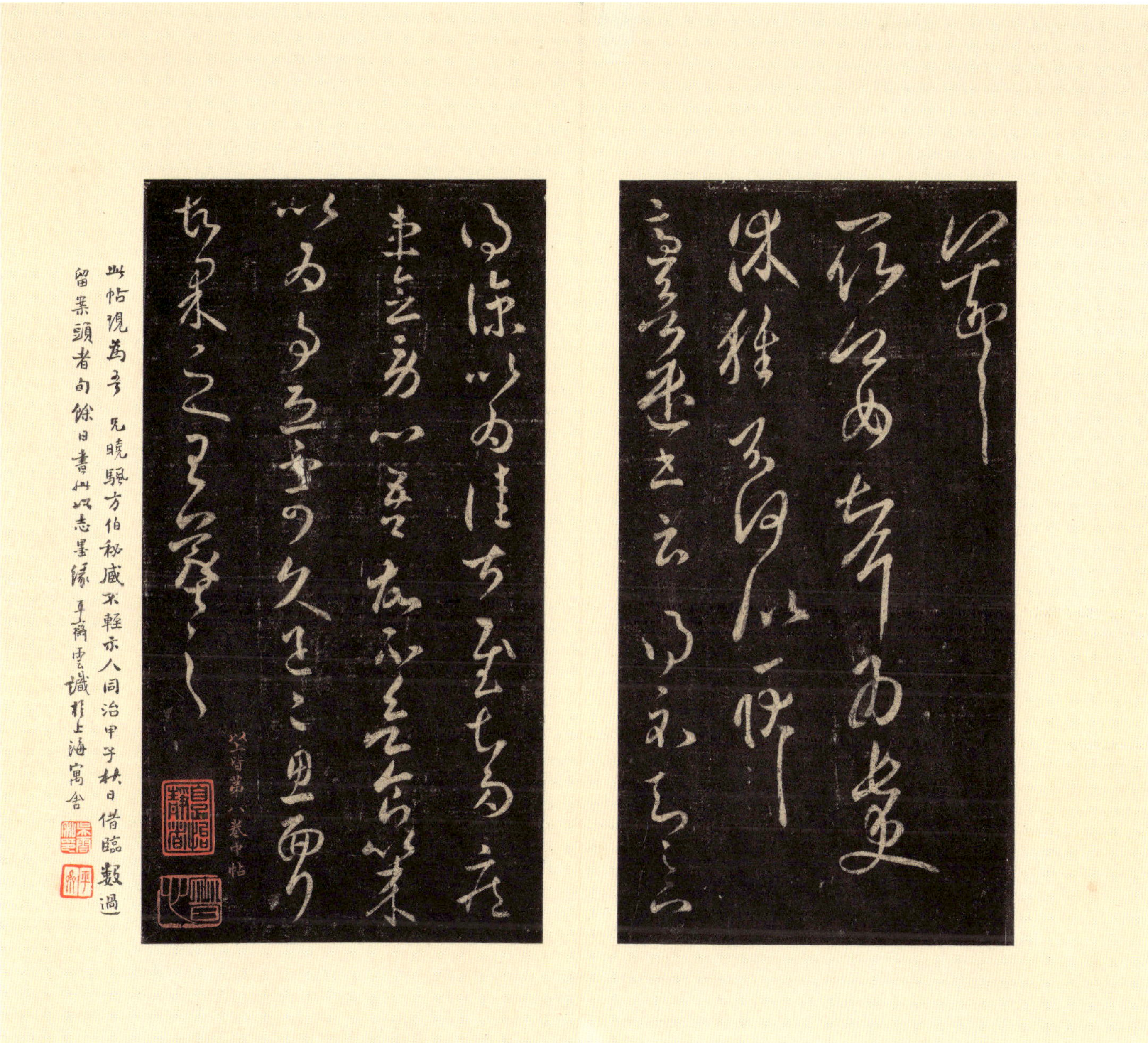
以上皆第八卷中帖
此帖視爲彥 兄曉驂方伯秘藏不輕示人同治甲子秋日借臨數過
留案頭者旬餘日書此以志墨緣 平齋雲識於上海寓舍

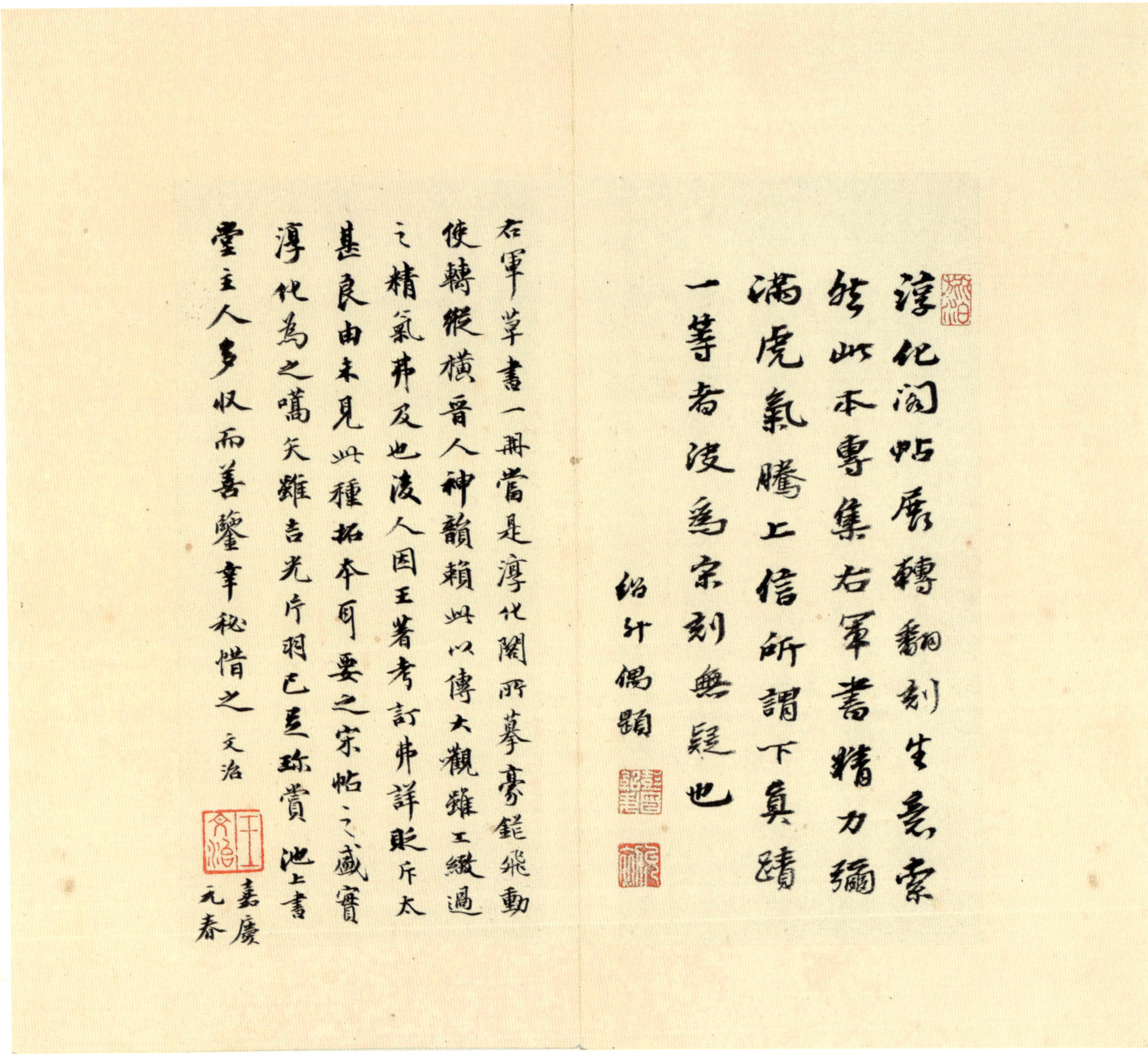
淳化閣帖屢轉翻刻生意索
然此本專集右軍書精力彌
滿虎氣騰上信所謂下眞蹟
一等者洩為宋刻無疑也
紹升偶題

右軍草書一冊當是淳化閣所摹豪鋩飛動
使轉縱横晉人神韻賴此以傳大觀雖工緻過
之精氣弗及也後人因王著考訂弗詳貶斥太
甚良由未見此種拓本耳要之宋帖之盛實
淳化為之嚆矢雖吉光片羽已足珍賞 池上書
堂主人多收而善鑒韋秘惜之 文治
嘉慶元春

11474 淳化閣帖十卷

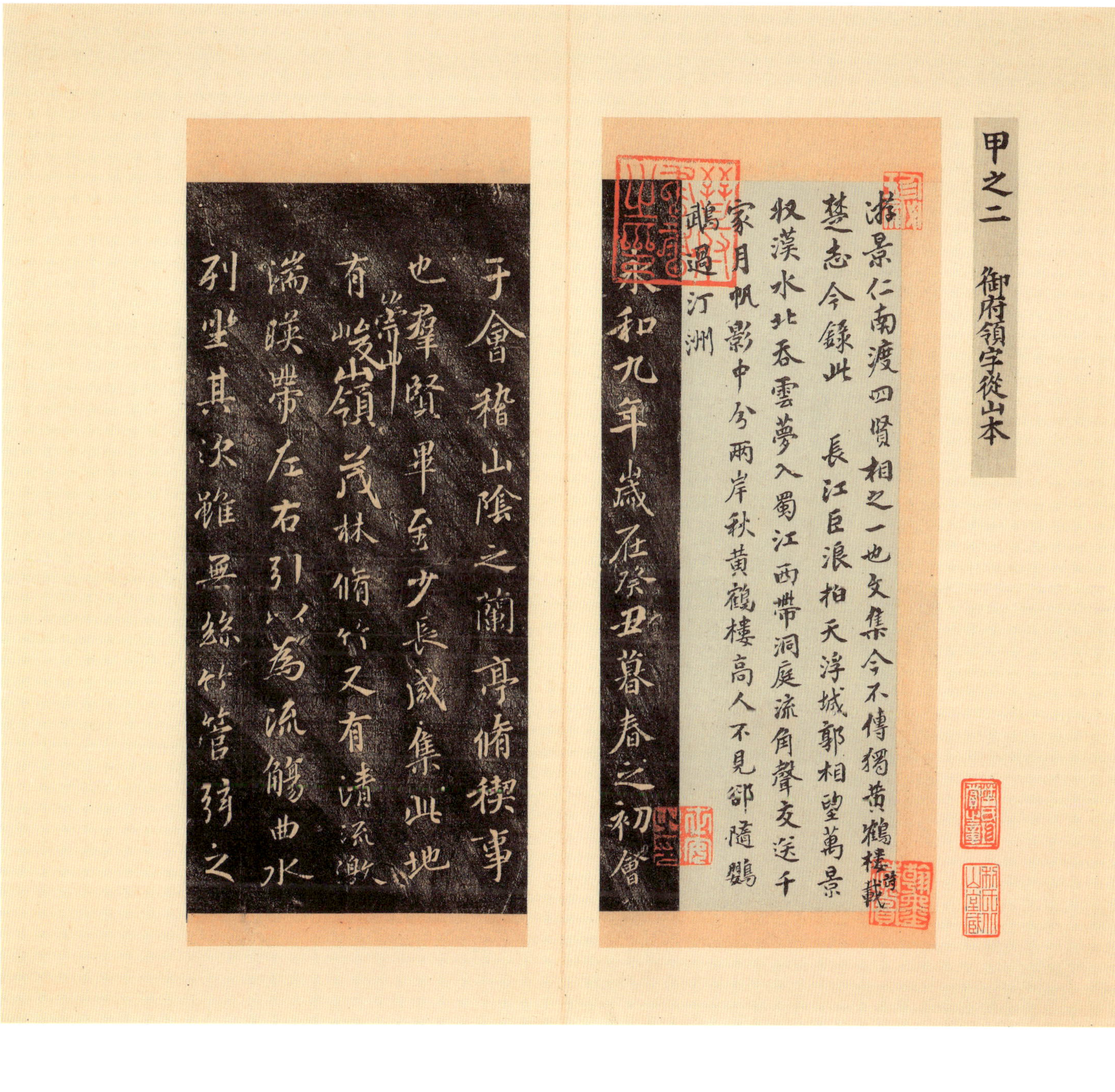

11475 蘭亭序 （晉）王羲之撰並書　南宋拓御府領字從山本（游佀藏甲之二）

拓本三開半，題跋鈐印約半開。有“晉府書畫之印”“敬德堂圖書印”“世安之印”“潘氏珍賞之章”等印。游佀題字，佚名跋。香港中文大學中國文化研究所文物館藏。

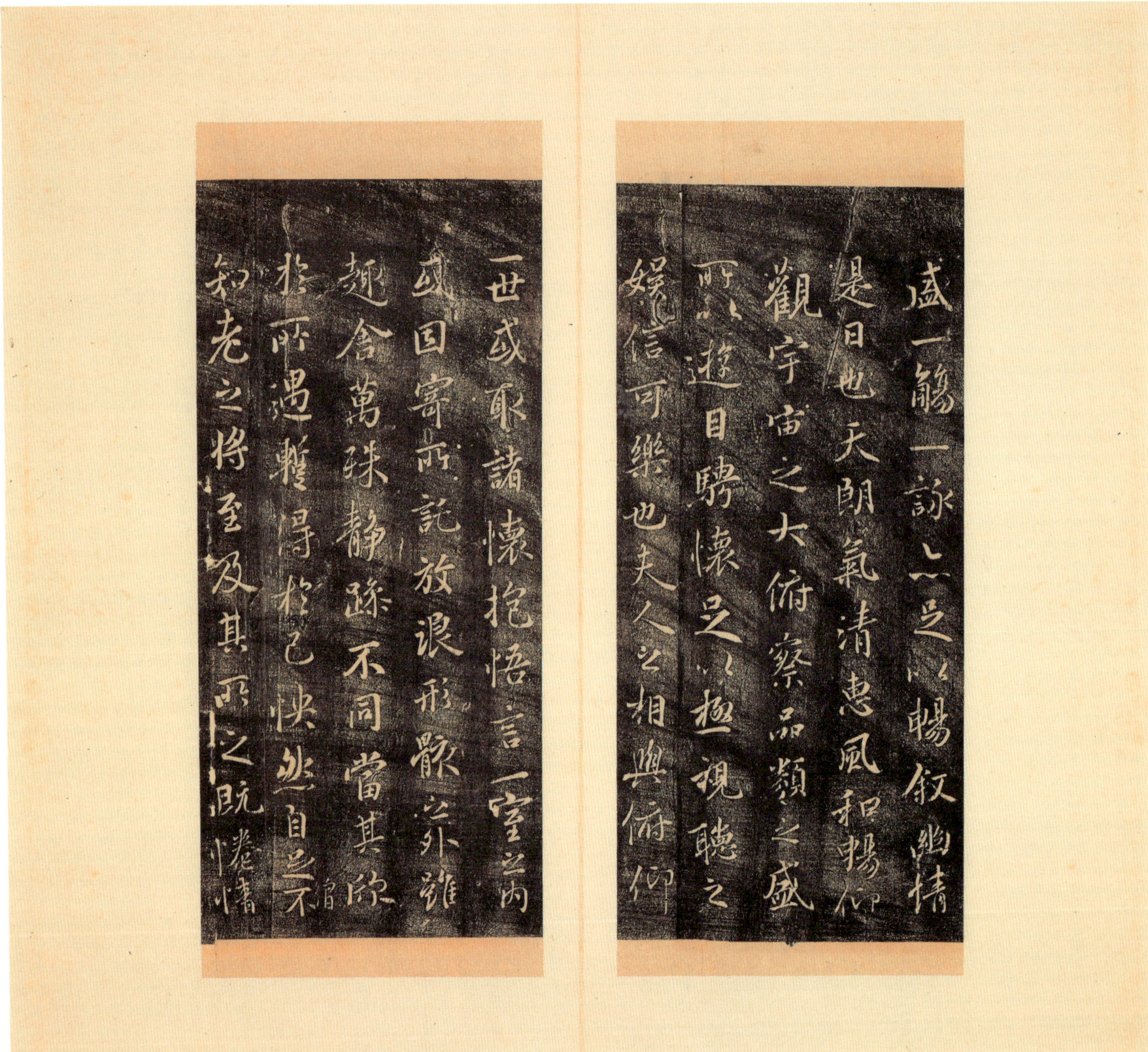
盛一觴一詠亦足以暢叙幽情
是日也天朗氣清惠風和暢仰
觀宇宙之大俯察品類之盛
所以遊目騁懷足以極視聽之
娛信可樂也夫人之相與俯仰
一世或取諸懷抱悟言一室之內
或因寄所託放浪形骸之外雖
趣舍萬殊靜躁不同當其欣
於所遇暫得於己快然自足曾不
知老之將至及其所之既惓情

11475 蘭亭序

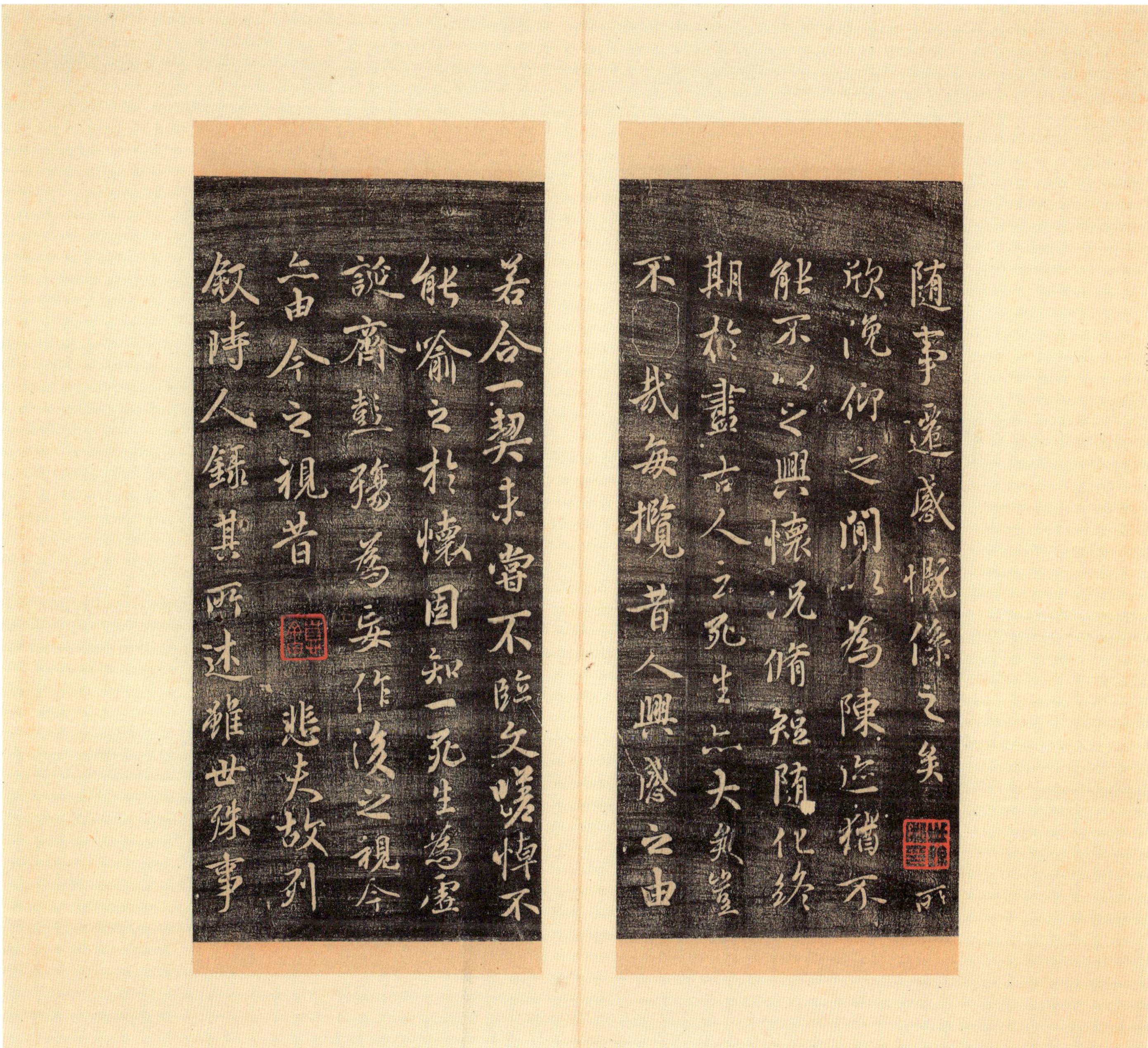
随事遷感慨係之矣所
欣俛仰之間以為陳迹猶不
能不以之興懷況脩短隨化終
期於盡古人云死生亦大矣豈
不□哉每攬昔人興感之由
若合一契未嘗不臨文嗟悼不
能喻之於懷固知一死生為虛
誕齊彭殤為妄作後之視今
亦由今之視昔　悲夫故列
敘時人錄其所述雖世殊事

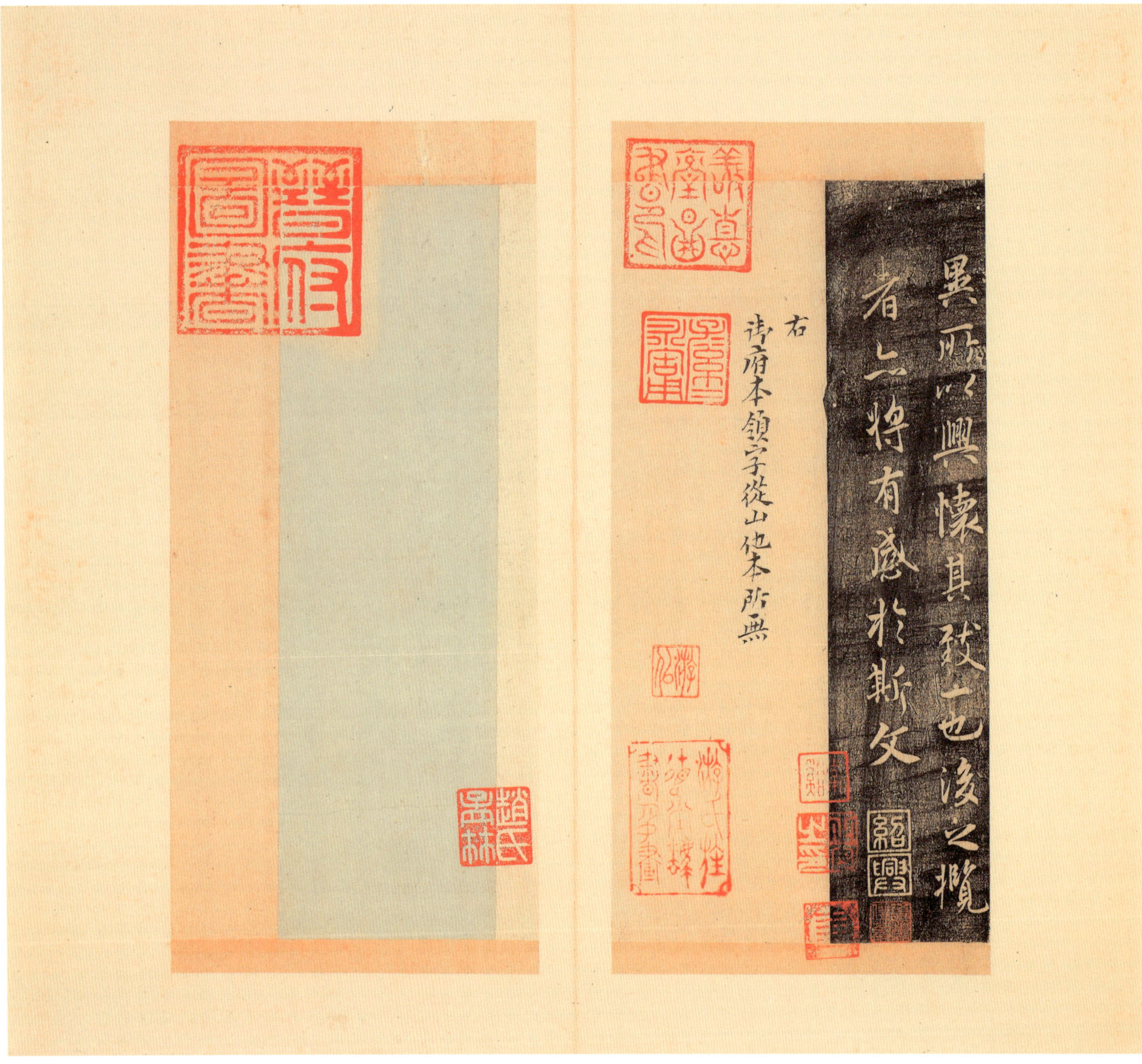

11475 蘭亭序

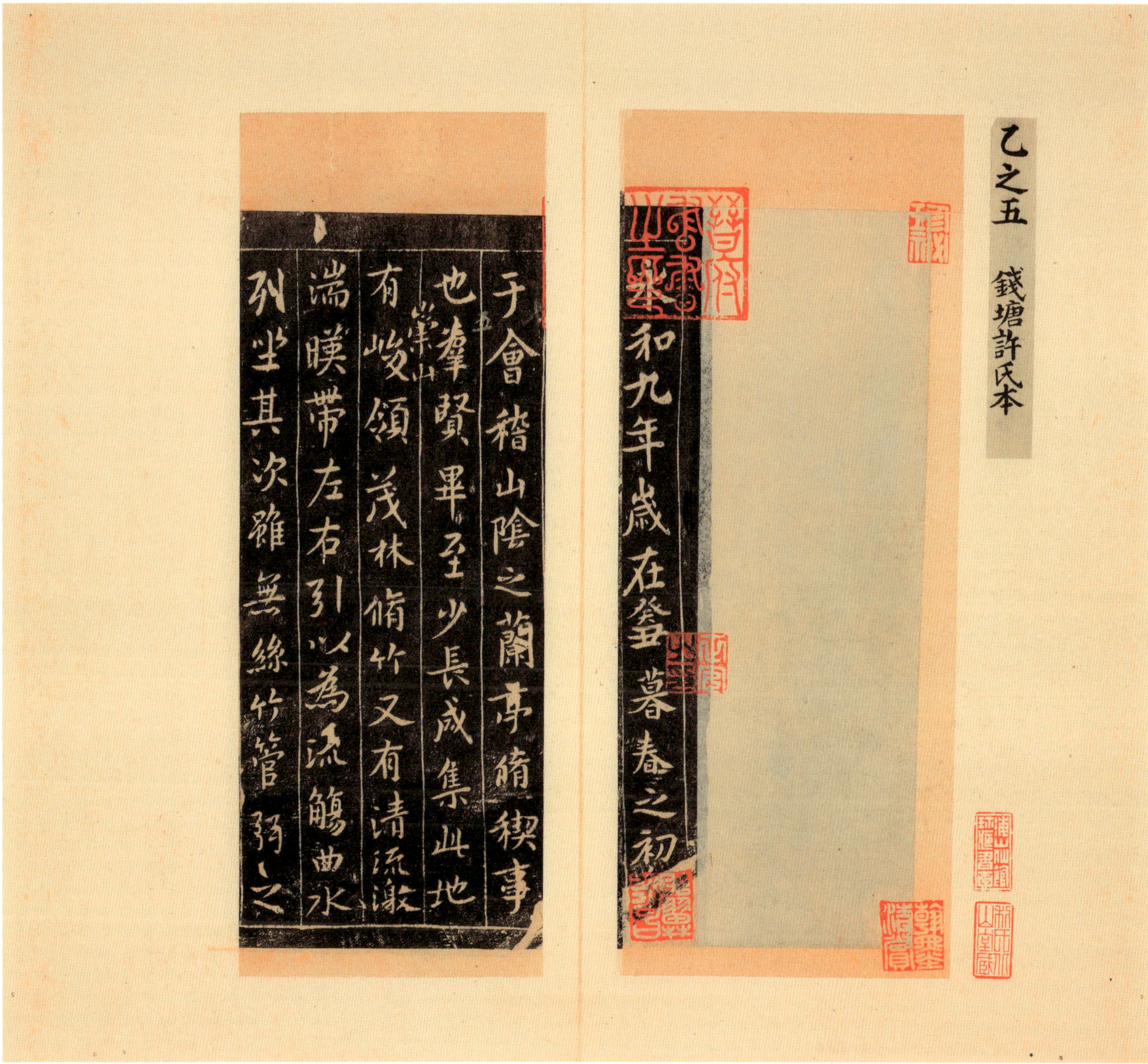

11476 蘭亭序 （晉）王羲之撰並書　傳（唐）歐陽詢臨　南宋拓錢塘許氏本（游侶藏乙之五）

拓本三開半，題跋鈐印約半開。有“晉府書畫之印”“貽翼永昌”“世安之印”“敬德堂圖書印”等印。游侶題字。香港中文大學中國文化研究所文物館藏。

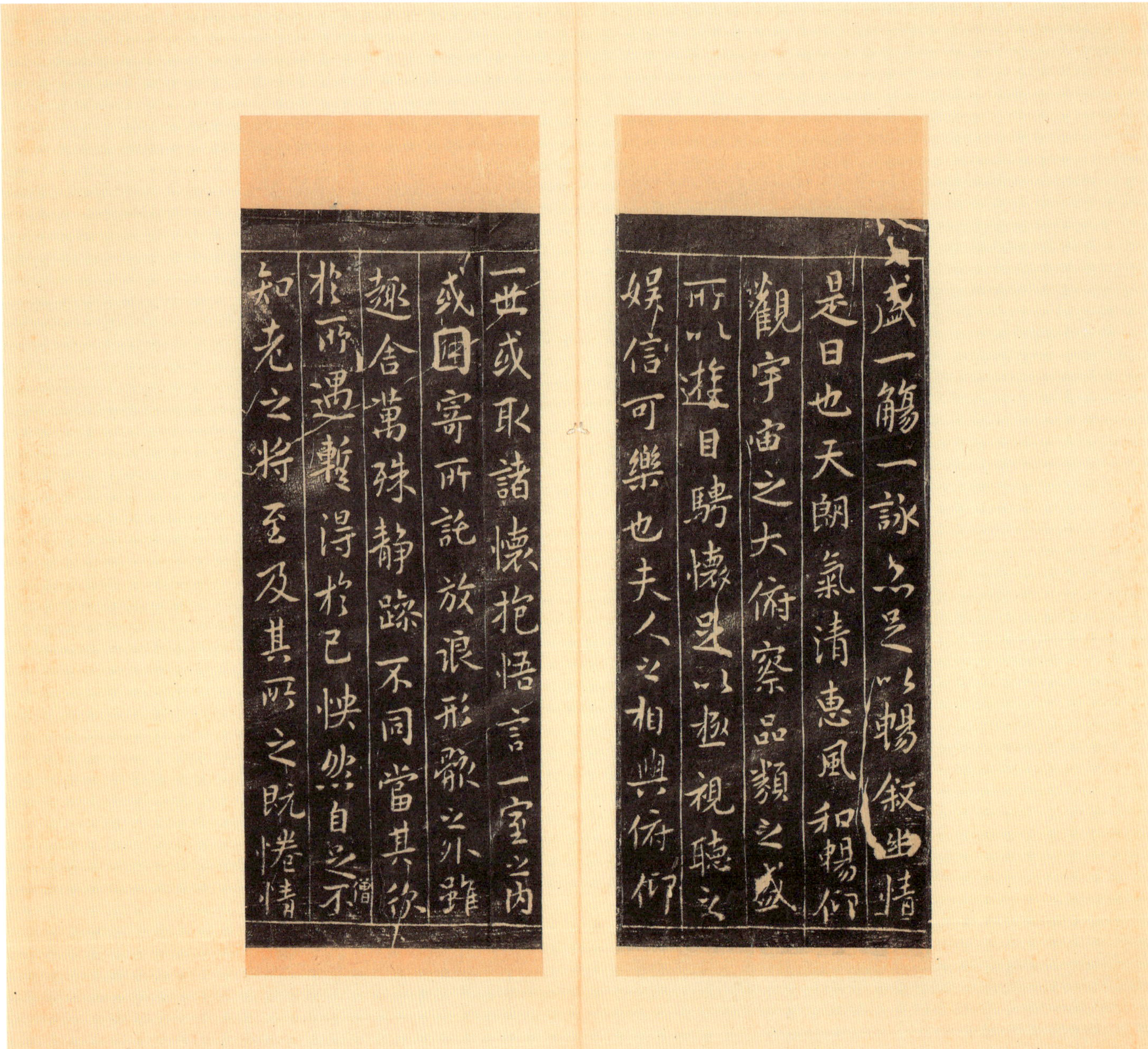

11476 蘭亭序

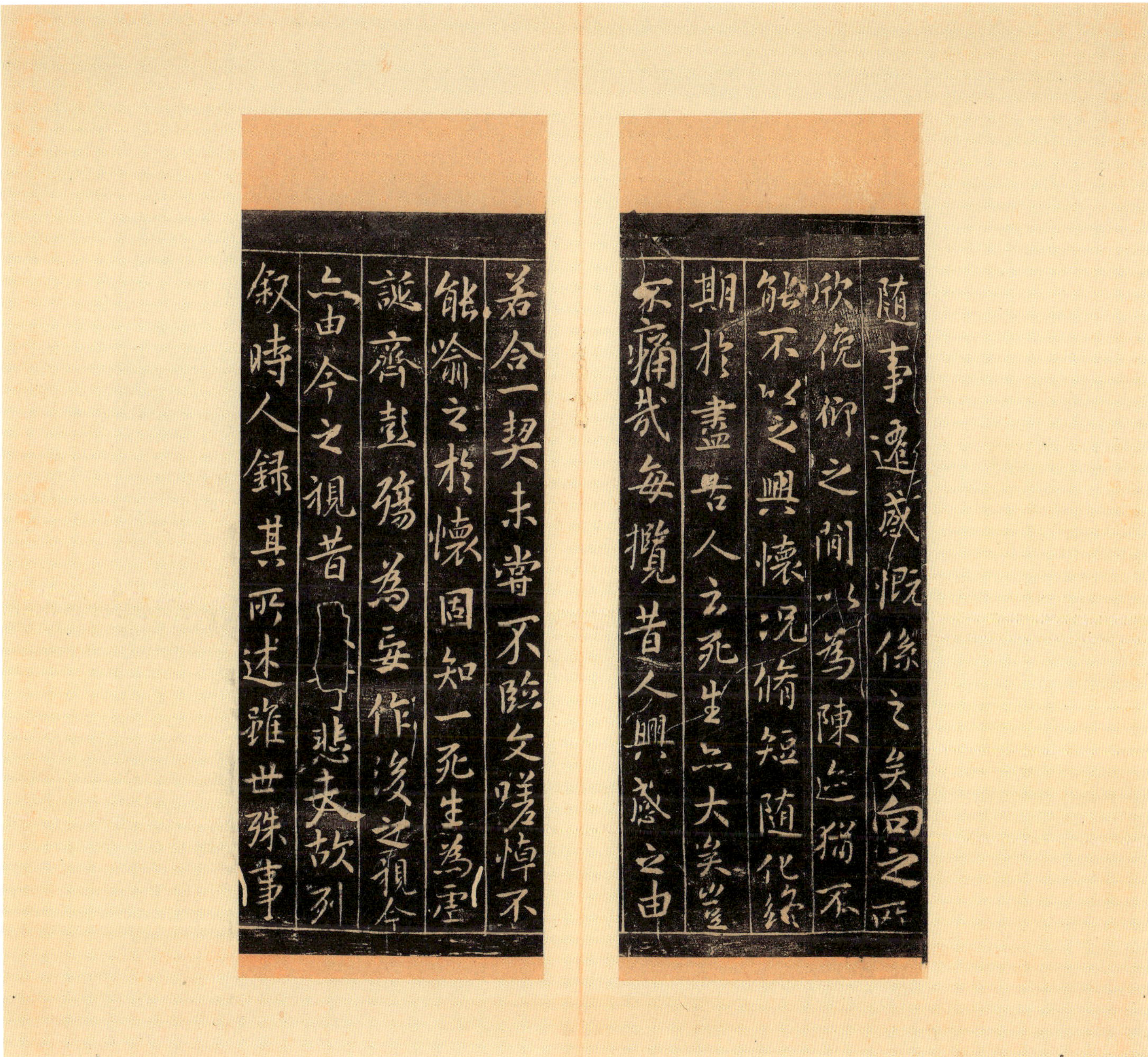

隨事遷感慨係之矣向之所
欣俛仰之閒以為陳迹猶不
能不以之興懷況脩短隨化終
期於盡古人云死生亦大矣豈
不痛哉每攬昔人興感之由
若合一契未嘗不臨文嗟悼不
能喻之於懷固知一死生為虛
誕齊彭殤為妄作後之視今
亦由今之視昔悲夫故列
敘時人録其所述雖世殊事

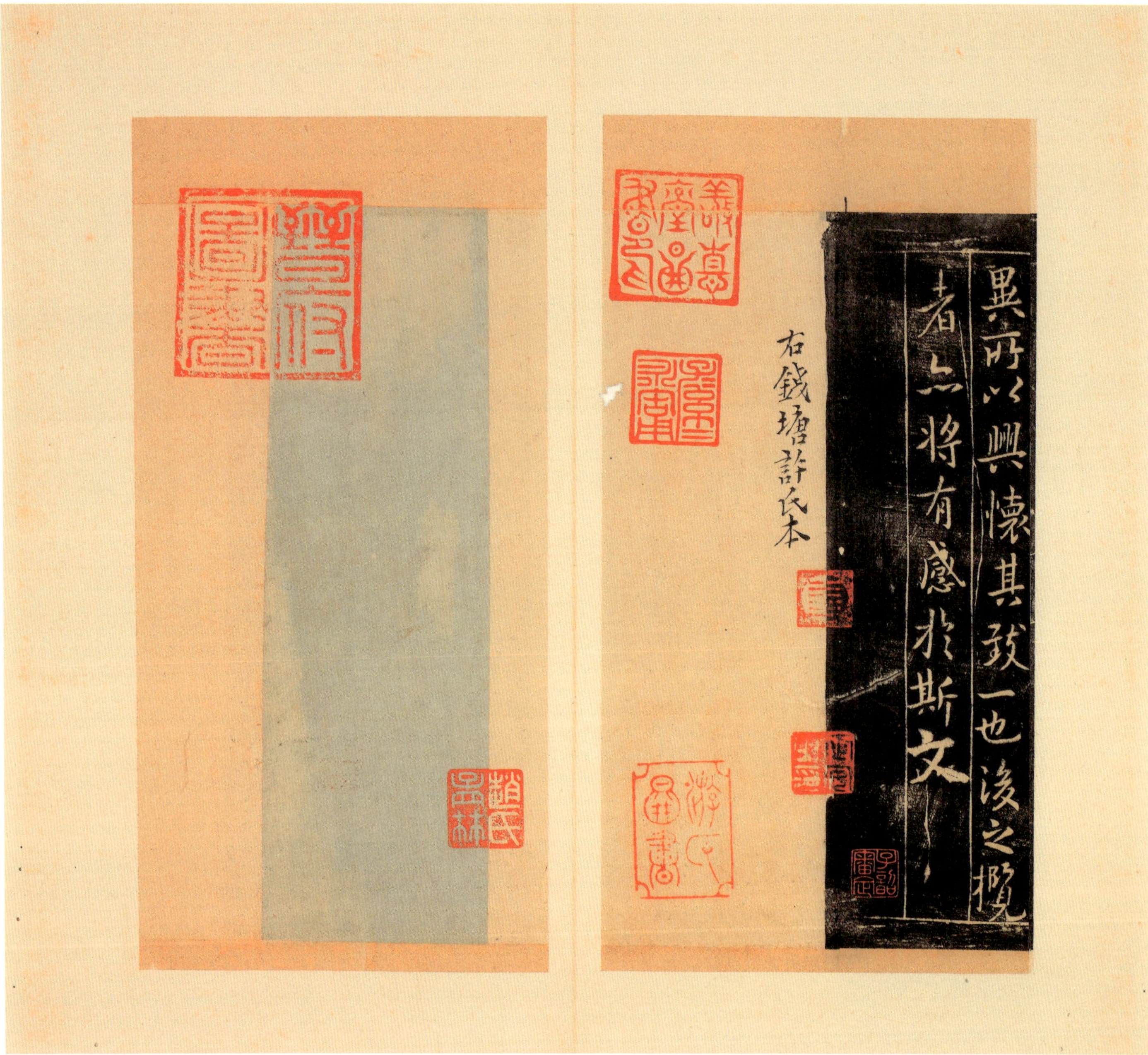

11476 蘭亭序

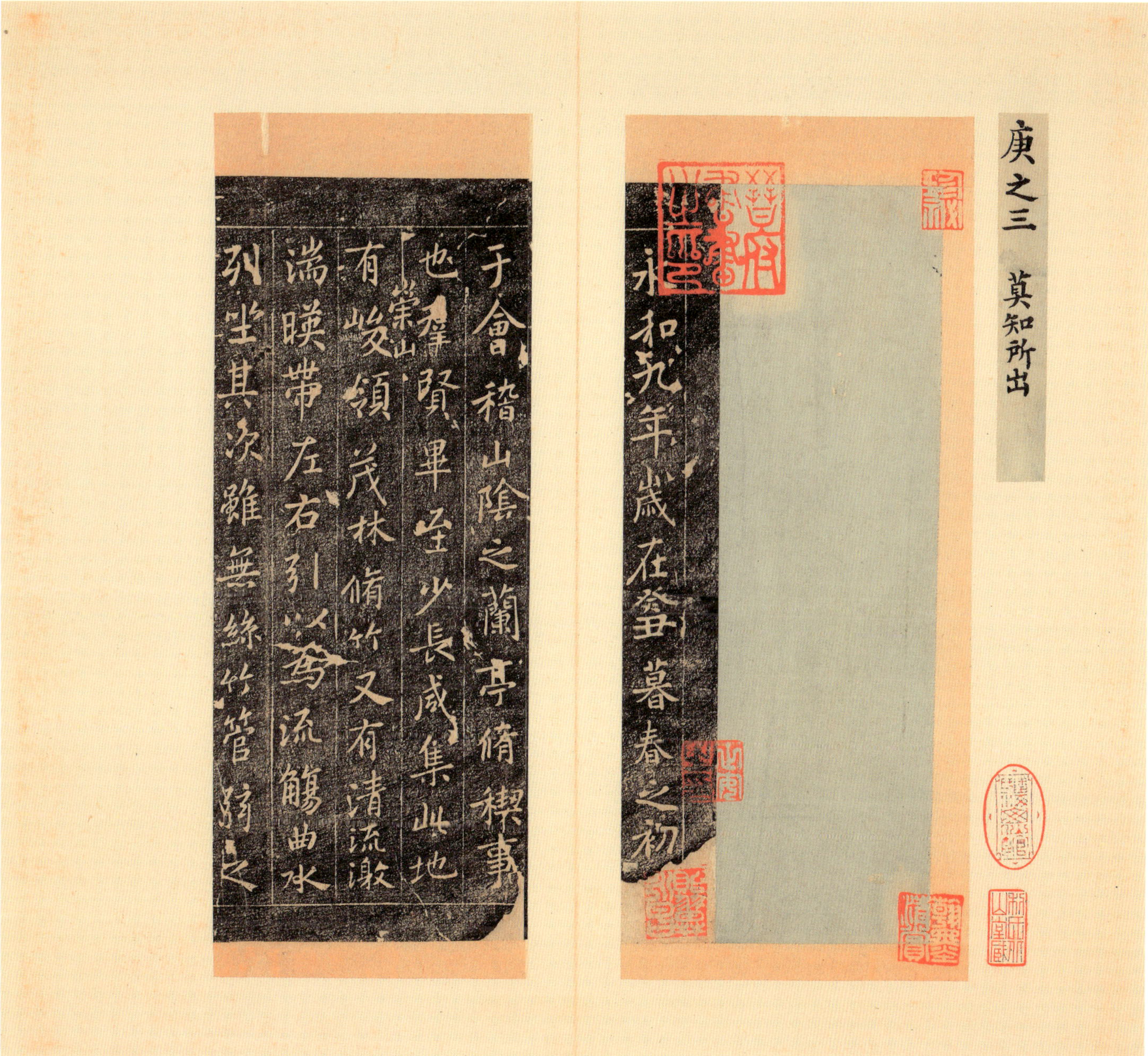

11477 蘭亭序　（晉）王羲之撰並書　南宋拓本（游佀藏庚之三）

拓本三開半，題跋鈐印約半開。有“晉府書畫之印”“敬德堂圖書印”“世安之印”“潘氏海山仙館”等印。游佀題字。香港中文大學中國文化研究所文物館藏。

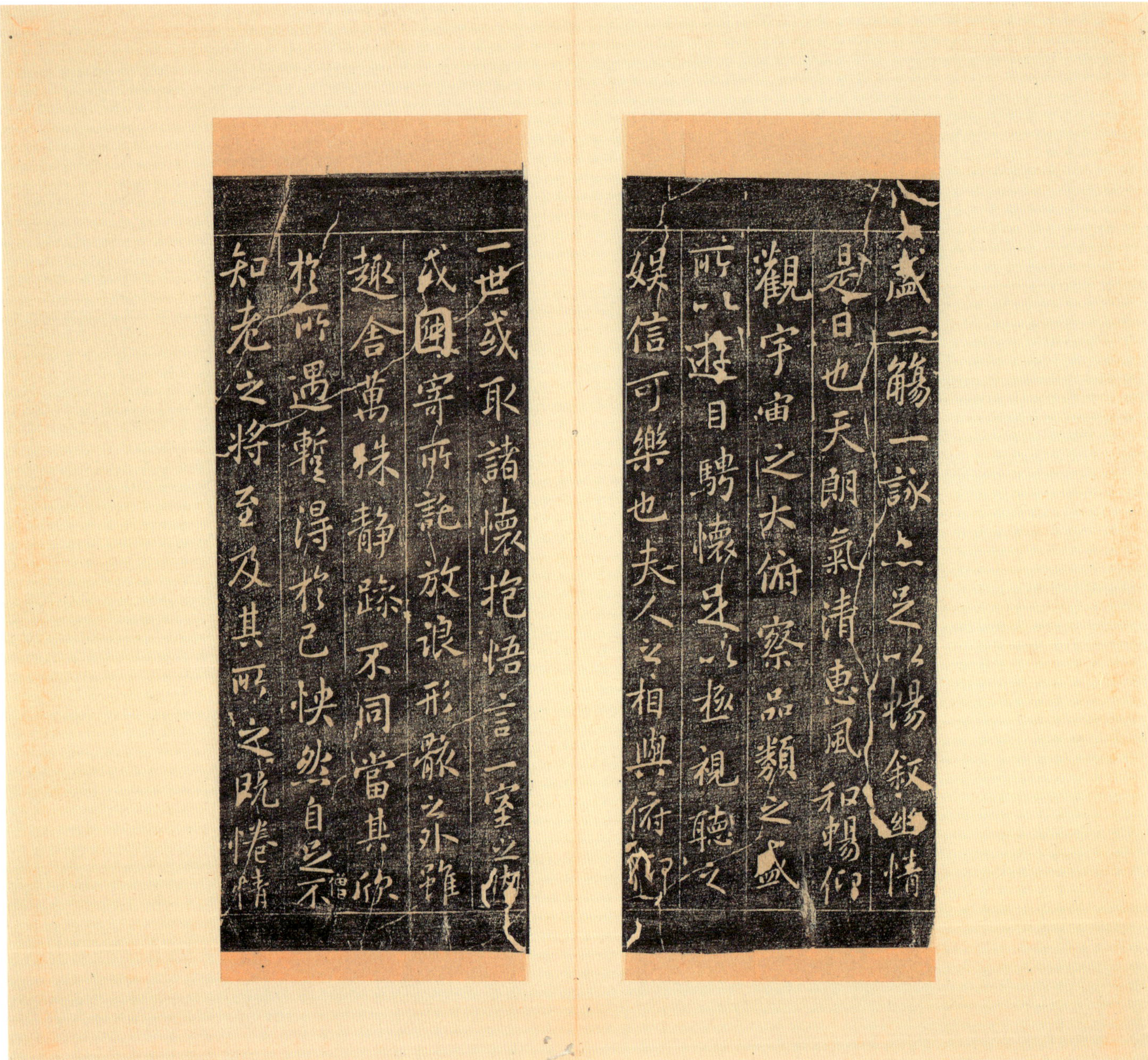

盛一觴一詠亦足以暢敘幽情
是日也天朗氣清惠風和暢仰
觀宇宙之大俯察品類之盛
所以遊目騁懷足以極視聽之
娛信可樂也夫人之相與俯仰
一世或取諸懷抱悟言一室之內
或因寄所託放浪形骸之外雖
趣舍萬殊靜躁不同當其欣
於所遇暫得於己快然自足曾不
知老之將至及其所之既惓情

11477 蘭亭序

隨事遷感慨係之矣向之所
欣俛仰之間以為陳迹猶不
能不以之興懷況脩短隨化終
期於盡古人云死生亦大矣豈
不痛哉每攬昔人興感之由

若合一契未嘗不臨文嗟悼不
能喻之於懷固知一死生為虛
誕齊彭殤為妄作後之視今
亦由今之視昔悲夫故列
敘時人錄其所述雖世殊事

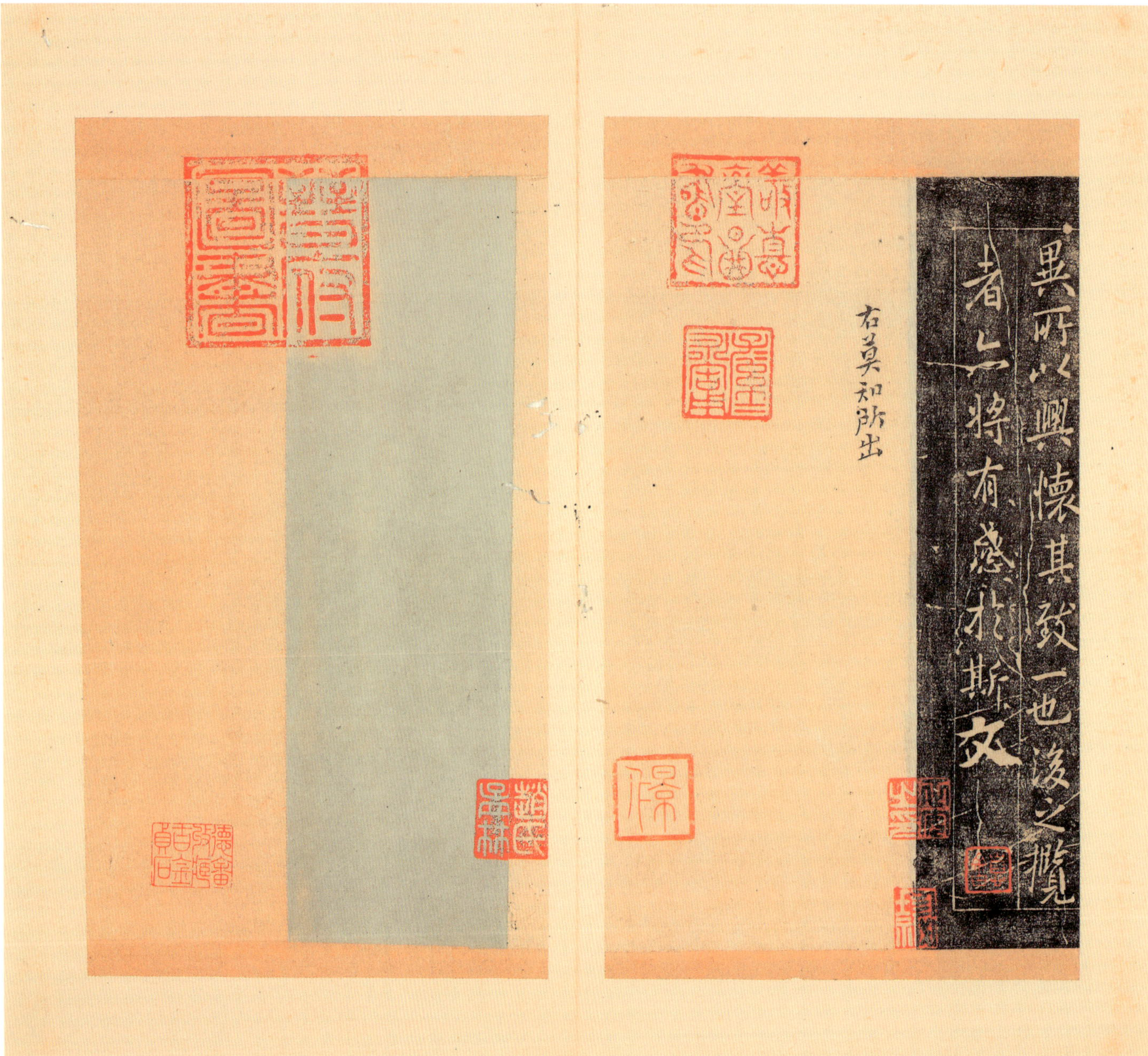

11477 蘭亭序

第五批國家珍貴古籍名録圖録

第二册

中國國家圖書館
中國國家古籍保護中心 編

國家圖書館出版社

第二册目録

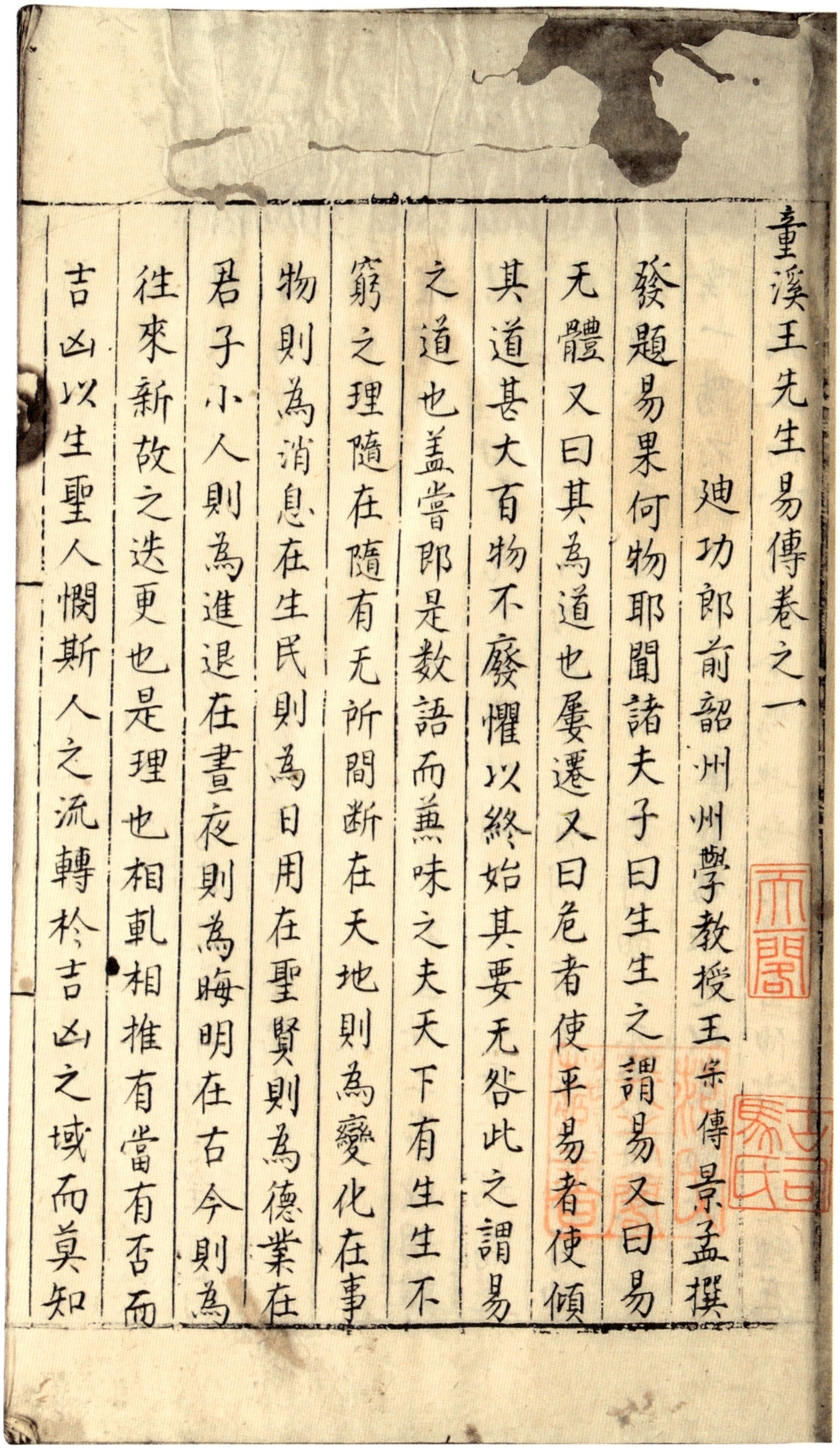

童溪王先生易傳卷之一
迪功郎前韶州州學教授王宗傳景孟撰
發題易果何物耶聞諸夫子曰生生之謂易又曰易
无體又曰其為道也屢遷又曰危者使平易者使傾
其道甚大百物不廢懼以終始其要无咎此之謂易
之道也蓋嘗即是數語而熏味之夫天下有生生不
窮之理隨在隨有无所間斷在天地則為變化在事
物則為消息在生民則為日用在聖賢則為德業在
君子小人則為進退在晝夜則為晦明在古今則為
往來新故之迭更也是理也相軋相推有當有否而
吉凶以生聖人憫斯人之流轉扵吉凶之域而莫知

11478 童溪王先生易傳三十卷 （宋）王宗傳撰 明抄本

匡高21.4厘米，廣16.3厘米。半葉十一行，行二十一字，白口，四周單邊。有“古司馬氏”“天一閣”“范氏天一閣藏書”等藏印。寧波市天一閣博物館藏。

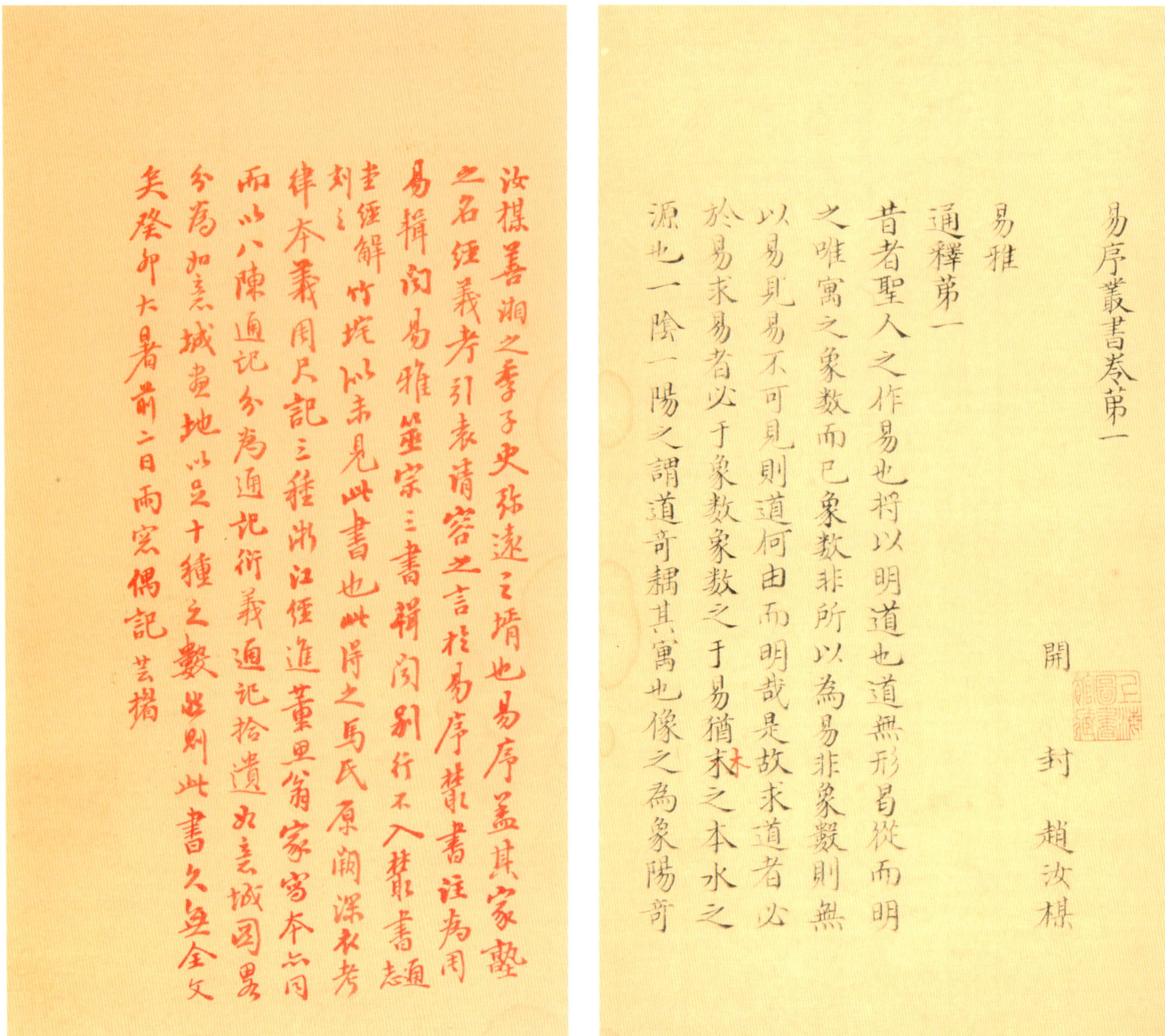

11479 易序叢書十卷　（宋）趙汝楳撰　清初抄本

半葉九行，行二十字。有“南昌彭氏”“知聖道齋藏書”“朱學勤印”“修伯”“徐乃昌讀”等印。彭元瑞校並跋。上海圖書館藏，存七卷。

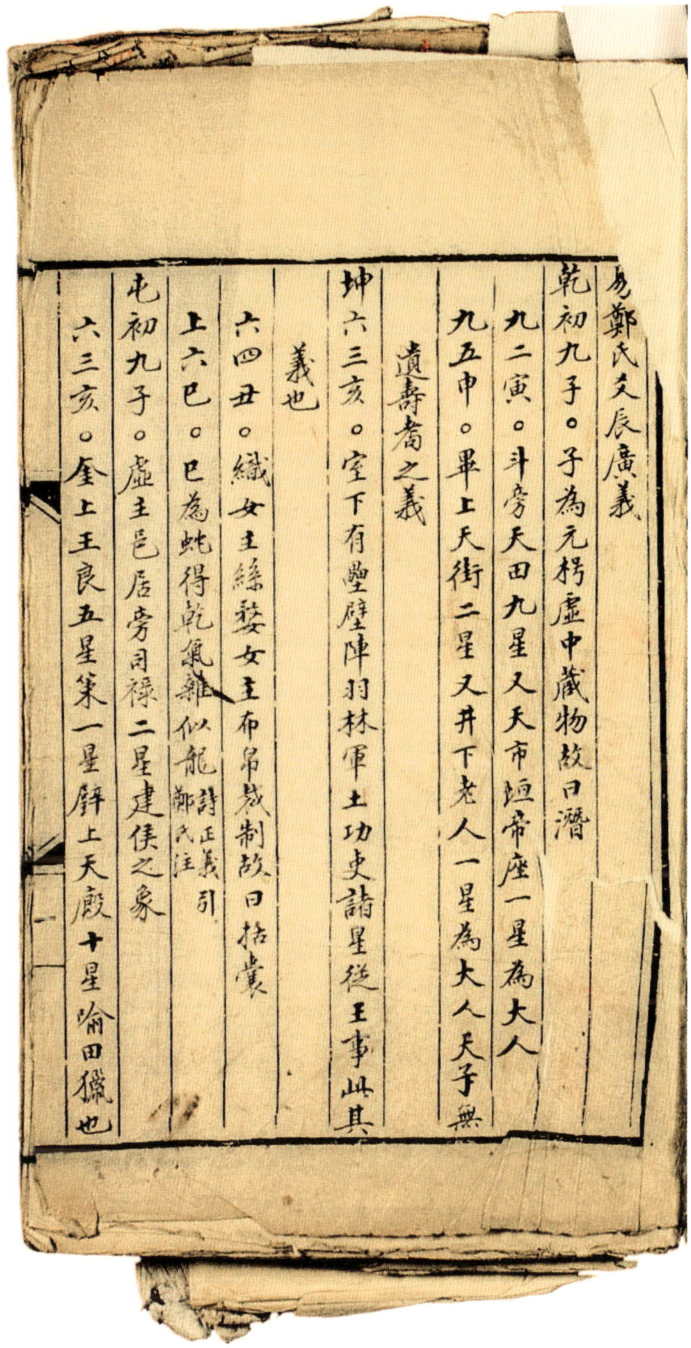

易鄭氏爻辰廣義

乾初九子。子為元枵虛中藏物故曰潛

九二寅。斗旁天田九星又天市垣帝座一星為大人

九五申。畢上天街二星又井下老人一星為大人天子無

遺壽耇之義

坤六三亥。室下有壘壁陣羽林軍土功吏諸星從王事此其

義也

六四丑。織女主絲婺女主布帛裁制故曰括囊

上六巳。巳為蛇得乾氣雜似龍詩正義引鄭氏注

屯初九子。虛主邑居旁司祿二星建侯之象

六三亥。奎上王良五星策一星壁上天廄十星喻田獵也

11480 易鄭氏爻辰廣義一卷易經傳互卦卮言一卷易章句異同一卷

（清）朱駿聲撰　稿本

匡高19.1厘米，廣14.2厘米。半葉十一行，行字不等，白口，左右雙邊。浙江圖書館藏。

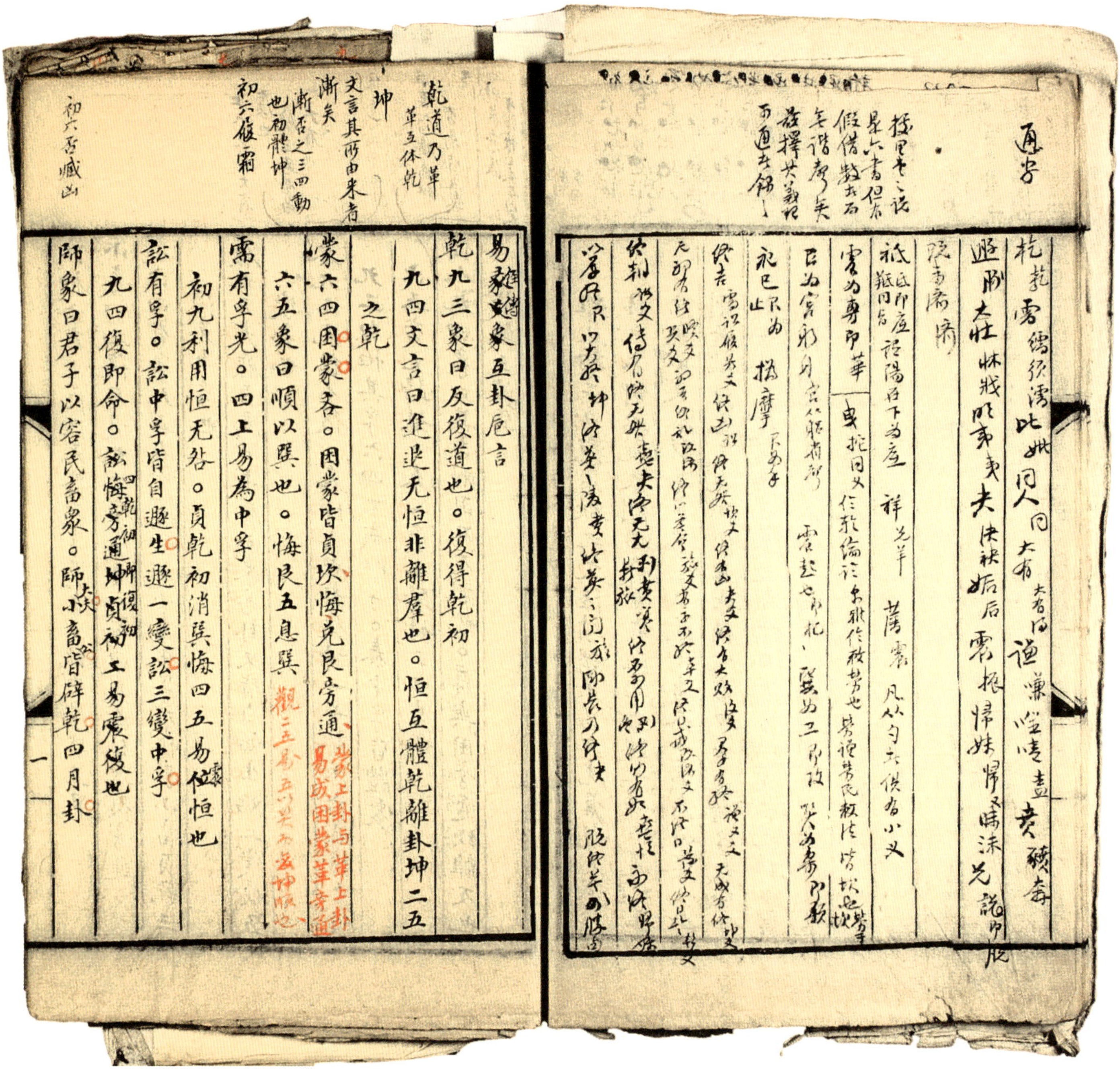

11480 易鄭氏爻辰廣義一卷易經傳互卦巵言一卷易章句異同一卷

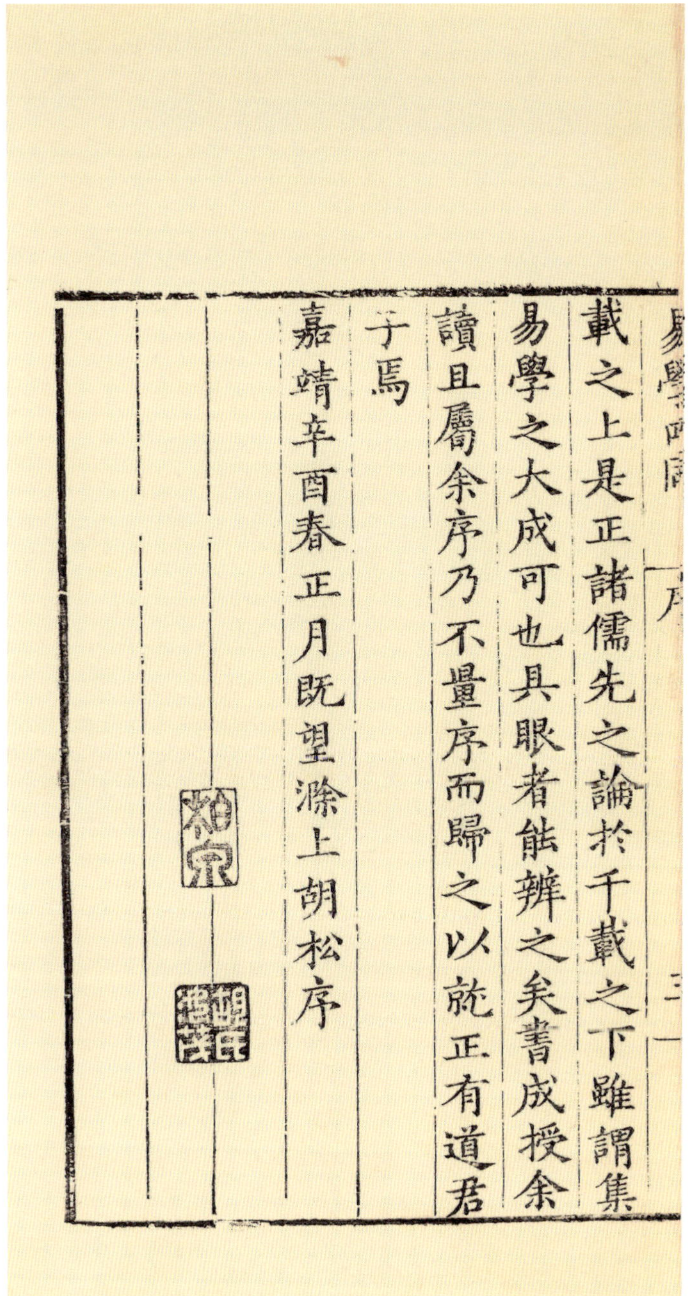
易學四同　序　三

載之上是正諸儒先之論於千載之下雖謂集
易學之大成可也具眼者能辨之矣書成授余
讀且屬余序乃不量序而歸之以就正有道君
子焉
嘉靖辛酉春正月既望滁上胡松序

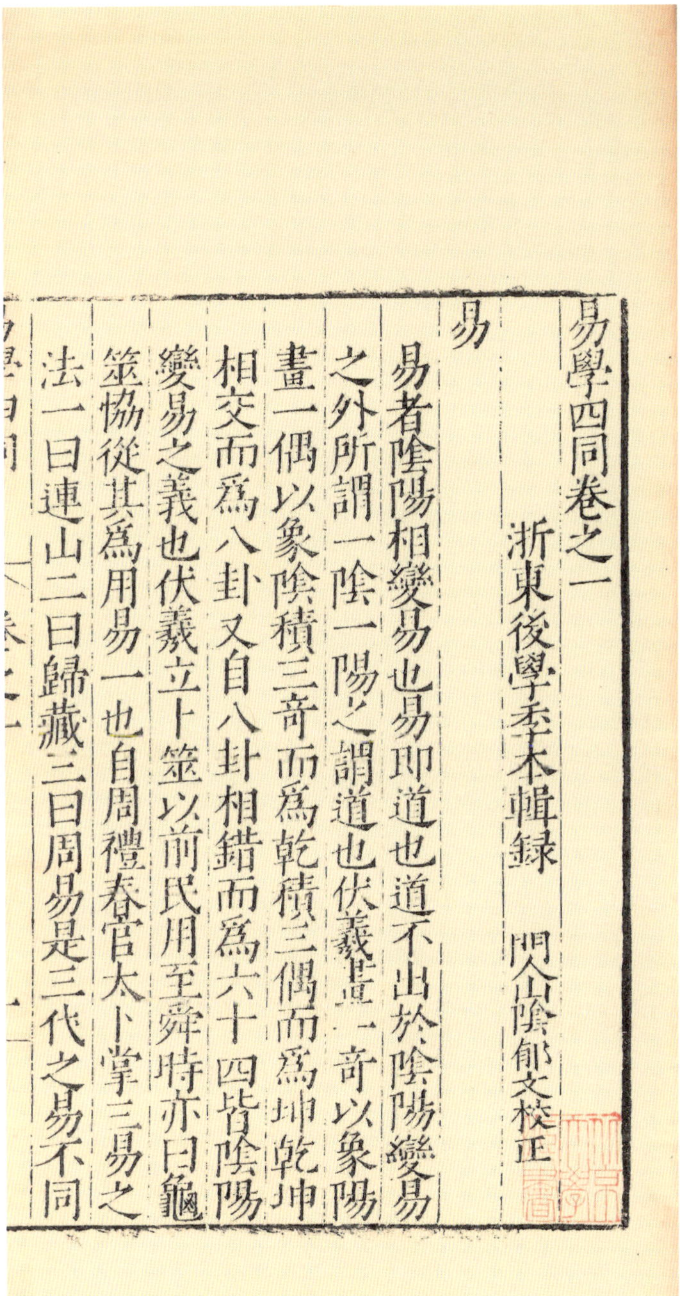
易學四同卷之一
浙東後學季本輯録　門人山陰鄔文校正
易
易者陰陽相變易也易即道也道不出於陰陽變易
之外所謂一陰一陽之謂道也伏羲畫一奇以象陽
畫一偶以象陰積三奇而爲乾積三偶而爲坤乾坤
相交而爲八卦又自八卦相錯而爲六十四皆陰陽
變易之義也伏羲立卜筮以前民用至舜特亦曰龜
筮協從其爲用易一也自周禮春官太卜掌三易之
法一曰連山二曰歸藏三曰周易是三代之易不同

易學四同　卷之一　一

11481 易學四同八卷　（明）季本撰　明嘉靖四十年（1561）刻本

匡高18.3厘米，廣12.9厘米。半葉十行，行二十一字，白口，四周單邊。北京大學圖書館藏。

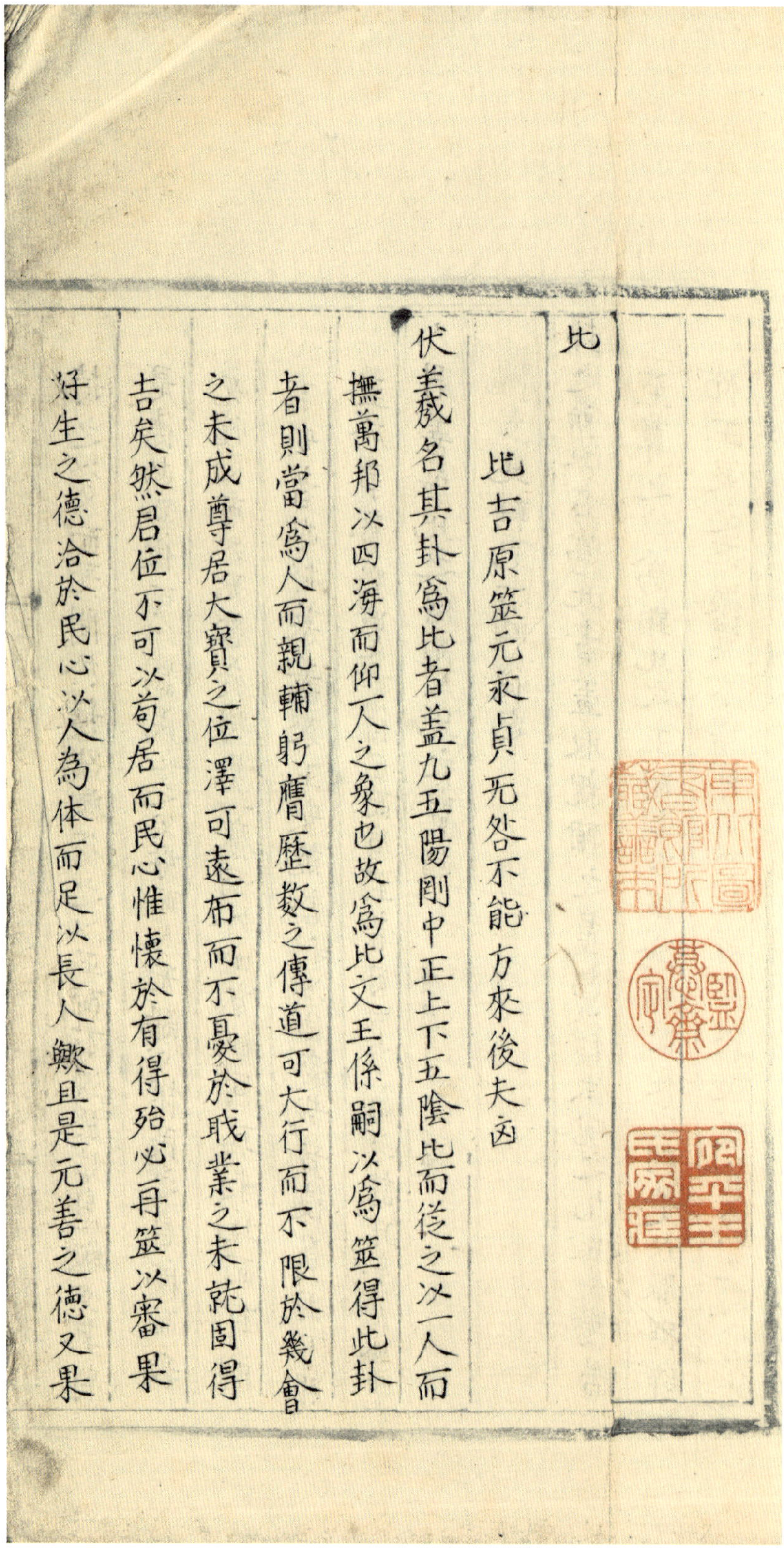
比
比吉原筮元永貞无咎不能方來後夫凶
伏羲名其卦爲比者蓋九五陽剛中正上下五陰比而從之以一人而
撫萬邦以四海而仰一人之象也故爲比文王係嗣以爲筮得此卦
者則當爲人而親輔躬膺歷數之傳道可大行而不限於幾會
之未成尊居大寶之位澤可遠布而不憂於戕業之未就固得
吉矣然君位不可以苟居而民心惟懷於有得殆必再筮以審果
好生之德洽於民心以人爲体而足以長人歟且是元善之德又果

11482 易義提綱□卷 明抄本

匡高21厘米，廣14.3厘米。半葉十行，行二十四至二十六字，藍格，白口，四周雙邊。有“宛平王氏家藏”“慕齋鑒定”等印。遼寧省圖書館藏，存八卷。

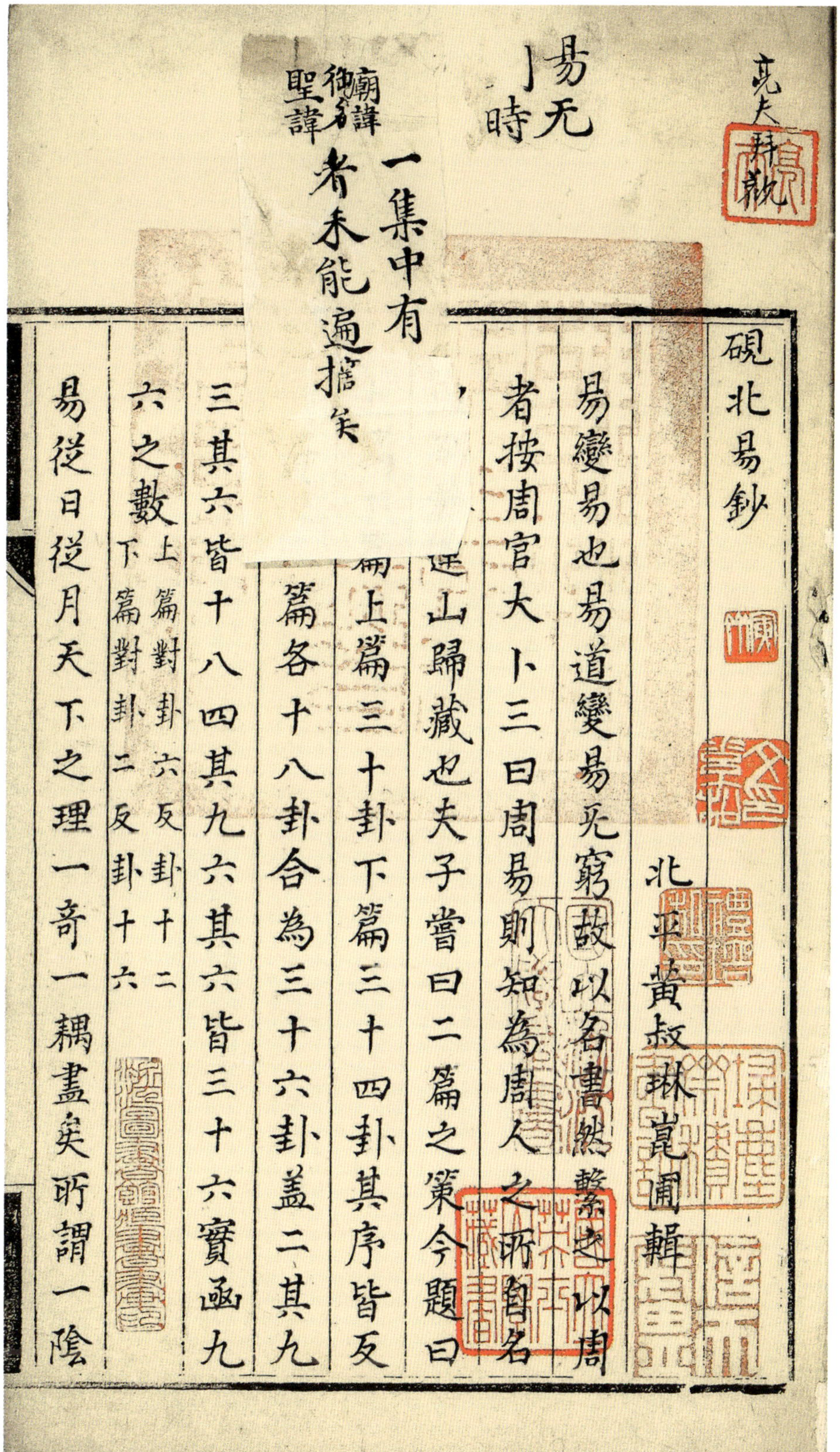
硯北易鈔

北平黄叔琳崑圃輯

易變易也易道變易无窮故以名書然繫之以周

者按周官大卜三曰周易則知為周人之所自名

……連山歸藏也夫子嘗曰二篇之策今題曰

……編上篇三十卦下篇三十四卦其序皆反

篇各十八卦合為三十六卦蓋二其九

三其六皆十八四其九六其六皆三十六寶函九

六之數上篇對卦六反卦十二下篇對卦二反卦十六

易從日從月天下之理一奇一耦盡矣所謂一陰

11483 硯北易鈔不分卷　（清）黄叔琳輯　清初抄本

匡高19.2厘米，廣14.1厘米。半葉十行，行二十字，小字雙行同，黑口，四周雙邊。翁方綱簽注，文素松、王禮培跋，姜亮夫題款。浙江圖書館藏。

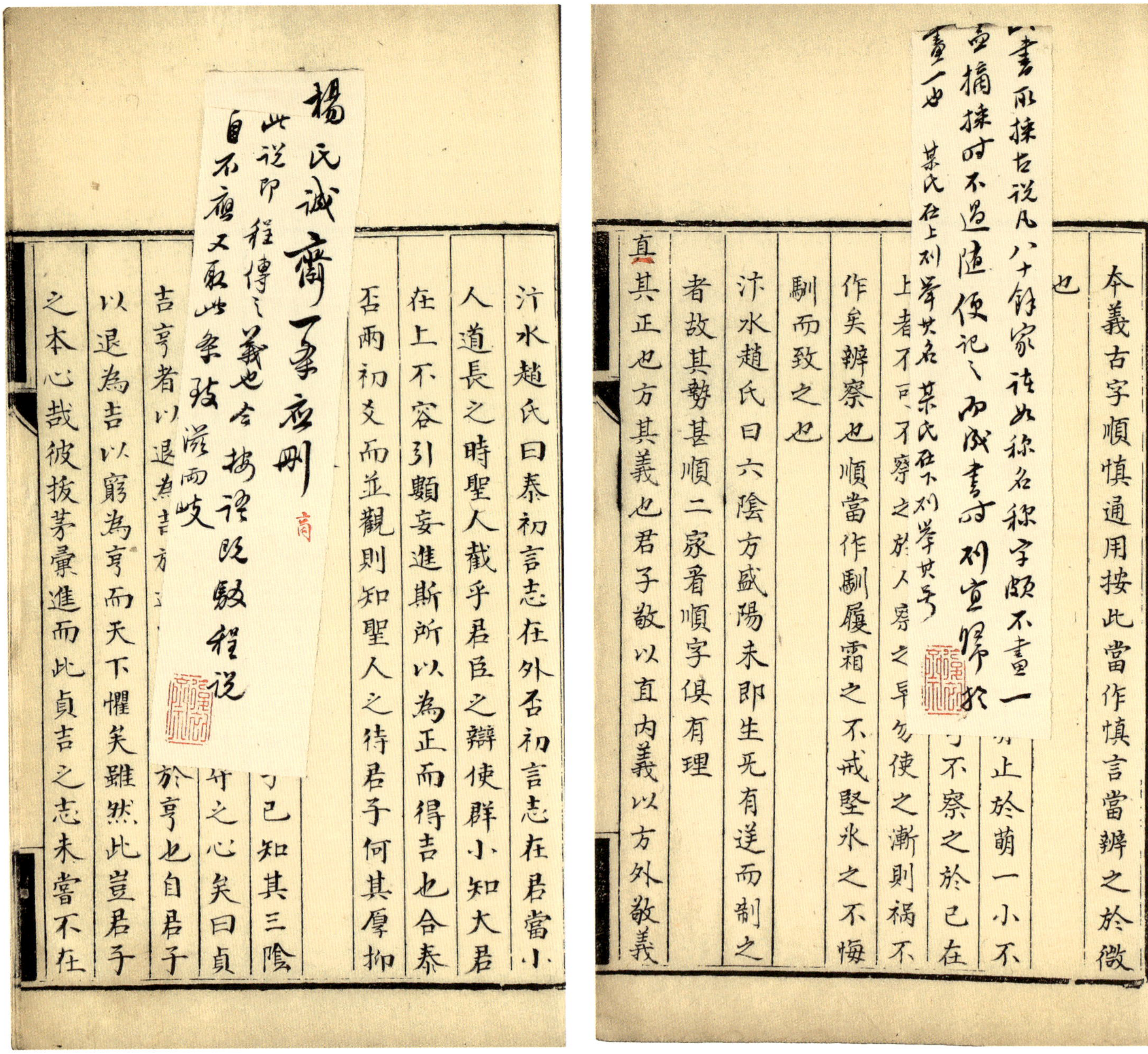

11483 硯北易鈔不分卷

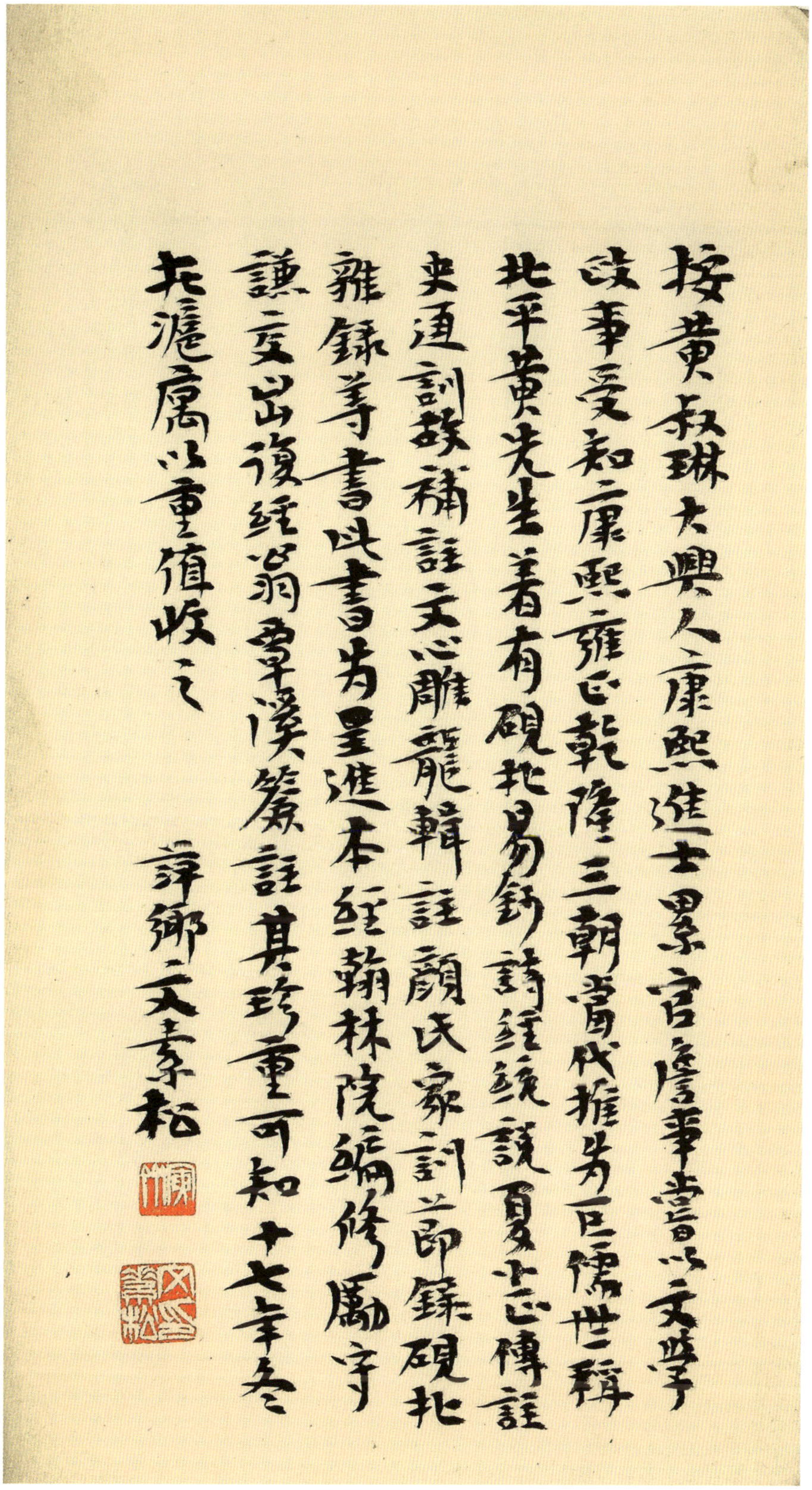
按黄叔琳大興人康熙進士累官詹事嘗以文學
政事受知康熙雍正乾隆三朝當代推爲巨儒世稱
北平黄先生著有硯北易鈔詩經統說夏小正傳註
史通訓故補註文心雕龍輯註顔氏家訓節録硯北
雜録等書此書爲墨進本經翰林院編修勵守
謙交出復經翁覃溪纂註其珍重可知十七年冬
在滬寓以重值收之
萍鄉文素松

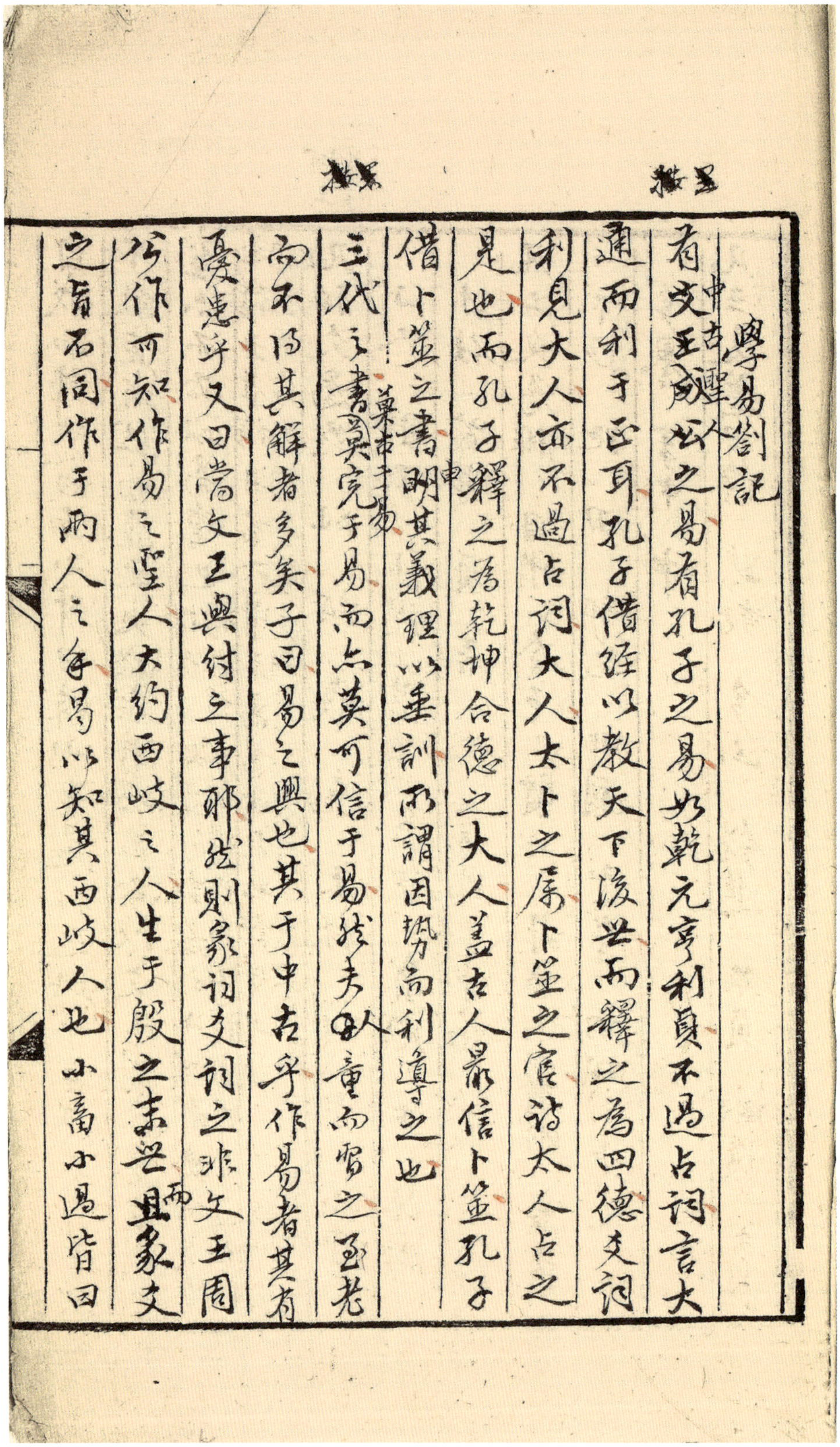
學易劄記
有文王周公之易有孔子之易如乾元亨利貞不過占詞言大
通而利于正耳孔子借經以教天下後世而釋之爲四德文詞
利見大人亦不過占詞大人太卜之屬卜筮之官詩太人占之
是也而孔子釋之爲乾坤合德之大人蓋古人最信卜筮孔子
借卜筮之書明其義理以垂訓所謂因勢而利導之也
三代之書莫完于易而亦莫可信于易然吾人童而習之至老
而不得其解者多矣子曰易之興也其于中古乎作易者其有
憂患乎又曰當文王與紂之事耶然則彖詞爻詞之非文王周
公作可知作易之聖人大約西岐之人生于殷之末世且彖爻
之旨不同作于兩人之手易以知其西岐人也小畜小過皆曰

11484 學易劄記三卷 （清）朱駿聲撰　稿本

朱師轍跋。浙江圖書館藏。

學易劄跋

右學易劄記六卷，先祖豐芑博士撰。先祖邃於經小學，所著說文通訓定聲尤為羣經之淵海、小學之津梁，實為空前傑作。而羣經之中，尤深於易，共有著作六種：

一、六十四卦經解八卷，又名「周易匯通」，以漢易為主，而兼采宋以後說，精深博通，最為巨著。

二、易鄭氏爻辰廣義二卷，乃補鄭玄爻辰之說。

三、易經互卦卮言一卷，古易有互卦之法，今已不能詳，故補之。

四、易消息升降圖二卷，乃申虞翻之說而為圖解。

五、易章異同一卷，乃校各家本異字異義而折衷之，解釋簡明，別具卓見。

六、學易劄記四卷，乃評論古今著名易學各家，而判其得失，與發明其隱義者。

今所印行，即學易劄記之前三卷，其末一卷圖說孔多，塗改難辨，尚待攷覈，再行錄出續印。易學深奧，本難卒讀曉，如所說虞氏消息納甲，以月之盈虛圖示，即極易明白。又如焦

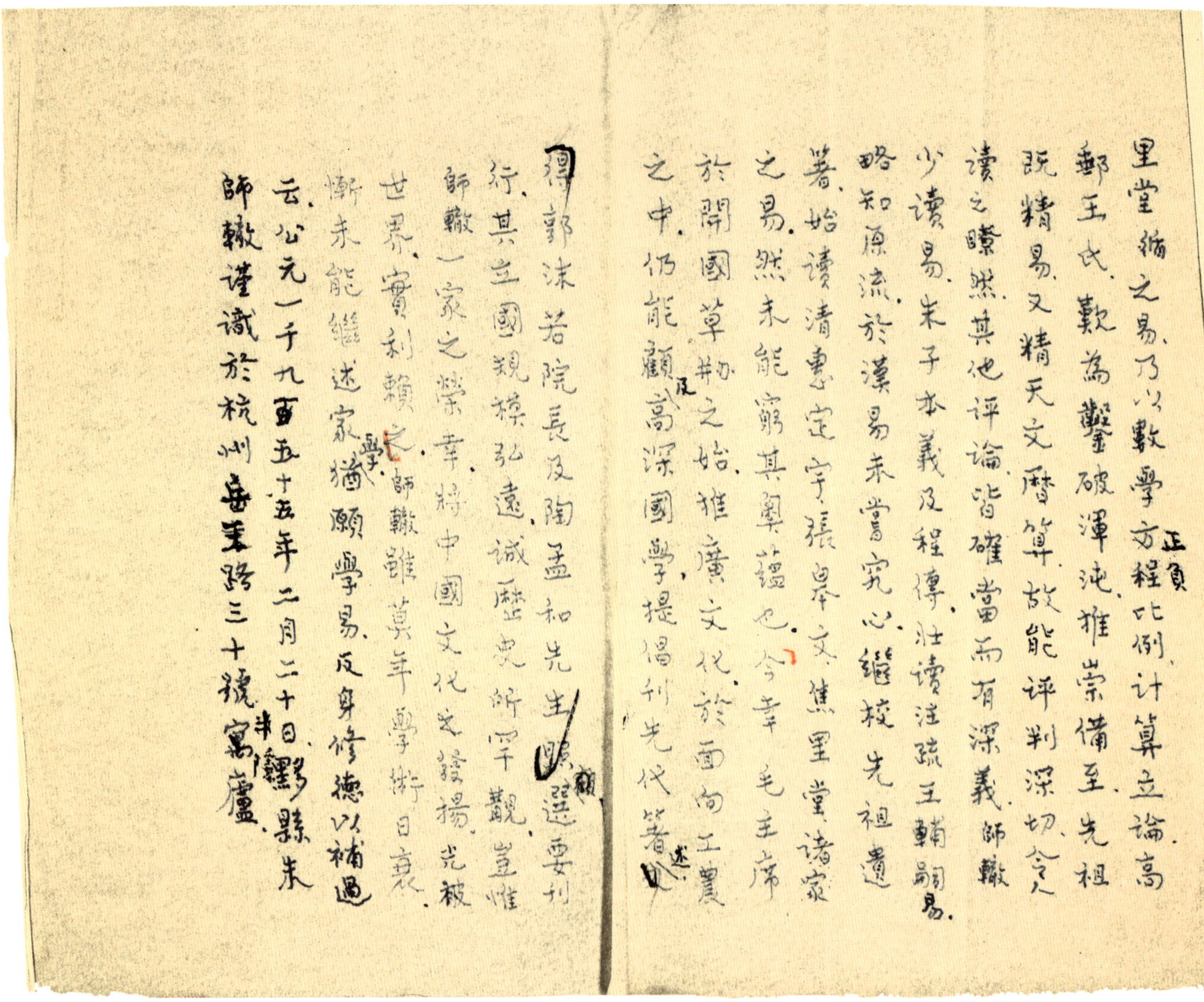

里堂循之易，乃以數學方程正負比例、計算立論，高郵王氏，歎為鑿破渾沌，推崇備至。先祖既精易，又精天文曆算，故能評判深切，令人讀之瞭然。其他評論，皆確當而有深義。師轍少讀易，朱子本義及程傳，壯讀注疏、王輔嗣易，略知源流，於漢易未嘗究心。繼校先祖遺著，始讀清惠定宇、張皋文、焦里堂諸家之易，然未能窮其奧藴也。今幸毛主席於開國草創之始，推廣文化，於面向工農之中，仍能顧及高深國學，提倡刊先代著述，得郭沫若院長及陶孟和先生選要刊行。其立國規模弘遠，誠歷史所罕覯，豈惟師轍一家之榮幸，將中國文化光發揚，光被世界，實利賴之。師轍雖暮年，學術日衰，慚未能繼述家學，猶願學易，反身修德，以補過云。公元一千九百五十五年二月二十日，休寧縣朱師轍謹識於杭州岳王路三十號寓廬。

11484 學易劄記三卷

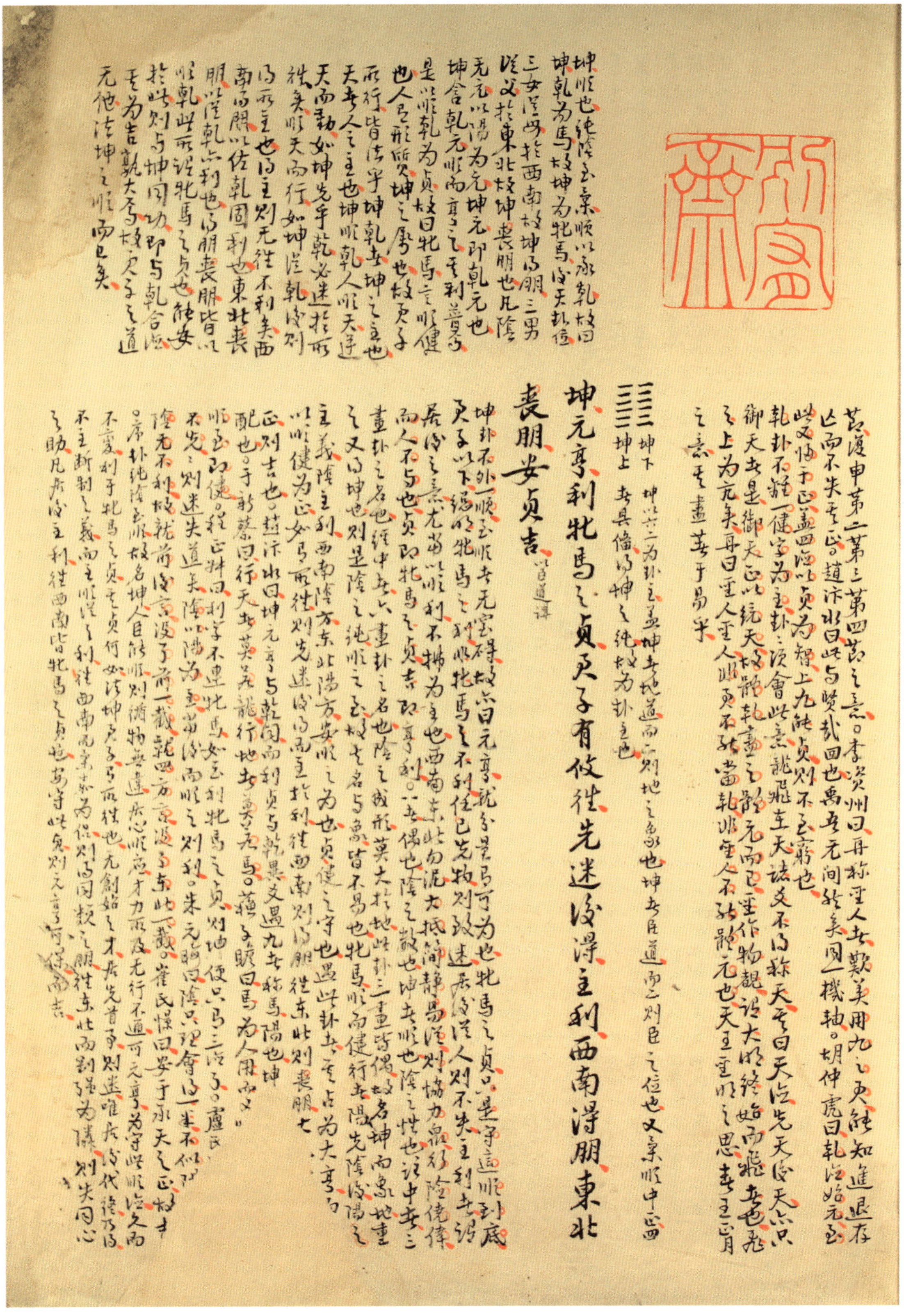

11485 易釋不分卷 （清）黄以周撰　稿本

有“蕭山朱鼎煦收藏書籍”等印。寧波市天一閣博物館藏。

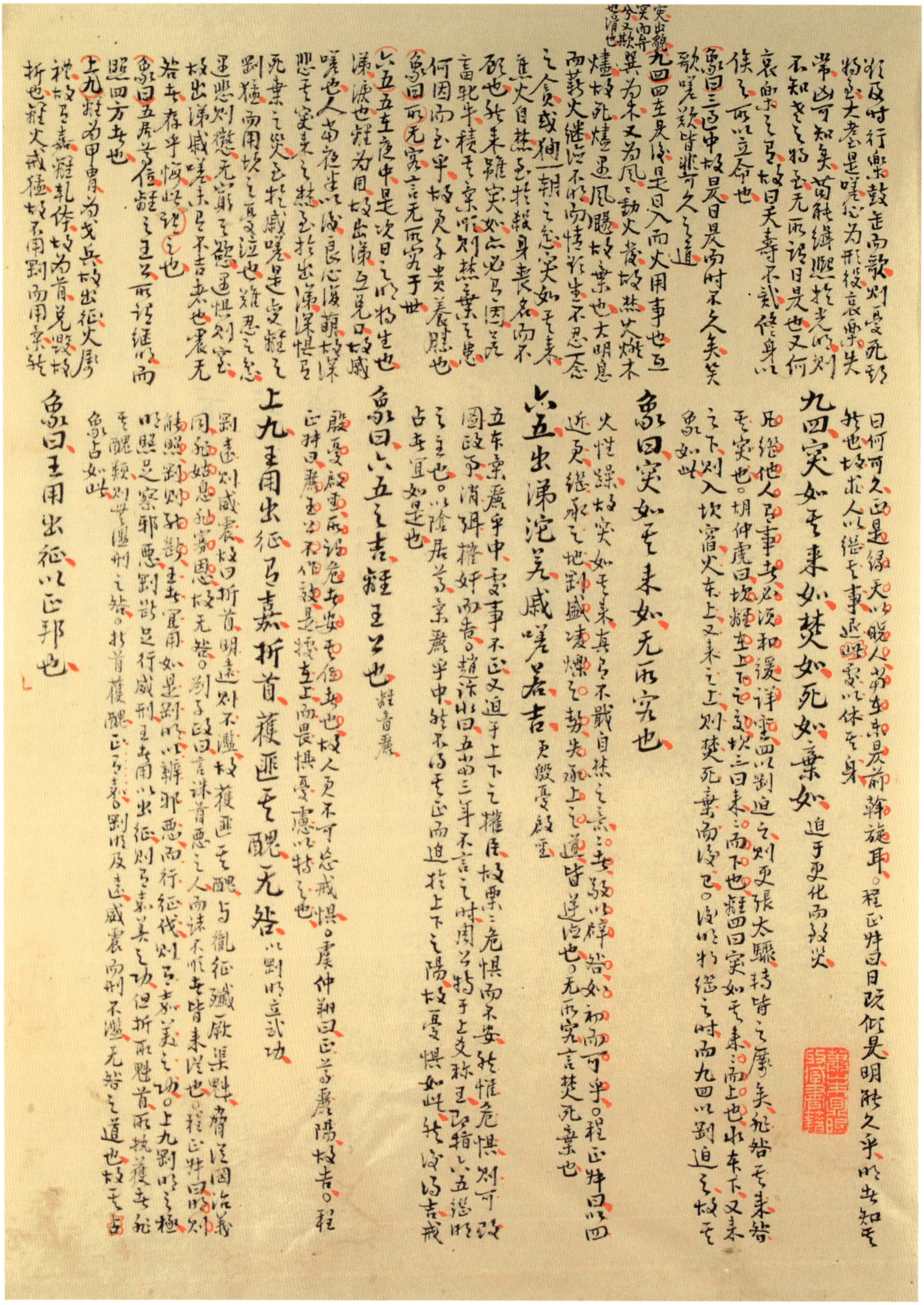

九四突如其來如焚如死如棄如

象曰突如其來如无所容也

六五出涕沱若戚嗟若吉

象曰六五之吉離王公也

上九王用出征有嘉折首獲匪其醜无咎

象曰王用出征以正邦也

11485 易釋不分卷

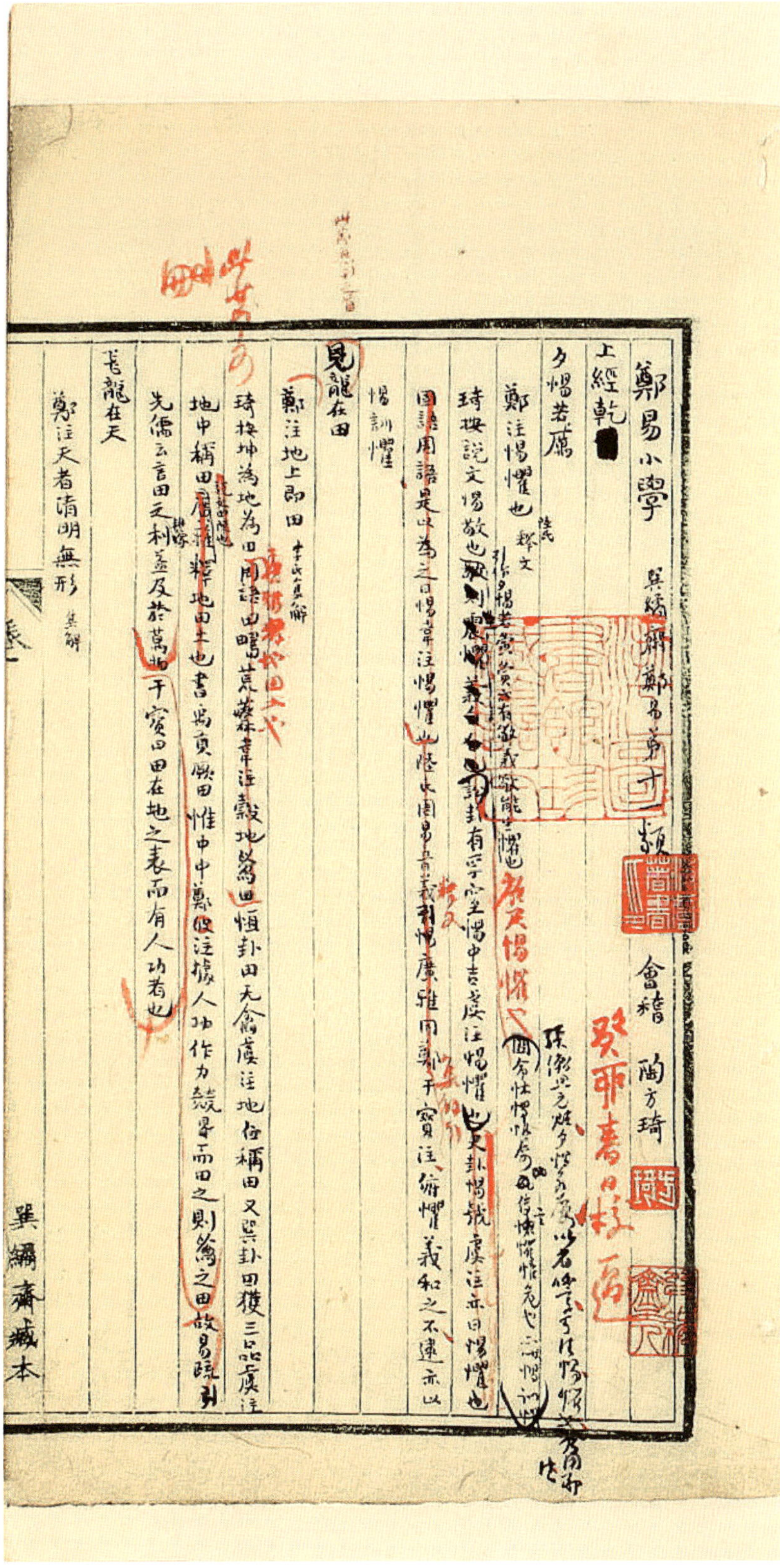
鄭易小學
會稽 陶方琦
上經乾
夕惕若厲
鄭注惕懼也
見龍在田
鄭注地上即田
飛龍在天
鄭注天者清明無形
巽綸齋藏本

11486 鄭易小學一卷 （清）陶方琦撰 稿本

匡高22.7厘米，廣14.5厘米。半葉十四行，行字不等，緑格，白口，四周雙邊。浙江圖書館藏。

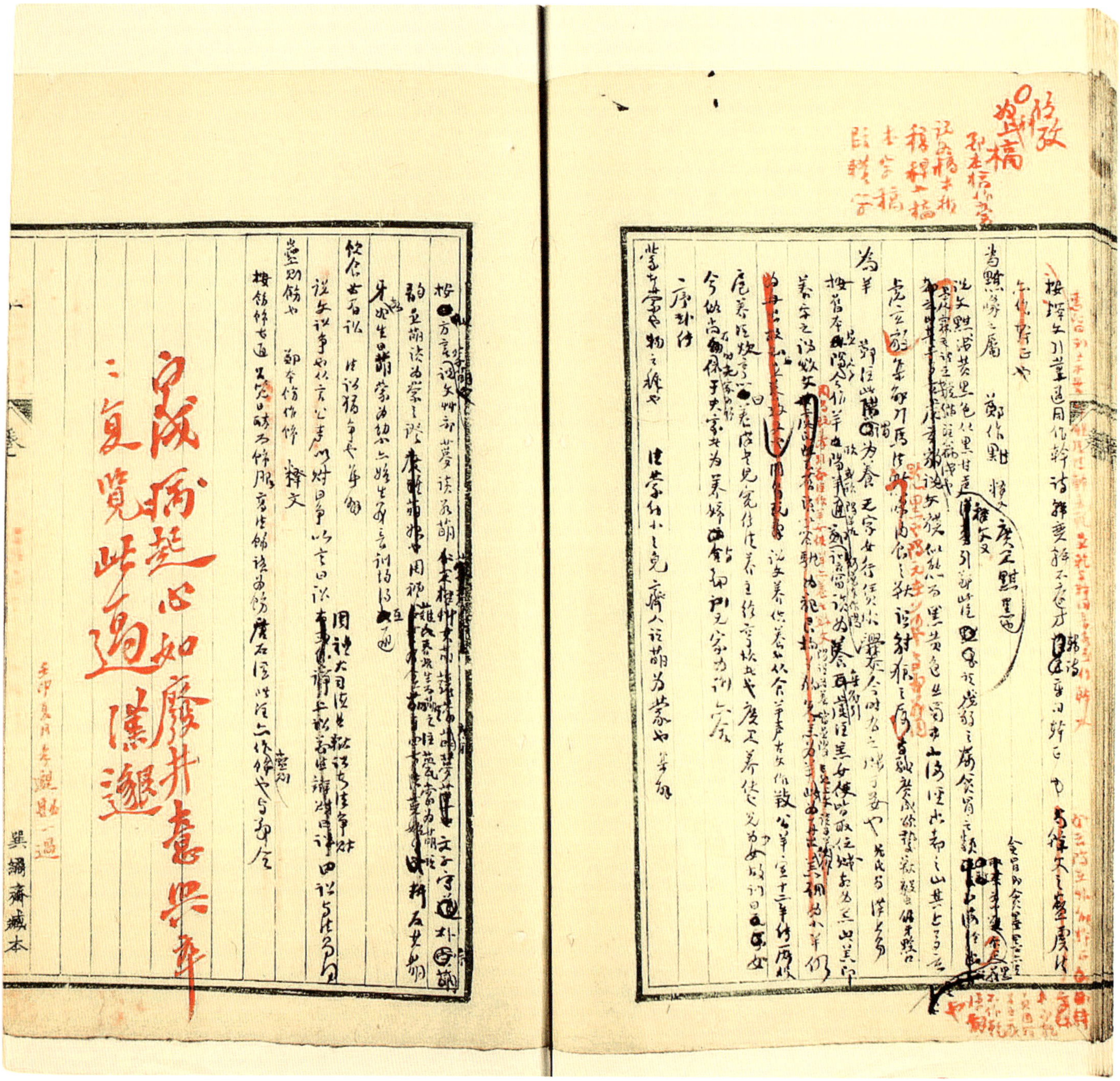

11486 鄭易小學一卷

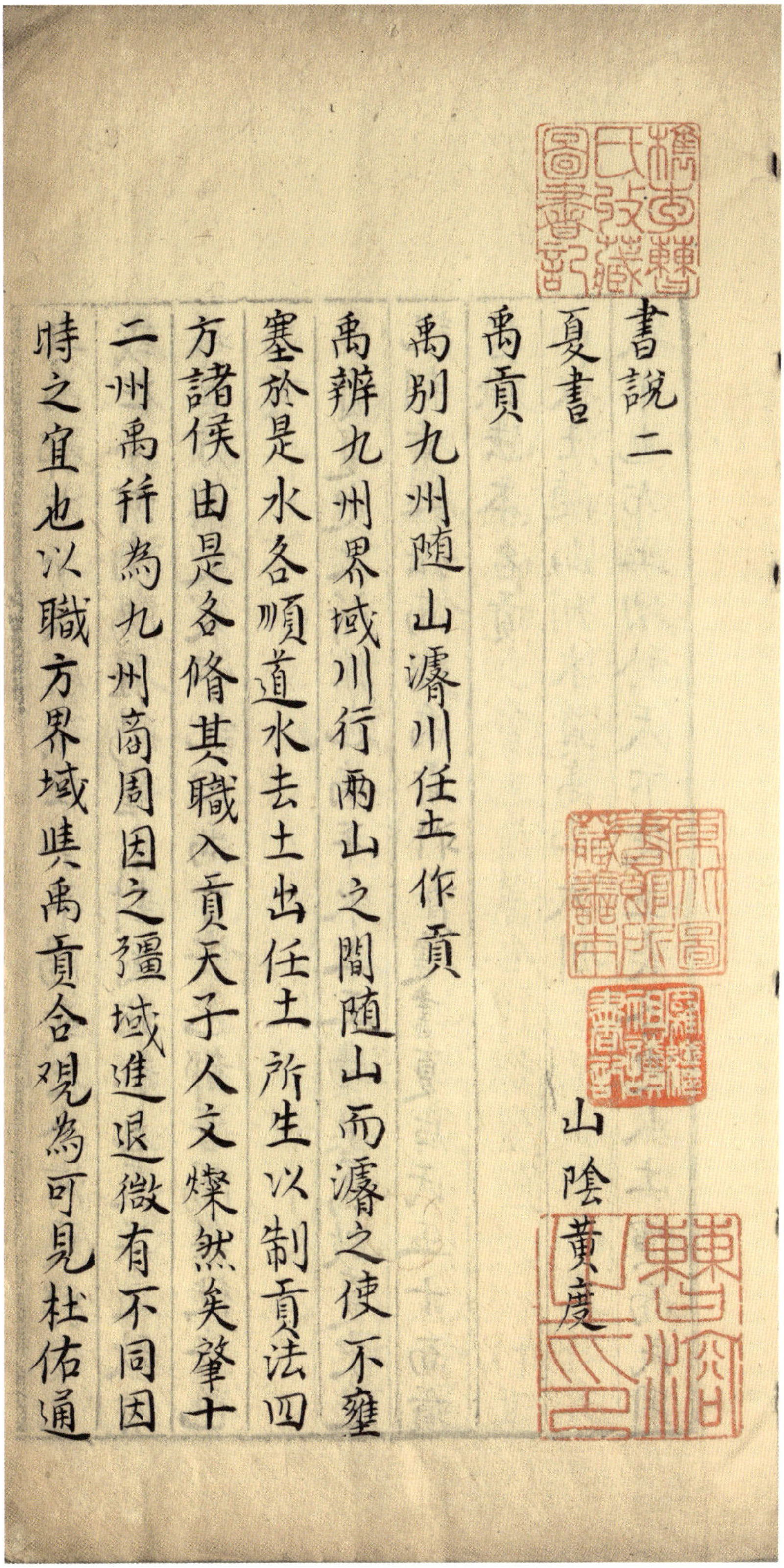
書說二
夏書
禹貢　山陰黃度
禹別九州隨山濬川任土作貢
禹辨九州界域川行兩山之間隨山而濬之使不壅
塞於是水各順道水去土出任土所生以制貢法四
方諸侯由是各脩其職入貢天子人文燦然矣肇十
二州禹幷爲九州商周因之彊域進退微有不同因
時之宜也以職方界域與禹貢合觀爲可見杜佑通

11487 書說七卷　（宋）黄度撰　明抄本

匡高19厘米，廣12厘米。半葉九行，行二十字，藍格，白口，四周單邊。有"曹溶之印""羅繼祖讀書記"等印。遼寧省圖書館藏，存六卷。

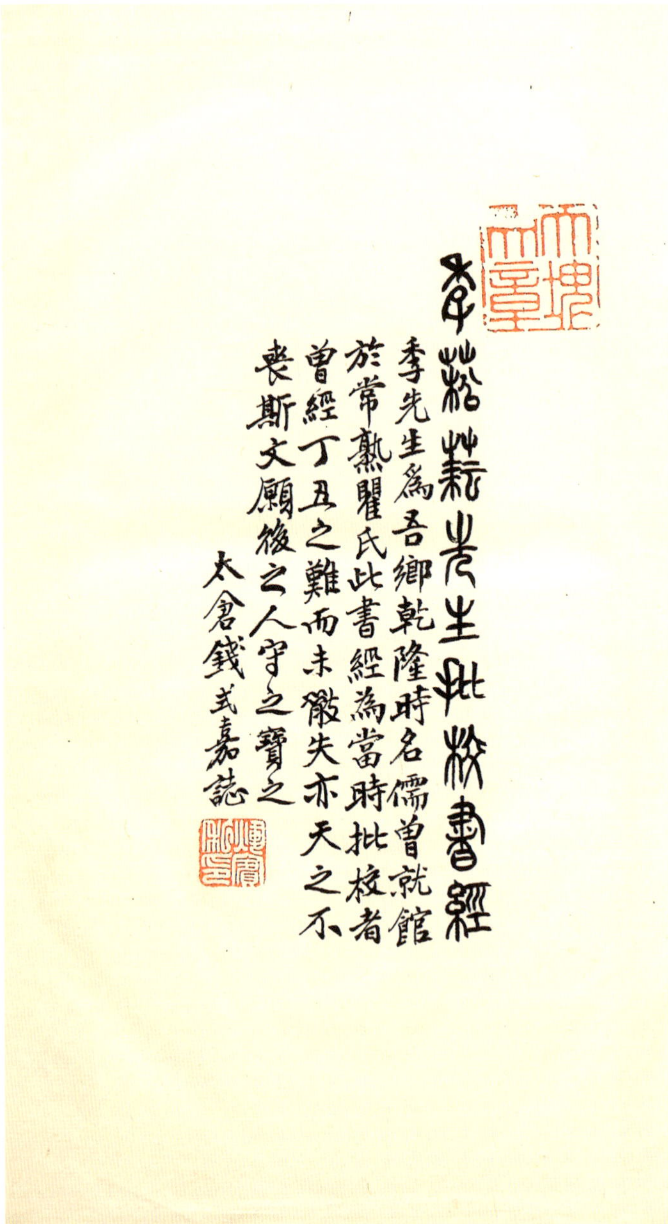

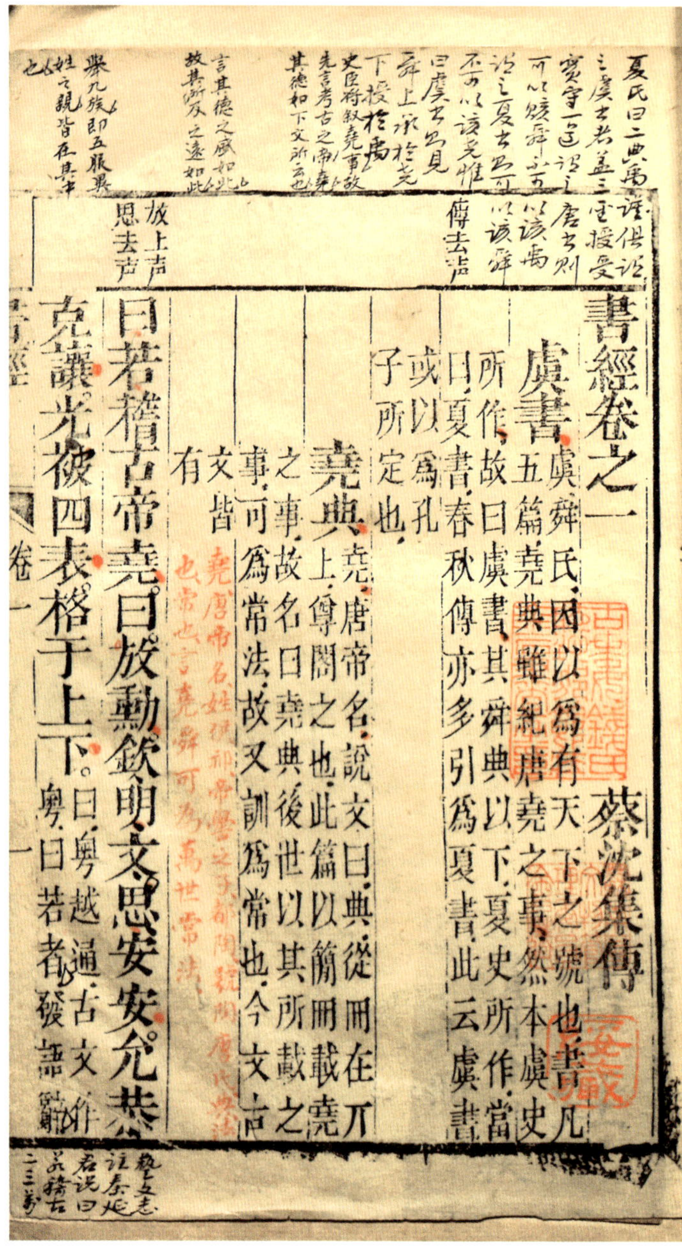

11488 書經集傳六卷　（宋）蔡沈撰　清嘉慶五年（1800）掃葉山房刻本

匡高20.6厘米，廣14.8厘米。半葉九行，行十七字，小字雙行同，白口，左右雙邊。季錫疇批，錢式嘉題識。南京圖書館藏。

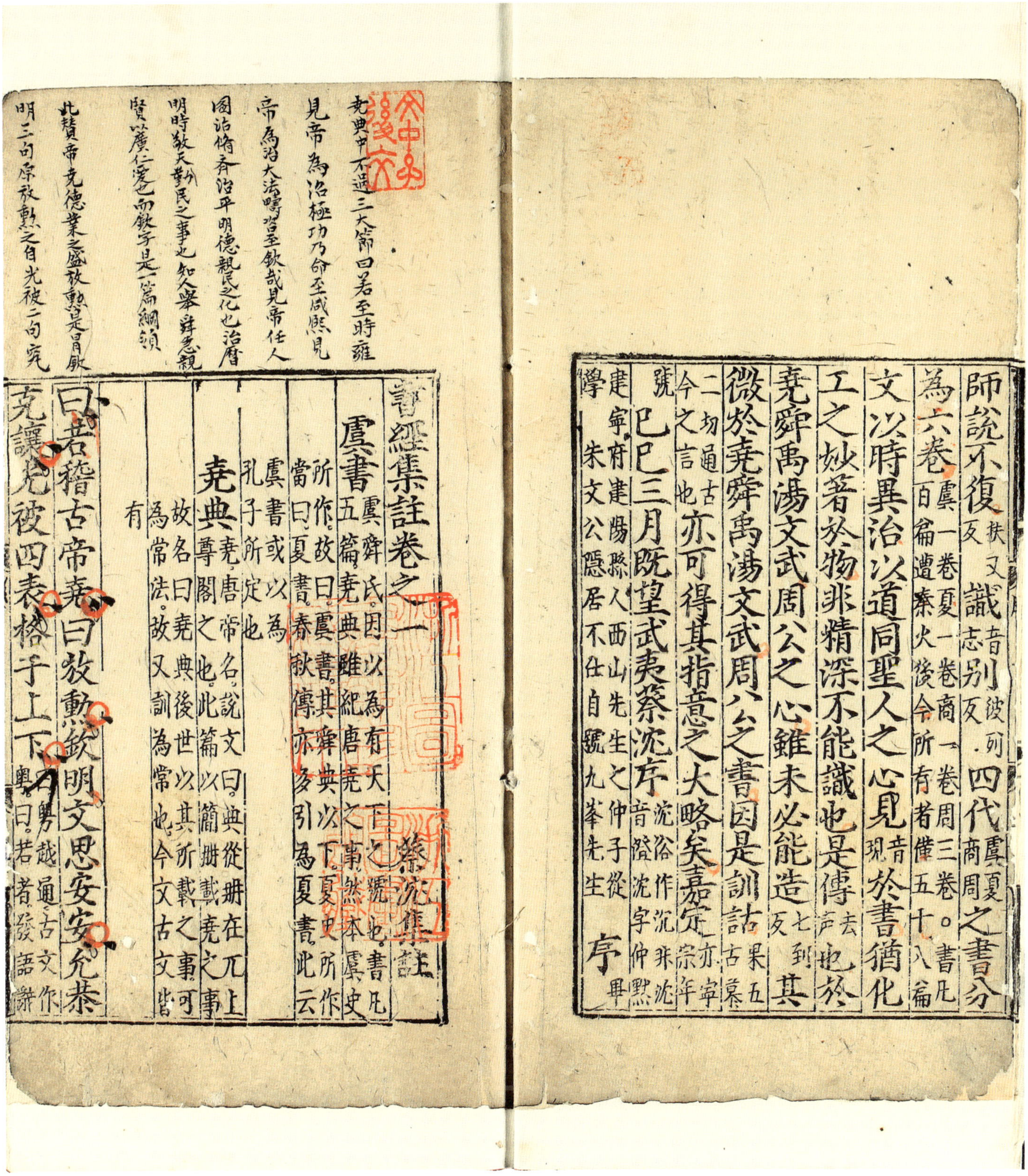

11489 書經集註十卷 （宋）蔡沈撰 明刻本

匡高15.4厘米，廣10.7厘米。半葉九行，行十七至十八字，小字雙行同，黑口，四周雙邊。浙江圖書館藏。

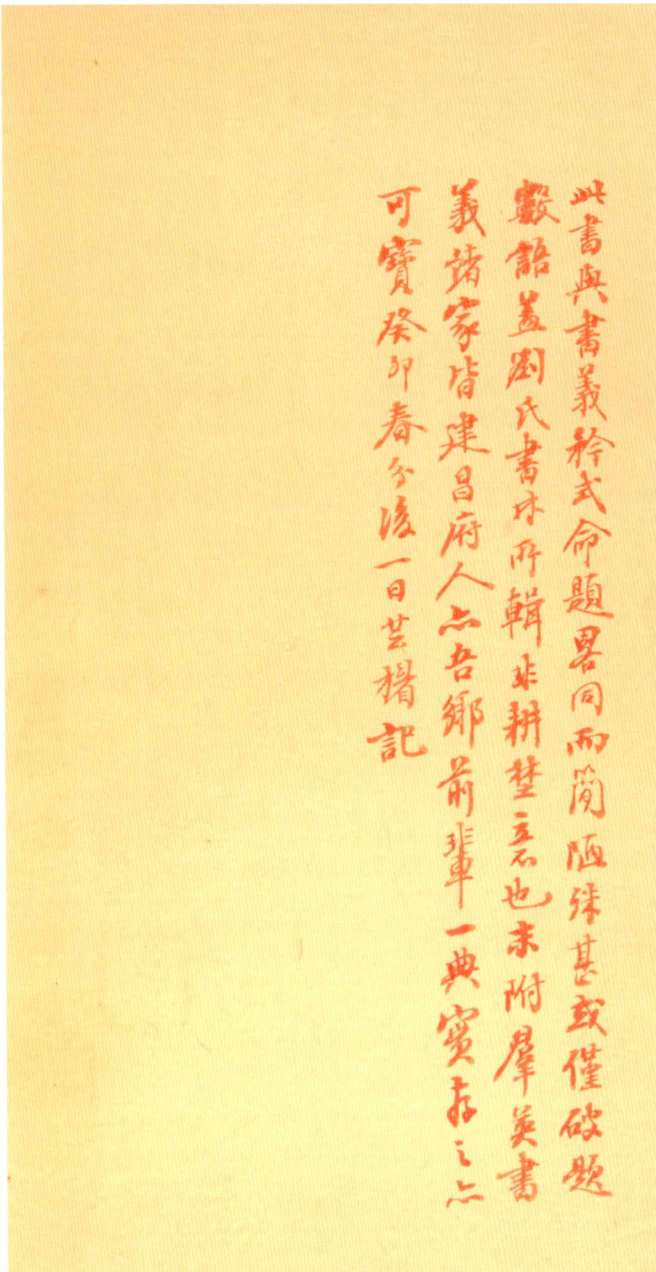

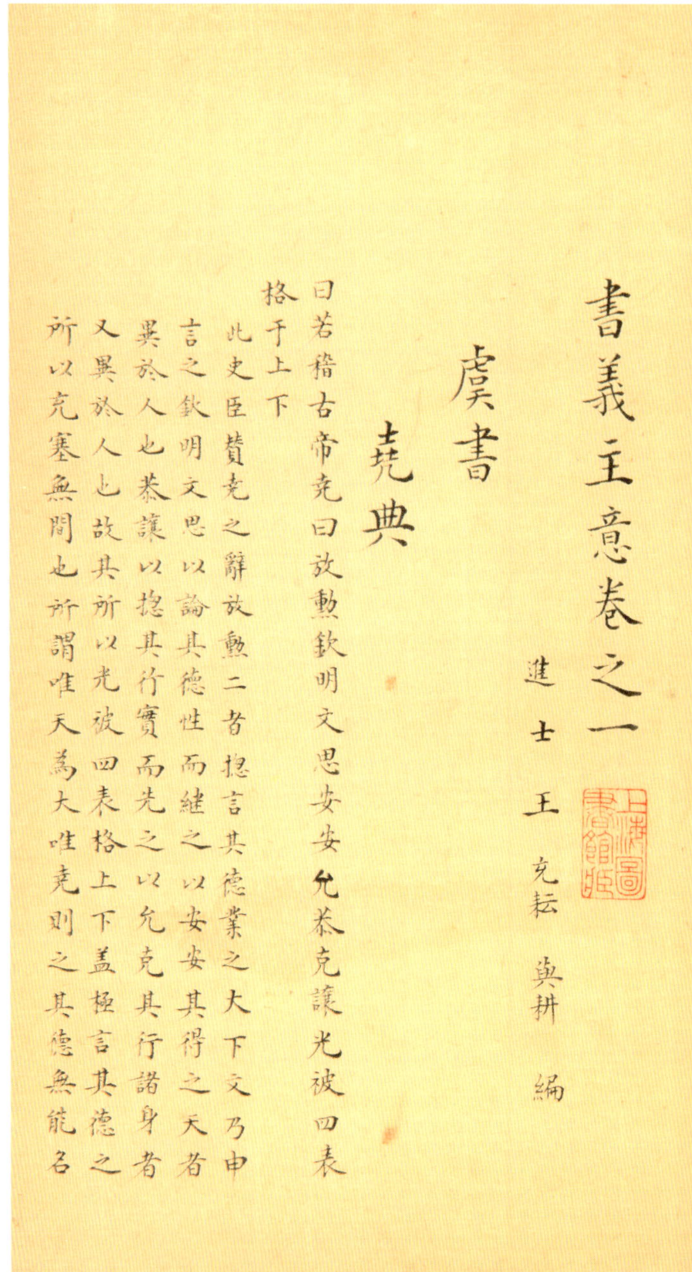

11490 書義主意六卷 （元）王充耘撰 **群英書義二卷** （元）張泰撰 清抄本

彭元瑞跋。上海圖書館藏。

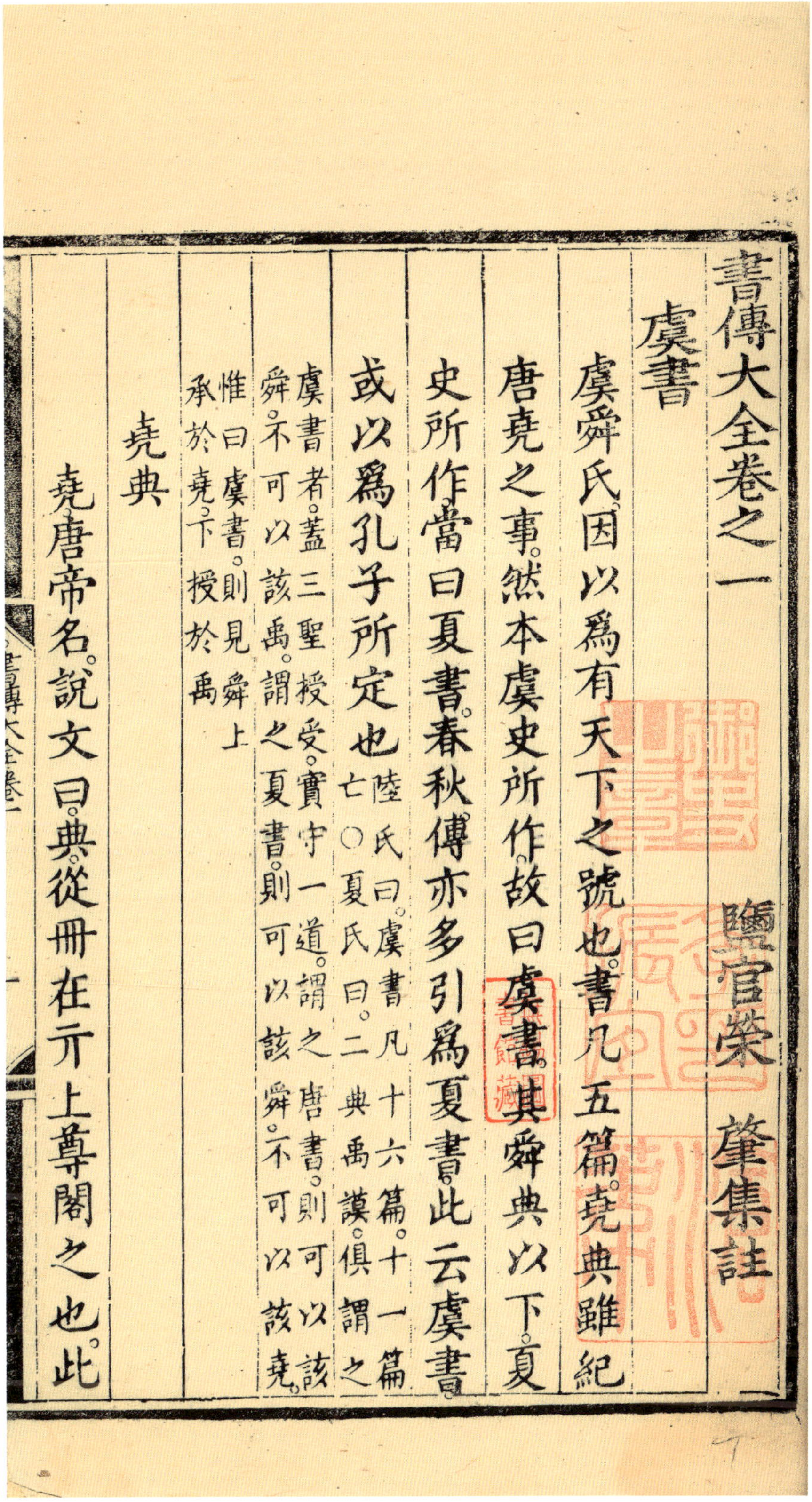

書傳大全卷之一

虞書　　鹽官榮　肇集註

虞舜氏。因以爲有天下之號也。書凡五篇。堯典雖紀唐堯之事。然本虞史所作。故曰虞書。其舜典以下夏史所作。當曰夏書。春秋傳亦多引爲夏書。此云虞書或以爲孔子所定也陸氏曰。虞書凡十六篇。十一篇亡〇夏氏曰。二典禹謨。俱謂之虞書者。蓋三聖授受。實守一道。謂之唐書。則可以該舜。不可以該禹。謂之夏書。則可以該舜。不可以該堯。惟曰虞書。則見舜上承於堯。下授於禹

堯典

堯唐帝名。說文曰。典從冊在丌上。尊閣之也。此

11491 書傳大全十卷綱領一卷圖一卷　（明）胡廣等輯　明刻本

匡高26.1厘米，廣18.1厘米。半葉十行，行二十二字，小字雙行同，黑口，四周雙邊。有“季印振宜”等印。無錫市圖書館藏。

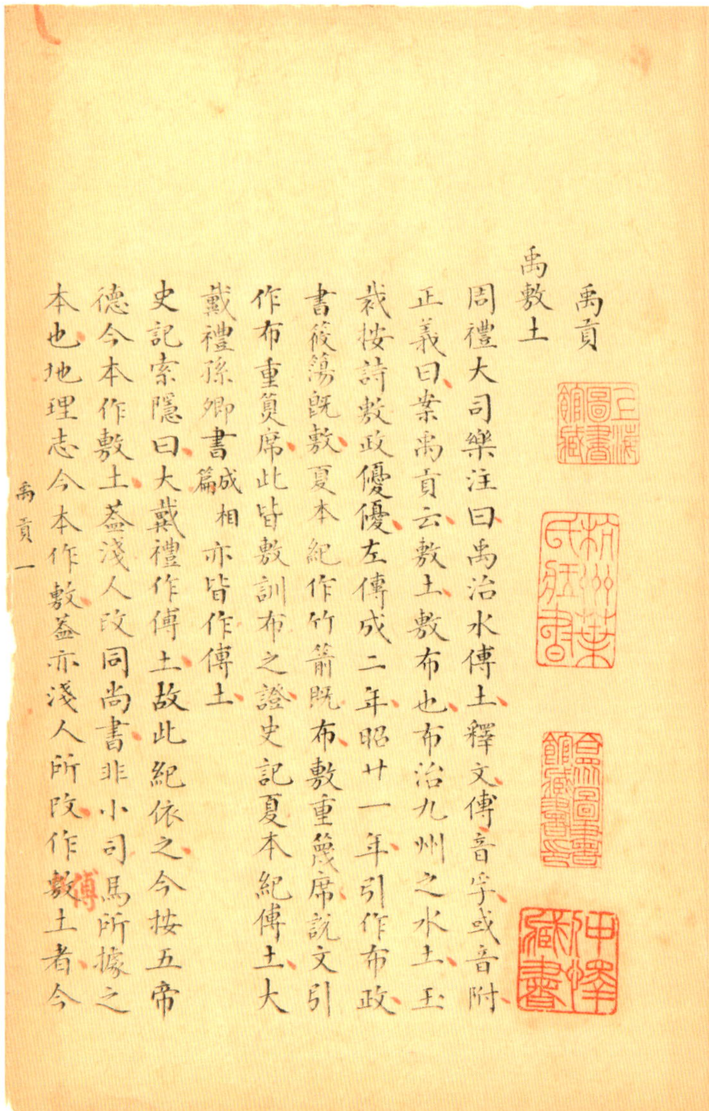
禹貢
禹敷土
周禮大司樂注曰禹治水傅土釋文傅音孚或音附
正義曰案禹貢云敷土敷布也布治九州之水土玉
裁按詩敷政優優左傳成二年昭廿一年引作布政
書筱簜既敷夏本紀作竹箭既布敷重篾席說文引
作布重蔑席此皆敷訓布之證史記夏本紀傅土大
戴禮孫卿書成相篇亦皆作傅土
史記索隱曰大戴禮作傅土故此紀依之今按五帝
德今本作敷土蓋淺人改同尚書非小司馬所據之
本也地理志今本作敷蓋亦淺人所改作敷土者今
禹貢 一

11492 古文尚書撰異不分卷 （清）段玉裁撰　稿本

半葉十一行，行二十一字，小字雙行同。有“仲懌藏書”“杭州葉氏藏書”“卷盦祕笈”等印。佚名録臧庸、錢大昕校注，吴重熹、葉景葵跋。上海圖書館藏，缺兩篇。

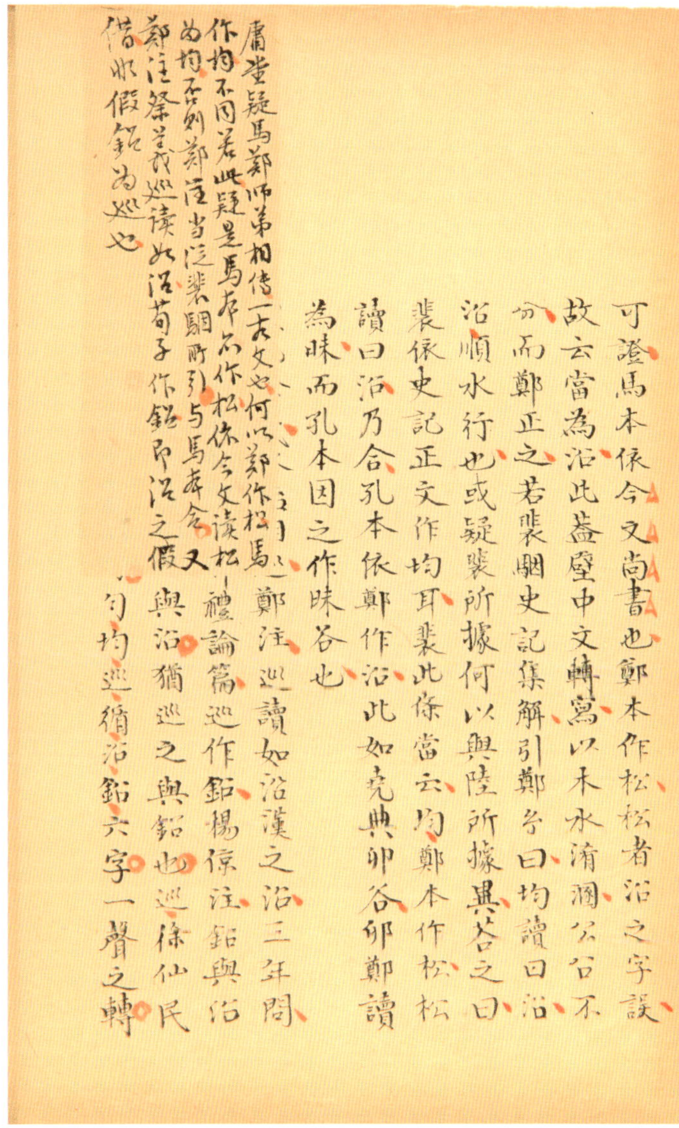

膺堂疑馬鄭師弟相傳一古文也何以鄭作松馬作均不同若此疑是馬本不作松係今文讀松為均否則鄭注當從裴駰所引與馬本合又鄭注祭法或沿讀如沿荀子作鉛即沿之假借非假鉛為沿也

可證馬本依今文尚書也鄭本作松松者沿之字誤故云當為沿此蓋壁中文轉寫以木水淆溷公台不分而鄭正之若裴駰史記集解引鄭曰均讀曰沿沿順水行也或疑裴所據何以與陸所據異答之曰裴依史記正文作均耳裴此條當云均鄭本作松松讀曰沿乃合孔本依鄭作沿此如堯典卯谷卯鄭讀為昧而孔本因之作昧谷也

……鄭注沿讀如沿漢之沿三年問禮論篇沿作鉛楊倞注鉛與沿與沿猶沿之與鉛也沿係仙民句均沿循沿鉛六字一聲之轉

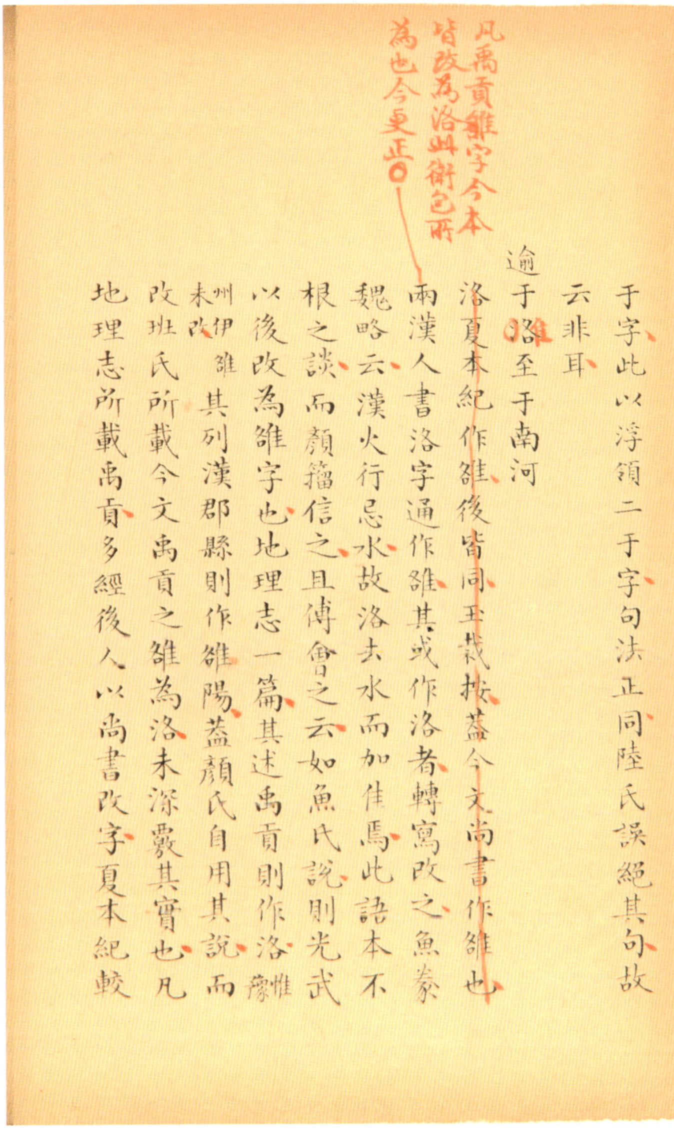

于字此以浮頌二于字句法正同陸氏誤絶其句故云非耳

逾于洛至于南河

洛夏本紀作雒後皆同玉裁按蓋今文尚書作雒也兩漢人書洛字通作雒其或作洛者轉寫改之魚豢魏略云漢火行忌水故洛去水而加佳焉此語本不根之談而顏籀信之且傅會之云如魚氏說則光武以後改為雒字也地理志一篇其述禹貢則作洛雒豫州伊雒其列漢郡縣則作雒陽蓋顏氏自用其說而未改改班氏所載今文禹貢之雒為洛未深覈其實也凡地理志所載禹貢多經後人以尚書改字夏本紀較

凡禹貢雒字今本皆改為洛此衛包所為也今更正○

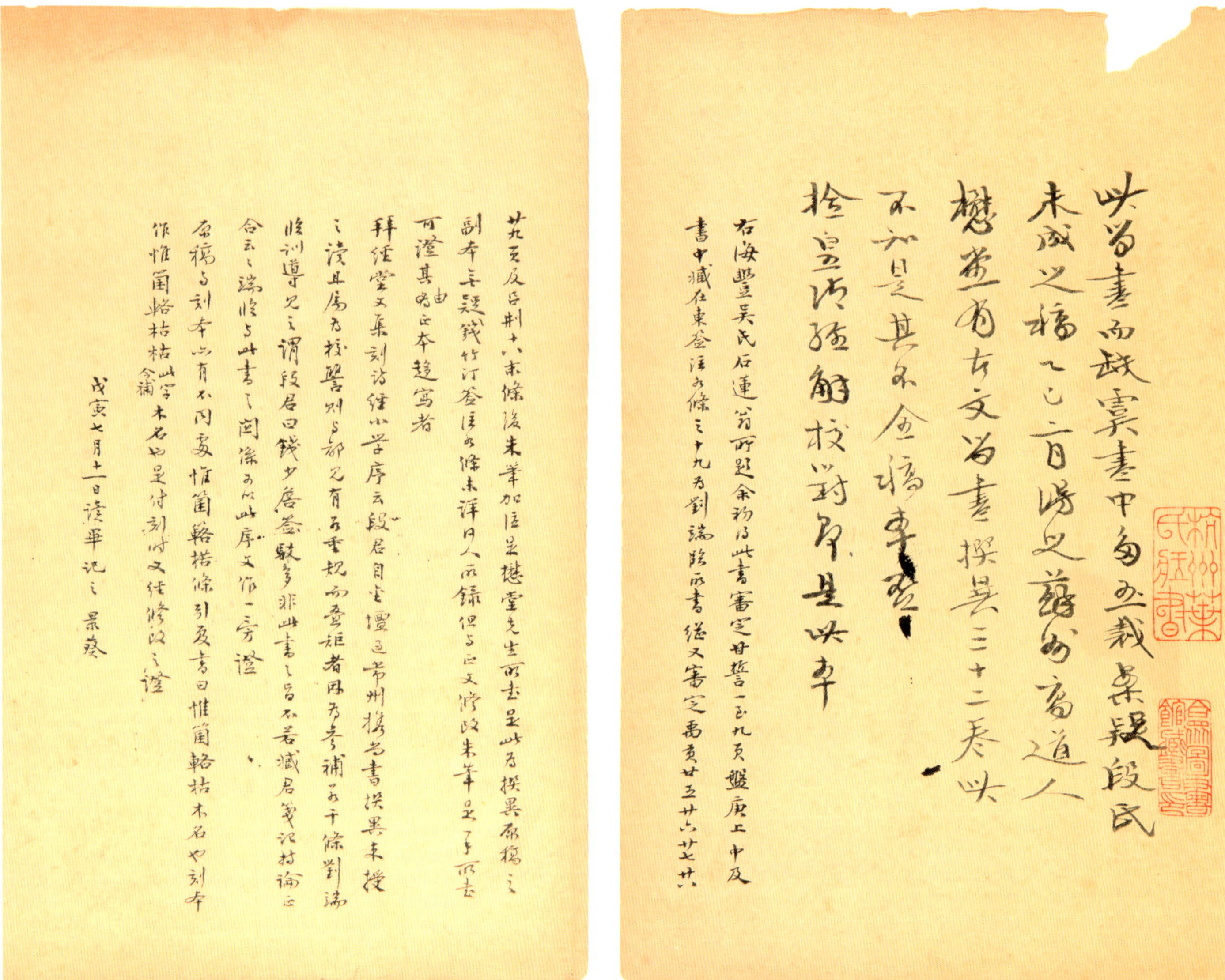

11492 古文尚書撰異不分卷

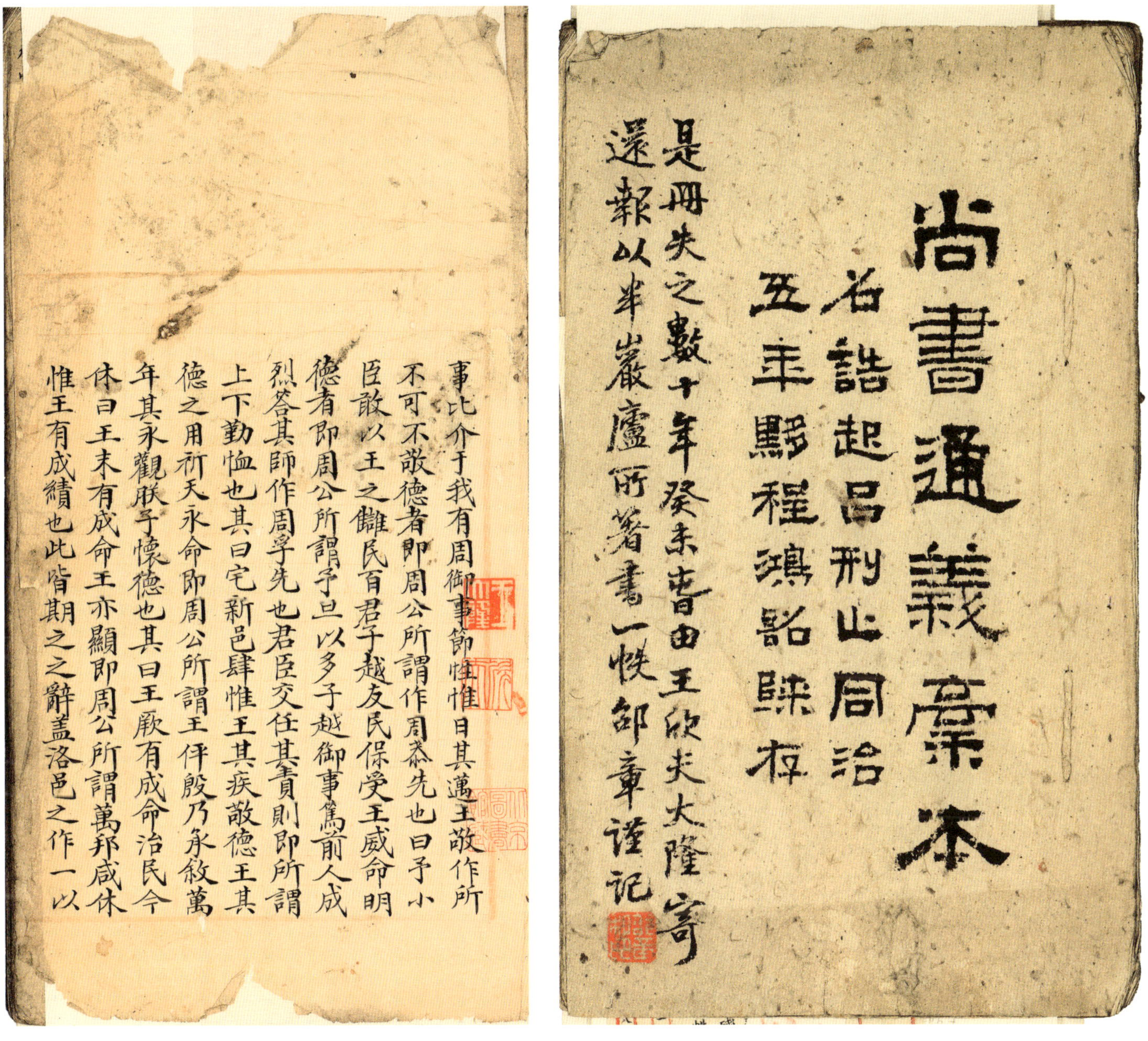

11493 尚書通義□卷　（清）邵懿辰撰　稿本

匡高16.4厘米，廣12.7厘米。半葉十行，行二十二字，小字雙行同，紅格，白口，四周單邊。程鴻詔、邵章跋。國家圖書館藏，存二卷。

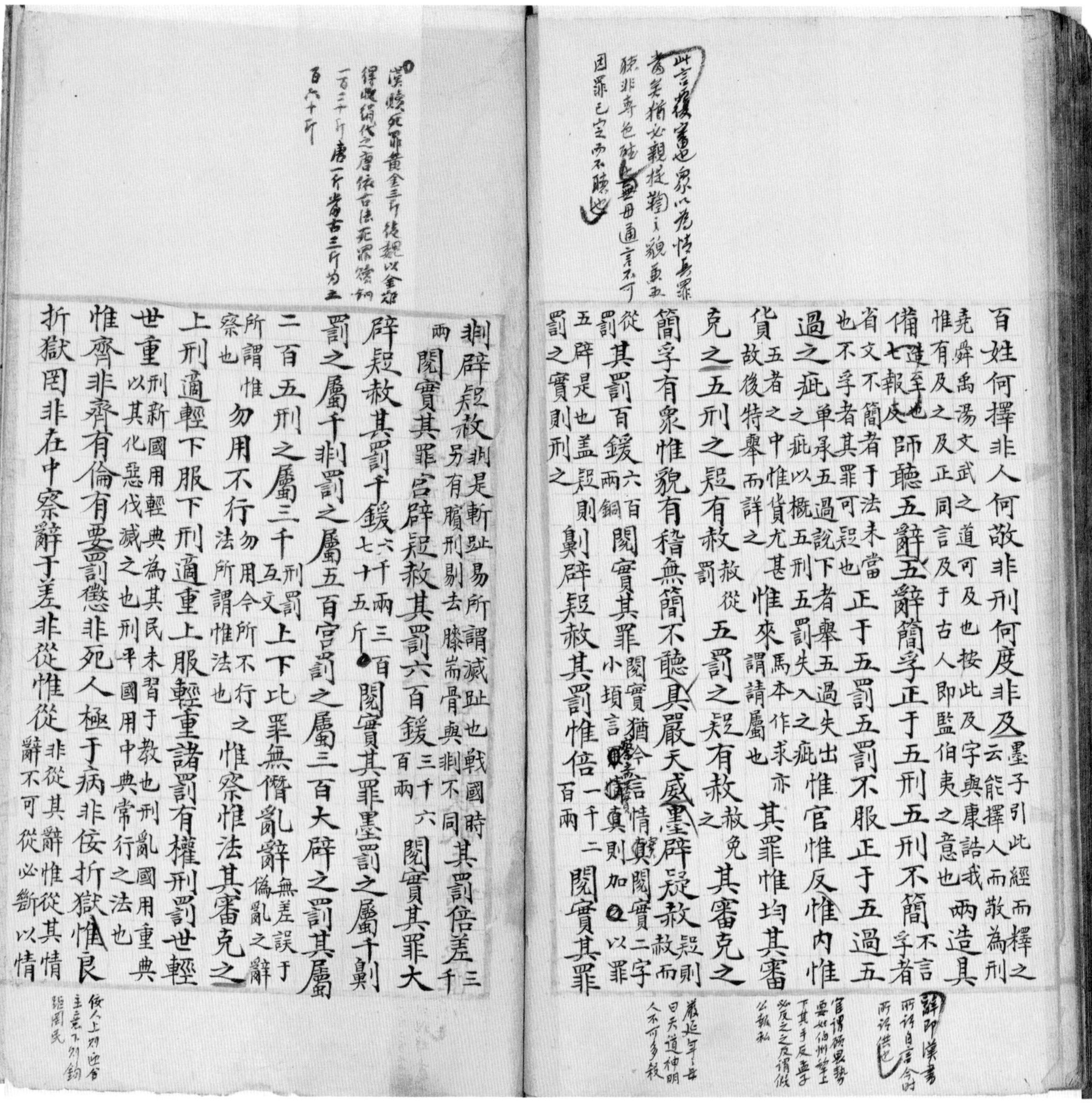
百姓何擇非人何敬非刑何度非及墨子引此經而釋之云能擇人而敬為刑
堯舜禹湯文武之道可及也按此及字與康誥我惟有及之及正同言及于古人即監伯夷之意也兩造具
備七報反師聽五辭五辭簡孚正于五刑五刑不簡不言孚者
省文不簡者于法未當也不孚者其罪可疑也正于五罰五罰不服正于五過五
過之疵單承五過說下者舉五過失出之疵以概五刑五罰失入之疵惟官惟反惟內惟
貨五者之中惟貨尤甚故後特舉而詳之惟來馬本作求亦謂請屬也其罪惟均其審
克之五刑之疑有赦赦從罰五罰之疑有赦赦免之其審克之
簡孚有衆惟貌有稽無簡不聽具嚴天威墨辟疑赦疑則赦而
從罰其罰百鍰六百兩銅閱實其罪閱實猶今言情實閱實二字小頊言真則加以罪
五辟是也盖疑則罰之實則刑之劓辟疑赦其罰惟倍一千二百兩閱實其罪

剕辟疑赦剕是斬趾易所謂滅趾也戰國時另有臏刑剔去膝蓋骨與剕不同其罰倍差三千
兩閱實其罪宮辟疑赦其罰六百鍰三千六百兩閱實其罪大
辟疑赦其罰千鍰六千兩三百七十五斤閱實其罪墨罰之屬千劓
罰之屬千剕罰之屬五百宮罰之屬三百大辟之罰其屬
二百五刑之屬三千刑罰互文上下比罪無僭亂辭無差誤于偽亂之辭
所謂惟察也勿用不行勿用令所不行之法所謂惟法也惟察惟法其審克之
上刑適輕下服下刑適重上服輕重諸罰有權刑罰世輕
世重刑新國用輕典為其民未習于教也刑亂國用重典以其化惡伐滅之也刑平國用中典常行之法也
惟齊非齊有倫有要罰懲非死人極于病非佞折獄惟良
折獄罔非在中察辭于差非從惟從非從其辭惟從其情辭不可從必斷以情

11493 尚書通義□卷

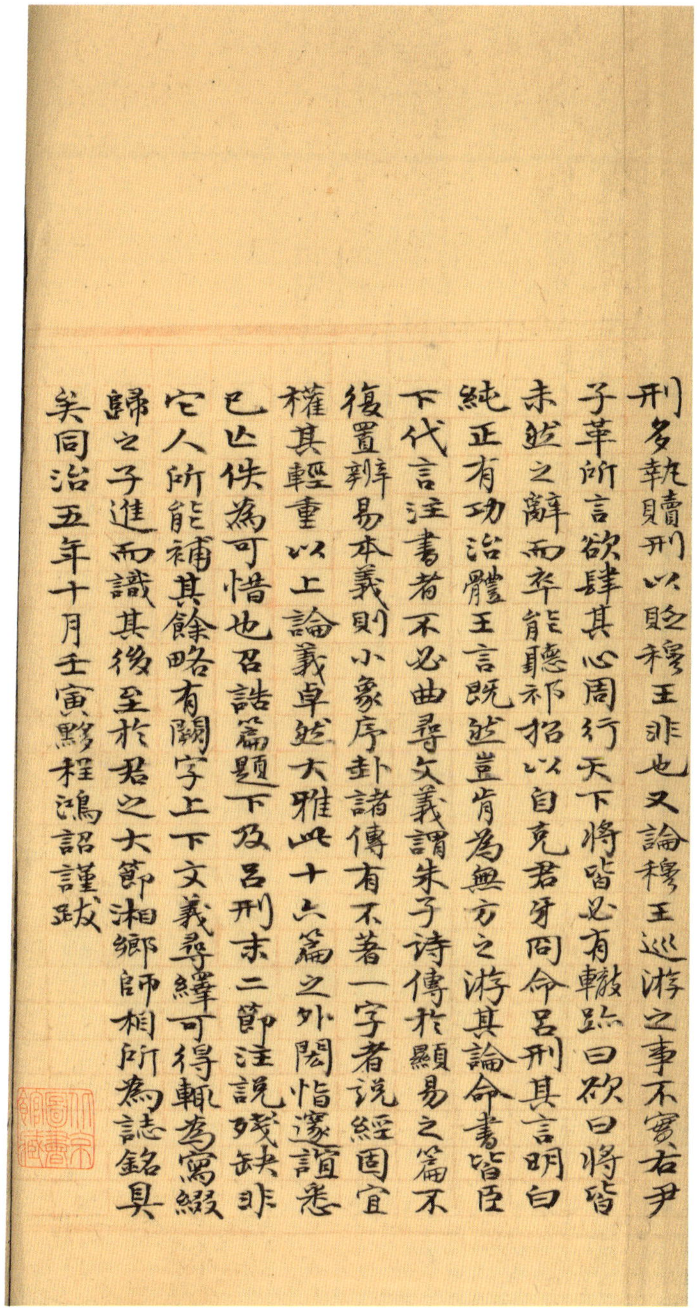

刑多執贖刑以貽穆王非也又論穆王巡游之事不實右尹
子革所言欲肆其心周行天下將皆必有轍跡曰欲曰將皆
未然之辭而卒能聽祈招以自克君牙冏命呂刑其言明白
純正有功治體王言既然豈肯為無方之游其論命書皆臣
下代言注書者不必曲尋文義謂朱子詩傳於顯易之篇不
復置辯易本義則小象序卦諸傳有不著一字者說經固宜
權其輕重以上論義卓然大雅此十六篇之外闕怡遂誼悉
已亡佚為可惜也召誥篇題下及呂刑末二節注說殘缺非
它人所能補其餘略有闕字上下文義尋繹可得輒為寫綴
歸之子進而識其後至於君之大節湘鄉師相所為誌銘具
矣同治五年十月壬寅黟程鴻詔謹跋

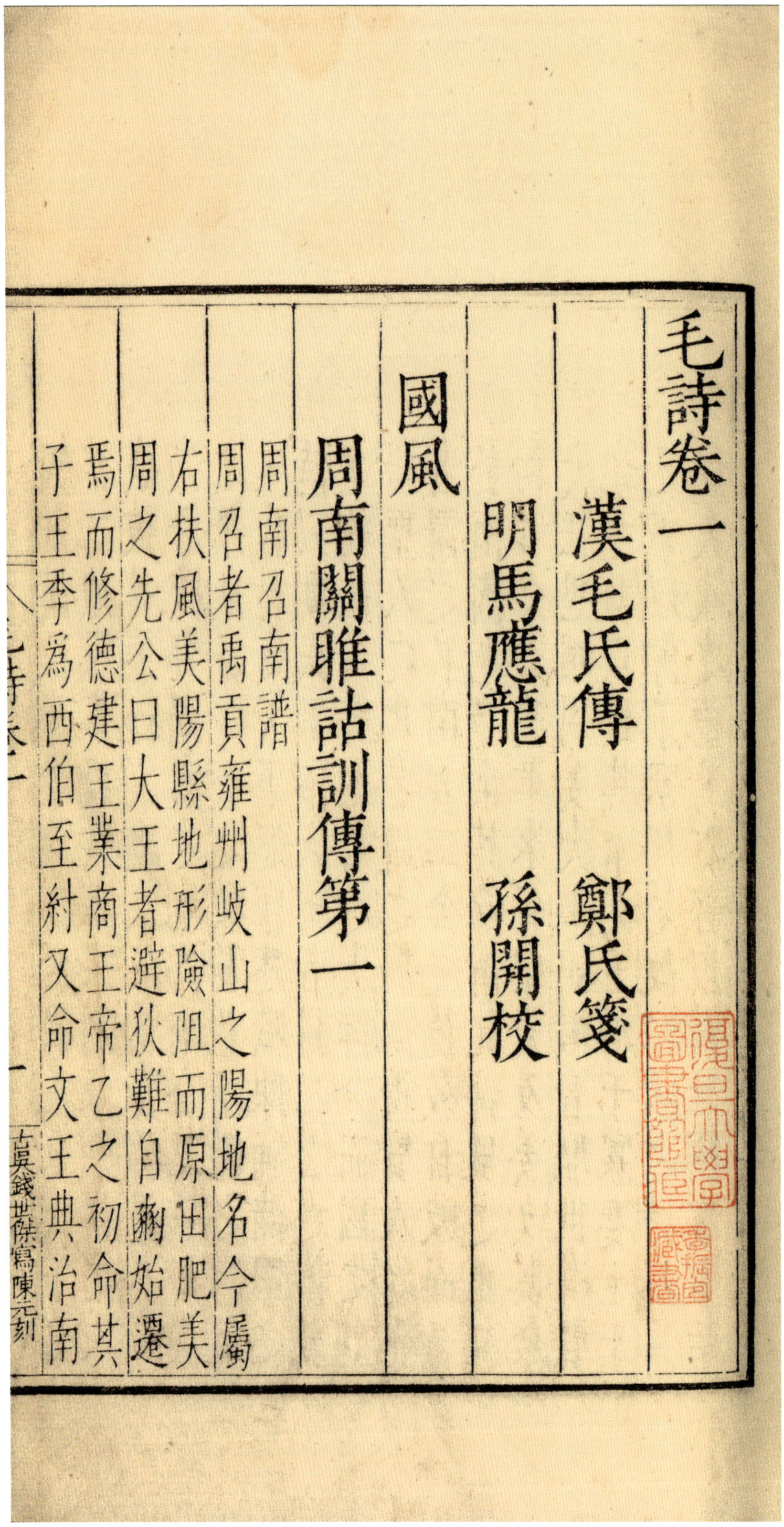
毛詩卷一
漢毛氏傳　鄭氏箋
明馬應龍　孫開校
國風
周南關雎詁訓傳第一
周南召南譜
周召者禹貢雍州岐山之陽地名今屬
右扶風美陽縣地形險阻而原田肥美
周之先公曰大王者避狄難自豳始遷
焉而修德建王業商王帝乙之初命其
子王季為西伯至紂又命文王典治南

11494 毛詩七卷　（漢）毛亨傳　（漢）鄭玄箋　明刻本

匡高19.7厘米，廣13.3厘米。半葉八行，行十七字，小字雙行同，白口，四周雙邊。有“季振宜藏書”“王氏二十八宿研齋秘笈之印”“高氏吹萬樓所得善本書”等印。高燮跋。復旦大學圖書館藏。

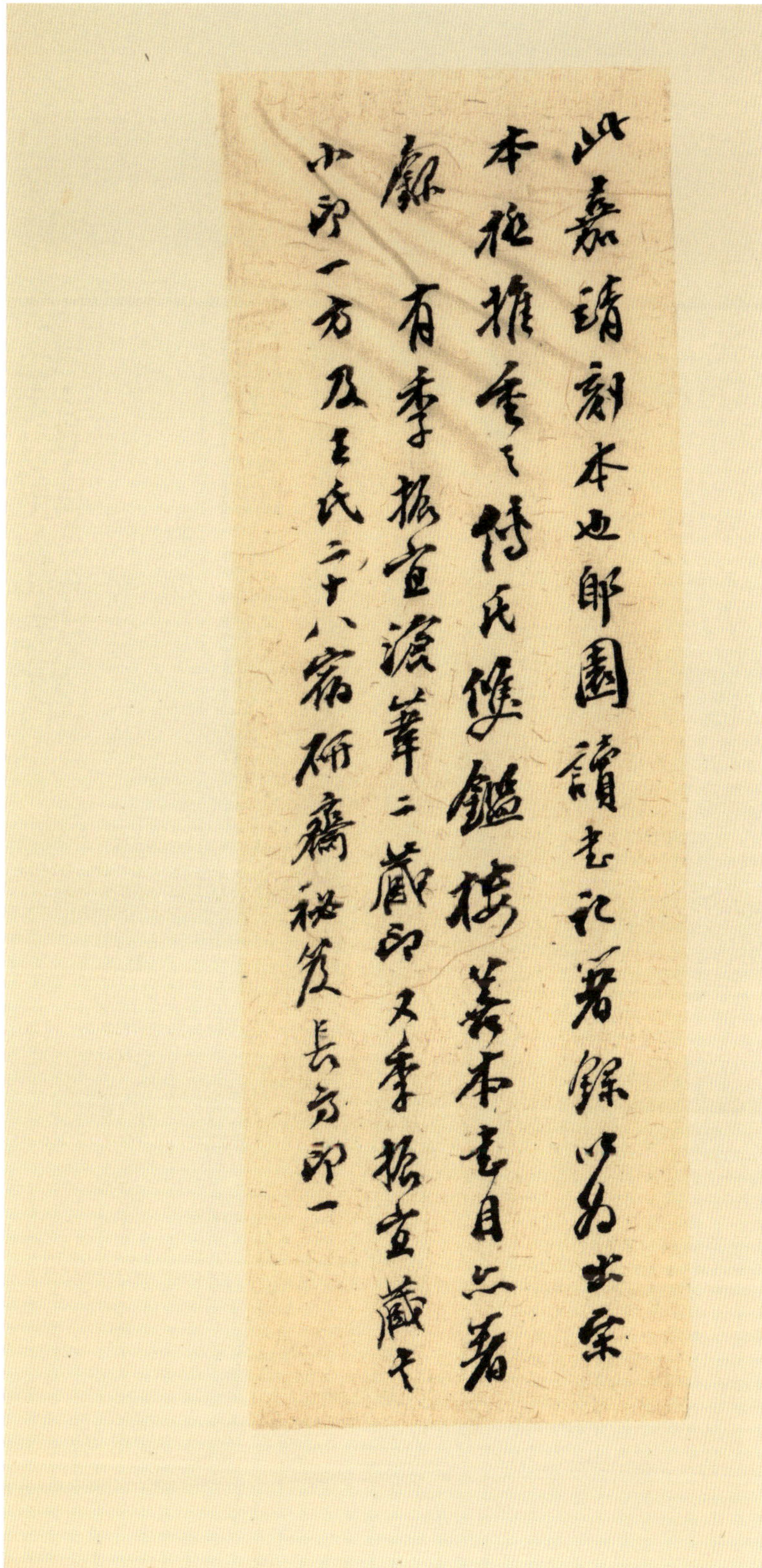

此嘉靖刻本也郎園讀書記著錄以爲出宋本極推重之傅氏雙鑑樓善本書目亦著錄 有季振宜滄葦二藏印又季振宜藏書小印一方及王氏二十八宿研齋秘笈長方印一

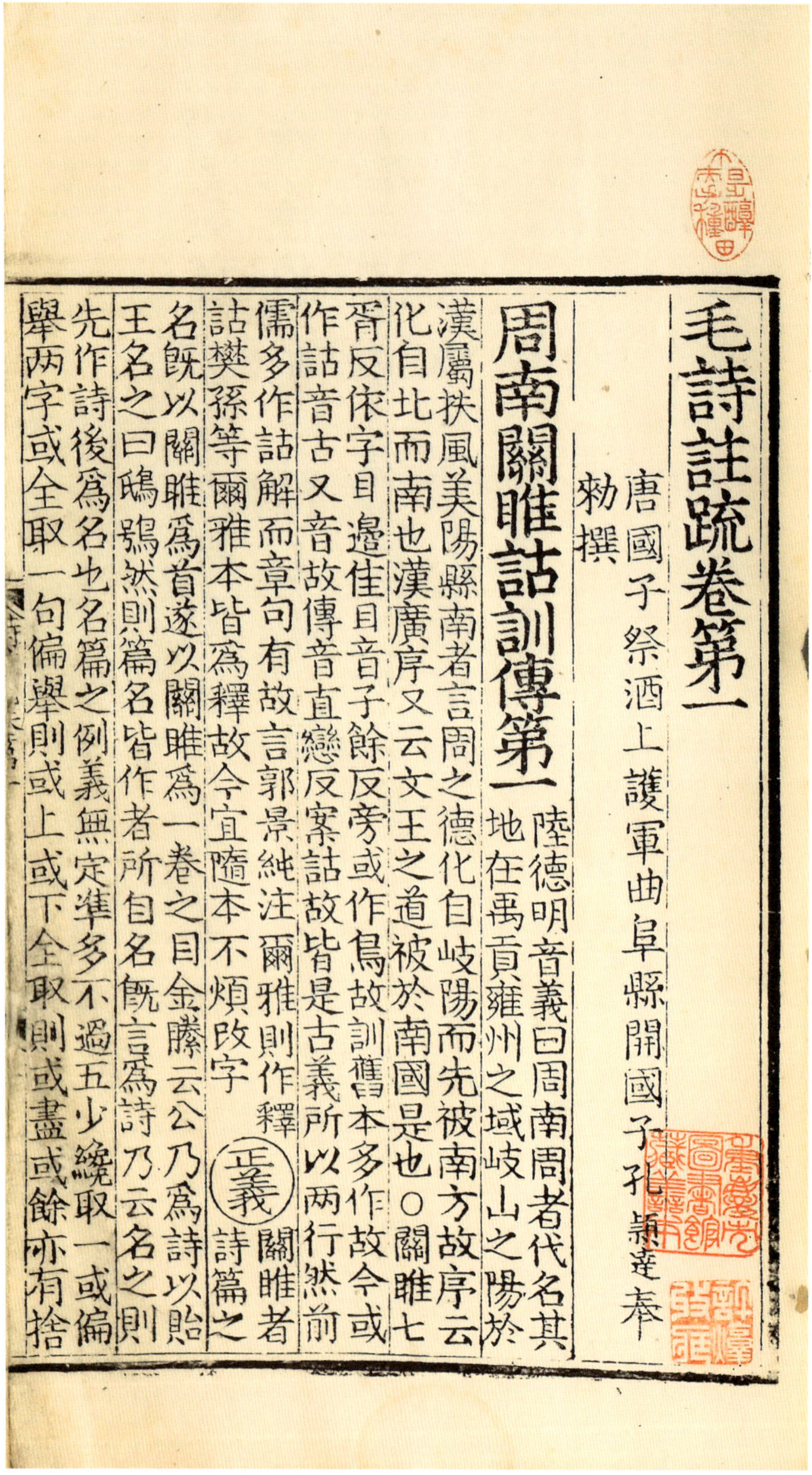

毛詩註疏卷第一

唐國子祭酒上護軍曲阜縣開國子孔穎達奉
勑撰

周南關雎詁訓傳第一 陸德明音義曰周南周者代名其地在禹貢雍州之域岐山之陽於漢屬扶風美陽縣南者言周之德化自岐陽而先被南方故序云化自北而南也漢廣序又云文王之道被於南國是也○關雎七胥反依字目邊佳且音子餘反旁或作鳥故訓舊本多作故今或作詁音古又音故傳音直戀反案詁故皆是古義所以兩行然前儒多作詁解而章句有故言郭景純注爾雅則作釋詁樊孫等爾雅本皆爲釋故今宜隨本不煩改字

【正義】關雎者詩篇之名既以關雎爲首遂以關雎爲一卷之目金縢云公乃爲詩以貽王名之曰鴟鴞然則篇名皆作者所自名既言爲詩乃云名之則先作詩後爲名也名篇之例義無定準多不過五少纔取一或偏舉兩字或全取一句偏舉則或上或下全取則或盡或餘亦有捨

11495 毛詩註疏二十卷詩譜序一卷 （漢）毛亨傳 （漢）鄭玄箋 （唐）孔穎達疏 （唐）陸德明音義 明前期刻本

匡高22.5厘米，廣16.5厘米。半葉八行，行十八字，小字雙行二十五字，白口，四周雙邊。謝无量題識。重慶圖書館藏。

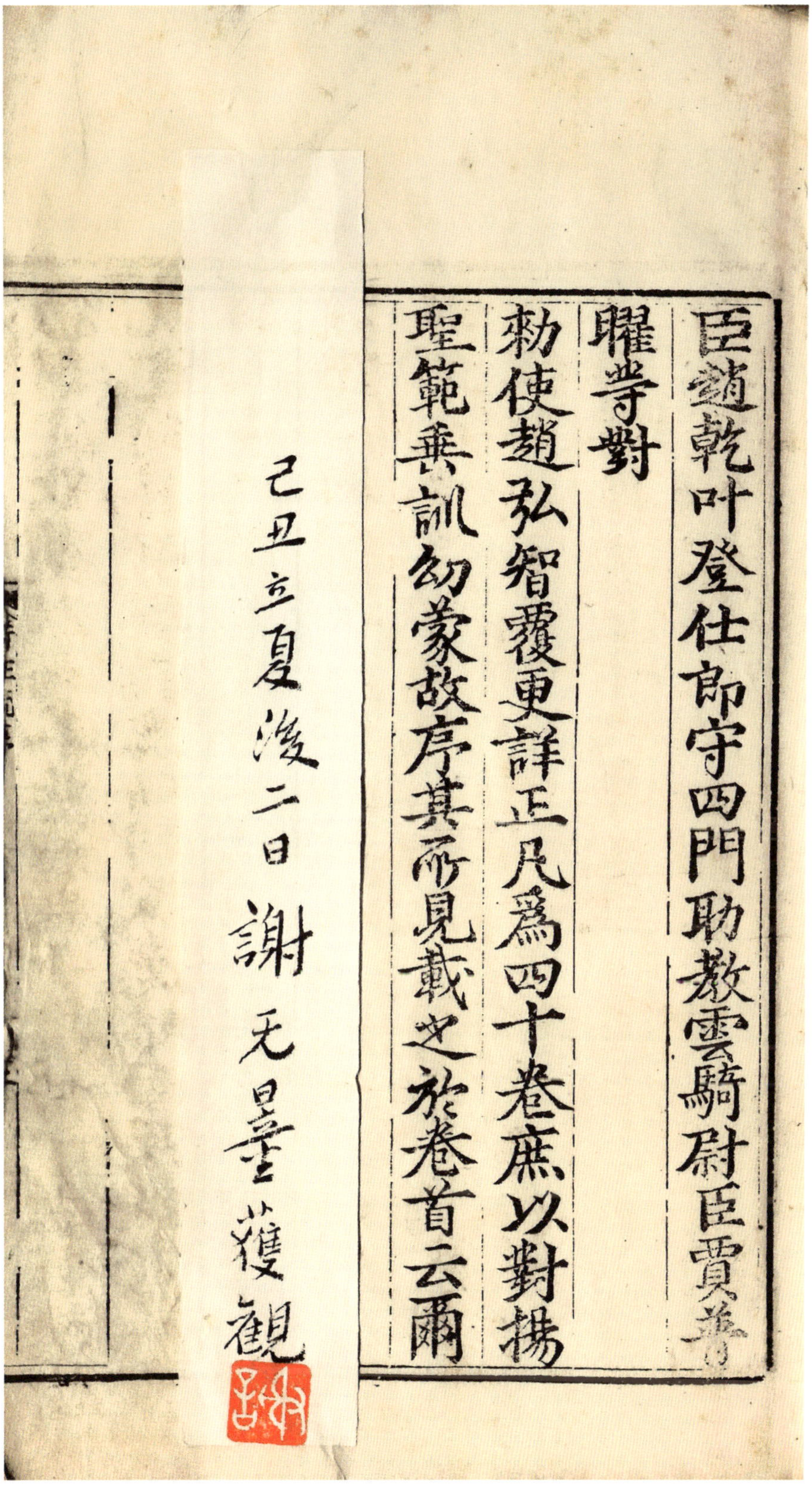

臣趙乾叶登仕郎守四門助教雲騎尉臣賈普
曜岑對
勑使趙弘智覆更詳正凡爲四十卷庶以對揚
聖範垂訓幼蒙故序其所見載之於卷首云爾

己丑立夏後二日 謝无量獲觀

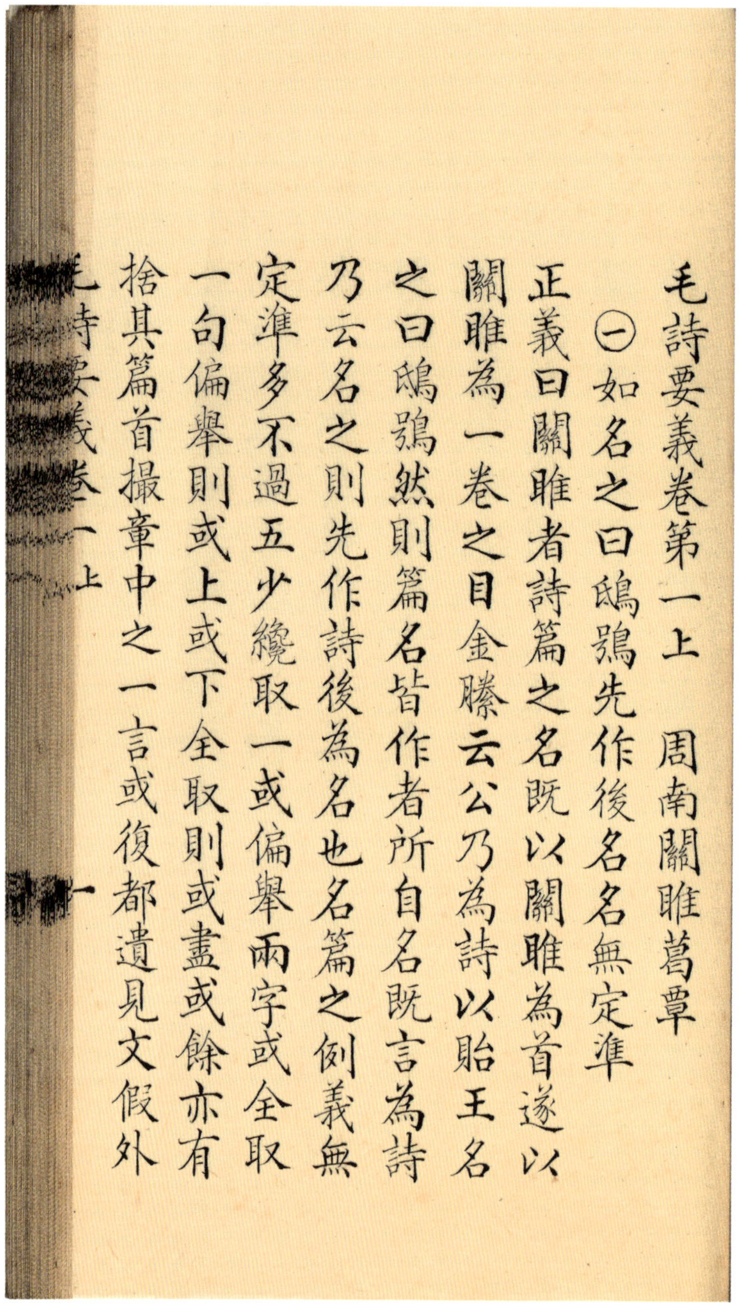

毛詩要義卷第一上　周南關雎葛覃
㊀如名之曰鴟鴞先作後名名無定準
正義曰關雎者詩篇之名既以關雎為首遂以
關雎為一卷之目金縢云公乃為詩以貽王名
之曰鴟鴞然則篇名皆作者所自名既言為詩
乃云名之則先作詩後為名也名篇之例義無
定準多不過五少纔取一或偏舉兩字或全取
一句偏舉則或上或下全取則或盡或餘亦有
捨其篇首撮章中之一言或復都遺見文假外
毛詩要義卷一上　一

11496 毛詩要義二十卷譜序要義一卷　（宋）魏了翁撰　清道光二十九年（1849）翁心存家抄本

半葉九行，行十八字。翁心存校並跋，翁同龢、翁曾文校。國家圖書館藏。

毛詩要義卷十三

按謂衆旅相酬也以下十二字本是孔疏正文非注語宜用大字居中寫為是此本之從宋本抄出者仍舊

得通用也酬有二等既酢而酬賓者賓奠之不
舉謂之奠酬至三爵之後乃舉嚮者所奠之爵
相酬名曰旅酬謂衆相酬也此喻得讒即是旅酬非奠酬

㊆三 逝梁發笱言褒姒盜寵又歎遑恤我後
無逝我梁無發我笱箋云逝之也之人梁發人
笱此必有盜魚之罪以言褒姒淫色來嬖於王
盜我大子母子之寵我躬不閱遑恤我後念父
孝也高子曰小弁小人之詩也孟子曰何以言

八三 孔子善舜知高子譏小弁為固

之曰怨乎孟子曰固哉夫高叟之為詩也有越
人於此關弓而射我我則談笑而道之無他疏
之也兄弟關弓而射我我則垂涕泣而道之云
云至而慕箋云念父孝也大子念王將受讒言
不止我死之後懼復有被讒者無如之何故自

九三 云云多與今本異

涕皆作洟宋本亦論 沈標鄭箋正義作洟

義下脱曰字宋本同 沈校補

心上脱母字宋本同 沈校補

云我身尚不能自容何暇乃憂我死之後也
我高子年老於孟子故謂之高叟重言固哉
高叟之為詩傷其不達詩意之甚也凱風親之
小者以言莫慰母心心不悅故親之過小也

毛詩要義卷十三下

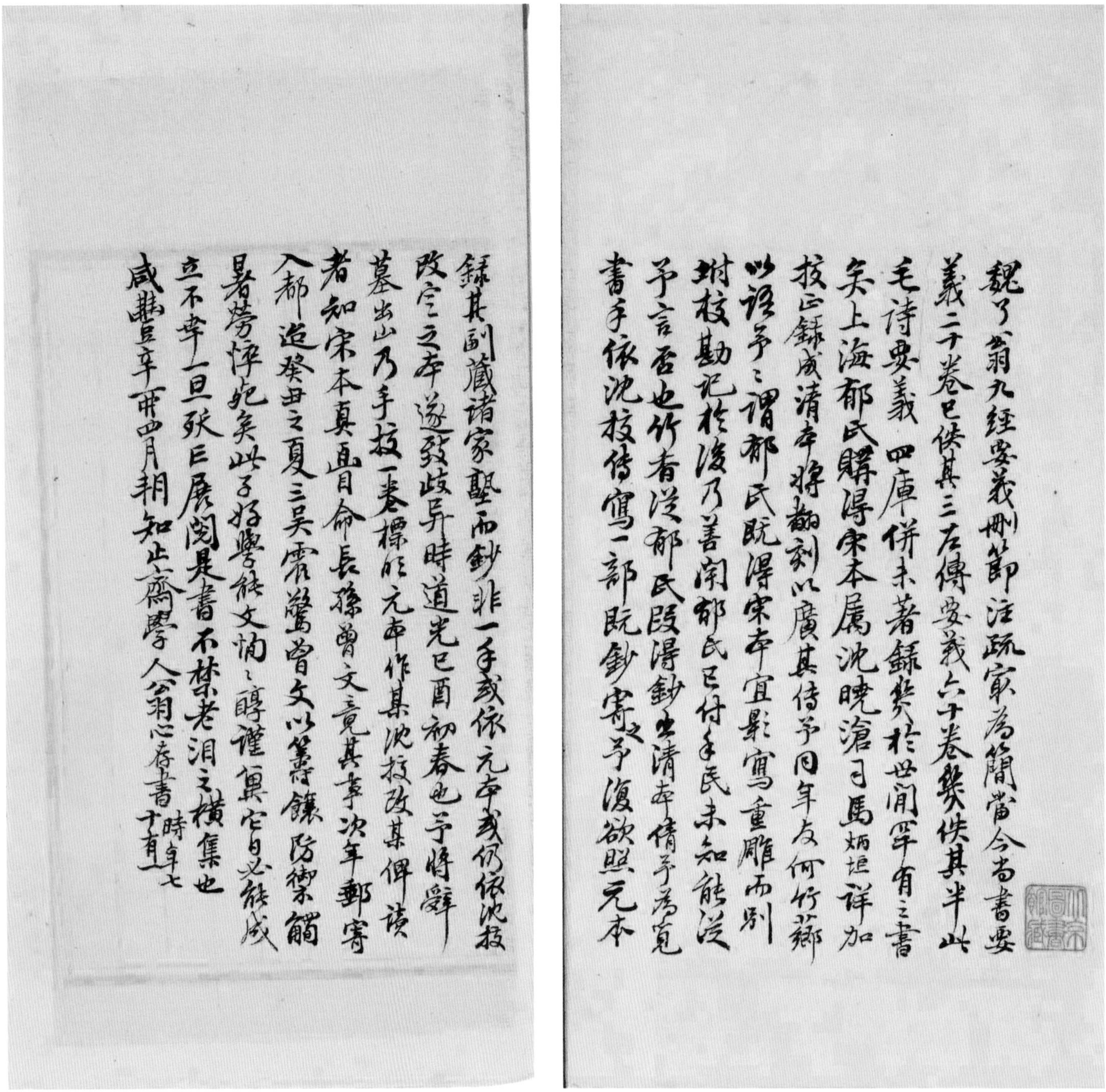

魏了翁九經要義刪節注疏最爲簡當今毛書要義二十卷已佚其三左傳要義六十卷與佚其半此毛詩要義　四庫併未著録與於世間罕有之書矣上海郁氏購得宋本屬沈曉滄司馬炳垣詳加校正録成清本將翻刻以廣其傳予同年友何竹薌以語予予謂郁氏既得宋本宜影寫重雕而别附校勘記於後乃善聞郁氏已付手民未知能從予言否也竹香從郁氏假得鈔出清本倩予爲覓書手依沈校傳寫一部既鈔寄之予復欲照元本録其副藏諸家塾而鈔非一手或依元本或仍依沈校改定之本遂致歧異時道光己酉初春也予將辭墓出山乃手校一卷標明元本作某沈校改某俾讀者知宋本真面目命長孫曾文竟其事次年郵寄入都迨癸丑之夏三吳震驚曾文以籌餉防禦觸暑勞悴死矣此子好學能文恂恂醇謹異日必能成立不幸一旦殁亡展閱是書不禁老淚之横集也

咸豐辛酉四月朔知止齋學人翁心存書　時年七十有一

11496 毛詩要義二十卷譜序要義一卷

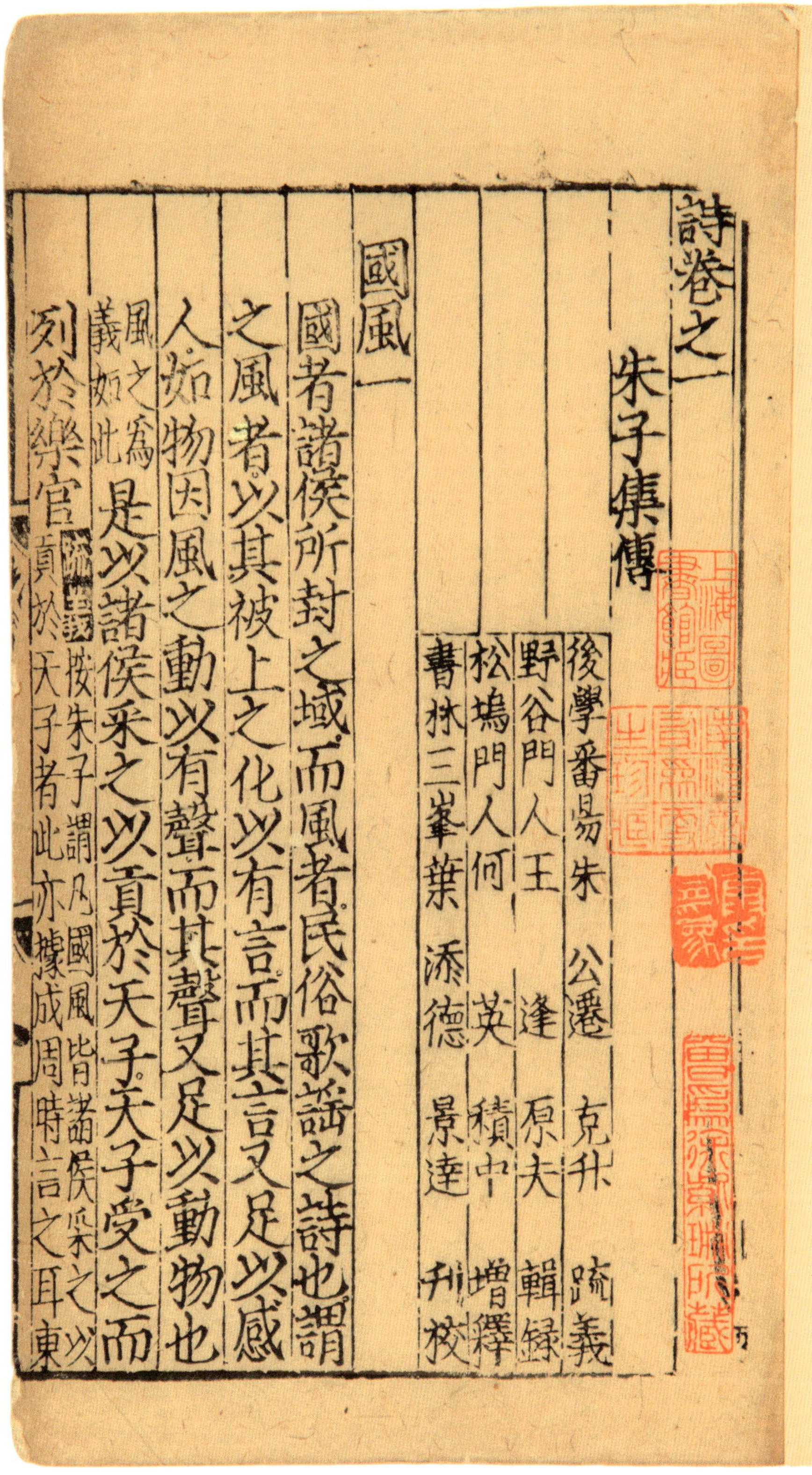
詩卷之一　朱子集傳
後學番易朱　公遷　克升　疏義
野谷門人王　逢　原夫　輯録
松塢門人何　英　積中　增釋
書林三峯葉　添德　景達　刊校
國風一
國者諸侯所封之域而風者民俗歌謠之詩也謂之風者以其被上之化以有言而其言又足以感人猶物因風之動以有聲而其聲又足以動物也風之爲義猶此是以諸侯采之以貢於天子天子受之而列於樂官疏義按朱子謂凡國風皆諸侯采之以貢於天子者此亦據成周時言之耳東

11497 詩經疏義二十卷　（元）朱公遷撰　（明）王逢輯　（明）何英增釋

明書林三峰葉景達刻本

匡高23厘米，廣13厘米。半葉十一行，行二十一字，小字雙行同，黑口，左右雙邊。有“曾爲徐紫珊所藏”“南海康有爲更生珍藏”等印。康有爲跋。上海圖書館藏，存十八卷。

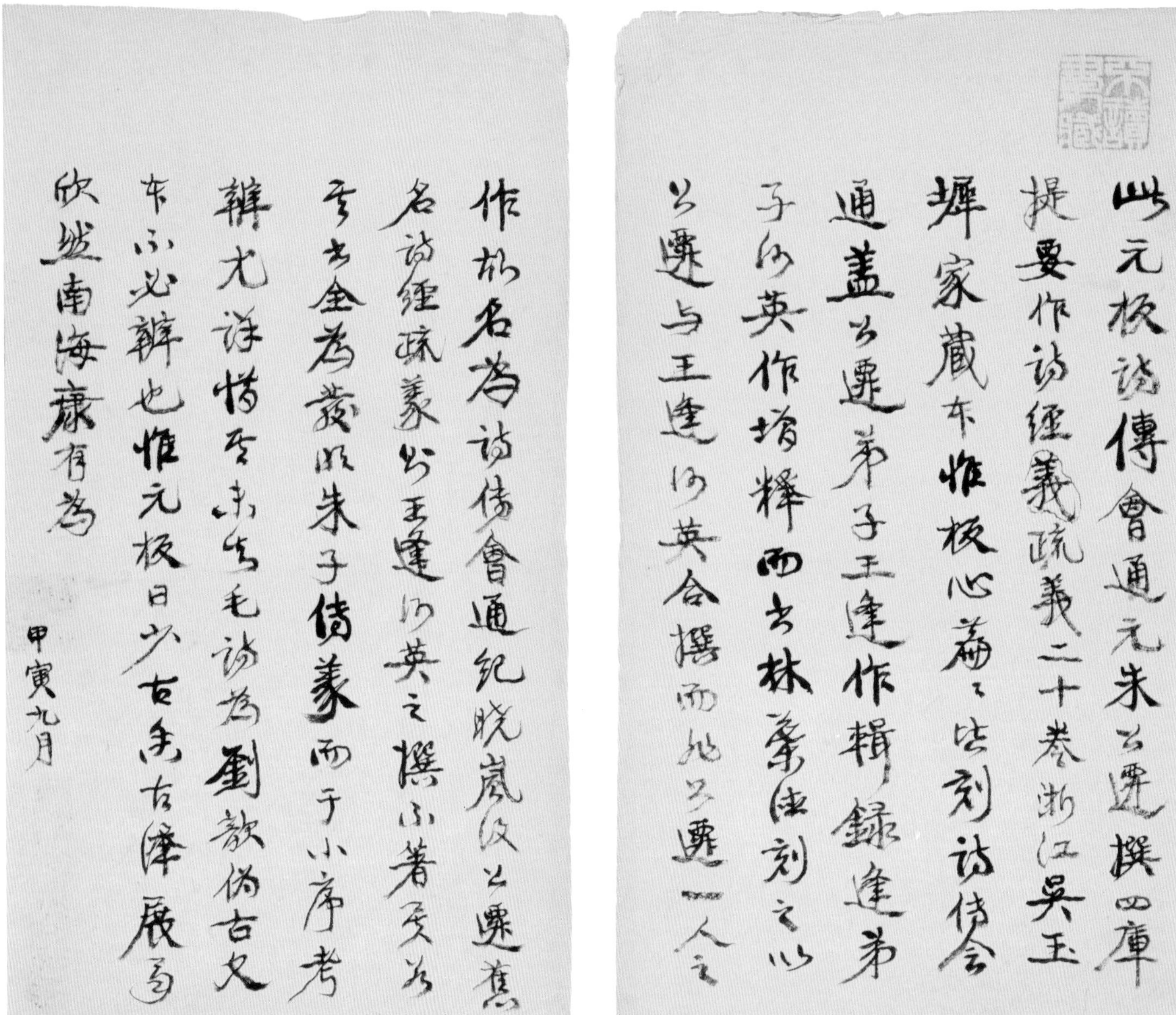

11497 詩經疏義二十卷

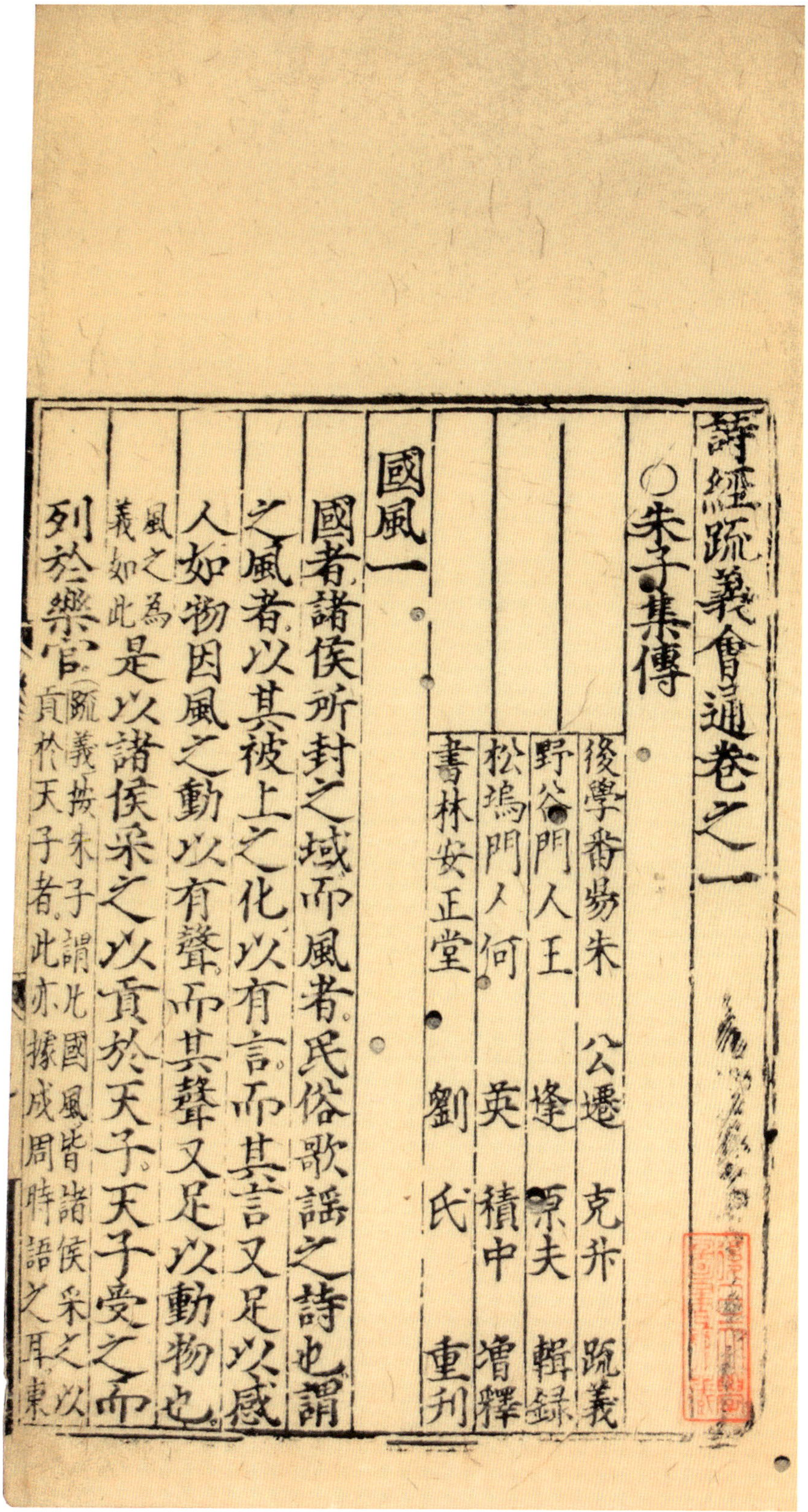
詩經疏義會通卷之一
○朱子集傳
後學番易朱　公遷　克升　疏義
野谷門人王　逢　原夫　輯録
松塢門人何　英　積中　增釋
書林安正堂　劉　氏　重刊
國風一
國者諸侯所封之域而風者民俗歌謡之詩也謂之風者以其被上之化以有言而其言又足以感人如物因風之動以有聲而其聲又足以動物也風之為義如此是以諸侯采之以貢於天子天子受之而列於樂官（疏義）按朱子謂凡國風皆諸侯采之以貢於天子者此亦據成周時語之耳東

11498 詩經疏義會通二十卷綱領一卷圖一卷　（元）朱公遷撰　（明）王逢輯　（明）何英增釋　明嘉靖二年（1523）書林劉氏安正書堂刻本（卷十九抄配）

匡高16.9厘米，廣12.6厘米。半葉十一行，行二十一字，小字雙行同，黑口，四周雙邊。復旦大學圖書館藏。

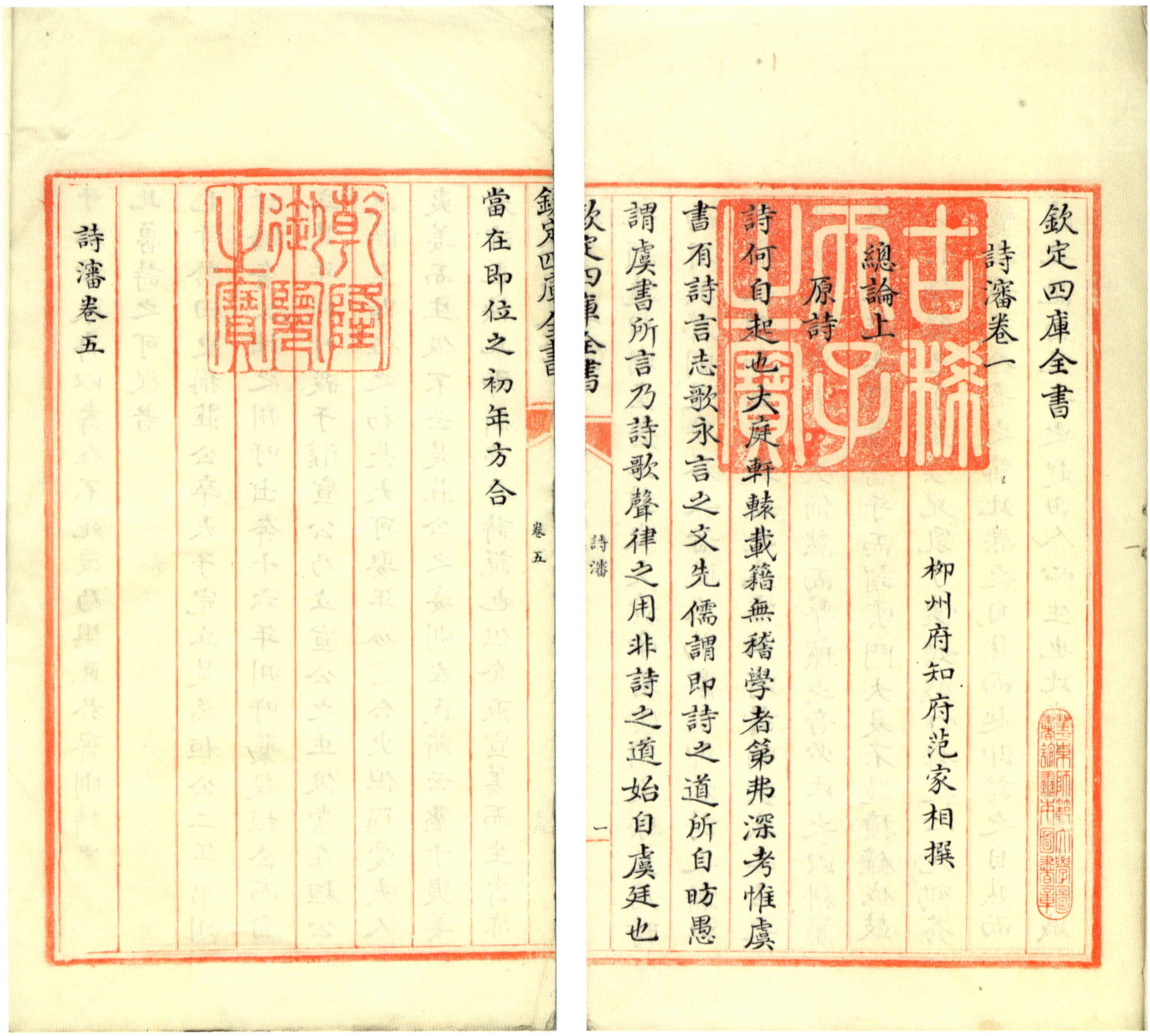

11499 詩瀋五卷　（清）范家相撰　清乾隆内府寫南三閣四庫全書本

匡高20.8厘米，廣14.1厘米。半葉八行，行二十一字，小字雙行同，紅格，白口，四周雙邊。有“古稀天子之寶”“乾隆御覽之寶”等印。華東師範大學圖書館藏。

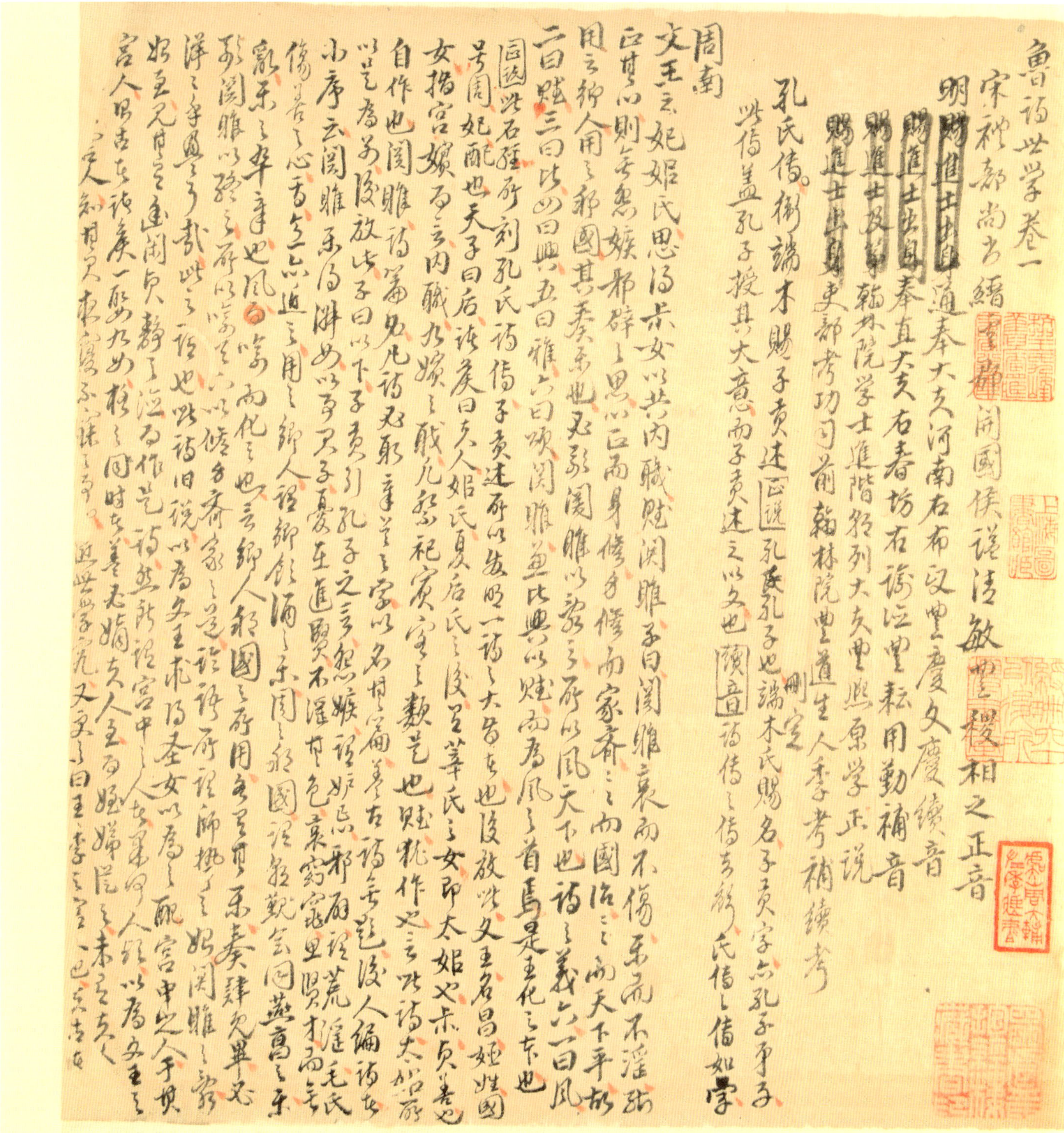

11500 魯詩世學三十二卷首四卷 （宋）豐稷正音 （明）豐慶續音 （明）豐耘補音 （明）豐熙正説 （明）豐坊考補 稿本

有“四明盧氏抱經樓藏書印”“虞山周大輔左季藏書”“綬珊六十以後所得書畫”“杭州王氏九峰舊廬藏書之章”等印。沈曾植跋。上海圖書館藏。

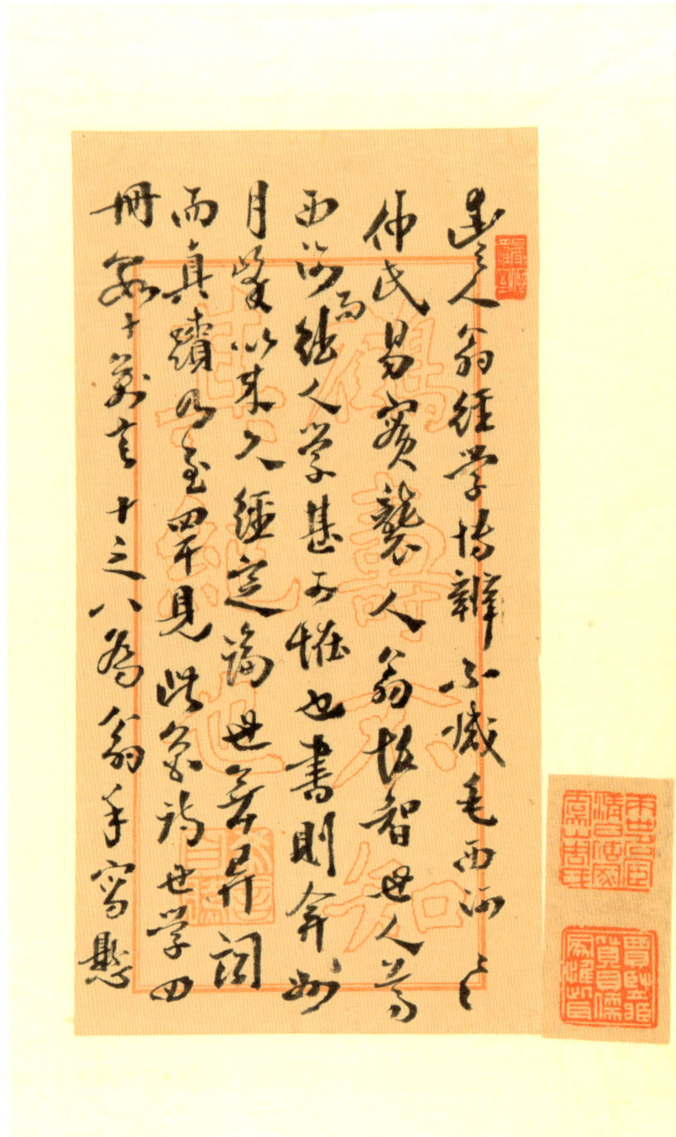

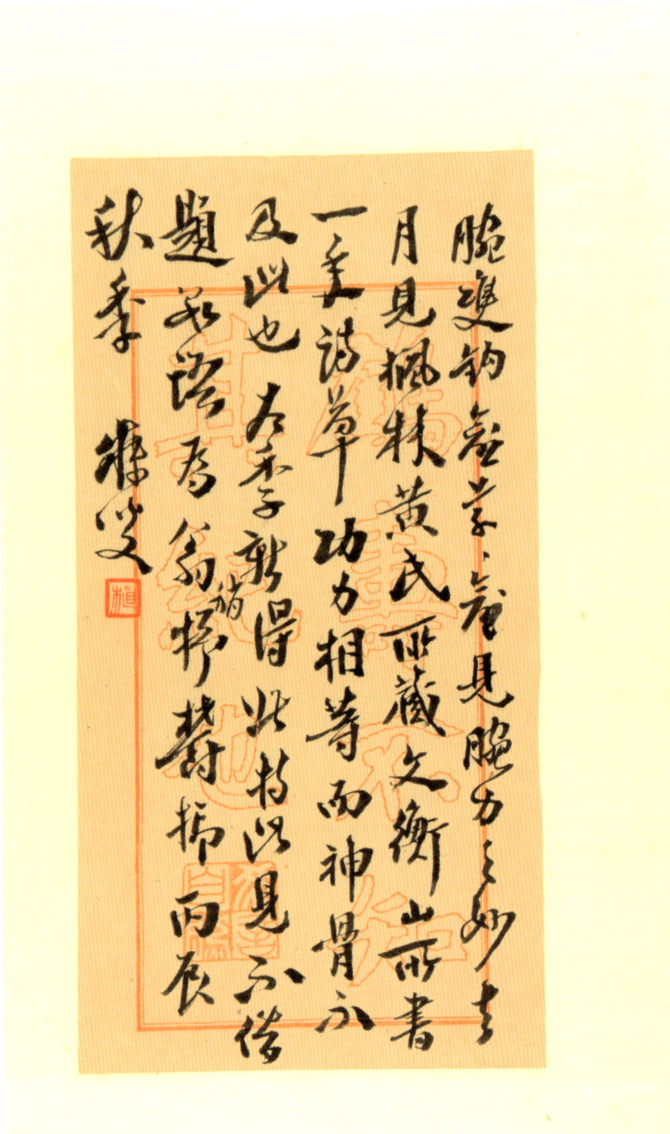

11500 魯詩世學三十二卷首四卷

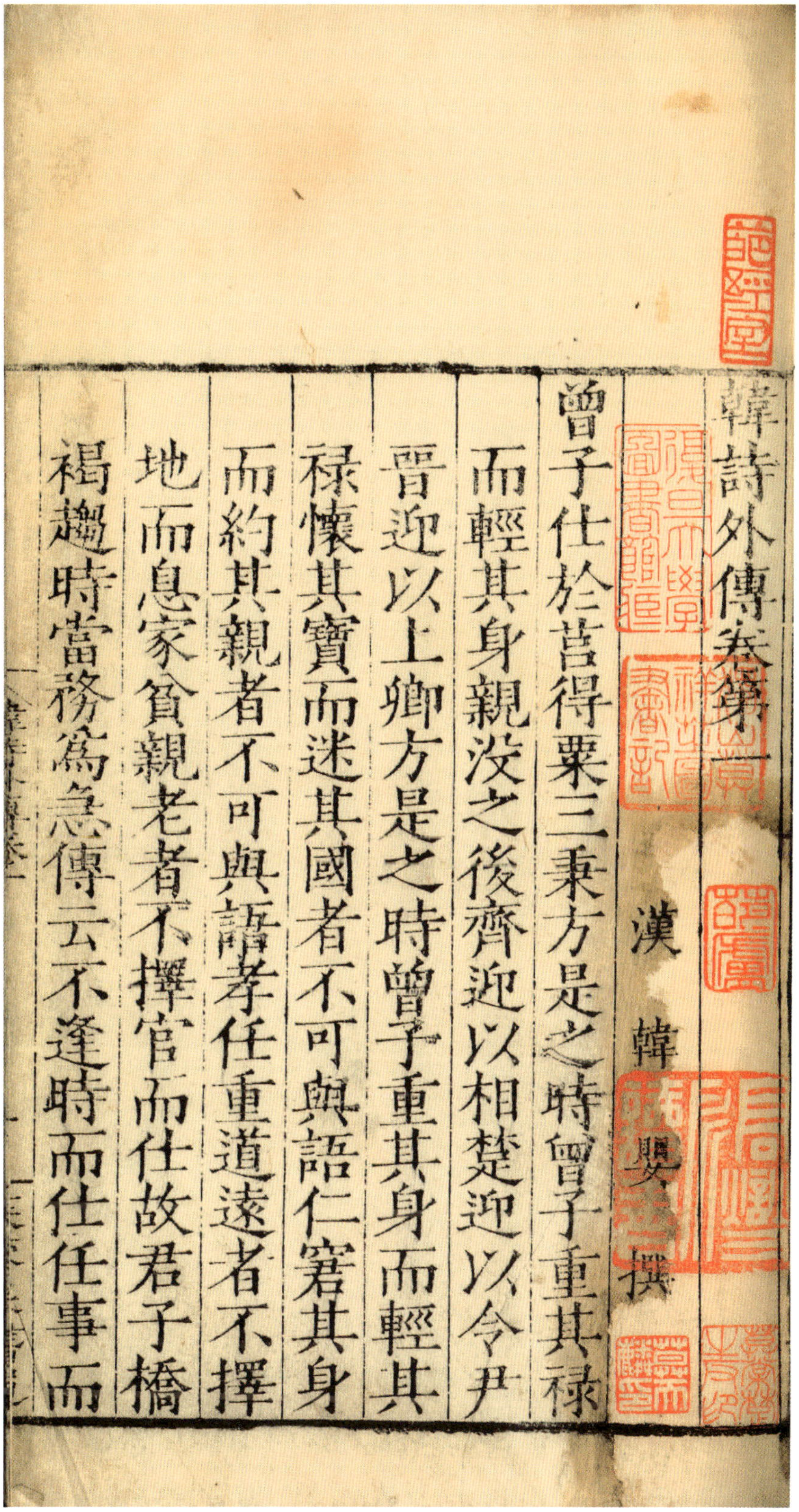

11501 韓詩外傳十卷　（漢）韓嬰撰　明嘉靖十八年（1539）薛來芙蓉泉書屋刻本

匡高18.1厘米，廣13.4厘米。半葉九行，行十八字，白口，左右雙邊。有“獨山莫祥芝圖書記”“莫棠楚生父印”“莫天麟印”“葩經室”“高氏吹萬樓所得善本書”等印。龔橙校，莫棠跋。復旦大學圖書館藏。

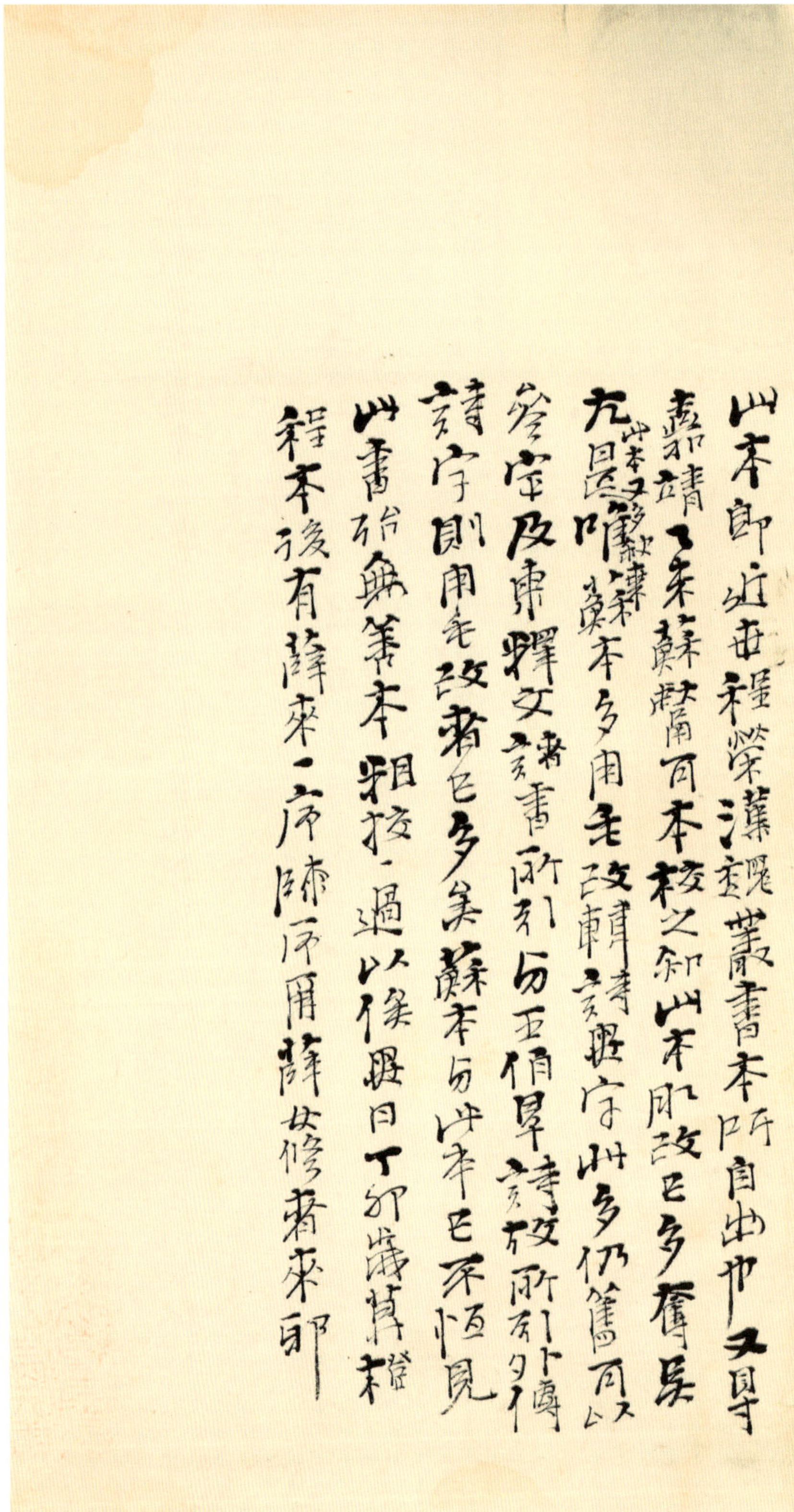

11501 韓詩外傳十卷

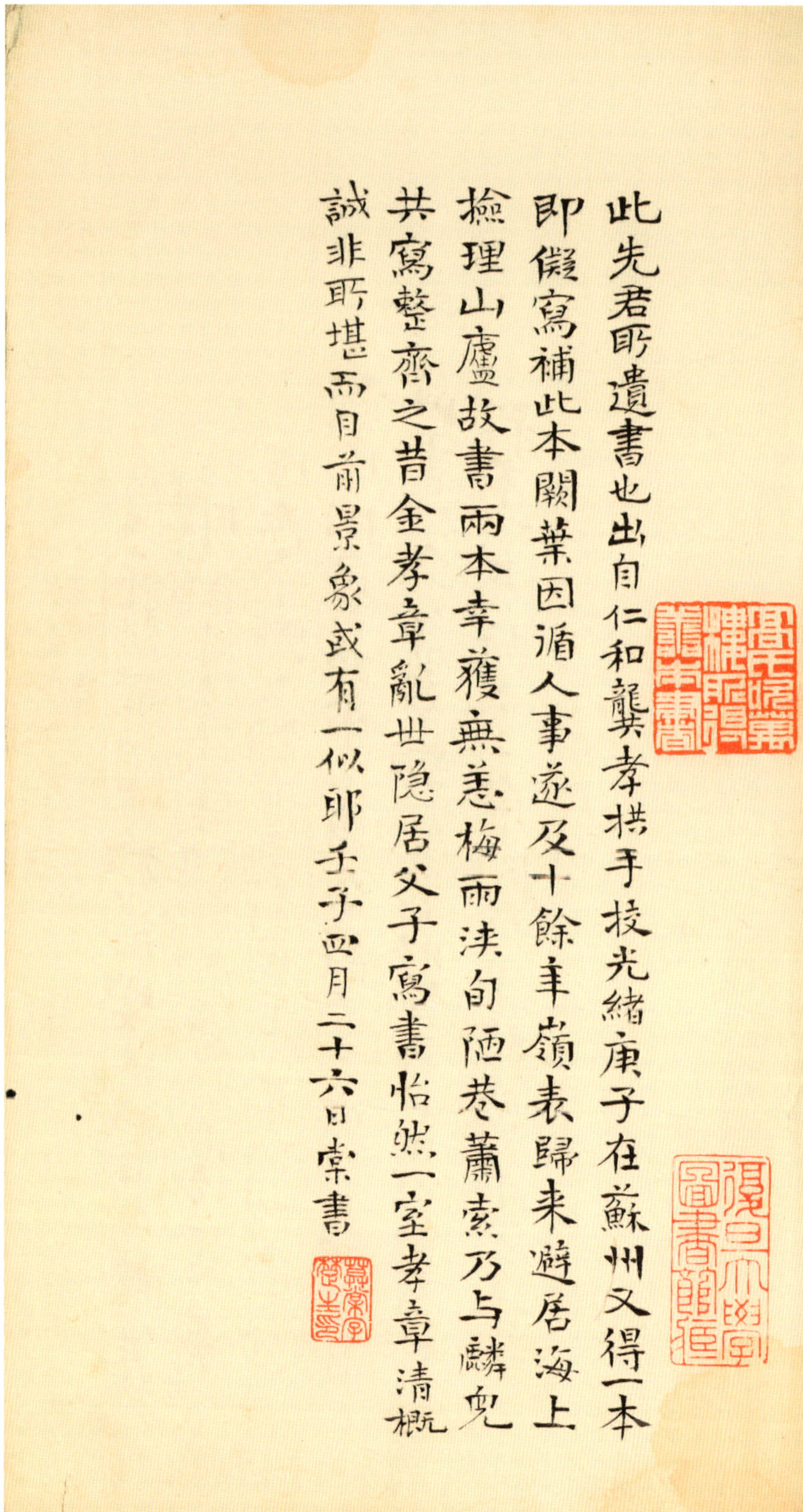

此先君所遺書也出自仁和龔孝拱手校光緒庚子在蘇州又得一本即倣寫補此本闕葉因循人事遂及十餘年嶺表歸来避居海上檢理山廬故書兩本幸獲無恙梅雨浹旬陋巷蕭索乃与麟兒共寫整齊之昔金孝章亂世隱居父子寫書怡然一室孝章清概誠非所堪而目前景象或有一似耶壬子四月二十六日棠書

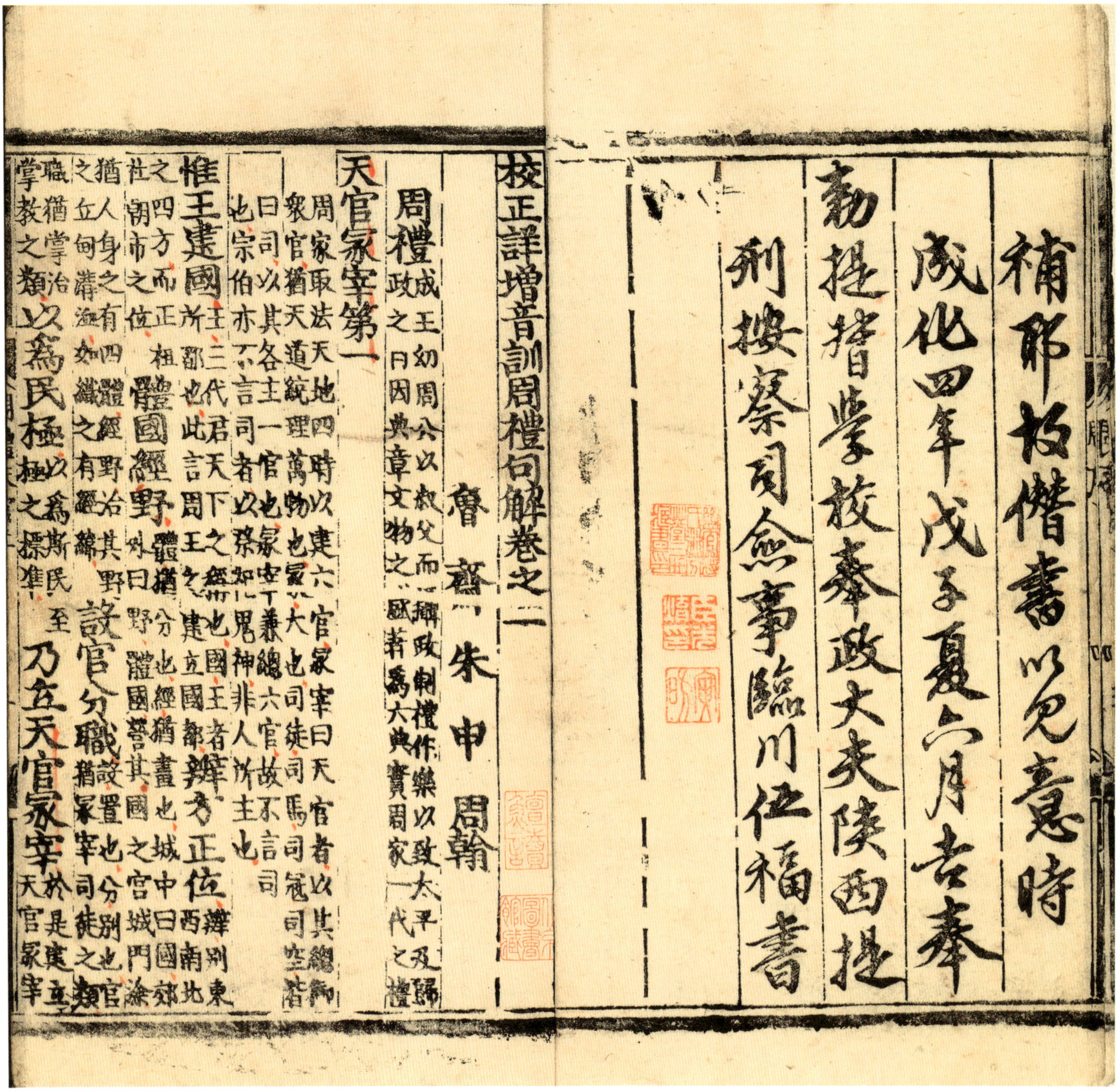

11502 校正詳增音訓周禮句解十二卷　（宋）朱申撰　明成化四年（1468）孫世榮刻本

匡高21.9厘米，廣14.7厘米。半葉十行，行二十三字，小字雙行同，黑口，四周雙邊。有"鹽官蔣氏衍芬草堂三世藏書印""鱣讀"等印。陳鱣跋。國家圖書館藏。

周禮句解十二卷宋朱申撰申爵未詳首題魯齋朱申周翰攷李心傳道命録有淳祐十一年朝散大夫知江州軍州兼管内勸農營田事新安朱申序或即其人又江西通志有朱申字繼宣宋太學生與此字周翰不同恐別是一人此本爲有明成化四年西安郡守孫世榮重刻陝西按察司僉事臨川伍福序經義攷所載有陳儒序儒于嘉靖間官戶部主事（云檄淮守蔡揚金刊之）則此刻在前矣申著是書逐句詮釋根據注疏尚屬簡要較其著孝經句解之淺陋大相懸殊通志堂經解刻孝經句解而反遺此何舍精而取粗耶陳鱣記

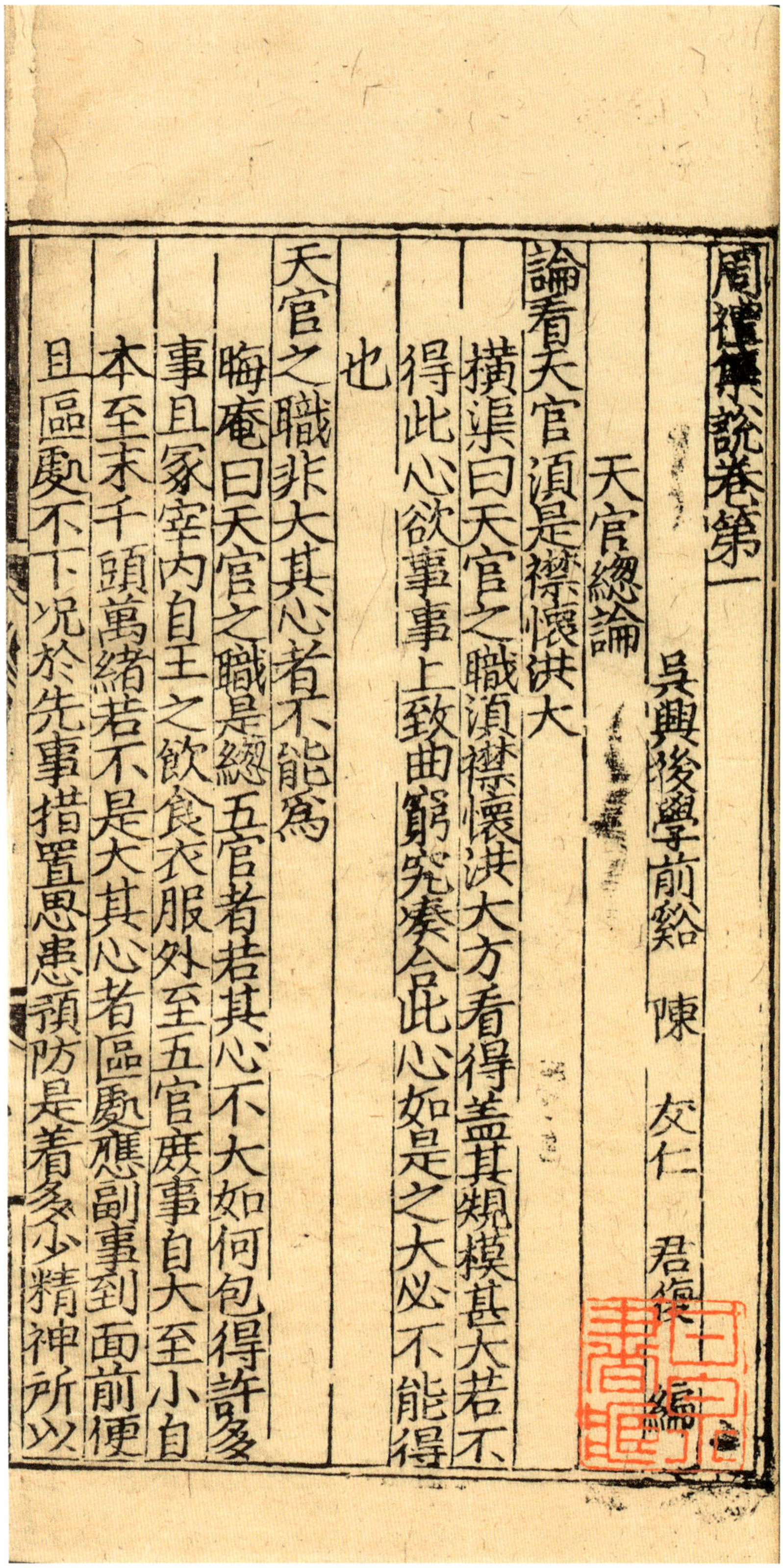
周禮集說卷第一
吳興後學前谿　陳　友仁　君復　編
天官總論
論看天官須是襟懷洪大
横渠曰天官之職須襟懷洪大方看得蓋其規模甚大若不
得此心欲事事上致曲窮究湊合此心如是之大必不能得
也
天官之職非大其心者不能爲
晦庵曰天官之職是總五官者若其心不大如何包得許多
事且冡宰内自王之飲食衣服外至五官庶事自大至小自
本至末千頭萬緒若不是大其心者區處應副事到面前便
且區處不下况於先事措置思患預防是着多少精神所以

11503 周禮集說十一卷綱領一卷春官綱領一卷夏官綱領一卷秋官綱領一卷　（元）陳友仁輯　**復古編一卷**　（宋）俞庭椿撰　明成化十年（1474）張瑄刻本（卷六、十至十一配明刻本）

匡高20.6厘米，廣13.1厘米。半葉十二行，行二十五字，黑口，四周雙邊。有“八千卷樓”等印。丁丙跋。南京圖書館藏。

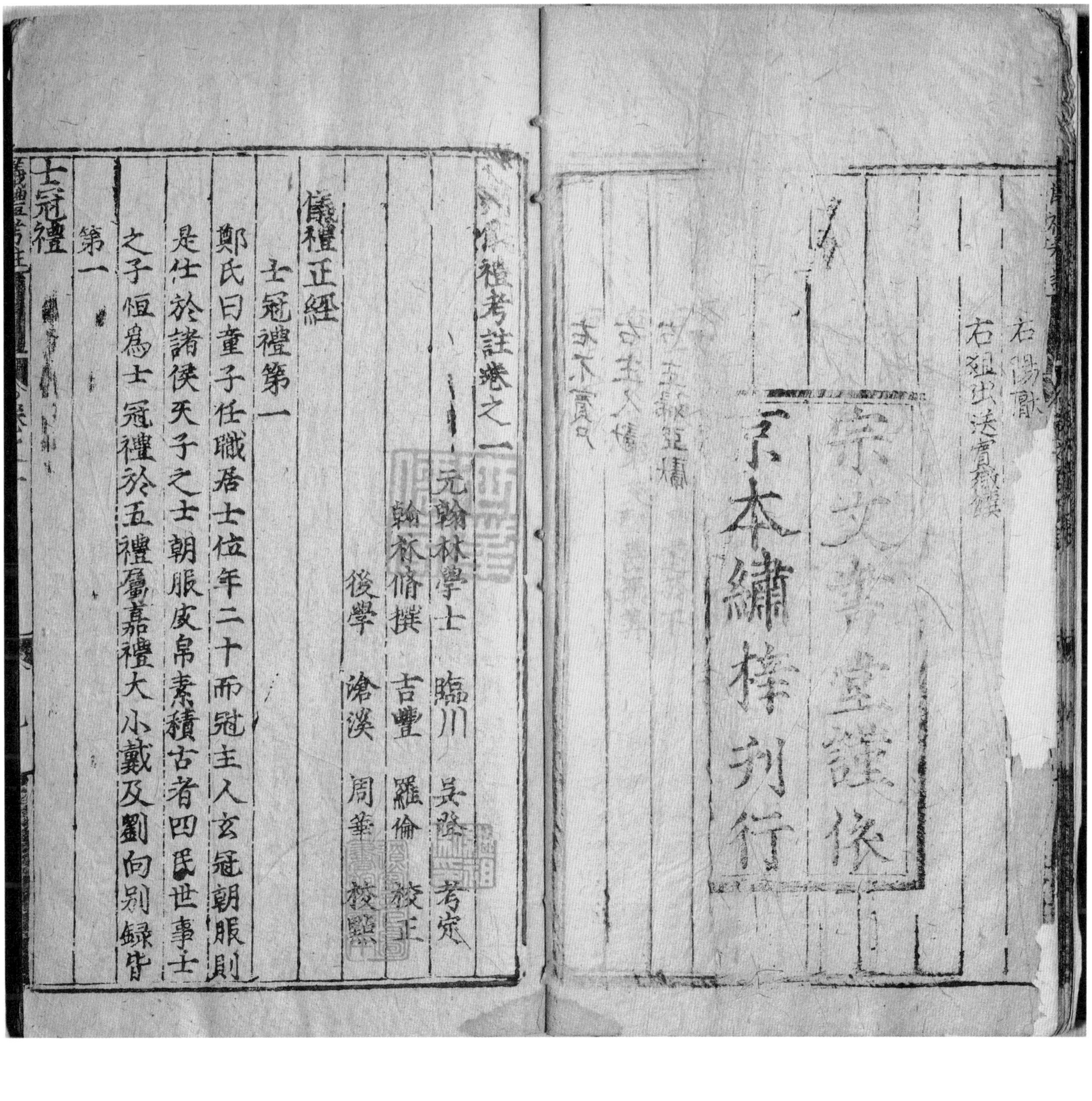

11504 重刊儀禮考註十七卷 （元）吴澄撰 明嘉靖元年（1522）宗文書堂刻本

匡高19厘米，廣11.8厘米。半葉十一行，行二十四字，黑口，四周雙邊。有"宗文書堂謹依京本繡梓刊行"牌記。有"繼祖私印"等印。遼寧省圖書館藏。

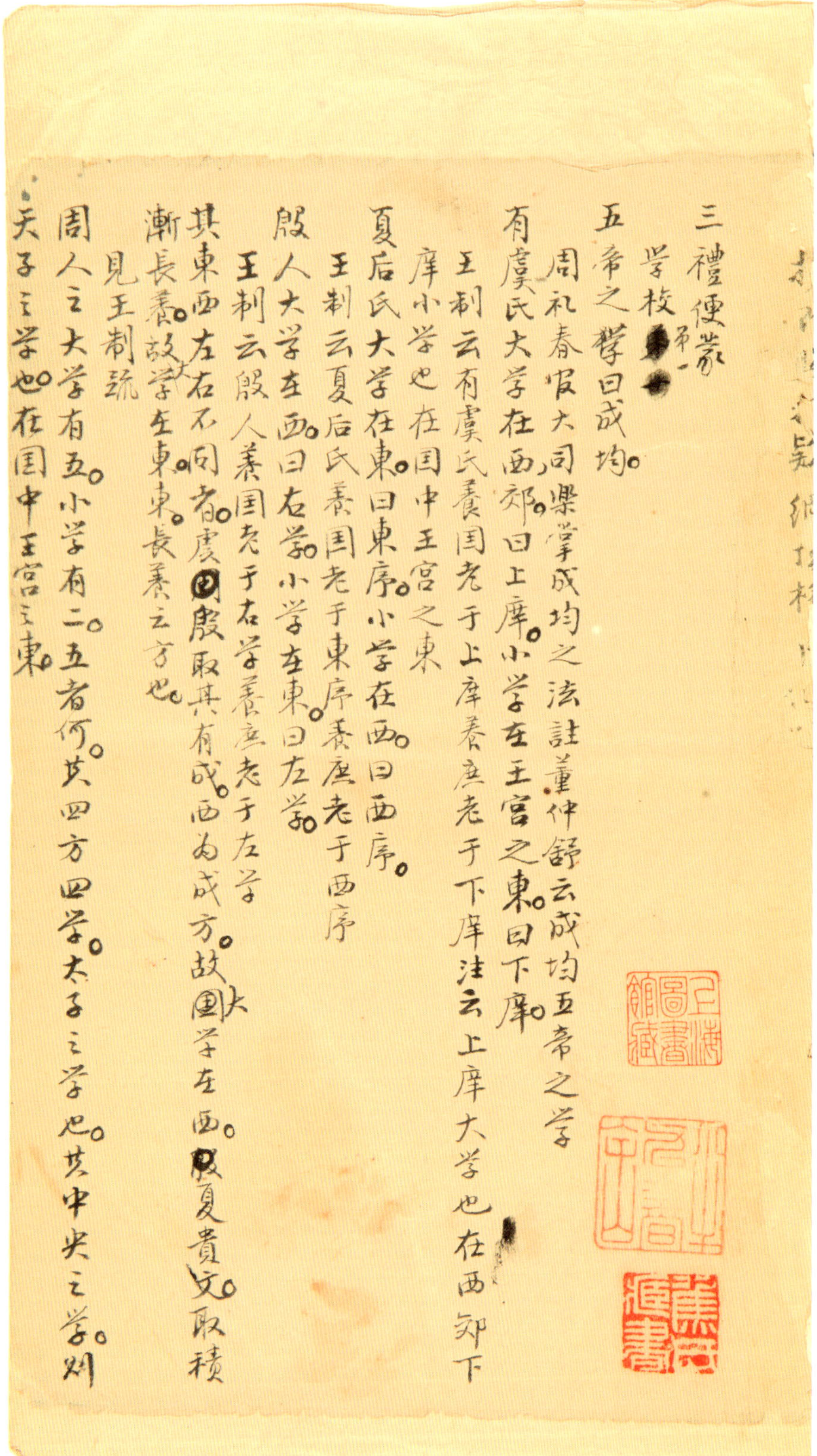

三禮便蒙
學校第一
五帝之學曰成均。
周禮春官大司樂掌成均之法註董仲舒云成均五帝之學
有虞氏大學在西郊。曰上庠。小學在王宮之東。曰下庠。
王制云有虞氏養國老于上庠養庶老于下庠注云上庠大學也在西郊下
庠小學也在國中王宮之東
夏后氏大學在東。曰東序。小學在西。曰西序。
王制云夏后氏養國老于東序養庶老于西序
殷人大學在西。曰右學。小學在東。曰左學。
王制云殷人養國老于右學養庶老于左學
其東西左右不同者。虞殷取其有成。西為成方。故大學在西。夏貴文取積
漸長養。故大學在東。東。長養之方也。
見王制疏
周人之大學有五。小學有二。五者何。其四方四學。太子之學也。其中央之學。則
天子之學也。在國中王宮之東。

11505 三禮便蒙不分卷 （清）焦循撰　手稿本

有“焦氏藏書”“半九書舍”等印。上海圖書館藏。

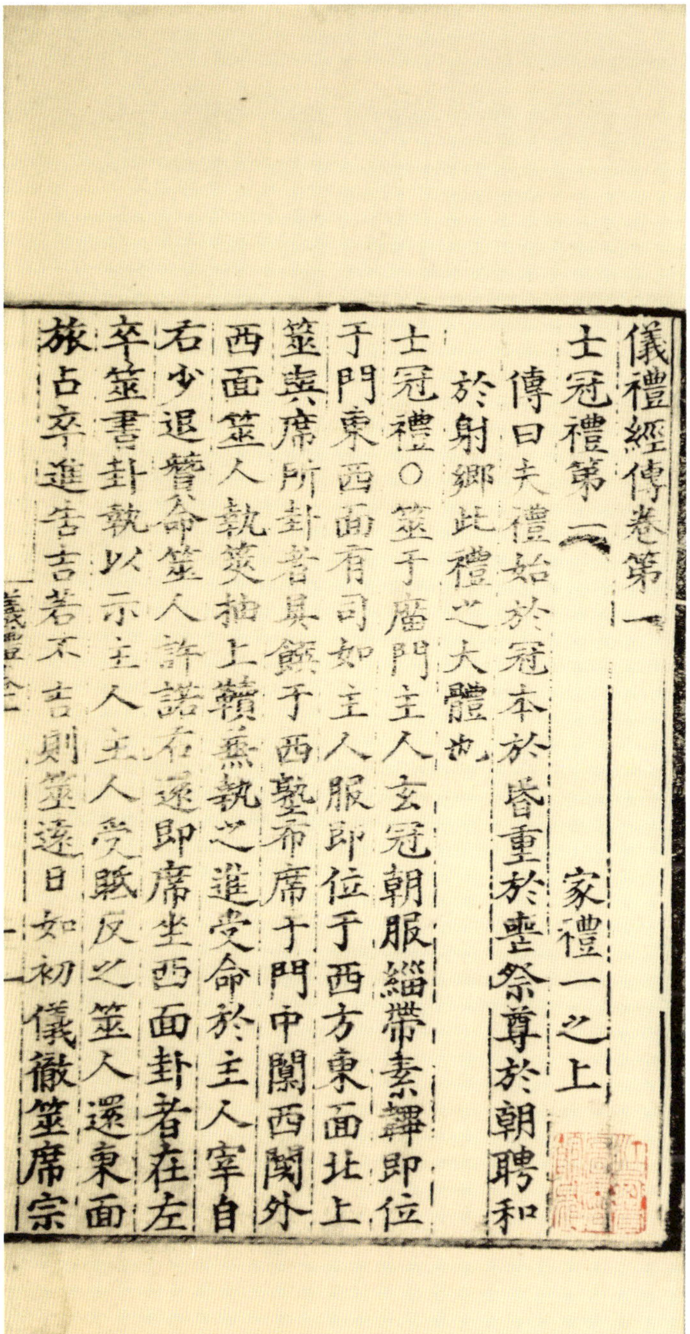

儀禮經傳卷第一
士冠禮第一　家禮一之上
傳曰夫禮始於冠本於昏重於喪祭尊於朝聘和
於射鄉此禮之大體也
士冠禮○筮于廟門主人玄冠朝服緇帶素韠即位
于門東西面有司如主人服即位于西方東面北上
筮與席所卦者具饌于西塾布席于門中闑西閾外
西面筮人執筴抽上韇兼執之進受命於主人宰自
右少退贊命筮人許諾右還即席坐西面卦者在左
卒筮書卦執以示主人主人受眂反之筮人還東面
旅占卒進告吉若不吉則筮遠日如初儀徹筮席宗

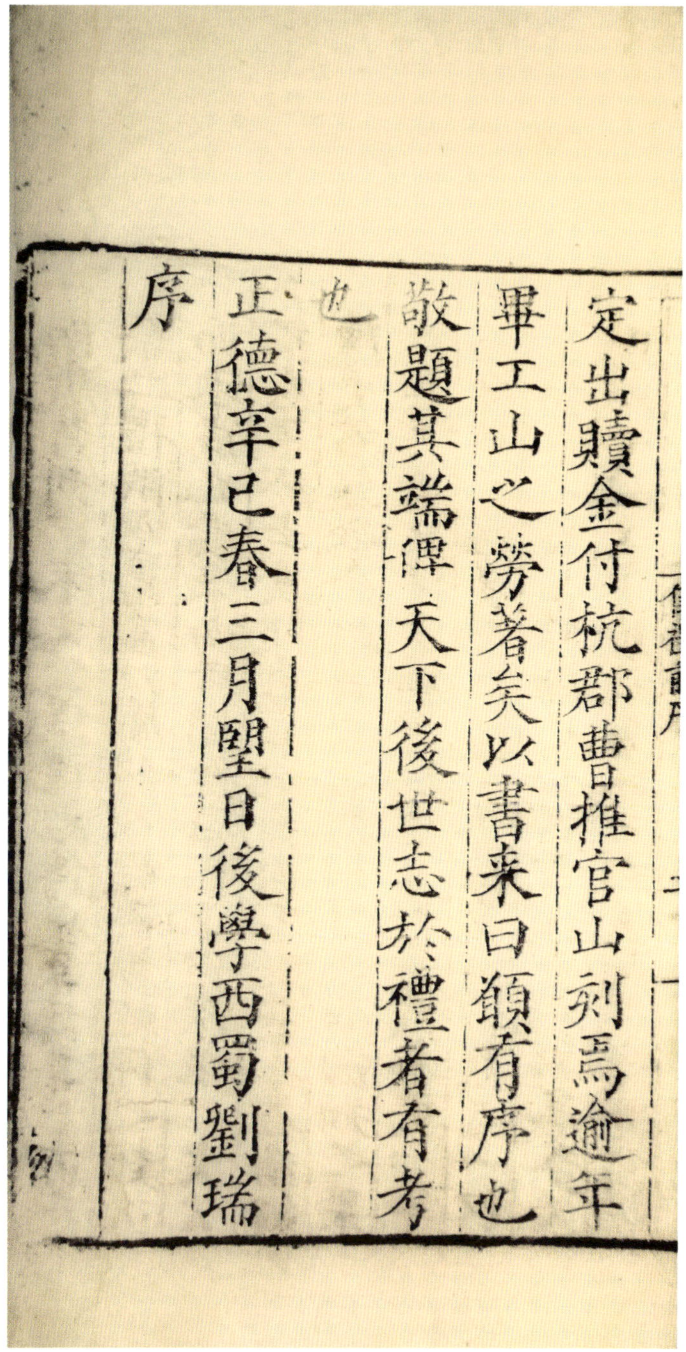

定出贖金付杭郡曹推官山刻焉逾年
畢工山之勞著矣以書來曰顧有序也
敬題其端俾天下後世志於禮者有考
也
正德辛巳春三月望日後學西蜀劉瑞
序

11506 儀禮經傳通解三十七卷　（宋）朱熹撰　明正德十六年（1521）劉瑞、曹山刻本

匡高19.6厘米，廣14.3厘米。半葉十一行，行二十字，小字雙行同，白口，左右雙邊。江西省圖書館藏。

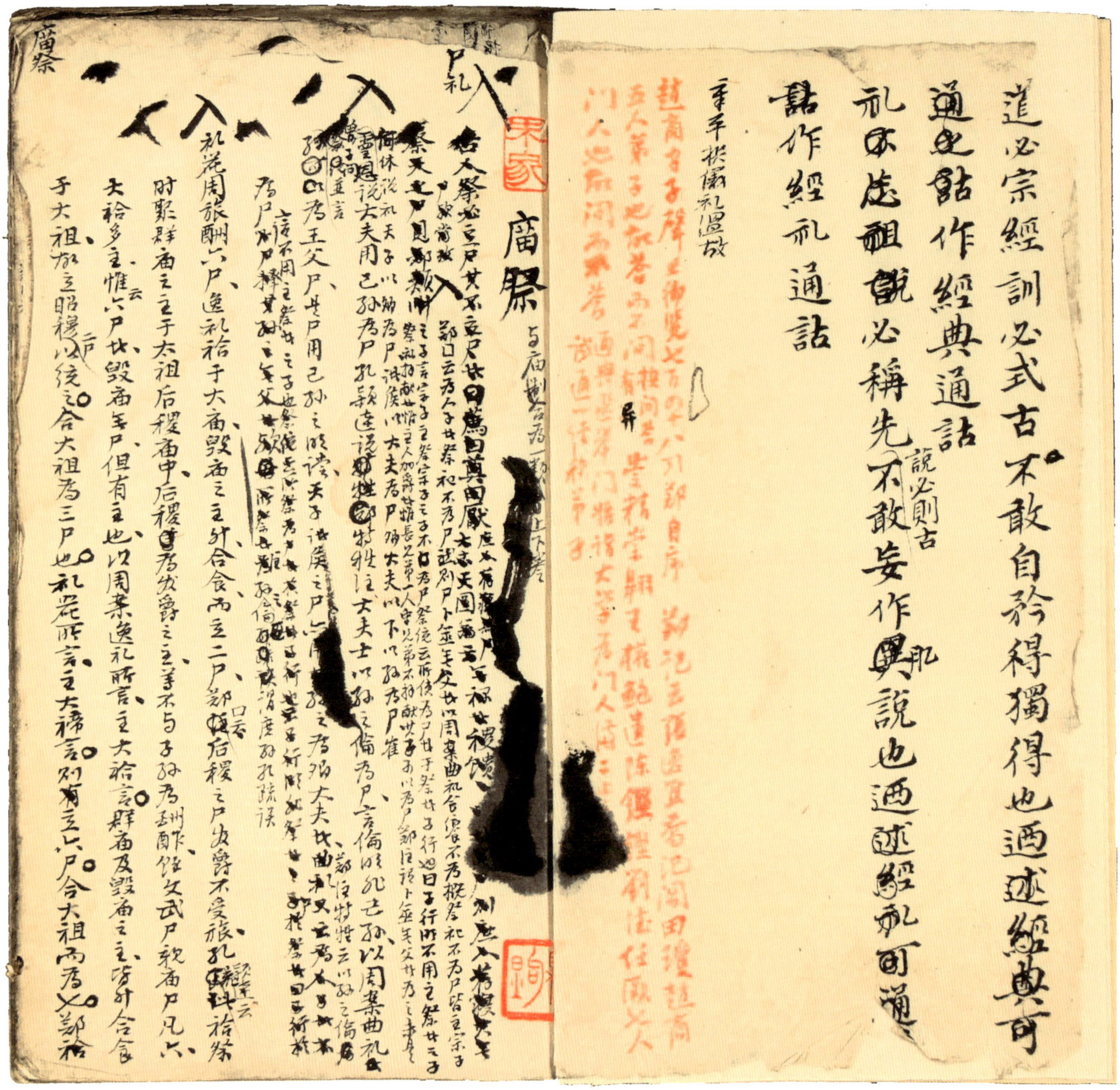

11507 五禮異義不分卷 （清）黄以周撰 稿本

有“鼎煦”等印。寧波市天一閣博物館藏。

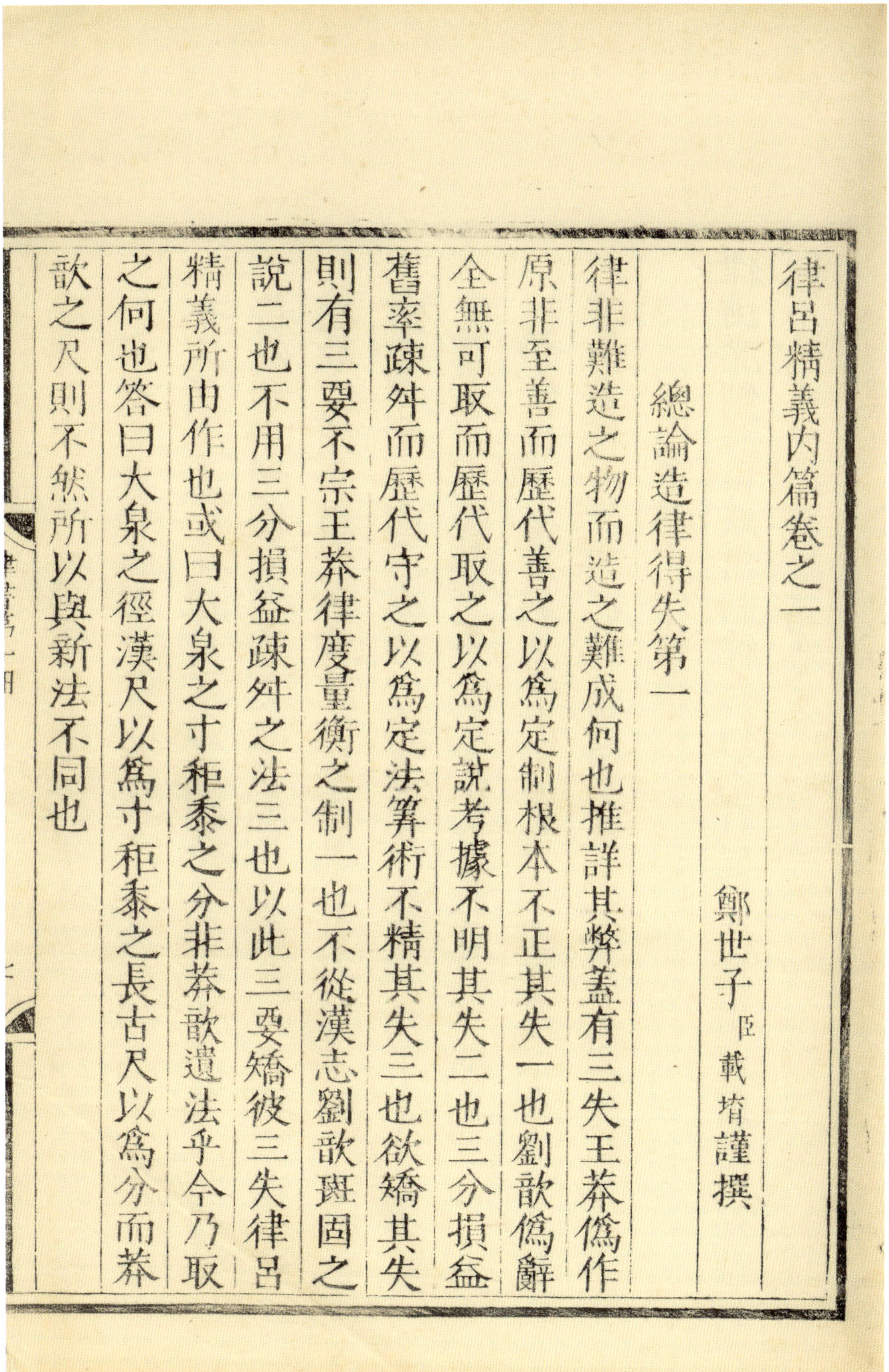

律呂精義內篇卷之一

總論造律得失第一　鄭世子臣載堉謹撰

律非難造之物而造之難成何也推詳其弊蓋有三失王莽僞作原非至善而歷代善之以爲定制根本不正其失一也劉歆僞辭全無可取而歷代取之以爲定說考據不明其失二也三分損益舊率疎舛而歷代守之以爲定法筭術不精其失三也欲矯其失則有三要不宗王莽律度量衡之制一也不從漢志劉歆班固之說二也不用三分損益疎舛之法三也以此三要矯彼三失律呂精義所由作也或曰大泉之寸秬黍之分非莽歆遺法乎今乃取之何也答曰大泉之徑漢尺以爲寸秬黍之長古尺以爲分而莽歆之尺則不然所以與新法不同也

11508 樂律全書三十九卷　（明）朱載堉撰　明萬曆鄭藩刻本

匡高25厘米，廣19厘米。半葉十二行，行二十五字，小字雙行同，黑口，四周雙邊。山東大學圖書館藏。

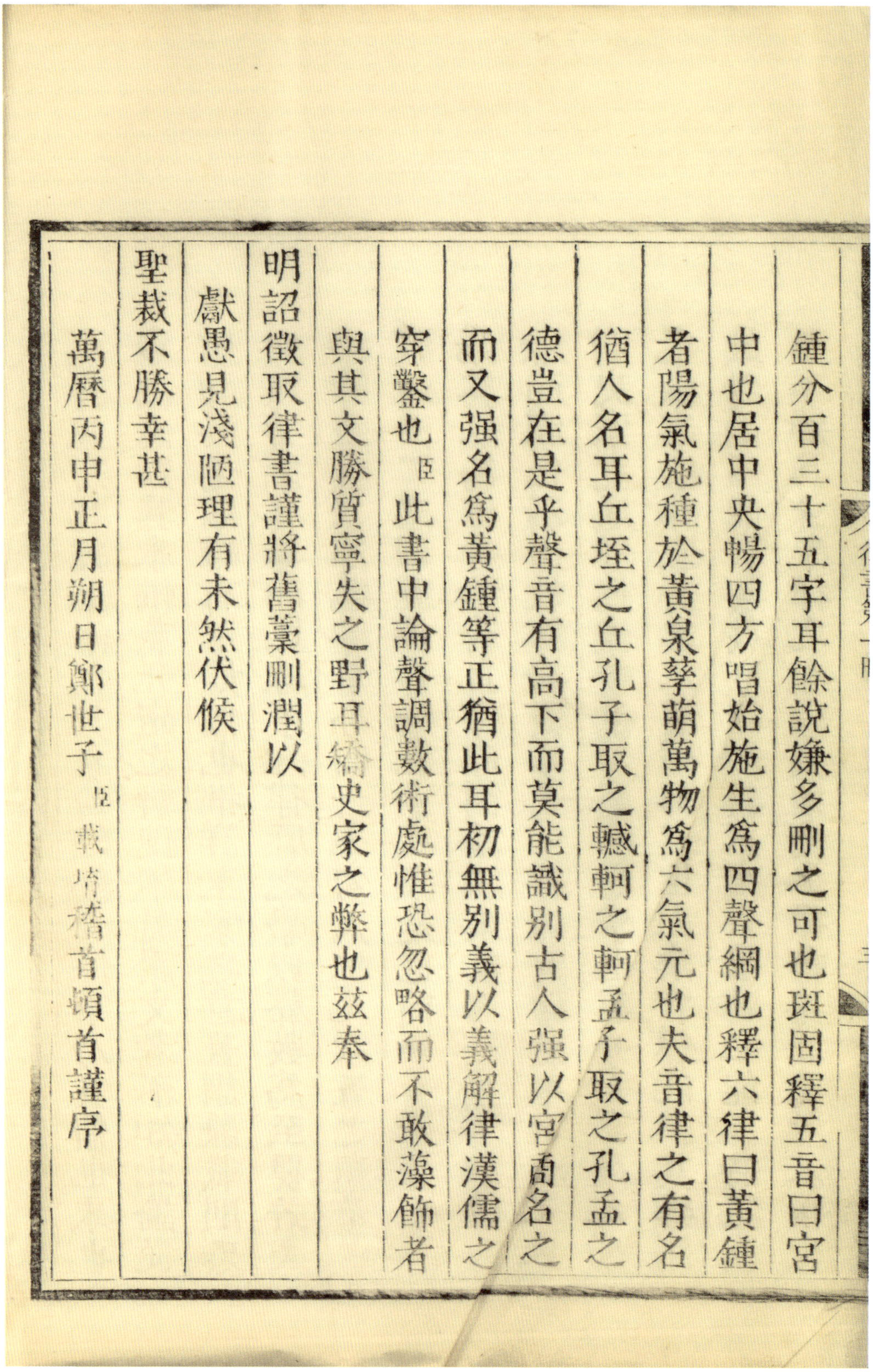

鍾分百三十五字耳餘說嫌多刪之可也班固釋五音曰宮中也居中央暢四方唱始施生爲四聲綱也釋六律曰黃鍾者陽氣施種於黃泉孳萌萬物爲六氣元也夫音律之有名猶人名耳丘垤之丘孔子取之轗軻之軻孟子取之孔孟之德豈在是乎聲音有高下而莫能識別古人强以宮商名之而又强名爲黃鍾等正猶此耳初無別義以義解律漢儒之穿鑿也臣此書中論聲調數術處惟恐忽略而不敢藻飾者與其文勝質寧失之野耳矯史家之弊也茲奉

明詔徵取律書謹將舊藁刪潤以

獻愚見淺陋理有未然伏候

聖裁不勝幸甚

萬曆丙申正月朔日鄭世子臣載堉稽首頓首謹序

11508 樂律全書三十九卷

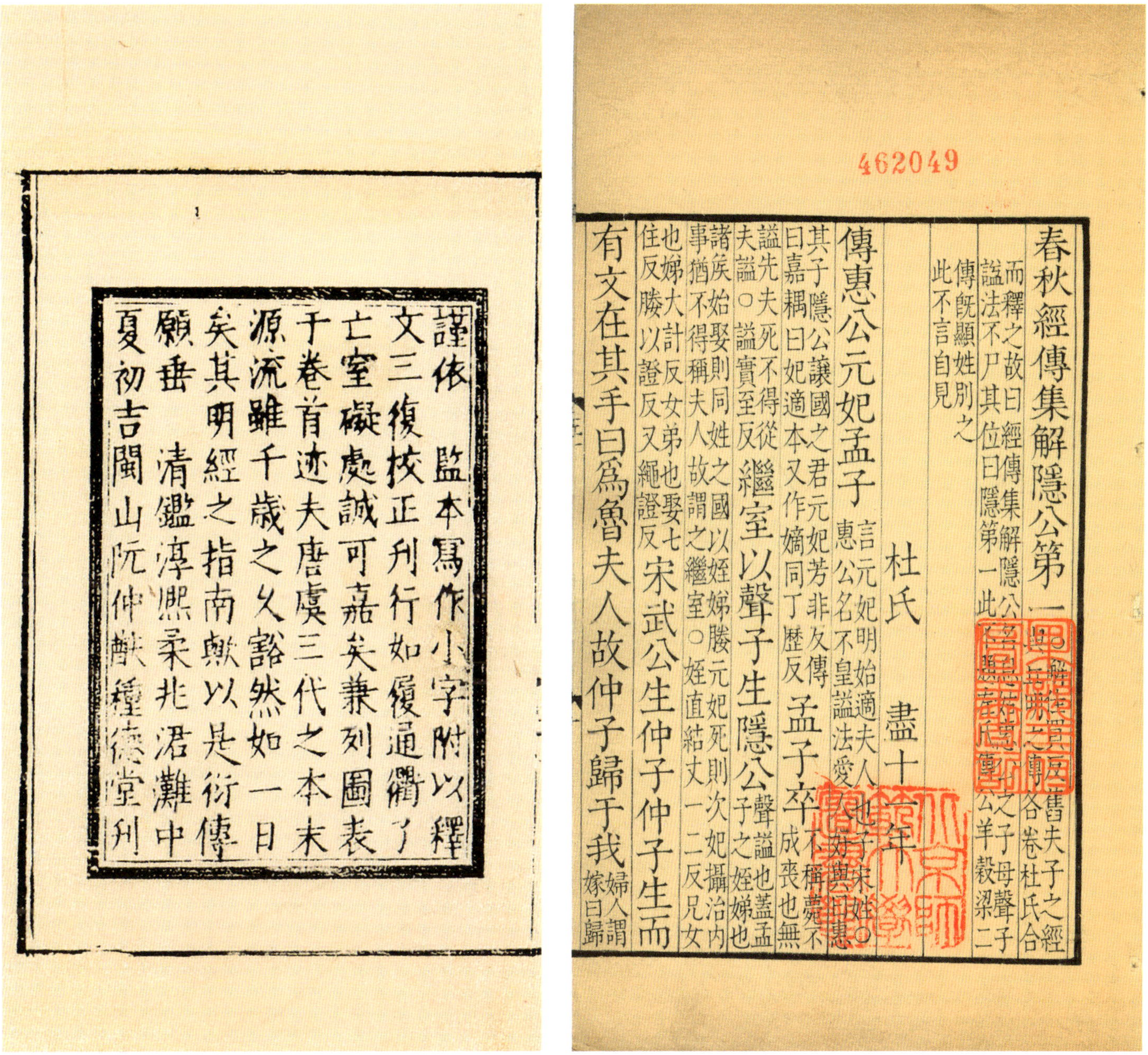

11509 春秋經傳集解三十卷 （晉）杜預撰 （唐）陸德明釋文 **春秋名號歸一圖二卷** （後蜀）馮繼先撰 明刻本（首葉抄配）

匡高15厘米，廣10.8厘米。半葉十行，行十八字，小字雙行二十二字，白口，左右雙邊。有“果親王府圖書記”等印。允禮批點，華夏跋。北京師範大學圖書館藏。

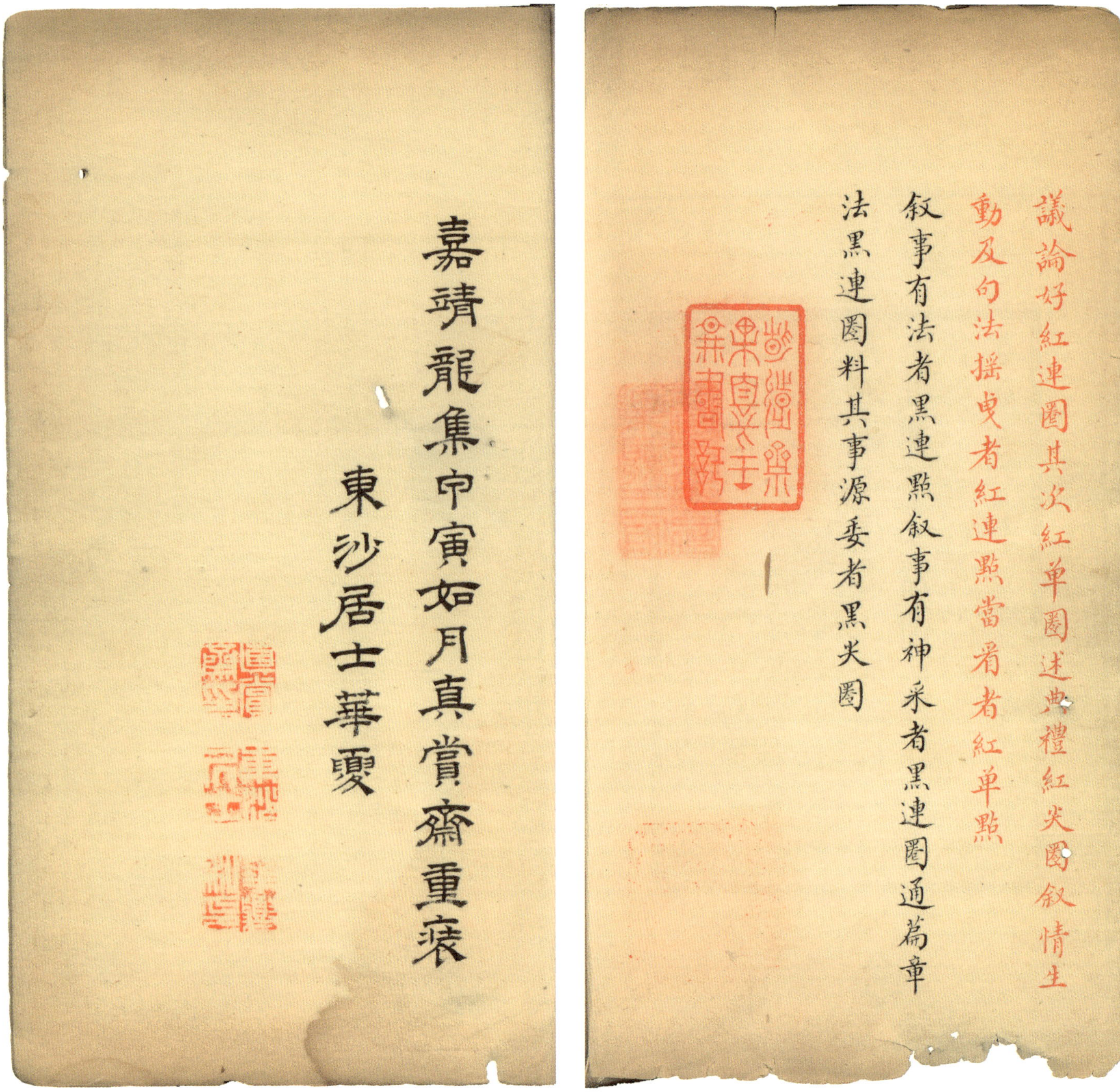
嘉靖龍集壬寅如月真賞齋重裝
東沙居士華夏

議論好紅連圈其次紅單圈述典禮紅尖圈叙情生
動及句法搖曳者紅連點當看者紅單點
叙事有法者黑連點叙事有神采者黑連圈通篇章
法黑連圈料其事源委者黑尖圈

11509 春秋經傳集解三十卷 （晋）杜預撰 （唐）陸德明釋文 **春秋名號歸一圖二卷** （後蜀）馮繼先撰

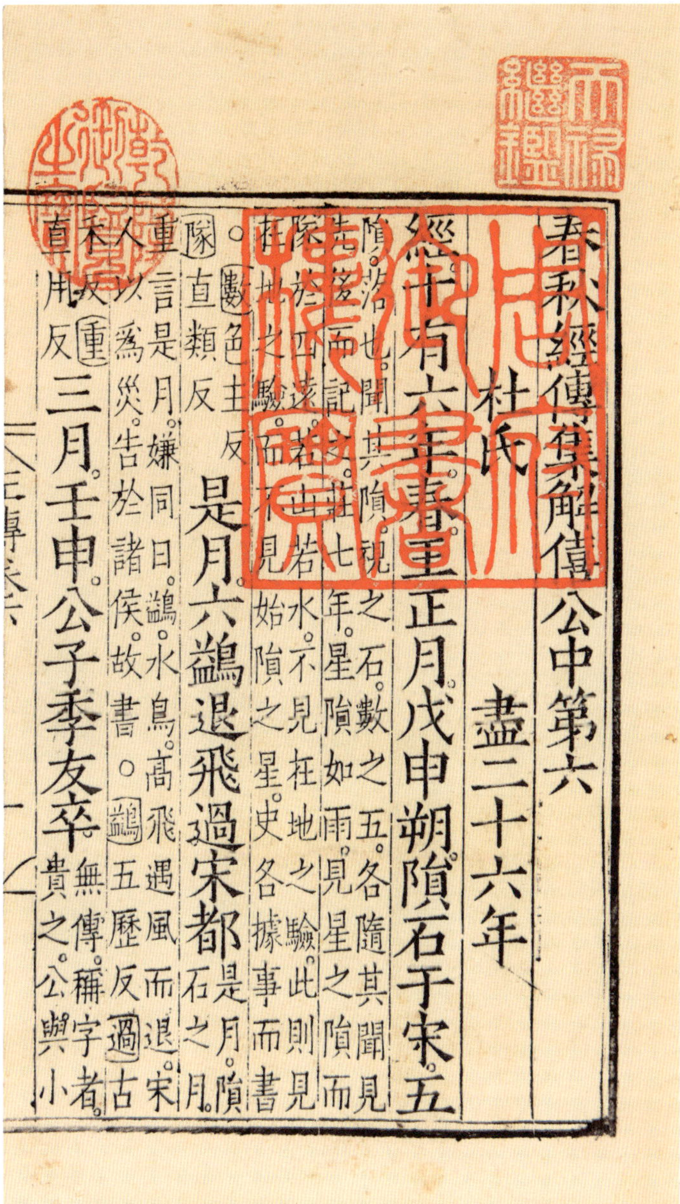

11510 春秋經傳集解三十卷　（晉）杜預撰　（唐）陸德明釋文　明嘉靖刻本

匡高22厘米，廣13.6厘米。半葉八行，行十七字，小字雙行同，白口，四周雙邊。有“天禄繼鑑”“乾隆御覽之寶”等印。吉林省博物院藏，存五卷。

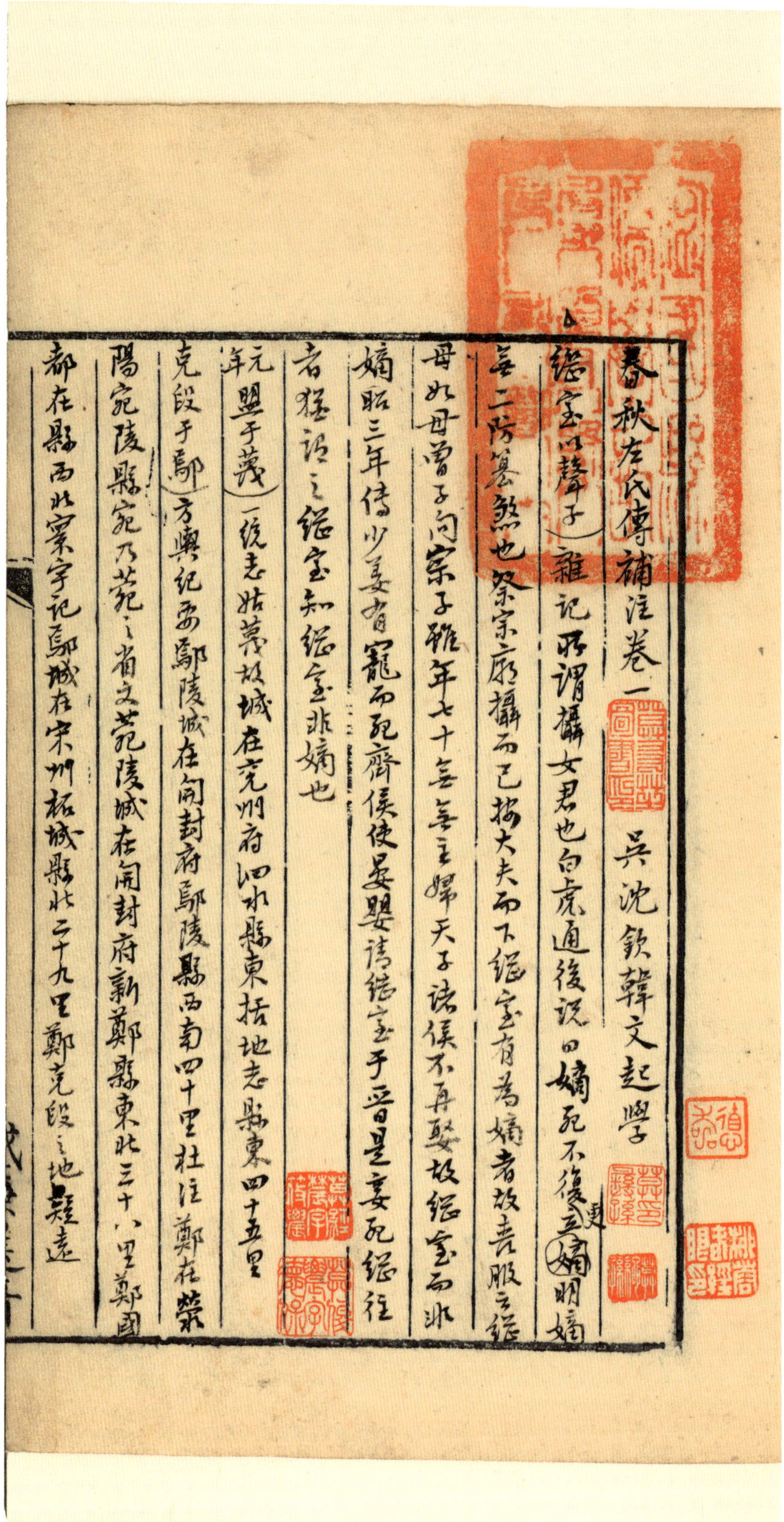

春秋左氏傳補注卷一　吳沈欽韓文起學
繼室以聲子　雜記所謂攝女君也白虎通後說曰嫡死不復更立嫡明嫡
無二防篡煞也祭宗廟攝而已故大夫不下繼室有爲嫡者故喪服言繼
母如母曾子問宗子雖年七十無無主婦天子諸侯不再娶故繼室而非
嫡昭三年傳少姜有寵而死齊侯使晏嬰請繼室于晉是妾死繼往
者猶謂之繼室知繼室非嫡也
元年盟于蔑　一統志姑蔑故城在兗州府泗水縣東括地志縣東四十五里
克段于鄢　方輿紀要鄢陵城在開封府鄢陵縣西南四十里杜注鄢在滎
陽宛陵縣宛乃苑之省文苑陵城在開封府新鄭縣東北三十八里鄭國
鄢在縣西北寰宇記鄢城在宋州柘城縣北二十九里鄭克段之地疑遠

11511 春秋左氏傳補注十二卷　（清）沈欽韓撰　稿本

匡高19.2厘米，廣13.5厘米。半葉十行，藍格，白口，左右雙邊。有“莫友芝圖書印”“莫繩孫”“莫印彝孫”“莫經農字筱農”“莫俊農字德保”等印。國家圖書館藏。

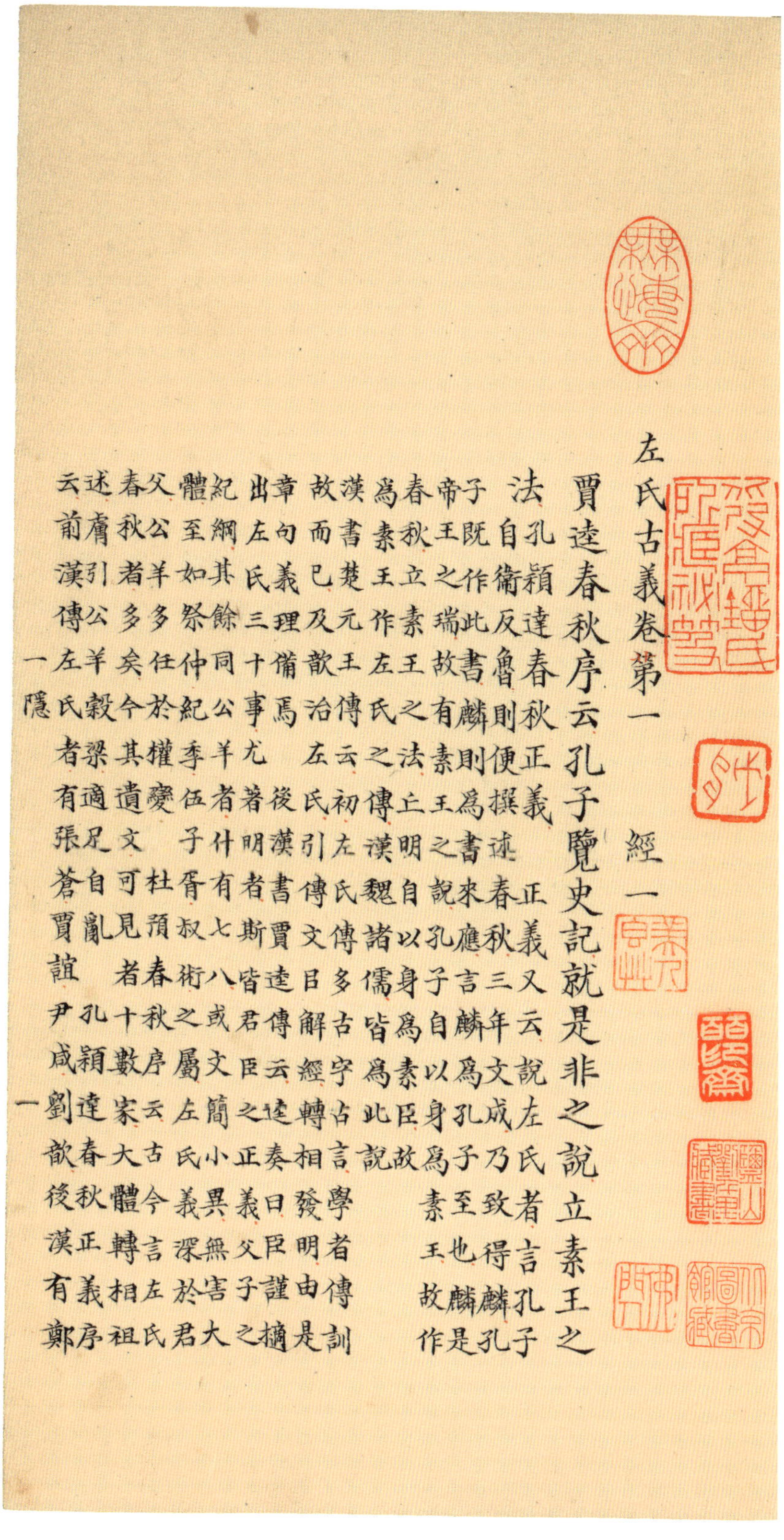

左氏古義卷第一

經一

賈逵春秋序云孔子覽史記就是非之說立素王之法 孔穎達春秋正義 正義又云說左氏者言孔子自衞反魯則便撰述春秋三年文成乃致得麟孔子既作此書麟則為書來應言麟為孔子至也麟是帝王之瑞故有素王之說孔子自以身為素王故作春秋立素王之法丘明自以身為素臣故為素王作左氏之傳漢魏諸儒皆為此說漢書楚元王傳云初左氏傳多古字古言學者傳訓故而已及歆治左氏引傳文以解經轉相發明由是章句義理備焉 後漢書賈逵傳云逵奏曰臣謹摘出左氏三十事尤著明者斯皆君臣之正義父子之紀綱其餘同公羊者什有七八或文簡小異無害大體至如祭仲紀季伍子胥叔術之屬左氏義深於君父公羊多任於權變 杜預春秋序云古今言左氏春秋者多矣今其遺文可見者十數家大體轉相祖述膚引公羊穀梁適足自亂 孔穎達春秋正義序云前漢傳左氏者有張蒼賈誼尹咸劉歆後漢有鄭

一 隱 一

11512 左氏古義六卷　（清）臧壽恭撰　清勞氏丹鉛精舍抄本

半葉十行，行二十一字，小字雙行同。有"鹽山劉千里藏書""元方審定"等印。勞格校並跋。國家圖書館藏。

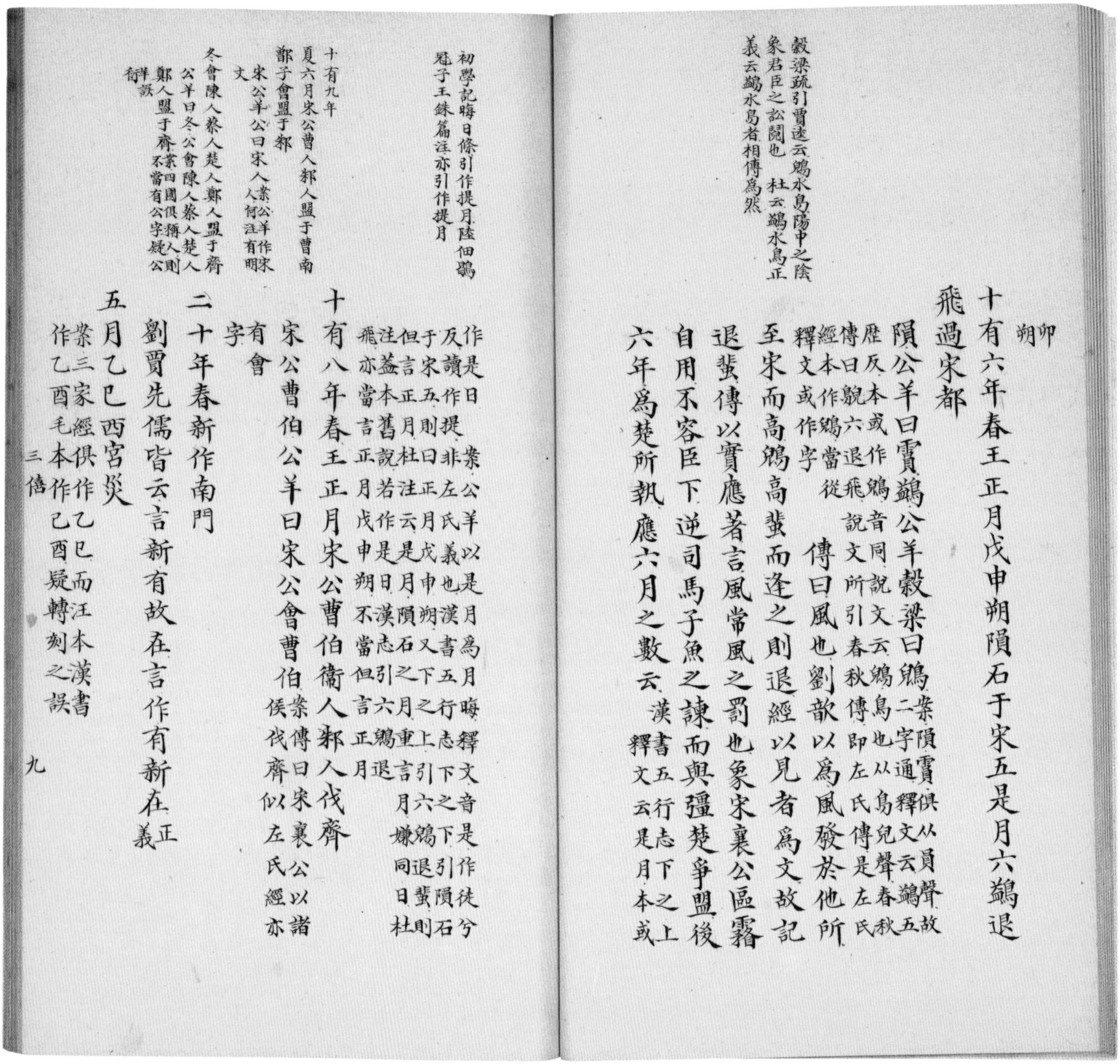
穀梁疏引賈逵云鶂水鳥陽中之陰
象君臣之訟鬩也　杜云鶂水鳥正
義云鷁水鳥者相傳爲然
卯朔
十有六年春王正月戊申朔隕石于宋五是月六鷁退
飛過宋都
隕公羊曰霣鷁公羊穀梁曰鶂㮣隕霣俱从員聲故二字通釋文云鷁五
歷反本或作鶂音同說文云鶂鳥也从鳥兒聲春秋
傳曰鶂六退飛說文所引春秋傳即左氏傳是左氏
經本作鶂當從釋文或作字　傳曰風也劉歆以爲風發於他所
至宋而高鶂高蜚而逢之則退經以見者爲文故記
退蜚傳以實應著言風常風之罰也象宋襄公區霿
自用不容臣下逆司馬子魚之諫而與彊楚爭盟後
六年爲楚所執應六月之數云　漢書五行志下之上釋文云是月本或

初學記晦日條引作提月陸佃鶡
冠子王鈇篇注亦引作提月
十有九年
夏六月宋公曹人邾人盟于曹南
鄫子會盟于邾
宋公羊公曰宋人㮣公羊作宋人何注有明
文
冬會陳人蔡人楚人鄭人盟于齊
公羊曰冬公會陳人蔡人楚人
鄭人盟于齊㮣四國俱稱人則
不當有公字疑公
羊衍誤
作是日㮣公羊以是月爲月晦釋文音是作徙兮
及讀作提非左氏義也漢書五行志下之下引隕石
于宋五則曰正月戊申朔又下之上引六鶂退蜚則
但言正月杜注云是月隕石之月重言月嫌同日杜
注蓋本舊說若作是日漢志引六鶂退
飛亦當言正月戊申朔不當但言六正月
十有八年春王正月宋公曹伯衞人邾人伐齊
宋公曹伯公羊曰宋公會曹伯㮣傳曰宋襄公以諸侯伐齊似左氏經亦
有會字
二十年春新作南門
劉賈先儒皆云言新有故在言作有新在正義
五月乙巳西宮災
㮣三家經俱作乙巳而汪本漢書
作乙酉毛本作己酉疑轉刻之誤
僖三
九

11512 左氏古義六卷

十有三年

夏許男成卒

公羊曰戌案公羊作戌或字形相似而誤莊子大宗師成然寐釋文成本作戌

晉魏曼多帥師侵衛

公羊曰魏多案傳說不同上七年言曼多公羊釋文魏多左氏作魏曼多

盜殺陳夏區夫

公羊曰彄夫案區彄音同公羊作彄假音字

左氏古義六卷長興臧眉卿先生壽恭著前以烏程周蓮伯孝廉學濬借錄

咸豐己未七月十日戊寅校閱一過勞格記

段大令玉裁春秋左氏古經每條時出訂正之語有可補此書之漏略及互相證明者宜錄於卷端丹鉛生又記

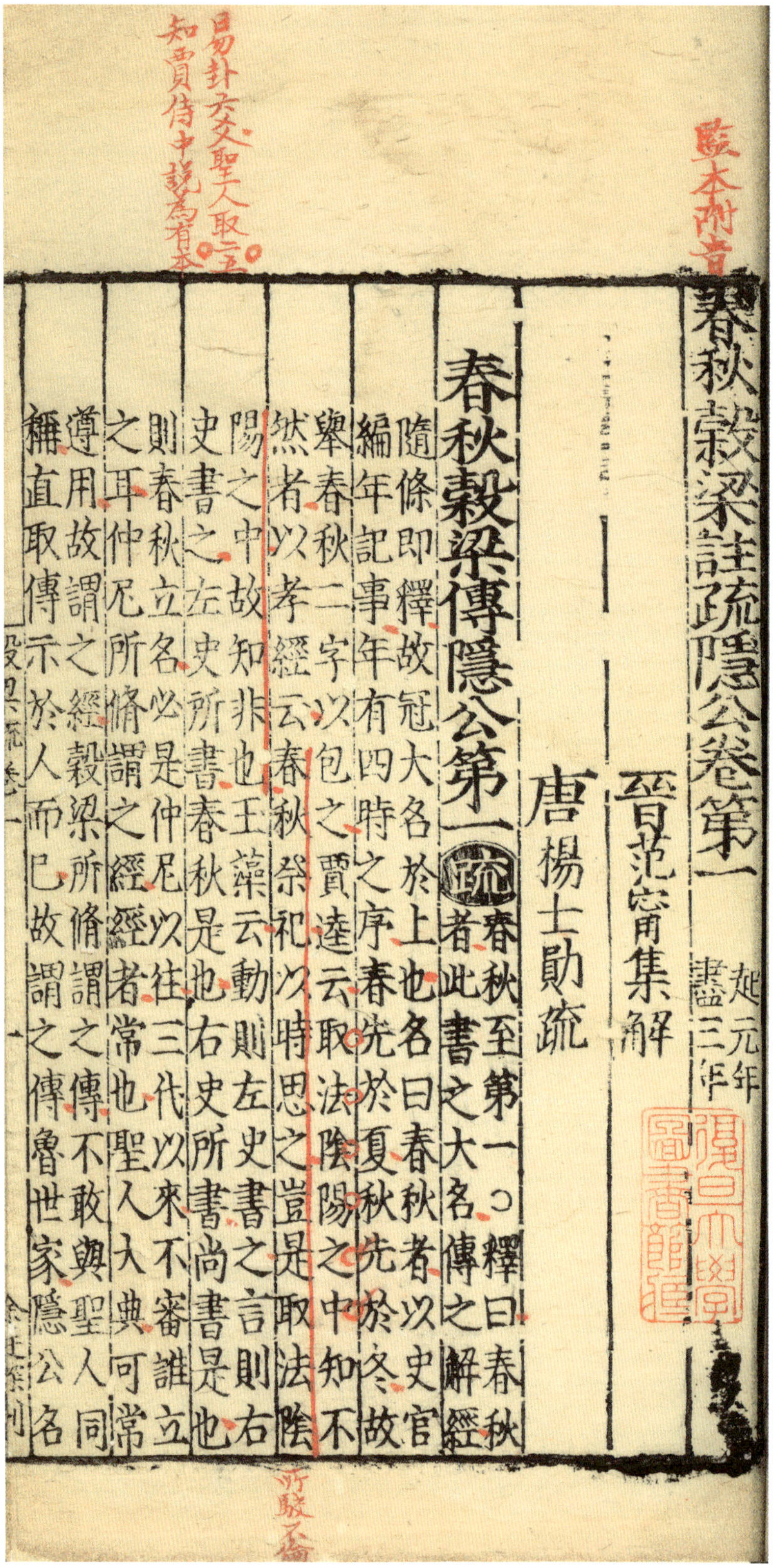

11513 春秋穀梁註疏二十卷 （晉）范寧集解 （唐）楊士勛疏 （唐）陸德明音義 明嘉靖李元陽刻十三經注疏本

匡高19.6厘米，廣12.7厘米。半葉九行，行二十一字，小字雙行同，白口，四周單邊。姚椿校。復旦大學圖書館藏。

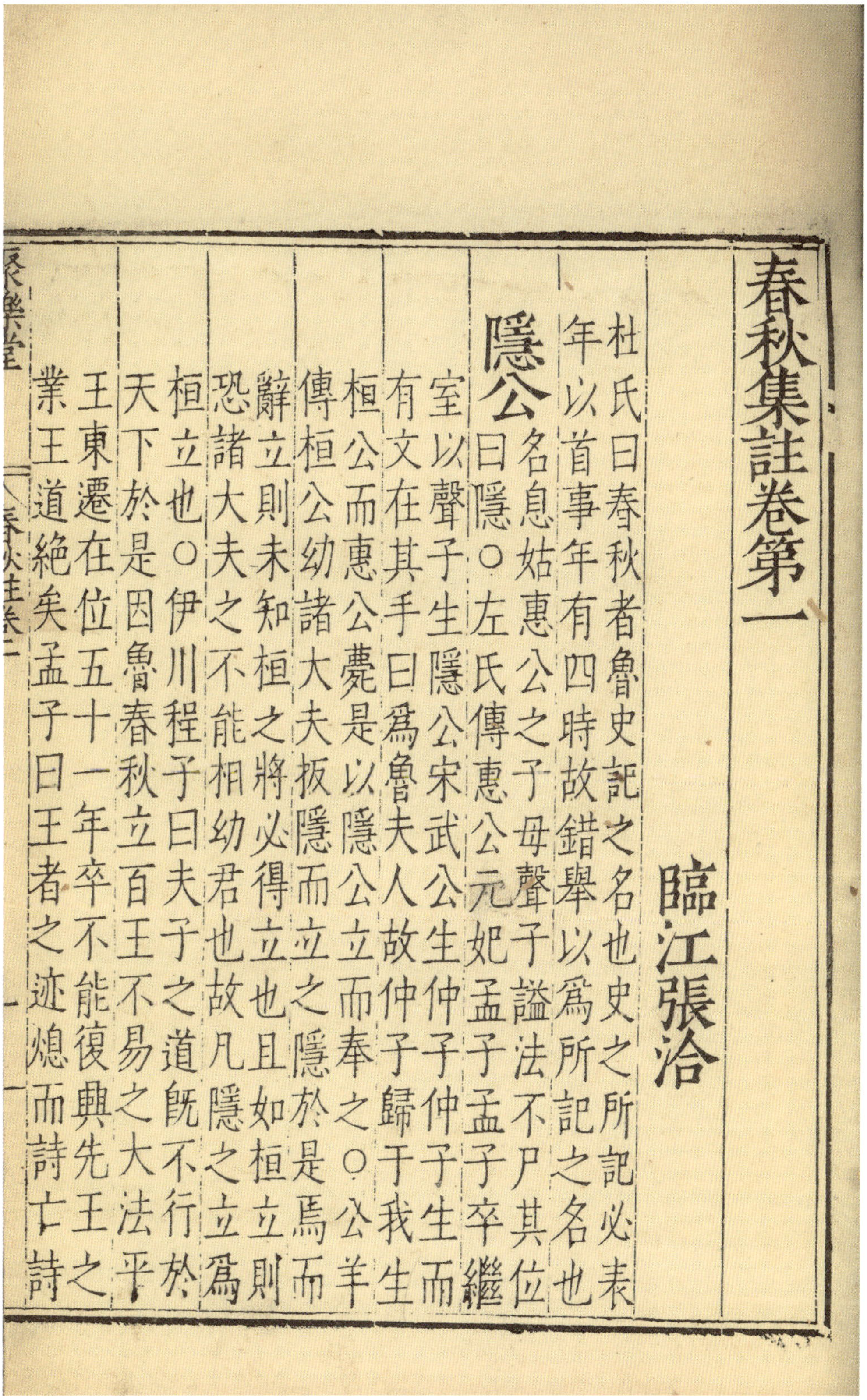

春秋集註卷第一

臨江張洽

杜氏曰春秋者魯史記之名也史之所記必表年以首事年有四時故錯舉以爲所記之名也

隱公名息姑惠公之子母聲子謚法不尸其位曰隱○左氏傳惠公元妃孟子孟子卒繼室以聲子生隱公宋武公生仲子仲子生而有文在其手曰爲魯夫人故仲子歸于我生桓公而惠公薨是以隱公立而奉之○公羊傳桓公幼諸大夫扳隱而立之隱於是焉而辭立則未知桓之將必得立也且如桓立則恐諸大夫之不能相幼君也故凡隱之立爲桓立也○伊川程子曰夫子之道既不行於天下於是因魯春秋立百王不易之大法平王東遷在位五十一年卒不能復興先王之業王道絶矣孟子曰王者之迹熄而詩亡詩

聚樂堂　春秋註卷一　一

11514 春秋集註十一卷　（宋）張洽撰　**綱領一卷**　明嘉靖四十三年（1564）朱睦㮮聚樂堂刻本

匡高21.2厘米，廣16.5厘米。半葉九行，行十九字，小字雙行同，白口，四周雙邊。天津圖書館藏。

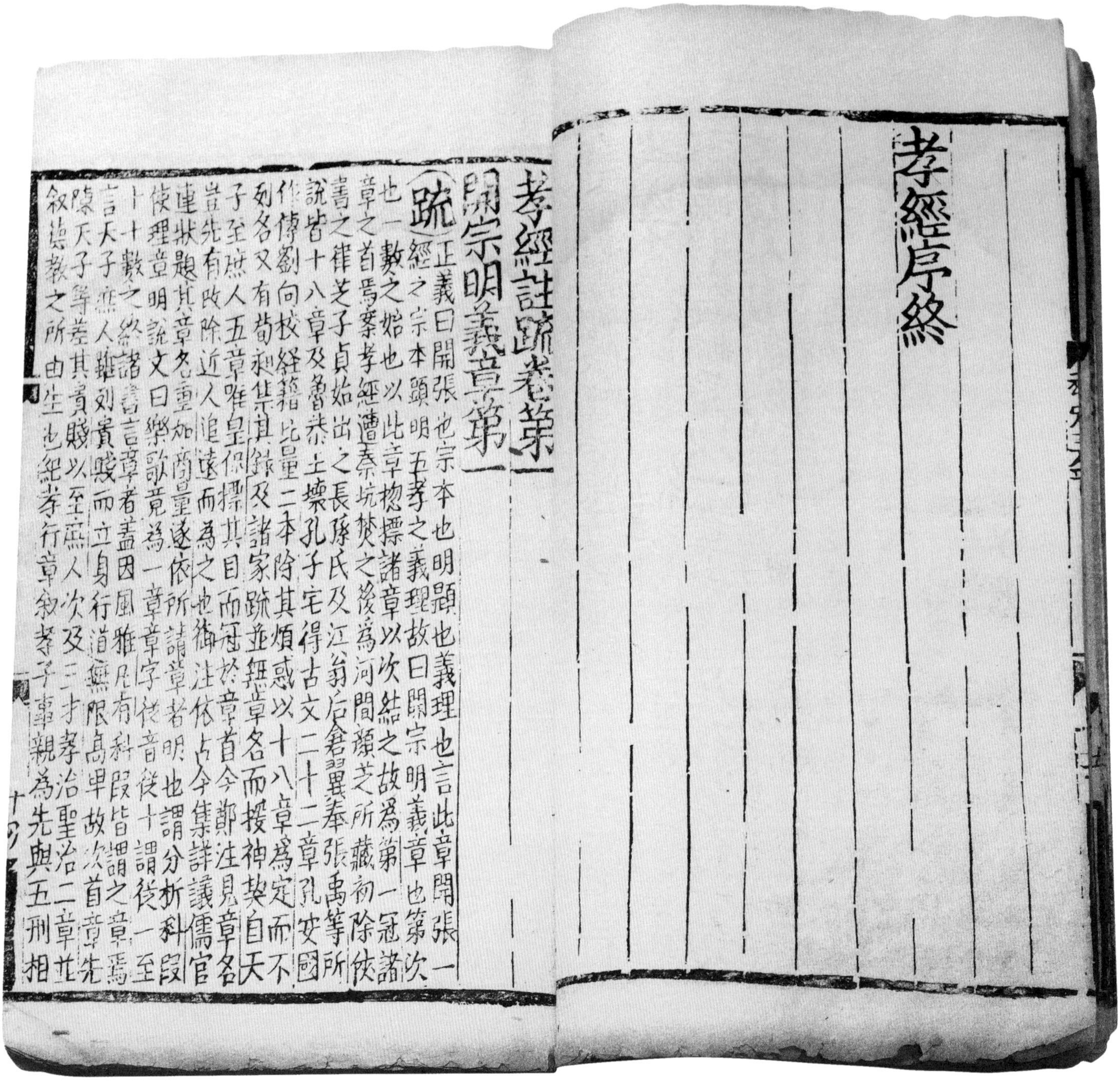

11515 孝經註疏九卷　（唐）玄宗李隆基注　（宋）邢昺疏　明前期刻本

匡高18.8厘米，廣13.2厘米。半葉十行，行十七字，小字雙行二十三字，黑口，左右雙邊。有“孔繼涵印”“葒谷”等印。江西省樂平市圖書館藏。

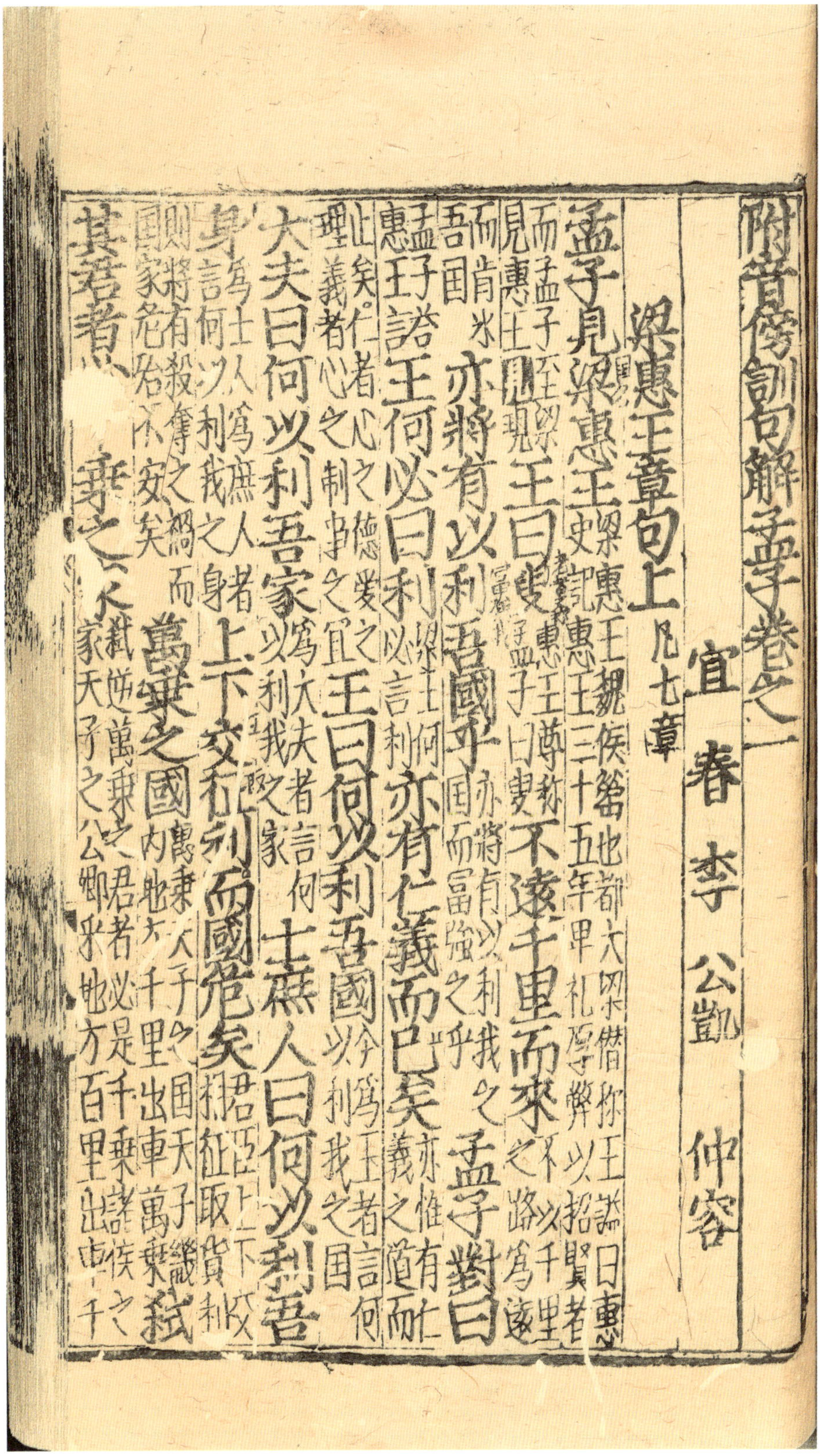
附音傍訓句解孟子卷之一

宜春 李 公凱 仲容

梁惠王章句上 凡七章

孟子見梁惠王（梁惠王魏侯䓨也都大梁僭稱王謚曰惠 史記惠王三十五年卑禮厚幣以招賢者而孟子至梁見惠王 見現）王曰叟（惠王尊稱孟子曰叟）不遠千里而來（不以千里之路爲遠）而肯來 亦將有以利吾國乎（亦將有以利我之国而富強之乎）孟子對曰（孟子諾惠王）王何必曰利（梁王何以必言利）亦有仁義而已矣（亦惟有仁義之道而已 此矣仁者心之德愛之理義者心之制事之宜）王曰何以利吾國（今爲王者言何以利我之国）大夫曰何以利吾家（爲大夫者言何以利我之家）士庶人曰何以利吾身（爲士人爲庶人者言何以利我之身）上下交征利而國危矣（君臣上下交相征取貨利則將有殺奪之禍而國家危殆不安矣）萬乘之國（萬乘天子之国天子畿内地方千里出車萬乘）弒其君者（弒逆萬乘之君者必是千乘諸侯之家天子之公卿采地方百里出車千）

11516 附音傍訓句解孟子七卷　（元）李公凱撰　明初刻本

匡高20.6厘米，廣13.6厘米。半葉十二行，行二十二至二十三字，小字雙行同，黑口，四周雙邊。國家圖書館藏，存五卷。

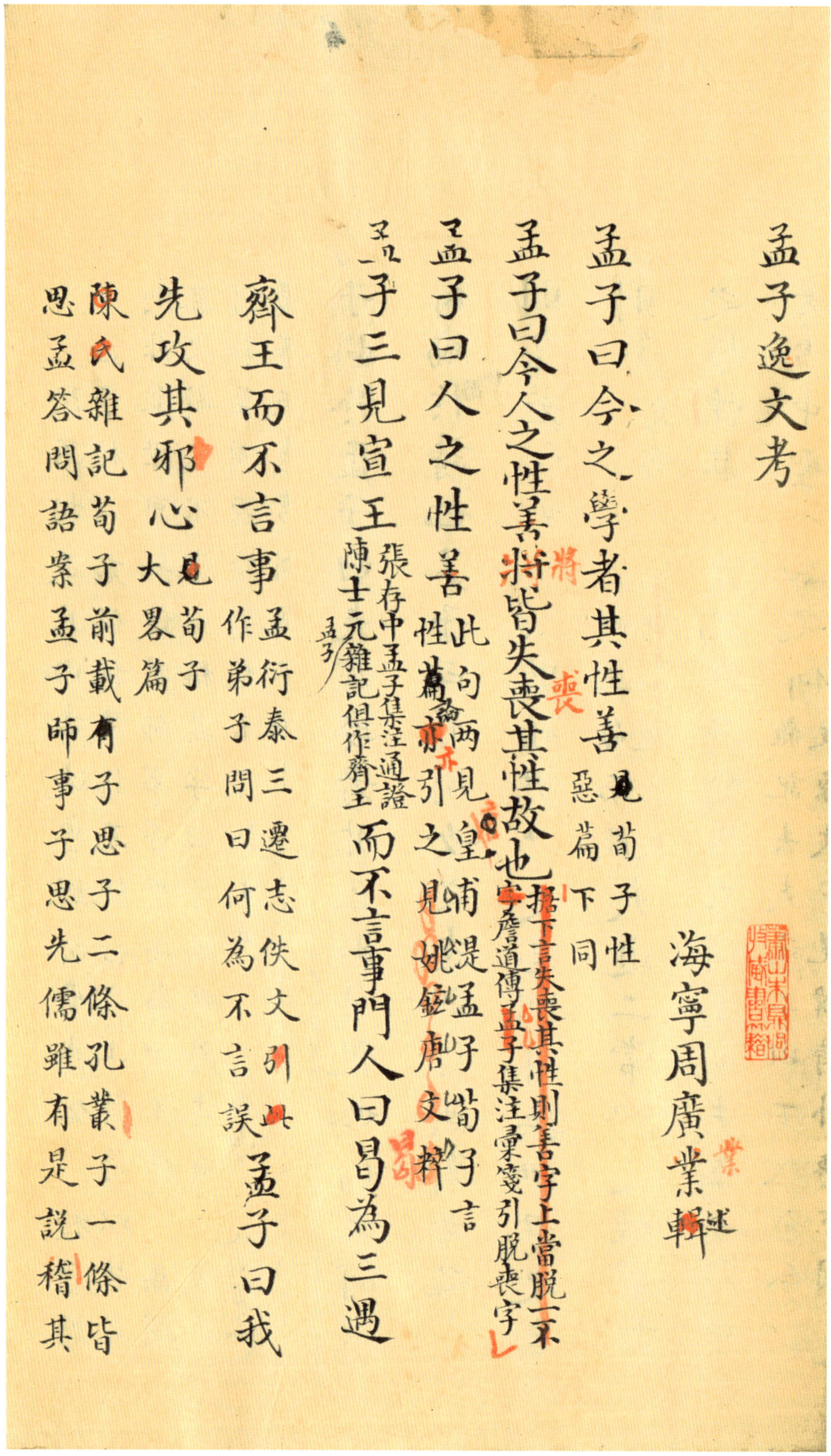
孟子逸文考
海寧周廣業輯
孟子曰今之學者其性善見荀子性惡篇下同
孟子曰今人之性善將皆失喪其性故也据下言失喪其性則善字上當脫一不字宋詹道傳孟子集注彙箋引脫喪字
孟子曰人之性善此句兩見皇甫湜孟子荀子言性論亦引之見姚鉉唐文粹
孟子三見宣王張存中孟子集注通證陳士元雜記俱作齊王而不言事門人曰曷為三遇
齊王而不言事孟衍泰三遷志佚文引此作弟子問曰何為不言誤孟子曰我
先攻其邪心見荀子大畧篇
陳氏雜記荀子前載有子思子二條孔叢子一條皆
思孟荅問語棠孟子師事子思先儒雖有是說稽其

11517 孟子四考四卷　（清）周廣業撰　稿本

有“蕭山朱鼎煦收藏書籍”等印。寧波市天一閣博物館藏。

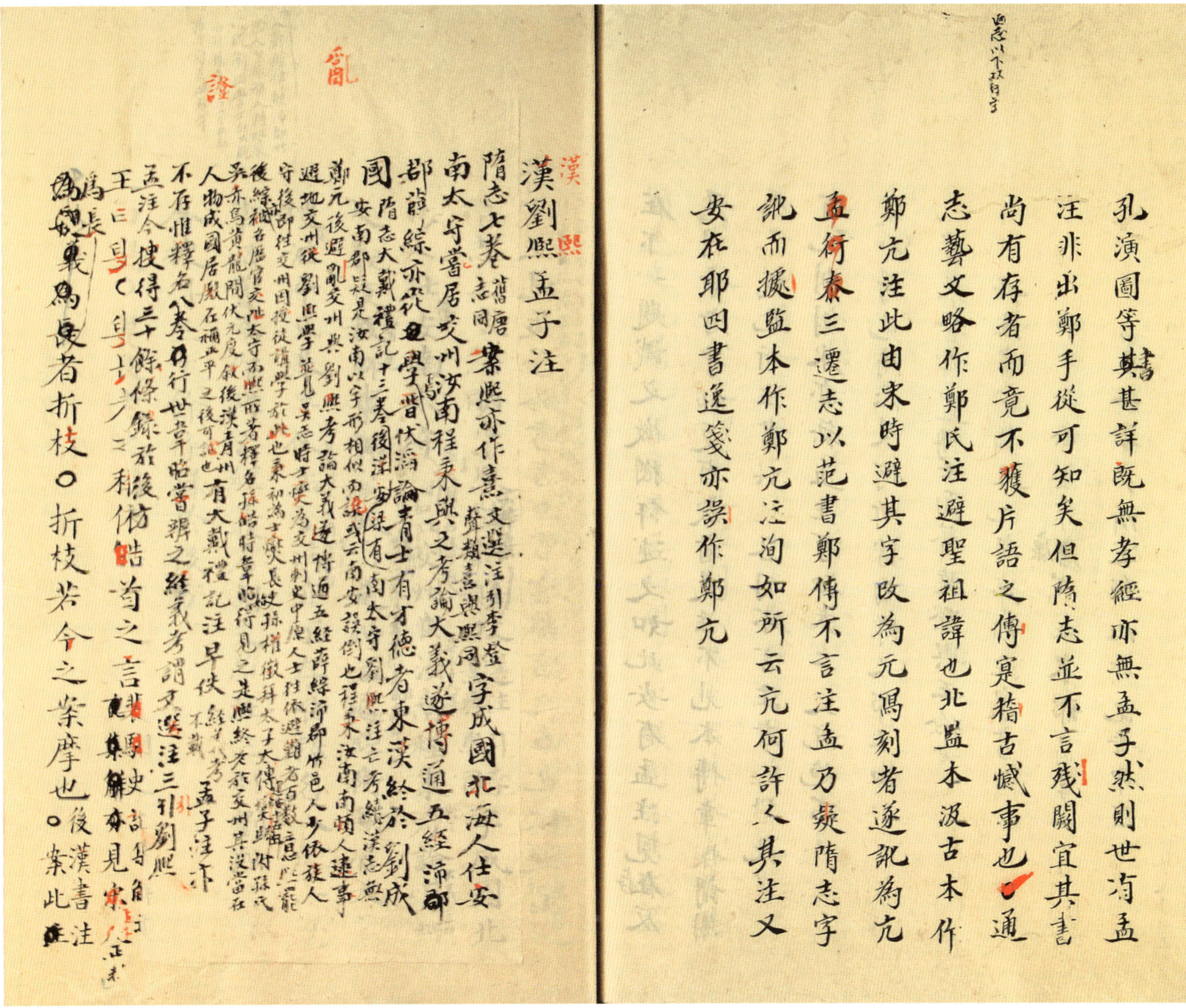

孔演圖等書甚詳既無孝經亦無孟子然則世消孟
注非出鄭手從可知矣但隋志並不言殘闕宜其書
尚有存者而竟不獲片語之傳寔稽古憾事也〇通
志藝文略作鄭氏注避聖祖諱也北監本汲古本作
鄭亢注此由宋時避其字改為元寫刻者遂訛為亢
孟何校三遷志以范書鄭傳不言注孟乃疑隋志字
訛而擬監本作鄭亢注洵如所云亢何許人其注又
安在耶四書逸箋亦誤作鄭亢

漢劉熙孟子注
隋志七卷舊唐志同 案熙亦作憙文選注引李登聲類云憙與熙同 字成國北海人仕安
南太守嘗居交州汝南程秉與之考論大義遂博通五經 沛郡
薛綜亦從熙學 晉伏滔論青士有才德者東漢終於劉成
國
[illegible]
不存惟釋名八卷尚行世 [illegible] 孟子注亦不載
孟注今搜得三十餘條錄於後 [illegible]
王曰叟叟長老之稱 [illegible]
[illegible] 義為長者折枝〇折枝若今之案摩也〇後漢書注 案此 [illegible]

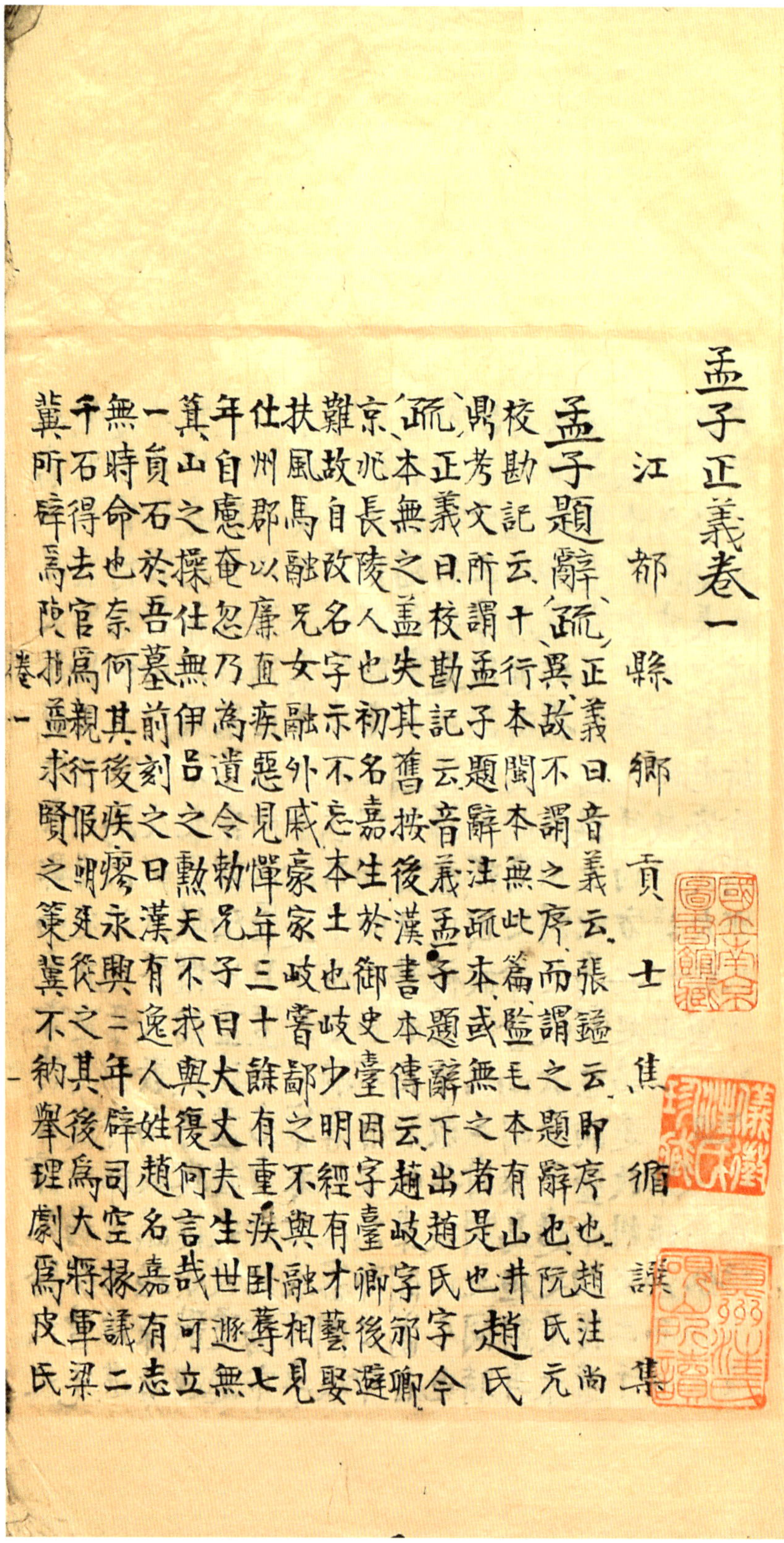

11518 孟子正義三十卷　（清）焦循撰　稿本

匡高18.2厘米，廣13.4厘米。半葉十行，行二十一字，小字雙行同，紅格，紅口，左右雙邊。有“真州汪氏硯山所讀”“儀徵汪氏珍藏”等印。汪鋆跋。南京圖書館藏。

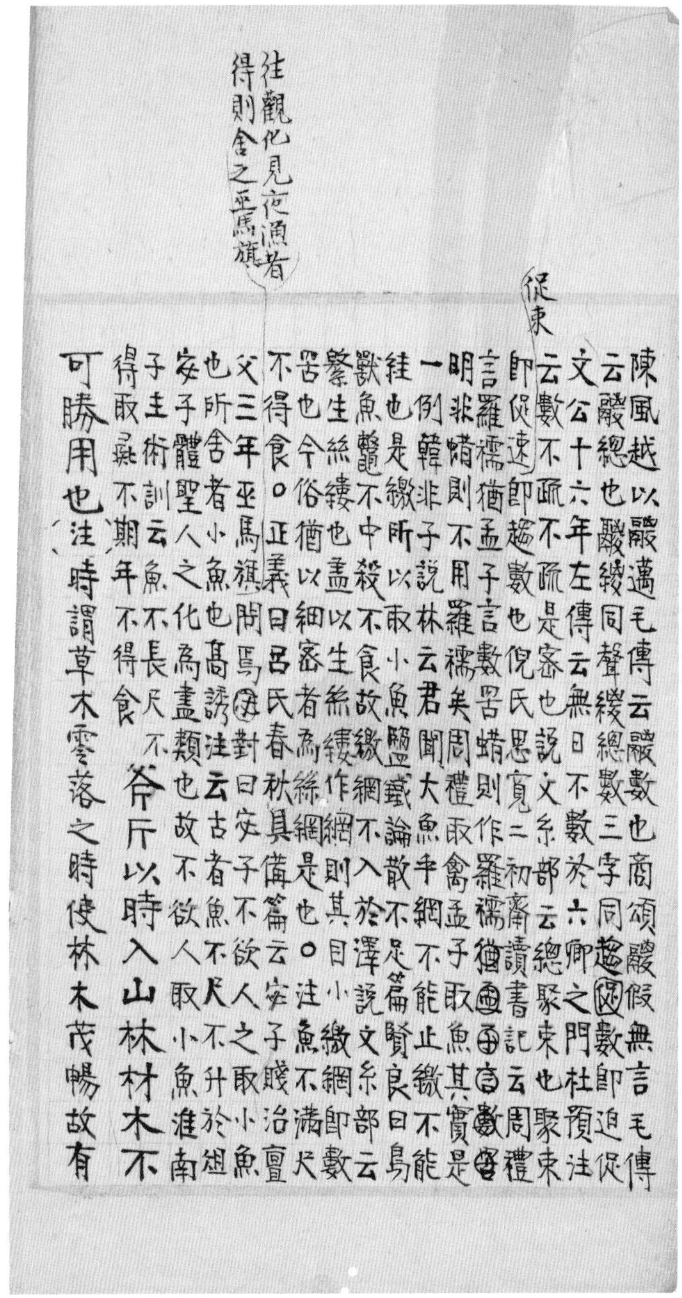
往觀化見夜漁者
得則舍之巫馬旗

促束

陳風越以鬷邁毛傳云鬷數也商頌鬷假無言毛傳
云鬷總也鬷緵同聲緵總數三字同趨[illegible]數即迫促
文公十六年左傳云無日不數於六卿之門杜預注
云數不疏不疏是密也說文糸部云總聚束也聚束
即促速即趨數也倪氏思寬二初齋讀書記云周禮
言羅襦猶孟子言數罟蜡則作羅襦猶[illegible]
明非蜡則不用羅襦矣周禮取禽孟子取魚其實是
一例韓非子說林云君聞大魚乎網不能止繳不能
絓也是繳所以取小魚鹽鐵論散不足篇賢良曰鳥
獸魚鼈不中殺不食故繳網不入於澤說文糸部云
繁生絲縷也盡以生絲縷作網則其目小繳網即數
罟也今俗猶以細密者爲絲網是也○注魚不滿尺
不得食○正義曰呂氏春秋具備篇云宓子賤治亶
父三年巫馬旗問焉[illegible]對曰宓子不欲人之取小魚
也所舍者小魚也高誘注云古者魚不尺不升於俎
宓子體聖人之化爲盡類也故不欲人取小魚淮南
子主術訓云魚不長尺不斧斤以時入山林材木不
得取彘不期年不得食
可勝用也注時謂草木零落之時使林木茂暢故有

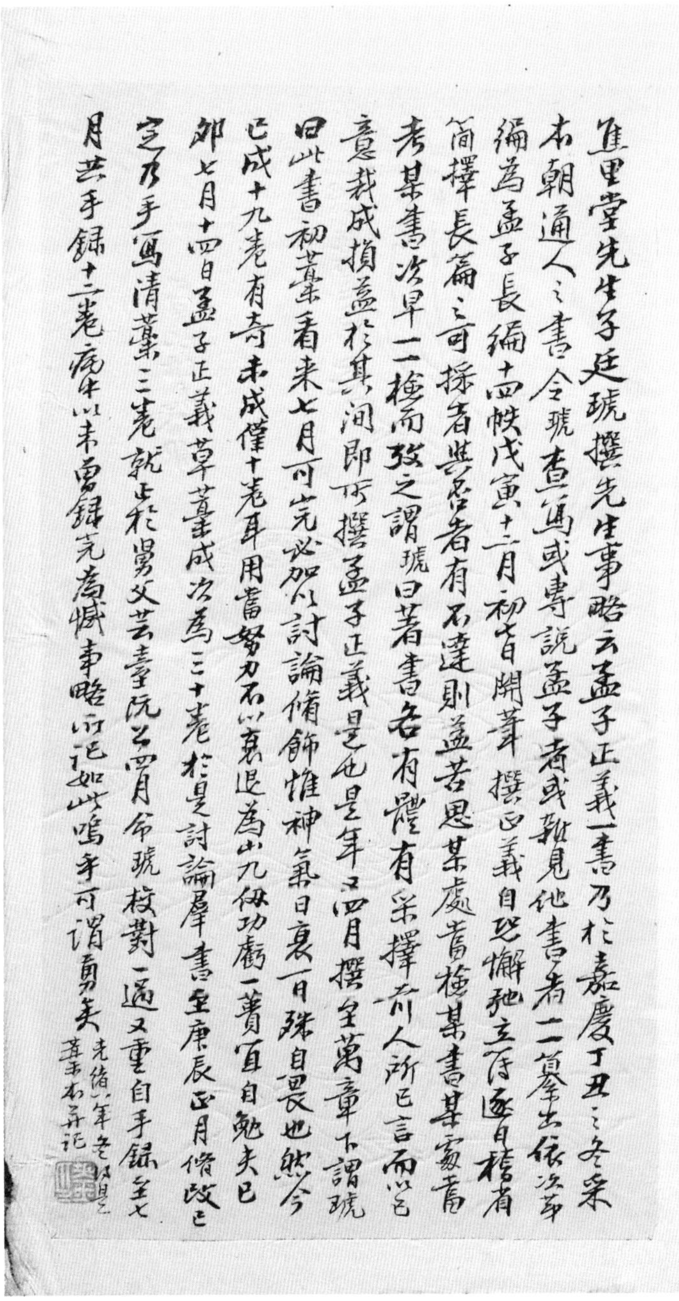
焦里堂先生子廷琥撰先生事略云孟子正義一書乃於嘉慶丁丑之冬采
本朝通人之書令琥查寫或專說孟子者或雜見他書者一一纂出依次第
編爲孟子長編十四帙戊寅十二月初旬開筆撰正義自恐懈弛立簿逐日稽省
簡擇長篇之可採者與否者有不達則盡苦思某處當檢某書某書某處當
考某書次早一一檢而致之謂琥曰著書各有體有采擇前人所已言而以己
意裁成損益於其間即所撰孟子正義是也是年又四月撰至萬章下謂琥
曰此書初稿看來七月可完必加以討論脩飾惟神氣日衰一月殊自畏也然今
已成十九卷有奇未成僅十卷耳用當努力不以衰退爲止九仞功虧一簣宜自勉矣已
卯七月十四日孟子正義草稿成次爲三十卷於是討論群書至庚辰正月修改已
定乃手寫清稿三卷就正於舅文芸臺阮公四月命琥校對一遍又重自手錄至七
月共手錄十二卷病卒以未曾錄完爲憾事略所記如此嗚乎可謂勇矣 光緒八年冬[illegible]記

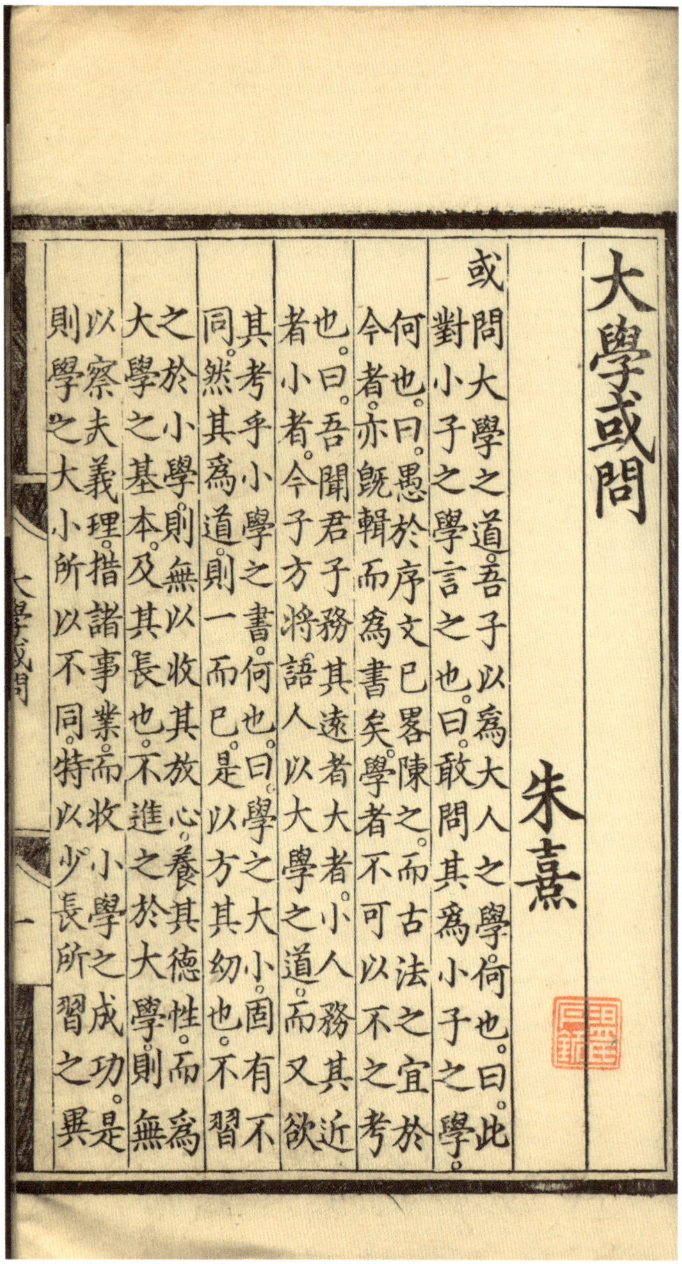

大學或問

朱熹

或問大學之道吾子以爲大人之學何也曰此對小子之學言之也曰敢問其爲小子之學何也曰愚於序文已畧陳之而古法之宜於今者亦既輯而爲書矣學者不可以不之考也曰吾聞君子務其遠者大者小人務其近者小者今子方將語人以大學之道而又欲其考乎小學之書何也曰學之大小固有不同然其爲道則一而已是以方其幼也不習之於小學則無以收其放心養其德性而爲大學之基本及其長也不進之於大學則無以察夫義理措諸事業而收小學之成功是則學之大小所以不同特以少長所習之異

大學或問 一

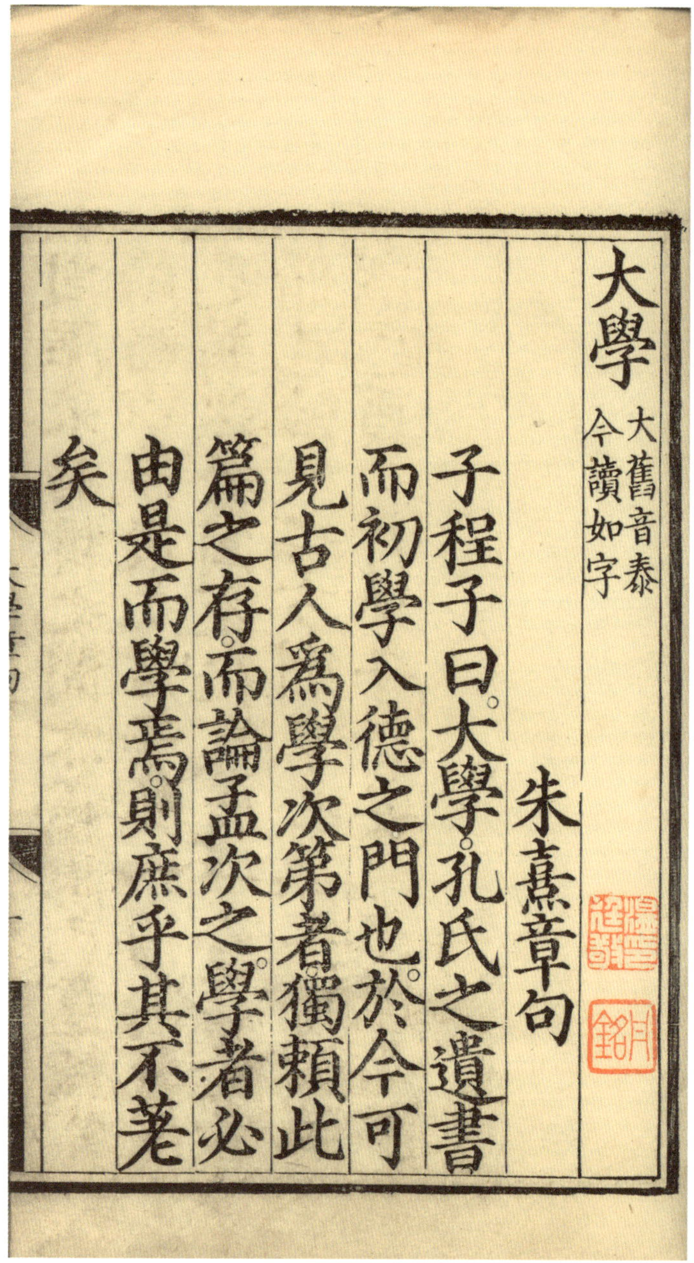

大學 大舊音泰今讀如字

朱熹章句

子程子曰大學孔氏之遺書而初學入德之門也於今可見古人爲學次第者獨賴此篇之存而論孟次之學者必由是而學焉則庶乎其不差矣

11519 四書集注二十八卷 （宋）朱熹撰 明正統十二年（1447）司禮監刻本

匡高23.1厘米，廣16.3厘米。半葉八行，行十四字，小字雙行十八字，黑口，四周雙邊。有“古萬川温氏藏”“温印廷敬”等印。廣西民族大學圖書館藏。

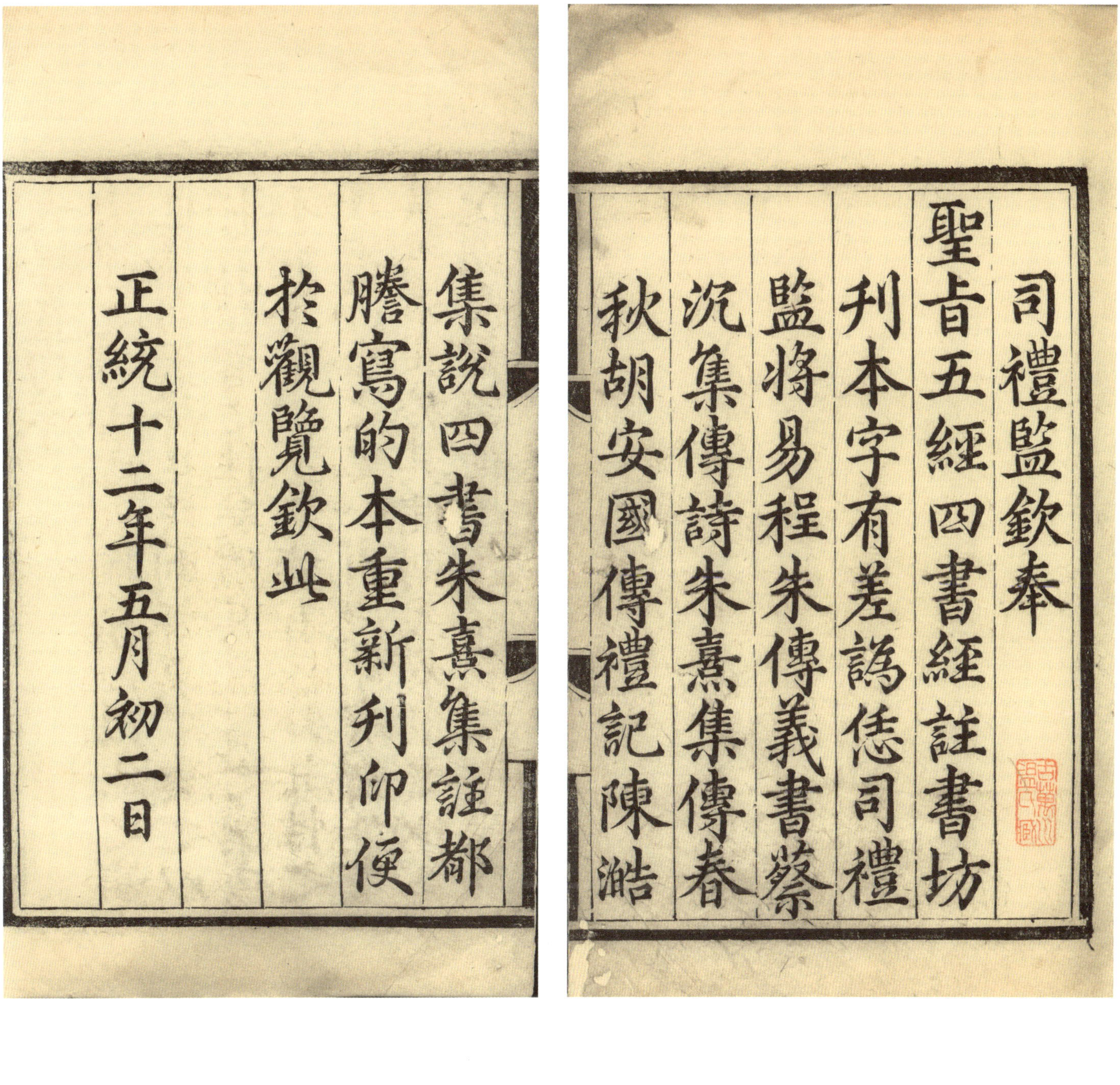
司禮監欽奉
聖旨五經四書經註書坊
刋本字有差譌恁司禮
監將易程朱傳義書蔡
沉集傳詩朱熹集傳春
秋胡安國傳禮記陳澔
集說四書朱熹集註都
謄寫的本重新刋印便
於觀覽欽此
正統十二年五月初二日

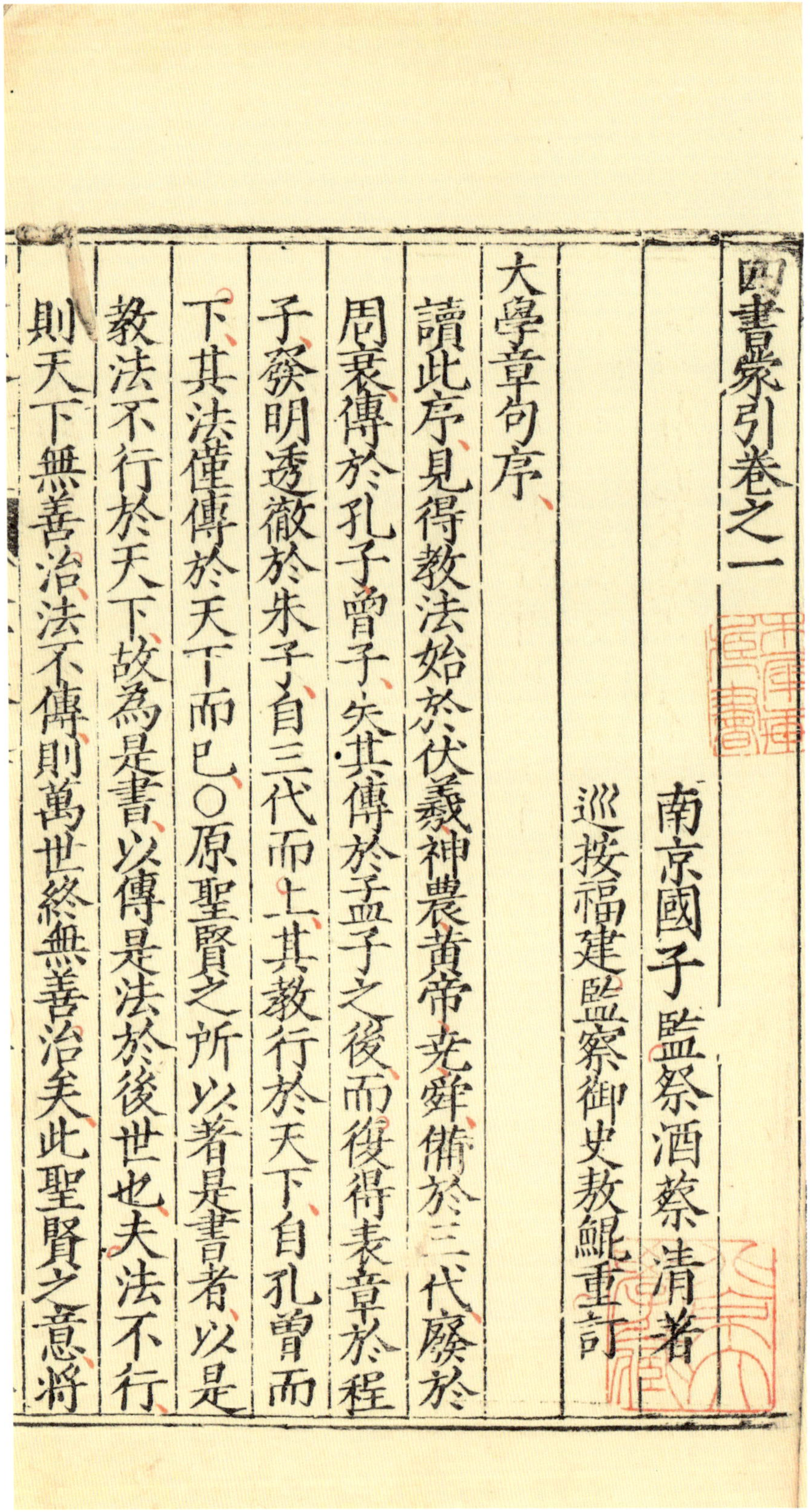
四書蒙引卷之一
南京國子監祭酒蔡清著
巡按福建監察御史敖鯤重訂
大學章句序
讀此序見得教法始於伏羲神農黄帝堯舜備於三代廢於周衰傳於孔子曾子失其傳於孟子之後而復得表章於程子發明透徹於朱子自三代而上其教行於天下自孔曾而下其法僅傳於天下而已○原聖賢之所以著是書者以是教法不行於天下故爲是書以傳是法於後世也夫法不行則天下無善治法不傳則萬世終無善治矣此聖賢之意將

11520 四書蒙引十五卷 （明）蔡清撰　明嘉靖六年（1527）刻本

匡高20.5厘米，廣14.7厘米。半葉十行，行二十四字，白口，四周雙邊。有“木犀軒藏書”等印。北京大學圖書館藏。

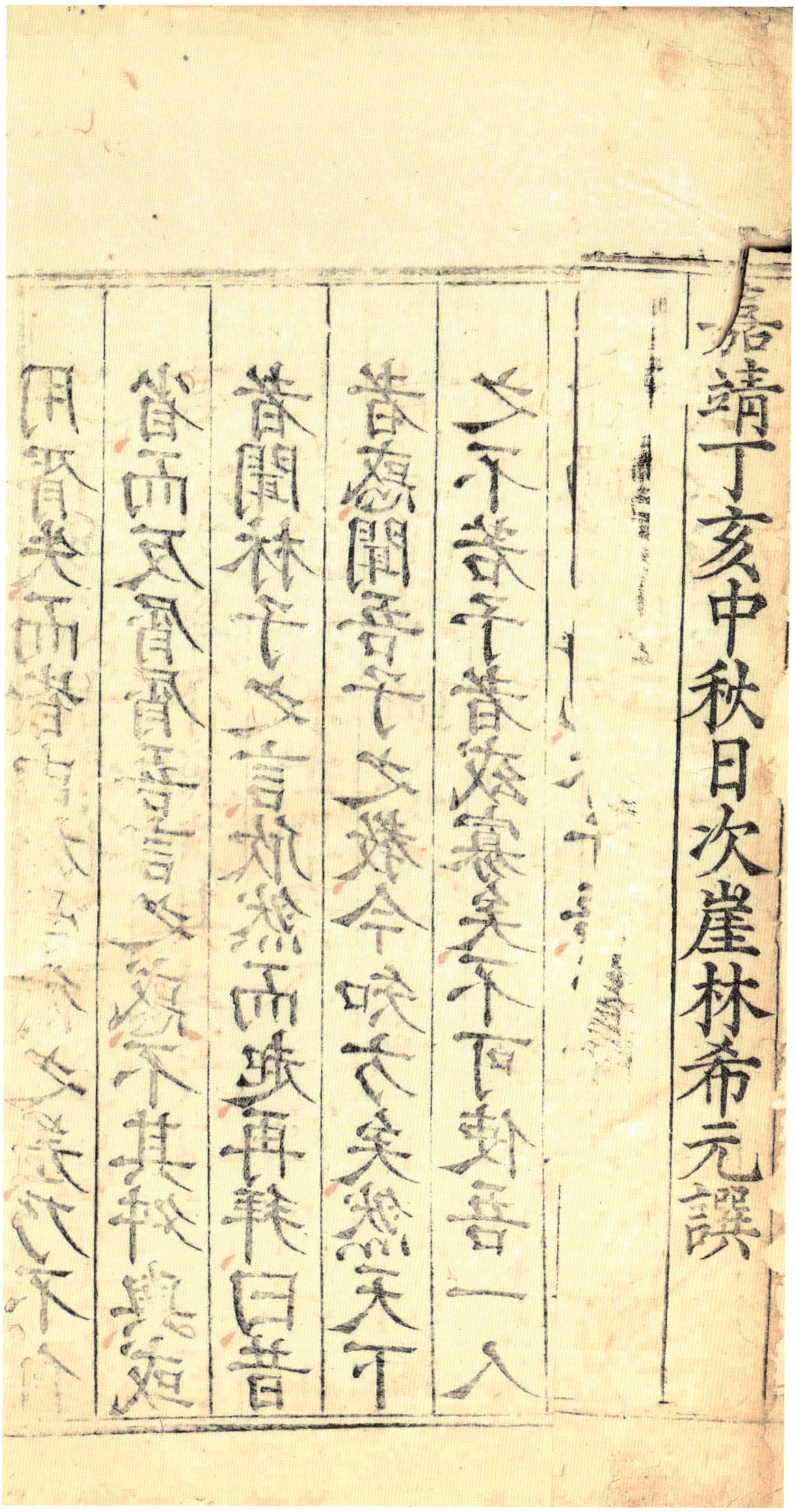

嘉靖丁亥中秋日次崖林希元譔

之下者予昔敎其美不可使吾一人
者感聞吾子之教今知方矣然天下
者聞林子之言欣然而起再拜曰昔
省而反膺膺吾言之緩不其辞與致
用膺矣而吾[illegible]之[illegible]行不[illegible]

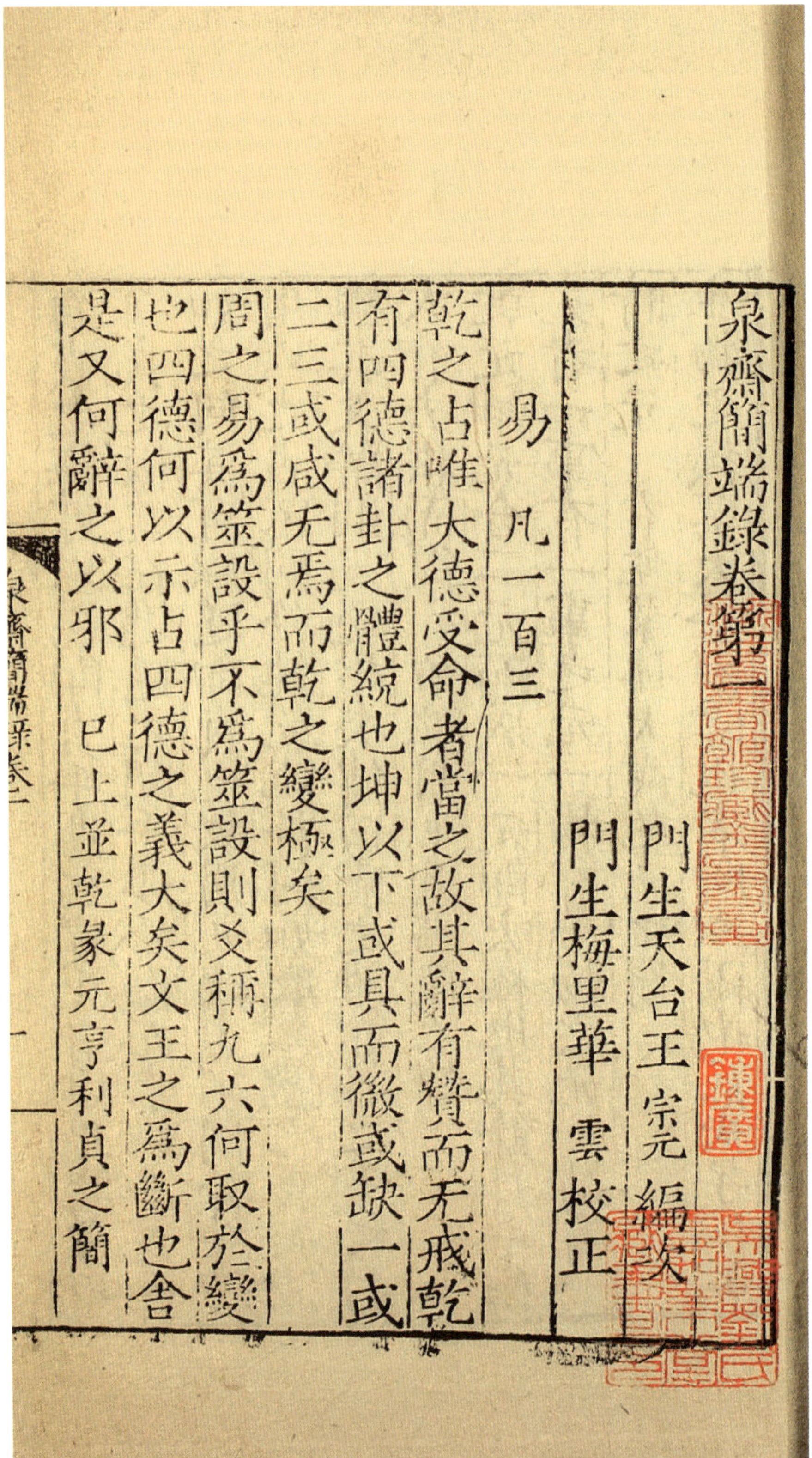
泉齋簡端錄卷第二

門生天台王　宗元　編次

門生梅里華　雲　校正

易　凡一百三

乾之占唯大德受命者當之故其辭有贊而无戒乾有四德諸卦之體統也坤以下或具而微或缺一或二三或咸无焉而乾之變極矣

周之易爲筮設乎不爲筮設則爻稱九六何取於變也四德何以示占四德之義大矣文王之爲斷也舍是又何辭之以邪　巳上並乾彖元亨利貞之簡

11521 泉齋簡端録十二卷　（明）邵寶撰　明秦榛刻本

匡高18.5厘米，廣14.2厘米。半葉十行，行二十字，白口，左右雙邊。有“吴興劉氏嘉業堂藏書印”等印。浙江圖書館藏。

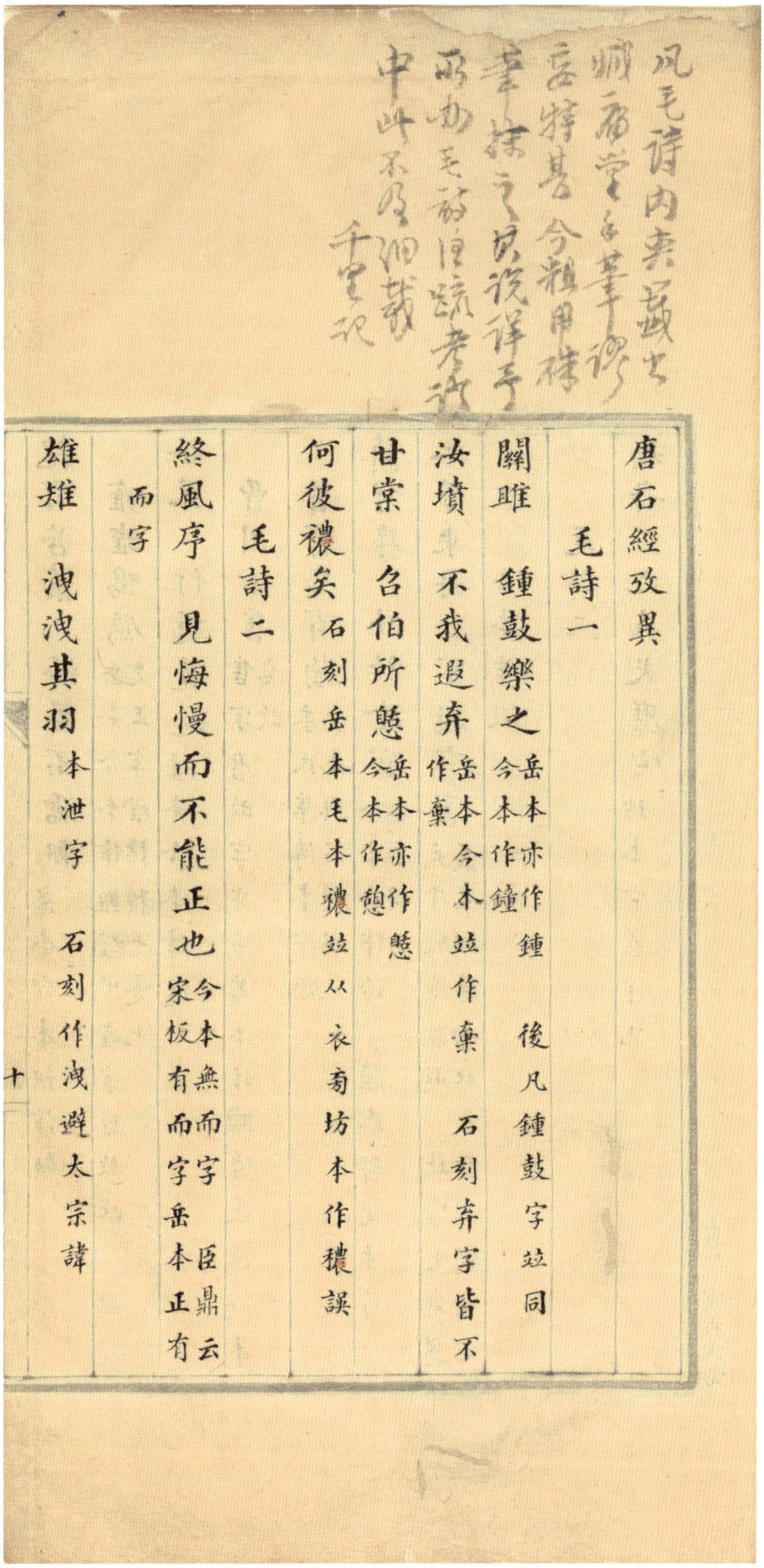

11522 唐石經攷異十三卷　（清）錢大昕撰　清袁氏貞節堂抄本

匡高19.3厘米，廣14.2厘米。半葉十行，行二十一字，緑格，緑口，四周雙邊。臧庸、瞿中溶、顧廣圻校並跋。國家圖書館藏。

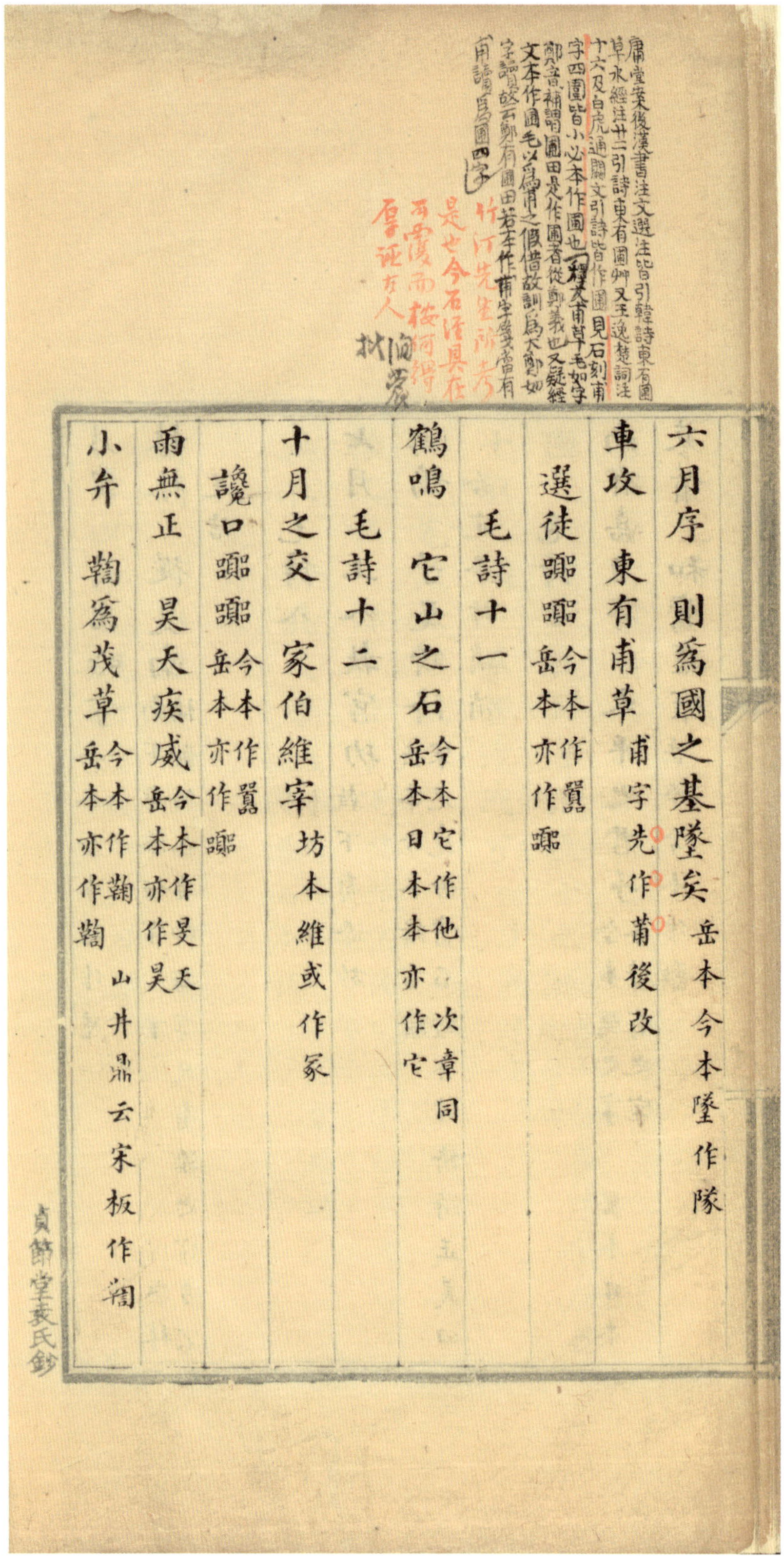
甫堂案後漢書注文選注皆引韓詩東有圃草水經注廿二引詩東有圃艸又王逸楚詞注十六及白虎通闕文引詩皆作圃見石刻甫字四圍皆小必本作圃也釋文甫草毛如字鄭音補謂圃田是作圃者從鄭義也又疑經文本作圃毛以爲甫之假借故訓爲大鄭如字讀是故云鄭有圃田若本作甫字鄭當有甫讀爲圃四字

竹汀先生所考是也今石經具在可覆而按何得厚誣古人 拙僩叟

六月序 則爲國之基墜矣 岳本今本墜作隊

車攻 東有甫草 甫字先作莆後改

選徒嚻嚻 今本作囂岳本亦作嚻

毛詩十一

鶴鳴 它山之石 今本它作他岳本日本本亦作它 次章同

毛詩十二

十月之交 家伯維宰 坊本維或作冢

讒口嚻嚻 今本作囂岳本亦作嚻

雨無正 昊天疾威 今本作旻天岳本亦作昊

小弁 鞫爲茂草 今本作鞠岳本亦作鞫 山井鼎云宋板作鞫

貞節堂袁氏鈔

11522 唐石經攷異十三卷

瞿中溶案五經文字鼻部嗅下云論語借臭字爲之則此口旁之爲後人所加無疑矣

加朝服拕紳 今本拕作拖　陸亦作拕云一本作拖

居不客 今本客作容　陸亦作客云本或作容

三嗅而作 口旁似後人所加　晁氏引石經嗅作戞與此異晁所見當是孟蜀石經也　陸音許又反

論語六

先進　冉子子貢侃侃如也 今本作冉有

非諸侯而何 先作如之何後磨改　皇本正作如之何

論語七

憲問　夫子不荅 今本荅作答

豈匹夫匹婦之爲諒也 豈下旁添若字

貞節堂袁氏鈔

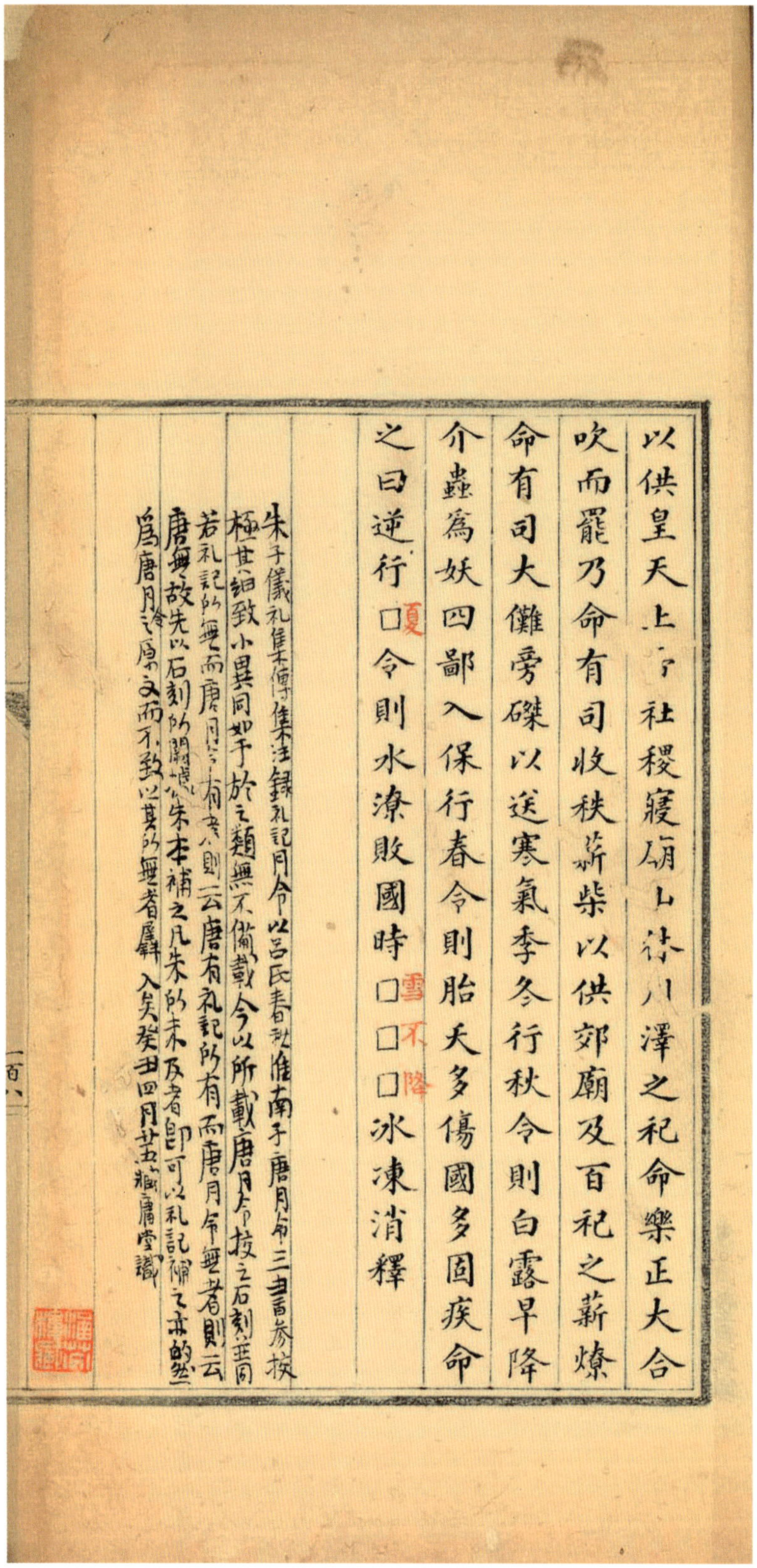
以供皇天上帝社稷寢廟山林川澤之祀命樂正大合
吹而罷乃命有司收秩薪柴以供郊廟及百祀之薪燎
命有司大儺旁磔以送寒氣季冬行秋令則白露早降
介蟲爲妖四鄙入保行春令則胎夭多傷國多固疾命
之曰逆行□（夏）令則水潦敗國時□□□（雪不降）冰凍消釋

朱子儀礼集傳集注録礼記月令以吕氏春秋淮南子唐月令三書參按
極其細致小異同如乎於之類無不備載今以所載唐月令按之石刻互同
若礼記所無而唐月令有者則云唐有礼記所有而唐月令無者則云
唐無故先以石刻所闕壞以朱本補之凡朱所未及者即可以礼記補之亦的然
爲唐月令原文而不致以其所無者羼入矣癸丑四月廿五瓶庵堂識

11522 唐石經攷異十三卷

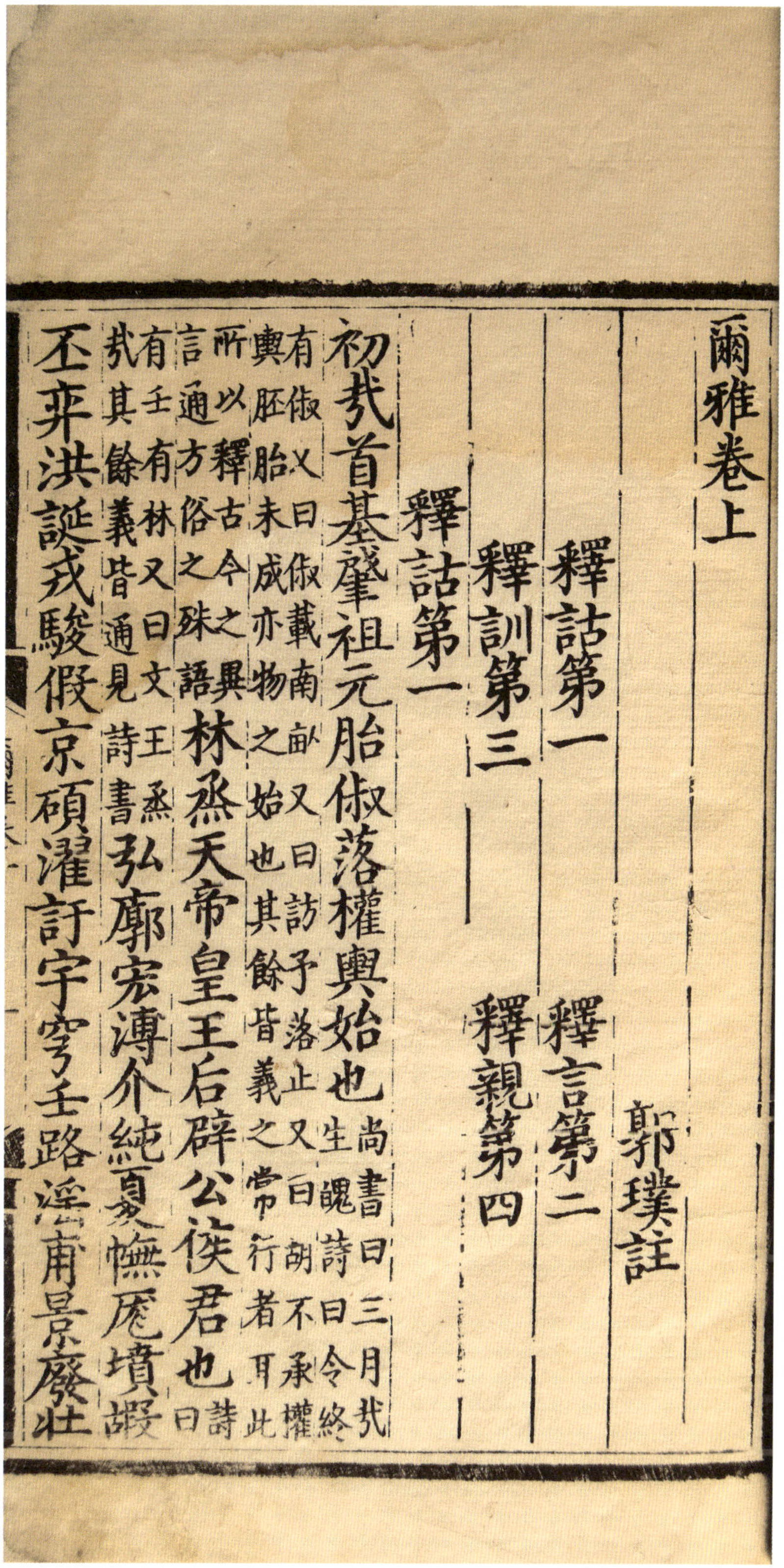

爾雅卷上　郭璞註

釋詁第一　釋言第二

釋訓第三　釋親第四

釋詁第一

初哉首基肇祖元胎俶落權輿始也尚書曰三月哉生魄詩曰令終有俶又曰俶載南畝又曰訪予落止又曰胡不承權輿胚胎未成亦物之始也其餘皆義之常行者耳此所以釋古今之異言通方俗之殊語林烝天帝皇王后辟公侯君也詩曰有壬有林又曰文王烝哉其餘義皆通見詩書弘廓宏溥介純夏幠厖墳嘏丕弈洪誕戎駿假京碩濯訏宇穹壬路淫甫景廢壯

11523 爾雅三卷　（晉）郭璞注　**埤雅二十卷**　（宋）陸佃撰　明刻本

匡高21.8厘米，廣14.4厘米。半葉十行，行二十字，小字雙行同，黑口，四周雙邊。吉林省圖書館藏。

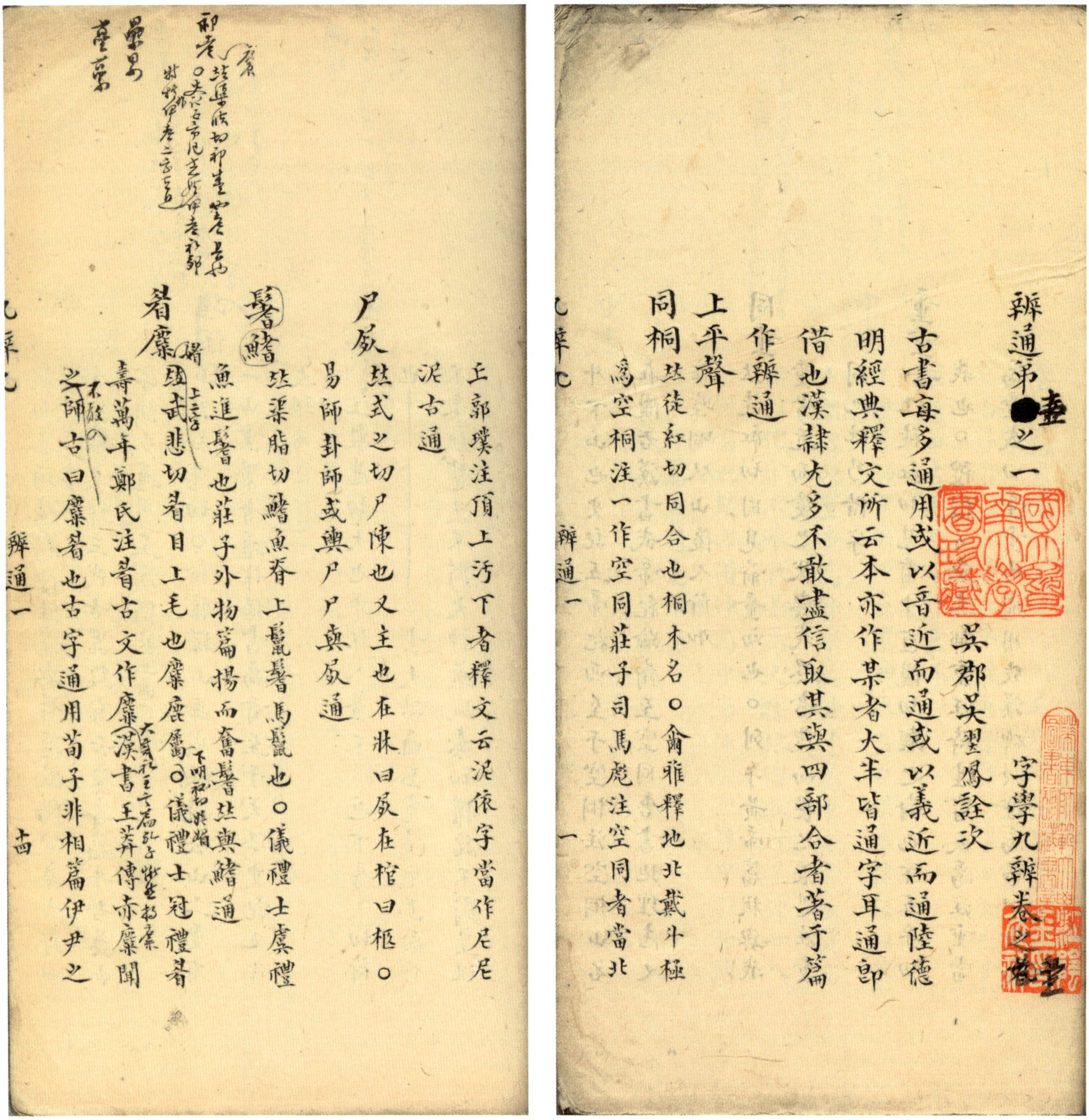

字學九辨卷之壹
吳郡吳翌鳳詮次
辨通第壹之一
古書每多通用或以音近而通或以義近而通陸德明經典釋文所云本亦作某者大半皆通字耳通叚借也漢隷尤多不敢盡信取其與四部合者著于篇作辨通
上平聲
同桐 竝徒紅切同合也桐木名○爾雅釋地北戴斗極爲空桐注一作空同莊子司馬彪注空同者當北
辨通一　一

丘郭璞注循上汙下者釋文云泥依字當作尼尼泥古通
尸屍 竝式之切尸陳也又主也在牀曰屍在棺曰柩○易師卦師或輿尸尸與屍通
鬐鰭 竝渠脂切鰭魚脊上鬣鬐馬鬣也○儀禮士虞禮魚進鬐也莊子外物篇揚而奮鬐竝與鰭通
眉麋 竝武悲切眉目上毛也麋鹿屬○儀禮士冠禮眉壽萬年鄭氏注眉古文作麋漢書王莽傳亦麋閒之師古曰麋眉也古字通用荀子非相篇伊尹之
辨通一

11524 字學九辨□□卷　（清）吳翌鳳編　稿本

有“江陰金印武祥”印。華東師範大學圖書館藏，存四卷。

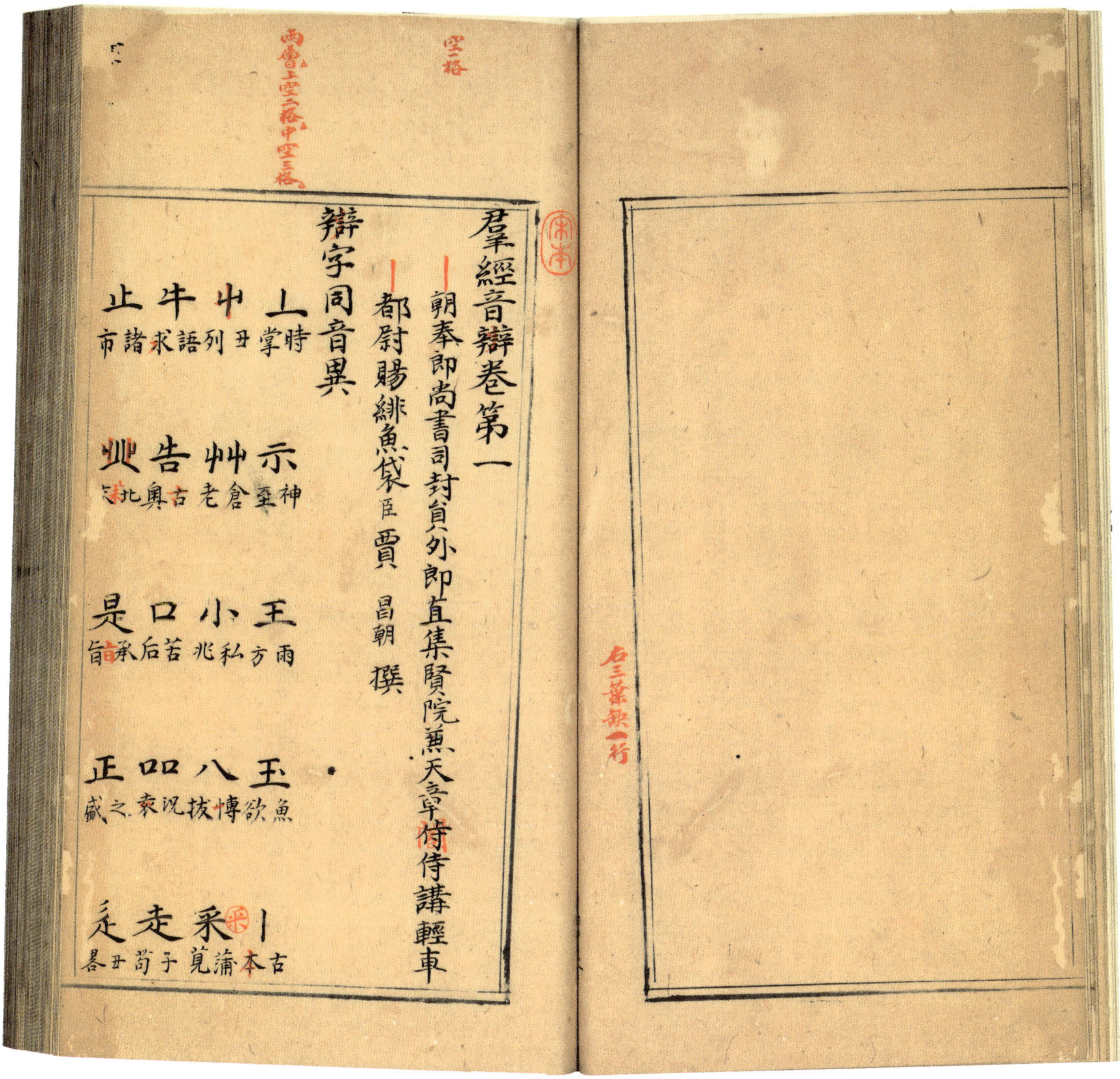

11525 羣經音辨七卷 （宋）賈昌朝撰　明抄本

匡高20.1厘米，廣11.8厘米。半葉八行，行二十字，小字雙行同，白口，四周雙邊。有“葉樹廉印”“土禮居”“涵芬樓”等印。馮知十跋，陸貽典校並跋。國家圖書館藏。

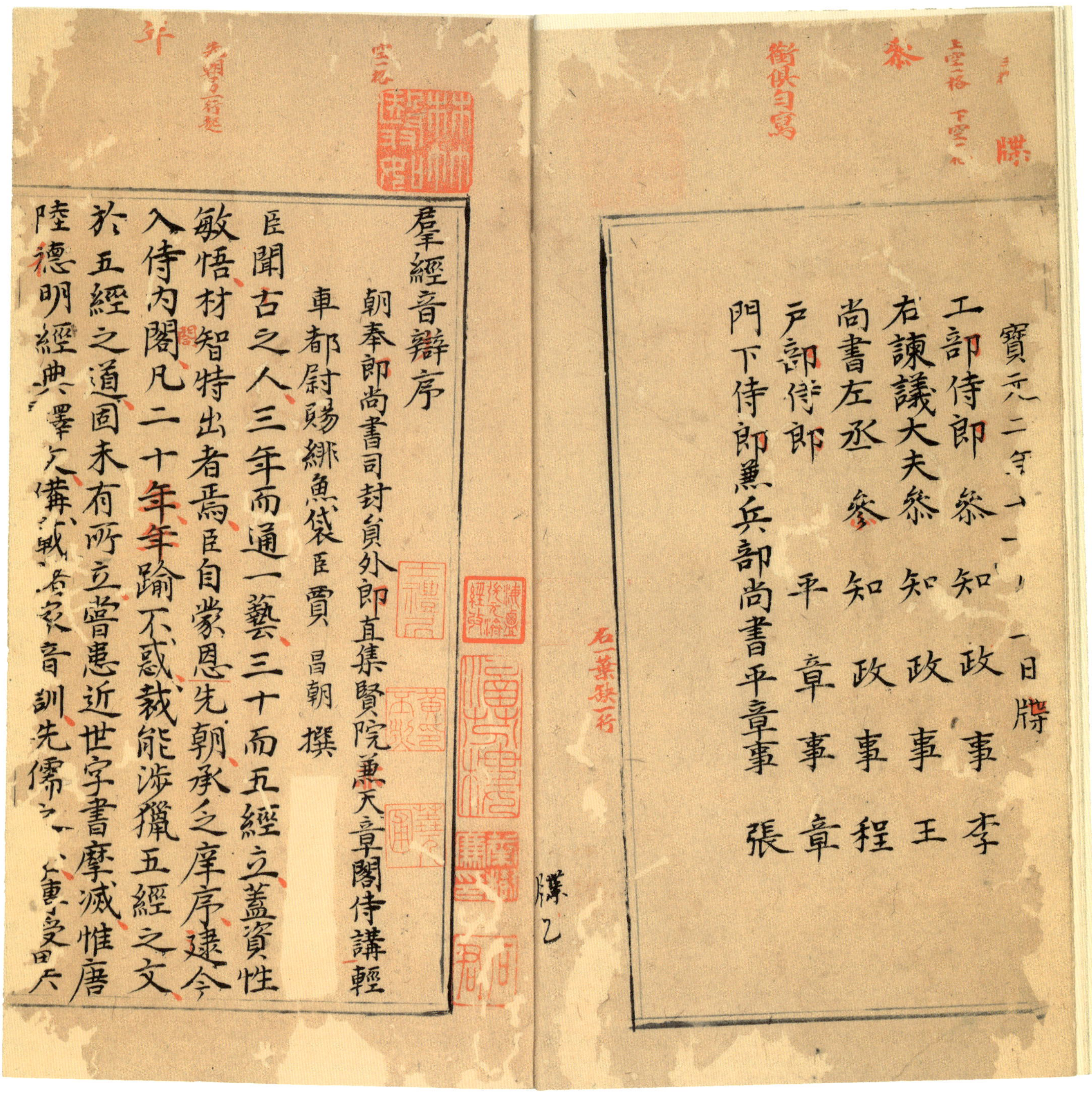

11525 羣經音辨七卷

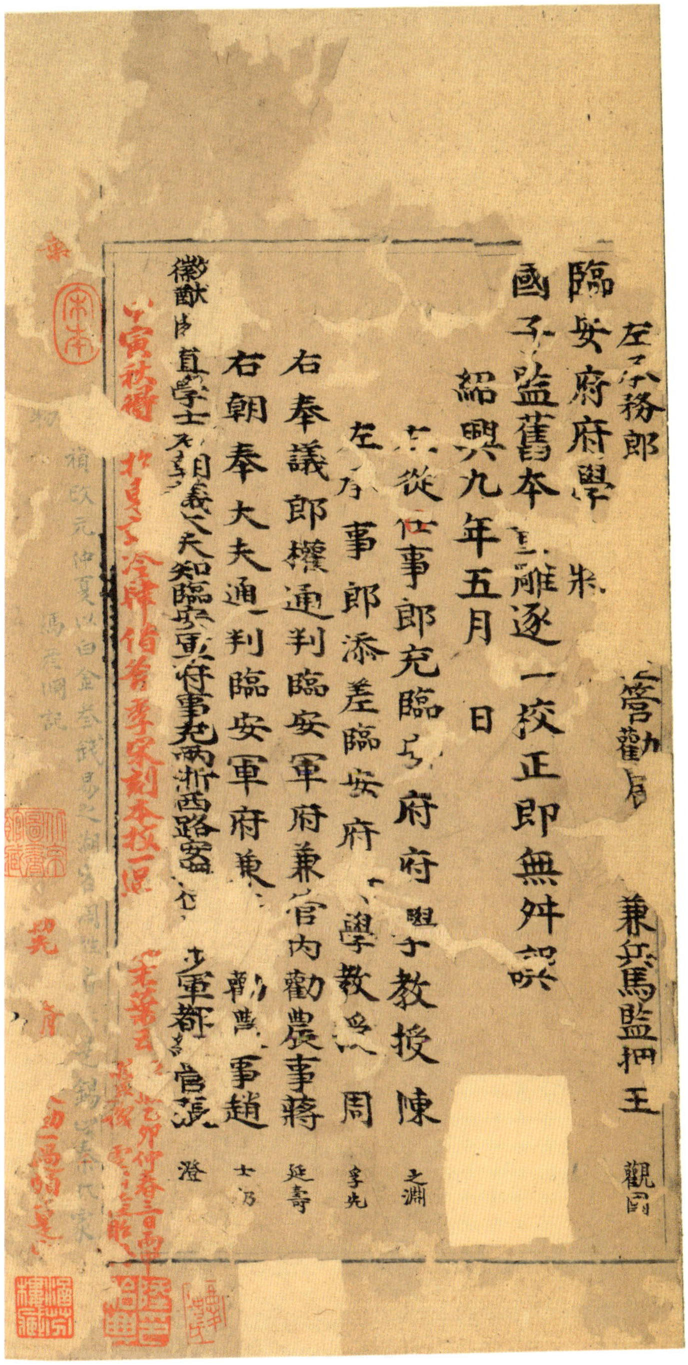

臨安府府學

國子監舊本重雕逐一校正即無舛誤

紹興九年五月　日

左從仕事郎充臨安府府學教授陳之淵

左承事郎添差臨安府府學教授周孚先

右奉議郎權通判臨安軍府兼管內勸農事蔣延壽

右朝奉大夫通判臨安軍府兼管內勸農事趙士□

徽猷閣直學士左朝議大夫知臨安軍府事充兩浙西路安撫使馬步軍都總管張澄

左承務郎臨安府□管勸農兼兵馬監押王觀國

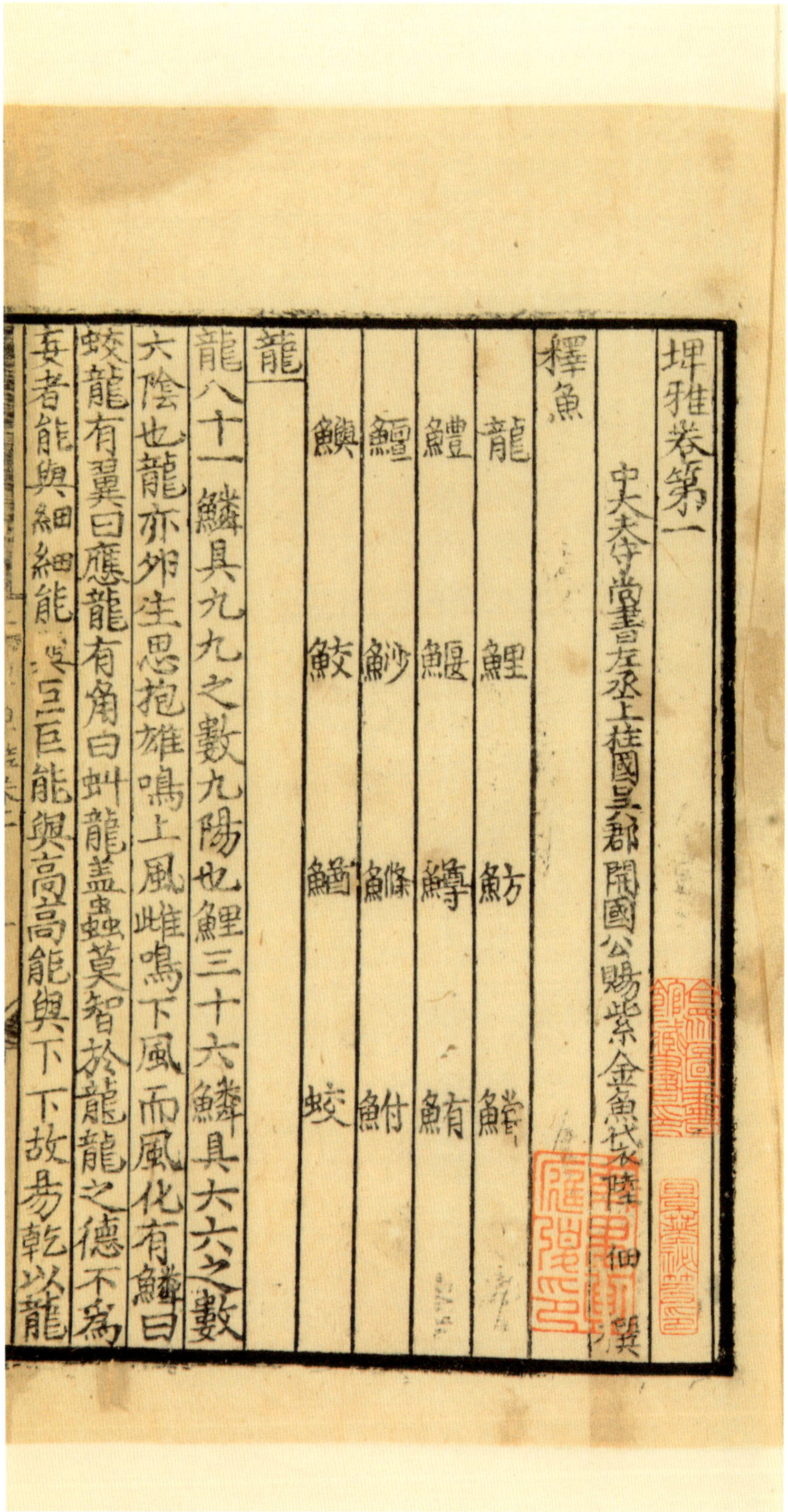

埤雅卷第一

中大夫守尚書左丞上柱國吳郡開國公賜紫金魚袋陸佃撰

釋魚

龍 鯉 魴 鱨
鱧 鰋 鱒 鮪
鱣 魦 鰷 鮒
鱮 鮫 鰌 蛟

龍

龍八十一鱗具九九之數九陽也鯉三十六鱗具六六之數六陰也龍亦卵生思抱雄鳴上風雌鳴下風而風化有鱗曰蛟龍有翼曰應龍有角曰虯龍蓋蟲莫智於龍龍之德不爲妄者能與細細能與巨巨能與高高能與下下故易乾以龍

11526-11528 埤雅二十卷 （宋）陸佃撰　明前期刻本（原缺卷六、十二）

匡高19.6厘米，廣14.4厘米。半葉十二行，行二十三字，黑口，左右雙邊。中國藝術研究院圖書館、北京大學圖書館藏；上海圖書館藏有“羣碧樓”“景葵祕笈印”等印，鄧邦述跋。

埤雅二十卷中闕六十三兩卷又卷九卷十卷十三卷十四皆有缺簡皆於目中著之版心有卍字自卷一至終凡一百九十九葉不分卷亦不留缺簡蟬系而下上下皆大黑口獨少重刊一序明仿宋刻之最守矩矱者明人繙刻古籍篇次行款往往紊亂此當是成化本并卷首數葉古色古香幾奪宋人之席邇來去古日遠得一成化本已四百年物比之牧齋滄葦得南宋版本正復相同況其祖本又實爲宋刻耶明人刻埤雅不止一本架上惜乏他本使一校之必有是正處可斷言也光緒宣統庚戌得於京師明年辛亥重裝又越七年戊午記其序目如此 正闇

日本澁江道純所著經籍訪古志有成化本埤雅記述甚詳乃與此本不合陸宰序後廣勤書堂木記此書稿未有之然則此又非成化本矣訪古志又有嘉靖二年刊本亦似與此殊蓋後序跋俱割去便無可攷耳 正闇

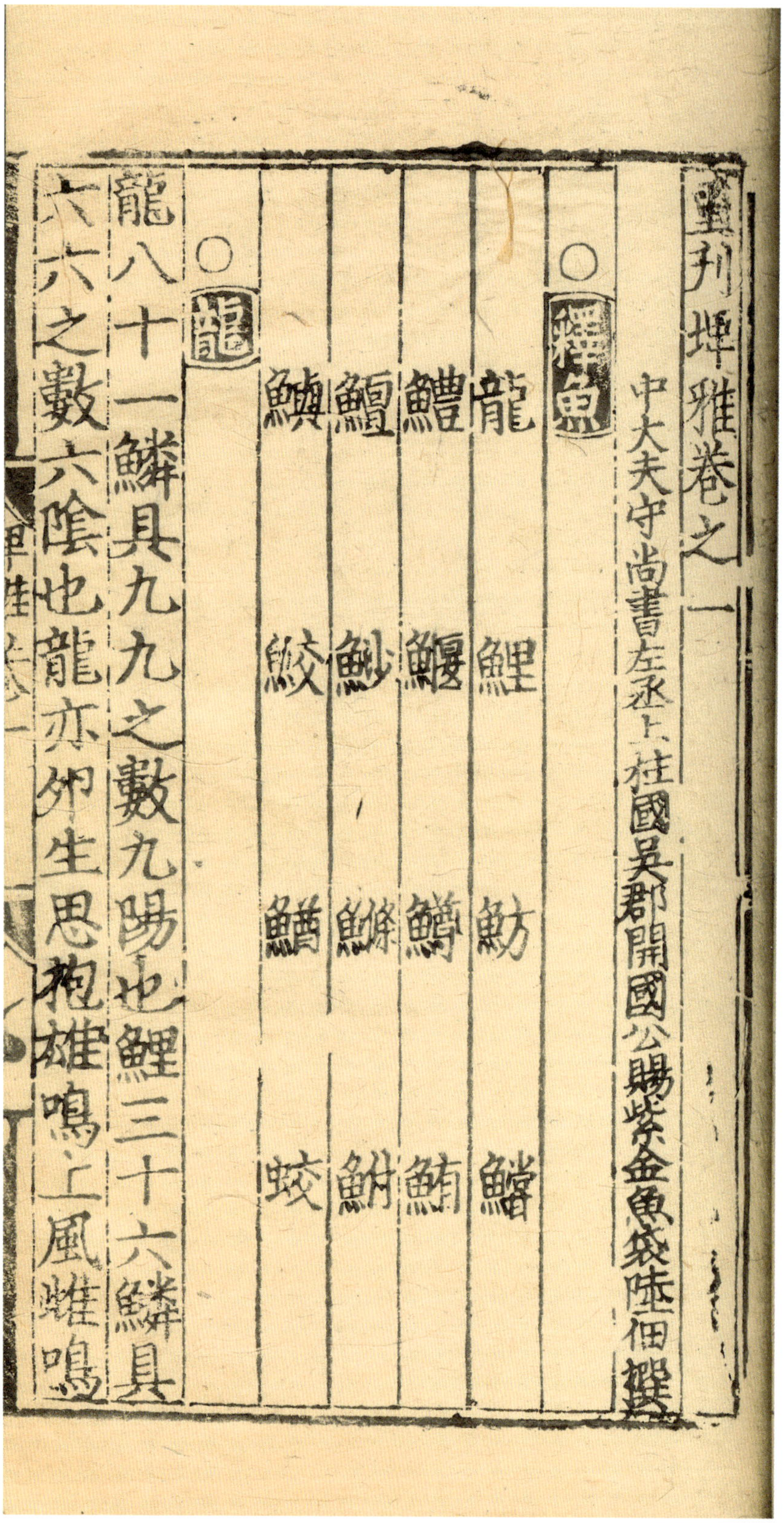

重刊埤雅卷之一
中大夫守尚書左丞上柱國吳郡開國公賜紫金魚袋陸佃撰
○釋魚
龍 鯉 魴 鱨
鱧 鰋 鱒 鮪
鱣 鯊 鰷 鮒
鱮 鮫 鰌 蛟
○龍
龍八十一鱗具九九之數九陽也鯉三十六鱗具六六之數六陰也龍亦卵生思抱雄鳴上風雌鳴

11529 重刊埤雅二十卷 （宋）陸佃撰　明前期刻本

匡高17.7厘米，廣10.9厘米。半葉十行，行十九字，黑口，四周雙邊。北京師範大學圖書館藏。

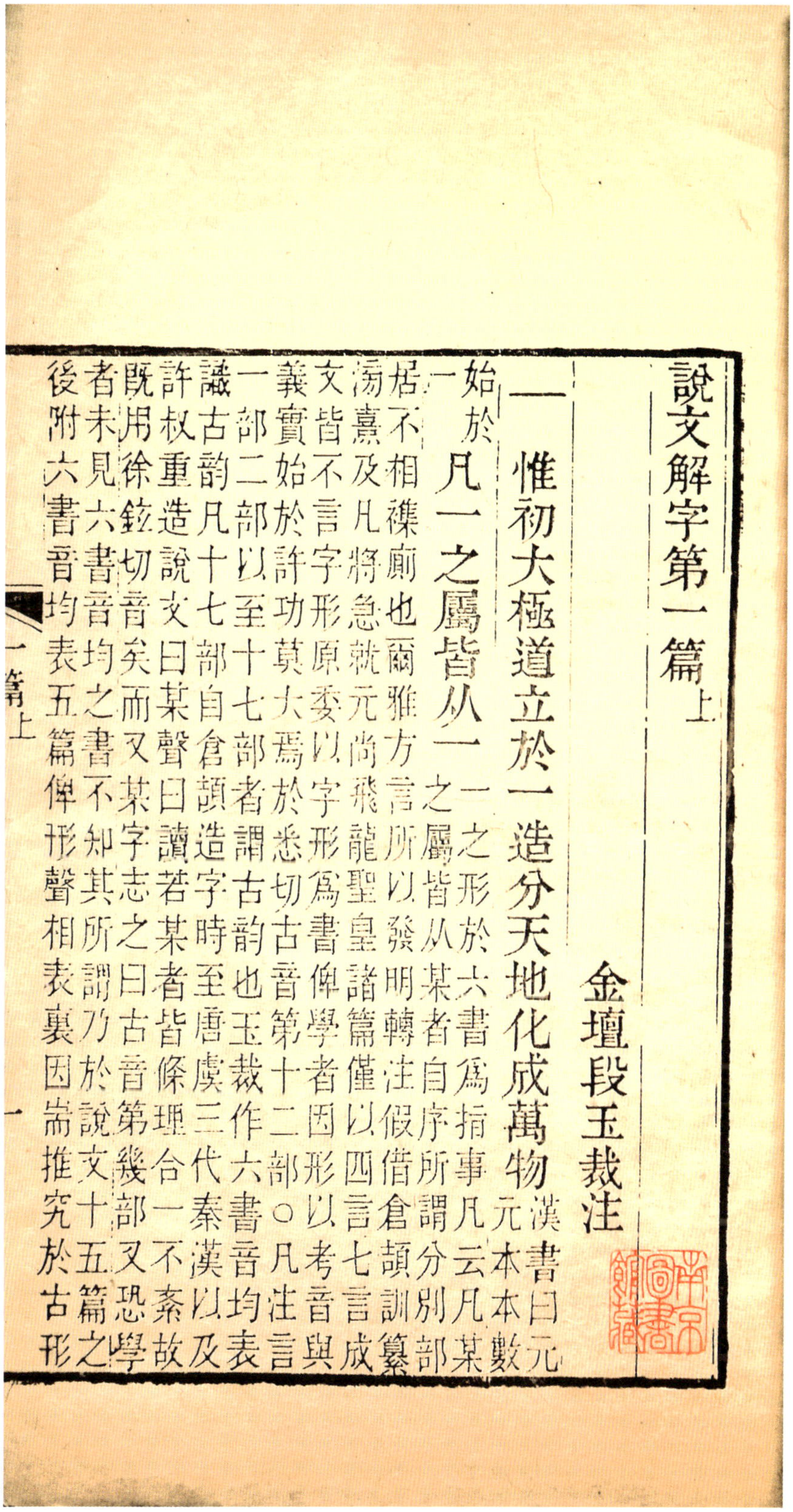
說文解字第一篇上
金壇段玉裁注
一　惟初大極道立於一造分天地化成萬物漢書曰元元本本數始於一凡一之屬皆从一一之形於六書爲指事凡云凡某之屬皆从某者自序所謂分別部居不相襍廁也爾雅方言所以發明轉注假借倉頡訓纂滂熹及凡將急就元尚飛龍聖皇諸篇僅以四言七言成文皆不言字形原委以字形爲書俾學者因形以考音與義實始於許功莫大焉於悉切古音第十二部○凡注言一部二部以至十七部者謂古韵也玉裁作六書音均表識古韵凡十七部自倉頡造字時至唐虞三代秦漢以及許叔重造說文曰某聲曰讀若某者皆條理合一不紊故既用徐鉉切音矣而又某字志之曰古音第幾部又恐學者未見六書音均之書不知其所謂乃於說文十五篇之後附六書音均表五篇俾形聲相表裏因耑推究於古形

11530 說文解字注三十卷　（清）段玉裁撰　清乾隆嘉慶間段氏經韻樓刻本

匡高19.1厘米，廣13.4厘米。半葉九行，行二十二字，小字雙行同，白口，左右雙邊。翁同書批並跋。南京圖書館藏，存十八卷。

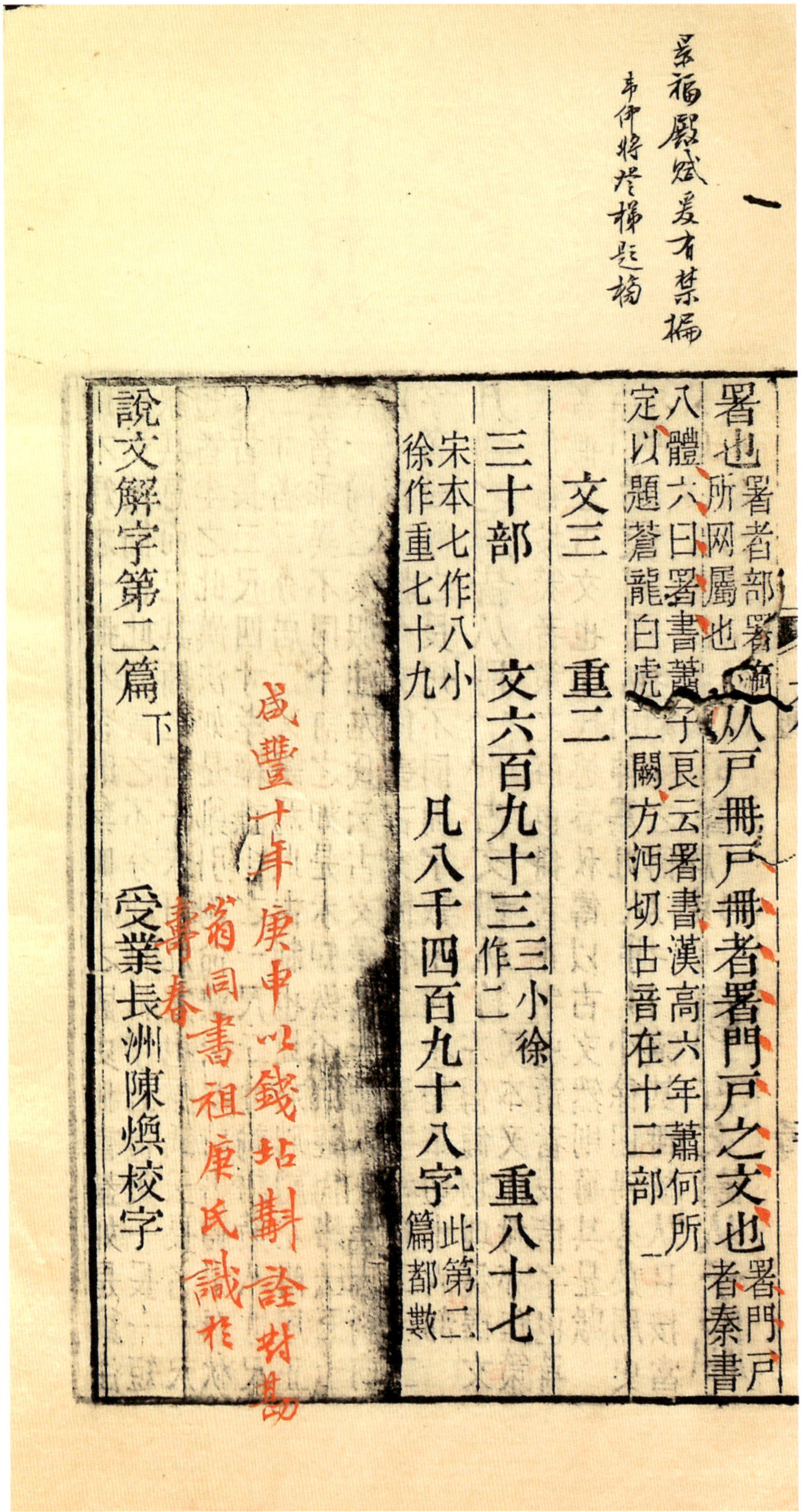
景福殿賦爰有禁楄
署也署者部署也所网屬也从戶冊戶冊者署門戶之文也署門戶者秦書八體六曰署書蕭子良云署書漢高六年蕭何所定以題蒼龍白虎二闕方沔切古音在十二部
文三　重二
三十部　文六百九十三三小徐作二　重八十七
宋本七作八小徐作重七十九　凡八千四百九十八字此第二篇都數
說文解字第二篇下
受業長洲陳煥校字
咸豐十年庚申以錢坫斠詮對勘
翁同書祖庚氏識於壽春

11530 說文解字注三十卷

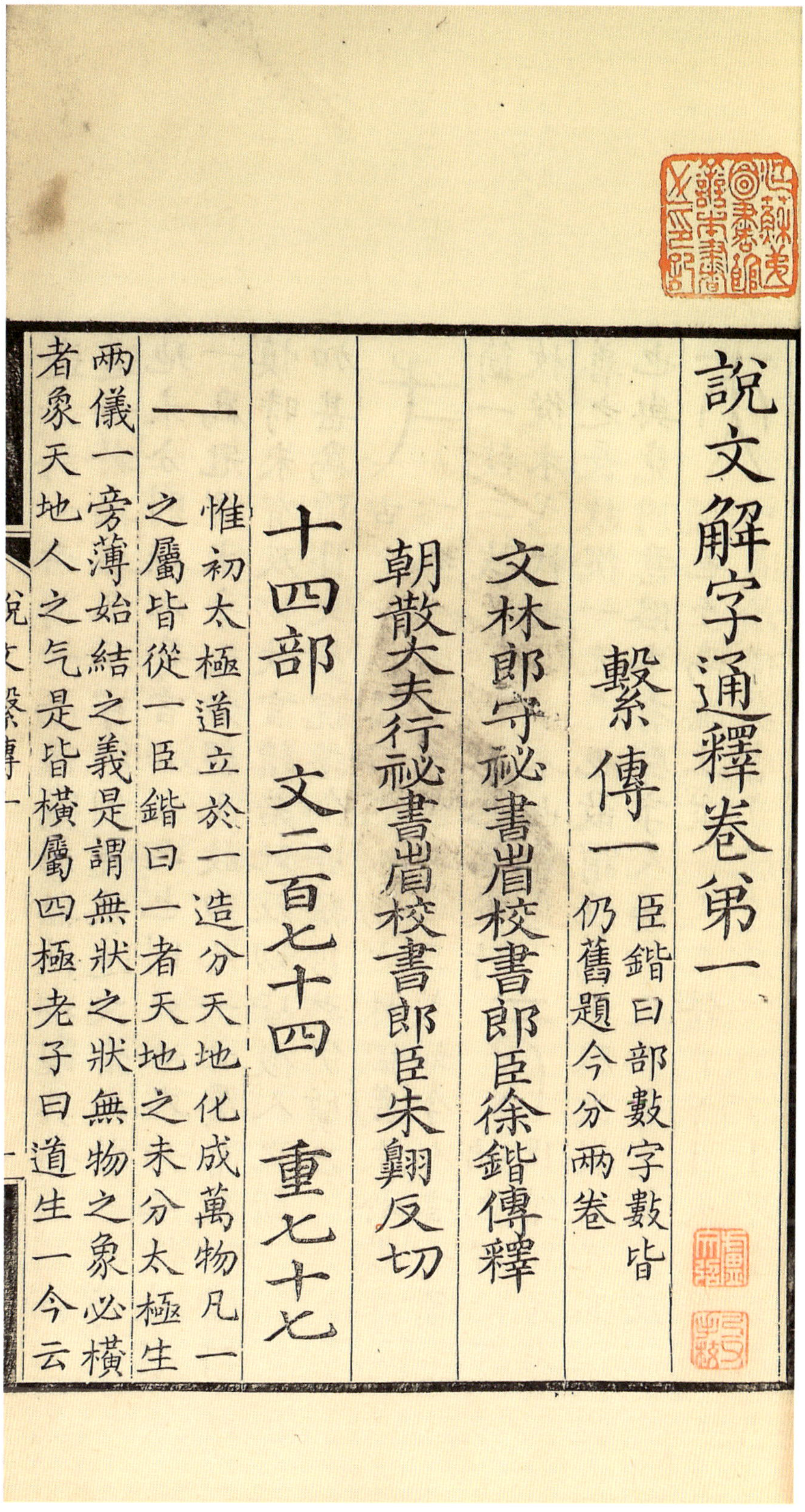

11531 說文解字繫傳四十卷 （南唐）徐鍇撰 **附録一卷** 清乾隆四十七年（1782）汪啓淑刻本

匡高20.1厘米，廣15.4厘米。半葉七行，大字不等，小字雙行二十一字，黑口，左右雙邊。有“盧文弨”“弓父手校”等印。盧文弨、汪啓淑、梁同書校，丁丙跋。南京圖書館藏。

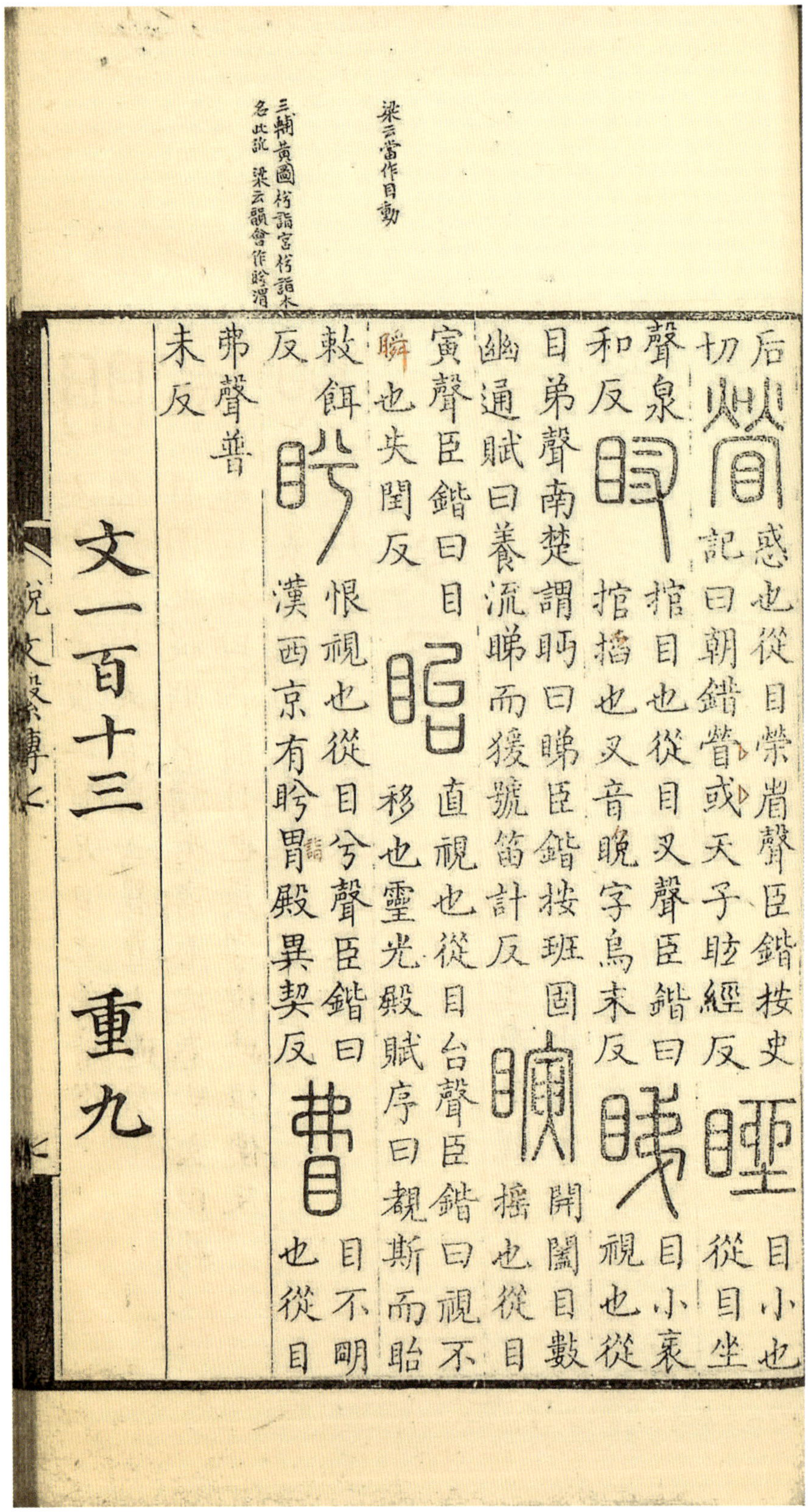
梁云當作目動
三輔黃圖佁詣宮佁詣木名也訛 梁云韻會作盻胃
后 惑也從目榮省聲臣鍇按史 目小也
切 記曰朝錯督或天子眩經反 從目坐
聲泉 指目也從目叉聲臣鍇曰 目小袤
和反 指𢱢也叉音晩字烏末反 視也從
目弟聲南楚謂眄曰睇臣鍇按班固 開闔目數
幽通賦曰養流睇而猨號笛計反 搖也從目
寅聲臣鍇曰目 直視也從目台聲臣鍇曰視不
瞵也失閏反 移也靈光殿賦序曰覩斯而眙
敕餌 恨視也從目兮聲臣鍇曰 目不明
反 漢西京有盻胃殿異契反 也從目
弗聲 普
未反
文一百十三　重九

11531 說文解字繫傳四十卷　（南唐）徐鍇撰　**附録一卷**

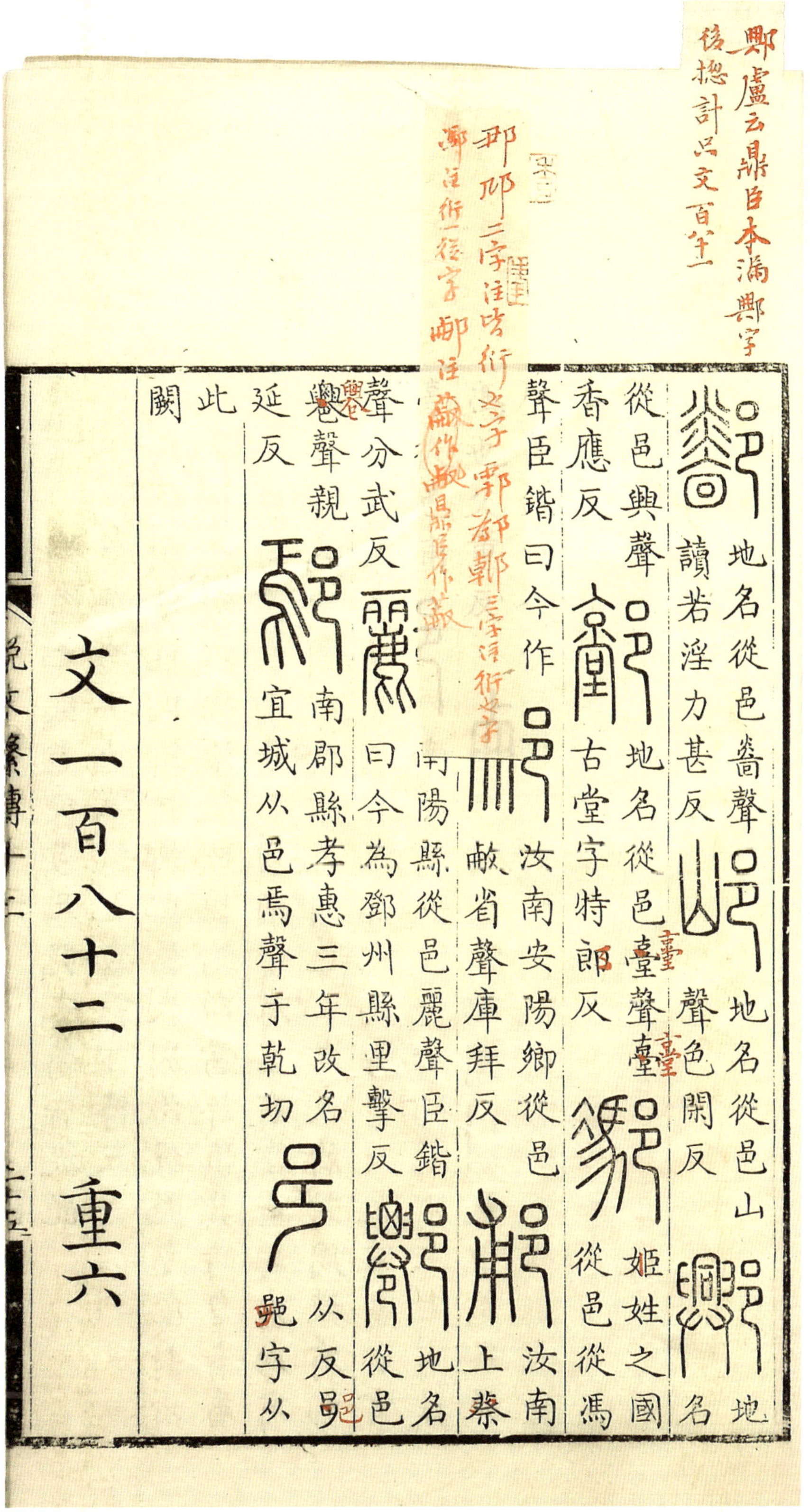

鄚盧云鼎臣本滿鄚字 後總計只文百八十一

郱邔二字注皆衍之字 鄚郗郪三字注衍之字

鄒注衍一從字 鄃注敝作敝 鼎臣作敝

地名從邑畜聲讀若淫力甚反

地名從邑山聲色開反

地名從邑與聲香應反

地名從邑臺聲古堂字特郎反

姬姓之國從邑從馮聲臣鍇曰今作

汝南安陽鄉從邑敝省聲庫拜反

汝南上蔡

南陽縣從邑麗聲臣鍇曰今為鄧州縣里擊反

地名從邑𨟻聲親延反

南郡縣孝惠三年改名宜城从邑焉聲于乾切

从反𨚰字从此闕

文一百八十二 重六

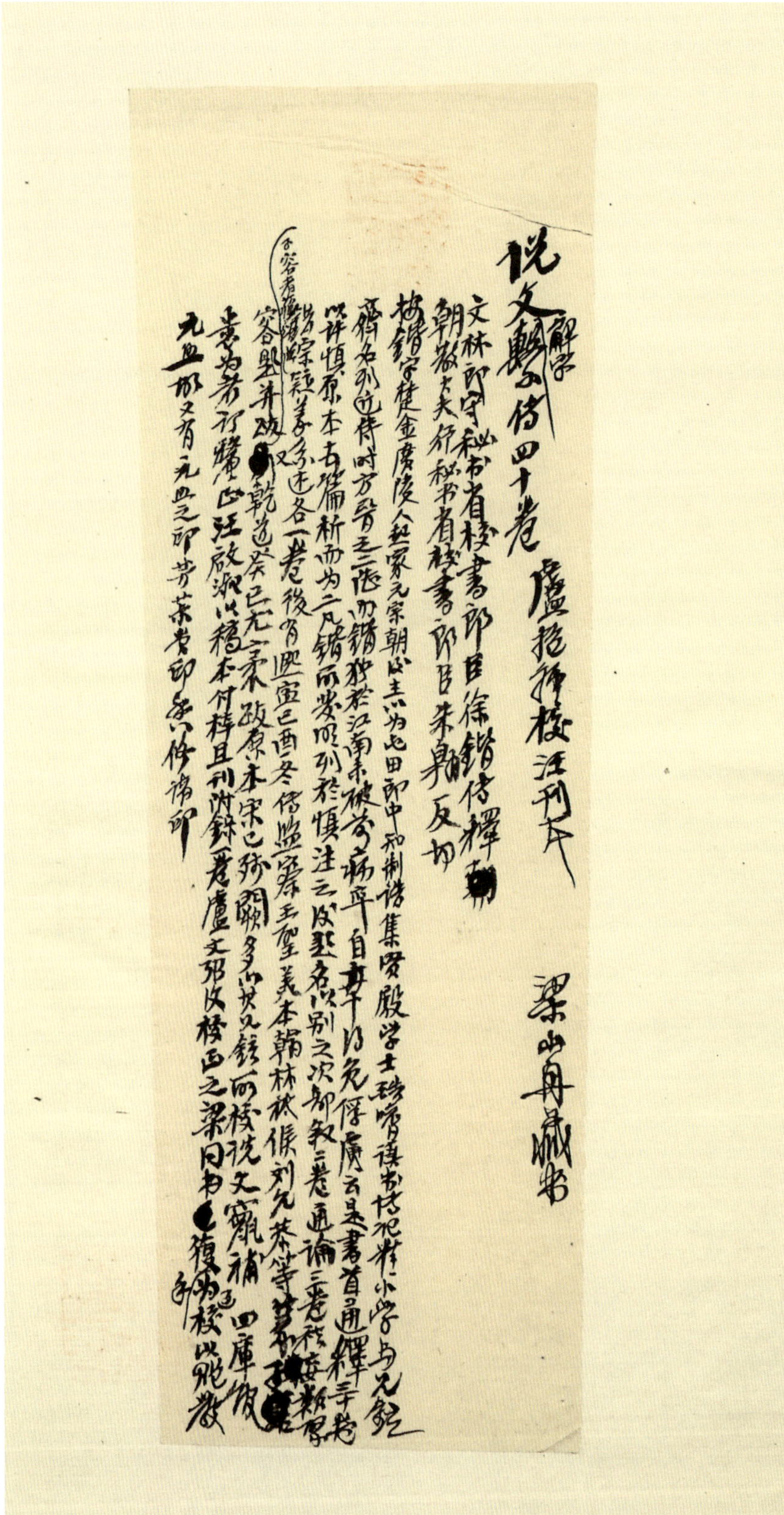

11531 說文解字繫傳四十卷 （南唐）徐鍇撰 **附録一卷**

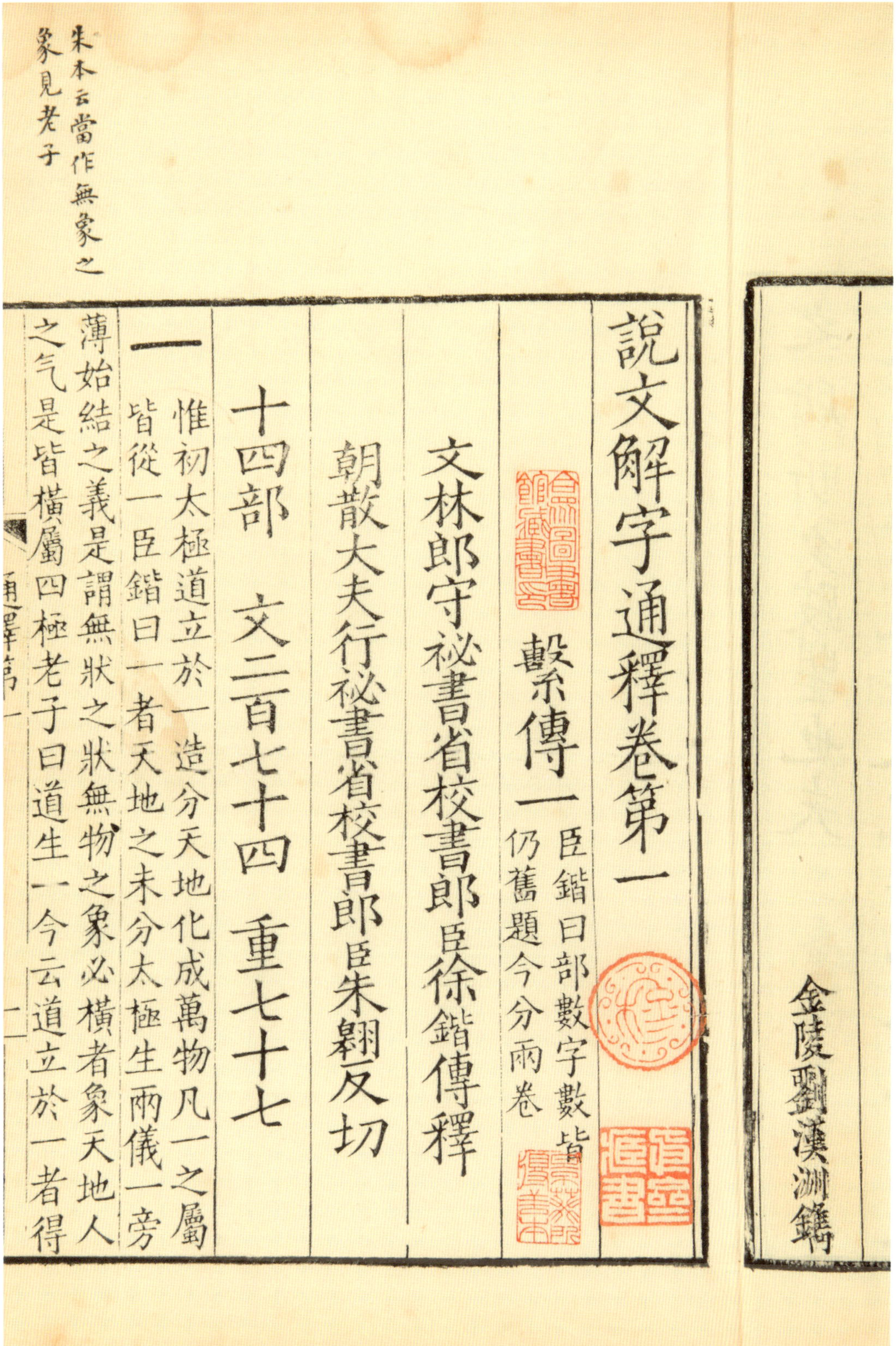

11532 說文解字繫傳四十卷 （南唐）徐鍇撰 **校勘記三卷** （清）承培元等撰 清道光十九年（1839）祁寯藻刻本

匡高20.6厘米，廣15.4厘米。半葉七行，大字不等，小字雙行二十二字，黑口，左右雙邊。有“景葵所得善本”等印。何紹基録王筠校跋及陳慶鏞跋，譚澤闓、袁思亮跋。上海圖書館藏。

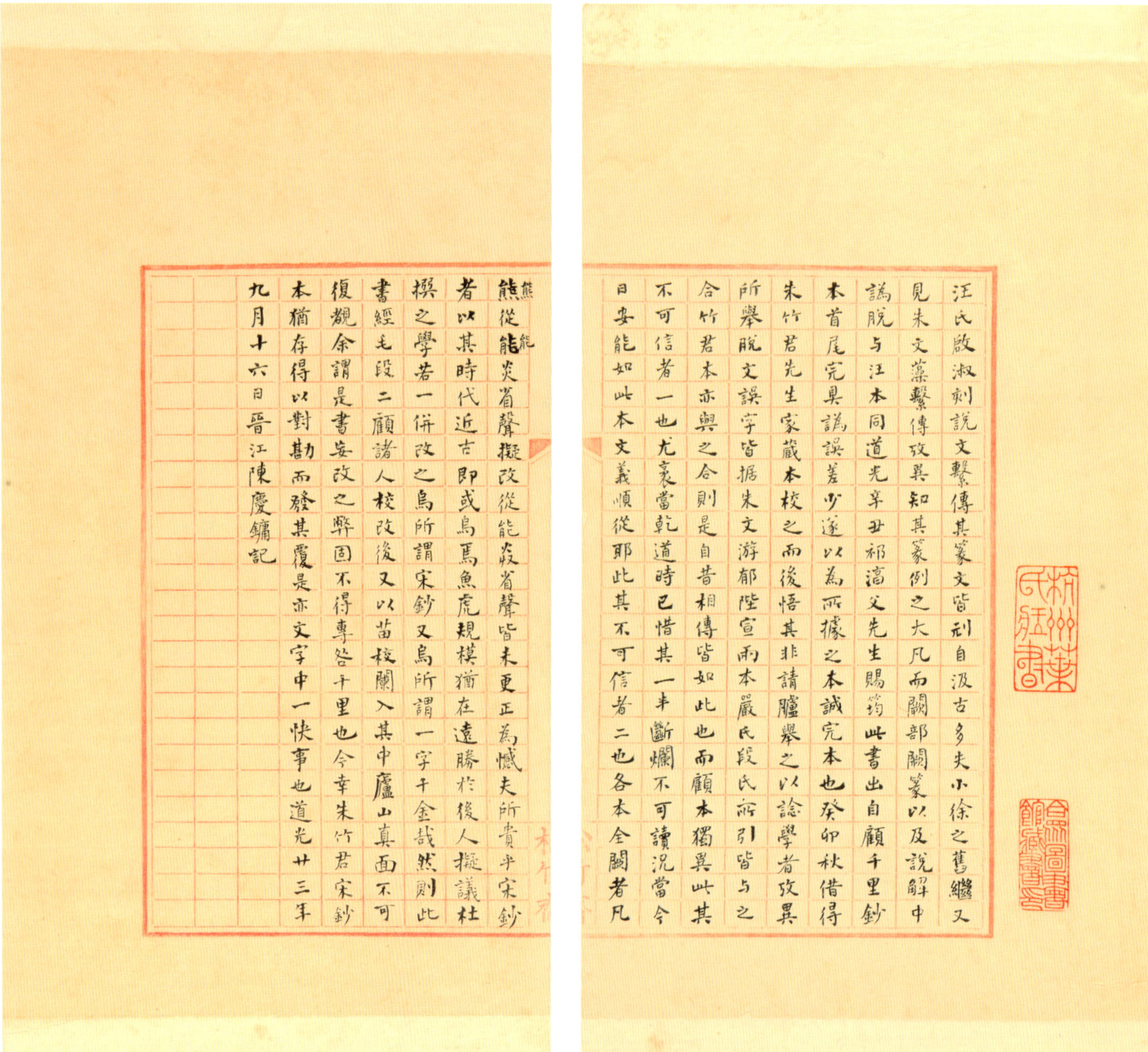

汪氏啟淑刻說文繫傳其篆文皆刓自汲古多失小徐之舊繼又見朱文藻繫傳攷異知其篆例之大凡而闕部闕篆以及說解中譌脫与汪本同道光辛丑祁寯父先生賜筠此書出自顧千里鈔本首尾完具譌誤差少遂以爲所據之本誠完本也癸卯秋借得朱竹君先生家藏本校之而後悟其非請臚舉之以諗學者攷異所舉脫文誤字皆据朱文游郁陛宣兩本嚴氏段氏所引皆与之合竹君本亦與之合則是自昔相傳皆如此也而顧本獨異此其不可信者一也尤袤當乾道時已惜其一半斷爛不可讀況當今日安能如此本文義順從耶此其不可信者二也各本全闕者凡

熊從能炎省聲擬改從能熒省聲皆未更正爲憾夫所貴乎宋鈔者以其時代近古即或烏焉魚虎規模猶在遠勝於後人擬議杜撰之學若一併改之烏所謂宋鈔又烏所謂一字千金哉然則此書經毛段二顧諸人校改後又以苗校闌入其中廬山真面不可復覩余謂是書妄改之弊固不得專咎千里也今幸朱竹君宋鈔本猶存得以對勘而發其覆是亦文字中一快事也道光廿三年九月十六日晉江陳慶鏞記

11532 說文解字繫傳四十卷 （南唐）徐鍇撰 **校勘記三卷** （清）承培元等撰

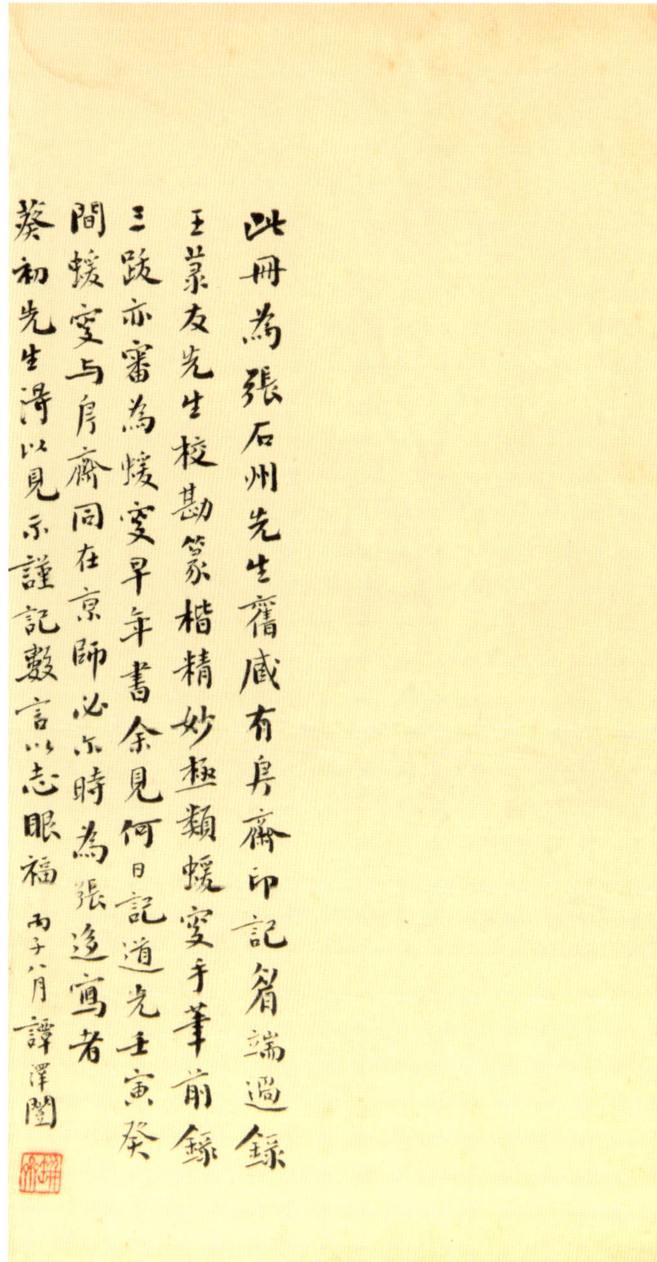
此冊為張石州先生舊藏有㐆齋印記眉端過錄
王菉友先生校勘篆楷精妙極類蝯叟手筆前錄
三跋亦審為蝯叟早年書余見何日記道光壬寅癸
間蝯叟與㐆齋同在京師必亦時為張迻寫者
葵初先生得以見示謹記數言以志眼福 丙子八月 譚澤闓

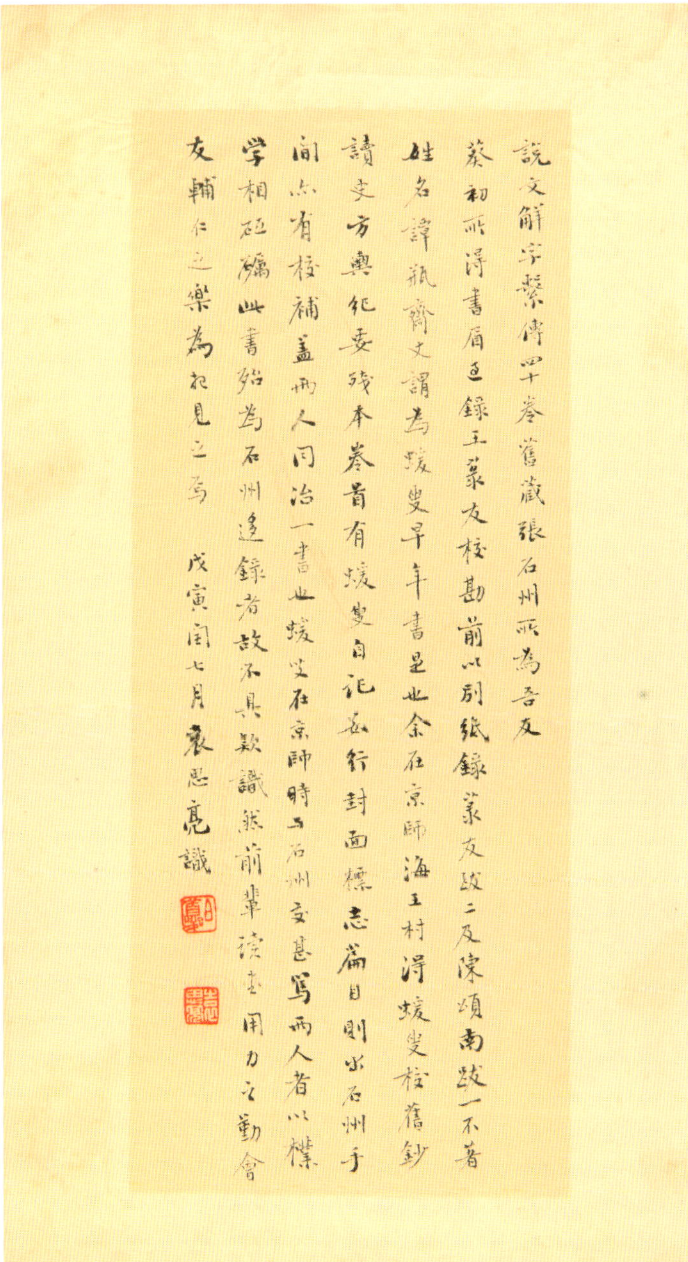
說文解字繫傳四十卷舊藏張石州所為吾友
葵初所得書眉過錄王菉友校勘前以別紙錄菉友跋二及陳頌南跋一不著
姓名譚瓶齋丈謂為蝯叟早年書是也余在京師海王村得蝯叟校舊鈔
讀史方輿紀要殘本卷首有蝯叟自記五行封面標志篇目則出石州手
間亦有校補蓋兩人同治一書也蝯叟在京師時與石州交甚篤兩人者以樸
學相砥礪此書殆為石州迻錄者故不具款識然前輩讀書用力之勤會
友輔仁之樂猶見之焉 戊寅閏七月 袁思亮識

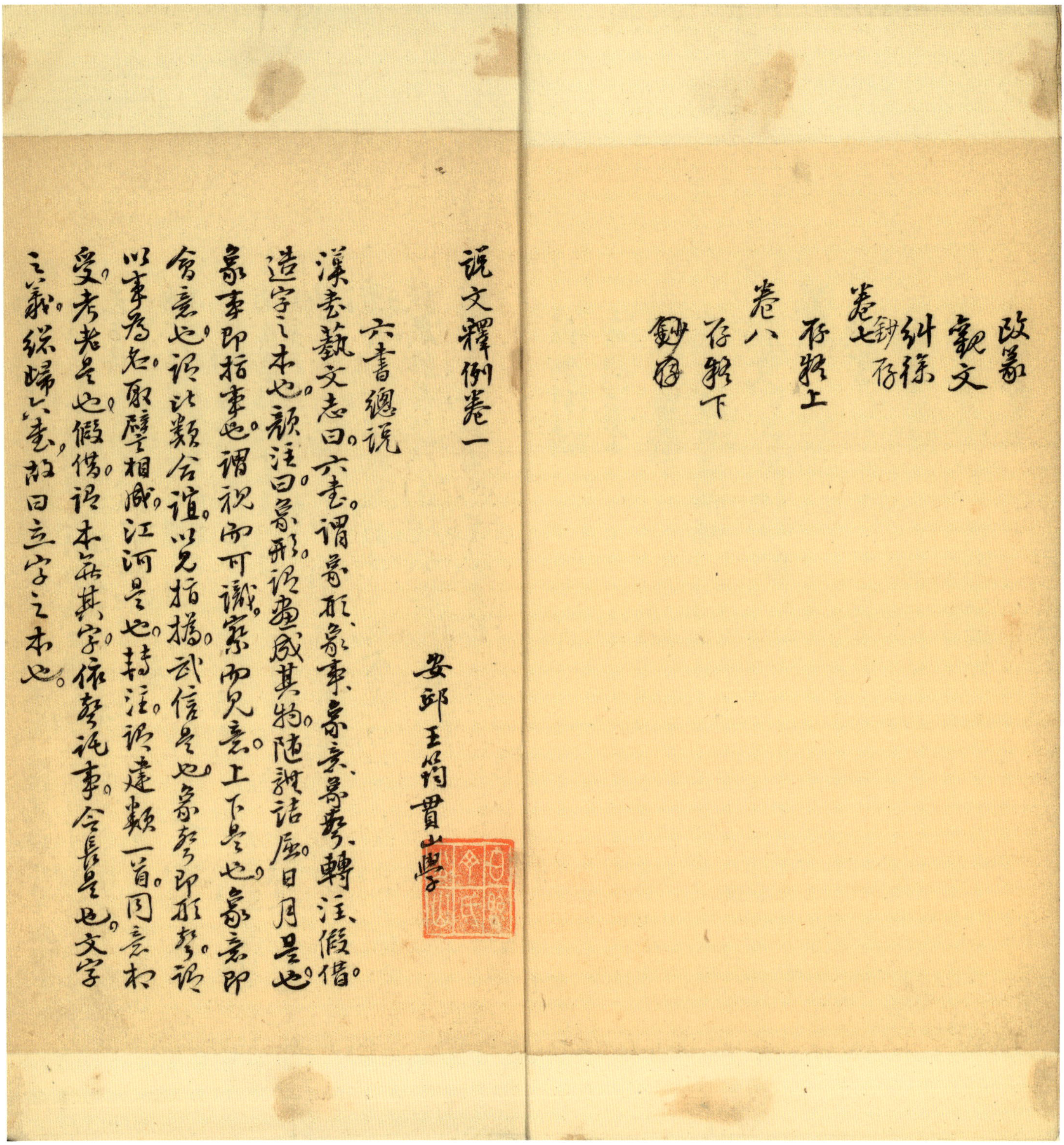

11533 說文釋例八卷 （清）王筠撰　稿本

有“丁印艮善”“日照丁氏少山”“丁汝彪所得”等印。國家圖書館藏。

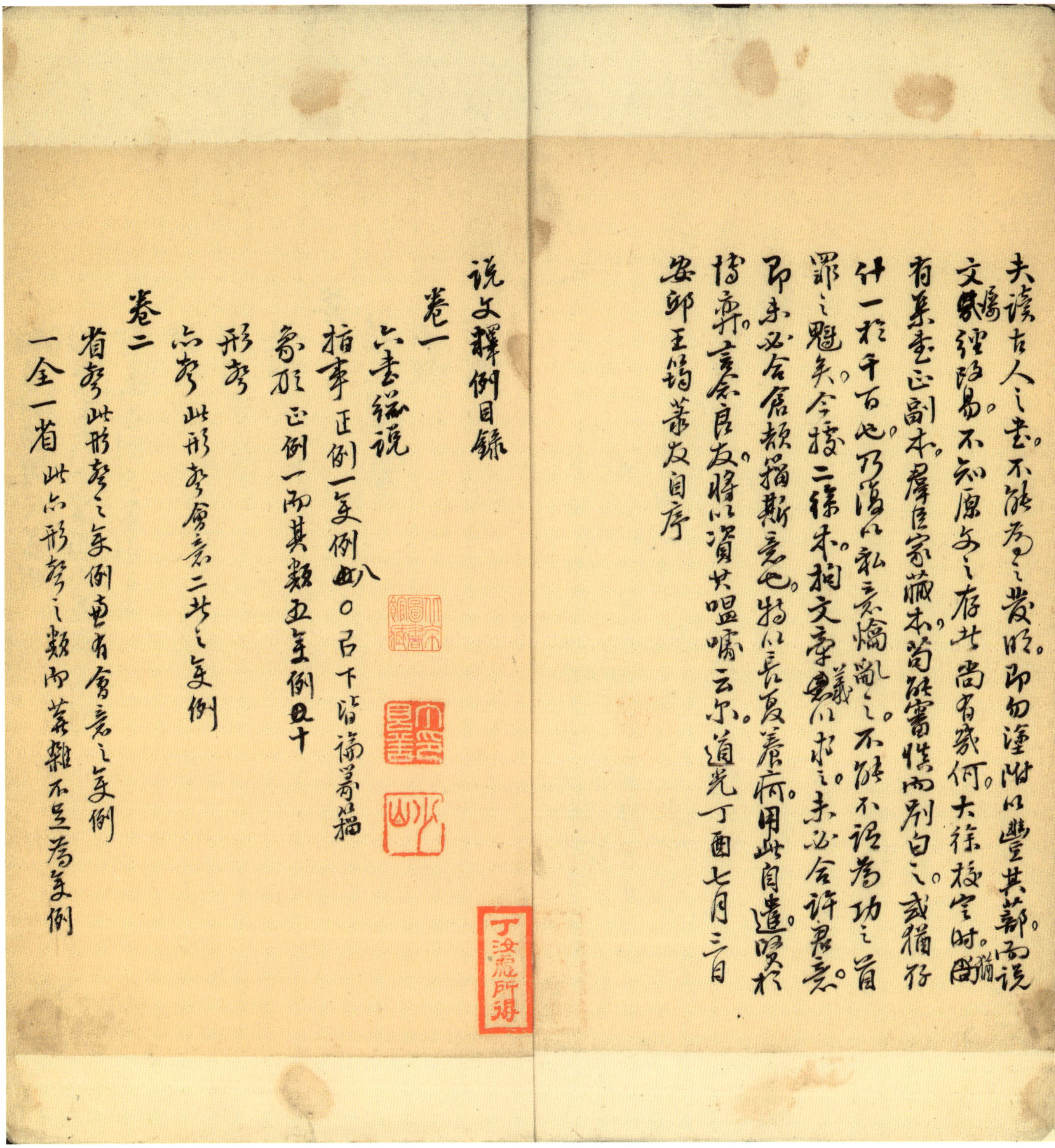
夫讀古人之書。不能爲之發明。即勿塗附以豐其蔀。而說文屢經改易。不知原文之存者尚有幾何。大徐校定時。猶有[illegible]正副本。羣臣家藏本。尚能審慎而別白之。或猶存什一於千百也。乃復以私意攙亂之。不能不謂爲功之首罪之魁矣。今摭二徐本。稽文字義以求之。未必合許君意。即未必合倉頡籀斯意也。特以長夏養痾。用此自遣。謂於博弈。言念良友。將以資其嗢噱云爾。道光丁酉七月三日

安邱王筠菉友自序

說文釋例目錄

卷一

六書總說

指事 正例一變例廿八 ○已下皆論篆籀

象形 正例一而其數五變例五十

形聲

亦聲 此形聲會意二者之變例

卷二

省聲 此形聲之變例更有會意之變例

一全一省 此亦形聲之數而兼雜不足爲變例

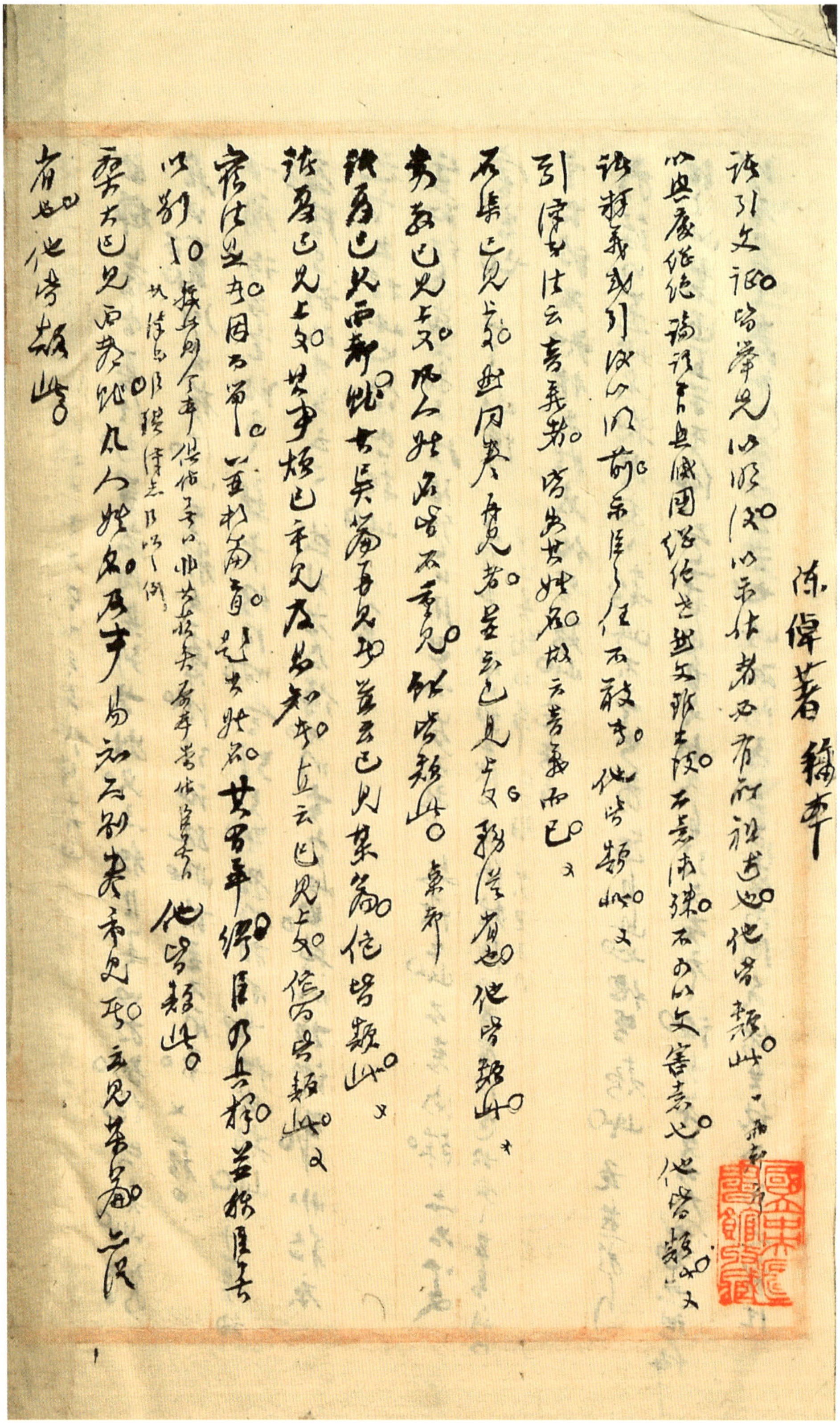

11534 說文義例征訂不分卷 （清）陳倬撰　稿本

匡高19.6厘米，廣13.7厘米。半葉十二行，行字不等，紅格，紅口，左右雙邊。南京圖書館藏。

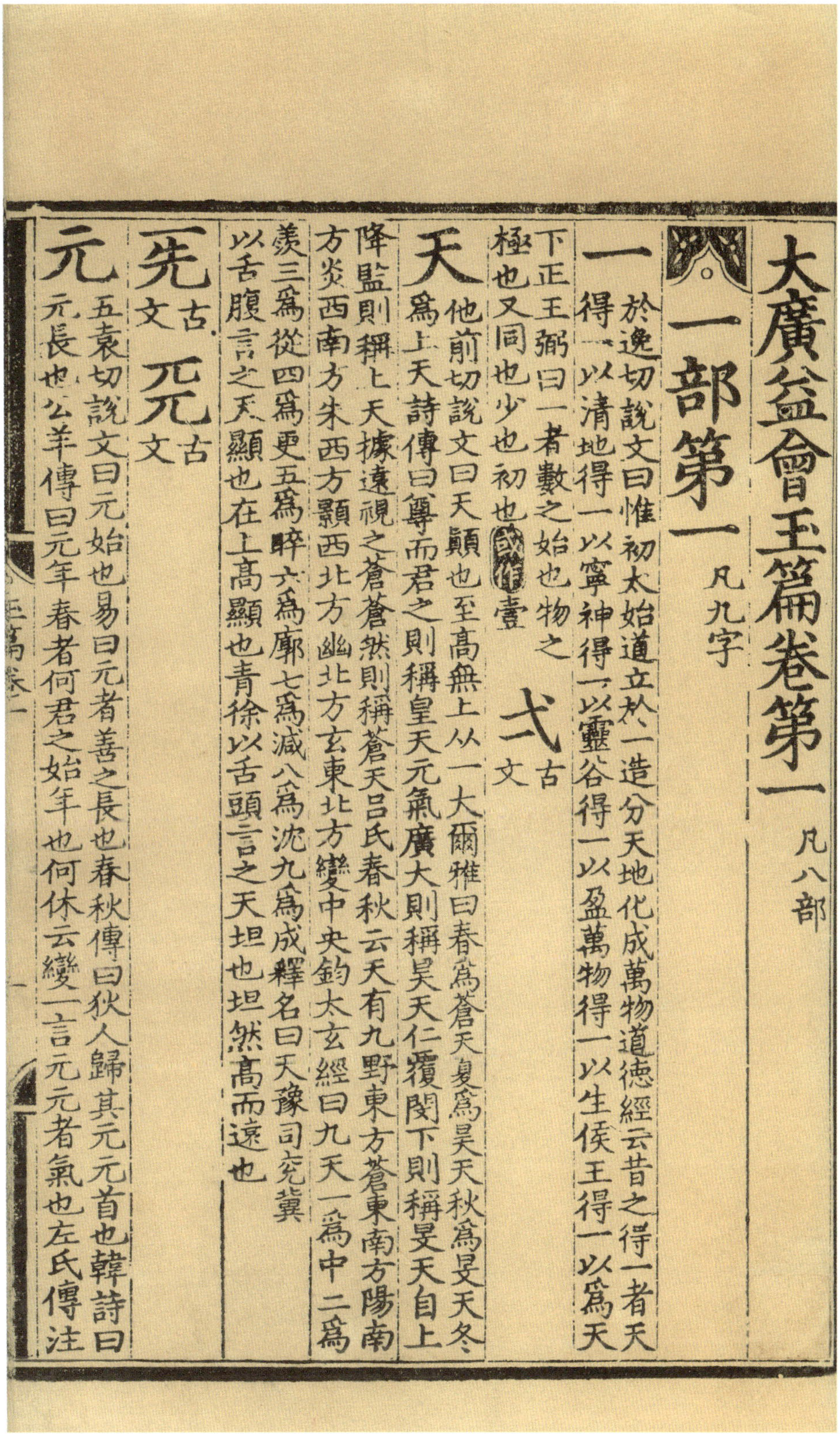

大廣益會玉篇卷第一 凡八部

一部第一 凡九字

一 於逸切說文曰惟初太始道立於一造分天地化成萬物道德經云昔之得一者天得一以清地得一以寧神得一以靈谷得一以盈萬物得一以生侯王得一以爲天下正王弼曰一者數之始也物之極也又同也少也初也或作壹 弌 古文

天 他前切說文曰天顚也至高無上从一大爾雅曰春爲蒼天夏爲昊天秋爲旻天冬爲上天詩傳曰尊而君之則稱皇天元氣廣大則稱昊天仁覆閔下則稱旻天自上降監則稱上天據遠視之蒼蒼然則稱蒼天呂氏春秋云天有九野東方蒼東南方陽南方炎西南方朱西方顥西北方幽北方玄東北方變中央鈞太玄經曰九天一爲中二爲羨三爲從四爲更五爲晬六爲廓七爲減八爲沈九爲成釋名曰天豫司兗冀以舌腹言之天顯也在上高顯也青徐以舌頭言之天坦也坦然高而遠也

𠑵 古文 兲 古文

元 五袁切說文曰元始也易曰元者善之長也春秋傳曰狄人歸其元元首也韓詩曰元長也公羊傳曰元年春者何君之始年也何休云變一言元元者氣也左氏傳注

11535 大廣益會玉篇三十卷 （南朝梁）顧野王撰 （唐）孫强增字 （宋）陳彭年等重修 **玉篇廣韻指南一卷** 明前期刻本

匡高24.4厘米，廣18.1厘米。半葉九行，行十七字，小字雙行三十四字，黑口，四周雙邊。北京師範大學圖書館藏。

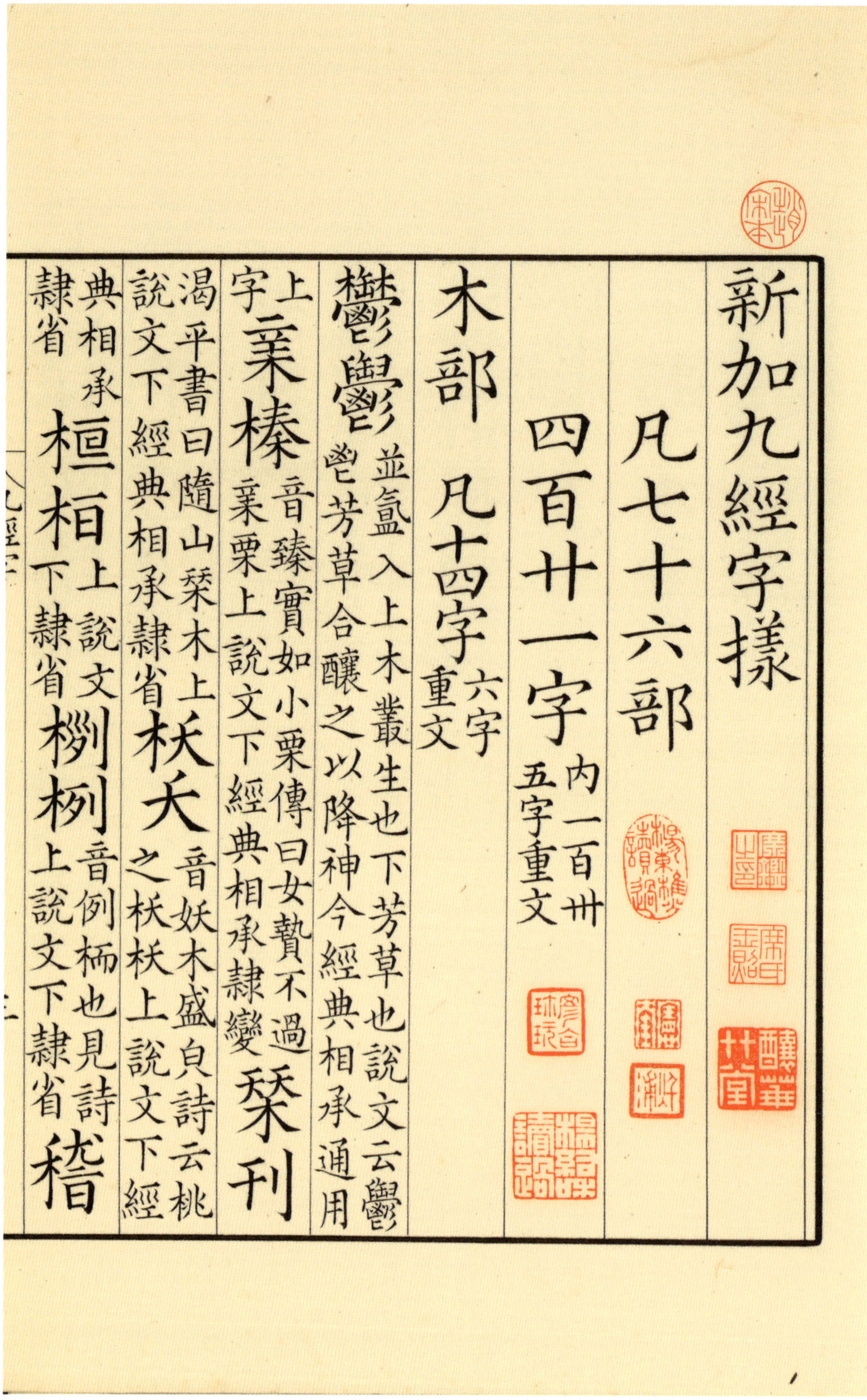

新加九經字樣

凡七十六部

四百卌一字内一百卌五字重文

木部　凡十四字六字重文

鬱鬱並盇入上木叢生也下芳草也說文云鬱鬯芳草合釀之以降神今經典相承通用上字

亲榛音臻實如小栗傳曰女贄不過亲栗上說文下經典相承隸變

栞刊渴平書曰隨山栞木上說文下經典相承隸省

枖夭音妖木盛皃詩云桃之枖枖上說文下經典相承隸省

桓桓上說文下隸省

栵栵音例栭也見詩上說文下隸省

稽

11536 新加九經字樣一卷　（唐）唐玄度撰　清初席氏釀華草堂影宋抄本

匡高21.9厘米，廣18.9厘米。半葉八行，行字不等，白口，左右雙邊。有“席鑑之印”“釀華草堂”“汪印士鐘”“楊紹和讀過”“周暹”等印。國家圖書館藏。

新加九經字樣序

覆定石經字體官朝議郎權知沔王友翰林待詔上柱國賜緋魚袋臣唐玄度撰

臣聞秦焚詩書塞人視聽漢興典籍以廣聰明伏以龜鳥之文去聖彌遠點畫訛變遂失本源今陛下運契黄虞道崇經籍覩人文以成俗念鳥跡之乖方繇是遂微臣之上請許於國學創立石經仍令小

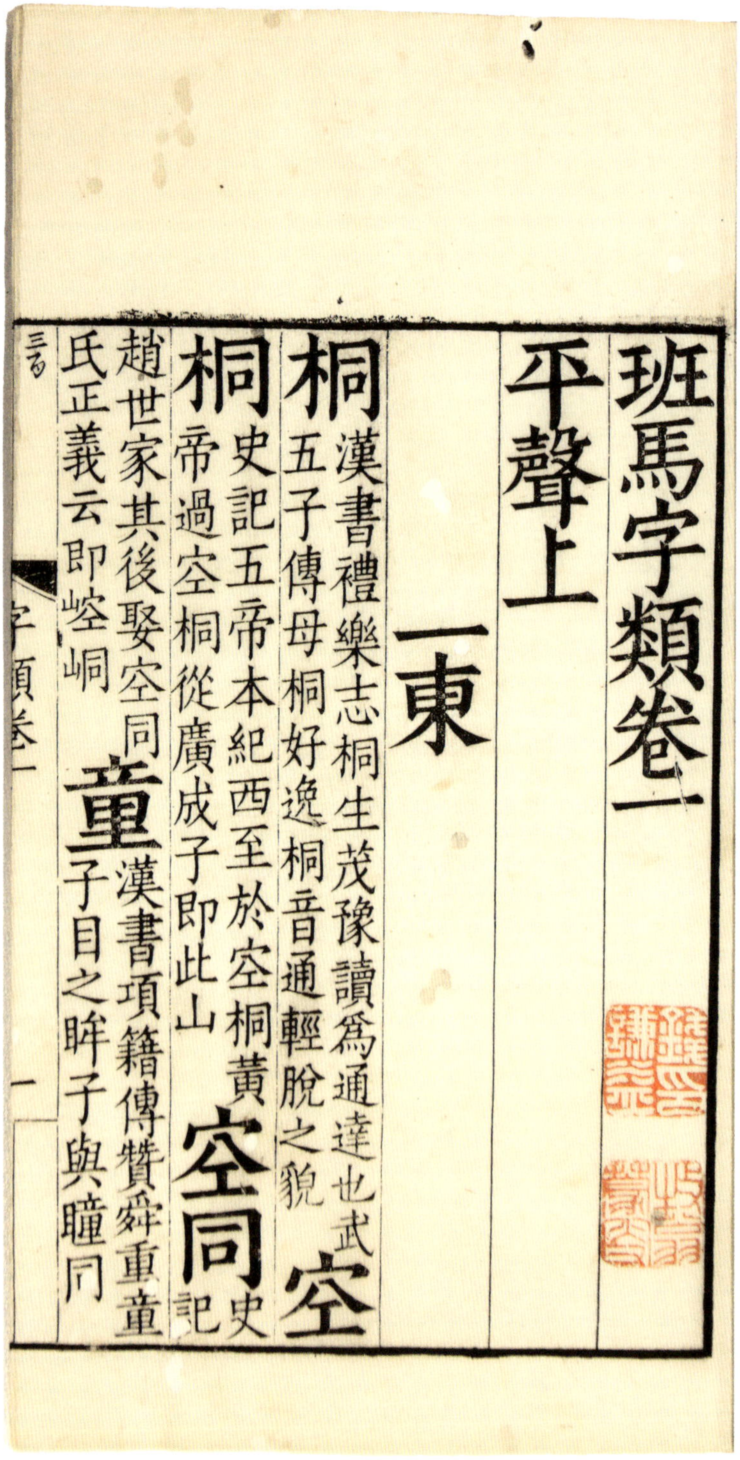
班馬字類卷一

平聲上

一東

桐 漢書禮樂志桐生茂豫讀爲通達也武五子傳母桐好逸桐音通輕脫之貌 空桐 史記五帝本紀西至於空桐黃帝過空桐從廣成子即此山 空同 史記趙世家其後娶空同氏正義云即崆峒 童 漢書項籍傳贊舜重童子目之眸子與瞳同

11537 班馬字類五卷 （宋）婁機撰 明刻本

匡高21.1厘米，廣14.8厘米。半葉六行，行字不等，細黑口，四周單邊。有“錢印謙益”“天禄繼鑑”“乾隆御覽之寶”等印。北京市西城區第一圖書館藏。

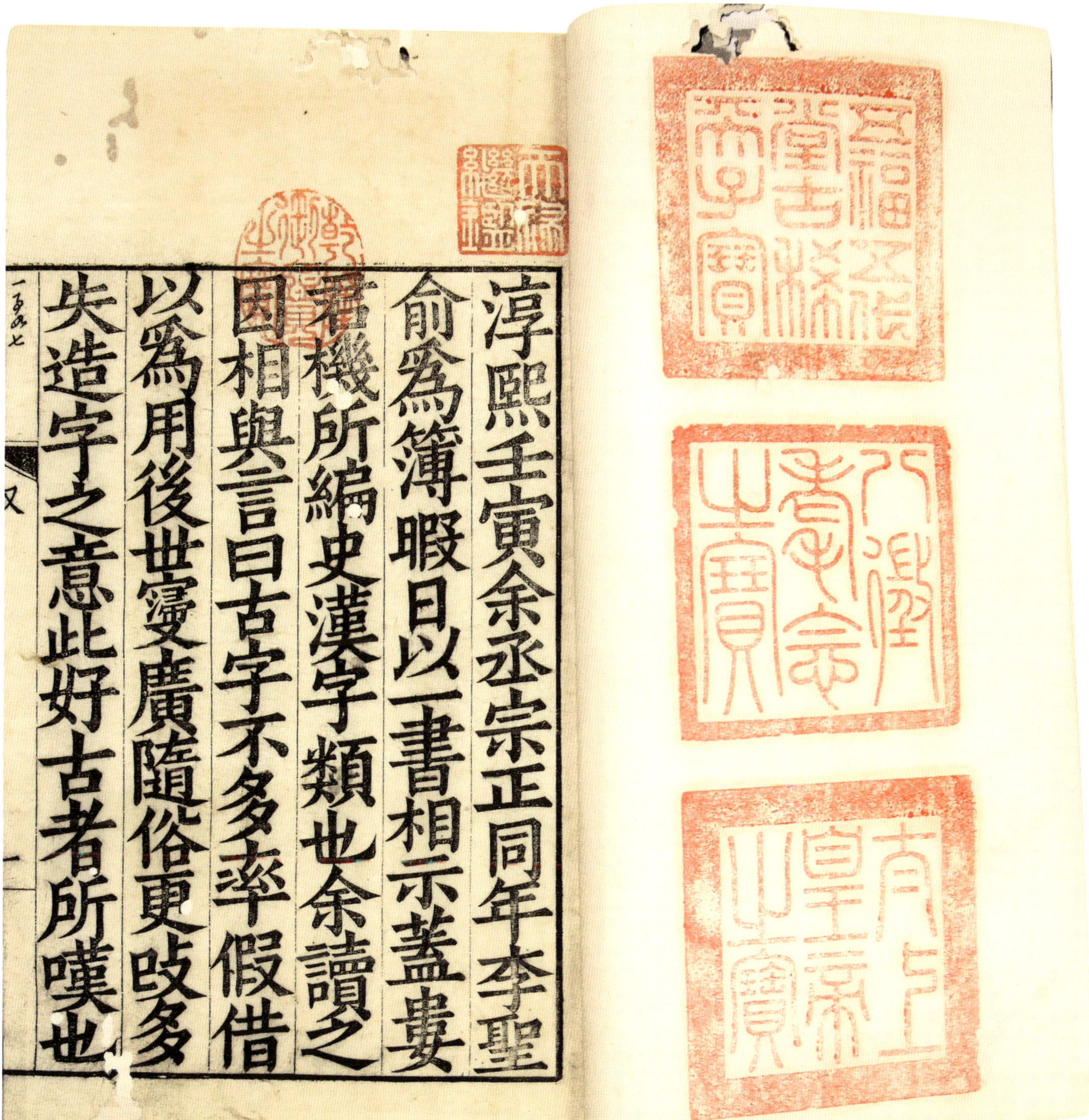

淳熙壬寅余丞宗正同年李聖
俞爲簿暇日以一書相示蓋婁
君機所編史漢字類也余讀之
因相與言曰古字不多率假借
以爲用後世寖廣隨俗更改多
失造字之意此好古者所嘆也

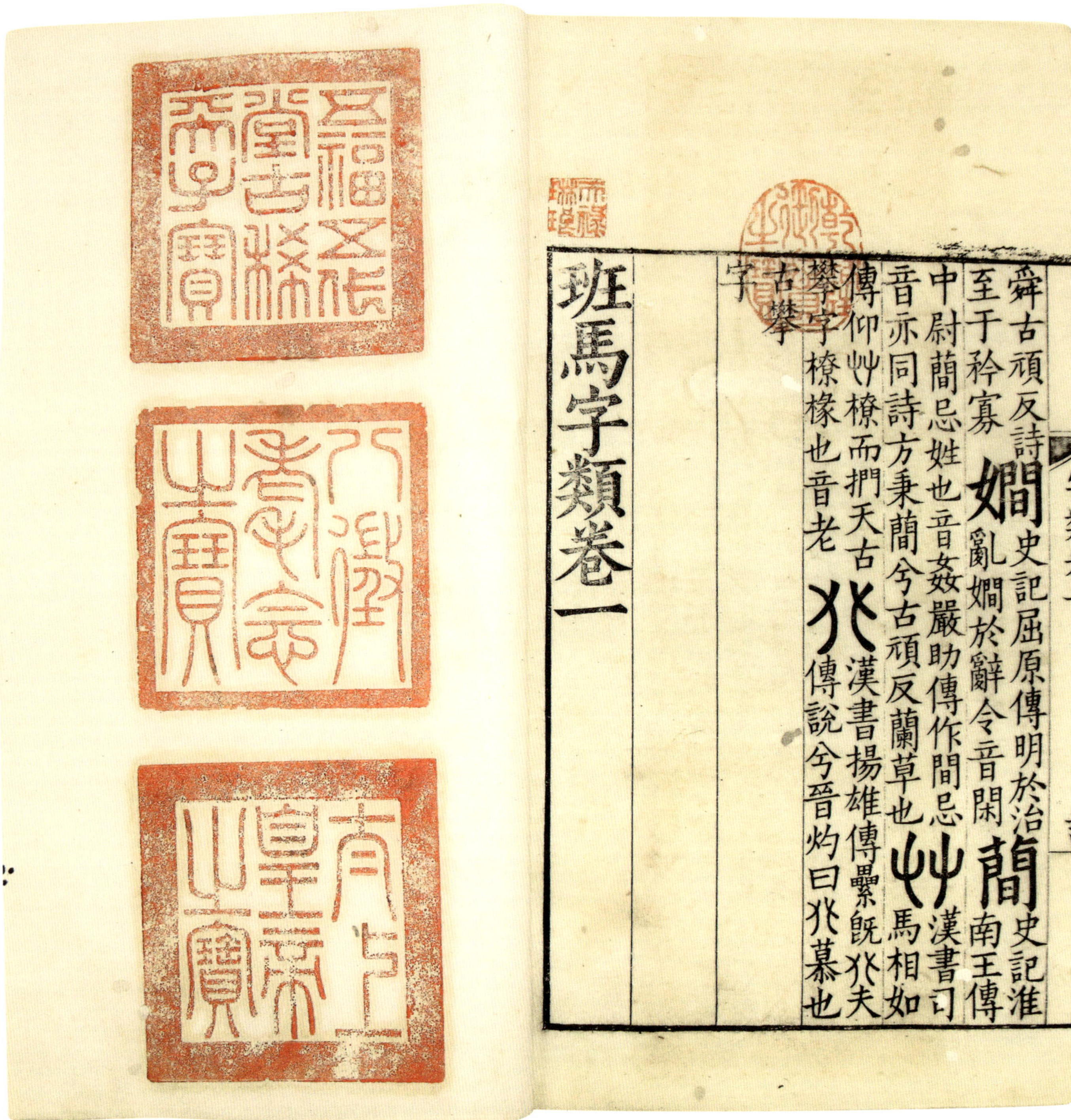

11537 班馬字類五卷

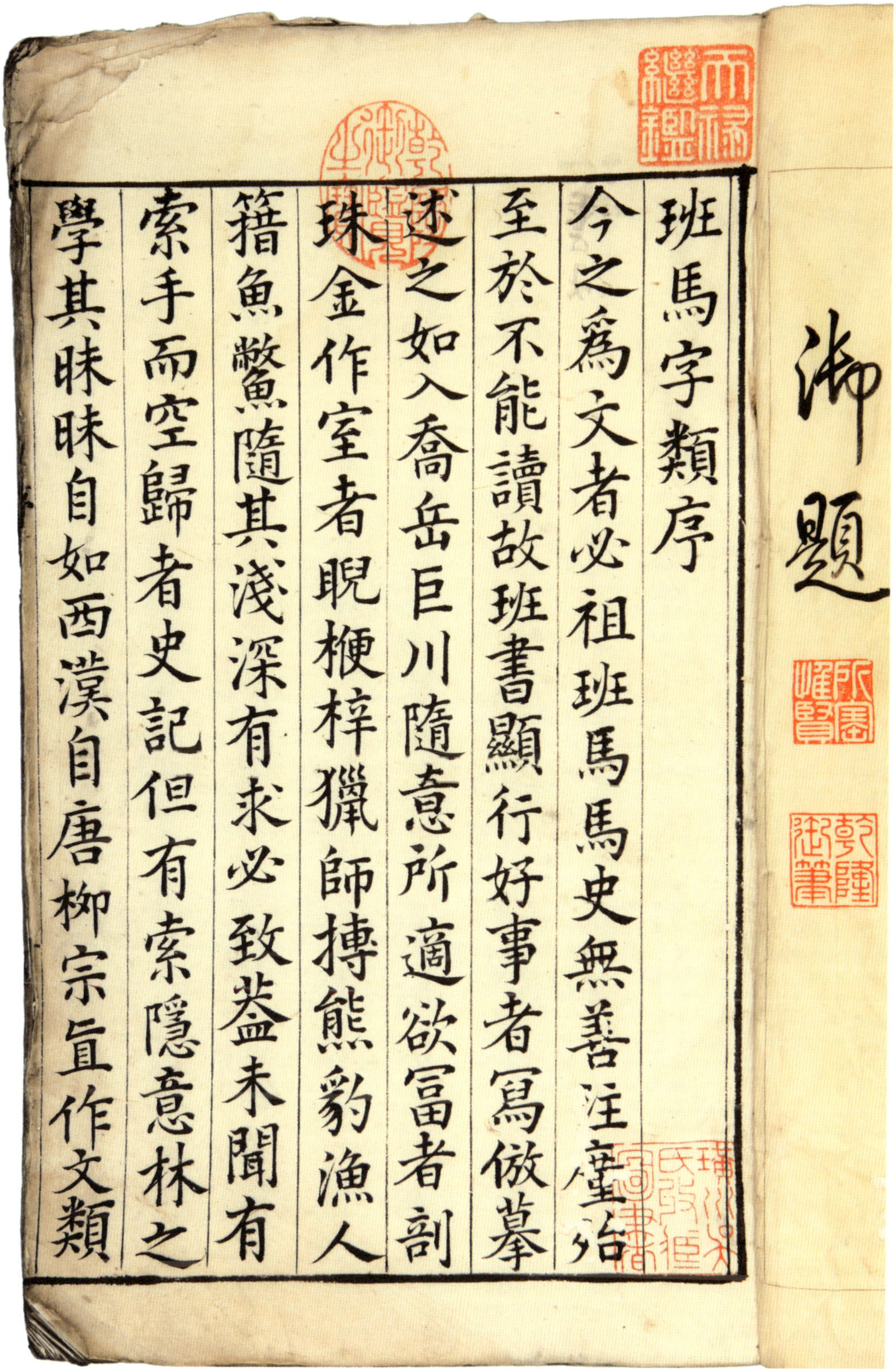
班馬字類序
今之爲文者必祖班馬史無善注[illegible]治
至於不能讀故班書顯行好事者寫倣摹
述之如入喬岳巨川隨意所適欲富者剖
珠金作室者睍梗梓獵師搏熊豹漁人
簎魚鱉隨其淺深有求必致盖未聞有
索手而空歸者史記但有索隱意林之
學其昧昧自如西漢自唐柳宗直作文類

11538 班馬字類五卷　（宋）婁機撰　清影宋抄本

半葉八行，行字不等，白口，左右雙邊。清高宗弘曆跋。吉林省博物院藏，存一卷。

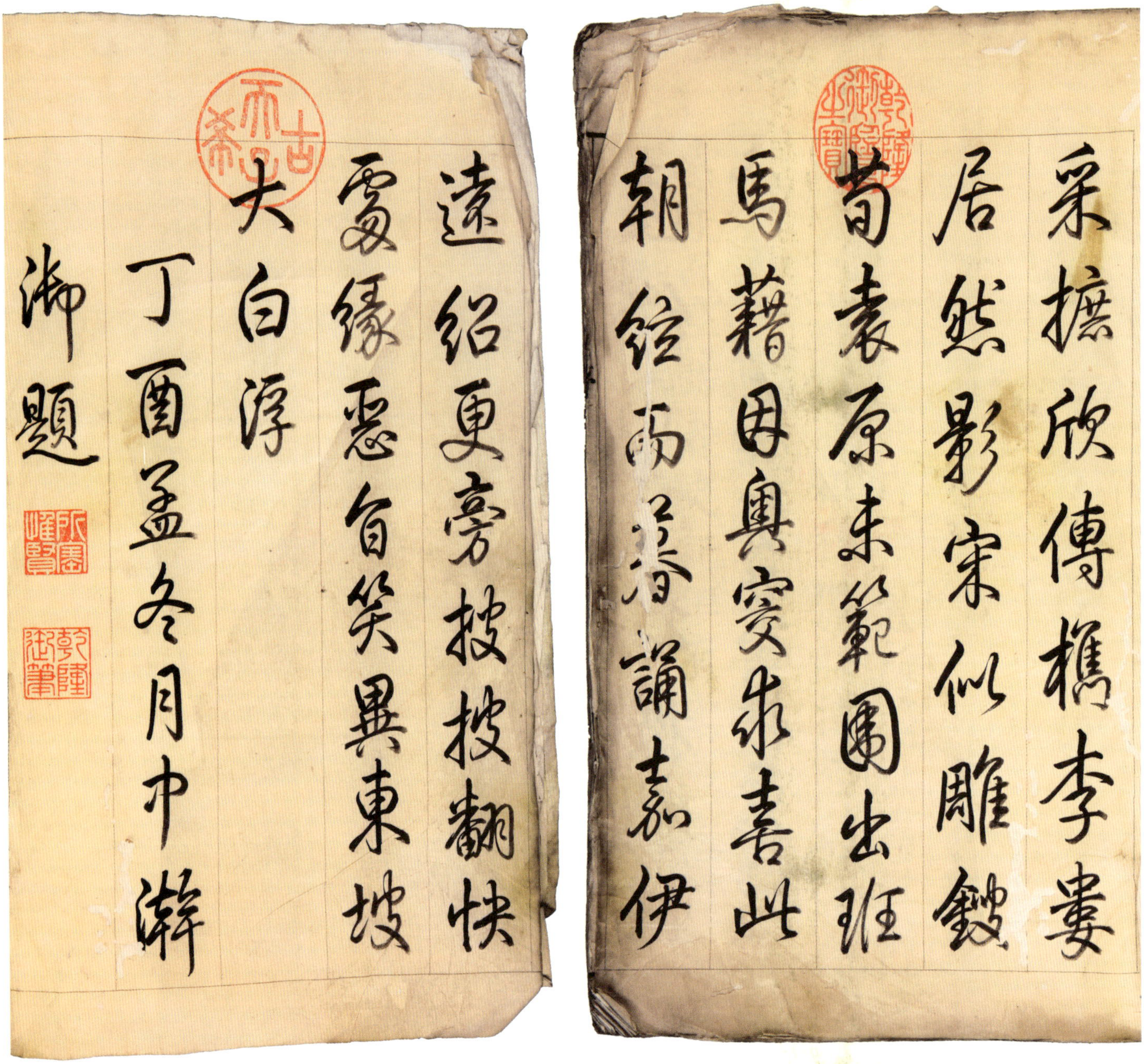
采摭欣傳樵李婁
居然影宋似雕鎪
荀袁原未範圍出班
馬藉因輿實求書此
朝給兩番誦嘉伊
遠紹更旁披披翻快
覆緣惡旨笑異東坡
大白淳
丁酉孟冬月中澣
御題

11538 班馬字類五卷

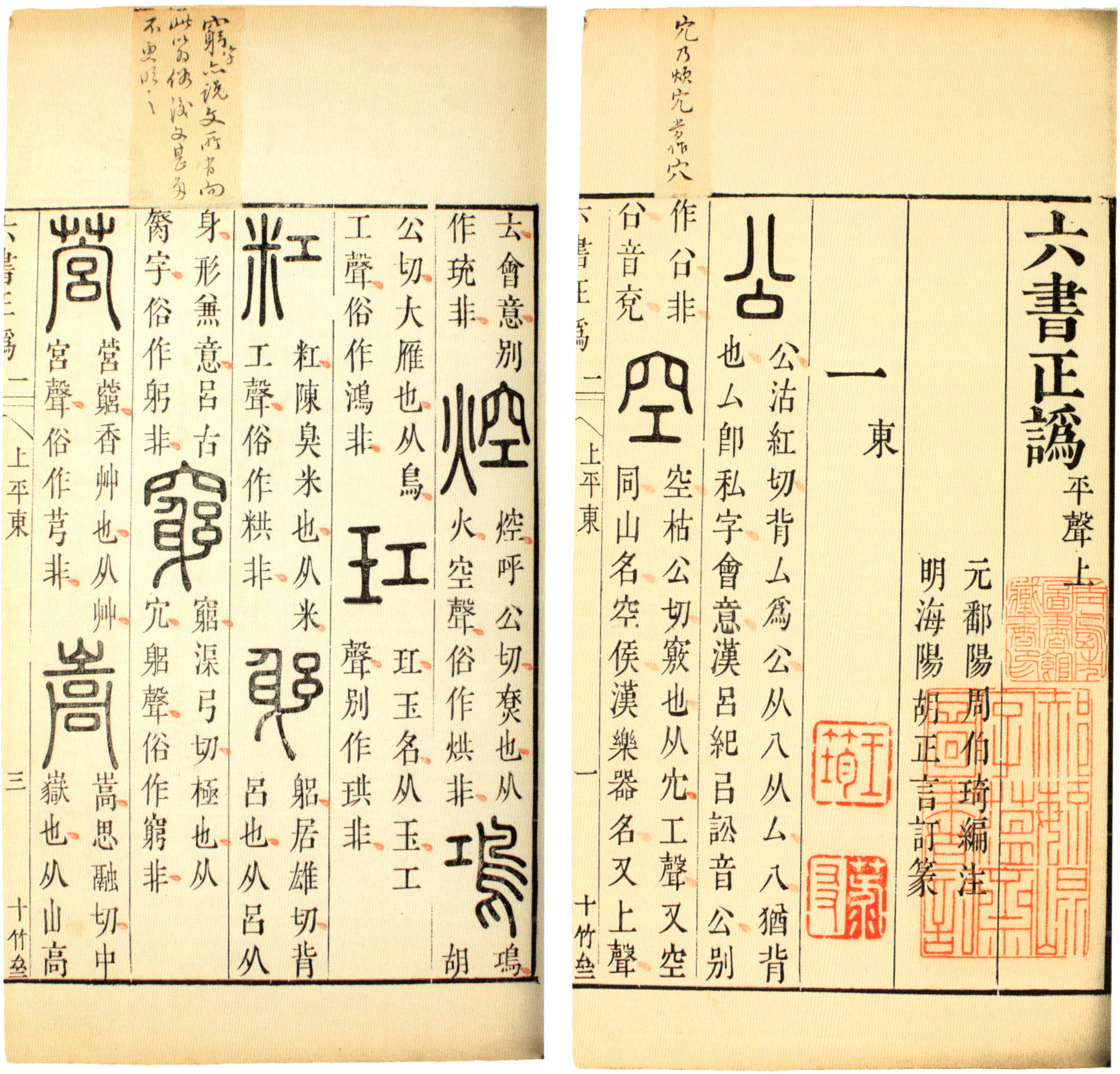
六書正譌 平聲上
元鄱陽周伯琦編注
明海陽胡正言訂篆
一東
公 公沽紅切背厶爲公从八从厶八猶背也厶卽私字會意漢呂紀呂訟音公别作谷非谷音充
空 空枯公切竅也从穴工聲又空同山名空侯漢樂器名又上聲
六書正譌 二 上平東 一 十竹齋

去會意别作㼦非
焢 焢呼公切㸙也从火空聲俗作烘非
鴻 鴻胡公切大雁也从鳥工聲俗作鴻非
玒 玒玉名从玉工聲别作珙非
粠 粠陳臭米也从米工聲俗作粠非
躳 躳居雄切背呂也从呂从身形無意呂古𦁀字俗作躬非
竆 竆渠弓切極也从宂躳聲俗作竆非
营 营藭香艸也从艸宮聲俗作䓖非
嵩 嵩思融切中嶽也从山高
六書正譌 二 上平東 三 十竹齋

11539 六書正譌五卷 （元）周伯琦撰 明崇禎七年（1634）胡正言十竹齋刻本

匡高20.4厘米，廣13.7厘米。半葉五行，大字不等，小字雙行十八字，白口，四周單邊。有“王筠”等印。王筠批。青島市博物館藏。

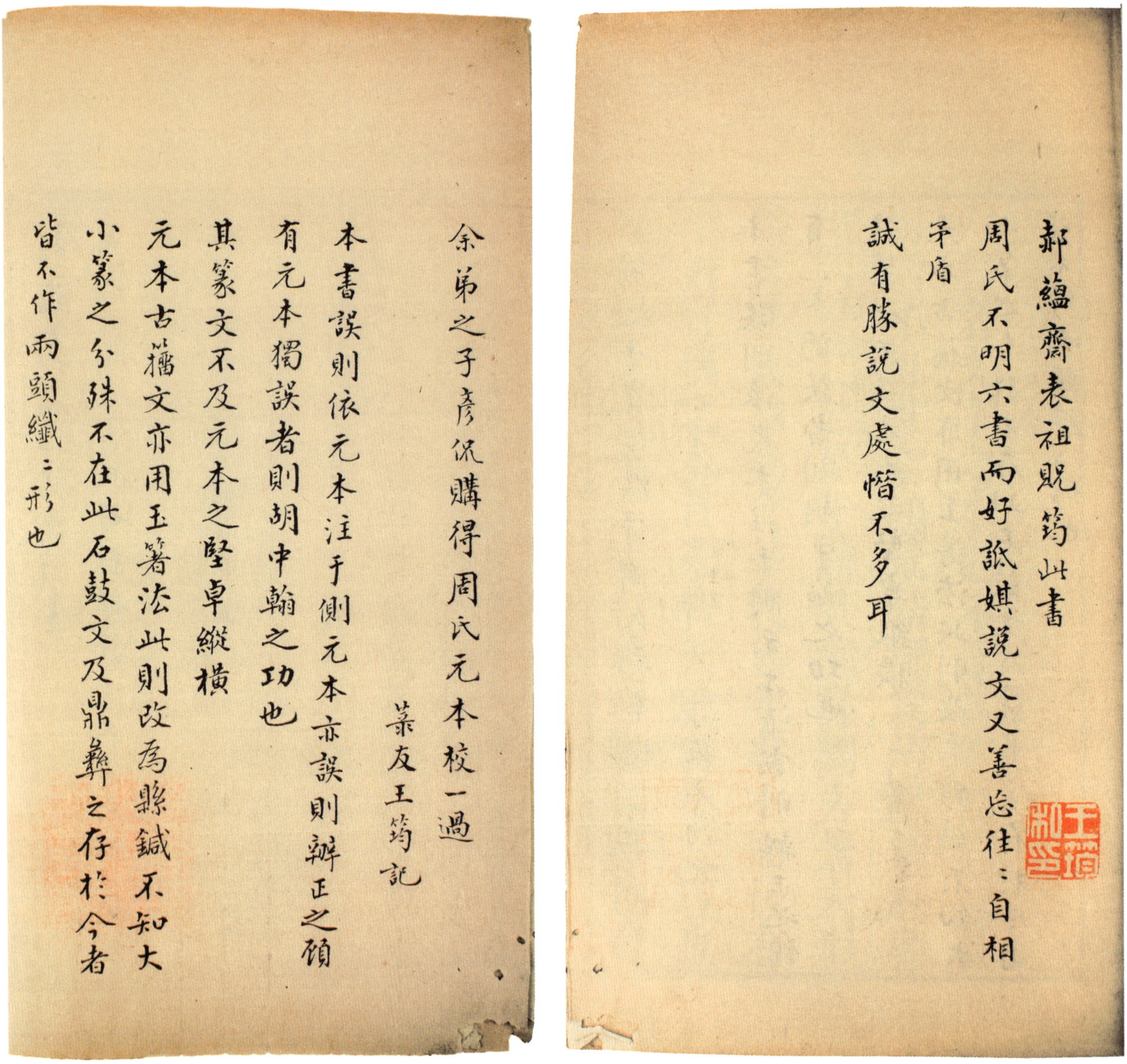

郝蘊齋表祖貺筠此書

周氏不明六書而好詆諆說文又善忘往往自相

矛盾

誠有勝說文處惜不多耳

余弟之子彥侃購得周氏元本校一過

菉友王筠記

本書誤則依元本注于側元本亦誤則辨正之頗

有元本獨誤者則胡中翰之功也

其篆文不及元本之堅卓縱橫

元本古籀文亦用玉箸法此則改為懸鍼不知大

小篆之分殊不在此石鼓文及鼎彝之存於今者

皆不作兩頭纖纖之形也

11539 六書正譌五卷

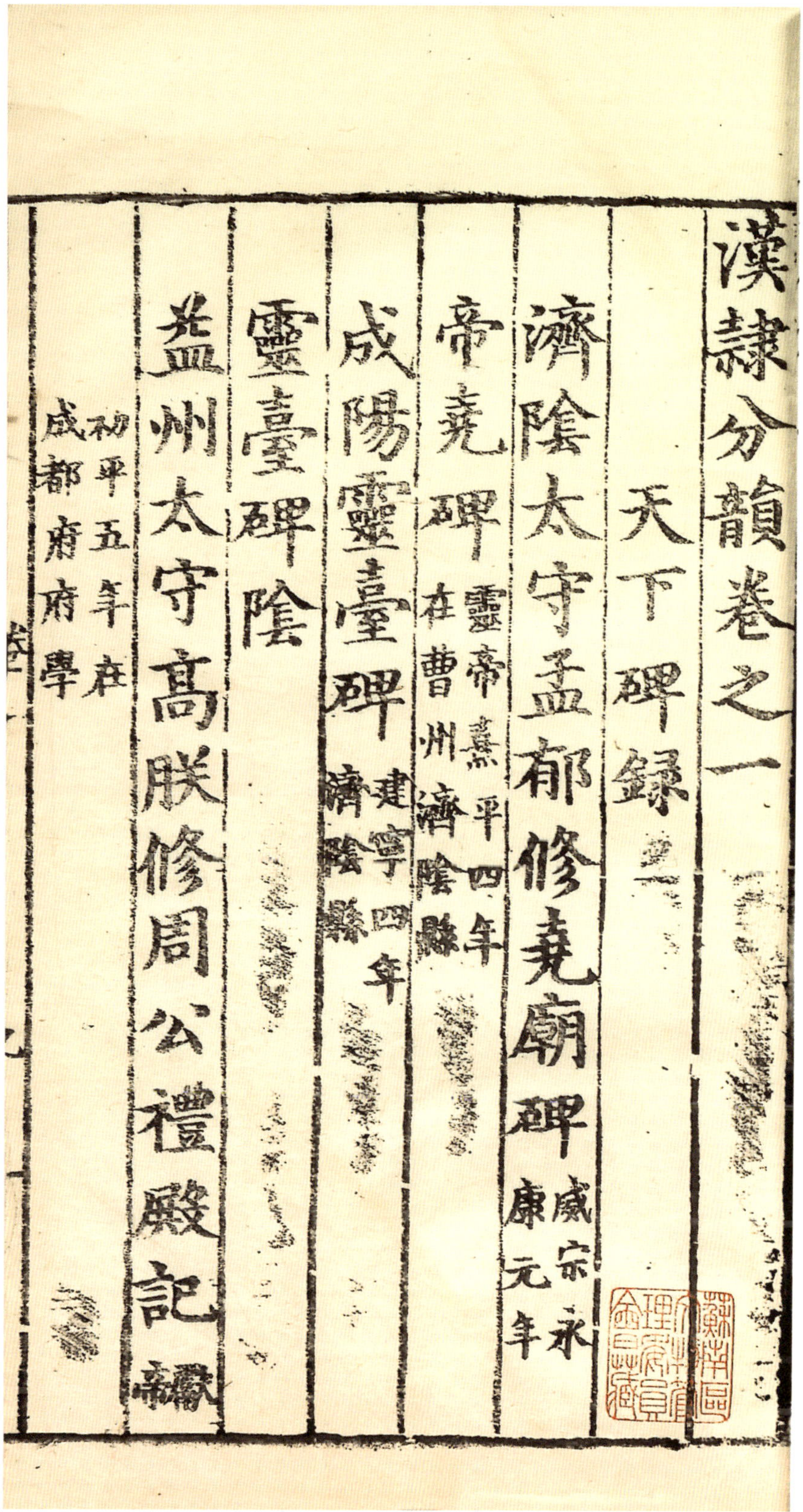
漢隸分韻卷之一
天下碑録
濟陰太守孟郁修堯廟碑 威宗永康元年
帝堯碑 靈帝熹平四年在曹州濟陰縣
成陽靈臺碑 建寧四年濟陰縣
靈臺碑陰
益州太守高朕修周公禮殿記 初平五年在成都府府學

11540 漢隸分韻七卷 明正德十一年（1516）刻本

匡高21.3厘米，廣14厘米。行字不等，白口，四周單邊。南京圖書館藏。

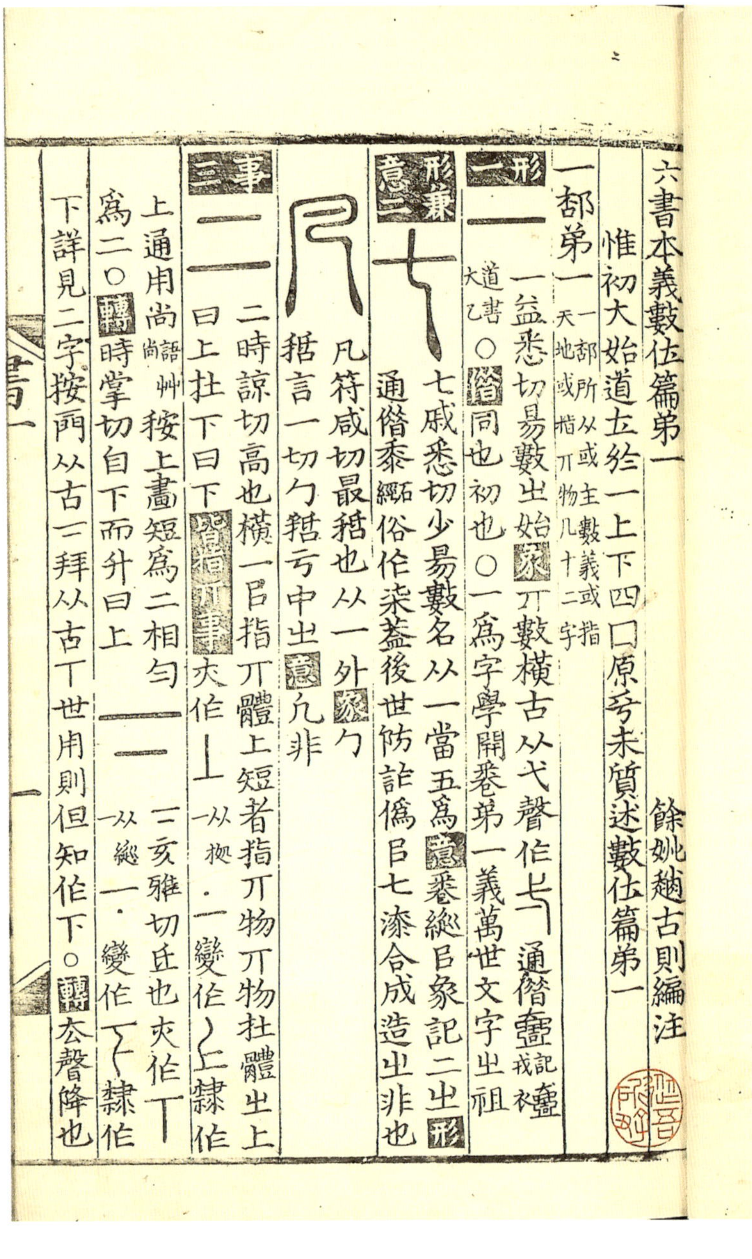

11541 六書本義十二卷圖一卷　（明）趙撝謙撰　明正德十五年（1520）

胡東皋刻本

匡高21.3厘米，廣15厘米。半葉寬格七行窄格十四行，行二十八字，間有大字，白口，四周單邊。有“先生邑人胡東皋守寧國之明年爲正德庚辰喜得此書遂翻刻之”牌記。曹元忠跋。南京圖書館藏。

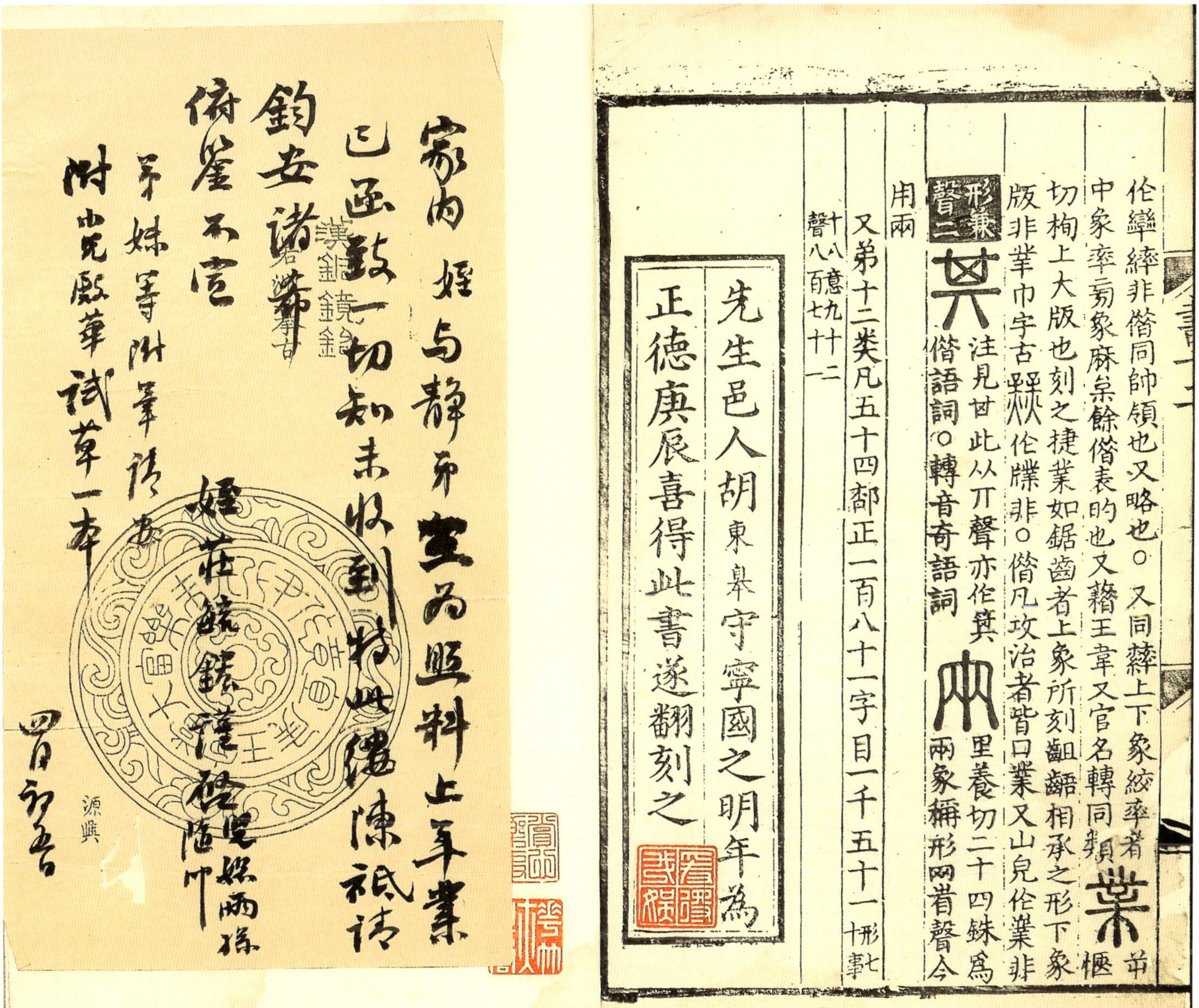
又第十二类凡五十四部正一百八十一字目一千五十一
先生邑人胡東皋守寧國之明年為
正德庚辰喜得此書遂翻刻之

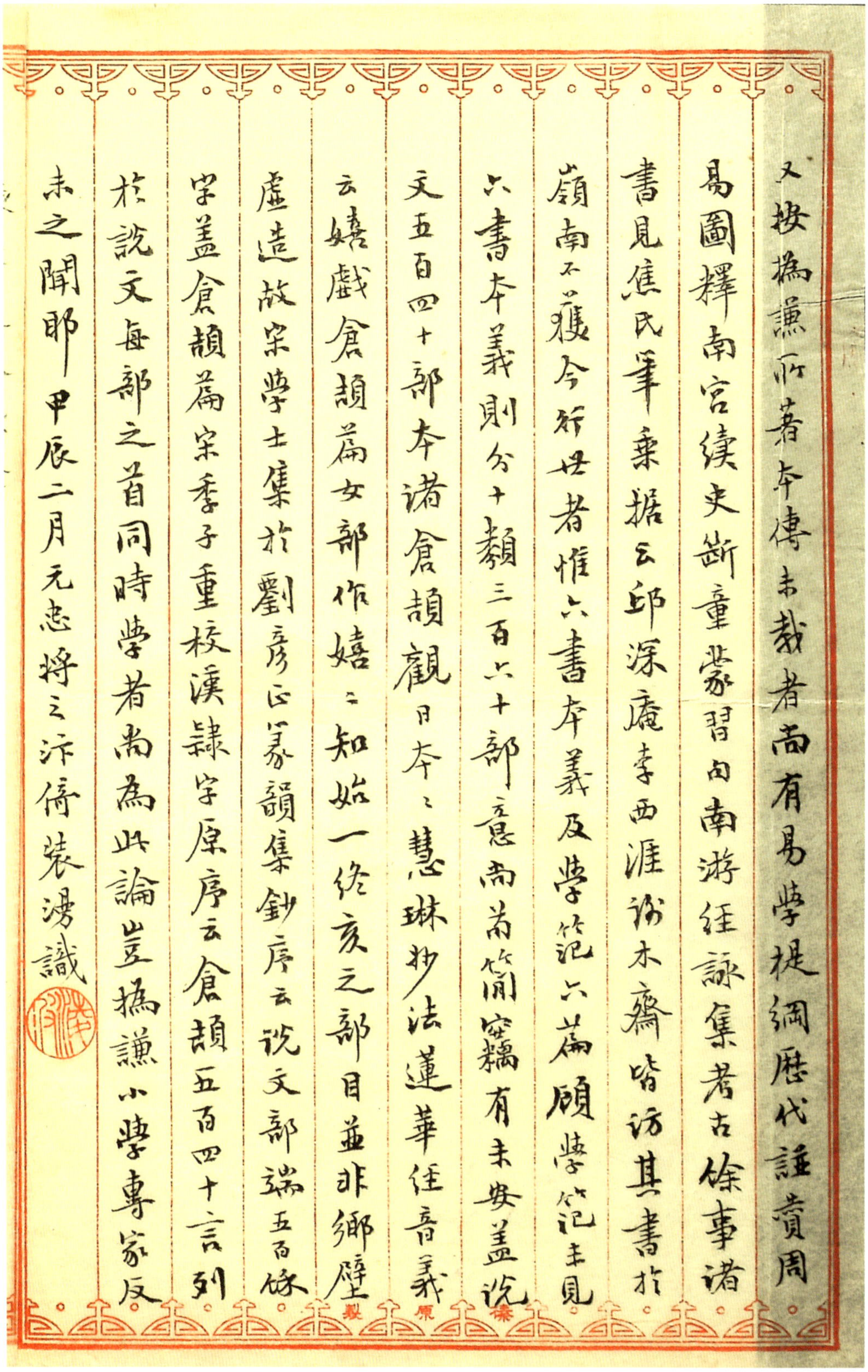
又按撝謙所著本傳未載者尚有易學提綱歷代諡貴周易圖釋南宮續史斷童蒙習句南游紀詠集考古餘事諸書見焦氏筆乘據云邱深庵李西涯謝木齋皆訪其書於嶺南不獲今行世者惟六書本義及學範六篇願學範未見六書本義則分十類三百六十部意尚簡竊有未安蓋說文五百四十部本諸倉頡觀日本之慧琳妙法蓮華經音義云嬉戲倉頡篇女部作嬉之知始一終亥之部目並非鄉壁虛造故宋學士集於劉彥正篆韻集鈔序云說文部端五百餘字蓋倉頡篇宋季子重校漢隸字原序云倉頡五百四十言列於說文每部之首同時學者尚為此論豈撝謙小學專家反未之聞耶 甲辰二月元忠將之汴倚裝漫識

11541 六書本義十二卷圖一卷

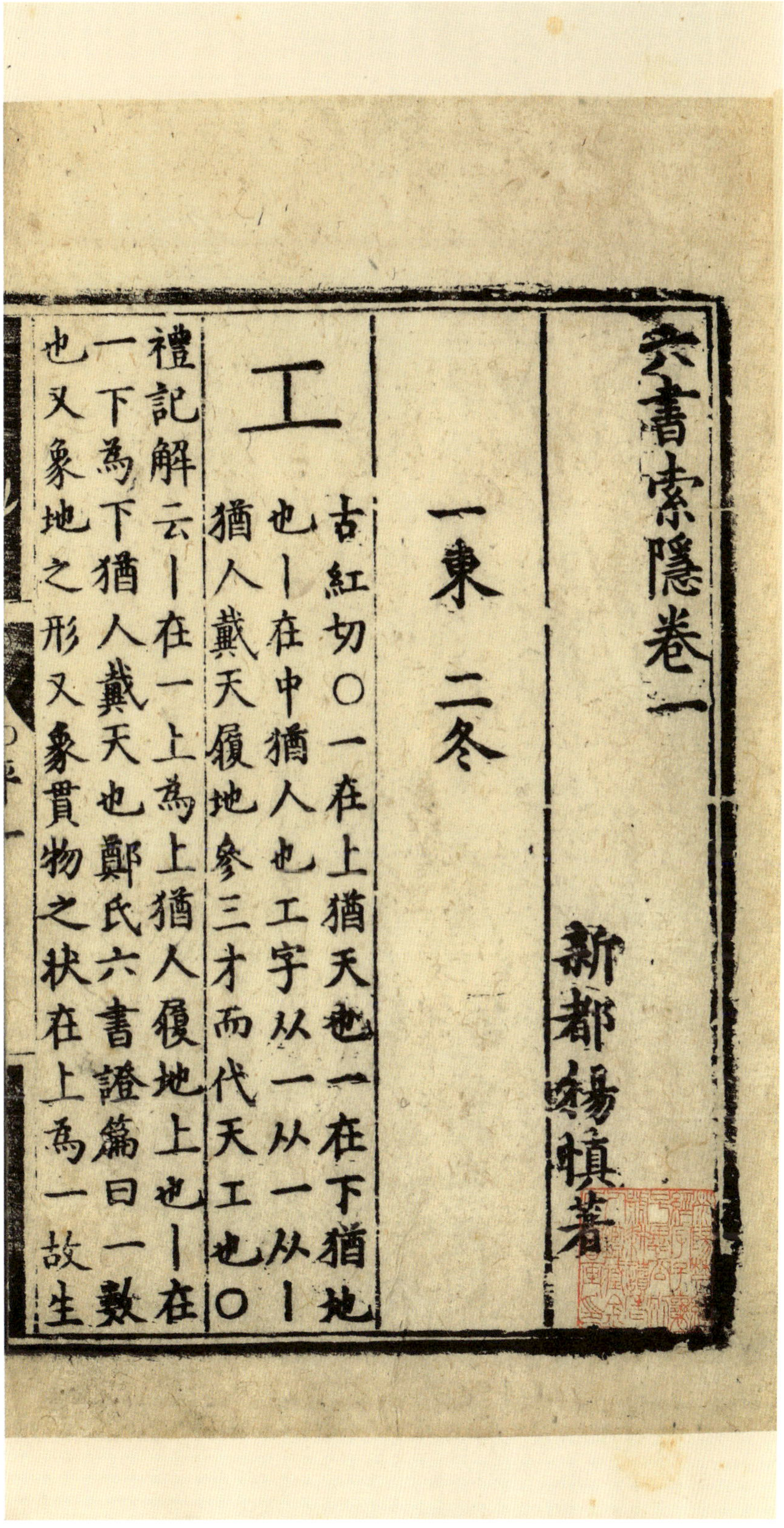
六書索隱卷一
新都楊愼著
一東　二冬
工
古紅切○一在上猶天也一在下猶地
也丨在中猶人也工字从一从一从丨
猶人戴天履地參三才而代天工也○
禮記解云丨在一上爲上猶人履地上也丨在
一下爲下猶人戴天也鄭氏六書證篇曰一數
也又象地之形又象貫物之狀在上爲一故生

11542 六書索隱五卷　（明）楊愼撰　明嘉靖刻本

匡高14.5厘米，廣23厘米。半葉四行，大字不等，小字三行十八字，黑口，四周雙邊。河南省圖書館藏。

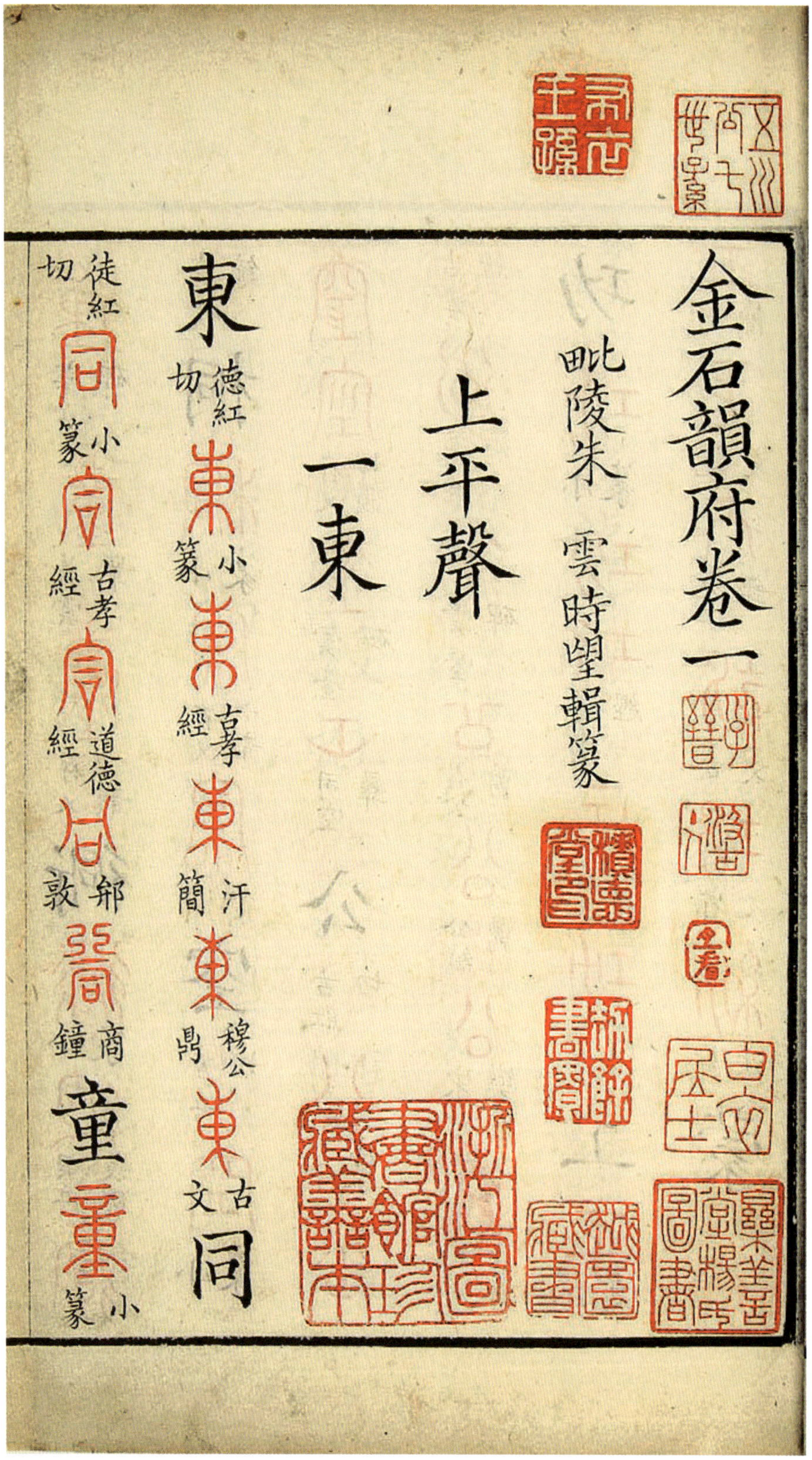
金石韻府卷一
毗陵朱 雲時望輯篆
上平聲
一東
東 德紅切 小篆 古孝經 汗簡 穆公鼎 古文
同 徒紅切 小篆 古孝經 道德經 郘敦 商鐘
童 小篆

11543 金石韻府五卷 （明）朱雲撰　明朱墨抄本

半葉六行，行字不等，白口，四周單邊。有“毛晉”“汲古主人”“樂善堂楊氏圖書”“越園藏書”等印。浙江圖書館藏。

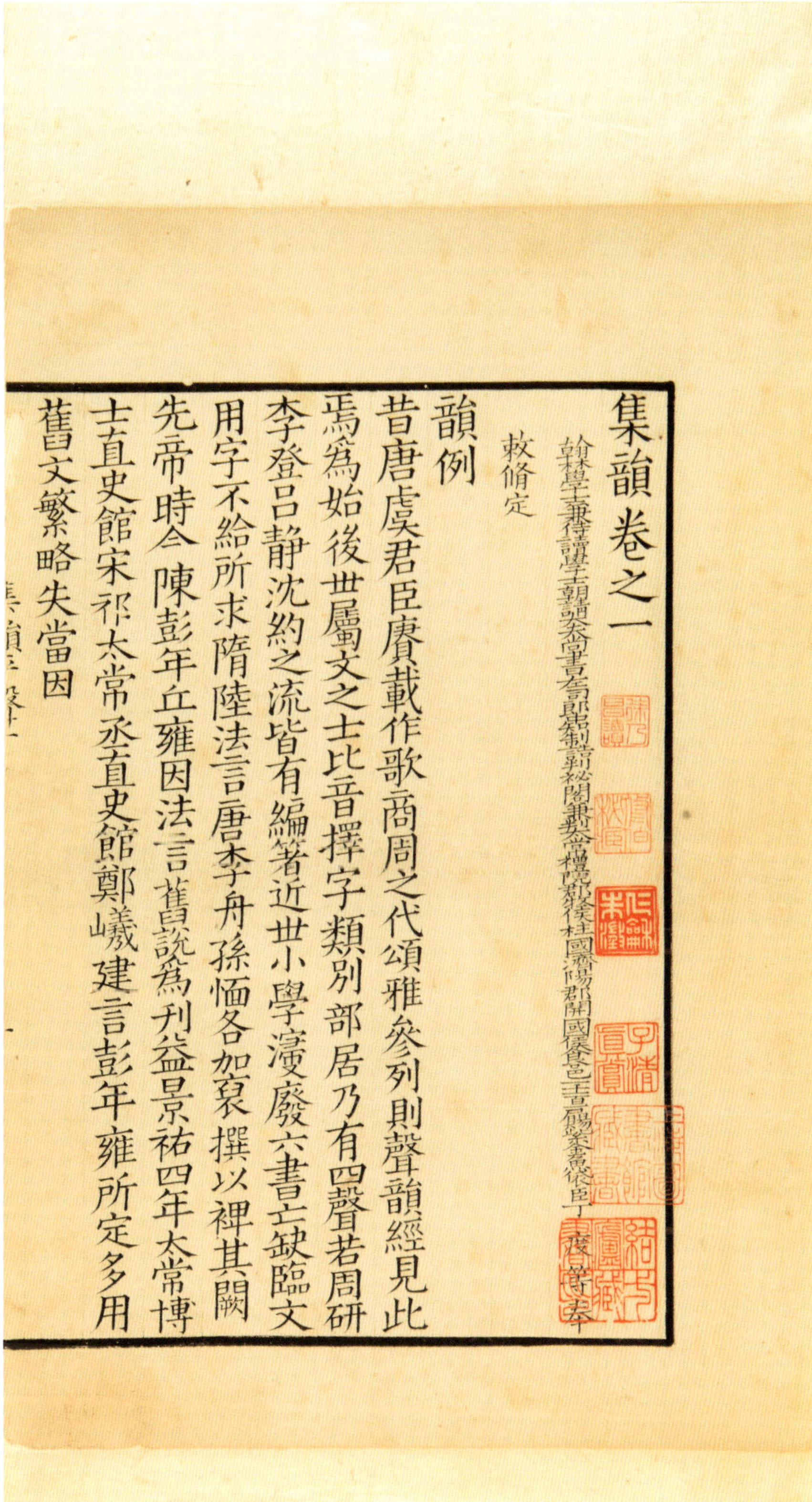
集韻卷之一
翰林學士兼侍讀學士朝請大夫尚書左司郎中知制誥判秘閣兼判太常禮院羣牧使上柱國濟陽郡開國侯食邑一千三百戶賜紫金魚袋臣丁度等奉
敕脩定
韻例
昔唐虞君臣賡載作歌商周之代頌雅參列則聲韻經見此
焉爲始後世屬文之士比音擇字類別部居乃有四聲若周研
李登呂靜沈約之流皆有編著近世小學寖廢六書亡缺臨文
用字不給所求隋陸法言唐李舟孫愐各加裒撰以裨其闕
先帝時令陳彭年丘雍因法言舊說爲刊益景祐四年太常博
士直史館宋祁太常丞直史館鄭戩建言彭年雍所定多用
舊文繁略失當因

11544 集韻十卷 （宋）丁度等撰　清初錢氏述古堂影宋抄本

匡高24.7厘米，廣17.8厘米。半葉十一行，行字不等，白口，四周單邊。有“修伯秘藏”“仁龢朱澂”“徐乃昌讀”“子清真賞”“結一廬藏書印”等印。上海圖書館藏。

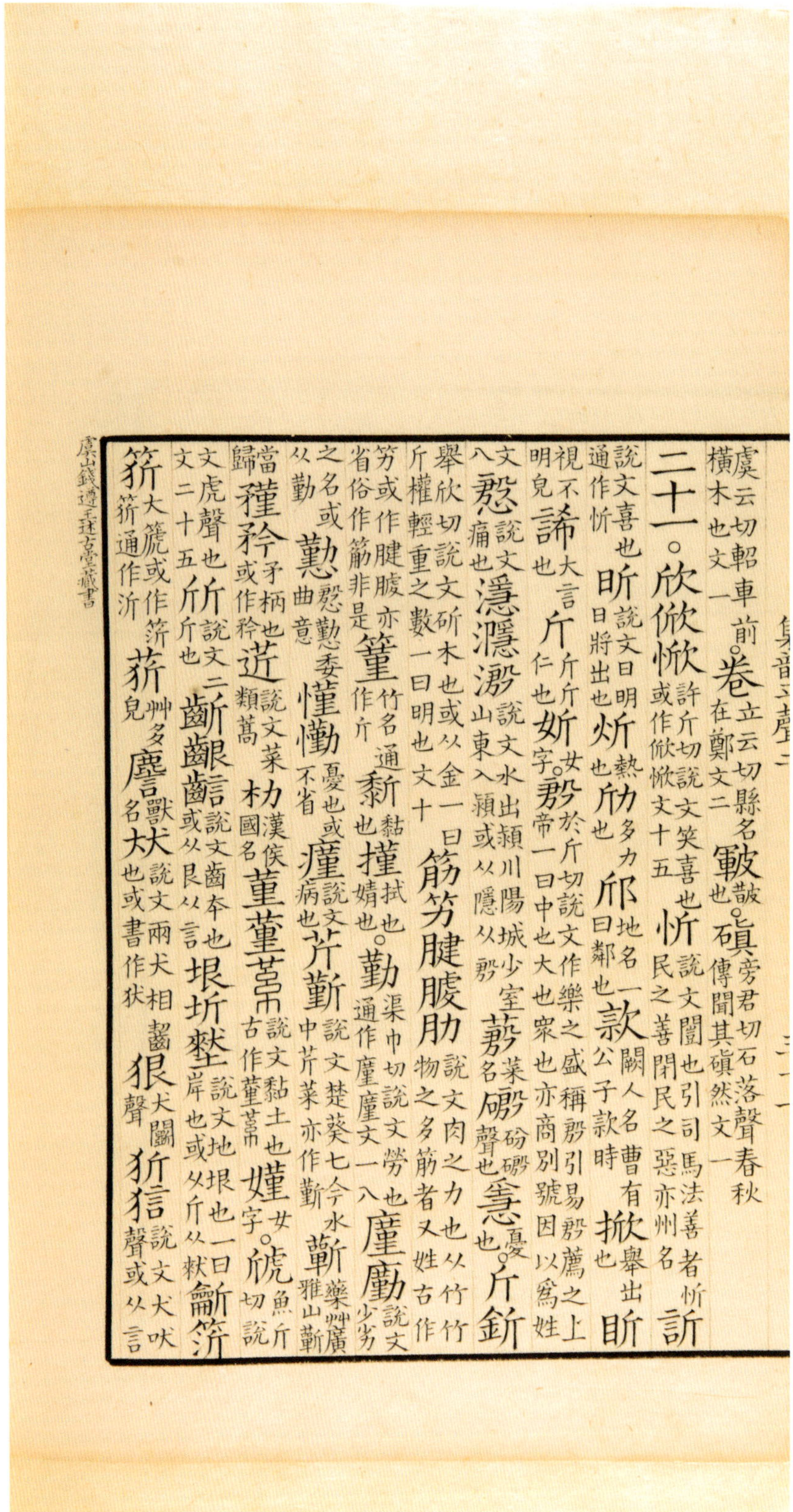

虞云切軺車前橫木也文一。卷立云切縣名在鄭文二皸皺也。磌旁君切石落聲春秋傳聞其磌然文一

二十一。欣俽惞許斤切說文笑喜也或作俽惞文十五忻說文闓也引司馬法善者忻民之善閉民之惡亦州名訢

說文喜也通作忻昕說文旦明日將出也炘熱也劤多力也邤地名一曰鄰也款闕人名曹有公子款時掀舉出也[illegible]

視不明見[illegible]大言也斤斤斤仁也妡女字。殷於斤切說文作樂之盛稱殷引易殷薦之上帝一曰中也大也衆也亦商別號因以爲姓

文八慇說文痛也濦㶏溵說文水出潁川陽城少室山東入潁或从隱从殷蒑菜名磤砏磤聲也㥯憂也。斤釿

舉欣切說文斫木也或从金一曰斤權輕重之數一曰明也文十筋竻腱䐢肋說文肉之力也从竹竹物之多筋者又姓古作

竻或作腱䐢亦省俗作筋非是[illegible]竹名通作斤[illegible]黏也[illegible]拭也婧也。勤渠巾切說文勞也通作廑廑文一入廑[illegible]說文少劣

之名或从勤懃慇懃委曲意慬[illegible]憂也或不省瘽說文病也芹[illegible]說文楚葵七令水中芹菜亦作蘄[illegible]藥艸廣雅山蘄

當歸[illegible]矜矛柄也或作矜近說文菜類蒿[illegible]漢侯國名堇堇[illegible]說文黏土也古作堇[illegible]嫤女字。[illegible]魚斤切說

文虎聲也文二十五斦說文二斤也齗齦[illegible]說文齒本也或从艮从言垠圻[illegible]說文地垠也一曰岸也或从斤从[illegible][illegible][illegible]

[illegible]大篪或作[illegible][illegible]通作沂[illegible]艸多皃[illegible]獸名犾說文兩犬相齧也或書作狀狠犬鬭聲犷狺說文犬吠聲或从言

虞山錢遵王述古堂藏書

11544 集韻十卷

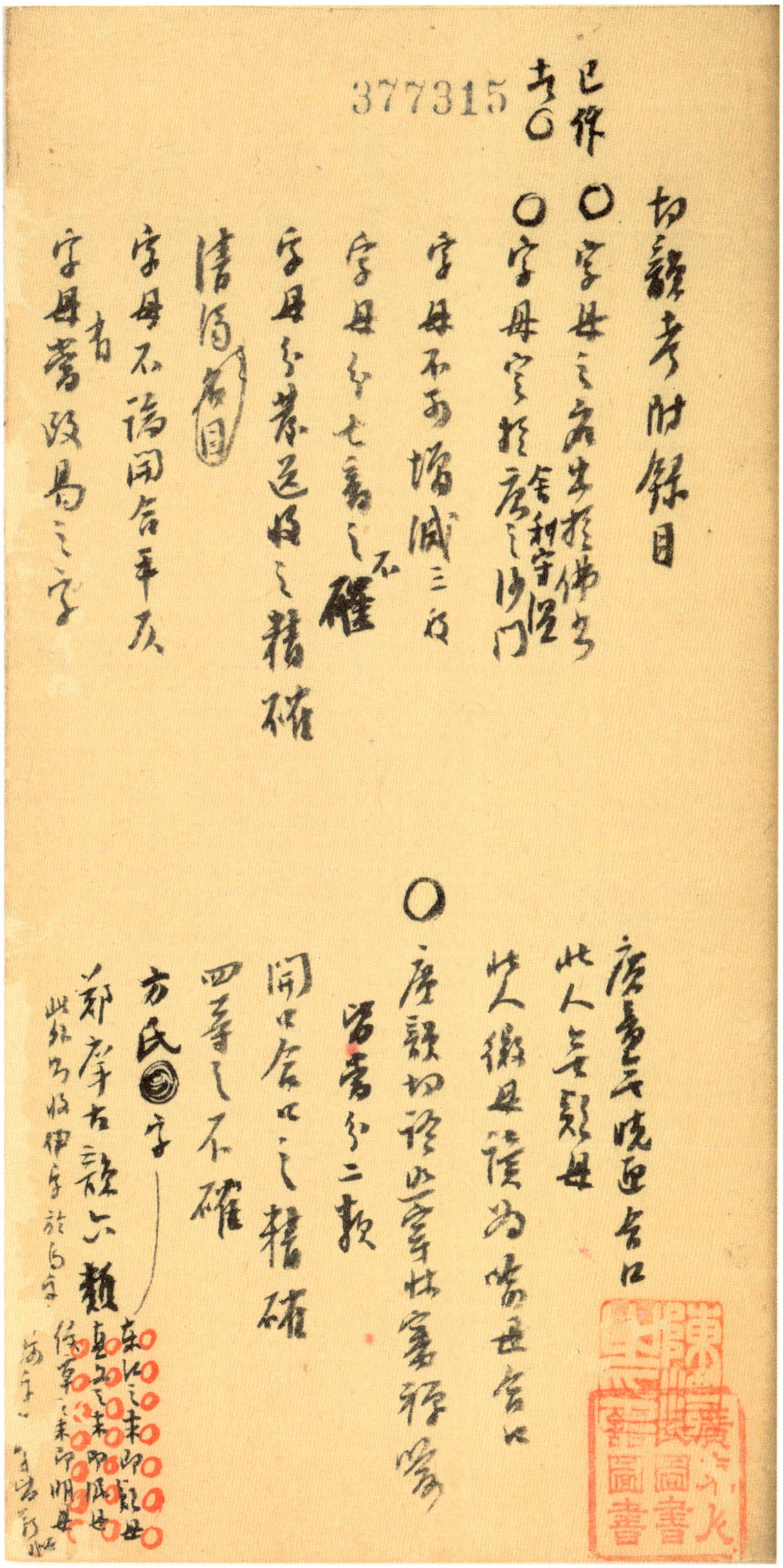

11545 切韻考一卷　（清）陳澧撰　稿本

有“陳澧之印”等印。廣東省立中山圖書館藏。

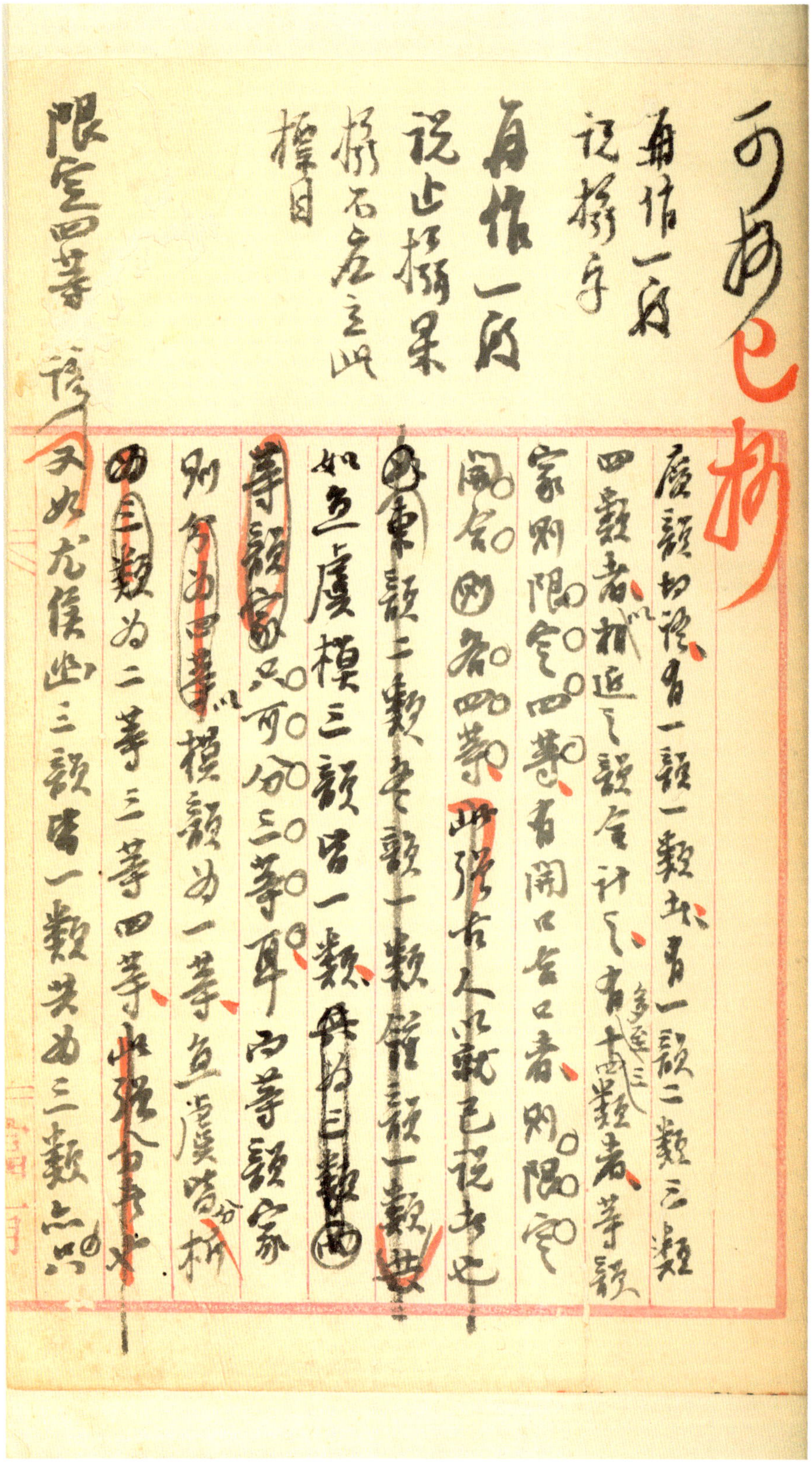

11546 切韻考殘稿一卷 （清）陳澧撰　稿本

廣東省立中山圖書館藏。

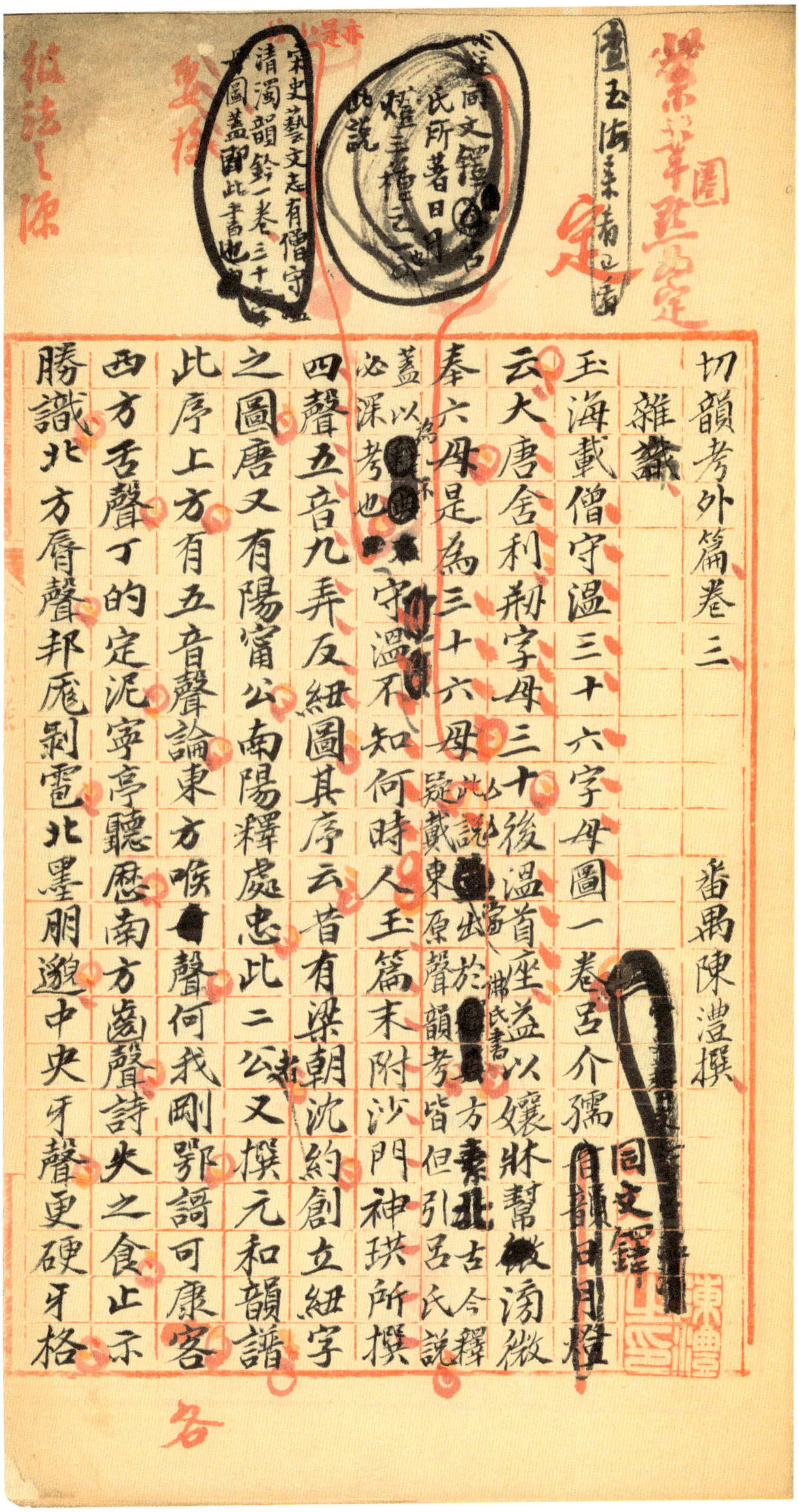

11547 切韻考外編三卷 （清）陳澧撰　稿本

半葉十一行，行字不等，紅格，紅口，左右雙邊。有“陳澧之印”等印。廣東省立中山圖書館藏。

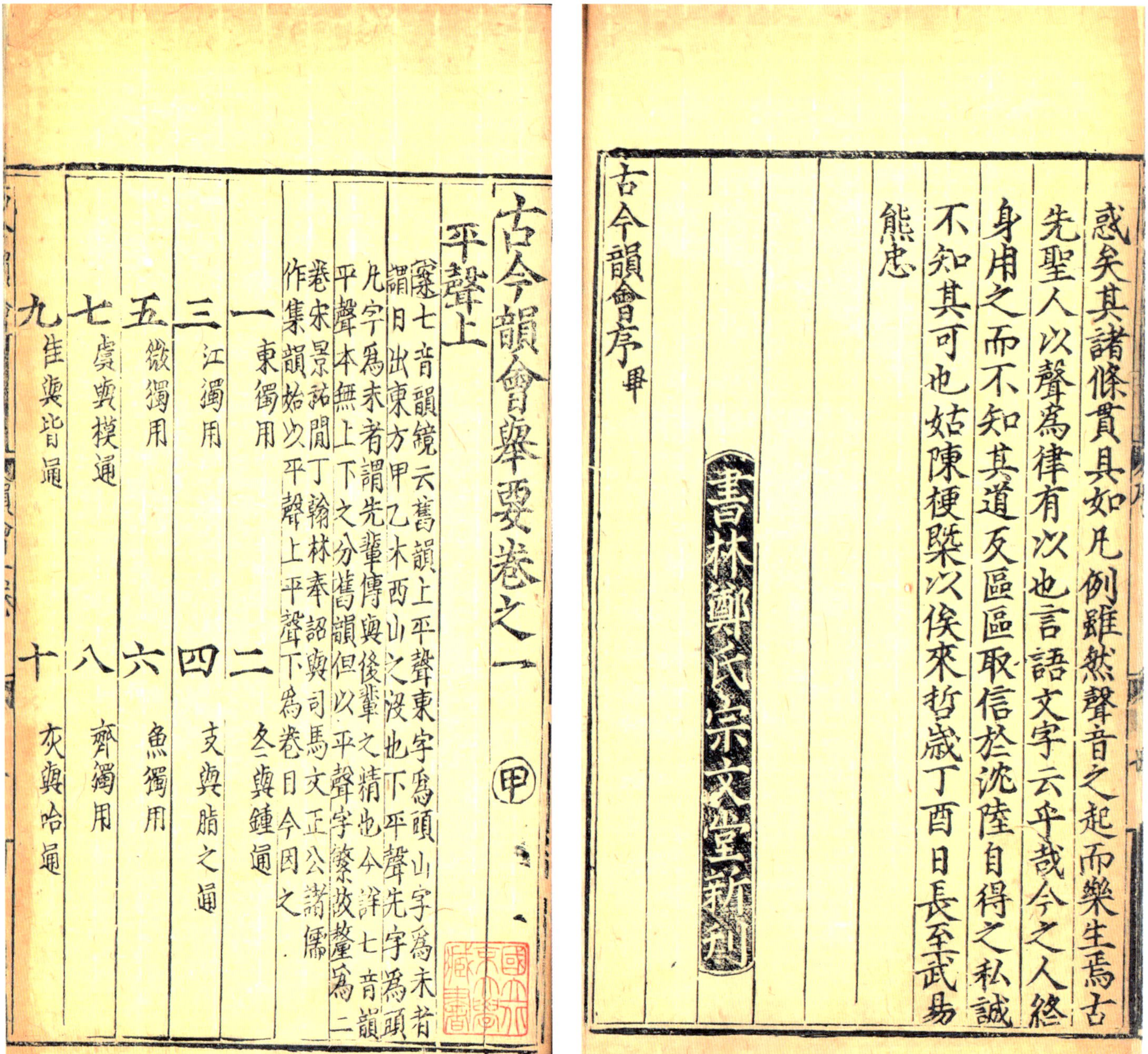

古今韻會舉要卷之一 （甲）

平聲上

竊案七音韻鏡云舊韻上平聲東字爲頭山字爲末者謂日出東方甲乙木西山之沒也下平聲先字爲頭凡字爲末者謂先輩傳與後輩之精也今詳七音韻平聲本無上下之分舊韻但以平聲字繁故釐爲二卷宋景祐間丁翰林奉詔與司馬文正公諸儒作集韻始以平聲上平聲下爲卷目今因之

一東獨用　二冬與鍾通
三江獨用　四支與脂之通
五微獨用　六魚獨用
七虞與模通　八齊獨用
九佳與皆通　十灰與咍通

惑矣其諸條貫具如凡例雖然聲音之起而樂生焉古先聖人以聲爲律有以也言語文字云乎哉今之人終身用之而不知其道反區區取信於沈陸自得之私誠不知其可也姑陳梗槩以俟來哲歲丁酉日長至武昜熊忠

書林鄭氏宗文堂新刊

古今韻會序　甲

11548 古今韻會舉要三十卷禮部韻畧七音三十六母通攷一卷 （元）

熊忠撰　明嘉靖六年（1527）鄭氏宗文堂刻本

匡高19.9厘米，廣12.7厘米。半葉十行，大字不等，小字雙行二十二字，黑口，四周雙邊。有“嘉靖丁亥年書林鄭氏宗文堂新刊”等牌記。北京大學圖書館藏。

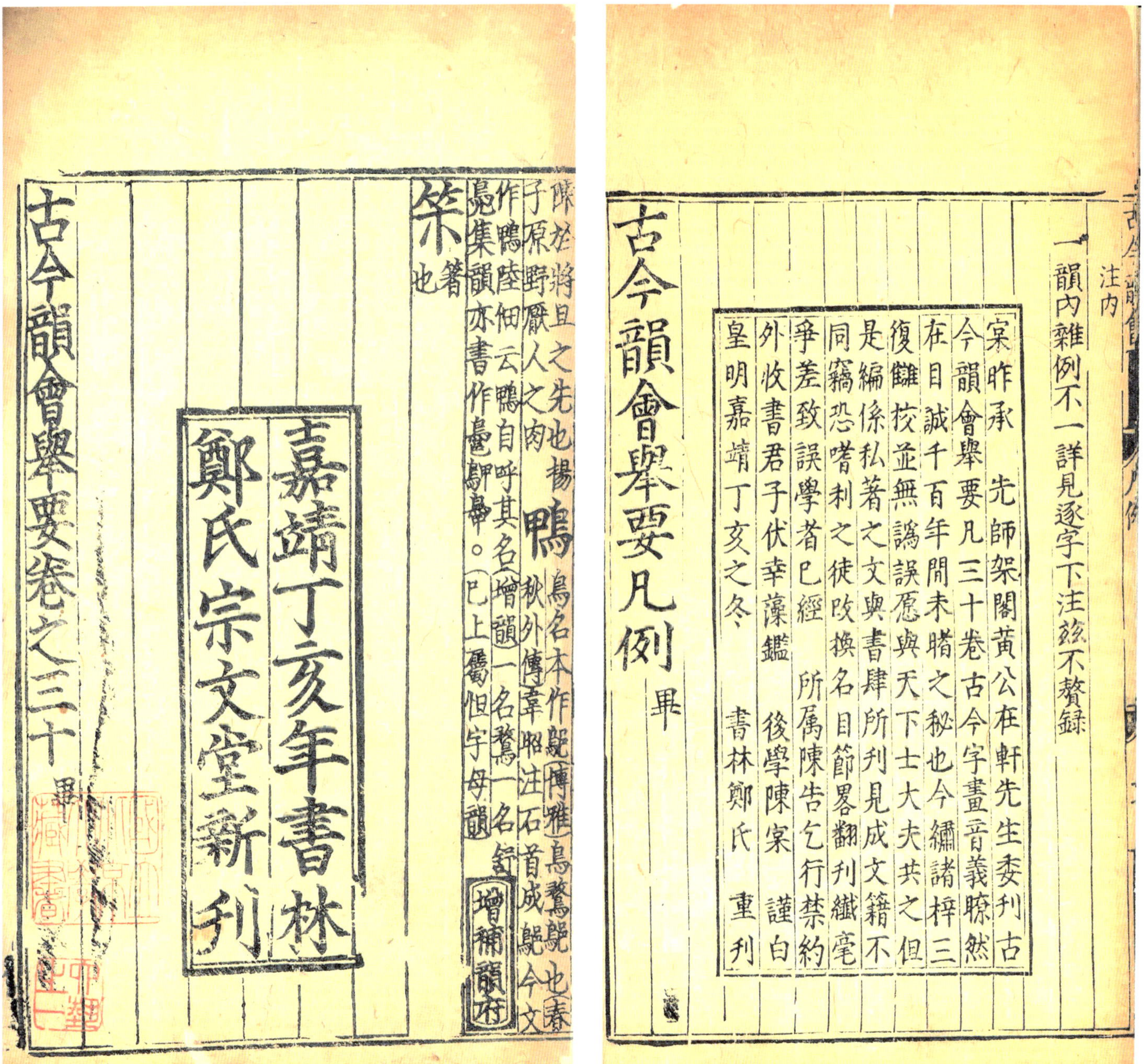

注內
一韻內雜例不一詳見逐字下注兹不贅録

宋昨承 先師架閣黃公在軒先生委刊古
今韻會舉要凡三十卷古今字畫音義瞭然
在目誠千百年間未睹之秘也今繡諸梓三
復讎校並無譌誤愿與天下士大夫共之但
是編係私著之文與書肆所刊見成文籍不
同竊恐嗜利之徒改換名目節畧翻刊纖毫
爭差致誤學者已經 所屬陳告乞行禁約
外收書君子伏幸藻鑑 後學陳宷 謹白
皇明嘉靖丁亥之冬 書林鄭氏 重刊

古今韻會舉要凡例 畢

隊於將旦之先也揚子原野厭人之肉

鴨 鳥名本作鴄〔博雅〕鳧鶩鴄也〔春秋外傳〕韋昭注石首成鴄今文作鴨陸佃云鴨自呼其名〔增韻〕一名鶩一名舒鳧集韻亦書作𪀦作䳀。〔已上屬但字母韻〕

〔增補韻府〕

築 著也

嘉靖丁亥年書林
鄭氏宗文堂新刊

古今韻會舉要卷之三十 畢

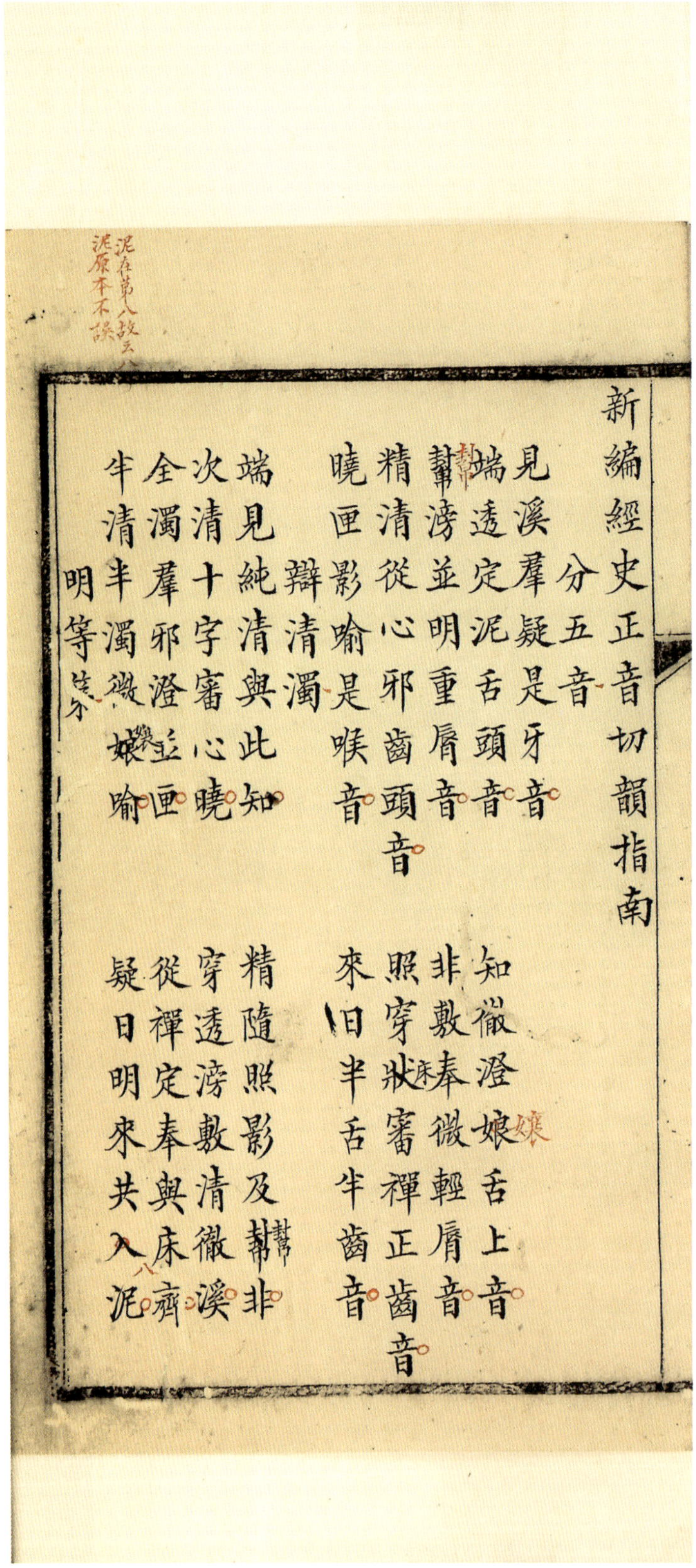
新編經史正音切韻指南
分五音
見溪羣疑是牙音
端透定泥舌頭音
幫滂並明重脣音
精清從心邪齒頭音
曉匣影喻是喉音
知徹澄娘舌上音
非敷奉微輕脣音
照穿牀審禪正齒音
來日半舌半齒音
辯清濁
端見純清與此知
次清十字審心曉
全濁羣邪澄並匣
半清半濁微娘喻
精隨照影及幫非
穿透滂敷清徹溪
從禪定奉與床齊
疑日明來共入泥
明等

11549 新編經史正音切韻指南一卷 （元）劉鑑撰　清咸豐趙同鈞抄本

匡高20.6厘米，廣13.7厘米。半葉十三行，行十八字，小字雙行不等，白口，左右雙邊。趙同鈞、趙宗德校，王振聲批並跋。南京圖書館藏。

自上而升疑是自下而升

承曰奉扶勇切 拱曰奉扶用切
人之美曰父 輔家之尊曰父扶雨切
著謂之被皮彼切 寢衣也覆謂之被平義切
牽和曰合古盍切 自和曰合胡閤切
居高定體曰上時亮切 自上而升曰上時掌切
居卑定體曰下胡雅切 自上而降曰下胡嫁切
居其後曰後胡茍切 從其後曰後胡姤切
相鄰曰近巨隱切 相親曰近巨刃切
四方廣大曰夏胡雅切 中夏也 萬物盛大曰夏胡嫁切 冬
夏也

丙午六月十二日校畢。先是丙寅子方丈大埜借此書屬門人張廷球影鈔一帙，甲辰入都，後為賊所竊，復借亷本趙宜園工部同館余家，屬其鈔之，乙巳余又入都，未及校，亷本已[illegible]鈔殘[illegible]影鈔本未録動靜字音，晚以[illegible]之，其可疑者尚多[illegible]文[illegible]記，是時大雷雨

動靜字音終

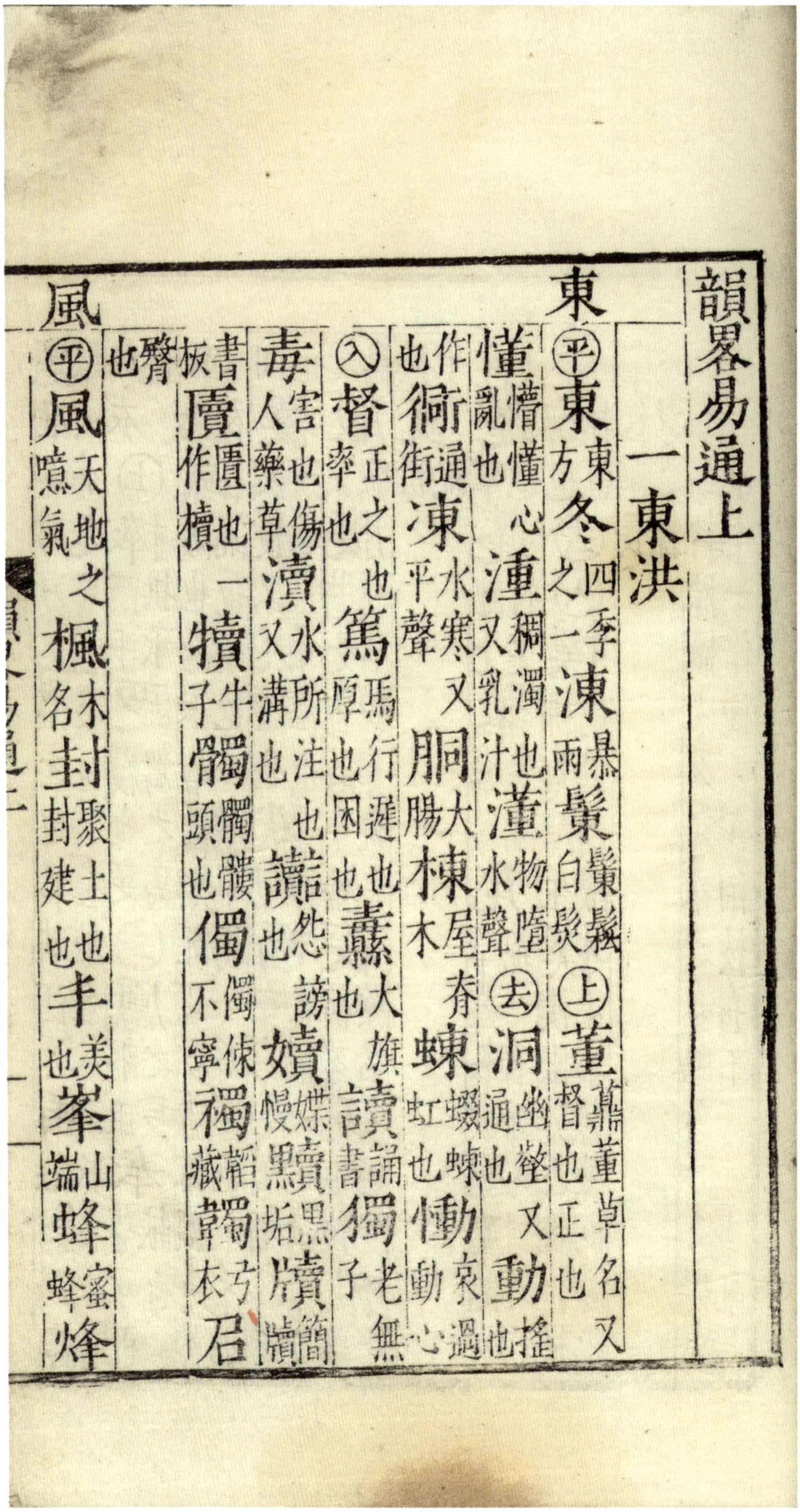

韻畧易通上

一東洪

東 ㊥東東方 冬四季之一 凍暴雨 [illegible][illegible]鬆白髮 ㊤董鼎董草名又督也正也

懂懵懂心亂也 湩[illegible]濁也又乳汁 [illegible]物墮水聲 ㊦洞幽邃又通也 動搖也

作也 衕通街 凍水寒又平聲 胴大腸 棟屋木 蝀螮蝀虹也 慟哀過動心

㊇督正之也率也 篤馬行遲也厚也固也 纛大旗也 讀誦書 獨老無子

毒害也傷人藥草 瀆水所注也又溝也 讟怨謗也 嬻媟慢 黷黑垢 牘簡牘

書板 匵匱也一作櫝 犢牛子 髑髑髏頭也 [illegible][illegible]不寧 韣韜韣弓藏衣 召

膂也

風 ㊥風天地之噫氣 楓木名 封聚土也封建也 丰美也 峯山端 蜂蜜蜂 烽

11550 韻畧易通二卷 （明）蘭茂撰 明嘉靖三十二年（1553）高岐刻本

匡高18.4厘米，廣13.3厘米。半葉十行，行十九字，小字雙行同，白口，四周單邊。華東師範大學圖書館藏。

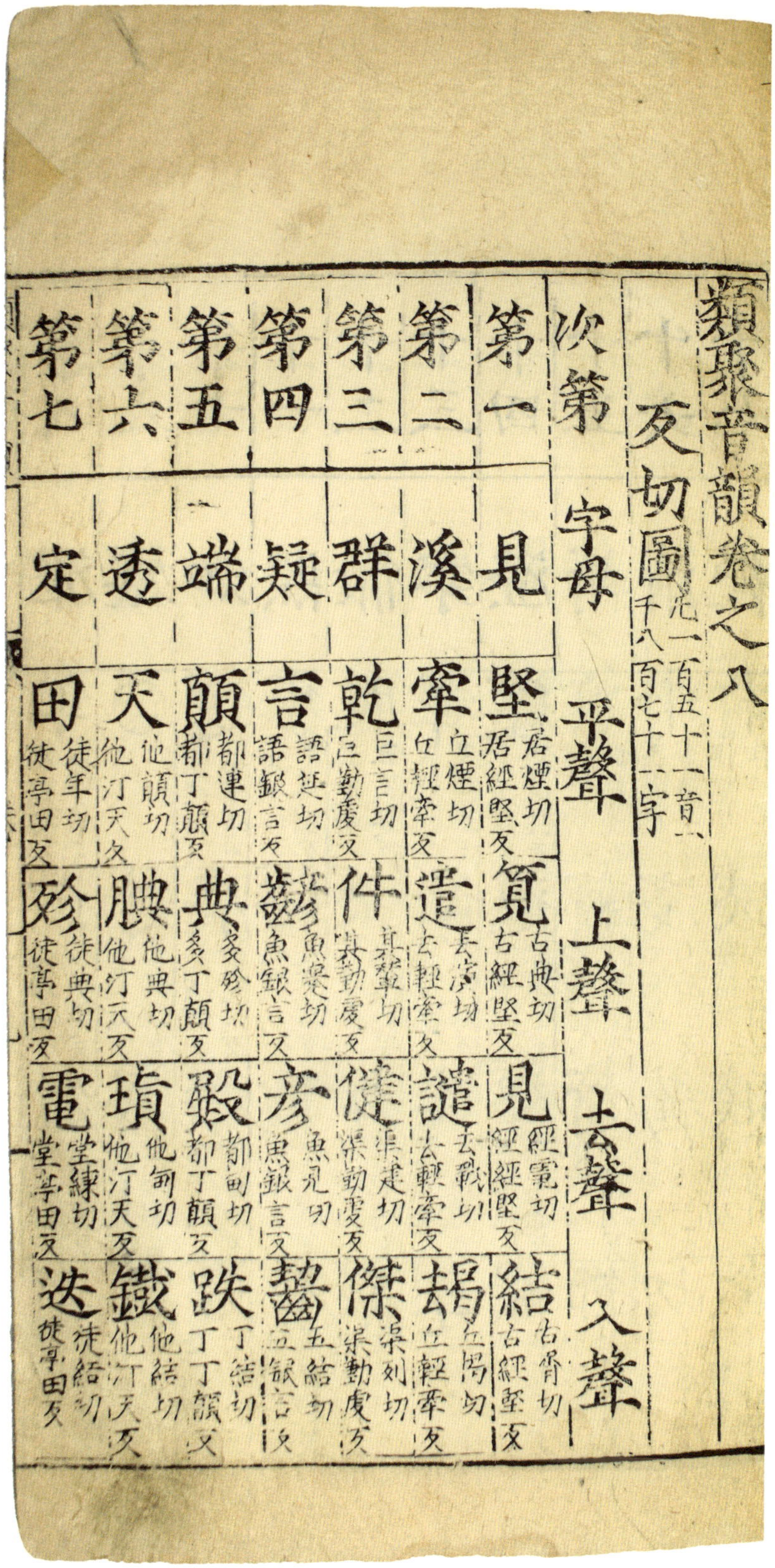

類聚音韻卷之八

反切圖 凡一百五十一音、千八百七十一字

次第	字母	平聲	上聲	去聲	入聲
第一	見	堅 居煙切 居經堅反	筧 古典切 古經堅反	見 經電切 經堅反	結 古屑切 古經堅反
第二	溪	牽 丘煙切 丘輕牽反	遣 去演切 去輕牽反	譴 去戰切 去輕牽反	猲 丘竭切 丘輕牽反
第三	群	乾 巨言切 巨勤虔反	件 其輦切 其勤虔反	健 渠建切 渠勤虔反	傑 渠列切 渠勤虔反
第四	疑	言 語延切 語銀言反	齴 魚蹇切 魚銀言反	彥 魚見切 魚銀言反	齧 五結切 五銀言反
第五	端	顛 都連切 都丁顛反	典 多殄切 多丁顛反	殿 都甸切 都丁顛反	跌 丁結切 丁丁顛反
第六	透	天 他顛切 他汀天反	腆 他典切 他汀天反	瑱 他甸切 他汀天反	鐵 他結切 他汀天反
第七	定	田 徒年切 徒亭田反	殄 徒典切 徒亭田反	電 堂練切 堂亭田反	迭 徒結切 徒亭田反

11551 類聚音韻三十卷 （明）熊晦撰　明嘉靖十三年（1534）宗文堂刻本

匡高19.4厘米，廣13.1厘米。半葉十行，行字不等，白口，四周雙邊。有“皇明甲午季冬月宗文堂鋟梓”牌記。東北師範大學圖書館藏，存二十四卷。

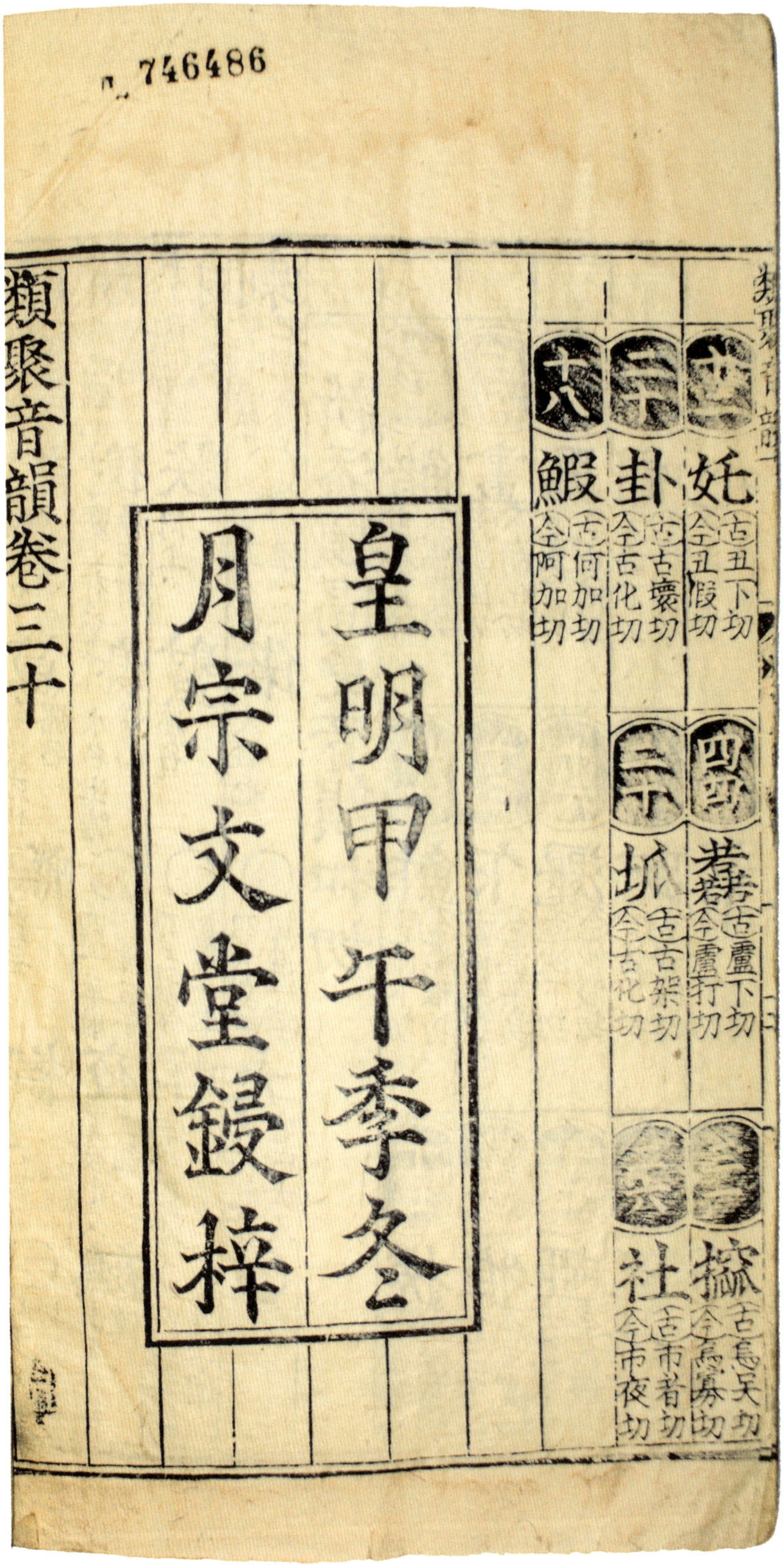
746486
類聚音韻卷三十
皇明甲午季冬
月宗文堂鋟梓

11551 類聚音韻三十卷

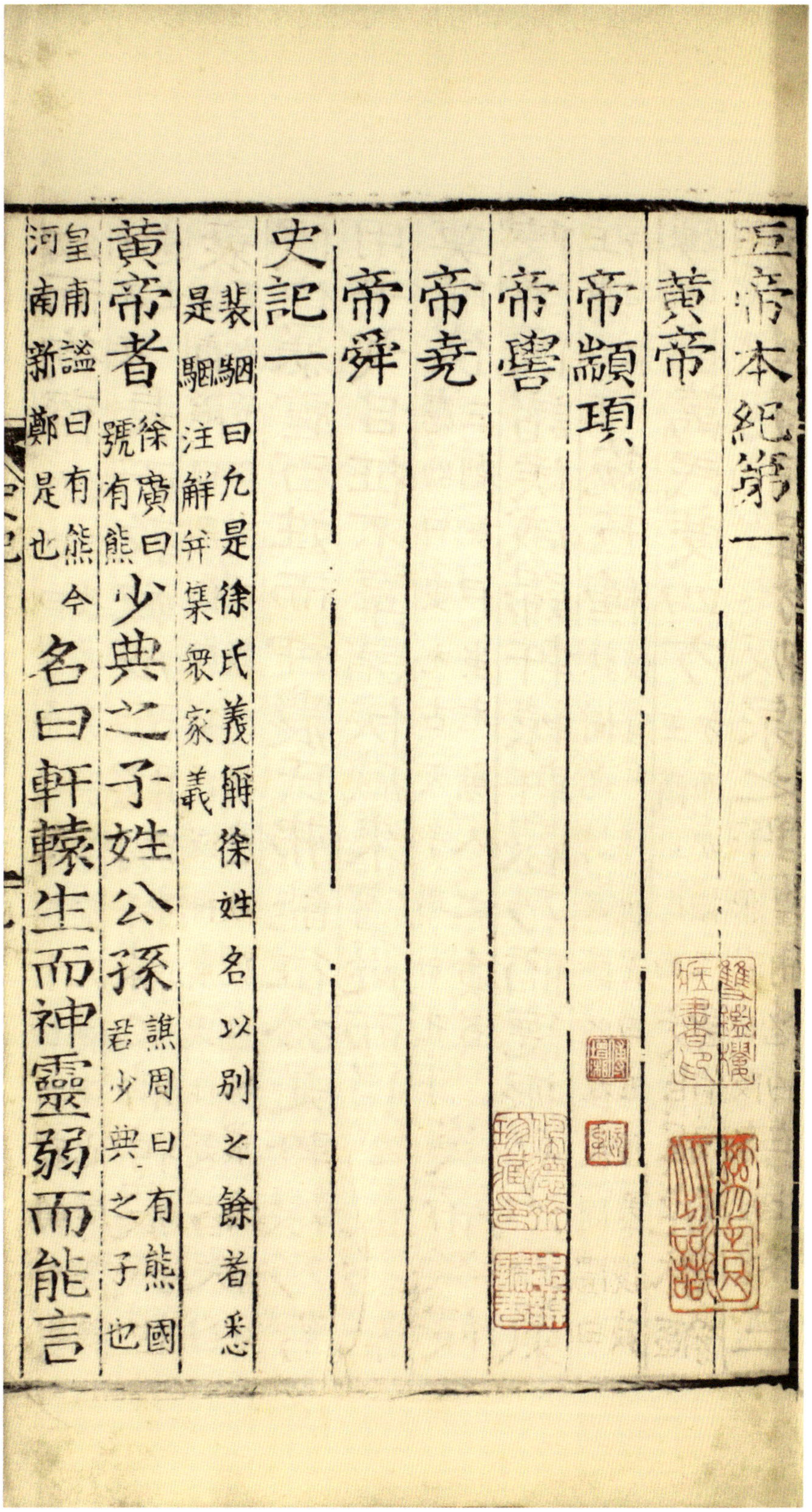

五帝本紀第一

黃帝

帝顓頊

帝嚳

帝堯

帝舜

史記一

裴駰曰凡是徐氏義稱徐姓名以別之餘者悉是駰注解并集衆家義

黃帝者徐廣曰號有熊少典之子姓公孫譙周曰有熊國君少典之子也

皇甫謐曰有熊今河南新鄭是也名曰軒轅生而神靈弱而能言

11552 史記一百三十卷 （漢）司馬遷撰 （南朝宋）裴駰集解 明正德十年（1515）白鹿洞書院刻本

匡高21.7厘米，廣14.6厘米。半葉十行，行十九字，小字雙行同，白口，四周單邊。有“雙鑑樓藏書印”“沅叔”“保德齋珍藏印”“忠謨讀書”“傅增湘”等印。山西博物院藏。

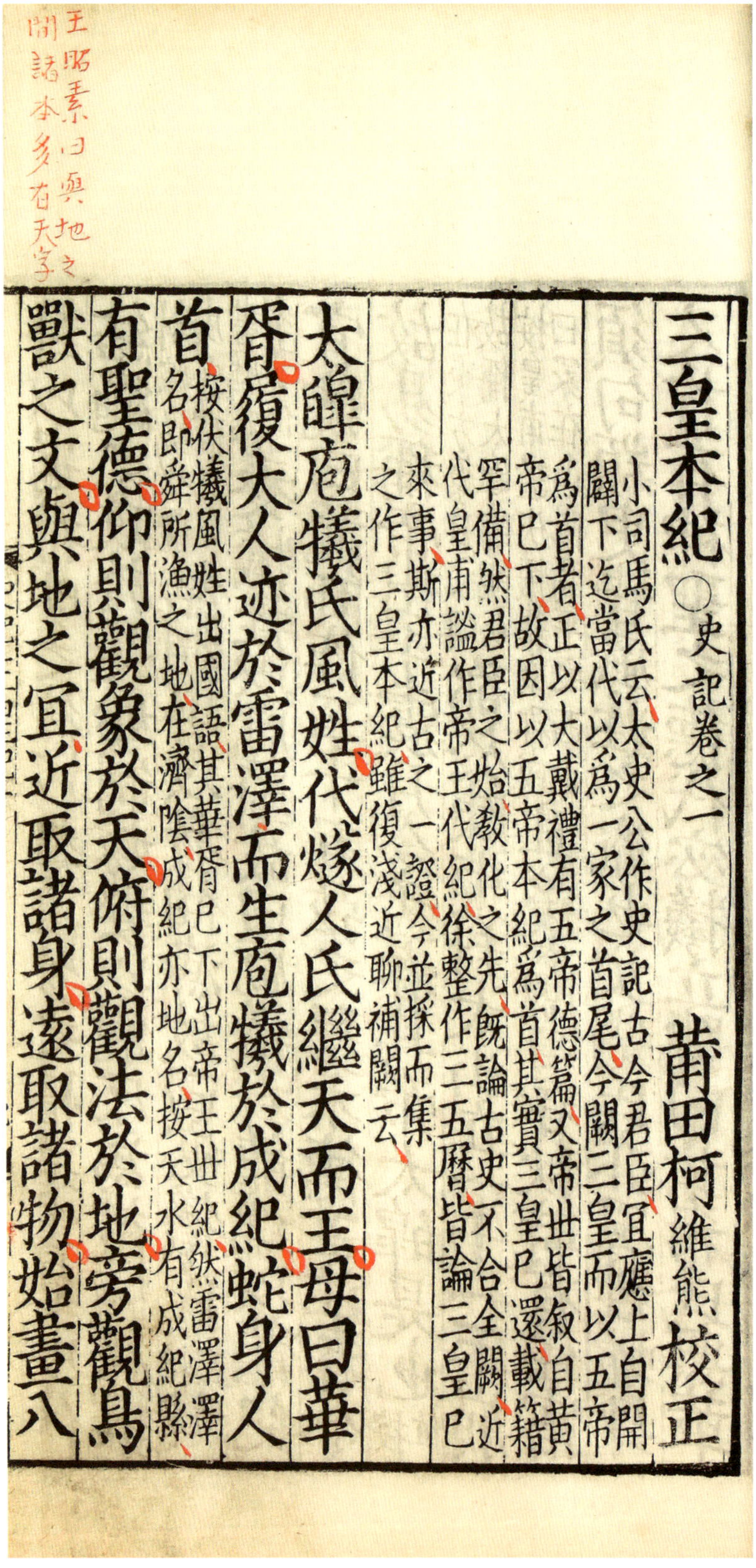

王昭素曰與地之間諸本多有天字

三皇本紀 ○史記卷之一　莆田柯維熊校正

小司馬氏云太史公作史記古今君臣宜應上自開闢下迄當代以爲一家之首尾今闕三皇而以五帝爲首者正以大戴禮有五帝德篇又帝世皆叙自黄帝已下故因以五帝本紀爲首其實三皇已還載籍罕備然君臣之始教化之先既論古史不合全闕近代皇甫謐作帝王代紀徐整作三五曆皆論三皇已來事斯亦近古之一證今並採而集之作三皇本紀雖復淺近聊補闕云

太皥庖犧氏風姓代燧人氏繼天而王母曰華胥履大人迹於雷澤而生庖犧於成紀蛇身人首按伏犧風姓出國語其華胥已下出帝王世紀然雷澤澤名即舜所漁之地在濟陰成紀亦地名按天水有成紀縣有聖德仰則觀象於天俯則觀法於地旁觀鳥獸之文與地之宜近取諸身遠取諸物始畫八

11553 史記一百三十卷　（漢）司馬遷撰　（南朝宋）裴駰集解　（唐）司馬貞索隱　（唐）張守節正義　明嘉靖四年（1525）汪諒刻本

匡高20厘米，廣12.9厘米。半葉十行，行十八字，小字雙行二十三字，白口，左右雙邊。上海圖書公司藏。

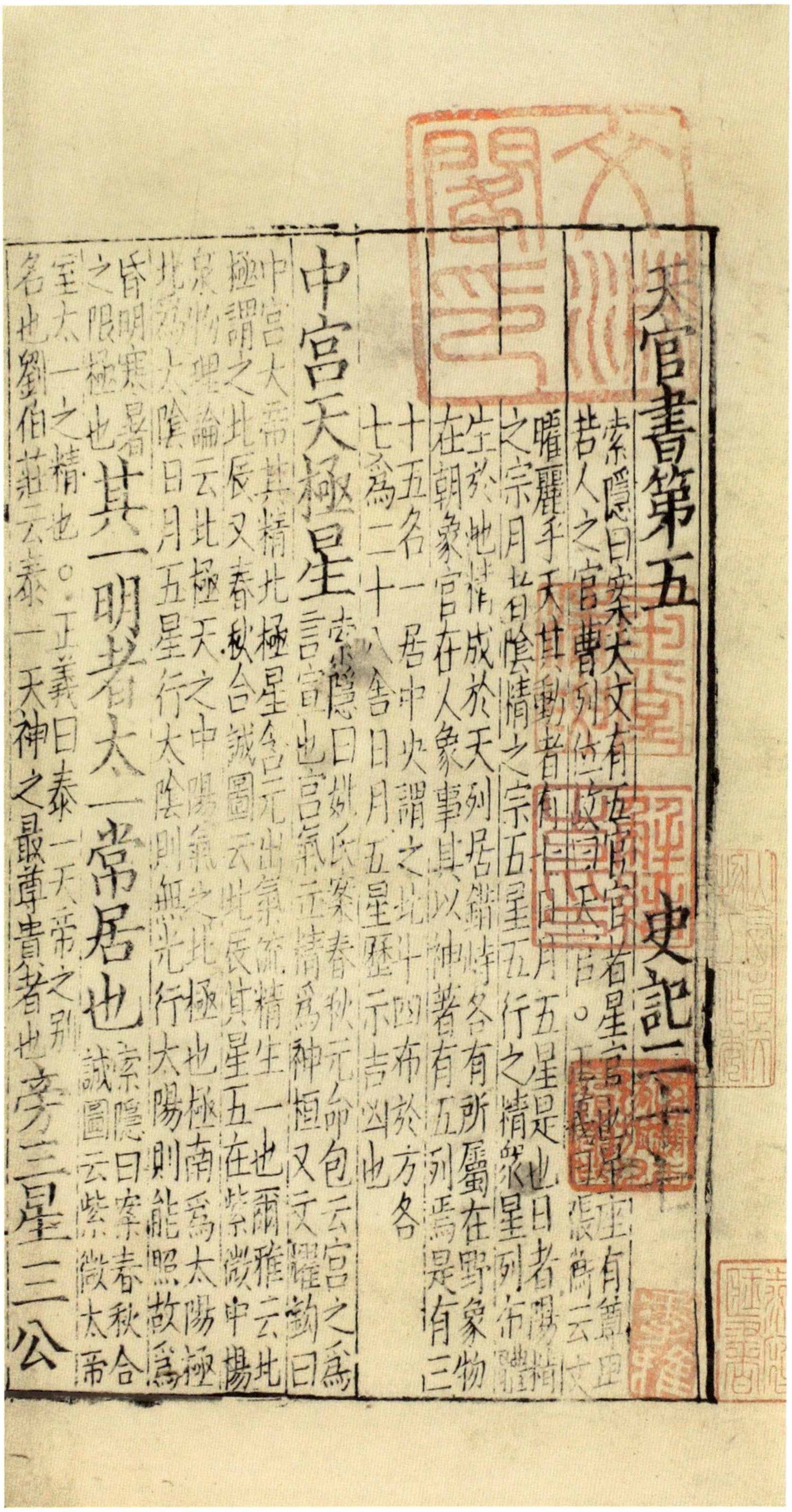

天官書第五　史記二十七

索隱曰案天文有五官官者星官也星座有尊卑若人之官曹列位故曰天官。正義張衡云文曜麗乎天其動者有七日月五星是也日者陽精之宗月者陰精之宗五星五行之精衆星列布體生於地精成於天列居錯峙各有所屬在野象物在朝象官在人象事其以神著有五列焉是有三十五名一居中央謂之北斗四布於方各七爲二十八舍日月五星麗示吉凶也

中宮天極星 索隱曰姚氏案春秋元命包云宮之爲言宣也宮氣立精爲神垣又文耀鉤曰中宮大帝其精北極星含元出氣流精生一也爾雅云北極謂之北辰又春秋合誠圖云北辰其星五在紫微中楊泉物理論云北極天之中陽氣之北極也極南爲太陽北爲太陰日月五星行太陰則無光行太陽則能照故爲昏明寒暑之限極也 其一明者太一常居也 索隱曰案春秋合誠圖云紫微太帝室太一之精也。正義曰泰一天帝之別名也劉伯莊云泰一天神之最尊貴者也 旁三星三公

11554、11555 史記一百三十卷 （漢）司馬遷撰　（南朝宋）裴駰集解　（唐）司馬貞索隱　（唐）張守節正義　明嘉靖四至六年（1525-1527）王延喆刻本

匡高20.1厘米，廣13厘米。半葉十行，行十八字，小字雙行二十四字，白口，左右雙邊。復旦大學圖書館藏，有“震澤王氏刻于恩褒四世之堂”“震澤王氏刻梓”等牌記，諸洛批校；山西博物院藏，有明嘉靖四年汪諒刻本、嘉靖十三年秦藩朱惟焯刻本補配，傅增湘校。

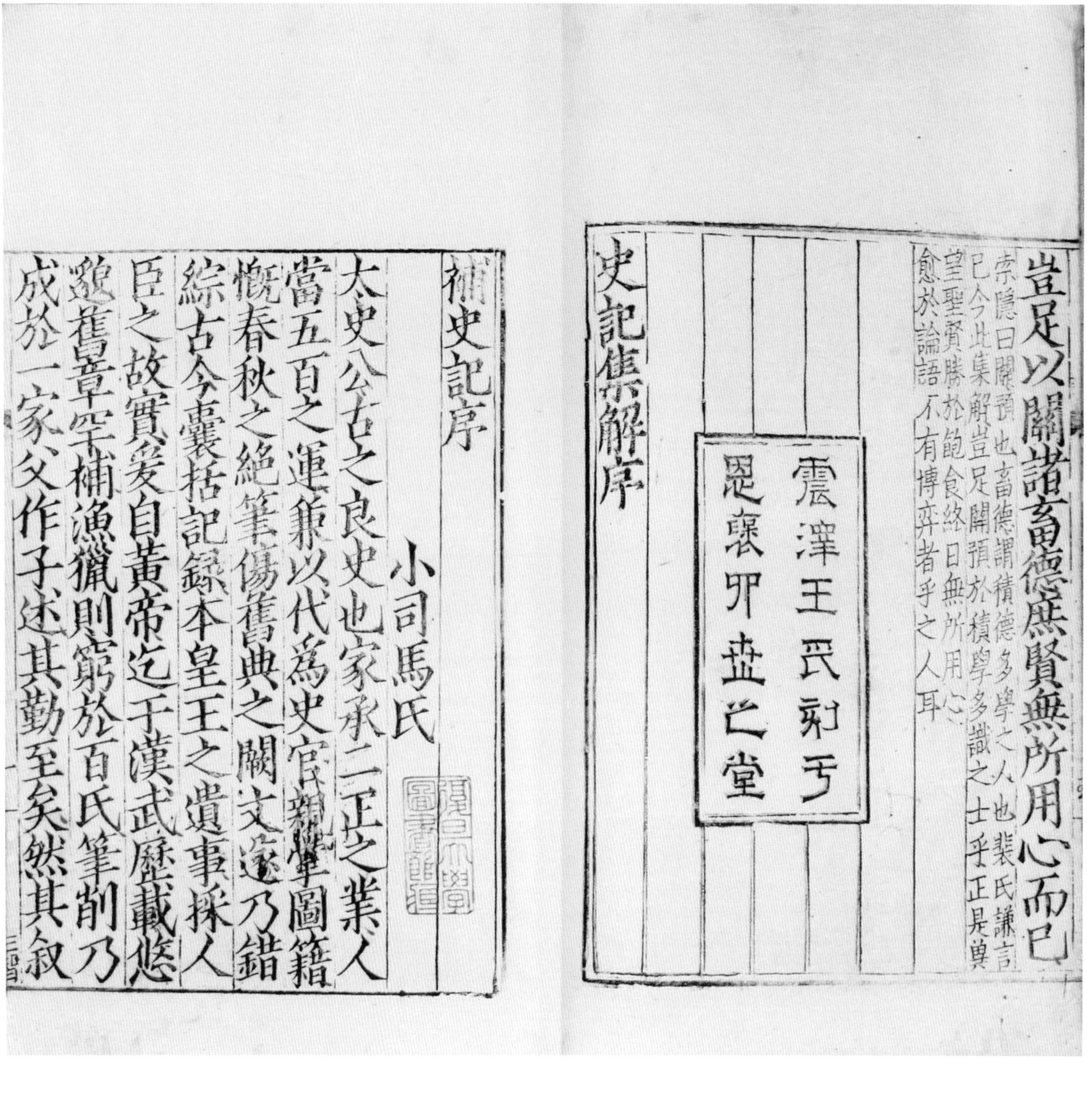

11554、11555　史記一百三十卷

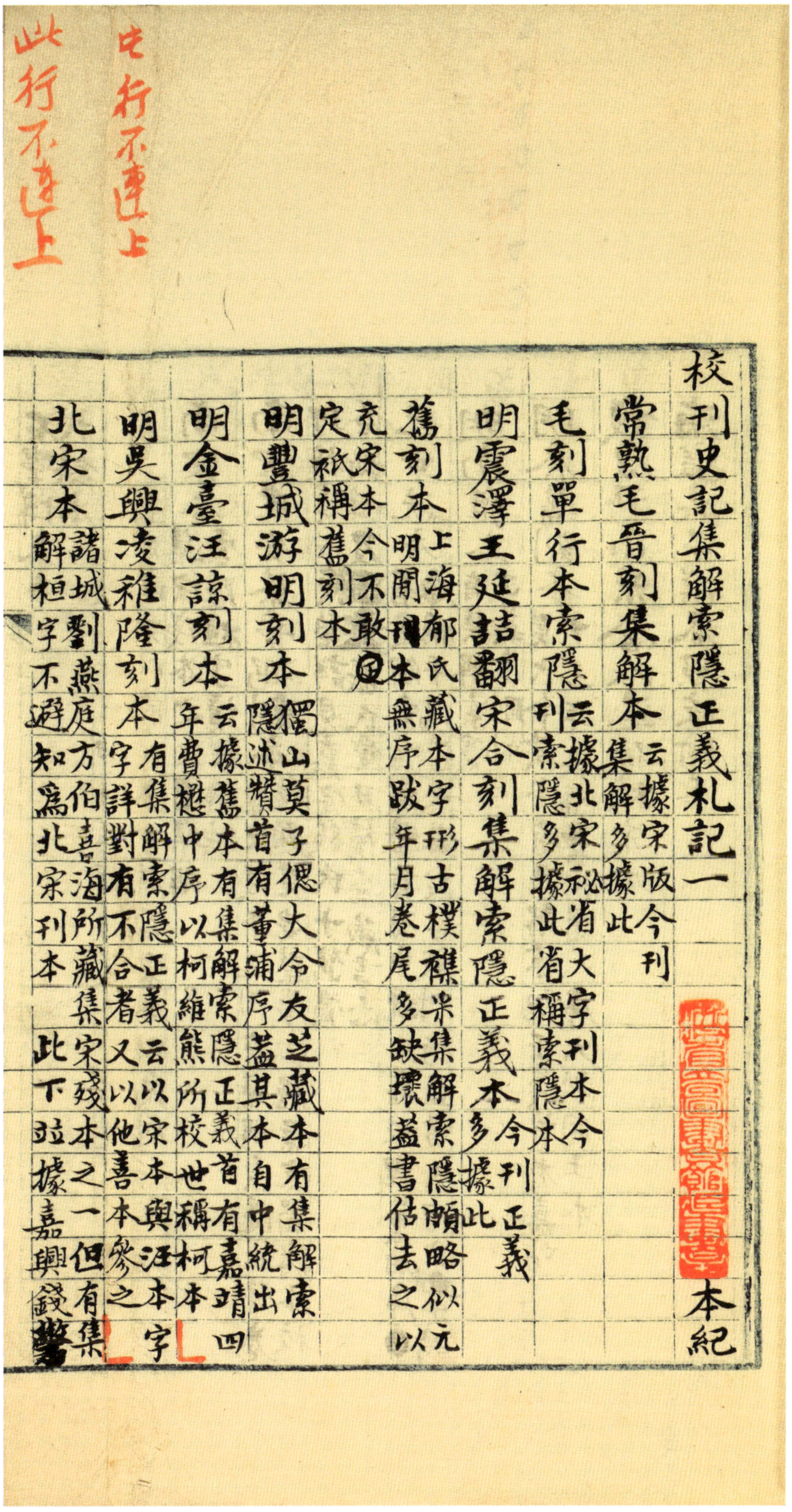
此行不連上

此行不連上

校刊史記集解索隱正義札記一　本紀

常熟毛晉刻集解本云據宋版今刊集解多據此

毛刻單行本索隱云據北宋祕省大字刊本今刊索隱多據此省稱索隱本

明震澤王延喆翻宋合刻集解索隱正義本今刊正義多據此

舊刻本上海郁氏藏本字形古樸襍采集解索隱頗略似元明閩刊本無序跋年月卷尾多缺壞蓋書估去之以

充宋本今不敢定定祇稱舊刻本

明豐城游明刻本獨山莫子偲大令友芝藏本有集解索隱述贊首有董浦序蓋其本自中統出

明金臺汪諒刻本云據舊本有集解索隱正義首有嘉靖四年費懋中序以柯維熊所校世稱柯本

明吳興淩稚隆刻本有集解索隱正義云以宋本與汪本字字詳對有不合者又以他善本參之

北宋本諸城劉燕庭方伯喜海所藏集宋殘本之一但有集解桓字不避知為北宋刊本

此下竝據嘉興錢[illegible]

11556 校刊史記集解索隱正義札記五卷　（清）張文虎撰　稿本

匡高17.6厘米，廣13.5厘米。半葉十行，行二十四字，小字雙行同，白口，左右雙邊。浙江圖書館藏。

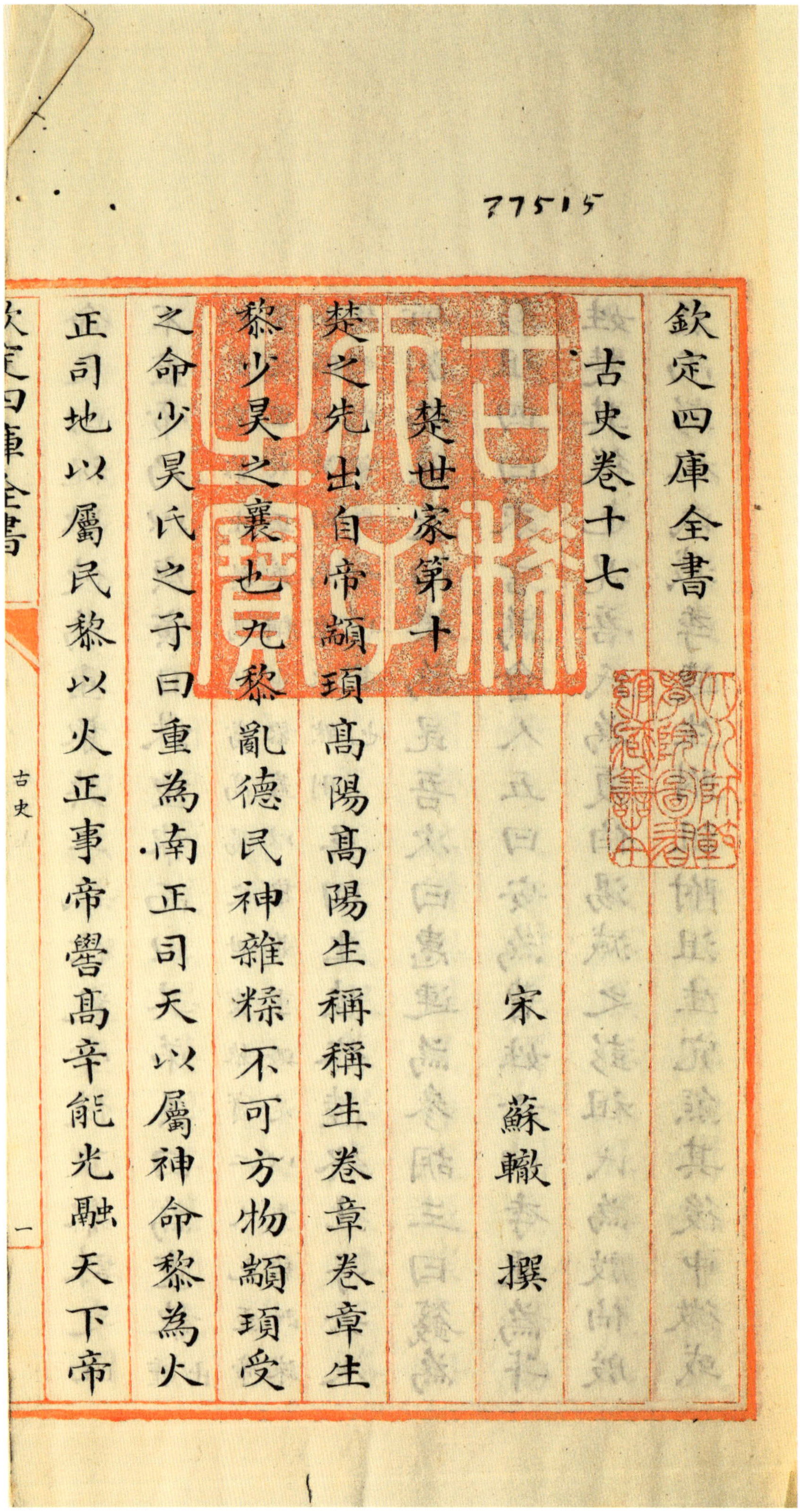
77515

欽定四庫全書

古史卷十七

楚世家第十

宋　蘇轍　撰

楚之先出自帝顓頊高陽高陽生稱稱生卷章卷章生黎少昊之衰也九黎亂德民神雜糅不可方物顓頊受之命少昊氏之子曰重為南正司天以屬神命黎為火正司地以屬民黎以火正事帝嚳高辛能光融天下帝

欽定四庫全書　古史　一

11557 古史六十卷　（宋）蘇轍撰　清乾隆内府寫南三閣四庫全書本

匡高20.2厘米，廣13.7厘米。半葉八行，行二十一字，紅格，白口，四周雙邊。有“古稀天子之寶”“乾隆御覽之寶”等印。四川師範大學圖書館藏，存一卷。

而不知天綱之不失也是故楚雖已滅而楚之父老知
秦之既曰楚雖三户亡秦必楚卒之滅秦者皆楚人也
楚莊王討陳夏徵舒圍鄭及宋力皆足以取之棄而不
有夫豈不欲畏天故也莊王既伯諸侯而楚遂以興天
命之不僭如此而可誣也哉

欽定四庫全書　古史　五十

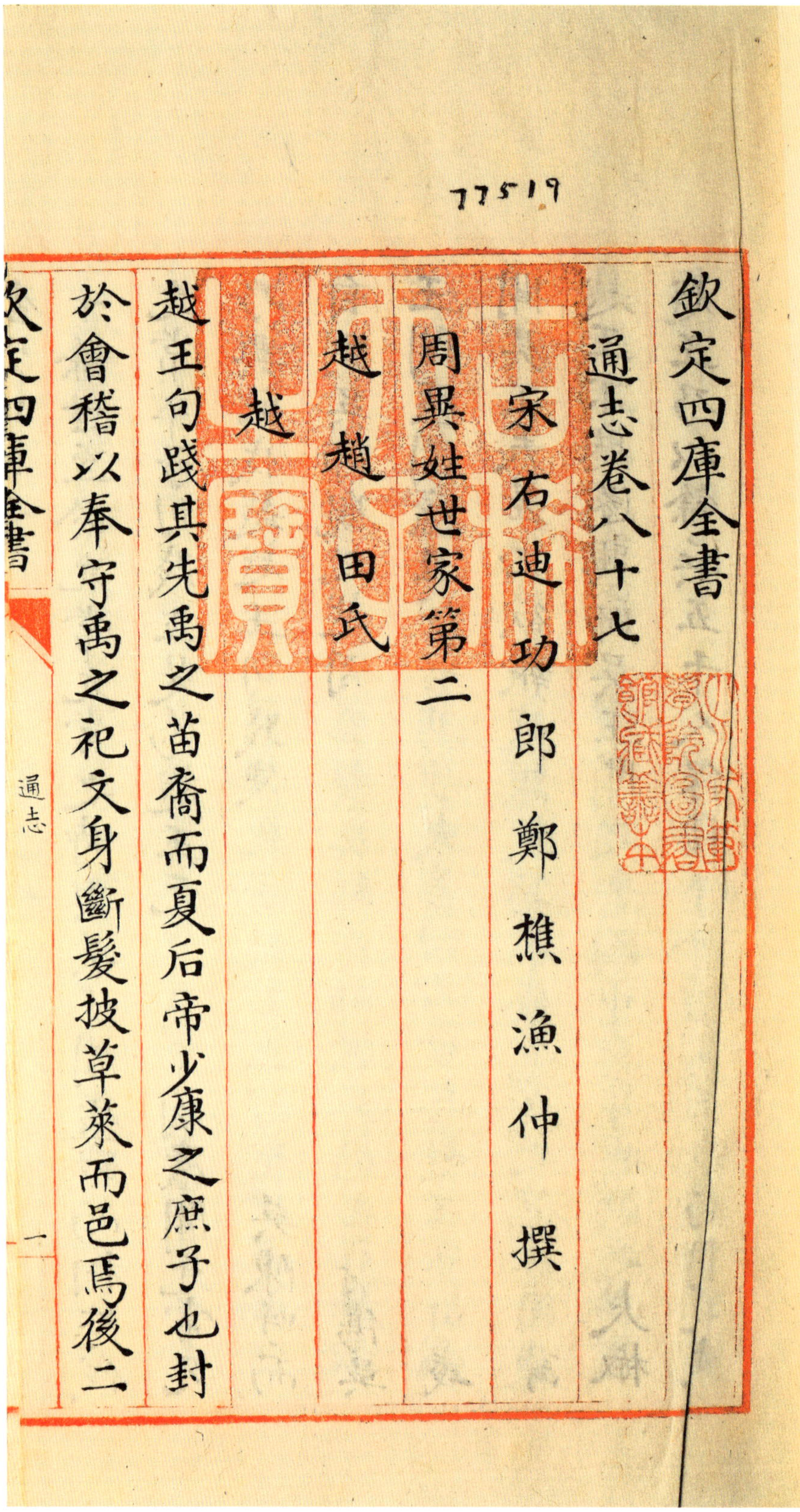

欽定四庫全書

通志卷八十七

宋右迪功郎鄭樵漁仲撰

周異姓世家第二

越趙田氏

越

越王句踐其先禹之苗裔而夏后帝少康之庶子也封

於會稽以奉守禹之祀文身斷髮披草萊而邑焉後二

欽定四庫全書　通志　一

11558 通志二百卷　（宋）鄭樵撰　清乾隆内府寫南三閣四庫全書本

匡高20.6厘米，廣13.7厘米。半葉八行，行二十一字，紅格，白口，四周雙邊。有“古稀天子之寶”“乾隆御覽之寶”等印。四川師範大學圖書館藏，存一卷。

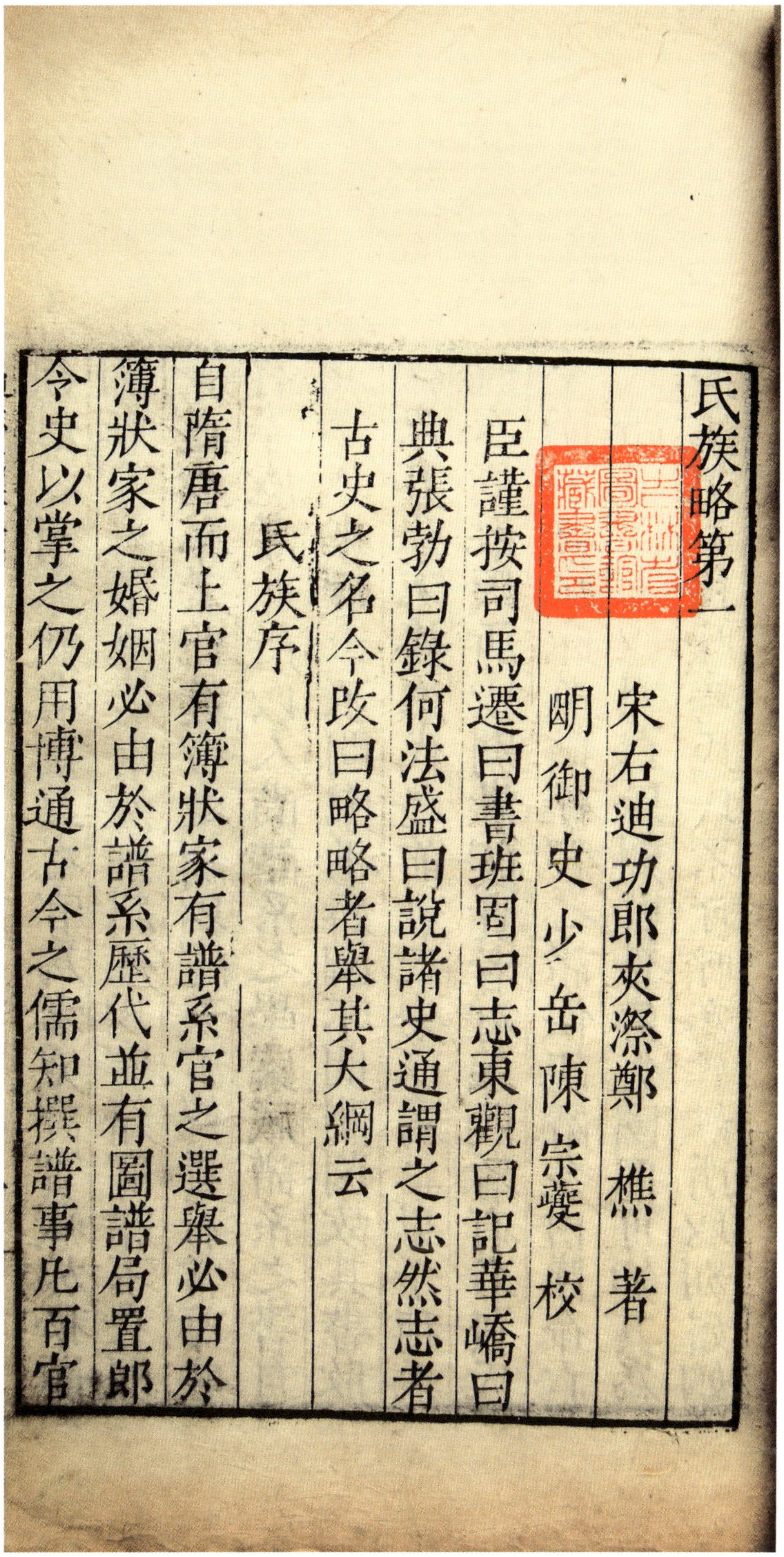

氏族略第一
宋右迪功郎夾漈鄭　樵　著
明御史少岳陳宗夔　校
臣謹按司馬遷曰書班固曰志東觀曰記華嶠曰典張勃曰錄何法盛曰說諸史通謂之志然志者古史之名今改曰略略者舉其大綱云
氏族序
自隋唐而上官有簿狀家有譜系官之選舉必由於簿狀家之婚姻必由於譜系歷代並有圖譜局置郎令史以掌之仍用博通古今之儒知撰譜事凡百官

11559 通志略五十二卷　（宋）鄭樵撰　明嘉靖二十九年（1550）陳宗夔等刻本

匡高19厘米，廣13.2厘米。半葉十行，行二十字，白口，小字雙行同，四周單邊。吉林省圖書館藏。

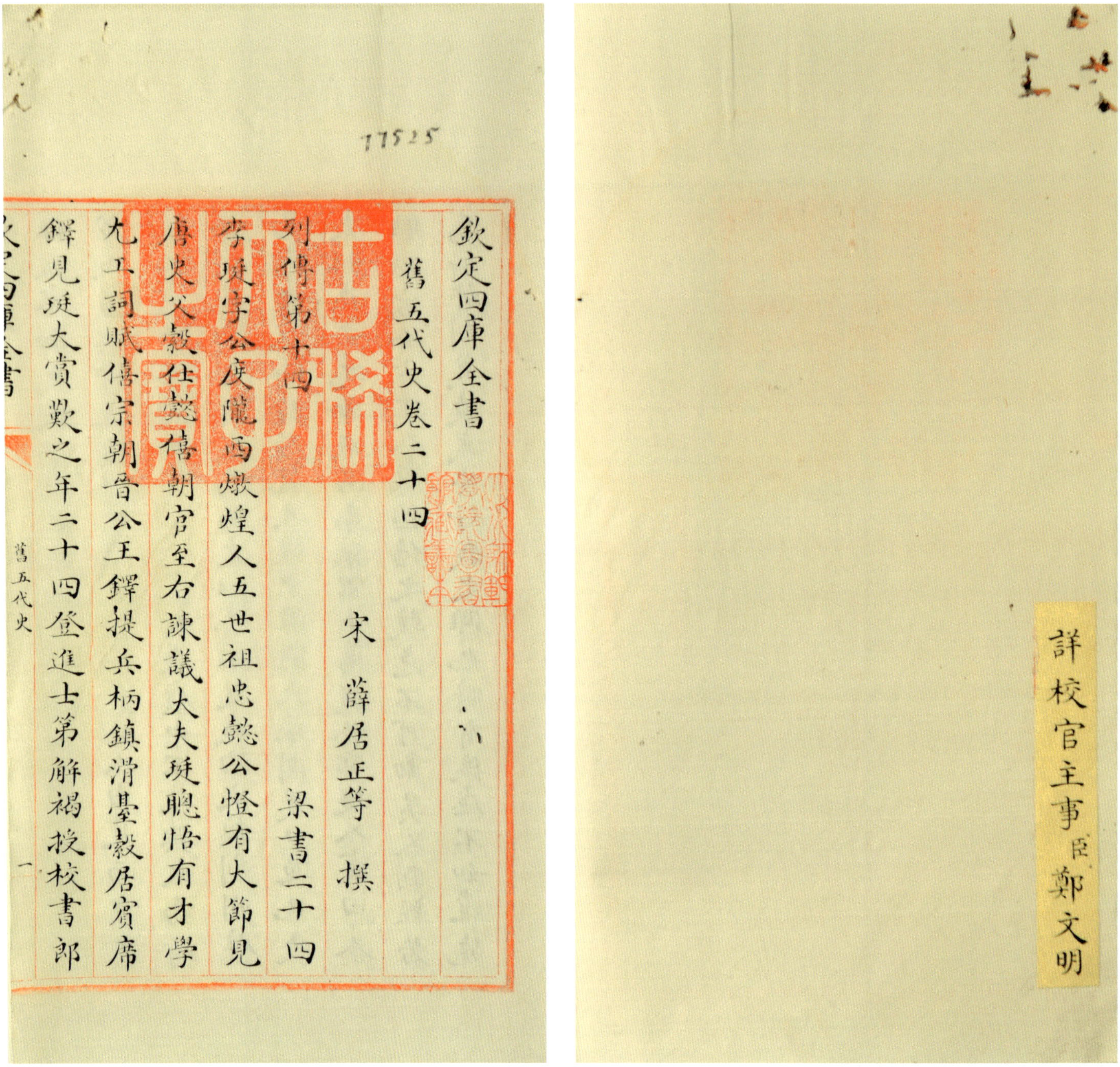
欽定四庫全書
舊五代史卷二十四
宋　薛居正等　撰
列傳第十四　梁書二十四
李珽字公度隴西燉煌人五世祖忠懿公愷有大節見
唐史父穀仕懿僖朝官至右諫議大夫珽聰悟有才學
尤工詞賦僖宗朝晉公王鐸提兵柄鎮滑臺穀居賓席
鐸見珽大賞歎之年二十四登進士第解褐授校書郎
欽定四庫全書　舊五代史　一

詳校官主事臣鄭文明

11560　舊五代史一百五十卷目録二卷　（宋）薛居正等撰　（清）邵晉涵等輯　清乾隆内府寫南三閣四庫全書本

匡高20.5厘米，廣13.7厘米。半葉八行，行二十一字，紅格，白口，四周雙邊。有“古稀天子之寶”“乾隆御覽之寶”等印。四川師範大學圖書館藏，存十卷。

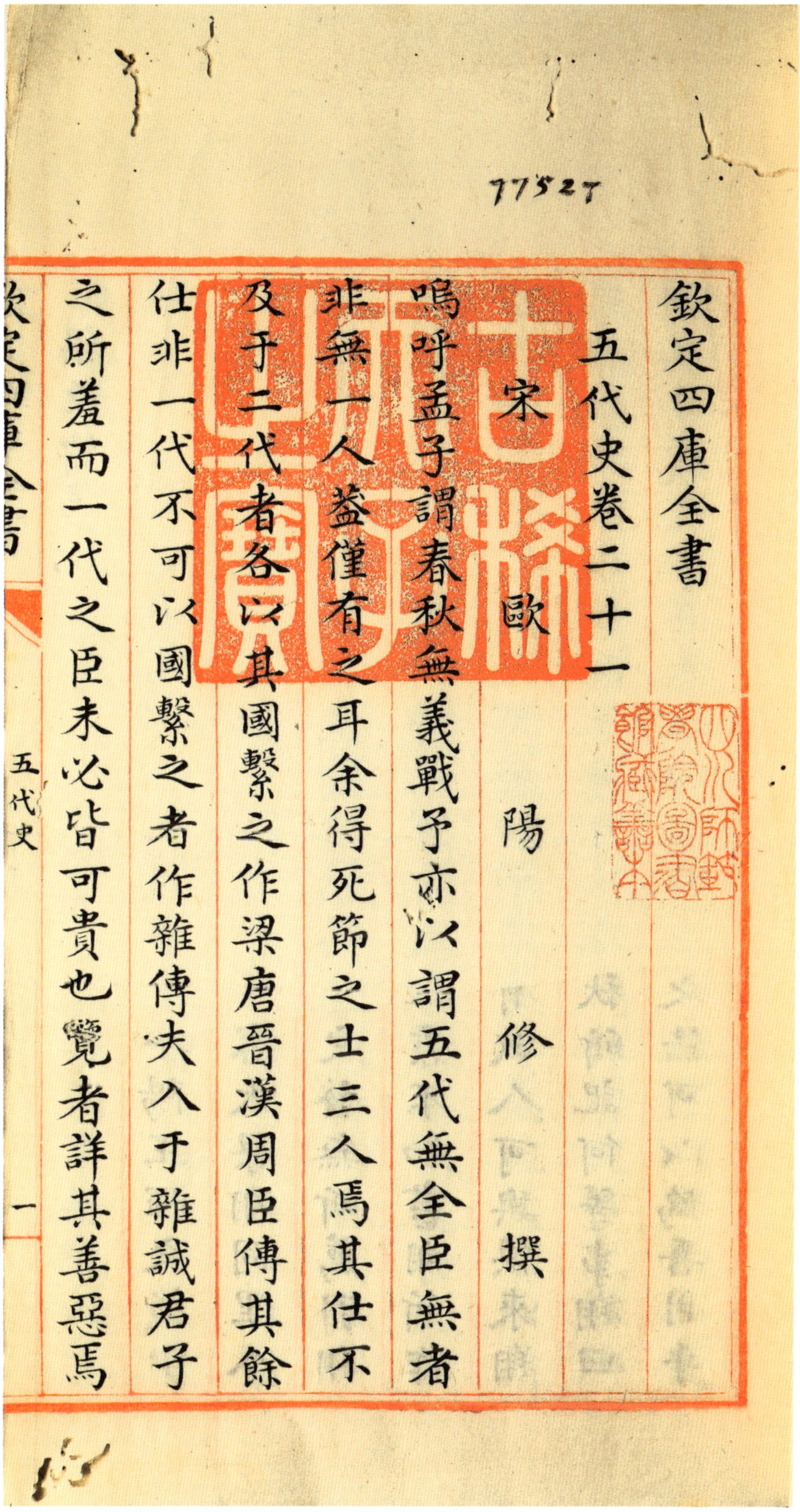

欽定四庫全書

五代史卷二十一

宋　歐陽修　撰

嗚呼孟子謂春秋無義戰予亦以謂五代無全臣無者非無一人蓋僅有之耳余得死節之士三人焉其仕不及于二代者各以其國繫之作梁唐晉漢周臣傳其餘仕非一代不可以國繫之者作雜傳夫入于雜誠君子之所羞而一代之臣未必皆可貴也覽者詳其善惡焉

欽定四庫全書　五代史　一

11561 五代史七十四卷　（宋）歐陽修撰　（宋）徐無黨注　清乾隆内府寫南三閣四庫全書本

匡高20.5厘米，廣13.7厘米。半葉八行，行二十一字，紅格，白口，四周雙邊。有“古稀天子之寶”“乾隆御覽之寶”等印。四川師範大學圖書館藏，存四卷。

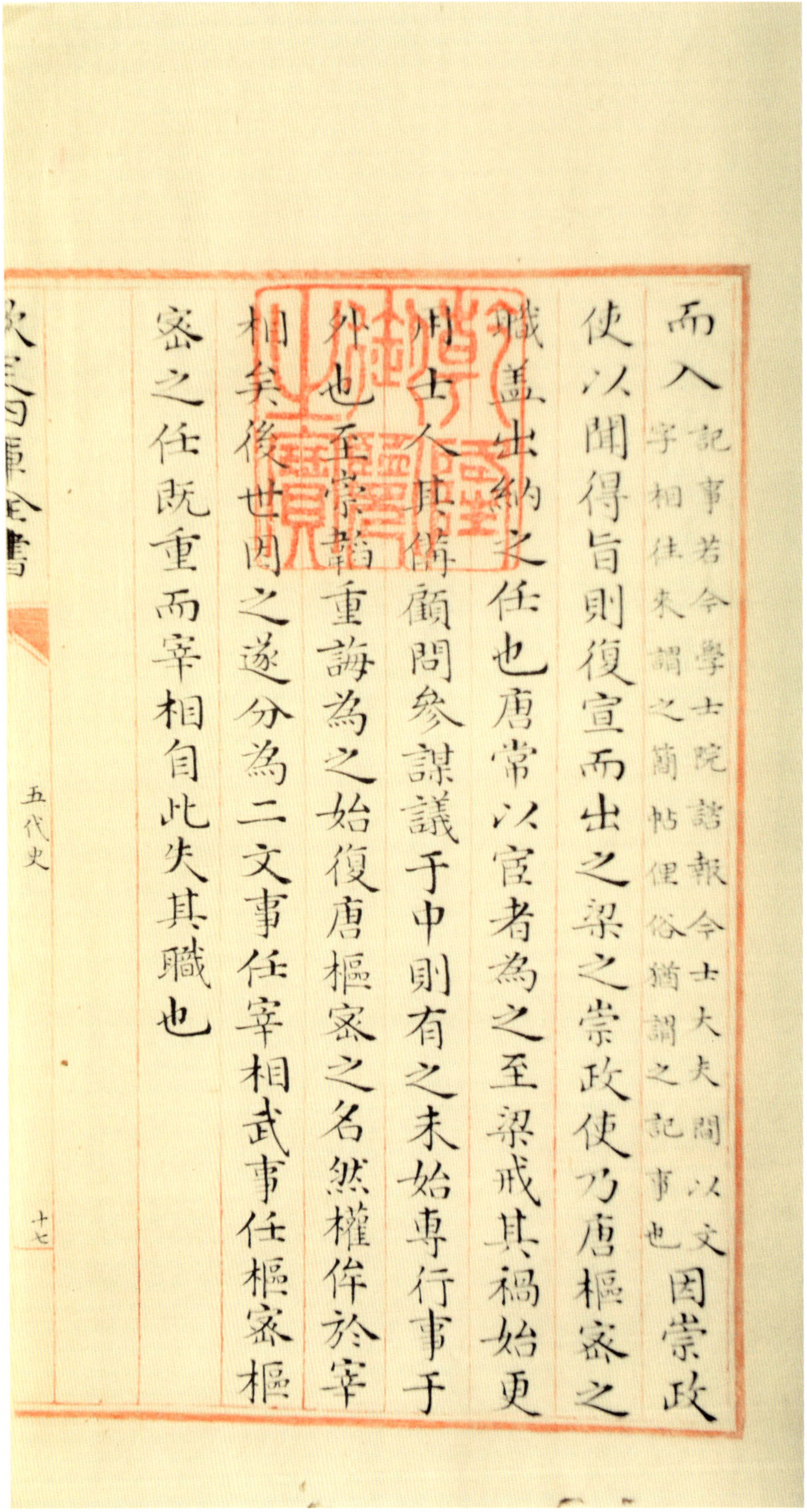
而入記事若今學士院諸報今士大夫間以文字相往來謂之簡帖俚俗猶謂之記事也因崇政
使以聞得旨則復宣而出之梁之崇政使乃唐樞密之
職盖出納之任也唐常以宦者為之至梁戒其禍始更
用士人其備顧問參謀議于中則有之未始專行事于
外也至崇韜重誨為之始復唐樞密之名然權侔於宰
相矣後世因之遂分為二文事任宰相武事任樞密樞
密之任既重而宰相自此失其職也

欽定四庫全書　五代史　十七

11561 五代史七十四卷

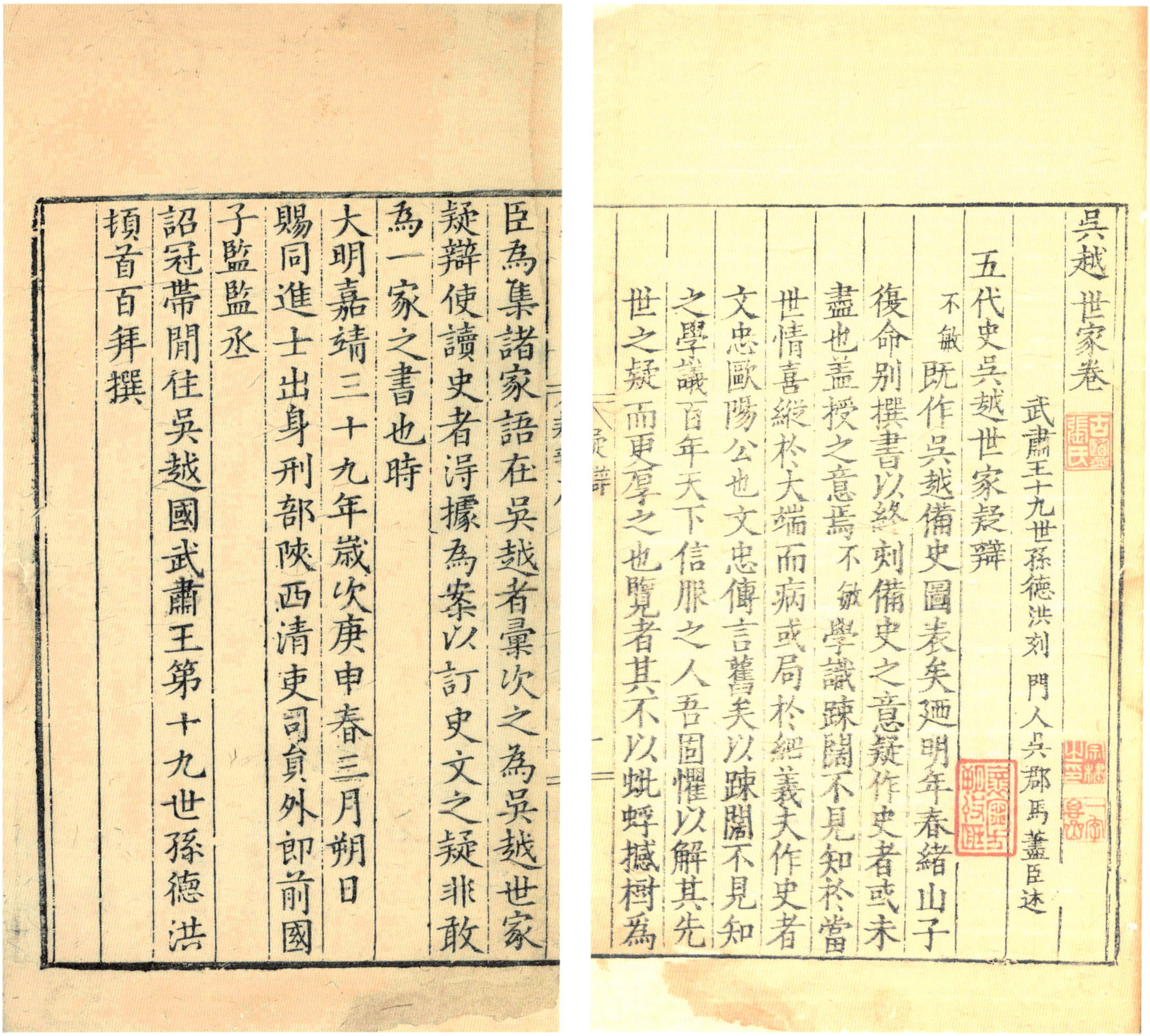
吳越世家卷

武肅王十九世孫德洪刻 門人吳郡馬蓋臣述

五代史吳越世家疑辯

不敏既作吳越備史圖表矣廼明年春緒山子復命別撰書以終刻備史之意疑作史者或未盡也蓋授之意焉不敏學識疎闊不見知於當世情喜縱於大端而病或局於細義夫作史者文忠歐陽公也文忠傳言舊矣以疎闊不見知之學識百年天下信服之人吾固懼以解其先世之疑而更辱之也覽者其不以蚍蜉撼樹為

臣為集諸家語在吳越者彙次之為吳越世家疑辯使讀史者得據為案以訂史文之疑非敢為一家之書也時

大明嘉靖三十九年歲次庚申春三月朔日

賜同進士出身刑部陝西清吏司員外郎前國子監監丞

詔冠帶閒住吳越國武肅王第十九世孫德洪

頓首百拜撰

11562 五代史吳越世家疑辯一卷 （明）馬蓋臣撰 明嘉靖三十九年（1560）錢德洪刻本

匡高19.7厘米，廣14.9厘米。半葉十行，行二十字，白口，左右雙邊。有“曹溶私印”“檇李曹氏收藏圖書記”“檇李曹氏”“古鹽張氏”“宗橚之印”“一字思嵒”“褱寧方朔收藏”“固安劉峙珍藏印記”等印。北京大學圖書館藏。

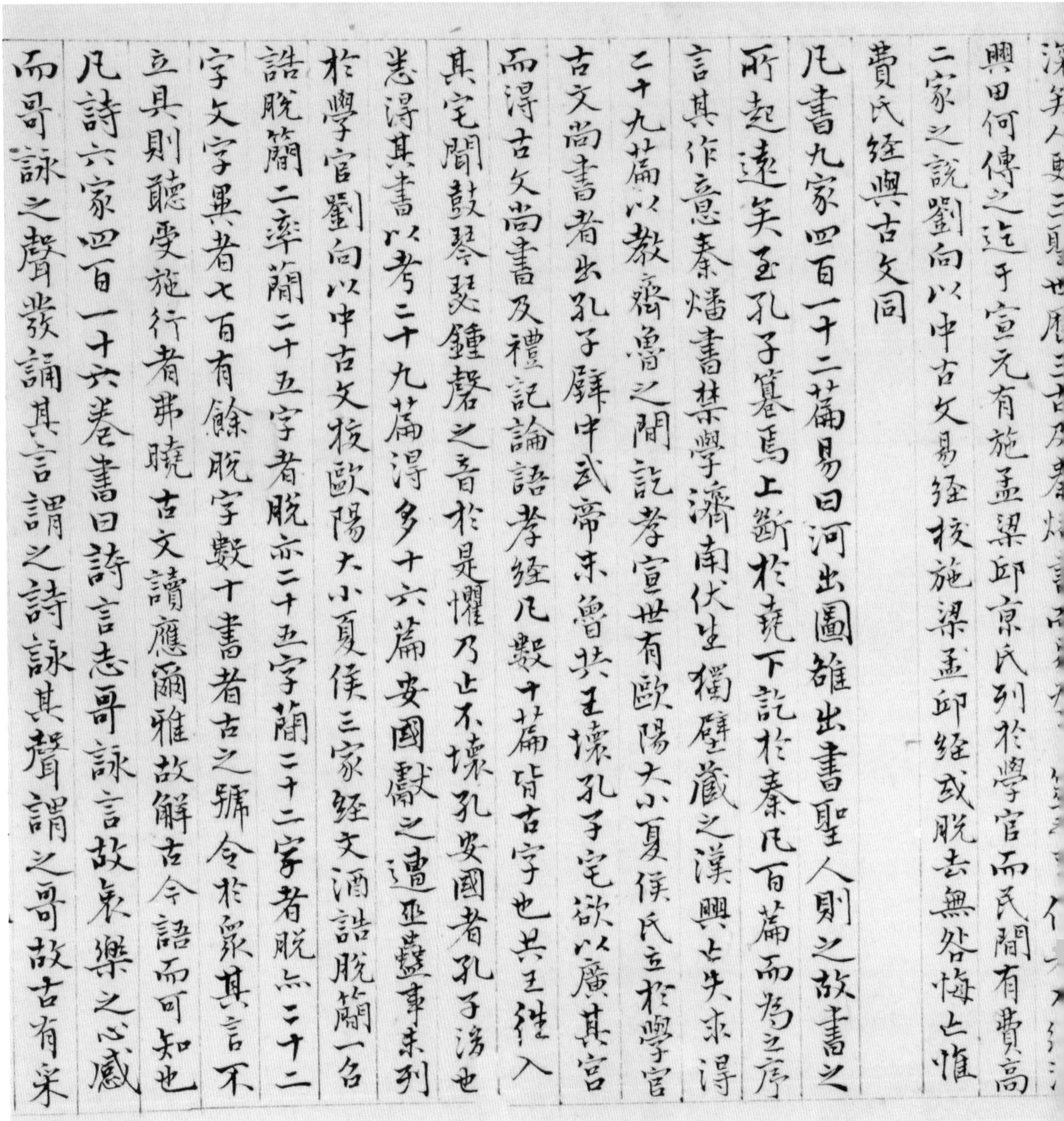
興田何傳之訖于宣元有施孟梁丘京氏列於學官而民間有費高
二家之說劉向以中古文易經校施梁孟丘經或脫去無咎悔亡惟
費氏經與古文同
凡書九家四百一十二篇易曰河出圖雒出書聖人則之故書之
所起遠矣至孔子纂焉上斷於堯下訖於秦凡百篇而為之序
言其作意秦燔書禁學濟南伏生獨壁藏之漢興亡失求得
二十九篇以教齊魯之間訖孝宣世有歐陽大小夏侯氏立於學官
古文尚書者出孔子壁中武帝末魯共王壞孔子宅欲以廣其宮
而得古文尚書及禮記論語孝經凡數十篇皆古字也共王往入
其宅聞鼓琴瑟鐘磬之音於是懼乃止不壞孔安國者孔子後也
悉得其書以考二十九篇得多十六篇安國獻之遭巫蠱事未列
於學官劉向以中古文校歐陽大小夏侯三家經文酒誥脫簡一召
誥脫簡二率簡二十五字者脫亦二十五字簡二十二字者脫亦二十二
字文字異者七百有餘脫字數十書者古之號令於衆其言不
立具則聽受施行者弗曉古文讀應爾雅故解古今語而可知也
凡詩六家四百一十六卷書曰詩言志哥詠言故哀樂之心感
而哥詠之聲發誦其言謂之詩詠其聲謂之哥故古有采

11563 班史藝文志一卷 （漢）班固撰　明嘉靖三十年（1551）許初抄本

卷軸裝。萬臺題首，李兆洛、楊大中題款，方來等二十四人跋。浙江圖書館藏。

藝文志

昔仲尼沒而微言絕七十子喪而大義乖故春秋分為五詩分為
四易有數家之傳戰國從衡真偽分爭諸子之言紛然殽亂
至秦患之乃燔滅文章以愚黔首漢興改秦之敗大收篇籍廣
開獻書之路迄孝武世書缺簡脫禮壞樂崩聖上喟然而稱曰
朕甚閔焉於是建藏書之策置寫書之官下及諸子傳說皆
充秘府至成帝時以書頗散亡使謁者陳農求遺書於天下
詔光祿大夫劉向校經傳諸子詩賦步兵校尉任宏校兵書
太史令尹咸校數術侍醫李柱國校方技每一書已向輒條
其篇目撮其指意錄而奏之會向卒哀帝復使向子侍中
奉車都尉歆卒父業歆於是總羣書而奏其七略故有
輯略有六藝略有諸子略有詩賦略有兵書略有術數略有
方技略今刪其要以備篇籍

凡易十三家二百九十四篇易曰宓戲氏仰觀象於天俯觀一云
於地觀鳥獸之文與地之宜近取諸身遠取諸物於是始作八
卦以通神明之德以類萬物之情至於殷周之際紂在上位逆
天暴物文王以諸侯順命而行道天人之占可得而效於是重易

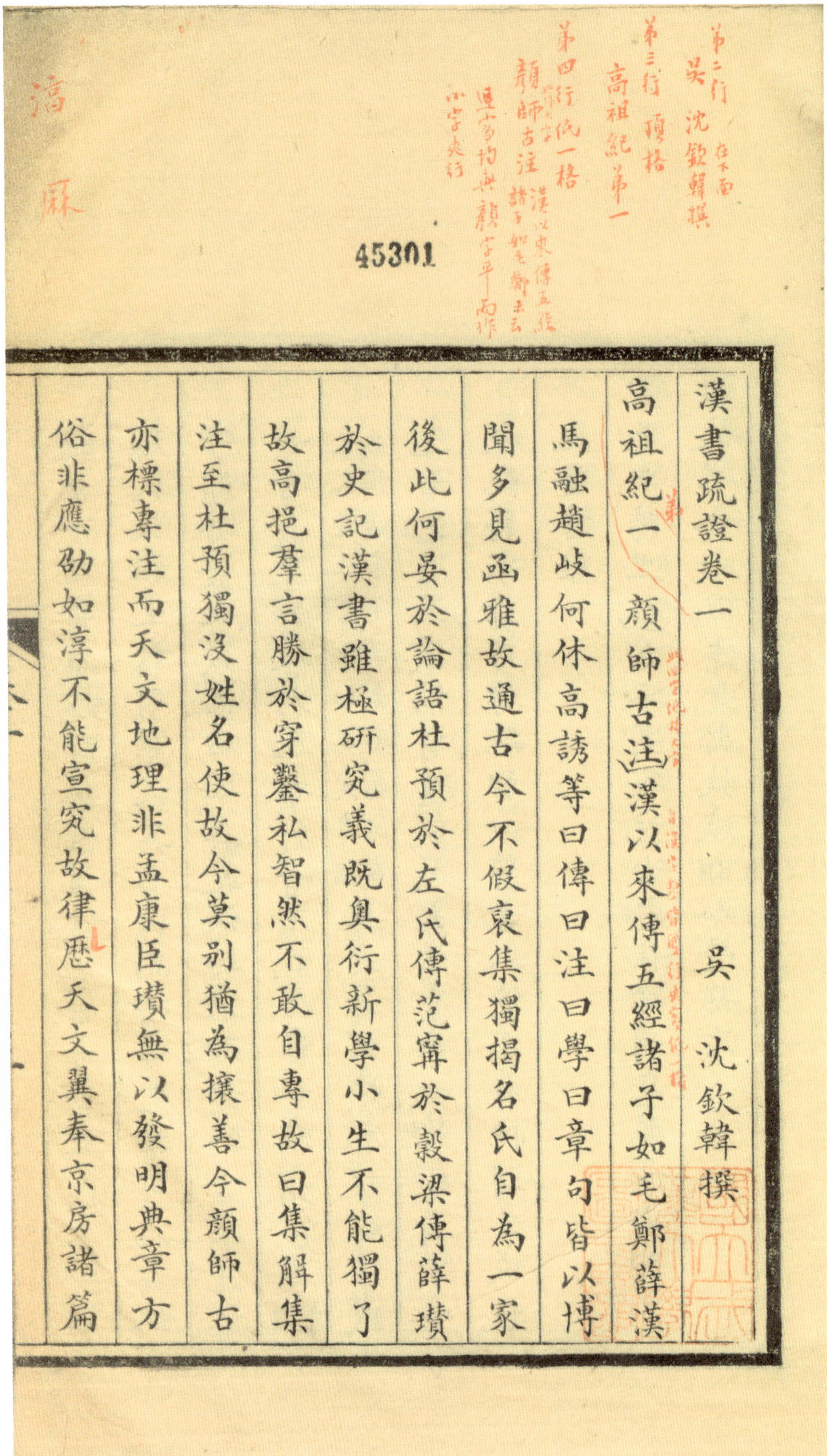

漢書疏證卷一　吳　沈欽韓撰
高祖紀第一　顔師古注漢以來傳五經諸子如毛鄭薛漢
馬融趙岐何休高誘等曰傳曰注曰學曰章句皆以博
聞多見函雅故通古今不假裒集獨揭名氏自為一家
後此何晏於論語杜預於左氏傳范甯於穀梁傳薛瓚
於史記漢書雖極研究義既奧衍新學小生不能獨了
故高抯羣言勝於穿鑿私智然不敢自專故曰集解集
注至杜預獨沒姓名使故今莫别猶為攘善今顔師古
亦標專注而天文地理非孟康臣瓚無以發明典章方
俗非應劭如淳不能宣究故律歷天文翼奉京房諸篇

11564 漢書疏證三十六卷後漢書疏證三十卷　（清）沈欽韓撰　清抄本

匡高19.6厘米，廣15.3厘米。半葉十行，行二十二字，白口，四周雙邊。黄以周批校。武漢大學圖書館藏。

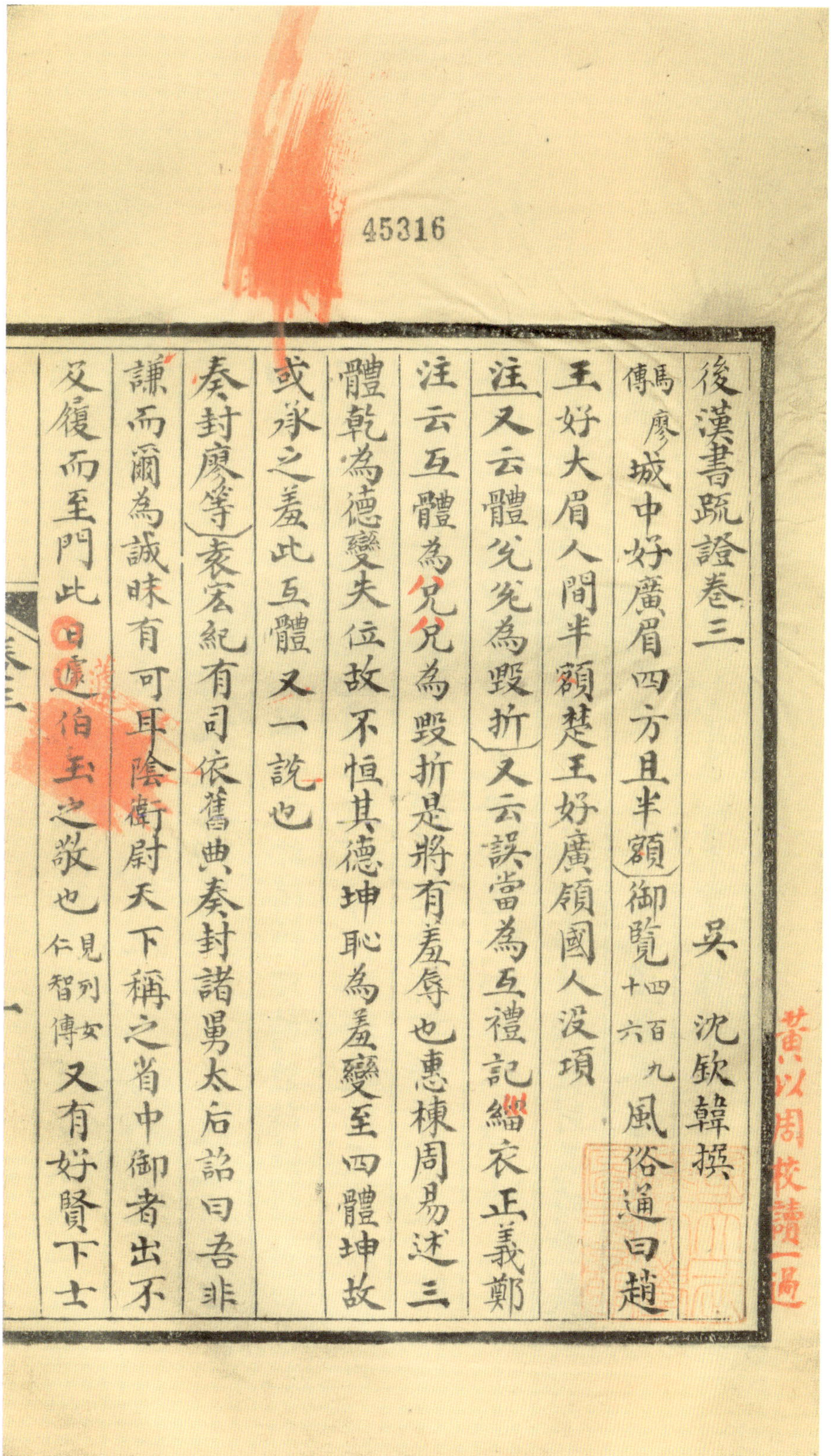

後漢書疏證卷三

吳 沈欽韓撰

馬廖傳 城中好廣眉四方且半額 御覽四百九十六 風俗通曰趙王好大眉人間半額楚王好廣領國人沒項

注又云體兇兇為毀折 又云誤當為互禮記緇衣正義鄭注云互體為兌兌為毀折是將有羞辱也惠棟周易述三體乾為德變失位故不恒其德坤恥為羞變至四體坤故或承之羞此互體又一說也

奏封廖等 袁宏紀有司依舊典奏封諸舅太后詔曰吾非謙而爾為誠昧有可耳陰衛尉天下稱之省中御者出不及復而至門此蘧伯玉之敬也 見列女仁智傳 又有好賢下士

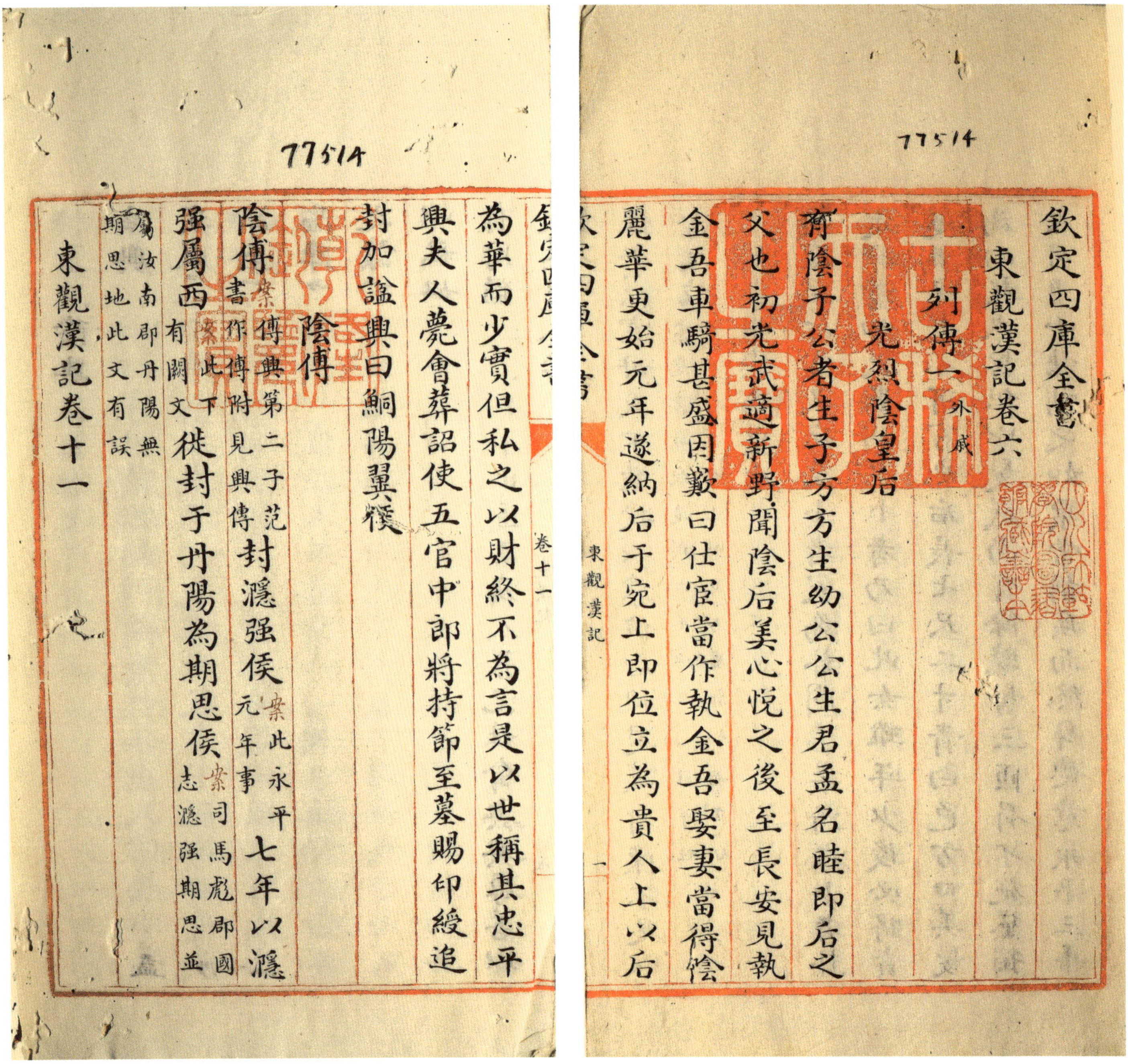

11565 東觀漢記二十四卷 清乾隆内府寫南三閣四庫全書本

匡高20.4厘米，廣13.7厘米。半葉八行，行二十一字，紅格，白口，四周雙邊。有"古稀天子之寶""乾隆御覽之寶"等印。四川師範大學圖書館藏，存六卷。

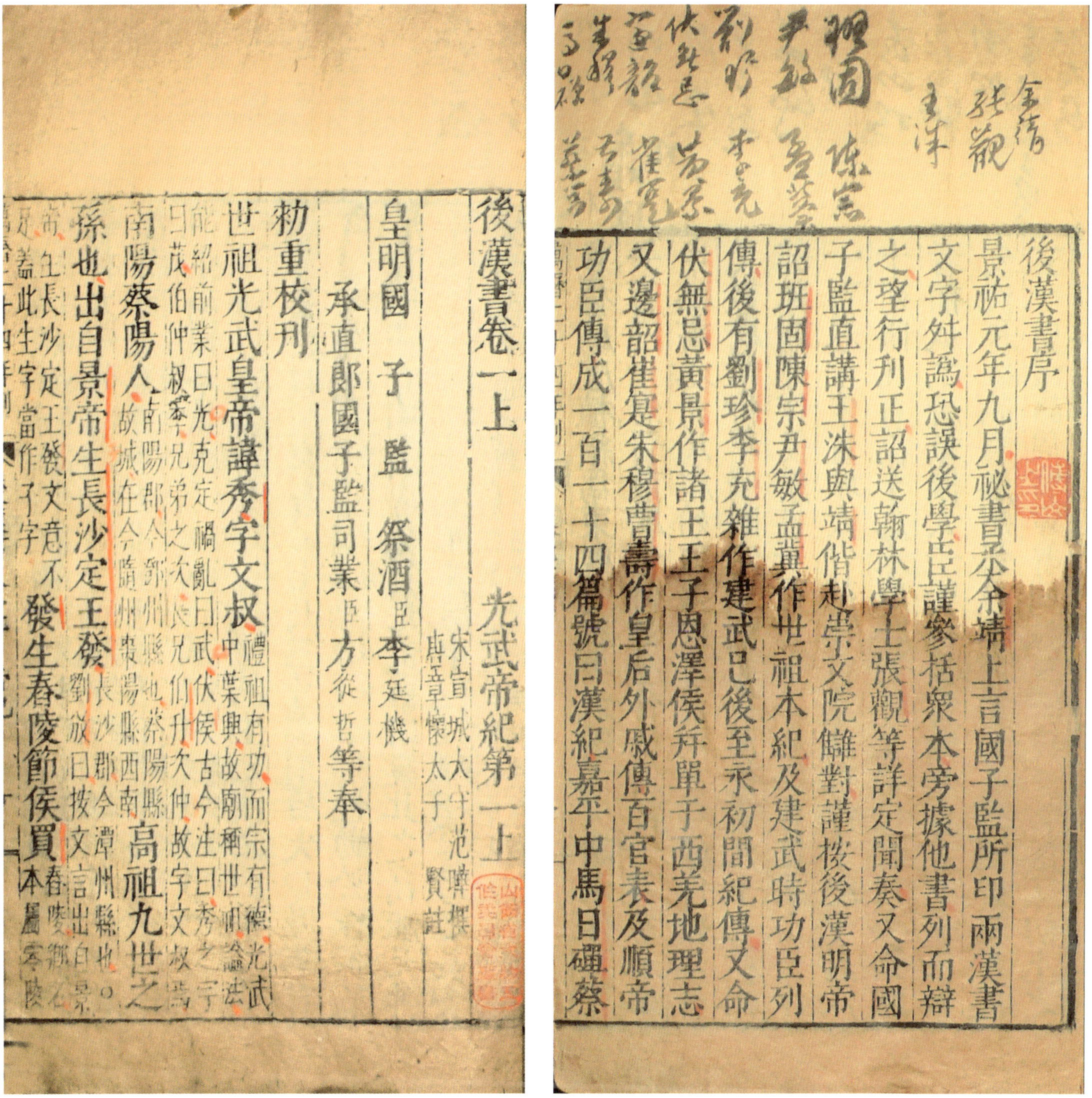
後漢書卷一上　光武帝紀第一上
宋宣城太守范曄撰　唐章懷太子賢註
皇明國子監祭酒臣李廷機
承直郎國子監司業臣方從哲等奉
勅重校刊
世祖光武皇帝諱秀字文叔
南陽蔡陽人
高祖九世之孫也出自景帝生長沙定王發
發生舂陵節侯買

後漢書序
景祐元年九月秘書丞余靖上言國子監所印兩漢書文字舛譌恐誤後學臣謹參括衆本旁據他書列而辯之望行刊正詔送翰林學士張觀等詳定聞奏又命國子監直講王洙與靖偕赴崇文院讎對謹按後漢明帝詔班固陳宗尹敏孟異作世祖本紀及建武時功臣列傳後有劉珍李充雜作建武已後至永初間紀傳又命伏無忌黄景作諸王王子恩澤侯單于西羌地理志又邊韶崔寔朱穆曹壽作皇后外戚傳百官表及順帝功臣傳成一百一十四篇號曰漢紀嘉平中馬日磾蔡

11566 後漢書九十卷（南朝宋）范曄撰（唐）李賢注 **志三十卷**（晉）司馬彪撰（南朝梁）劉昭注　明萬曆二十四年（1596）北京國子監刻本

匡高22.9厘米，廣15.4厘米。半葉十行，行二十一字，小字雙行同，白口，左右雙邊。傅山批校。山西博物院藏，存一百十一卷。

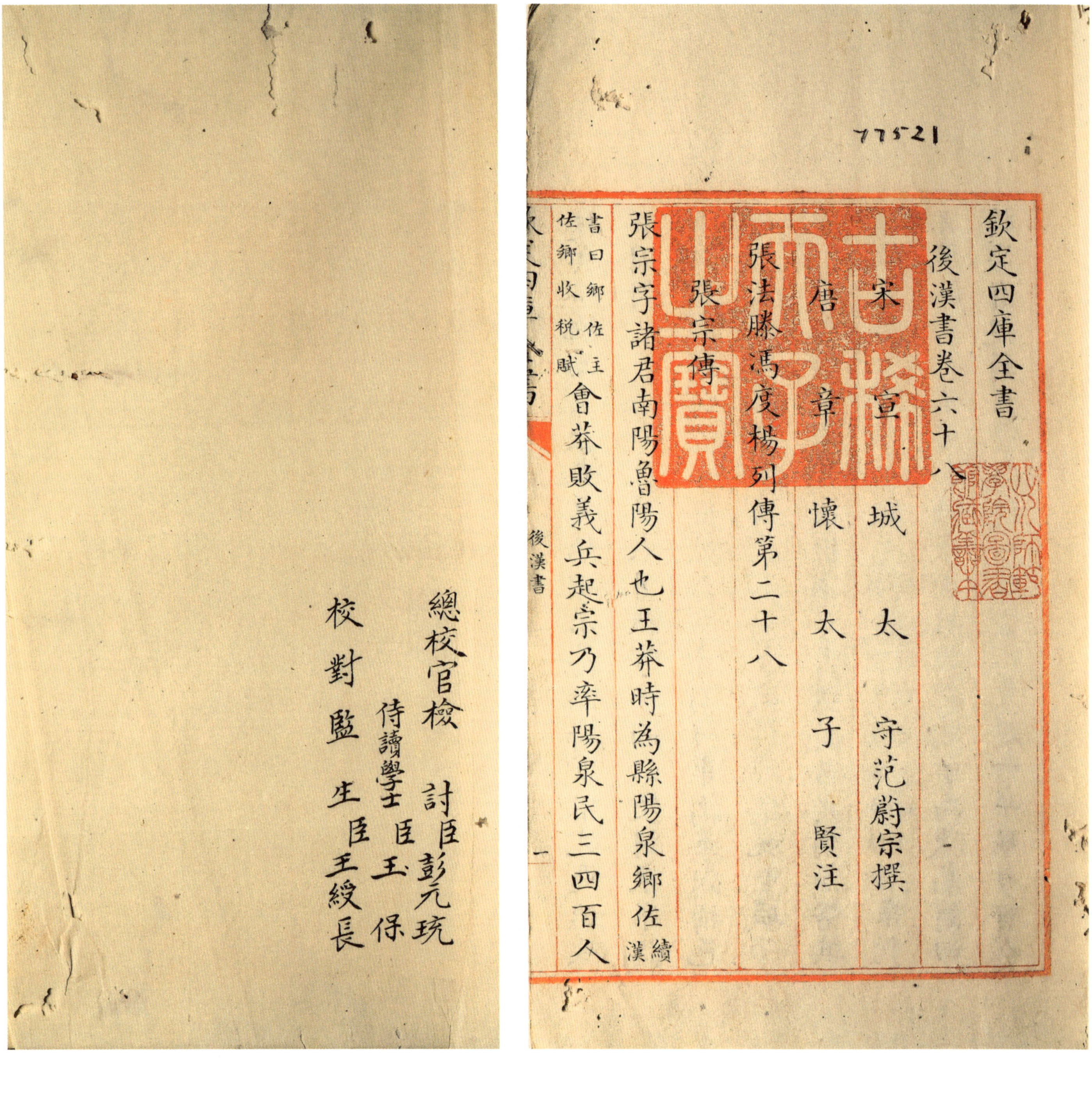

11567 後漢書九十卷 （南朝宋）范曄撰 （唐）李賢注 **志三十卷** （晉）司馬彪撰 （南朝梁）劉昭注　清乾隆内府寫南三閣四庫全書本

匡高20.4厘米，廣13.7厘米。半葉八行，行二十一字，紅格，白口，四周雙邊。有“古稀天子之寶”“乾隆御覽之寶”等印。四川師範大學圖書館藏，存三卷。

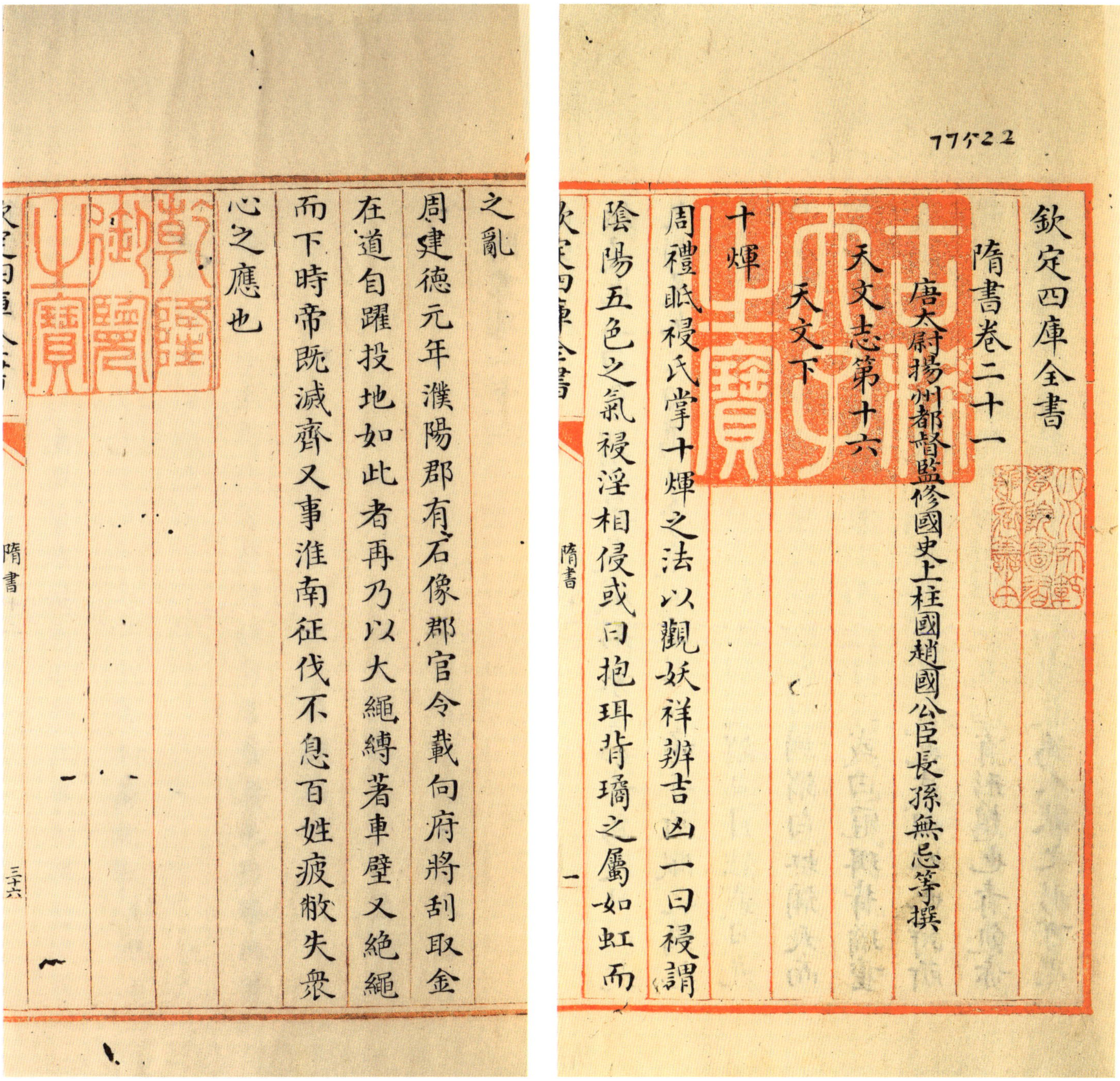

欽定四庫全書

隋書卷二十一

唐太尉揚州都督監修國史上柱國趙國公臣長孫無忌等撰

天文志第十六

天文下

十煇

周禮眡祲氏掌十煇之法以觀妖祥辨吉凶一曰祲謂陰陽五色之氣祲淫相侵或曰抱珥背璚之屬如虹而

欽定四庫全書　隋書　一

之亂

周建德元年濮陽郡有石像郡官令載向府將刮取金在道自躍投地如此者再乃以大繩縛著車壁又絕繩而下時帝既滅齊又事淮南征伐不息百姓疲敝失衆心之應也

欽定四庫全書　隋書　三十六

11568 隋書八十五卷　（唐）魏徵等撰　清乾隆内府寫南三閣四庫全書本

匡高20.6厘米，廣13.7厘米。半葉八行，行二十一字，紅格，白口，四周雙邊。有“古稀天子之寶”“乾隆御覽之寶”等印。四川師範大學圖書館藏，存二卷。

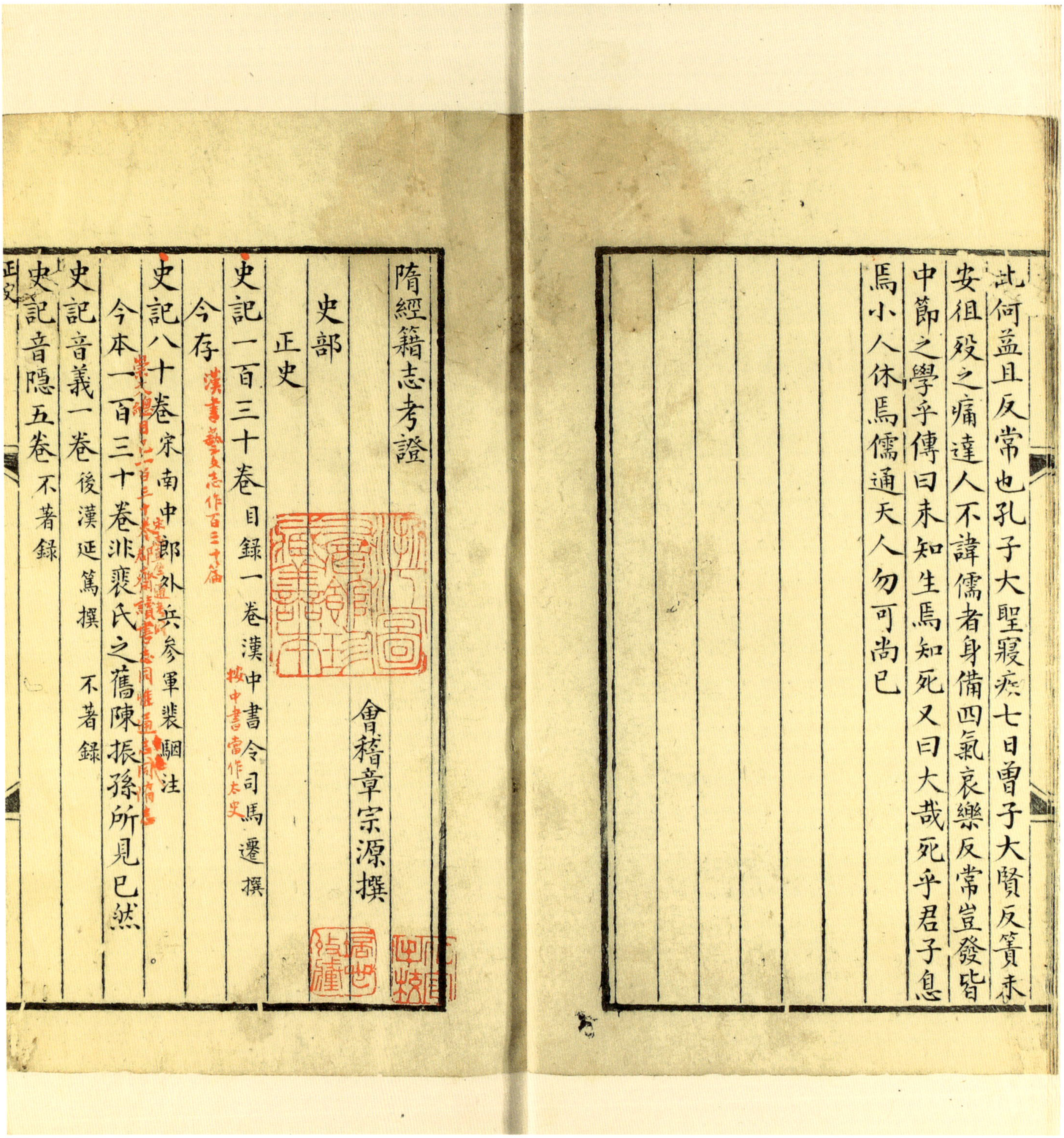
武何益且反常也孔子大聖寢疾七日曾子大賢反簀赤
安俎殁之痛達人不諱儒者身備四氣哀樂反常豈發皆
中節之學乎傳曰未知生馬知死又曰大哉死乎君子息
馬小人休馬儒通天人勿可尚已

隋經籍志考證
會稽章宗源撰
史部
正史
史記一百三十卷目録一卷漢中書令司馬遷撰　按中書當作太史
今存　漢書藝文志作百三十篇
史記八十卷宋南中郎外兵參軍裴駰注
今本一百三十卷非裴氏之舊陳振孫所見已然
史記音義一卷後漢延篤撰　不著録
史記音隱五卷　不著録

11569 隋經籍志考證十三卷　（清）章宗源撰　清抄本

匡高19.5厘米，廣11.8厘米。半葉十行，行二十二字，白口，左右雙邊。孫詒讓校並跋，傅以禮校，李濟鏘跋。浙江圖書館藏。

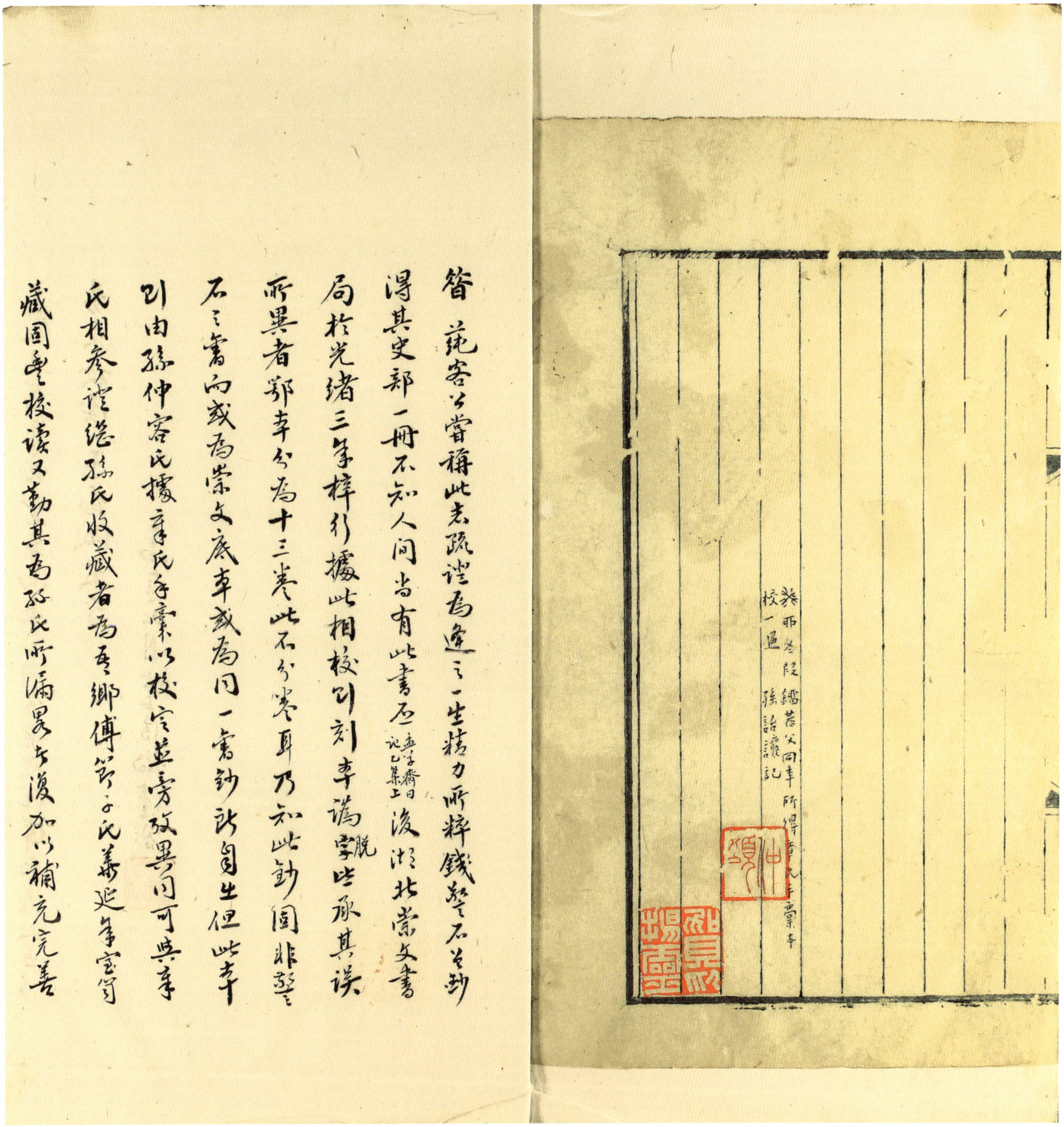

管
蒓客公嘗稱此志疏證為逸之一生精力所粹錢犖石君鈔
得其史部一冊不知人間尚有此書也（孟學齋日記乙集上）後歸北崇文書
局於光緒三年梓行據此相校則刻本訛字脫甚承其誤
所異者鄭本分為十三卷此不分卷耳乃知此鈔固非犖
石之舊而或為崇文底本或為同一舊鈔所自出但此本
則由孫仲容氏據章氏手稾以校定並旁改異同可與章
氏相參證總孫氏收藏者為吾鄉傅節子氏華延年室舊
藏固宜校讀又勤其為孫氏所備畧本復加以補充完善

參取冬陔縉甫父同年所得章氏手稾本校一過　孫詒讓記

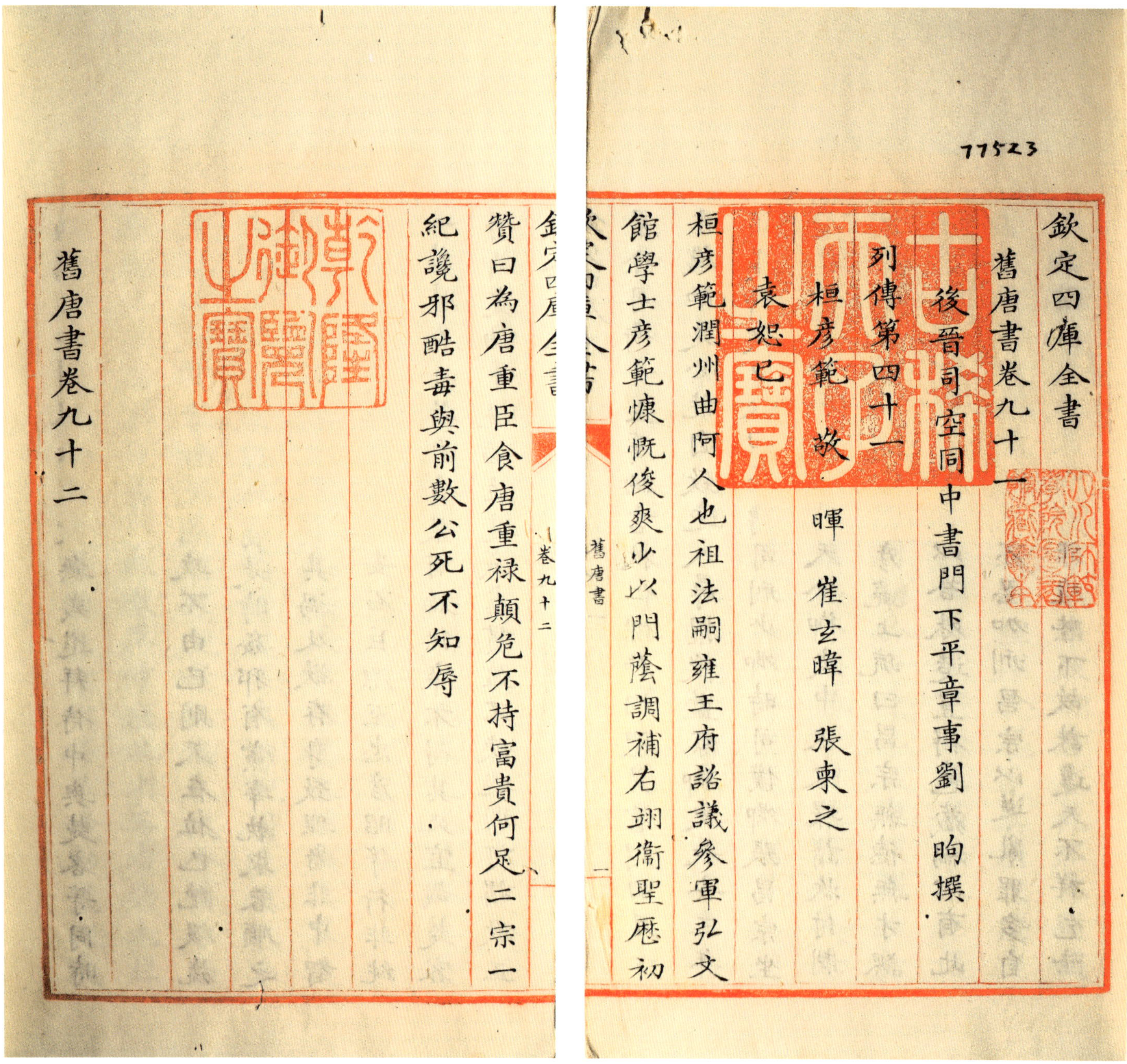

11570 舊唐書二百卷 （後晉）劉昫等撰 清乾隆内府寫南三閣四庫全書本

匡高20.4厘米，廣13.7厘米。半葉八行，行二十一字，紅格，白口，四周雙邊。有“古稀天子之寶”“乾隆御覽之寶”等印。四川師範大學圖書館藏，存二卷。

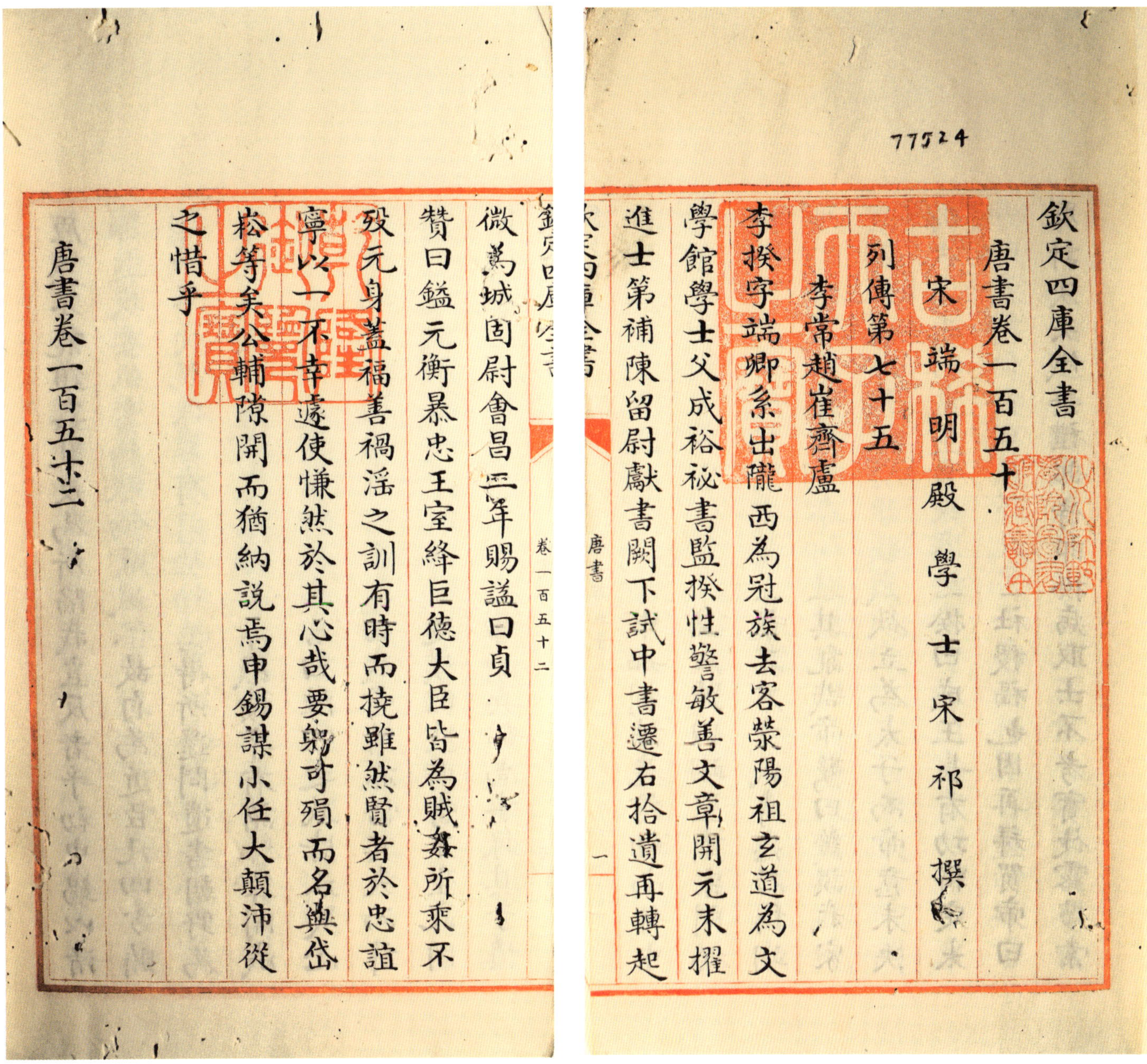

欽定四庫全書
唐書卷一百五十
宋　端明殿學士宋祁撰
列傳第七十五
李常趙崔齊盧
李揆字端卿系出隴西為冠族去客滎陽祖玄道為文
學館學士父成裕祕書監揆性警敏善文章開元末擢
進士第補陳留尉獻書闕下試中書遷右拾遺再轉起

欽定四庫全書　唐書　卷一百五十二

徹為城固尉會昌三年賜謚曰貞
贊曰鎰元衡暴忠王室絳巨德大臣皆為賊姦所乘不
歿元身蓋福善禍淫之訓有時而撓雖然賢者於忠誼
寧以一不幸遽使慊然於其心哉要躬可殞而名與岱
崧等矣公輔隙開而猶納說焉申錫謀小任大顛沛從
之惜乎
唐書卷一百五十二

11571 唐書二百二十五卷　（宋）歐陽修　宋祁等撰　清乾隆内府寫南三閣四庫全書本

匡高20.5厘米，廣13.7厘米。半葉八行，行二十一字，紅格，白口，四周雙邊。有“古稀天子之寶”“乾隆御覽之寶”等印。四川師範大學圖書館藏，存三卷。

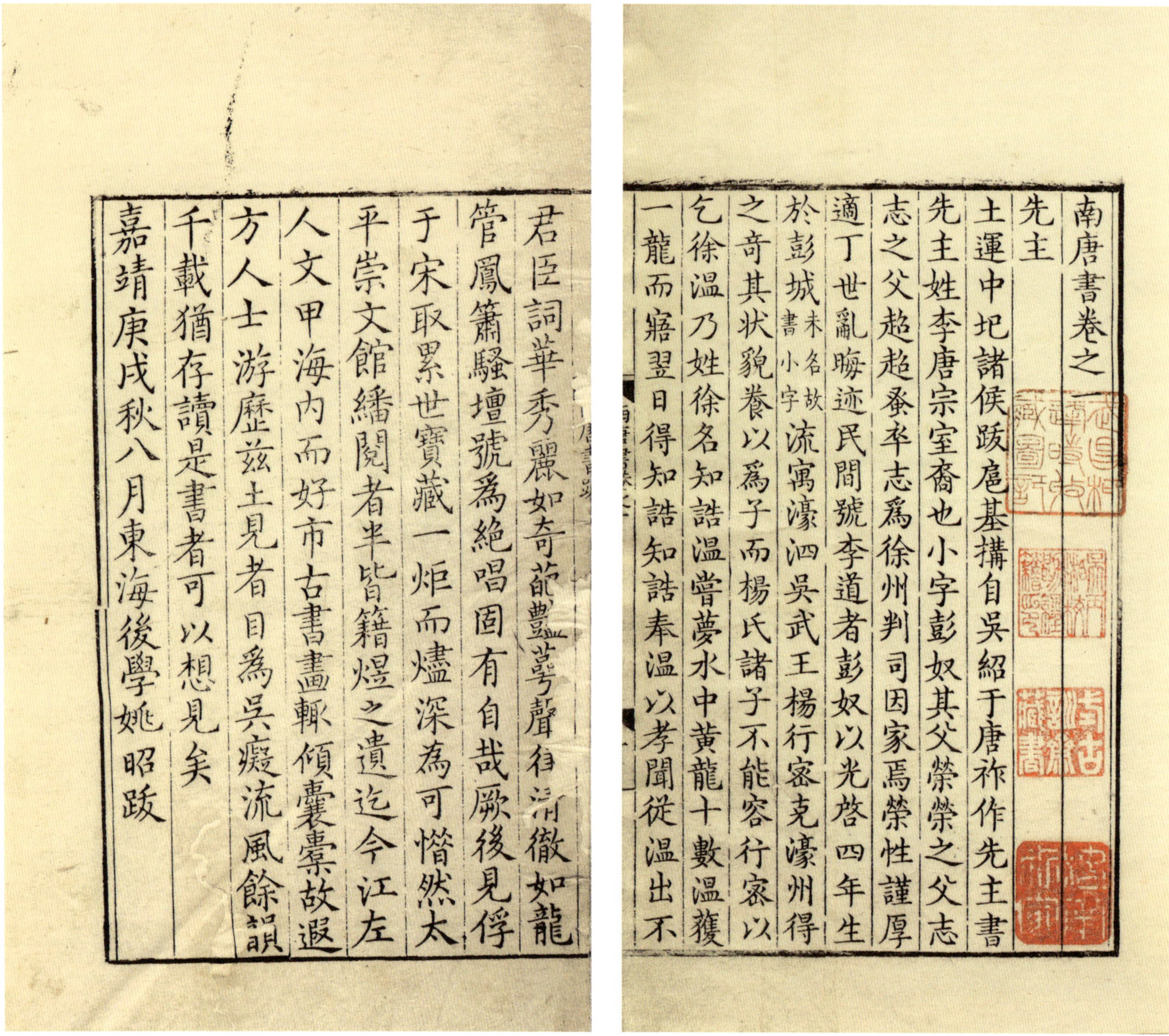
南唐書卷之一

先主

土運中圮諸侯跋扈基搆自吳紹于唐祚作先主書

先主姓李唐宗室裔也小字彭奴其父榮榮之父志志之父超超叅卒志爲徐州判司因家焉榮性謹厚適丁世亂晦迹民間號李道者彭奴以光啓四年生於彭城（未名故書小字）流寓濠泗吳武王楊行密克濠州得之奇其狀貌養以爲子而楊氏諸子不能容行密以乞徐温乃姓徐名知誥温嘗夢水中黃龍十數温獲一龍而寤翌日得知誥知誥奉温以孝聞從温出不

君臣詞華秀麗如奇葩豔萼聲徂清徹如龍管鳳簫騷壇號爲絕唱固有自哉厥後見俘于宋取累世寶藏一炬而燼深爲可惜然太平崇文館繙閱者半皆籍煜之遺迄今江左人文甲海内而好市古書畫輒傾囊槖故遐方人士游歷茲土見者目爲吳癡流風餘韻千載猶存讀是書者可以想見矣

嘉靖庚戌秋八月東海後學姚昭跋

11572、11573 南唐書三十卷　（宋）馬令撰　明嘉靖二十九年（1550）顧汝達刻本

匡高18.9厘米，廣12.2厘米。半葉十行，行二十字，白口，左右雙邊。首都師範大學圖書館藏；河北大學圖書館藏，有“朱光之印”“朱天梵藏”等印，朱天梵跋。

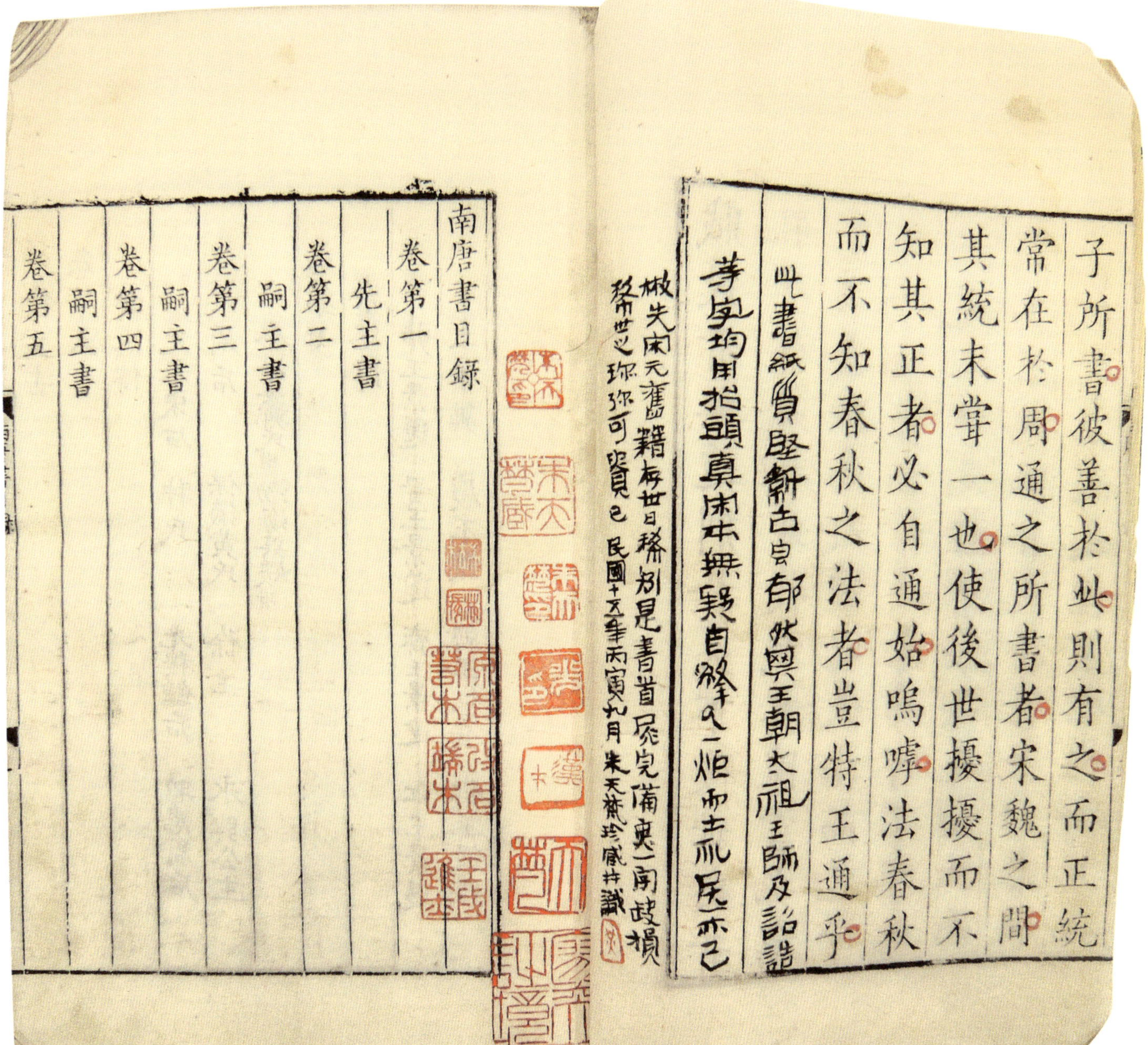
南唐書目錄
卷第一
先主書
卷第二
嗣主書
卷第三
嗣主書
卷第四
嗣主書
卷第五

子所書彼善於此則有之而正統
常在於周通之所書者宋魏之間
其統未甞一也使後世擾擾而不
知其正者必自通始嗚嘑法春秋
而不知春秋之法者豈特王通乎

此書紙質堅韌古色郁然與王朝太祖王師及詔誥
等字均用擡頭真宋本無疑自經一炬而古氣盡亦已
撫先宋元舊籍存世日稀別是書首尾完備與一兩鼓損
稀世之珍珍可寶已 民國十五年丙寅九月 朱天梵珍藏并識

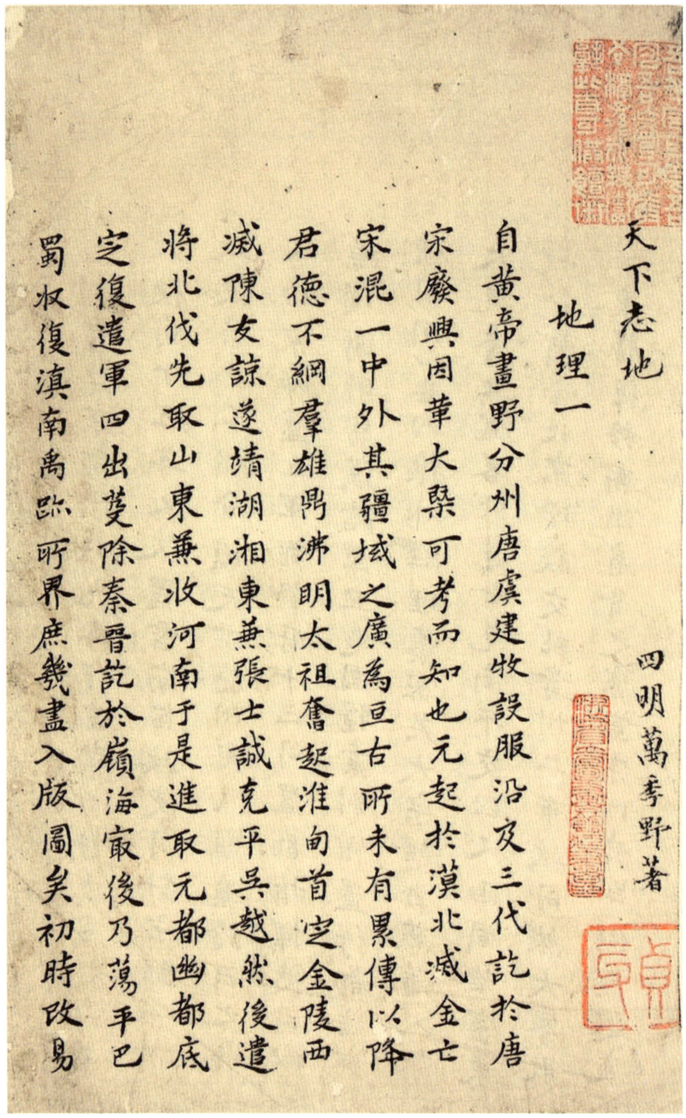

天下志地

地理一　　四明萬季野著

自黄帝畫野分州唐虞建牧設服沿及三代訖於唐宋廢興因革大槩可考而知也元起於漠北滅金亡宋混一中外其疆域之廣為亘古所未有累傳以降君德不綱羣雄鼎沸明太祖奮起淮甸首定金陵西滅陳友諒遂靖湖湘東兼張士誠克平吴越然後遣將北伐先取山東兼收河南于是進取元都幽都底定復遣軍四出芟除秦晉訖於嶺海宼後乃蕩平巴蜀收復滇南禹跡所界庶幾盡入版圖矣初時改易

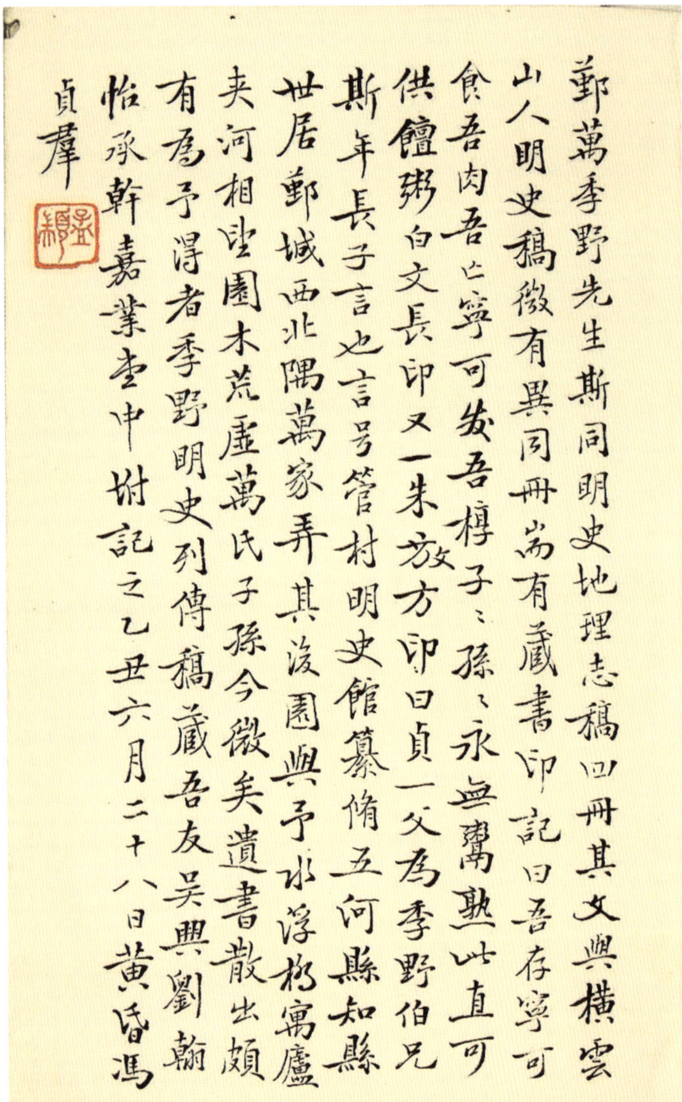

鄞萬季野先生斯同明史地理志稿四冊其文與横雲山人明史稿微有異同冊端有藏書印記曰吾存寧可食吾肉吾亡寧可發吾槨子子孫孫永無鬻此真可供饘粥白文長印又一朱文方印曰貞一父為季野伯兄斯年長子言也言号管村明史館纂脩五河縣知縣世居鄞城西北隅萬家弄其後園與予冰浮橋寓廬夾河相望園木荒蕪萬氏子孫今微矣遺書散出頗有為予得者季野明史列傳稿藏吾友吴興劉翰怡承幹嘉業堂中附記之乙丑六月二十八日黄岩馮貞羣

11574 明史地理志稿不分卷　（清）萬斯同撰　清萬氏家抄本

馮貞群跋。浙江圖書館藏。

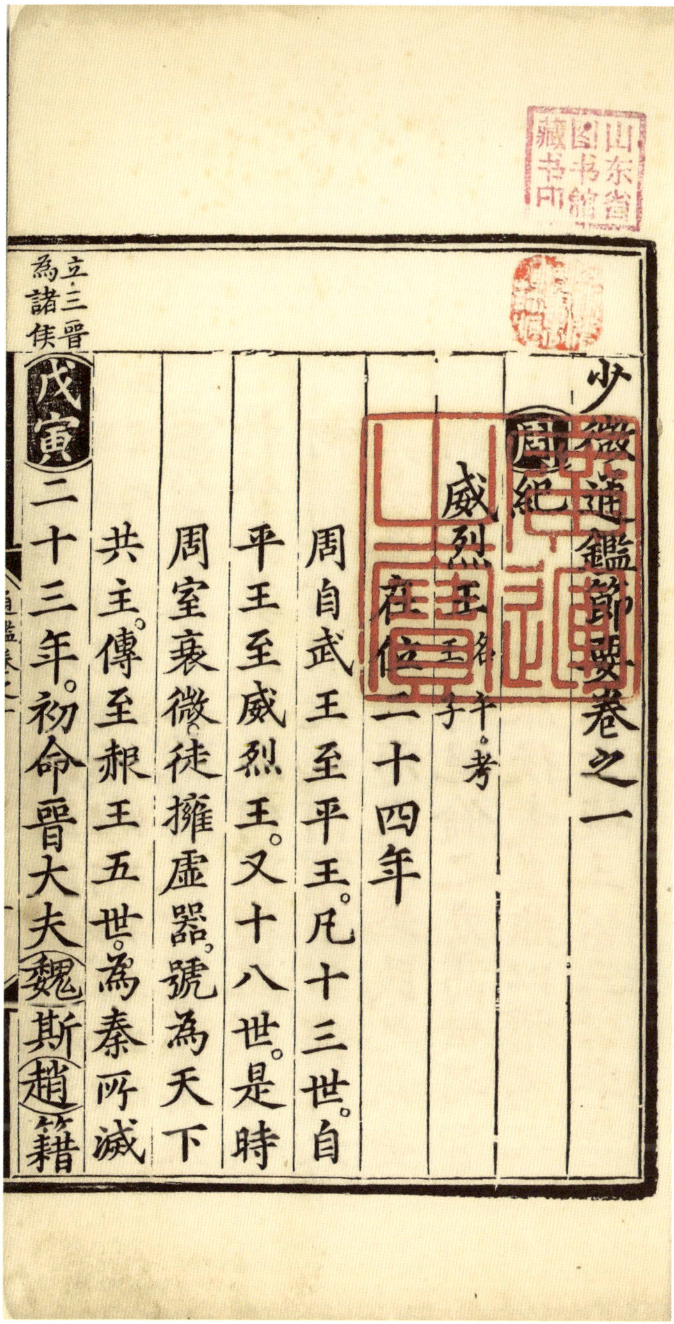
少微通鑑節要卷之一

周紀

威烈王 名午。考王子 在位二十四年

周自武王至平王。凡十三世。自平王至威烈王。又十八世。是時周室衰微。徒擁虛器。號為天下共主。傳至赧王五世。為秦所滅

戊寅 二十三年。初命晉大夫魏斯趙籍

立三晉為諸侯

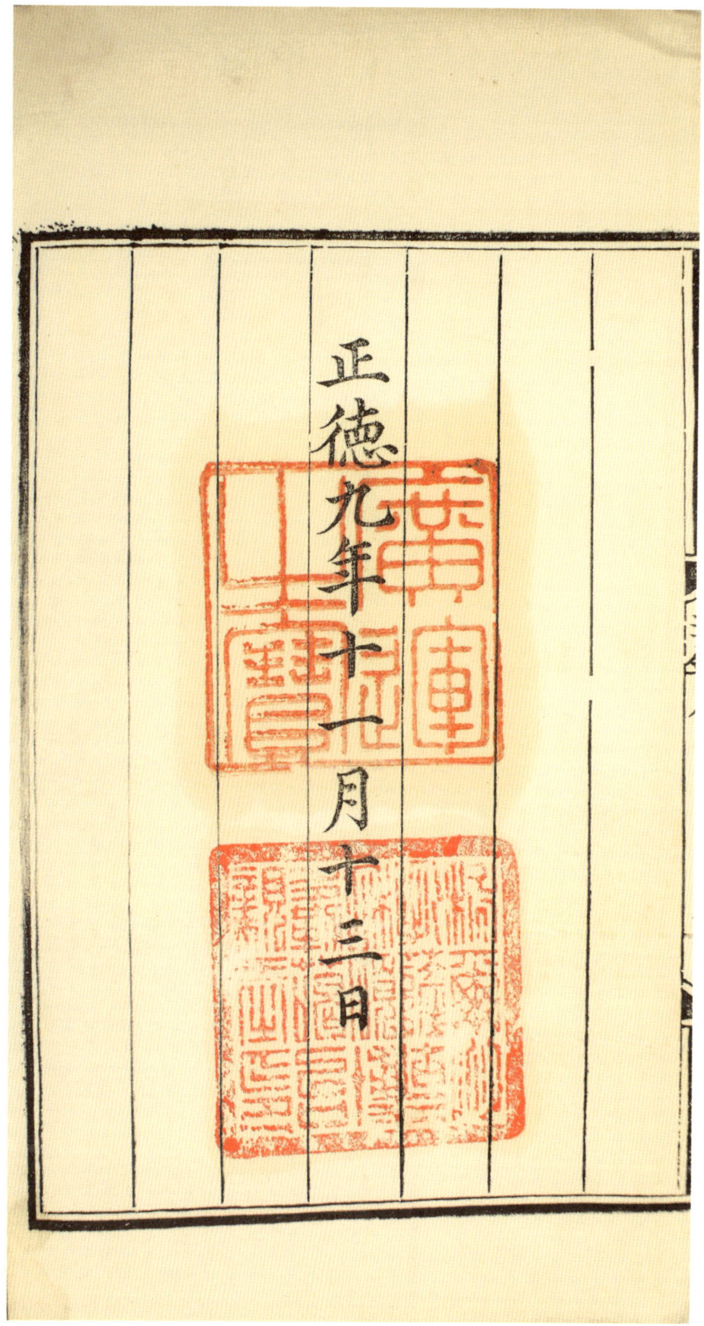
正德九年十一月十三日

11575、11576 少微通鑑節要五十卷外紀四卷 （宋）江贄撰 明正德九年（1514）司禮監刻本

匡高22厘米，廣16.1厘米。半葉九行，行十五字，小字雙行同，黑口，四周雙邊。山東省圖書館藏，有“廣運之寶”等印；東北師範大學圖書館藏，有資治通鑑節要續編三十卷，有“廣運之寶”“科爾沁劄薩克和碩博多勒噶台親王之印”“明善堂覽書畫印記”“阿親王”等印。

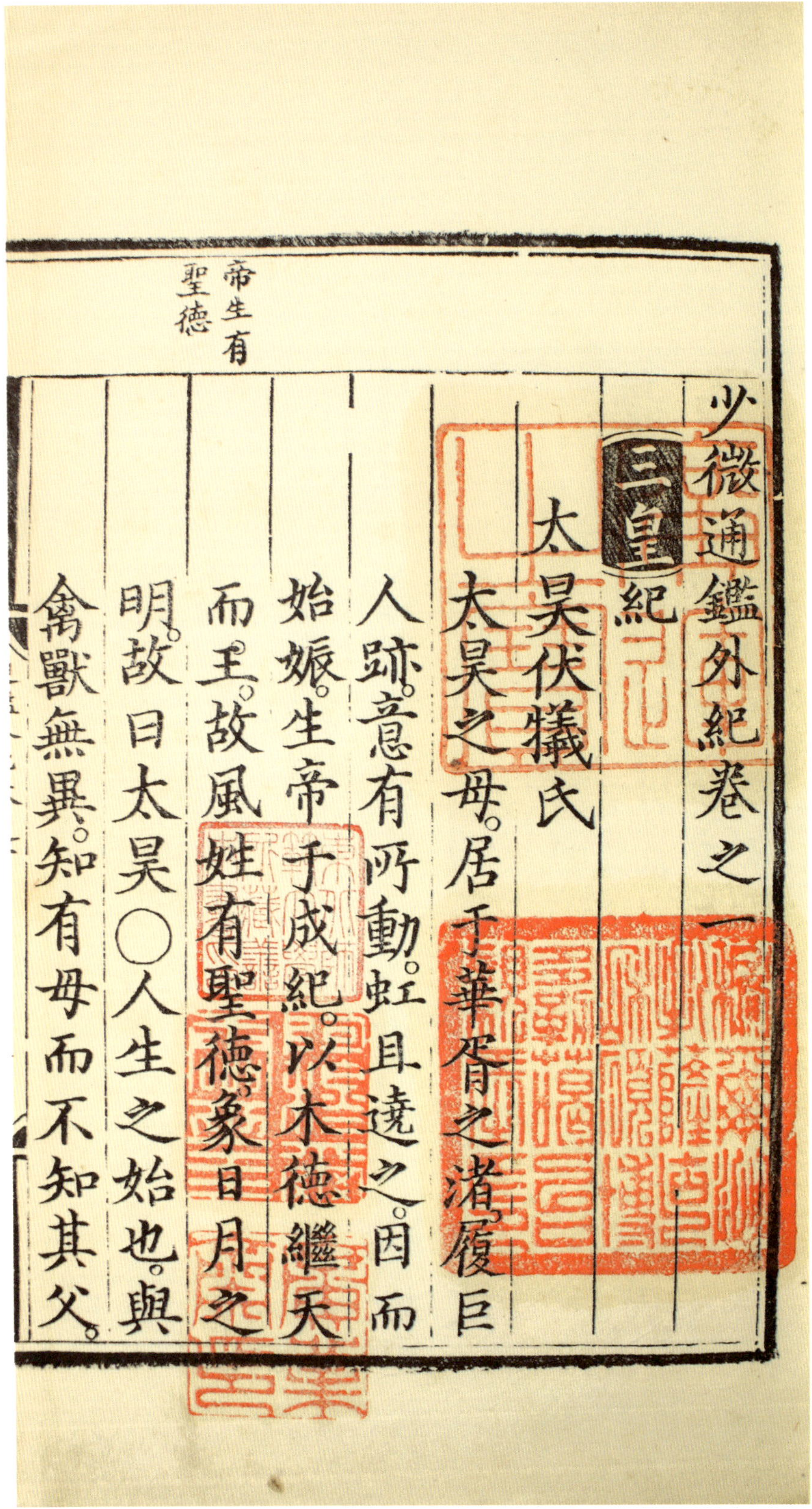

帝生有聖德

少微通鑑外紀卷之一

三皇紀

太昊伏犧氏

太昊之母。居于華胥之渚。履巨人跡。意有所動。虹且遶之。因而始娠。生帝于成紀。以木德繼天而王。故風姓。有聖德。象日月之明。故曰太昊。○人生之始也。與禽獸無異。知有母而不知其父。

11575、11576 少微通鑑節要五十卷外紀四卷

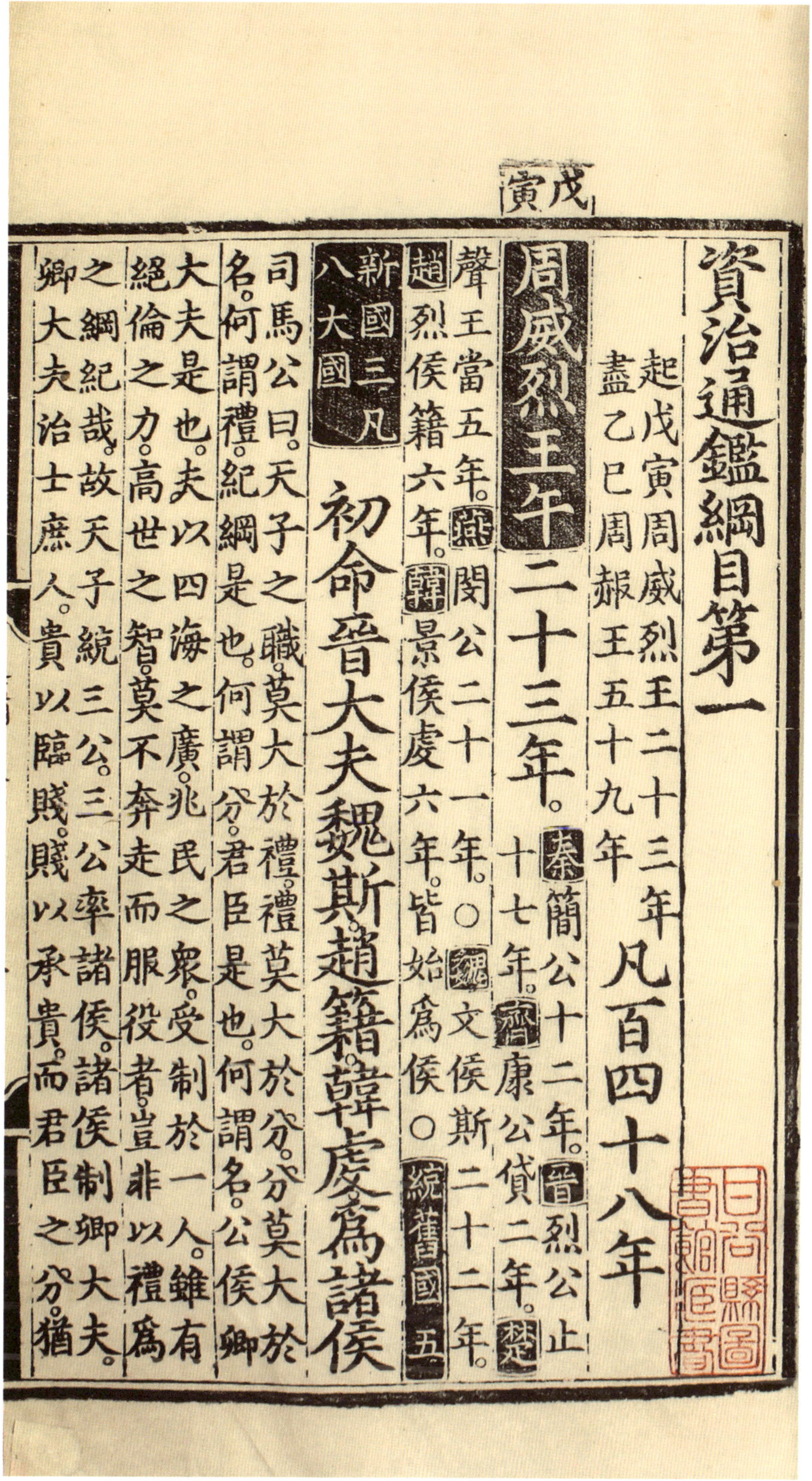
戊寅

資治通鑑綱目第一

起戊寅周威烈王二十三年凡百四十八年

盡乙巳周赧王五十九年

周威烈王二十三年。秦簡公十二年。晋烈公止十七年。齊康公貸二年。楚聲王當五年。燕閔公二十一年。○魏文侯斯二十二年。趙烈侯籍六年。韓景侯虔六年。皆始爲侯○統舊國五新國三凡八大國

初命晋大夫魏斯趙籍韓虔爲諸侯

司馬公曰。天子之職莫大於禮。禮莫大於分。分莫大於名。何謂禮。紀綱是也。何謂分。君臣是也。何謂名。公侯卿大夫是也。夫以四海之廣。兆民之衆。受制於一人。雖有絕倫之力。高世之智。莫不奔走而服役者。豈非以禮爲之綱紀哉。故天子統三公。三公率諸侯。諸侯制卿大夫。卿大夫治士庶人。貴以臨賤。賤以承貴。而君臣之分。猶

11577 資治通鑑綱目五十九卷 （宋）朱熹撰 明成化九年（1473）内府刻本

匡高27.4厘米，廣18.2厘米。半葉八行，行十八字，小字雙行二十一字，黑口，四周雙邊。甘肅省甘谷縣圖書館藏。

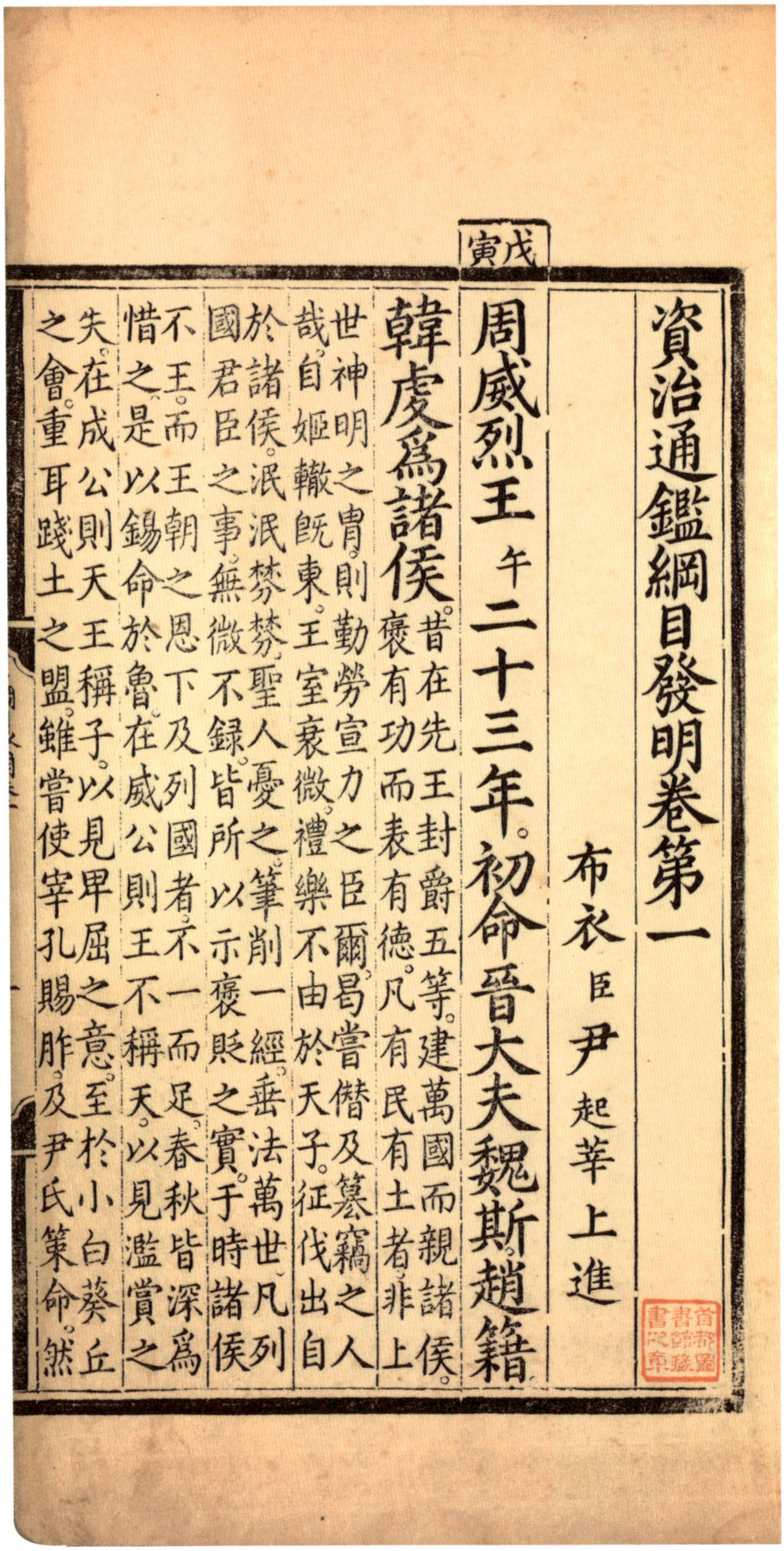
戊寅

資治通鑑綱目發明卷第一

布衣臣尹起莘上進

周威烈王午二十三年。初命晉大夫魏斯。趙籍韓虔爲諸侯

昔在先王封爵五等。建萬國而親諸侯。褒有功而表有德。凡有民有土者非上世神明之胄則勤勞宣力之臣爾。曷嘗僭及篡竊之人哉。自姬轍既東。王室衰微。禮樂不由於天子。征伐出自於諸侯。泯泯棼棼。聖人憂之。筆削一經。垂法萬世。凡列國君臣之事無微不録。皆所以示褒貶之實。于時諸侯不王。而王朝之恩下及列國者不一而足。春秋皆深爲惜之。是以錫命於魯。在威公則王不稱天。以見濫賞之失。在成公則天王稱子。以見卑屈之意。至於小白葵丘之會。重耳踐土之盟。雖嘗使宰孔賜胙。及尹氏策命。然

11578、11579　資治通鑑綱目發明五十九卷　（宋）尹起莘撰　明内府刻本

匡高27.8厘米，廣18厘米。半葉八行，行十八字，小字雙行二十一字，黑口，四周雙邊。河南省社會科學院文獻信息中心、首都圖書館藏。

因題之曰通鑑綱目集覽。既成六年。三復讎正。每一過目。輒見舛遺。先哲有云校書如塵埃風葉。隨掃隨有。噫。誠哉言也。彼且云然。況謏聞陋識者乎。其盤根錯節尚有望於畜德醇儒云。于時歲次甲子泰定元年正月燈夕前一日。古舒望江慈湖王幼學行卿端拜謹書

按資治通鑑全書二百九十四卷。惟胡

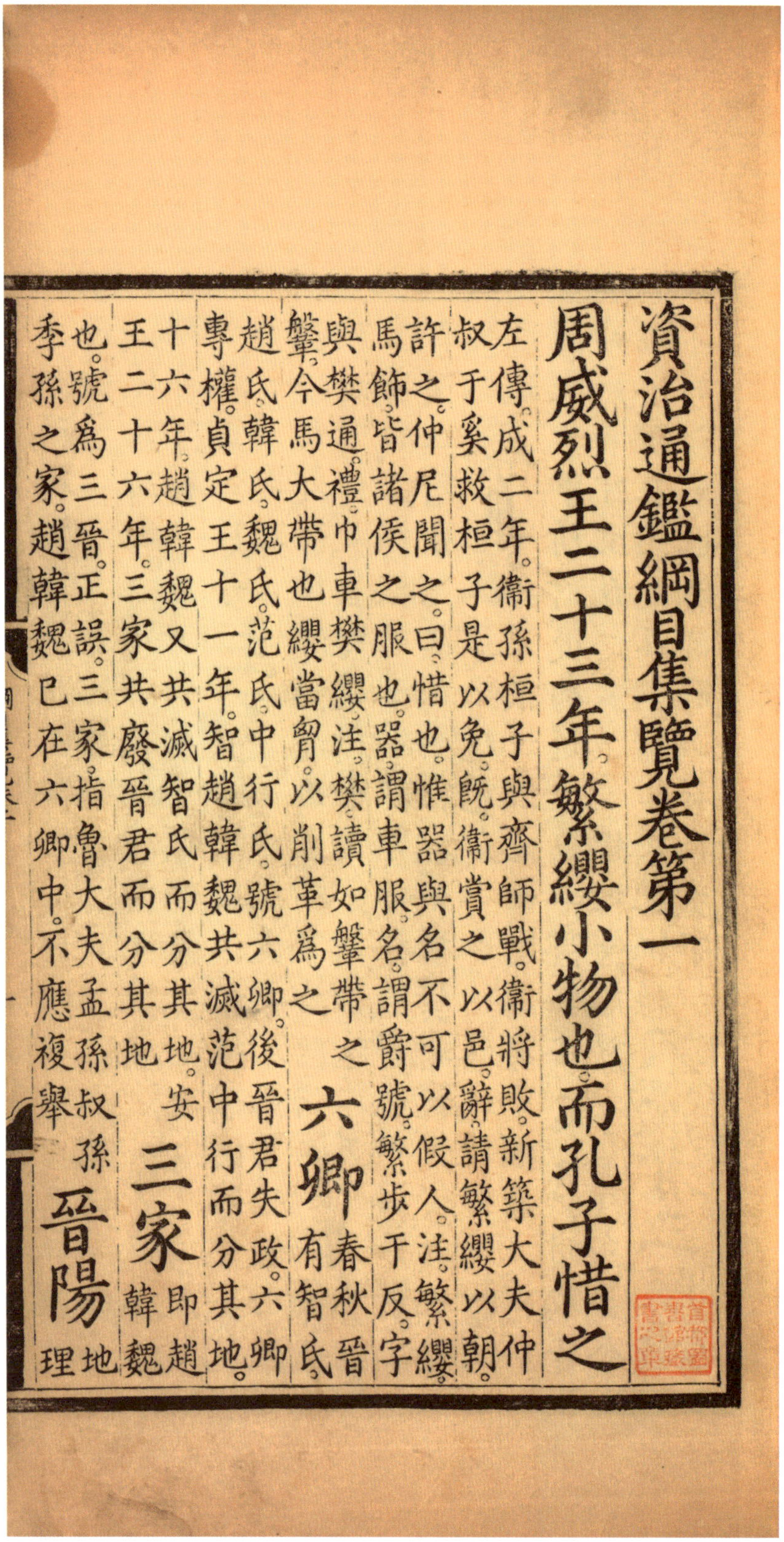

資治通鑑綱目集覽卷第一
周威烈王二十三年繁纓小物也而孔子惜之
左傳成二年衛孫桓子與齊師戰衛將敗新築大夫仲
叔于奚救桓子是以免既衛賞之以邑辭請繁纓以朝
許之仲尼聞之曰惜也惟器與名不可以假人注繁纓
馬飾皆諸侯之服也器謂車服名謂爵號繁步干反字
與樊通禮巾車樊纓注樊讀如鞶帶之
鞶今馬大帶也纓當胷以削革爲之
六卿春秋晉
有智氏
趙氏韓氏魏氏范氏中行氏號六卿後晉君失政六卿
專權貞定王十一年智趙韓魏共滅范中行而分其地
十六年趙韓魏又共滅智氏而分其地安
王二十六年三家共廢晉君而分其地
三家即趙
韓魏
也號爲三晉正誤三家指魯大夫孟孫叔孫
季孫之家趙韓魏已在六卿中不應複舉
晉陽地
理

11580 資治通鑑綱目集覽五十九卷 （元）王幼學撰 （明）陳濟正誤 明内府刻本

匡高27.2厘米，廣18.4厘米。半葉八行，行十八字，小字雙行二十一字，黑口，四周雙邊。首都圖書館藏。

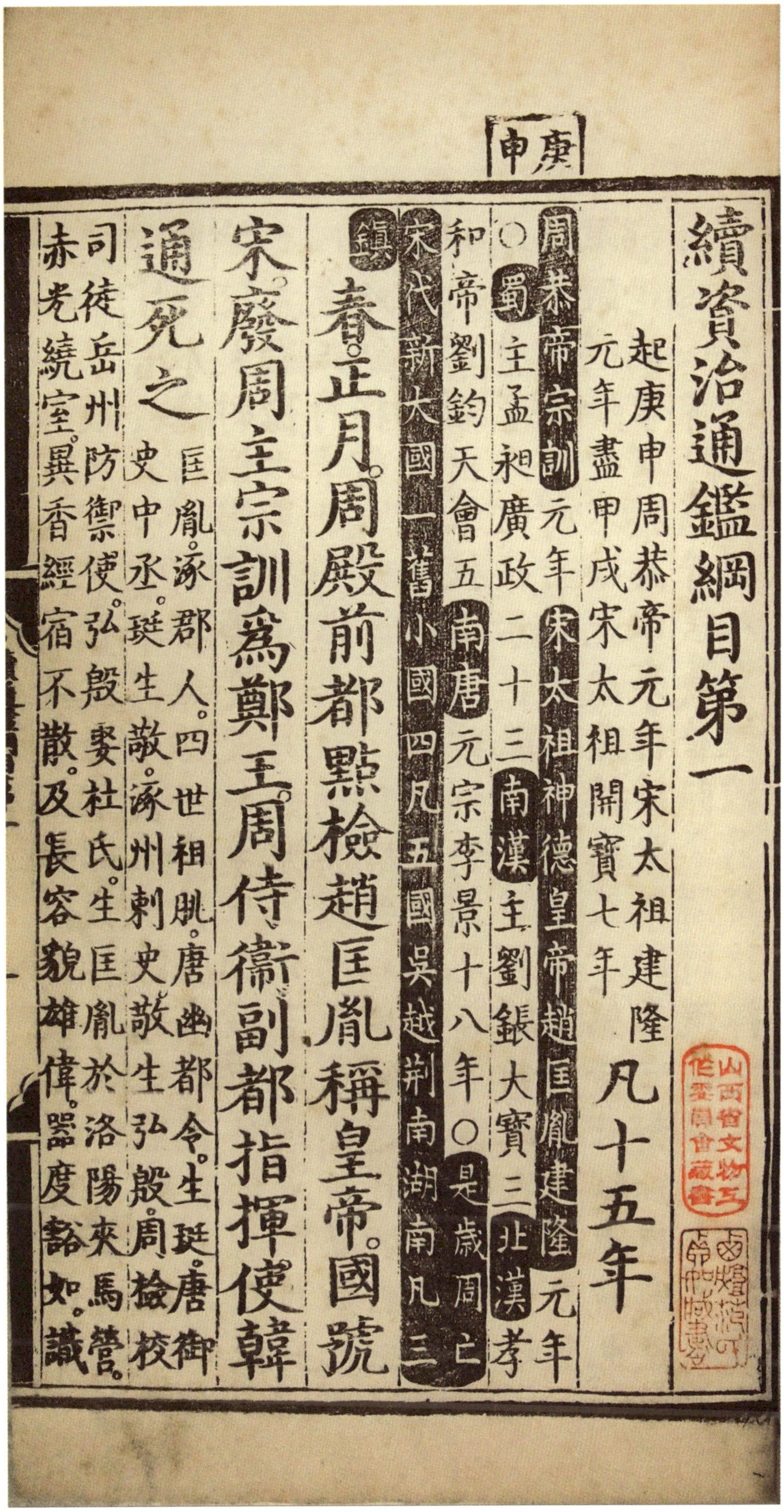
庚申

續資治通鑑綱目第一

起庚申周恭帝元年宋太祖建隆元年盡甲戌宋太祖開寶七年 凡十五年

周恭帝宗訓元年宋太祖神德皇帝趙匡胤建隆元年○蜀主孟昶廣政二十三南漢主劉鋹大寶三北漢孝和帝劉鈞天會五南唐元宗李景十八年○是歲周亡宋代新大國一舊小國四凡五國吳越荊南湖南凡三鎮

春正月周殿前都點檢趙匡胤稱皇帝國號宋廢周主宗訓爲鄭王周侍衛副都指揮使韓通死之

匡胤涿郡人四世祖朓唐幽都令生珽唐御史中丞珽生敬涿州刺史敬生弘殷周檢校司徒岳州防禦使弘殷娶杜氏生匡胤於洛陽夾馬營赤光繞室異香經宿不散及長容貌雄偉器度豁如識

11581 續資治通鑑綱目二十七卷 （明）商輅等撰　明成化十二年（1476）內府刻本

匡高26.9厘米，廣18.3厘米。半葉八行，行十八字，小字雙行二十一字，黑口，四周雙邊。山西博物院藏。

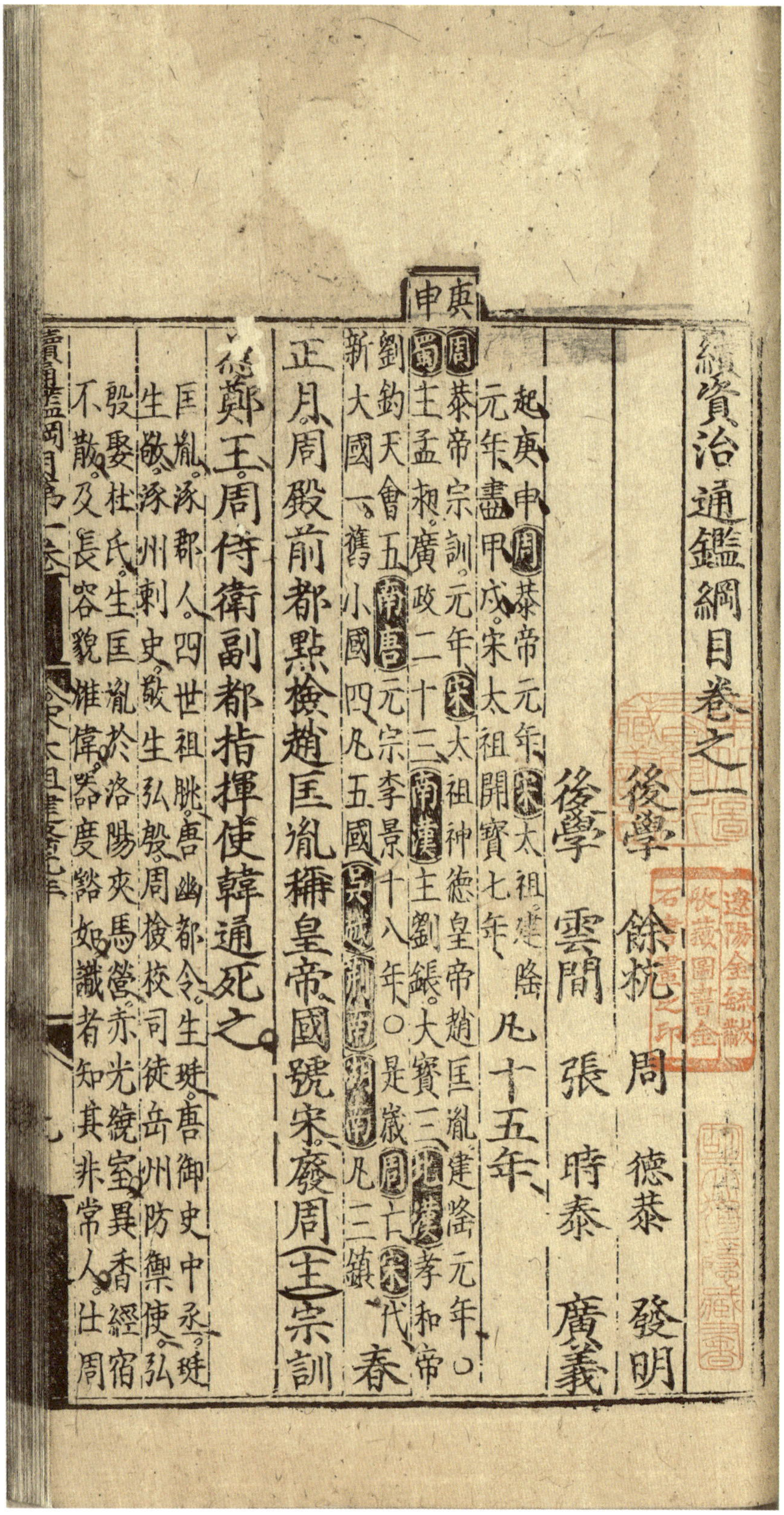
續資治通鑑綱目卷之一
後學餘杭周 德恭 發明
後學雲間張 時泰 廣義
起庚申周恭帝元年宋太祖建隆元年盡甲戌宋太祖開寶七年凡十五年
庚申 周恭帝宗訓元年宋太祖神德皇帝趙匡胤建隆元年○蜀主孟昶廣政二十三南漢主劉鋹大寶三北漢孝和帝劉鈞天會五南唐元宗李景十八年○是歲周亡宋代新大國一舊小國四凡五國吳越荊南湖南凡三鎮
春正月周殿前都點檢趙匡胤稱皇帝國號宋廢周主宗訓為鄭王周侍衛副都指揮使韓通死之
匡胤涿郡人四世祖朓唐幽都令生珽唐御史中丞珽生敬涿州刺史敬生弘殷周檢校司徒岳州防禦使弘殷娶杜氏生匡胤於洛陽夾馬營赤光繞室異香經宿不散及長容貌雄偉器度豁如識者知其非常人仕周

11582 續資治通鑑綱目二十七卷 （明）商輅等撰 （明）周禮發明 （明）張時泰廣義 明弘治十七年（1504）慎獨齋刻本

匡高19厘米，廣11.8厘米。半葉十行，行二十二字，小字雙行同，黑口，四周雙邊。遼寧省圖書館藏。

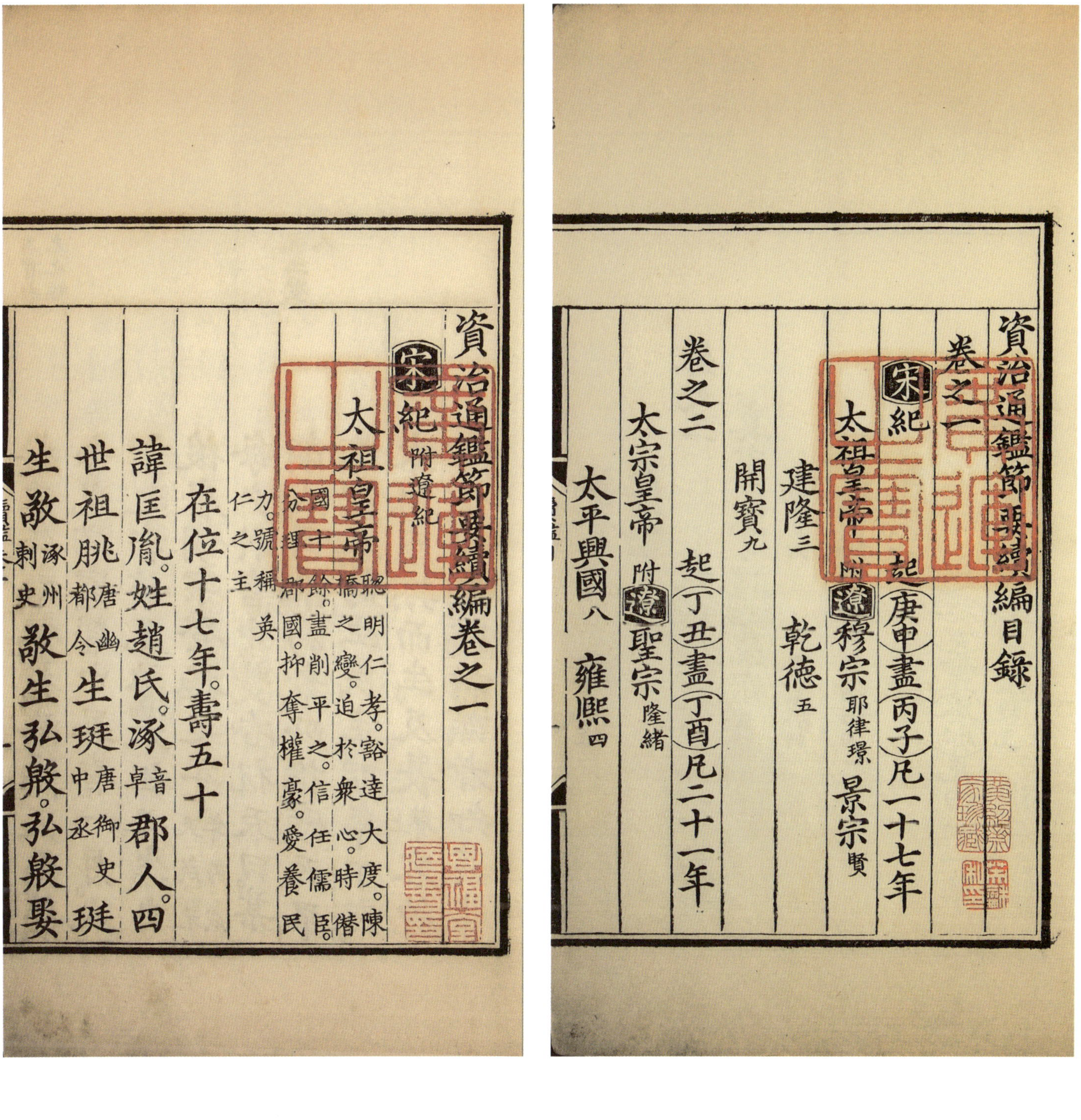

11583 資治通鑑節要續編三十卷 （明）張光啓撰 明正德九年（1514）司禮監刻本

匡高22.7厘米，廣16厘米。半葉九行，行十五字，小字雙行同，黑口，四周雙邊。有“廣運之寶”“英穌私印”“黄紹齋家珍藏”等印。山西博物院藏。

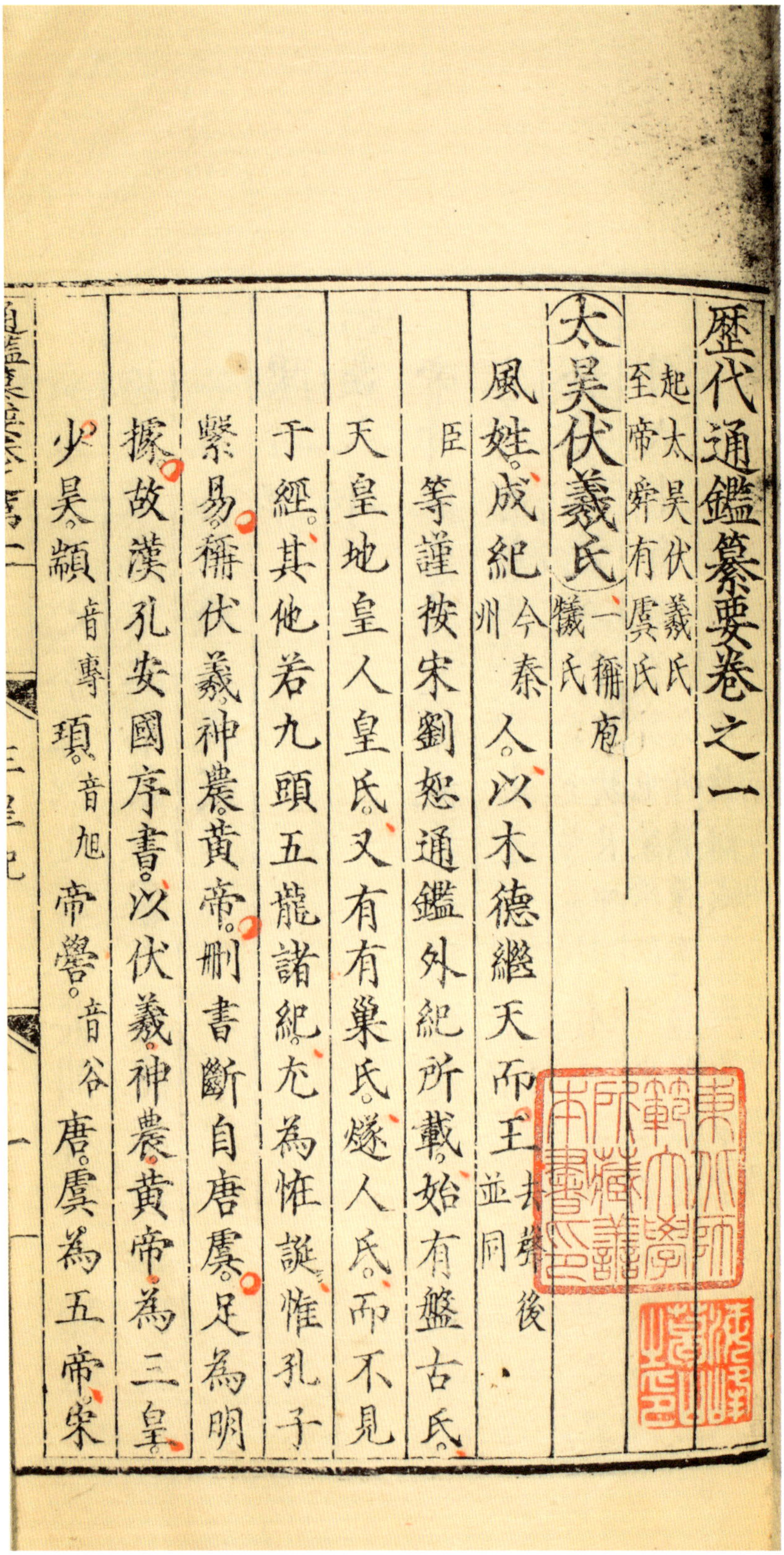

歷代通鑑纂要卷之一

起太昊伏羲氏
至帝舜有虞氏

太昊伏羲氏 一稱庖犧氏

風姓。成紀今秦州人。以木德繼天而王。尭舜後並同

臣等謹按宋劉恕通鑑外紀所載。始有盤古氏。天皇地皇人皇氏。又有有巢氏。燧人氏。而不見于經。其他若九頭五龍諸紀。尤為恠誕。惟孔子繫易。稱伏羲神農黃帝。删書斷自唐虞。足為明據。故漢孔安國序書。以伏羲神農黃帝為三皇。少昊顓音專頊音旭帝嚳音谷唐虞為五帝。宋

11584 歷代通鑑纂要九十二卷 （明）李東陽 劉機等撰 明正德十四年（1519）慎獨齋刻本

匡高18.6厘米，廣12.7厘米。半葉十行，行二十字，小字雙行同，細黑口，四周雙邊。有“皇明正德己卯慎獨齋刊”等牌記。東北師範大學圖書館藏。

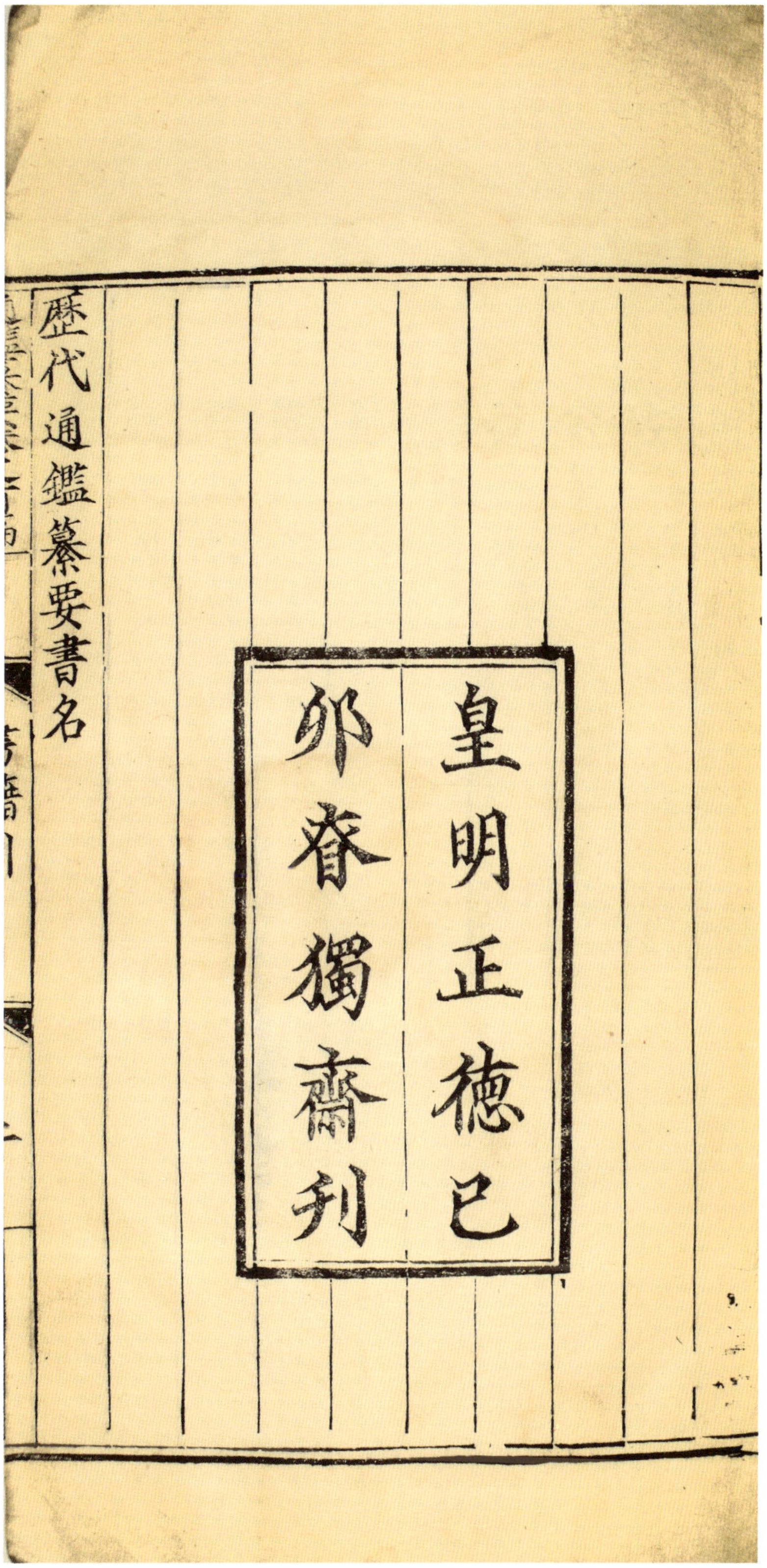

歷代通鑑纂要書名

皇明正德己
卯春獨齋刊

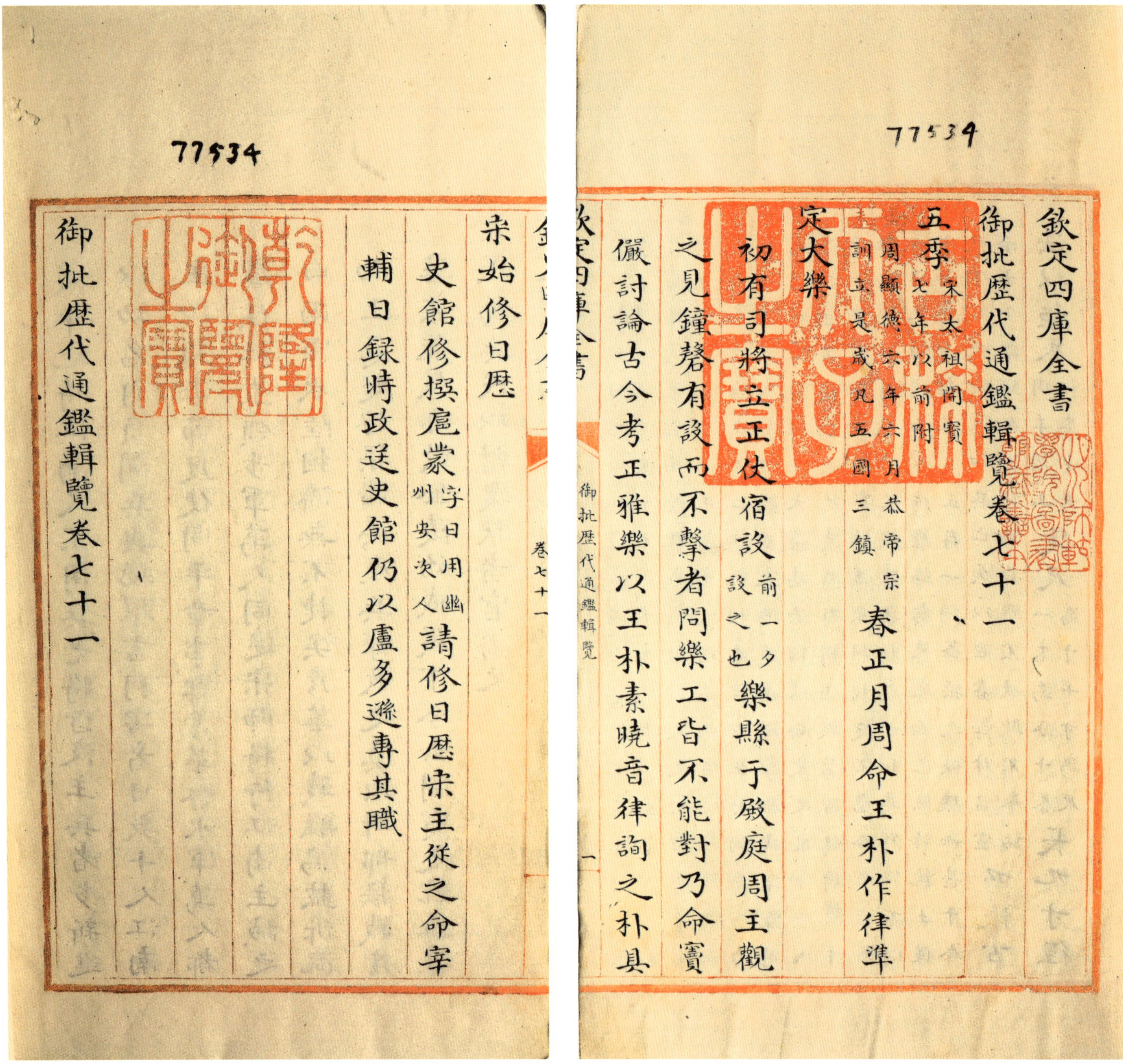

11585 御批歷代通鑑輯覽一百二十卷 （清）傅恒等撰 清乾隆内府寫

南三閣四庫全書本

匡高20.4厘米，廣13.2厘米。半葉八行，行二十一字，紅格，白口，四周雙邊。有“古稀天子之寶”“乾隆御覽之寶”等印。四川師範大學圖書館藏，存一卷。

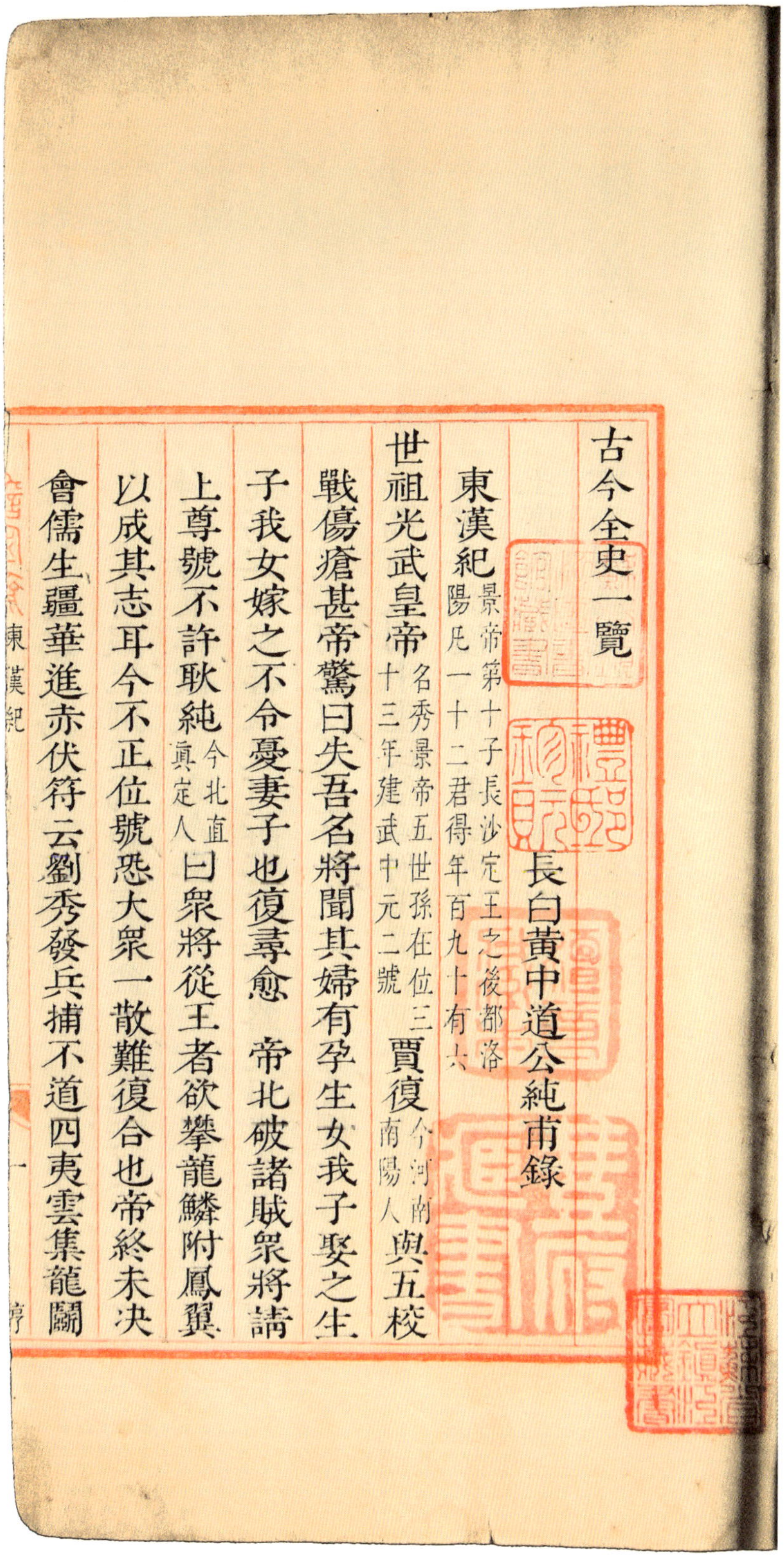

古今全史一覽
長白黄中道公純甫錄
東漢紀 景帝第十子長沙定王之後都洛陽凡一十二君得年百九十有六
世祖光武皇帝 名秀景帝五世孫在位三十三年建武中元二號 賈復 今河南南陽人 與五校
戰傷瘡甚帝驚曰失吾名將聞其婦有孕生女我子娶之生
子我女嫁之不令憂妻子也復壽愈 帝北破諸賊衆將請
上尊號不許耿純 今北直真定人 曰衆將從王者欲攀龍鱗附鳳翼
以成其志耳今不正位號恐大衆一散難復合也帝終未決
會儒生彊華進赤伏符云劉秀發兵捕不道四夷雲集龍鬬

11586 古今全史一覽四卷 （明）舒弘諤撰 （清）李漁續 （清）黄中道删訂 清康熙三十八年（1699）滄寧齋精抄本

匡高11.8厘米，廣8.4厘米。半葉九行，行二十四字，小字雙行同，紅格，白口，四周雙邊。有“豊府藏书”“禮邸珍玩”等印。羅振常、秦更年跋。鎮江市圖書館藏。

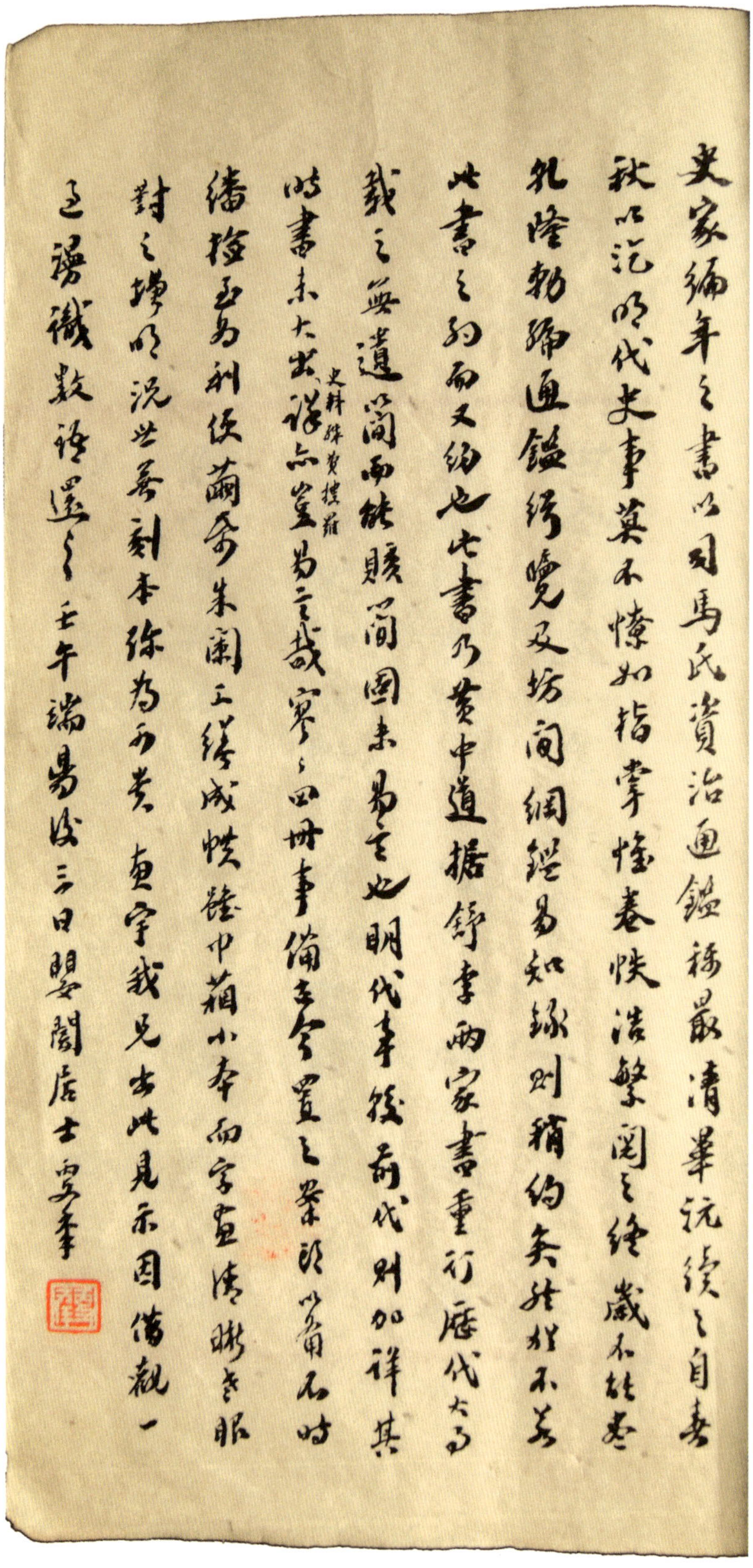
史家編年之書以司馬氏資治通鑑稱最清畢沅續之自春
秋以迄明代史事莫不瞭如指掌惟卷帙浩繁閱之經歲不能盡
乾隆敕編通鑑輯覽及坊間綱鑑易知錄則稍約矣然於不善
此書之約而又約也此書乃黃中道據舒李兩家書重訂歷代大事
載之無遺簡而能賅簡固未易言也明代事較前代則加詳其
時書未大出（史料殊有搜羅）詳亦豈易言哉寥寥四冊事備古今置之案頭以備不時
繙檢至為利便蘭翁朱闌工繕成帙錢中箱小本而字畫清晰悅眼
對之增明況世無刻本殊為可貴東宇我兄出此見示因借觀一
過謾識數語還之 壬午端陽後三日嬰闇居士虞季

11586 古今全史一覽四卷

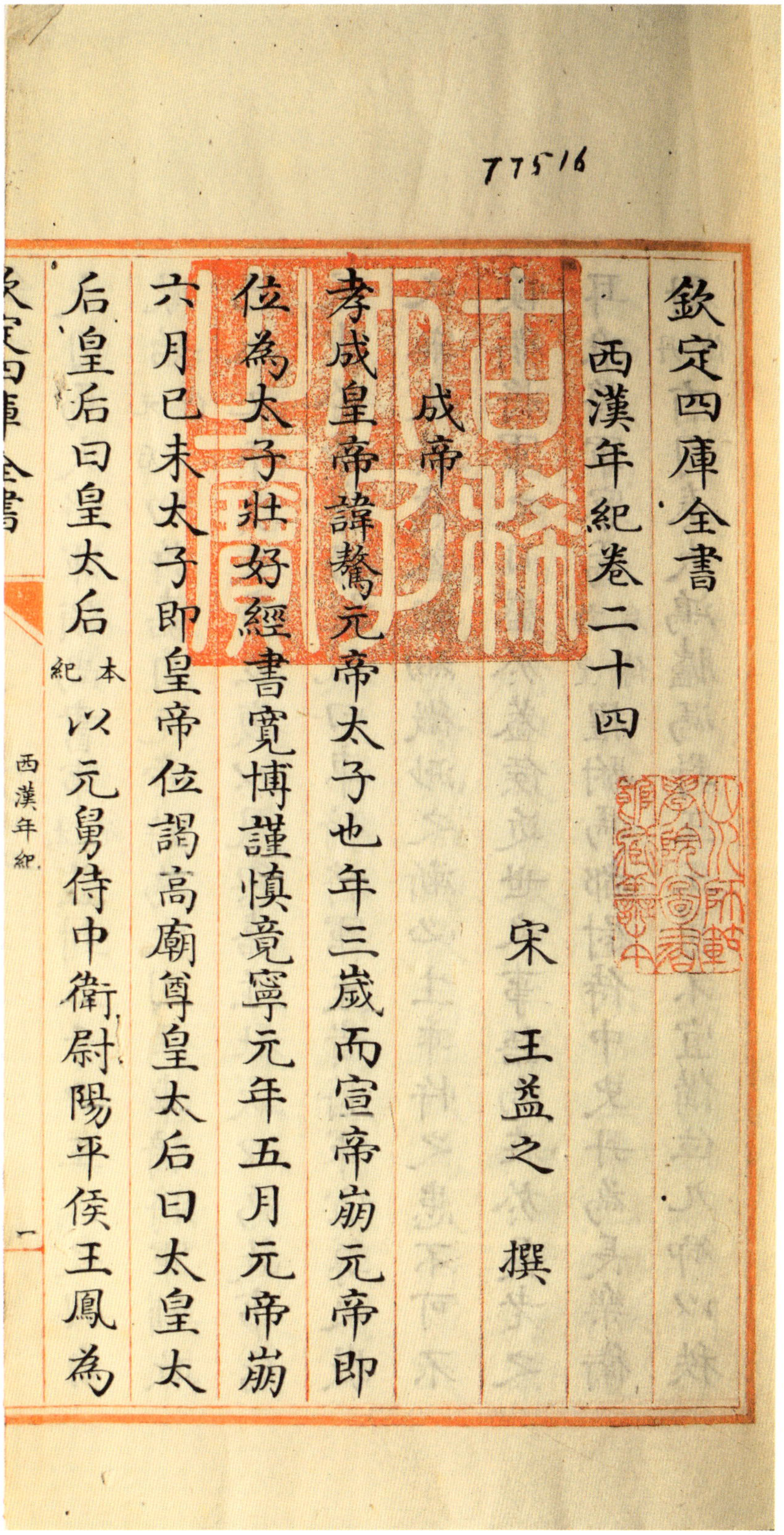
欽定四庫全書
西漢年紀卷二十四
宋 王益之 撰
成帝
孝成皇帝諱驁元帝太子也年三歲而宣帝崩元帝即
位為太子壯好經書寬博謹慎竟寧元年五月元帝崩
六月己未太子即皇帝位謁高廟尊皇太后曰太皇太
后皇后曰皇太后本紀以元舅侍中衛尉陽平侯王鳳為
西漢年紀 一

11587 西漢年紀三十卷 （宋）王益之撰　清乾隆内府寫南三閣四庫全書本

匡高20.8厘米，廣13.7厘米。半葉八行，行二十一字，紅格，白口，四周雙邊。有“古稀天子之寶”“乾隆御覽之寶”等印。四川師範大學圖書館藏，存二卷。

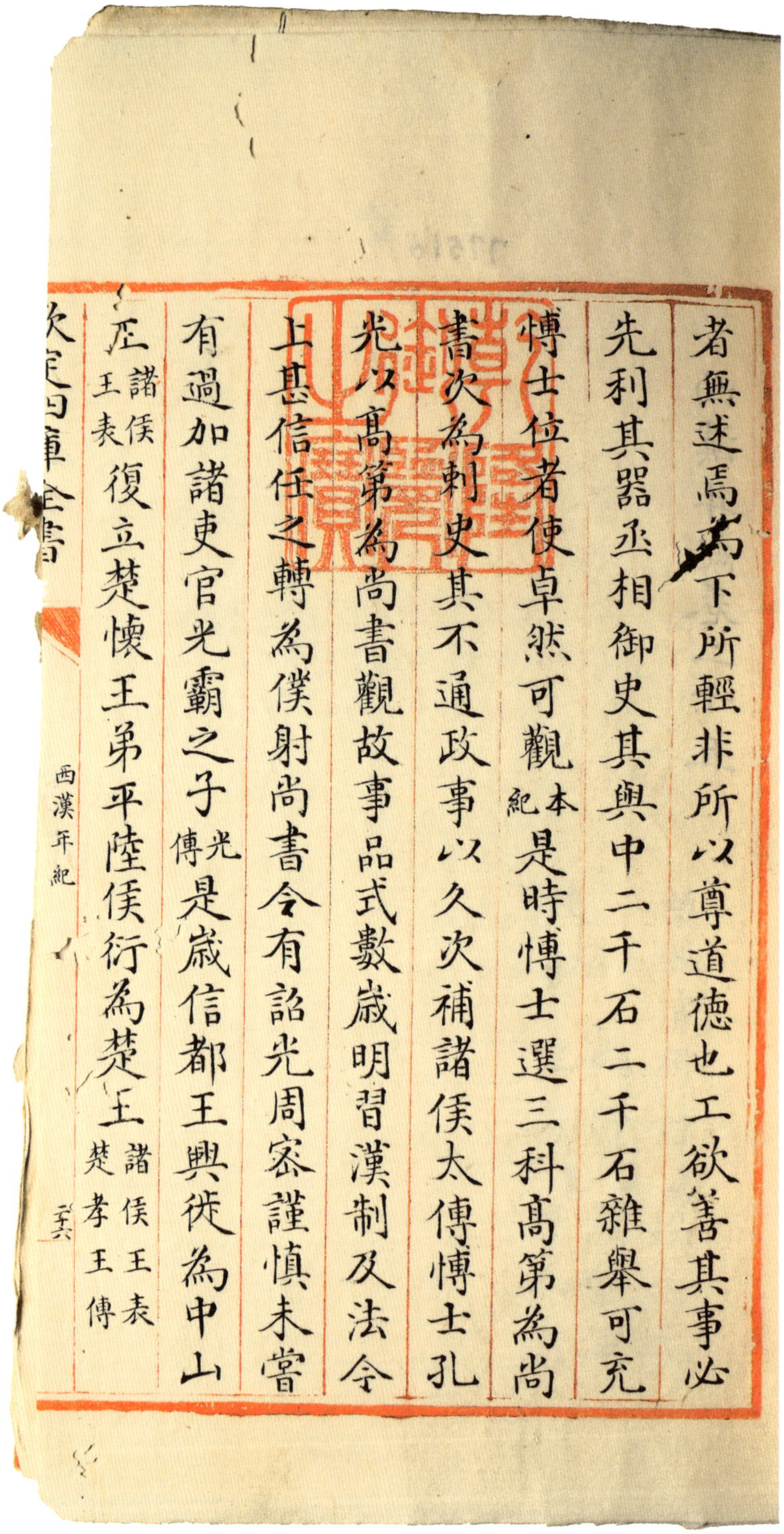
者無述焉爲下所輕非所以尊道德也工欲善其事必
先利其器丞相御史其與中二千石二千石雜舉可充
博士位者使卓然可觀本紀是時博士選三科高第爲尚
書次爲刺史其不通政事以久次補諸侯太傅博士孔
光以高第爲尚書觀故事品式數歲明習漢制及法令
上甚信任之轉爲僕射尚書令有詔光周密謹慎未嘗
有過加諸吏官光霸之子光傳是歲信都王興徙爲中山
王諸侯王表復立楚懷王弟平陸侯衍爲楚王諸侯王表楚孝王傳

欽定四庫全書　西漢年紀　卷二十六

11587 西漢年紀三十卷

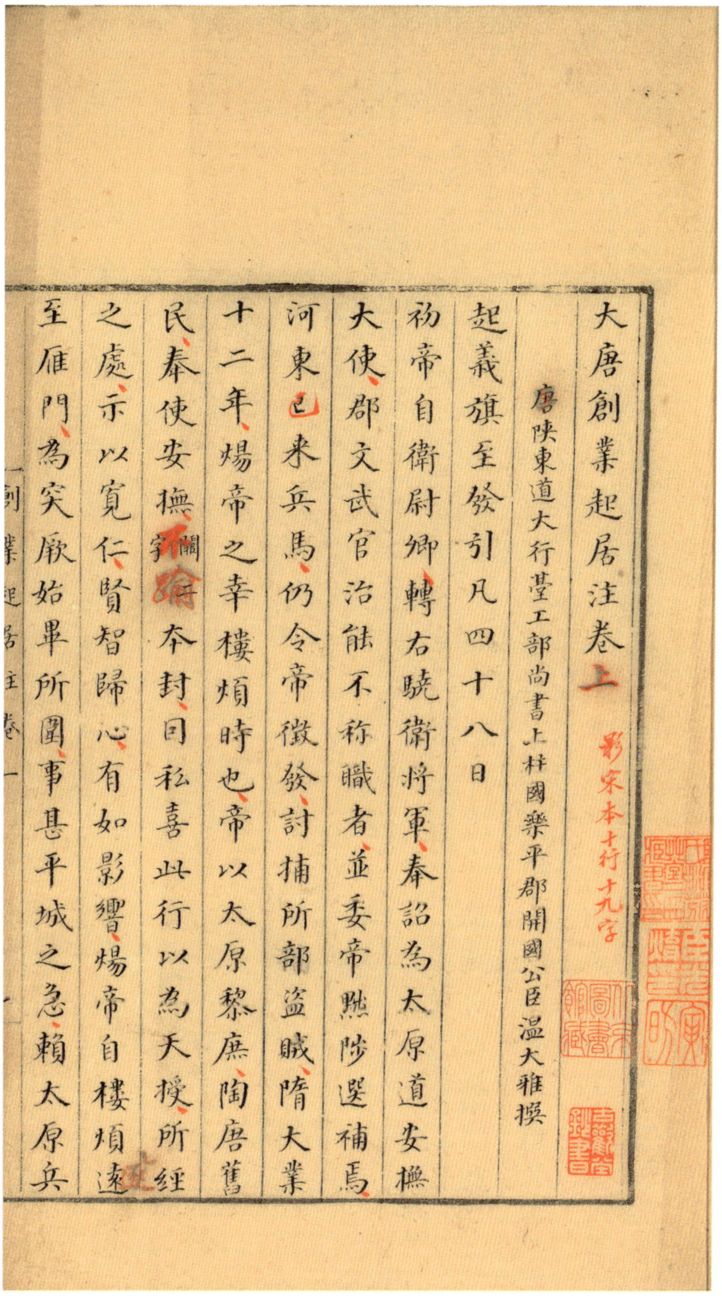

大唐創業起居注卷上
唐陝東道大行臺工部尚書上柱國樂平郡開國公臣温大雅撰
影宋本十行十九字
起義旗至發引凡四十八日
初帝自衛尉卿轉右驍衛將軍奉詔為太原道安撫
大使郡文武官治能不稱職者並委帝黜陟選補焉
河東已来兵馬仍令帝徵發討捕所部盜賊隋大業
十二年煬帝之幸樓煩時也帝以太原黎庶陶唐舊
民奉使安撫不踰本封因私喜此行以為天授所經
之處示以寬仁賢智歸心有如影響煬帝自樓煩遠
至鴈門為突厥始畢所圍事甚平城之急賴太原兵

11588 大唐創業起居注三卷 （唐）温大雅撰　清乾隆吴翌鳳抄本

匡高18.5厘米，廣13.3厘米。半葉十行，行二十字，白口，藍格，左右雙邊。有“古歡堂鈔書”“臣光焴印”“寅昉”等印。吴翌鳳校並跋。國家圖書館藏。

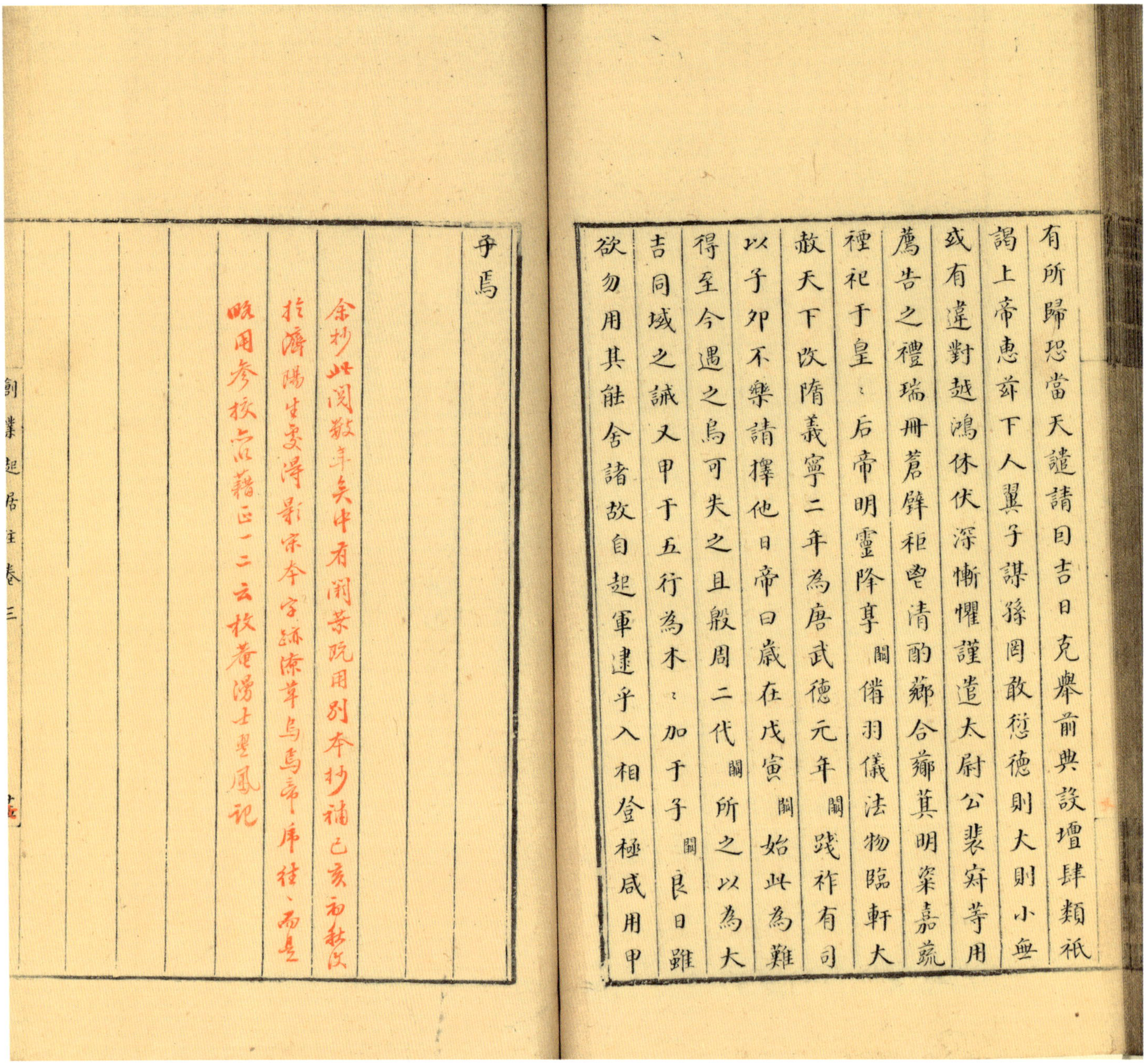

有所歸恐當天譴請曰吉日克舉前典設壇肆類祇
謁上帝惠彼下人翼子謀孫罔敢愆德則大則小無
或有違對越鴻休伏深慚懼謹遣太尉公裴寂等用
薦告之禮瑞冊蒼辟秬鬯清酌薌合薌萁明粢嘉蔬
禋祀于皇〻后帝明靈降享 闕 備羽儀法物臨軒大
赦天下改隋義寧二年為唐武德元年 闕 踐祚有司
以子卯不樂請擇他日帝曰歲在戊寅 闕 始此為難
得至今遇之烏可失之且殷周二代 闕 所之以為大
吉同域之誡又甲于五行為木〻加于子 闕 良日雖
欲勿用其能舍諸故自起軍建乎入相登極咸用甲
子焉

余抄此閱數年矣中有闕葉既用別本抄補己亥初秋
於濟陽生處得影宋本字跡潦草烏焉帝虎往往而是
略用參校亦藉正一二云 枚菴漫士吳翌鳳記

創業起居注卷三

11588 大唐創業起居注三卷

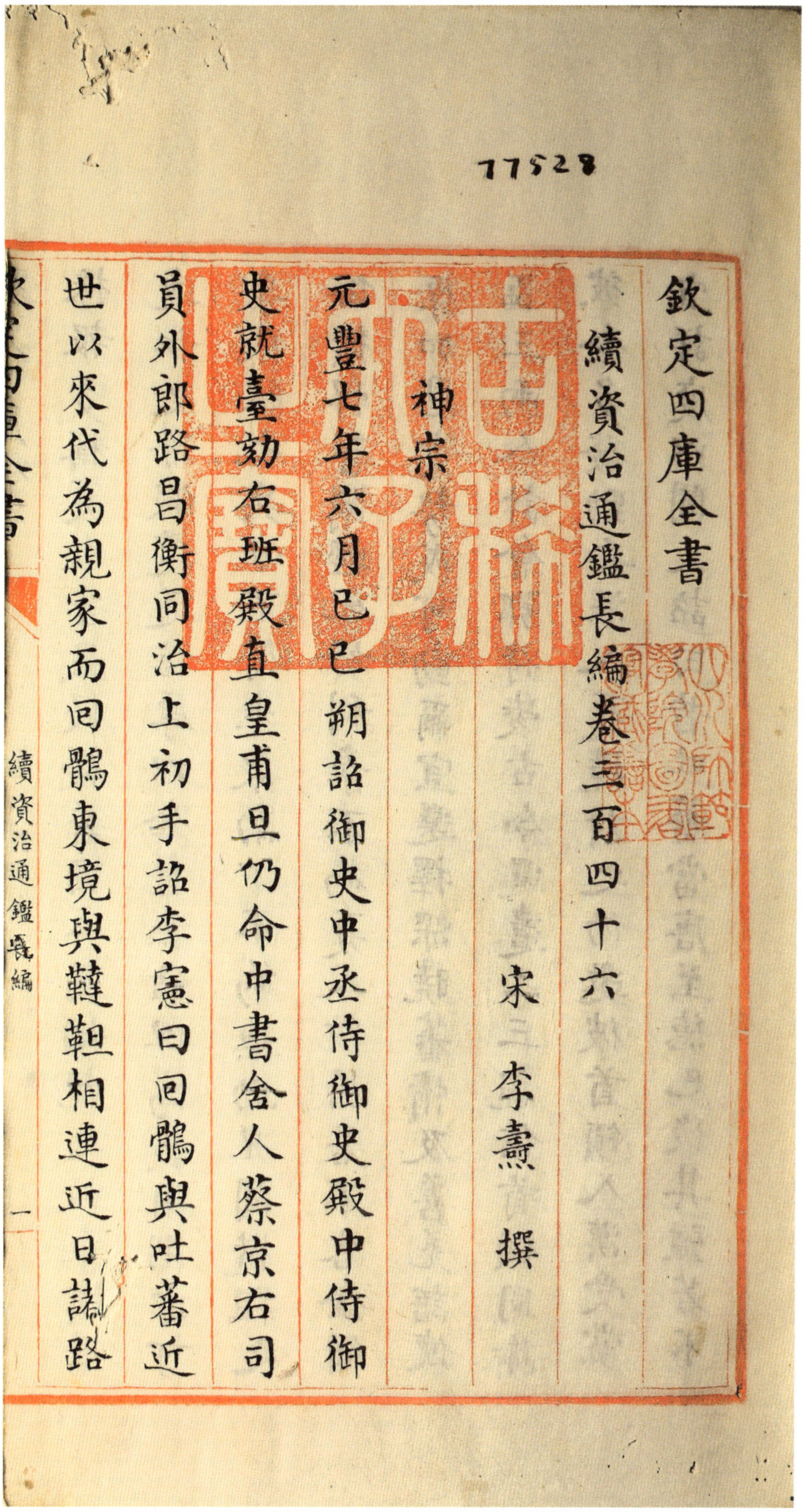
欽定四庫全書
續資治通鑑長編卷三百四十六
宋　李燾　撰
神宗
元豐七年六月己巳朔詔御史中丞侍御史殿中侍御
史就臺劾右班殿直皇甫旦仍命中書舍人蔡京右司
員外郎路昌衡同治上初手詔李憲曰回鶻與吐蕃近
世以來代為親家而回鶻東境與韃靼相連近日諸路

11589 續資治通鑑長編五百二十卷目録二卷　（宋）李燾撰　清乾隆內府寫南三閣四庫全書本

匡高20.5厘米，廣13.6厘米。半葉八行，行二十一字，紅格，白口，四周雙邊。有“古稀天子之寶”“乾隆御覽之寶”等印。四川師範大學圖書館藏，存十五卷。

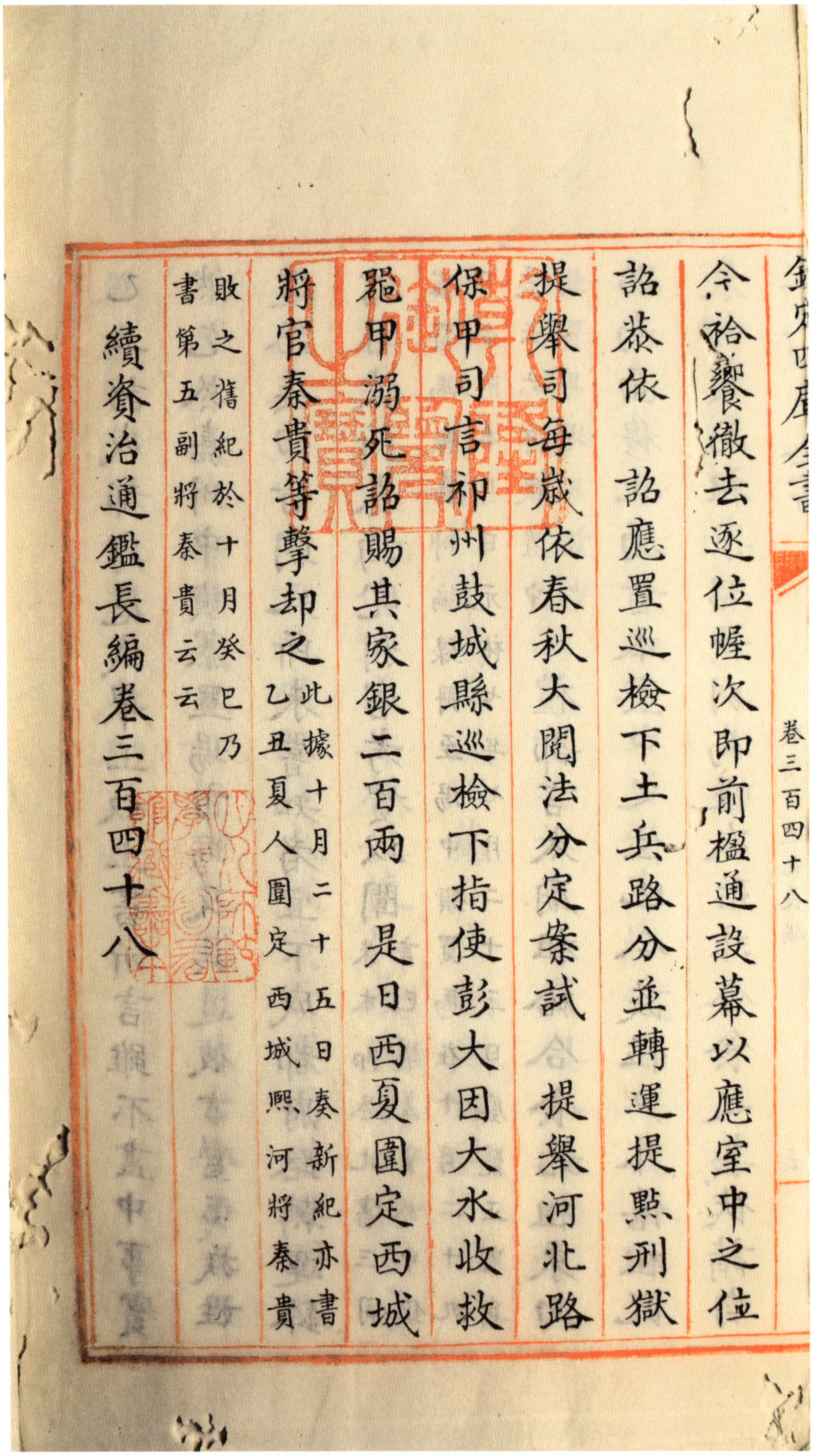
欽定四庫全書　卷三百四十八

令祫饗徹去逐位幄次即前楹通設幕以應室中之位

詔恭依　詔應置巡檢下土兵路分並轉運提點刑獄

提舉司每歲依春秋大閱法分定案試　提舉河北路

保甲司言祁州鼓城縣巡檢下指使彭大因大水收救

罷甲溺死詔賜其家銀二百兩是日西夏圍定西城

將官秦貴等擊却之此據十月二十五日奏新紀亦書乙丑夏人圍定西城熙河將秦貴敗之舊紀於十月癸巳乃書第五副將秦貴云云

續資治通鑑長編卷三百四十八

11589 續資治通鑑長編五百二十卷目録二卷

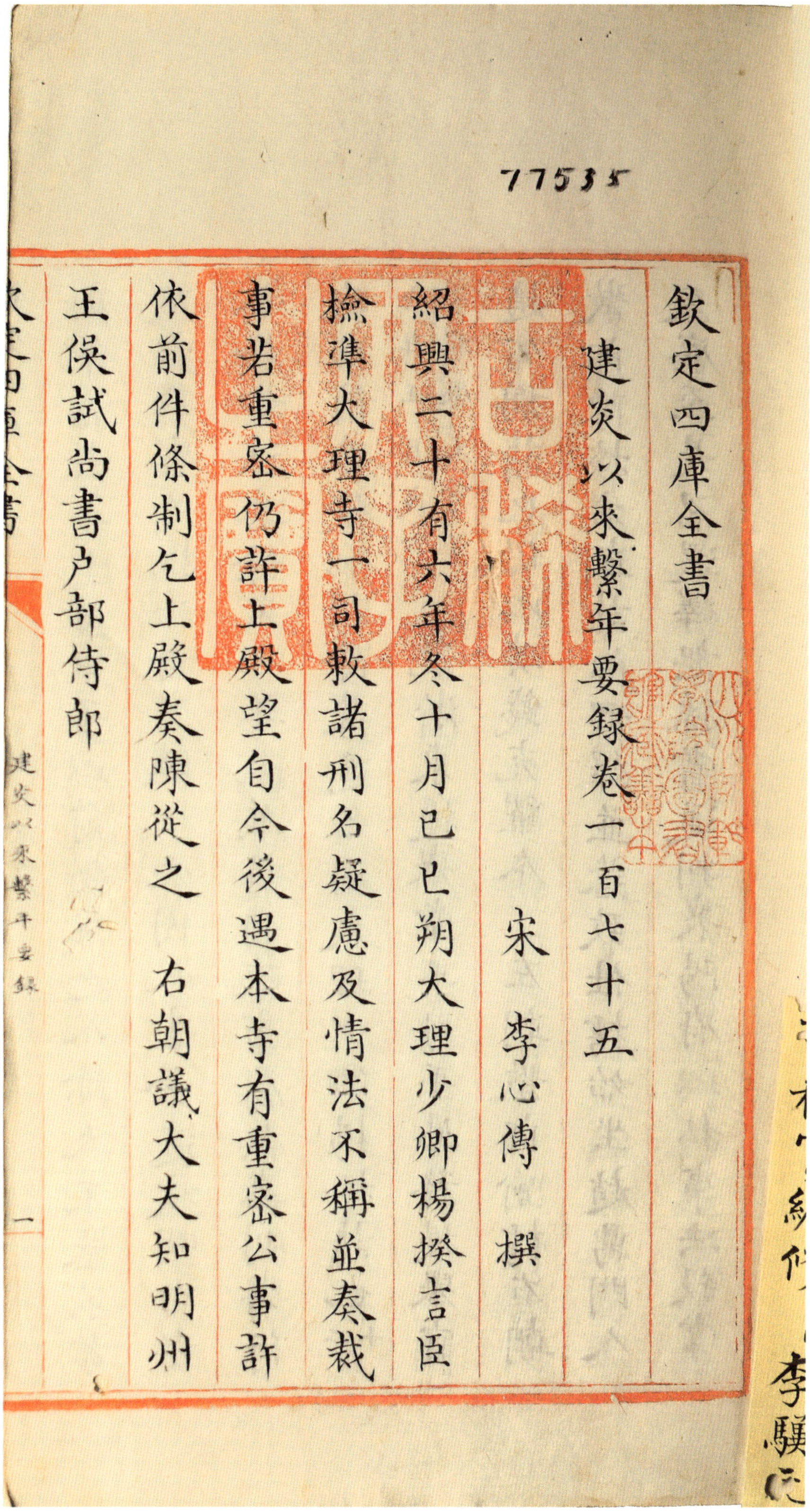
欽定四庫全書
建炎以來繫年要録卷一百七十五
宋 李心傳 撰
紹興二十有六年冬十月己巳朔大理少卿楊揆言臣
檢準大理寺一司敕諸刑名疑慮及情法不稱並奏裁
事若重密仍許上殿望自今後遇本寺有重密公事許
依前件條制乞上殿奏陳從之 右朝議大夫知明州
王俁試尚書户部侍郎

11590 建炎以來繫年要録二百卷 （宋）李心傳撰 清乾隆内府寫南三閣四庫全書本

匡高20.5厘米，廣13.7厘米。半葉八行，行二十一字，紅格，白口，四周雙邊。有“古稀天子之寶”“乾隆御覽之寶”等印。四川師範大學圖書館藏，存二卷。

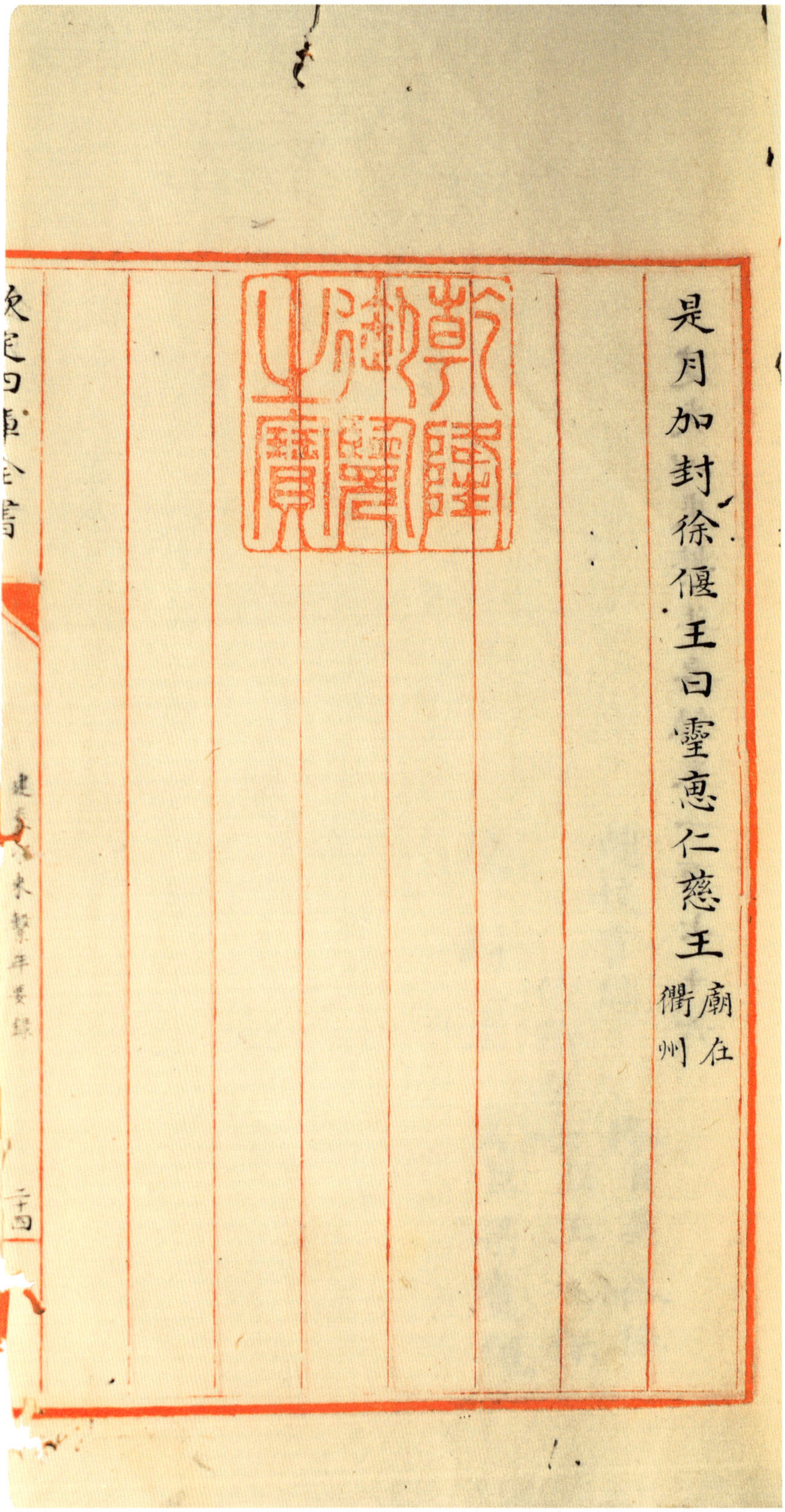
欽定四庫全書

乾隆御覽之寶

是月加封徐偃王曰靈惠仁慈王廟在衢州

建炎以來繫年要錄

11590 建炎以來繫年要録二百卷

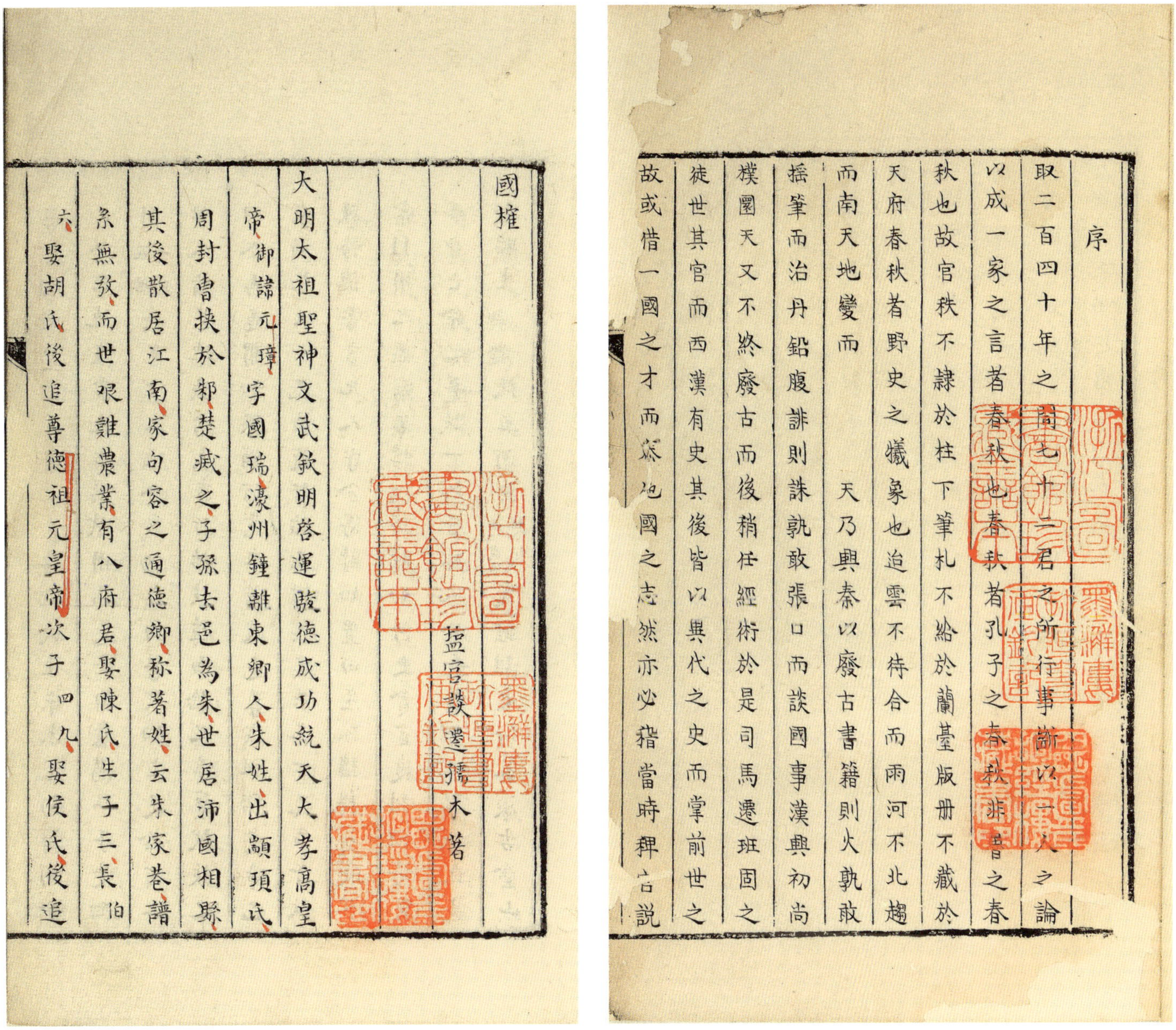

序

取二百四十年之間七十二君之所行事斷以一人之論以成一家之言者春秋也春秋者孔子之春秋非魯之春秋也故官秩不隸於柱下筆札不給於蘭臺版冊不藏於天府春秋者野史之犧象也迨雲不待合而雨河不北趨而南天地變而

天乃興秦以廢古書籍則火孰敢搖筆而治丹鉛腹誹則誅孰敢張口而談國事漢興初尚樸園天又不終廢古而後稍任經術於是司馬遷班固之徒世其官而西漢有史其後皆以與代之史而掌前世之故或借一國之才而傃也國之志然亦必稽當時稗官說

國榷

鹽官談遷孺木著

大明太祖聖神文武欽明啓運駿德成功統天大孝高皇帝御諱元璋字國瑞濠州鍾離東鄉人朱姓出顓頊氏周封曹挾於邾楚滅之子孫去邑為朱世居沛國相縣其後散居江南家句容之通德鄉稱著姓云朱家巷譜系無攷而世很難農業有八府君娶陳氏生子三長伯六娶胡氏後追尊德祖元皇帝次子四九娶侯氏後追

11591 國榷不分卷 （清）談遷撰　清康熙抄本

匡高20.3厘米，廣14.5厘米。半葉十行，行二十至二十二字，白口，左右雙邊。有“墨懈樓珍藏書畫鈐記”“四明盧氏抱經樓藏書印”等印。佚名校。浙江圖書館藏。

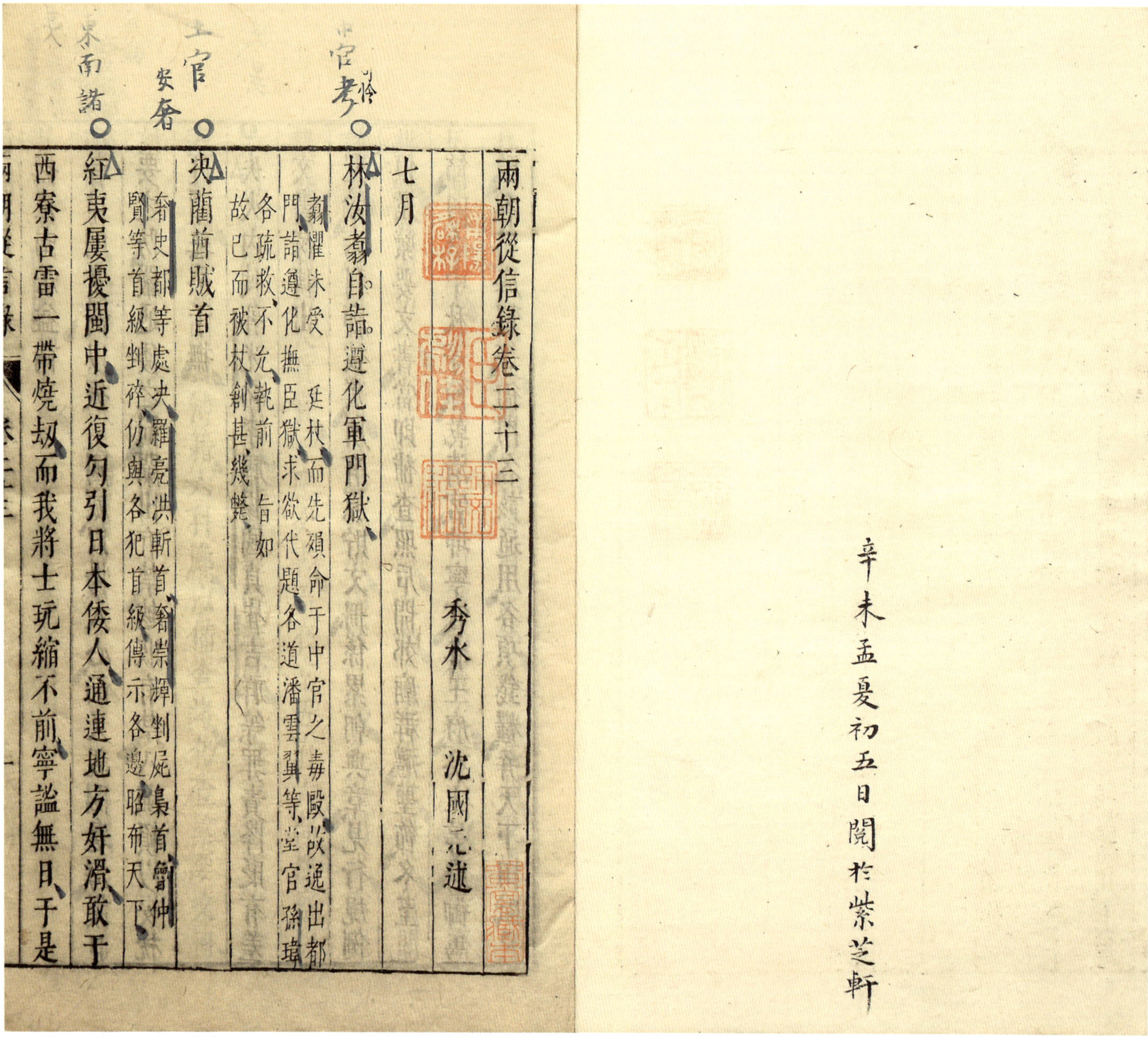

兩朝從信録卷二十三
秀水　沈國元述
七月
林汝翥自詣遵化軍門獄
翥懼來受　廷杖而先殞命于中官之毒毆故逃出都
門詣遵化撫臣獄求救代題各道潘雲翼等堂官孫瑋
各疏救不允執前　旨如
故已而被杖創甚幾斃
決藺酋賊首
奢史都等處決羅亮洪斬首奢崇輝剉屍梟首奢仲
賢等首級剉碎仍與各犯首級傳示各邊昭布天下
紅夷屢擾閩中近復勾引日本倭人通連地方奸滑敢于
西寮古雷一帶燒刼而我將士玩縮不前寧謐無日于是

辛未孟夏初五日閱於紫芝軒

11592 兩朝從信録三十五卷　（明）沈國元撰　明崇禎刻本

匡高22.1厘米，廣14.5厘米。半葉十行，行二十二字，小字雙行同，白口，四周單邊。有“臣彪佳”等印。祁彪佳批並跋，黃裳跋。南京圖書館藏。

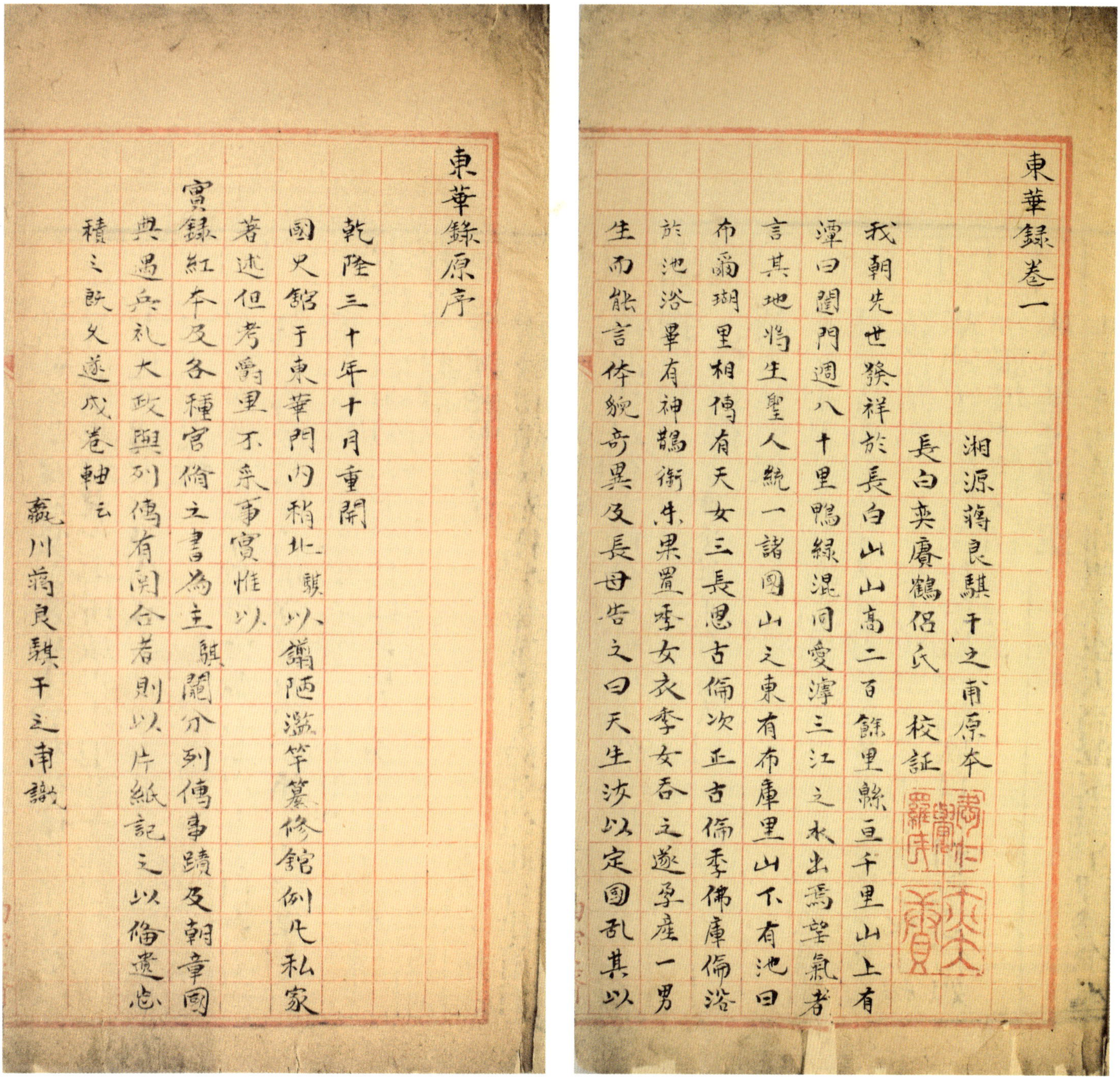

東華錄原序

乾隆三十年十月重開
國史館于東華門內稍北 騏以謭陋濫竽纂修館例凡私家
著述但考爵里不采事實惟以
實錄紅本及各種官修之書為主 騏翻閱分列傳事蹟及朝章國
典兵禮大政與列傳有關合者則以片紙記之以備遺忘
積之既久遂成卷軸云
[illegible]川蔣良騏千之甫識

東華錄卷一

湘源蔣良騏千之甫原本
長白奕賡鶴侶氏 校証

我朝先世發祥於長白山山高二百餘里綿亘千里山上有
潭曰闥門週八十里鴨綠混同愛滹三江之水出焉望氣者
言其地將生聖人統一諸國山之東有布庫里山下有池曰
布爾瑚里相傳有天女三長恩古倫次正古倫季佛庫倫浴
於池浴畢有神鵲銜朱果置季女衣季女吞之遂孕產一男
生而能言体貌奇異及長母告之曰天生汝以定國亂其以

11593 東華録六卷　（清）蔣良騏撰　（清）奕賡校證　稿本

匡高19.9厘米，廣11.4厘米。半葉九行，行二十五字，紅格，白口，四周雙邊。有“鶴侶氏墨香書屋珍藏”“墨香書屋”“鶴侶”“臣奕賡”等印。東北師範大學圖書館藏。

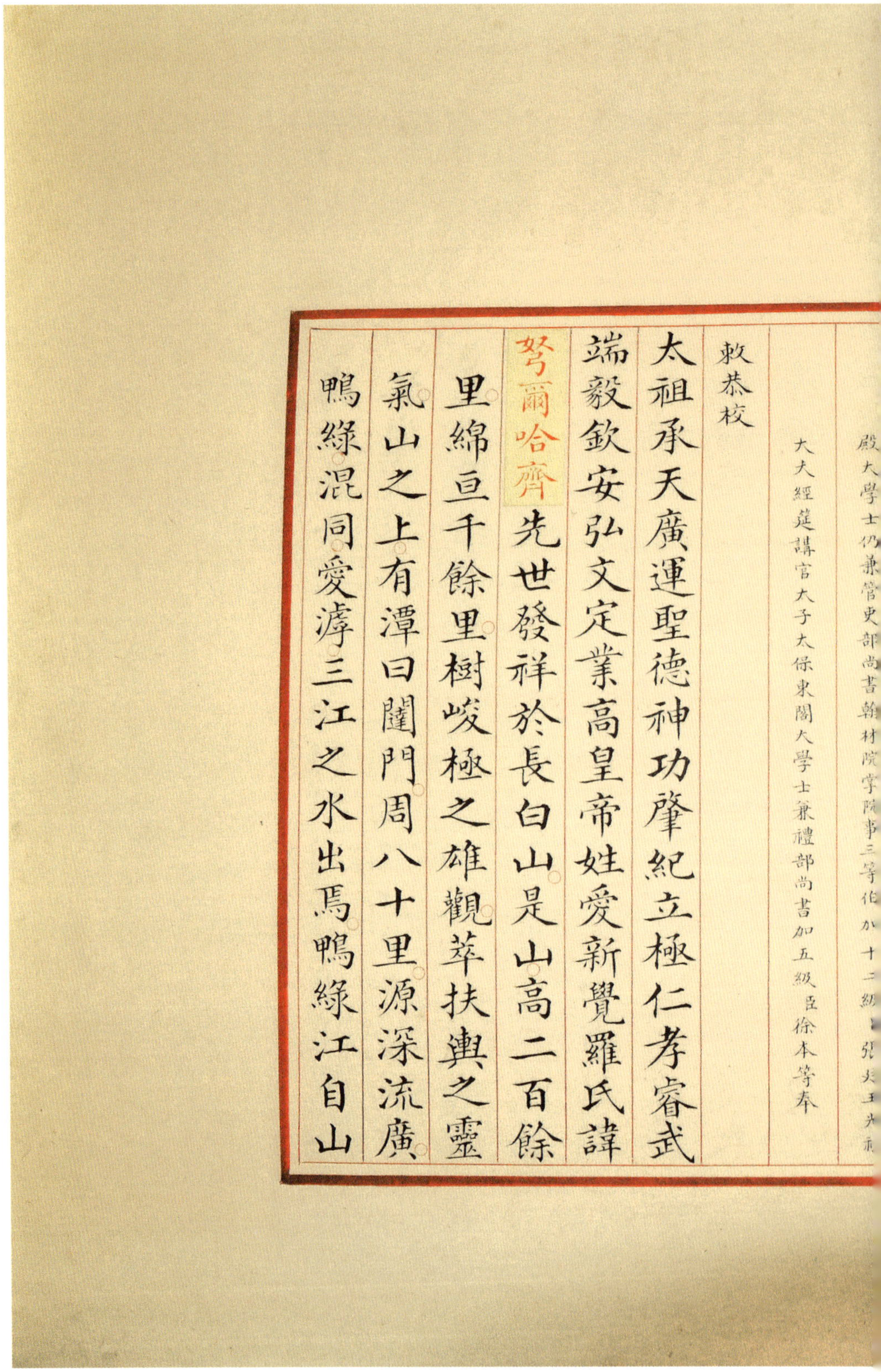
殿大學士仍兼管吏部尚書翰林院掌院事三等伯加十二級
大夫經筵講官太子太保東閣大學士兼禮部尚書加五級臣徐本等奉
敕恭校
太祖承天廣運聖德神功肇紀立極仁孝睿武
端毅欽安弘文定業高皇帝姓愛新覺羅氏諱
努爾哈齊先世發祥於長白山是山高二百餘
里綿亘千餘里樹峻極之雄觀萃扶輿之靈
氣山之上有潭曰闥門周八十里源深流廣
鴨綠混同愛滹三江之水出焉鴨綠江自山

11594 大清太祖高皇帝實録十卷首三卷 （清）勒德洪　明珠等纂修

清乾隆十一年（1746）内府寫本

蝴蝶裝。匡高27厘米，廣19.3厘米。半葉九行，行十八字，紅格，白口，四周雙邊。遼寧省檔案館藏。

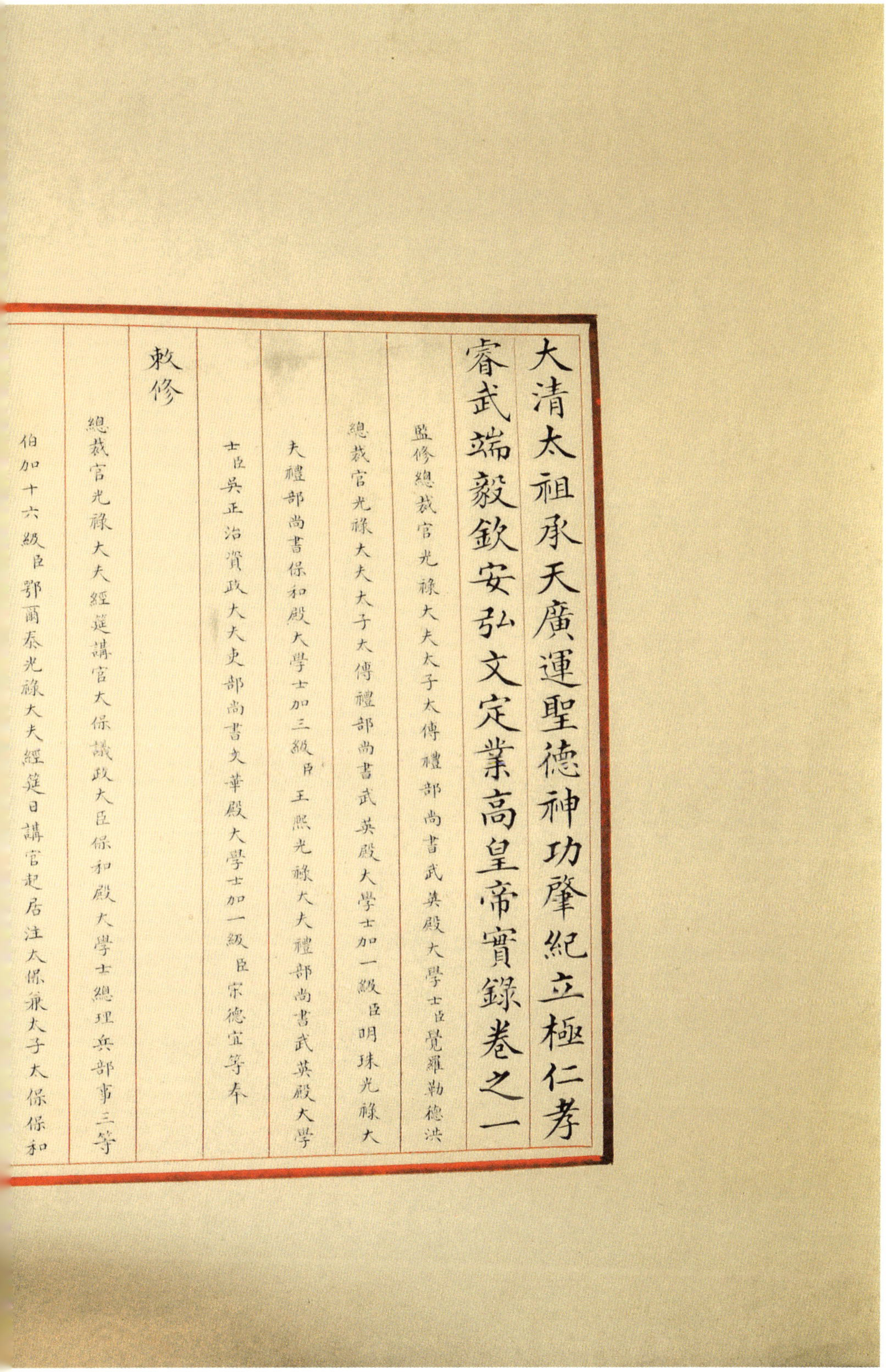

大清太祖承天廣運聖德神功肇紀立極仁孝
睿武端毅欽安弘文定業高皇帝實録卷之一
監修總裁官光祿大夫太子太傅禮部尚書武英殿大學士臣覺羅勒德洪
總裁官光祿大夫太子太傅禮部尚書武英殿大學士加一級臣明珠光祿大
夫禮部尚書保和殿大學士加三級臣王熙光祿大夫禮部尚書武英殿大學
士臣吳正治資政大夫吏部尚書文華殿大學士加一級臣宋德宜等奉
敕修
總裁官光祿大夫經筵講官太保議政大臣保和殿大學士總理兵部事三等
伯加十六級臣鄂爾泰光祿大夫經筵日講官起居注太保兼太子太保保和

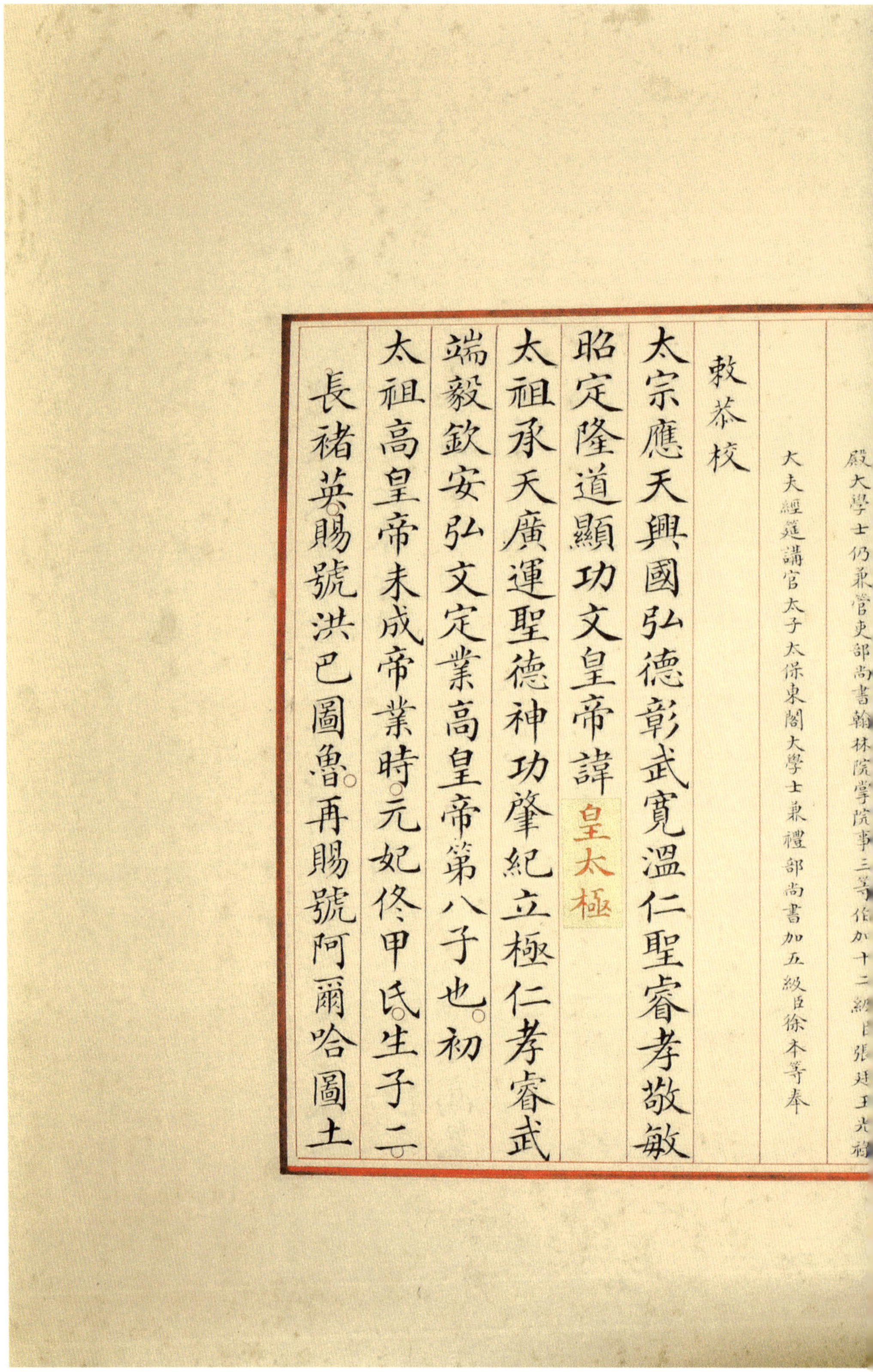
殿大學士仍兼管吏部尚書翰林院掌院事三等伯加十二級臣張廷玉光祿
大夫經筵講官太子太保東閣大學士兼禮部尚書加五級臣徐本等奉
敕恭校
太宗應天興國弘德彰武寬溫仁聖睿孝敬敏
昭定隆道顯功文皇帝諱皇太極
太祖承天廣運聖德神功肇紀立極仁孝睿武
端毅欽安弘文定業高皇帝第八子也。初
太祖高皇帝未成帝業時。元妃佟甲氏生子二。
長褚英。賜號洪巴圖魯。再賜號阿爾哈圖土

11595 大清太宗文皇帝實録六十五卷首三卷 （清）圖海　勒德洪等纂修　清乾隆十一年（1746）内府寫本

蝴蝶裝。匡高27厘米，廣19.3厘米。半葉九行，行十八字，紅格，白口，四周雙邊。遼寧省檔案館藏。

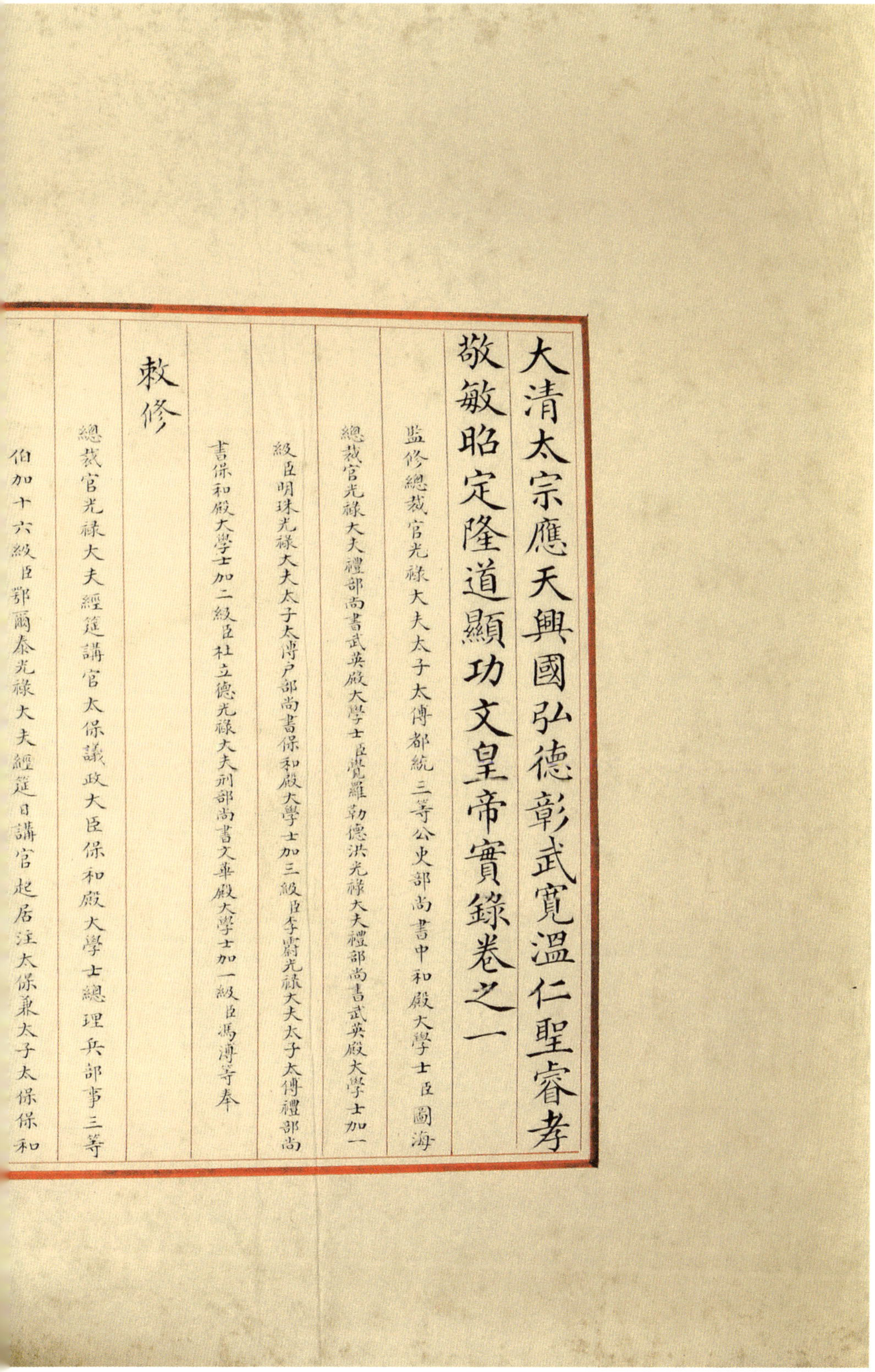

大清太宗應天興國弘德彰武寬溫仁聖睿孝
敬敏昭定隆道顯功文皇帝實錄卷之一
監修總裁官光祿大夫太子太傅都統三等公吏部尚書中和殿大學士臣圖海
總裁官光祿大夫禮部尚書武英殿大學士臣覺羅勒德洪光祿大夫禮部尚書武英殿大學士加一
級臣明珠光祿大夫太子太傅戶部尚書保和殿大學士加三級臣李霨光祿大夫太子太傅禮部尚
書保和殿大學士加二級臣杜立德光祿大夫刑部尚書文華殿大學士加一級臣馮溥等奉
敕修
總裁官光祿大夫經筵講官太保議政大臣保和殿大學士總理兵部事三等
伯加十六級臣鄂爾泰光祿大夫經筵日講官起居注太保兼太子太保保和

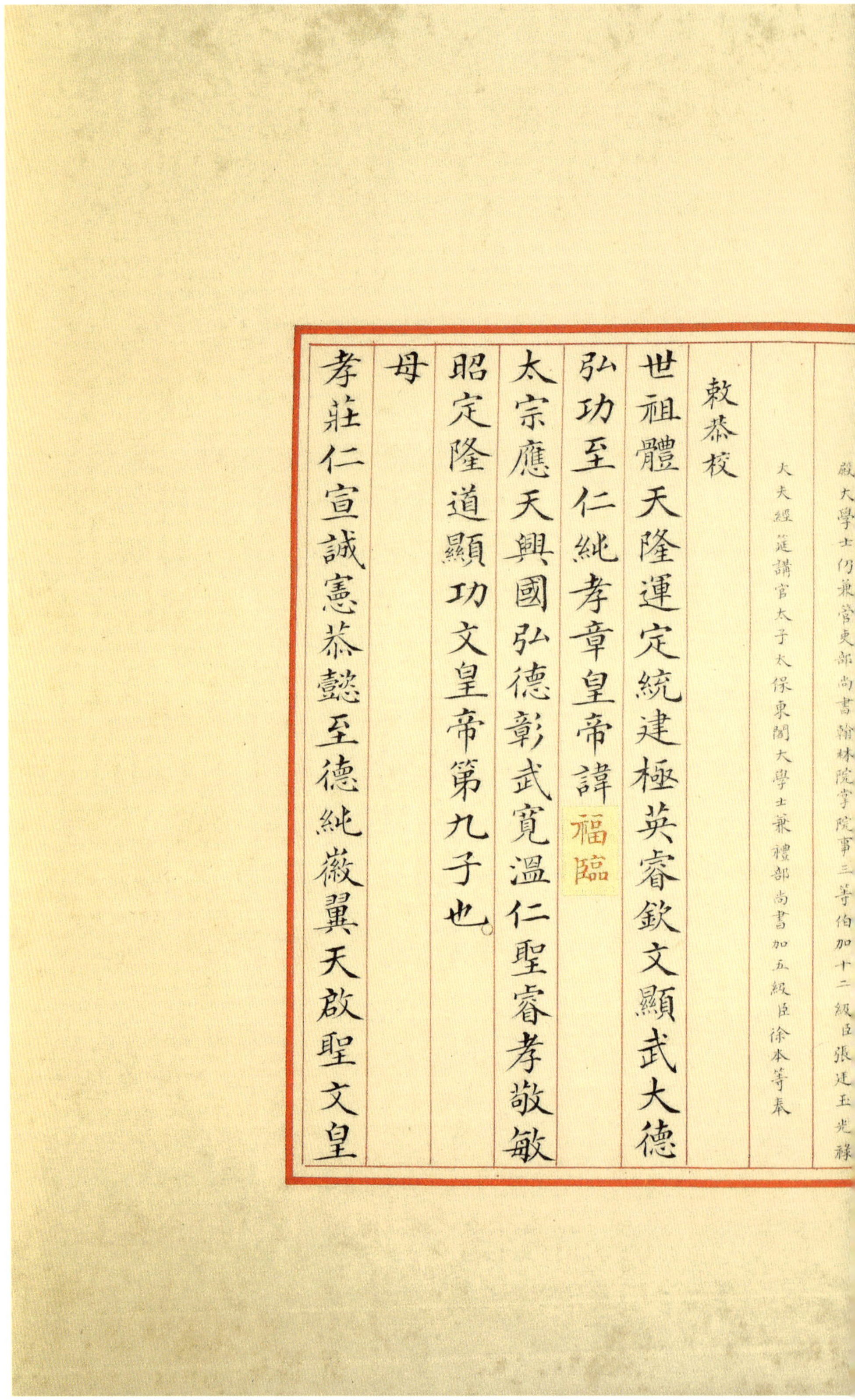

殿大學士仍兼管吏部尚書翰林院掌院事三等伯加十二級臣張廷玉光祿
大夫經筵講官太子太保東閣大學士兼禮部尚書加五級臣徐本等奉
敕恭校
世祖體天隆運定統建極英睿欽文顯武大德
弘功至仁純孝章皇帝諱福臨
太宗應天興國弘德彰武寬溫仁聖睿孝敬敏
昭定隆道顯功文皇帝第九子也
母
孝莊仁宣誠憲恭懿至德純徽翼天啟聖文皇

11596 大清世祖章皇帝實録一百四十四卷首三卷 （清）巴泰　圖海等纂修　清乾隆十一年（1746）内府寫本

蝴蝶裝。匡高27厘米，廣19.3厘米。半葉九行，行十八字，紅格，白口，四周雙邊。遼寧省檔案館藏。

大清世祖體天隆運定統建極英睿欽文顯武

大德弘功至仁純孝章皇帝實録卷之一

監修總裁官光祿大夫内大臣吏部尚書中和殿大學士加一級臣巴泰

總裁官光祿大夫都統吏部尚書中和殿大學士加一級臣圖海光祿大夫户部尚書保和殿大學士臣索額圖

光祿大夫太子太保户部尚書保和殿大學士加二級臣李霨光祿大夫太子太保禮部尚書保和殿大

學士加一級臣魏裔介光祿大夫太子太保禮部尚書保和殿大學士加一級臣杜立德等奉

敕修

總裁官光祿大夫經筵講官太保議政大臣保和殿大學士總理兵部事三等

伯加十六級臣鄂爾泰光祿大夫經筵日講官起居注太保兼太子太保保和

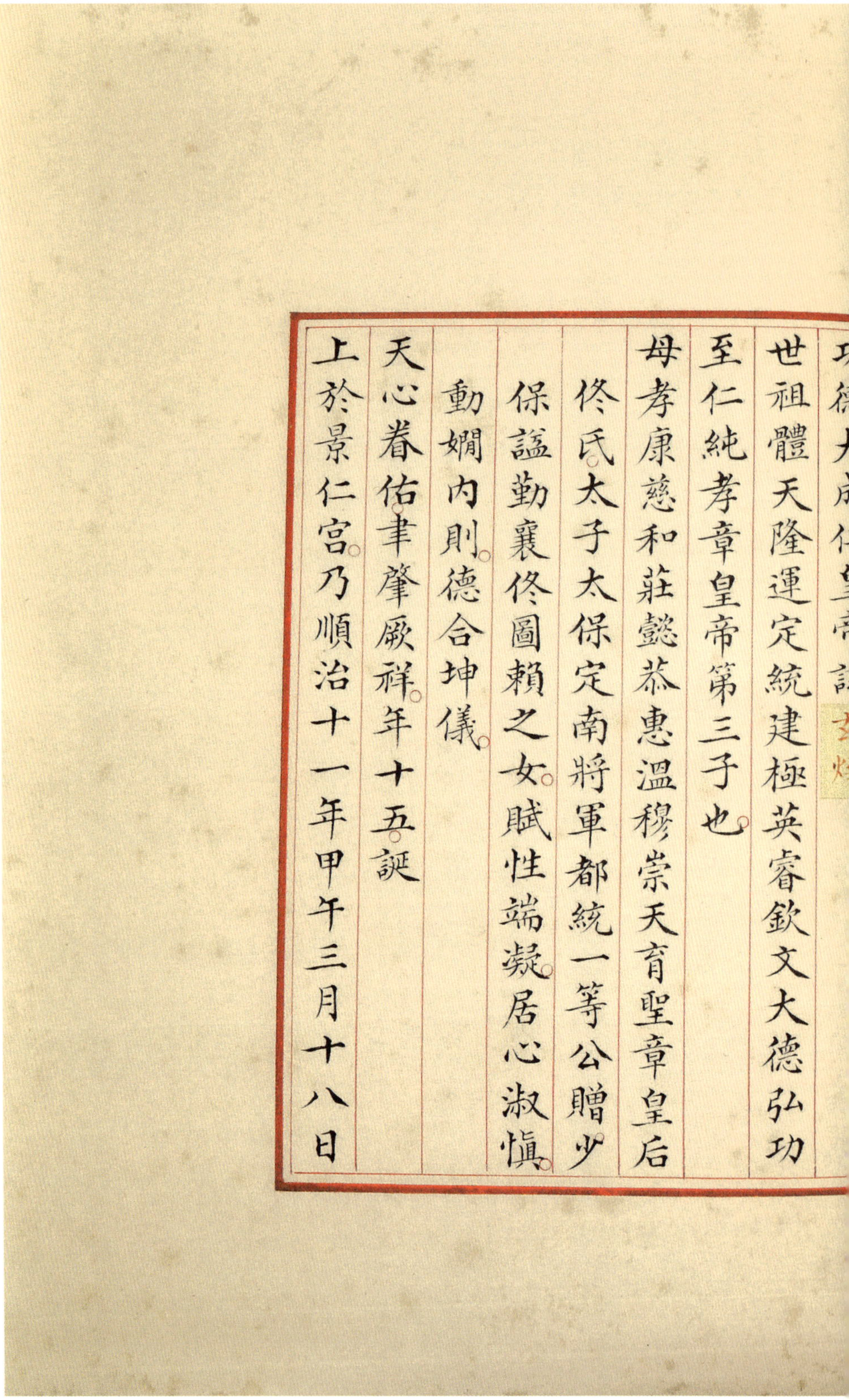
功德大成仁皇帝諱玄燁
世祖體天隆運定統建極英睿欽文大德弘功
至仁純孝章皇帝第三子也
母孝康慈和莊懿恭惠溫穆崇天育聖章皇后
佟氏太子太保定南將軍都統一等公贈少
保謚勤襄佟圖賴之女賦性端凝居心淑慎
動嫺內則德合坤儀
天心眷佑聿肇厥祥年十五誕
上於景仁宮乃順治十一年甲午三月十八日

11597 大清聖祖仁皇帝實録三百卷首三卷 （清）馬齊　朱軾等纂修　清乾隆十一年（1746）内府寫本

蝴蝶裝。匡高27厘米，廣19.3厘米。半葉九行，行十八字，紅格，白口，四周雙邊。遼寧省檔案館藏。

大清聖祖合天弘運文武睿哲恭儉寬裕孝敬
誠信中和功德大成仁皇帝實錄卷之一

監修總裁官光禄大夫太保兼太子太傅保和殿大學士兼户部尚書二等伯加四
級臣馬齊光禄大夫經筵日講官起居注少保兼太子太保保和殿大學士仍兼
管吏部户部尚書翰林院掌院事加二級又加一級臣張廷玉光禄大夫經筵講
官太子太傅文華殿大學士仍兼理户部尚書事務加五級又加二級臣蔣廷錫
總裁官光禄大夫文華殿大學士兼吏部尚書臣朱軾等奉
敕修
聖祖合天弘運文武睿哲恭儉寬裕孝敬誠言

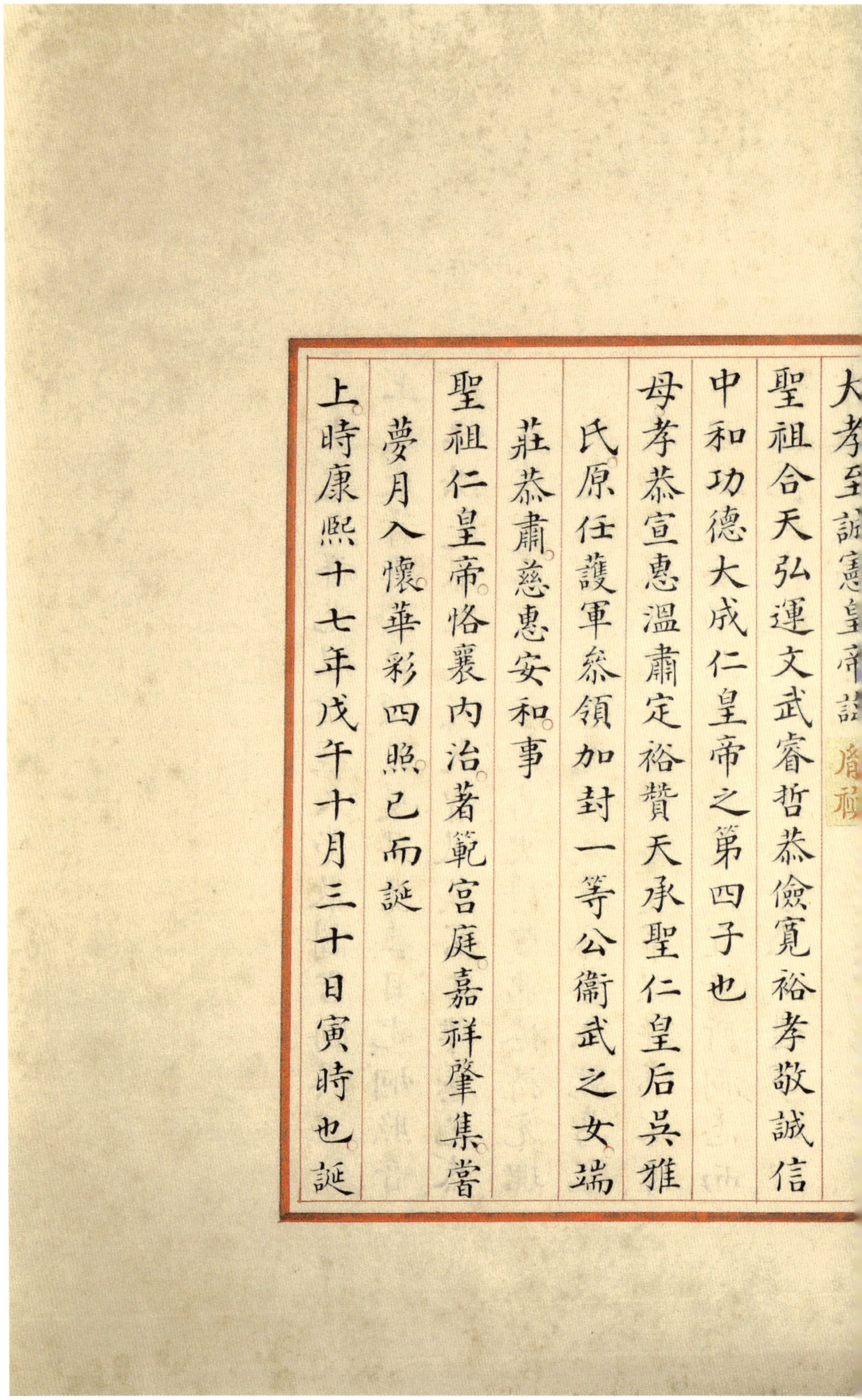

大孝至誠憲皇帝諱
聖祖合天弘運文武睿哲恭儉寬裕孝敬誠信
中和功德大成仁皇帝之第四子也
母孝恭宣惠溫肅定裕贊天承聖仁皇后吳雅
氏原任護軍參領加封一等公衛武之女端
莊恭肅慈惠安和事
聖祖仁皇帝恪襄内治著範宮庭嘉祥肇集嘗
夢月入懷華彩四照已而誕
上時康熙十七年戊午十月三十日寅時也誕

11598 大清世宗憲皇帝實録一百五十九卷首三卷 （清）鄂爾泰 張廷玉等纂修 清乾隆十一年（1746）内府寫本

蝴蝶裝。匡高27厘米，廣19.3厘米。半葉九行，行十八字，紅格，白口，四周雙邊。遼寧省檔案館藏。

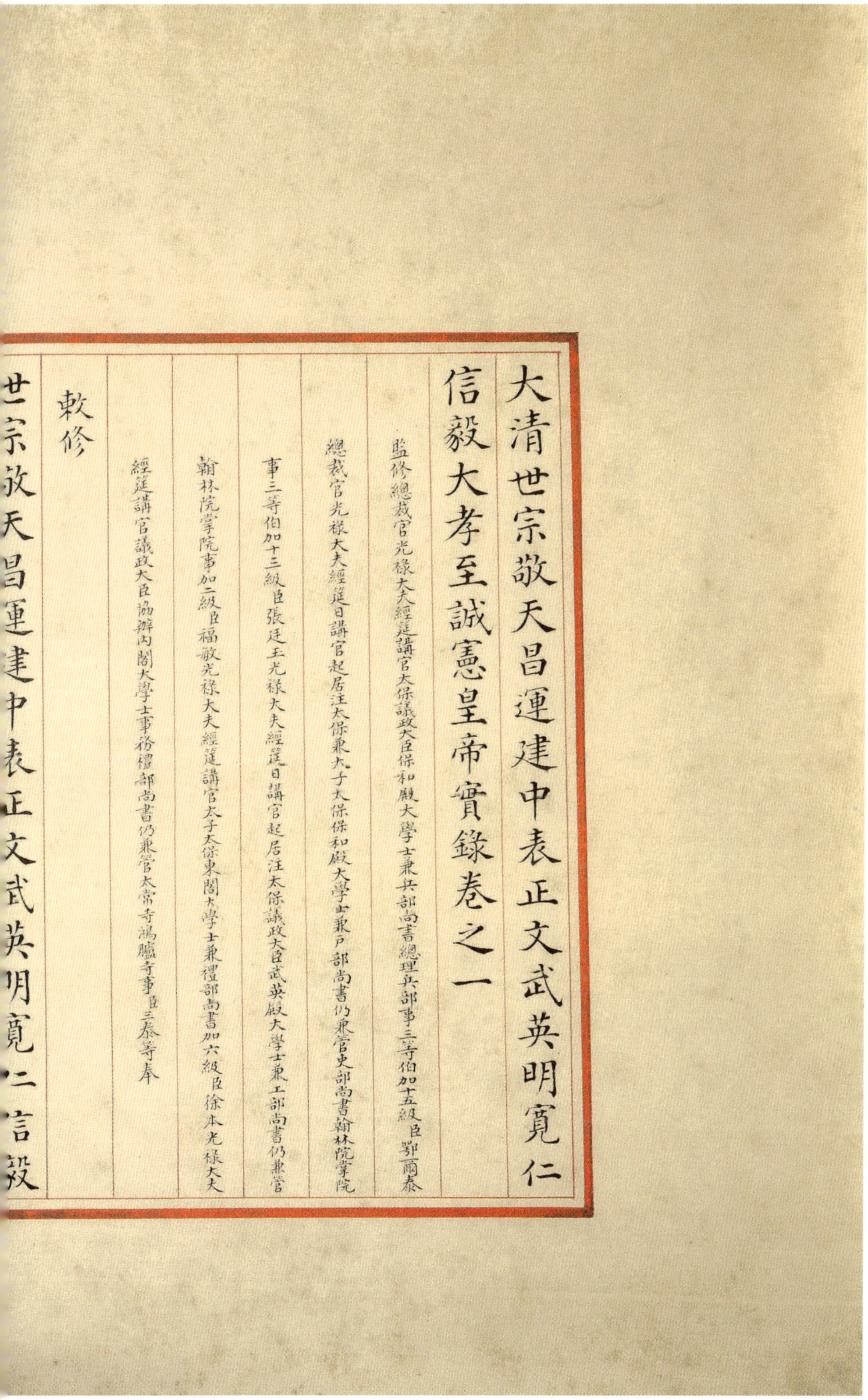

大清世宗敬天昌運建中表正文武英明寬仁信毅大孝至誠憲皇帝實錄卷之一

監修總裁官光祿大夫經筵講官太保議政大臣保和殿大學士兼兵部尚書總理兵部事三等伯加十五級臣鄂爾泰

總裁官光祿大夫經筵日講官起居注太保兼太子太保保和殿大學士兼戶部尚書仍兼管吏部尚書翰林院掌院事三等伯加十三級臣張廷玉光祿大夫經筵日講官起居注太保議政大臣武英殿大學士兼工部尚書仍兼管翰林院掌院事加二級臣福敏光祿大夫經筵講官太子太保東閣大學士兼禮部尚書加六級臣徐本光祿大夫經筵講官議政大臣協辦內閣大學士事務禮部尚書仍兼管太常寺鴻臚寺事臣三泰等奉

敕修

世宗敬天昌運建中表正文武英明寬仁信毅

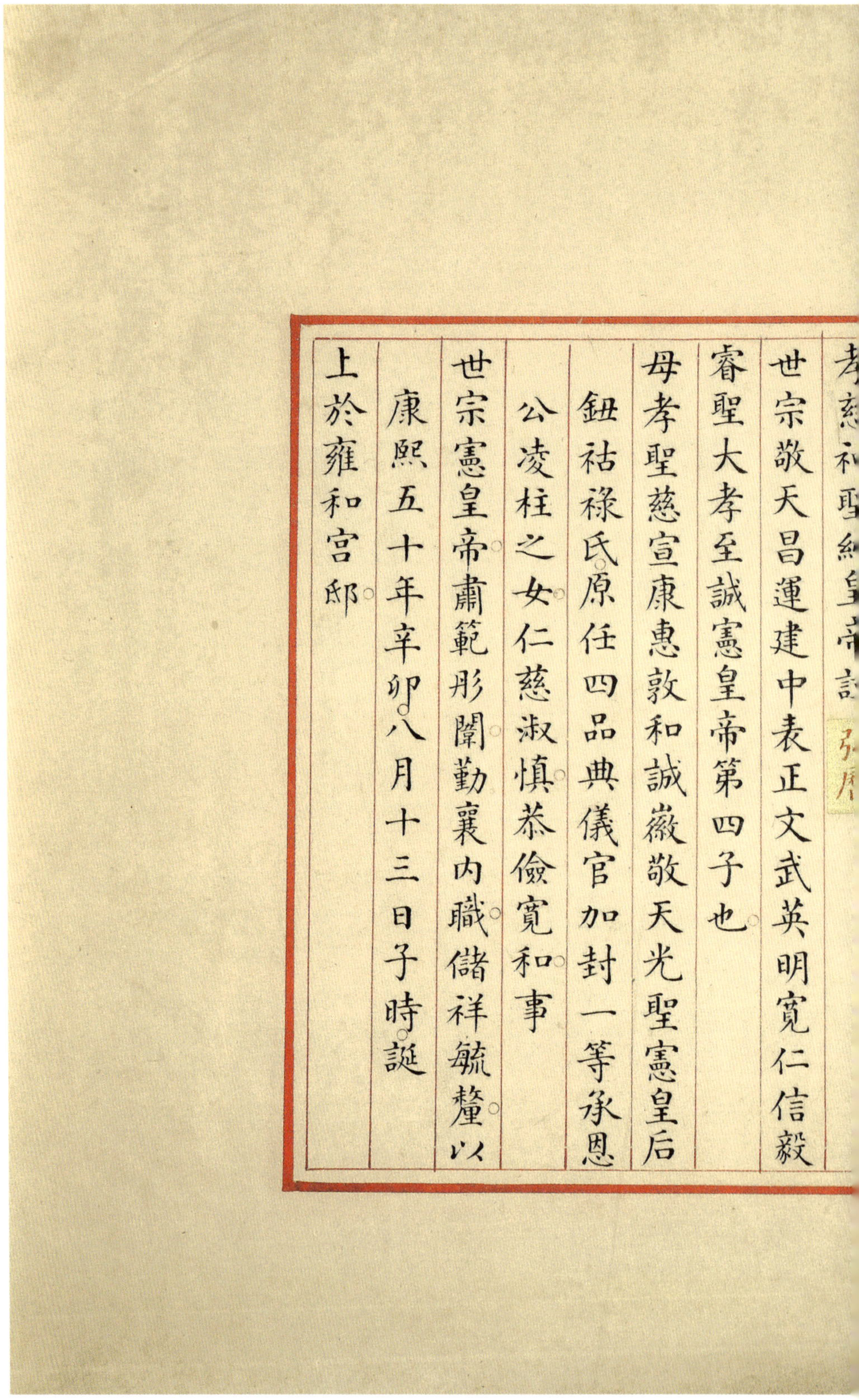

孝慈神聖純皇帝諱弘曆
世宗敬天昌運建中表正文武英明寛仁信毅
睿聖大孝至誠憲皇帝第四子也
母孝聖慈宣康惠敦和誠徽敬天光聖憲皇后
鈕祜祿氏原任四品典儀官加封一等承恩
公凌柱之女仁慈淑慎恭儉寛和事
世宗憲皇帝肅範彤闈勤襄內職儲祥毓釐以
康熙五十年辛卯八月十三日子時誕
上於雍和宮邸

11599 大清高宗純皇帝實録一千五百卷首五卷 （清）慶桂　董誥等纂修　清嘉慶十二年（1807）內府寫本

蝴蝶裝。匡高27厘米，廣19.3厘米。半葉九行，行十八字，紅格，白口，四周雙邊。遼寧省檔案館藏。

大清高宗法天隆運至誠先覺體元立極敷文

奮武孝慈神聖純皇帝實錄卷之一

監修總裁官經筵講官太子太傅文淵閣大學士文淵閣領閣事領侍衛内大臣稽察欽奉　上諭事件處管理

吏部理藩院事務正黃旗滿洲都統世襲騎都尉軍功加七級隨帶加一級尋常加二級軍功紀錄一次臣慶桂

總裁官經筵講官太子太傅文華殿大學士文淵閣領閣事稽察欽奉　上諭事件處管理刑部戶部三庫事務

世襲騎都尉軍功加十九級隨帶加二級又加二級臣董誥内大臣戶部尚書鑲藍旗滿洲都統軍功紀錄五次

尋常紀錄十四次臣德瑛經筵講官太子少保工部尚書紀錄六次臣曹振鏞等奉

敕修

高宗法天隆運至誠先覺體元立極敷文奮武

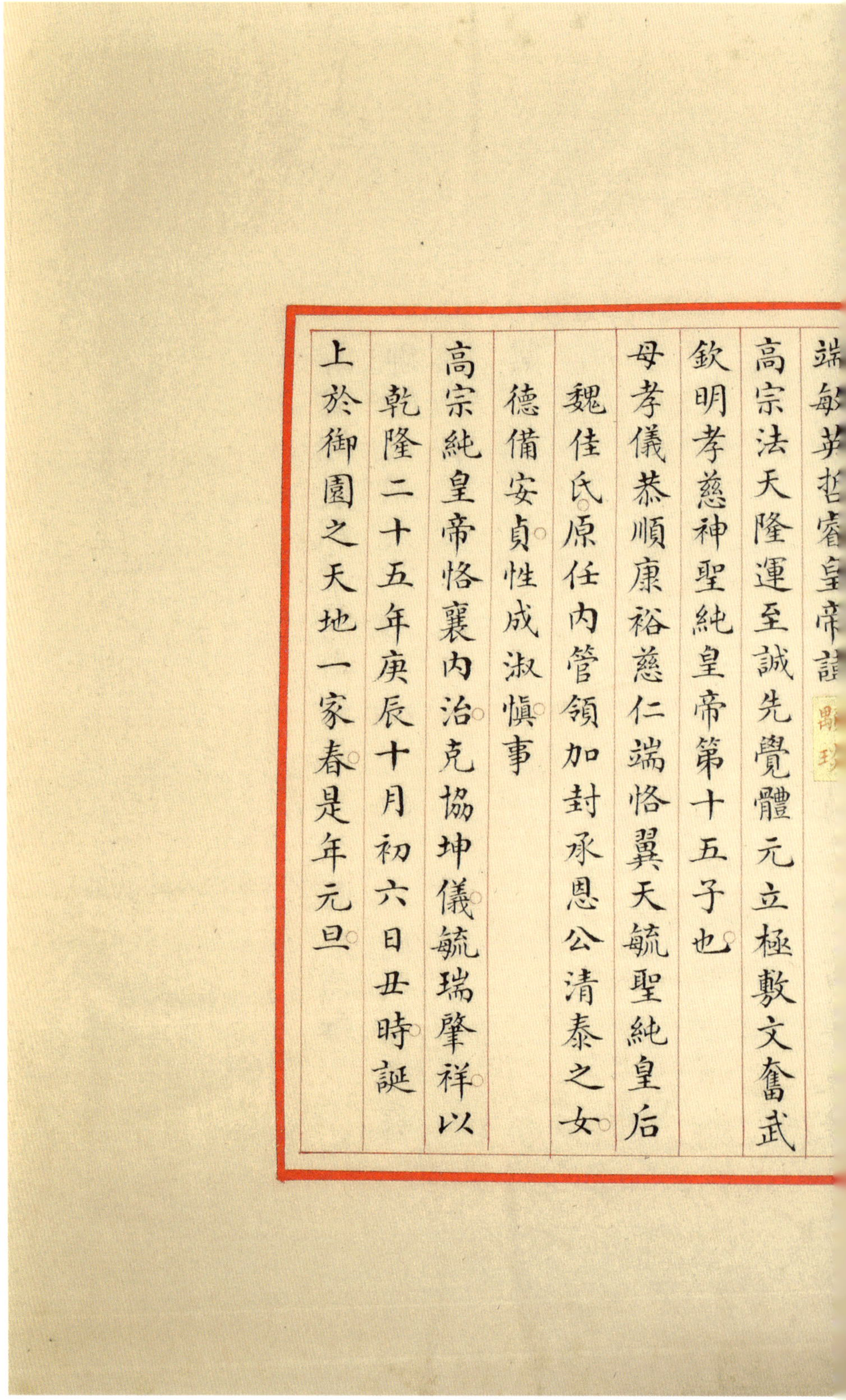

端敏英哲睿皇帝諱

高宗法天隆運至誠先覺體元立極敷文奮武

欽明孝慈神聖純皇帝第十五子也

母孝儀恭順康裕慈仁端恪翼天毓聖純皇后

魏佳氏原任内管領加封承恩公清泰之女

德備安貞性成淑慎事

高宗純皇帝恪襄内治克協坤儀毓瑞肇祥以

乾隆二十五年庚辰十月初六日丑時誕

上於御園之天地一家春是年元旦

11600 大清仁宗睿皇帝實録三百七十四卷首四卷 （清）曹振鏞　戴均元等纂修　清道光四年（1824）内府寫本

蝴蝶裝。匡高27厘米，廣19.3厘米。半葉九行，行十八字，紅格，白口，四周雙邊。遼寧省檔案館藏。

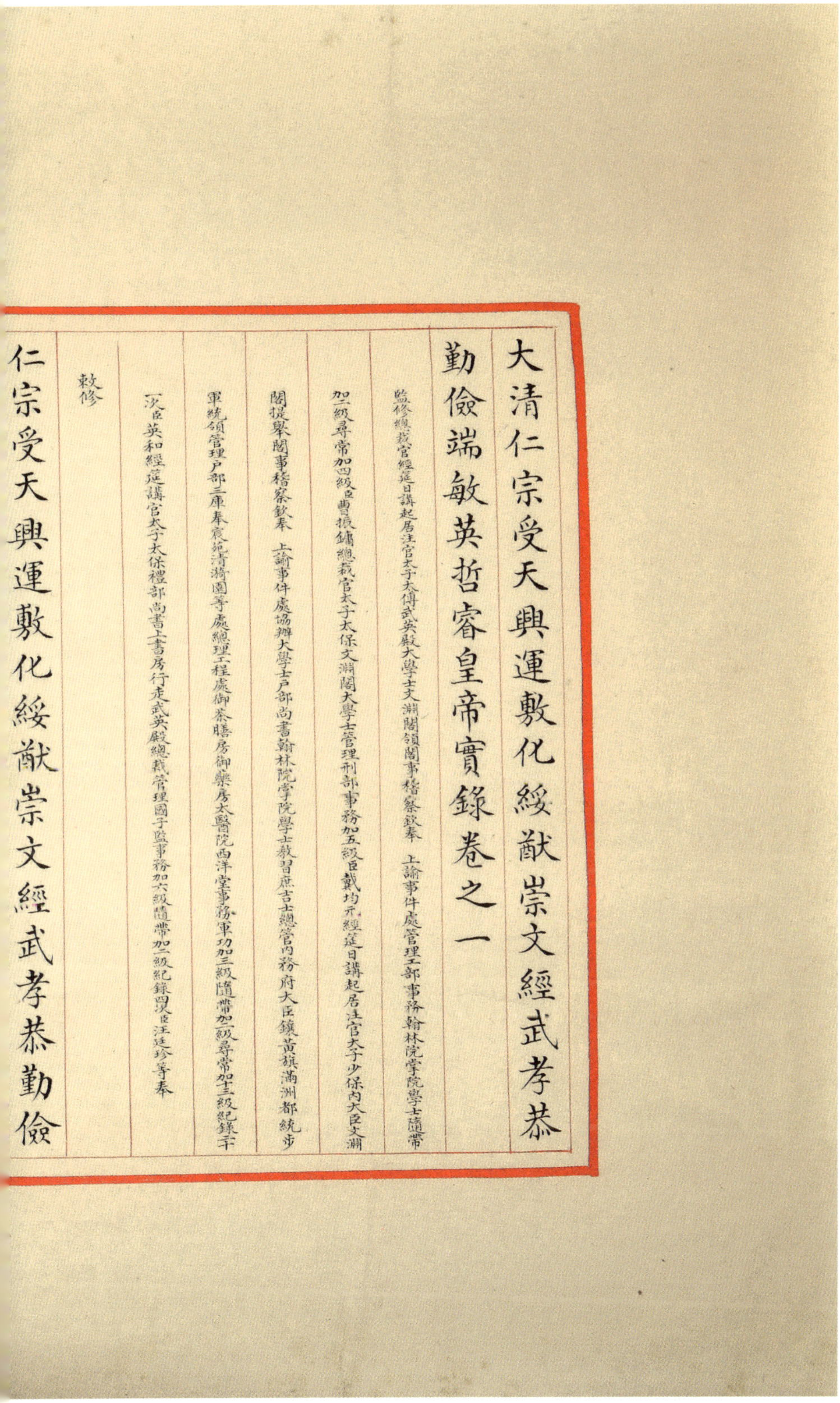
大清仁宗受天興運敷化綏猷崇文經武孝恭
勤儉端敏英哲睿皇帝實錄卷之一
監修總裁官經筵日講起居注官太子太傅武英殿大學士文淵閣領閣事稽察欽奉　上諭事件處管理工部事務翰林院掌院學士隨帶
加二級尋常加四級臣曹振鏞總裁官太子太保文淵閣大學士管理刑部事務加五級臣戴均元經筵日講起居注官太子少保內大臣文淵
閣提舉閣事稽察欽奉　上諭事件處協辦大學士戶部尚書翰林院掌院學士教習庶吉士總管內務府大臣鑲黃旗滿洲都統步
軍統領管理戶部三庫奉宸苑清漪園等處總理工程處御茶膳房御藥房太醫院西洋堂事務軍功加三級隨帶加二級尋常加十三級紀錄十
一次臣英和經筵講官太子太保禮部尚書上書房行走武英殿總裁管理國子監事務加六級隨帶加二級紀錄四次臣汪廷珍等奉
敕修
仁宗受天興運敷化綏猷崇文經武孝恭勤儉

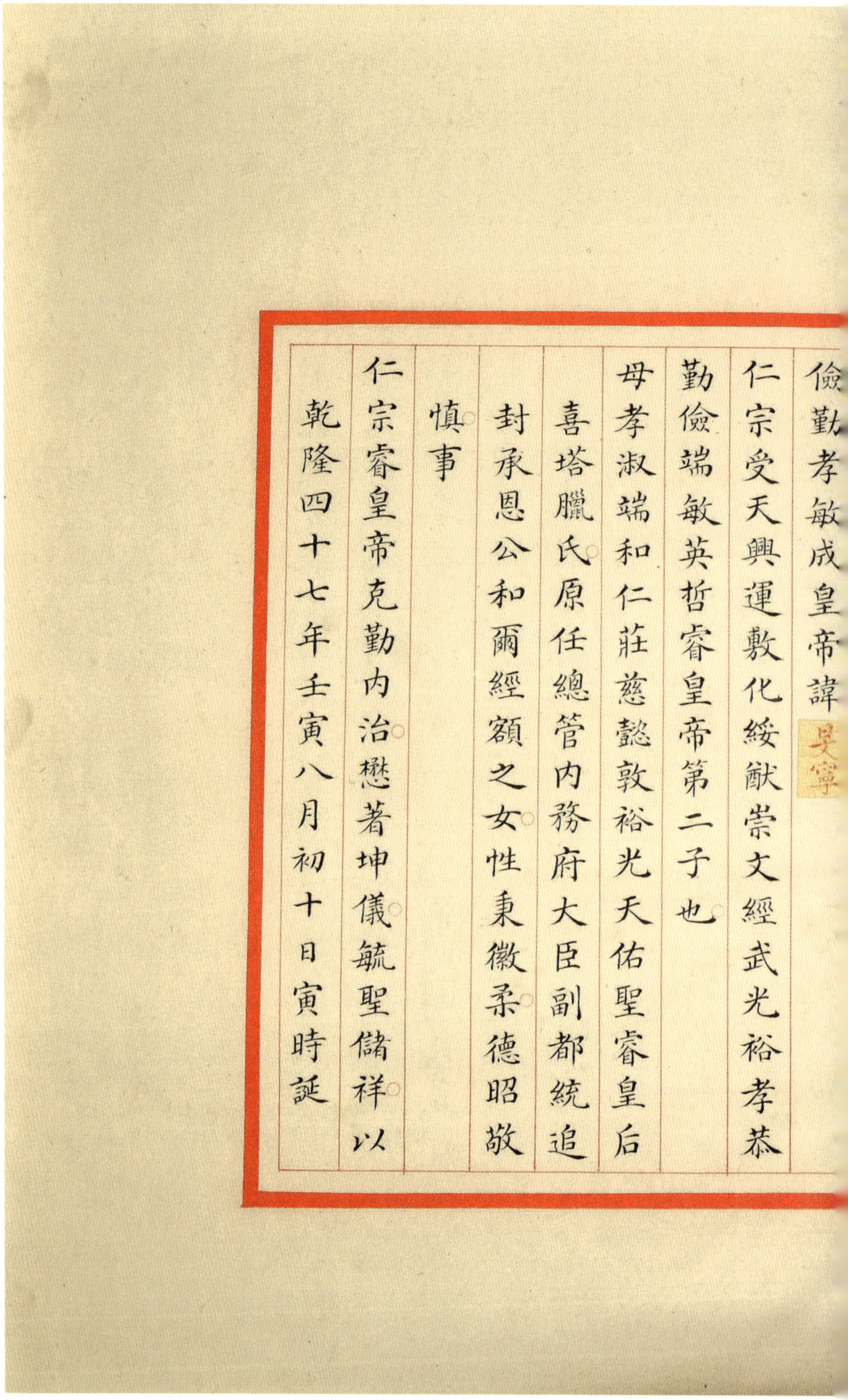
儉勤孝敏成皇帝諱旻寧
仁宗受天興運敷化綏猷崇文經武光裕孝恭
勤儉端敏英哲睿皇帝第二子也
母孝淑端和仁莊慈懿敦裕光天佑聖睿皇后
喜塔臘氏原任總管內務府大臣副都統追
封承恩公和爾經額之女性秉徽柔德昭敬
慎事
仁宗睿皇帝克勤內治懋著坤儀毓聖儲祥以
乾隆四十七年壬寅八月初十日寅時誕

11601 大清宣宗成皇帝實録四百七十六卷首四卷 （清）文慶　花沙納等纂修　清咸豐六年（1856）內府寫本

蝴蝶裝。匡高27厘米，廣19.3厘米。半葉九行，行十八字，紅格，白口，四周雙邊。遼寧省檔案館藏。

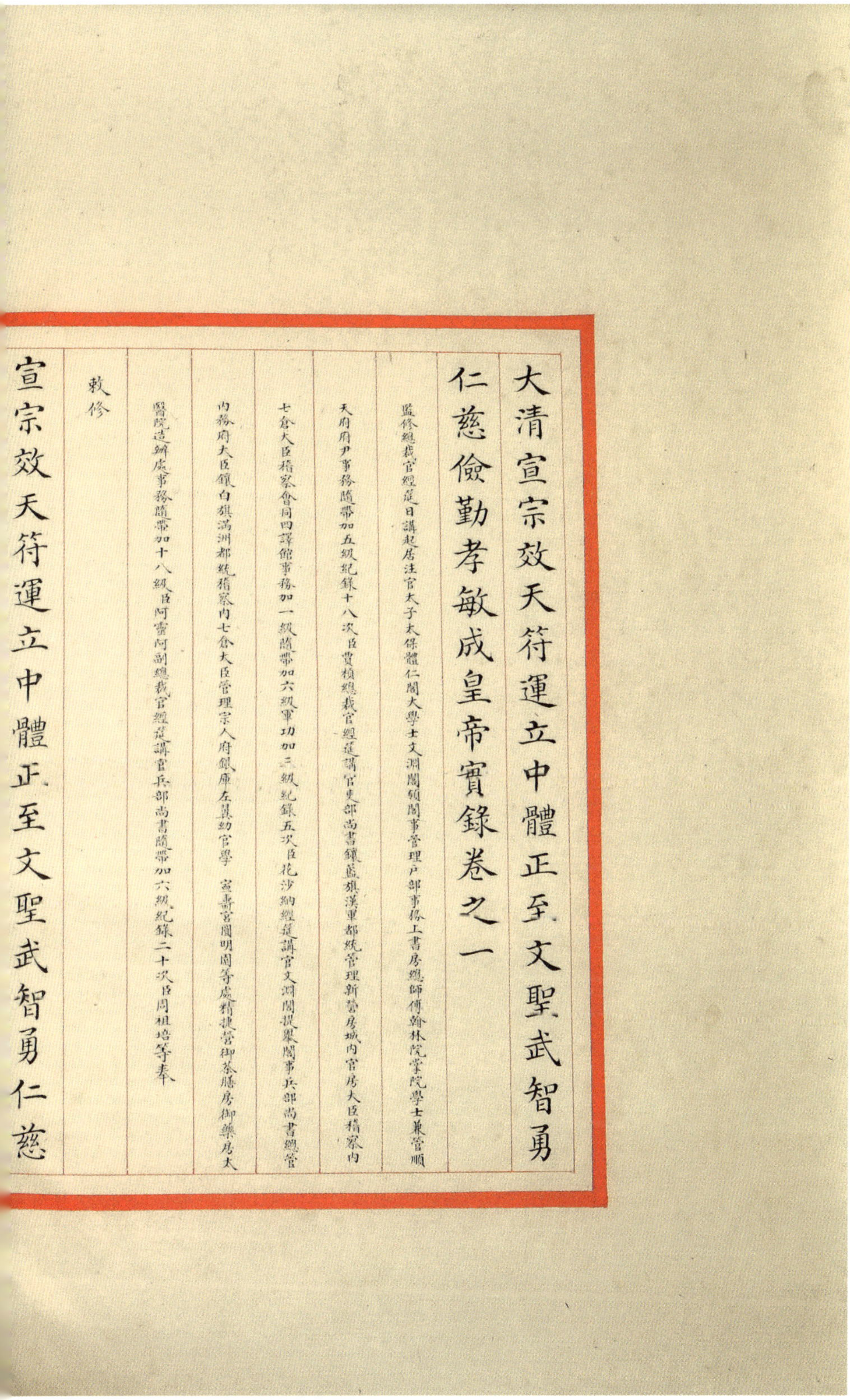

大清宣宗效天符運立中體正至文聖武智勇
仁慈儉勤孝敏成皇帝實錄卷之一

監修總裁官經筵日講起居注官太子太保體仁閣大學士文淵閣領閣事管理户部事務上書房總師傅翰林院掌院學士兼管順
天府府尹事務隨帶加五級紀錄十八次臣賈楨總裁官經筵講官吏部尚書鑲藍旗漢軍都統管理新營房城内官房大臣稽察内
七倉大臣稽察會同四譯館事務加一級隨帶加六級軍功加二級紀錄五次臣花沙納經筵講官文淵閣提舉閣事兵部尚書總管
内務府大臣鑲白旗滿洲都統稽察内七倉大臣管理宗人府銀庫左翼幼官學　寧壽宮圓明園等處精捷營御茶膳房御藥房太
醫院造辦處事務隨帶加十八級臣阿靈阿副總裁官經筵講官兵部尚書隨帶加六級紀錄二十次臣周祖培等奉

敕修

宣宗效天符運立中體正至文聖武智勇仁慈

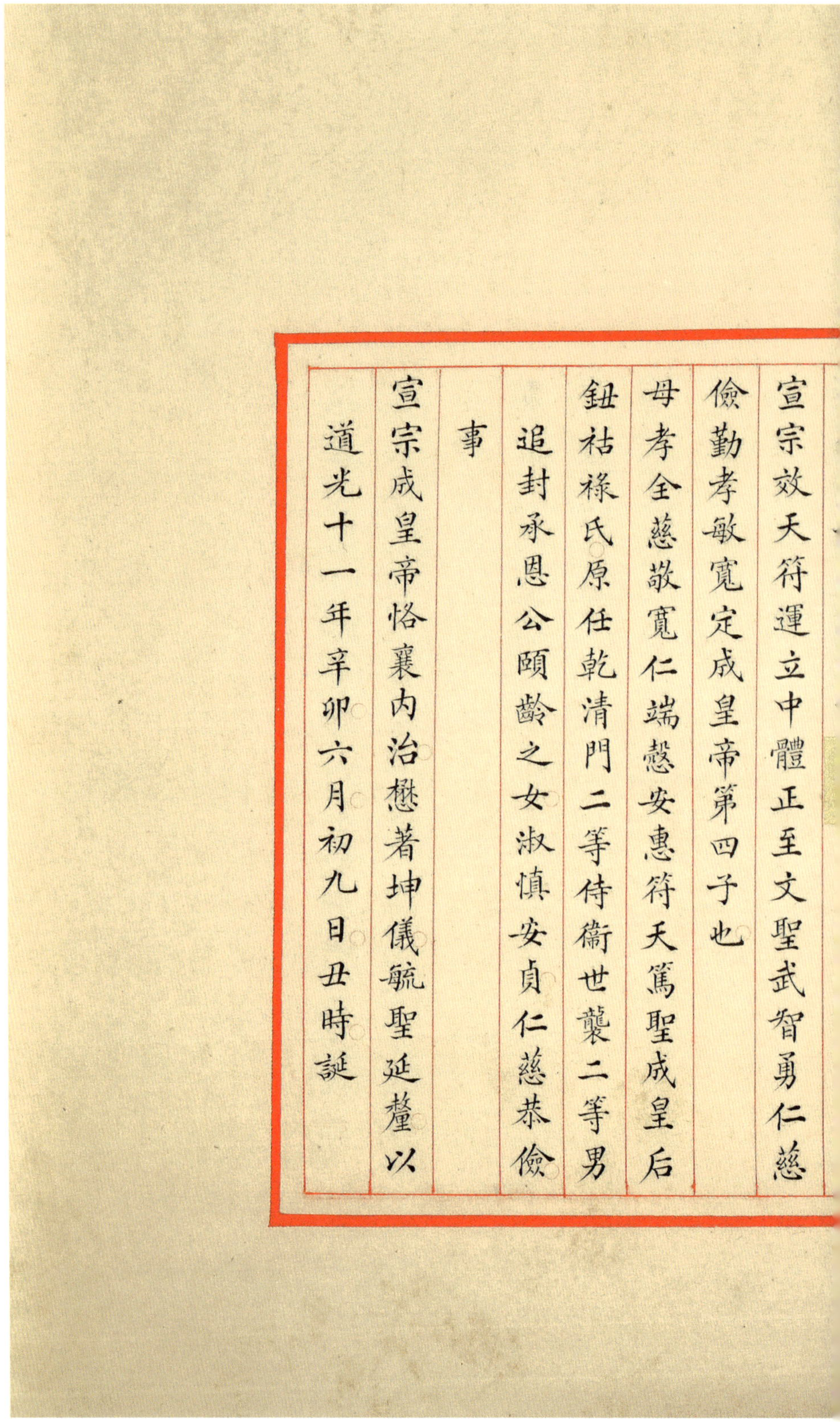
宣宗效天符運立中體正至文聖武智勇仁慈
儉勤孝敏寬定成皇帝第四子也
母孝全慈敬寬仁端慤安惠符天篤聖成皇后
鈕祜祿氏原任乾清門二等侍衛世襲二等男
追封承恩公頤齡之女淑慎安貞仁慈恭儉
事
宣宗成皇帝恪襄內治懋著坤儀毓聖延釐以
道光十一年辛卯六月初九日丑時誕

11602 大清文宗顯皇帝實録三百五十六卷首四卷　（清）賈楨　周祖培等纂修　清同治五年（1866）內府寫本

蝴蝶裝。匡高27厘米，廣19.3厘米。半葉九行，行十八字，紅格，白口，四周雙邊。遼寧省檔案館藏。

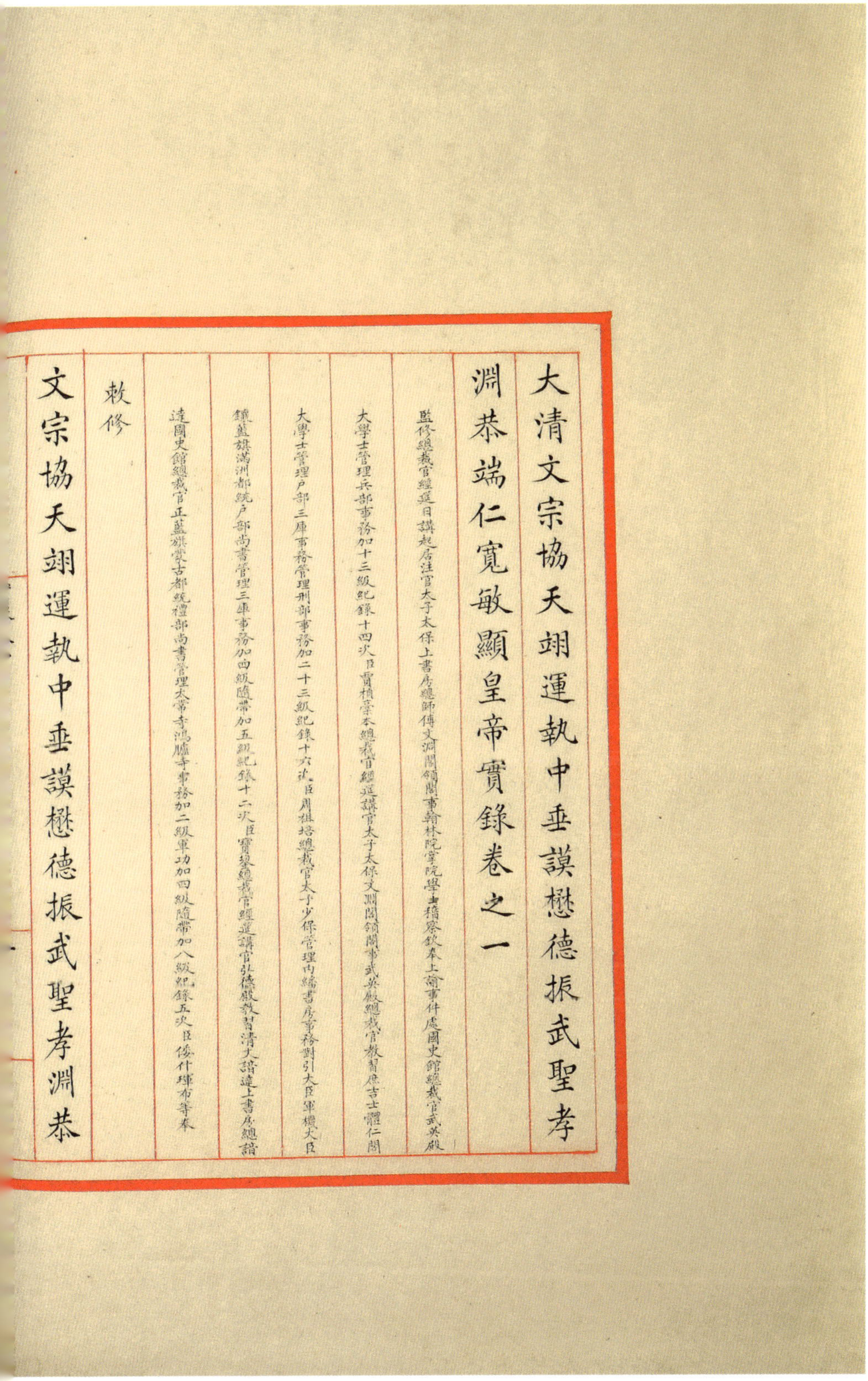

大清文宗協天翊運執中垂謨懋德振武聖孝淵恭端仁寬敏顯皇帝實錄卷之一

監修總裁官經筵日講起居注官太子太保上書房總師傅文淵閣領閣事翰林院掌院學士稽察欽奉上諭事件處國史館總裁官武英殿大學士管理兵部事務加十三級紀錄十四次臣賈楨等奉總裁官經筵講官太子太保文淵閣領閣事武英殿總裁官教習庶吉士體仁閣大學士管理戶部三庫事務管理刑部事務加二十三級紀錄十六次臣周祖培總裁官太子少保管理內繙書房事務對引大臣軍機大臣鑲藍旗滿洲都統戶部尚書管理三庫事務加四級隨帶加五級紀錄十二次臣寶鋆總裁官經筵講官弘德殿教習清文諳達上書房總諳達國史館總裁官正藍旗蒙古都統禮部尚書管理太常寺鴻臚寺事務加二級軍功加四級隨帶加八級紀錄五次臣倭什琿布等奉

敕修

文宗協天翊運執中垂謨懋德振武聖孝淵恭

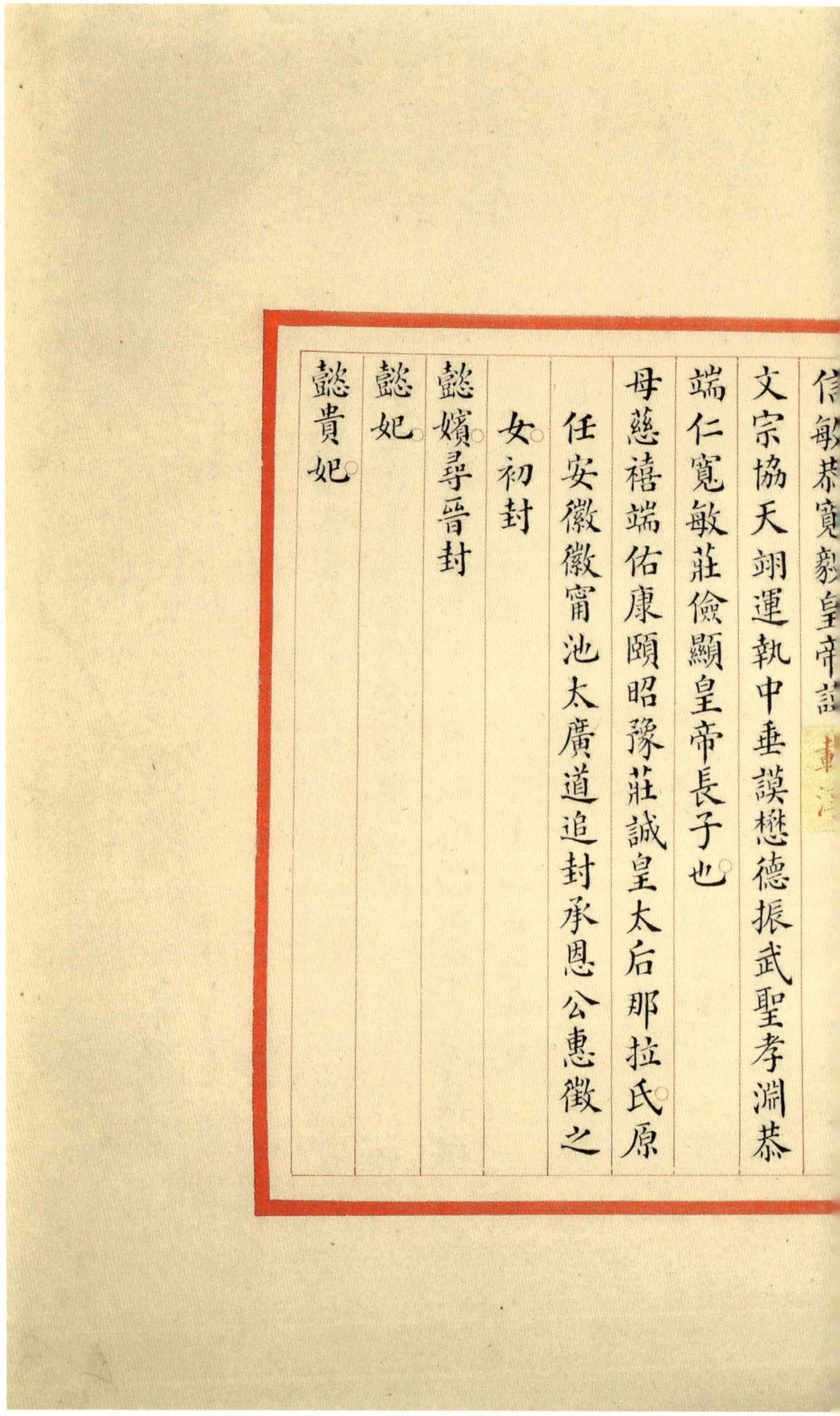

信敏恭寬毅皇帝諱載淳
文宗協天翊運執中垂謨懋德振武聖孝淵恭
端仁寬敏莊儉顯皇帝長子也
母慈禧端佑康頤昭豫莊誠皇太后那拉氏原
任安徽徽甯池太廣道追封承恩公惠徵之
女初封
懿嬪尋晉封
懿妃
懿貴妃

11603 大清穆宗毅皇帝實録三百七十四卷首四卷 （清）寶鋆　沈桂芬等纂修　清光緒六年（1880）内府寫本

蝴蝶裝。匡高27厘米，廣19.3厘米。半葉九行，行十八字，紅格，白口，四周雙邊。遼寧省檔案館藏。

大清穆宗繼天開運受中居正保大定功聖智誠孝信敏恭寬毅皇帝實錄卷之一

監修總裁官經筵日講起居注官太子太傅文淵閣領閣事翰林院掌院學士稽察欽奉上諭事件處方略館總裁武英殿大學士軍機大臣鑲藍旗滿洲都統管理吏部事務戶部三庫事務加七級軍功加五級隨帶加七級紀錄三十次臣寶鋆總裁官經筵講官太子少保文淵閣領閣事體仁閣大學士武英殿總裁正紅旗滿洲都統管理工部光祿寺事務內大臣輔國公軍功加一級隨帶加六級紀錄十七次臣宗室載齡總裁官經筵日講起居注官太子太保翰林院掌院學士稽察欽奉上諭事件處國史館總裁方略館總裁協辦大學士兵部尚書軍機大臣教習庶吉士管理戶部三庫事務國子監事務加九級軍功加五級隨帶加六級紀錄十九次臣沈桂芬[illegible]副總裁官經筵講官頭品頂帶禮部尚書管理戶部三庫事務隨帶加五級紀錄十二次臣徐桐等奉

敕修

穆宗繼天開運受中居正保大定功聖智誠孝

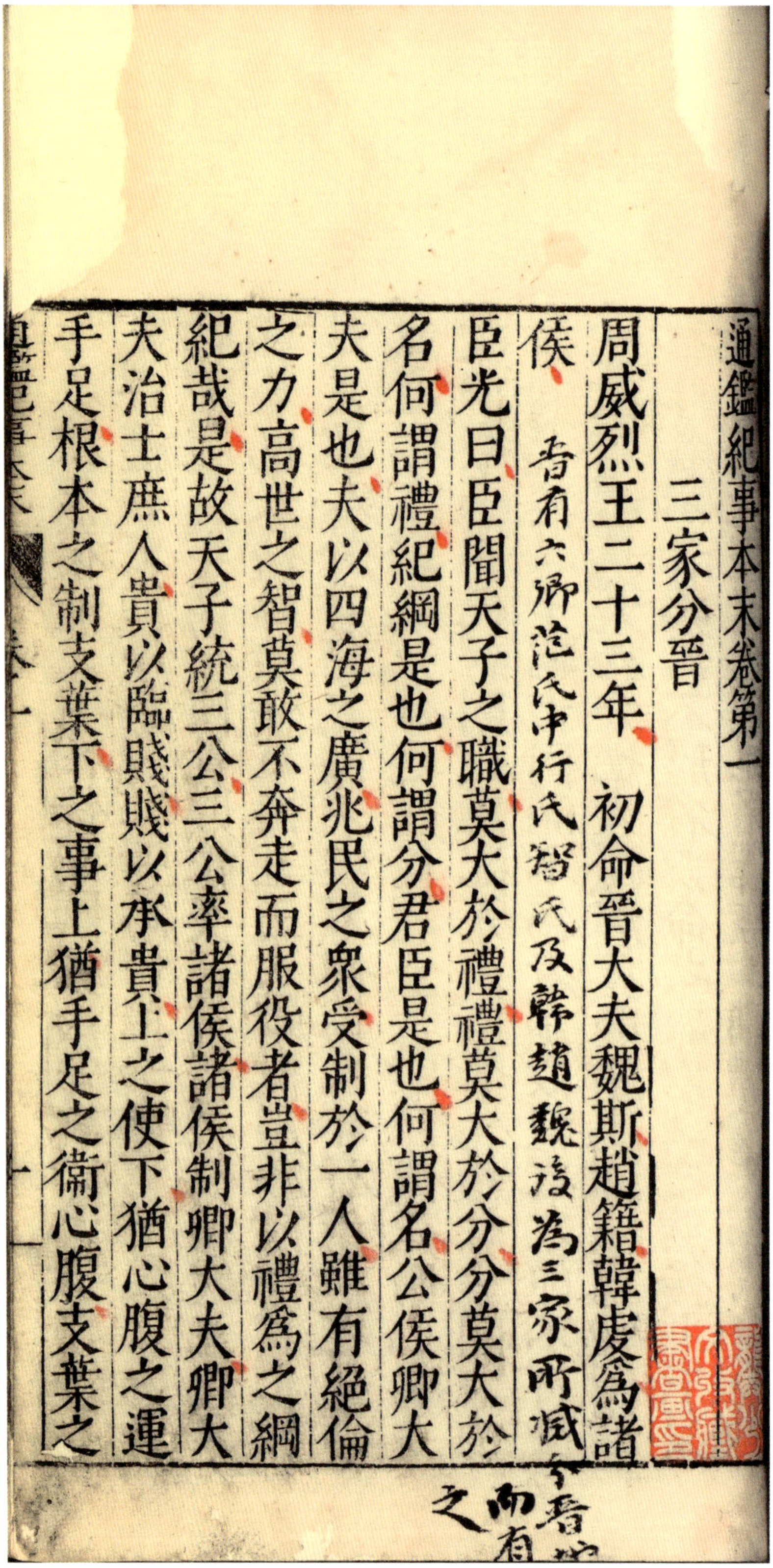

通鑑紀事本末卷第一

三家分晉

周威烈王二十三年　初命晉大夫魏斯趙籍韓虔爲諸侯　晉有六卿范氏中行氏智氏及韓趙魏後爲三家所滅

臣光曰臣聞天子之職莫大於禮禮莫大於分分莫大於名何謂禮紀綱是也何謂分君臣是也何謂名公侯卿大夫是也夫以四海之廣兆民之衆受制於一人雖有絶倫之力高世之智莫敢不奔走而服役者豈非以禮爲之綱紀哉是故天子統三公三公率諸侯諸侯制卿大夫卿大夫治士庶人貴以臨賤賤以承貴上之使下猶心腹之運手足根本之制支葉下之事上猶手足之衛心腹支葉之

11604 通鑑紀事本末四十二卷　（宋）袁樞撰　明萬曆三十五年（1607）黄吉士刻本

匡高21.5厘米，廣14.5厘米。半葉十一行，行二十二字，白口，四周單邊。有“龔少文收藏書畫印”等印。曹學佺批點，林佶跋，龔綸題記。福建省圖書館藏。

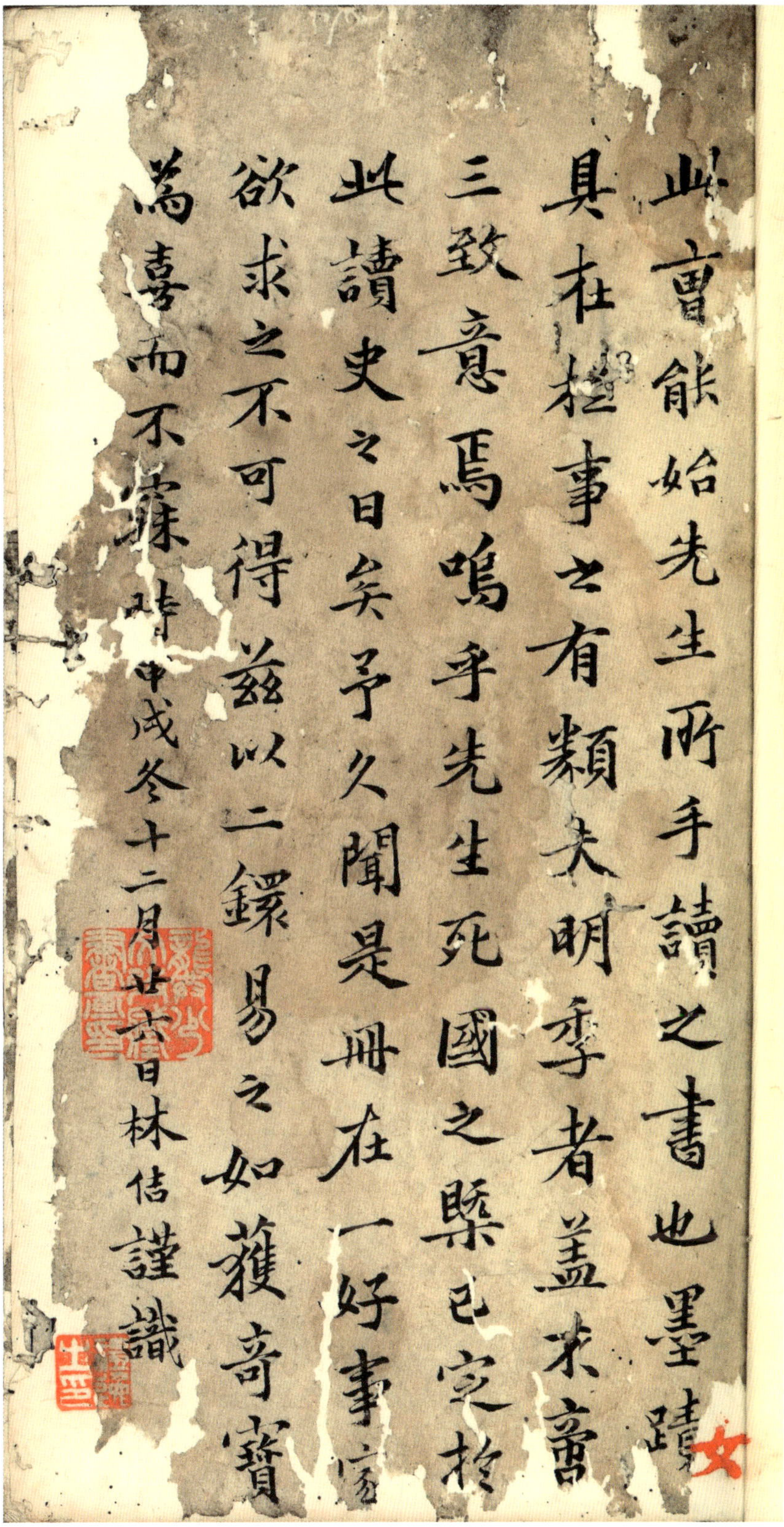

此曹能始先生所手讀之書也墨蹟具在於事之有類夫明季者蓋未嘗三致意焉嗚乎先生死國之槩已定於此讀史之日矣予久聞是冊在一好事家欲求之不可得茲以二鐶易之如獲奇寶爲喜而不寐 時甲戌冬十二月廿六日林佶謹識

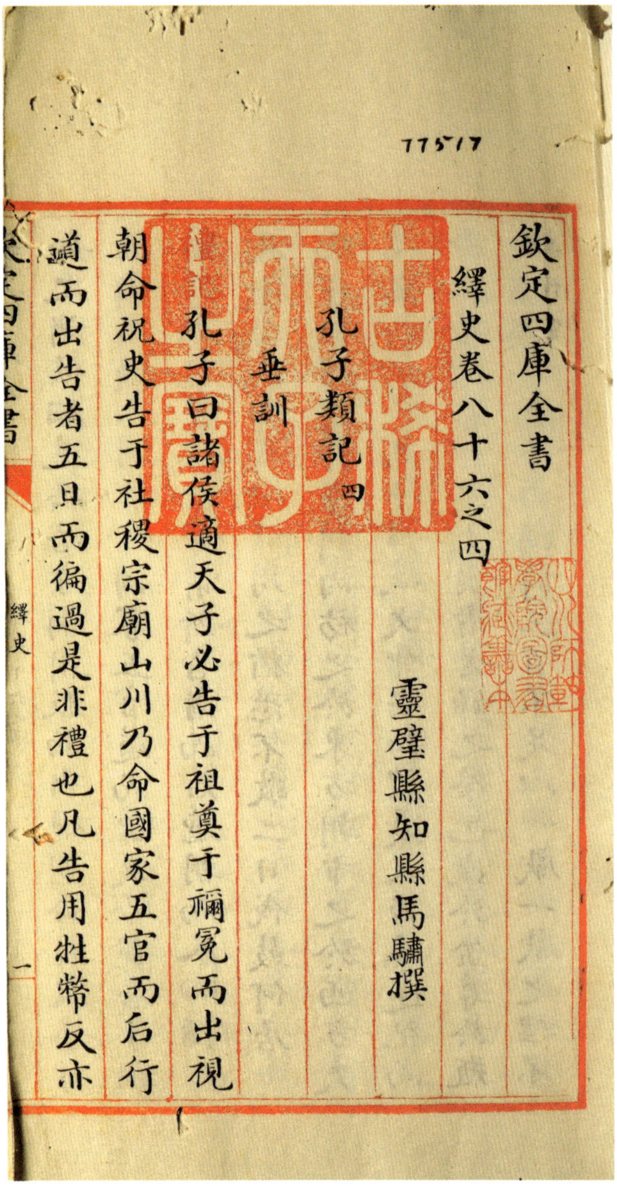

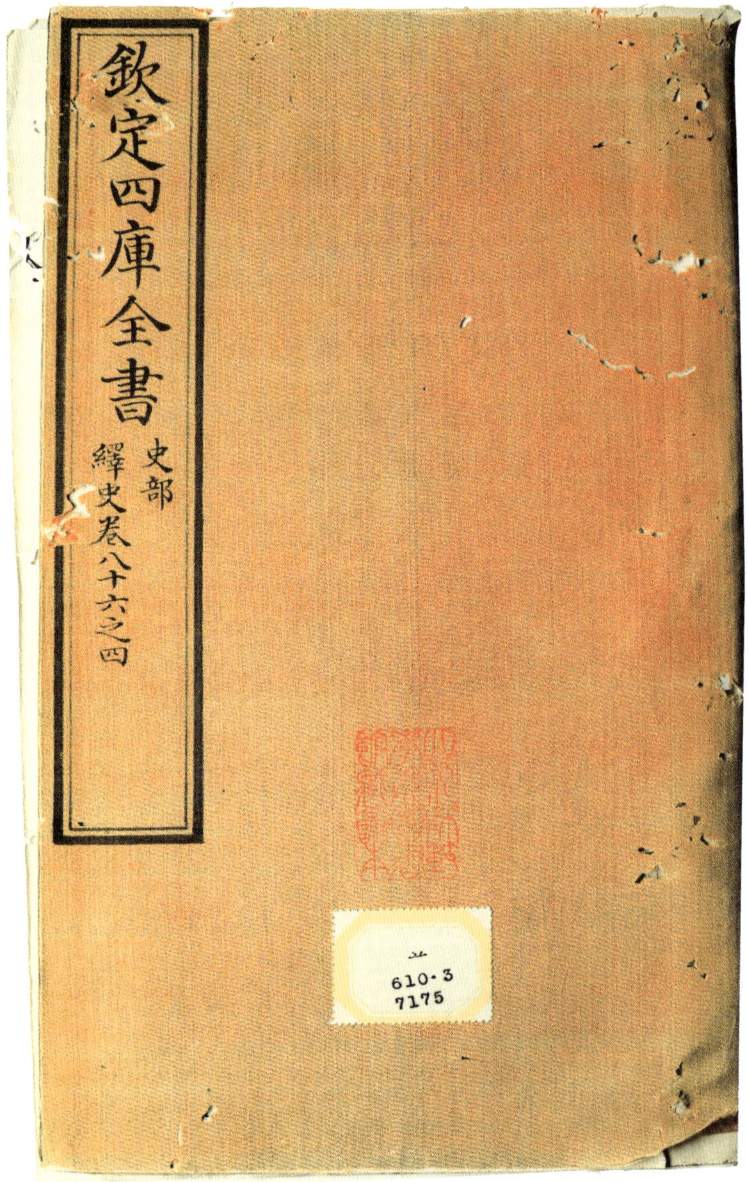

11605 繹史一百六十卷　（清）馬驌撰　清乾隆内府寫南三閣四庫全書本

匡高20.6厘米，廣13.7厘米。半葉八行，行二十一字，紅格，白口，四周雙邊。有"古稀天子之寶""乾隆御覽之寶"等印。四川師範大學圖書館藏，存二卷。

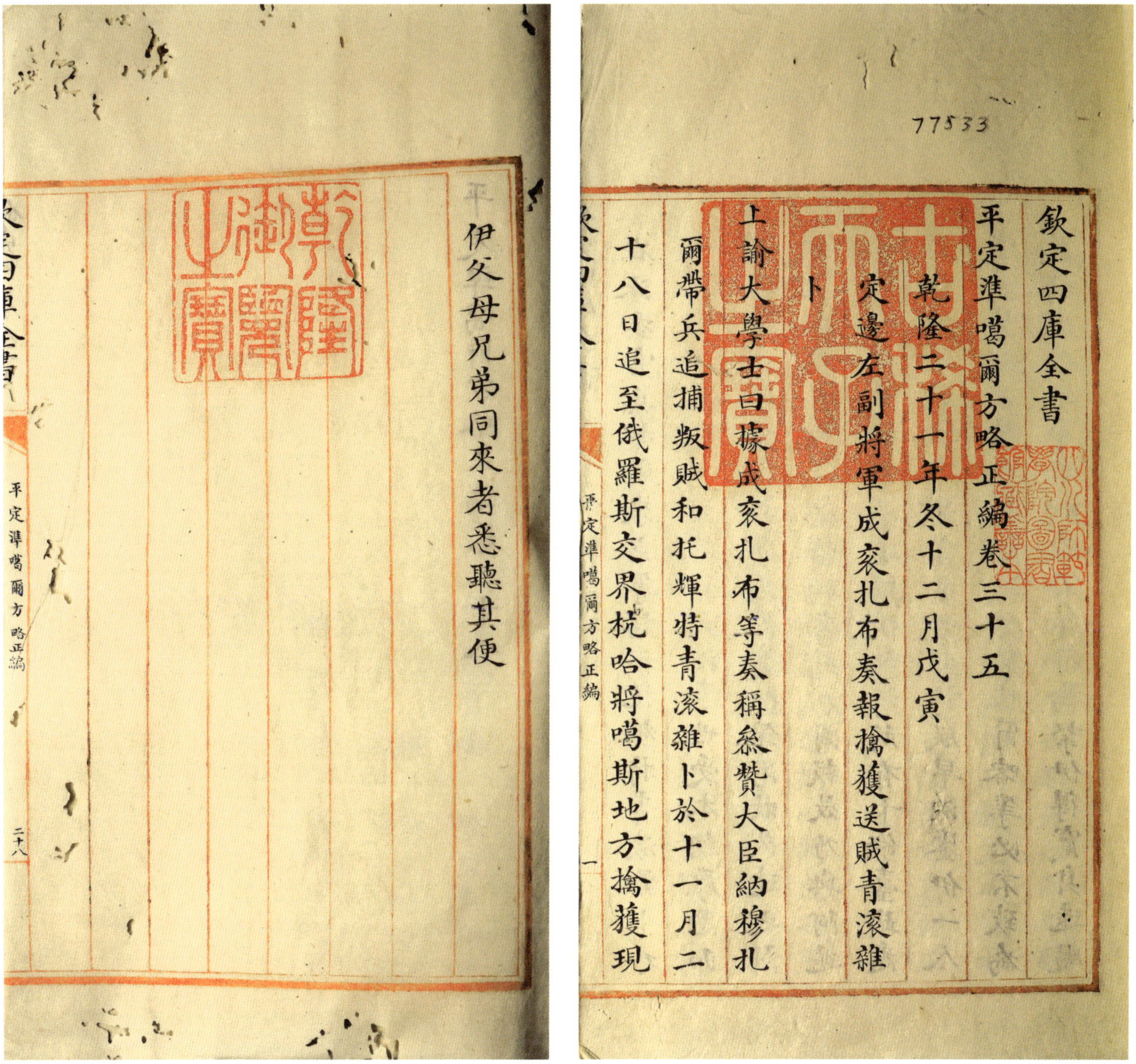

11606 平定準噶爾方略正編八十五卷　（清）傅恒　福德等撰　清乾隆內府寫南三閣四庫全書本

匡高20.2厘米，廣13.6厘米。半葉八行，行二十一字，紅格，白口，四周雙邊。有“古稀天子之寶”“乾隆御覽之寶”等印。四川師範大學圖書館藏，存四卷。

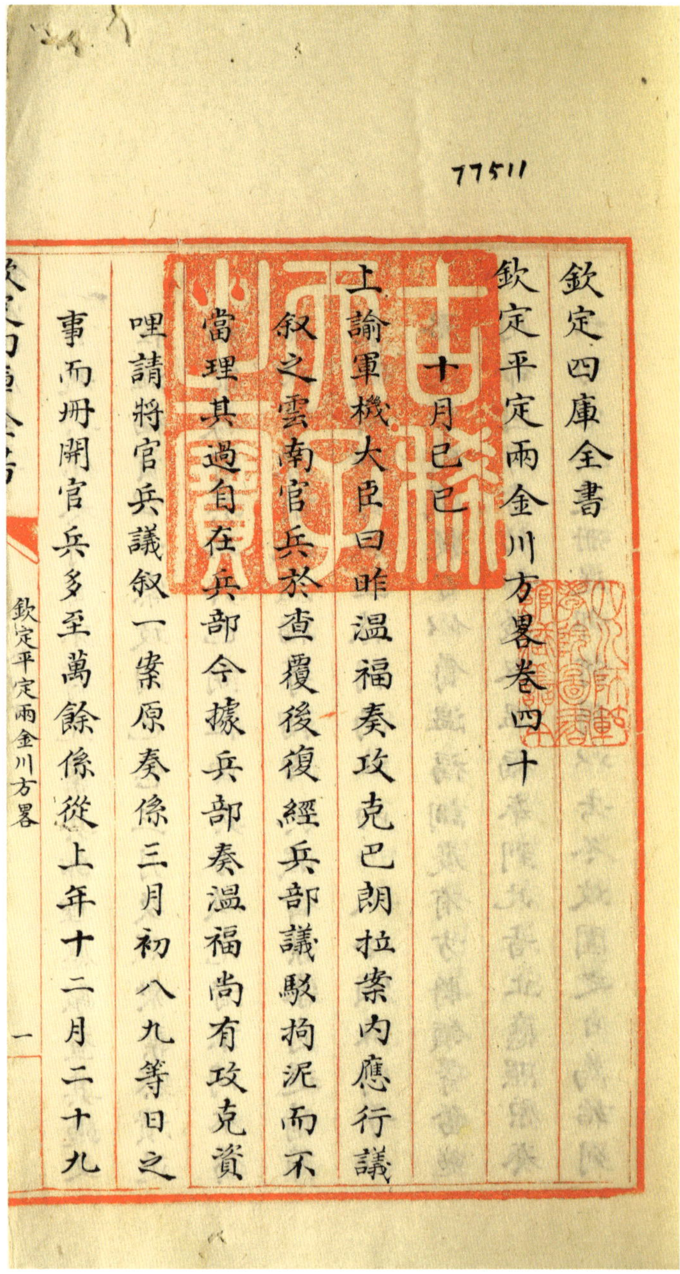

77511

欽定四庫全書

欽定平定兩金川方畧卷四十

十月巳巳

上諭軍機大臣曰昨温福奏攻克巴朗拉案内應行議

叙之雲南官兵於查覆後復經兵部議駁拘泥而不

當理其過自在兵部今據兵部奏温福尚有攻克資

哩請將官兵議叙一案原奏係三月初八九等日之

事而冊開官兵多至萬餘係從上年十二月二十九

欽定平定兩金川方畧　一

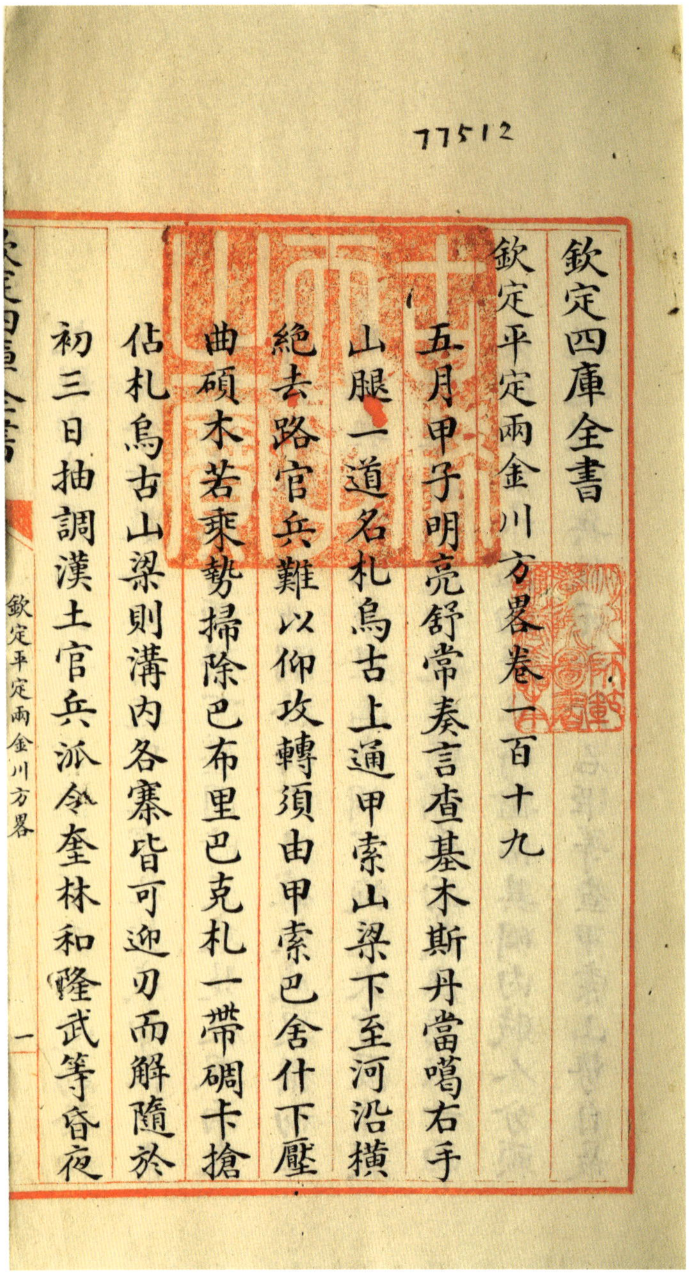

77512

欽定四庫全書

欽定平定兩金川方畧卷一百十九

五月甲子明亮舒常奏言查基木斯丹當噶右手

山腿一道名札烏古上通甲索山梁下至河沿横

絶去路官兵難以仰攻轉須由甲索巴舍什下壓

曲碩木若乘勢掃除巳布里巴克札一帶碉卡搶

佔札烏古山梁則溝内各寨皆可迎刃而解隨於

初三日抽調漢土官兵派令奎林和隆武等昏夜

欽定平定兩金川方畧　一

11607 欽定平定兩金川方畧一百五十二卷　（清）阿桂等撰　清乾隆内府寫南三閣四庫全書本

匡高20.2厘米，廣13.6厘米。半葉八行，行二十一字，紅格，白口，四周雙邊。有“古稀天子之寶”“乾隆御覽之寶”等印。四川師範大學圖書館藏，存六卷。

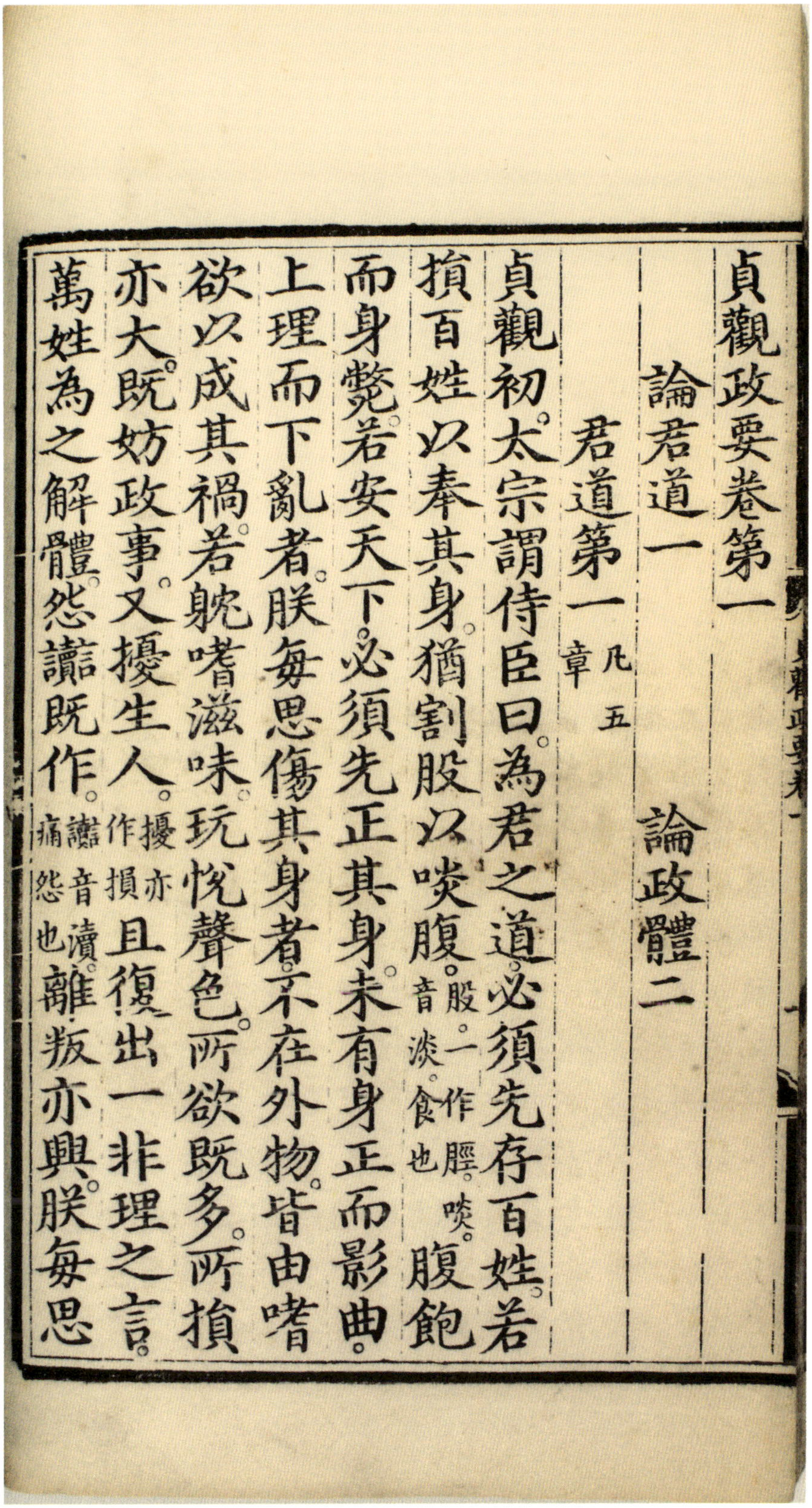
貞觀政要卷第一
論君道一　論政體二
君道第一 凡五章
貞觀初太宗謂侍臣曰為君之道必須先存百姓若
損百姓以奉其身猶割股以啖腹股一作脛啖音淡食也腹飽
而身斃若安天下必須先正其身未有身正而影曲
上理而下亂者朕每思傷其身者不在外物皆由嗜
欲以成其禍若躭嗜滋味玩悅聲色所欲既多所損
亦大既妨政事又擾生人擾亦作損且復出一非理之言
萬姓為之解體怨讟既作讟音瀆痛怨也離叛亦興朕每思

11608、11609　貞觀政要十卷　（唐）吴兢撰　（元）戈直集論　明成化元年（1465）内府刻本

匡高26.8厘米，廣18.9厘米。半葉十行，行二十字，小字雙行同，黑口，四周雙邊。東北師範大學圖書館藏；遼寧省圖書館藏，翟文選跋。

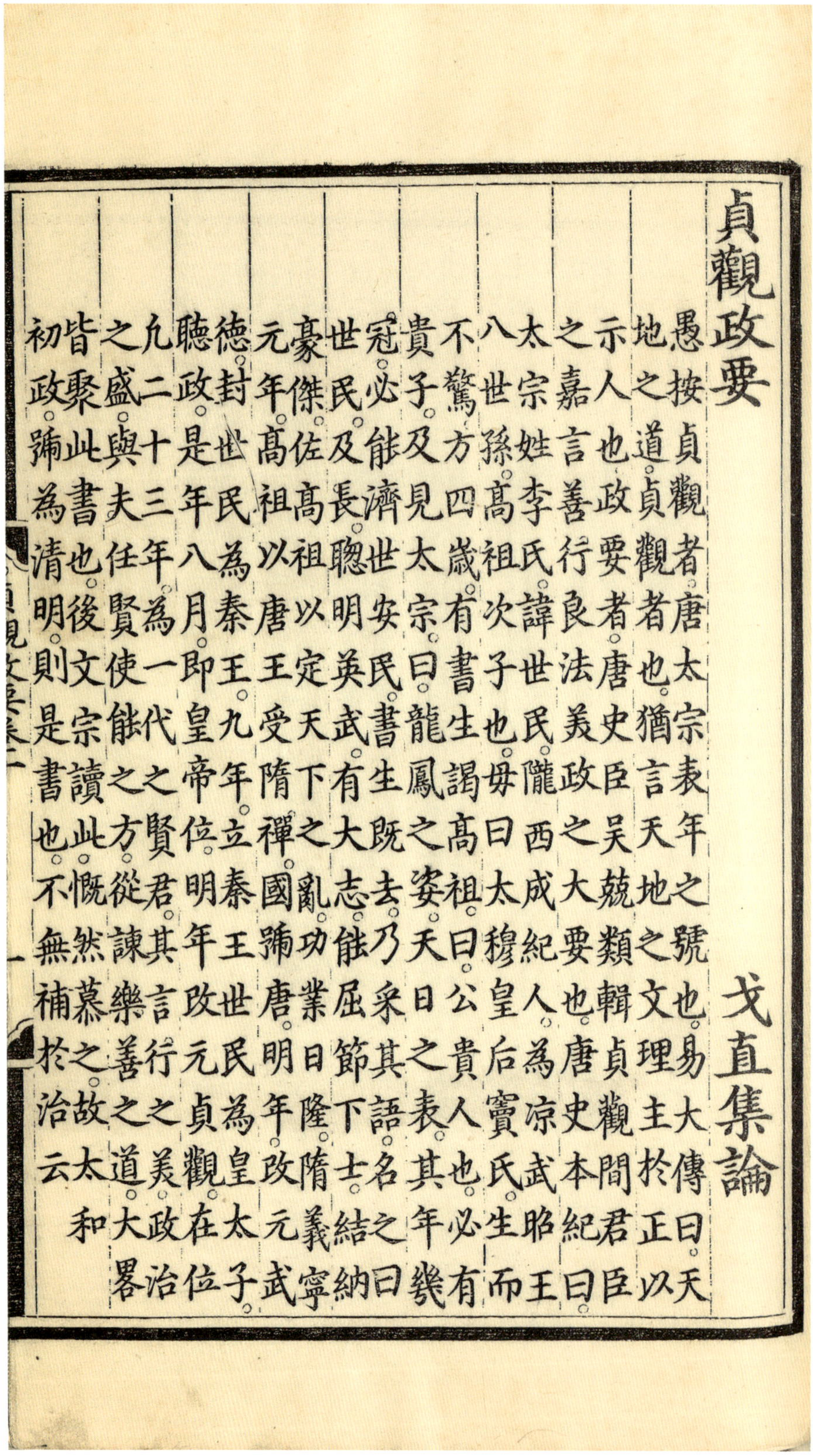

貞觀政要　　戈直集論

愚按貞觀者唐太宗表年之號也易大傳曰天地之道貞觀者也猶言天地之文理主於正以示人也政要者唐史臣吳兢類輯貞觀間君臣之嘉言善行良法美政之大要也唐史本紀曰太宗姓李氏諱世民隴西成紀人為凉武昭王八世孫高祖次子也母曰太穆皇后竇氏生而不驚方四歲有書生謁高祖曰公貴人也必有貴子及見太宗曰龍鳳之姿天日之表其年幾冠必能濟世安民書生既去乃采其語名之曰世民及長聰明英武有大志能屈節下士結納豪傑佐高祖以定天下之亂功業日隆隋義寧元年高祖以唐王受隋禪國號唐明年改元武德封世民為秦王九年立秦王世民為皇太子聽政是年八月即皇帝位明年改元貞觀在位凡二十三年為一代之賢君其言行之美政治之盛與夫任賢使能之方從諫樂善之道大畧皆聚此書也後文宗讀此慨然慕之故太和初政彌為清明則是書也不無補於治云

11608、11609　貞觀政要十卷

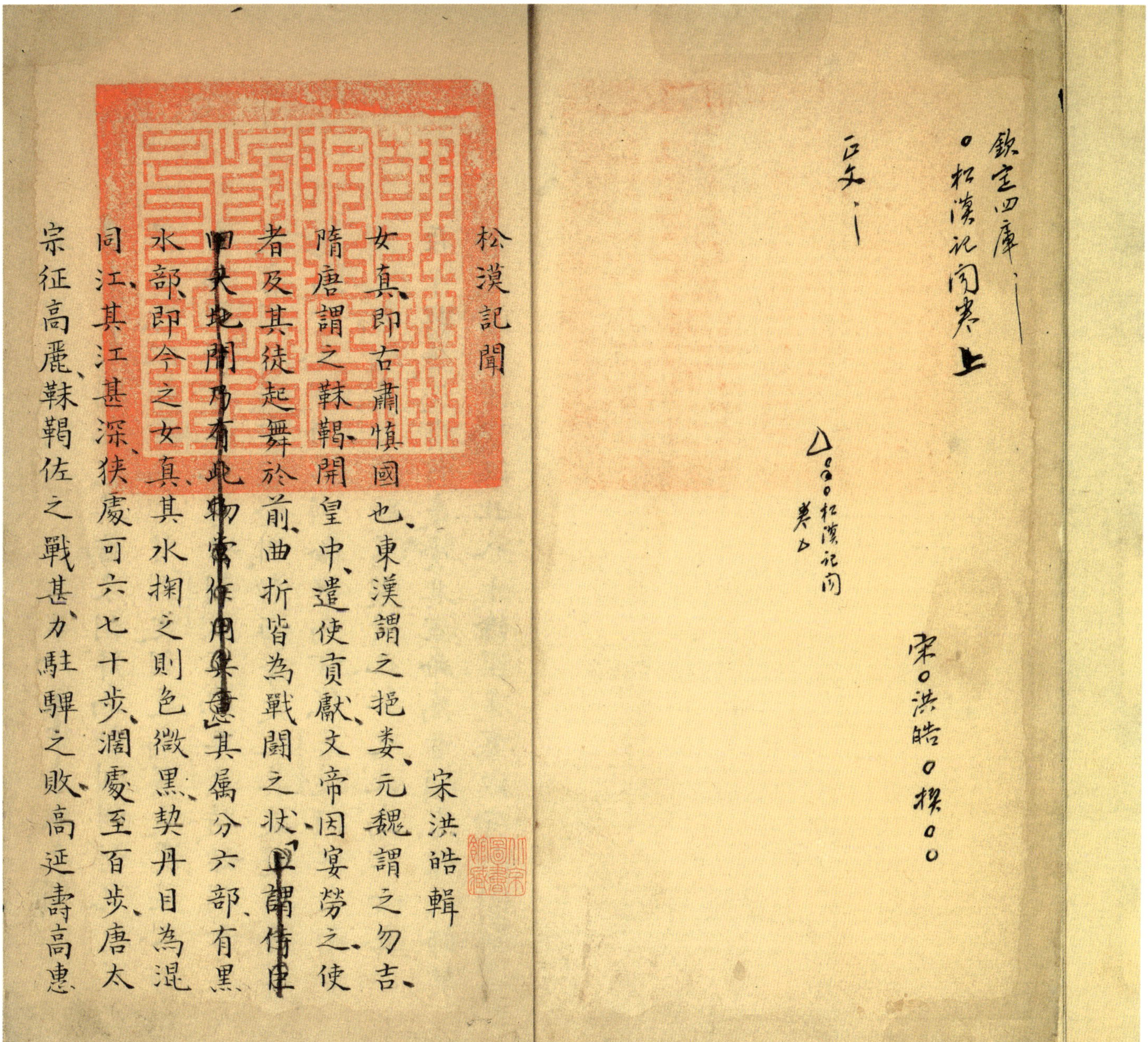

11610 松漠記聞一卷續一卷 （宋）洪皓撰　清抄本[四庫底本]

有“翰林院印”等印。國家圖書館藏。

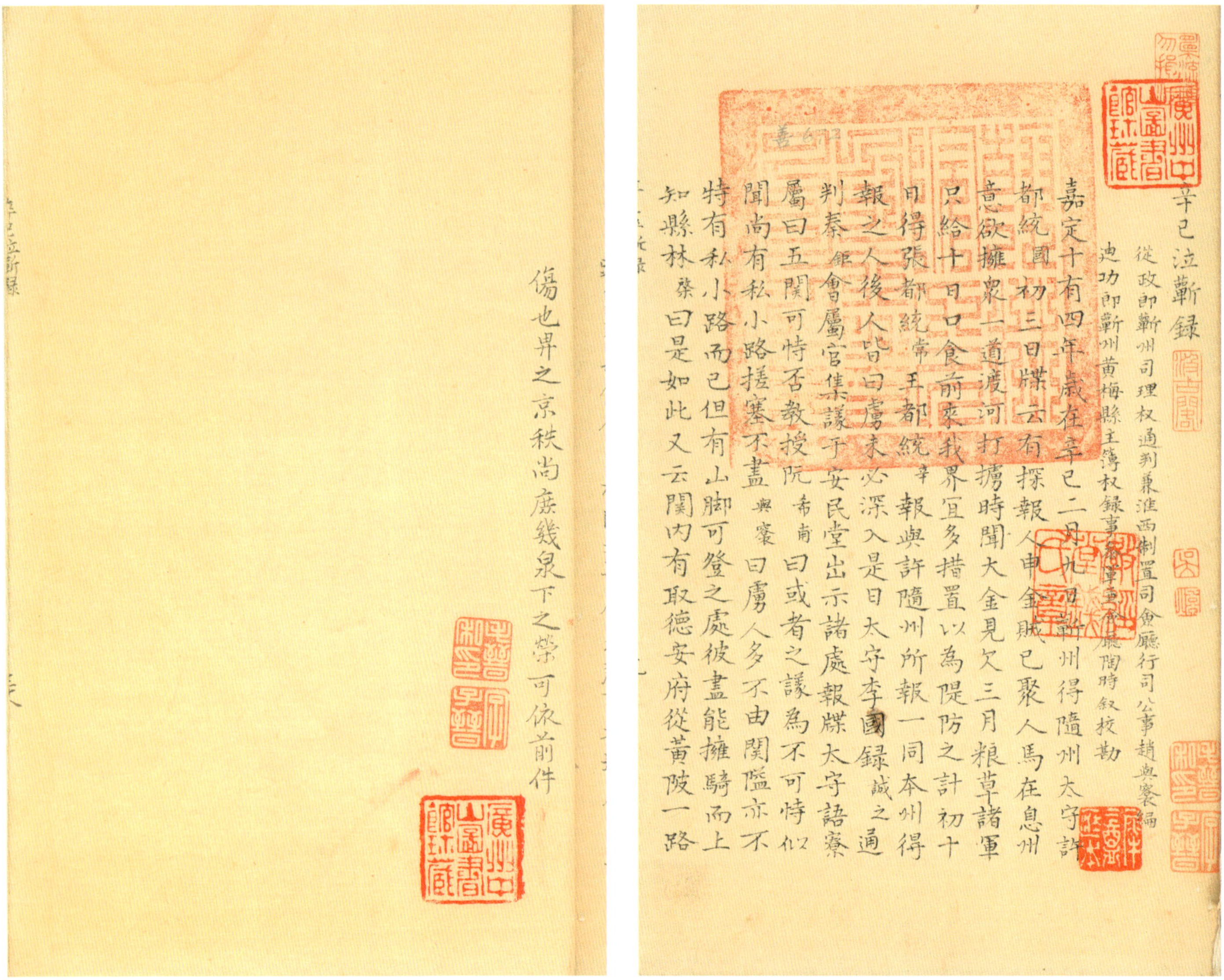

11611 辛巳泣蘄録一卷 （宋）趙與褣撰　清初抄本

有“翰林院印”“毛晉私印”“吴焯”“犀庵藏本”等印。廣東省立中山圖書館藏。

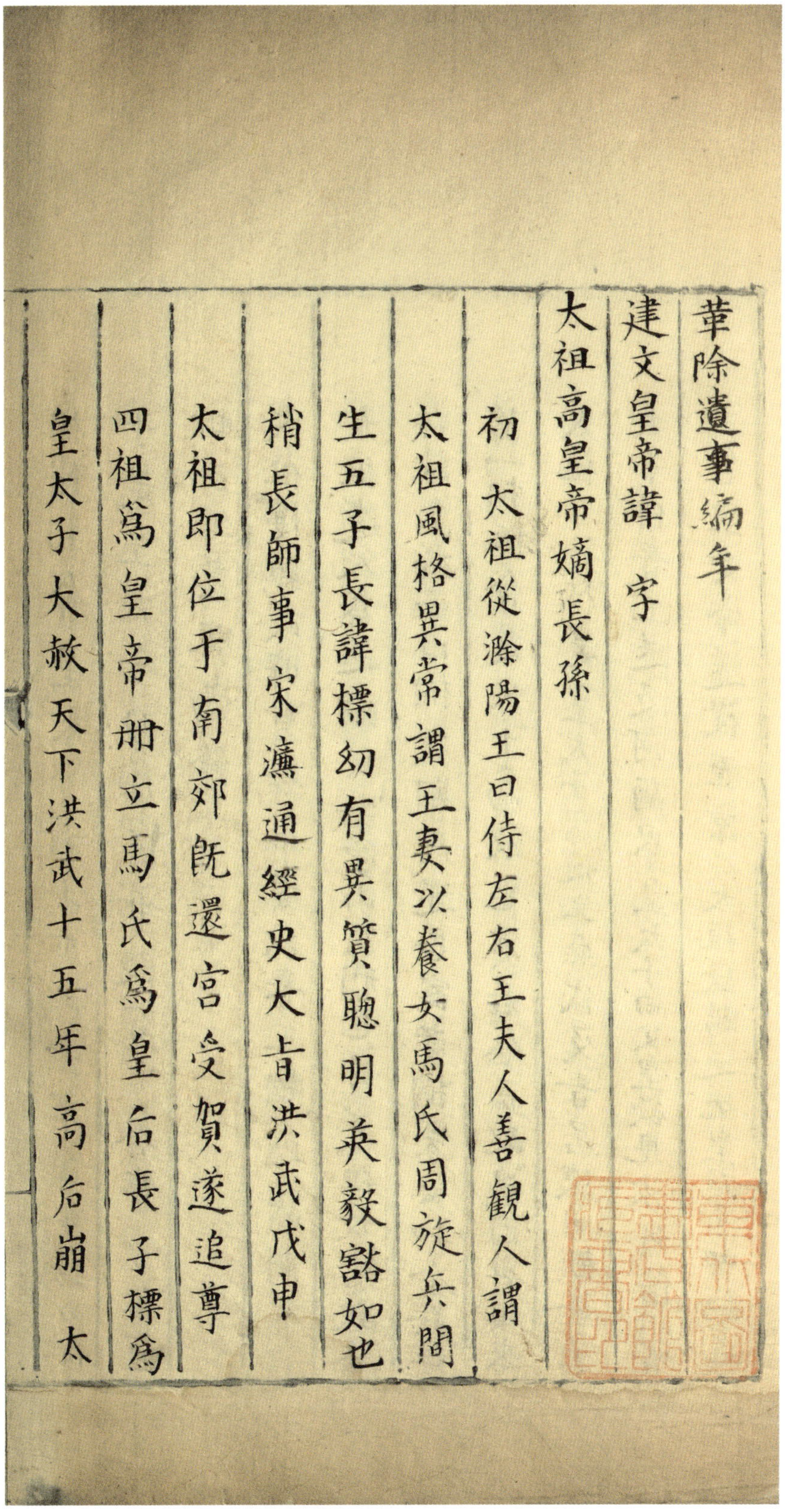
革除遺事編年
建文皇帝諱　字
太祖高皇帝嫡長孫
初太祖從滁陽王曰侍左右王夫人善觀人謂
太祖風格異常謂王妻以養女馬氏周旋兵間
生五子長諱標幼有異質聰明英毅豁如也
稍長師事宋濂通經史大旨洪武戊申
太祖即位于南郊既還宮受賀遂追尊
四祖爲皇帝冊立馬氏爲皇后長子標爲
皇太子大赦天下洪武十五年高后崩太

11612 革除編年不分卷　明抄本

匡高19.5厘米，廣13.9厘米。半葉十行，行二十一至二十四字，藍格，白口，左右雙邊。遼寧省圖書館藏。

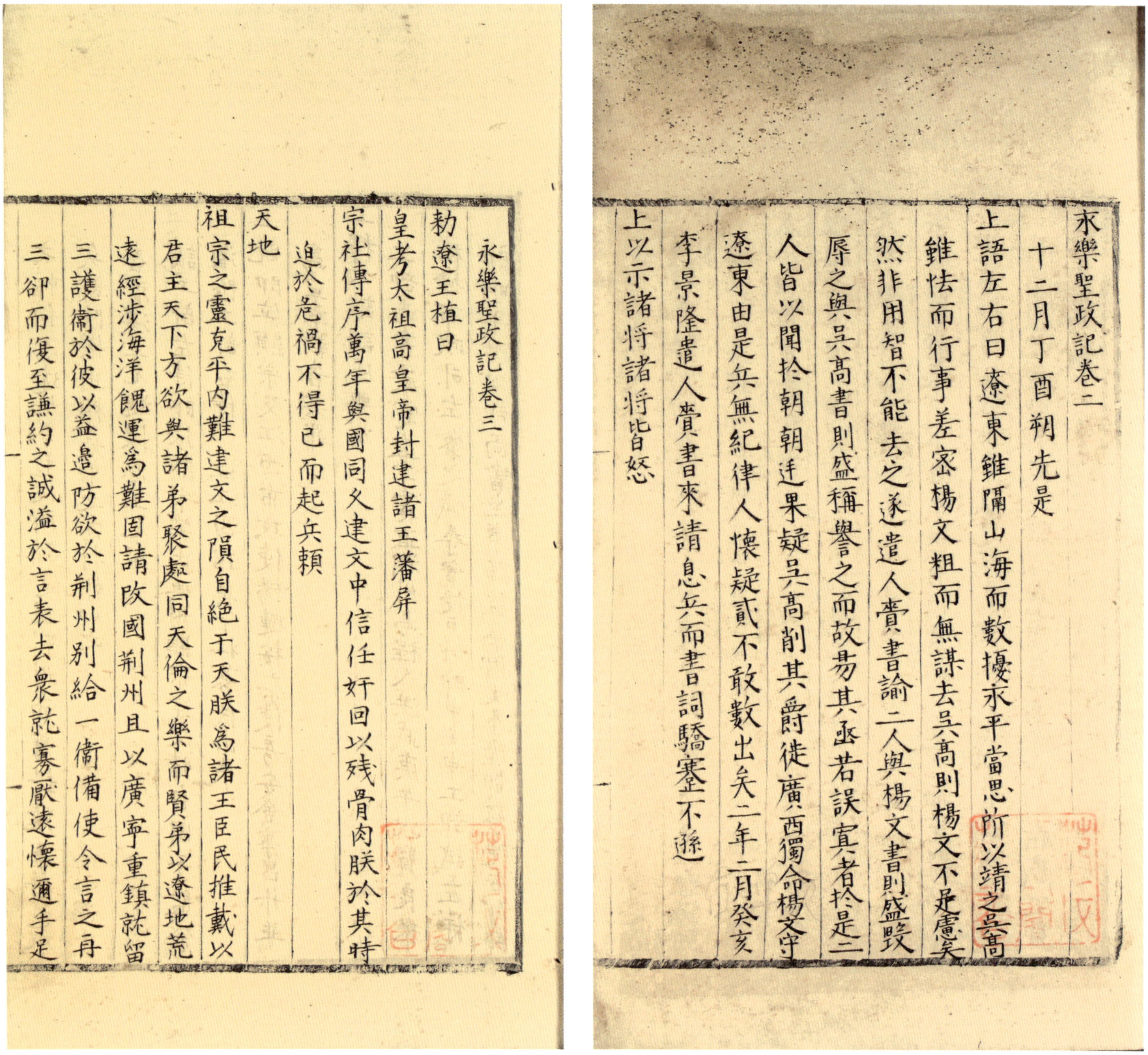

永樂聖政記卷二
十二月丁酉朔先是
上語左右曰遼東錐隔山海而數擾永平當思所以靖之吳高
錐怯而行事差密楊文粗而無謀去吳高則楊文不足慮矣
然非用智不能去之遂遣人賚書諭二人與楊文書則盛毀
辱之與吳高書則盛稱譽之而故易其函若誤寘者於是二
人皆以聞於朝朝廷果疑吳高削其爵徙廣西獨命楊文守
遼東由是兵無紀律人懷疑貳不敢數出矣二年二月癸亥
李景隆遣人賚書來請息兵而書詞驕蹇不遜
上以示諸將諸將皆怒

永樂聖政記卷三
勑遼王植曰
皇考太祖高皇帝封建諸王藩屏
宗社傳序萬年與國同久建文中信任奸回以殘骨肉朕於其時
迫於危禍不得已而起兵顛
天地
祖宗之靈克平內難建文之隕自絕于天朕爲諸王臣民推戴以
君主天下方欲與諸弟聚處同天倫之樂而賢弟以遼地荒
遠經涉海洋餽運爲難固請改國荊州且以廣寧重鎮就留
三護衛於彼以益邊防欲於荊州別給一衛備使令言之再
三卻而復至讓約之誠溢於言表去衆就寡厭遠懷邇手足

11613 永樂聖政記三卷　（明）張輔撰　明抄本

匡高21.5厘米，廣15.2厘米。半葉十行或十一行，行二十四至二十五字，藍格，白口，四周單邊。有“范氏天一閣藏書”等印。寧波市天一閣博物館藏，存二卷。

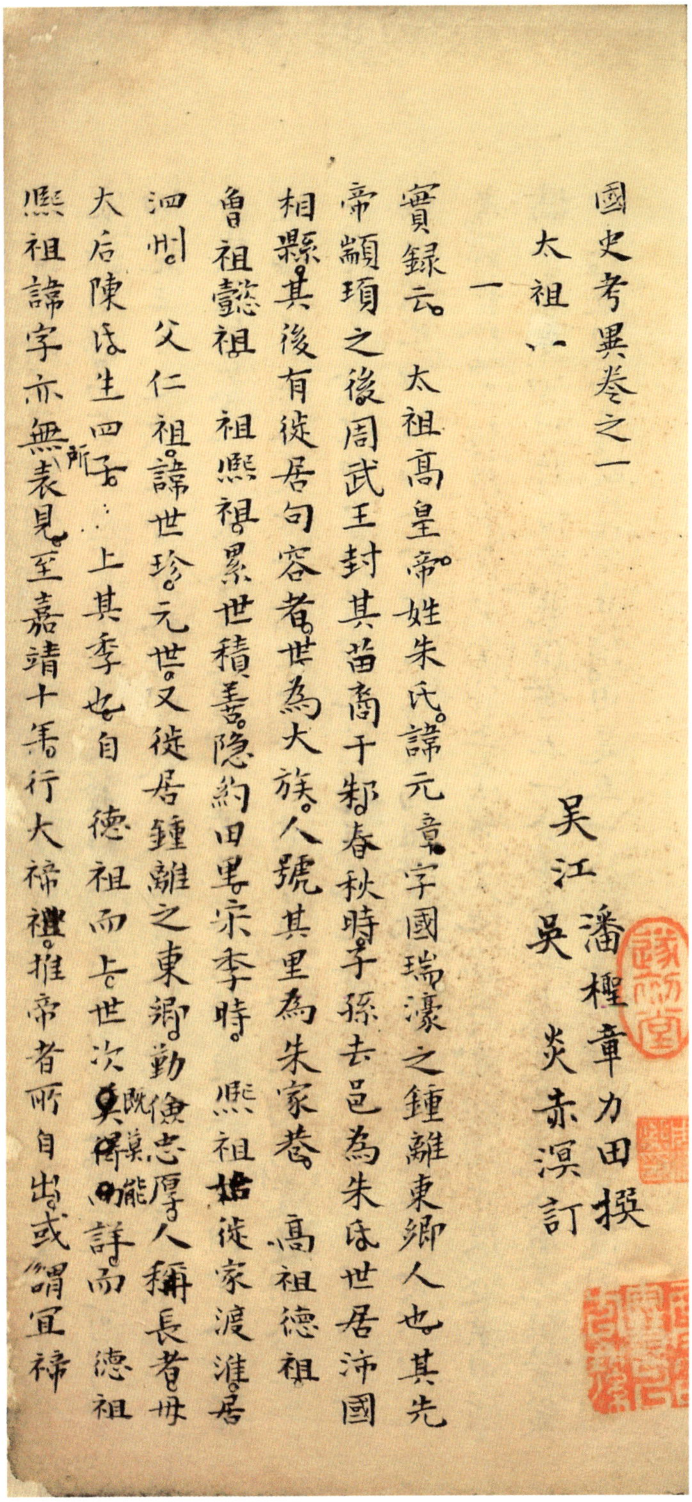
國史考異卷之一
太祖一
吴江 潘檉章力田撰
吴 炎赤溟訂
實録云。太祖高皇帝。姓朱氏。諱元章。字國瑞。濠之鍾離東鄉人也。其先帝顓頊之後周武王封其苗裔于邾春秋時子孫去邑為朱氏世居沛國相縣其後有徙居句容者世為大族。人號其里為朱家巷 高祖德祖 曾祖懿祖 祖熈祖累世積善隱約田里宗李時。 熈祖始徙家渡淮居泗州 父仁祖諱世珍元世又徙居鍾離之東鄉勤儉忠厚人稱長者母太后陳氏生四子 上其季也自 德祖而上世次既莫能詳而 德祖熈祖諱字亦無所表見。至嘉靖十年行大禘禮。推帝者所自出或謂宜禘

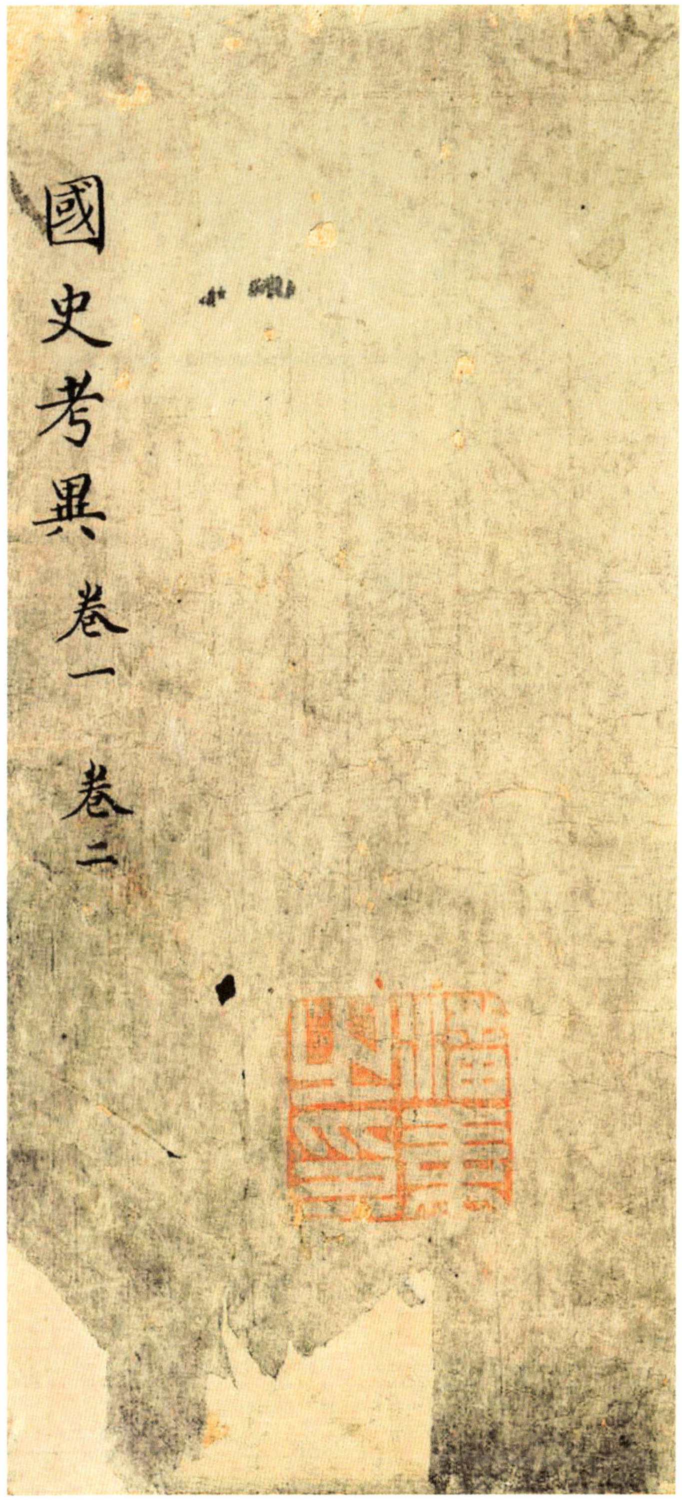
國史考異
卷一
卷二

11614 國史考異六卷　（清）潘檉章撰　清初抄本

有"潘耒之印""遂初堂"等印。南京圖書館藏。

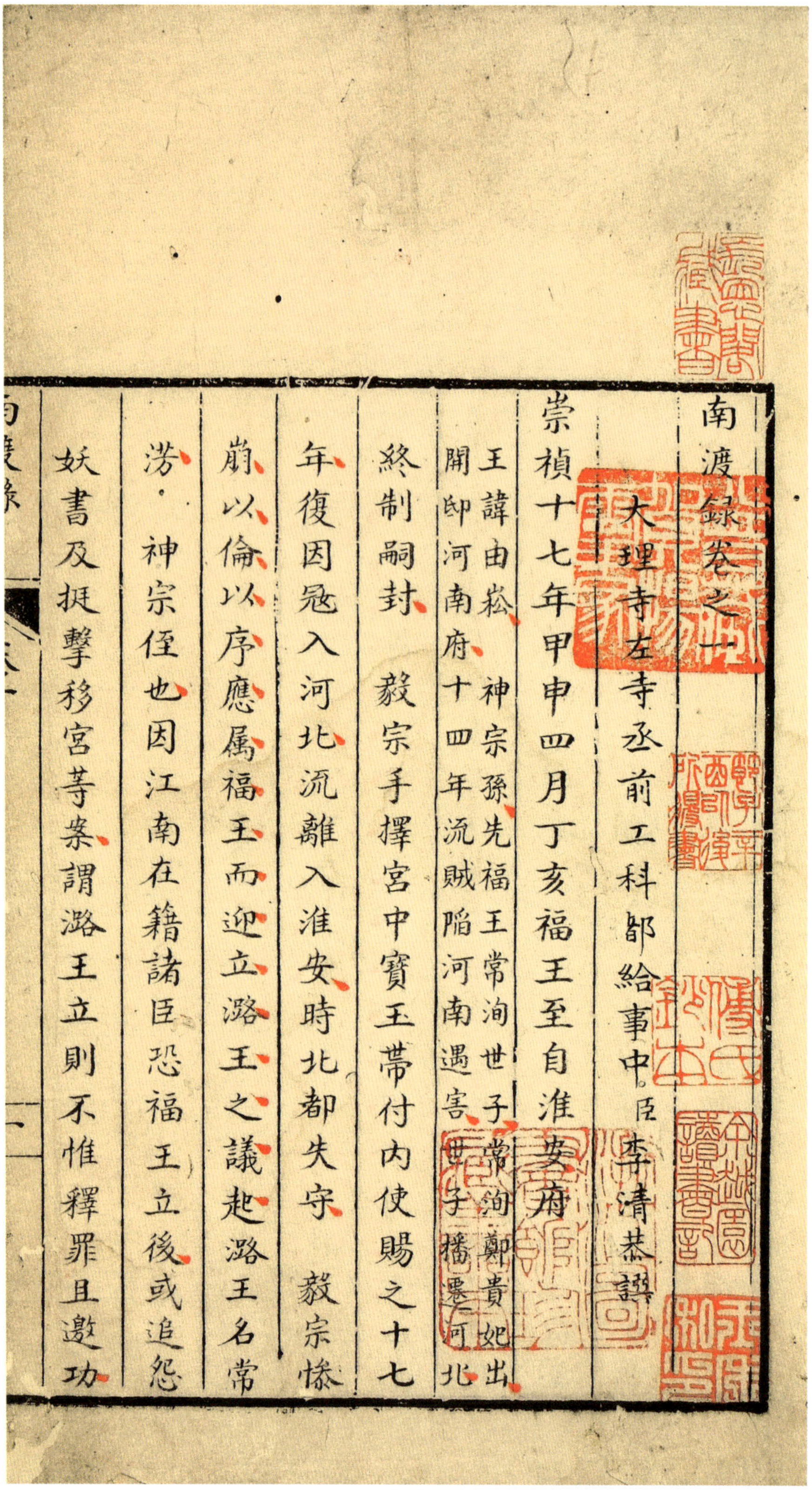

南渡録卷之一

大理寺左寺丞前工科部給事中臣李清恭譔

崇禎十七年甲申四月丁亥福王至自淮安府

王諱由崧 神宗孫先福王常洵世子常洵鄭貴妃出開邸河南府十四年流賊陷河南遇害世子播遷河北終制嗣封 毅宗手擇宮中寶玉帶付内使賜之十七年復因寇入河北流離入淮安時北都失守 毅宗慘崩以倫以序應屬福王而迎立潞王之議起潞王名常淓 神宗侄也因江南在籍諸臣恐福王立後或追怨妖書及挺擊移宮等案謂潞王立則不惟釋罪且邀功

11615 南渡録五卷　（清）李清撰　清抄本

匡高19.3厘米，廣15厘米。半葉九行，行二十二字，小字雙行同，白口，左右雙邊。有“節子辛酉以後所得書”“余越園讀書記”等印。傅以禮題款並跋，附周星詒手札。浙江圖書館藏。

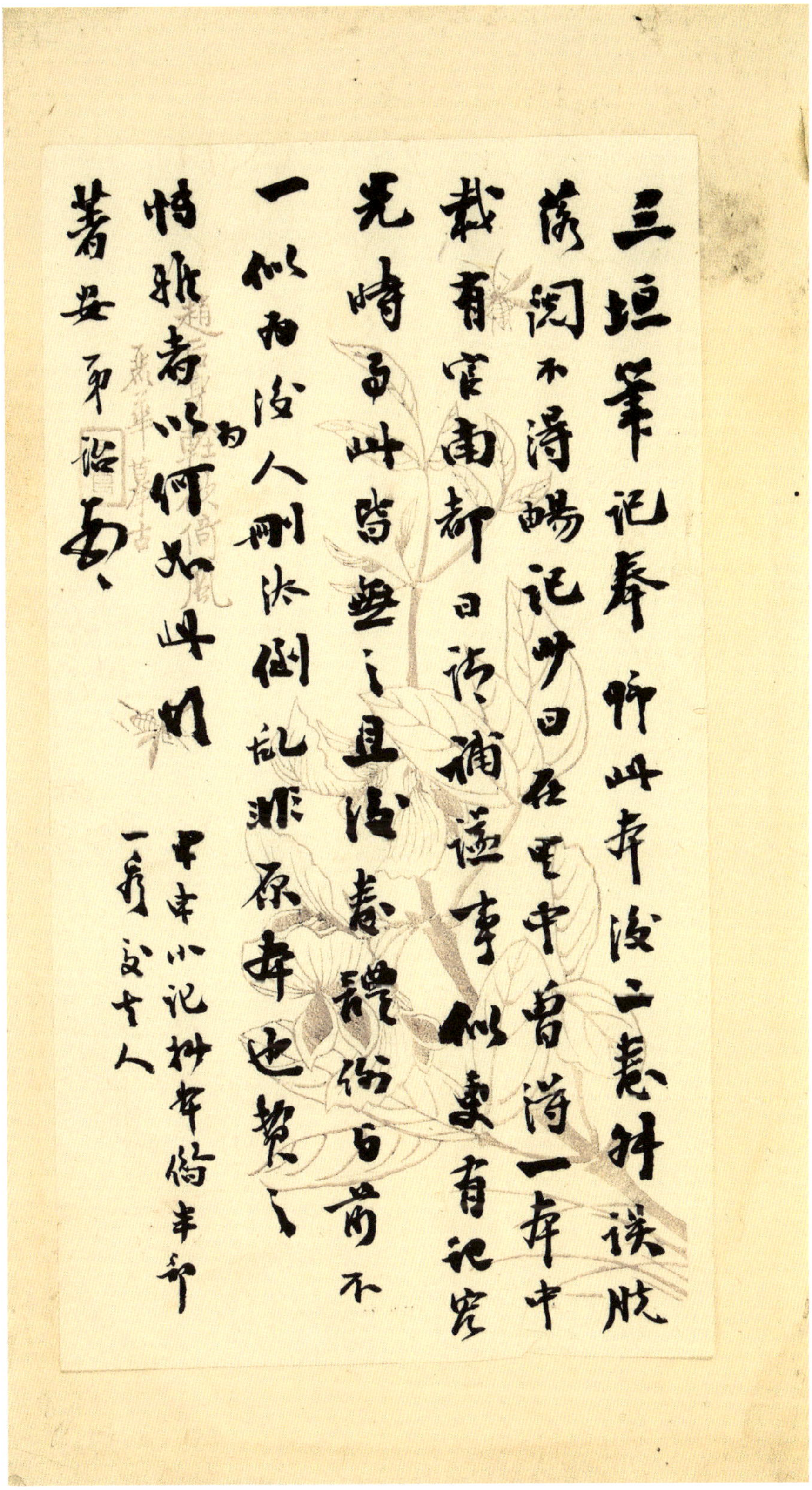
三垣筆記奉[illegible]此本後二卷抄誤脫
落閱不得暢記廿日在毛甲曾得一本中
載有[illegible]南都日記補謚事似更有記[illegible]
光時事此皆無之且後春[illegible][illegible]有不
一似爲後人刪改倒亂非原本也[illegible]
[illegible]非吝以何如此耶
著安弟詒[illegible]
甲申小記抄本[illegible]半部
一[illegible][illegible]士人

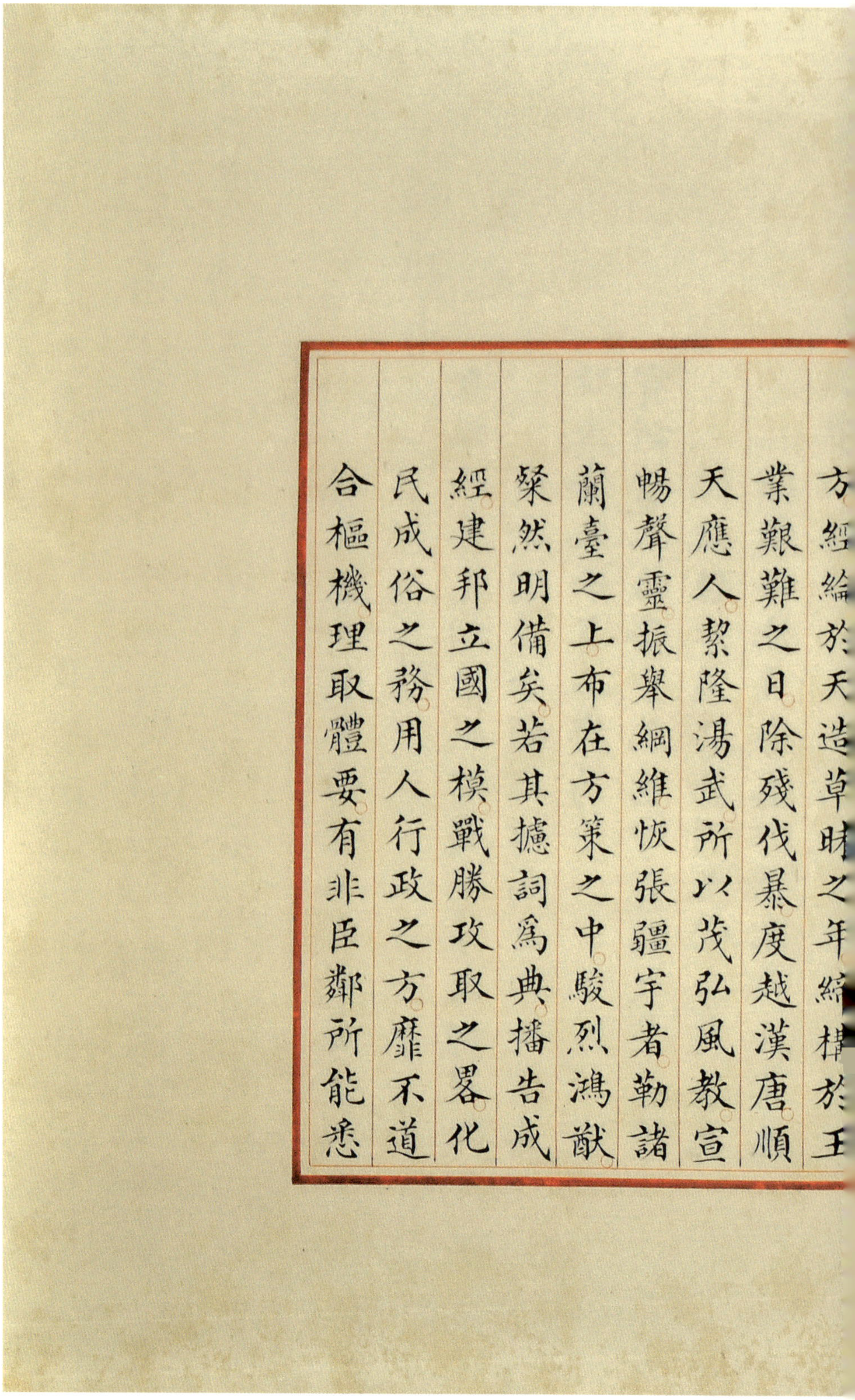

方經綸於天造草昧之年締構於王
業艱難之日除殘伐暴度越漢唐順
天應人絜隆湯武所以茂弘風教宣
暢聲靈振舉綱維恢張疆宇者勒諸
蘭臺之上布在方策之中駿烈鴻猷
粲然明備矣若其攄詞爲典播告成
經建邦立國之模戰勝攻取之畧化
民成俗之務用人行政之方靡不道
合樞機理取體要有非臣鄰所能悉

11616 大清太祖高皇帝聖訓四卷 清乾隆十一年（1746）内府寫本

蝴蝶裝。匡高27厘米，廣19.5厘米。半葉九行，行十八字，紅格，白口，四周雙邊。遼寧省檔案館藏。

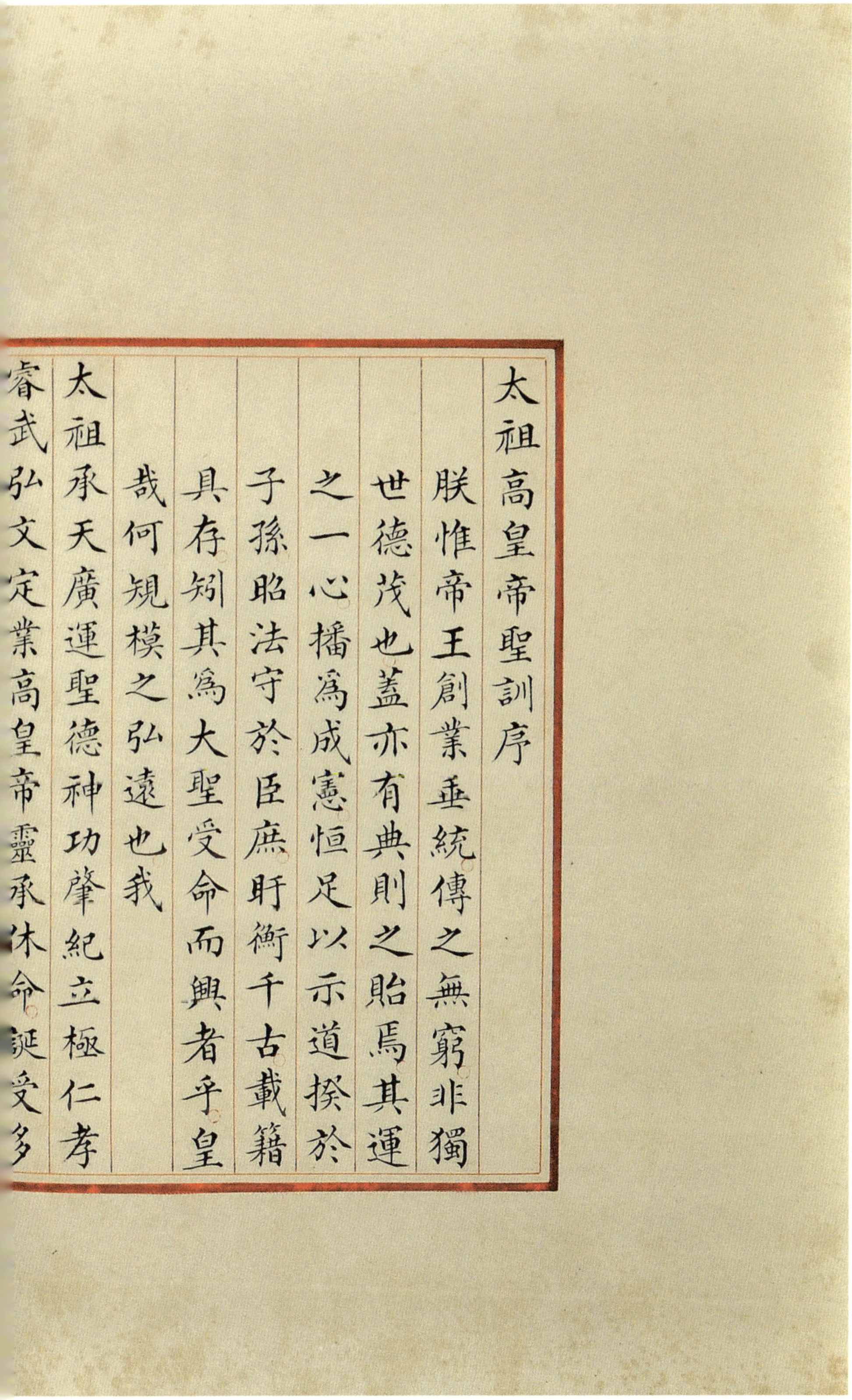

太祖高皇帝聖訓序

朕惟帝王創業垂統傳之無窮非獨
世德茂也蓋亦有典則之貽焉其運
之一心播爲成憲恒足以示道揆於
子孫昭法守於臣庶盱衡千古載籍
具存矧其爲大聖受命而興者乎皇
哉何規模之弘遠也我
太祖承天廣運聖德神功肇紀立極仁孝
睿武弘文定業高皇帝靈承休命誕受多

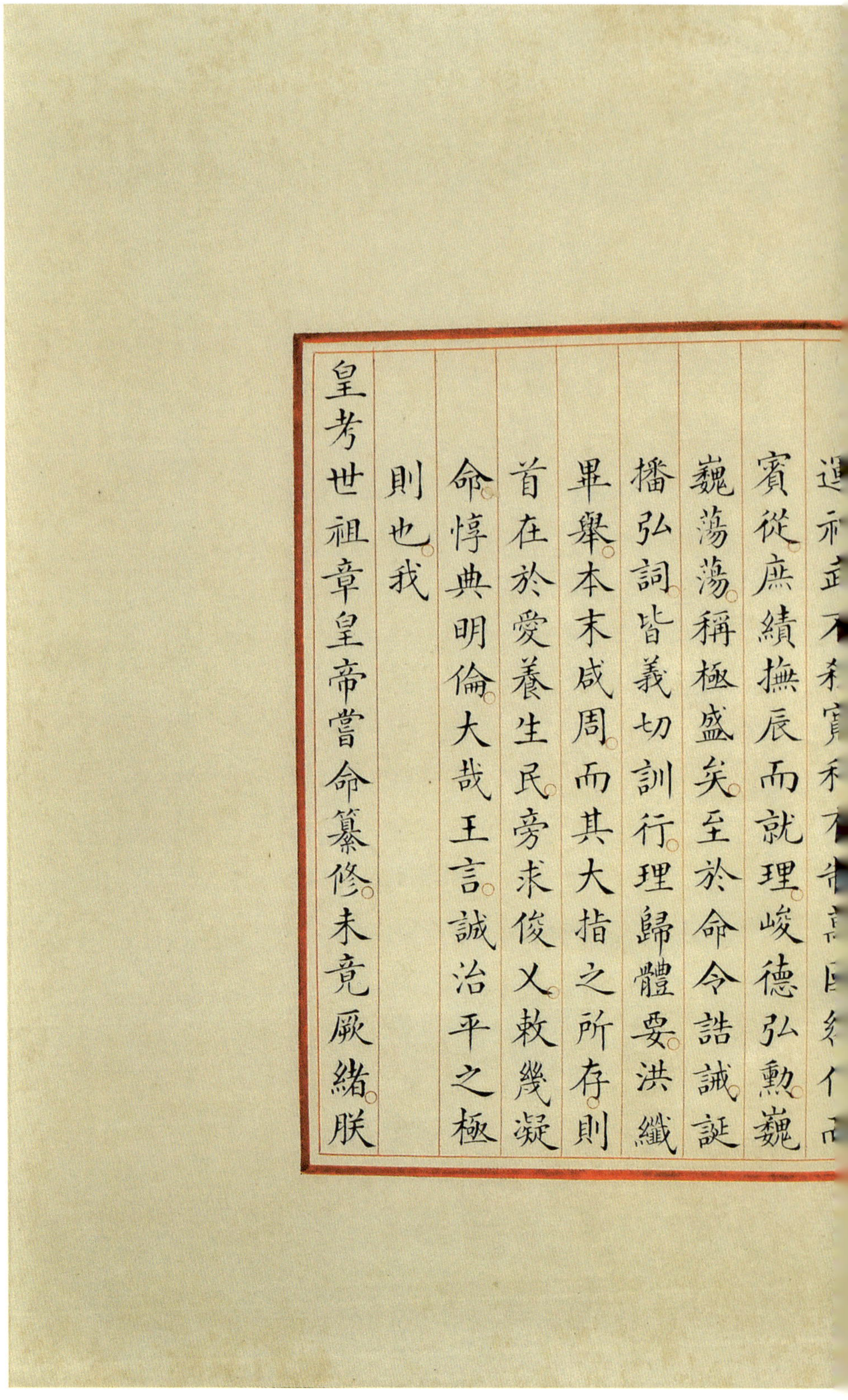
賓從庶績撫辰而就理峻德弘勳巍
巍蕩蕩稱極盛矣至於命令誥誡誕
播弘詞皆義切訓行理歸體要洪纖
畢舉本末咸周而其大指之所存則
首在於愛養生民旁求俊乂敕幾凝
命惇典明倫大哉王言誠治平之極
則也我
皇考世祖章皇帝嘗命纂修未竟厥緒朕

11617 大清太宗文皇帝聖訓六卷 清乾隆十一年（1746）内府寫本

蝴蝶裝。匡高27厘米，廣19.5厘米。半葉九行，行十八字，紅格，白口，四周雙邊。遼寧省檔案館藏。

太宗文皇帝聖訓序

朕惟帝王誕膺天眷肇造丕基功德懋隆疆宇日闢有紀綱以昭大法即有謨訓以啟後昆方策具存燦然可考也若夫道兼作述業裕創垂以聖繼聖而鉅烈鴻猷煥乎宇宙間者尤足冠百王而立極焉欽惟

太宗應天興國弘德彰武寬溫仁聖睿孝隆道顯功文皇帝躬上聖之資承開天之

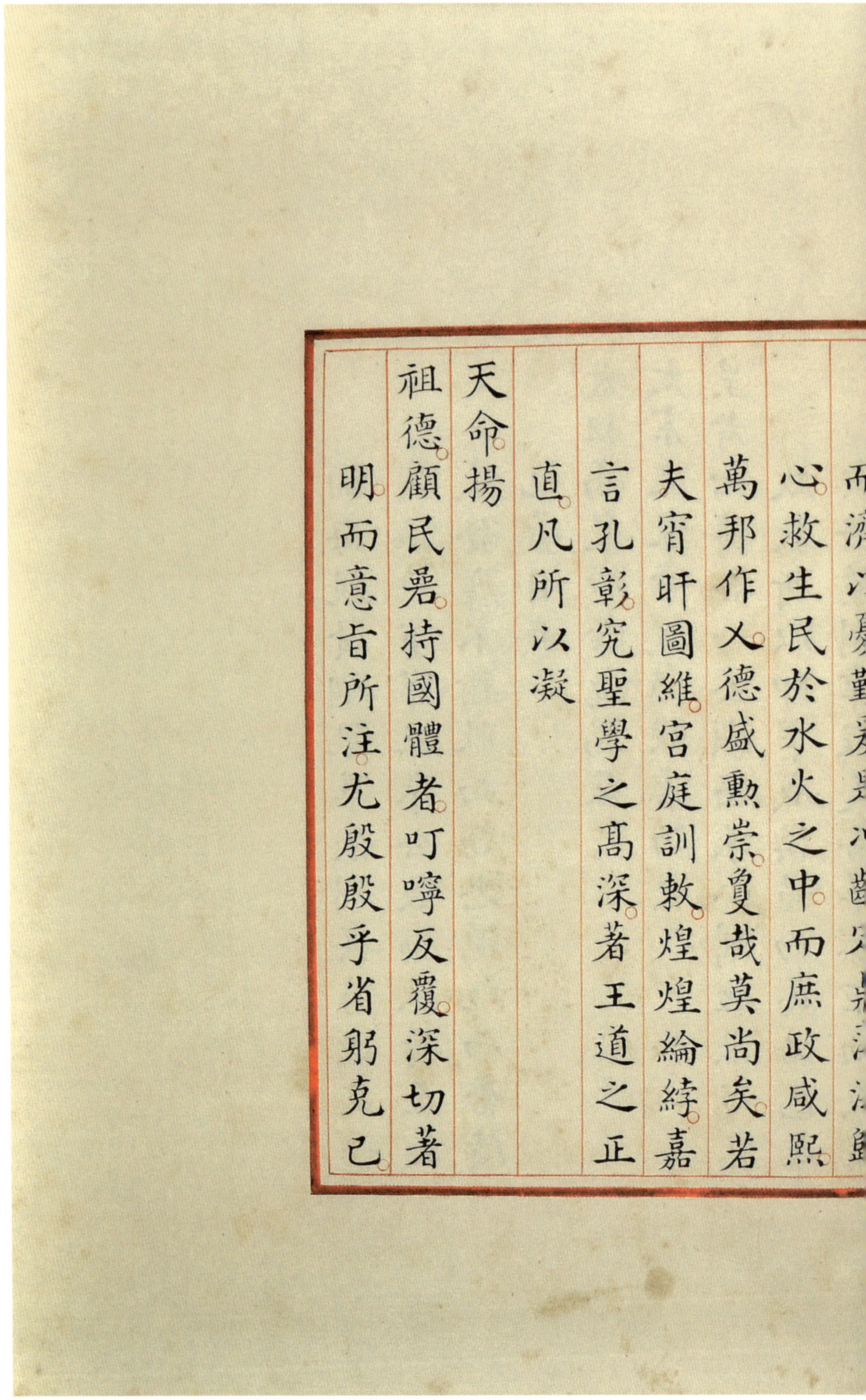

心救生民於水火之中而庶政咸熙
萬邦作乂德盛勳崇夐哉莫尚矣若
夫宵旰圖維宮庭訓敕煌煌綸綍嘉
言孔彰究聖學之高深著王道之正
直凡所以凝
天命揚
祖德顧民嵒持國體者叮嚀反覆深切著
明而意旨所注尤殷殷乎省躬克己

11618 大清世祖章皇帝聖訓六卷 清乾隆十一年（1746）内府寫本

蝴蝶裝。匡高27厘米，廣19.5厘米。半葉九行，行十八字，紅格，白口，四周雙邊。遼寧省檔案館藏。

世祖章皇帝聖訓序

朕惟自古膺圖御曆之后躬集大統手致太平懋烈豐功光前翼後行之爲政斯發之爲言義藴固卓越乎百王訓行尤昭示乎奕禩惟聖有作後人述焉千載同揆也我

皇考世祖體天隆運英睿欽文大德弘功

至仁純孝章皇帝神靈首出智勇天授秉

英斷之姿而持以恭儉擴寛仁之量

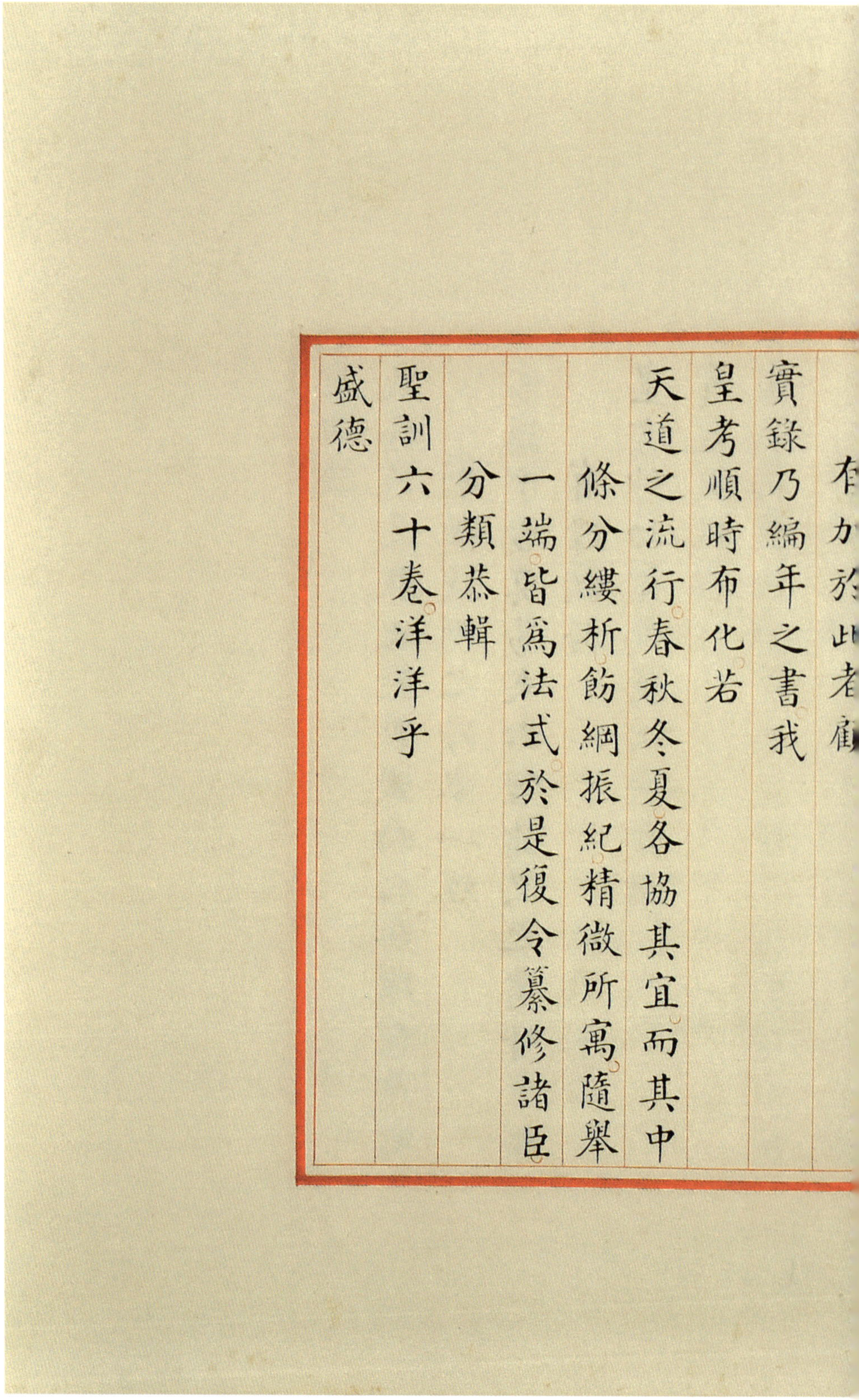
實錄乃編年之書我
皇考順時布化若
天道之流行春秋冬夏各協其宜而其中
條分縷析飭綱振紀精徵所寓隨舉
一端皆爲法式於是復令纂修諸臣
分類恭輯
聖訓六十卷洋洋乎
盛德

11619 大清聖祖仁皇帝聖訓六十卷 清乾隆十一年（1746）內府寫本

蝴蝶裝。匡高27厘米，廣19.5厘米。半葉九行，行十八字，紅格，白口，四周雙邊。遼寧省檔案館藏。

聖祖仁皇帝聖訓序

朕荷

皇考聖祖仁皇帝付託至重兢兢業業早

作夜思以期無負繼述仰惟

皇考留貽矩矱朕得監於成憲是則是傚

實天下萬世所當欽承觀法爰命大

學士等纂修

聖祖仁皇帝實録閱時九載書成千卷自

古帝王功德之隆盛記載之繁富未

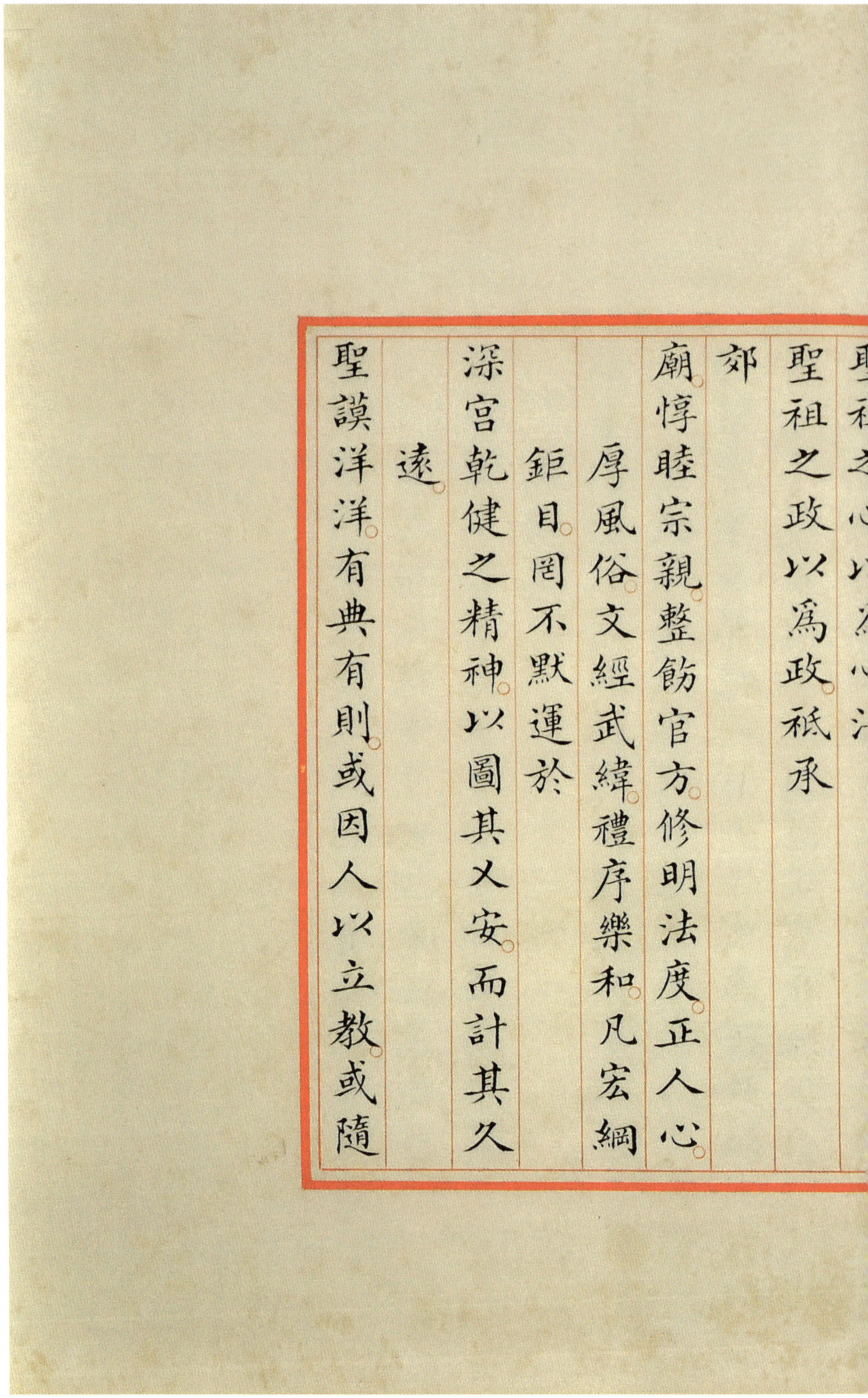
聖祖之政以爲政祗承
郊
廟惇睦宗親整飭官方修明法度正人心
厚風俗文經武緯禮序樂和凡宏綱
鉅目罔不默運於
深宮乾健之精神以圖其乂安而計其久
遠
聖謨洋洋有典有則或因人以立教或隨

11620 大清世宗憲皇帝聖訓三十六卷 清乾隆十一年（1746）内府寫本

蝴蝶裝。匡高27厘米，廣19.5厘米。半葉九行，行十八字，紅格，白口，四周雙邊。遼寧省檔案館藏。

世宗憲皇帝聖訓序

自古人君有盛德大業者其規畫周詳而詒謀悠遠則必敷之彝訓以明定保之徵紀之簡編以著經綸之蹟非徒爲一時事功計也亦將以示後嗣昭法守焉我

皇考世宗憲皇帝亶聰明睿智之資建中立極茂登上理

御極十有三年體

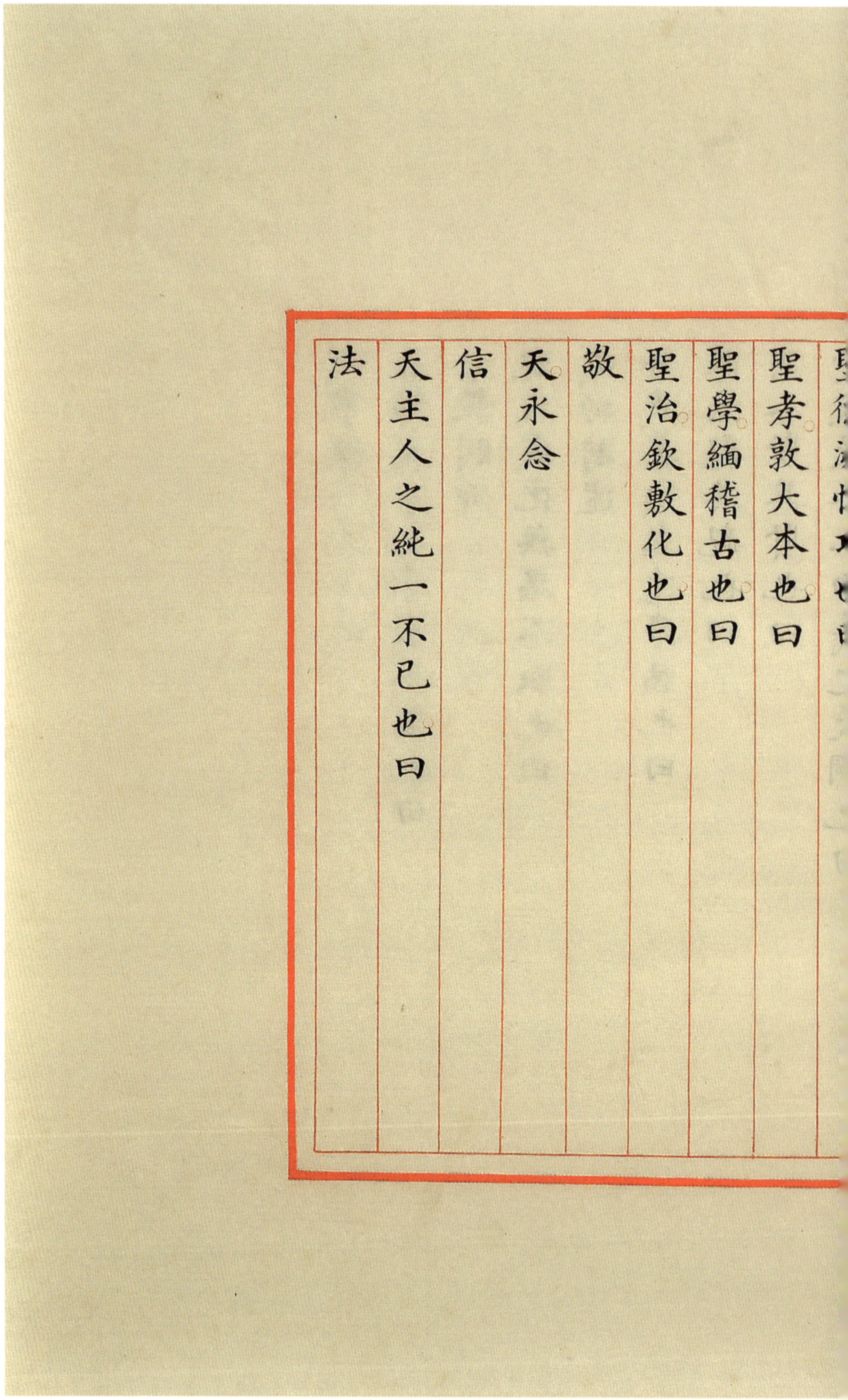
聖孝敦大本也曰
聖學緬稽古也曰
聖治欽敷化也曰
敬
天永念
信
天主人之純一不已也曰
法

11621 大清高宗純皇帝聖訓三百卷 清嘉慶十二年（1807）内府寫本

蝴蝶裝。匡高27厘米，廣19.3厘米。半葉九行，行十八字，紅格，白口，四周雙邊。遼寧省檔案館藏。

高宗純皇帝聖訓序

古昔聖帝明王經世載道立言牖民二典
三謨殷盤周誥固已包括古今函蓋宙合
靡不賅備矣洪惟我
皇考高宗純皇帝承
五朝之統緒集千聖之大成闡六經之微言
垂億齡之寶訓
聖謨洋洋
文思光被敬集為三百卷分四十門類曰

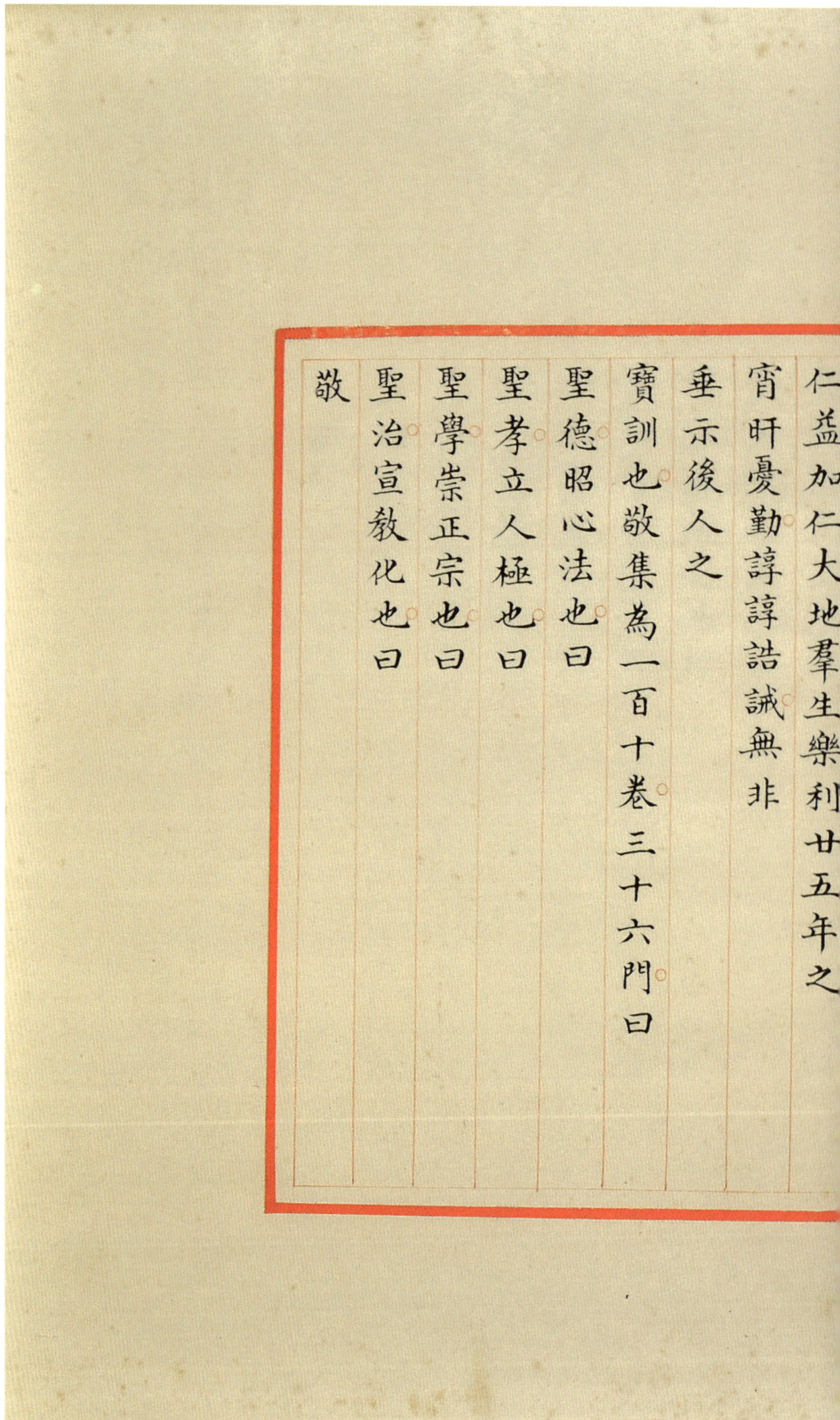
仁益加仁大地羣生樂利廿五年之
宵旰憂勤諄諄誥誡無非
垂示後人之
寶訓也敬集為一百十卷三十六門曰
聖德昭心法也曰
聖孝立人極也曰
聖學崇正宗也曰
聖治宣教化也曰
敬

11622 大清仁宗睿皇帝聖訓一百十卷 清道光四年（1824）内府寫本

蝴蝶裝。匡高27厘米，廣19.5厘米。半葉九行，行十八字，紅格，白口，四周雙邊。遼寧省檔案館藏。

仁宗睿皇帝聖訓序

古帝王經世治民宣政教飭紀綱莫不天人研究絲綸渙發四海臣民共仰德音之巍煥法言之彰著也欽惟我
皇考仁宗睿皇帝承累洽重熙之盛隆大廷授受之儀於斯創見振古未聞蓋
聖能知
聖皇清奕葉蒙庥

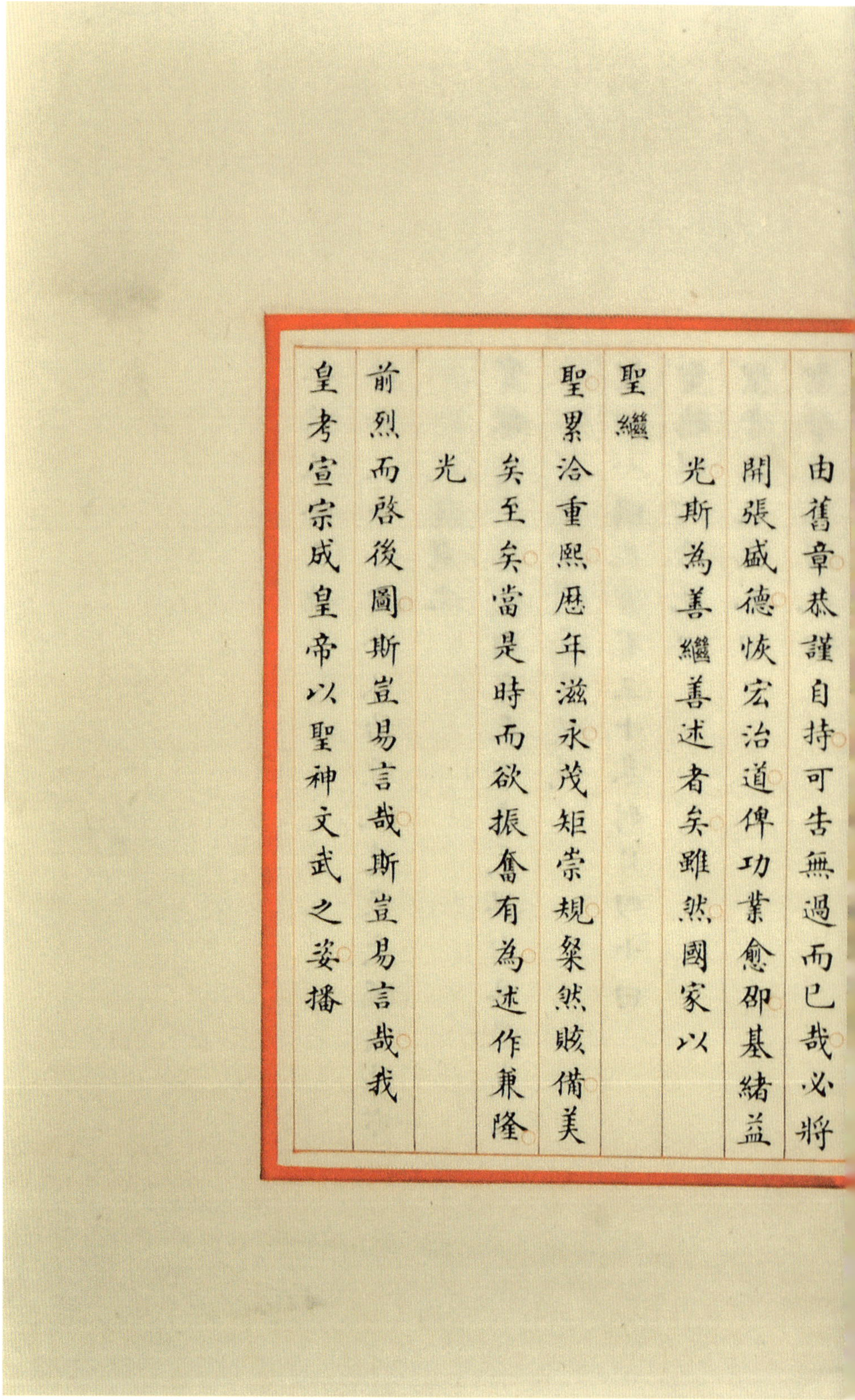
由舊章恭謹自持可告無過而已哉必將
開張盛德恢宏治道俾功業愈卲基緒益
光斯為善繼善述者矣雖然國家以
聖繼
聖累洽重熙歷年滋永茂矩崇規粲然賅備美
矣至矣當是時而欲振奮有為述作兼隆
光
前烈而啓後圖斯豈易言哉斯豈易言哉我
皇考宣宗成皇帝以聖神文武之姿播

11623 大清宣宗成皇帝聖訓一百三十卷 清咸豐六年（1856）内府寫本

蝴蝶裝。匡高27厘米，廣19.5厘米。半葉九行，行十八字，紅格，白口，四周雙邊。遼寧省檔案館藏。

宣宗成皇帝聖訓序

蓋嘗竊聞

皇曾祖高宗純皇帝之論創業守成難易矣以為守成者遺大投艱單心繼序苟無以光前烈啓後圖斯懍然有不終畝之憂是創業者未竟之難亦守成者分内之難也於戲此自古聖帝明王所未發我

皇曾祖六十年久道化成知之深故言之明且詳如是也因思守成之難豈惟是監成憲

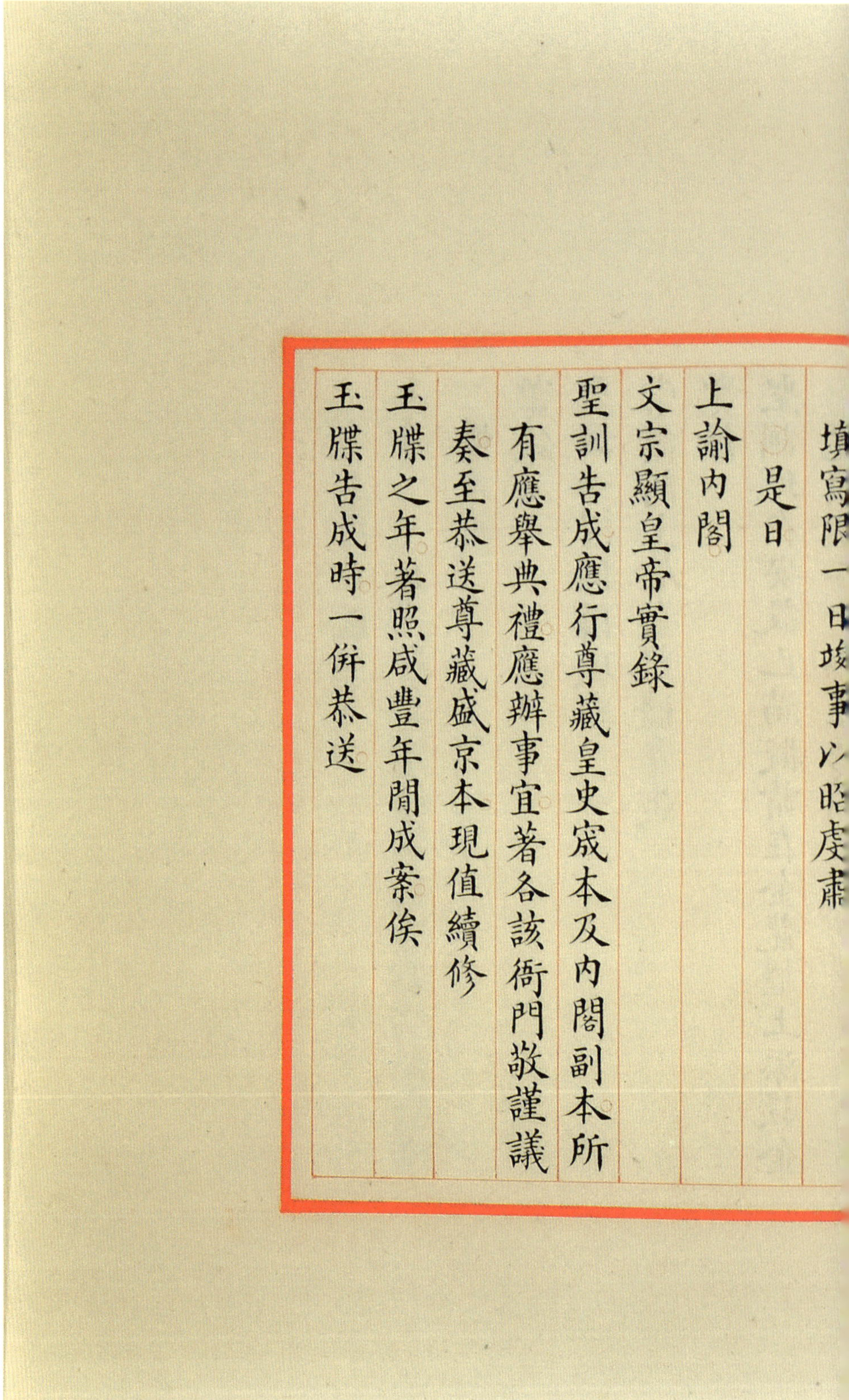

填寫限一日竣事以昭虔肅
是日
上諭内閣
文宗顯皇帝實録
聖訓告成應行尊藏皇史宬本及内閣副本所
有應舉典禮應辦事宜著各該衙門敬謹議
奏至恭送尊藏盛京本現值續修
玉牒之年著照咸豐年間成案俟
玉牒告成時一併恭送

11624 大清穆宗毅皇帝聖訓一百六十卷 清光緒六年（1880）内府寫本

蝴蝶裝。匡高27厘米，廣19.5厘米。半葉九行，行十八字，紅格，白口，四周雙邊。遼寧省檔案館藏，存一百五十五卷。

大清穆宗繼天開運受中居正保大定功聖智
誠孝信敏恭寬毅皇帝聖訓卷之六
聖孝
同治六年丁卯二月己酉
上諭內閣
文宗顯皇帝實錄
聖訓告成所有尊藏盛京本皇史宬本內
廟諱御名應仍循舊章照本字恭填著派賈楨
周祖培寶鋆董恂靈桂伊精阿察杭阿敬謹

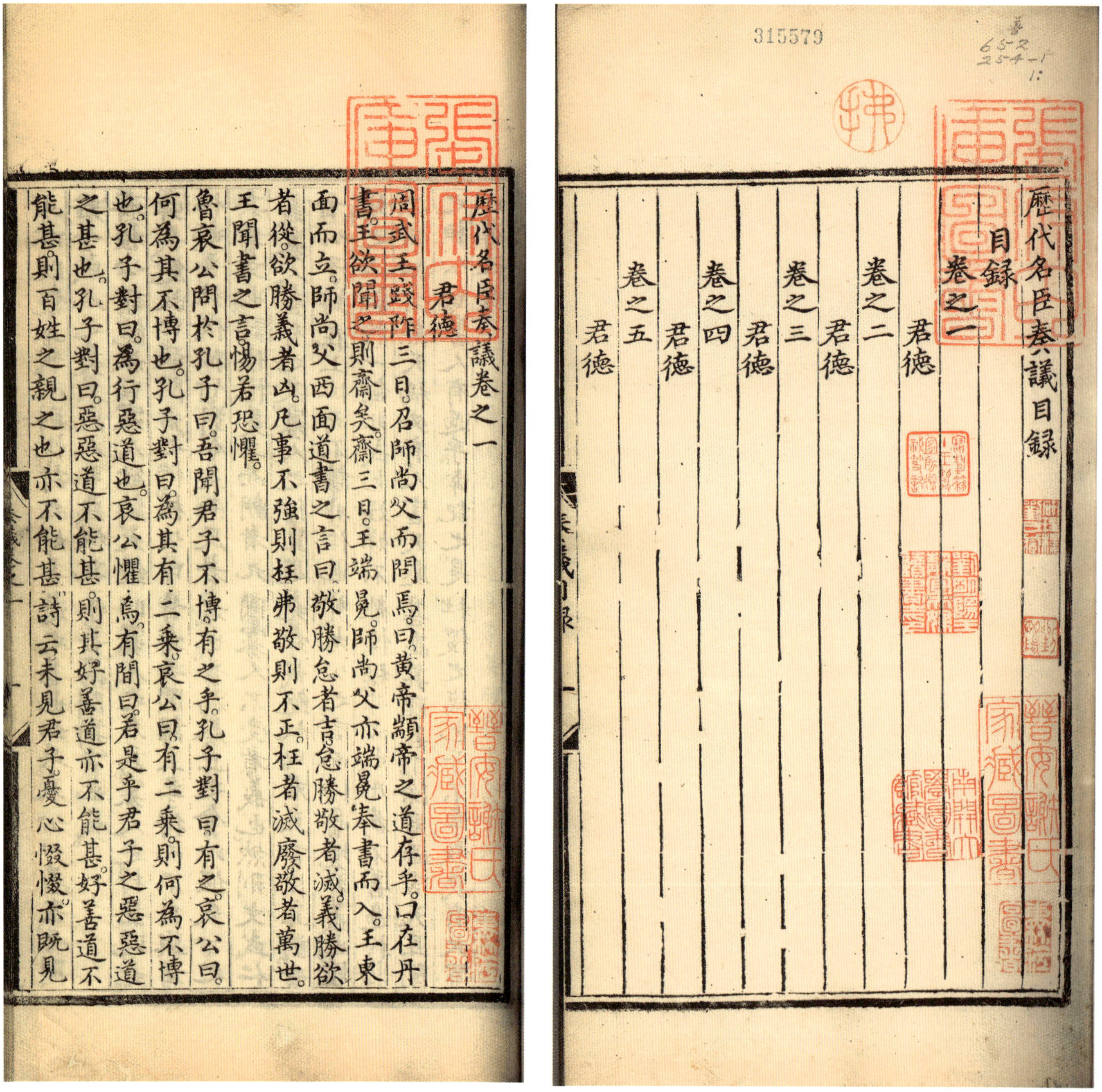

歷代名臣奏議卷之一
君德
周武王踐阼三日。召師尚父而問焉。曰。黄帝顓帝之道存乎。曰在丹書。王欲聞之則齋矣。齋三日。王端冕。師尚父亦端冕。奉書而入。王東面而立。師尚父西面道書之言曰。敬勝怠者吉。怠勝敬者滅。義勝欲者從。欲勝義者凶。凡事不強則枉。弗敬則不正。枉者滅廢。敬者萬世。王聞書之言惕若恐懼。
魯哀公問於孔子曰。吾聞君子不博。有之乎。孔子對曰有之。哀公曰。何為其不博也。孔子對曰為其有二乘。哀公曰有二乘則何為不博也。孔子對曰。為行惡道也。哀公懼焉。有間曰。若是乎君子之惡惡道之甚也。孔子對曰。惡惡道不能甚。則其好善道亦不能甚。好善道不能甚。則百姓之親之也亦不能甚。詩云未見君子。憂心惙惙。亦既見

歷代名臣奏議目録
目録
卷之一 君德
卷之二 君德
卷之三 君德
卷之四 君德
卷之五 君德

11625、11626 歷代名臣奏議三百五十卷 （明）黄淮 楊士奇等輯 明永樂内府刻本

匡高25.6厘米，廣16.2厘米。半葉十二行，行二十六字，黑口，四周雙邊。南開大學圖書館藏，有“晉安謝氏家藏圖書”“張府内庫圖書”“研理樓劉氏藏”“劉明陽”“劉明陽王靜宜夫婦讀書之印”等印；東北師範大學圖書館藏。

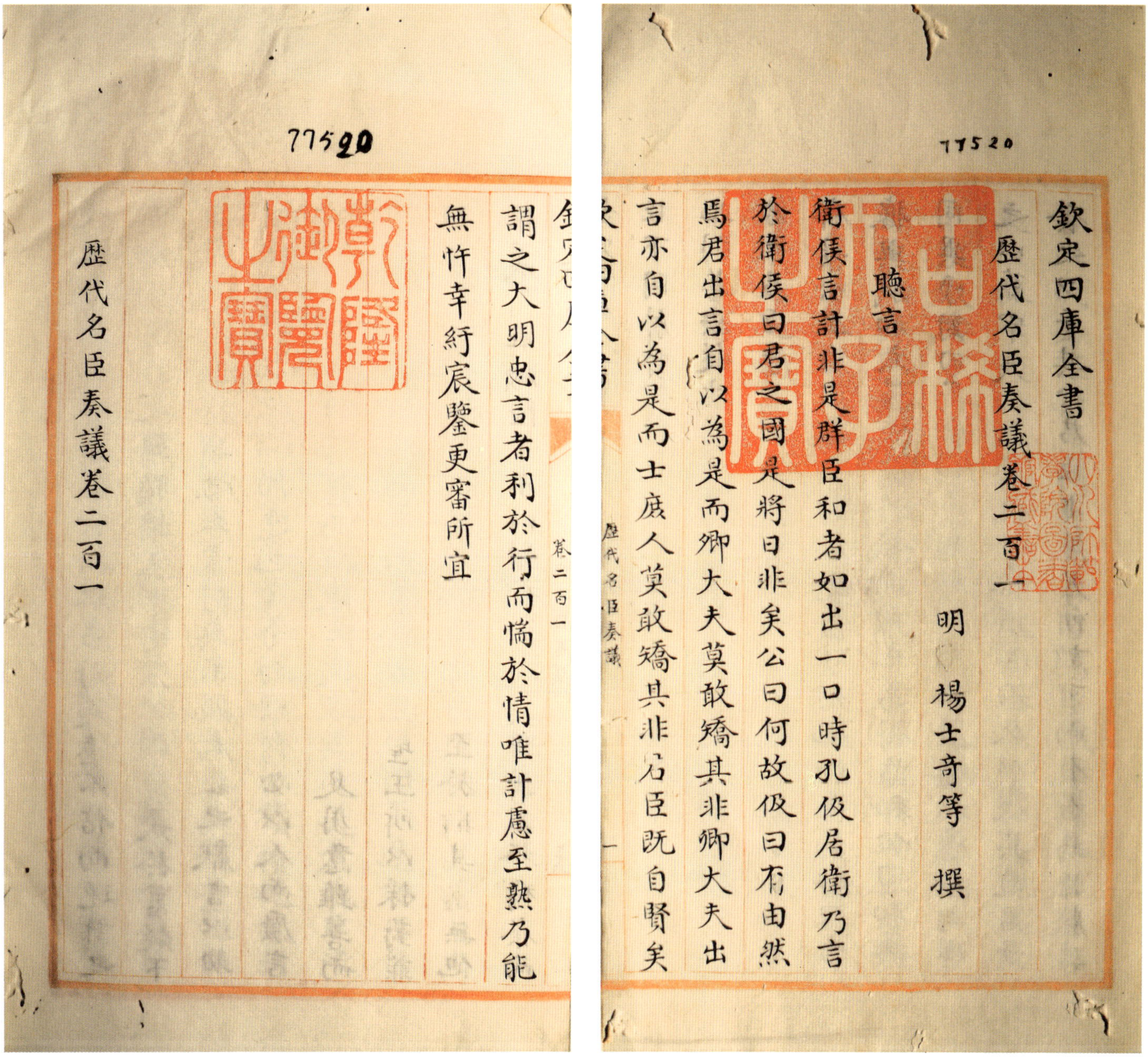

11627 歷代名臣奏議三百五十卷　（明）黄淮　楊士奇等輯　清乾隆内府寫南三閣四庫全書本

匡高20.5厘米，廣13.7厘米。半葉八行，行二十一字，紅格，白口，四周雙邊。有“古稀天子之寶”“乾隆御覽之寶”等印。四川師範大學圖書館藏，存一卷。

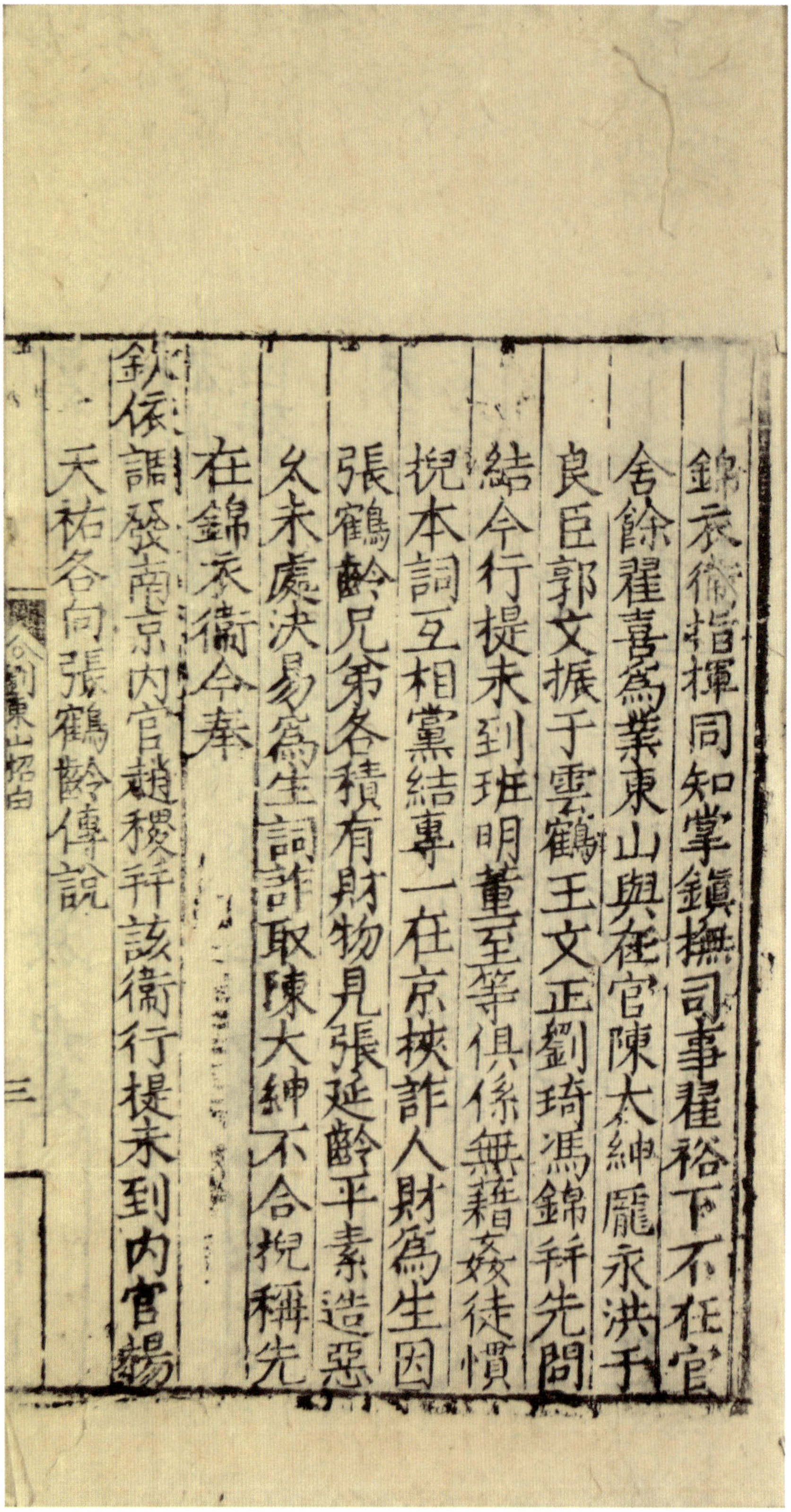

錦衣衛指揮同知掌鎮撫司事翟裕下不在官舍餘翟喜爲業東山與在官陳太紳龐永洪千良臣郭文振于雲鶴王文正劉琦馮錦幷先問結仝行提未到班明董至等俱係無藉姦徒慣揑本詞互相黨結專一在京挾詐人財爲生因張鶴齡兄弟各積有財物見張延齡平素造惡久未處决易爲生詞詐取陳大紳不合揑稱先在錦衣衛仝奉
欽依謫發南京内官趙穆幷該衛行提未到内官楊天祐各向張鶴齡傳說

劉東山招由　三

11628 劉東山招由一卷　明嘉靖十七年（1538）刻本

匡高18.5厘米，廣13.8厘米。半葉十行，行二十字，白口，左右雙邊。寧波市天一閣博物館藏。

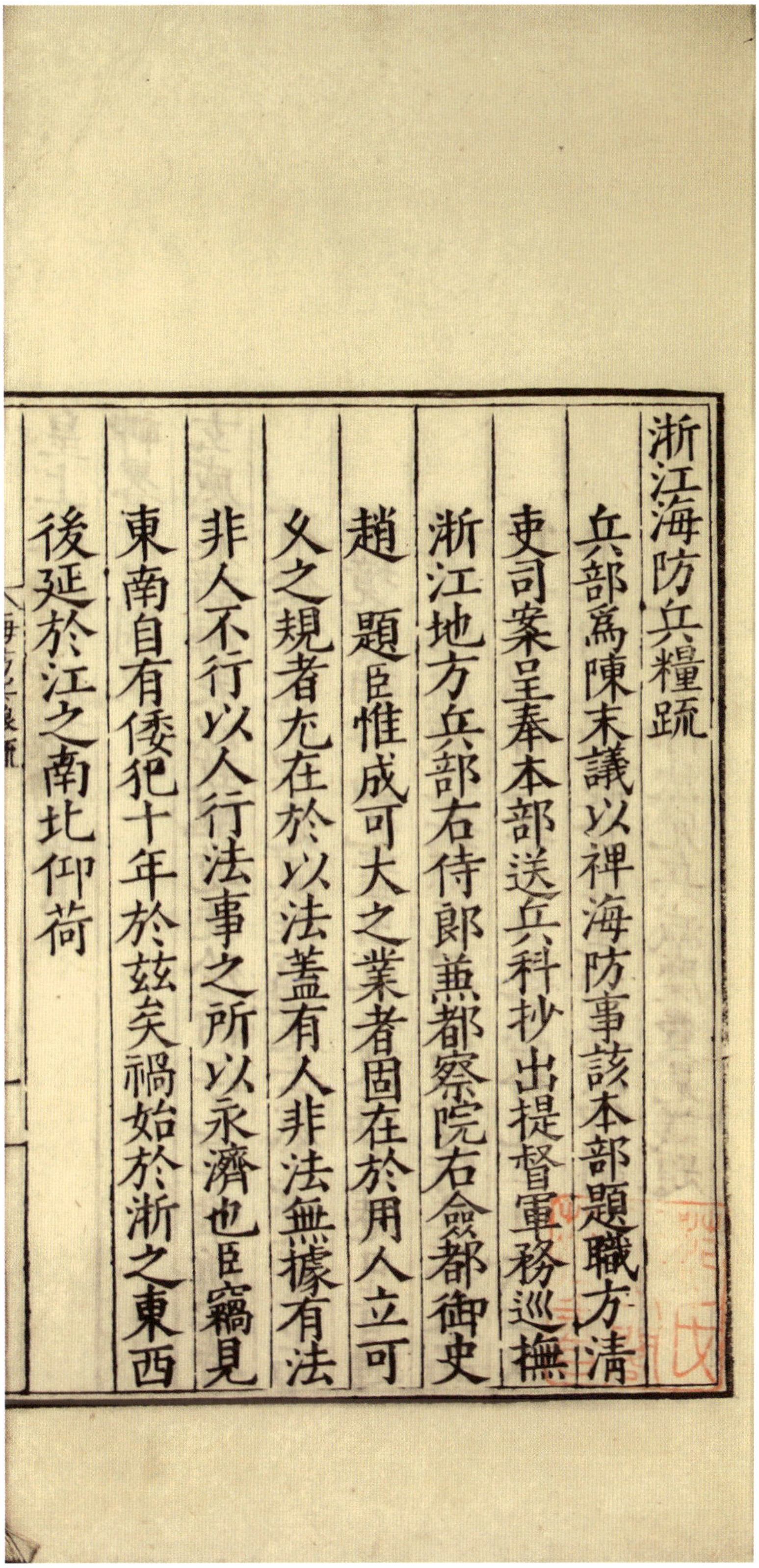

浙江海防兵糧疏
兵部爲陳末議以裨海防事該本部題職方清
吏司案呈奉本部送兵科抄出提督軍務巡撫
浙江地方兵部右侍郎兼都察院右僉都御史
趙　題臣惟成可大之業者固在於用人立可
久之規者尤在於以法蓋有人非法無據有法
非人不行以人行法事之所以永濟也臣竊見
東南自有倭犯十年於玆矣禍始於浙之東西
後延於江之南北仰荷

11629 浙江海防兵糧疏一卷　明嘉靖刻本

匡高19.6厘米，廣14.5厘米。半葉九行，行二十字，白口，四周雙邊。有“范氏天一閣藏書”等印。寧波市天一閣博物館藏。

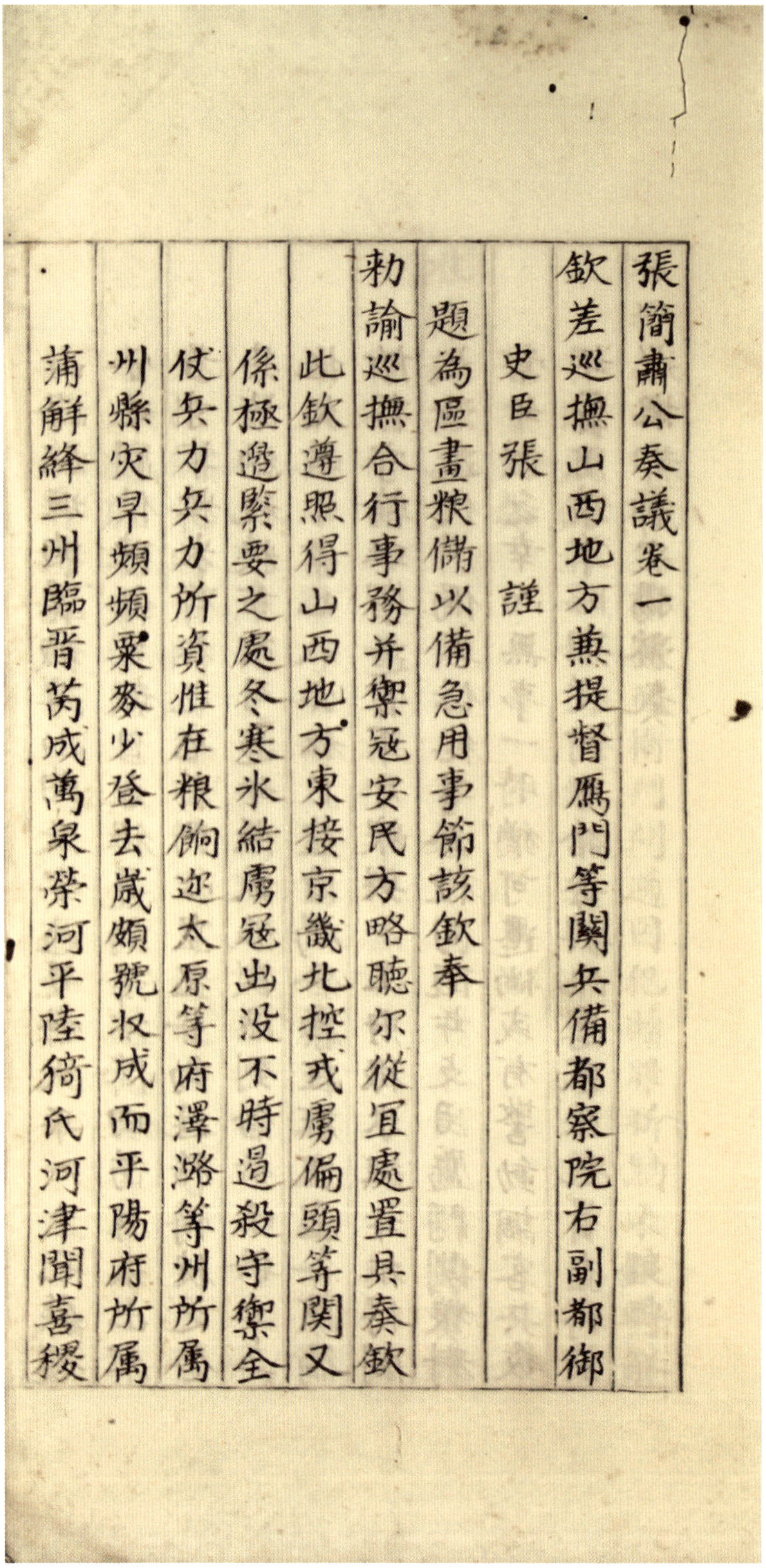

張簡肅公奏議卷一
欽差巡撫山西地方兼提督鴈門等關兵備都察院右副都御
史臣張　謹
題為區畫粮儲以備急用事節該欽奉
勅諭巡撫合行事務并禦寇安民方略聽尔從宜處置具奏欽
此欽遵照得山西地方東接京畿北控戎虜偏頭等關又
係極邊緊要之處冬寒氷結虜寇出没不時遏殺守禦全
仗兵力兵力所資惟在粮餉迩太原等府澤潞等州所屬
州縣災旱頻頻粟麥少登去歲頗號收成而平陽府所屬
蒲解絳三州臨晉芮城萬泉榮河平陸猗氏河津聞喜稷

11630 張簡肅公奏議三卷　（明）張數華撰　明抄本

匡高21.7厘米，廣13.8厘米。半葉十行，行二十四字，白口，四周單邊。寧波市天一閣博物館藏。

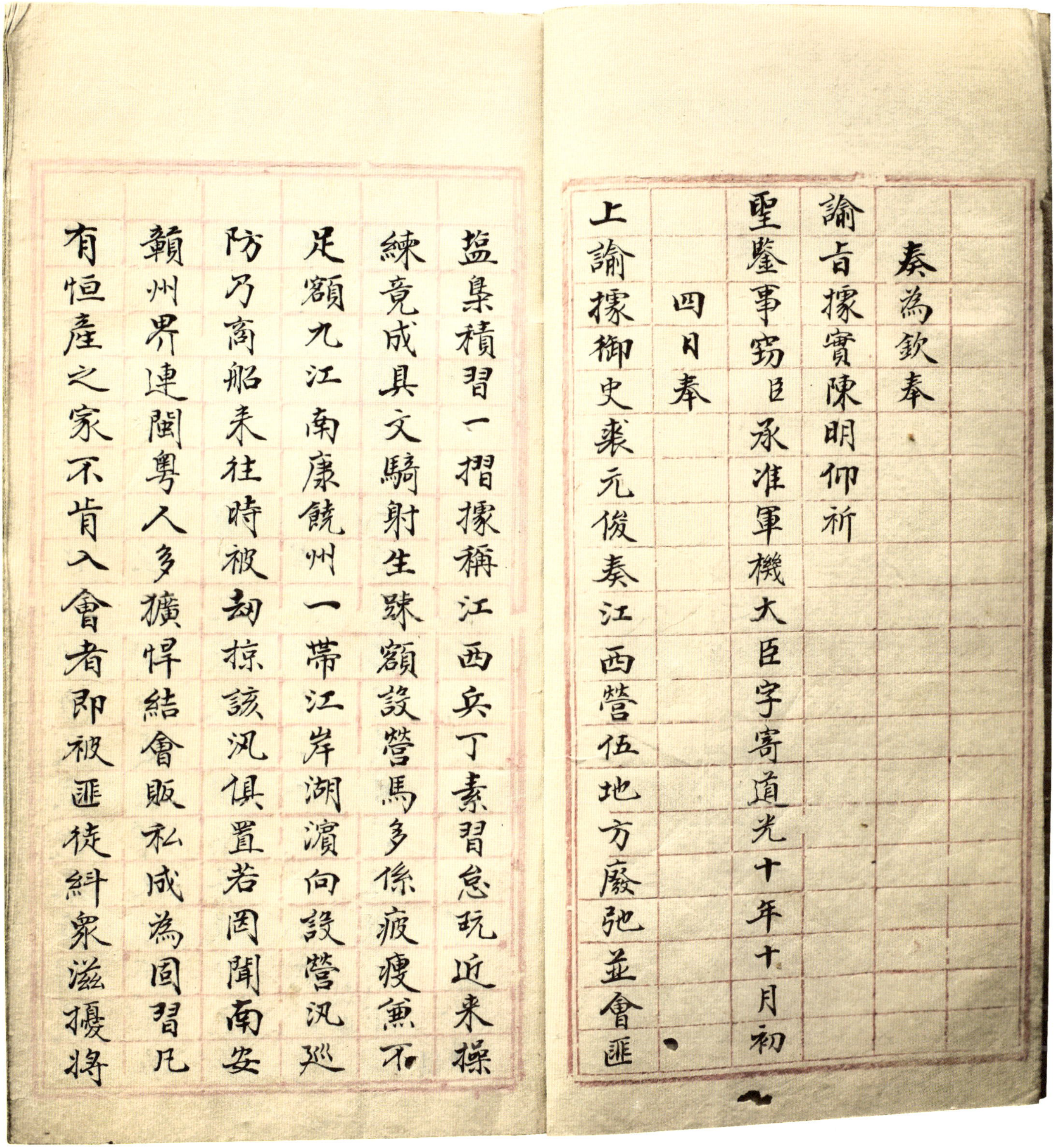

奏為欽奉
諭旨據實陳明仰祈
聖鑒事竊臣承准軍機大臣字寄道光十年十月初
四日奉
上諭據御史裘元俊奏江西營伍地方廢弛並會匪
鹽梟積習一摺據稱江西兵丁素習怠玩近來操
練竟成具文騎射生疏額設營馬多係疲瘦兼不
足額九江南康饒州一帶江岸湖濱向設營汛巡
防乃商船來往時被刼掠該汛俱置若罔聞南安
贛州界連閩粵人多獷悍結會販私成為固習凡
有恒產之家不肯入會者即被匪徒糾衆滋擾將

11631 管遹群奏稿不分卷附中丞公行述稿一卷 （清）管遹群撰　稿本

匡高18.5厘米，廣10.3厘米。半葉六行，行二十字，紅格，白口，四周雙邊。湖南省社會科學院圖書館藏。

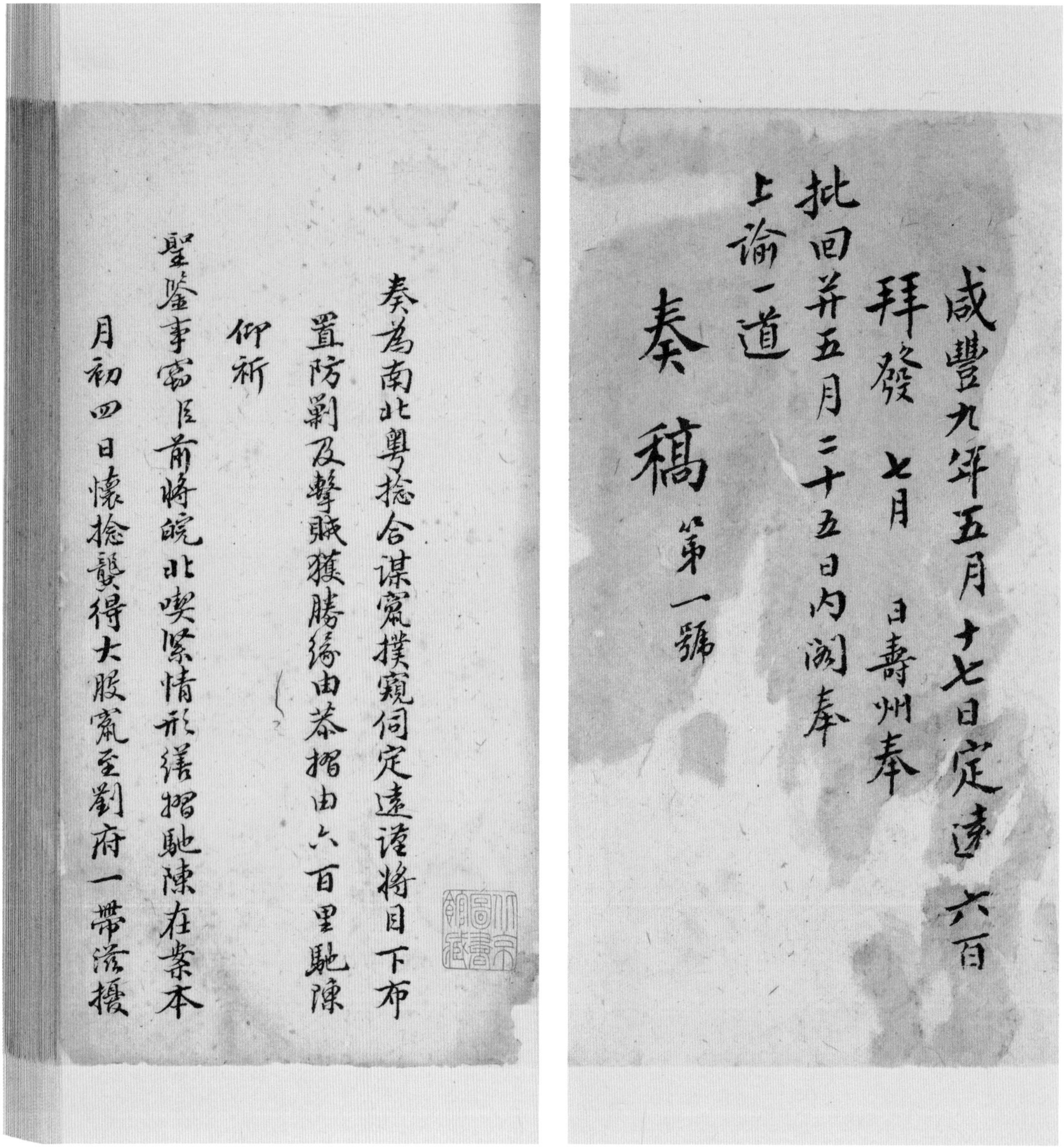

咸豐九年五月十七日定遠六百
拜發 七月 日壽州奉
批回并五月二十五日内閣奉
上諭一道
奏稿
第一號

奏爲南北粵捻合謀竄撲窺伺定遠諸將目下布
置防剿及擊賊獲勝緣由恭摺由六百里馳陳
仰祈
聖鑒事竊臣前將皖北吃緊情形繕摺馳陳在案本
月初四日懷捻襲得大股竄至劉府一帶滋擾

11632 瓶齋奏稿不分卷 （清）翁同書撰 稿本

包背裝。國家圖書館藏。

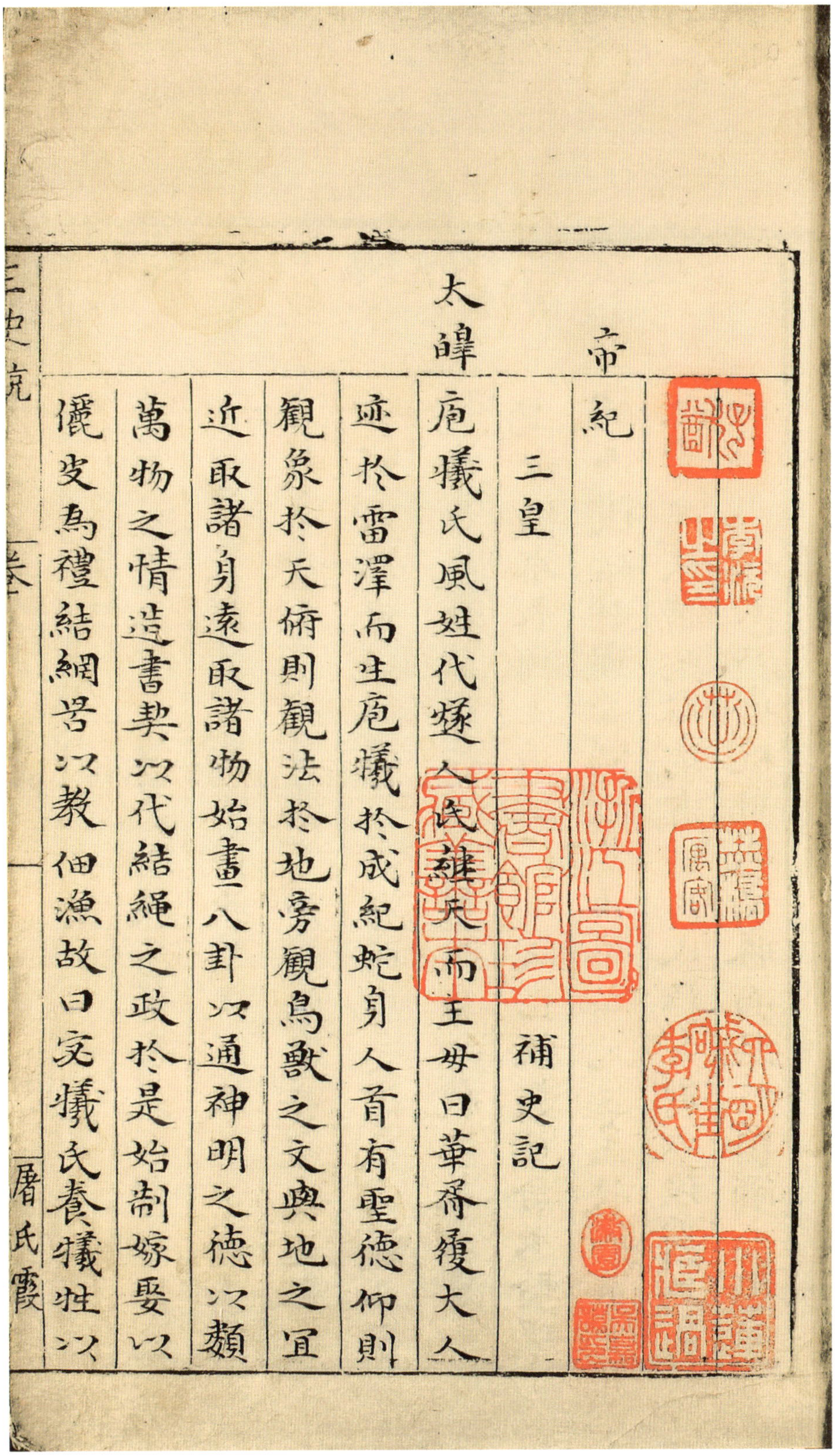
帝紀
三皇　補史記
太皞庖犧氏風姓代燧人氏繼天而王母曰華胥履大人
迹於雷澤而生庖犧於成紀蛇身人首有聖德仰則
觀象於天俯則觀法於地旁觀鳥獸之文與地之宜
近取諸身遠取諸物始畫八卦以通神明之德以類
萬物之情造書契以代結繩之政於是始制嫁娶以
儷皮為禮結網罟以教佃漁故曰宓犧氏養犧牲以

三史統　卷一　屠氏霞

11633 三史統三十六卷　（明）屠本畯撰　明屠氏霞爽閣抄本

匡高20.1厘米，廣14.5厘米。半葉十行，行二十字，白口，四周單邊。有“吴嘉謨印”“李沅之印”等印。浙江圖書館藏。

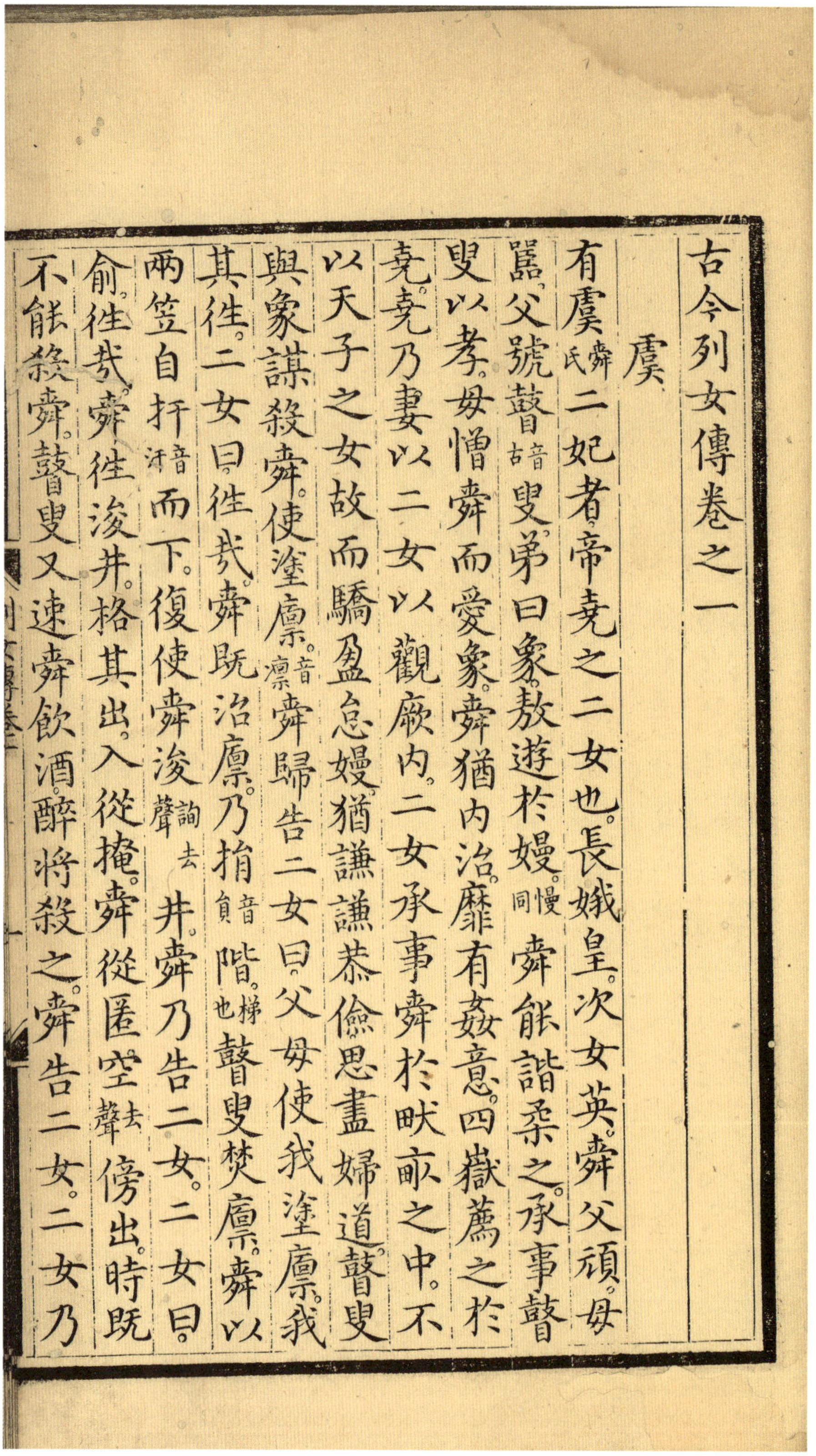

古今列女傳卷之一

虞

有虞舜氏二妃者帝堯之二女也長娥皇次女英舜父頑母嚚父號瞽音古叟弟曰象敖遊於嫚慢同舜能諧柔之承事瞽叟以孝母憎舜而愛象舜猶內治靡有姦意四嶽薦之於堯堯乃妻以二女以觀厥內二女承事舜於畎畝之中不以天子之女故而驕盈怠嫚猶謙謙恭儉思盡婦道瞽叟與象謀殺舜使塗廩音凜舜歸告二女曰父母使我塗廩我其往二女曰往哉舜既治廩乃捐音負階梯也瞽叟焚廩舜以兩笠自扞音汗而下復使舜浚詢去聲井舜乃告二女二女曰俞往哉舜往浚井格其出入從掩舜從匿空去聲旁出時既不能殺舜瞽叟又速舜飲酒醉將殺之舜告二女二女乃

11634 古今列女傳三卷 （明）解縉等撰　明永樂元年（1403）內府刻本

匡高21厘米，廣14.6厘米。半葉十二行，行二十二字，小字雙行同，黑口，四周雙邊。有“宜都楊氏藏書記”“楊印守敬”“松坡圖書館藏”等印。國家圖書館藏。

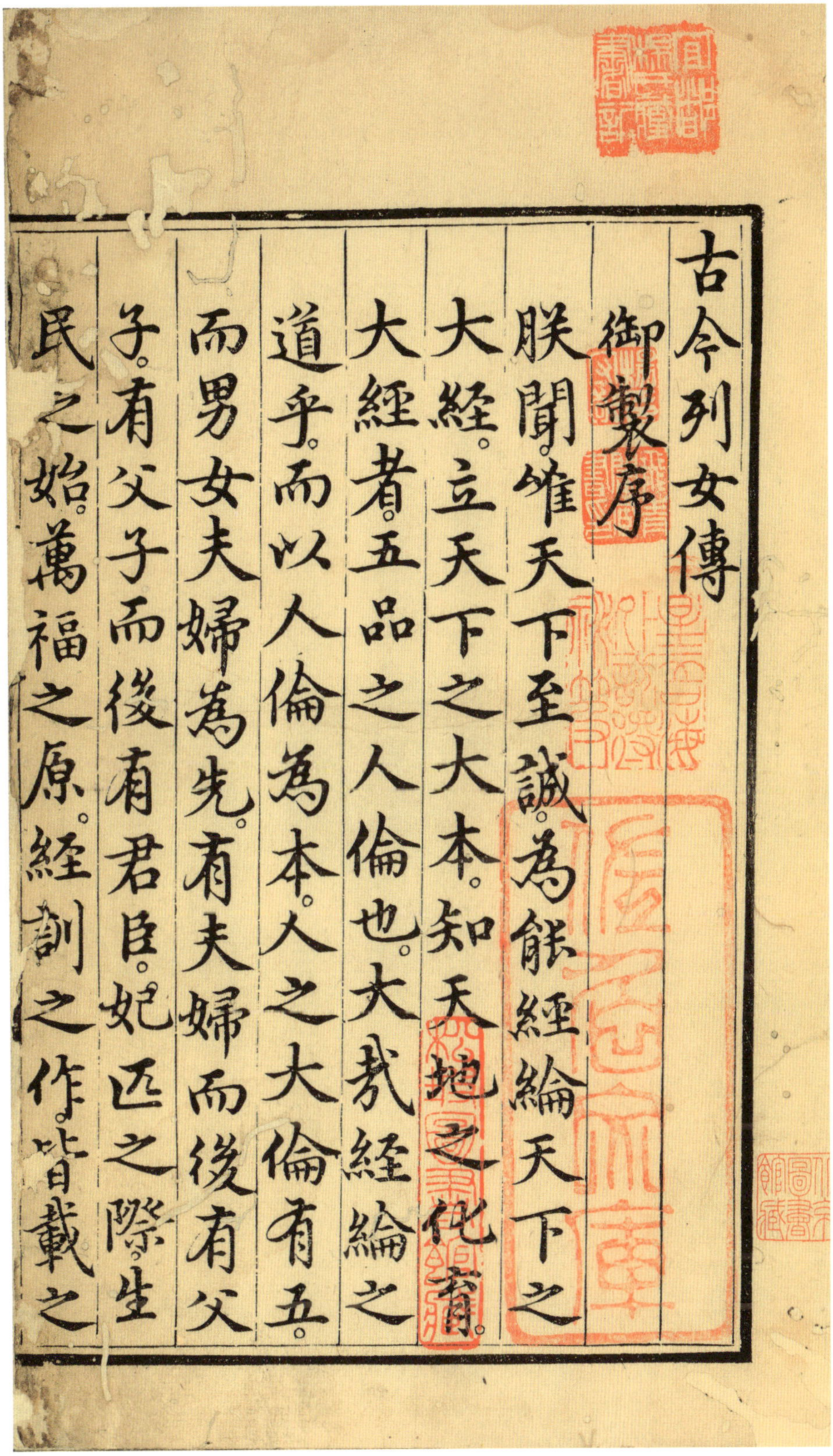

古今列女傳

御製序

朕聞惟天下至誠。爲能經綸天下之
大經。立天下之大本。知天地之化育。
大經者五品之人倫也。大哉經綸之
道乎。而以人倫爲本。人之大倫有五。
而男女夫婦爲先。有夫婦而後有父
子。有父子而後有君臣。妃匹之際生
民之始。萬福之原。經創之作皆載之

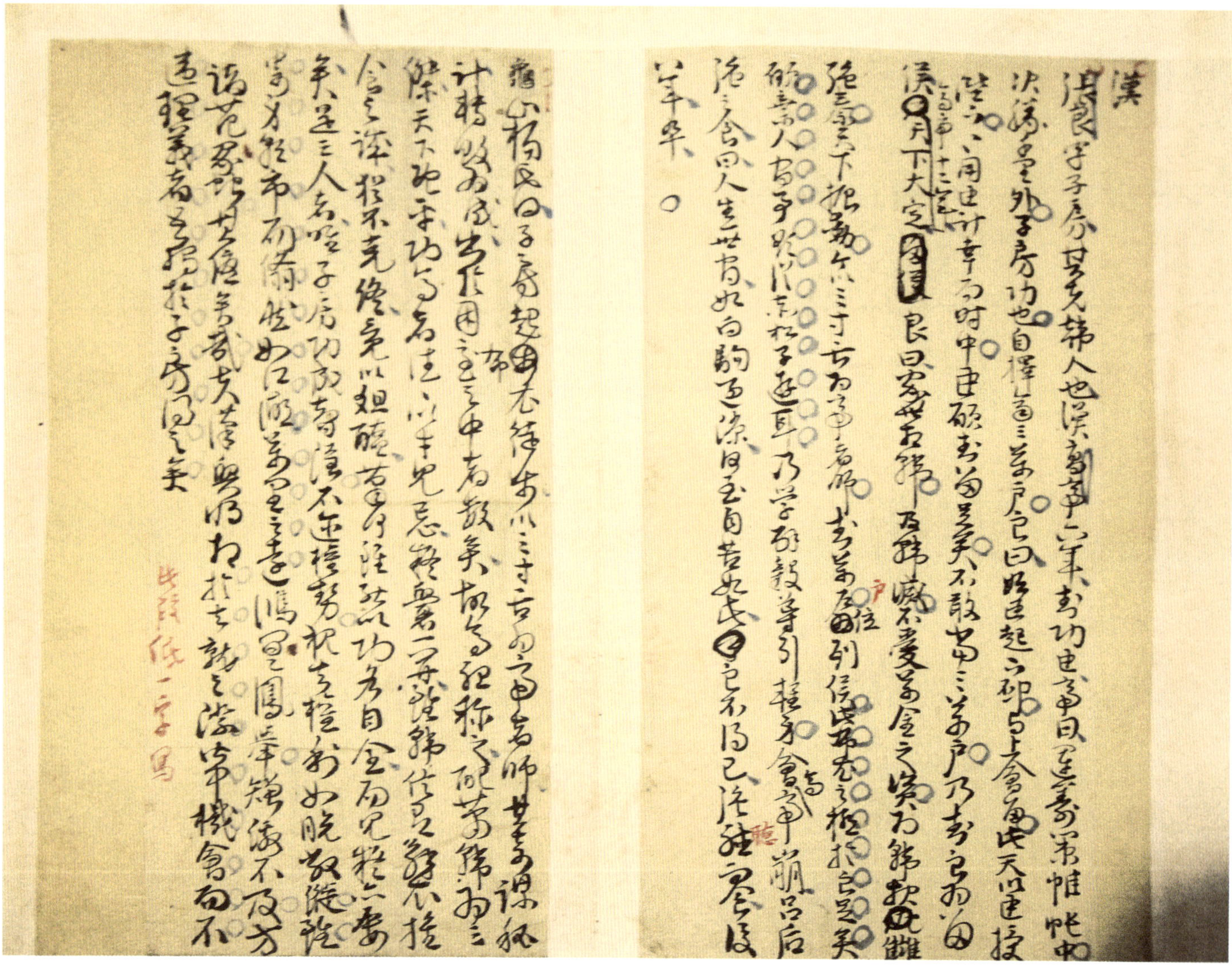

11635 續高士傳二卷廉吏傳三卷 （明）張允掄撰　稿本

煙臺市博物館藏。

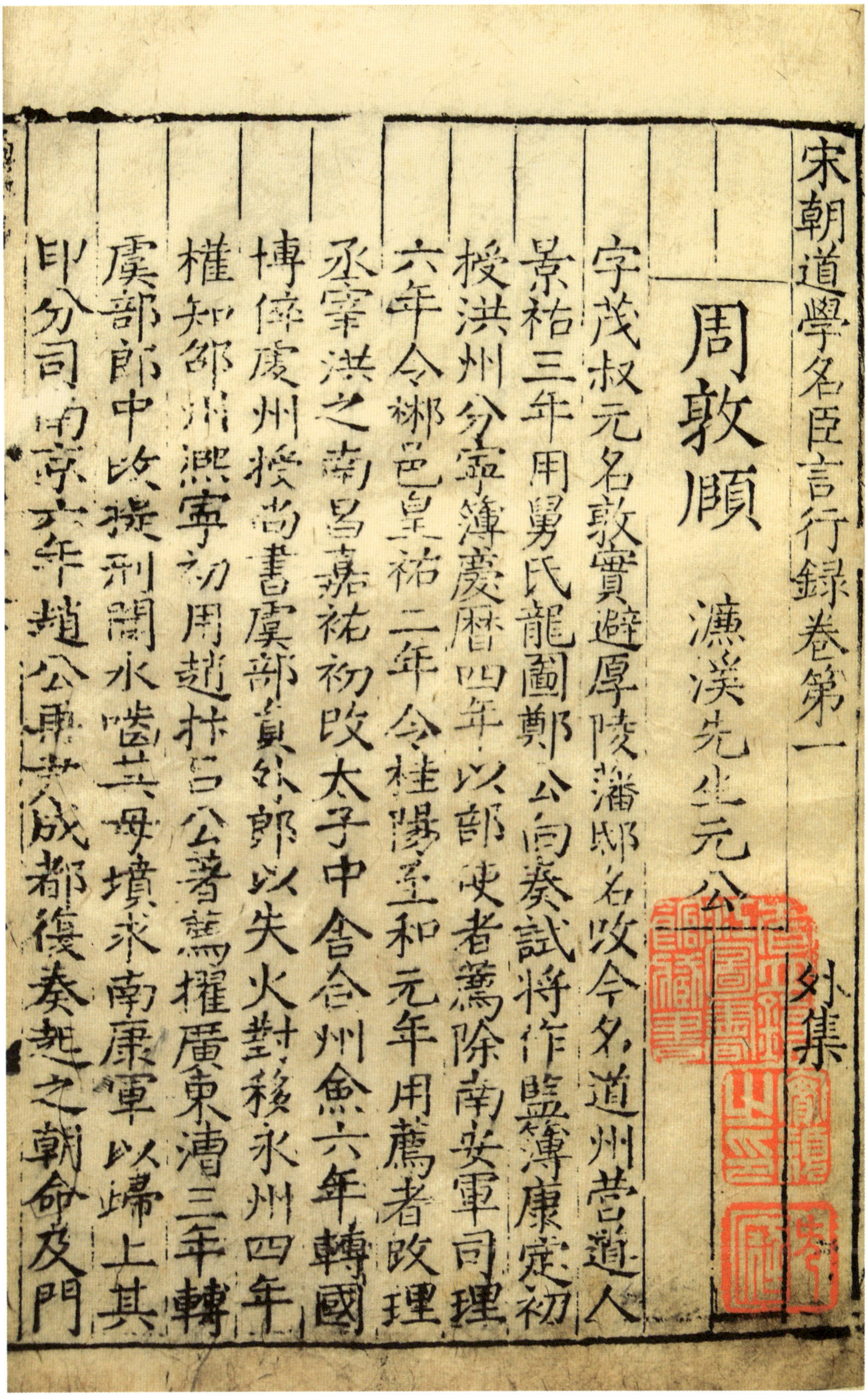
宋朝道學名臣言行録卷第一　外集

周敦頤　濂溪先生元公

字茂叔元名敦實避厚陵潘邸名改今名道州營道人景祐三年用舅氏龍圖鄭公向奏試將作監簿康定初授洪州分寧簿慶曆四年以部使者薦除南安軍司理六年令郴邑皇祐二年令桂陽至和元年用薦者改理丞寧洪之南昌嘉祐初改太子中舍合州僉六年轉國博倅虔州授尚書虞部員外郎以失火對移永州四年權知郴州熙寧初用趙抃呂公著薦擢廣東漕三年轉虞部郎中改提刑聞水嚙其母墳求南康軍以歸上其印分司南京六年趙公再尹成都復奏起之朝命及門

11636 宋朝道學名臣言行録外集十七卷　（宋）李幼武輯　明張鰲山刻本

匡高18.3厘米，廣13.5厘米。半葉十二行，行二十三字，白口，四周單邊。有“讀易小子”“實穎之印”“康有爲”等印。宋實穎題識，康有爲跋。鎮江市圖書館藏。

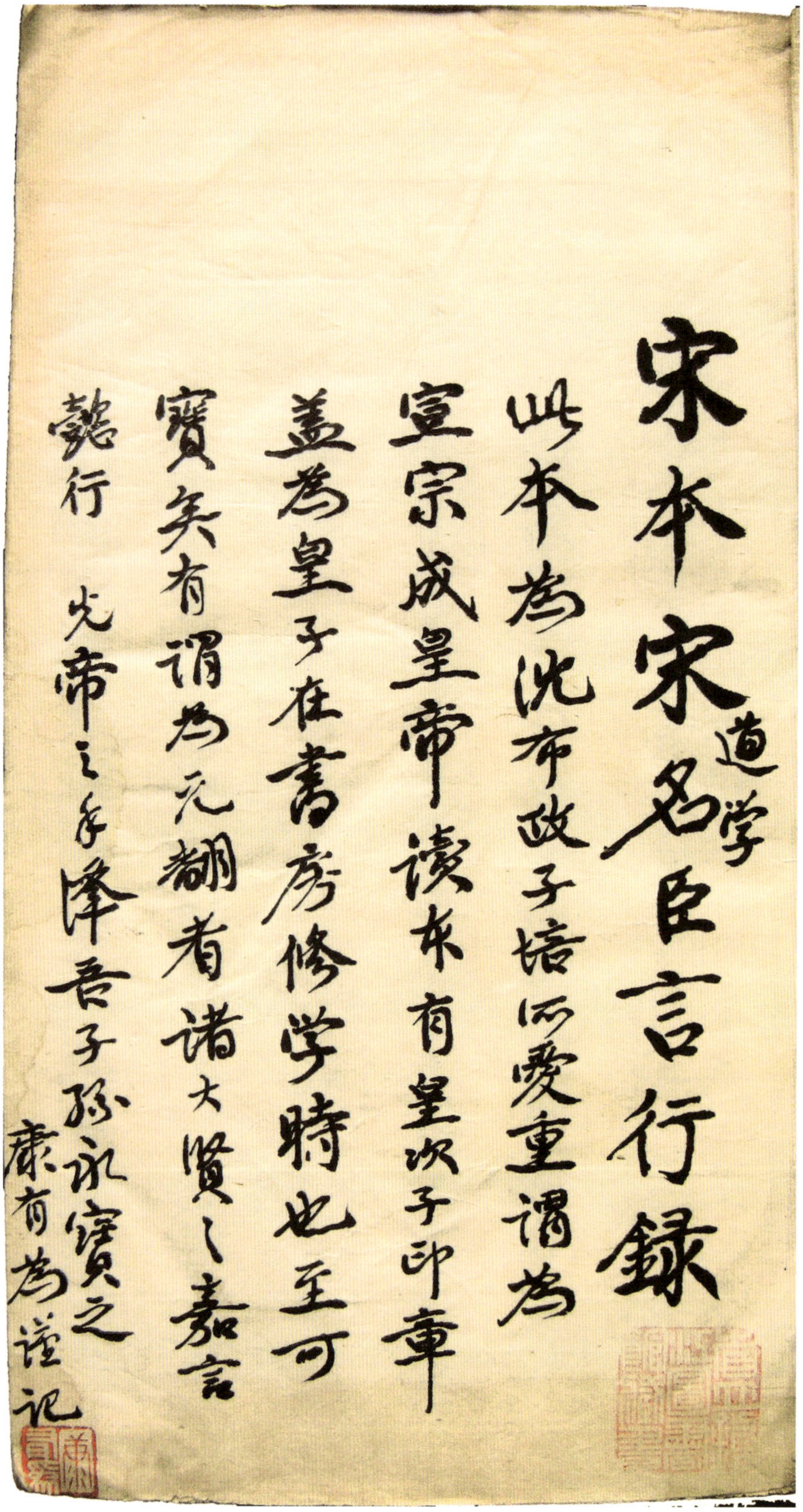

11636 宋朝道學名臣言行録外集十七卷

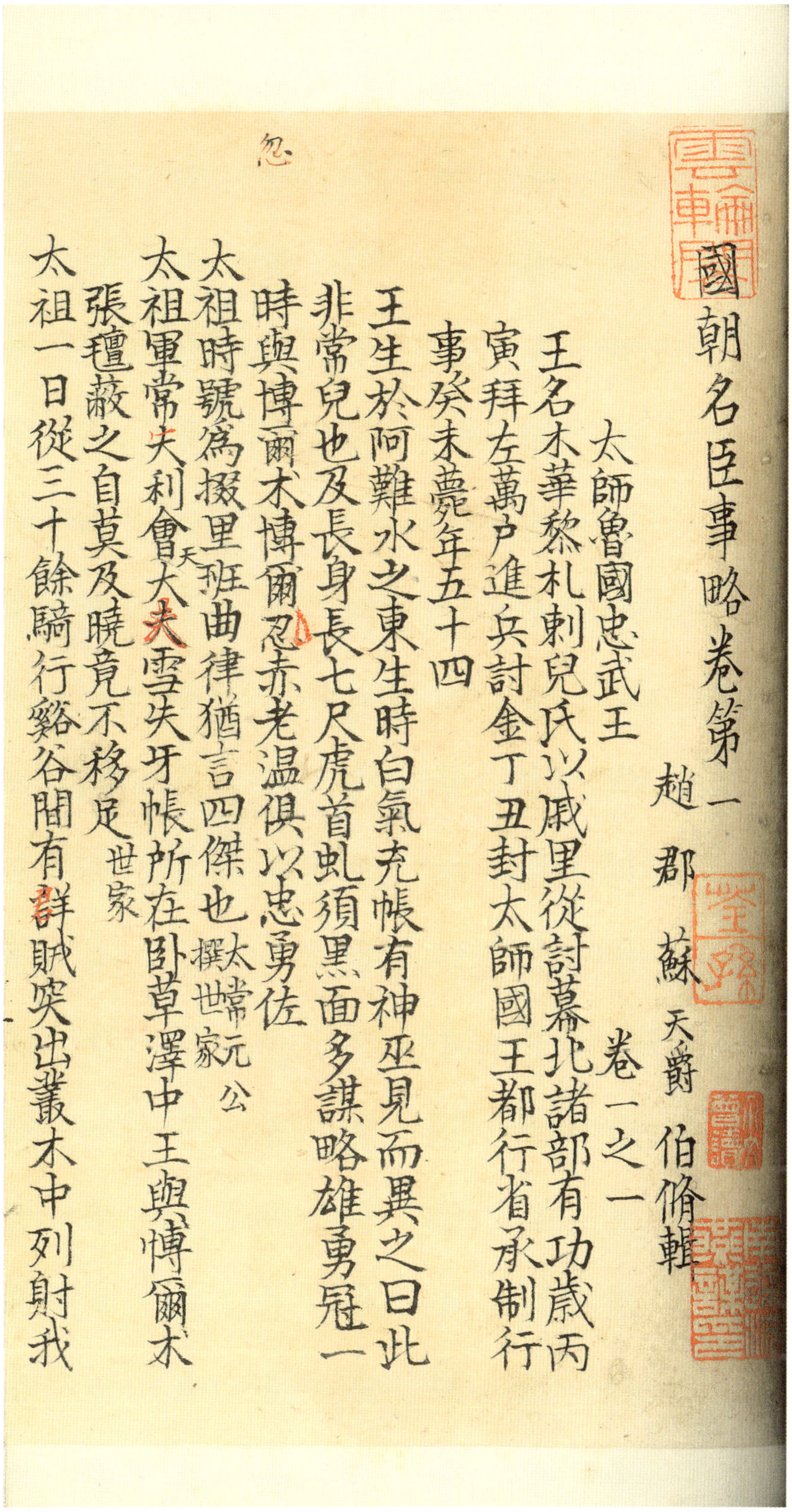

（忽）

國朝名臣事略卷第一

趙郡蘇天爵伯脩輯

卷一之一

太師魯國忠武王

王名木華黎札剌兒氏以威里從討幕北諸部有功歲丙寅拜左萬户進兵討金丁丑封太師國王都行省承制行事癸未薨年五十四

王生於阿難水之東生時白氣充帳有神巫見而異之曰此非常兒也及長身長七尺虎首虬須黑面多謀略雄勇冠一時與博爾术博爾忽赤老温俱以忠勇佐

太祖時號爲掇里班曲律猶言四傑也 太常元公撰世家

太祖軍嘗失利會天大雪失牙帳所在卧草澤中王與博爾术張氈蔽之自莫及曉竟不移足 世家

太祖一日從三十餘騎行谿谷間有群賊突出叢木中列射我

11637 國朝名臣事略十五卷　（元）蘇天爵撰　清抄本

有“滄葦”“荃孫”“張蓉鏡”“泰峰所藏善本”“南通沈燕謀印”等印。李兆洛、繆荃孫跋，沈炳垣校並跋。北京師範大學圖書館藏。

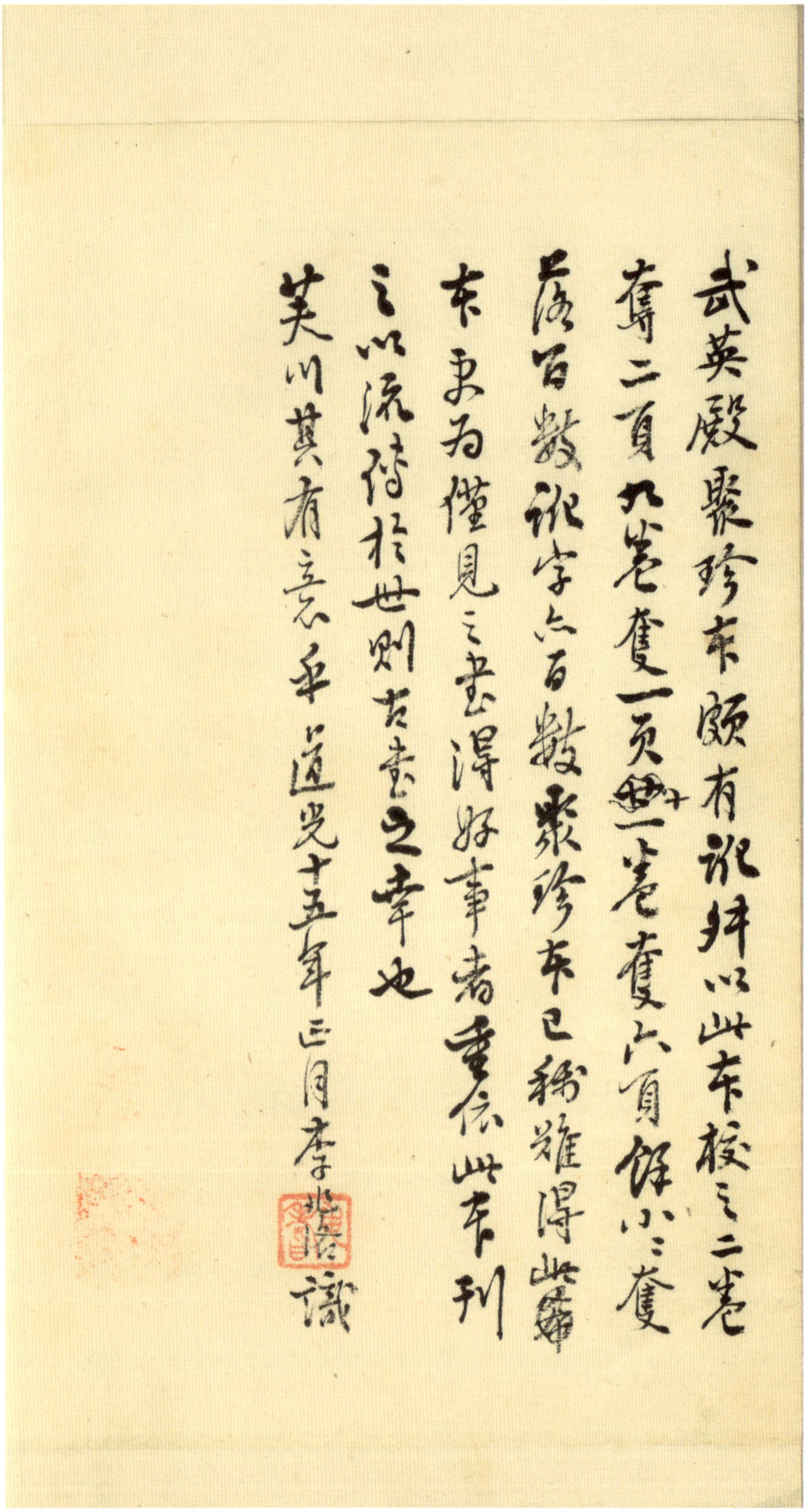

武英殿聚珍本頗有訛舛以此本校之二卷
奪二頁九卷奪一頁卅一卷奪六頁餘小小奪
落百數訛字亦百數聚珍本已稱難得此舊
本更爲僅見之書得好事者重依此本刊
之以流傳於世則古書之幸也
芙川其有意乎 道光十五年正月李兆洛識

11637 國朝名臣事略十五卷

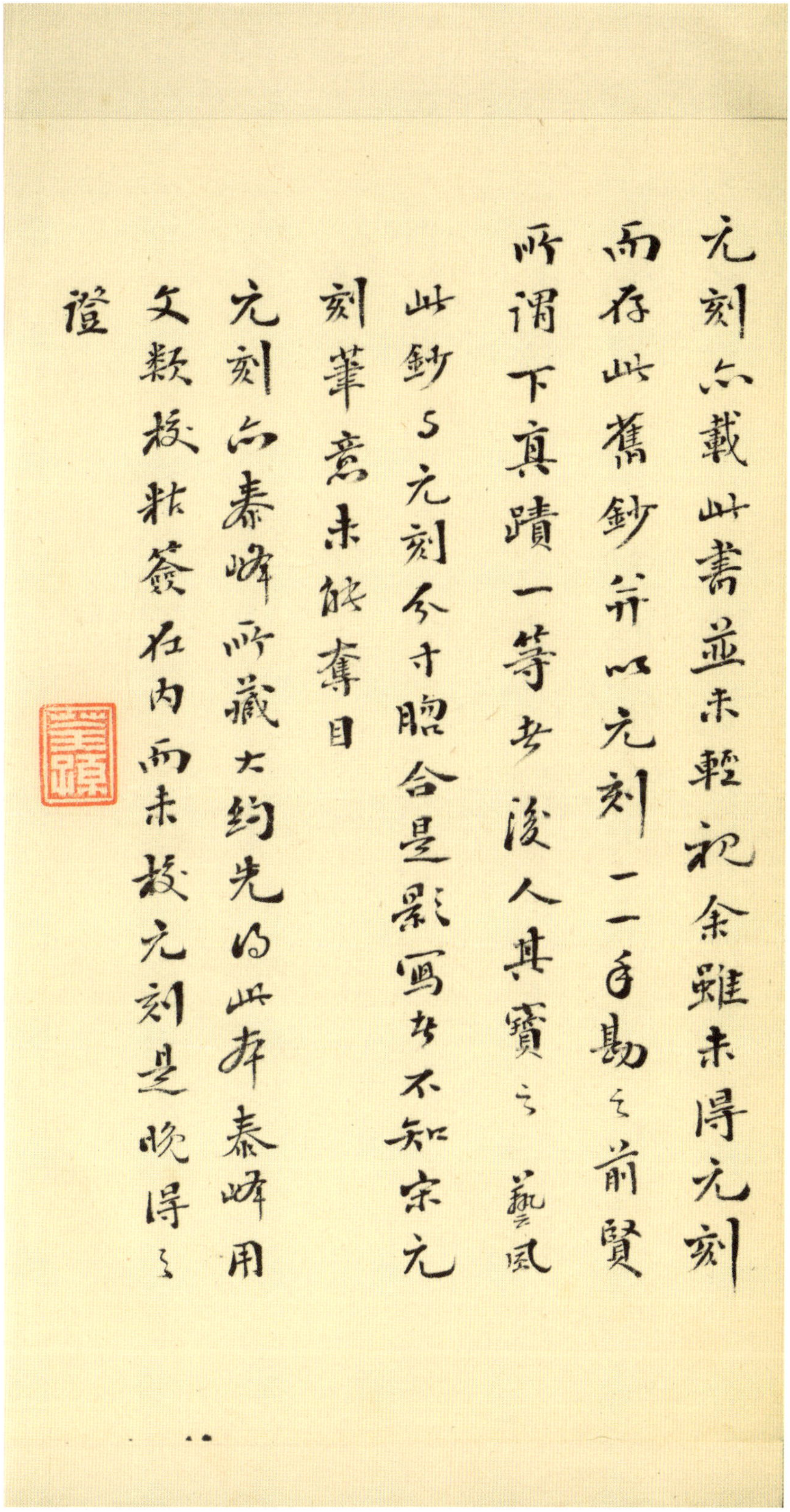
元刻亦載此書並未輕視余雖未得元刻
而存此舊鈔并以元刻一一手勘之前賢
所謂下真蹟一等者後人其寶之 藝風
此鈔與元刻分寸脗合是影寫者不知宋元
刻筆意未能奪目
元刻亦泰峰所藏大約先得此本泰峰用
文粹校粘簽在內而未校元刻是晚得之
澄

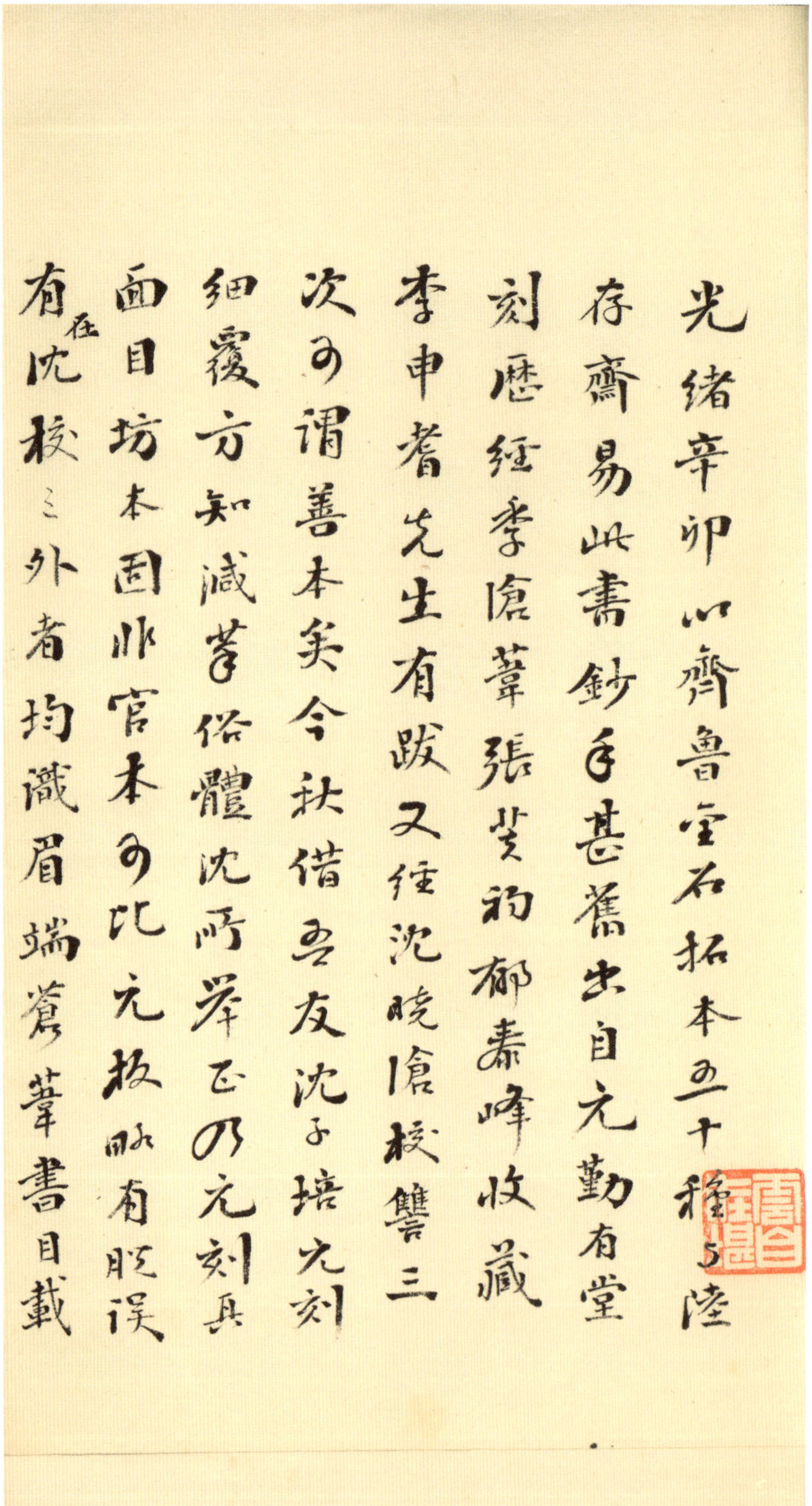
光緒辛卯以齊魯金石拓本五十種與陸
存齋易此書鈔手甚舊出自元勤有堂
刻歷經季滄葦張芙初郁泰峰收藏
李申耆先生有跋又經沈曉滄校讐三
次可謂善本矣今秋借吾友沈子培元刻
細覈方知減筆俗體沈所舉正乃元刻真
面目坊本固非官本可比元板亦有脱誤
有在沈校之外者均識眉端蒼葦書目載

11637 國朝名臣事略十五卷

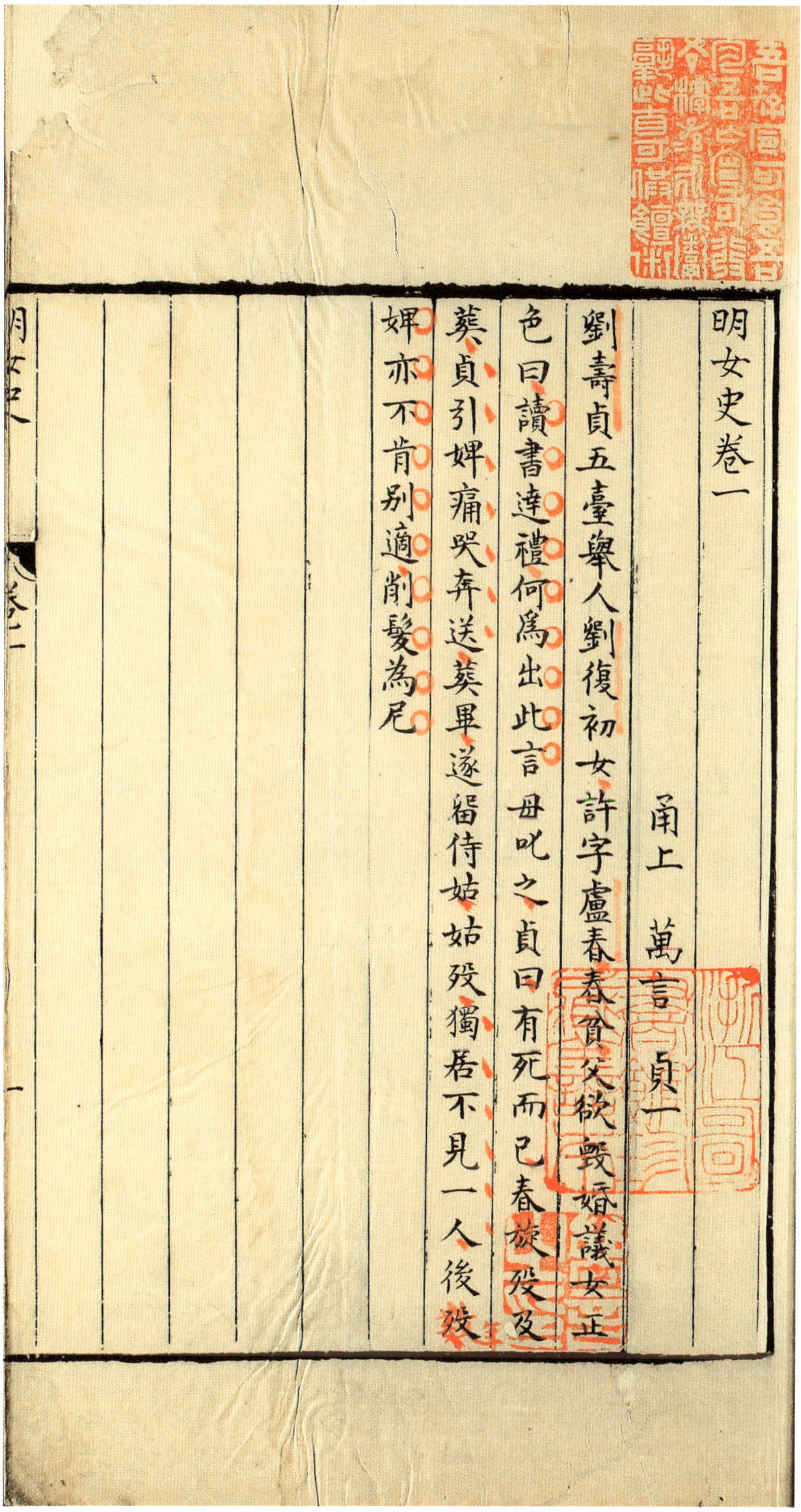

明女史卷一

甬上　萬言貞一

劉壽貞五臺舉人劉復初女許字盧春春貧父欲毀婚議女正色曰讀書達禮何爲出此言毋叱之貞曰有死而已春旋歿及葬貞引婢痛哭奔送葬畢遂留侍姑姑歿獨居不見一人後歿婢亦不肯别適削髮爲尼

11638 明女史八卷　（清）萬言撰　稿本

匡高19.8厘米，廣14.7厘米。半葉十一行，行二十四字，白口，左右雙邊。佚名批校。浙江圖書館藏。

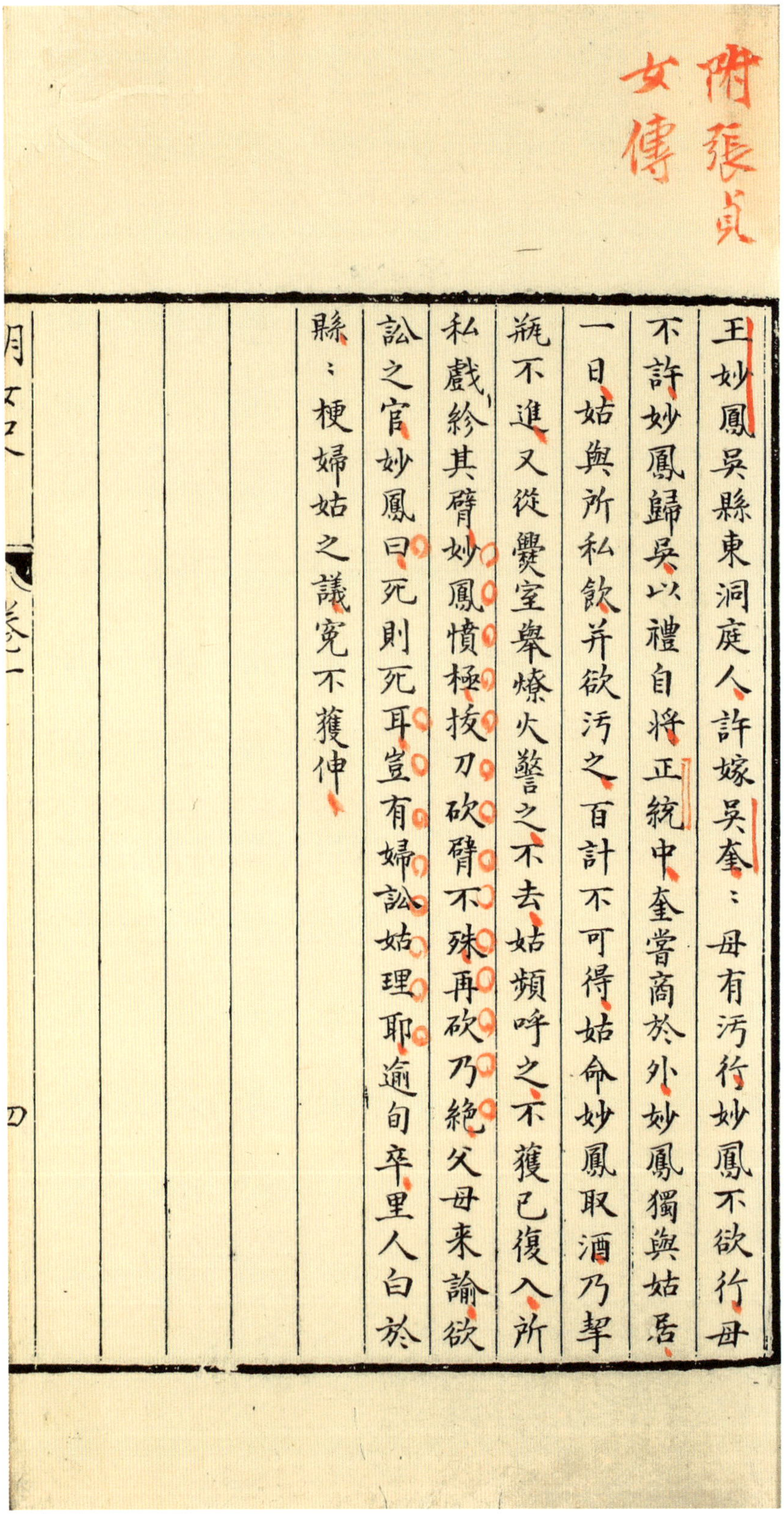

附張貞女傳

王妙鳳吳縣東洞庭人許嫁吳奎〻母有污行妙鳳不欲行母不許妙鳳歸吳以禮自將正統中奎嘗商於外妙鳳獨與姑居一日姑與所私飲并欲污之百計不可得姑命妙鳳取酒乃挈瓶不進又從爨室舉燎火警之不去姑頻呼之不獲已復入所私戲紾其臂妙鳳憤極抜刀砍臂不殊再砍乃絶父母來諭欲訟之官妙鳳曰死則死耳豈有婦訟姑理耶逾旬卒里人白於縣〻梗婦姑之議竟不獲伸

明女史　卷之一　四

11638 明女史八卷

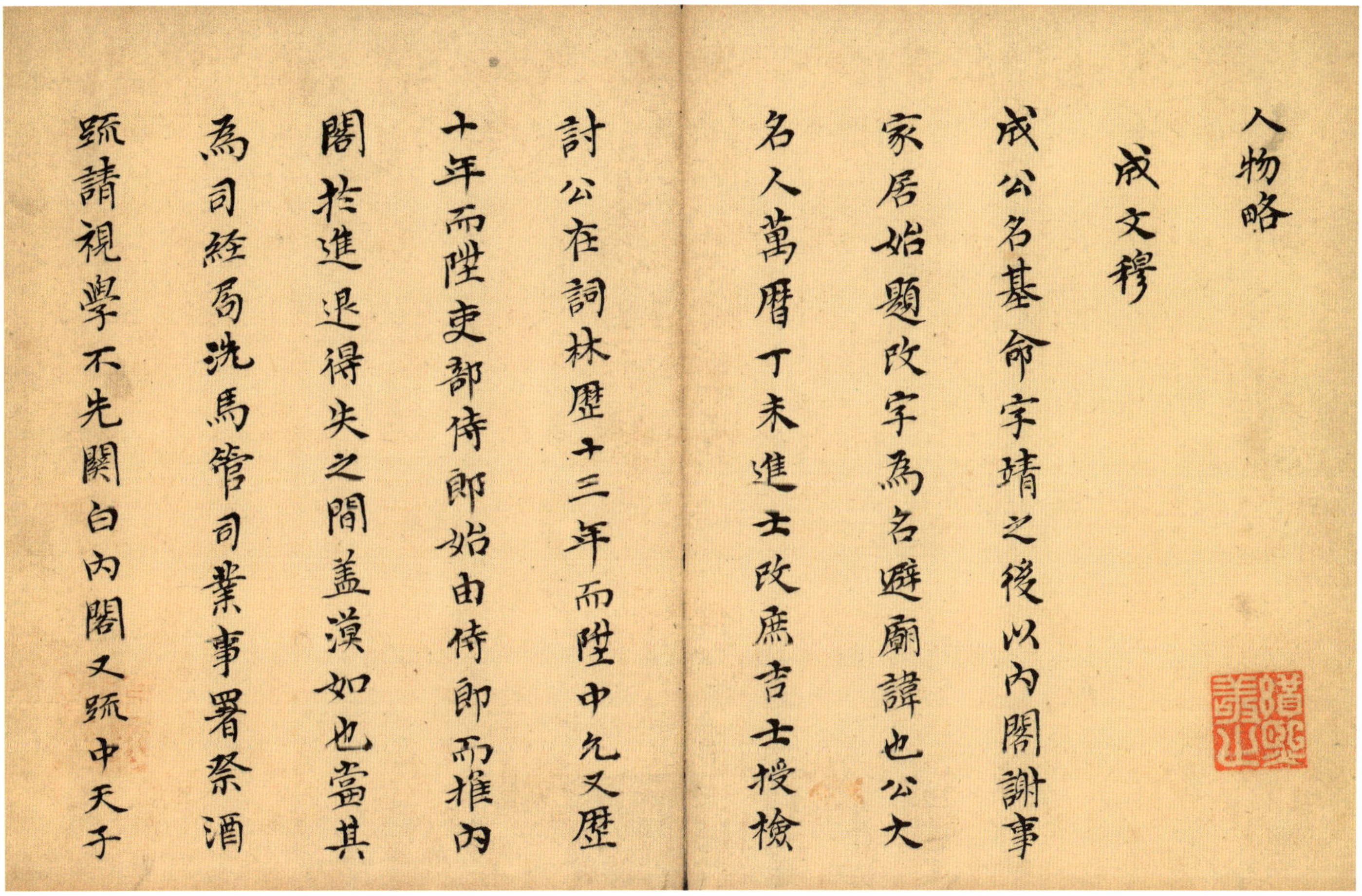
人物略
成文穆
成公名基命字靖之後以內閣謝事
家居始題改字爲名避廟諱也公大
名人萬曆丁未進士改庶吉士授檢
討公在詞林歷十三年而陞中允又歷
十年而陞吏部侍郎始由侍郎而推內
閣於進退得失之間蓋漠如也當其
爲司經局洗馬管司業事署祭酒
疏請視學不先關白內閣又疏中天子

11639 畿輔人物略不分卷 （清）孫承澤撰　稿本

有“研山齋”“文弨借觀”“常熟翁同龢藏本”等印。國家圖書館藏。

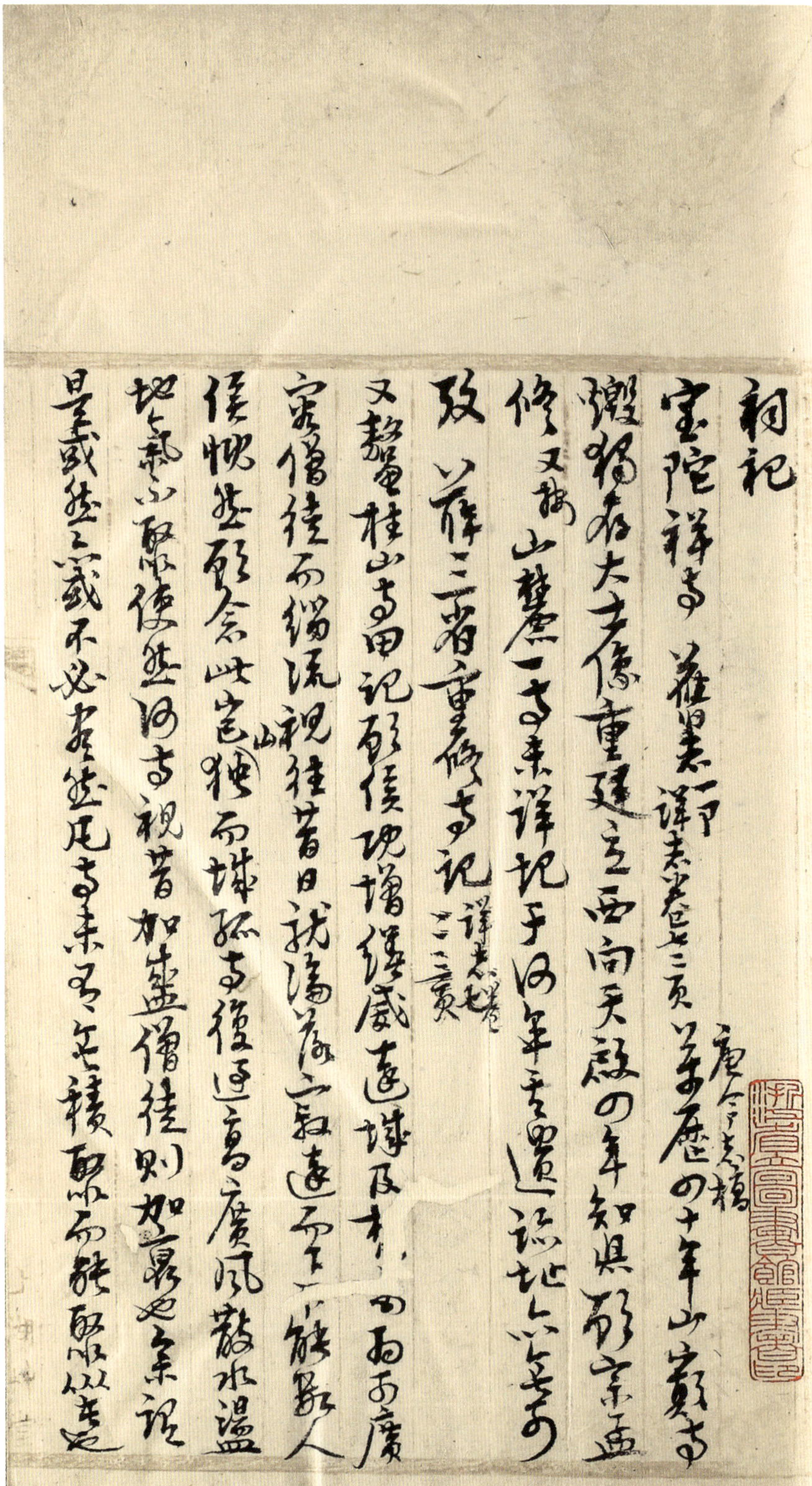

11640 蛟川耆舊傳不分卷　（清）姚燮撰　手稿本

浙江圖書館藏。

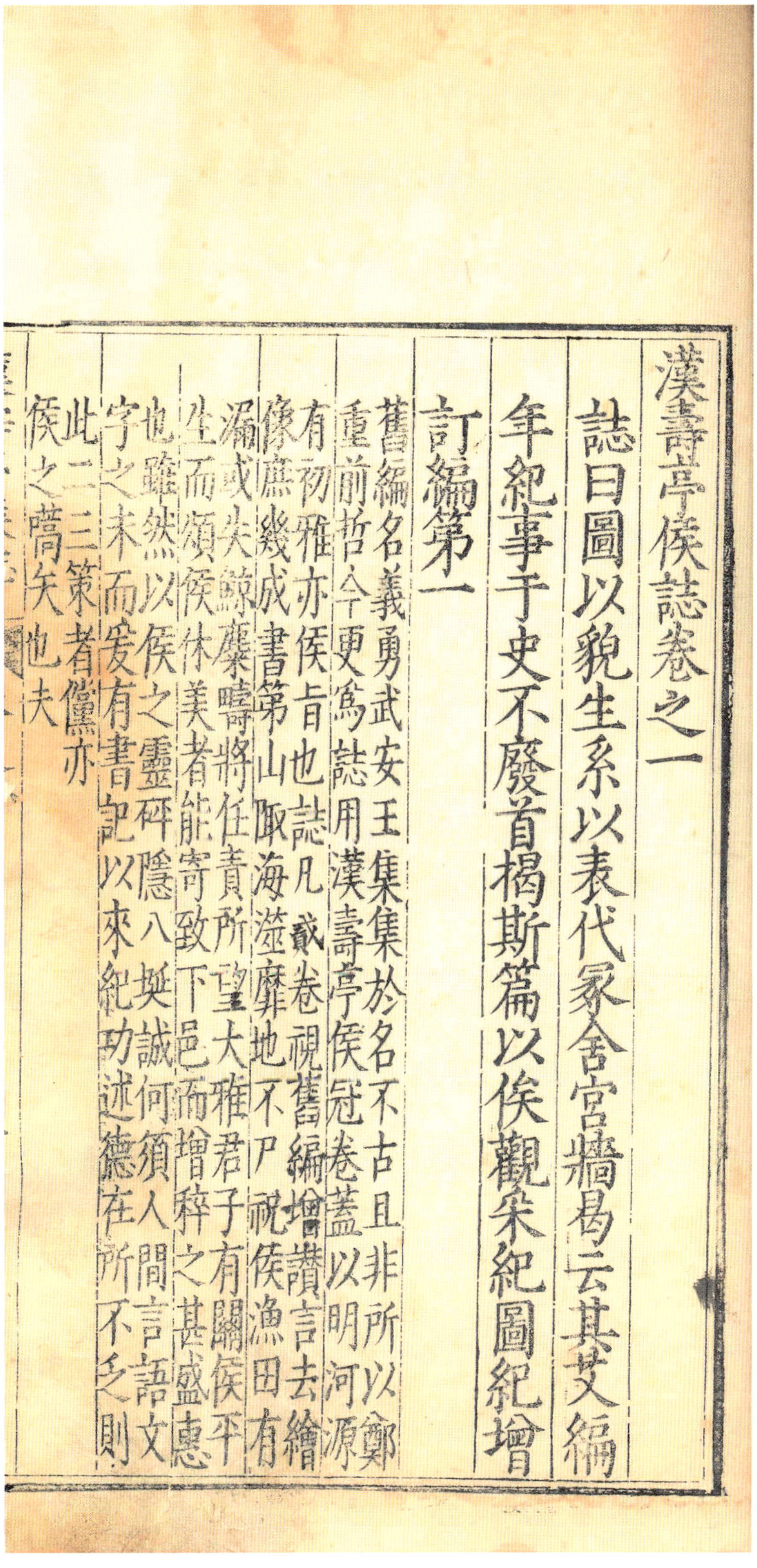

漢壽亭侯誌卷之一

誌曰圖以貌生系以表代冢舍宮墻碣云其文編
年紀事于史不廢首揭斯篇以侯觀采紀圖紀增
訂編第一

舊編名義勇武安王集集於名不古且非所以鄭
重前哲今更爲誌用漢壽亭侯冠卷蓋以明河源
有初雅亦侯旨也誌凡貳卷視舊編增讚言去繪
像庶幾成書第山陬海澨靡非地不尸祝侯漁田有
漏或失踪麋疇將任責所望大雅君子有關侯平
生而須侯休美者能寄致下邑而增粹之甚盛惠
也雖然以侯之靈砰隱八埏誠何須人間言語文
字之末而爰有書記以來紀功述德在所不乏則
此二三策者儻亦
侯之嚆矢也夫

11641 漢壽亭侯誌二卷　（元）胡琦撰　明嘉靖刻本

匡高22.2厘米，廣14.4厘米。半葉九行，行二十字，小字雙行同，白口，四周雙邊。北京大學圖書館藏。

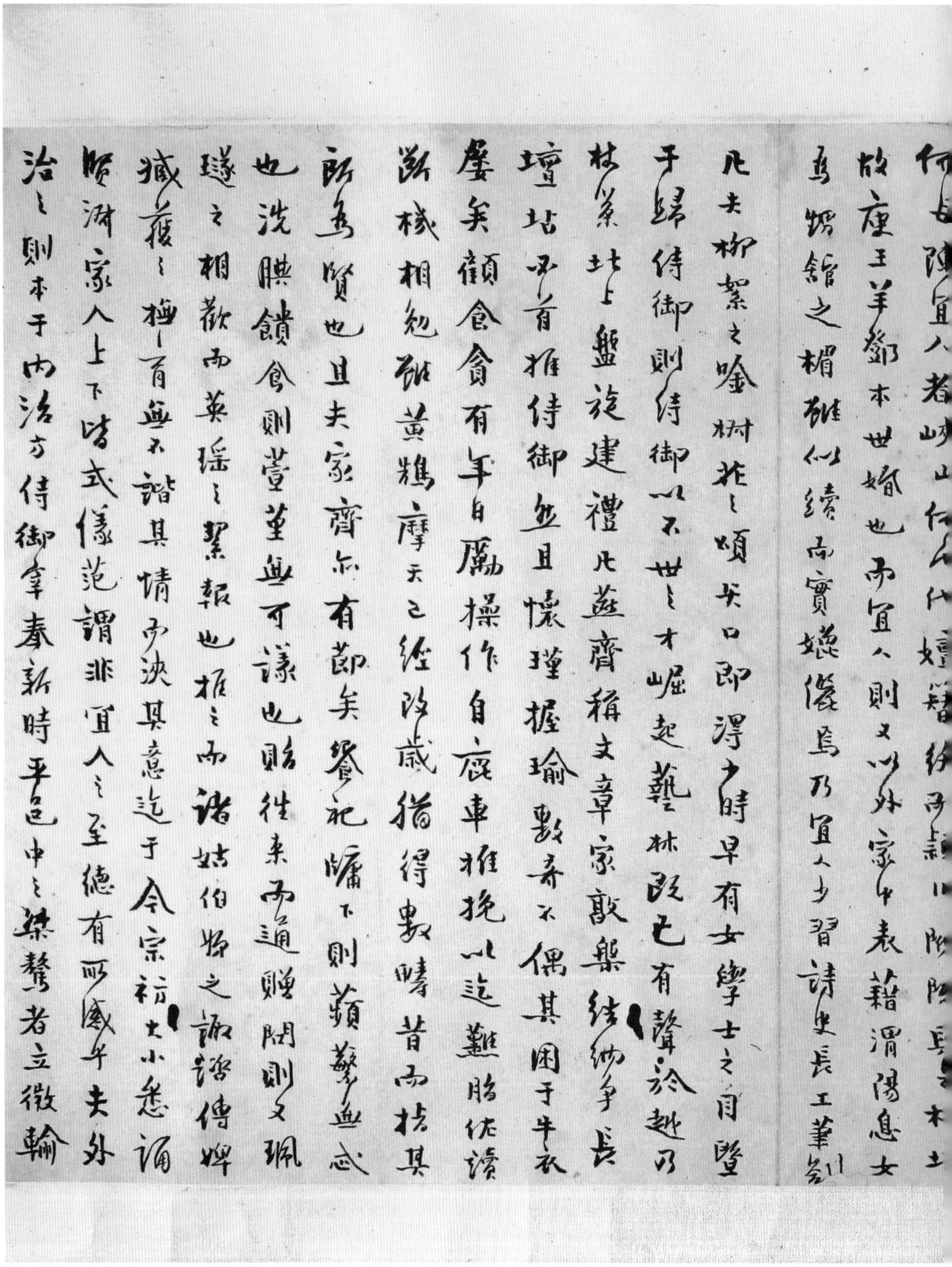

11642 誥授奉直大夫都察院湖廣道監察御史何公墓碑銘一卷何母陳宜人榮壽序一卷 （清）毛奇齡撰　稿本

沈秉鈺題簽並題款。浙江圖書館藏。

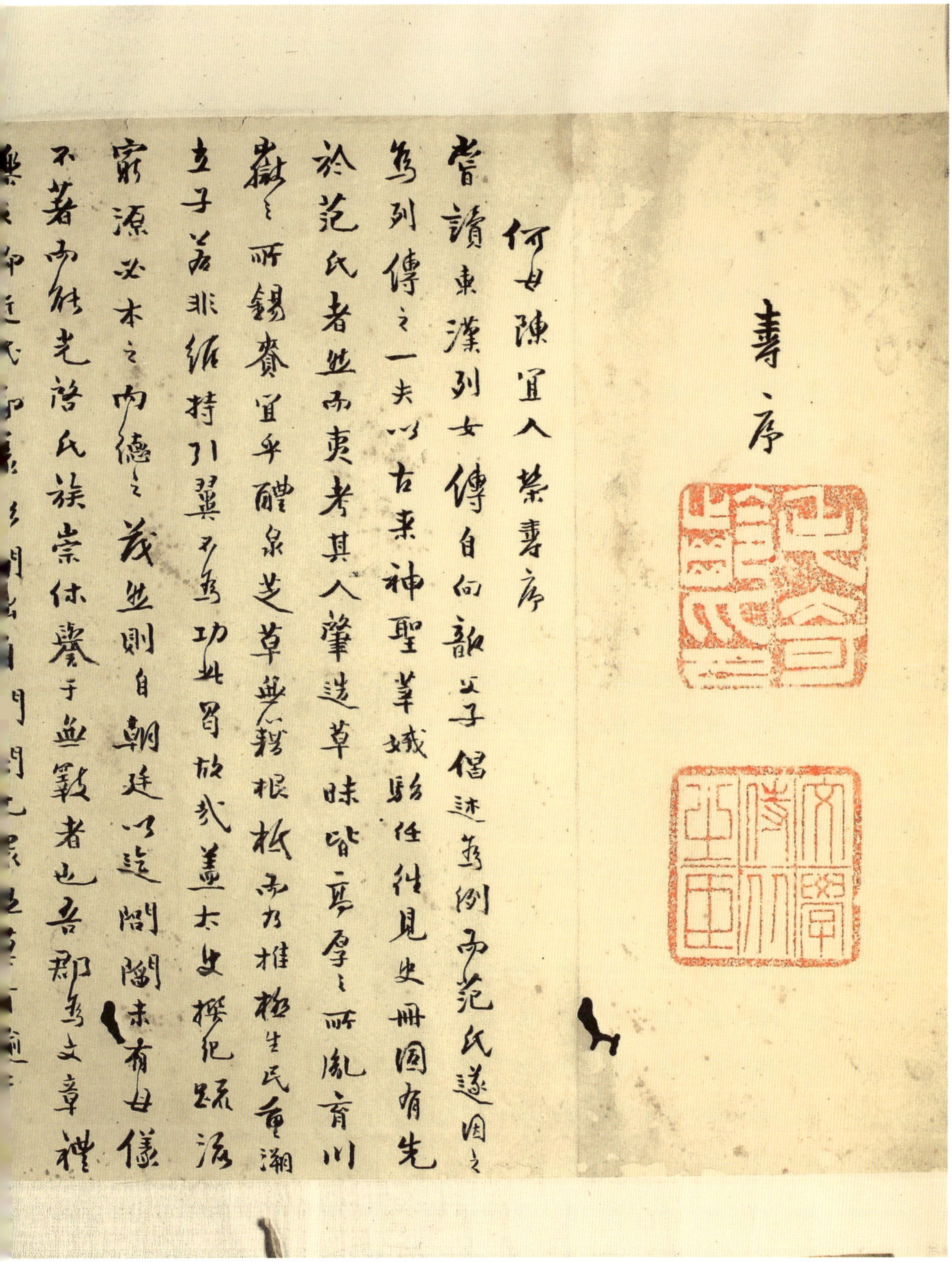

壽序

何母陳宜人榮壽序

嘗讀東漢列女傳，自向歆父子倡述節烈，而范氏遂因之為列傳之一。夫以古來神聖華娀姒任往見史冊，固有先於范氏者，然而夷考其人，肇造草昧，皆亭毒之所胤育，川嶽之所錫賚，宜乎醴泉芝草無根柢，而乃推極生民，垂溯立子，若非維持羽翼，不為功此。胥放弑蓋太史擇紀，疏派窮源，必本之內德之茂。然則自朝廷以逮閭閻，未有母儀不著而能光啓氏族，崇休譽于無斁者也。吾郡為文章禮

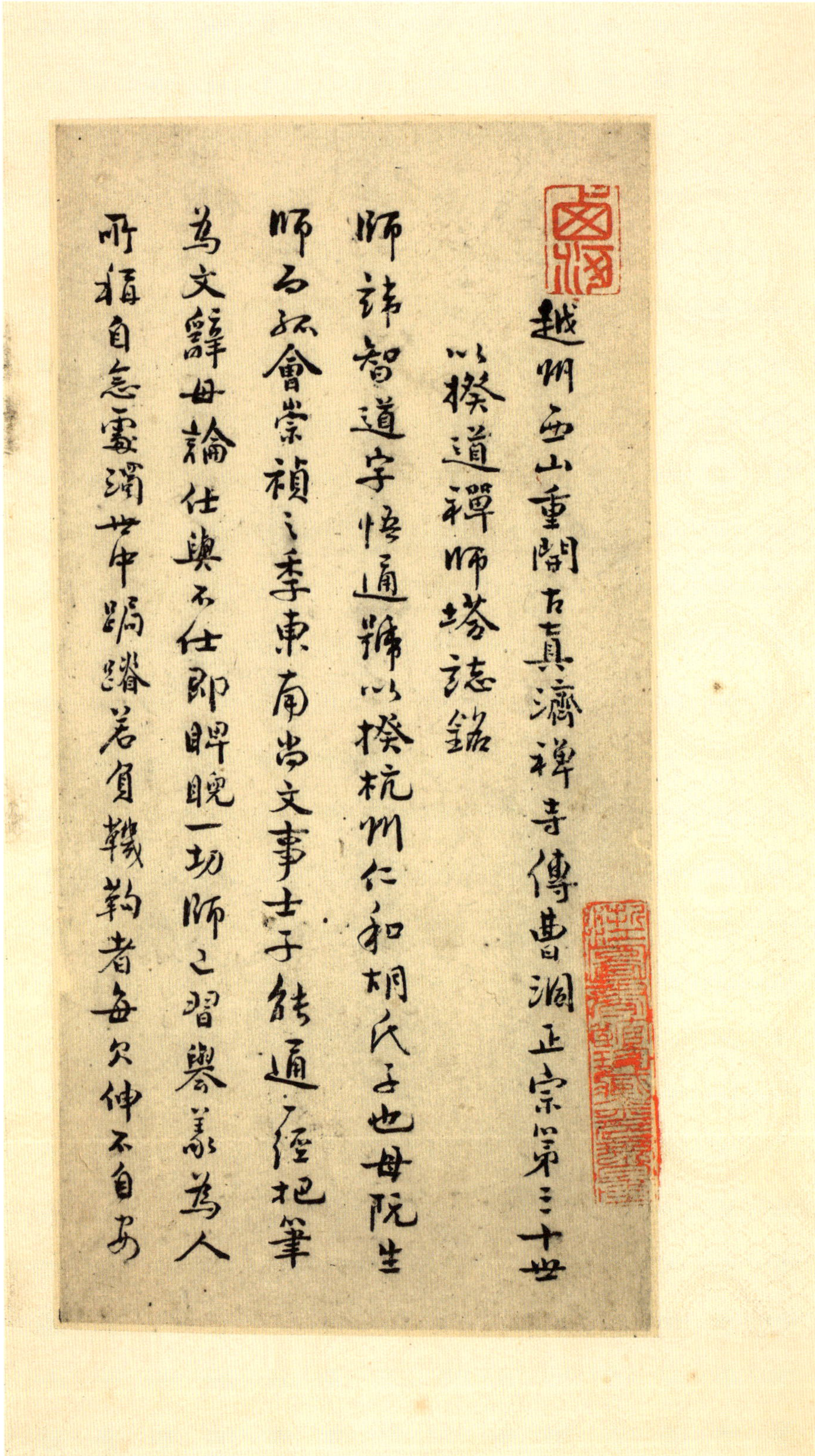
越州西山重開古真濟禪寺傳曹洞正宗第三十世
以揆道禪師塔誌銘
師諱智道字悟通號以揆杭州仁和胡氏子也母阮生
師而孤會崇禎之季東南尚文事士子能通經把筆
為文辭毋論仕與不仕即睥睨一切師之習舉業為人
所稱自念處濁世中跼蹐若負羈勒者每欠伸不自安

11643 越州西山以揆道禪師塔誌銘一卷 （清）毛奇齡撰 稿本

浙江圖書館藏。

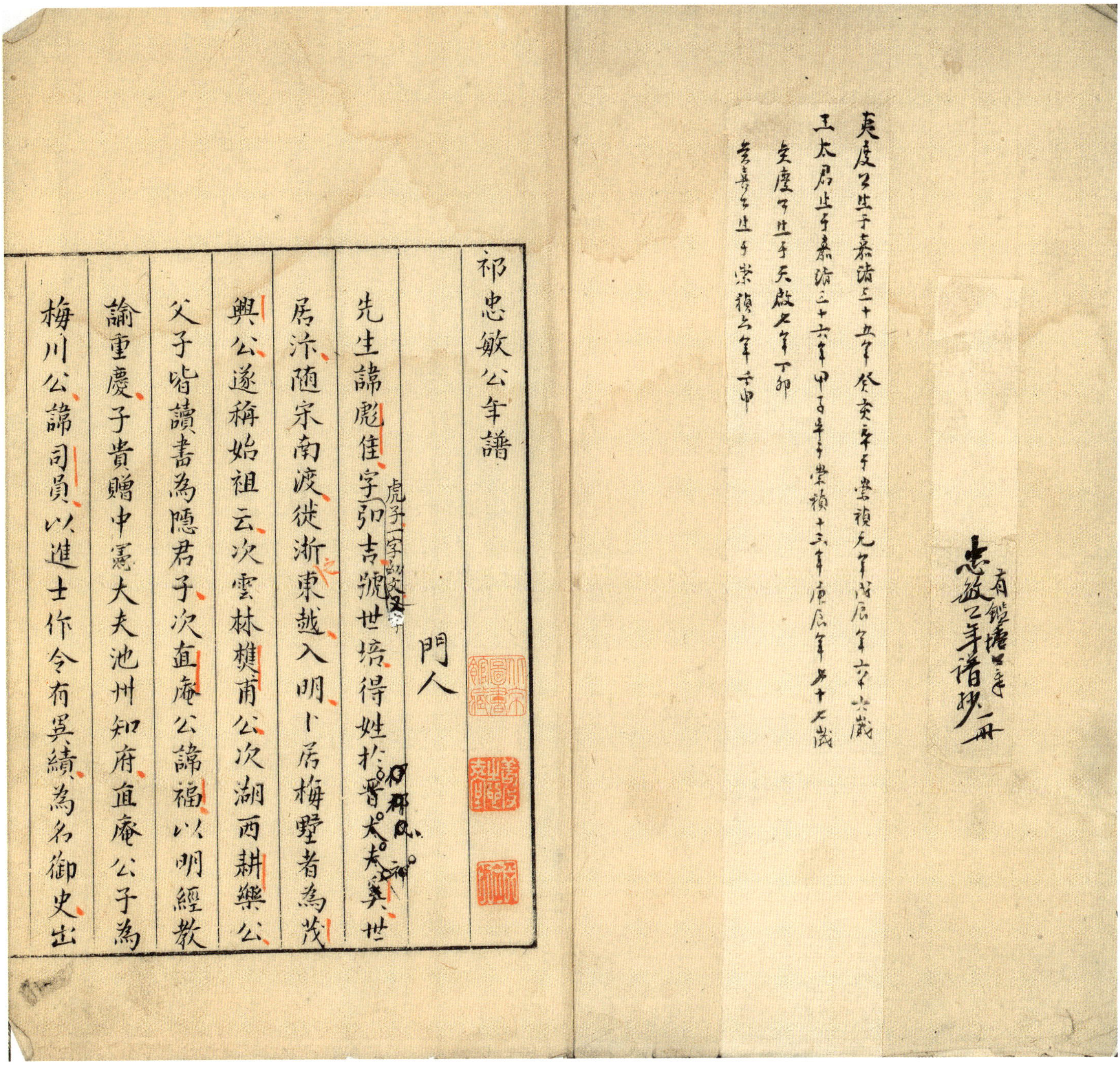

祁忠敏公年譜

門人

先生諱彪佳字弘吉號世培得姓於晉大夫奚世
居汴隨宋南渡徙浙東越入明卜居梅墅者為茂
興公遂稱始祖云次雲林樵甫公次湖西耕樂公
父子皆讀書為隱君子次直庵公諱福以明經教
諭重慶子貴贈中憲大夫池州知府直庵公子為
梅川公諱司員以進士作令有異績為名御史出

11644 祁忠敏公年譜一卷　（明）王思任撰　稿本

匡高18.6厘米，廣14.3厘米。半葉八行，行二十字，白口，四周單邊。國家圖書館藏。

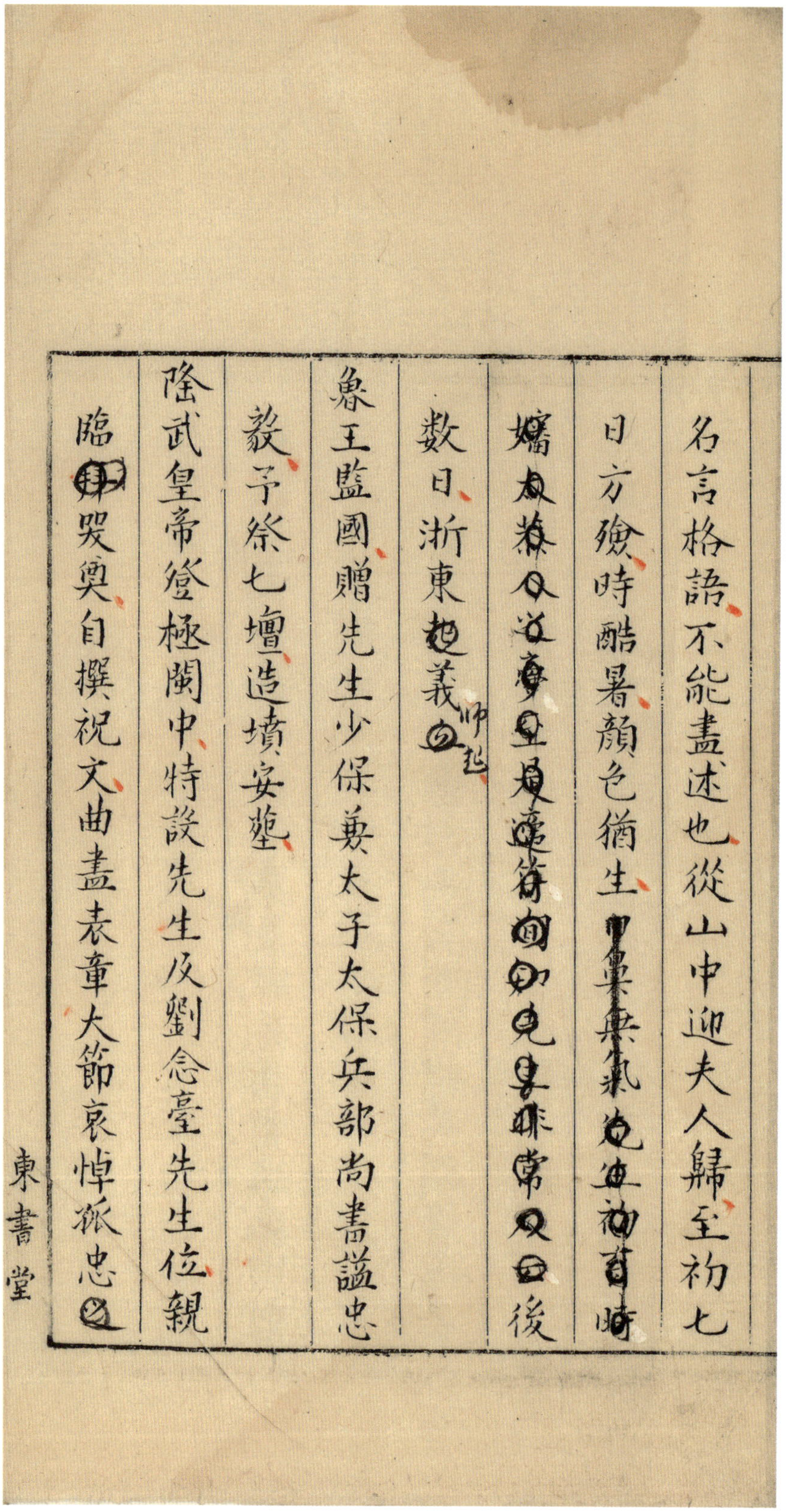
名言格語不能盡述也從山中迎夫人歸至初七
日方殮時酷暑顏色猶生畢集無氣色並初首時
孀太夫人以身至是遂殉自如見其非常人曰後
數日浙東起義師起
魯王監國贈先生少保兼太子太保兵部尚書謚忠
毅予祭七壇造墳安塟
隆武皇帝登極閩中特設先生及劉念臺先生位親
臨哭奠自撰祝文曲盡表章大節哀悼孤忠之
東書堂

11644 祁忠敏公年譜一卷

意尤深　朝廷不能大用之恨贈先生少傅兼太
子太傅兵部尚書謚忠敏公子卜吉壤於亭山之
陽本年十二月廿四日奉先生靈柩歸窆焉

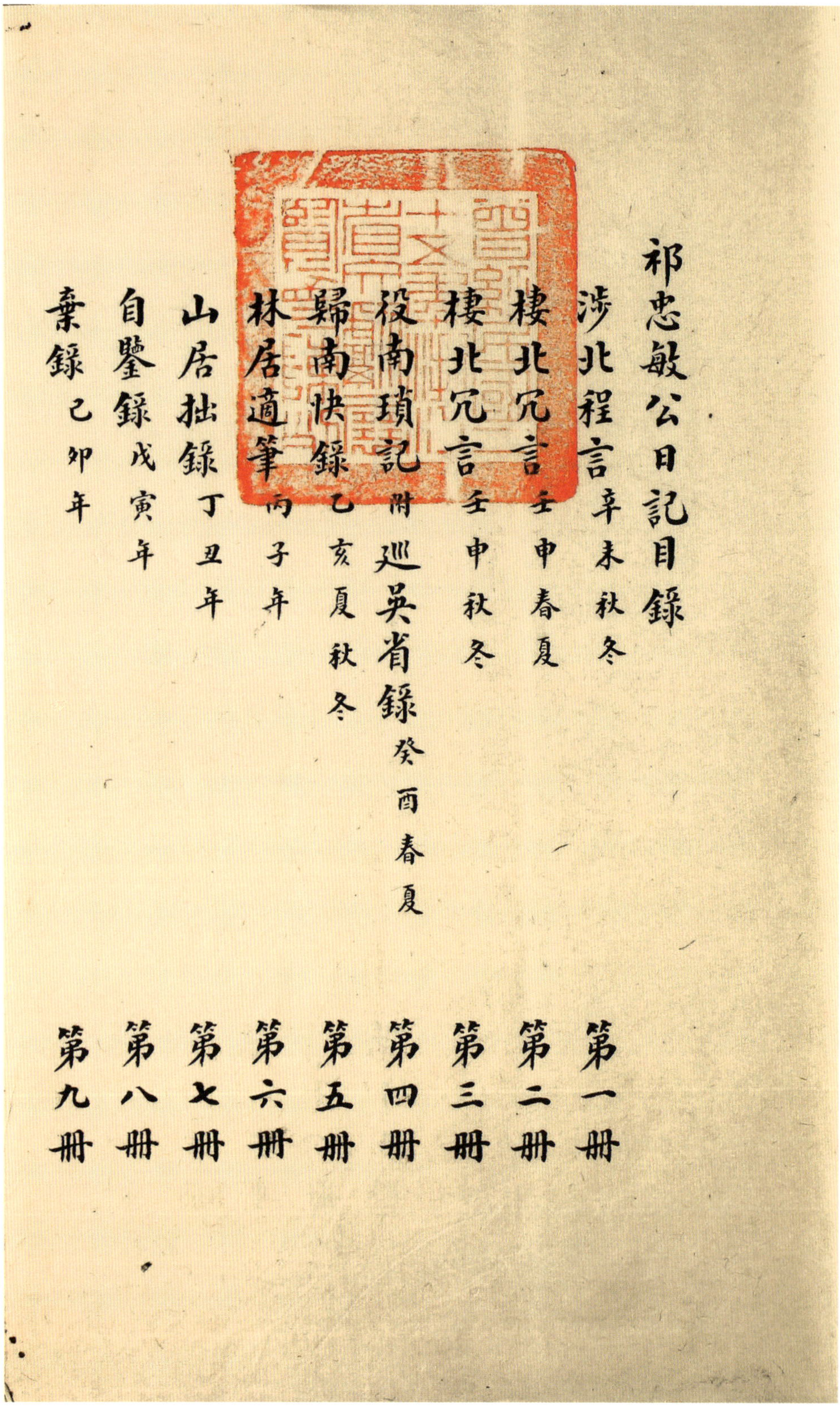

祁忠敏公日記目錄

涉北程言 辛未秋冬 第一册

棲北冗言 壬申春夏 第二册

棲北冗言 壬申秋冬 第三册

役南瑣記 附巡吳省錄 癸酉春夏 第四册

歸南快錄 乙亥夏秋冬 第五册

林居適筆 丙子年 第六册

山居拙錄 丁丑年 第七册

自鑒錄 戊寅年 第八册

棄錄 己卯年 第九册

11645 祁忠敏公日記十五卷（明崇禎四年至南明弘光元年）

（明）祁彪佳撰　清祁氏遠山堂抄本

浙江圖書館藏。

日歷
乙酉歲
正月初一日于寓山拜祝已同内子及兒女進内宅禮祖
先聚曾祖以下團拜又禮佛于新居之東樓時為翁艾
弟所居予入之若過客然飯于止祥兄家出禮土神即
還山方無隅載逵明相候午後與内子閒坐梅花舩不
知有新歲俗套也是日熱如暮春
初二日雨翁艾弟出與之禮佛于繫珠菴值潘王章潘益
儒予在吳中遣二聽用官餽浙中當事公祖父母至是
以諸佃劉來繳王雲岫來與翁艾弟方無隅共為三簋

遠山堂抄本

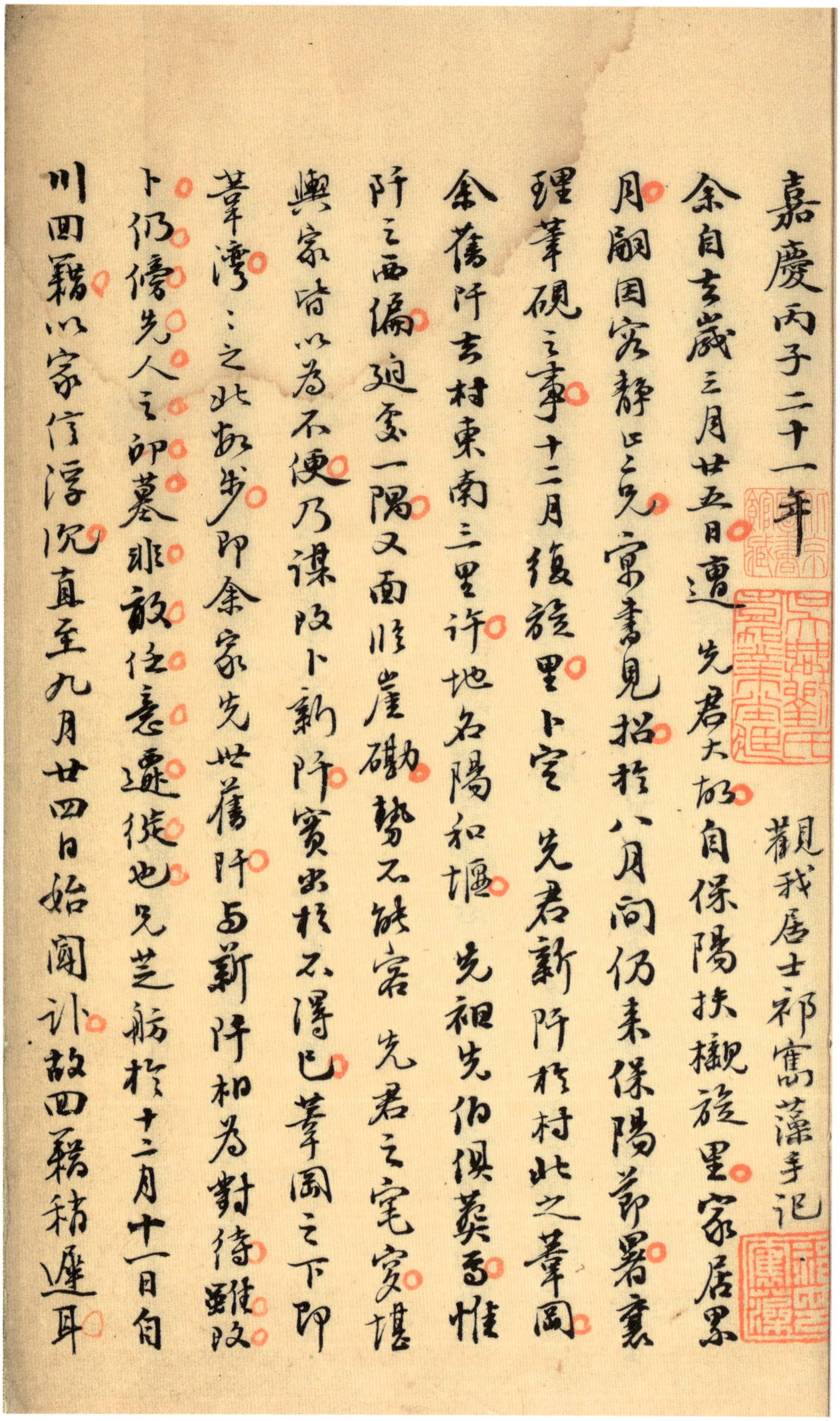
嘉慶丙子二十一年
觀我居士祁寯藻手記
余自去歲三月廿五日遭 先君大故自保陽扶櫬旋里家居累
月閒因家靜止二兄寓書見招於八月間仍來保陽節署襄
理筆硯之事十二月復旋里卜窆 先君新阡於村北之葦園
余舊阡去村東南三里許地名陽和堰 先祖先伯俱葬焉惟
阡之西偏迫近一隅又西臨崖磡勢不能容 先君之宅窆堪
輿家皆以為不便乃謀改卜新阡實出於不得已葦園之下即
葦灣葦灣之北數步即余家先世舊阡與新阡相為對待雖改
卜仍傍先人之邱墓非敢任意遷徙也先芝舫於十二月十一日自
川回籍以家信浮沉直至九月廿四日始聞訃故回籍稍遲耳

11646 觀我齋日記不分卷　（清）祁寯藻撰　稿本

有“吳興劉氏嘉業堂藏”“承幹之印”“翰怡之藏”“祁印寯藻”等印。劉承幹跋。國家圖書館藏。

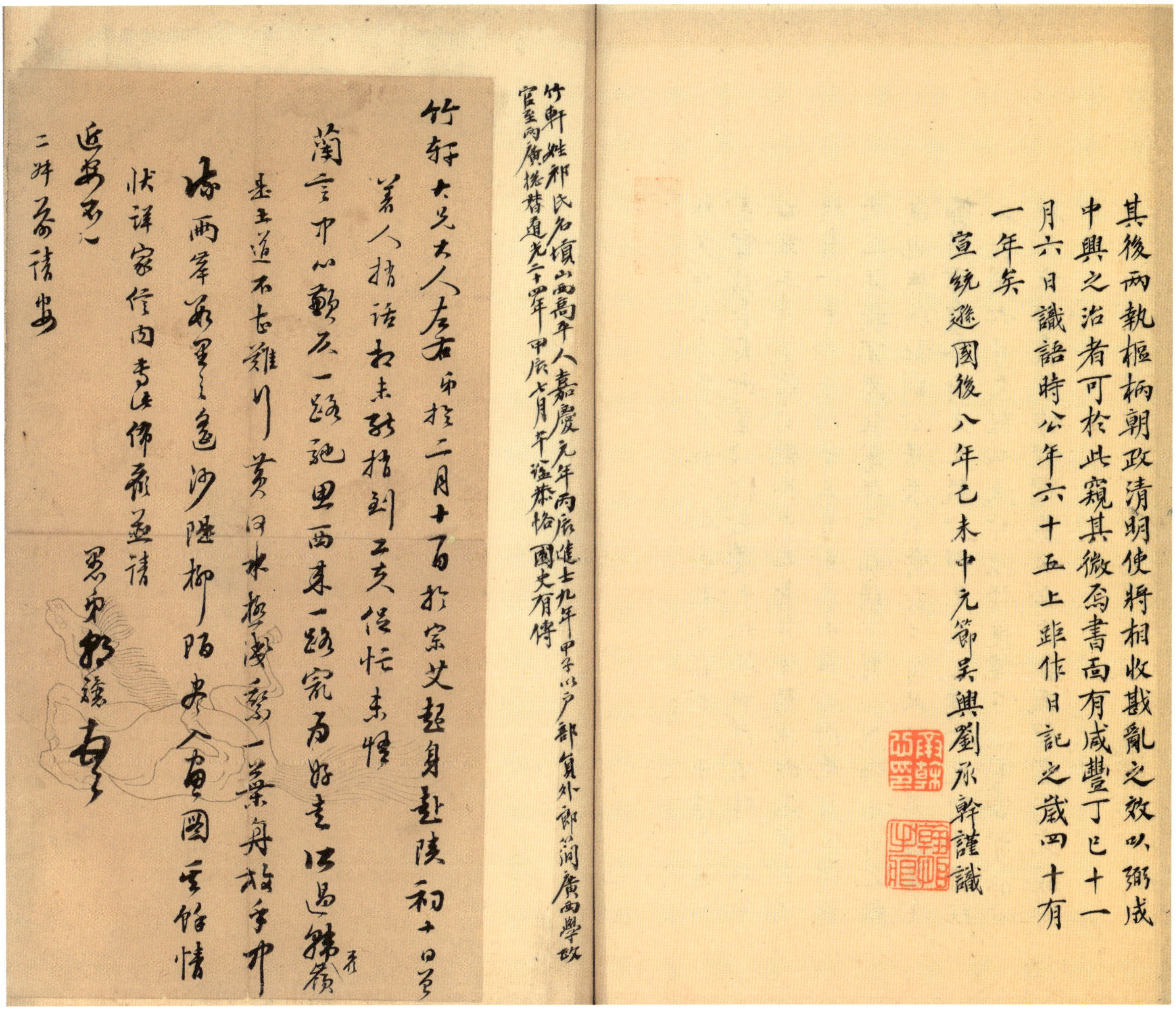
其後兩執樞柄朝政清明使將相收戡亂之效以鄉成
中興之治者可於此窺其微爲書面有咸豐丁巳十一
月六日識語時公年六十五上距作日記之歲四十有
一年矣
宣統遜國後八年己未中元節吳興劉承幹謹識

竹軒姓祁氏名墳山西高平人嘉慶元年丙辰進士九年甲子以户部員外郎簡廣西學政
官至兩廣總督道光二十四年甲辰七月卒謚恭恪國史有傳

竹軒大兄大人左右弟於二月十日於宗丈起身赴陝初十日至
蒼人指話記未能指到工夫倍忙未悍
蘭言中心黯然一路施里西來一路究爲難走以過鄂嶺
至道不甚難行黃河水極淺一葉舟放乎中
流兩岸煙里之邑沙堤柳陌來人畫圖無餘情
狀詳家信內未及備錄並請
近安不一
二弟晉請安
弟名頓首

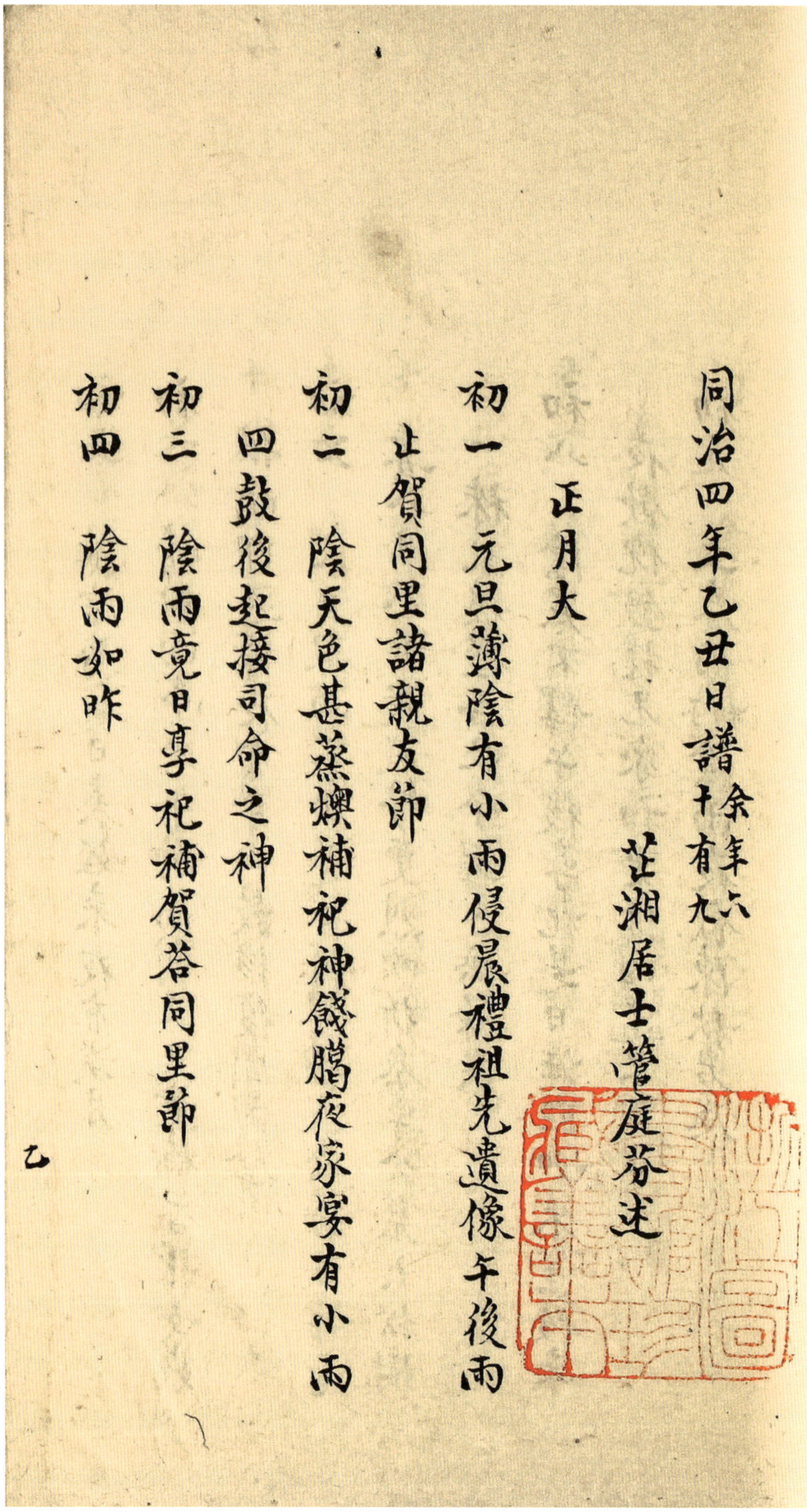
同治四年乙丑日譜余年六十有九
芷湘居士管庭芬述
正月大
初一 元旦薄陰有小雨侵晨禮祖先遺像午後雨
止賀同里諸親友節
初二 陰天色甚蒸燠補祀神餞臈夜家宴有小雨
四鼓後起接司命之神
初三 陰雨竟日享祀補賀答同里節
初四 陰雨如昨
乙

11647 日譜不分卷（清嘉慶二十年至同治四年） （清）管庭芬撰

稿本

浙江圖書館藏。

第五批國家珍貴古籍名録圖録

第四册

中國國家圖書館
中國國家古籍保護中心 編

國家圖書館出版社

第四册目録

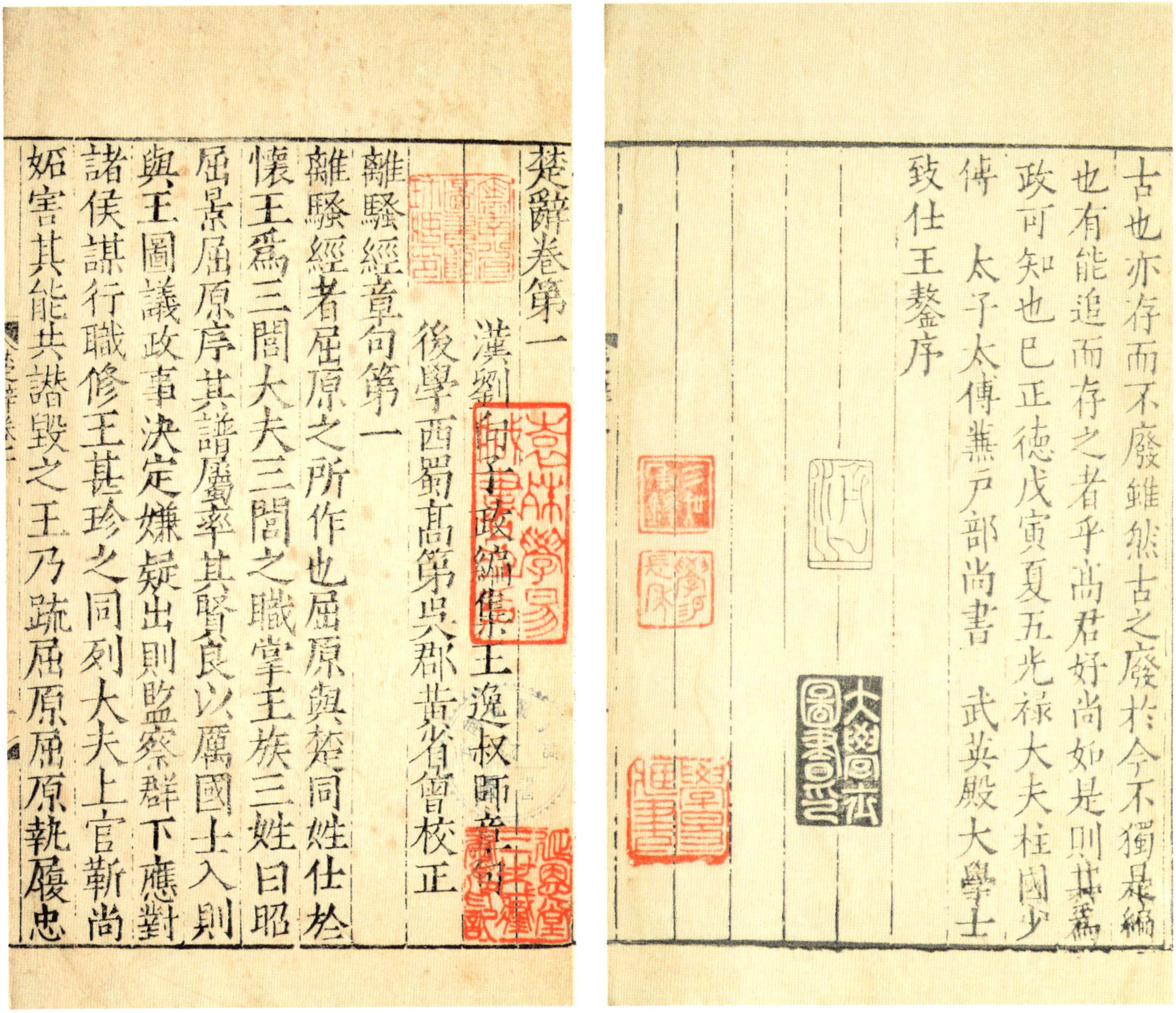
古也亦存而不廢雖然古之廢於今不獨是編
也有能追而存之者乎高君好尚如是則其爲
政可知也已正德戊寅夏五光祿大夫柱國少
傅　太子太傅兼戶部尚書　武英殿大學士
致仕王鏊序

楚辭卷第一
漢劉向子政編集　王逸叔師章句
後學西蜀高第吳郡黃省曾校正
離騷經章句第一
離騷經者屈原之所作也屈原與楚同姓仕於
懷王爲三閭大夫三閭之職掌王族三姓曰昭
屈景屈原序其譜屬率其賢良以厲國士入則
與王圖議政事決定嫌疑出則監察群下應對
諸侯謀行職修王甚珍之同列大夫上官靳尚
妬害其能共譖毀之王乃疏屈原屈原執履忠

11826、11827 楚辭章句十七卷　（漢）王逸撰　明正德十三年（1518）黄省曾、高第刻本

匡高19.2厘米，廣14.7厘米。半葉十行，行十八字，小字雙行同，白口，左右雙邊。湖南圖書館藏；雲南省圖書館藏，有“延恩堂三世藏書印記”“袁殊學易藏書之印”等印。

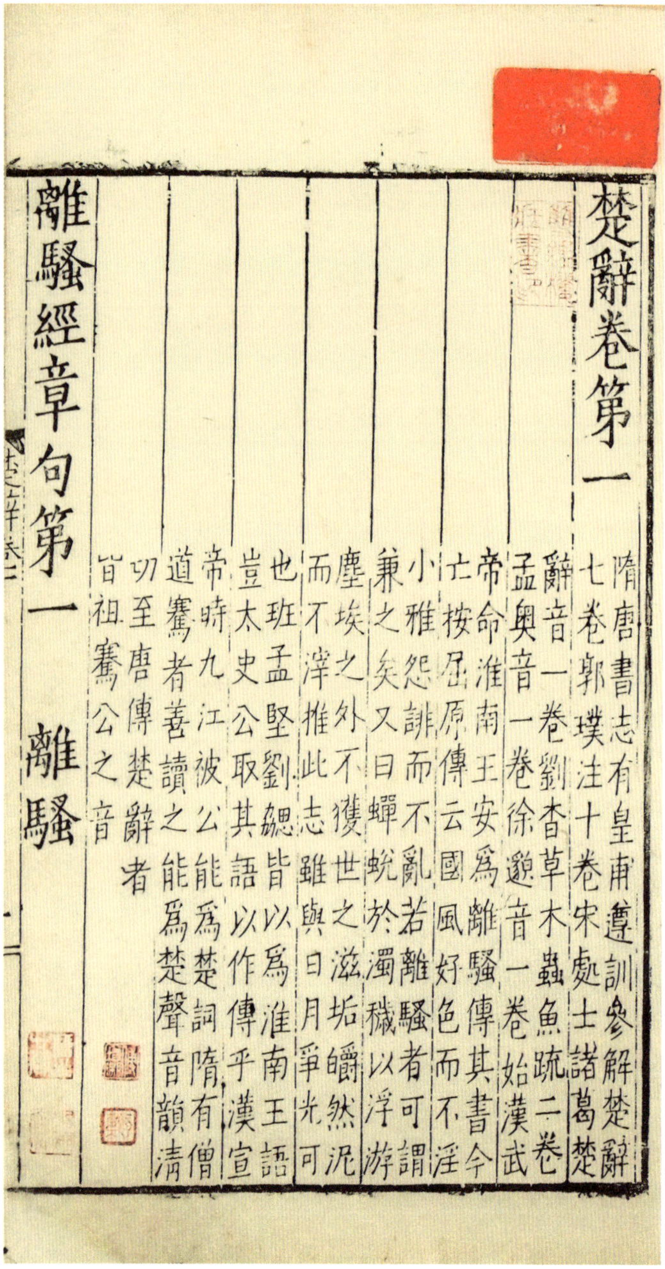

楚辭卷第一

隋唐書志有皇甫遵訓參解楚辭七卷郭璞注十卷宋處士諸葛楚辭音一卷劉杳草木蟲魚疏二卷孟奥音一卷徐邈音一卷始漢武帝命淮南王安爲離騷傳其書今亡按屈原傳云國風好色而不淫小雅怨誹而不亂若離騷者可謂兼之矣又曰蟬蛻於濁穢以浮游塵埃之外不獲世之滋垢皭然泥而不滓推此志雖與日月爭光可也班孟堅劉勰皆以爲淮南王語豈太史公取其語以作傳乎漢宣帝時九江被公能爲楚詞隋有僧道騫者善讀之能爲楚聲音韻清切至唐傳楚辭者皆祖騫公之音

離騷經章句第一　離騷

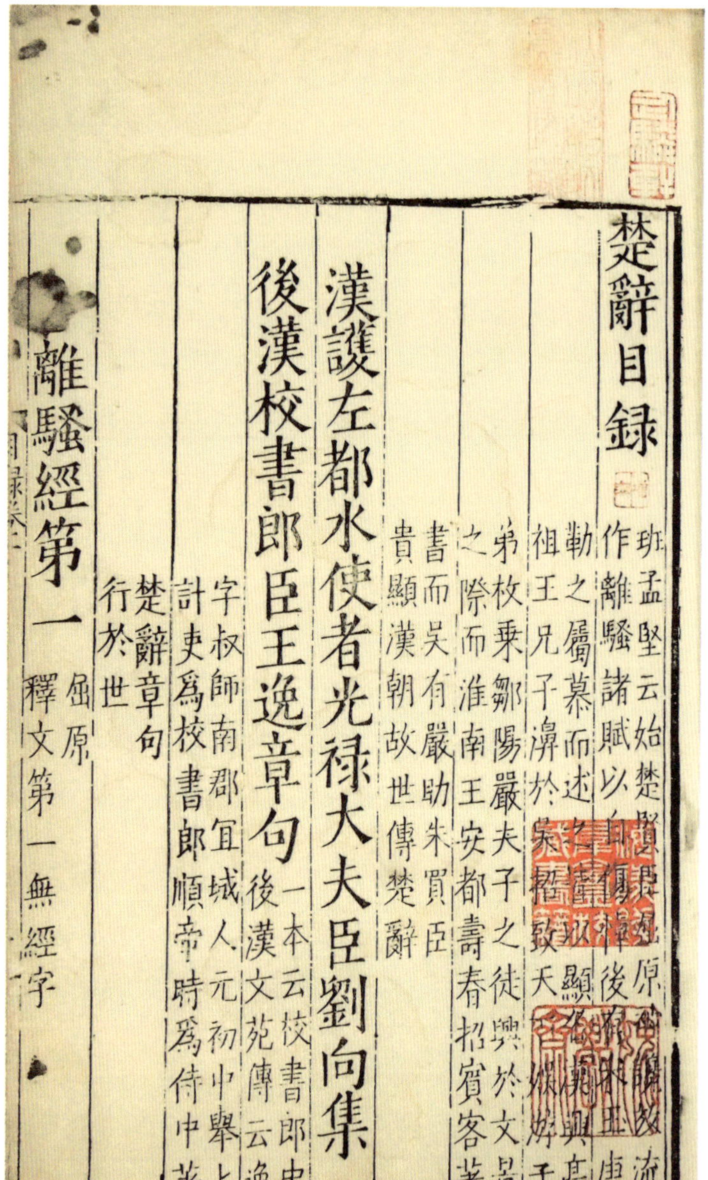

楚辭目録

班孟堅云始楚賢臣屈原被讒放流作離騷諸賦以自傷悼後[illegible]唐勒之屬慕而述之[illegible]顯[illegible]高祖王兄子濞於吴招致天下娛游子弟枚乘鄒陽嚴夫子之徒興於文景之際而淮南王安都壽春招賓客著書而吴有嚴助朱買臣貴顯漢朝故世傳楚辭

漢護左都水使者光禄大夫臣劉向集

後漢校書郎臣王逸章句　一本云校書郎中後漢文苑傳云逸字叔師南郡宜城人元初中舉上計吏爲校書郎順帝時爲侍中著楚辭章句行於世

離騷經第一　屈原　釋文第一無經字

11828 楚辭章句十七卷　（漢）王逸撰　（宋）洪興祖補注　明刻本

匡高18.9厘米，廣14厘米。半葉九行，行十五字，小字雙行二十字，白口，左右雙邊。有"海陵錢犀盦校藏書籍"等印。山西博物院藏。

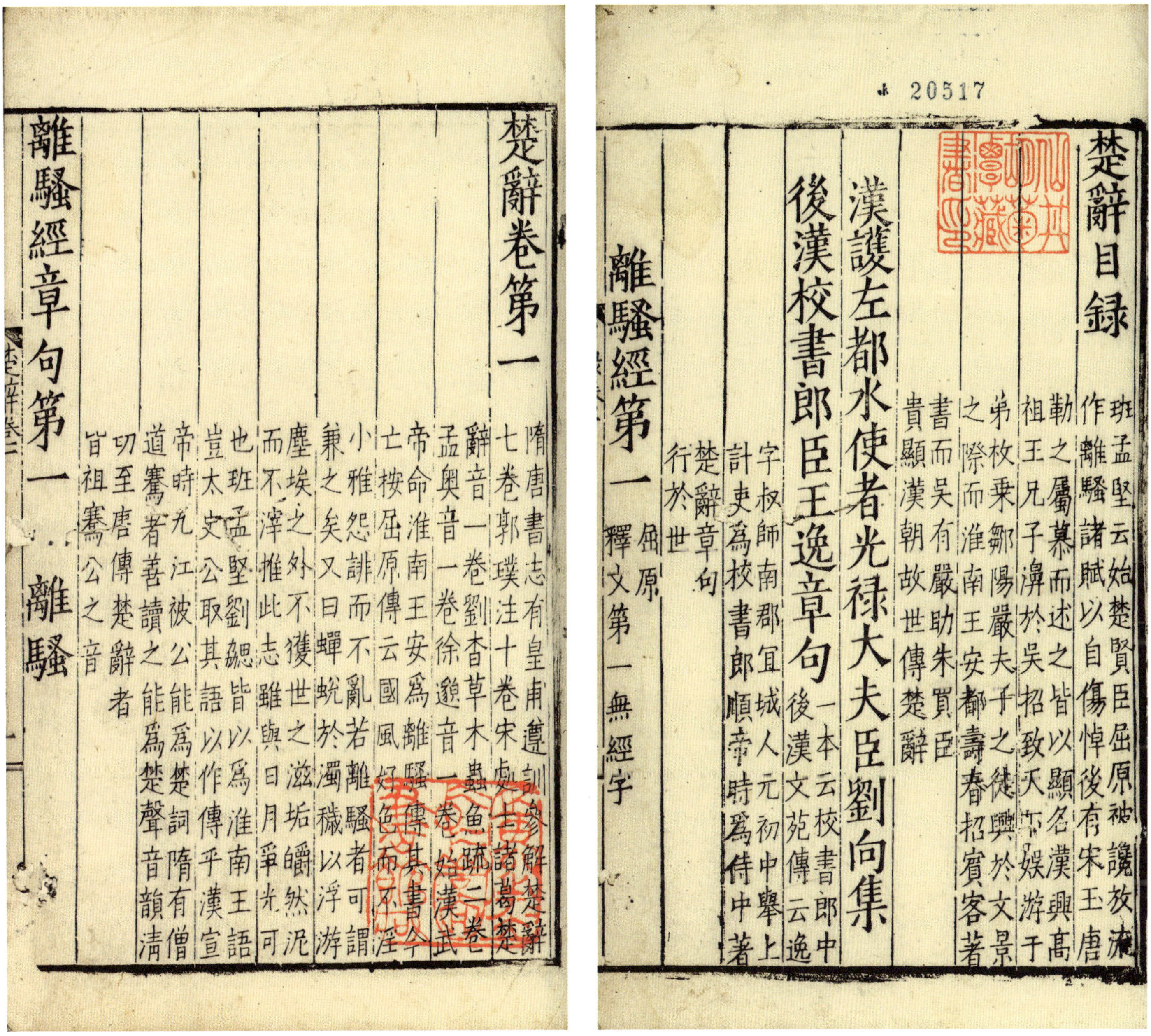

20517

楚辭目録

班孟堅云始楚賢臣屈原被讒放流作離騷諸賦以自傷悼後有宋玉唐勒之屬慕而述之皆以顯名漢興高祖王兄子濞於吳招致天下娯游子弟枚乘鄒陽嚴夫子之徒興於文景之際而淮南王安都壽春招賓客著書而吳有嚴助朱買臣貴顯漢朝故世傳楚辭

漢護左都水使者光祿大夫臣劉向集

後漢校書郎臣王逸章句 一本云校書郎中後漢文苑傳云逸字叔師南郡宜城人元初中舉上計吏爲校書郎順帝時爲侍中著楚辭章句行於世

離騷經第一 屈原釋文第一無經字

楚辭卷第一

隋唐書志有皇甫遵訓參解楚辭七卷郭璞注十卷宋處士諸葛楚辭音一卷劉杳草木蟲魚疏二卷孟奧音一卷徐邈音一卷始漢武帝命淮南王安爲離騷傳其書今亡按屈原傳云國風好色而不淫小雅怨誹而不亂若離騷者可謂兼之矣又曰蟬蛻於濁穢以浮游塵埃之外不獲世之滋垢皭然泥而不滓推此志雖與日月爭光可也班孟堅劉勰皆以爲淮南王語豈太史公取其語以作傳乎漢宣帝時九江被公能爲楚詞隋有僧道騫者善讀之能爲楚聲音韻清切至唐傳楚辭者皆祖騫公之音

離騷經章句第一 離騷

11829 楚辭章句十七卷 （漢）王逸撰 （宋）洪興祖補注 明刻本

匡高22.5厘米，廣14.7厘米。半葉九行，行十五字，小字雙行二十字，白口，左右雙邊。有"仙井胡菊潭藏書印"等印。廣東省立中山圖書館藏。

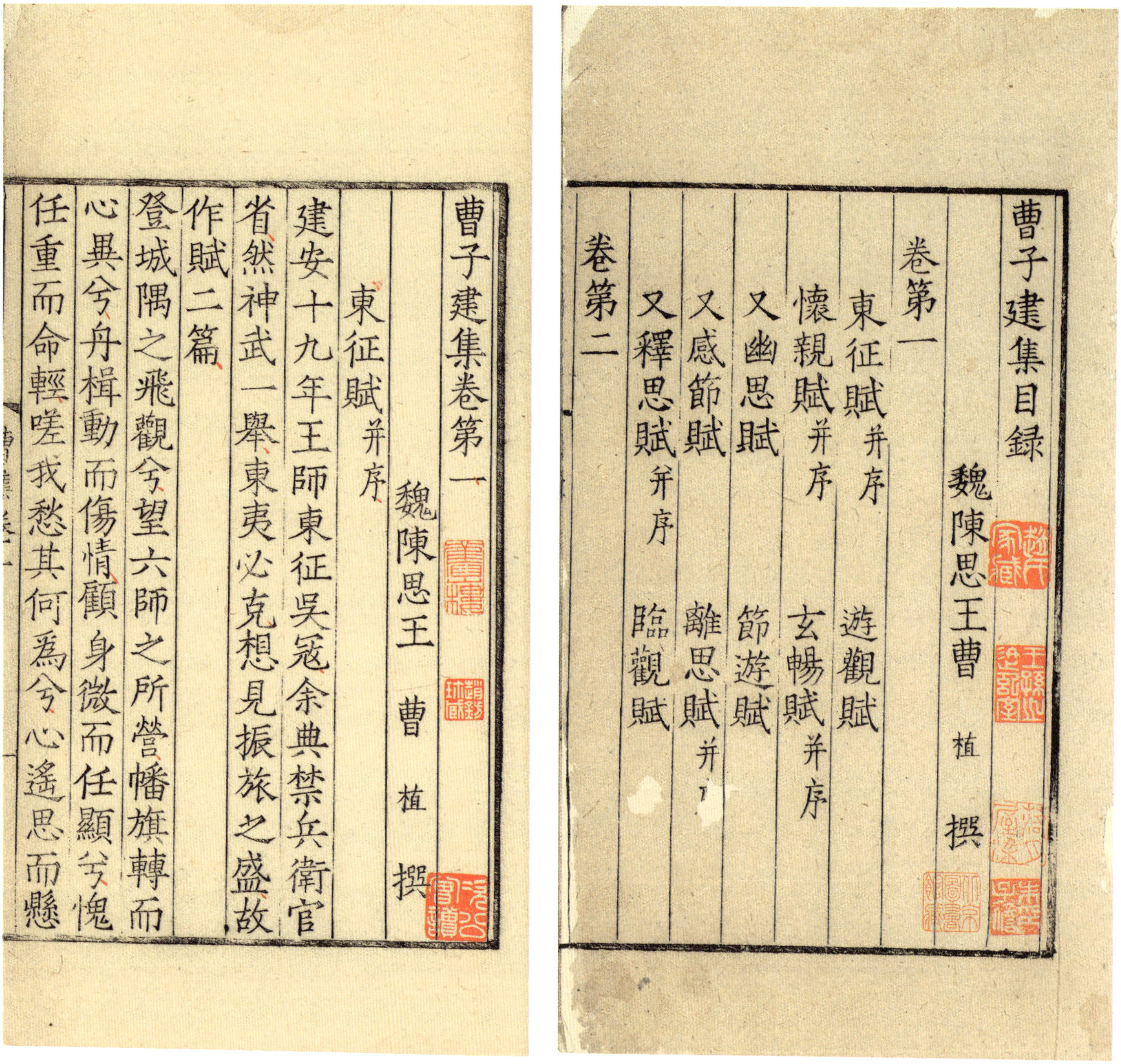

曹子建集目録
魏陳思王曹　植　撰
卷第一
東征賦并序　遊觀賦
懷親賦并序　玄暢賦并序
又幽思賦　節遊賦
又感節賦　離思賦并序
又釋思賦并序　臨觀賦
卷第二

曹子建集卷第一
魏陳思王　曹　植　撰
東征賦并序
建安十九年王師東征吴寇余典禁兵衛官
省然神武一舉東夷必克想見振旅之盛故
作賦二篇
登城隅之飛觀兮望六師之所營幡旗轉而
心異兮舟楫動而傷情顧身微而任顯兮愧
任重而命輕嗟我愁其何爲兮心遥思而懸

11830 曹子建集十卷　（三國魏）曹植撰　明銅活字印本

匡高20.5厘米，廣14.2厘米。半葉九行，行十七字，黑口，左右雙邊。有“朱印子儋”“趙氏家藏”“次公曾讀”“舊山樓”“趙鈁珍藏”等印。趙鈁跋。國家圖書館藏。

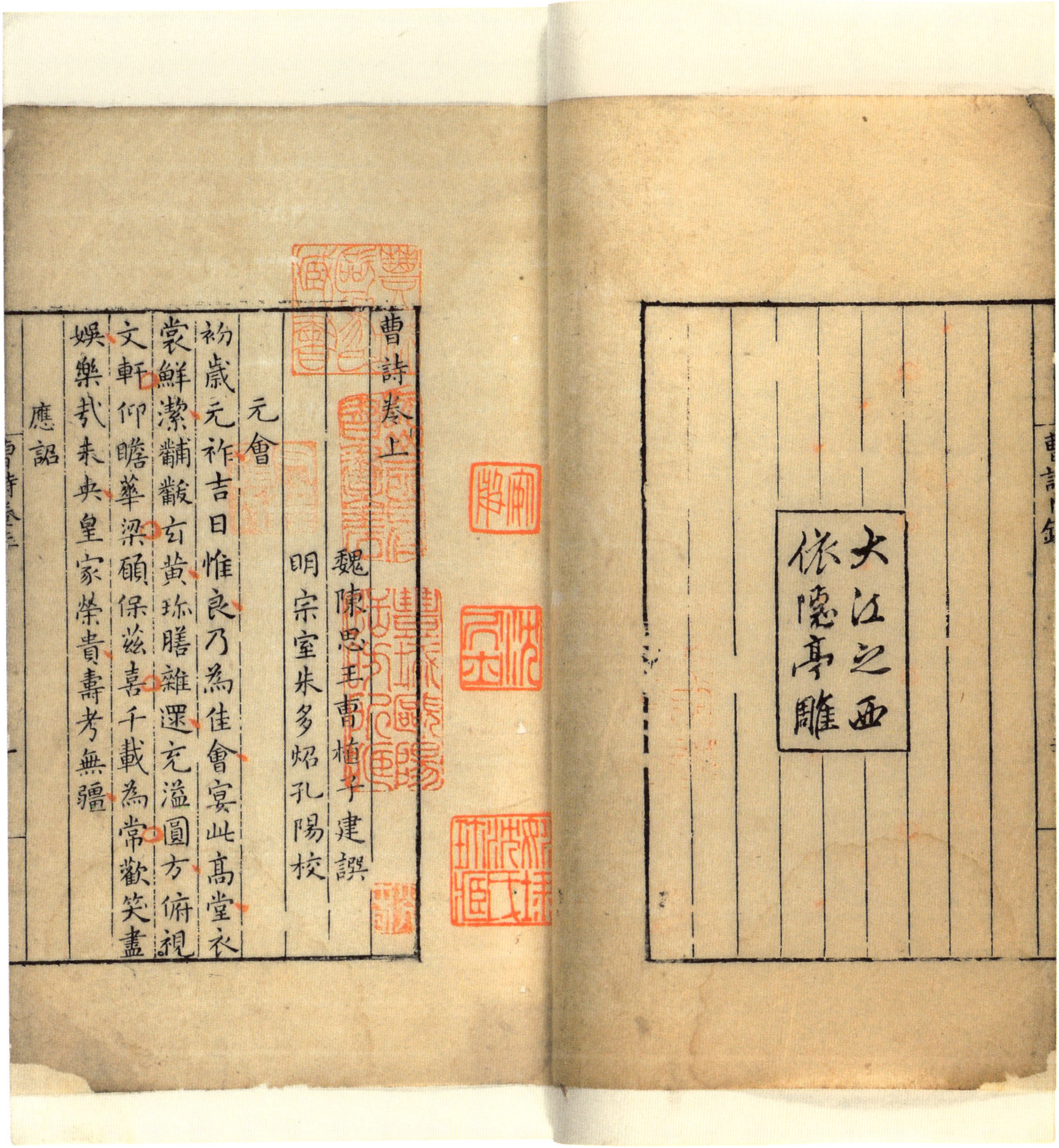

11831 曹詩二卷 （三國魏）曹植撰 （明）朱多炤輯 明依隱亭刻本

匡高13.7厘米，廣9厘米。半葉九行，行十七字，細黑口，四周單邊。有“大江之西依隱亭雕”牌記。有“豐城歐陽恬昉所藏”“姚埭沈氏珍藏”“孺卿”“子培”等印。沈曾植批。雲南大學圖書館藏。

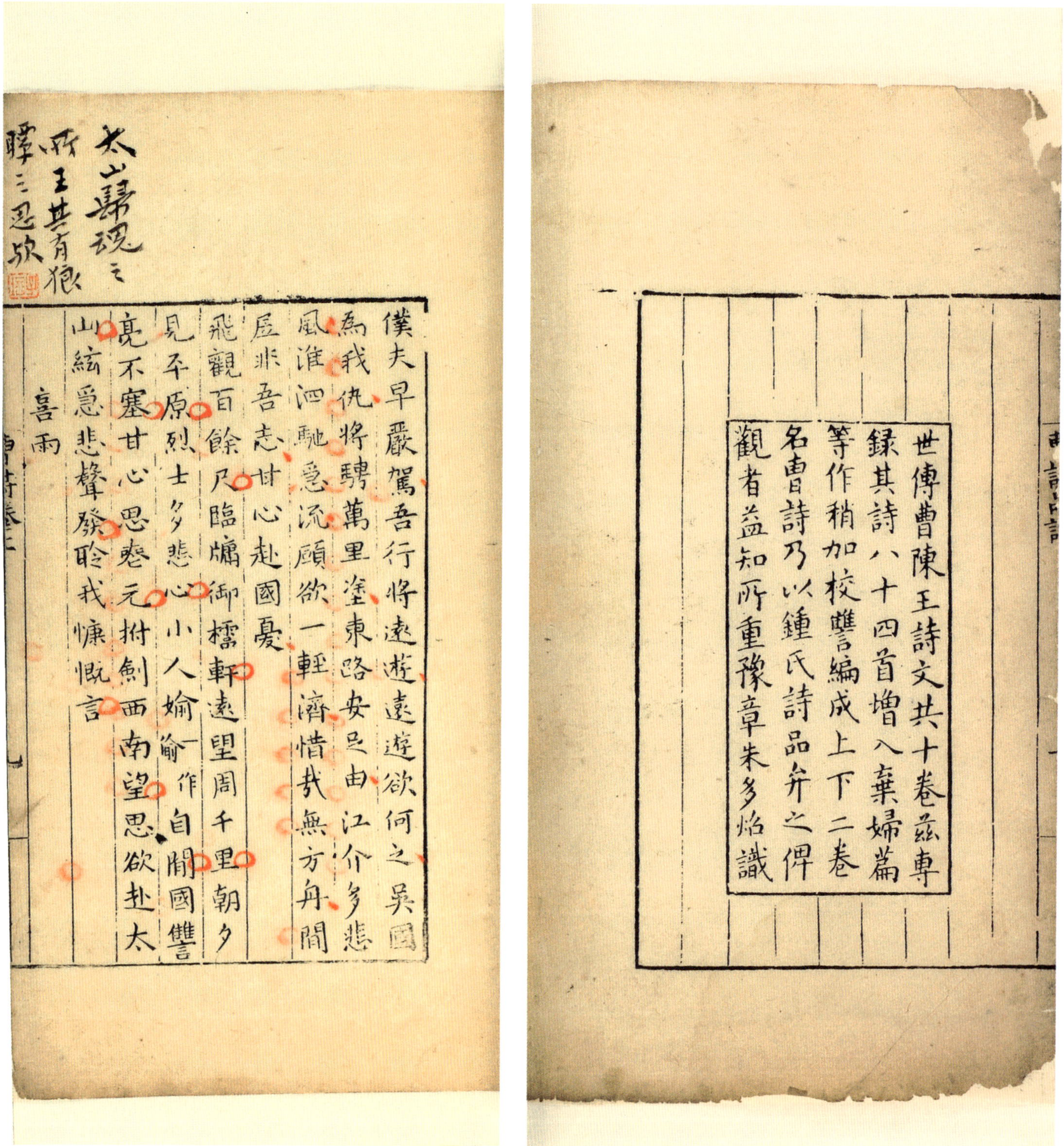
世傳曹陳王詩文共十卷茲專録其詩八十四首增入棄婦篇等作稍加校讐編成上下二卷名曹詩乃以鍾氏詩品弁之俾觀者益知所重豫章朱多炤識

僕夫早嚴駕吾行將遠遊遠遊欲何之吳國為我仇將騁萬里塗東路安足由江介多悲風淮泗馳急流願欲一輕濟惜哉無方舟閒居非吾志甘心赴國憂

飛觀百餘尺臨牖御櫺軒遠望周千里朝夕見平原烈士多悲心小人媮一作偷自閒國讐亮不塞甘心思喪元拊劍西南望思欲赴太山絃急悲聲發聆我慷慨言

喜雨

11831 曹詩二卷

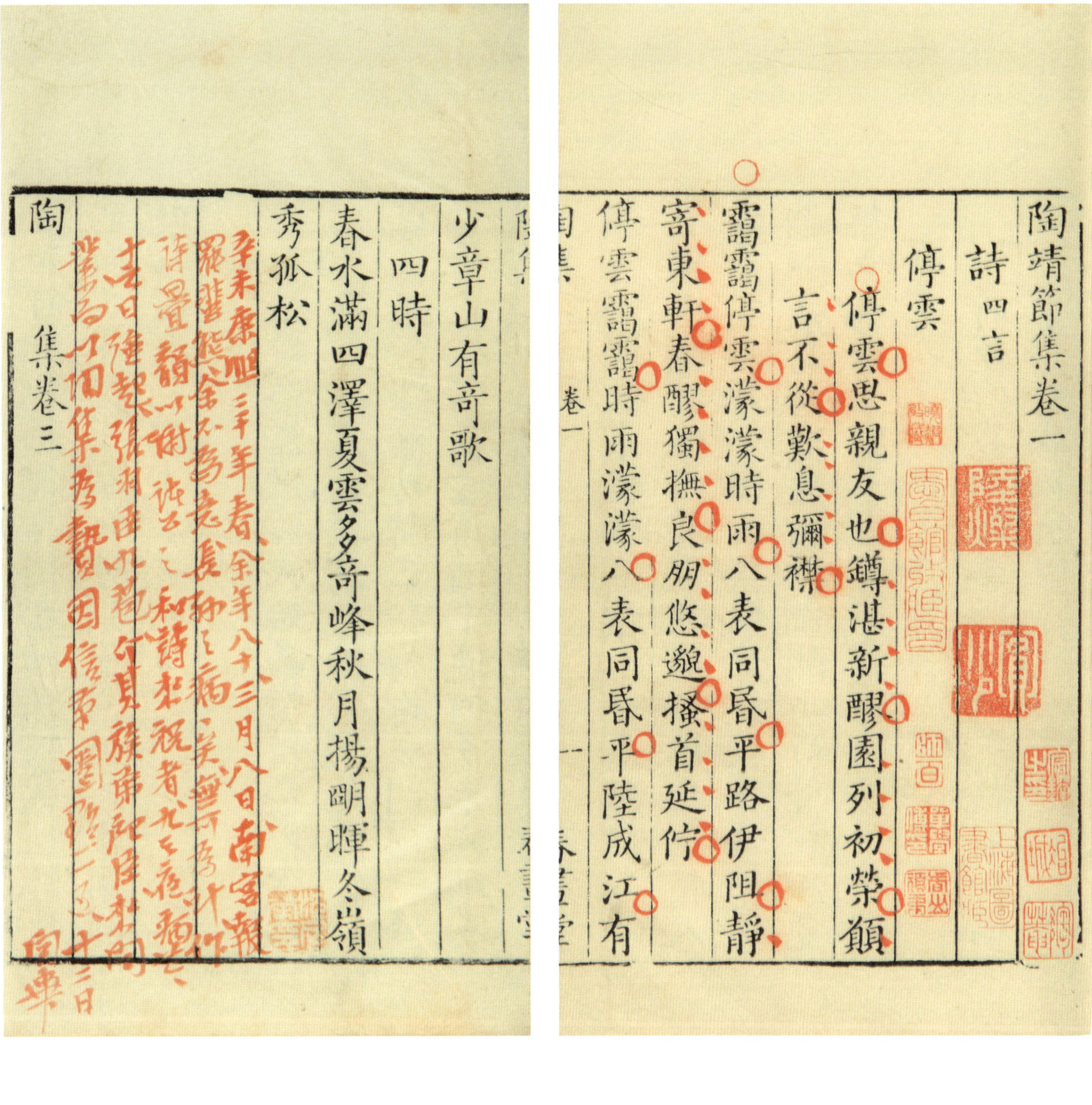

11832 陶靖節集六卷 （晉）陶潛撰　明崇禎十三年（1640）葉益蓀春書堂刻本

匡高17.7厘米，廣12.6厘米。半葉八行，行十七字，白口，四周單邊。有“圓沙”“陸燦”“單學傅印”“爱日館收藏印”“曉椴收藏”等印。錢陸燦批點並跋。上海圖書館藏。

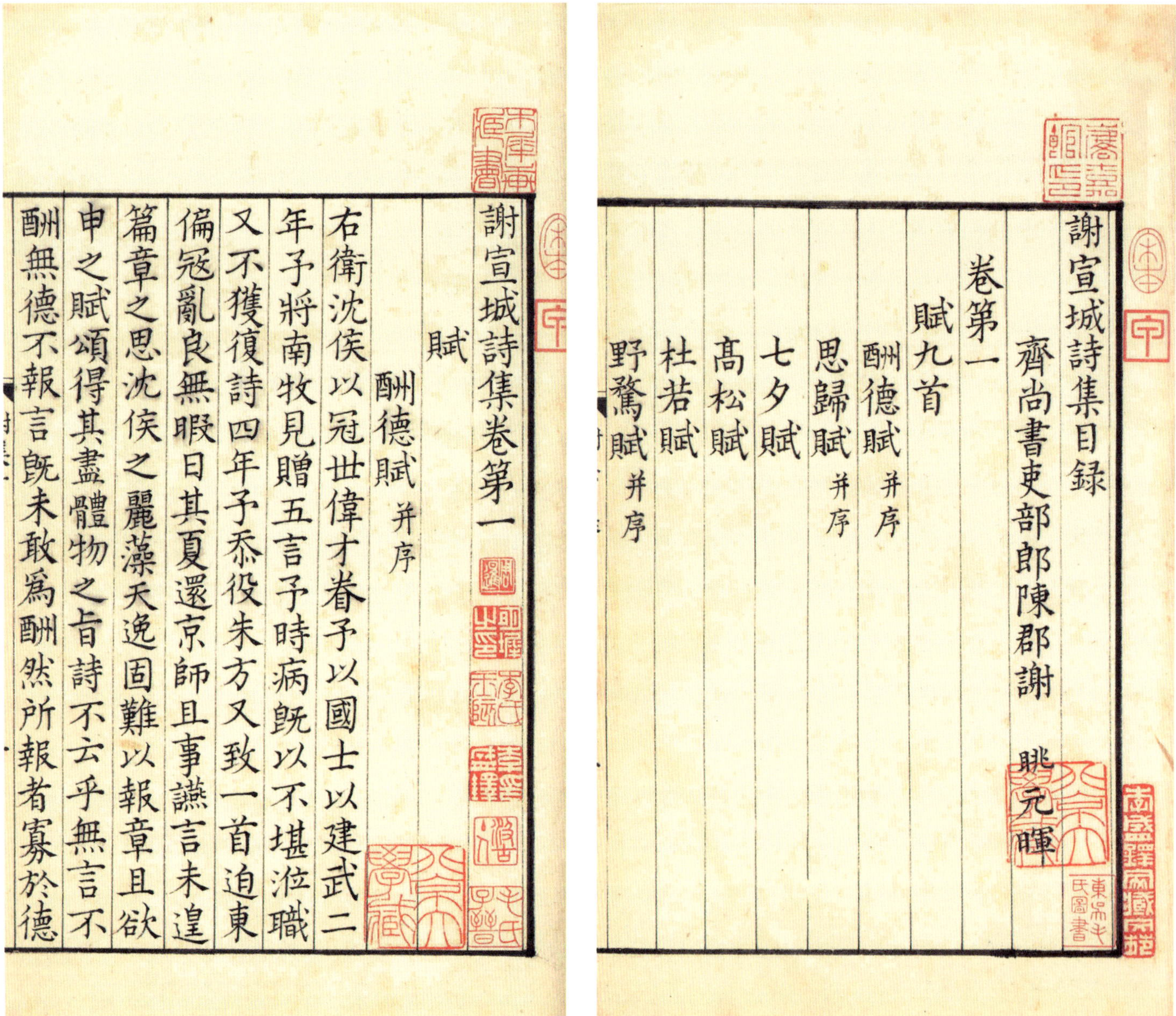
謝宣城詩集目録
齊尚書吏部郎陳郡謝　朓元暉
卷第一
賦九首
酬德賦 并序
思歸賦 并序
七夕賦
高松賦
杜若賦
野鶩賦 并序

謝宣城詩集卷第一
賦
酬德賦 并序
右衛沈侯以冠世偉才眷予以國士以建武二年予將南牧見贈五言予時病既以不堪涖職又不獲復詩四年予忝役朱方又致一首迫東偏冦亂良無暇日其夏還京師且事讌言未遑篇章之思沈侯之麗藻天逸固難以報章且欲申之賦頌得其盡體物之旨詩不云乎無言不酬無德不報言既未敢爲酬然所報者寡於德

11833 謝宣城詩集五卷　（南朝齊）謝朓撰　明末毛氏汲古閣影宋抄本

匡高21.7厘米，廣15.9厘米。半葉十行，行十八字，白口，左右雙邊。有“毛氏子晉”“汲古主人”“周暹”“李印盛鐸”“木犀軒藏書”等印。北京大學圖書館藏。

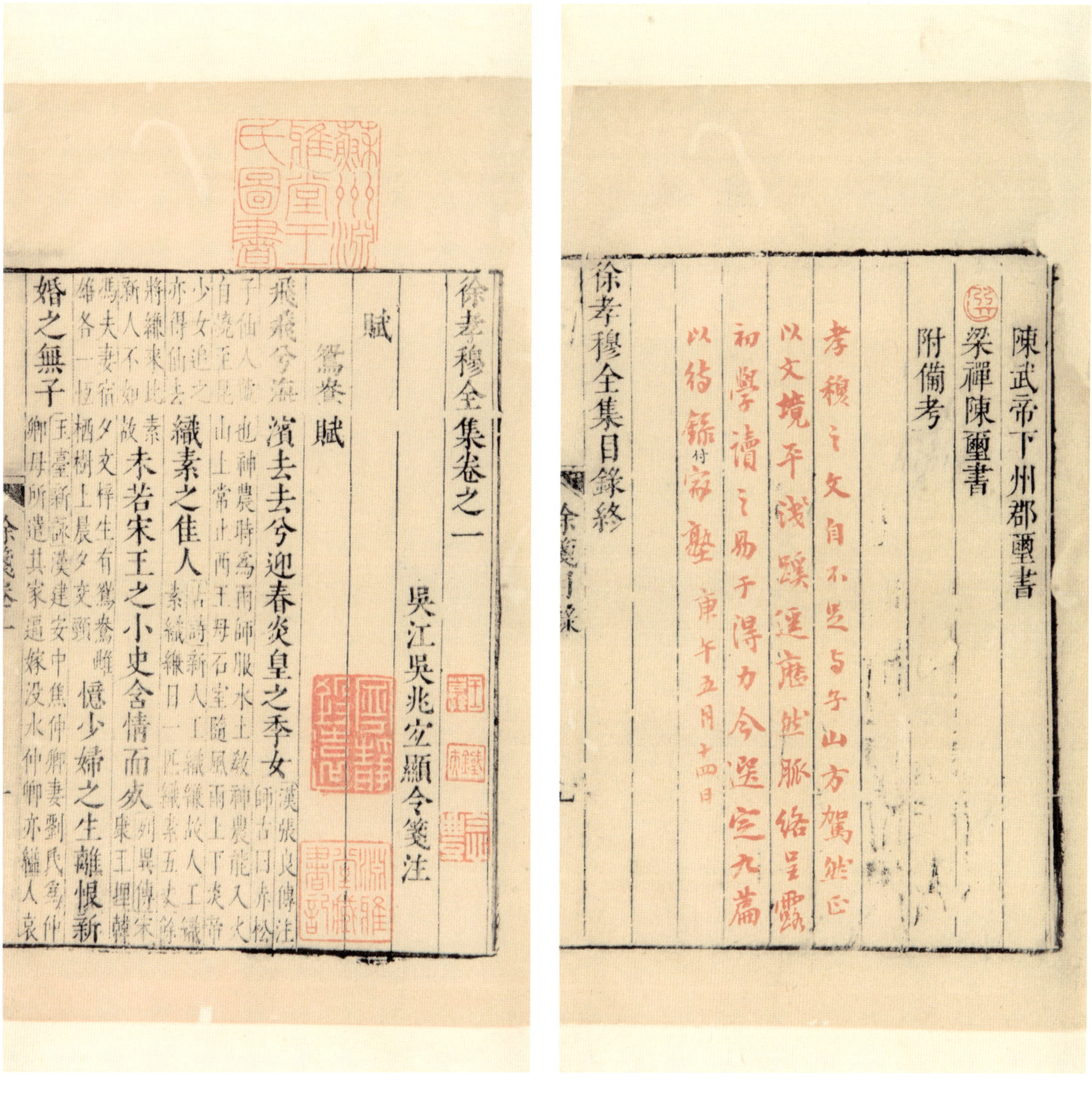

11834 徐孝穆全集六卷 （南朝陳）徐陵撰 （清）吴兆宜箋注 **備考一卷** （清）徐文炳撰 清刻本

匡高18.8厘米，廣14.2厘米。半葉十行，行二十字，小字雙行同，白口，左右雙邊。有“王芑孫”“蘇州淵雅堂王氏圖書”等印。王芑孫批並跋。上海圖書館藏。

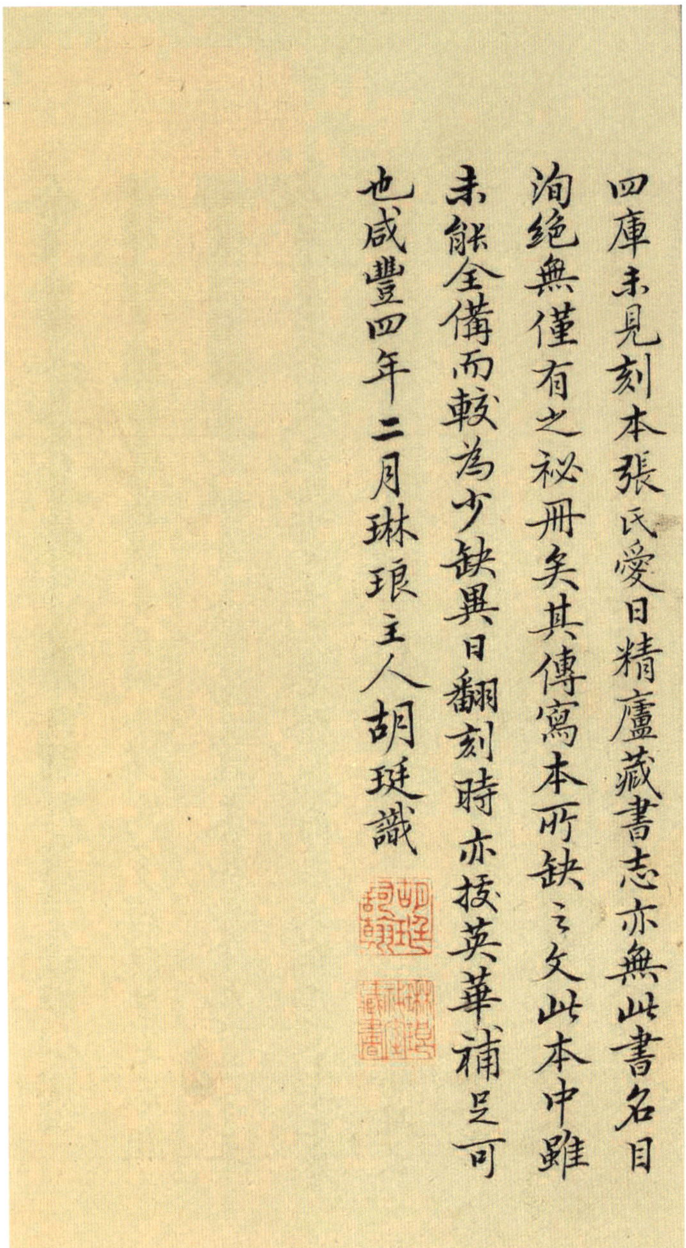

四庫未見刻本張氏愛日精廬藏書志亦無此書名目洵絶無僅有之祕冊矣其傳寫本所缺之文此本中雖未能全備而較爲少缺異日翻刻時亦援英華補足可也咸豐四年二月琳琅主人胡珽識

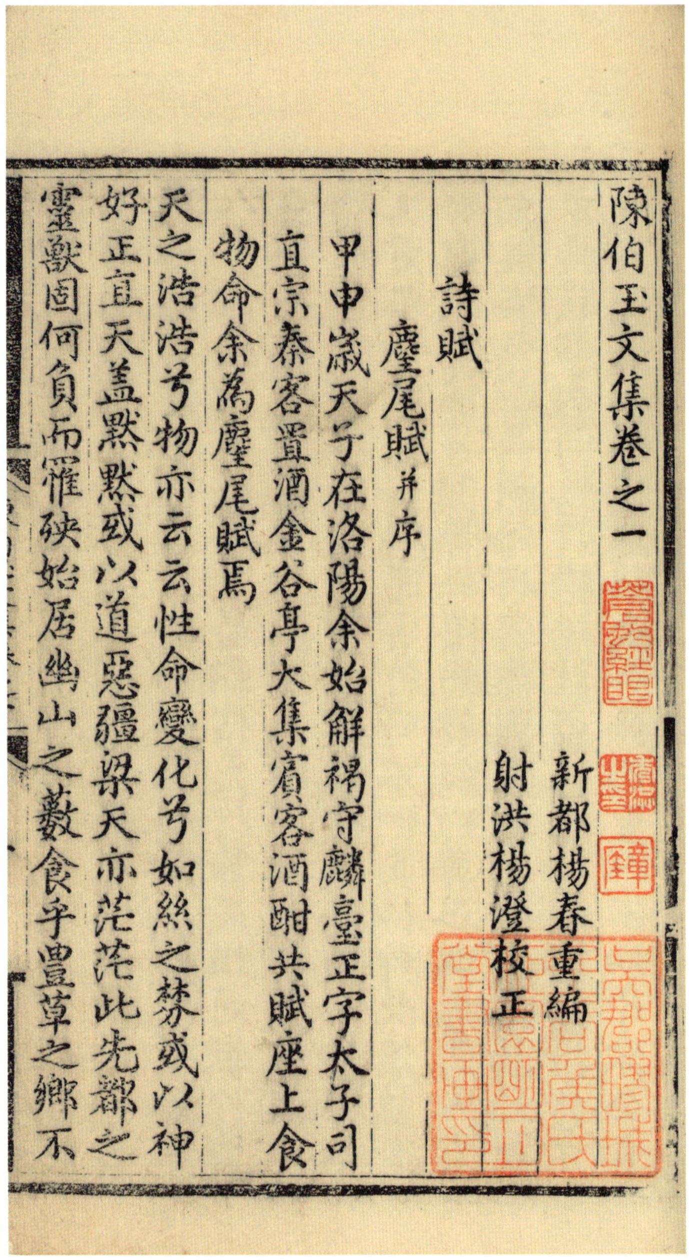

陳伯玉文集卷之一

新都楊春重編
射洪楊澄校正

詩賦

麈尾賦并序

甲申歲天子在洛陽余始解褐守麟臺正字太子司直宗秦客置酒金谷亭大集賓客酒酣共賦座上食物命余爲麈尾賦焉

天之浩浩兮物亦云云性命變化兮如絲之棼或以神好正直天蓋黙黙或以道惡强梁天亦茫茫此先鄒之靈獸固何負而罹殃始居幽山之藪食乎豐草之鄉不

11835 陳伯玉文集十卷　（唐）陳子昂撰　明弘治四年（1491）楊澄刻本

匡高22.2厘米，廣14.8厘米。半葉十一行，行二十一字，黑口，四周雙邊。有“吳郡瞟城上谷猋氏柜園明月堂書畫印”“大隆審定”等印。胡珽跋。國家圖書館藏。

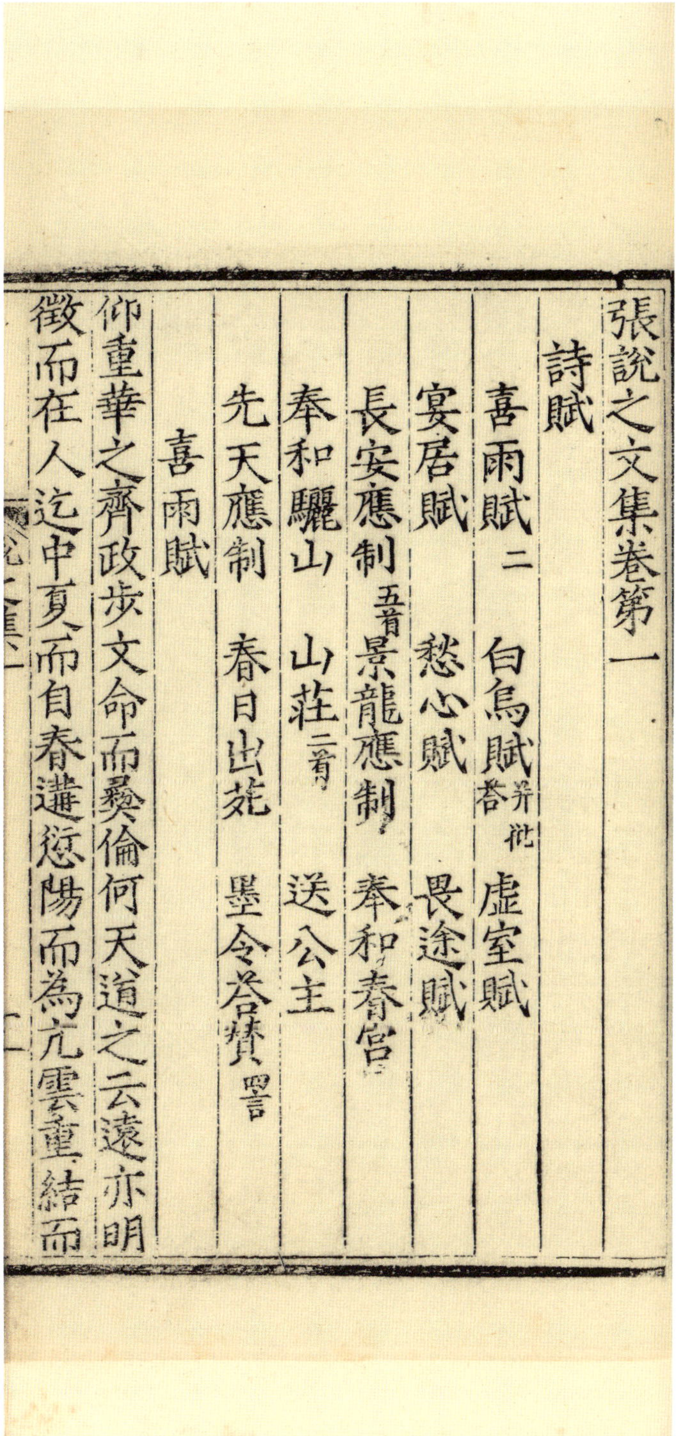
張說之文集卷第一
詩賦
喜雨賦二　白烏賦并批荅　虛室賦
宴居賦　愁心賦　畏途賦
長安應制五首　景龍應制　奉和春宫
奉和驪山　山莊二首　送公主
先天應制　春日出苑　墨令荅賛
喜雨賦
仰重華之齊政步文命而彝倫何天道之云遠亦明
徵而在人迄中夏而自春遘愆陽而為亢雲重結而

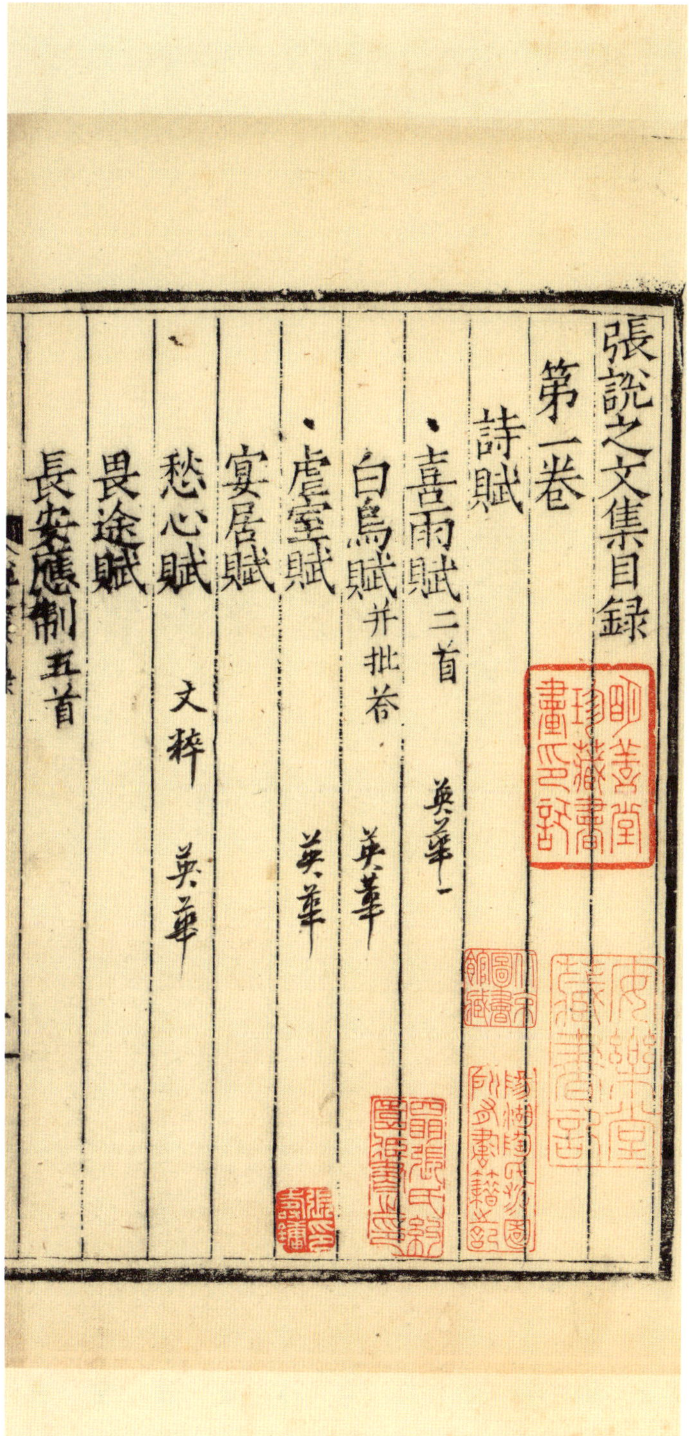
張說之文集目録
第一卷
詩賦
喜雨賦二首　英華一
白烏賦并批荅　英華
虗室賦　英華
宴居賦
愁心賦　文粹　英華
畏途賦
長安應制五首

11836 張說之文集二十五卷　（唐）張說撰　明嘉靖十六年（1537）伍氏龍池草堂刻本

匡高20.4厘米，廣14.5厘米。半葉十行，行二十字，白口，四周雙邊。有“安樂堂藏書記”“明善堂珍藏書畫印記”“陽湖陶氏涉園所有書籍之記”“四明張氏約園藏書之印”“張印壽鏞”等印。彭年校，錢穀跋。國家圖書館藏。

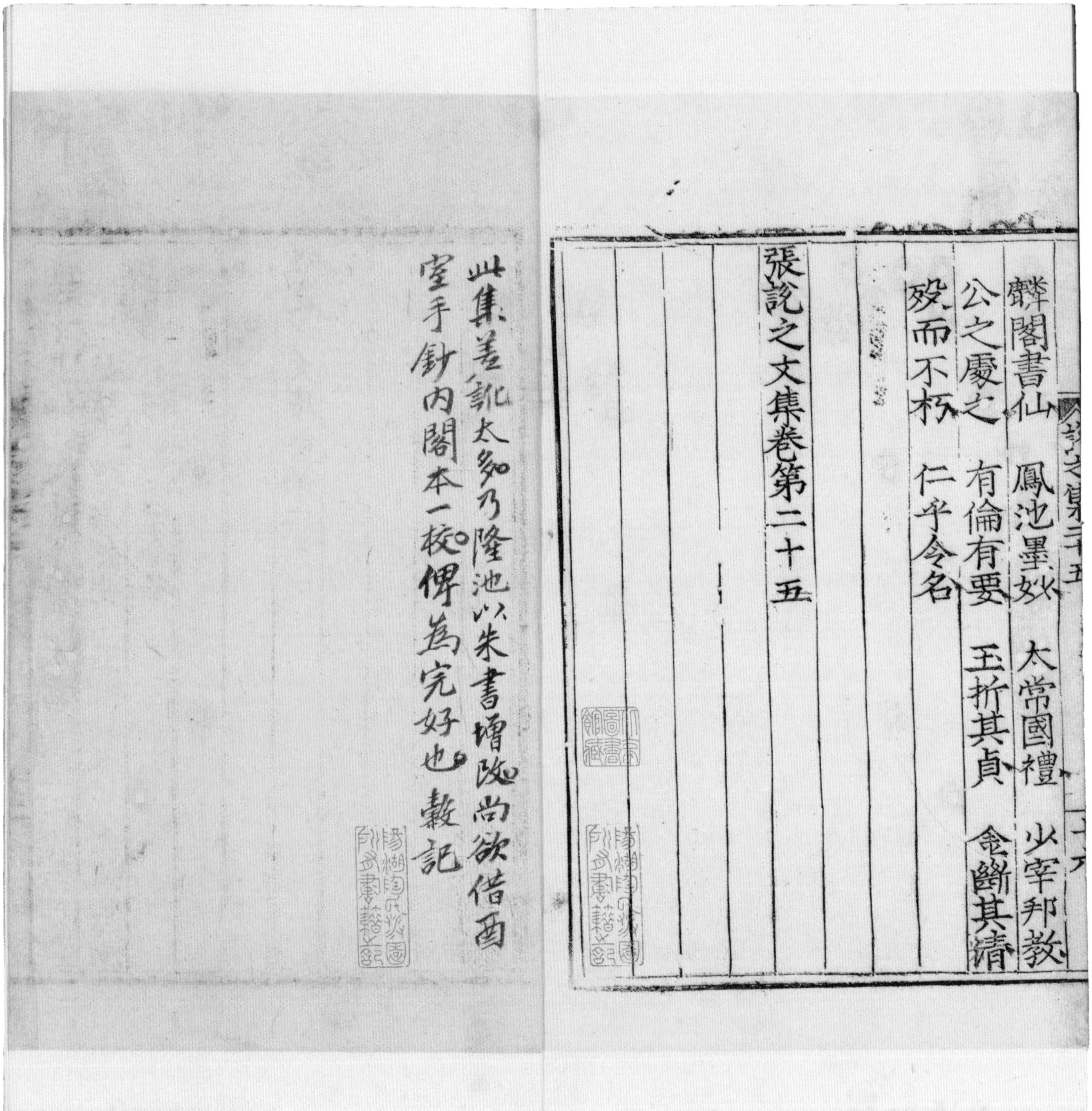

麟閣書仙　鳳池墨妙　太常國禮　少宰邦教
公之憂之　有倫有要　玉折其貞　金鏘其清
歿而不朽　仁乎令名
張說之文集卷第二十五

此集差訛太多乃隆池以朱書増改尚欲借西室手鈔内閣本一校俾為完好也　穀記

11836 張說之文集二十五卷

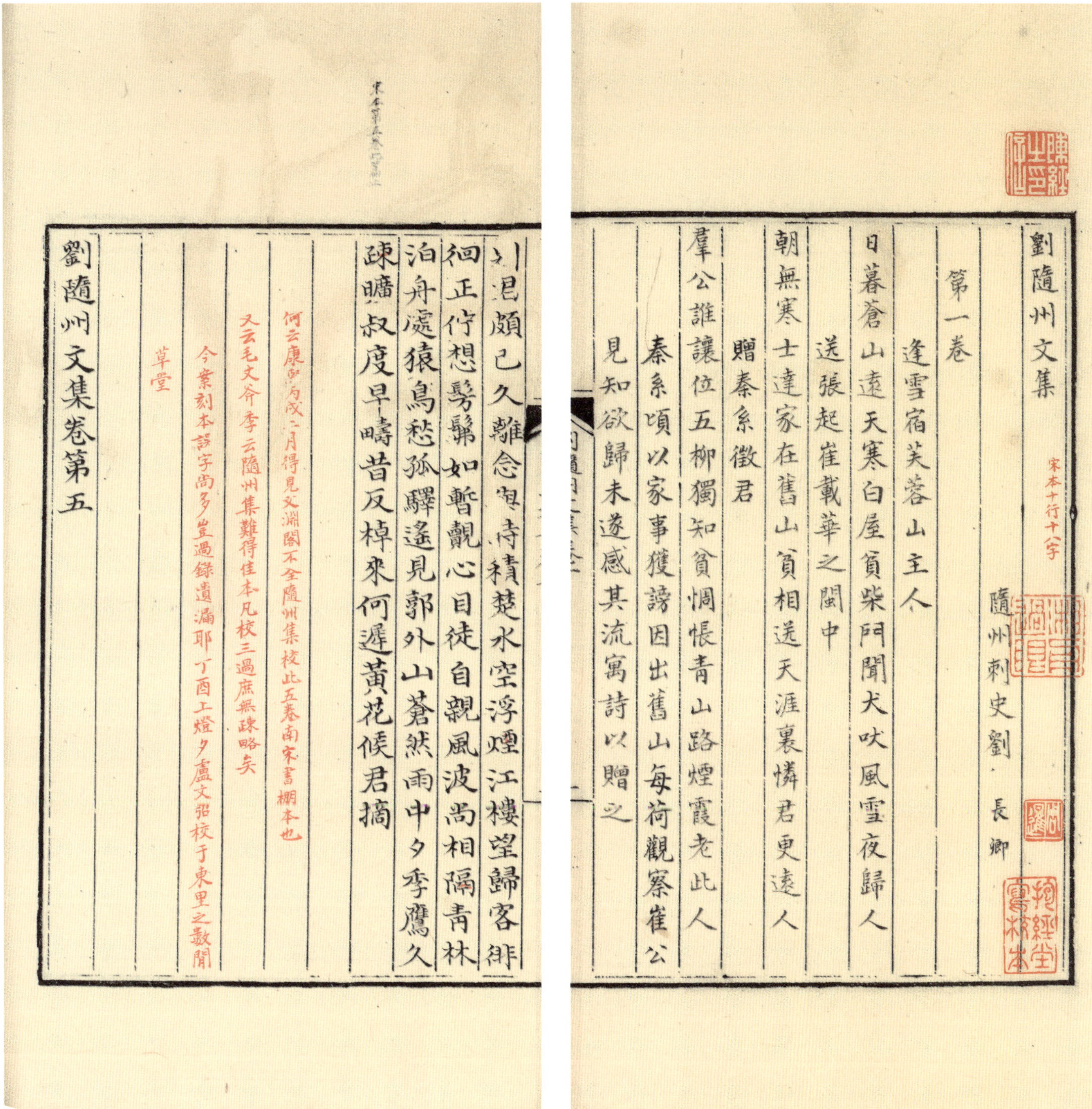

劉隨州文集

宋本十行十八字

隨州刺史劉　長卿

第一卷

逢雪宿芙蓉山主人

日暮蒼山遠天寒白屋貧柴門聞犬吠風雪夜歸人

送張起崔載華之閩中

朝無寒士達家在舊山貧相送天涯裏憐君更遠人

贈秦系徵君

羣公誰讓位五柳獨知貧惆悵青山路煙霞老此人

秦系頃以家事獲謗因出舊山每荷觀察崔公

見知欲歸未遂感其流寓詩以贈之

別淚頗已久離念與時積楚水空浮煙江樓望歸客徘

徊正佇想鬢鬚如暫覿心目徒自親風波尚相隔青林

泊舟處猿鳥愁孤驛遥見郭外山蒼然雨中夕季鷹久

疎曠叔度早疇昔反棹來何遲黃花候君摘

何云康熙丙戌二月得見文淵閣不全隨州集校此五卷南宋書棚本也

又云毛文斧季云隨州集難得佳本凡校三過庶無疎略矣

今案刻本誤字尚多豈過錄遺漏耶丁酉上燈夕盧文弨校于東里之敷閒

草堂

劉隨州文集卷第五

11837 劉隨州文集十一卷　（唐）劉長卿撰　清乾隆四十一年（1776）盧文弨抄本

匡高19.7厘米，廣13.6厘米。半葉十一行，行二十一字，白口，四周雙邊。有“弓父手校”“盧文弨”“抱經堂寫校本”“湘舟過眼”“周暹”等印。盧文弨校跋並録何焯跋。國家圖書館藏。

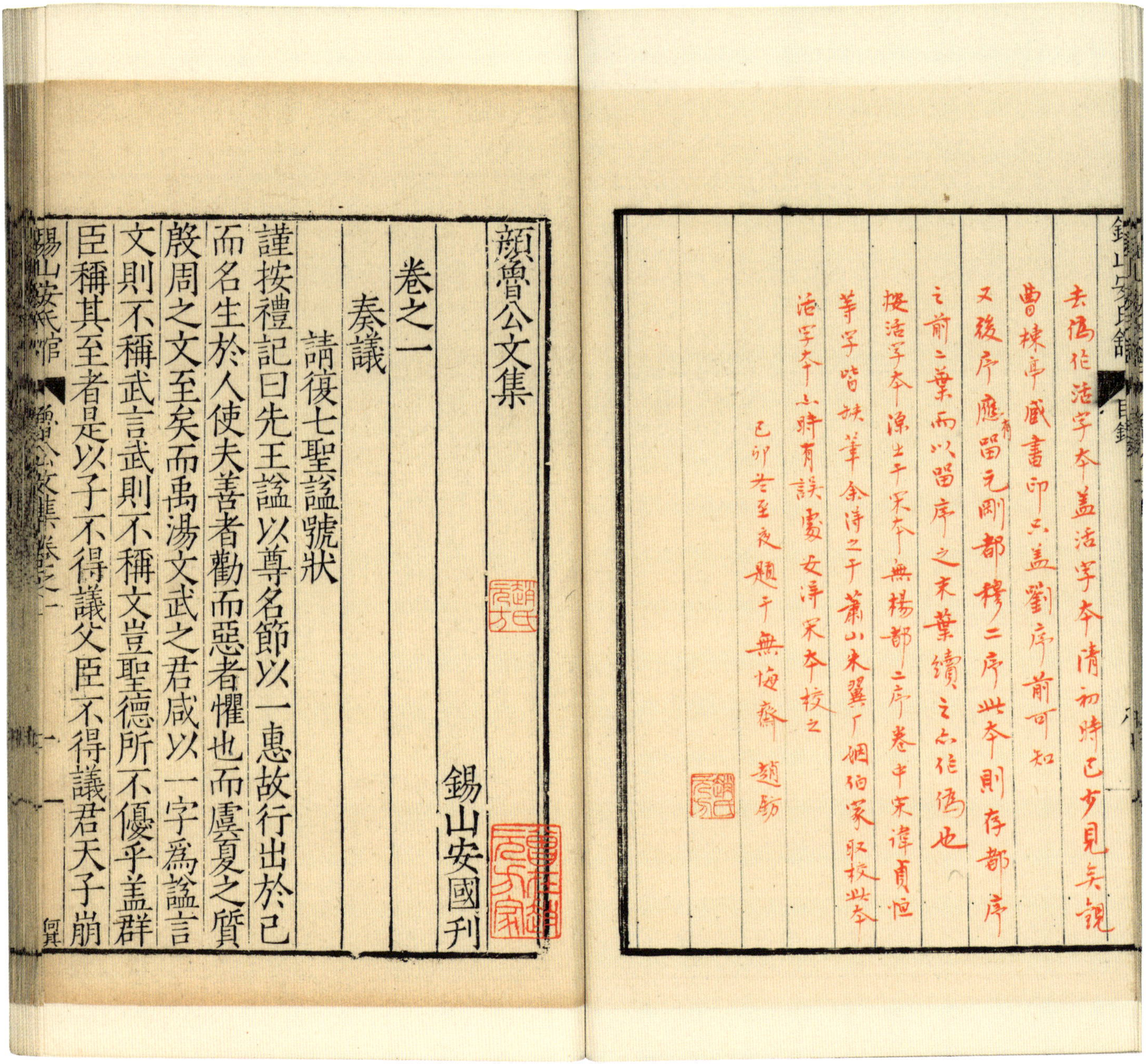

11838 顏魯公文集十五卷補遺一卷 （唐）顏真卿撰 **年譜一卷** （宋）留元剛撰 **附録一卷** 明嘉靖二年（1523）安國安氏館刻本

匡高19.7厘米，廣14.2厘米。半葉十行，行二十字，白口，左右雙邊。有“楝亭曹氏藏書”“長白敷槎氏堇齋昌齡圖書印”“聽雨樓查氏有圻珍賞圖書”“曾在趙元方家”“趙氏元方”等印。趙鈁跋。國家圖書館藏。

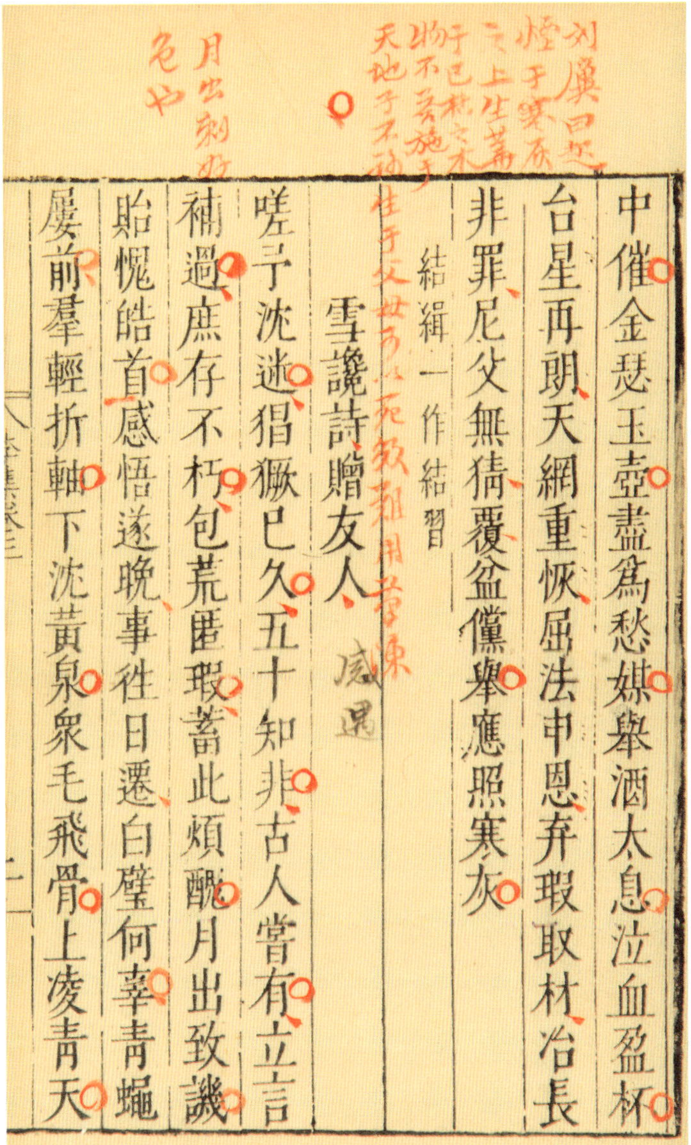

中催金瑟玉壺盡爲愁娥舉酒太息泣血盈杯
台星再朗天網重恢屈法申恩弃瑕取材冶長
非罪尼父無猜覆盆儻舉應照寒灰
結緝一作結習
雪讒詩贈友人
嗟予沈迷猖獗已久五十知非古人嘗有立言
補過庶存不朽包荒匿瑕蓄此頑醜月出致譏
貽愧皓首感悟遂晚事往日遷白璧何辜青蠅
屢前群輕折軸下沈黃泉衆毛飛骨上凌青天

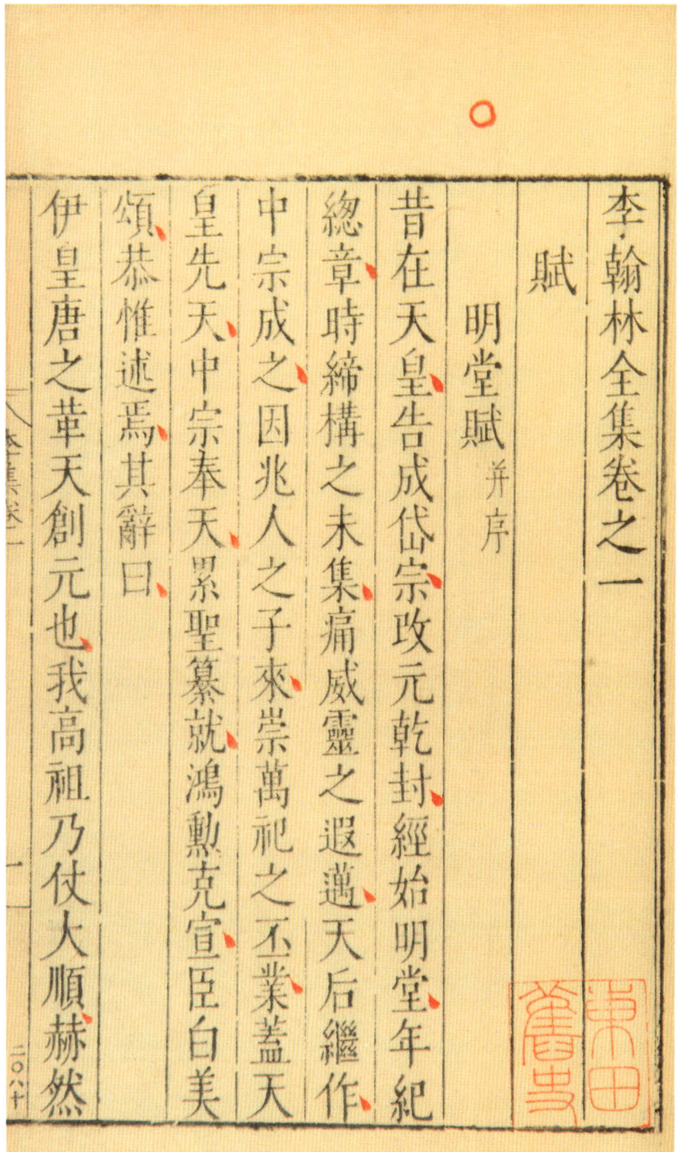

李翰林全集卷之一
賦
明堂賦 并序
昔在天皇告成岱宗改元乾封經始明堂年紀
總章時締構之未集痛威靈之遐邈天后繼作
中宗成之因兆人之子來崇萬祀之丕業蓋天
皇先天中宗奉天累聖纂就鴻勳克宣臣白美
頌恭惟述焉其辭曰
伊皇唐之革天創元也我高祖乃仗大順赫然

11839 李翰林全集四十二卷目録四卷 （唐）李白撰　（明）劉世教輯
年譜一卷 （宋）薛仲邕撰　明萬曆四十年（1612）刻合刻分體李杜全集本
匡高20.2厘米，廣14.6厘米。半葉九行，行十八字，白口，左右雙邊。有“東田舊史”“翁印同龢”“虞山翁同龢印”等印。趙士春批，海濱漫士題識，翁同龢跋。上海圖書館藏。

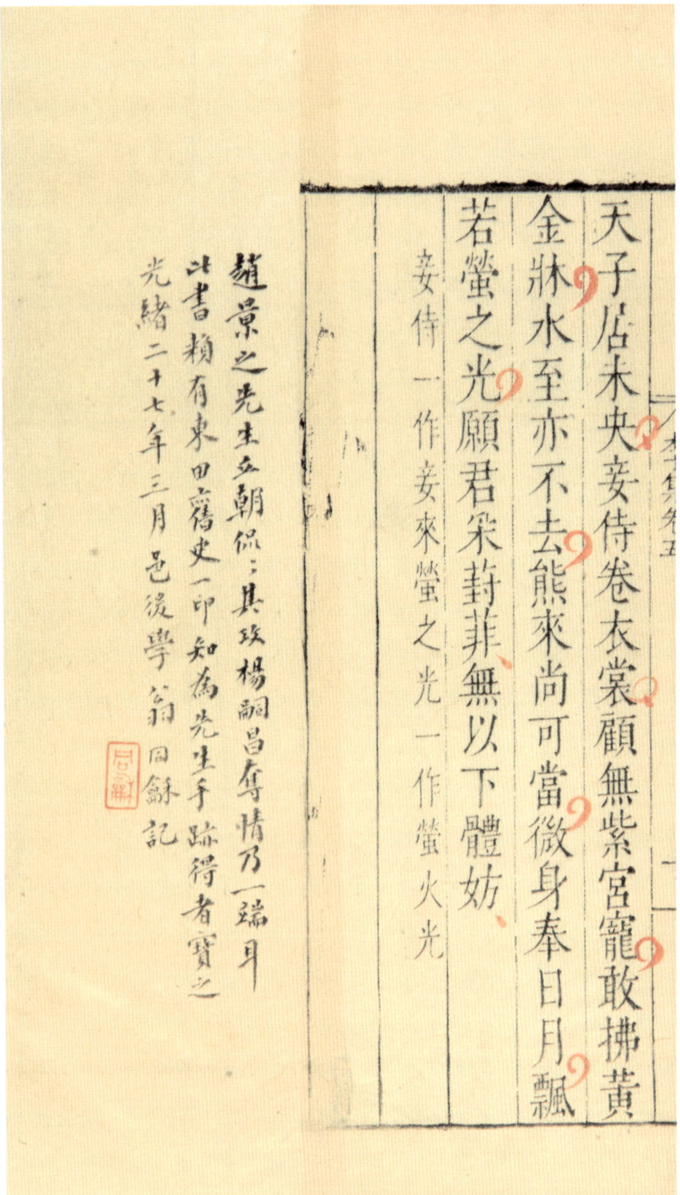

天子居未央妾侍卷衣裳顧無紫宮寵敢拂黃金牀水至亦不去熊來尚可當微身奉日月飄若螢之光願君采葑菲無以下體妨

妾侍一作妾來　螢之光一作螢火光

趙棨之先生立朝侃侃其改楊嗣昌奪情乃一端耳此書頼有東田舊史一印知爲先生手跡得者寶之

光緒二十七年三月邑後學翁同龢記

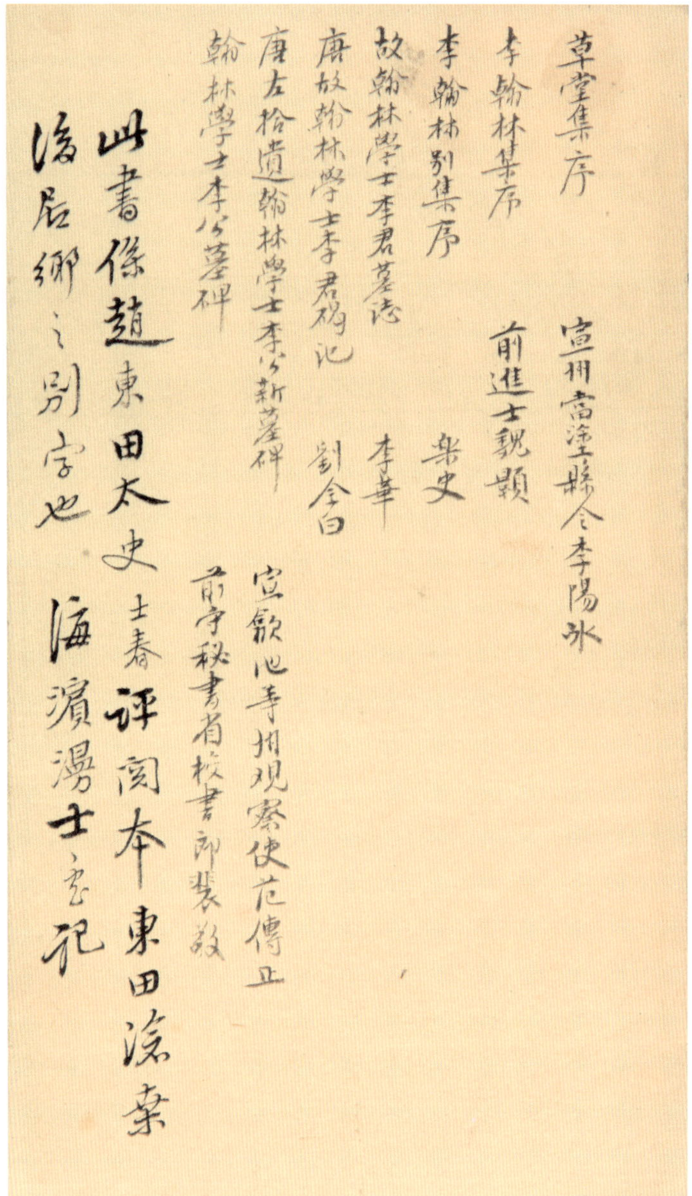

草堂集序　宣州當塗縣令李陽冰

李翰林集序　前進士魏顥

李翰林别集序　樂史

故翰林學士李君墓誌　李華

唐故翰林學士李君碣記　劉全白

唐左拾遺翰林學士李公新墓碑　宣歙池等州观察使范傳正

翰林學士李公墓碑　前守秘書省校書郎裴敬

此書係趙東田太史士春評閱本東田諱棨後居鄉之别字也　海濵湯士□記

11839 李翰林全集四十二卷目録四卷　（唐）李白撰　（明）劉世教輯

年譜一卷　（宋）薛仲邕撰

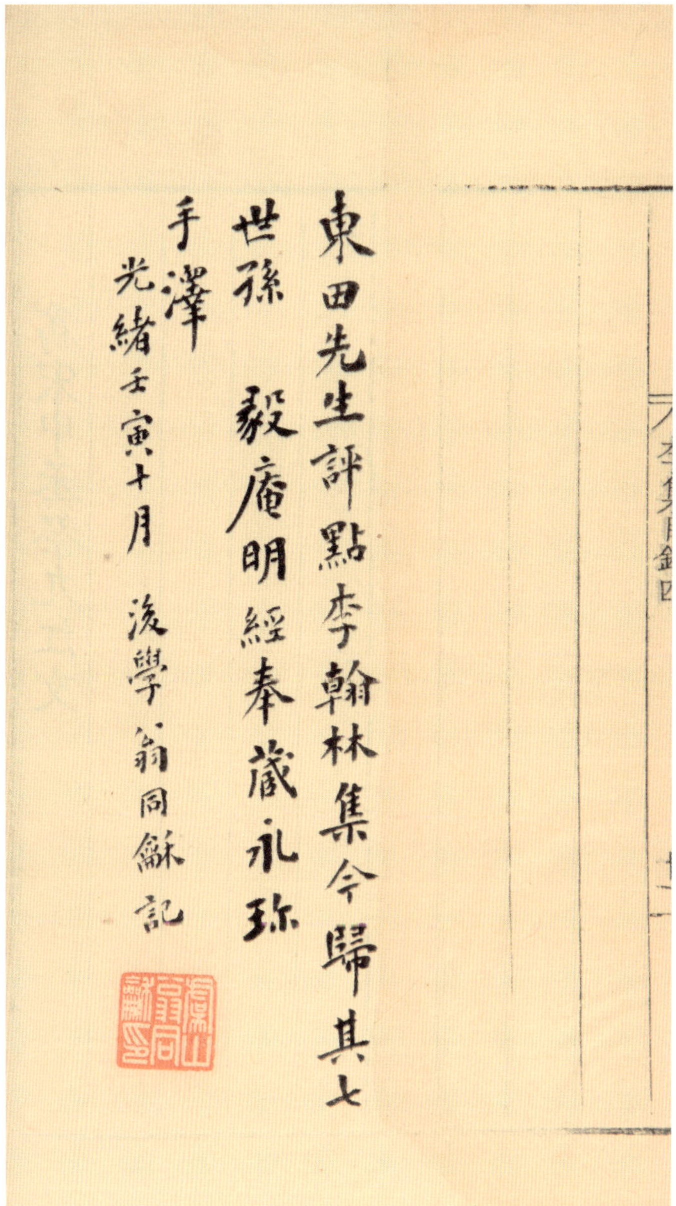
東田先生評點李翰林集今歸其七世孫 毅庵明經奉藏永珎手澤
光緒壬寅十月 後學翁同龢記

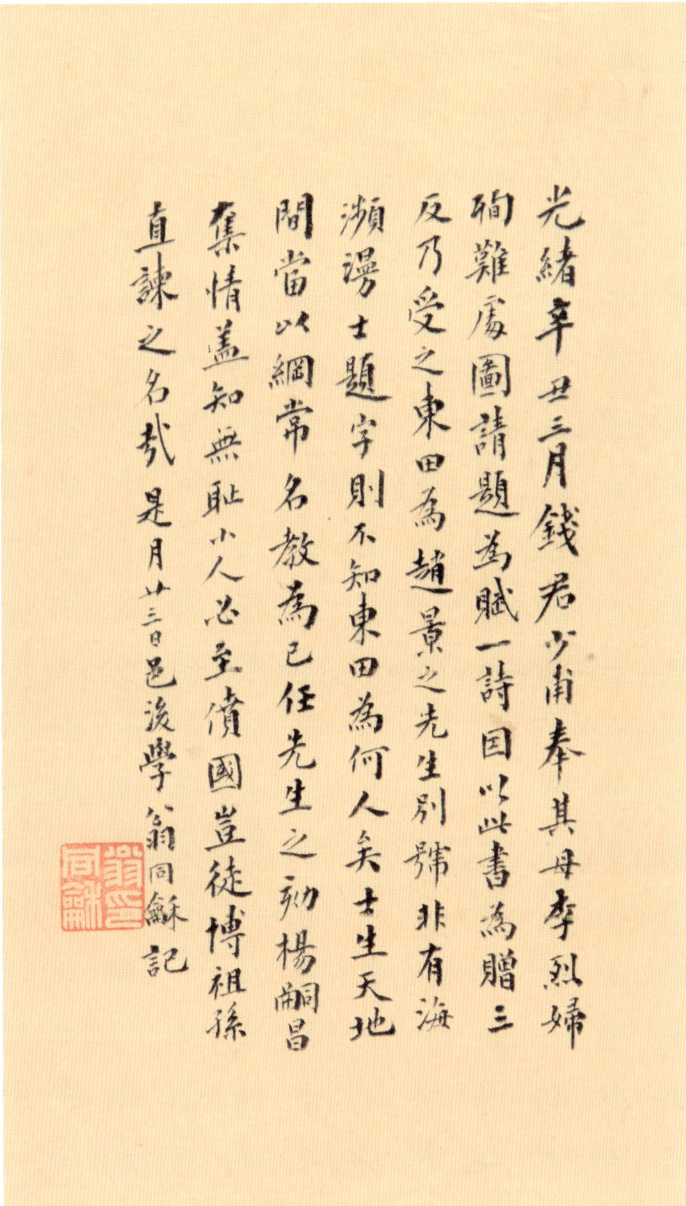
光緒辛丑三月錢君少甫奉其母李烈婦殉難處圖請題爲賦一詩因以此書爲贈三反乃受之東田爲趙景之先生別號非有海瀕湯士題字則不知東田爲何人矣士生天地間當以綱常名教爲己任先生之勍楊嗣昌奪情蓋知無恥小人必至僨國豈徒博祖孫直諫之名哉 是月廿三日邑後學翁同龢記

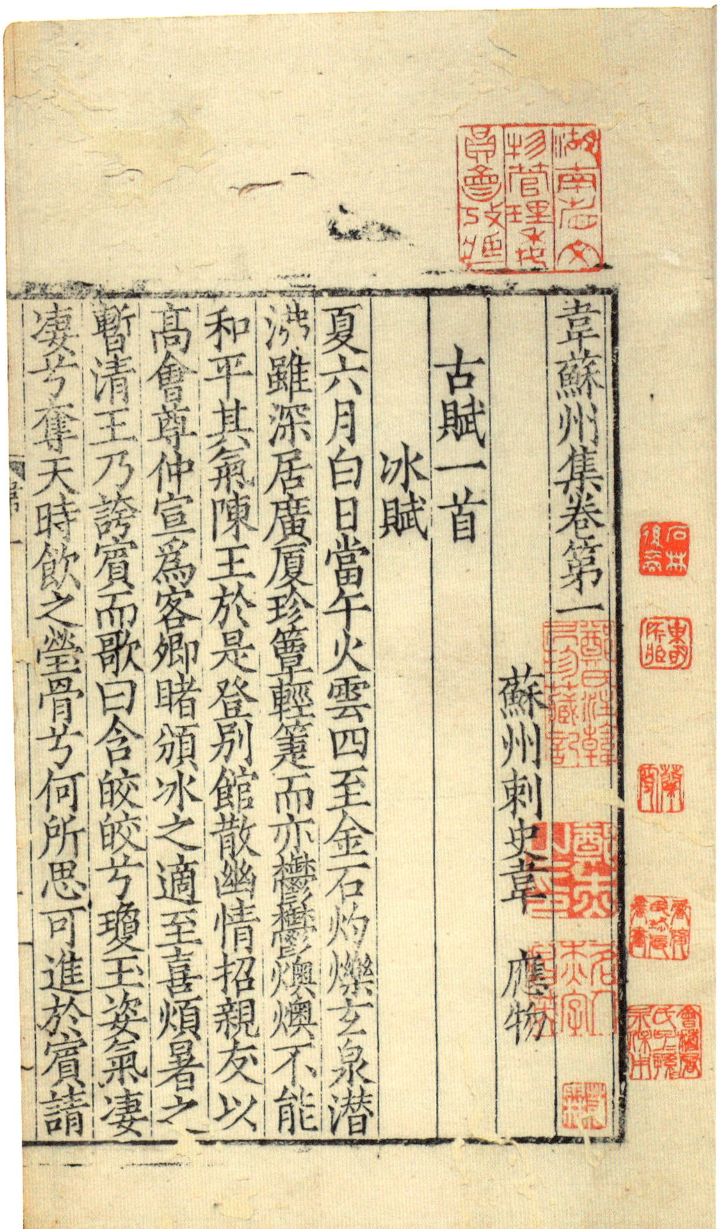

韋蘇州集卷第一

蘇州刺史韋　應物

古賦一首

冰賦

夏六月白日當午火雲四至金石灼爍玄泉潛洑雖深居廣厦珍簟輕箑而亦鬱鬱燠燠不能和平其氣陳王於是登别館散幽情招親友以高會尊仲宣爲客卿睹頒冰之適至喜煩暑之暫清王乃誇賓而歌曰含皎皎兮瓊玉姿氣凄凄兮奪天時歛之瑩骨兮何所思可進於賓請

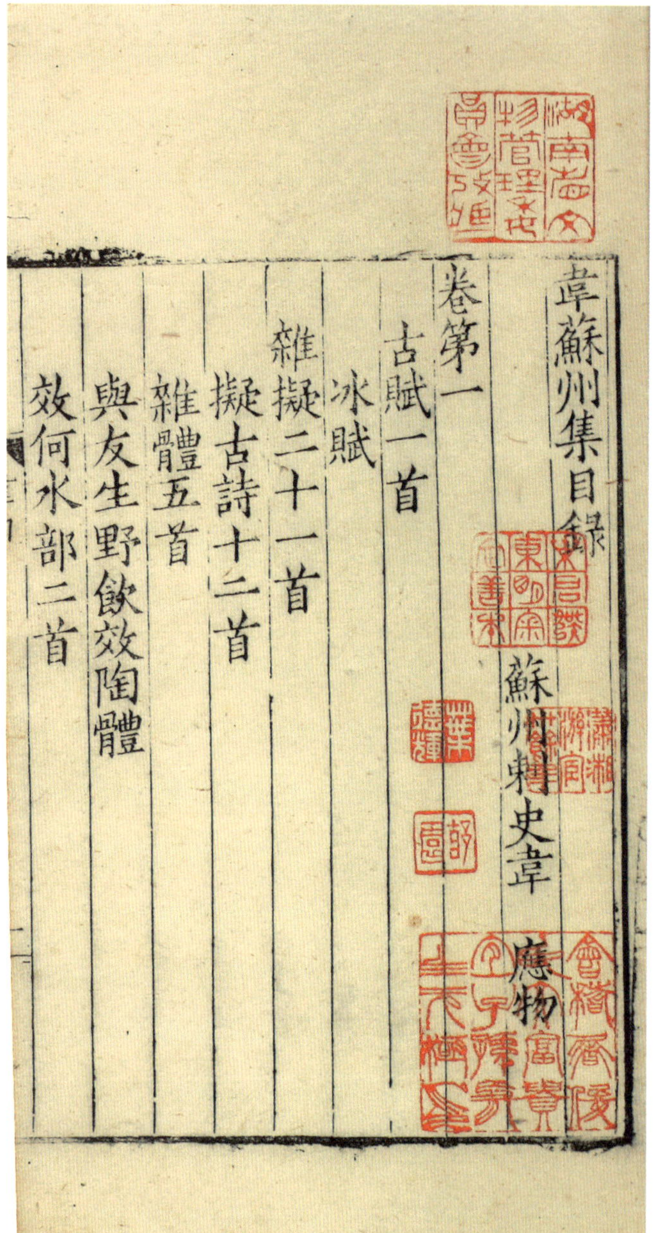

韋蘇州集目録

蘇州刺史韋　應物

卷第一

古賦一首

冰賦

雜擬二十一首

擬古詩十二首

雜體五首

與友生野飲效陶體

效何水部二首

11840 韋蘇州集十卷拾遺一卷　（唐）韋應物撰　明刻本

匡高17.2厘米，廣13厘米。半葉十行，行十八字，白口，左右雙邊。有“鄭杰之印”“鄭氏注韓居珍藏記”“郎園”“葉德輝”“定矦所藏”“葉啓勳”“東明審定”“葉啟發藏”等印。趙慎畛、葉德輝、葉啟勳跋。湖南圖書館藏。

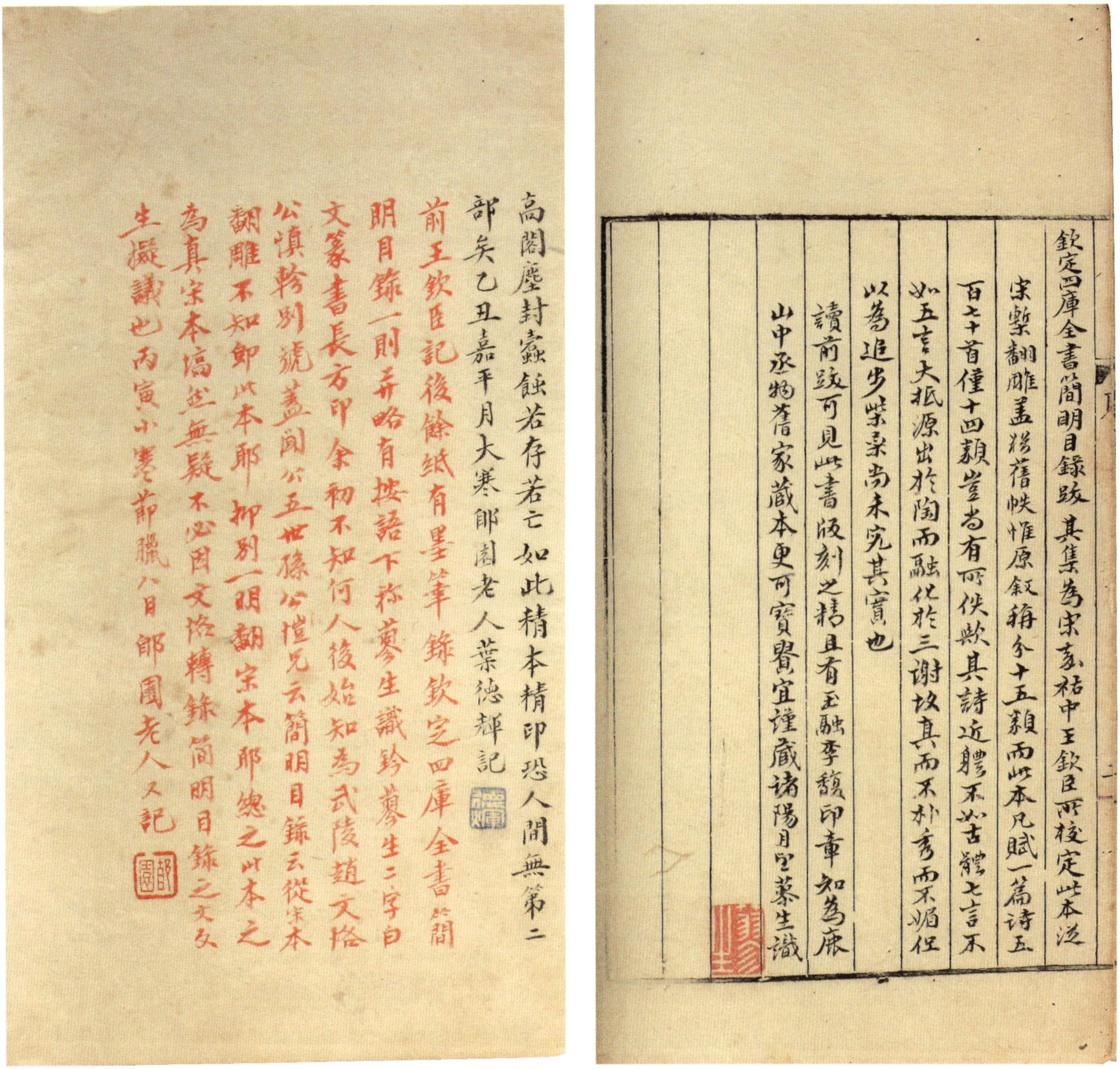

欽定四庫全書簡明目録跋 其集為宋嘉祐中王欽臣所校定此本從宋槧翻雕盖猶舊帙惟原叙稱今十五類而此本凡賦一篇詩五百七十首僅十四類豈尚有所佚歟其詩近體不如古體七言不如五言大抵源出於陶而融化於三謝故真而不朴秀而不媚任以為追步柴桑尚未究其實也

讀前跋可見此書版刻之精且有王融季馥印章知為康山中丞物舊家藏本更可寶貴宜謹藏諸陽月望蓼生識

高閣塵封蠹蝕若存若亡如此精本精印恐人間無第二部矣乙丑嘉平月大寒郎園老人葉德輝記

前王欽臣記後餘紙有墨筆錄欽定四庫全書簡明目錄一則并略有按語下稱蓼生識鈐蓼生二字白文篆書長方印余初不知何人後始知為武陵趙文恪公慎畛别號蓋聞公五世孫公愷兄云簡明目錄云從宋本翻雕不知即此本耶抑别一明翻宋本耶總之此本之為真宋本寫述無疑不必因文恪轉錄簡明目錄之文反生疑議也丙寅小寒節臘八日郎園老人又記

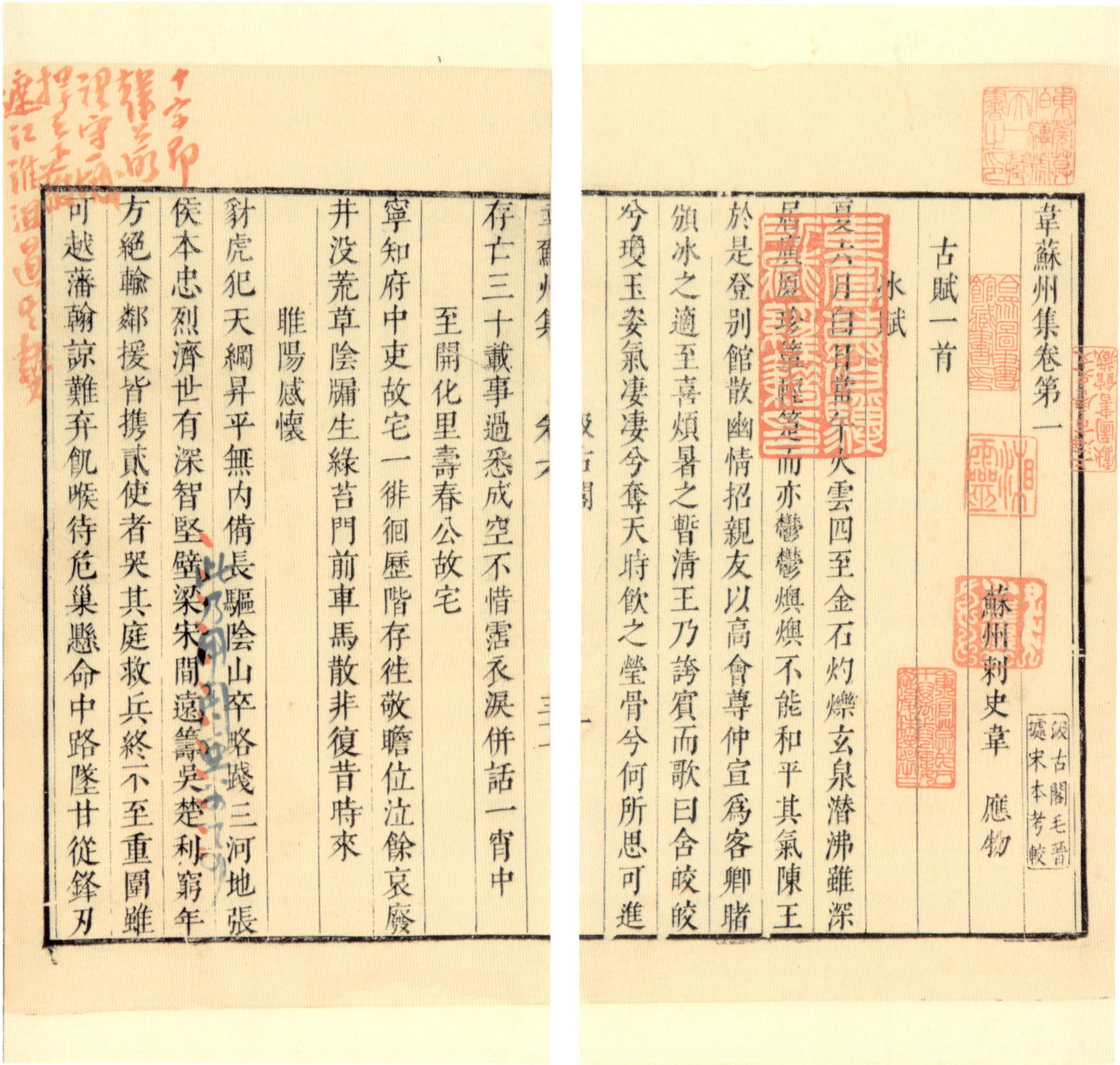

韋蘇州集卷第一

汲古閣毛晉據宋本考較

蘇州刺史韋　應物

古賦一首

冰賦

夏六月白日當午大雲四至金石灼爍玄泉潛沸雖深居廣厦珍簟輕箑而亦鬱鬱熩熩不能和平其氣陳王於是登别館散幽情招親友以高會尊仲宣爲客卿賭頒冰之適至喜煩暑之暫清王乃詩賓而歌曰含皎皎兮瓊玉姿氣凄凄兮奪天時飲之瑩骨兮何所思可進

存亡三十載事過悉成空不惜霑衣淚併話一宵中

至開化里壽春公故宅

寧知府中吏故宅一徘徊歷階存往敬瞻位泣餘哀廢井没荒草陰牖生緑苔門前車馬散非復昔時來

睢陽感懷

豺虎犯天綱昇平無内備長驅陰山卒略踐三河地張侯本忠烈濟世有深智堅壁梁宋間遠籌吳楚利窮年方絶輸鄰援皆攜貳使者哭其庭救兵終不至重圍雖可越藩翰諒難弃飢喉待危巢懸命中路墜甘從鋒刃

11841 韋蘇州集十卷拾遺一卷　（唐）韋應物撰　明崇禎毛氏汲古閣刻唐人六集本

匡高19.2厘米，廣13.4厘米。半葉九行，行二十一字，白口，左右雙邊。有“陸燦”“湘靈”“東莞莫伯驥號天一藏書之印”等印。錢陸燦批點。上海圖書館藏。

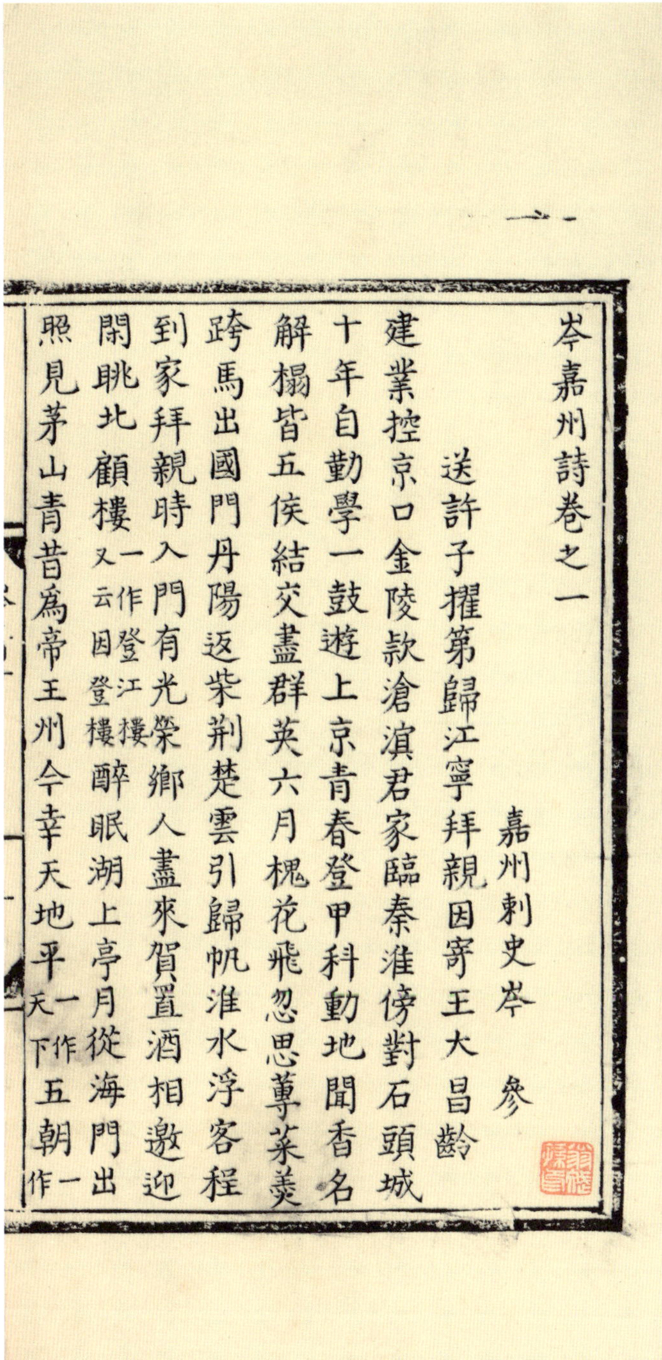
岑嘉州詩卷之一
嘉州刺史岑　參
送許子擢第歸江寧拜親因寄王大昌齡
建業控京口金陵款滄濵君家臨秦淮傍對石頭城
十年自勤學一鼓遊上京青春登甲科動地聞香名
解褐皆五侯結交盡群英六月槐花飛忽思蓴菜羮
跨馬出國門丹陽返柴荆楚雲引歸帆淮水浮客程
到家拜親時入門有光榮鄉人盡來賀置酒相邀迎
閑眺北顧樓一作登江樓又云因登樓醉眠湖上亭月從海門出
照見茅山青昔爲帝王州今幸天地平一作天下五朝一作

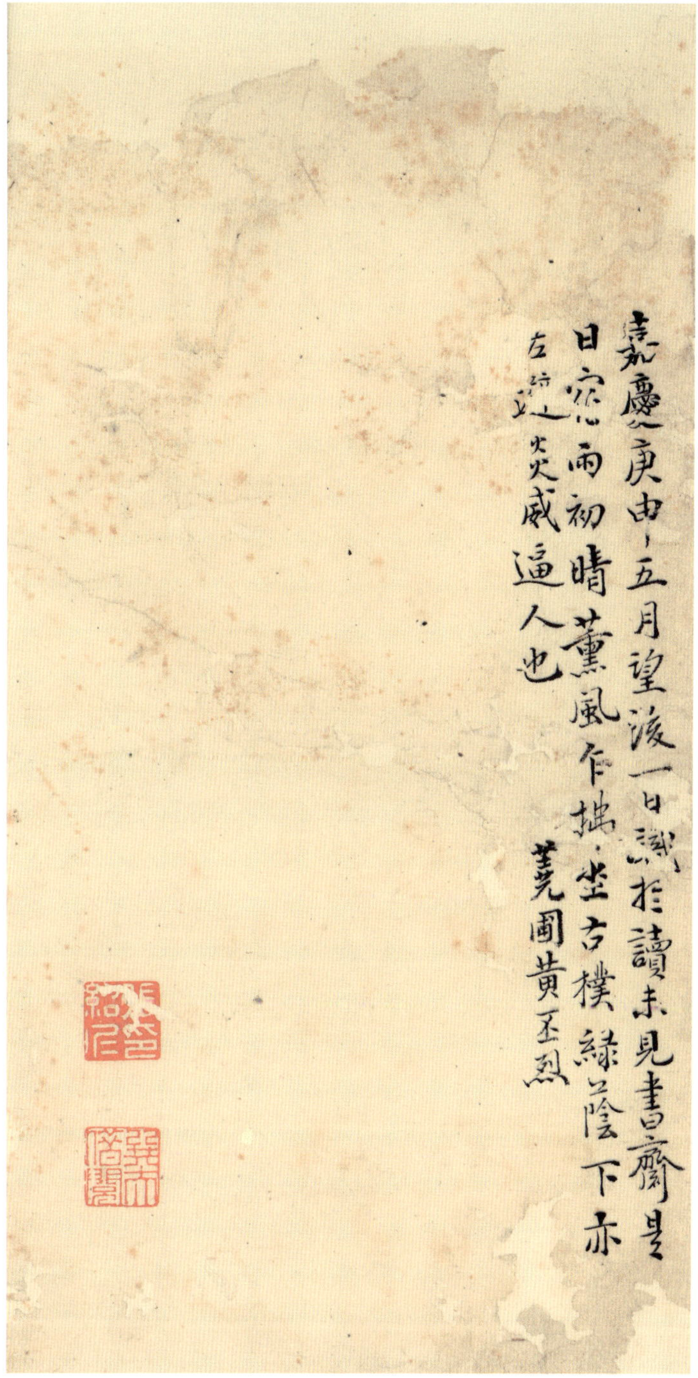
嘉慶庚申五月望後一日識於讀未見書齋是
日宿雨初晴薰風乍拂坐古樸綠陰下亦
左右之炎威逼人也
蕘圃黃丕烈

11842 岑嘉州詩八卷　（唐）岑參撰　明抄本

匡高19.8厘米，廣13.6厘米。半葉十行，行二十字，白口，四周雙邊。有“翁斌孫印”等印。黄丕烈跋。國家圖書館藏。

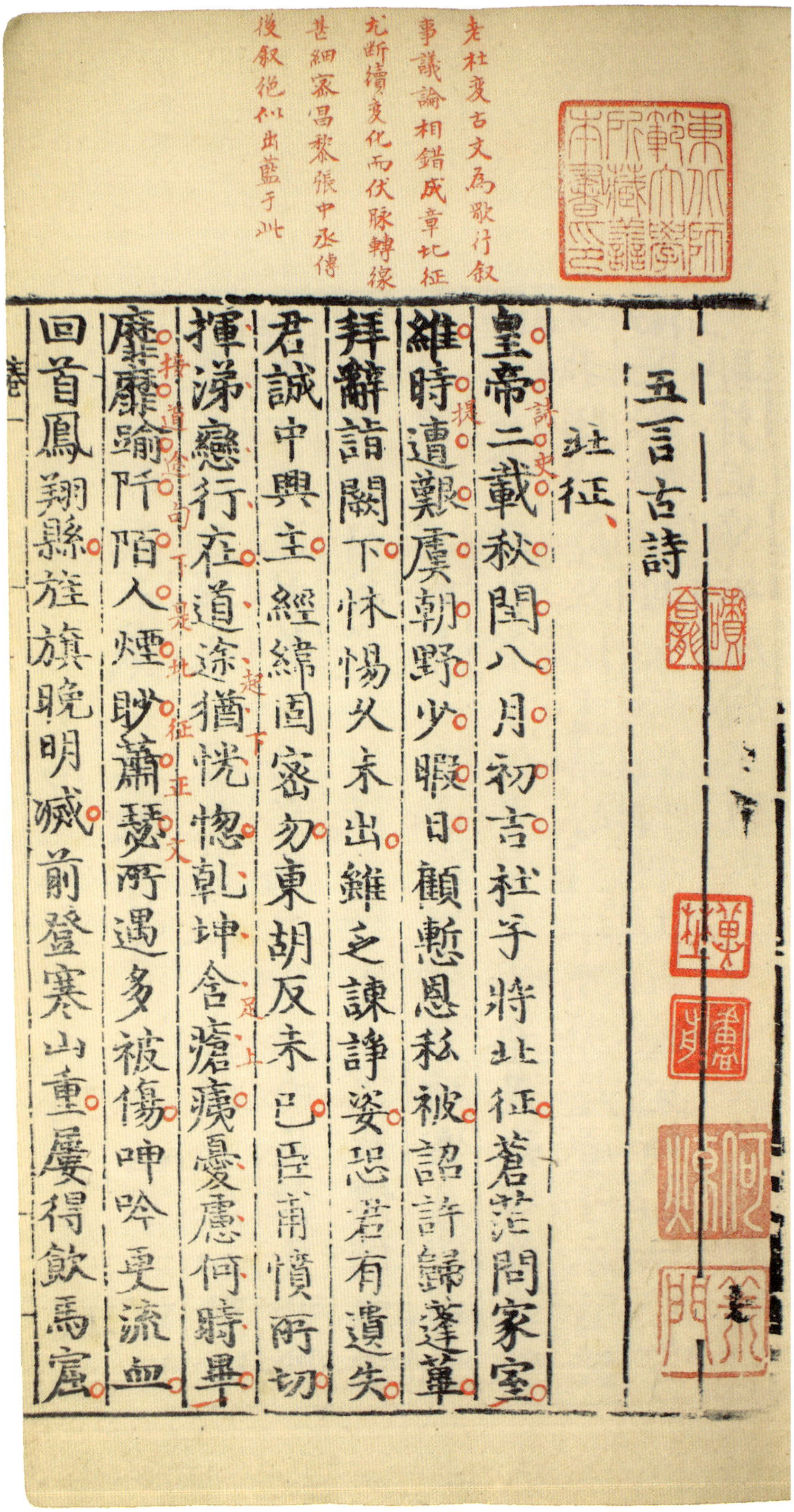

11843 杜少陵集十卷　（唐）杜甫撰　明正德刻本

匡高21.5厘米，廣14.9厘米。半葉十行，行二十字，白口，四周單邊。東北師範大學圖書館藏。

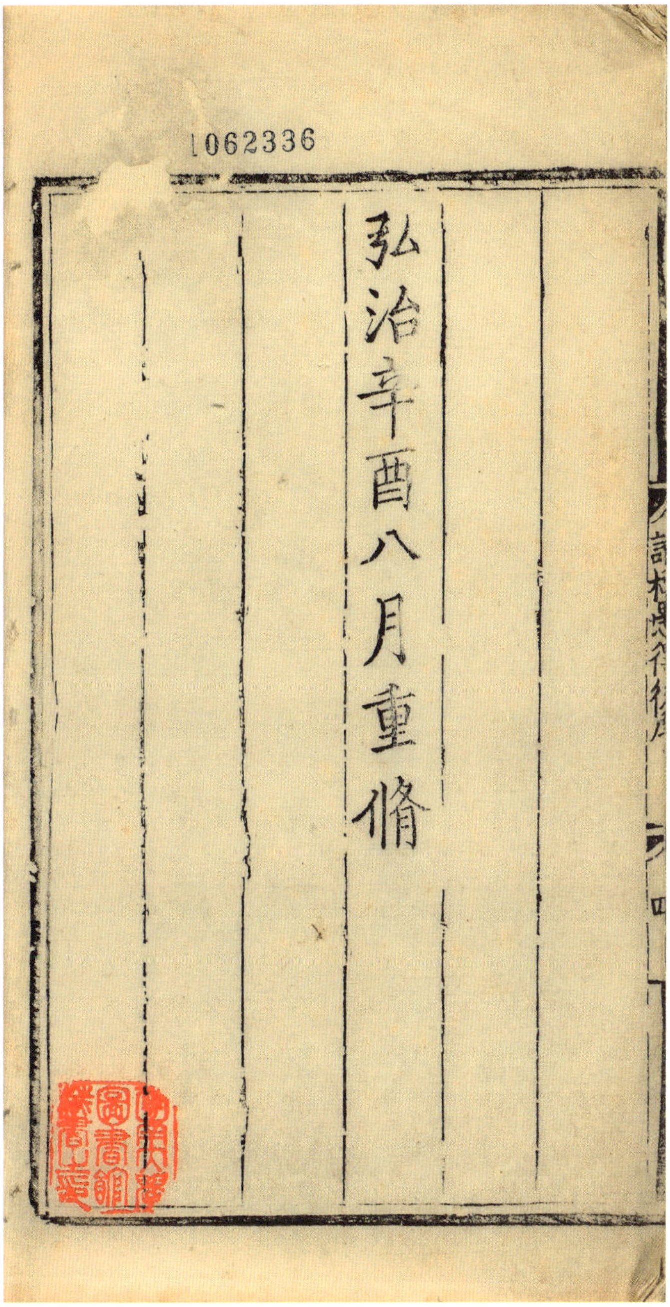

弘治辛酉八月重脩

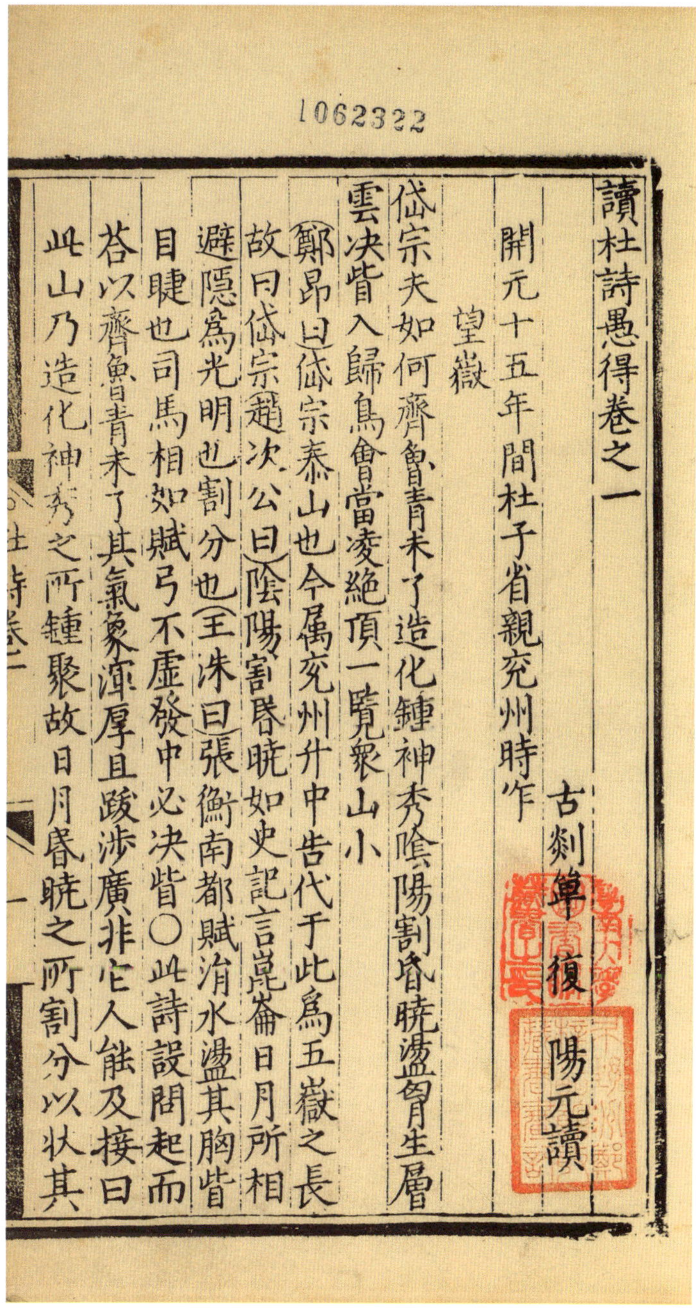

讀杜詩愚得卷之一

古剡單復陽元讀

開元十五年間杜子省親兗州時作

望嶽

岱宗夫如何齊魯青未了造化鍾神秀陰陽割昏曉盪胷生層雲決眥入歸鳥會當凌絕頂一覽衆山小

(鄭昂曰)岱宗泰山也今屬兗州升中告代于此爲五嶽之長故曰岱宗(趙次公曰)陰陽割昏曉如史記言崑崙日月所相避隱爲光明也割分也(王洙曰)張衡南都賦淯水盪其胸皆目睫也司馬相如賦弓不虛發中必決眥○此詩設問起而荅以齊魯青未了其氣象渾厚且跋涉廣非它人能及接曰此山乃造化神秀之所鍾聚故日月昏曉之所割分以狀其

11844 讀杜詩愚得十八卷 （明）單復撰　明天順元年（1457）朱熊梅月軒刻弘治十四年（1501）重修本

匡高22.6厘米，廣14厘米。半葉十二行，行二十四字，黑口，四周雙邊。有“曾經東山柳蓉邨過眼印”等印。雲南大學圖書館藏。

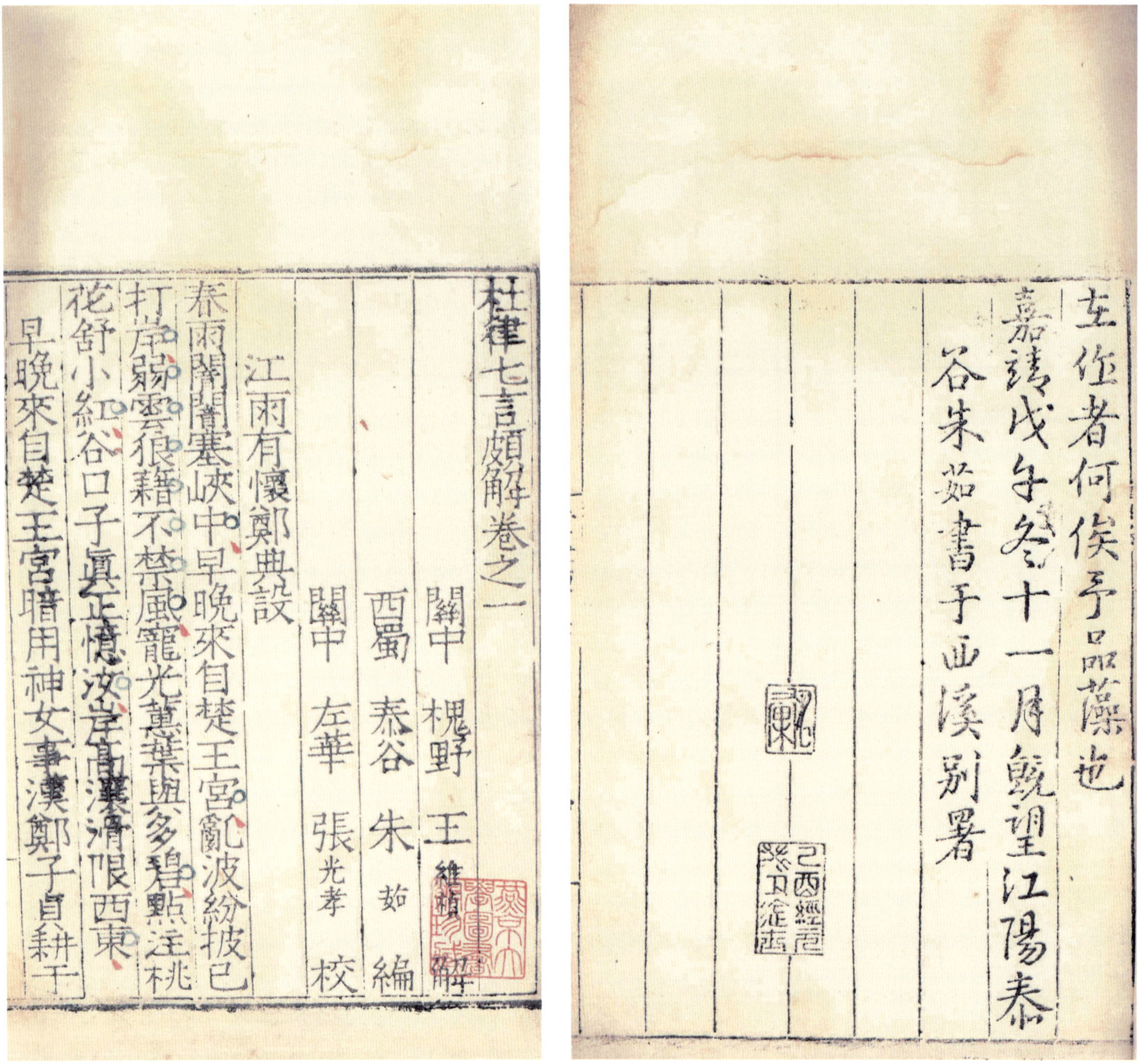
左位者何侯予品藻也
嘉靖戊午冬十一月既望江陽泰
谷朱茹書于西溪別署

杜律七言頗解卷之一
關中 槐野 王維楨 解
西蜀 泰谷 朱茹 編
關中 左華 張光孝 校

江雨有懷鄭典設
春雨闇闇塞峽中早晚來自楚王宮亂波紛披已
打岸弱雲狼藉不禁風寵光蕙葉與多碧點注桃
花舒小紅谷口子真正憶汝岸高瀼滑限西東
早晚來自楚王宮暗用神女事漢鄭子真耕于

11845 杜律七言頗解四卷 （明）王維楨撰 明嘉靖三十七年（1558）朱茹刻本

匡高17.8厘米，廣13.8厘米。半葉九行，行十九字，白口，四周雙邊。北京大學圖書館藏。

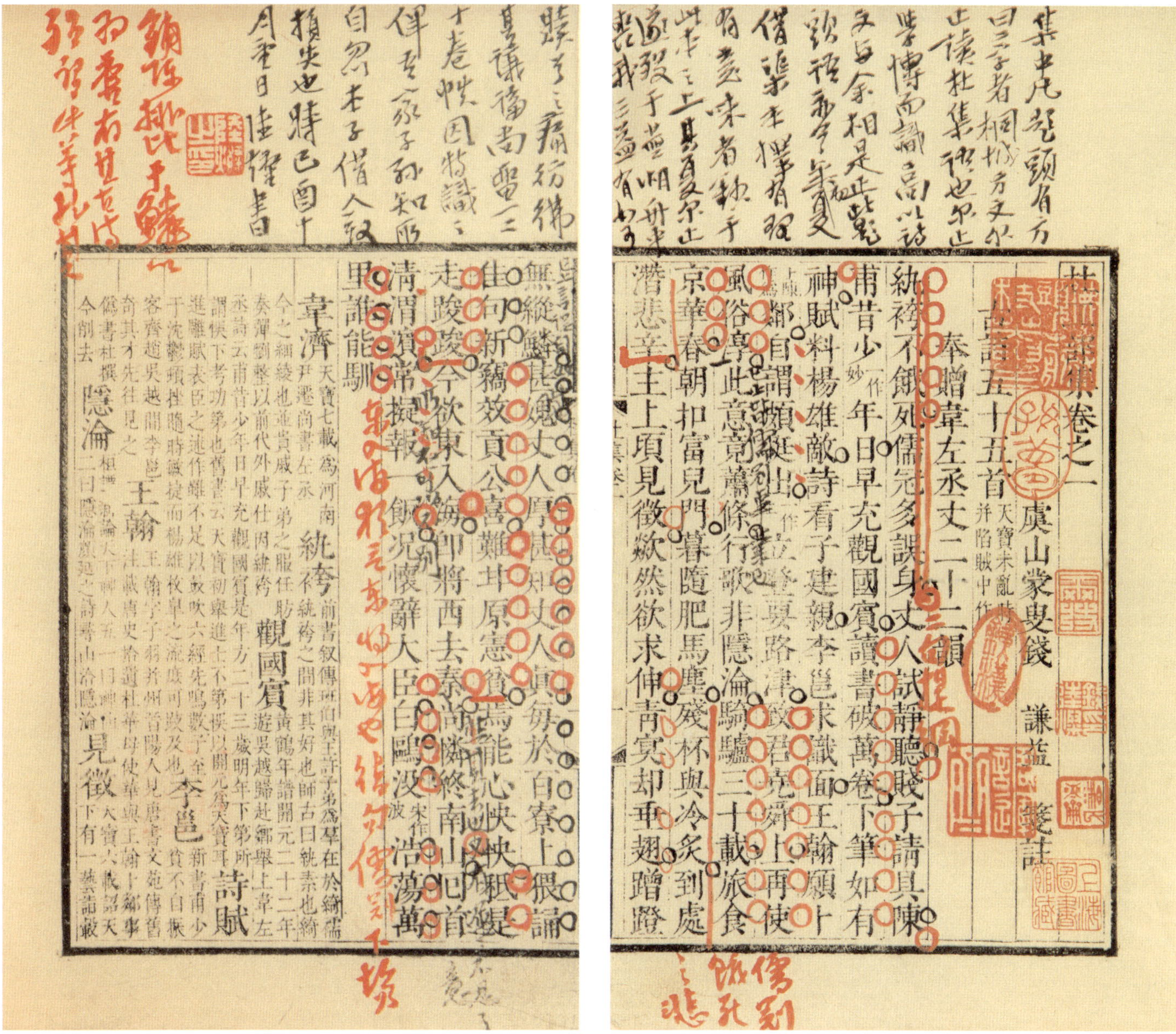

11846 杜工部集二十卷 （唐）杜甫撰 （清）錢謙益箋注 **年譜一卷諸家詩話一卷唱酬題詠附録一卷附録一卷** 清康熙六年（1667）季氏靜思堂刻本

匡高18.4厘米，廣13.8厘米。半葉十一行，行二十字，小字雙行二十九至三十字，黑口，四周雙邊。有"錢印陸燦"等印。錢陸燦批。上海圖書館藏。

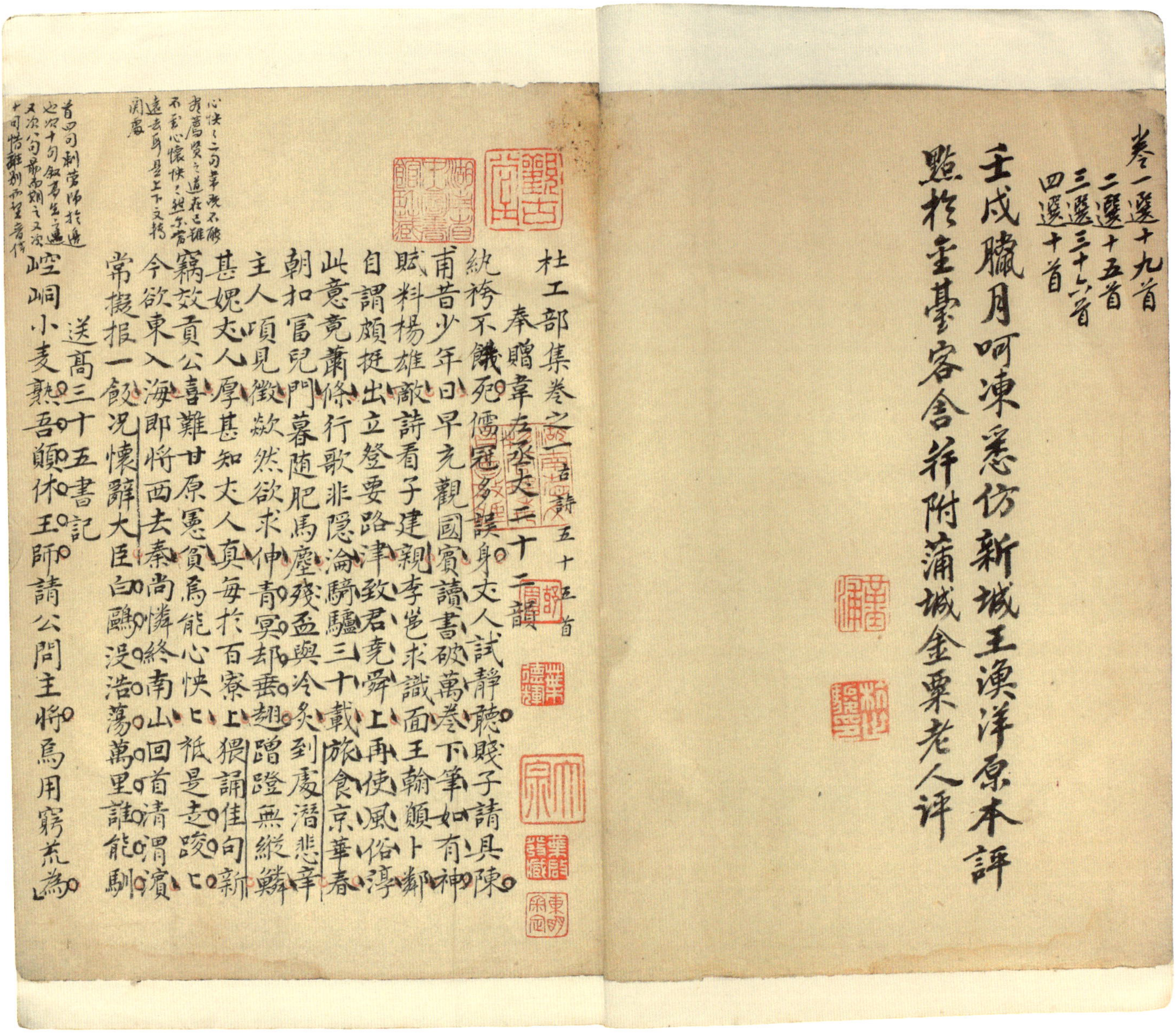

卷一選十九首
二選十五首
三選三十六首
四選十首
壬戌臘月呵凍悉仿新城王漁洋原本評
點於金臺客舍并附蒲城金粟老人評

杜工部集卷之一　古詩五十五首
奉贈韋左丞丈二十二韻
紈袴不餓死儒冠多誤身丈人試靜聽賤子請具陳
甫昔少年日早充觀國賓讀書破萬卷下筆如有神
賦料揚雄敵詩看子建親李邕求識面王翰願卜鄰
自謂頗挺出立登要路津致君堯舜上再使風俗淳
此意竟蕭條行歌非隱淪騎驢三十載旅食京華春
朝扣富兒門暮隨肥馬塵殘盃與冷炙到處潛悲辛
主上頃見徵欻然欲求伸青冥却垂翅蹭蹬無縱鱗
甚媿丈人厚甚知丈人真每於百寮上猥誦佳句新
竊效貢公喜難甘原憲貧焉能心怏怏祇是走踆踆
今欲東入海即將西去秦尚憐終南山回首清渭濱
常擬報一飯況懷辭大臣白鷗沒浩蕩萬里誰能馴
送高三十五書記
崆峒小麥熟吾願休王師請公問主將焉用窮荒爲

11847 杜工部集十八卷　（唐）杜甫撰　清杭世駿抄本

匡高26.6厘米，廣17.1厘米。半葉十五行，行二十字。有“杭世駿印”“葉德輝”“葉啟發藏”等印。杭世駿録王士禛、屈復批，葉德輝、葉啟發跋。湖南圖書館藏。

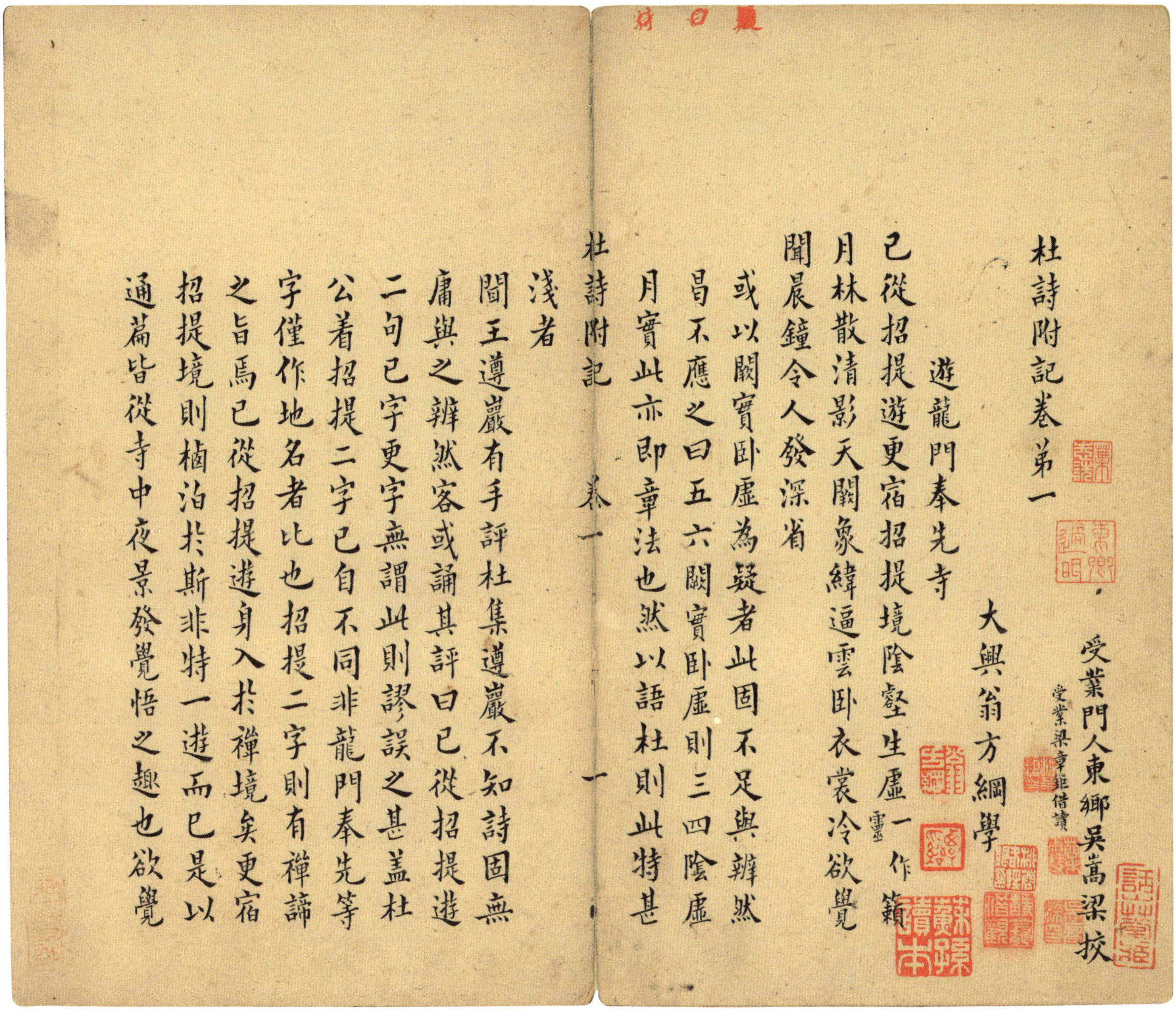
杜詩附記卷第一
受業門人東鄉吳嵩梁挍
受業梁章鉅侍讀
大興翁方綱學
遊龍門奉先寺
已從招提遊更宿招提境陰壑生虛靈一作籟
月林散清影天闕象緯逼雲卧衣裳冷欲覺
聞晨鐘令人發深省
或以闕實卧虛為疑者此固不足與辨然
昌不應之曰五六闕實卧虛則三四陰虛
月實此亦即章法也然以語杜則此特甚
杜詩附記 卷一 一
淺者
閩王遵巖有手評杜集遵巖不知詩固無
庸與之辨然客或誦其評曰已從招提遊
二句已字更字無謂此則謬誤之甚蓋杜
公着招提二字已自不同非龍門奉先等
字僅作地名者比也招提二字則有禪諦
之旨焉已從招提遊身入於禪境矣更宿
招提境則栖泊於斯非特一遊而已是以
通篇皆從寺中夜景發覺悟之趣也欲覺

11848 杜詩附記二十卷 （清）翁方綱撰　稿本

經折裝。半葉九行，行十七字。有“翁方綱”“梁章鉅印”“吳嵩梁印”等印。梁章鉅跋，吳嵩梁、李彥章題款。國家圖書館藏。

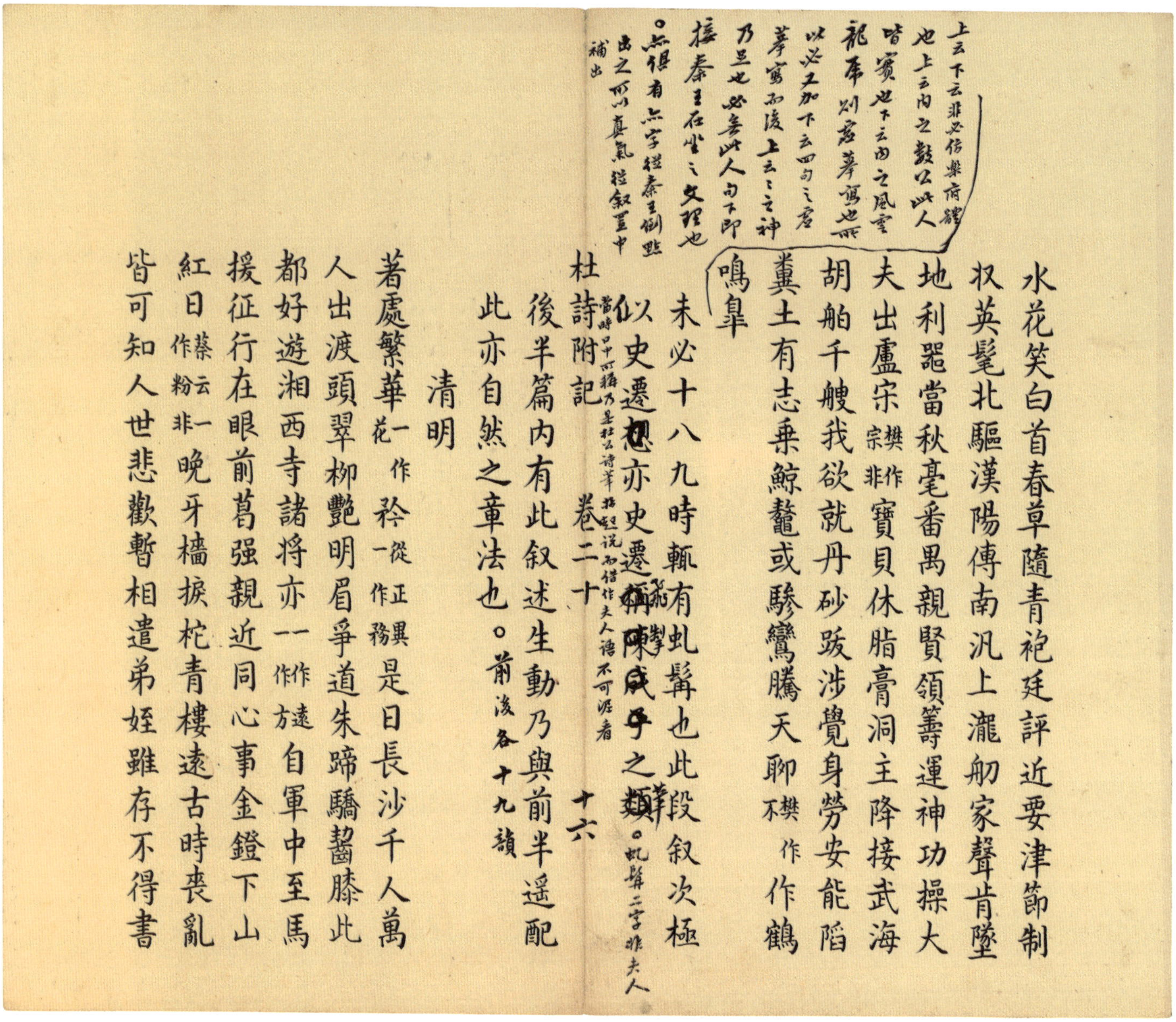

水花笑白首春草隨青袍廷評近要津節制
収英髦北驅漢陽傳南汎上瀧舸家聲肯墜
地利器當秋毫番禺親賢領籌運神功操大
夫出盧宗樊作宗非寶貝休脂膏洞主降接武海
胡舶千艘我欲就丹砂跋涉覺身勞安能陷
糞土有志乘鯨鼇或驂鸞騰天聊樊作不作鶴
鳴皐

上云下云非必仿樂府體也上云內之數以此人皆實也下云內之風雲龍虎則寫慕寫也所以必又加下云四句之容慕寫而後上云之神乃顯也必無此人句下即接秦王在坐之文理也
○亦惟有亦字從秦王倒點出之所以真氣從叙置中補出

未必十八九時輒有虬鬚也此段叙次極
似史遷想亦史遷稱陳成子之類。虬鬚二字非夫人當時口中所稱乃是杜公詩筆指熟說而借作夫人語不可泥看
後半篇内有此叙述生動乃與前半遥配
此亦自然之章法也。前後各十九韻

杜詩附記 卷二十 十六

清明

著處繁華一作花矜一作從是異正作務日長沙千人萬
人出渡頭翠柳艷明眉爭道朱蹄驕齧膝此
都好遊湘西寺諸將亦一作自遠作方軍中至馬
援征行在眼前葛强親近同心事金鐙下山
紅日蔡云一作粉非晚牙檣捩柁青樓遠古時喪亂
皆可知人世悲歡暫相遣弟姪雖存不得書

11848 杜詩附記二十卷

讀詩難讀杜詩尤難世之注杜者非失之散碎即失之穿
鑿惟新城尚書能窺其深祕新城論詩專取神韻
先生則闡發肌理研精覃思前後凡三十年始成此冊嗣
後意有所得隨時點定又三十餘年至晚歲重加裝池
章鉅曾借讀一過其中爲先生手寫者十之八他人續寫
者十之二初時有圈識標記重裝時擬仿樣本付梓命工剔
去會事未果今距先生歿已五年矣紙墨如新哲人其
萎展閱是冊猶憶蘇齋談藝時也
道光三年癸未秋日門人梁章鉅謹識

梁章鉅

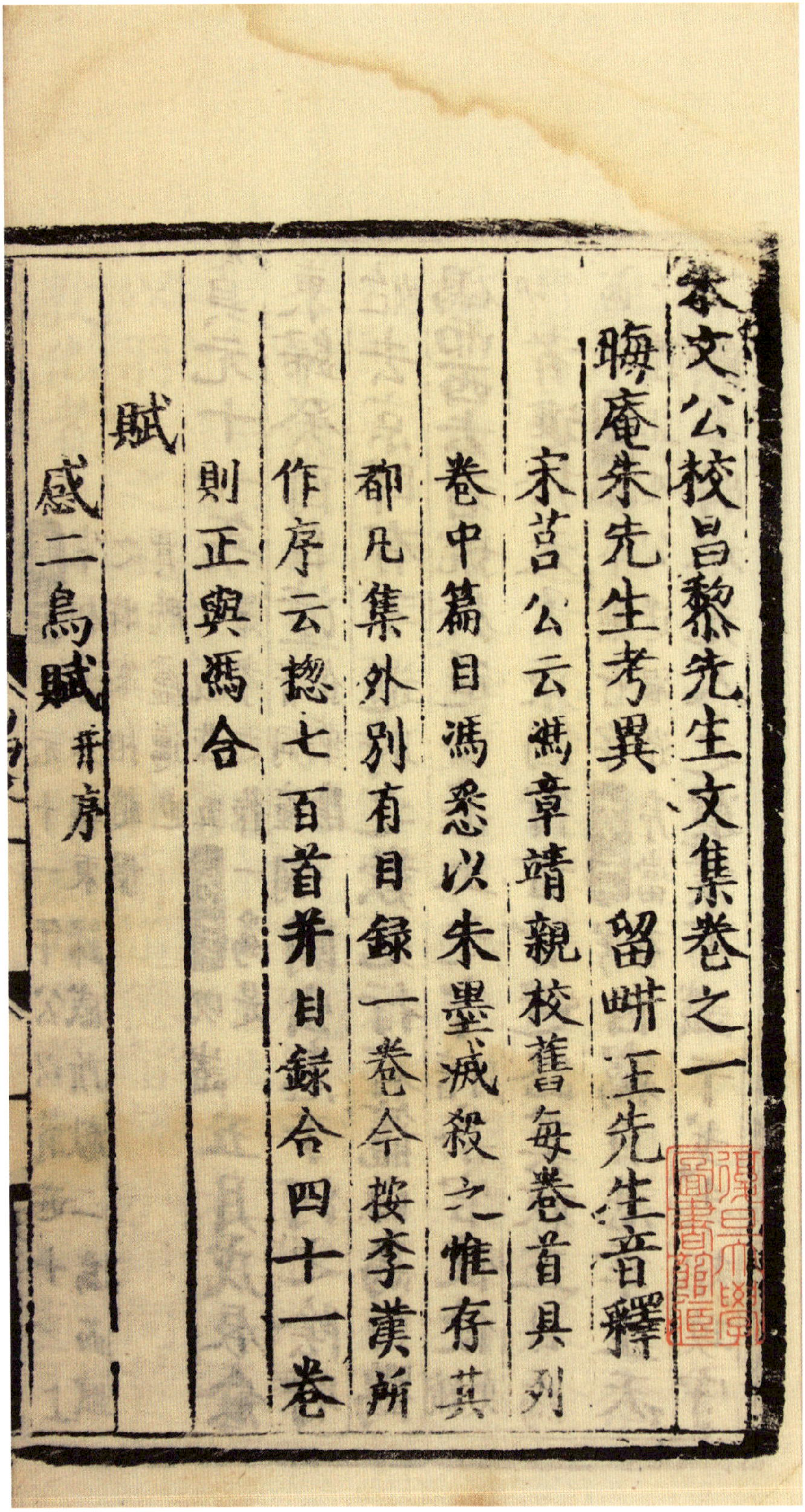
朱文公校昌黎先生文集卷之一
晦庵朱先生考異　留畊王先生音釋
宋莒公云馮章靖親校舊每卷首具列
卷中篇目馮悉以朱墨減殺之惟存其
都凡集外別有目錄一卷今按李漢所
作序云總七百首并目錄合四十一卷
則正與馮合
賦
感二鳥賦并序

11849 朱文公校昌黎先生文集四十卷外集十卷遺文一卷　（唐）韓愈撰　（宋）朱熹考異　（宋）王伯大音釋　**傳一卷**　明初刻本

匡高21.1厘米，廣13.2厘米。半葉九行，行十八字，小字雙行同，黑口，四周雙邊。復旦大學圖書館藏。

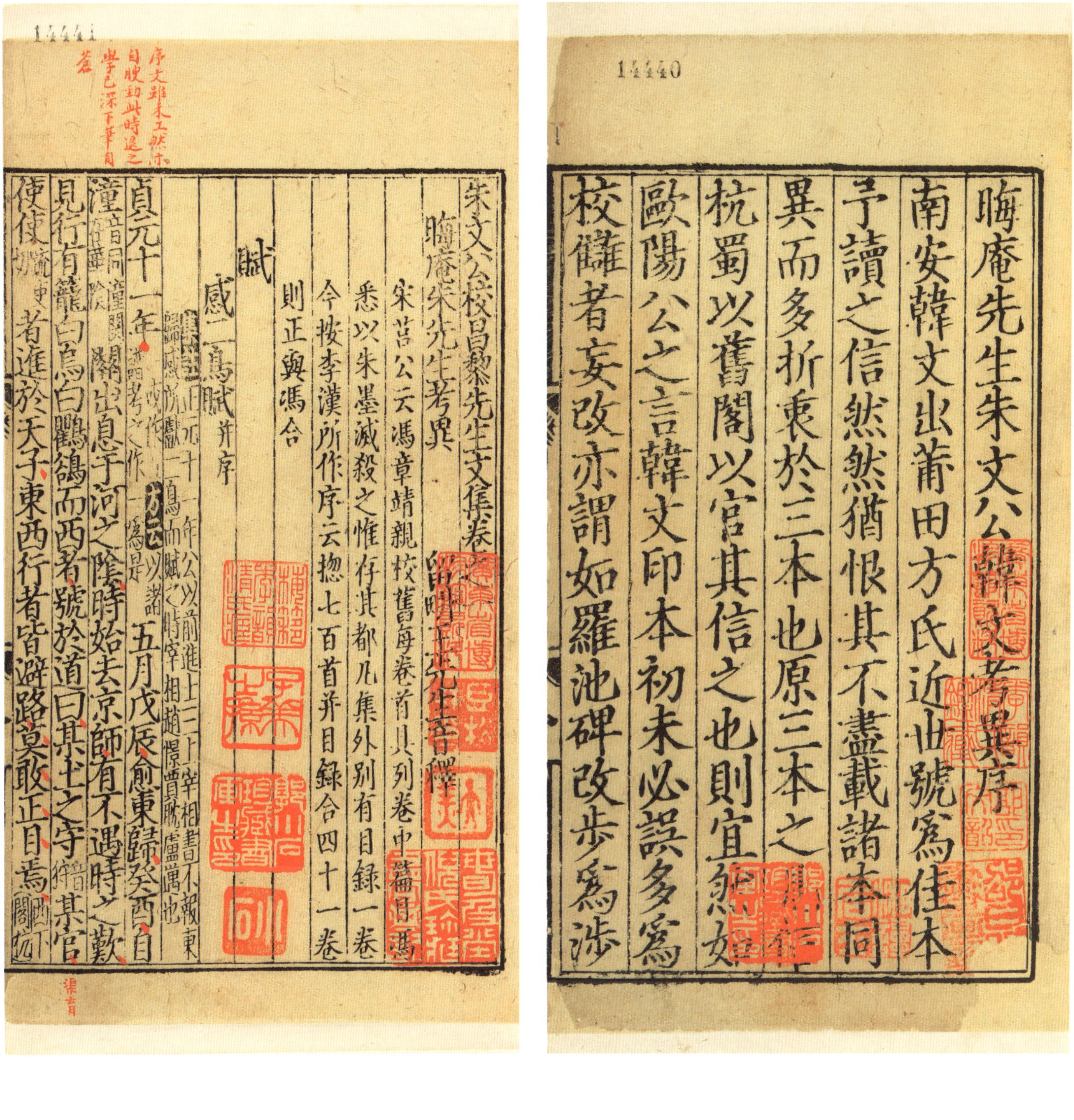

11850 朱文公校昌黎先生文集四十卷外集十卷遺文一卷　（唐）韓愈撰　（宋）朱熹考異　（宋）王伯大音釋　**傳一卷**　明正統十三年（1448）書林王宗玉刻本

匡高19.7厘米，廣12.6厘米。半葉十三行，行二十三字，小字雙行同，黑口，四周雙邊。有“春及堂倪氏珍藏書畫記”“子美”“臣松林印”“郭小石珍藏書畫之印”等印。廣東省博物館藏。

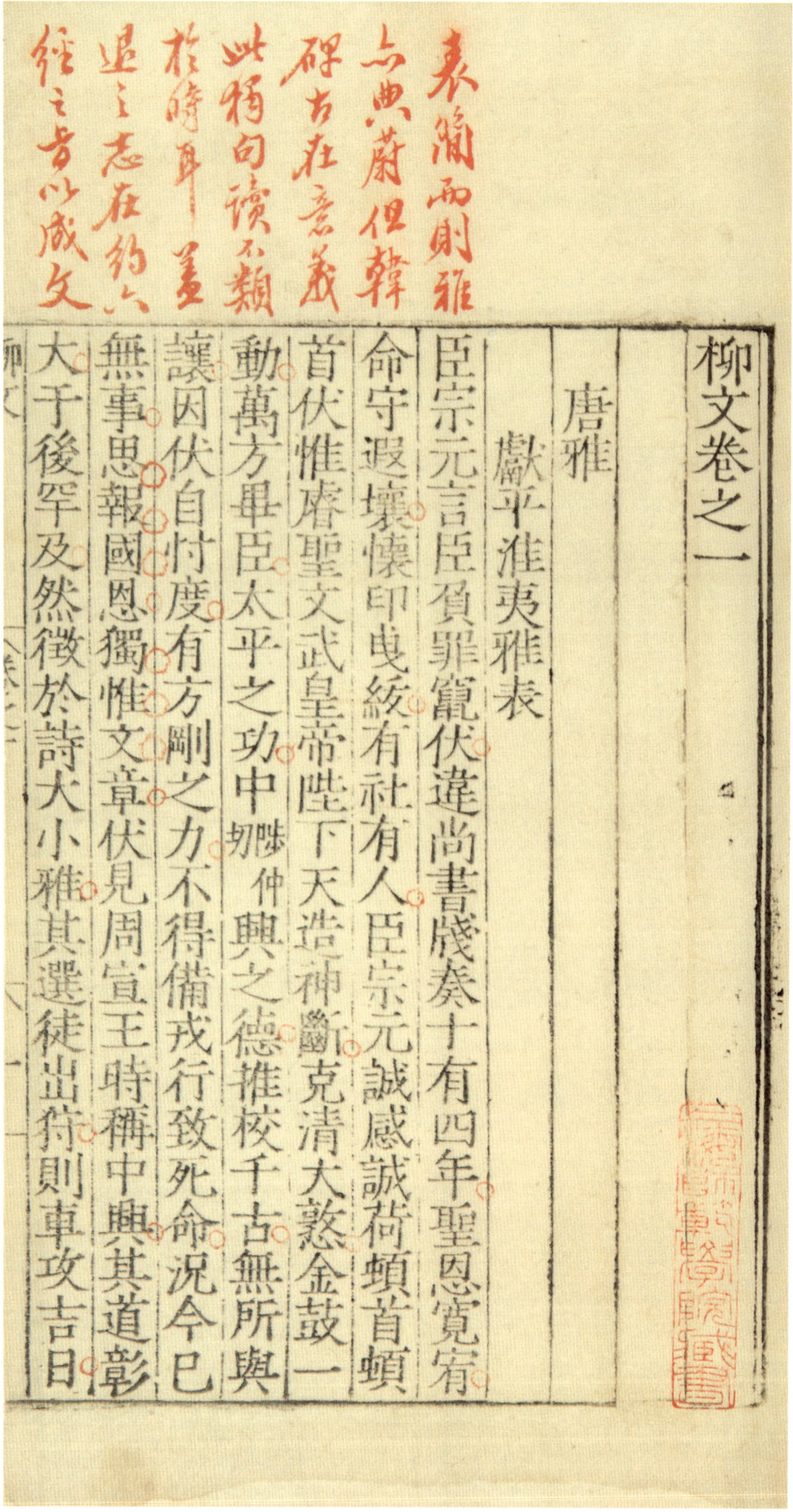

11851 柳文四十三卷別集二卷外集二卷 （唐）柳宗元撰 **附録一卷**

明嘉靖十六年（1537）游居敬刻韓柳文本

匡高18.5厘米，廣13.1厘米。半葉十一行，行二十二字，白口，左右雙邊。有“程崟”“馬其昶字通伯”“湘潭袁氏滄州藏書”等印。方苞批，馬其昶跋，陳寶琛等題識。上海師範大學圖書館藏。

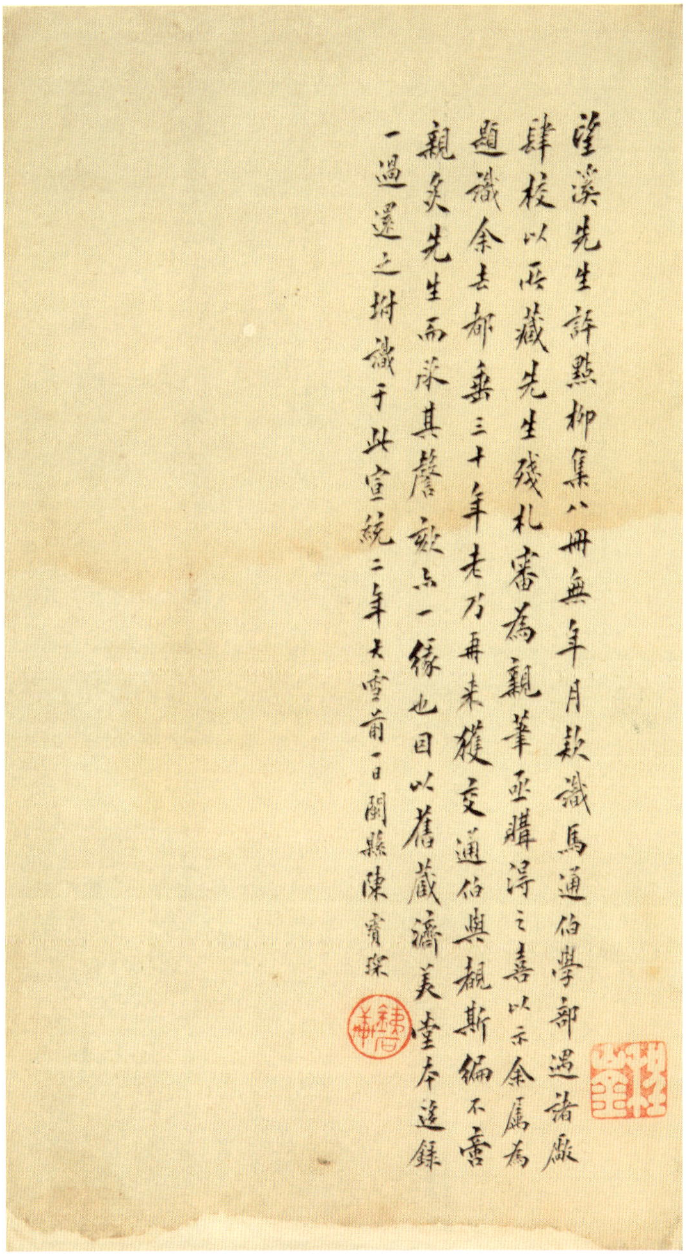
望溪先生評點柳集八册無年月款識馬通伯學部遇諸廠
肆校以所藏先生殘札審爲親筆亟購得之喜以示余屬爲
題識余去郡垂三十年老乃再來獲交通伯與觀斯編不啻
親炙先生而承其謦欬亦一緣也因以舊藏濟美堂本迻録
一過還之謝識于此宣統二年大雪前一日閩縣陳寶琛

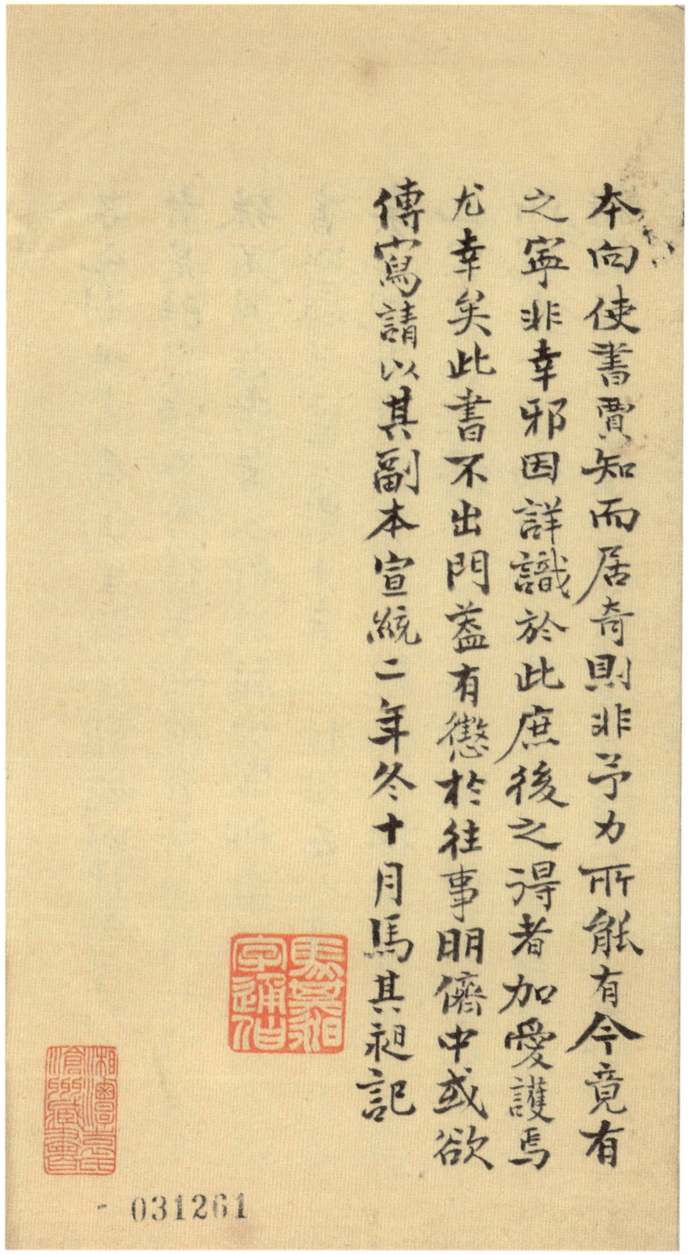
本向使書賈知而居奇則非予力所能有今竟有
之寧非幸邪因詳識於此庶後之得者加愛護焉
尤幸矣此書不出門蓋有懲於往事明儒中或欲
傳寫請以其副本宣統二年冬十月馬其昶記
031261

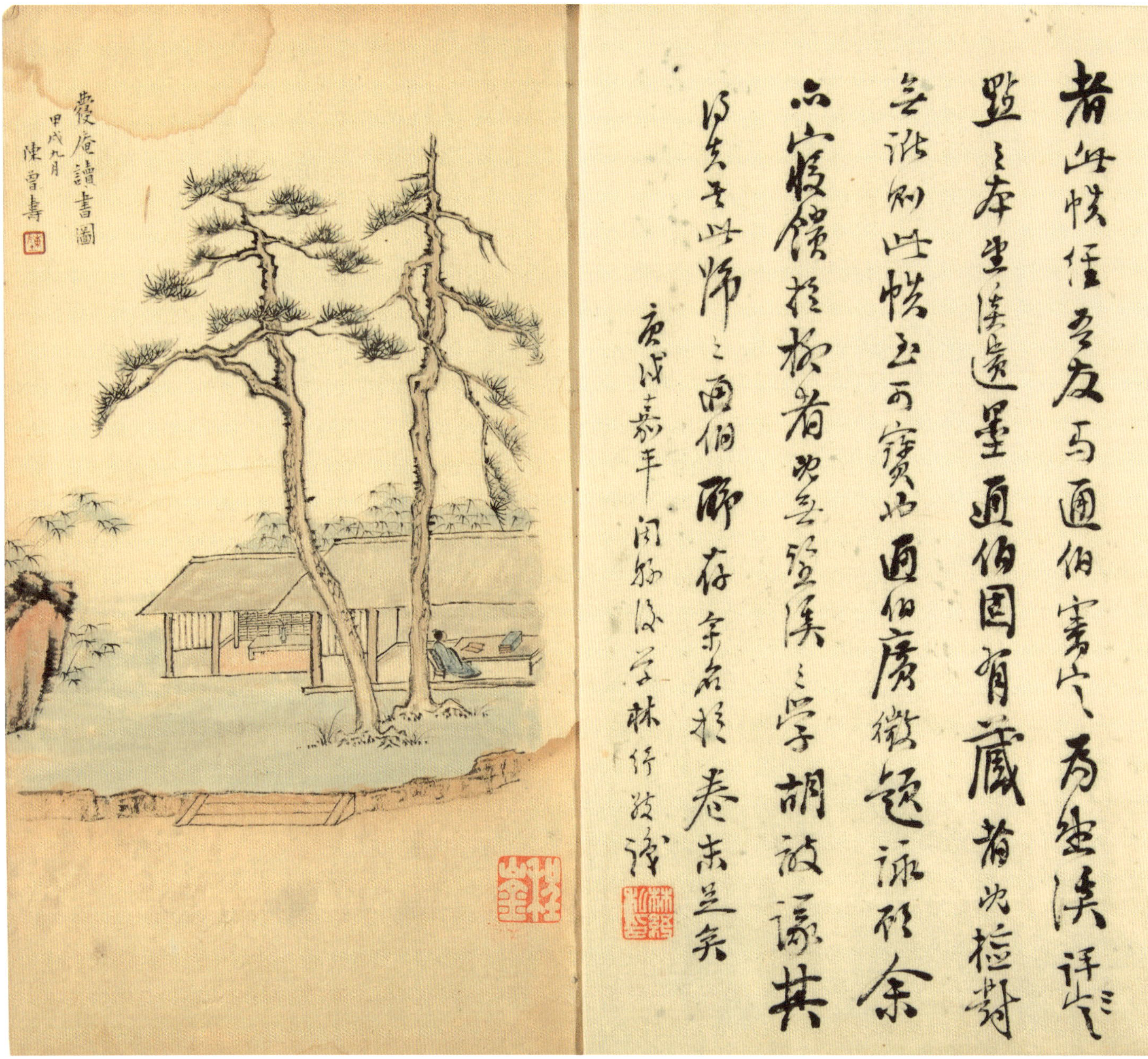

11851 柳文四十三卷別集二卷外集二卷 （唐）柳宗元撰 **附録一卷**

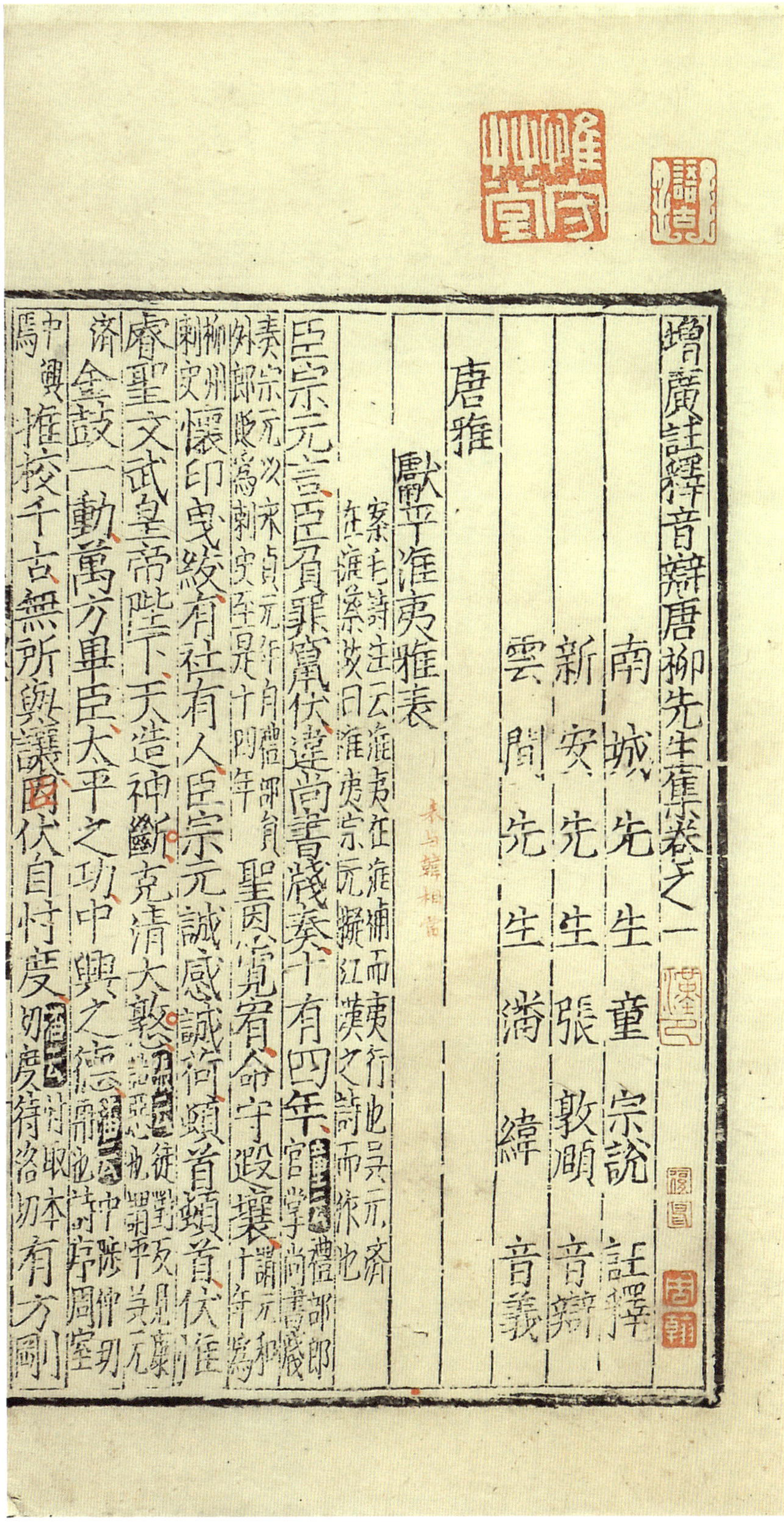

11852 增廣註釋音辯唐柳先生集四十三卷別集二卷外集二卷 （唐）柳宗元撰 （宋）童宗說注釋 （宋）張敦頤音辯 （宋）潘緯音義 **附録一卷**

明初刻本

匡高19厘米，廣12.9厘米。半葉十三行，行二十三字，小字雙行同，黑口，四周雙邊。何焯批校並跋。南京圖書館藏。

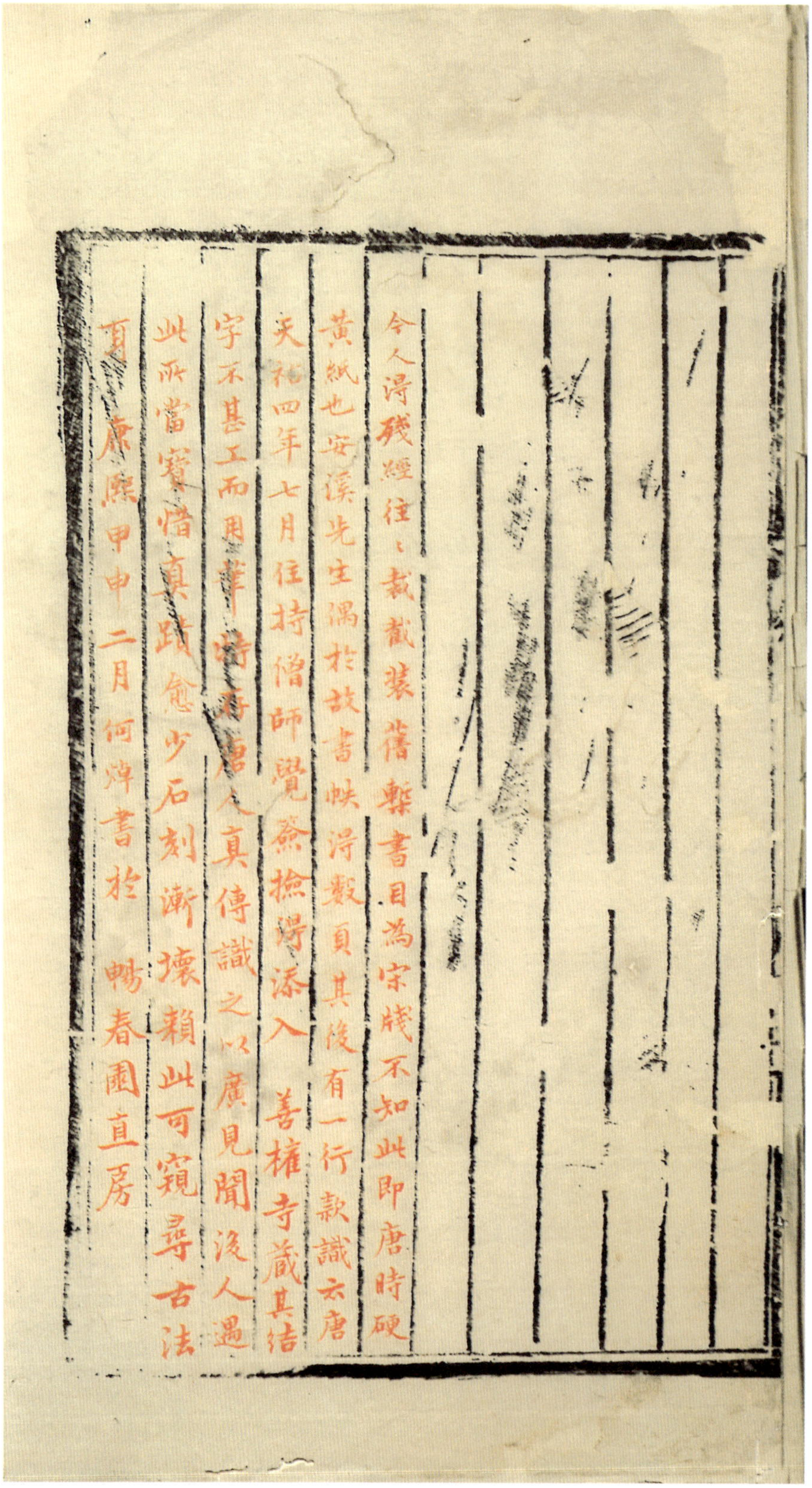

今人得殘經往往裁截裝舊槧書目爲宋牋不知此即唐時硬
黄紙也安溪先生偶於故書帙得數頁其後有一行款識云唐
天祐四年七月住持僧師覺齋撿得添入　善權寺藏其結
字不甚工而用筆精存唐人真傳識之以廣見聞後人遇
此所當寶惜真蹟愈少石刻漸壞賴此可窺尋古法
旹康熙甲申二月何焯書於　暢春園直房

11852 增廣註釋音辯唐柳先生集四十三卷別集二卷外集二卷　（唐）柳宗元撰　（宋）童宗説註釋　（宋）張敦頤音辯　（宋）潘緯音義　**附録一卷**

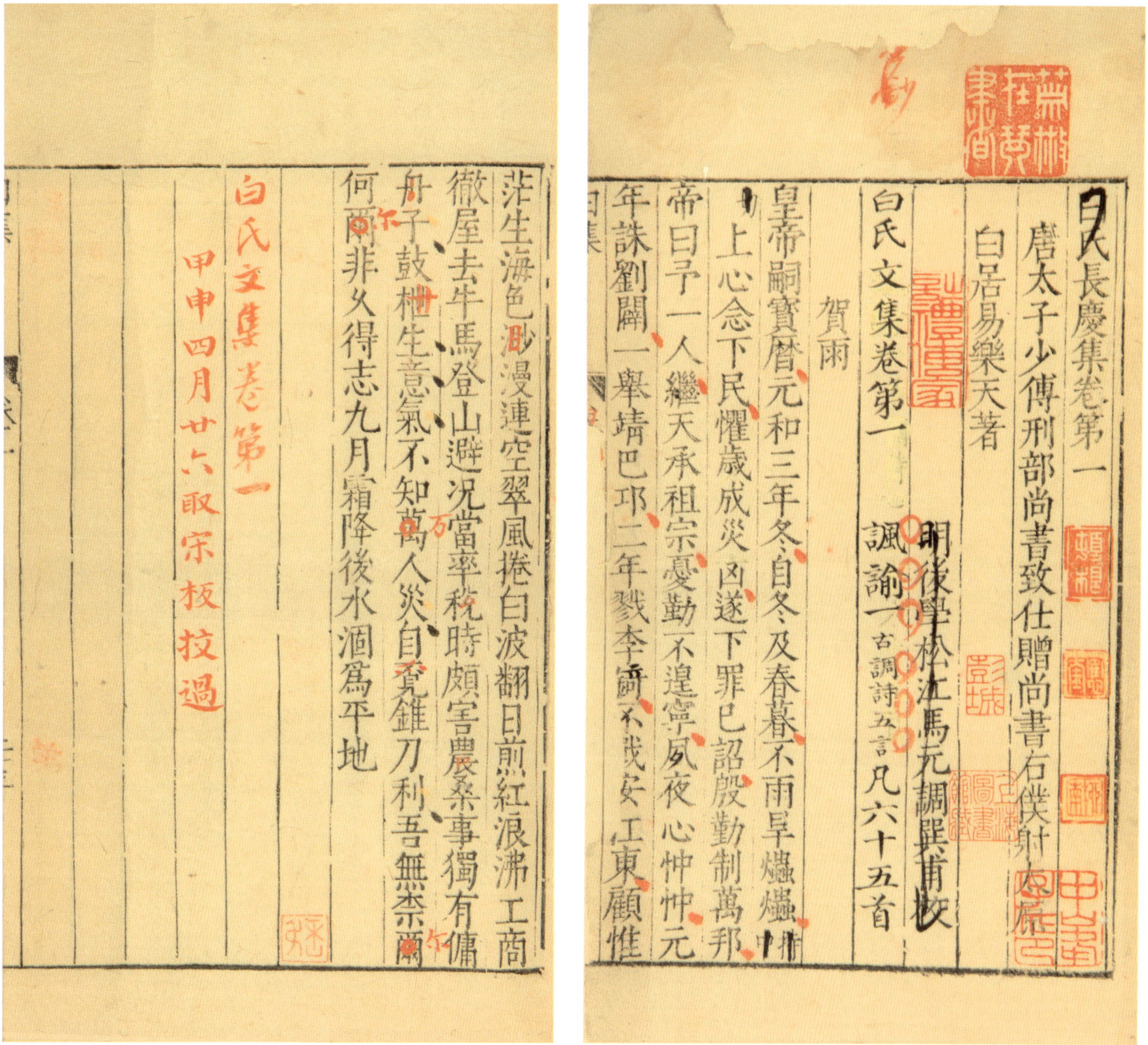

11853 白氏長慶集七十一卷目録二卷 （唐）白居易撰 **附録一卷**

明萬曆三十四年（1606）馬元調刻元白長慶集本（有抄配）

匡高20.6厘米，廣14.4厘米。半葉十行，行二十一字，白口，左右雙邊。有“曹炎印”“應奎”等印。魏禧、曹炎批，王應奎跋。上海圖書館藏。

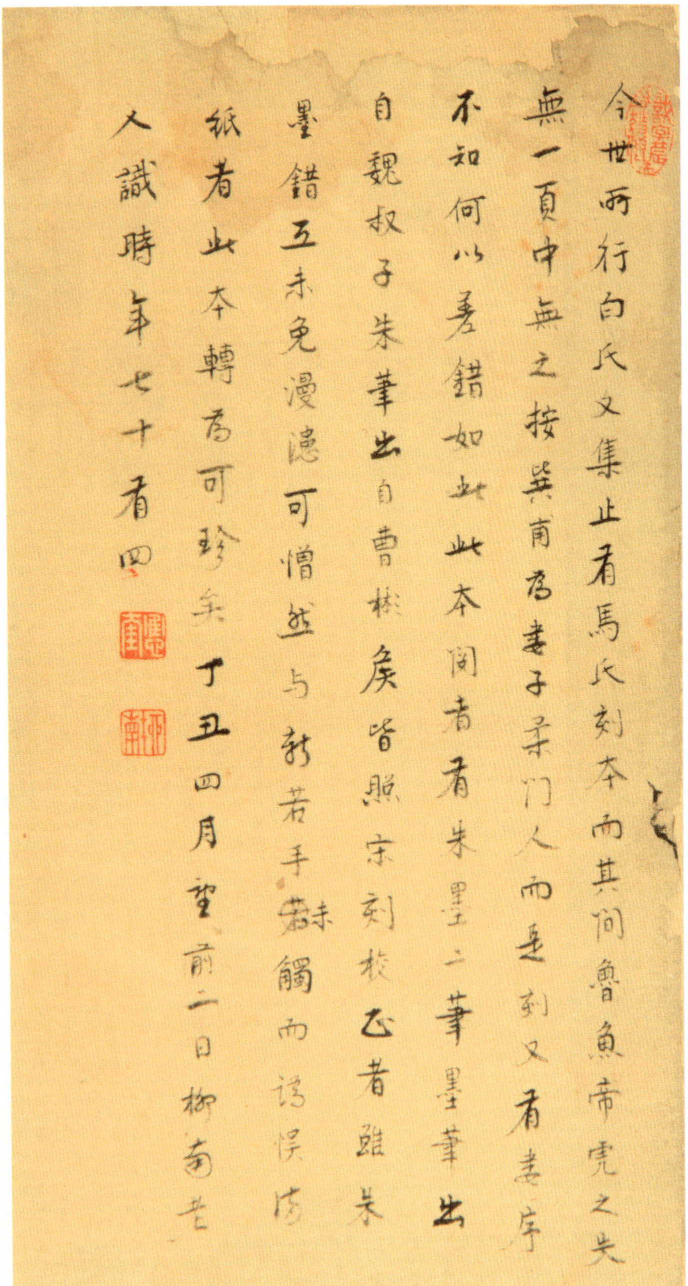

今世所行白氏文集止有馬氏刻本而其間魯魚帝虎之失無一頁中無之按吳甫為妻子柔门人而是刻又有妻序不知何以差錯如此此本閱者有朱墨二筆墨筆出自魏叔子朱筆出自曹彬侯皆照宋刻校正者雖朱墨錯互未免漫漶可憎然與新若手未觸而謬誤流傳紙者此本轉為可珍矣丁丑四月望前二日柳南老人識時年七十有四

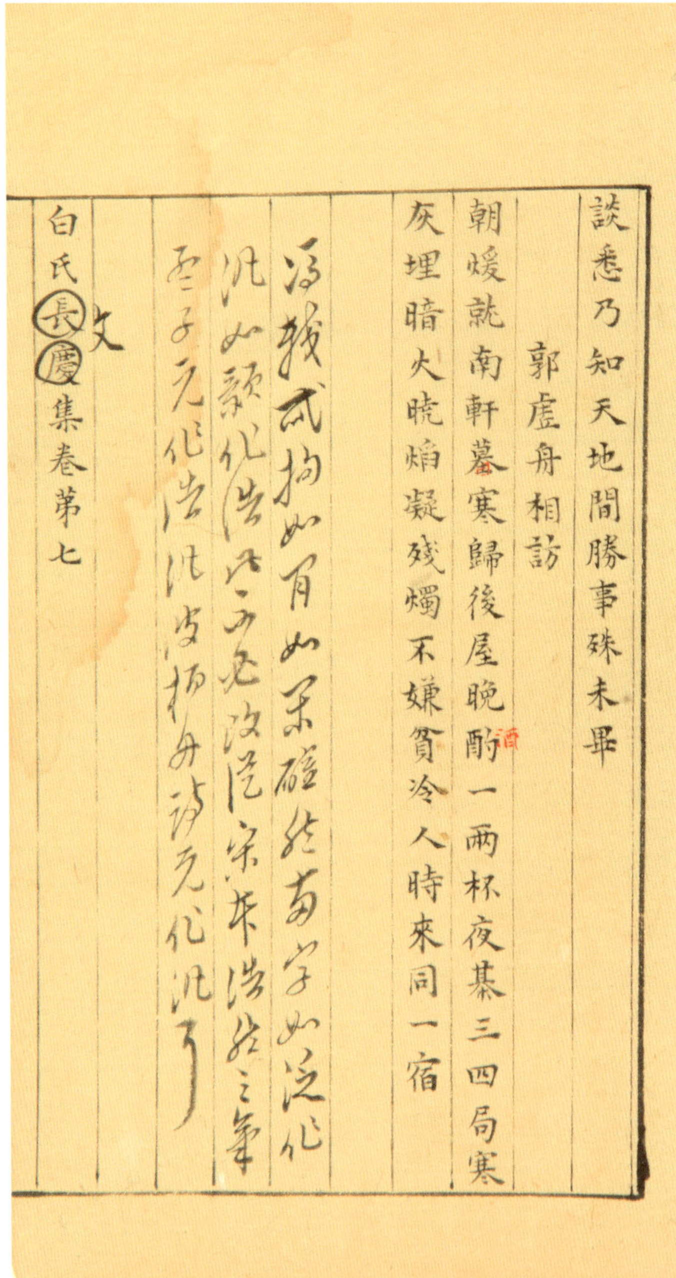

談悉乃知天地間勝事殊未畢

郭虛舟相訪

朝暖就南軒暮寒歸後屋晚酌一兩杯夜棊三四局寒灰埋暗火曉焰凝殘燭不嫌貧冷人時來同一宿

白氏長慶集卷第七

11853 白氏長慶集七十一卷目録二卷　（唐）白居易撰　**附録一卷**

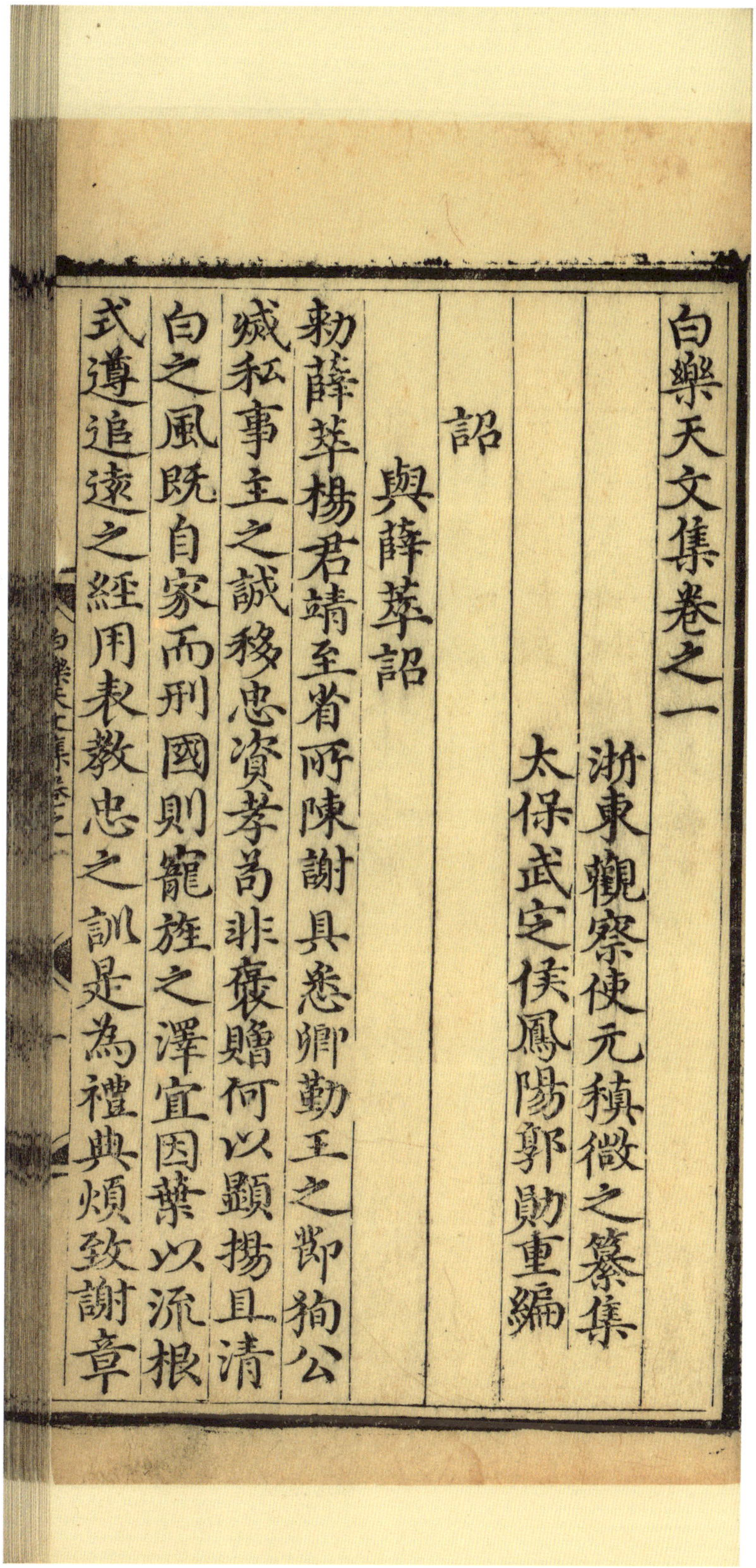
白樂天文集卷之一
浙東觀察使元稹微之纂集
太保武定侯鳳陽郭勛重編
詔
與薛苹詔
勑薛苹楊君靖至省所陳謝具悉卿勤王之節徇公
滅私事主之誠移忠資孝爵非褒贈何以顯揚且清
白之風既自家而刑國則寵旌之澤宜因葉以流根
式遵追遠之經用表教忠之訓是為禮典煩致謝章

11854 白樂天文集三十六卷 （唐）白居易撰 明正德十四年（1519）郭勛刻本

匡高21.8厘米，廣13.5厘米。半葉九行，行二十字，白口，四周雙邊。有“曾在周叔弢處”等印。國家圖書館藏。

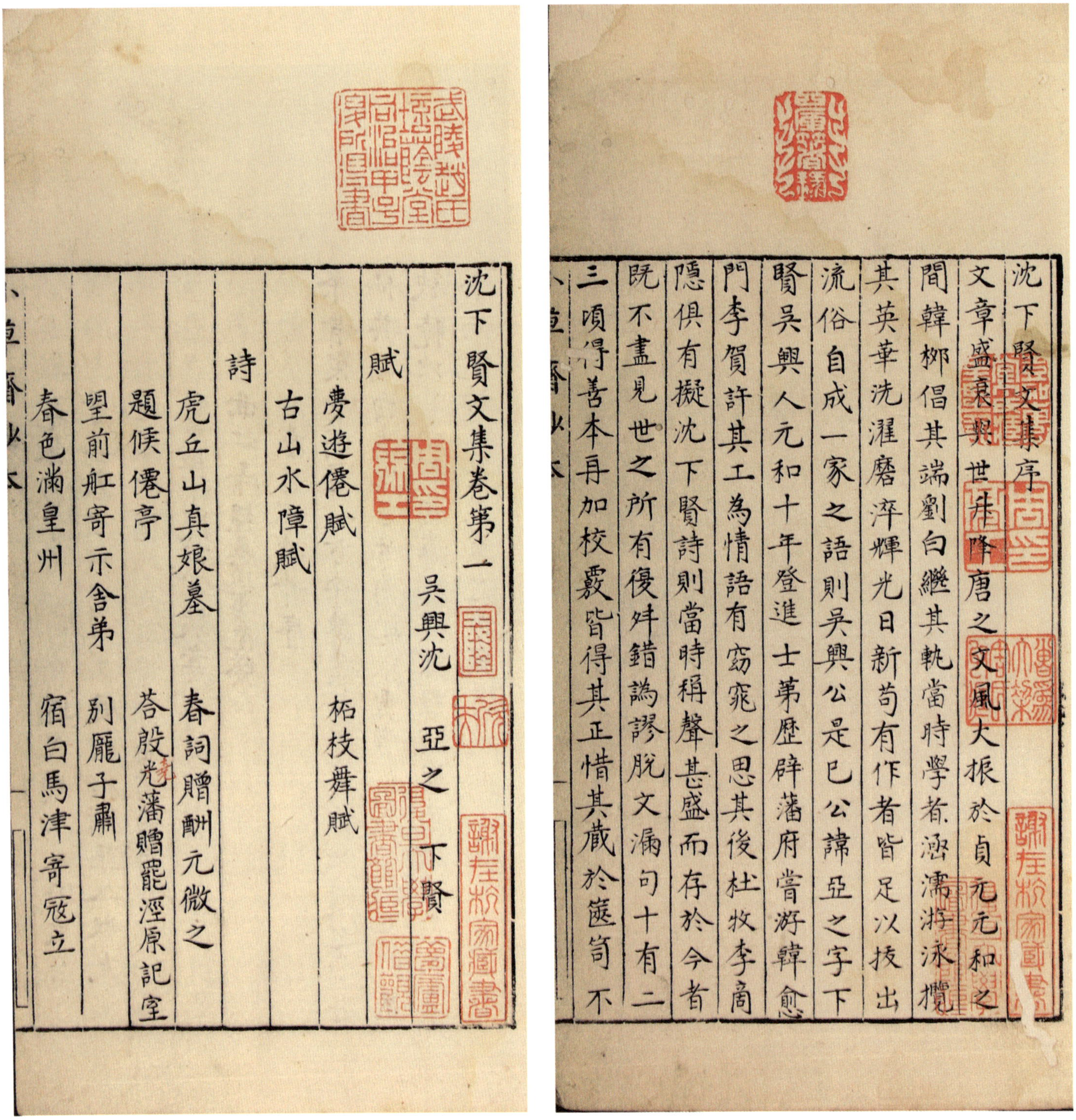

沈下賢文集序

文章盛衰與世升降唐之文風大振於貞元元和之間韓柳倡其端劉白繼其軌當時學者淴濡游泳攬其英華洗濯磨淬煇光日新苟有作者皆足以拔出流俗自成一家之語則吳興公是已公諱亞之字下賢吳興人元和十年登進士第歷辟藩府嘗游韓愈門李賀許其工為情語有窈窕之思其後杜牧李商隱俱有擬沈下賢詩則當時稱聲甚盛而存於今者既不盡見世之所有復舛錯譌謬脱文漏句十有二三頃得善本再加校覈皆得其正惜其蔵於篋笥不

沈下賢文集卷第一

吳興沈　亞之　下賢

賦

夢遊僊賦　柘枝舞賦

古山水障賦

詩

虎丘山真娘墓　春詞贈酬元微之

題候僊亭　答殷尭藩贈罷涇原記室

望前舡寄示舍弟　別麗子肅

春色滿皇州　宿白馬津寄寇立

11855 沈下賢文集十二卷　（唐）沈亞之撰　明謝肇淛小草齋抄本

匡高19.6厘米，廣12.8厘米。半葉十行，行二十字，白口，左右雙邊。有“謝在杭家藏書”“周印亮工”“武陵趙氏培蔭堂同治甲子後所得書”“嘉惠堂丁氏藏書之記”“欣夫”等印。復旦大學圖書館藏。

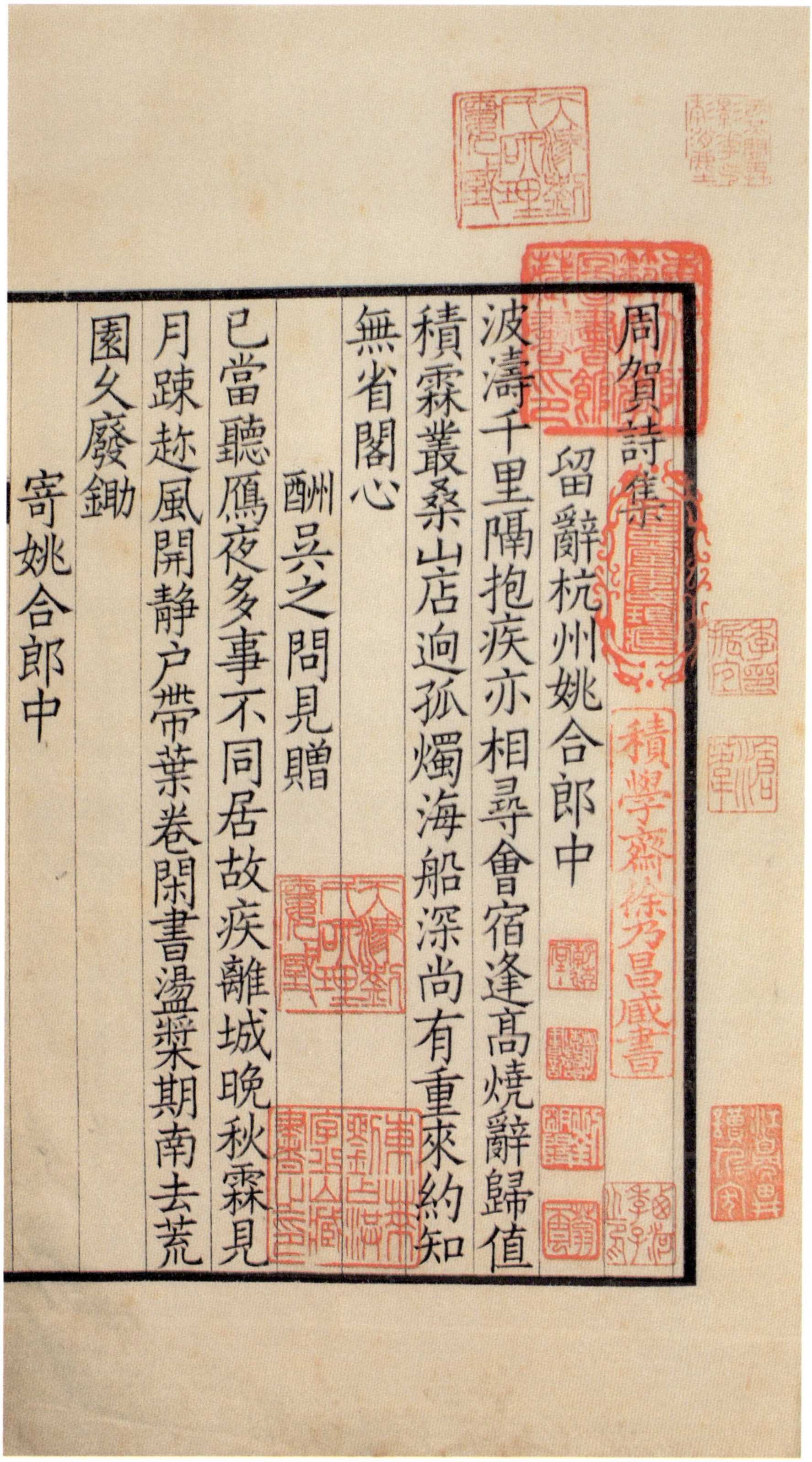
周賀詩集
留辭杭州姚合郎中
波濤千里隔抱疾亦相尋會宿逢高燒辭歸值
積霖叢桑山店迥孤燭海船深尚有重來約知
無省閣心
酬吳之問見贈
已當聽鴈夜多事不同居故疾離城晚秋霖見
月踈趍風開靜户帶葉卷閑書盪槳期南去荒
園久廢鋤
寄姚合郎中

11856 周賀詩集一卷　（唐）周賀撰　清初毛氏汲古閣影宋抄本

匡高17.9厘米，廣13.1厘米。半葉十行，行十八字，白口，左右雙邊。有“積學齋徐乃昌藏書”“延古堂李氏珍藏”“劉明陽”“天津劉氏研理廔藏”“東萊劉占洪字少山藏書之印”等印。東北師範大學圖書館藏。

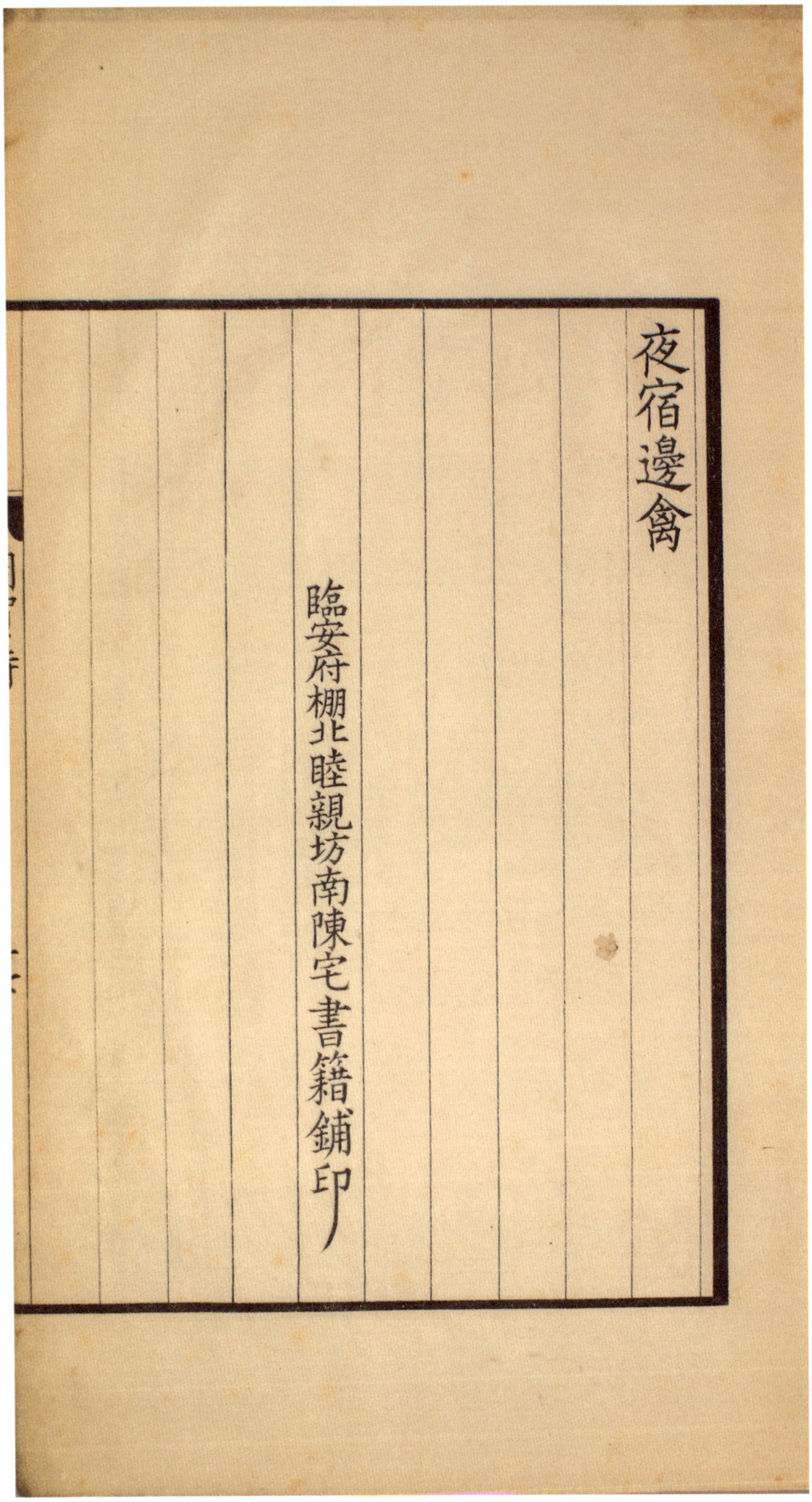

夜宿邊禽

臨安府棚北睦親坊南陳宅書籍鋪印

11856 周賀詩集一卷

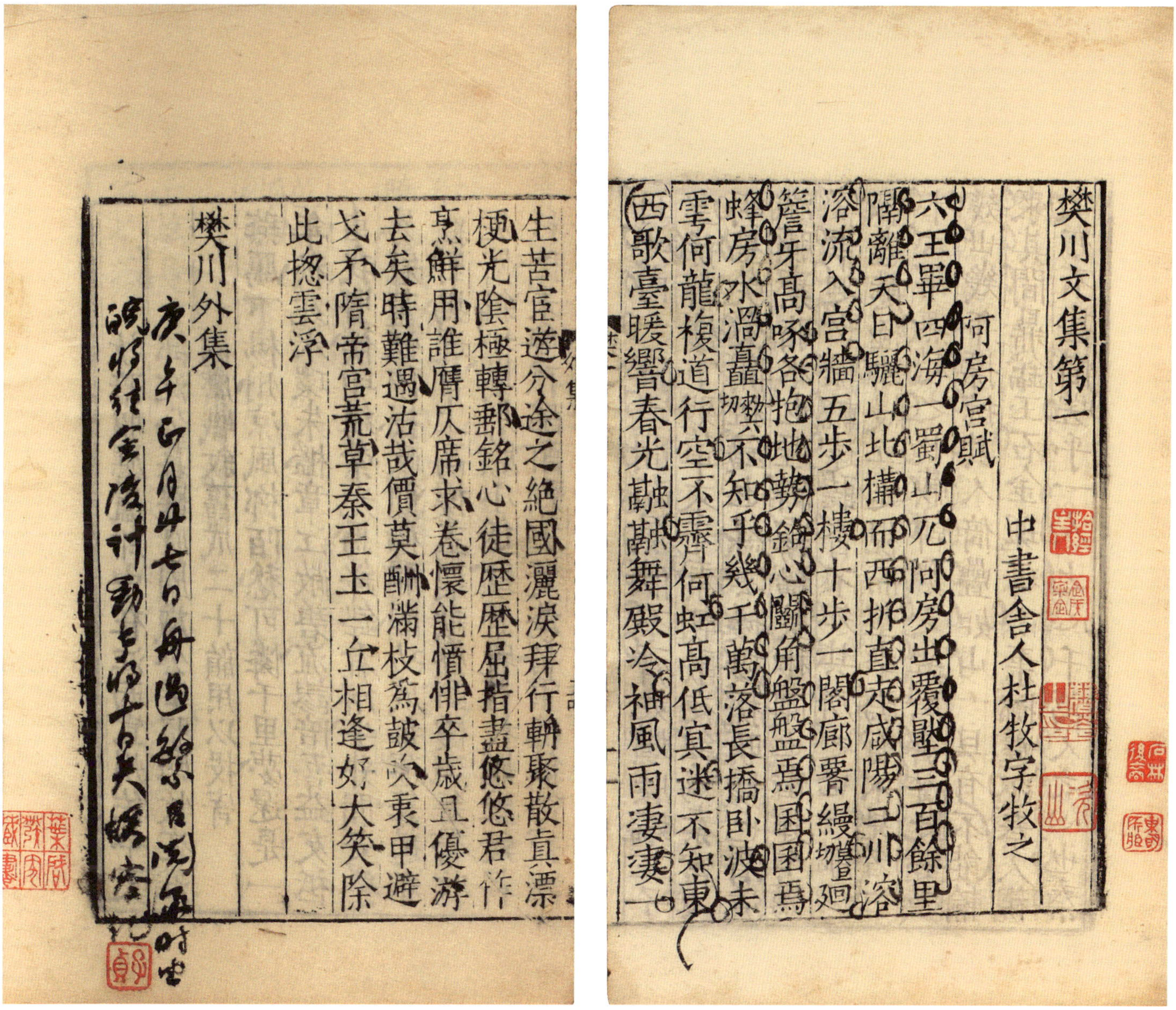

11857 樊川文集二十卷 （唐）杜牧撰 明刻本

匡高18.9厘米，廣12.9厘米。半葉十行，行十八字，白口，左右雙邊。有“道州何氏收藏圖書印”“子貞”“德輝”“定庚審定”“東明所藏”等印。何紹基批校並跋，葉德輝、葉啟勳跋。湖南圖書館藏。

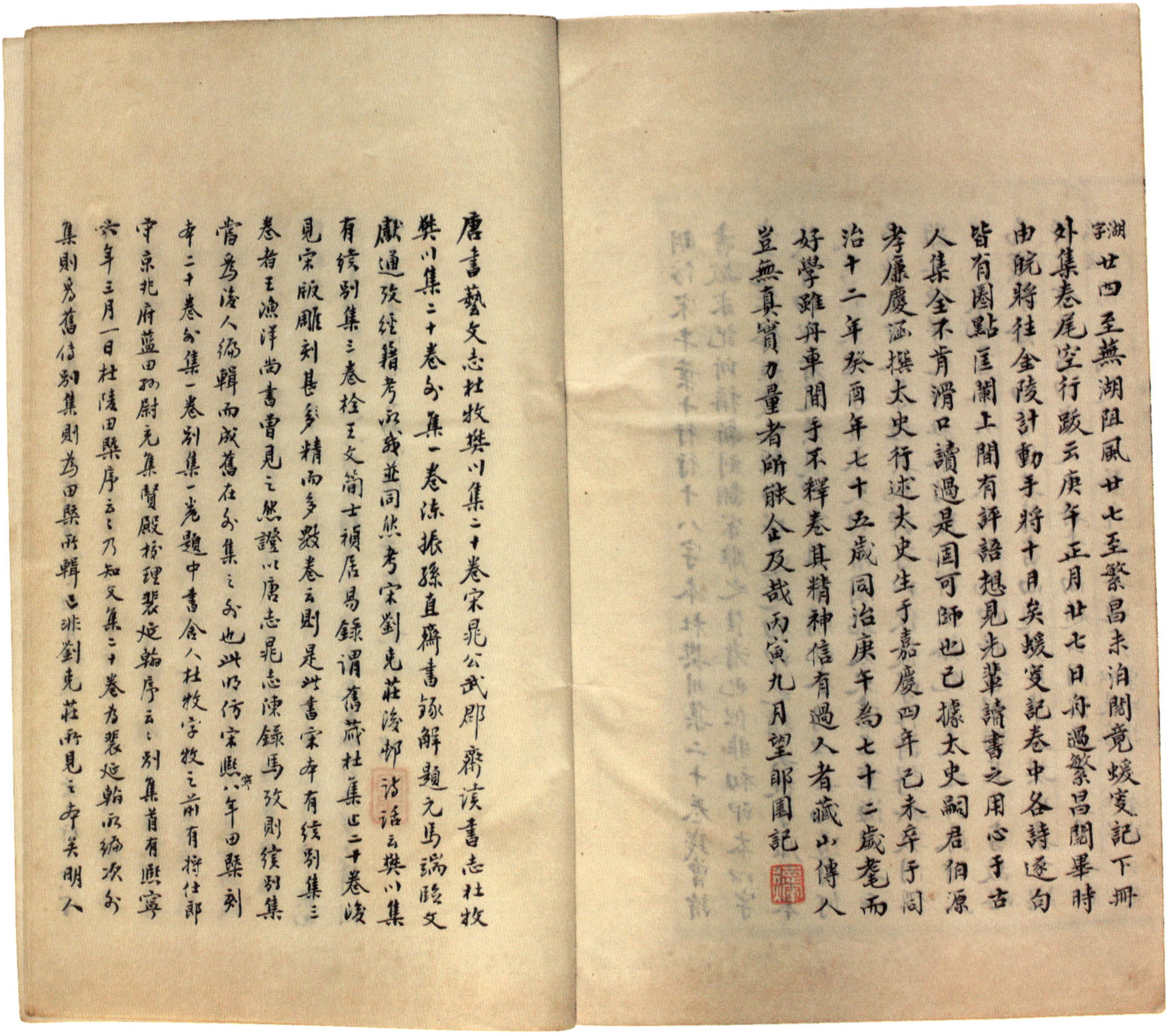
湖字廿四至蕪湖阻風廿七至繁昌未泊閘竟蝯叟記下冊外集卷尾空行跋云庚午正月廿七日舟過繁昌閘畢時由皖將往金陵計動手將十月矣蝯叟記卷中各詩逐句皆有圈點匡闌上間有評語想見先輩讀書之用心于古人集全不肯滑口讀過是固可師也已據太史嗣君伯源孝廉慶涵撰太史行述太史生于嘉慶四年己未卒于同治十二年癸酉年七十五歲同治庚午為七十二歲耄而好學雖舟車間手不釋卷其精神信有過人者藏山傳人豈無真實力量者所能企及哉丙寅九月望郎園記

唐書藝文志杜牧樊川集二十卷宋晁公武郡齋讀書志杜牧樊川集二十卷外集一卷陳振孫直齋書錄解題元馬端臨文獻通攷經籍考所載並同然考宋劉克莊後邨詩話云樊川集有續別集三卷檢王文簡士禎居易錄謂舊藏杜集止二十卷後見宋版雕刻甚多精而多數卷云則是此書宋本有續別集三卷者王漁洋尚書曾見之然證以唐志晁志陳錄馬攷則續別集當為後人編輯而成舊在外集之外也此仍仿宋熙寧八年田槩刻本二十卷外集一卷別集一卷題中書舍人杜牧字牧之前有將仕郎守京兆府藍田縣尉充集賢殿校理裴延翰序云云別集首有熙寧六年三月一日杜陵田槩序云云乃知文集二十卷為裴延翰所編次外集則為舊傳別集則為田槩所輯已非劉克莊所見之本矣明人

11857 樊川文集二十卷

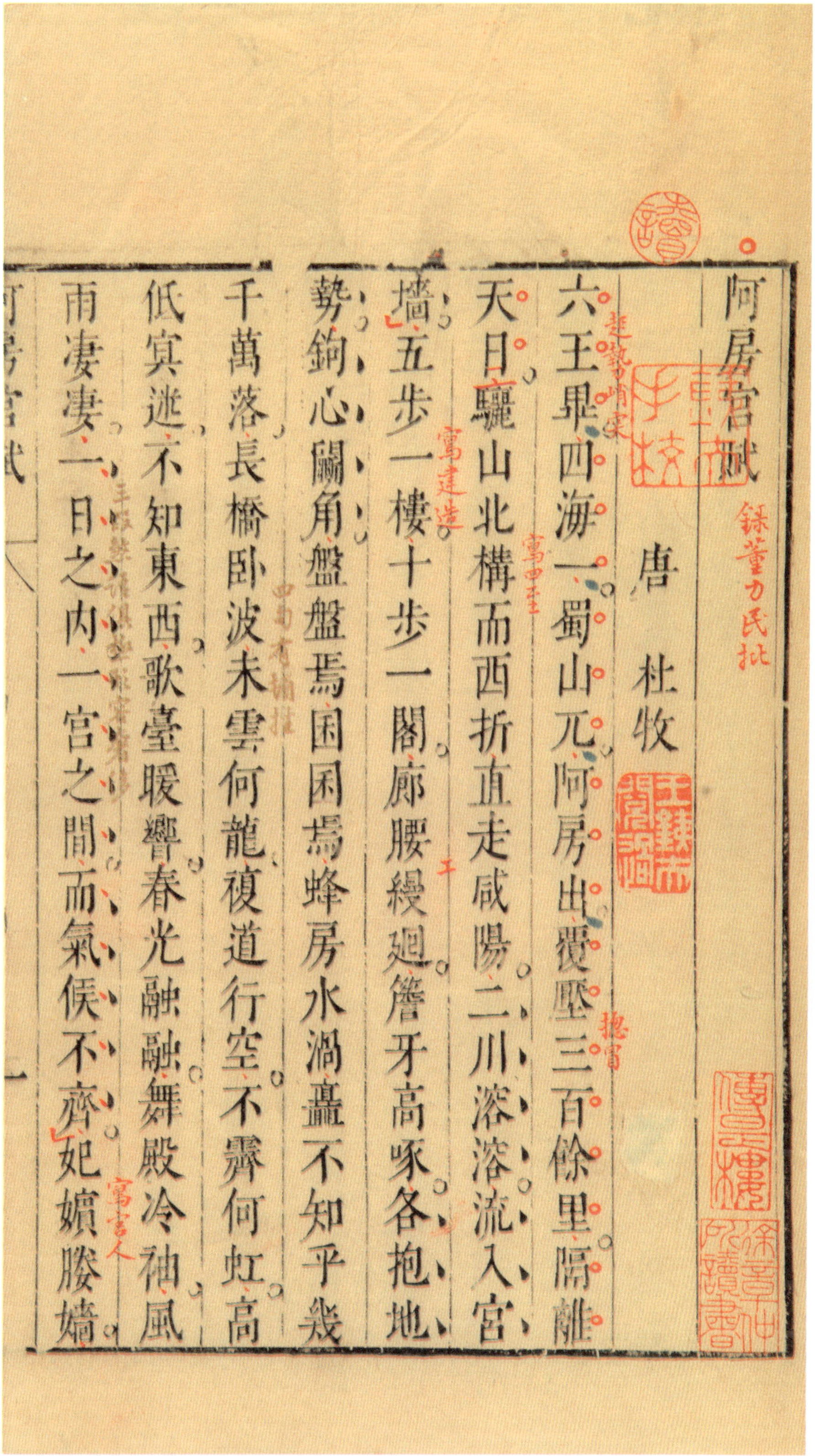

阿房宮賦

唐　杜牧

六王畢四海一蜀山兀阿房出覆壓三百餘里隔離天日驪山北構而西折直走咸陽二川溶溶流入宮墻五步一樓十步一閣廊腰縵廻簷牙高啄各抱地勢鉤心鬬角盤盤焉囷囷焉蜂房水渦矗不知乎幾千萬落長橋臥波未雲何龍複道行空不霽何虹高低冥迷不知東西歌臺暖響春光融融舞殿冷袖風雨凄凄一日之內一宮之間而氣候不齊妃嬪媵嬙

11858 杜牧之文抄一卷　（唐）杜牧撰　明末刻八代文抄本

匡高19.1厘米，廣14.4厘米。半葉九行，行二十字，白口，左右雙邊。有“徐章仲所讀書”“傳是樓”“沈恕”“王銕夫閲過”“銕夫手校”等印。徐炯校，王芑孫批校並跋。上海圖書館藏。

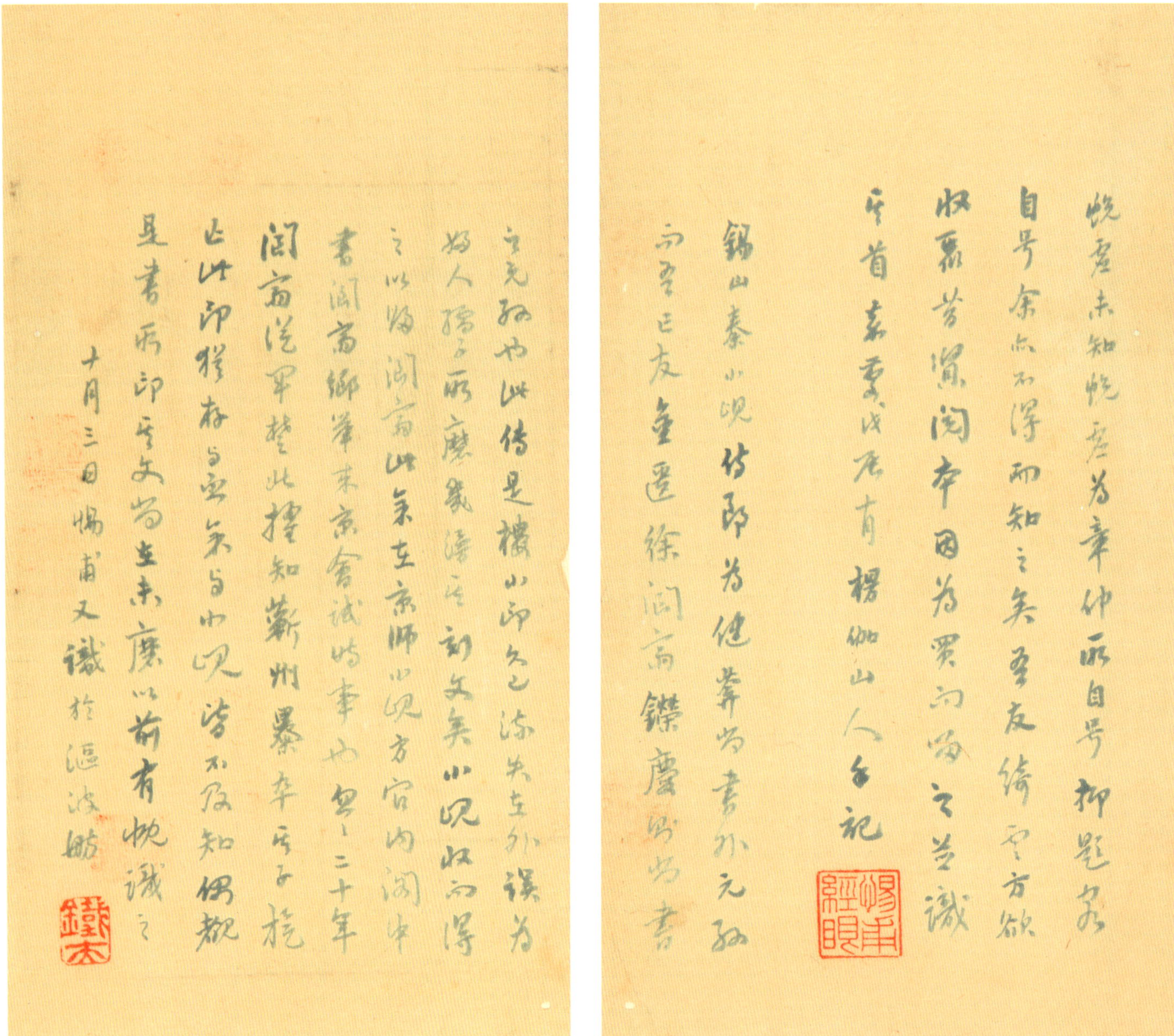

11858 杜牧之文抄一卷

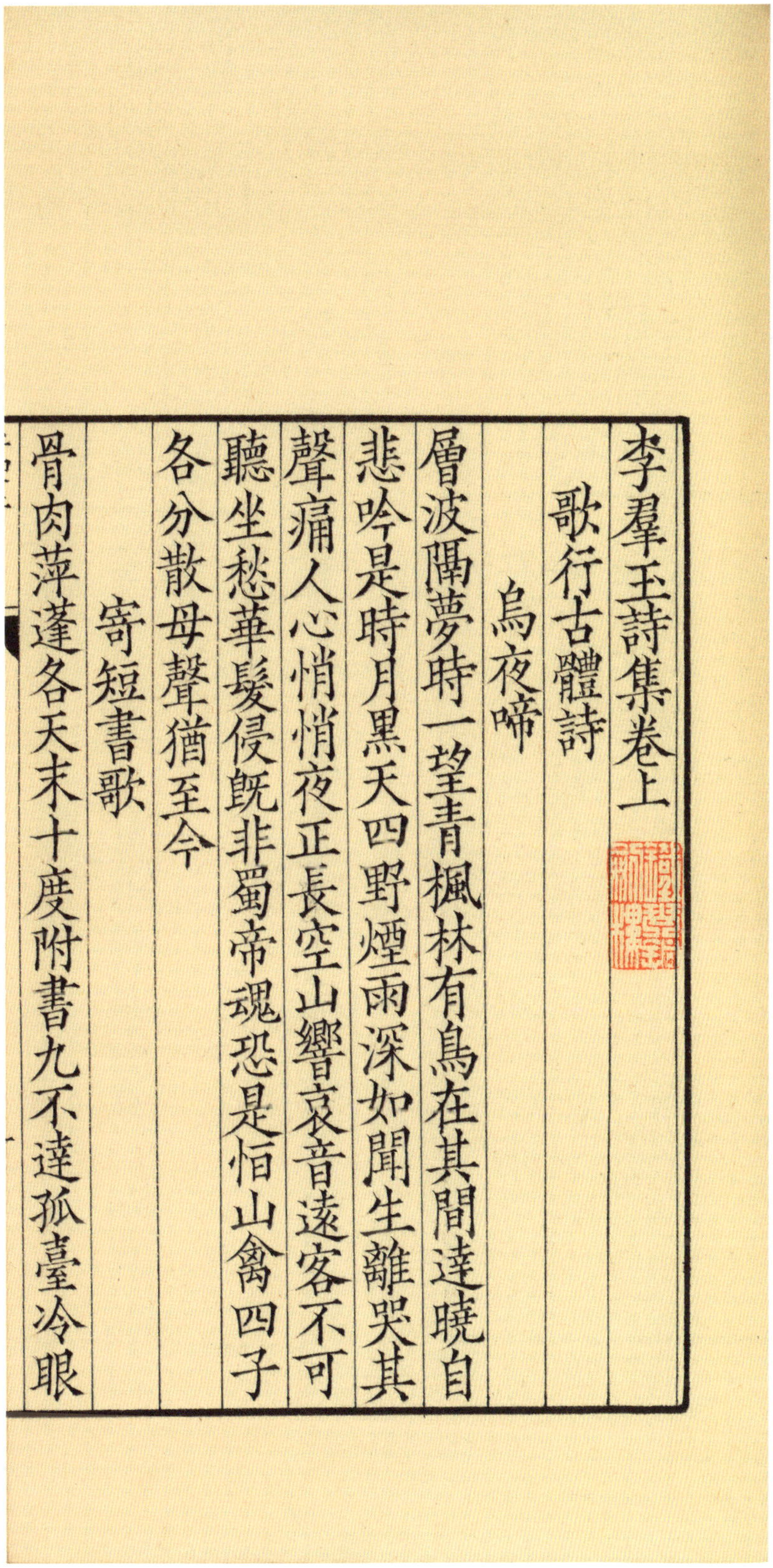

李羣玉詩集卷上

歌行古體詩

烏夜啼

層波隔夢時一望青楓林有鳥在其間達曉自悲吟是時月黑天四野煙雨深如聞生離哭其聲痛人心悄悄夜正長空山響哀音遠客不可聽坐愁華髮侵既非蜀帝魂恐是恒山禽四子各分散母聲猶至今

寄短書歌

骨肉萍蓬各天末十度附書九不達孤臺冷眼

11859 李羣玉詩集三卷後集五卷 （唐）李群玉撰　清道光四年（1824）黄氏士禮居影宋抄本

匡高17.7厘米，廣12.7厘米。半葉十行，行十八字，白口，左右雙邊。有“蕘圃過眼”“鐵琴銅劍樓”等印。黄丕烈跋。國家圖書館藏。

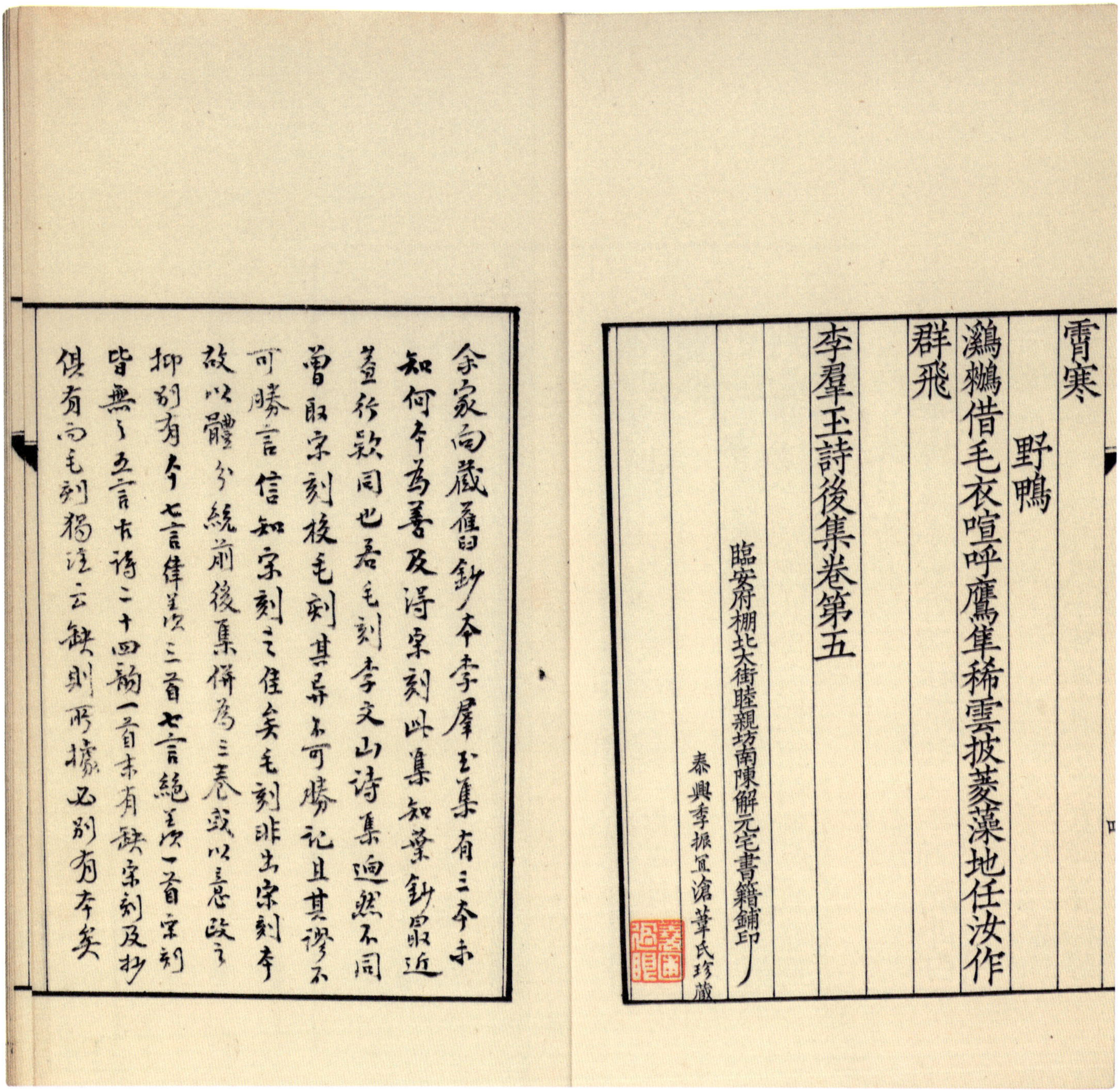

霄寒　野鴨

鸂鶒借毛衣喧呼鷹隼稀雲披菱藻地任汝作群飛

李羣玉詩後集卷第五

臨安府棚北大街睦親坊南陳解元宅書籍鋪印

泰興季振宜滄葦氏珍藏

余家向藏舊鈔本李羣玉集有三本未知何本爲善及得宋刻此集知葉鈔最近蓋行款同也若毛刻李文山詩集迥然不同曾取宋刻校毛刻其异不可勝記且其謬不可勝言信知宋刻之佳矣毛刻非出宋刻本故以體分統前後集併爲三卷或以意改之抑别有本乎七言律至次三首七言絶至次一首宋刻皆無之五言古詩二十四韻一首末有缺宋刻及抄俱有而毛刻獨注云缺則所據必别有本矣

11859 李羣玉詩集三卷後集五卷

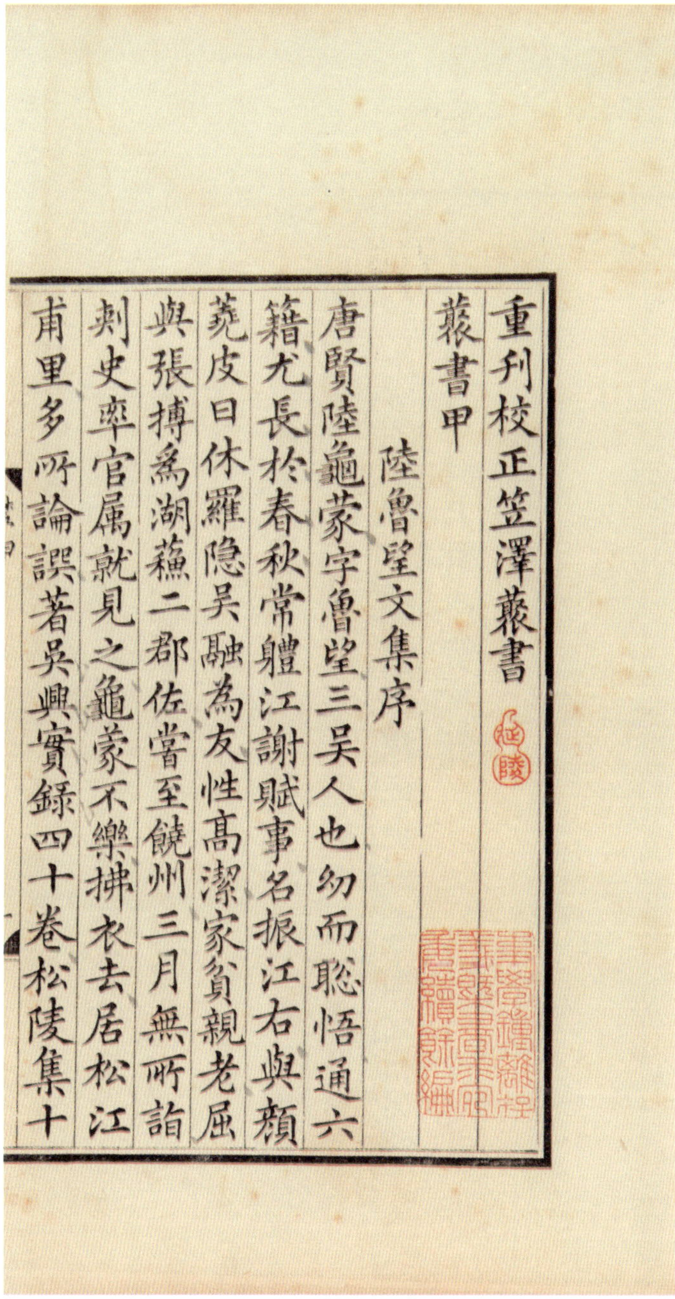

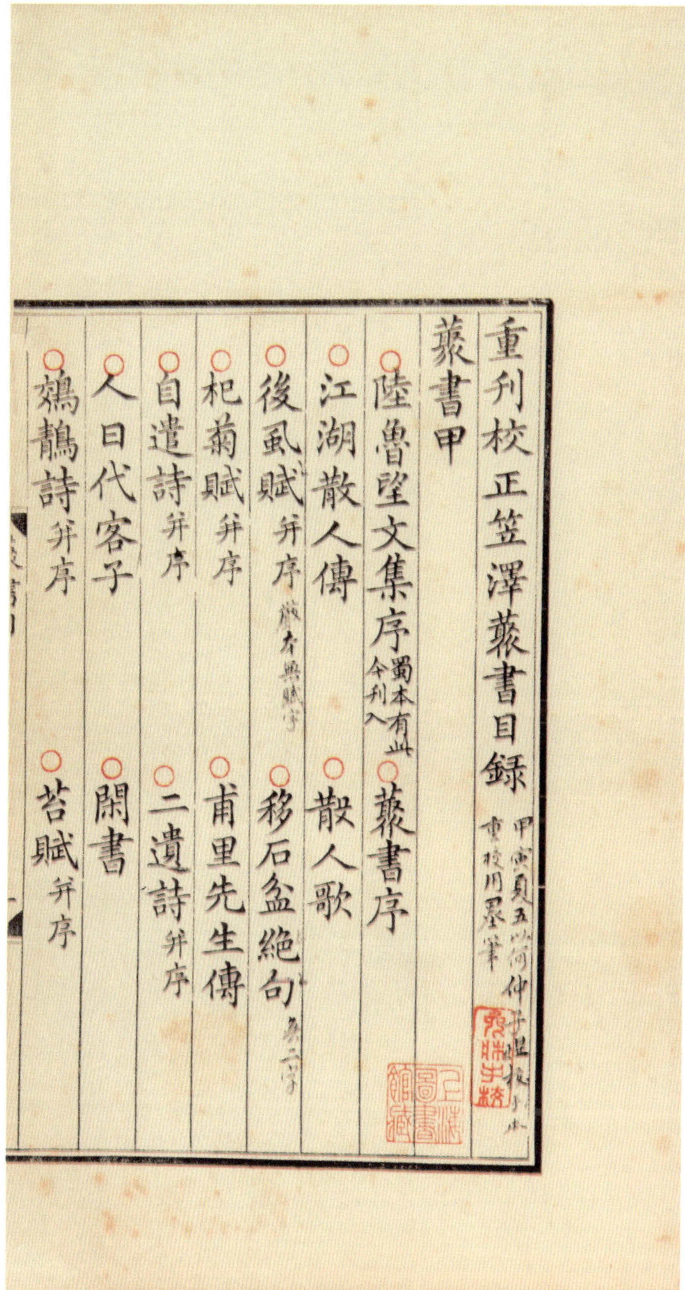

11860 重刊校正笠澤叢書四卷補遺詩一卷 （唐）陸龜蒙撰 清雍正九年（1731）陸鍾輝水雲漁屋刻本

匡高20.9厘米，廣13.4厘米。半葉九行，行十八字，白口，四周雙邊。有"兔牀手校"等印。吴騫校並跋。上海圖書館藏。

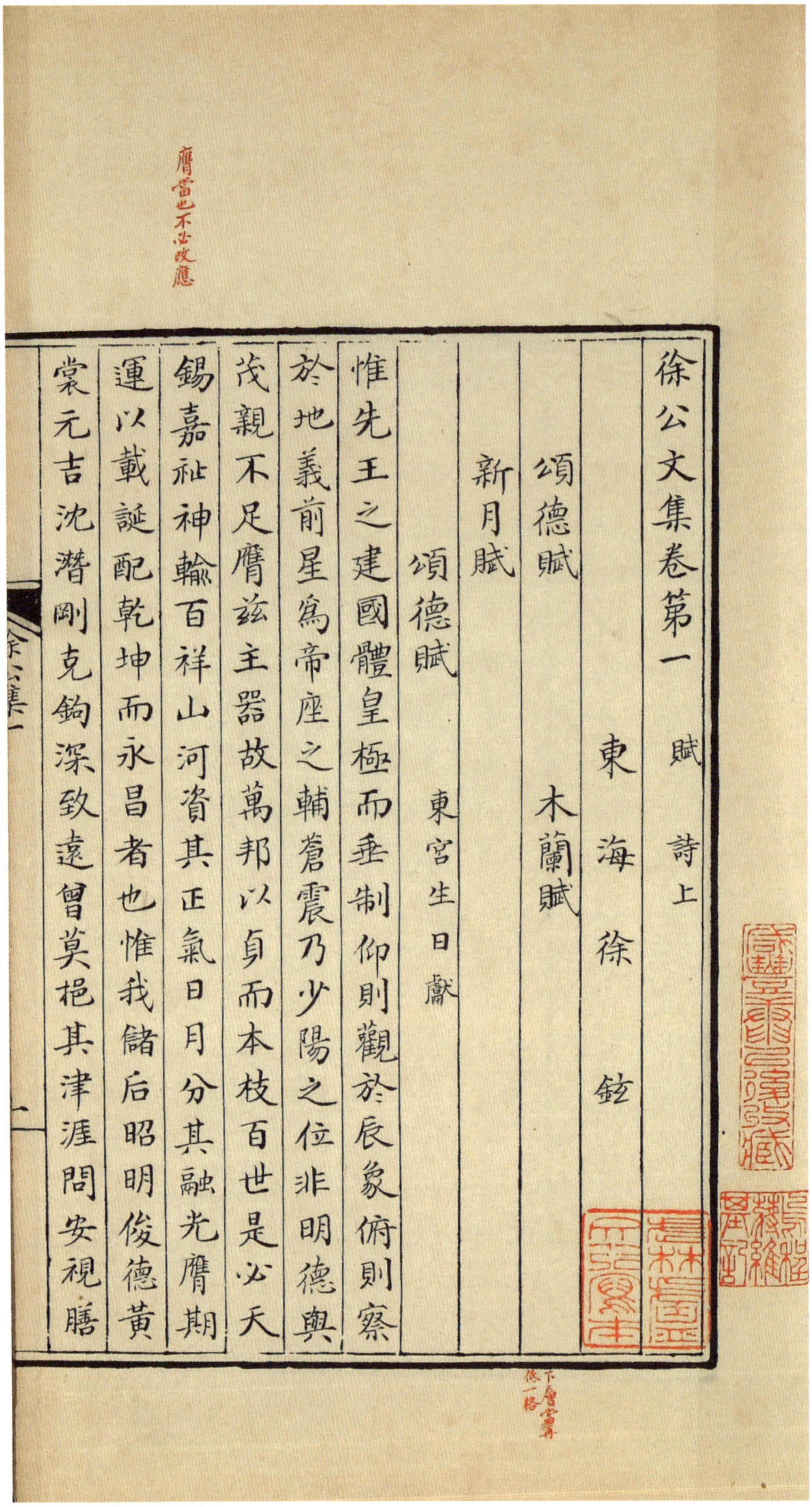
膺當也不必改應

徐公文集卷第一　賦　詩上
東海徐鉉
頌德賦　木蘭賦
新月賦
頌德賦　東宮生日獻
惟先王之建國體皇極而垂制仰則觀於辰象俯則察
於地義前星爲帝座之輔蒼震乃少陽之位非明德與
茂親不足膺玆主器故萬邦以貞而本枝百世是必天
錫嘉祉神輸百祥山河資其正氣日月分其融光膺期
運以載誕配乾坤而永昌者也惟我儲后昭明俊德黃
裳元吉沈潛剛克鉤深致遠曾莫挹其津涯問安視膳

11861 徐公文集三十卷　（宋）徐鉉撰　清乾隆三十九年（1774）盧氏抱經堂抄本

匡高19.3厘米，廣13.6厘米。半葉十一行，行二十一字，白口，四周雙邊。有“武林盧文弨寫本”“烏程蔣維基記”“咸豐庚申以後收藏”“范鍇借觀”“趙鈁珍藏”等印。盧文弨校並跋。國家圖書館藏。

未盡者録成復請江陰趙敬夫曦明覆審又得十數條
其本脱者尚無從補正之然此已可信爲善本矣
乾隆三十九年歲在甲午十一月望日東里盧文弨識

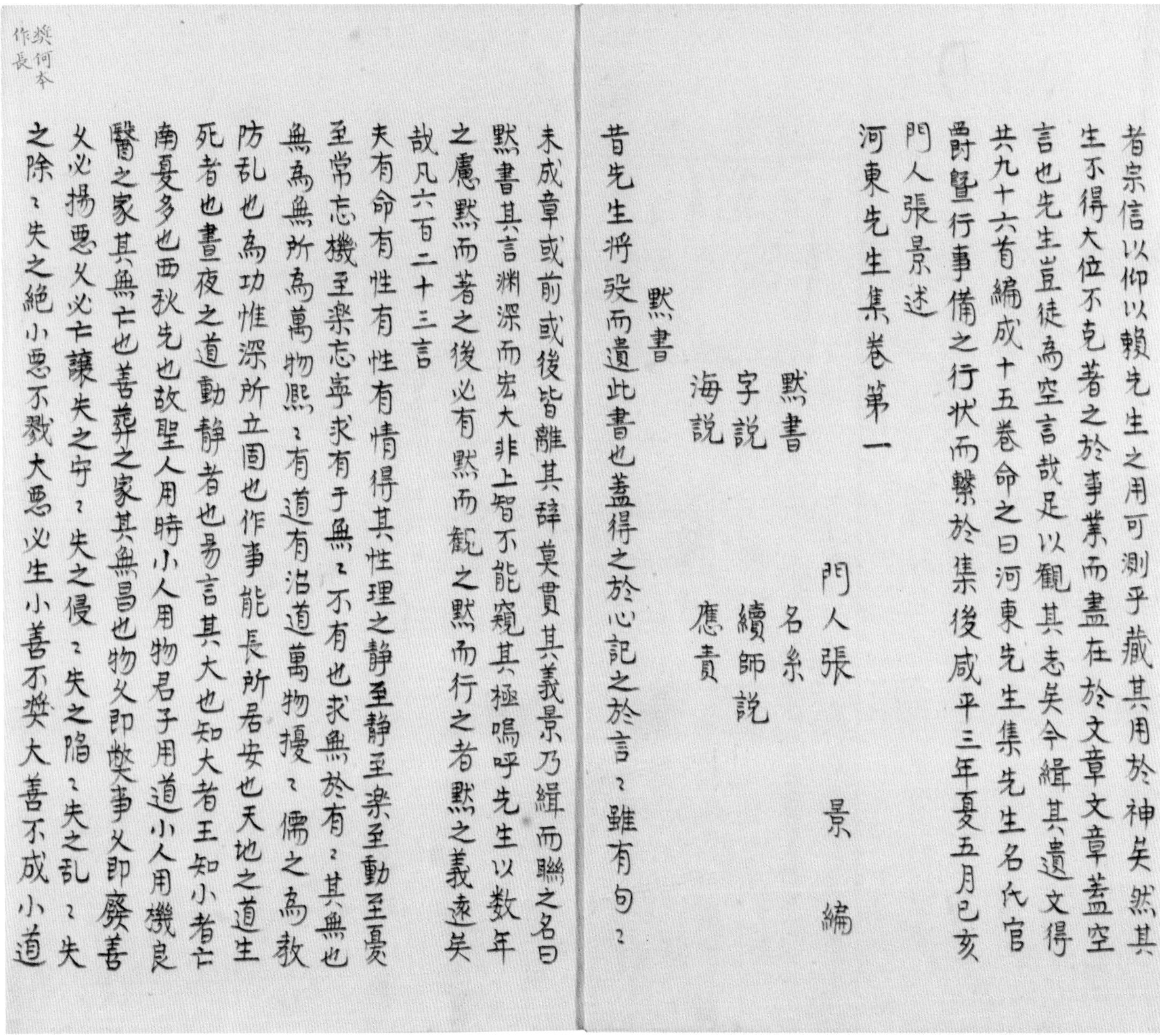

者宗信以仰以賴先生之用可測乎蔵其用於神矣然其
生不得大位不克著之於事業而盡在於文章文章蓋空
言也先生豈徒為空言哉足以觀其志矣今緝其遺文得
共九十六首編成十五卷命之曰河東先生集先生名氏官
爵暨行事備之行狀而繫於集後咸平三年夏五月己亥
門人張景述

河東先生集卷第一
門人張　景　編

默書　名系
字說　續師說
海說　應責

默書

昔先生將沒而遺此書也蓋得之於心記之於言〻雖有句〻
未成章或前或後皆離其辭莫貫其義景乃緝而聯之名曰
默書其言淵深而宏大非上智不能窺其極嗚呼先生以數年
之慮默而著之後必有默而觀之默而行之者默之義遠矣
哉凡六百二十三言

夫有命有性有情得其性理之靜至靜至樂至動至憂
至常忘機至樂忘寧求有于無〻不有也求無於有〻其無也
無為無所為萬物熙〻有道有治道萬物擾〻儒之為教
防亂也為功惟深所立固也作事能長所居安也天地之道生
死者也晝夜之道動靜者也易言其大也知大者王知小者亡
南夏多也西秋先也故聖人用時小人用物君子用道小人用機良
醫之家其無亡也善葬之家其無昌也物久即弊事久即廢善
久必揚惡久必亡讓失之守〻失之侵〻失之陷〻失之亂〻失
之除〻失之絕小惡不戮大惡必生小善不獎大善不成小道

獎何本作長

11862 河東先生集十五卷　（宋）柳開撰　清初抄本

半葉十三行，行二十三至二十六字。有“王印聞遠”等印。王聞遠校並跋。
上海圖書館藏。

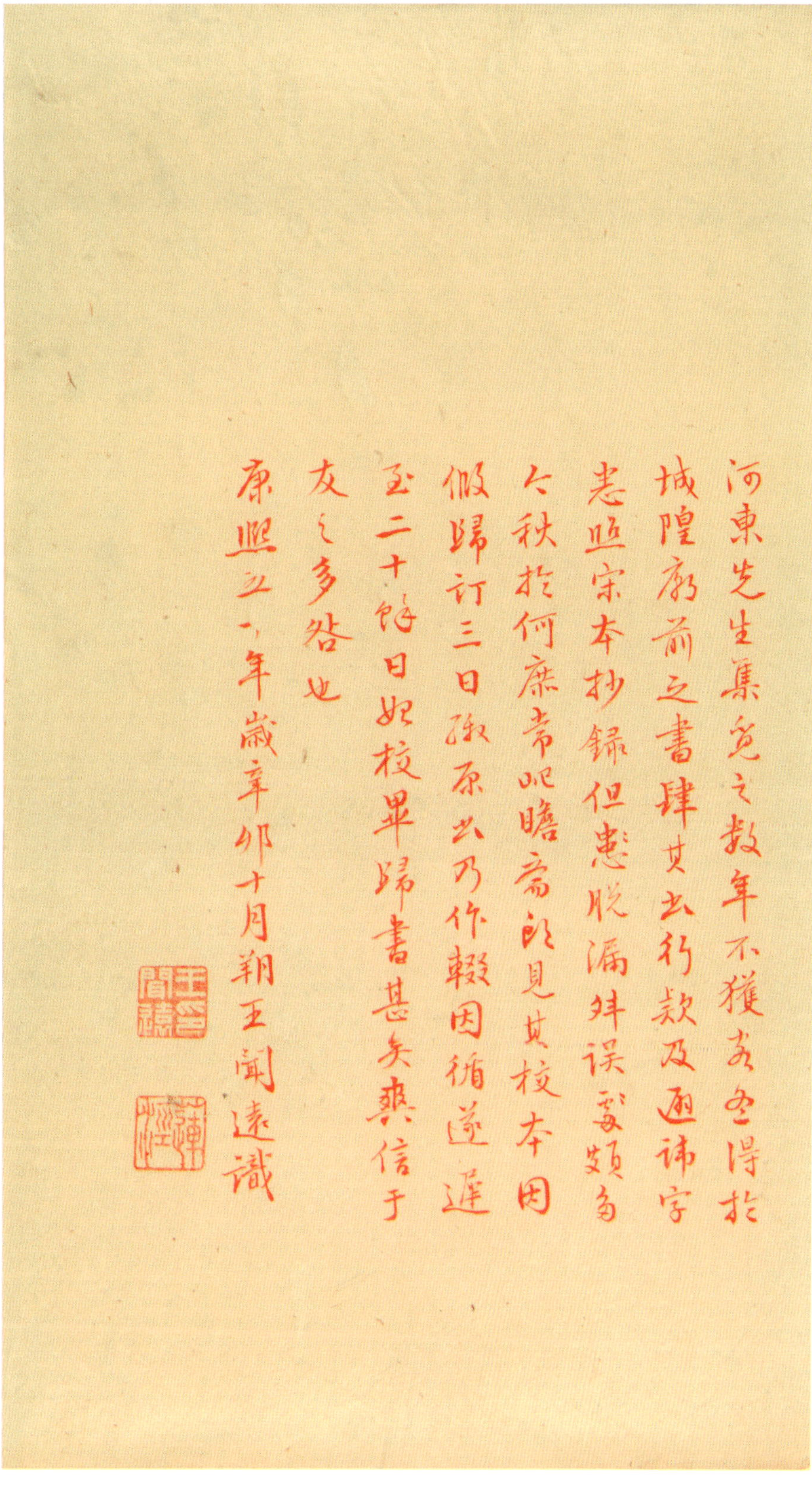

河東先生集覓之數年不獲今忽得於
城隍廟前之書肆其出行款及避諱字
悉照宋本抄錄但譌脫漏舛誤處頗多
今秋於何庶常屺瞻齋既見其校本因
假歸訂三日限原出乃作輟因循遂遲
至二十餘日始校畢歸書甚矣爽信于
友之多咎也
康熙五十年歲辛卯十月朔王聞遠識

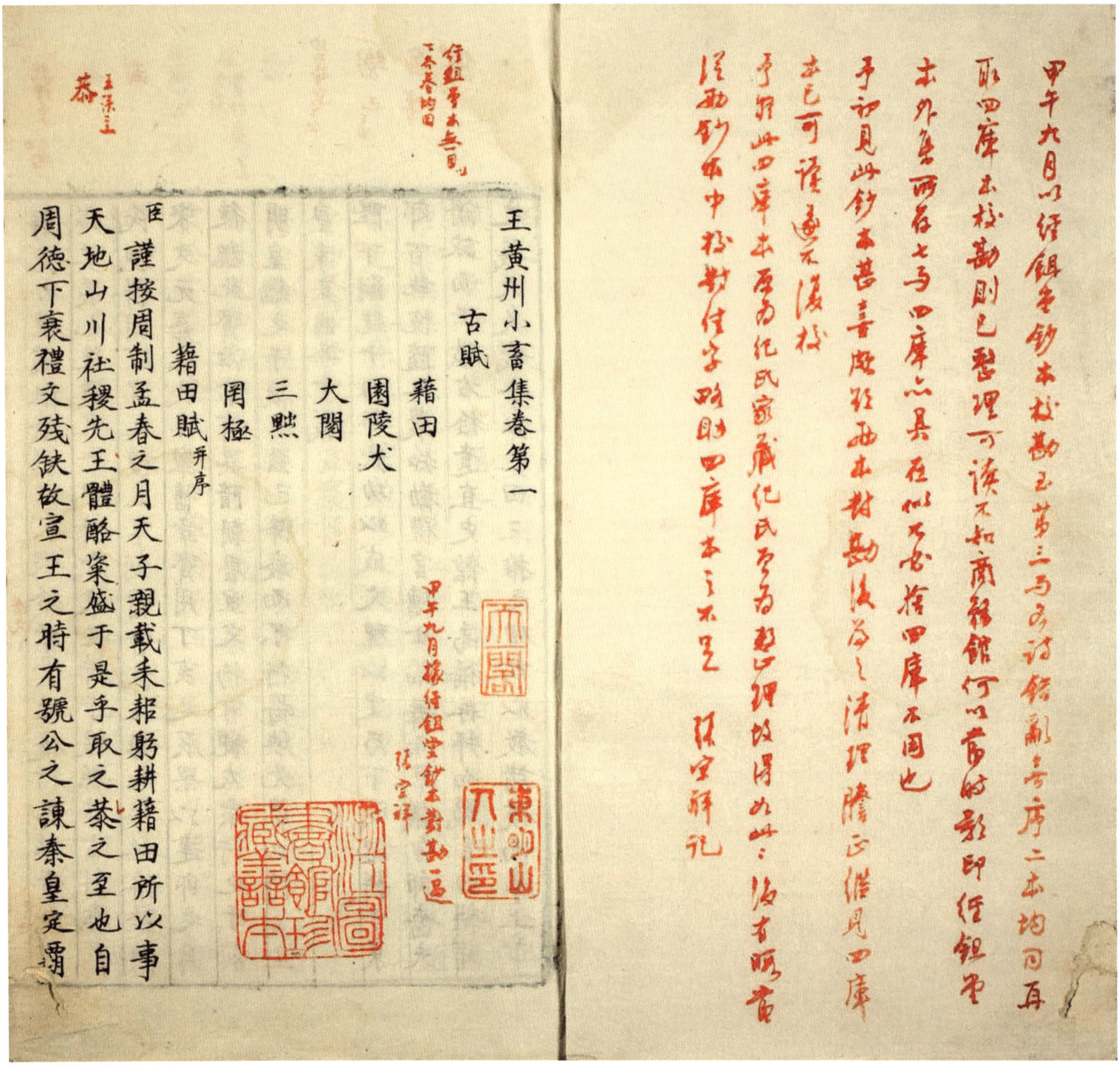

11863 王黄州小畜集三十卷 （宋）王禹偁撰　明抄本

匡高21.4厘米，廣15厘米。半葉十一行，行二十二字，白口，四周單邊。有“東明山人之印”“天一閣”等印。張宗祥批校並跋。浙江圖書館藏。

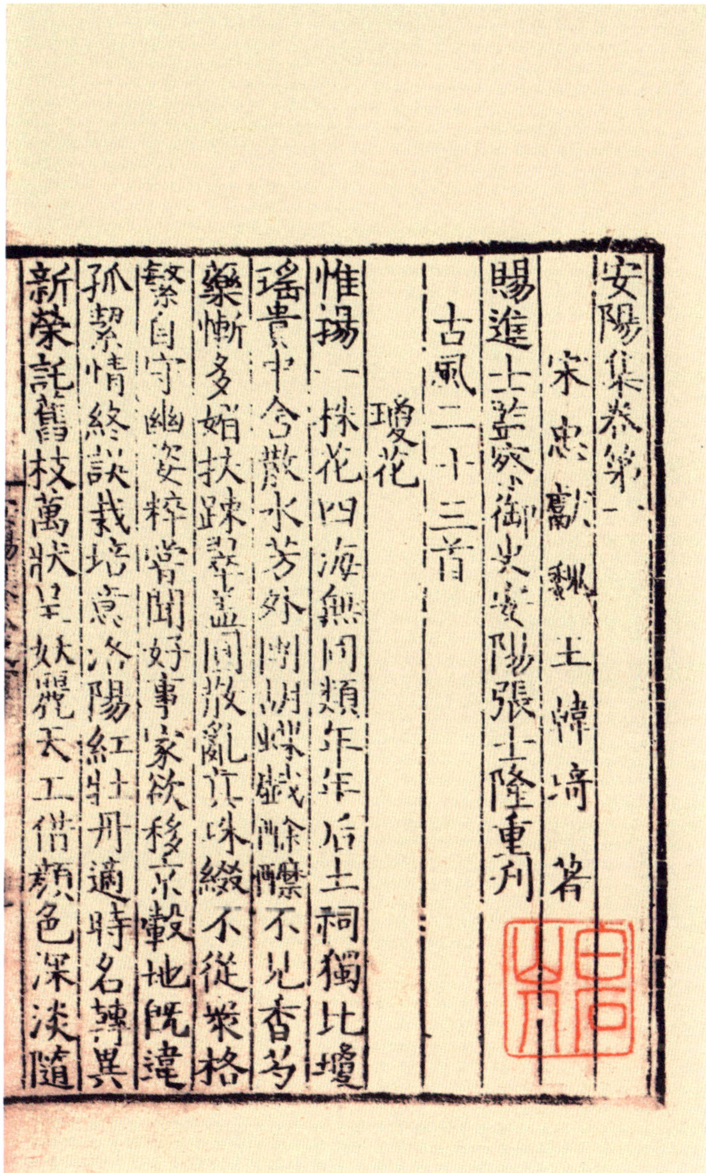
安陽集卷第一
宋忠獻魏王韓琦著
賜進士監察御史安陽張士隆重刊
古風二十三首
瓊花
惟揚一株花四海無同類年年后土祠獨比瓊
瑤貴中含散水芳外團胡蝶戲酴醿不見香芍
藥慚多媚扶疎翠蓋圓散亂真珠綴不從衆格
繁自守幽姿粹嘗聞好事家欲移京轂地既違
孤絜情終誤栽培意洛陽紅牡丹適時名轉異
新榮託舊枝萬狀呈妖麗天工借顔色深淡隨

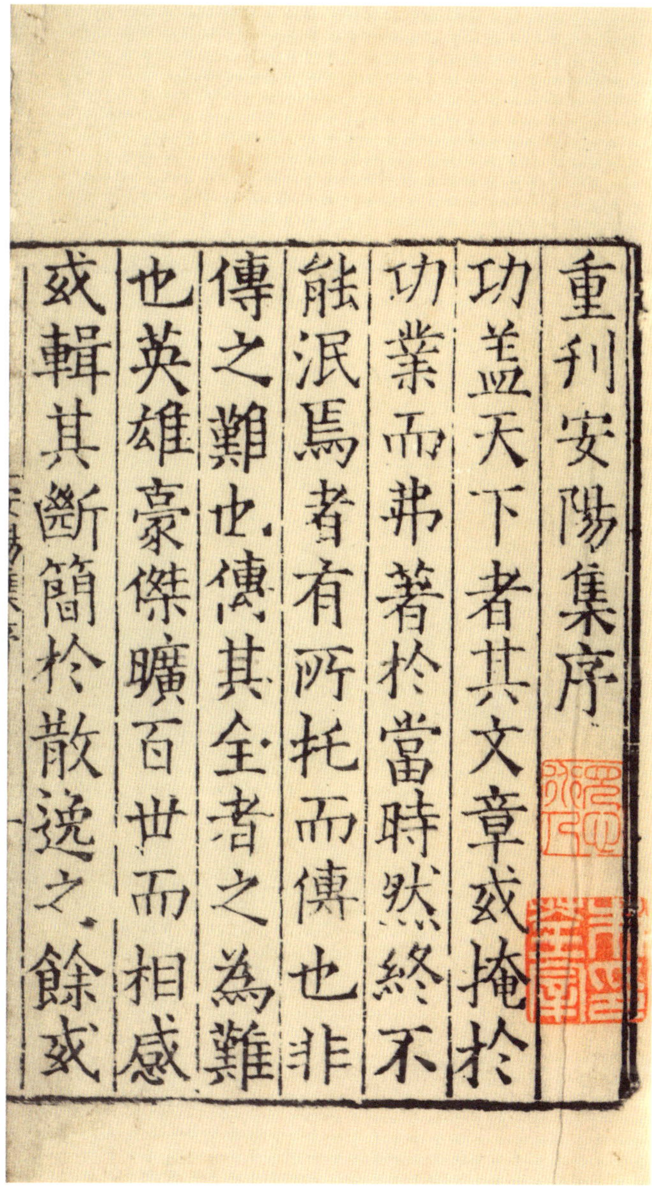
重刊安陽集序
功蓋天下者其文章或掩於
功業而弗著於當時然終不
能泯焉者有所托而傳也非
傳之難也傳其全者之為難
也英雄豪傑曠百世而相感
或輯其斷簡於散逸之餘或

11864 安陽集五十卷 （宋）韓琦撰 明正德九年（1514）張士隆刻本

匡高17.6厘米，廣13.8厘米。半葉十一行，行十八字，白口，左右雙邊。有“朱印荃宰”等印。中共北京市委圖書館藏。

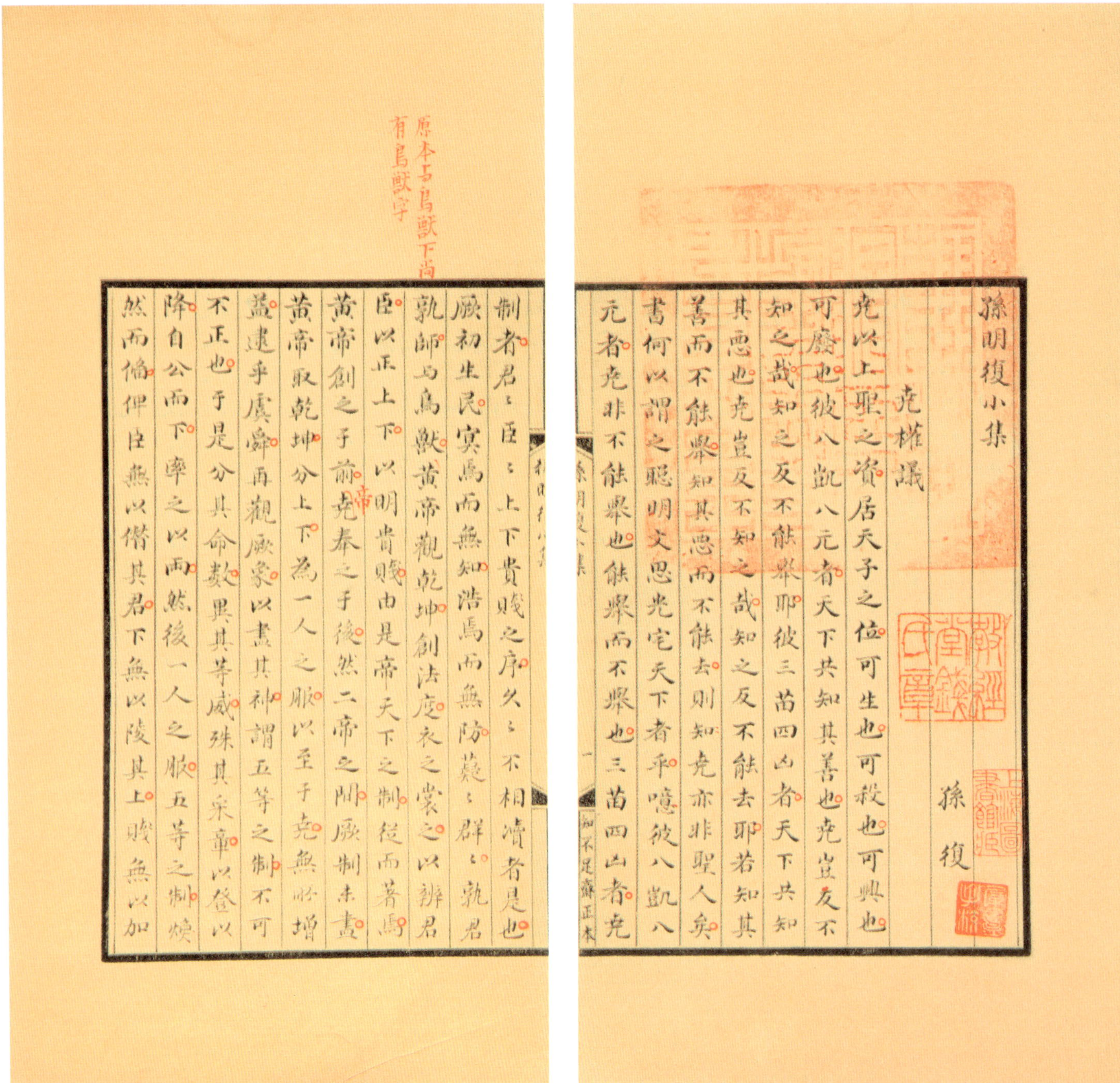
孫明復小集　　孫復
堯權議
堯以上聖之資居天子之位可生也可殺也可與也可廢也彼八凱八元者天下共知其善也堯豈反不知之哉知之反不能舉耶彼三苗四凶者天下共知其惡也堯豈反不知之哉知之反不能去耶若知其善而不能舉知其惡而不能去則知堯亦非聖人矣書何以謂之聰明文思光宅天下者乎噫彼八凱八元者堯非不能舉也能舉而不舉也三苗四凶者堯

孫明復小集　一　知不足齋正本

制者君君臣臣上下貴賤之序久久不相瀆者是也厥初生民寘焉而無知浩焉而無防蕤蕤群群孰君孰師与鳥獸黃帝觀乾坤創法度衣之裳之以辨君臣以正上下以明貴賤由是帝天下之制從而著焉黃帝創之于前堯奉之于後然二帝之閒厥制未盡黃帝取乾坤分上下為一人之服以至于堯無所增益逮乎虞舜而觀厥象以盡其神謂五等之制不可不正也于是分其命數異其等威殊其采章以登以降自公而下率之以兩然後一人之服五等之制煥然而倫俾臣無以僭其君下無以陵其上賤無以加

原本古鳥獸下尚有鳥獸字

11865 孫明復小集一卷　（宋）孫復撰　**附録一卷**　清鮑氏知不足齋抄本

匡高18.1厘米，廣12.5厘米。半葉十行，行二十字，黑口，左右雙邊。有“翰林院印”“犀盦手校”等印。鮑廷博校並跋。上海圖書館藏。

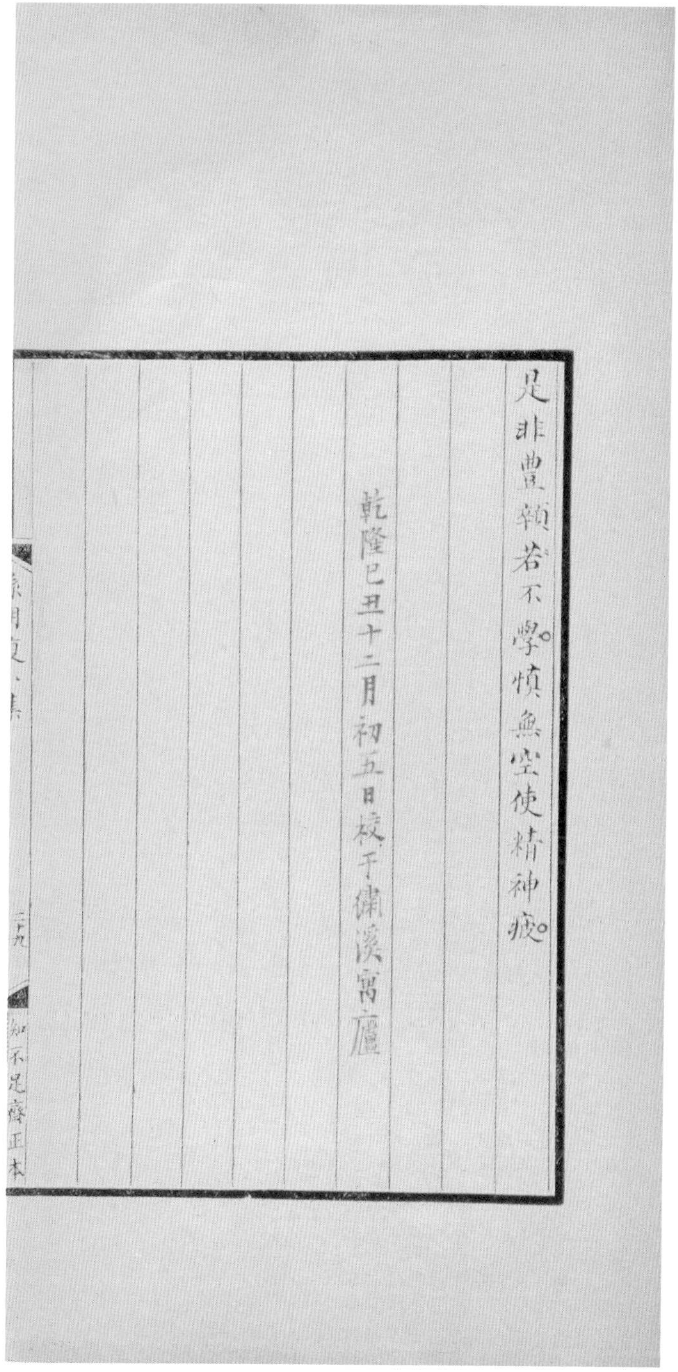

足非豈顧若不學慎無空使精神疲。

乾隆己丑十二月初五日校于儀溪寓廬

知不足齋正本

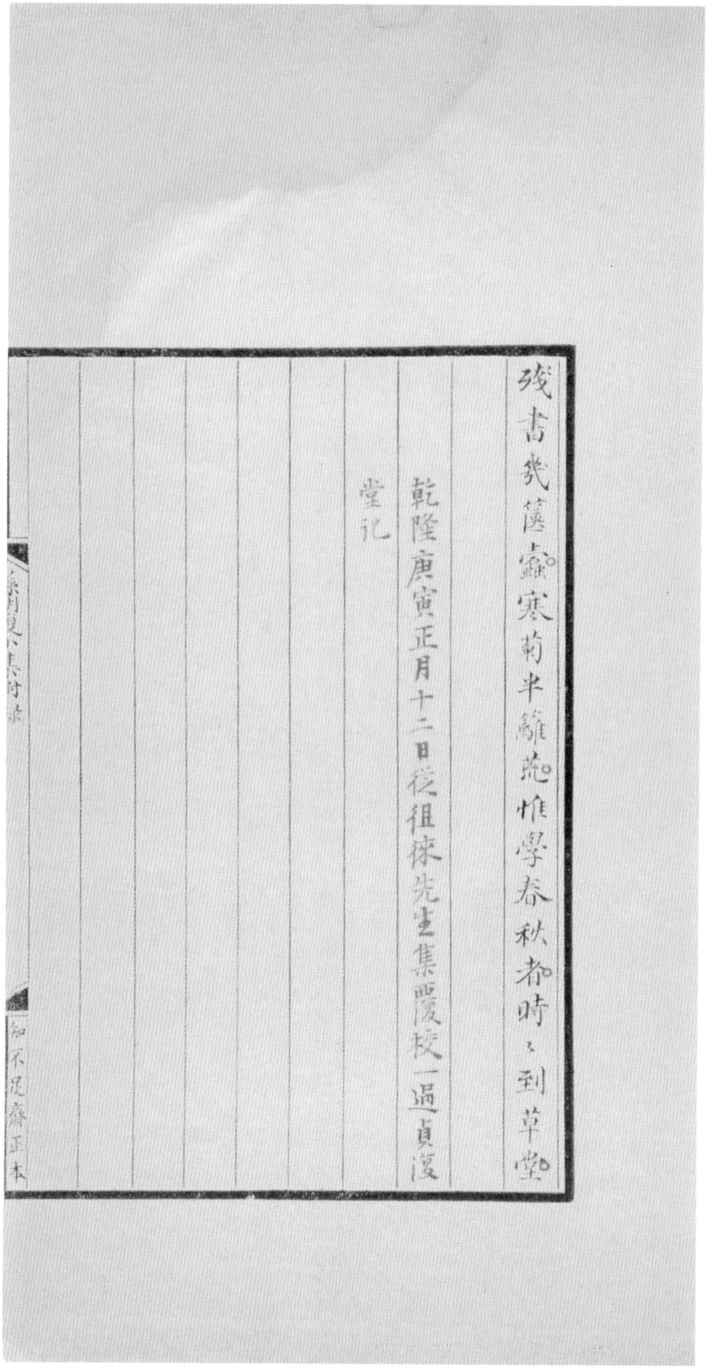

殘書幾葉蠹寒菊半籬疏惟學春秋者時時到草堂。

乾隆庚寅正月十二日從徂徠先生集覆校一過貞復堂記

知不足齋正本

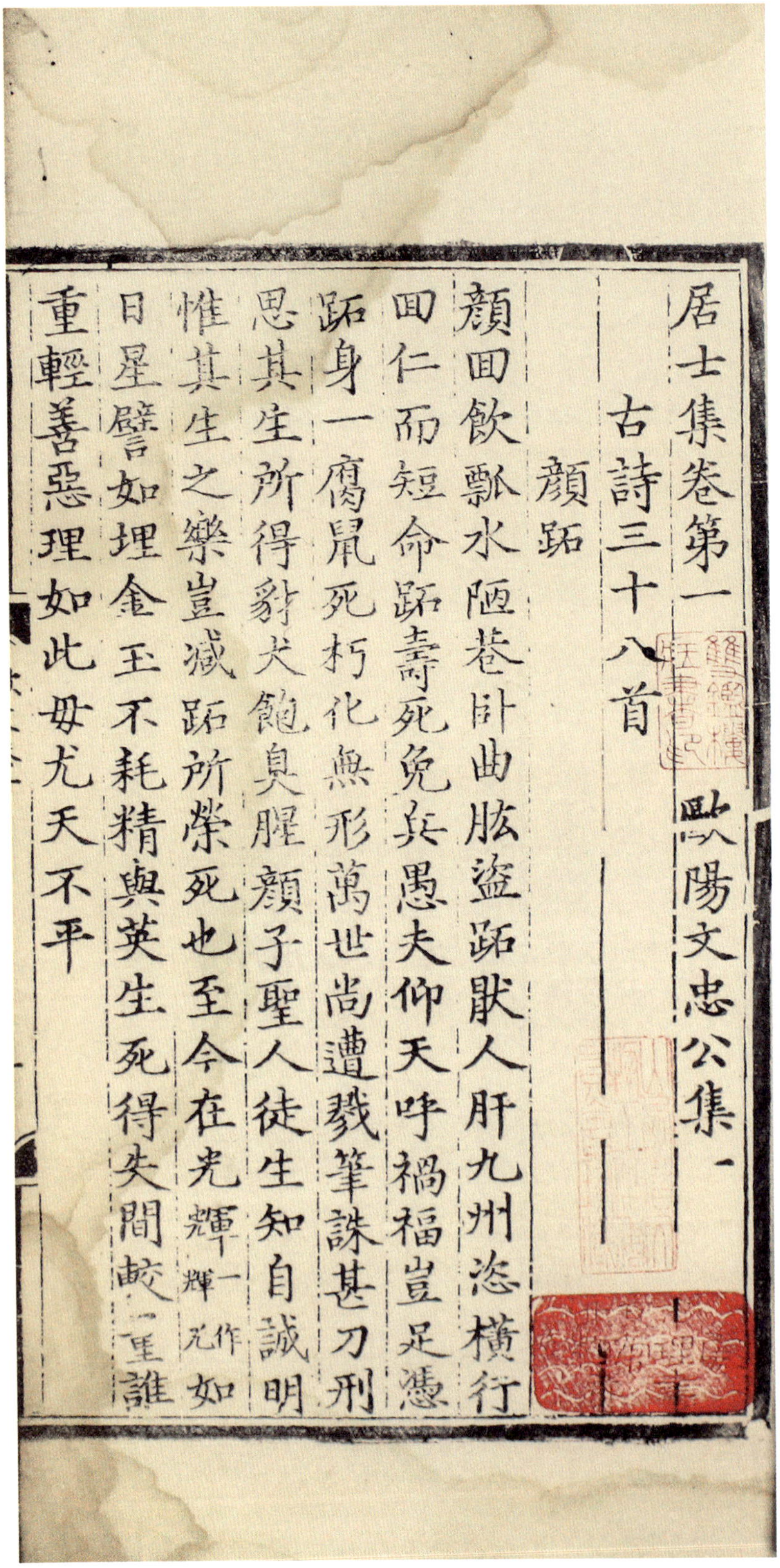

居士集卷第一　　歐陽文忠公集一

古詩三十八首

顔跖

顔回飲瓢水陋巷卧曲肱盜跖厭人肝九州恣橫行回仁而短命跖壽死免兵愚夫仰天呼禍福豈足憑跖身一腐鼠死朽化無形萬世尚遭戮筆誅甚刀刑思其生所得豺犬飽臭腥顔子聖人徒生知自誠明惟其生之樂豈減跖所榮死也至今在光輝（一作輝光）如日星譬如埋金玉不耗精與英生死得失間較（一量）誰重輕善惡理如此毋尤天不平

11866 歐陽文忠公集一百五十三卷　（宋）歐陽修撰　**年譜一卷**　（宋）胡柯撰　**附録五卷**　明天順六年（1462）程宗刻本

匡高20.4厘米，廣13.2厘米。半葉十行，行二十字，黑口，四周雙邊。山西博物院藏。

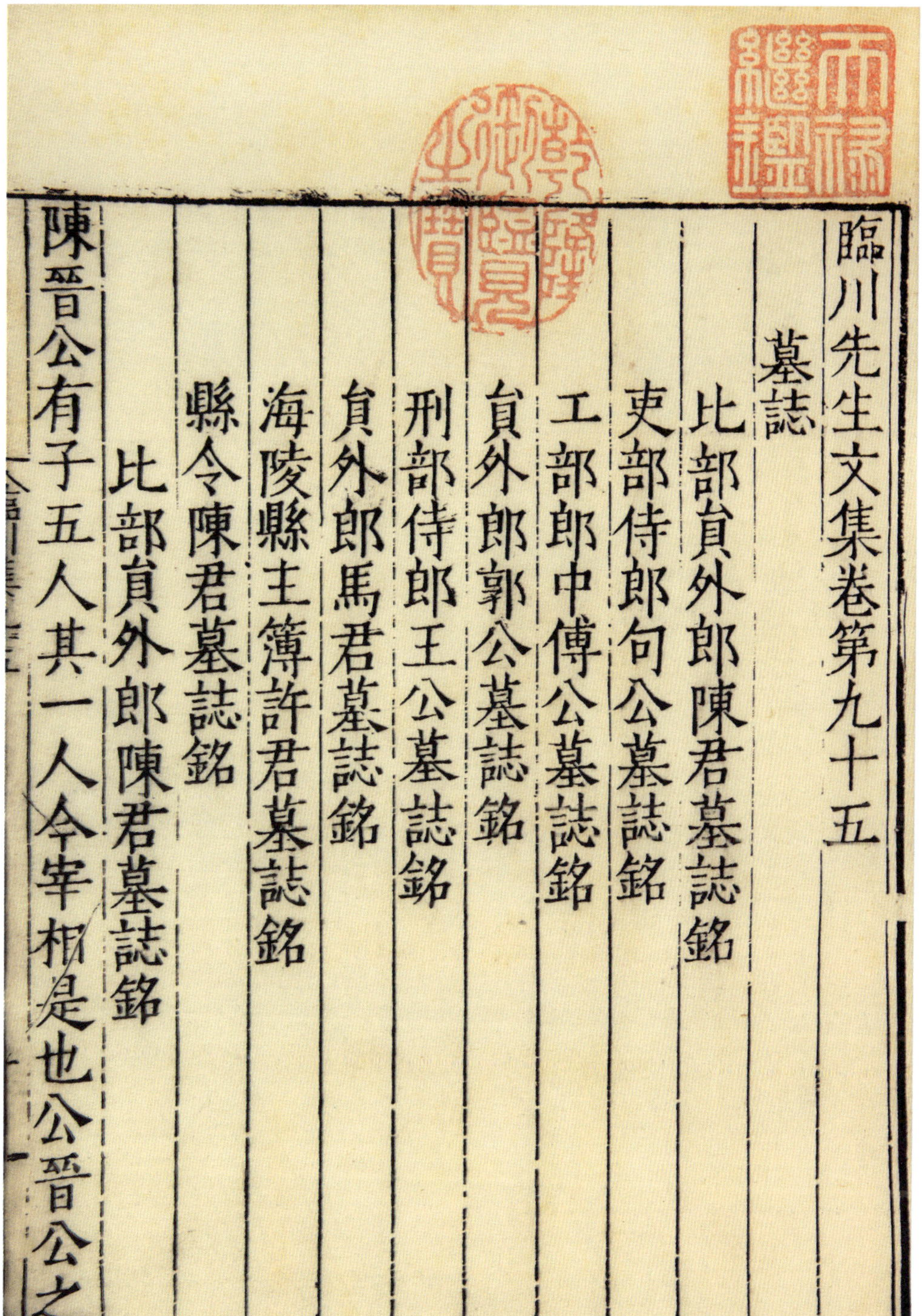

臨川先生文集卷第九十五
墓誌
比部員外郎陳君墓誌銘
吏部侍郎句公墓誌銘
工部郎中傅公墓誌銘
員外郎郭公墓誌銘
刑部侍郎王公墓誌銘
員外郎馬君墓誌銘
海陵縣主簿許君墓誌銘
縣令陳君墓誌銘
比部員外郎陳君墓誌銘
陳晉公有子五人其一人今宰相是也公晉公之中

11867 臨川先生文集一百卷 （宋）王安石撰　明刻本

匡高20.5厘米，廣15.5厘米。半葉十二行，行二十字，白口，左右雙邊。有“天禄繼鑑”“乾隆御覽之寶”等印。吉林省博物院藏，存二卷。

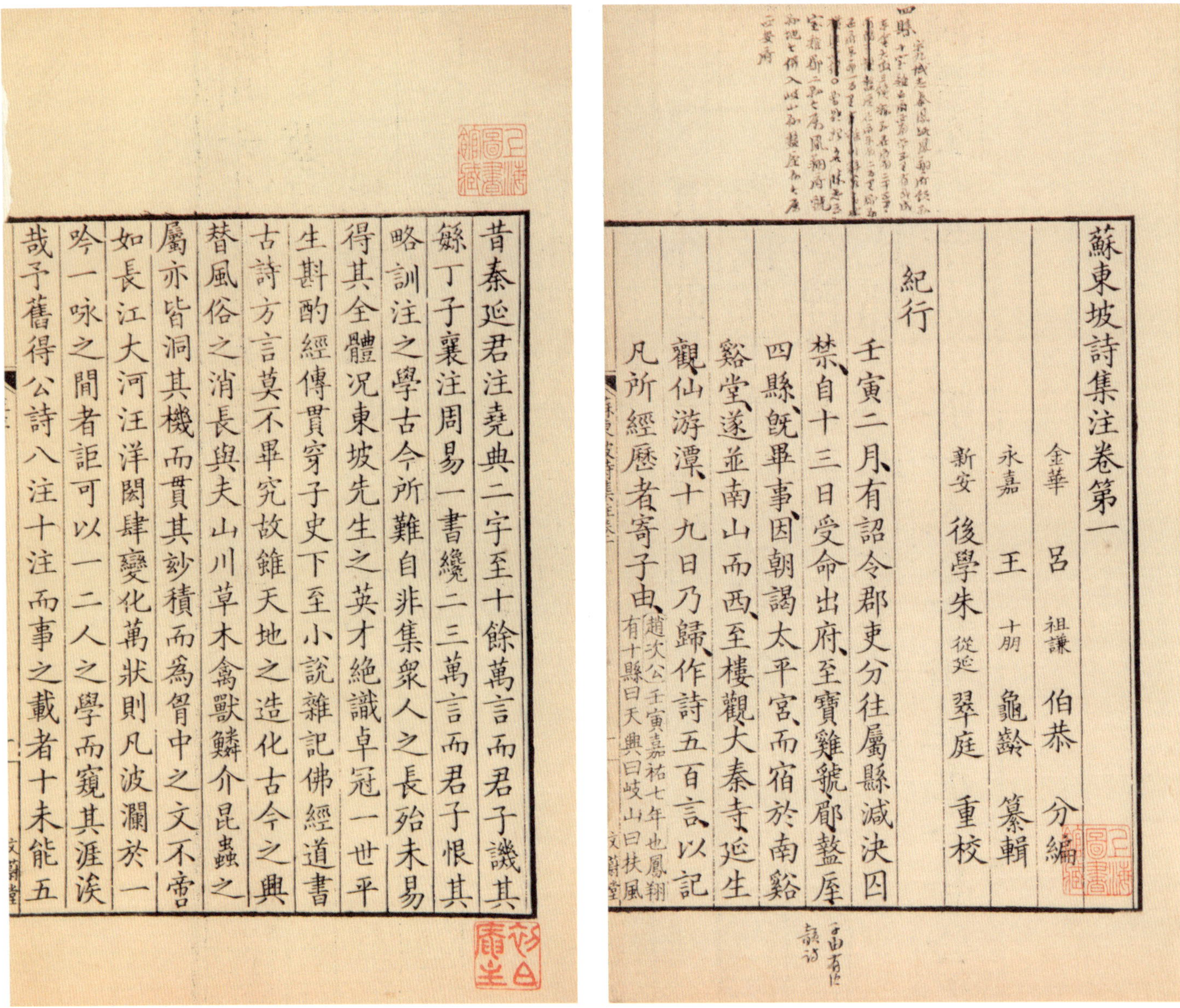

昔秦延君注堯典二字至十餘萬言而君子譏其繇丁子襄注周易一書纔二三萬言而君子恨其略訓注之學古今所難自非集衆人之長殆未易得其全體況東坡先生之英才絕識卓冠一世平生斟酌經傳貫穿子史下至小說雜記佛經道書古詩方言莫不畢究故雖天地之造化古今之興替風俗之消長與夫山川草木禽獸鱗介昆蟲之屬亦皆洞其機而貫其妙積而爲胷中之文不啻如長江大河汪洋閎肆變化萬狀則凡波瀾於一吟一咏之間者詎可以一二人之學而窺其涯涘哉予舊得公詩八注十注而事之載者十未能五

蘇東坡詩集注卷第一

金華 呂 祖謙 伯恭 分編

永嘉 王 十朋 龜齡 纂輯

新安 後學朱 從延 翠庭 重校

紀行

壬寅二月有詔令郡吏分往屬縣減決囚禁自十三日受命出府至寶雞虢郿盩厔四縣既畢事因朝謁太平宮而宿於南谿谿堂遂並南山而西至樓觀大秦寺延生觀仙游潭十九日乃歸作詩五百言以記凡所經歷者寄子由 趙次公 壬寅嘉祐七年也鳳翔有十縣曰天興曰岐山曰扶風

11868 蘇東坡詩集注三十二卷 （宋）蘇軾撰 題（宋）呂祖謙分編 題（宋）王十朋纂集 **年譜一卷** （宋）王宗稷撰 清康熙三十七年（1698）朱從延文蔚堂刻本

匡高18.2厘米，廣14.4厘米。半葉十一行，行十九字，小字雙行二十八字，白口，左右雙邊。有"初白庵主"等印。查慎行批注。上海圖書館藏。

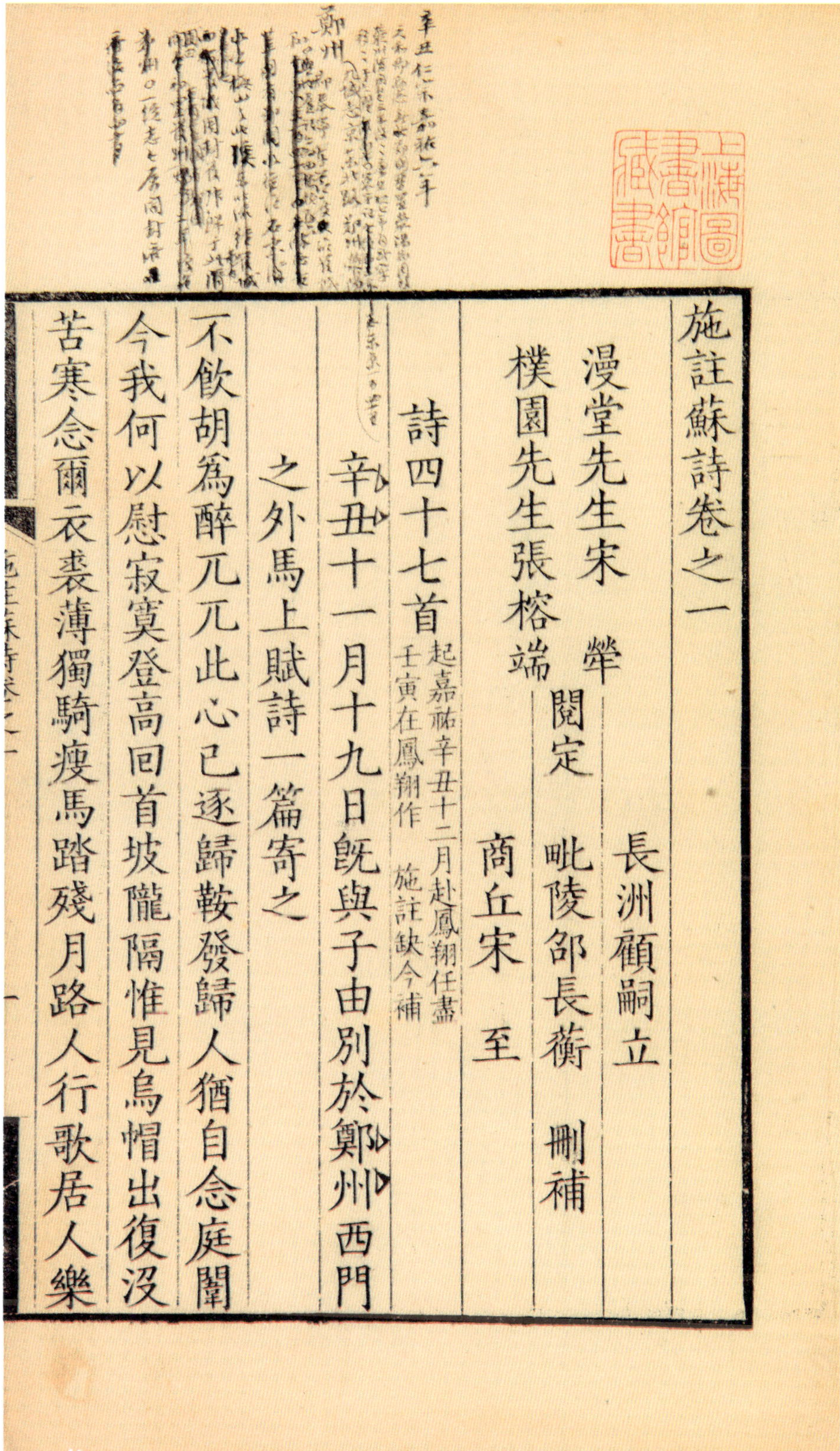
施註蘇詩卷之一

漫堂先生宋　犖
長洲顧嗣立
樸園先生張榕端　閱定
毗陵邵長蘅　刪補
商丘宋　至

詩四十七首起嘉祐辛丑十二月赴鳳翔任盡壬寅在鳳翔作　施註缺今補

辛丑十一月十九日既與子由別於鄭州西門之外馬上賦詩一篇寄之

不飲胡爲醉兀兀此心已逐歸鞍發歸人猶自念庭闈今我何以慰寂寞登高回首坡隴隔惟見烏帽出復沒苦寒念爾衣裘薄獨騎瘦馬踏殘月路人行歌居人樂

施註蘇詩卷之一　一

11869 施註蘇詩四十二卷總目二卷　（宋）蘇軾撰　（宋）施元之　顧禧注　（清）邵長蘅　顧嗣立　宋至刪補　**蘇詩續補遺二卷**　（宋）蘇軾撰　（清）馮景補注　**王註正譌一卷**　（清）邵長蘅撰　**東坡先生年譜一卷**　（宋）王宗稷撰　清康熙三十八年（1699）宋犖刻本

匡高19.1厘米，廣14.4厘米。半葉十行，行二十一字，黑口，四周單邊。有“初白庵主”等印。查慎行批注。上海圖書館藏。

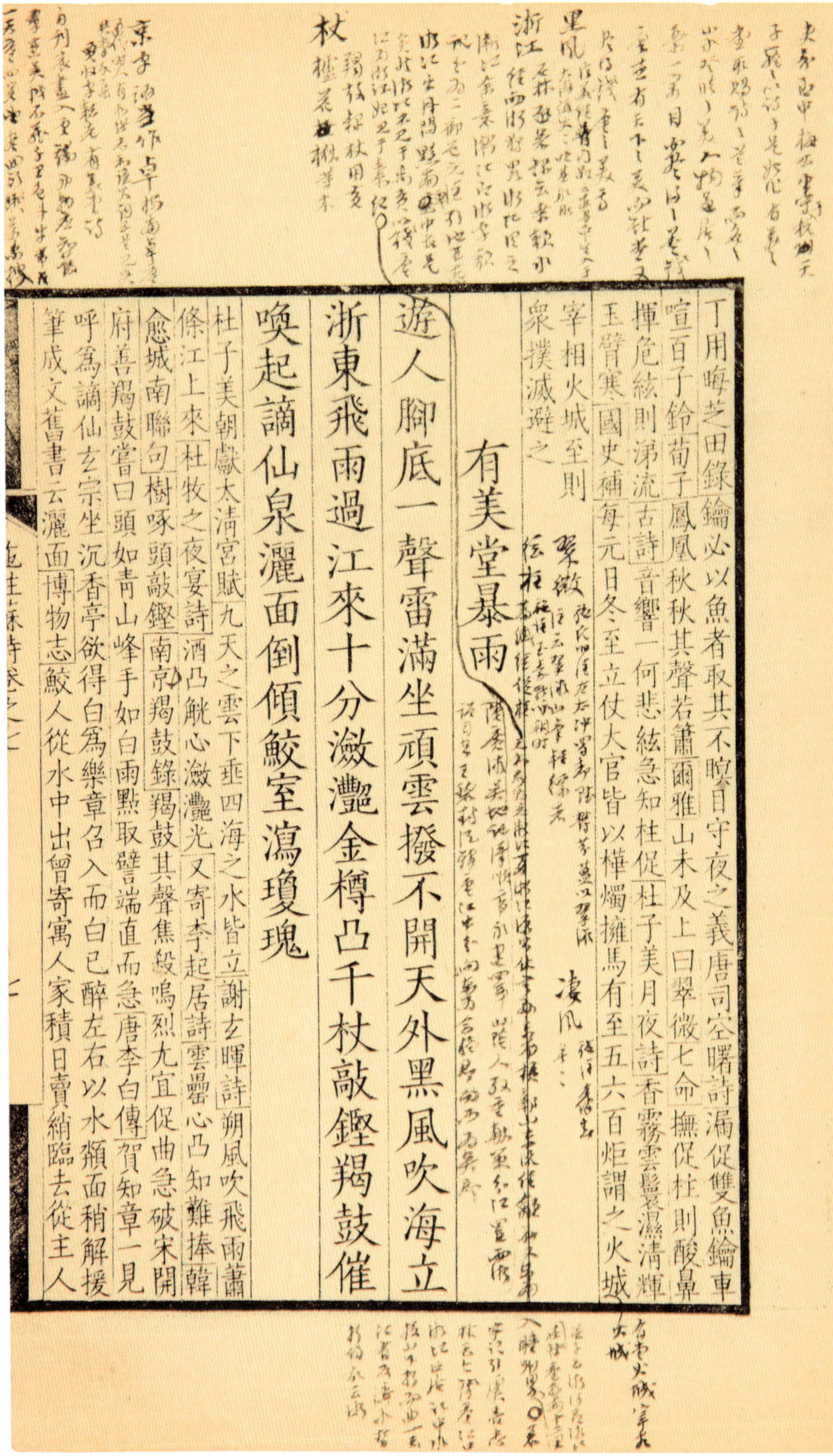

丁用晦芝田錄鑰必以魚者取其不瞑目守夜之義唐司空曙詩漏促雙魚鑰車喧百丁鈴荀子鳳凰秋秋其聲若簫爾雅山未及上曰翠微七命撫促柱則酸鼻揮危絃則涕流古詩音響一何悲絃急知柱促杜子美月夜詩香霧雲鬟濕清輝玉臂寒國史補每元日冬至立仗大官皆以樺燭擁馬有至五六百炬謂之火城宰相火城至則衆撲滅避之

有美堂暴雨

遊人脚底一聲雷滿坐頑雲撥不開天外黑風吹海立浙東飛雨過江來十分瀲灧金樽凸千杖敲鏗羯鼓催喚起謫仙泉灑面倒傾鮫室瀉瓊瑰

杜子美朝獻太清宮賦九天之雲下垂四海之水皆立謝玄暉詩朔風吹飛雨蕭條江上來杜牧之夜宴詩酒凸觥心瀲灧光又寄李起居詩雲罍心凸知難捧韓愈城南聯句樹啄頭敲鏗南卓羯鼓錄羯鼓其聲焦殺鳴烈尤宜促曲急破宋開府善羯鼓嘗曰頭如青山峰手如白雨點取譬端直而急唐李白傳賀知章一見呼爲謫仙玄宗坐沉香亭欲得白爲樂章召入而白已醉左右以水頮面稍解援筆成文舊書云灑面博物志鮫人從水中出曾寄寓人家積日賣綃臨去從主人

施注蘇詩卷之七

11869 施註蘇詩四十二卷總目二卷　（宋）蘇軾撰　（宋）施元之　顧禧註　（清）邵長蘅　顧嗣立　宋至删補　**蘇詩續補遺二卷**　（宋）蘇軾撰　（清）馮景補註　**王註正譌一卷**　（清）邵長蘅撰　**東坡先生年譜一卷**　（宋）王宗稷撰

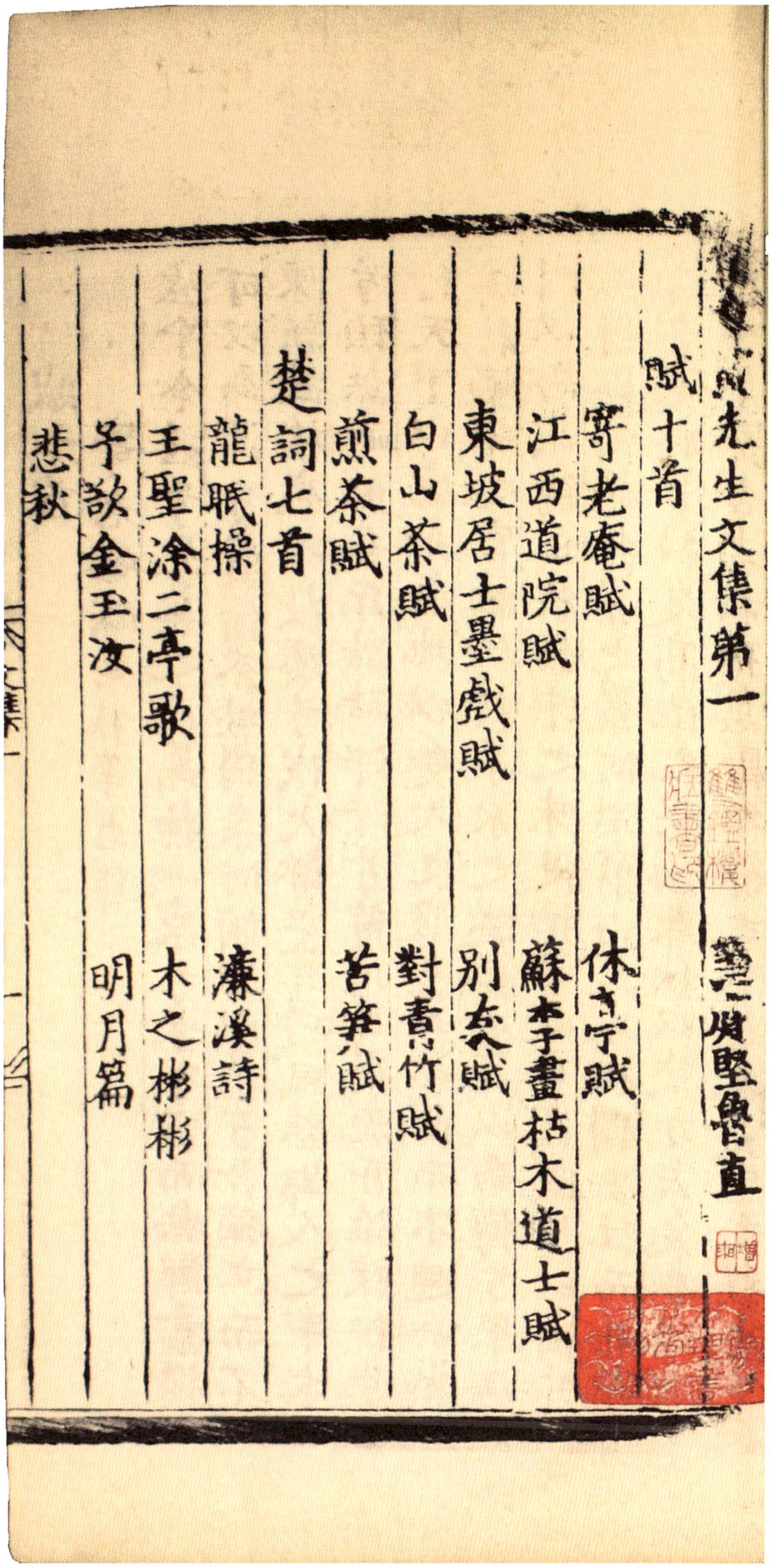

黄先生文集第一　黄庭堅魯直
賦十首
寄老庵賦　休亭賦
江西道院賦　蘇李畫枯木道士賦
東坡居士墨戲賦　別友賦
白山茶賦　對青竹賦
煎茶賦　苦笋賦
楚詞七首
龍眠操　濂溪詩
王聖涂二亭歌　木之彬彬
子欲金玉汝　明月篇
悲秋

11870 豫章黄先生文集三十卷外集十四卷别集二十卷簡尺二卷詞一卷　（宋）黄庭堅撰　**伐檀集二卷**　（宋）黄庶撰　**山谷先生年譜三十卷**　（宋）黄㽦撰　明弘治葉天爵刻嘉靖六年（1527）喬遷、余載仕重修本

匡高22.8厘米，廣15.1厘米。半葉十二行，行二十二字，白口，四周雙邊。山西博物院藏。

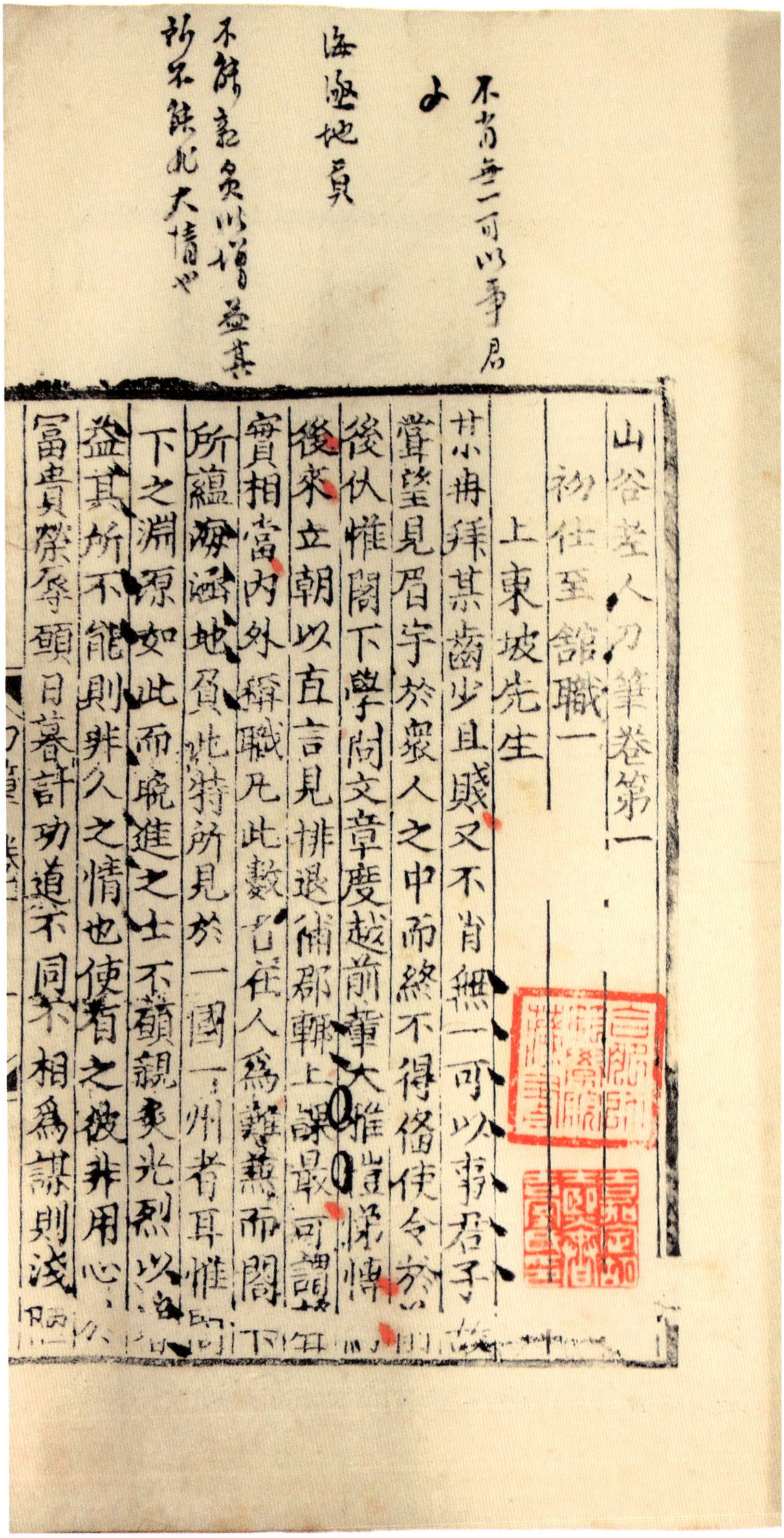

山谷老人刀筆卷第一
初仕至館職一
上東坡先生
某再拜某齒少且賤又不肖無一可以事君子
嘗望見眉宇於衆人之中而終不得備使令於
後伏惟閣下學問文章度越前輩大雅豈悌博
後來立朝以直言見排退補郡輒上課最可謂
實相當內外稱職凡此數者在人爲難兼而閣
所蘊海涵地負此特所見於一國一州者耳惟
下之淵源如此而晚進之士不願親炙光烈以增
益其所不能則非人之情也使有之彼非用心
富貴榮辱頤日暮計功道不同不相爲謀則淺

11871 山谷老人刀筆二十卷　（宋）黄庭堅撰　明刻本

匡高15.4厘米，廣11.6厘米。半葉十二行，行十九字，白口，左右雙邊。有“嘉定胡士熙春臺氏印”等印。安徽師範大學圖書館藏。

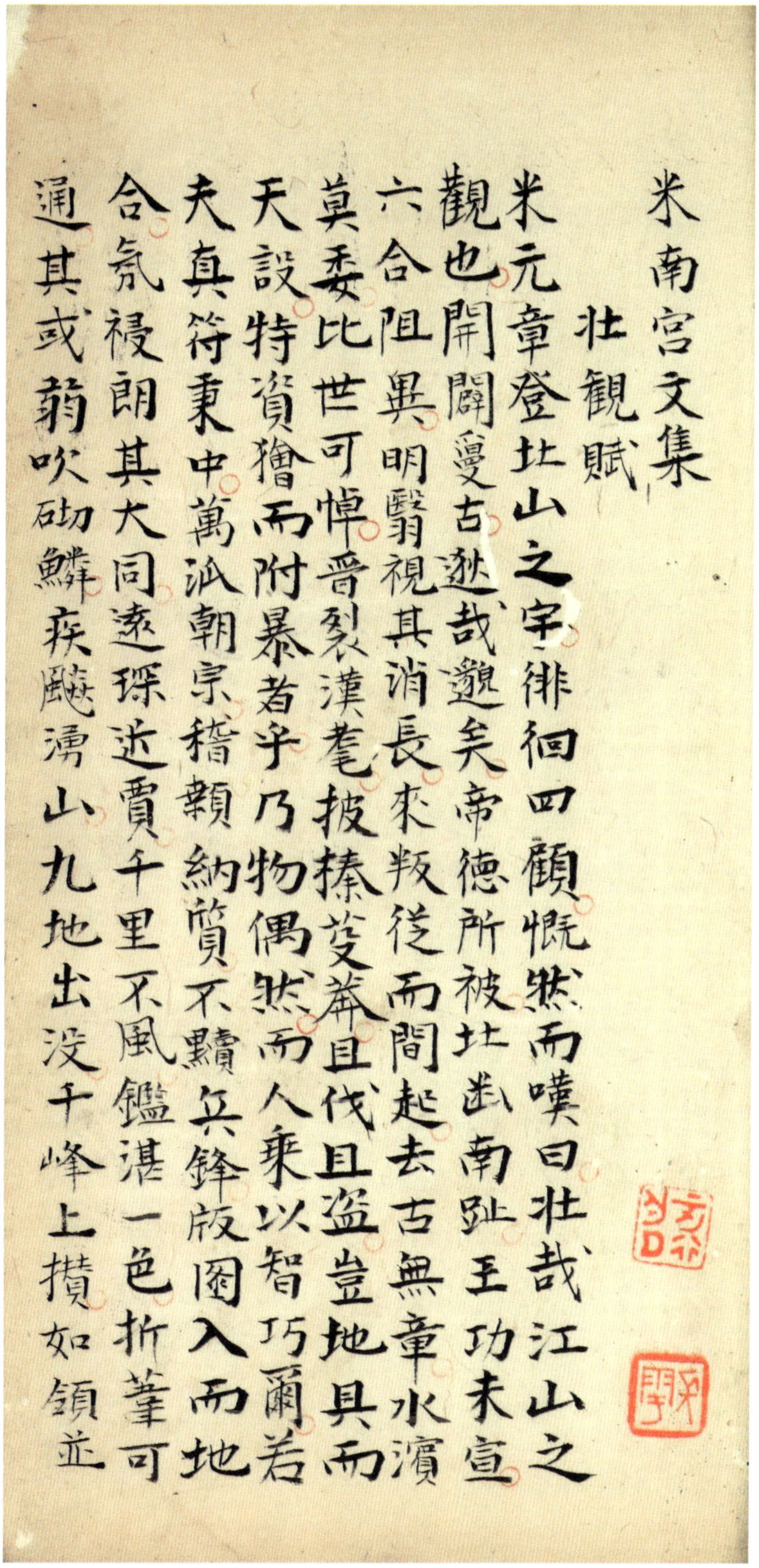
米南宮文集
壯觀賦
米元章登北山之宇徘徊四顧慨然而嘆曰壯哉江山之
觀也開闢曼古邈哉邈矣帝德所被北[illegible]南趾王功未宣
六合阻異明翳視其消長來叛從而間起去古無章水濱
莫委比世可悼晉裂漢耄披榛芟蕪且伐且盜豈地具而
天設特資獪而附暴者乎乃物偶然而人乘以智巧爾若
夫真符秉中萬派朝宗稽顙納質不黷兵鋒版圖入而地
合氣祲朗其大同遠琛迭貢千里不風鑑湛一色折葦可
通其或翦吹砌鱗疾飆濤山九地出沒千峰上攢如領並

11872 寶晉英光集殘册　（宋）米芾撰　明抄本

半葉十行，行二十二字。有“竹堂居士”等印。石韞玉跋。福建省圖書館藏。

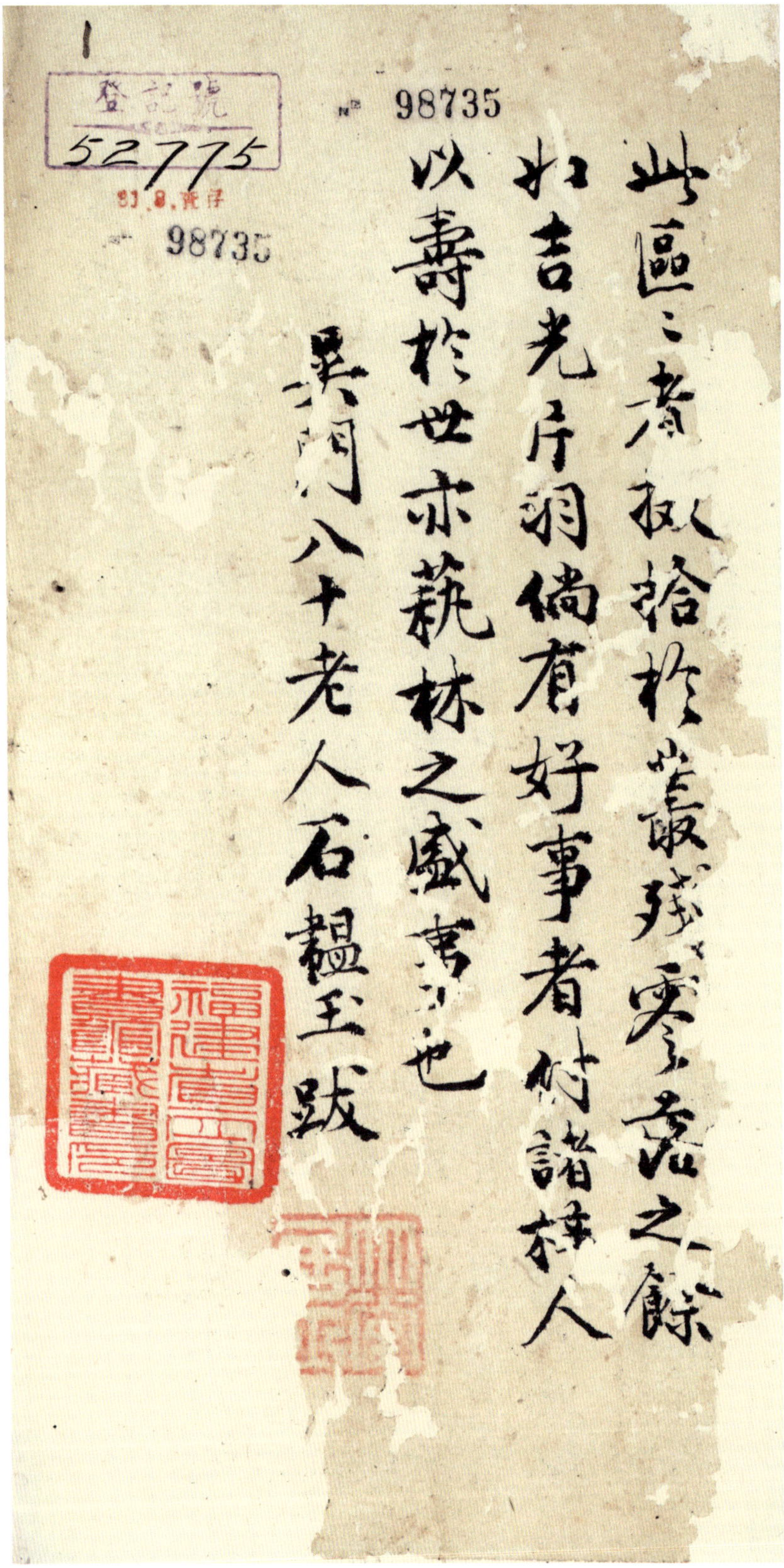

此區區掇拾於叢殘零落之餘如吉光片羽倘有好事者付諸梓人以壽於世亦藝林之盛事也
吴門八十老人石韞玉跋

11872 寶晉英光集殘册

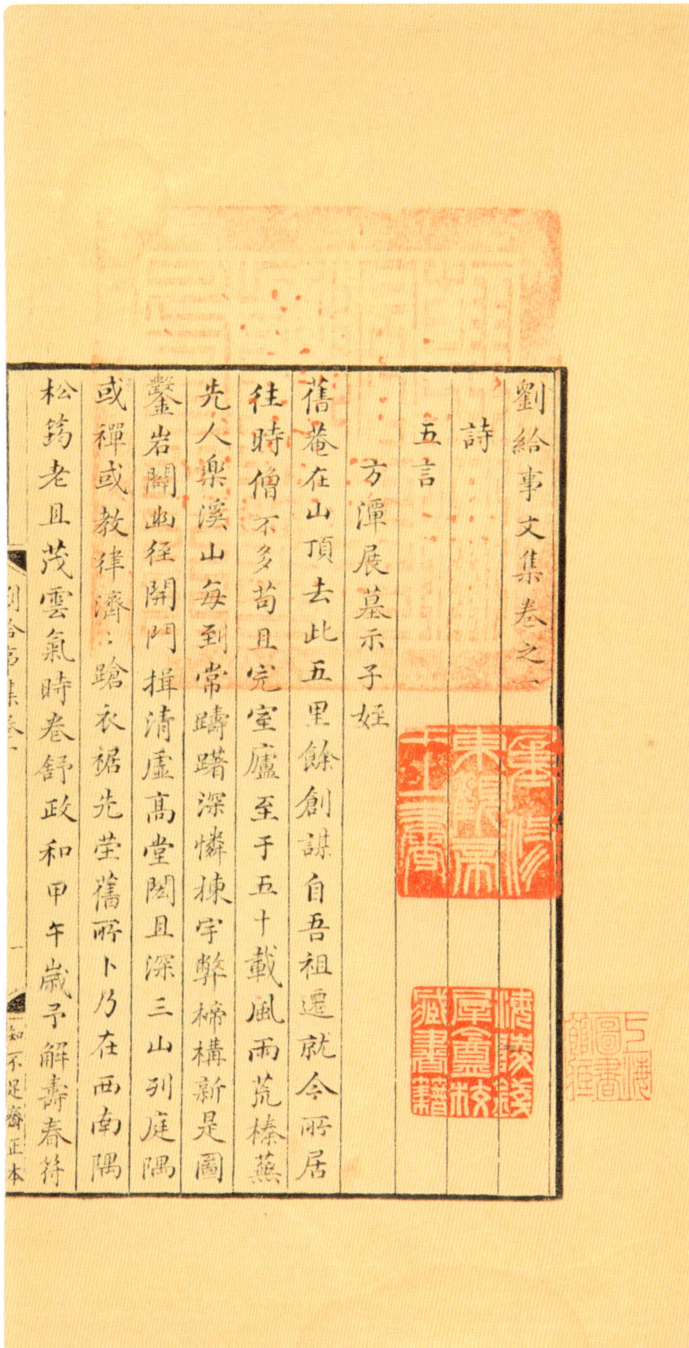
劉給事文集卷之一
詩
五言
方潭展墓示子姪
舊菴在山頂去此五里餘創謀自吾祖遷就今所居
往時僧不多苟且完室廬至于五十載風雨荒榛蕪
先人樂溪山每到常躊躇深憐棟宇弊榱構新是圖
鑿岩闢幽徑開門揖清虛高堂閟且深三山列庭隅
或禪或教律濟濟蹌衣裾先塋舊所卜乃在西南隅
松筠老且茂雲氣時卷舒政和甲午歲予解壽春符
劉給事集卷一
知不足齋正本

11873 劉給事文集五卷 （宋）劉安上撰 **附録一卷** 清鮑氏知不足齋抄本[四庫底本]

匡高18厘米，廣12.5厘米。半葉十行，行二十字，黑口，左右雙邊。有“翰林院印”“海陵錢犀盦校藏書籍”“海陵錢氏小天目山館圖書”等印。鮑廷博校並跋。上海圖書館藏。

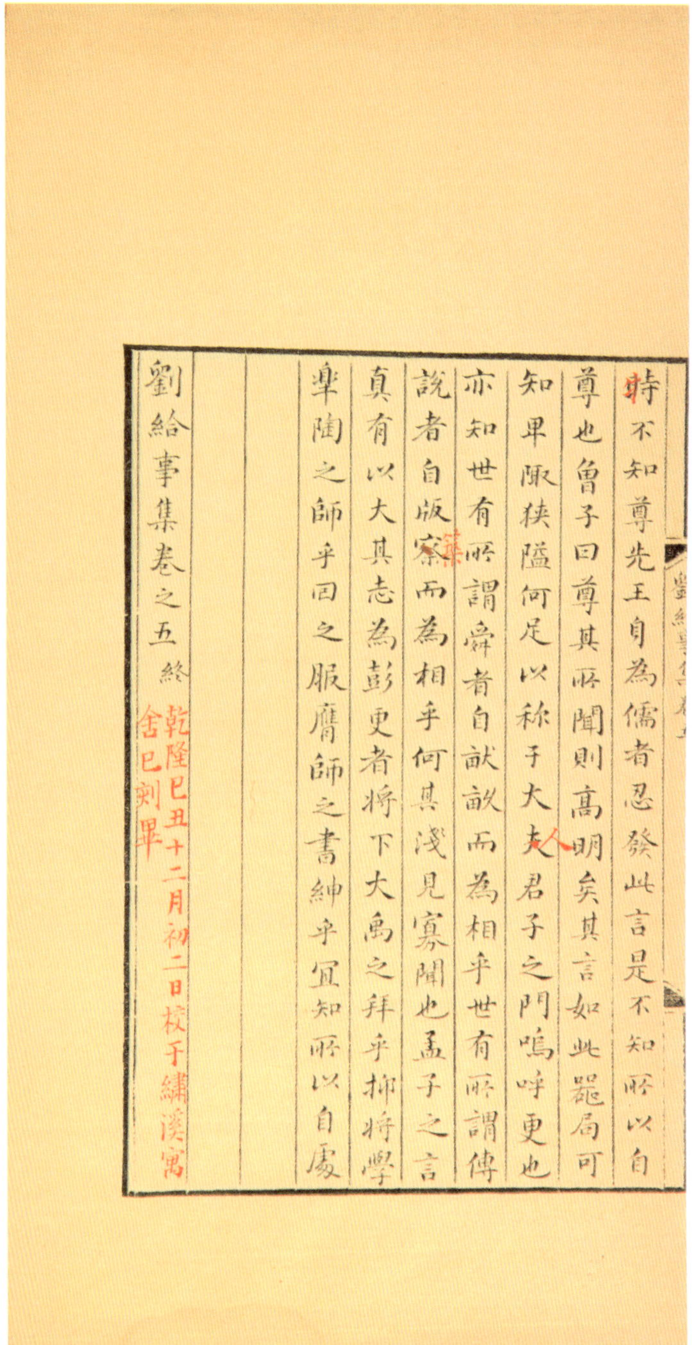

時不知尊先王自為儒者忍發此言是不知所以自
尊也曾子曰尊其所聞則高明矣其言如此齪局可
知卑陋狹隘何足以稱子大夫君子之門嗚呼吏也
亦知世有所謂舜者自畎畝而為相乎世有所謂傅
說者自版築而為相乎何其淺見寡聞也孟子之言
真有以大其志為彭吏者將下大禹之拜乎抑將學
皐陶之師乎回之服膺師之書紳乎宜知所以自處

劉給事集卷之五 終

乾隆己丑十二月初二日校于繡溪寓舍已刻畢

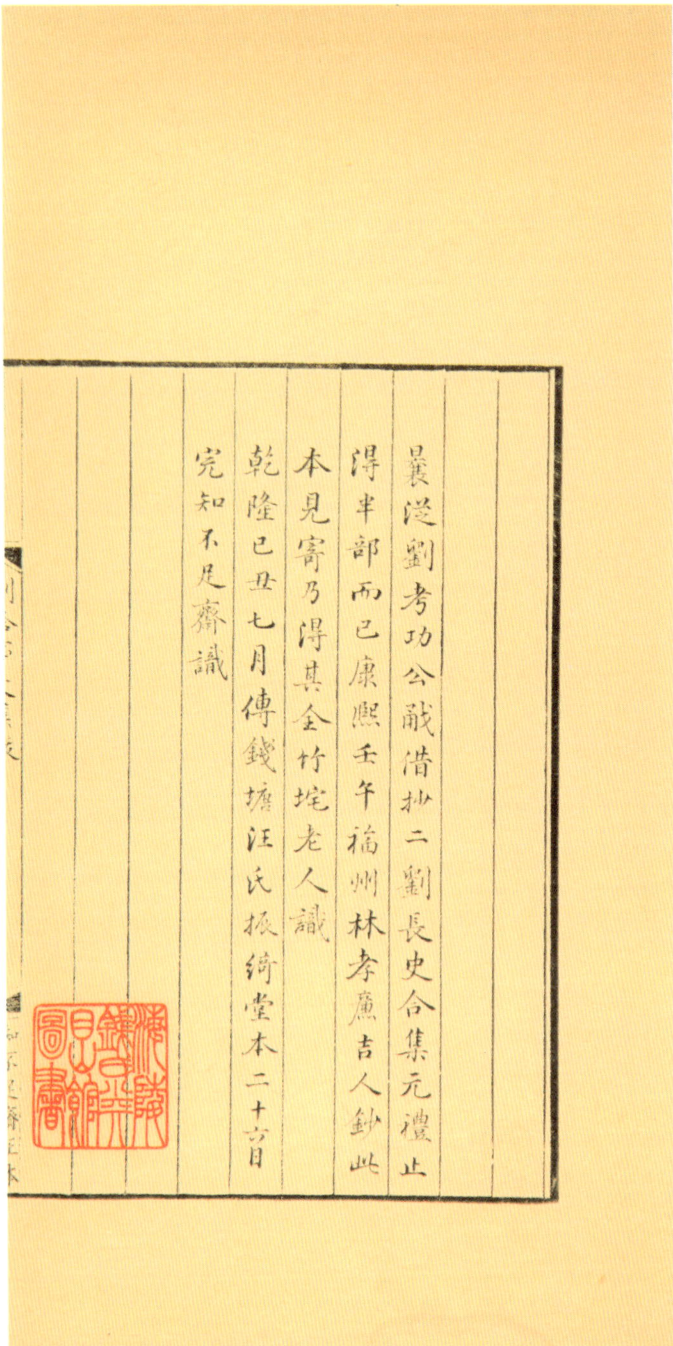

曩從劉考功公戢借抄二劉長史合集元禮止
得半部而已康熙壬午福州林孝廉吉人鈔此
本見寄乃得其全竹垞老人識
乾隆己丑七月傳錢塘汪氏振綺堂本二十六日
完知不足齋識

11873 劉給事文集五卷 （宋）劉安上撰 **附錄一卷**

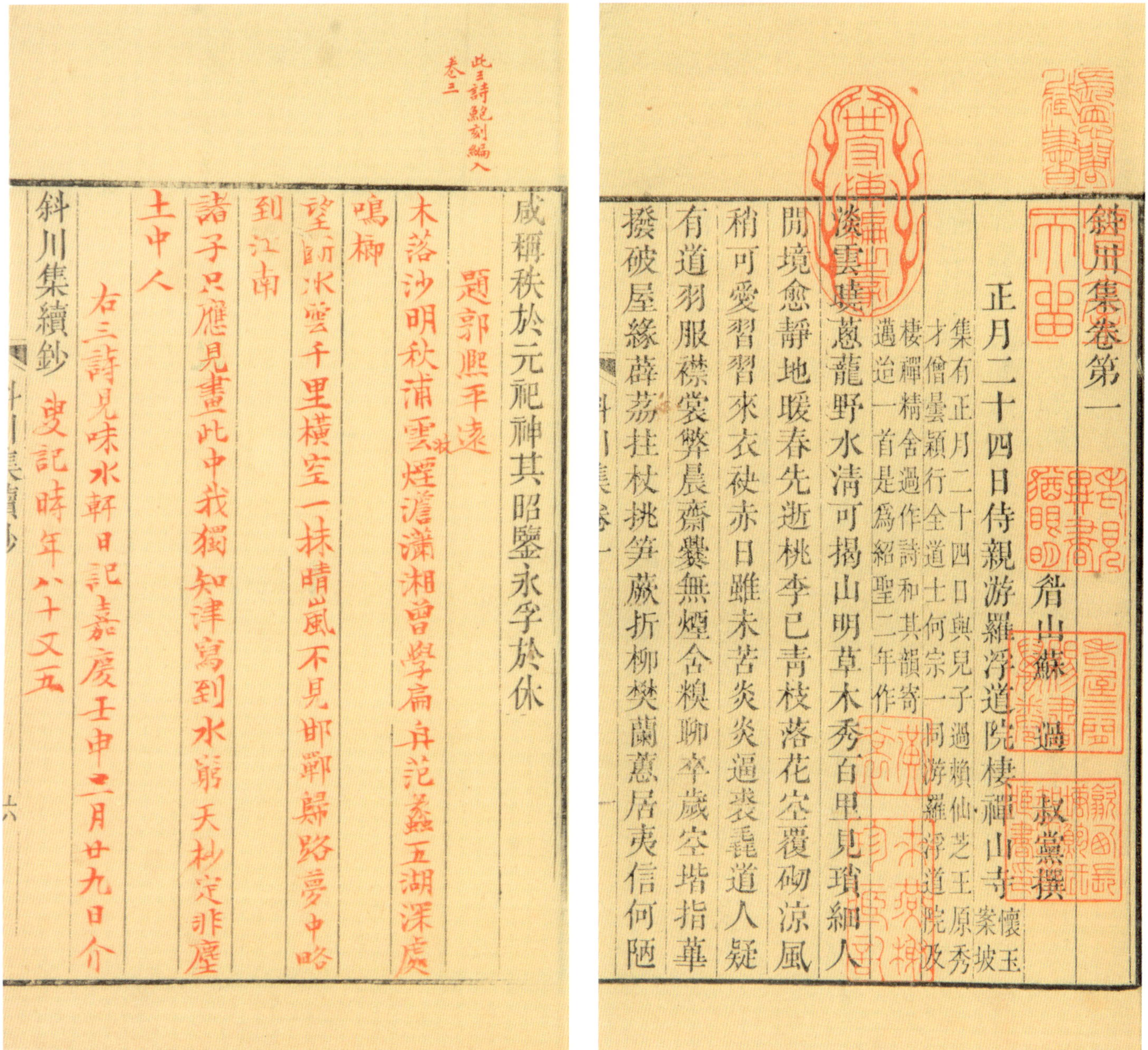
斜川集卷第一
眉山蘇　過　叔黨撰
正月二十四日侍親游羅浮道院棲禪山寺
懷玉案坡集有正月二十四日與兒子過賴仙芝王原秀才僧曇穎行全道士何宗一同游羅浮道院及棲禪精舍過作詩和其韻寄邁迨一首是爲紹聖二年作
淡雲曠蔥蘢野水清可揭山明草木秀百里見瑣細人間境愈靜地暖春先逝桃李已青枝落花空覆砌涼風稍可愛習習來衣袂赤日雖未苦炎炎逼裘毳道人疑有道羽服襟裳弊晨齋爨無煙合粮聊卒歲空堦指華撥破屋緣薜荔拄杖挑笋蕨折柳樊蘭蕙居夷信何陋

此三詩館刻編入卷三
咸稱秩於元祀神其昭鑒永孚於休
題郭熙平遠
木落沙明秋浦雲煙瀟湘曾學扁舟范蠡五湖深處鳴櫓
望斷水雲千里橫空一抹晴嵐不見邯鄲歸路夢中略到江南
諸子只應見畫此中我獨知津寫到水窮天杪定非塵土中人
右三詩見味水軒日記嘉慶壬申二月廿九日介叟記時年八十又五
斜川集續鈔　六

11874 斜川集六卷　（宋）蘇過撰　**訂誤一卷**　（清）吴長元撰　**附録二卷補遺二卷續抄一卷附録一卷**　清乾隆五十三年（1788）趙懷玉亦有生齋刻嘉慶十六年（1811）唐仲冕增刻本

匡高18.5厘米，廣13.4厘米。半葉十行，行二十一字，小字雙行同，白口，左右雙邊。有“歙西長塘鮑氏知不足齋藏書印”“長恩閣藏書”“黄裳”等印。鮑廷博、傅以禮校並跋，楊海題識。上海圖書館藏。

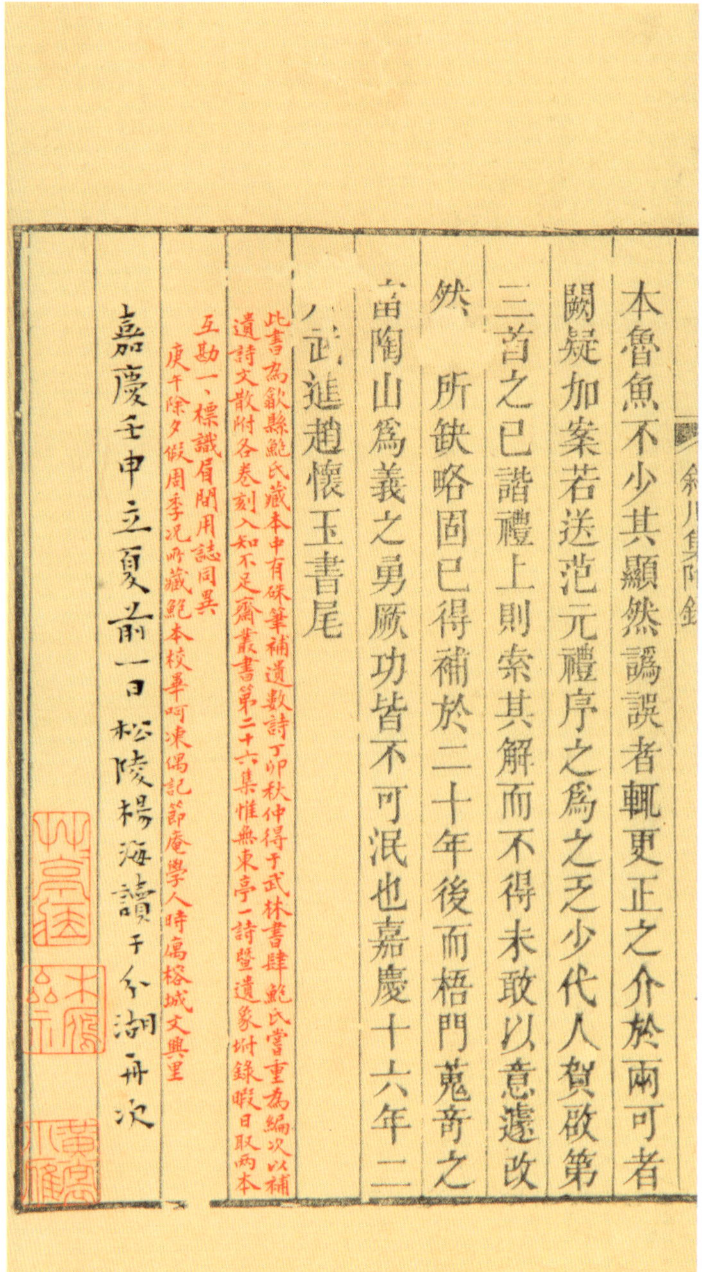

本魯魚不少其顯然譌誤者輒更正之介於兩可者
闕疑加案若送范元禮序之爲之乏少代人賀啟第
三首之已諸禮上則索其解而不得未敢以意遽改
然 所鈌略固已得補於二十年後而梧門蒐竒之
畐陶山爲義之勇厥功皆不可泯也嘉慶十六年二
月武進趙懷玉書尾

此書爲歙縣鮑氏藏本中有硃筆補遺數詩丁卯秋仲得于武林書肆鮑氏嘗重爲編次以補遺詩文散附各卷刻入知不足齋叢書第二十六集惟無東亭一詩暨遺象坿録暇日取兩本互勘一、標識眉間用誌同異
庚午除夕假周季況所藏鮑本校畢呵凍偶記節庵學人時寓榕城文興里

嘉慶壬申立夏前一日松陵楊海讀于介湖舟次

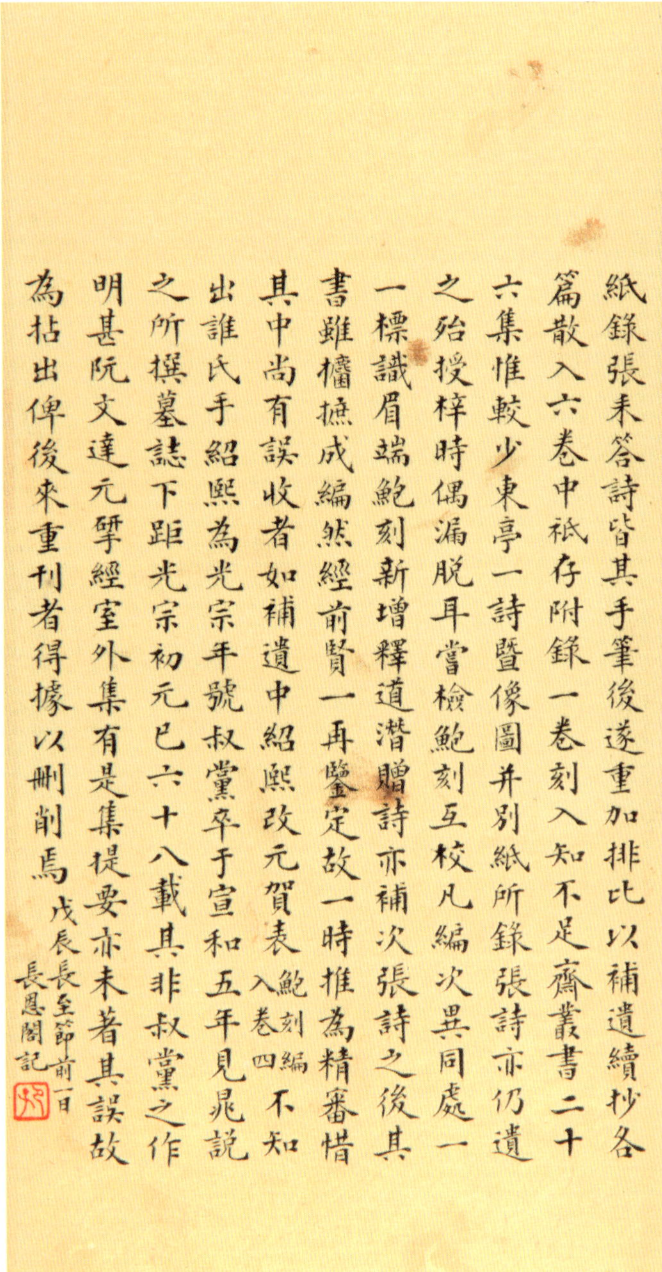

紙録張耒答詩皆其手筆後遂重加排比以補遺續抄各篇散入六卷中祇存附録一卷刻入知不足齋叢書二十六集惟較少東亭一詩暨像圖并别紙所録張詩亦仍遺之殆授梓時偶漏脱耳嘗檢鮑刻互校凡編次異同處一一標識眉端鮑刻新增釋道潛贈詩亦補次張詩之後其書雖釐摭成編然經前賢一再鑒定故一時推爲精審惜其中尚有誤收者如補遺中紹熙改元賀表（鮑刻編入卷四）不知出誰氏手紹熙爲光宗年號叔黨卒于宣和五年見晁説之所撰墓誌下距光宗初元已六十八載其非叔黨之作明甚阮文達元揅經室外集有是集提要亦未著其誤故爲拈出俾後來重刊者得據以刪削焉 戊辰長至節前一日長恩閣記

11874 斜川集六卷 （宋）蘇過撰 **訂誤一卷** （清）吳長元撰 **附録二卷補遺二卷續抄一卷附録一卷**

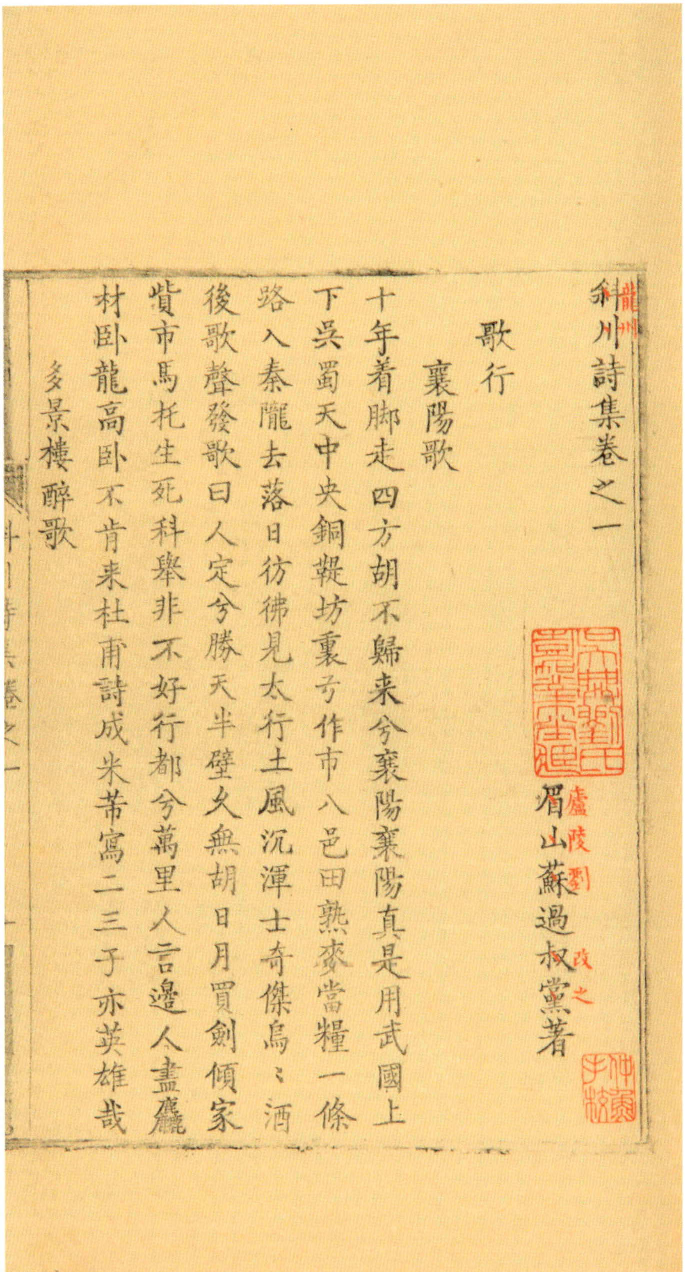

斜川詩集卷之一

眉山蘇過叔黨著

歌行

襄陽歌

十年着脚走四方胡不歸來兮襄陽襄陽真是用武國上
下吳蜀天中央銅鞮坊裏兮作市八邑田熟麥當糧一條
路入秦隴去落日彷彿見太行土風沉渾士奇傑烏〻酒
後歌聲發歌曰人定兮勝天半壁久無胡日月買劍傾家
貲市馬托生死科舉非不好行都兮萬里人言邊人盡麤
材臥龍高卧不肯來杜甫詩成米芾寫二三子亦英雄哉

多景樓醉歌

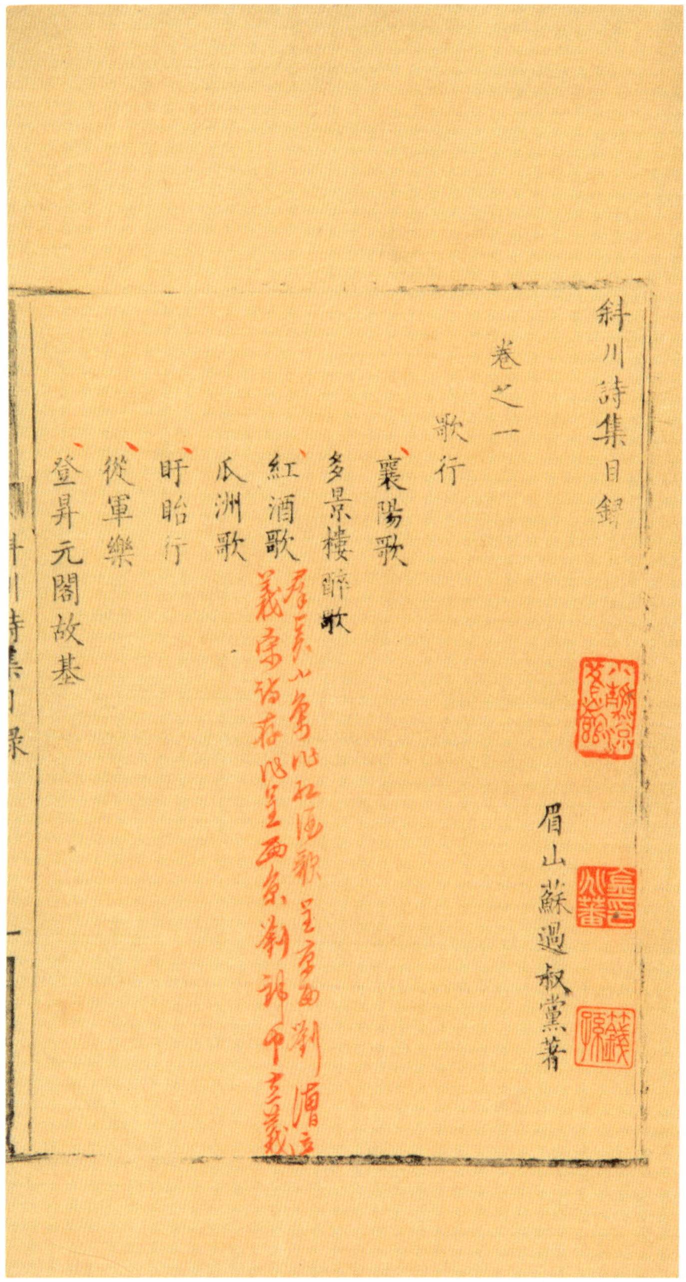

斜川詩集目録

眉山蘇過叔黨著

卷之一

歌行

襄陽歌

多景樓醉歌

紅酒歌

瓜洲歌

盱眙行

從軍樂

登昇元閣故基

11875、11876 斜川詩集十卷 題（宋）蘇過撰 清活字印本

匡高18.2厘米，廣13.7厘米。半葉十一行，行二十二字，黑口，左右雙邊。上海圖書館藏，一部有“兔牀經眼”“金印兆蕃”等印，吳騫校並跋；又一部有“仲魚手校”“吳興劉氏嘉業堂藏”等印，陳鱣校並跋。

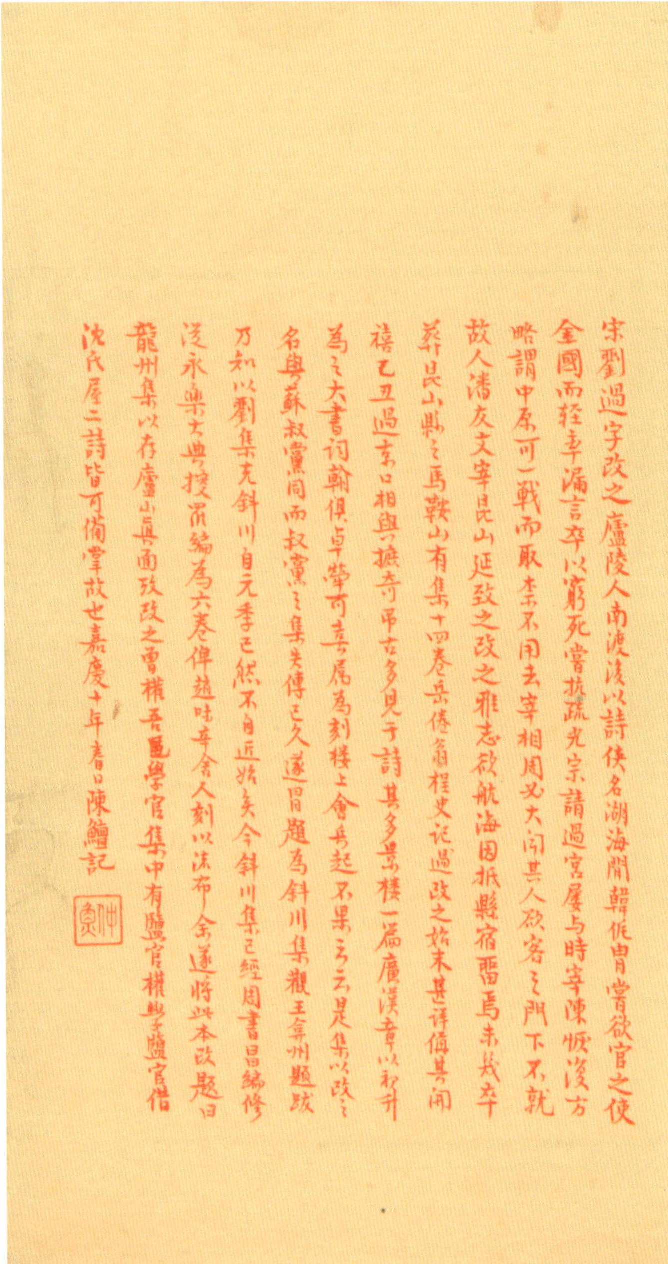
宋劉過字改之廬陵人南渡後以詩俠名湖海間韓侂胄嘗欲官之使
金國而陸辛漏言卒以窮死嘗抗疏光宗請過宫屢與時宰陳恢復方
略謂中原可一戰而取李不用去宰相周必大問其人欲客之門下不就
故人潘友文宰昆山延致之改之雅志欲航海因抵縣宿留焉未幾卒
葬昆山縣之馬鞍山有集十四卷岳倦翁桯史記過改之始末甚詳傳其開
禧乙丑過京口相與擬奇吊古多見于詩其多景樓一篇廣漢章以和辛
爲之大書詞翰俱卓犖可喜屬爲刻樓上會岳起不果云云是集以改之
名與蘇叔黨同而叔黨之集失傳已久遂冒題爲斜川集觀王弇州題跋
乃知以劉集充斜川自元季已然不自近始矣今斜川集已經周書昌編修
從永樂大典搜羅編爲六卷俾趙味辛舍人刻以流布余遂將此本改題曰
龍洲集以存廬山真面改之曾補吾鹽學官集中有鹽官[illegible]鹽官借
沈氏屋二詩皆可備掌故也嘉慶十年春日陳鱣記

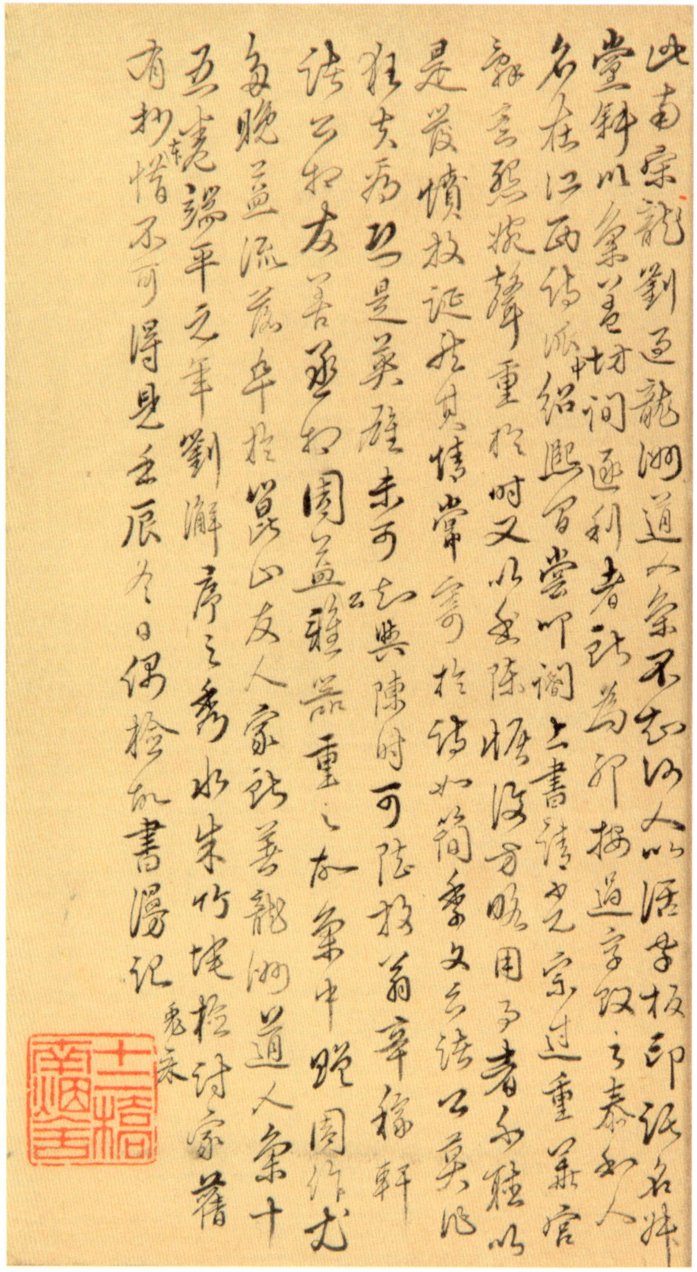

11875、11876 斜川詩集十卷

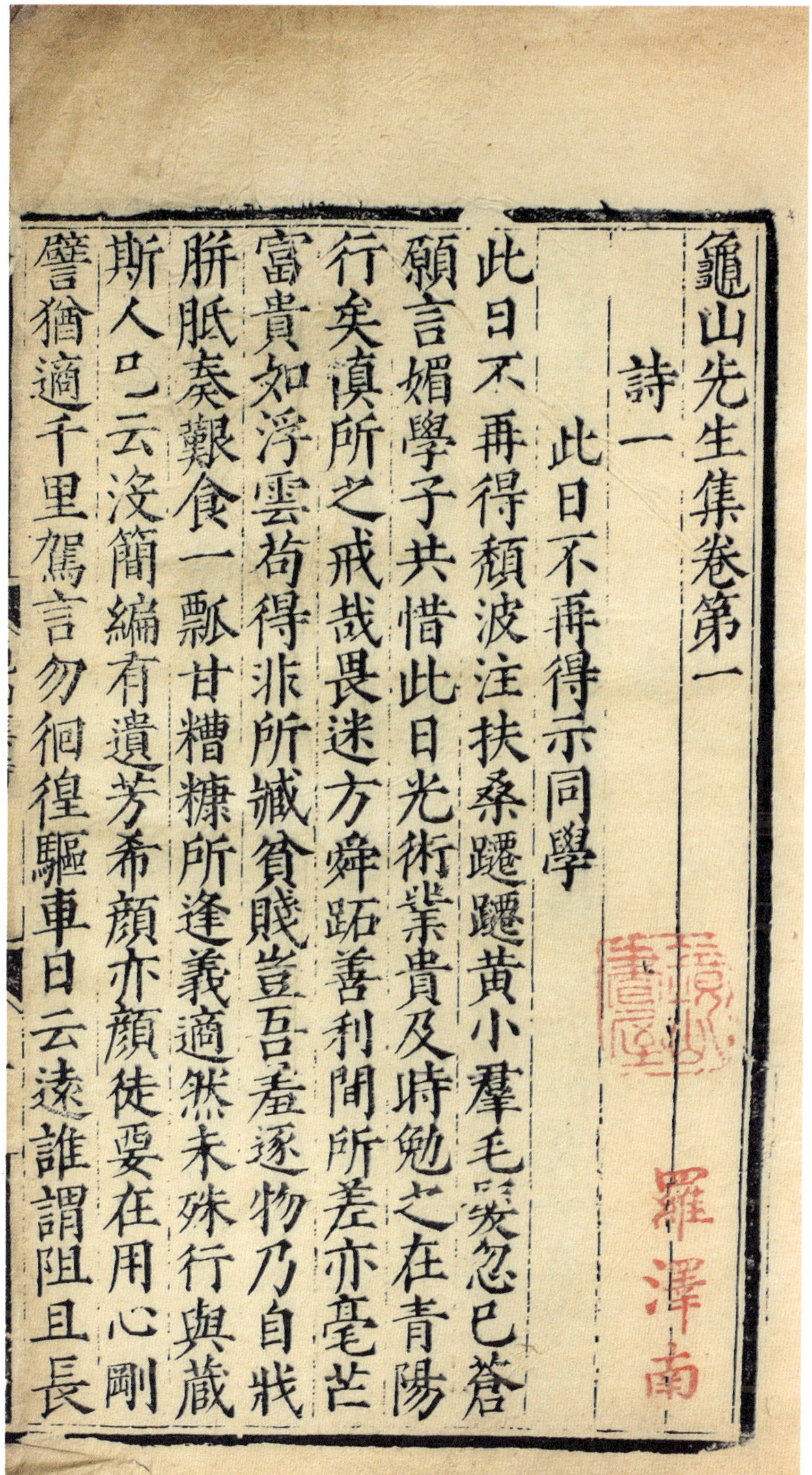

龜山先生集卷第一

詩一

此日不再得示同學

此日不再得頹波注扶桑躚躚黄小羣毛髮忽已蒼願言媚學子共惜此日光術業貴及時勉之在青陽行矣慎所之戒哉畏迷方舜跖善利間所差亦毫芒富貴如浮雲苟得非所臧貧賤豈吾羞逐物乃自戕胼胝奏艱食一瓢甘糟糠所逢義適然未殊行與藏斯人已云沒簡編有遺芳希顏亦顏徒要在用心剛譬猶適千里駕言勿徊徨驅車日云遠誰謂阻且長

11877 龜山先生集三十五卷 （宋）楊時撰 **年譜一卷** （宋）黄去疾撰 **附録一卷** 明正德十二年（1517）沈暉刻本

匡高21.5厘米，廣13.4厘米。半葉十行，行二十字，黑口，四周雙邊。有“羅澤南”“鏡山書屋”等印。湖南圖書館藏。

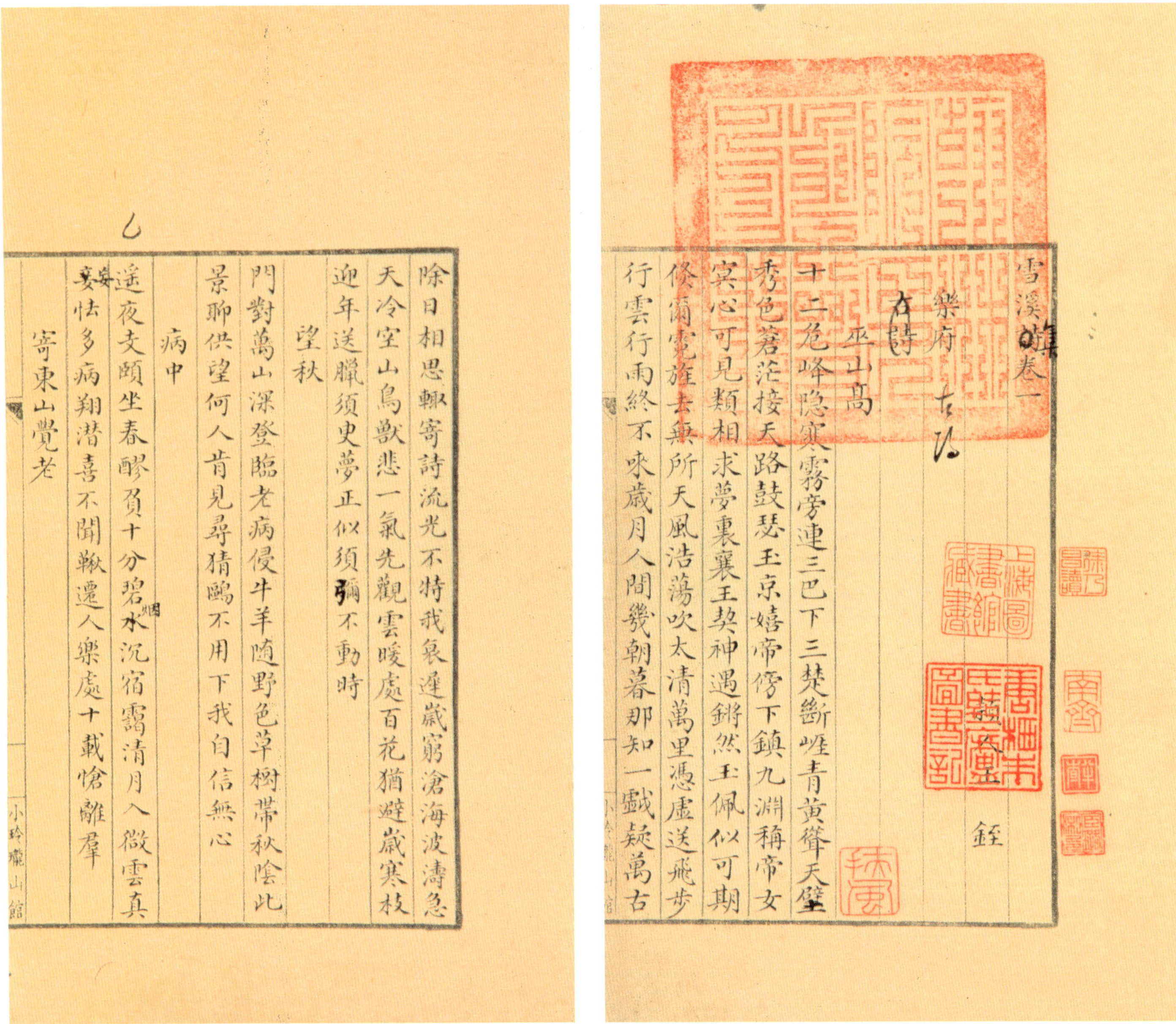

雪溪集卷一

樂府古詩　　王銍

平山高

十二危峰隱寒霧旁連三巴下三楚斷崖青黃聳天壁秀色蒼茫接天路鼓瑟玉京嬉帝傍下鎮九淵稱帝女寒心可見類相求夢裏襄王契神遇鏘然玉佩似可期倏爾霓旌去無所天風浩蕩吹太清萬里憑虛送飛步行雲行雨終不來歲月人間幾朝暮那知一戲疑萬古

除日相思輒寄詩流光不待我衰遲歲窮滄海波濤急天冷空山鳥獸悲一氣先觀雲暖處百花猶避歲寒枝迎年送臘須史夢正似須彌不動時

望秋

門對萬山深登臨老病侵牛羊隨野色草樹帶秋陰此景聊供望何人肯見尋猜鷗不用下我自信無心

病中

逆夜支頤坐春醪負十分碧水沉宿霭清月入微雲真妄怯多病翔潛喜不聞鍬還入樂處十載愴離羣

寄東山覺老

小玲瓏山館

11878 雪溪詩五卷　（宋）王銍撰　清馬氏小玲瓏山館抄本[四庫底本]

匡高18.5厘米，廣12.9厘米。半葉十行，行二十一字，白口，四周單邊。有“翰林院印”“唐栖朱氏結一廬圖書記”“徐乃昌讀”等印。上海圖書館藏。

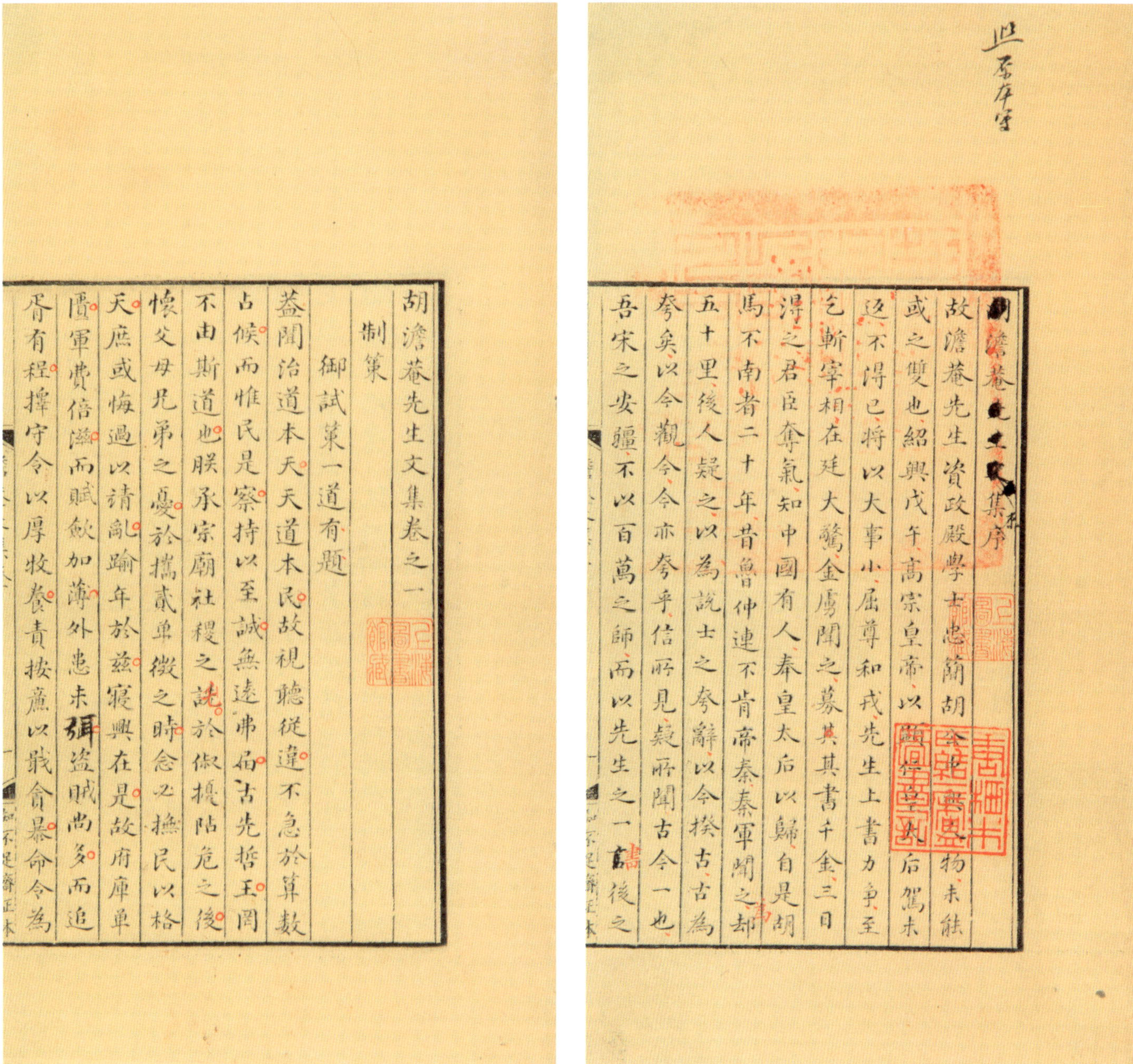

胡澹菴先生文集序
故澹菴先生資政殿學士忠簡胡[illegible]物未能
或之雙也紹興戊午高宗皇帝以[illegible]后駕未
返不得已將以大事小屈尊和戎先生上書力爭至
乞斬宰相在廷大驚金虜聞之募其書千金三日
得之君臣奪氣知中國有人奉皇太后以歸自是胡
馬不南者二十年昔魯仲連不肯帝秦秦軍聞之卻
五十里後人疑之以為說士之夸辭以今揆古古為
夸矣以今觀今今亦夸乎信所見疑所聞古今一也
吾宋之安疆不以百萬之師而以先生之一書後之

胡澹菴先生文集卷之一
制策
御試策一道有題
蓋聞治道本天天道本民故視聽從違不急於算數
占候而惟民是察持以至誠無遠弗屆古先哲王罔
不由斯道也朕承宗廟社稷之託於御極阽危之後
懷父母兄弟之憂於攜貳卑微之時念必撫民以格
天庶或悔過以請亂踰年於茲寢興在是故府庫單
匱軍費倍灖而賦斂加薄外患未弭盜賊尚多而追
胥有程捍守令以厚牧養責按廉以戢貪暴命令為

11879 胡澹菴先生文集六卷 （宋）胡銓撰 **附一卷** （清）鮑廷博補輯 清乾隆鮑氏知不足齋抄本

匡高18厘米，廣12.4厘米。半葉十行，行二十字，黑口，左右雙邊。有“翰林院印”“唐棲朱氏結一廬圖書記”等印。鮑廷博校並跋。上海圖書館藏。

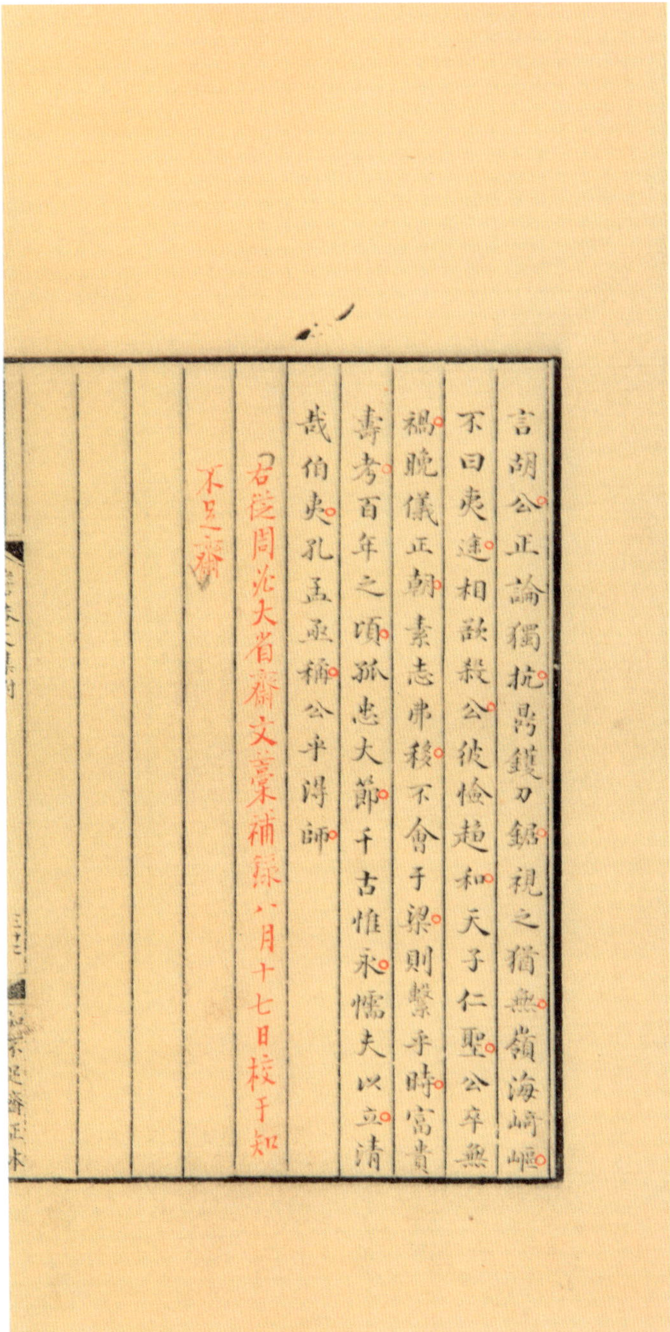

言胡公正論獨抗鬲鑊刀鋸視之猶無嶺海崎嶇
不曰夷違相欲殺公彼憸趨和天子仁聖公卒無
禍晩儀正朝素志弗移不會于梁則繫乎時富貴
壽考百年之頃孤忠大節千古惟永懦夫以立清
哉伯夷孔孟承稱公乎得師

右從周必大省齋文稾補録 八月十七日校于知不足齋

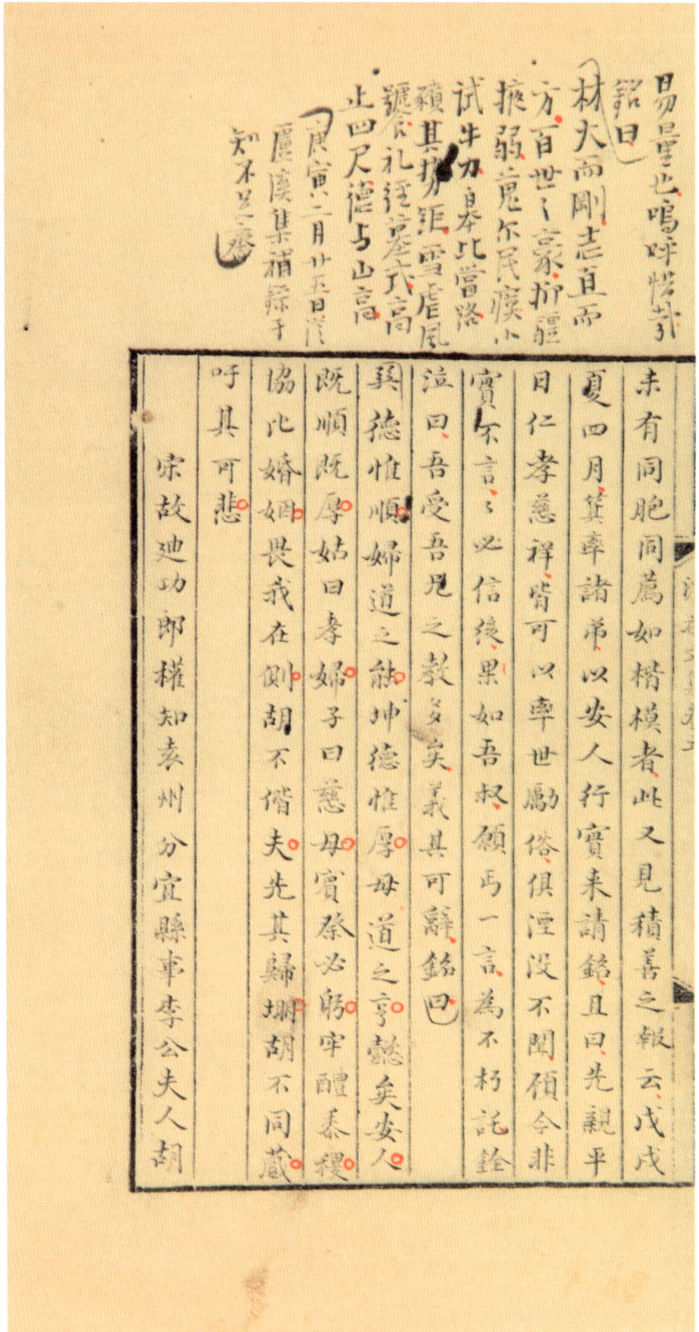

未有同胞同爲如楷模者此又見積善之報云戊戌
夏四月箕率諸弟以安人行實来請銘且曰先親平
日仁孝慈祥皆可以率世勵俗俱湮没不聞顧今非
實不言言必信後果如吾叔願丐一言爲不朽託銓
泣曰吾受吾兄之教多矣義其可辭銘曰
懿德惟順婦道之然坤德惟厚母道之亨懿矣安人
既順既厚姑曰孝婦子曰慈母賓祭必躬牢醴黍稷
協比婣婭畏我在側胡不偕夫先其歸𦾔胡不同藏
吁其可悲
宋故廸功郎權知袁州分宜縣事李公夫人胡

11879 胡澹菴先生文集六卷 （宋）胡銓撰 **附一卷** （清）鮑廷博補輯

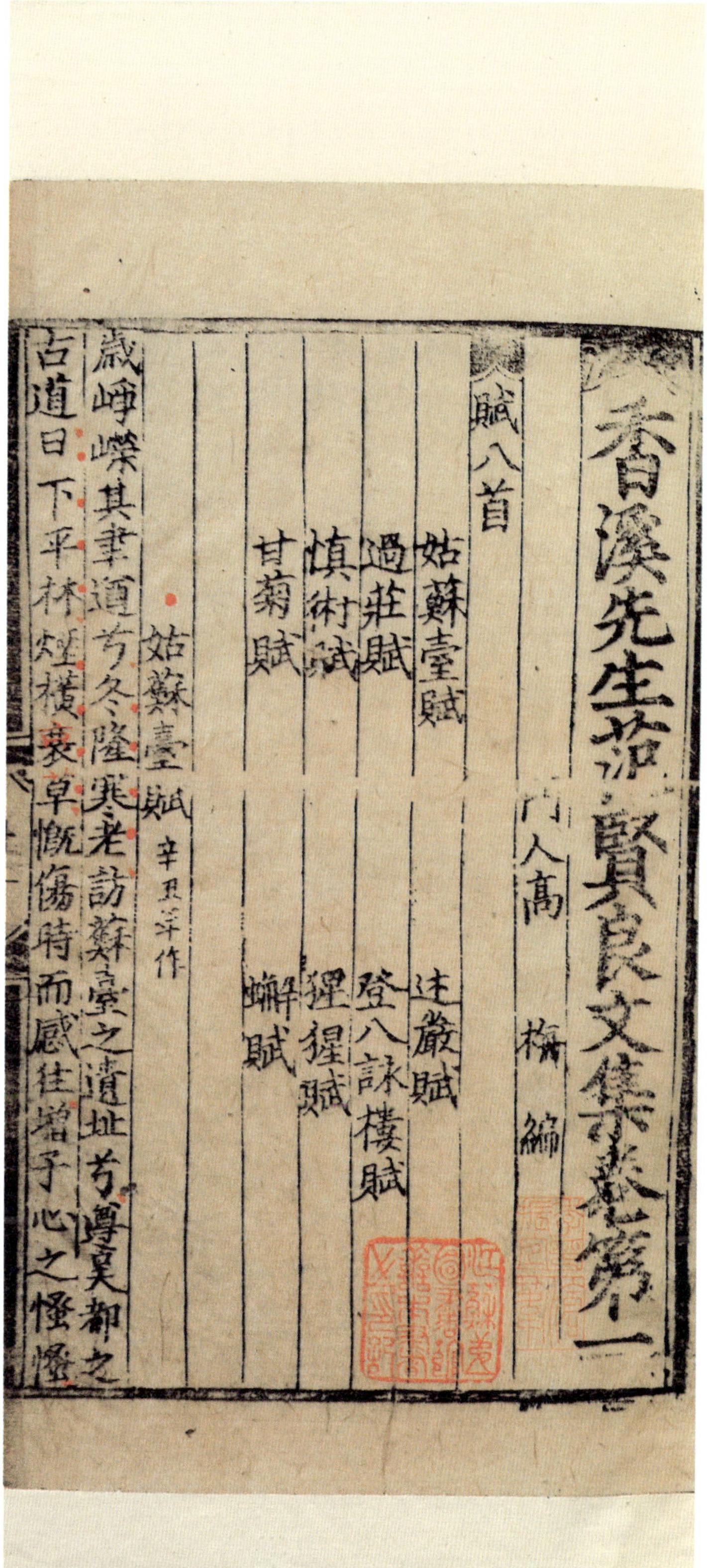

11880 香溪先生范賢良文集二十二卷 （宋）范浚撰　明成化十五年（1479）唐韶刻遞修本

匡高19.7厘米，廣13厘米。半葉十二行，行二十二字，小字雙行不等，黑口，左右雙邊。丁丙跋。南京圖書館藏。

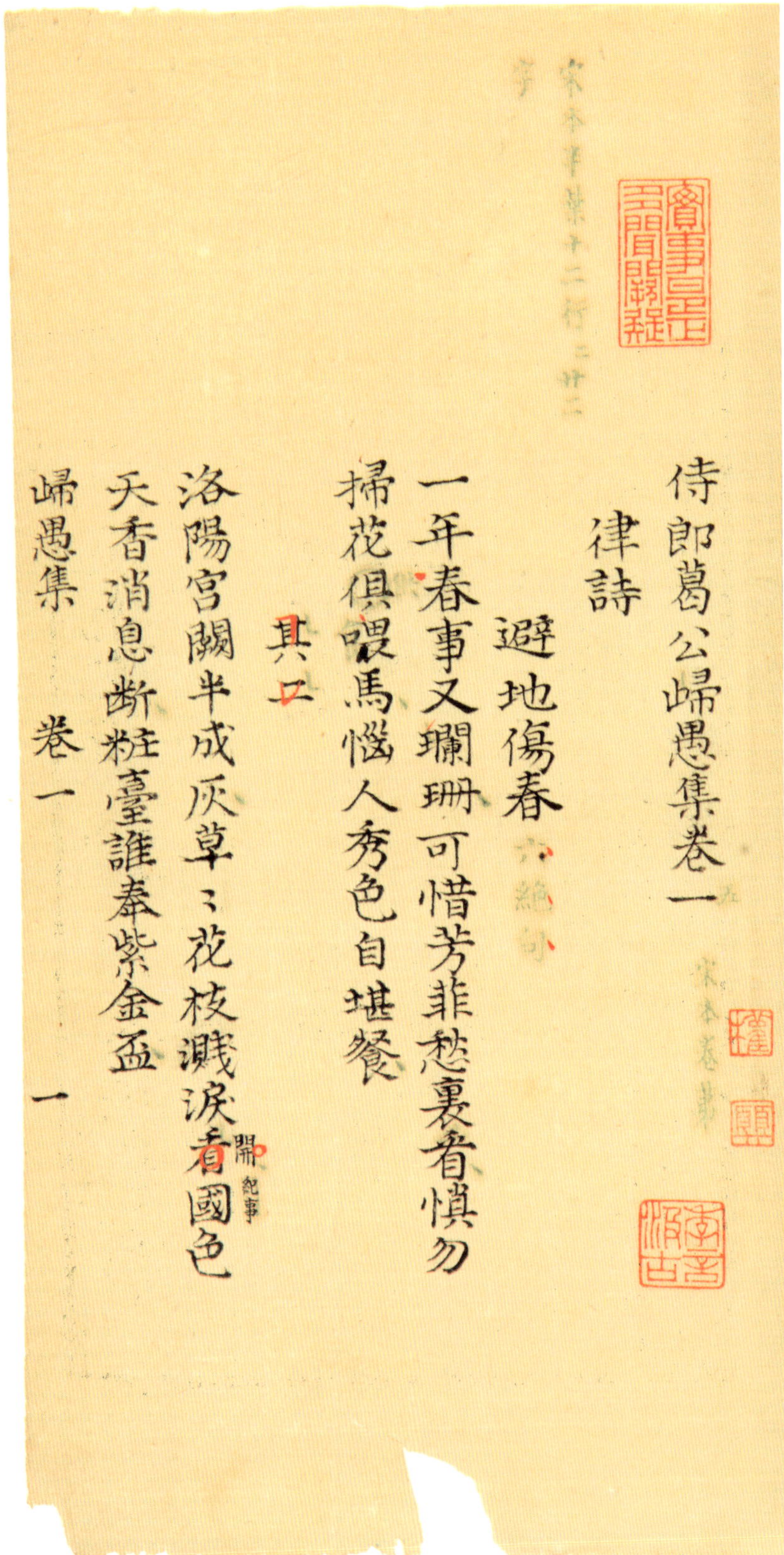
侍郎葛公帰愚集卷一

律詩

避地傷春 六絶句

一年春事又㘓珊可惜芳菲愁裏看慎勿
掃花俱餵馬惱人秀色自堪餐

其二

洛陽宮闕半成灰草草花枝濺淚香國色
天香消息斷粧臺誰奉紫金盃

帰愚集 卷一 一

11881 侍郎葛公歸愚集十卷 （宋）葛立方撰 清抄本

有“季言汲古”“王印頌蔚”等印。勞格校，王頌蔚跋。上海圖書館藏。

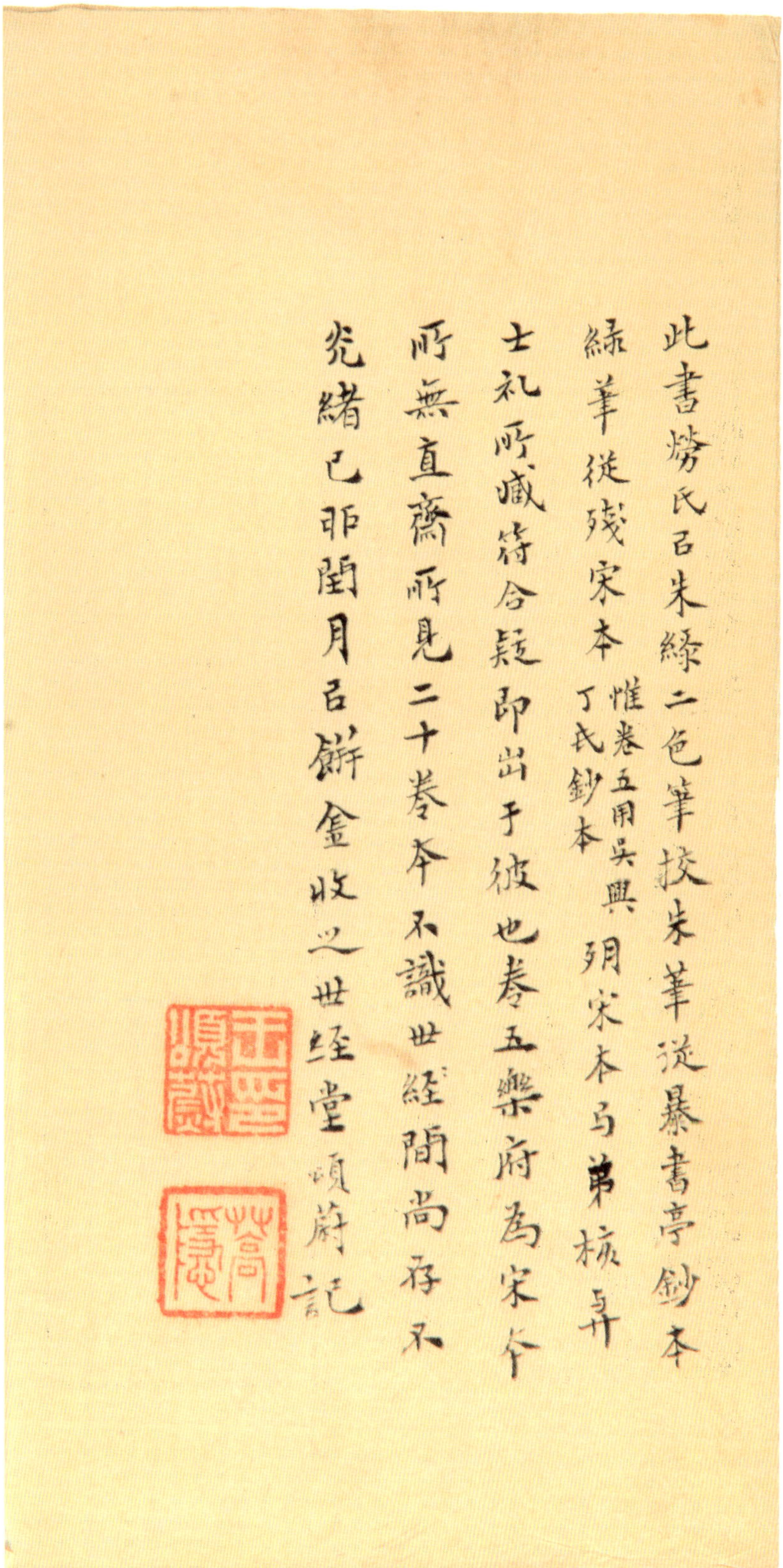

此書勞氏以朱綠二色筆校朱筆從暴書亭鈔本綠筆從殘宋本（惟卷五用吳興丁氏鈔本）殘宋本乃黄蕘圃士礼所藏符合疑即出于彼也卷五樂府爲宋本所無直齋所見二十卷本不識世經閣尚存不

光緒己卯閏月以餅金收之世經堂頌蔚記

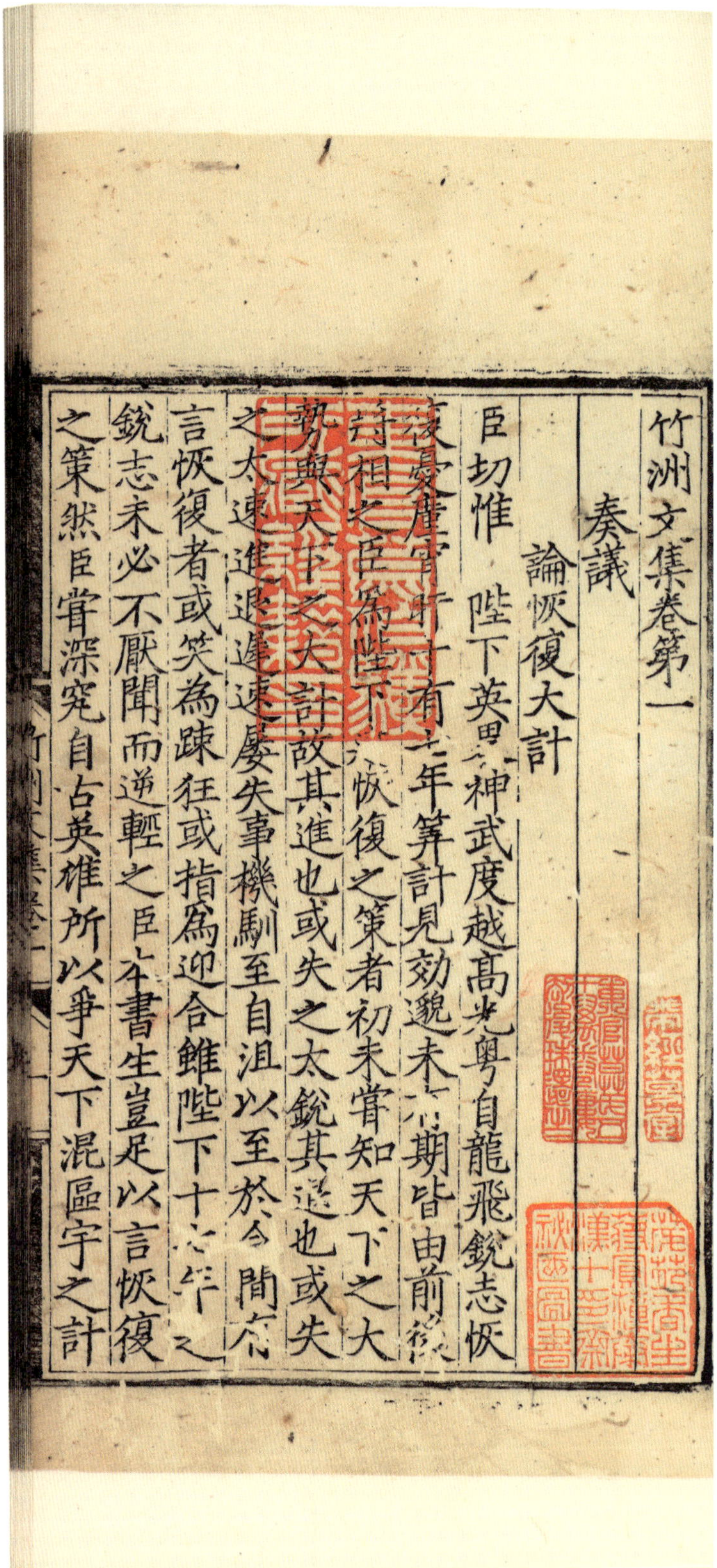
竹洲文集卷第一
奏議
論恢復大計
臣切惟 陛下英睿神武度越高光粤自龍飛鋭志恢
復憂廑宵旰十有二年筭計見効邈未有期皆由前後
持相之臣為陛下恢復之策者初未嘗知天下之大
勢與天下之大計故其進也或失之太鋭其退也或失
之太遲進退遲速屢失事機馴至自沮以至於今間有
言恢復者或笑為踈狂或指為迎合雖陛下十年之
鋭志未必不厭聞而逆輕之臣本書生豈足以言恢復
之策然臣嘗深究自古英雄所以爭天下混區宇之計

11882 竹洲文集二十卷 （宋）吴儆撰 **附録一卷** 明弘治六年（1493）吴雷亨刻本

匡高18.5，廣13.1厘米。半葉十一行，行二十一字，黑口，四周雙邊。有“茂苑香生蔣鳳藻秦漢十印齋祕篋圖書”“東官莫伯驥所藏經籍印”等印。

國家圖書館藏。

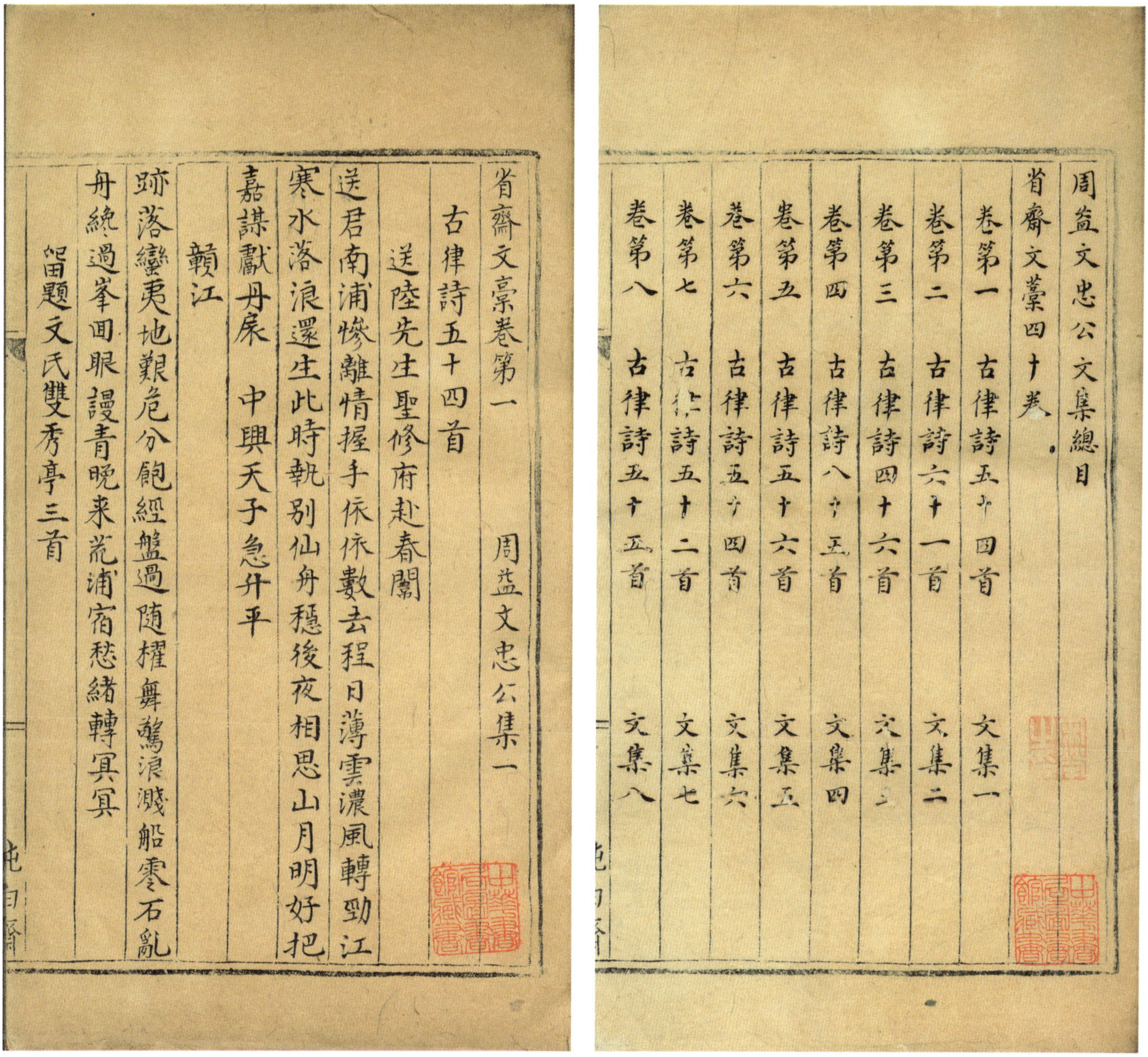

周益文忠公文集總目
省齋文藁四十卷
卷第一　古律詩五十四首　文集一
卷第二　古律詩六十一首　文集二
卷第三　古律詩四十六首　文集三
卷第四　古律詩八十五首　文集四
卷第五　古律詩五十六首　文集五
卷第六　古律詩五十四首　文集六
卷第七　古律詩五十二首　文集七
卷第八　古律詩五十五首　文集八

省齋文藁卷第一　周益文忠公集一
古律詩五十四首
送陸先生聖修府赴春闈
送君南浦慘離情握手依依數去程日薄雲濃風轉勁江寒水落浪還生此時執别仙舟穩後夜相思山月明好把嘉謀獻丹扆　中興天子急升平
贛江
跡落蠻夷地艱危分飽經盤過隨櫂舞驚浪濺船零石亂舟繞過峯回眼謾青晚來荒浦宿愁緒轉冥冥
留題文氏雙秀亭三首

11883 周益文忠公集二百卷　（宋）周必大撰　**附録五卷**　明純白齋抄本

匡高21厘米，廣14.2厘米。半葉十行，行二十二字，白口，四周雙邊。有“宋犖之印”等印。上海辭書出版社藏。

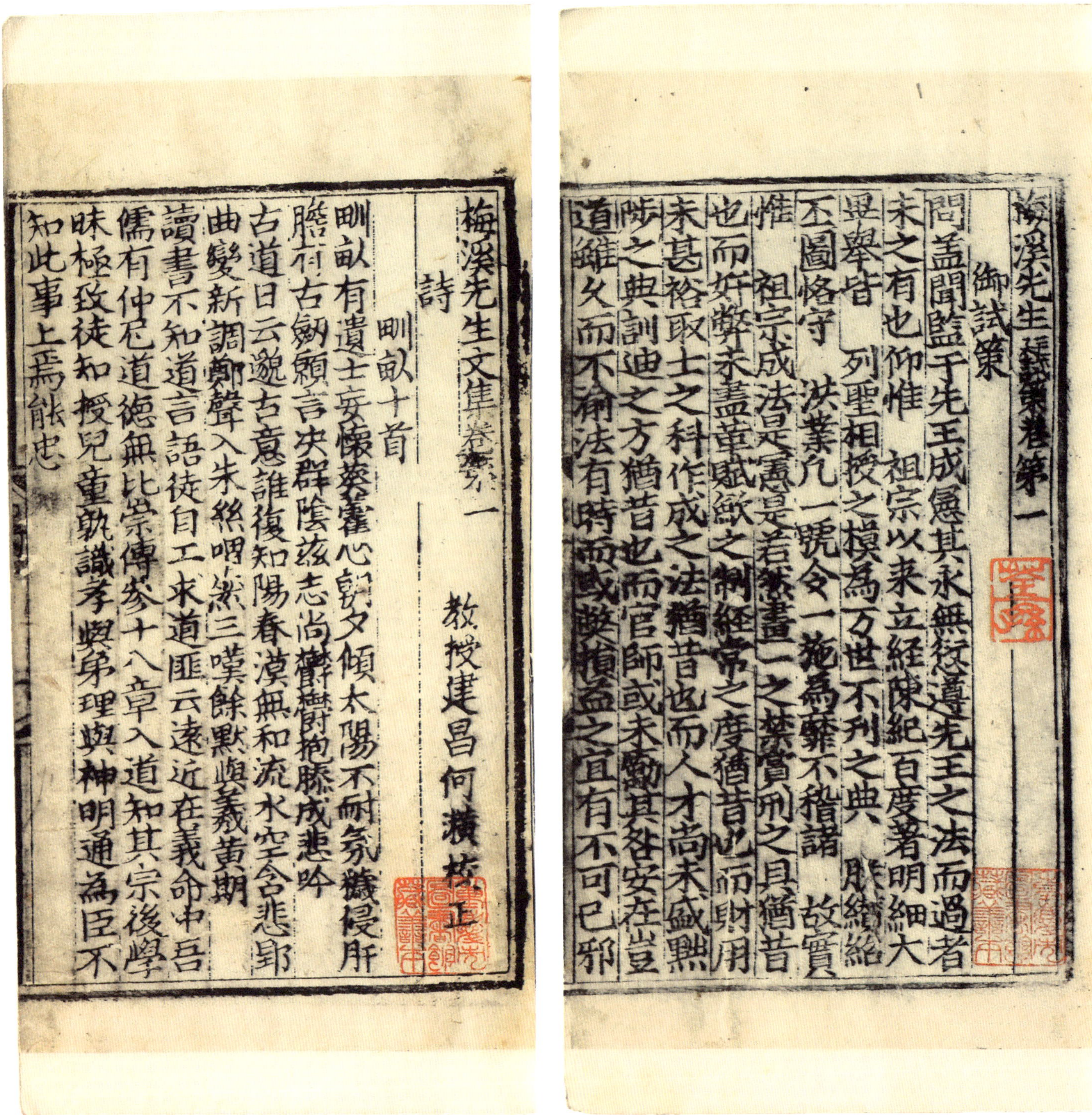
梅溪先生廷試策卷第一
御試策
問蓋聞監于先王成憲其永無愆遵先王之法而過者
未之有也仰惟　祖宗以來立經陳紀百度著明細大
畢舉皆　列聖相授之模為萬世不刊之典　朕纘紹
丕圖恪守　洪業凡一號令一施為靡不稽諸　故實
惟　祖宗成法是憲是若然盡一之禁賞刑之具猶昔
也而奸弊未盡革賦歛之制經常之度猶昔也而財用
未甚裕取士之科作成之法猶昔也而人才尚未盛黜
陟之典訓迪之方猶昔也而官師或未勵其職安在豈
道雖久而不渝法有時而或弊損益之宜有不可已邪

梅溪先生文集卷第一　教授建昌何瀆校正
詩
甽畝十首
甽畝有遺士安懷葵藿心日夕傾太陽不耐氛祲侵肝
膽有古劍頗言決群陰茲志尚鬱鬱抱膝成悲吟
古道日云邈古意誰復知陽春漠無和流水空含悲郢
曲變新調鄭聲入朱絲喟然三嘆餘默與義黃期
讀書不知道言語徒自工求道匪云遠近在義命中吾
儒有仲尼道德無比崇傳參十八章入道知其宗後學
昧極致徒知授兒童孰識孝與弟理與神明通為臣不
知此事上焉能忠

11884　梅溪先生廷試策一卷奏議四卷文集二十卷後集二十九卷

（宋）王十朋撰　**附録一卷**　明初刻本

匡高21厘米，廣13.4厘米。半葉十一行，行二十一字，黑口，四周雙邊。有“荃孫”等印。重慶圖書館藏。

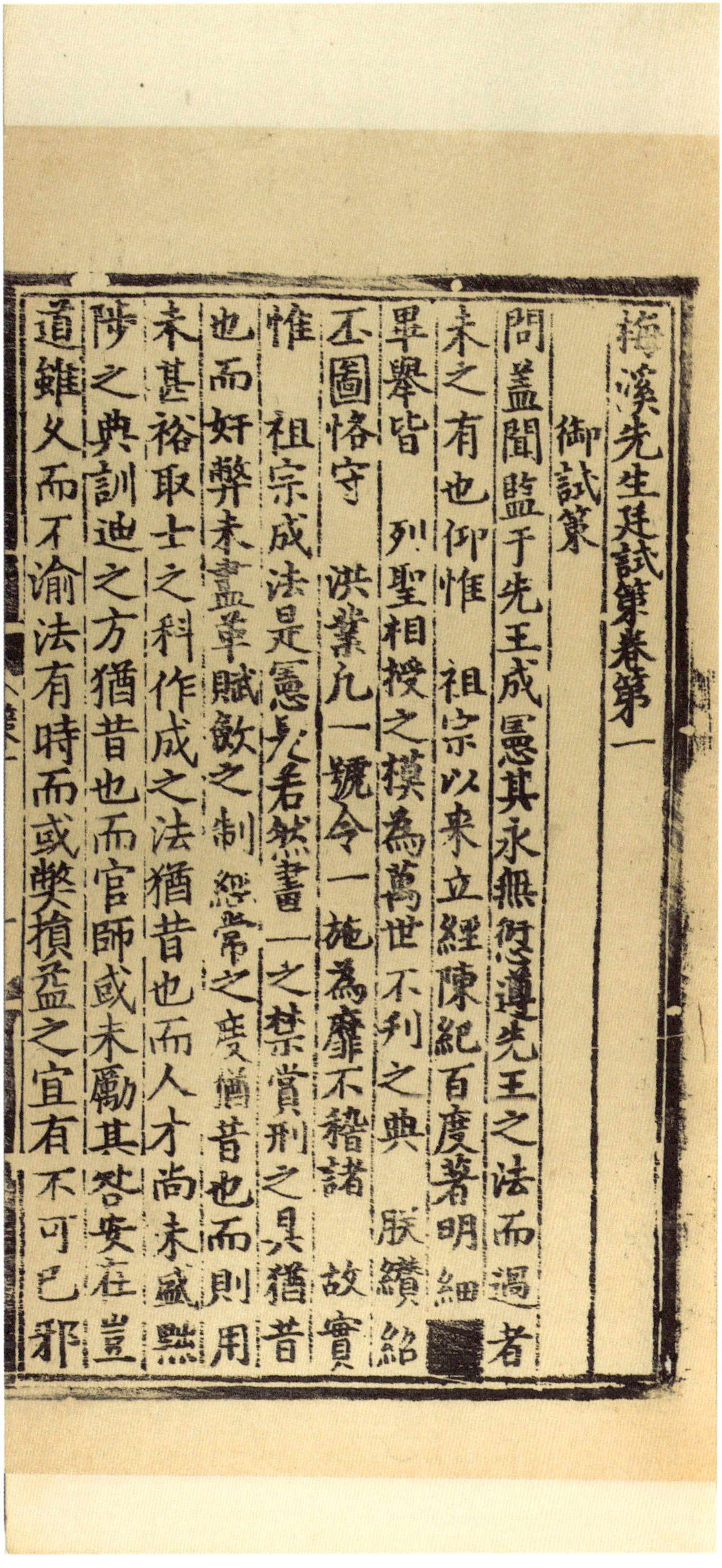

梅溪先生廷試策卷第一

御試策

問蓋聞監于先王成憲其永無愆遵先王之法而過者未之有也朕惟祖宗以來立經陳紀百度著明細畢舉皆列聖相授之模為萬世不刊之典朕纘紹丕圖恪守洪業凡一號令一施為靡不稽諸故實惟祖宗成法是憲是若然畫一之禁賞刑之具猶昔也而奸弊未盡革賦斂之制經常之度猶昔也而財用未甚裕取士之科作成之法猶昔也而人才尚未盛黜陟之典訓迪之方猶昔也而官師或未勵其咎安在豈道雖久而不渝法有時而或弊損益之宜有不可已邪

11885 梅溪先生廷試策一卷奏議四卷文集二十卷後集二十九卷 （宋）王十朋撰 **附録一卷** 明正統五年（1440）劉謙、何濆刻天順六年（1462）重修本

匡高21.9厘米，廣13.5厘米。半葉十一行，行二十一字，黑口，四周雙邊。陝西省圖書館藏。

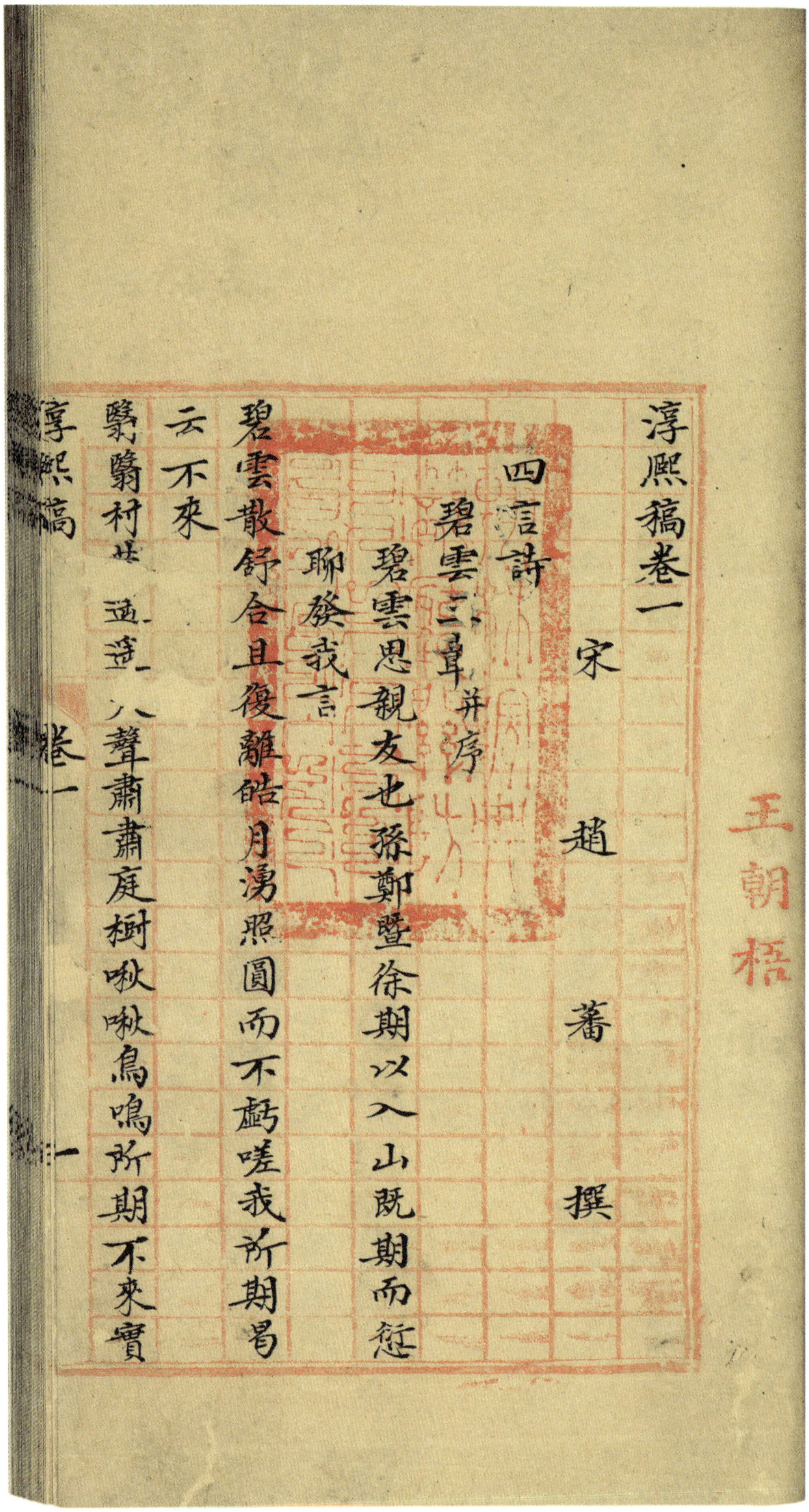

11886 淳熙稿二十卷　（宋）趙蕃撰　清乾隆翰林院抄本[四庫底本]

匡高18.7厘米，廣12.5厘米。半葉九行，行二十一字，紅格，白口，四周雙邊。有“翰林院典籍廳關防”等印。國家圖書館藏。

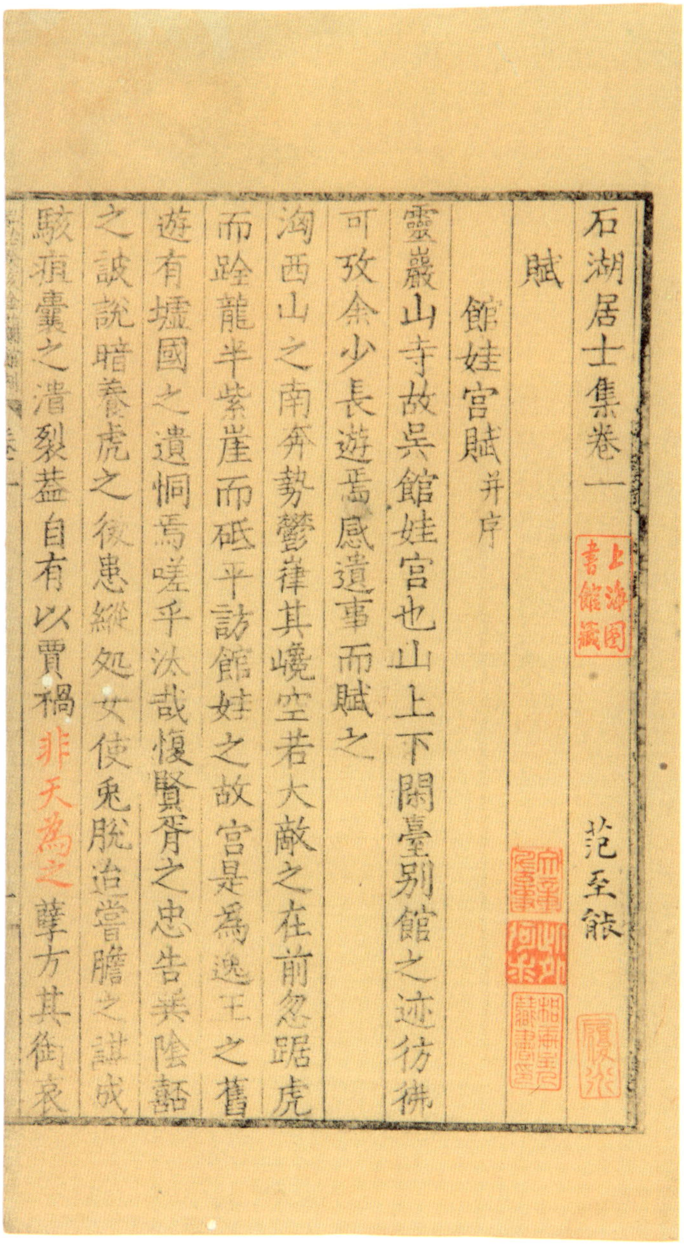

石湖居士集卷一　范至能

賦

館娃宫賦并序

靈巖山寺故吳館娃宫也山上下閣臺别館之迹彷彿可攷余少長遊焉感遺事而賦之

洶西山之南奔勢鬱硉其嶢空若大敵之在前忽踞虎而跧龍半紫崖而砥平訪館娃之故宫是爲逸王之舊遊有墟國之遺恫焉嗟乎汰哉愎賢胥之忠告羙陰嚭之詖説暗養虎之後患縱處女使兎脱迨嘗膽之謀成駭瘡囊之潰裂葢自有以賈禍非天爲之孽方其銜哀

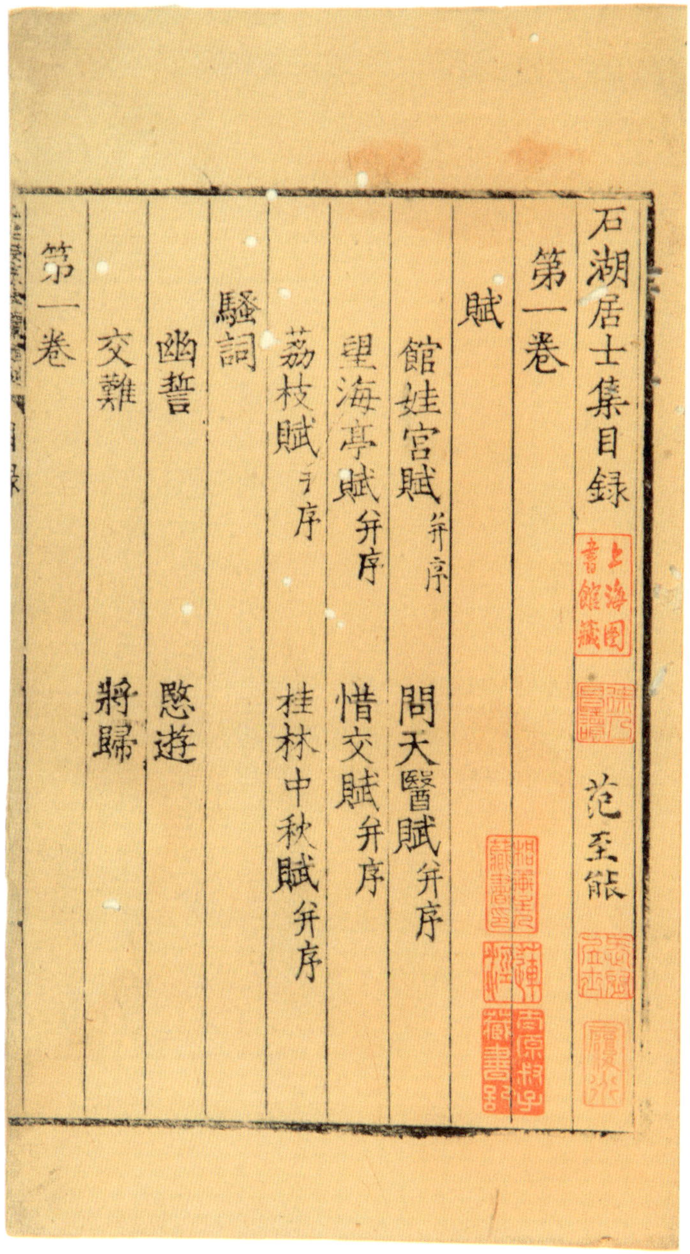

石湖居士集目録　范至能

第一卷

賦

館娃宫賦并序　問天醫賦并序

望海亭賦并序　惜交賦并序

荔枝賦并序　桂林中秋賦并序

騷詞

幽誓　愍遊

交難　將歸

第一卷

11887 石湖居士集三十四卷　（宋）范成大撰　明弘治十六年（1503）金蘭館銅活字印本

匡高21厘米，廣14.9厘米。半葉十行，行二十一字，白口，左右雙邊。有“太原叔子藏書記”“蓮涇”“桐軒主人藏書印”“徐乃昌讀”等印。上海圖書館藏。

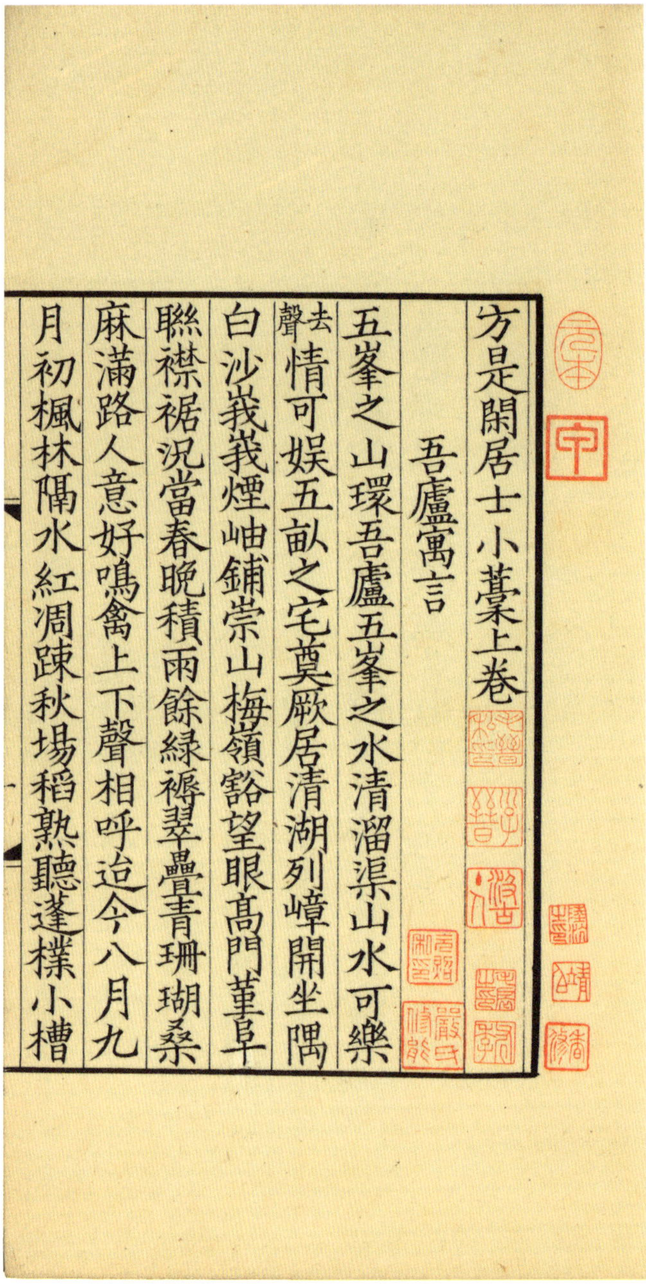
方是閑居士小槀上卷
吾廬寓言
五峯之山環吾廬五峯之水清溜渠山水可樂
去聲 情可娱五畝之宅莫厥居清湖列嶂開坐隅
白沙峩峩煙岫鋪崇山梅嶺谿望眼高門堇草
聯襟裾況當春晚積雨餘緑褥翠疊青珊瑚桑
麻滿路人意好鳴禽上下聲相呼迨今八月九
月初楓林隔水紅凋踈秋場稻熟聽蓬樸小槽

11888 方是閑居士小藁二卷　（宋）劉學箕撰　清初毛氏汲古閣影元抄本

匡高18厘米，廣12.9厘米。半葉八行，行十八字，白口，左右雙邊。有“毛晉私印”“毛扆之印”“嚴氏修能”“元照私印”“陸沆之印”等印。嚴元照跋。國家圖書館藏。

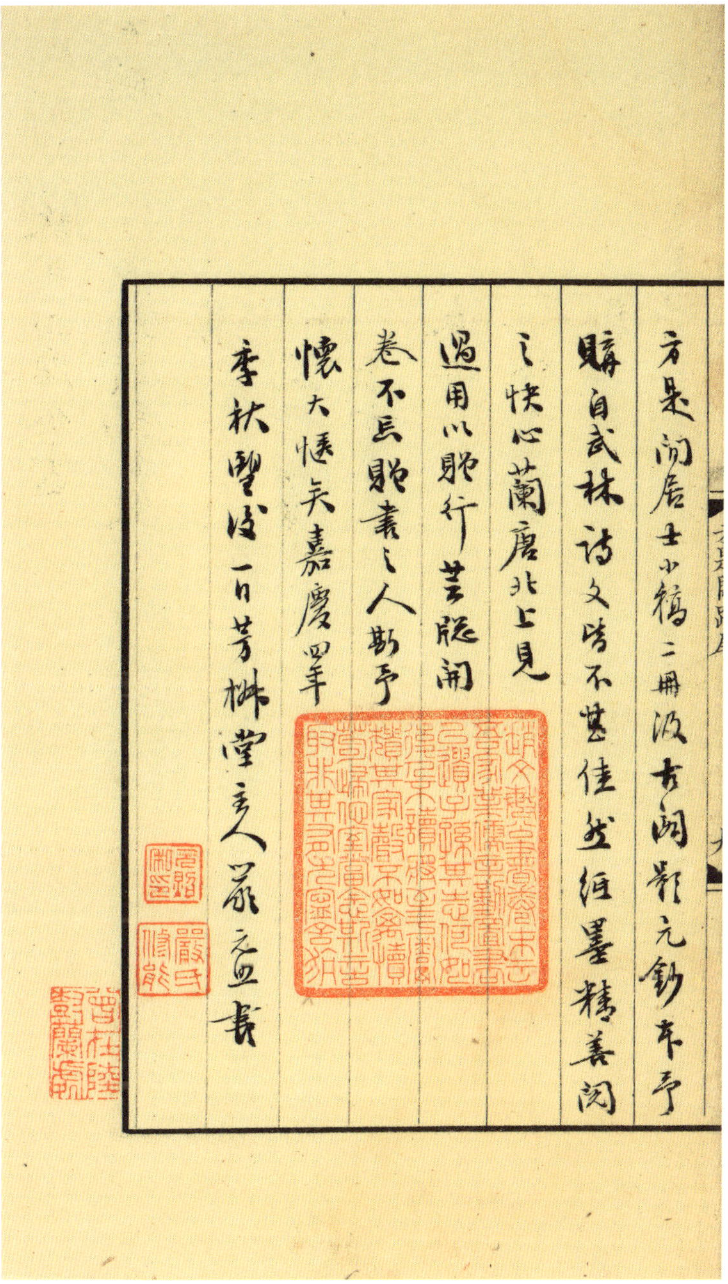

方是閒居士小稿二册汲古閣影元鈔本予購自武林詩文皆不甚佳然紙墨精善閱之快心蘭唐北上見過因以貽行芸臆開卷不忘貽書之人勤予懷大愜矣嘉慶四年季秋望後一日芳椒堂主人嚴元照書

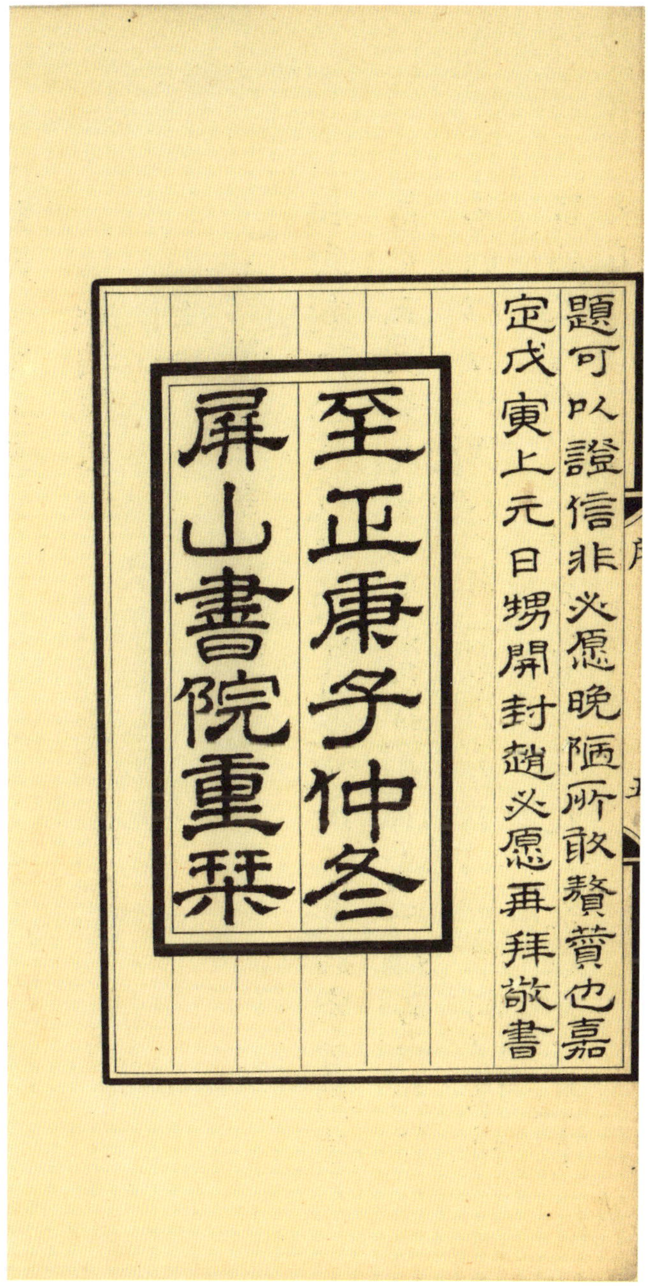

題可以證信非必愿晚陋所敢贅貲也嘉定戊寅上元日甥開封趙必愿再拜敬書

至正庚子仲冬
屏山書院重栞

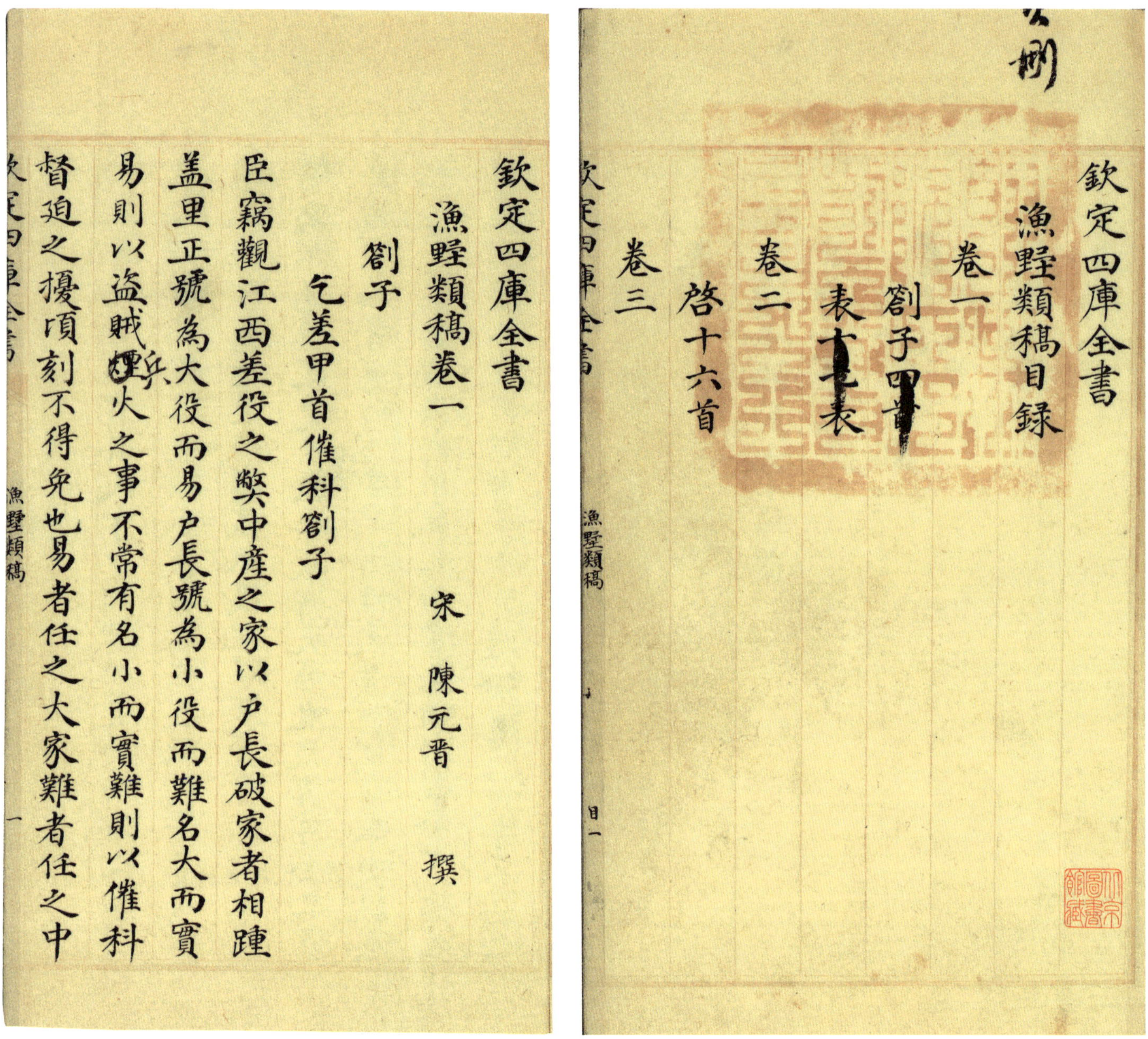

欽定四庫全書
漁墅類稿目録
卷一
劄子四首
表十七表
卷二
啓十六首
卷三
漁墅類稿　目一

欽定四庫全書
漁墅類稿卷一　宋　陳元晋　撰
劄子
乞差甲首催科劄子
臣竊覩江西差役之弊中産之家以户長破家者相踵
蓋里正號為大役而易户長號為小役而難名大而實
易則以盗賊烟火之事不常有名小而實難則以催科
督迫之擾頃刻不得免也易者任之大家難者任之中
漁墅類稿　一

11889 漁墅類稿八卷　（宋）陳元晉撰　清乾隆翰林院抄本[四庫底本]

匡高22.4厘米，廣15.2厘米。半葉八行，行二十一字，紅格，白口，四周雙邊。有“翰林院印”等印。朱文鼎、孫曙滄校。國家圖書館藏。

悲差之差當是嗟字之悮 朱攸杲

氷消火燎 燎訛爒今改 朱攸杲

産甚者狭鄉之中有不[illegible]百錢之税而應充者有不滿兩三年而再及者其人丁少則耕殖荒於莽命之勤其氣勢輕則追呼不能以令豪強之族展限代輸費用亾藝比較笞箠怨差流聞蓋執役既畢其資産亦與之俱罄矣不急捄之更十數年氷消火燎豈復有可全之下戸哉臣愚嘗思所以捄之之術惟曩者浙東提舉袁説友已行之策有當推行于江之西者其法攢聚一鄉之税數上者二十戸下者三十戸隨輸送之相等居止之附近以類相從各為一籍分為甲首責以拘催若其本名合輸之數如限納足則從甲而乙遞相授受至籍尾而止其承籍之家惟恐舍去之不亟則必以時輸納故期限易了而胥吏無所誅求賦税易集而官府免於比較無爭役之訟無執役之擾官民兩便未有易此臣愚欲望睿慈降付都省參詳行下江西提舉司照臣所請施行若其委蛇曲折窒民姦求民便者俾之從長斟量第向来浙東不無小弊則以逃亡死絶産

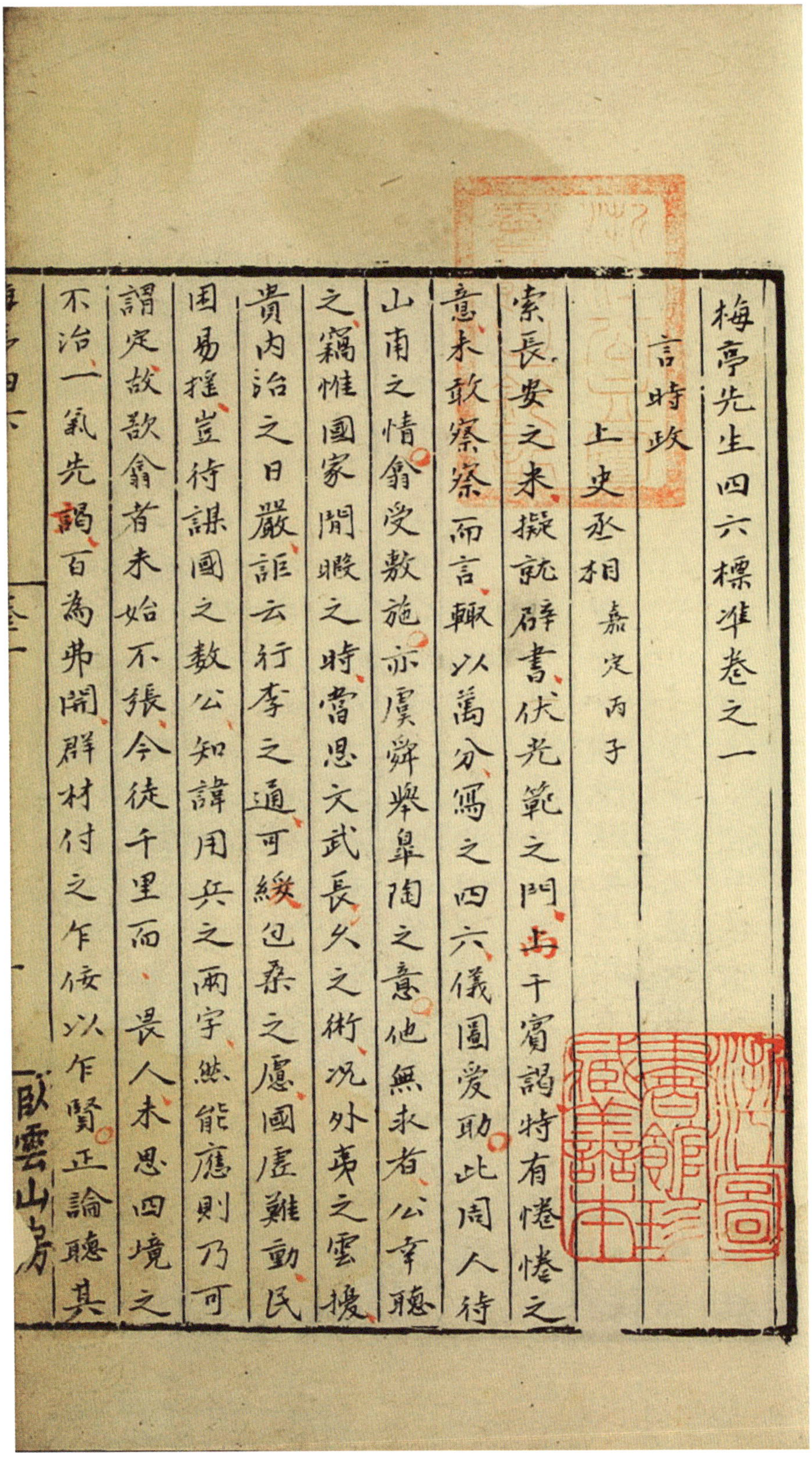

梅亭先生四六標準卷之一

言時政

上史丞相 嘉定丙子

索長安之米擬就辟書伏先範之門占千窗謟特有惓惓之意未敢察察而言輒以蒭分寫之四六儀圖爰助此周人待山甫之情翁受敷施亦虞舜舉臯陶之意他無求者公幸聽之竊惟國家閒暇之時當思文武長久之術况外夷之雲擾貴内治之日嚴詎云行李之通可緩包桑之慮國虛難動民困易搖豈待謀國之數公知諱用兵之兩字然能應則乃可謂定故歆翁者未始不張今徒千里而甚人未思四境之不治一氣先謟百為弗開群材付之作倰以作賢正論聽其

梅亭四六 卷一 一 臥雲山房

11890 梅亭先生四六標準四十卷 （宋）李劉撰 明范氏臥雲山房抄本

匡高19.2厘米，廣14.6厘米。半葉十一行，行字不等，白口，左右雙邊。浙江圖書館藏，存十卷。

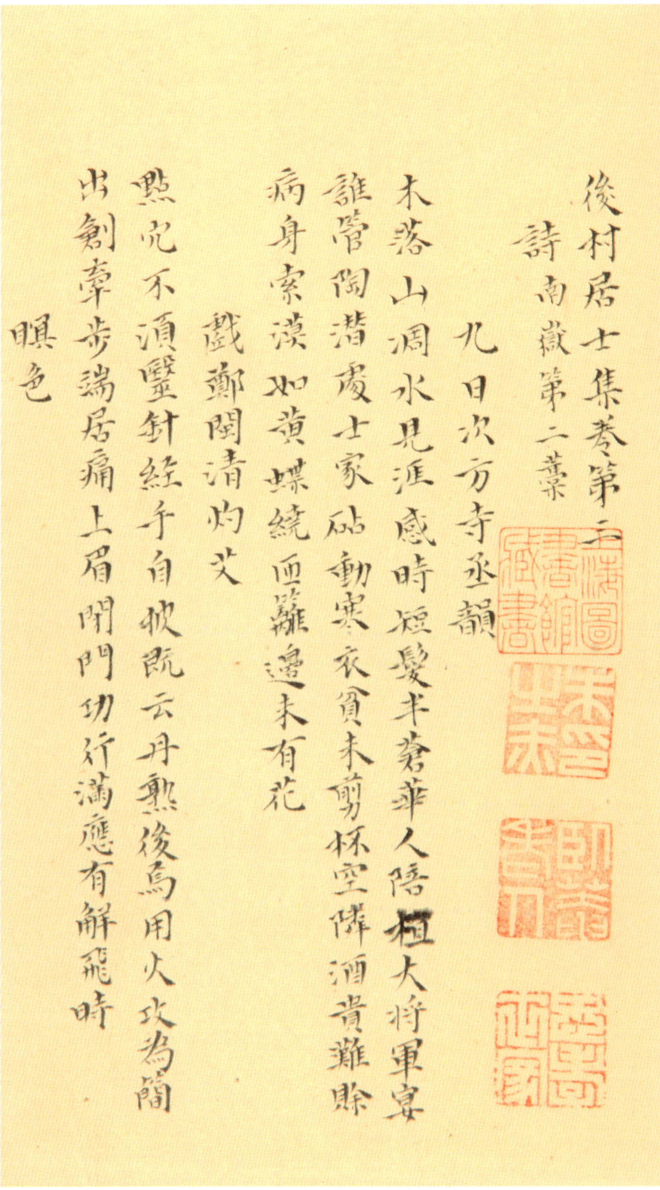

後村居士集卷第三
詩南嶽第二藁
九日次方寺丞韻
木落山凋水見涯感時短髮半蒼華人陪桓大將軍宴
誰管陶潛處士家砧動寒衣貧未剪杯空催酒貴難賒
病身索漠如黃蝶繞逕籬邊未有花
戲鄭閣清灼艾
點穴不須豎針經手自披既云丹熱後為用火攻為簡
出劍牽步端居痛上眉開門切行滿應有解飛時
眼色

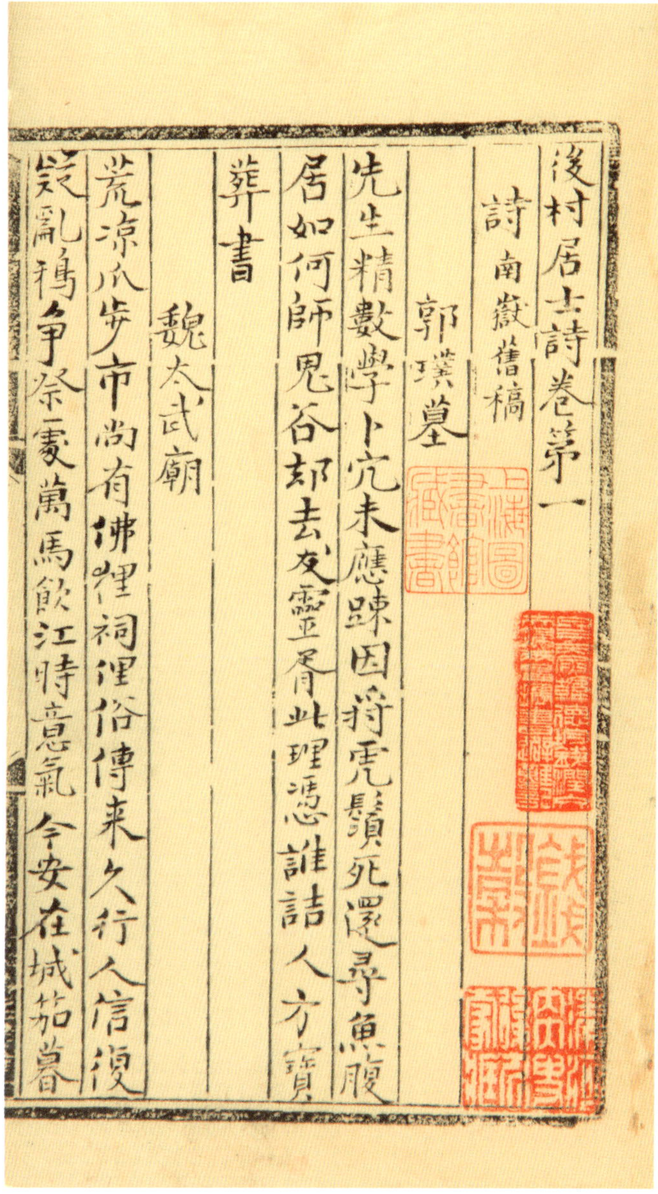

後村居士詩卷第一
詩南嶽舊稿
郭璞墓
先生精數學卜穴未應疎因將虎頸死還尋魚腹
居如何師鬼谷却去受靈胥此理憑誰詰人方寶
葬書
魏太武廟
荒涼瓜步市尚有佛貍祠俚俗傳來久行人信復
疑亂鴉爭祭處萬馬飲江時意氣今安在城笳暮

11891 後村居士詩二十卷　（宋）劉克莊撰　明抄本

匡高19.8厘米，廣12.6厘米。半葉九行，行十六至二十字不等，黑口，四周雙邊。有“錢穀”“嘉穎”“朱印之赤”“甲子丙寅韓德均錢潤文夫婦兩度攜書避難記”等印。錢允治、朱之赤校並跋，陸嘉穎跋。上海圖書館藏。

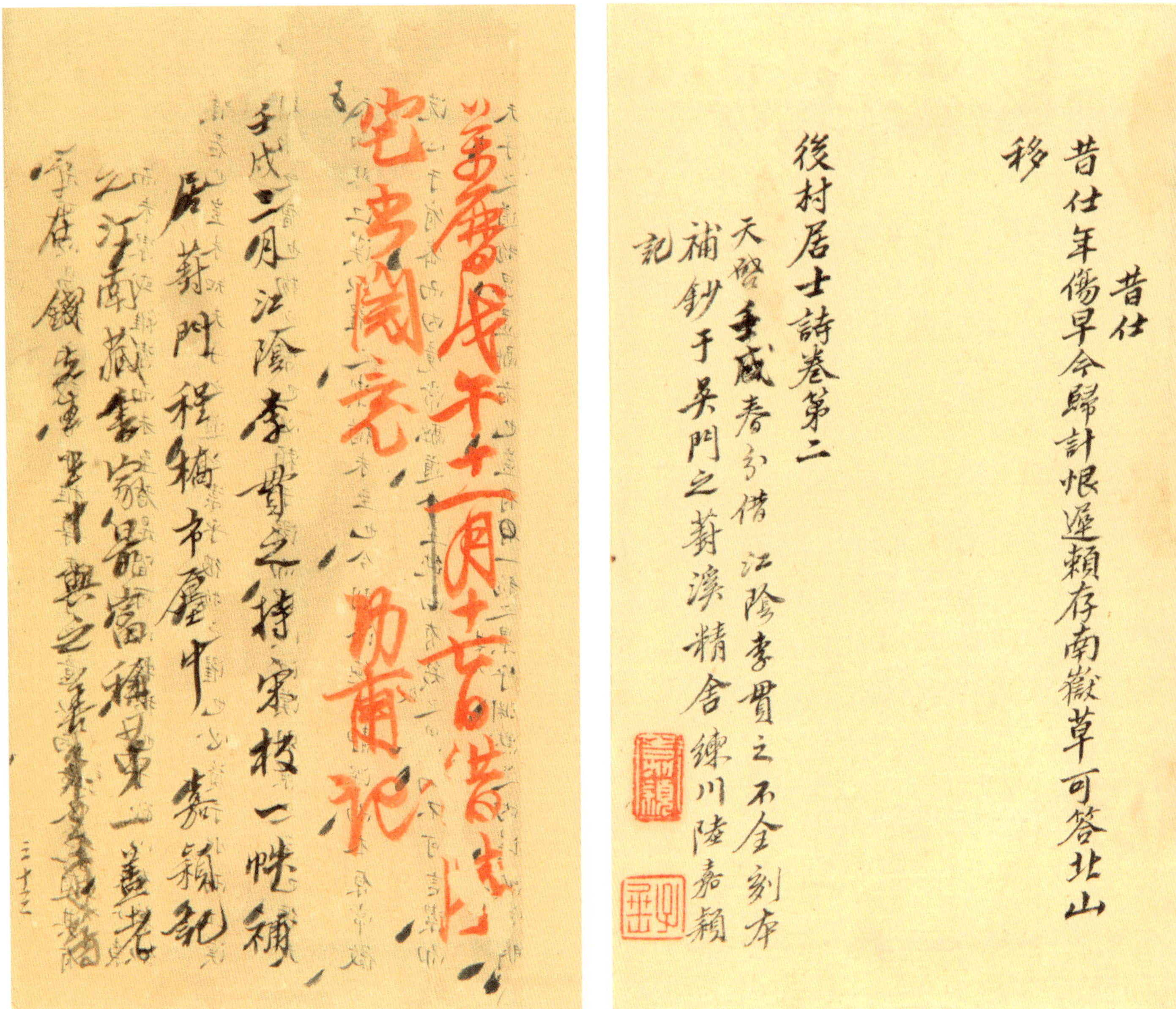

昔仕

昔仕年傷早今歸計恨遲賴存南嶽草可答北山移

後村居士詩卷第二

天啓壬戌春分借江陰李貫之不全刻本補鈔于吳門之葑溪精舍練川陸嘉穎記

11891 後村居士詩二十卷

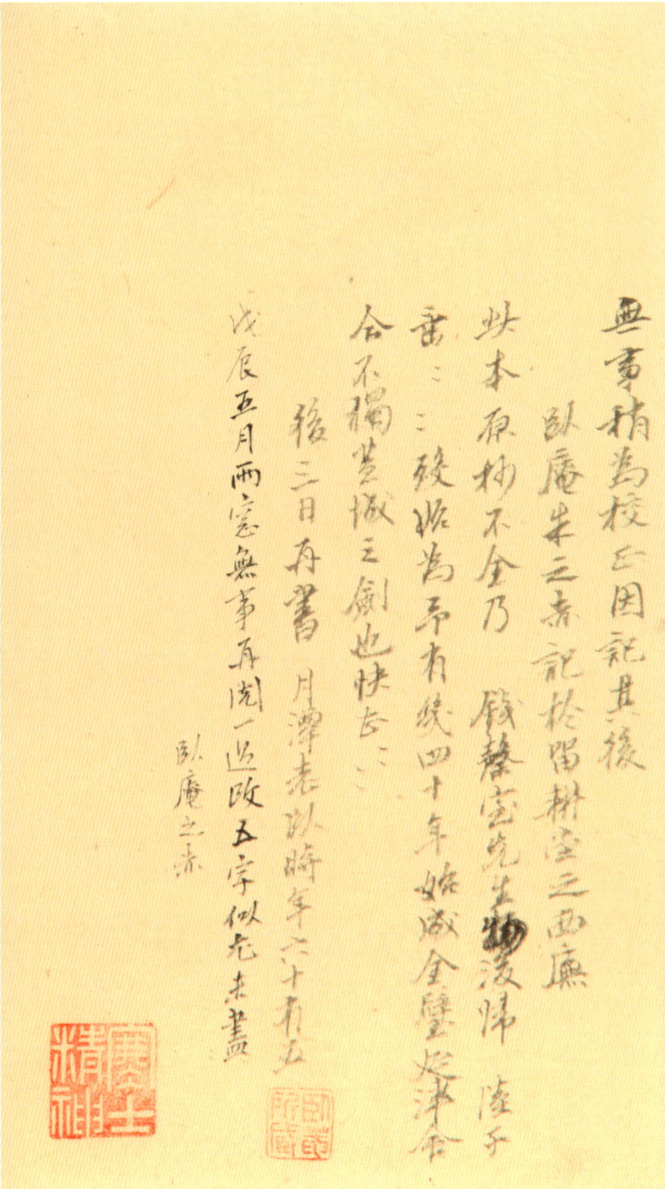

無事精為校正因記其後
臥庵朱之赤記於留耕堂之西廡
此本原初不全乃 錢牧齋先生物後歸 陸子
雷〻〻殘帙為予有幾四十年始徵全璧延津
合不獨豐城之劍也快哉〻〻
後三日再書 月潭老臥時年六十有五
戊辰五月雨窗無事再閱一過改五字似尤未盡
臥庵之赤

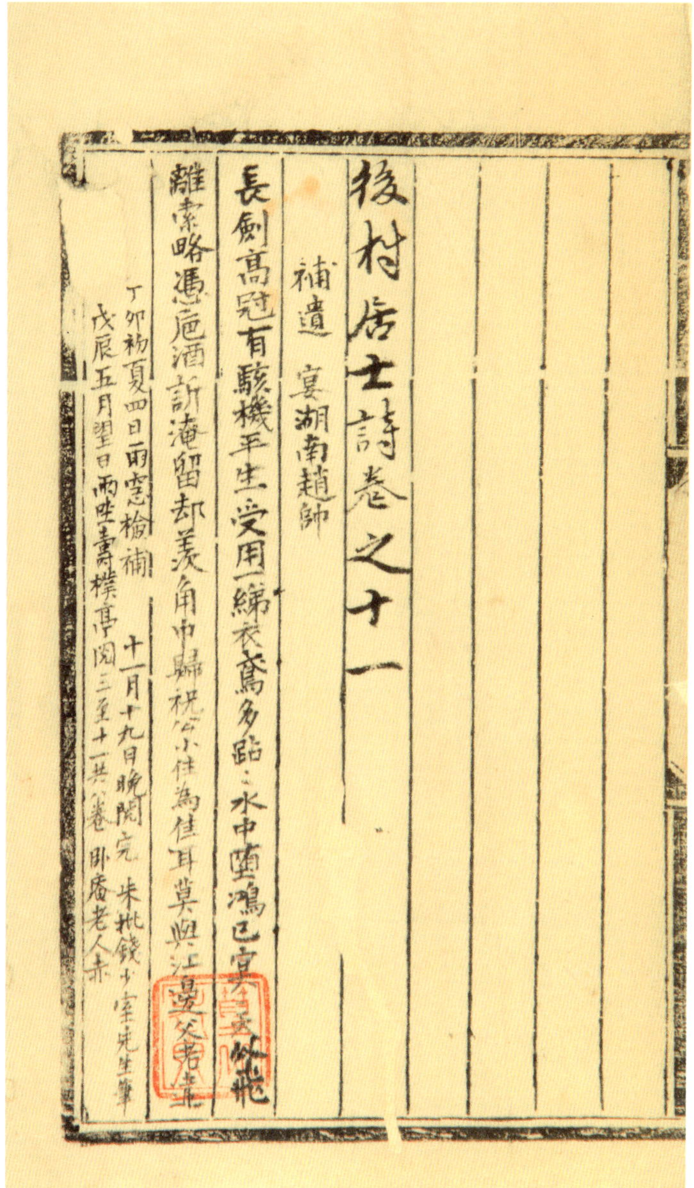

後村居士詩卷之十一
補遺 宴湖南趙帥
長劍高冠有駭機平生受用一綈衣鴦鷺多蹈〻水中墮鴻已冥飛
離索略憑卮酒訢淹留却羨角巾歸祝公小住為佳耳莫與江邊父老
丁卯初夏四日雨窗檢補 十一月十九日晚閱完 朱批錢少室先生筆
戊辰五月望日雨坐壽樸亭閱三至十一共八卷 卧庵老人赤

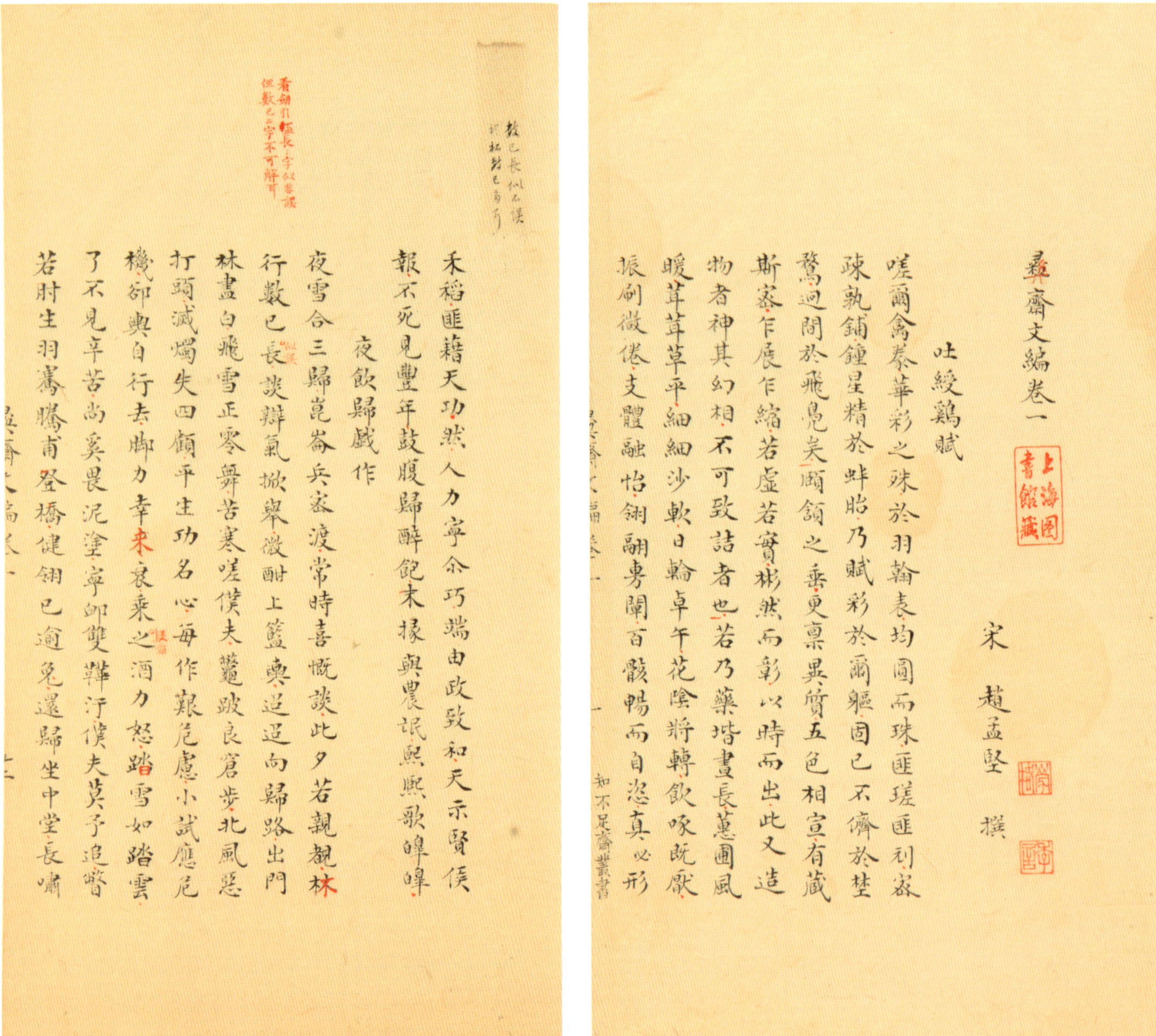

彝齋文編卷一

宋　趙孟堅　撰

吐綬鷄賦

嗟爾禽鶩華彩之殊於羽翰表均圓而珠匯瑳匯列密踈執鋪鍾星精於蚌胎乃賦彩於爾軀固已不儕於埜鷩迥閒於飛皃矣爾頷之垂更稟異質五色相宣有蔵斯密乍展乍縮若虛若實彬然而彰以時而出此文造物者神其幻相不可致詰者也若乃藥堦晝長蕙圃風暖茸茸草平細細沙軟日輪卓午花陰將轉飲啄既厭振翮微倦支體融怡翎翮夷闌百骸暢而自恣真必形

彝齋文編卷一　一　知不足齋叢書

看劍引盃長字似誤 但數已二字不可解耳

禾稻匪藉天功然人力寧介巧端由政致和天示賢侯報不死見豐年鼓腹歸醉飽未椽與農氓熙熙歌皡皡

夜飲歸戲作

夜雪合三歸崑崙兵密渡常時喜慨談此夕若親覩林行數已長談辯氣掀舉微酣上籃輿迢迢向歸路出門林盡白飛雪正零舞苦寒嗟僕夫蹩跛良窘步北風惡打頭滅燭失四顧平生功名心每作艱危慮小試應危機卻輿自行去脚力幸来衰乘之酒力怒踏雪如踏雲了不見辛苦尚奚畏泥塗寧卹雙鞾汙僕夫莫予追瞥若肘生羽翥騰甫登橋健翎已逾兔還歸坐中堂長嘯

11892 彝齋文編四卷　（宋）趙孟堅撰　**補遺一卷**　（清）鮑廷博輯　（清）勞權續輯　清仁和勞氏家抄本

半葉十行，行二十一字。有“勞格”等印。勞權校並抄補。上海圖書館藏。

信郎次孟瑤孟璿女四人孫一人奉公之喪麗水者毋弟與善也惻為之銘曰謂其可必天則爾嘗謂其可期天則不可知厚其積乃狹其施其得人之貽

重建慈恩塔院記

余幼肄舉于業周流問學詣鄰則憩天慶坊劉氏郅經誦所餘暇婆娑金魚池月波樓下慈恩塔院比池樓側吳省郎說所題類及護國保民諸天道場扁愛其書畫婉麗駐日玩視不能去亦愛金魚月波二扁篆古而隸雅惜三者輪奐未稱景趣耳自余隸東學策末第三任從官舊遊夢隅及茲重來慈恩鼎新改觀佇立咿嗟有

貞齋文稿卷四　補二

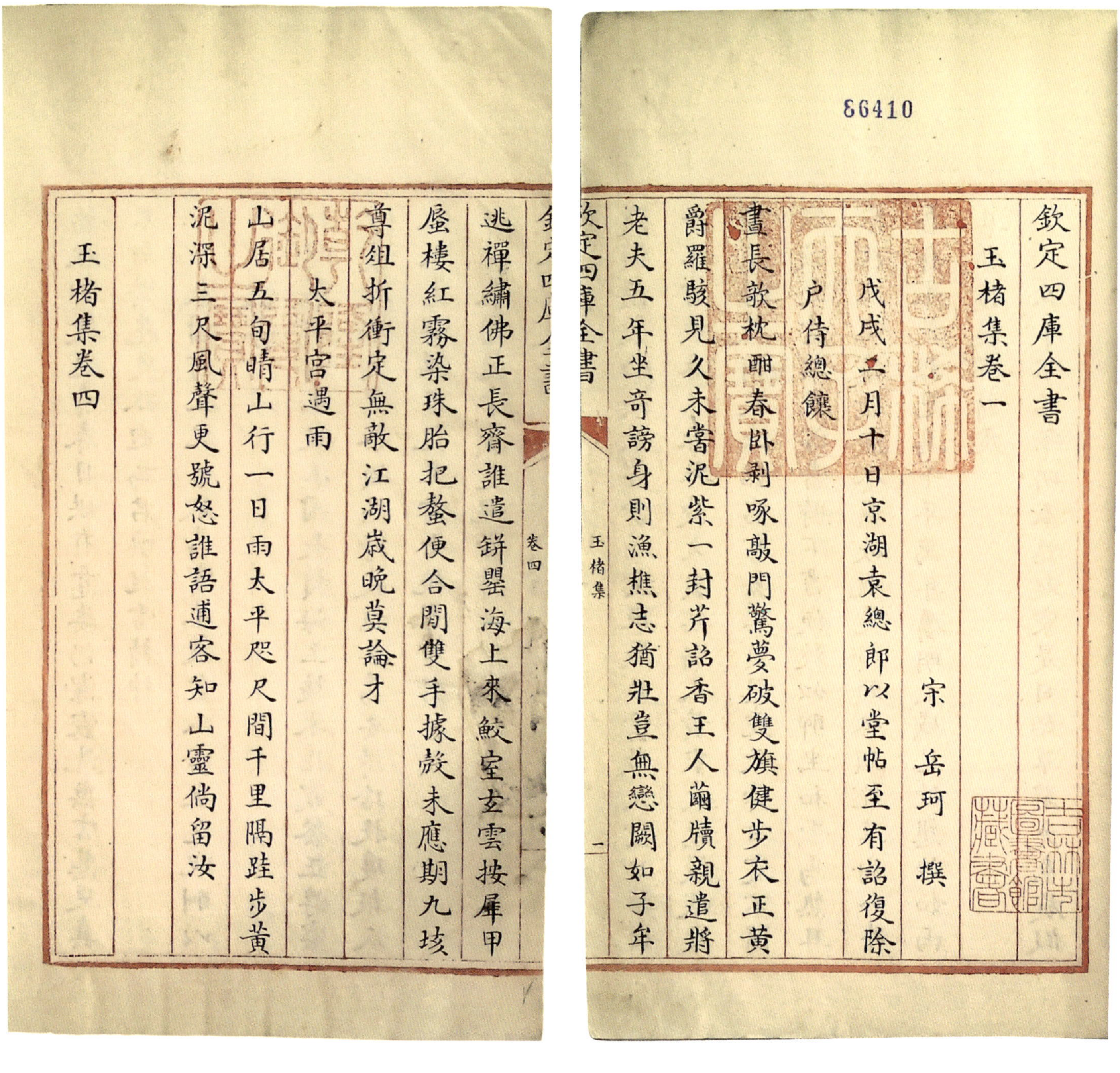

86410

欽定四庫全書

玉楮集卷一

宋 岳珂 撰

戊戌二月十日京湖袁總郎以堂帖至有詔復除

户侍總餉

書長歌枕酣春卧剥啄敲門驚夢破雙旗健步衣正黃

爵羅駭見久未嘗泥紫一封芹詔香王人藺犢親遣將

老夫五年坐奇謗身則漁樵志猶壯豈無戀闕如子牟

欽定四庫全書 玉楮集 一

欽定四庫全書 卷四

逃禪繡佛正長齋誰遣餅罌海上來鮫室玄雲按犀甲

蜃樓紅霧染珠胎把螯便合閒雙手據殼未應期九垓

尊俎折衝定無敵江湖歲晚莫論才

太平宫遇雨

山居五旬晴山行一日雨太平咫尺間千里隅跬步黃

泥深三尺風聲更號怒誰語逋客知山靈倘留汝

玉楮集卷四

11893 玉楮集八卷 （宋）岳珂撰　清乾隆内府寫南三閣四庫全書本

匡高20.6厘米，廣13.9厘米。半葉八行，行二十一字，紅格，白口，四周雙邊。有“古稀天子之寶”“乾隆御覽之寶”等印。吉林市圖書館藏。

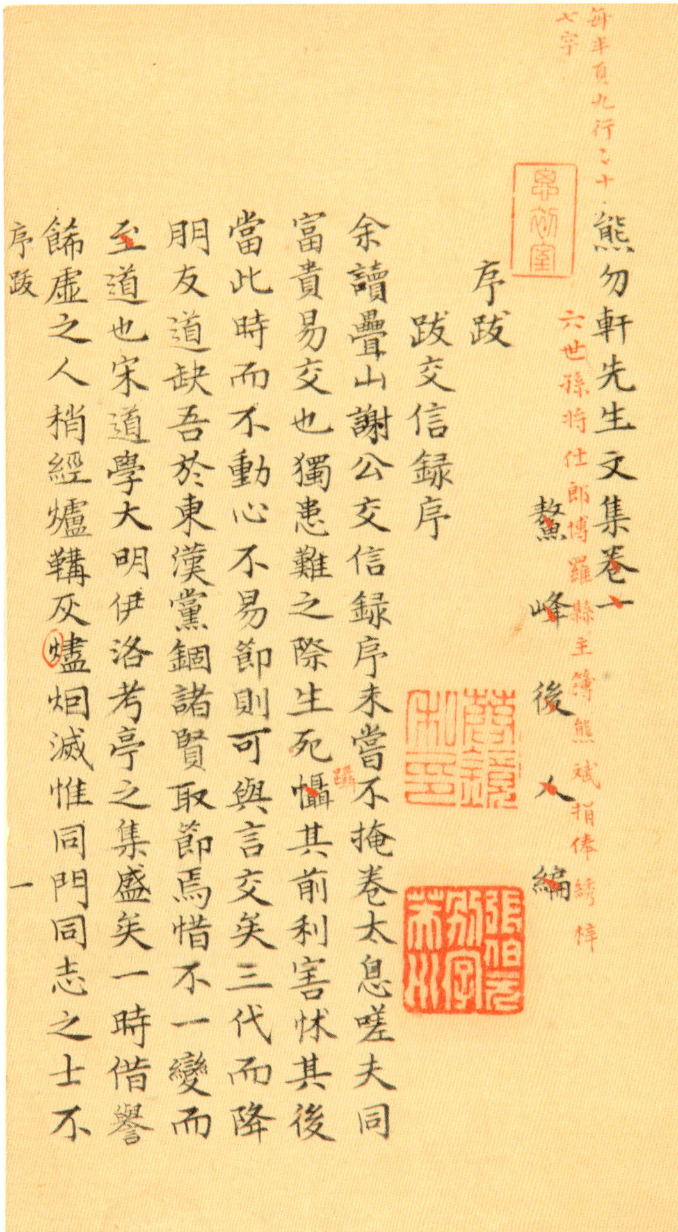
每半頁九行二十七字

熊勿軒先生文集卷一

六世孫將仕郎博羅縣主簿熊斌捐俸續梓

鰲峰後人編

序跋

跋交信録序

余讀疊山謝公交信録序未嘗不掩卷太息嗟夫同富貴易交也獨患難之際生死懾其前利害怵其後當此時而不動心不易節則可與言交矣三代而降朋友道缺吾於東漢黨錮諸賢取節焉惜不一變而至道也宋道學大明伊洛考亭之集盛矣一時借譽餙虛之人稍經爐鞴灰燼烔滅惟同門同志之士不

序跋　一

11894 熊勿軒先生文集八卷附卷一卷續集一卷　（宋）熊禾撰　清抄本

半葉十行，行二十字。有“蓉鏡私印”“潘氏寶山樓珍藏圖書”等印。張金吾校並跋，李兆洛、蔣因培跋，張蓉鏡題識。上海圖書館藏。

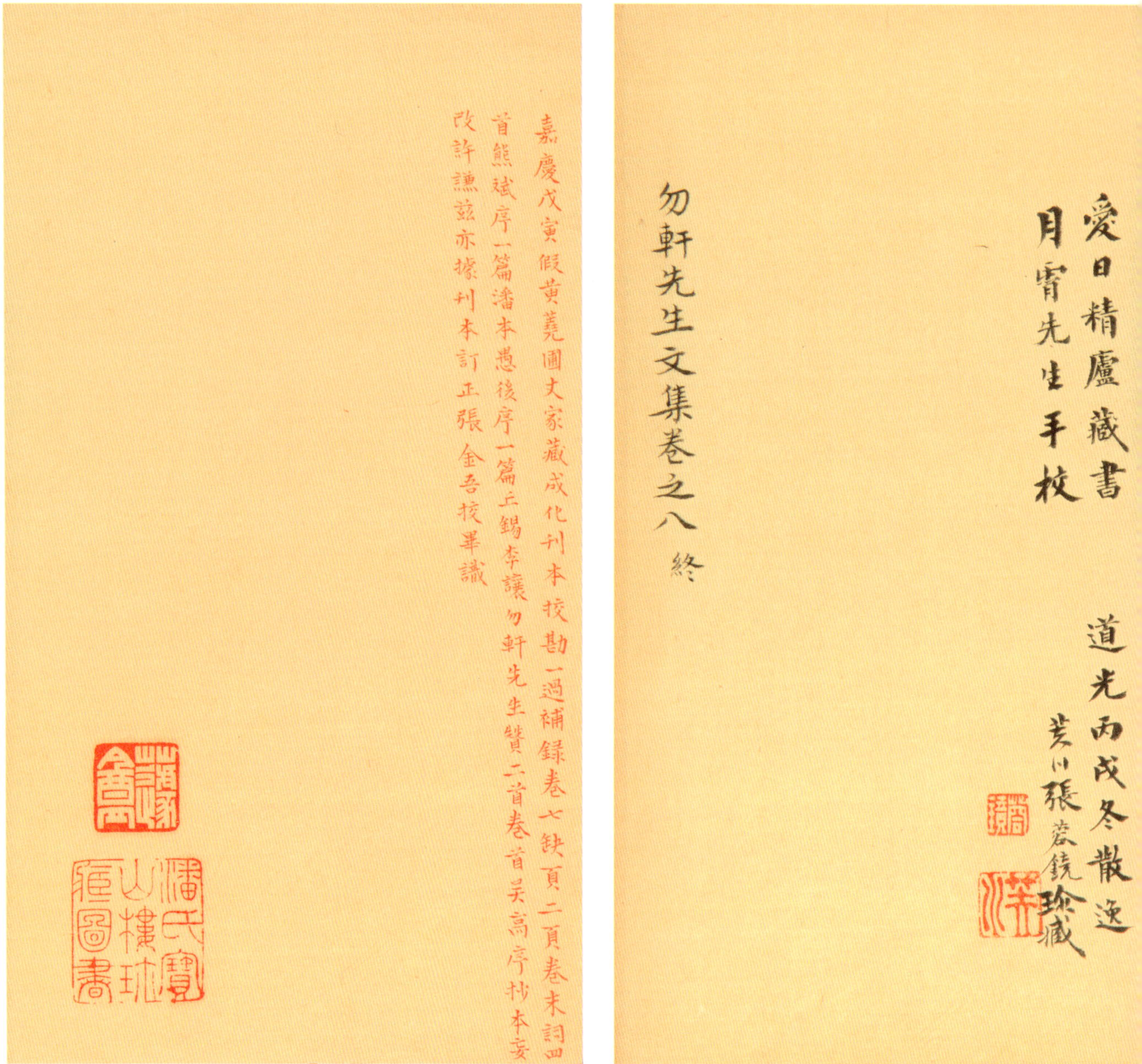
愛日精廬藏書
月霄先生手校
道光丙戌冬散逸
芙川張蓉鏡珍藏

勿軒先生文集卷之八 終

嘉慶戊寅假黄蕘圃丈家藏成化刊本挍勘一過補録卷七缺頁二頁卷末詞四首熊斌序一篇潘本愚後序一篇无錫李讓勿軒先生贊二首卷首吴高亭抄本妄改許謙兹亦據刊本訂正張金吾挍畢識

11894 熊勿軒先生文集八卷附卷一卷續集一卷

句餘集傳本甚稀余藏有書隱樓家舊
鈔本缺三卷急欲補全未得今年向
芙川仁兄借得以了素願亦可謂之偶矣後
此以見墨林中快事
道光己丑三月十八日 辛峯蔣因培

四庫書目稱天順中刻有許衡序者殆即
此本月霄以成化本校正復其舊矣然句軒
所撰著尚有易學圖傳二卷春秋通義一卷
四書標題一卷天順本並刻之而惜不得見汲
見也安得起月霄而質之
道光乙未三月 李兆洛識

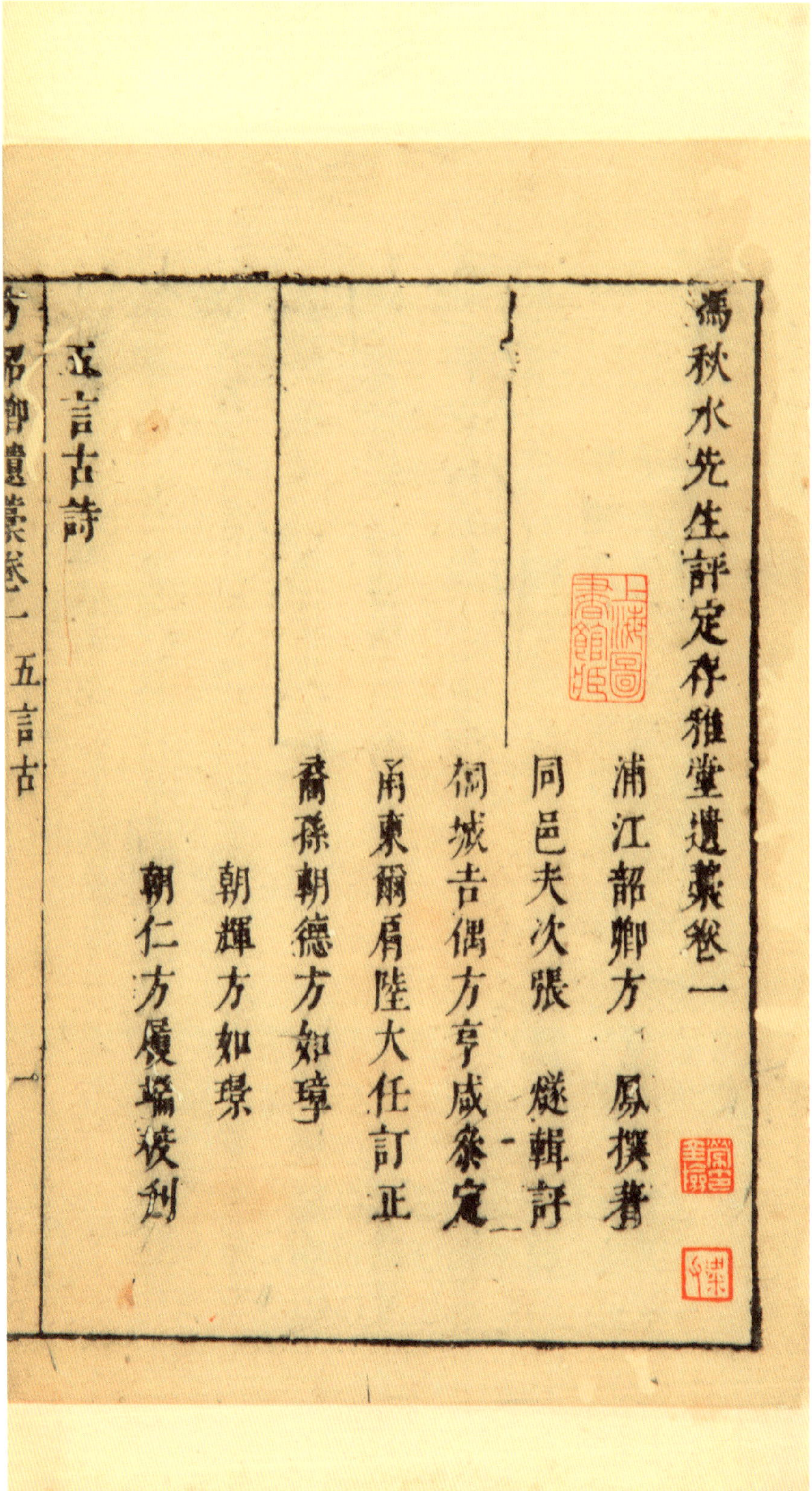
馮秋水先生評定存雅堂遺藳卷一
浦江部卿方　鳳撰書
同邑夫次張　燧輯評
桐城吉偶方亨咸參定
甬東爾肩陸大任訂正
裔孫朝德方如璋
朝輝方如璟
朝仁方履端校刊
五言古詩
部卿遺藳卷一　五言古　一

11895 馮秋水先生評定存雅堂遺藳十三卷補刊一卷　（宋）方鳳撰　（清）張燧輯　清順治十一年（1654）方兆儀等刻雍正二年（1724）補刻本（卷六至十配清抄本）

匡高19.2厘米，廣14.1厘米。半葉九行，行二十字，白口，四周單邊。有"勞印金檢""高治叔荃父信印長壽""豐華堂書庫寶藏印"等印。鮑廷博、勞權、勞格校，葉景葵跋。上海圖書館藏。

欽定四庫全書總目

存雅堂遺藁五卷 浙江鮑士恭家藏本

提要

宋方鳳撰鳳字韶卿一字景山浦江人試太學舉禮部不第後以特恩授容州文學宋亡遁歸隱於仙華山同里義烏令吳渭闢家塾敬事之疾革命子樗題其旌曰容州示不忘宋也其門人柳貫輯其遺詩三百八十篇釐爲九卷屬永嘉尹趙敬叔刻置縣齋黄溍爲之序及宋濂作鳳傳又稱存雅堂藁三千餘篇蓋據其末刻者而

方韶卿遺稿十三卷順治甲午刊本附雍正甲辰補刊一卷四庫著録据鮑士恭家藏本刪去物異攷月泉吟社詩外篇詩文改爲五卷名曰存雅堂遺稿此係原本缺第六至第十卷即物異攷與月泉吟社詩也補刊内缺第二三四五六共五葉即野服攷其餘詩文無缺朱筆審爲鮑淥飲先生校墨筆爲塘棲勞氏昆仲校卷端瘦居士朱文印未詳何人又有學林堂印乃吾鄉高宰平先生學治藏書先生耆年績學光緒時爲東城講舍山長余弱冠前應經古月課屢蒙拔列前茅月得膏獎即以珠寳巷修本堂購書生平蓄書自此始飲水思源尤應珍重

辛巳二月景葵敬識

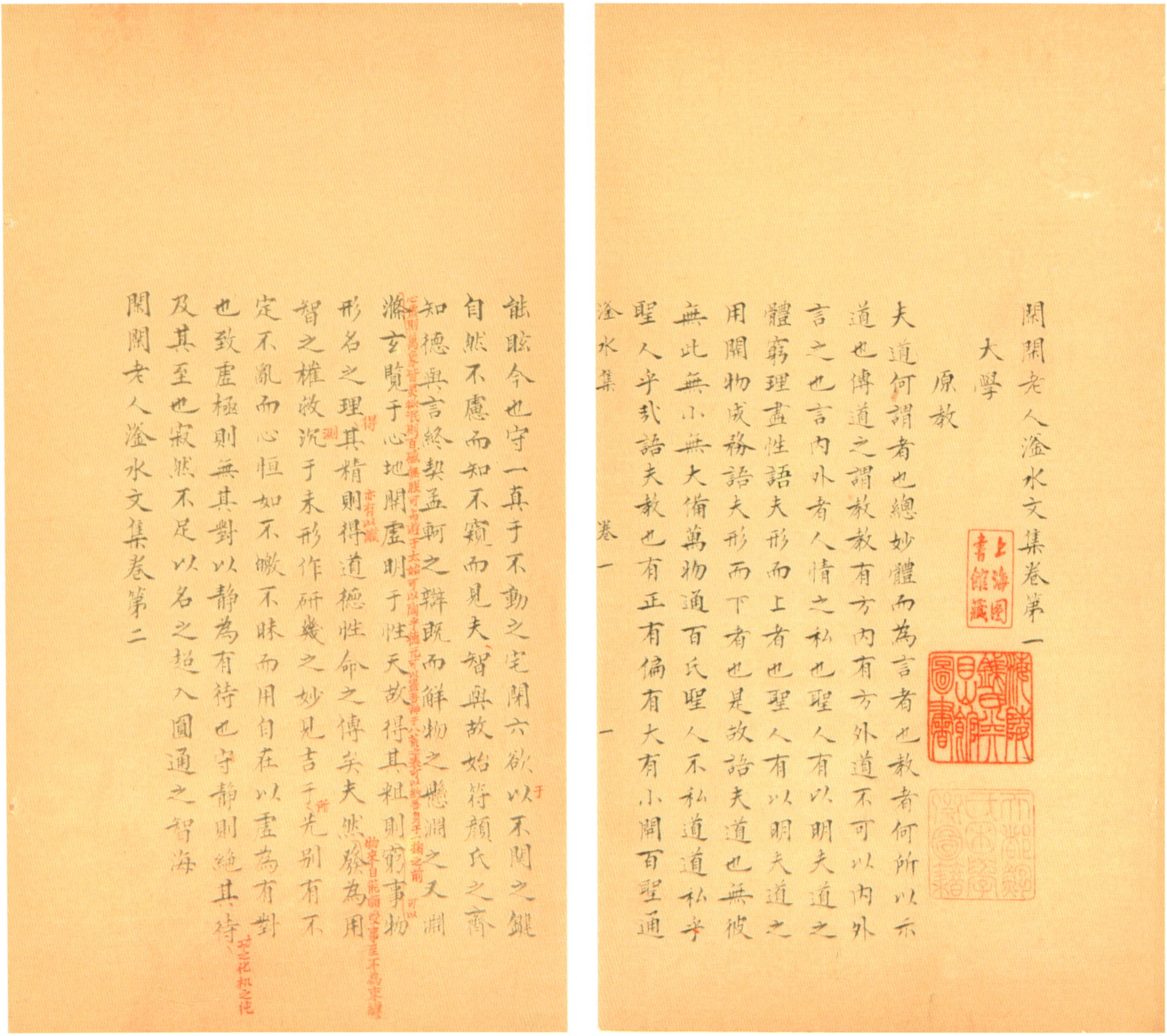
閑閑老人滏水文集卷第一
大學
原教
夫道何謂者也總妙體而為言者也教者何所以示
道也傳道之謂教教有方内有方外道不可以内外
言之也言内外者人情之私也聖人有以明夫道之
體窮理盡性語夫形而上者也聖人有以明夫道之
用開物成務語夫形而下者也是故語夫道也無彼
無此無小無大備萬物通百氏聖人不私道道私乎
聖人乎哉語夫教也有正有偏有大有小開百聖通
滏水集　卷一　一

能聦令也守一真于不動之宅閑六欲以不閑之鍵
自然不慮而知不窺而見夫智與故始符顏氏之齋
知德與言終契孟軻之辯既而解物之戀淵之又淵
滌玄覽于心地開虛明于性天故得其粗則窮事物
形名之理其精則得道德性命之傳矣夫然發為用
智之權微況于未形作研幾之妙見吉于先別有不
定不亂而心恒如不皦不昧而用自在以盡為有對
也致虛極則無其對以静為有待也守静則絶其待
及其至也寂然不足以名之超入圓通之智海
閑閑老人滏水文集卷第二

11896 閑閑老人滏水文集二十卷　（金）趙秉文撰　**附録一卷**　清初抄本[四庫底本]

半葉十行，行二十字。有“翰林院印”“天都鮑氏困學齋圖籍”“海陵錢氏小天目山館圖書”等印。鮑廷博校，錢桂森跋。上海圖書館藏。

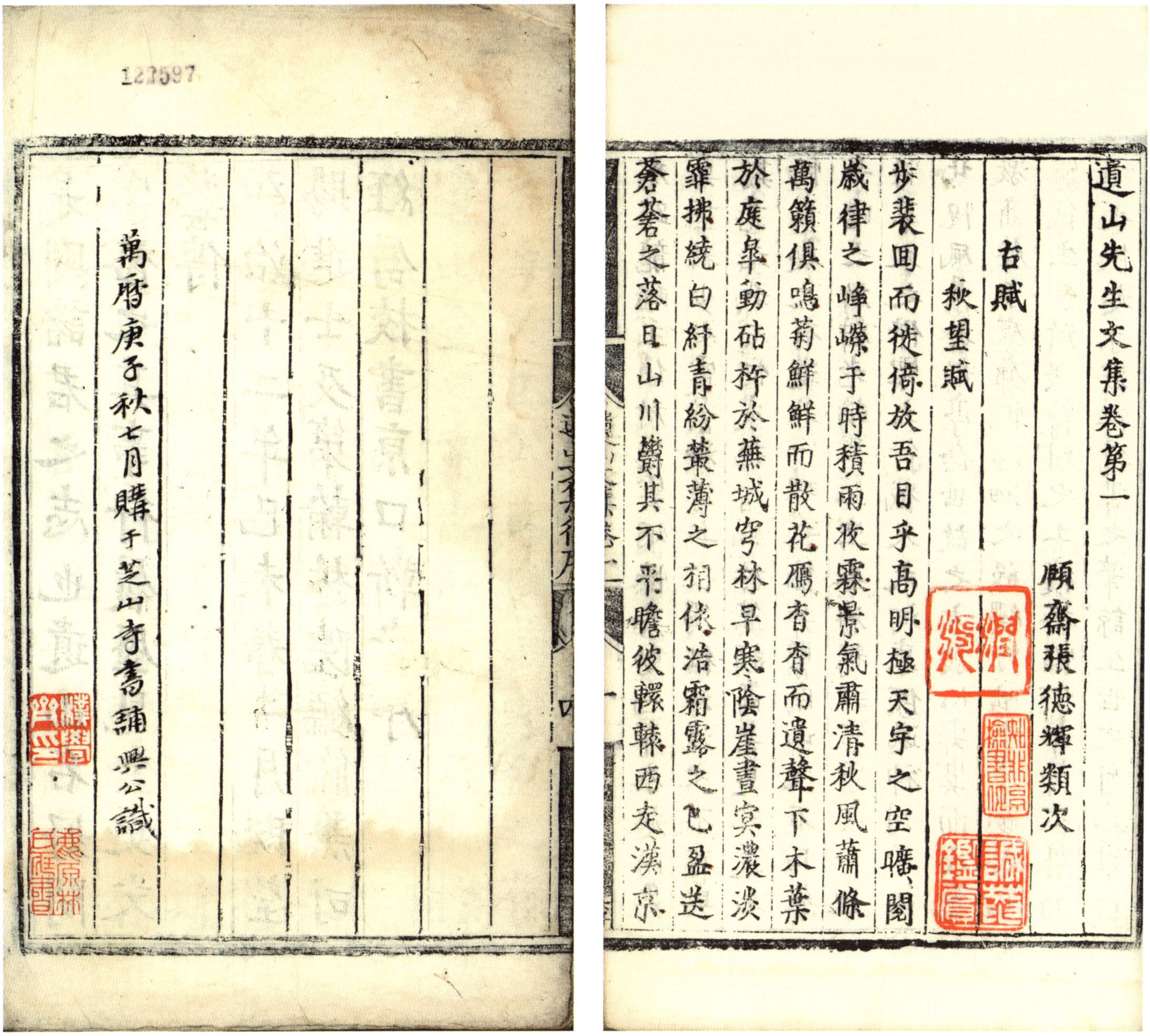
123597

萬曆庚子秋七月購于芝山寺書舖 興公識

遺山先生文集卷第一

順齋張德輝類次

古賦

秋望賦

步裴回而徙倚放吾目乎高明極天宇之空曠闊歲律之崢嶸于時積雨收霽景氣肅清秋風蕭條萬籟俱鳴菊鮮鮮而散花鴈杳杳而遺聲下木葉於庭皐動砧杵於蕪城穹林早寒陰崖晝溟濃淡霏拂繞白紆青紛蘙薄之相依浩霜露之已盈送蒼蒼之落日山川鬱其不平瞻彼轘轅西走漢京

11897、11898 遺山先生文集四十卷 （金）元好問撰 **附録一卷** 明弘治十一年（1498）李瀚刻本

匡高20.9厘米，廣15厘米。半葉十行，行十九字，小字雙行不等，黑口，四周雙邊。廣東省博物館藏，有“蒼巖山人書屋記”“譚觀成”等印；福建省圖書館藏，有“晉安徐興公家藏書”“蔣玢之印”“晉安蔣絢臣家藏書”“鹿原林氏藏書”“鄭杰之印”“鄭氏注韓居珍藏記”等印，徐𤊹跋。

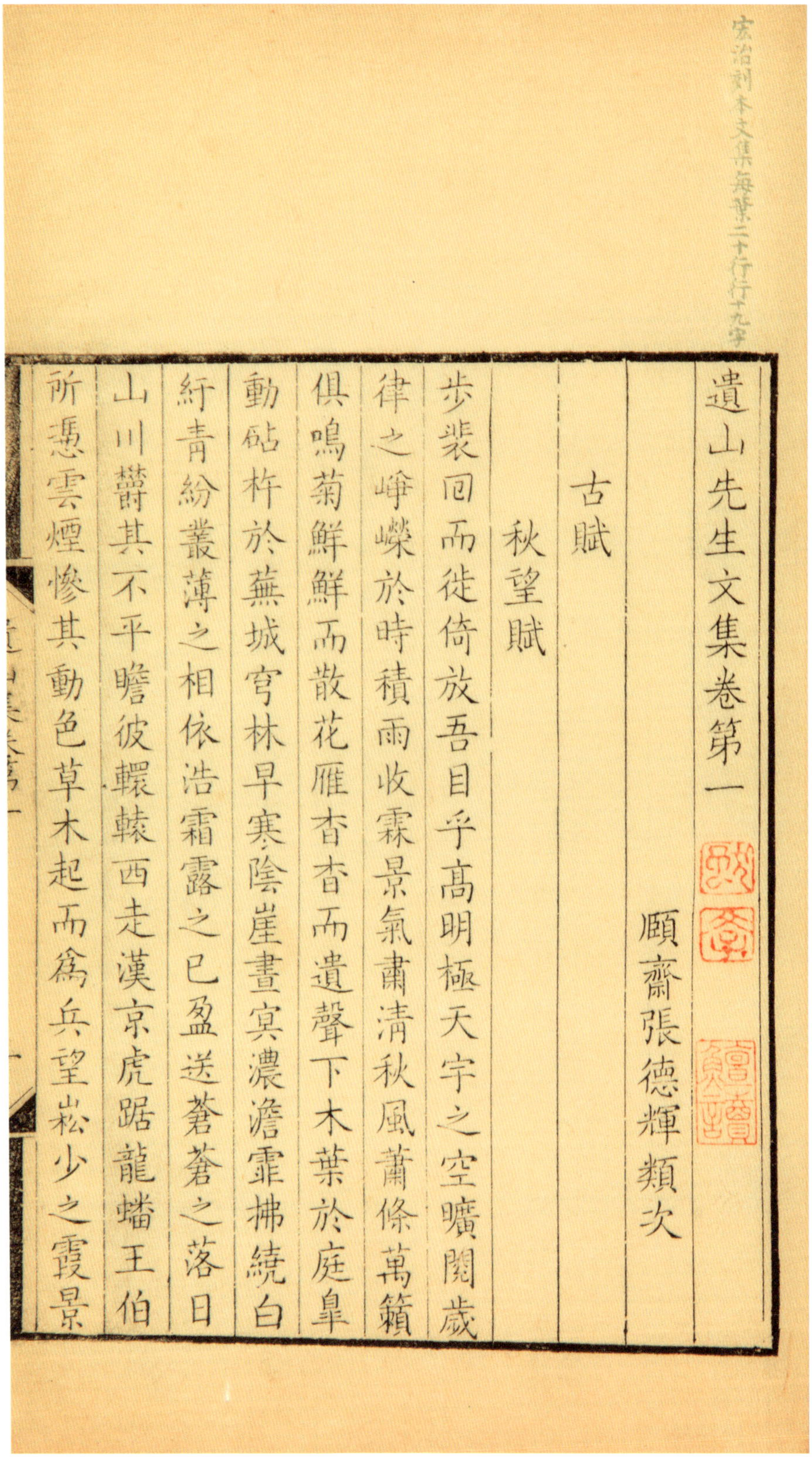

宏治刻本文集每葉二十行行十九字

遺山先生文集卷第一

頤齋張德輝類次

古賦

秋望賦

步裴回而徙倚放吾目乎高明極天宇之空曠閱歲律之崢嶸於時積雨收霖景氣肅清秋風蕭條萬籟俱鳴菊鮮鮮而散花雁杳杳而遺聲下木葉於庭皐動砧杵於蕪城穹林早寒陰崖晝暝濃澹霏拂繞白紆青紛叢薄之相依浩霜露之已盈送蒼蒼之落日山川鬱其不平瞻彼轘轅西走漢京虎踞龍蟠王伯所憑雲煙慘其動色草木起而為兵望崧少之霞景

11899 遺山先生文集四十卷 （金）元好問撰 **附録一卷** （明）儲巏輯 清康熙四十六年（1707）華希閔刻本

匡高18.1厘米，廣14.7厘米。半葉十一行，行二十字，黑口，左右雙邊。有“王鳴盛印”“鱣讀”“吴中石氏湊波閣藏書”等印。王鳴盛批，陳鱣校。上海圖書館藏。

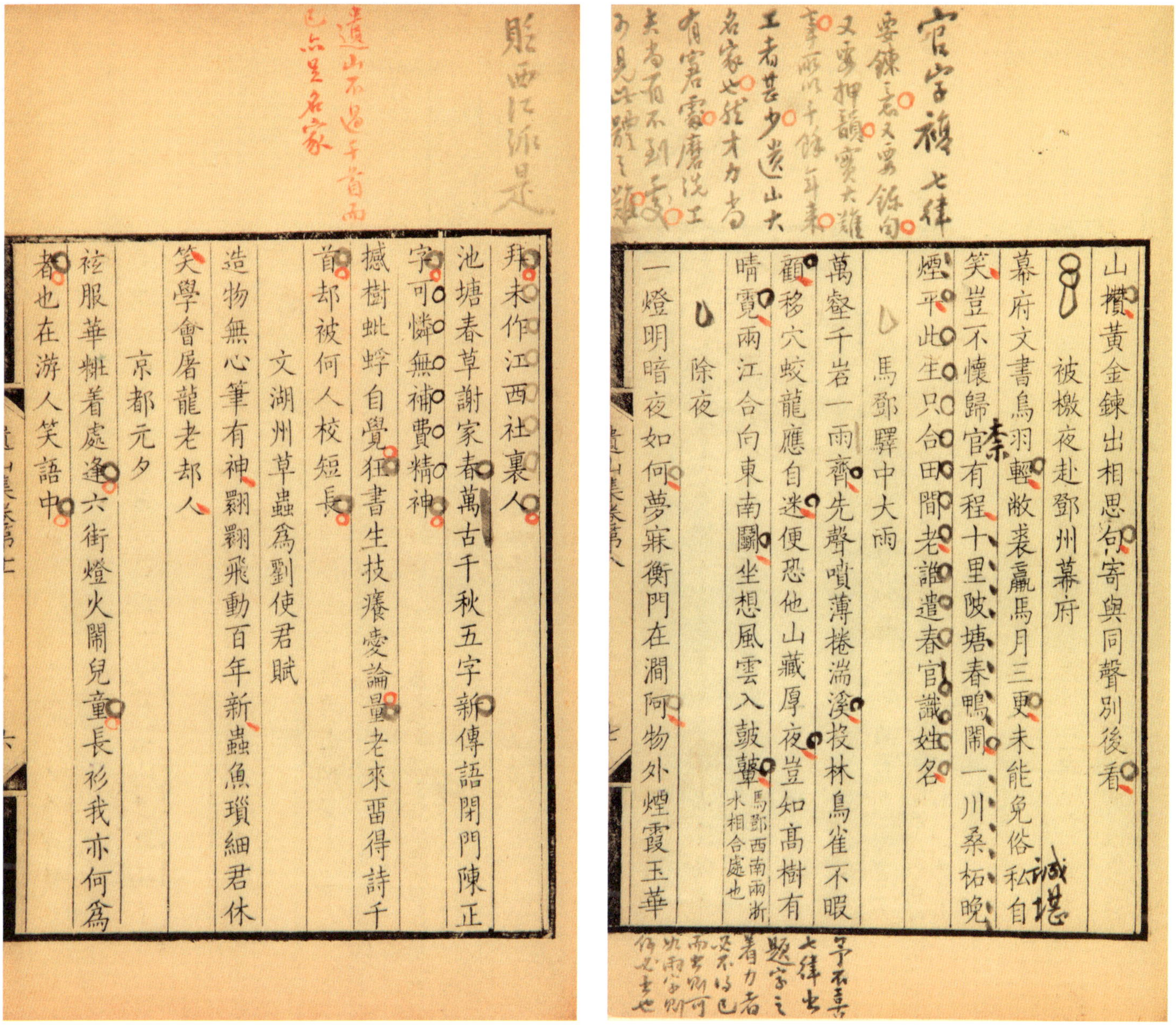

山櫳黄金鍊出相思句寄與同聲别後看

被檄夜赴鄧州幕府

幕府文書烏羽輕敝裘羸馬月三更未能免俗私自笑豈不懷歸官有程十里陂塘春鴨鬧一川桑柘晚煙平此生只合田閒老誰遣春官識姓名

馬鄧驛中大雨

萬壑千巖一雨齊先聲噴薄捲湍溪投林鳥雀不暇顧移穴蛟龍應自迷便恐他山藏厚夜豈知高樹有晴霓兩江合向東南鬬坐想風雲入鼓鼙馬鄧西南兩淅水相合處也

除夜

一燈明暗夜如何夢寐衡門在澗阿物外煙霞玉華

拜未作江西社裏人

池塘春草謝家春萬古千秋五字新傳語閉門陳正字可憐無補費精神

撼樹蚍蜉自覺狂書生技癢愛論量老來留得詩千首却被何人校短長

文湖州草蟲爲劉使君賦

造物無心筆有神翾翾飛動百年新蟲魚瑣細君休笑學會屠龍老却人

京都元夕

袨服華粧着處逢六街燈火鬧兒童長衫我亦何爲者也在游人笑語中

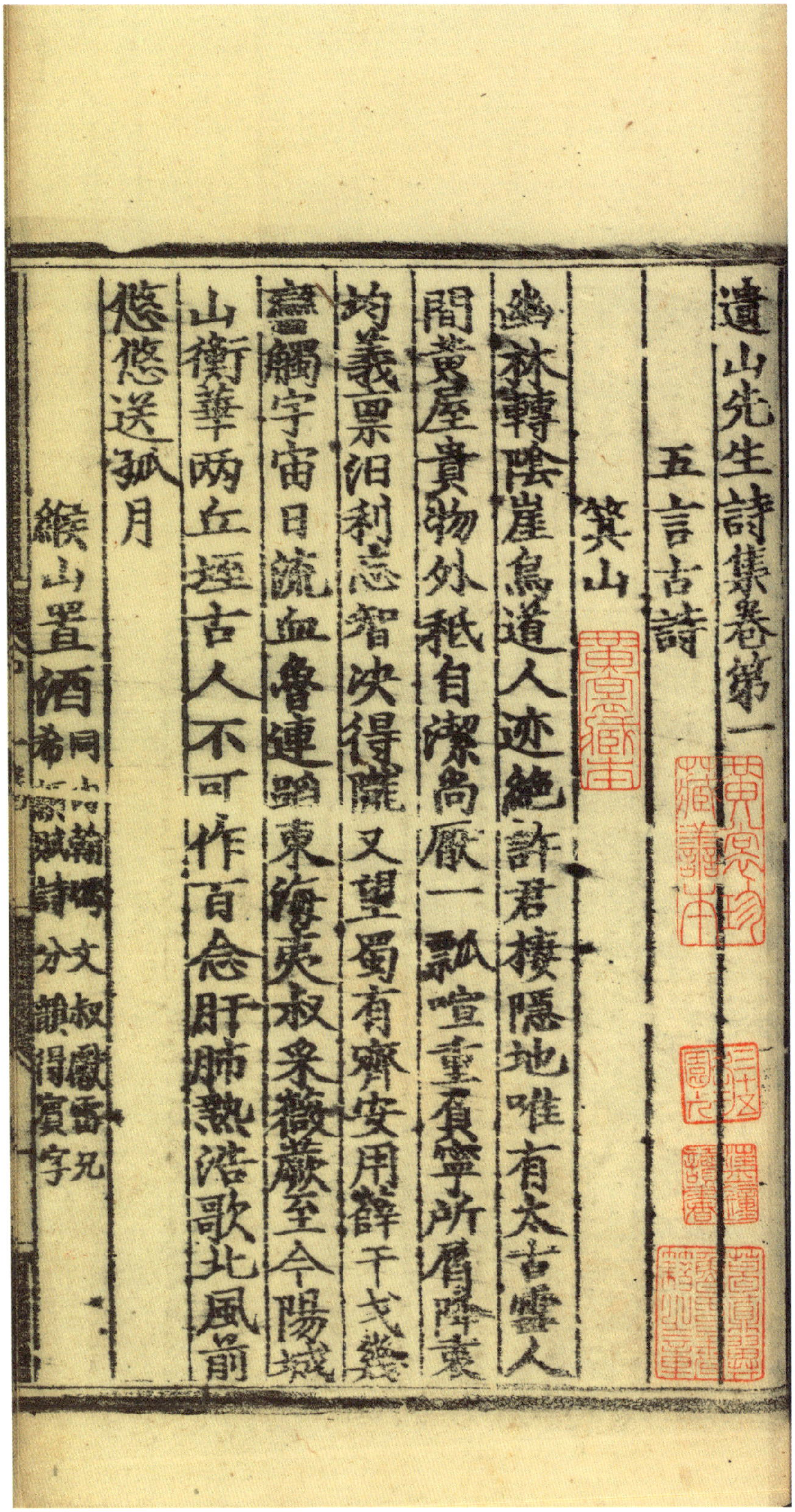

遺山先生詩集卷第一

五言古詩

箕山

幽林轉陰崖鳥道人迹絕許君棲隱地唯有太古雪人
閒黃屋貴物外黍自潔尚厭一瓢喧重負寧所屑降衷
均義禀汨利忘智决得隴又望蜀有齊安用辭干戈幾
蠻觸宇宙日流血魯連蹈東海夷叔采薇蕨至今陽城
山衡華兩丘垤古人不可作百念肝肺熱浩歌北風前
悠悠送孤月

緱山置酒 同[illegible]翰林文叔獻吾兄希顏賦詩分韻得實字

11900 遺山先生詩集二十卷　（金）元好問撰　明弘治十一年（1498）李瀚刻本

匡高19.4厘米，廣14厘米。半葉十行，行二十一字，黑口，四周雙邊。有“汪厚齋藏書”“三十五峰園主人”“汪士鐘讀書”“葛鼒翼魯氏書籍之章”“曾在浮溪王氏”“頌蔚私印”“黃裳珍藏善本”等印。黃裳跋。國家圖書館藏。

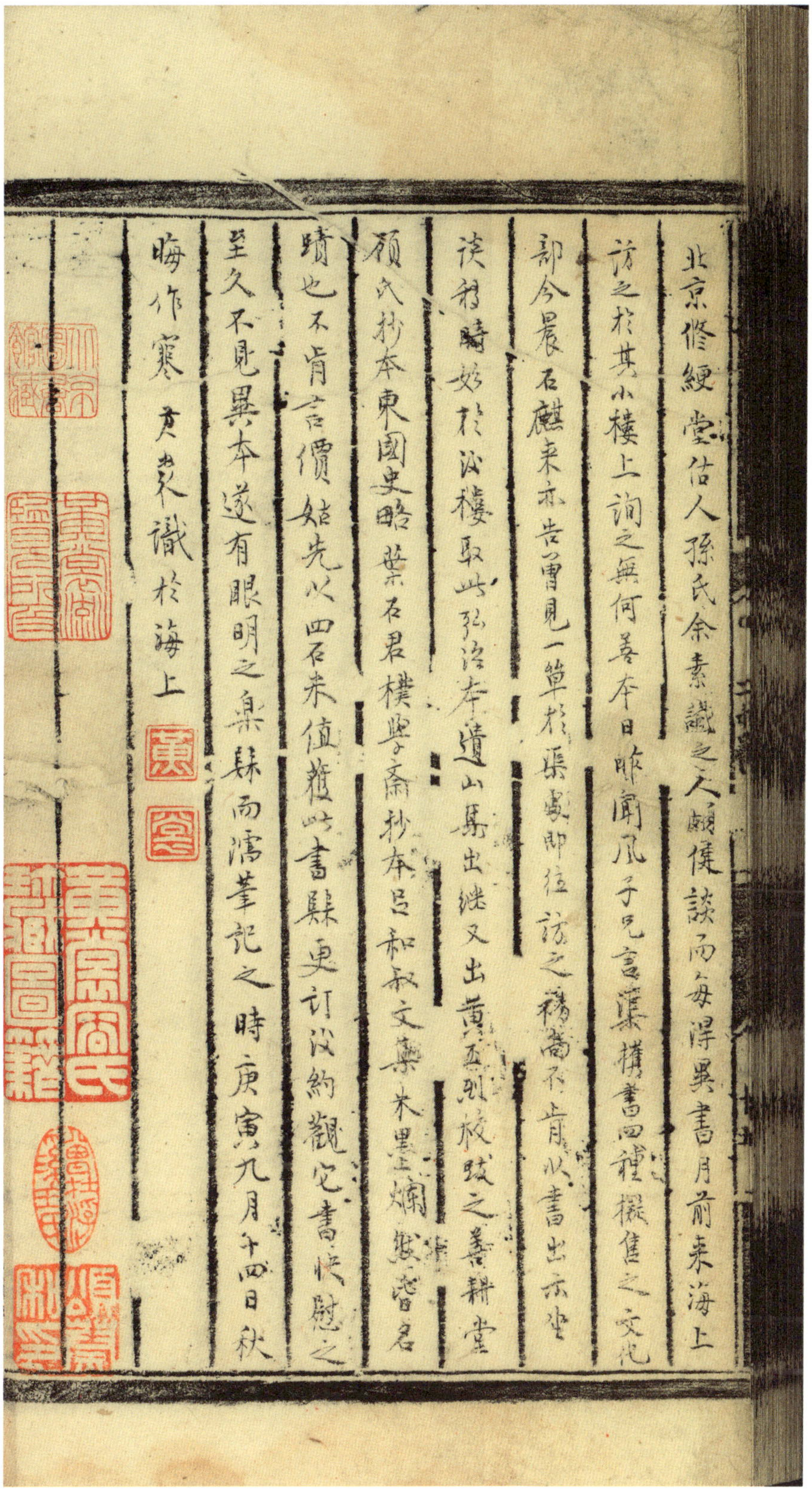

北京修綆堂估人孫氏余素識之人頗健談而每得異書月前來海上
訪之於其小樓上詢之無何善本日昨聞凡子兄言葉揆書回禮擬售之文化
部今晨石麒來亦告曾見一箪於渠處即往訪之稱尚不肯以書出示坐
談移時始於後樓取此弘治本遺山集出繼又出黃丕烈校跋之善耕堂
顧氏抄本東國史略葉石君樸學齋抄本呂和叔文集朱墨爛然皆名
蹟也不肯言價姑先以四百來值穫此書餘更訂改約觀它書快慰之
至久不見異本遂有眼明之樂餘而濡筆記之時庚寅九月十四日秋
晦作寒 東莞識於海上

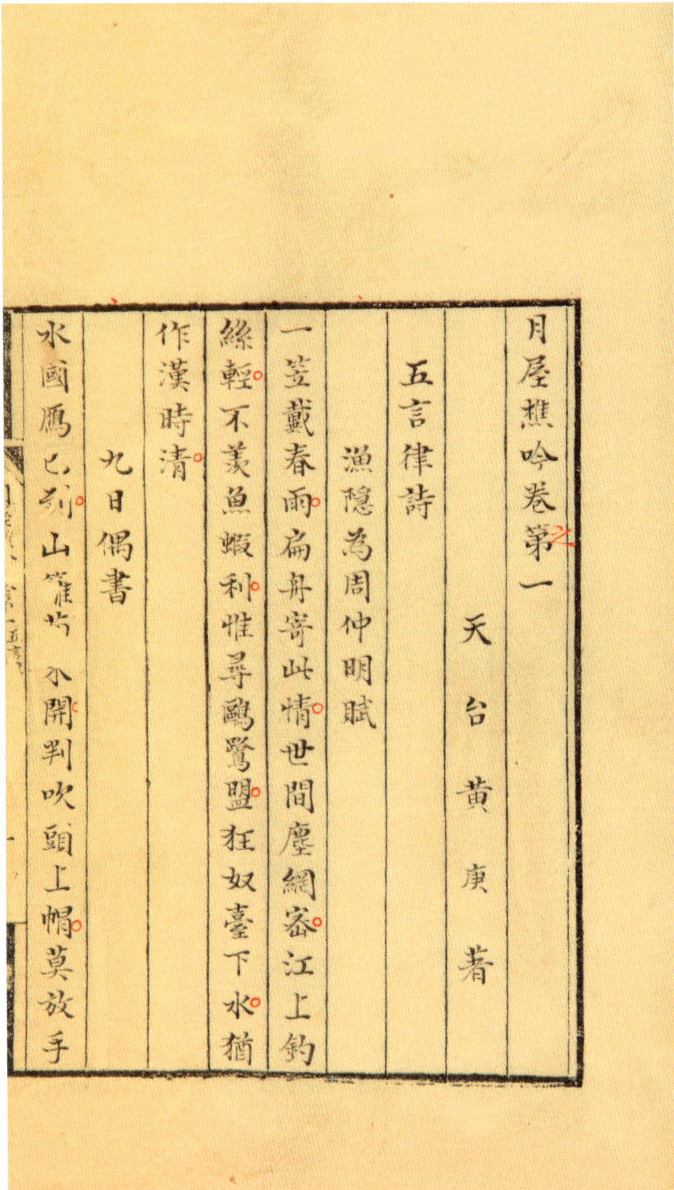

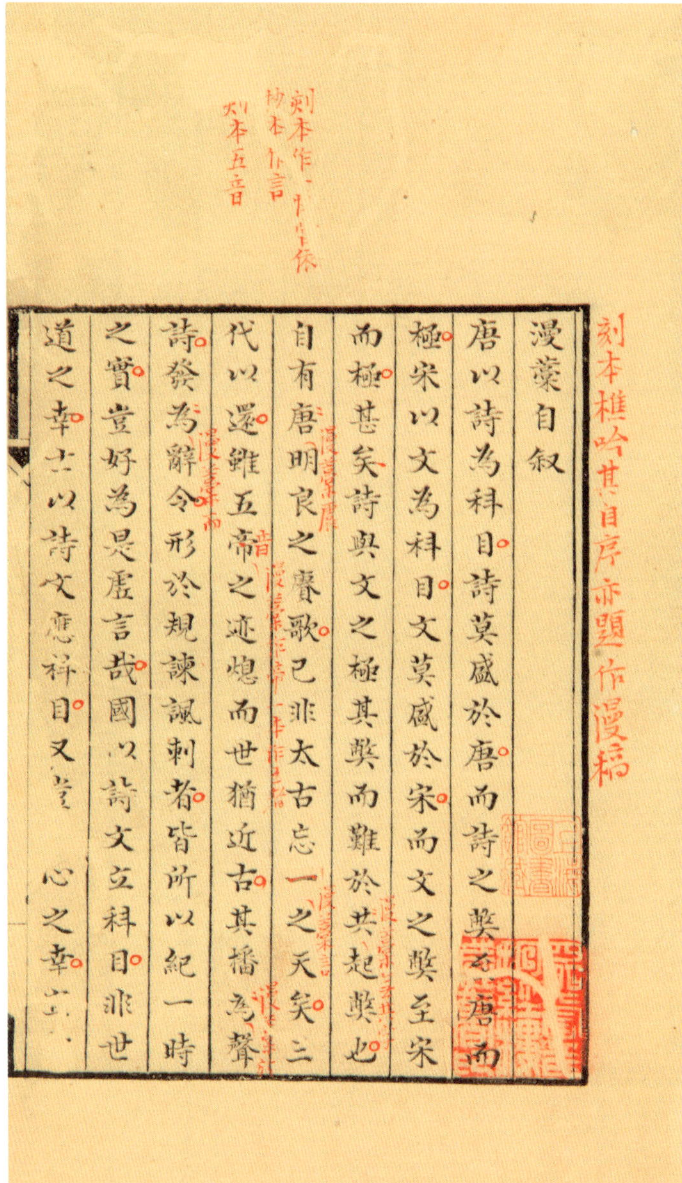

11901 月屋樵吟四卷　（元）黄庚撰　清抄本

匡高17.4厘米，廣13.5厘米。半葉九行，行十八字，黑口，左右雙邊。有“四明盧氏抱經樓藏書印”等印。鮑廷博校並跋。上海圖書館藏。

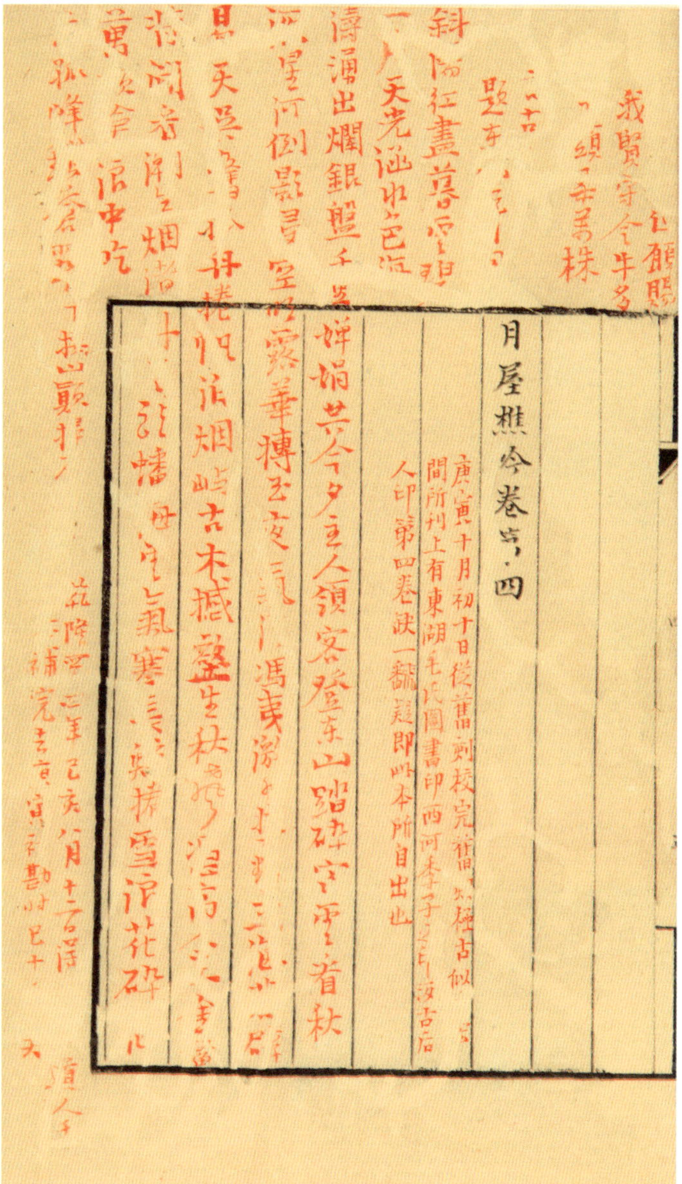

月屋樵吟卷第四

庚寅十月初十日從舊刻校完……

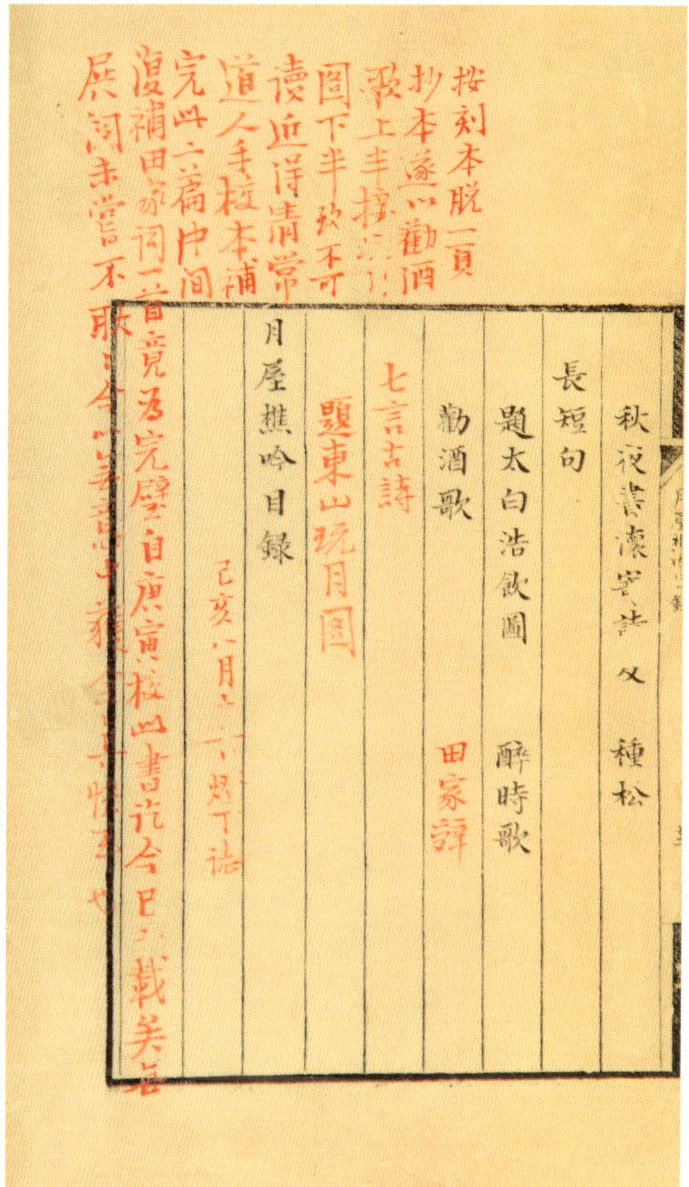

月屋樵吟目録

七言古詩

題東山玩月圖

勸酒歌　田家辭

題太白浩飲圖　醉時歌

長短句

秋夜書懷寄許又　種松

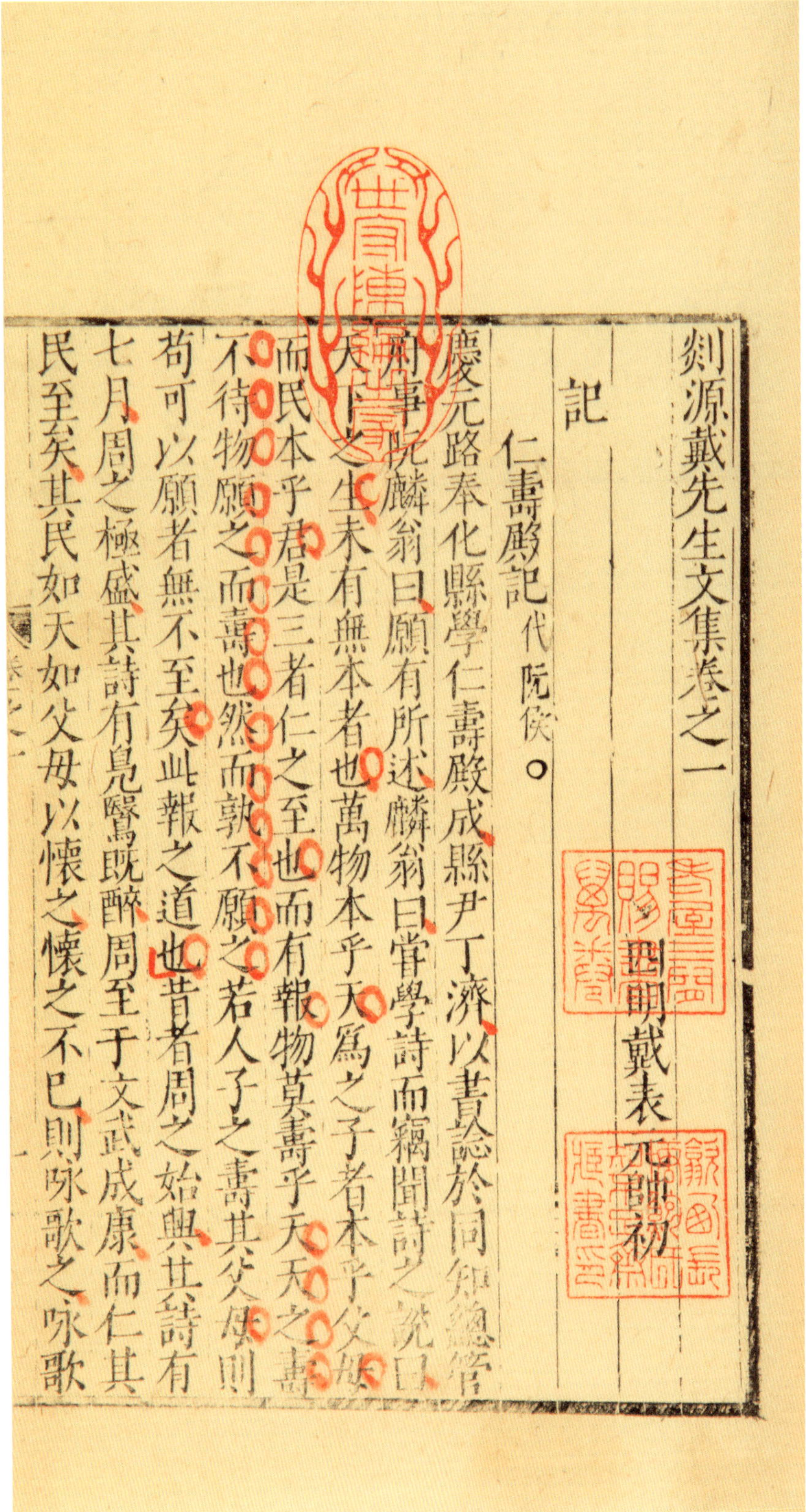

剡源戴先生文集卷之一

四明戴表元帥初

記

仁壽殿記代阮侯 ○

慶元路奉化縣學仁壽殿成縣尹丁濟以書諗於同知總管荊事阮麟翁曰願有所述麟翁曰嘗學詩而竊聞詩之說曰天下之生未有無本者也萬物本乎天爲之子者本乎父母而民本乎君是三者仁之至也而有報物莫壽乎天天之壽不待物願之而壽也然而孰不願之若人子之壽其父母則苟可以願者無不至矣此報之道也昔者周之始與其詩有七月周之極盛其詩有鳧鷖既醉周至于文武成康而仁其民至矣其民如天如父母以懷之懷之不已則咏歌之咏歌

11902 剡源戴先生文集三十卷 （元）戴表元撰　明萬曆九年（1581）戴洵刻本

匡高18.8厘米，廣13.3厘米。半葉十二行，行二十三字，白口，左右雙邊。有“歙西長塘鮑氏知不足齋藏書印”等印。鮑廷博校，趙懷玉跋。上海圖書館藏。

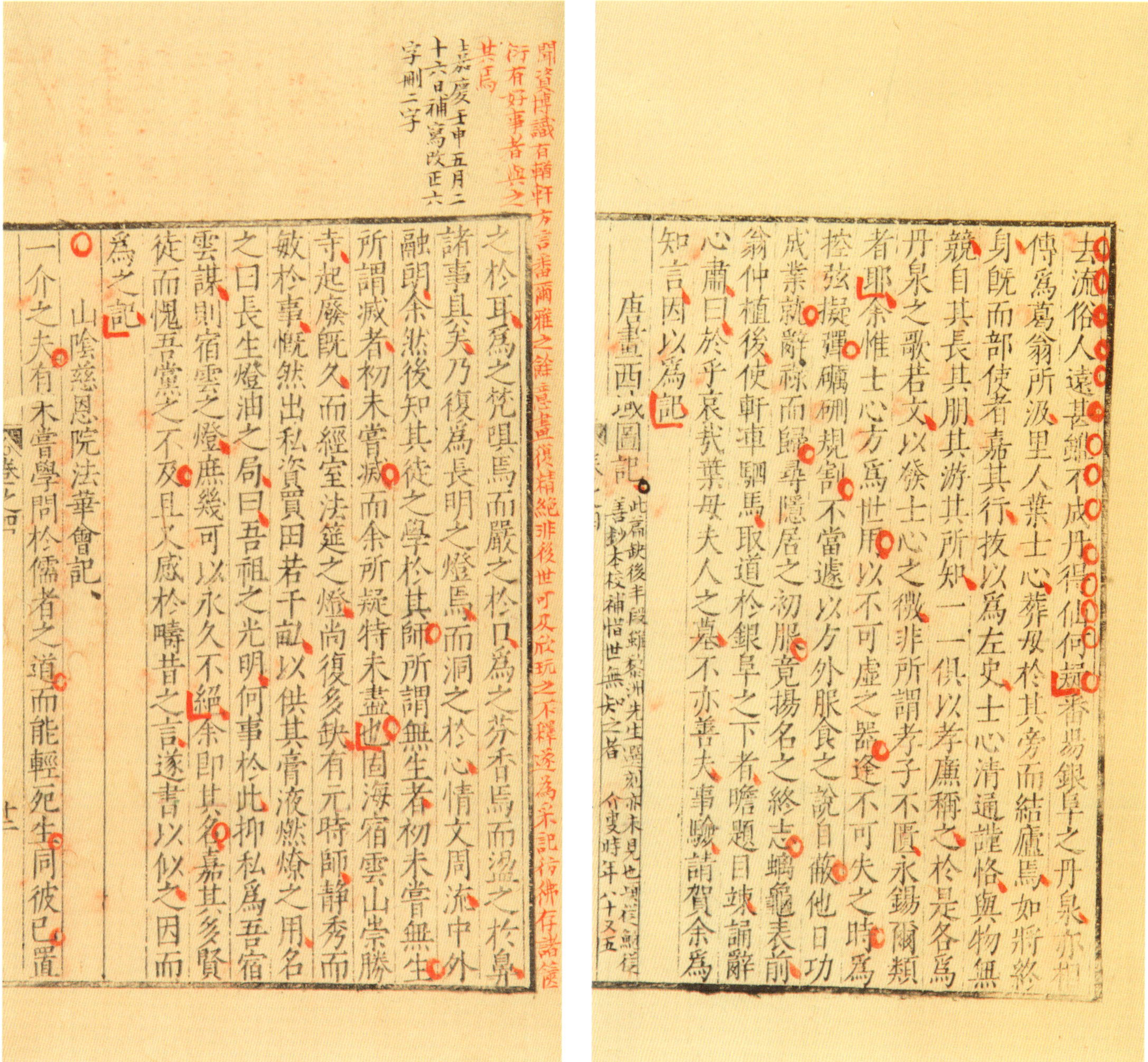
去流俗人遠甚鄉不成丹得仙何處香搨銀阜之丹泉亦相
傳爲葛翁所汲里人葉士心葬母於其旁而結廬焉如將終
身既而部使者嘉其行旌以爲左史士心清通謹恪與物無
競自其長其朋其游其所知一一俱以孝廉稱之於是各爲
丹泉之歌若文以發士心之微非所謂孝子不匱永錫爾類
者耶余惟士心方爲世用以不可虛之器逢不可失之時爲
控弦擬彈礪砌規劃不當遽以方外服食之說自蔽他日功
成業就辭祿而歸尋隱居之初服竟揚名之終志螭龜表前
翁仲植後使軒車駟馬取道於銀阜之下者瞻題目竦誦辭
心肅曰於乎哀哉葉母夫人之墓不亦善夫事驗請賀余爲
知言因以爲記

唐畫西域圖記

此篇缺後半段錫蔡洲先生選刻亦未見也頃從鮑氏善鈔本校補惜世無知之者　介叟時年八十又五

開資博識百輔軒方言當爾雅之餘意盡復精絕非後世可及欣玩之不釋遂爲采記彷彿存諸篋衍有好事者與之共焉

上嘉慶壬申五月二十六日補寫改正六字刪二字

之於耳爲之梵唄焉而嚴之於乃爲之芬香焉而溢之於鼻
諸事具矣乃復爲長明之燈焉而洞之於心情文周流中外
融朗余然後知其徒之學於其師所謂無生者初未嘗無生
所謂滅者初未嘗滅而余所疑特未盡也因海宿雲山崇勝
寺起廢既久而經室法筵之燈尚復多缺有元時師靜秀而
敏於事慨然出私資買田若干畝以供其膏液燃燎之用名
之曰長生燈油之局曰吾祖之光明何事於此抑私爲吾宿
雲謀則宿雲之燈庶幾可以永久不絕余即其名嘉其多賢
徒而愧吾黨之不及且又感於疇昔之言遂書以似之因而
爲之記

山陰慈恩院法華會記

一介之夫有未嘗學問於儒者之道而能輕一死生同彼已置

卷之四　廿二

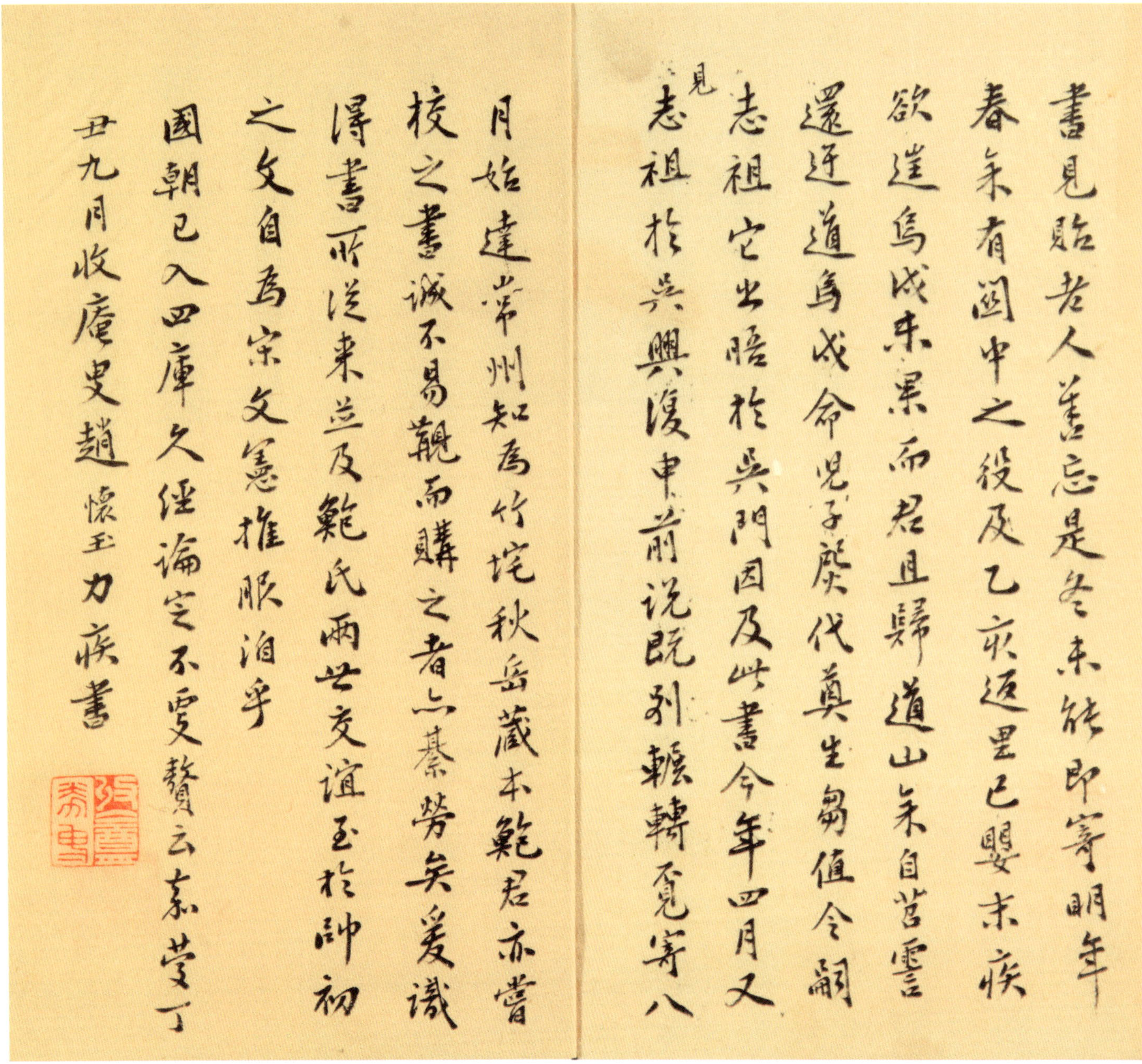

書見貽老人善忘是冬未能即寄明年春余有閩中之役及乙亥返里已嬰末疾欲遣烏戍未果而君且歸道山余自苕霅還迂道烏戍命兒子廙代奠生芻值令嗣志祖它出晤於吳門因及此書今年四月又見志祖於吳興復申前説既利輾轉覓寄八月始達常州知爲竹垞秋岳藏本鮑君亦嘗校之書誠不易覯而購之者亦綦勞矣爰識得書所從來並及鮑氏兩世交誼至於帥初之文自爲宋文憲推服洎乎國朝已入四庫久經論定不复贅云嘉慶丁丑九月收庵史趙懷玉力疾書

11902 剡源戴先生文集三十卷

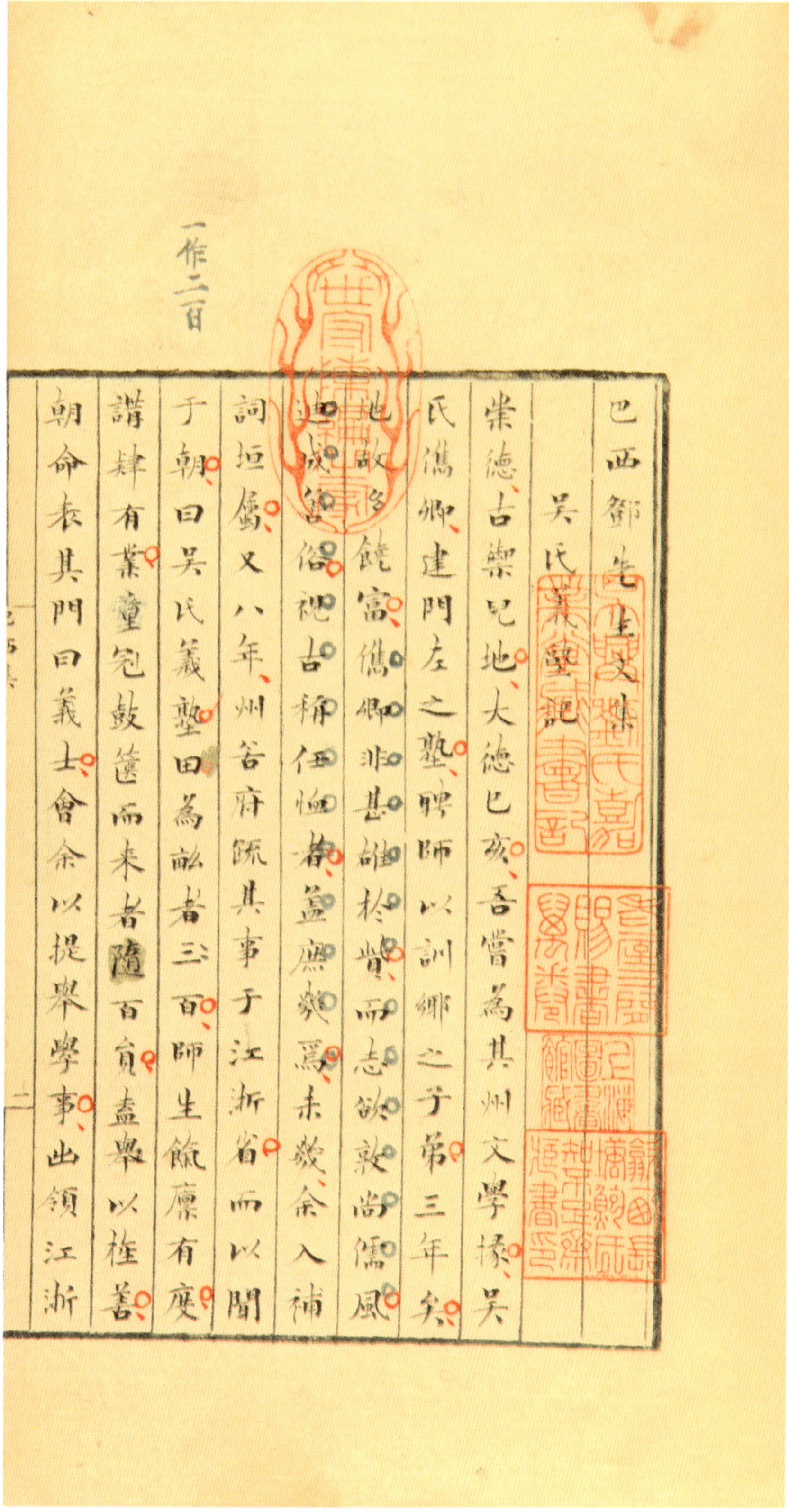

11903 巴西鄧先生文集一卷 （元）鄧文原撰 **補遺一卷** （清）鮑廷博輯 清嘉慶鮑氏知不足齋抄本

半葉十行，行十九字，黑口，左右雙邊。有“歙西長塘鮑氏知不足齋藏書印”“巴陵方氏碧琳瑯館珍藏秘笈”“吳興劉氏嘉業堂藏書記”等印。鮑廷博校並抄補序目。上海圖書館藏。

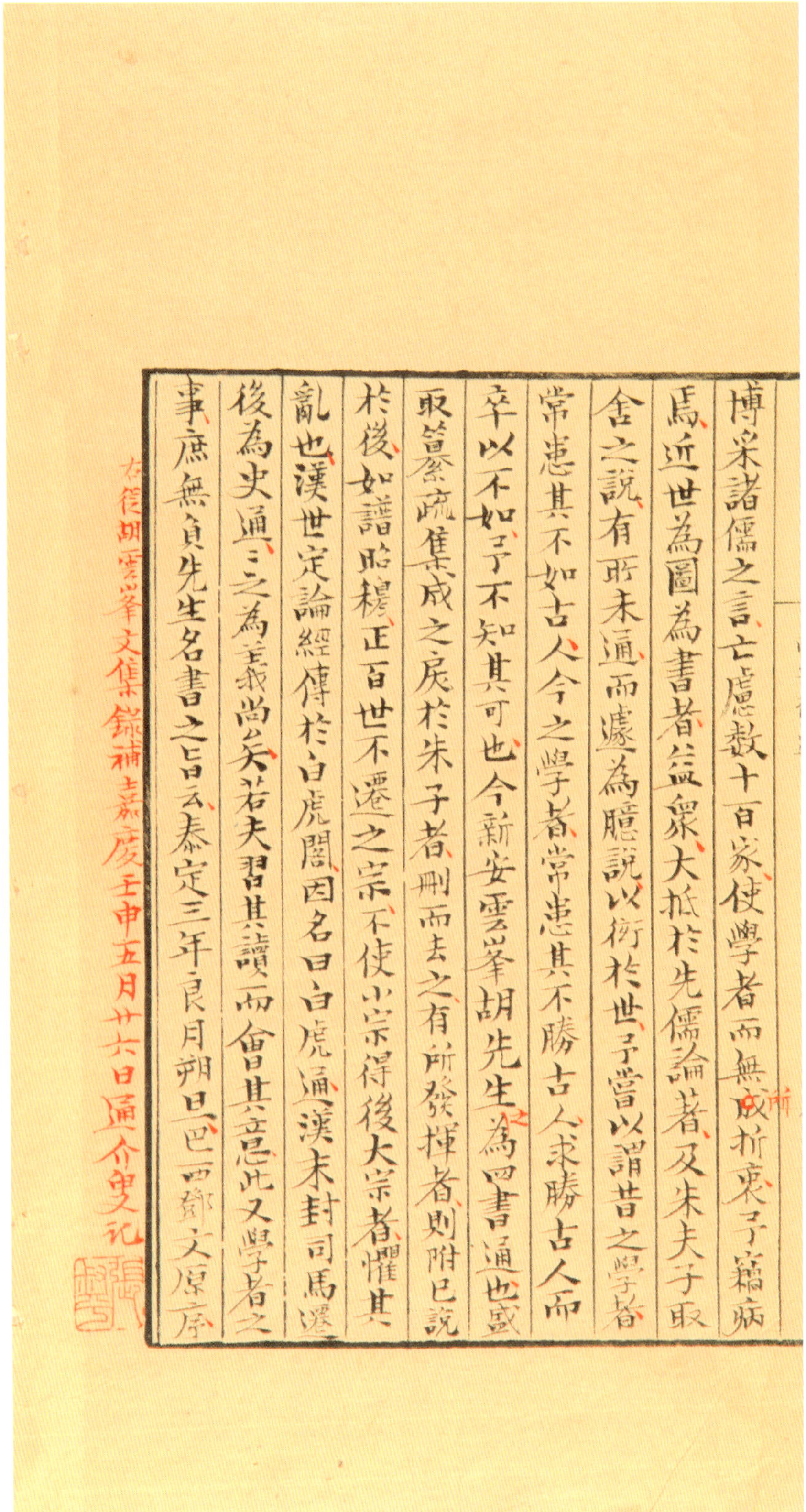
博采諸儒之言亡慮數十百家使學者而無成折衷子籍病焉近世為圖為書者益衆大柢於先儒論著及朱夫子取舍之說有所未通而遽為臆說以衒於世予嘗以謂昔之學者常患其不如古人今之學者常患其不勝古人求勝古人而卒以不如予不知其可也今新安雲峯胡先生為四書通也蓋取纂疏集成之戾於朱子者刪而去之有所發揮者則附已說於後如譜昭穆正百世不遷之宗不使小宗得後大宗者懼其亂也漢世定論經傳於白虎閣因名曰白虎通漢末封司馬遷後為史通子之為義尚矣若夫習其讀而會其意此又學者之事庶無負先生名書之旨云泰定三年良月朔旦巴西鄧文原序

右從胡雲峯文集錄補嘉慶壬申五月廿六日通介叟記

11903 巴西鄧先生文集一卷 （元）鄧文原撰 **補遺一卷** （清）鮑廷博輯

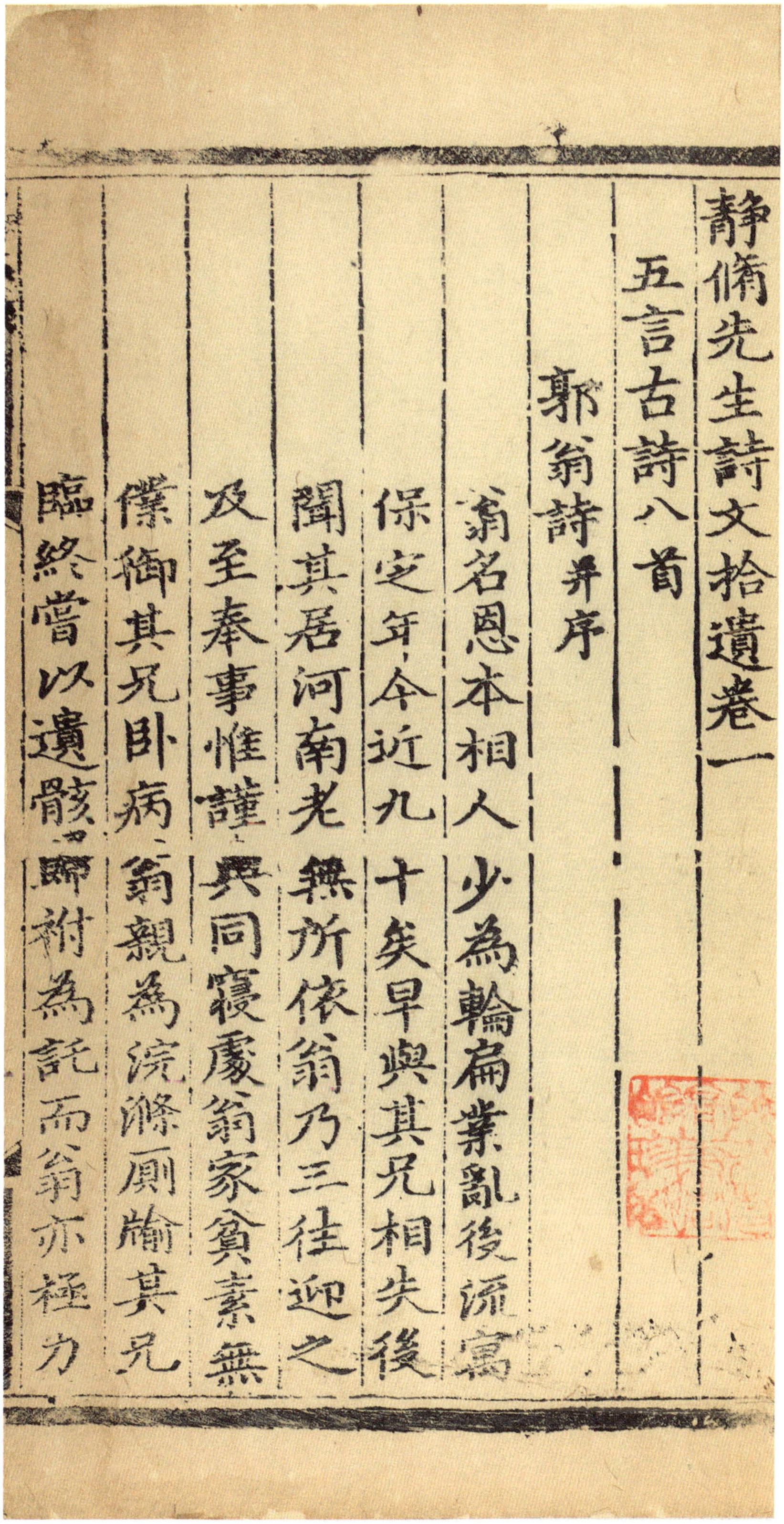

静脩先生詩文拾遺卷一
五言古詩八首
鄭翁詩并序
翁名恩本相人少為輪扁業亂後流寓
保定年今近九十矣早與其兄相失後
聞其居河南老無所依翁乃三往迎之
及至奉事惟謹謹與同寢處翁家貧素無
僕御其兄卧病病翁親為浣滌厠牏其兄
臨終嘗以遺骸歸祔為託而翁亦極力

11904 静脩先生詩文拾遺七卷續集三卷 （元）劉因撰 **文集附録二卷** 明弘治十八年（1505）崔暠刻嘉靖十六年（1537）汪堅重修本

匡高22.5厘米，廣14.8厘米。半葉九行，行二十字，黑口，四周雙邊。陝西省圖書館藏。

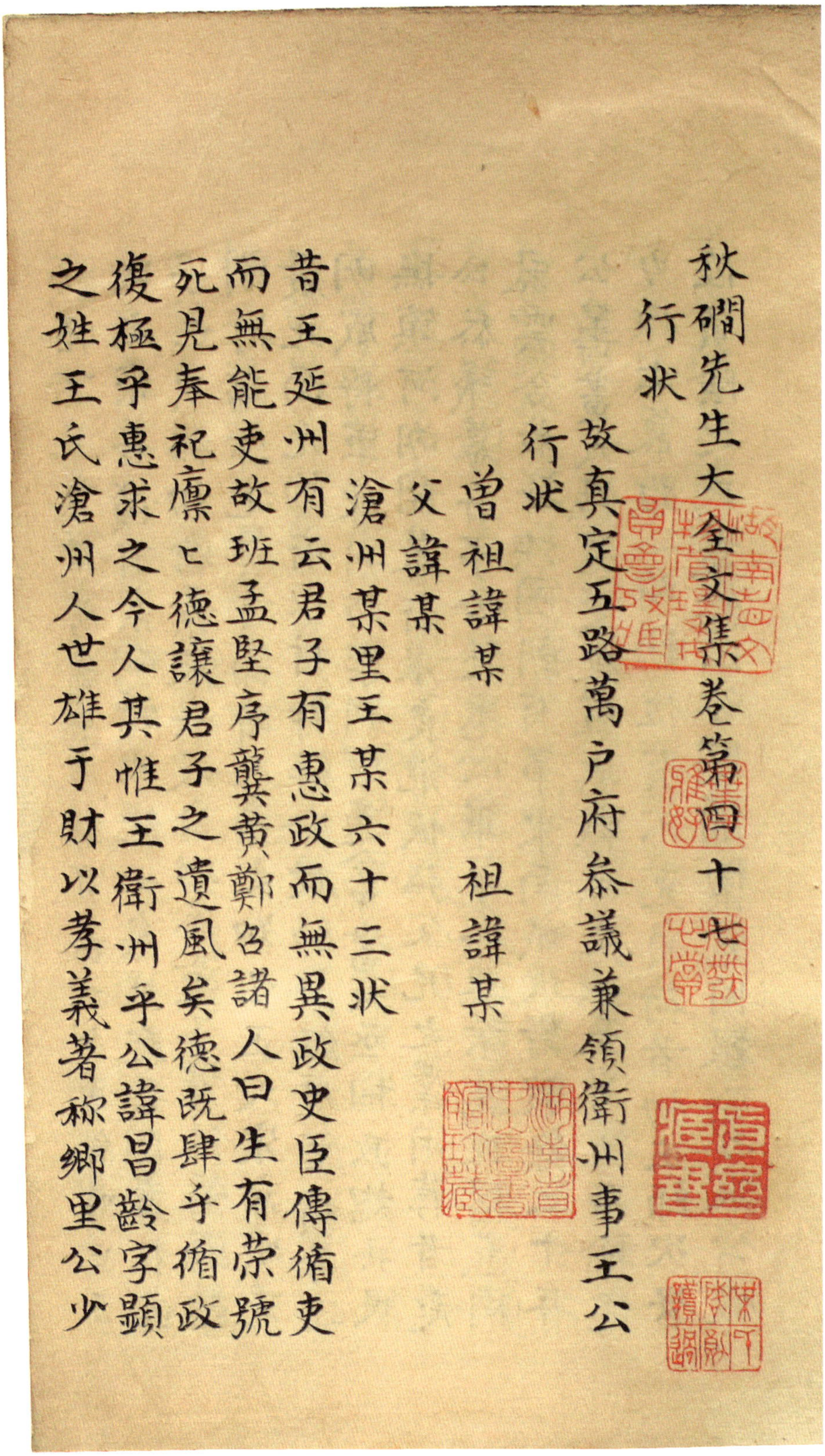

秋磵先生大全文集卷第四十七

行狀

故真定五路萬戶府叅議兼領衛州事王公

行狀

曾祖諱某　祖諱某

父諱某

滄州某里王某六十三狀

昔王延州有云君子有惠政而無異政史臣傳循吏而無能吏故班孟堅序龔黄鄭名諸人曰生有榮號死見奉祀廩廩德讓君子之遺風矣德既肆乎循政復極乎惠求之今人其惟王衛州乎公諱昌齡字顯之姓王氏滄州人世雄于財以孝義著稱鄉里公少

11905 秋澗先生大全文集一百卷　（元）王惲撰　清張穆家抄本

匡高19.6厘米，廣12.6厘米。半葉十二行，行二十字。有“葉啟發藏書記”“葉氏啓勛讀過”等印。張穆批校，葉啟發跋。湖南圖書館藏，存二十七卷。

鈔本元王惲秋澗先生大全文集凡二册其一册自卷第四十七至卷第六十一凡十五卷卷首有皀齋藏書白文方印書衣有皀齋題秋澗文抄截寫十五卷一行一册自卷第八十至卷第八十三二凡三卷為中堂事記又自卷第九十三至卷第一百凡八卷為玉堂嘉話經皀齋以朱筆用曹能始本及守山閣本校守山閣本稱刻本以别之書衣亦有皀齋題中堂事記玉堂嘉話二行按秋澗大全集為長子公儒所編共一百卷凡詩文七十七卷承華事畧二卷中堂事紀三卷烏臺筆補十卷玉堂嘉話八卷卷第一至卷第七十七為詩文卷第七十八九為承華事畧卷第八十至卷第八十二為中堂事記卷第八十三至卷

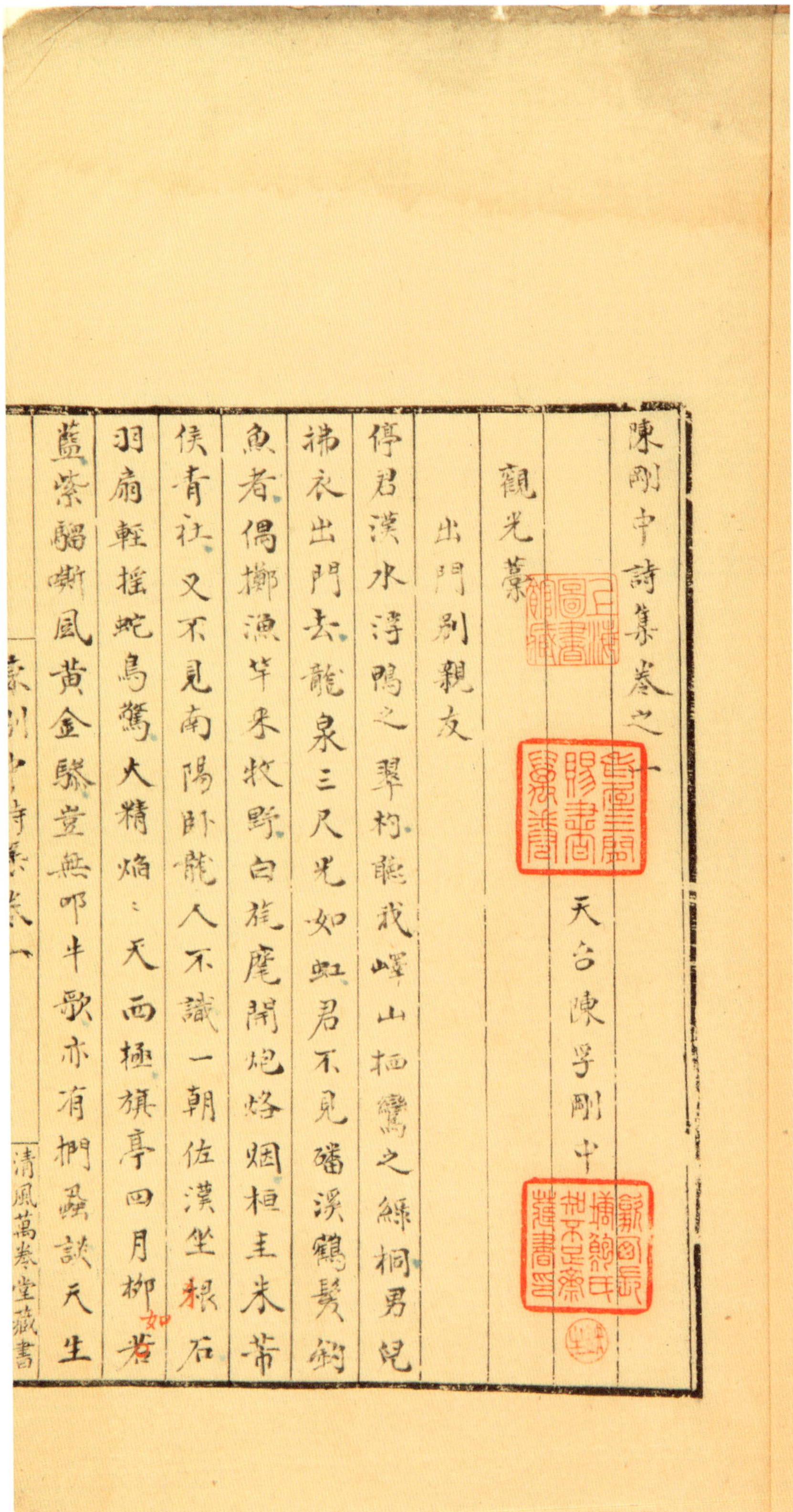

11906 陳剛中詩集三卷 （元）陳孚撰 **附録一卷** 清清風萬卷堂抄本

匡高19.5厘米，廣14.2厘米。半葉十行，行二十字，黑口，左右雙邊。有“歙西長塘鮑氏知不足齋藏書印”等印。鮑廷博校。上海圖書館藏。

桃浪紅臙蘼蕪凋綠滿牙床琥珀枕夢君君不知長相思久别離珠樓無人但有月翠屏寒銀燭歇芙蕖爲誰憐丁香空自結淚滴錦襜褕千年化爲血

出彭城北門

千載金湯扶上流只今惟有荻花秋江南客子笑無諳閑看黄河下汴州（此首与第二卷黄河一首同只拱字作擁下字作適耳）

留侯廟

子房王佐才其風凛冰雪天遣鶴髮翁圯上授寶訣博浪沙中千尺鐵祖龍未死膽已裂况此喑嗚扛鼎夫不直秋風一劍血談笑帷幄間六合雄雌决郊金

鮑廷博以文手校

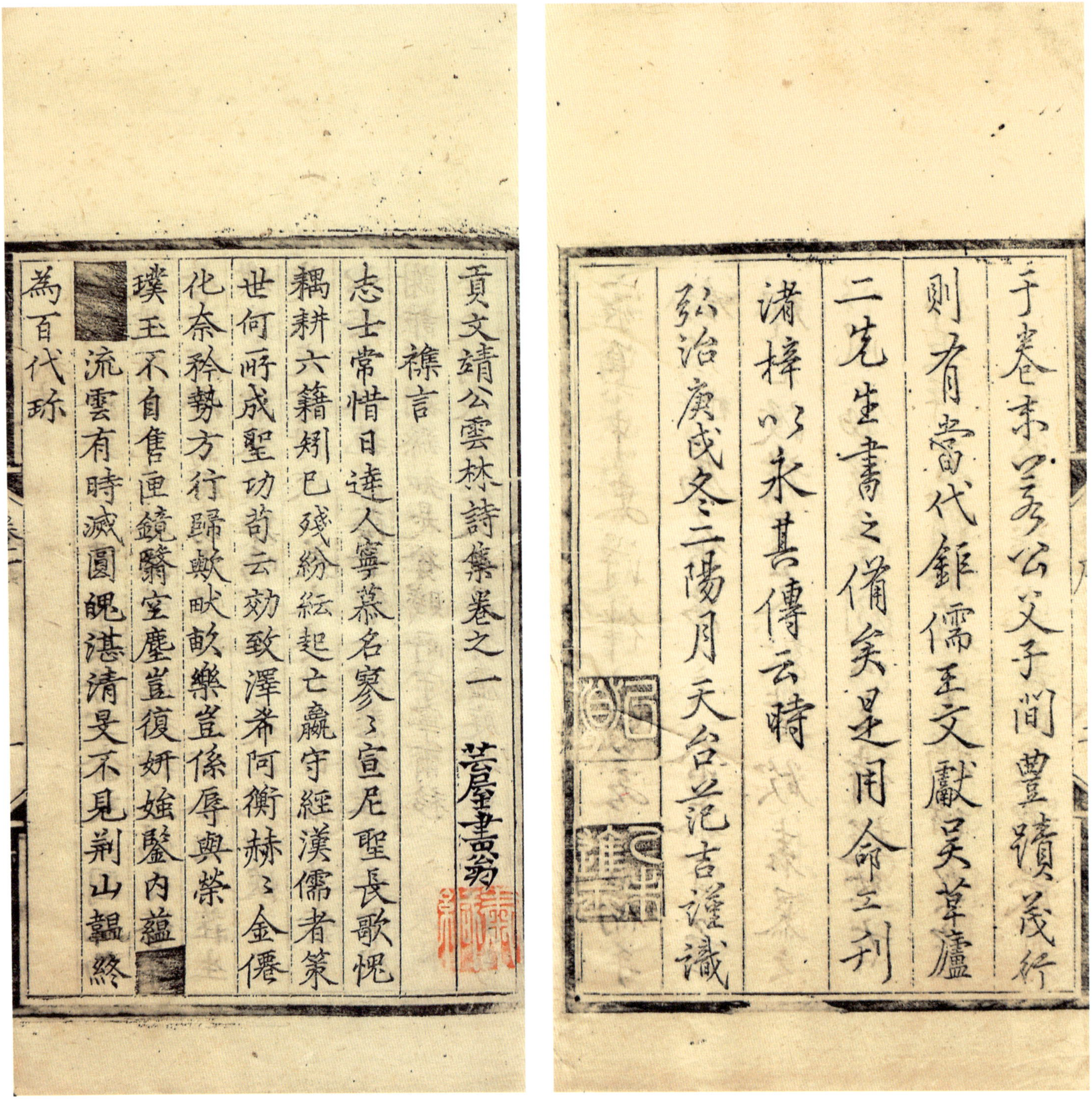

于奎章公父子間豐績茂行
則有當代鉅儒王文獻吴草廬
二先生書之備矣是用命工刊
諸梓以永其傳云時
弘治庚戌冬二陽月天台范吉謹識

貢文靖公雲林詩集卷之一
襍言
志士常惜日逢人寧慕名寥寥宣尼聖長歌愧
耦耕六籍剟已殘紛紜起亡羸守經漢儒者策
世何所成聖功苟云効致澤希阿衡赫赫金僊
化奈矜勢方行歸歟畋畝樂豈係辱與榮
璞玉不自售匣鏡翳塵豈復妍媸鑒內蘊
流雲有時滅圓魄湛清旻不見荊山韞終
為百代珎

11907 貢文靖公雲林詩集六卷 （元）貢奎撰 **附録一卷** 明弘治三年（1490）范吉刻本

匡高18.2厘米，廣12.5厘米。半葉九行，行十八字，黑口，四周雙邊。南京圖書館藏。

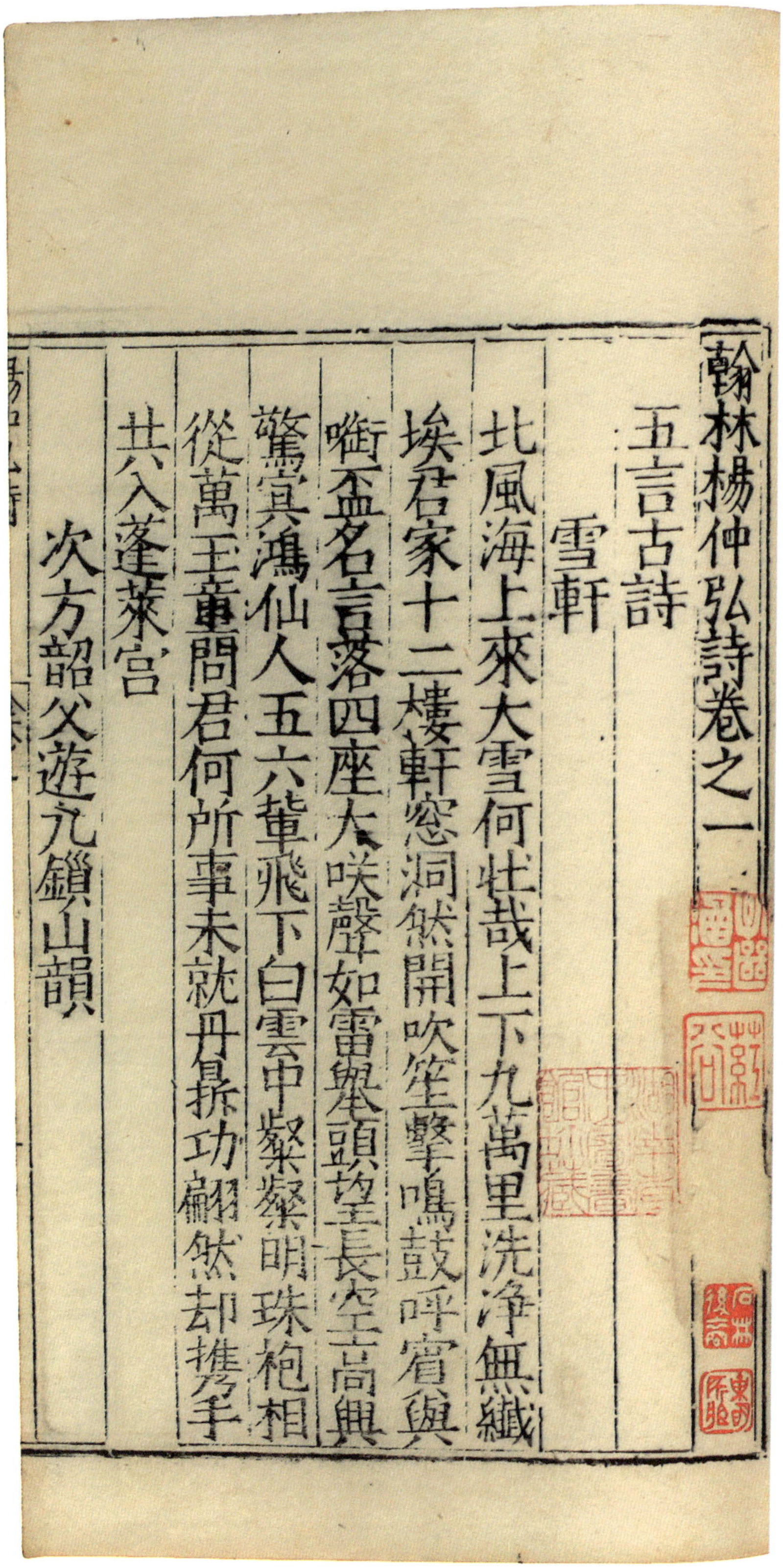
翰林楊仲弘詩卷之一
五言古詩
雪軒
北風海上來大雪何壯哉上下九萬里洗淨無纖埃君家十二樓軒窻洞然開吹笙擊鳴鼓呼宥與啣盃名言落四座大咲聲如雷舉頭望長空高興驚冥鴻仙人五六輩飛下白雲中粲粲明珠袍相從萬玉童問君何所事未就丹鼎功翩然却携手共入蓬萊宮
次方韶父遊九鎖山韻

11908 翰林楊仲弘詩八卷 （元）楊載撰 明嘉靖十五年（1536）遼藩朱寵瀼刻本

匡高18.9厘米，廣13.2厘米。半葉十行，行二十字，白口，四周雙邊。有“孔繼涵印”“東明所藏”“葉啟發家藏書”“曾在葉启勳處”等印。葉啟勳跋。湖南圖書館藏。

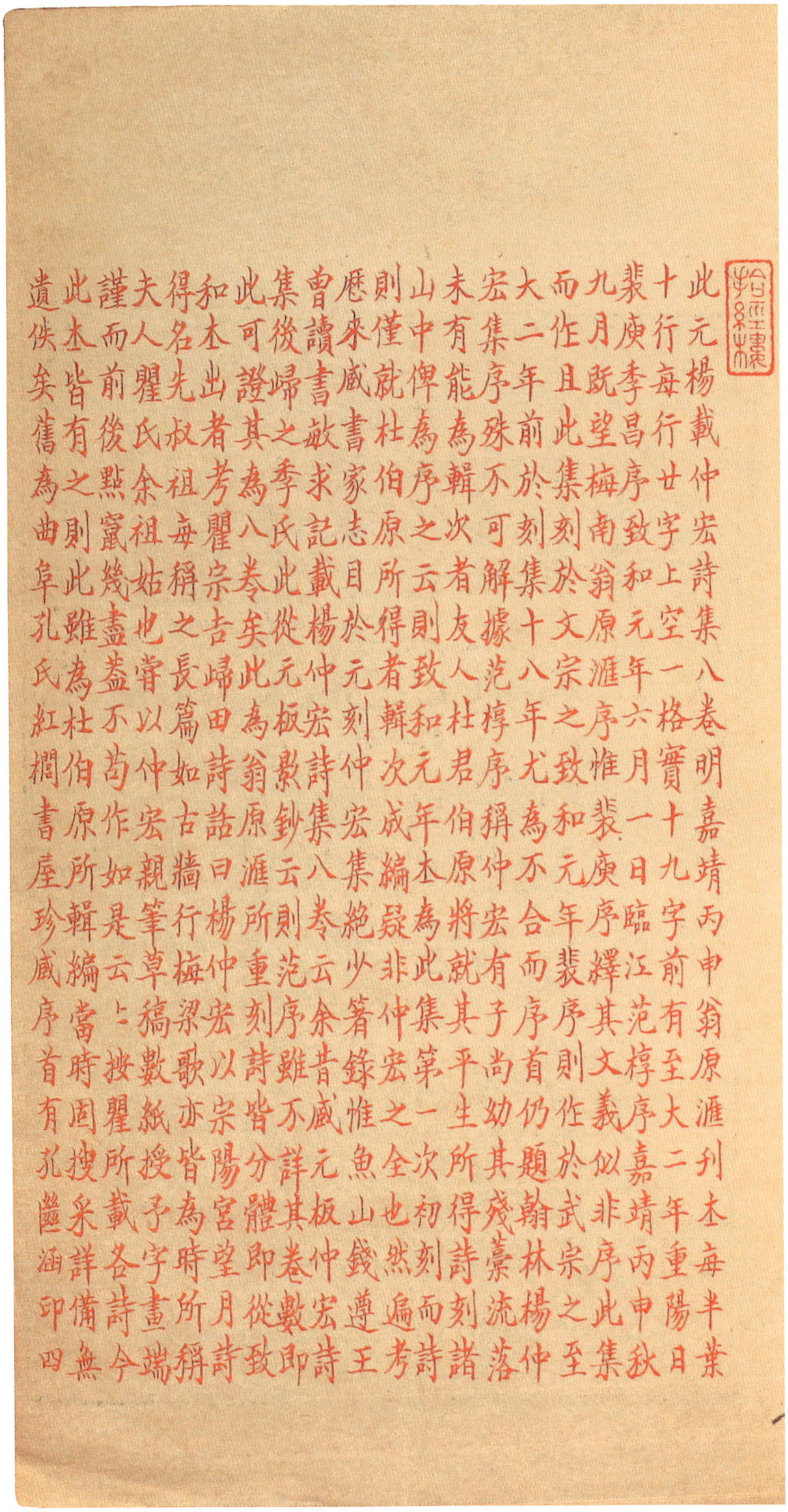
此元楊載仲宏詩集八卷明嘉靖丙申翁原涯刊本每半葉
十行每行廿字上空一格實十九字前有至大二年重陽日
裴庚季昌序致和元年六月一日臨江范梈序嘉靖丙申秋
九月既望梅南翁原涯序惟裴庚序繹其文義似非序此集
而作且此集刻於文宗之致和元年裴序則作於武宗之至
大二年前於刻集十八年尤為不合而序首仍題翰林楊仲
宏集序殊不可解據范梈序稱仲宏有子尚幼其殘藁流落
未有能為輯次者友人杜君伯原將就其平生所得詩刻諸
山中俾為序之云則致和元年本為此集第一次初刻而詩
則僅就杜伯原所得者輯次成編疑非仲宏之全也然遍考
歷來臧書家志目於元刻仲宏集絶少箸錄惟魚山錢遵王
曾讀書敏求記載楊仲宏詩集八卷云余昔臧元板仲宏詩
集後歸之季氏此從元板景鈔云則范序雖不詳其卷數即
此可證其為八卷矣此為翁原涯所重刻詩皆分體即從致
和本出者考瞿宗吉歸田詩話曰楊仲宏以宗陽宮望月詩
得名先叔祖毋稱之長篇如古牆行梅梁歌亦皆為時所稱
夫人瞿氏余祖姑也嘗以仲宏親筆草稿數紙授予字畫端
謹而前後黙竄幾盡蓋不苟作如是云〻披瞿所載各詩今
此本皆有之則此雖為杜伯原所輯編當時固搜采詳備無
遺佚矣舊為曲阜孔氏紅櫚書屋珍臧序首有孔繼涵印四

11908 翰林楊仲弘詩八卷

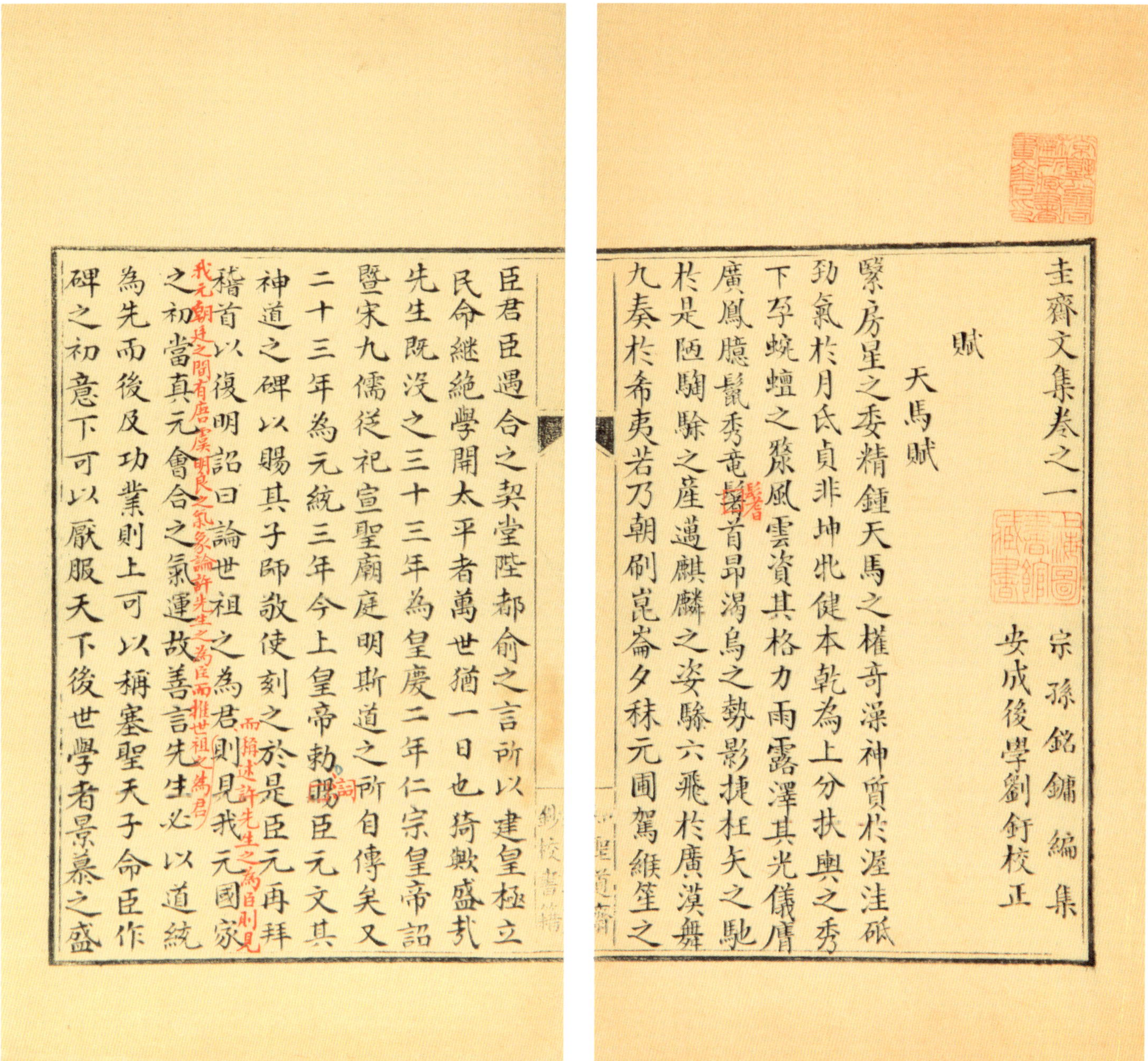
圭齋文集卷之一
宗孫銘鏞編集
安成後學劉釪校正
賦
天馬賦
緊房星之委精鍾天馬之權奇渠神質於渥洼砥勁氣於月氏貞非坤牝健本乾爲上分扶輿之秀下孕蜿蟺之精風雲資其格力雨露澤其光儀膚廣鳳臆鬣秀竜鬐首昂渴烏之勢影捷枉矢之馳於是陋騊駼之崖邁麒麟之姿驂六飛於廣漠舞九奏於希夷若乃朝刷崑崙夕秣元圃駕緱笙之

臣君臣遇合之契堂陛都俞之言所以建皇極立民命繼絕學開太平者萬世猶一日也猗歟盛哉先生既沒之三十三年為皇慶二年仁宗皇帝詔暨宋九儒從祀宣聖廟庭明斯道之所自傳矣又二十三年為元統三年今上皇帝勅賜臣元文其神道之碑以賜其子師敬使刻之於是臣元再拜稽首以復明詔曰論世祖之為君則見我元國家之初當真元會合之氣運故善言先生必以道統為先而後及功業則上可以稱塞聖天子命臣作碑之初意下可以厭服天下後世學者景慕之盛

11909 圭齋文集十六卷　（元）歐陽玄撰　清彭氏知聖道齋抄本

匡高19.6厘米，廣14.2厘米。半葉十行，行十九字，白口，四周雙邊。有“知聖道齋藏書”“常熟翁同龢所藏書畫金石印”等印。彭元瑞、翁同龢校並跋。上海圖書館藏。

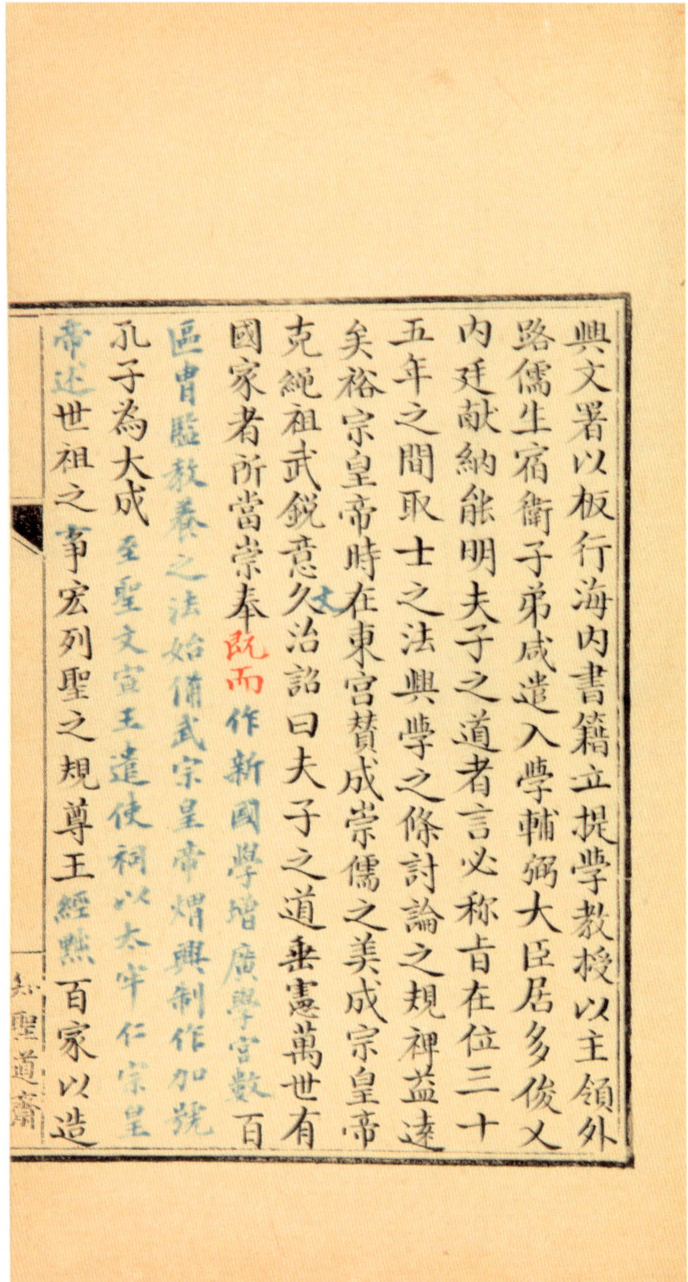
興文署以板行海内書籍立提學教授以主領外
路儒生宿衛子弟咸遣入學輔弼大臣居多俊乂
内廷獻納能明夫子之道者言必称旨在位三十
五年之間取士之法興學之條討論之規裨益遠
矣裕宗皇帝時在東宮贊成崇儒之美成宗皇帝
克繩祖武鋭意久治詔曰夫子之道垂憲萬世有
國家者所當崇奉既而作新國學増廣學宫數百
區胄監教養之法始備武宗皇帝煟興制作加號
孔子為大成至聖文宣王遣使祠以太牢仁宗皇
帝述世祖之事宏列聖之規尊王經黜百家以造
知聖道齋

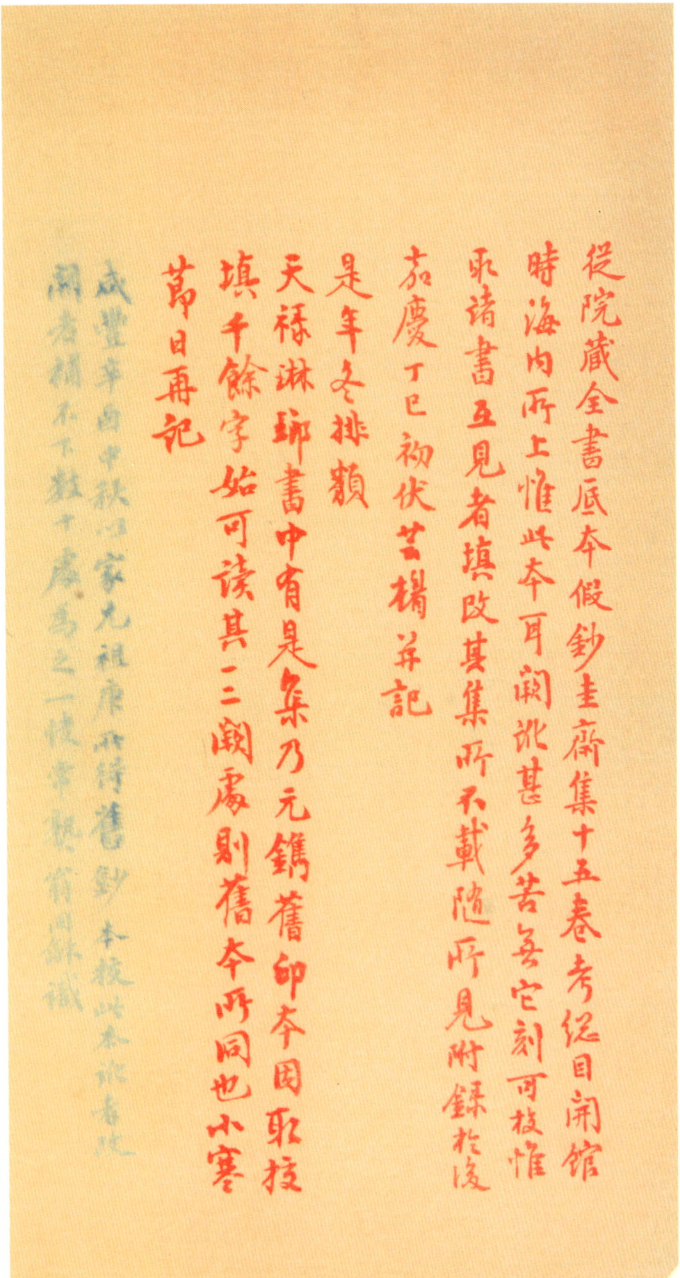
從院藏全書底本假鈔圭齋集十五卷考從目開館
時海内所上惟此本耳闕訛甚多苦無它刻可校惟
采諸書互見者塡改其集所不載隨所見附録於後
嘉慶丁巳初伏芸楣并記
是年冬排類
天祿琳瑯書中有是集乃元鐫舊印本因取挍
塡千餘字始可讀其一二闕處則舊本所同也小寒
節日再記
咸豐辛酉中秋以家先祖康所得舊鈔本校此本訛者改
闕者補不下數十處爲之一快 常熟翁同龢識

11909 圭齋文集十六卷

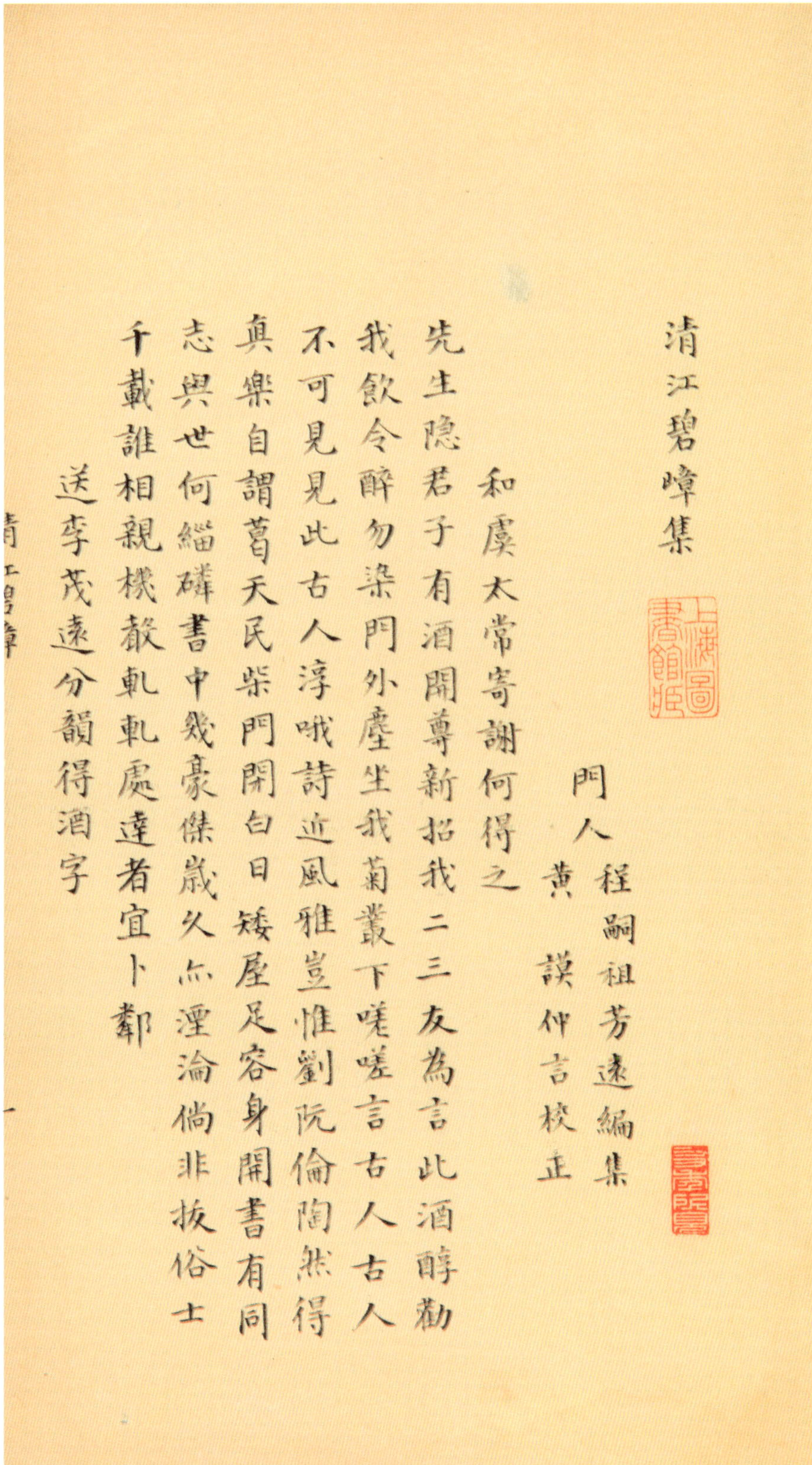

清江碧嶂集

門人程嗣祖芳遠編集

黄　謨仲言校正

和慶太常寄謝何得之

先生隱君子有酒開尊新招我二三友為言此酒醇勸我飲令醉勿染門外塵坐我菊叢下嗟嗟言古人古人不可見見此古人淳哦詩近風雅豈惟劉阮倫陶然得真樂自謂葛天民柴門閑白日矮屋足容身閑書有同志與世何緇磷書中幾豪傑歲久亦湮淪倘非拔俗士千載誰相親機穀軋軋處達者宜卜鄰

送李茂遠分韻得酒字

11910 清江碧嶂集一卷　（元）杜本撰　清抄本

半葉十一行，行二十一字。有“宋蔚如收藏印”“謏聞齋”“藝風過眼”“吳縣潘承厚承弼讀書記”等印。宋賓王校並跋。上海圖書館藏。

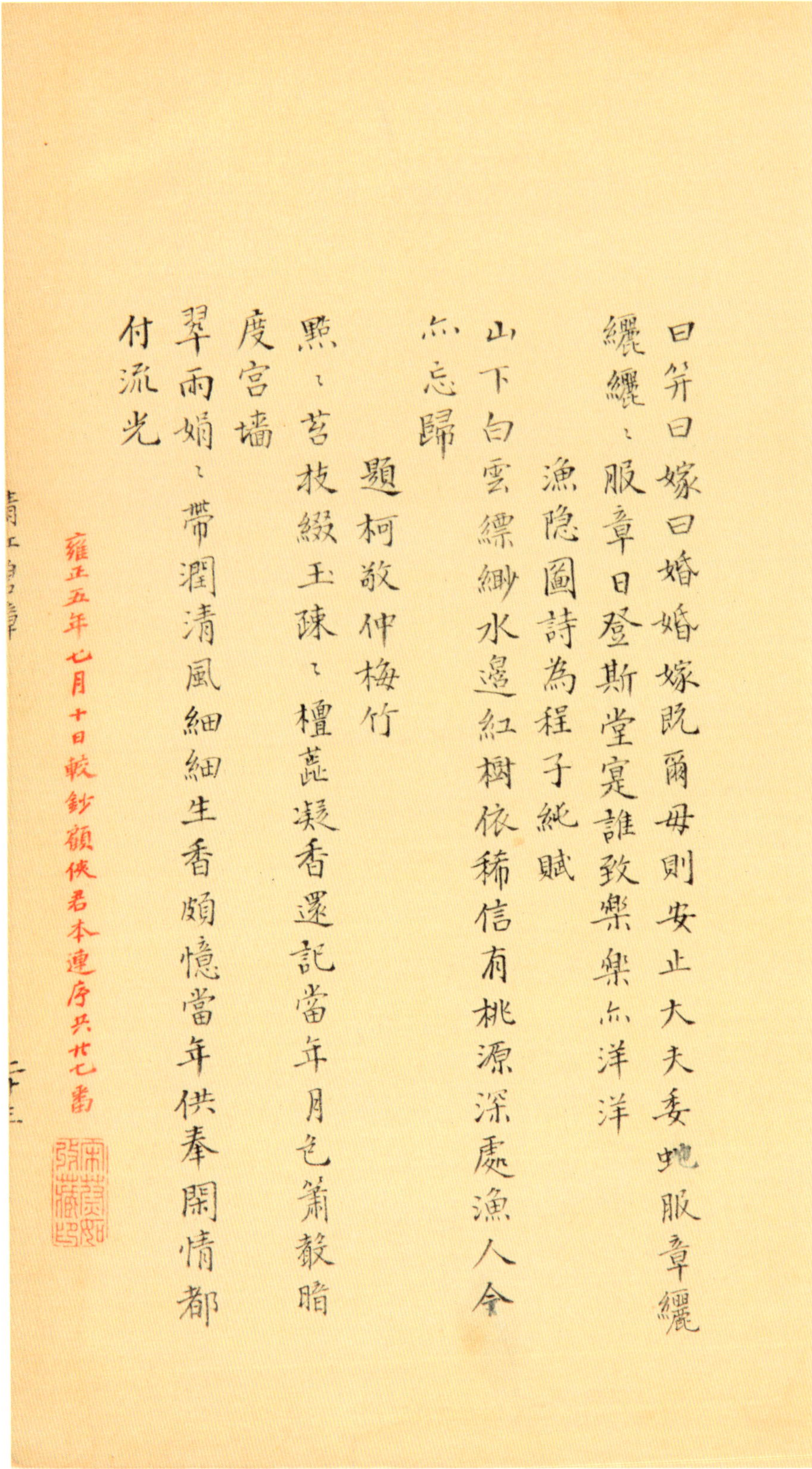
曰笄曰嫁曰婚婚嫁既爾毋則安止大夫委蛇服章纚
纚纚服章日登斯堂寔誰致樂樂亦洋洋
　漁隱圖詩為程子純賦
山下白雲縹緲水邊紅樹依稀信有桃源深處漁人今
亦忘歸
　題柯敬仲梅竹
點點苔枝綴玉踈踈檀蕊凝香還記當年月色簫鼓暗
度宮墻
翠雨娟娟帶潤清風細細生香頗憶當年供奉閑情都
付流光
雍正五年七月十日較鈔顧俠君本連序共廿七葉

11910 清江碧嶂集一卷

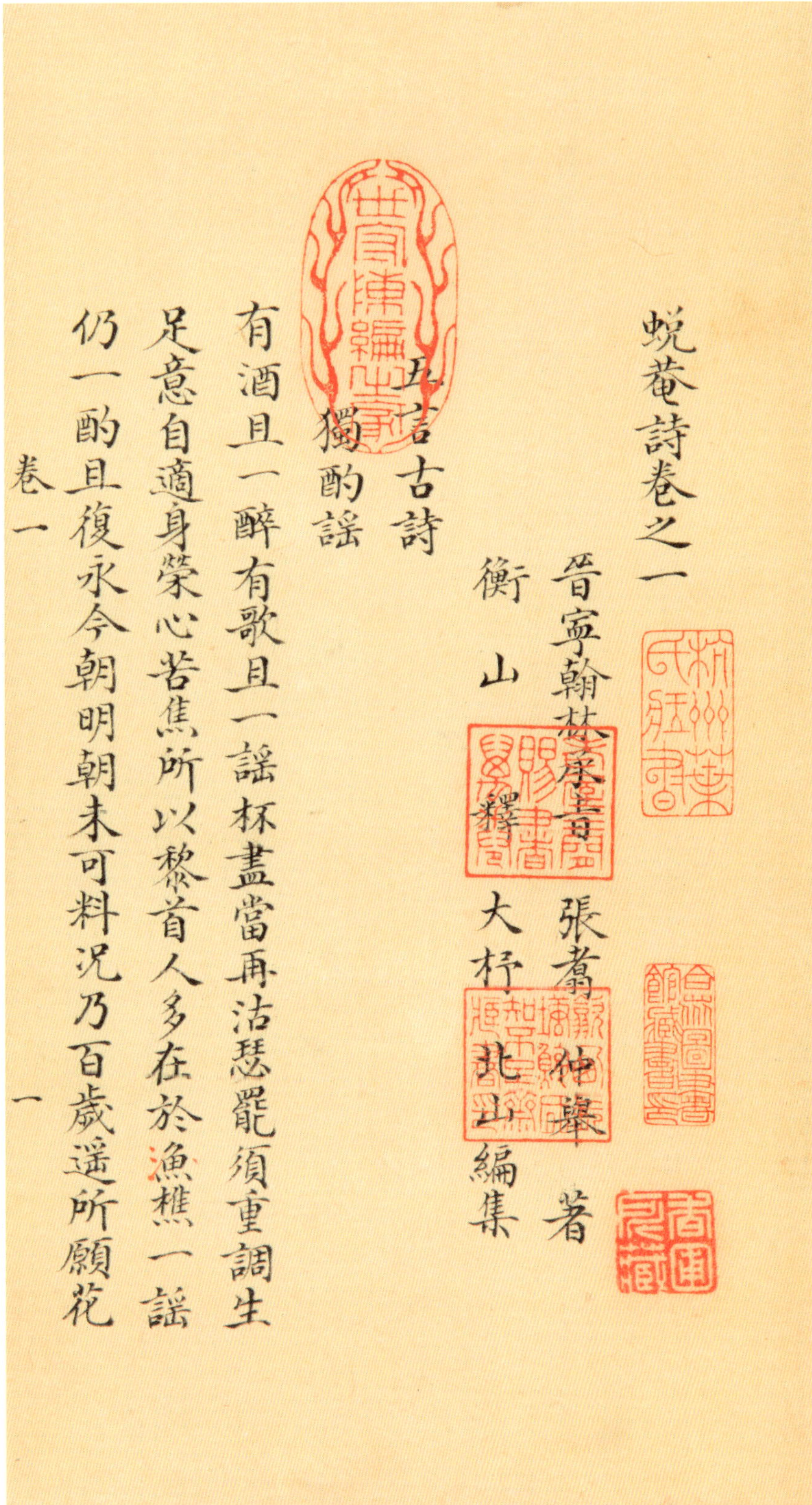

11911 蛻菴詩五卷　（元）張翥撰　清鮑氏知不足齋抄本

半葉八行，行二十一字。有“歙西長塘鮑氏知不足齋藏書印”“香圃所藏”“杭州葉氏藏書”等印。鮑廷博校。上海圖書館藏。

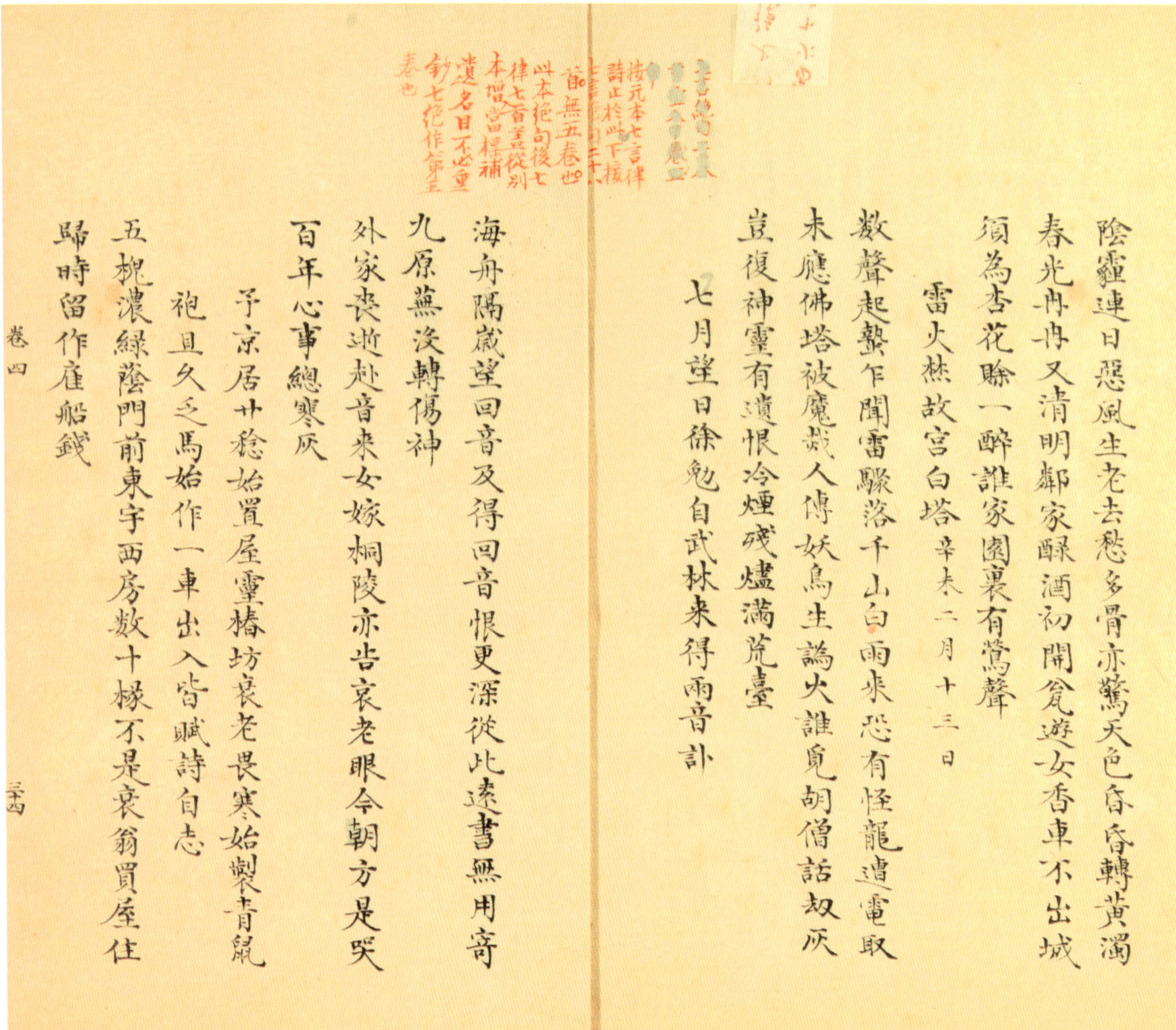

陰霾連日惡風生老去愁多骨亦驚天色昏昏轉黃濁
春光冉冉又清明鄰家釀酒初開瓮遊女香車不出城
須為杏花賒一醉誰家園裏有鶯聲
雷火焚故宮白塔 辛未二月十三日
數聲起蟄乍聞雷驟落千山白雨來恐有怪龍遭電取
未應佛塔被魔裁人傳妖鳥生譌火誰見胡僧話劫灰
豈復神靈有遺恨冷煙殘燼滿荒臺
七月望日徐勉自武林来得雨音訃

按元本七言律詩止於此下接七言絶句二十六首無五卷也此本絶句後七律七首蓋從別本增入當標補遺名目不必重鈔七絶作第五卷也

海舟隔歲望回音及得回音恨更深從此遠書無用寄
九原蕪沒轉傷神
外家喪逝赴音来女嫁桐陵亦告哀老眼今朝方是哭
百年心事總寒灰
予京居廿稔始置屋靈椿坊衰老畏寒始製青鼠
袍且久乏馬始作一車出入皆賦詩自志
五桃濃綠蔭門前東宇西房数十椽不是衰翁買屋住
歸時留作雇船錢

卷四 三十四

11911 蜕菴詩五卷

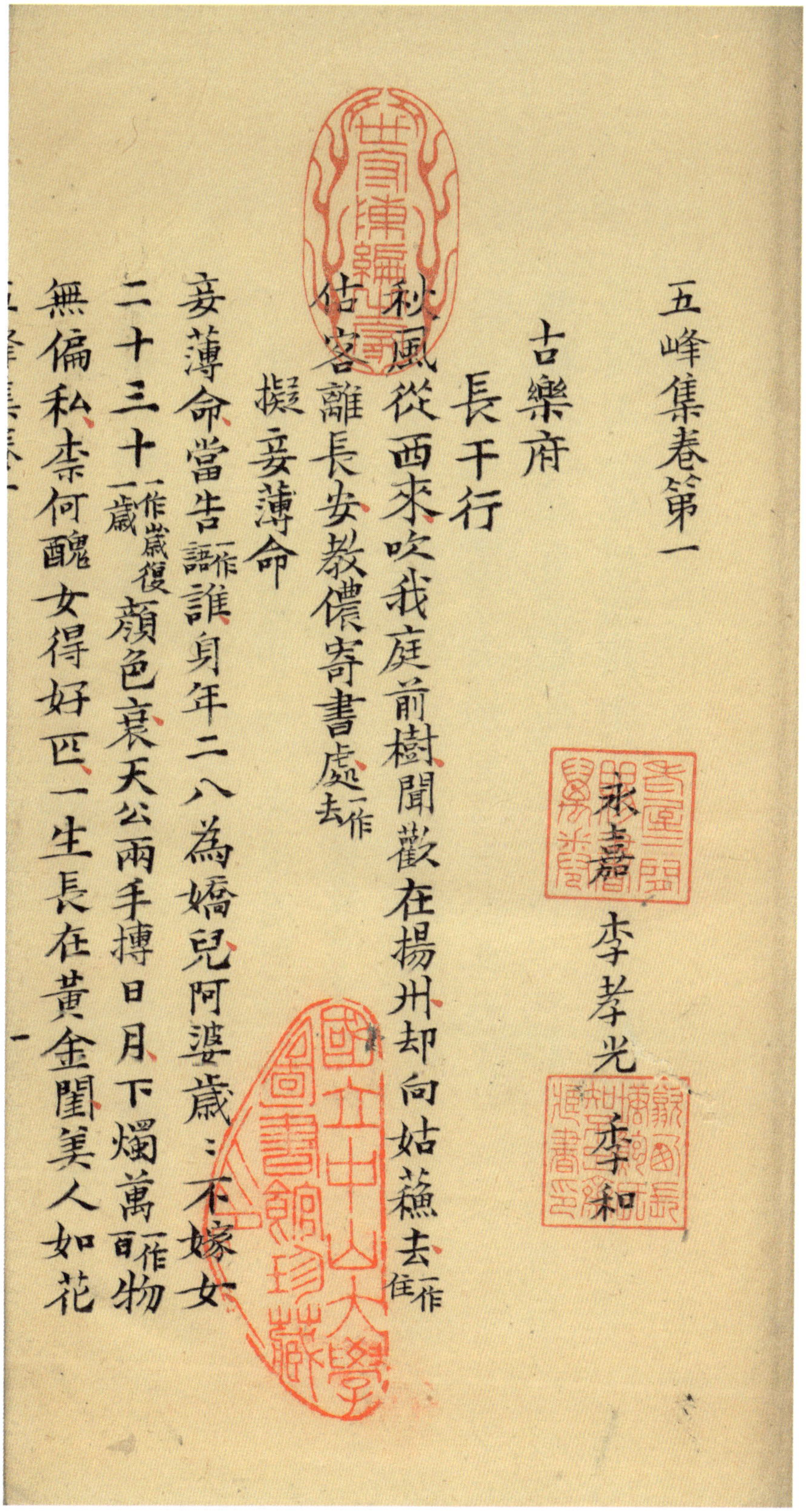

11912 五峰集六卷文集一卷雁山十記一卷 （元）李孝光撰 **補遺三卷** （清）鮑廷博輯 清鮑廷博抄本

半葉十行，行二十一字，小字雙行不等。有“歙西長塘鮑氏知不足齋藏書印”等印。鮑廷博、勞格批校。中山大學圖書館藏。

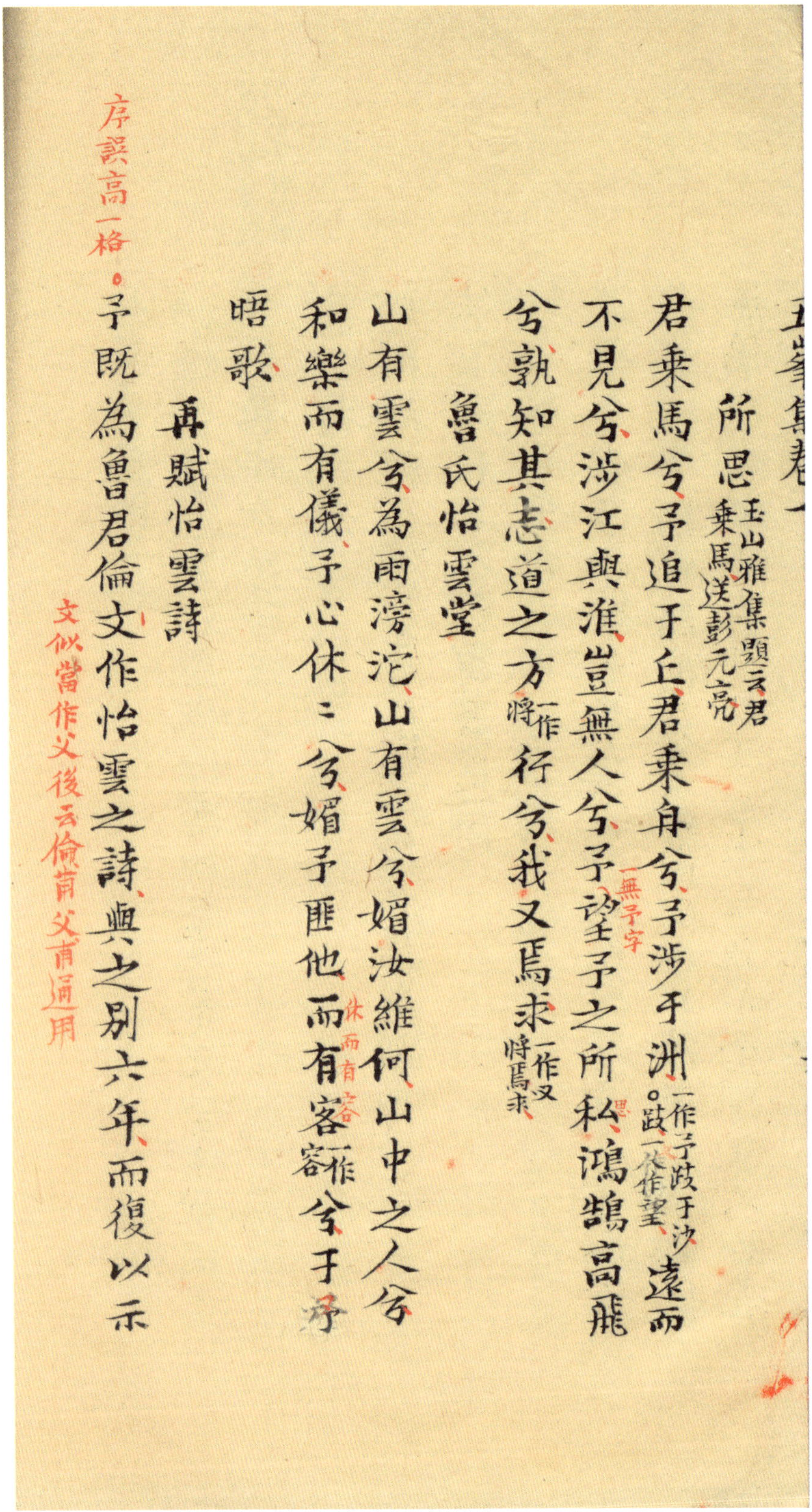
五峯集卷一
所思 玉山雅集題云君乘馬送彭元亮
君乘馬兮予追于丘君乘舟兮予涉于洲 一作予跋于沙。跋一作望 遠而
不見兮兮涉江與淮豈無人兮予 一無予字 望予之所 思 私鴻鵠高飛
兮孰知其志道之方 一作將 行兮我又焉求 一作又將焉求
魯氏怡雲堂
山有雲兮為雨滂沱山有雲兮媚汝維何山中之人兮
和樂而有儀予心休休兮媚予匪他而有客 休而有容 一作容 兮予于
晤歌
再賦怡雲詩
序誤高一格。予既為魯君倫文作怡雲之詩與之別六年而復以示
文似當作父後云倫甫父甫通用

11912 五峰集六卷文集一卷雁山十記一卷 （元）李孝光撰 **補遺三卷** （清）鮑廷博輯

人每多集暇一作俗子自無悰聊以供娛悅詎知麋萬鍾

李子雲（一有題字）白雲閣（一作窗）

白雲如白月宛〻復離〻青霓依澗出玉葉映簷（一作簾）垂詎

閣飛花度還同病鶴窺分（一作紛）輝含戶牖倒影散園池近看

吁（一作呼）欲落佇立意俱遲坐卧常相對成峯晚更奇

六言（已見卷六）

江邊

江邊古樹猶碧天際白雲自流七十二灘浩蕩夕陽照

見孤舟

題鶯囀上林圖

九

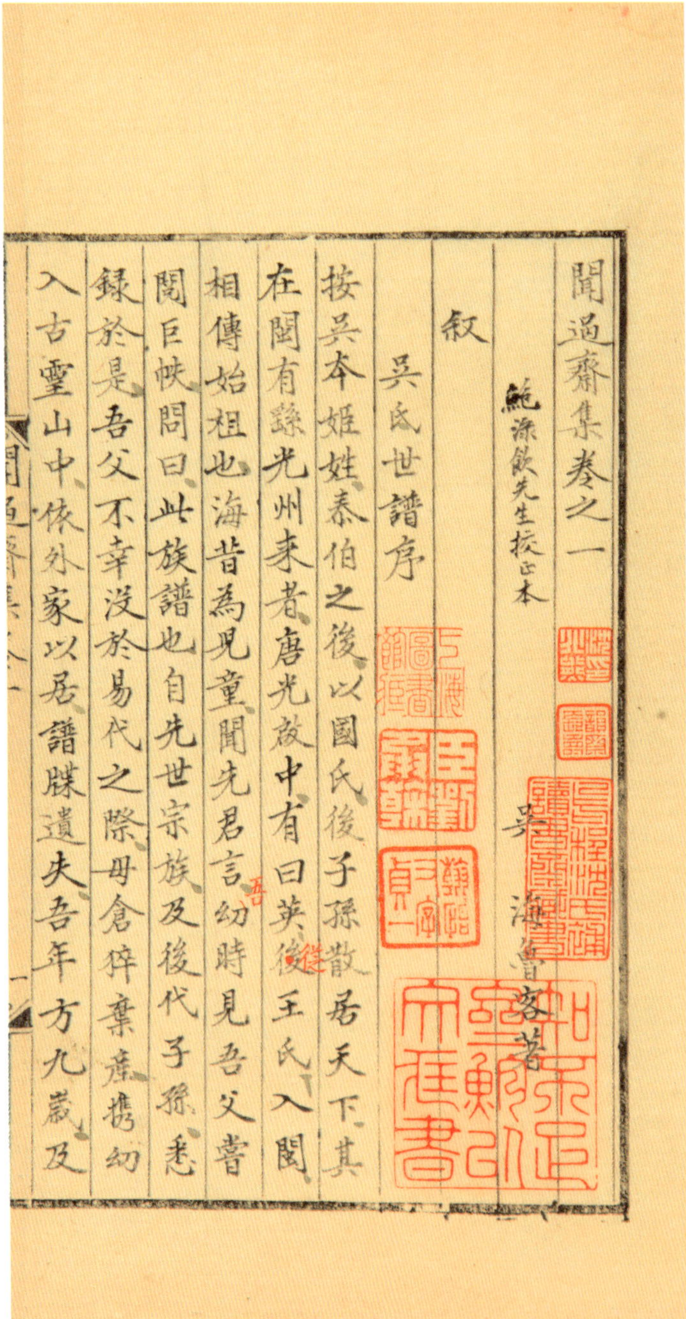

11913 聞過齋集八卷　（元）吴海撰　清乾隆鮑氏知不足齋抄本

匡高20.7厘米，廣13.7厘米。半葉十行，行二十字，黑口，左右雙邊。有“知不足齋鮑以文藏書”“淩淦字麗生一字礪生”“吴江淩氏藏書”“烏程沈氏補讀書齋藏書”“臣劉承幹”“翰怡又字貞一”等印。鮑廷博校並補録遺詩。上海圖書館藏。

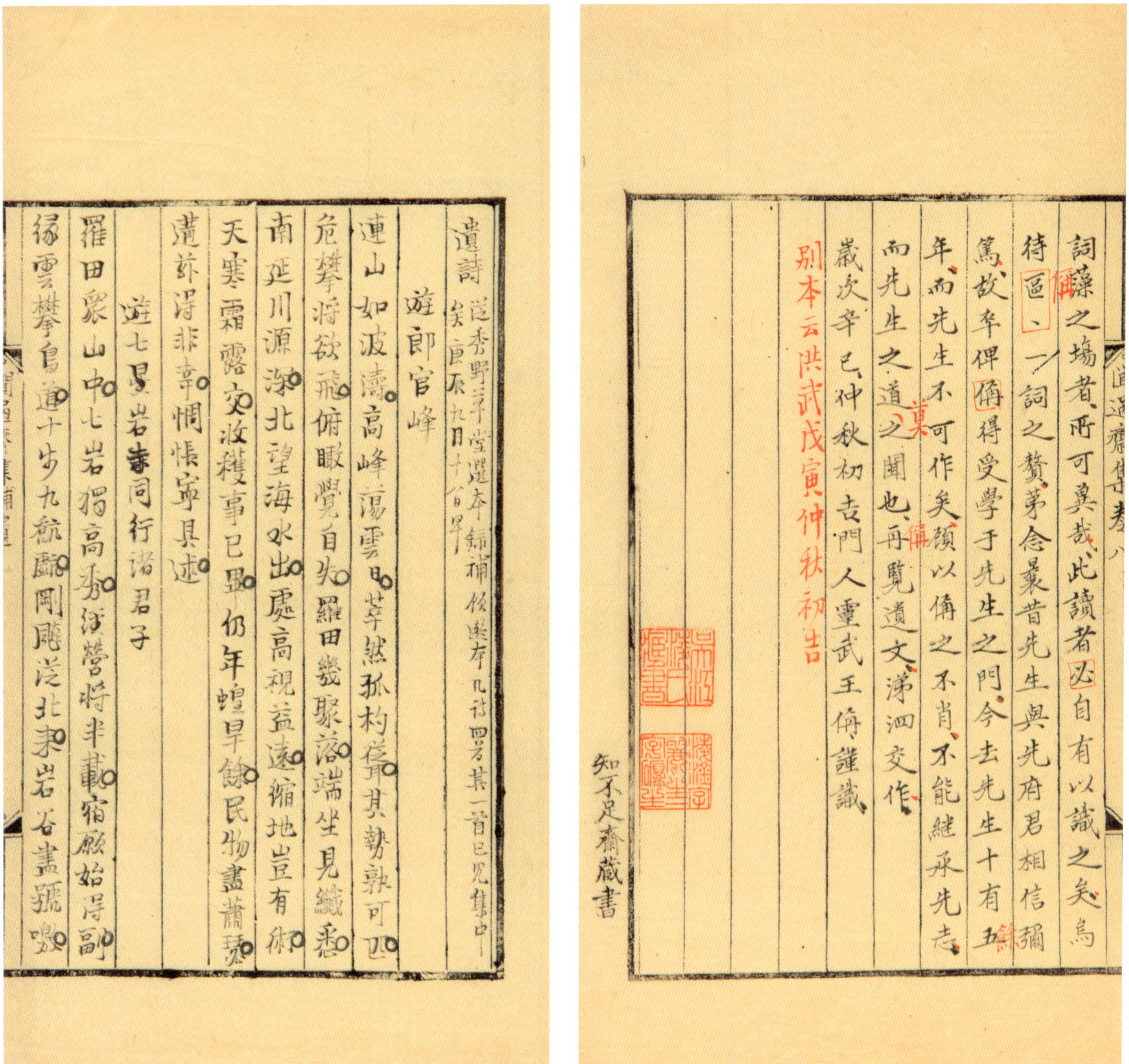

詞藻之場者所可與哉此讀者必自有以識之矣烏
待區區一一詞之贊第念曩昔先生與先府君相信彌
篤故卒俾偁得受學于先生之門今去先生十有五
年而先生不可作矣顧以偁之不肖不能繼承先志
而先生之道之聞也再覽遺文涕泗交作
歲次辛巳仲秋初吉門人靈武王偁謹識
別本云洪武戊寅仲秋初吉

知不足齋藏書

遺詩 從秀野草堂選本錄補 依選本凡詩四首其一首已見集中
遊郎官峰
連山如波濤高峰蕩雲巳萃然孤杓從其勢孰可匹
危攀將欲飛俯瞰覺自失羅田幾聚落端坐見纖悉
南延川源深北望海水出處高視益遠縮地豈有術
天寒霜露交收穫事已畢仍年蝗旱餘民物盡蕭瑟
遺跡得非幸惆悵寧具述
遊七星岩寄同行諸君子
羅田衆山中七岩獨高秀緣營將半載宿願始得副
緣雲攀鳥道十步九欹𣂪剛飈從北來岩谷盡號嗷

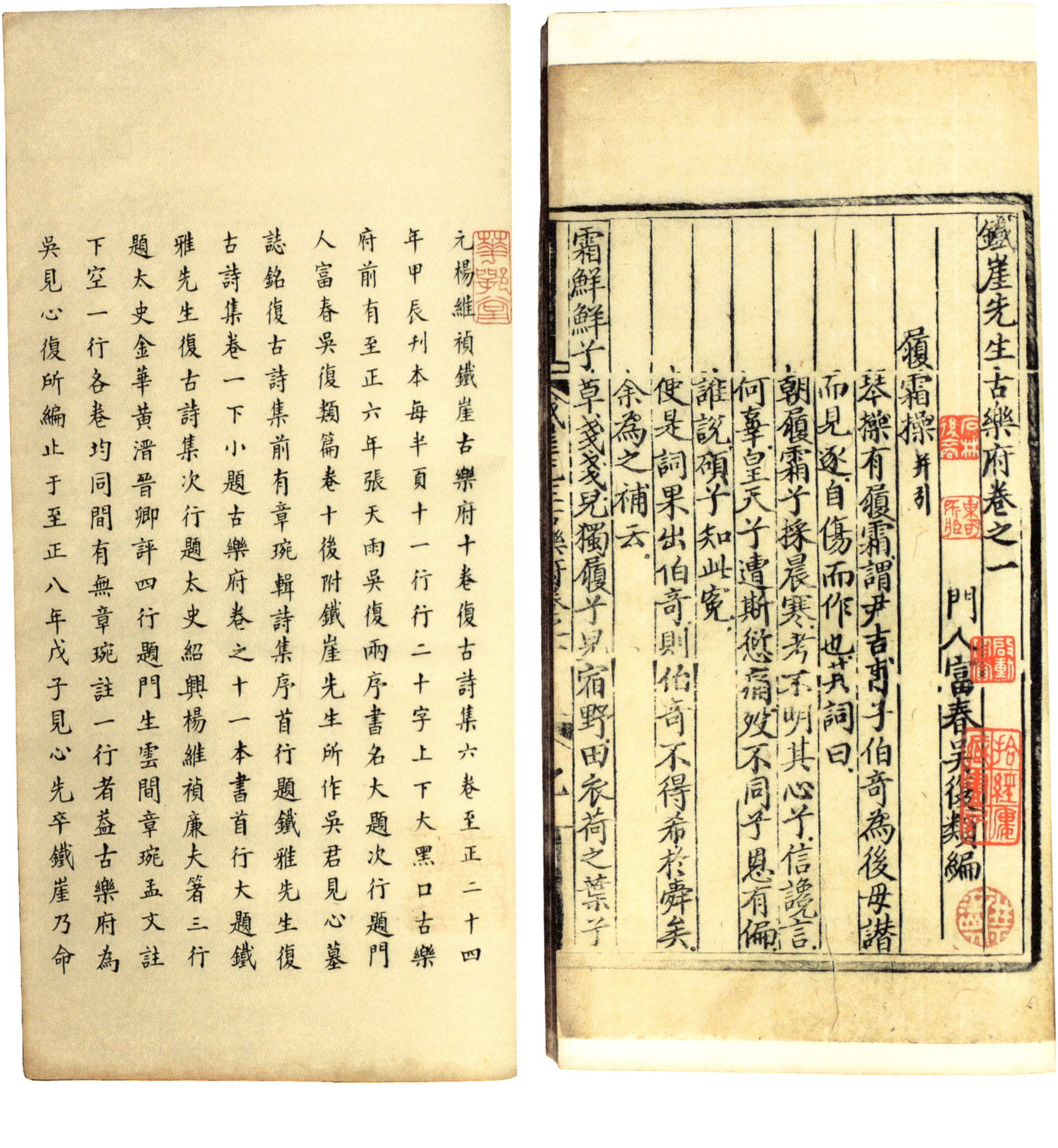

11914 鐵崖先生古樂府十六卷　（元）楊維楨撰　明初刻本

匡高18.6厘米，廣12.3厘米。半葉十一行，行二十字，黑口，四周雙邊。有“郎園”“啟勳珍賞”“東明所藏”“葉启發東明審定善本”等印。葉德輝、葉啟勳、葉啟發跋。湖南圖書館藏。

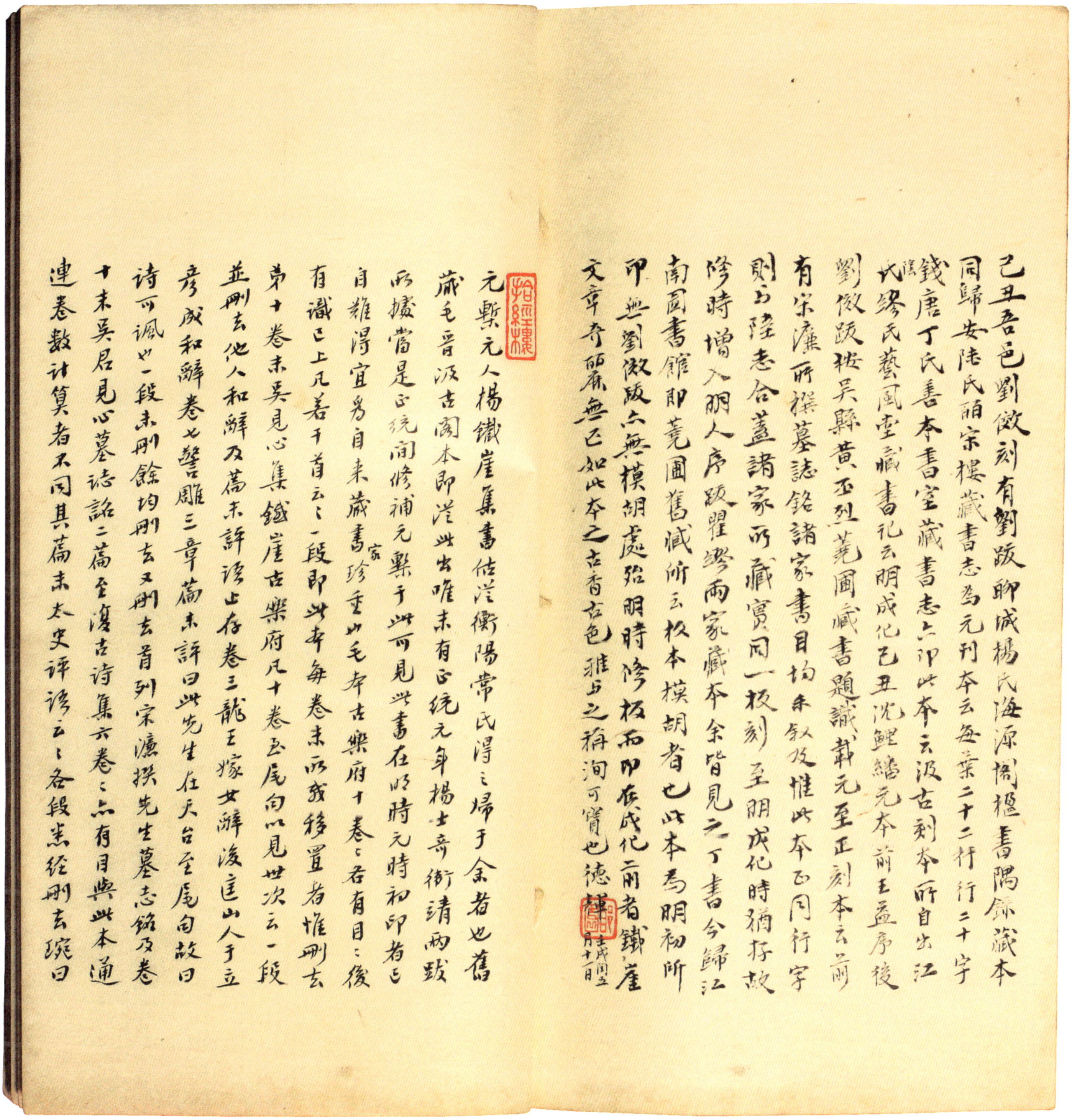

己丑吾邑劉徵刻有劉跋聊城楊氏海源閣楹書隅錄藏本同歸安陸氏皕宋樓藏書志為元刊本云每葉二十二行行二十字錢唐丁氏善本書室藏書志亦即此本云汲古刻本所自出江陰繆氏藝風堂藏書記云明成化己丑沈鯉緒元本前王益序後劉傚跋按吳縣黃丕烈蕘圃藏書題識載元至正刻本云前有宋濂所撰墓誌銘諸家書目均未叙及惟此本正同行字則亦陸志合蓋諸家所藏實同一板刻至明成化時猶存故修時增入明人序跋瞿繆兩家藏本余皆見之丁書今歸江南圖書館即蕘圃舊藏所云板本模胡者也此本為明初所印無劉徵跋亦無模胡處殆明時修板而印在成化前者鐵崖文章奇麗無已如此本之古香古色雅亦之稀洵可寶也德輝 壬戌閏五月十日

元槧元人楊鐵崖集書估從衡陽常氏得之歸于余者也舊藏毛晉汲古閣本即從此出唯未有正統元年楊士奇衛靖兩跋所據當是正統間修補元槧于此可見此書在明時元時初印者已自難得宜乎自來藏書家珍重也毛本古樂府十卷卷各有目目後有識已上凡若干首云云一段即此本每卷末所載移置者惟刪去第十卷末吳見心集鐵崖古樂府凡十卷起尾句以見世次云一段並刪去他人和辭及篇末評語止存卷三龍王嫁女辭後匡山人于立彥成和辭卷七磐雕三章篇末評曰此先生在天台至尾句故曰詩可諷也一段未刪餘均刪去又刪去首列宋濂撰先生墓志銘及卷十末吳君見心墓誌銘二篇至復古詩集六卷卷亦有目與此本通連卷數計算者不同其篇末太史評語云云各段悉從刪去瑰曰

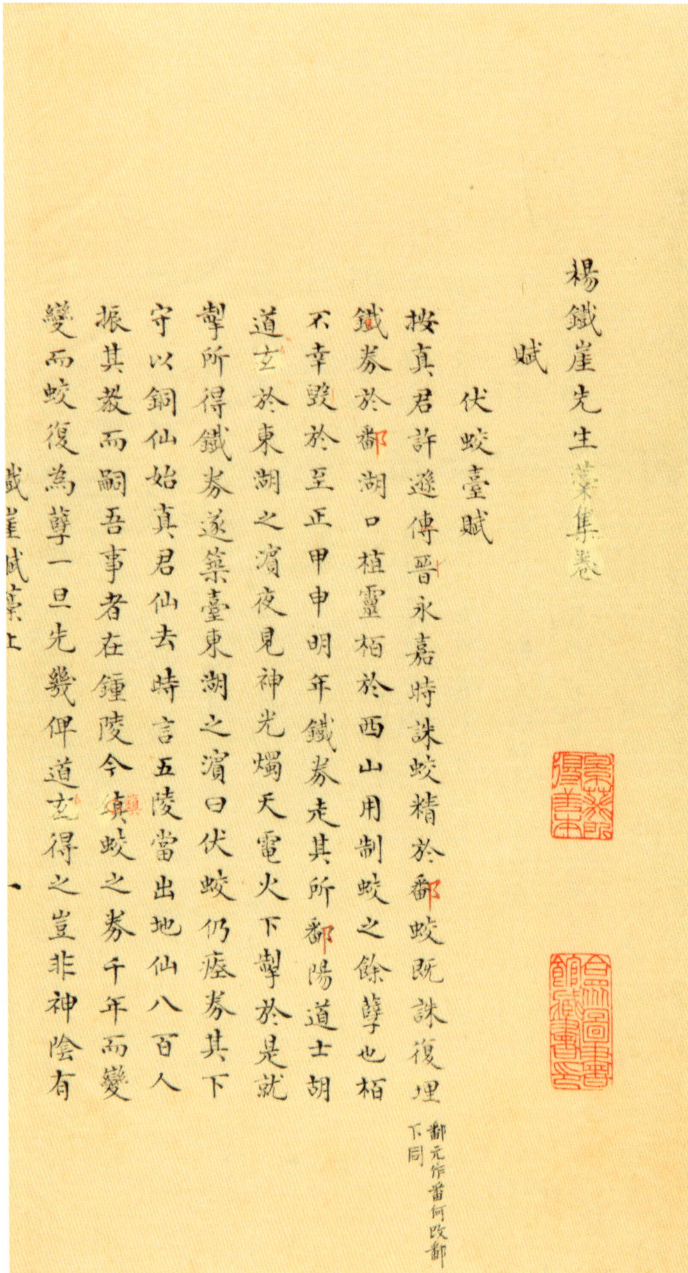
楊鐵崖先生藁集卷
賦
伏蛟臺賦
按真君許遜傳晉永嘉時誅蛟精於鄱蛟既誅復埋（鄱元作番何改鄱下同）
鐵券於鄱湖口植靈栢於西山用制蛟之餘孽也栢
不幸毀於至正甲申明年鐵券走其所鄱陽道士胡
道玄於東湖之濱夜見神光燭天電火下掣於是就
掣所得鐵券遂築臺東湖之濱曰伏蛟仍瘞券其下
守以銅仙始真君仙去時言五陵當出地仙八百人
振其教而嗣吾事者在鍾陵今真蛟之券千年而變
變而蛟復為孽一旦先幾俾道玄得之豈非神陰有
鐵崖賦藁上

11915 鐵崖賦藁二卷　（元）楊維楨撰　清仁和勞氏家抄本

半葉十一行，行二十一字。有“勞格”“杭州葉氏藏書”“景葵所得善本”等印。勞權校，勞格校並跋。上海圖書館藏。

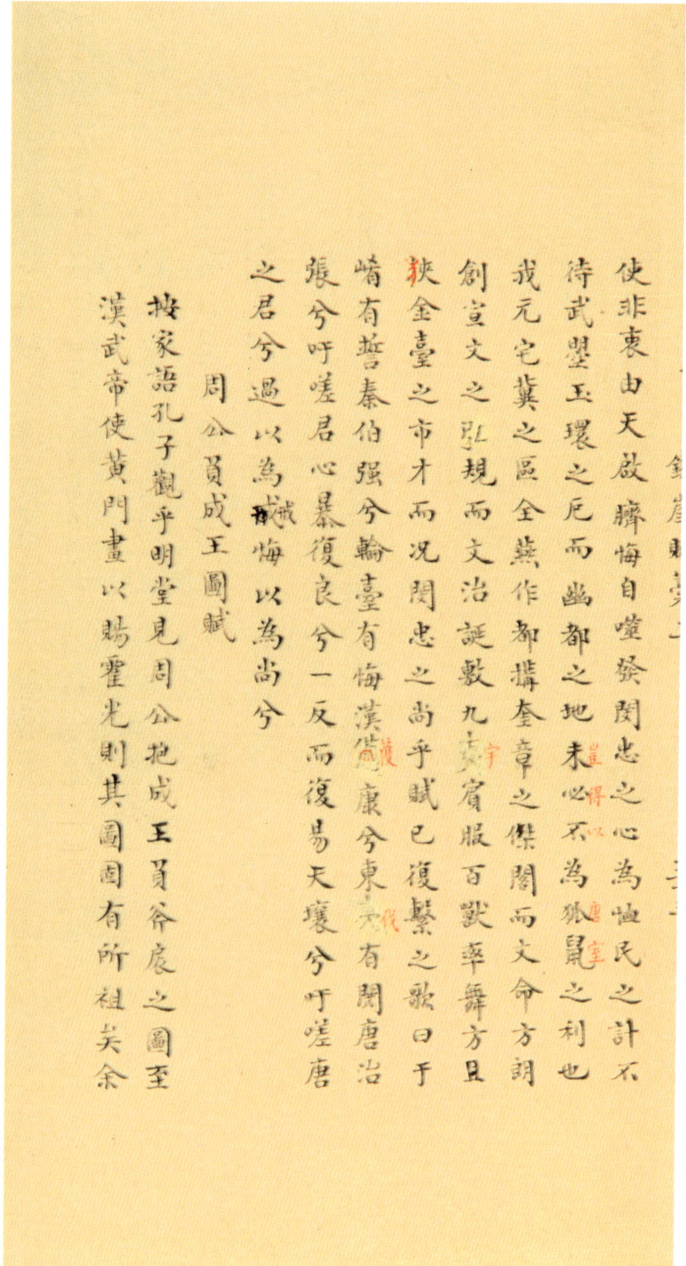
使非東由天啟臍悔自嘆發閔忠之心為恤民之計不
侍武壂玉環之厄而幽都之地未必不為狐鼠之利也
我元宅冀之區全燕作都搆奎章之傑閣而文命方誕
創宣文之弘規而文治誕敷九有賓服百獸率舞方且
狭金臺之市才而況閔忠之尚乎賦已復繫之歌曰于
嵴有誓秦伯強兮輪臺有悔漢備康兮東有閔唐治
張兮吁嗟居心暴復良兮一反而復易天壤兮吁嗟唐
之君兮過以為戒悔以為尚兮
周公負成王圖賦
按家語孔子觀乎明堂見周公抱成王負斧扆之圖至
漢武帝使黄門畫以賜霍光則其圖固有所祖矣余

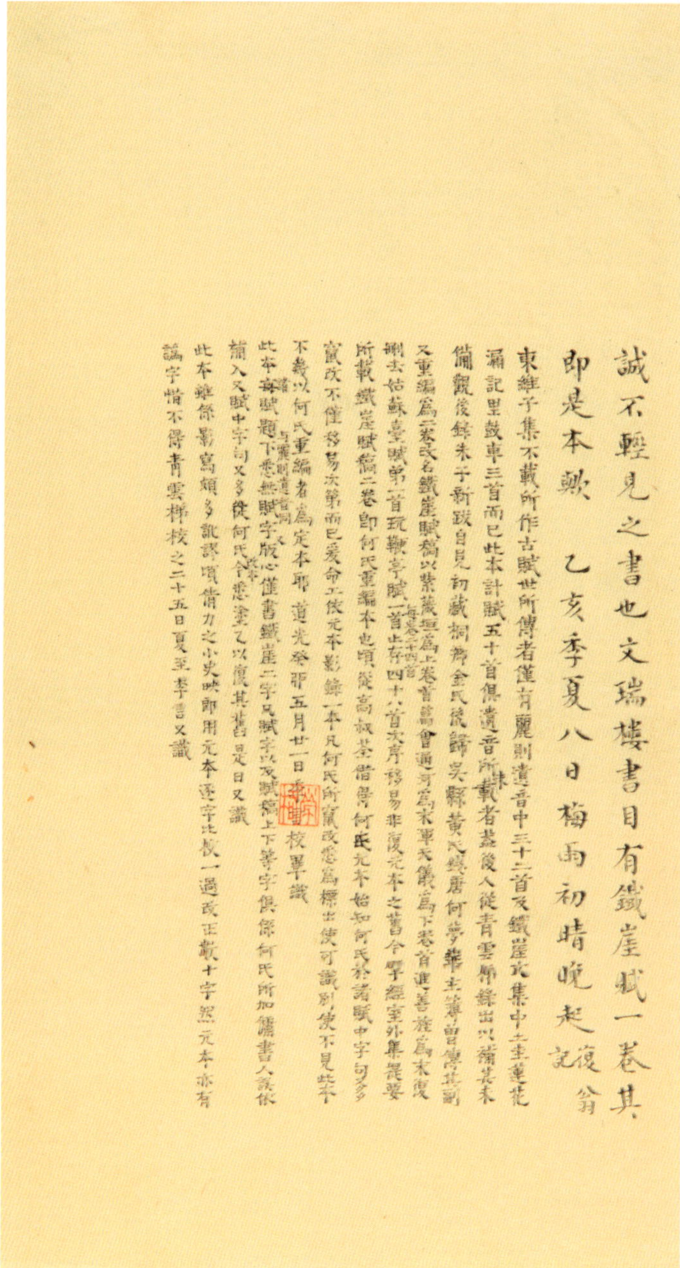
誠不輕見之書也文瑞樓書目有鐵崖賦一卷其
即是本歟　乙亥季夏八日梅雨初晴曉起記復翁
東維子集不載所作古賦世所傳者僅有麗則遺音中三十二首及鐵崖文集中之土圭蓮花
漏記里鼓車三首而已此本計賦五十首俱遺音所未載者蓋後人從青雲梯錄出以補其未
備觀後錄朱子新跋自見初藏桐鄉金氏後歸吴縣黄氏蕘圃何夢華主簿曾傳其副
又重編為二卷改名鐵崖賦稿以紫薇垣為上卷首每卷二十四首蓋會通可為宋軍氏儀為下卷首進善旌為末復
删去姑蘇臺賦第一首玩鞭亭賦一首止存四十八首次序移易非復元本之舊今瞿經室外集提要
所載鐵崖賦稿二卷即何氏重編本也頃從高叔荃借得何氏元本始知何氏於諸賦中字句多
竄改不僅移易次第而已爰命工依元本影錄一本凡何氏所竄改悉為標出使可識別使不見此本
不幾以何氏重編者為定本耶　道光癸卯五月廿一日李校畢識
此本諸賦題下悉無賦字與麗則遺音同又版心僅書鐵崖二字凡賦字以及賦稿上下等字俱係何氏所加譌書人誤依
補入又賦中字句又多從何氏今悉塗乙以復其舊是日又識
此本雜係影寫頗多訛謬覓借力之小史映即用元本逐字比校一過改正數十字然元本亦有
譌字惜不得青雲梯校之二十五日夏至李言又識

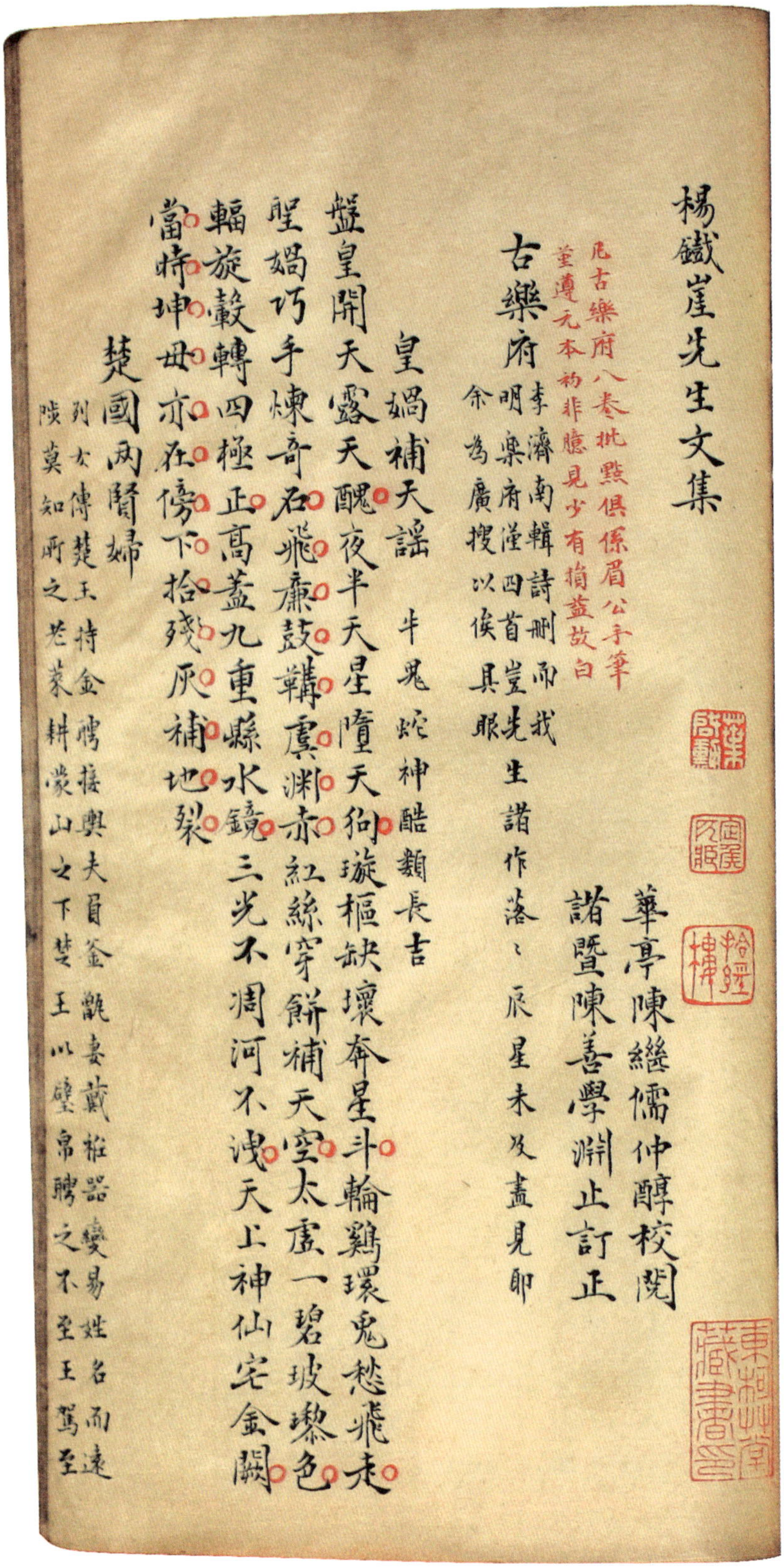

楊鐵崖先生文集

華亭陳繼儒仲醇校閱

諸暨陳善學淵止訂正

凡古樂府八卷批點俱係眉公手筆並遵元本初非臆見少有損益敢白

古樂府 李濟南輯詩刪而我明樂府僅四首豈先生諸作落〻辰星未及盡見耶余為廣搜以俟具眼

皇媧補天謠 牛鬼蛇神酷類長吉

盤皇開天露天醜夜半天星墮天狗璇樞缺壞奔星斗輪鷄環兔愁飛走
聖媧巧手煉奇石飛廉鼓鞴虞淵赤紅絲穿餅補天空太虛一碧玻瓈色
輻旋轂轉四極正高蓋九重懸水鏡三光不凋河不淺天上神仙宅金闕
當時坤母亦在傍下拾殘灰補地裂

楚國兩賢婦 列女傳楚王持金聘接輿夫負釜甑妻戴紝器變易姓名而遠徙莫知所之老萊耕蒙山之下楚王以璧帛聘之不至王駕至

11916 楊鐵崖先生文集十卷 （元）楊維楨撰　明天啓馬宏道抄本

匡高21.6厘米，廣12.2厘米。半葉十二行，行二十八字。有“馬印宏道”“金星軺藏書記”“文瑞樓”“中吴葉啓蕃启勛啟發兄弟珍藏書籍”“葉啓勳”“葉啟發藏書記”等印。葉啟勳、葉啟發跋。湖南圖書館藏。

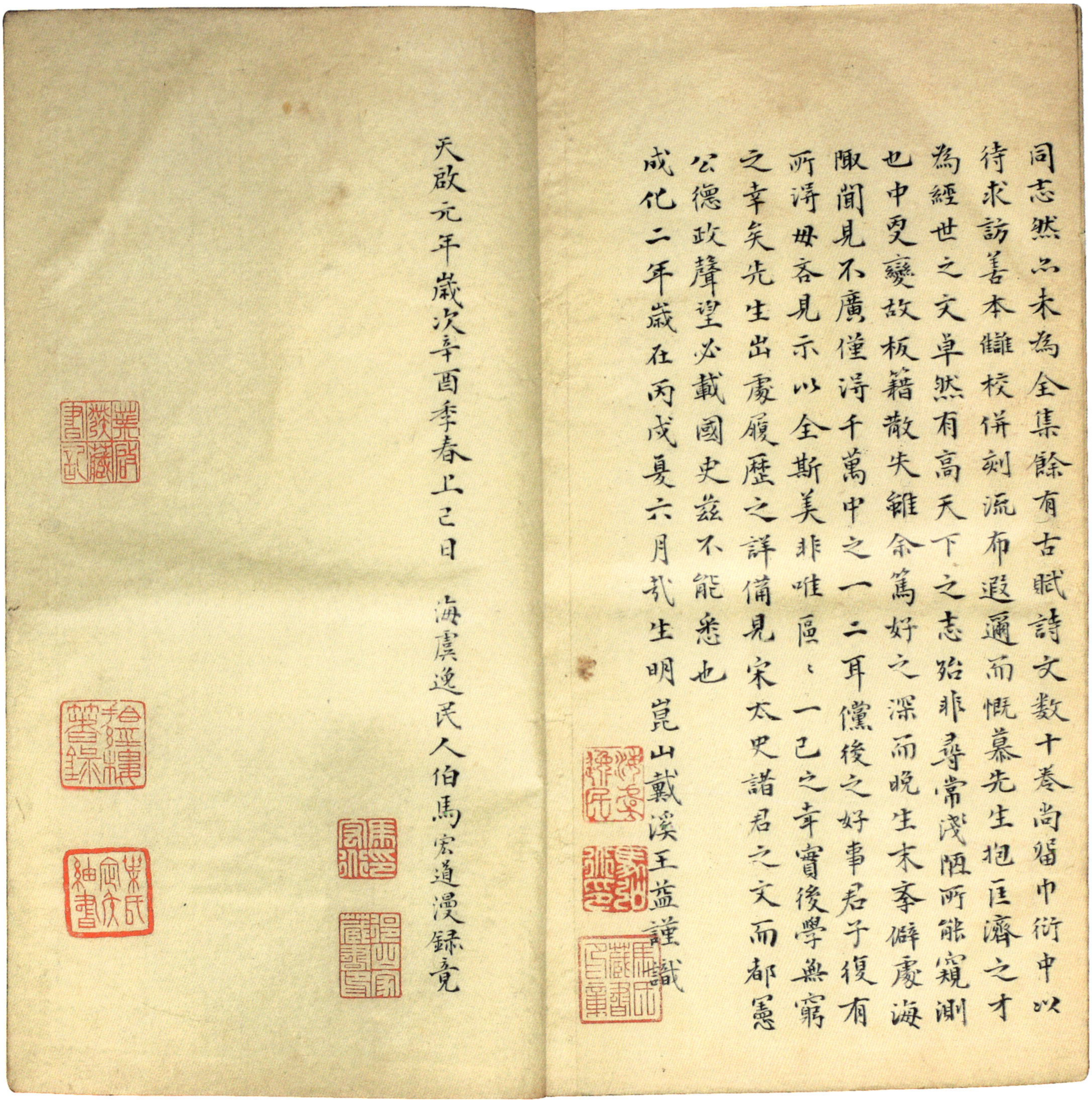

同志然亦未為全集餘有古賦詩文數十卷尚留巾衍中以待求訪善本讎校併刻流布遐邇而慨慕先生抱匡濟之才為經世之文卓然有高天下之志殆非尋常淺陋所能窺測也中更變故板籍散失雖余篤好之深而晚生末季僻處海陬聞見不廣僅得千萬中之一二耳儻後之好事君子復有所得毋吝見示以全斯美非唯區區一己之幸實後學無窮之幸矣先生出處履歷之詳備見宋太史諸君之文而都憲公德政聲望必載國史茲不能悉也

成化二年歲在丙戌夏六月戩生明崑山戴溪王益謹識

天啟元年歲次辛酉季春上巳日　海虞逸民人伯馬宏道漫錄竟

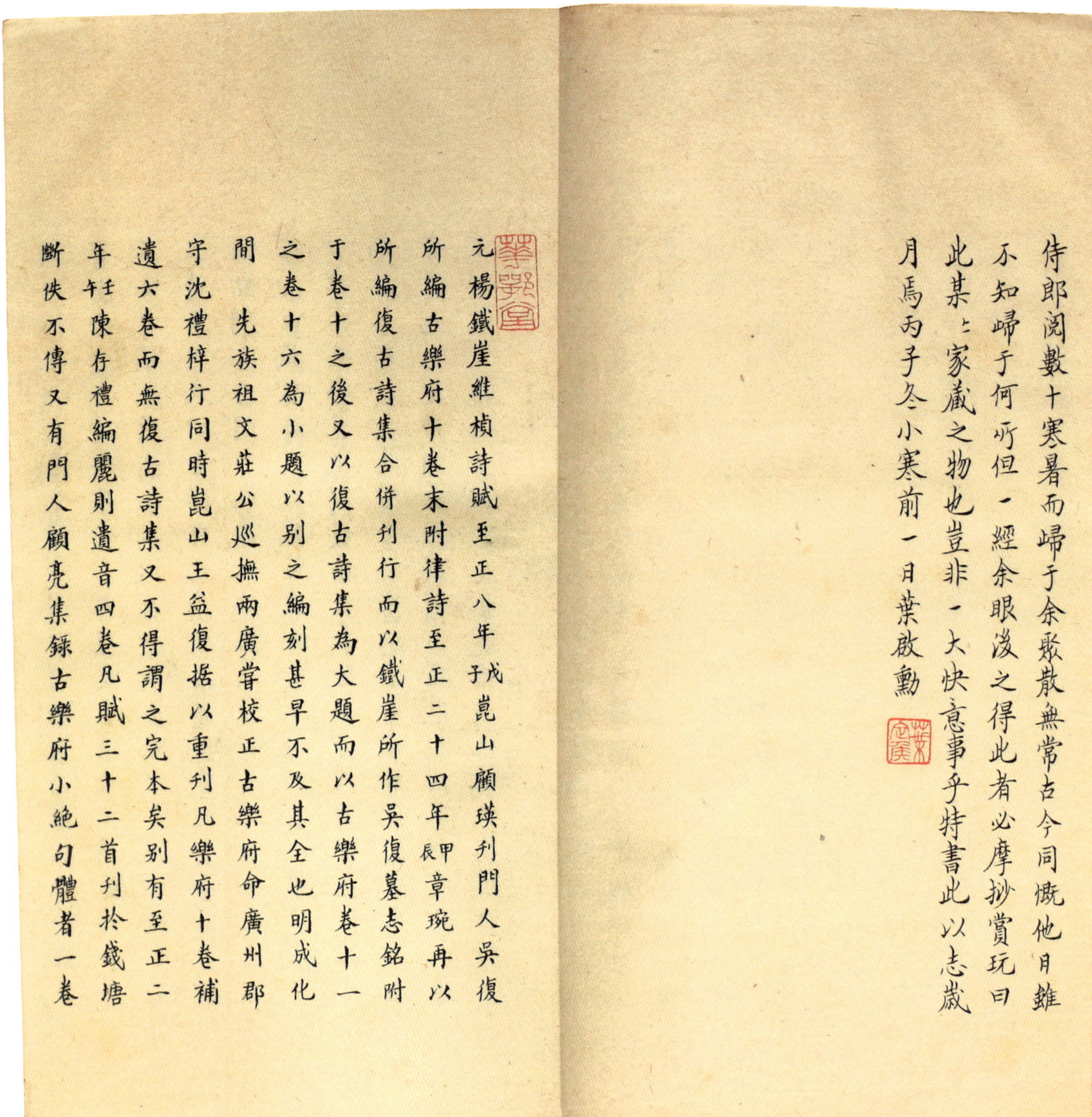
元楊鐵崖維楨詩賦至正八年戊子崑山顧瑛刊門人吳復所編古樂府十卷末附律詩至正二十四年甲辰章琬再以所編復古詩集合併刊行而以鐵崖所作吳復墓志銘附于卷十之後又以復古詩集為大題而以古樂府卷十一之卷十六為小題以別之編刻甚早不及其全也明成化間先族祖文莊公巡撫兩廣嘗校正古樂府命廣州郡守沈禮梓行同時崑山王益復据以重刊凡樂府十卷補遺六卷而無復古詩集又不得謂之完本矣別有至正二年壬午陳存禮編麗則遺音四卷凡賦三十二首刊於錢塘斷佚不傳又有門人顧亮集錄古樂府小絶句體者一卷

侍郎閲數十寒暑而歸于余聚散無常古今同慨他日雖不知歸于何所但一經余眼後之得此者必摩抄賞玩曰此某某家藏之物也豈非一大快意事乎特書此以志歲月焉丙子冬小寒前一日葉啟勳

11916 楊鐵崖先生文集十卷

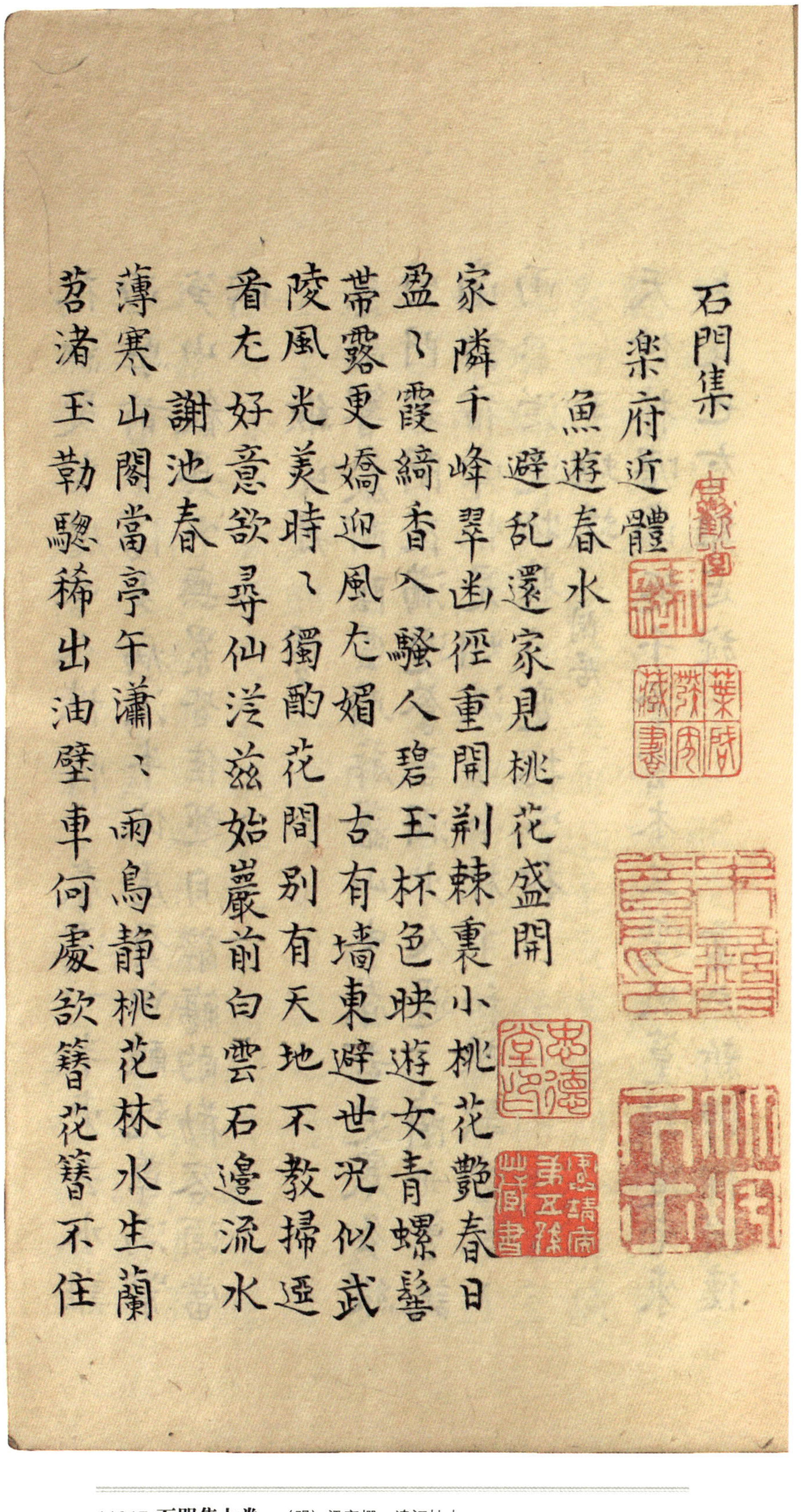

11917 石門集七卷 （明）梁寅撰　清初抄本

匡高18.5厘米，廣13厘米。半葉十二行，行十八字。有“竹垞居士”“朱彝尊印”“葉啓發家藏書”“定侯所藏”“葉啓勳”等印。黄丕烈、金錫爵、戴光曾、葉啟勳、葉啟發跋。湖南圖書館藏。

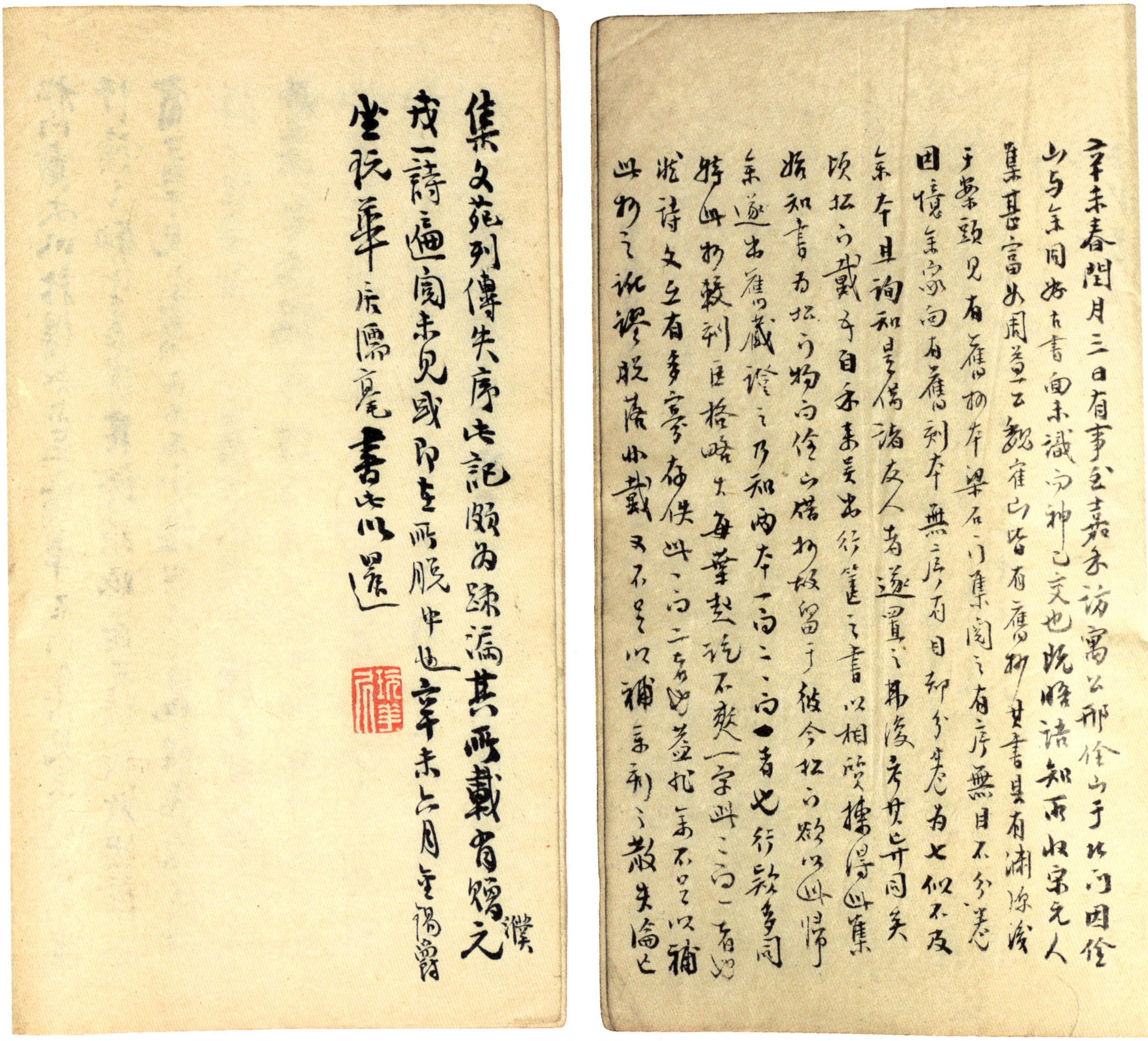

11917 石門集七卷

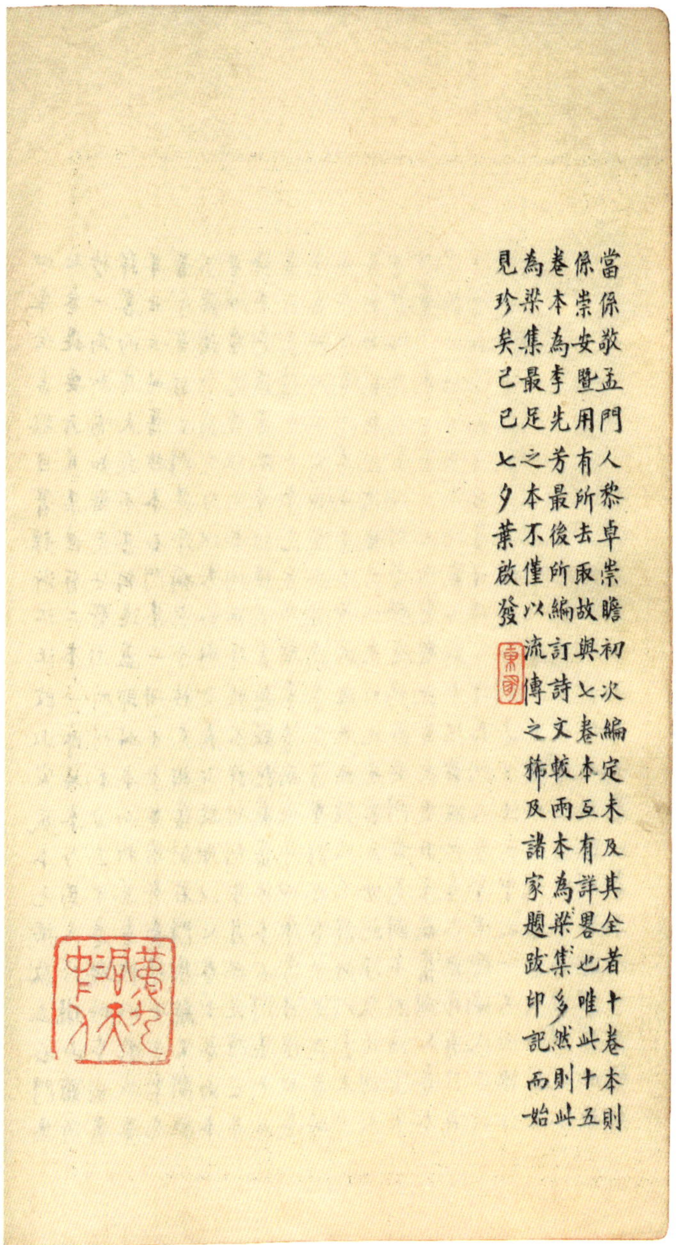
當係敬孟門人粲卓崇瞻初次編定未及其全著十卷本則
係崇安暨用有所去取故與七卷本互有詳畧也唯此十五
卷本為李先芳最後所編訂詩文較兩本為梁集多然則此
為梁集最足之本不僅以流傳之稀及諸家題跋印記而始
見珍矣 己巳七夕葉啟發

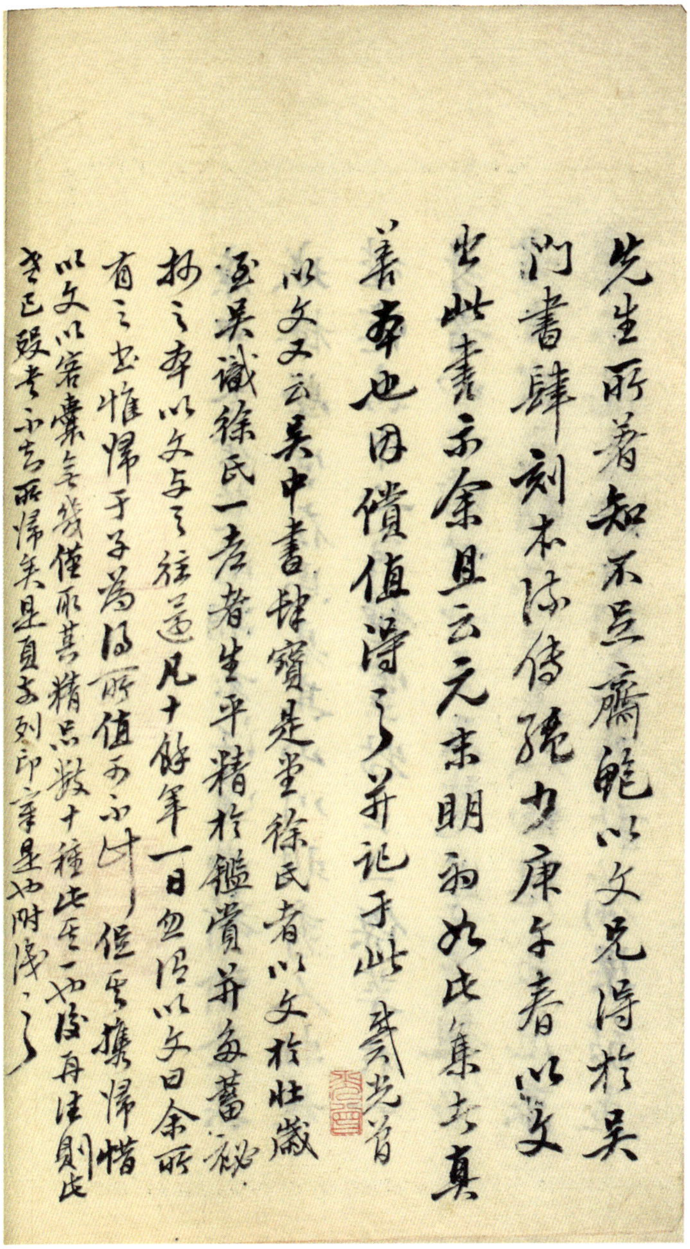
先生所著知不足齋鮑以文先得於吳
門書肆刻本係傳鈔本庚午春以文
出此書示余且云元末明初如此集者真
善本也因價值得之并記于此 蕘翁
以文又云吳中書肆寶是堂徐氏者以文於壯歲
遊吳識徐氏一彥者生平精於鑑賞并多蓄秘
抄之本以文與之往還凡十餘年一日忽語以文曰余所
有之書惟歸于子為得所值而不計促其攜歸惜
以文以窘乏無錢僅取其精品數十種此居一也後再往則此
書已散不知所歸矣是真書刻印本是也附識之

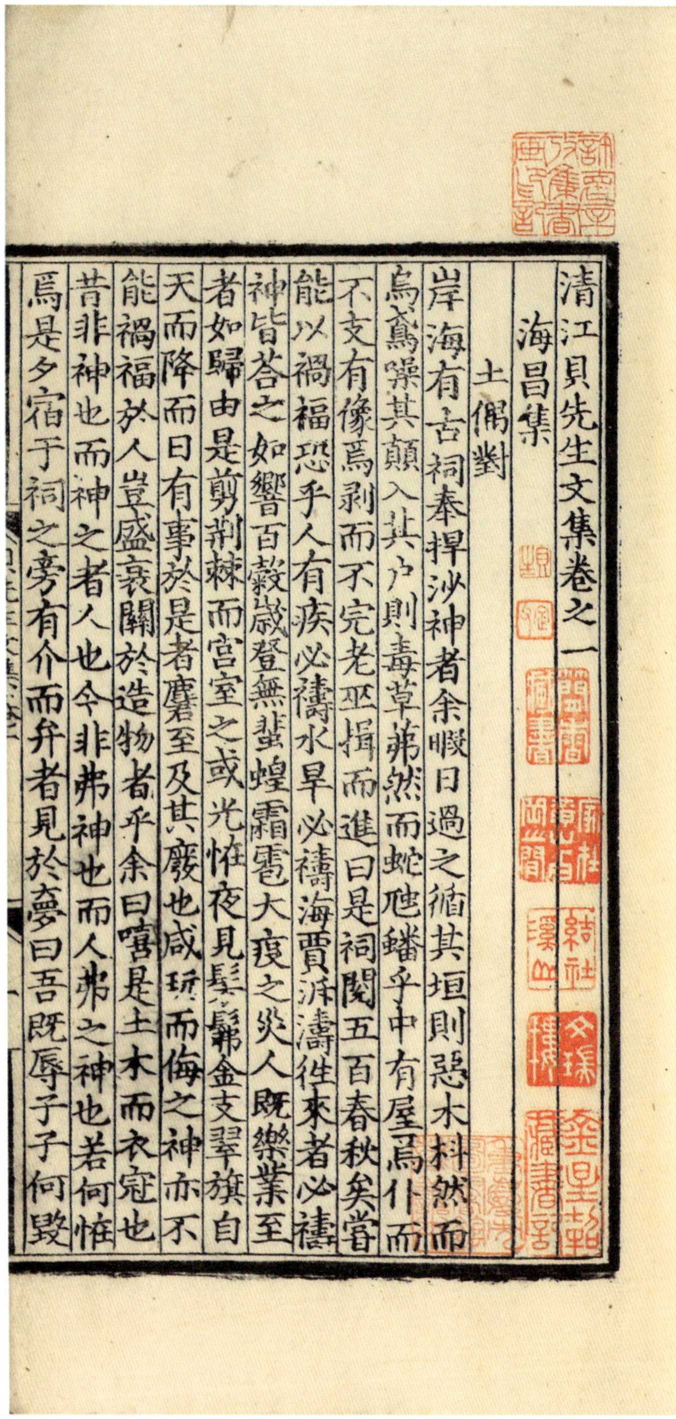

清江貝先生文集卷之一
海昌集
土偶對
岸海有古祠奉捍沙神者余暇日過之循其垣則恶木科然而
烏鳶譟其顛入其户則毒草茀然而蛇虺蟠乎中有屋焉仆而
不支有像焉剥而不完老巫揖而進曰是祠閱五百春秋矣嘗
能以禍福恐乎人有疾必禱水旱必禱海賈泛濤往來者必禱
神皆荅之如響百穀歲登無螽蝗霜雹大疫之災人既樂業至
者如歸由是剪荊棘而宮室之或光怪夜見髣髴金支翠旗自
天而降而日有事於是者麕至及其廢也咸玩而侮之神亦不
能禍福於人豈盛衰關於造物者乎余曰嘻是土木而衣冠也
昔非神也而神之者人也今非弗神也而人弗之神也若何恠
焉是夕宿于祠之旁有介而弁者見於夢曰吾既辱子子何毀

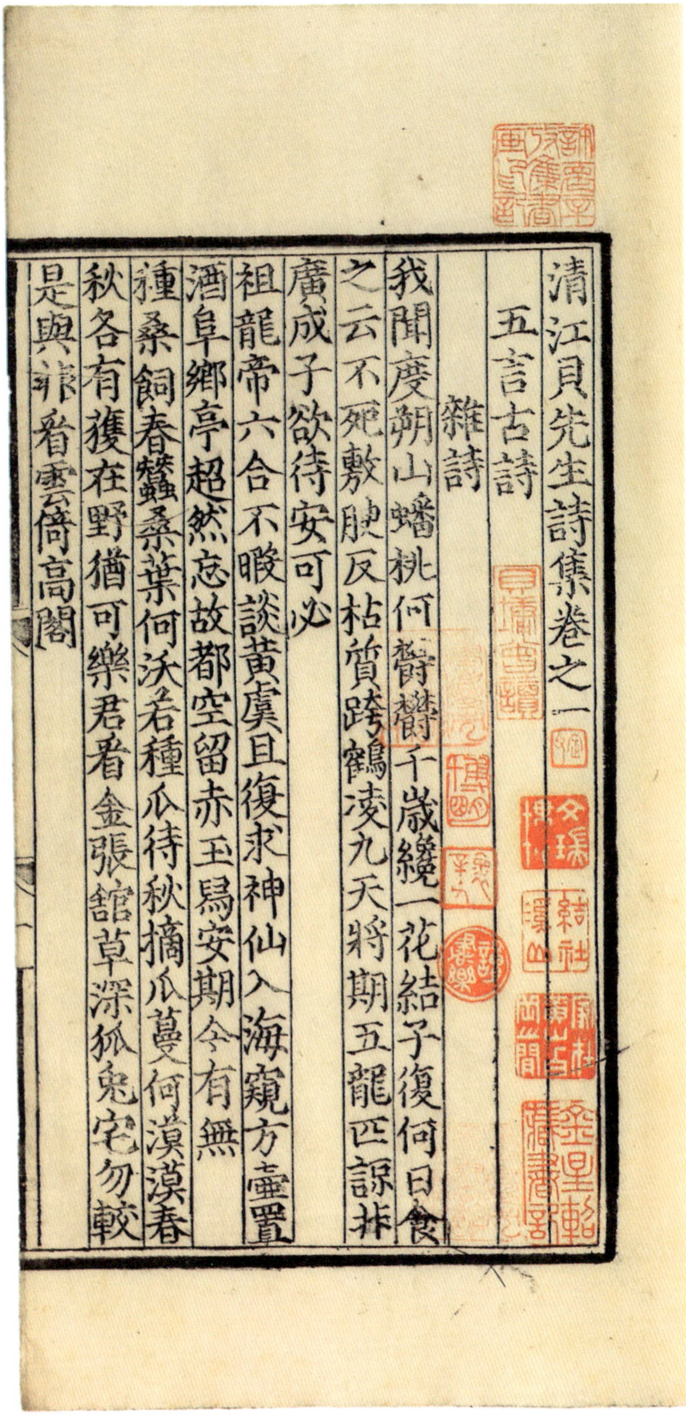

清江貝先生詩集卷之一
五言古詩
雜詩
我聞度朔山蟠桃何欝欝千歲纔一花結子復何日食
之云不死敷腴反枯質跨鶴凌九天將期五龍匹諒非
廣成子欲待安可必
祖龍帝六合不暇談黃虞且復求神仙入海窺方壺置
酒阜鄉亭超然忘故都空留赤玉舄安期今有無
種桑飼春蠶桑葉何沃若種瓜待秋摘瓜蔓何漠漠春
秋各有獲在野猶可樂君看金張館草深狐兔宅勿較
是與非看雲倚高閣

11918 清江貝先生文集三十卷詩集十卷詩餘一卷 （明）貝瓊撰 明洪武刻本

匡高21.9厘米，廣13.4厘米。文集半葉十三行，行二十四字，詩集詩餘半葉十一行，行二十一字，黑口，四周雙邊。有“金星軺藏書記”“文瑞樓”“貝墉曾讀”等印。貝墉跋。重慶圖書館藏。

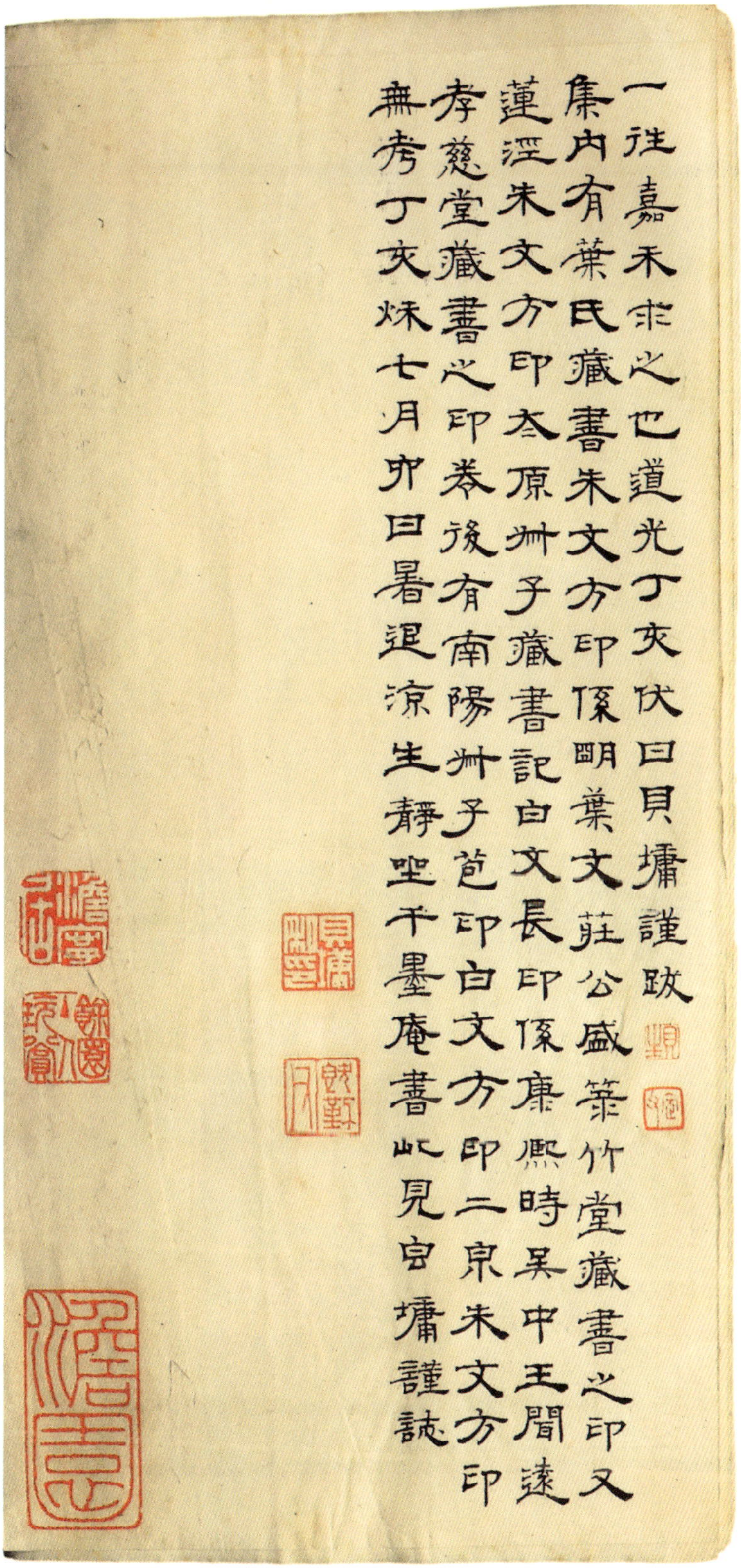
一往嘉禾求之也道光丁亥伏日貝墉謹跋
集內有葉氏藏書朱文方印係明葉文莊公盛菉竹堂藏書之印又
蓮涇朱文方印太原叔子藏書記白文長印係康熙時吳中王聞遠
孝慈堂藏書之印卷後有南陽叔子苞印白文方印二泉朱文方印
無考丁亥秋七月朔日暑退涼生靜坐千墨庵書此貝定墉謹誌

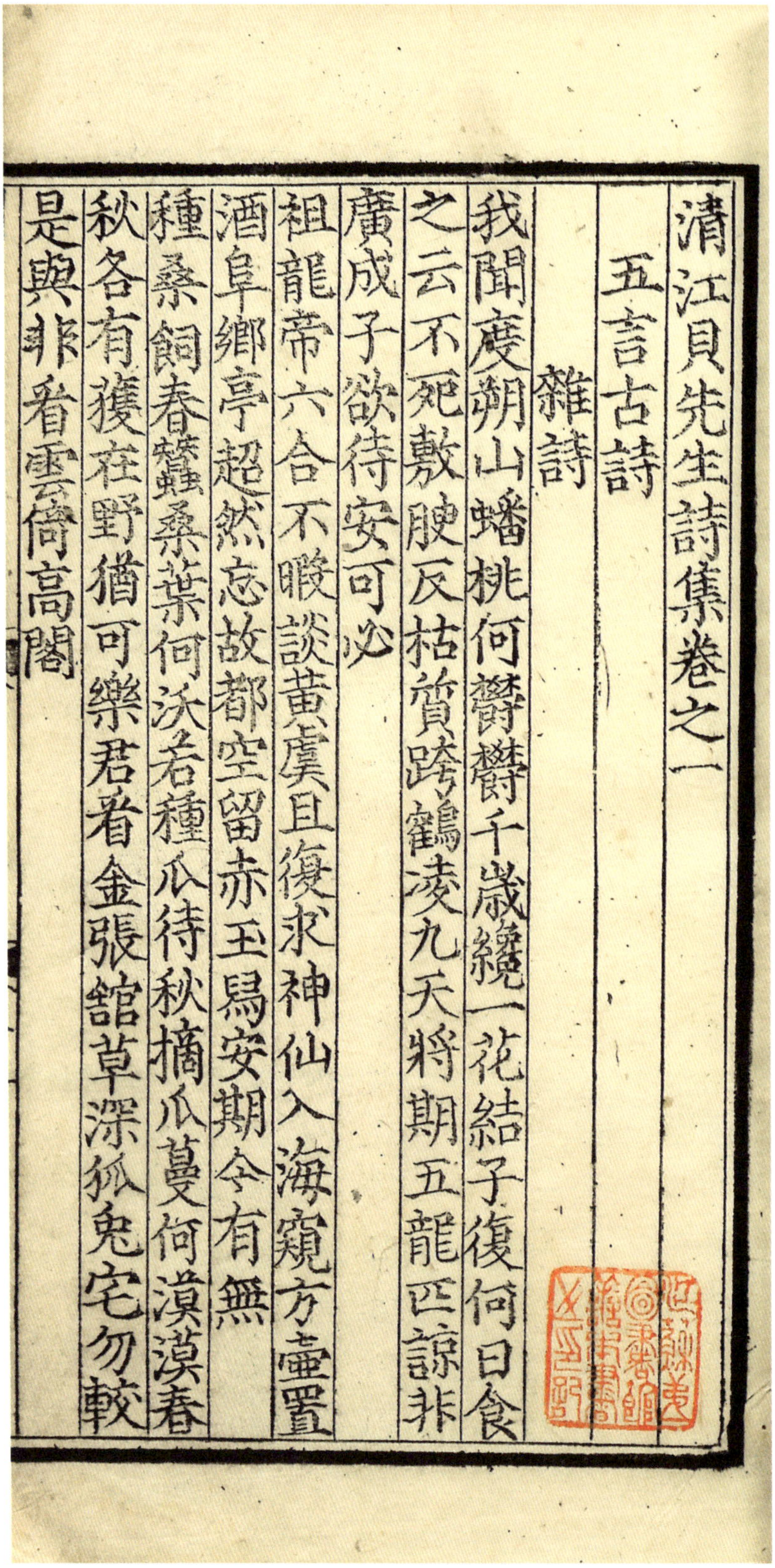

清江貝先生詩集卷之一

五言古詩

雜詩

我聞度朔山蟠桃何欝欝千歲纔一花結子復何日食之云不死數腴反枯質跨鶴淩九天將期五龍匹諒非廣成子欲待安可必

祖龍帝六合不暇談黃虞且復求神仙入海窺方壺置酒阜鄉亭超然忘故都空留赤玉舄安期令有無

種桑飼春蠶桑葉何沃若種瓜待秋摘瓜蔓何漠漠春秋各有獲在野猶可樂君看金張館草深狐兔宅勿較是與非看雲倚高閣

11919 清江貝先生詩集十卷 （明）貝瓊撰　明洪武刻本

匡高22厘米，廣13.3厘米。半葉十一行，行二十一字，黑口，四周雙邊。丁丙跋。南京圖書館藏。

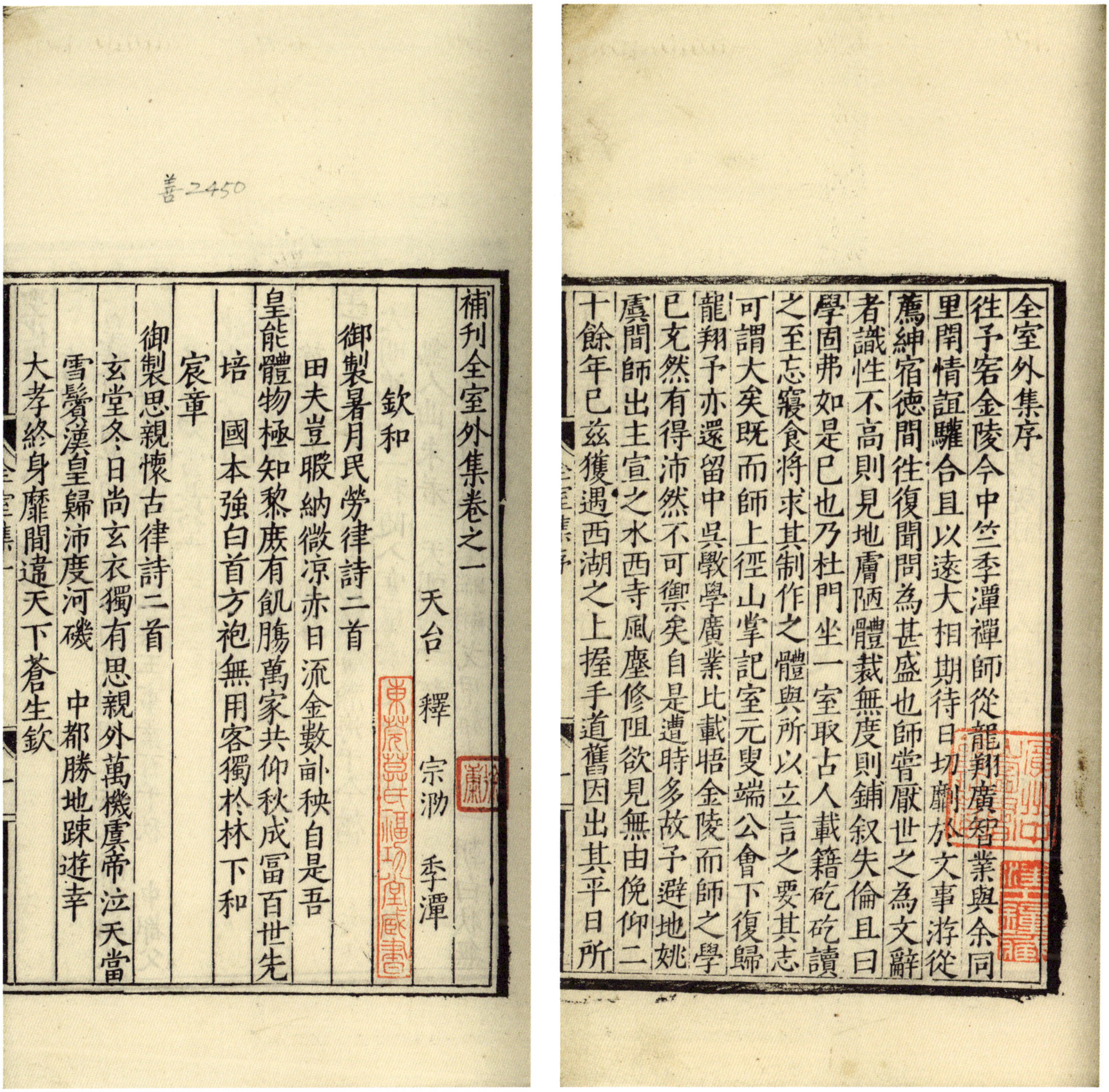

全室外集序

徃予宥金陵今中竺季潭禪師從龍翔廣智業與余同
里閈情誼驩合且以遠大相期待日切劘於文事游從
薦紳宿德問徃復聞問為甚盛也師嘗厭世之為文辭
者識性不高則見地膚陋體裁無度則鋪叙失倫且曰
學固弗如是巳也乃杜門坐一室取古人載籍矻矻讀
之至忘寢食將求其制作之體與所以立言之要其志
可謂大矣既而師上徑山掌記室元叟端公會下復歸
龍翔予亦還留中吳斆學廣業比載晤金陵而師之學
巳充然有得沛然不可禦矣自是遭時多故予避地姚
廣間師出主宣之水西寺風塵修阻欲見無由俛仰二
十餘年巳玆獲遇西湖之上握手道舊因出其平日所

補刊全室外集卷之一

天台　釋　宗泐　季潭

欽和

御製暑月民勞律詩二首

田夫豈暇納微涼赤日流金數畝秧自是吾
皇能體物極知黎庶有飢腸萬家共仰秋成富百世先
培國本強白首方袍無用客獨於林下和
宸章

御製思親懷古律詩二首

玄堂冬日尚玄衣獨有思親外萬機虞帝泣天當
雪鬢漢皇歸沛度河磯　中都勝地疎遊幸
大孝終身靡間違天下蒼生欽

11920 全室外集九卷續集一卷　（明）釋宗泐撰　明前期刻本

匡高18厘米，廣12.8厘米。半葉十二行，行二十一字，黑口，四周雙邊。有“汪士鐘藏”“東莞莫氏福功堂藏書”等印。廣東省立中山圖書館藏。

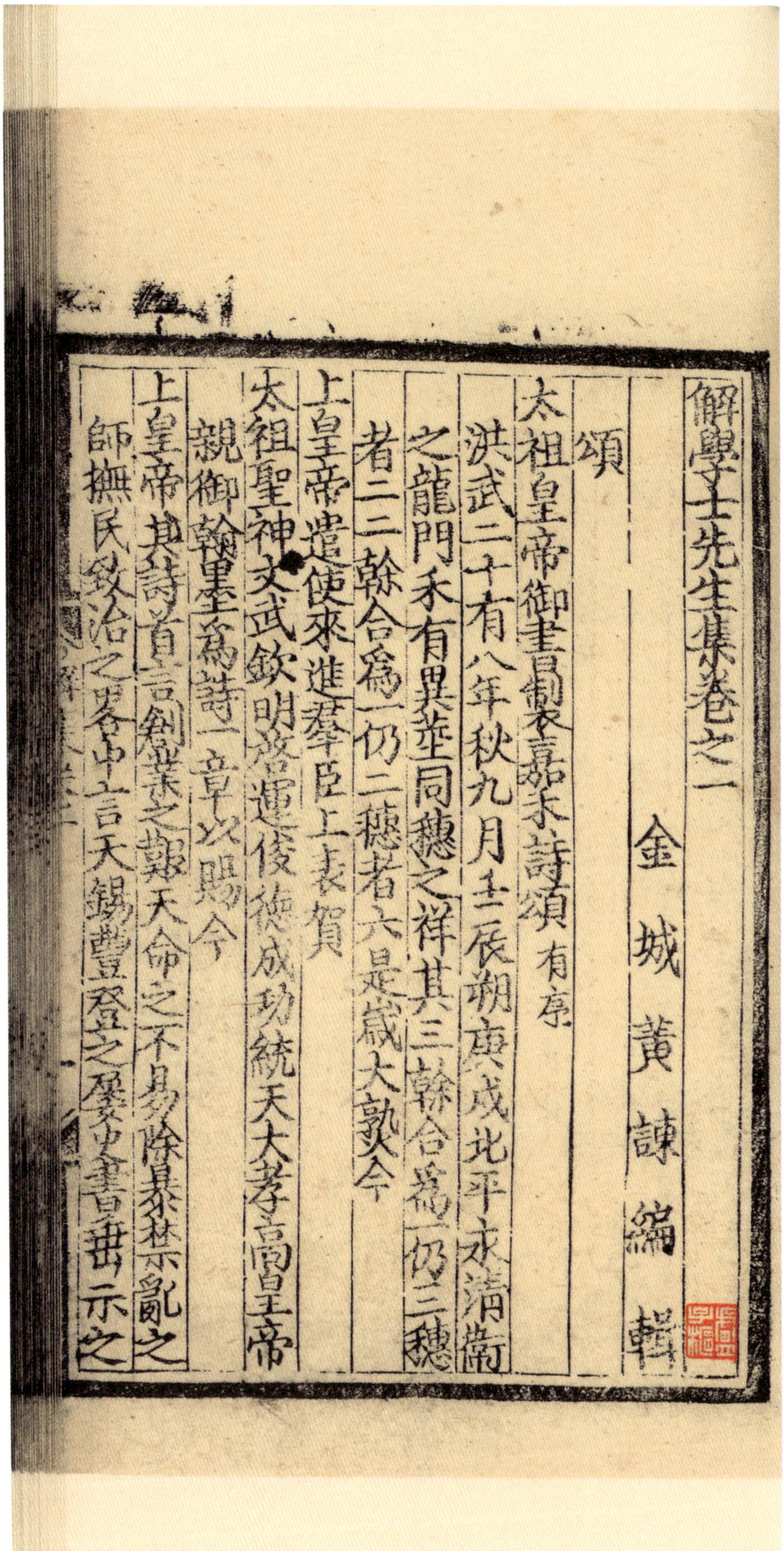
解學士先生集卷之一
金城黄諫編輯
頌
太祖皇帝御製嘉禾詩頌 有序
洪武二十有八年秋九月壬辰朔庚戌北平永清衛
之龍門禾有異莖同穗之祥其三幹合爲一仍三穗
者二二幹合爲一仍二穗者六是歲大熟今
上皇帝遣使來進羣臣上表賀
太祖聖神文武欽明啓運俊德成功統天大孝高皇帝
親御翰墨爲詩一章以賜今
上皇帝其詩首言創業之艱天命之不易除暴禁亂之
師撫民致治之要中言天錫豐登之屢史書冊示之

11921 解學士先生集三十一卷 （明）解縉撰　明天順元年（1457）黄諫刻本

匡高18.7厘米，廣13.2厘米。半葉十二行，行二十一字，黑口，四周雙邊。有“盧子樞”等印。盧子樞題識。國家圖書館藏。

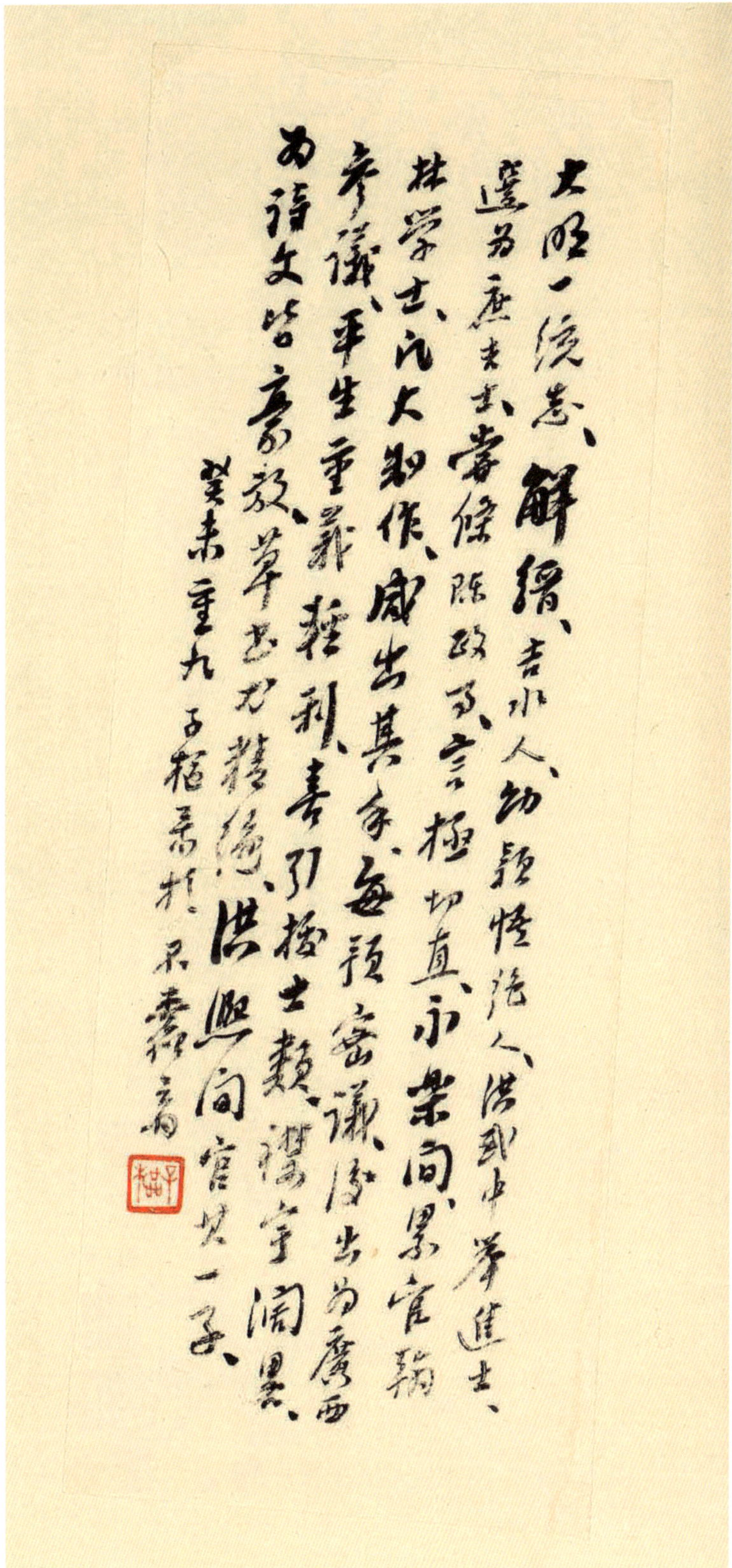

大明一統志、解縉、吉水人、幼穎悟絶人、洪武中舉進士、選爲庶吉士、嘗條陳政事、言極切直、永樂間、累官翰林學士、凡大製作、咸出其手、每預密議、後出爲廣西參議、平生重義輕利、喜引掖士類、襟宇闊略、爲詩文皆豪放、草書尤精絶、洪熙間官其一子、

癸未重九平楷書於不壽軒齋

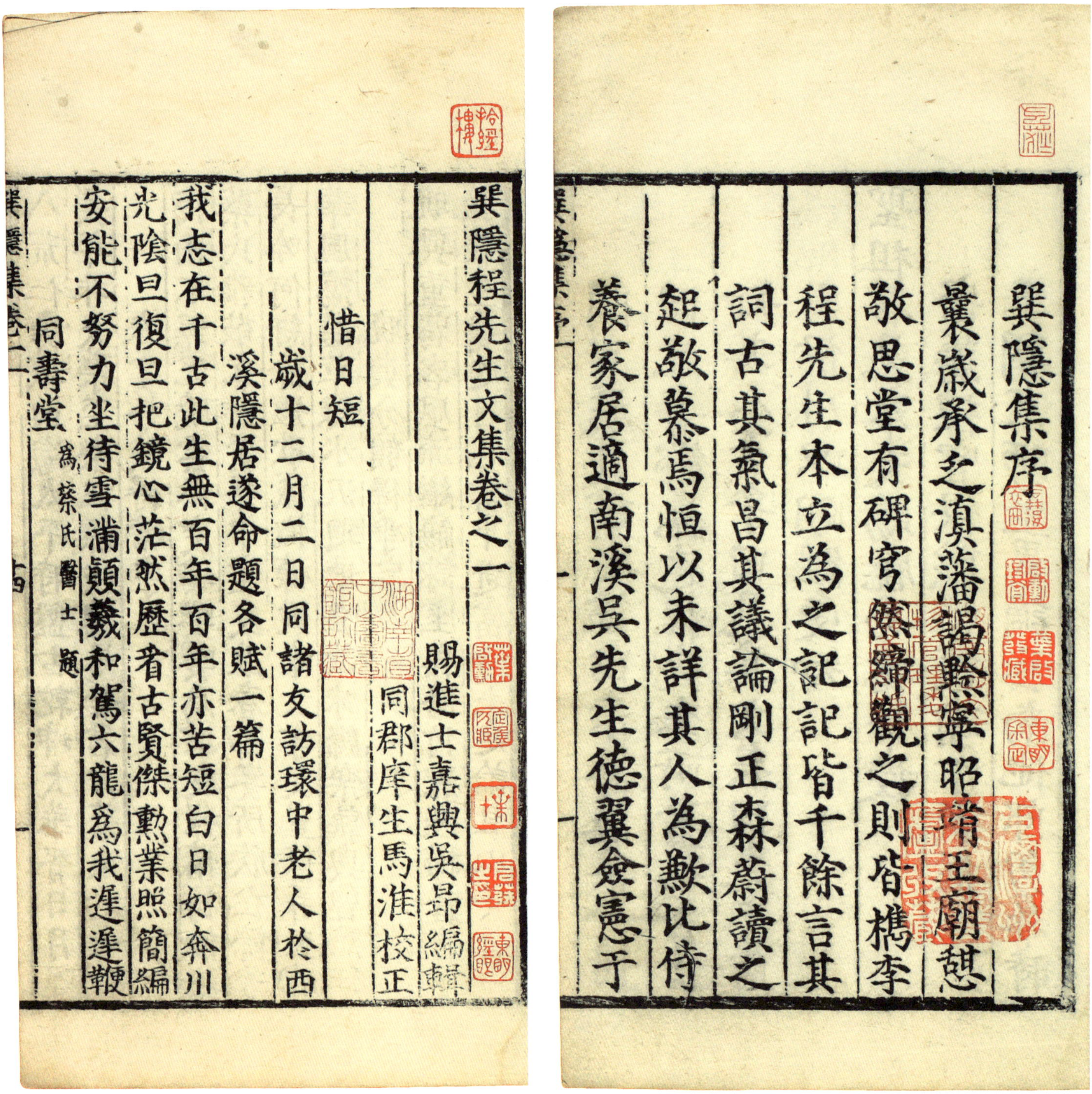

巽隱集序

曩歲承乏滇藩謁黔寧昭靖王廟憩
敬思堂有碑穹[illegible][illegible]觀之則皆樵李
程先生本立為之記記皆千餘言其
詞古其氣昌其議論剛正森蔚讀之
起敬慕焉恒以未詳其人為歎比侍
養家居適南溪吳先生德翼僉憲于

巽隱程先生文集卷之一

賜進士嘉興吳昂編輯
同郡庠生馬淮校正

惜日短

歲十二月二日同諸友訪環中老人於西
溪隱居遂命題各賦一篇

我志在千古此生無百年百年亦苦短白日如奔川
光陰旦復旦把鏡心茫然歷看古賢傑勲業照簡編
安能不努力坐待雪滿顛羲和駕六龍為我遲遲鞭

同壽堂　為蔡氏醫士題

11922 巽隱程先生文集四卷　（明）程本立撰　明嘉靖吴昂刻本

匡高20.5厘米，廣13.2厘米。半葉十行，行二十字，白口，四周單邊。有“古潭州袁臥雪廬收藏”“葉啟發藏”“啟勳珍賞”等印。黄丕烈、葉啟勳、葉啟發跋。湖南圖書館藏。

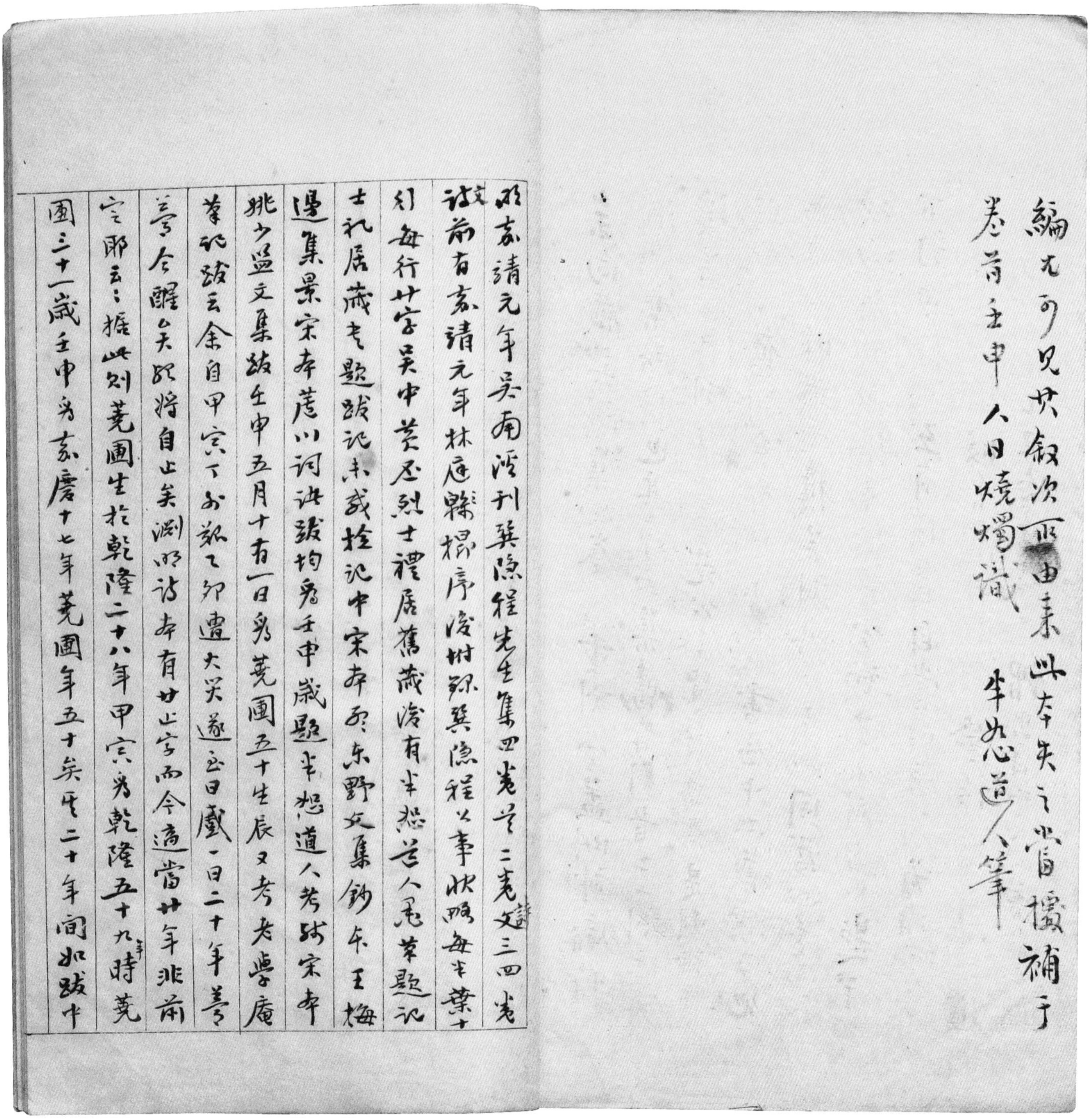
明嘉靖元年吳南濬刊巽隱程先生集四卷首二卷文三四卷
識前有嘉靖元年林庭㭿序後附錄巽隱程公事狀每半葉十
行每行廿字吳中黃丕烈士禮居舊藏後有半恕道人毛筆題記
士禮居藏書題跋記未載檢記中宋本孟東野文集鈔本王梅
邊集景宋本蘆川詞諸跋均為壬申歲題半恕道人考跋宋本
姚少監文集跋壬申五月十有一日為蕘圃五十生辰又考老學庵
筆記跋云余自甲寅下第至乙卯遭大災遂至日蹙一日二十年蕘
翁今醒矣既將自止矣淵明詩本有廿止字而今適當廿年非前
定耶云云據此則蕘圃生於乾隆二十八年甲寅為乾隆五十九年蕘
圃三十一歲壬申為嘉慶十七年蕘圃年五十矣乎二十年間如跋中

編元可見其敘次所由來此本失之嘗擬補于
卷首壬申人日燒燭識　半恕道人筆

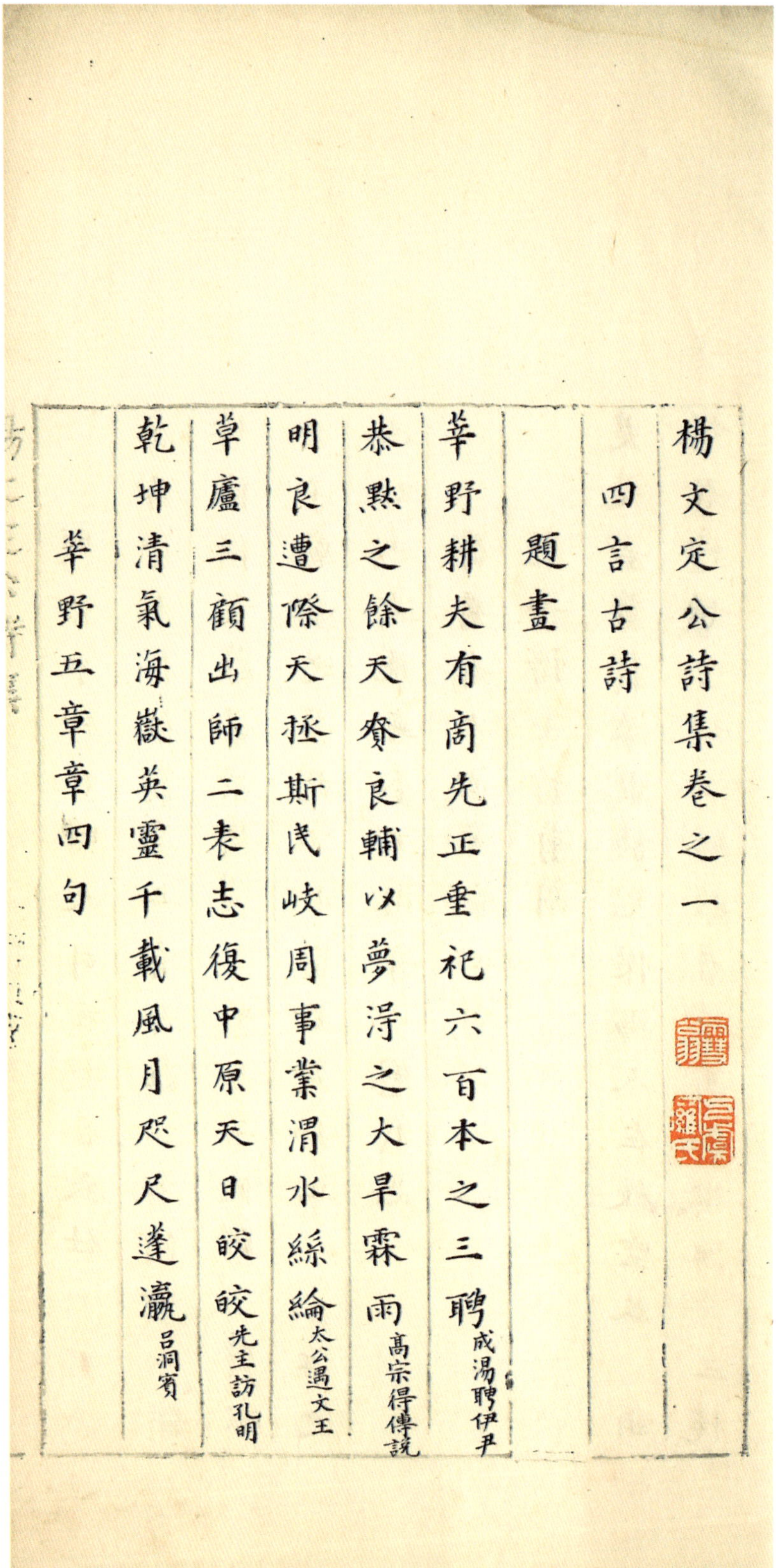

楊文定公詩集卷之一

四言古詩

題畫

莘野耕夫有商先正垂祀六百本之三聘成湯聘伊尹

恭默之餘天賚良輔以夢得之大旱霖雨高宗得傅說

明良遭際天拯斯民岐周事業渭水絲綸太公遇文王

草廬三顧出師二表志復中原天日皎皎先主訪孔明

乾坤清氣海嶽英靈千載風月咫尺蓬瀛呂洞賓

莘野五章章四句

11923 楊文定公詩集七卷 （明）楊溥撰　明抄本

匡高21.5厘米，廣15.7厘米。半葉九行，行十八字，白口，四周單邊。羅繼祖跋。南京圖書館藏。

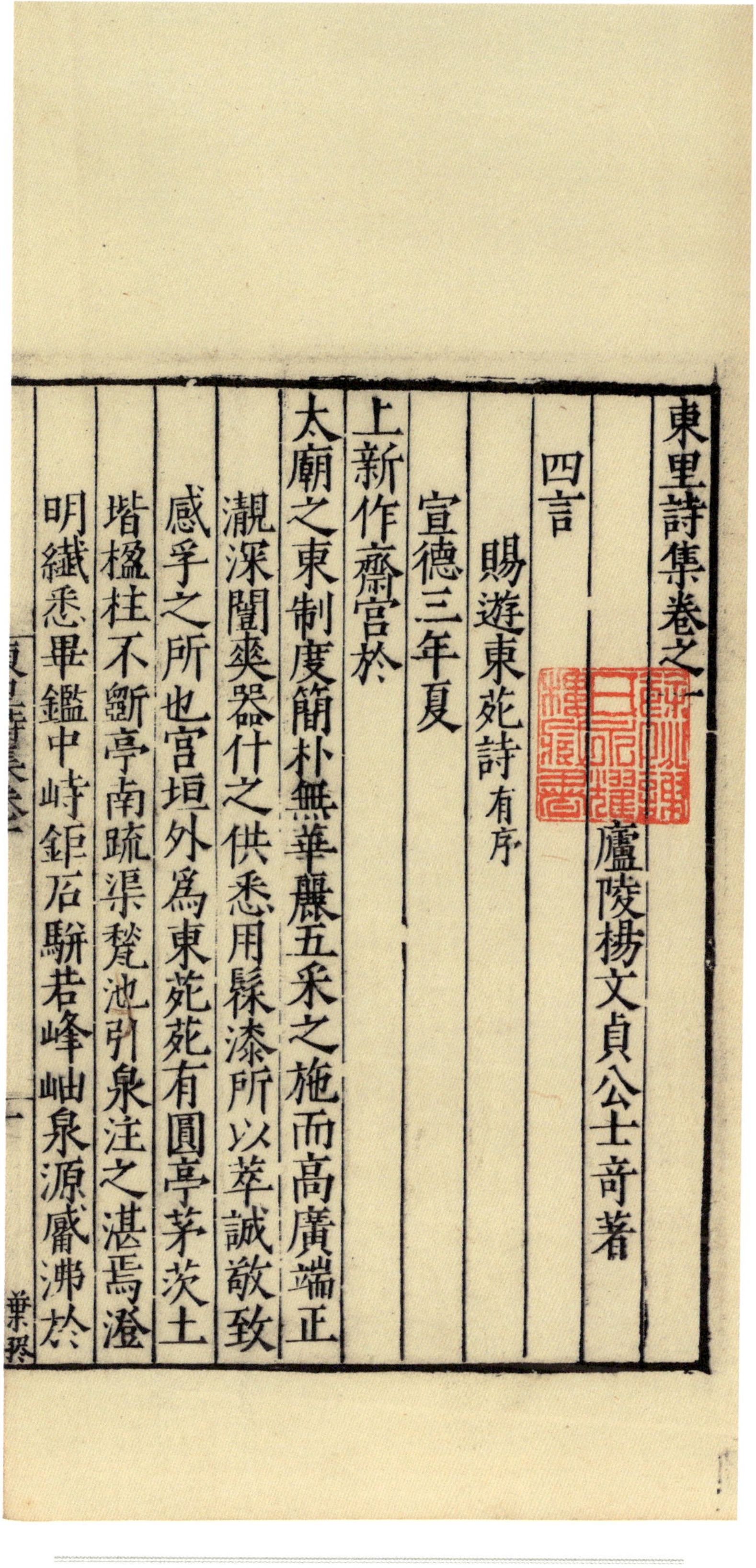

東里詩集卷之一
廬陵楊文貞公士奇著
四言
賜遊東苑詩 有序
宣德三年夏
上新作齋宮於
太廟之東制度簡朴無華飾五采之施而高廣端正
靚深閟奕器什之供悉用髹漆所以萃誠敬致
感孚之所也宮垣外爲東苑苑有圓亭茅茨土
堦楹柱不斲亭南疏渠甃池引泉注之湛焉澄
明纖悉畢鑑中峙鉅石駢若峰岫泉源觱沸於

11924 東里文集二十五卷詩集三卷續編六十二卷別集三卷 （明）楊士奇撰 **附録四卷** 明嘉靖二十九年（1550）黄如桂刻本

匡高20厘米，廣14.9厘米。半葉十一行，行二十字，白口，四周單邊。有“楮園圖書”“曾藏顧少梅家”“武陵顧氏藏本”“餘姚謝氏永耀樓藏書”等印。黄虞稷跋。國家圖書館藏。

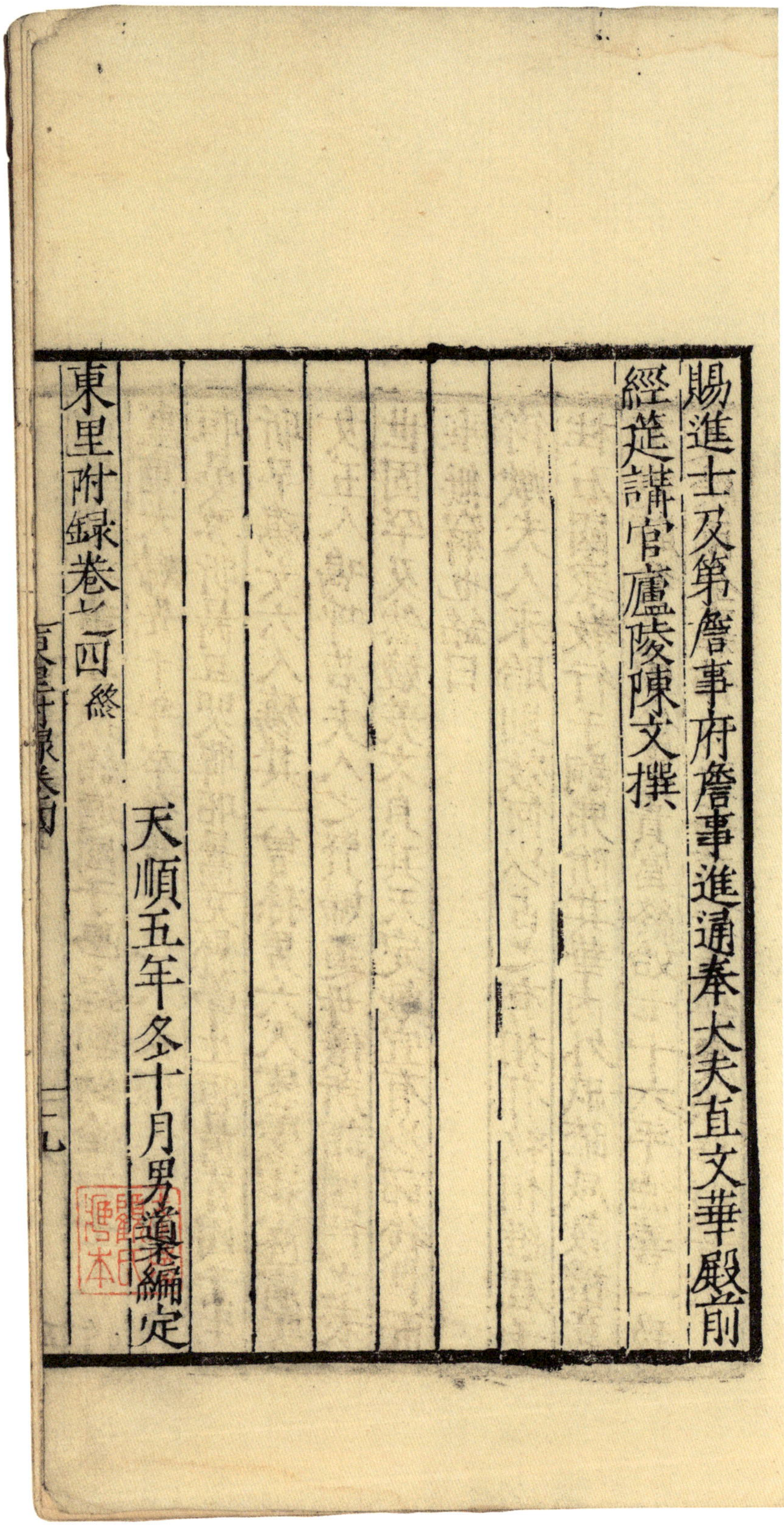

11924 東里文集二十五卷詩集三卷續編六十二卷別集三卷 （明）楊士奇撰 **附録四卷**

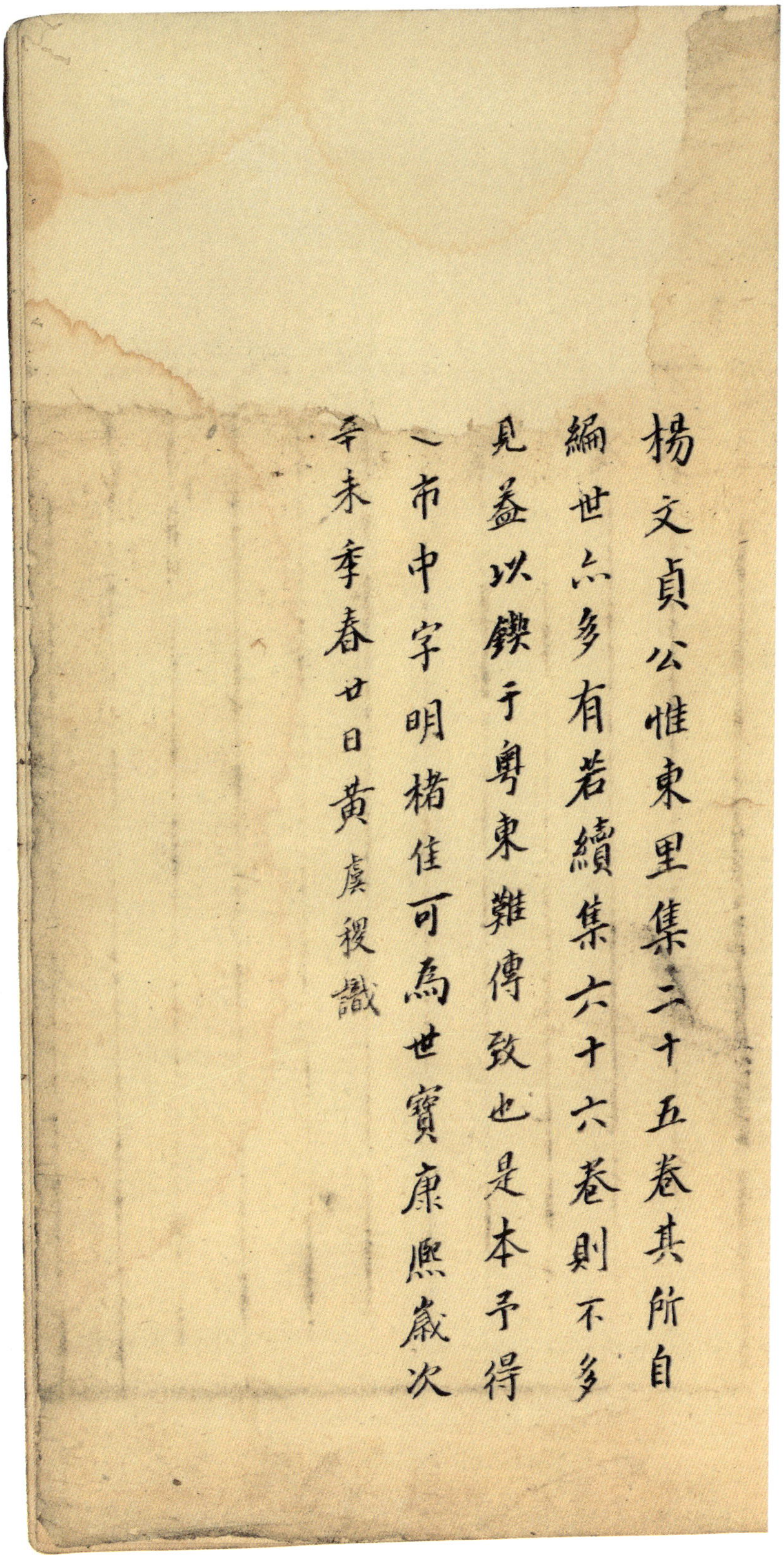
楊文貞公惟東里集二十五卷其所自
編世亦多有若續集六十六卷則不多
見益以鍥于粵東難傳致也是本予得
之市中字明楮佳可爲世寶康熙歲次
辛未季春廿日黄虞稷識

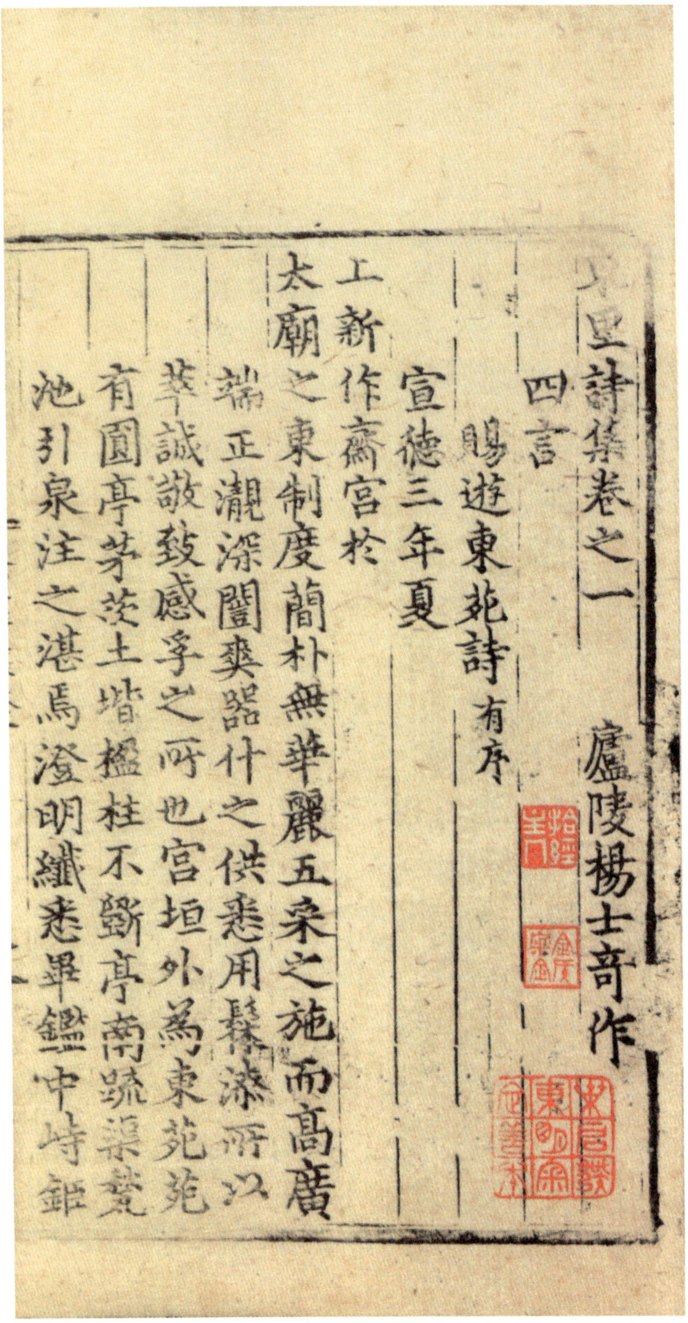

東里詩集卷之一　　廬陵楊士奇作
四言
賜遊東苑詩 有序
宣德三年夏
上新作齋宮於
太廟之東制度簡朴無華麗五采之施而高廣
端正灝深閎奧器什之供悉用髹漆所以
華誠敬致感孚之所也宮垣外為東苑苑
有圓亭茅茨土堦楹柱不斲亭南跳渠甃
池引泉注之湛焉澄明纖悉畢鑑中峙館

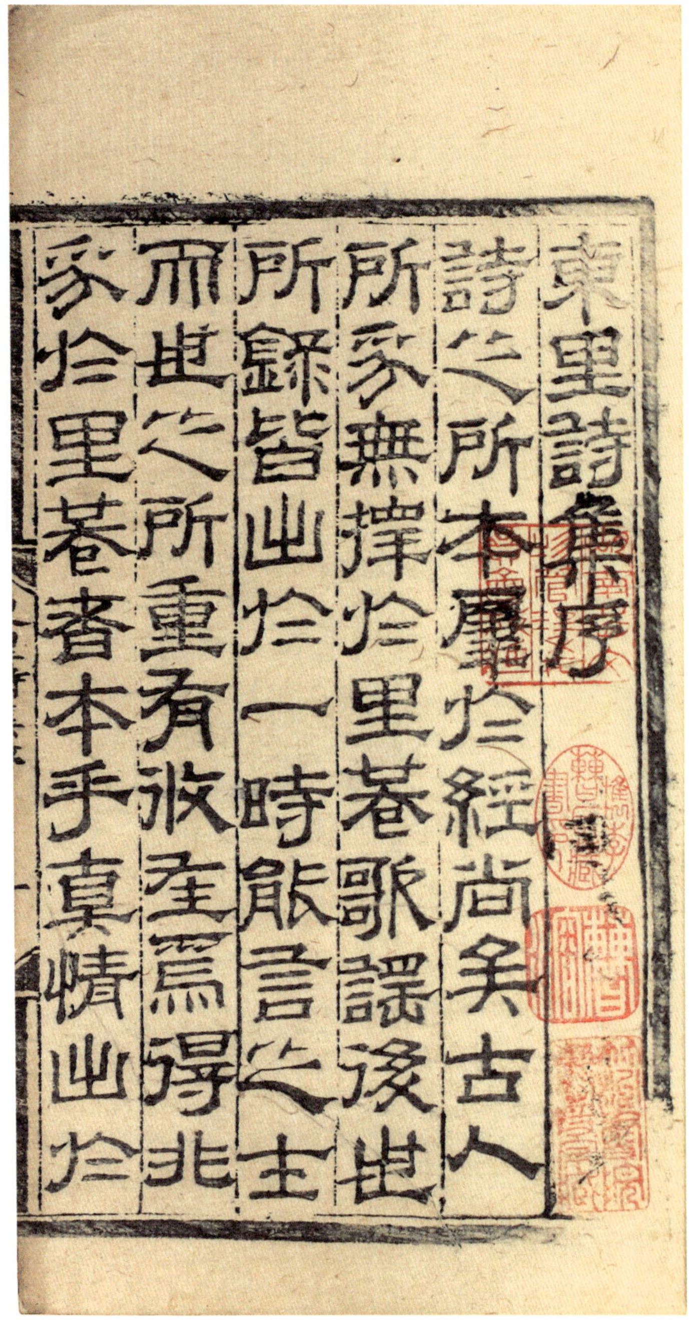

東里詩集序
詩之所本肇於經尚矣古人
所為無擇於里巷歌謡後世
所錄皆出於一時能言之士
而世之所重有彼奎焉得非
家於里巷者本乎真情出於

11925 東里詩集三卷　（明）楊士奇撰　明正統刻重修本

匡高19.2厘米，廣12.9厘米。半葉十行，行十八字，黑口，四周雙邊。有“曹溶”“檇李曹氏藏書印”“蕘圃”“葉启發東明審定善本”等印。黄丕烈、葉啟勳、葉啟發跋。湖南圖書館藏。

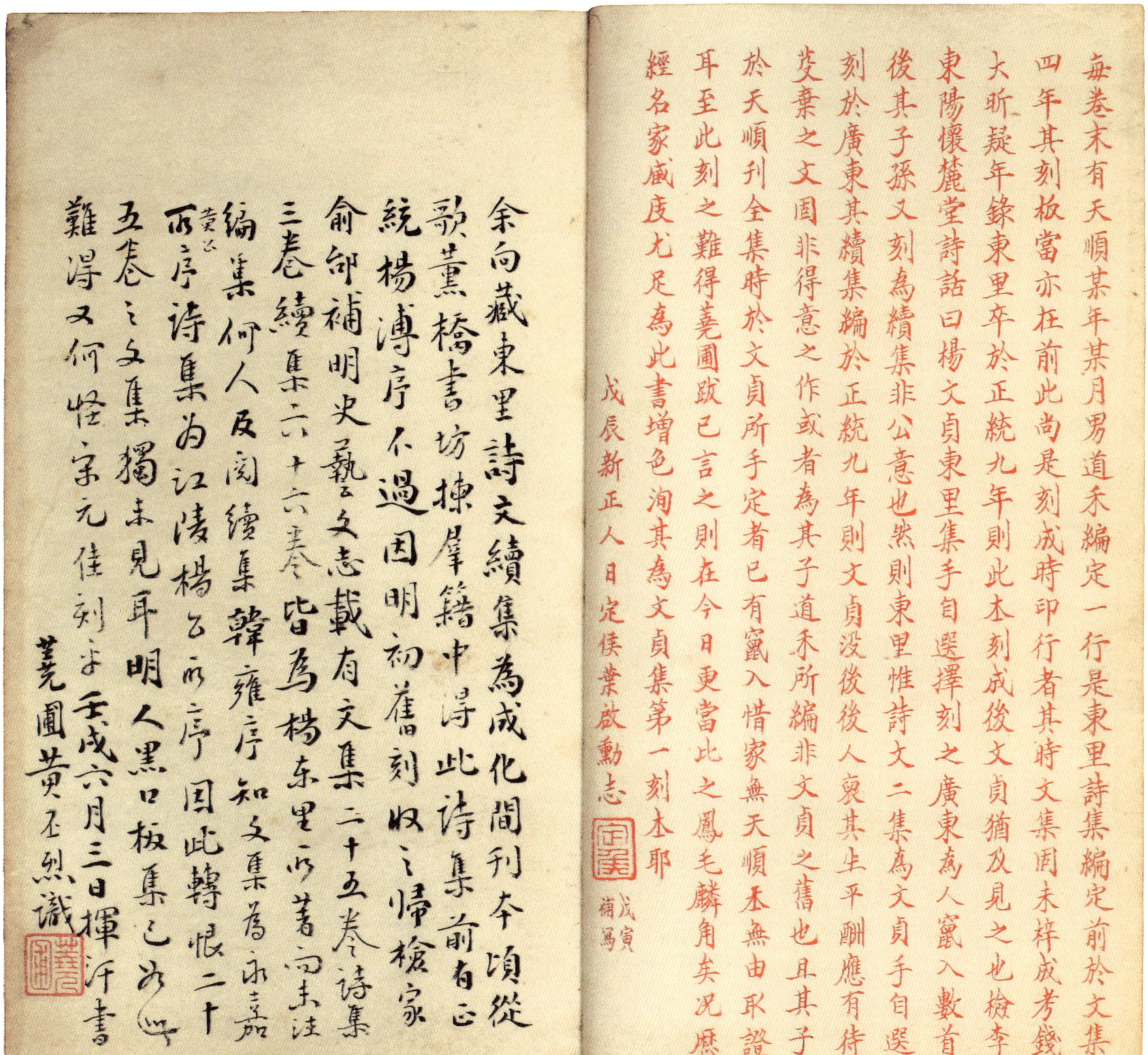

毎卷末有天順某年某月男道禾編定一行是東里詩集編定前於文集四年其刻板當亦在前此尚是刻成時印行者其時文集因未梓成考錢大昕疑年錄東里卒於正統九年則此本刻成後文貞猶及見之也檢李東陽懷麓堂詩話曰楊文貞東里集手自選擇刻之廣東為人竄入數首後其子孫又刻為續集非公意也然則東里惟詩文二集為文貞手自選刻於廣東其續集編於正統九年則文貞沒後後人裒其生平酬應有待芟棄之文固非得意之作或者為其子道禾所編非文貞之舊也且其子於天順刊全集時於文貞所手定者已有竄入惜家無天順本無由取證耳至此刻之難得蕘圃跋已言之則在今日更當比之鳳毛麟角矣況歷經名家臧庋尤足為此書增色洵其為文貞集第一刻本耶

戊辰新正人日定侯葉啟勳志

戊寅補寫

余向藏東里詩文續集為成化間刊本頃從歌薰橋書坊揀羣籍中得此詩集前有正統楊溥序不過因明初舊刻收之歸檢家俞邰補明史藝文志載有文集二十五卷詩集三卷續集六十六卷皆為楊東里所著而未注編集何人反閱續集韓雍序知文集為永嘉黃養正所序詩集為江陵楊子所序因此轉恨二十五卷之文集獨未見耳明人黑口板集已如此難得又何怪宋元佳刻乎 壬戌六月三日揮汗書

蕘圃黃丕烈識

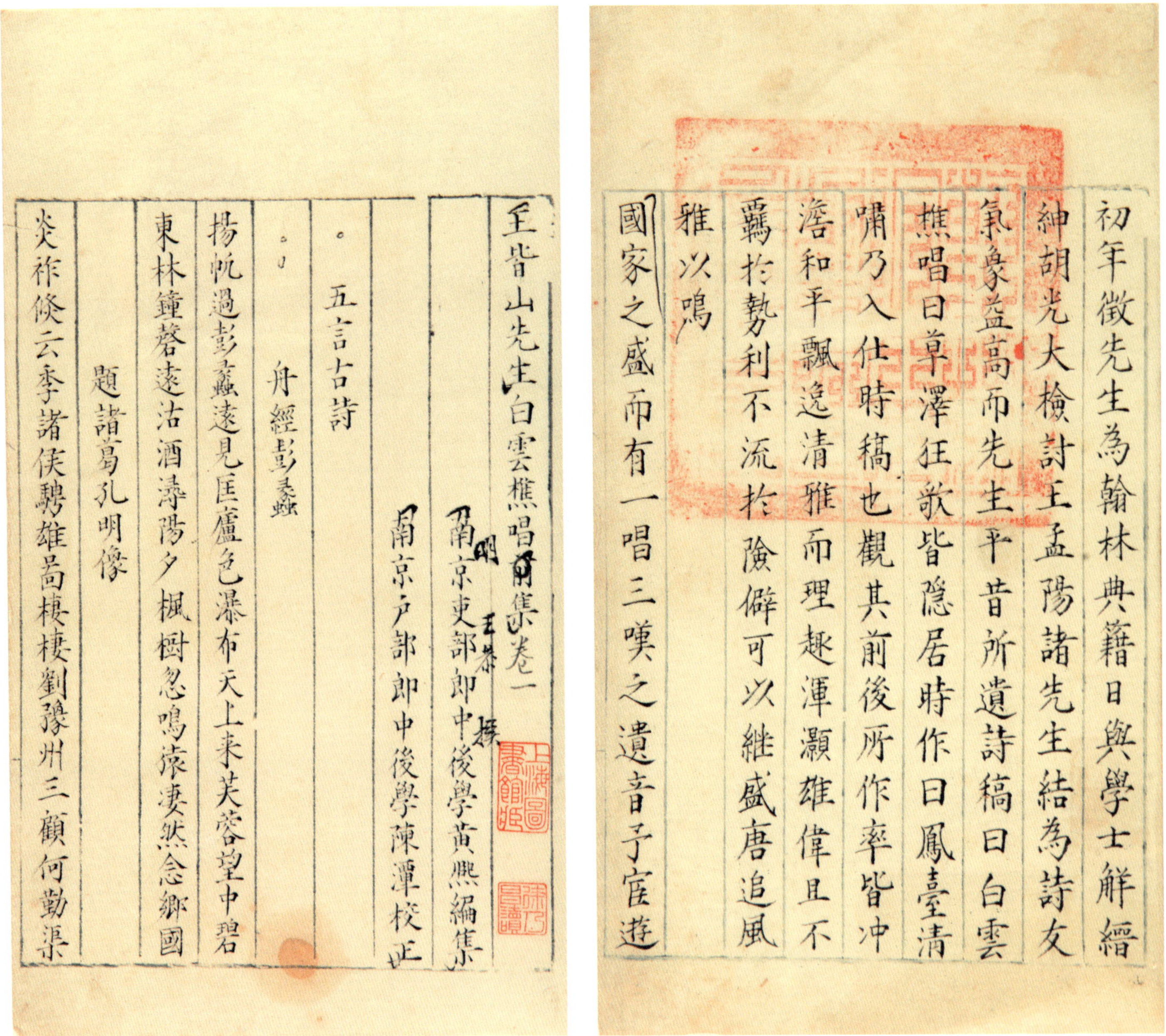
初年徵先生為翰林典籍日與學士解縉
紳胡光大檢討王孟陽諸先生結為詩友
氣象益高而先生平昔所遺詩稿曰白雲
樵唱曰草澤狂歌皆隱居時作曰鳳臺清
嘯乃入仕時稿也觀其前後所作率皆冲
澹和平飄逸清雅而理趣渾灝雄偉且不
覊於勢利不流於險僻可以繼盛唐追風
雅以鳴
國家之盛而有一唱三嘆之遺音予宦遊

王皆山先生白雲樵唱前集卷一
明 王恭撰
南京吏部郎中後學黄熈編集
南京户部郎中後學陳潭校正
五言古詩
舟經彭蠡
揚帆過彭蠡遠見匡廬色瀑布天上來芙蓉望中碧
東林鐘磬遠沽酒潯陽夕楓樹忽鳴猿淒然念鄉國
題諸葛孔明像
炎祚倏云季諸侯騁雄啚棲棲劉豫州三顧何勤渠

11926 王皆山先生白雲樵唱二卷 （明）王恭撰　明抄本[四庫底本]

匡高20.1厘米，廣14.9厘米。半葉九行，行二十字，藍格，白口，四周單邊。有“翰林院印”“徐乃昌讀”等印。徐乃昌題識。上海圖書館藏。

卷一此止

蒼〻但鱗次七閩重鎮舊繁華九陌三衢十萬家連營國步軍容盛法宇仙臺島道斜遙天塔影迴孤鴈何限清暉卷虛幔洗馬濠頭過雨香釣鰲磯下春潮滿白雲飛上越王山憶昔豪華午夢閒城池百戰今誰在草色千門幾度閑玉章繪袞分秦土珮兮白馬空陵樹霸氣榮光共渺然看龍射鱷知何處登臨懷古興悠〻酌酒彈絃醉不休慱陵才子能高咏灵武詞人解唱酧門外金羈多上客独怜王粲未銷憂

白雲樵唱集卷二 歌行

賦高漫士適安堂題于方壺所寄盈

小隱翻成大隱媒終南捷徑近蓬萊君家草堂独蕭洒半占峯南松際開草堂松際秋声裹四壁清暉映烏几卷幔朝眠日出高野雀孤雲秖如此孤雲野雀澹忘形羸得丘園養性灵飛騰未應郎官宿嘉遯猶當處士星吟詩作畫多閒放心跡悠〻古人上玩宇天空谿遠懷嘯臺夜雪聞清響王門記室旧交情國子先生若弟兄清時共逐鵷鸞去白頭誰同鷗鷺盟碩余别是滄浪客蓬累相逢即相得對酒龍門月色秋杖歌鷄嶼潮頭白壺丘仙墨思紛〻千里神交寄

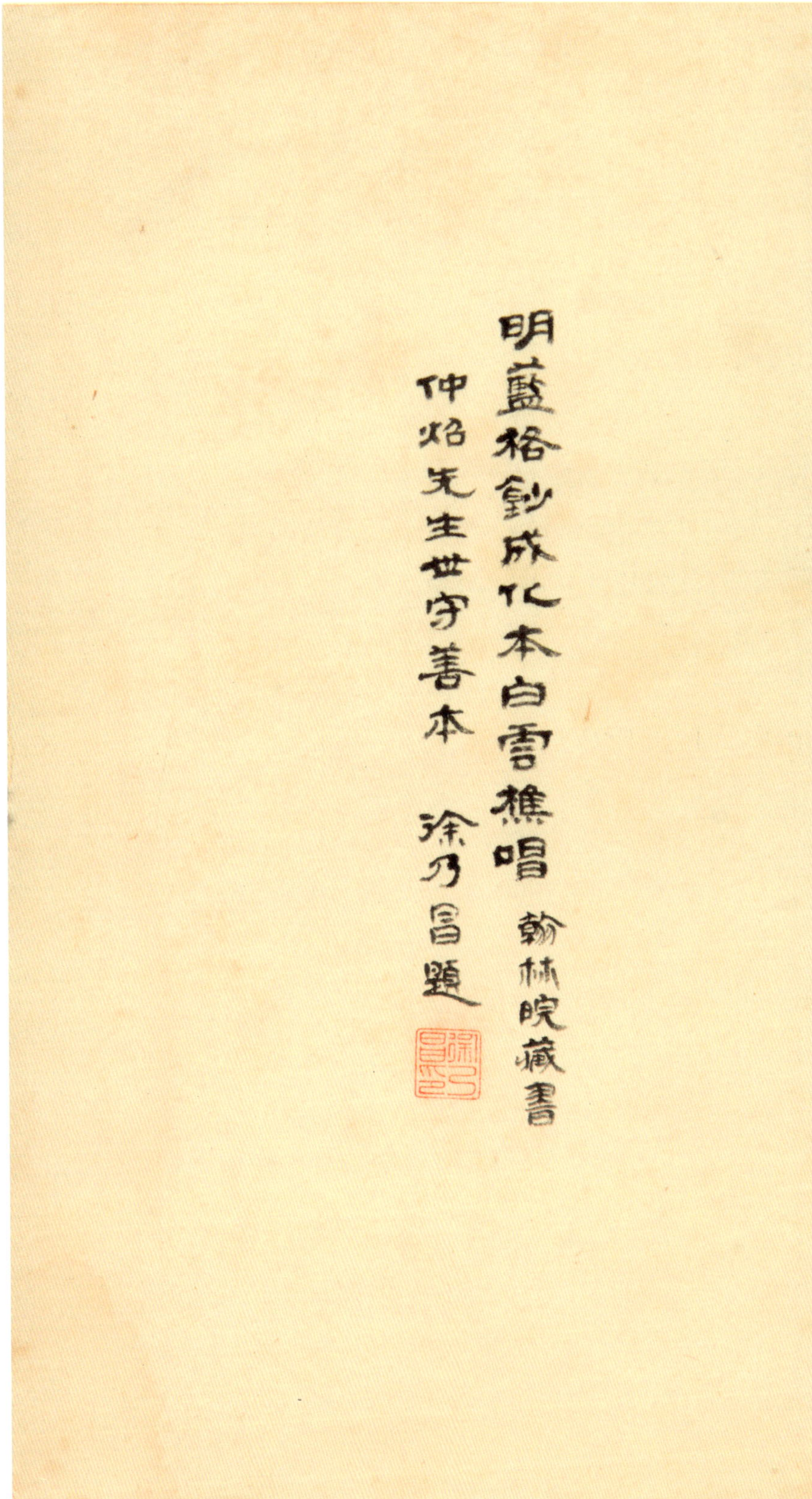
明藍格鈔成化本白雲樵唱 翰林院藏書
仲炤先生世守善本 徐乃昌題

11926 王皆山先生白雲樵唱二卷

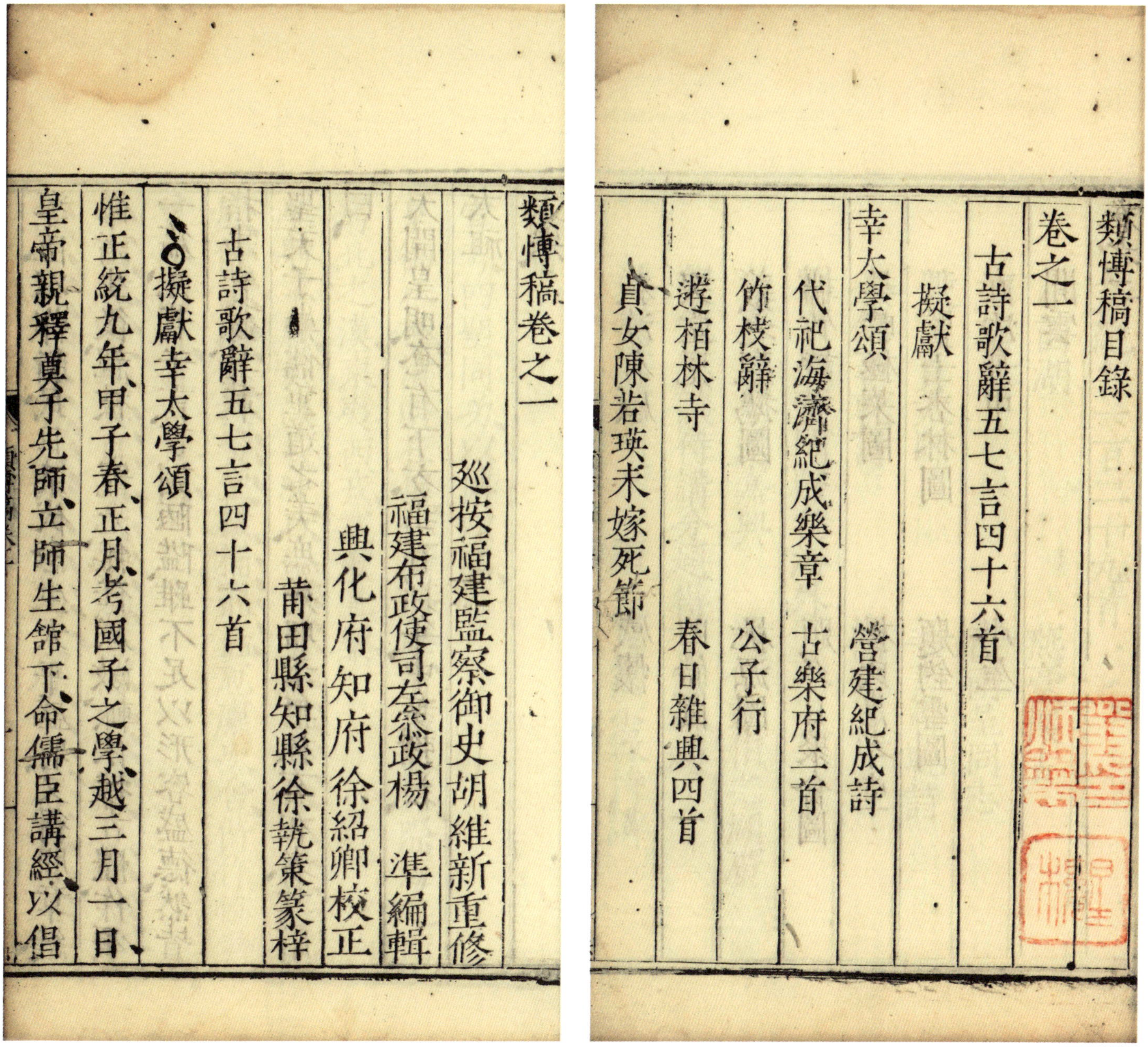
類博稿目錄
卷之一
古詩歌辭五七言四十六首
擬獻
幸太學頌　營建紀成詩
代祀海瀆紀成樂章　古樂府二首
仿棧辭　公子行
遊栢林寺　春日雜興四首
貞女陳若瑛未嫁死節

類博稿卷之一
巡按福建監察御史胡維新重修
福建布政使司左參政楊準編輯
興化府知府徐紹卿校正
莆田縣知縣徐執策纂梓
古詩歌辭五七言四十六首
擬獻幸太學頌
惟正統九年甲子春正月考國子之學越三月一日
皇帝親釋奠于先師立師生館下命儒臣講經以倡

11927 類博稿十卷　（明）岳正撰　明嘉靖徐執策刻本

匡高20.4厘米，廣15厘米。半葉九行，行二十字，白口，四周雙邊。莆田市圖書館藏。

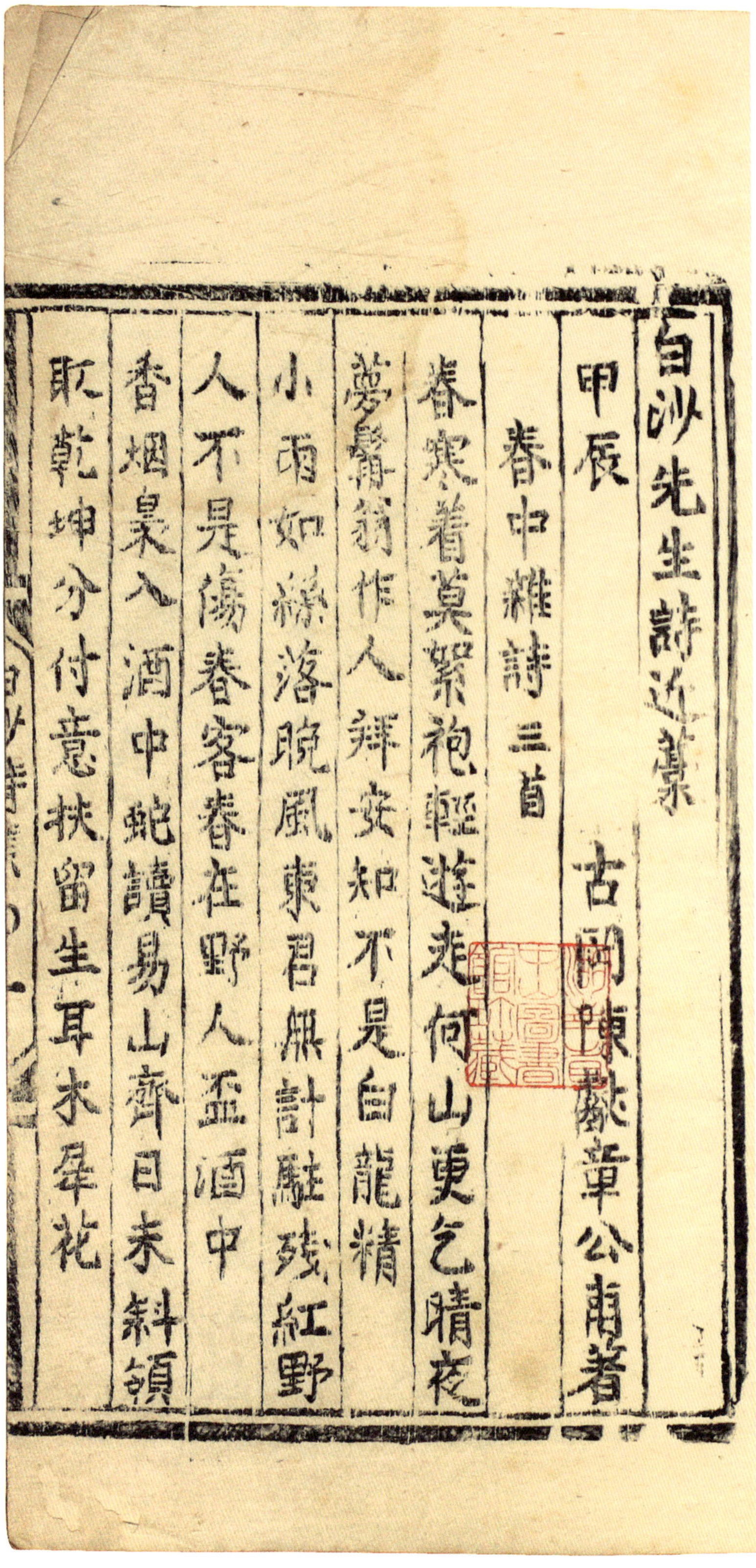
白沙先生詩近藁
甲辰　古岡陳獻章公甫著
春中雜詩三首
春寒着莫絮袍輕遊走何山更乞晴衣
夢髯翁作人拜安知不是白龍精
小雨如絲落脫風東君無計駐殘紅野
人不是傷春客春在野人盃酒中
香烟鼻入酒中蛇讀易山齋日未斜領
取乾坤分付意扶留生耳木犀花

11928 白沙先生詩近藁十卷 （明）陳獻章撰　明弘治九年（1496）吴廷舉刻本

匡高19.3厘米，廣12.7厘米。半葉九行，行十五字，黑口，四周雙邊。湖南圖書館藏。

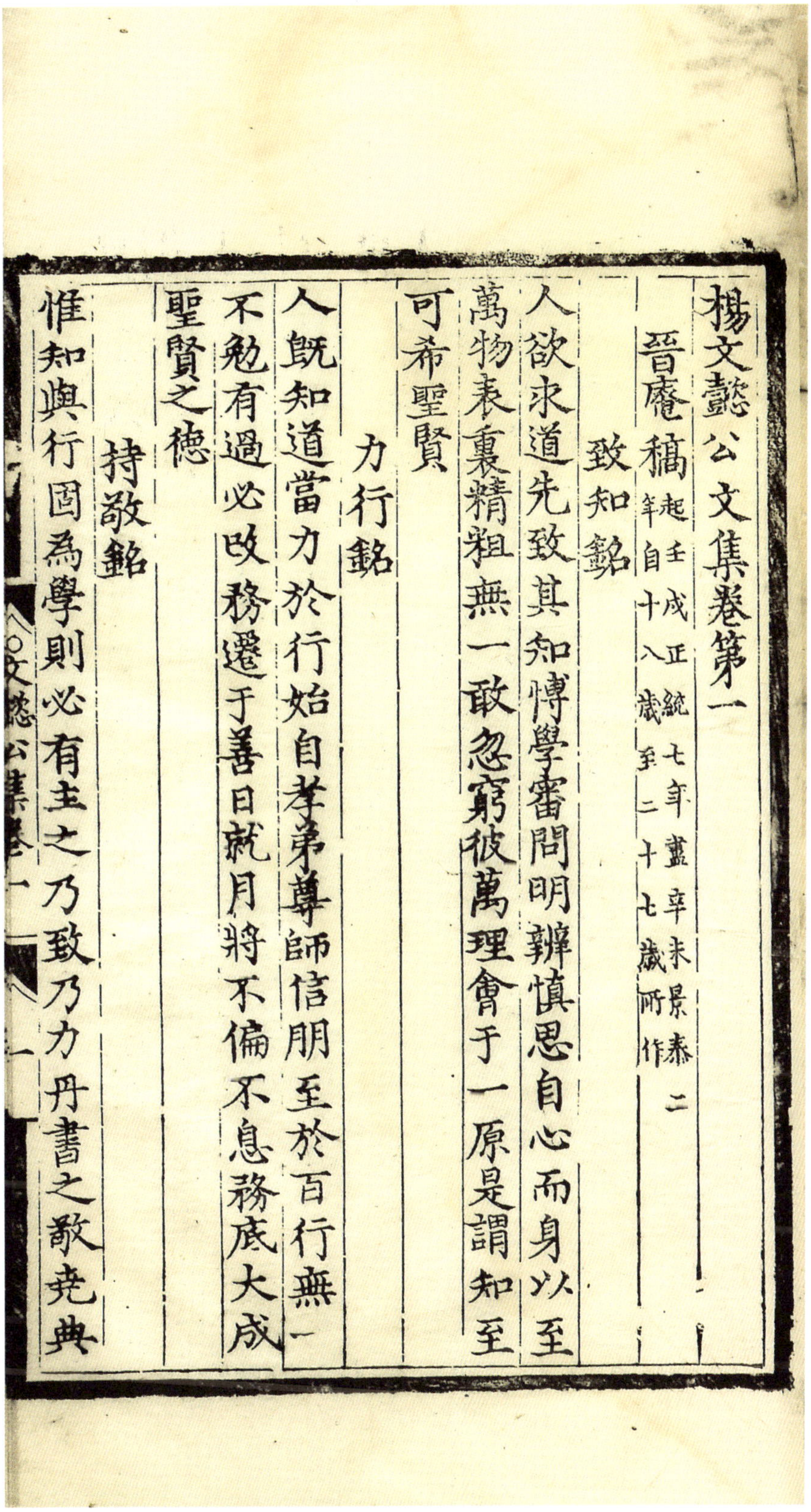
楊文懿公文集卷第一
晉菴稿 起壬戌正統七年盡辛未景泰二年自十八歲至二十七歲所作
致知銘
人欲求道先致其知博學審問明辨慎思自心而身以至萬物表裏精粗無一敢忽窮彼萬理會于一原是謂知至可希聖賢
力行銘
人既知道當力於行始自孝弟尊師信朋至於百行無一不勉有過必改務遷于善日就月將不偏不息務底大成聖賢之德
持敬銘
惟知與行固爲學則必有主之乃致乃力丹書之敬堯典

11929 楊文懿公文集三十卷 （明）楊守陳撰　明弘治十二年（1499）楊茂仁刻本

匡高19.5厘米，廣13.6厘米。半葉十二行，行二十二字，小字雙行同，黑口，四周雙邊。有“顧宧逸藏書印”等印。黄丕烈跋。南京圖書館藏。

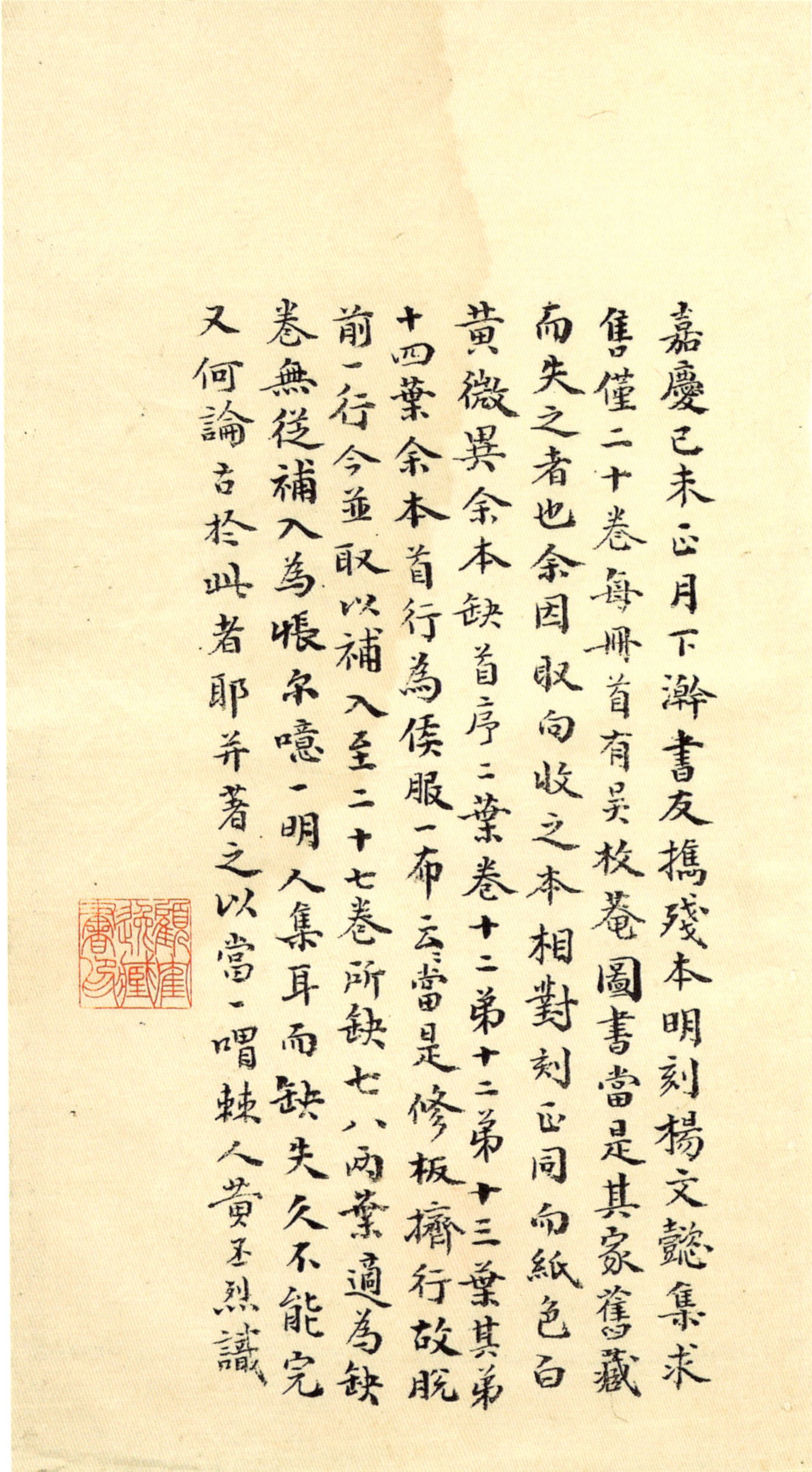

嘉慶己未正月下澣書友攜殘本明刻楊文懿集求售僅二十卷每冊首有吳枚菴圖書當是其家舊藏而失之者也余因取向收之本相對刻正同而紙色白黃微異余本缺首序二葉卷十二第十二第十三葉其第十四葉余本首行為俟服一布云云當是修板擠行故脱前一行今並取以補入至二十七卷所缺七八兩葉適為缺卷無從補入為悵尔噫一明人集耳而缺失久不能完又何論古於此者耶并著之以當一喟棘人黄丕烈識

11929 楊文懿公文集三十卷

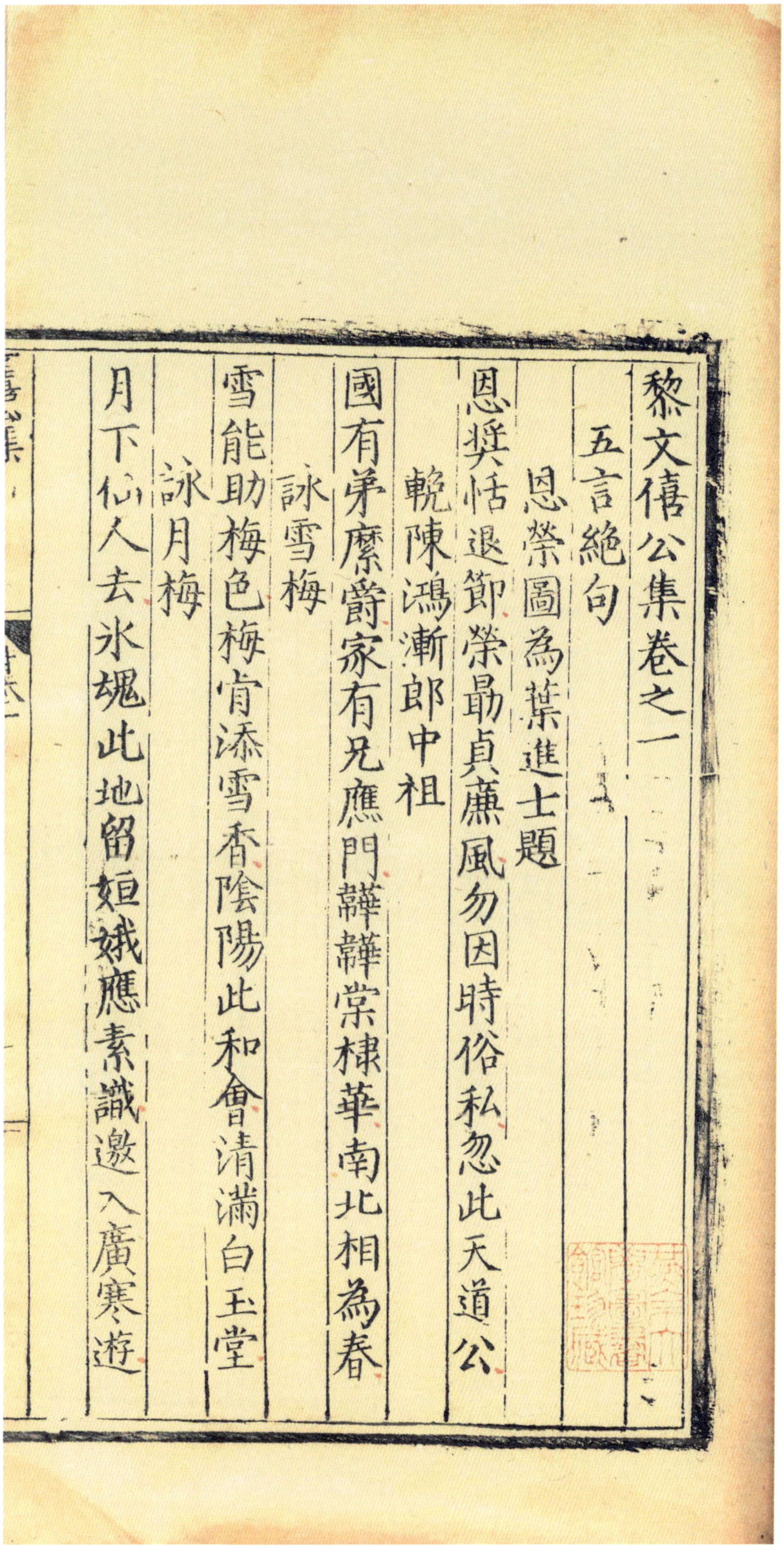

黎文僖公集卷之一

五言絶句

恩榮圖為葉進士題

恩奨恬退節榮勗貞廉風勿因時俗私忽此天道公

輓陳鴻漸郎中祖

國有弟縻爵家有兄應門韡韡棠棣華南北相為春

詠雪梅

雪能助梅色梅肯添雪香陰陽此和會清滿白玉堂

詠月梅

月下仙人去氷塊此地留姮娥應素識邀入廣寒遊

11930 黎文僖公集十七卷 （明）黎淳撰 明嘉靖三十五年（1556）陳甘雨刻本

匡高20.3厘米，廣13.7厘米。半葉十一行，行二十一字，白口，四周雙邊。

北京大學圖書館藏。

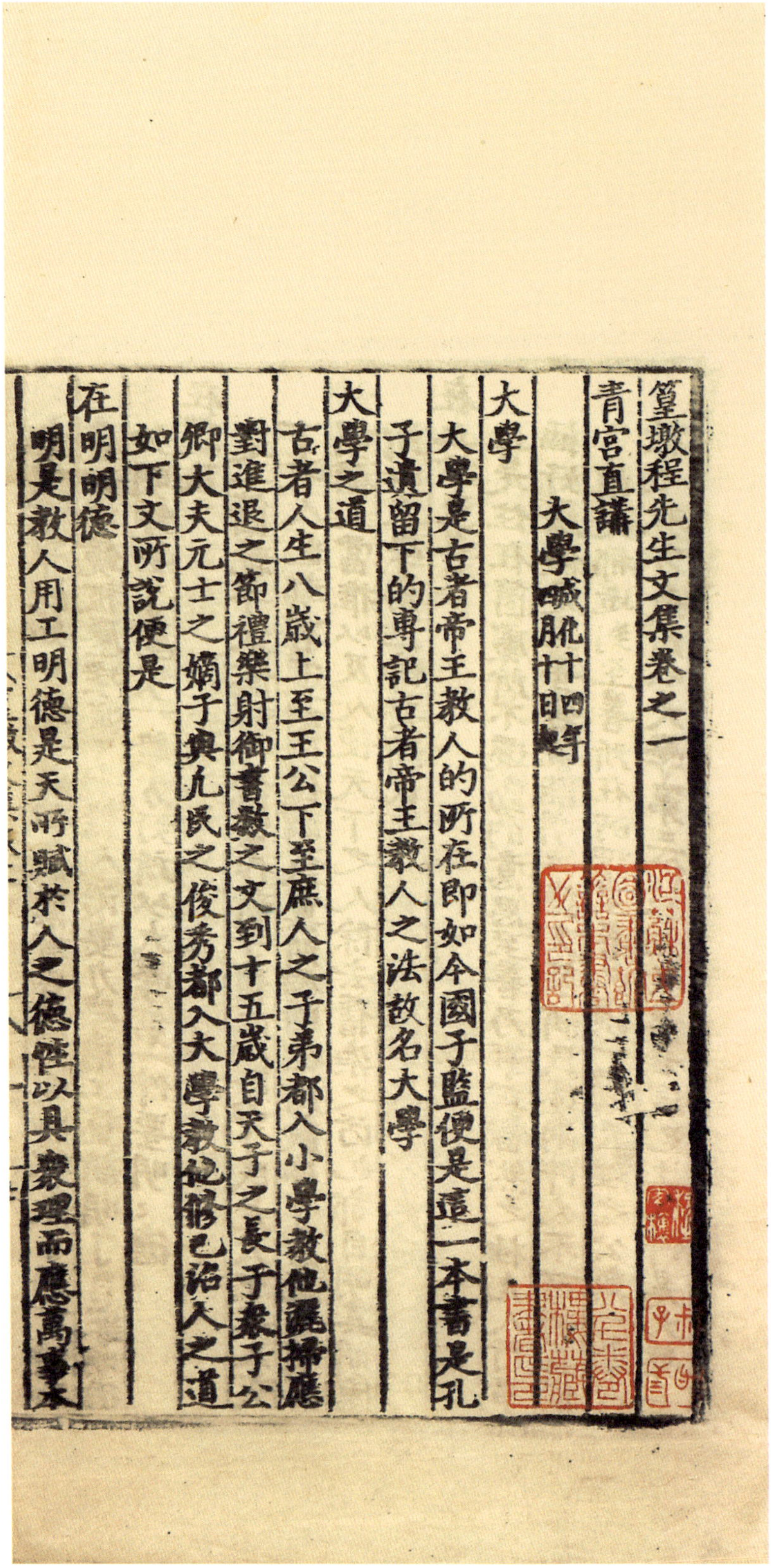

11931 篁墩程先生文集九十三卷拾遺一卷 （明）程敏政撰　明正德二年（1507）何歆刻本

匡高19.1厘米，廣13.1厘米。半葉十三行，行二十七字，白口，四周單邊間左右雙邊。有"八千卷樓藏書印"等印。丁丙跋。南京圖書館藏。

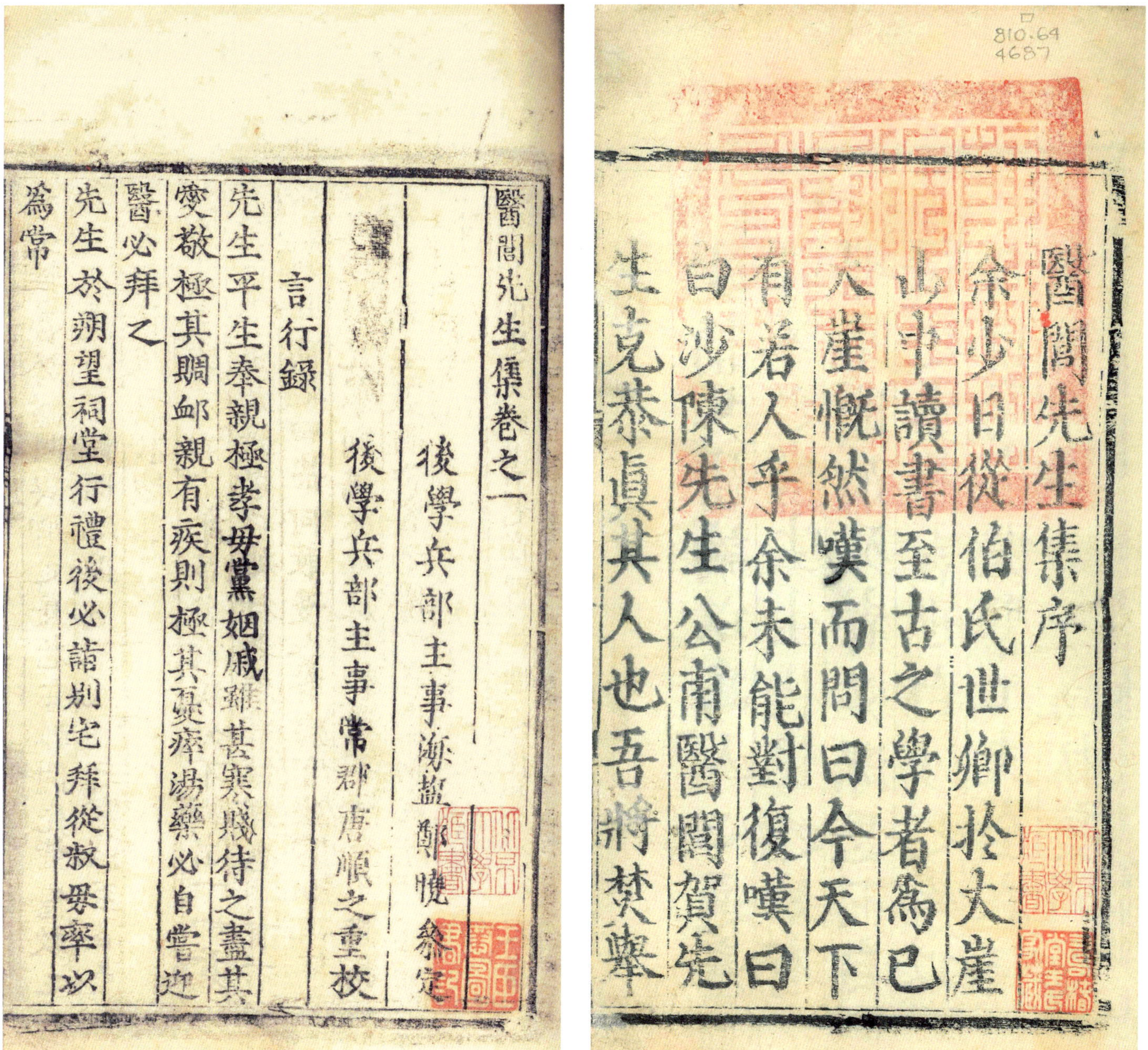

11932 醫閭先生集九卷 （明）賀欽撰　明嘉靖九年（1530）成文刻本

匡高20.6厘米，廣13.8厘米。半葉九行，行二十字，黑口，四周雙邊。有“翰林院印”“壽椿堂王氏家藏”“王臣恭圖書記”等印。北京大學圖書館藏。

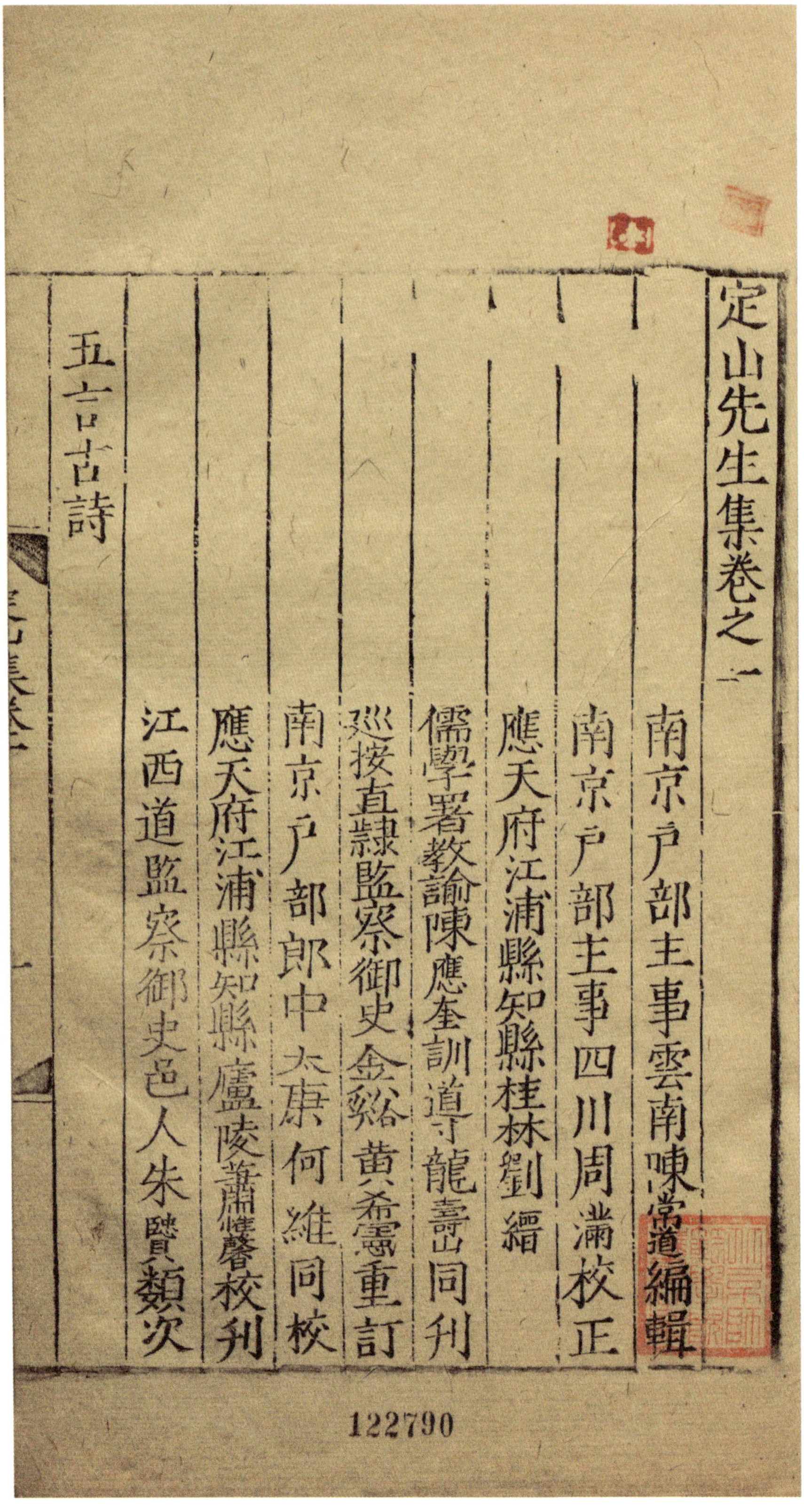

定山先生集卷之一

南京户部主事雲南陳常道編輯

南京户部主事四川周滿校正

應天府江浦縣知縣桂林劉縉

儒學署教諭陳應奎訓導龍壽山同刊

廵按直隸監察御史金谿黄希憲重訂

南京户部郎中太康何維同校

應天府江浦縣知縣廬陵蕭惟馨校刊

江西道監察御史邑人朱贇類次

五言古詩

11933 定山先生集十卷　（明）莊昶撰　明嘉靖十四年（1535）劉縉刻蕭惟馨等增修本

匡高19.9厘米，廣14.3厘米。半葉十行，行二十字，白口，四周單邊。首都師範大學圖書館藏。

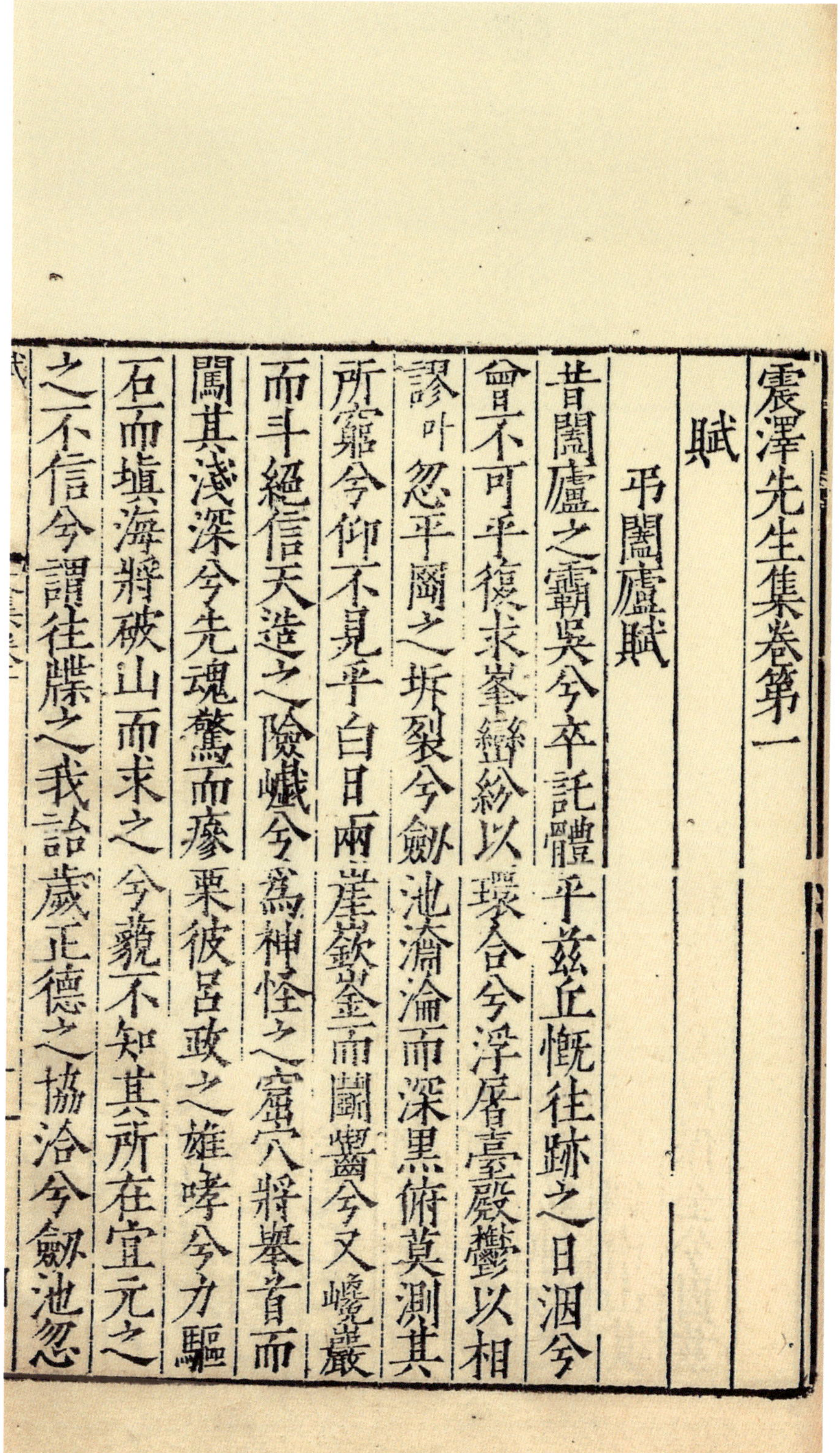

震澤先生集卷第一

賦

弔闔廬賦

昔闔廬之霸吳兮卒託體乎茲丘慨往跡之日湎兮曾不可乎復求峯巒紛以環合兮浮層臺殿鬱以相謬叶忽乎爾之坼裂兮劒池濟淪而深黑俯莫測其所窮兮仰不見乎白日兩崖欹崟而鬬齧兮又巉巖而斗絕信天造之險巇兮為神怪之窟穴將舉首而闖其淺深兮先魂驚而瘮栗彼呂政之雄哮兮力驅石而塡海將破山而求之兮藐不知其所在宜元之之不信兮謂往牒之我詒歲正德之協洽兮劒池忽

11934、11935 震澤先生集三十六卷 （明）王鏊撰　明嘉靖刻本

匡高17.5厘米，廣14.5厘米。半葉十一行，行二十字，白口，左右雙邊。南京圖書館藏；復旦大學圖書館藏，周星詒題記。

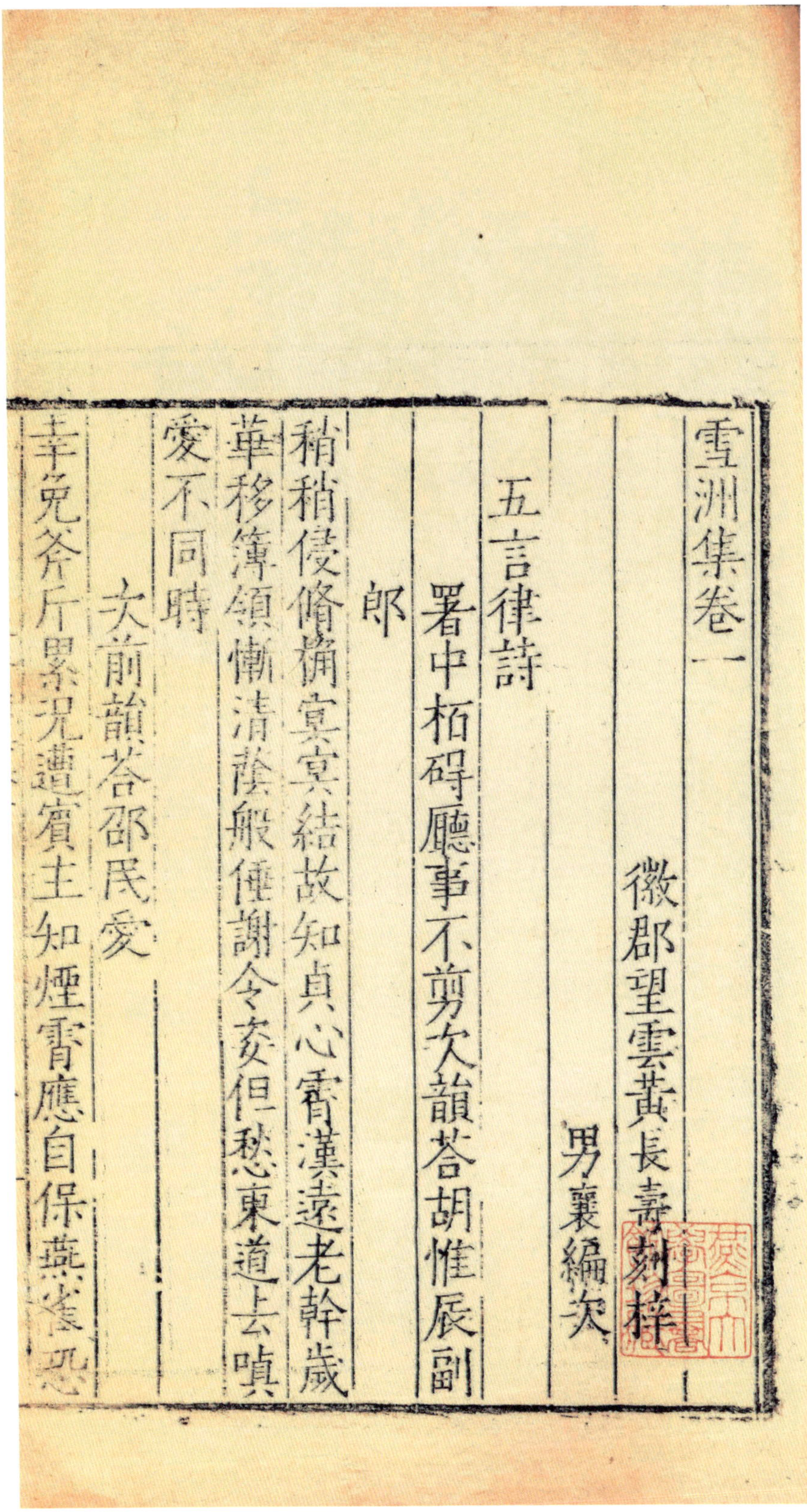
雪洲集卷一
徽郡望雲黄長壽刻梓
男襄編次
五言律詩
署中栢碍廳事不剪次韻荅胡惟辰副
郎
稍稍侵脩桷冥冥結故知貞心霄漢遠老幹歲
華移簿領慚清蔭般便謝令姿但愁東道上去嗔
愛不同時
次前韻荅邵民愛
幸免斧斤累况遭賓主知煙霄應自保燕雀恐

11936 雪洲集十二卷續集二卷 （明）黄瓚撰 明嘉靖九年（1530）黄長壽刻本

匡高17.5厘米，廣13.9厘米。半葉十一行，行十八字，白口，左右雙邊。北京大學圖書館藏。

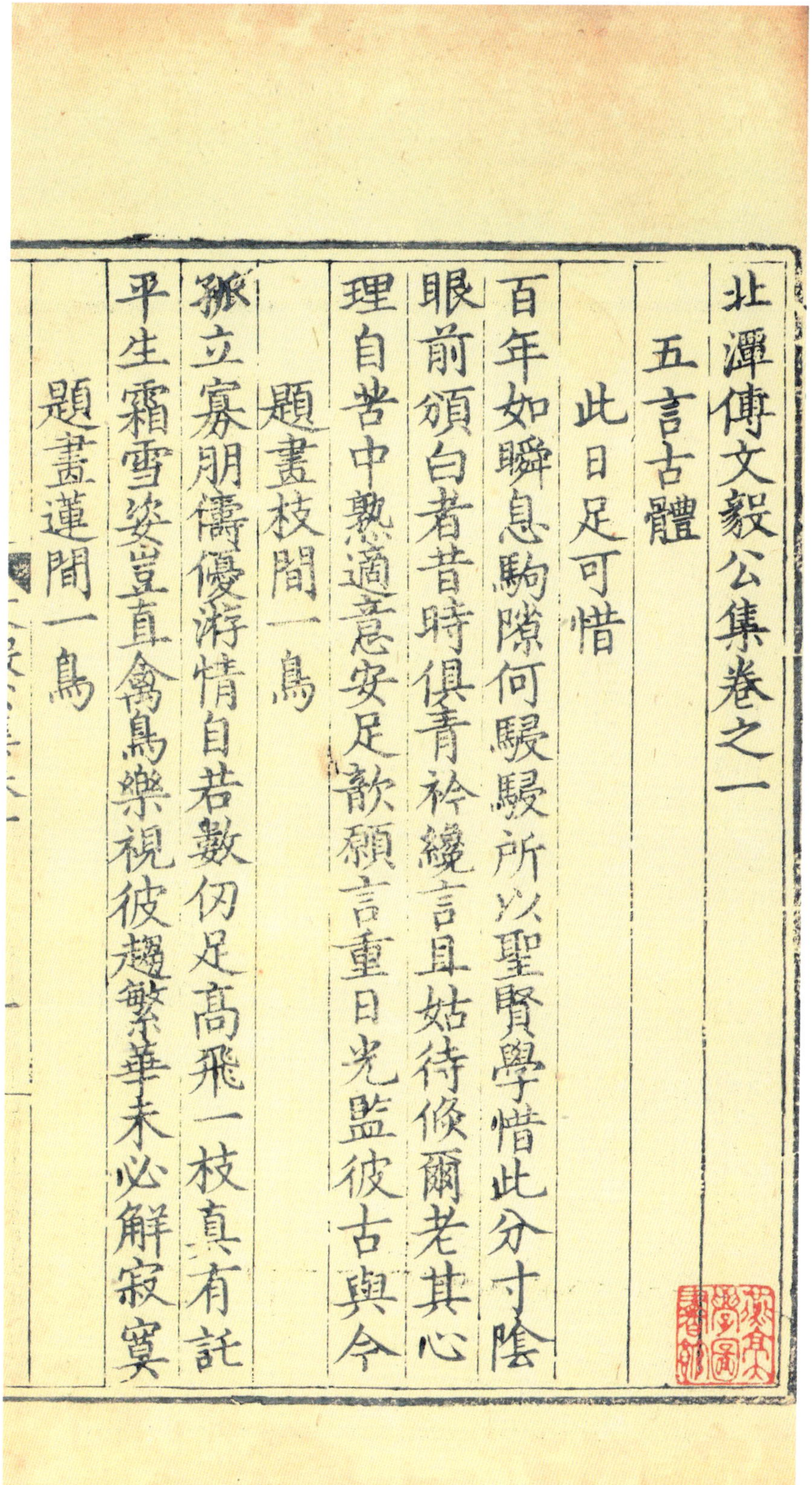

北潭傅文毅公集卷之一

五言古體

此日足可惜

百年如瞬息駒隙何駸駸所以聖賢學惜此分寸陰
眼前頒白者昔時俱青衿纔言且姑待倏爾老其心
理自胷中熟適意安足歆顏言重日光監彼古與今

題畫枝間一鳥

孤立寡朋儔優游情自若數仞足高飛一枝真有託
平生霜雪姿豈直禽鳥樂視彼趨繁華未必解寂寞

題畫蓮間一鳥

11937 北潭傅文毅公集八卷　（明）傅珪撰　明嘉靖四十五年（1566）刻本

匡高19.9厘米，廣14厘米。半葉十行，行二十字，白口，四周雙邊。北京大學圖書館藏。

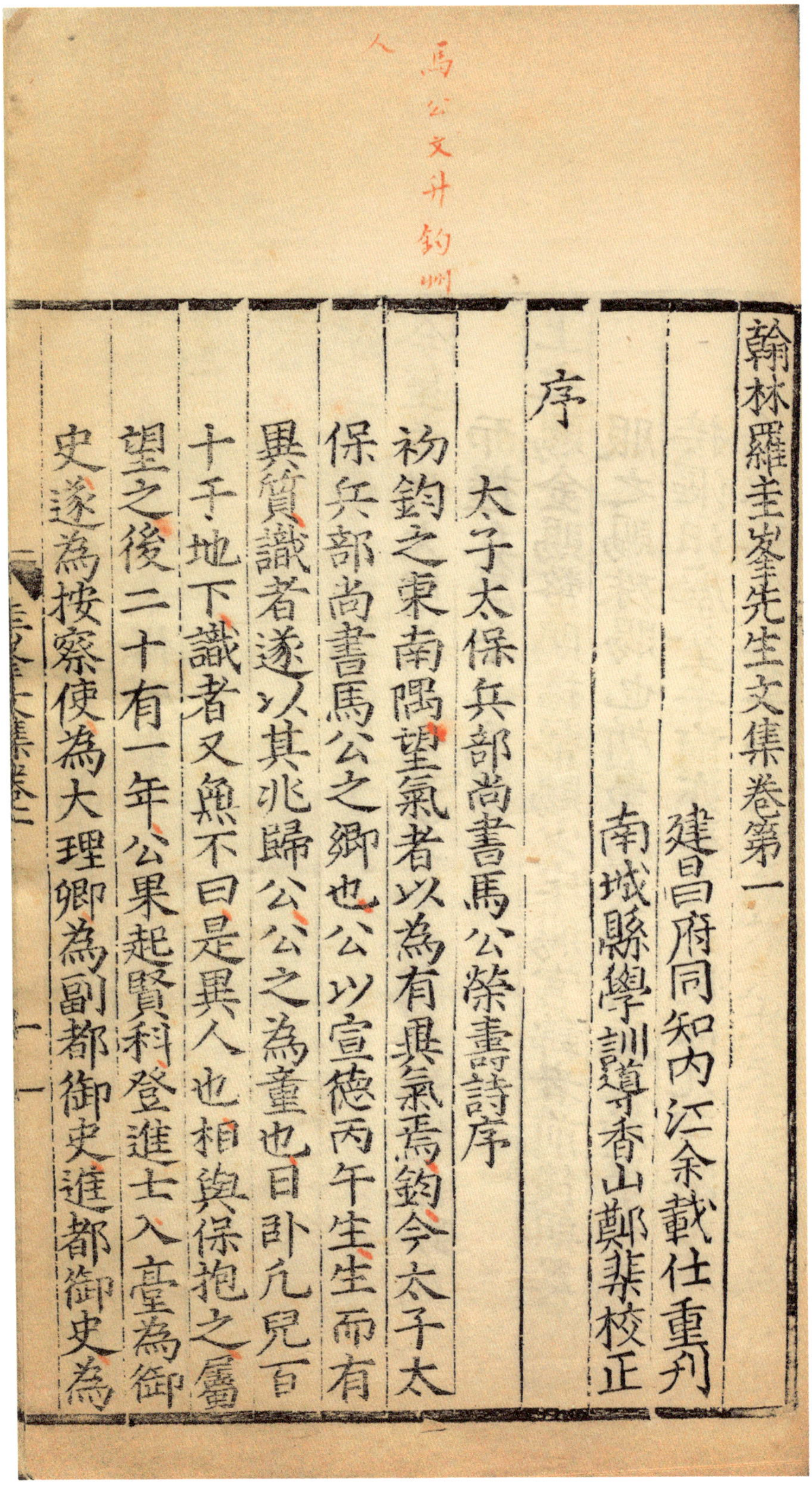

翰林羅圭峯先生文集卷第一
建昌府同知內江余載仕重刊
南城縣學訓導香山鄭棐校正
序
太子太保兵部尚書馬公榮壽詩序
初鈞之東南隅望氣者以為有異氣焉鈞今太子太
保兵部尚書馬公之鄉也公以宣德丙午生而有
異質識者遂以其兆歸公公之為童也日卧几兒百
十于地下識者又無不曰是異人也相與保抱之屬
望之後二十有一年公果起賢科登進士入臺為御
史遂為按察使為大理卿為副都御史進都御史為

11938、11939 翰林羅圭峯先生文集十八卷　（明）羅玘撰　明嘉靖五年（1526）陳洪謨、余載仕刻本

匡高20.7厘米，廣14.5厘米。半葉十一行，行二十二字，白口，四周單邊。首都師範大學圖書館藏，多續集十五卷；無錫市圖書館藏。

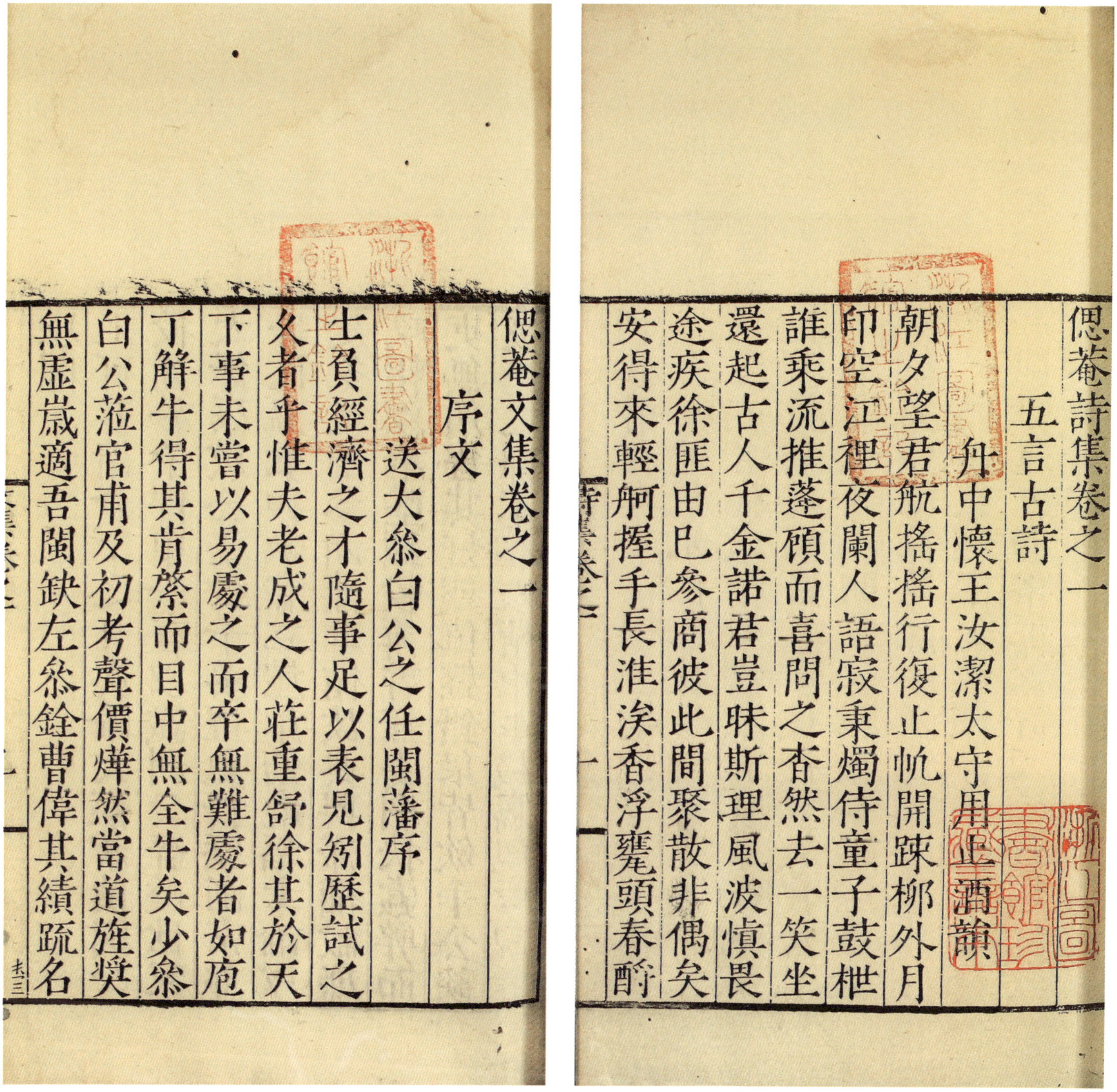

偲菴詩集卷之一
五言古詩
舟中懷王汝潔太守用止酒韻
朝夕望君航搖搖行復止帆開踈柳外月
印空江裡夜闌人語寂秉燭侍童子鼓枻
誰乘流推蓬頋而喜問之杳然去一笑坐
還起古人千金諾君豈昧斯理風波愼畏
途疾徐匪由已參商彼此間聚散非偶矣
安得來輕舸握手長淮涘香浮甕頭春酹

偲菴文集卷之一
序文
送大參白公之任閩藩序
士負經濟之才隨事足以表見矧歷試之
久者乎惟夫老成之人莊重舒徐其於天
下事未嘗以易處之而卒無難處者如庖
丁解牛得其肯綮而目中無全牛矣少參
白公莅官甫及初考聲價燁然當道旌奬
無虛歲適吾閩缺左參銓曹偉其績疏名

11940 偲菴詩集十卷文集十卷 （明）楊旦撰　明嘉靖三十九年（1560）楊襄刻本

匡高18.3厘米，廣14.5厘米。半葉九行，行十六字，白口，四周單邊。浙江圖書館藏。

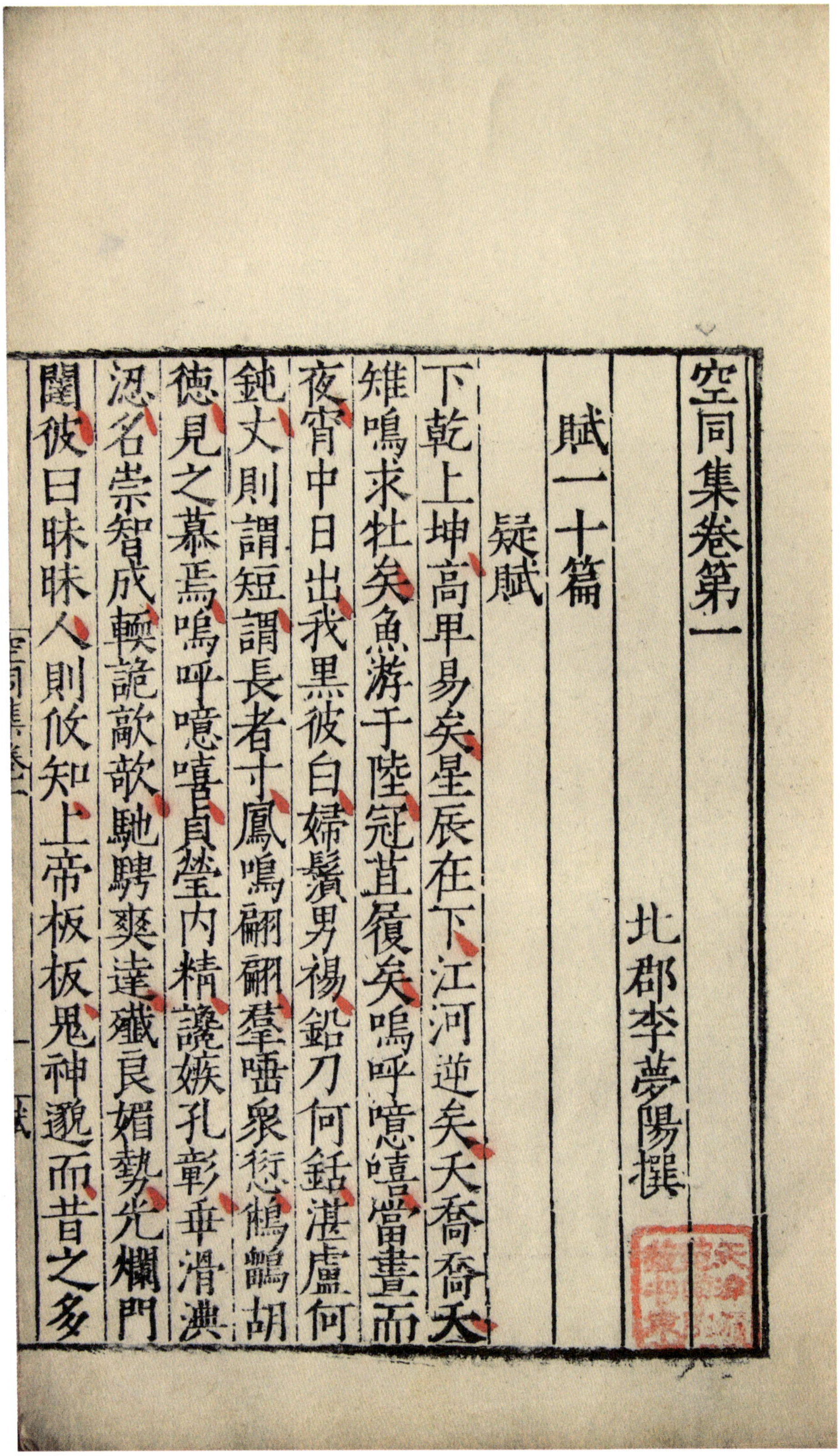

空同集卷第一

北郡李夢陽撰

賦一十篇

疑賦

下乾上坤高卑易矣星辰在下江河逆矣天喬喬天
雉鳴求牡矣魚游于陸冠苴履矣嗚呼噫嘻當晝而
夜宵中日出我黑彼白婦鬢男裼鉛刀何銛湛盧何
鈍丈則謂短謂長者寸鳳鳴翩翩聲嚾梟衒憁鵂鶹胡
德見之慕焉嗚呼噫嘻貞瑩內精讒嫉孔彰乖滑澳
忍名崇智成輭詭欹歆馳騁爽逵藏良媚勢光闌門
闔彼曰昧昧人則攸知上帝板板鬼神邈而昔之多

空同集卷一 一 賦

11941、11942 空同集六十三卷 （明）李夢陽撰 明嘉靖十一年（1532）曹嘉刻三十一年（1552）朱睦㮮增修本

匡高18.4厘米，廣14.1厘米。半葉十一行，行二十字，白口，左右雙邊。天津師範大學圖書館、曲阜師範大學圖書館藏。

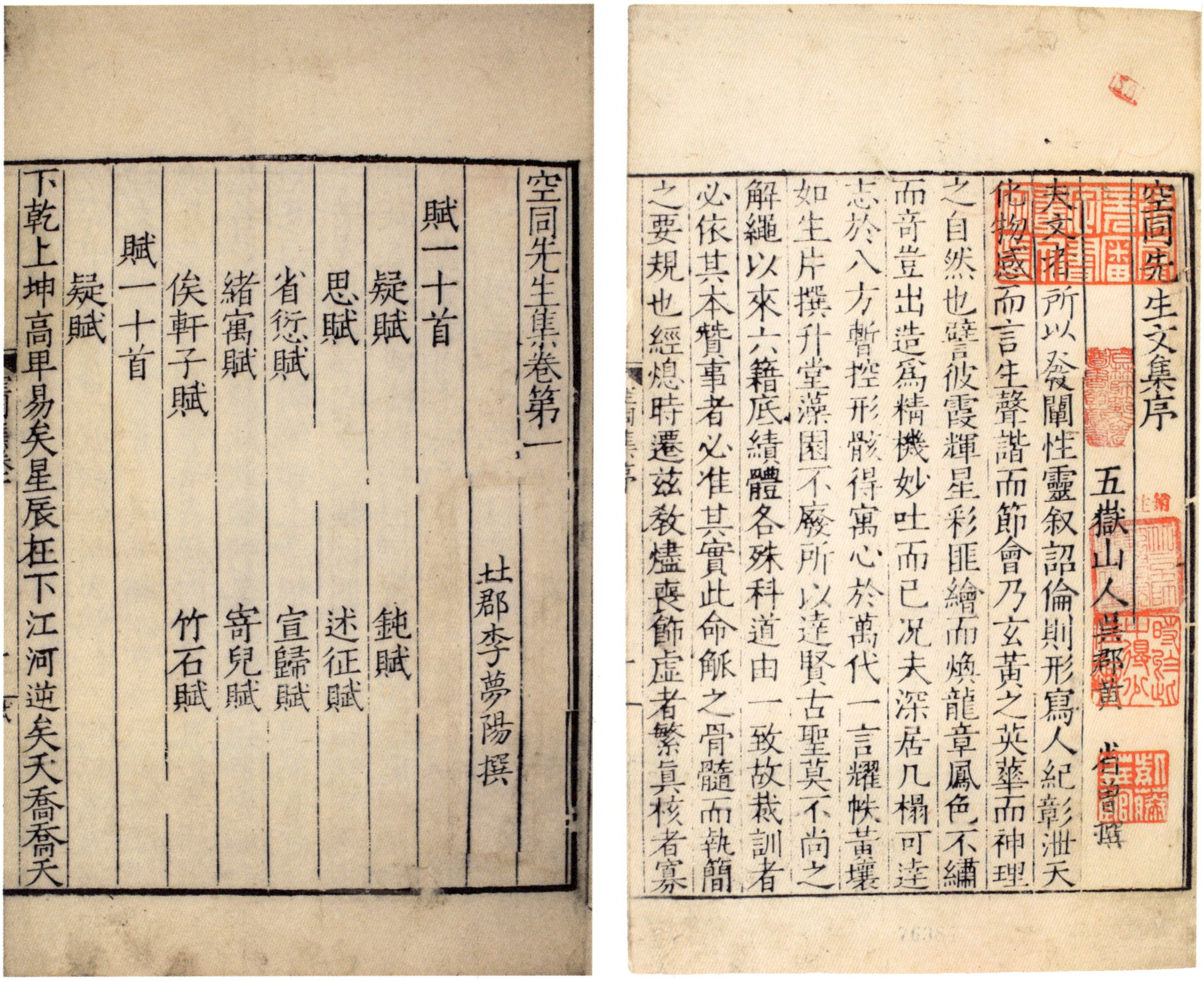

空同先生文集序
五嶽山人吳郡黄省曾撰
夫文者所以發闡性靈叙詔倫則形寫人紀彰泄天
仲物感而言生聲諧而節會乃玄黄之英華而神理
之自然也譬彼霞輝星彩匪繪而煥龍章鳳色不繡
而奇豈出造爲精機妙吐而已况夫深居几榻可達
志於八方暫控形骸得寓心於萬代一言耀帙黄壤
如生片撰升堂藻囿不廢所以達賢古聖莫不尚之
解繩以來六籍底績體各殊科道由一致故裁訓者
必依其本贊事者必准其實此命觚之骨髓而執簡
之要規也經熄時遷兹教燼喪飾虚者繁眞核者寡

空同先生集卷第一
北郡李夢陽撰
賦一十首
疑賦　鈍賦
思賦　述征賦
省愆賦　宣歸賦
緒寓賦　寄兒賦
俟軒子賦　竹石賦
賦一十首
疑賦
下乾上坤高卑易矣星辰在下江河逆矣天喬喬天

11943 空同先生集六十三卷　（明）李夢陽撰　明嘉靖刻本

匡高19.3厘米，廣15.2厘米。半葉十一行，行二十字，白口，左右雙邊。東北師範大學圖書館藏。

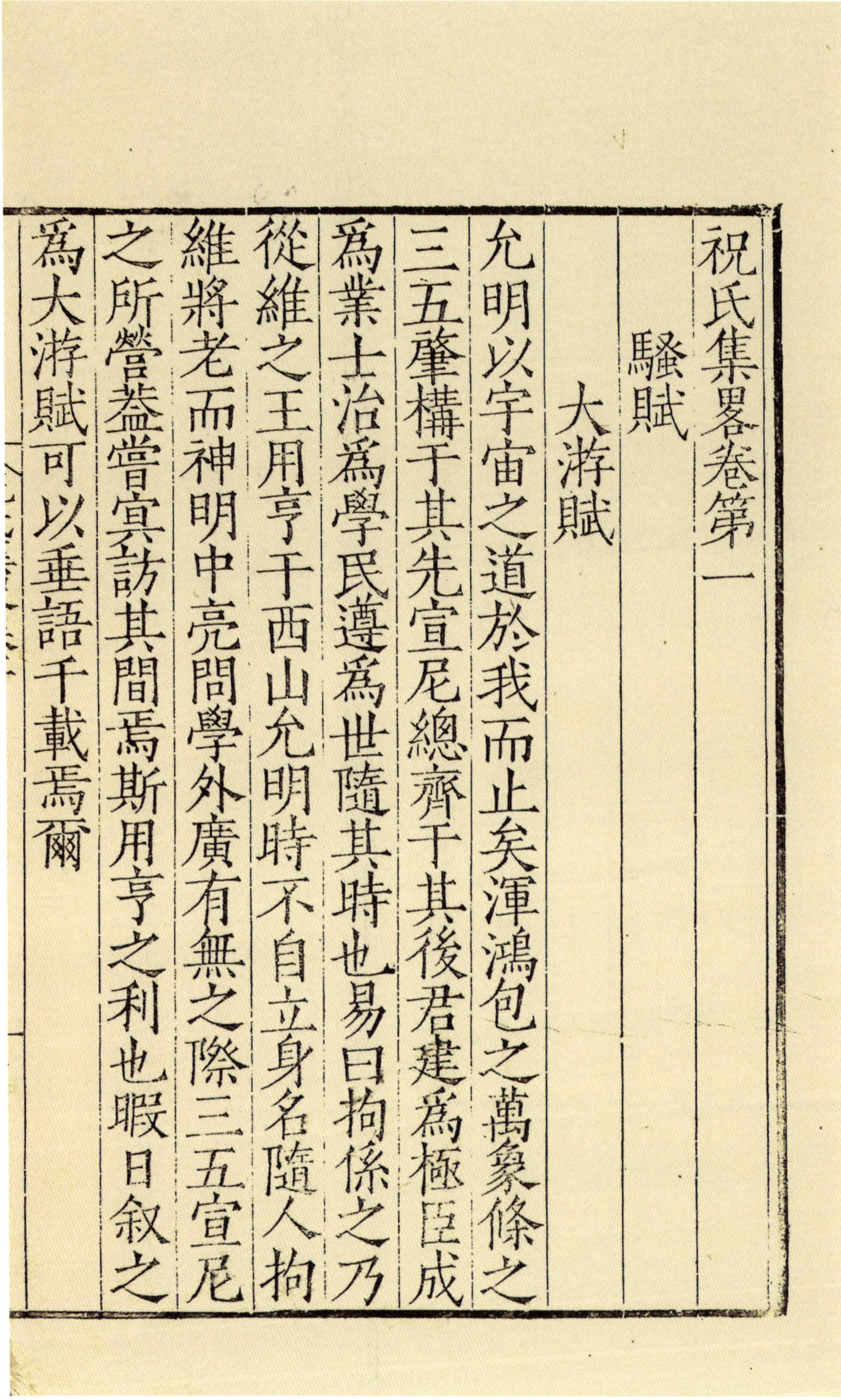
祝氏集畧卷第一

騷賦

大游賦

允明以宇宙之道於我而止矣渾鴻包之萬象條之三五肇搆于其先宣尼總齊于其後君建爲極臣成爲業士治爲學民遵爲世隨其時也易曰拘係之乃從維之王用亨于西山允明時不自立身名隨人拘維將老而神明中亮問學外廣有無之際三五宣尼之所營蓋嘗冥訪其間焉斯用亨之利也暇日叙之爲大游賦可以垂語千載焉爾

11944 祝氏集畧三十卷 （明）祝允明撰　明嘉靖三十七年（1558）張景賢刻本

匡高19.1厘米，廣14厘米。半葉十行，行二十字，白口，左右雙邊。南京圖書館藏。

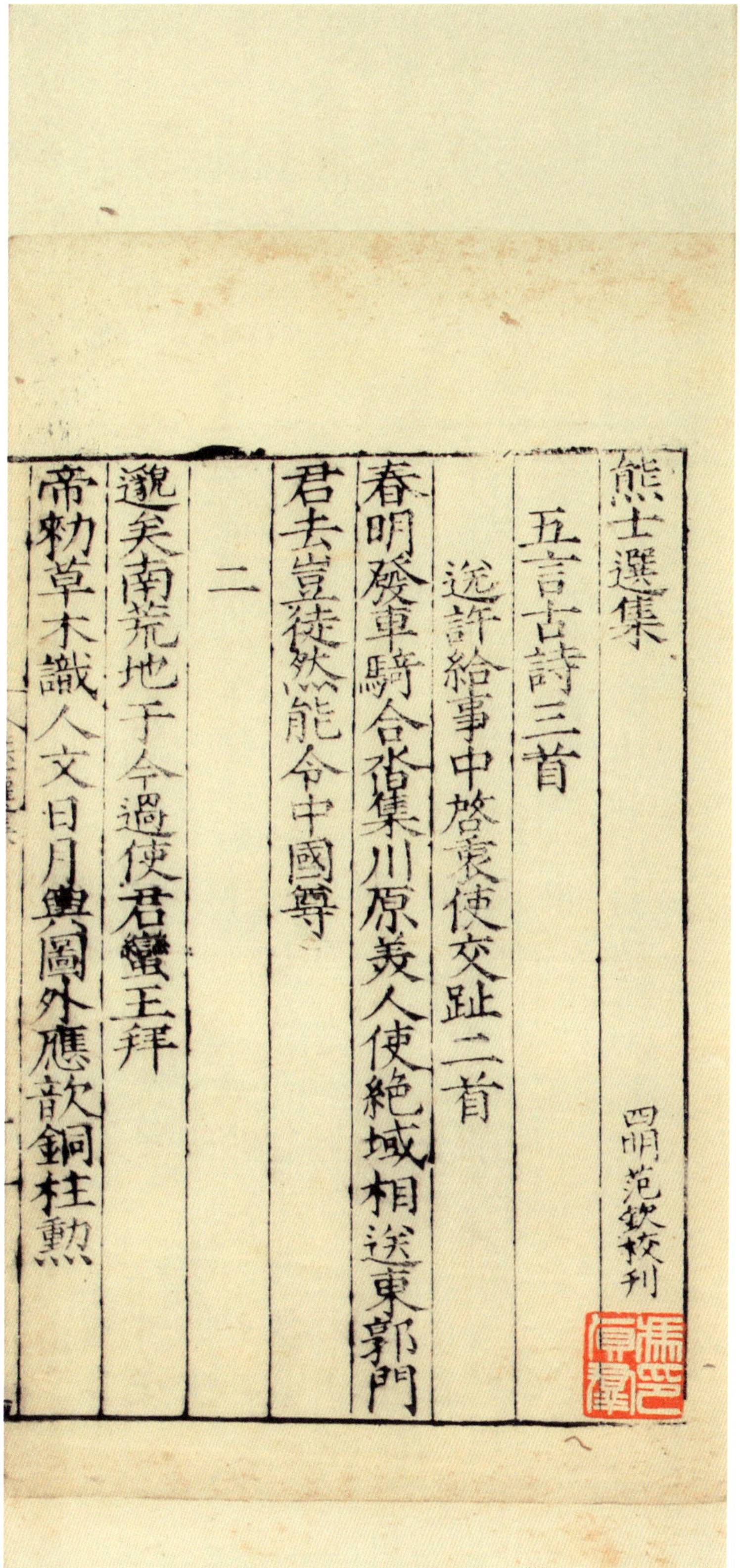
熊士選集

五言古詩三首

送許給事中啓衷使交趾二首

春明發車騎合沓集川原美人使絶域相送東郭門

君去豈徒然能令中國尊

二

邈矣南荒地于今過使君蠻王拜

帝勑草木識人文日月輿圖外應歆銅柱勲

四明范欽校刊

11945 熊士選集一卷 （明）熊卓撰 明嘉靖二十二年（1543）范欽刻本

匡高21.3厘米，廣17.5厘米。半葉八行，行二十字，白口，四周單邊。有“馮印貞羣”“伏跗室藏书印”等印。寧波市天一閣博物館藏。

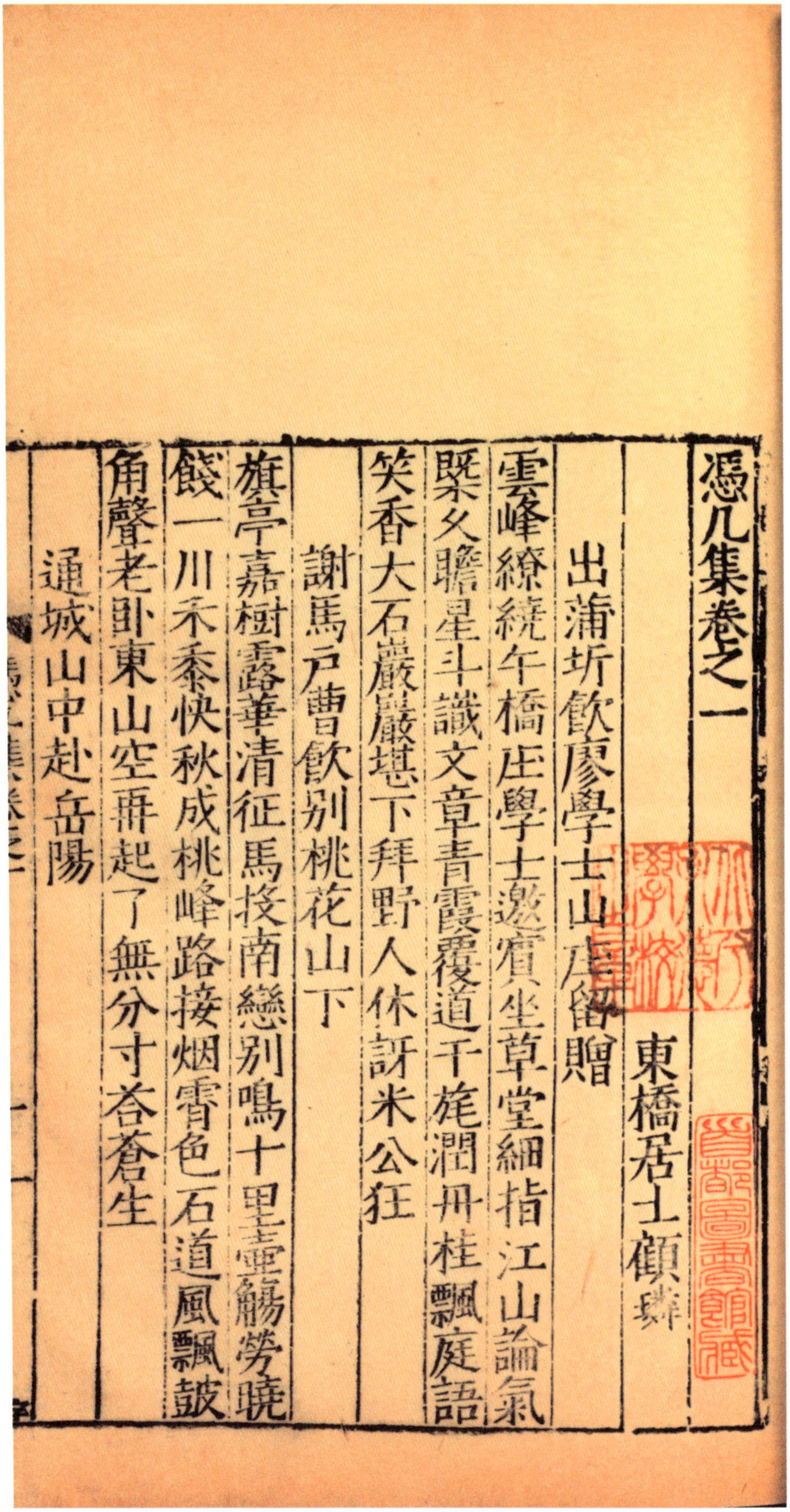

憑几集卷之一

東橋居士顧璘

出蒲圻飲廖學士山居留贈

雲峰繚繞午橋莊學士邀賓坐草堂細指江山論氣槩久瞻星斗識文章青霞覆道千旄潤丹桂飄庭語笑香大石巖巖堪下拜野人休訝米公狂

謝馬戶曹飲別桃花山下

旗亭嘉樹露華清征馬投南戀別鳴十里壺觴勞曉餞一川禾黍快秋成桃峰路接烟霄色石道風飄鼓角聲老卧東山空再起了無分寸荅蒼生

通城山中赴岳陽

11946 憑几集五卷續集二卷　（明）顧璘撰　明嘉靖刻本

匡高16.7厘米，廣13.5厘米。半葉十一行，行二十字，白口，左右雙邊。首都圖書館藏。

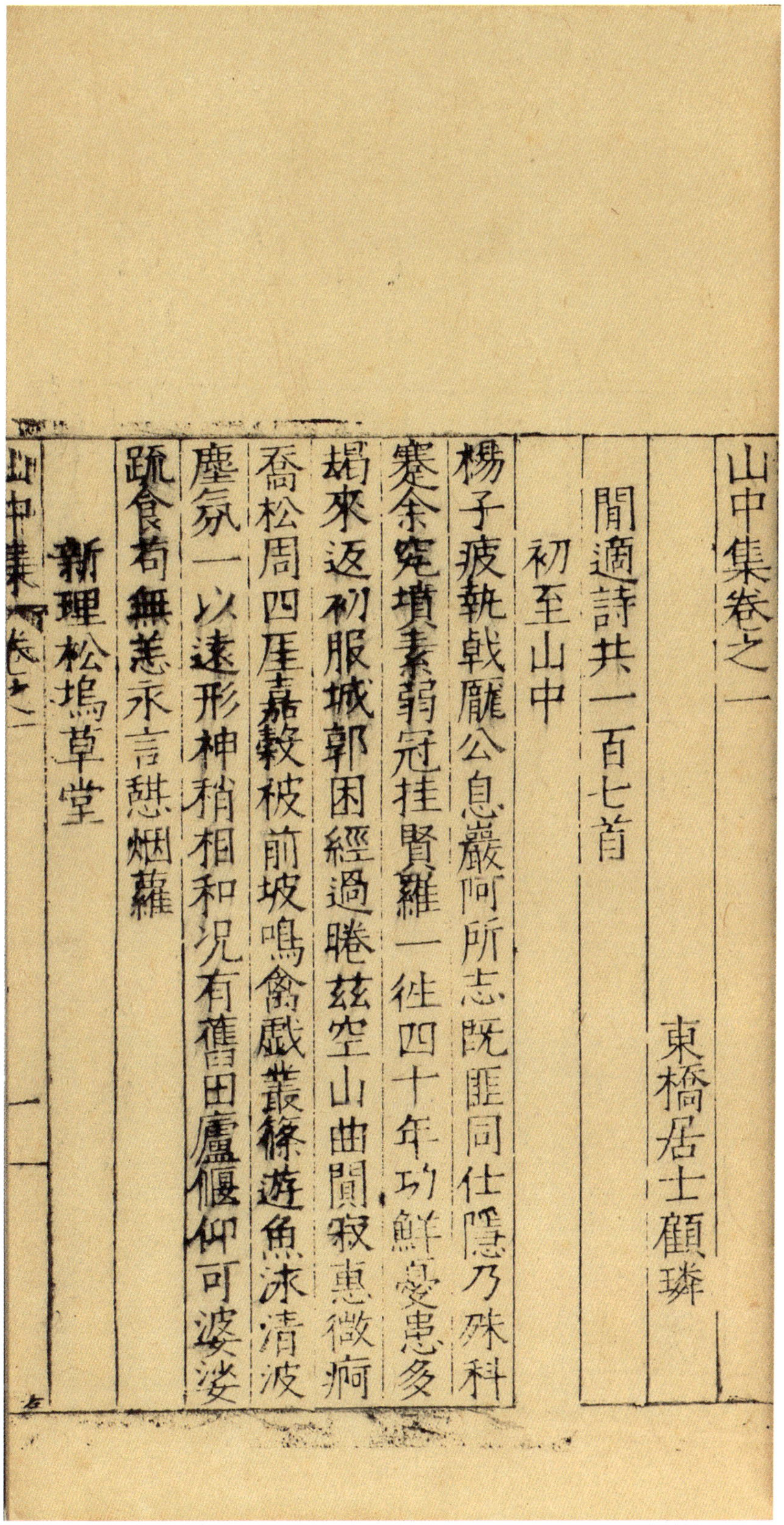

山中集卷之一

東橋居士顧璘

閒適詩共一百七首

初至山中

楊子疲執戟龐公息巖阿所志既匪同仕隱乃殊科蹇余宦墳素弱冠挂賢維一往四十年功鮮憂患多朅來返初服城郭困經過睠兹空山曲閴寂惠微痾喬松周四廛嘉穀被前坡鳴禽戲叢篠遊魚沬清波塵氛一以遠形神稍相和況有舊田廬偃仰可婆娑疏食苟無恙永言憇烟蘿

新理松塢草堂

山中集卷之一　一

11947 山中集四卷　（明）顧璘撰　明嘉靖刻本

匡高16.3厘米，廣13.6厘米。半葉十一行，行二十字，白口，左右雙邊。雲南大學圖書館藏。

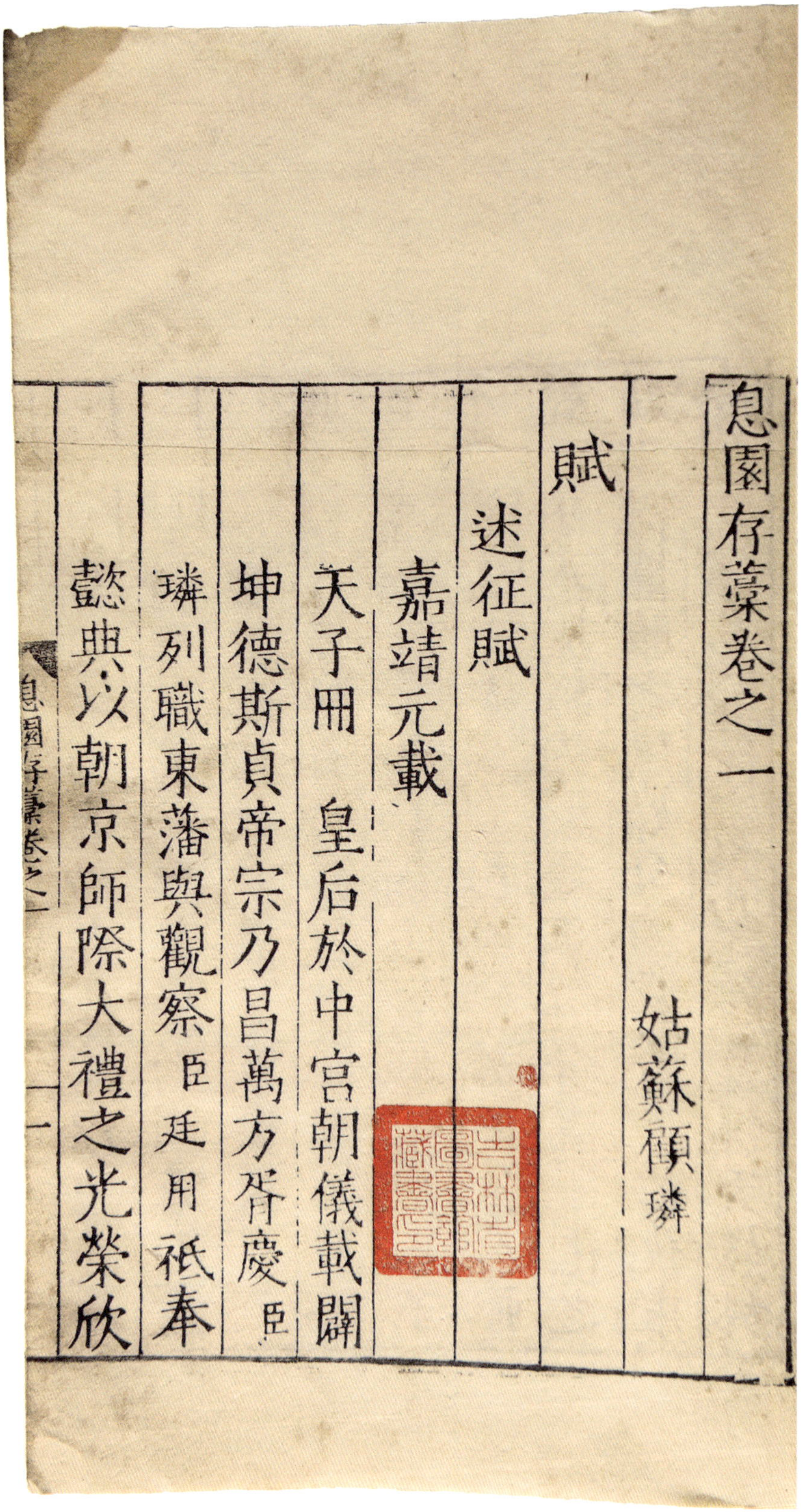

息園存藁卷之一
姑蘇顧璘
賦
述征賦
嘉靖元載
天子册　皇后於中宫朝儀載闕
坤德斯貞帝宗乃昌萬方胥慶　臣
璘列職東藩與觀察　臣　廷用　祇奉
懿典以朝京師際大禮之光榮欣

11948 息園存藁十四卷　（明）顧璘撰　明嘉靖十七年（1538）刻本

匡高17.4厘米，廣13.3厘米。半葉九行，行十六字，白口，四周單邊。吉林省圖書館藏。

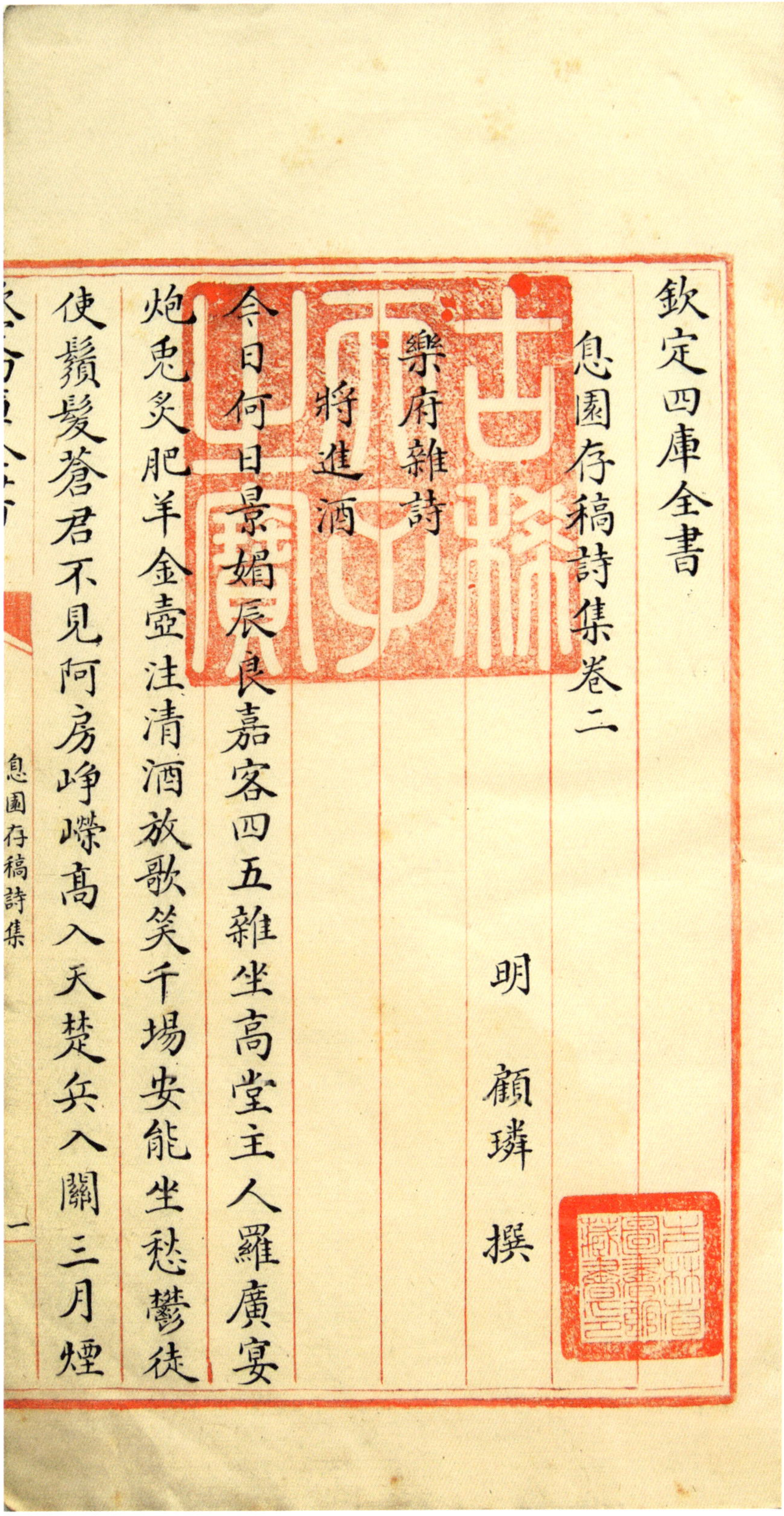

11949 息園存稿詩集十四卷 （明）顧璘撰　清乾隆内府寫南三閣四庫全書本

匡高20.8厘米，廣13.1厘米。半葉八行，行二十一字，紅格，白口，四周雙邊。有“古稀天子之寶”“乾隆御覽之寶”“蟫隱廬祕籍印”等印。吉林省圖書館藏，存二卷。

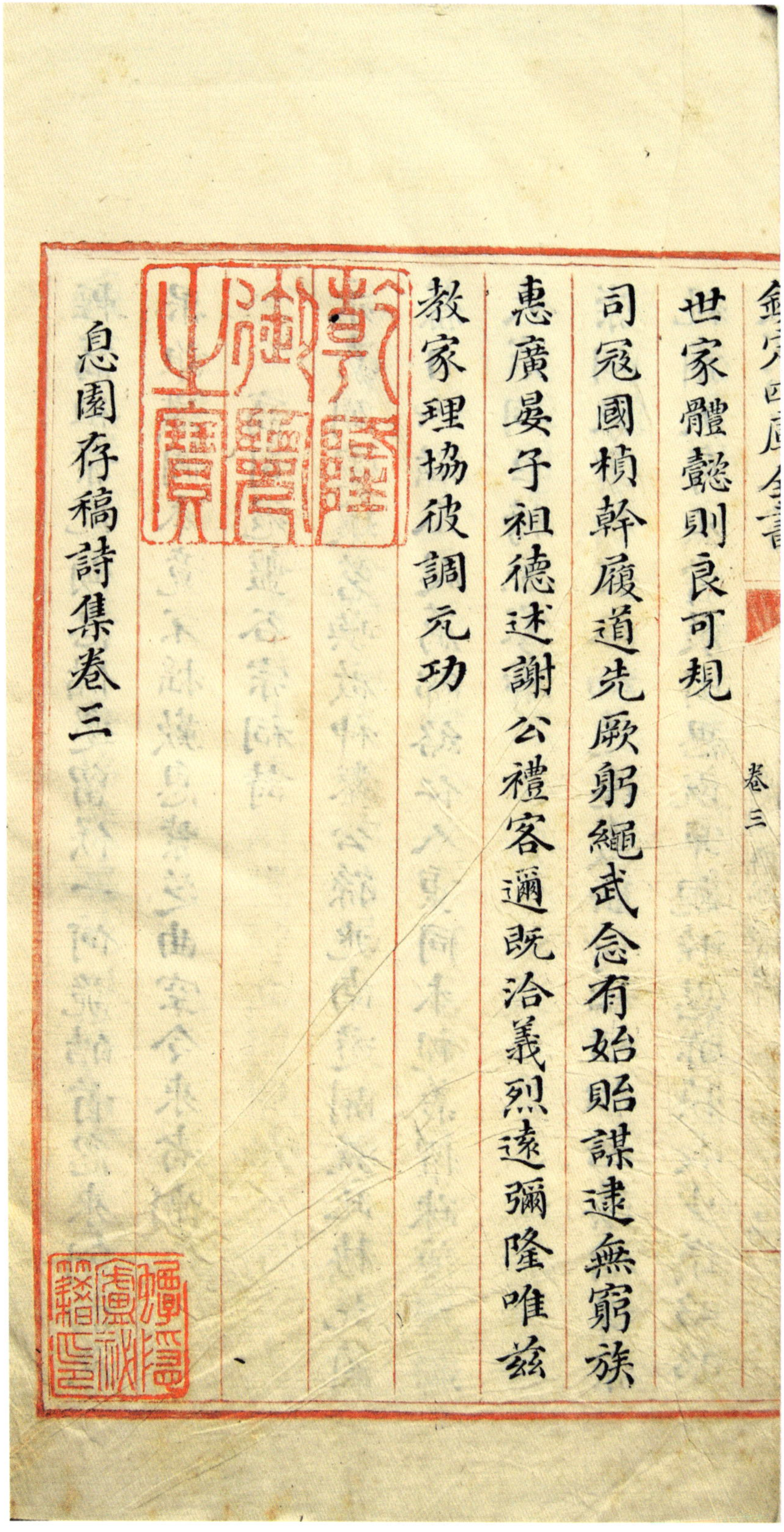

11949 息園存稿詩集十四卷

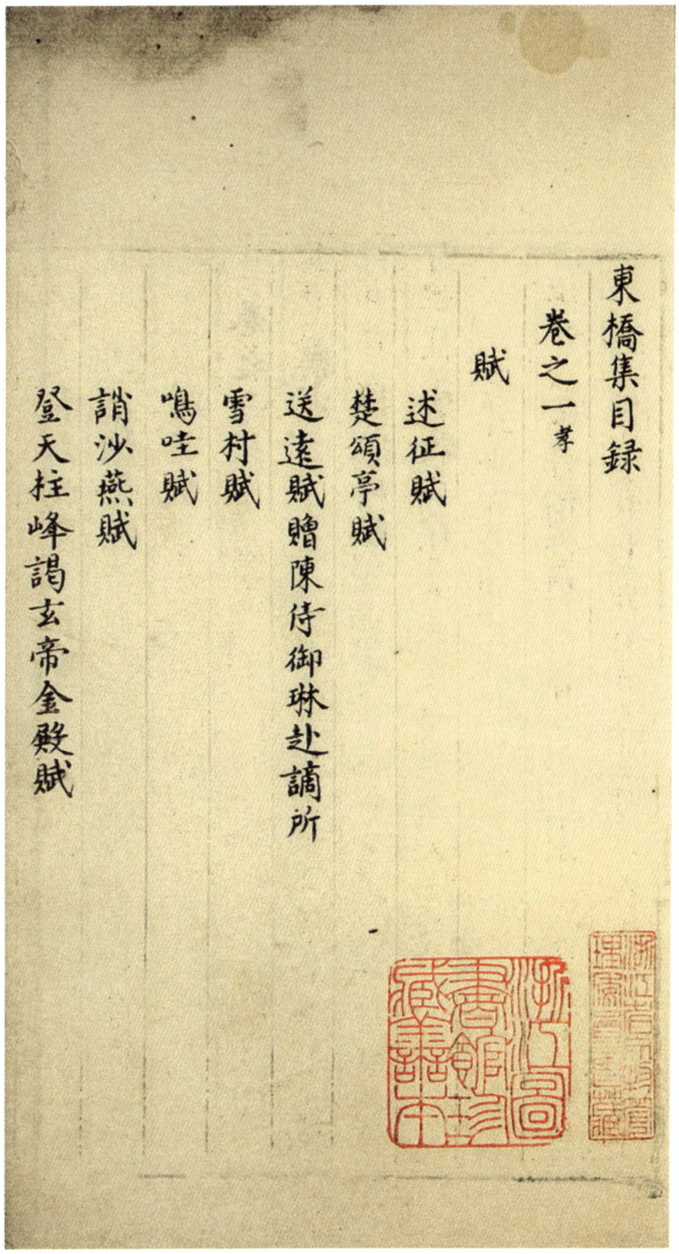
東橋集目録
卷之一 孝
賦
述征賦
楚頌亭賦
送遠賦贈陳侍御琳赴謫所
雪村賦
鳴哇賦
誚沙燕賦
登天柱峰謁玄帝金殿賦

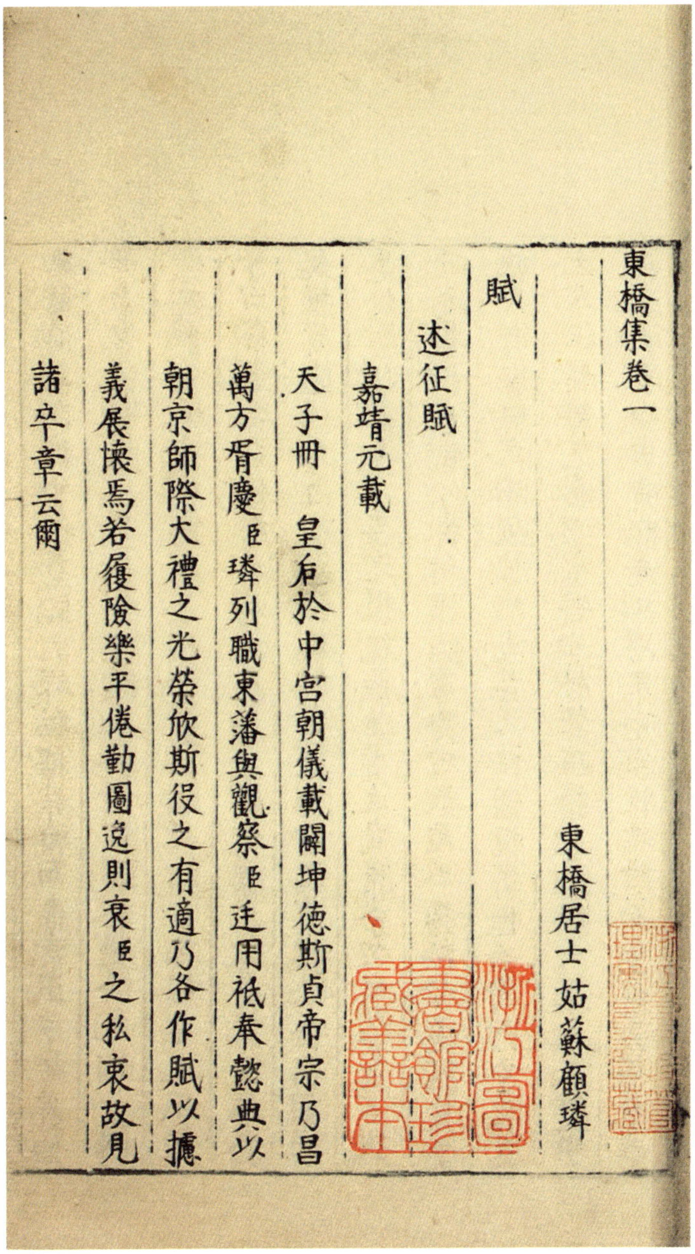
東橋集卷一
東橋居士姑蘇顧璘
賦
述征賦
嘉靖元載
天子冊 皇后於中宮朝儀載闡坤德斯貞帝宗乃昌
萬方胥慶臣璘列職東藩與觀祭臣廷用祗奉懿典以
朝京師際大禮之光榮欣斯役之有適乃各作賦以攄
義展懷焉若履險樂平倦勤圖逸則衷臣之私東故見
諸卒章云爾

11950 東橋集詩二十三卷文十九卷詞一卷 （明）顧璘撰 明抄本

匡高20.3厘米，廣15.1厘米。半葉十行，行二十四字，白口，四周單邊。浙江圖書館藏。

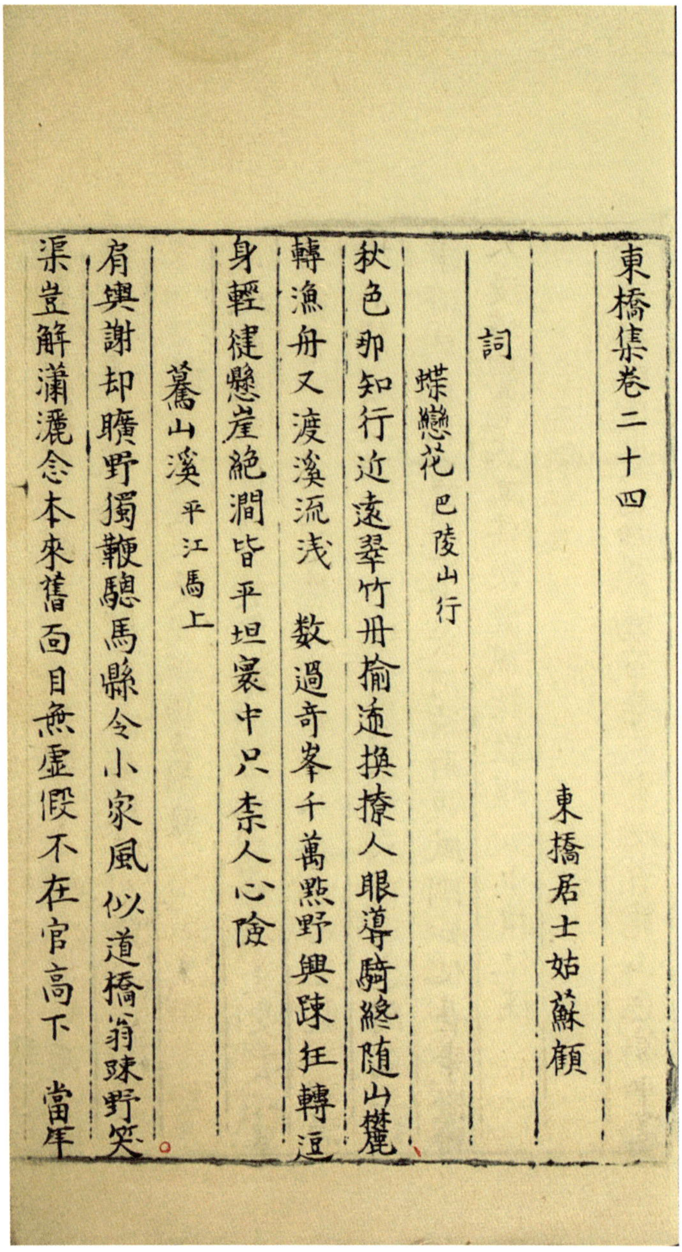
東橋集卷二十四

東橋居士姑蘇顧

詞

蝶戀花 巴陵山行

秋色那知行近遠翠竹冊揄迤換撩人眼導騎總隨山麓
轉漁舟又渡溪流淺　數過奇峯千萬點野興踈狂轉逗
身輕健懸崖絕澗皆平坦寰中只柰人心險

驀山溪 平江馬上

肩輿謝却曠野獨鞭驄馬縣令小家風似道橋翁踈野笑
渠豈解瀟灑念本來舊面目無虛假不在官高下　當年

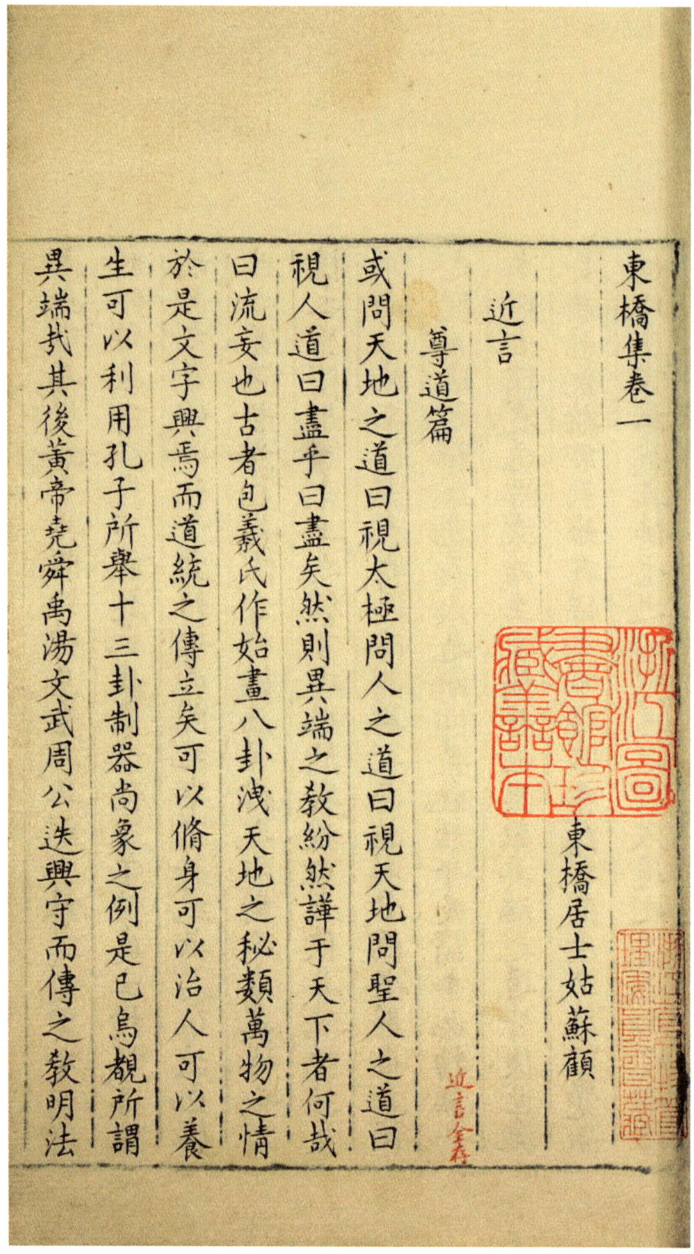
東橋集卷一

東橋居士姑蘇顧

近言

尊道篇

或問天地之道曰視太極問人之道曰視天地問聖人之道曰
視人道曰盡乎曰盡矣然則異端之教紛然譁于天下者何哉
曰流妄也古者包羲氏作始畫八卦洩天地之秘類萬物之情
於是文字興焉而道統之傳立矣可以脩身可以治人可以養
生可以利用孔子所舉十三卦制器尚象之例是已烏覩所謂
異端哉其後黃帝堯舜禹湯文武周公迭興守而傳之教明法

11950 東橋集詩二十三卷文十九卷詞一卷

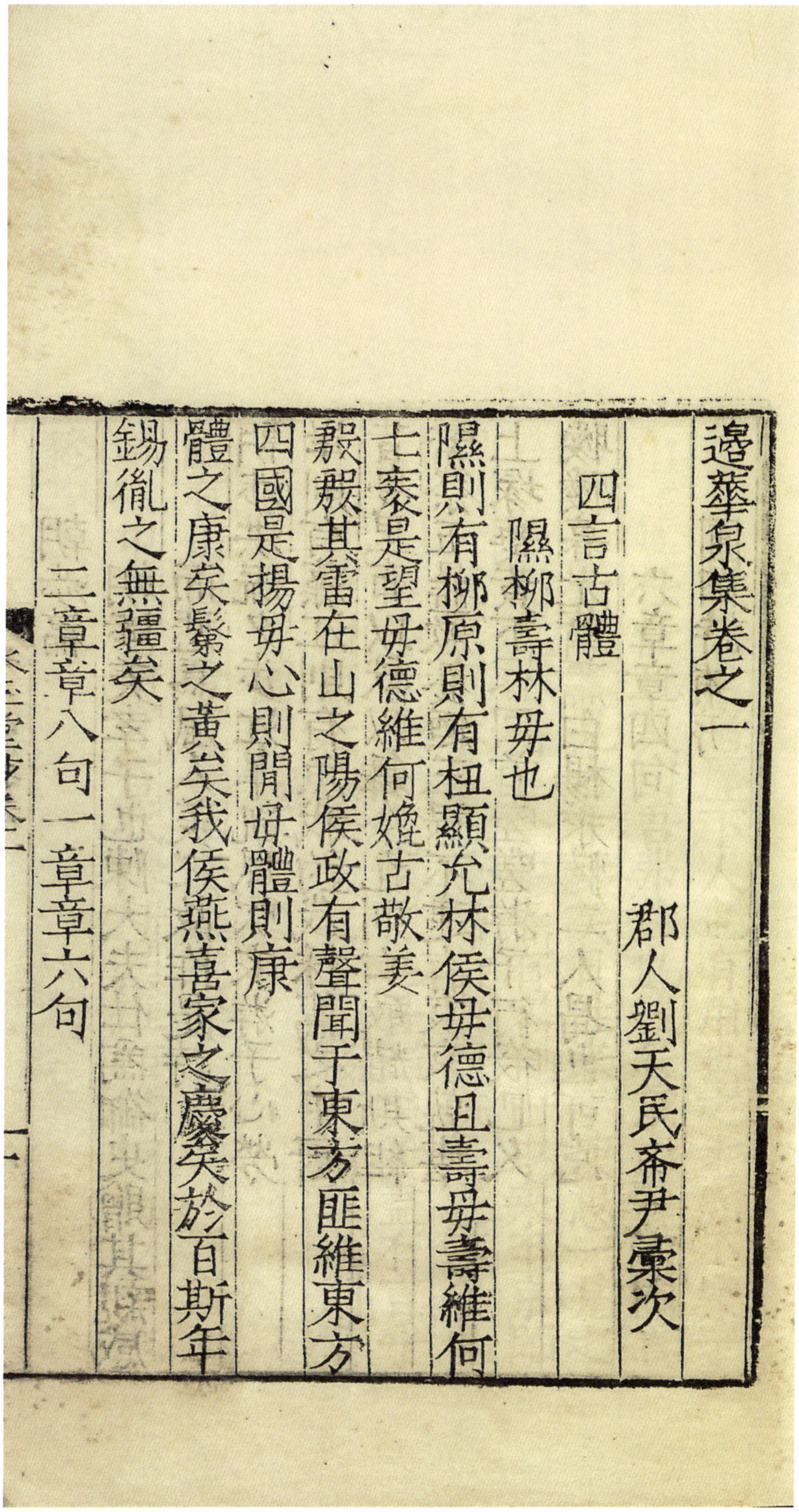

邊華泉集卷之一

郡人劉天民斋尹彙次

四言古體

隰栁壽林毋也

隰則有栁原則有杻顯允林侯毋德且壽毋壽維何
七袠是望毋德維何媲古敬姜

殷殷其雷在山之陽侯政有聲聞于東方匪維東方
四國是揚毋心則閒毋體則康

體之康矣鬒之黃矣我侯燕喜家之慶矣於百斯年
錫侐之無疆矣

二章章八句一章章六句

11951、11952 邊華泉集八卷　（明）邊貢撰　（明）劉天民輯　明嘉靖十七年（1538）司馬魯瞻刻本

匡高17.3厘米，廣14.1厘米。半葉十一行，行二十字，白口，左右雙邊。湖北省圖書館、南京圖書館藏。

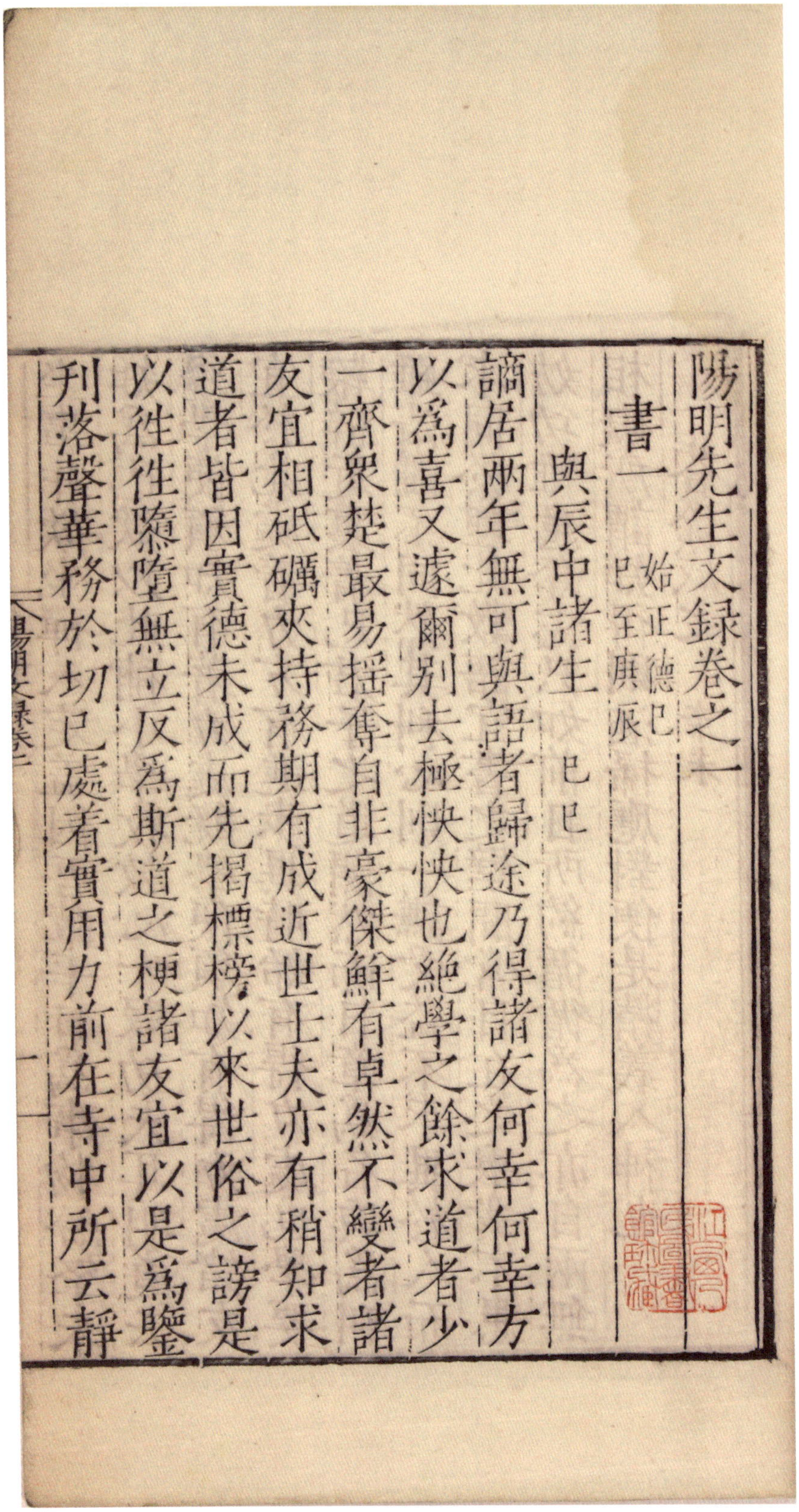
陽明先生文録卷之一

書一 始正德己巳至庚辰

與辰中諸生 己巳

謫居兩年無可與語者歸途乃得諸友何幸何幸方以爲喜又遽爾别去極怏怏也絶學之餘求道者少一齊衆楚最易摇奪自非豪傑鮮有卓然不變者諸友宜相砥礪夾持務期有成近世士夫亦有稍知求道者皆因實德未成而先揭標榜以來世俗之謗是以往往隳墮無立反爲斯道之梗諸友宜以是爲鑒刋落聲華務於切己處着實用力前在寺中所云靜

陽明文録卷一　一

11953 陽明先生文録五卷外集九卷别録十卷　（明）王守仁撰　明嘉靖十四年（1535）聞人詮刻本

匡高19.3厘米，廣15厘米。半葉十行，行二十字，白口，左右雙邊。江西省圖書館藏。

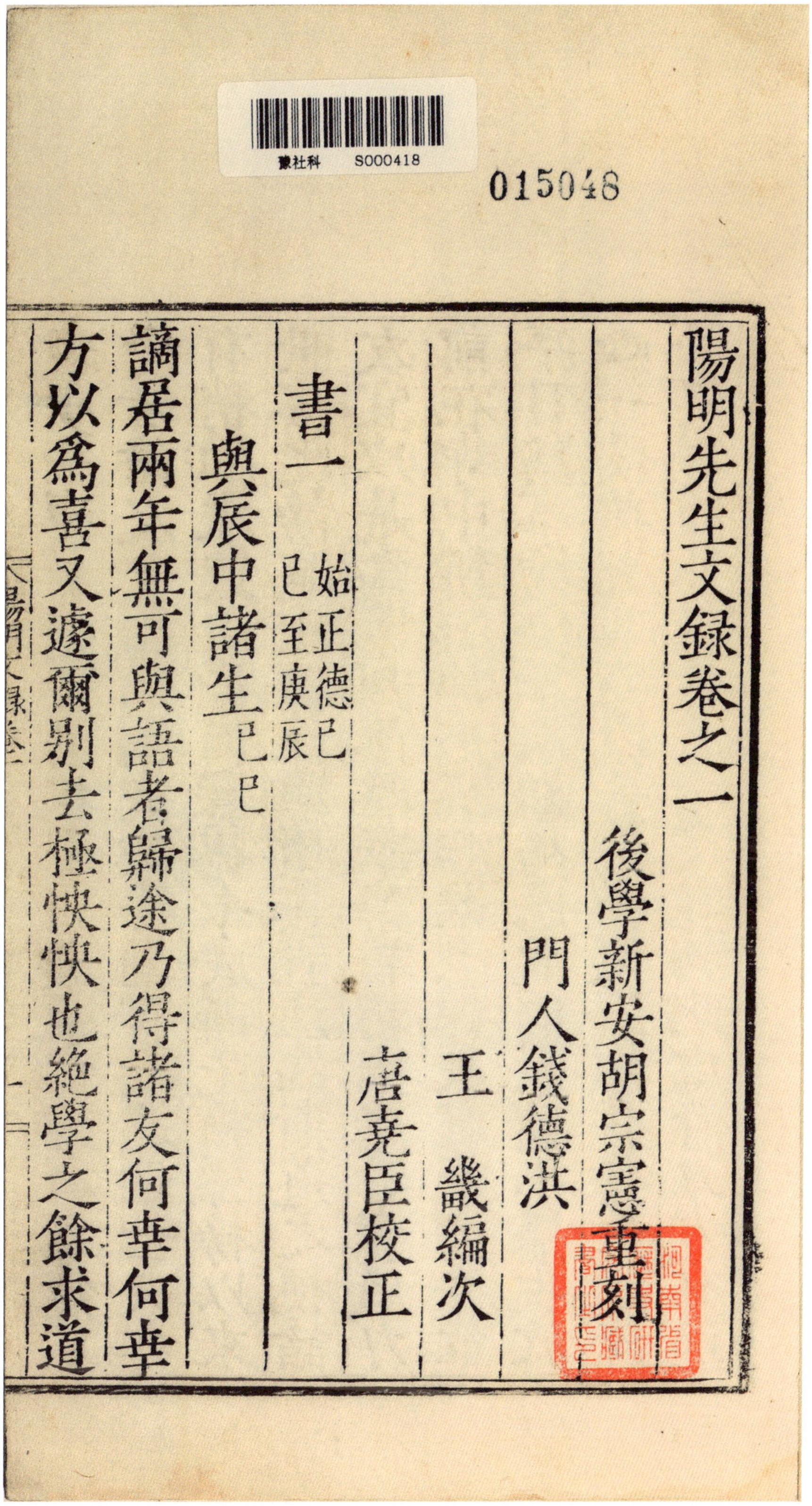

陽明先生文録卷之一
後學新安胡宗憲重刻
門人錢德洪
王　畿編次
唐堯臣校正
書一 始正德己巳至庚辰
與辰中諸生 己巳
謫居兩年無可與語者歸途乃得諸友何幸何幸
方以爲喜又遽爾别去極怏怏也絶學之餘求道

11954 陽明先生文録五卷外集九卷别録十卷 （明）王守仁撰　明嘉靖三十六年（1557）胡宗憲刻本

匡高20厘米，廣14.1厘米。半葉九行，行十九字，白口，四周雙邊。河南省社會科學院文獻信息中心藏。

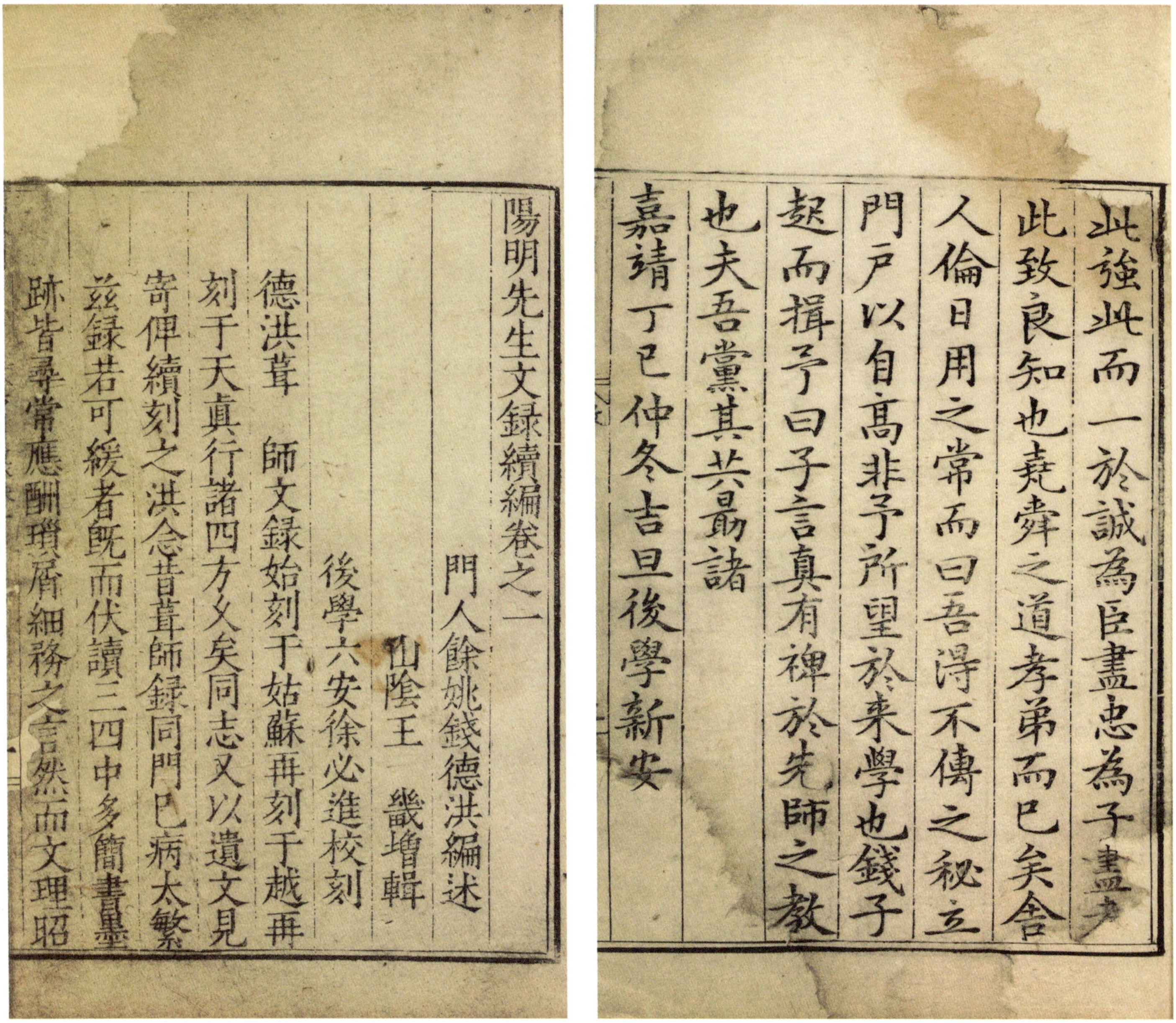

11955 陽明先生文録續編八卷　（明）王守仁撰　明嘉靖四十五年（1566）徐必進刻本

匡高18.9厘米，廣13.9厘米。半葉九行，行十九字，白口，四周雙邊。首都師範大學圖書館藏。

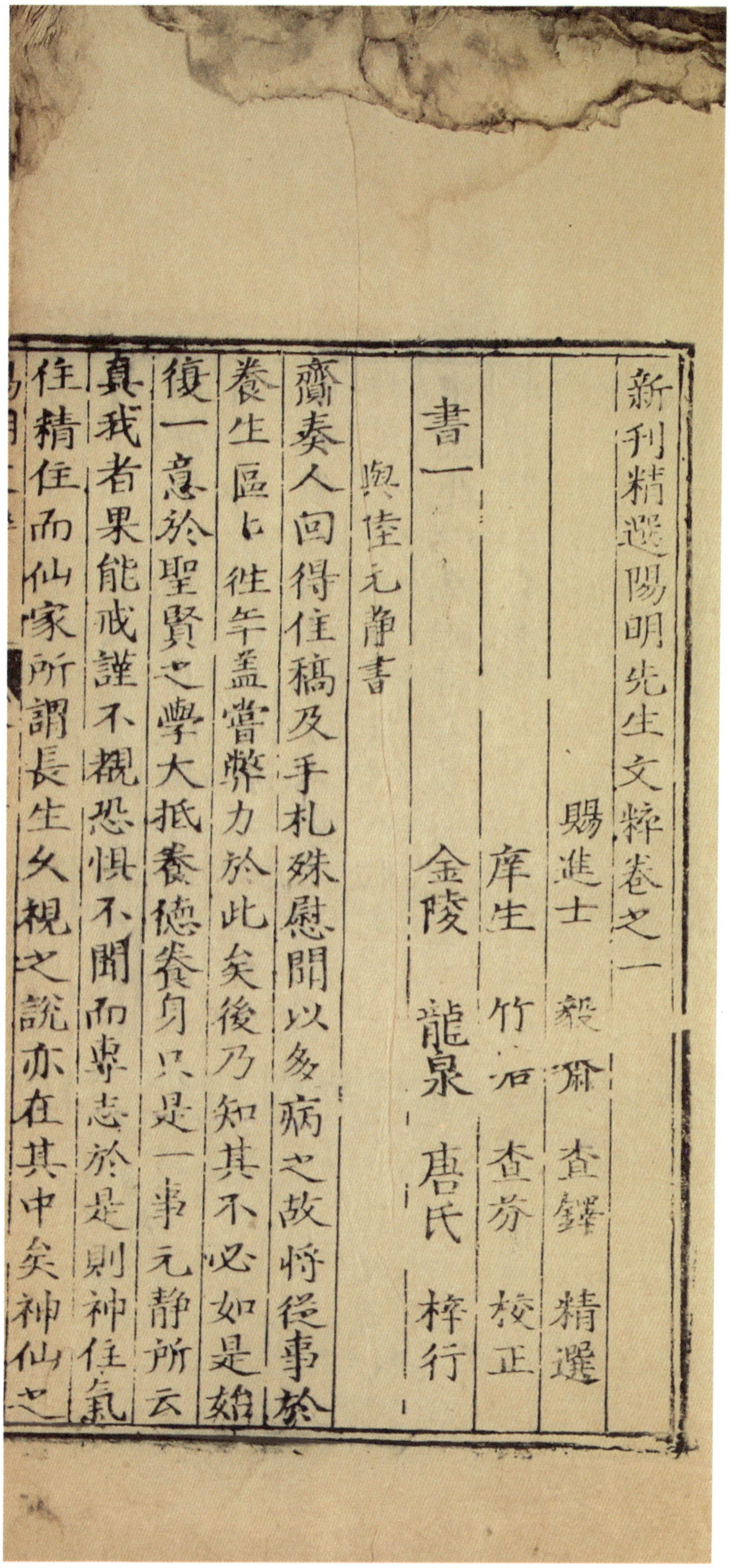

11956 新刊精選陽明先生文粹六卷 （明）王守仁撰 （明）查鐸輯

明嘉靖四十五年（1566）唐龍泉刻本

匡高18.5厘米，廣12.1厘米。半葉十行，行二十二字，白口，四周雙邊。有"嘉靖丙寅歲秋七月金陵唐氏龍泉繡梓"等牌記。寧波市天一閣博物館藏。

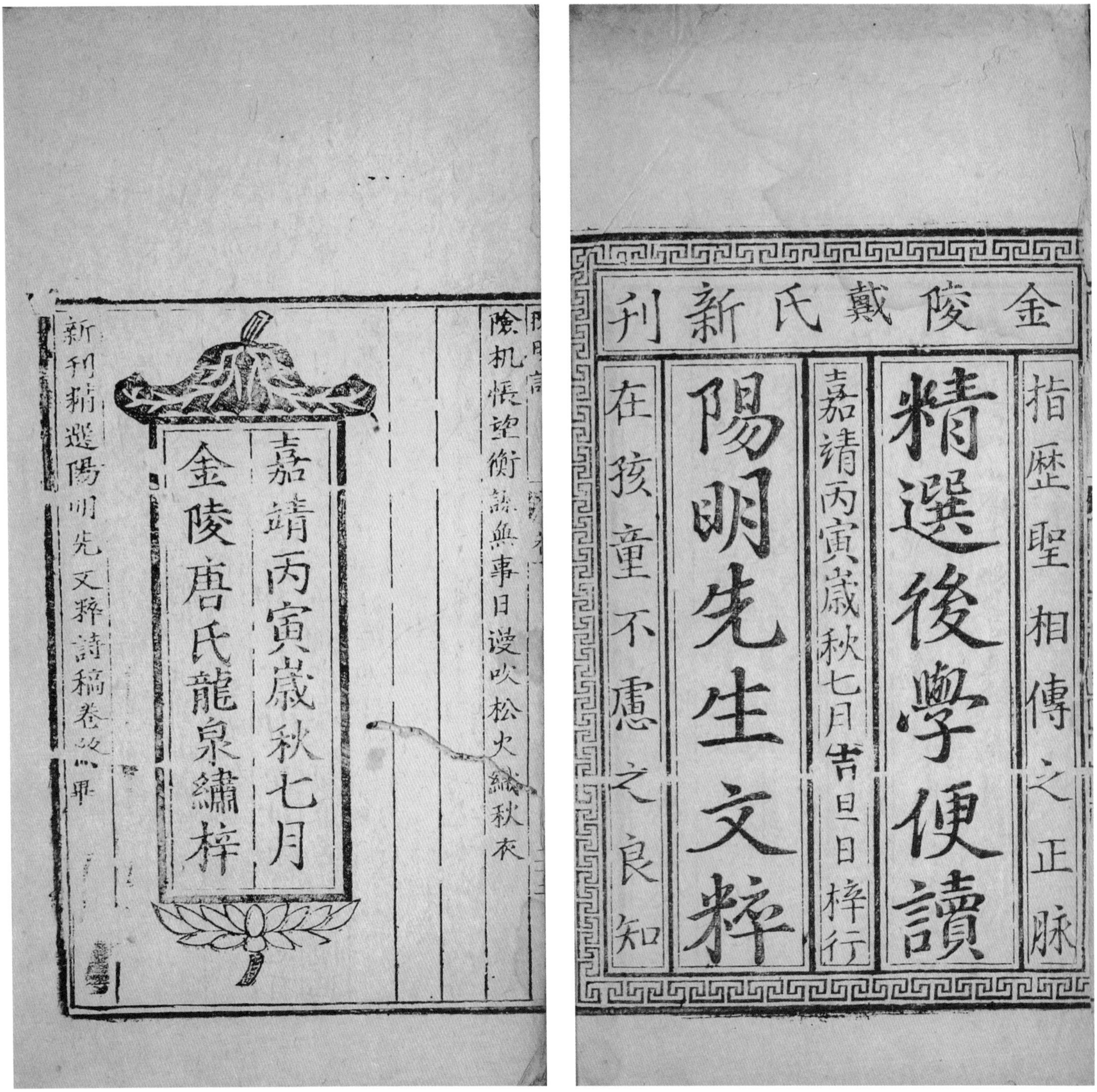

11956 新刊精選陽明先生文粹六卷

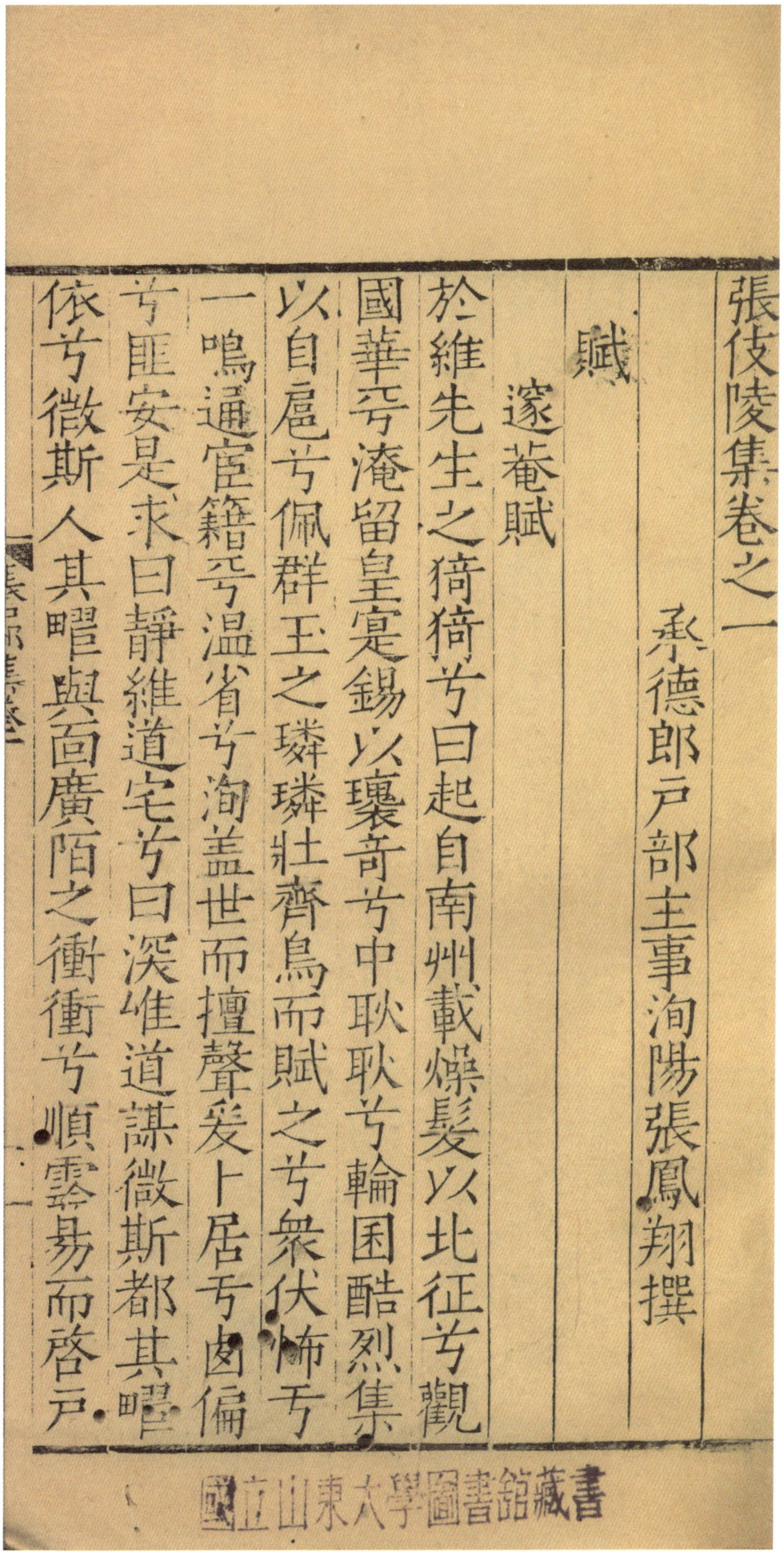
張伎陵集卷之一
承德郎戶部主事洵陽張鳳翔撰
賦
遯菴賦
於維先生之猗猗兮曰起自南州載爍髮以北征兮觀
國華兮淹留皇寔錫以瓌奇兮中耿耿兮輪囷酷烈集
以自扈兮佩群玉之璘璘壯齊鳥而賦之兮衆伏怖兮
一鳴通宦籍兮溫省兮洵蓋世而擅聲爰卜居兮卤偏
兮匪安是求曰靜維道宅兮曰溪惟道謀微斯都其暱
依兮微斯人其暱與面廣陌之衢衢兮順霒昜而啓戶

11957 張伎陵集七卷　（明）張鳳翔撰　明刻本

匡高18.9厘米，廣12.6厘米。半葉十行，行二十一字，黑口，左右雙邊。山東大學圖書館藏。

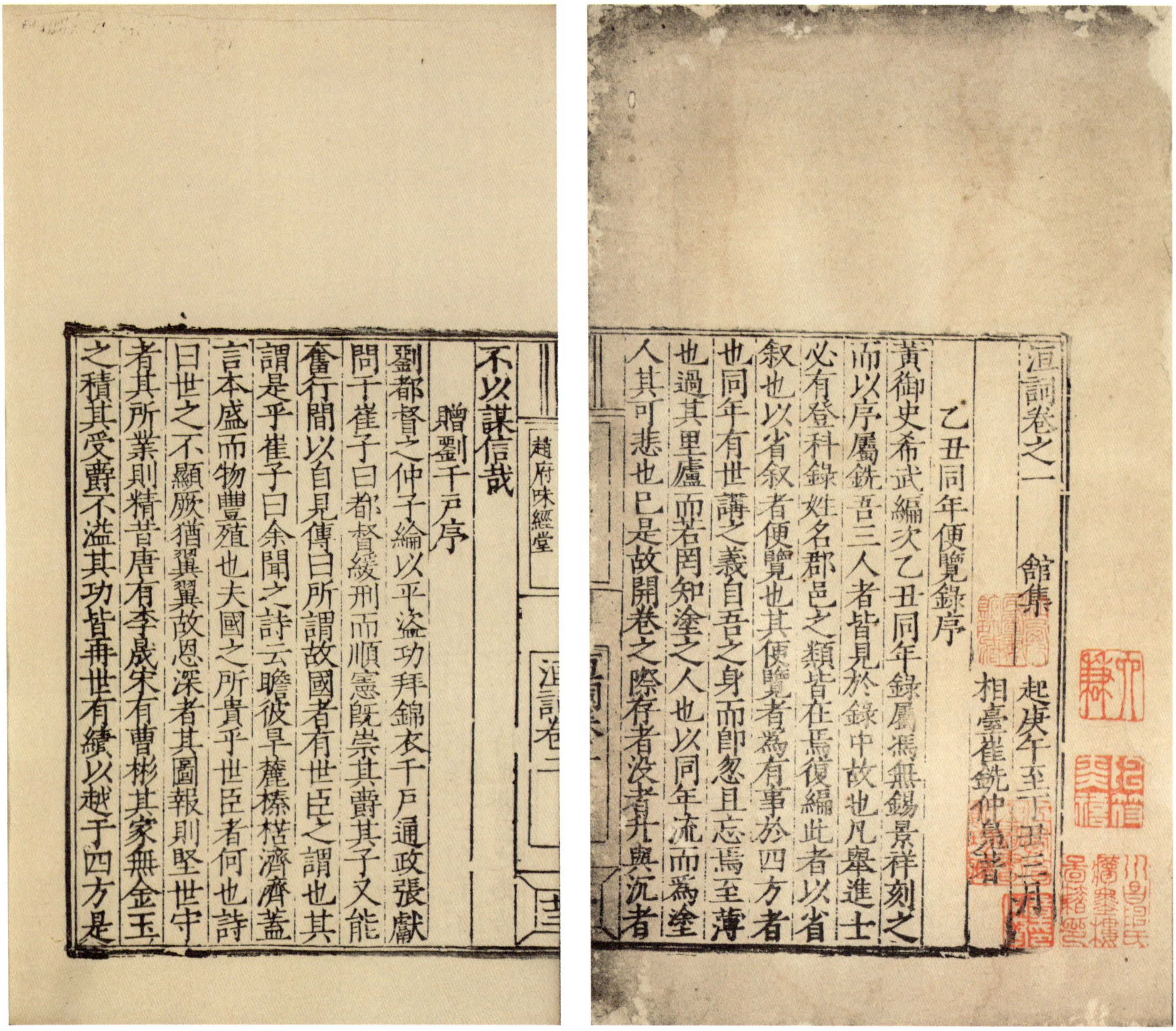
洹詞卷之一　館集　起庚午至丁丑三月
相臺崔銑仲鳬著
乙丑同年便覽録序
黄御史希武編次乙丑同年録屬馮無錫景祥刻之
而以序屬銑吾三人者皆見於録中故也凡舉進士
必有登科録姓名郡邑之類皆在焉復編此者以省
叙也以省叙者便覽也其便覽者為有事於四方者
也同年有世講之義自吾之身而即忽且忘焉至薄
也過其里廬而若罔知塗之人也以同年流而為塗
人其可悲也已是故開卷之際存者没者升與沉者

不以謀信哉
贈劉千戸序
劉都督之仲子綸以平盜功拜錦衣千戸通政張獻
問于崔子曰都督緩刑而順憲既崇其爵其子又能
奮行間以自見傳曰所謂故國者有世臣之謂也其
謂是乎崔子曰余聞之詩云瞻彼旱麓榛楛濟濟蓋
言本盛而物豐殖也夫國之所貴乎世臣者何也詩
曰世之不顯厥猶翼翼故恩深者其圖報則堅世守
者其所業則精昔唐有李晟宋有曹彬其家無金玉
之積其受爵不溢其功皆再世有續以趾于四方是

11958 洹詞十二卷　（明）崔銑撰　明趙府味經堂刻本

匡高17.5厘米，廣12.8厘米。半葉十行，行二十字，白口，四周雙邊。有“鹽官陳氏夢墨樓印”等印。江西省圖書館藏。

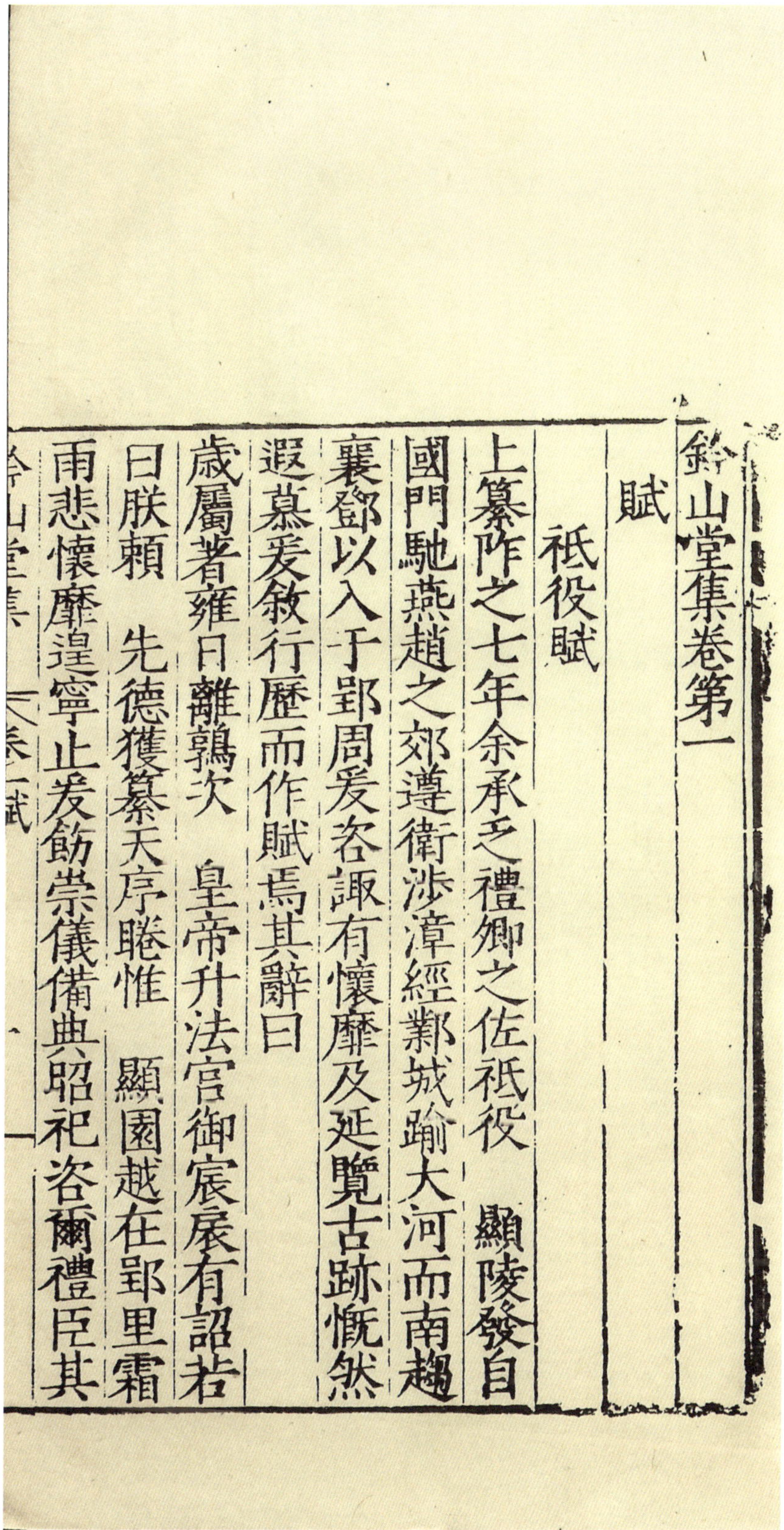

鈐山堂集卷第一

賦

祗役賦

上纂祚之七年余承乏禮卿之佐祗役　顯陵發自國門馳燕趙之郊遵衛涉漳經鄴城踰大河而南趨襄鄧以入于郢周爰咨諏有懷靡及延覽古跡慨然遐慕爰敘行歷而作賦焉其辭曰

歲屬著雍日離鶉次　皇帝升法宫御宸扆有詔若曰朕賴　先德獲纂天序睠惟　顯園越在郢里霜雨悲懷靡遑寧止爰飭崇儀備典昭祀咨爾禮臣其

鈐山堂集　卷一賦　一

11959、11960 鈐山堂集四十卷　（明）嚴嵩撰　**附録一卷**　明嘉靖刻本

匡高18.4厘米，廣14.6厘米。半葉十行，行二十字，白口，左右雙邊。南京圖書館藏；寧波市天一閣博物館藏，有“蕭山朱鼎煦收藏書籍”等印。

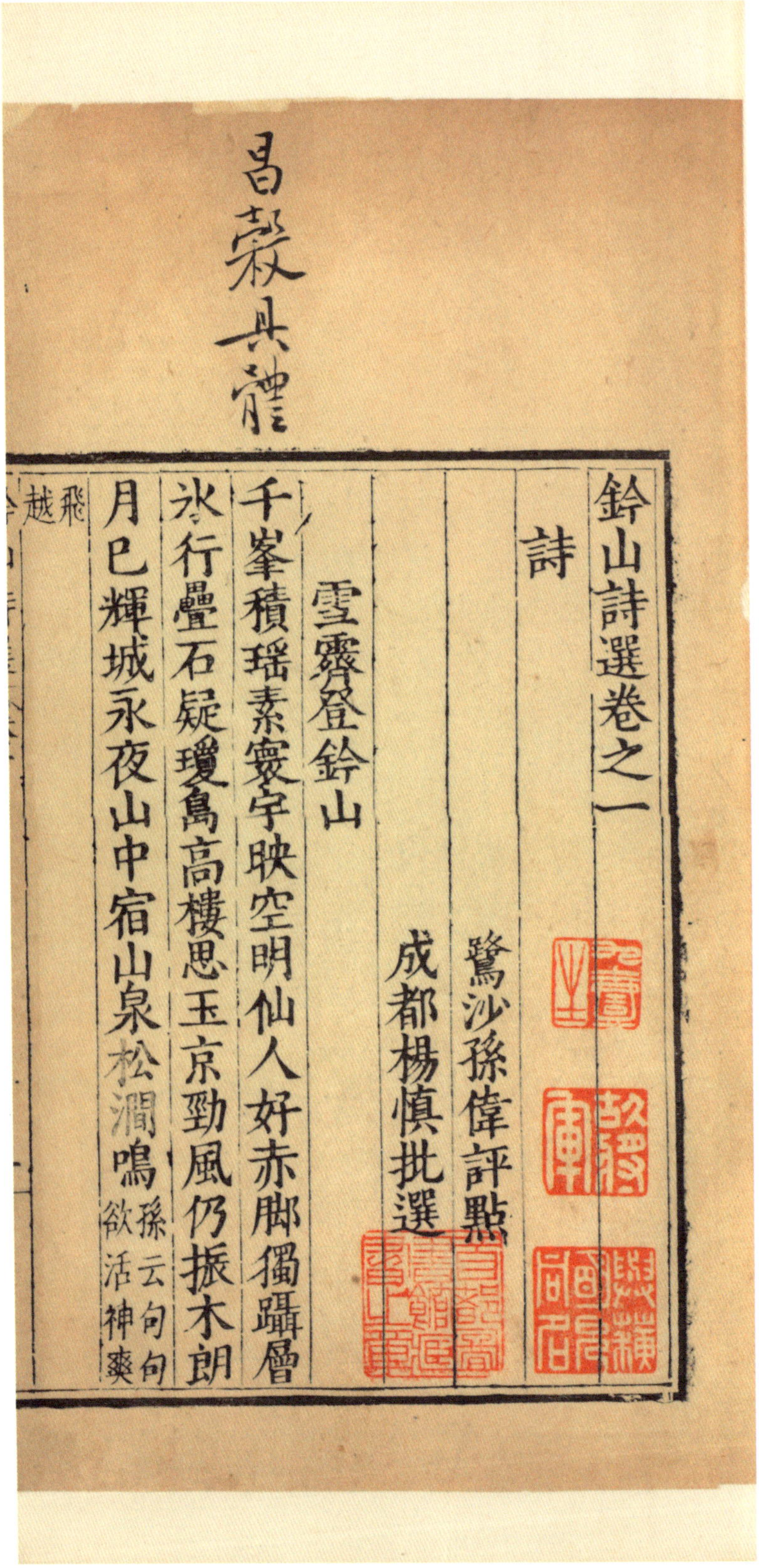

11961 鈐山詩選七卷 （明）嚴嵩撰 （明）楊慎輯並批點 明嘉靖刻本

匡高19.2厘米，廣13.2厘米。半葉九行，行十八字，白口，四周雙邊。有“與蘇明允同名”“式通”“春榆”“聆風簃主”“楊千里”“翼盦”“松鄰詞舍”等印。王士禛批並跋，王式通、郭曾炘、黄濬、陳衍、樊增祥、楊天驥、朱文鈞、吴昌綬跋。首都圖書館藏。

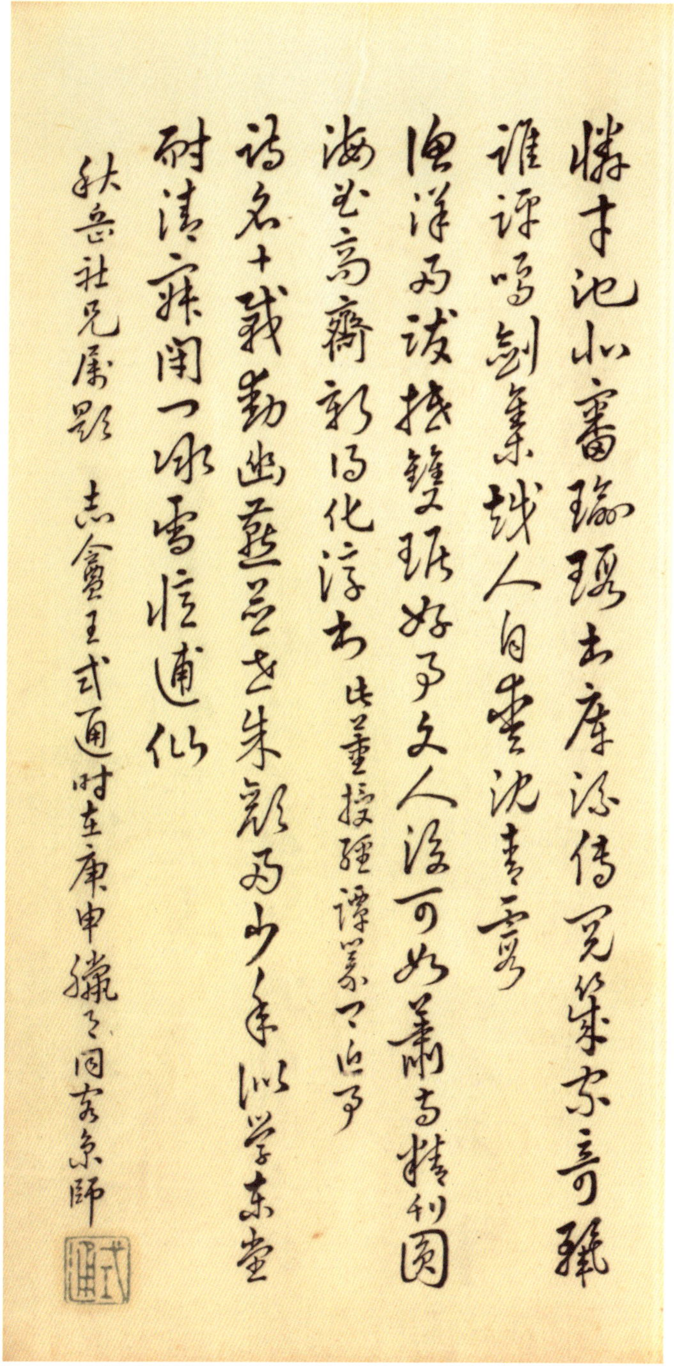

將才池似畜瑜璟去庠流傳覓筆家奇雜
誰評鳴劍集，識人自要沈書意
漁洋為談攙雙珠，好予文人誰可如蕭肅精刊圖
海甘高齋新得化浮去 此華援經譚第丁卯予
詩名十載勤幽燕，益老朱顏為少年，以學東堂
耐清寂閑一冰雪，臨遍似
秋岳社兄屬題　志盦王式通時在庚申冬之同客京師

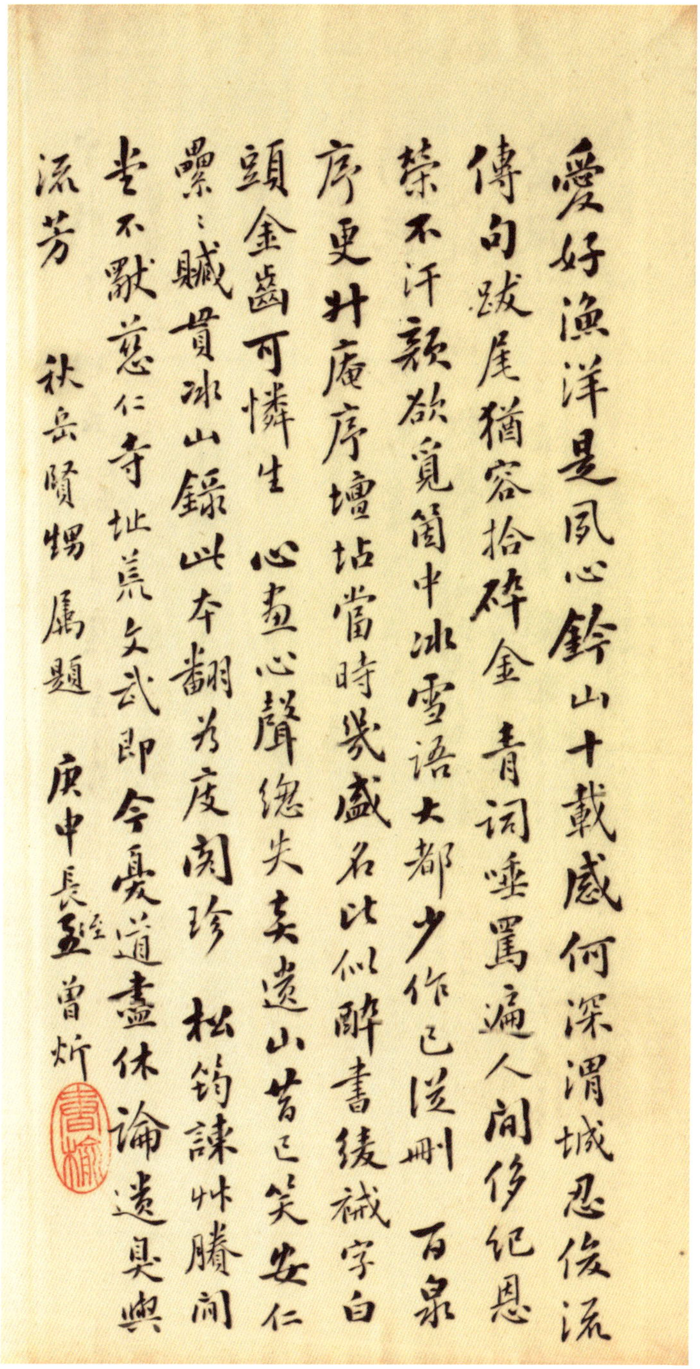

愛好漁洋是鳳心，鈐山十載感何深。渭城忍俊流
傳句，跋尾猶容拾碎金。青詞唾罵遍人間，修紀恩
榮不汙顏。欲覓閣中冰雪語，大都少作已從刪。百泉
序更升庵序，壇坫當時幾盛名。比似醉書綾識字，白
頭金齒可憐生。心畫心聲總失真，遺山昔已笑安仁。
纍纍贓貫冰山錄，此本翻為度闕珍。松筠諫草騰閒
堂，不獸慈仁寺址荒。文武即今晏道盡，休論遺臭與
流芳。
秋岳賢甥屬題　庚申長至曾炘

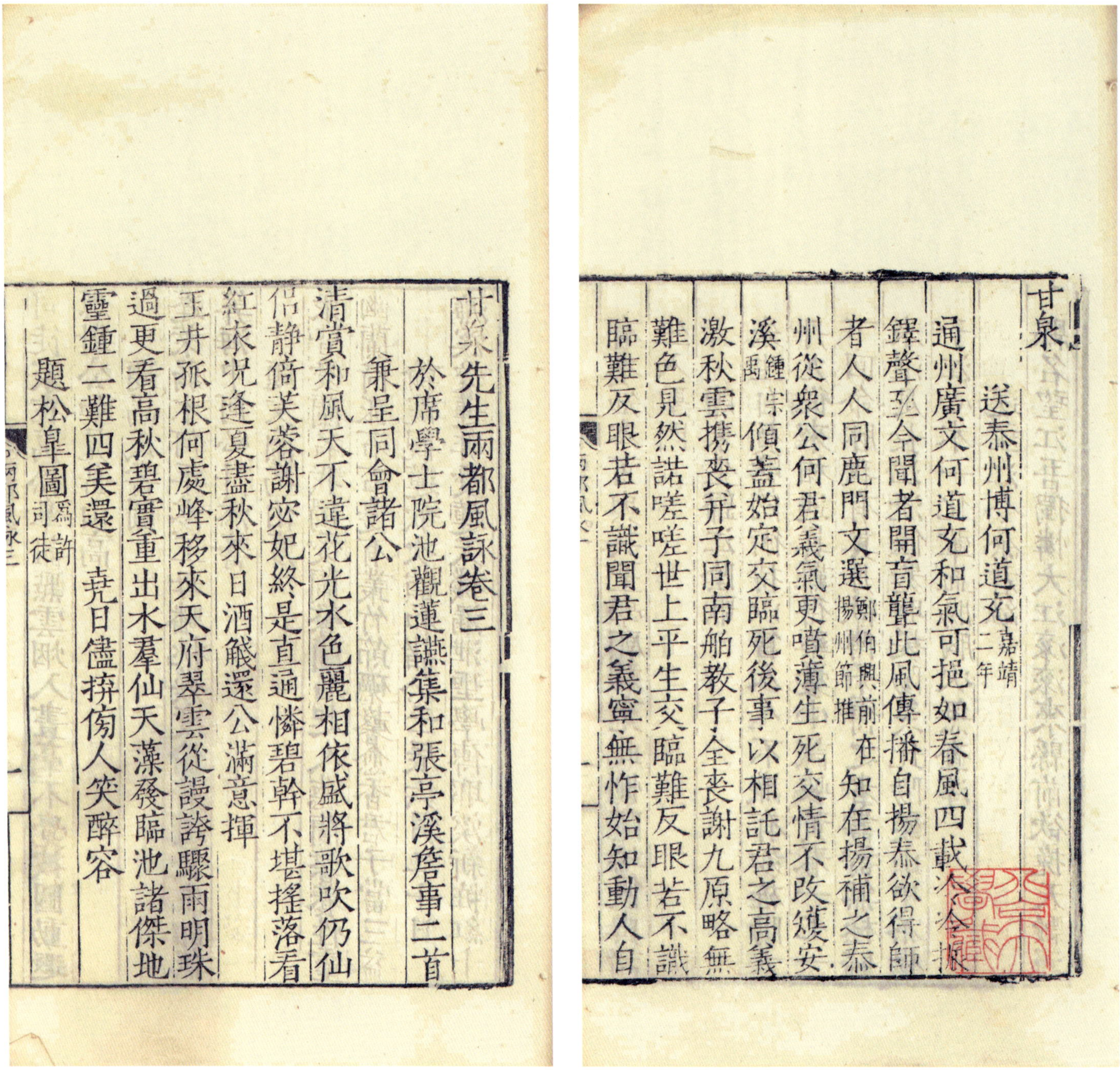
甘泉
送泰州博何道充嘉靖二年
通州廣文何道充和氣可挹如春風四載[illegible]
鐸聲至今聞者開盲聾此風傳播自揚泰欲得師
者人人同鹿門文選鄭伯興前在揚州節推知在揚補之泰
州從衆公何君義氣更噴薄生死交情不改䕶安
溪鍾宗禹傾蓋始定交臨死後事以相託君之高義
激秋雲携喪弁子同南船教子全喪謝九原略無
難色見然諾嗟嗟世上平生交臨難反眼若不識
臨難反眼若不識聞君之義寧無怍始知動人自

甘泉先生兩都風詠卷三
於席學士院池觀蓮讌集和張亭溪詹事二首
兼呈同會諸公
清賞和風天不違花光水色麗相依盛將歌吹仍仙
侶静倚芙蓉謝宓妃終是直通憐碧幹不堪搖落看
紅衣況逢夏盡秋來日酒艤還公滿意揮
玉井孤根何處峰移來天府翠雲從謾誇驟雨明珠
過更看高秋碧實重出水羣仙天藻發臨池諸傑地
靈鍾二難四美還堯日儘擠傷人笑醉容
題松臯圖爲許司徒

11962 甘泉先生兩都風詠四卷 （明）湛若水撰 明嘉靖十四年（1535）

朱敬之刻本

匡高20厘米，廣14.7厘米。半葉十行，行二十字，白口，左右雙邊。北京大學圖書館藏。

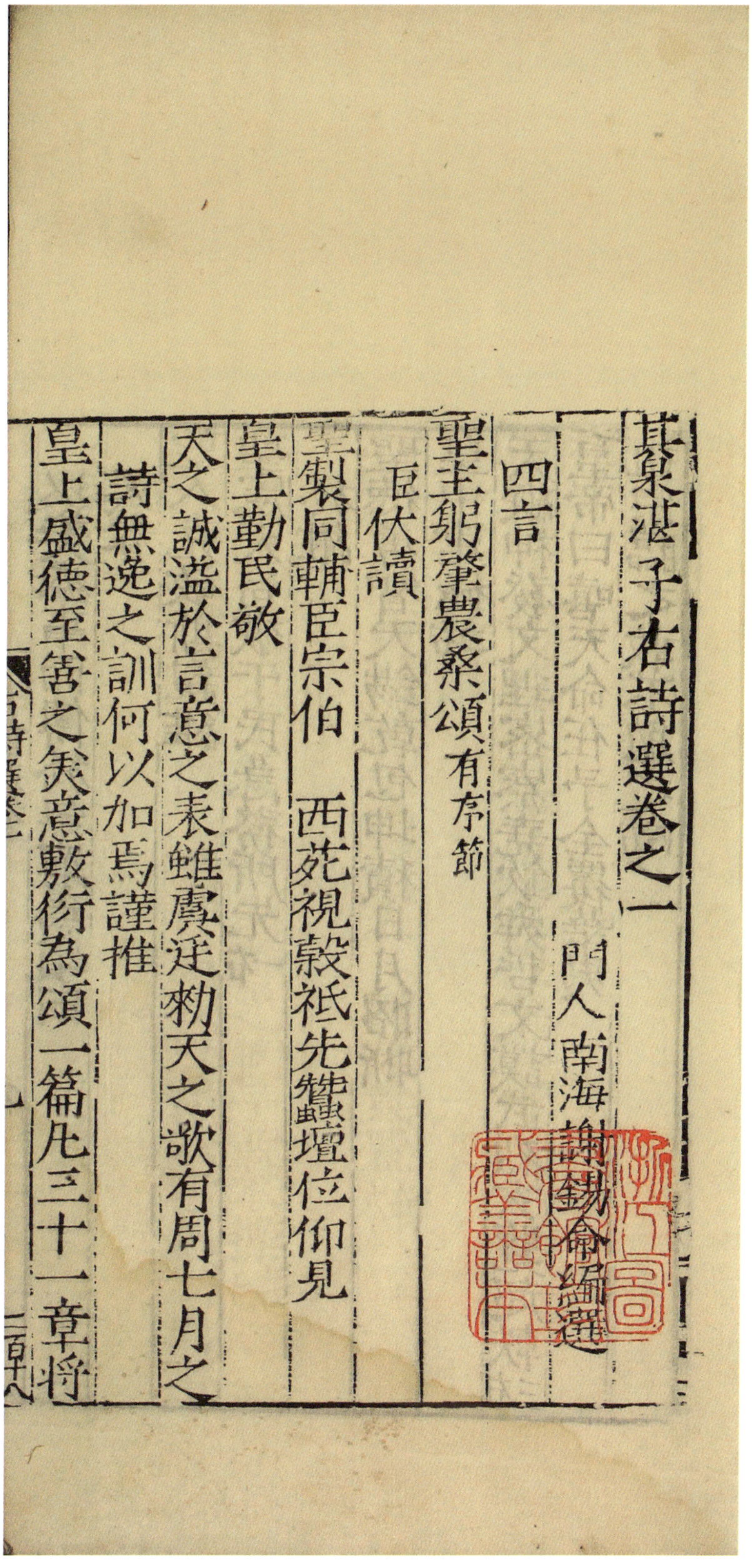
甘泉湛子古詩選卷之一
門人南海謝錫命編選
四言
聖主躬肇農桑頌有序節
臣伏讀
聖製同輔臣宗伯　西苑視穀祇先蠶壇位仰見
皇上勤民敬
天之誠溢於言意之表雖虞廷勑天之歌有周七月之
詩無逸之訓何以加焉謹推
皇上盛德至善之矣意敷衍為頌一篇凡三十一章將

11963 甘泉湛子古詩選五卷　（明）湛若水撰　（明）謝錫命等輯　明嘉靖三十一年（1552）自刻本

匡高19.4厘米，廣14厘米。半葉十行，行二十一字，小字雙行同，白口，四周單邊。浙江圖書館藏。

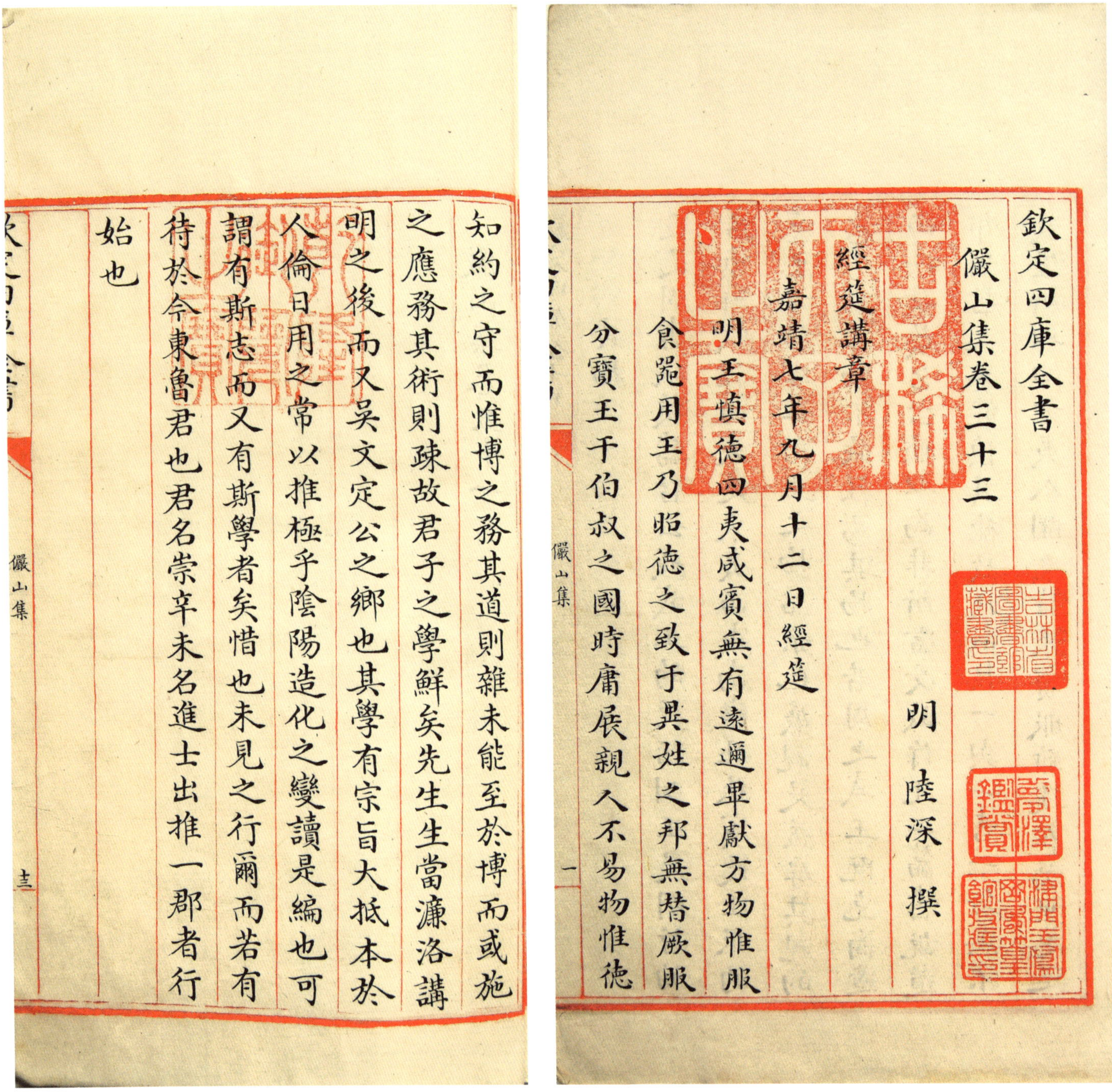
欽定四庫全書
儼山集卷三十三
明 陸深 撰
經筵講章
嘉靖七年九月十二日經筵
明王慎德四夷咸賓無有遠邇畢獻方物惟服
食器用王乃昭德之致于異姓之邦無替厥服
分寶玉于伯叔之國時庸展親人不易物惟德

知約之守而惟博之務其道則雜未能至於博而或施
之應務其術則疎故君子之學鮮矣先生生當濂洛講
明之後而又吳文定公之鄉也其學有宗旨大抵本於
人倫日用之常以推極乎陰陽造化之變讀是編也可
謂有斯志而又有斯學者矣惜也未見之行爾而若有
待於今東魯君也君名崇辛未名進士出推一郡者行
始也

11964 儼山集一百卷 （明）陸深撰　清乾隆内府寫南三閣四庫全書本

匡高20.6厘米，廣13.1厘米。半葉八行，行二十一字，紅格，白口，四周雙邊。有“古稀天子之寶”“乾隆御覽之寶”“津門王鳳岡風篁館收藏印”“蟫隱廬祕籍印”等印。吉林省圖書館藏，存九卷。

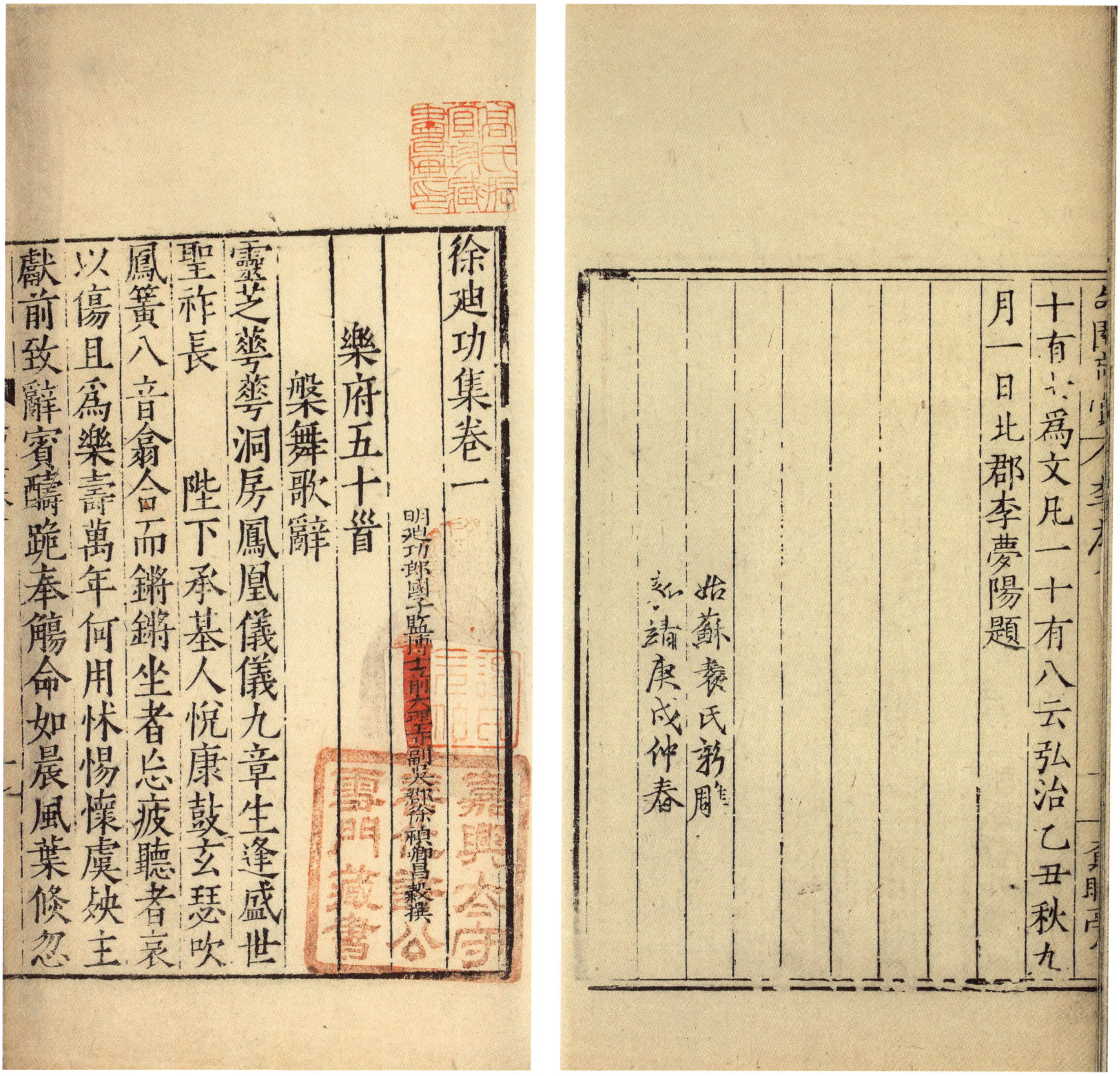
十有六爲文凡一十有八云弘治乙丑秋九
月一日北郡李夢陽題
姑蘇袁氏新雕
嘉靖庚戌仲春

徐廸功集卷一
明廸功郎國子監博士前大理寺副吳郡徐禎卿昌穀撰
樂府五十首
槃舞歌辭
靈芝蕚蕚洞房鳳凰儀儀九章生逢盛世
聖祚長　陛下承基人悦康鼓玄瑟吹
鳳簧八音翕合而鏘鏘坐者忘疲聽者哀
以傷且爲樂壽萬年何用怵惕懍虞姎主
獻前致辭賓疇跪奉觴命如晨風葉倏忽

11965 徐廸功集六卷談藝録一卷　（明）徐禎卿撰　明嘉靖二十九年（1550）姑蘇袁氏刻本

匡高18.5厘米，廣13.2厘米。半葉九行，行十六字，白口，左右雙邊。有"嘉興太守善化許公雪門藏書""高氏振宜珍藏書畫印"等印。浙江圖書館藏。

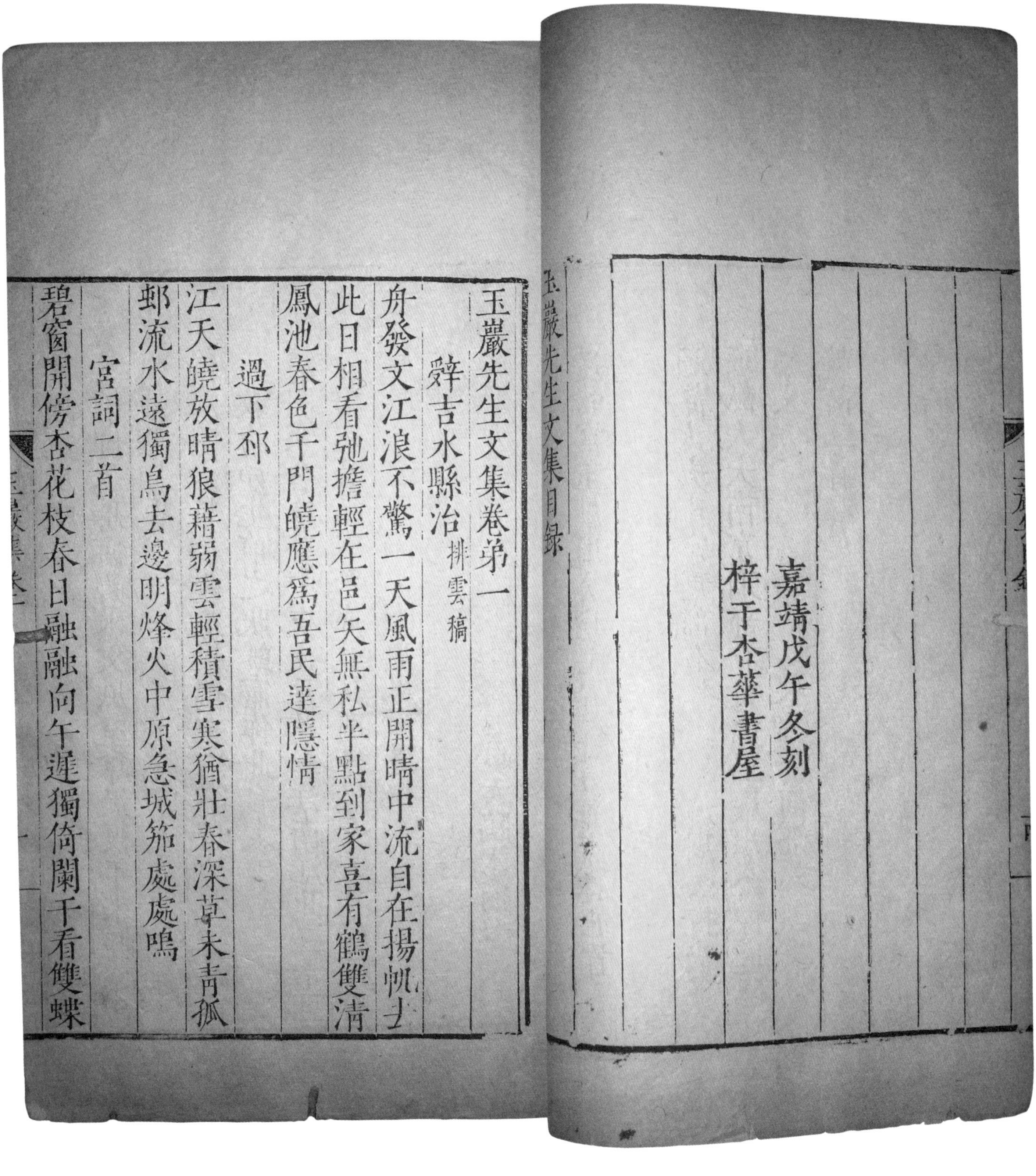
嘉靖戊午冬刻
梓于杏華書屋
玉巖先生文集目録

玉巖先生文集卷弟一
辟吉水縣治 排雲稿
舟發文江浪不驚一天風雨正開晴中流自在揚帆去
此日相看弛擔輕在邑矢無私半點到家喜有鶴雙清
鳳池春色千門曉應爲吾民達隱情
過下邳
江天曉放晴狼藉弱雲輕積雪寒猶壯春深草未青孤
郵流水遠獨鳥去邊明烽火中原急城笳處處鳴
宮詞二首
碧窗開傍杏花枝春日融融向午遲獨倚闌干看雙蝶

11966 玉巖先生文集九卷 （明）周廣撰 **附録一卷** 明嘉靖三十七年（1558）杏華書屋刻本

匡高19.5厘米，廣13.6厘米。半葉十行，行二十一字，白口，左右雙邊。有“永明世進士坊共墨齋周氏兄弟藏書記”“江津府君清俸所遺銑詒受讀子孫世寶”等印。陝西省圖書館藏。

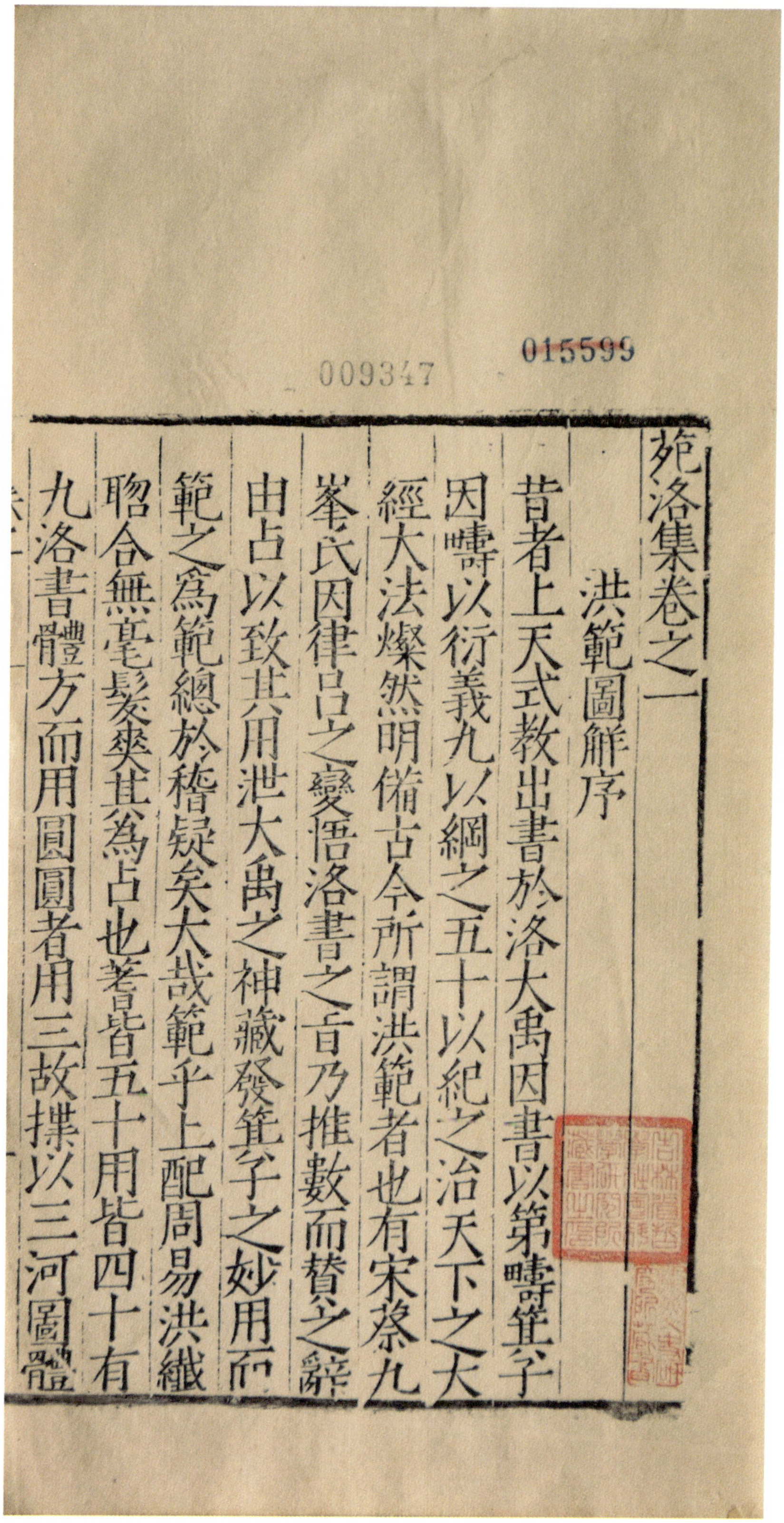

苑洛集卷之一

洪範圖解序

昔者上天式教出書於洛大禹因書以第疇箕子因疇以衍義九以綱之五十以紀之治天下之大經大法燦然明備古今所謂洪範者也有宋蔡九峯氏因律呂之變悟洛書之旨乃推數而替之辭由占以致其用泄大禹之神藏發箕子之妙用而範之爲範總於稽疑矣大哉範乎上配周易洪纖聦合無毫髮爽其爲占也蓍皆五十用皆四十有九洛書體方而用圓圓者用三故揲以三河圖體

11967 苑洛集二十二卷 （明）韓邦奇撰　明嘉靖三十九年（1560）刻本

匡高17.2厘米，廣13厘米。半葉十行，行二十字，白口，四周單邊。吉林省社會科學院圖書館藏。

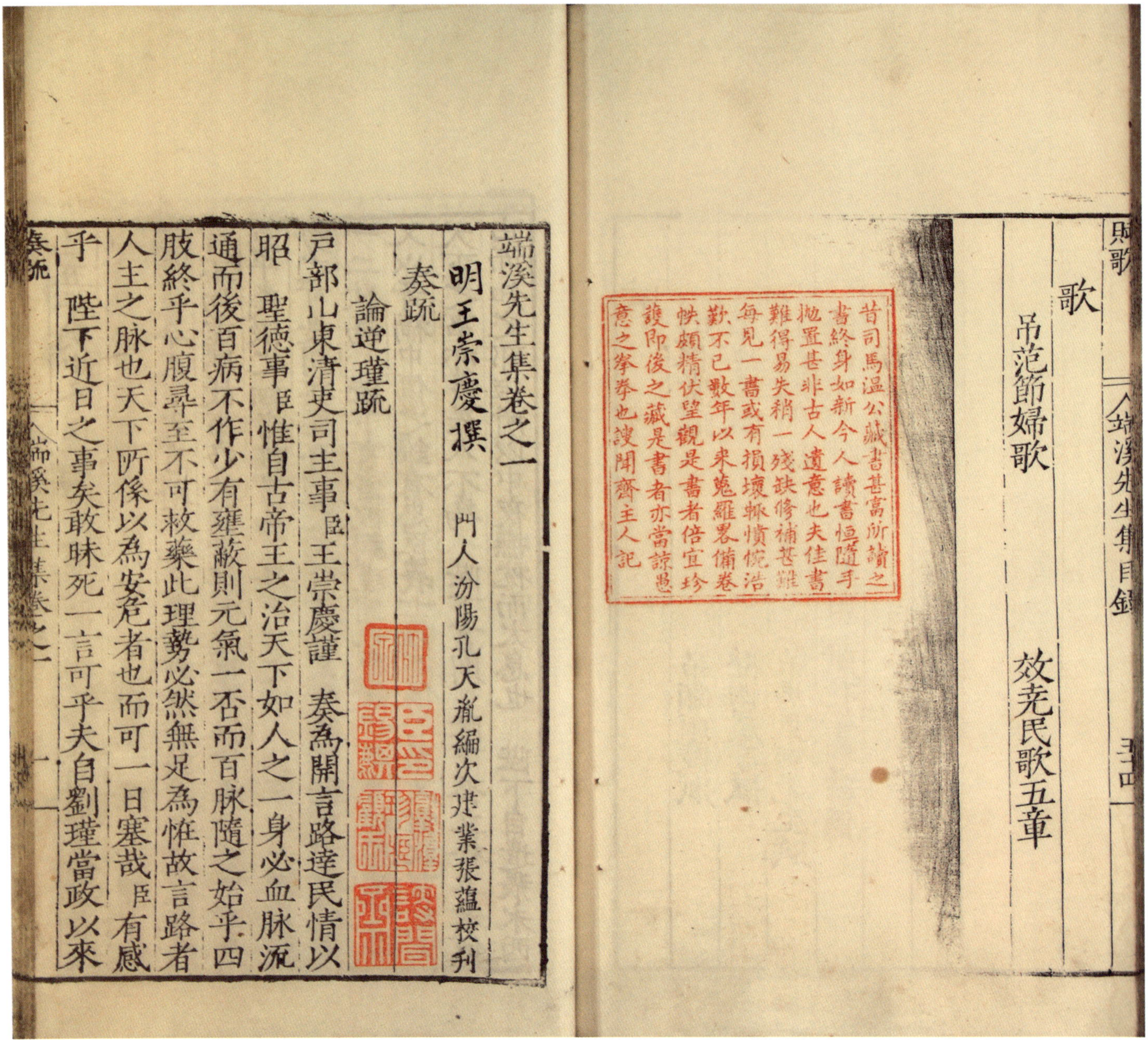
歌
吊范節婦歌
效尭民歌五章

昔司馬温公藏書甚富所讀之書終身如新今人讀書恒隨手拋置甚非古人遺意也夫佳書難得易失稍一殘缺修補甚難每見一書或有損壞輒憤惋浩歎不已數年以來蒐羅略備卷帙頗精伏望觀是書者倍宜珍護即後之藏是書者亦當諒愚意之拳拳也謏聞齋主人記

端溪先生集卷之一
明王崇慶撰　門人汾陽孔天胤編次建業張蘊校刊
奏疏
論逆瑾疏
戶部山東清吏司主事臣王崇慶謹　奏為開言路達民情以
昭　聖德事臣惟自古帝王之治天下如人之一身必血脉流
通而後百病不作少有壅蔽則元氣一否而百脉隨之始乎四
肢終乎心腹尋至不可救藥此理勢必然無足為恠故言路者
人主之脉也天下所係以為安危者也而可一日塞哉臣有感
乎　陛下近日之事矣敢昧死一言可乎夫自劉瑾當政以來

11968 端溪先生集八卷　（明）王崇慶撰　明嘉靖三十一年（1552）張蘊刻本

匡高20厘米，廣14.2厘米。半葉十行，行二十四字，白口，四周單邊。有“謏聞齋”“臣印錫麒”等印。寧波市天一閣博物館藏。

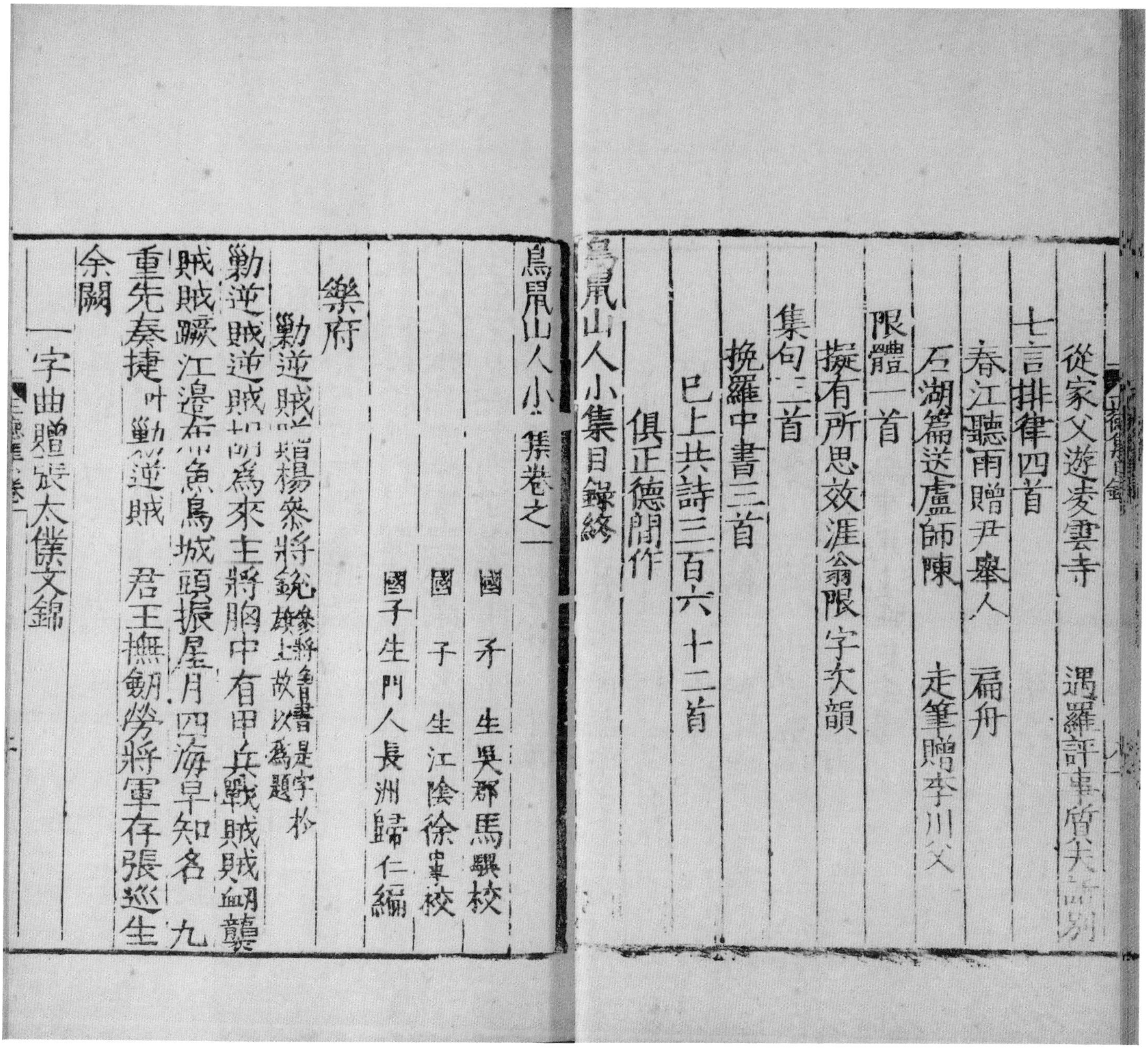

11969、11970 鳥鼠山人小集十六卷 （明）胡纘宗撰　明嘉靖刻本

匡高17厘米，廣13.5厘米。半葉十一行，行二十字，白口，四周單邊。蘭州大學圖書館、山東大學圖書館藏。

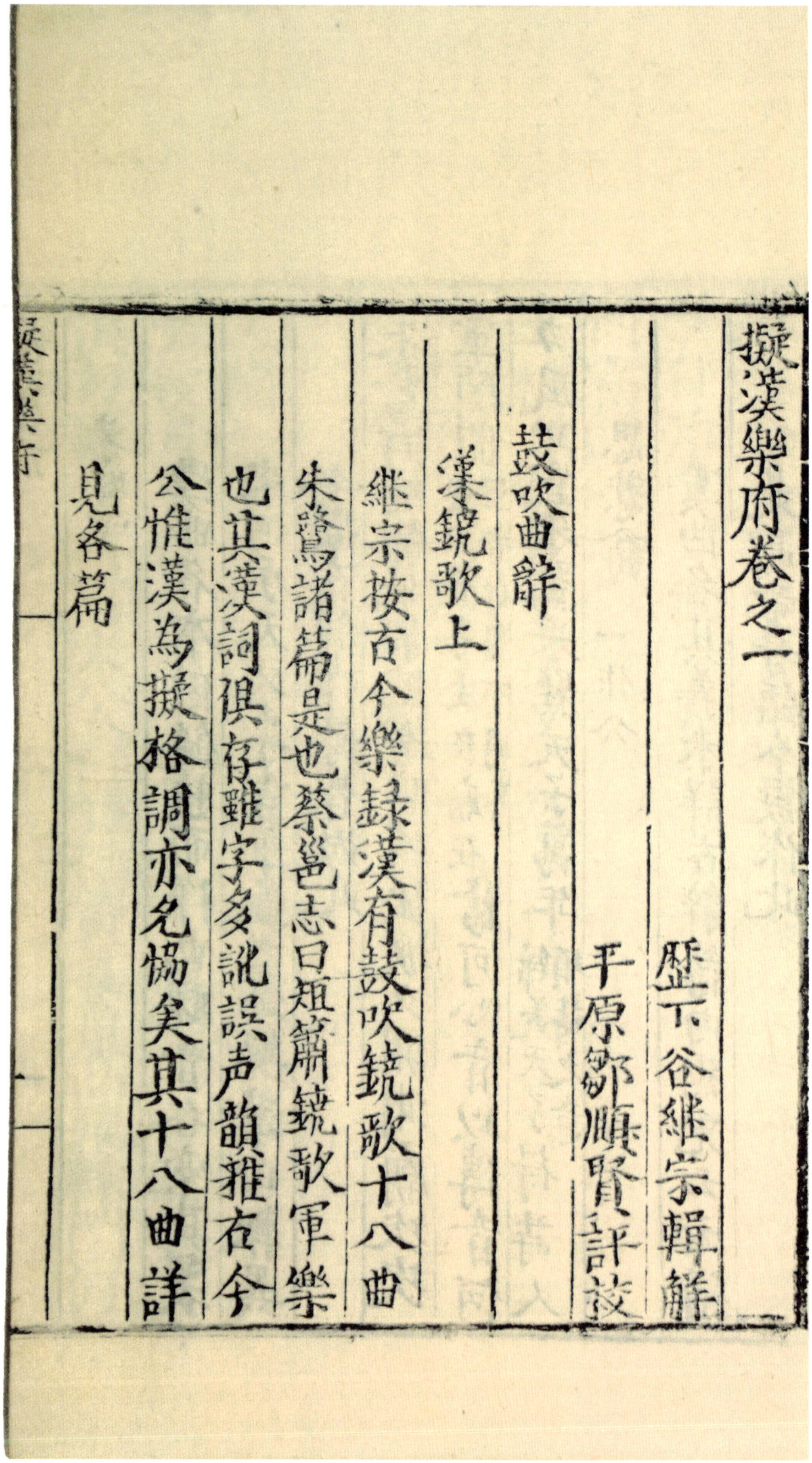

擬漢樂府卷之一

歷下 谷繼宗輯解

平原 鄒順賢評校

鼓吹曲辭

漢鐃歌上

繼宗按古今樂録漢有鼓吹鐃歌十八曲朱鷺諸篇是也蔡邕志曰短簫鐃歌軍樂也其漢詞俱存雖字多訛誤声韻雜在今公惟漢為擬格調亦允協矣其十八曲詳見各篇

11971 擬漢樂府八卷補遺一卷 （明）胡纘宗撰 （明）谷繼宗輯解 （明）鄒順賢評校 **附録二卷** 明嘉靖十八年（1539）楊祐、李人龍等刻本

匡高17厘米，廣13.5厘米。半葉十行，行十九字，白口，四周單邊。江西省圖書館藏。

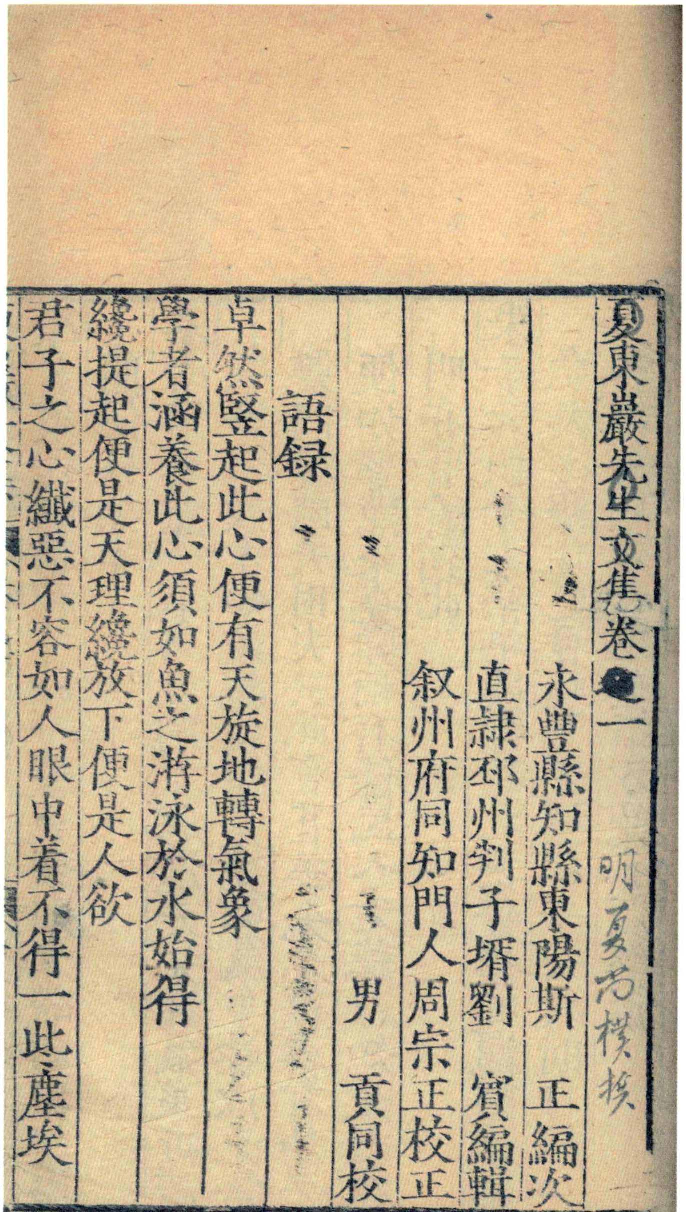

夏東巖先生文集卷之一
明夏尚樸撰
永豐縣知縣東陽斯　正編次
直隷邳州判子壻劉　賔編輯
叙州府同知門人周宗正校正
男　貢同校
語録
卓然竪起此心便有天旋地轉氣象
學者涵養此心須如魚之游泳於水始得
纔提起便是天理纔放下便是人欲
君子之心纖惡不容如人眼中着不得一此塵埃

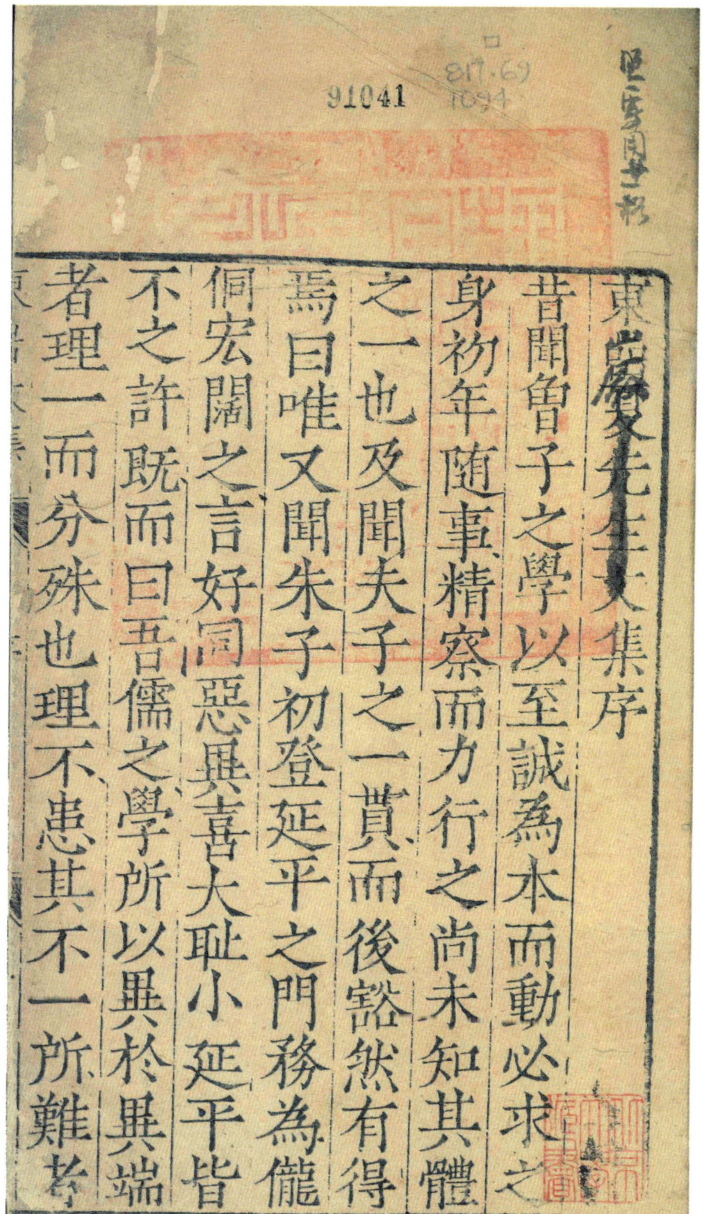

東巖夏先生文集序
昔聞曾子之學以至誠為本而動必求之
身初年隨事精察而力行之尚未知其體
之一也及聞夫子之一貫而後豁然有得
焉曰唯又聞朱子初登延平之門務為儱
侗宏闊之言好同惡異喜大耻小延平皆
不之許既而曰吾儒之學所以異於異端
者理一而分殊也理不患其不一所難者

11972 夏東巖先生文集六卷　（明）夏尚樸撰　明嘉靖四十五年（1566）斯正刻本[四庫底本]

匡高18.1厘米，廣13.5厘米。半葉十行，行二十字，白口，四周單邊。有“翰林院印”等印。北京大學圖書館藏。

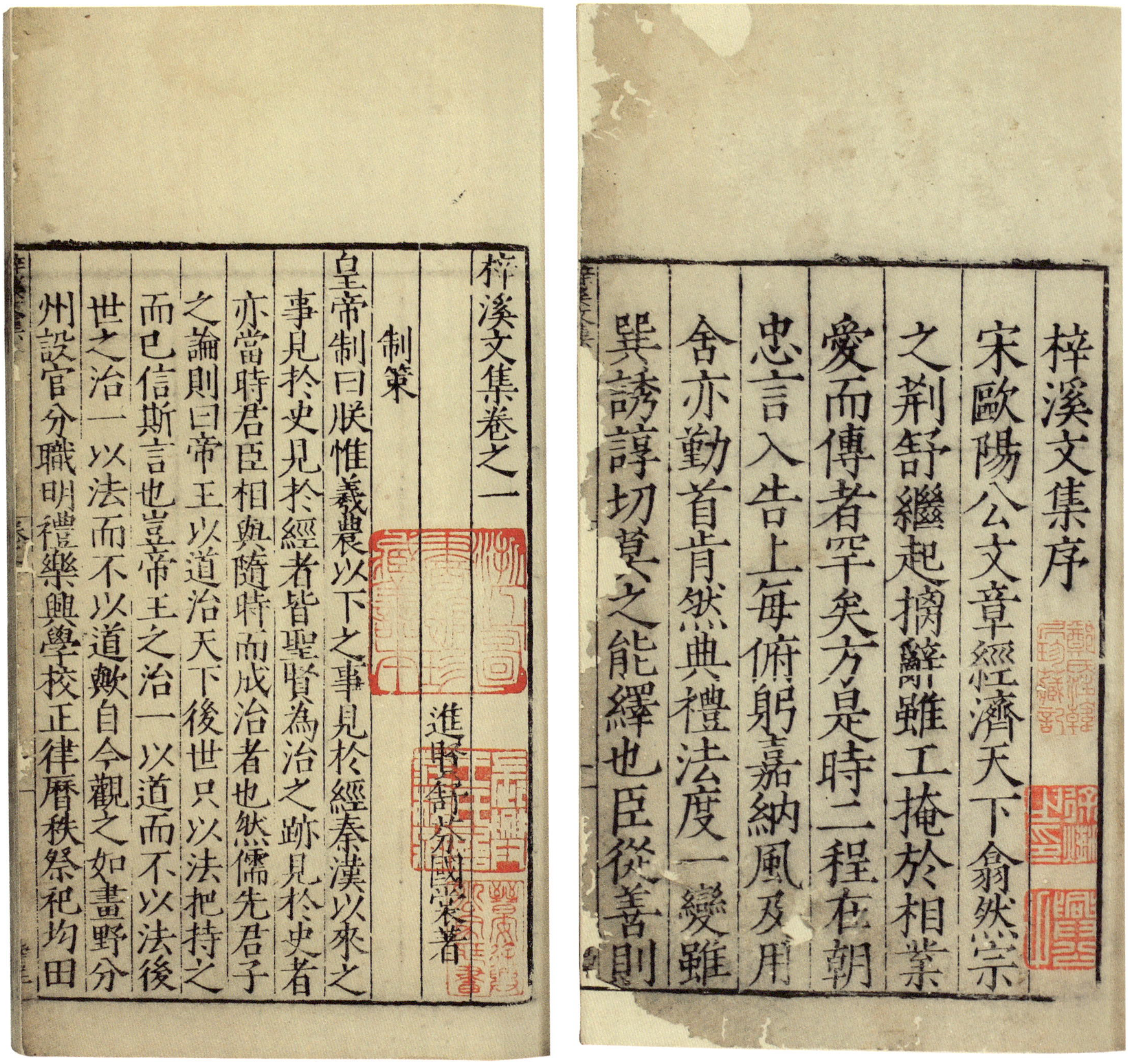

梓溪文集序

宋歐陽公文章經濟天下翕然宗之荆舒繼起摛辭雖工掩於相業愛而傳者罕矣方是時二程在朝忠言入告上每俯躬嘉納風及用舍亦勤首肯然典禮法度一變雖巽誘諄切莫之能繹也臣從善則

梓溪文集卷之一

進賢舒芬國裳著

制策

皇帝制曰朕惟羲農以下之事見於經秦漢以來之事見於史見於經者皆聖賢為治之跡見於史者亦當時君臣相與隨時而成治者也然儒先君子之論則曰帝王以道治天下後世只以法把持之而已信斯言也豈帝王之治一以道而不以法後世之治一以法而不以道歟自今觀之如畫野分州設官分職明禮樂興學校正律曆秩祭祀均田

11973 梓溪文集五卷　（明）舒芬撰　明嘉靖三十年（1551）張希舉刻本

匡高19.3厘米，廣13.7厘米。半葉十行，行二十字，白口，四周單邊。有“晉安徐興公家藏書”“鄭氏注韓居珍藏記”“長興王氏詒莊樓藏”等印。浙江圖書館藏。

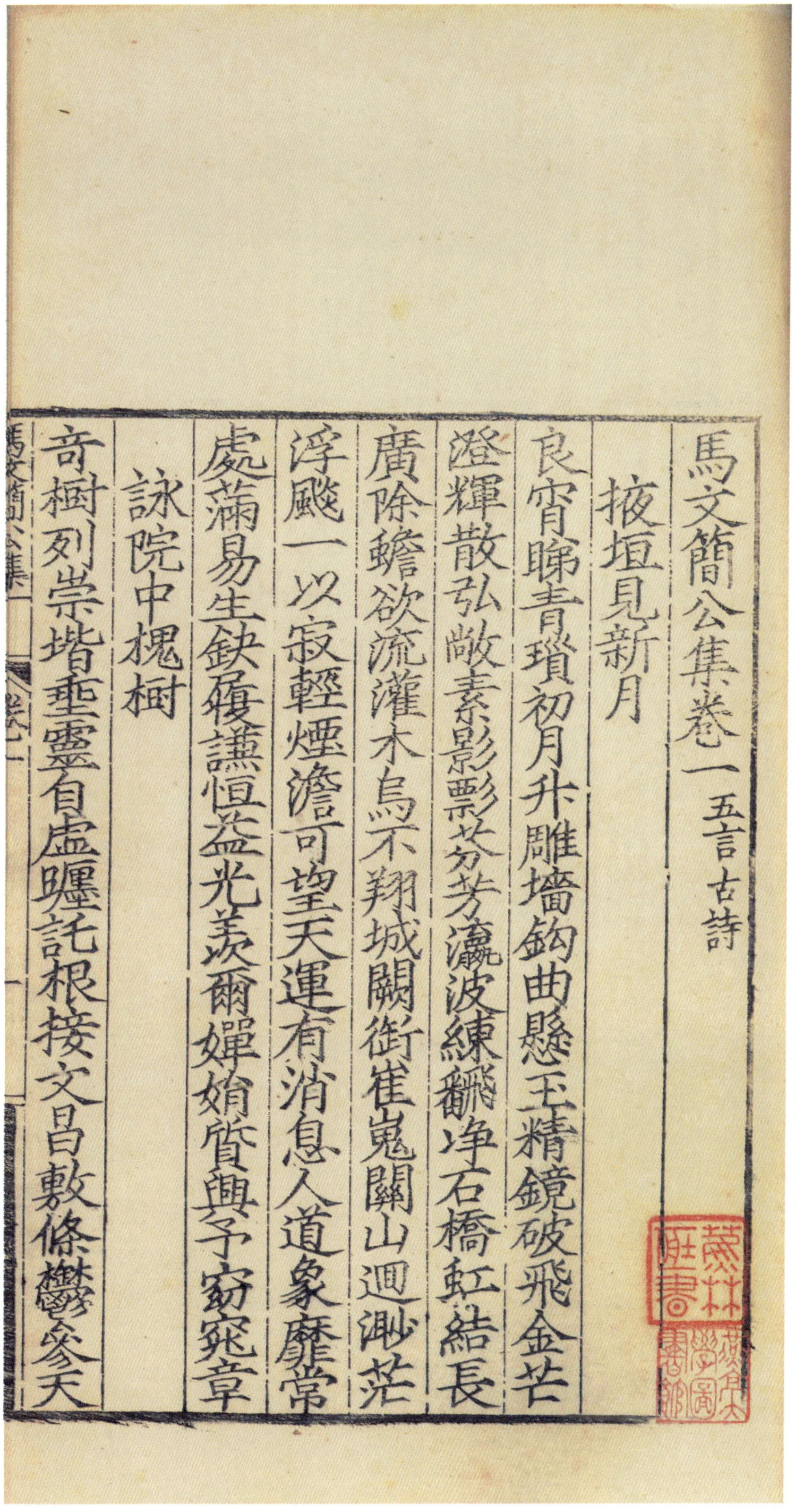
馬文簡公集卷一　五言古詩
掖垣見新月
良宵睇青瑣初月升雕墻鉤曲懸玉精鏡破飛金芒
澄輝散弘敞素影影芬芳瀛波練纚净石橋虹結長
廣除蟾欲流灌木鳥不翔城闕街崔嵬闗山迴渺茫
浮飈一以寂輕煙澹可望天運有消息人道象靡常
處蒲易生缺履謙恒益光羨爾嬋娟質與予窈窕章
詠院中槐樹
奇樹列崇堦亜靈自虚曠託根接文昌數條鬱參天

11974 馬文簡公集八卷　（明）馬汝驥撰　**附録一卷**　明嘉靖四十一年（1562）馬逢乾刻本

匡高18.1厘米，廣14.1厘米。半葉九行，行二十字，黑口，四周單邊。有“蕉林藏書”“東武劉氏味經書屋藏書印”等印。北京大學圖書館藏。

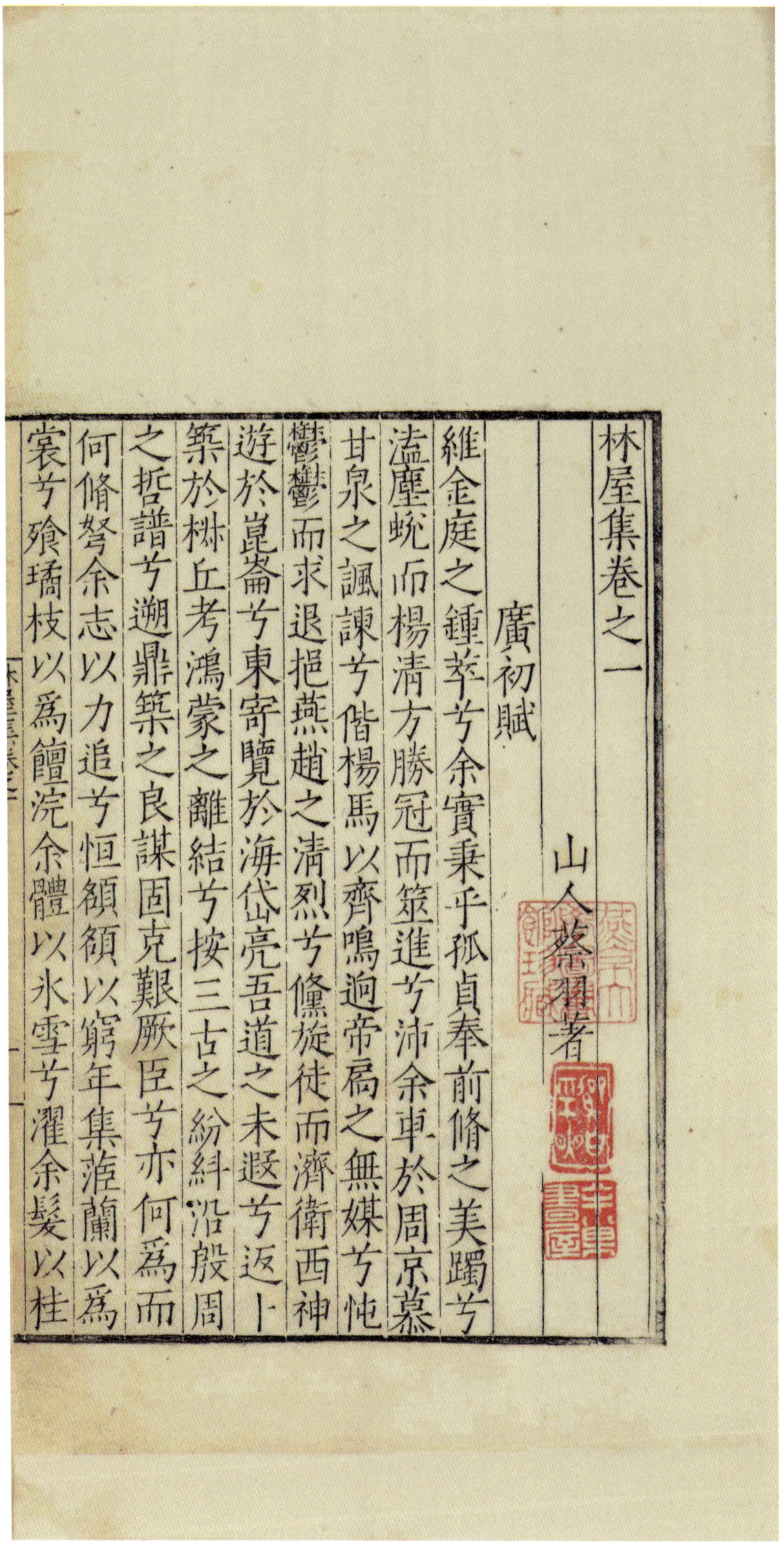
林屋集卷之一

廣初賦　山人蔡羽著

維金庭之鍾萃兮余實秉乎孤貞奉前脩之美躅兮
流塵蛻而楊清方勝冠而筮進兮沛余車於周京慕
甘泉之諷諫兮偕楊馬以齊鳴迥帝扃之無媒兮忳
鬱鬱而求退挹燕趙之清烈兮儵旋徙而濟衛西神
遊於崑崙兮東寄覽於海岱亮吾道之未遐兮返卜
築於林丘考鴻蒙之離結兮按三古之紛糾沿殷周
之哲譜兮遡鼎築之良謀固克艱厥臣兮亦何爲而
何脩努余志以力追兮恒頷頷以窮年集薝蘭以爲
裳兮飧璚枝以爲饘浣余體以氷雪兮濯余髮以桂

11975 林屋集二十卷　（明）蔡羽撰　明嘉靖八年（1529）刻本

匡高18厘米，廣13.3厘米。半葉十二行，行二十字，白口，左右雙邊。有“半巢書屋”等印。北京大學圖書館藏。

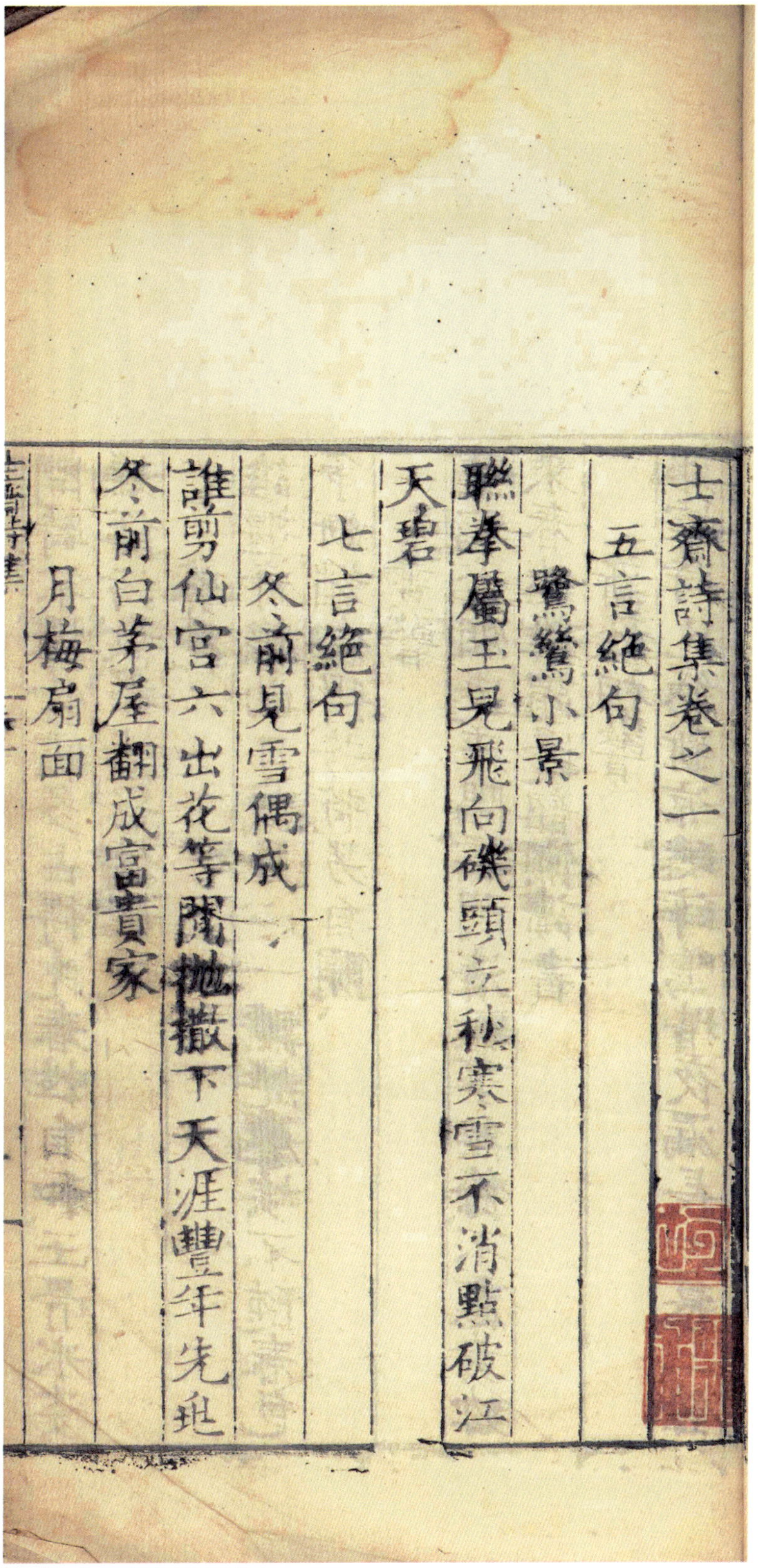

士齋詩集卷之一
五言絶句
鷺鷥小景
聯拳屬玉見飛向磯頭立秋寒雪不消點破江
天碧
七言絶句
冬前見雪偶成
誰剪仙宮六出花等閑抛撒下天涯豐年先兆
冬前白茅屋翻成富貴家
月梅扇面

11976 士齋詩集三卷　（明）鄒賽貞撰　明嘉靖三年（1524）傅希準刻本

匡高16.1厘米，廣12.6厘米。半葉十行，行十八字，白口，左右雙邊。北京大學圖書館藏。

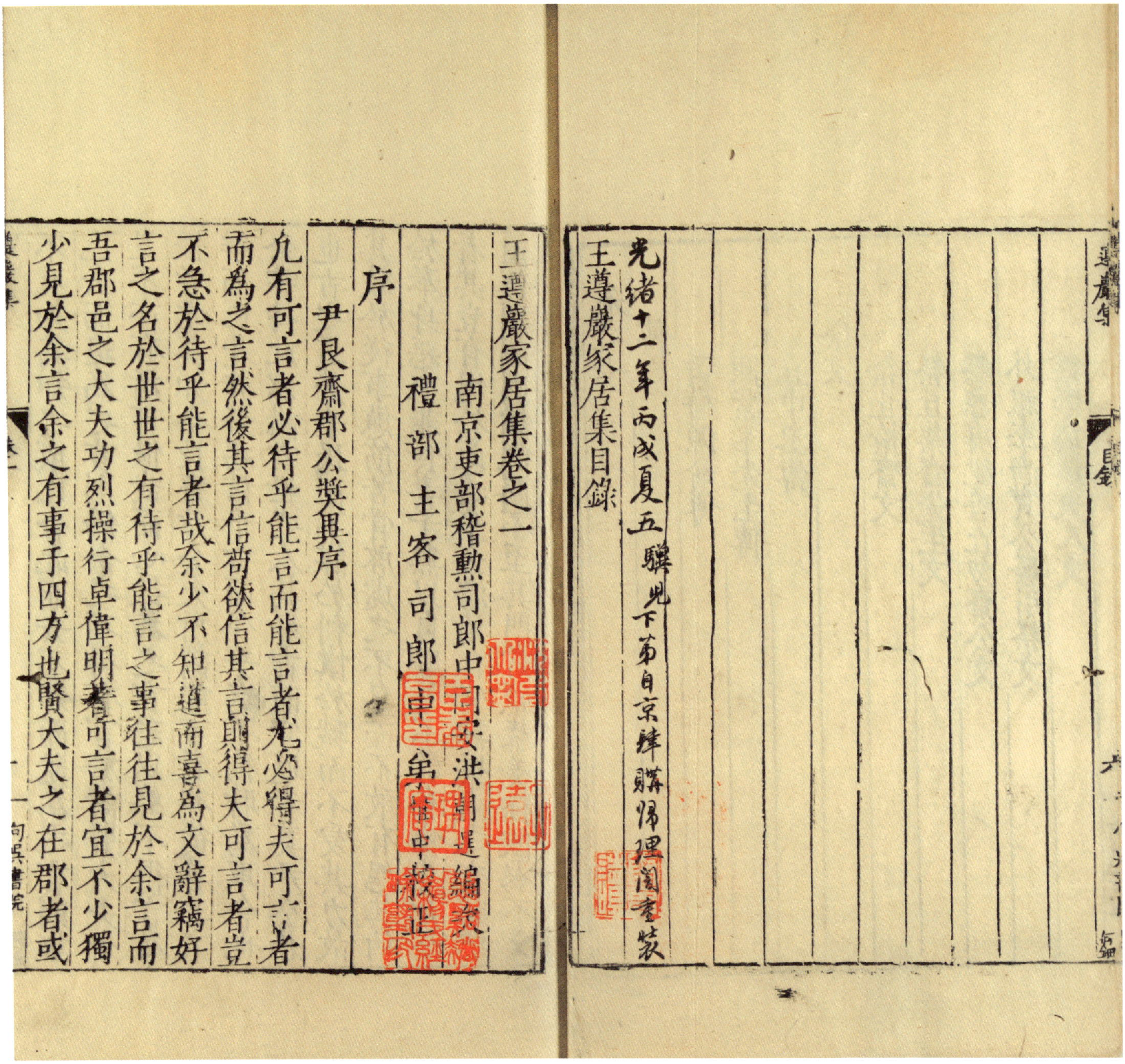

王遵巖家居集目錄

光緒十二年丙戌夏五驊光下第自京肆購歸理閣書裝

王遵巖家居集卷之一

南京吏部稽勳司郎中晉安洪朝選編次

禮部主客司郎中弟惟中校正

序

尹艮齋郡公獎異序

凡有可言者必待乎能言而能言者尤必得夫可言者而爲之言然後其言信苟欲信其言則得夫可言者豈不急於待乎能言者哉余少不知道而喜爲文辭竊好言之名於世世之有待乎能言之事往往見於余言而吾郡邑之大夫功烈操行卓偉明著可言者宜不少獨少見於余言余之有事于四方也賢大夫之在郡者或

遵巖集 卷一 一 句吳書院

11977 王遵巖家居集七卷 （明）王慎中撰　明嘉靖三十一年（1552）句吳書院刻本

匡高19厘米，廣14.2厘米。半葉十一行，行二十一字，白口，左右雙邊。有“山陰沈氏南陔草堂藏書之章”“沈印大寧”“慈谿赭山楊氏經畭塾印”“臣泰亨印”“赤堇山人”“鼎煦”“蕭山朱氏”等印。楊泰亨跋。寧波市天一閣博物館藏。

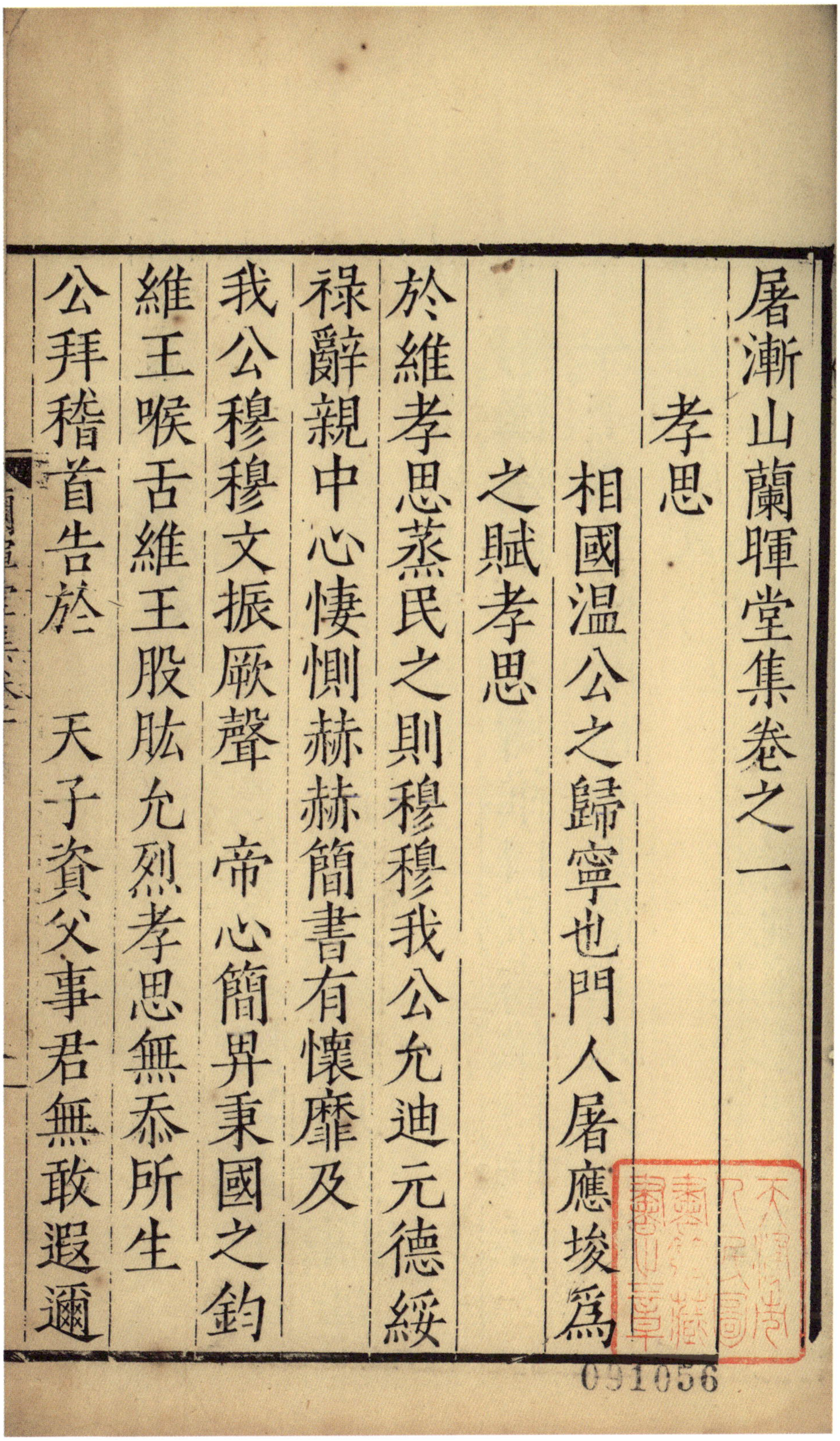
屠漸山蘭暉堂集卷之一
孝思
相國温公之歸寧也門人屠應埈爲
之賦孝思
於維孝思蒸民之則穆穆我公允迪元德綏
禄辭親中心悽惻赫赫簡書有懷靡及
我公穆穆文振厥聲　帝心簡畀秉國之鈞
維王喉舌維王股肱允烈孝思無忝所生
公拜稽首告於　天子資父事君無敢遐邇

11978 屠漸山蘭暉堂集十二卷 （明）屠應埈撰　明嘉靖三十一（1552）屠仲律刻本

匡高18.5厘米，廣14厘米。半葉九行，行十七字，白口，左右雙邊。天津圖書館藏。

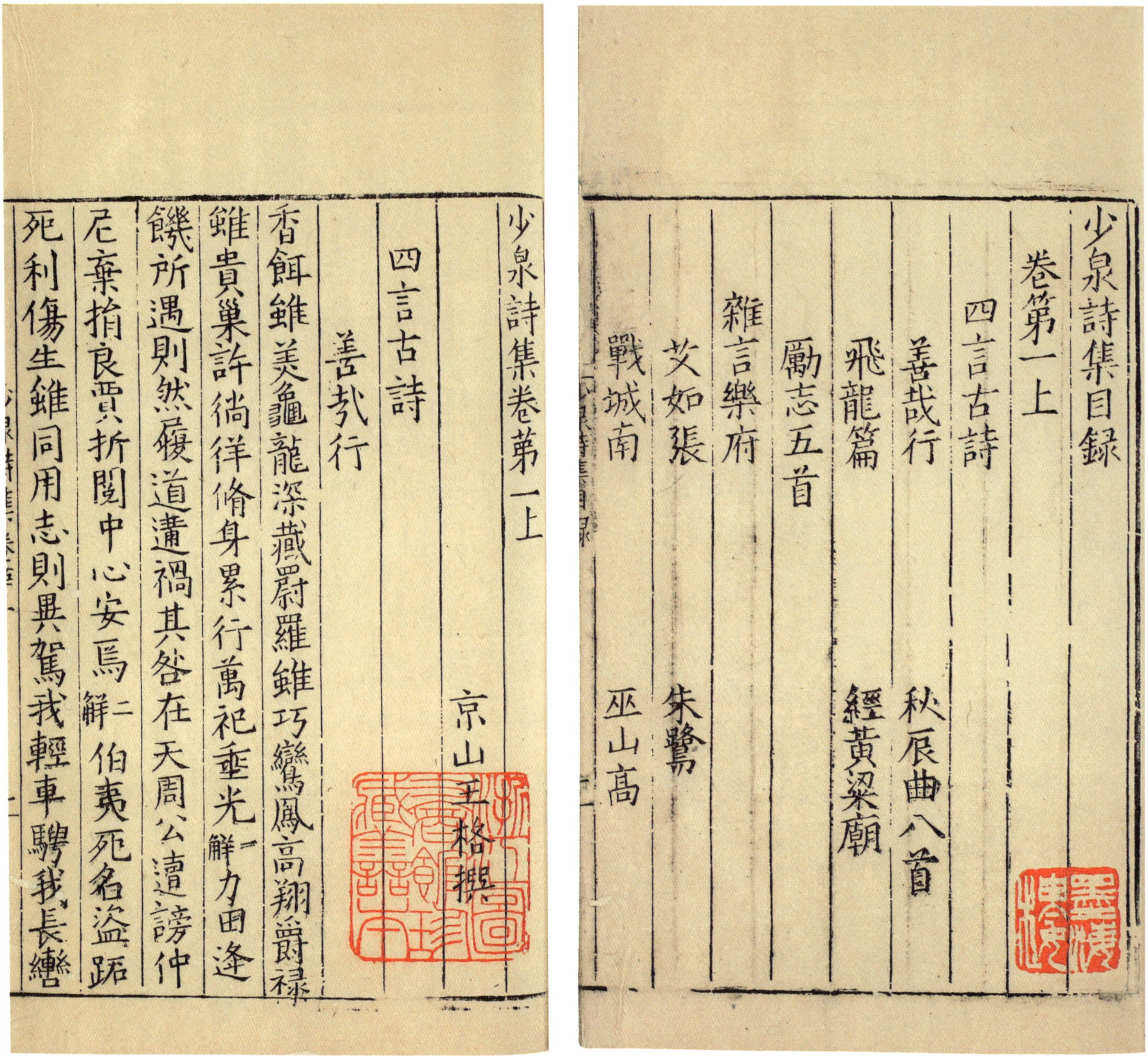

11979 少泉詩集十卷　（明）王格撰　明嘉靖刻本

匡高17.8厘米，廣13厘米。半葉九行，行十八字，小字雙行同，白口，左右雙邊。有“墨海樓”等印。浙江圖書館藏。

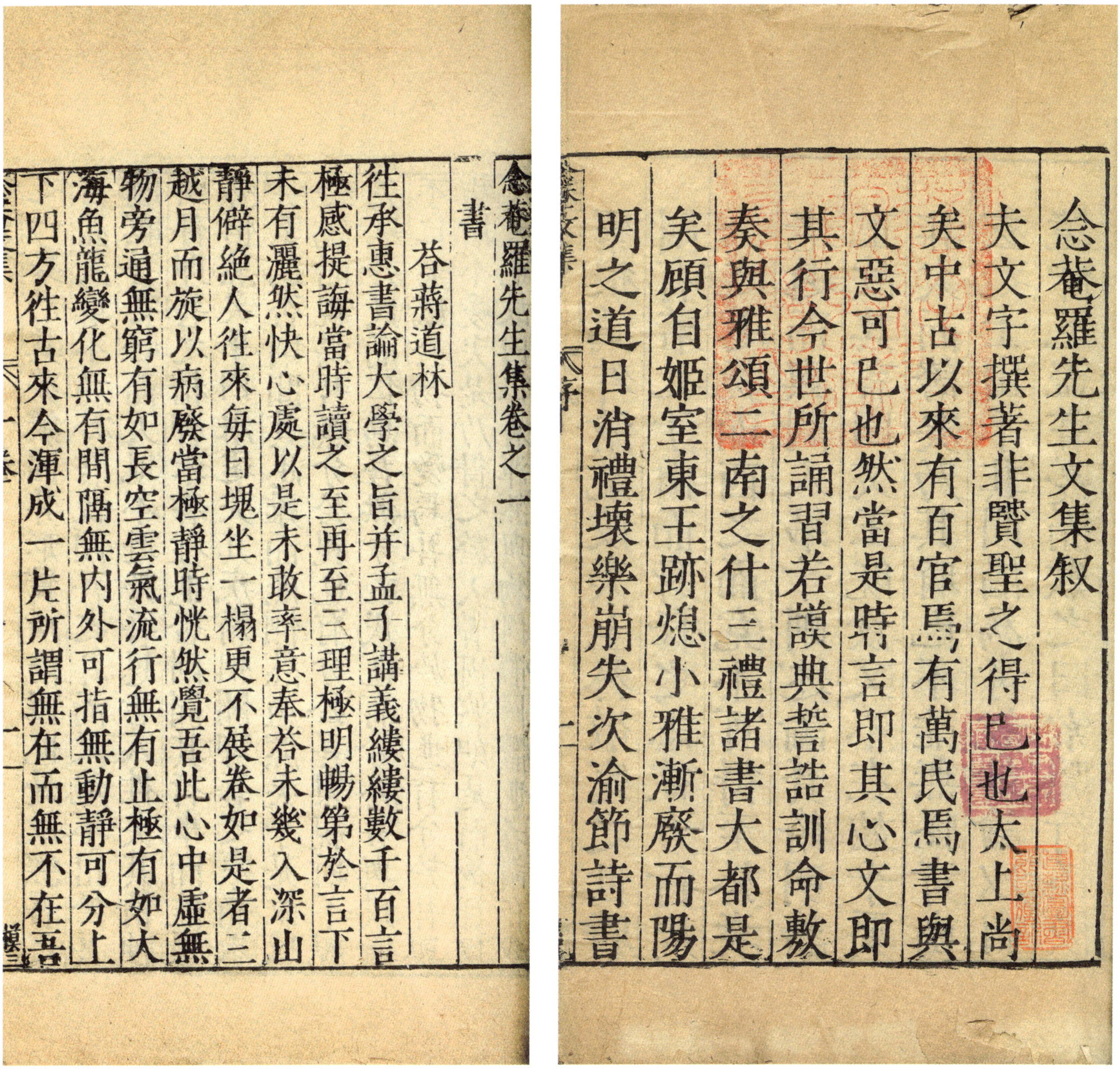

11980 念菴羅先生集十二卷　（明）羅洪先撰　明嘉靖四十二年（1563）劉玠刻本

匡高20.4厘米，廣14.4厘米。半葉十一行，行二十字，白口，四周單邊。有"蓮池書院收藏書籍印"等印。保定市圖書館藏。

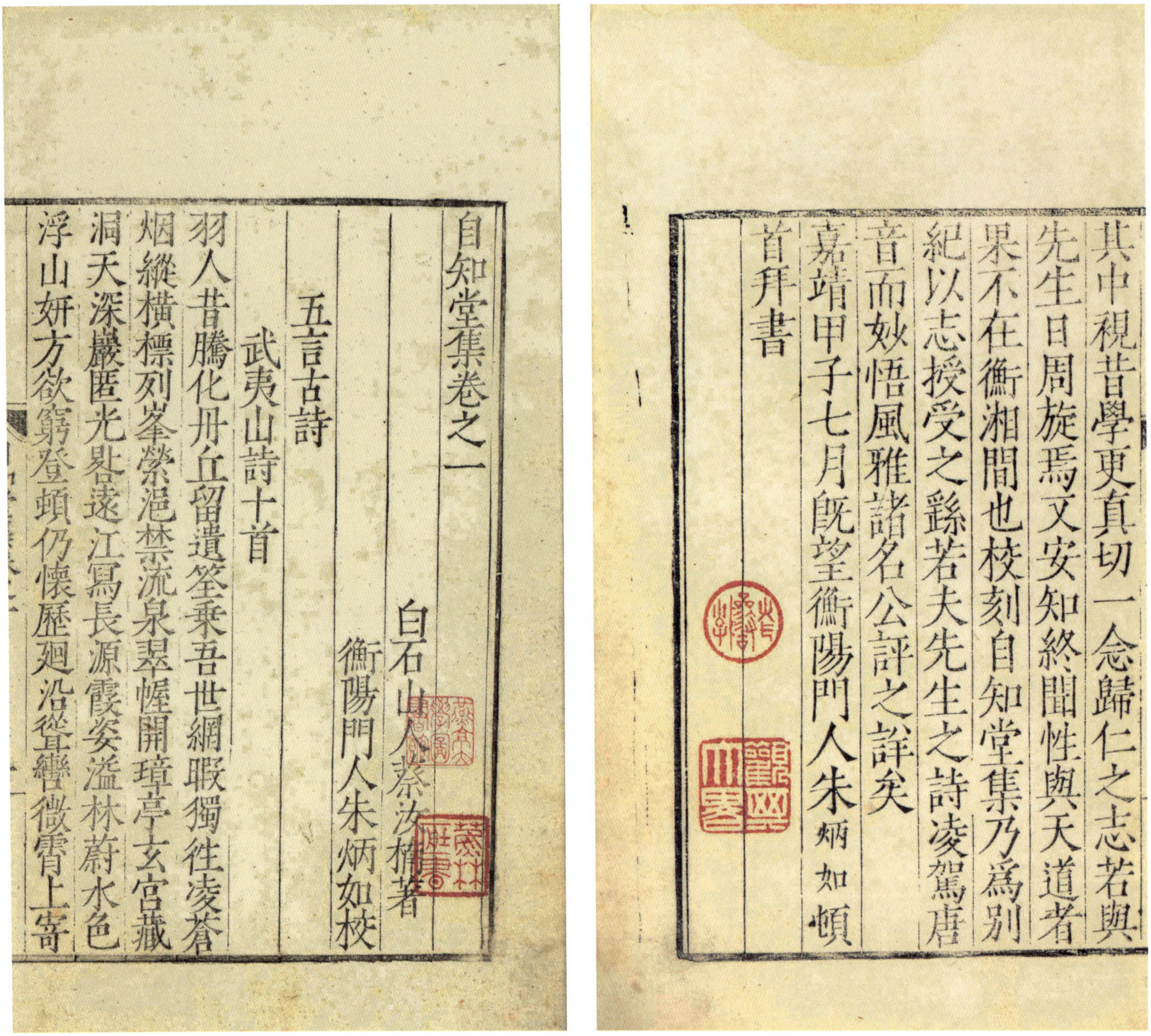
其中視昔學更真切一念歸仁之志若與
先生日周旋焉文安知終聞性與天道者
果不在衡湘間也校刻自知堂集乃爲別
紀以志授受之繇若夫先生之詩凌駕唐
音而妙悟風雅諸名公評之詳矣
嘉靖甲子七月既望衡陽門人朱炳如頓
首拜書

自知堂集卷之一
白石山人蔡汝楠著
衡陽門人朱炳如校
五言古詩
武夷山詩十首
羽人昔騰化丹丘留遺筌乘吾世網暇獨往凌蒼
烟縱横標列峯縈浥禁流泉翠幄開璋亭玄宮藏
洞天深巖匿光晷遠江寫長源霞姿溢林蔚水色
浮山妍方欲窮躋登頓仍懷歷廻沿登巒徵霄上寄

11981 自知堂集七卷　（明）蔡汝楠撰　明嘉靖四十三年（1564）朱炳如刻本

匡高18.6厘米，廣12.6厘米。半葉九行，行十九字，白口，左右雙邊。有“蕉林藏書”等印。北京大學圖書館藏。

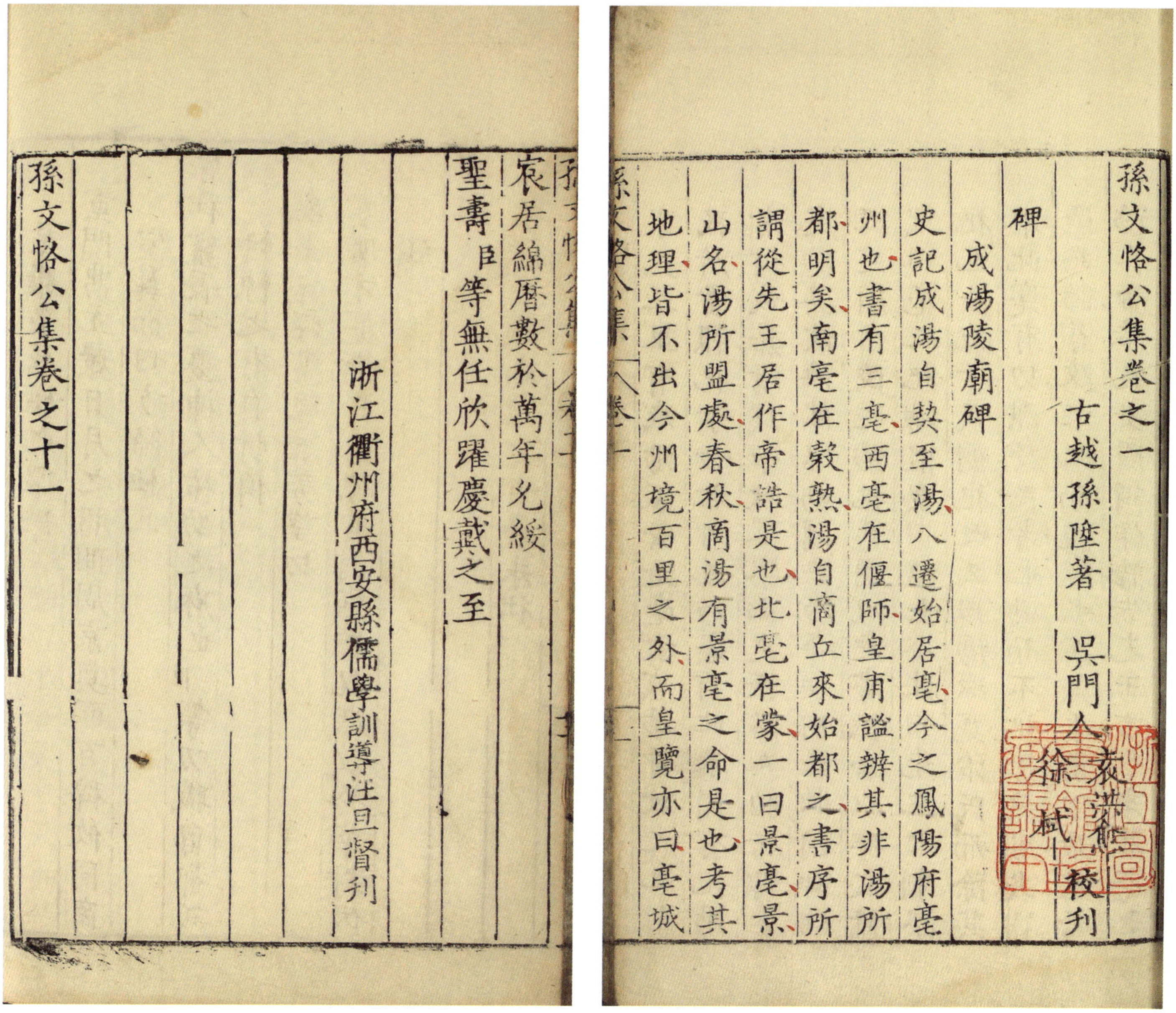

孫文恪公集卷之一

古越孫陞著　吳門人袁洪愈　徐栻　校刊

碑

成湯陵廟碑

史記成湯自契至湯八遷始居亳今之鳳陽府亳州也書有三亳西亳在偃師皇甫謐辨其非湯所都明矣南亳在穀熟湯自商丘來始都之書序所謂從先王居作帝誥是也北亳在蒙一曰景亳景山名湯所盟處春秋商湯有景亳之命是也考其地理皆不出今州境百里之外而皇覽亦曰亳城

孫文恪公集〈卷一

孫文恪公集〈卷十一

宸居綿曆數於萬年允綏

聖壽臣等無任欣躍慶戴之至

浙江衢州府西安縣儒學訓導汪旦督刊

孫文恪公集卷之十一

11982 孫文恪公集二十卷　（明）孫陞撰　明嘉靖袁洪愈、徐栻刻本

匡高19.5厘米，廣14.5厘米。半葉十行，行二十字，白口，左右雙邊。浙江圖書館藏。

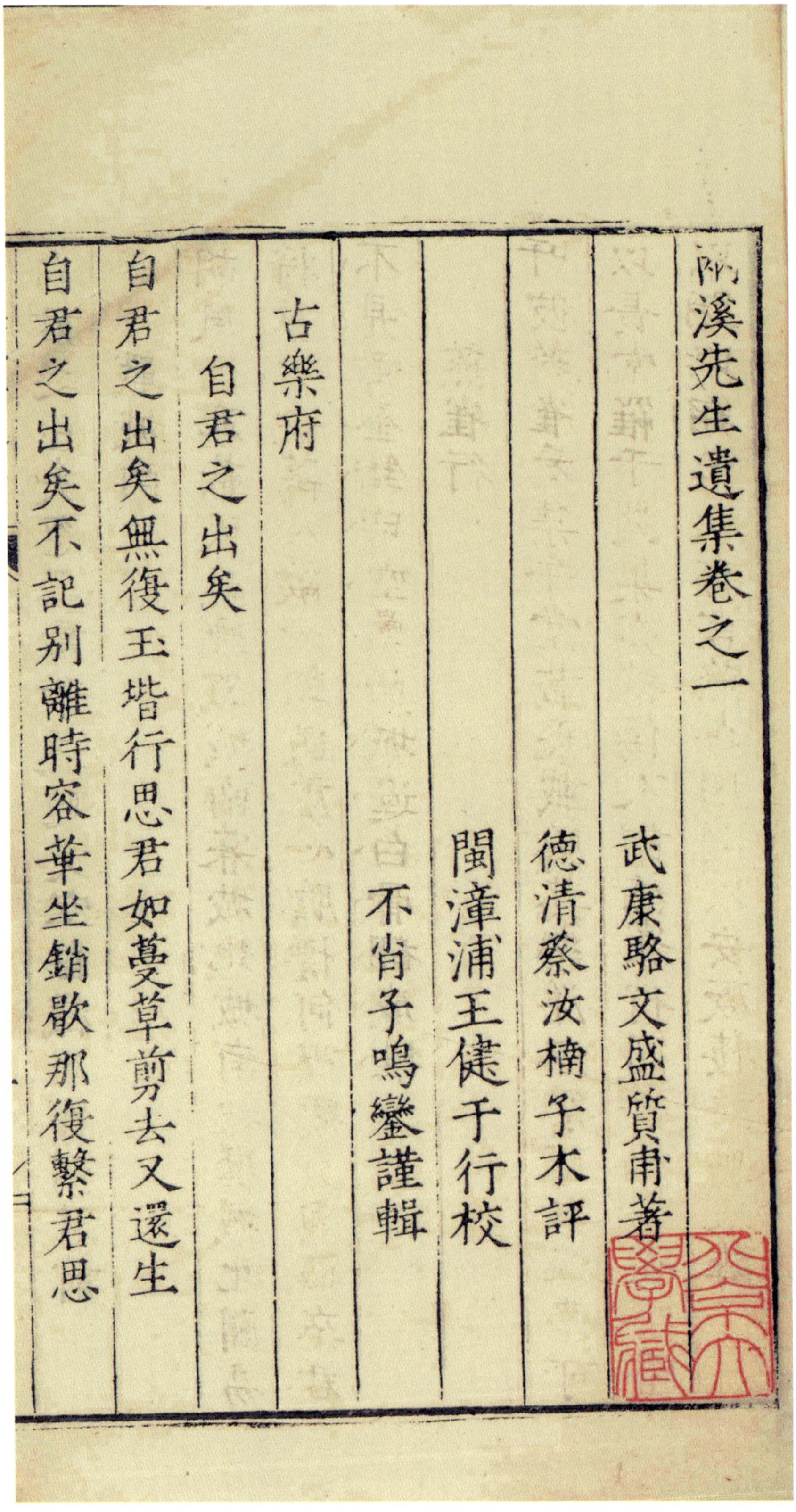

兩溪先生遺集卷之一
武康駱文盛質甫著
德清蔡汝楠子木評
閩漳浦王健于行校
不肖子鳴鑾謹輯
古樂府
自君之出矣
自君之出矣無復玉堦行思君如蔓草剪去又還生
自君之出矣不記別離時容華坐銷歇那復繫君思

11983 兩溪先生遺集七卷詩餘一卷 （明）駱文盛撰 明嘉靖三十九年（1560）王健刻本

匡高21.2厘米，廣14.5厘米。半葉九行，行二十二字，白口，四周單邊。北京大學圖書館藏。

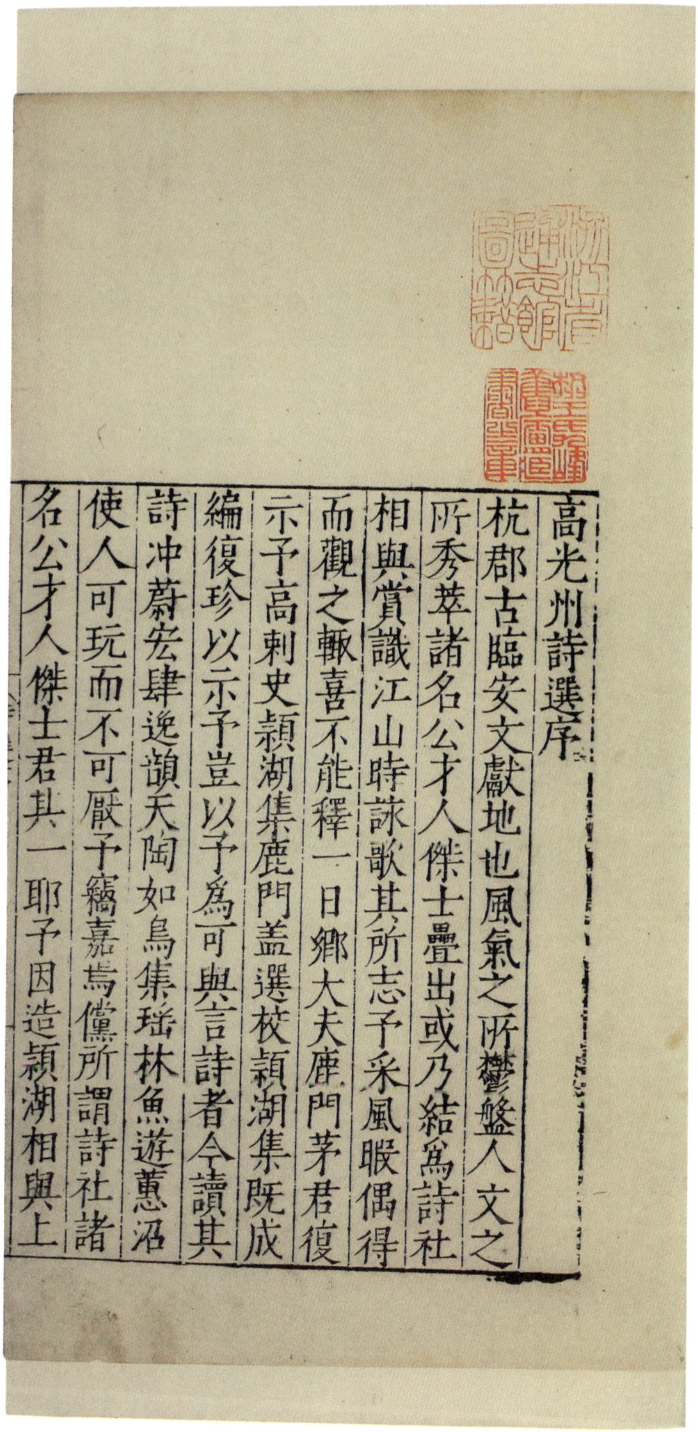

高光州詩選序

杭郡古臨安文獻地也風氣之所鬱盤人文之所秀萃諸名公才人傑士疊出或乃結爲詩社相與賞識江山時詠歌其所志予釆風暇偶得而觀之輒喜不能釋一日鄉大夫鹿門茅君復示予高刺史潁湖集鹿門蓋選校潁湖集既成編復珍以示予豈以予爲可與言詩者令讀其詩冲蔚宏肆逸韻天陶如鳥集瑶林魚遊蕙沼使人可玩而不可厭予竊嘉焉儻所謂詩社諸名公才人傑士君其一耶予因造潁湖相與上

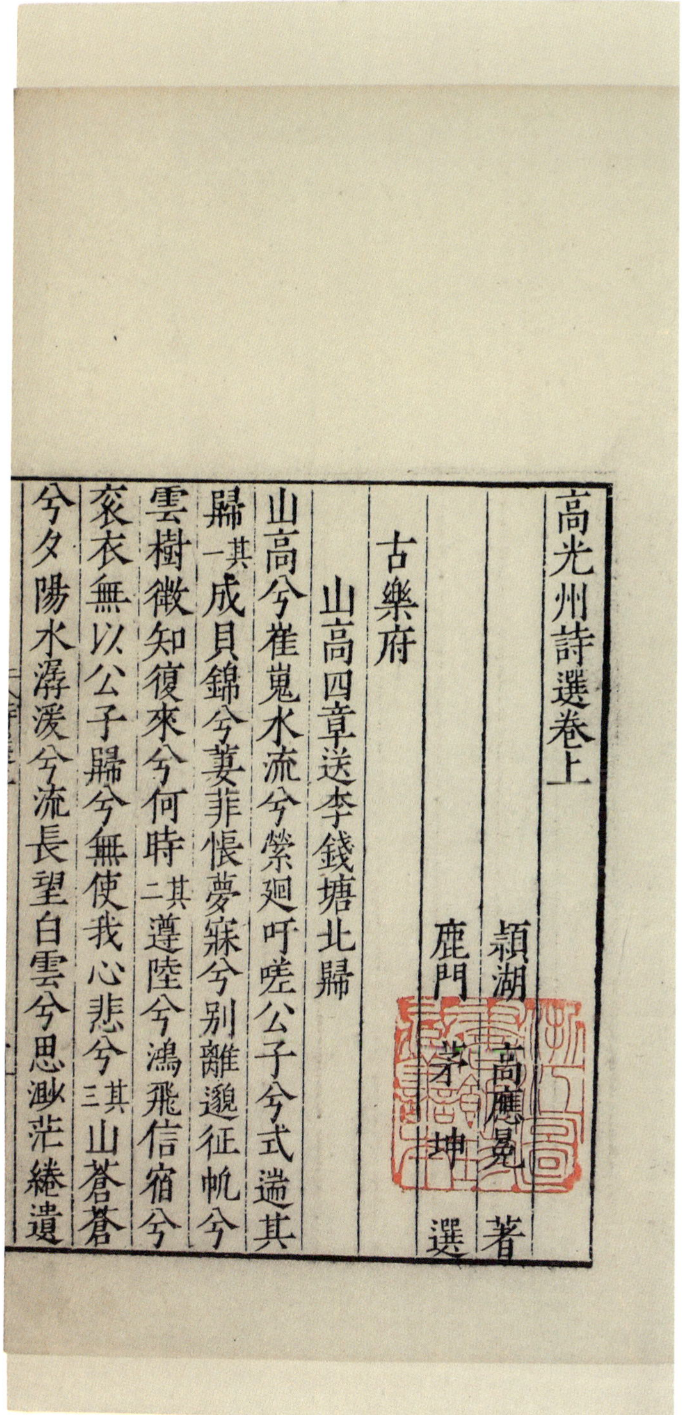

高光州詩選卷上

潁湖　高應冕　著
鹿門　茅　坤　選

古樂府

山高四章送李錢塘北歸

山高兮崔嵬水流兮縈廻吁嗟公子兮式遄其歸其一成貝錦兮萋菲悵夢寐兮别離邈征帆兮雲樹微知復來兮何時其二遵陸兮鴻飛信宿兮衮衣無以公子歸兮無使我心悲兮其三山蒼蒼兮夕陽水潺湲兮流長望白雲兮思渺茫綣遺

11984 高光州詩選二卷　（明）高應冕撰　（明）茅坤輯　明嘉靖刻本

匡高16.7厘米，廣13.3厘米。半葉十行，行十八字，白口，四周單邊。有“杭州王氏九峰舊廬藏書之章”“朱遂翔所見善本”等印。浙江圖書館藏。

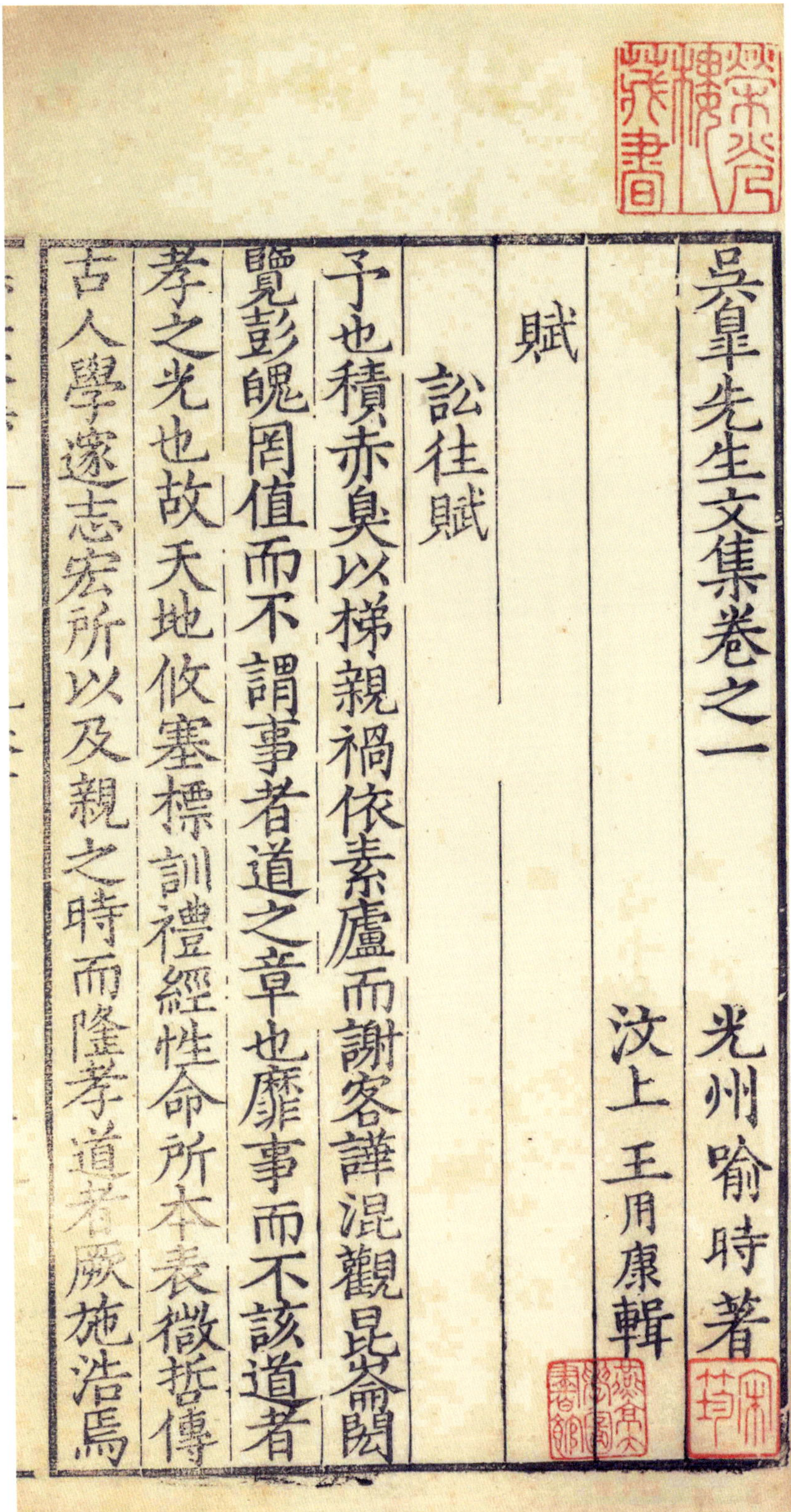

吳皐先生文集卷之一
光州喻時著
汝上王用康輯
賦
訟往賦
予也積赤臭以梯親禍依素廬而謝客譁混觀昆侖閬
覽彭魄罔值而不謂事者道之章也靡事而不該道者
孝之光也故天地攸塞標訓禮經性命所本表徵哲傳
古人學遂志宏所以及親之時而隆孝道若厥施浩焉

11985 吳皐先生文集四卷 （明）喻時撰　明嘉靖三十六年（1557）陳大賓刻本

匡高21.3厘米，廣14.1厘米。半葉八行，行二十一字，白口，四周單邊。有“宋筠”“无竟先生獨志堂物”等印。北京大學圖書館藏。

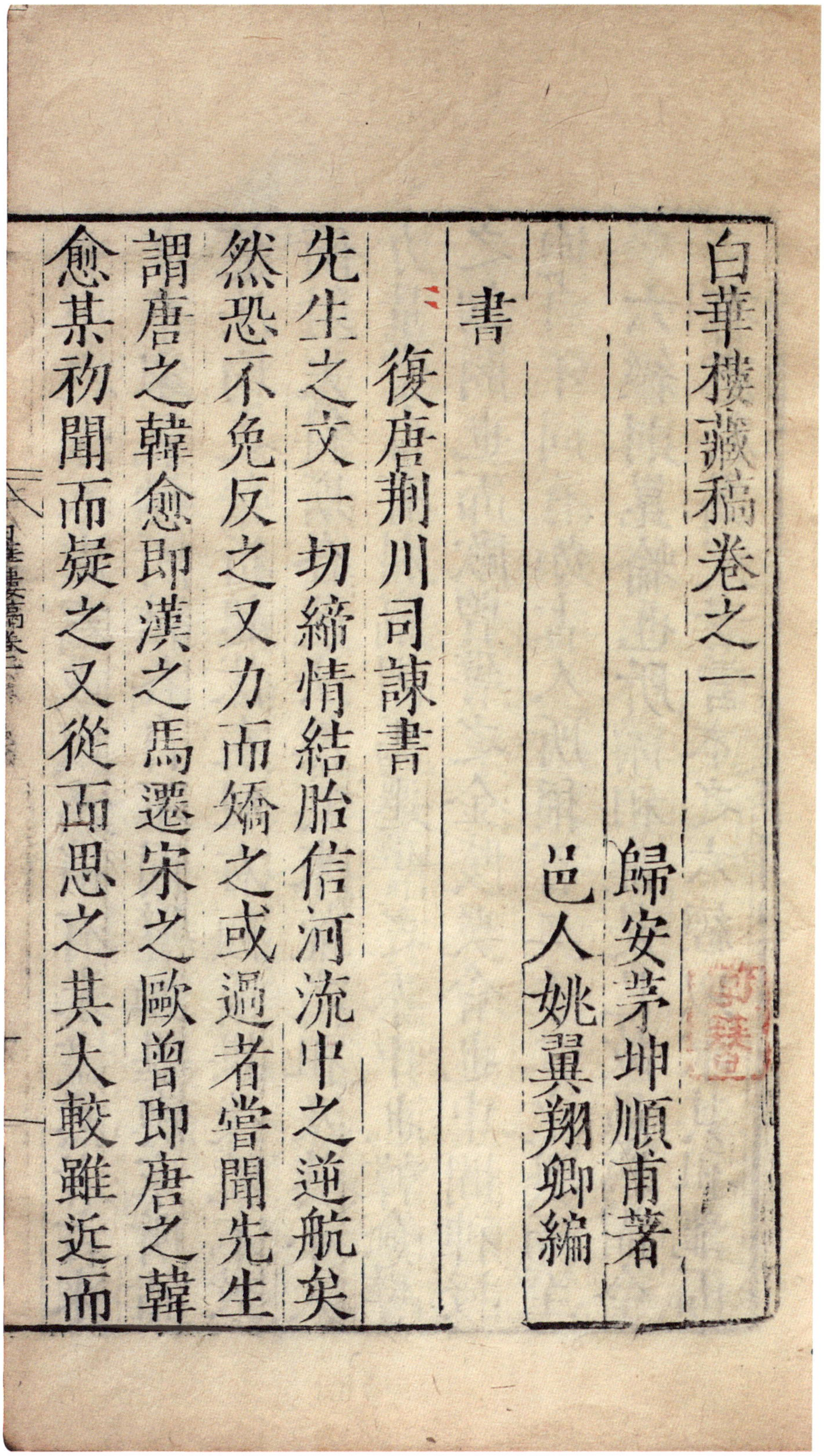
白華樓藏稿卷之一
歸安茅坤順甫著
邑人姚翼翔卿編
書
復唐荊川司諫書
先生之文一切締情結胎信河流中之逆航矣
然恐不免反之又力而矯之或過者嘗聞先生
謂唐之韓愈即漢之馬遷宋之歐曾即唐之韓
愈某初聞而疑之又從而思之其大較雖近而

11986 白華樓藏稿十一卷　（明）茅坤撰　明刻本

匡高20.6厘米，廣14.3厘米。半葉九行，行十八字，白口，左右雙邊。有“國楨審定”“黄永年藏善本書印”等印。謝國楨跋。湖南圖書館藏。

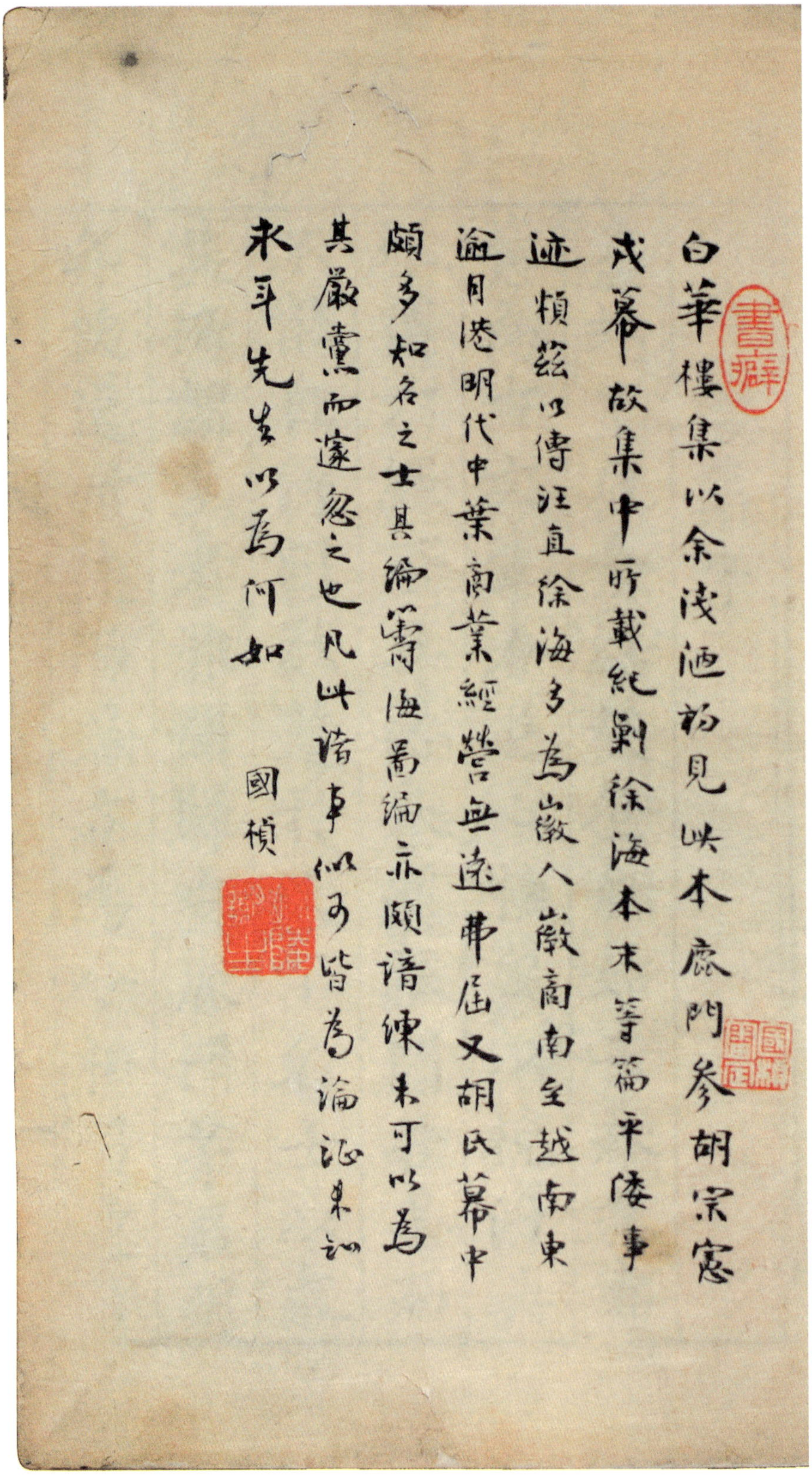

白華樓集以余淺陋初見此本鹿門參胡宗憲戎幕故集中所載紀剿徐海本末等篇平倭事迹頗綜以傳汪直徐海多為徽人徽商南至越南東逾日港明代中葉商業經營無遠弗屆又胡氏幕中頗多知名之士其論籌海圖編亦頗諳練未可以為其嚴黨而遽忽之也凡此諸事似可皆為論證未知求耳先生以為何如

國楨

11986 白華樓藏稿十一卷

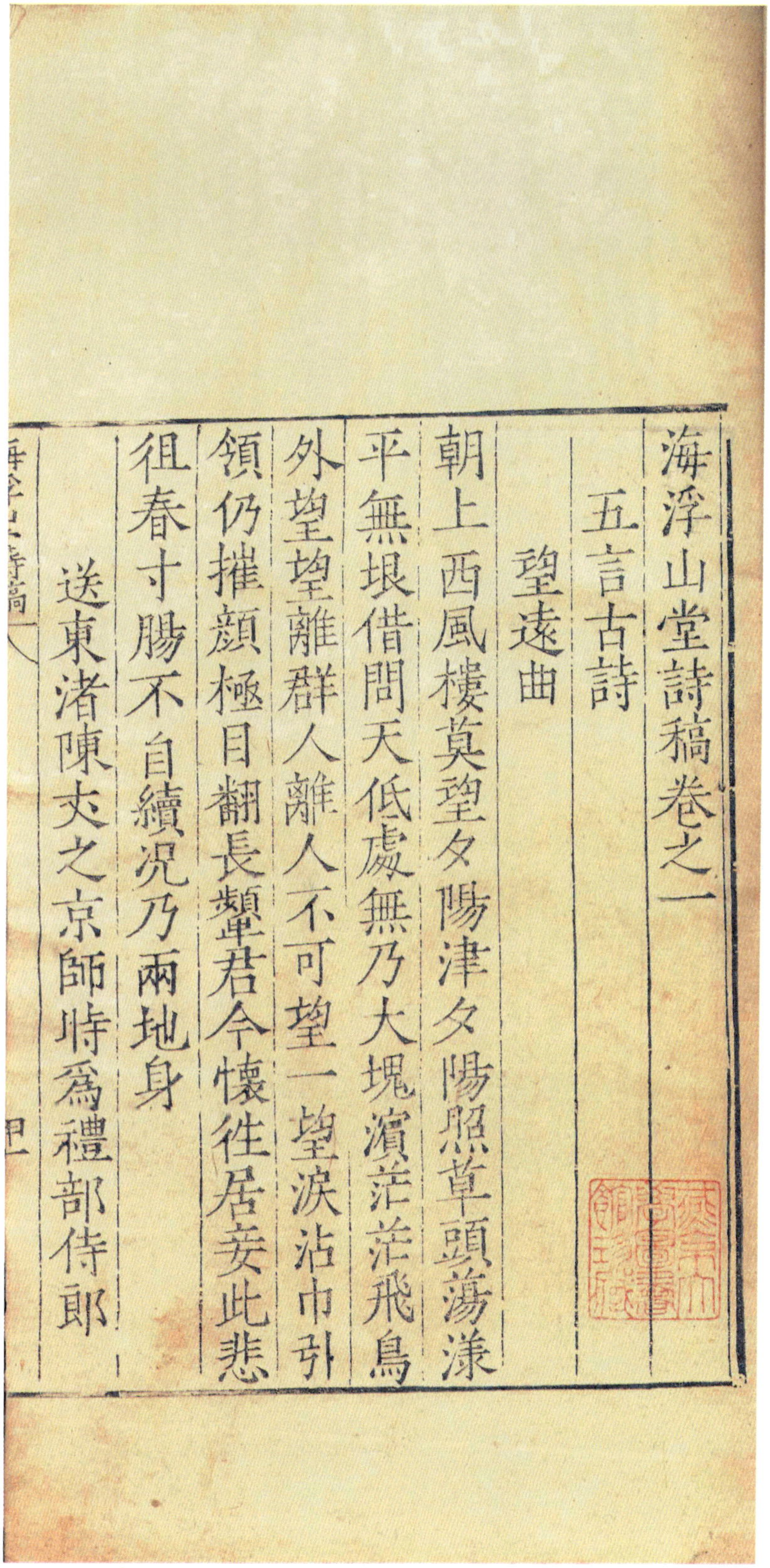

海浮山堂詩稿卷之一

五言古詩

望遠曲

朝上西風樓莫望夕陽津夕陽照草頭蕩漾平無垠借問天低處無乃大塊濱茫茫飛鳥外望望離群人離人不可望一望淚沾巾引領仍摧頹極目翻長犨君今懷往居妾此悲徂春寸腸不自續況乃兩地身

送東渚陳夫之京師時爲禮部侍郎

11987 海浮山堂詩稿五卷文稿五卷 （明）馮惟敏撰　明嘉靖四十五年（1566）刻本

匡高16.4厘米，廣13.1厘米。半葉九行，行十七字，白口，左右雙邊。北京大學圖書館藏。

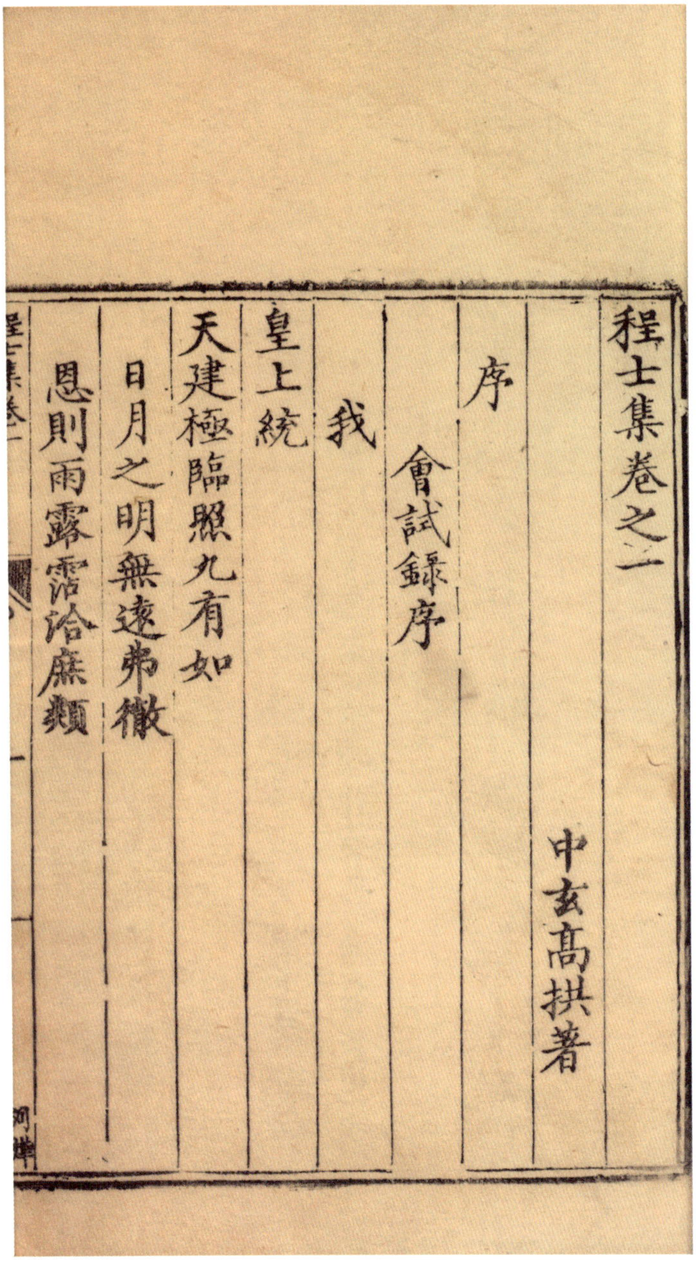
程士集卷之二
序
會試錄序　中玄高拱著
我
皇上統
天建極臨照九有如
日月之明無遠弗徹
恩則雨露霑洽庶類

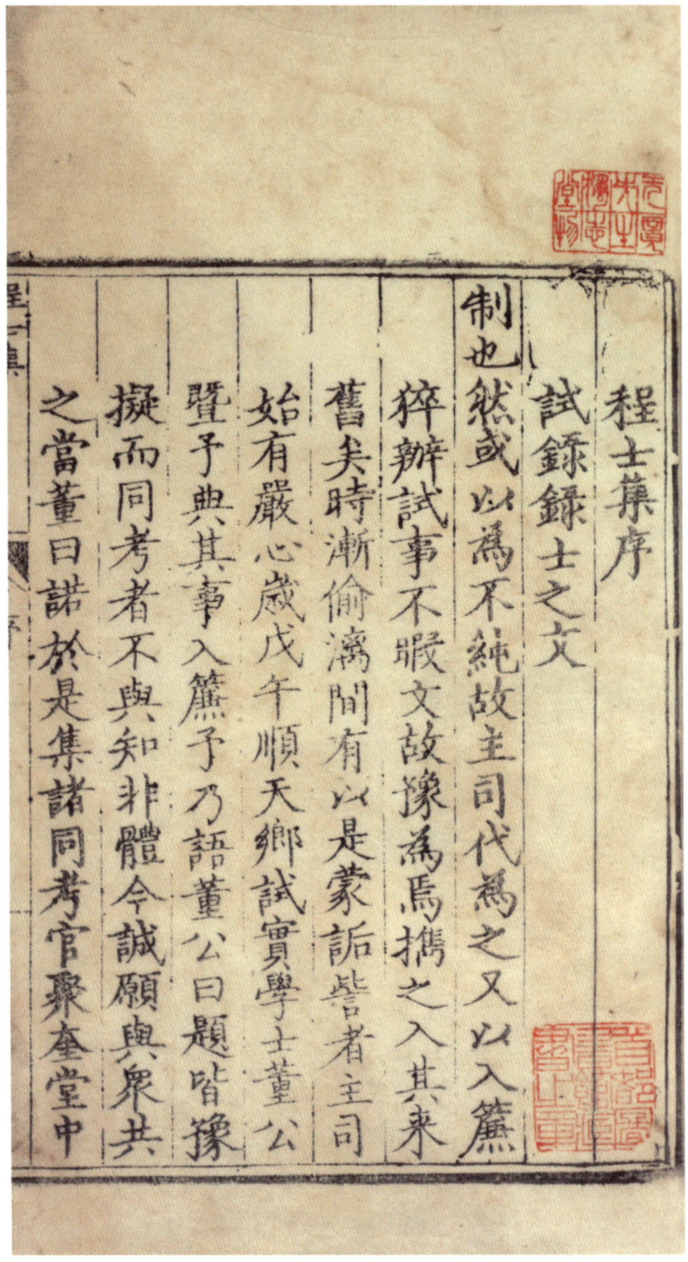
程士集序
試錄錄士之文
制也然或以為不純故主司代為之又以入簾
猝辦試事不暇文故豫為焉擕之入其來
舊矣時漸偷濫間有以是蒙詬訾者主司
始有嚴心歲戊午順天鄉試實學士董公
暨予典其事入簾予乃語董公曰題皆豫
擬而同考者不與知非體令誠願與衆共
之當董曰諾於是集諸同考官聚奎堂中

11988 程士集四卷獻忱集五卷　（明）高拱撰　明嘉靖吉水廖如春刻本

匡高19.3厘米，廣14.7厘米。半葉九行，行十八字，白口，四周雙邊。有"无竟先生獨志堂物"等印。首都圖書館藏。

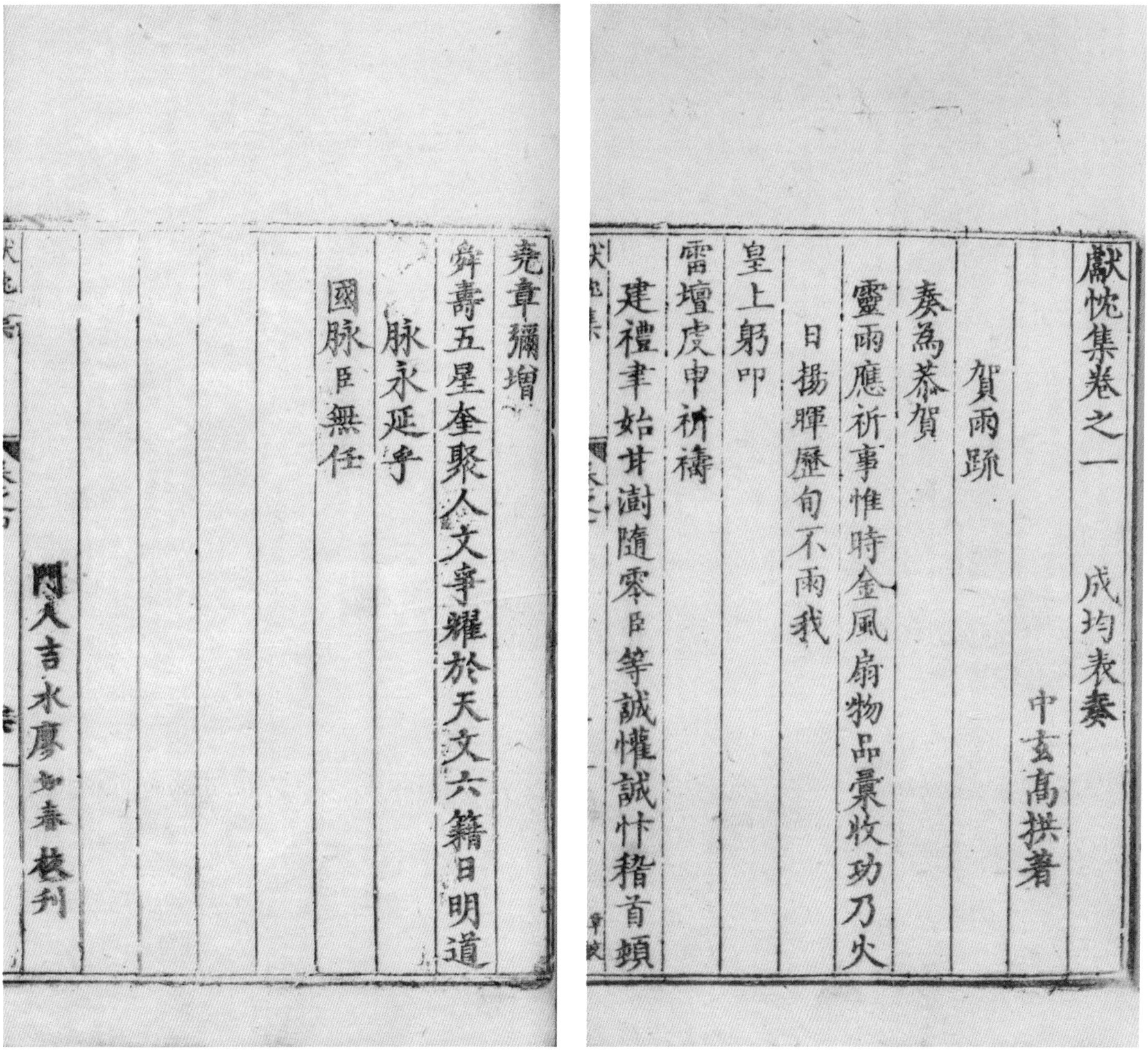
獻忱集卷之一　成均表奏

中玄高拱著

賀雨疏

奏爲恭賀

靈雨應祈事惟時金風扇物品彙收功乃火日揚暉歷旬不雨我

皇上躬叩

雷壇虔申祈禱

建禮聿始甘澍隨零臣等誠懽誠忭稽首頓

堯章彌增

舜壽五星奎聚人文寧耀於天文六籍日明道脉永延乎

國脉臣無任

門人吉水廖如春校刊

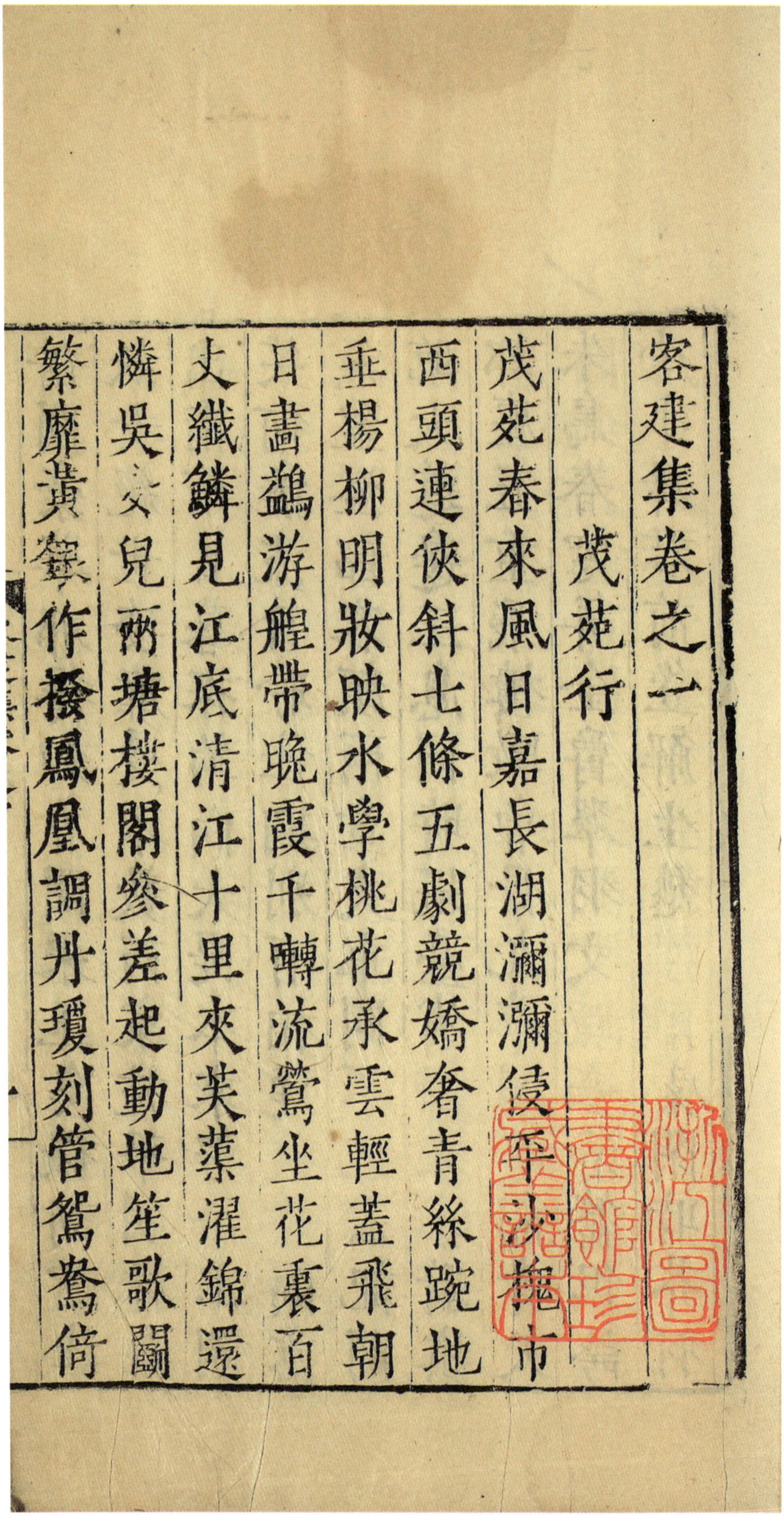
客建集卷之一
茂苑行
茂苑春來風日嘉長湖瀰瀰侵平沙拖市
西頭連俠斜七條五劇競嬌奢青絲跪地
垂楊柳明妝映水學桃花承雲輕蓋飛朝
日晝鷁游艎帶曉霞千轉流鶯坐花裏百
丈纖鱗見江底清江十里夾芙蕖濯錦還
憐吳女兒兩塘樓閣參差起動地笙歌鬪
繁靡黃金作擬鳳凰調丹瓊刻管鴛鴦倚

11989 客建集四卷　（明）劉鳳撰　明嘉靖刻補修本

匡高18.3厘米，廣13.3厘米。半葉九行，行十六字，白口，左右雙邊。浙江圖書館藏。

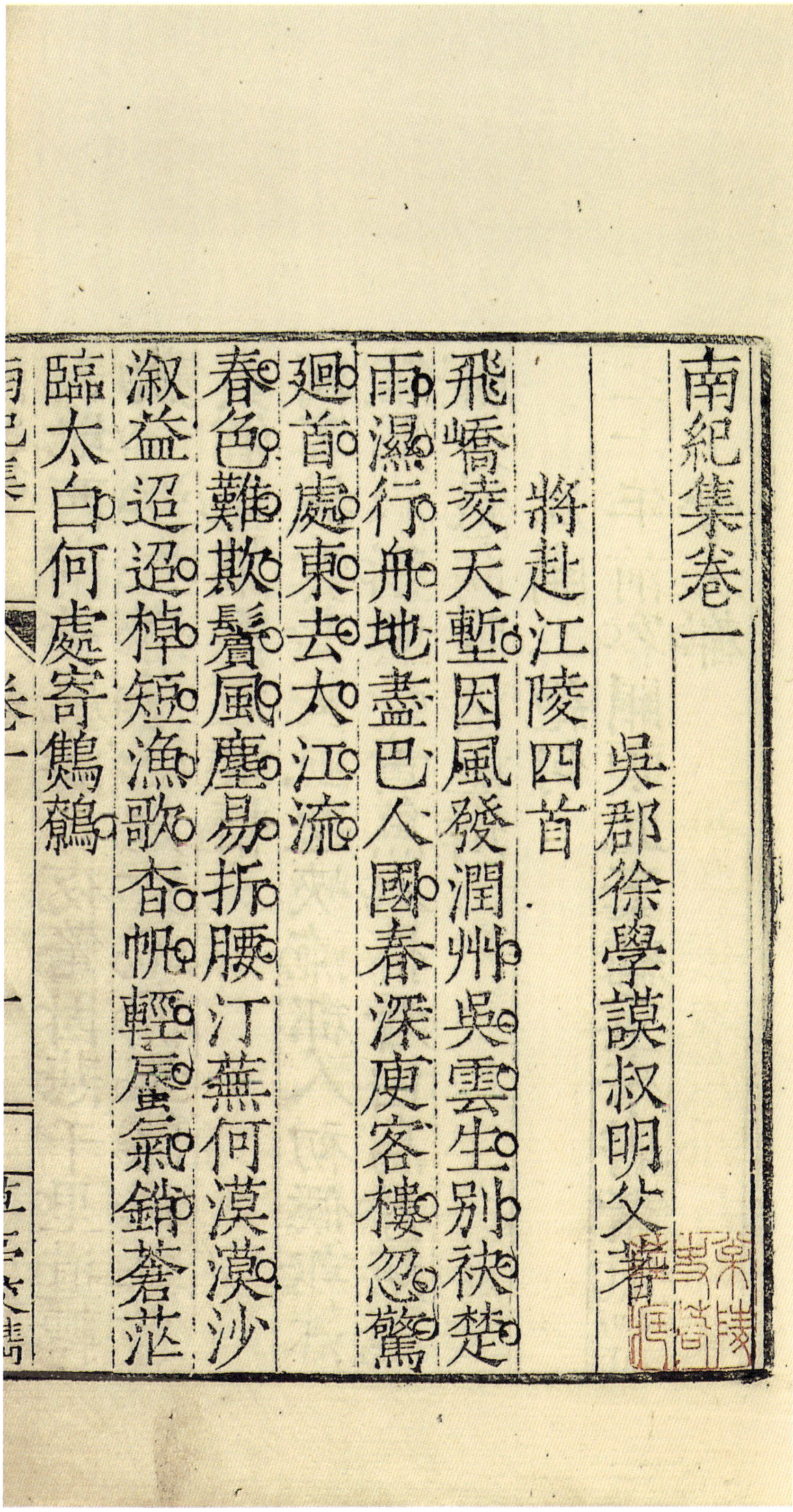
南紀集卷一
吳郡徐學謨叔明父著
將赴江陵四首
飛嶠凌天塹因風發潤州吳雲生別袂楚雨濕行舟地盡巴人國春深庾客樓忽驚廻首處東去大江流
春色難欺鬢風塵易折腰汀蕪何漠漠沙溆益迢迢棹短漁歌杳帆輕蜃氣銷蒼茫臨太白何處寄鷦鷯

11990 南紀集二卷 （明）徐學謨撰 明嘉靖四十一年（1562）刻本

匡高17.2厘米，廣13.3厘米。半葉九行，行十六字，白口，左右雙邊。南京圖書館藏。

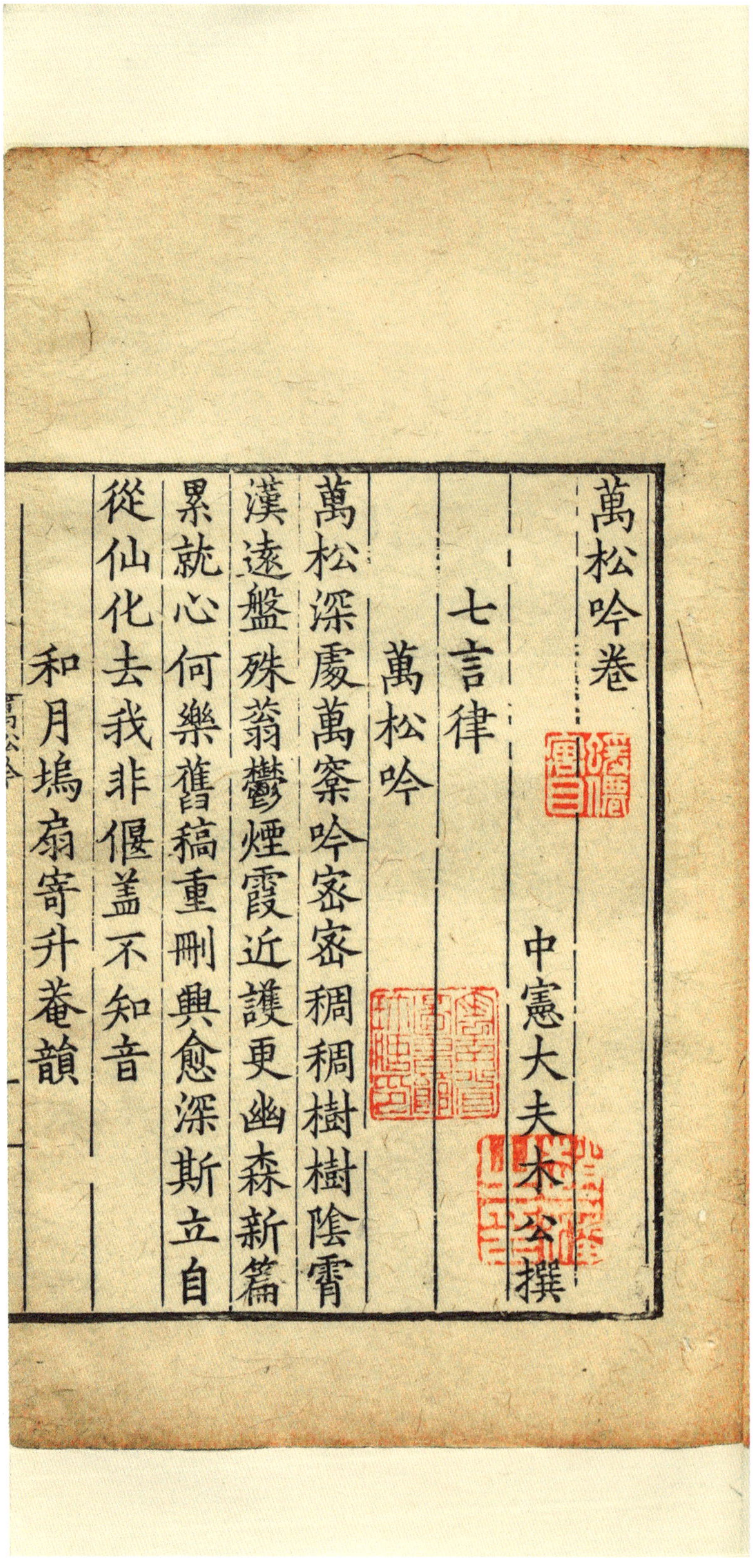
萬松吟卷

中憲大夫木公撰

七言律

萬松吟

萬松深處萬窠吟容容稠稠樹樹陰霄漢遠盤殊蓊鬱煙霞近護更幽森新篇累就心何樂舊稿重刪興愈深斯立自從仙化去我非偃蓋不知音

和月塢扇寄升菴韻

11991 萬松吟卷一卷 （明）木公撰　明嘉靖雲南麗江刻本

匡高17厘米，廣13.6厘米。半葉九行，行十五字，白口，左右雙邊。有"趙藩之印"等印。雲南省圖書館藏。

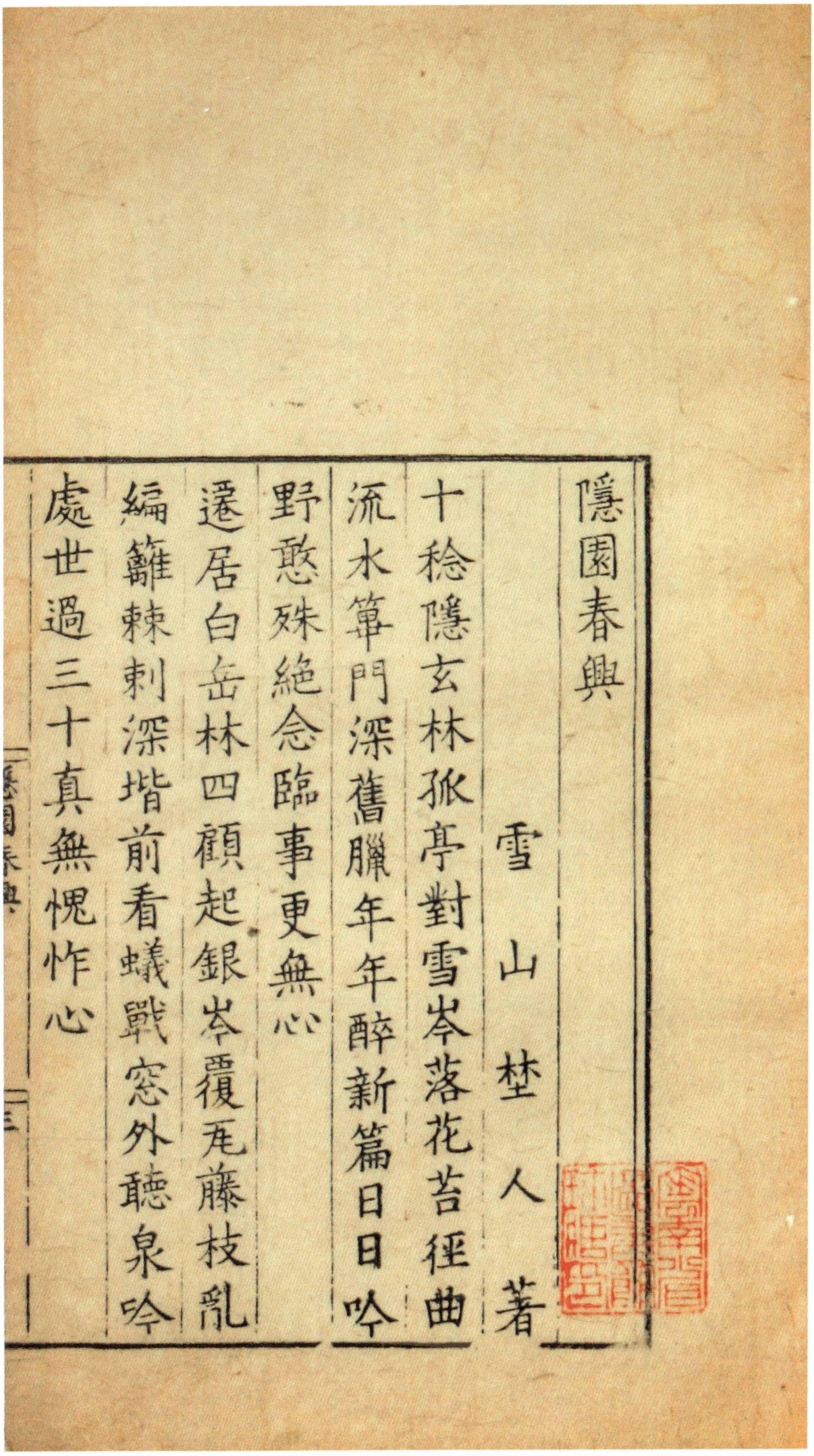
隱園春興
雪山埜人著
十稔隱玄林孤亭對雪岑落花苔徑曲
流水箏門深舊臘年年醉新篇日日吟
野憨殊絕念臨事更無心
遷居白岳林四顧起銀岑覆瓦藤枝亂
編籬棘刺深堦前看蟻戰窓外聽泉吟
處世過三十真無愧怍心
隱園春興　三

11992 隱園春興一卷　（明）木公撰　明嘉靖雲南麗江刻本

匡高15.6厘米，廣11.7厘米。半葉八行，行十五字，白口，左右雙邊。雲南省圖書館藏。

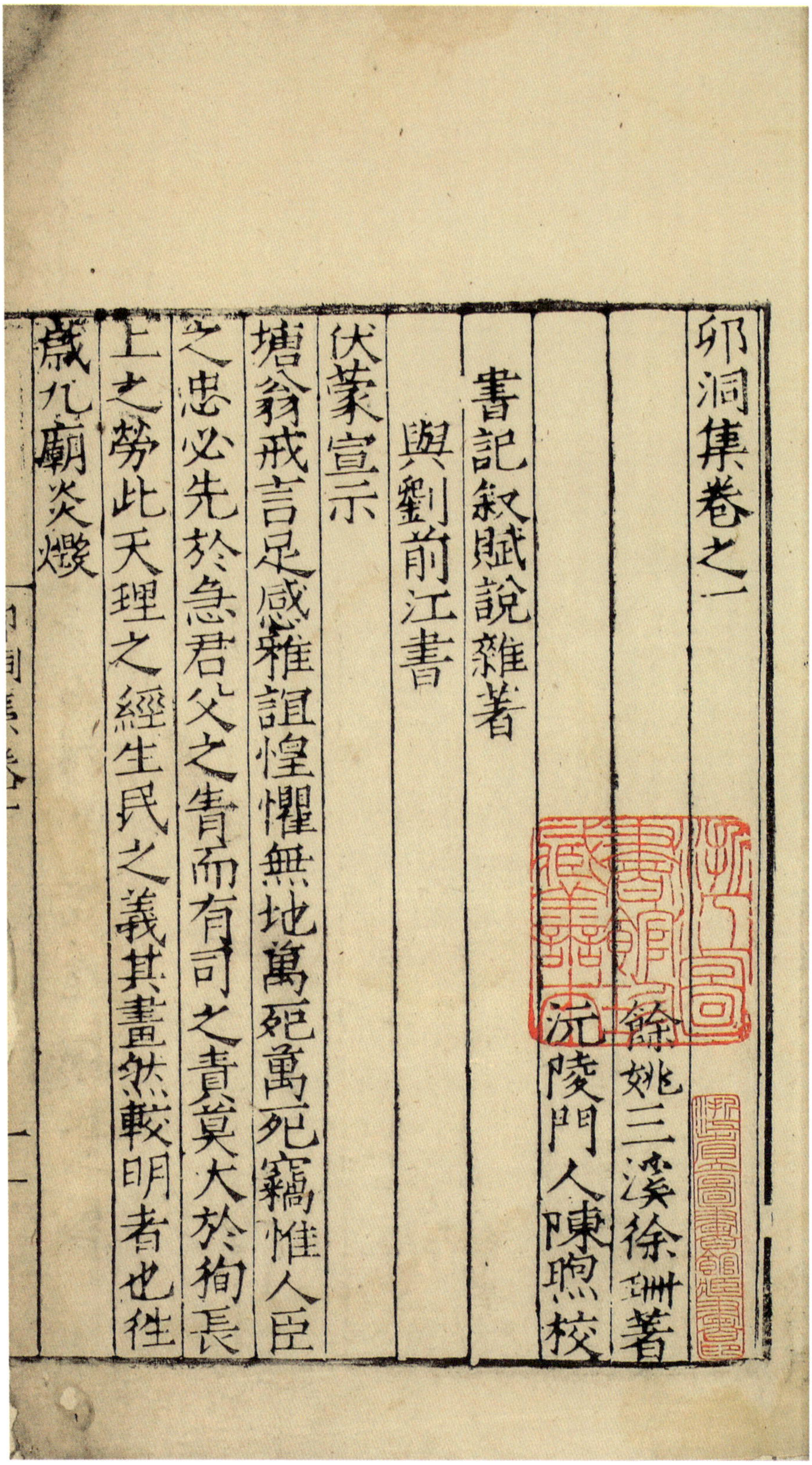

卯洞集卷之一
餘姚三溪徐珊著
沅陵門人陳聰校
書記敘賦說雜著
與劉前江書
伏蒙宣示
塘翁戒言足感雅誼惶懼無地萬死萬死竊惟人臣
之忠必先於急君父之青而有司之責莫大於徇長
上之勞此天理之經生民之義其盡然較明者也往
歲九廟炎燬

11993 卯洞集四卷 （明）徐珊撰　明嘉靖二十四年（1545）刻本

匡高19.3厘米，廣14.8厘米。半葉十行，行二十字，白口，左右雙邊。浙江圖書館藏。

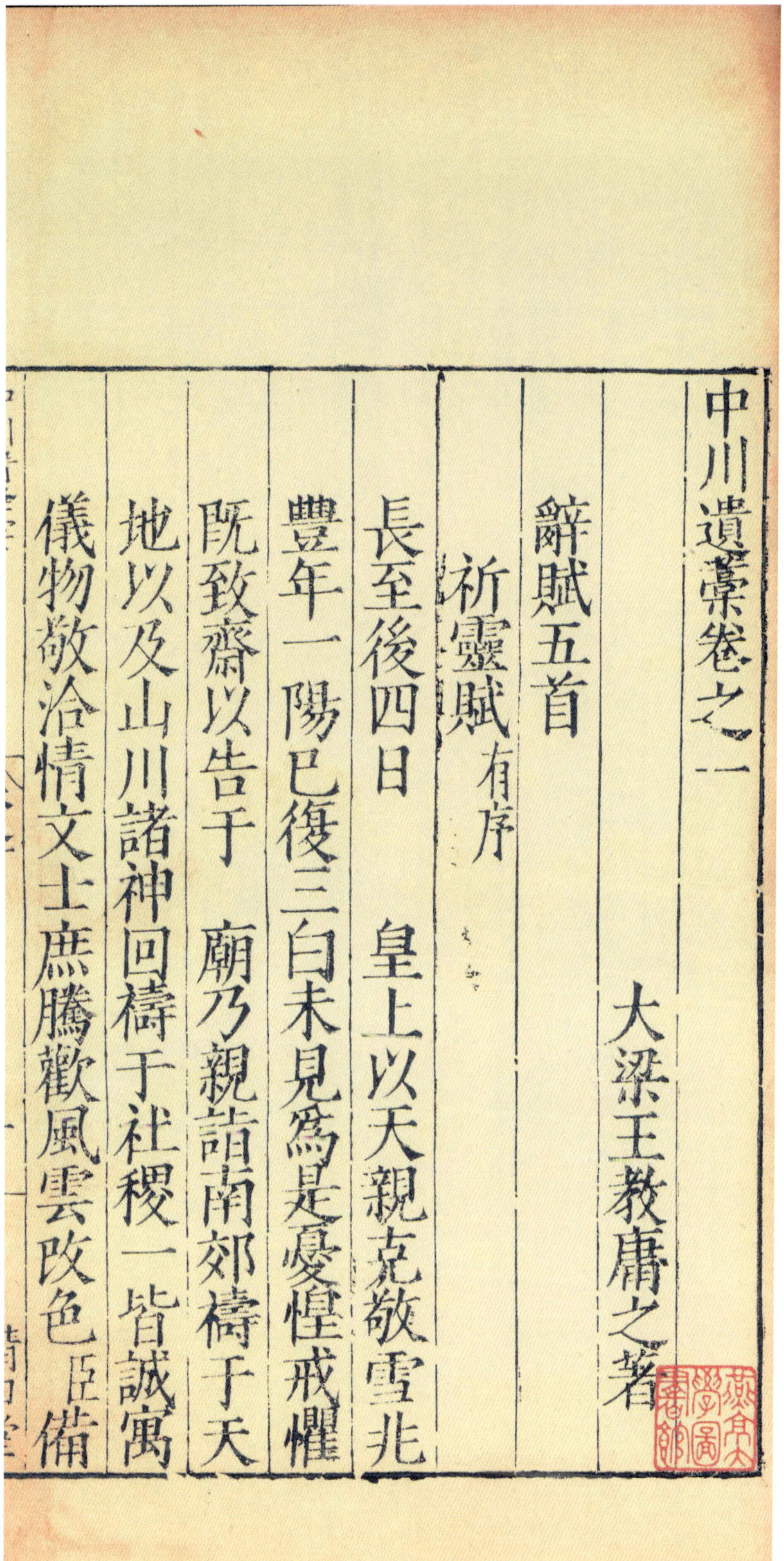
中川遺藁卷之一
大梁王教庸之著
辭賦五首
祈靈賦有序
長至後四日　皇上以天親克敬雪兆
豐年一陽已復三白未見爲是憂惶戒懼
旣致齋以告于　廟乃親詣南郊禱于天
地以及山川諸神回禱于社稷一皆誠寓
儀物敬洽情文上庶騰懽風雲改色臣備

11994 中川遺藁三十三卷　（明）王教撰　明嘉靖三十九年（1560）清白堂刻本

匡高18.3厘米，廣13.4厘米。半葉九行，行十八字，白口，四周單邊。北京大學圖書館藏。

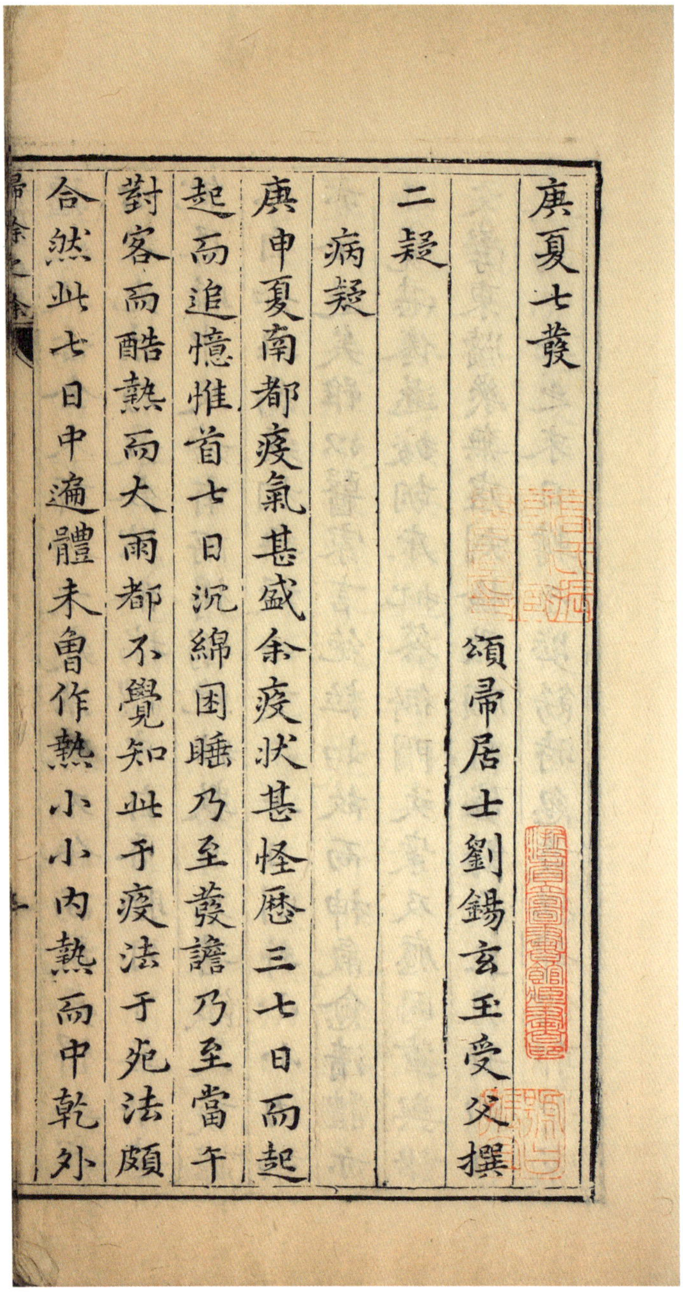

帚餘之餘

庚夏七蕟

頌帚居士劉錫玄玉受父撰

二　疑

病疑

庚申夏南都疫氣甚盛余疫狀甚怪歷三七日而起起而追憶惟首七日沉綿困睡乃至蕟譫乃至當午對客而酷熱而大雨都不覺知此于疫法于死法頗合然此七日中遍體未曾作熱小小内熱而中乾外

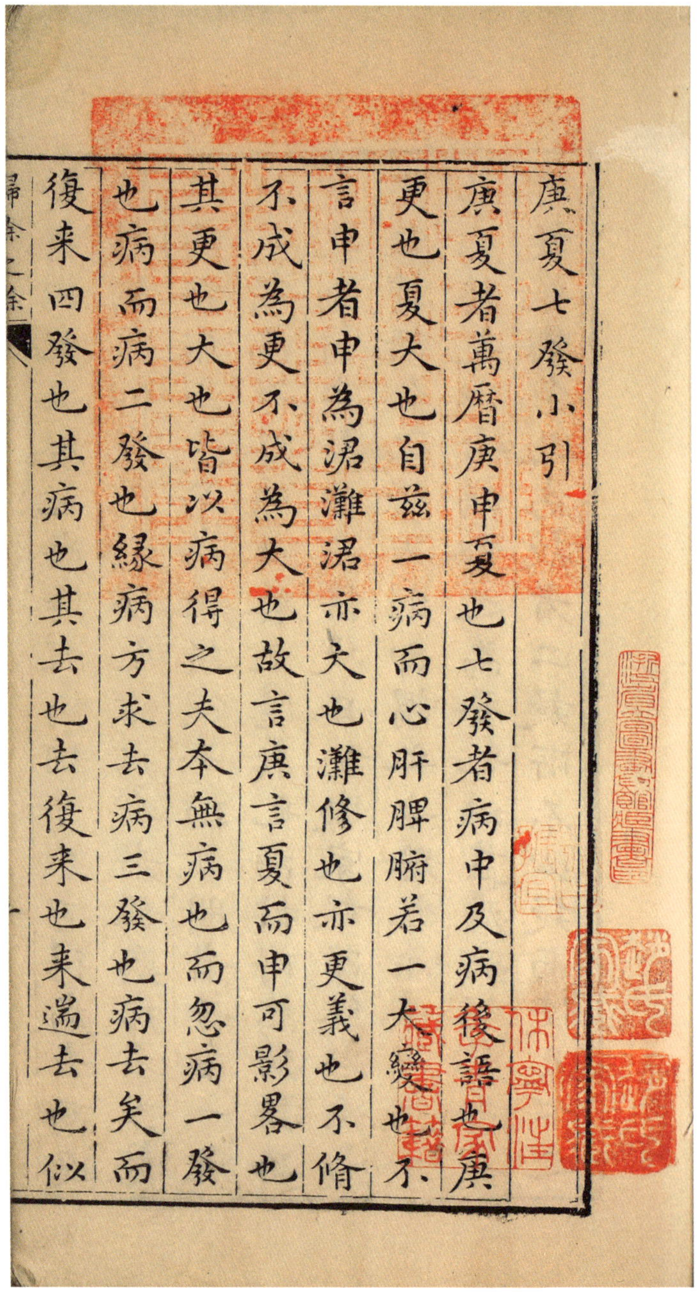

帚餘之餘

庚夏七發小引

庚夏者萬曆庚申夏也七發者病中及病後語也庚更也夏大也自茲一病而心肝脾腑若一大變也不言申者申為泪灘泪亦大也灘修也亦更義也不脩不成為更不成為大也故言庚言夏而申可影畧也其更也大也皆以病得之夫本無病也而忽病一發也病而病二發也緣病方求去病三發也病去矣而復來四發也其病也其去也去復來也來遄去也似

11995 掃餘之餘三卷　（明）劉錫玄撰　明刻本[四庫底本]

匡高21.6厘米，廣12.5厘米。半葉八行，行二十字，白口，四周雙邊。有“趙氏家藏”“休寧汪季青家藏書籍”“翰林院印”“程印昌期”“高氏振宜珍藏書畫印”等印。浙江圖書館藏。

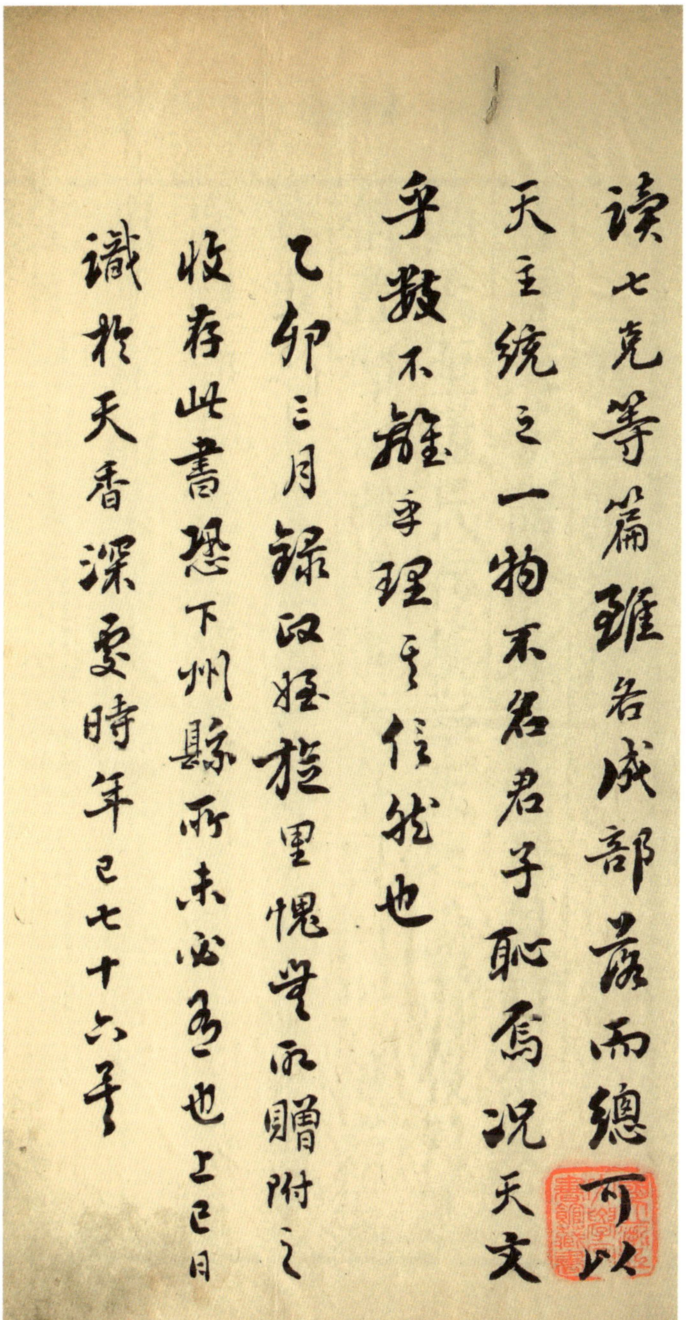

讀七克等篇雖名成部帙而總可以
天主統之一物不名君子恥爲況天文
爭數不離乎理乎信然也
乙卯三月録以枉捉里愧無所贈附之
收存此書懇下州縣所未必見也上巳日
識於天香深處時年已七十六矣

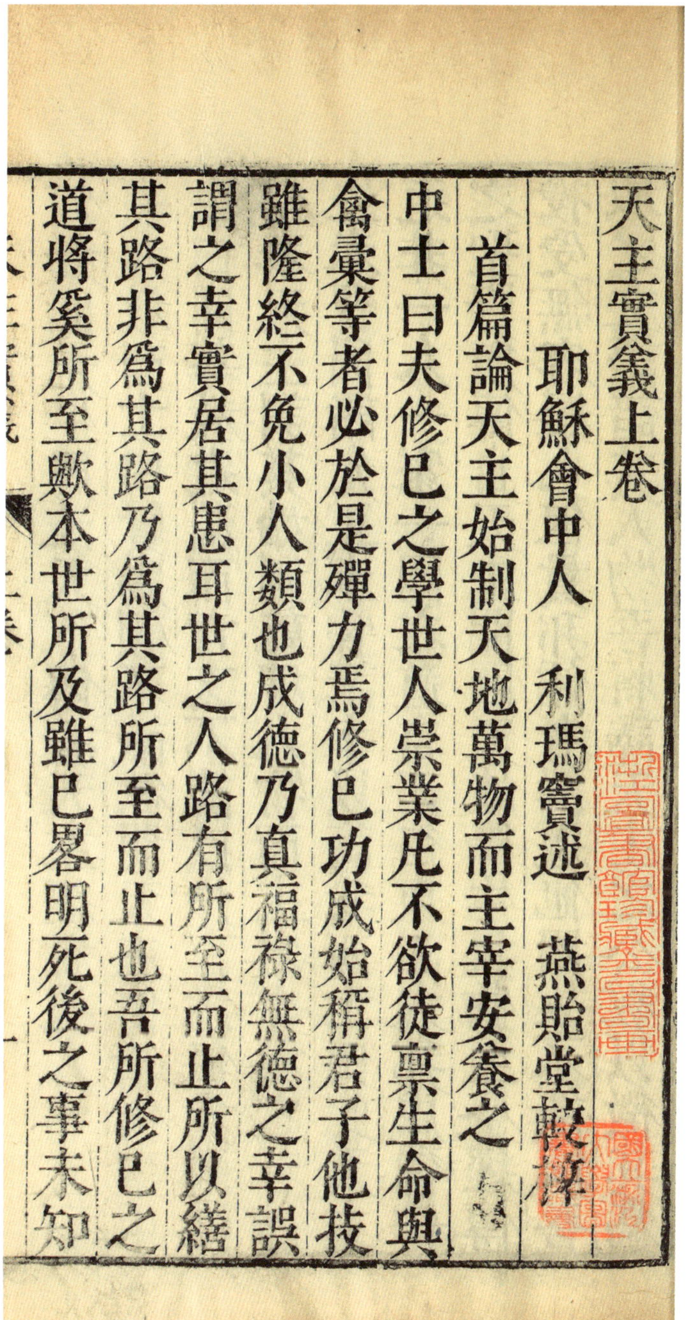

天主實義上卷
耶穌會中人　利瑪竇述　燕貽堂較梓
首篇論天主始制天地萬物而主宰安養之
中士曰夫修己之學世人崇業凡不欲徒禀生命與
禽彙等者必於是殫力焉修己功成始稱君子他技
雖隆終不免小人類也成德乃真福祿無德之幸誤
謂之幸實居其患耳世之人路有所至而止所以繕
其路非爲其路乃爲其路所至而止也吾所修己之
道將奚所至歟本世所及雖已畧明死後之事未知

11823 天主實義二卷　（意大利）利瑪竇述　明萬曆三十五年（1607）汪汝淳燕貽堂刻天啓印本

匡高21.6厘米，廣13.8厘米。半葉九行，行二十字，白口，四周單邊。劉墉跋。浙江圖書館藏。

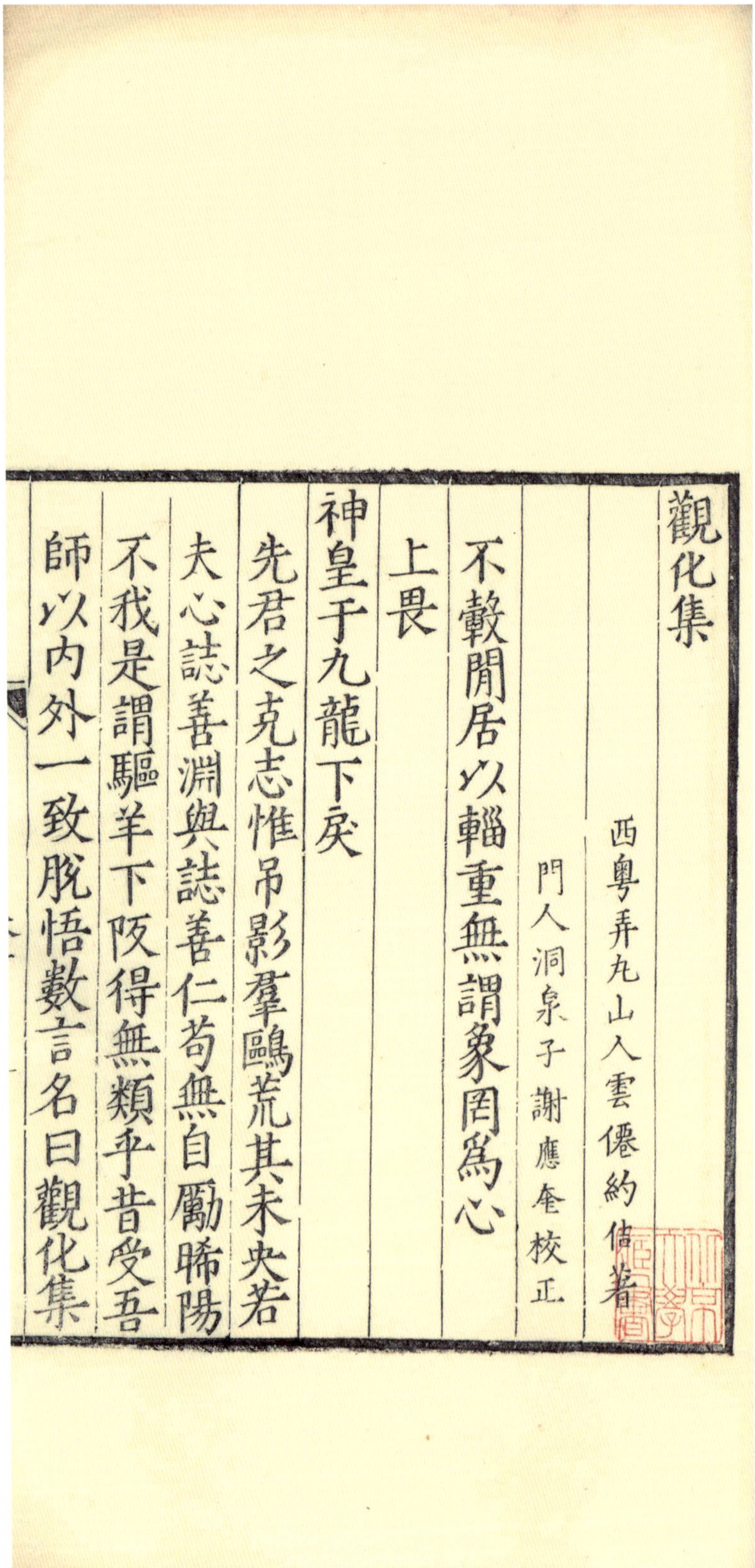
觀化集
西粵弄九山入雲僊約佶著
門人洞泉子謝應奎校正
不轂閒居以輜重無謂象罔爲心
上畏
神皇于九龍下矦
先君之克志惟吊影羣鷗荒其未央若
夫心誌善淵與誌善仁苟無自勵晞陽
不我是謂驅羊下阪得無類乎昔受吾
師以内外一致脱悟數言名曰觀化集

11822 觀化集一卷　（明）朱約佶撰　明嘉靖刻本

匡高16.6厘米，廣14.4厘米。半葉十行，行十六字，白口，四周單邊。北京大學圖書館藏。

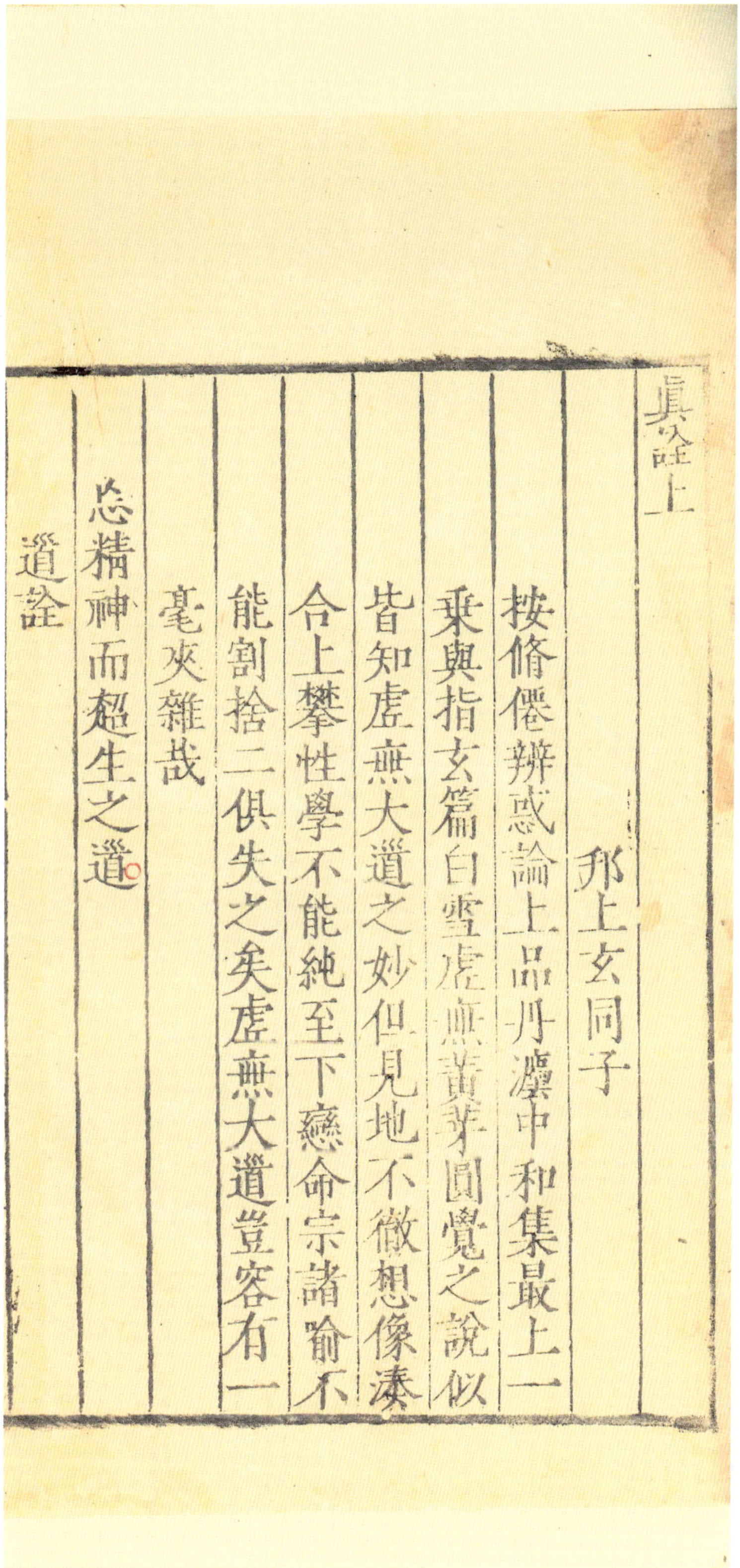

眞詮上
邗上玄同子
按脩僊辨惑論上品丹灋中和集最上一
乘與指玄篇白雪虛無黃芽圓覺之說似
皆知虛無大道之妙但見地不徹想像湊
合上攀性學不能純至下戀命宗諸喻不
能剖捨二俱失之矣虛無大道豈容有一
毫夾雜哉
總精神而超生之道
道詮

11821 真詮二卷 （明）桑喬撰　明嘉靖刻本

匡高20厘米，廣14.2厘米。半葉十行，行二十字，白口，四周單邊。北京大學圖書館藏。

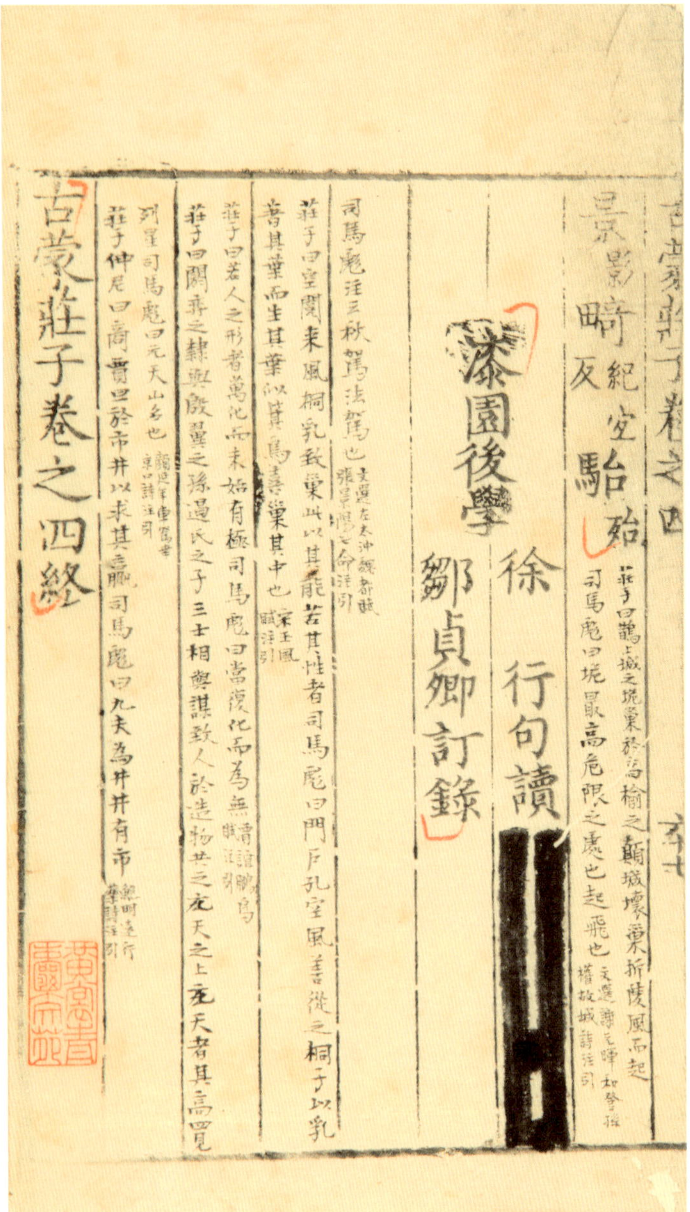
古蒙莊子卷之四

景影 畸 紀宜 駘殆

漆園後學 徐 行句讀

鄒貞卿訂録

古蒙莊子卷之四終

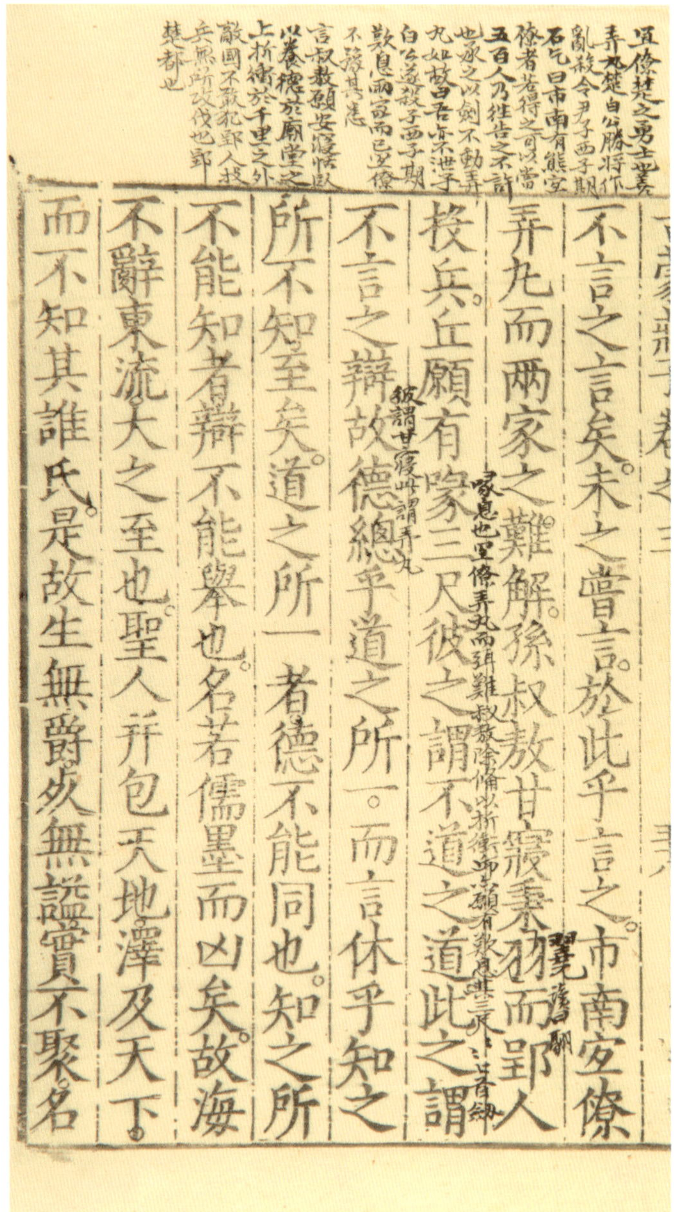
不言之言矣。未之嘗言。於此乎言之。市南宜僚弄丸而兩家之難解。孫叔敖甘寢秉羽而郢人投兵。丘願有喙三尺。彼之謂不道之道。此之謂不言之辯。故德總乎道之所一。而言休乎知之所不知。至矣。道之所一者。德不能同也。知之所不能知者。辯不能舉也。名若儒墨而凶矣。故海不辭東流。大之至也。聖人幷包天地。澤及天下而不知其誰氏。是故生無爵。死無謚。實不聚。名

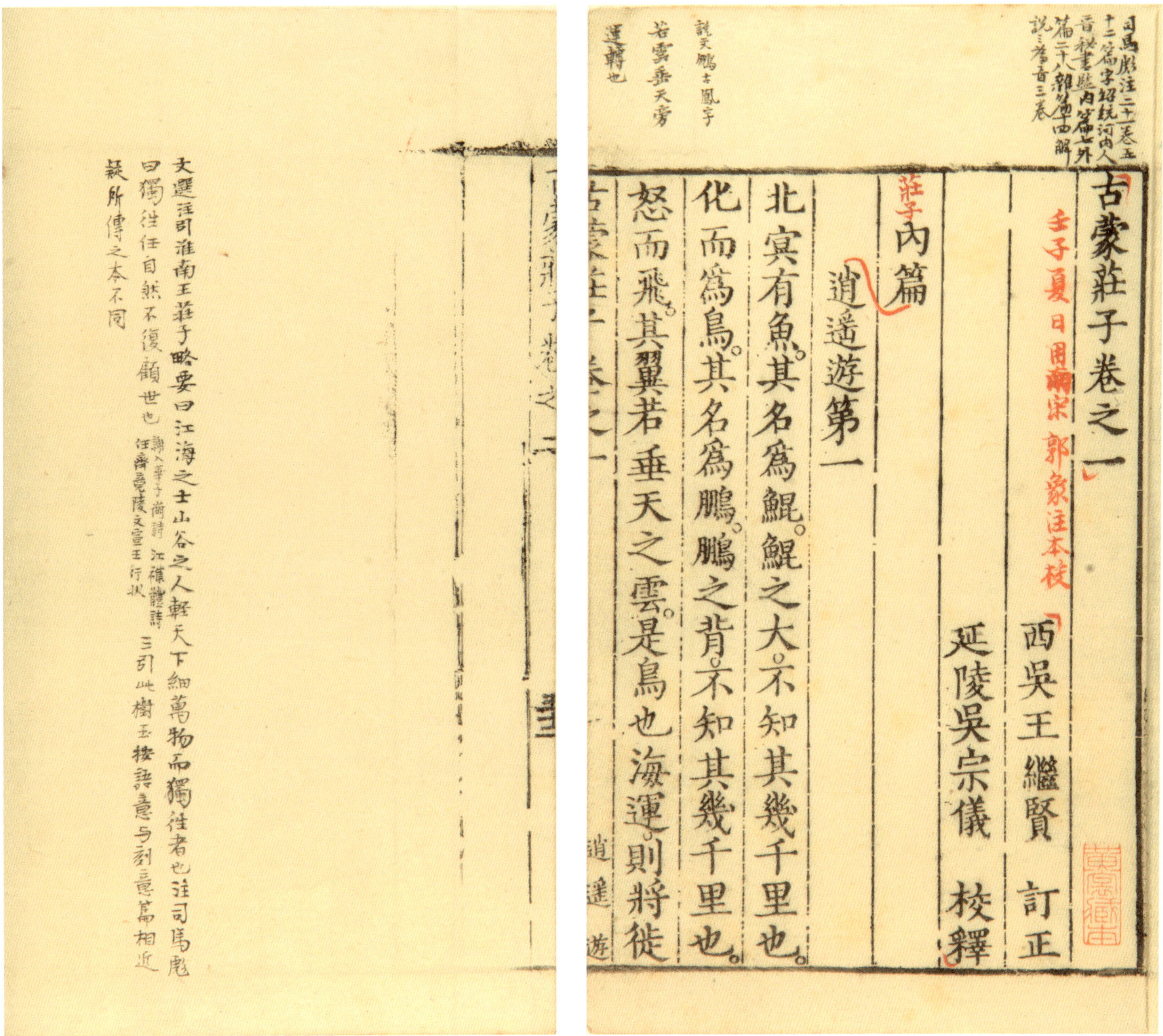
古蒙莊子卷之一
西吴王繼賢 訂正
延陵吴宗儀 校釋
内篇
逍遥遊第一
北冥有魚。其名爲鯤。鯤之大不知其幾千里也。化而爲鳥。其名爲鵬。鵬之背不知其幾千里也。怒而飛。其翼若垂天之雲。是鳥也海運則將徙

11820 古蒙莊子四卷 （明）吴宗儀校釋 明萬曆三十九年（1611）王繼賢蒙城縣學刻本

匡高21.3厘米，廣15.4厘米。半葉八行，行十八字，白口，四周單邊。有“黄裳藏本”等印。顧廣圻、鈕樹玉校。上海圖書館藏。

碩抱沖藏宋本莊子曾經明初人校讀抱沖過錄於世德堂本此為袁綬階借臨之本舊藏海寧陳氏向山閣丁卯冬季余於湘鄉王氏購得之

原校分三十三篇為二百五十五章悉依陳碧虛南華真經章句音義即陳氏自敘所謂隨指命題號為章句者也所引諸家異文有稱張本者即張君房校郭象注中太一宮本也有稱文本者即文如海正義本也有稱成本者即成玄英疏本也有稱李本者即李氏書庫本也有稱江南本者即江南古藏本也有稱劉本者即散人劉得一本也以上皆為碧虛所見之本詳見南華真經章句餘事惟又有稱元嘉本者有稱別本者有稱一作者有稱本或作者均為碧虛所未詳不知何據原校徵引賅博抉擇謹嚴句讀精審非尋常批抹者可比

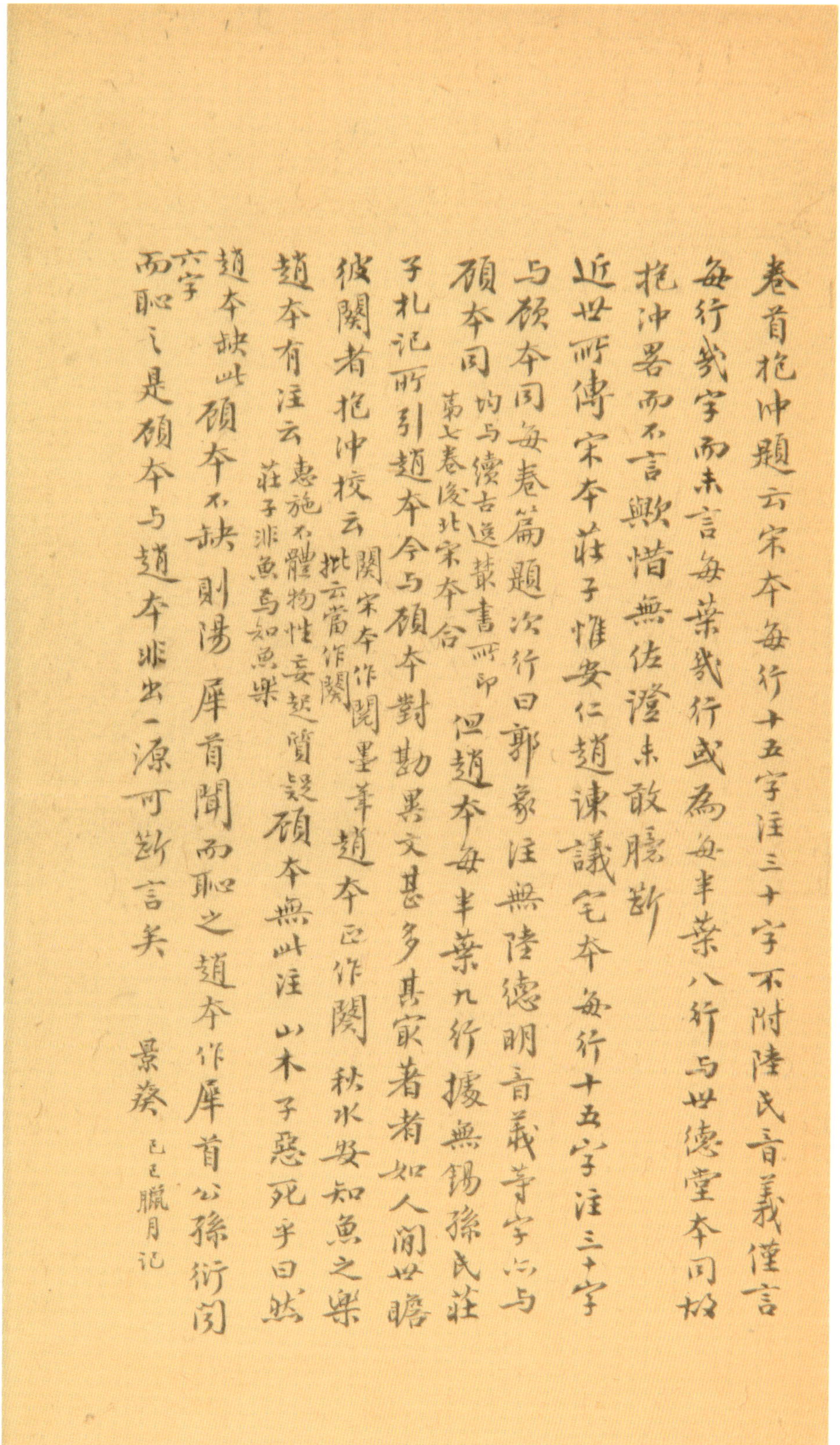

卷首抱沖題云宋本每行十五字注三十字不附陸氏音義僅言每行幾字而未言每葉幾行或為每半葉八行与世德堂本同故抱沖畧而不言歟惜無佐證未敢臆斷

近世所傳宋本莊子惟安仁趙諫議宅本每行十五字注三十字与顧本同每卷篇題次行曰郭象注無陸德明音義等字亦与顧本同均与讀古逸叢書所印第七卷後北宋本合但趙本每半葉九行據無錫孫氏莊子札記所引趙本今与顧本對勘異文甚多其家著者如人間世瞻彼闋者抱沖校云闋宋本作閱批云當作闋閱墨華趙本已作闋 秋水安知魚之樂趙本有注云惠施不體物性妄起質疑莊子非魚焉知魚樂顧本無此注 山木子惡死乎曰然趙本缺此顧本不缺 則陽犀首聞而恥之趙本作犀首公孫衍聞而恥之六字是顧本与趙本非出一源可斷言矣

景葵 己巳臘月記

11819 南華真經十卷

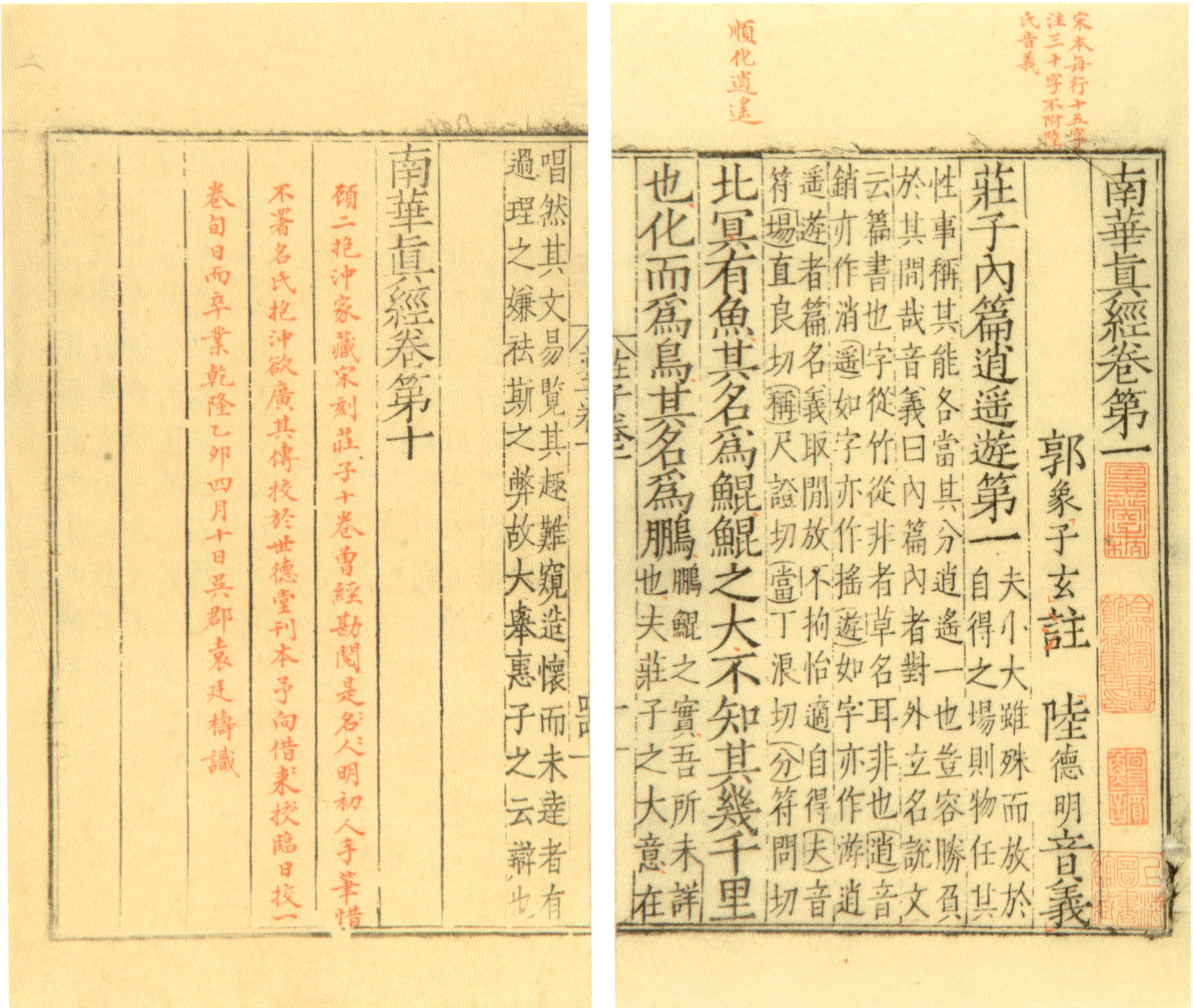

宋本每行十五字注三十字不附陸氏音義

南華眞經卷第一

郭象子玄註　陸德明音義

莊子內篇逍遥遊第一　夫小大雖殊而放於自得之場則物任其性事稱其能各當其分逍遥一也豈容勝負於其閒哉音義曰內篇內者對外立名說文云篇書也字從竹從非者草名耳非也逍音銷亦作消遥如字亦作搖遊如字亦作游逍遥遊者篇名義取閒放不拘怡適自得逍音符揚直良切稱尺證切當丁浪切分符問切夫音

順化逍遥

北冥有魚其名爲鯤鯤之大不知其幾千里

也化而爲鳥其名爲鵬　鵬鯤之實吾所未詳也夫莊子之大意在

唱然其文易覽其趣難窺造懷而未達者有過理之嫌袪斯之弊故大舉惠子之云辯也

南華眞經卷第十

頤二抱沖家藏宋刻莊子十卷曾經勘閲是名人明初人手筆借不署名氏抱沖欲廣其傳校於世德堂刊本予向借來校臨日校一卷旬日而卒業乾隆乙卯四月十日吳郡袁廷檮識

11819 南華真經十卷　（晋）郭象注　（唐）陸德明音義　明桐陰書屋刻六子書本

匡高19.7厘米，廣14.3厘米。半葉八行，行十七字，小字雙行同，白口，四周雙邊。有“鱣讀”“景葵手校”等印。袁廷檮跋並録顧之逵校、葉景葵跋。上海圖書館藏。

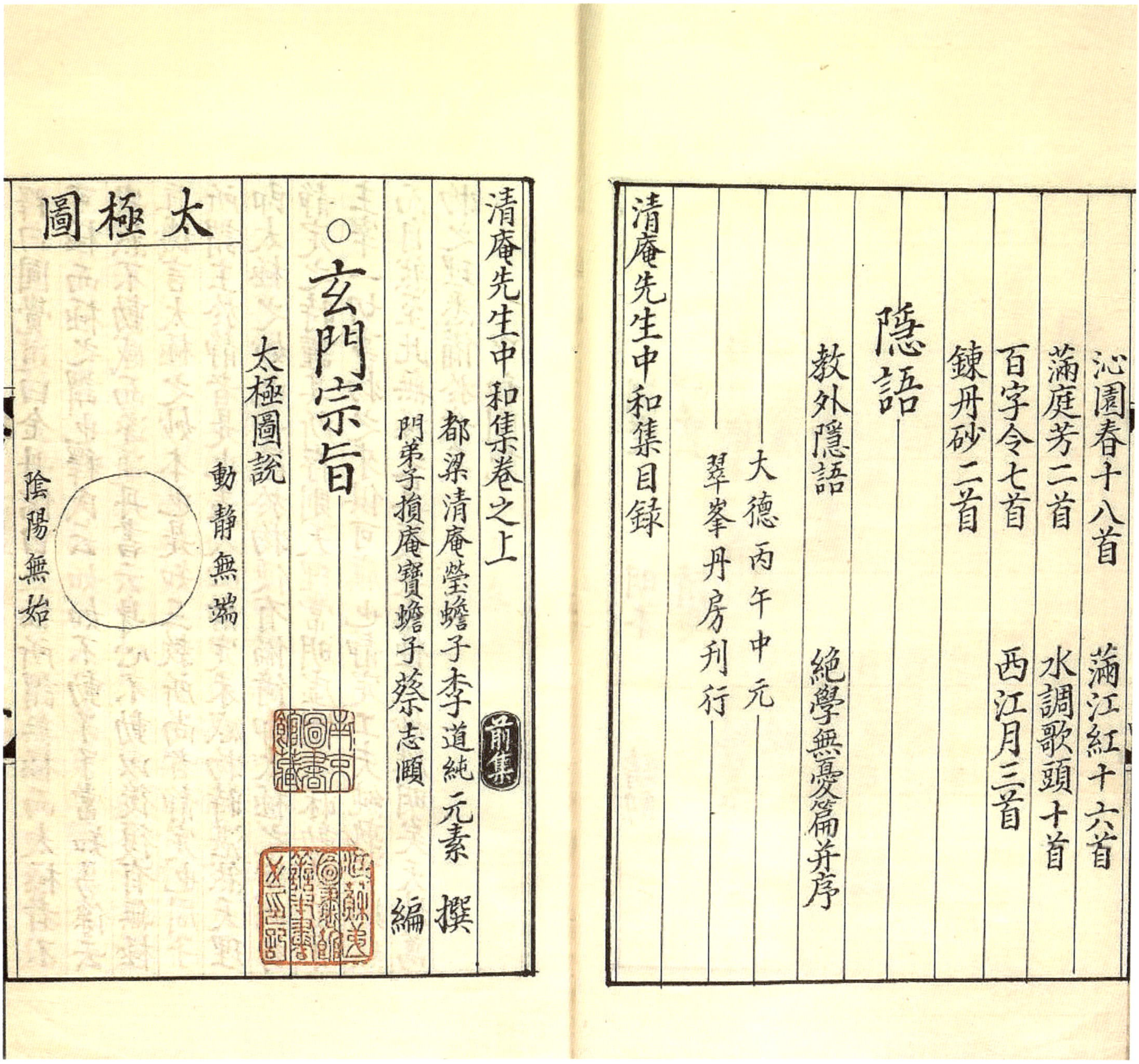

11818 清庵先生中和集前集三卷後集三卷　（元）李道純撰　（元）蔡志頤輯　清影元抄本

匡高18.5厘米，廣12.5厘米。半葉十一行，行二十一字，小字雙行同，黑口，左右雙邊。丁丙跋。南京圖書館藏。

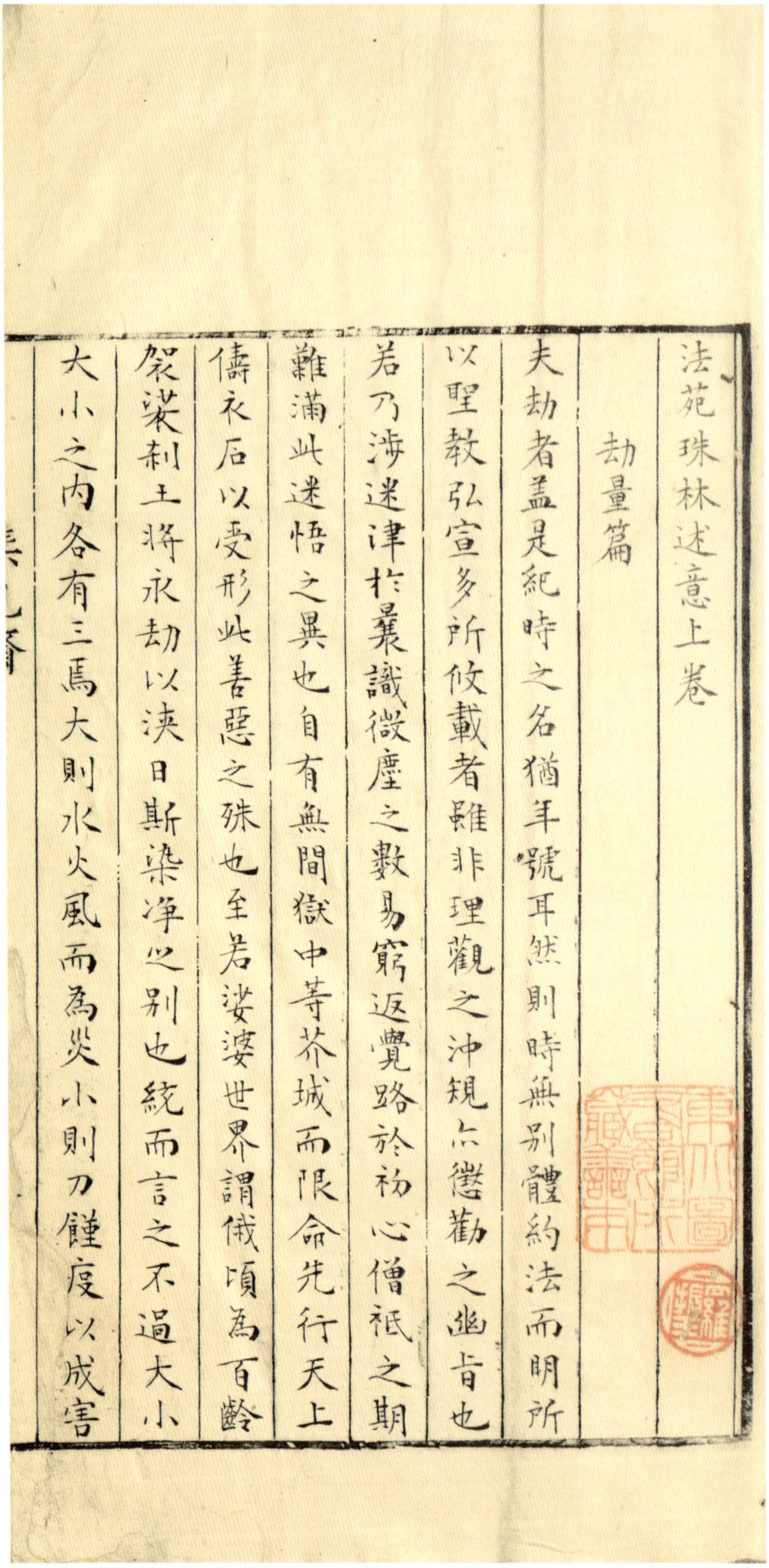
法苑珠林述意上卷

劫量篇

夫劫者蓋是紀時之名猶年號耳然則時無別體約法而明所以聖教弘宣多所攸載者雖非理觀之沖規亦懲勸之幽旨也若乃涉迷津於曩識微塵之數易窮返覺路於初心僧祇之期難滿此迷悟之異也自有無間獄中等芥城而限命先行天上儔衣石以受形此善惡之殊也至若娑婆世界謂俄頃為百齡袈裟剎土將永劫以浹日斯染淨之別也統而言之不過大小大小之內各有三焉大則水火風而為災小則刀饉疫以成害

11817 法苑珠林述意二卷 （明）周天球輯 稿本

匡高18.7厘米，廣12.8厘米。半葉九行，行二十四字，白口，左右雙邊。有“羅振玉”等印。遼寧省圖書館藏。

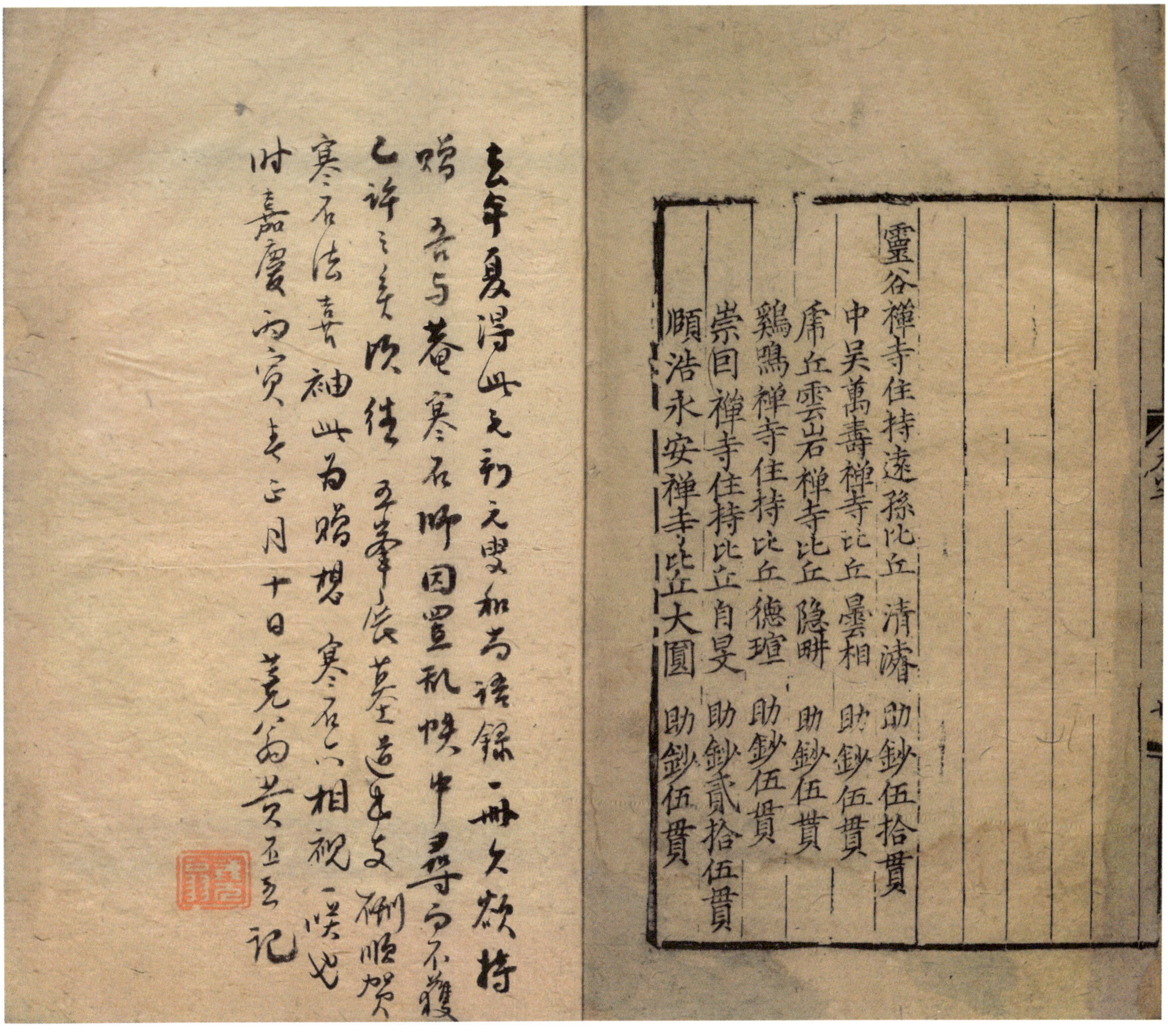
去年夏得此元刻元叟和尚語録一册，欲持贈吾與菴寒石師，因置亂帙中，尋而不獲，已許之矣。頃往平峯展墓，道出支硎，晤寒石法喜，袖此爲贈，想寒石亦相視一笑也。時嘉慶丙寅春正月十日，荛翁黄丕烈記

靈谷禪寺住持遠孫比丘清濬　助鈔伍拾貫
中吴萬壽禪寺比丘曇相　助鈔伍貫
虎丘雲岩禪寺比丘隱暕　助鈔伍貫
鷄鳴禪寺住持比丘德瑄　助鈔伍貫
崇因禪寺住持比丘自旻　助鈔貳拾伍貫
順浩永安禪寺比丘大圓　助鈔伍貫

11816 元叟和尚語録一卷

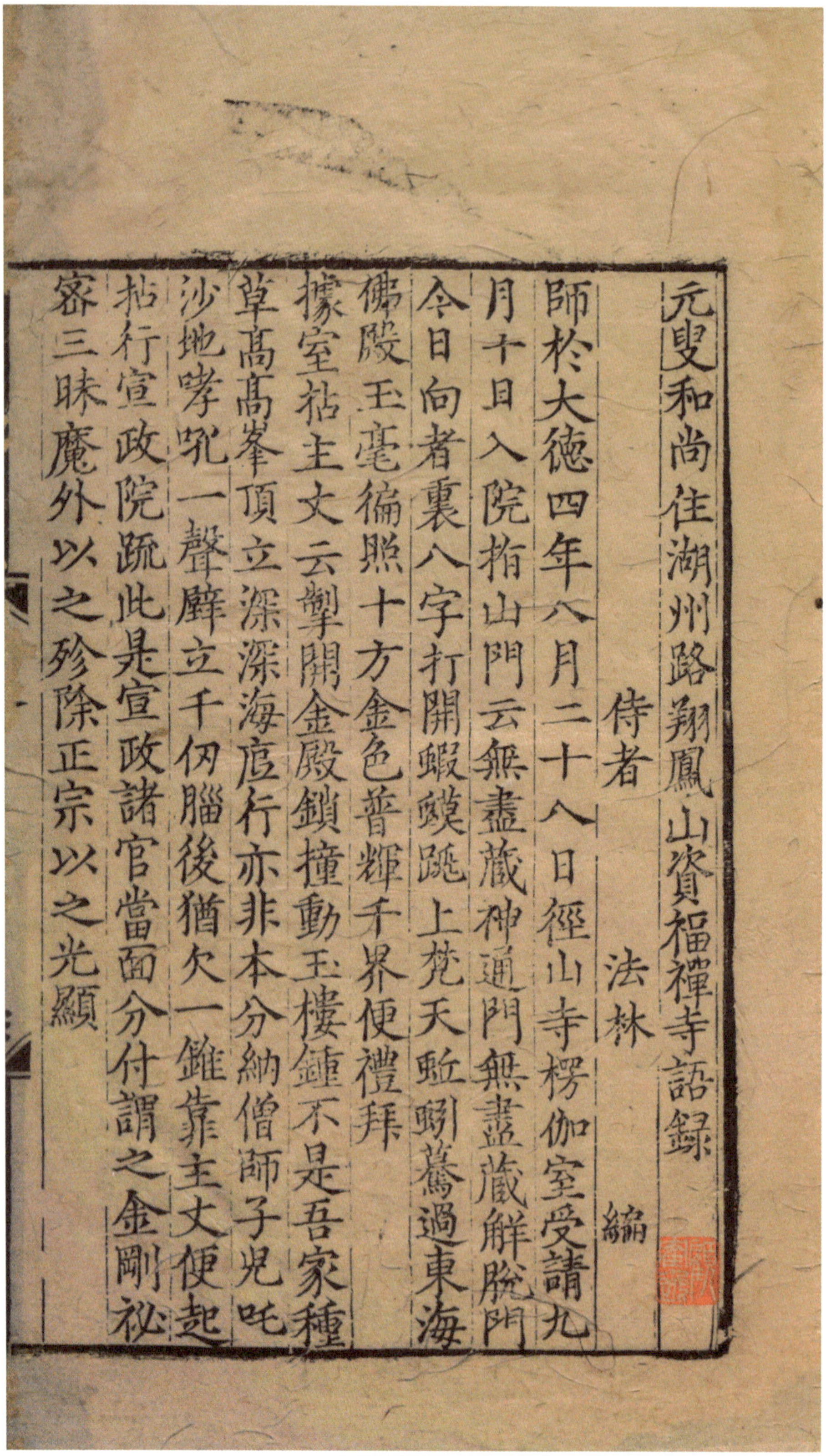
元叟和尚住湖州路翔鳳山資福禪寺語録
侍者 法林 編
師於大德四年八月二十八日徑山寺楞伽室受請九
月十日入院指山門云無盡藏神通門無盡藏解脱門
今日向者裏八字打開蝦蟆跳上梵天蚯蚓驀過東海
佛殿玉毫徧照十方金色普輝千界便禮拜
據室拈主丈云擘開金殿鎖撞動玉樓鍾不是吾家種
草高高峯頂立深深海底行亦非本分納僧師子兒吒
沙地哮吼一聲辟立千仞腦後猶欠一錐靠主丈便起
拈行宣政院疏此是宣政諸官當面分付謂之金剛祕
密三昧魔外以之殄除正宗以之光顯

11816 元叟和尚語録一卷 （元）釋行端撰 （元）釋法林輯 明洪武刻本

匡高19.7厘米，廣13.5厘米。半葉十一行，行二十一字，黑口，左右雙邊。黄丕烈跋。南京圖書館藏。

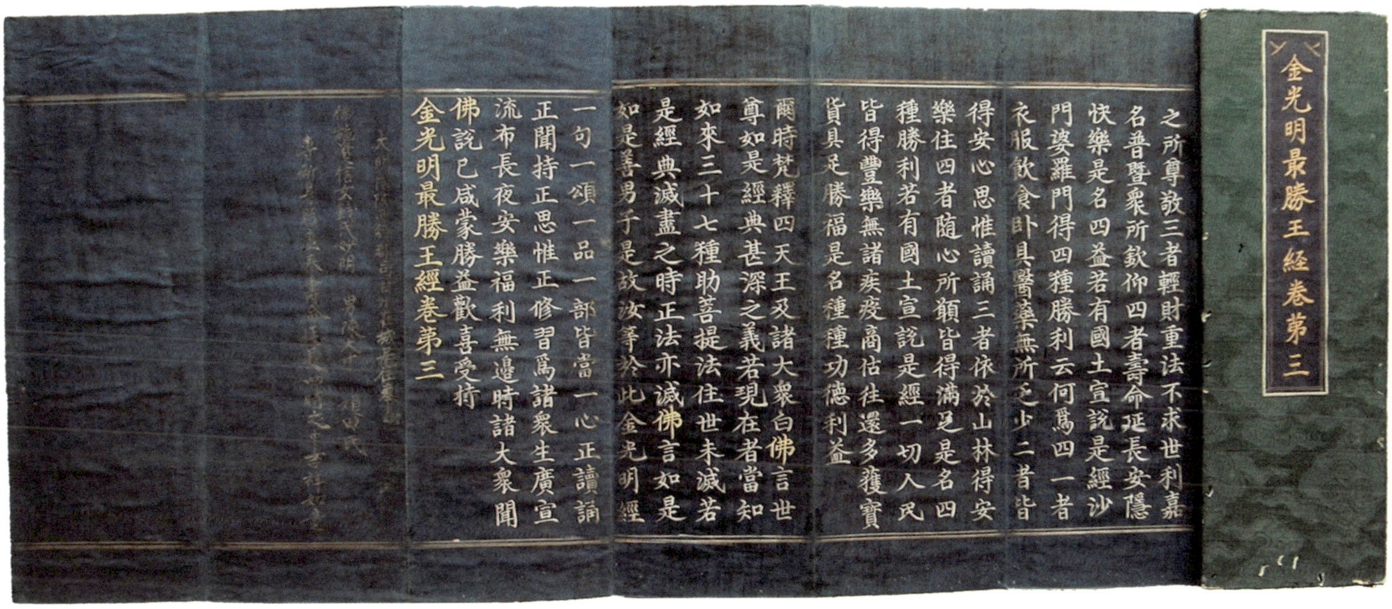

11815 大般涅槃經四十卷 （北凉）釋曇無讖譯 **大般涅槃經後分二卷** **大乘本生心地觀經八卷** （唐）釋般若譯 **大方便佛報恩經七卷** 佚名譯 **大方廣佛華嚴經八十卷** （唐）釋實叉難陀譯 **金光明最勝王經十卷** （唐）釋義淨譯

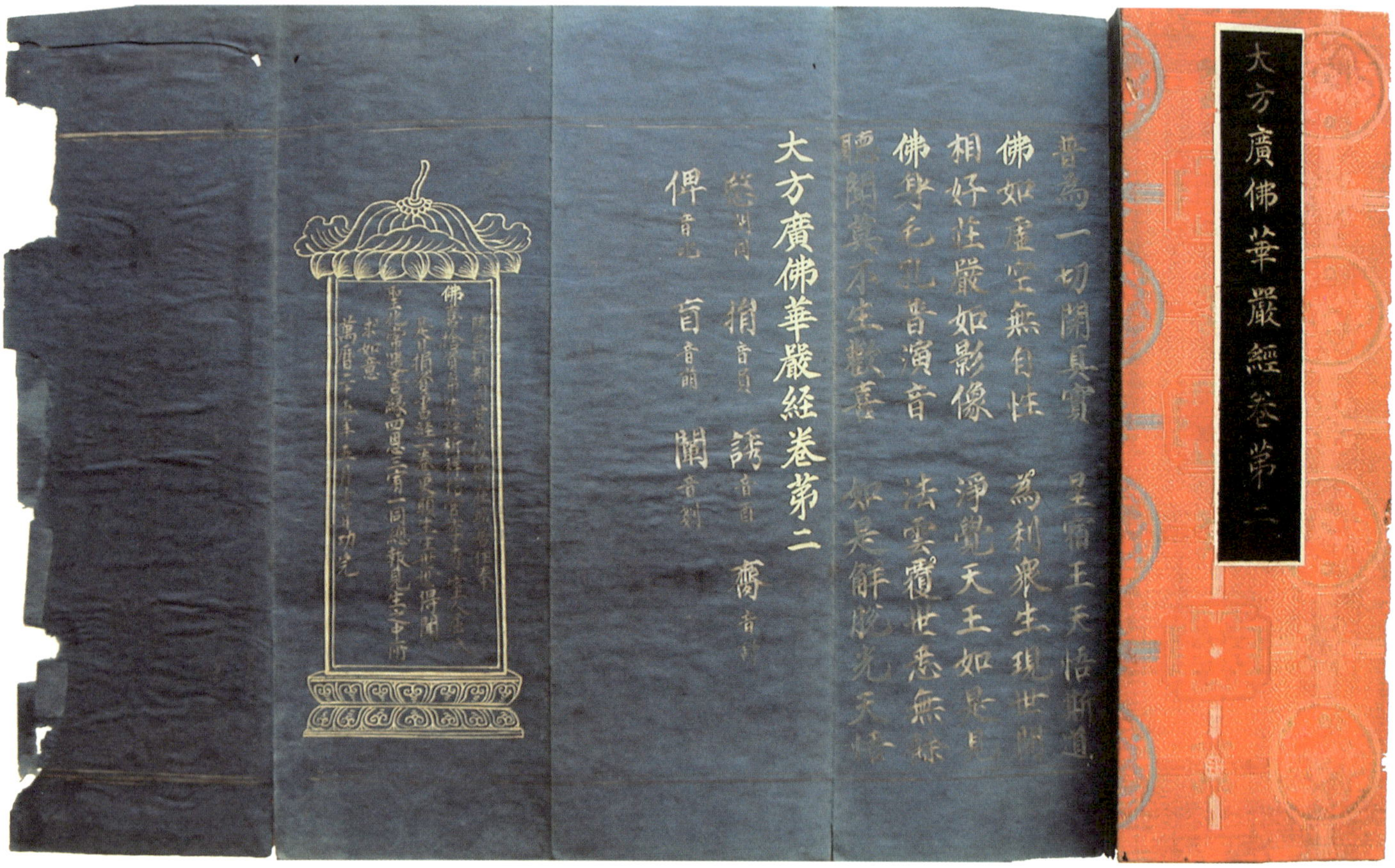

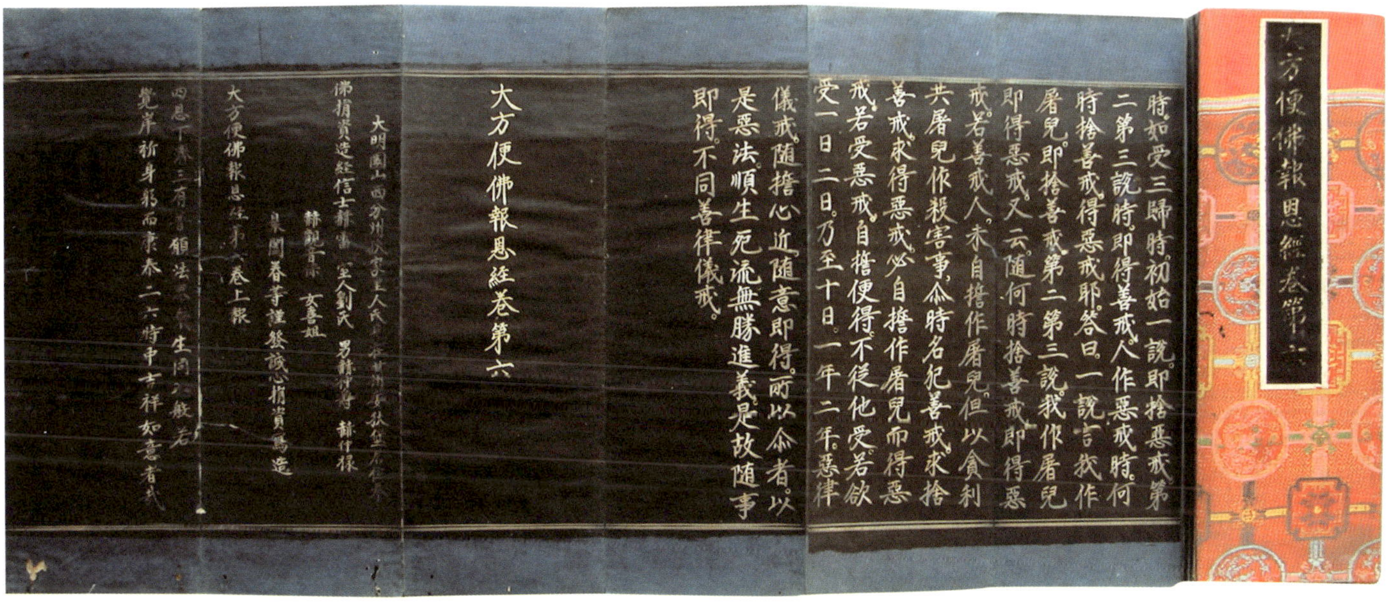

11815 大般涅槃經四十卷　（北凉）釋曇無讖譯　**大般涅槃經後分二卷**　**大乘本生心地觀經八卷**　（唐）釋般若譯　**大方便佛報恩經七卷**　佚名譯　**大方廣佛華嚴經八十卷**　（唐）釋實叉難陀譯　**金光明最勝王經十卷**　（唐）釋義淨譯

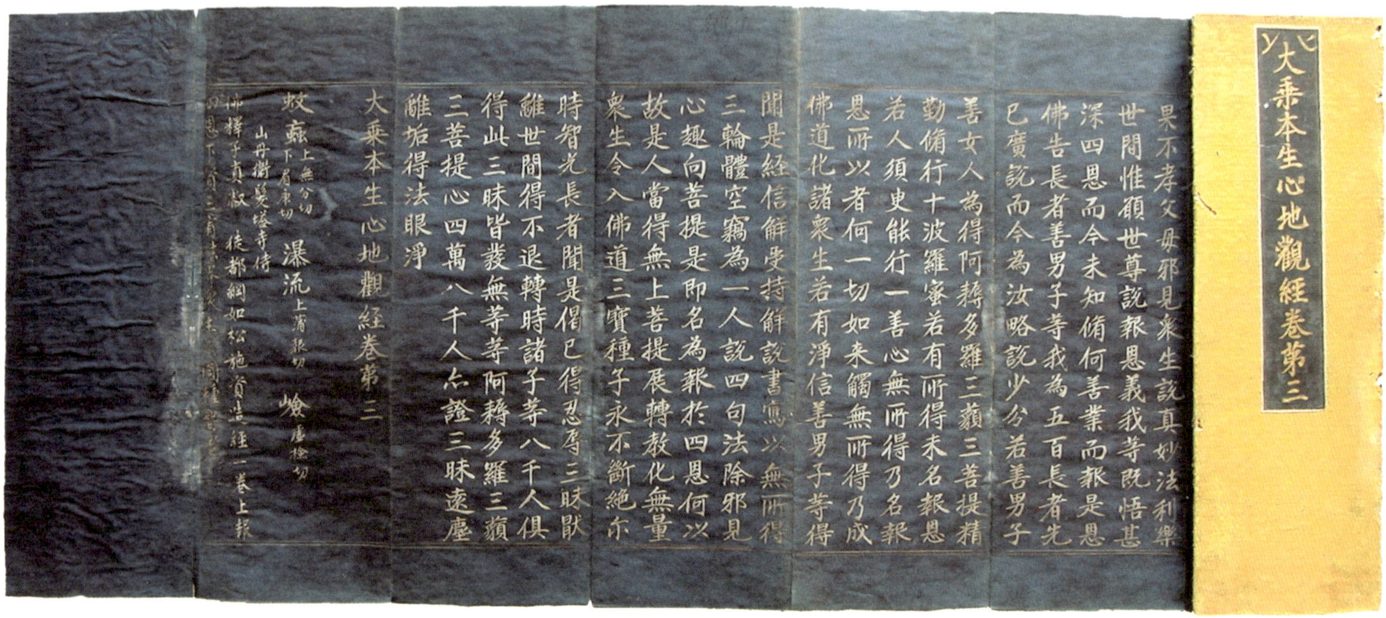

大乘本生心地觀經卷第三

果不孝父母邪見衆生說真妙法利樂
世間惟願世尊說報恩義我等既悟甚
深四恩而今未知脩何善業而報是恩
佛告長者善男子等我為五百長者先
已廣說而今為汝略說少分若善男子
善女人為得阿耨多羅三藐三菩提精
勤脩行十波羅蜜若有所得未名報恩
若人須臾能行一善心無所得乃名報
恩所以者何一切如來證無所得乃成
佛道化諸衆生若有淨信善男子等得
聞是經信解受持解說書寫以無所得
三輪體空竊為一人說四句法除邪見
心趣向菩提是即名為報於四恩何以
故是人當得無上菩提展轉教化無量
衆生令入佛道三寶種子永不斷絕尒
時智光長者聞是偈已得忍辱三昧猒
離世間得不退轉時諸子等八千人俱
得此三昧皆發無等等阿耨多羅三藐
三菩提心四萬八千人亦證三昧遠塵
離垢得法眼淨

大乘本生心地觀經卷第三

蚊蝱 上無分切 下眉庚切 瀑流 上蒲報切 嶮 虚檢切

山丹衛昊塔寺侍
佛釋子真叙 徒都綱如松施資造經一卷上報
四恩下資三有 [illegible]

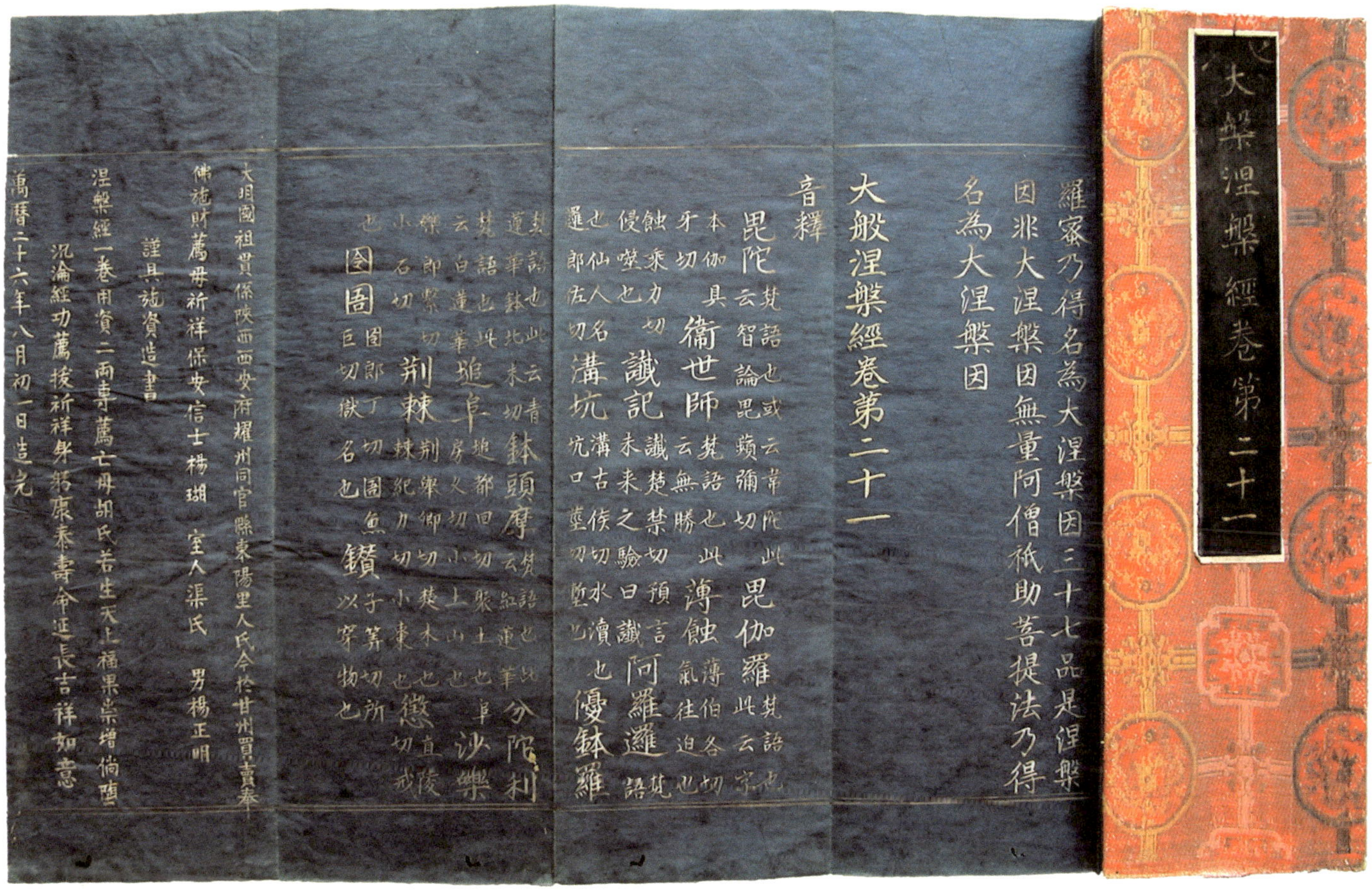

11815 大般涅槃經四十卷 （北涼）釋曇無讖譯 **大般涅槃經後分二卷** **大乘本生心地觀經八卷** （唐）釋般若譯 **大方便佛報恩經七卷** 佚名譯 **大方廣佛華嚴經八十卷** （唐）釋實叉難陀譯 **金光明最勝王經十卷** （唐）釋義淨譯

明甘州如松、藏卜省吉等泥金銀寫本

經折裝。開本高36厘米，廣12厘米；高35.5厘米，廣12厘米；高35.7厘米，廣12.3厘米；高35.5厘米，廣12.4厘米；高35.5厘米，廣12.3厘米；高35.5厘米，廣12.5厘米。匡高27厘米。半葉五行，行十七字不等，上下雙邊。甘肅省張掖市甘州區博物館藏，存一百二十六卷。

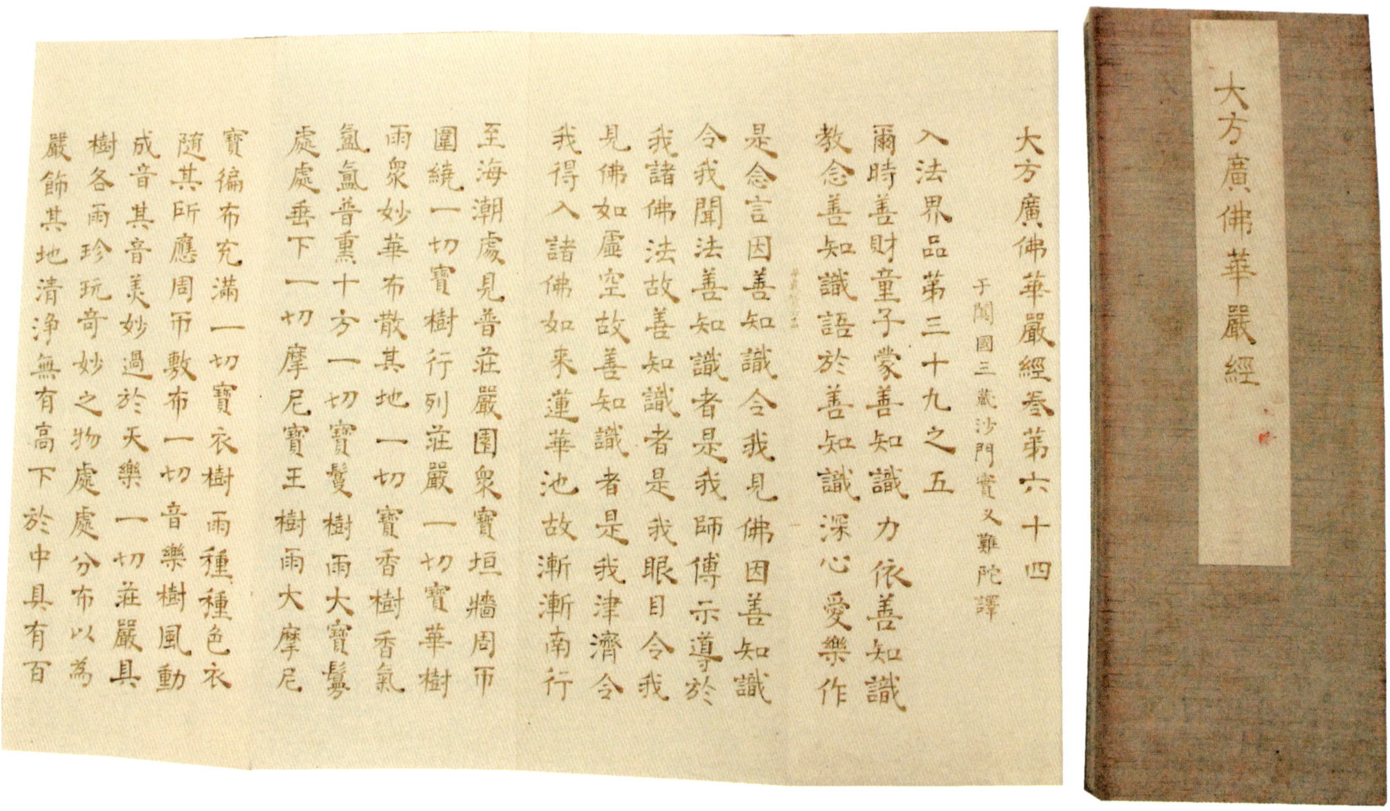
大方廣佛華嚴經卷第六十四
于闐國三藏沙門實叉難陀譯
入法界品第三十九之五
爾時善財童子蒙善知識力依善知識
教念善知識語於善知識深心愛樂作
是念言因善知識令我見佛因善知識
令我聞法善知識者是我師傅示導於
我諸佛法故善知識者是我眼目令我
見佛如虛空故善知識者是我津濟令
我得入諸佛如來蓮華池故漸漸南行
至海潮處見普莊嚴園衆寶垣牆周帀
圍繞一切寶樹行列莊嚴一切寶華樹
雨衆妙華布散其地一切寶香樹香氣
氤氳普熏十方一切寶鬘樹雨大寶鬘
處處垂下一切摩尼寶王樹雨大摩尼
寶徧布充滿一切寶衣樹雨種種色衣
隨其所應周帀敷布一切音樂樹風動
成音其音美妙過於天樂一切莊嚴具
樹各雨珍玩奇妙之物處處分布以為
嚴飾其地清淨無有高下於中具有百

11814 大方廣佛華嚴經八十卷 （唐）釋實叉難陀譯　明萬曆釋海玉刺血抄本

經折裝。開本高33.4厘米，廣12.3厘米。半葉五行，行十五字。安徽省九華山歷史文物館藏。

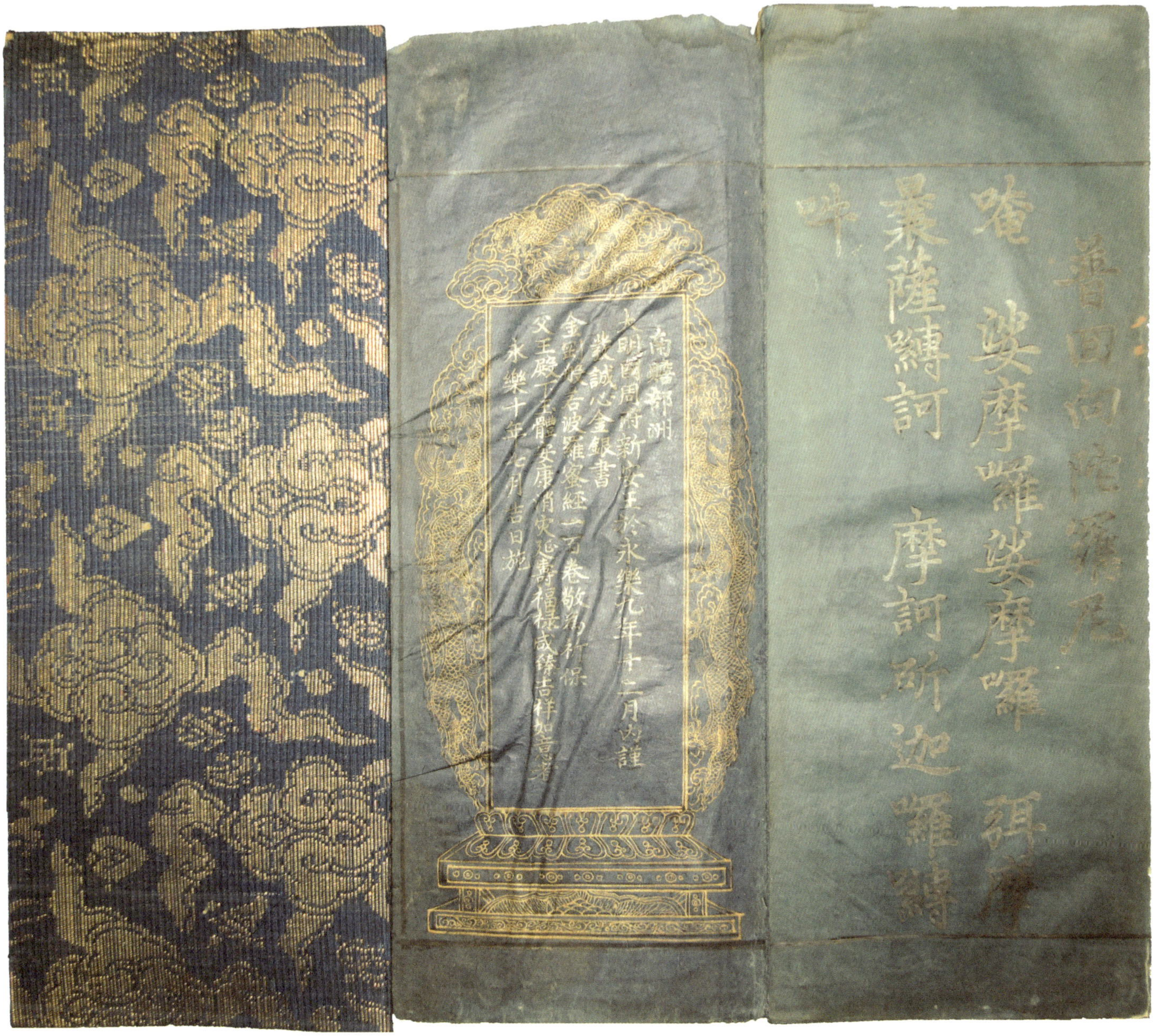

11813 金剛般若波羅蜜經

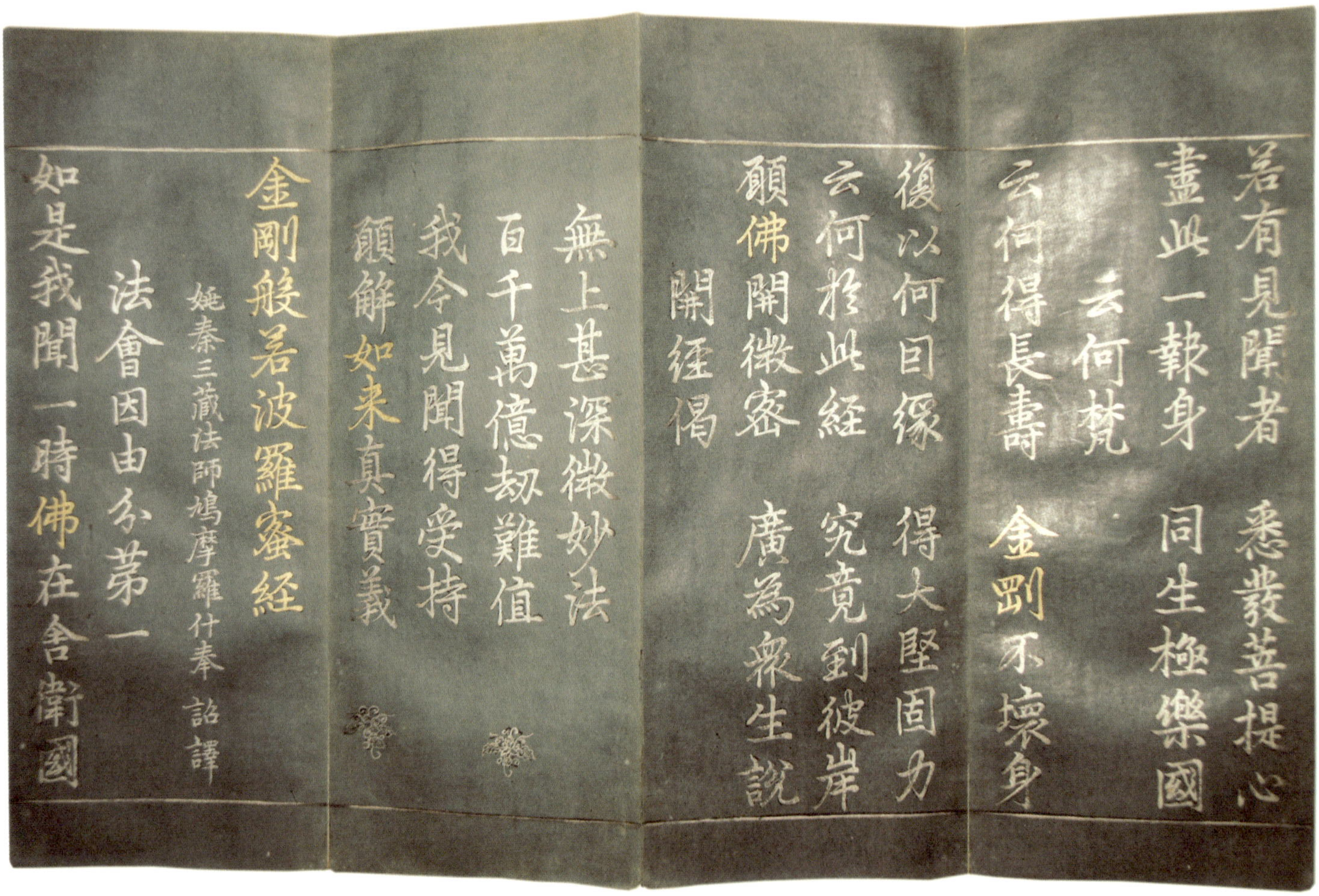
若有見聞者　悉發菩提心
盡此一報身　同生極樂國
云何梵
云何得長壽　金剛不壞身
復以何因緣　得大堅固力
云何於此經　究竟到彼岸
願佛開微密　廣為衆生説
開經偈
無上甚深微妙法
百千萬億劫難值
我今見聞得受持
願解如來真實義
金剛般若波羅蜜經
姚秦三藏法師鳩摩羅什奉　詔譯
法會因由分第一
如是我聞一時佛在舍衛國

11813 金剛般若波羅蜜經 明永樂泥金銀寫本

經折裝。開本高33厘米，廣13.3厘米。匡高29厘米。半葉四行，行十一字。北京市文物局圖書資料中心藏。

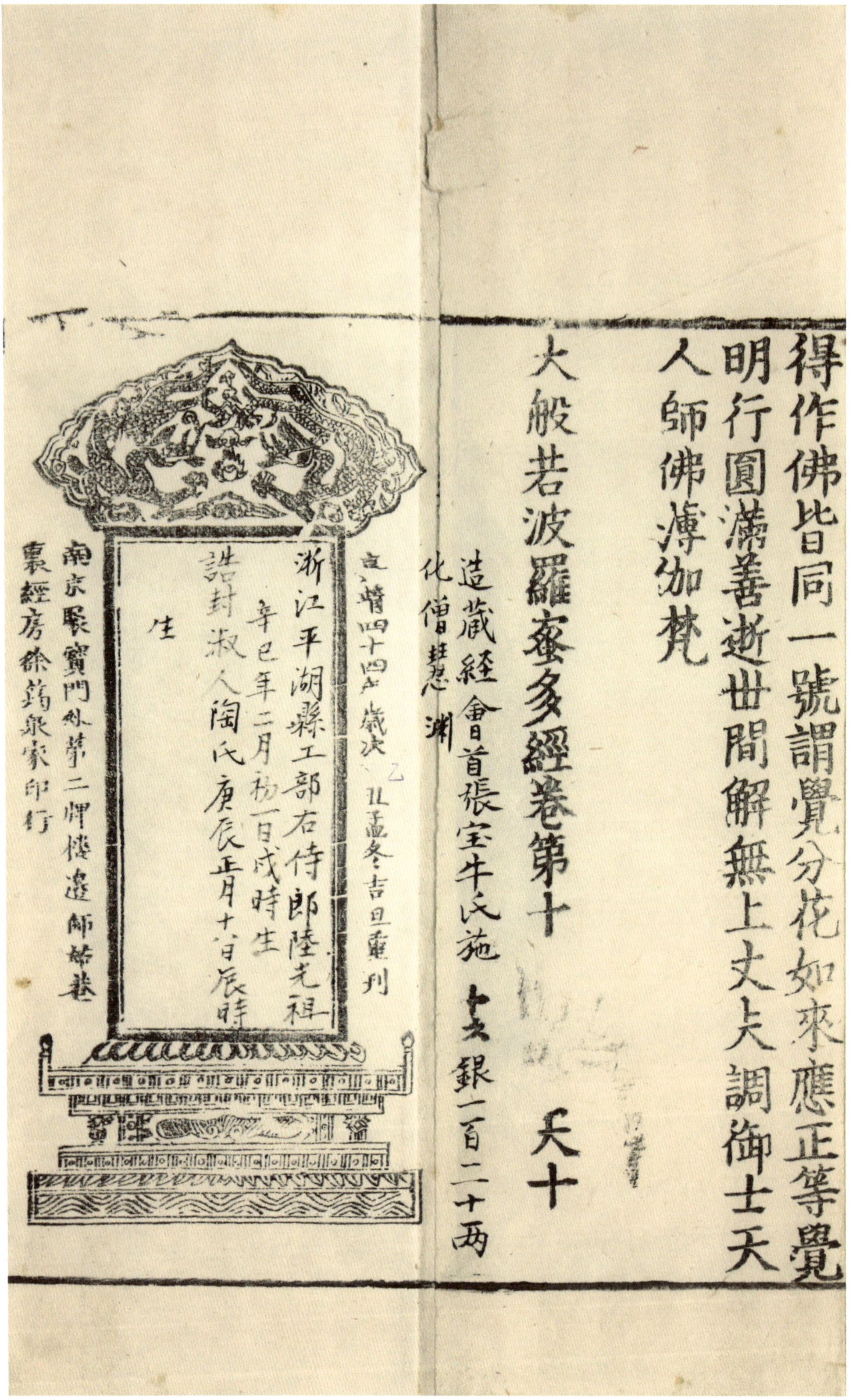

得作佛皆同一號謂覺分花如來應正等覺
明行圓滿善逝世間解無上丈夫調御士天
人師佛溥伽梵

大般若波羅蜜多經卷第十　天十

造藏經會首張宝牛氏施　銀一百二十兩
化僧慧淵

萬曆四十四年歲次丙辰孟冬吉旦重刊

浙江平湖縣工部右侍郎陸光祖
辛巳年二月初一日戌時生
誥封淑人陶氏庚辰正月十九日辰時
生

南京聚寶門外第二牌樓邊師姑巷
裏經房徐鐫衆家印行

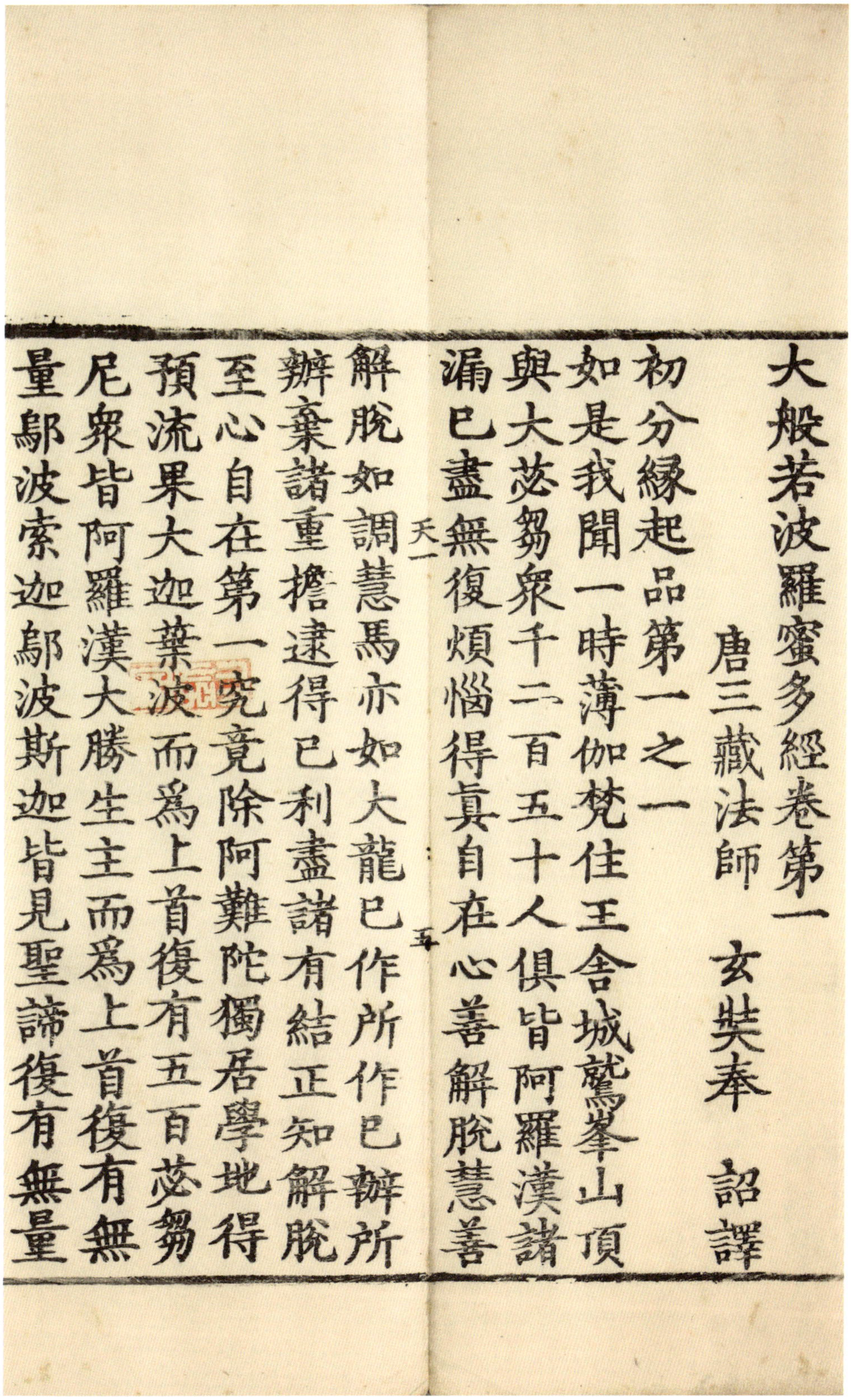

大般若波羅蜜多經卷第一
唐三藏法師　玄奘奉　詔譯
初分緣起品第一之一
如是我聞一時薄伽梵住王舍城鷲峯山頂
與大苾芻衆千二百五十人俱皆阿羅漢諸
漏已盡無復煩惱得真自在心善解脫慧善
解脫如調慧馬亦如大龍已作所作已辦所
天一　五
辦棄諸重擔逮得已利盡諸有結正知解脫
至心自在第一究竟除阿難陀獨居學地得
預流果大迦葉波而爲上首復有五百苾芻
尼衆皆阿羅漢大勝生主而爲上首復有無
量鄔波索迦鄔波斯迦皆見聖諦復有無量

11812 永樂南藏六千三百三十一卷續藏四百十卷 明永樂十至十五年（1412-1417）刻萬曆十二年（1584）續刻本（有補抄、補刻）

經折裝。開本高35.5厘米，廣11.4厘米。匡高24.4厘米。半葉六行，行十七字，上下單邊。新鄉市圖書館藏，存六千四十一册。

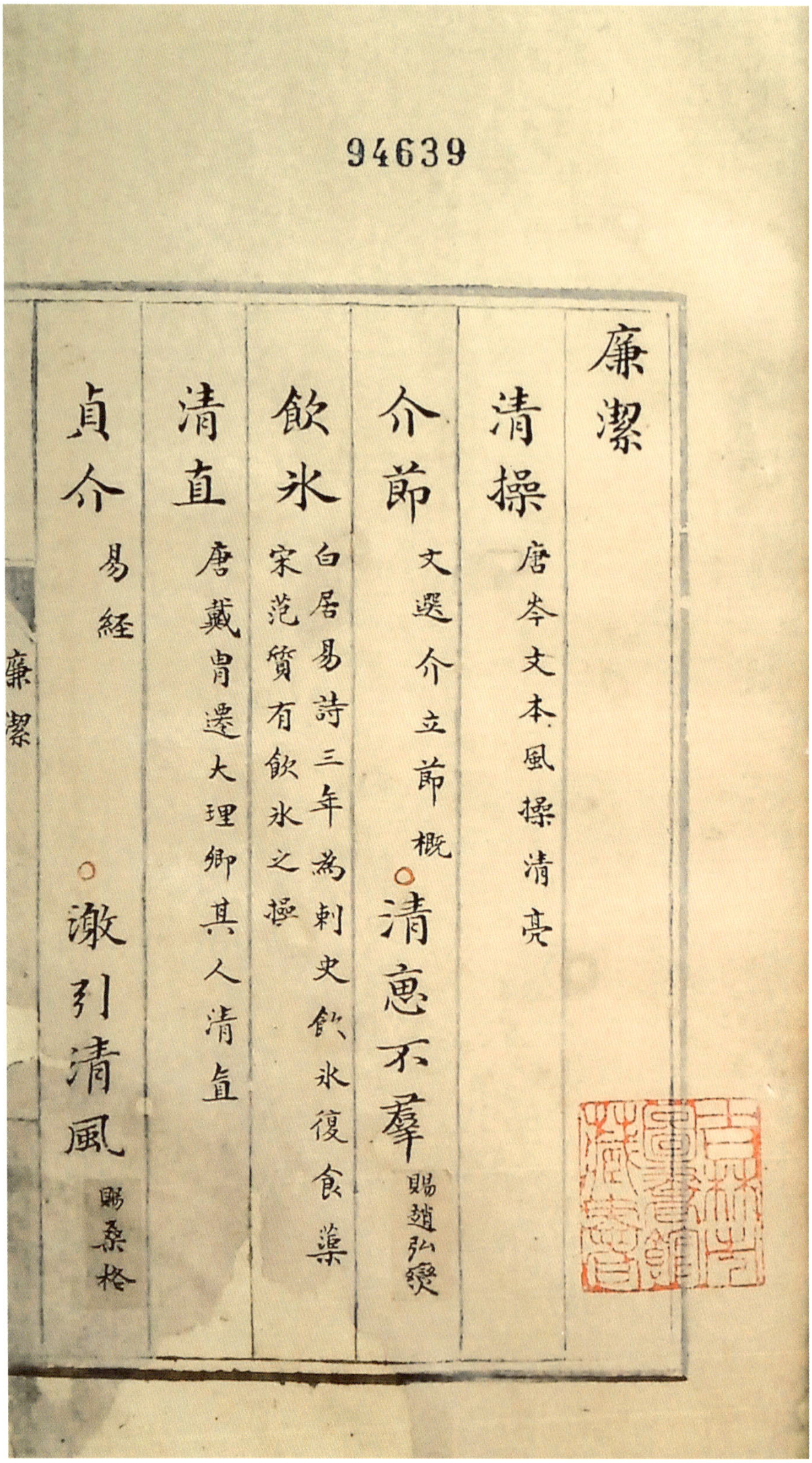
94639

廉潔

清操 唐岑文本風操清亮

介節 文選介立節概 ○清悳不羣 賜趙弘燮

飲氷 白居易詩三年為刺史飲氷復食蘗 宋范質有飲氷之操

清直 唐藏冑遷大理卿其人清直

貞介 易經 ○澂引清風 賜桑格

廉潔

11811 賜題備選不分卷 （清）查昇輯 清查昇家抄本

匡高18厘米，廣11.7厘米。半葉六行，行字不等，藍格，白口，四周雙邊。吉林市圖書館藏。

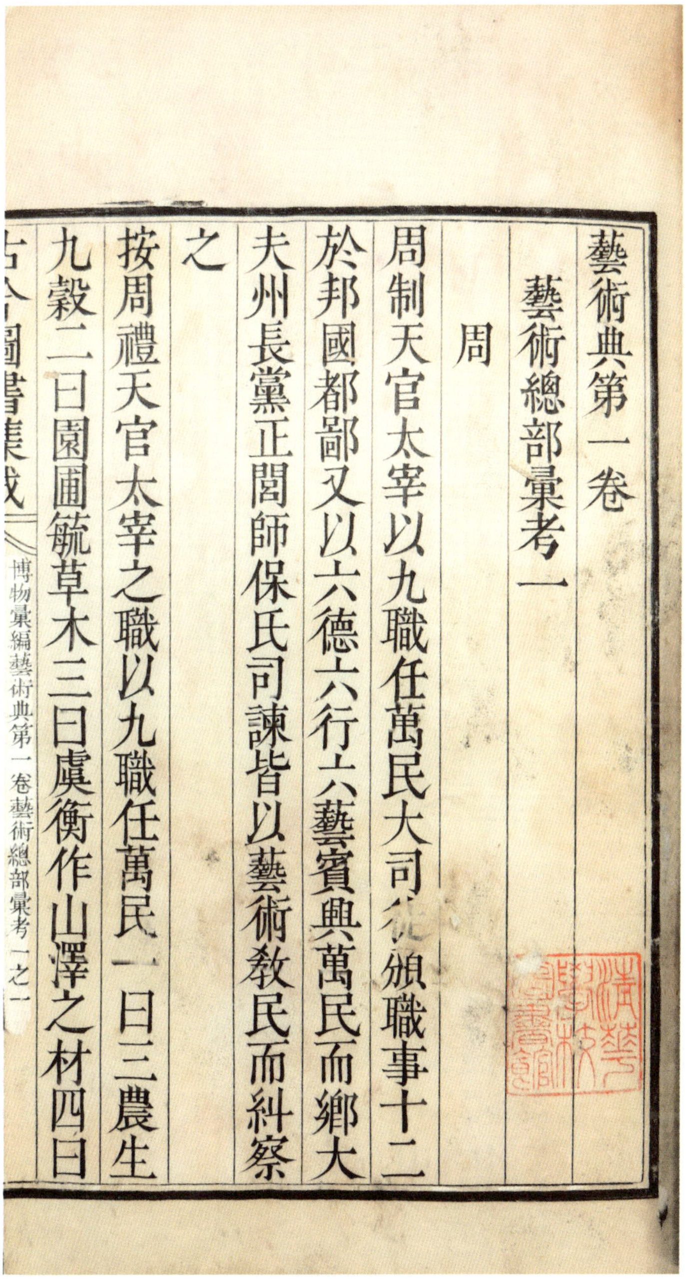

藝術典第一卷

藝術總部彙考一

周

周制天官太宰以九職任萬民大司徒頒職事十二於邦國都鄙又以六德六行六藝賓興萬民而鄉大夫州長黨正閭師保氏司諫皆以藝術教民而糾察之

按周禮天官太宰之職以九職任萬民一曰三農生九穀二曰園圃毓草木三曰虞衡作山澤之材四曰

古今圖書集成　博物彙編藝術典第一卷藝術總部彙考一之一

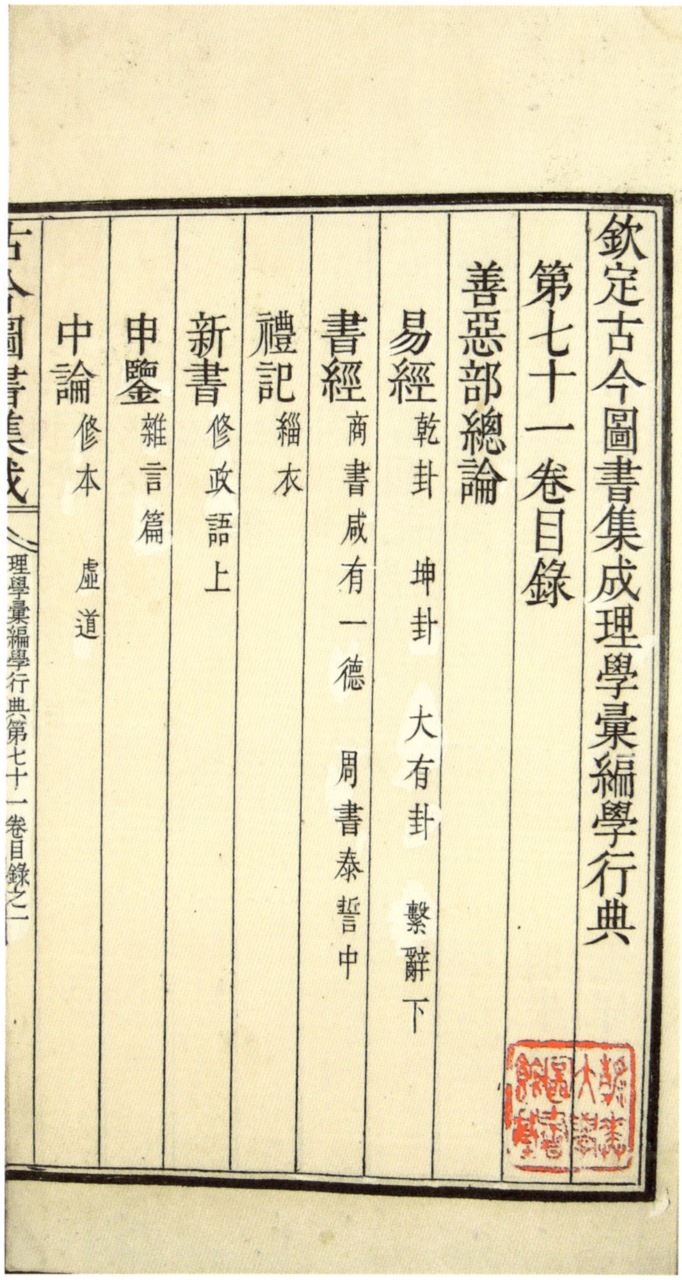

欽定古今圖書集成理學彙編學行典

第七十一卷目錄

善惡部總論

易經　乾卦　坤卦　大有卦　繫辭下

書經　商書咸有一德　周書泰誓中

禮記　緇衣

新書　修政語上

申鑒　雜言篇

中論　修本　虛道

古今圖書集成　理學彙編學行典第七十一卷目錄之二

11810 欽定古今圖書集成一萬卷目録四十卷　（清）蔣廷錫　陳夢雷等輯　清雍正四年（1726）内府銅活字印光緒間描潤本

匡高21.4厘米，廣14厘米。半葉九行，行二十字，白口，四周雙邊。清華大學圖書館藏，存八百七十六卷。

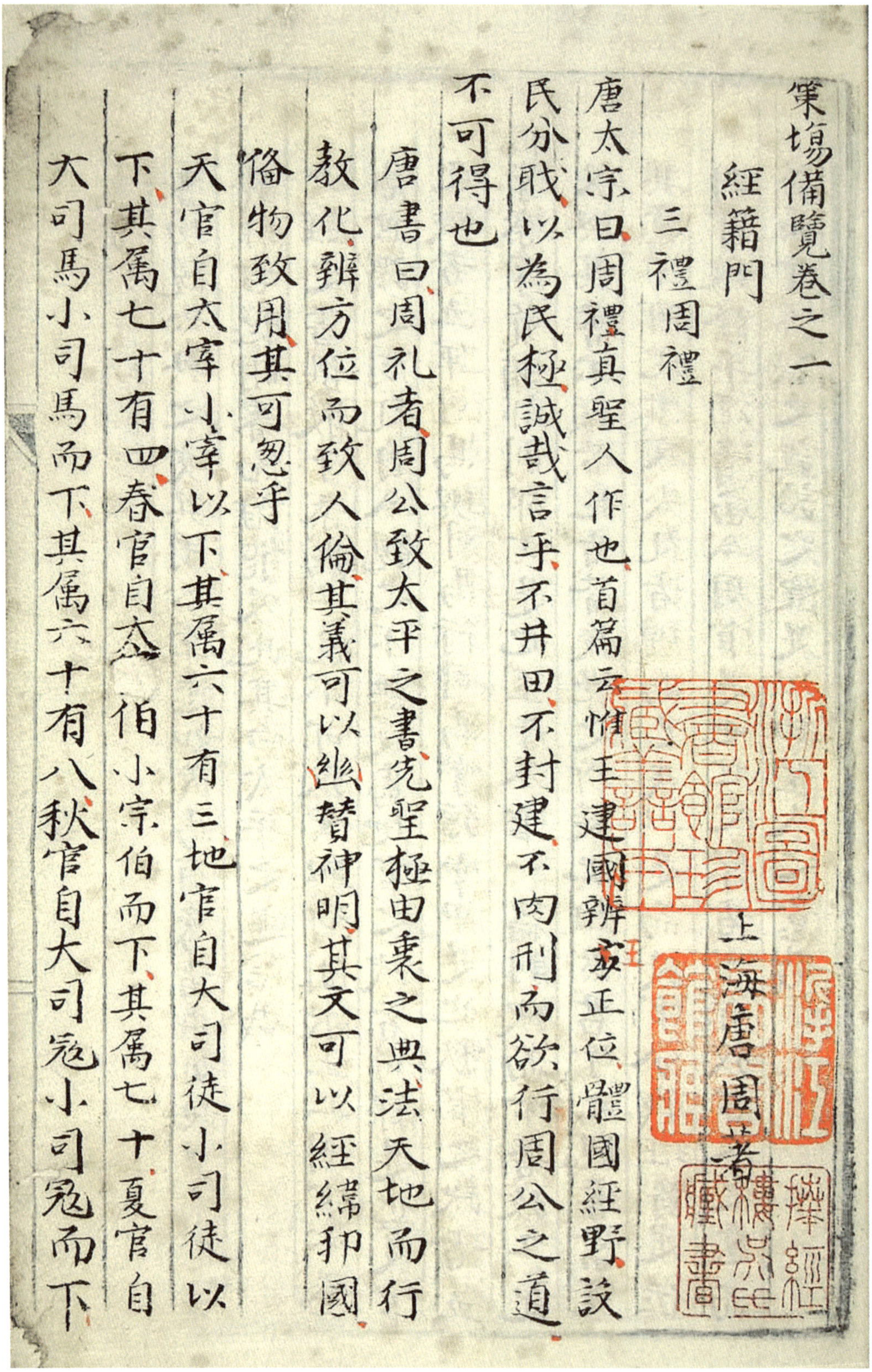

11809 策場備覽一百七十三卷　（明）唐周輯　明抄本

匡高23厘米，廣15.7厘米。半葉十二行，行二十七字，白口，左右雙邊。浙江圖書館藏。

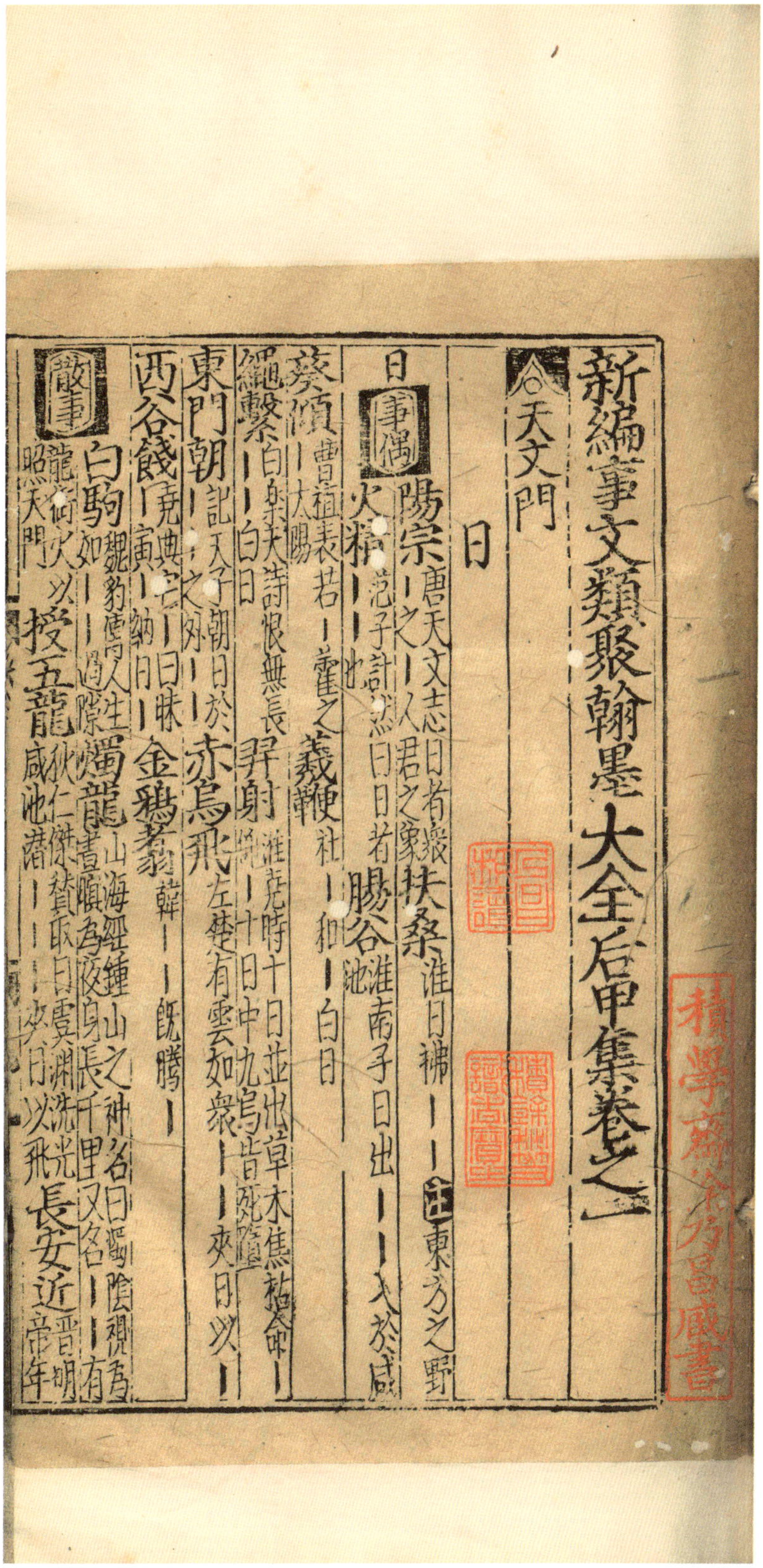

新編事文類聚翰墨大全后甲集卷之二

天文門

日

陽宗唐天文志日者衆丨之丨人君之象 扶桑淮日拂丨丨注東方之野

日 事偶

火精范子計然日日者丨丨也 暘谷淮南子日出丨丨入於咸池

葵傾曹植表若丨藿之丨太陽 羲鞭杜丨和丨白日

縄繫白樂天詩恨無長丨丨白日 羿射淮堯時十日並出草木焦枯命丨丨十日中九烏皆死墮

東門朝記天子朝日於丨丨之外 赤烏飛左楚有雲如衆丨丨夾日以丨

西谷餞堯典寅丨納日丨日昧丨 金鷄翥韓丨丨既騰丨

敵事

白駒魏豹傳人生如丨丨過隙 燭龍山海經鍾山之神名曰燭陰視為晝瞑為夜身長千里又名丨丨有龍啣火以照天門

授五龍狄仁傑咸池潛丨丨丨丨賛取日虞淵洗光丨丨以飛 長安近晉明帝年

11808 新編事文類聚翰墨大全後甲集十五卷後乙集十三卷後丙集十二卷後丁集十四卷後戊集九卷 （元）劉應李輯　明初刻本

匡高16.1厘米，廣10厘米。半葉十二或十四行，行二十二或二十四字，小字雙行不等，黑口，四周雙邊或左右雙邊。有“積學齋徐乃昌藏書”等印。南開大學圖書館藏。

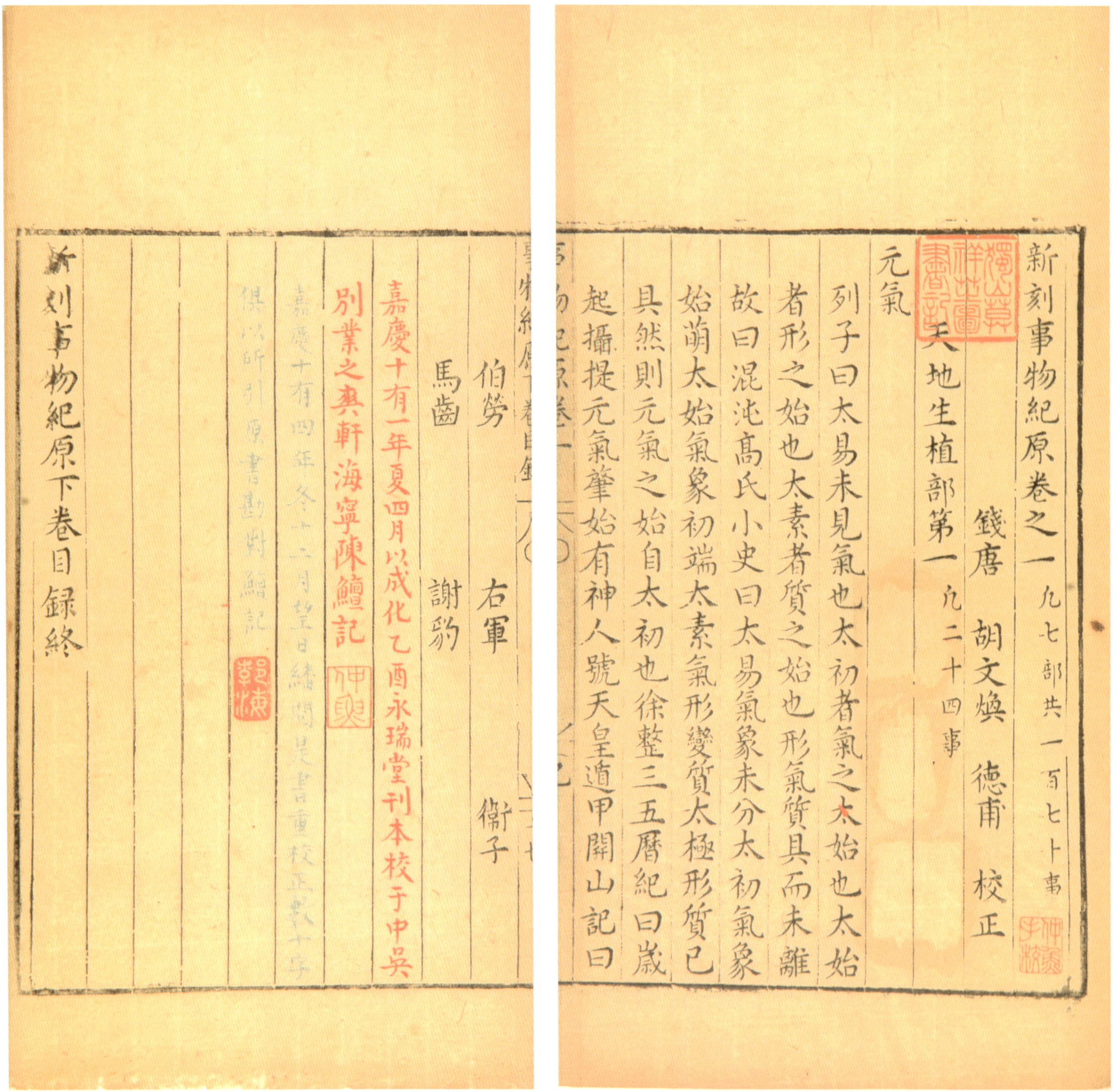

11807 新刻事物紀原十卷 （宋）高承輯 明胡文煥刻格致叢書本

匡高19.4厘米，廣14厘米。半葉十行，行二十字，白口，左右雙邊。有“仲魚手校”“獨山莫祥芝圖書記”等印。陳鱣校並跋。上海圖書館藏。

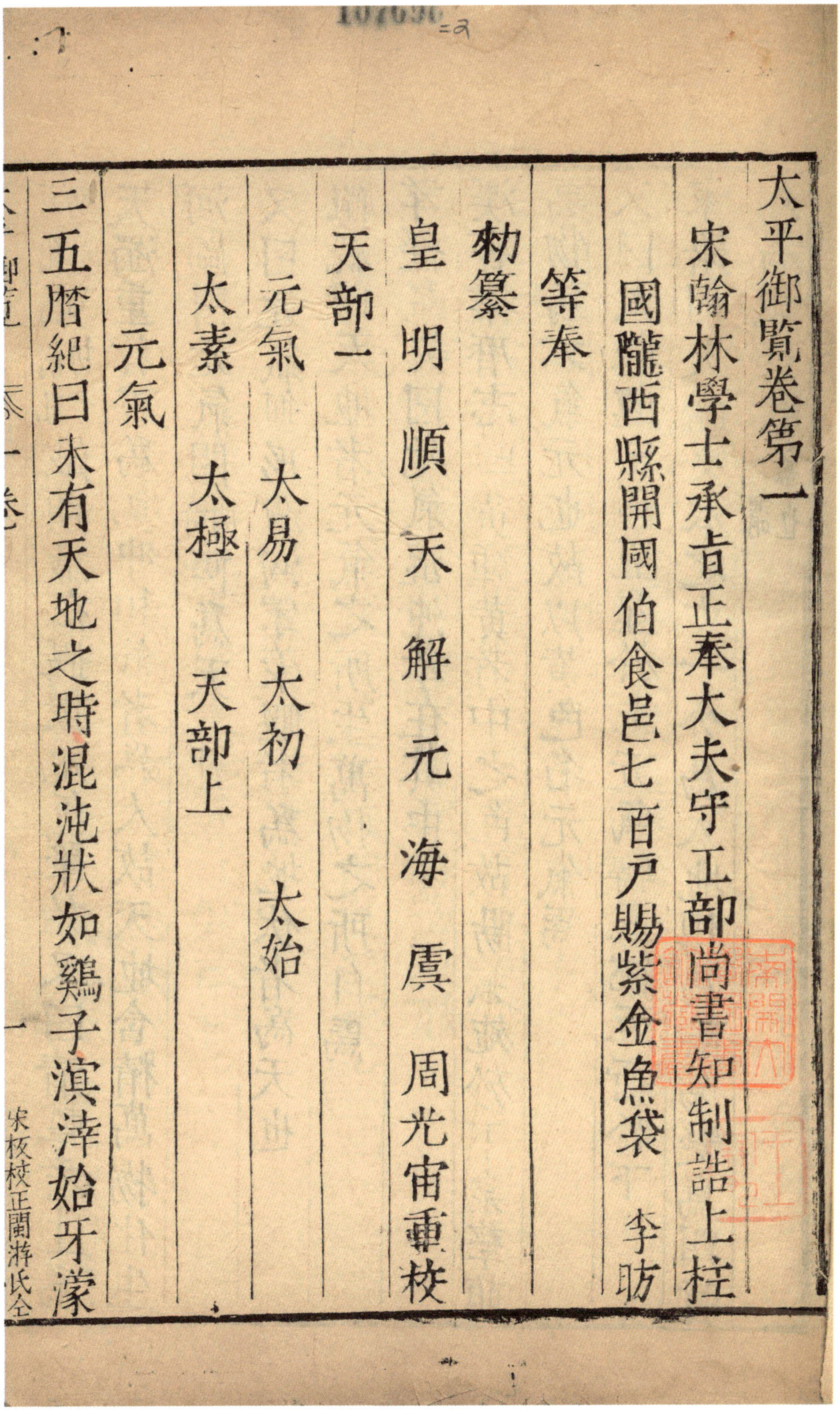
太平御覽卷第一
宋翰林學士承旨正奉大夫守工部尚書知制誥上柱
國隴西縣開國伯食邑七百戶賜紫金魚袋　李昉
等奉
勑纂
皇明順天解元海虞周光宙重校
天部一
元氣　太易　太初　太始
太素　太極　天部上
元氣
三五曆紀曰未有天地之時混沌狀如鷄子溟涬始牙濛
宋板校正閩游氏仝

11806 太平御覽一千卷目録十五卷　（宋）李昉等輯　明萬曆二年（1574）周堂銅活字印本（卷二百九至二百十、二百四十、二百七十二至二百七十五、二百八十三至二百八十五、三百十一至三百十五、四百七十一至四百七十五抄配）

匡高21厘米，廣15.3厘米。半葉十一行，行二十二字，白口，四周單邊。南開大學圖書館藏，存六百九十五卷。

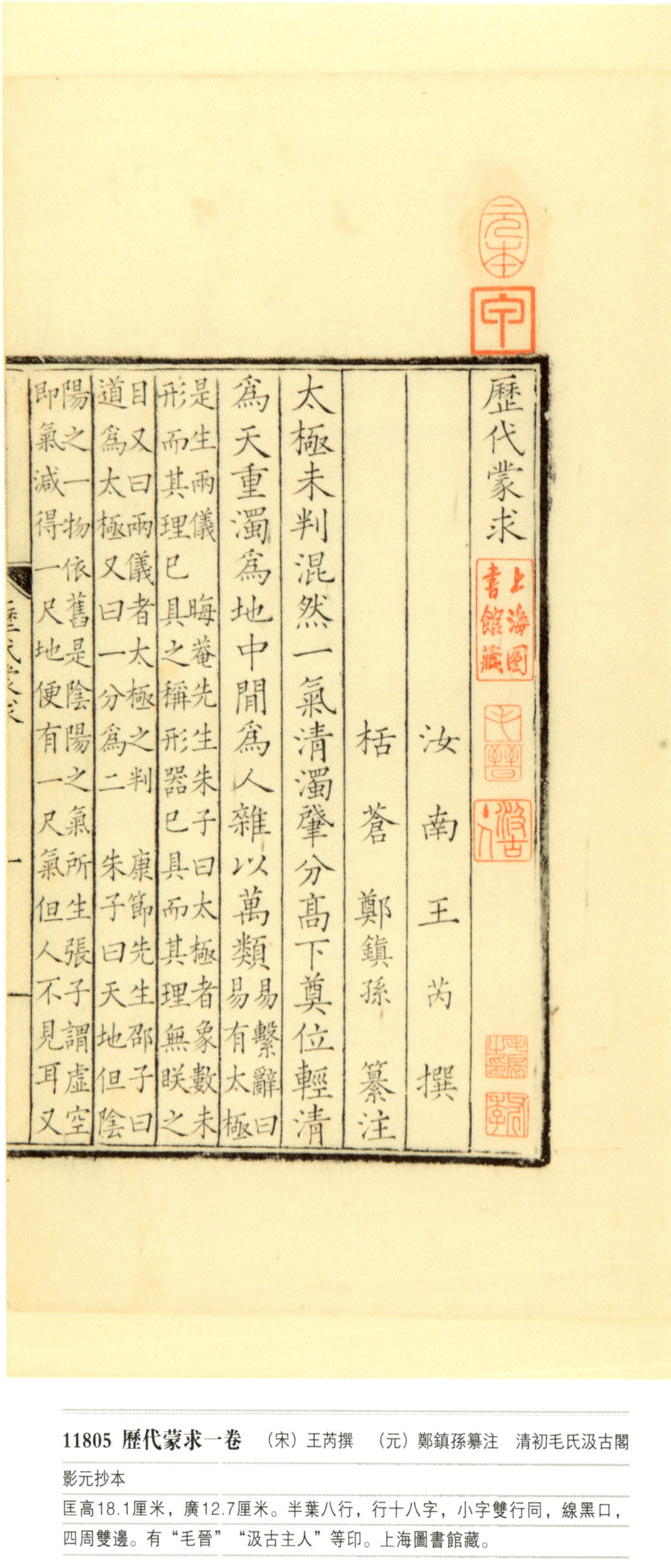
歷代蒙求

汝南王芮撰

栝蒼鄭鎮孫纂注

太極未判混然一氣清濁肇分高下奠位輕清爲天重濁爲地中間爲人雜以萬類易繫辭曰易有太極是生兩儀晦菴先生朱子曰太極者象數未形而其理巳具之稱形器巳具而其理無眹之目又曰兩儀者太極之判 康節先生邵子曰道爲太極又曰一分爲二 朱子曰天地但陰陽之一物依舊是陰陽之氣所生張子謂虛空即氣滅得一尺地便有一尺氣但人不見耳又

11805 歷代蒙求一卷 （宋）王芮撰 （元）鄭鎮孫纂注 清初毛氏汲古閣影元抄本

匡高18.1厘米，廣12.7厘米。半葉八行，行十八字，小字雙行同，線黑口，四周雙邊。有“毛晉”“汲古主人”等印。上海圖書館藏。

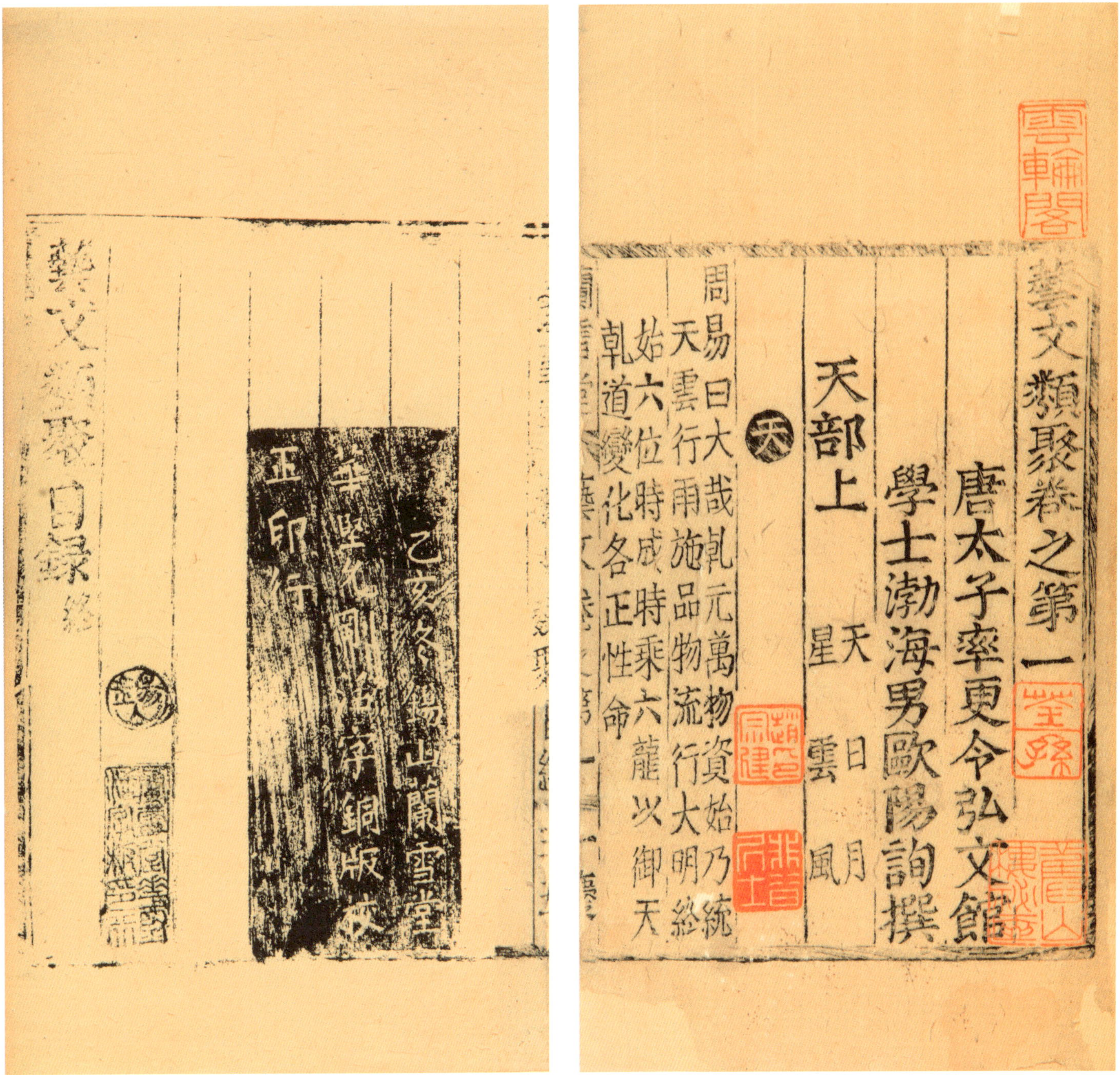

11804 藝文類聚一百卷 （唐）歐陽詢輯 明正德十年（1515）華堅蘭雪堂銅活字印本

匡高16.1厘米，廣12.1厘米。半葉七行，行十三字，小字雙行同，白口，左右雙邊。有“乙亥冬錫山蘭雪堂華堅允剛活字銅版校正印行”等牌記。有“雲輪閣”“荃孫”等印。顧希昭跋。上海圖書館藏。

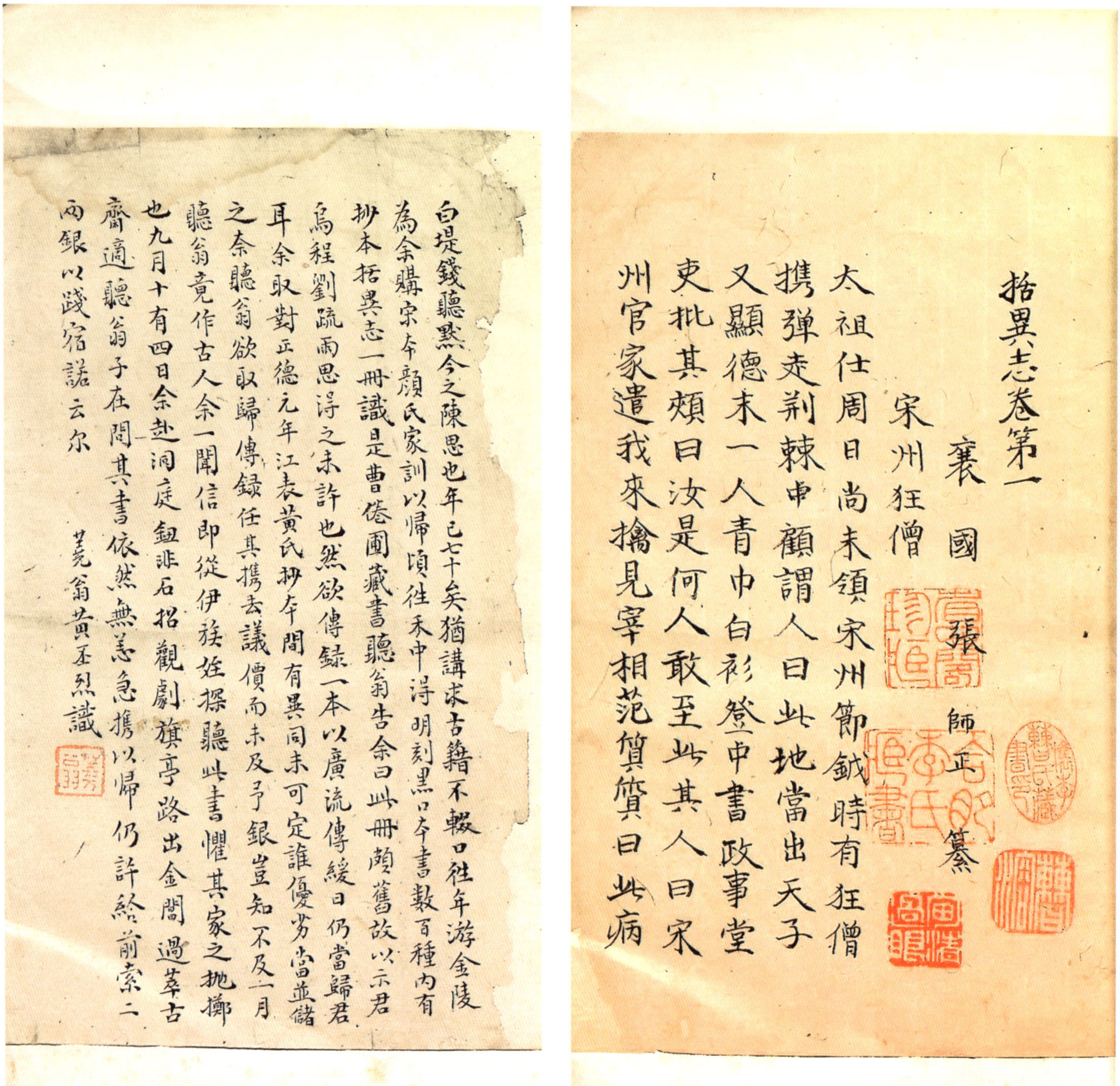

白堤錢聽默今之陳思也年已七十矣猶講求古籍不輟曰往年游金陵為余購宋本顏氏家訓以歸頃往禾中得明刻黑口本書數百種内有抄本括異志一册識是曹倦圃藏書聽翁告余曰此册頗舊故以示君烏程劉疏雨思得之未許也然欲傳録一本以廣流傳緩日仍當歸君耳余取對正德元年江表黄氏抄本間有異同未可定誰優劣當並儲之奈聽翁欲取歸傳録任其携去議價而未及予銀豈知不及一月聽翁竟作古人余一聞信即從伊族姪探聽此書懼其家之拋擲也九月十有四日余赴洞庭鈕非石招觀劇旗亭路出金閶過萃古齋適聽翁子在閒其書依然無恙急携以歸仍許給前索二兩銀以踐宿諾云爾

蕘翁黄丕烈識

括異志卷第一

襄國張師正纂

宋州狂僧

太祖仕周日尚未領宋州節鉞時有狂僧携彈走荊棘中顧謂人曰此地當出天子又顯德末一人青巾白衫登中書政事堂吏批其頰曰汝是何人敢至此其人曰宋州官家遣我來擒見宰相范質質曰此病

11803 括異志十卷　（宋）張師正撰　明抄本

半葉八行，行十六字，小字雙行同。有“檇李曹氏藏書印”“甸清過眼”“合肥李氏藏書”等印。黄丕烈跋。南京圖書館藏。

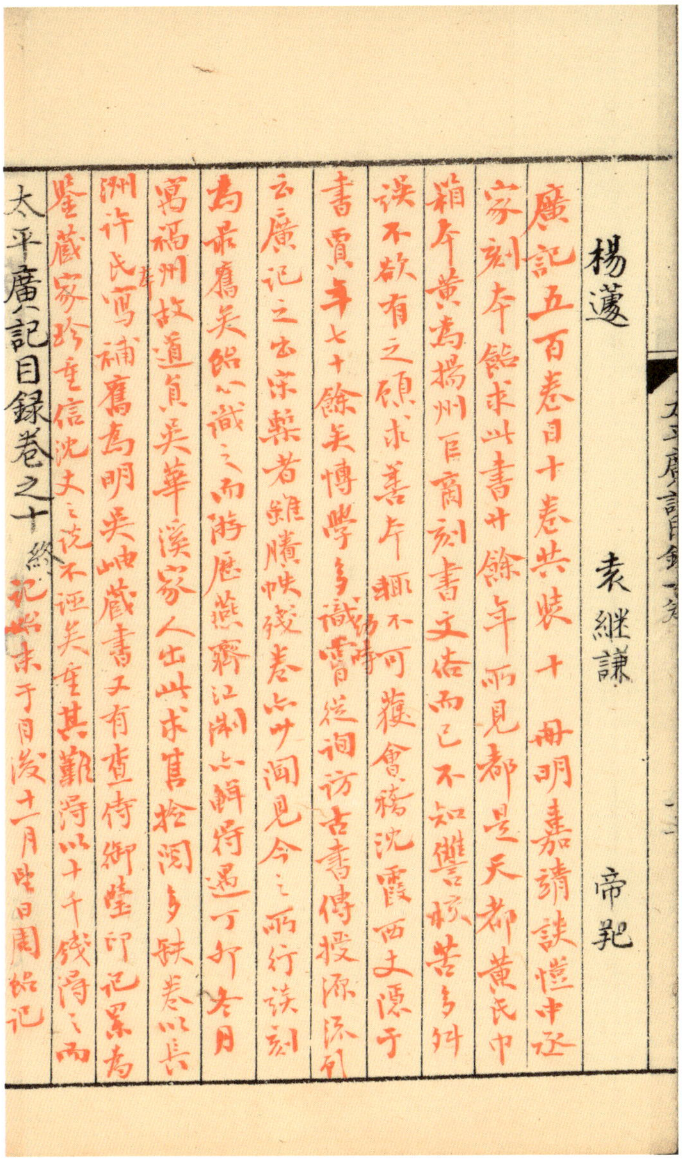

楊邃　袁繼謙　帝羓

廣記五百卷目十卷共裝十册明嘉靖談愷中丞家刻本餘求此書廿餘年所見都是天都黃氏巾箱本黃為揚州巨商刻書文佑而已不知讎校若多舛誤不欲有之頃求善本輒不可獲會穆沈霞西丈愿于書賈年七十餘矣博學多識曾從詢訪古書傳授源流云廣記之出宋槧者雖腐帙殘卷亦廿閱見今之所行談刻為最舊矣貽以識之而游歷燕齊江浙亦鮮得遇丁卯冬月寓福州故道負吳華溪家人出此求售於閱多缺卷以長洲許氏寫補舊為明吳岫藏書又有查侍御瑩印記累為鑒藏家珍重信沈丈之說不誣矣重其難得以十千錢得之而記此末于目後十一月望日周詒記

太平廣記目録卷之十終

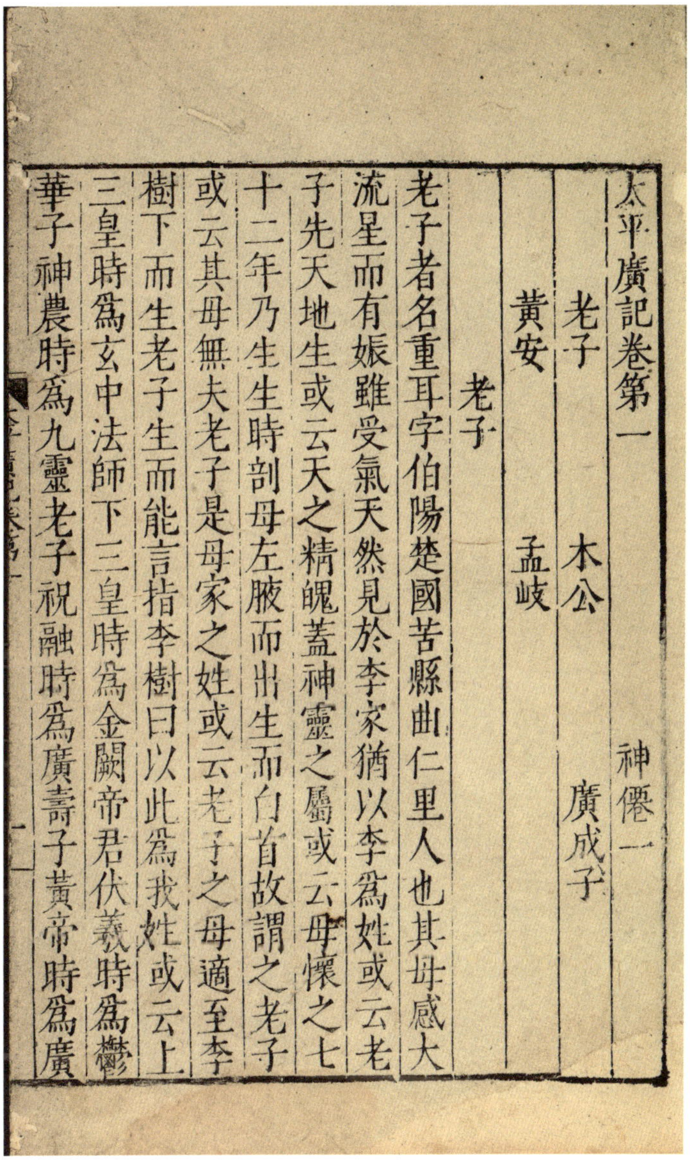

太平廣記卷第一　神僊一

老子　木公　廣成子
黃安　孟岐

老子

老子者名重耳字伯陽楚國苦縣曲仁里人也其母感大流星而有娠雖受氣天然見於李家猶以李爲姓或云老子先天地生或云天之精魄蓋神靈之屬或云母懷之七十二年乃生生時剖母左腋而出生而白首故謂之老子或云其母無夫老子是母家之姓或云老子之母適至李樹下而生老子生而能言指李樹曰以此爲我姓或云上三皇時爲玄中法師下三皇時爲金闕帝君伏羲時爲鬱華子神農時爲九靈老子祝融時爲廣壽子黃帝時爲廣

11802 太平廣記五百卷目録十卷　（宋）李昉等輯　明嘉靖四十五年（1566）談愷刻本（卷七至十、十七至二十、二百六十一至二百六十四、三百六至三百七、四百七十七，目録卷八至十配清抄本）

匡高19.6厘米，廣14.8厘米。半葉十二行，行二十二字，白口，四周單邊。有“查瑩之印”“韞輝”等印。周星詒跋。國家圖書館藏。

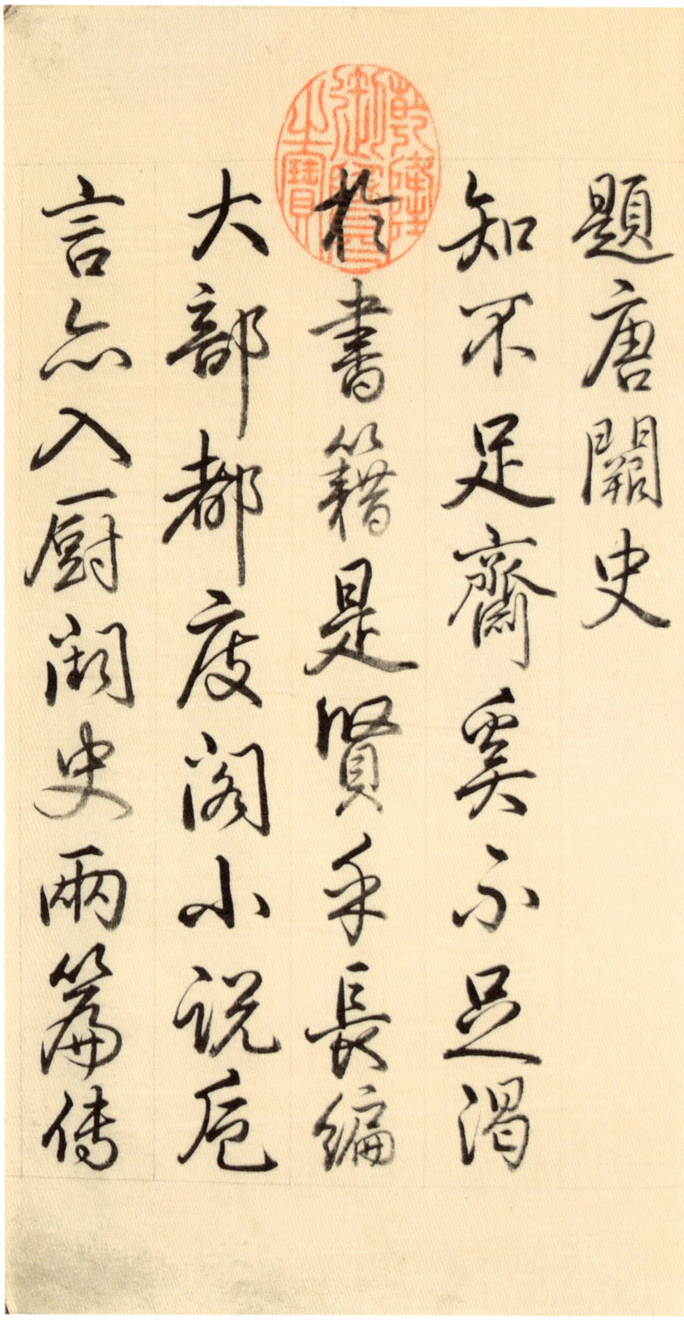

題唐闕史
知不足齋奚不足渴
於書籍是賢乎長編
大部都庋閣小說卮
言亦入廚闕史兩篇傳

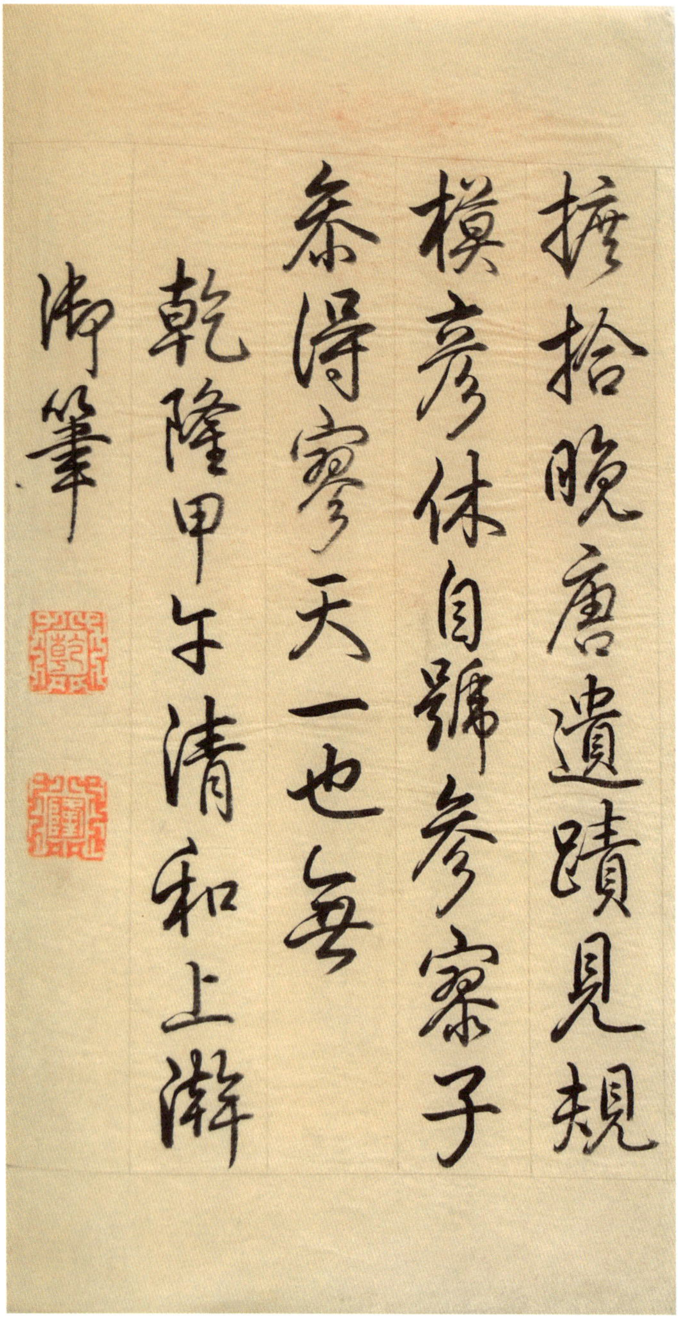

擷拾晚唐遺蹟見規
模彥休自號參寥子
參得寥天一也無
乾隆甲午清和上澣
御筆

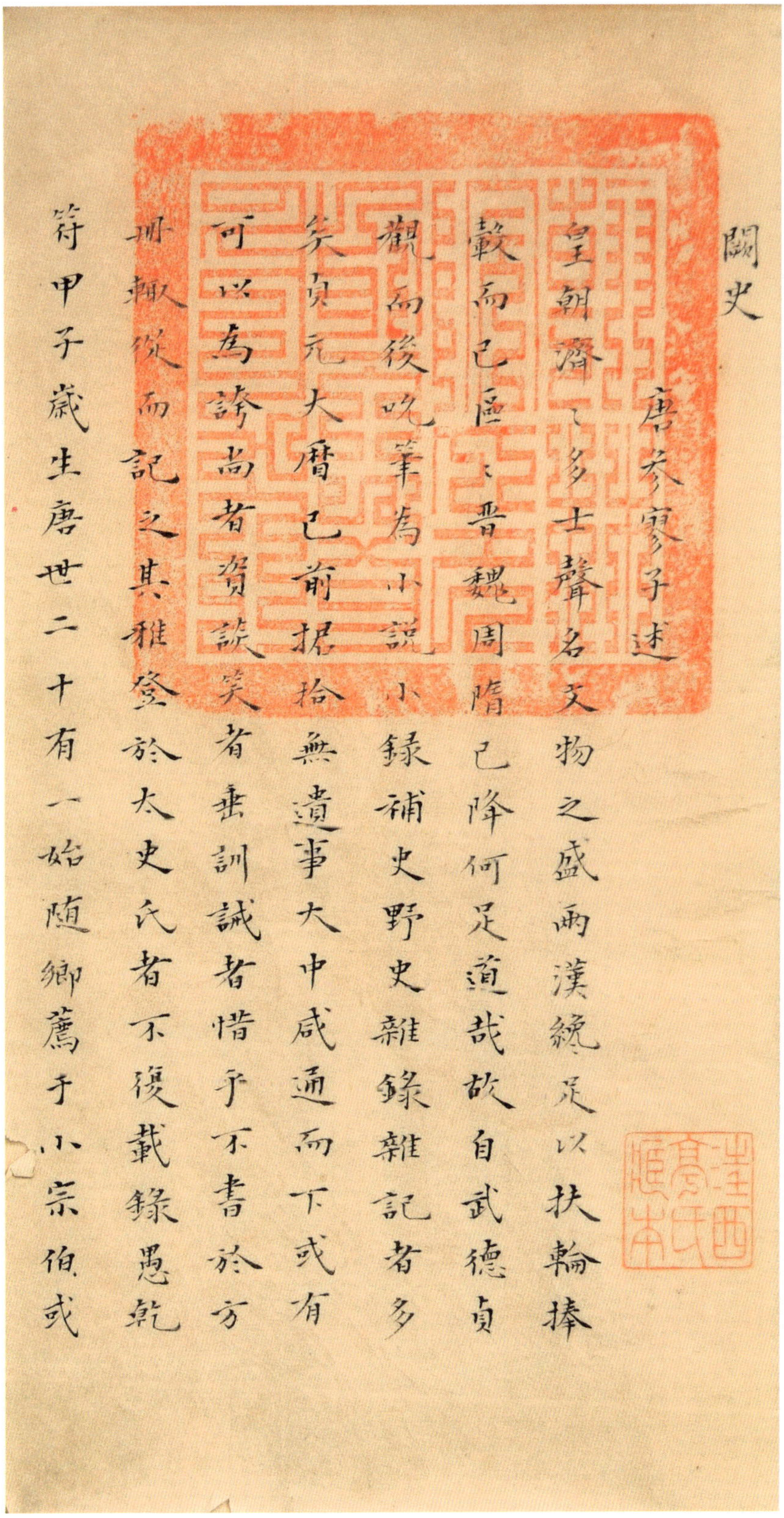

闕史

唐參寥子述

皇朝濟濟多士聲名文物之盛兩漢纔足以扶輪捧轂而已區區晋魏周隋已降何足道哉故自武德貞觀而後吮筆為小說小録補史野史雜録雜記者多矣貞元大曆已前捃拾無遺事大中咸通而下或有可以為誇尚者資談笑者垂訓誡者惜乎不書於方冊輙從而記之其雅登於太史氏者不復載録愚乾符甲子歲生唐世二十有一始隨鄉薦于小宗伯或

11801 闕史二卷　（唐）高彦休撰　清抄本[四庫底本]

半葉九行，行二十字。有“乾隆御覽之寶”“翰林院印”等印。清高宗弘曆題識。吉林大學圖書館藏。

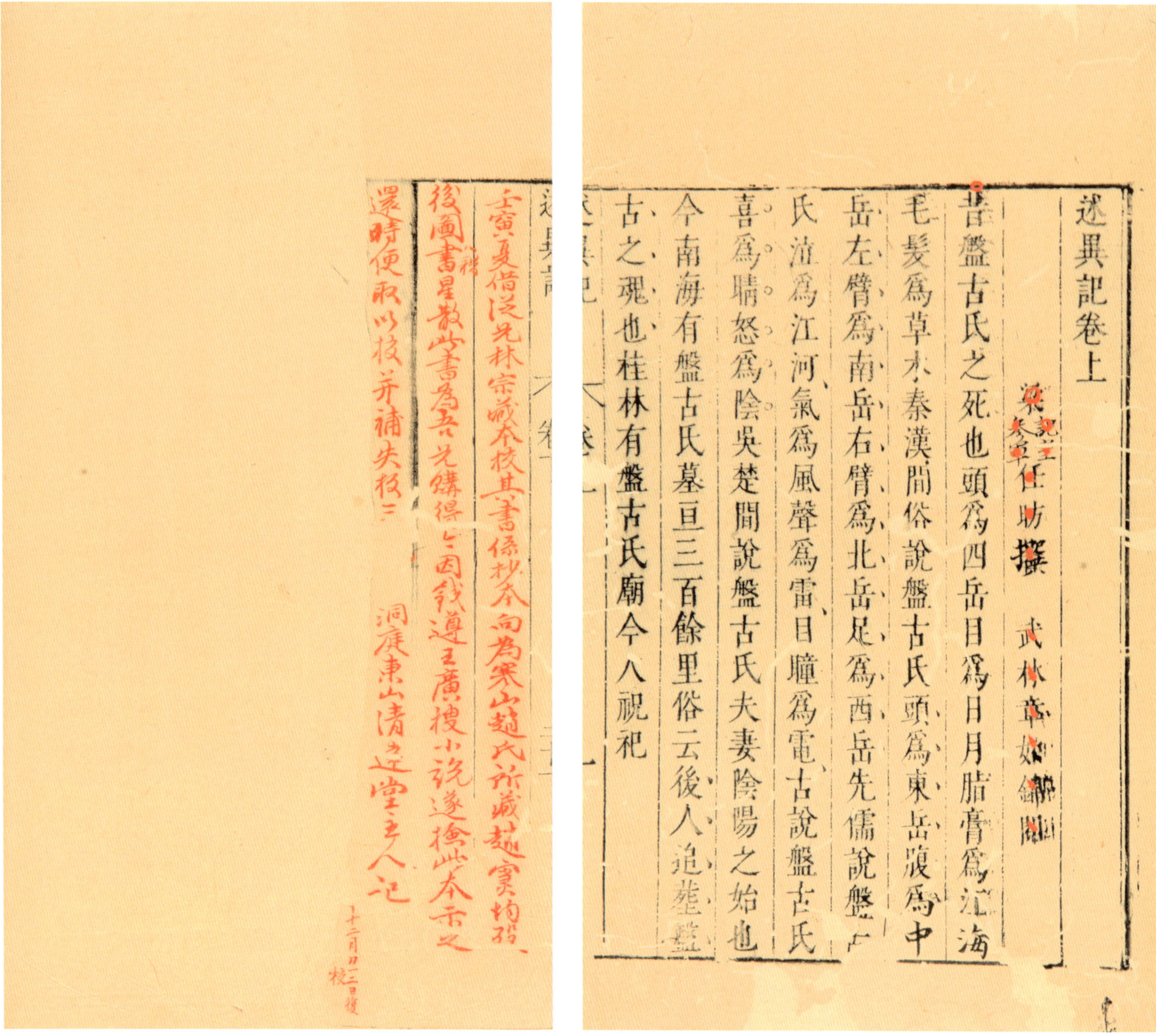

述異記卷上

梁 任昉 撰

昔盤古氏之死也頭爲四岳目爲日月脂膏爲江海毛髮爲草木秦漢間俗說盤古氏頭爲東岳腹爲中岳左臂爲南岳右臂爲北岳足爲西岳先儒說盤古氏泣爲江河氣爲風聲爲雷目瞳爲電古說盤古氏喜爲晴怒爲陰吳楚間說盤古氏夫妻陰陽之始也今南海有盤古氏墓亘三百餘里俗云後人追葬盤古之魂也桂林有盤古氏廟今人祝祀

11800 述異記二卷 題（南朝梁）任昉撰 明萬曆何允中刻廣漢魏叢書本

匡高19.7厘米，廣14.4厘米。半葉九行，行二十字，白口，左右雙邊。葉樹廉校並跋。上海圖書館藏。

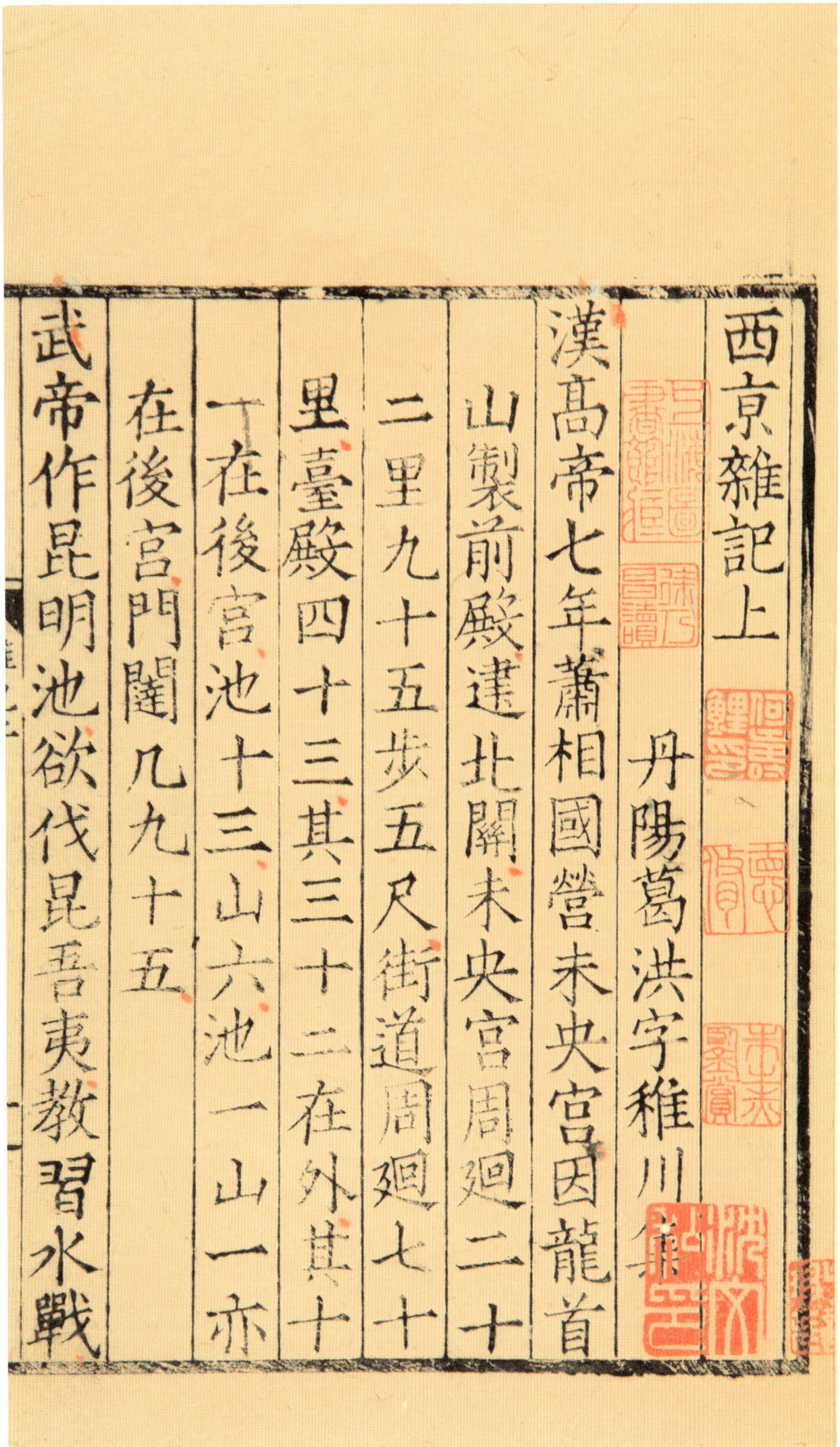
西京雜記上
丹陽葛洪字稚川集
漢高帝七年蕭相國營未央宮因龍首
山製前殿建北闕未央宮周迴二十
二里九十五步五尺街道周迴七十
里臺殿四十三其三十二在外其十
丁在後宮池十三山六池一山一亦
在後宮門闥几九十五
武帝作昆明池欲伐昆吾夷教習水戰

11799 西京雜記二卷　題（晉）葛洪撰　明銅活字印本

匡高17厘米，廣13厘米。半葉九行，行十五字，白口，左右雙邊。有“朱之赤鑒賞”“徐乃昌讀”等印。上海圖書館藏。

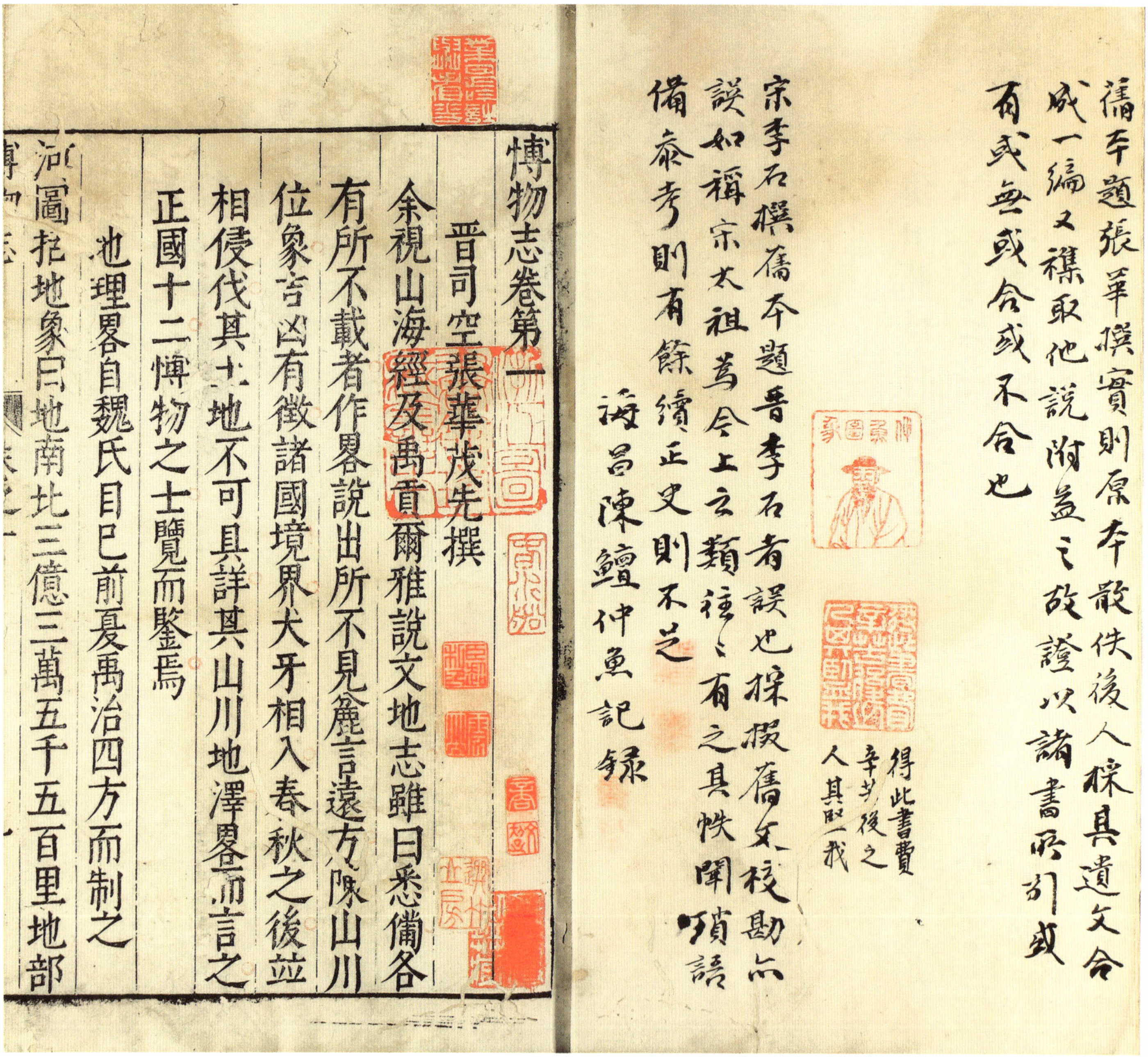

11798 博物志十卷 題（晉）張華撰 （宋）周日用等注 明刻本

匡高21.4厘米，廣14.1厘米。半葉九行，行二十字，小字雙行同，白口，四周單邊。有“仲魚圖象”等印。陳鱣跋。浙江圖書館藏。

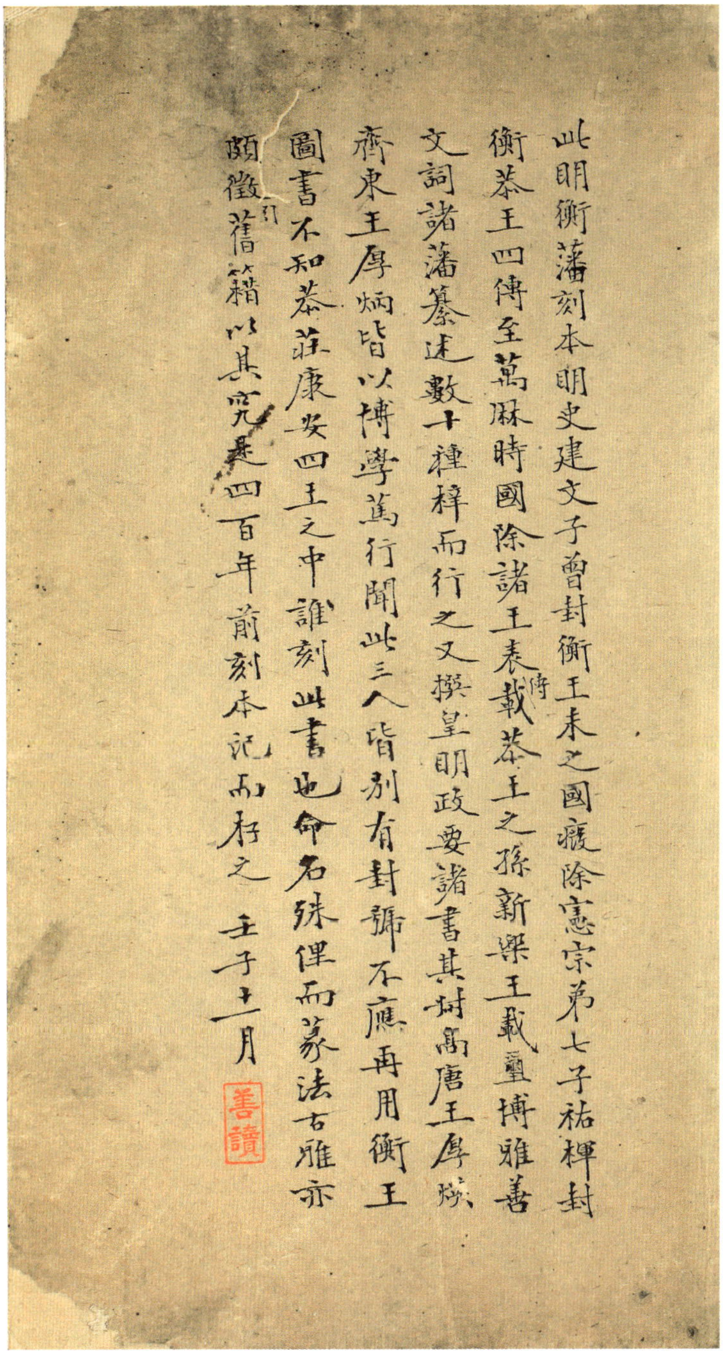

此明衡藩刻本明史建文子曾封衡王未之國廢除憲宗弟七子祐楎封衡恭王四傳至萬厤時國除諸王表載恭王之孫新樂王載璽博雅善文詞諸藩纂述數十種梓而行之又撰皇明政要諸書其封高唐王厚煐齊東王厚炳皆以博學篤行聞此三人皆別有封號不應再用衡王圖書不知恭莊康安四王之中誰刻此書也命名殊俚而篆法古雅亦頗徵舊籍以其究是四百年前刻本記而存之 壬子十一月

善讀

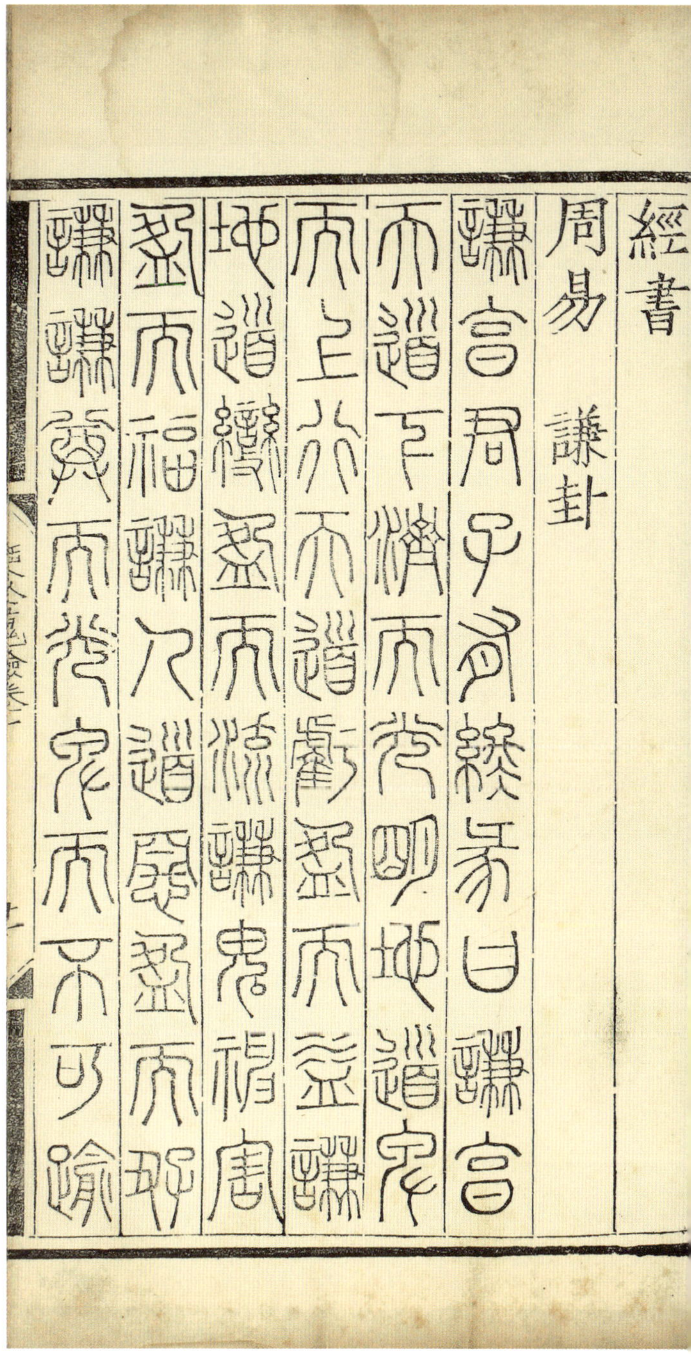

經書

周易 謙卦

謙亨君子有終彖曰謙亨天道下濟而光明地道卑而上行天道虧盈而益謙地道變盈而流謙鬼神害盈而福謙人道惡盈而好謙謙尊而光卑而不可踰

11797 便于蒐檢四卷 明衡藩刻本

匡高24厘米，廣16.4厘米。半葉八行，行十字，黑口，四周雙邊。有“善讀”等印。王存善跋。浙江圖書館藏。

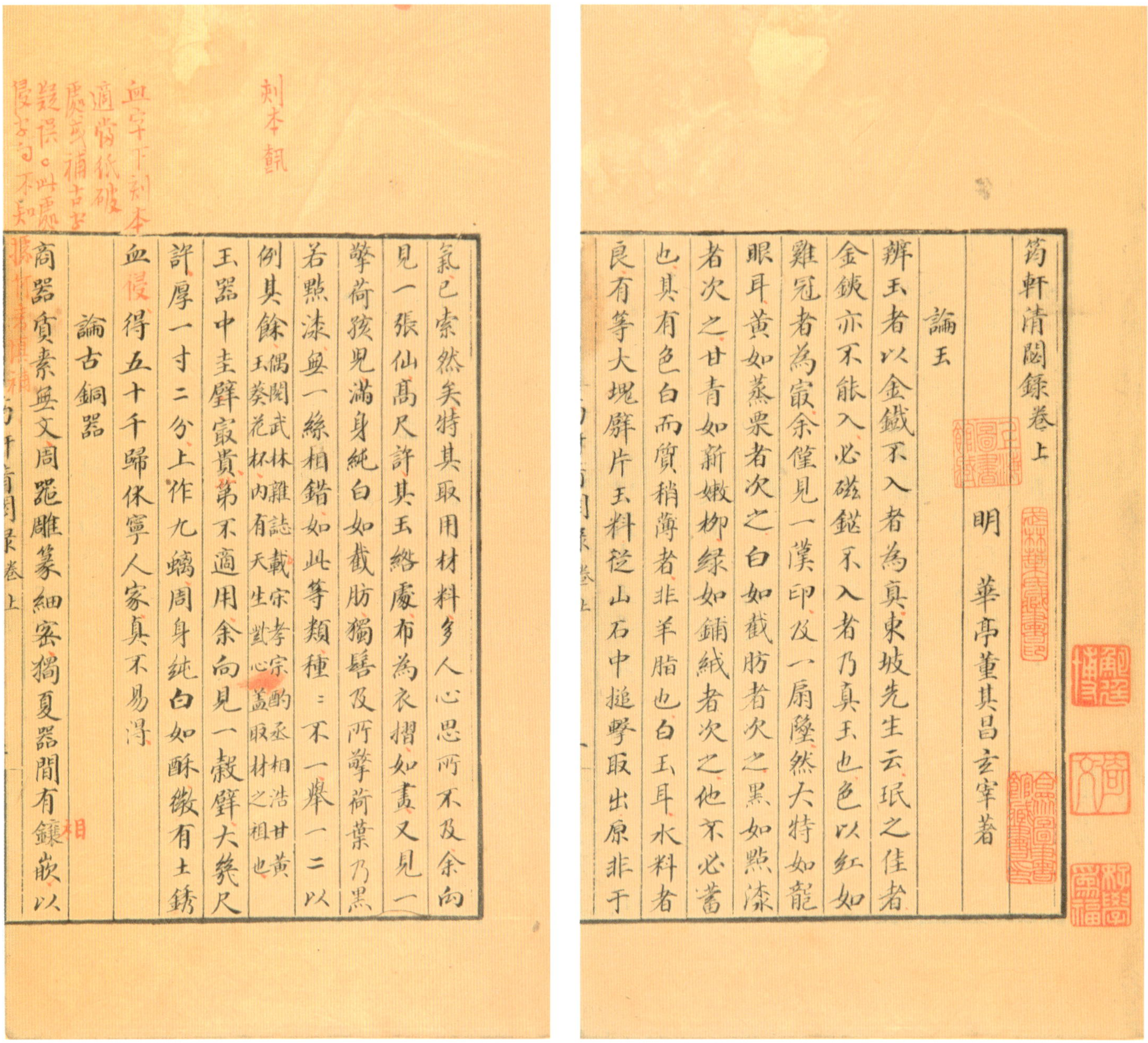

筠軒清閟錄卷上

明 華亭董其昌玄宰著

論玉

辨玉者以金鐵不入者為真東坡先生云珉之佳者金鈸亦不能入必磁鋸不入者乃真玉也色以紅如雞冠者為最余僅見一漢印及一扇墜然大特如龍眼耳黃如蒸栗者次之白如截肪者次之黑如點漆者次之甘青如新嫩柳綠如鋪絨者次之他不必當也其有色白而質稍薄者非羊脂也白玉耳水料者良有等大塊辟片玉料從山石中搥擊取出原非于

氣已索然矣特其取用材料多人心思所不及余向見一張仙髙尺許其玉絡處布為衣摺如畫又見一孳荷孩兒滿身純白如截肪獨髫及所孳荷葉乃黑若點漆無一絲相錯如此等類種種不一舉一二以例其餘偶閱武林雜誌載宋孝宗酌丞相浩甘黃玉葵花杯內有天生𤍠心蓋取材之祖也玉器中圭璧最貴第不適用余向見一榖璧大幾尺許厚一寸二分上作九螭周身純白如酥微有土銹血侵得五十千歸休寧人家真不易得

論古銅器

商器質素無文周器雕篆細密獨夏器間有鑲嵌以

11796 筠軒清閟錄三卷　題（明）董其昌撰　清鮑氏困學齋抄本

匡高18.3厘米，廣12.7厘米。半葉十行，行二十字，黑口，左右雙邊。有“鮑廷博”“武林葉氏藏書印”等印。鮑廷博校。上海圖書館藏。

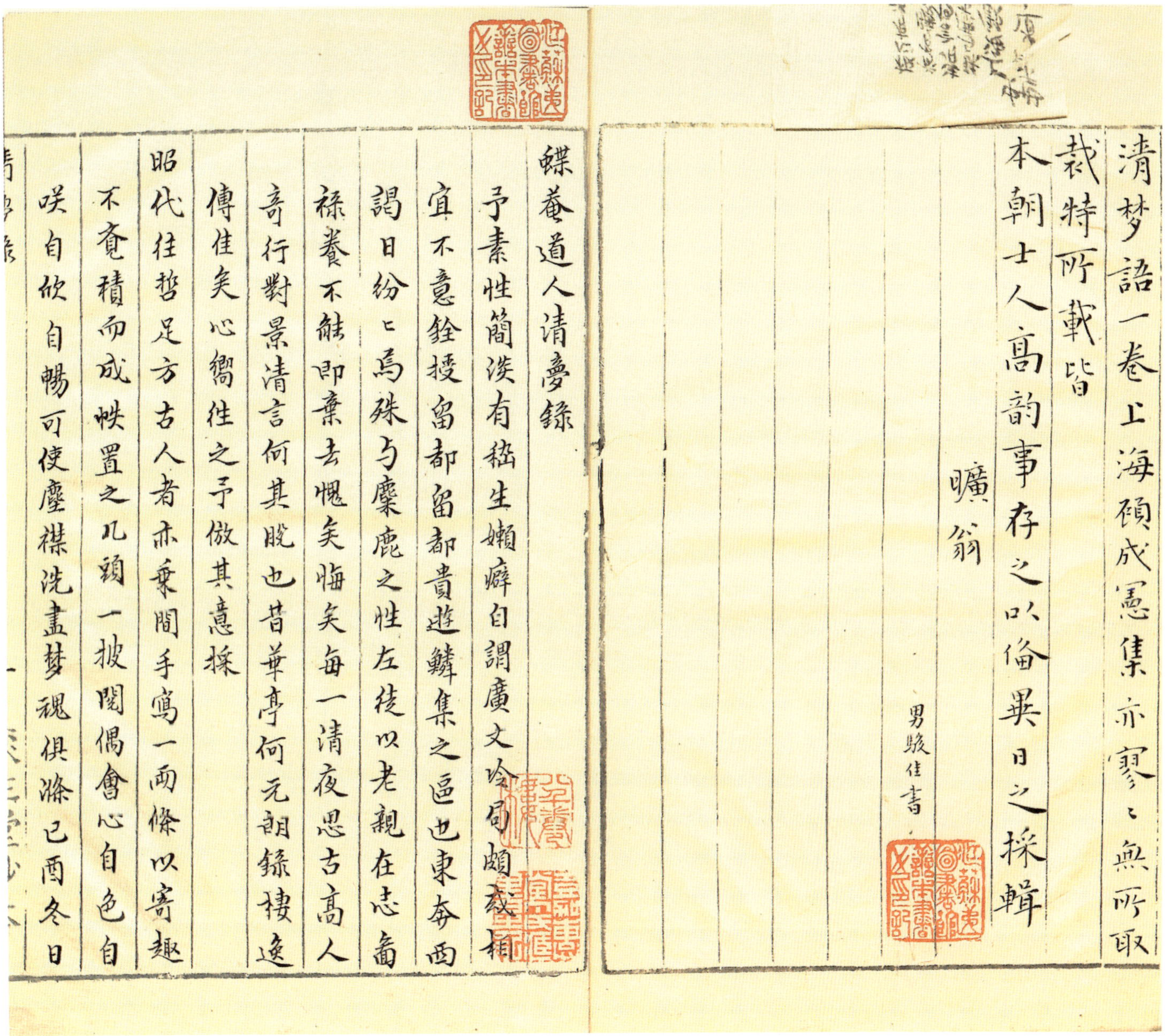
清梦語一卷上海顧成憲集亦寥寥無所取
裁特所載皆
本朝士人高韵事存之以備異日之採輯
曠翁
男駿佳書

蝶菴道人清夢録
予素性簡淡有嵇生嬾癖自謂廣文冷局頗稱
宜不意銓授留都留都貴遊轔集之區也東奔西
謁日紛紛焉殊与麋鹿之性左徒以老親在志當
祿養不能即棄去慨矣悔矣每一清夜思古高人
奇行對景清言何其脫也昔華亭何元朗録棲逸
傳佳矣心嚮往之予倣其意採
昭代往哲足方古人者亦秉閒手寫一兩條以寄趣
不奄積而成帙置之几頭一披閱偶會心自色自
咲自欣自暢可使塵襟洗盡夢魂俱滌己酉冬日

11795 蝶菴道人清夢録一卷 （明）顧成憲撰 明祁氏淡生堂抄本

匡高22.4厘米，廣15.8厘米。半葉十行，行二十字，小字雙行同，白口，四周單邊。有“八千卷樓”等印。祁駿佳録祁承㸁跋，丁丙跋。南京圖書館藏。

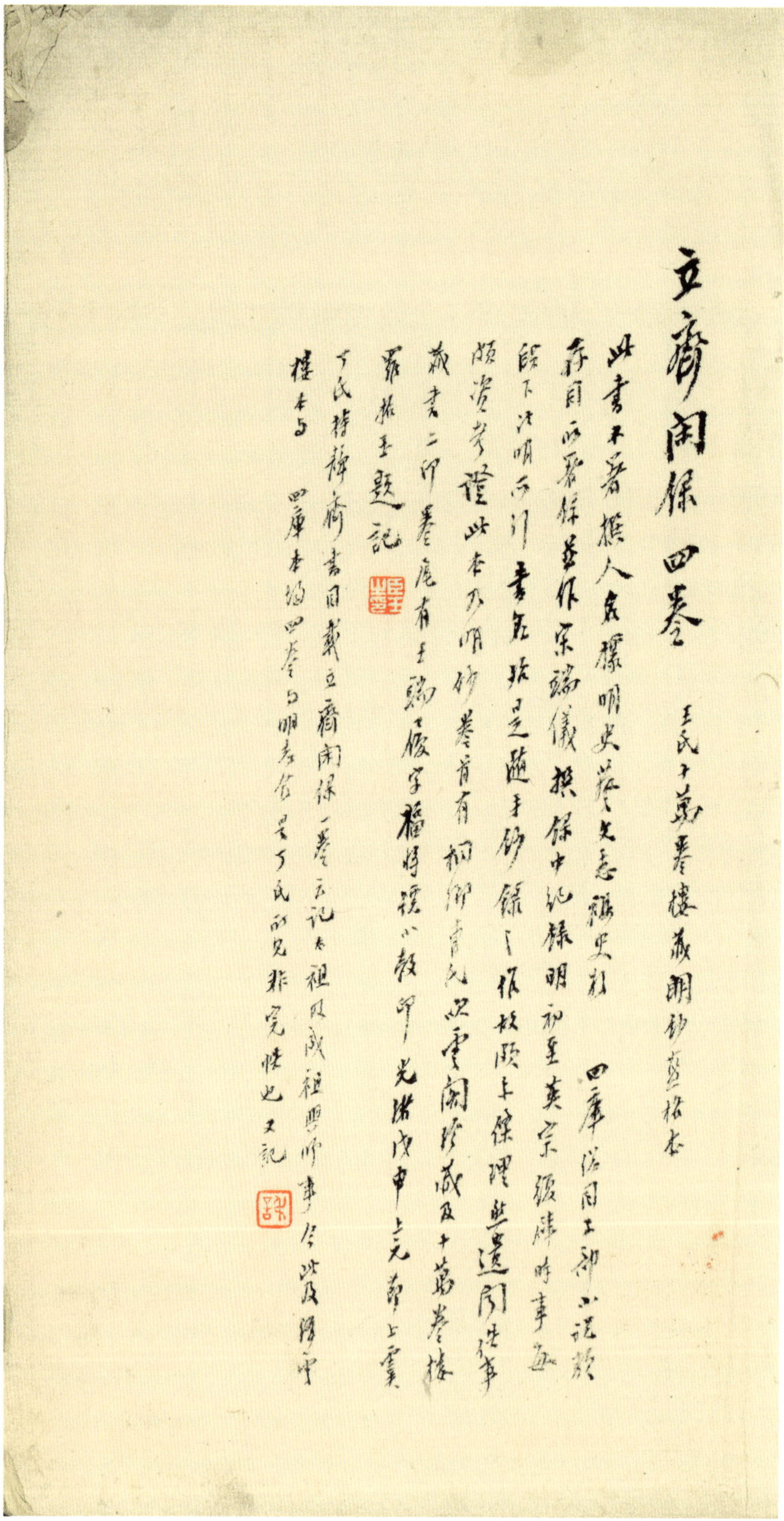

立齋閑録 四卷

王氏十萬卷樓藏明鈔藍格本

此書不署撰人名氏 明史藝文志雜史類 四庫總目子部小說類存目所著録並作宋端儀撰 録中紀録明初至英宗復辟時事每條下注明所引書名 然是隨手鈔録 不依次頗未條理 然遺聞佚事頗資考證 此本乃明鈔 卷首有桐鄉青氏四雲閣珍藏及十萬卷樓藏書二印 卷尾有王端履字福將號小穀印 光緒戊申上元節上虞羅振玉題記

丁氏持靜齋書目載立齋閑録一卷云記太祖及成祖興師事 今此跋及綠格本與四庫本均四卷與明本合 是丁氏所見非完帙也 又記

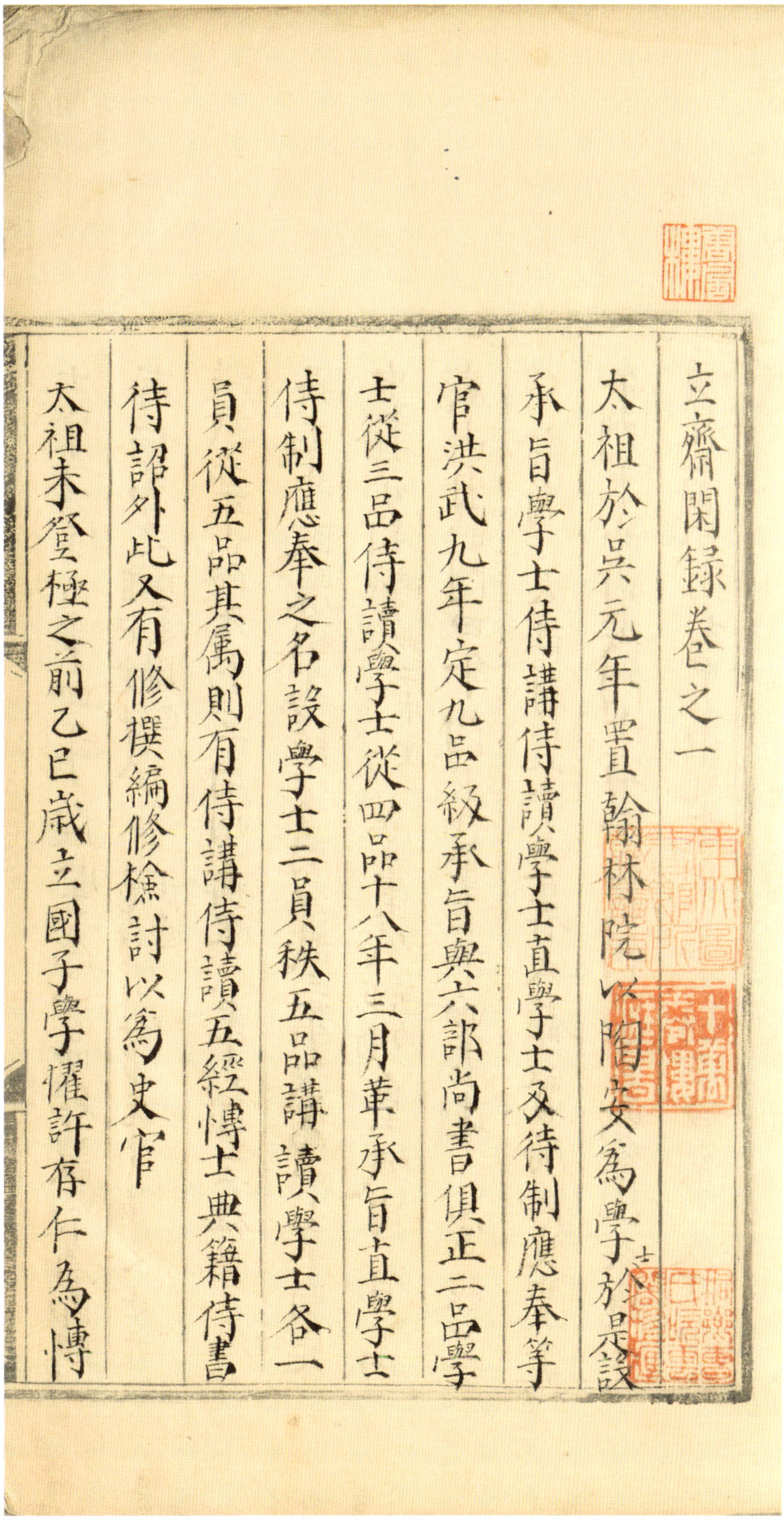
立齋閑録卷之一
太祖於吳元年置翰林院以陶安為學士於是設
承旨學士侍講侍讀學士直學士及待制應奉等
官洪武九年定九品級承旨與六部尚書俱正二品學
士從三品侍讀學士從四品十八年三月革承旨直學士
待制應奉之名設學士二員秩五品講讀學士各一
員從五品其屬則有侍講侍讀五經博士典籍侍書
待詔外此又有修撰編修檢討以為史官
太祖未登極之前乙巳歲立國子學擢許存仁為博

11794 立齋閑録四卷　（明）宋端儀撰　明抄本

匡高20.6厘米，廣14.9厘米。半葉九行，行字不等，黑口，四周雙邊。有"十萬卷樓藏書"等印。羅振玉題記。遼寧省圖書館藏。

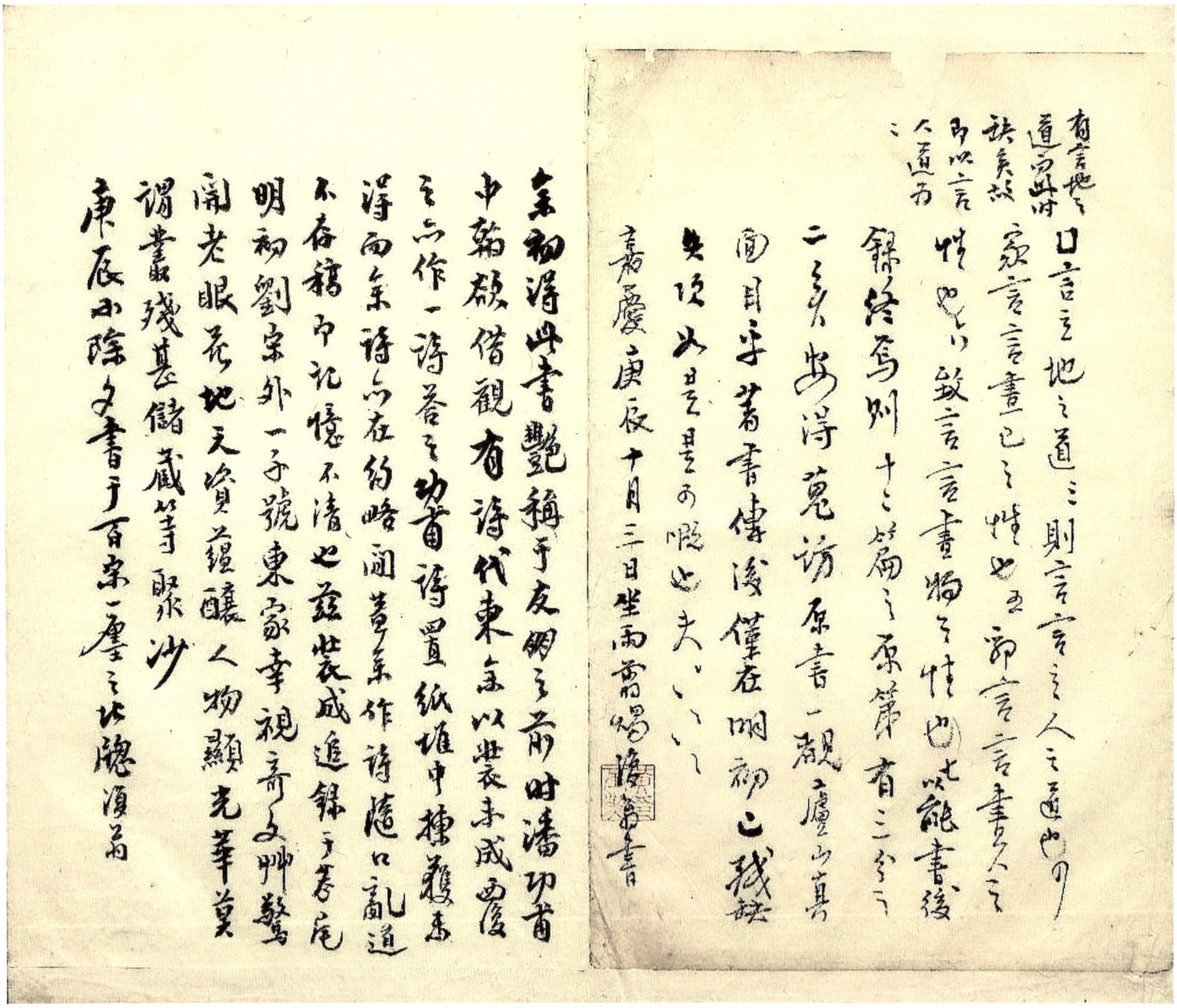
[illegible]
錄終為則，十二篇之原第有二，今之
二之安得蒐訪原書一觀廬山真
面目乎？第書傳後，僅存明初已殘缺
矣，恨此甚甚可惜也夫
嘉慶庚辰十月三日坐雨蕭[illegible]復翁書

余初得此書艷稱于友朋之前，时潘功甫
中翰欲借觀，有詩代柬，余以此書未成，覆
之亦作一詩荅之，功甫詩置紙堆中，檢獲來
詩而余詩亦在，約略迴蒼余作詩，隨口亂道
不存稿，亦記憶不清也。茲裝成，追錄于卷尾。
明初劉宗外一子號東家，幸視斋文翀驚
闻老眼花，地天資蘊釀人物，顯光華，莫
謂叢殘甚儲藏，等聚沙。
庚辰小除夕書于百宋一廛之北牕　復翁

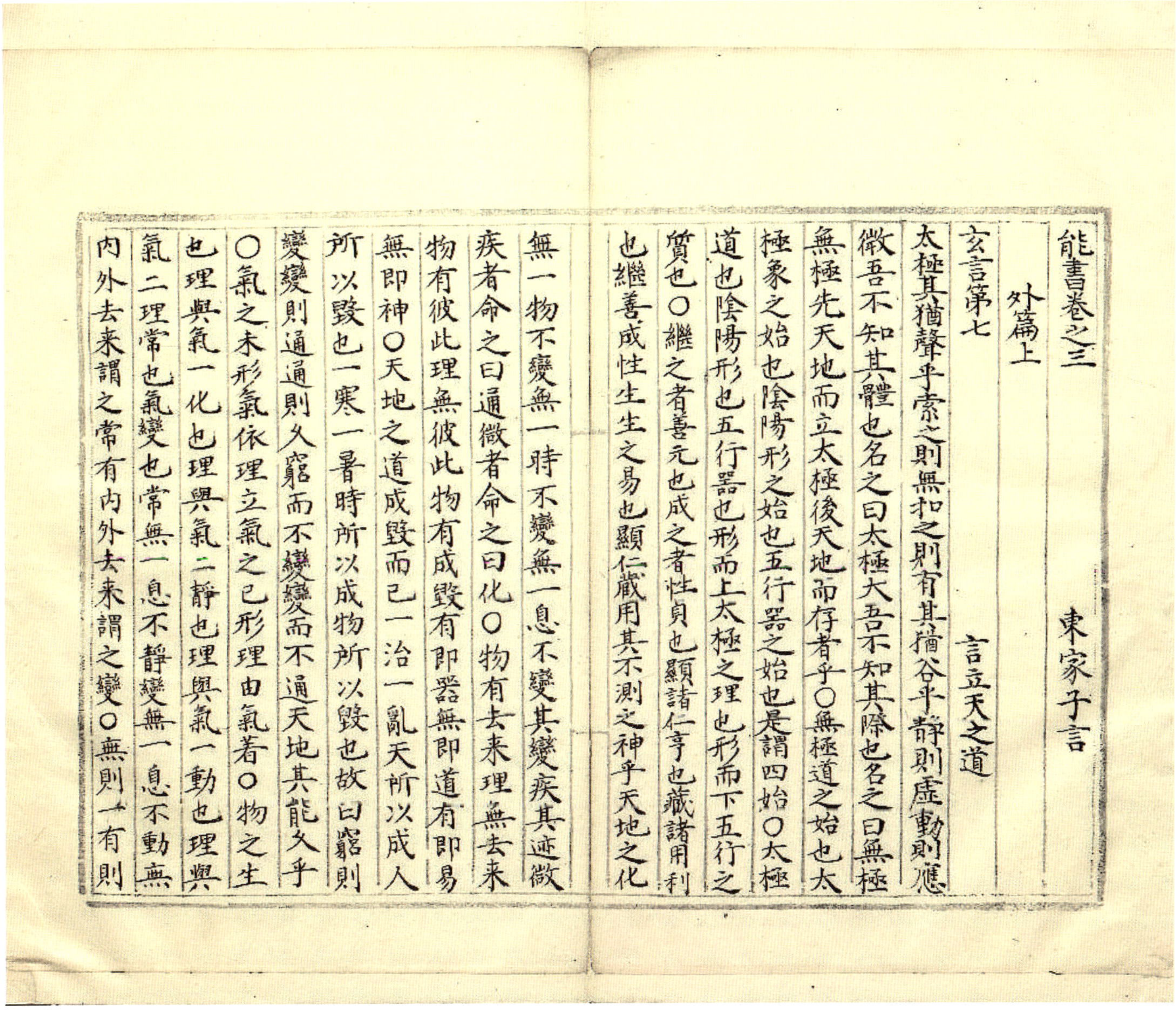
能書卷之三　東家子言
外篇上
玄言第七　言立天之道
太極其猶聲乎索之則無扣之則有其猶谷乎静則虚動則應
徼吾不知其體也名之曰太極大吾不知其際也名之曰無極
無極先天地而立太極後天地而存者乎○無極道之始也太
極象之始也陰陽形之始也五行器之始也是謂四始○太極
道也陰陽形也五行器也形而上太極之理也形而下五行之
質也○繼之者善元也成之者性貞也顯諸仁亨也藏諸用利
也繼善成性生生之易也顯仁藏用其不測之神乎天地之化
無一物不變無一時不變無一息不變其變疾其迹徼
疾者命之曰通徼者命之曰化○物有去来理無去来
物有彼此理無彼此物有成毀有即器無即道有即易
無即神○天地之道成毀而已一治一亂天所以成人
所以毀也一寒一暑時所以成物所以毀也故曰窮則
變變則通通則久窮而不變變而不通天地其能久乎
○氣之未形氣依理立氣之已形理由氣著○物之生
也理與氣一化也理與氣二静也理與氣一動也理與
氣二理常也氣變也常無一息不静變無一息不動無
内外去来謂之常有内外去来謂之變○無則一有則

11793 能書四卷　（明）孫作撰　**後録一卷**　明抄本

蝴蝶裝。匡高19.5厘米，廣15厘米。半葉十行，行字不等，白口，四周雙邊。黄丕烈跋。南京圖書館藏，存四卷。

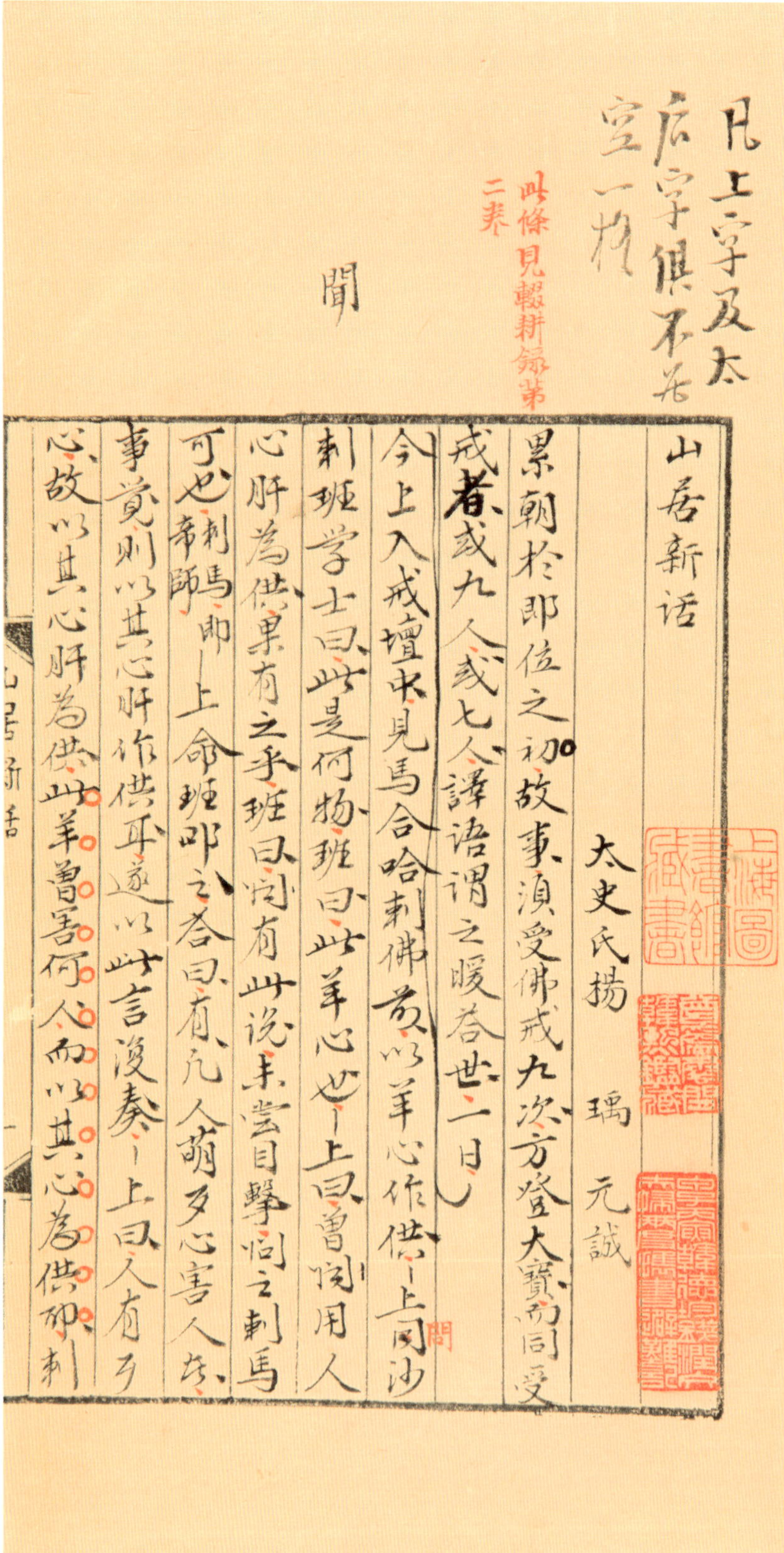

11792 山居新話一卷　（元）楊瑀撰　清抄本

匡高18.3厘米，廣13.8厘米。半葉十行，行二十二字，黑口，左右雙邊。有"曾爲雲間韓熙鑑藏"等印。鮑廷博校並題識。上海圖書館藏。

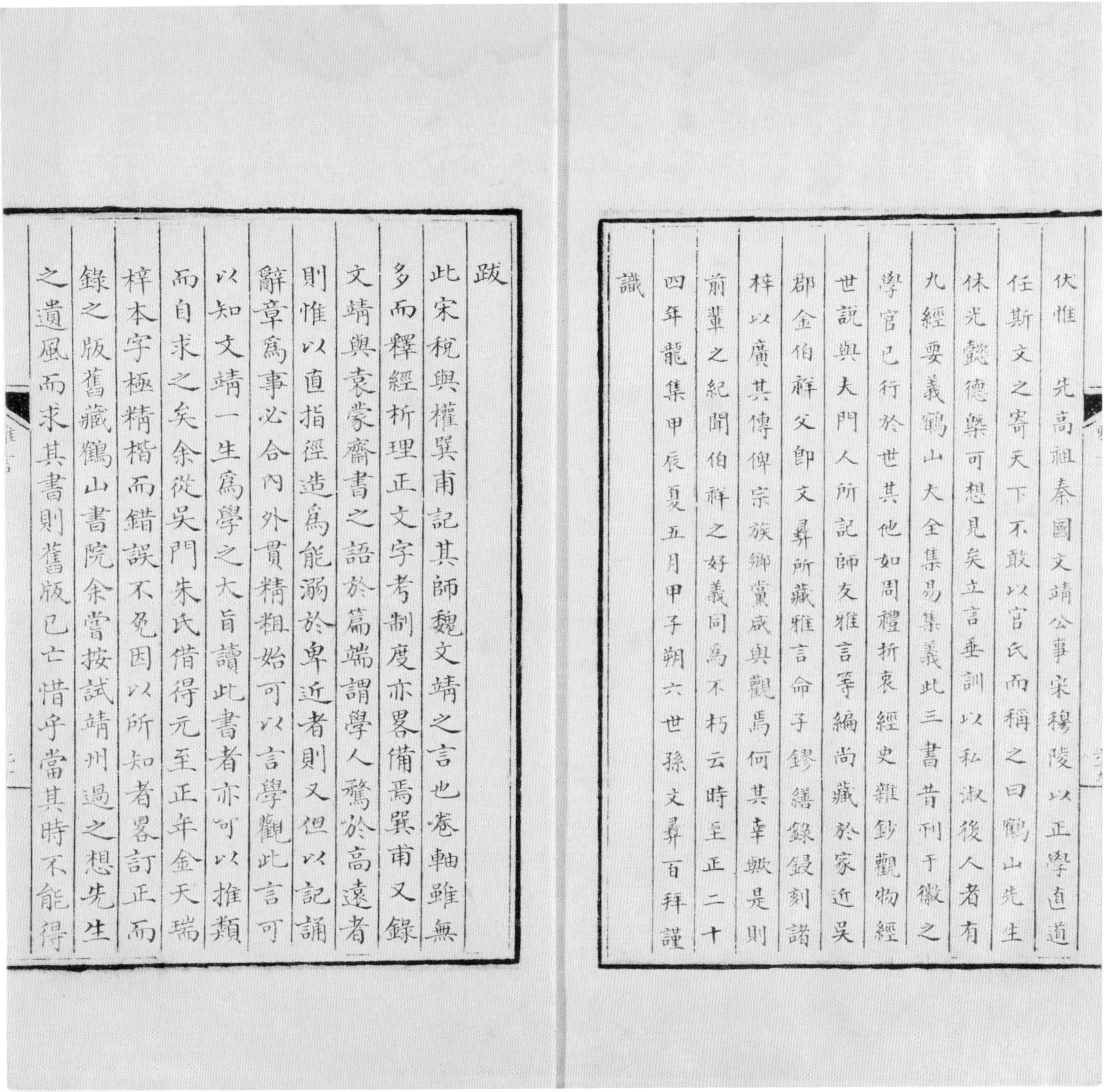

伏惟　先高祖秦國文靖公事宋穆陵以正學直道
任斯文之寄天下不敢以官氏而稱之曰鶴山先生
休光懿德槩可想見矣立言垂訓以私淑後人者有
九經要義鶴山大全集易集義此三書昔刊于徽之
學宫已行於世其他如周禮折衷經史雜鈔觀物經
世說與夫門人所記師友雅言等編尚藏於家近吳
郡金伯祥父卽文彝所藏雅言命子鏐繕録鋟刻諸
梓以廣其傳俾宗族鄉黨咸與觀焉何其幸歟是則
前輩之紀聞伯祥之好義同爲不朽云時至正二十
四年龍集甲辰夏五月甲子朔六世孫文彝百拜謹
識

跋
此宋稅與權巽甫記其師魏文靖之言也卷軸雖無
多而釋經析理正文字考制度亦畧備焉巽甫又録
文靖與袁蒙齋書之語於篇端謂學人騖於高遠者
則惟以直指徑造爲能溺於卑近者則又但以記誦
辭章爲事必合内外貫精粗始可以言學觀此言可
以知文靖一生爲學之大旨讀此書者亦可以推類
而自求之矣余從吳門朱氏借得元至正年金天瑞
梓本字極精楷而錯誤不免因以所知者畧訂正而
録之版舊藏鶴山書院余嘗按試靖州過之想先生
之遺風而求其書則舊版已亡惜乎當其時不能得

11791 鶴山雅言一卷

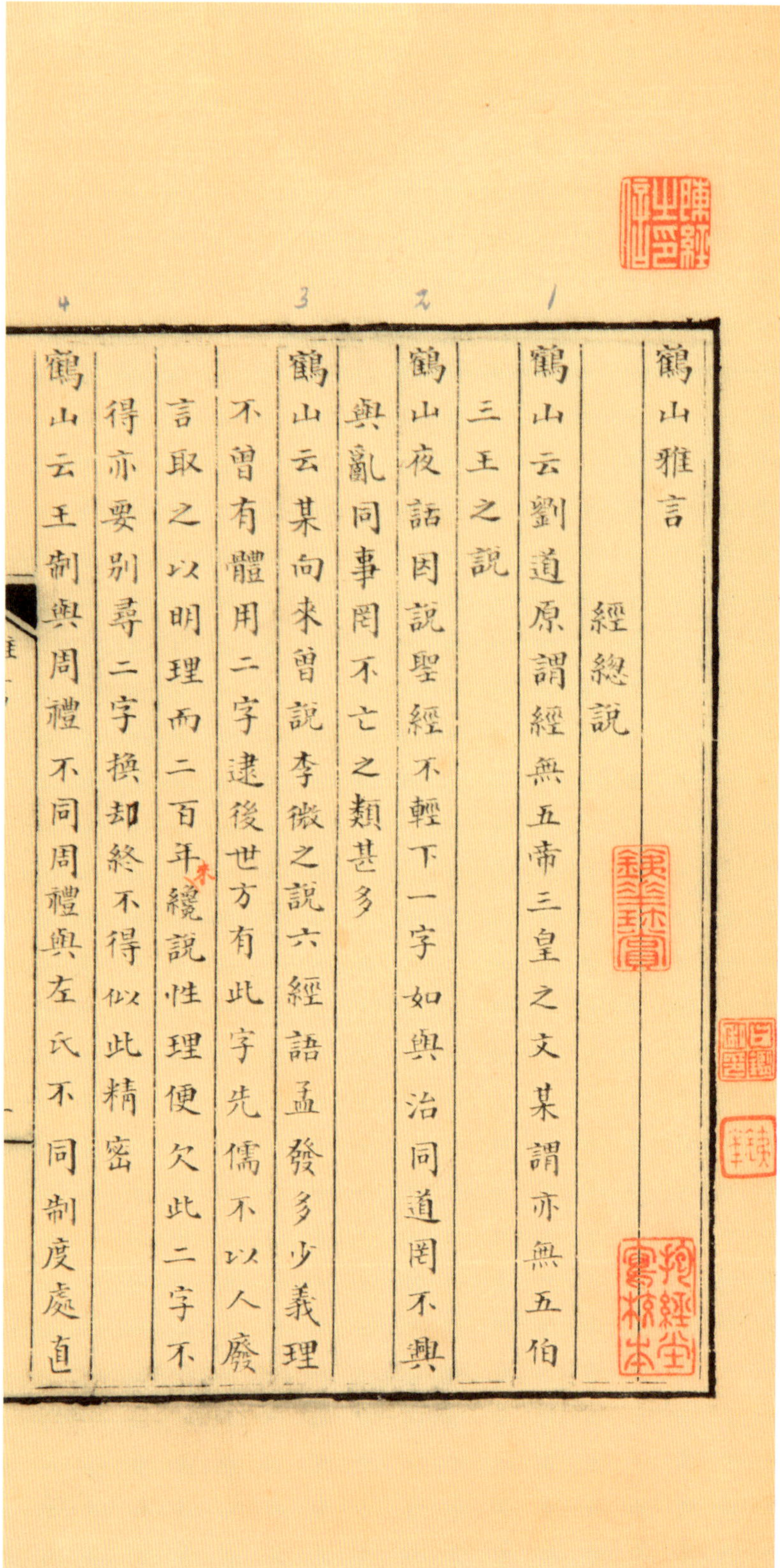
鶴山雅言
經總說
鶴山云劉道原謂經無五帝三皇之文某謂亦無五伯
三王之說
鶴山夜話因說聖經不輕下一字如與治同道罔不興
與亂同事罔不亡之類甚多
鶴山云某向來曾說李微之說六經語孟發多少義理
不曾有體用二字逮後世方有此字先儒不以人廢
言取之以明理而二百年來纔說性理便欠此二字不
得亦要别尋二字換却終不得似此精密
鶴山云王制與周禮不同周禮與左氏不同制度處直

11791 鶴山雅言一卷　（宋）魏了翁撰　清盧氏抱經堂抄本

匡高19.5厘米，廣13.6厘米。半葉十一行，行二十一字，白口，四周雙邊。有“盧文弨印”“抱經堂寫校本”“陳經之印信”等印。盧文弨校並跋。上海圖書館藏。

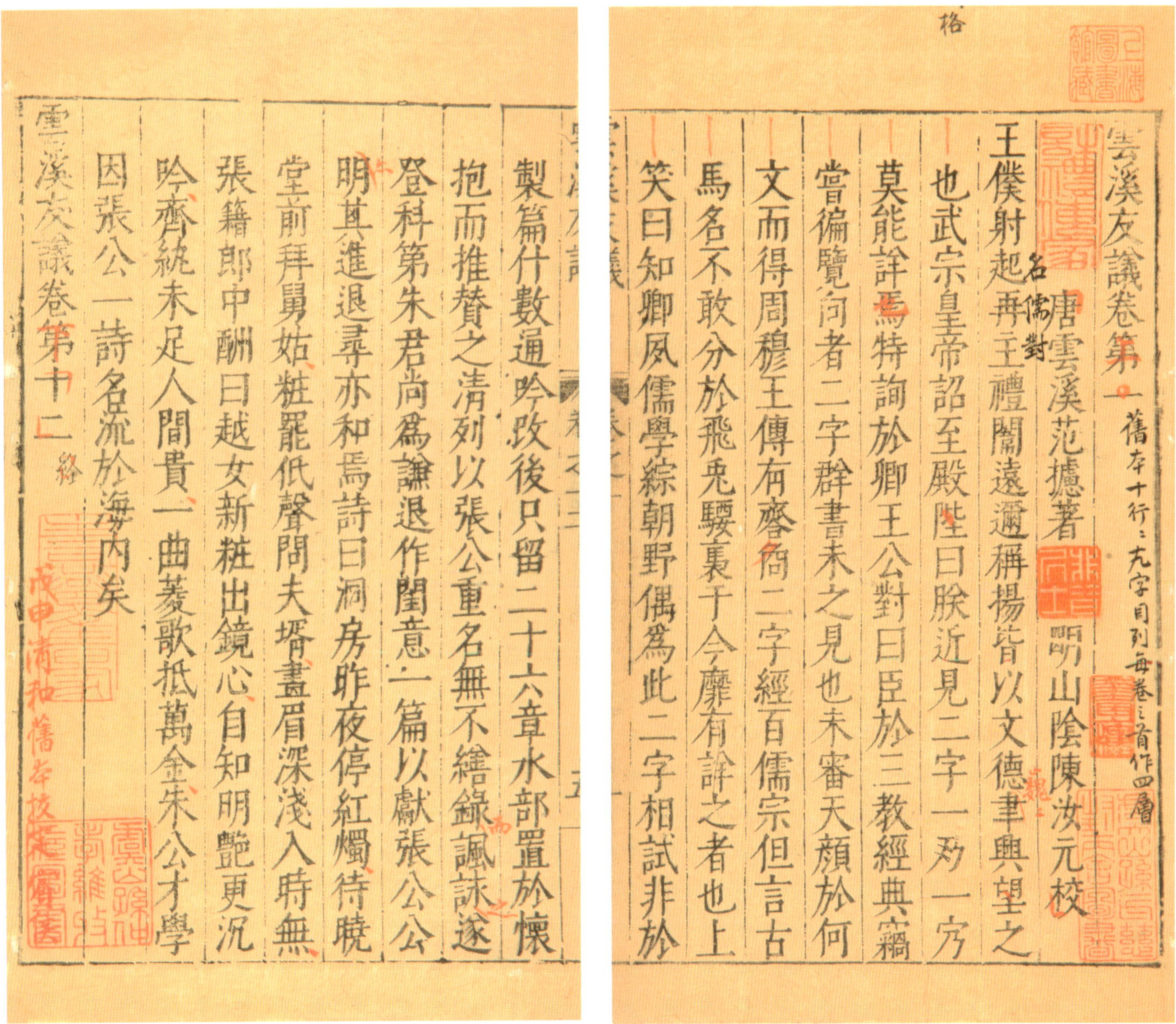
格
雲溪友議卷第一 舊本十行二十字目列每卷之首作四層
唐雲溪范攄著
明山陰陳汝元校
名儒對
王僕射起再主禮闈遠邇稱揚皆以文德聿興望之
也武宗皇帝詔至殿陛曰朕近見二字一爲一旁
莫能詳焉特詢於卿王公對曰臣於三教經典竊
嘗徧覽向者二字辟書未之見也未審天顏於何
文而得周穆王傳有畚畚二字經百儒宗但言古
馬名不敢分於飛兔騕褭于今靡有詳之者也上
笑曰知卿夙儒學綜朝野偶爲此二字相試非於

製篇什數逼吟政後只留二十六章水部置於懷
抱而推賛之清列以張公重名無不繕錄諷詠遂
登科第朱君尚爲謙退作閨意一篇以獻張公公
明其進退尋亦和焉詩曰洞房昨夜停紅燭待曉
堂前拜舅姑粧罷低聲問夫壻畫眉深淺入時無
張籍郎中酬曰越女新粧出鏡心自知明艷更沉
吟齊紈未足人間貴一曲菱歌抵萬金朱公才學
因張公一詩名流於海內矣
雲溪友議卷第十二 終
戊申清和借本校

11790 雲溪友議十二卷 （唐）范攄撰 明萬曆商濬刻稗海本

匡高21.1厘米，廣14.2厘米。半葉九行，行二十字，白口，四周單邊。有“虞山孫仲孝維收藏圖書”“虞山孫氏慈封丙舍圖書”等印。曹炎校。上海圖書館藏。

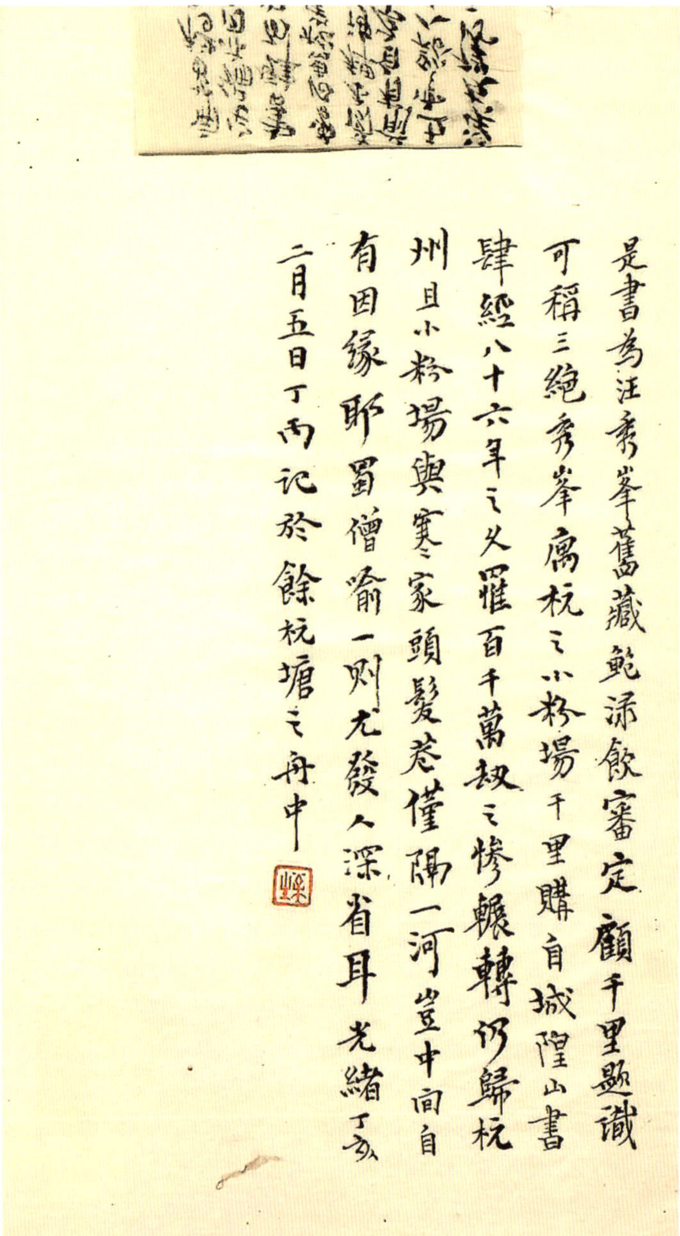

是書爲汪秀峯舊藏 鮑渌飲審定 顧千里題識
可稱三絶 秀峯寓杭之小粉場 千里購自城隍山書
肆 經八十六年之久 罹百千萬劫之慘 輾轉仍歸杭
州 且小粉場與寒家頭髮巷僅隔一河 豈中間自
有因緣耶 蜀僧喻一則尤發人深省耳 光緒丁亥
二月五日丁丙記於餘杭塘之舟中

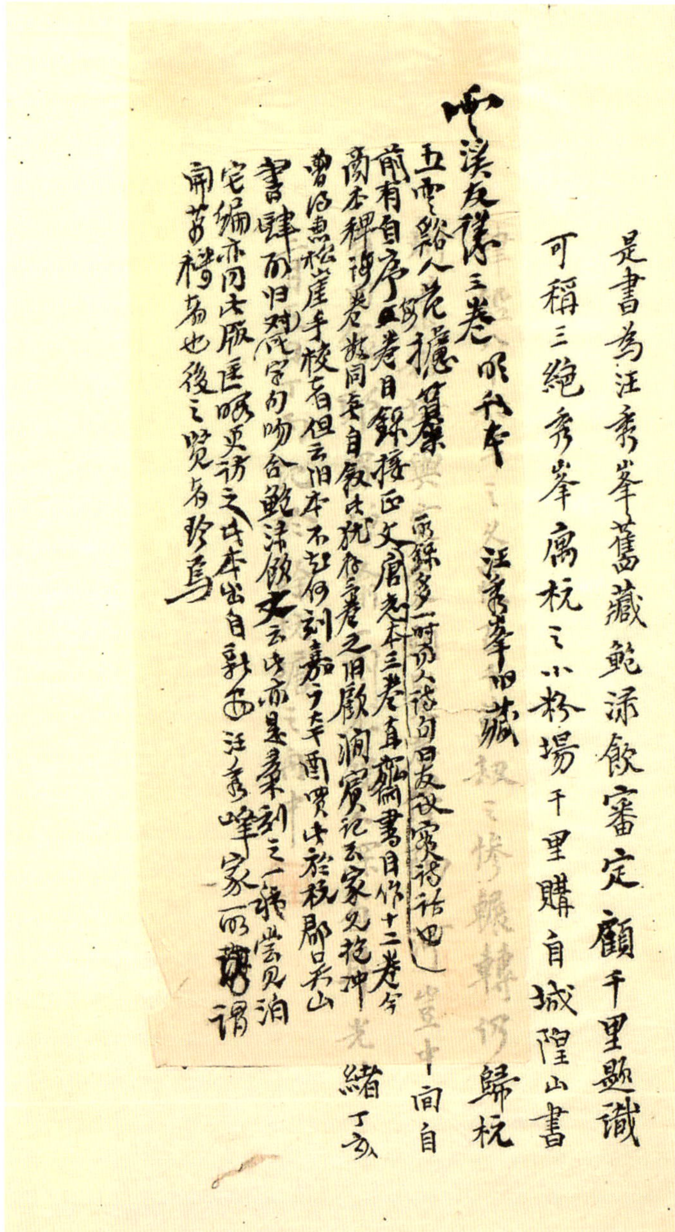

西溪反騷三卷 明刊本
五雲谿人花[illegible]篡集 （所録多一時名人詩句曰友朋詩話也）
前有自序 五卷目錄 穆臣文序 老本三卷 直齋書目作十二卷 今
舊本釋詩卷數同 其自叙中説有[illegible]卷之舊 厭洞賓記云家兄據坤
曾得惠松崖手校者 但云舊本不知何刻 嘉慶[illegible]年 西賈出於杭郡吳山
書肆 所見對比字句吻合 鮑渌飲文云 此亦是[illegible]刻之一 [illegible]嘗見涓
宅編亦同 古版[illegible] 更訪之 此本出自[illegible] 汪秀峯家所謂
[illegible]稽篇也 後之覽者珍焉

是書爲汪秀峯舊藏 鮑渌飲審定 顧千里題識
可稱三絶 秀峯寓杭之小粉場 千里購自城隍山書
肆 …… 仍歸杭
…… 豈中間自
…… 光緒丁亥

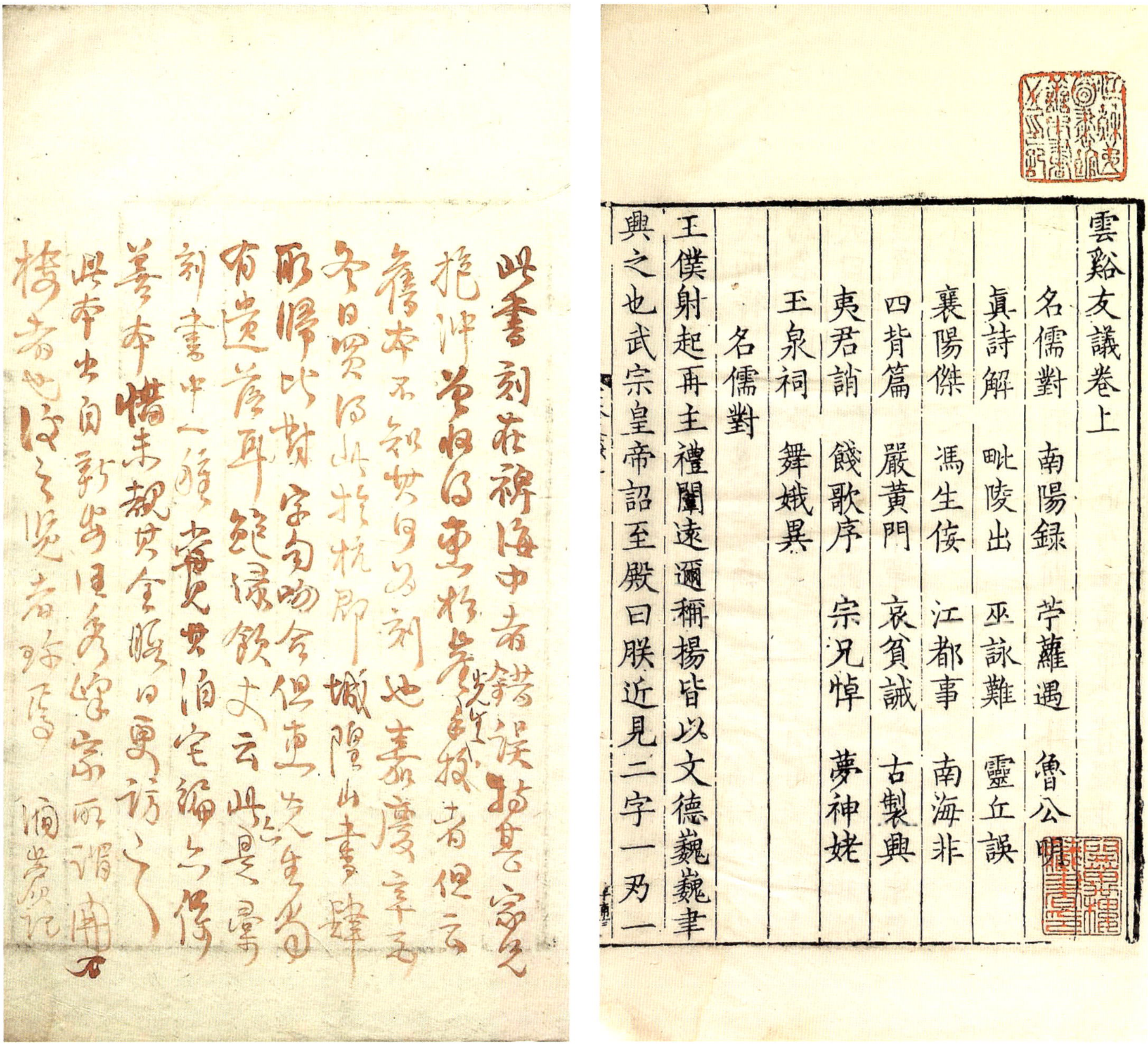

11789 雲谿友議三卷 （唐）范攄撰 明刻本

匡高18.2厘米，廣13.8厘米。半葉十行，行十九字，小字雙行同，白口，左右雙邊。顧廣圻、丁丙跋。南京圖書館藏。

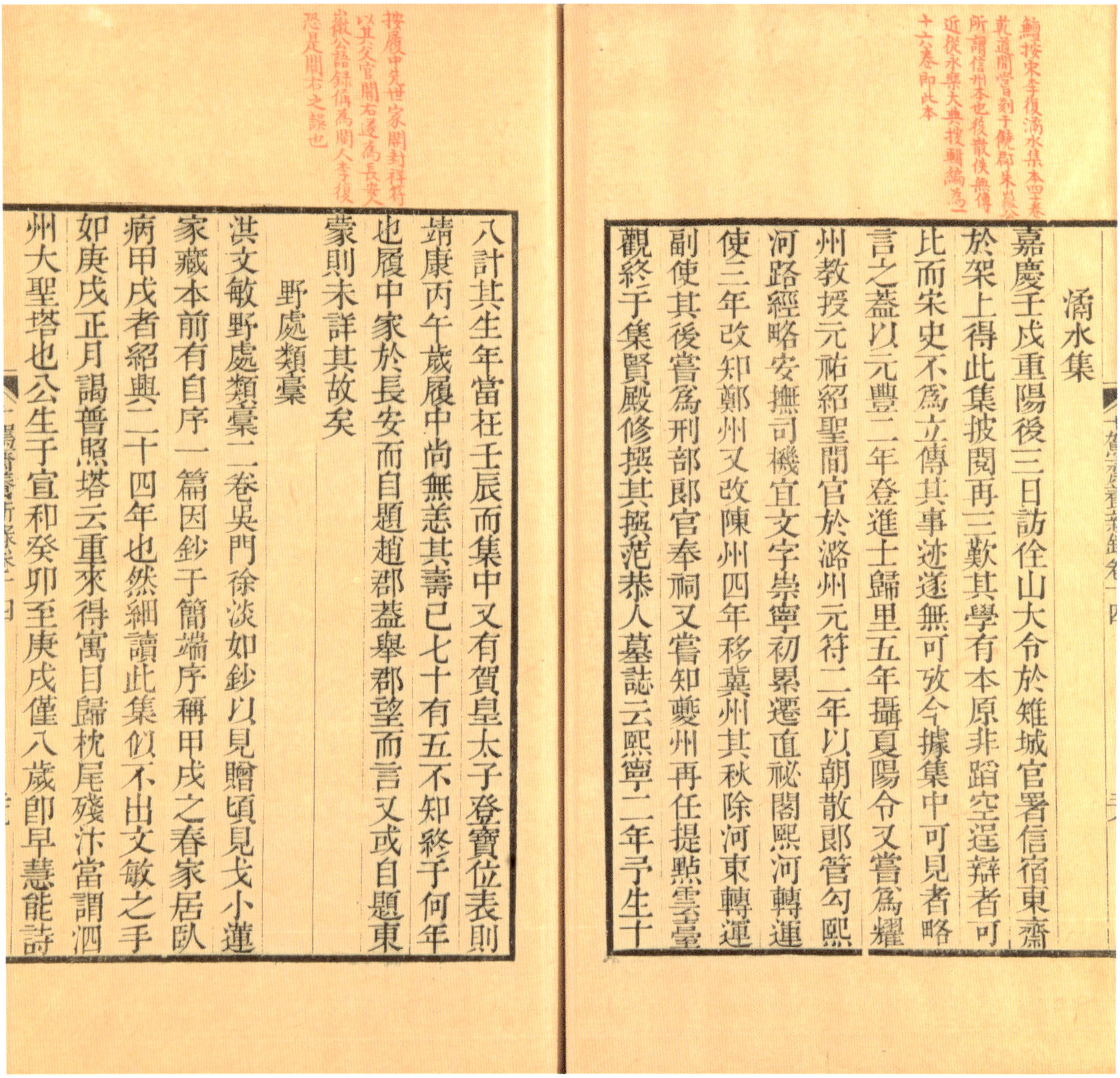

鰤按宋李復潏水集本四十卷乾道間嘗刻于饒郡朱徽公所謂信州本也後散佚無傳近從永樂大典捜輯編爲一十六卷即此本

潏水集

嘉慶壬戌重陽後三日訪佺山大令於雒城官署信宿東齋
於架上得此集披閲再三歎其學有本原非蹈空逞辯者可
比而宋史不爲立傳其事迹遂無可攷今據集中可見者略
言之蓋以元豐二年登進士歸里五年攝夏陽令又嘗爲耀
州教授元祐紹聖閒官於潞州元符二年以朝散郎管勾熙
河路經略安撫司機宜文字崇寧初累遷直祕閣熙河轉運
使三年改知鄭州又改陳州四年移冀州其秋除河東轉運
副使其後嘗爲刑部郎官奉祠又嘗知夔州再任提點雲臺
觀終于集賢殿修撰其撰范恭人墓誌云熙寧二年予生十
八討其生年當在壬辰而集中又有賀皇太子登寶位表則
靖康丙午歲履中尚無恙其壽已七十有五不知終于何年
也履中家於長安而自題趙郡蓋舉郡望而言又或自題東
蒙則未詳其故矣

按履中先世家開封祥符以其父官關右遂爲長安人徽公語録係爲關人李復恐是關右之誤也

野處類稾

洪文敏野處類稾二卷吳門徐淡如鈔以見贈頃見弋小蓮
家藏本前有自序一篇因鈔于簡端序稱甲戌之春家居臥
病甲戌者紹興二十四年也然細讀此集似不出文敏之手
如庚戌正月謁普照塔云重來得寓目歸枕尾殘汴當謂泗
州大聖塔也公生于宣和癸卯至庚戌僅八歲即早慧能詩

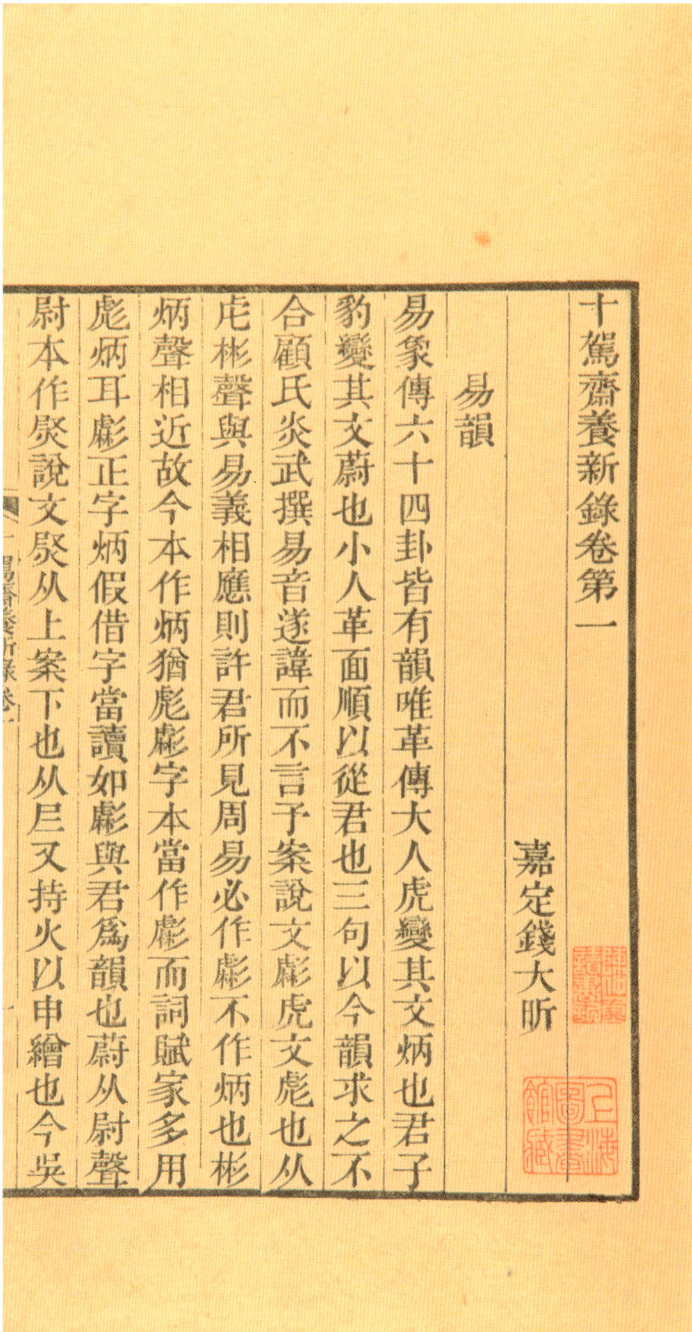
十駕齋養新錄卷第一
嘉定錢大昕
易韻
易象傳六十四卦皆有韻唯革傳大人虎變其文炳也君子豹變其文蔚也小人革面順以從君也三句以今韻求之不合顧氏炎武撰易音遂諱而不言予案說文虨虎文彪也从虍彬聲與易義相應則許君所見周易必作虨不作炳也彬炳聲相近故今本作炳猶彪虨字本當作虨而詞賦家多用彪炳耳虨正字炳假借字當讀如虨與君爲韻也蔚从尉聲尉本作㷉說文㷉从上案下也从𡰥又持火以申繒也今吳

11788 十駕齋養新録二十卷餘録三卷竹汀先生日記鈔三卷　（清）

錢大昕撰　清嘉慶刻本

匡高17.5厘米，廣12.6厘米。半葉十行，行二十三字，小字雙行同，白口，四周單邊。有“陳仲魚讀書記”等印。陳鱣校。上海圖書館藏。

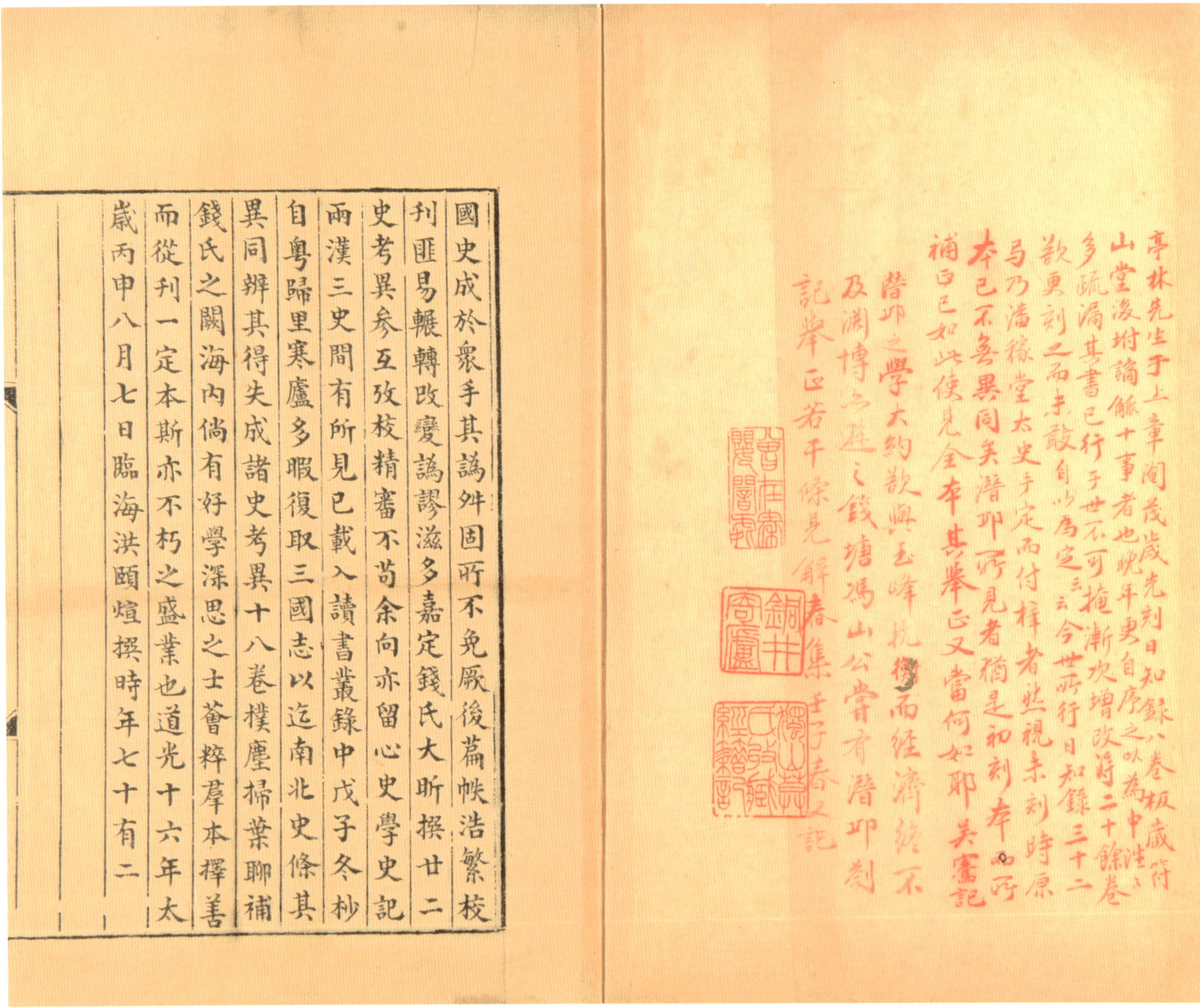
亭林先生于上章閹茂歲先刻日知錄八卷板藏符
山堂後树論僅十事者也晚年更自序之以為中注之
多疏漏其書已行于世不可掩漸次增改得二十餘卷
欲更刻之而未竣自以為定云云今世所行日知錄三十二
卷乃潘稼堂太史手定而付梓者然視未刻時原
本已不無異同矣潛邱所見者猶是初刻本而所
補正已如此使見全本其舉正又當何如耶吳騫記
潛邱之學大約款與玉峰抗衡而經濟終不
及淵博爲遜之錢塘馮山公嘗有潛邱劄
記舉正若干條見解舂集壬子春又記
銅井寄廬
國史成於衆手其譌舛固所不免厥後篇帙浩繁校
刋匪易輾轉改變譌謬滋多嘉定錢氏大昕撰廿二
史考異參互攷校精審不苟余向亦留心史學史記
兩漢三史間有所見已載入讀書叢錄中戊子冬杪
自粵歸里寒廬多暇復取三國志以迄南北史條其
異同辨其得失成諸史考異十八卷樸塵掃葉聊補
錢氏之闕海內倘有好學深思之士薈粹羣本擇善
而從刋一定本斯亦不朽之盛業也道光十六年太
歲丙申八月七日臨海洪頤煊撰時年七十有二

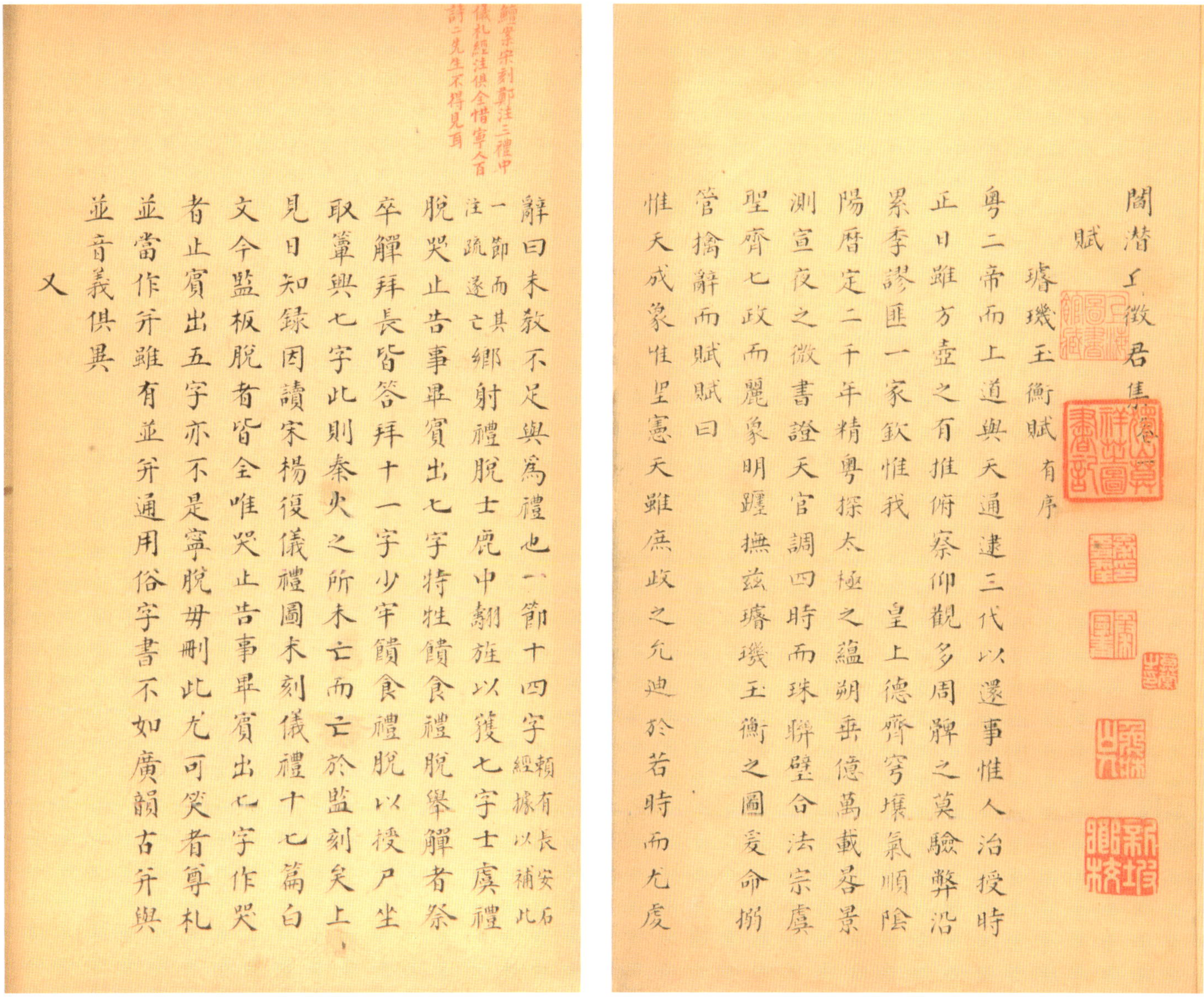

閻潛丘徵君集卷一

賦

璿璣玉衡賦 有序

粵二帝而上道與天通逮三代以還事惟人治授時正日雖方壺之有推俯察仰觀多周髀之莫驗弊沿累季謬匪一家欽惟我 皇上德齊穹壤氣順陰陽曆定二千年精粵探太極之蘊朔垂億萬載晷景測宣夜之微書證天官調四時而珠聯璧合法宗虞聖齊七政而麗象明躔撫玆璿璣玉衡之圖爰命揚管摛辭而賦賦曰

惟天成象惟聖憲天雖庶政之允迪於若時而尤虔

鱣案宋刻鄭注三禮中儀礼經注俱全惜寧人百詩二先生不得見耳

辭曰未敎不足與爲禮也一節十四字賴有長安石經據以補此一節而其注疏遂亡鄉射禮脫士鹿中翿旌以獲七字士虞禮脫哭止告事畢賓出七字特牲饋食禮脫舉觶者祭卒觶拜長皆答拜十一字少牢饋食禮脫以授尸坐取簞與七字此則秦火之所未亡而亡於監刻矣上見日知錄因讀宋楊復儀禮圖未刻儀禮十七篇白文今監板脫者皆全唯哭止告事畢賓出七字作哭者止賓出五字亦不是寧脫毋刪此尤可笑者尊札並當作幷雖有並幷通用俗字書不如廣韻古幷與並音義俱異

又

11787 **潛邱札記七卷補正日知録一卷** （清）閻若璩撰 清抄本

半葉十一行，行二十字。有“獨山莫祥芝圖書記”“莫棠之印”“秦印更年”等印。吴騫校並跋，陳鱣校。上海圖書館藏。

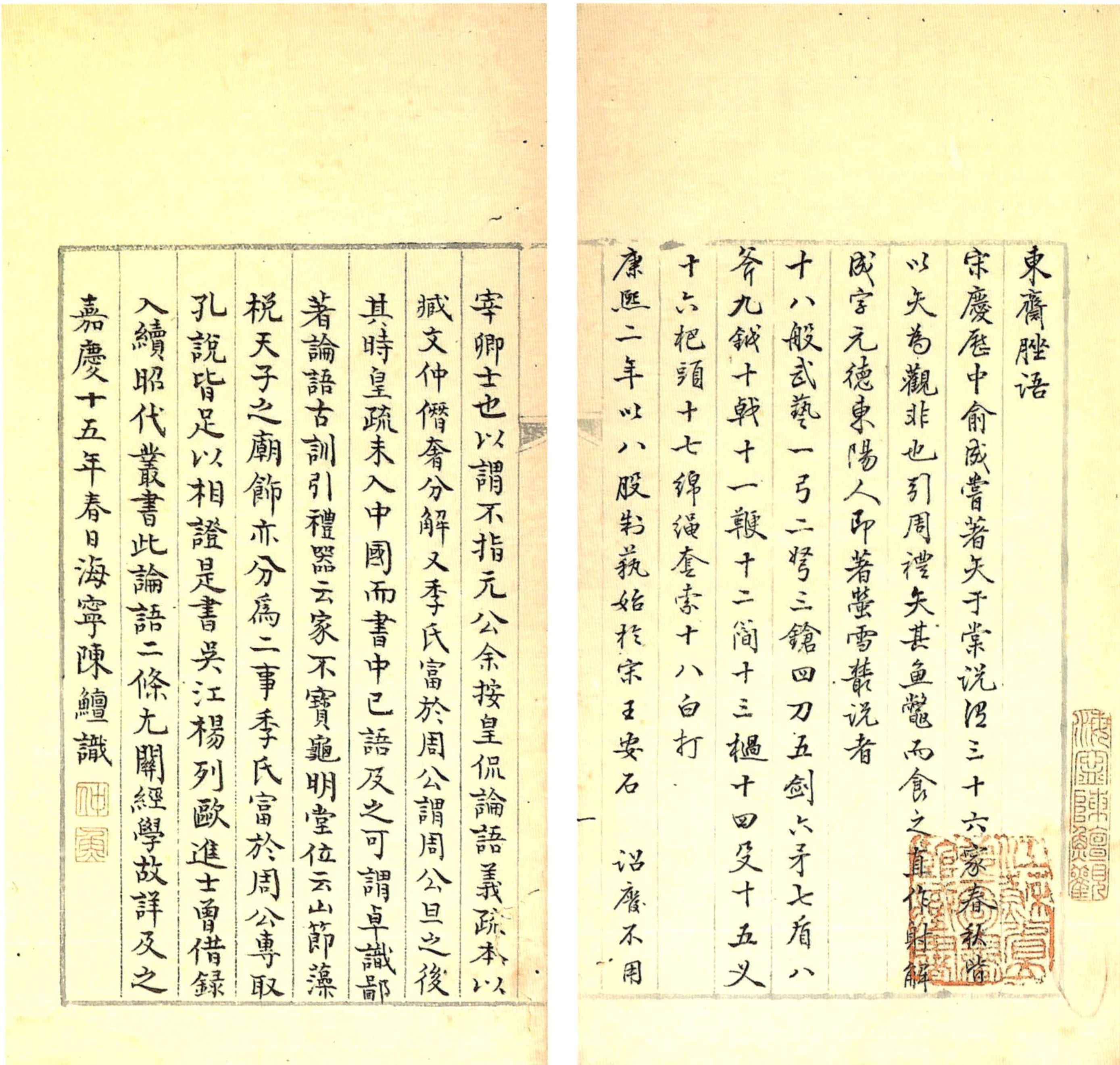

宰卿士也以謂不指元公余按皇侃論語義疏本以臧文仲僭奢分解又季氏富於周公謂周公旦之後其時皇疏未入中國而書中已語及之可謂卓識鄙著論語古訓引禮器云家不寶龜明堂位云山節藻梲天子之廟飾亦分爲二事季氏富於周公專取孔説皆足以相證是書吴江楊列歐進士曾借録入續昭代叢書此論語二條尤關經學故詳及之

嘉慶十五年春日海寧陳鱣識

東齋脞語

宋慶歷中俞成嘗著矢于棠説泪三十六家春秋皆以矢為觀非也引周禮矢其魚鼈而食之直作射解

成字元德東陽人即著螢雪叢説者

十八般武藝一弓二弩三鎗四刀五劍六矛七盾八斧九鉞十戟十一鞭十二簡十三檛十四殳十五叉十六杷頭十七綿縄套索十八白打

康熙二年以八股制藝始於宋王安石詔廢不用

11786 東齋脞語一卷 （清）吴翌鳳撰 稿本

匡高17.4厘米，廣11.7厘米。半葉八行，行二十字，小字雙行同，白口，四周單邊。有“海寧陳鱣觀”等印。陳鱣跋。南京圖書館藏。

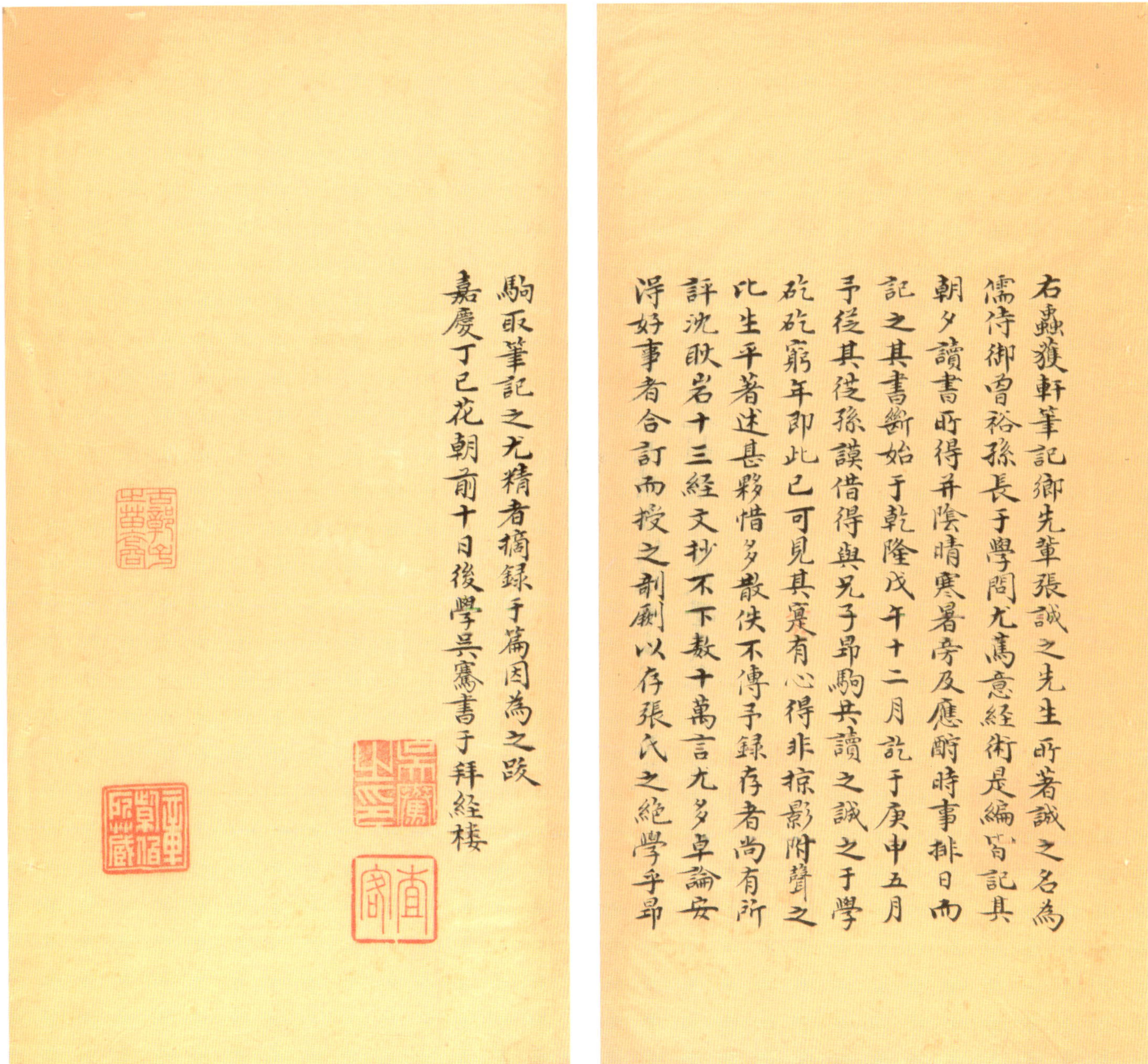
右蟲獲軒筆記鄉先輩張誠之先生所著誠之名為
儒侍御曾裕孫長于學問尤篤意經術是編皆記其
朝夕讀書所得并陰晴寒暑旁及應酧時事排日而
記之其書斷始于乾隆戊午十二月訖于庚申五月
手從其從孫謨借得與兄子昂駒共讀之誠之于學
矻矻窮年即此已可見其寔有心得非掠影附聲之
比生平著述甚夥惜多散佚不傳手録存者尚有所
評沈耿岩十三經文抄不下數十萬言尤多卓論安
得好事者合訂而授之剞劂以存張氏之絕學乎昂
駒取筆記之尤精者摘録于篇因為之跋
嘉慶丁巳花朝前十日後學吳騫書于拜經楼

11785 蟲獲軒筆記纂一卷

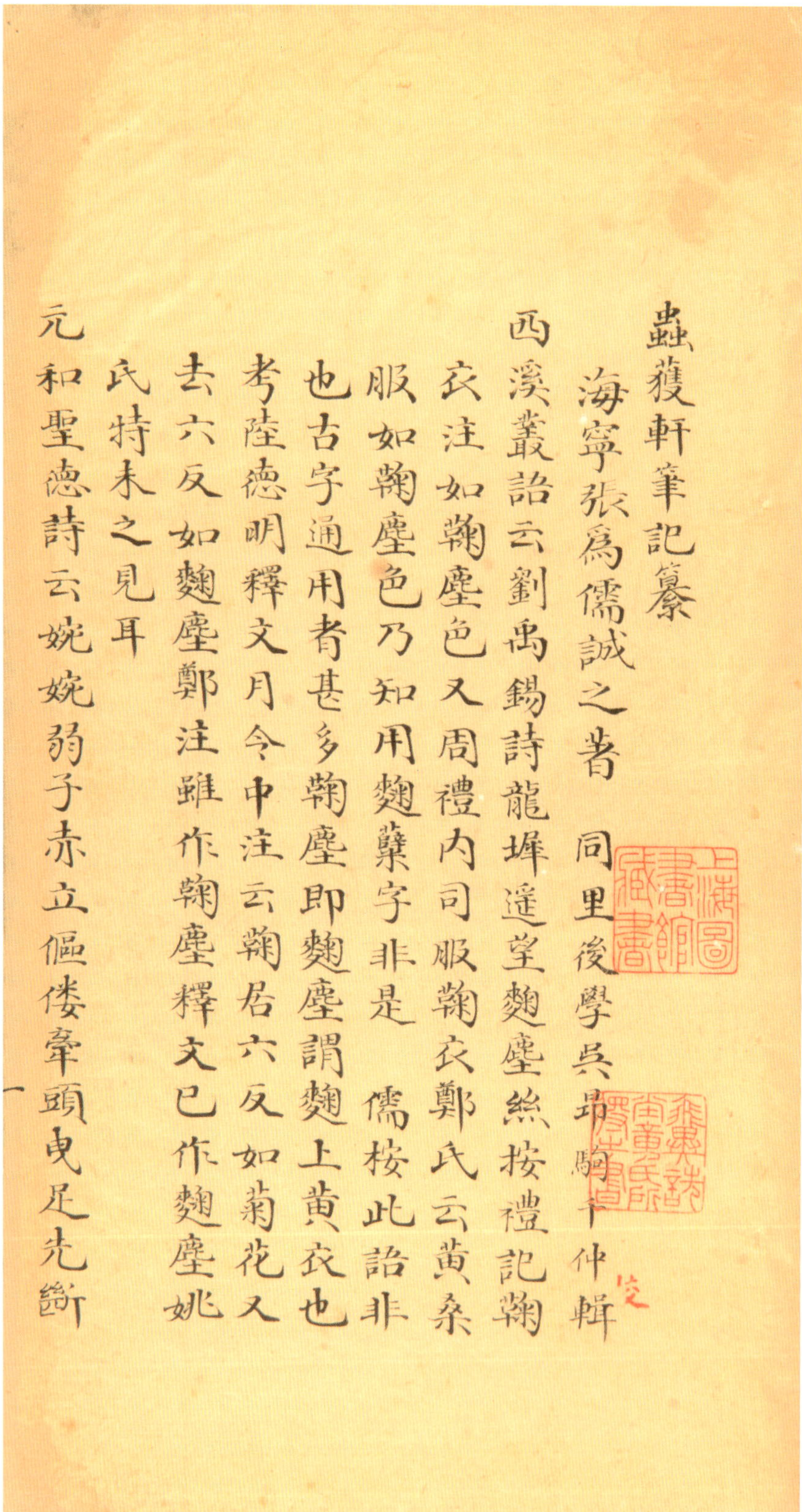

蟲獲軒筆記纂
海寧張爲儒誠之著　同里後學吳昂駒千仲輯
西溪叢語云劉禹錫詩龍墀遥望麴塵絲按禮記鞠
衣注如鞠塵色又周禮内司服鞠衣鄭氏云黄桑
服如鞠塵色乃知用麴蘖字非是　儒按此語非
也古字通用者甚多鞠塵即麴塵謂麴上黄衣也
考陸德明釋文月令中注云鞠居六反如菊花又
去六反如麴塵鄭注雖作鞠塵釋文已作麴塵姚
氏特未之見耳
元和聖德詩云婉婉弱子赤立傴僂牽頭曳足先斷

11785 蟲獲軒筆記纂一卷　（清）張爲儒撰　（清）吳昂駒輯　清吳氏拜經樓抄本

半葉十行，行二十字。有“吳騫之印”“翼訦堂章氏所得之書”等印。吳騫跋。上海圖書館藏。

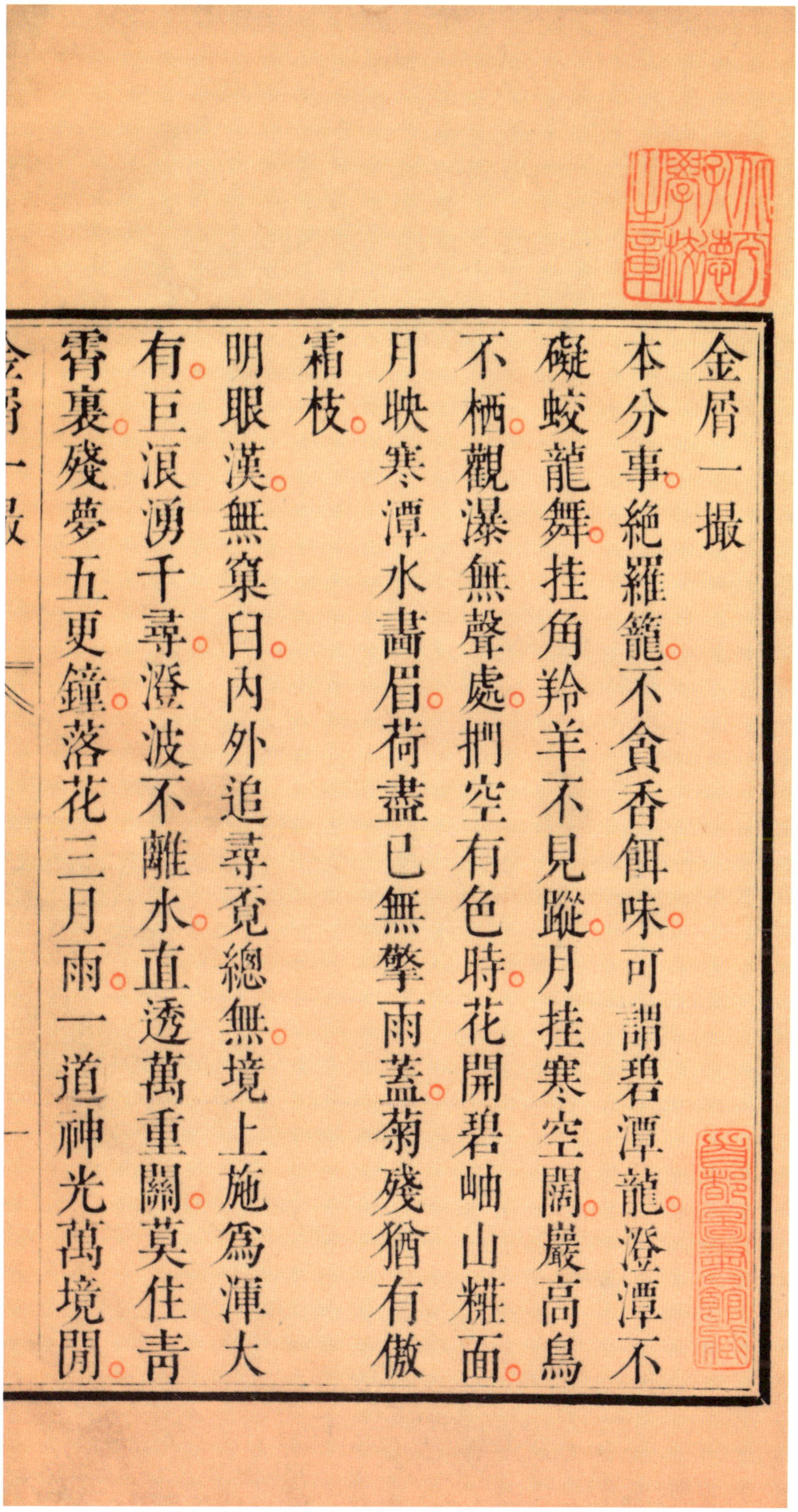

金屑一撮

本分事絶羅籠不貪香餌味可謂碧潭龍潛潭不礙蛟龍舞挂角羚羊不見蹤月挂寒空闊巖高鳥不棲觀瀑無聲處捫空有色時花開碧岫山糚面月映寒潭水畫眉荷盡已無擎雨蓋菊殘猶有傲霜枝

明眼漢無窠臼內外追尋覔總無境上施爲渾大有巨浪涌千尋澄波不離水直透萬重關莫住青霄裏殘夢五更鐘落花三月雨一道神光萬境開

11784 金屑一撮不分卷 清雍正内府銅活字印本

匡高20.3厘米，廣14.8厘米。半葉九行，行十九字，白口，四周雙邊。首都圖書館藏。

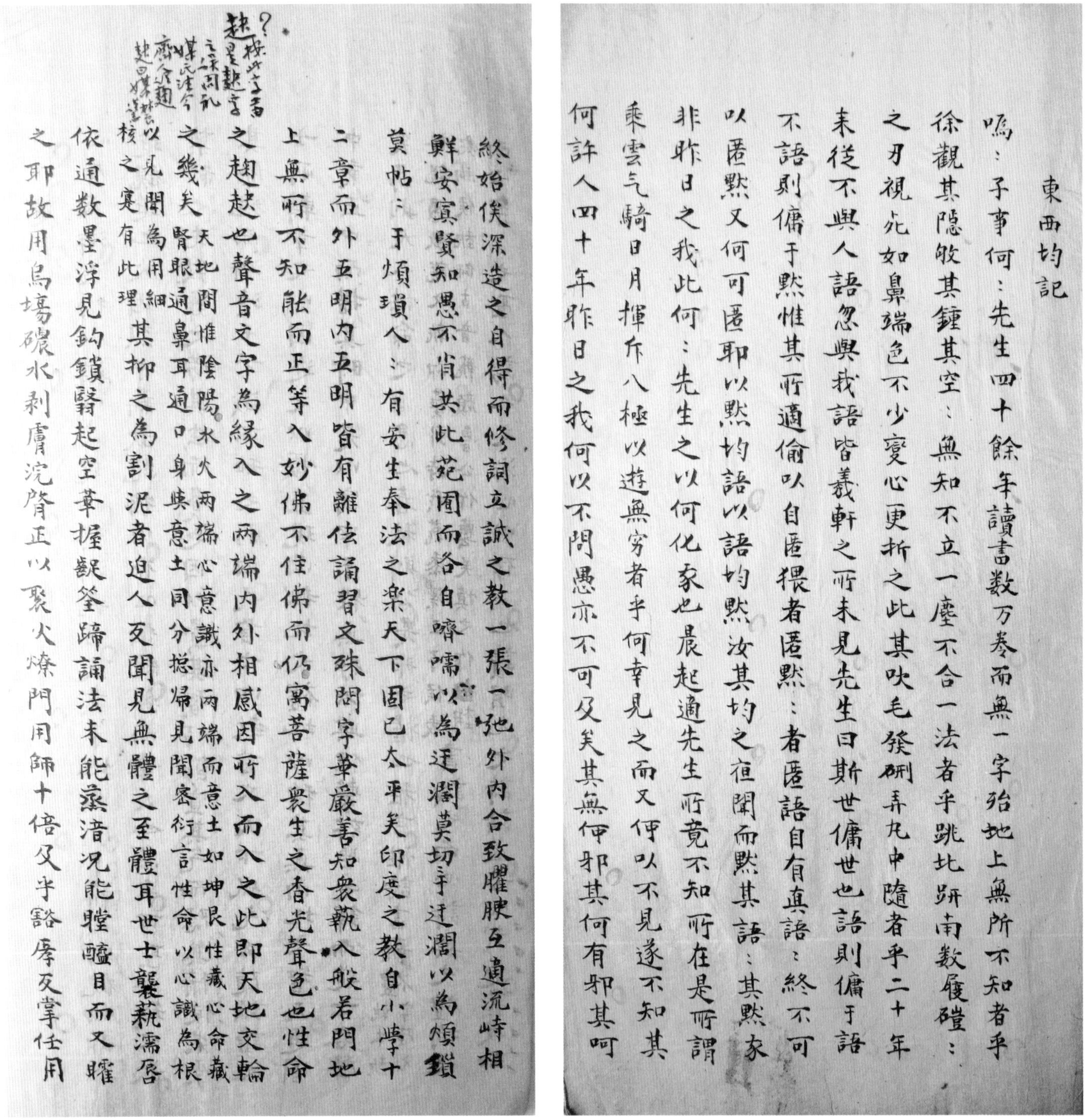

東西均記

嗚々子事何々先生四十餘年讀書數万卷而無一字殆地上無所不知者乎徐觀其隱敀其鍾其空々無知不立一塵不合一法者乎跳北斫南數履踣々之目視允如鼻端色不少變心更折之此其吹毛發硎弄丸中隨者乎二十年來從不與人語忽與我語皆義軒之所未見先生曰斯世儒世也語則儒于語不語則儒于默惟其所適倫以自匿猥者匿默々者匿語自有真語々終不可以匿默又何可匿耶以默均語以語均默汝其均之徂聞而默其語々其默家非昨日之我此何々先生之以何化家也晨起適先生所竟不知所在是所謂乘雲气騎日月揮斥八極以遊無窮者乎何幸見之而又俾以不見遂不知其何許人四十年昨日之我何以不問愚亦不可及矣其無仲邪其何有邪其呵

終始俟深造之自得而修詞立誠之教一張一弛外內合致臞腴互適流峙相鮮安賓賢知愚不肖共此苑囿而各自嚌嚅以為迂濶莫切于迂濶以為煩鎖莫帖于煩瑣人々有安生奉法之樂天下固已太平矣印度之教自小學十二章而外五明內五明皆有離佉誦習文殊問字華嚴善知衆藝入般若門地上無所不知能而正等入妙佛不住佛而仍寓菩薩衆生之香光聲色也性命之趣趣也聲音文字為緣入之兩端內外相感因所入而入之此即天地交輪之幾矣天地間惟陰陽水火兩端心意識亦兩端而意土如坤艮性藏心命藏賢眼通鼻耳通口身具意土同分摠歸見聞密行言性命以心識為根以見聞為用細核之寔有此理其抑之為劃泥者迫人反聞見無體之至體耳世士襲藉濡唇依通數墨浮見鈎鎖翳起空華握鼠笭蹄誦法未能窯涪況能瞠瞌目而又曜之耶故用烏場礦水剎膚浣脊正以聚火燎門用師十倍又乎踏膺反掌任用

11783 東西均不分卷 （清）方以智撰　清初方氏家抄本

半葉十行，行三十字，小字雙行同。方以智校。安徽博物院藏。

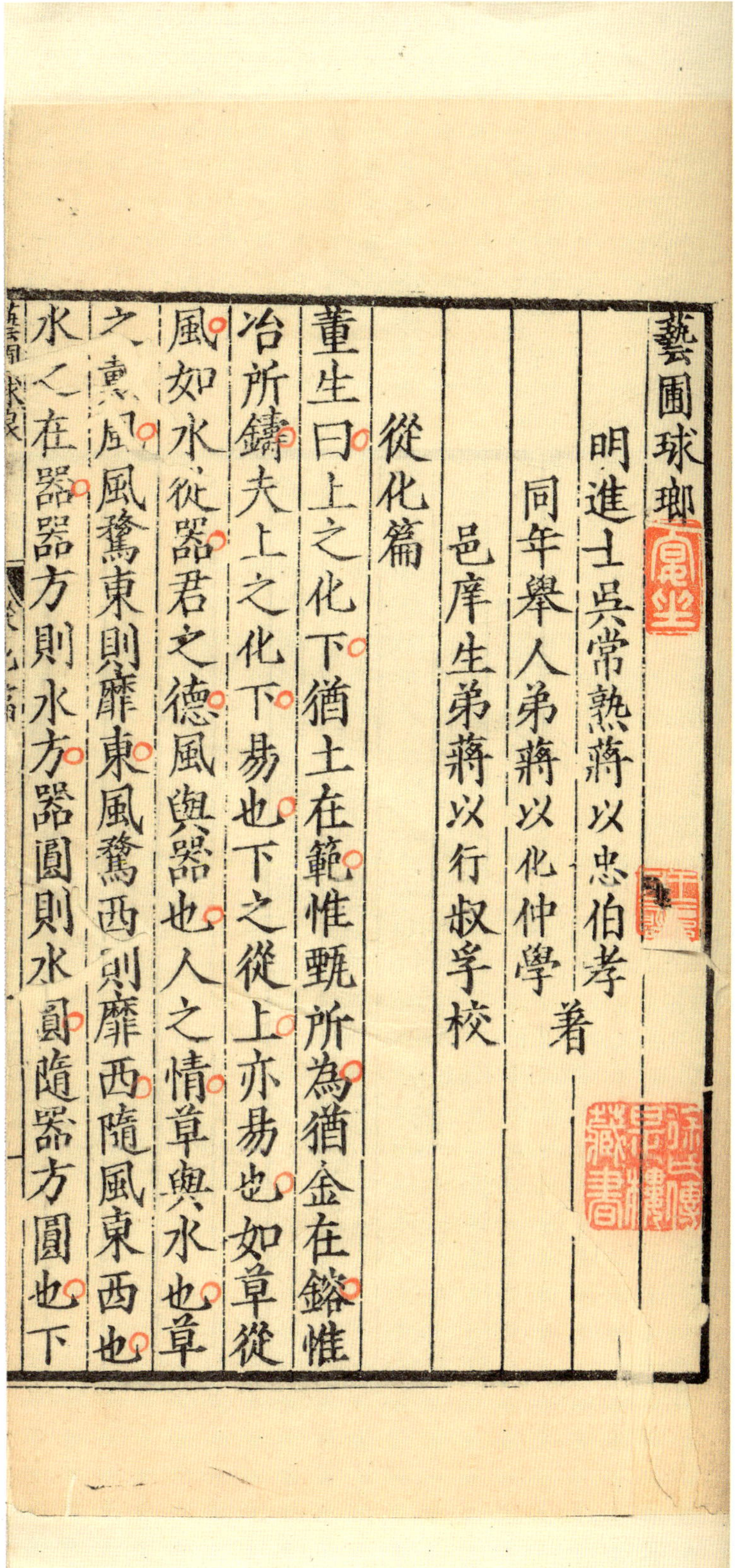

藝圃球瑯

明進士吳常熟蔣以忠伯孝 著

同年舉人弟蔣以化仲學

邑庠生弟蔣以行叔孚校

從化篇

董生曰上之化下猶土在範惟甄所為猶金在鎔惟冶所鑄夫上之化下易也下之從上亦易也如草從風如水從器君之德風與器也人之情草與水也草之從風風鶩東則靡東風鶩西則靡西隨風東西也水之在器器方則水方器圓則水圓隨器方圓也下

11782 藝圃球瑯二卷 （明）蔣以忠　蔣以化撰　明吳航書林李氏善慶堂刻本

匡高20厘米，廣13.3厘米。半葉十行，行二十字，小字雙行同，白口，四周單邊。有“徐氏傳是樓藏書”等印。無錫市圖書館藏。

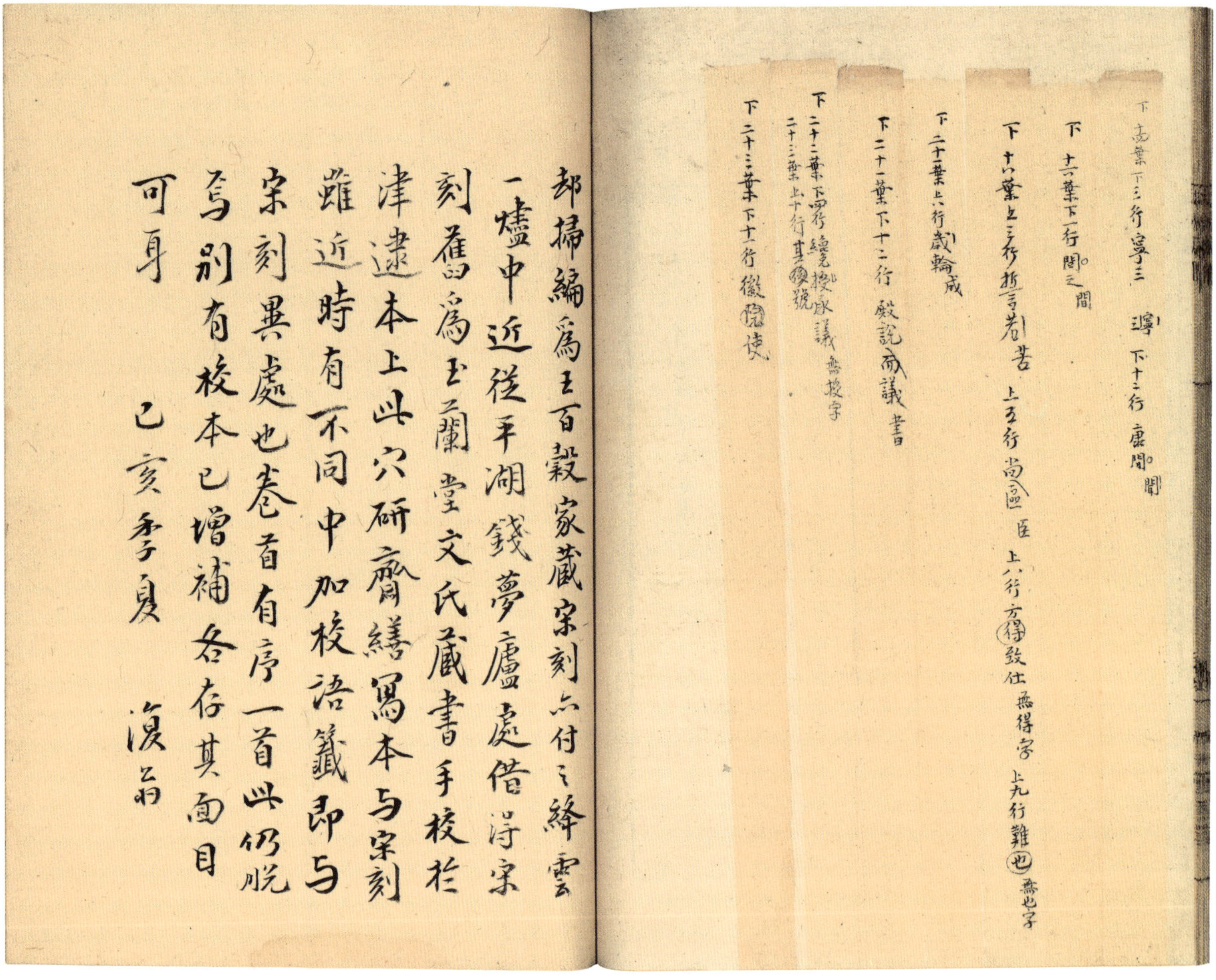
郡掃編爲王百穀家藏宋刻亦付之絳雲
一燼中近從平湖錢夢廬處借得宋
刻舊爲玉蘭堂文氏藏書手校於
津逮本上此穴研齋繕寫本與宋刻
雖近時有不同中加校語籤即與
宋刻異處也卷首自序一首此仍脫
爲別有校本已增補各存其面目
可耳
己亥季夏　復翁

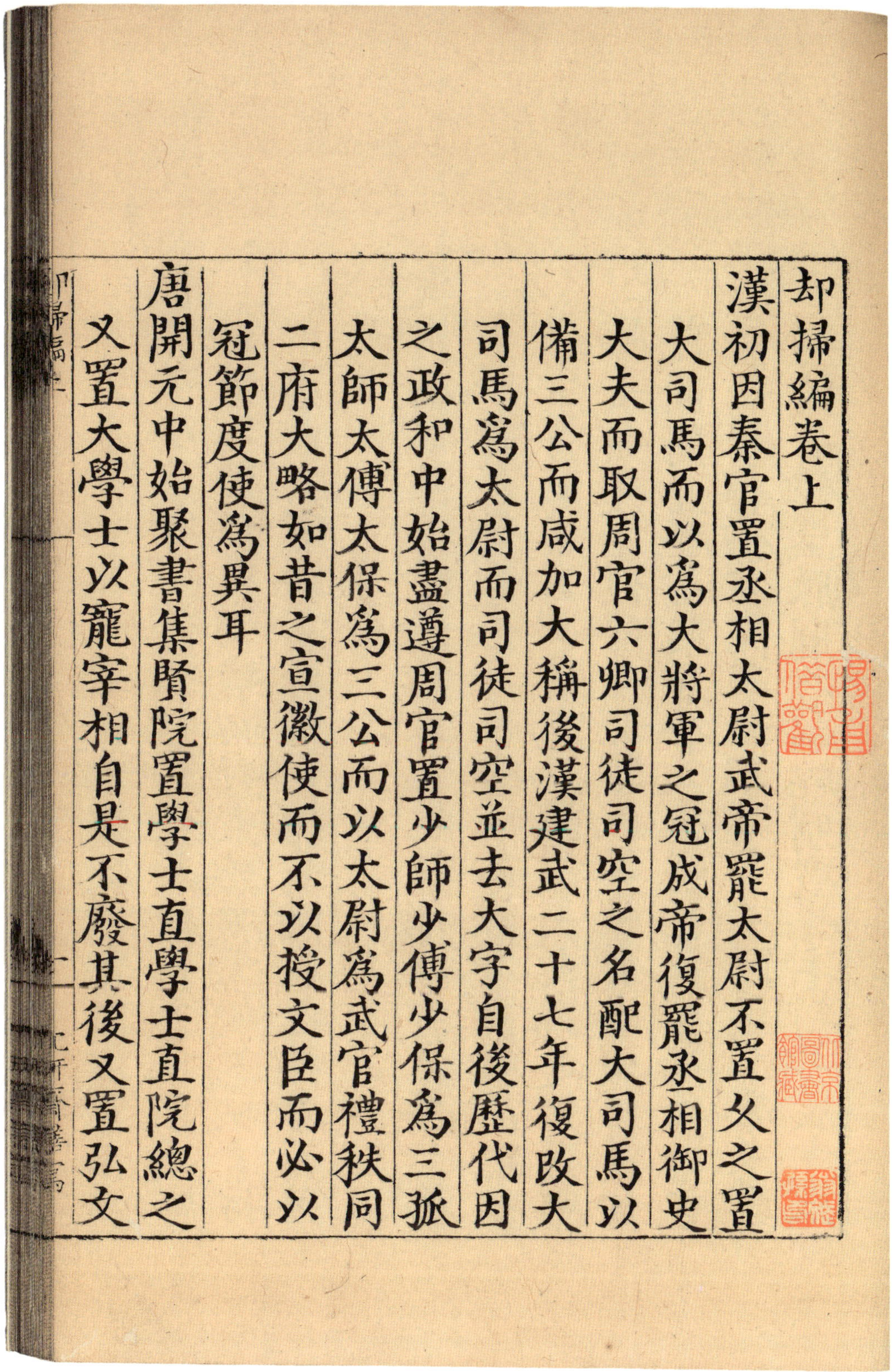
却掃編卷上
漢初因秦官置丞相太尉武帝罷太尉不置久之置大司馬而以爲大將軍之冠成帝復罷丞相御史大夫而取周官六卿司徒司空之名配大司馬以備三公而咸加大稱後漢建武二十七年復改大司馬爲太尉而司徒司空並去大字自後歷代因之政和中始盡遵周官置少師少傅少保爲三孤太師太傅太保爲三公而以太尉爲武官禮秩同二府大略如昔之宣徽使而不以授文臣而必以冠節度使爲異耳
唐開元中始聚書集賢院置學士直學士直院總之又置大學士以寵宰相自是不廢其後又置弘文

11781 却掃編三卷　（宋）徐度撰　明穴研齋抄本

匡高19厘米，廣16厘米。半葉十二行，行二十字，白口，四周單邊。有“翁斌孫印”等印。黄丕烈校並跋。國家圖書館藏。

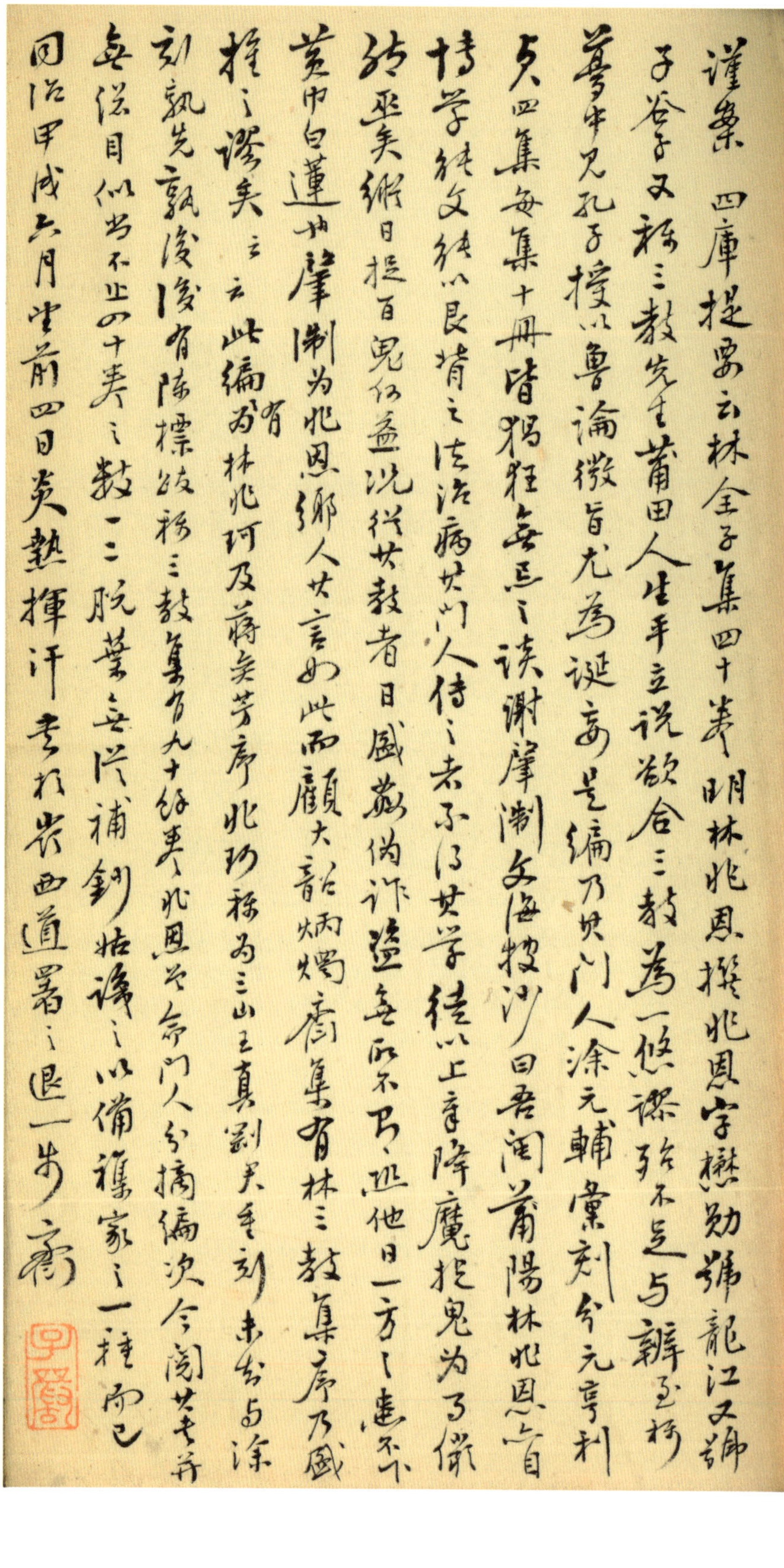

謹案 四庫提要云林全子集四十卷明林兆恩撰兆恩字懋勛號龍江又號子谷子又稱三教先生莆田人生平立說欲合三教爲一以聯孫不足与辯至持尊中兄孔子攙以釋論微旨尤爲誕妄是編乃其門人涂元輔彙刻分元亨利貞四集每集十冊皆猖狂無忌之談謝肇淛文海披沙曰吾閩莆陽林兆恩首持孝經文經以艮背之法治病其門人傳之未得其學徒以上帝降魔捉鬼為了僻說惑愚其術日提百鬼作盜說從其教者日盛蔵偽詐盜無所不至迎他日一方之患不小莫市白蓮也肇淛為兆恩鄉人其言如此而顧大韶炳燭齋集有林三教集序乃盛推之謬矣云云 此編有為林兆珂及蔣奕芳序兆珂稱為三山王真劉天香刻未知与涂刻孰先孰後有陳標跋稱三教集有九十餘卷乃兆恩命門人分摘編次今閱其書并無総目似當不止四十卷之數亡脫葉無從補鈔姑識之以備稽家之一種而已

同治甲戌六月望前四日炎熱揮汗書於嶺西道署之退一步齋

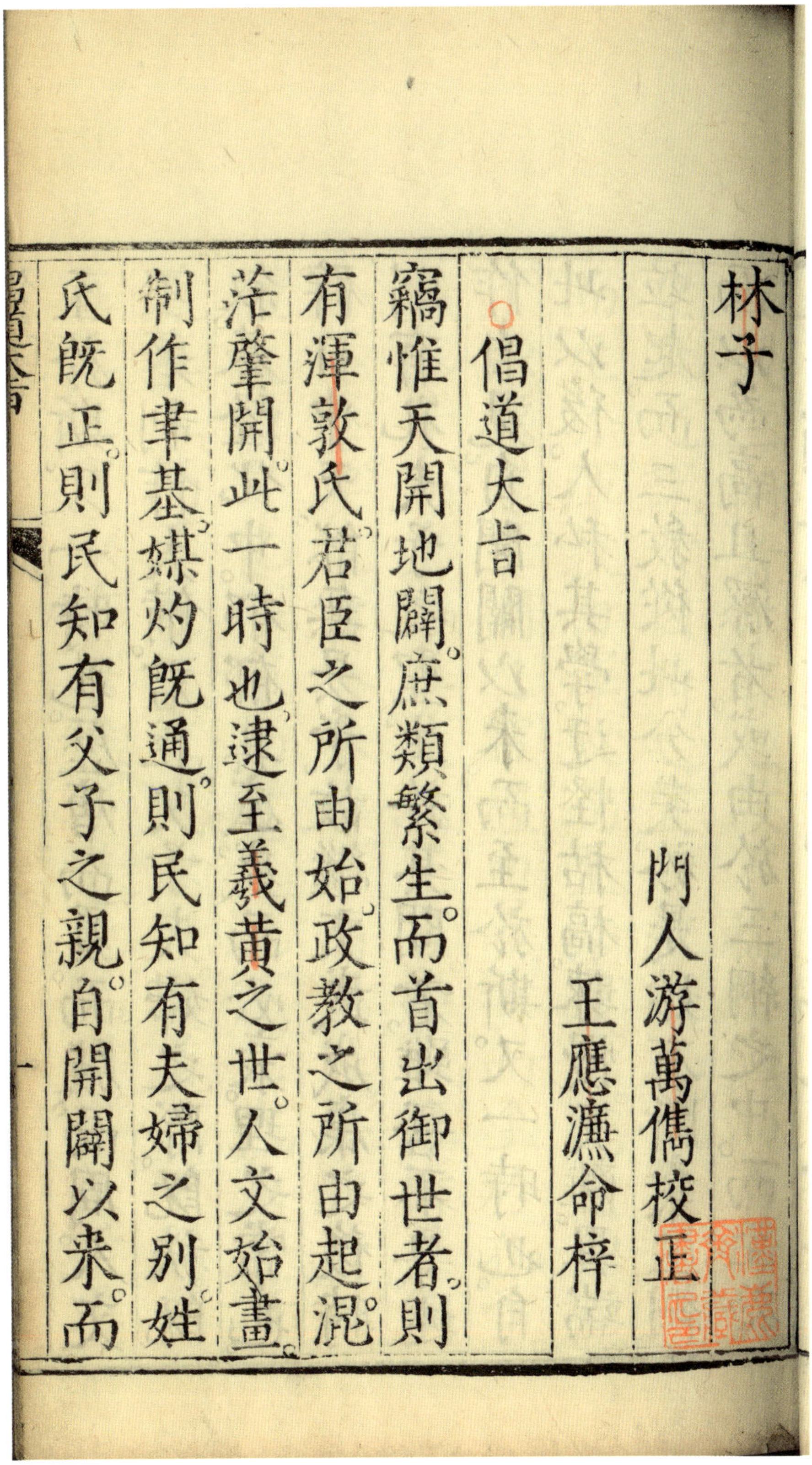

林子

門人游萬儁校正

王應濂命梓

倡道大旨

竊惟天開地闢庶類繁生而首出御世者則有渾敦氏君臣之所由始政教之所由起混茫肇開此一時也逮至羲黃之世人文始畫制作聿基媒妁既通則民知有夫婦之別姓氏既正則民知有父子之親自開闢以來而

11780 林子會編七十九種一百十七卷 （明）林兆恩撰 明萬曆刻本

匡高19.6厘米，廣14.2厘米。半葉九行，行十七字，小字雙行同，白口或黑口，四周雙邊。有“子嚴”“漢鹿齋藏書印”等印。方濬師跋。南京大學圖書館藏。

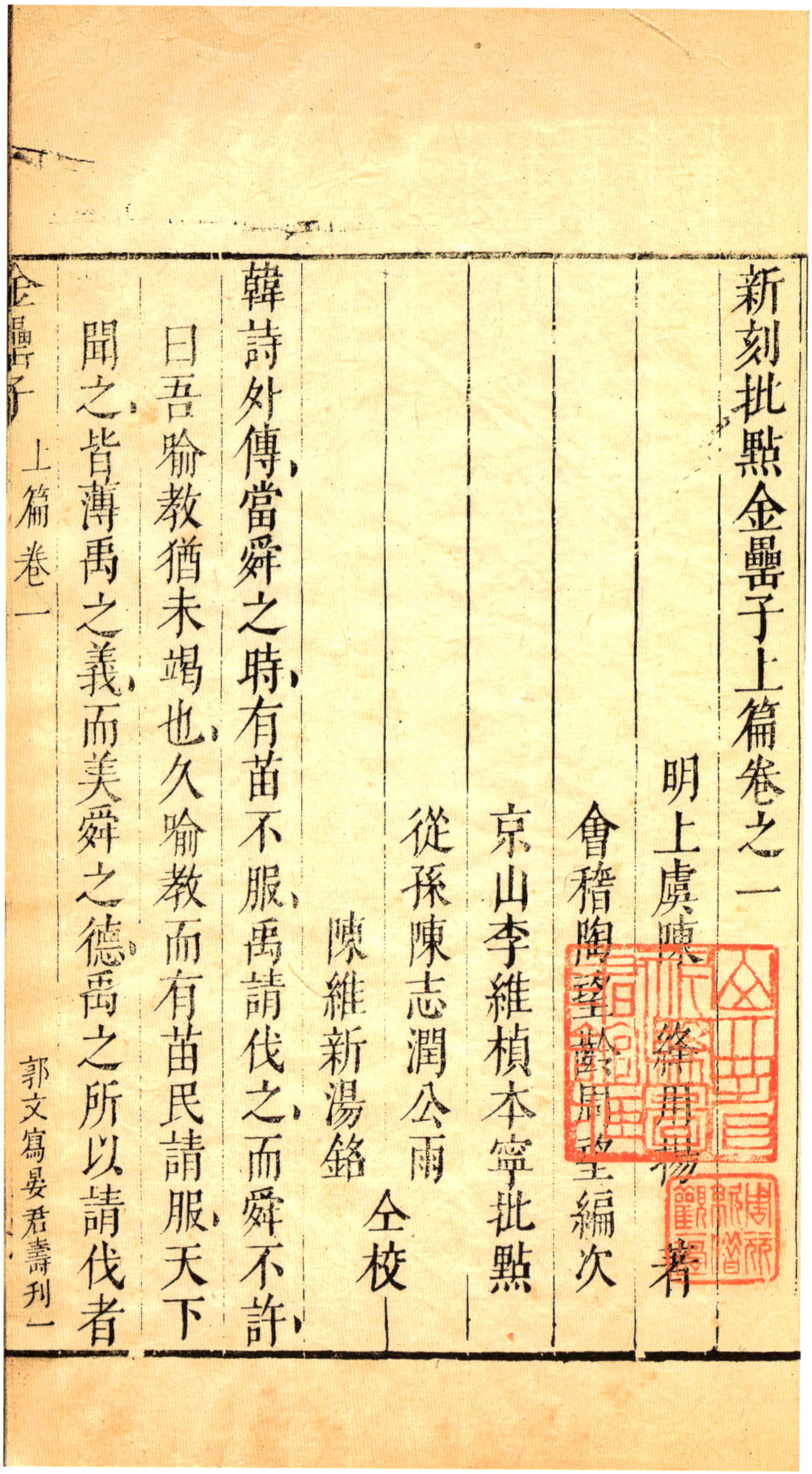

新刻批點金罍子上篇卷之一

明上虞陳絳書暘著

會稽陶望齡周望編次

京山李維楨本寧批點

從孫陳志潤公雨

陳維新湯銘 仝校

韓詩外傳、當舜之時、有苗不服、禹請伐之、而舜不許、

曰吾喻教猶未竭也、久喻教而有苗民請服、天下

聞之、皆薄禹之義、而美舜之德、禹之所以請伐者

金罍子 上篇卷一 郭文寫晏君壽刊 一

11779 新刻批點金罍子上篇二十卷中篇十二卷下篇十二卷 （明）陳絳撰 （明）李維楨批點 明泰昌元年（1620）刻本

匡高20.3厘米，廣15厘米。半葉九行，行二十字，白口，左右雙邊。山西省祁縣圖書館藏。

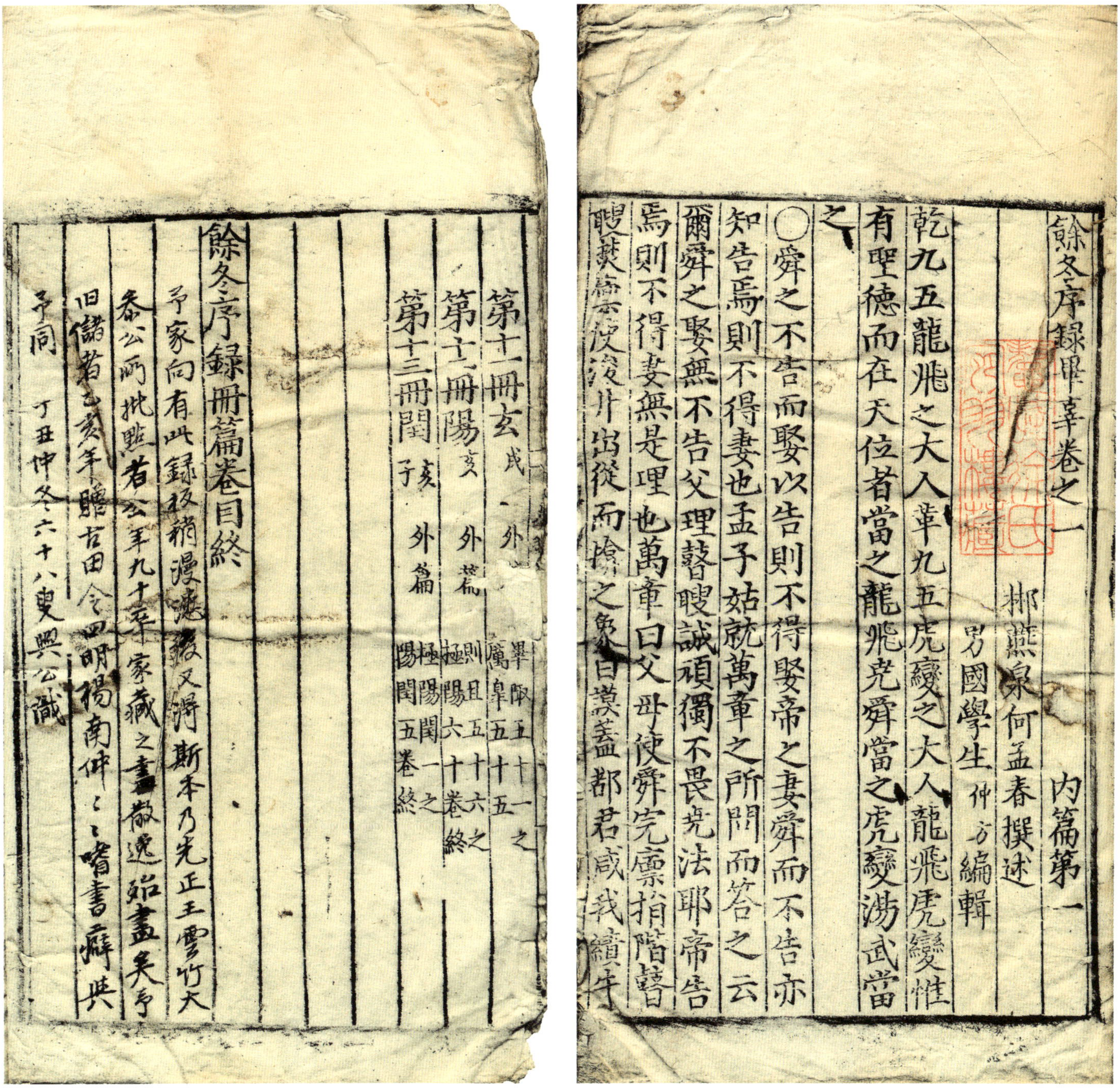

11778 餘冬序録六十五卷 （明）何孟春撰　明嘉靖七年（1528）郴州何氏家塾刻本

匡高20.7厘米，廣13.9厘米。半葉十一行，行二十一字，白口，左右雙邊。有“縏峰徐氏宛羽樓藏”等印。徐𤊹跋。暨南大學圖書館藏。

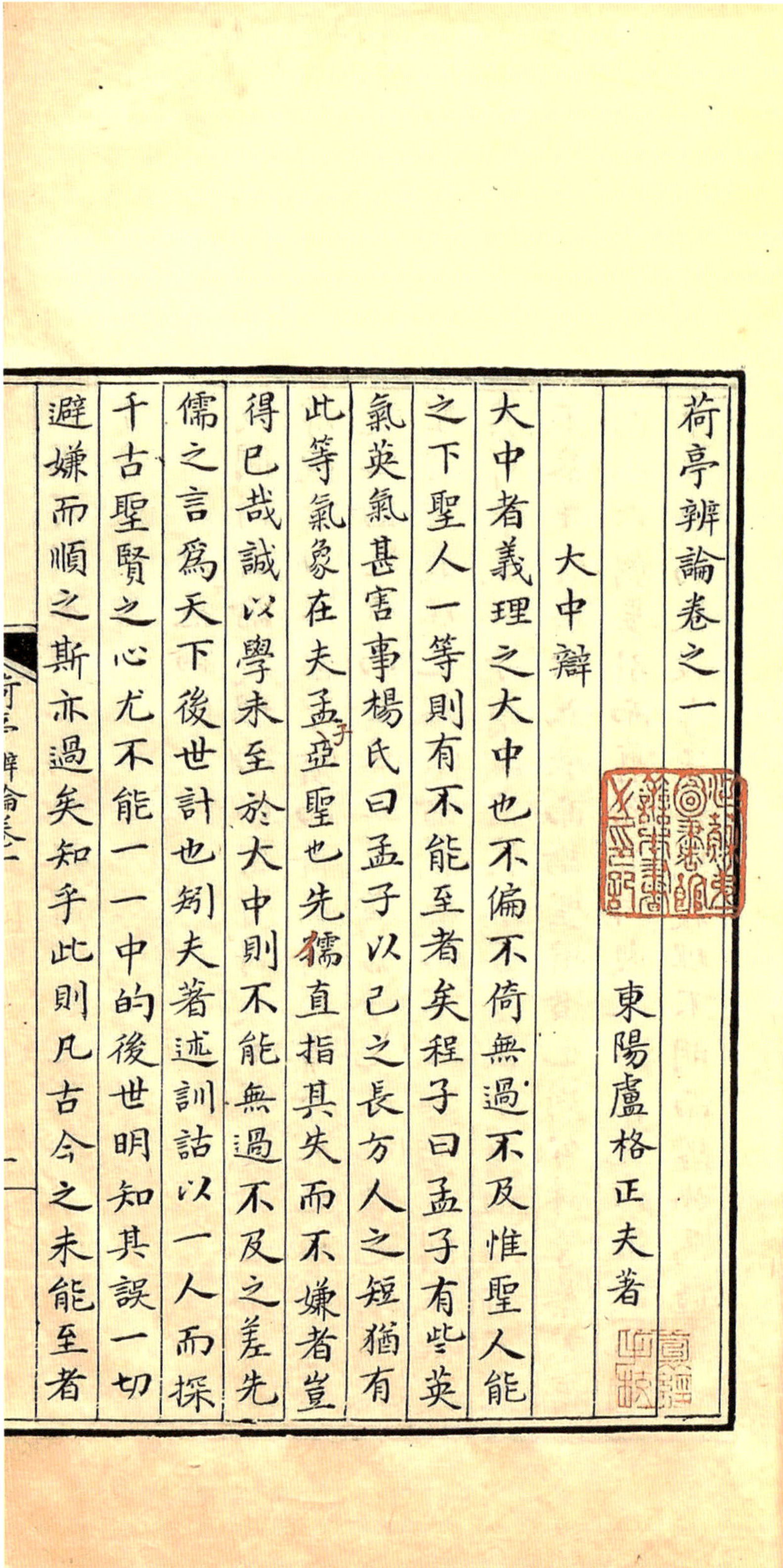

荷亭辨論卷之一
東陽盧格正夫著
大中辯
大中者義理之大中也不偏不倚無過不及惟聖人能
之下聖人一等則有不能至者矣程子曰孟子有些英
氣英氣甚害事楊氏曰孟子以己之長方人之短猶有
此等氣象在夫孟子亞聖也先儒直指其失而不嫌者豈
得已哉誠以學未至於大中則不能無過不及之差先
儒之言爲天下後世計也矧夫著述訓詁以一人而探
千古聖賢之心尤不能一一中的後世明知其誤一切
避嫌而順之斯亦過矣知乎此則凡古今之未能至者

11777 荷亭辨論十卷補遺一卷 （明）盧格撰　清乾隆三十九年（1774）盧文弨抄本（卷六至十、補遺配清抄本）

匡高19厘米，廣13.6厘米。半葉十一行，行二十一字，白口，四周雙邊。盧文弨校並跋，丁丙跋。南京圖書館藏。

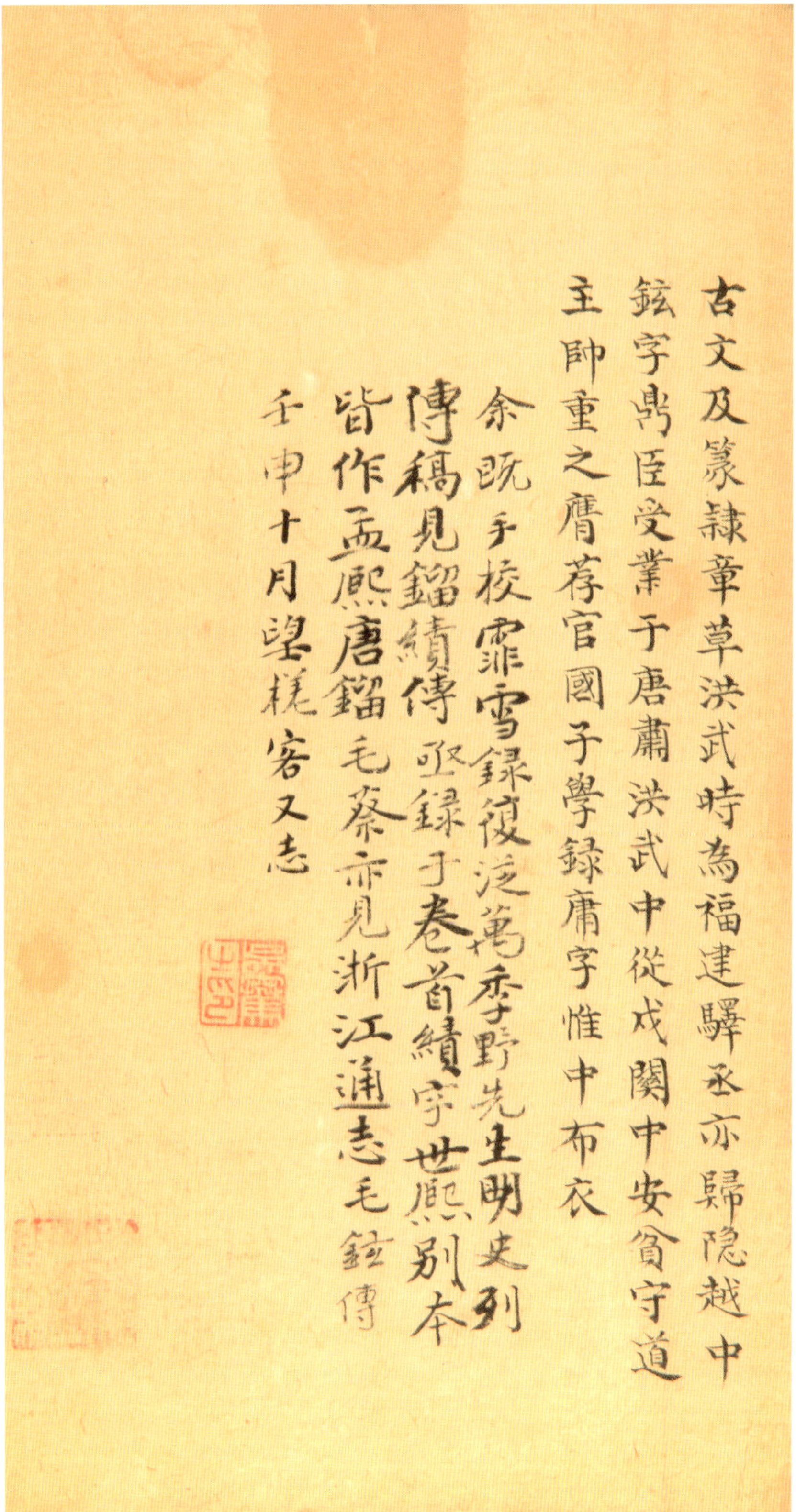
古文及篆隸章草洪武時為福建驛丞亦歸隱越中
鉉字禹臣受業于唐肅洪武中從戍關中安貧守道
主帥重之膺荐官國子學錄庸字惟中布衣
余既手校霏雪錄復從萬季野先生明史列
傳稿見鎦績傳亟錄于卷首績字世熙別本
皆作孟熙唐鎦毛袞亦見浙江通志毛鉉傳
壬申十月望槎客又志

11776 霏雪録不分卷

宋諸賢論唐以前詩多有得其旨際者至論本朝人詩便失其本心此俗所謂護短者也

績年十一二時嘗侍家君謄詩稾有門外江深水没扉之句績進曰江深爲得没扉不若潮来爲勝家君遽投筆驚歎曰吾兒可與言詩矣遂定爲潮来字自是命績學詩

寓按江深二字本是詩用猶云江深耳殊有餘味若作潮来便是點金成鐵真兒童之見況潮有信一日兩來没扉[illegible]者[illegible]不堪父從之者始以其童稚[illegible]之與[illegible]詩[illegible]茍從以鼓勵之[illegible]

杜牧之赤壁詩云東風不與周郎便銅雀春深鎖二喬詩意正謂瑜盡力一戰上以得二喬爲功而忘遠大之業蓋譏之也許彦周謂措大不識好悪正痴人前不可説夢耳

韓文公以道學文章自任獨於詩推尊李杜累〻見諸篇什如城南聯句云蜀雄李杜抜如薦士云勃興得李杜萬彙困凌暴如酬盧雲夫望秋云高揖羣公謝名譽遠追甫白感至誠如石鼓云少陵無人謫仙死才薄将奈石鼓何之類此可見公不自高處

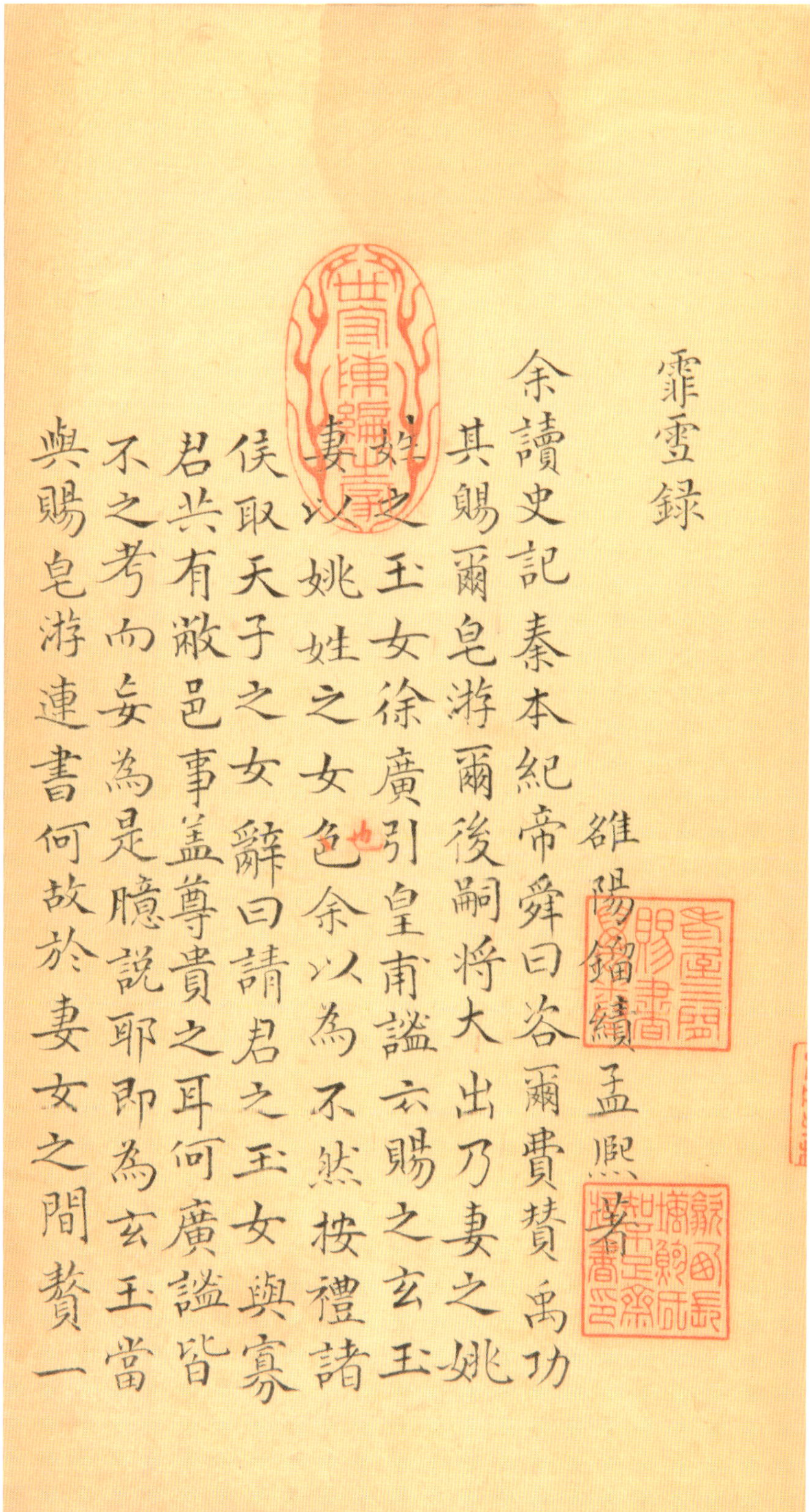

霏雪録

維陽鎦績孟熙著

余讀史記秦本紀帝舜曰咨爾費賛禹功其賜爾皂游爾後嗣將大出乃妻之玄玉姚姓之玉女徐廣引皇甫謐云賜之玄玉妻以姚姓之女也余以為不然按禮諸侯取天子之女辭曰請君之玉女與寡君共有敝邑事盖尊貴之耳何廣謚皆不之考而妄為是臆說耶即為玄玉當與賜皂游連書何故於妻女之間贅一

11776 霏雪録不分卷 （明）鎦績撰　清初抄本

半葉十行，行十六字。有“歙西長塘鮑氏知不足齋藏書印”“吴騫之印”等印。鮑廷博校，吴騫校並跋。上海圖書館藏。

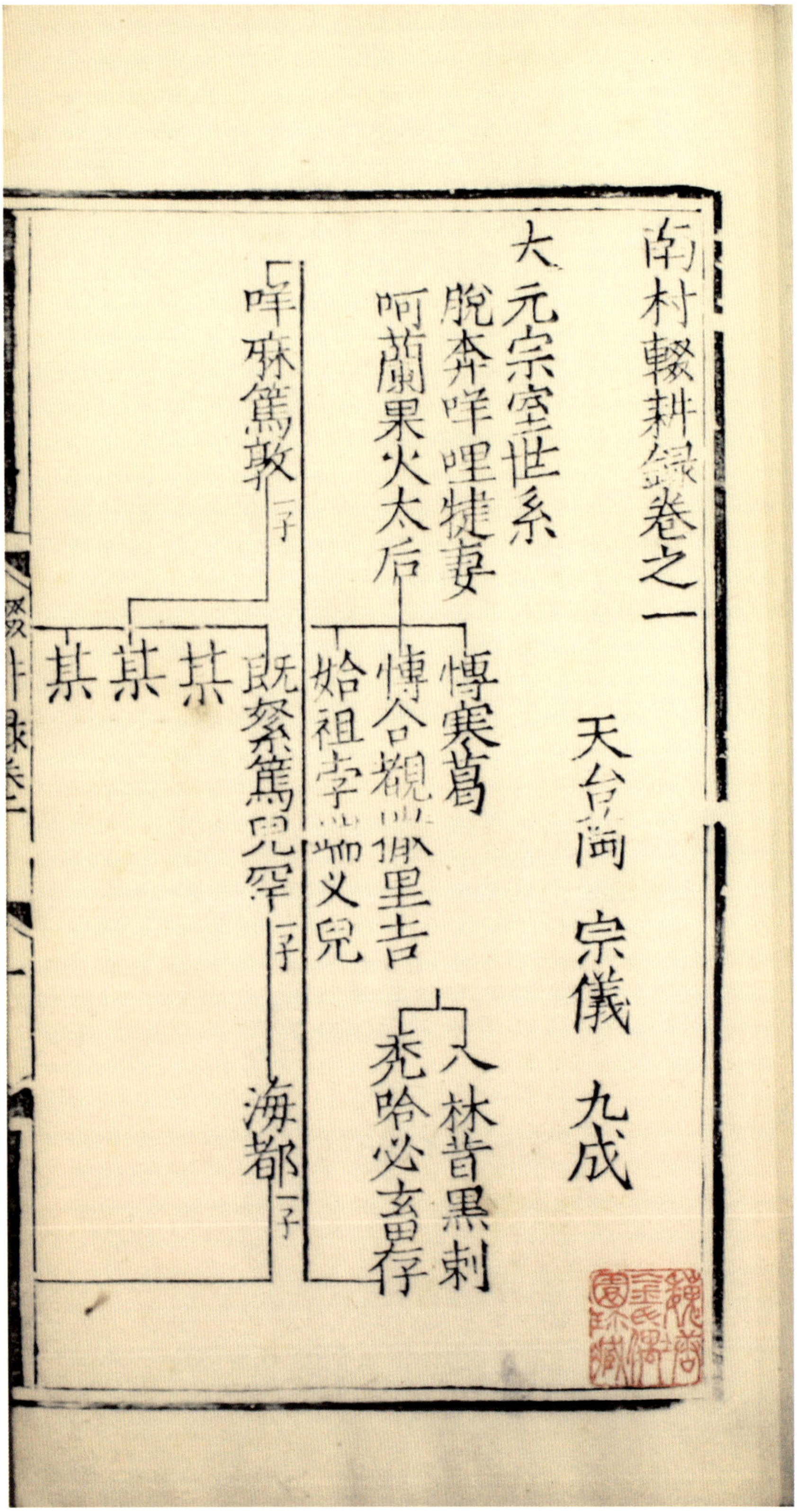

南村輟耕録卷之一
天台陶　宗儀　九成
大元宗室世系
脱奔咩哩犍妻
呵闌果火太后
愽寒葛
愽合覩撒里吉
始祖孛端叉兒
八林昔黑剌
禿哈必畜存
咩麻篤敦　一子
既拏篤兒罕　一子
海都　一子
其　其　其

11775 南村輟耕録三十卷　（明）陶宗儀撰　明成化十年（1474）戴珊刻本

匡高22厘米，廣14.1厘米。半葉十行，行二十二字，黑口，四周雙邊。中央民族大學圖書館藏。

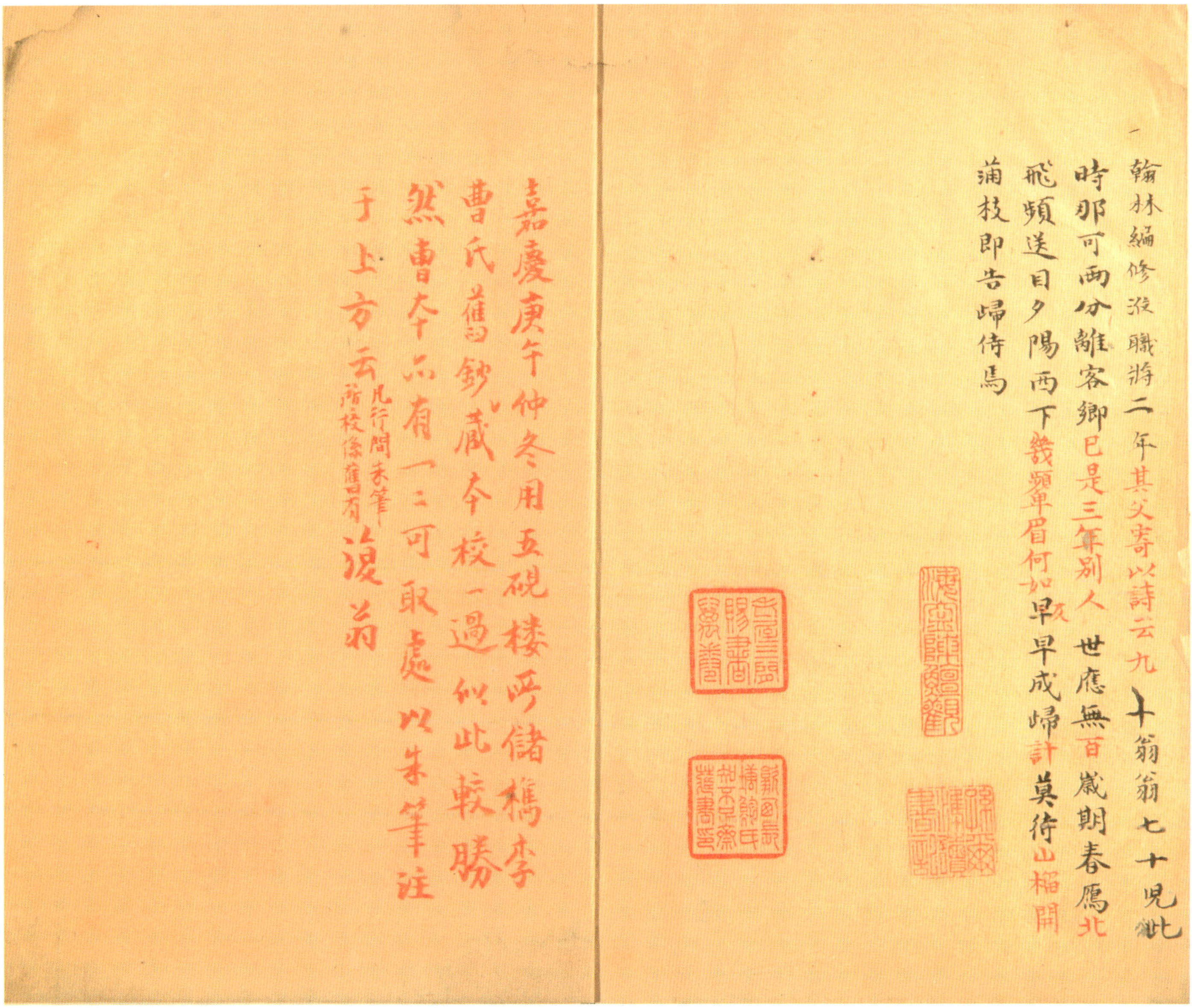

一翰林編修沒職將二年其父寄以詩云九十翁翁七十兒此時那可兩分離客鄉已是三年別人世應無百歲期春雁北飛頻送目夕陽西下幾顰眉何如早歟早成歸計莫待山榴開蒲枝即告歸侍焉

嘉慶庚午仲冬用五硯樓所儲檇李曹氏舊鈔藏本校一過似此較勝然曹本亦有一二可取處以朱筆注于上方云 凡行間朱筆所校係舊有 復翁

11774 庶齋老學叢談三卷

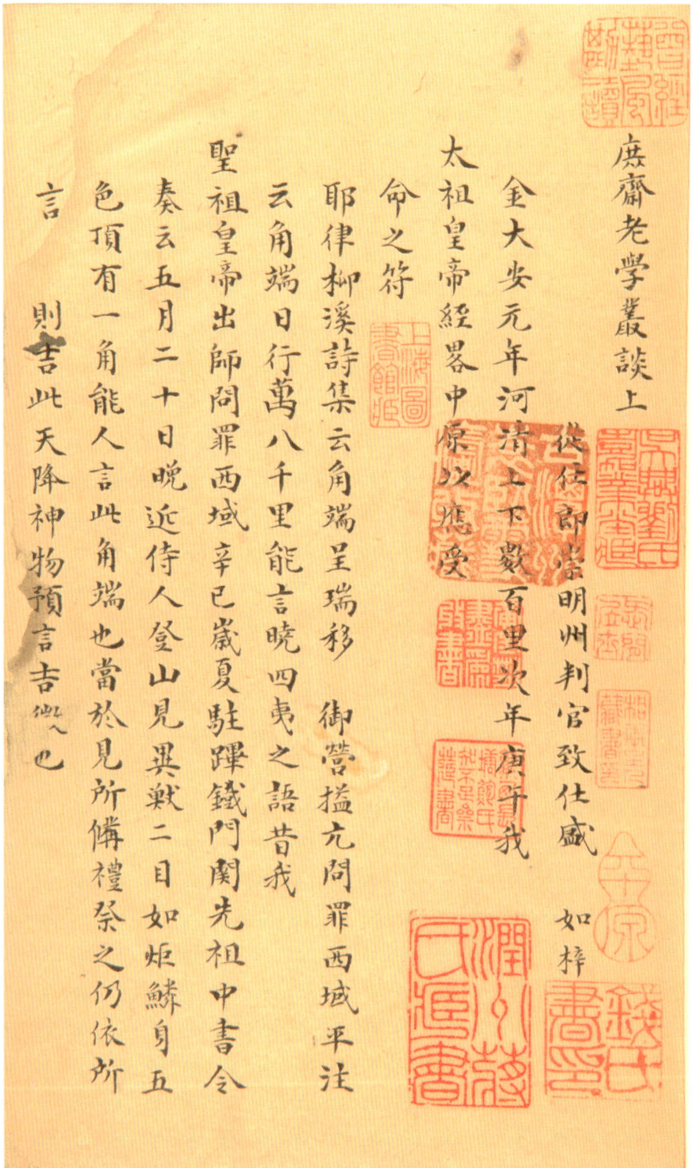
庶齋老學叢談上
從仕郎崇明州判官致仕盛　如梓
金大安元年河清上下數百里次年庚午我
太祖皇帝經畧中原以應受
命之符
耶律柳溪詩集云角端呈瑞移　御營擩先問罪西域平注
云角端日行萬八千里能言曉四夷之語昔我
聖祖皇帝出師問罪西域辛巳歲夏駐蹕鐵門關先祖中書令
奏云五月二十日晚近侍人登山見異獸二目如炬鱗身五
色頂有一角能人言此角端也當於見所備禮祭之仍依所
言則吉此天降神物預言吉凶也

11774 庶齋老學叢談三卷　（元）盛如梓撰　清抄本

半葉十一行，行二十四字。有“潤州蔣氏藏書”“歙西長塘鮑氏知不足齋藏書”“海寧陳鱣觀”“古潭州袁臥雪廬收藏”“曾經藝風勘讀”“吳興劉氏嘉業堂藏”等印。鮑廷博校，黄丕烈校並跋。上海圖書館藏。

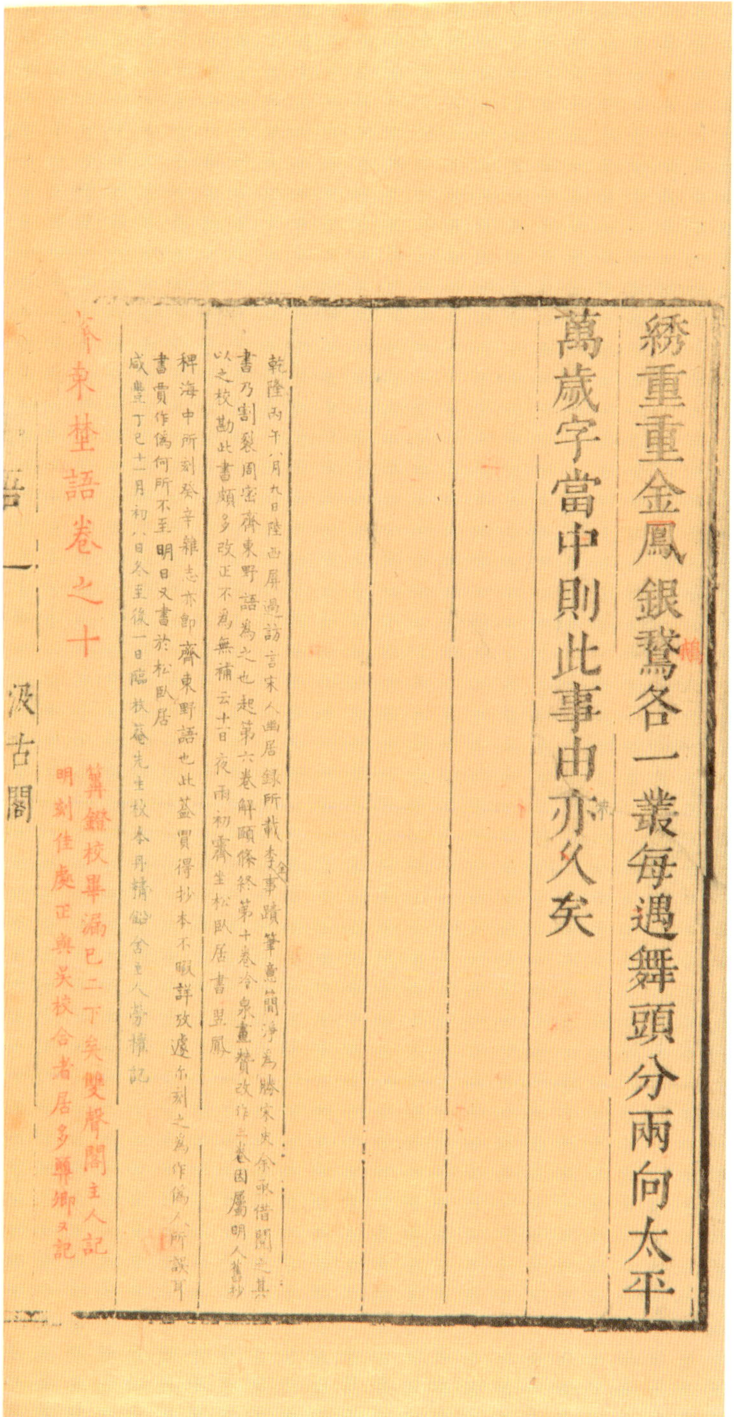
綉重重金鳳銀鷺各一叢每遇舞頭分兩向太平
萬歲字當中則此事由亦久矣
乾隆丙午八月九日陸西屏過訪言宋人幽居錄所載李全事蹟筆意簡淨爲勝宋史余取借閱之其
書乃割裂周密齊東野語爲之也起第六卷解頤條終第十卷冷泉畫贊改作三卷因屬明人舊抄
以之校勘此書頗多改正不爲無補云十日夜雨初霽生松臥居書昱鳳
稗海中所刻癸辛雜志亦即齊東野語也此蓋賈得抄本不暇詳攷遂爾刻之爲作僞人所誤耳
書賈作僞何所不至明日又書於松臥居
咸豐丁巳十一月初八日冬至後一日臨杕菴先生校本丹精鉛舍主人勞權記
齊東埜語卷之十
算鐙校畢漏已二下矣雙聲閣主人記
明刻佳處正與吳校合者居多蕈卿又記
語 一 汲古閣

11773 齊東野語二十卷

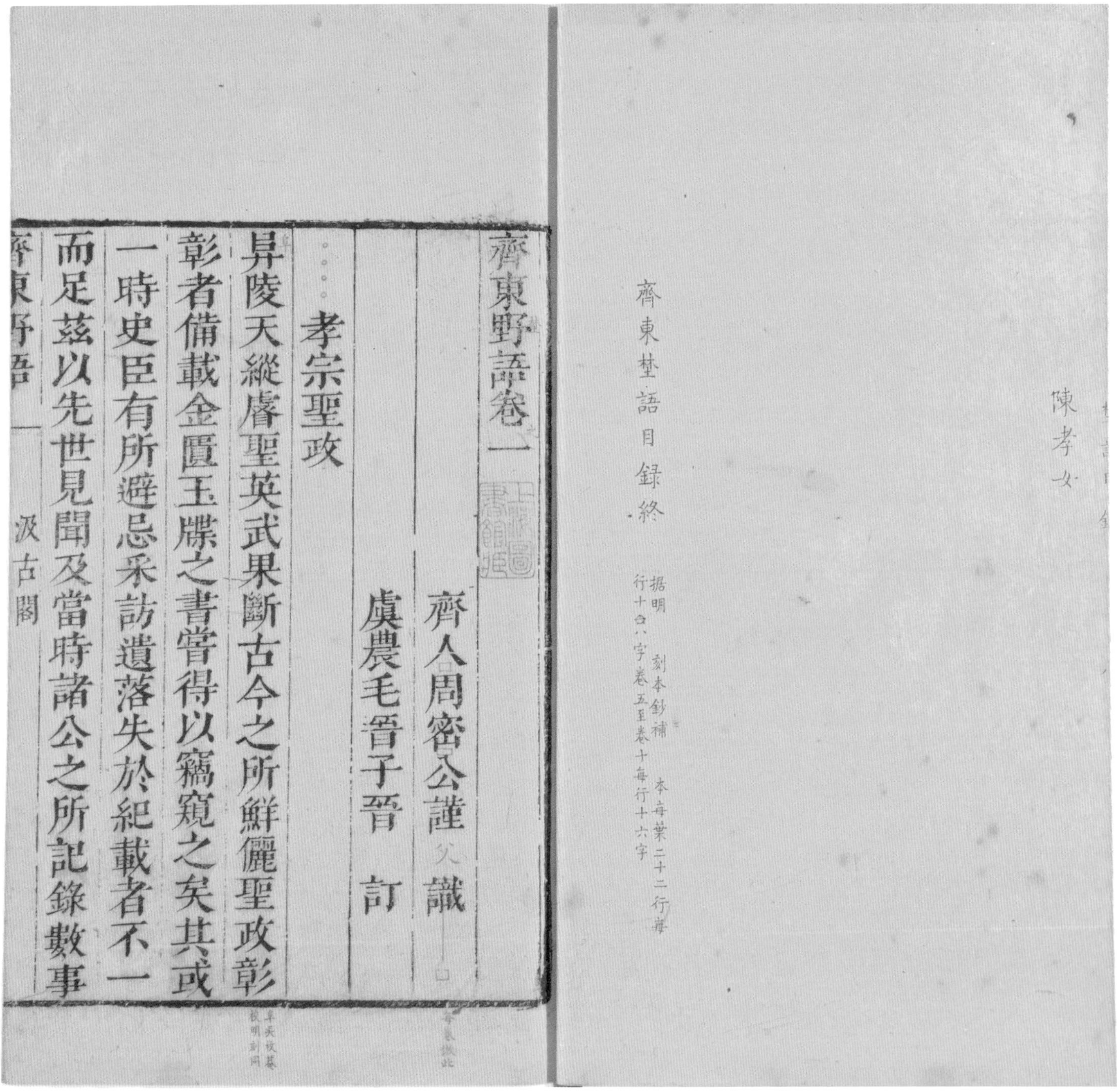

11773 齊東野語二十卷 （宋）周密撰　明崇禎毛氏汲古閣刻津逮秘書本

匡高18.7厘米，廣13.5厘米。半葉八行，行十九字，小字雙行同，白口，左右雙邊。勞權校並補目又録吳翌鳳校跋。上海圖書館藏。

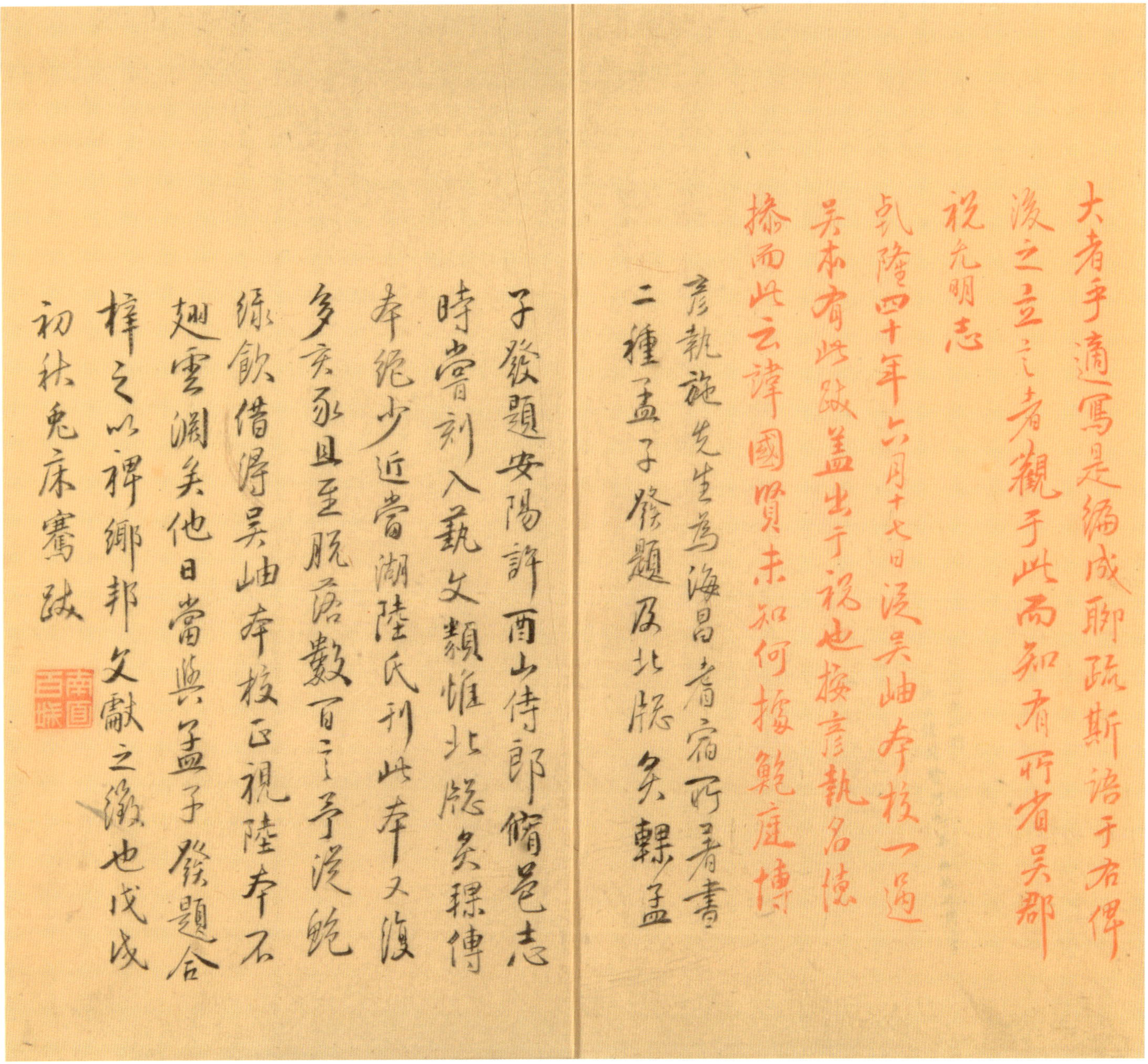
大者乎適遇是編成聊疏斯語于右俾
後之立之者觀于此而知有所省吴郡
程允明志
乾隆四十年六月十七日從吴岫本校一過
吴本有此跋蓋出于程也按彥執名德
操而此云諱國賢未知何據鮑庭博
彥執施先生爲海昌耆宿所著書
二種孟子發題及北牕炙輠孟
子發題安陽許酉山侍郎脩邑志
時嘗刻入藝文類惟北牕炙輠傳
本絶少近當湖陸氏刊此本又復
多舛訛且至脫落數百言予從鮑
緑飲借得吴岫本校正視陸本不
翅雲泥矣他日當與孟子發題合
梓之以裨鄉邦文獻之缺也戊戌
初秋兎床騫跋

11772 北牕炙輠録二卷

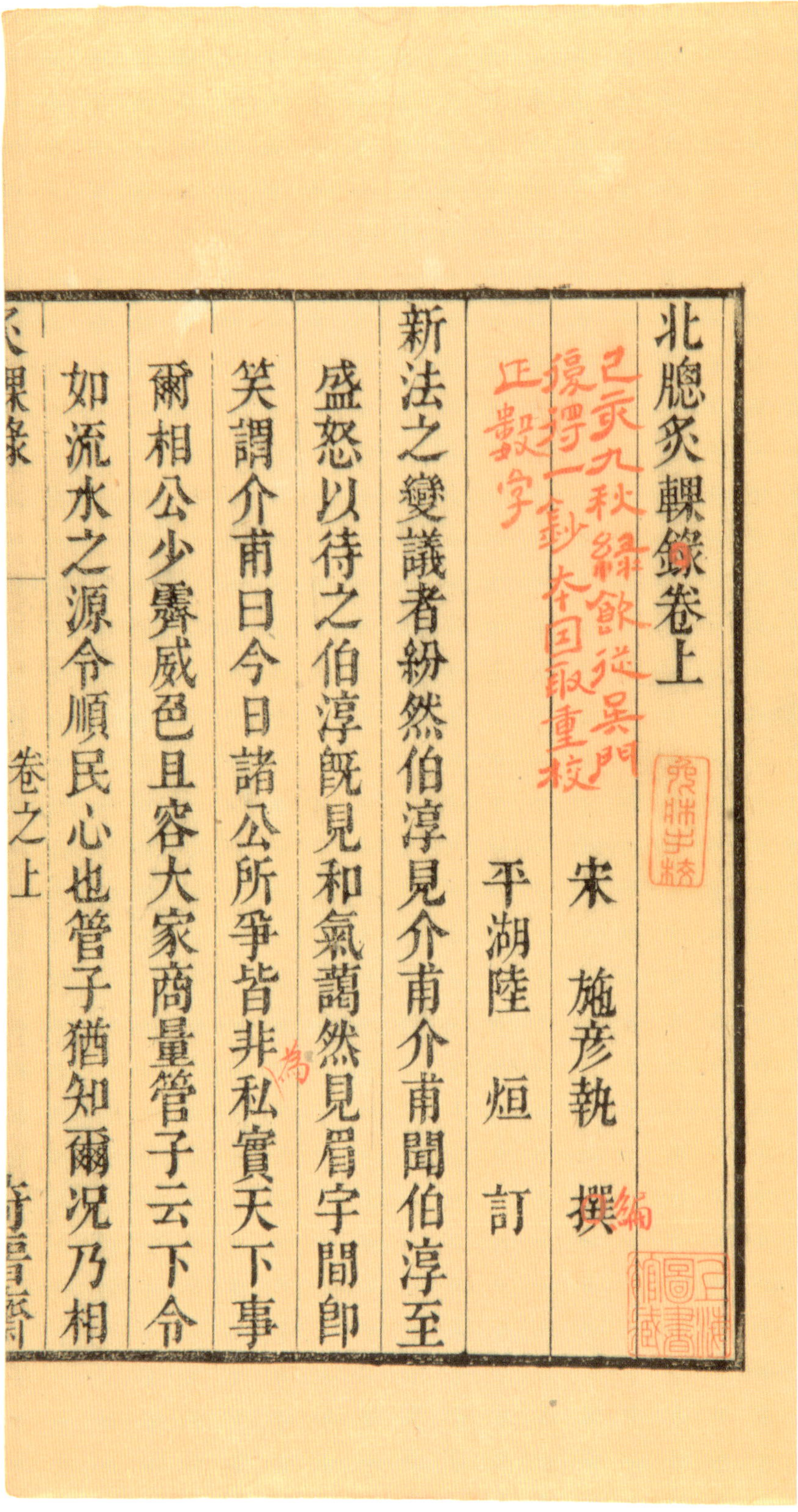
北牕炙輠錄卷上
宋　施彥執　撰
平湖陸　烜　訂
新法之變議者紛然伯淳見介甫介甫聞伯淳至
盛怒以待之伯淳既見和氣藹然見眉宇間卽
笑謂介甫曰今日諸公所爭皆非私實天下事
爾相公少霽威色且容大家商量管子云下令
如流水之源令順民心也管子猶知爾況乃相
炙輠錄　卷之上　奇晉齋

11772 北牕炙輠録二卷　（宋）施德操撰　清乾隆陸烜刻奇晉齋叢書本

匡高18.9厘米，廣13.5厘米。半葉八行，行十九字，白口，左右雙邊。有“兔牀手校”等印。吴騫校跋並録鮑廷博跋、丁祖蔭跋並録鮑廷博跋。上海圖書館藏。

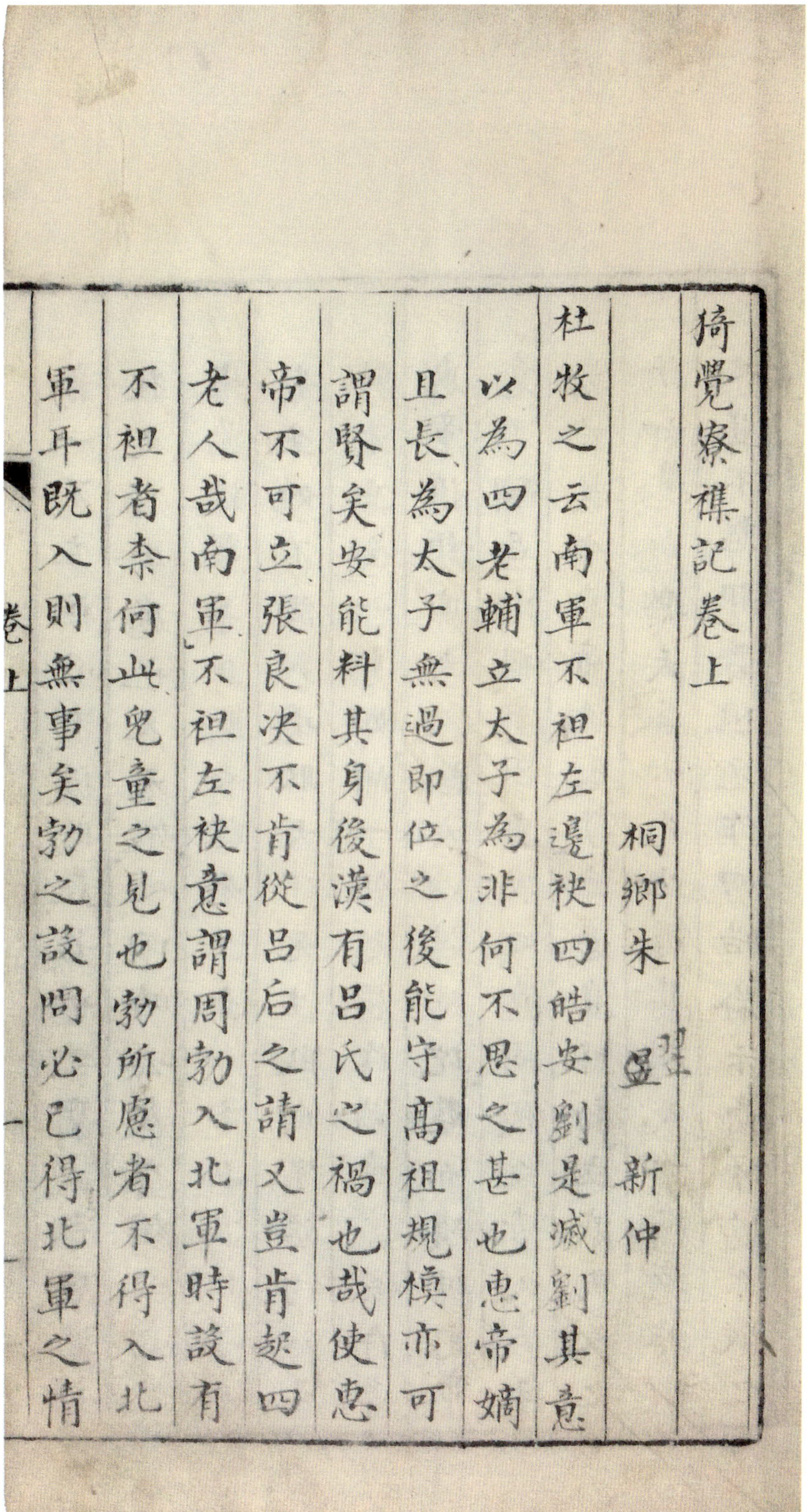

猗覺寮襍記卷上

桐鄉朱翌新仲

杜牧之云南軍不袒左邊袪四皓安劉是滅劉其意以為四老輔立太子為非何不思之甚也惠帝嫡且長為太子無過即位之後能守高祖規模亦可謂賢矣安能料其身後漢有呂氏之禍也哉使惠帝不可立張良決不肯從呂后之請又豈肯起四老人哉南軍不袒左袪意謂周勃入北軍時設有不袒者柰何此兒童之見也勃所慮者不得入北軍耳既入則無事矣勃之設問必已得北軍之情

卷上　一

11771 猗覺寮襍記二卷　（宋）朱翌撰　清初抄本

匡高20.7厘米，廣13.7厘米。半葉十行，行二十字，白口，左右雙邊。武漢圖書館藏。

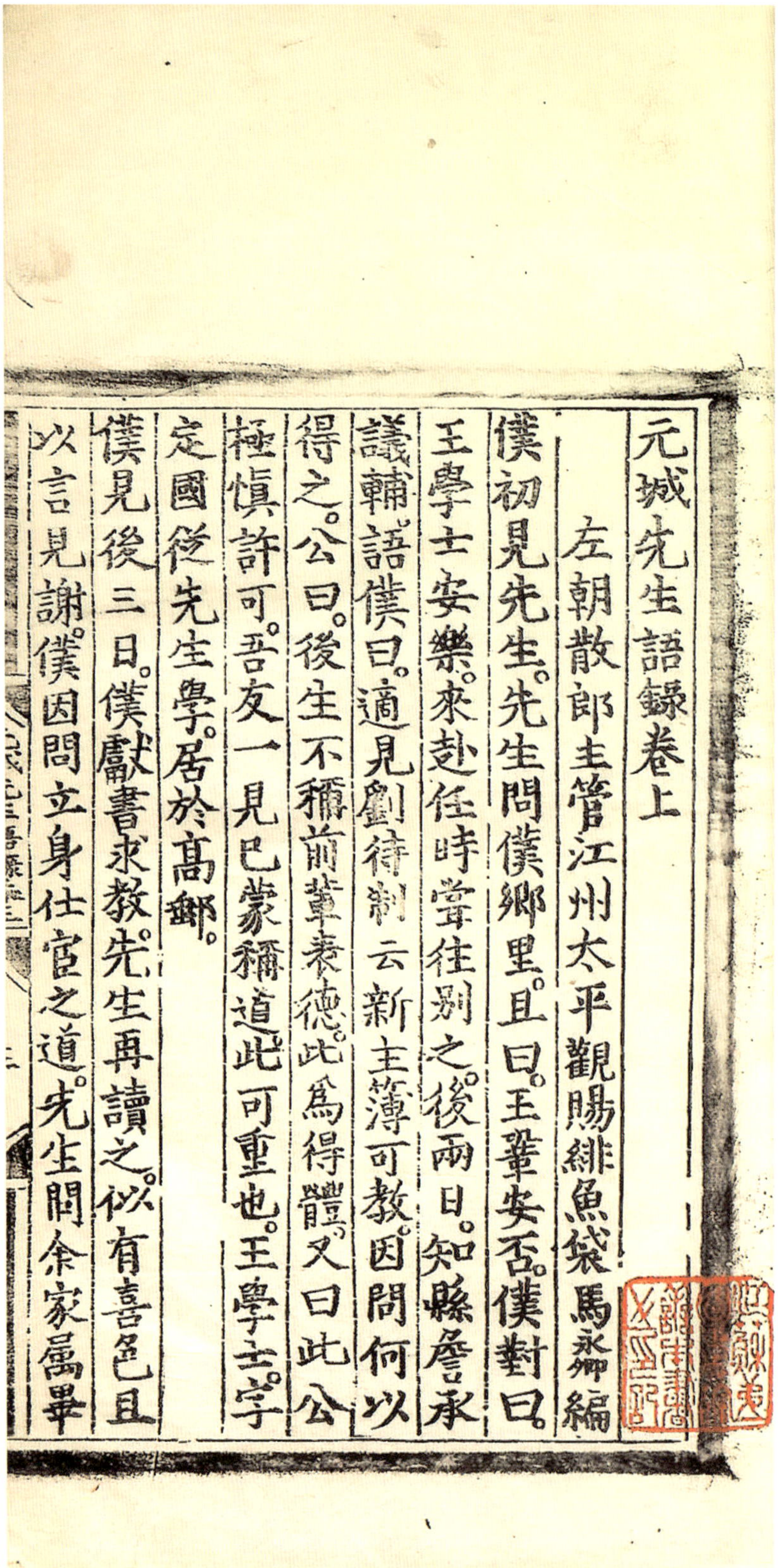
元城先生語録卷上
左朝散郎主管江州太平觀賜緋魚袋馬永卿編
僕初見先生。先生問僕鄉里。且曰。王鞏安否。僕對曰。王學士安樂。來赴任時嘗往別之。後兩日。知縣詹承議輔語僕曰。適見劉待制云新主簿可教。因問何以得之。公曰。後生不稱前輩表德。此爲得體。又曰此公極慎許可。吾友一見已蒙稱道此可重也。王學士字定國。從先生學。居於高郵。
僕見後三日。僕獻書求教。先生再讀之。以有喜色且以言見謝。僕因問立身仕宦之道。先生問余家屬畢

11770 元城先生語録三卷 （宋）馬永卿編 **元城先生行録一卷**

（明）崔銑輯 明正德十三年（1518）張儒刻本

匡高19厘米，廣12.9厘米。半葉十行，行二十字，黑口，四周雙邊。丁丙跋。南京圖書館藏。

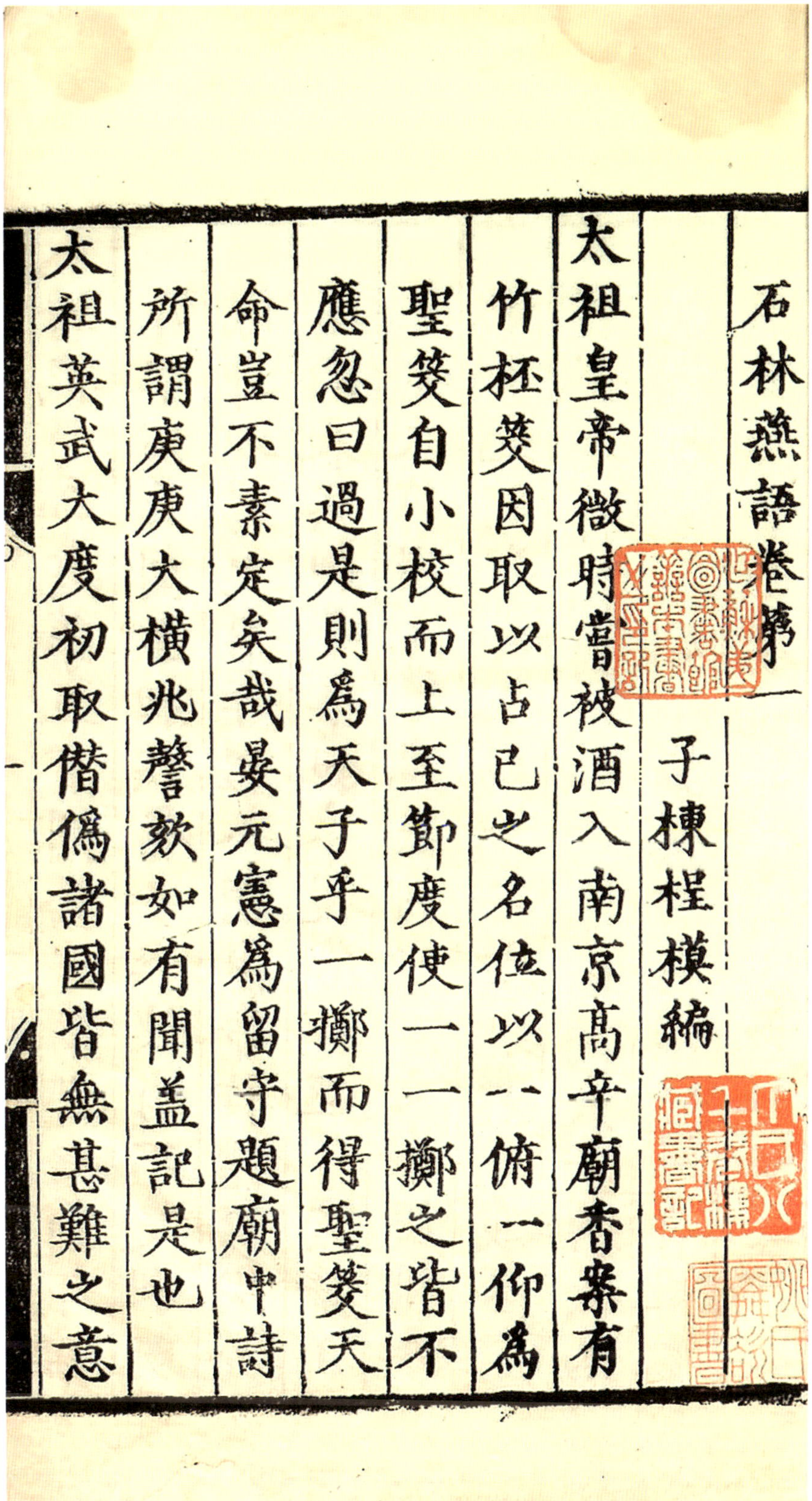

11769 石林燕語十卷 （宋）葉夢得撰　明正德元年（1506）楊武刻本

匡高20.8厘米，廣14.7厘米。半葉九行，行十八字，小字雙行同，黑口，左右雙邊。有“丁氏八千卷樓藏書記”等印。丁丙跋。南京圖書館藏。

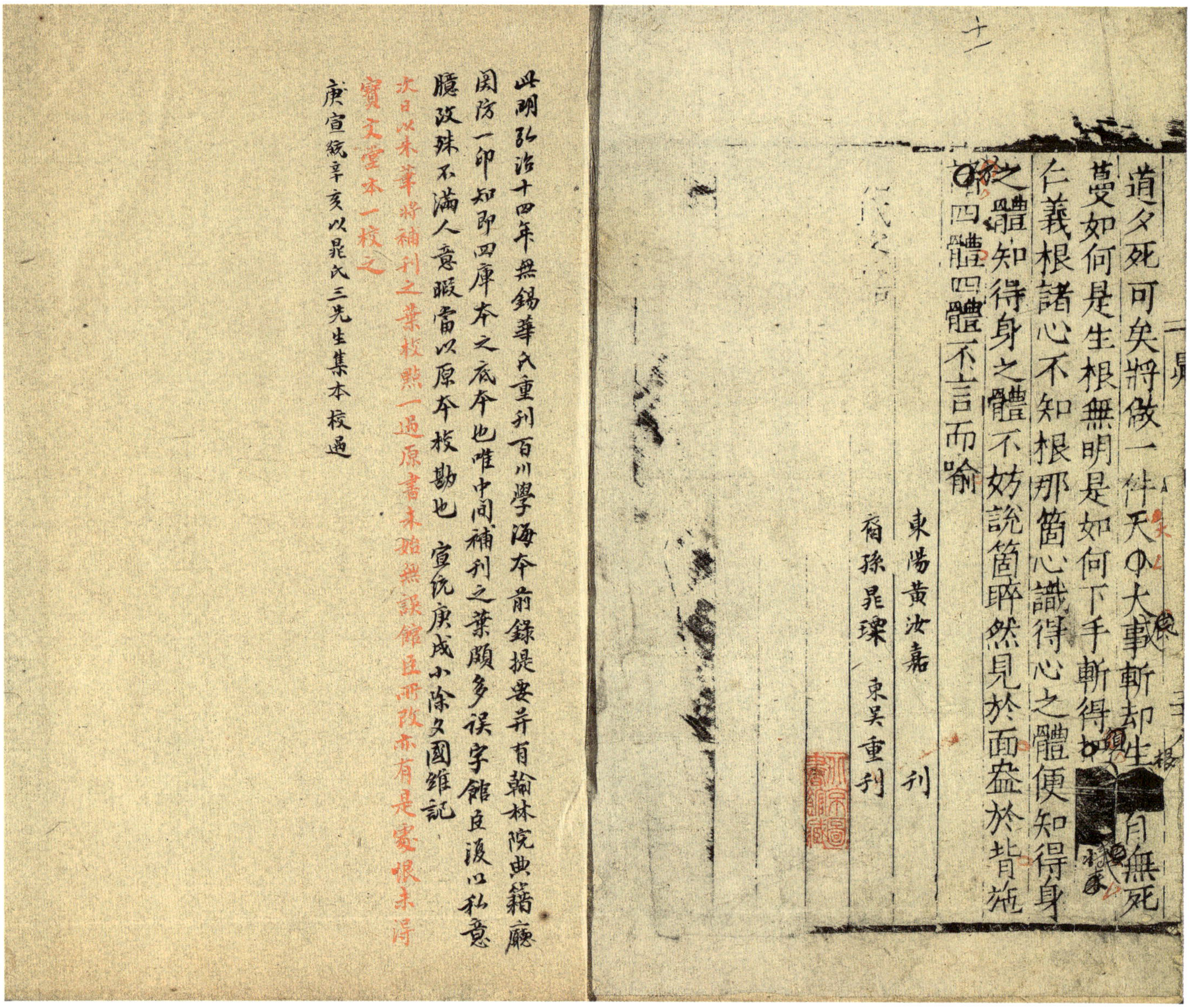

道夕死可矣將做一件天大事斬却生[illegible]自無死
蔓如何是生根無明是如何下手斬得
仁義根諸心不知根那箇心識得心之體便知得身
之體知得身之體不妨說箇睟然見於面盎於背施
於四體四體不言而喻

東陽黃汝嘉　刊
裔孫晁瑮　東吳重刊

此明弘治十四年無錫華氏重刊百川學海本前錄提要并有翰林院典籍廳関防一印知即四庫本之底本也唯中間補刊之葉頗多誤字館臣複以私意臆改殊不滿人意暇當以原本校勘也　宣統庚戌小除夕國維記

次日以朱筆將補刊之葉校點一過原書未始無誤館臣所改亦有是處恨未得寶文堂本一校之

庚宣統辛亥以晁氏三先生集本校過

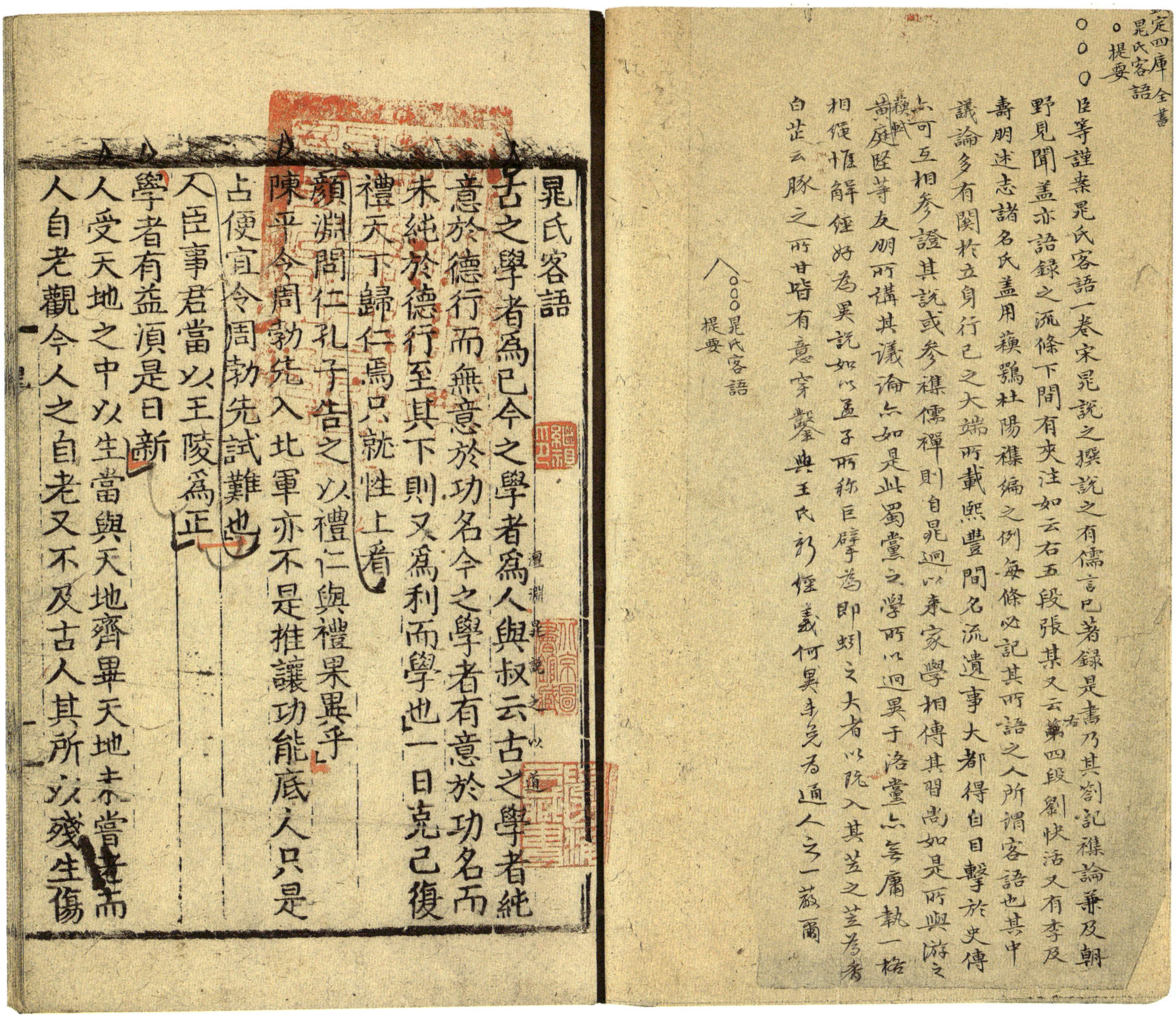

11768 晁氏客語一卷 （宋）晁説之撰　明弘治十四年（1501）華珵刻百川學海本[四庫底本]

匡高19.2厘米，廣14.5厘米。半葉十二行，行二十字，白口，左右雙邊。王國維校並跋。國家圖書館藏。

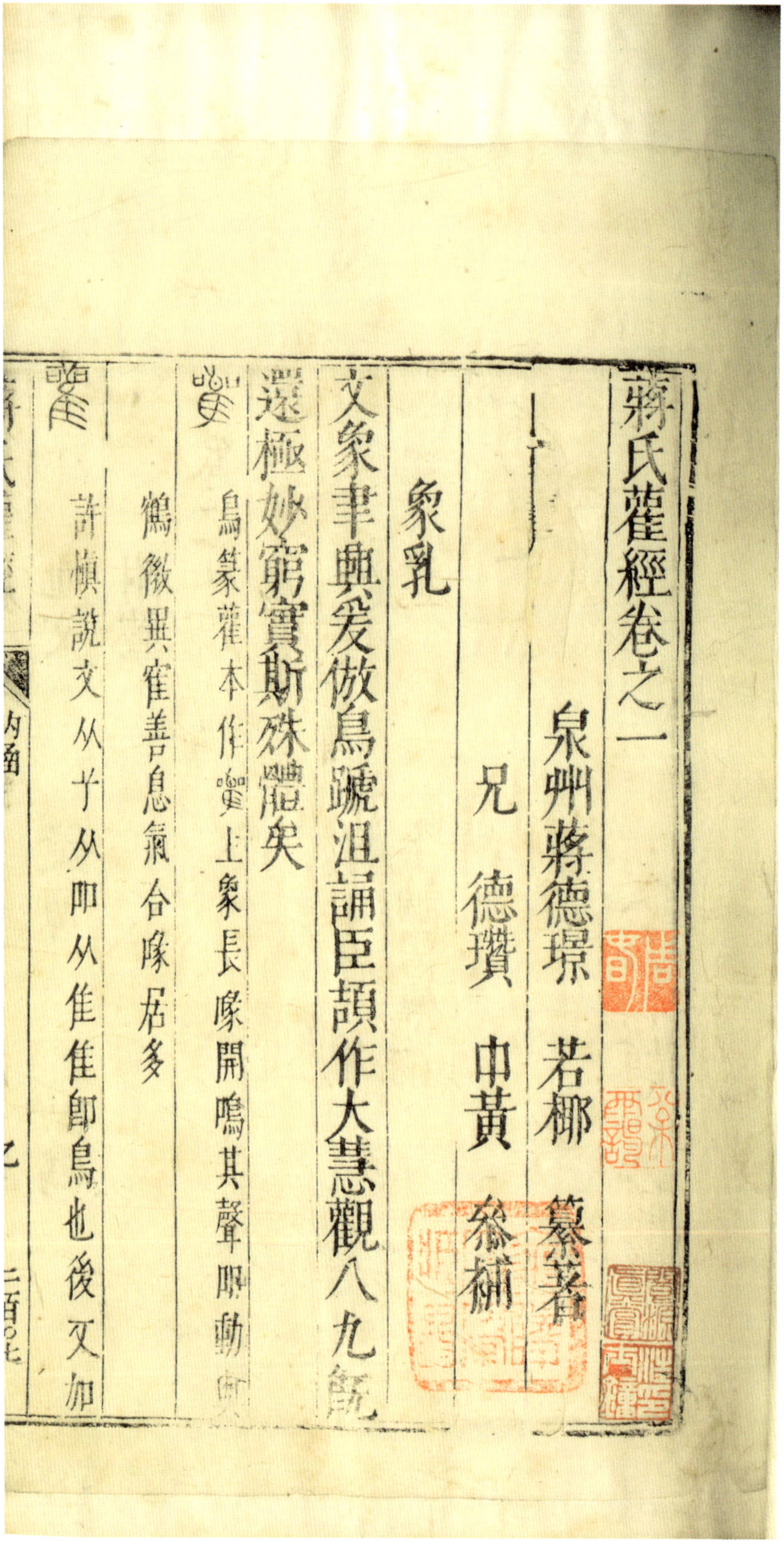

11767 蔣氏藿經十四卷　（明）蔣德璟撰　明天啓六年（1626）刻本

匡高19.6厘米，廣13.3厘米。半葉九行，行十九字，小字雙行同，白口，四周雙邊。南京大學圖書館藏。

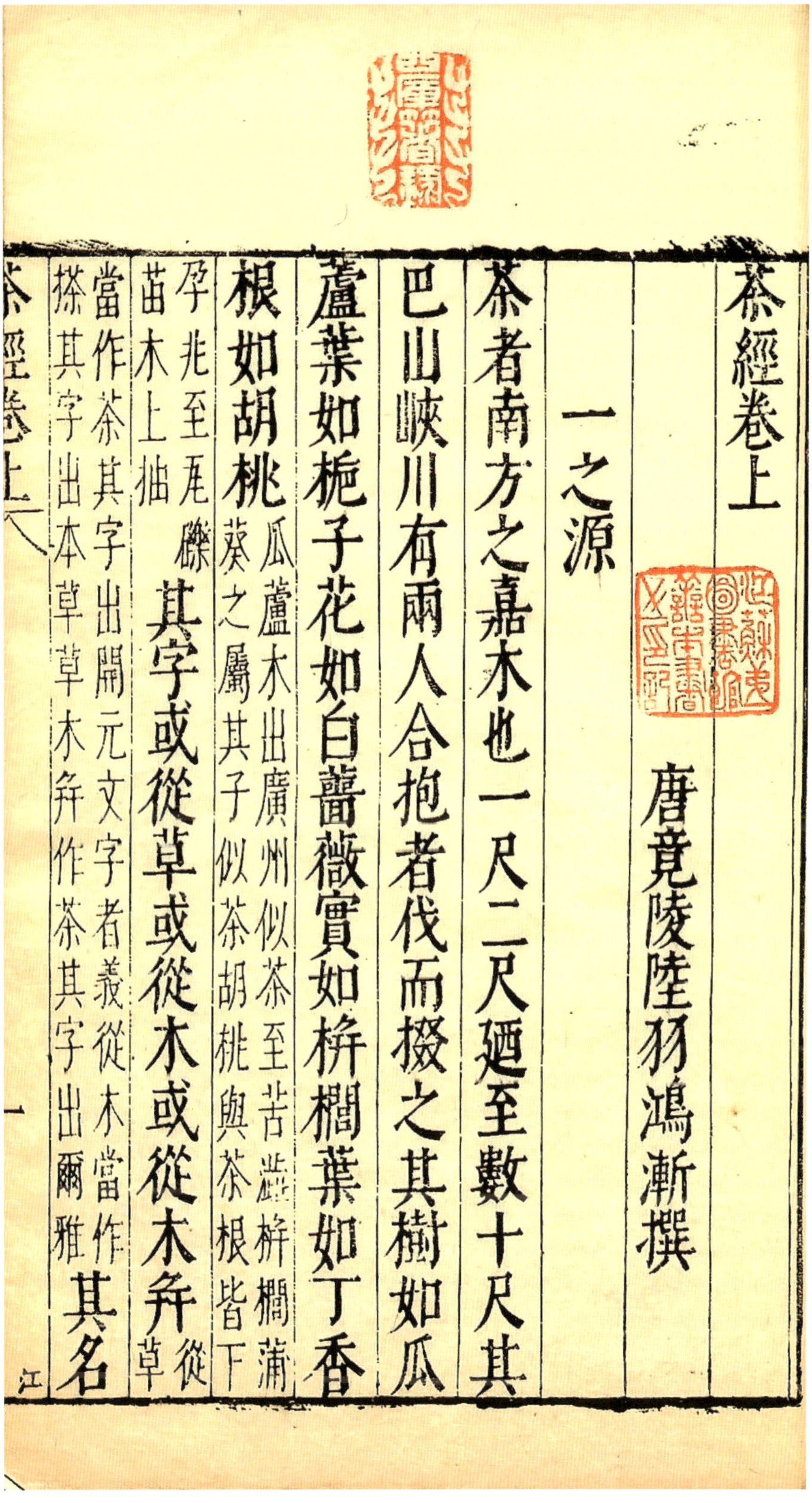
茶經卷上

唐竟陵陸羽鴻漸撰

一之源

茶者南方之嘉木也一尺二尺迺至數十尺其巴山峽川有兩人合抱者伐而掇之其樹如瓜蘆葉如梔子花如白薔薇實如栟櫚葉如丁香根如胡桃瓜蘆木出廣州似茶至苦澀栟櫚蒲葵之屬其子似茶胡桃與茶根皆下孕兆至瓦礫苗木上抽其字或從草或從木或從木并從草當作茶其字出開元文字者義從木當作搽其字出本草草木并作茶其字出爾雅其名

茶經卷上 一 江

11766 茶書二十七種三十三卷 （明）喻政編 明萬曆四十一年（1613）

刻本

匡高20.9厘米，廣14.8厘米。半葉九行，行十八字，小字雙行同，白口，左右雙邊。丁丙跋。南京圖書館藏。

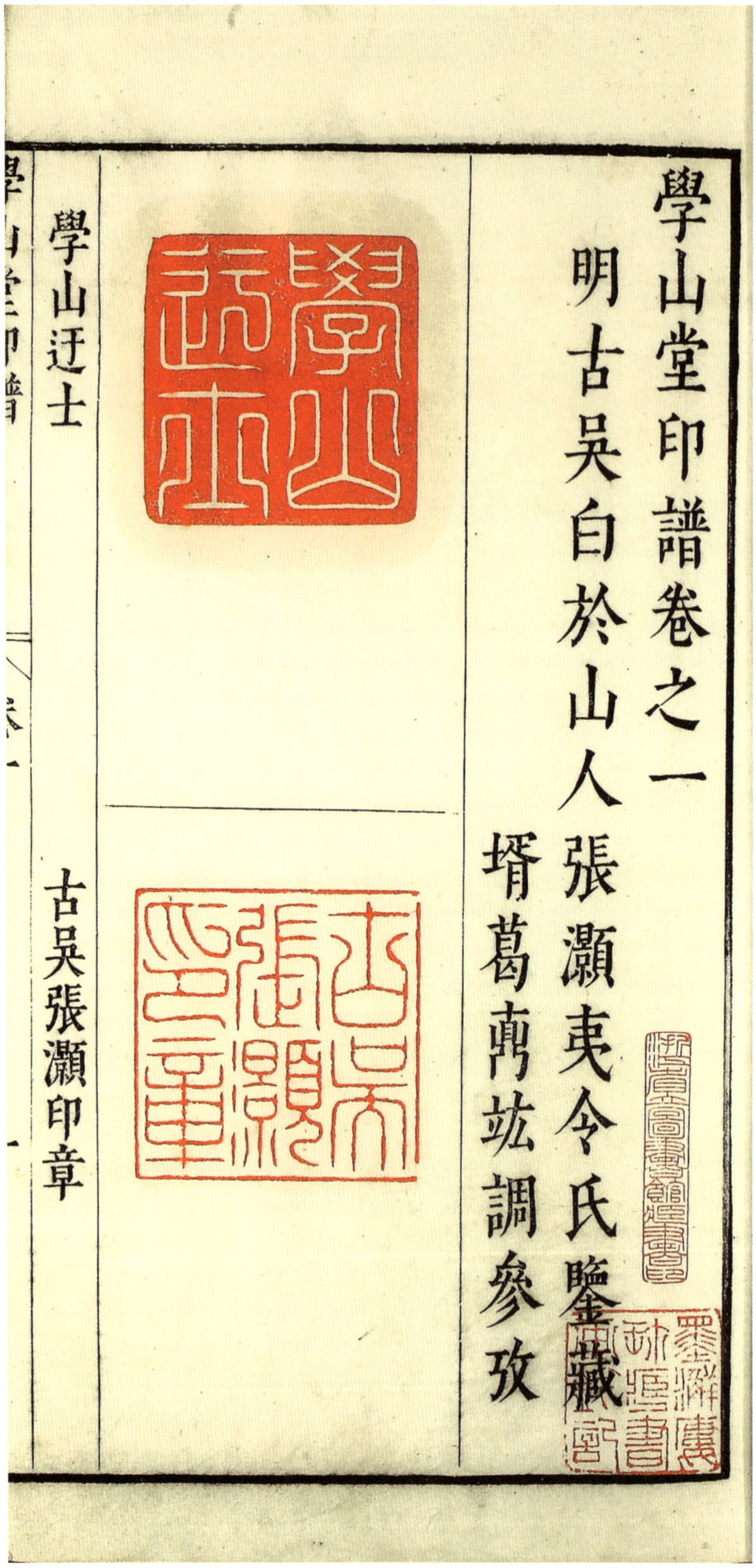

11765 學山堂印譜八卷學山記一卷學山紀遊一卷學山題咏一卷

（明）張灝輯　明崇禎刻鈐印本

匡高25.7厘米，廣14.5厘米。行字不等，白口，四周單邊。浙江圖書館藏。

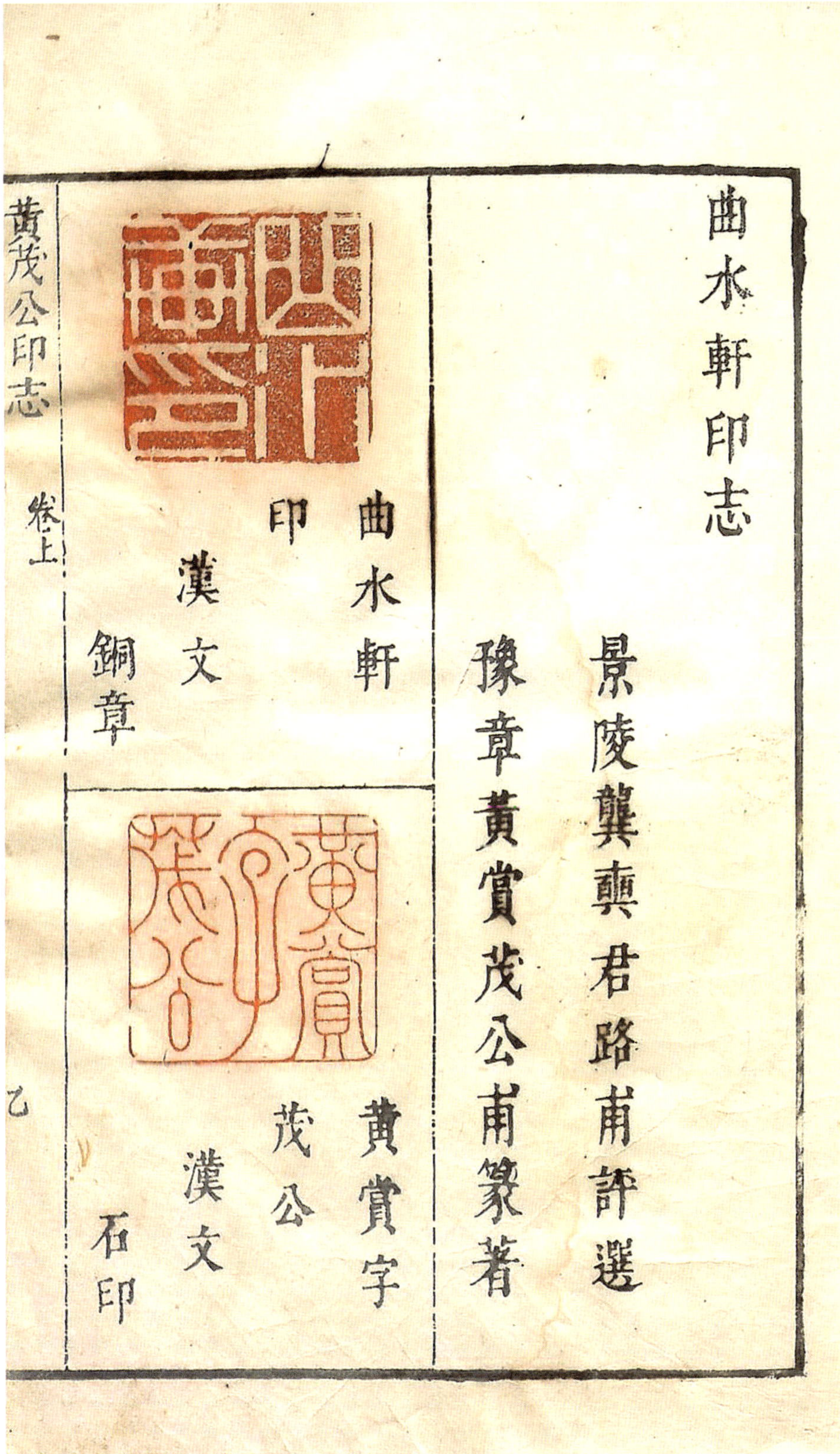

11764 曲水軒印志二卷　（明）黄賞篆刻並輯　明刻鈐印本

匡高21.2厘米，廣14.5厘米。行字不等，白口，四周單邊。南京圖書館藏。

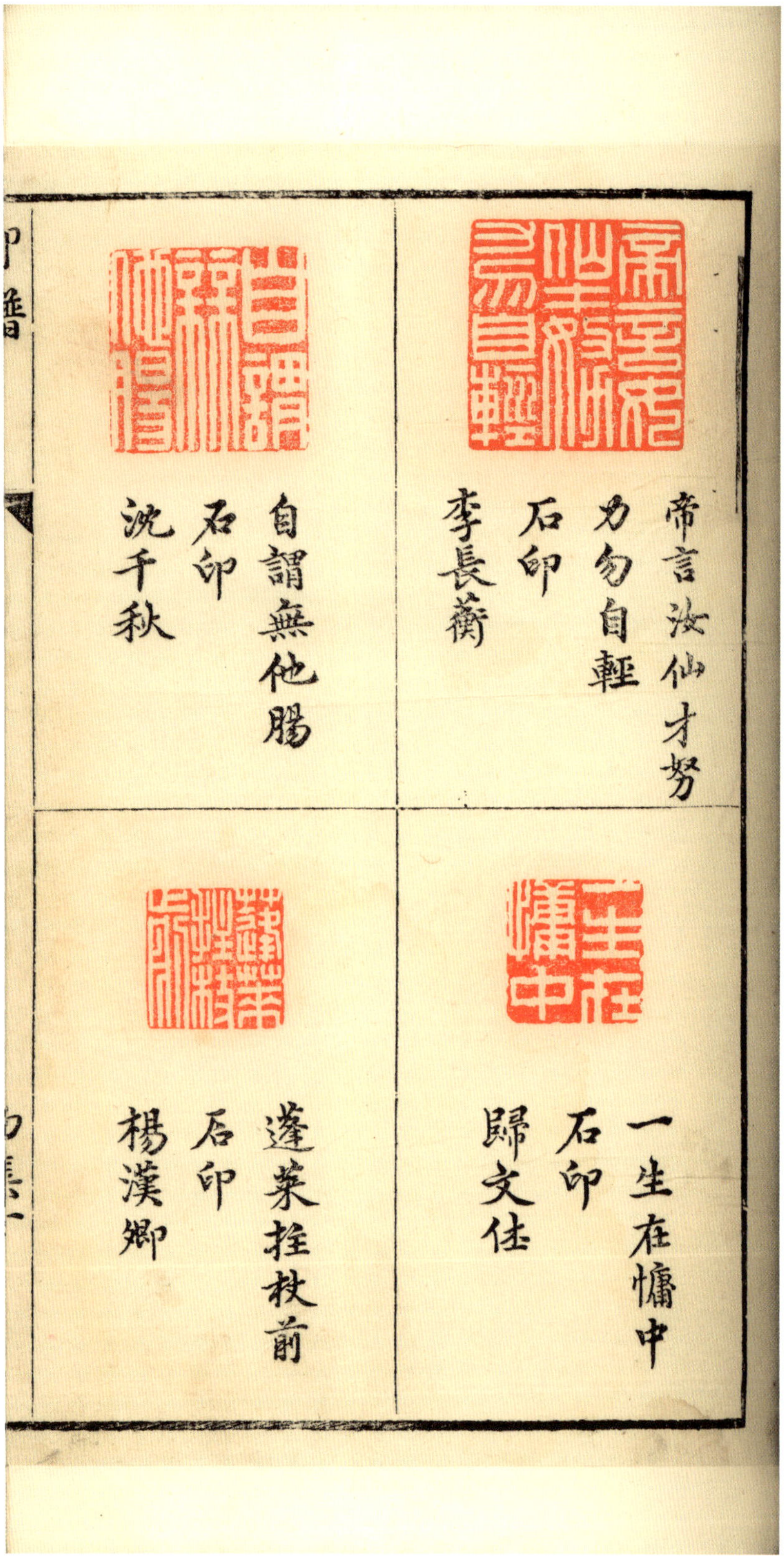
帝言汝仙才努力勿自輕
石印
李長蘅

自謂無他腸
石印
沈千秋

一生在慵中
石印
歸文休

蓬萊拄杖前
石印
楊漢卿

11763 承清館印譜初集一卷續集一卷 （明）張灝輯 明刻鈐印本

匡高22厘米，廣14.7厘米。行字不等，白口，四周單邊。蘇州圖書館藏。

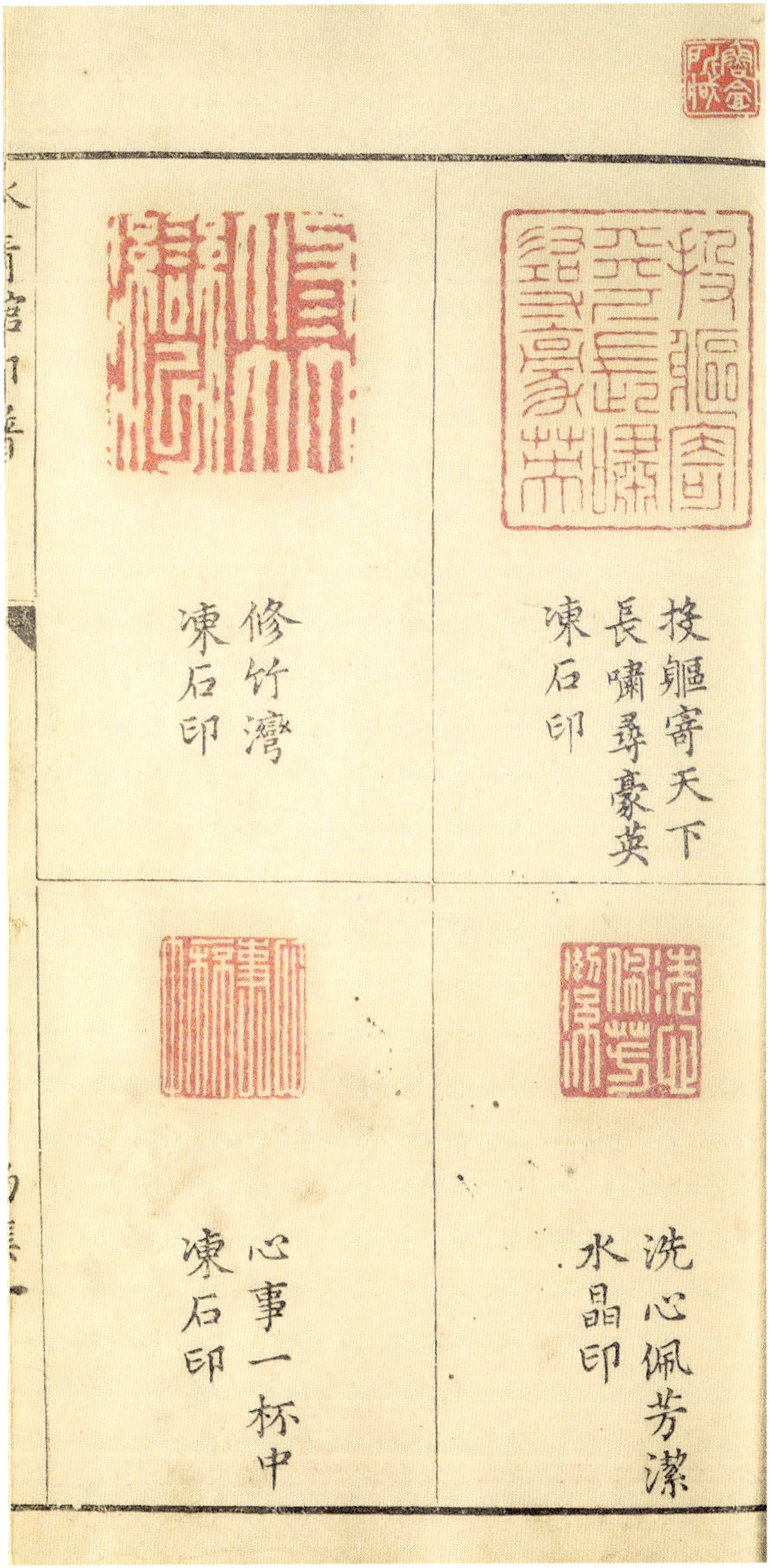

11762 承清館印譜初集一卷續集一卷 （明）張灝輯 明刻鈐印本

匡高23.2厘米，廣14.5厘米。行字不等，白口，四周單邊。西泠印社藏。

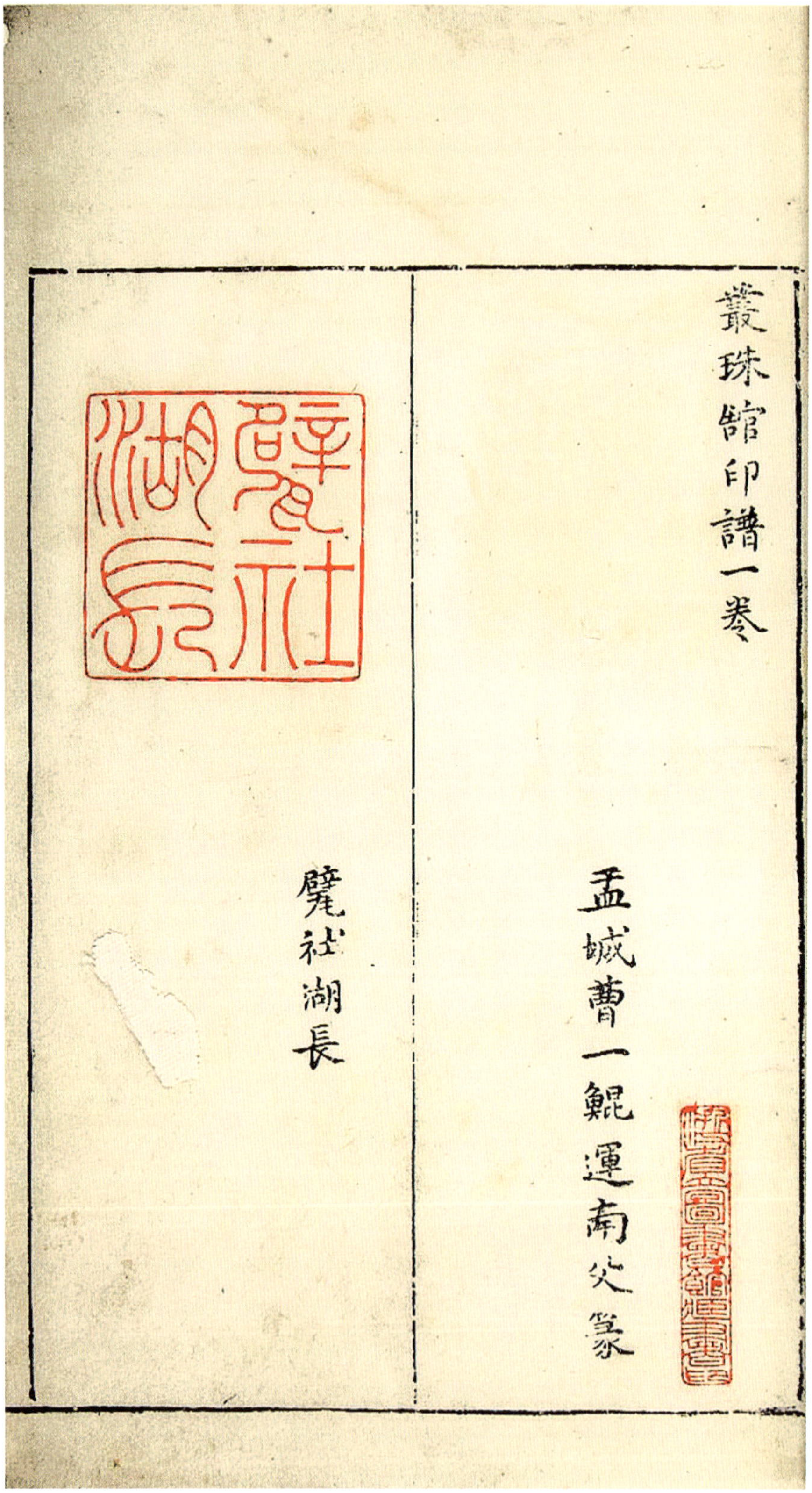

11761 叢珠館印譜二卷 （明）曹一鯤篆刻　明萬曆刻鈐印本

匡高19.8厘米，廣14.3厘米。行字不等，白口，四周單邊。浙江圖書館藏。

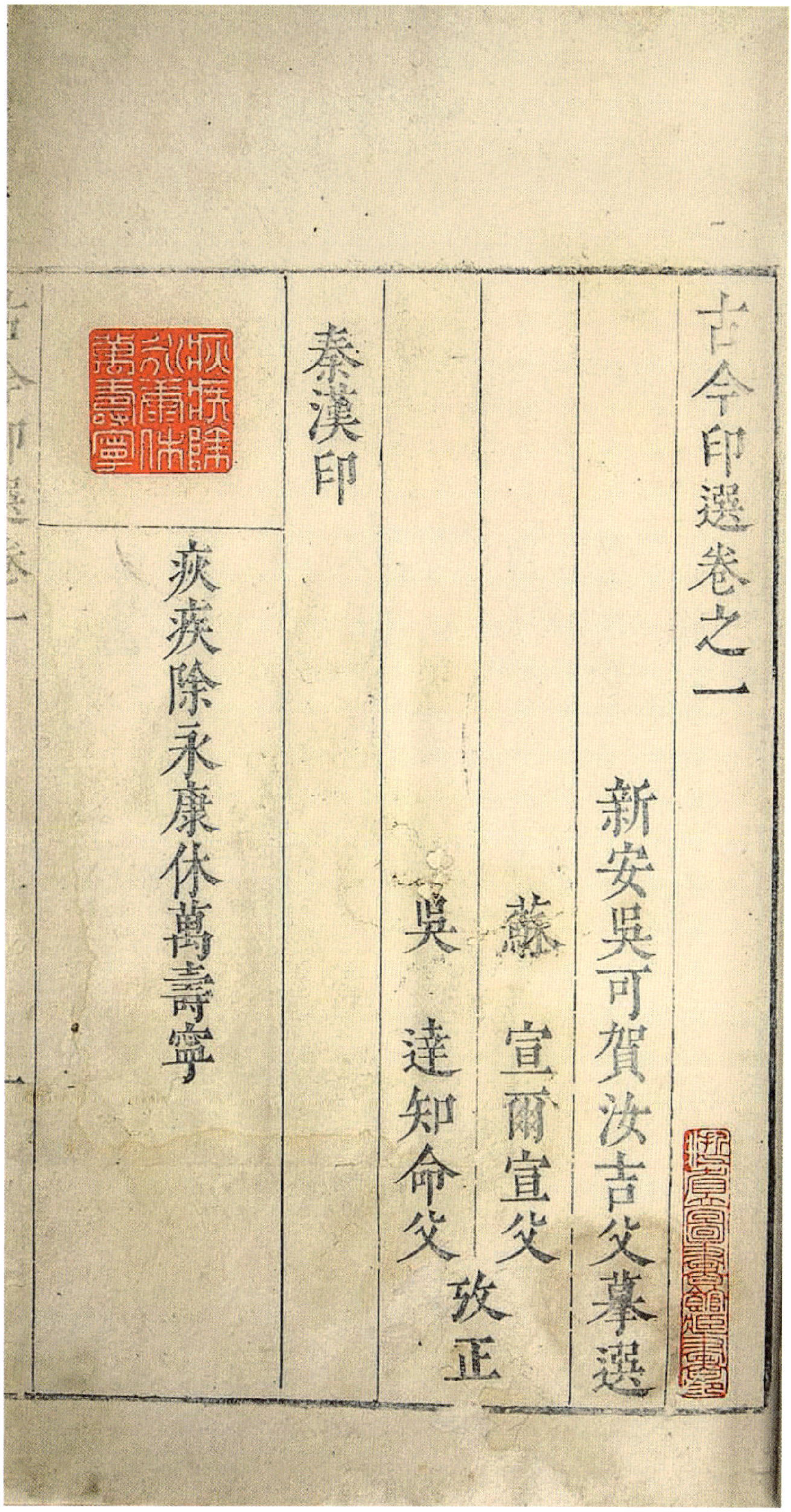
古今印選卷之一
新安吳可賀汝吉父摹選
蘇　宣爾宣父
吳　逵知命父　攷正
秦漢印
疢疾除永康休萬壽寧

11760 古今印選二卷續一卷　（明）吳可賀輯　明萬曆刻鈐印本

匡高20.4厘米，廣14.5厘米。行字不等，白口，四周單邊。浙江圖書館藏。

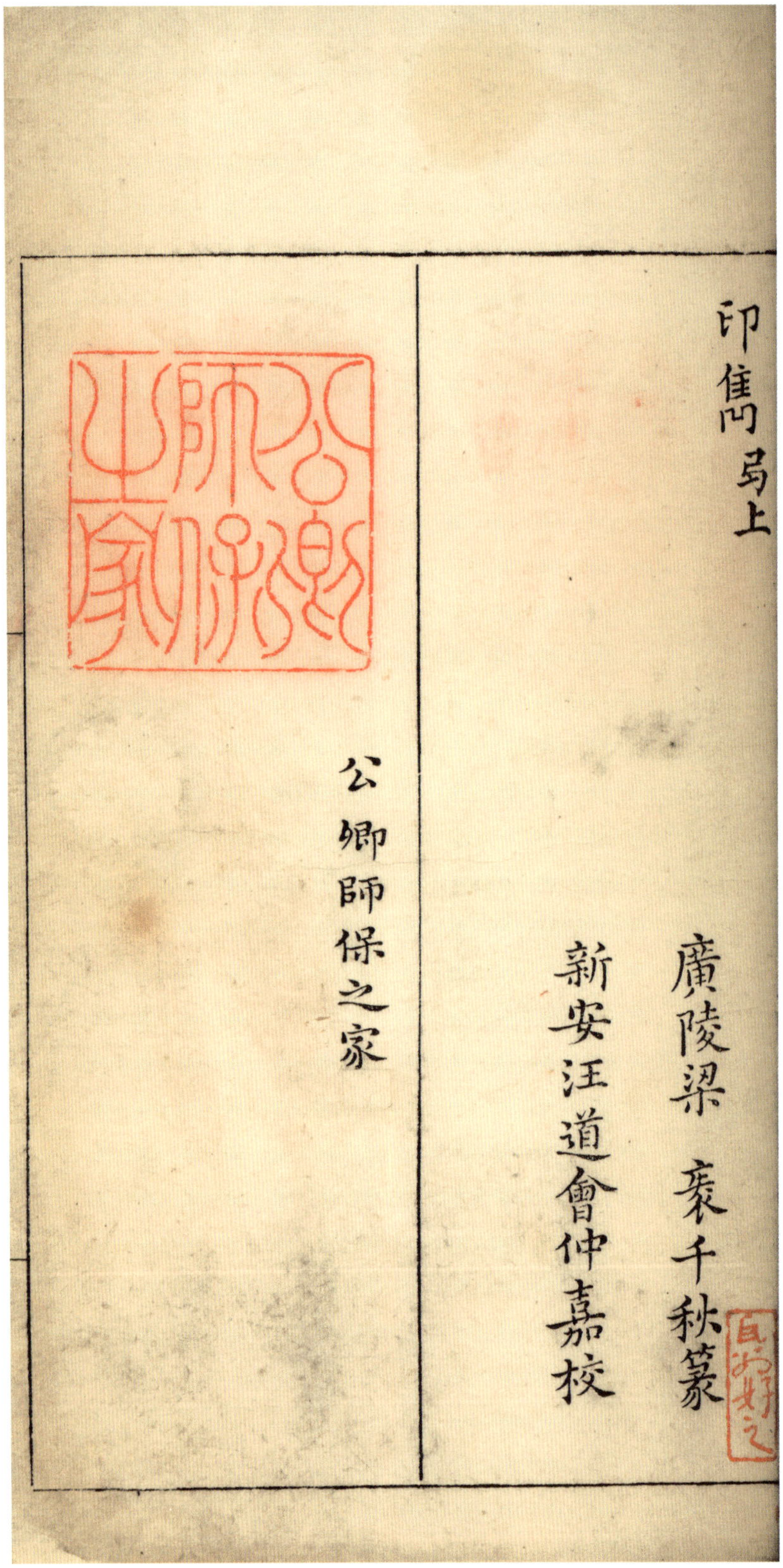
印雋卷上

廣陵梁袠千秋篆
新安汪道會仲嘉校

公卿師保之家

11759 印雋二卷　（明）梁袠篆刻並輯　明鈐印本

匡高20.3厘米，廣13.8厘米。行字不等，白口，四周單邊。蘇州圖書館藏。

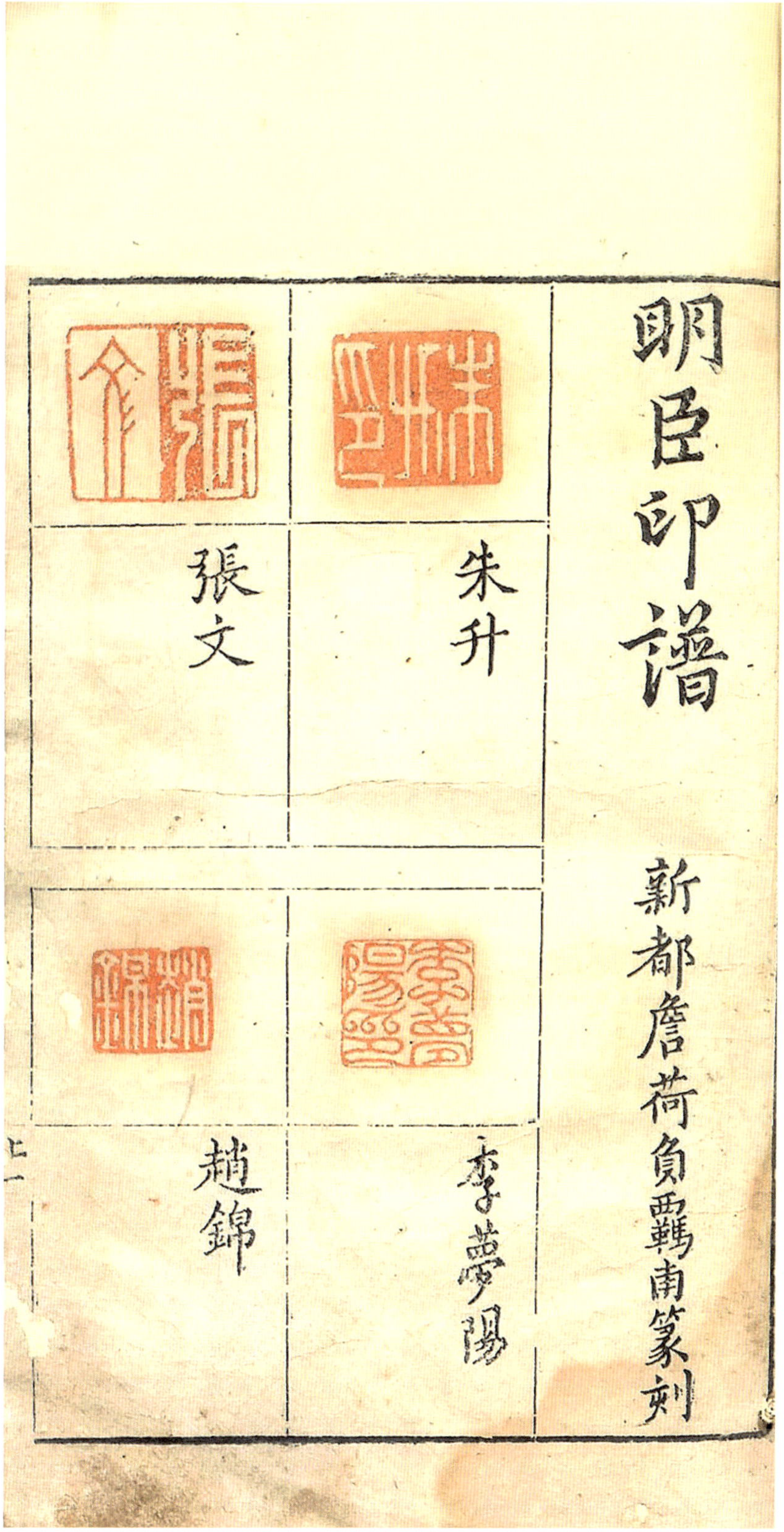

11758 明臣印譜二卷 （明）詹荷篆刻 明萬曆三十六年（1608）刻鈐印本

匡高20.1厘米，廣13.6厘米。行字不等，白口，四周單邊。南京圖書館藏。

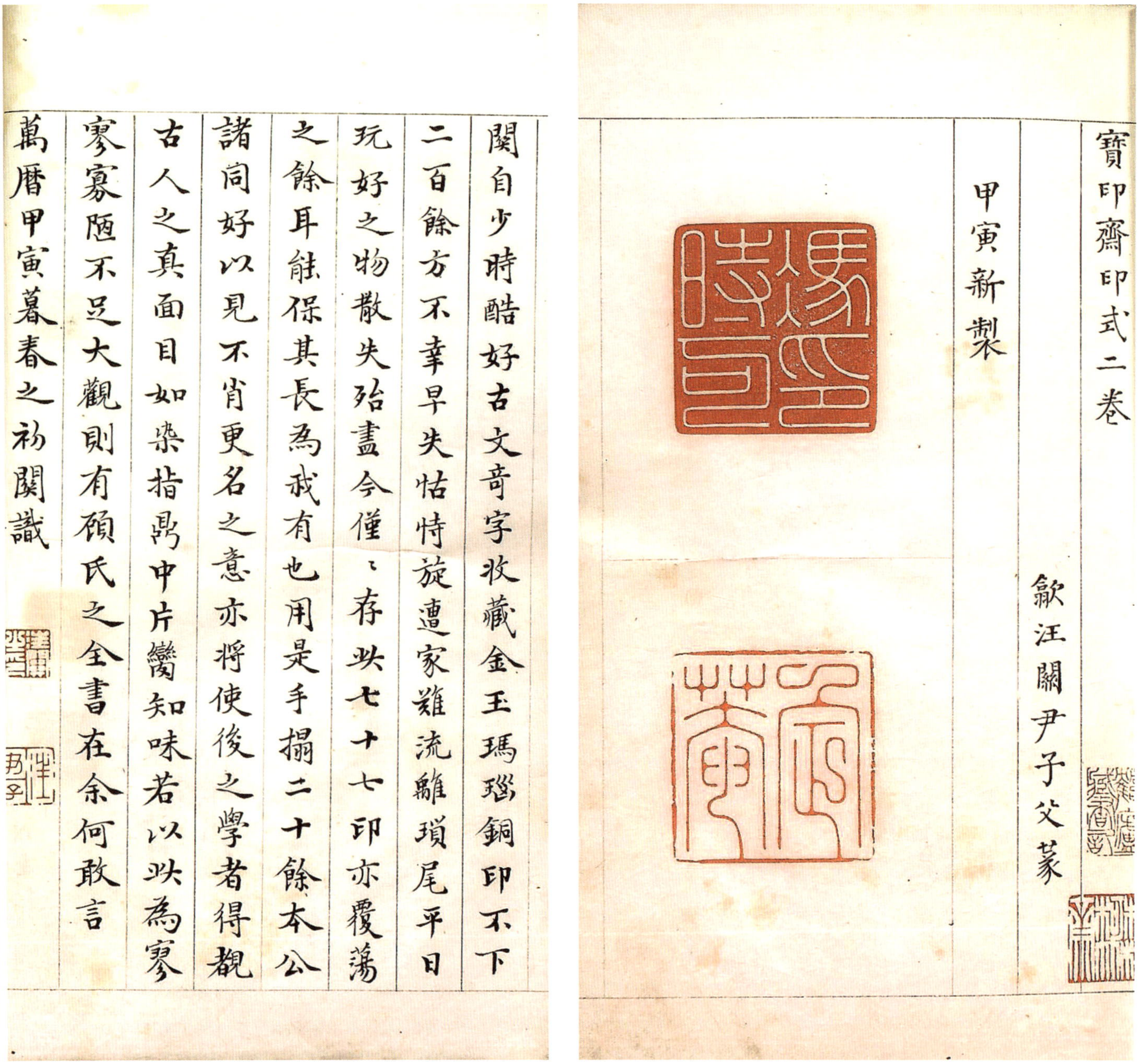
寶印齋印式二卷
歙汪關尹子父篆
甲寅新製

關自少時酷好古文竒字收藏金玉瑪瑙銅印不下二百餘方不幸早失怙恃旋遭家難流離瑣尾平日玩好之物散失殆盡今僅〻存此七十七印亦覆蕩之餘耳能保其長為我有也用是手搨二十餘本公諸同好以見不肖更名之意亦將使後之學者得覩古人之真面目如染指鼎中片臠知味若以此為寥寥寡陋不足大觀則有顧氏之全書在余何敢言
萬曆甲寅暮春之初關識

11757 寶印齋印式二卷 （明）汪關藏並篆刻 明萬曆四十二年（1614）汪關鈐印本

匡高21厘米，廣14厘米。行字不等，白口，四周單邊。有“汪關之印”等印。李流芳、汪關、畢瀧跋，程嘉燧、唐汝詢題詩。南京圖書館藏。

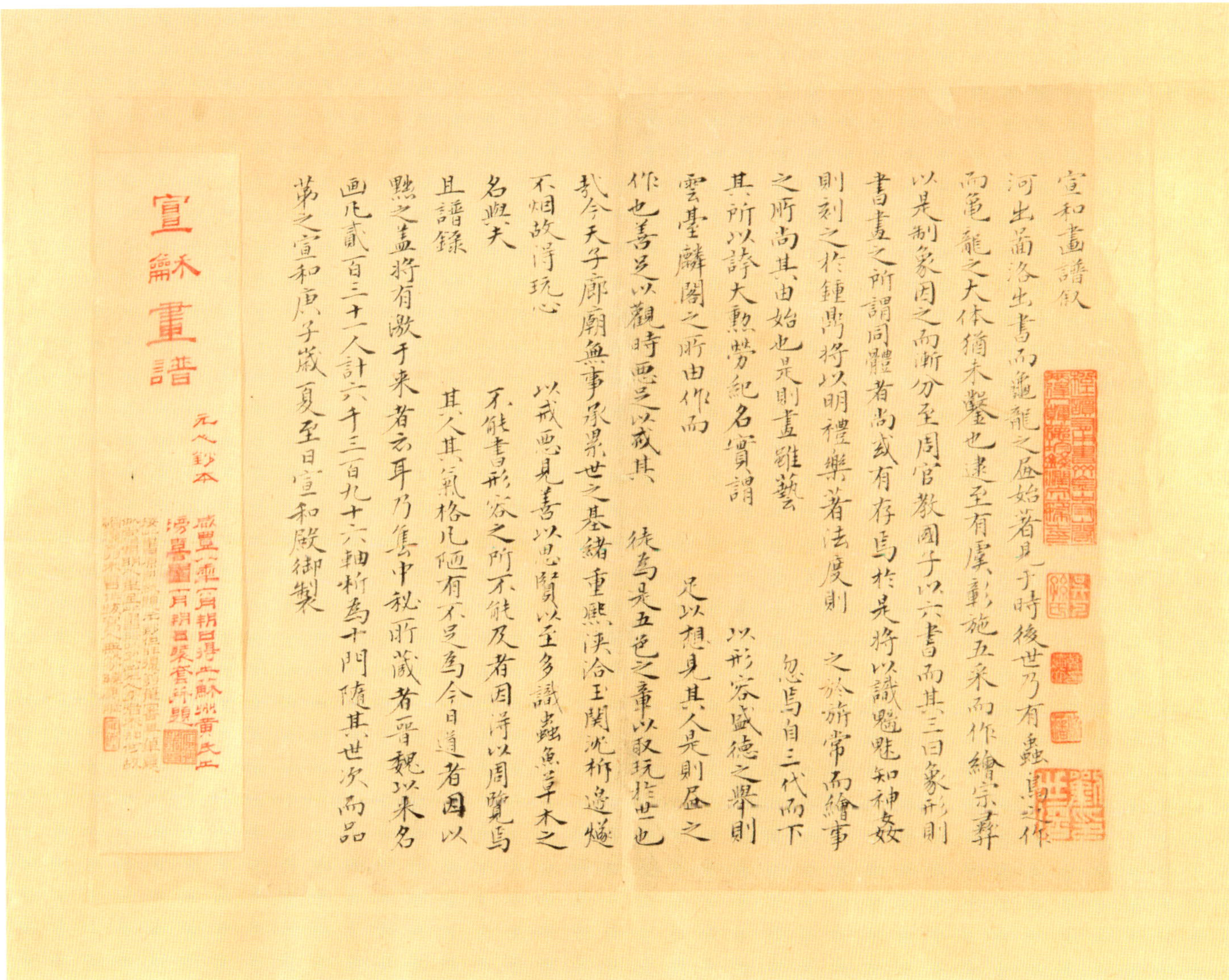

11756 宣和畫譜二十卷 明抄本

有“應陛手記印”等印。韓應陛跋。上海圖書館藏。

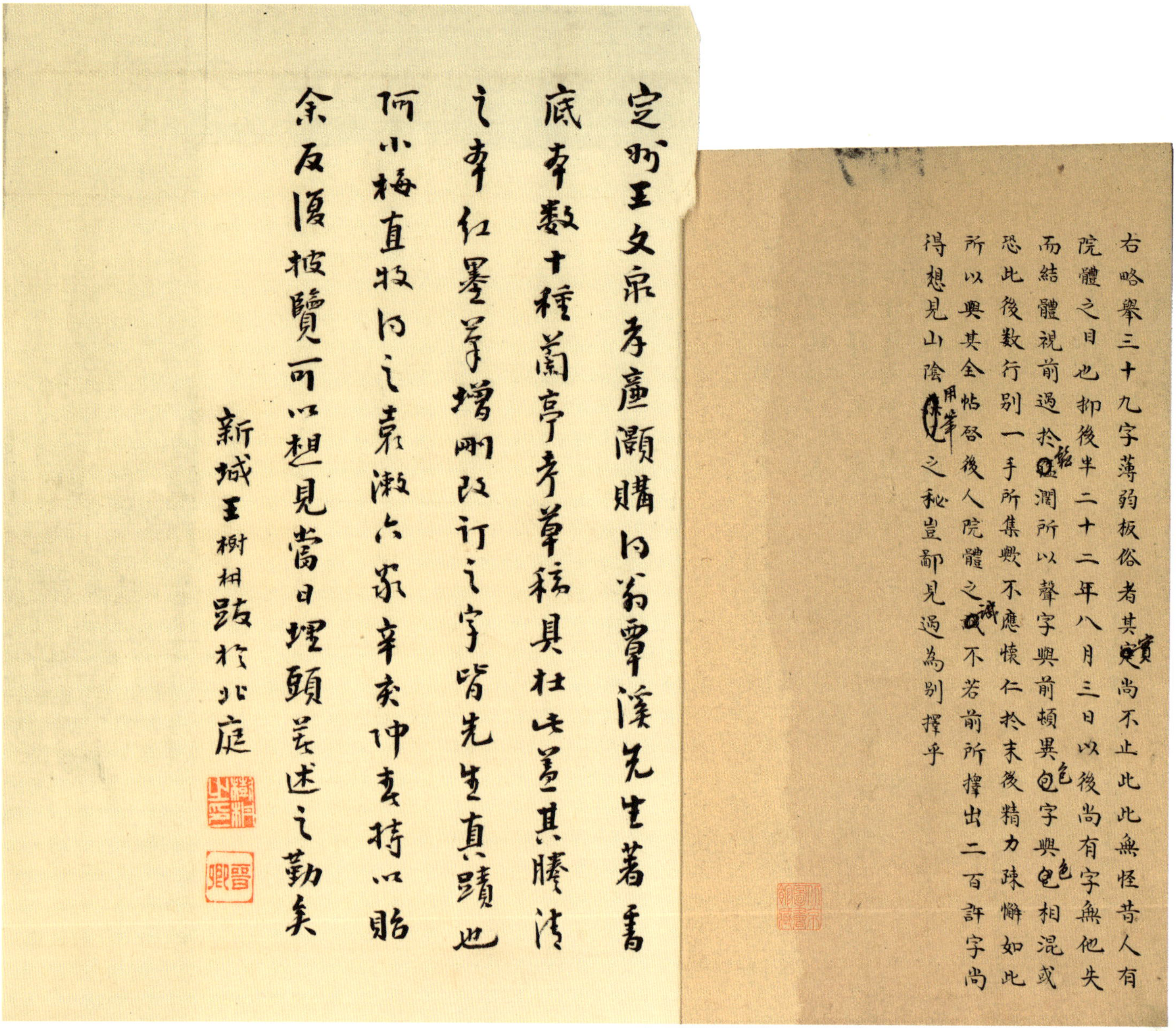

右略舉三十九字薄弱板俗者其實尚不止此此無怪昔人有院體之目也抑後半二十二年八月三日以後尚有字無他失而結體視前過於肥潤所以聲字與前頓異色字與色相混或恐此後數行別一手所集歟不應懷仁於末後精力疎懈如此所以與其全帖啓後人院體之譏不若前所撑出二百許字尚得想見山陰用筆之秘豈鄙見過為別擇乎

定州王文泉孝廉顥購得翁覃溪先生著書底本數十種蘭亭考草稿具在此蓋其謄清之本紅墨筆增刪改訂之字皆先生真蹟也何小梅直牧得之袁漱六家辛亥仲春持以貽余反覆披覽可以想見當日埋頭著述之勤矣

新城王樹枏跋於北庭

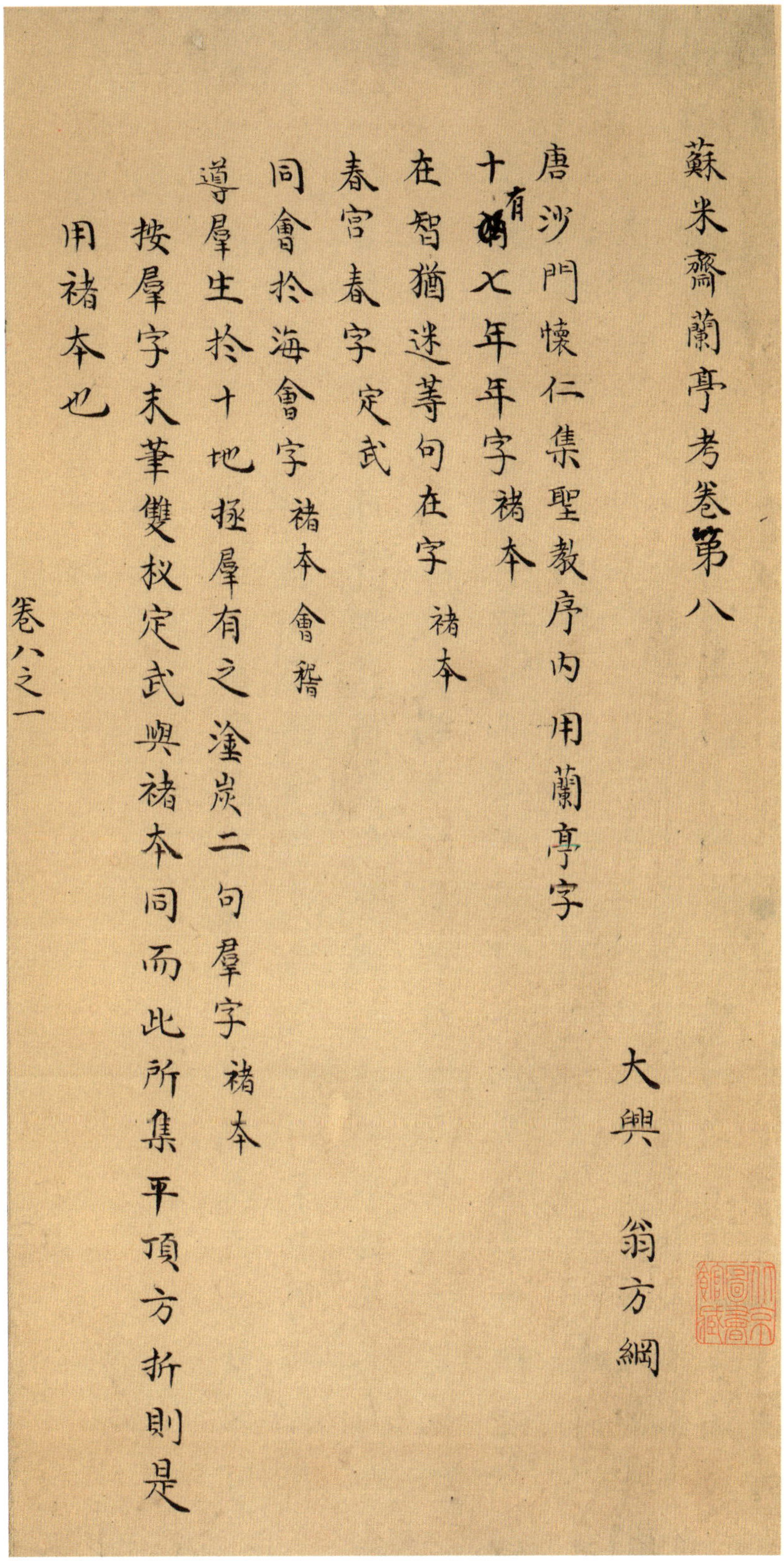

蘇米齋蘭亭考卷第八

大興 翁方綱

唐沙門懷仁集聖教序内用蘭亭字

十有七年年字 褚本

在智猶迷等句在字 褚本

春宮春字 定武

同會於海會字 褚本會稽

導羣生於十地拯羣有之塗炭二句羣字 褚本

按羣字末筆雙杈定武與褚本同而此所集平頂方折則是

用褚本也

卷八之一

11755 蘇米齋蘭亭考八卷 （清）翁方綱撰 稿本

半葉十行，行二十四字。有“樹枬之印”等印。王樹枬跋。國家圖書館藏，存一卷。

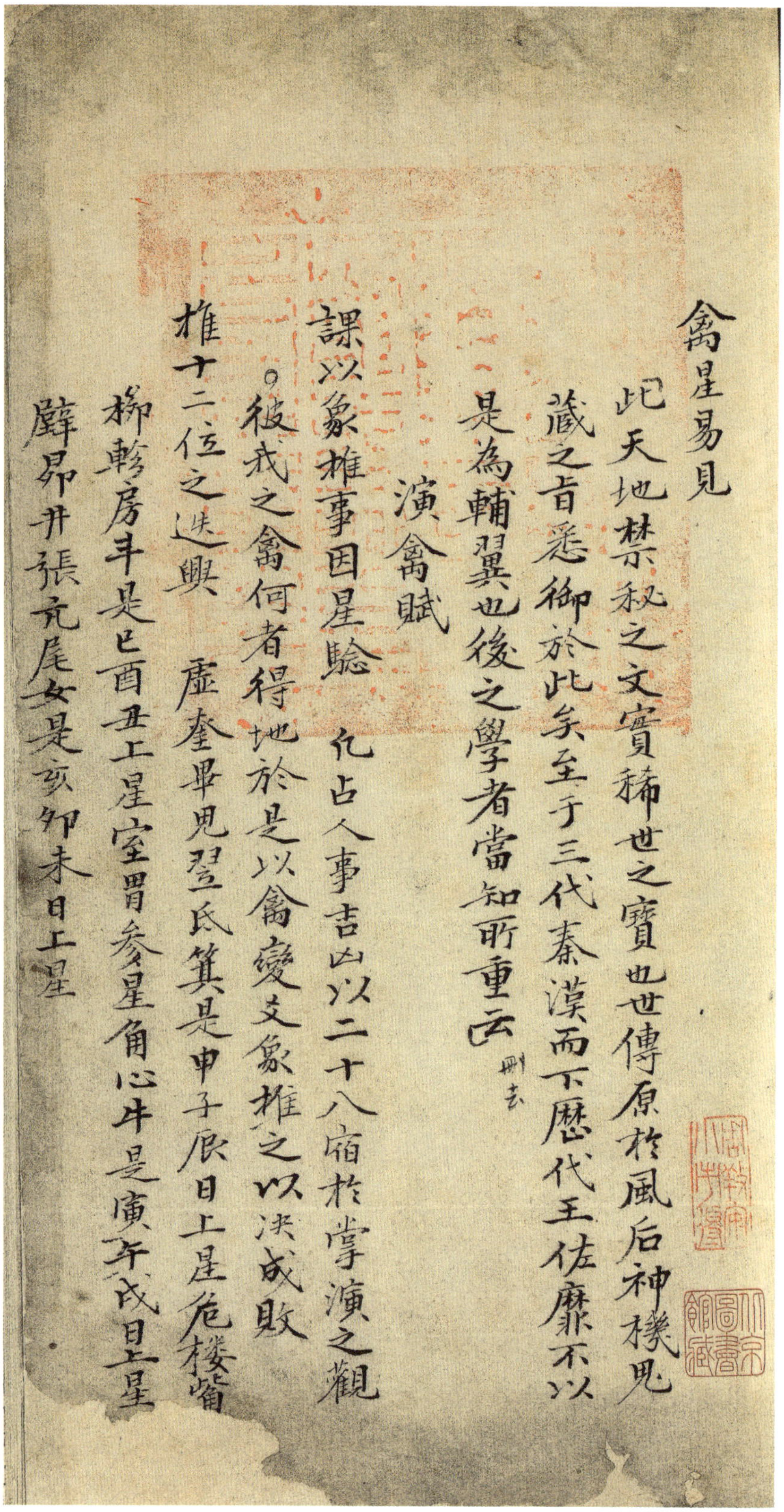
禽星易見
此天地禁秘之文實稀世之寶也世傳原於風后神機兒
藏之旨悉御於此矣至于三代秦漢而下歷代王佐靡不以
是為輔翼也後之學者當知所重云 删去
演禽賦
課以象推事因星驗　凡占人事吉凶以二十八宿於掌演之觀
○彼我之禽何者得地於是以禽變爻象推之以決成敗
推十二位之迭興　虛奎畢鬼翼氐箕是申子辰日上星危樓觜
柳軫房斗是巳酉丑日上星室胃參星角心牛是寅午戌日上星
壁昴井張亢尾女是亥卯未日上星

11754 禽星易見一卷　（明）池本理撰　明抄本[四庫底本]

半葉十行，行字不等。國家圖書館藏。

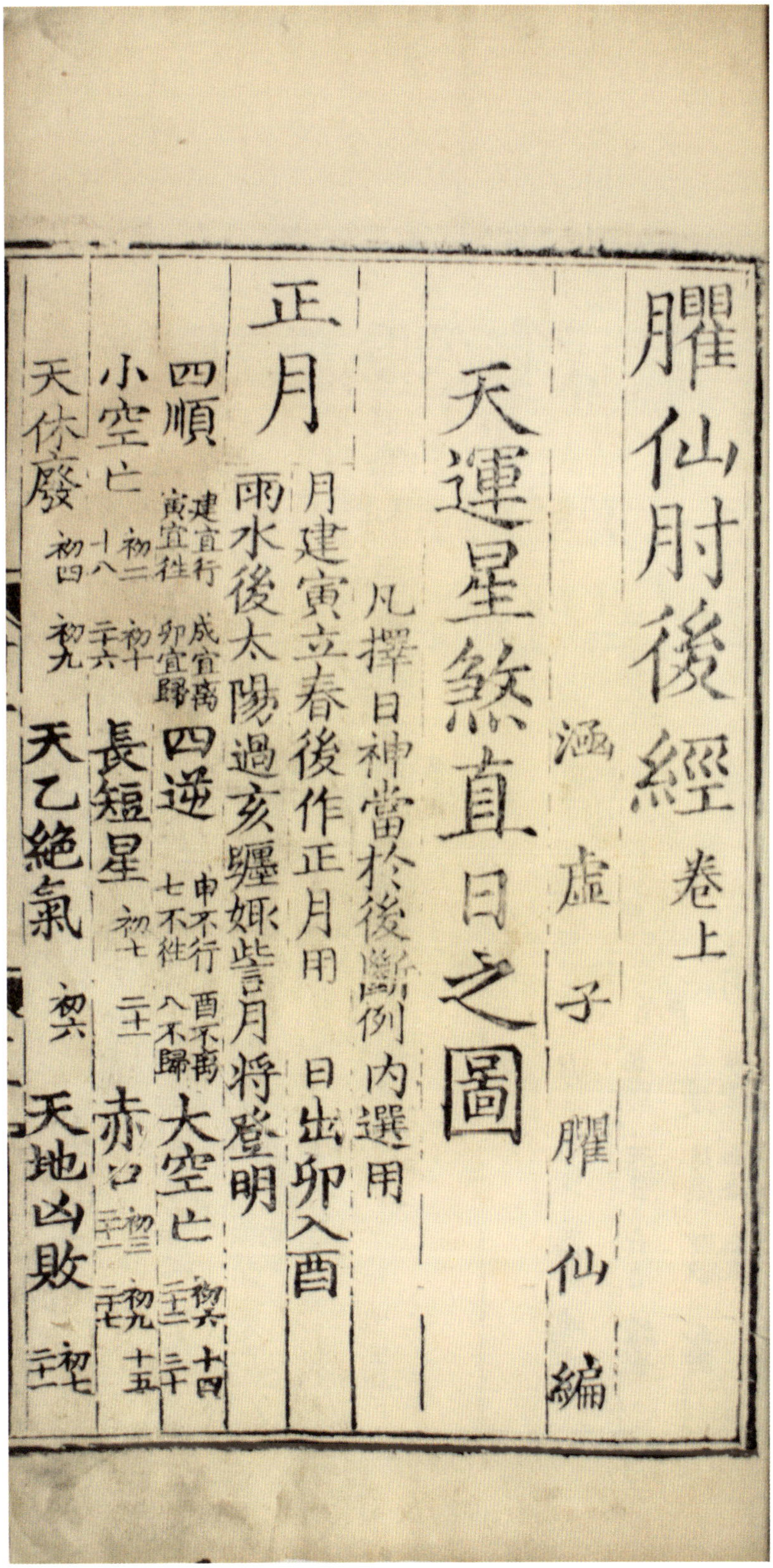

11753 臞仙肘後經二卷　（明）朱權撰　明刻本

匡高26厘米，廣16.5厘米。行字不等，黑口，四周雙邊。東北師範大學圖書館藏。

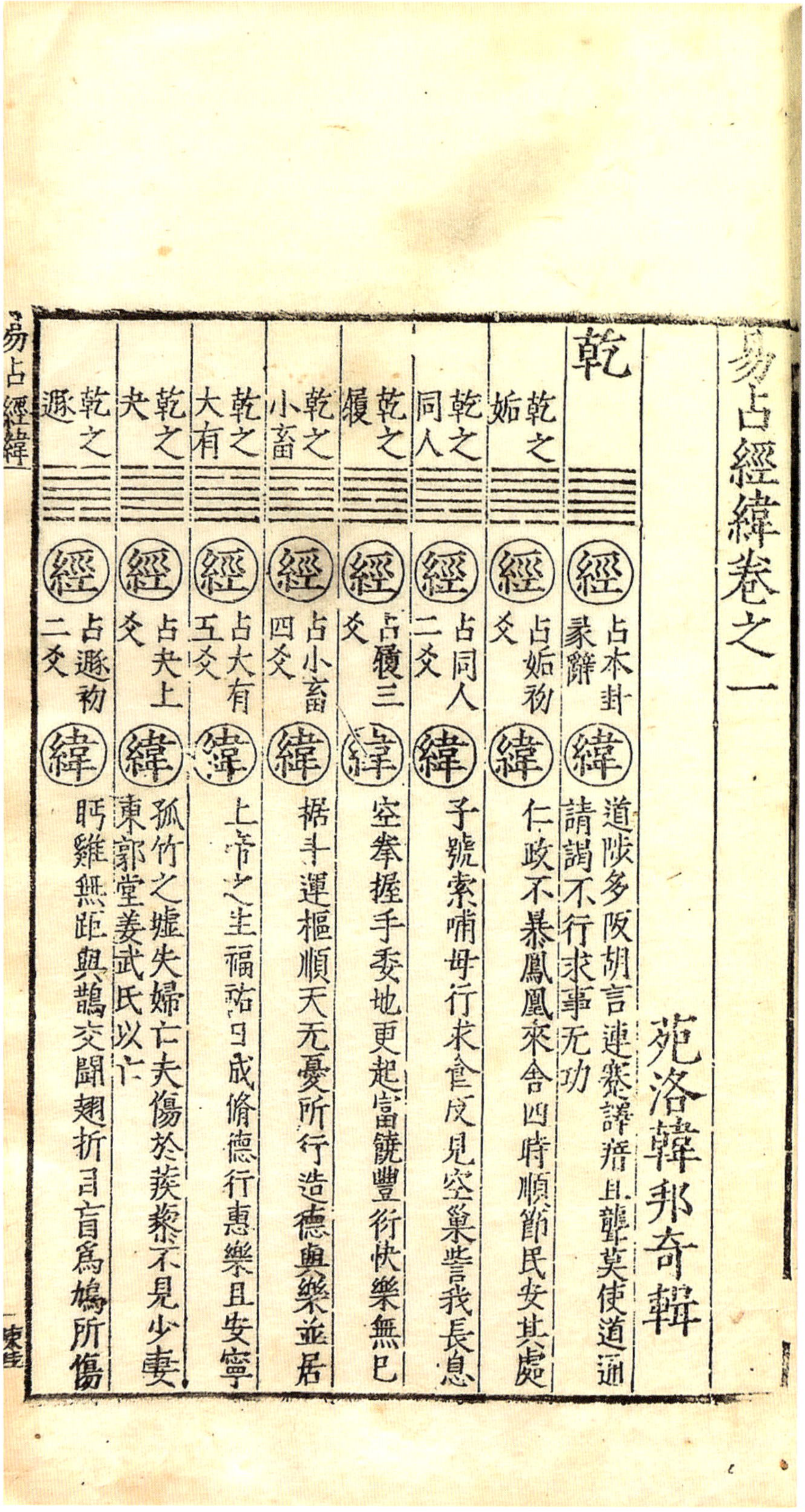

易占經緯卷之一

苑洛韓邦奇輯

乾 經 占本卦彖辭 緯 道陜多阪胡言連蹇譯瘖且聾莫使道通請謁不行求事无功

乾之姤 經 占姤初爻 緯 仁政不暴鳳凰來舍四時順節民安其處

乾之同人 經 占同人二爻 緯 子號索哺母行求食反見空巢訾我長息

乾之履 經 占履三爻 緯 空拳握手委地更起富饒豐衍快樂無已

乾之小畜 經 占小畜四爻 緯 据斗運樞順天无憂所行造德興樂並居

乾之大有 經 占大有五爻 緯 上帝之生福祐日成脩德行惠樂且安寧

乾之夬 經 占夬上爻 緯 孤竹之墟失婦亡夫傷於蒺藜不見少妻東郭棠姜武氏以亡

乾之遯 經 占遯初二爻 緯 睍雞無距與鵲交鬭翅折目盲爲鳩所傷

11752 易占經緯四卷附録一卷 （明）韓邦奇輯　明嘉靖二十七年（1548）金城刻本

匡高19.7厘米，廣15.1厘米。半葉十行，行二十二字，小字雙行同，白口，四周單邊。南京圖書館藏。

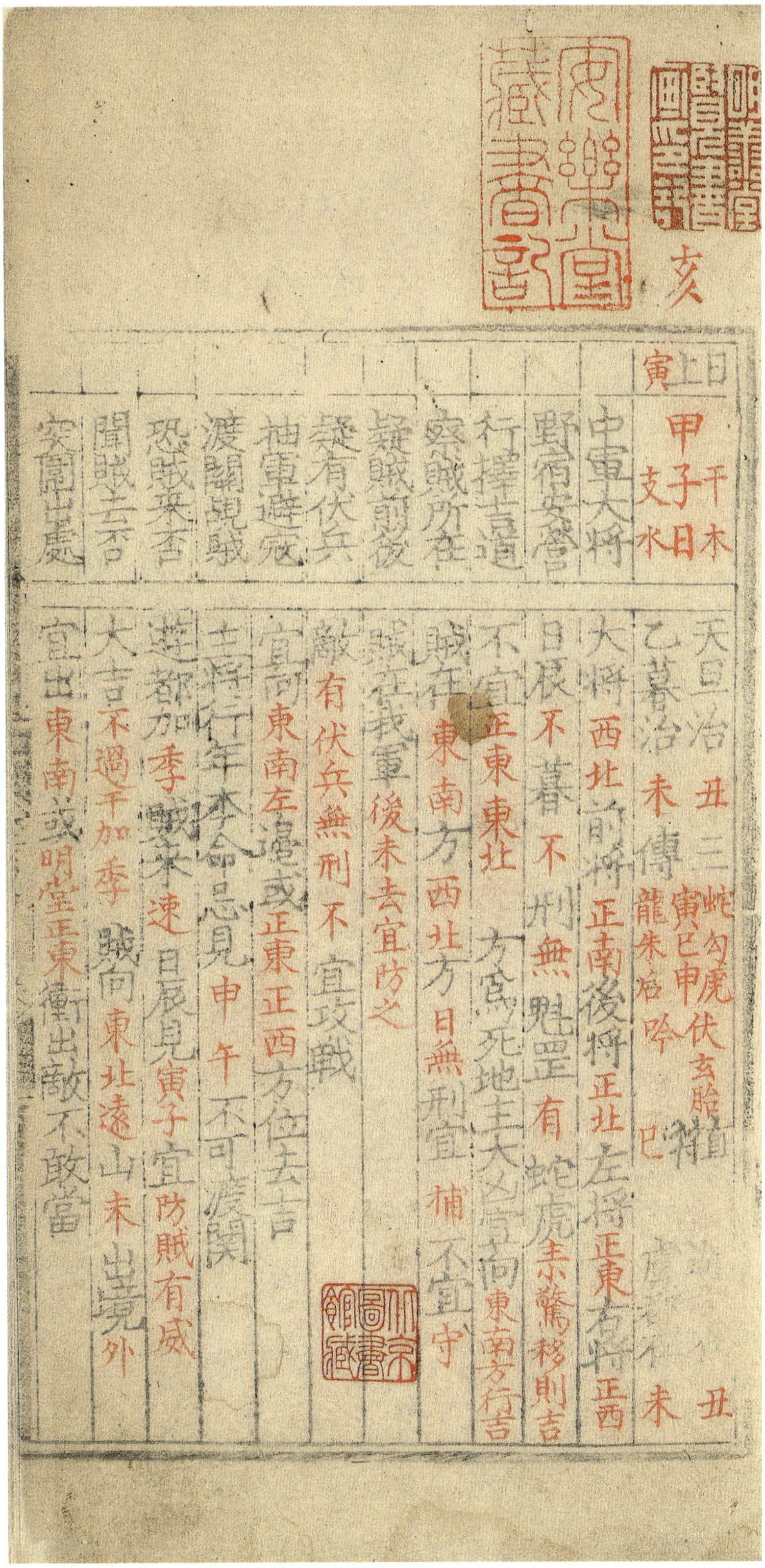

11751 六壬日占不分卷 明藍印朱抄本

匡高18.2厘米，廣12.2厘米。半葉十三行，行字不等，藍口，四周雙邊。有“安樂堂藏書記”“明善堂覽書畫印記”等。國家圖書館藏。

善奏章為秦會之設熙未知即其人否嘉
慶十年九月十四日孫星衍記于濟寧南
池舟次
以上皆先世父郘亭徵君經眼錄之所記也頃
陽湖莊觀察炘漢出所藏明鈔本每
卷首有李鹿山中丞印炘漢蓋得諸吳司
馬貞亮案孫淵如所見舊抄云歸家仲
馮巽馮巽者雖與淵如稱同族實非常
州人嘗刻問經堂叢書者也今冊內既無
其收藏圖記則知此非問經本矣孫祠本
世又見之豐順丁中丞持靜齋丁氏之書載

銅井文房

還揭陽十餘年前已聞其最著之世綵
堂刻韓集流轉在滬則此書殆未可蹤
跡矣以著錄之罕流傳之希而此數百年
寫本巨編完然無闕者誠可貴矣淵如
本將刊行未果余有開元占經亦淵如所寫
校序跋已具將付梓者惜不能與持靜之書
兩合之炘漢昔年曾據此本爲廣雅書局
寫生錄副今以見貺余得之不啻昔人所云
獲一珠船也並記以志雅惠時宣統改
元二月辛亥朔壬戌獨山莫棠廣州謹書

獨山莫氏廣州寫本

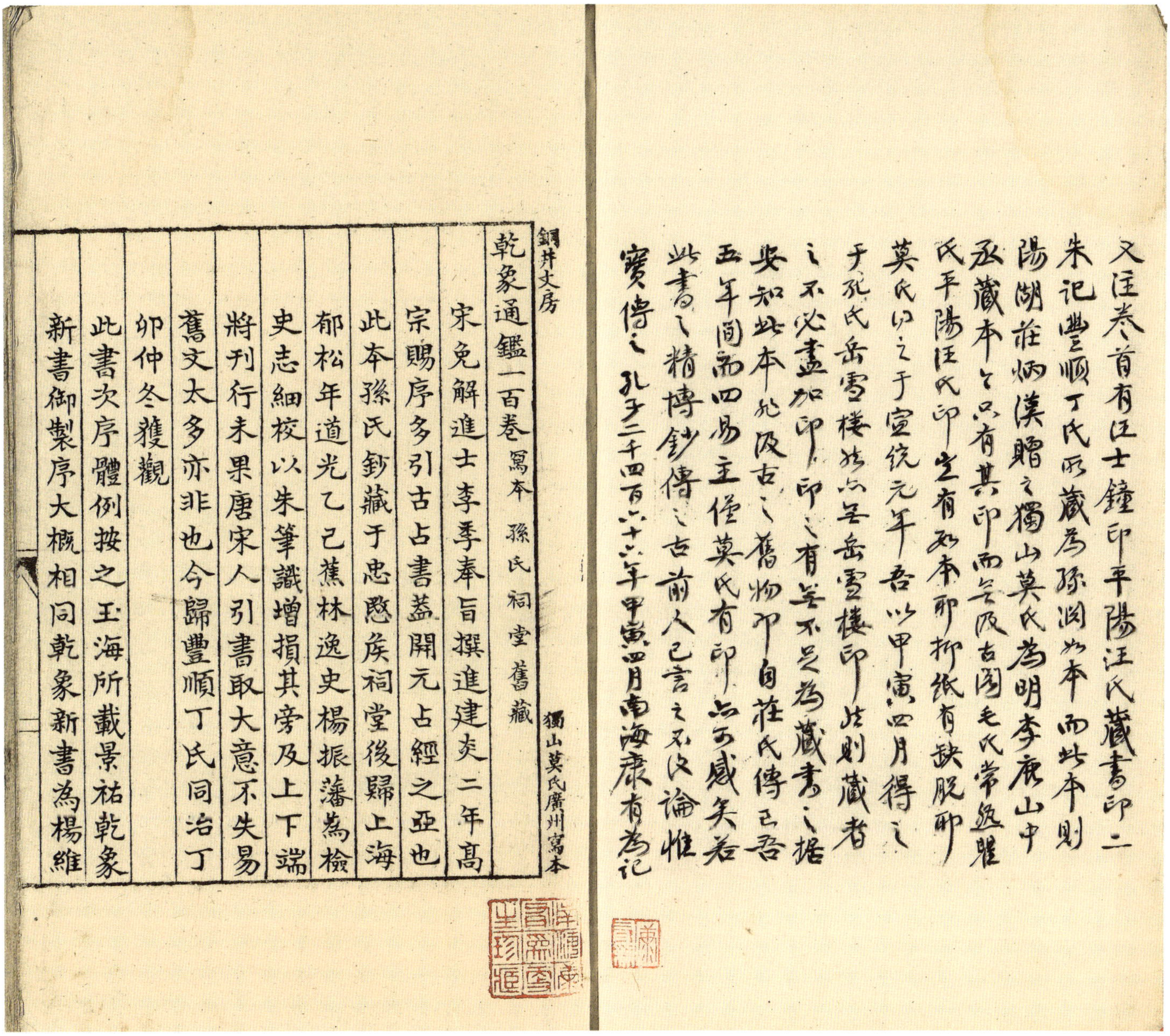
銅井文房

乾象通鑑一百卷 寫本 孫氏祠堂舊藏

宋免解進士李季奉旨撰進建炎二年高
宗賜序多引古占書蓋開元占經之亞也
此本孫氏鈔藏于忠愍侯祠堂後歸上海
郁松年道光乙巳蕉林逸史楊振藩為檢
史志細校以朱筆識增損其旁及上下端
將刊行未果唐宋人引書取大意不失易
舊文太多亦非也今歸豐順丁氏同治丁
卯仲冬獲觀

此書次序體例按之玉海所載景祐乾象
新書御製序大概相同乾象新書為楊維

獨山莫氏廣州寫本

又汪卷首有汪士鐘印平陽汪氏藏書印二
朱記豐順丁氏所藏為孫淵如本而此本則
陽湖莊炳漢贈之獨山莫氏為明李鹿山中
丞藏本之只有其印而無汲古閣毛氏常熟瞿
氏平陽汪氏印宜有此本所抄紙有缺脫所
莫氏得之于宣統元年吾以甲寅四月得之
于莊氏岳雪樓於六吾岳雪樓印所則藏者
之不必盡加印之之有無不足為藏書之據
要知此本乃汲古之舊物印自莊氏傳已吾
五年間而四易主僅莫氏有印六吾感矣若
此書之精博鈔傳之古前人已言之不復論惟
寶傳之 孔子二千四百六十六年甲寅四月南海康有為記

11750 乾象通鑑一百卷

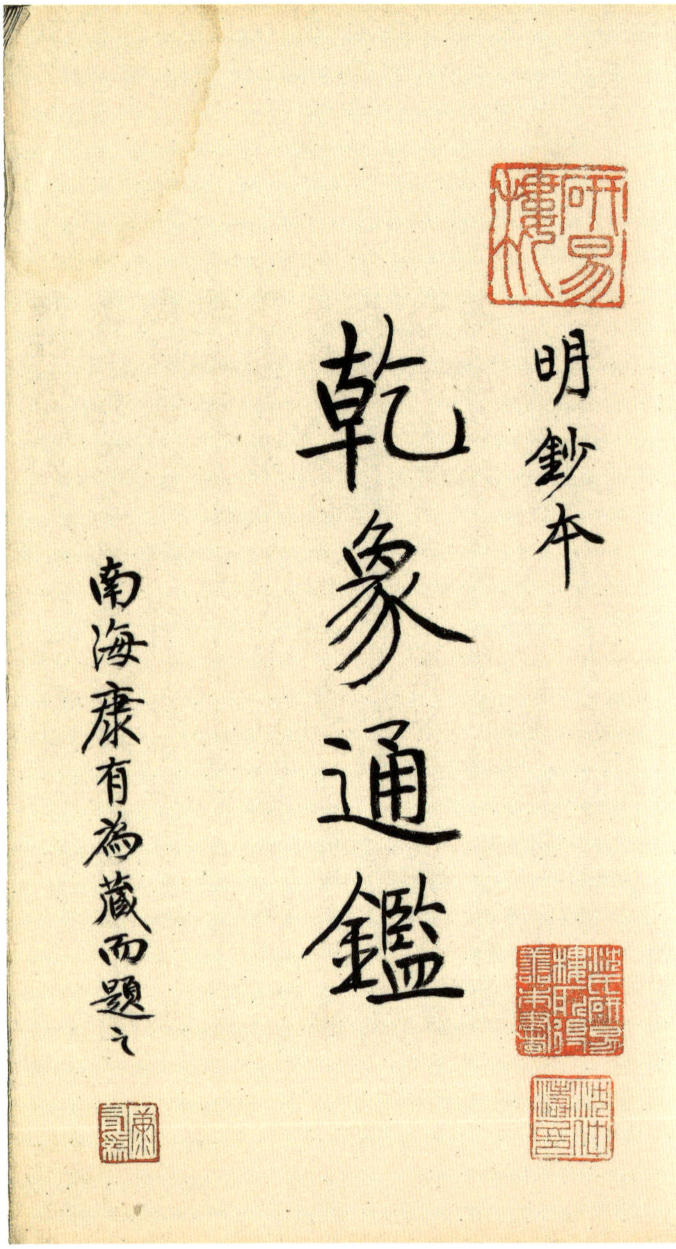
明鈔本
乾象通鑑
南海康有爲藏而題之

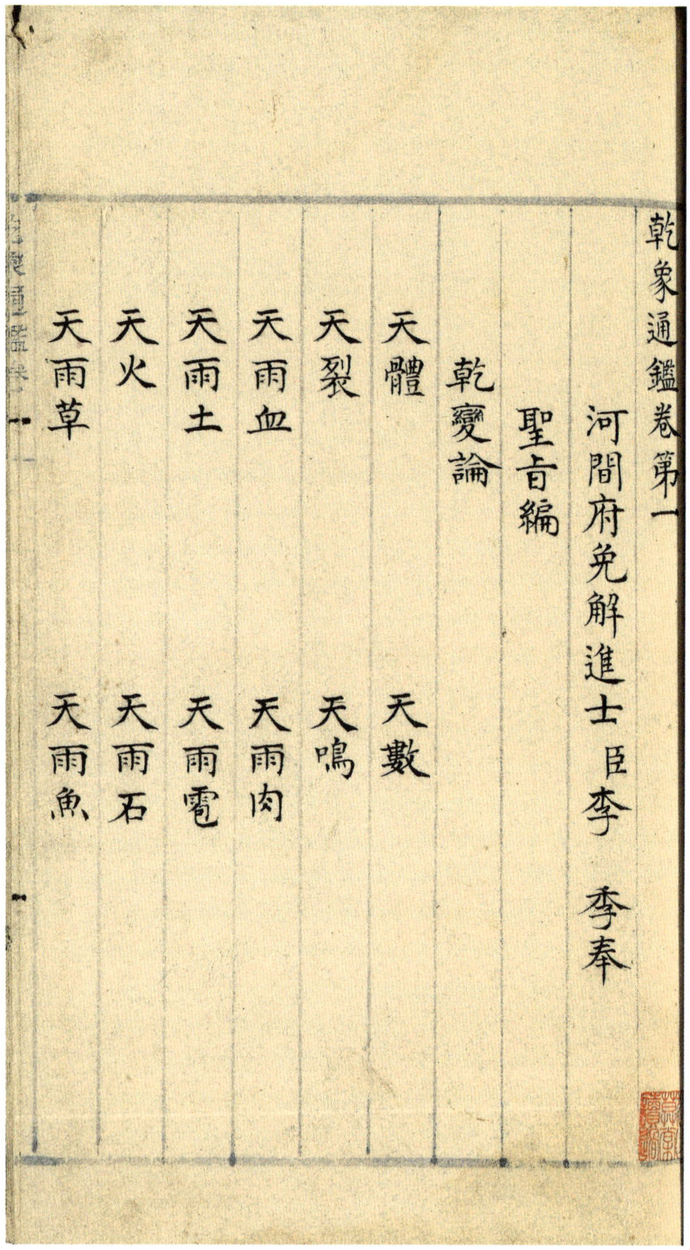
乾象通鑑卷第一
河間府免解進士臣李季奉
聖旨編
乾變論
天體　天數
天裂　天鳴
天雨血　天雨肉
天雨土　天雨雹
天火　天雨石
天雨草　天雨魚

11750 乾象通鑑一百卷　題（宋）李季撰　明抄本

匡高20.8厘米，廣15.5厘米。半葉十行，行二十字，白口，四周雙邊。有“莫棠楚生父印”“康有爲”“研易樓”等印。莫棠、康有爲跋。國家圖書館藏。

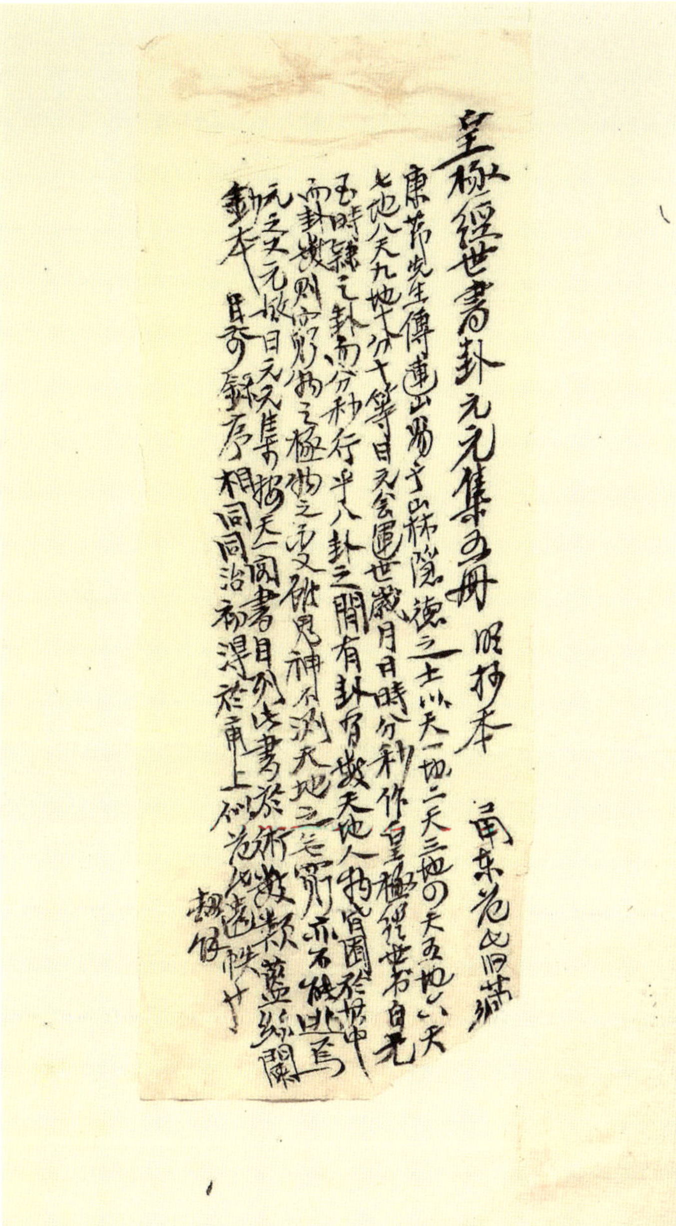

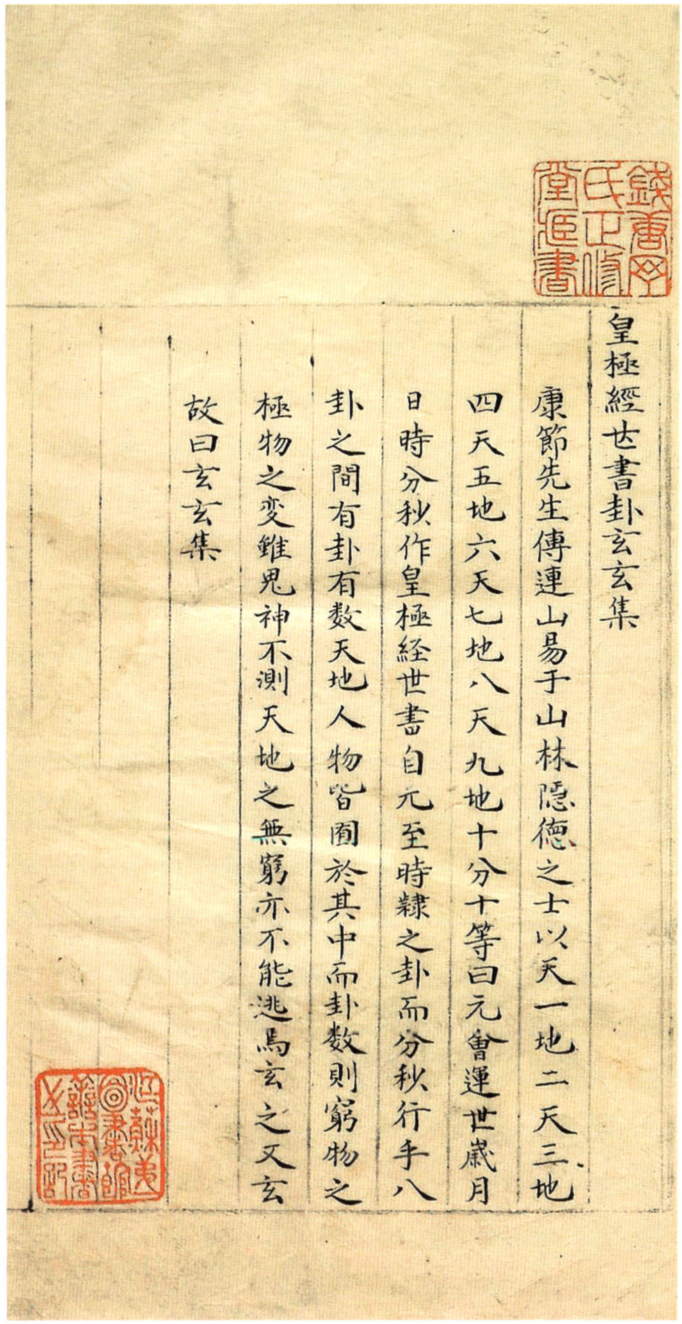

皇極經世書卦玄玄集
康節先生傳運山易于山林隱德之士以天一地二天三地
四天五地六天七地八天九地十分十等曰元會運世歲月
日時分秋作皇極経世書自元至時隸之卦而分秋行手八
卦之間有卦有數天地人物皆囿於其中而卦数則窮物之
極物之変雖鬼神不測天地之無窮亦不能逃焉玄之又玄
故曰玄玄集

11749 皇極經世書卦玄玄集不分卷 明抄本

匡高18.2厘米，廣13.9厘米。行字不等，藍格，白口，左右雙邊。有“錢塘丁氏正修堂藏書”等印。丁丙跋。南京圖書館藏。

重學赤例

甲⊥乙＝天

此甲加乙等于天也

甲丅乙＝天

此甲少乙等天

甲乙＝天

甲·乙＝天

甲×乙＝天

此三式俱甲乙相乘等于天也

(甲⊥乙丅丙)地＝天

此甲加乙以丙減之餘數乘地等天也

$\frac{甲⊥乙}{丙丅丁}$＝天

此甲加乙為實丙少丁為法除得數等于天也

甲⊥乙⊥丙⊥丁⊥……＝天

此甲加乙加丙加丁再加戊己等無窮諸數等于天也

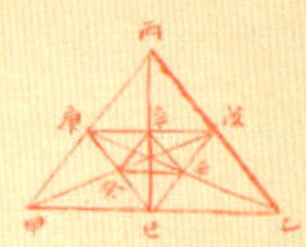

心何以為重心也曰心為形之重在形心體內質以形為界故形心即重心也曰此圖之何以為形心也試作戊己庚三角形戊己庚三角平分甲乙丙三邊平分之點戊己庚丙又曰辛壬癸三角形辛壬癸三角又與戊己庚三邊平分之點使遞於其中相間之一順一倒三角形各三角必皆在甲戊乙庚丙己二軸線上而心常在其中央甲庚己之戊乙辛丙戊三三角形三邊俱等則形亦等矣

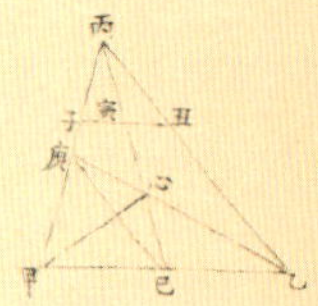

如圖甲乙丙三角面平分甲乙於己亦平分甲丙於庚作己丙庚乙二對角線相交於心點心點即重心也　三角面一如子丑等平增減線（自丙向甲乙則平增，自甲乙向丙則平減）平行於甲乙積而成此面即有此例

一率　子寅

二率　甲己

三率　寅丙　寅丑

四率　己丙　己乙

惟甲己等於己乙故子寅亦等於寅丑故諸平行線皆定於丙己丙全面亦定於丙己也平行於甲丙諸線定於乙庚亦然故丙己乙庚俱為重心線交點在心故全面必定於心也又試作

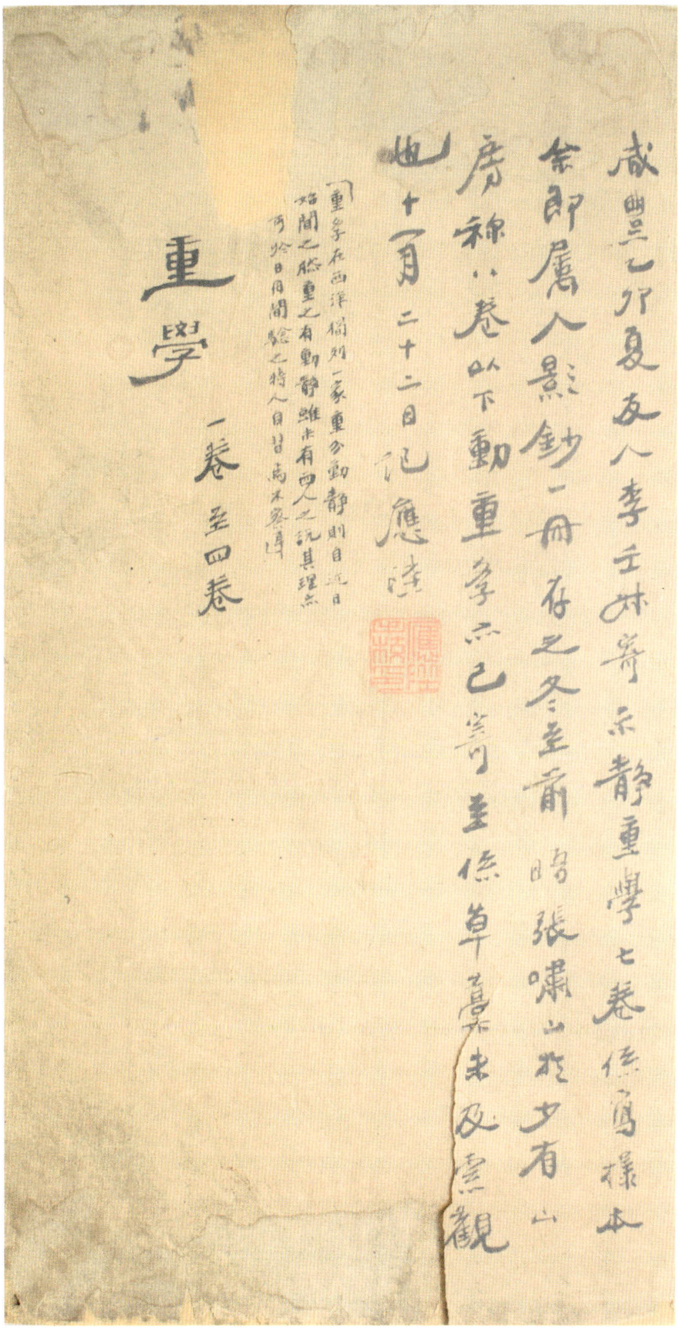

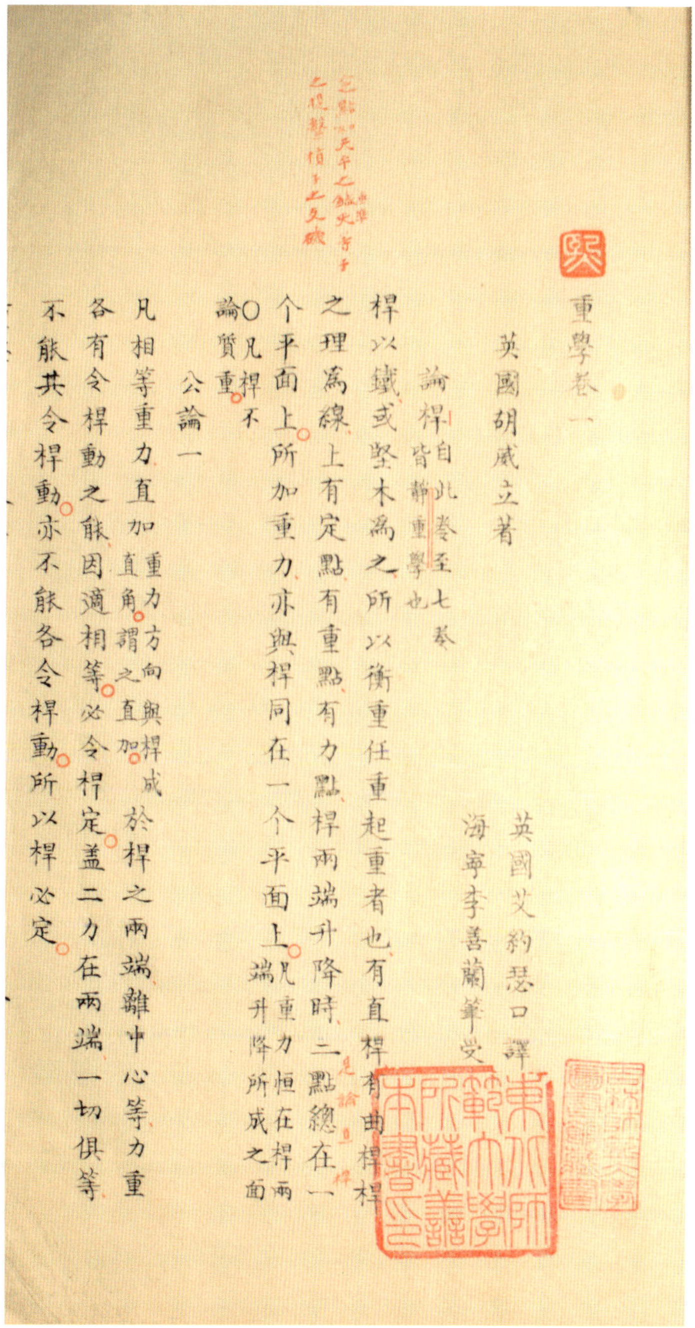

11748 重學七卷 （英國）胡威立撰 （英國）艾約瑟口譯 （清）李善蘭筆受 清咸豐五年（1855）韓氏讀有用書齋抄本

有“應陛手校印”等印。韓應陛跋。東北師範大學圖書館藏。

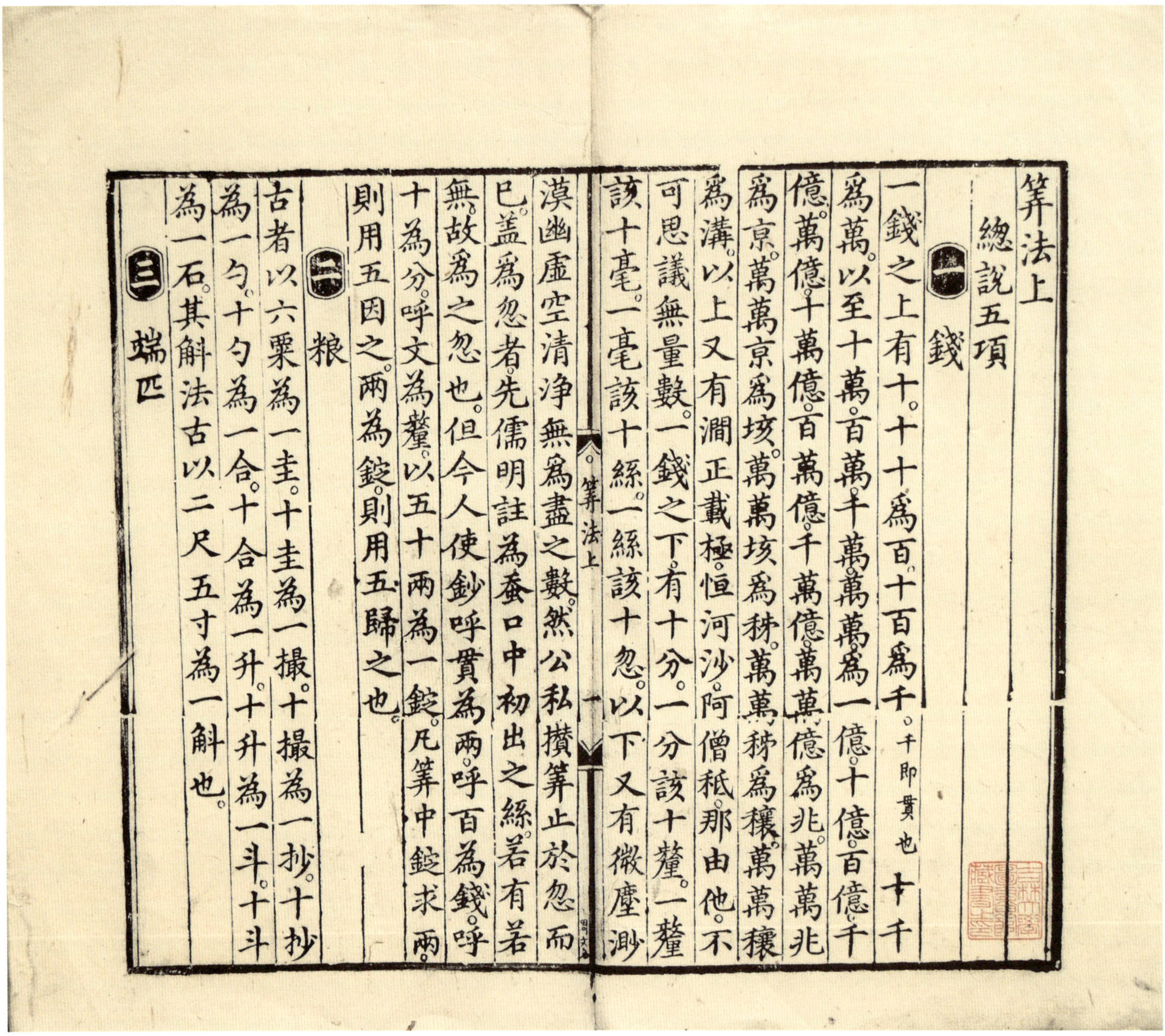

筭法上

總說五項

一 錢

一錢之上有十。十十爲百。十百爲千。千即貫也 十千爲萬。以至十萬。百萬。千萬。萬萬爲一億。十億。百億。千億。萬億。十萬億。百萬億。千萬億。萬萬億爲兆。萬萬兆爲京。萬萬京爲垓。萬萬垓爲秭。萬萬秭爲穰。萬萬穰爲溝。以上又有澗正載極恒河沙阿僧祇那由他不可思議無量數。一錢之下有十分。一分該十釐。一釐該十毫。一毫該十絲。一絲該十忽。以下又有微塵渺漠幽虛空清淨無爲盡之數。然公私攢筭止於忽而已。蓋爲忽者先儒明註爲蚕口中初出之絲。若有若無故爲之忽也。但今人使鈔呼貫爲兩。呼百爲錢。呼十爲分。呼文爲釐。以五十兩爲一錠。凡筭中錠求兩則用五因之。兩爲錠則用五歸之也。

二 粮

古者以六粟爲一圭。十圭爲一撮。十撮爲一抄。十抄爲一勺。十勺爲一合。十合爲一升。十升爲一斗。十斗爲一石。其斛法古以二尺五寸爲一斛也。

三 端匹

11747 筭法全能集二卷 （明）賈亨撰　明初刻本

蝴蝶裝。匡高25.5厘米，廣15.5厘米。半葉十行，行二十字，黑口，左右雙邊。吉林大學圖書館藏。

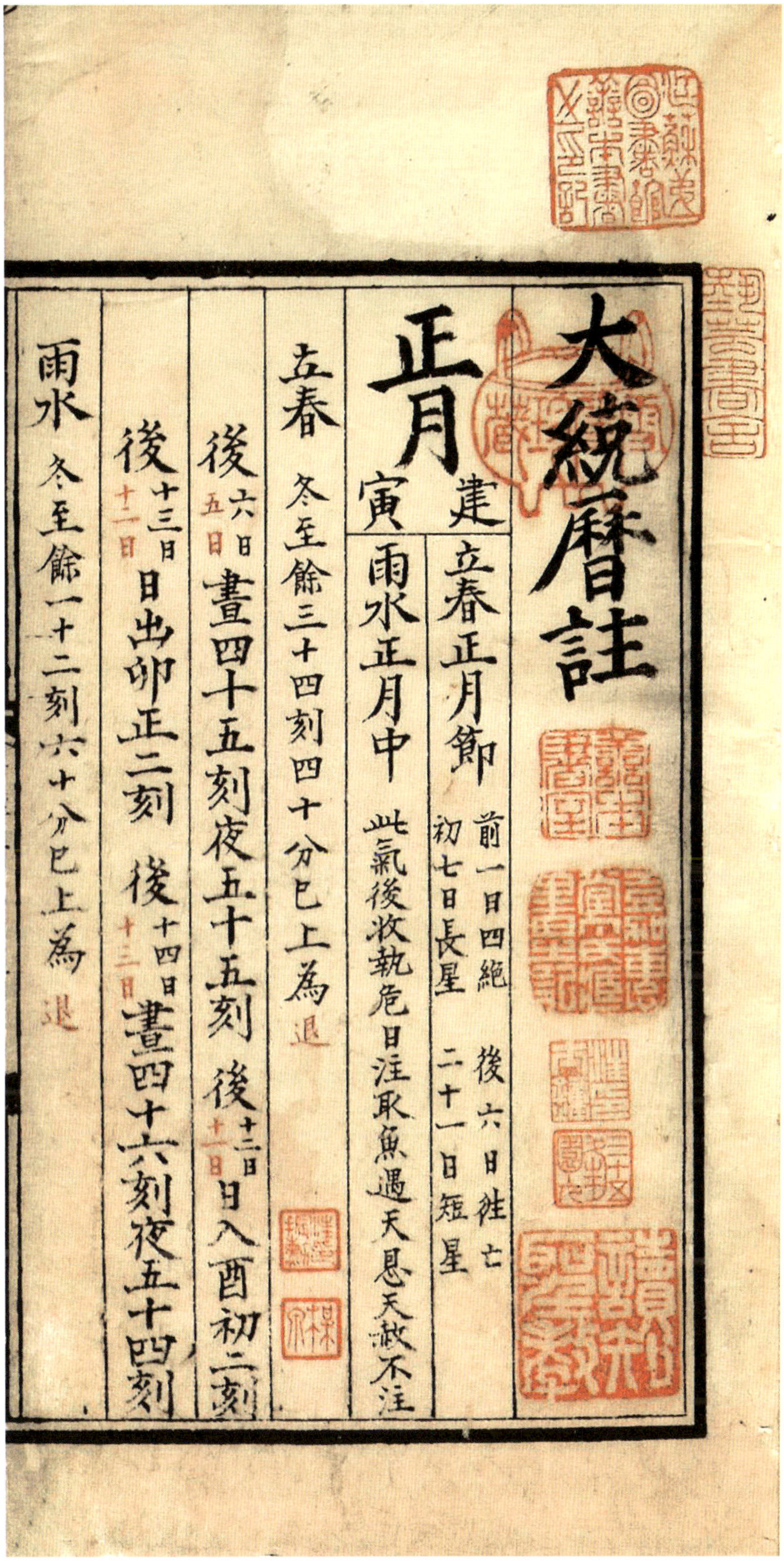

11746 大統曆註不分卷 明抄本

匡高19.6厘米，廣12厘米。行字不等，黑口，四周雙邊。有“汪印士鐘”“藝芸書室”“嘉惠堂丁氏藏書之記”“善本書室”等印。丁丙跋。南京圖書館藏。

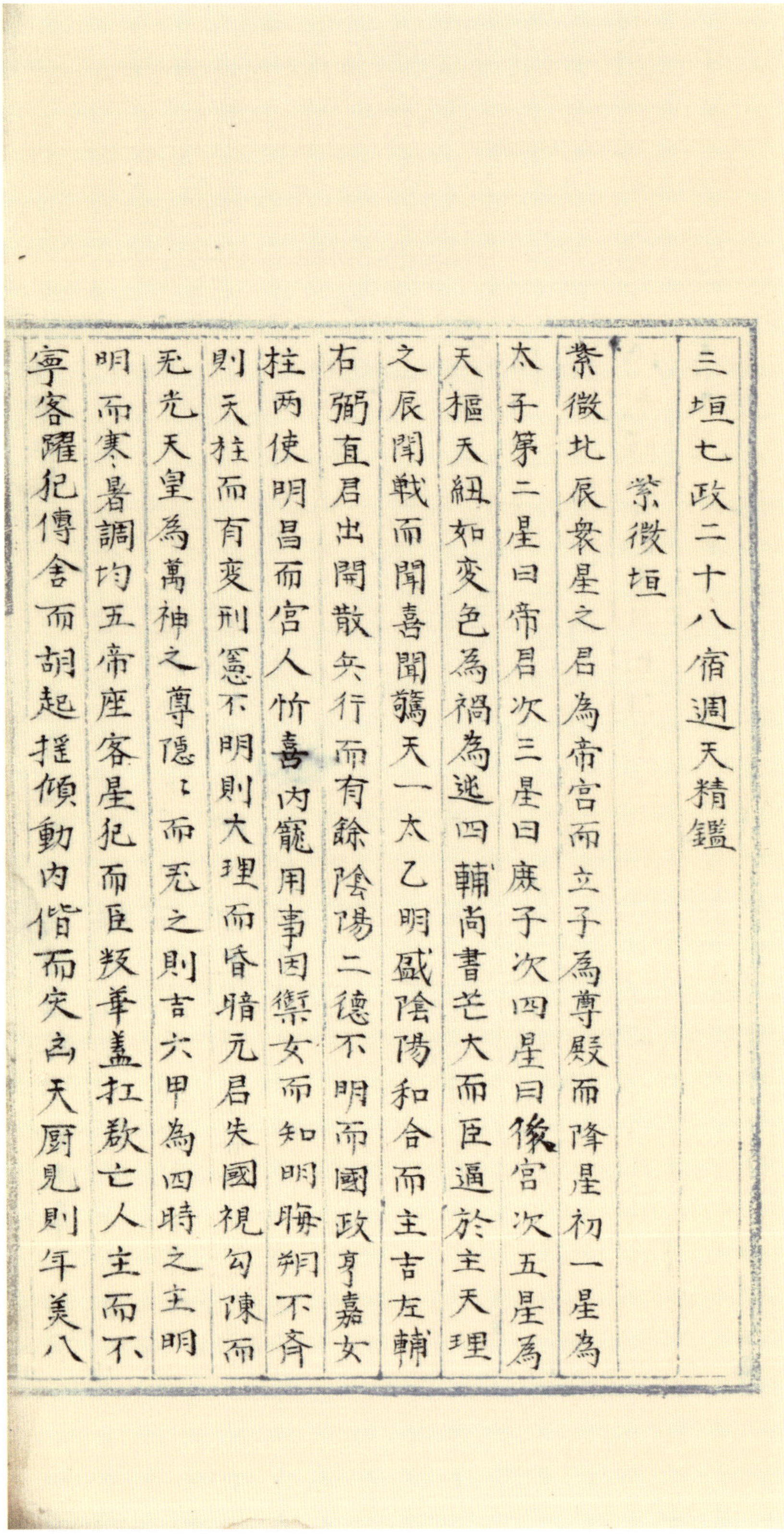

三垣七政二十八宿週天精鑑

紫微垣

紫微北辰衆星之君為帝宮而立子為尊殿而降星初一星為太子第二星曰帝君次三星曰庶子次四星曰後宮次五星為天樞天紐如变色為禍為迯四輔尚書芒大而臣逼於主天理之辰閒戟而閒喜閒鶩天一太乙明盛陰陽和合而主吉左輔右弼直君出聞散兵行而有餘陰陽二德不明而國政亨嘉女柱兩使明昌而宮人忻喜内寵用事因嬖女而知明晦朔不齊則天柱而有变刑憲不明則大理而昏暗元君失國視勾陳而无光天皇為萬神之尊隱隱而无之則吉六甲為四時之主明明而寒暑調均五帝座客星犯而臣叛華蓋扛欹亡人主而不寧客躍犯傳舍而胡起搖傾動内階而突出天厨見則年美八

11745 週天星鑑一卷　（明）章士純撰　明抄本

匡高19.8厘米，廣14.5厘米。半葉十二行，行二十四字，藍格，藍口，四周雙邊。福建省圖書館藏。

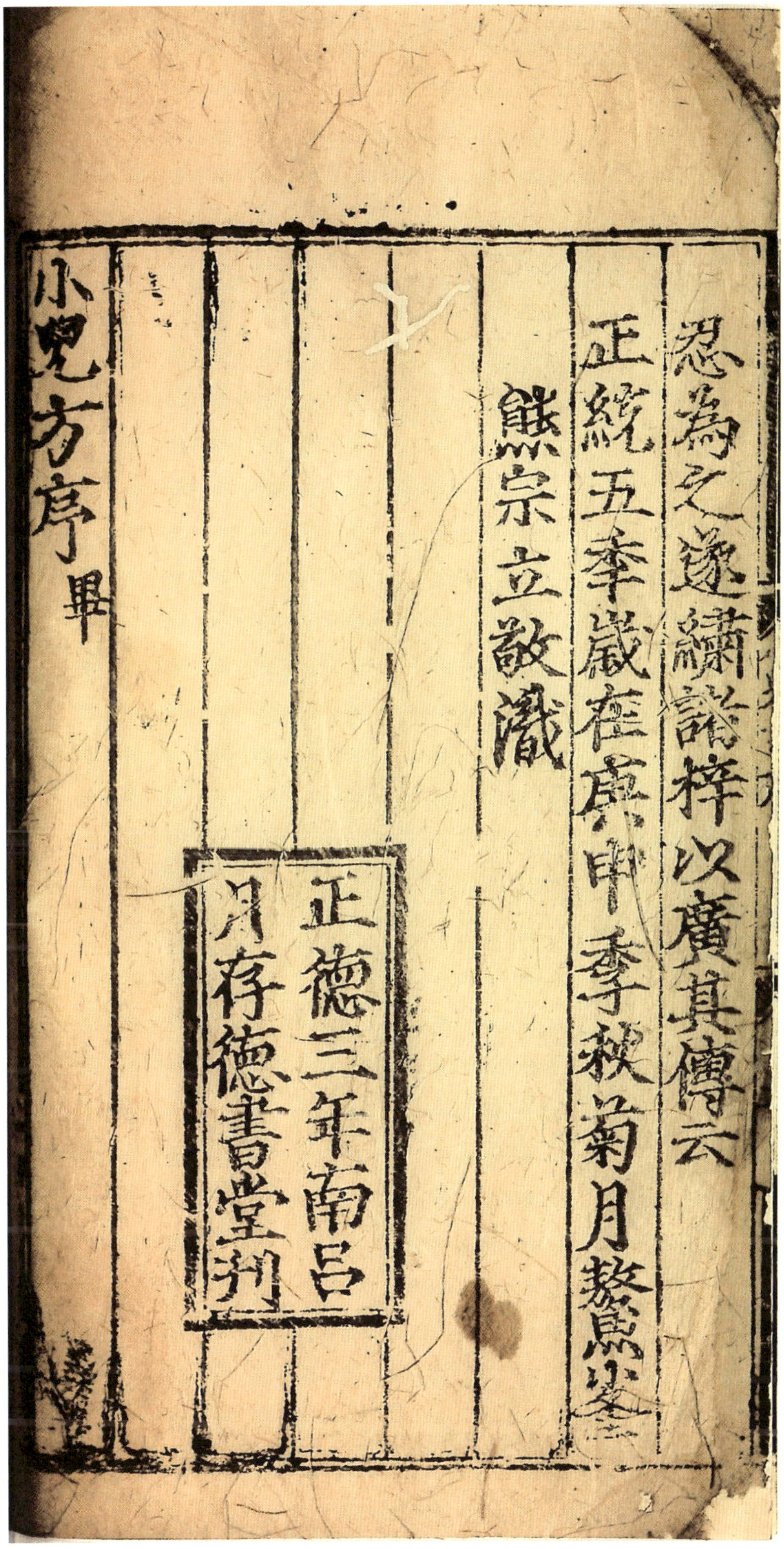
忍為之遂繡諸梓以廣其傳云
正統五年歲在庚申季秋菊月鰲峯
熊宗立敬識

正德三年南呂
月存德書堂刊

小兒方序畢

11744 類證註釋錢氏小兒方訣十卷

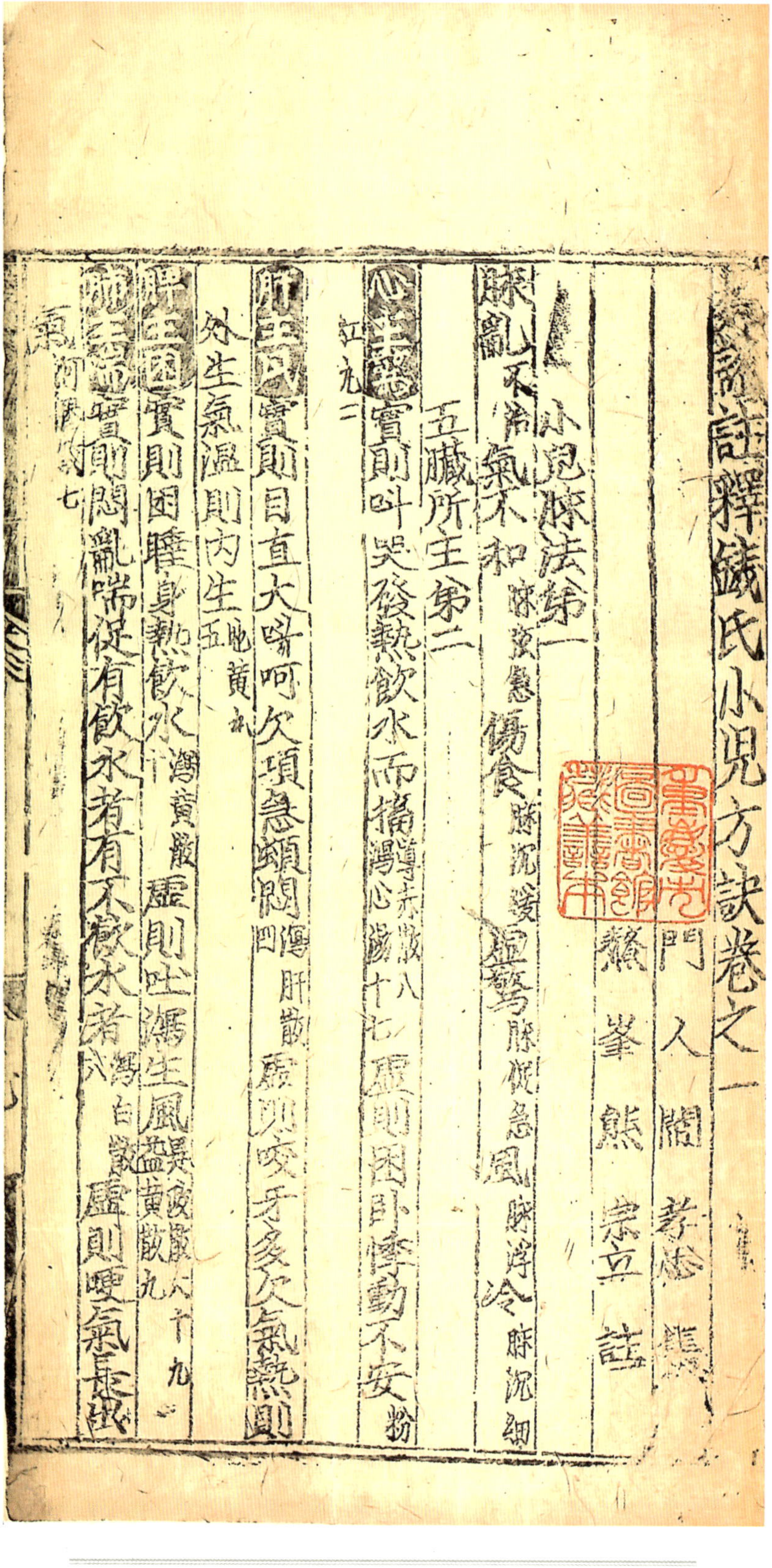

11744 類證註釋錢氏小兒方訣十卷 （宋）錢乙撰 （明）熊宗立注

明正德三年（1508）存德書堂刻本

匡高19厘米，廣12.2厘米。半葉十三行，行二十七字，黑口，四周雙邊。有“正德三年南吕月存德書堂刊”牌記。山東省圖書館藏。

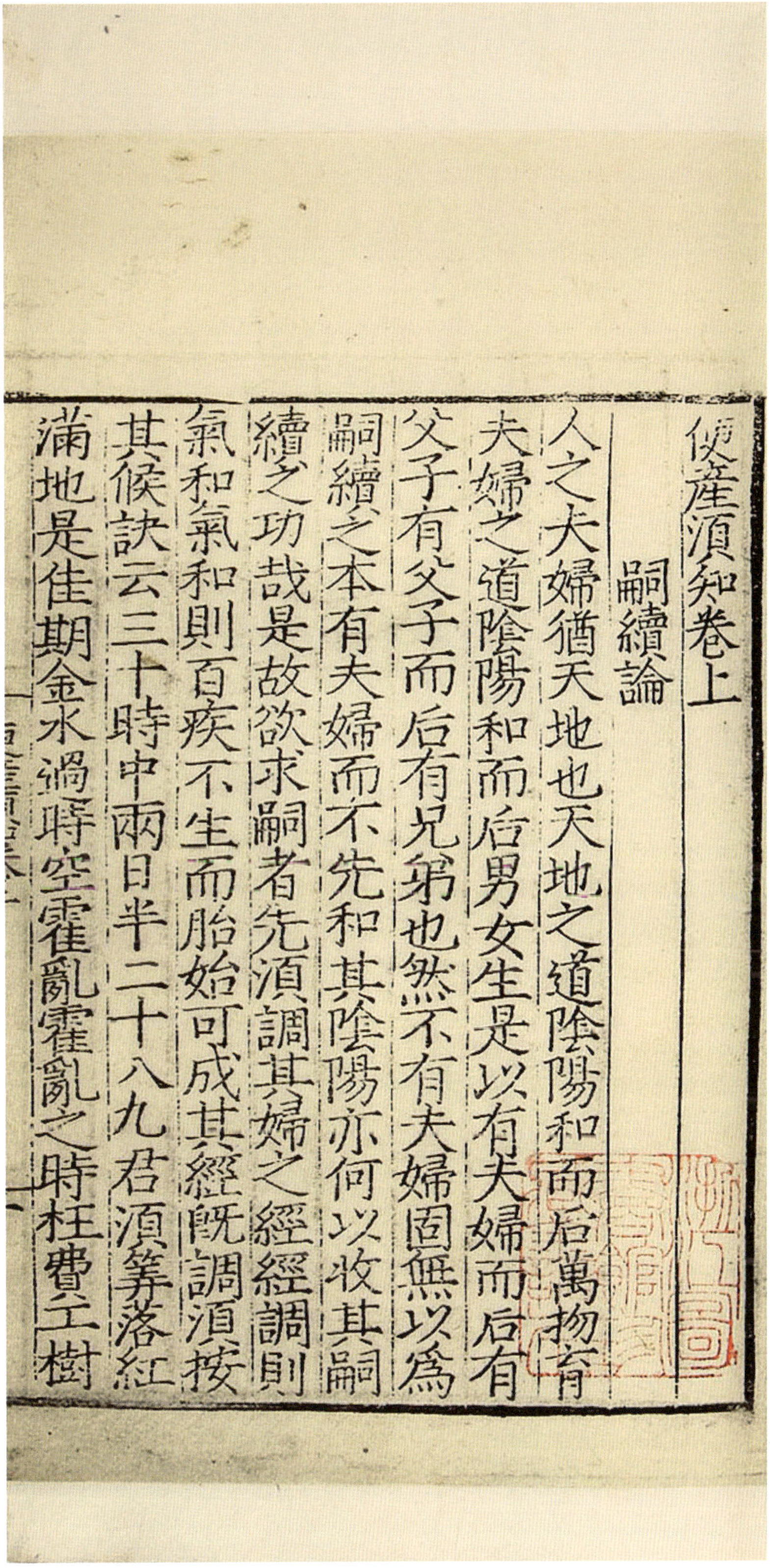
便産須知卷上
嗣續論
人之夫婦猶天地也天地之道陰陽和而后萬物育夫婦之道陰陽和而后男女生是以有夫婦而后有父子有父子而后有兄弟也然不有夫婦固無以為嗣續之本有夫婦而不先和其陰陽亦何以收其嗣續之功哉是故欲求嗣者先須調其婦之經經調則氣和氣和則百疾不生而胎始可成其經既調須按其候訣云三十時中兩日半二十八九君須筭落紅滿地是佳期金水過時空霍亂霍亂之時枉費工樹

11743 便產須知二卷 明嘉靖三十九年（1560）張景賢刻本

匡高18.8厘米，廣14.2厘米。半葉十行，行二十字，白口，四周單邊。浙江圖書館藏。

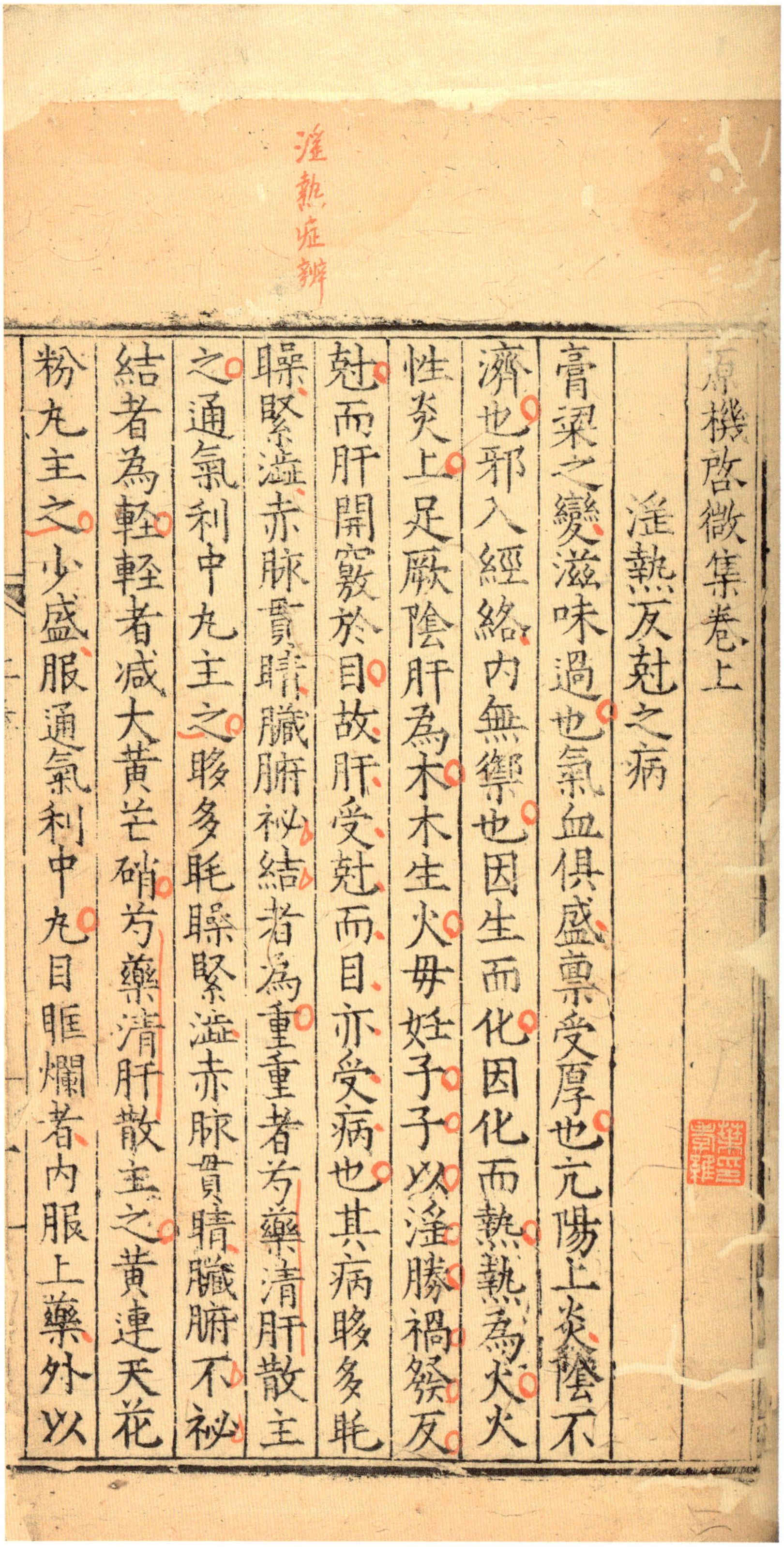

11742 原機啓微集二卷 （元）倪維德撰 （明）薛己校補 **附録一卷** 明嘉靖刻本

匡高20.1厘米，廣14.1厘米。半葉十行，行二十二字，白口，四周雙邊。無錫市圖書館藏。

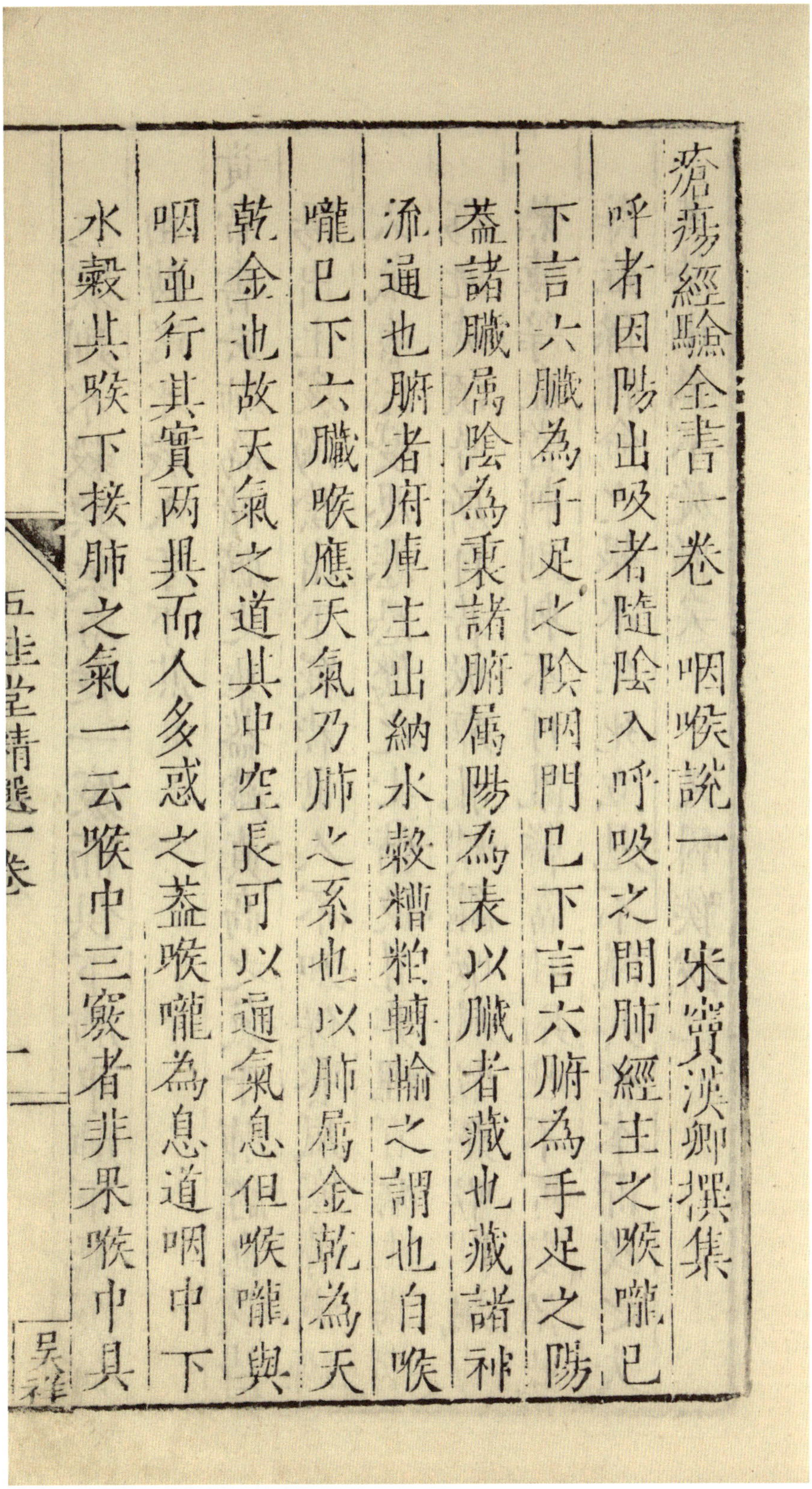

瘡瘍經驗全書一卷　咽喉說一　宋竇漢卿撰集
呼者因陽出吸者隨陰入呼吸之間肺經主之喉嚨已
下言六臟為手足之陰咽門已下言六腑為手足之陽
蓋諸臟屬陰為裏諸腑屬陽為表以臟者藏也藏諸神
流通也腑者府庫主出納水穀糟粕轉輸之謂也自喉
嚨已下六臟喉應天氣乃肺之系也以肺屬金乾為天
乾金也故天氣之道其中空長可以通氣息但喉嚨與
咽並行其實兩異而人多惑之蓋喉嚨為息道咽中下
水穀其喉下接肺之氣一云喉中三竅者非果喉中具
五圭堂精選一卷　一
吳祥

11741 重校宋竇太師瘡瘍經驗全書十二卷　（宋）竇默撰　（明）竇夢齡增輯　明隆慶三年（1569）三衢大酉堂刻本

匡高22.7厘米，廣13.5厘米。半葉九行，行二十二字，白口，四周單邊。浙江圖書館藏。

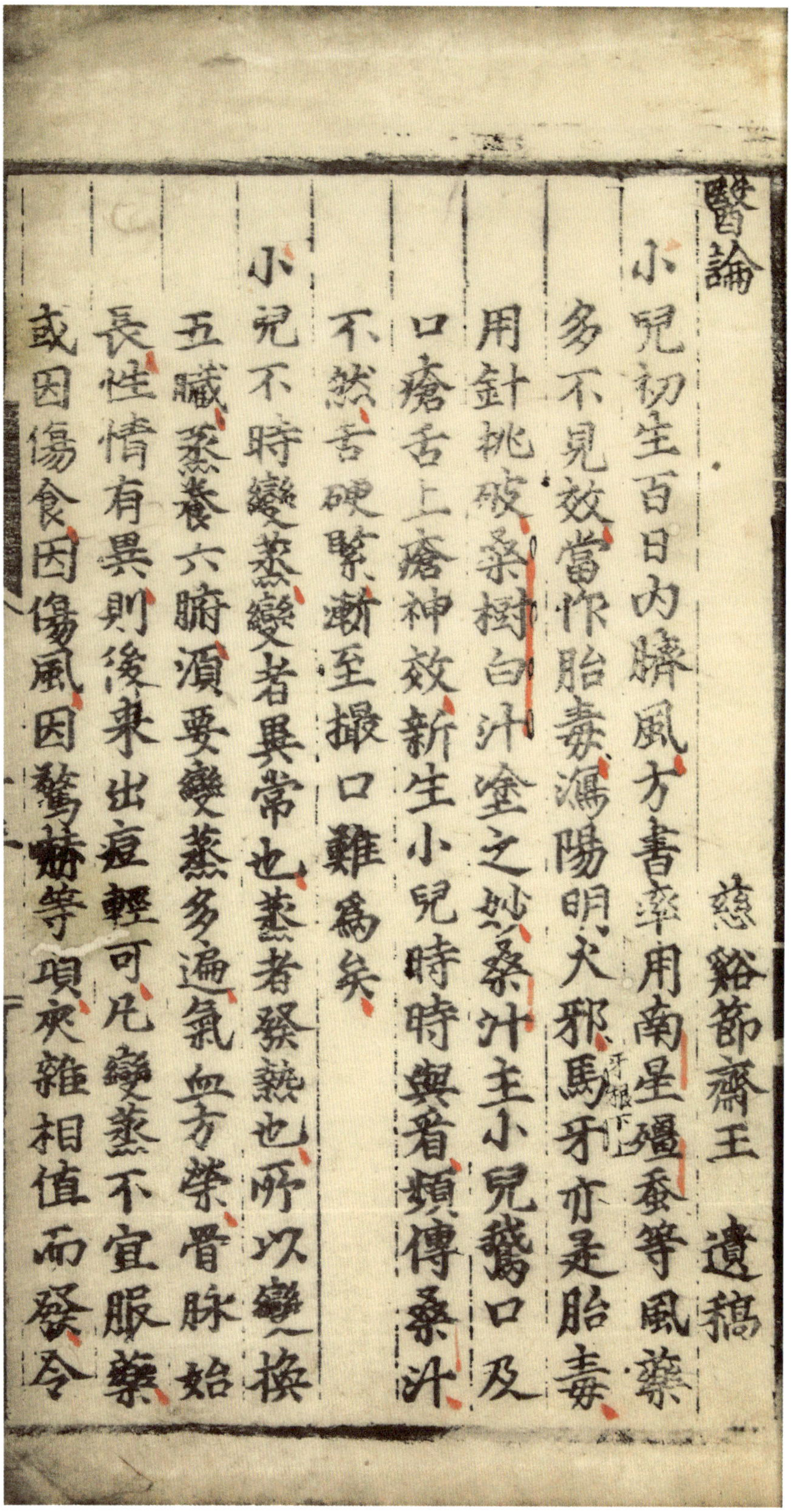

醫論　慈谿節齋王　遺稿

小兒初生百日內臍風方書率用南星殭蠶等風藥多不見效當作胎毒瀉陽明火邪馬牙亦是胎毒用針挑破桑樹白汁塗之妙桑汁主小兒鵞口及口瘡舌上瘡神效新生小兒時時與看頻傳桑汁不然舌硬緊噤至撮口難爲矣

小兒不時變蒸變者異常也蒸者發熱也所以變換五臟蒸養六腑須要變蒸多遍氣血方榮骨脉始長性情有異則後來出痘輕可凡變蒸不宜服藥或因傷食因傷風因驚搐等項夾雜相值而發令

11740 醫論問答一卷醫論一卷　（明）王綸撰　明嘉靖刻本

匡高22.6厘米，廣14.6厘米。半葉十行，行二十一字，黑口，四周單邊。浙江圖書館藏。

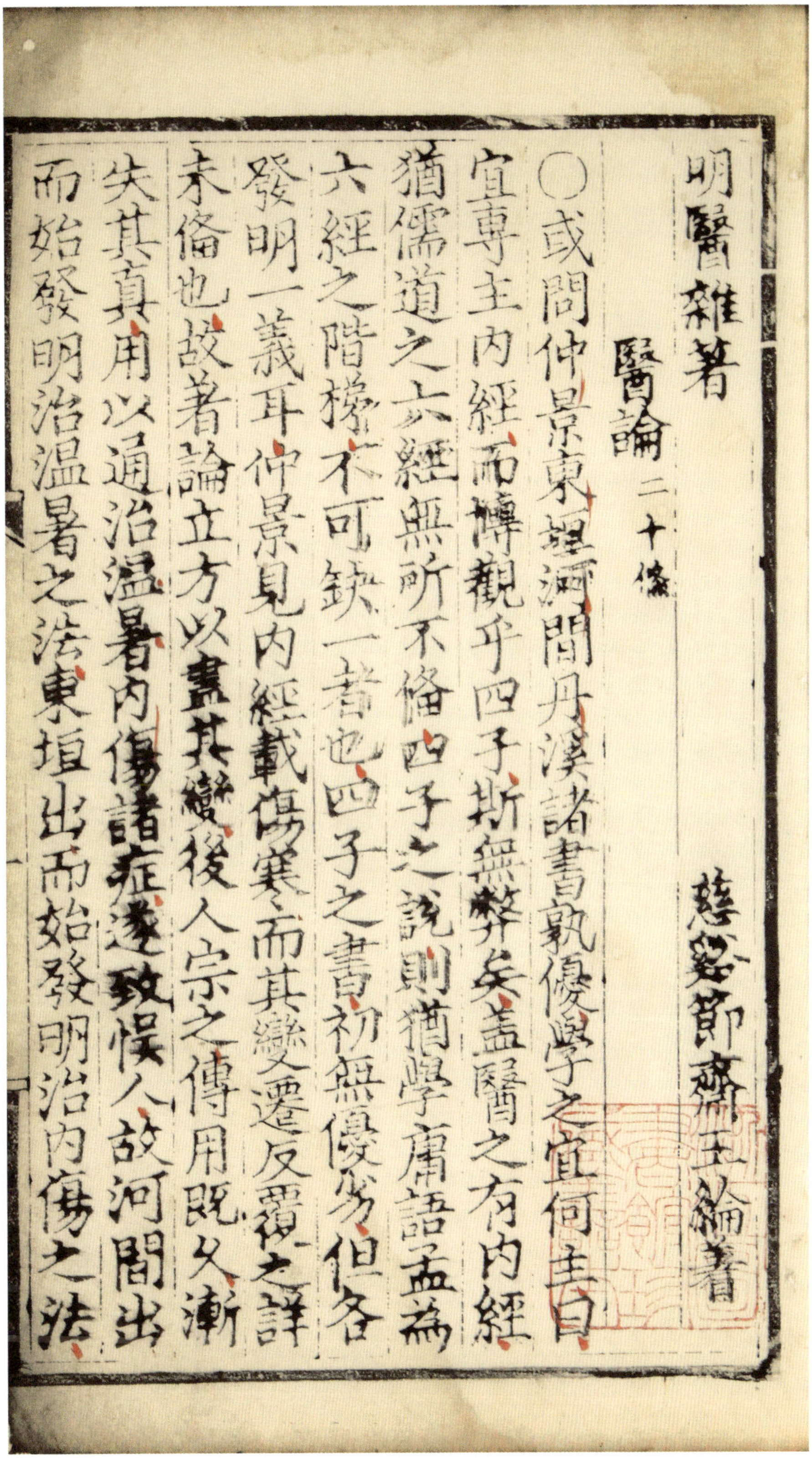

11739 明醫雜著一卷續一卷　（明）王綸撰　明弘治十五年（1502）刻本

匡高23.5厘米，廣14.7厘米。半葉十行，行二十一字，黑口，四周雙邊。浙江圖書館藏。

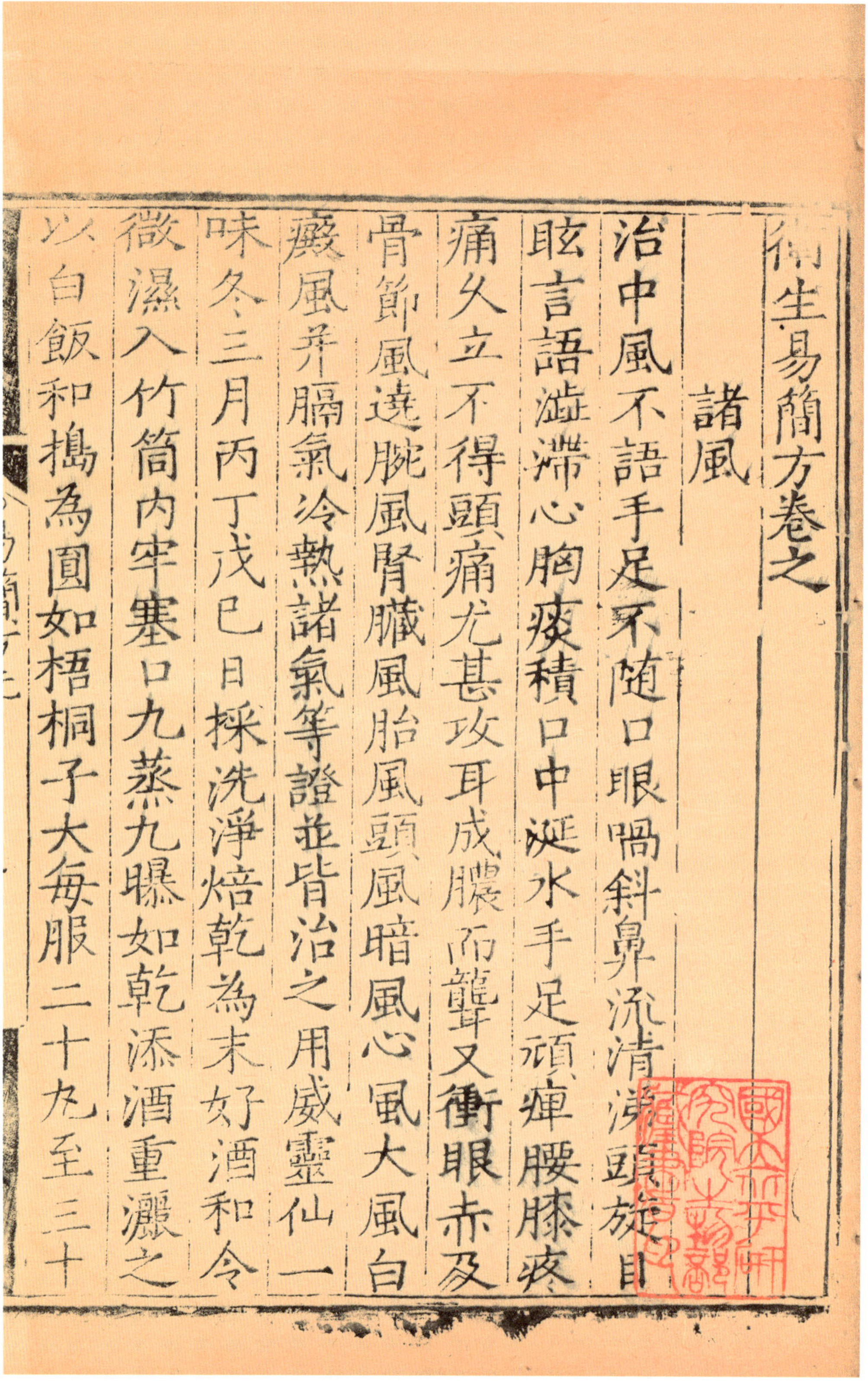
衛生易簡方卷之
諸風
治中風不語手足不隨口眼喎斜鼻流清涕頭旋目眩言語澁滯心胸痰積口中涎水手足頑痺腰膝疼痛久立不得頭痛尤甚攻耳成膿而聾又衝眼赤及骨節風遶腕風腎臟風胎風頭風暗風心風大風白癜風并膈氣冷熱諸氣等證並皆治之用威靈仙一味冬三月丙丁戊巳日採洗淨焙乾為末好酒和令微濕入竹筒內牢塞口九蒸九曝如乾添酒重灑之以白飯和擣為圓如梧桐子大每服二十丸至三十

11738 衛生易簡方十二卷附録一卷 （明）胡濙撰 明嘉靖四十一年（1562）淮安府刻本

匡高21.5厘米，廣16.5厘米。半葉十行，行二十字，黑口，四周雙邊。中國科學院上海生命科學信息中心藏。

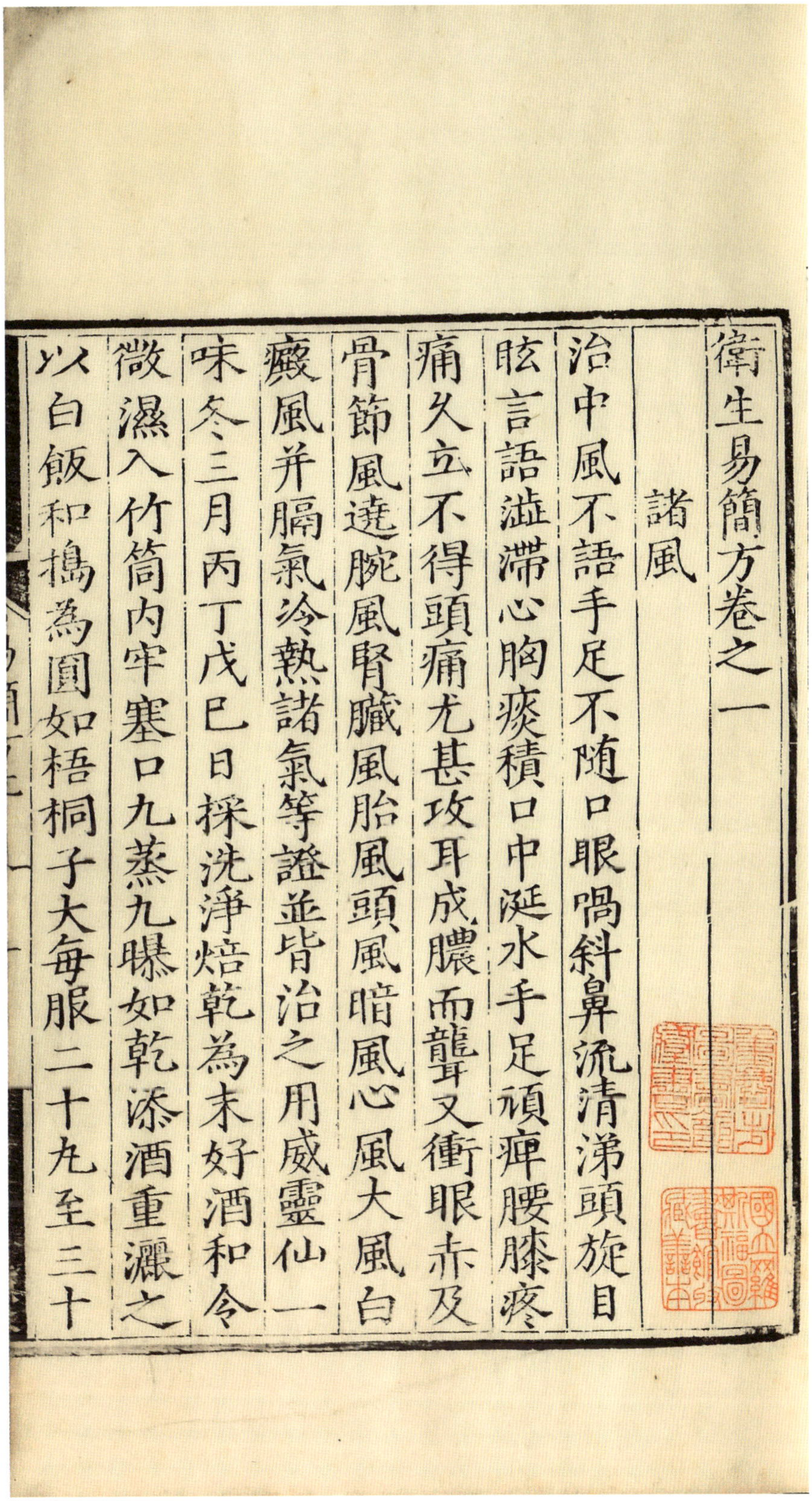
衛生易簡方卷之一
諸風
治中風不語手足不隨口眼喎斜鼻流清涕頭旋目
眩言語澁滯心胸痰積口中涎水手足頑痺腰膝疼
痛久立不得頭痛尤甚攻耳成膿而聾又衝眼赤及
骨節風遶腕風腎臟風胎風頭風暗風心風大風白
癜風并膈氣冷熱諸氣等證並皆治之用威靈仙一
味冬三月丙丁戊巳日採洗淨焙乾為末好酒和令
微濕入竹筒内牢塞口九蒸九曝如乾添酒重灑之
以白飯和擣為圓如梧桐子大每服二十九至三十

11737 衛生易簡方十二卷附録一卷 （明）胡濙撰　明宣德二年（1427）刻本

匡高20.8厘米，廣16.3厘米。半葉十行，行二十字，黑口，四周雙邊。重慶圖書館藏。

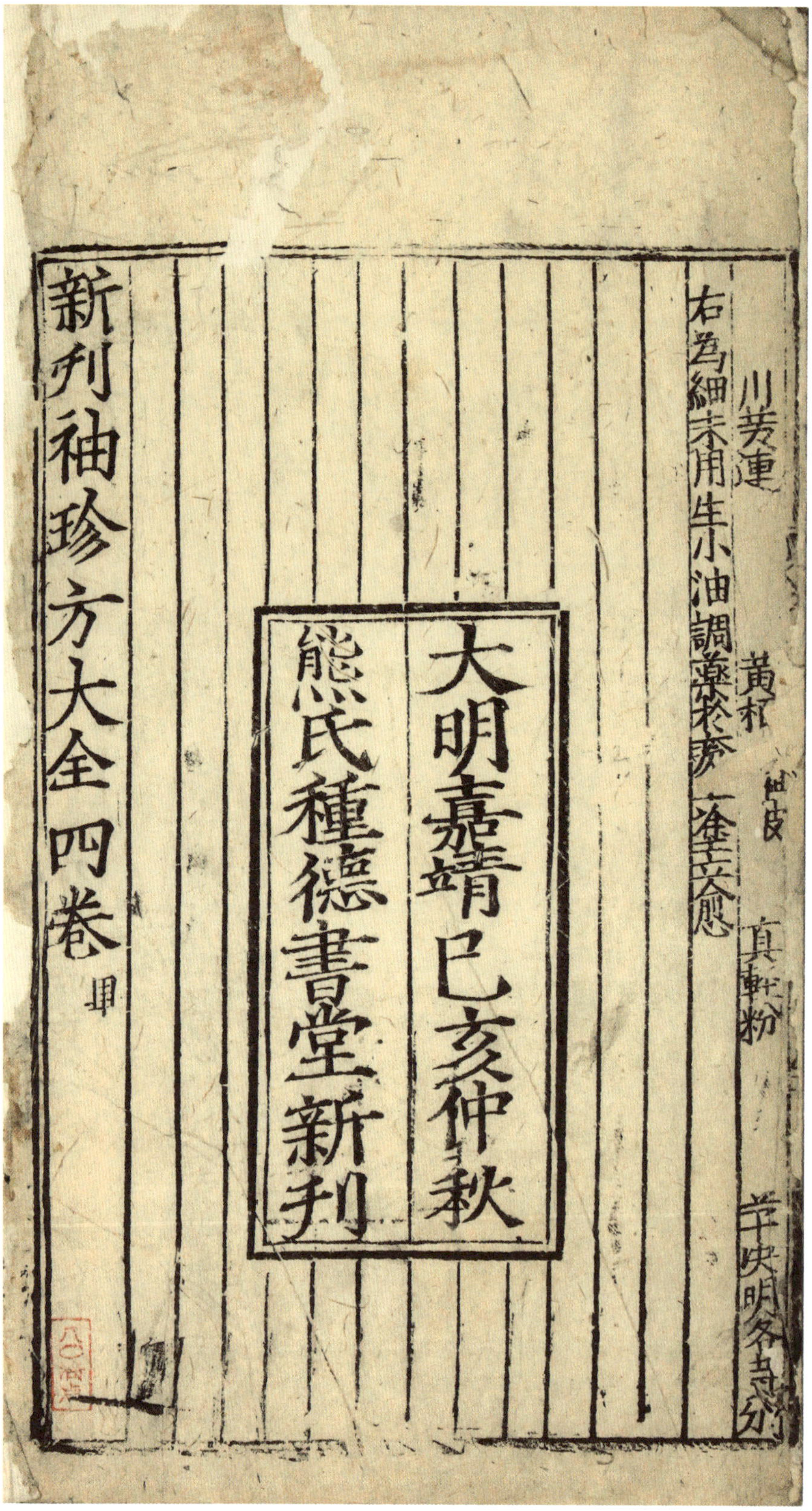
川芎　連　黄柏　陳皮　真輕粉　草決明各等分
右為細末用生小油調藥搽瘡一塗立愈
大明嘉靖已亥仲秋
熊氏種德書堂新刊
新刊袖珍方大全四卷　畢

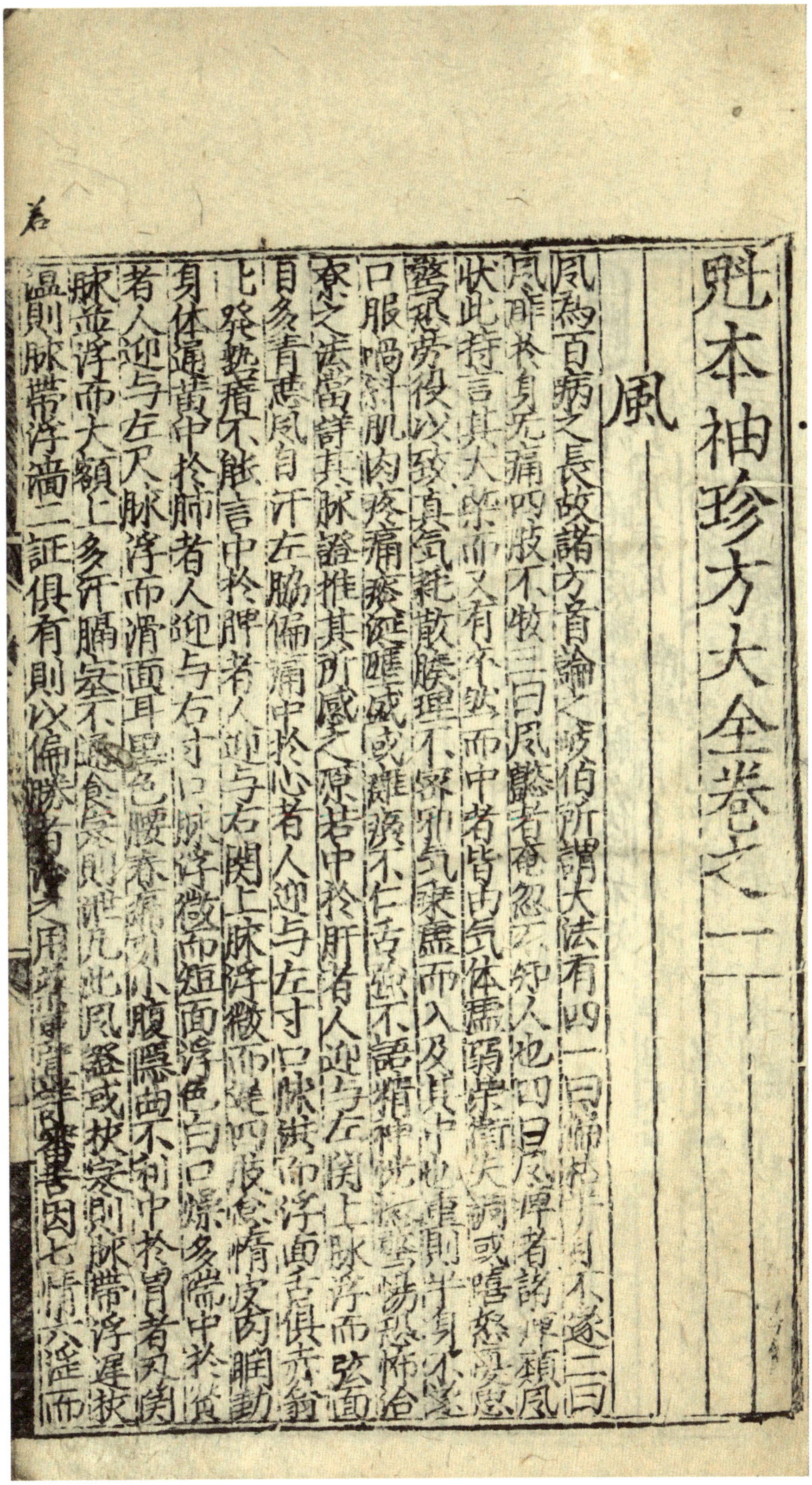

11736 魁本袖珍方大全四卷 （明）李恒撰 明嘉靖十八年（1539）熊氏種德書堂刻本

匡高18.7厘米，廣12.7厘米。半葉十六行，行三十字，黑口，四周雙邊。有“大明嘉靖巳亥仲秋熊氏種德書堂新刊”牌記。浙江圖書館藏。

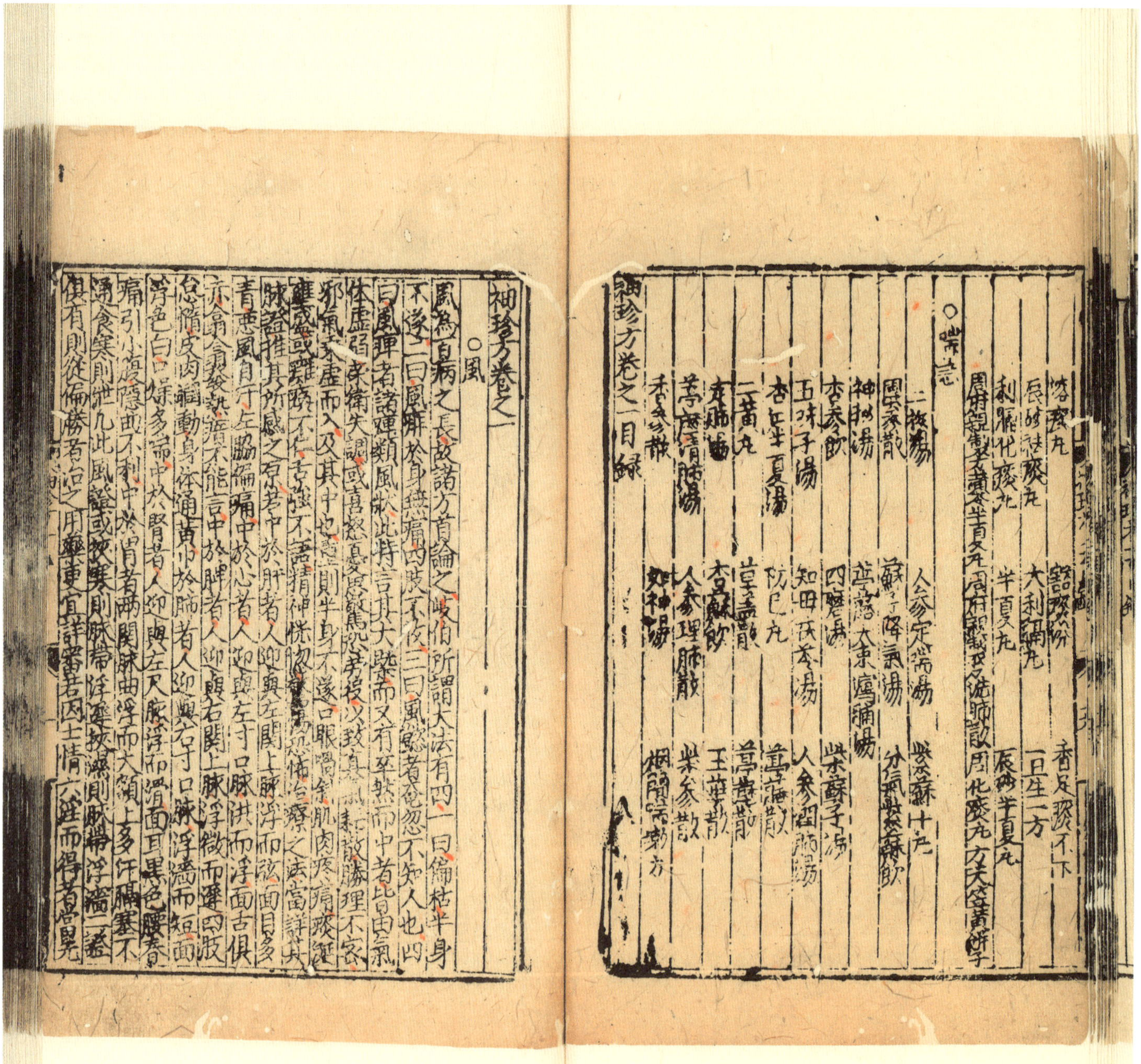

11735 袖珍方四卷　（明）李恒撰　明初刻本

匡高13.7厘米，廣9.7厘米。半葉十六行，行二十六字，黑口，四周雙邊。國家圖書館藏。

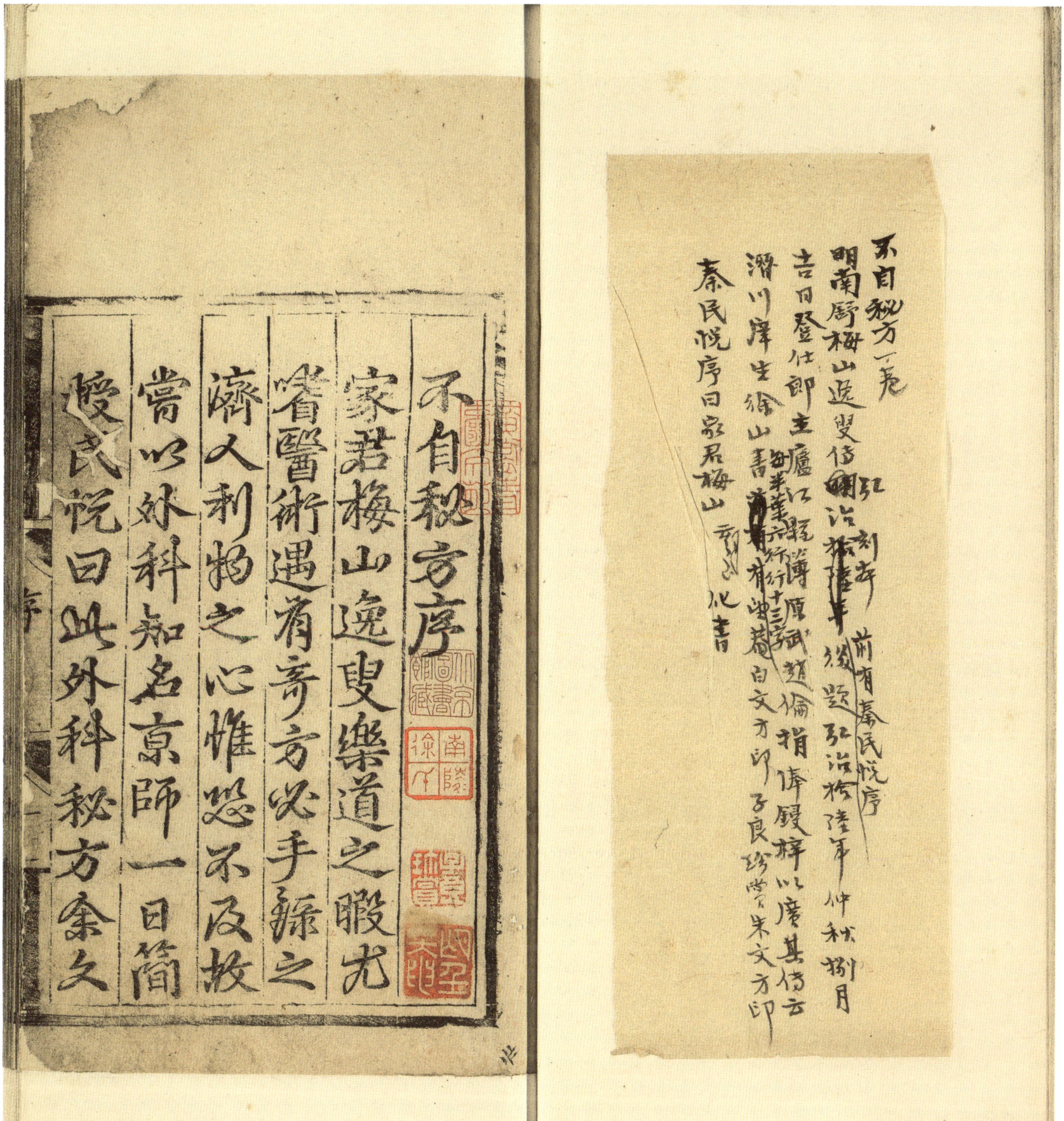
不自秘方序
家君梅山逸叟樂道之暇尤
嗜醫術遇有奇方必手録之
濟人利物之心惟恐不及故
嘗以外科知名京師一日簡
[illegible]民悦曰此外科秘方余久

11734 不自秘方一卷

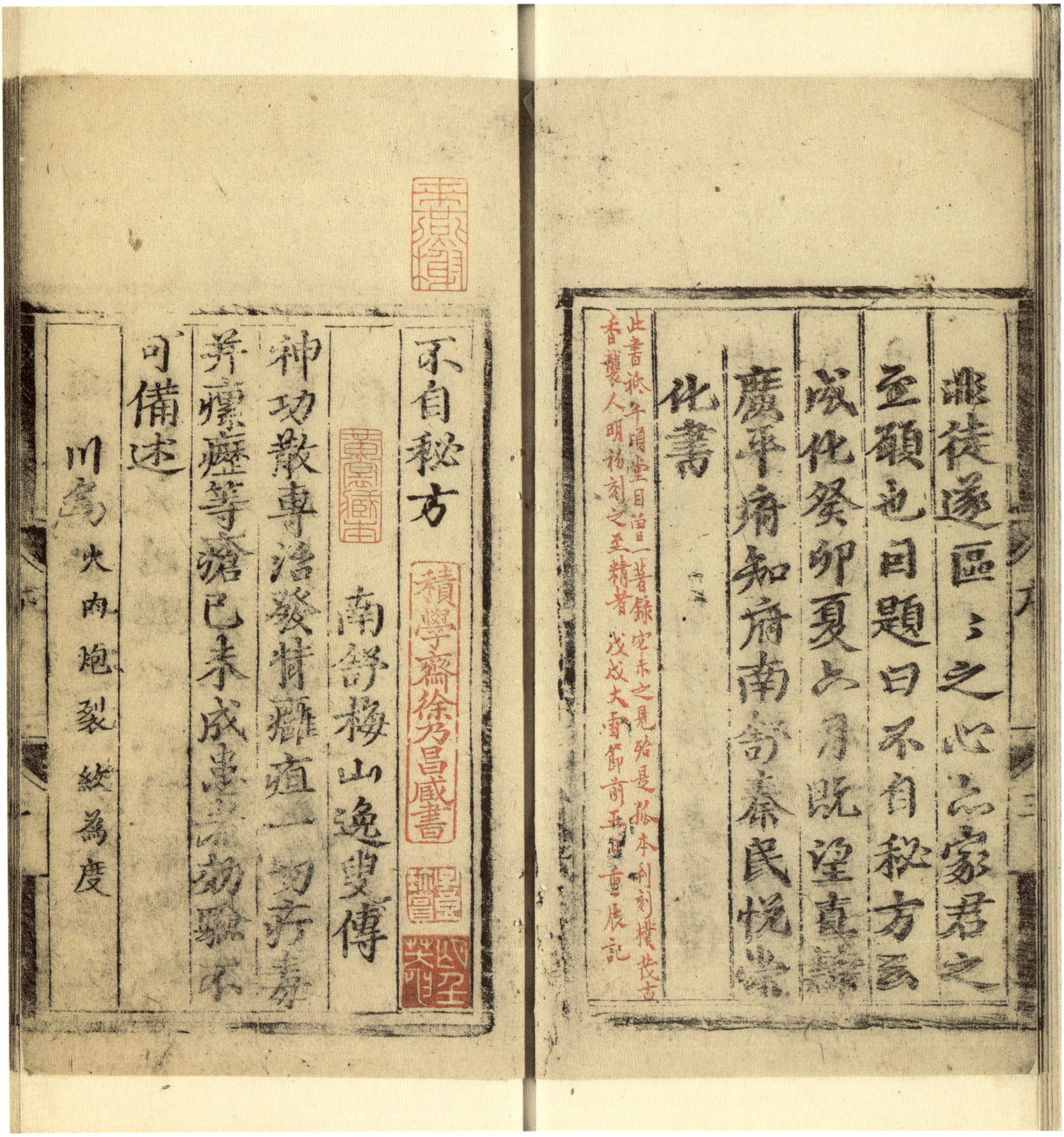
涉後遂區區之心家君之
至願也因題曰不自秘方云
成化癸卯夏六月既望直隸
廣平府知府南部秦民悦崇
化書
不自秘方
南舒梅山逸叟傳
神功散專治發背癰疽一切瘡毒
并瘰癧等瘡已未成患者劾驗不
可備述
川烏 火内炮裂紋爲度

11734 不自秘方一卷 題梅山逸叟輯 明弘治十六年（1503）趙倫刻本

匡高17厘米，廣11.3厘米。半葉六行，行十三字，黑口，四周雙邊。有“積學齋徐乃昌藏書”“黄裳藏本”等印。徐乃昌跋。國家圖書館藏。

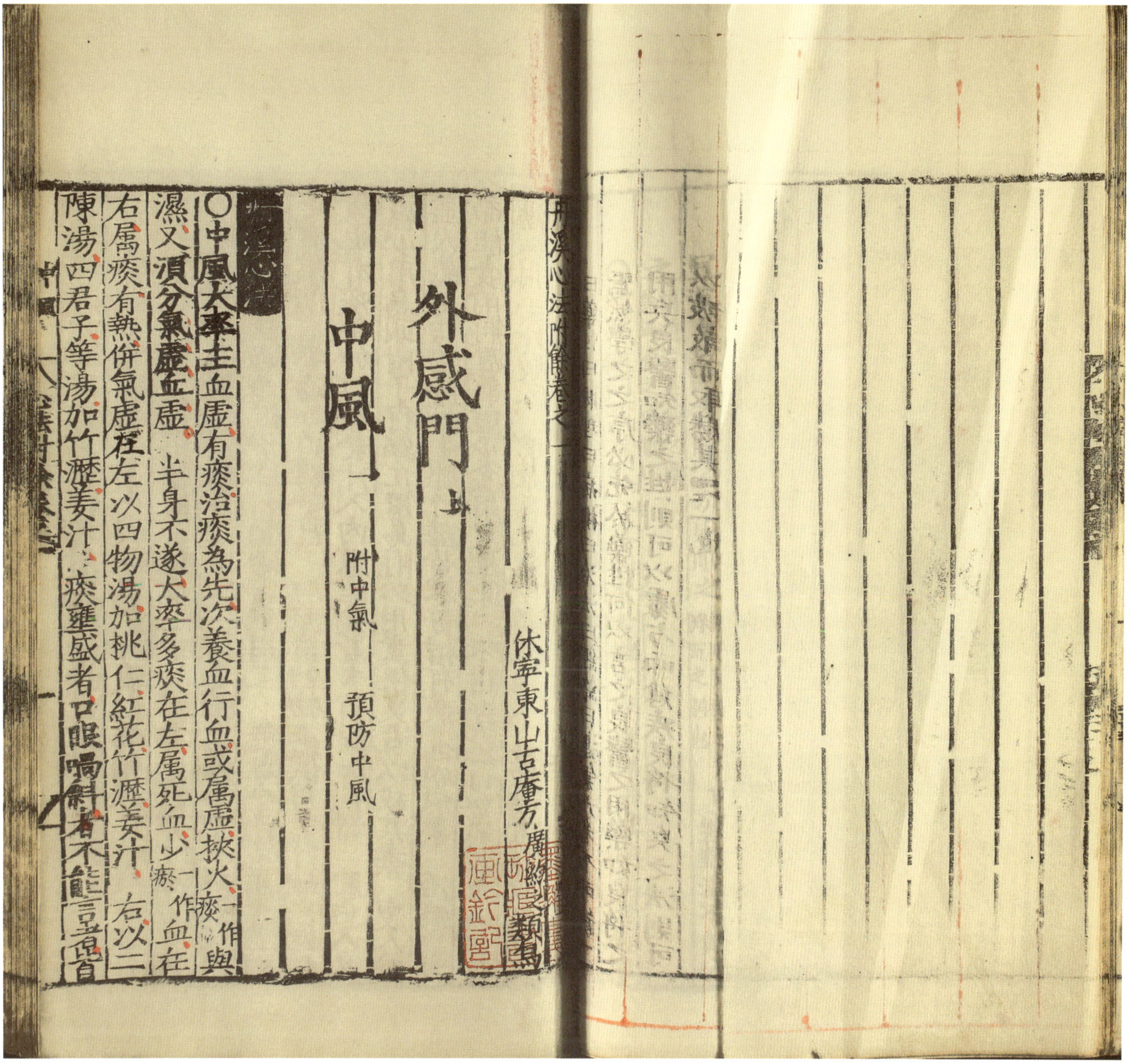
丹溪心法附餘卷之一
休寧東山古庵方廣類集
外感門上
中風一
附中氣　預防中風
丹溪心法
○中風大率主血虛有痰治痰為先次養血行血或屬虛挾火一作痰與濕又須分氣虛血虛　半身不遂大率多痰在左屬死血少血一作痰在右屬痰有熱并氣虛在左以四物湯加桃仁紅花竹瀝姜汁　右以二陳湯四君子等湯加竹瀝姜汁　痰壅盛者口眼喎斜者不能言者皆

11733　丹溪心法附餘二十四卷首一卷　（明）方廣輯　明嘉靖十五年（1536）姚文清、陳講刻公文紙印本

匡高20.5厘米，廣14.9厘米。半葉十二行，行二十七字，小字雙行同，白口，四周單邊。有"墨懈樓珍藏書畫鈐記"等印。浙江圖書館藏。

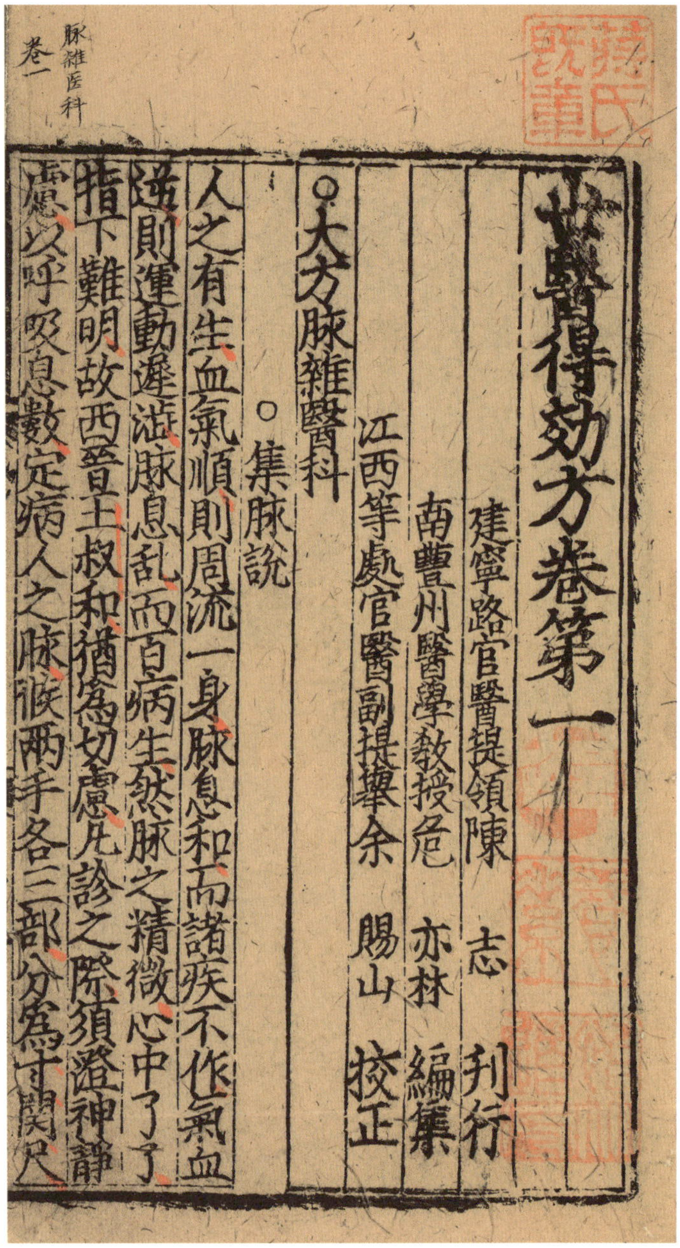
脉雜医科
卷一
世醫得効方卷第一
建寧路官醫提領陳　志　刊行
南豐州醫學教授危　亦林　編集
江西等處官醫副提舉余　賜山　校正
○大方脉雜醫科
○集脉說
人之有生血氣順則周流一身脉息和而諸疾不作氣血
逆則運動遲滞脉息乱而百病生然脉之精微心中了了
指下難明故西晉王叔和猶爲切慮凡診之際須澄神靜
慮以呼吸息數定病人之脉候兩手各三部分爲寸關尺

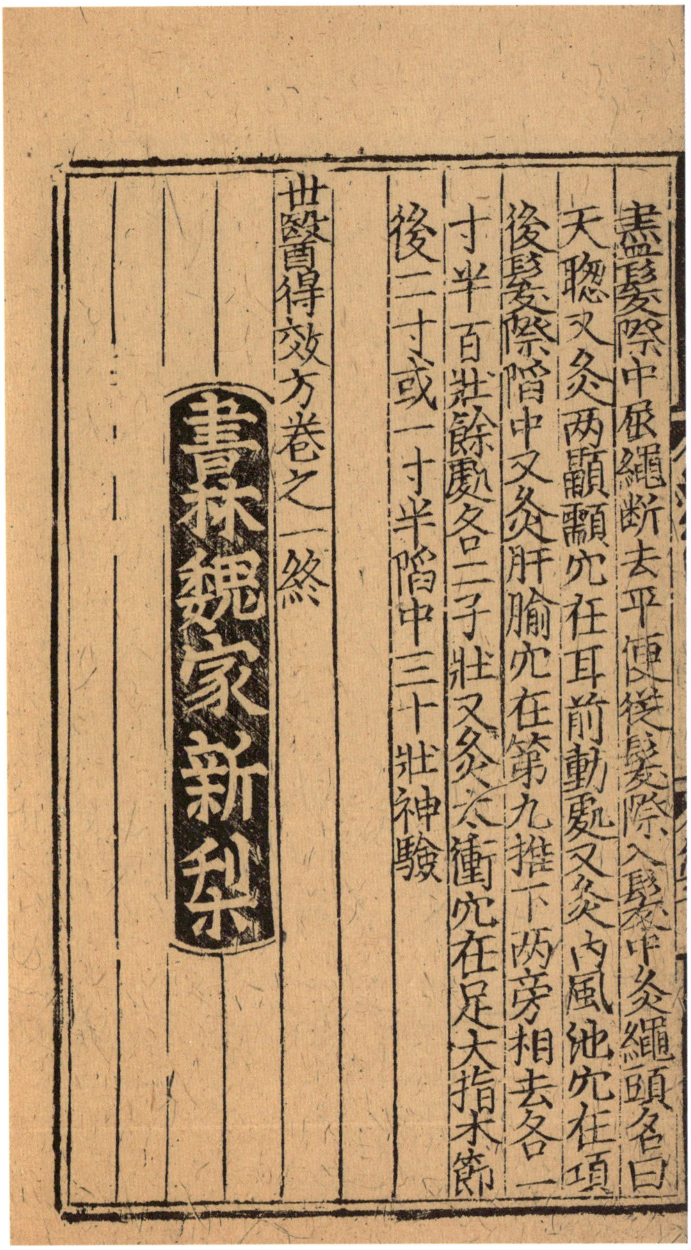
盡髮際中屈繩断去半便從髮際入髮中灸繩頭名曰
天聰又灸兩顳顬穴在耳前動處又灸内風池穴在項
後髮際陷中又灸肝腧穴在第九推下兩旁相去各一
寸半百壯餘處各二七壯又灸太衝穴在足大指本節
後二寸或一寸半陷中三十壯神驗
世醫得效方卷之一終
書林魏家新栞

11732 世醫得效方二十卷　（元）危亦林撰　明書林魏家刻本

匡高18.1厘米，廣11.4厘米。半葉十一行，行二十二字，黑口，四周雙邊。有“書林魏家新刊”牌記。國家圖書館藏。

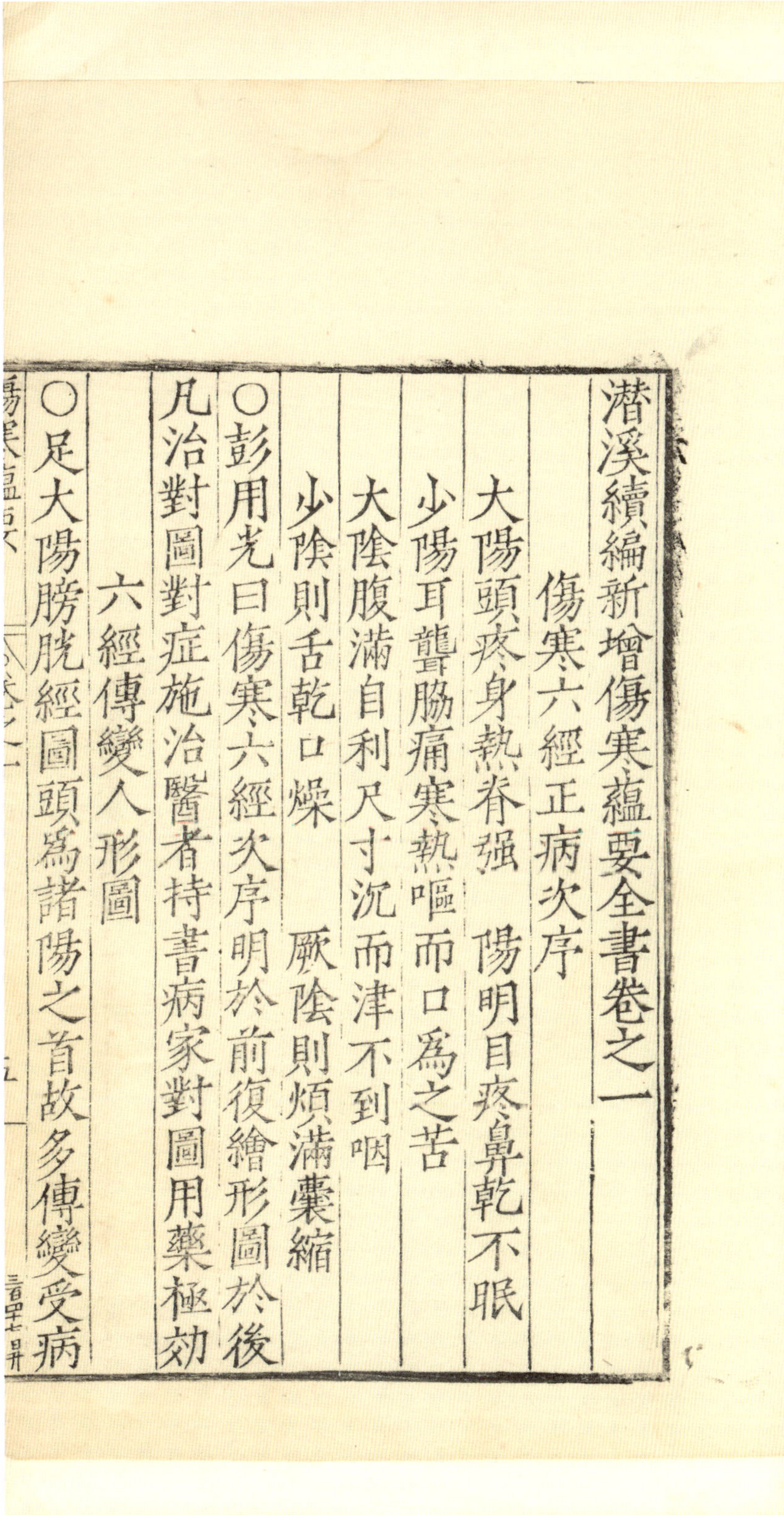
潛溪續編新增傷寒藴要全書卷之一
傷寒六經正病次序
大陽頭疼身熱脊强　陽明目疼鼻乾不眠
少陽耳聾脇痛寒熱嘔而口爲之苦
大陰腹滿自利尺寸沉而津不到咽
少陰則舌乾口燥　厥陰則煩滿囊縮
○彭用光曰傷寒六經次序明於前復繪形圖於後
凡治對圖對症施治醫者持書病家對圖用藥極効
六經傳變入形圖
○足大陽膀胱經圖頭爲諸陽之首故多傳變受病

11731 潛溪續編新增傷寒藴要全書二卷　（明）彭用光撰　明嘉靖四十一年（1562）胡憪刻本

匡高19.2厘米，廣12.9厘米。半葉十行，行二十字，白口，左右雙邊。中國科學院上海生命科學信息中心藏。

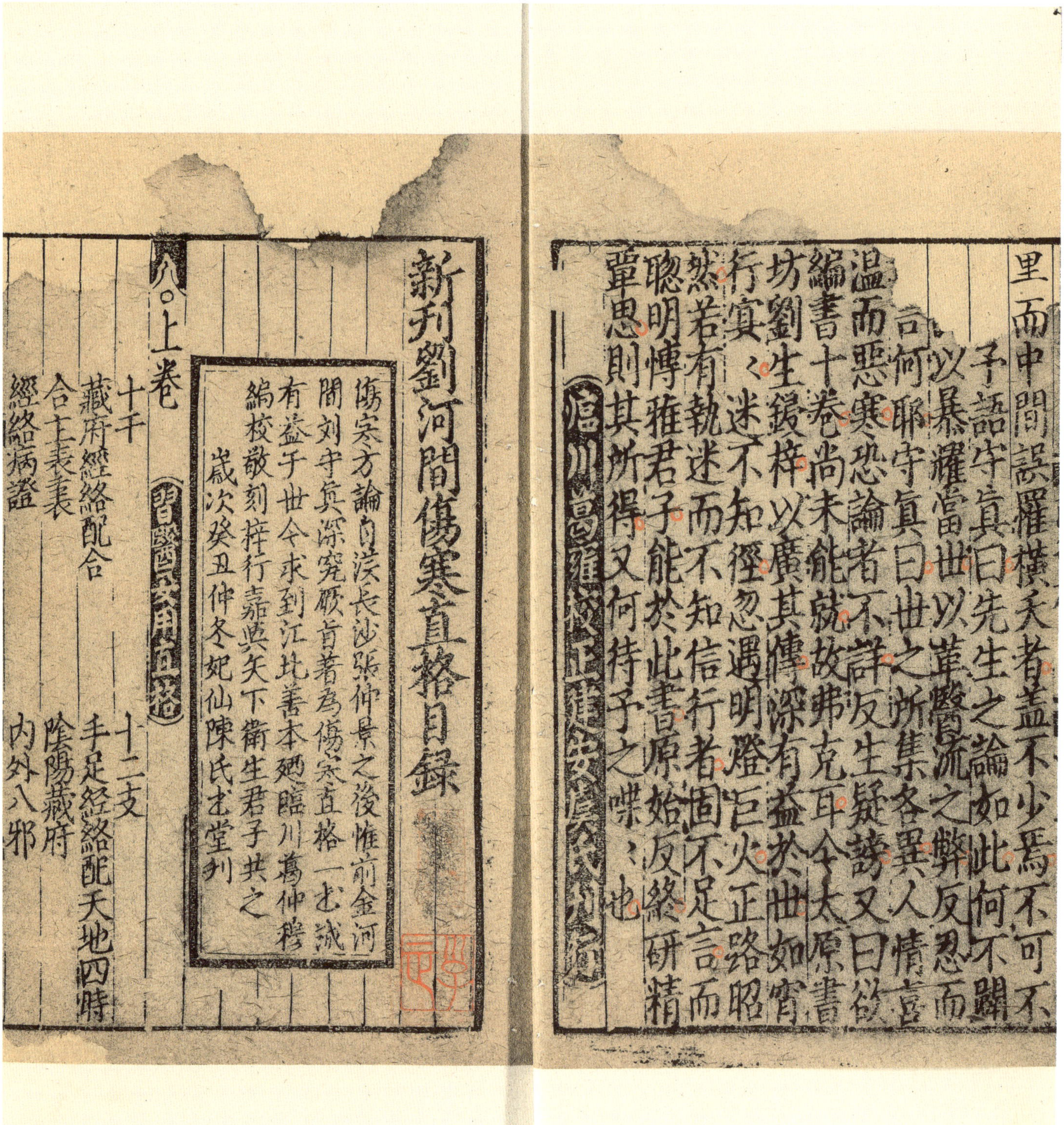

里而中間誤羅横夭者盖不少焉不可不
予語守真曰先生之論如此何不蹦
以暴耀當世以革醫流之弊反忽而
言何耶守真曰世之所集各異人情喜
温而惡寒恐論者不詳反生疑謗又曰欲
編書十卷尚未能就故弗克耳今太原書
坊劉生鋟梓以廣其傳深有益於世如冥
行冥〻迷〻不知徑忽遇明燈巨火正路昭
然若有執迷而不知信行者固不足言而
聰明博雅君子能於此書原始反終研精
覃思則其所得又何待予之喋〻也

臨川葛雍校正建安虞氏[illegible]

新刊劉河間傷寒直格目録

傷寒方論自漢長沙張仲景之後惟前金河
間劉守真深究厥旨著為傷寒直格一書誠
有益于世今求到江北善本廼臨川葛仲穆
編校敬刻梓行嘉與天下衛生君子共之
歲次癸丑仲冬妃仙陳氏書堂刊

八○上卷（醫要用直格）

十干　十二支
藏府經絡配合　手足經絡配天地四時
合十表裏　陰陽藏府
經絡病證　内外八邪

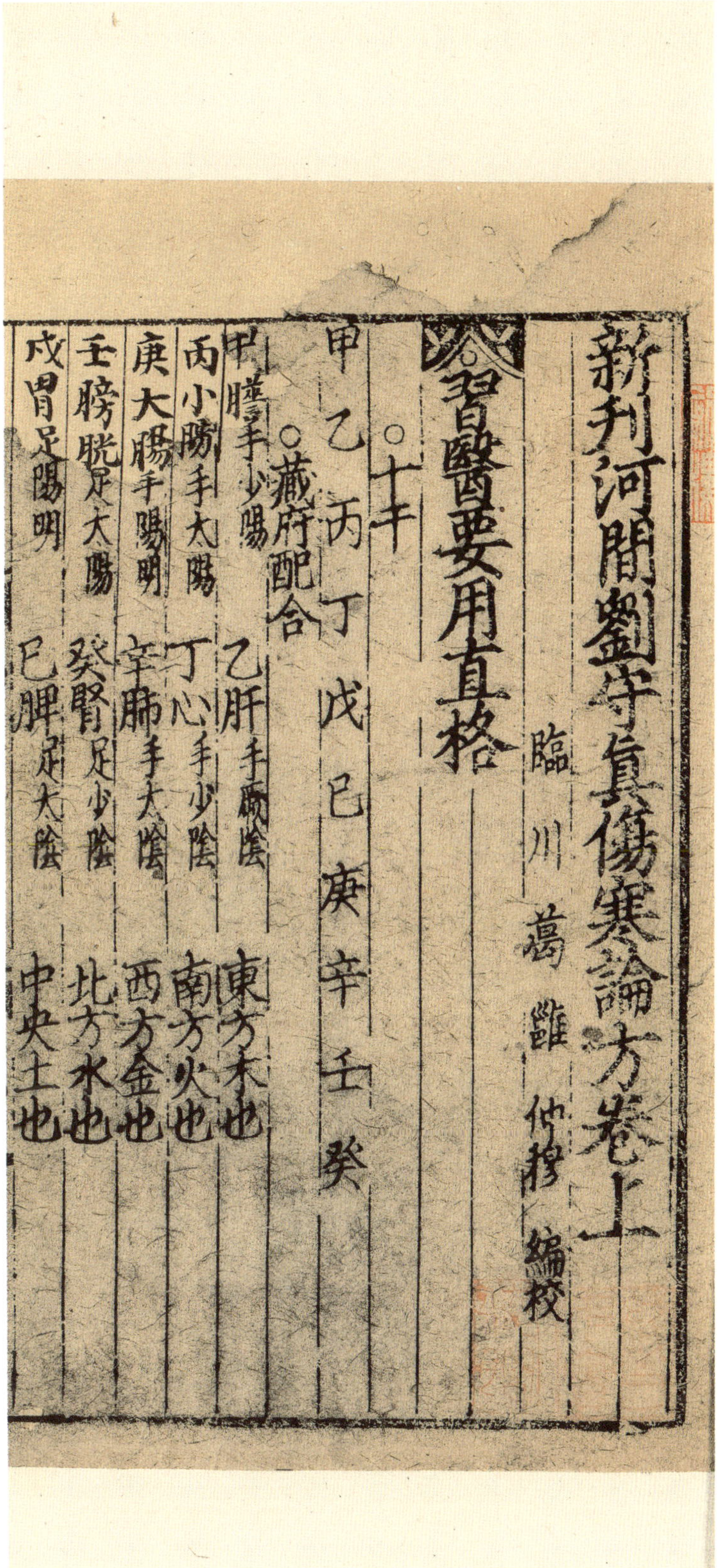

新刊河間劉守真傷寒論方卷上
臨川葛雝仲穆編校
習醫要用直格
○十干
甲乙丙丁戊己庚辛壬癸
○藏府配合
甲膽手少陽 乙肝手厥陰 東方木也
丙小腸手太陽 丁心手少陰 南方火也
庚大腸手陽明 辛肺手太陰 西方金也
壬膀胱足太陽 癸腎足少陰 北方水也
戊胃足陽明 己脾足太陰 中央土也

11730 新刊河間劉守真傷寒直格三卷 （金）劉完素撰 **後集一卷** （元）鏜洪撰 **續集一卷** （元）馬宗素撰 **別集張子和心鏡一卷** （金）張從正撰 明洪武六年（1373）陳氏書堂刻本

匡高18.1厘米，廣11.6厘米。半葉十三行，行二十四字，黑口，左右雙邊；後集、續集、別集半葉十二行，行二十字，黑口，左右雙邊。有"臨川葛雍校正建安虞氏刊行"等牌記。國家圖書館藏。

附子（出神農本經）主風寒欬逆邪氣温中金瘡破癥堅積聚血瘕寒濕踒（烏卧切）躄拘攣膝痛不能行步（以上白字神農本經）脚疼冷弱腰脊風寒心腹冷痛霍亂轉筋下痢赤白堅肌骨强陰為百藥長（以上黑字名醫所録）

苗

圖經曰苗高三四尺莖方中空葉厚四四對生與蒿相似花碧子黑如椹即烏頭根旁散生圓大如芋者也其種出龍州種之之法冬至前先肥腴陸田耕五七遍以豬糞糞之然後佈種逐月耘耔至次年八月後方成衍義曰烏頭烏喙天雄附子側子凡五等皆一物也止依大小長短似像而名之後世補虛寒則須用附子仍取其端平而圓大及半兩以上者其力全風家多用天雄亦取其大者以其尖角多熱性不肯就下故取傳散也用烏頭附子之大略如此餘三等各量其材而用之

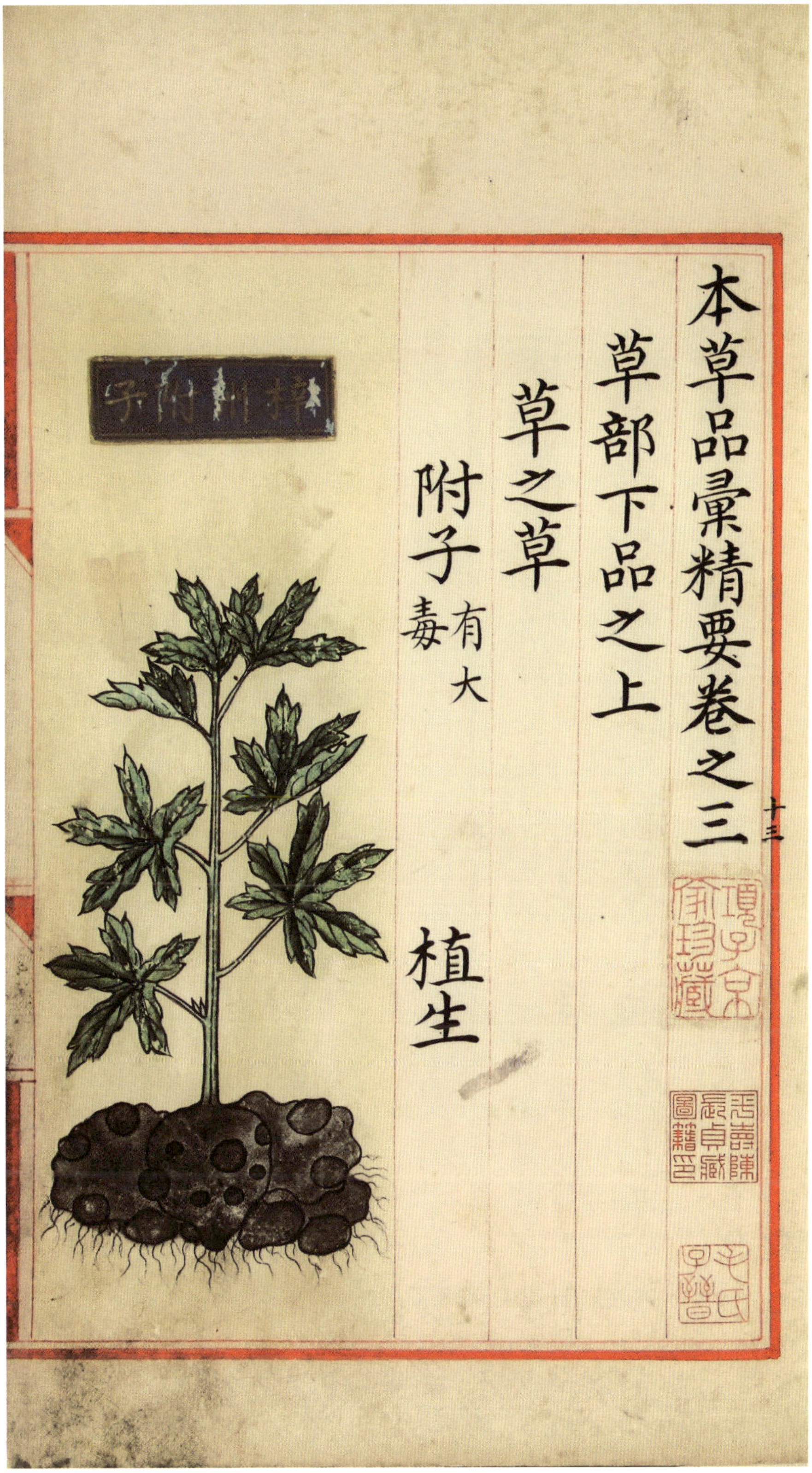

11729 本草品彙精要四十二卷　（明）劉文泰　徐鎮等撰　明抄彩繪本

匡高25.1厘米，廣17.9厘米。半葉八行，行十六字，小字雙行同，紅格，紅口，四周雙邊。有“項子京家珍藏”“毛氏子晉”“平壽陳長貞藏圖籍印”等印。國家圖書館藏，存十一卷。

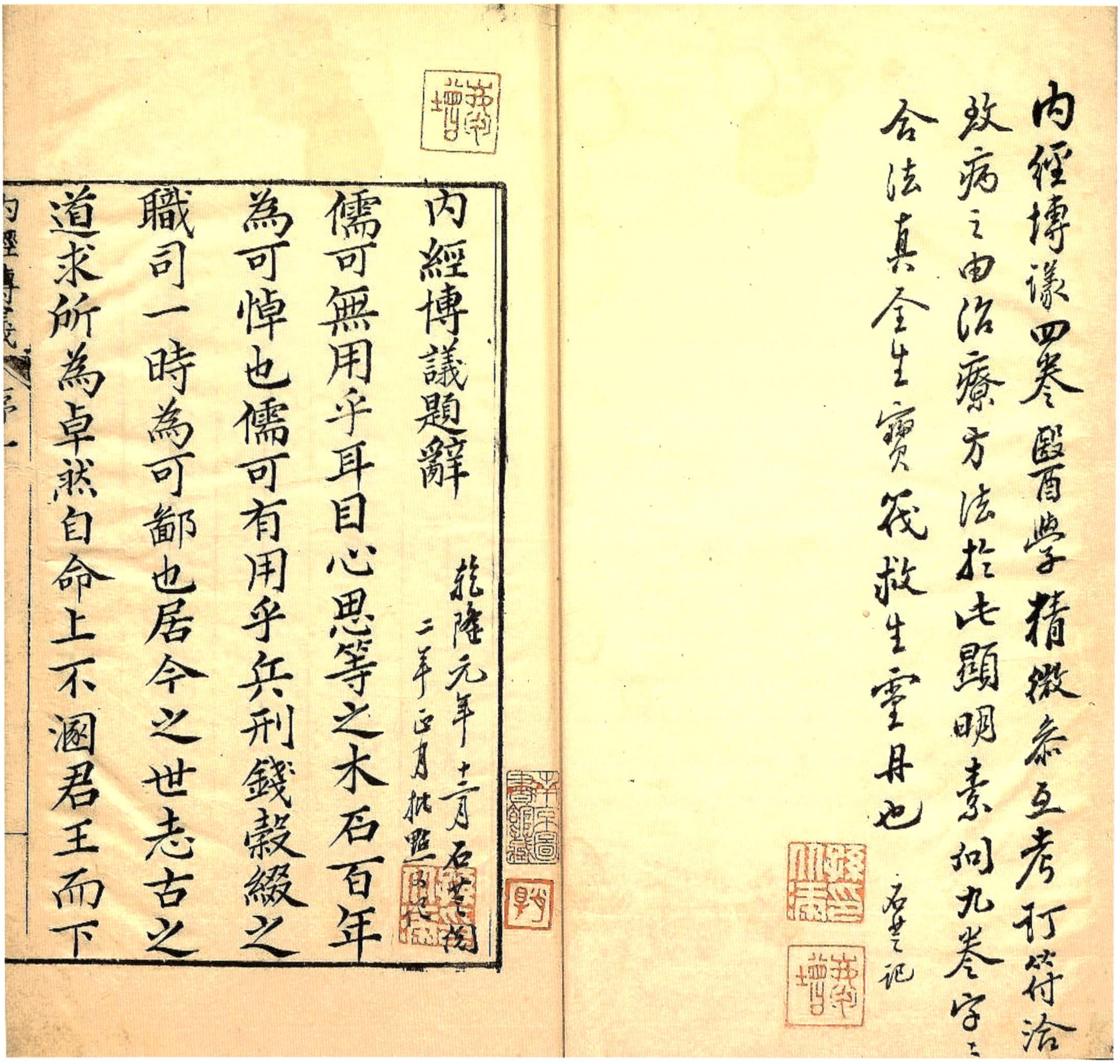

內經博議四卷醫學精微參互考訂符合致病之由治療方法於此顯明素問九卷字字合法真全生寶筏救生靈丹也
石芝記

內經博議題辭　乾隆元年十二月石芝閱
二年正月批點又記
儒可無用乎耳目心思等之木石百年
為可悼也儒可有用乎兵刑錢穀綴之
職司一時為可鄙也居今之世志古之
道求所為卓然自命上不溷君王而下

內經博議　卷一

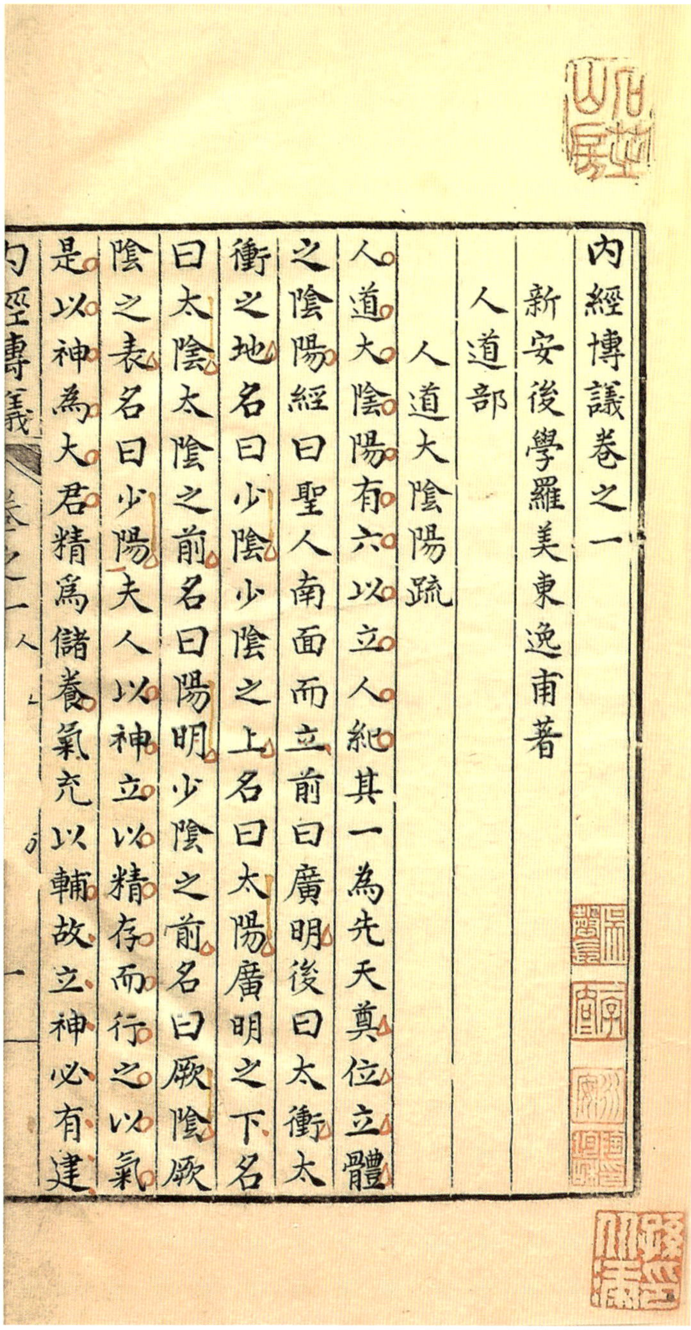
內經博議卷之一
新安後學羅美東逸甫著
人道部
人道大陰陽䟽
人道大陰陽有六以立人紀其一為先天真位立體之陰陽經曰聖人南面而立前曰廣明後曰太衝太衝之地名曰少陰少陰之上名曰太陽廣明之下名曰太陰太陰之前名曰陽明少陰之前名曰厥陰厥陰之表名曰少陽夫人以神立以精存而行之以氣是以神為大君精為儲養氣充以輔故立神必有建

內經博議　卷之一　人
一

11728 內經博議四卷　（清）羅美撰　清抄本

匡高20厘米，廣13.3厘米。半葉十行，行二十字，小字雙行同，白口，左右雙邊。有“孫印从添”“慶增”等印。孫從添校並跋。南京圖書館藏。

速去主將回營亦不許回顧靜坐令人登高遠望待彼營亂或即率大軍擊之百戰百勝不可當也
腹藏神火一斗毒火一斗砲藏烈火神砂或飛火毒火神火三火合一量賊陣斟酌用之

木人火馬天雷砲式

薄板為腹中藏火鐵砲一枝上藏神火藥信盤曲尾上入腹或木人喉藏火種馬尾縛蘆葦塗以膏油以鎗為欄杆前後出馬足一尺五寸使直衝而去不得旋轉用衝陣

火龍捲地飛車

用木為車裝制為猛獸之形高四尺濶五尺長五尺下設雙輪使不敢側腹藏火罨二十件火從諸獸口中噴出神火毒火法火飛火烈火爛火ㄟ罨次第而發藥信盤曲每一車用壯士四人輪番推轉兩傍設飛翅神牌ㄟ空眼以便觀望遮避矢石画以獅象虎豹等形車外裝利刀上醮火藥號旗一举輪動如飛冲入賊陣中萬將莫敵此罨曠野用妙若冲尤妙內藏神彈神箭神箭鎗口出神火一斗毒火一斗烟火五升飛火一斗烈火五升神砂二升

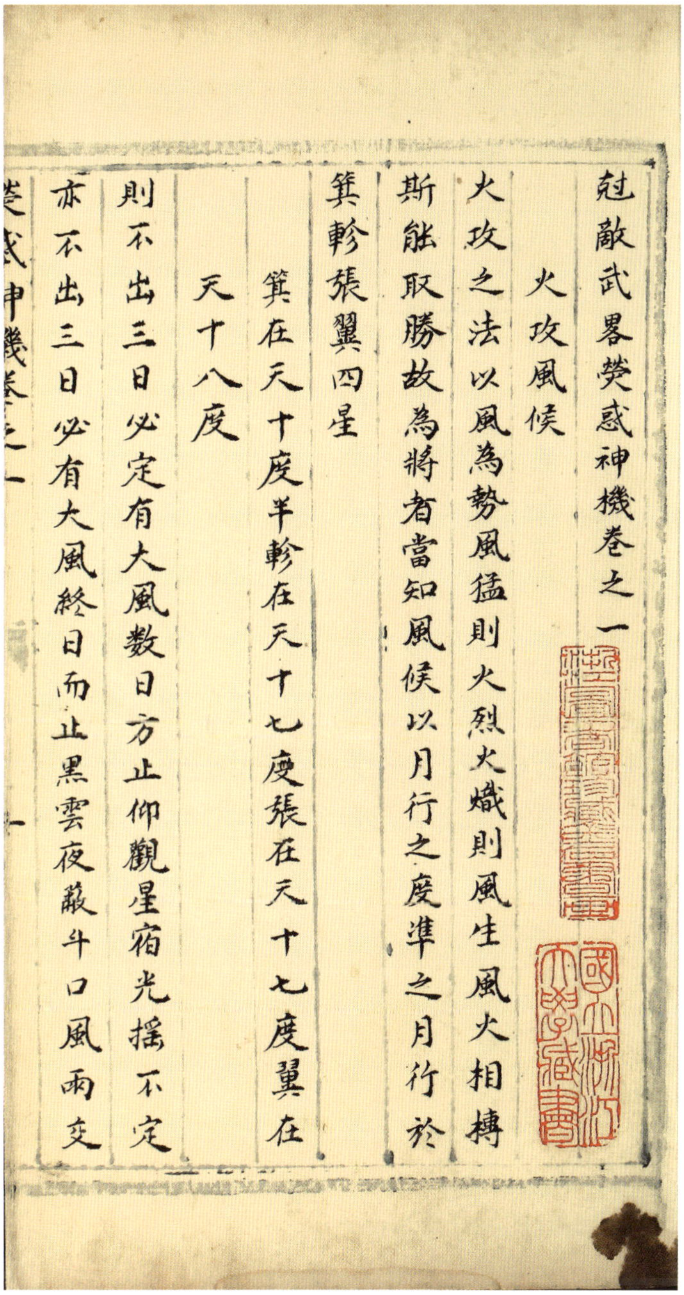

剋敵武畧熒惑神機卷之一

火攻風候

火攻之法以風為勢風猛則火烈火熾則風生風火相搏斯能取勝故為將者當知風候以月行之度準之月行於箕軫張翼四星

箕在天十度半軫在天十七度張在天十七度翼在天十八度

則不出三日必定有大風數日方止仰觀星宿光搖不定亦不出三日必有大風終日而止黑雲夜蔽斗口風雨交

11727 剋敵武畧熒惑神機十卷 明抄本

匡高23.3厘米，廣15厘米。半葉九行，行二十二字，藍格，白口，四周雙邊。浙江圖書館藏。

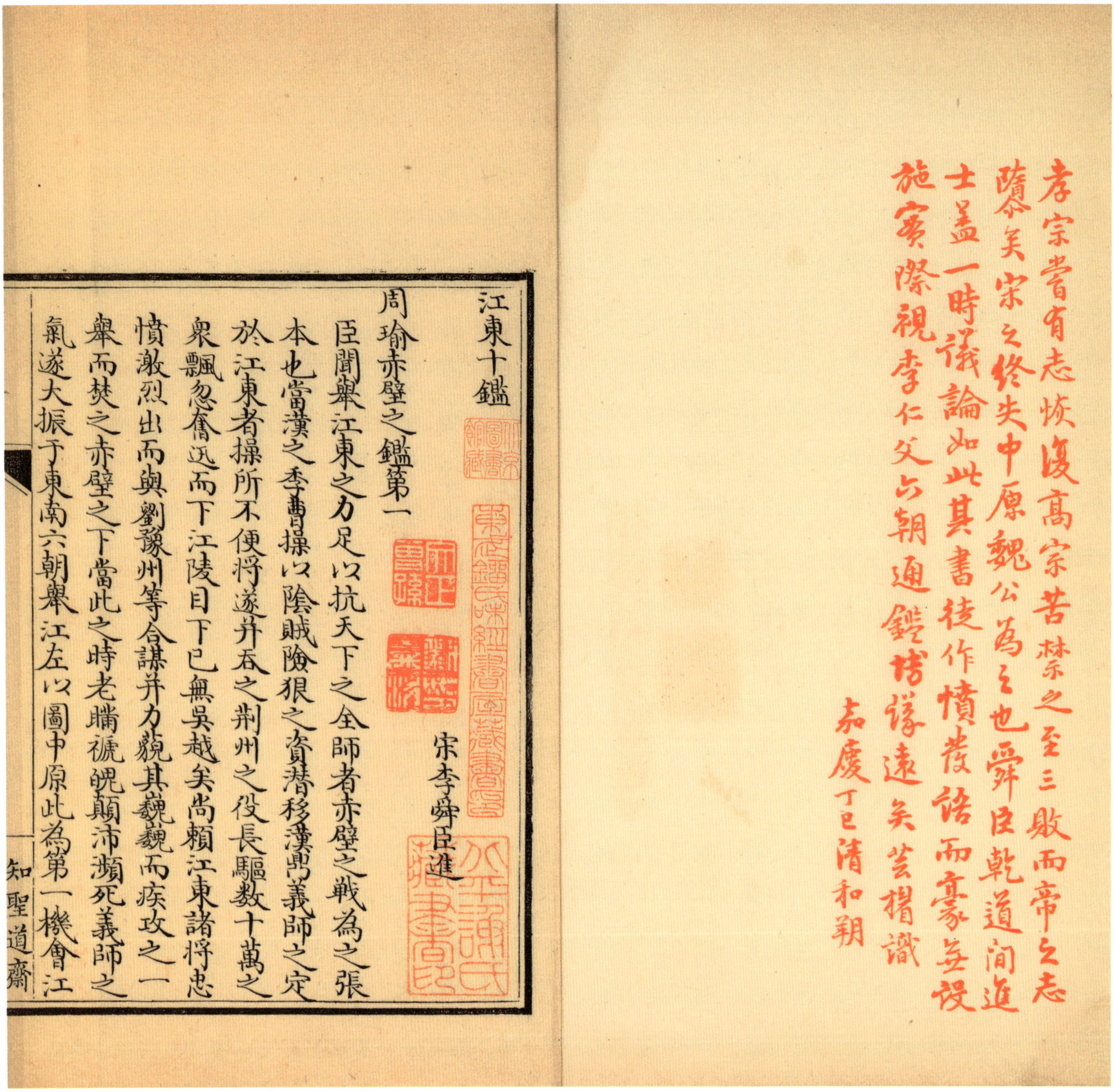
江東十鑑
周瑜赤壁之鑑第一　宋李舜臣進
臣聞舉江東之力足以抗天下之全師者赤壁之戰為之張
本也當漢之季曹操以陰賊險狠之資潛移漢鼎義師之定
於江東者操所不便將遂并吞之荆州之役長驅數十萬之
衆飄忽奮迅而下江陵目下已無吳越矣尚賴江東諸將忠
憤激烈出而與劉豫州等合謀并力藐其巍巍而疾攻之一
舉而焚之赤壁之下當此之時老瞞褫魄顛沛瀕死義師之
氣遂大振于東南六朝舉江左以圖中原此為第一機會江
知聖道齋

孝宗嘗有志恢復高宗苦禁之至三敗而帝之志
隳矣宋之終失中原魏公為之也舜臣乾道間進
士蓋一時議論如此其書徒作憤發語而豪無設
施實際視李仁父六朝通鑑博議遠矣芸楣識
嘉慶丁巳清和朔

11726 江東十鑑一卷　（宋）李舜臣撰　清彭氏知聖道齋抄本

匡高19.3厘米，廣14.4厘米。半葉十行，行二十四字，白口，四周雙邊。有“東武鐂氏味經書屋藏書印”等印。彭元瑞校並跋。國家圖書館藏。

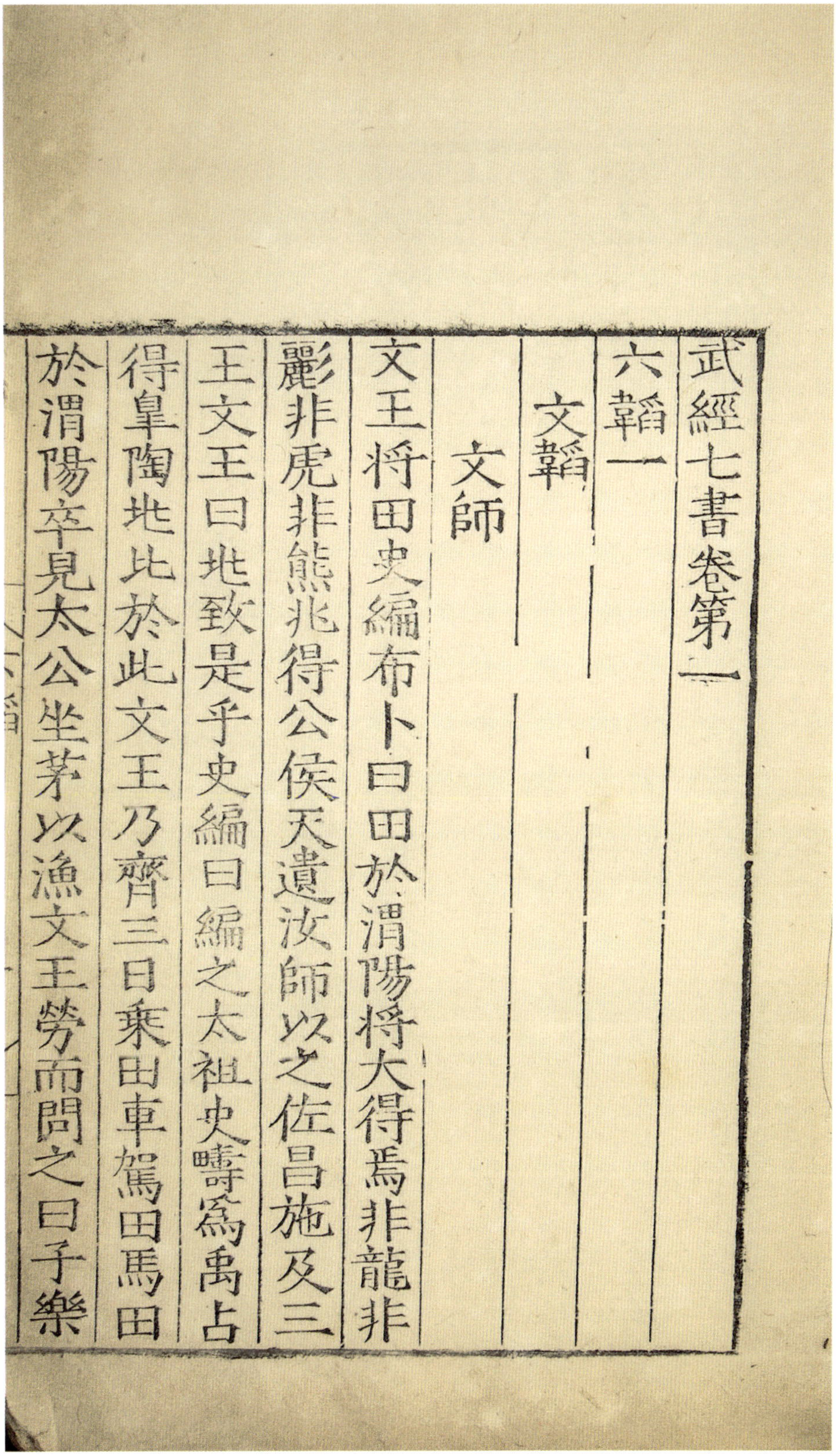
武經七書卷第一
六韜一
文韜
文師
文王将田史編布卜曰田於渭陽将大得焉非龍非
彲非虎非熊兆得公侯天遺汝師以之佐昌施及三
王文王曰兆致是乎史編曰編之太祖史疇爲禹占
得皐陶兆比於此文王乃齊三日乘田車駕田馬田
於渭陽卒見太公坐茅以漁文王勞而問之曰子樂

11725 武經七書七卷 明嘉靖三十四年（1555）陸東河南刻本

匡高18.1厘米，廣13.2厘米。半葉九行，行二十字，白口，四周單邊。河南省獲嘉縣檔案館藏。

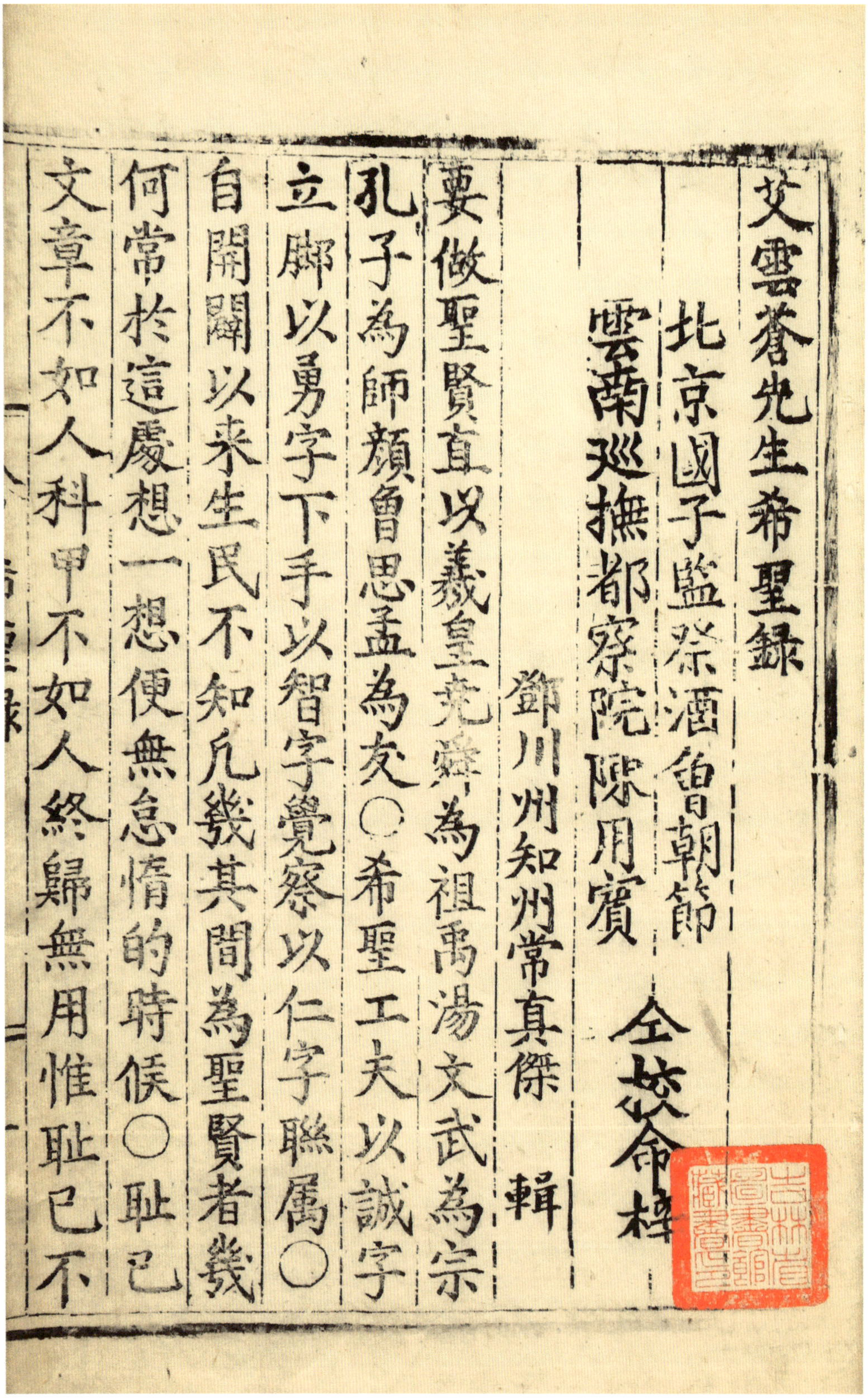
艾雲蒼先生希聖録
北京國子監祭酒曾朝節
雲南巡撫都察院陳用賓　仝校命梓
鄧川州知州常真傑　輯
要做聖賢直以羲皇堯舜爲祖禹湯文武爲宗
孔子爲師顔曾思孟爲友○希聖工夫以誠字
立脚以勇字下手以智字覺察以仁字聯屬○
自開闢以来生民不知凡幾其間爲聖賢者幾
何常於這處想一想便無怠惰的時候○耻己
文章不如人科甲不如人終歸無用惟耻己不

11724 艾雲蒼先生希聖録不分卷　（明）艾自新撰　明萬曆二十六年（1598）刻本

匡高21.8厘米，廣15.8厘米。半葉十行，行十八字，白口，四周雙邊。吉林省圖書館藏。

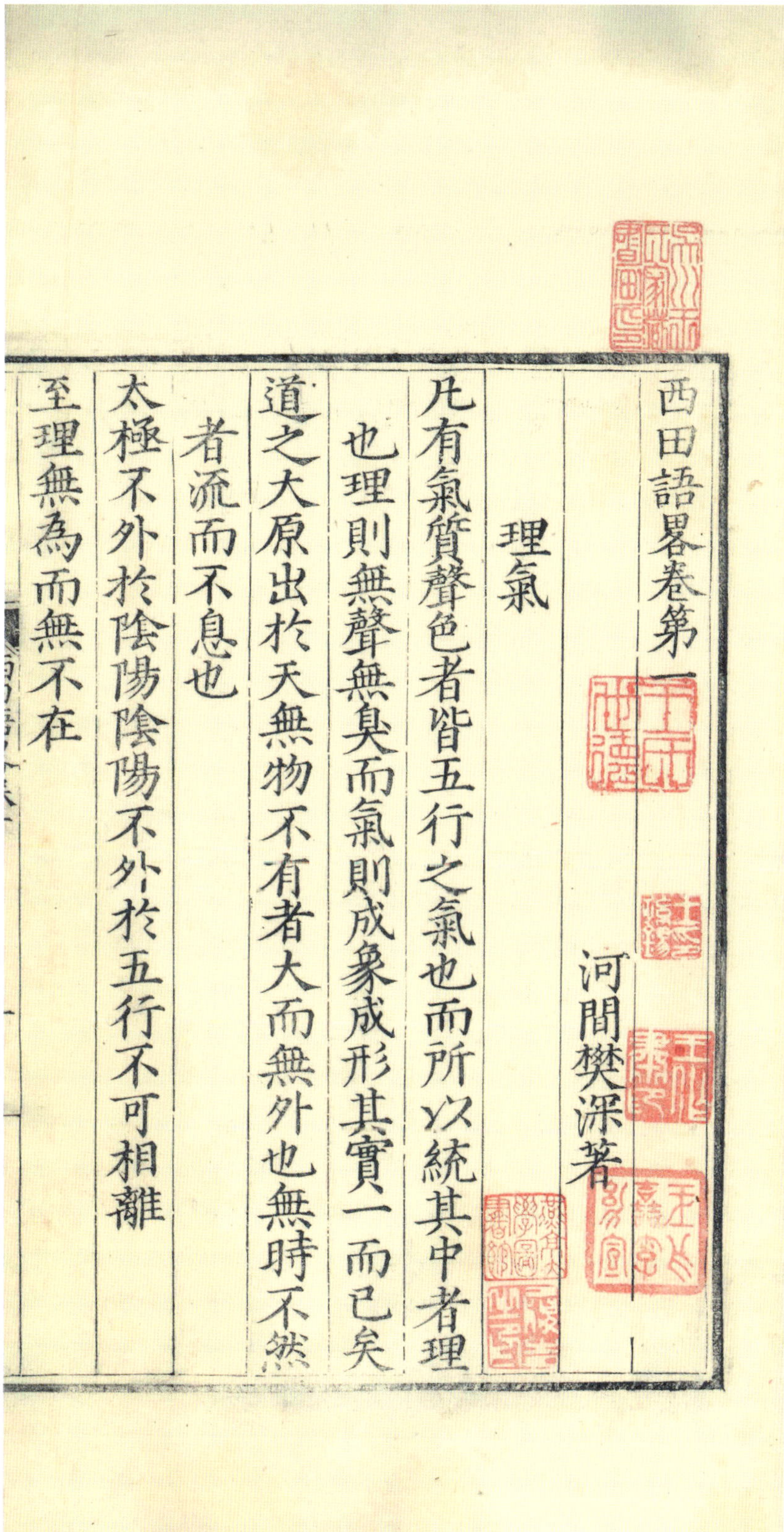
西田語畧卷第一
河間樊深著
理氣
凡有氣質聲色者皆五行之氣也而所以統其中者理
也理則無聲無臭而氣則成象成形其實一而已矣
道之大原出於天無物不有者大而無外也無時不然
者流而不息也
太極不外於陰陽陰陽不外於五行不可相離
至理無為而無不在

11723 西田語畧二十三卷續集二十九卷 （明）樊深撰 明嘉靖二十七年（1548）刻本

匡高20.7厘米，廣15.2厘米。半葉九行，行二十一字，白口，四周雙邊。有“王氏世德”“王印孫錫”“王作肅印”“履吉之印”等印。北京大學圖書館藏。

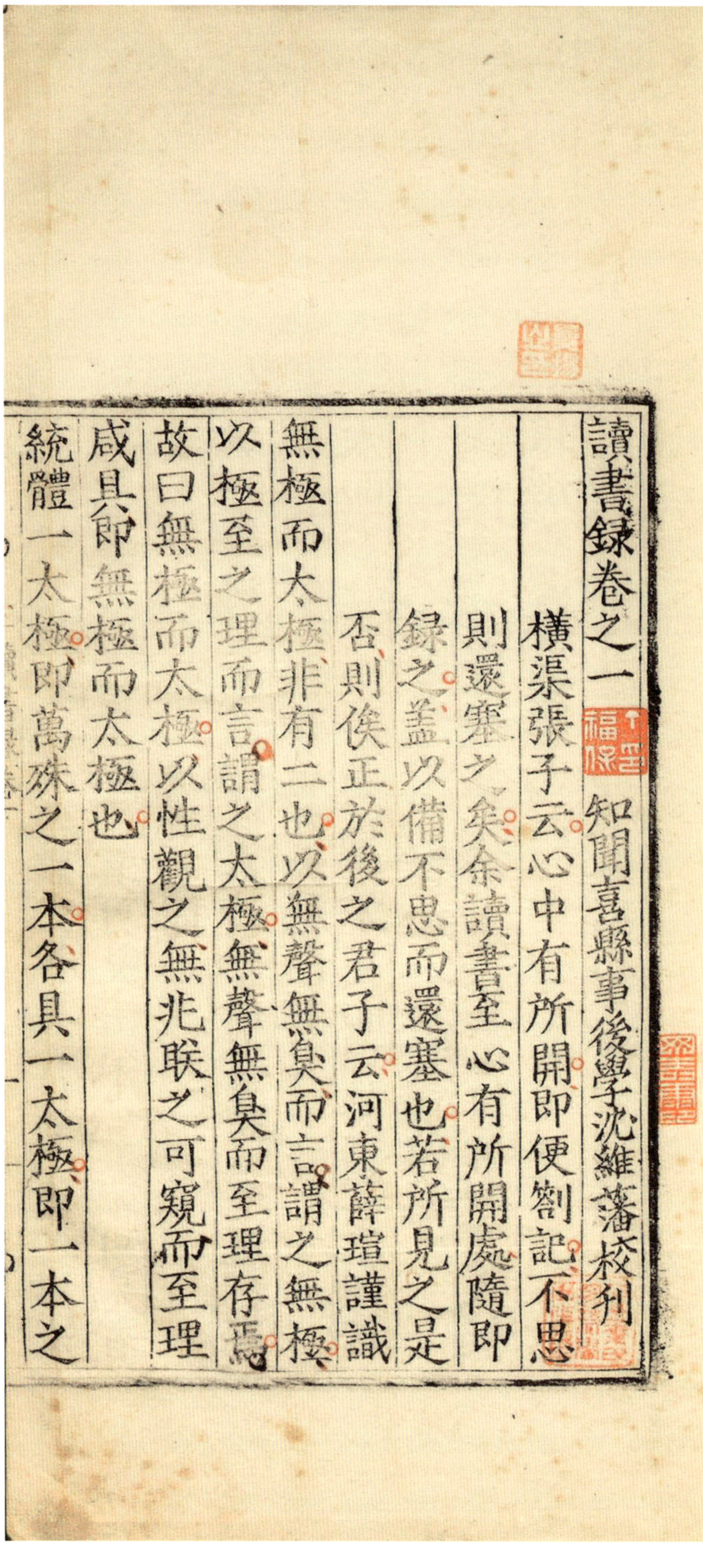
讀書録卷之一　知聞喜縣事後學沈維藩校刊
横渠張子云心中有所開即便劄記不思
則還塞之矣余讀書至心有所開處隨即
録之蓋以備不忘而還塞也若所見之是
否則俟正於後之君子云河東薛瑄謹識

無極而太極非有二也以無聲無臭而言謂之無極
以極至之理而言謂之太極無聲無臭而至理存焉
故曰無極而太極以性觀之無兆眹之可窺而至理
咸具即無極而太極也
統體一太極即萬殊之一本各具一太極即一本之

11722　讀書録十卷讀書續録十二卷　（明）薛瑄撰　明嘉靖三十四年（1555）沈維藩刻本

匡高20.4厘米，廣14厘米。半葉十行，行二十字，白口，四周雙邊。有“丁印福保”等印。瞿鴻禨、丁福保跋。南京圖書館藏。

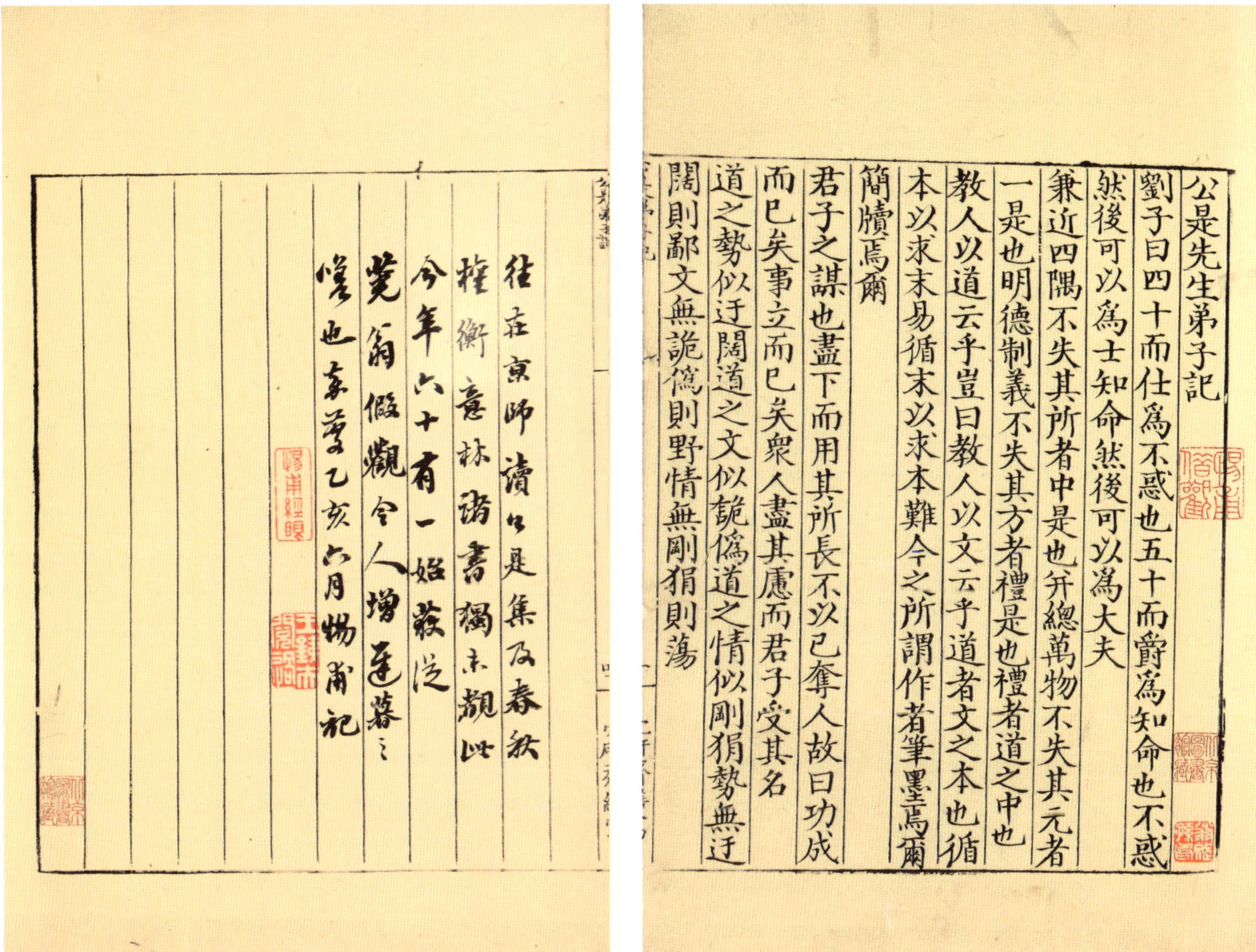

公是先生弟子記

劉子曰四十而仕爲不惑也五十而爵爲知命也不惑然後可以爲士知命然後可以爲大夫

兼近四隅不失其所者中是也并總萬物不失其元者一是也明德制義不失其方者禮是也禮者道之中也

教人以道云乎豈曰教人以文云乎道者文之本也循本以求末易循末以求本難今之所謂作者筆墨焉爾簡牘焉爾

君子之謀也盡下而用其所長不以己奪人故曰功成而已矣事立而已矣衆人盡其慮而君子受其名

道之勢似迂闊道之文似詭僞道之情似剛狷勢無迂闊則鄙文無詭僞則野情無剛狷則蕩

往在京師讀公是集及春秋權衡意林諸書獨未覩此今年六十有一始獲從蕘翁假觀令人增遲暮之嗟也旃蒙乙亥六月惕甫記

11721 公是先生弟子記一卷 （宋）劉敞撰　明穴研齋抄本

匡高19.1厘米，廣16.1厘米。半葉十二行，行二十一字，白口，四周單邊。有“翁斌孫印”等印。王芑孫跋。國家圖書館藏。

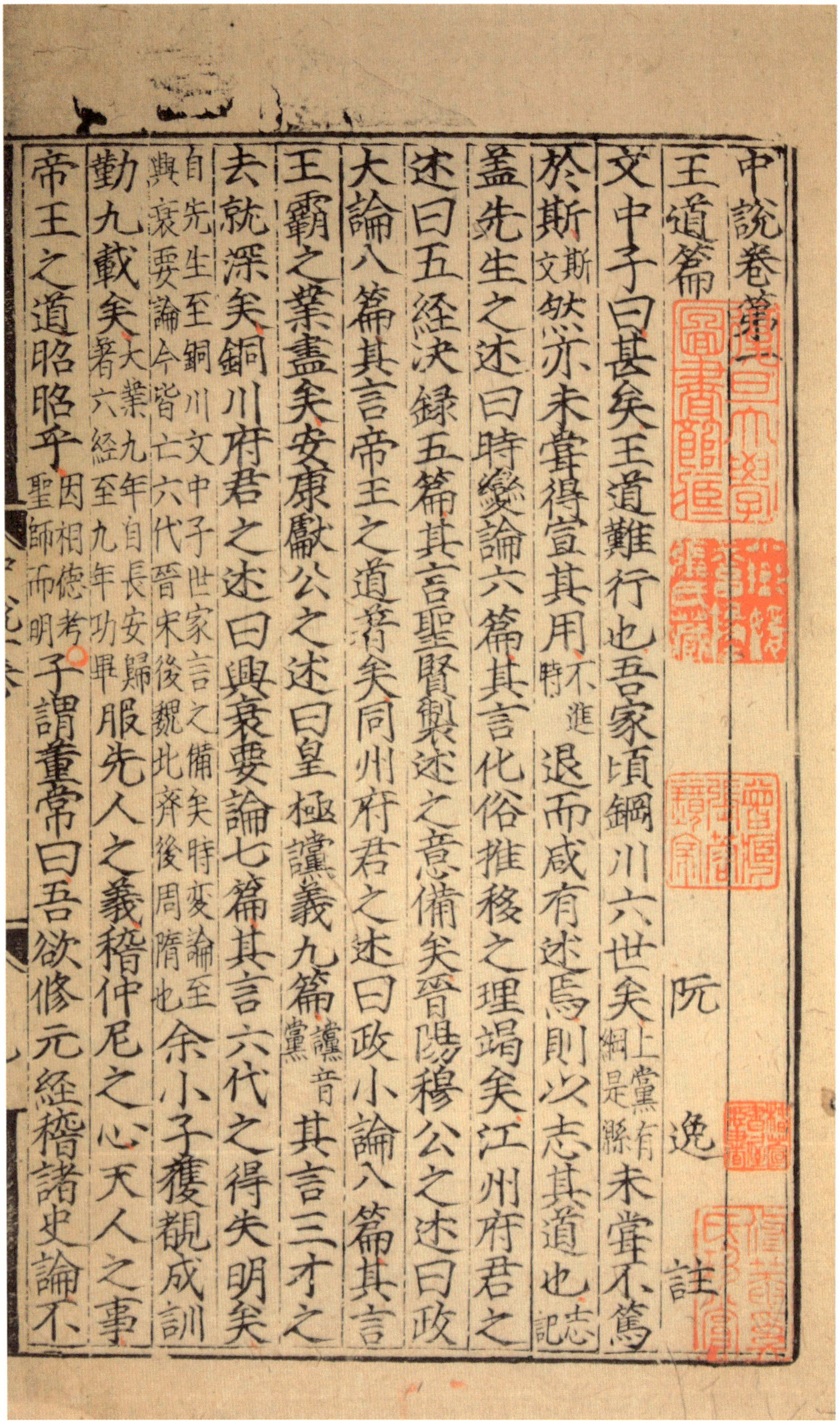

中說卷第一

王道篇　　阮逸註

文中子曰甚矣王道難行也吾家頃銅川六世矣（上黨有絧是縣）未嘗不篤於斯（斯文）然亦未嘗得宣其用（不進特）退而咸有述焉則以志其道也（志記）蓋先生之述曰時變論六篇其言化俗推移之理竭矣江州府君之述曰五經決録五篇其言聖賢製述之意備矣晉陽穆公之述曰政大論八篇其言帝王之道著矣同州府君之述曰政小論八篇其言王霸之業盡矣安康獻公之述曰皇極讜義九篇（讜音黨）其言三才之去就深矣銅川府君之述曰興衰要論七篇其言六代之得失明矣（自先生至銅川文中子世家言之備矣特變論至興衰要論今皆亡六代晉宋後魏北齊後周隋也）余小子獲覩成訓勤九載矣（大業九年自長安歸著六經至九年功畢）服先人之義稽仲尼之心天人之事帝王之道昭昭乎（因祖德考聖師而明）子謂董常曰吾欲修元經稽諸史論不

11720 中說十卷　題（隋）王通撰　（宋）阮逸注　明前期刻本

匡高19.1厘米，廣12.7厘米。半葉十二行，行二十六字，小字雙行同，黑口，四周雙邊。有"松年"等印。喬松年、蔣寶齡跋。復旦大學圖書館藏。

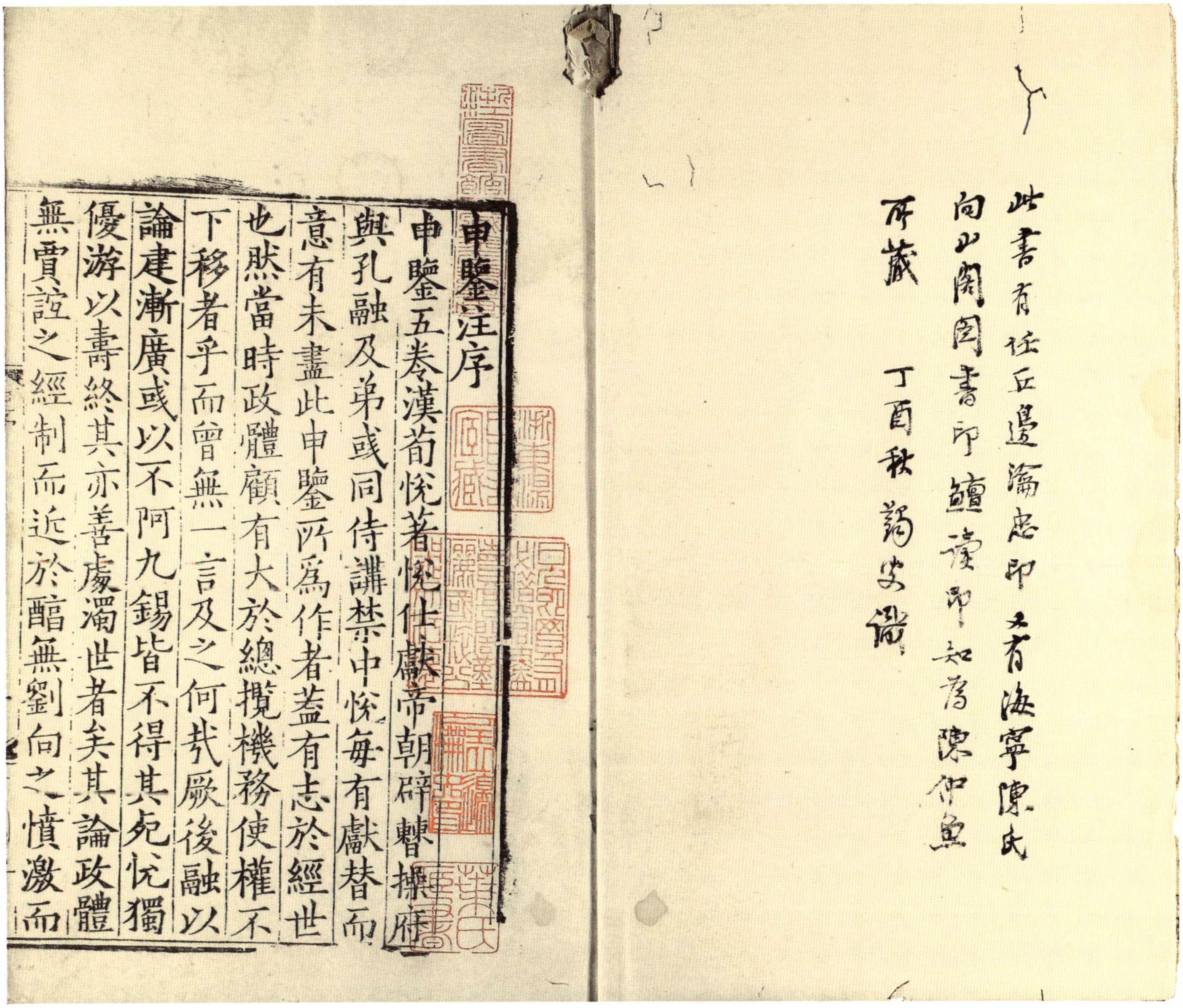
申鑒注序
申鑒五卷漢荀悅著悅仕獻帝朝辟曹操府
與孔融及弟彧同侍講禁中悅每有獻替而
意有未盡此申鑒所爲作者蓋有志於經世
也然當時政體顧有大於總攬機務使權不
下移者乎而曾無一言及之何哉厥後融以
論建漸廣或以不阿九錫皆不得其死悅獨
優游以壽終其亦善處濁世者矣其論政體
無賈誼之經制而近於醕無劉向之憤激而
此書有任丘邊瀹忠印又有海寧陳氏
向山閣圖書印鱣讀印知爲陳仲魚
所藏 丁酉秋

11719 申鑒五卷

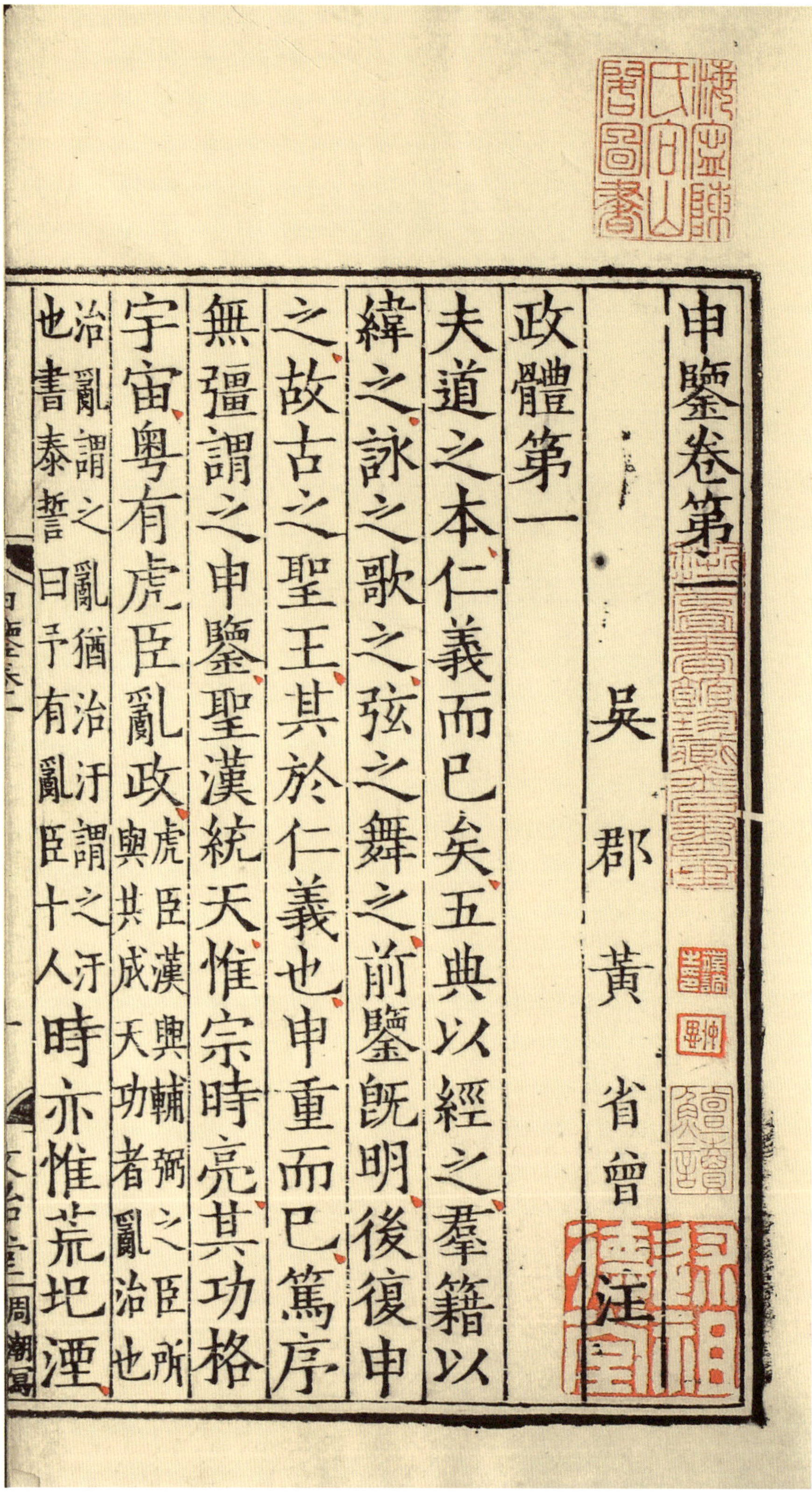
申鑒卷第一
吳郡黄省曾注
政體第一
夫道之本仁義而已矣五典以經之羣籍以緯之詠之歌之弦之舞之前鑒既明後復申之故古之聖王其於仁義也申重而已篤序無彊謂之申鑒聖漢統天惟宗時亮其功格宇宙粤有虎臣亂政虎臣漢與輔弼之臣所與共成天功者亂治也治亂謂之亂猶治汙謂之汙也書泰誓曰予有亂臣十人時亦惟荒圮湮

11719 申鑒五卷　（漢）荀悦撰　（明）黄省曾注　明正德十四年（1519）黄氏文始堂刻嘉靖重修本

匡高20.2厘米，廣13.7厘米。半葉九行，行十七字，小字雙行同，黑口，四周雙邊。有“海寧陳氏向山閣圖書”“鱣讀”“述祖德堂”等印。馬一浮題記並跋。浙江圖書館藏。

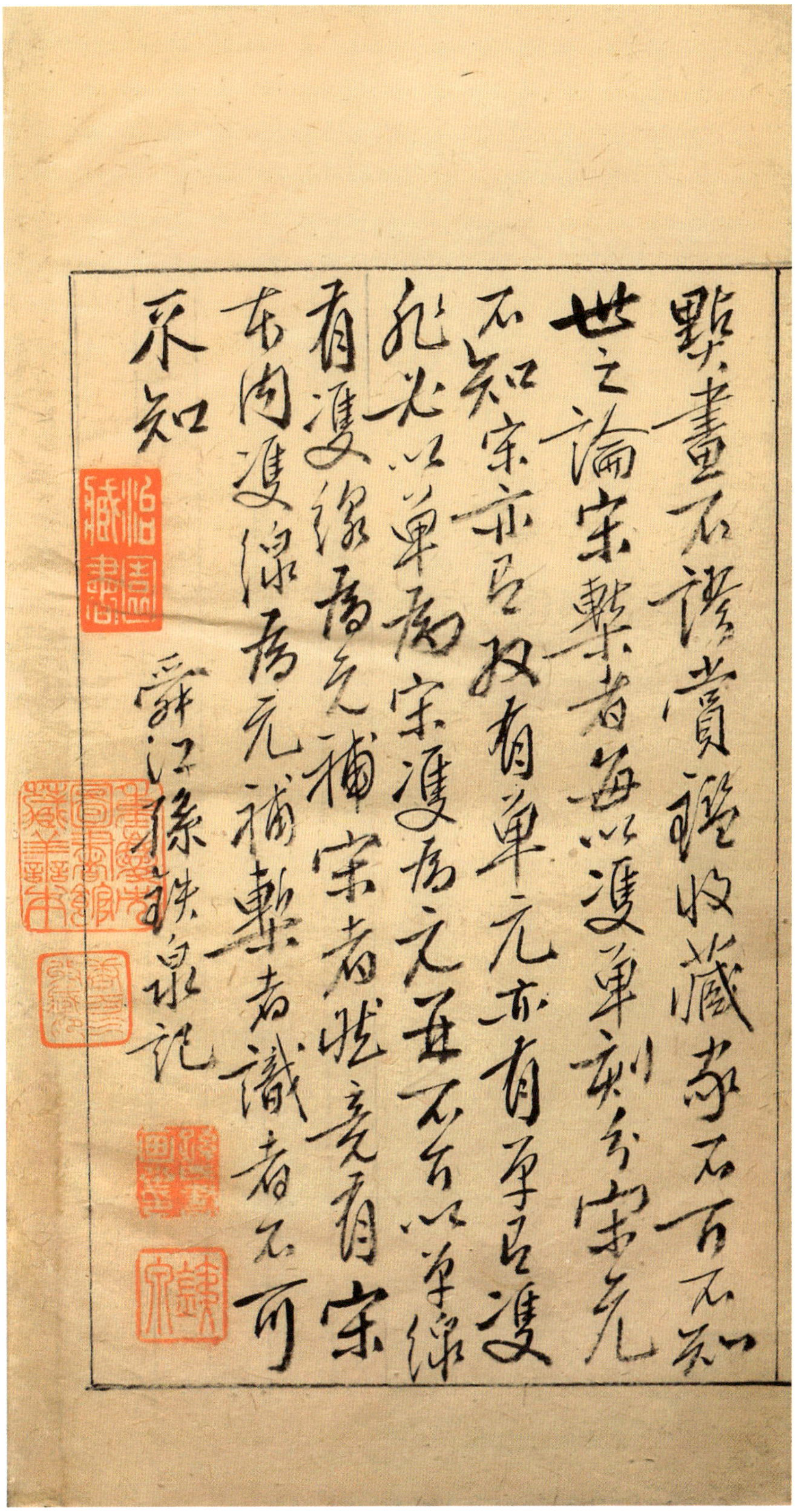

11718 纂圖互註揚子法言十卷

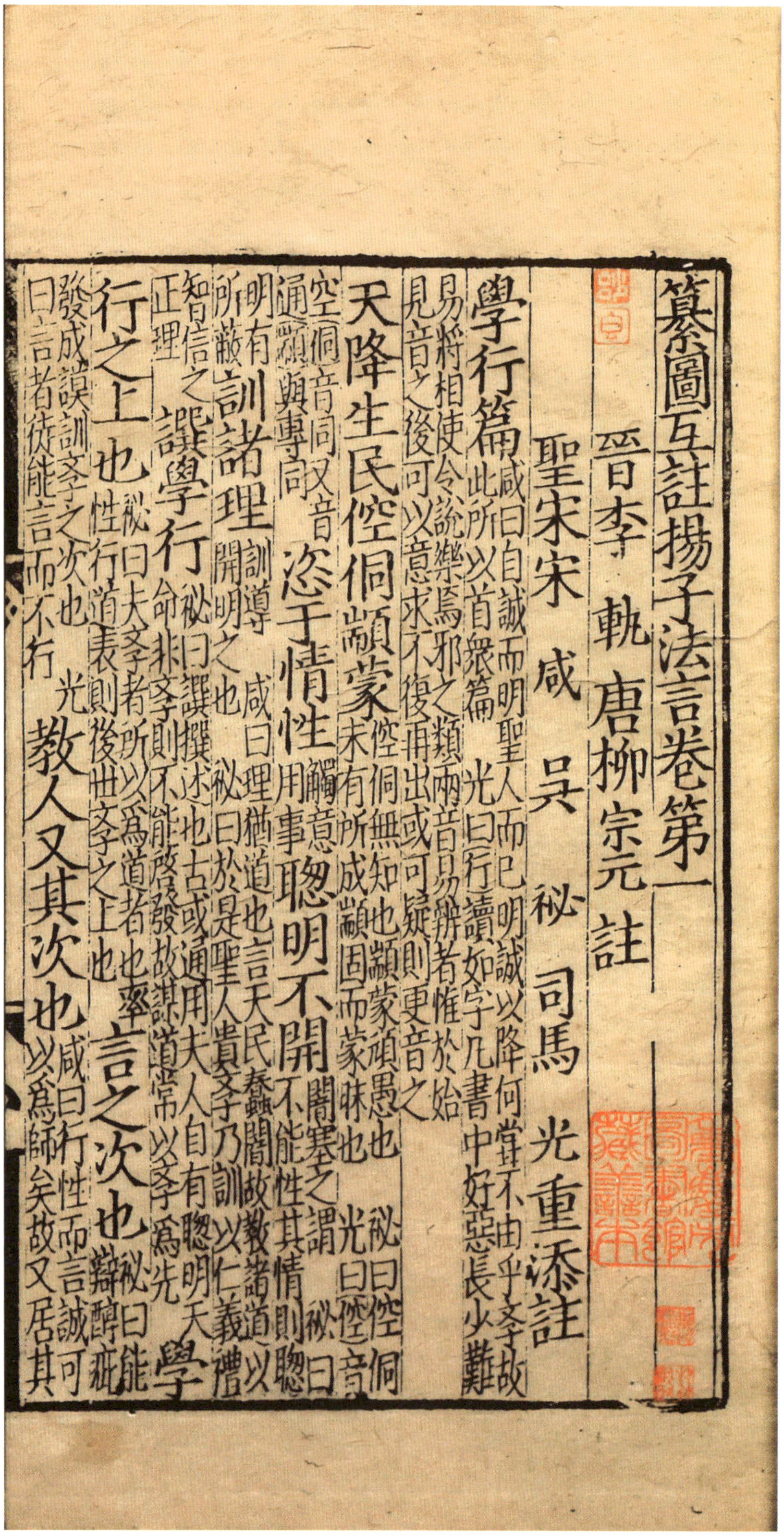

纂圖互註揚子法言卷第一

晉李　軌　唐柳宗元　註

聖宋宋　咸　吴　祕　司馬　光重添註

學行篇咸曰自誠而明聖人而已明誠以降何嘗不由乎學故此所以首衆篇　光曰行讀如字凡書中好惡長少難易將相使令說樂焉邪之類兩音易辨者惟於始見音之後可以意求不復再出或可疑則更音之

天降生民倥侗顓蒙倥侗無知也顓蒙頑愚也　祕曰倥侗未有所成顓固而蒙昧也　光曰倥音空侗音同又音通顓與專同恣于情性觸意用事聰明不開闇塞之謂　祕曰不能性其情則聰明有所蔽訓諸理訓導　咸曰理猶道也言天民蠢闇故教諸道以開明之也　祕曰於是聖人貴學乃訓以仁義禮智信之正理譔學行祕曰譔撰述也古或通用夫人自有聰明天命非學則不能啓發故譔道常以學爲先學行之上也祕曰夫學者所以爲道者也率性行道表則後世學之上也言之次也祕曰能辯醇疵發成謨訓學之次也　光曰言若徒能言而不行教人又其次也咸曰行性而言誠可以爲師矣故又居其

11718 纂圖互註揚子法言十卷　（漢）揚雄撰　（晉）李軌　（唐）柳宗元　（宋）宋咸　吴祕　司馬光注　明前期刻本

匡高18.6厘米，廣12.2厘米。半葉十一行，行二十一字，小字雙行二十五字，黑口，左右雙邊。有“怡園藏書”“孫氏書画之印”等印。孫鉄泉題記。重慶圖書館藏。

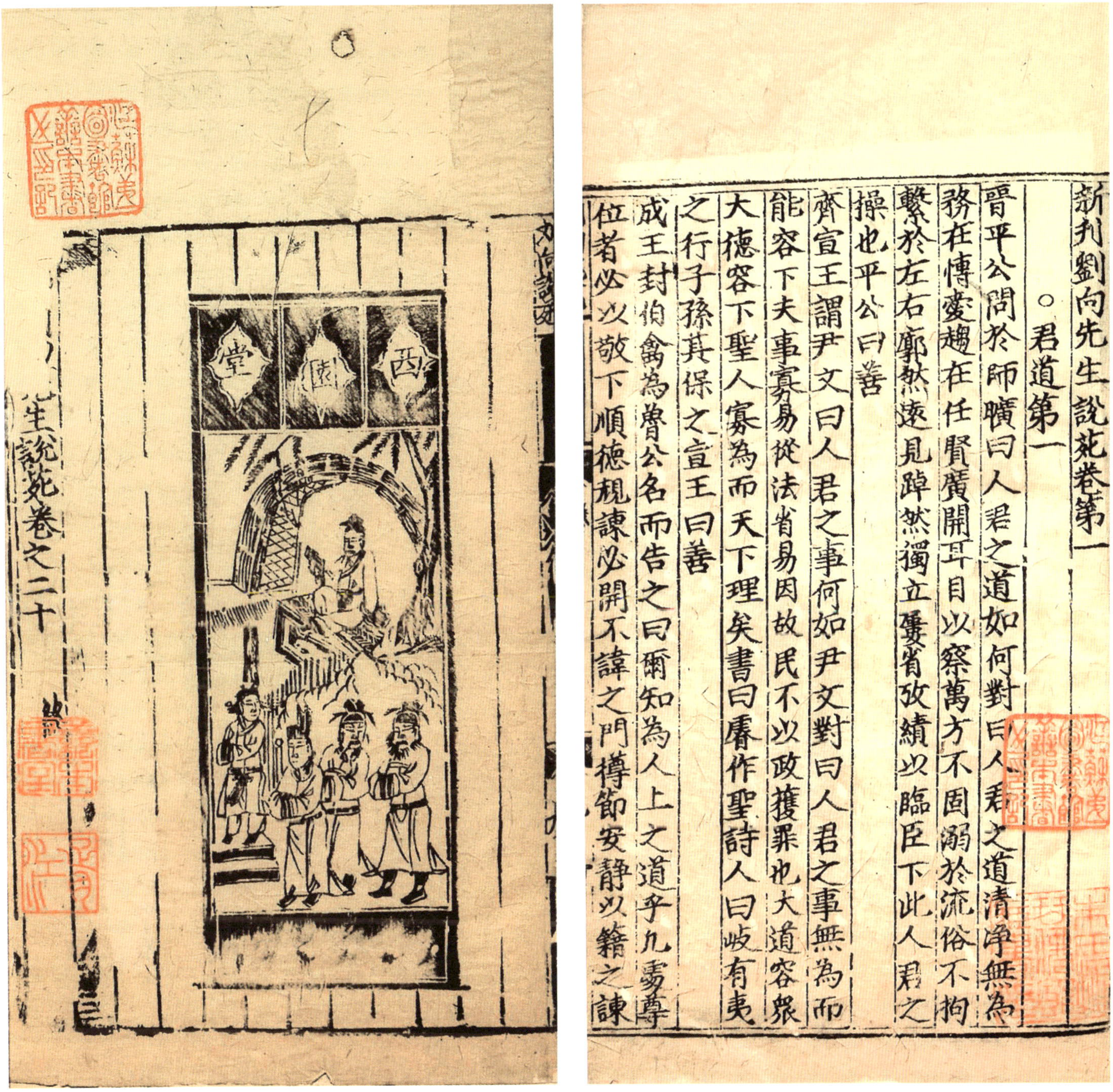

新刊劉向先生說苑卷第一

○君道第一

晉平公問於師曠曰人君之道如何對曰人君之道清淨無為務在博愛趨在任賢廣開耳目以察萬方不固溺於流俗不拘繫於左右廓然遠見踔然獨立屢省考績以臨臣下此人君之操也平公曰善

齊宣王謂尹文曰人君之事何如尹文對曰人君之事無為而能容下夫事寡易從法省易因故民不以政獲罪也大道容衆大德容下聖人寡為而天下理矣書曰睿作聖詩人曰岐有夷之行子孫其保之宣王曰善

成王封伯禽為魯公召而告之曰爾知為人上之道乎凡處尊位者必以敬下順德規諫必開不諱之門撙節安靜以藉之諫

11717 新刊劉向先生說苑二十卷 （漢）劉向撰 明永樂十四年（1416）

西園精舍刻本

匡高20.1厘米，廣13.3厘米。半葉十二行，行二十四字，黑口，四周雙邊。

丁丙跋。南京圖書館藏。

此康熙庚寅義門何氏用陽山顧大有舊藏宋槧校
乾隆乙卯傳録　潤蘋記時孟陬九日也
乙卯閏月借顧潤蘋傳録何校宋本臨寫一過
何校原本在伊兄抱冲處俟臨畢當借歸參
攷之　棘人黄丕烈
四月望日往訪抱冲宗觀何校本知顧本藏於碧梧巷
李氏亦古書授受之源流也復表而出之　蕘圃
嘉慶四年六月十三日孫星衍稽校畢

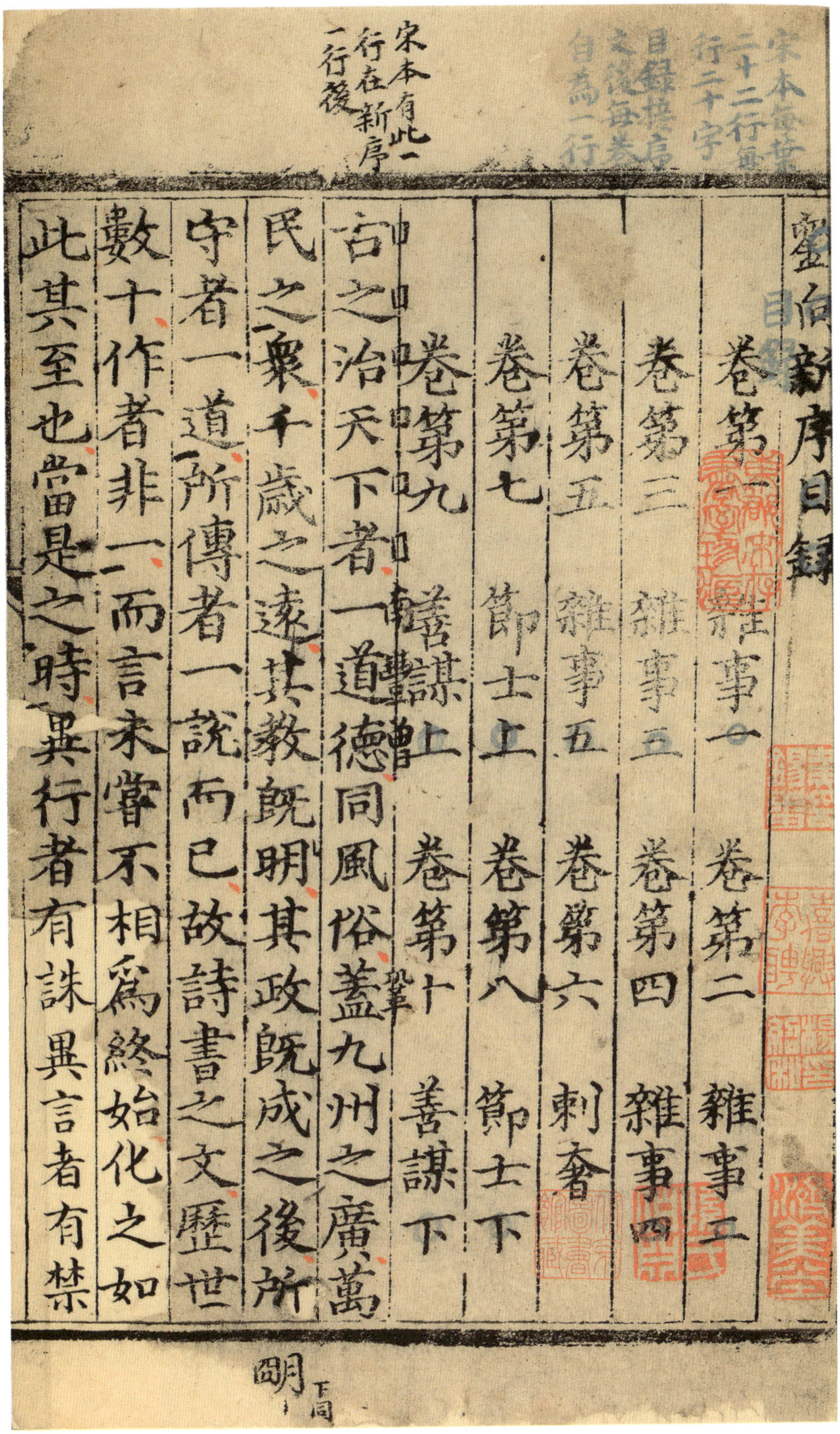
宋本每葉二十二行每行二十字目録接序文後每卷自爲一行

宋本有此一行在新序一行後

劉向新序目録

卷第一 雜事一 卷第二 雜事二

卷第三 雜事三 卷第四 雜事四

卷第五 雜事五 卷第六 刺奢

卷第七 節士上 卷第八 節士下

卷第九 善謀上 卷第十 善謀下

古之治天下者一道德同風俗蓋九州之廣萬民之衆千歲之遠其教既明其政既成之後所守者一道所傳者一說而已故詩書之文歷世數十作者非一而言未嘗不相爲終始化之如此其至也當是之時異行者有誅異言者有禁

朙 下同

11716 新序十卷

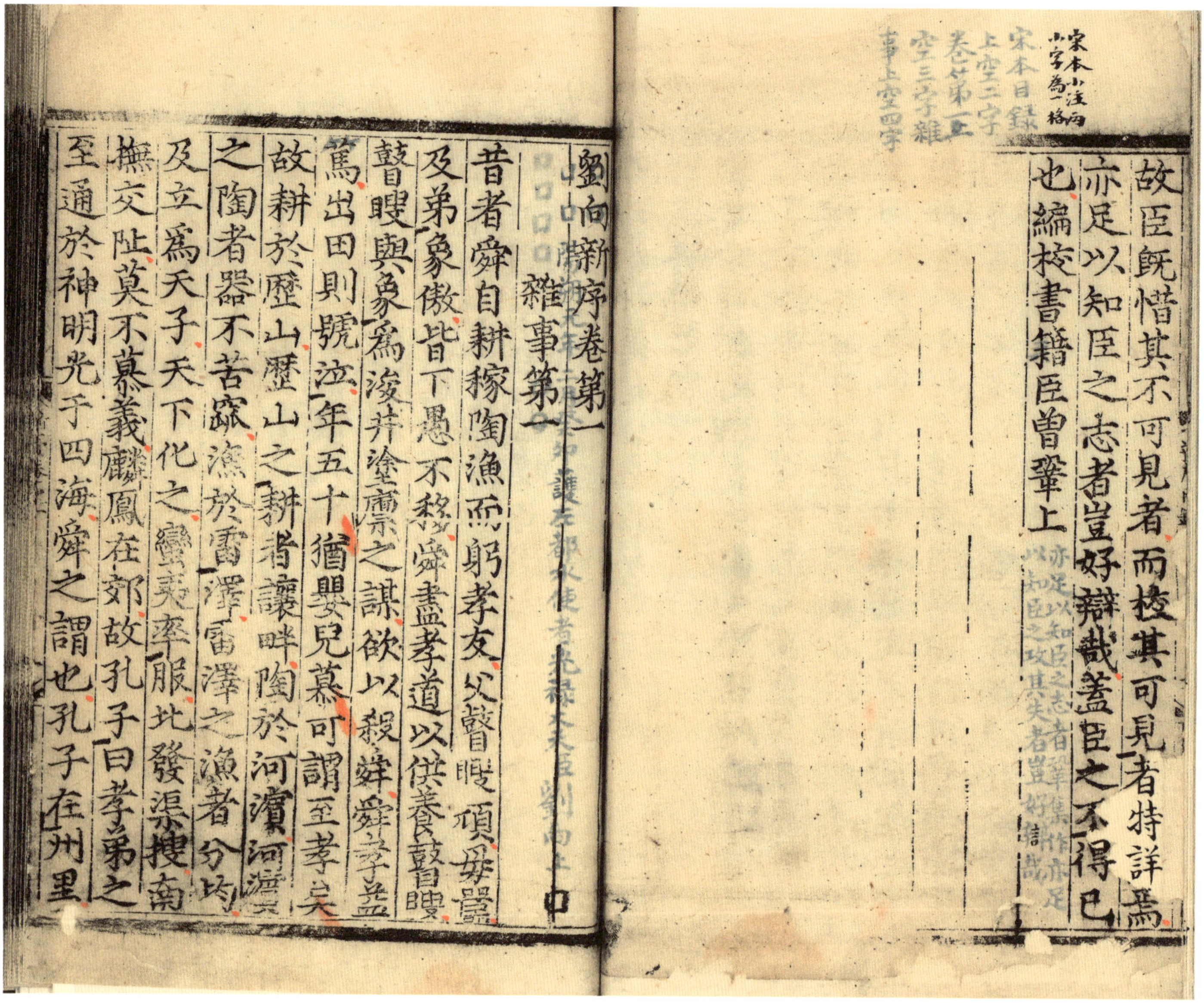

故臣既惜其不可見者而校其可見者特詳焉
亦足以知臣之志者豈好辯哉蓋臣之不得已
也編校書籍臣曾鞏上

劉向新序卷第一
雜事第一
昔者舜自耕稼陶漁而躬孝友父瞽瞍頑母嚚
及弟象傲皆下愚不移舜盡孝道以供養瞽瞍
瞽瞍與象爲浚井塗廩之謀欲以殺舜舜孝益
篤出田則號泣年五十猶嬰兒慕可謂至孝矣
故耕於歷山歷山之耕者讓畔陶於河濱河濱
之陶者器不苦窳漁於雷澤雷澤之漁者分均
及立爲天子天下化之蠻夷率服北發渠搜南
撫交阯莫不慕義麟鳳在郊故孔子曰孝弟之
至通於神明光于四海舜之謂也孔子在州里

11716 新序十卷　（漢）劉向撰　明刻本

匡高20.6厘米，廣15.1厘米。半葉十一行，行十八字，黑口，四周雙邊。有“孫氏伯淵”“楊印紹和”“東郡宋存書室珍藏”等印。黄丕烈校並跋、陸損之校、孫星衍跋。國家圖書館藏。

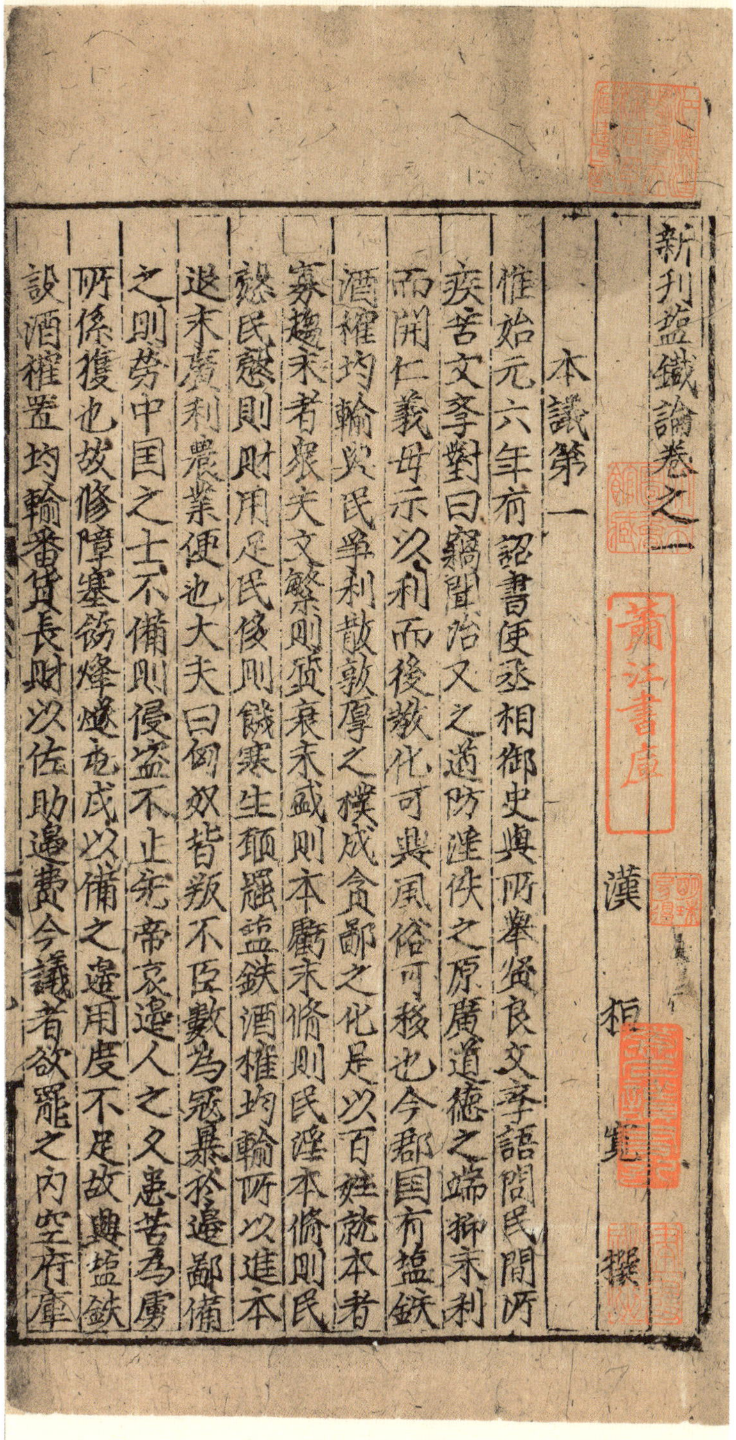
新刊鹽鐵論卷之一
漢 桓寬 撰
本議第一
惟始元六年有詔書使丞相御史與所舉賢良文學語問民間所疾苦文學對曰竊聞治人之道防淫佚之原廣道德之端抑末利而開仁義毋示以利而後教化可興風俗可移也今郡国有鹽鐵酒榷均輸與民爭利散敦厚之樸成貪鄙之化是以百姓就本者寡趨末者衆夫文繁則質衰末盛則本虧末脩則民淫本脩則民慤民慤則財用足民侈則饑寒生願罷鹽鐵酒榷均輸所以進本退末廣利農業便也大夫曰匈奴背叛不臣數為冦暴於邊鄙備之則勞中国之士不備則侵盜不止先帝哀邊人之久患苦為虜所係獲也故修障塞飭烽燧屯戍以備之邊用度不足故興鹽鐵設酒榷置均輸蕃貨長財以佐助邊費今議者欲罷之內空府庫

11715 新刊鹽鐵論十卷　（漢）桓寬撰　明初刻本

匡高20厘米，廣12.6厘米。半葉十三行，行二十六字，黑口，四周雙邊。有“江標汪鳴瓊夫婦同買藏書記”“蕭江書庫”“靈鶼藏書”等印。國家圖書館藏。

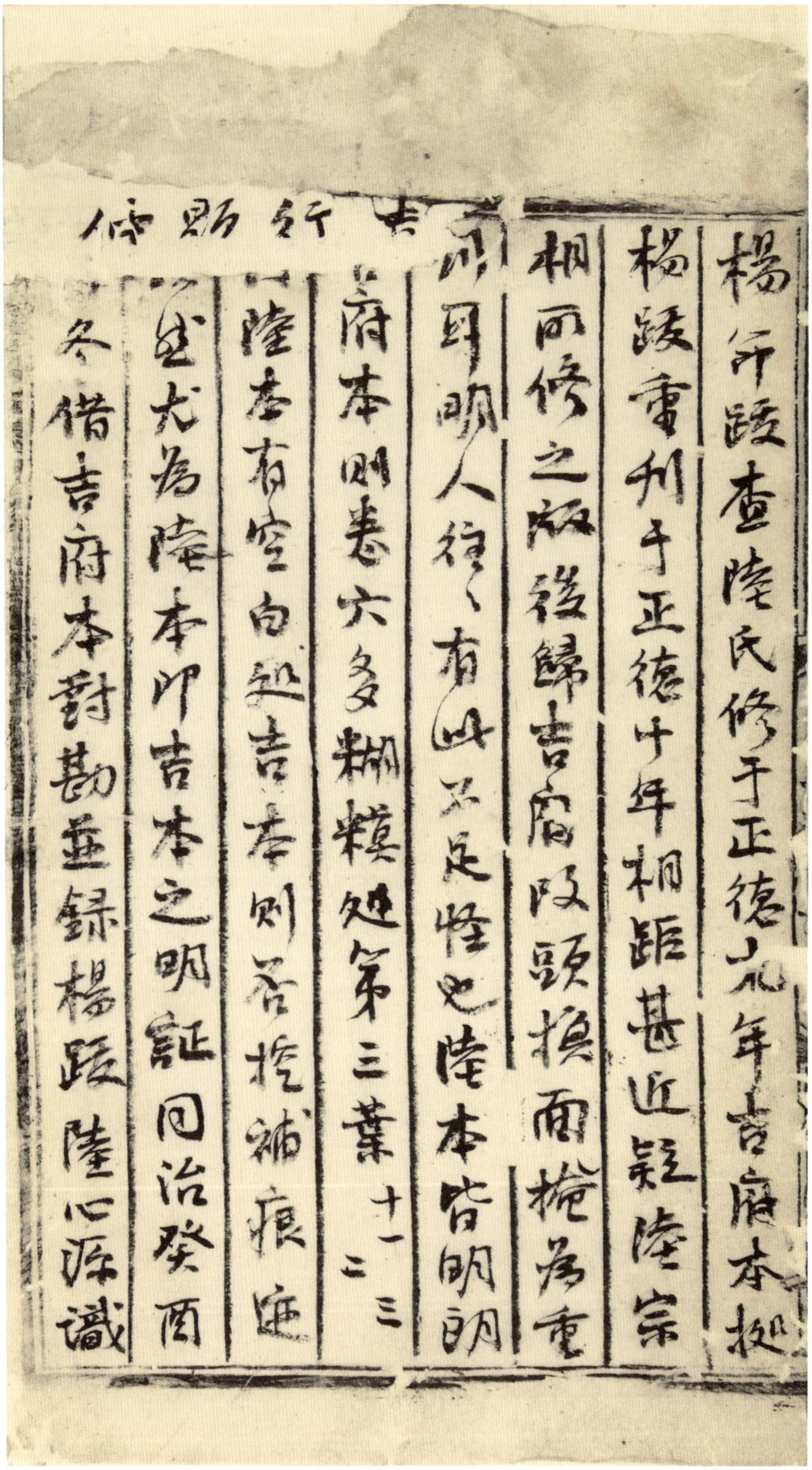
楊升跋查陸氏修于正德九年吉府本據
楊跋重刊于正德十年相距甚近疑陸宗
相所修之版後歸吉府改頭换面掩爲重
刊耳明人往往有此不足怪也陸本皆明朗
吉府本則卷六多糊糢處第三葉十一二三
陸本有空白處吉本則皆挖補痕迹
此尤爲陸本即吉本之明証同治癸酉
冬借吉府本對勘並録楊跋 陸心源識

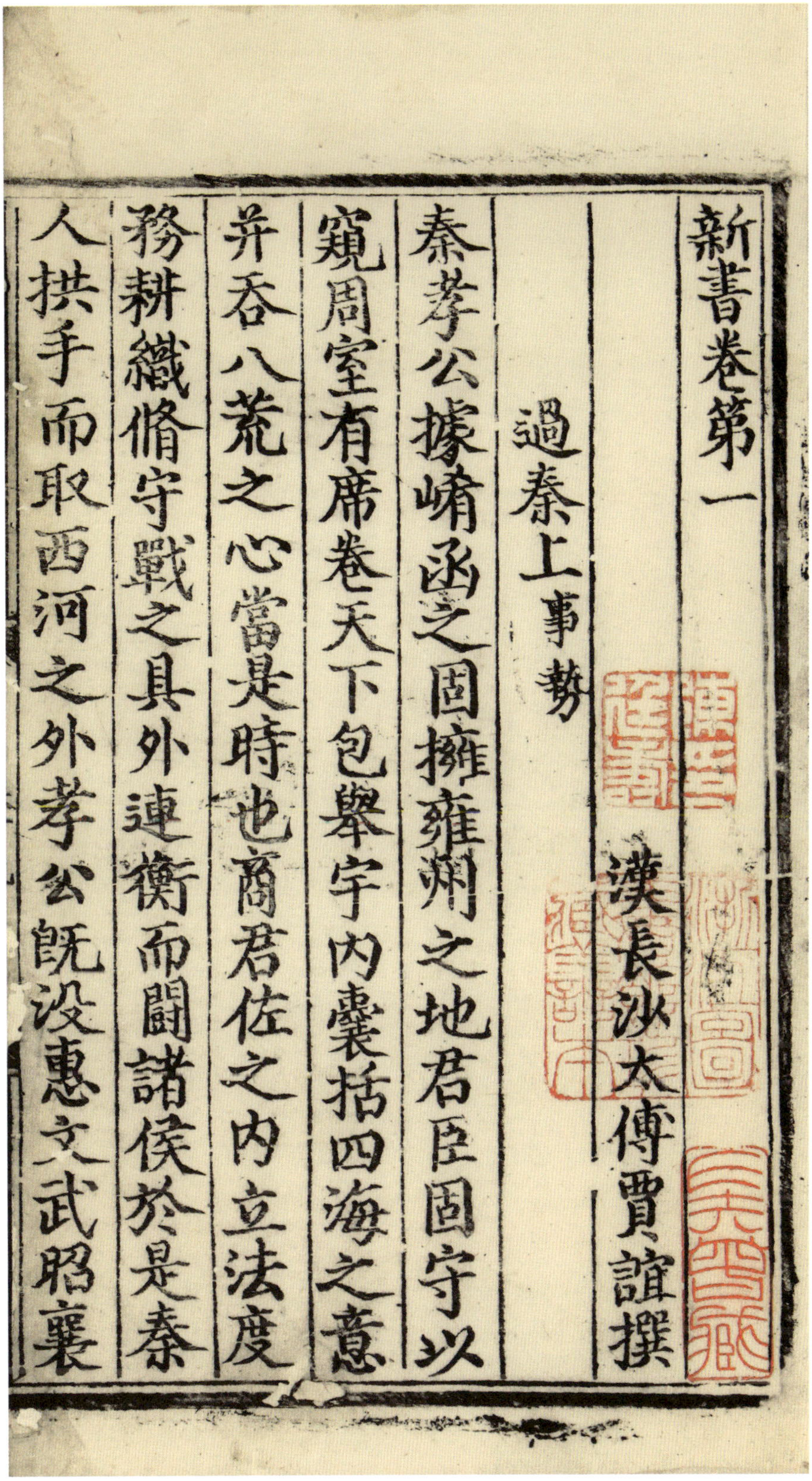

新書卷第一
過秦上事勢
漢長沙太傅賈誼撰
秦孝公據崤函之固擁雍州之地君臣固守以
窺周室有席卷天下包舉宇内囊括四海之意
并吞八荒之心當是時也商君佐之内立法度
務耕織脩守戰之具外連衡而鬬諸侯於是秦
人拱手而取西河之外孝公既没惠文武昭襄

11714 新書十卷　（漢）賈誼撰　明正德九年（1514）陸相刻本

匡高22.7厘米，廣14.9厘米。半葉八行，行十八字，黑口，四周雙邊。陸心源跋並録楊節跋。浙江圖書館藏。

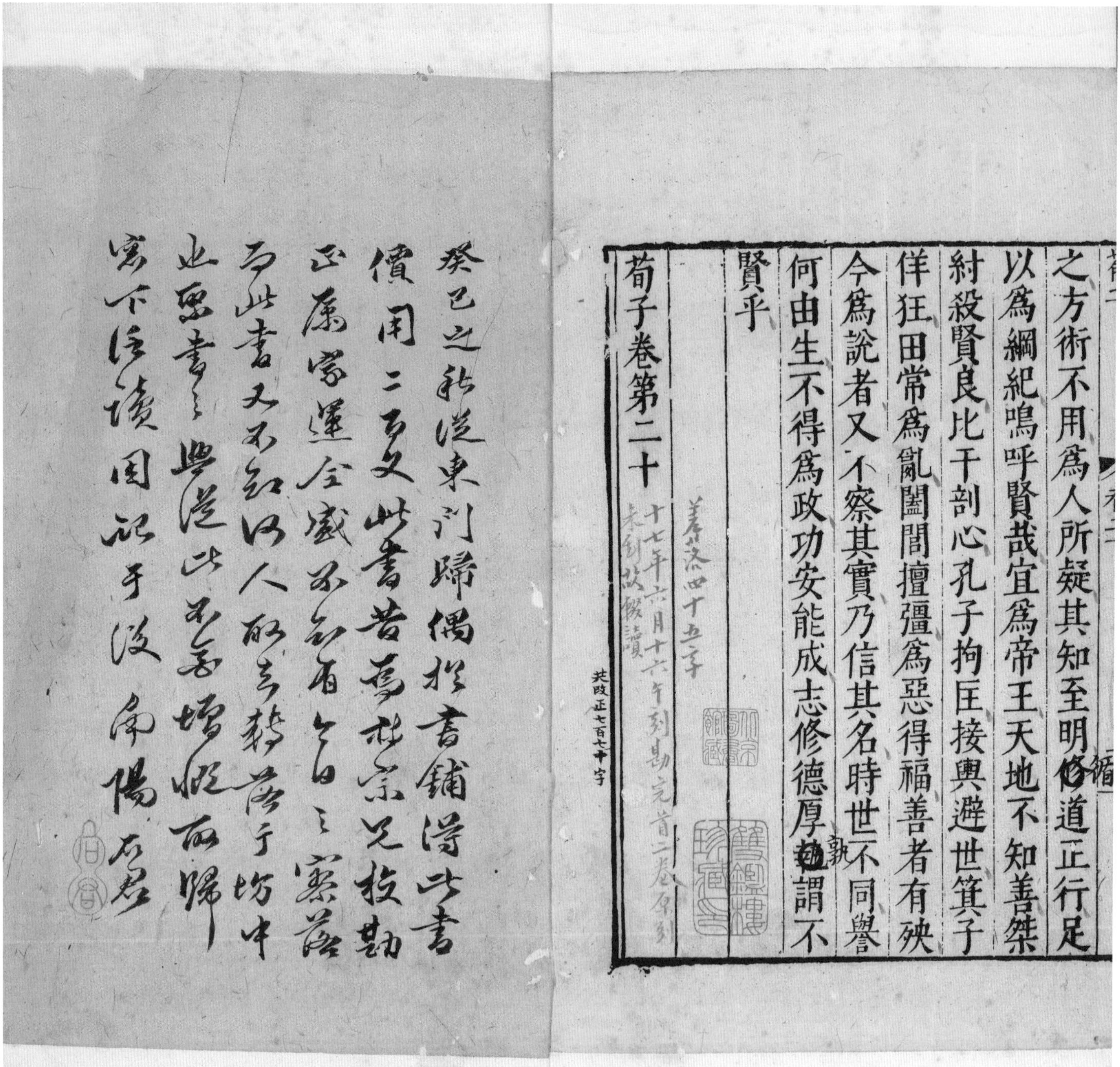

之方術不用爲人所疑其知至明脩道正行足
以爲綱紀嗚呼賢哉宜爲帝王天地不知善桀
紂殺賢良比干剖心孔子拘匡接輿避世箕子
佯狂田常爲亂闔閭擅彊爲惡得福善者有殃
今爲說者又不察其實乃信其名時世不同譽
何由生不得爲政功安能成志修德厚孰謂不
賢乎

荀子卷第二十

著共改四十五字
十七年六月十六午刻勘完首二卷原刻末刻故綴讀
共改正七百七十字

癸巳之秋從東門歸偶於書鋪得此書
價用二百文此書昔爲莊宗兄校勘
正原當選全試不知有何之錯落
而此書又不知以人取之轉落于坊中
也思書之與從此不爲增吾趣而歸
實不得續因記于後安陽石君

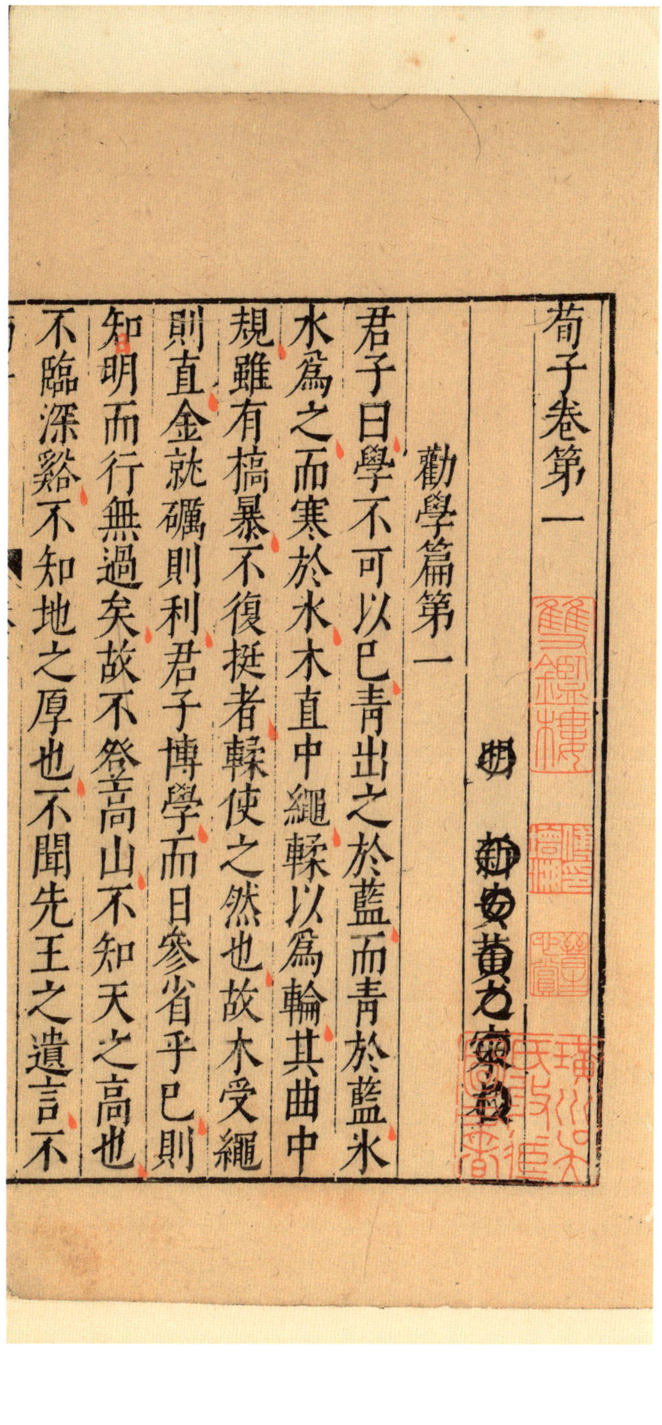
荀子卷第一
勸學篇第一
明　新安黃之寀校
君子曰學不可以已青出之於藍而青於藍氷
水爲之而寒於水木直中繩輮以爲輪其曲中
規雖有槁暴不復挺者輮使之然也故木受繩
則直金就礪則利君子博學而日參省乎已則
知明而行無過矣故不登高山不知天之高也
不臨深谿不知地之厚也不聞先王之遺言不

11713 荀子二十卷　明黄之寀刻二十子本

匡高19.5厘米，廣14.2厘米。半葉九行，行十八字，白口，左右雙邊。有“雙鑑樓”“傅印增湘”等印。葉奕校並跋，葉樹廉跋。國家圖書館藏。

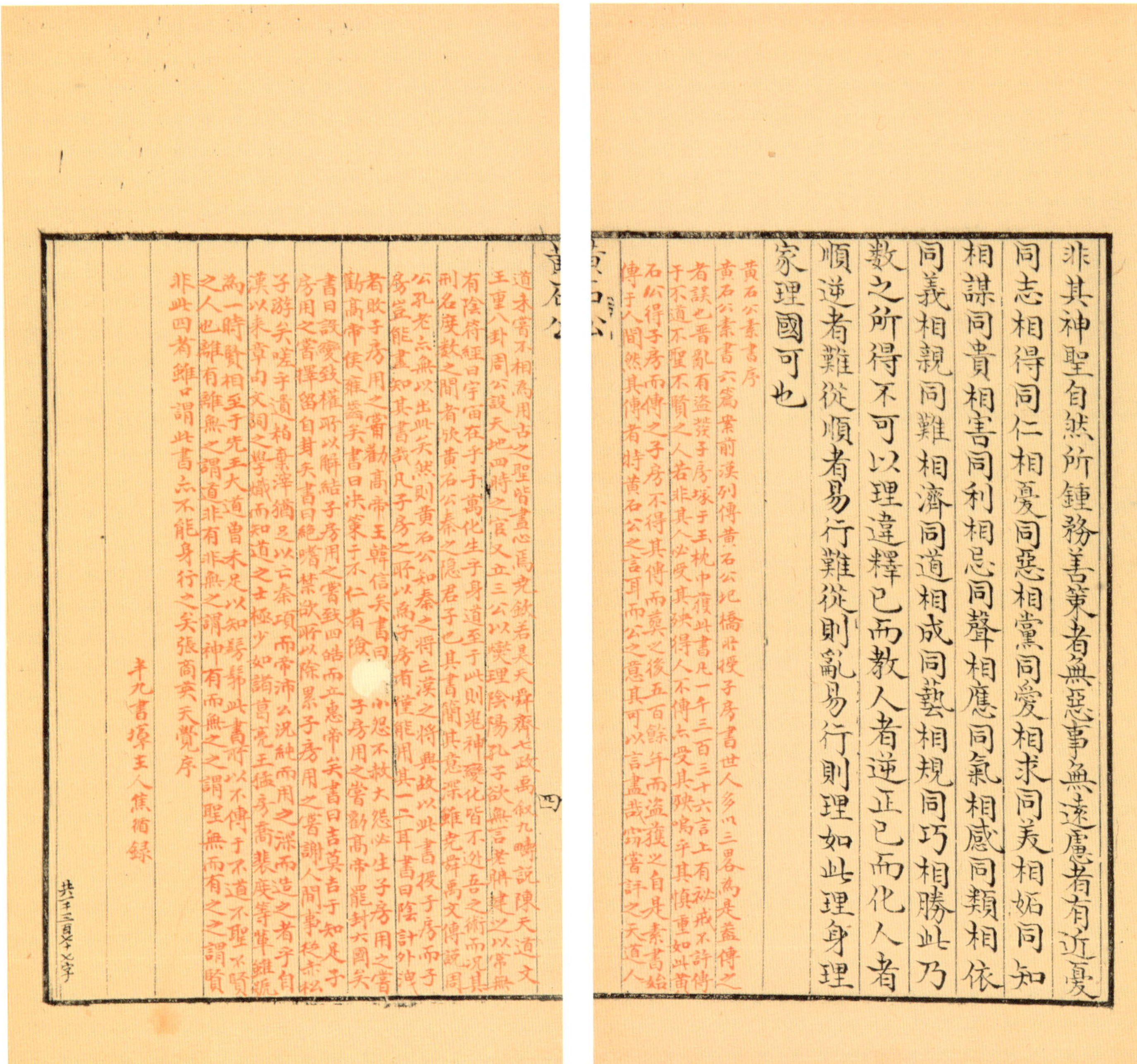

非其神聖自然所鍾務善策者無惡事無遠慮者有近憂
同志相得同仁相憂同惡相黨同愛相求同美相妬同知
相謀同貴相害同利相忌同聲相應同氣相感同類相依
同義相親同難相濟同道相成同藝相規同巧相勝此乃
數之所得不可以理違釋已而教人者逆正已而化人者
順逆者難從順者易行難從則亂易行則理如此理身理
家理國可也

黃石公素書序

黃石公素書六篇案前漢列傳黃石公圯橋所授子房書世人多以三畧為是蓋傳之
者誤也晉亂有盜發子房塚于玉枕中獲此書凡一千三百三十六言上有祕戒不許傳
于不道不聖不賢之人若非其人必受其殃得人不傳亦受其殃嗚乎其慎重如此黃
石公得子房而傳之子房不得其傳而葬之後五百餘年而盜獲之自是素書始
傳于人間然其傳者特黃石公之言耳而公之意其可以言盡哉竊嘗評之天道人

黃石公

四

道未嘗不相為用古之聖皆盡心焉堯欽若昊天舜齊七政禹叙九疇說陳天道文
王重八卦周公設天地四時之官又立三公以燮理陰陽孔子欲無言老聃建之以常無
有陰符經曰宇宙在乎手萬化生乎身道至于此則鬼神變化皆不逃吾之術而况其
刑名度數之間者歟黃石公秦之隱君子也其書簡其意深雖堯舜禹文傅說周
公孔老亦無以出此矣然則黃石公知秦之將亡漢之將興故以此書授子房而子
房豈能盡知其書哉凡子房之所以為子房者僅能用其一二耳書曰陰計外泄
者敗子房用之嘗勸高帝王韓信矣書曰小怨不赦大怨必生子房用之嘗
勸高帝侯雍齒矣書曰決策于不仁者險子房用之嘗勸高帝罷封六國矣
書曰設變致權所以解結子房用之嘗致四皓而立惠帝矣書曰吉莫吉于知足子
房用之嘗擇留自封矣書曰絕嗜禁欲所以除累子房用之嘗謝人間事從赤松
子游矣嗟乎遺粕棄滓猶足以亡秦項而帝沛公况純而用之深而造之者乎自
漢以來章句文詞之學熾而知道之士極少如諸葛亮王猛房喬裴度等輩雖號
為一時賢相至于先王大道曾未足以知髣髴此書所以不傳于不道不聖不賢
之人也離有離無之謂道非有非無之謂神有而無之之謂聖無而有之之謂賢
非此四者雖口誦此書亦不能身行之矣張商英天覺序

半九書塾主人焦循録

共一千三百六十六字

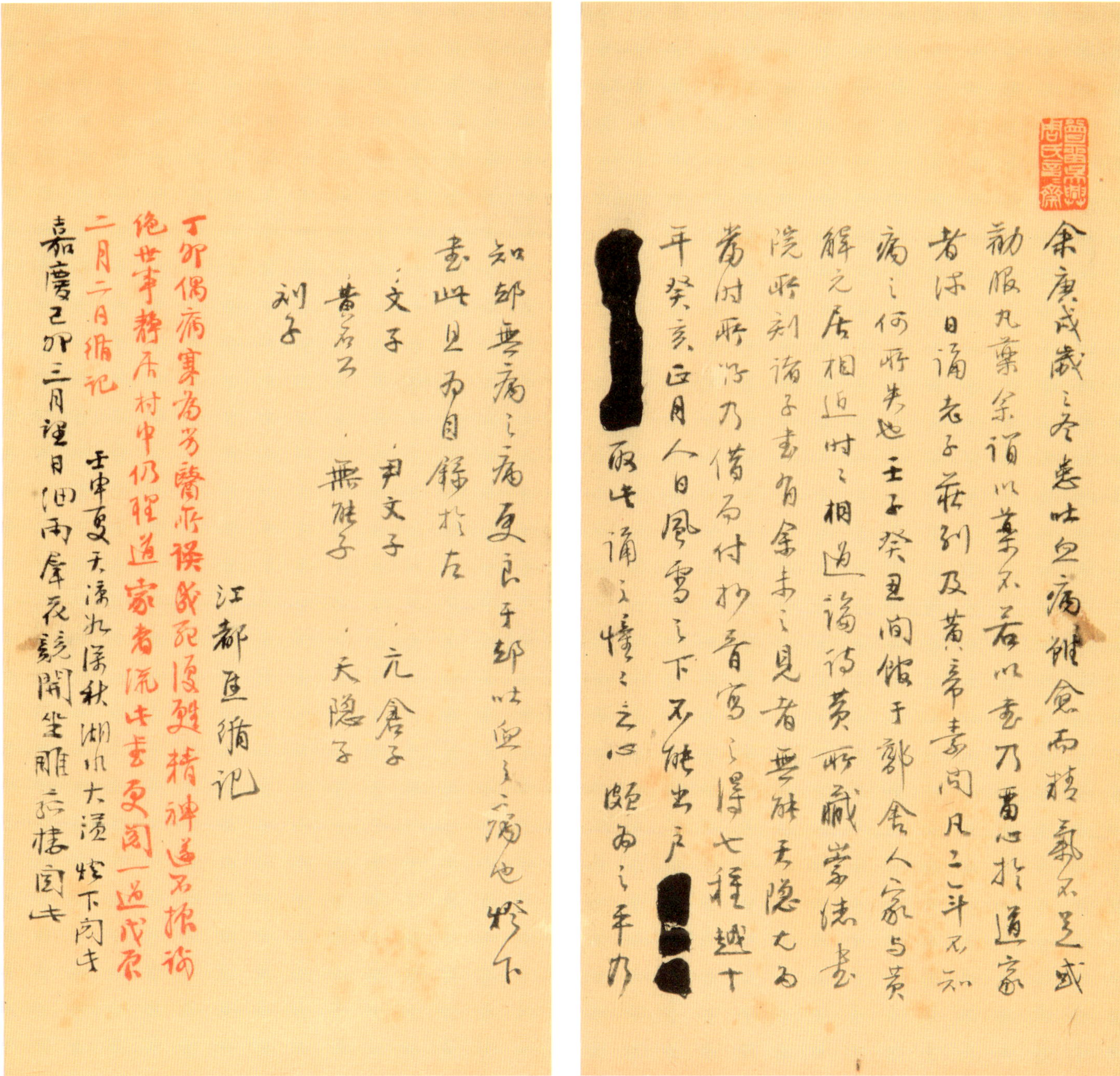

11712 諸子節録六種六卷

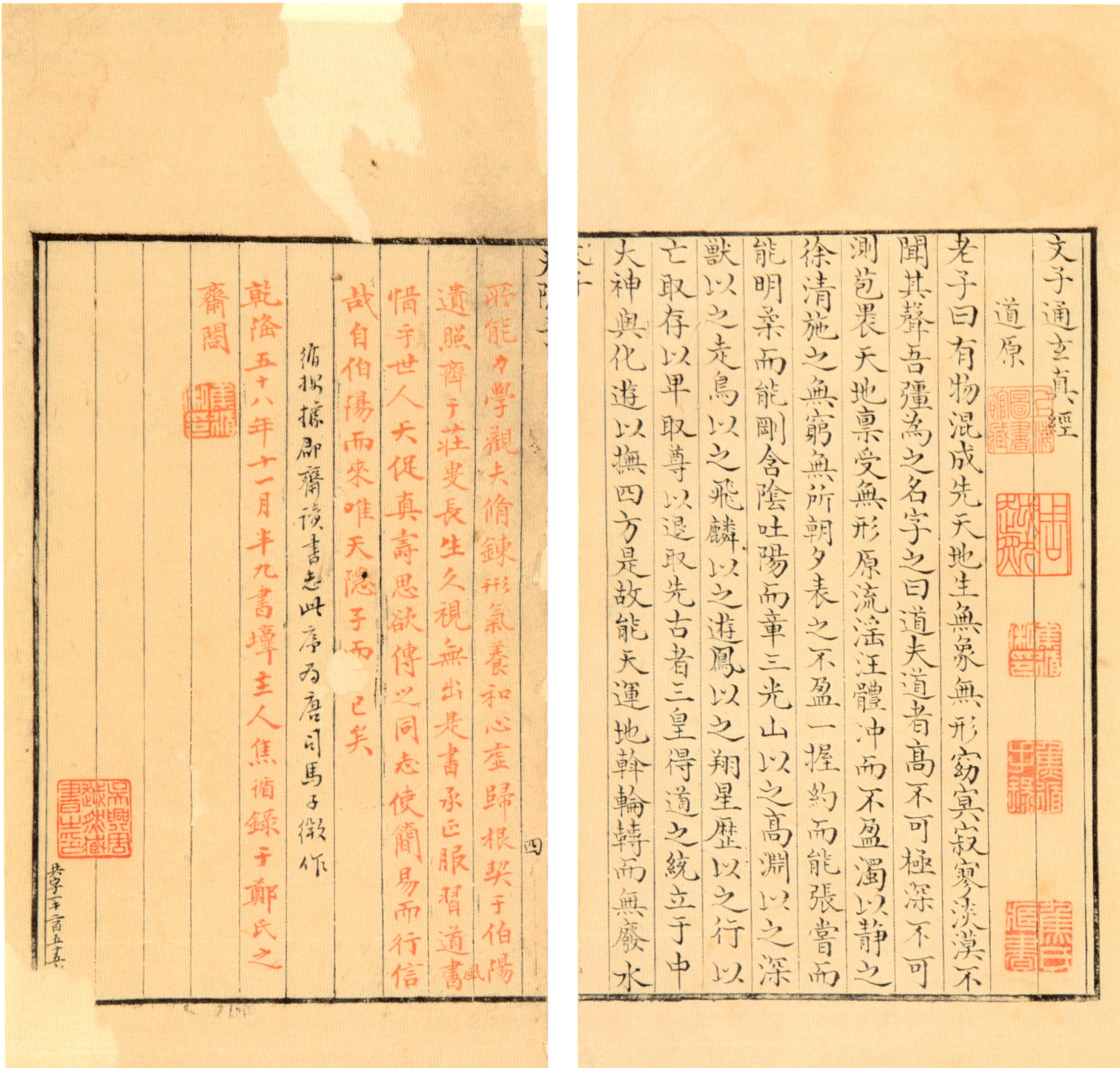
文子通玄真經
道原
老子曰有物混成先天地生無象無形窈冥寂寥淡漠不聞其聲吾彊為之名字之曰道夫道者高不可極深不可測苞裹天地稟受無形原流泏泏冲而不盈濁以靜之徐清施之無窮無所朝夕表之不盈一握約而能張幽而能明柔而能剛含陰吐陽而章三光山以之高淵以之深獸以之走鳥以之飛麟以之遊鳳以之翔星歷以之行以亡取存以卑取尊以退取先古者三皇得道之統立于中央神與化遊以撫四方是故能天運地轉輪轉而無廢水

邪能力學觀夫脩鍊形氣養和心虛歸根契于伯陽遺照齊于莊叟長生久視無出是書承正服習道書風惜乎世人大促真壽思欲傳之同志使簡易而行信哉自伯陽而來唯天隱子而已矣
循按據郡齋讀書志此序為唐司馬子微作
乾隆五十八年十一月廿九書壞主人焦循錄于鄭氏之齋閣
共字二千一百五十

11712 諸子節録六種六卷 清焦氏抄本

匡高20.9厘米，廣14.7厘米。半葉十行，行二十二字，白口，左右雙邊。有“焦循手録”“焦氏藏書”“周越然”等印。焦循校並跋。上海圖書館藏。

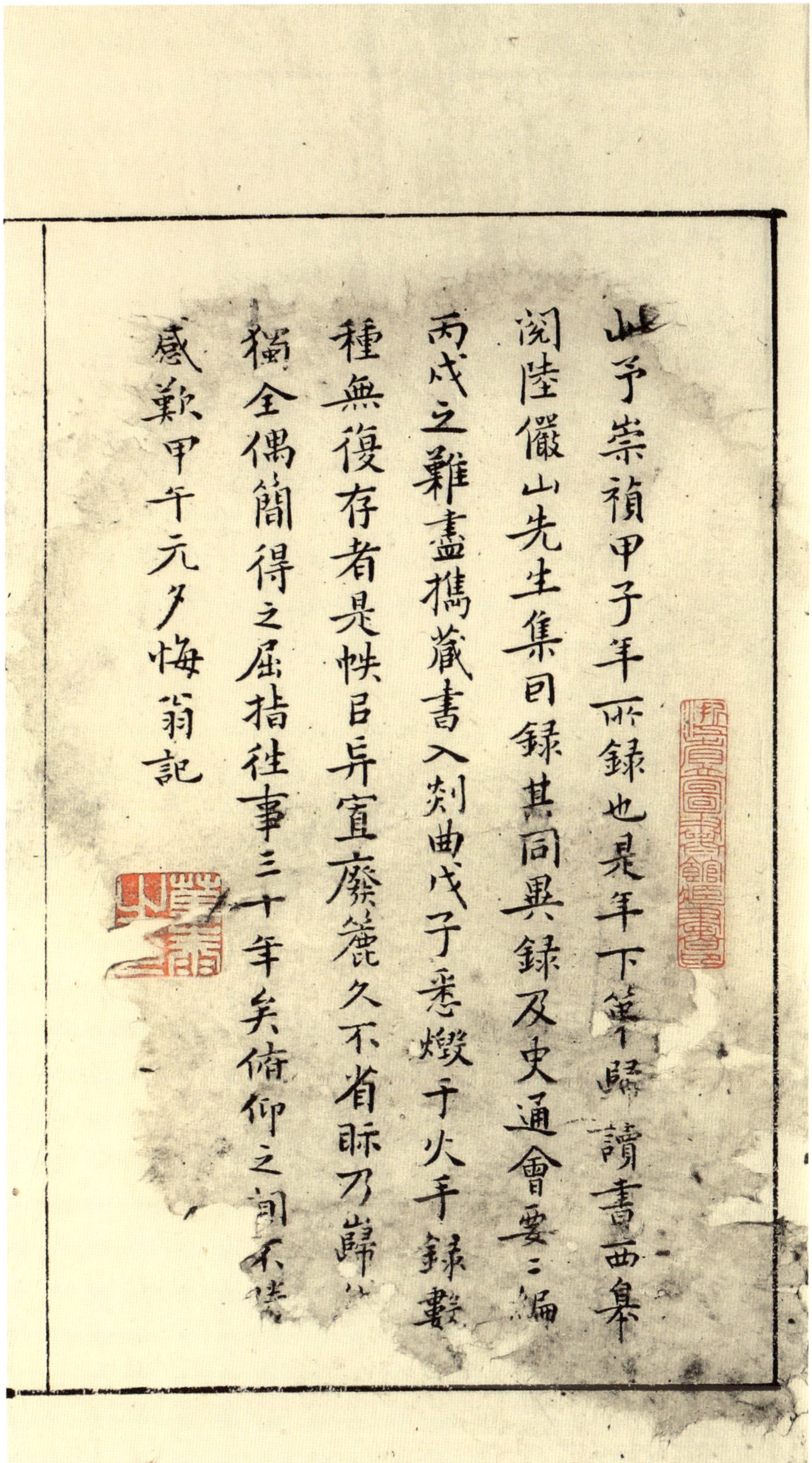

此予崇禎甲子年所録也是年下第歸讀書西皋
閱陸儼山先生集因録其同異録及史通會要三編
丙戌之難盡攜藏書入剡曲戊子悉燬于火手録數
種無復存者是帙以弃寘廢簏久不省睞乃巋然
獨全偶簡得之屈指往事三十年矣俯仰之間不勝
感歎甲午元夕悔翁記

11711 史通會要三卷

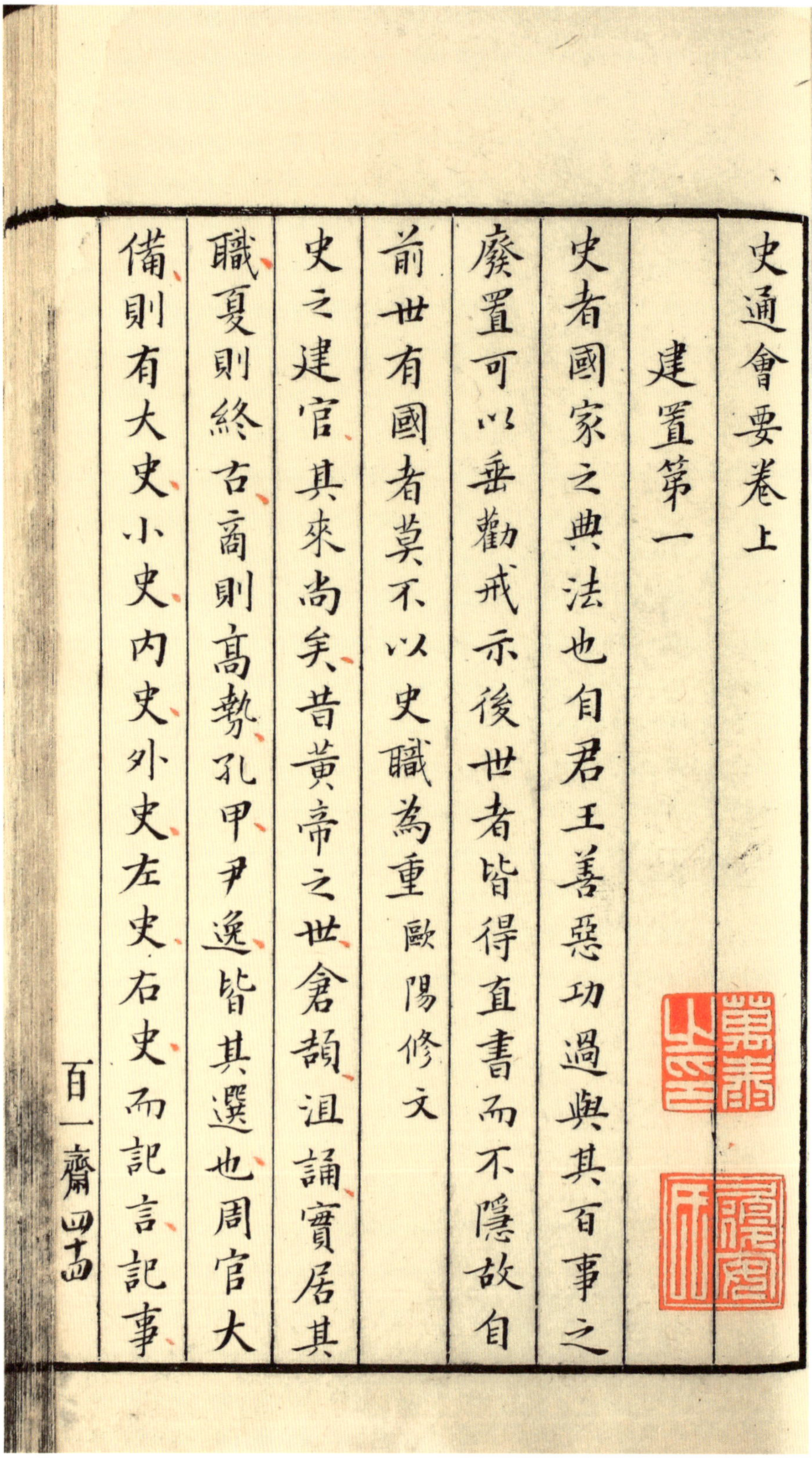
史通會要卷上
建置第一
史者國家之典法也自君王善惡功過與其百事之
廢置可以垂勸戒示後世者皆得直書而不隱故自
前世有國者莫不以史職為重 歐陽修文
史之建官其來尚矣昔黃帝之世倉頡沮誦實居其
職夏則終古商則高勢孔甲尹逸皆其選也周官大
備則有大史小史內史外史左史右史而記言記事
百一齋四十四

11711 史通會要三卷 （明）陸深撰 明天啓四年（1624）萬泰抄本

匡高21.2厘米，廣14.4厘米。半葉八行，行二十字，白口，四周單邊。有“萬泰之印”等印。萬泰、萬學詩跋。浙江圖書館藏。

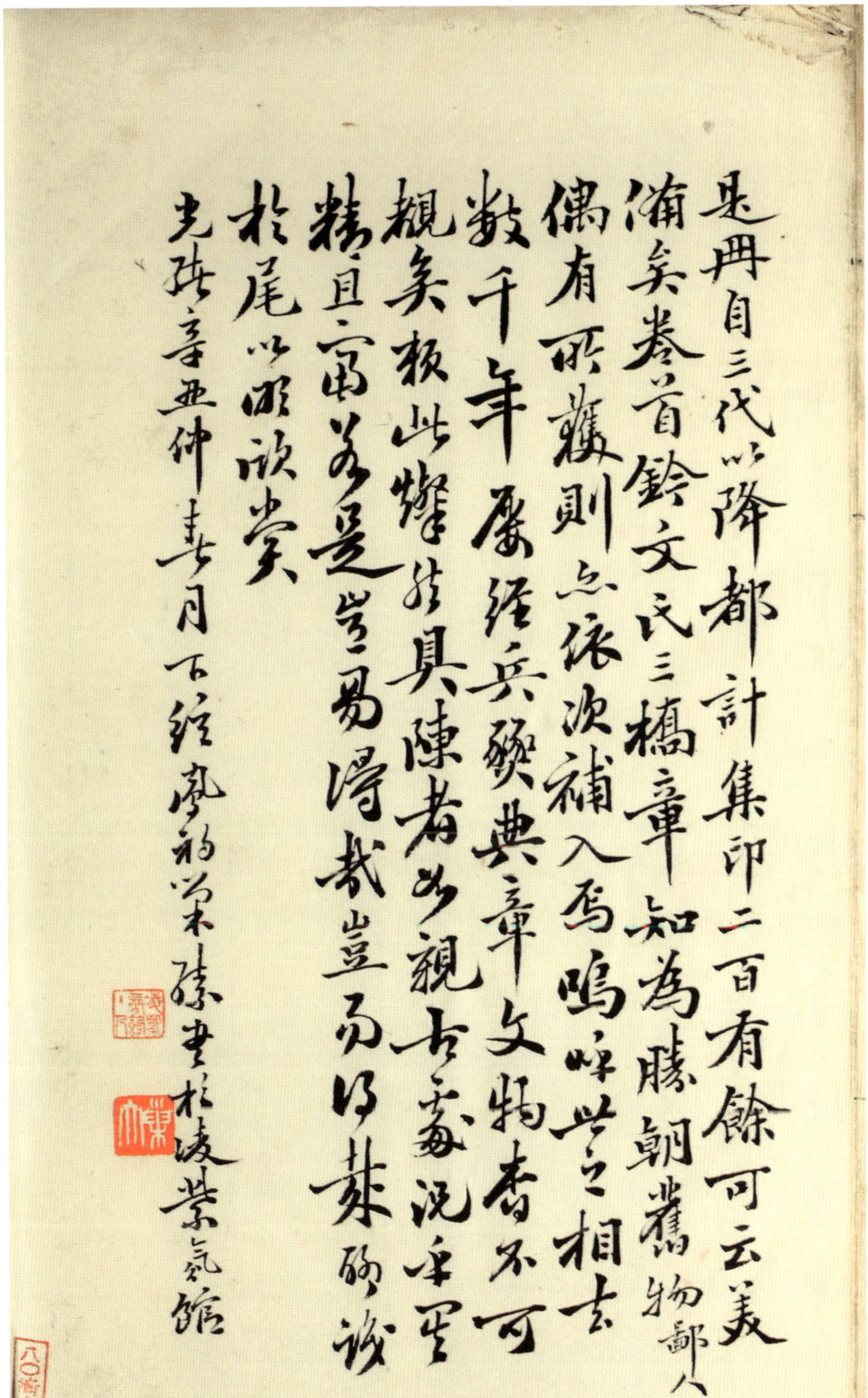

是冊自三代以降都計集印二百有餘可云美
備矣卷首鈐文氏三橋章知為滕朝舊物鄙人
偶有所獲則亦依次補入焉嗚呼世之相去
數千年屢經兵燹典章文物杳不可
覩矣叔此犖犖具陳者多覩古篆況乎罡
精且富若是豈易得哉豈可以無所識
於尾以昭欣賞
光緒辛丑仲春月下浣鳳翔□□孫書於杉陵紫氣館

11710 集古印譜一卷

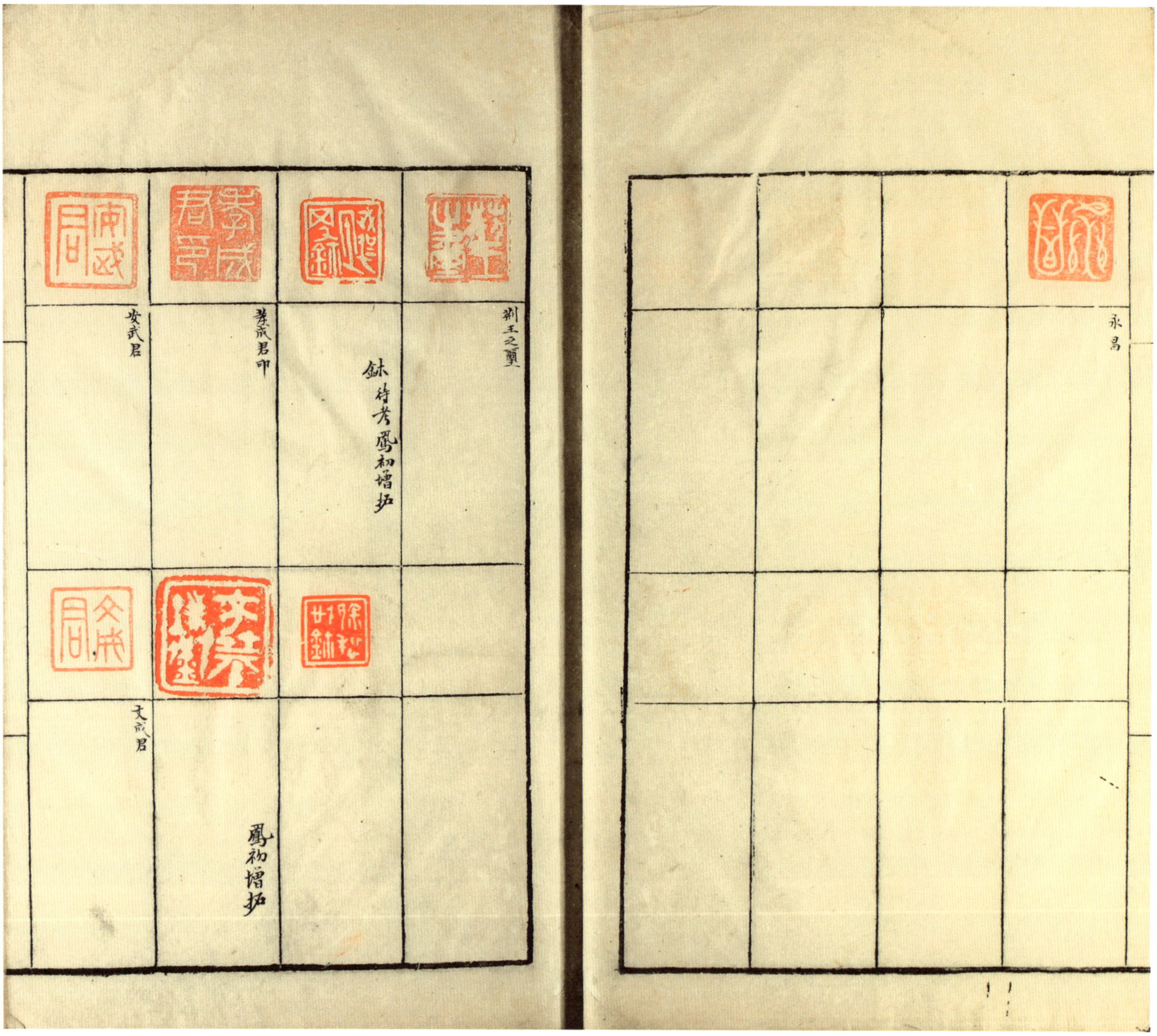

11710 **集古印譜一卷** （明）顧從德輯 明隆慶鈐印本

有"凌紫氛館主人"等印。巢勝題簽並跋。浙江圖書館藏。

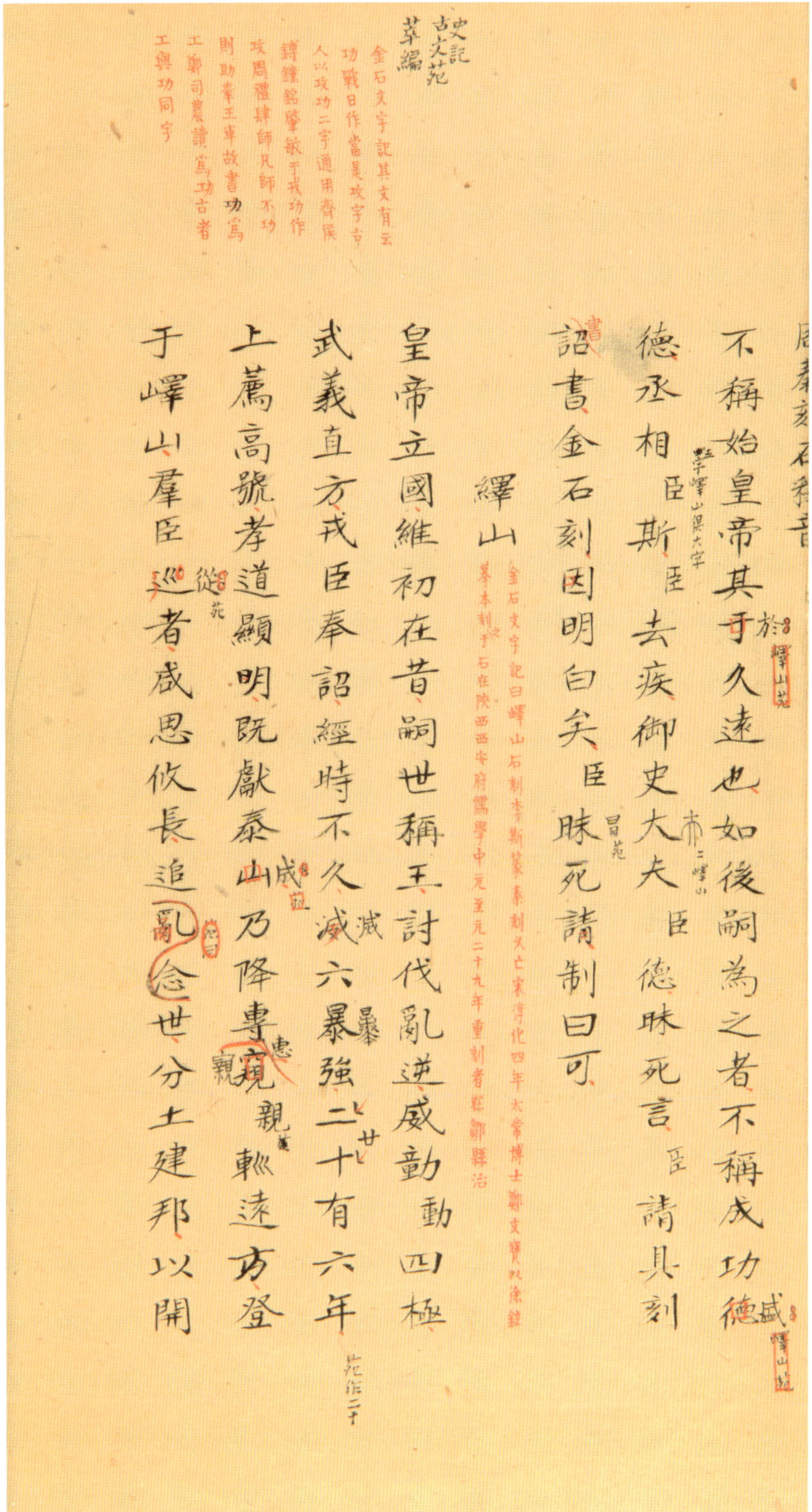
周秦刻石釋音
不稱始皇帝其于久遠也如後嗣為之者不稱成功德
德丞相臣斯臣去疾御史大夫臣德昧死言臣請具刻
詔書金石刻因明白矣臣昧死請制曰可
繹山
皇帝立國維初在昔嗣世稱王討伐亂逆威動四極
武義直方戎臣奉詔經時不久滅六暴強二十有六年
上薦高號孝道顯明既獻泰山乃降專寵親輈遠方登
于嶧山羣臣巡者咸思攸長追亂念世分土建邦以開

11709 周秦刻石釋音一卷

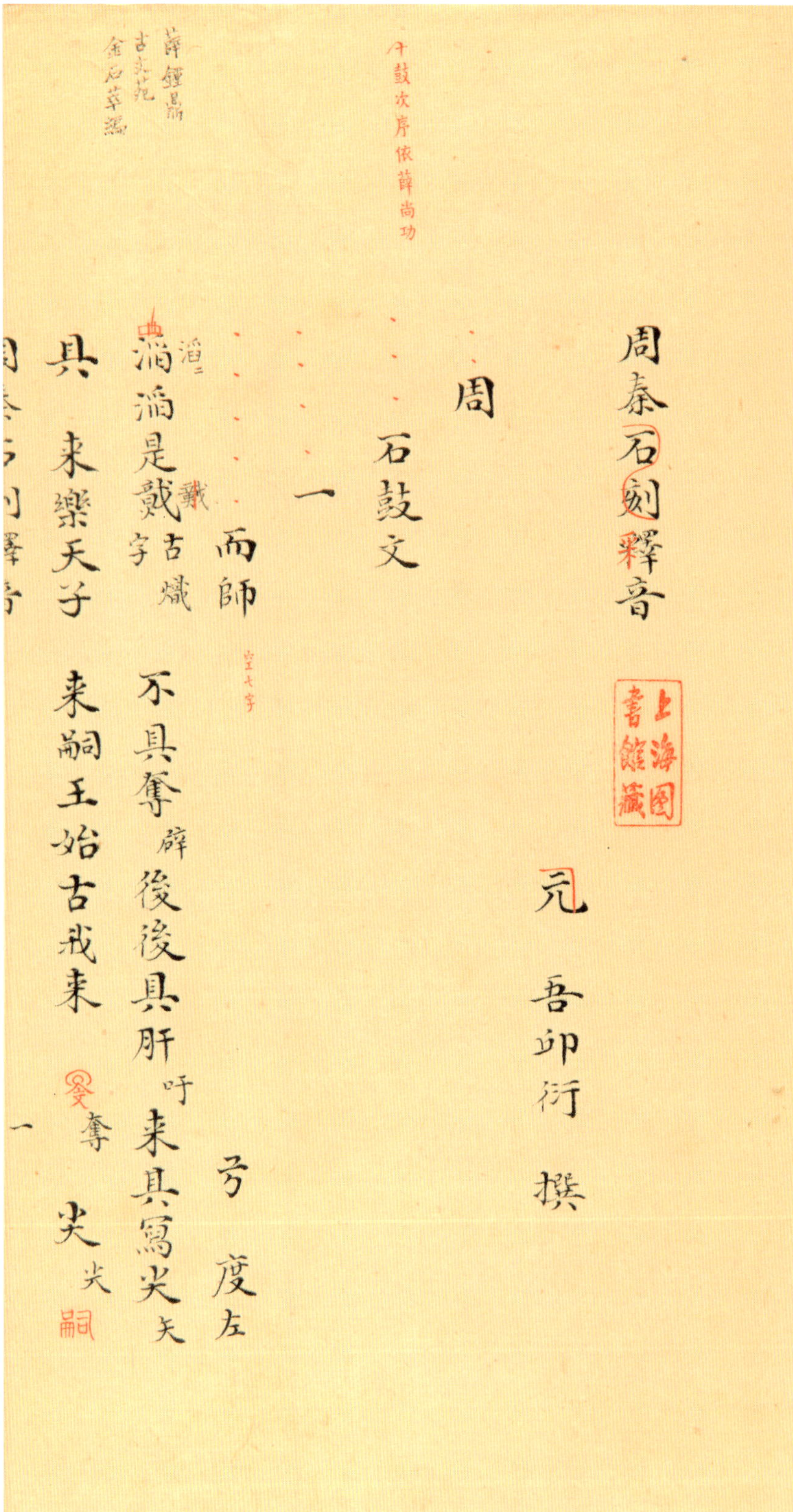
周秦石刻釋音
元 吾邱衍 撰
周
石鼓文
一

11709 **周秦刻石釋音一卷** （元）吾丘衍撰 清抄本

半葉八行，行二十一字，小字雙行同。有“丹鉛精舍”等印。勞格校。上海圖書館藏。

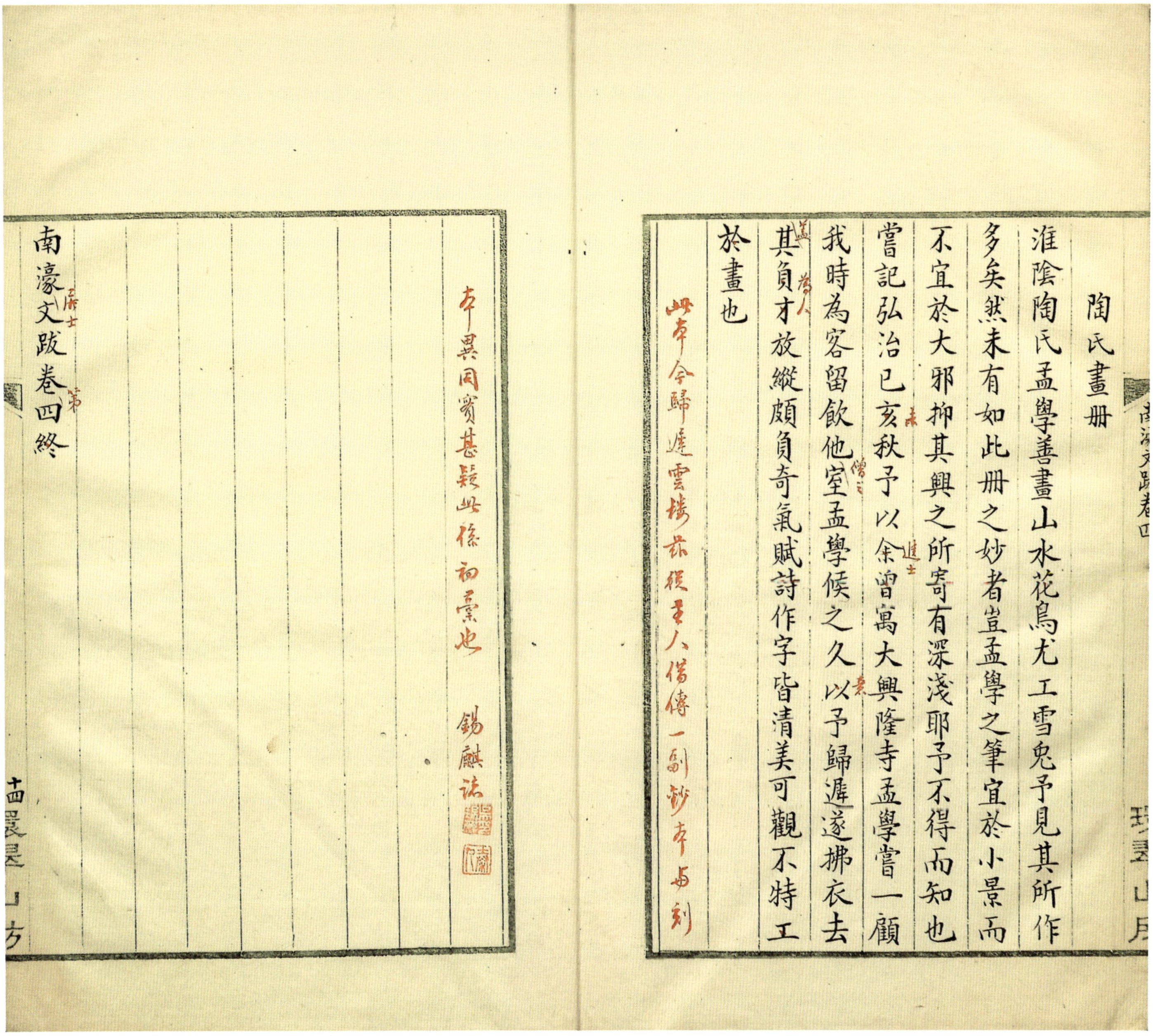

11708 南濠居士文跋四卷

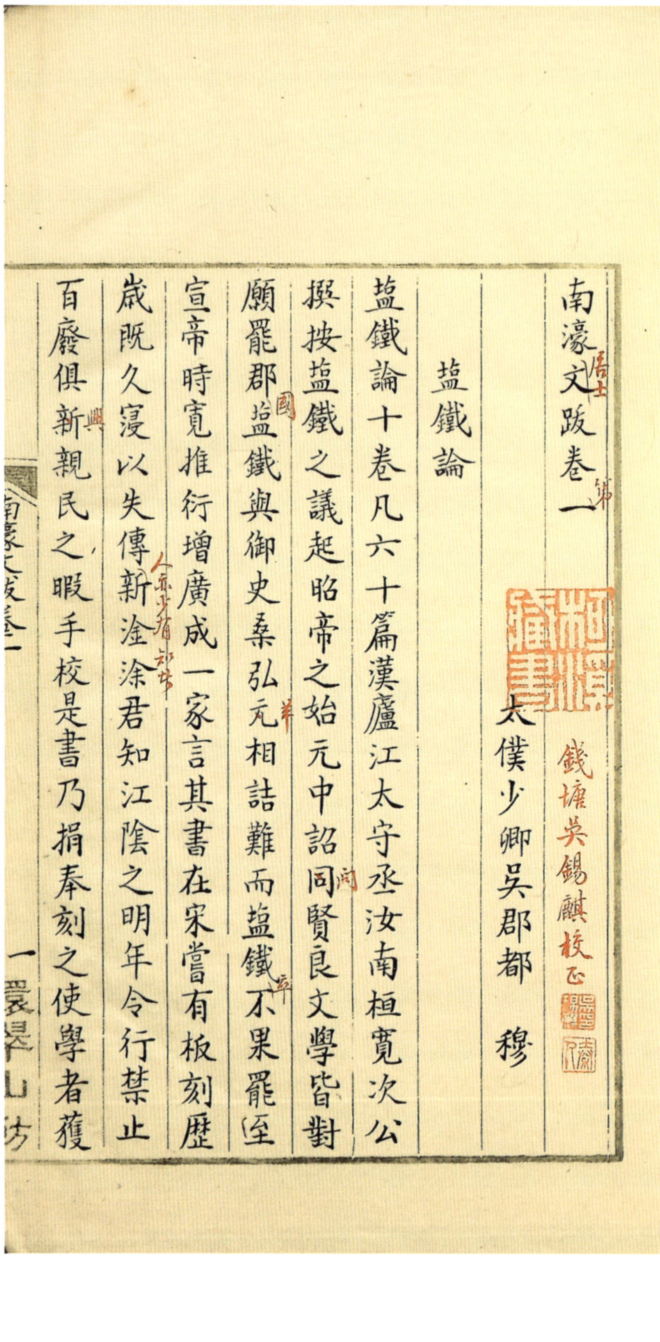
南濠文跋卷一
太僕少卿吳郡都　穆
錢塘吳錫麒校正
塩鐵論
塩鐵論十卷凡六十篇漢廬江太守丞汝南桓寬次公
撰按塩鐵之議起昭帝之始元中詔問賢良文學皆對
願罷郡塩鐵與御史桑弘元相詰難而塩鐵不果罷至
宣帝時寬推衍增廣成一家言其書在宋嘗有板刻歷
歲既久寖以失傳新淦涂君知江陰之明年令行禁止
百廢俱新親民之暇手校是書乃捐奉刻之使學者獲
南濠文跋卷一　一　環翠山房

11708 南濠居士文跋四卷　（明）都穆撰　清環翠山房抄本

匡高19.6厘米，廣14.1厘米。半葉九行，行二十一字，藍格，白口，左右雙邊。有“吴印錫麒”等印。吴錫麒校並跋。南京圖書館藏。

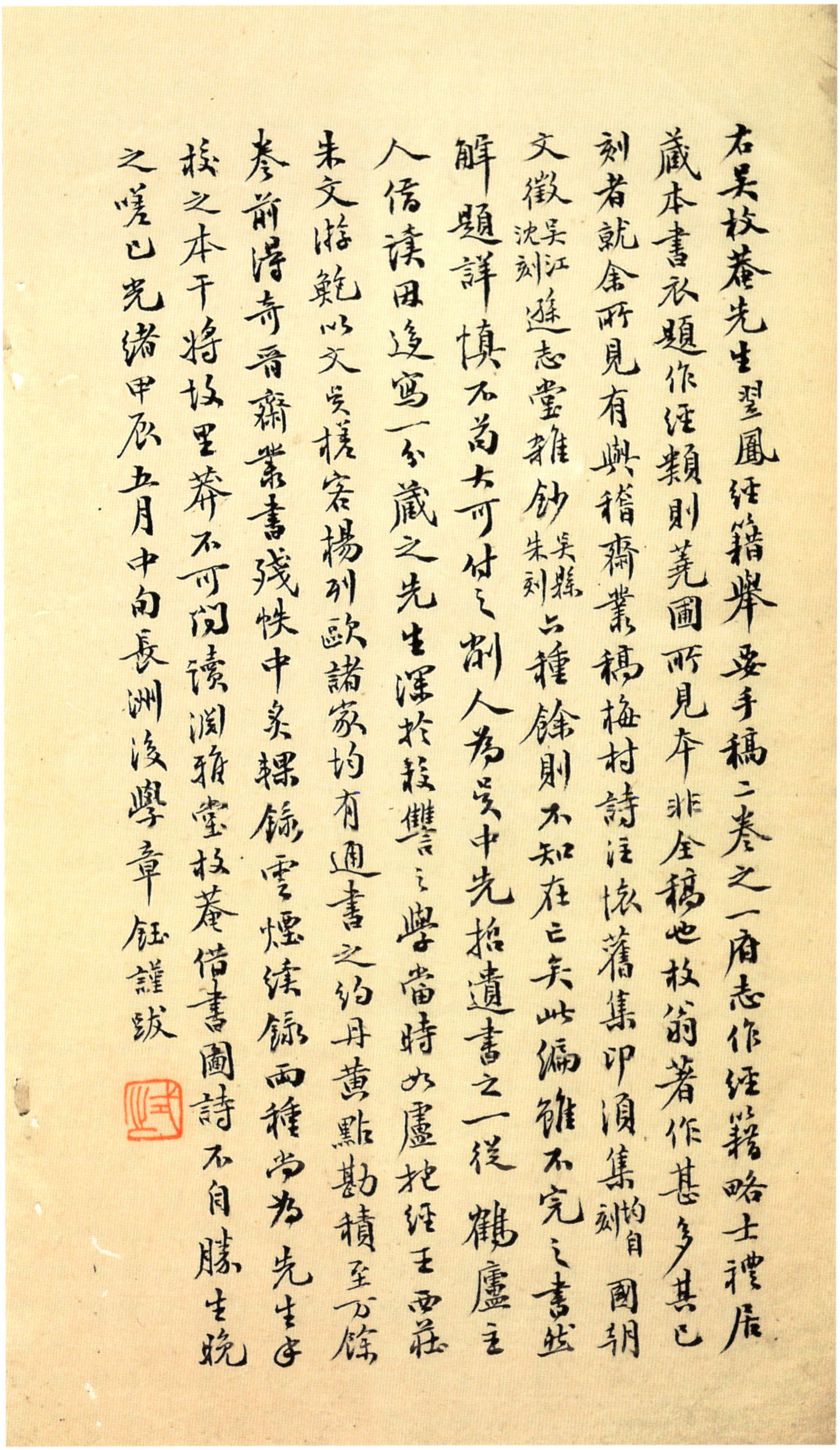

右吳枚菴先生翌鳳經籍舉要手稿二卷之一府志作經籍略士禮居藏本書衣題作經類則蕘圃所見本非全稿也枚翁著作甚多其已刻者就余所見有與稽齋叢稿梅村詩注懷舊集印須集(自刻) 國朝文徵(吳江沈刻)遜志堂雜鈔(吳縣朱刻)六種餘則不知在亡矣此編雖不完之書然解題詳慎不苟大可付之剞人為吳中先哲遺書之一從 鶴廬主人借讀因逐寫一分藏之先生深於校讐之學當時如盧抱經王西莊朱文游鮑以文吳槎客楊列歐諸家均有過書之約丹黃點勘積至萬餘卷前得奇晉齋叢書殘帙中多標錄雲煙續錄兩種尚為先生手校之本干將故里莽不可問讀潤雅堂枚菴借書圖詩不自勝生晚之嗟已光緒甲辰五月中旬長洲後學章鈺謹跋

11707 古歡堂經籍舉要一卷

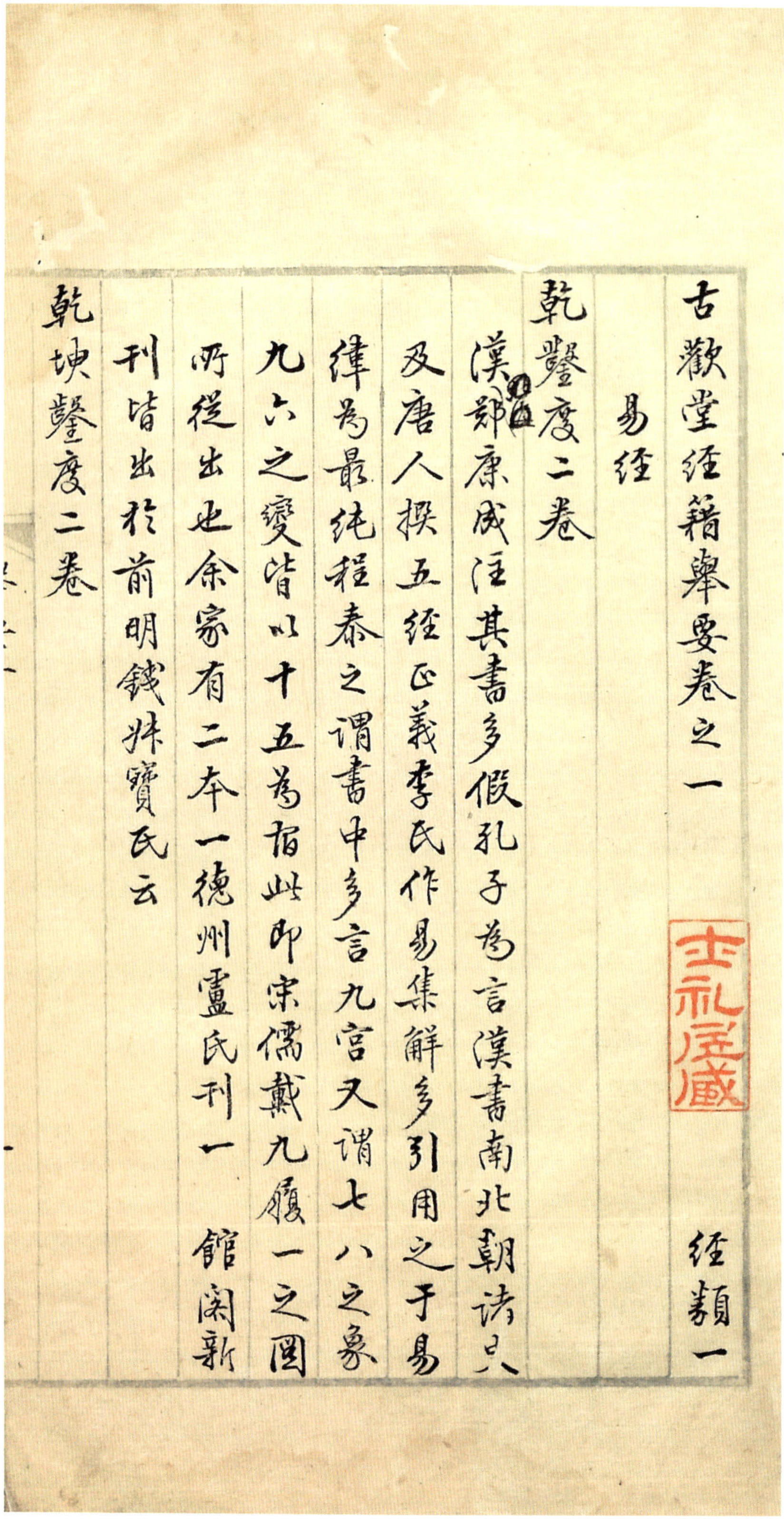
古歡堂经籍舉要卷之一　　经類一
易经
乾鑿度二卷
漢鄭康成注其書多假孔子為言漢書南北朝諸史
及唐人撰五经正義李氏作易集解多引用之于易
律為最純程泰之謂書中多言九宮又謂七八之象
九六之變皆以十五為宿此即宋儒戴九履一之圖
所從出也余家有二本一德州盧氏刊一館閣新
刊皆出於前明錢叔寶氏云
乾坤鑿度二卷
士礼居藏

11707 古歡堂經籍舉要一卷　（清）吴翌鳳撰　稿本

匡高19.3厘米，廣13.5厘米。半葉十行，行二十一字，藍格，白口，四周單邊。有“士礼居藏”“式之”等印。章鈺跋。南京圖書館藏。

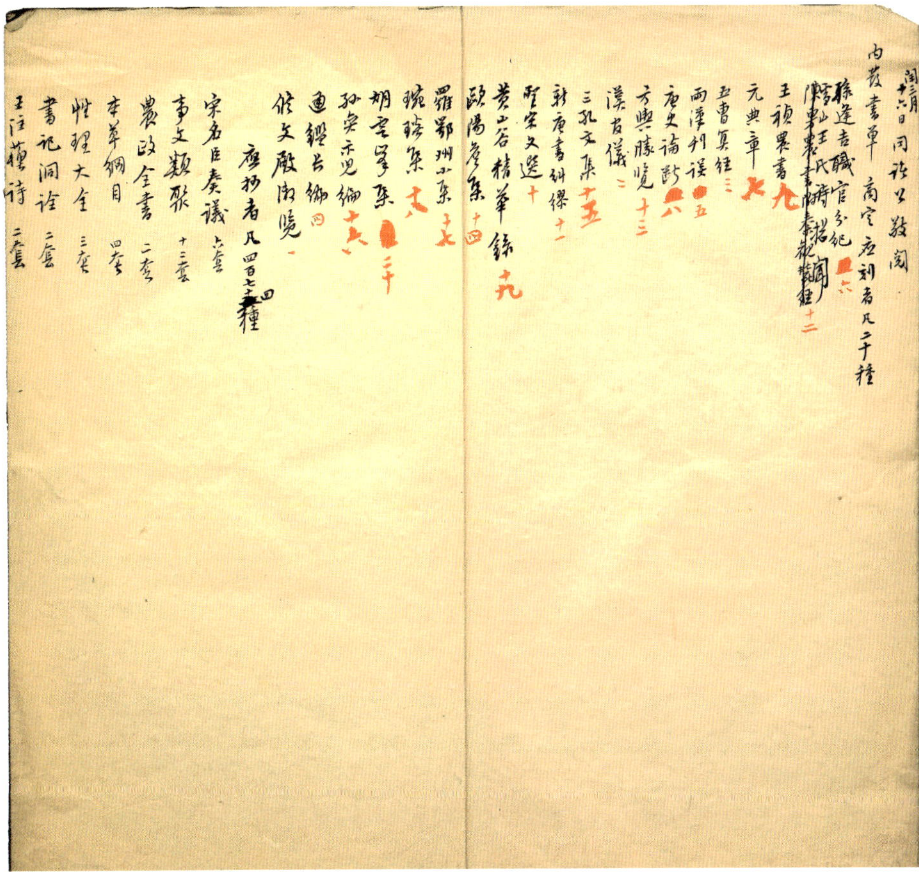

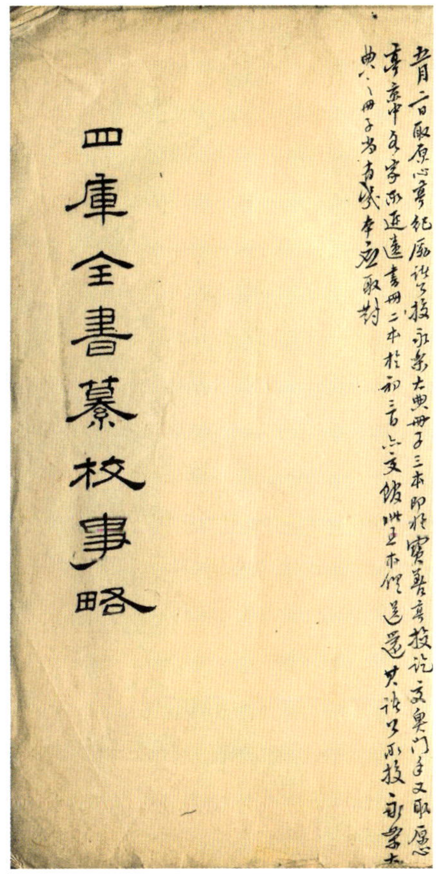

四庫全書纂校事略

11706 四庫全書纂校事略不分卷　（清）翁方綱撰　稿本

有“覃溪”等印。南京圖書館藏。

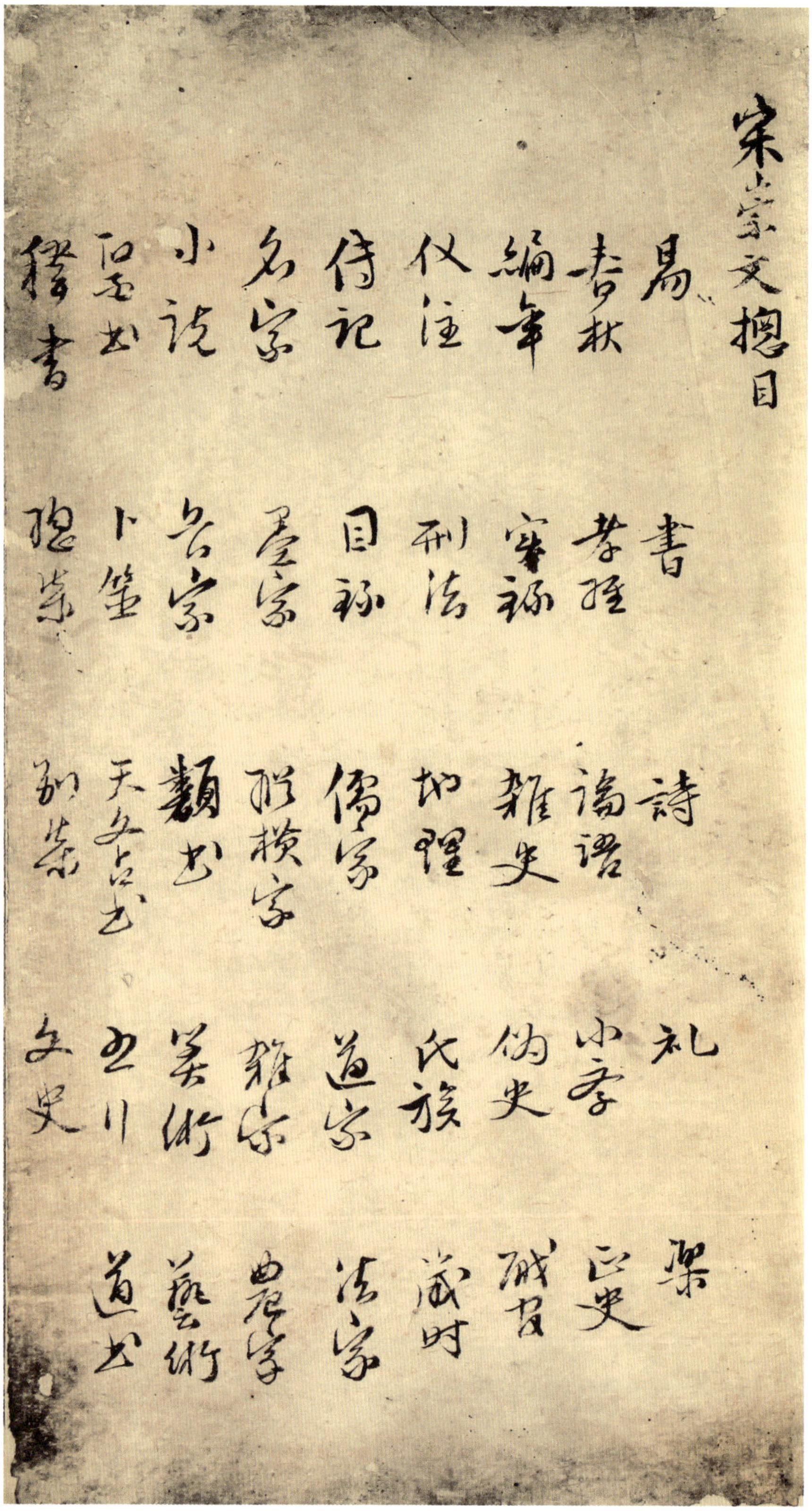

宋崇文總目

易　書　詩　礼　樂

春秋　孝經　論語　小學　正史

編年　實錄　雜史　偽史　職官

儀注　刑法　地理　氏族　歲時

傳記　目錄　儒家　道家　法家

名家　墨家　縱橫家　雜家　農家

小說　兵家　類書　算術　藝術

醫書　卜筮　天文占書　五行　道書

釋書　總集　別集　文史

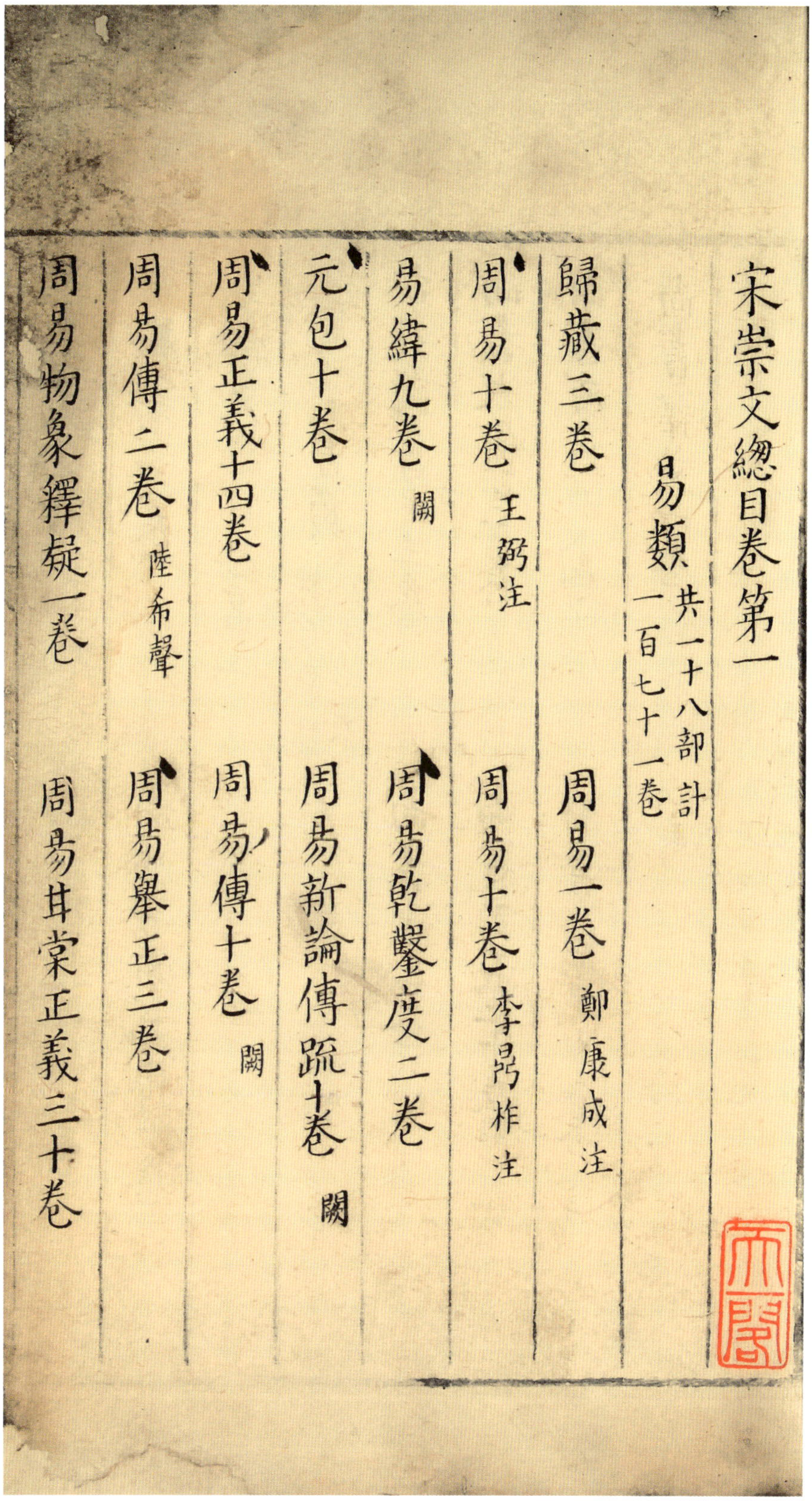
宋崇文總目卷第一
易類 共一十八部計一百七十一卷
歸藏三卷　周易一卷 鄭康成注
周易十卷 王弼注　周易十卷 李昂作注
易緯九卷 闕　周易乾鑿度二卷
元包十卷　周易新論傳疏十卷 闕
周易正義十四卷　周易傳十卷 闕
周易傳二卷 陸希聲　周易舉正三卷
周易物象釋疑一卷　周易甘棠正義三十卷

11705 崇文總目六十六卷　（宋）王堯臣等撰　明抄本

匡高20.4厘米，廣14.9厘米。半葉九行，行字不等，藍格，白口，四周單邊。有“天一閣”等印。寧波市天一閣博物館藏，存六十五卷。

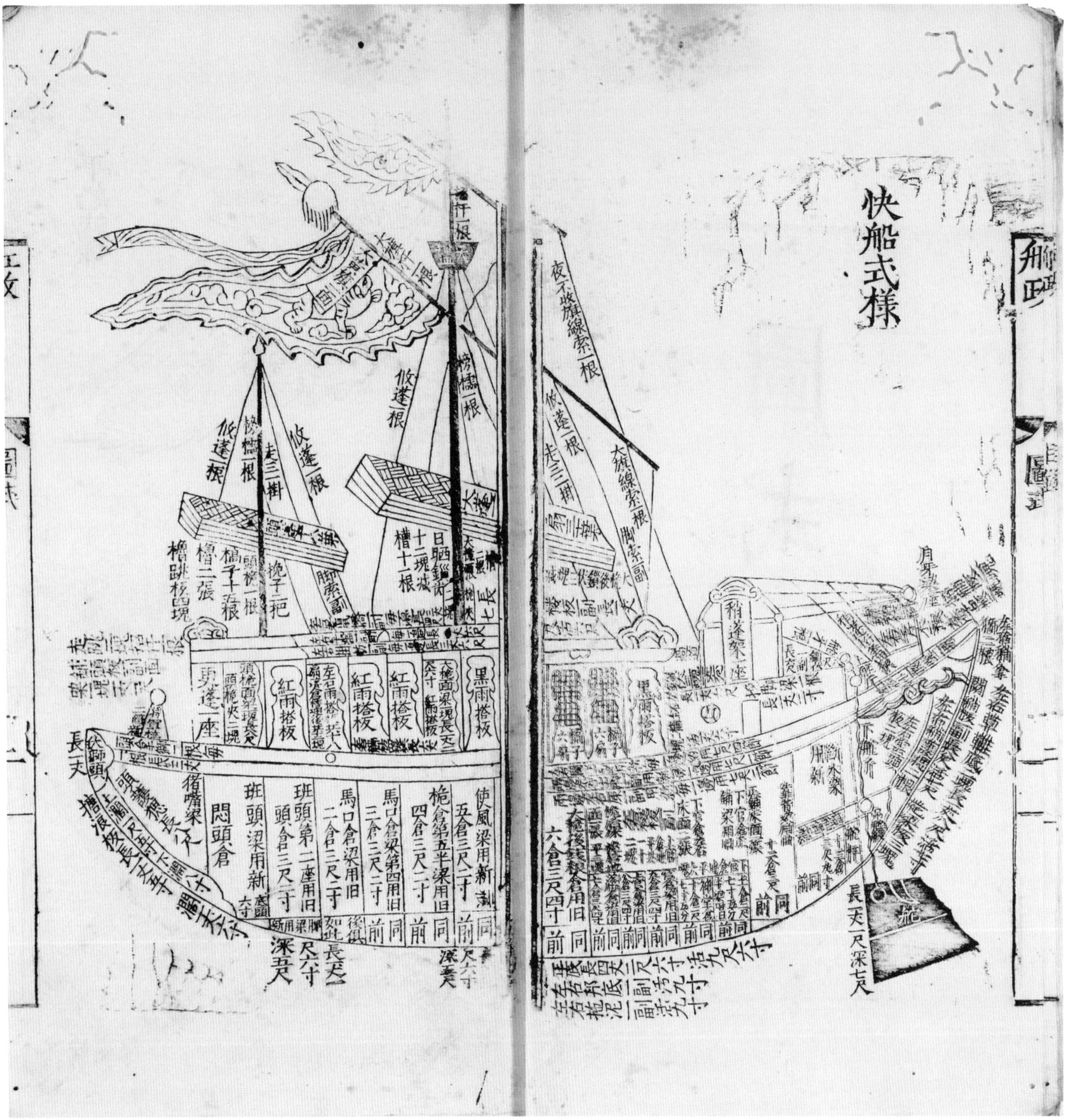
快船式樣

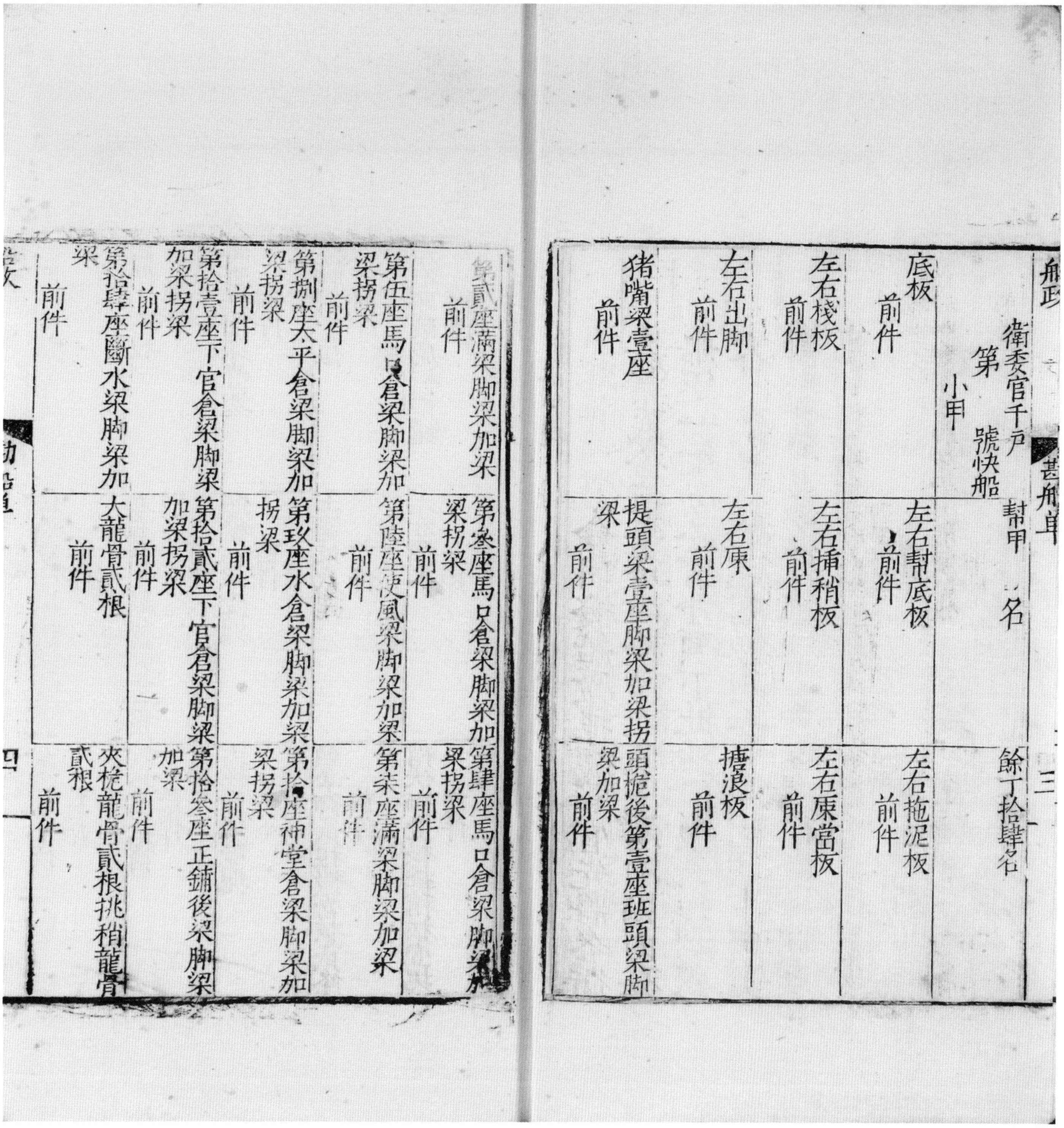
船政 舊船單
衛委官千户 第 號快船 幫甲 名 餘丁拾肆名
小甲
底板 前件
左右幫底板 前件
左右拖泥板 前件
左右棧板 前件
左右捕稍板 前件
左右㡚當板 前件
左右出脚 前件
左右㡚 前件
搪浪板 前件
猪嘴梁壹座 前件
提頭梁壹座脚梁加梁拐梁 前件
頭梔後第壹座班頭梁脚梁加梁 前件
第貳座滿梁脚梁加梁 前件
第叁座馬口倉梁脚梁加梁拐梁 前件
第肆座馬口倉梁脚梁加梁拐梁 前件
第伍座馬口倉梁脚梁加梁拐梁 前件
第陸座使風梁脚梁加梁 前件
第柒座滿梁脚梁加梁 前件
第捌座太平倉梁脚梁加梁拐梁 前件
第玖座水倉梁脚梁加梁拐梁 前件
第拾座神堂倉梁脚梁加梁拐梁 前件
第拾壹座下官倉梁脚梁加梁拐梁 前件
第拾貳座下官倉梁脚梁加梁拐梁 前件
第拾叁座正鋪後梁脚梁加梁 前件
第拾肆座斷水梁脚梁加梁 前件
大龍骨貳根 前件
夾梔龍骨貳根挑稍龍骨貳根 前件

11704 船政不分卷 明嘉靖刻本

匡高19.1厘米，廣14厘米。行字不等，白口，左右雙邊。有“范氏天一閣藏書”等印。寧波市天一閣博物館藏。

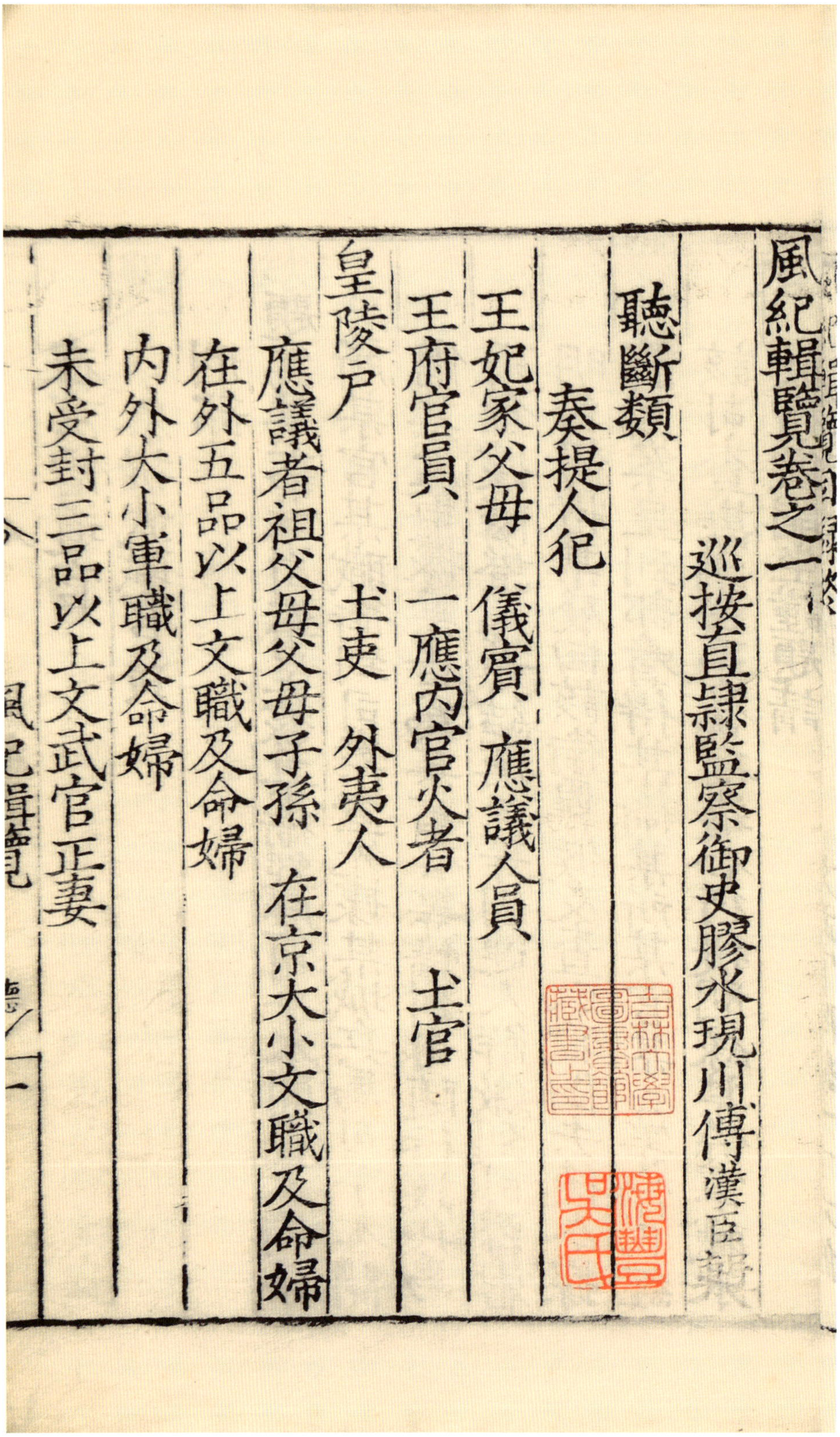

風紀輯覽卷之一
巡按直隸監察御史膠水現川傅漢臣輯
聽斷類
奏提人犯
王妃家父母　儀賓　應議人員
王府官員　一應內官火者　土官
皇陵戶　土吏　外夷人
應議者祖父母父母子孫　在京大小文職及命婦
在外五品以上文職及命婦
內外大小軍職及命婦
未受封三品以上文武官正妻

11703 風紀輯覽四卷　（明）傅漢臣輯　明嘉靖十年（1531）刻本

匡高20.5厘米，廣16.5厘米。半葉十一行，行二十二字，白口，四周單邊。有“海豐吳氏”等印。吉林大學圖書館藏。

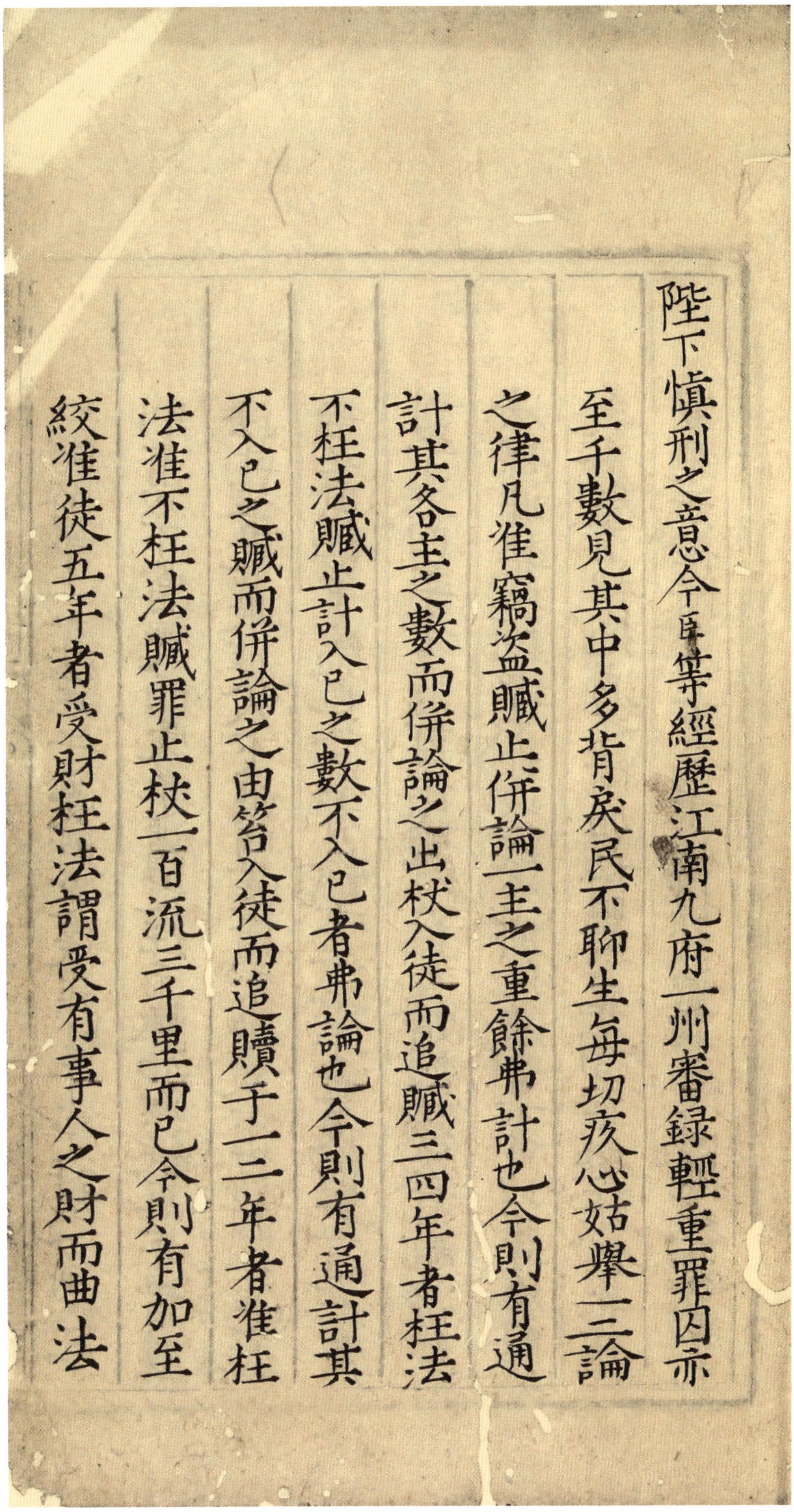
陛下慎刑之意今臣等經歷江南九府一州審録輕重罪囚亦
至千數見其中多背戾民不聊生每切疚心姑舉一二論
之律凡准竊盜贓止併論一主之重餘弗計也今則有通
計其各主之數而併論之出杖入徒而追贓三四年者枉法
不枉法贓止計入己之數不入己者弗論也今則有通計其
不入己之贓而併論之由笞入徒而追贖于一二年者准枉
法准不枉法贓罪止杖一百流三千里而已今則有加至
絞准徒五年者受財枉法謂受有事人之財而曲法

11702 西都雜例一卷 明抄本

匡高21.5厘米，廣13.6厘米。半葉八行，行二十四字，藍格，白口，四周雙邊。有“范氏天一閣藏書”等印。寧波市天一閣博物館藏。

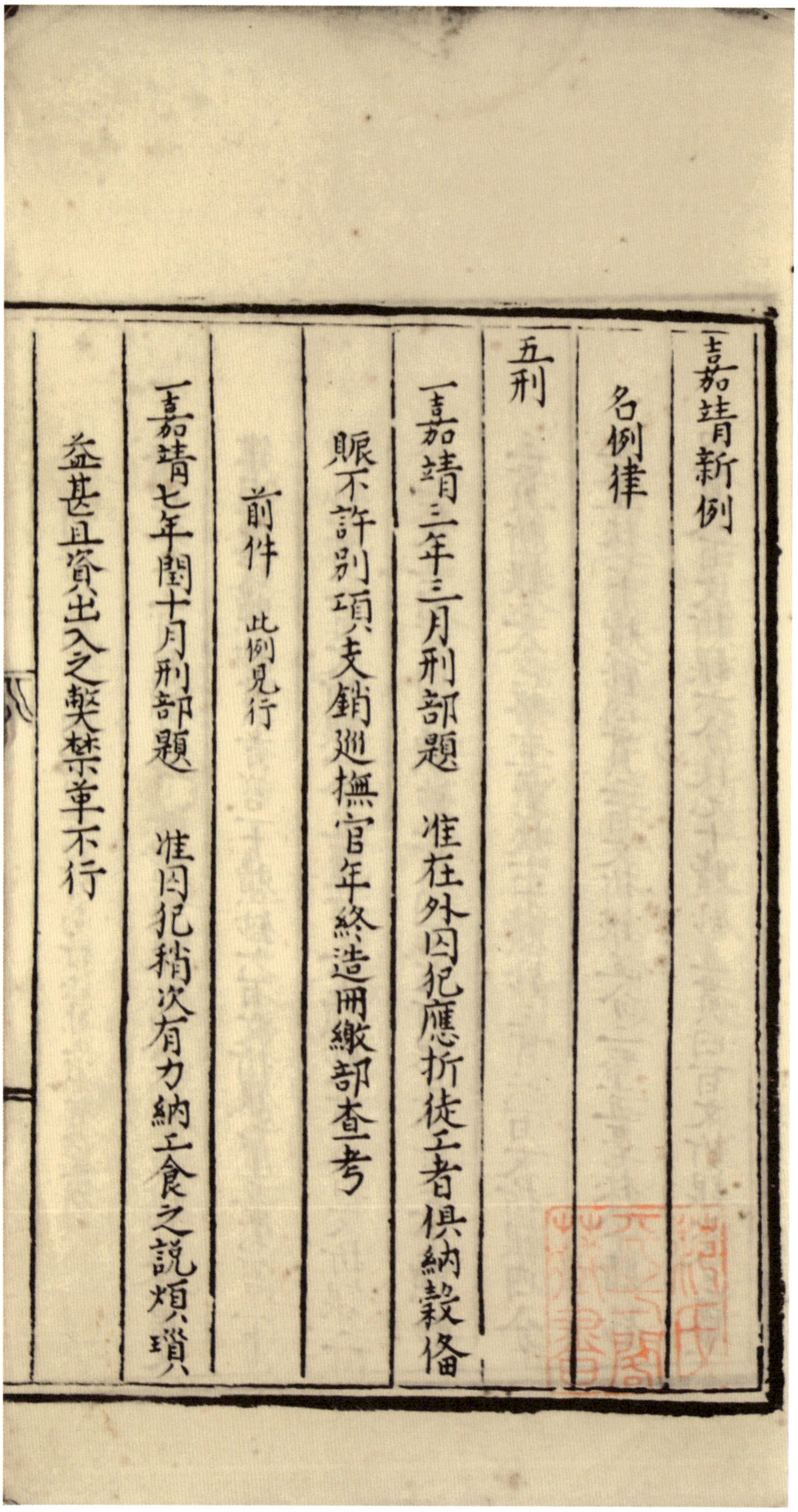

嘉靖新例
名例律
五刑
嘉靖三年三月刑部題　准在外囚犯應折徒工者俱納穀備
賑不許別項支銷巡撫官年終造冊繳部查考
前件　此例見行
嘉靖七年閏十月刑部題　准囚犯稍次有力納工食之説煩瑣
益甚且資出入之弊禁革不行

11701 嘉靖新例不分卷　明抄本

匡高21.5厘米，廣15.7厘米。半葉八行，行二十四至三十字，白口，四周雙邊。有"范氏天一閣藏書"等印。寧波市天一閣博物館藏。

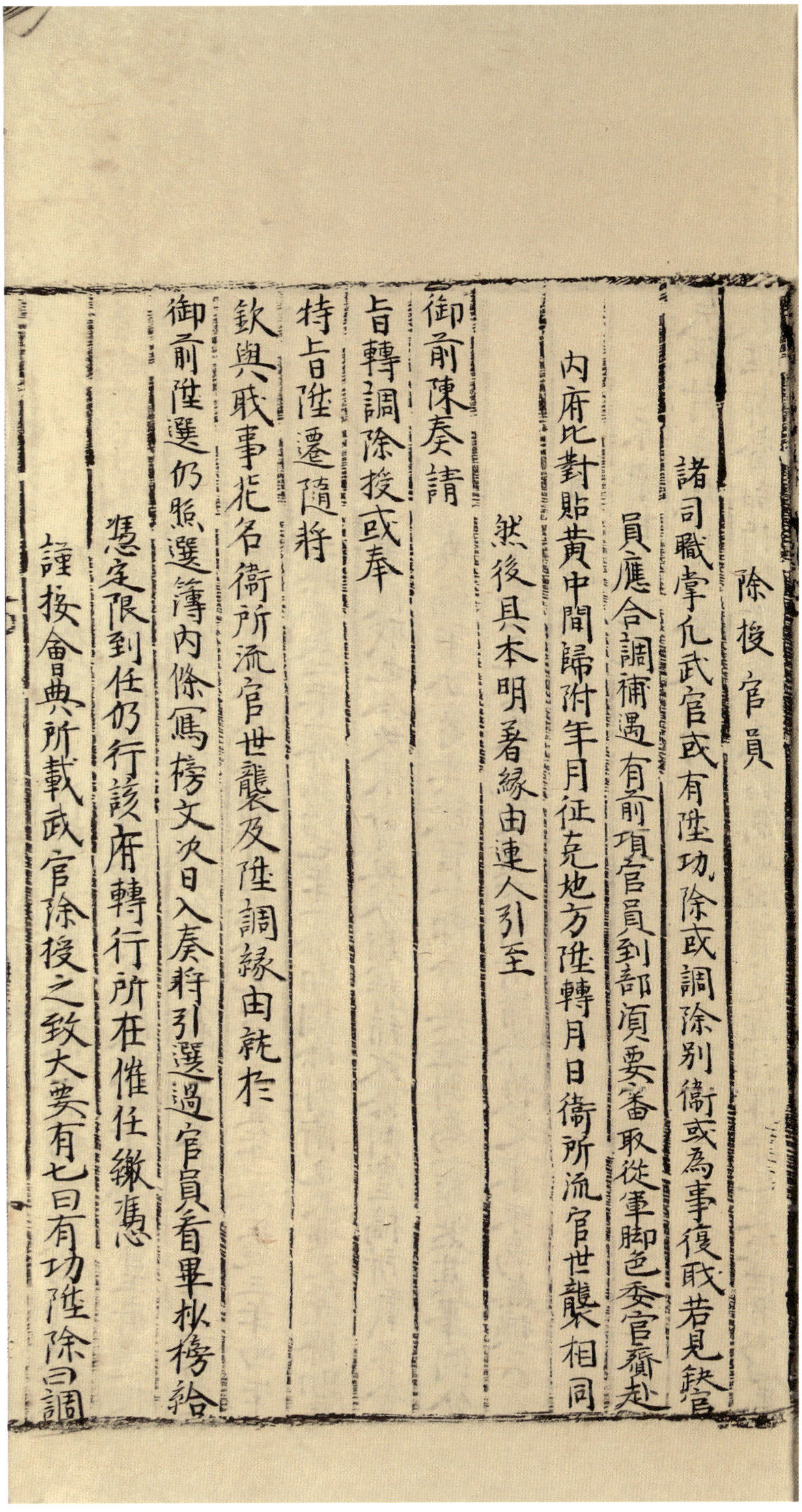

11700 兵部武選司條例不分卷 明抄本

匡高20.1厘米，廣14.3厘米。半葉十二行，行十九至三十字，藍格，白口，四周單邊。寧波市天一閣博物館藏。

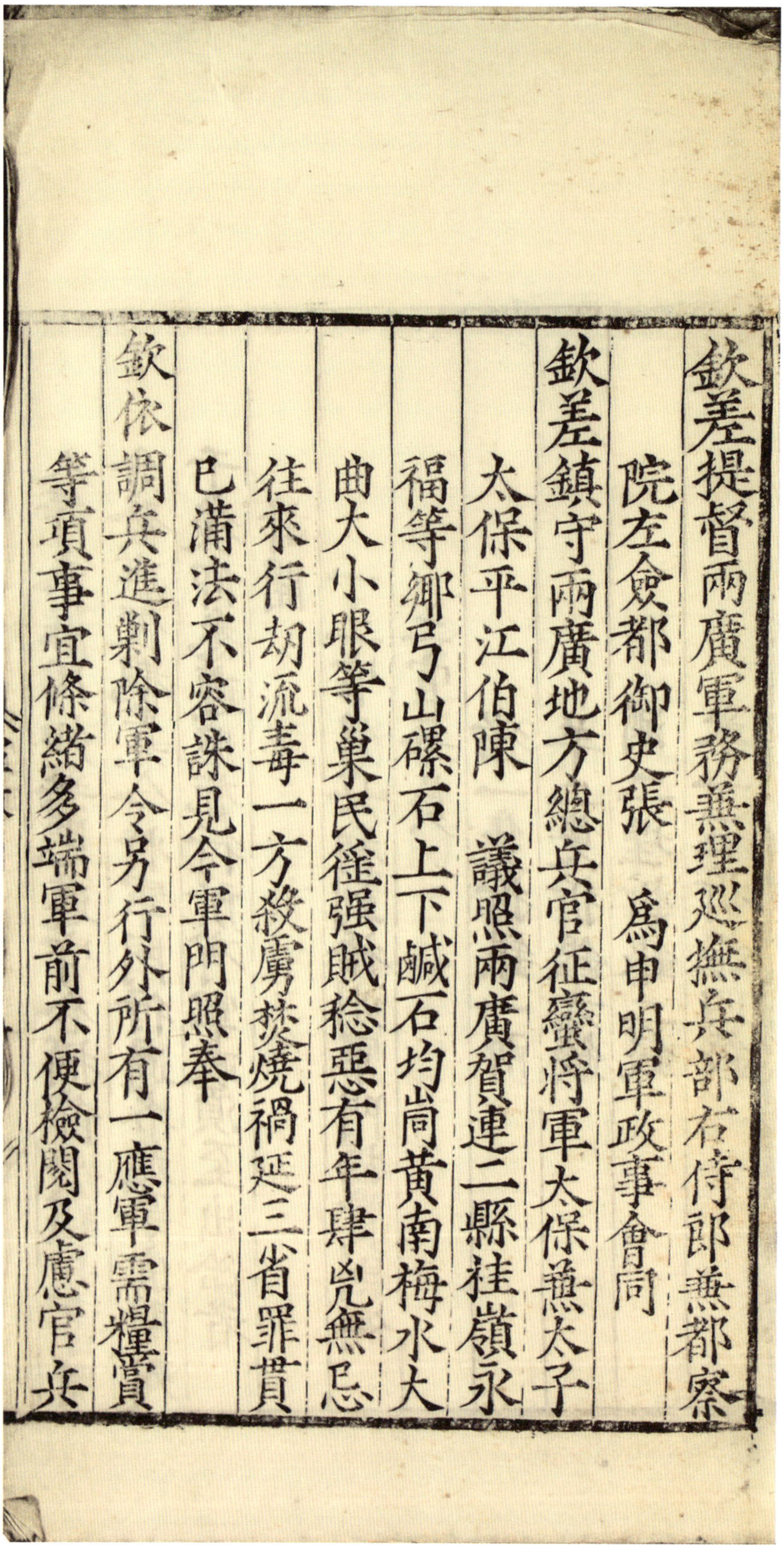
欽差提督兩廣軍務兼理巡撫兵部右侍郎兼都察
院左僉都御史張　爲申明軍政事會同
欽差鎮守兩廣地方總兵官征蠻將軍太保兼太子
太保平江伯陳　議照兩廣賀連二縣徃嶺永
福等鄉弓山碌石上下鹹石均峝黄南梅水大
曲大小眼等巢民徑强賊稔惡有年肆凶無忌
往來行刧流毒一方殺虜焚燒禍延三省罪貫
已滿法不容誅見今軍門照奉
欽依調兵進剿除軍令另行外所有一應軍需糧賞
等項事宜條緒多端軍前不便檢閱及慮官兵

11699 軍政一卷　明嘉靖二十六年（1547）刻本

匡高23.5厘米，廣16.8厘米。半葉十行，行二十字，白口，四周單邊。寧波市天一閣博物館藏。

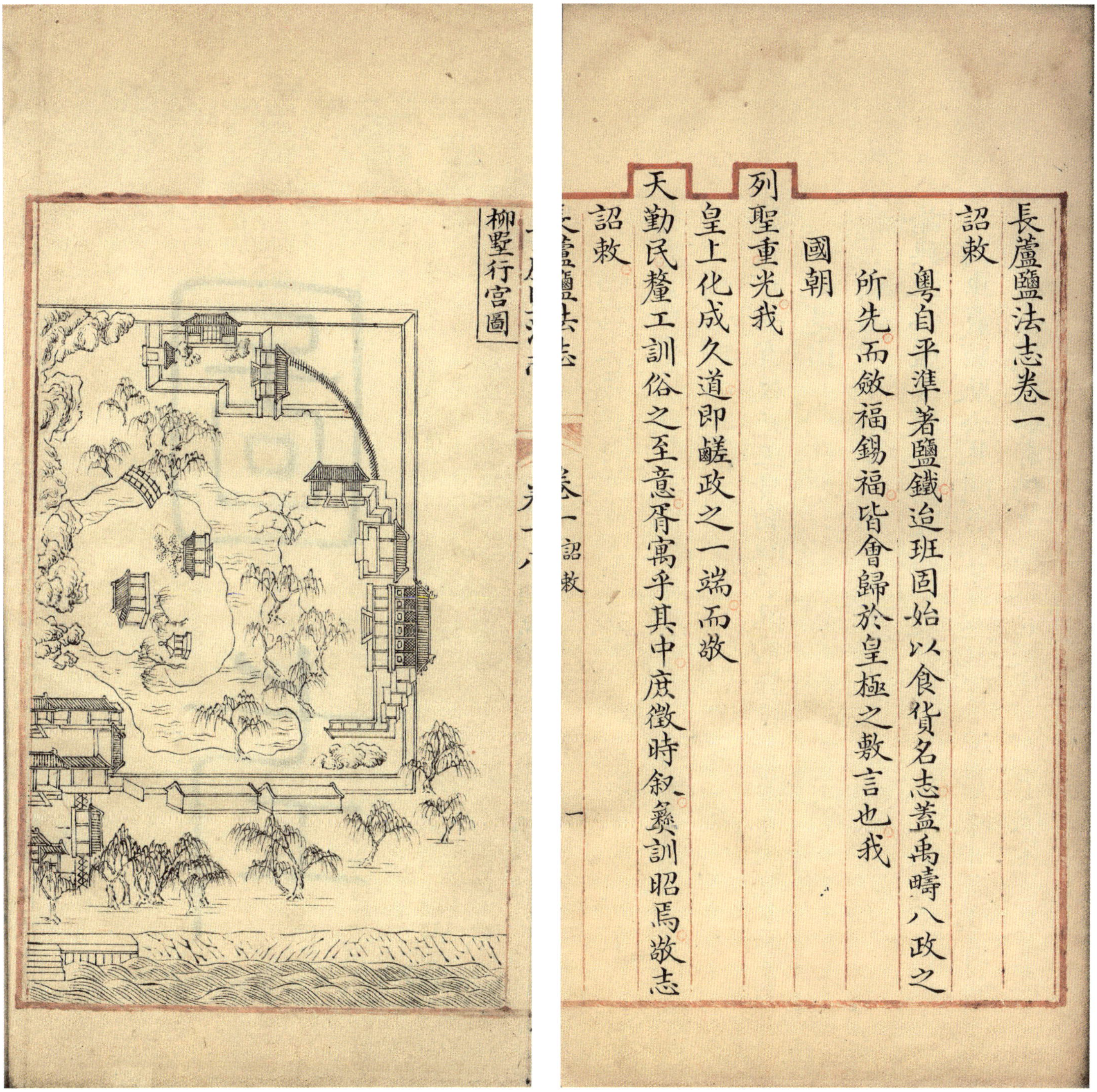

11698 長蘆鹽法志十八卷首一卷 （清）徵瑞等纂修 （清）沈延年繪圖 清内府抄本

匡高21.3厘米，廣13.7厘米。半葉九行，行二十五字，紅格，白口，左右雙邊。南開大學圖書館藏。

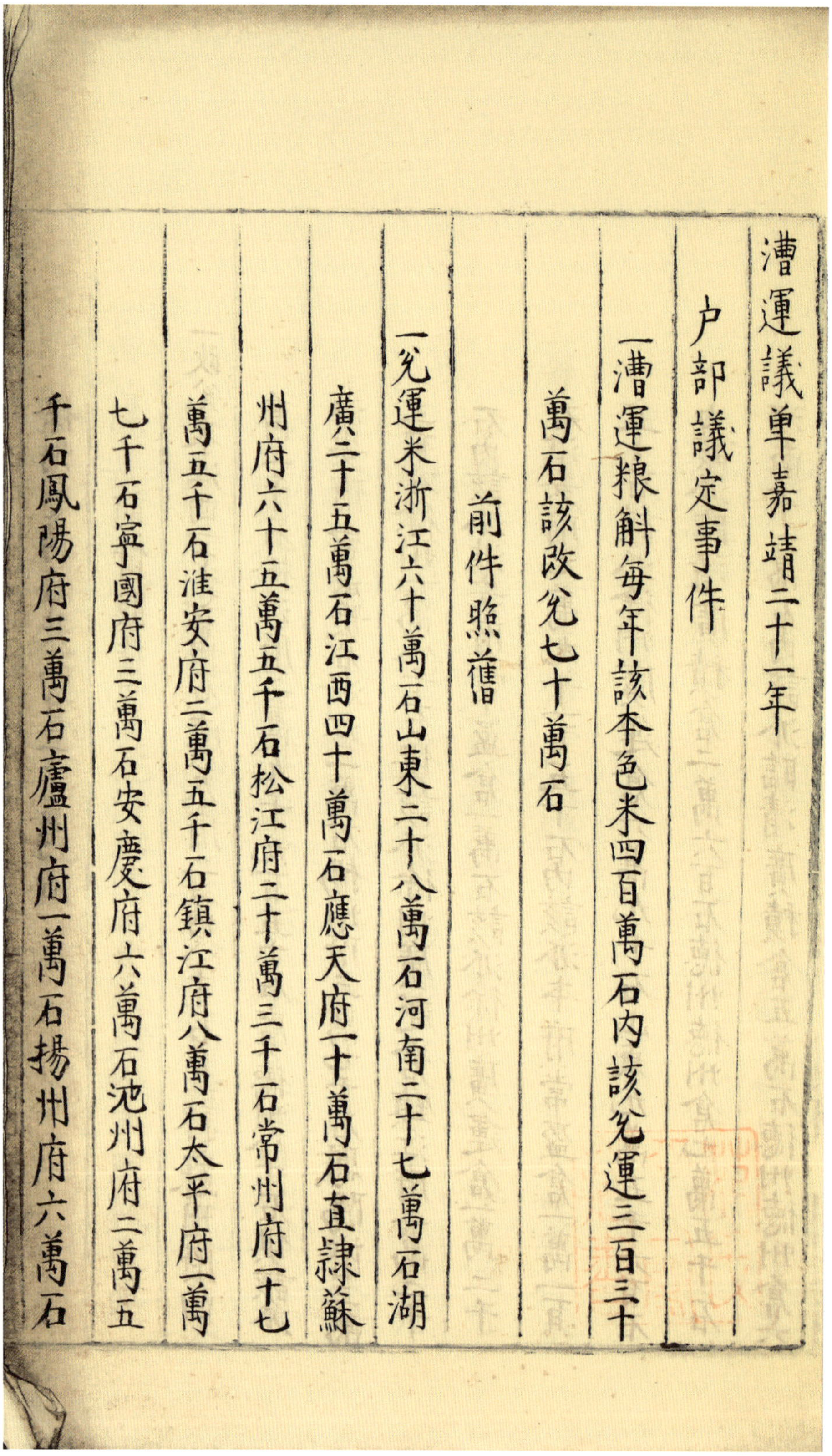

漕運議单嘉靖二十一年

户部議定事件

一漕運粮斛每年該本色米四百萬石内該兑運三百三十萬石該改兑七十萬石

前件照舊

一兑運米浙江六十萬石山東二十八萬石河南二十七萬石湖廣二十五萬石江西四十萬石應天府一十萬石直隷蘇州府六十五萬五千石松江府二十萬三千石常州府一十七萬五千石淮安府二萬五千石鎮江府八萬石太平府一萬七千石寧國府三萬石安慶府六萬石池州府二萬五千石鳳陽府三萬石廬州府一萬石揚州府六萬石

11697 漕運議单不分卷 明抄本

匡高21.6厘米，廣16.2厘米。半葉十一行，行二十五字，藍格，白口，四周單邊。有“范氏天一閣藏書”等印。寧波市天一閣博物館藏。

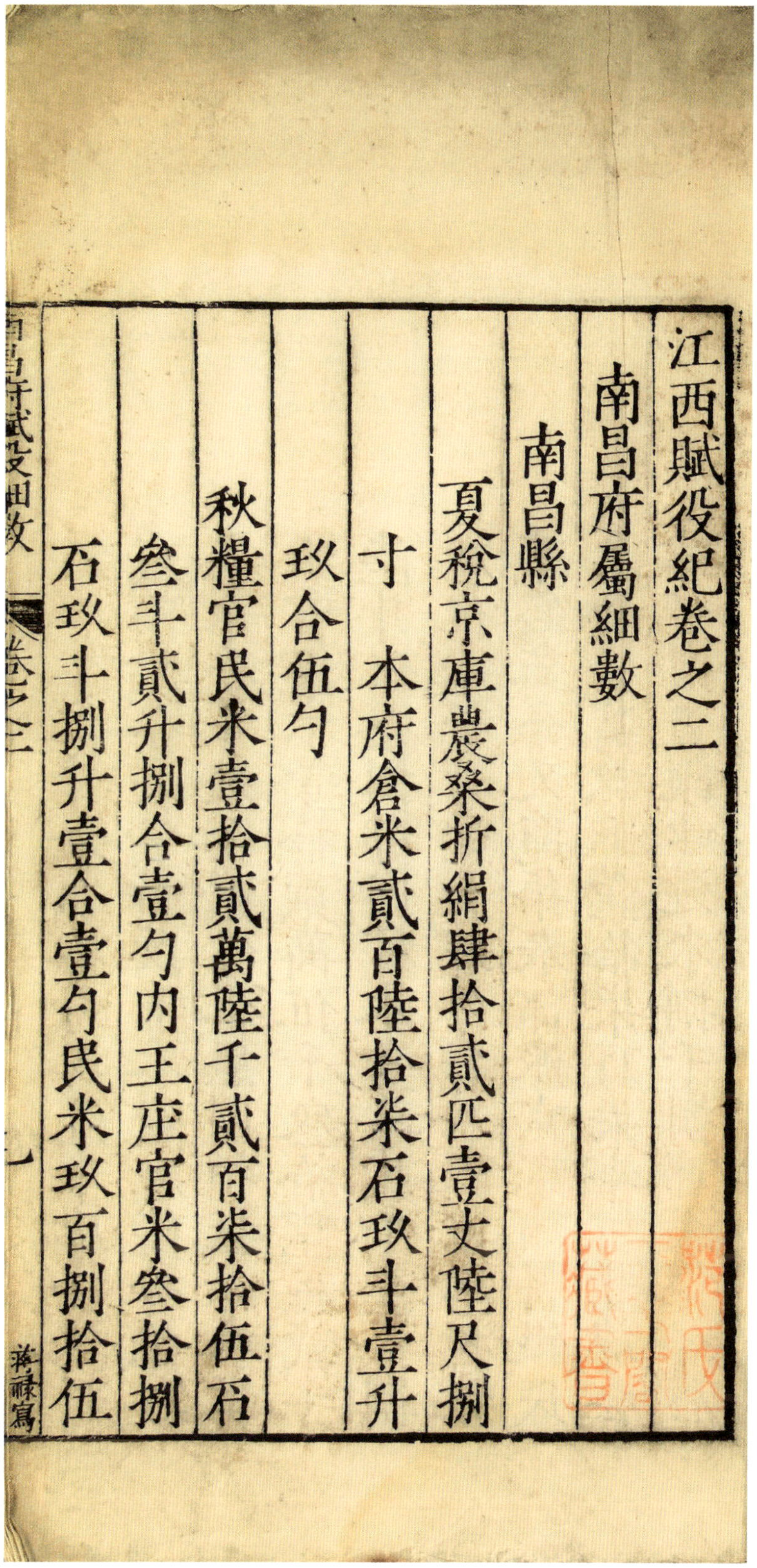
江西賦役紀卷之二
南昌府屬細數
南昌縣
夏稅京庫農桑折絹肆拾貳匹壹丈陸尺捌
寸　本府倉米貳百陸拾柒石玖斗壹升
玖合伍勺
秋糧官民米壹拾貳萬陸千貳百柒拾伍石
叄斗貳升捌合壹勺內王庄官米叄拾捌
石玖斗捌升壹合壹勺民米玖百捌拾伍

11696 江西賦役紀十五卷　明刻本

匡高23.7厘米，廣15.6厘米。半葉九行，行二十字，白口，四周單邊。有“范氏天一閣藏書”等印。寧波市天一閣博物館藏，存十卷。

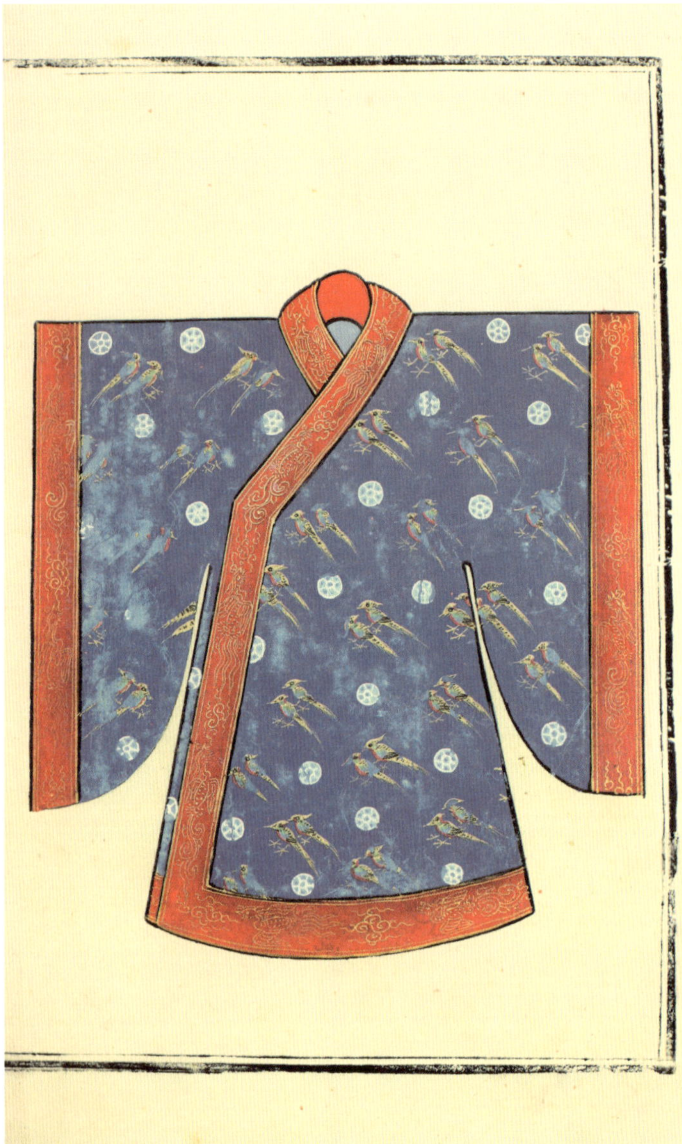

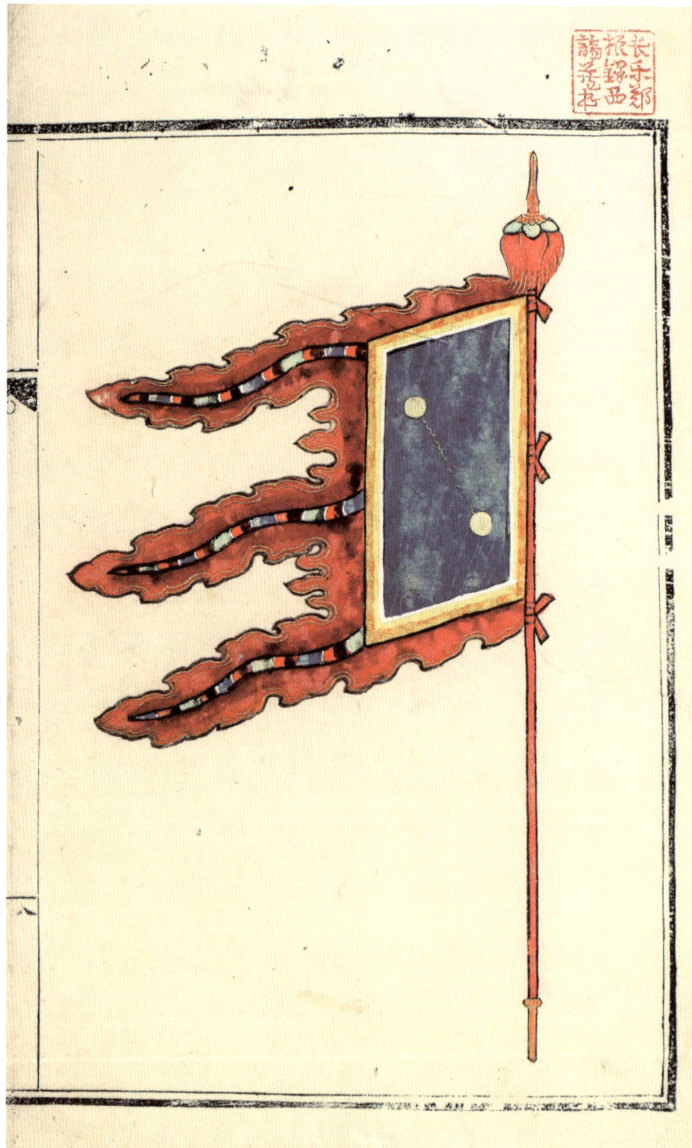

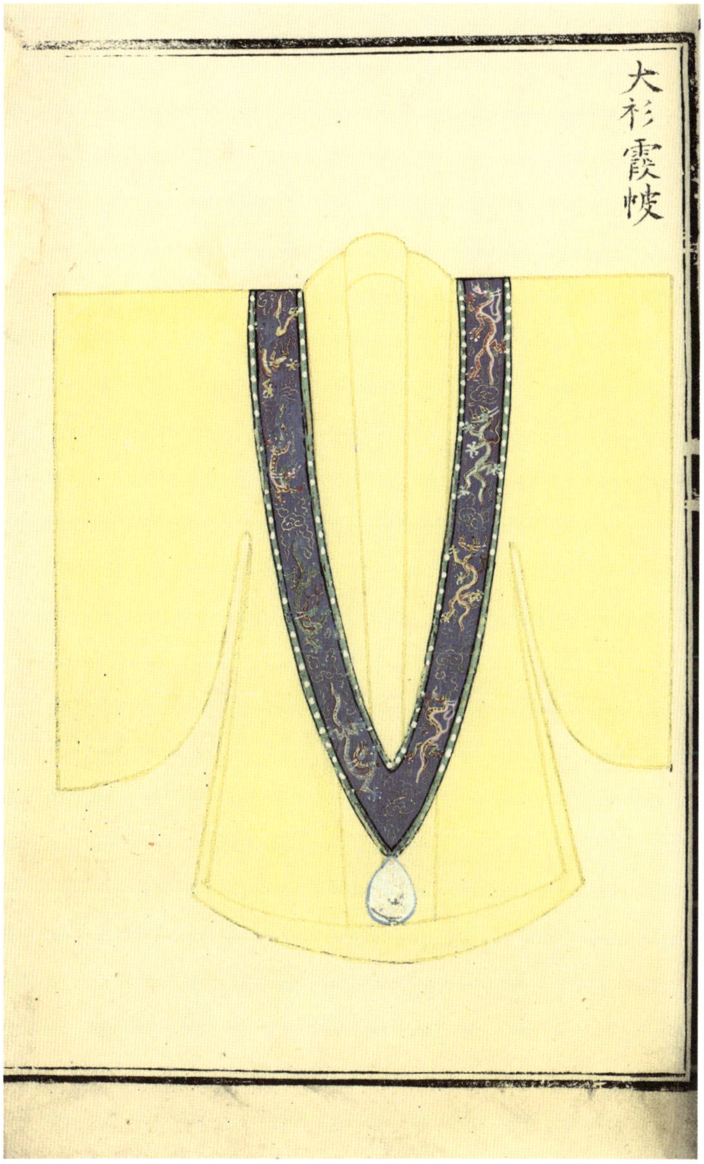

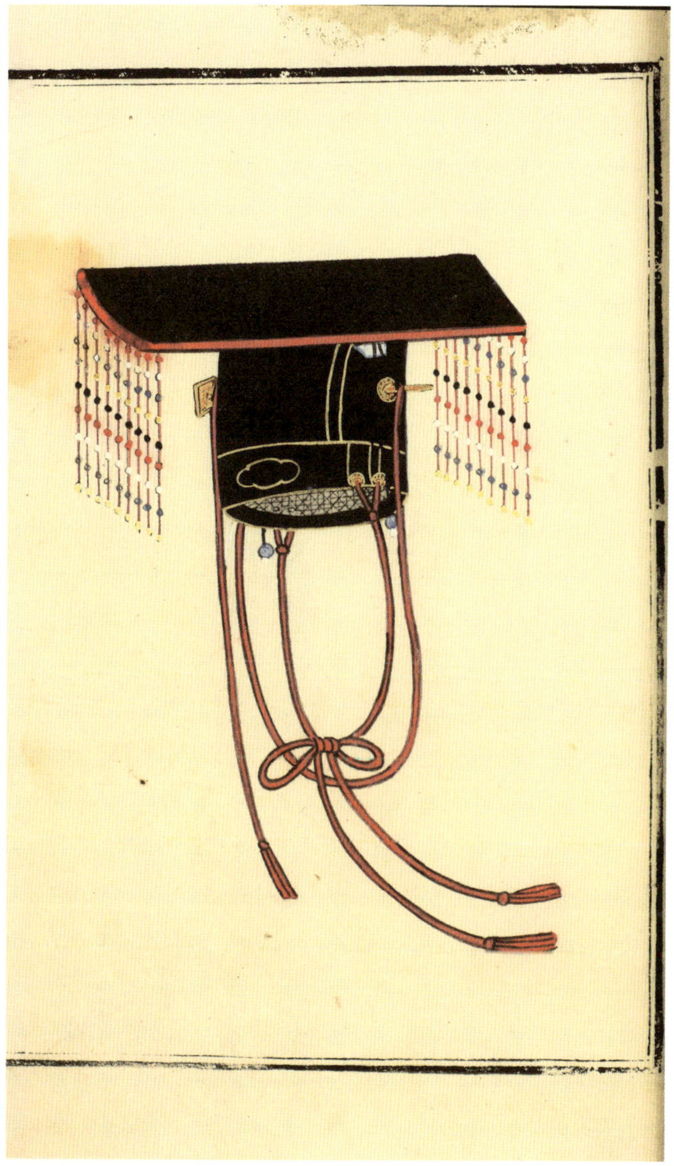

11695 冕服鹵簿儀仗圖不分卷

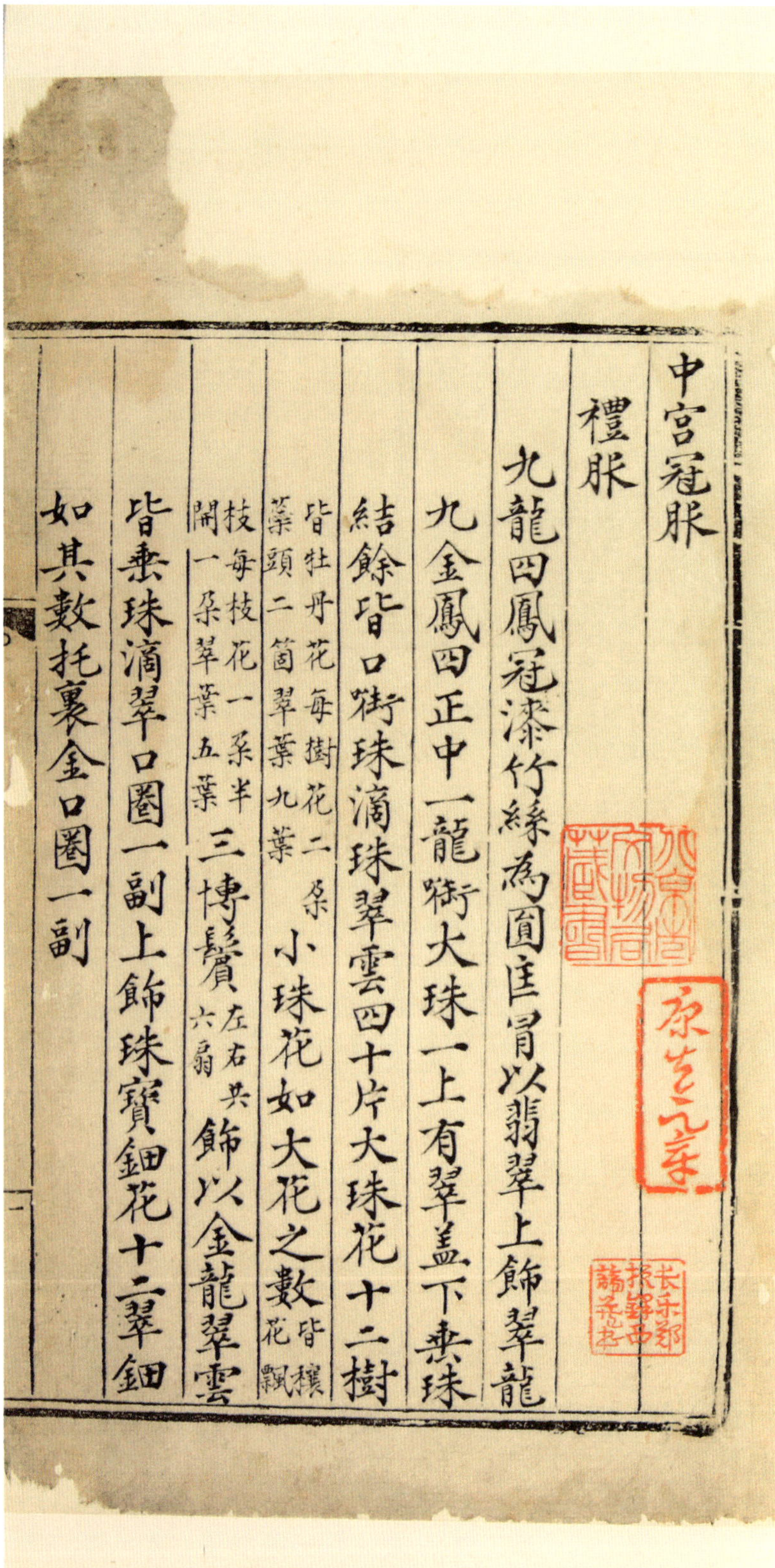
中宮冠服
禮服
九龍四鳳冠漆竹絲為圓匡冒以翡翠上飾翠龍
九金鳳四正中一龍銜大珠一上有翠蓋下垂珠
結餘皆口銜珠滴珠翠雲四十片大珠花十二樹
皆牡丹花每樹花二朶蘂頭二箇翠葉九葉小珠花如大花之數皆穰花飄
枝每枝花一朶半開一朶翠葉五葉三博鬢左右共六扇飾以金龍翠雲
皆垂珠滴翠口圈一副上飾珠寶鈿花十二翠鈿
如其數托裏金口圈一副

11695 冕服鹵簿儀仗圖不分卷 明抄彩繪本

有“長乐郑振鐸西諦藏书”“康生之章”等印。北京市文物局圖書資料中心藏，存六册。

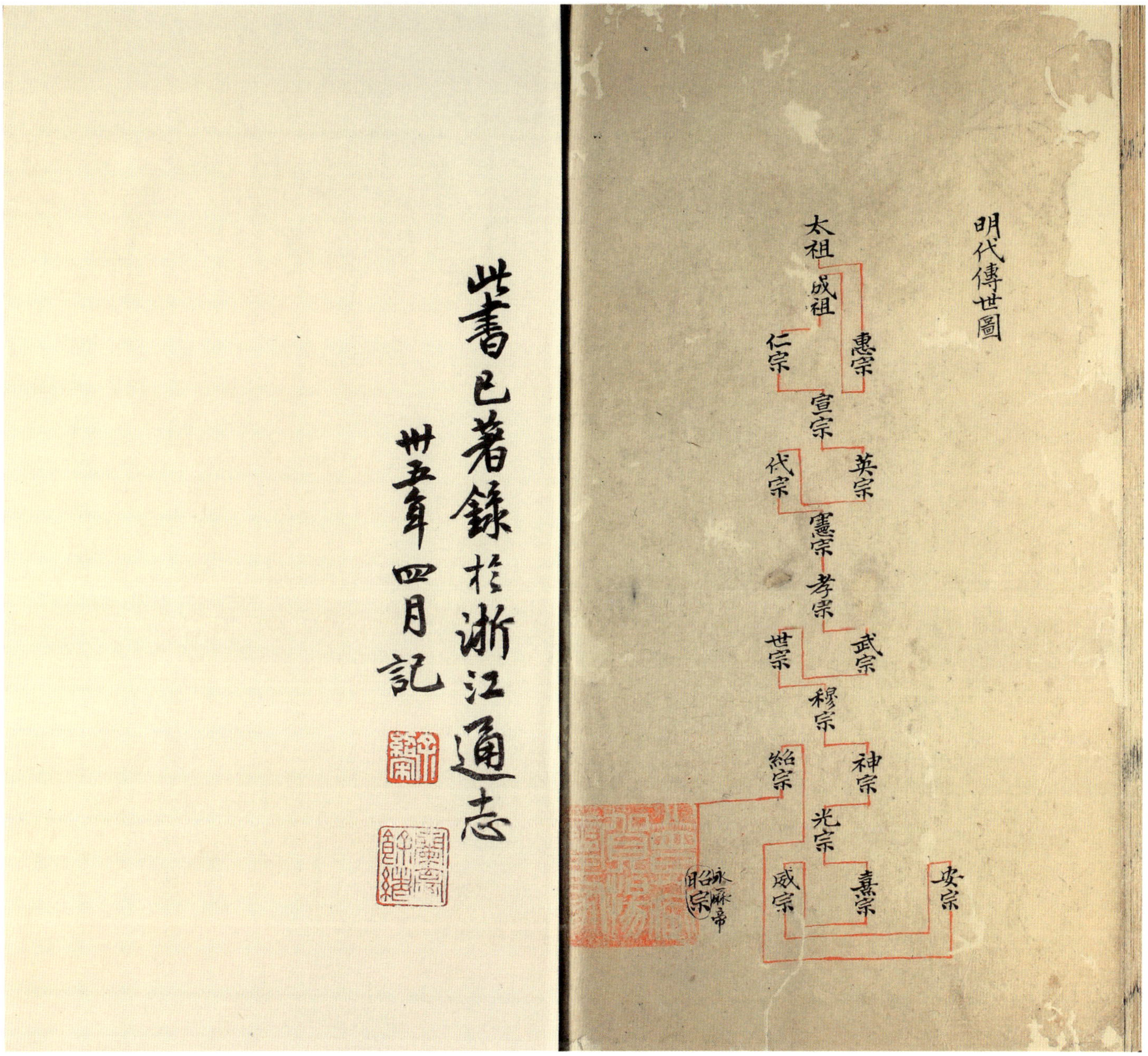
此書已著録於浙江通志
卅五年四月記
明代傳世圖
太祖
成祖
惠宗
仁宗
宣宗
英宗
代宗
憲宗
孝宗
武宗
世宗
穆宗
神宗
光宗
熹宗
安宗

11694 明謚考四卷

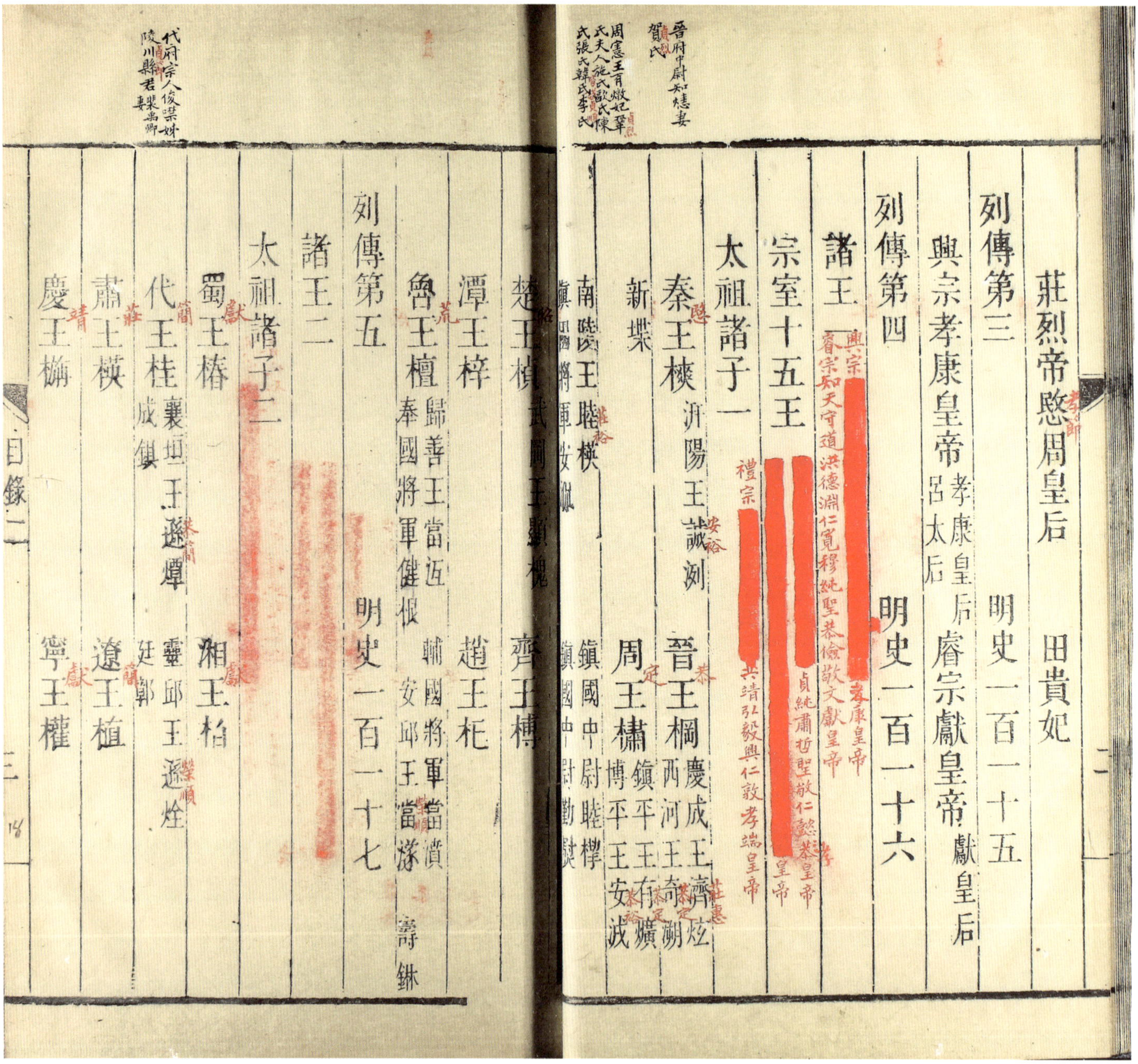
莊烈帝愍周皇后　田貴妃
列傳第三　明史一百一十五
興宗孝康皇帝　孝康皇后　呂太后　睿宗獻皇帝　獻皇后
列傳第四　明史一百一十六
諸王一
宗室十五王
太祖諸子一
秦王樉　汧陽王誠洌　晉王棡　慶成王濟炫　西河王奇溯
新堞　周王橚　鎮平王有爌　博平王安㳚
南陵王睦楧　鎮國將軍安㳿　鎮國中尉睦㰘　鎮國中尉勤熨
楚王楨　武岡王顯槐　齊王榑
潭王梓　趙王杞
魯王檀　歸善王當沍　奉國將軍健根　輔國將軍當澮　安丘王當澻　壽鏳
列傳第五　明史一百一十七
諸王二
太祖諸子二
蜀王椿　湘王柏
代王桂　襄垣王遜燂　成鍊　靈丘王遜烇　廷鄣
肅王楧　遼王植
慶王㮵　寧王權
目錄二　三

11694 明謚考四卷　（清）傅以禮撰　稿本

有“余紹宋”等印。余紹宋跋。浙江圖書館藏。

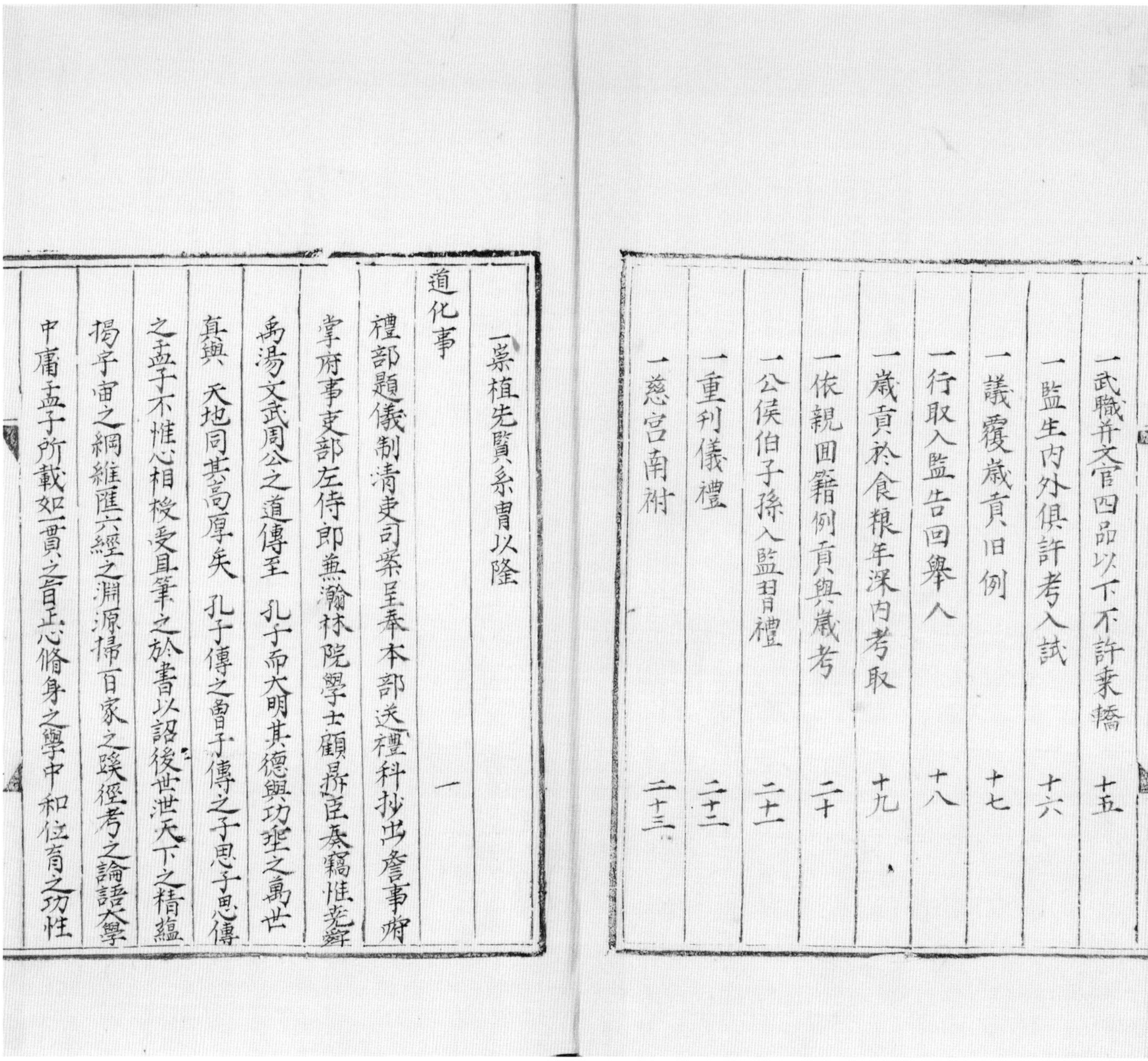

一武職并文官四品以下不許乘轎　十五
一監生内外俱許考入試　十六
一議覆歲貢旧例　十七
一行取入監告回舉人　十八
一歲貢於食粮年深内考取　十九
一依親囬籍例貢與歲考　二十
一公侯伯子孫入監習禮　二十一
一重刊儀禮　二十二
一慈宮南祔　二十三

一崇植先賢系胄以隆
道化事　一
禮部題儀制清吏司案呈奉本部送禮科抄出詹事府
掌府事吏部左侍郎兼翰林院學士顧鼎臣奏竊惟堯舜
禹湯文武周公之道傳至　孔子而大明其德與功埀之萬世
真與　天地同其高厚矣　孔子傳之曾子傳之子思子思傳
之孟子不惟心相授受且筆之於書以詔後世泄天下之精藴
揭宇宙之綱維匯六經之淵源掃百家之蹊徑考之論語大學
中庸孟子所載如一貫之旨正心脩身之學中和位育之功性

11693 六部纂修條例不分卷　明抄本

半葉九行，行字不等，藍格，白口，四周雙邊。天津圖書館藏。

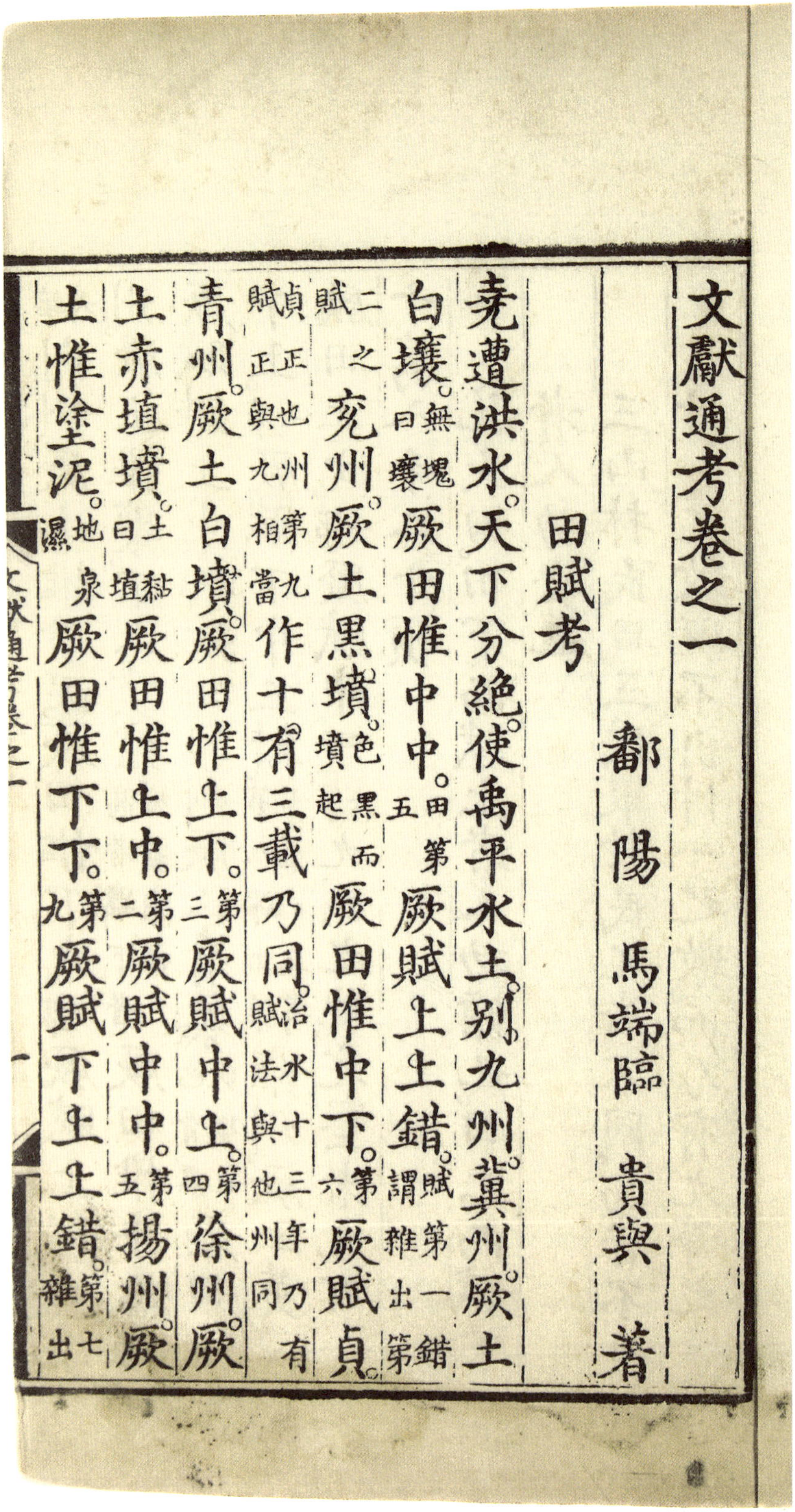

文獻通考卷之一

鄱陽 馬端臨 貴與 著

田賦考

堯遭洪水。天下分絶。使禹平水土。别九州。冀州。厥土白壤。無塊曰壤厥田惟中中。田第五厥賦上上錯。賦第一錯謂雜出第二之兗州。厥土黑墳。色黑而墳起厥田惟中下。田第六厥賦貞。貞正也州第九賦正與九州相當作十有三載乃同。治水十三年乃有賦法與他州同青州。厥土白墳。厥田惟上下。第三厥賦中上。第四徐州。厥土赤埴墳。土黏曰埴厥田惟上中。第二厥賦中中。第五揚州。厥土惟塗泥。地泉濕厥田惟下下。第九厥賦下上上錯。第七雜出

文獻通考卷之一

11692 文獻通考三百四十八卷 （元）馬端臨撰 明嘉靖三年（1524）司禮監刻本

匡高25.4厘米，廣17.4厘米。半葉十行，行二十字，小字雙行同，黑口，四周雙邊。有“滂喜齋”等印。中共内蒙古自治區委員會黨校圖書館藏。

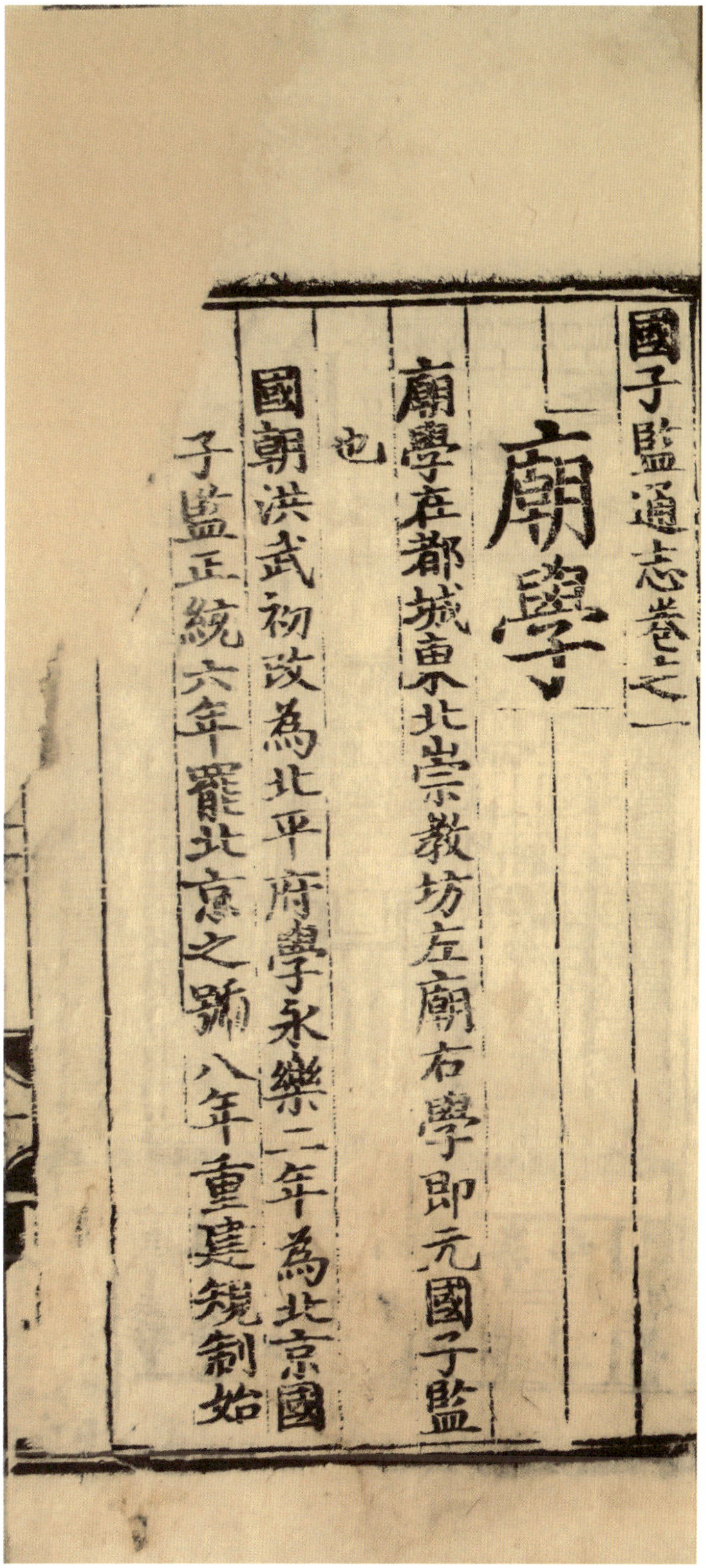

國子監通志卷之一

廟學

廟學在都城東北崇教坊左廟右學即元國子監
也
國朝洪武初改為北平府學永樂二年為北京國
子監正統六年罷北京之號八年重建規制始

11691 國子監通志十卷 （明）邢讓撰　明成化三年（1467）刻本

包背裝。匡高20.2厘米，廣12.8厘米。半葉九行，行二十字，黑口，四周雙邊。寧波市天一閣博物館藏，存九卷。

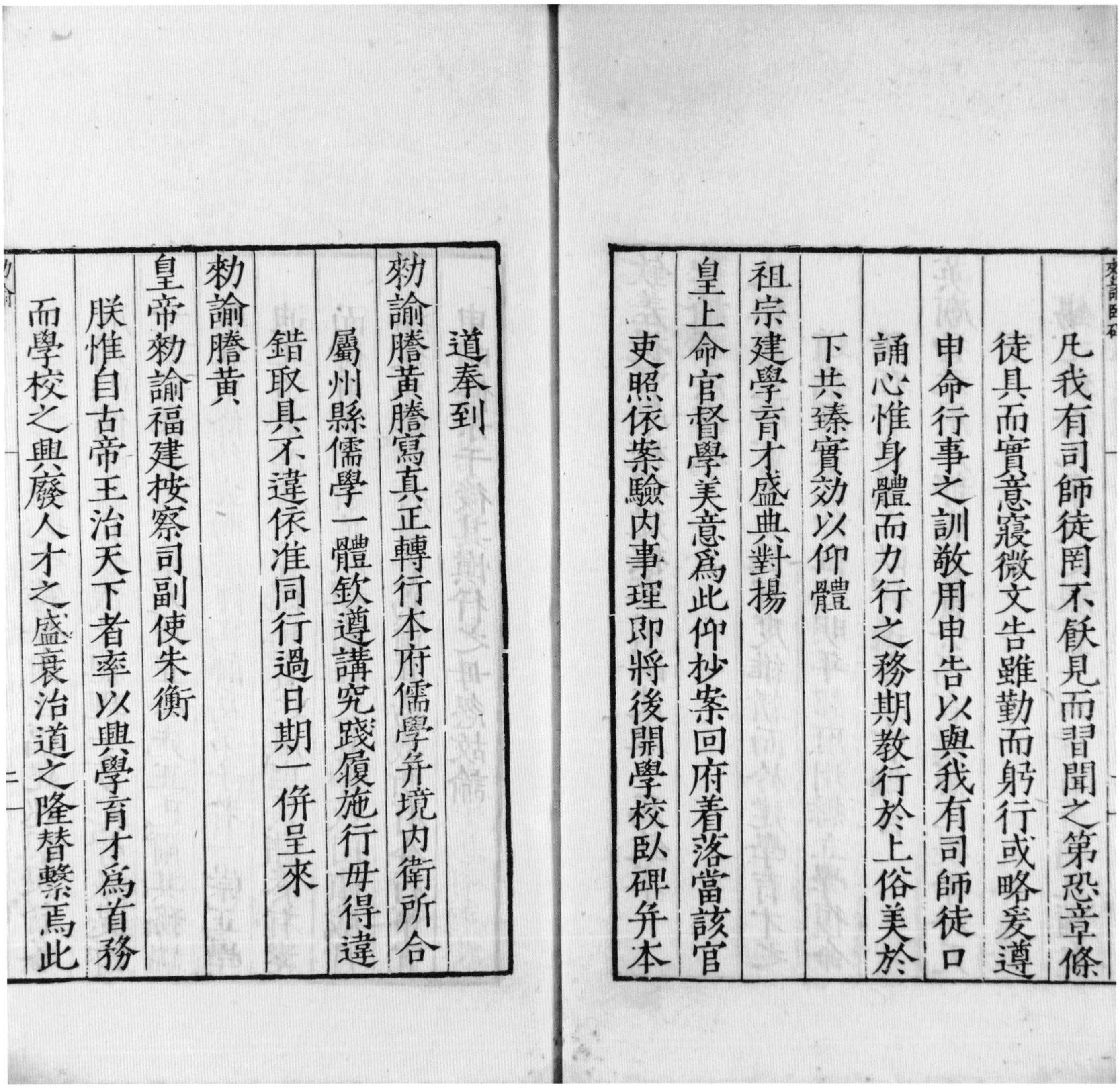
凡我有司師徒罔不飫見而習聞之第恐章條
徒具而實意寢微文告雖勤而躬行或畧爰遵
申命行事之訓敬用申告以與我有司師徒口
誦心惟身體而力行之務期教行於上俗美於
下共臻實効以仰體
祖宗建學育才盛典對揚
皇上命官督學美意爲此仰抄案回府着落當該官
吏照依案驗內事理即將後開學校臥碑并本
道奉到
勑諭謄黃謄寫真正轉行本府儒學并境內衛所合
屬州縣儒學一體欽遵講究踐履施行毋得違
錯取具不違依准同行過日期一併呈來
勑諭謄黃
皇帝勑諭福建按察司副使朱衡
朕惟自古帝王治天下者率以興學育才爲首務
而學校之興廢人才之盛衰治道之隆替繫焉此

11690 學政録一卷　（明）朱衡撰　明嘉靖三十年（1551）興化府刻本

匡高19.8厘米，廣14厘米。半葉八行，行二十字，小字雙行同，白口，四周單邊。寧波市天一閣博物館藏。

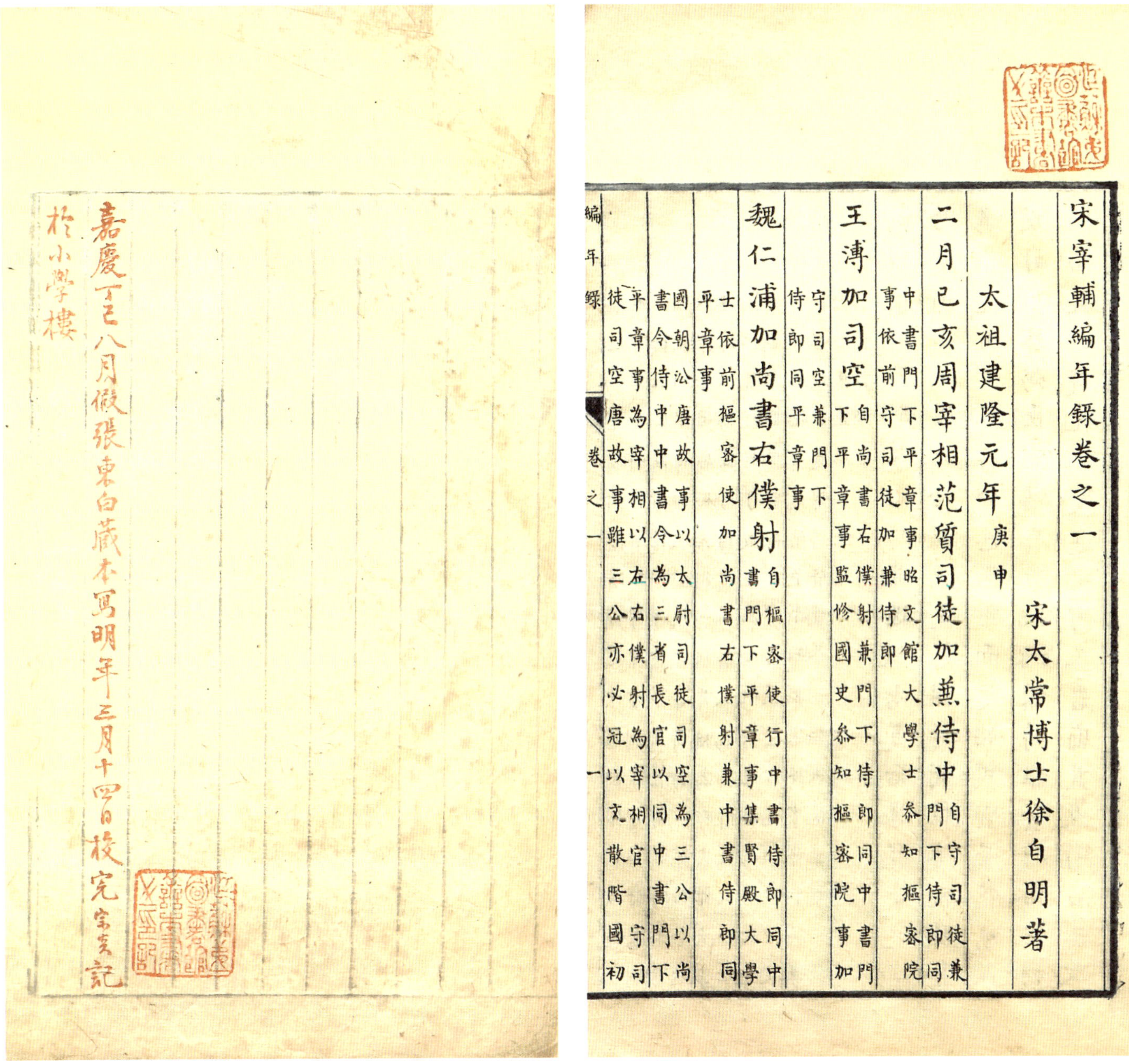

嘉慶丁巳八月假張東白藏本寫明年三月十四日校完 宗炎記
於小學樓

宋宰輔編年錄卷之一
宋太常博士徐自明著
太祖建隆元年 庚申
二月己亥周宰相范質司徒加兼侍中 自守司徒兼門下侍郎同中書門下平章事昭文館大學士參知樞密院事依前守司徒加兼侍郎
王溥加司空 自尚書右僕射兼門下侍郎同中書門下平章事監修國史參知樞密院事加守司空兼門下侍郎同平章事
魏仁浦加尚書右僕射 自樞密使行中書侍郎同中書門下平章事集賢殿大學士依前樞密使加尚書右僕射兼中書侍郎同平章事
國朝沿唐故事以太尉司徒司空為三公以尚書令侍中中書令為三省長官以同中書門下平章事為宰相以左右僕射為宰相官守司徒司空唐故事雖三公亦必冠以文散階國初
編年錄 卷之一 一

11689 宋宰輔編年録二十卷 （宋）徐自明撰　清嘉慶二年（1797）王氏十萬卷樓抄本（卷一至二配清抄本）

匡高20.4厘米，廣13.7厘米。半葉十一行，行二十字，小字雙行同，藍格，白口，左右雙邊。王宗炎校並跋，丁丙跋。南京圖書館藏。

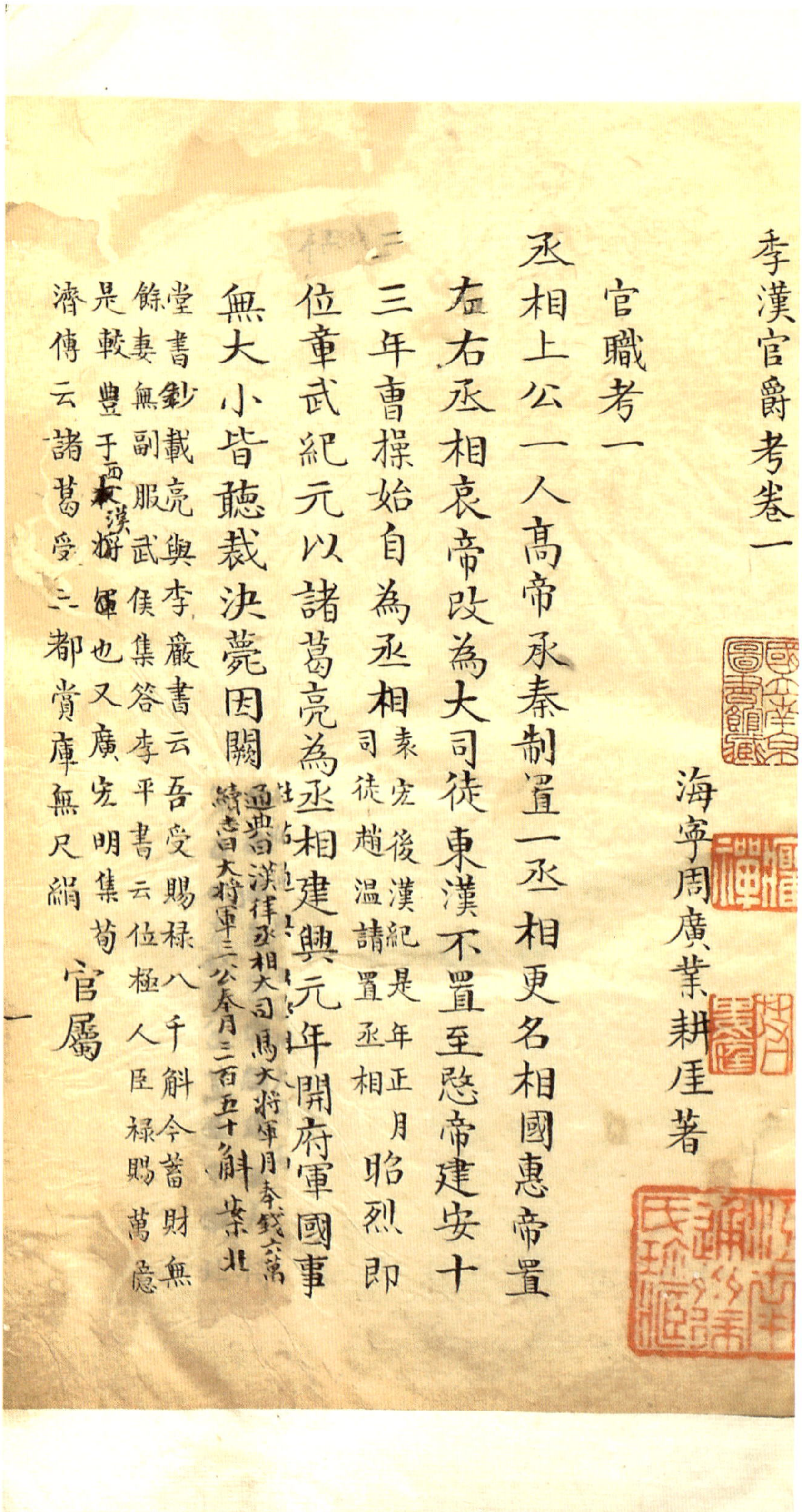

季漢官爵考卷一

海寧周廣業耕厓著

官職考一

丞相上公一人高帝承秦制置一丞相更名相國惠帝置左右丞相哀帝改爲大司徒東漢不置至愍帝建安十三年曹操始自爲丞相袁宏後漢紀是年正月司徒趙温請置丞相昭烈即位章武紀元以諸葛亮爲丞相建興元年開府軍國事無大小皆聽裁決薨因闕注通典曰漢律丞相大司馬大將軍月奉錢六萬續漢書曰大將軍三公奉月三百五十斛業北堂書鈔載亮與李嚴書云吾受賜禄八千斛今蓄財無餘妻無副服武侯集答李平書云位極人臣禄賜萬億是較豐于西漢將軍也又廣宏明集荀濟傳云諸葛受二都賞庫無尺絹

官屬

11688 季漢官爵考三卷　（清）周廣業撰　稿本

南京圖書館藏。

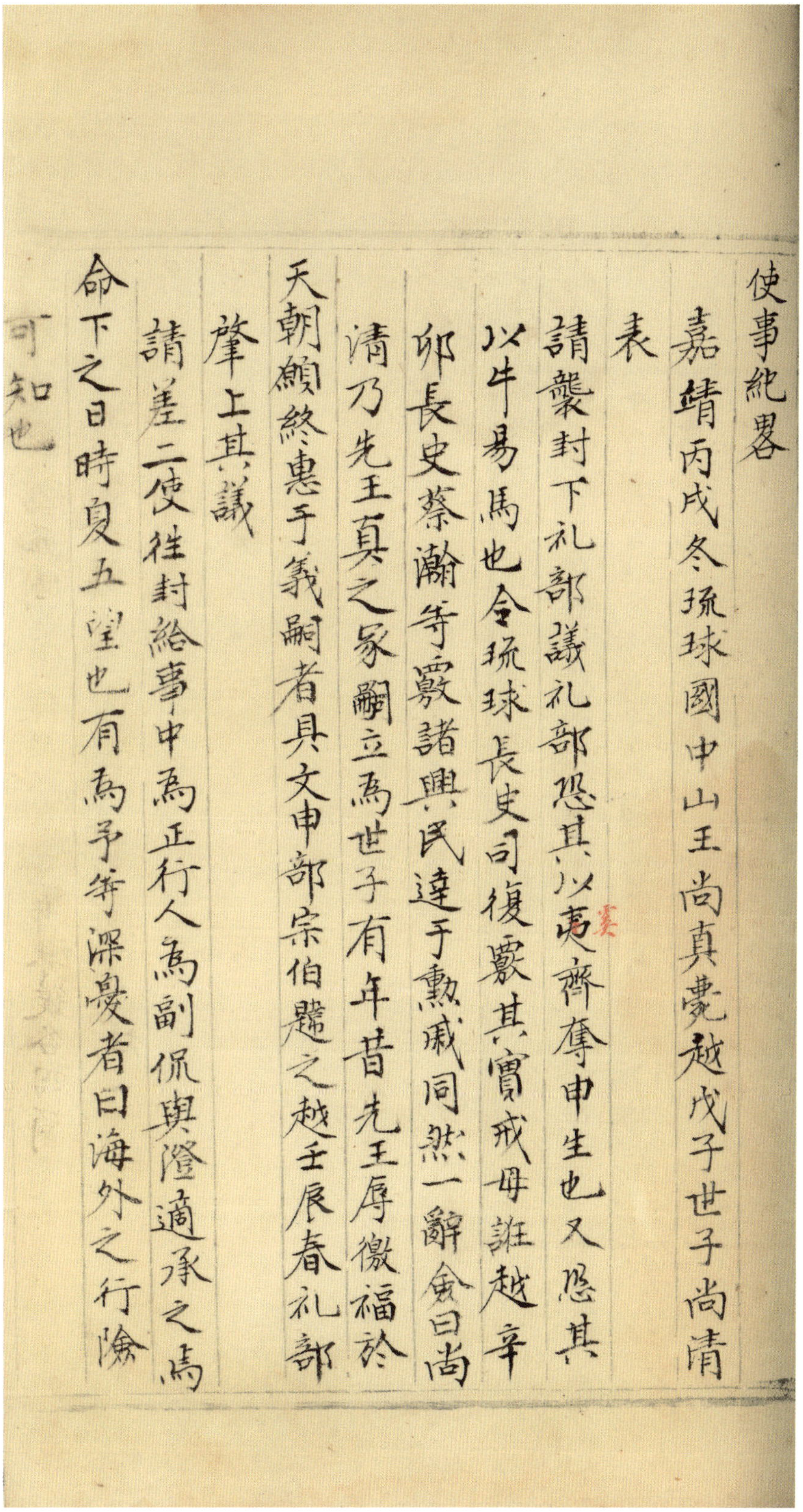
使事紀畧
嘉靖丙戌冬琉球國中山王尚真薨越戊子世子尚清
表
請襲封下礼部議礼部恐其以夷齊奪申生也又恐其
以牛易馬也令琉球長史司復覈其實戒毋誑越辛
卯長史蔡瀚等覈諸輿民達于勳戚同然一辭僉曰尚
清乃先王真之冢嗣立為世子有年昔先王厚徼福於
天朝賴終惠于義嗣者具文申部宗伯題之越壬辰春礼部
肇上其議
請差二使往封給事中為正行人為副侃與澄適承乏
命下之日時貞五望也有為予等深憂者曰海外之行險
可知也

11687 使琉球録一卷 （明）陳侃　高澄撰　**日本國考略一卷補遺一卷** （明）薛俊撰　明抄本

匡高22.5厘米，廣15.9厘米。半葉十二行，行字不等，藍格，白口，四周雙邊。天津圖書館藏。

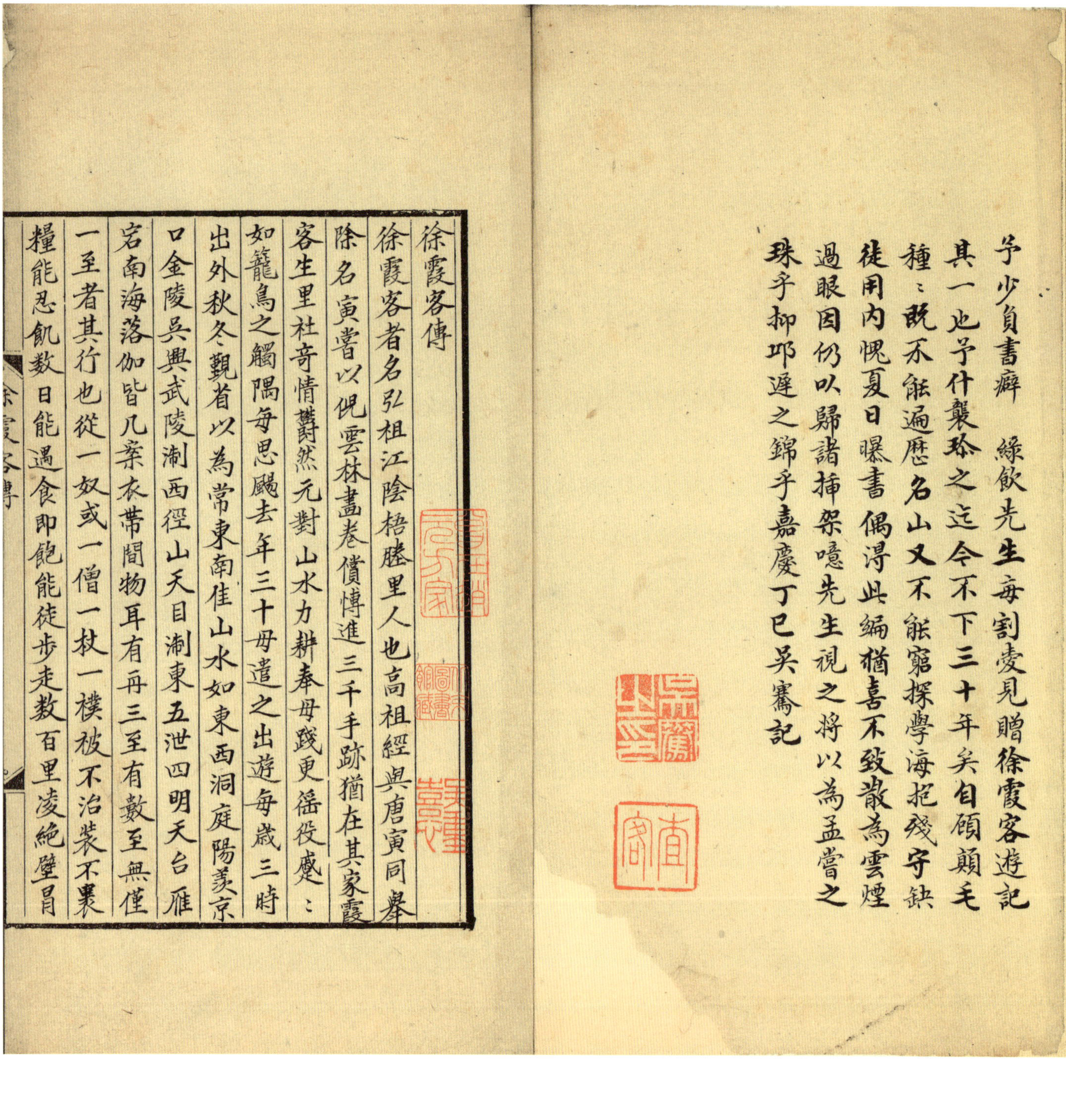

予少負書癖　綠飲先生每割愛見贈徐霞客遊記
其一也予什襲珍之迄今不下三十年矣自頋顛毛
種〻既不能遍歷名山又不能窮探學海抱殘守缺
徒用內愧夏日曝書偶得此編猶喜不致散為雲煙
過眼因仍以歸諸插架噫先生視之將以為孟嘗之
珠乎抑邛遲之錦乎嘉慶丁巳吳騫記

徐霞客傳

徐霞客者名弘祖江陰梧塍里人也高祖經與唐寅同舉
除名寅嘗以倪雲林畫卷償博進三千手跡猶在其家霞
客生里社奇情鬱然元對山水力耕奉母踐更徭役處〻
如籠鳥之觸隅每思飈去年三十母遣之出遊每歲三時
出外秋冬覲省以為常東南佳山水如東西洞庭陽羨京
口金陵吳興武陵浙西徑山天目浙東五泄四明天台鴈
宕南海落伽皆几案衣帶間物耳有再三至有數至無僅
一至者其行也從一奴或一僧一杖一襆被不治裝不裹
糧能忍飢數日能遇食即飽能徒步走數百里凌絕壁冒

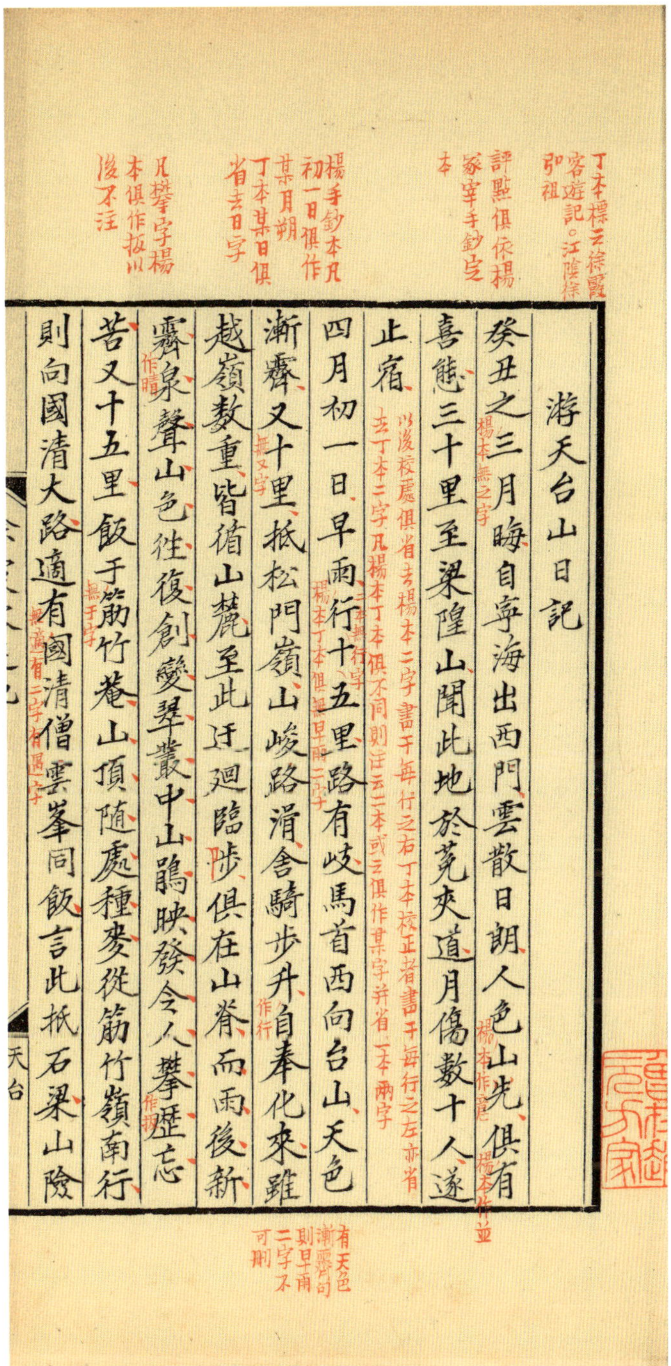

丁本標云徐霞客遊記。江陰徐弘祖

評點俱依楊冢宰手鈔定本

楊手鈔本凡初一日俱作某月朔丁本某日俱省去日字

凡攀字楊本俱作扳以後不注

游天台山日記

癸丑之三月晦自寧海出西門雲散日朗人色山光俱有喜態三十里至梁隍山聞此地於菟夾道月傷數十人遂止宿

四月初一日早雨行十五里路有岐馬首西向台山天色漸霽又十里抵松門嶺山峻路滑舍騎步升自奉化來雖越嶺數重皆循山麓至此迂迴臨陟俱在山脊而雨後新霽泉聲山色往復創變翠叢中山鵑映發令人攀歷忘苦又十五里飯于筋竹菴山頂隨處種麥從筋竹嶺南行則向國清大路適有國清僧雲峯同飯言此抵石梁山險

11686 徐霞客遊記不分卷 （明）徐弘祖撰 清鮑氏知不足齋抄本

匡高20.1厘米，廣13.8厘米。半葉十行，行二十三或二十四字，細黑口，左右雙邊。有“曾在趙元方家”“吳騫之印”等印。鮑廷博校，吳騫、唐翰題跋。國家圖書館藏。

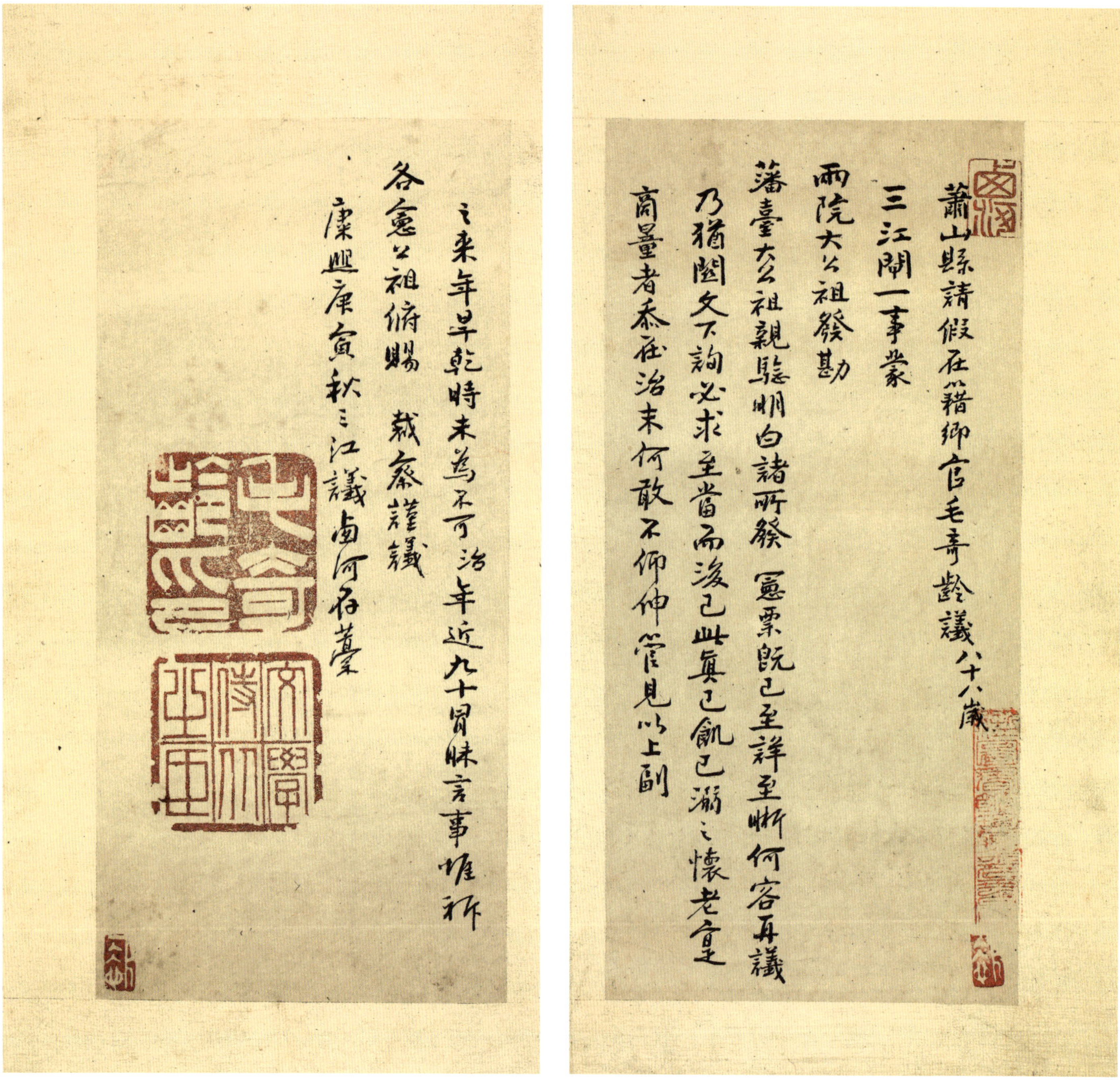

11685 蕭山三江閘議一卷 （清）毛奇齡撰　手稿本

册葉裝。有“西河”“毛奇齡印”等印。浙江圖書館藏。

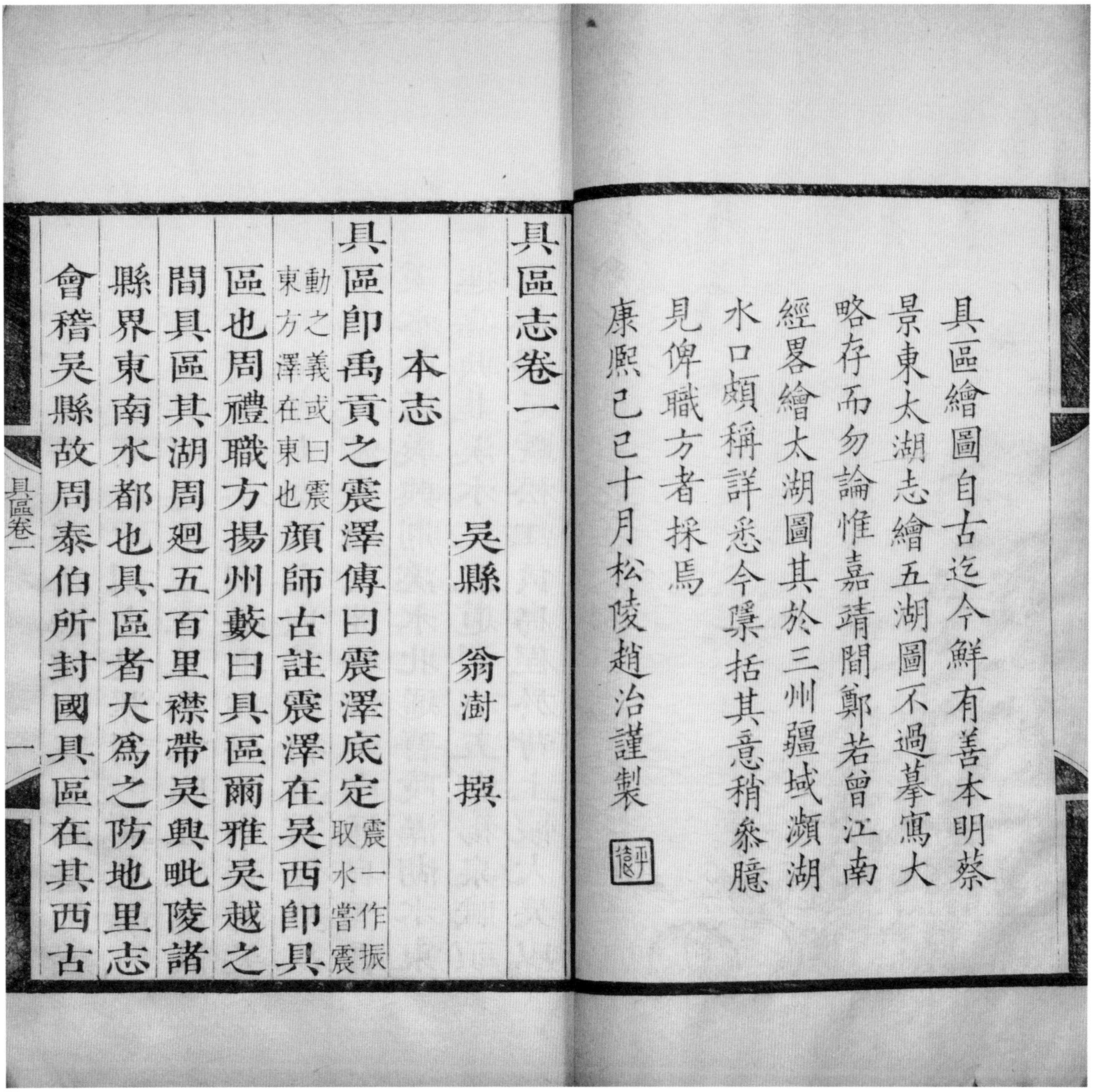
具區繪圖自古迄今鮮有善本明蔡景東太湖志繪五湖圖不過摹寫大略存而勿論惟嘉靖間鄭若曾江南經畧繪太湖圖其於三州疆域瀕湖水口頗稱詳悉今櫽括其意稍參臆見俾職方者採焉

康熙己巳十月松陵趙治謹製

具區志卷一

吳縣 翁澍 撰

本志

具區即禹貢之震澤傳曰震澤底定震一作振取水當震動之義或曰震東方澤在東也顏師古註震澤在吳西即具區也周禮職方揚州藪曰具區爾雅吳越之間具區其湖周廻五百里襟帶吳興毗陵諸縣界東南水都也具區者大為之防地里志會稽吳縣故周泰伯所封國具區在其西古

具區卷一 一

11684 具區志十六卷 （清）翁澍撰 清康熙刻本

匡高19.5厘米，廣15厘米。半葉九行，行十八字，小字雙行同，黑口，左右雙邊。有“劉印盼遂”等印。北京市文物局圖書資料中心藏。

次蟫〻其間今得是帙於沿
河方明亦應真矣然不得定之人
而流落寫亦不孫不載歎定
間而歷上天之為無生人也
嘉慶壬申正月二十日滙波舫燭下記

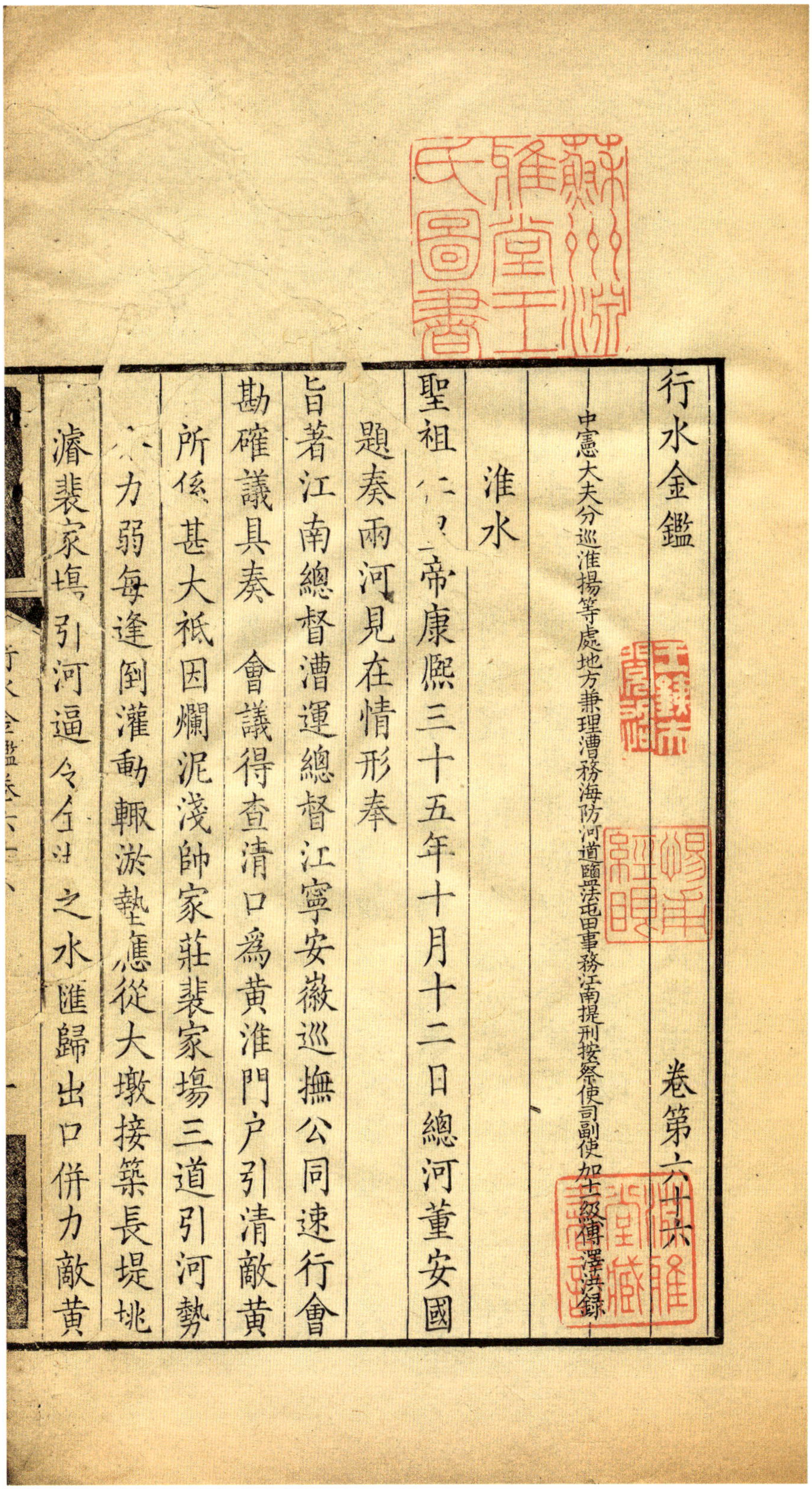
行水金鑑　卷第六十六
中憲大夫分巡淮揚等處地方兼理漕務海防河道督理清屯田事務江南提刑按察使司副使加七級傅澤洪録
淮水
聖祖仁皇帝康熙三十五年十月十二日總河董安國
題奏兩河見在情形奉
旨著江南總督漕運總督江寧安徽巡撫公同速行會
勘確議具奏　會議得查清口爲黃淮門户引清敵黃
所係甚大祇因爛泥淺帥家莊裴家場三道引河勢
小力弱每逢倒灌動輒淤墊應從大墩接築長堤挑
濬裴家塲引河逼令全出之水匯歸出口併力敵黃

11683 行水金鑑一百七十五卷首一卷　（清）傅澤洪撰　清雍正三年（1725）淮揚官署刻本

匡高18.3厘米，廣13.6厘米。半葉十一行，行二十一字，小字雙行三十二字，黑口，左右雙邊。有“淵雅堂藏書記”“惕甫經眼”等印。王芑孫跋。暨南大學圖書館藏。

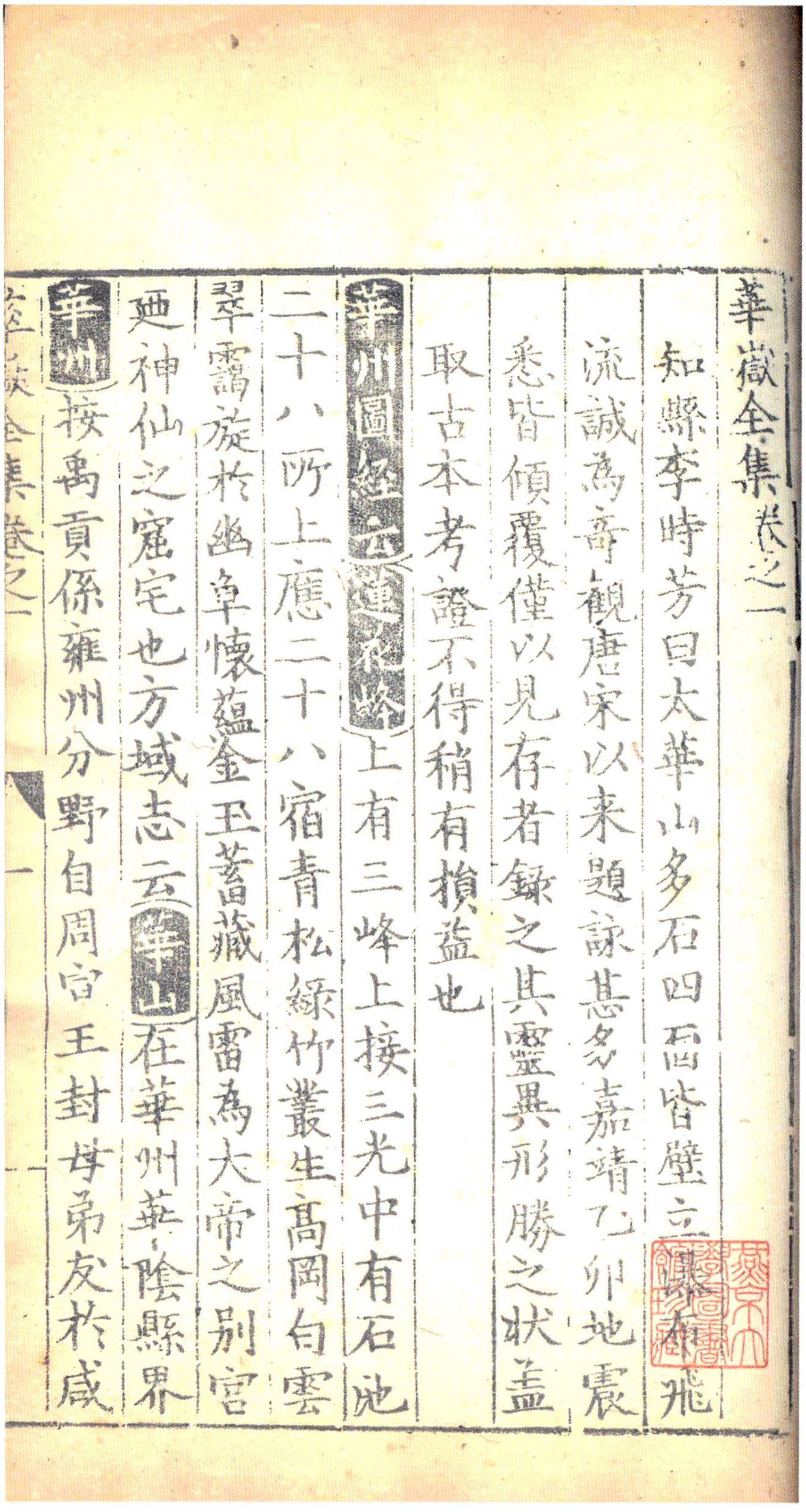
華嶽全集卷之一
知縣李時芳曰太華山多石四面皆壁立飛
流誠為奇觀唐宋以來題詠甚多嘉靖乙卯地震
悉皆傾覆僅以見存者録之其靈異形勝之狀盖
取古本考證不得稍有損益也
華州圖經云蓮花峰上有三峰上接三光中有石池
二十八所上應二十八宿青松緑竹叢生髙岡白雲
翠靄旋於幽阜懷藴金玉蓄藏風雷為大帝之别宫
廼神仙之窟宅也方域志云華山在華州華陰縣界
華州按禹貢係雍州分野自周宣王封母弟友於咸
華嶽全集卷之一　一

11682 華嶽全集十一卷　（明）李時芳撰　明嘉靖四十一年（1562）刻本

匡高22厘米，廣15.8厘米。半葉十行，行二十字，白口，四周單邊。北京大學圖書館藏。

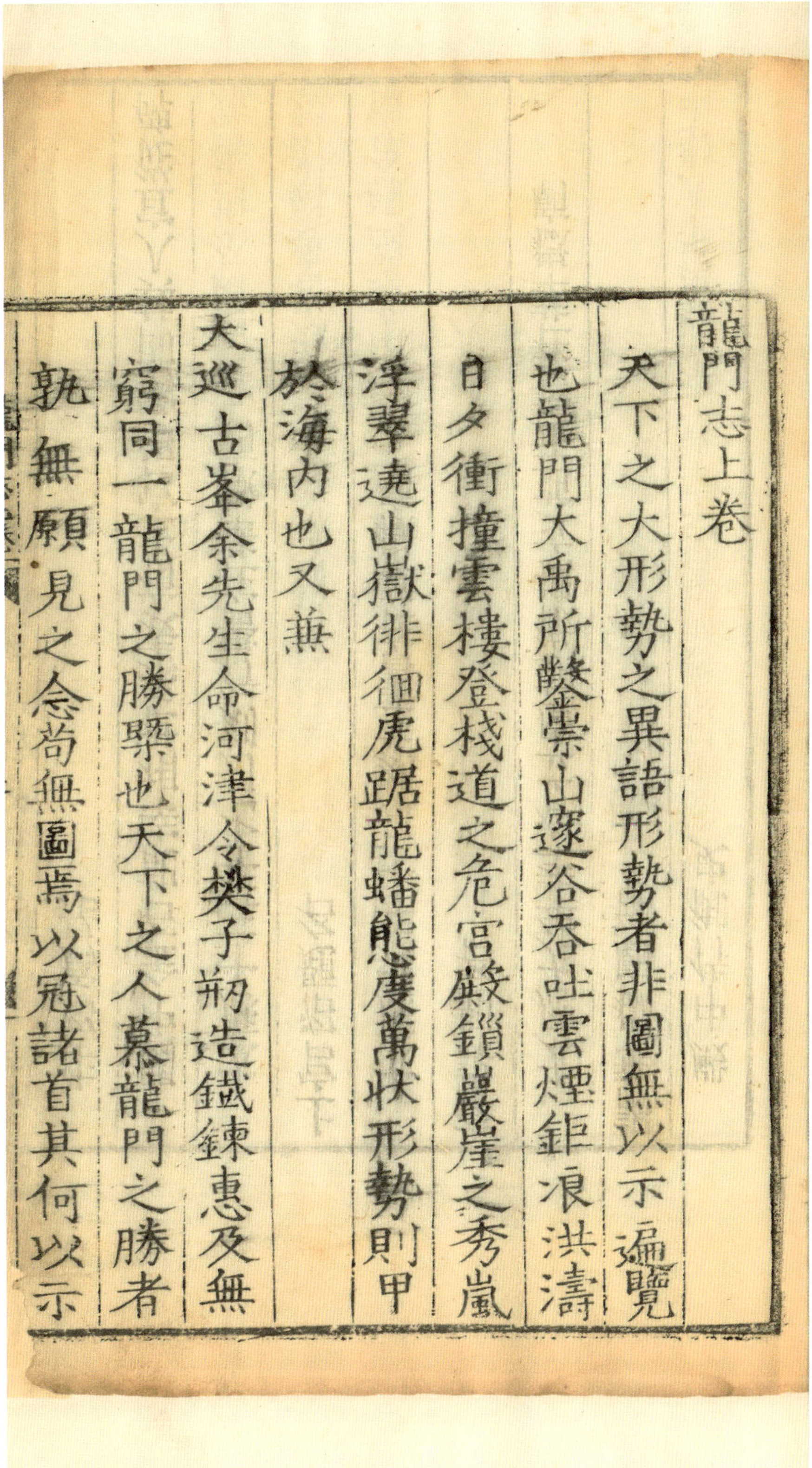
龍門志上卷
天下之大形勢之異語形勢者非圖無以示遍覽
也龍門大禹所鑿崇山邃谷吞吐雲煙鉅浪洪濤
日夕衝撞雲樓登棧道之危宮殿鎖巖崖之秀嵐
浮翠遶山嶽徘徊虎踞龍蟠態度萬狀形勢則甲
於海内也又無
大巡古峯余先生命河津令樊子刱造鐵鍊惠及無
窮同一龍門之勝槩也天下之人慕龍門之勝者
孰無願見之念苟無圖焉以冠諸首其何以示

11681 龍門志三卷　（明）樊得仁撰　明刻本

匡高17.1厘米，廣13.8厘米。半葉九行，行二十字，白口，四周單邊。河北大學圖書館藏。

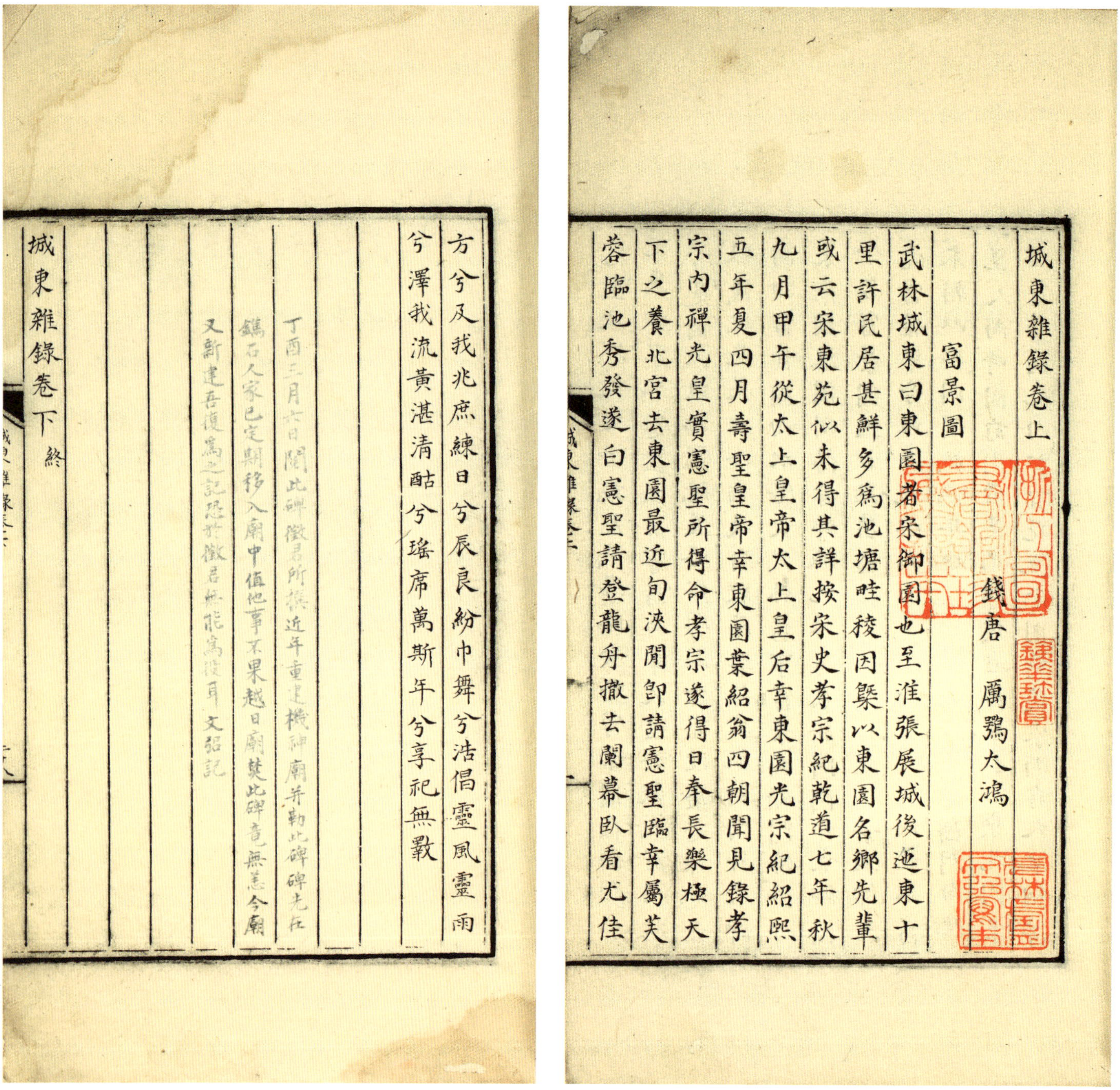
城東雜録卷上
錢唐 厲鶚太鴻
富景園
武林城東曰東園者宋御園也至淮張展城後迤東十
里許民居甚鮮多爲池塘畦稜因槩以東園名鄉先輩
或云宋東苑似未得其詳按宋史孝宗紀乾道七年秋
九月甲午從太上皇帝太上皇后幸東園光宗紀紹熙
五年夏四月壽聖皇帝幸東園葉紹翁四朝聞見録孝
宗内禪光皇實憲聖所得命孝宗遂得日奉長樂極天
下之養北宫去東園最近旬浹間即請憲聖臨幸屬芙
蓉臨池秀發遂白憲聖請登龍舟撤去闌幕臥看尤佳

方兮及我兆庶練日兮辰良紛巾舞兮浩倡靈風靈雨
兮澤我流黃湛清酤兮瑤席萬斯年兮享祀無斁
丁酉三月六日閱此碑徵君所撰近年重建機神廟并勒此碑碑先在
鎮石人家已定期移入廟中值他事不果越日廟焚此碑竟無恙今廟
又新建吾復爲之記恐於徵君無能爲役耳 文弨記
城東雜録卷下 終

11680 城東雜録二卷 （清）厲鶚撰 清乾隆抄本

匡高19.7厘米，廣13.7厘米。半葉十一行，行二十一字，白口，四周雙邊。盧文弨校並跋。浙江圖書館藏。

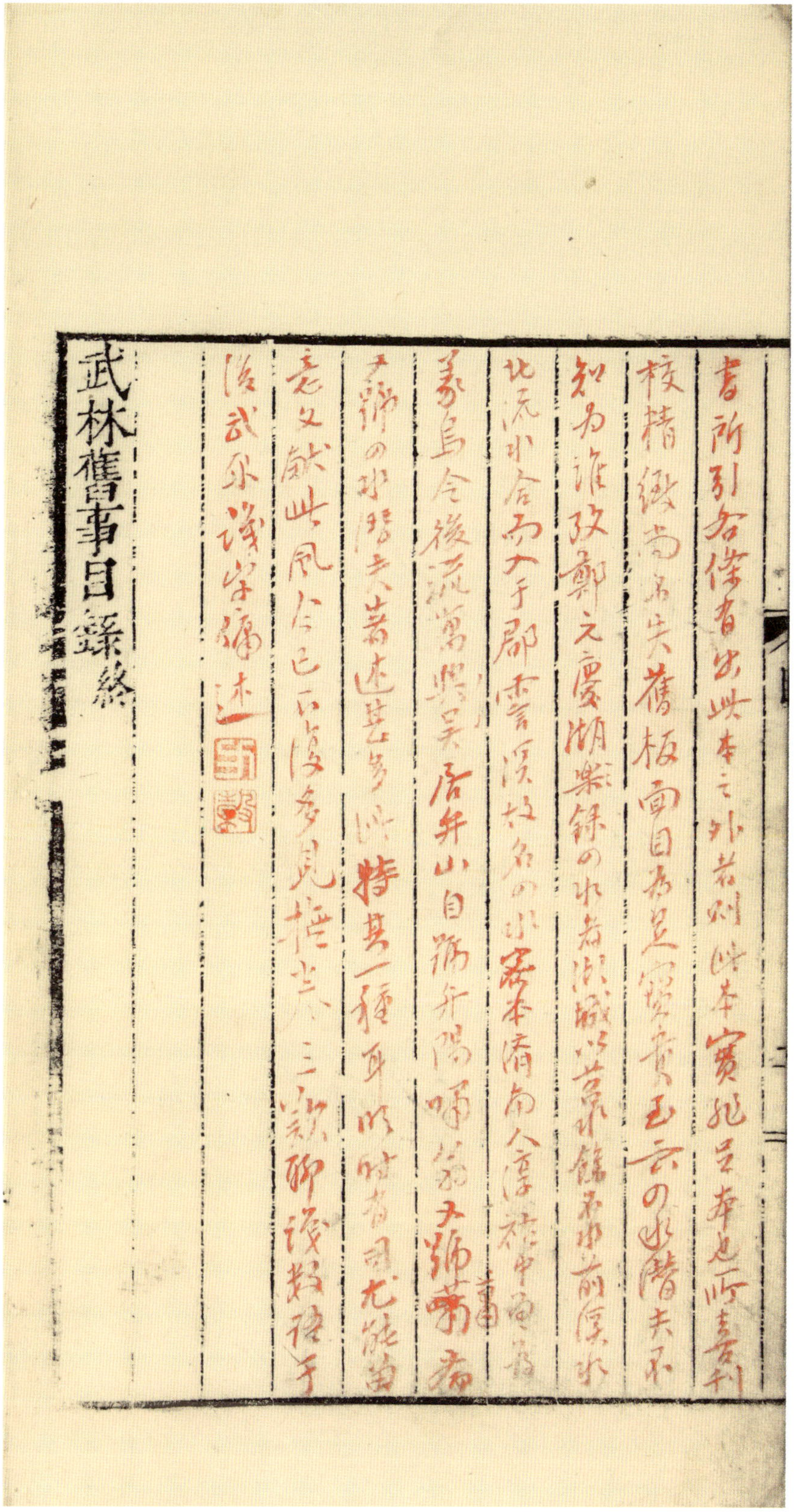

11679 武林舊事六卷

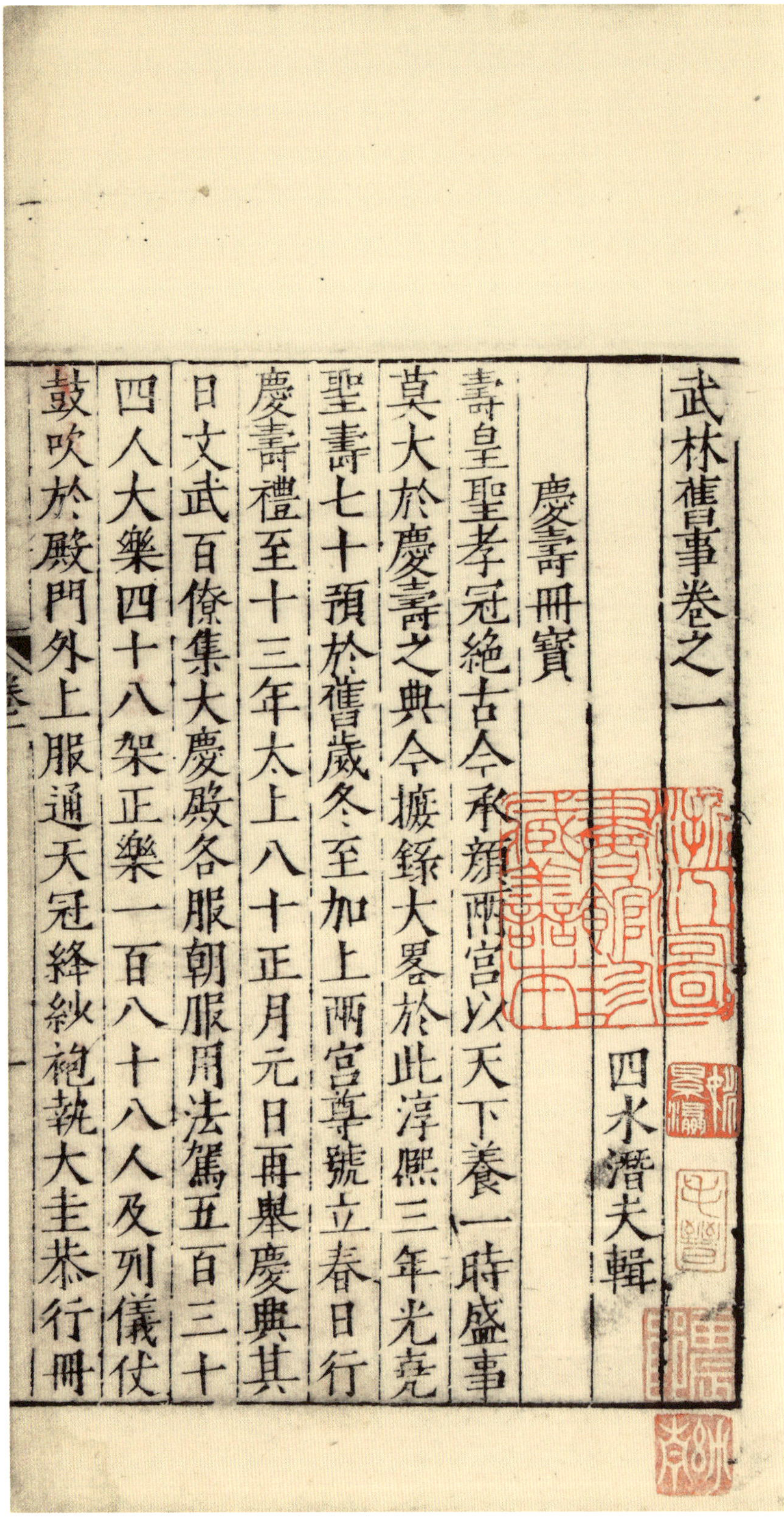
武林舊事卷之一
四水潛夫輯
慶壽冊寶
壽皇聖孝冠絶古今承顏兩宮以天下養一時盛事
莫大於慶壽之典今摭錄大畧於此淳熙三年光堯
聖壽七十預於舊歲冬至加上兩宮尊號立春日行
慶壽禮至十三年太上八十正月元日再舉慶典其
日文武百僚集大慶殿各服朝服用法駕五百三十
四人大樂四十八架正樂一百八十八人及列儀仗
鼓吹於殿門外上服通天冠絳紗袍執大圭恭行冊

11679 武林舊事六卷　（宋）周密撰　明正德十三年（1518）宋廷佐刻本

匡高18.2厘米，廣13.2厘米。半葉十行，行二十字，小字雙行同，白口，四周單邊。有“方穀”“毛晉”等印。方穀跋。浙江圖書館藏。

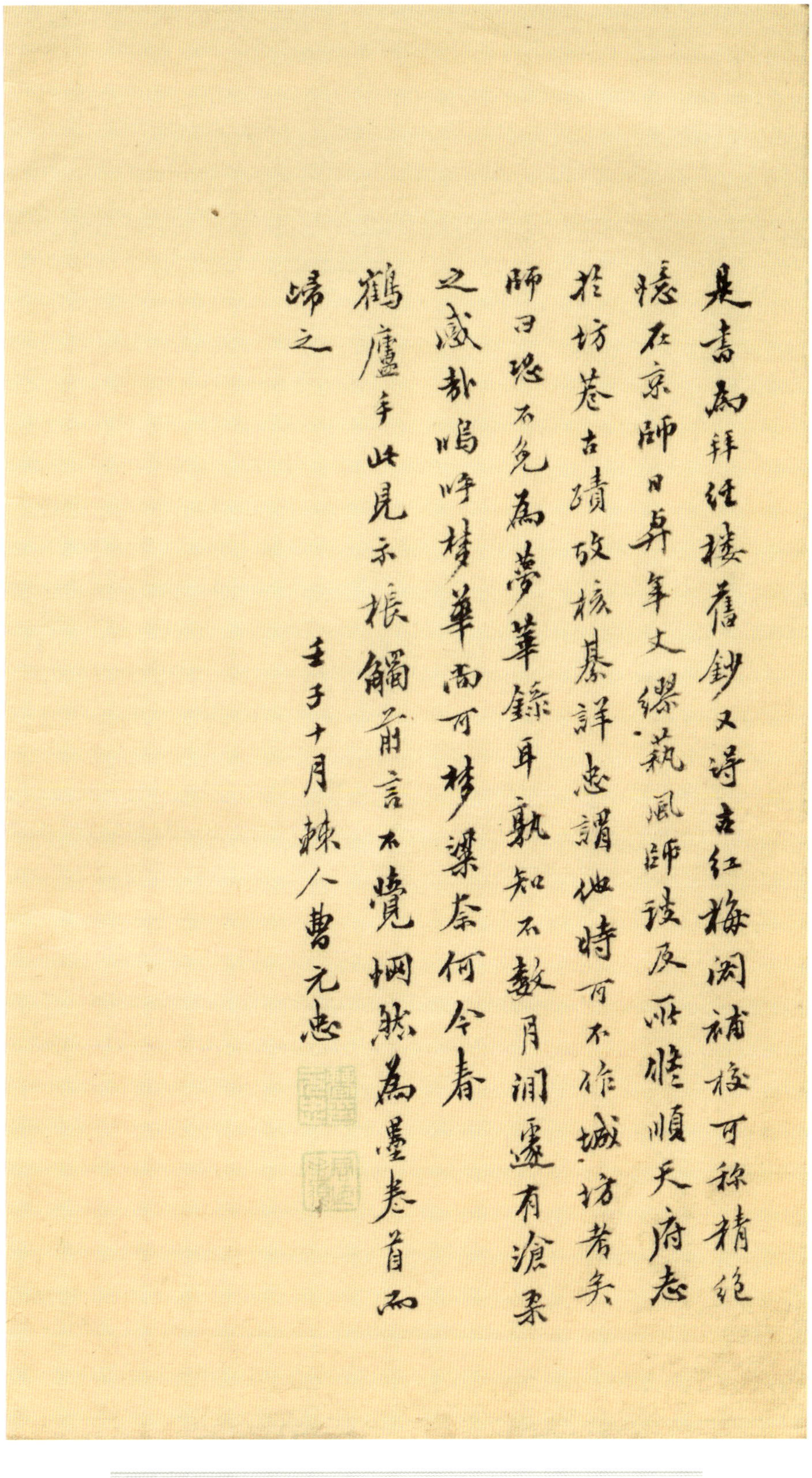
是書爲拜經樓舊鈔又得吳紅梅閣補校可稱精絶憶在京師日與年丈繆藝風師談及所修順天府志於坊巷古蹟攷核綦詳忠謂他時可不作城坊考矣師曰恐不免爲夢華錄耳孰知不數月間遽有滄桑之感矣嗚呼夢華而可夢梁奈何今春鶴廬手此見示悵觸前言不覺惘然爲題卷首而歸之

壬子十月棣人曹元忠

11678 夢梁録二十卷

紛〻蓋講得字真不俗記問淵源甚廣耳但最畏小說人
蓋小說者能講一朝一代故事頃刻間捏合与起令隨令
相似者占一事也啇謎者先用鼓兒賀之然後衆人猜詩
謎字謎戾謎社謎本是隱語有道謎來客念思司語識謎
又打隸走智正猜客來索謎下套啇者以物類相似者譏
之又名對智貼套貼套思索橫下許傍人猜問因啇者唱
問包頭調爽假作難猜以走其智杭之猜謎者且言之一
二如有歸和尚及馬定齋記問博洽名傳久矣

同治戊辰四月從坊間借得琴川張氏照曠閣刊本對校一過　此本十七卷首頁補字是海昌吳槎客先生手筆即其所藏書也江山劉履芬記于吳趨寓樓

錢塘吳君諱自牧者其世次不可考大都南宋之遺民也
所著夢粱錄二十卷文筆雖不甚雅馴然紀載臨安風物
一〻無遺俾覽者慨然想見當日南渡之盛偏安尚如此
而况東京為趙氏所開刱歷百八十餘年享車書之一統
者乎掩卷低徊正与黍離麥秀同一感慨也向聞余友李
小園有此書未暇借觀昨來金陵　郎中丞幕府見案頭
宋人諸遺集而夢粱錄在其中余以長夏無事日抄七八
頁浹月而書成其中魯魚甚多略次改正十之二三至文
義不解仍襲其偽尚復不少當俟他日取小園藏本參對
對之則善矣時康熙壬辰七月既望錢塘徐逢吉識於金

此跋張本所無

夢粱錄　卷二十　七

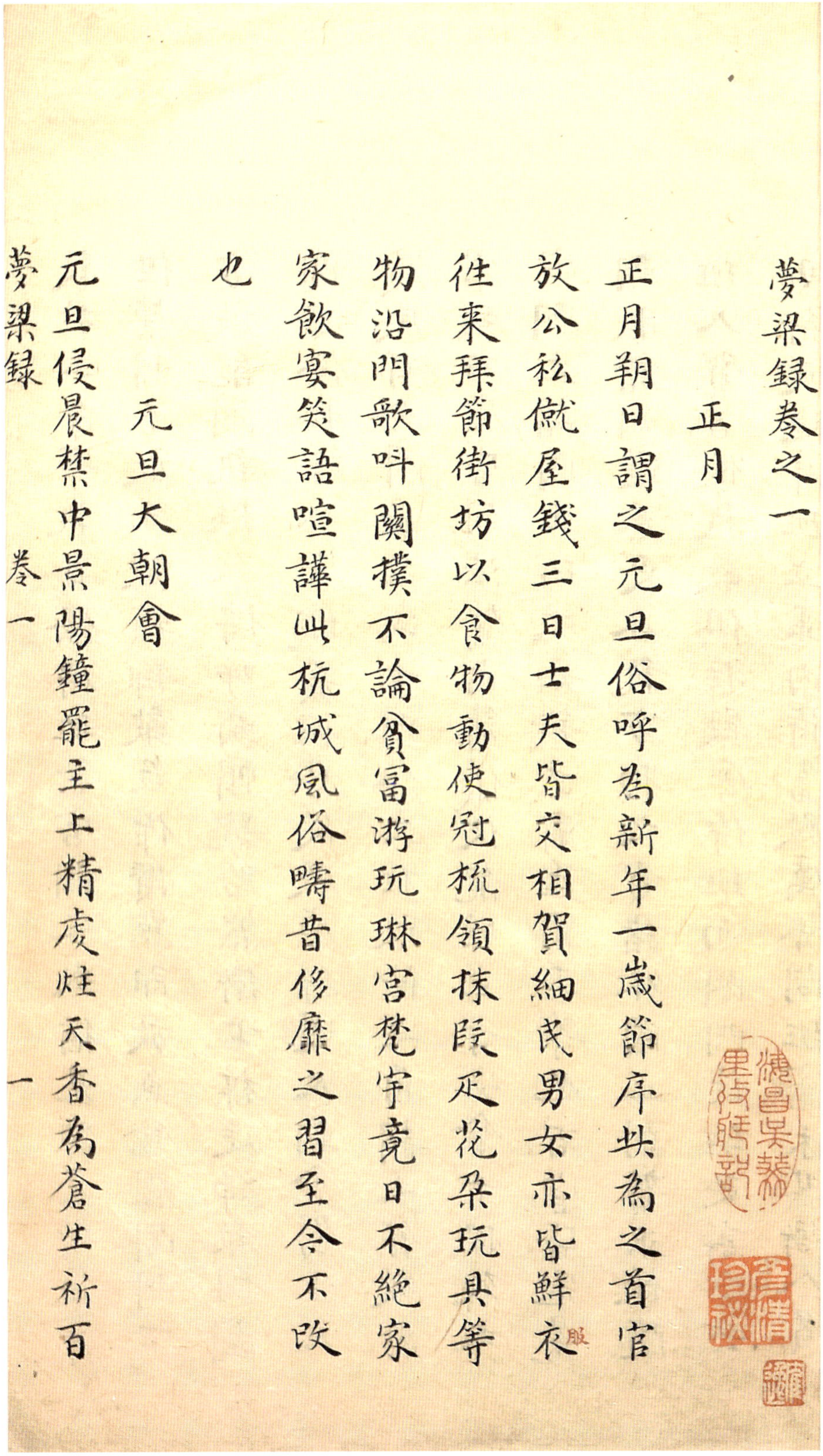
夢梁録卷之一

正月

正月朔日謂之元旦俗呼為新年一歲節序此為之首官放公私僦屋錢三日士夫皆交相賀細民男女亦皆鮮衣服往来拜節街坊以食物動使冠梳領抹段疋花朵玩具等物沿門歌叫關撲不論貧富游玩琳宮梵宇竟日不絶家家飲宴笑語喧譁此杭城風俗疇昔侈靡之習至今不改也

元旦大朝會

元旦侵晨禁中景陽鐘罷主上精虔炷天香為蒼生祈百

夢梁録　卷一　一

11678 夢粱録二十卷　（宋）吴自牧撰　清抄本

有“古紅樓閣”“彦清珍祕”等印。吴騫校補，劉履芬校並跋，曹元忠跋。

南京圖書館藏。

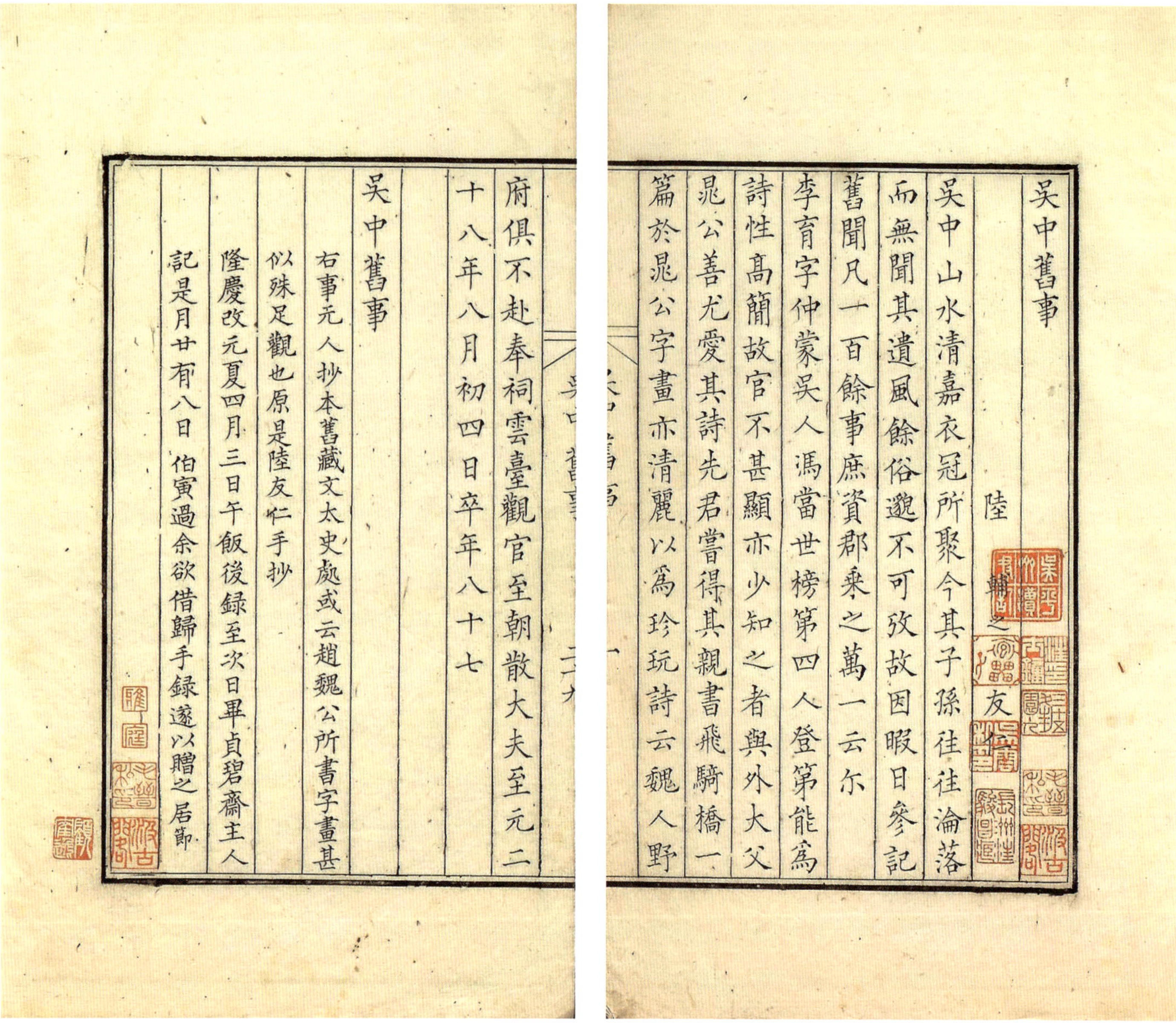

吴中舊事

陸友仁

吴中山水清嘉衣冠所聚今其子孫往往淪落而無聞其遺風餘俗邈不可考故因暇日參記舊聞凡一百餘事庶資郡乘之萬一云尓

李育字仲蒙吴人馮當世榜第四人登第能爲詩性高簡故官不甚顯亦少知之者與外大父晁公善尤愛其詩先君嘗得其親書飛騎橋一篇於晁公字畫亦清麗以爲珍玩詩云魏人野

府俱不赴奉祠雲臺觀官至朝散大夫至元二十八年八月初四日卒年八十七

吴中舊事

右事元人抄本舊藏文太史處或云趙魏公所書字畫甚似殊足觀也原是陸友仁手抄

隆慶改元夏四月三日午飯後録至次日畢貞碧齋主人記是月廿有八日　伯寅過余欲借歸手録遂以贈之　居節

11677 吴中舊事一卷　（元）陸友仁撰　明隆慶元年（1567）居節抄本

匡高20.5厘米，廣13.7厘米。半葉九行，行十八字，白口，四周雙邊。有“毛晉私印”“汪印士鐘”等印。居節跋。南京圖書館藏。

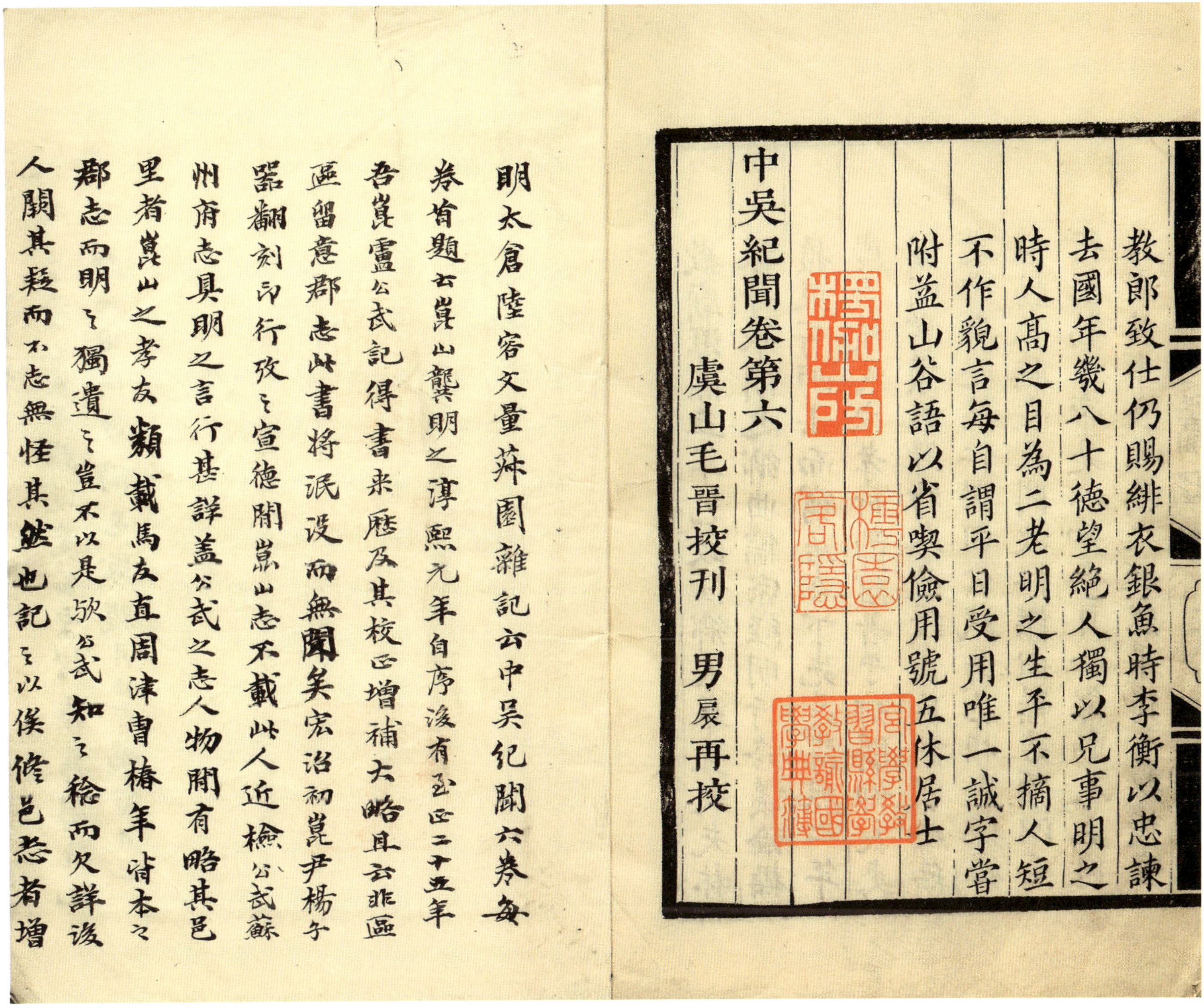
教郎致仕仍賜緋衣銀魚時李衡以忠諫
去國年幾八十德望絕人獨以兄事明之
時人高之目爲二老明之生平不摘人短
不作貌言每自謂平日受用唯一誠字嘗
附益山谷語以省奥儉用號五休居士
中吳紀聞卷第六
虞山毛晋挍刊　男扆再挍

明太倉陸容文量菽園雜記云中吳紀聞六卷每
卷首題古崑山龔明之淳熙九年自序後有至正二十五年
吾崑盧公武記得書來歷及其校正增補大略且云非區
區留意郡志此書將泯沒而無聞矣宏治初崑尹楊子
器翻刻印行攷之宣德間崑山志不載此人近檢公武蘇
州府志具明之言行甚詳蓋公武之志人物間有略其邑
里者崑山之孝友類載馬友直周津曺椿年皆本之
郡志而明之獨遺之豈不以是歟公武知之稔而欠詳後
人闕其疑而不志無怪其然也記之以俟修邑志者增

11676 中吳紀聞六卷

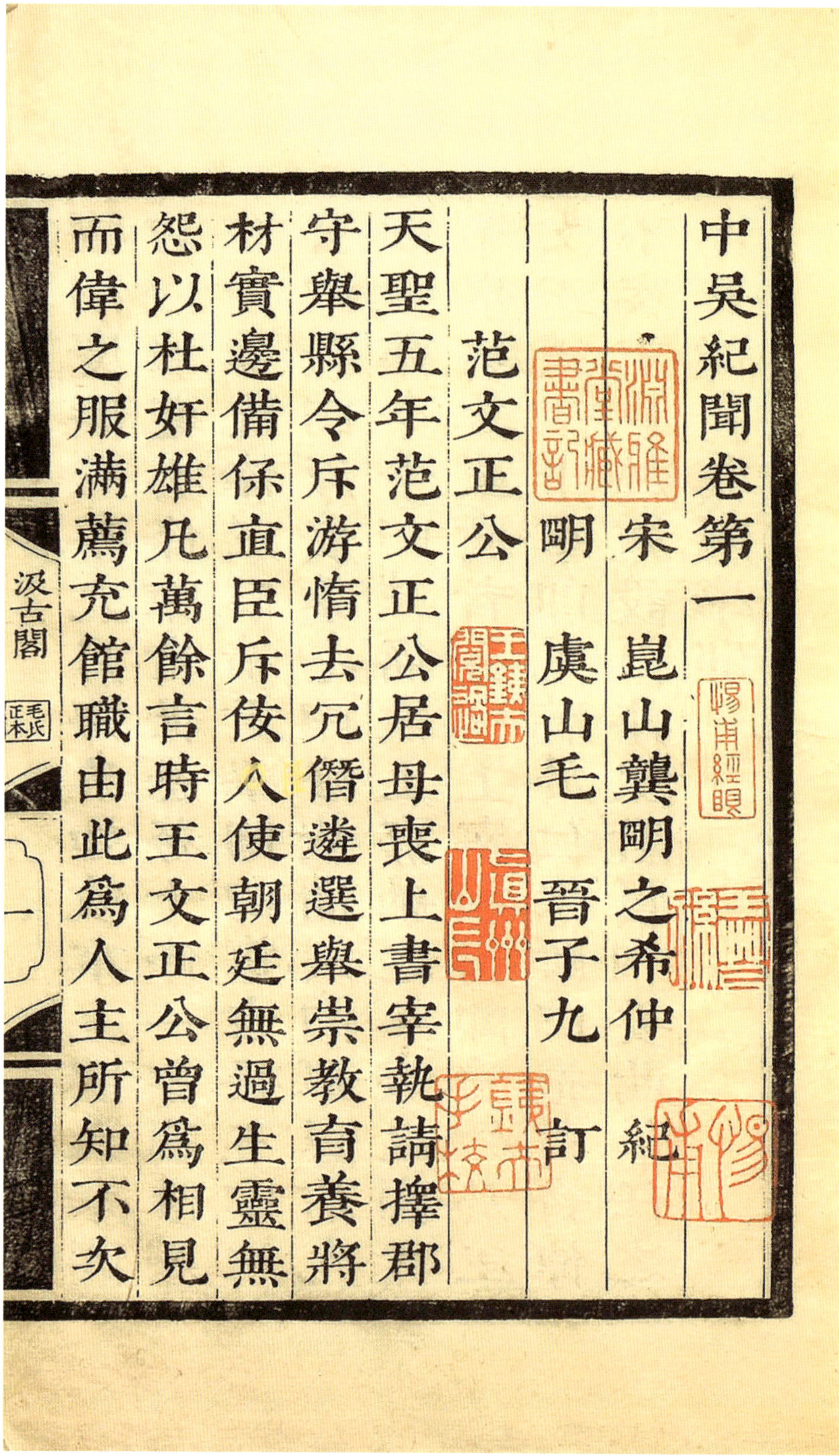

中吳紀聞卷第一
宋　崑山龔明之希仲　紀
明　虞山毛　晉子九　訂
范文正公
天聖五年范文正公居母喪上書宰執請擇郡守舉縣令斥游惰去冗僭遴選舉崇教育養將材實邊備保直臣斥佞人使朝廷無過生靈無怨以杜奸雄凡萬餘言時王文正公曾爲相見而偉之服滿薦充館職由此爲人主所知不次

汲古閣　毛氏正本

11676 中吳紀聞六卷　（宋）龔明之撰　明末毛氏汲古閣刻本

匡高20.7厘米，廣14.9厘米。半葉九行，行十八字，小字雙行字同，黑口，左右雙邊。王芑孫校並跋。南京圖書館藏。

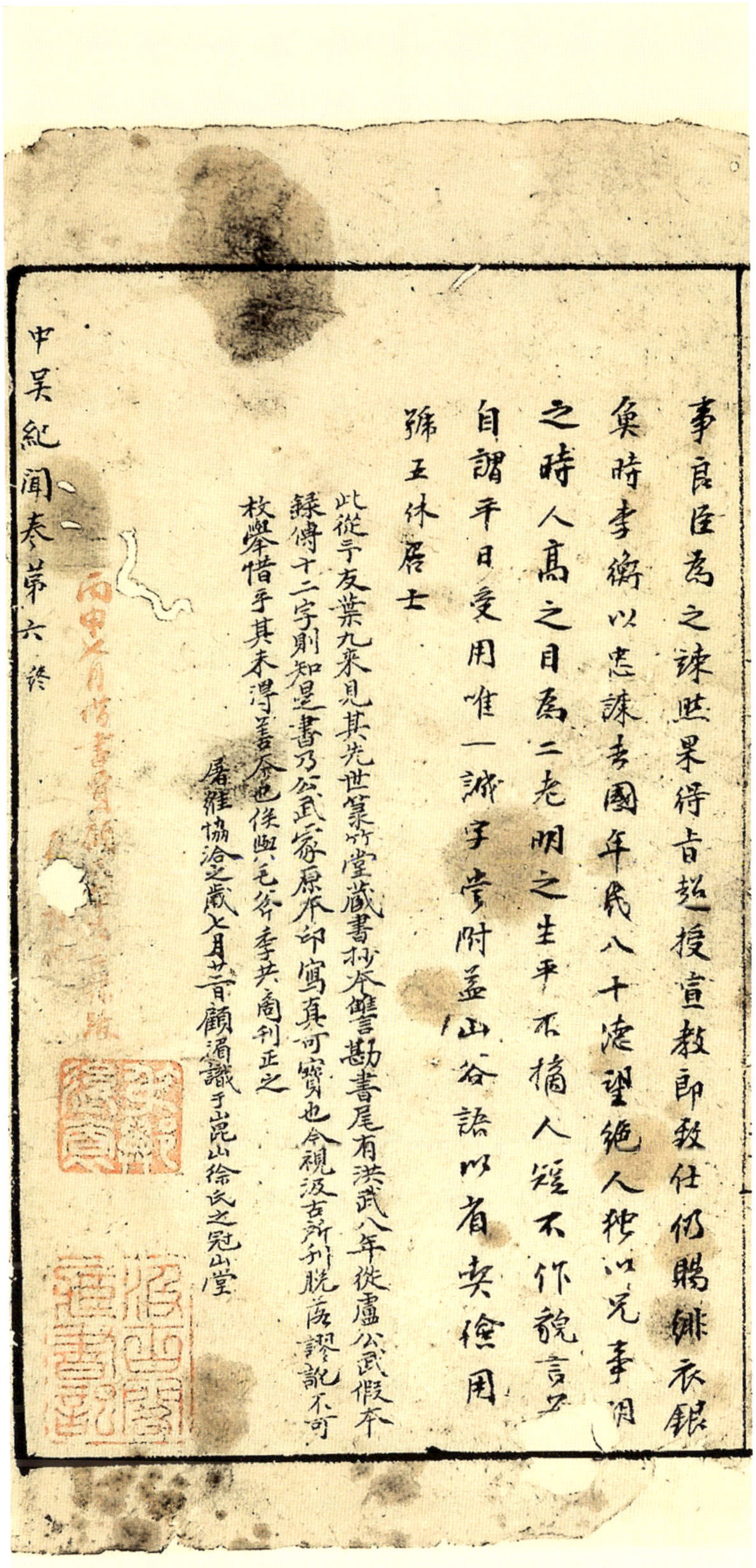
事良臣為之誅世果得吉起授宣教郎致仕仍賜緋衣銀
魚時李衛以忠誅吾國年民八十遂望絕人稱江充李朋
之時人高之目為二老明之生平不指人短不作貌言兮
自謂平日受用唯一誠字嘗附益山谷語以有要俗用
號玉休居士

此從予友葉九來見其先世菉竹堂藏書抄本雖嘗勘書尾有洪武八年從盧公武假本
録傳十二字則知是書乃公武家原本鈔寫真可寶也今視汲古所刊脱落謬訛不可
枚舉惜乎其未得善本也俟與毛斧季共商刊正之
屠維協洽之歲七月廿三日顧湄識于昆山徐氏之冠山堂

中吳紀聞卷第六終

11675 中吳紀聞六卷

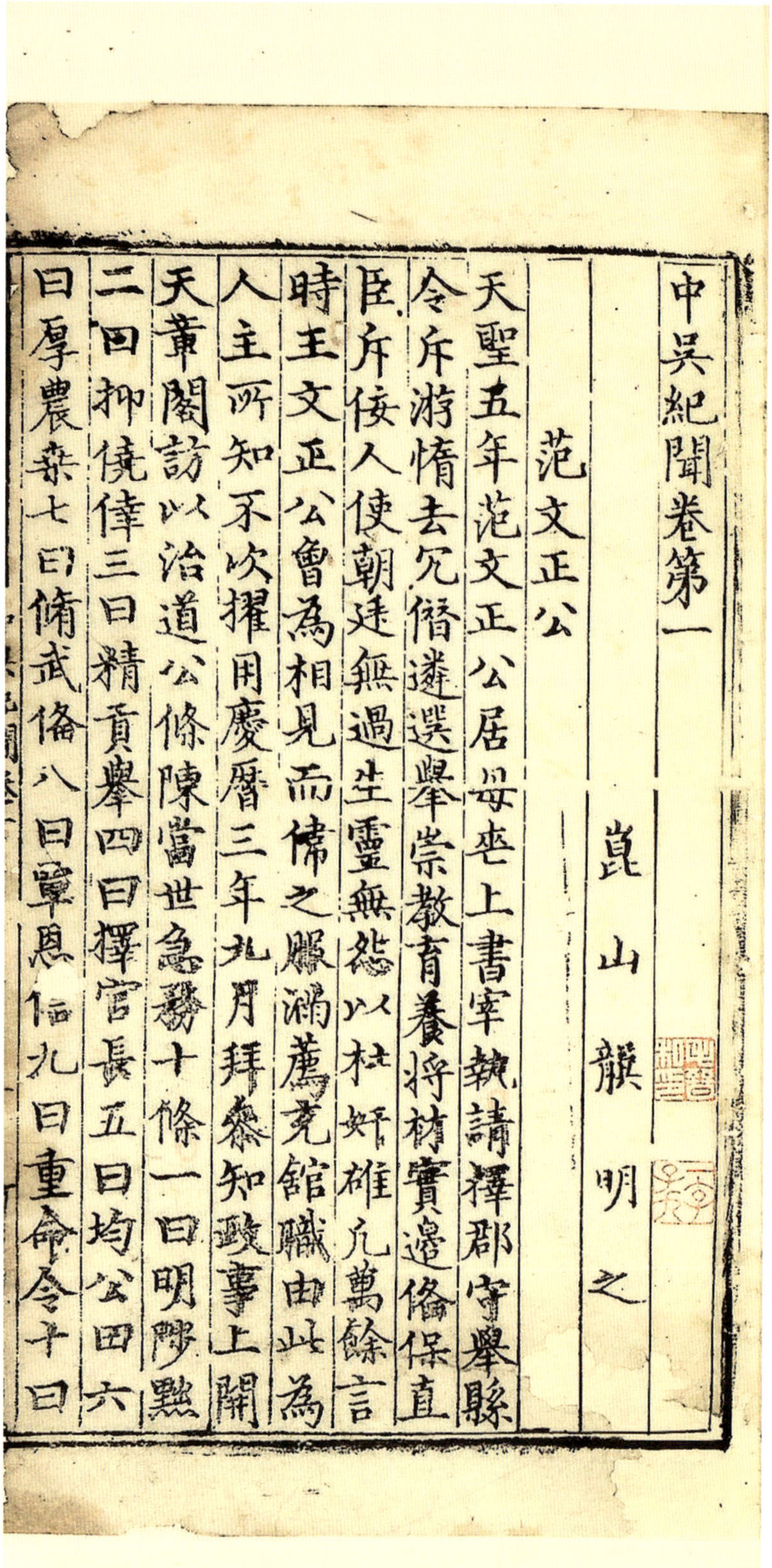

中吳紀聞卷第一

崑山龔明之

范文正公

天聖五年范文正公居母喪上書宰執請擇郡守舉縣令斥游惰去冗僭遴選舉崇教育養將材實邊備保直臣斥佞人使朝廷無過生靈無怨以杜奸雄凡萬餘言時王文正公曾為相見而偉之賜淵薦充館職由此為人主所知不次擢用慶曆三年九月拜參知政事上開天章閣訪以治道公條陳當世急務十條一曰明黜陟二曰抑僥倖三曰精貢舉四曰擇官長五曰均公田六曰厚農桑七曰脩武備八曰覃恩信九曰重命令十曰

11675 中吳紀聞六卷 （宋）龔明之撰　明弘治七年（1494）嚴春刻本

匡高21厘米，廣13.2厘米。半葉十一行，行二十一字，小字雙行字同，黑口，四周雙邊。佚名録毛晉跋，顧湄校並跋。南京圖書館藏。

奉

按晋武帝泰始三年以孔子二十三代孫震為奉聖亭侯食邑二千戶宋元嘉十九年乃改封二十八代鮮為崇聖侯終齊之世襲亭侯者凡四代此脫奉字之證也 詔識

宅舍門第七

孔子巷

輿地志云孔子廟在樂遊苑東隔清溪本聖亭侯所奉之廟也舊在溪南丹陽郡之東南本東晋所立中廢宋元嘉十九年詔復孔子廟至齊遷於今處以舊地為浮圖今名孔子寺亦名孔子巷在城東南五里古長樂橋東

言偃里

史記孔子弟子列傳言偃字子游吳人今不知其里所在或云在城東二十二里

11674 六朝事迹編類二卷

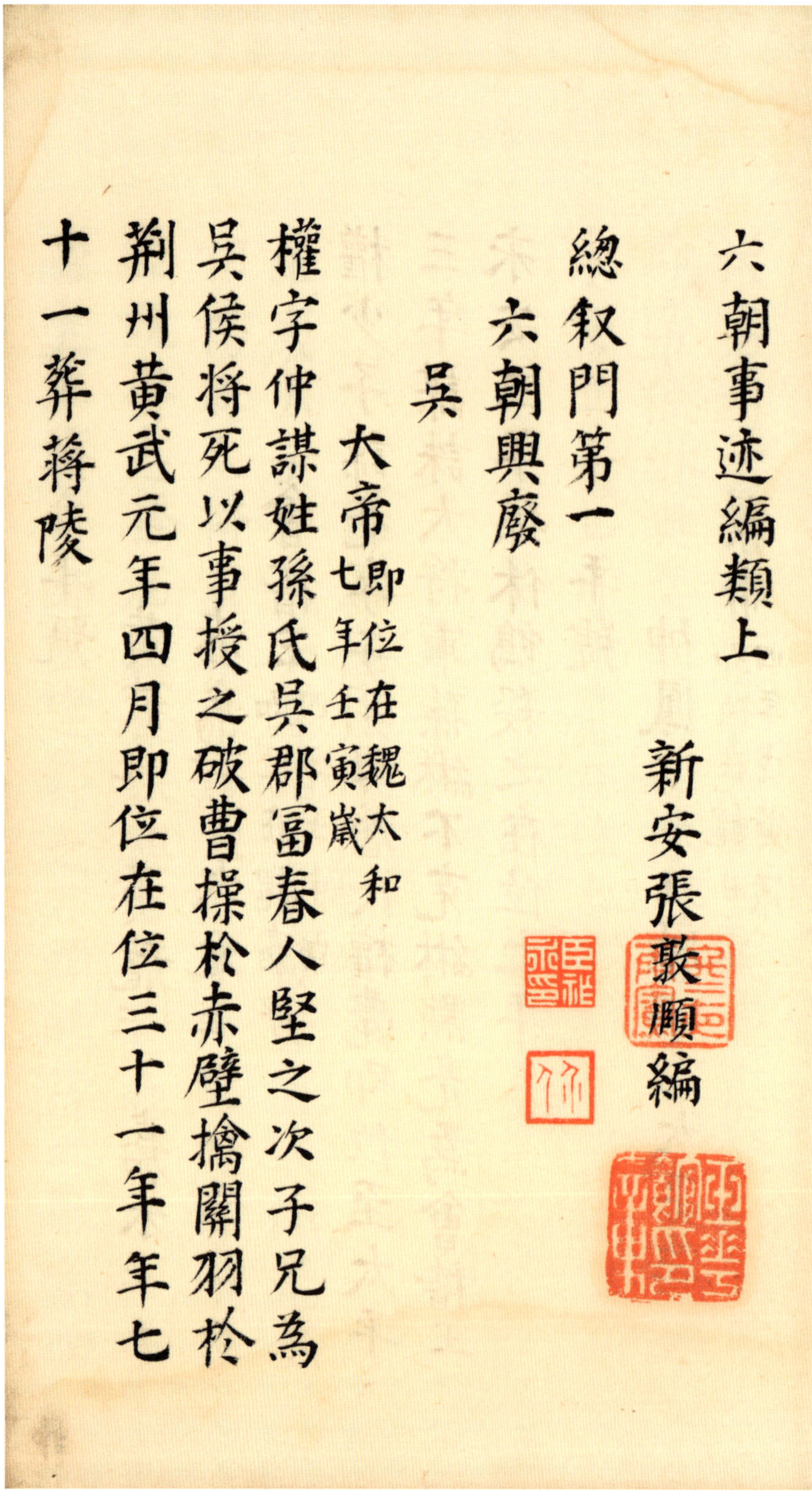
六朝事迹編類上

新安張敦頤編

總叙門第一

六朝興廢

吴

大帝即位在魏太和七年壬寅歲

權字仲謀姓孫氏吴郡富春人堅之次子兄為吴侯将死以事授之破曹操於赤壁擒關羽於荆州黄武元年四月即位在位三十一年年七十一葬蔣陵

11674 六朝事迹編類二卷 （宋）張敦頤撰 明抄本

周星詒批並跋。福建省圖書館藏。

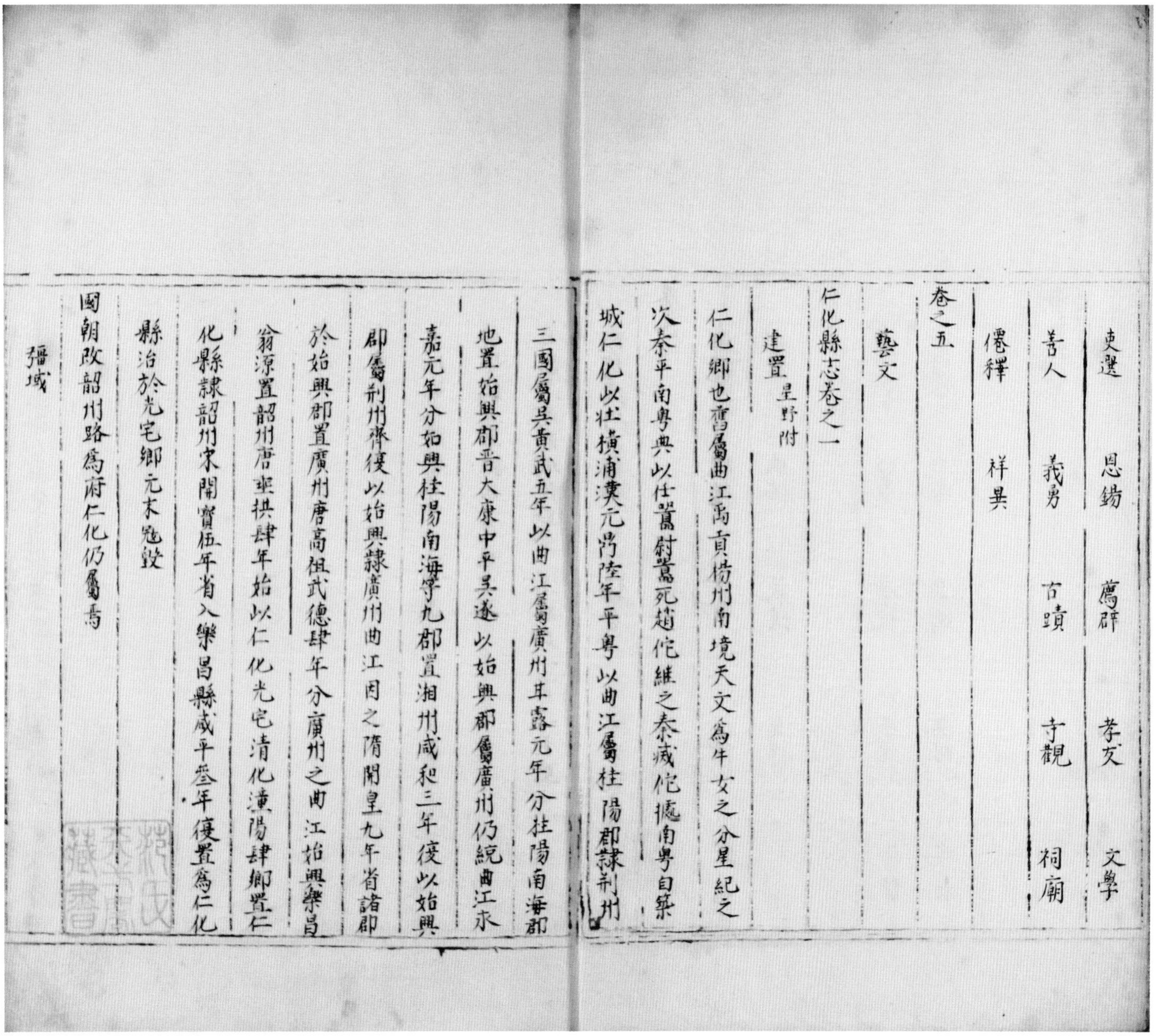
吏選　恩錫　薦辟　孝友　文學
善人　義勇　古蹟　寺觀　祠廟
僊釋　祥異
卷之五
藝文
仁化縣志卷之一
建置 星野附
仁化鄉也舊屬曲江禹貢楊州南境天文爲牛女之分星紀之
次秦平南粵典以任囂尉囂死趙佗繼之秦滅佗據南粵自築
城仁化以壯横浦湞元鼎陸年平粵以曲江屬桂陽郡隷荆州
三國屬吴黄武五年以曲江屬廣州甘露元年分桂陽南海郡
地置始興郡晉大康中平吴遂以始興郡屬廣州仍統曲江永
嘉元年分始興桂陽南海等九郡置湘州咸和三年復以始興
郡屬荆州齊復以始興隷廣州曲江因之隋開皇九年省諸郡
於始興郡置廣州唐高祖武德肆年分廣州之曲江始興樂昌
翁源置韶州唐垂拱肆年始以仁化光宅清化湞陽肆鄉置仁
化縣隷韶州宋開寶伍年省入樂昌縣咸平叁年復置爲仁化
縣治於光宅鄉元末兔毁
國朝改韶州路爲府仁化仍屬焉
疆域
范氏天一閣藏書

11673 [嘉靖]仁化縣志五卷　（明）胡居安纂修　明抄本

包背裝。匡高21.5厘米，廣19.2厘米。半葉十行，行二十四至二十五字，小字雙行字不等，白口，四周雙邊。有“范氏天一閣藏書”等印。寧波市天一閣博物館藏。

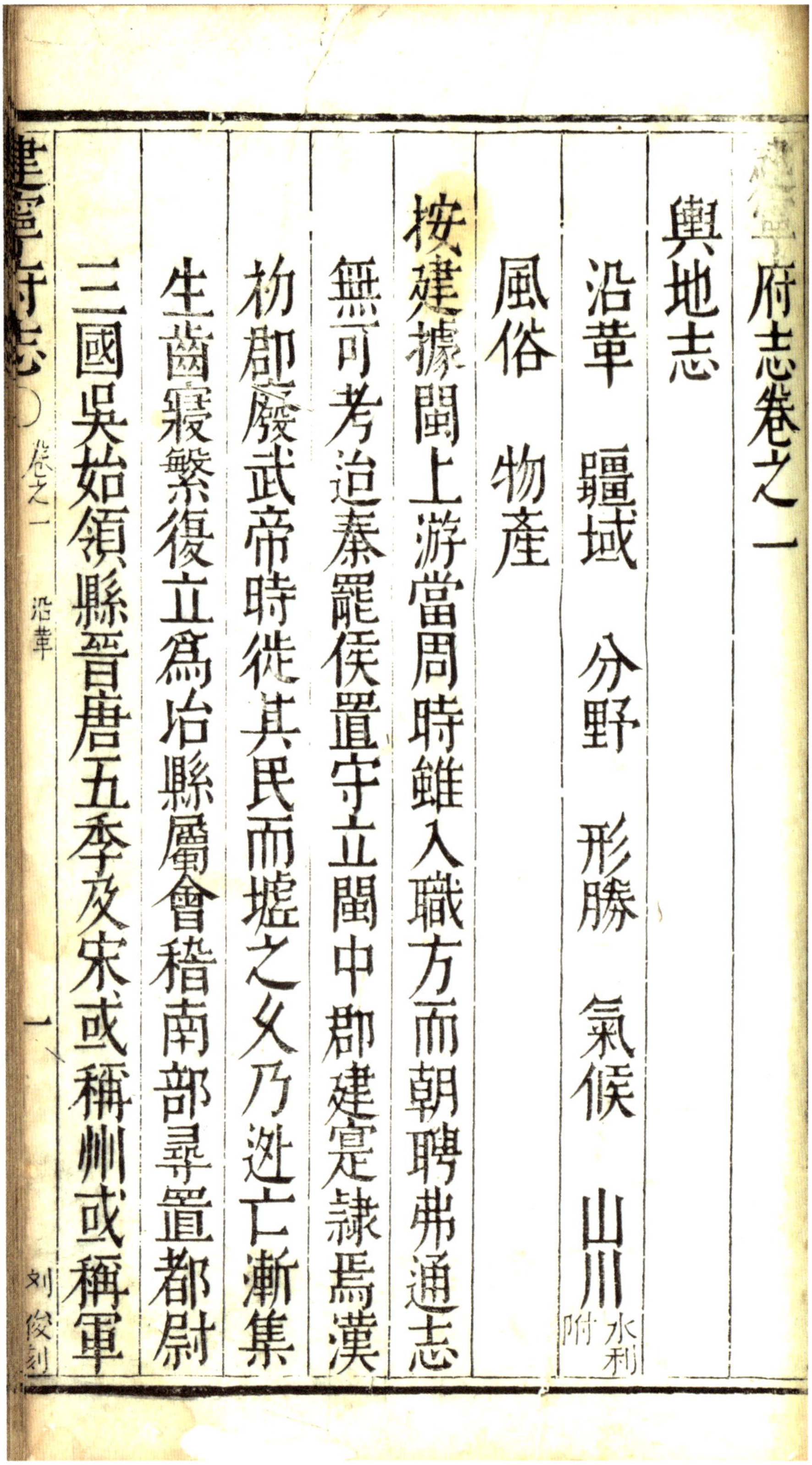

建寧府志卷之一

輿地志

沿革　疆域　分野　形勝　氣候　山川附水利

風俗　物産

按建據閩上游當周時雖入職方而朝聘弗通志
無可考迨秦罷侯置守立閩中郡建寧隸焉漢
初郡廢武帝時徙其民而墟之久乃逃亡漸集
生齒寖繁復立爲冶縣屬會稽南部尋置都尉
三國吳始領縣晉唐五季及宋或稱州或稱軍

建寧府志　卷之一　沿革　一　刘俊刻

11672 [萬曆]建寧府志五十二卷首一卷　（明）丁繼嗣　朱東光等纂修　明天啓刻本

匡高23.7厘米，廣15.4厘米。半葉九行，行二十字，小字雙行同，白口，四周雙邊。福建省圖書館藏，存四十九卷。

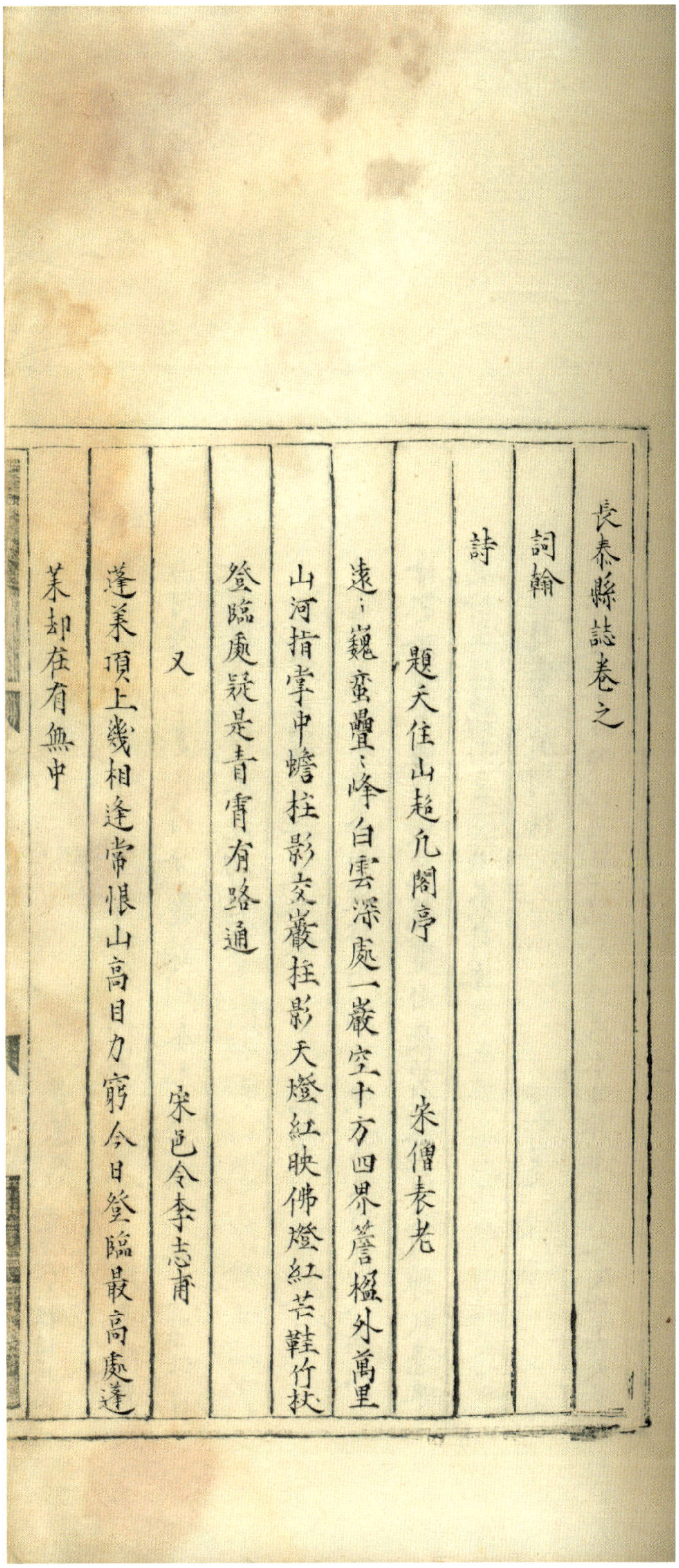

長泰縣誌卷之

詞翰

詩

題天住山超凡閣亭　宋僧表老

遠遠巍巒疊疊峰白雲深處一巖空十方四界簷楹外萬里山河指掌中蟾桂影交巖桂影天燈紅映佛燈紅芒鞋竹杖登臨處疑是青霄有路通

又　宋邑令李志甫

蓬萊頂上幾相逢常恨山高目力窮今日登臨最高處蓬萊却在有無中

11671 [嘉靖]長泰縣誌六卷　明抄本

匡高20.5厘米，廣13.6厘米。半葉十行，行二十七至二十八字，黑口，四周雙邊。有“范氏天一閣藏書”等印。寧波市天一閣博物館藏。

之法種之夏月頻澆溉則當年肥美可食
萱草一名鹿葱相傳謂妊婦佩之則生男故又名宜
男亦名忘憂實一物也其花可熟食
鼠麴生野田葉蒼白色三月間採之搗爛和米粉作
餅蒸食能壓時氣
茭生泥浦中根入土白肥鮮嫩可食謂之茭筍此味
江南曾充貢品
吉釣藤即道家降真香生深山中以枯老紫色者爲
貴
山茨菰蔓生山谷間實如顆而小能辟風邪近時人

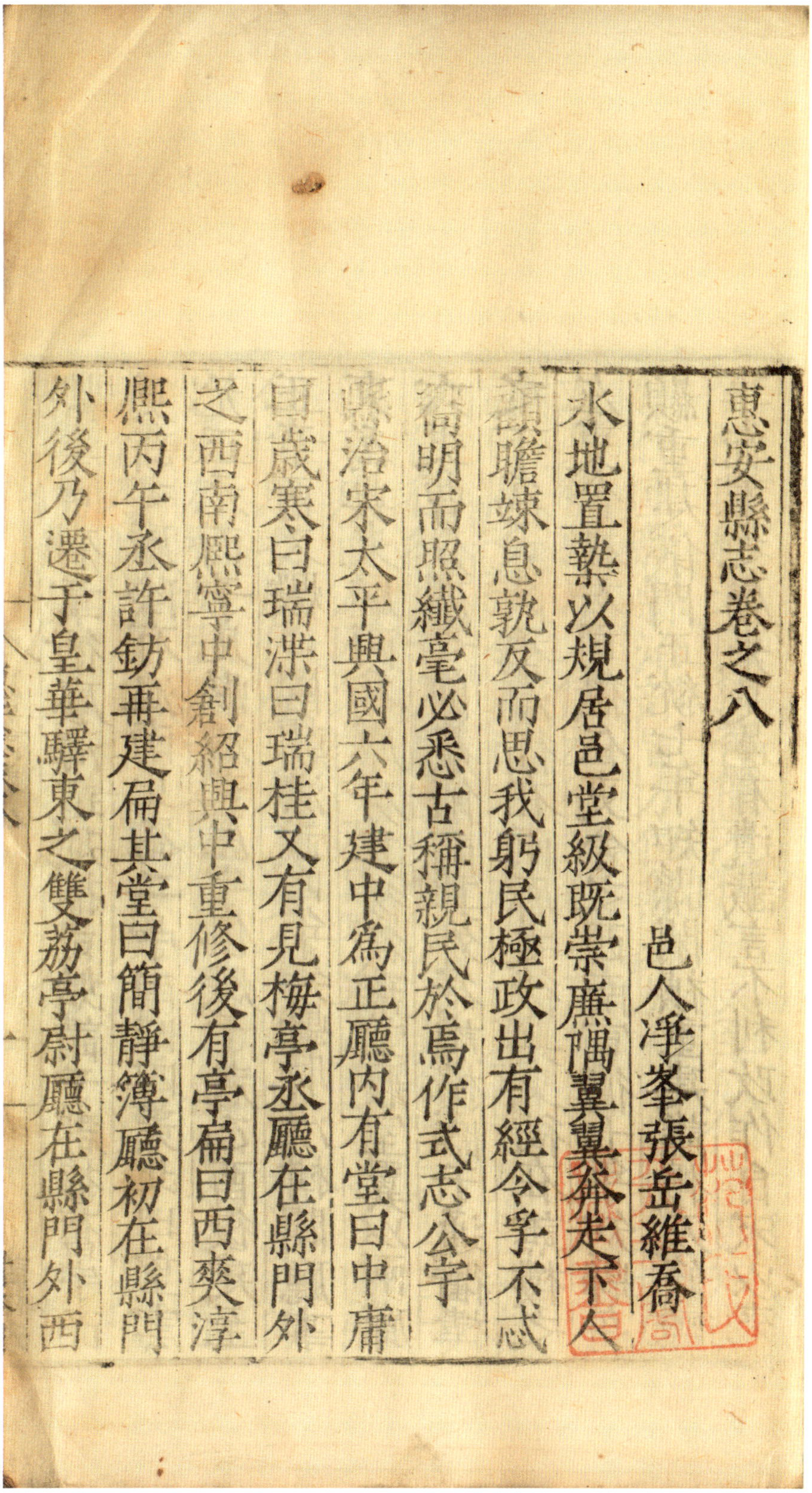
惠安縣志卷之八
邑人淨峯張岳維喬
水地置蓺以規居邑堂級既崇廡隅翼翼奔走下人
顏瞻竦息孰反而思我躬民極政出有經令孚不忒
德明而照纖毫必悉古稱親民於焉作式志公宇
縣治宋太平興國六年建中為正廳內有堂曰中庸
曰歲寒曰瑞棠曰瑞桂又有見梅亭丞廳在縣門外
之西南熙寧中創紹興中重修後有亭扁曰西爽淳
熙丙午丞許鈁再建扁其堂曰簡靜簿廳初在縣門
外後乃遷于皇華驛東之雙荔亭尉廳在縣門外西

11670 [嘉靖]惠安縣志十三卷　（明）莫尚簡　張岳纂修　明嘉靖刻藍印本

匡高18厘米，廣14.9厘米。半葉十行，行二十字，白口，左右雙邊。有“范氏天一閣藏書”等印。寧波市天一閣博物館藏。

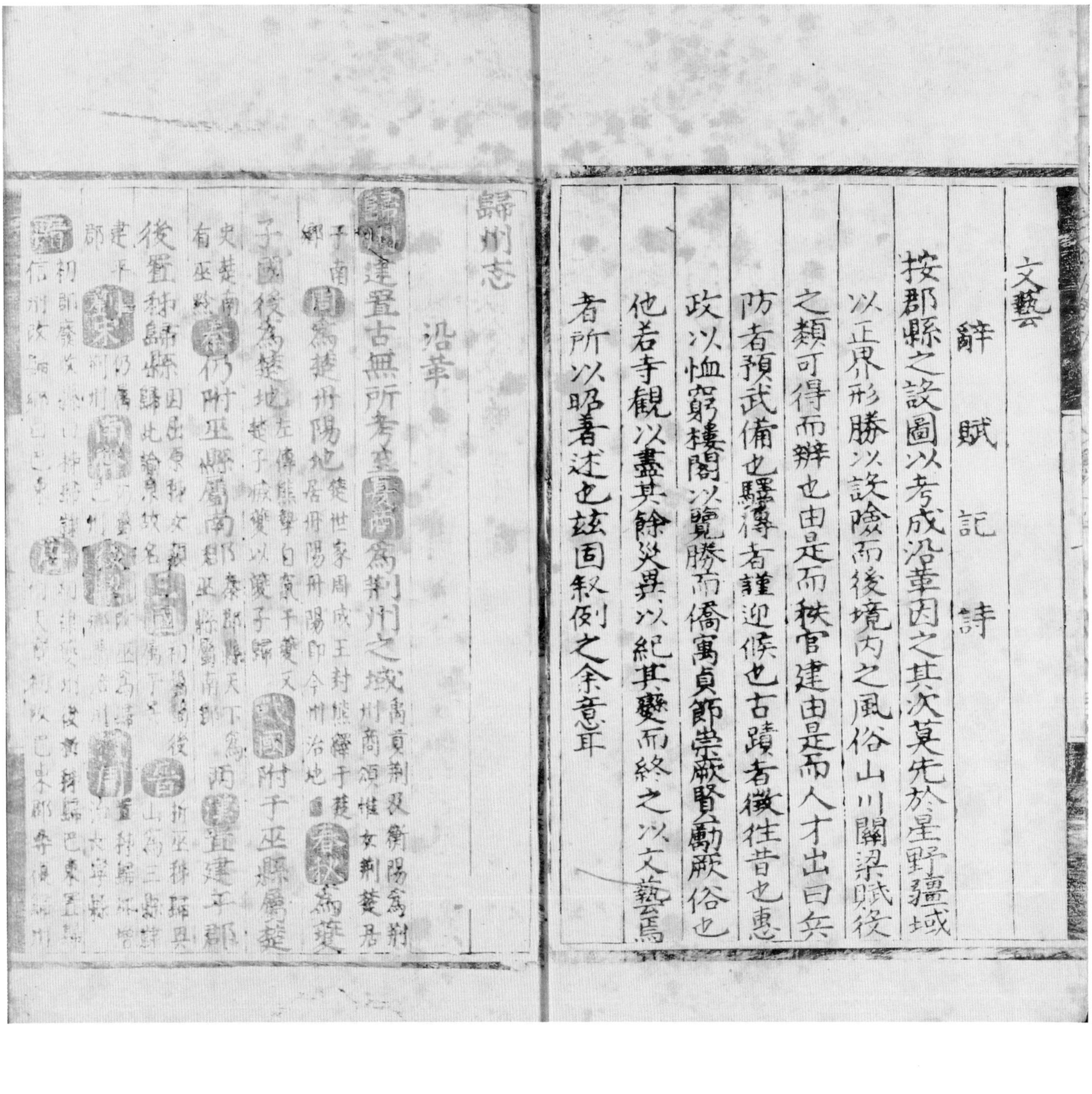

歸州志

沿革

歸州建置古無所考□為荊州之域

文藝

辭 賦 記 詩

按郡縣之設圖以考成沿革因之其次莫先於星野疆域以正界形勝以設險而後境內之風俗山川關梁賦役之類可得而辨也由是而秩官建由是而人才出曰兵防者預武備也驛傳者謹迎候也古蹟者徵往昔也惠政以恤窮樓閣以覽勝而僑寓貞節崇厥賢勵厥俗也他若寺觀以盡其餘災異以紀其變而終之以文藝焉者所以昭著述也茲固敘例之余意耳

11669 [嘉靖]歸州志二卷 （明）王錫　張時纂修　明嘉靖刻藍印本

匡高21.6厘米，廣16.2厘米。半葉九行，行二十五字，小字雙行同，藍口，四周雙邊。有“范氏天一閣藏書”等印。寧波市天一閣博物館藏。

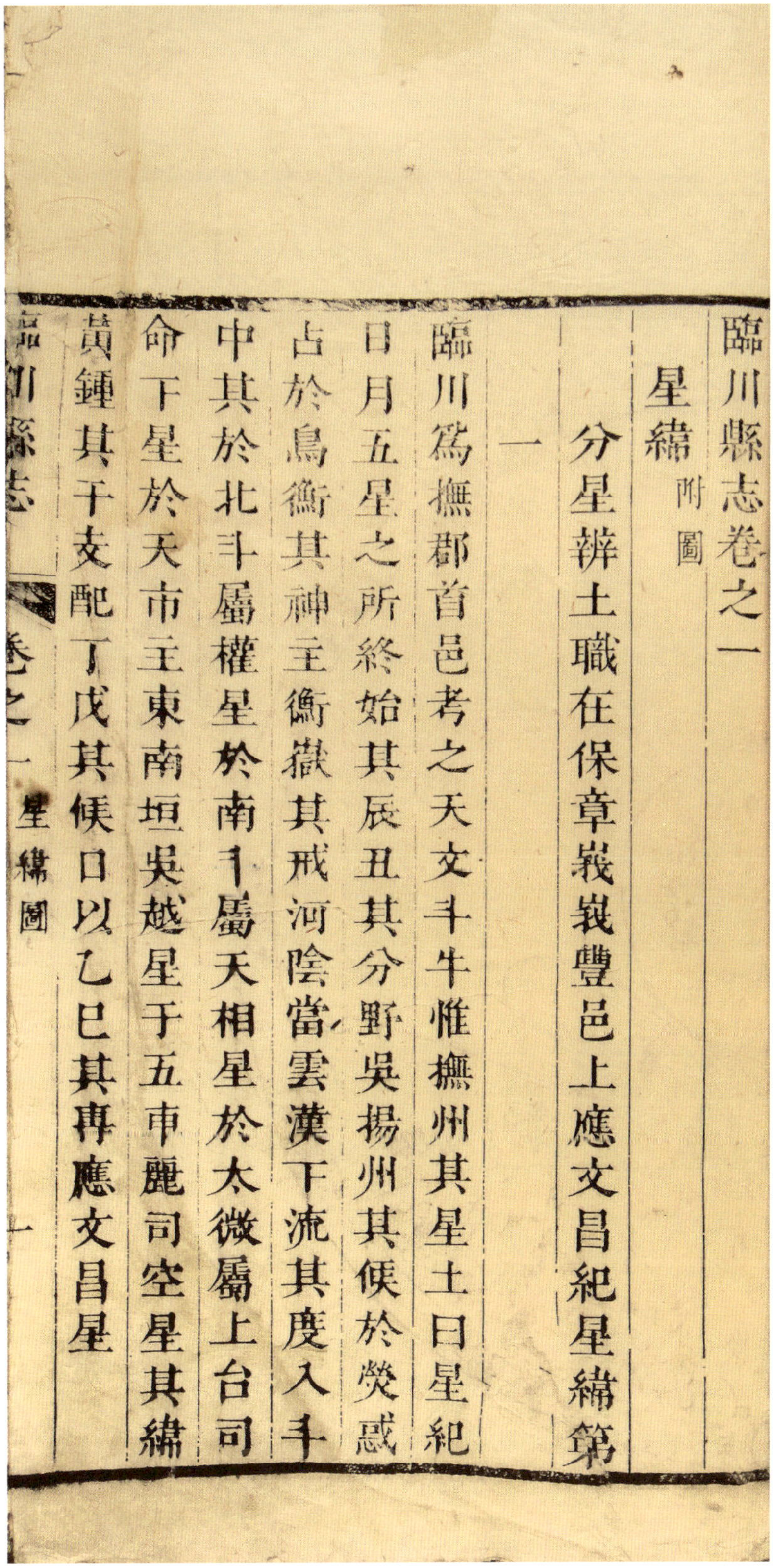

臨川縣志卷之一

星緯 附圖

分星辨土職在保章𢧢𢧢豐邑上應文昌紀星緯第一

臨川爲撫郡首邑考之天文斗牛惟撫州其星土曰星紀日月五星之所終始其辰丑其分野吳揚州其候於熒惑占於鳥衡其神主衡嶽其戒河陰當雲漢下流其度入斗中其於北斗屬權星於南斗屬天相星於太微屬上台司命下星於天市主東南垣吳越星于五帝麗司空星其緯黃鍾其干支配丁戊其候日以乙巳其再應文昌星

臨川縣志 卷之一 星緯圖 一

11668 [康熙]臨川縣志三十卷 （清）胡亦堂纂修 清康熙刻本

匡高20.5厘米，廣13.8厘米。半葉十行，行二十二字，小字雙行同，白口，左右雙邊。撫州市臨川區圖書館藏。

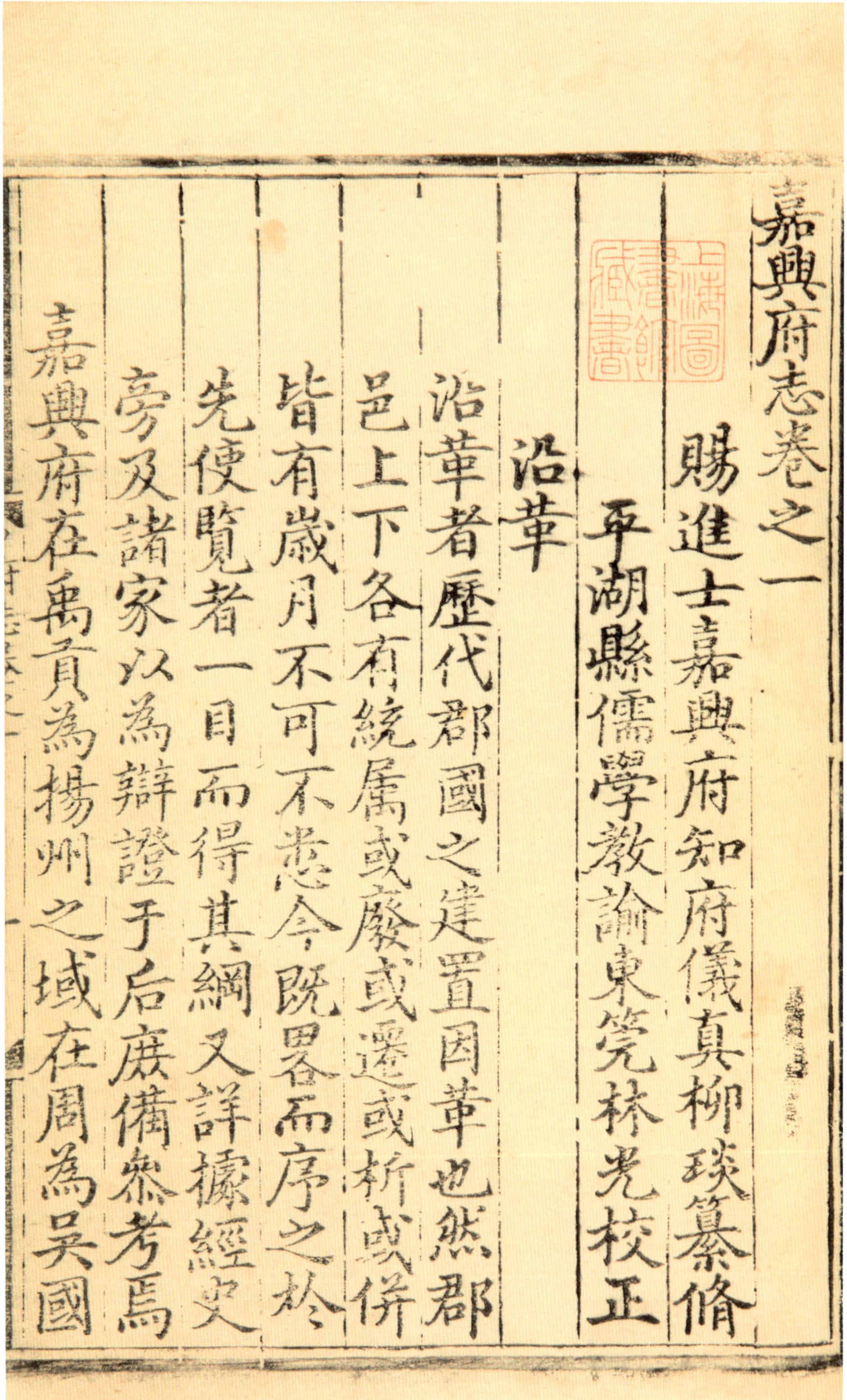

嘉興府志卷之一

賜進士嘉興府知府儀真柳琰纂脩

平湖縣儒學教諭東莞林光校正

沿革

沿革者歷代郡國之建置因革也然郡邑上下各有統屬或廢或遷或析或併皆有歲月不可不悉今旣畧而序之於先使覽者一目而得其綱又詳據經史旁及諸家以爲辯證于后庶備參考焉

嘉興府在禹貢爲揚州之域在周爲吴國

11667 [弘治]嘉興府志三十二卷 （明）柳琰纂修　明弘治刻本

匡高22厘米，廣16厘米。半葉十行，行十八字，小字雙行同，黑口，四周雙邊。上海圖書館藏。

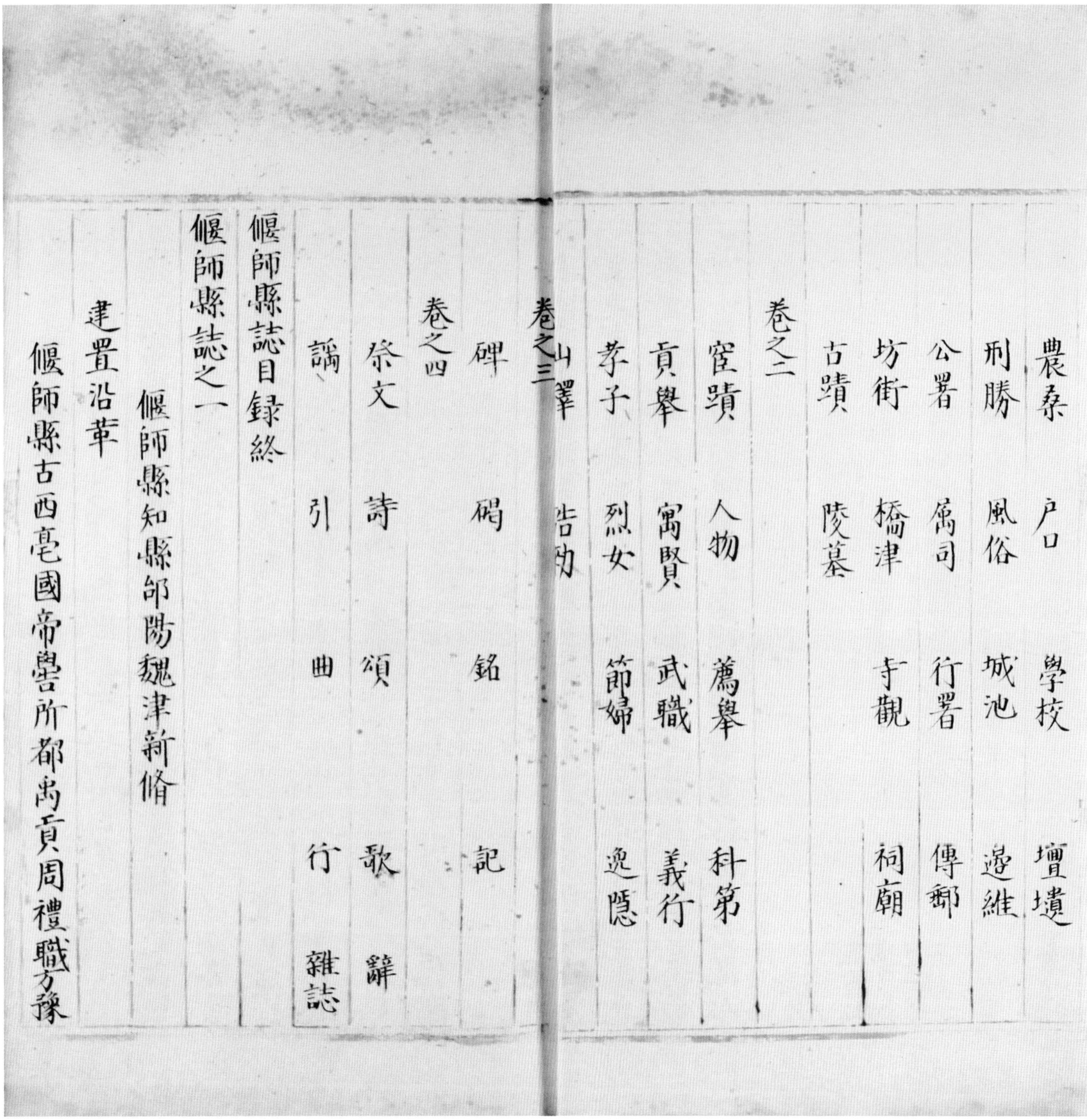
農桑 戶口 學校 壇壝
刑勝 風俗 城池 邊維
公署 屬司 行署 傳郵
坊街 橋津 寺觀 祠廟
古蹟 陵墓
卷之二
宦蹟 人物 薦舉 科第
貢舉 寓賢 武職 義行
孝子 烈女 節婦 逸隱
卷之三山睪 告勑
碑 碣 銘 記
卷之四
祭文 詩 頌 歌 辭
謌 引 曲 行 雜誌
偃師縣誌目録終
偃師縣誌之一
偃師縣知縣邰陽魏津新脩
建置沿革
偃師縣古西亳國帝嚳所都禹貢周禮職方豫

11666 [弘治]偃師縣誌四卷　（明）魏津纂修　明抄本

包背裝。匡高20.5厘米，廣14.5厘米。半葉十行，行二十一至二十三字，藍格，白口，四周雙邊。有“范氏天一閣藏書”等印。寧波市天一閣博物館藏。

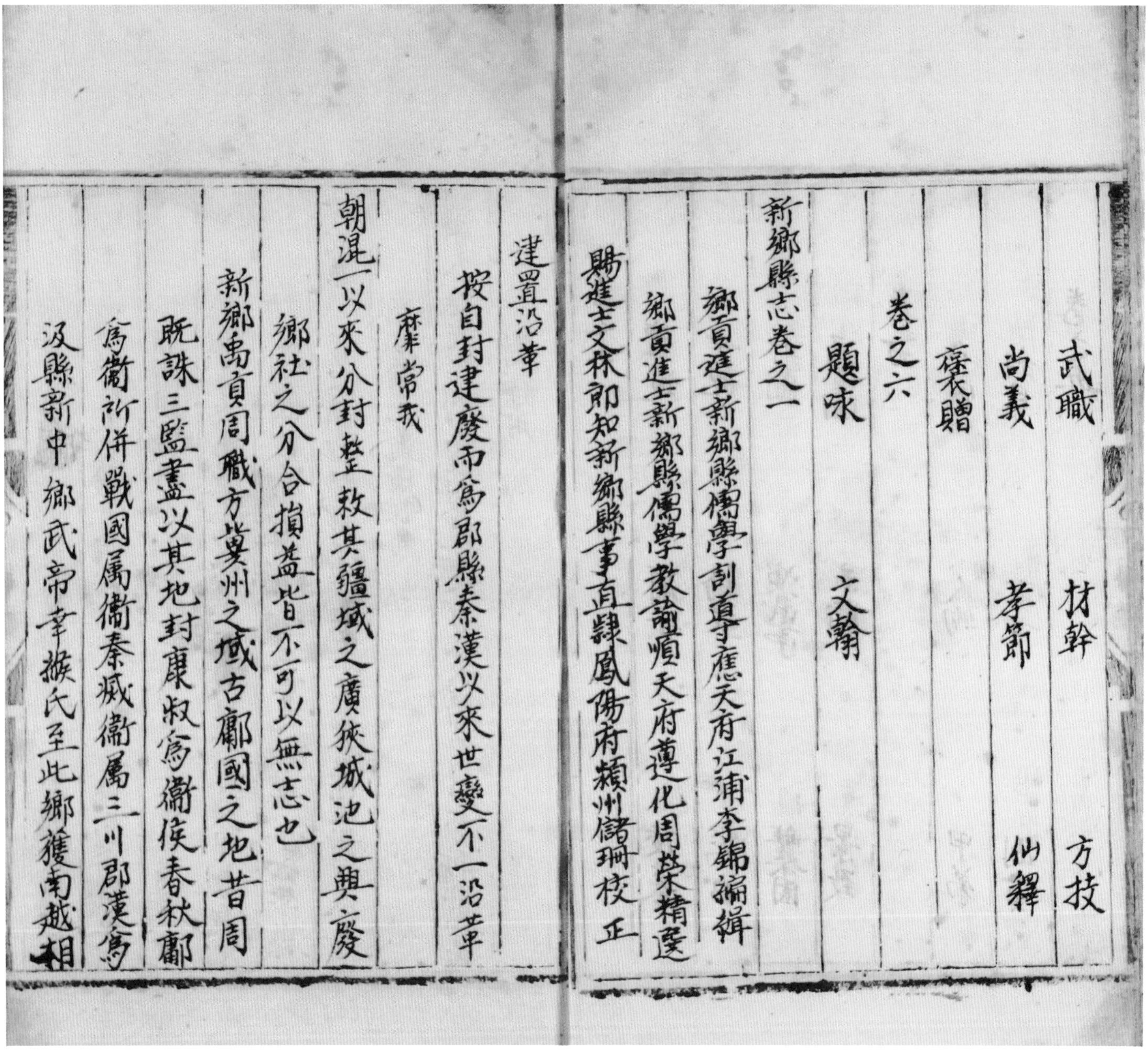

武職 材幹 方技
尚義 孝節 仙釋
褒贈
卷之六
題咏 文翰

新鄉縣志卷之一
鄉貢進士新鄉縣儒學訓導應天府江浦李錦編輯
鄉貢進士新鄉縣儒學教諭順天府遵化周榮精選
賜進士文林郎知新鄉縣事直隸鳳陽府潁州儲珊校正

建置沿革
按自封建廢而爲郡縣秦漢以來世變不一沿革靡常我
朝混一以來分封整救其疆域之廣狹城池之興廢鄉社之分合損益皆不可以無志也
新鄉禹貢周職方冀州之域古鄘國之地昔周既誅三監盡以其地封康叔爲衞侯春秋鄘爲衞所併戰國屬衛秦滅衛屬三川郡漢爲汲縣新中鄉武帝幸緱氏至此鄉獲南越相

11665 [正德]新鄉縣志六卷 （明）儲珊　李錦纂修　明抄本

包背裝。匡高22厘米，廣15.7厘米。半葉九行，行二十至二十六字，藍格，藍口，四周雙邊。有“范氏天一閣藏書”等印。寧波市天一閣博物館藏。

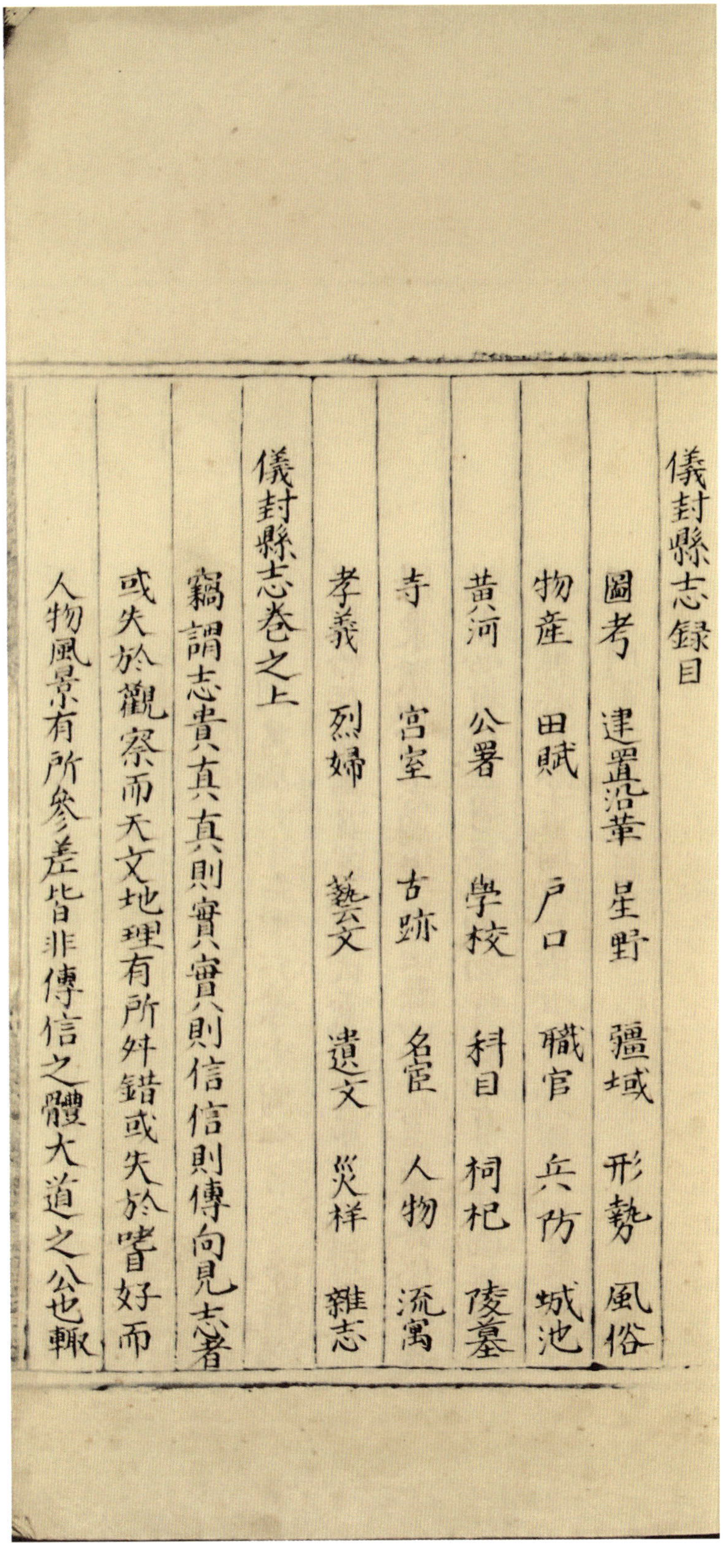
儀封縣志録目
圖考 建置沿革 星野 疆域 形勢 風俗
物産 田賦 戶口 職官 兵防 城池
黄河 公署 學校 科目 祠祀 陵墓
寺 宮室 古跡 名宦 人物 流寓
孝義 烈婦 藝文 遺文 災祥 雜志

儀封縣志卷之上
竊謂志貴、真、真則實、實、則信信則傳向見志者
或失於觀察而天文地理有所舛錯或失於嗜好而
人物風景有所參差皆非傳信之體大道之公也輒

11664 [嘉靖]儀封縣志不分卷 明抄本

包背裝。匡高20.6厘米，廣15.3厘米。半葉十行，行字不等，藍格，藍口，四周雙邊。有"范氏天一閣藏書"等印。寧波市天一閣博物館藏。

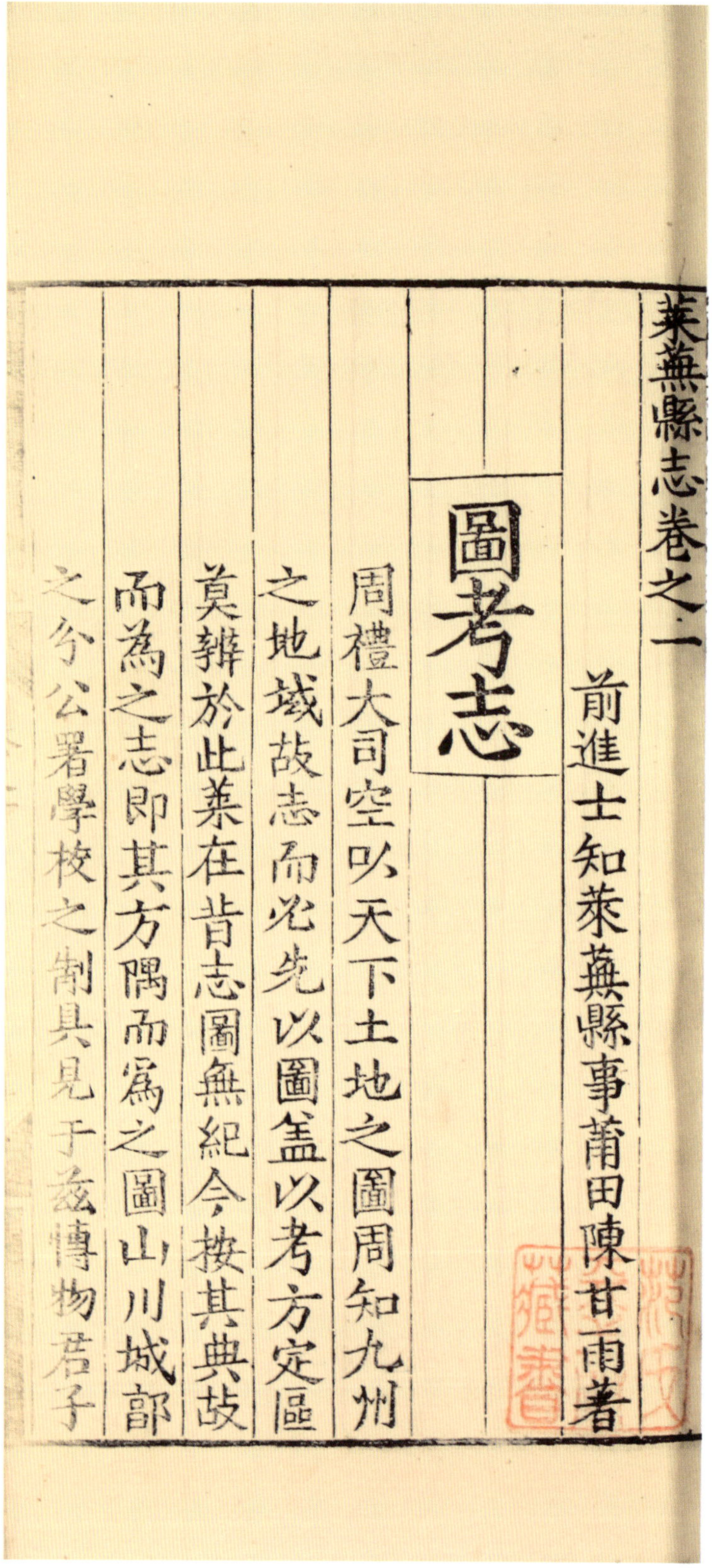
萊蕪縣志卷之一

前進士知萊蕪縣事莆田陳甘雨著

圖考志

周禮大司空以天下土地之圖周知九州之地域故志而必先以圖蓋以考方定區莫辨於此萊在昔志圖無紀今按其典故而爲之志即其方隅而爲之圖山川城郭之分公署學校之制具見于兹博物君子

11663 [嘉靖]萊蕪縣志八卷 （明）陳甘雨纂修 明嘉靖二十七年（1548）

刻藍印本

包背裝。匡高22.8厘米，廣14.6厘米。半葉九行，行二十一字，小字雙行同，黑口，四周單邊。有“范氏天一閣藏書”等印。寧波市天一閣博物館藏。

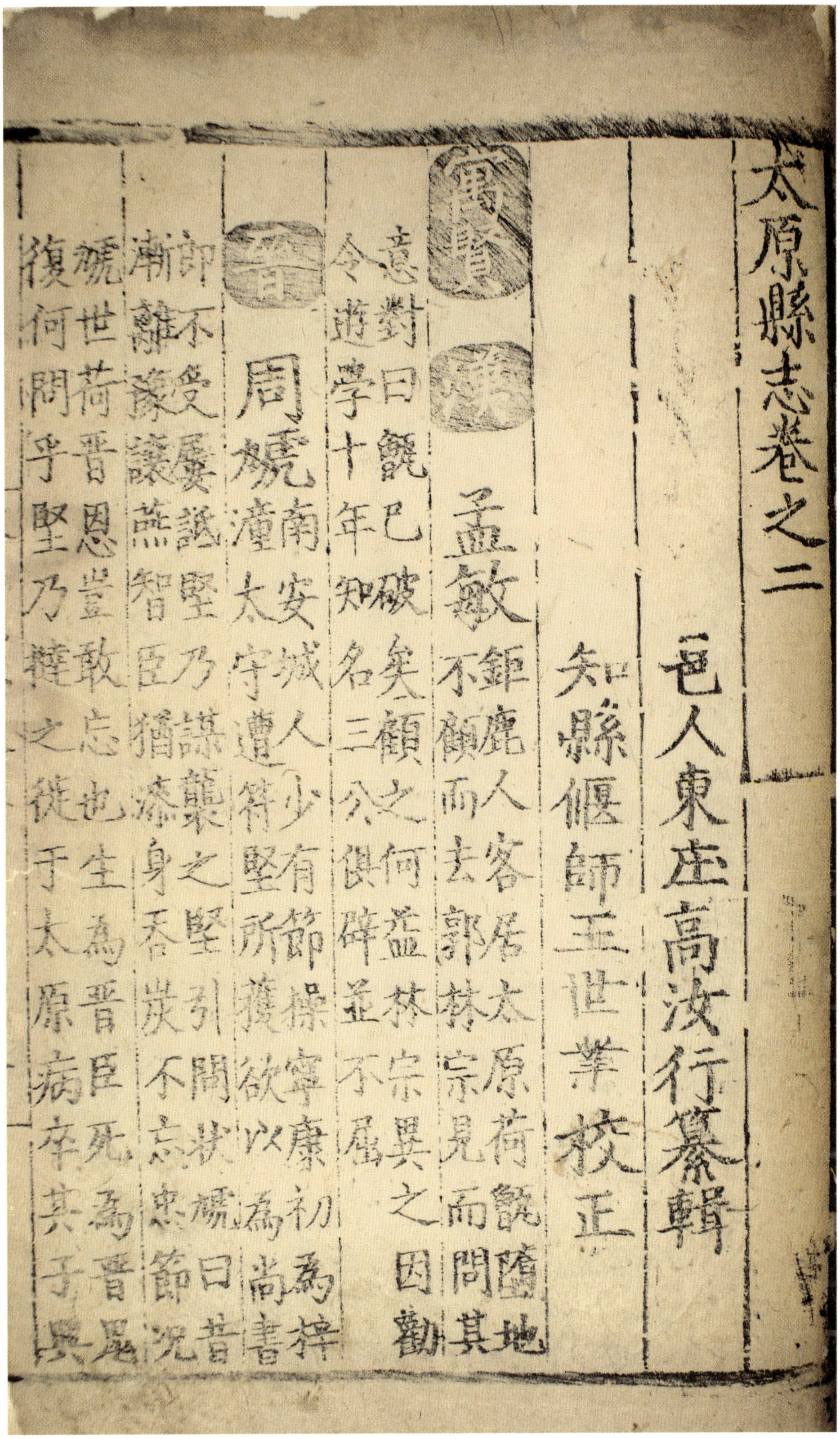

太原縣志卷之二

邑人東庄高汝行纂輯

知縣偃師王世業校正

孟敏 鉅鹿人客居太原荷甑隨地不顧而去郭林宗見而問其意對曰甑已破矣顧之何益林宗異之因勸令遊学十年知名三公俱辟並不屈

周虓 南安城人少有節操寧康初為梓潼太守遭符堅所獲欲以為尚書郎不受屢誑堅乃謀襲之堅引問狀虓曰昔漸離豫讓燕智臣猶漆身吞炭不忘忠節況虓世荷晉恩豈敢忘也生為晉臣死為晉鬼復何問乎堅乃鞬之徙于太原病卒其子異

11662 [嘉靖]太原縣志六卷　(明)高汝行纂修　明嘉靖三十年（1551）刻本

匡高21厘米，廣14.7厘米。半葉八行，行十八字，小字雙行同，白口，四周單邊。東北師範大學圖書館藏。

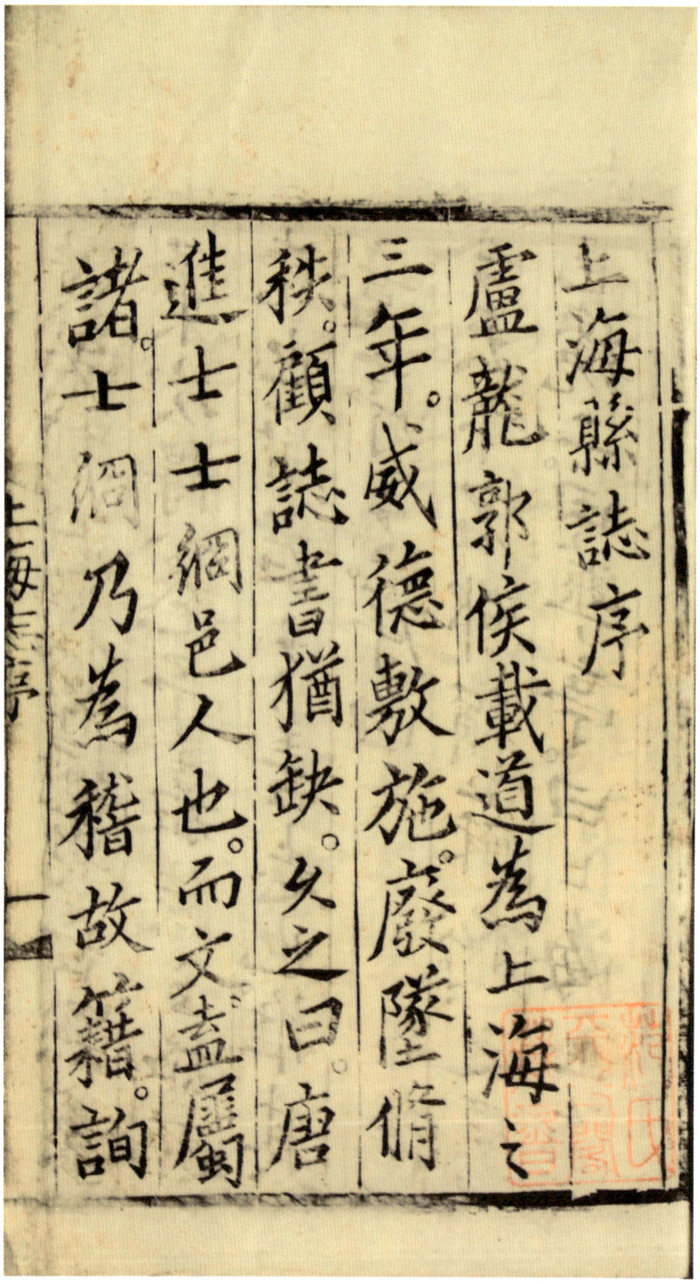

上海縣誌序
盧龍郭侯載道為上海之
三年。威德敷施。廢墜脩
秩。顧誌書猶缺。久之曰。唐
進士士綱邑人也。而文益屬
諸士。綱乃為稽故籍。詢

上海志序　一

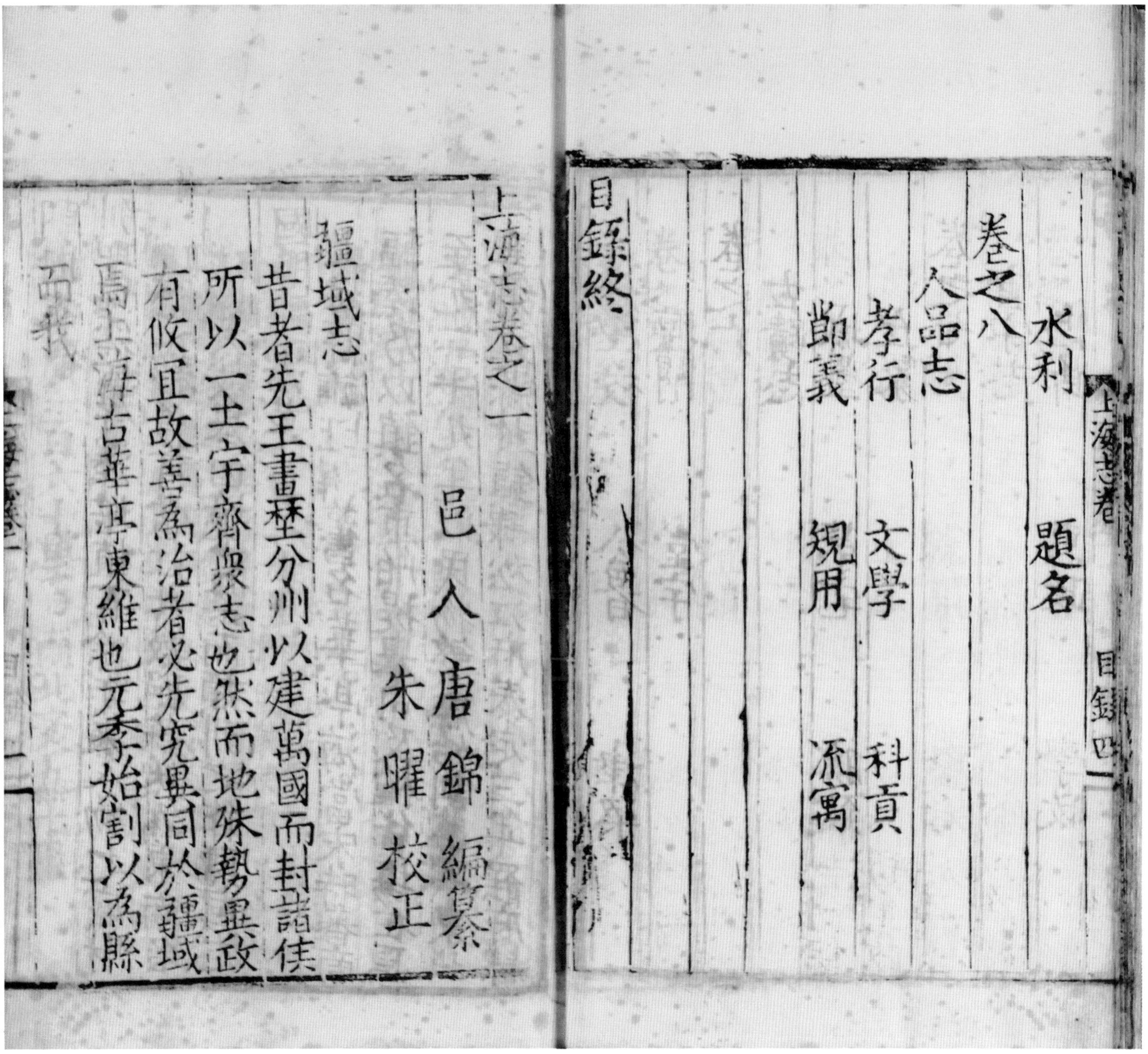

11661 [弘治]上海志八卷　(明)郭經　唐錦纂修　明弘治刻本

包背裝。匡高20.5厘米，廣14.4厘米。半葉九行，行十七至十九字，小字雙行十八字，白口，左右雙邊。有“范氏天一閣藏書”等印。寧波市天一閣博物館藏。

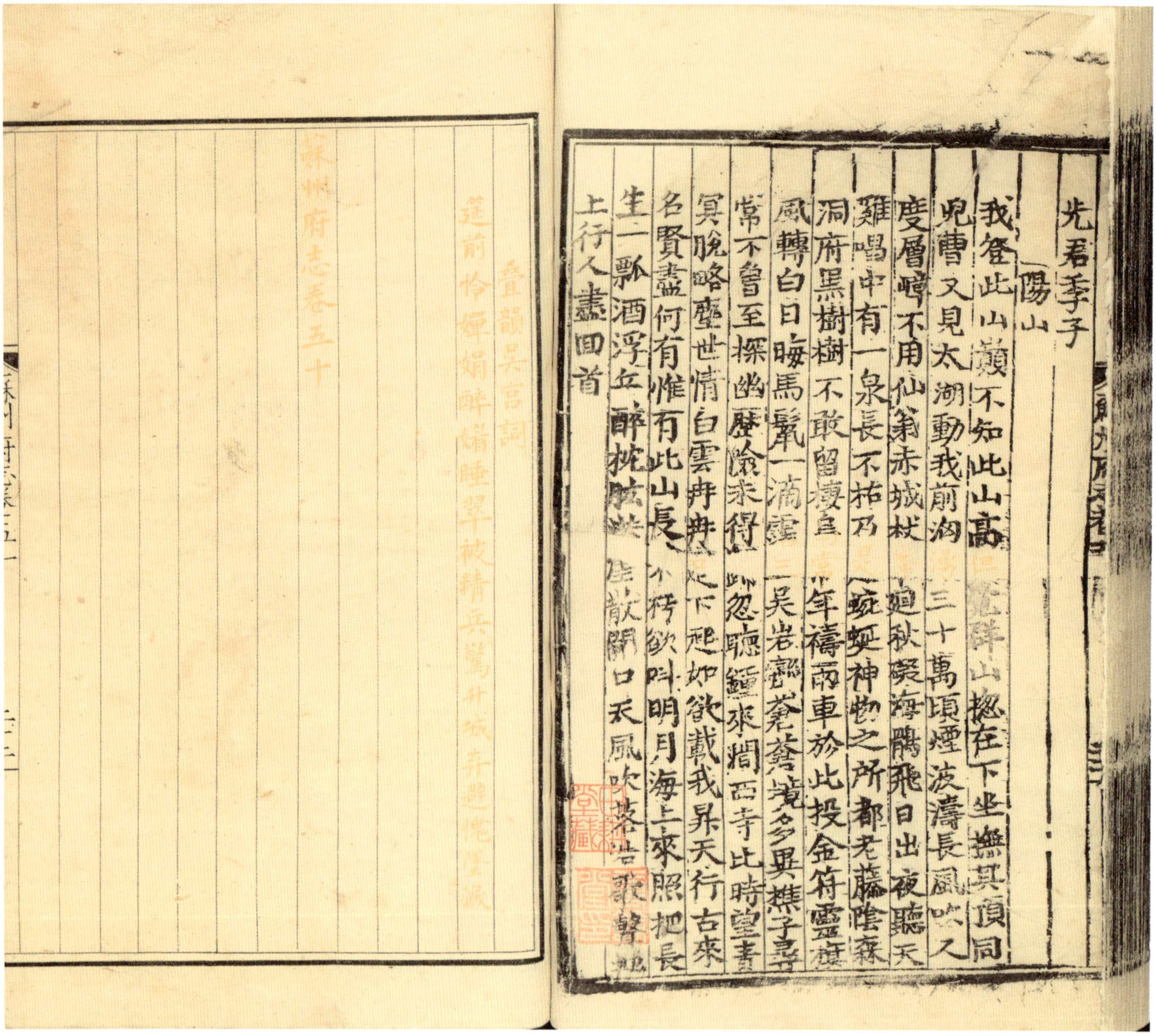

先君季子

陽山

我登此山巔不知此山高[illegible]覺群山總在下坐撫其頂同
兒曹又見太湖動我前洶湧三十萬頃煙波濤長風吹入
度層崿不用仙翁赤城杖[illegible]迴秋變海鵲飛日出夜聽天
雞鳴中有一泉長不枯乃[illegible]蛟螭神物之所都老藤陰森
洞府黑樹樹不敢留棲息[illegible]年禱雨車於此投金符靈旗
風轉白日晦馬鬣一滴靈[illegible]吳岩壑蒼蒼竟多異樵子尋
常不曾至探幽歷險求得[illegible]忽聽鐘來潤西寺此時望書
冥脫略塵世情白雲冉冉[illegible]足下起如欲載我昇天行古來
名賢盡何有惟有此山長[illegible]不朽欲叫明月海上來照把長
生一瓢酒浮丘醉挽肱[illegible]散開口天風吹落[illegible]歌聲[illegible]
上行人盡回首

疊韻吳宮詞
筵前伶俾娟醉[illegible]睡翠被精兵驚廾城弃避[illegible]

蘇州府志卷五十

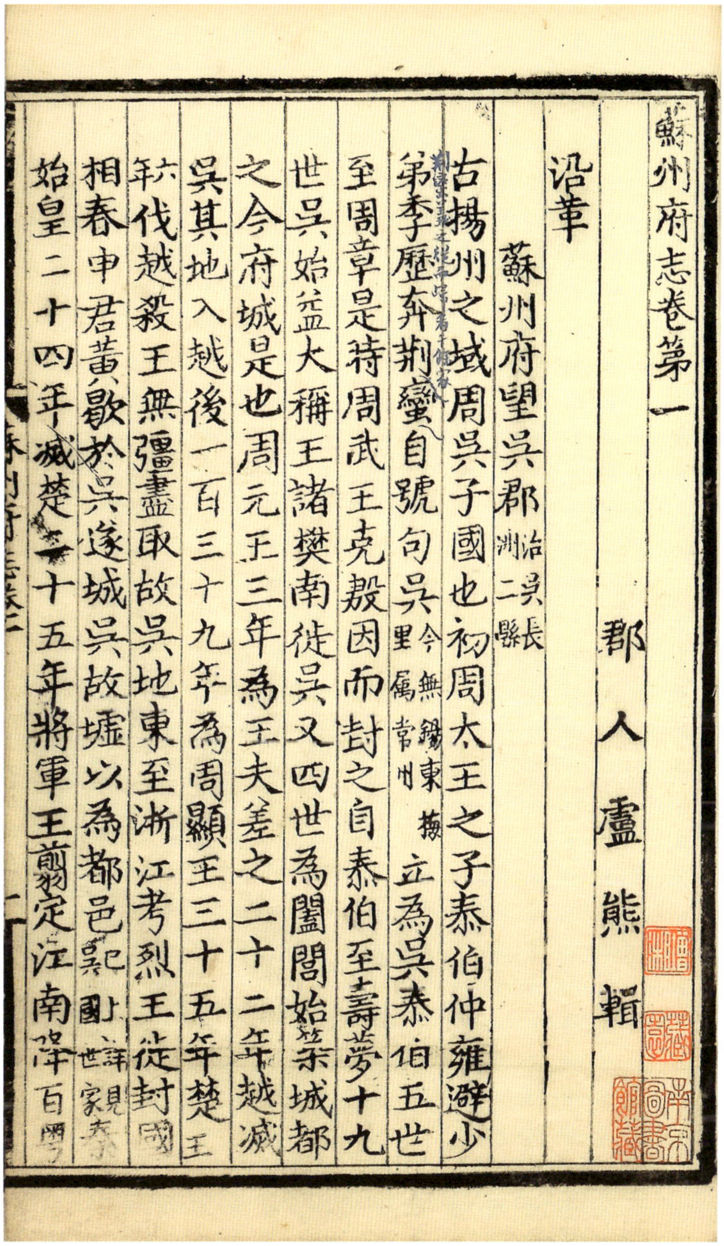

11659、11660 [洪武]蘇州府志五十卷 （明）盧熊纂修　明洪武刻本

匡高24.6厘米，廣16.2厘米。半葉十三行，行二十三字，黑口，四周雙邊。國家圖書館藏，有毛氏汲古閣抄補，有“石印韞玉”“琢堂”“西河”“汲古閣”“田耕堂藏”“泰峯所藏善本”“慶餘堂印”等印，毛晉、宋賓王、黄丕烈校；南京圖書館藏，傅增湘跋，汪希董跋並録黄廷鑑校跋及顧遴士跋。

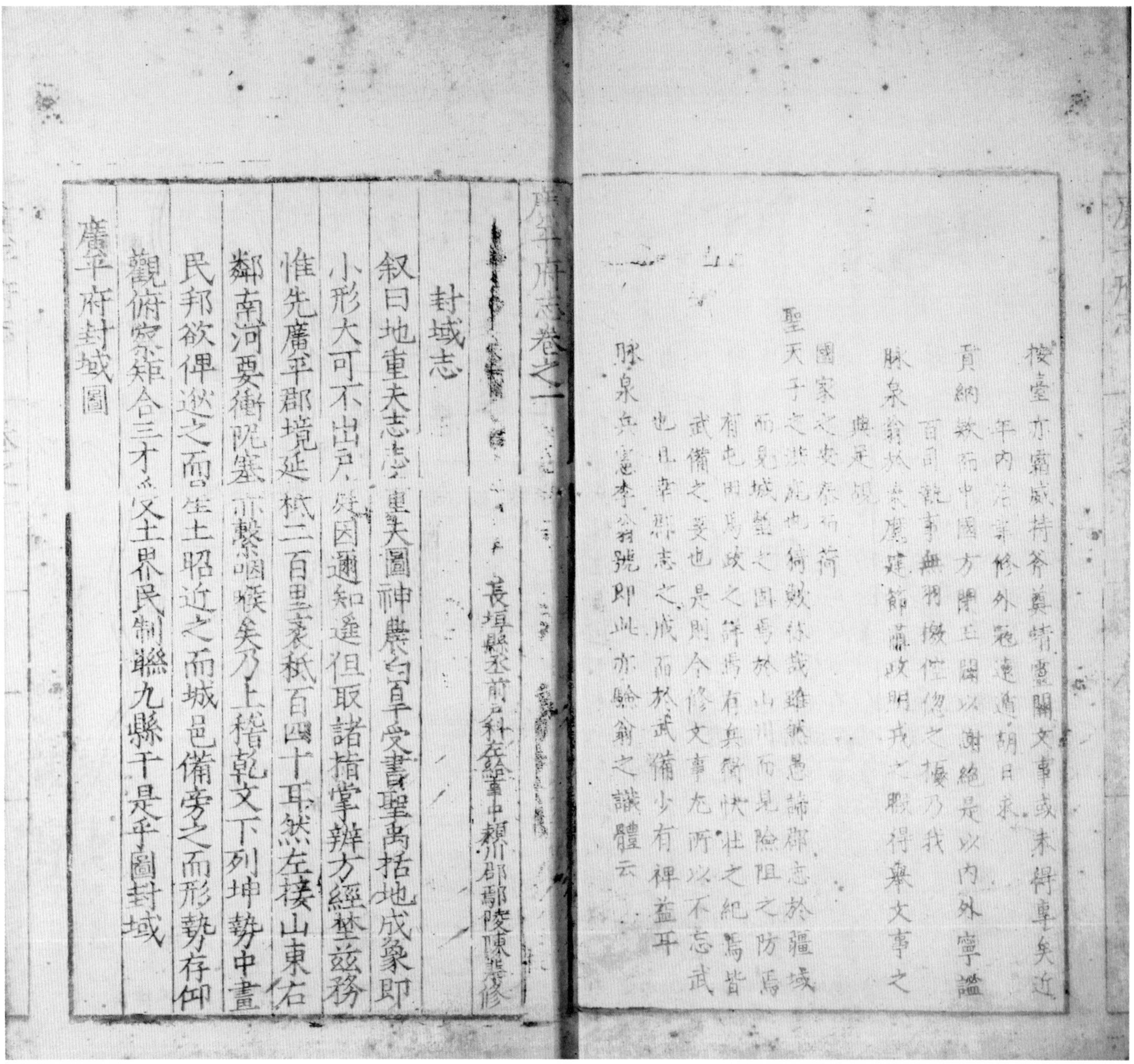

11658 [嘉靖]廣平府志十六卷 （明）翁相　陳棐纂修　明嘉靖二十九年（1550）刻藍印本

匡高25.2厘米，廣15.9厘米。半葉十行，行二十五字，小字雙行同，白口，四周單邊。有“范氏天一閣藏書”等印。寧波市天一閣博物館藏。

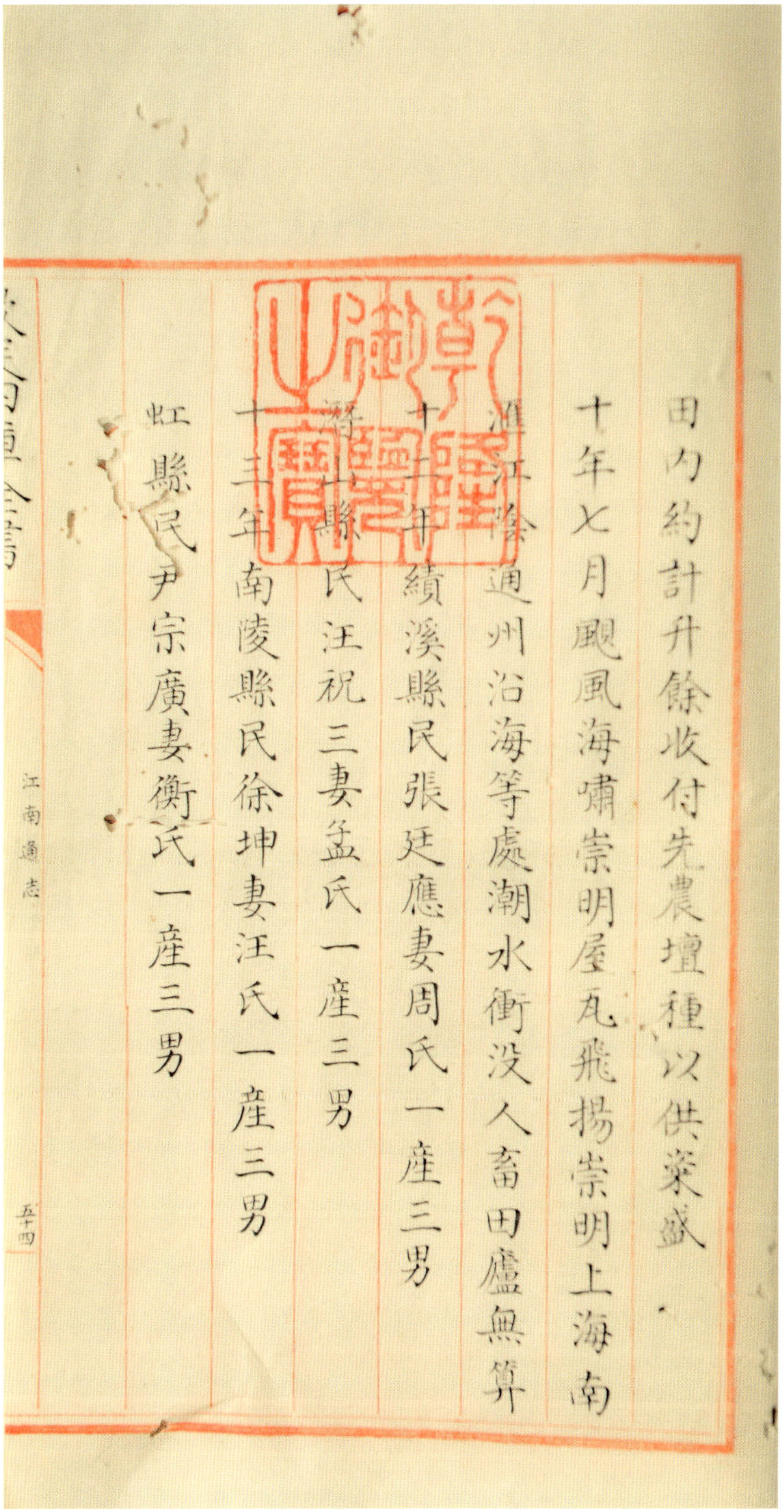

乾隆御覽之寶

田内約計升餘收付先農壇種以供粢盛
十年七月颶風海嘯崇明屋瓦飛揚崇明上海南
滙江徐通州沿海等處潮水衝没人畜田廬無算
十一年績溪縣民張廷應妻周氏一産三男
潛山縣民汪祝三妻孟氏一産三男
十三年南陵縣民徐坤妻汪氏一産三男
虹縣民尹宗廣妻衡氏一産三男

江南通志 五十四

11657 江南通志二百卷首四卷

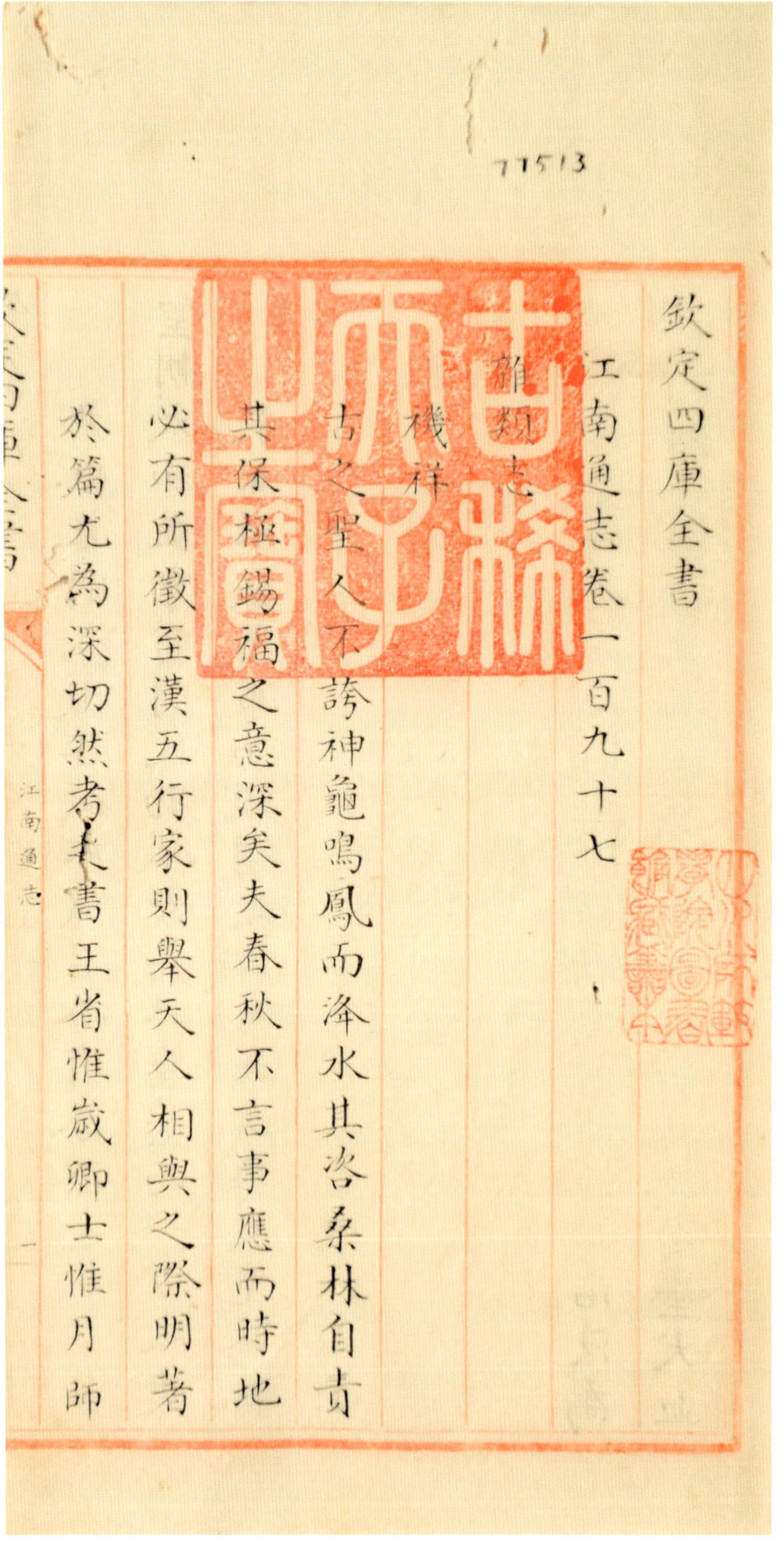

11657 江南通志二百卷首四卷 （清）尹繼善等纂修　清乾隆内府寫南三閣四庫全書本

匡高21厘米，廣13.7厘米。半葉八行，行二十一字，紅格，白口，四周雙邊。有“古稀天子之寶”“乾隆御覽之寶”等印。四川師範大學圖書館藏，存一卷。

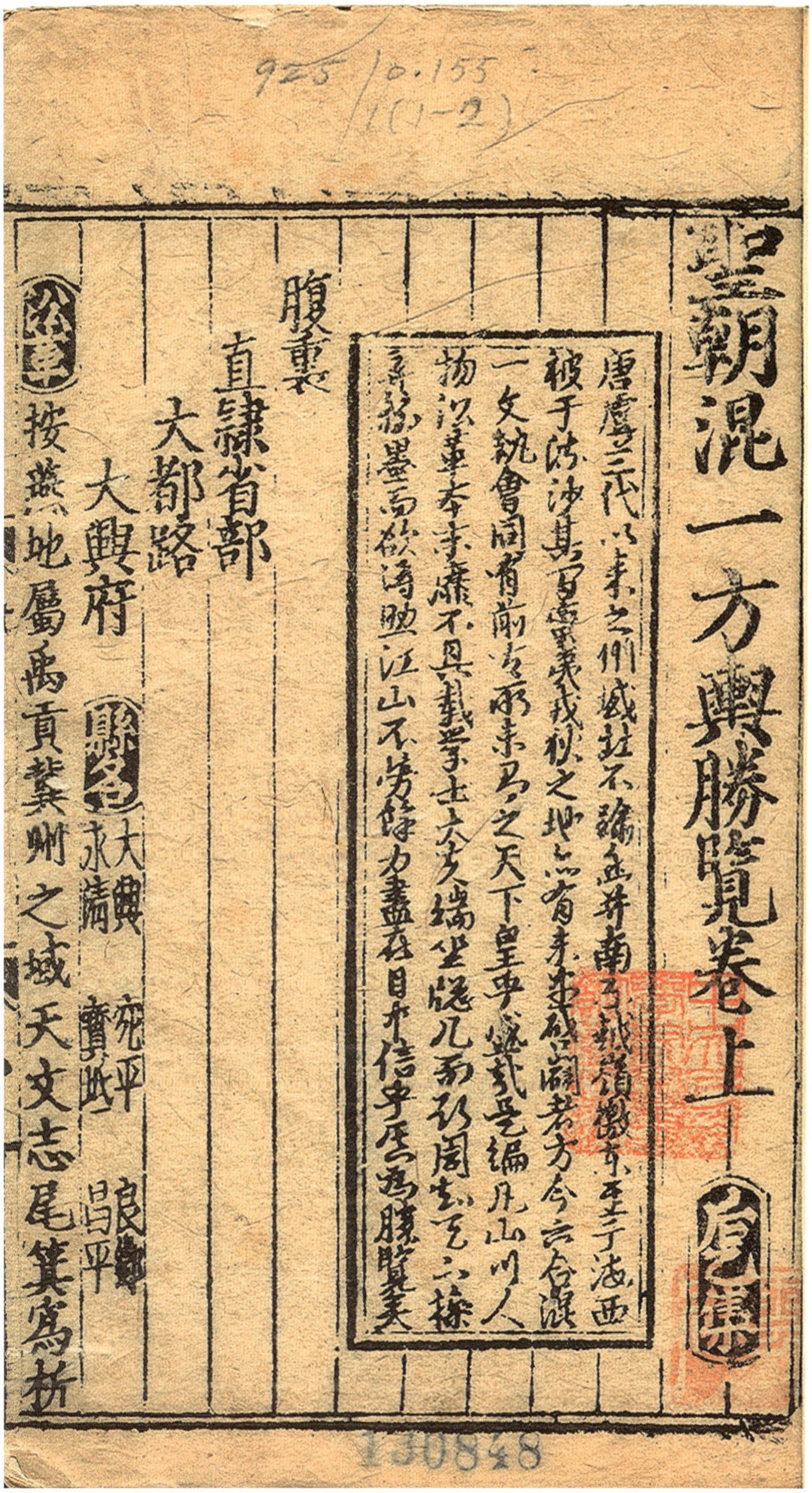

11656 聖朝混一方輿勝覽三卷 明初刻事文類聚翰墨全書後乙集本

匡高15.4厘米，廣10.1厘米。半葉十二行，行二十字，細黑口，四周雙邊。
中央民族大學圖書館藏。

右孫淵如先生所集括地志倪韭瓶先生命校者也若疇按地理書之最古者為孔安國之真古文禹貢傳桑欽之水經班固漢志之引古文者如吳山為汧山垂山為惇物太室為外方章山為内方之類極為精確又引桑欽凡七與今本水經異今桑欽與孔安國之書不傳則言地理者尚可以漢志為依據司馬彪之續漢志昔人譏其遺漏既多又郡縣增省在安順以後者即不著録元郝經所補地理但襲晉書不知晉書於地理最多舛錯沈約所著如汝陰蒙縣背魏書而乖漢制者不可勝數隋書地理志義陽郡有鄳縣宋州郡志及晉太康地志屬義陽者並有鄳縣晉地理云鄳屬江夏集韻云鄳在義陽鄳鄳二字或有一誤或當屬義陽當屬江夏均不可知然則史家地理漢晉隋唐以來率多牴牾必稱專家者然後能精淵如先生之集此書也誠為偉見是書取諸史記正義者為多若疇因思今史記注中正義頗有割裂殊失其舊近年正義原本已不可得海内藏書家諒有存者誠得有心人翻刻傳世將不致亦如坤元録之散佚此又因集括地志者而推及者也或質之淵如先生其以鄙見為然不貴州安平邑陳若疇於乾隆五十七年八月二十二日校畢併書

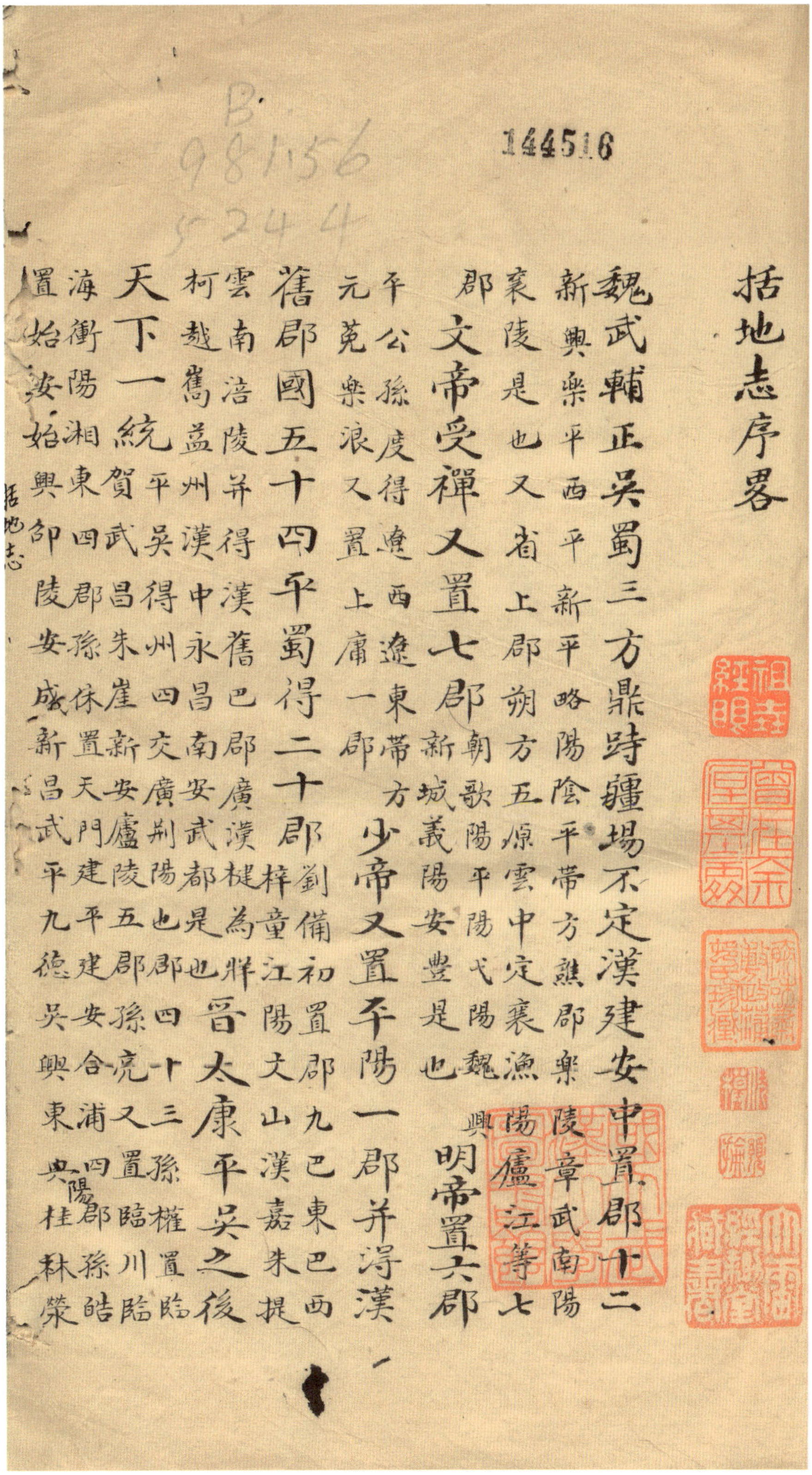

括地志序畧

魏武輔正吳蜀三方鼎跱疆埸不定漢建安中置郡十二新興樂平西平新平略陽陰平帶方譙郡樂陵章武南陽襄陵是也又省上郡朔方五原雲中定襄漁陽廬江等七郡

文帝受禪又置七郡朝歌陽平陽弋陽魏興新城義陽安豐是也明帝置六郡平公孫度得遼西遼東帶方元菟樂浪又置上庸一郡少帝又置平陽一郡并浮漢

舊郡國五十四平蜀得二十郡劉備初置郡九巴東巴西梓童江陽文山漢嘉朱提雲南涪陵并得漢舊巴郡廣漢犍為牂柯越巂益州漢中永昌南安武都是也晉太康平吳之後

天下一統平吳得州四交廣荊陽也郡四十三孫權置臨賀武昌朱崖新安廬陵五郡孫亮又置臨川臨海衡陽湘東四郡孫休置天門建平建安合浦四郡孫皓置始安始興邵陵安成新昌武平九德吳興東興陽桂林滎

括地志

11655 括地志不分卷 （唐）李泰撰 （清）孫星衍輯 清抄本

陳若疇校並跋。武漢大學圖書館藏。

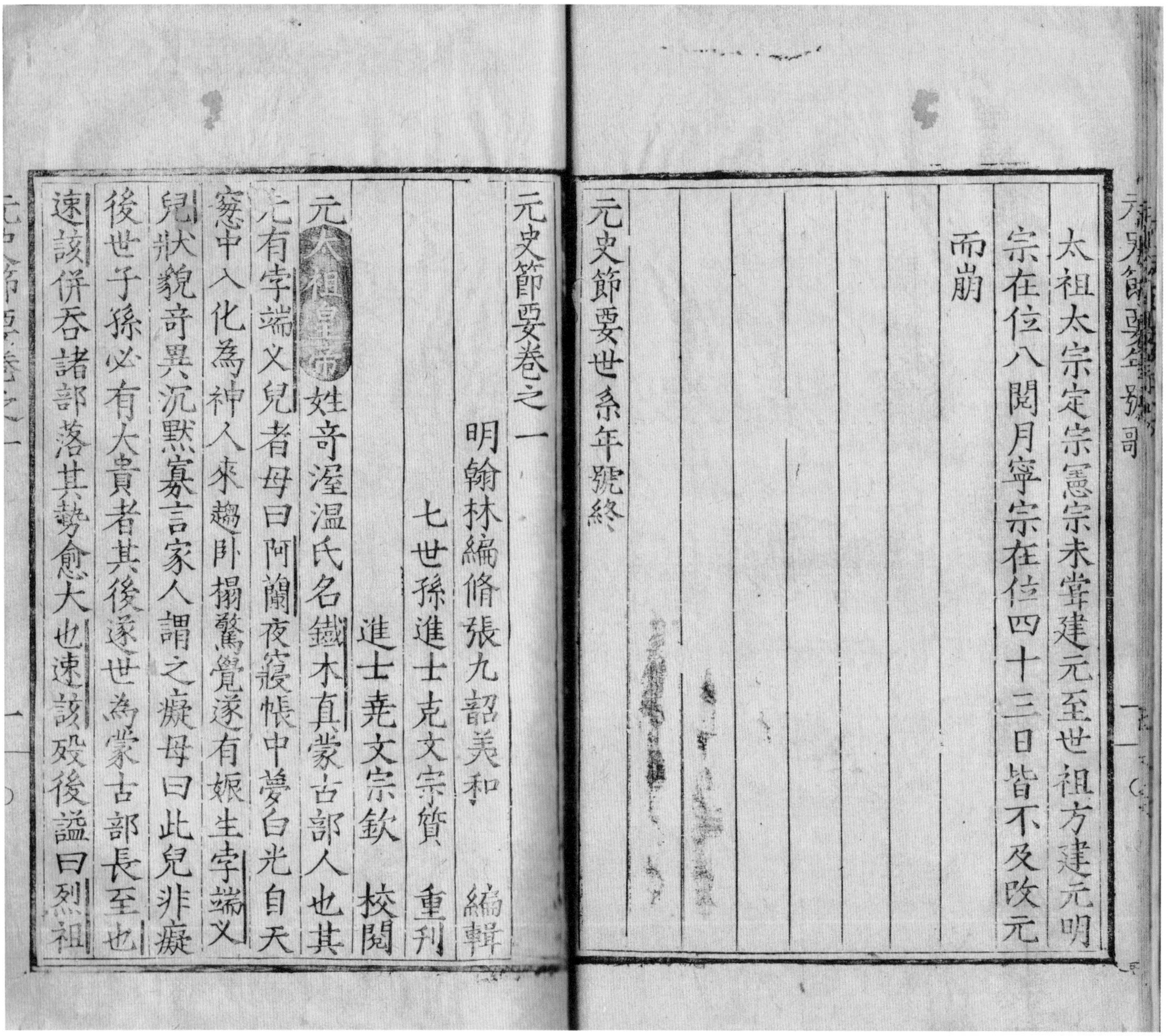

太祖太宗定宗憲宗未嘗建元至世祖方建元明
宗在位八閲月寧宗在位四十三日皆不及改元
而崩

元史節要世系年號終

元史節要卷之一
明翰林編脩張九韶美和 編輯
七世孫進士克文宗質 重刊
進士堯文宗欽 校閲
元太祖皇帝姓奇渥温氏名鐵木真蒙古部人也其
先有字端乂兒者母曰阿蘭夜寢帳中夢白光自天
窻中入化為神人來趨臥榻驚覺遂有娠生孛端乂
兒狀貌奇異沉默寡言家人謂之癡母曰此兒非癡
後世子孫必有大貴者其後遂世為蒙古部長至也
速該併吞諸部落其勢愈大也速該殁後謚曰烈祖

11654 元史節要十四卷 （明）張美和輯 明張克文刻本

匡高20.4厘米，廣15.2厘米。半葉十行，行二十字，白口，四周雙邊。曲阜師範大學圖書館藏。

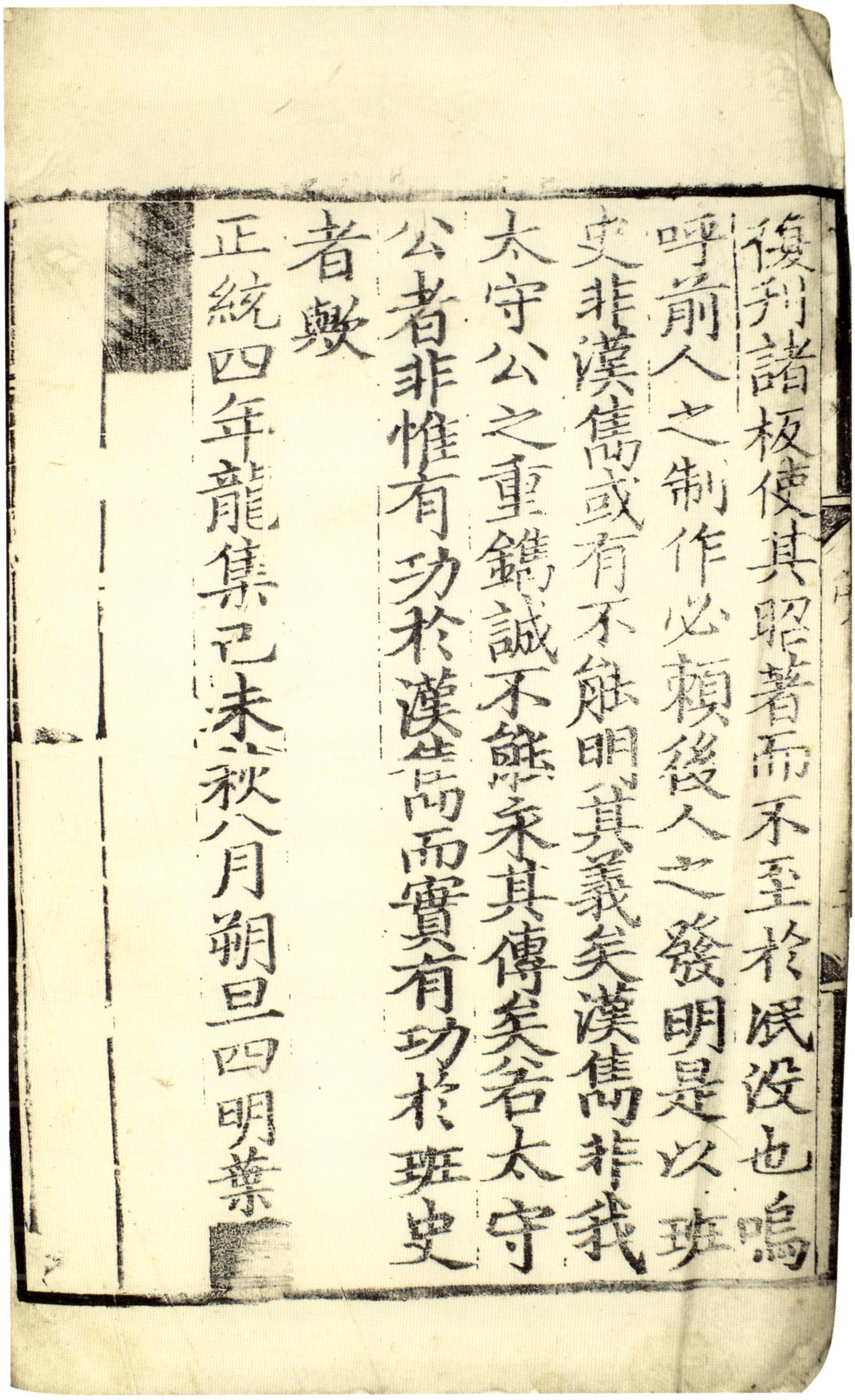

復刊諸板使其昭著而不至於泯没也嗚
呼前人之制作必賴後人之發明是以班
史非漢雋或有不能明其義矣漢雋非我
太守公之重鐫誠不能來其傳矣名太守
公者非惟有功於漢雋而實有功於班史
者歟
正統四年龍集己未秋八月朔旦四明葉

11653 漢雋十卷

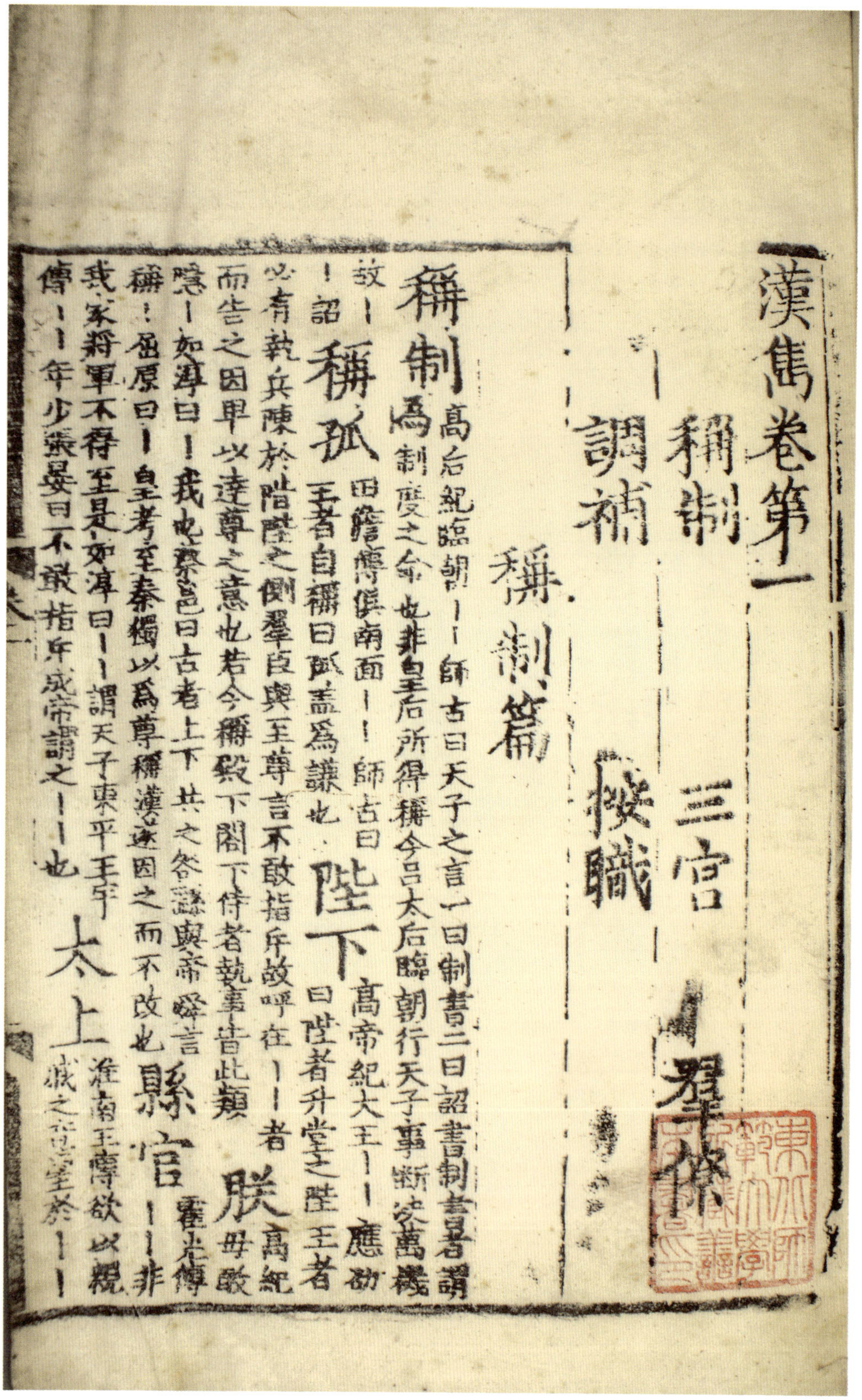
漢雋卷第一
稱制　三官　羣
調補　授職
稱制篇
稱制 高后紀臨朝｜｜師古曰天子之言一曰制書二曰詔書制書者謂爲制度之命也非皇后所得稱今呂太后臨朝行天子事斷決萬機故｜｜詔
稱孤 田儋傳與南面｜｜師古曰王者自稱曰孤蓋爲謙也
陛下 高帝紀大王｜｜應劭曰陛者升堂之陛王者必有執兵陳於陛之側羣臣與至尊言不敢指斥故呼在｜｜者而告之因卑以達尊之意也若今稱殿下閣下侍者執事皆此類
朕 高紀毋敢隱｜如淳曰｜我也蔡邕曰古者上下共之咎繇與帝舜言稱｜屈原曰｜皇考至秦獨以爲尊稱漢因之而不改也
縣官 霍光傳｜｜非我家將軍不得至是如淳曰｜｜謂天子東平王宇傳｜｜年少衆晏曰不敢指斥成帝謂之｜｜也
太上 淮南王傳欲以親戚之社稷至於｜｜

11653 漢雋十卷　（宋）林鉞輯　明正統四年（1439）刻本

匡高20.3厘米，廣16.5厘米。半葉九行，行十五字，小字雙行三十字，黑口，左右雙邊。東北師範大學圖書館藏。

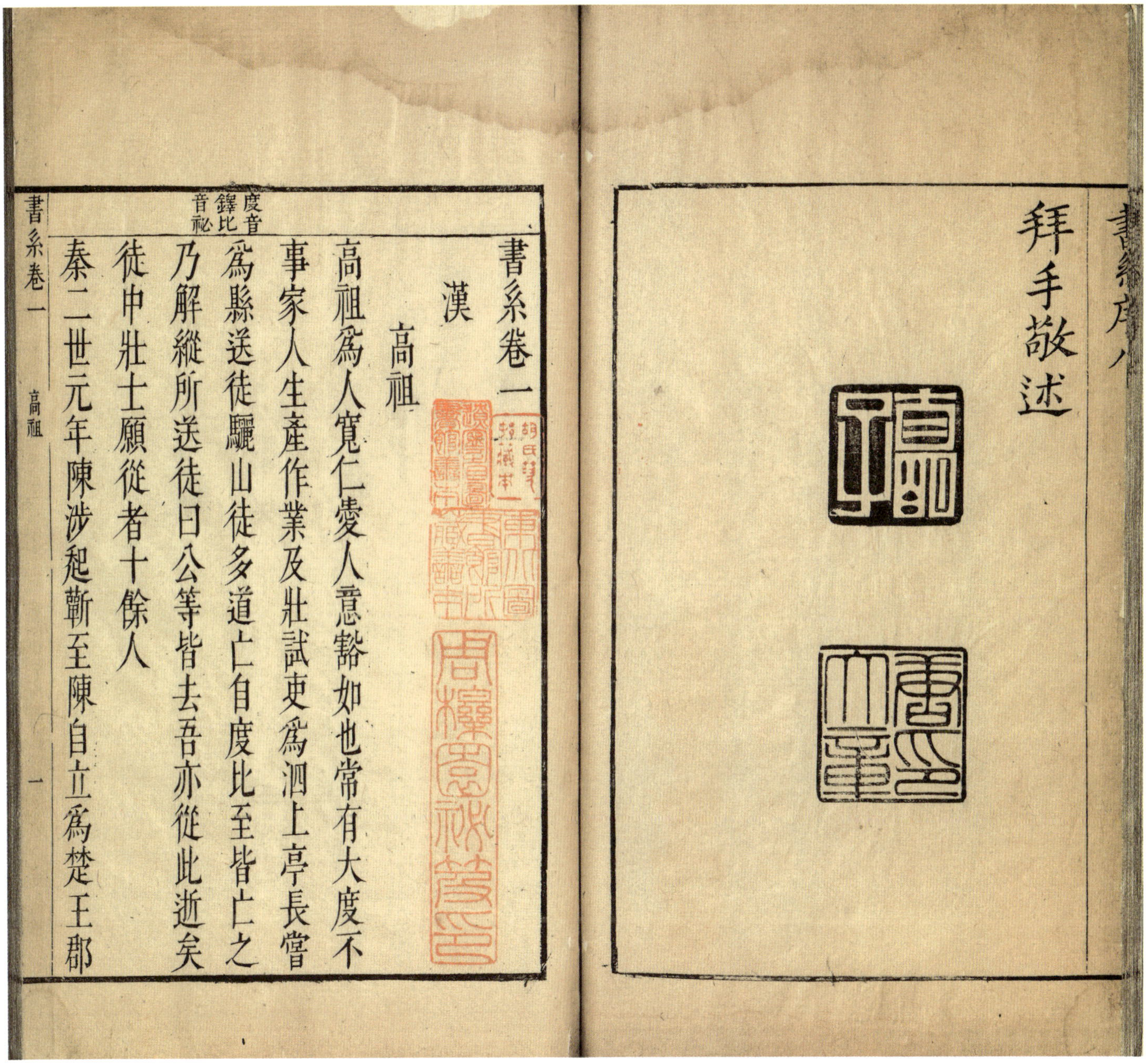

11652 書系十六卷 （明）唐大章撰　南明隆武二年（1646）刻本

匡高19.6厘米，廣13.3厘米。半葉九行，行十七字，白口，四周單邊。遼寧省圖書館藏，存十三卷。

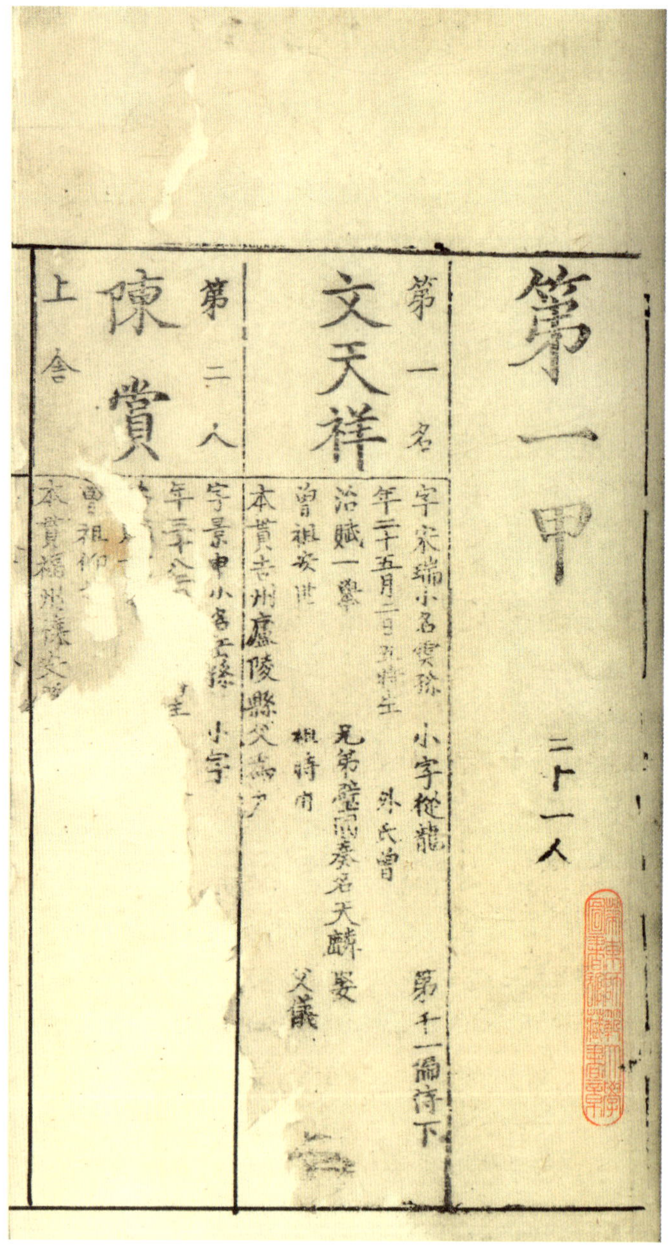

11651 寶祐四年登科録一卷 明刻本

匡高23厘米，廣15.6厘米。行字不等，白口，四周單邊。有“文天祥印”等印。華東師範大學圖書館藏。

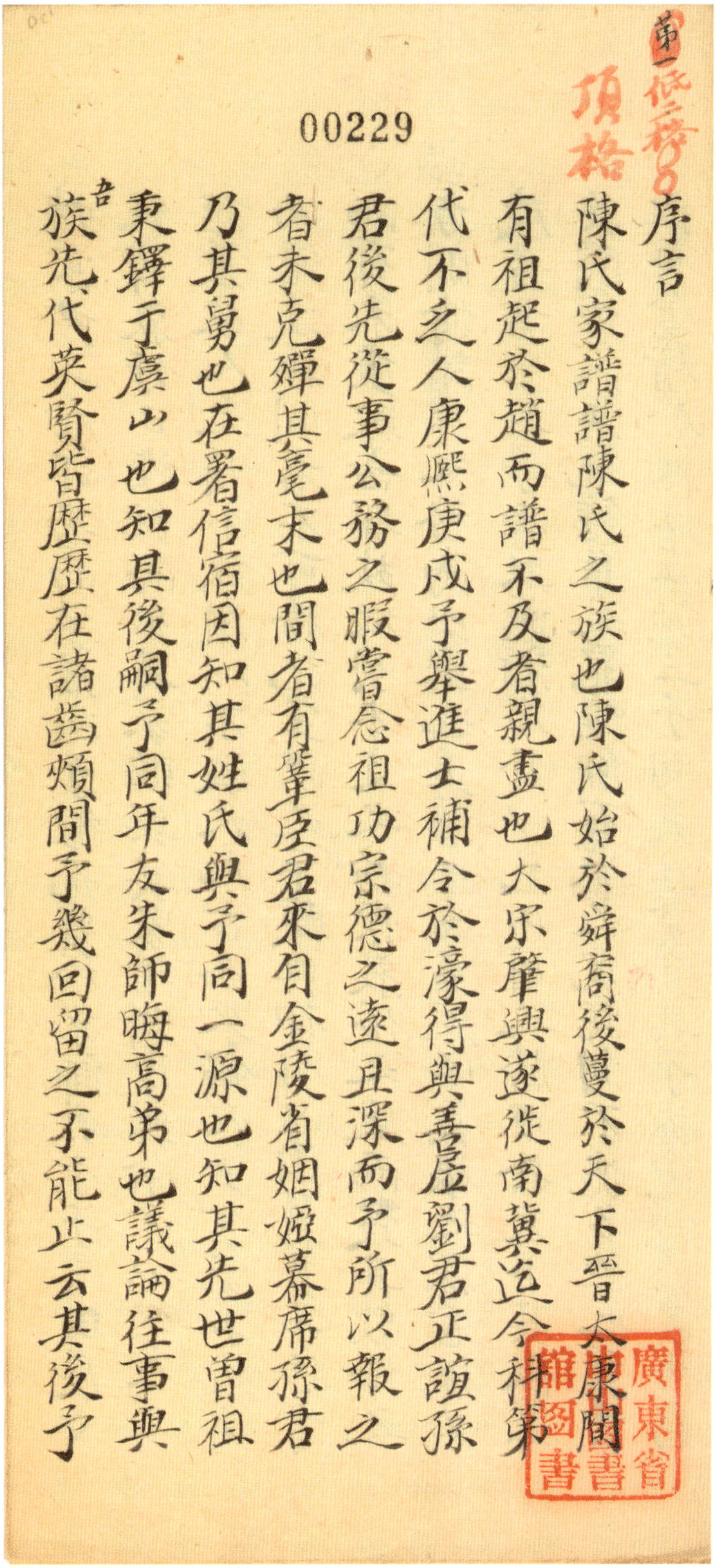

00229

序言

陳氏家譜譜陳氏之族也陳氏始於舜裔後蔓於天下晉太康間有祖起於趙而譜不及者親盡也大宋肇興遂從南冀迄今稱第代不乏人康熙庚戌予舉進士補令於濠得與善屋劉君正誼孫君後先從事公務之暇嘗念祖功宗德之遠且深而予所以報之者未克殫其毫末也間者有肇臣君來自金陵省姻婭幕席孫君乃其舅也在署信宿因知其姓氏與予同一源也知其先世曾祖秉鐸于虞山也知其後嗣予同年友朱師晦高弟也議論往事與吾族先代英賢皆歷歷在諸齒頰間予幾回留之不能止云其後予

11650 陳氏家乘舊譜序跋一卷

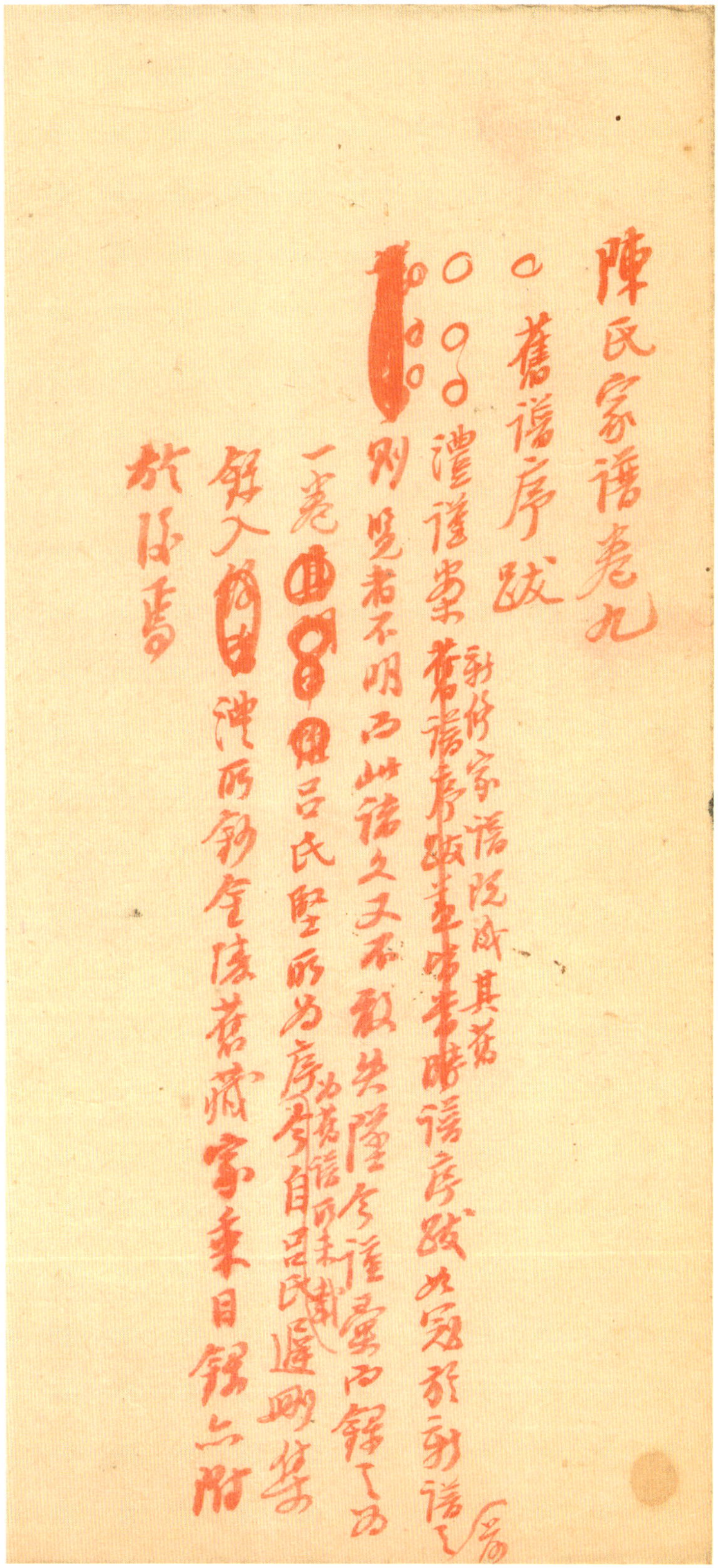

11650 陳氏家乘舊譜序跋一卷 （清）陳澧輯　稿本

廣東省立中山圖書館藏。

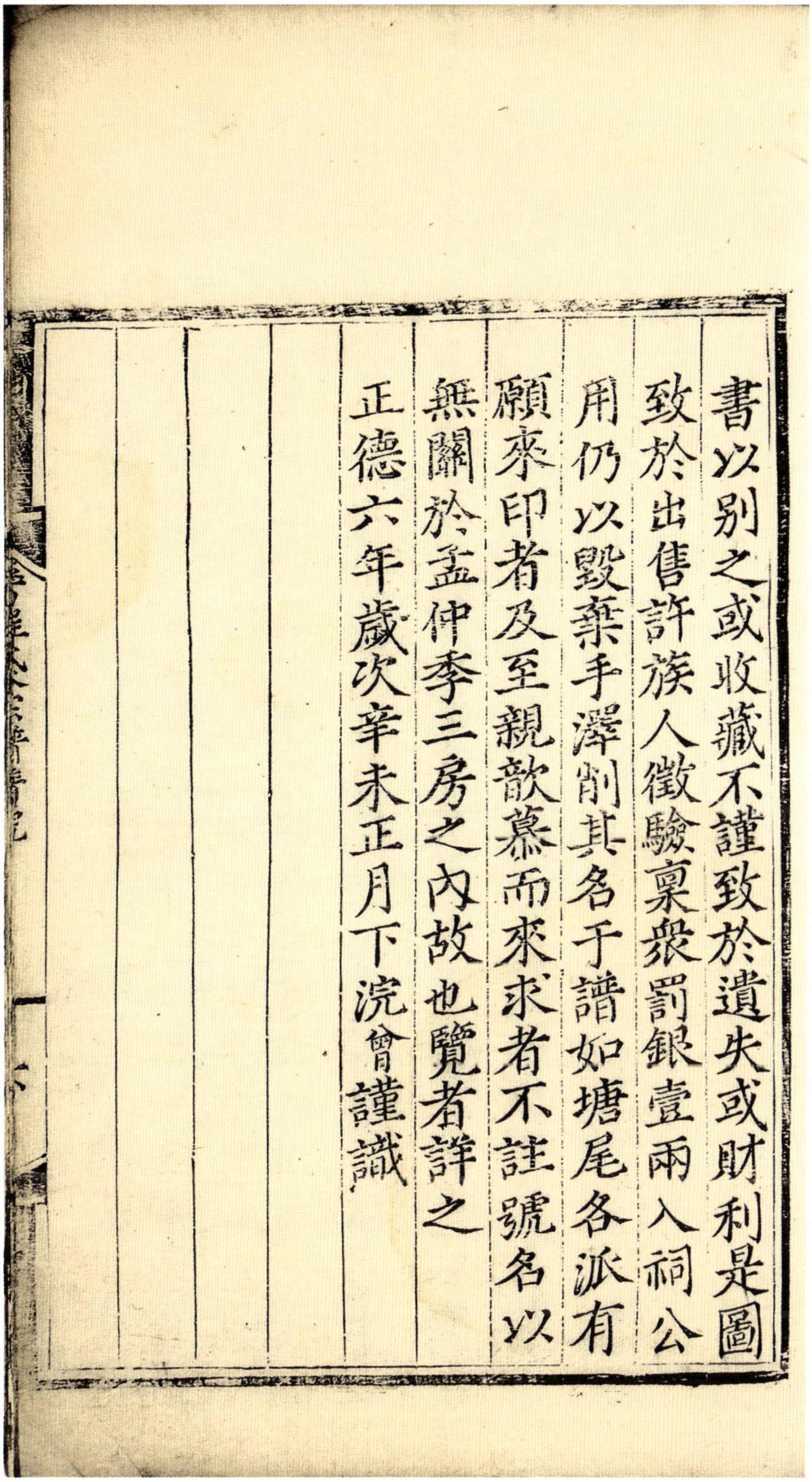
書以別之或收藏不謹致於遺失或財利是圖
致於出售許族人徵驗稟衆罰銀壹兩入祠公
用仍以毀棄手澤削其名于譜如塘尾各派有
願來印者及至親歆慕而來求者不註號名以
無關於孟仲季三房之內故也覽者詳之
正德六年歲次辛未正月下浣曾謹識

11649 休寧率口程氏本宗譜十卷

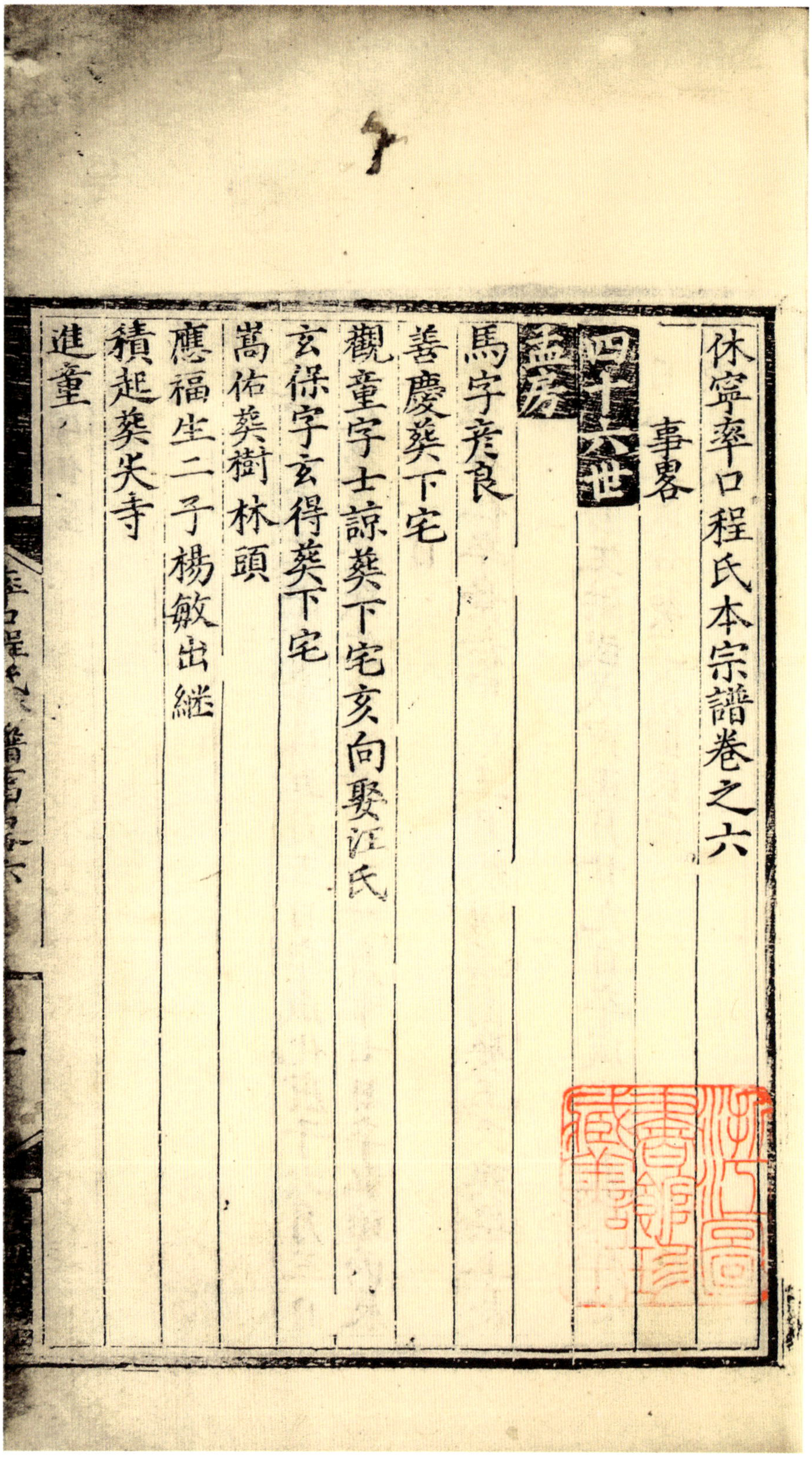

11649 休寧率口程氏本宗譜十卷 （明）程曾纂修 明正德六年（1511）刻本

匡高20.2厘米，廣15.2厘米。半葉十二行，行二十三字，黑口，四周雙邊。浙江圖書館藏，存五卷。

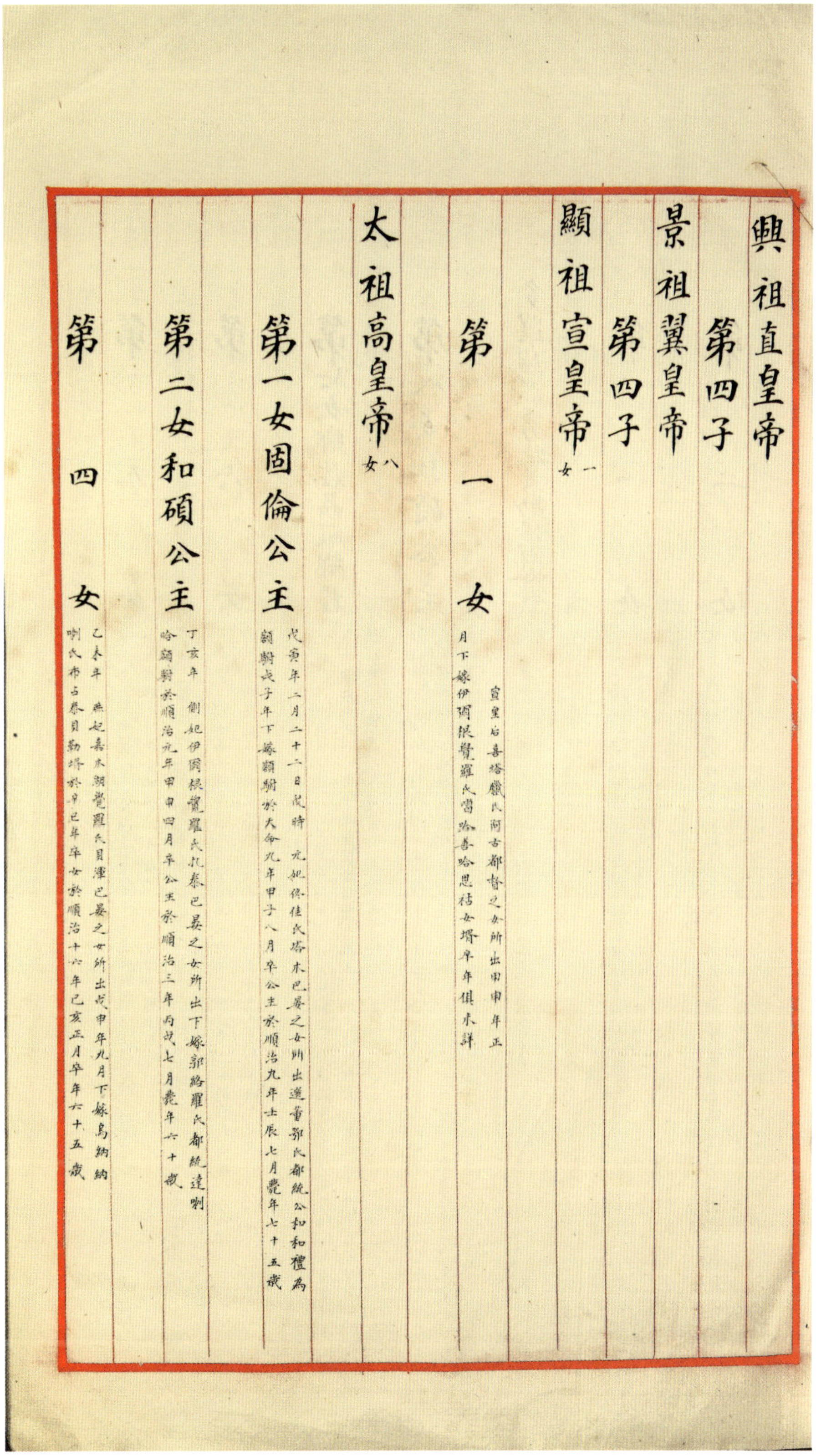

興祖直皇帝
第四子
景祖翼皇帝
第四子
顯祖宣皇帝一女
第一女
宣皇后喜塔臘氏阿古都督之女所出甲申年正月下嫁伊爾根覺羅氏噶哈善哈思祜女壻卒年俱未詳
太祖高皇帝八女
第一女固倫公主
戊寅年二月二十二日戌時　元妃佟佳氏塔木巴晏之女所出適董鄂氏都統公和禮為額駙戊子年下嫁額駙於天命九年甲子八月卒公主於順治九年壬辰七月薨年七十五歲
第二女和碩公主
丁亥年　側妃伊爾根覺羅氏扎泰巴晏之女所出下嫁郭絡羅氏都統達喇哈額駙於順治元年甲申四月卒公主於順治三年丙戌七月薨年六十歲
第四女
乙未年　庶妃嘉木湖覺羅氏貝渾巴晏之女所出戊申年九月下嫁烏納喇氏布占泰貝勒壻於辛巳年卒女於順治十六年己亥正月卒年六十五歲

11648 清代宗室暨格玉牒五十一種

順治十八年初次纂修監格

玉牒内某年月日時生某年月日時甍卒及獲罪緣由妻父姓名有載者亦有不載者當開創未立册籍時故

止載其所知不知者不載又有自宗室出為覺羅者有宗室中不入八分者有革黜宗室後復入宗室

者欲俾後世便於觀覽故列之於首

興祖直皇帝六子之子孫

太祖

太宗時未論世代遠近或有不勤勞宣力者亦或有犯謀亂坐罪者是以

興祖直皇帝長子德世庫次子劉闡三子索長阿五子包朗阿六子寶實又

翼皇帝長子武功郡王禮敦巴圖魯五子多羅恪恭貝勒塔察篇古等子孫因其世代相遠出宗室為覺羅又

達爾漢巴圖魯貝勒舒爾哈齊長子阿爾通阿之子孫因其犯罪亦自宗室黜為覺羅又不入八分者

宣皇帝庶妃所生次子勇壯貝勒穆爾哈齊之子孫

太祖皇帝庶妃所生子鎮國將軍阿拜鎮國將軍湯古代輔國將軍塔拜鎮國公巴布泰奉恩將軍賴慕布

太宗皇帝庶妃所生子輔國公高塞等俱不入八分又固山貝子固爾瑪渾之兄弟子孫因其父阿敏貝勒犯

罪故不入八分凡此不入八分之人有陞至貝子者准入八分又革黜宗室後復入宗室者杜爾祜穆

爾祜特爾祜等因其犯罪黜去宗室為庶人後復入宗室勒克德渾杜蘭等因其兄阿達禮郡王犯罪

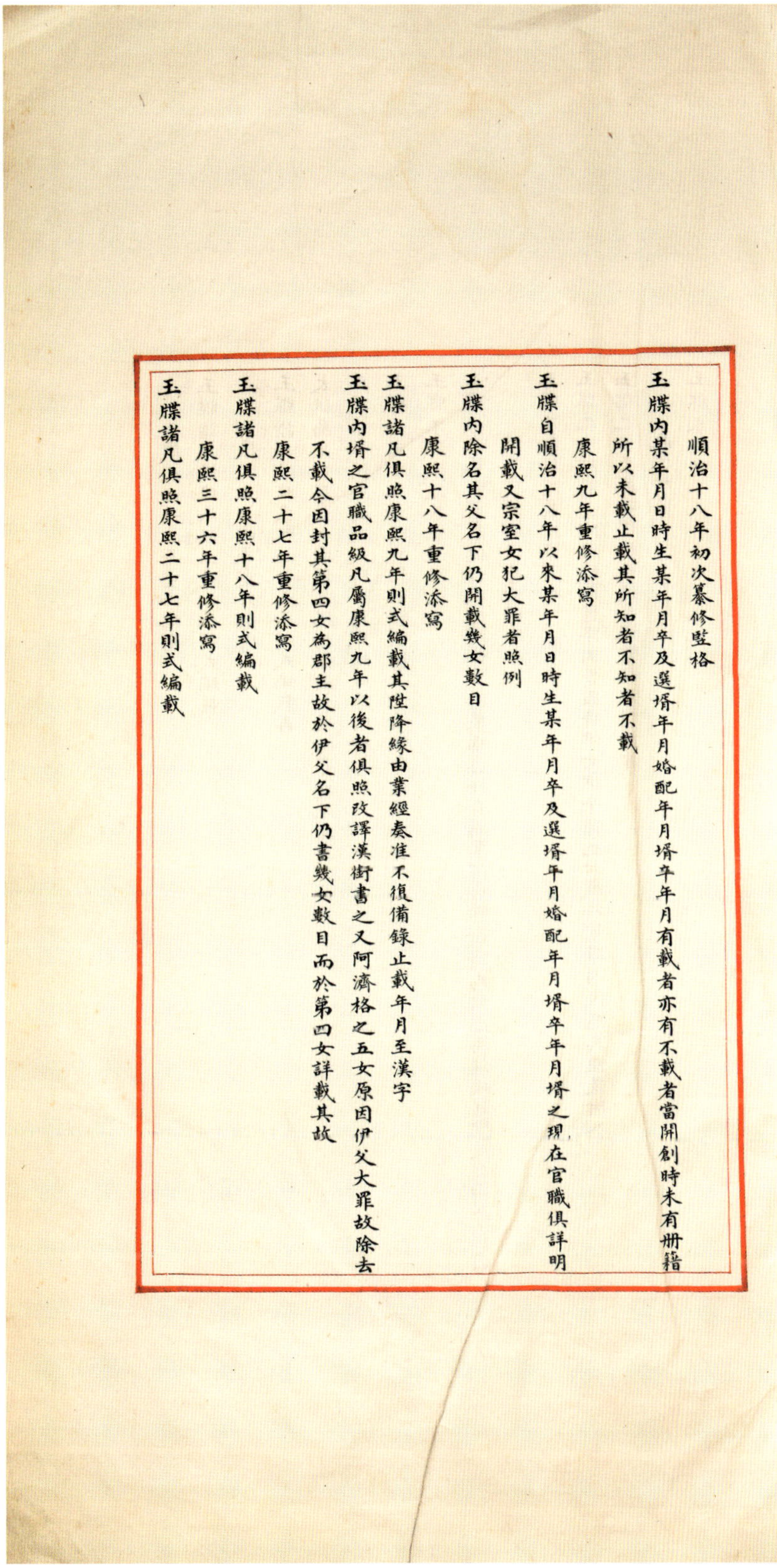

順治十八年初次纂修暨格
玉牒内某年月日時生某年月卒及選壻年月婚配年月壻卒年月有載者亦有不載者當開創時未有册籍
所以未載止載其所知者不知者不載
康熙九年重修添寫
玉牒自順治十八年以來某年月日時生某年月卒及選壻年月婚配年月壻卒年月壻之現在官職俱詳明
開載又宗室女犯大罪者照例
玉牒内除名其父名下仍開載幾女數目
康熙十八年重修添寫
玉牒諸凡俱照康熙九年則式編載其陞降緣由業經奏准不復備録止載年月至漢字
玉牒内壻之官職品級凡屬康熙九年以後者俱照改譯漢衔書之又阿濟格之五女原因伊父大罪故除去
不載今因封其第四女為郡主故於伊父名下仍書幾女數目而於第四女詳載其故
康熙二十七年重修添寫
玉牒諸凡俱照康熙十八年則式編載
康熙三十六年重修添寫
玉牒諸凡俱照康熙二十七年則式編載

11648 清代宗室暨格玉牒五十一種

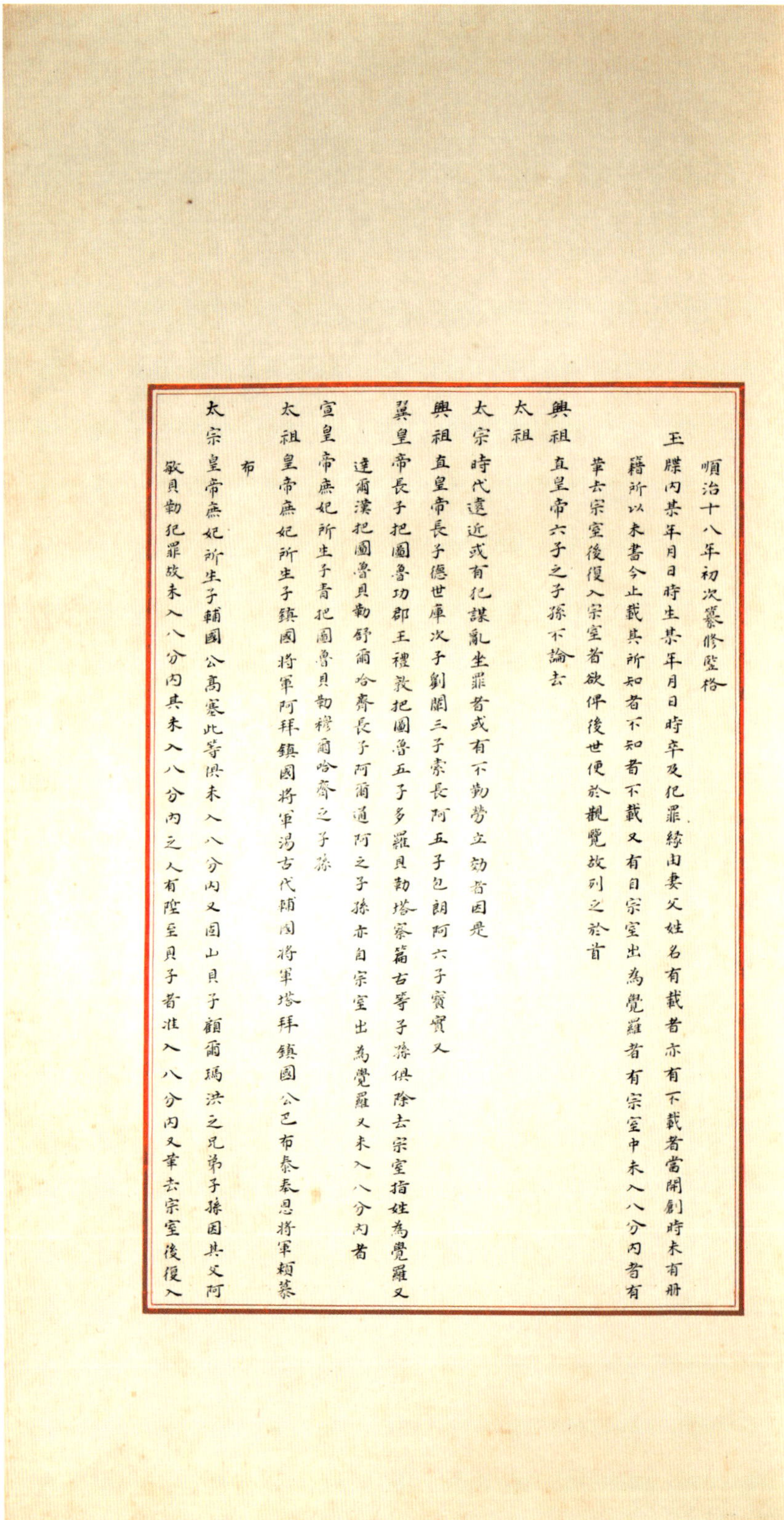
順治十八年初次纂修暨格
玉牒内某年月日時生某年月日時卒及犯罪緣由妻父姓名有載者亦有不載者當開創時未有册
籍所以未書今止載其所知者不知者不載又有自宗室出為覺羅者有宗室中未入八分内者有
革去宗室後復入宗室者欲俾後世便於觀覽故列之於首
興祖直皇帝六子之子孫不論去
太祖
太宗時代遠近或有犯謀亂坐罪者或有不勤勞立功者因是
興祖直皇帝長子德世庫次子劉闡三子索長阿五子包朗阿六子寶實又
翼皇帝長子把圖魯功郡王禮敦把圖魯五子多羅貝勒塔察篇古等子孫俱除去宗室指姓為覺羅又
達爾漢把圖魯貝勒舒爾哈齊長子阿爾通阿之子孫亦自宗室出為覺羅又未入八分内者
宣皇帝庶妃所生子青把圖魯貝勒穆爾哈齊之子孫
太祖皇帝庶妃所生子鎮國將軍阿拜鎮國將軍湯古代輔國將軍塔拜鎮國公巴布泰奉恩將軍賴慕
布
太宗皇帝庶妃所生子輔國公高塞此等俱未入八分内又因山貝子碩爾瑪洪之兄弟子孫因其父阿
敏貝勒犯罪故未入八分内其未入八分内之人有陞至貝子者准入八分内又革去宗室後復入

11648 清代宗室暨格玉牒五十一種 清内府寫本

蝴蝶裝。遼寧省檔案館藏。

第三册目録

第五批國家珍貴古籍名録圖録

第三册

中國國家圖書館
中國國家古籍保護中心　編

國家圖書館出版社

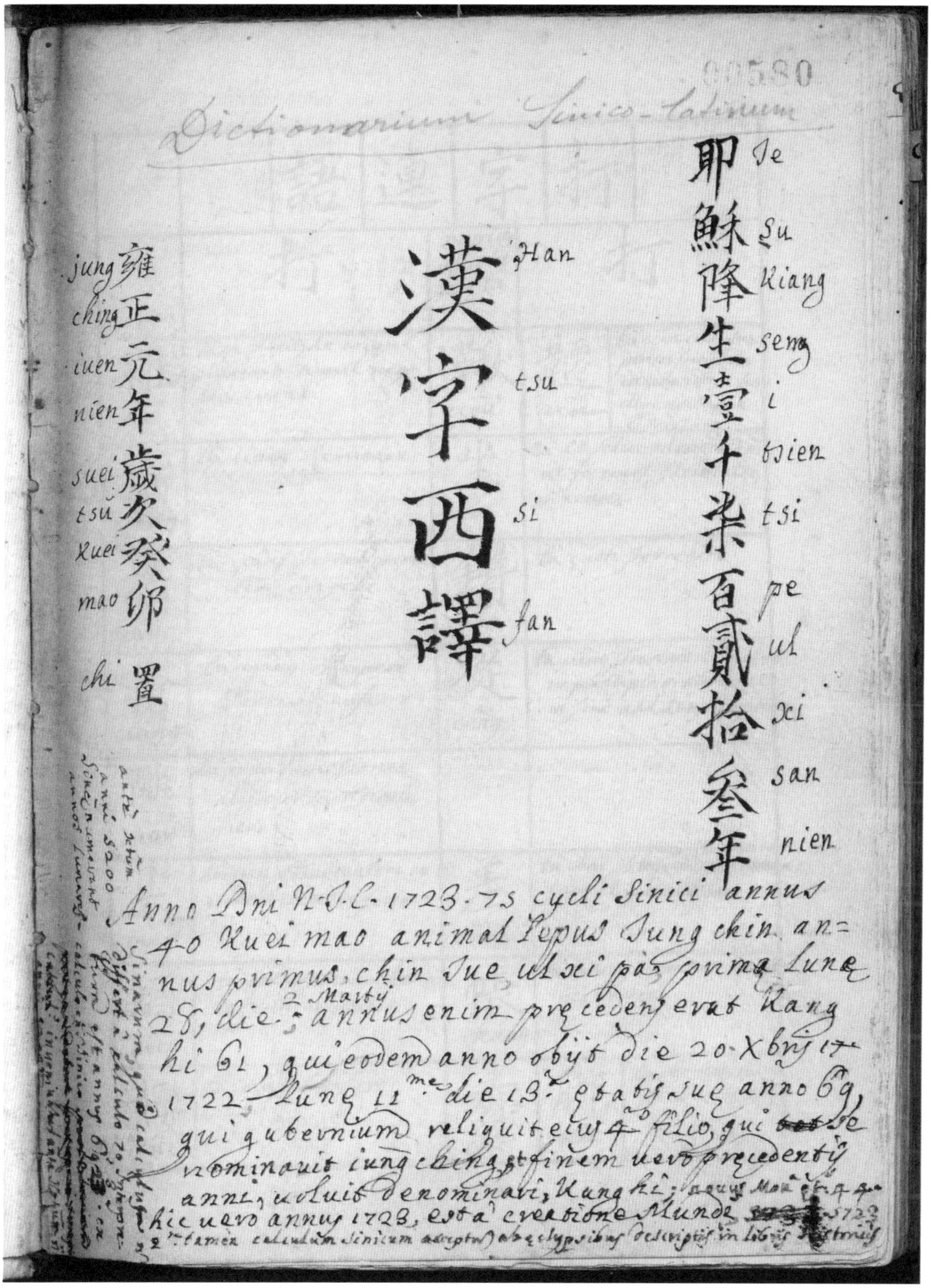

12274 漢字西譯 （意大利）葉尊孝撰　漢文拉丁文　公元1723年抄本

牛皮精裝。開本高22厘米，廣16厘米。上海圖書館藏。

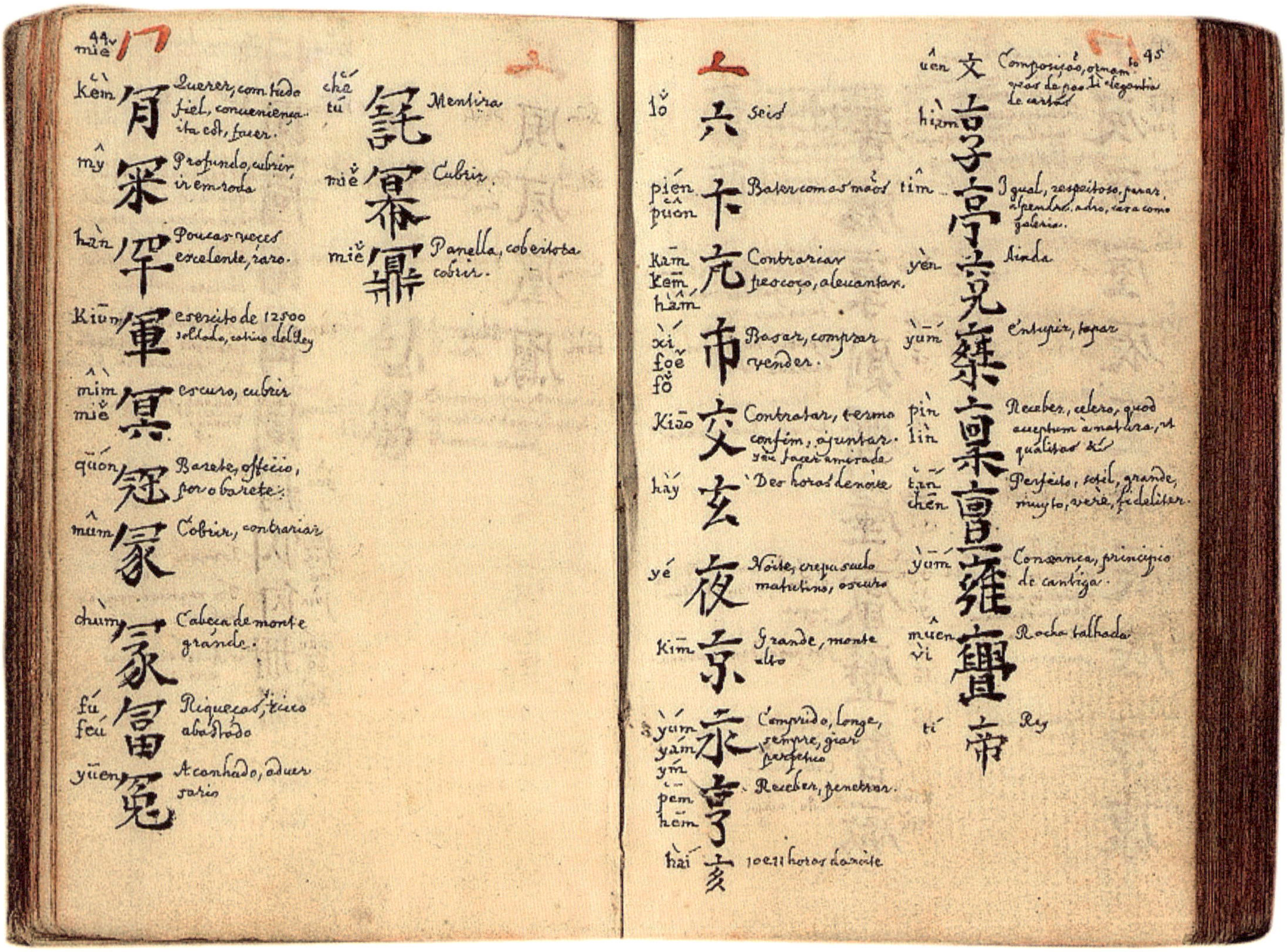

12273 漢葡辭典 漢文葡萄牙文 十七世紀抄本

牛皮精裝。開本高11厘米，廣7厘米。國家圖書館藏。

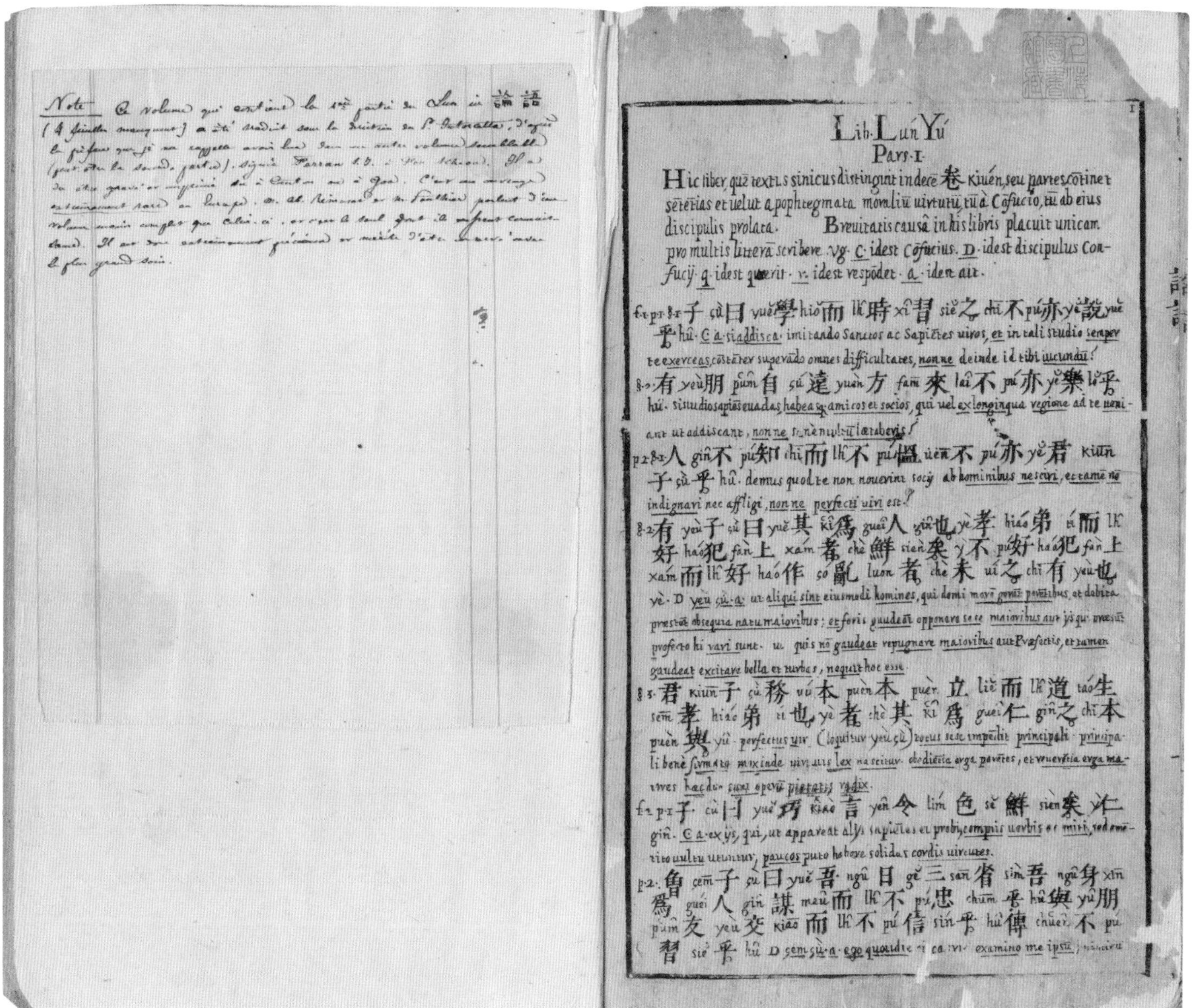

12272 論語 （意大利）殷鐸澤譯　漢文拉丁文　公元1662年刻本

包背裝。開本高27.7厘米，廣17厘米。上海圖書館藏。

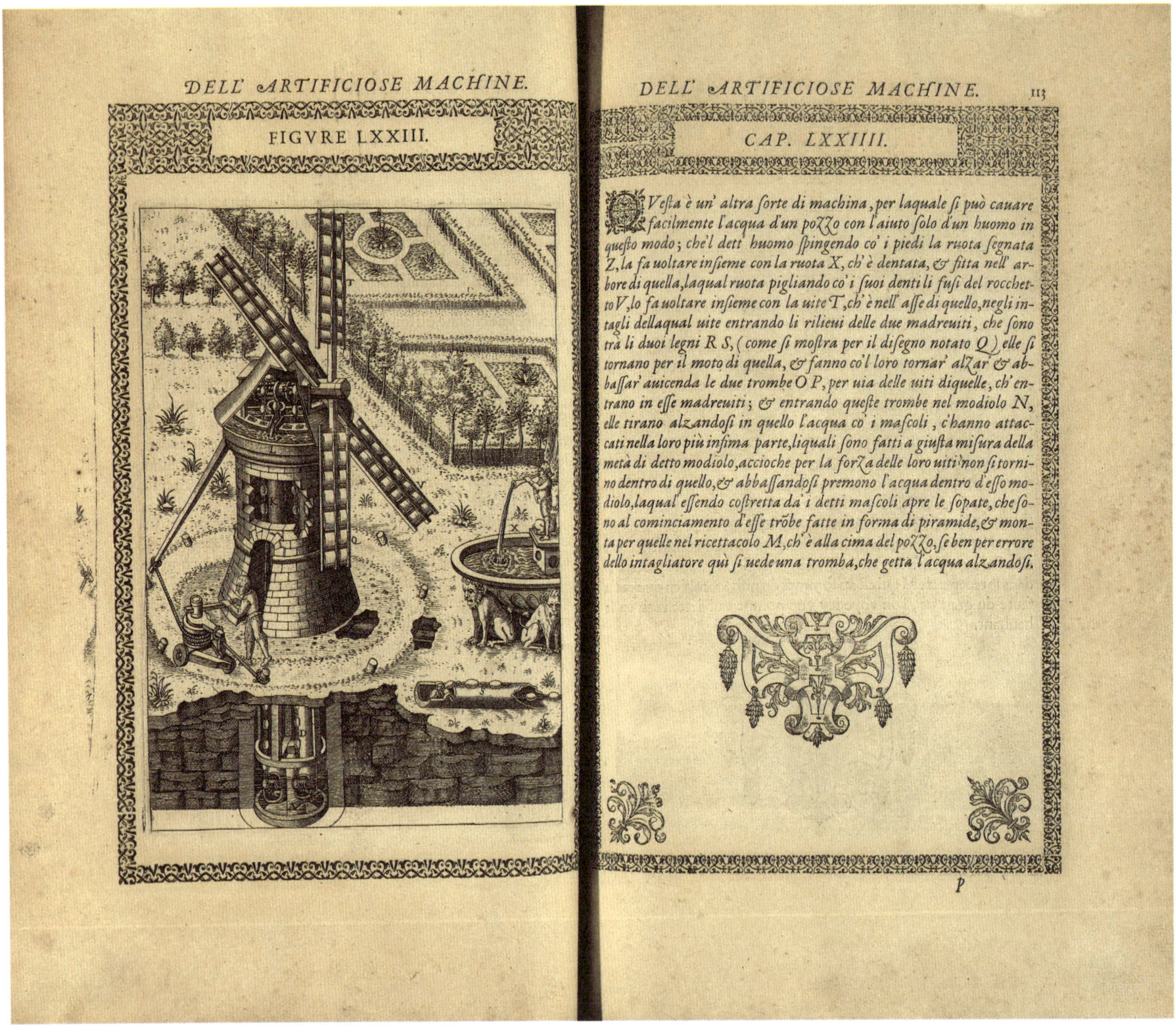

DELL' ARTIFICIOSE MACHINE.

FIGVRE LXXIII.

DELL' ARTIFICIOSE MACHINE. 113

CAP. LXXIIII.

QVeſta è un' altra ſorte di machina, per laquale ſi può cauare facilmente l'acqua d'un pozzo con l'aiuto ſolo d'un huomo in queſto modo; che'l dett' huomo ſpingendo co' i piedi la ruota ſegnata Z, la fa uoltare inſieme con la ruota X, ch' è dentata, & fitta nell' arbore di quella, laqual ruota pigliando co' i ſuoi denti li fuſi del rocchetto V, lo fa uoltare inſieme con la uite T, ch' è nell' aſſe di quello, negli intagli dellaqual uite entrando li rilieui delle due madreuiti, che ſono trà li duoi legni R S, (come ſi moſtra per il diſegno notato Q) elle ſi tornano per il moto di quella, & fanno co'l loro tornar' alzar' & abbaſſar' auicenda le due trombe O P, per uia delle uiti diquelle, ch' entrano in eſſe madreuiti; & entrando queſte trombe nel modiolo N, elle tirano alzandoſi in quello l'acqua co' i maſcoli, c'hanno attaccati nella loro più inſima parte, liquali ſono fatti a giuſta miſura della metà di detto modiolo, accioche per la forza delle loro uiti non ſi tornino dentro di quello, & abbaſſandoſi premono l'acqua dentro d'eſſo modiolo, laqual' eſſendo coſtretta da' i detti maſcoli apre le ſopate, che ſono al cominciamento d'eſſe trõbe fatte in forma di piramide, & monta per quelle nel ricettacolo M, ch' è alla cima del pozzo, ſe ben per errore dello intagliatore quì ſi uede una tromba, che getta l'acqua alzandoſi.

P

12271 論各種工藝機械 （意大利）奥古斯蒂諾·拉梅利撰　意大利文法文

公元1588年巴黎版印本

開本高35.5厘米，廣23.5厘米。國家圖書館藏。

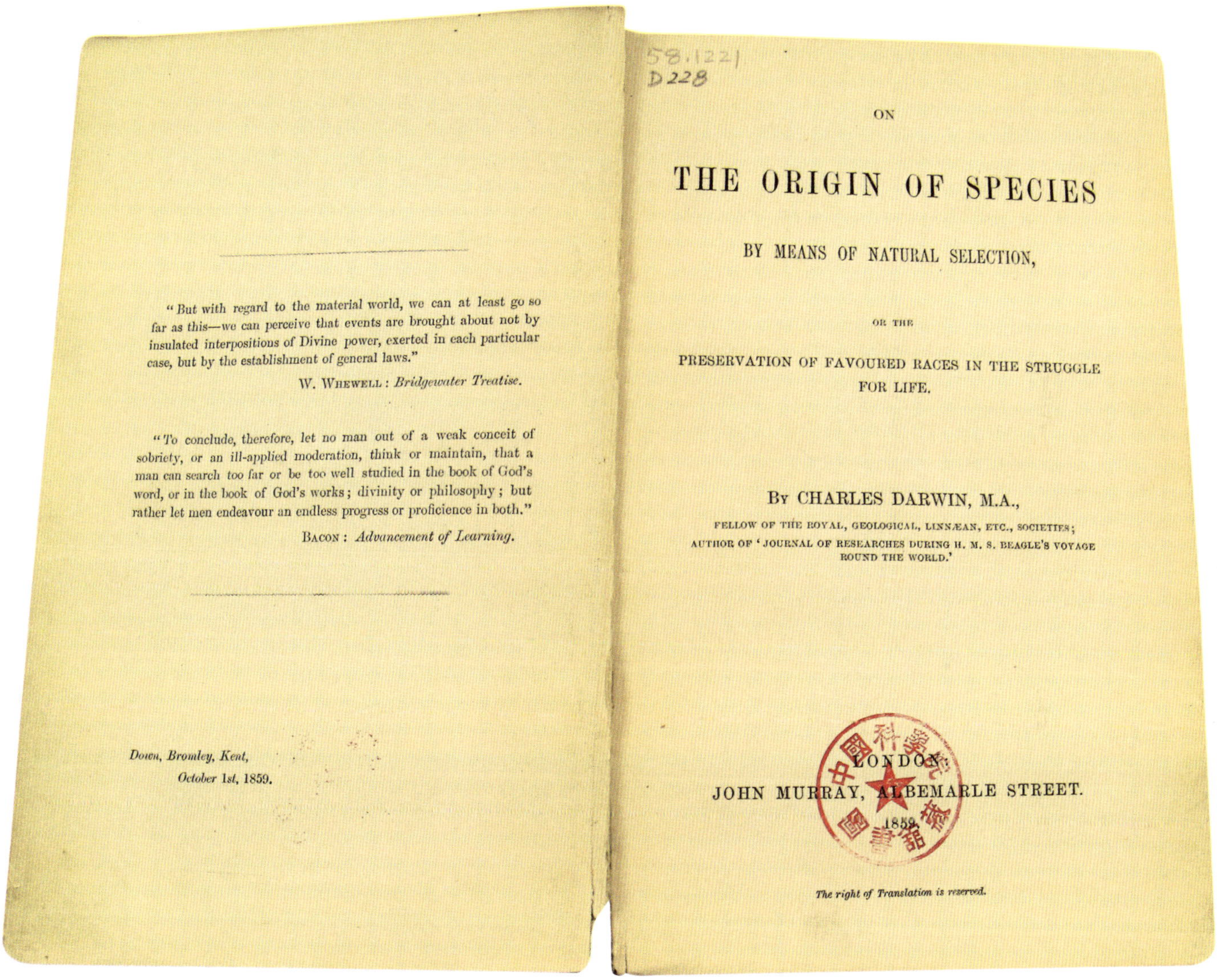

12270 物種起源 （英國）達爾文撰　公元1859年倫敦初版印本

精裝。開本高24厘米，廣13厘米。中國科學院國家科學圖書館藏。

12269 基督教要義簡本 （法國）約翰·加爾文撰　公元1585年愛丁堡版印本

開本高17厘米，廣10.5厘米。北京大學圖書館藏。

12268 曼德維爾游記 （英國）曼德維爾撰　公元1480年米蘭初版印本

羊皮精裝。開本高22.5厘米，廣16.2厘米。上海圖書館藏。

A

FAN YAY CV.

Papaya.

FRuctus & Arbor in India Papaya, à Sinis Fan yay çu dicitur, copioſè in Sinarum Haynan Inſula progignitur, nec non in Iunnan Quam Aſy, Quantum, Folcien, Auſtralibus Provincijs; Arbor ex ipſo trunco, qui poroſiſſimus eſt, multos producit Fructus, ſinguli magnitudine ſuperant magnum Melonem, interiùs carnem habent rufam dulciſſimi ſaporis, adeoque mollem, ut cochleari poſſit accipi, frigidæ putantur eſſe qualitatis, pruritumque Carnis, ſi multum quis de fructibus ipſis edat, compeſcere, generationiq; obſtare. Propullulat & ex ſeminibus ſui Fructus, & ex virgultis, quæ ad radicem progerminat Arbor: Sæpè videntur in eadem arbore & flores, ſimiles lilijs gemmantes immaturi & virides fructus, & maturi flaveſcentes. Extraordinarium habet, quòd ramos nullos gignat, ſed ſola folia in vertice, & quod ex trunco, vbi illa incipiunt, albos flores, atque ex illis fructus producat. Nullum tempus anni, maturitati determinatum habet, & eà propter quolibet menſe maturi aliqui fructus poſſunt reperiri. Tamen Decembre & Ianuario plures ex fructibus in Indijs matureſcunt; ſi verò folium vel partem trunci terræ inijcias, agit radices facile, celeriterque in Arborem magnam excreſcit. Fructus & folia Arboris atque ipſa Arbor onuſta fructu gratiſſimum aſpectum conciliat Vniverſis.

Carica Linn. fl. Zeylan. 365.

A 2 PA-

12267 中國植物志 （波蘭）卜彌格撰　公元1656年維也納初版印本

羊皮精裝。開本高31.5厘米，廣22厘米。上海圖書館藏。

12266 基督教遠征中國史 （意大利）利瑪竇撰　（法國）金尼閣編譯　公元1615年奥古斯堡初版印本

銅質書扣木板豬皮面精裝。開本高21厘米，廣16厘米。上海圖書館藏。

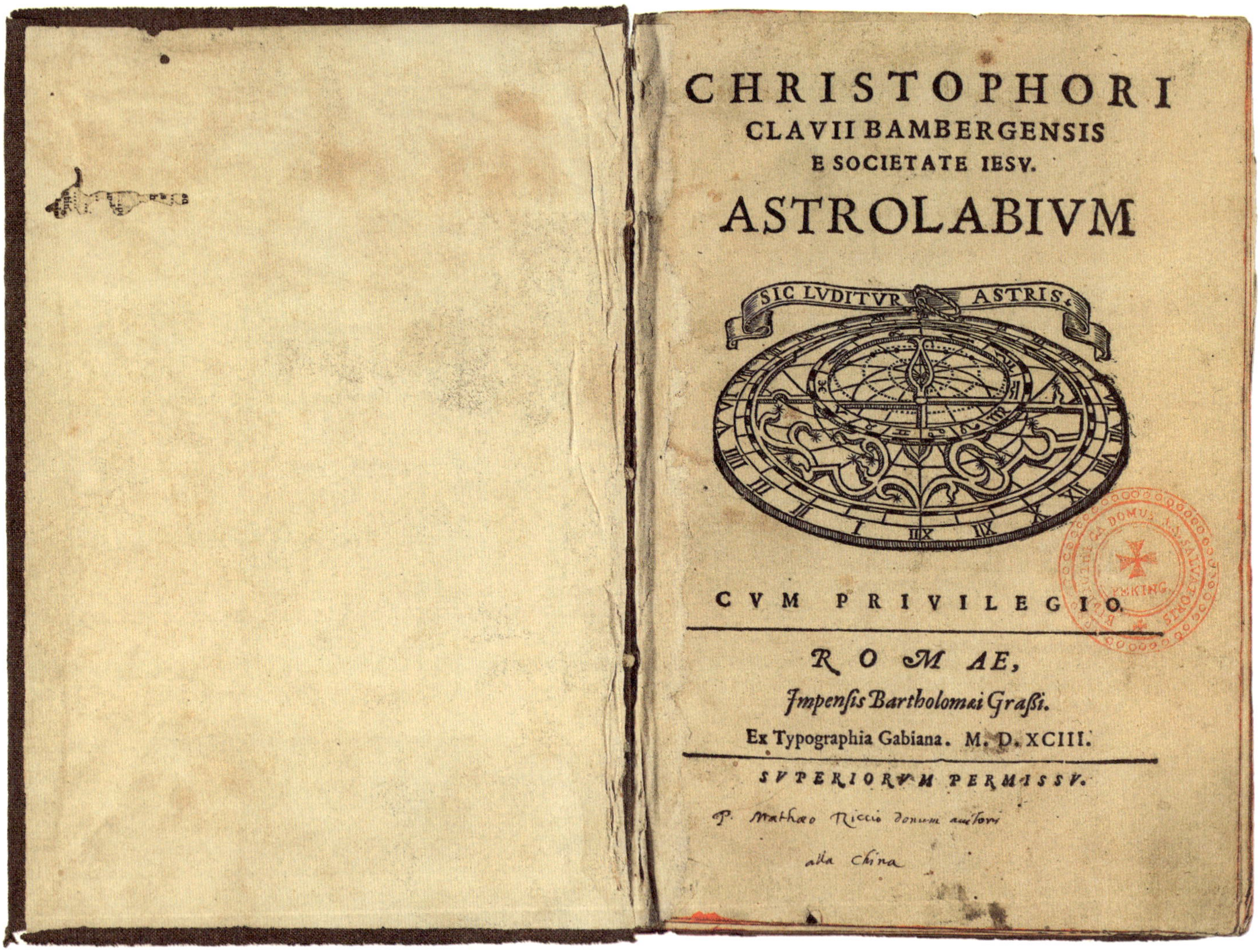

12265 論星盤 （德國）克里斯托夫·克拉維烏斯撰 公元1593年羅馬版印本

開本高23.1厘米，廣17.5厘米。國家圖書館藏。

12264 幾何原本 （希臘）歐幾里德撰 公元1572年佩薩羅版印本

開本高31厘米，廣22厘米。北京大學圖書館藏。

12263 地球大觀 （比利時）奥代理撰　公元1570年安特衛普初版印本

牛皮精裝。開本高46.4厘米，廣33厘米。國家圖書館藏。

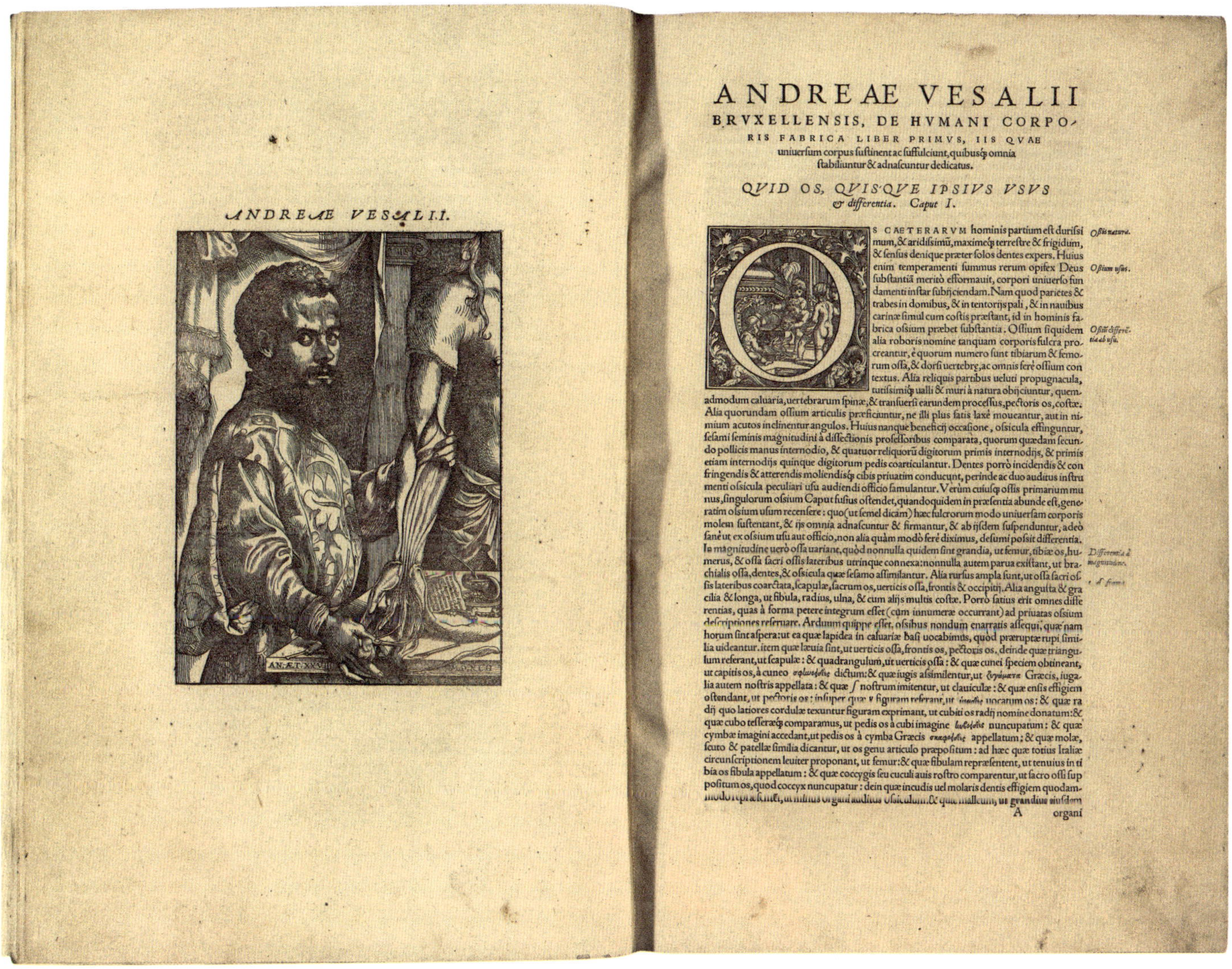

12262 論人體構造 （比利時）安德雷亞斯·維薩留斯撰　公元1543年巴塞爾版印本

開本高42厘米，廣28厘米。國家圖書館藏。

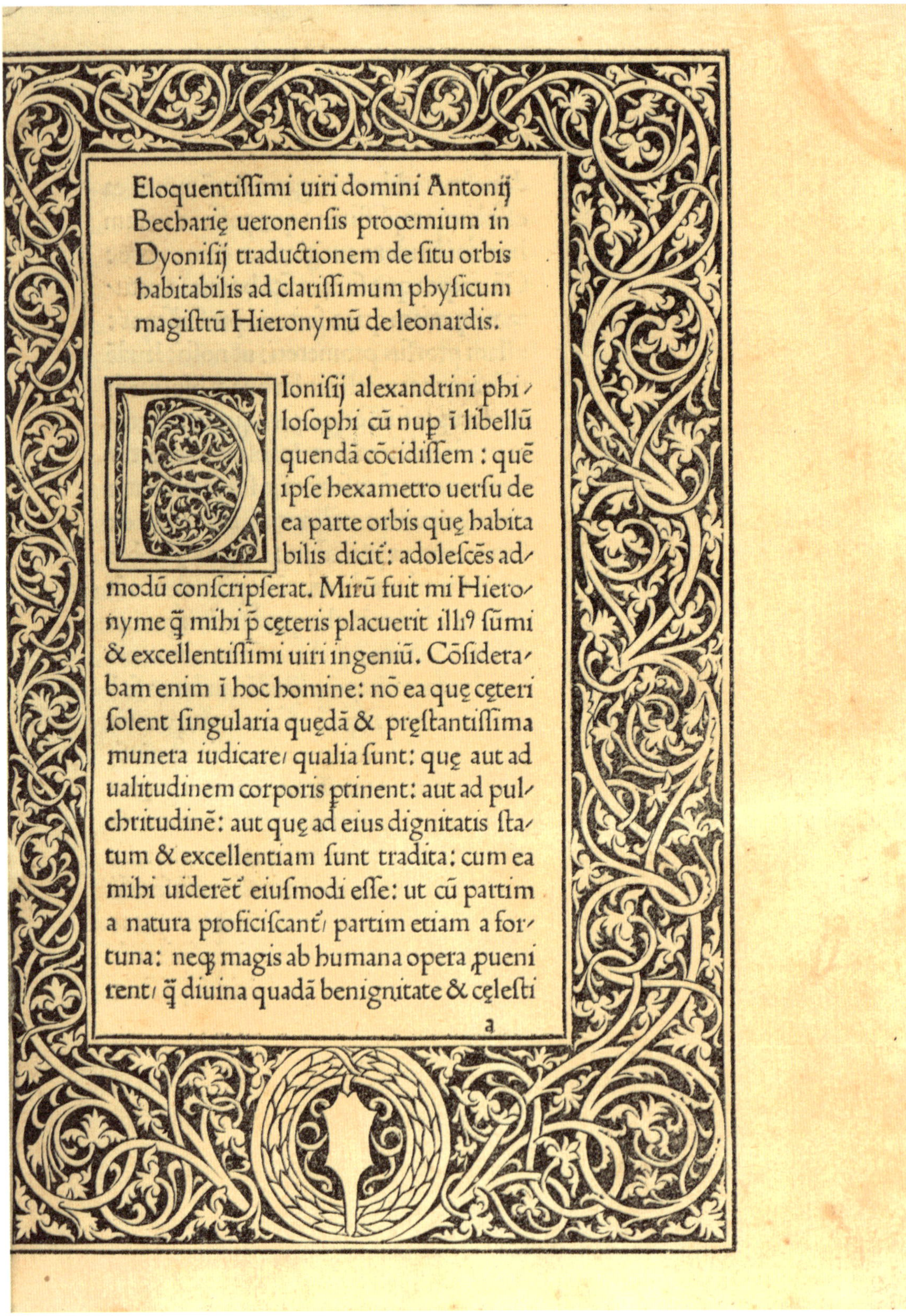

Eloquentissimi uiri domini Antonij Becharię ueronensis procemium in Dyonisij traductionem de situ orbis habitabilis ad clarissimum physicum magistrū Hieronymū de leonardis.

Dionisij alexandrini phi-losophi cū nup̄ ī libellū quendā cōcidissem: quē ipse hexametro uersu de ea parte orbis quę habitabilis dicit̄: adolescēs ad-modū conscripserat. Mirū fuit mi Hiero-nyme q̄ mihi p̄ ceteris placuerit illi⁹ summi & excellentissimi uiri ingeniū. Cōsidera-bam enim ī hoc homine: nō ea quę ceteri solent singularia quędā & prestantissima munera iudicare, qualia sunt: quę aut ad ualitudinem corporis ptinent: aut ad pul-chritudinē: aut quę ad eius dignitatis sta-tum & excellentiam sunt tradita: cum ea mihi uiderēt eiusmodi esse: ut cū partim a natura proficiscant, partim etiam a for-tuna: neq; magis ab humana opera pueni rent, q̄ diuina quadā benignitate & celesti

a

12261 世界各地　（希臘）狄奥尼修斯撰　公元1477年威尼斯初版印本

羊皮精裝。開本高22.8厘米，廣17厘米。上海圖書館藏。

第五批國家珍貴古籍名録圖録

其他文字珍貴古籍

12260 滿洲實録八卷 滿漢蒙 清乾隆四十三年（1778）抄本

包背裝。開本高36.8厘米，廣23厘米。遼寧省檔案館藏。

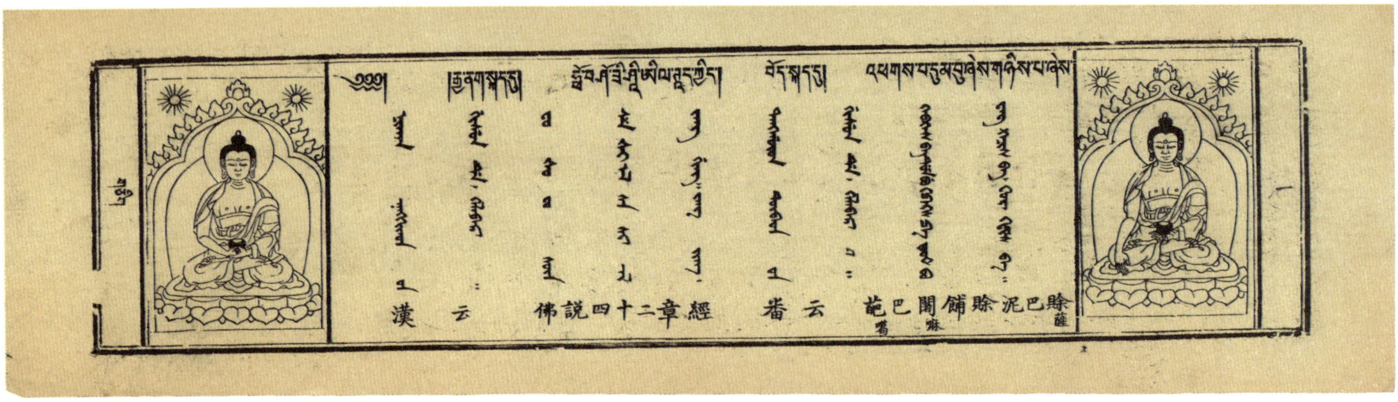

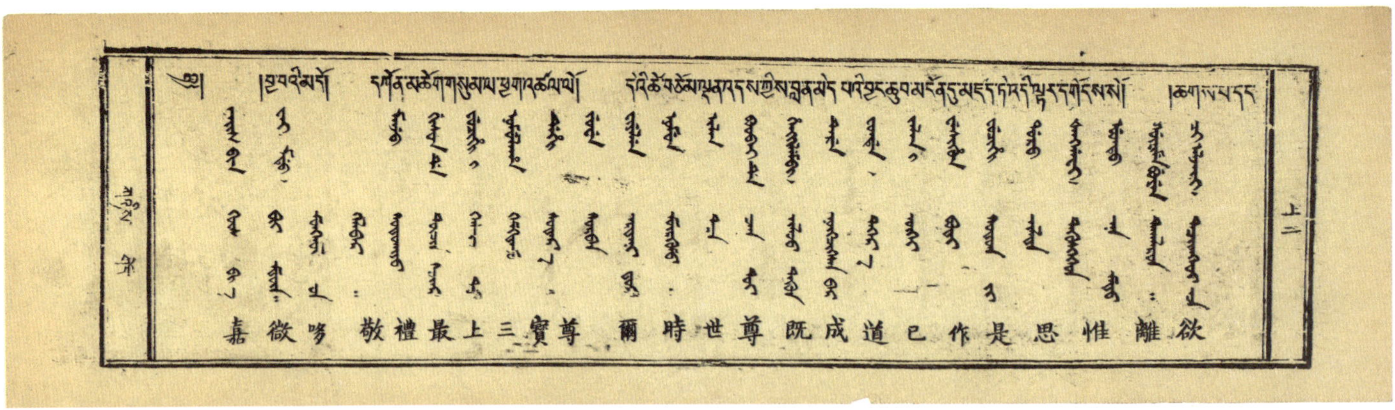

12259 佛說四十二章經 藏滿蒙漢　清刻本

梵夾裝。開本高14.5厘米，廣53.5厘米。匡高11厘米，廣46.7厘米。每葉四行。四周雙邊。國家圖書館藏。

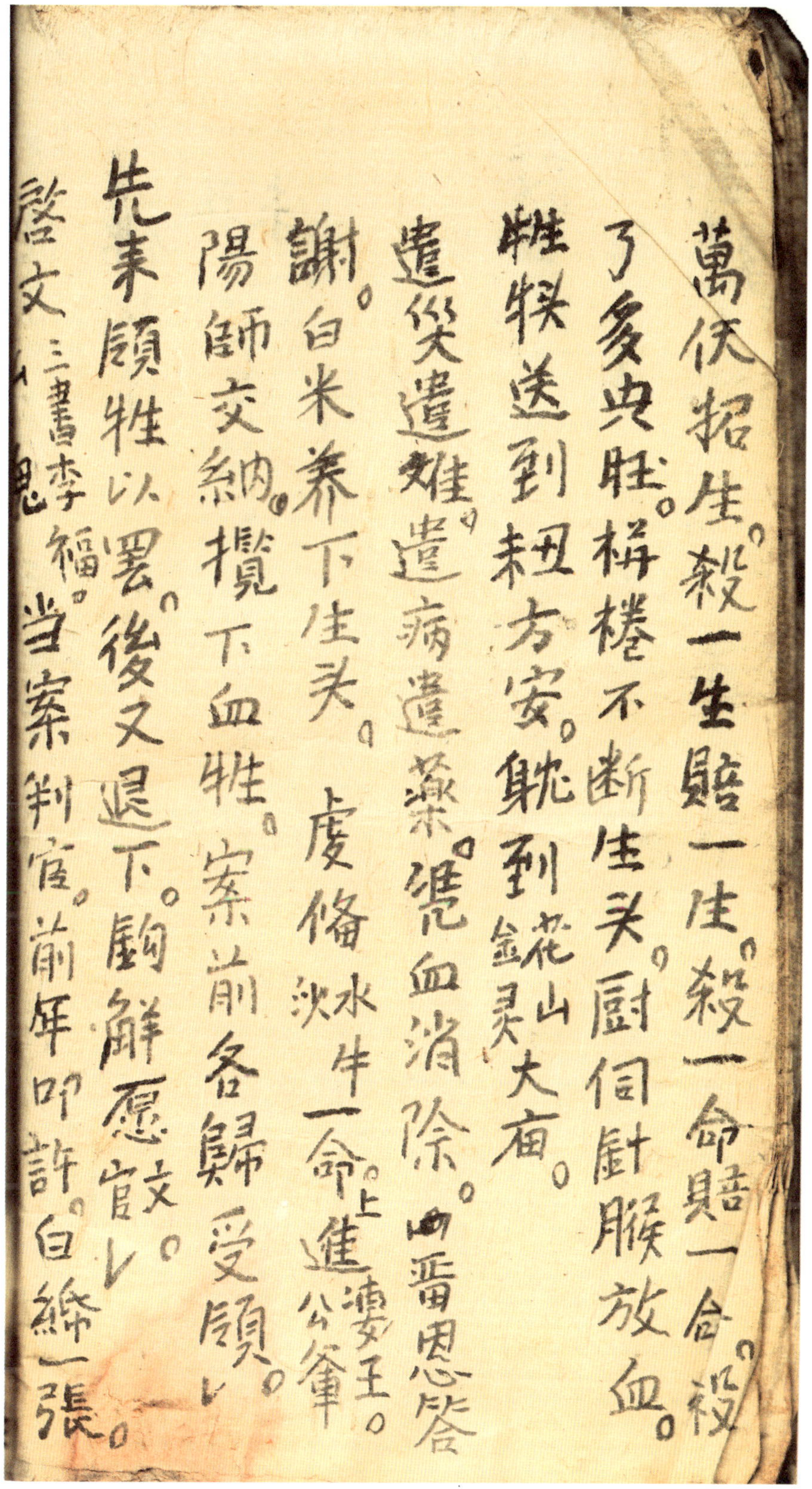

12258 早晚儀疏 清光緒十七年（1891）抄本

綫裝。開本高25.1厘米，廣11.4厘米。貴州省荔波縣民族宗教事務局布依文古籍研究館藏。

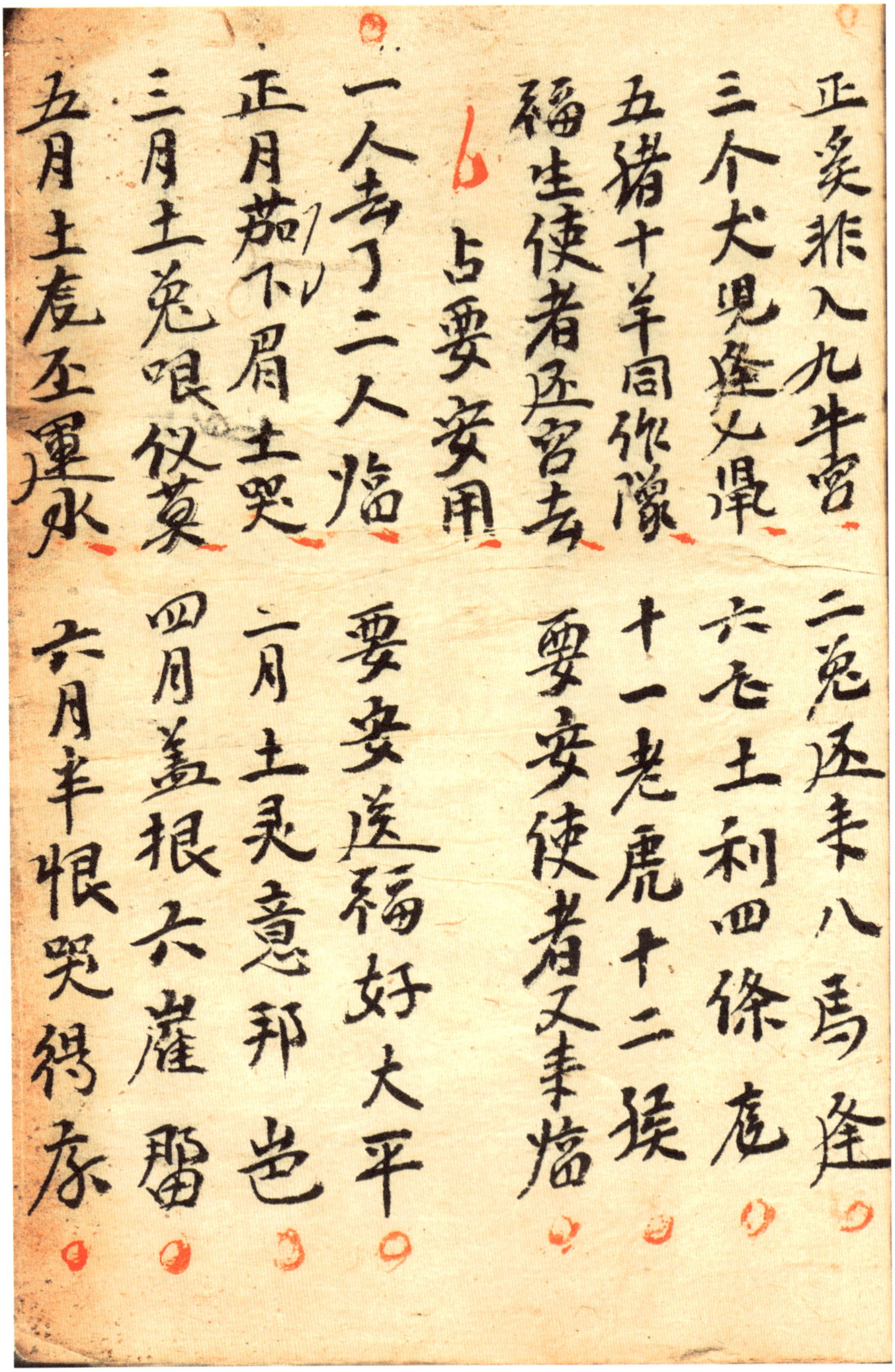

正奚非入九牛宫
三个犬見逢又鼠
五猪十羊同你隊
福生使者丞宫去
占要安用
一人去了二人焰
正月茄下眉土哭
三月土兔哏似墓
五月土虎丞運水

二兔丞来八馬逢
六飞土利四條虎
十一老虎十二猴
要安使者又来焰
要安送福好太平
二月土灵意邦邑
四月蓋根六崖留
六月羊恨哭得康

12257 立願還願書 清光緒九年（1883）抄本

綫裝。開本高18厘米，廣13.3厘米。貴州省荔波縣民族宗教事務局布依文古籍研究館藏。

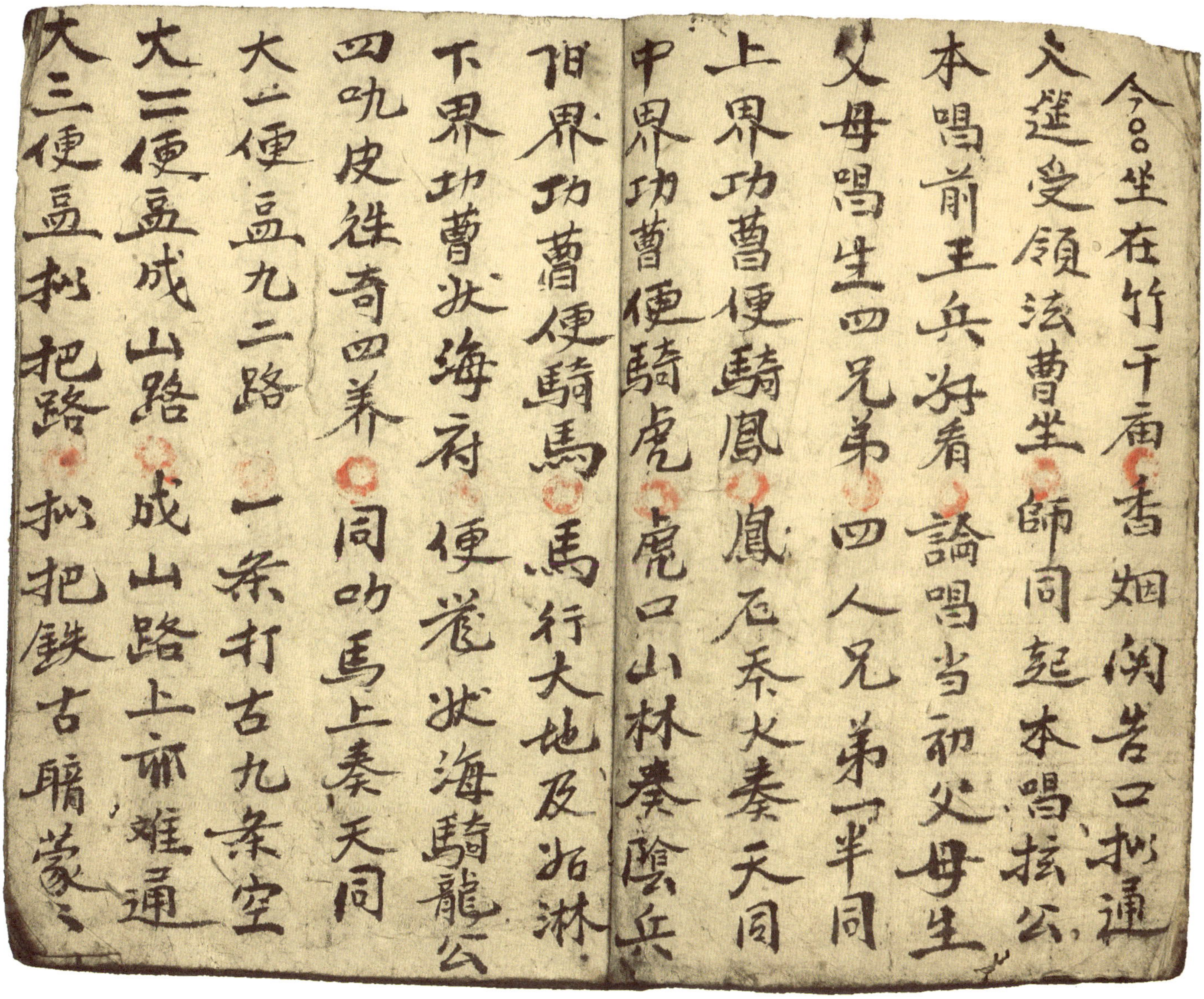

12256 入□（壇）初開唱 清抄本

綫裝。開本高12厘米，廣17厘米。廣西壯族自治區圖書館藏。

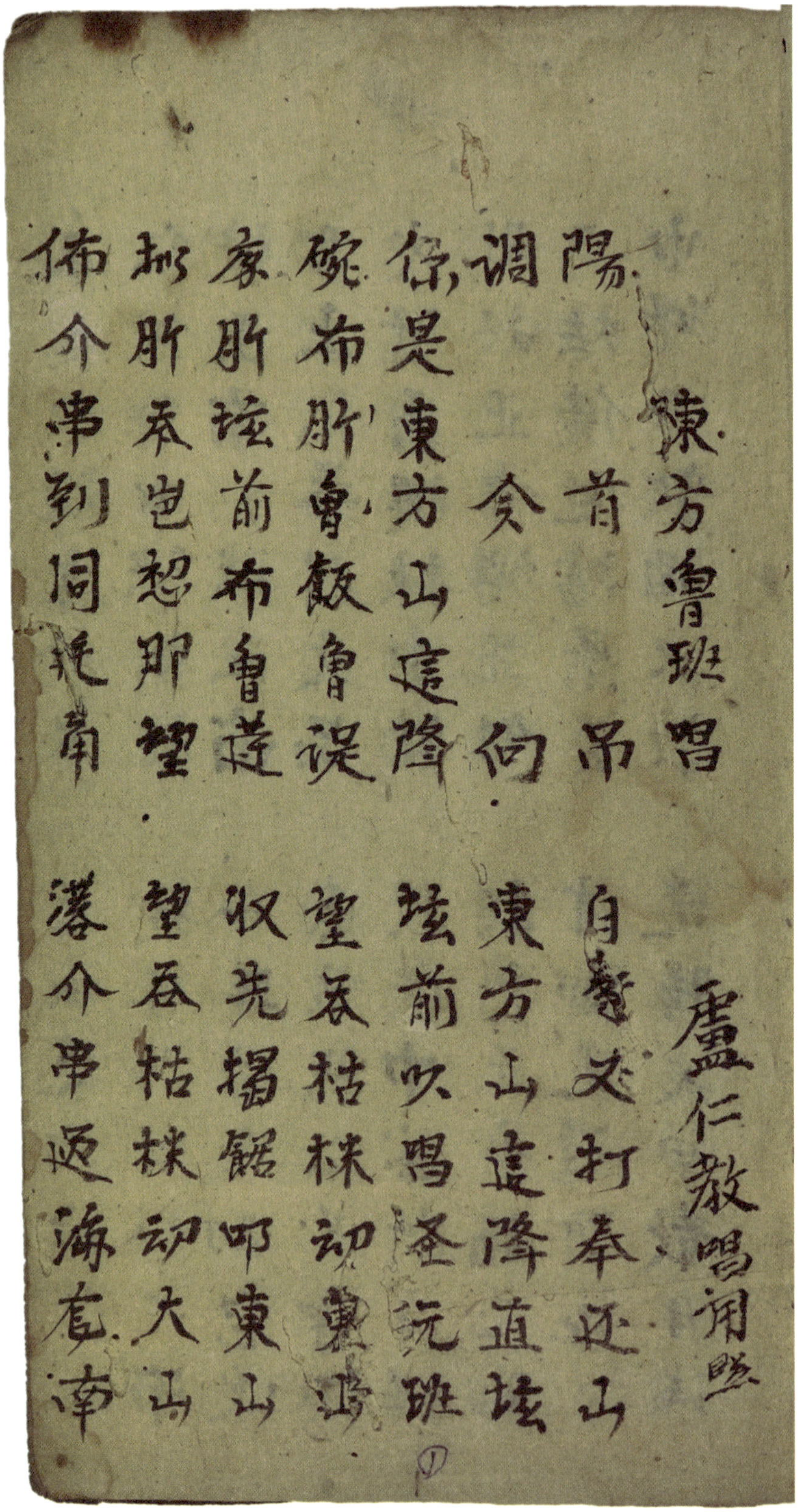

12255 魯班唱　清抄本

綫裝。開本高22厘米，廣13厘米。廣西壯族自治區圖書館藏。

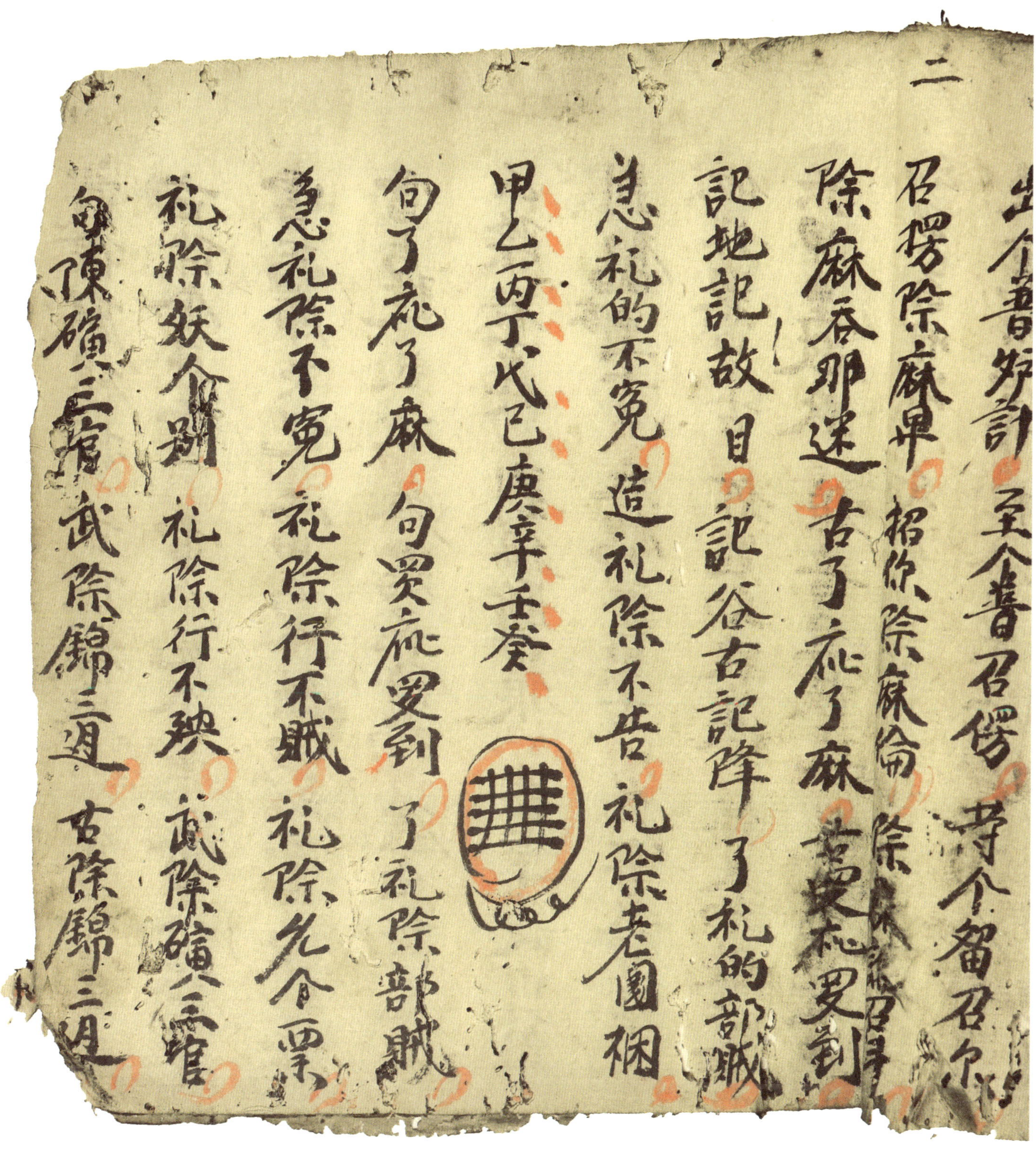

12254 送五海壹科 清抄本

綫裝。開本高20.5厘米，廣22厘米。廣西壯族自治區圖書館藏。

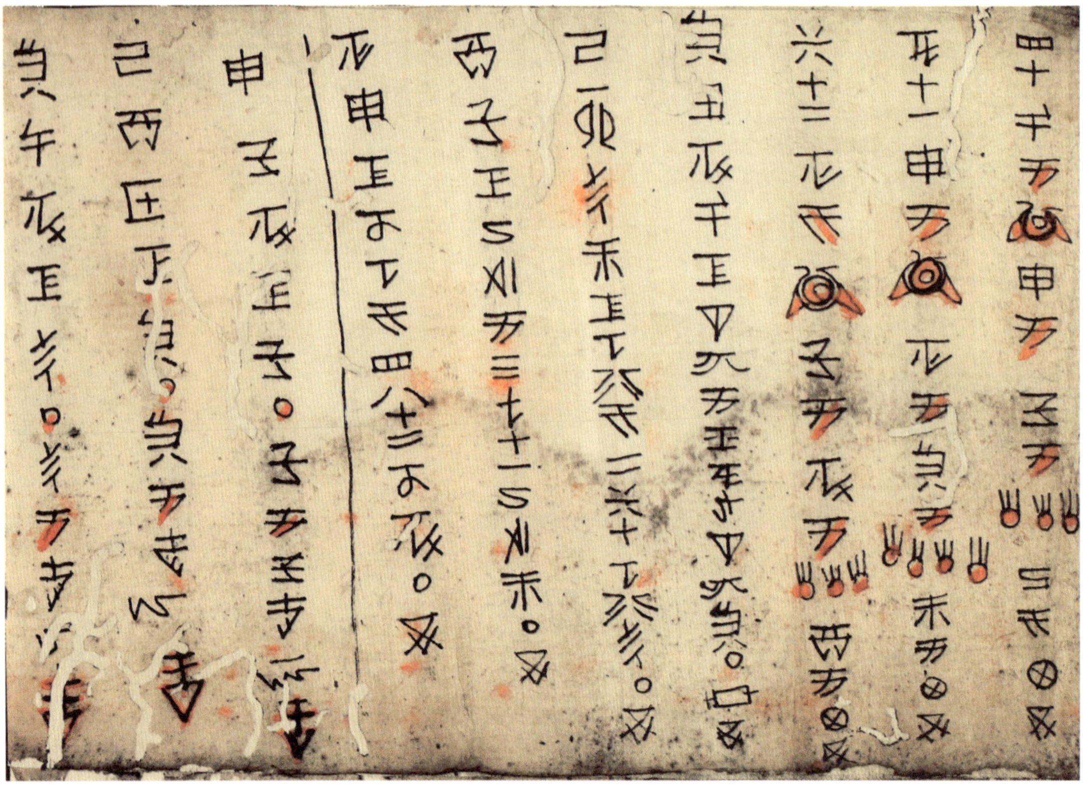

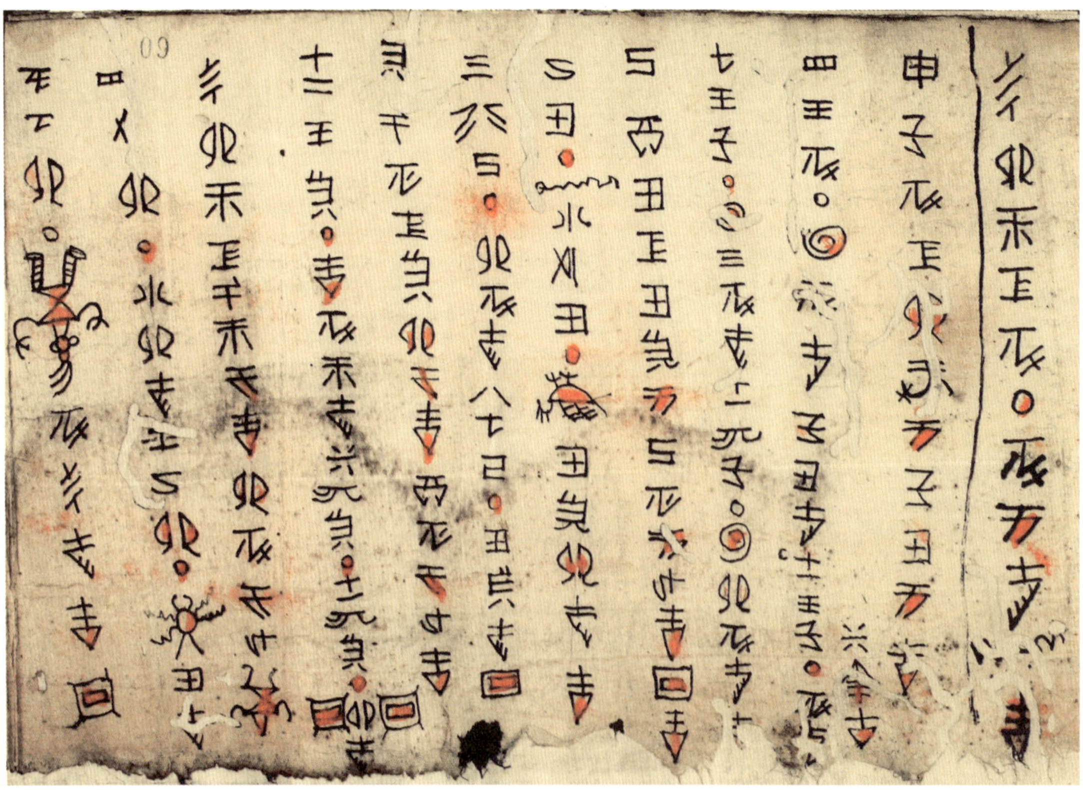

12253 論攻守 清抄本

綫裝。開本高15.8厘米，廣25厘米。國家圖書館藏。

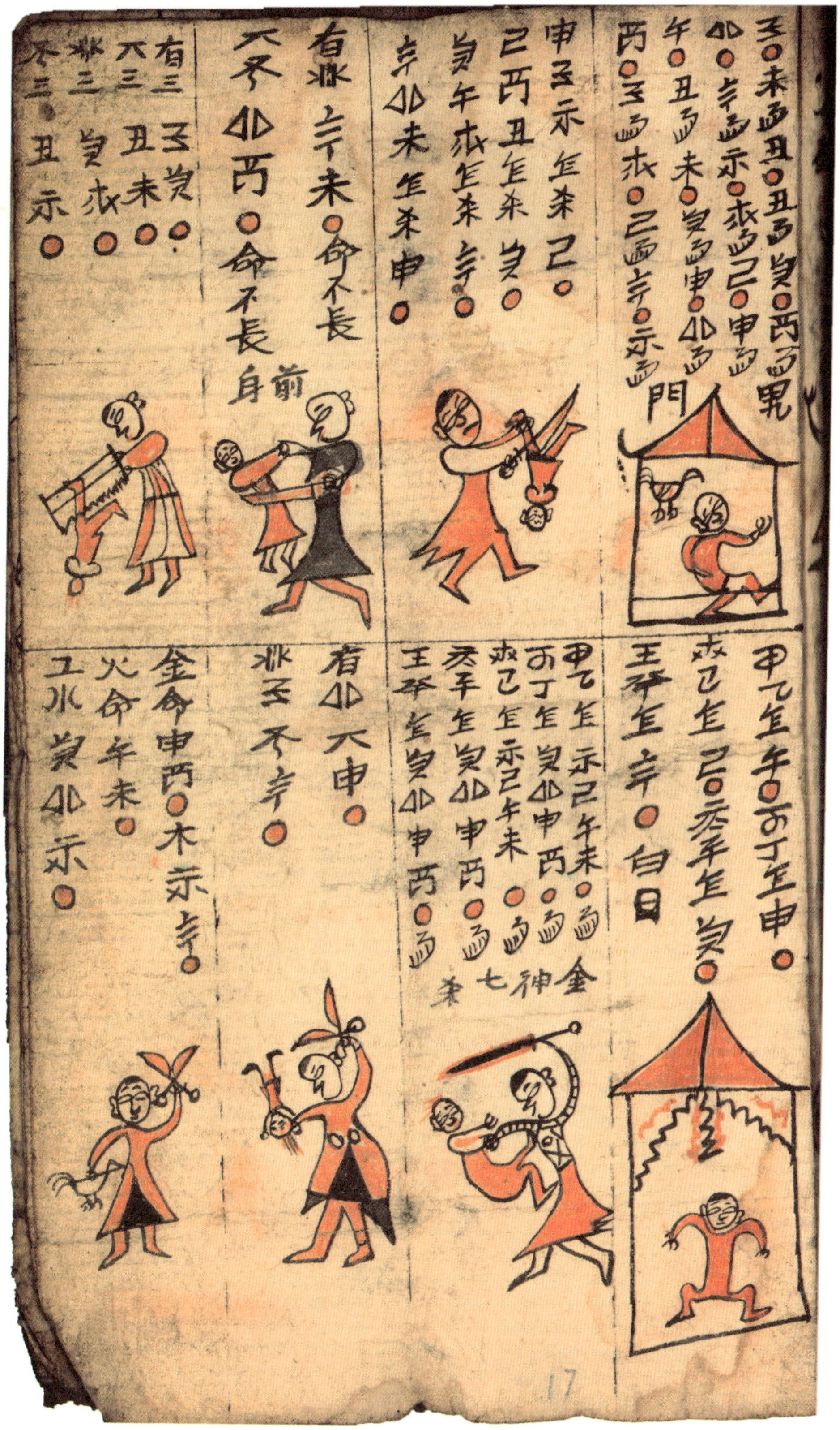

12252 小兒命理 清抄本

綫裝。開本高28厘米，廣17.4厘米。貴州省三都水族自治縣檔案館藏。

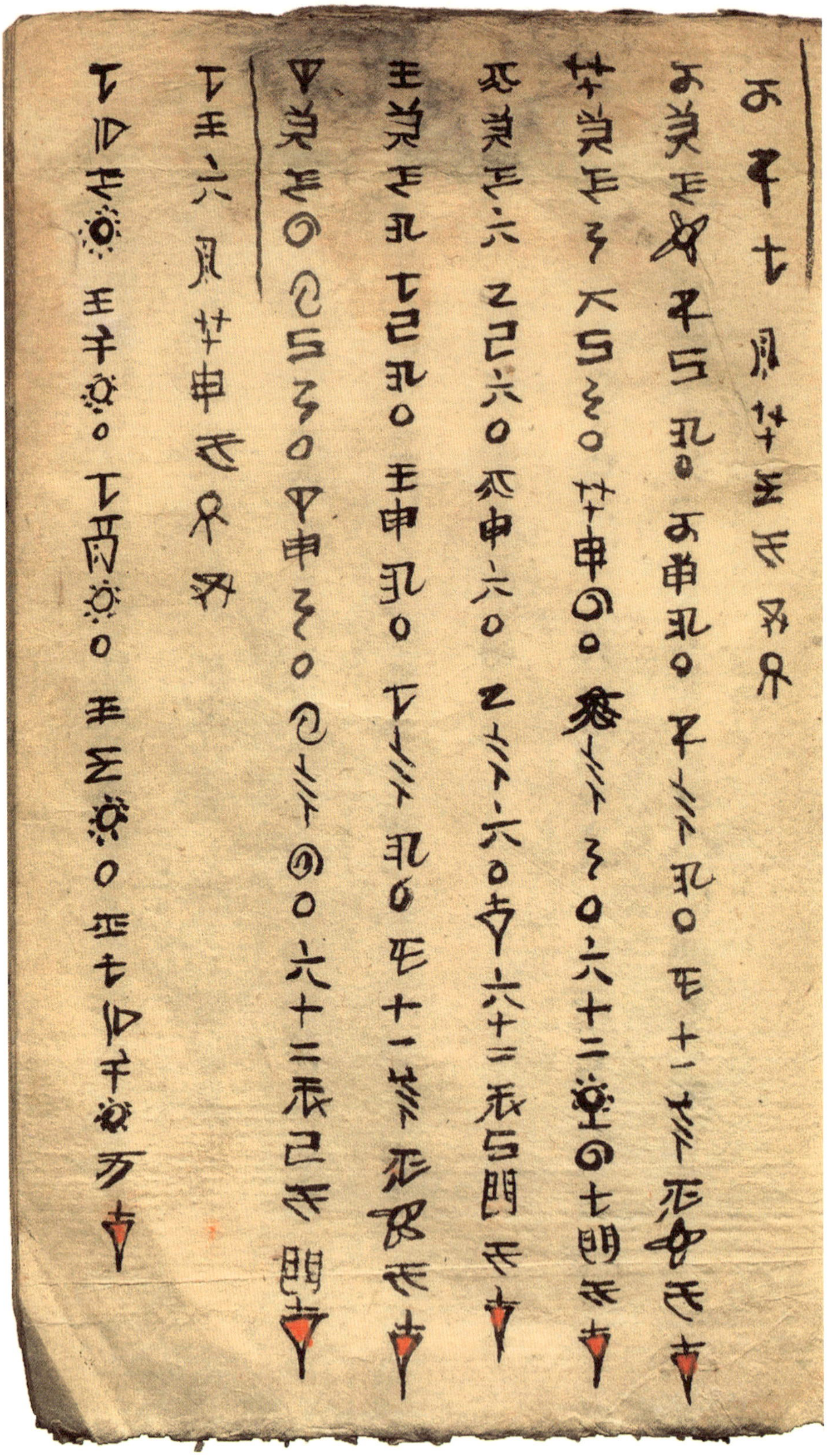

12251 金堂卷 清光緒抄本

綫裝。開本高28.5厘米，廣19厘米。貴州民族文化宫民族圖書館藏。

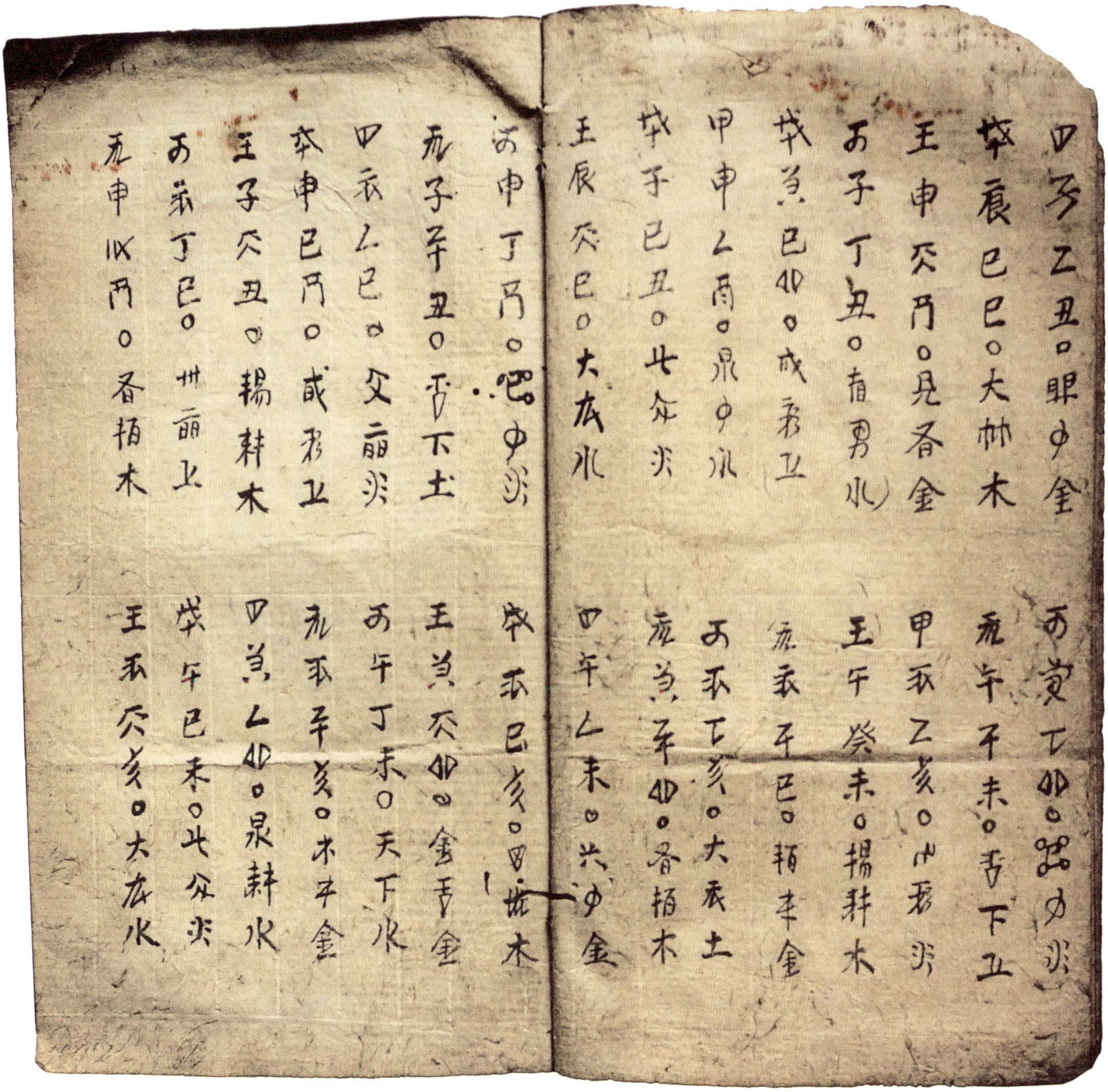

12250 陸奪總會 清同治元年（1862）抄本

綫裝。開本高33厘米，廣19.6厘米。黔南民族師範學院藏。

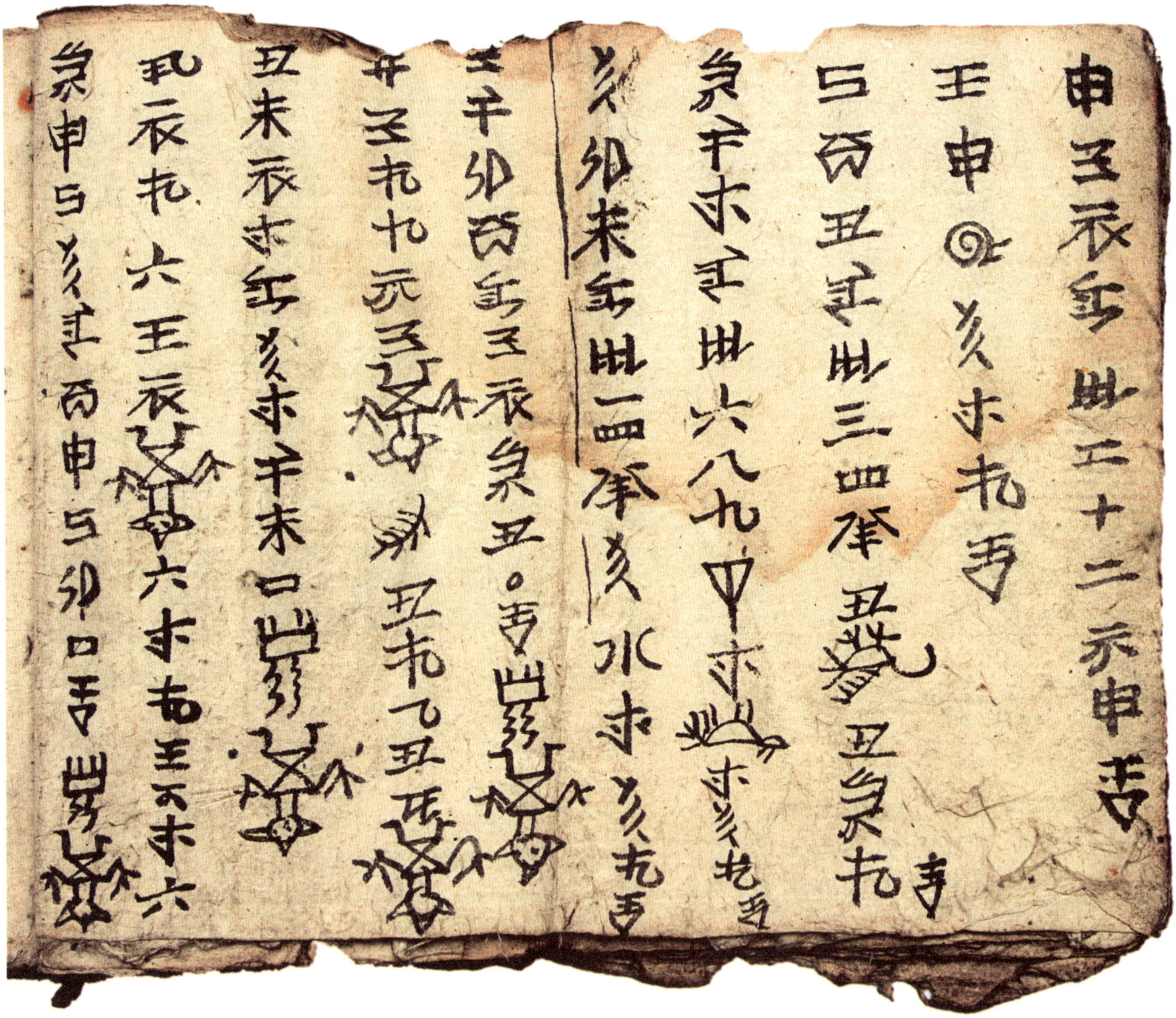

12249 保福書 清嘉慶二十年（1815）抄本

綫裝。開本高18厘米，廣25.7厘米。貴州省荔波縣檔案館藏。

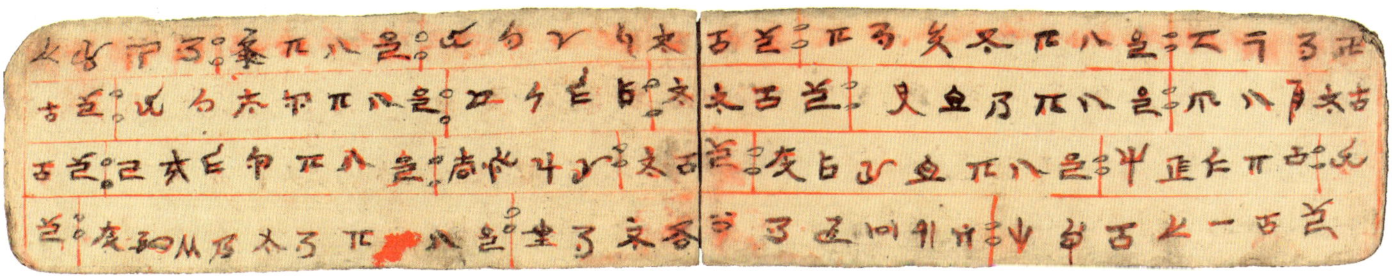

12248 祭神署經 清抄本

綫裝。開本高10厘米，廣29.3厘米。國家圖書館藏。

12247 祭三多神經 清抄本

綫裝。開本高8.5厘米，廣27.2厘米。國家圖書館藏。

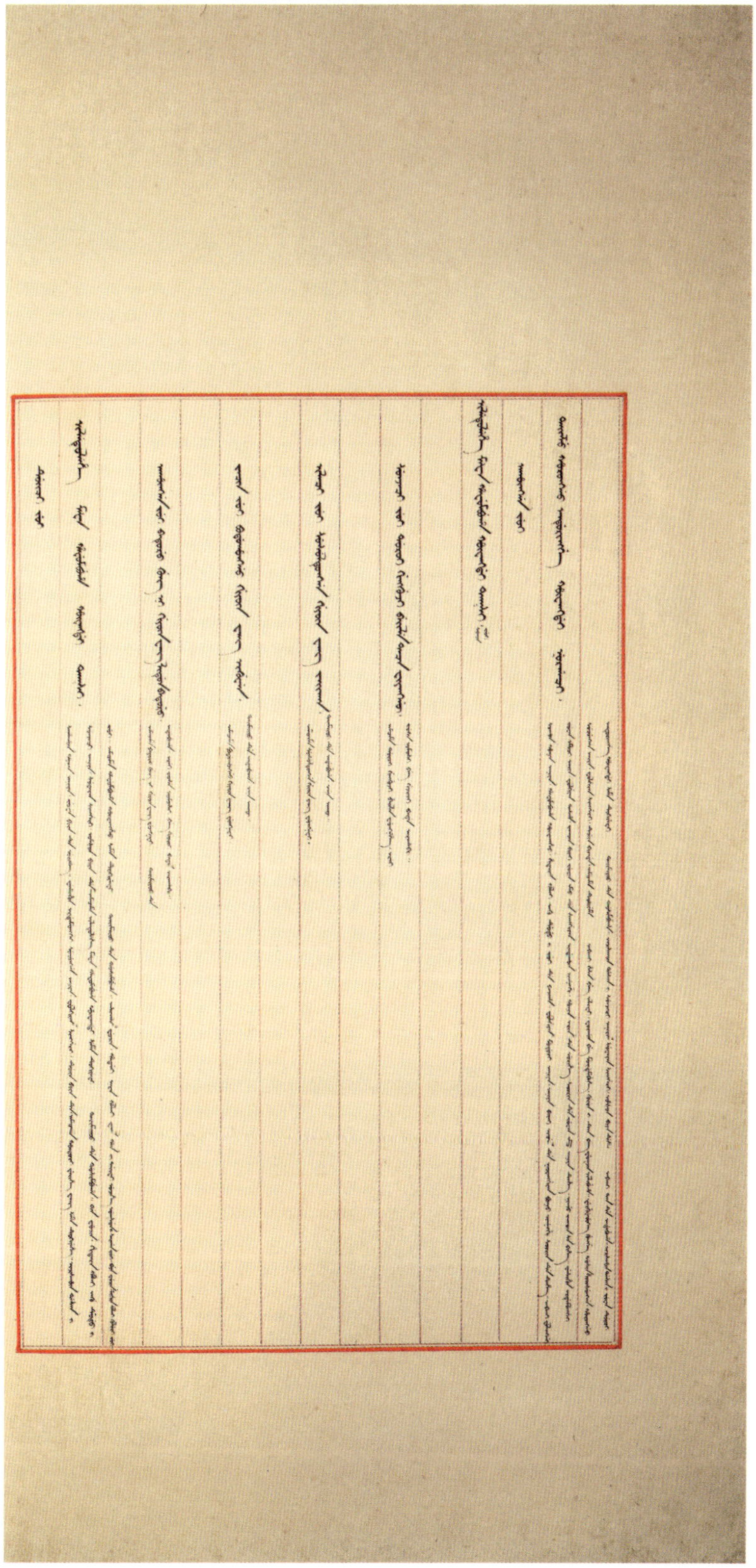

12246 清代宗室暨格玉牒五十一種 清内府寫本

包背裝。遼寧省檔案館藏。

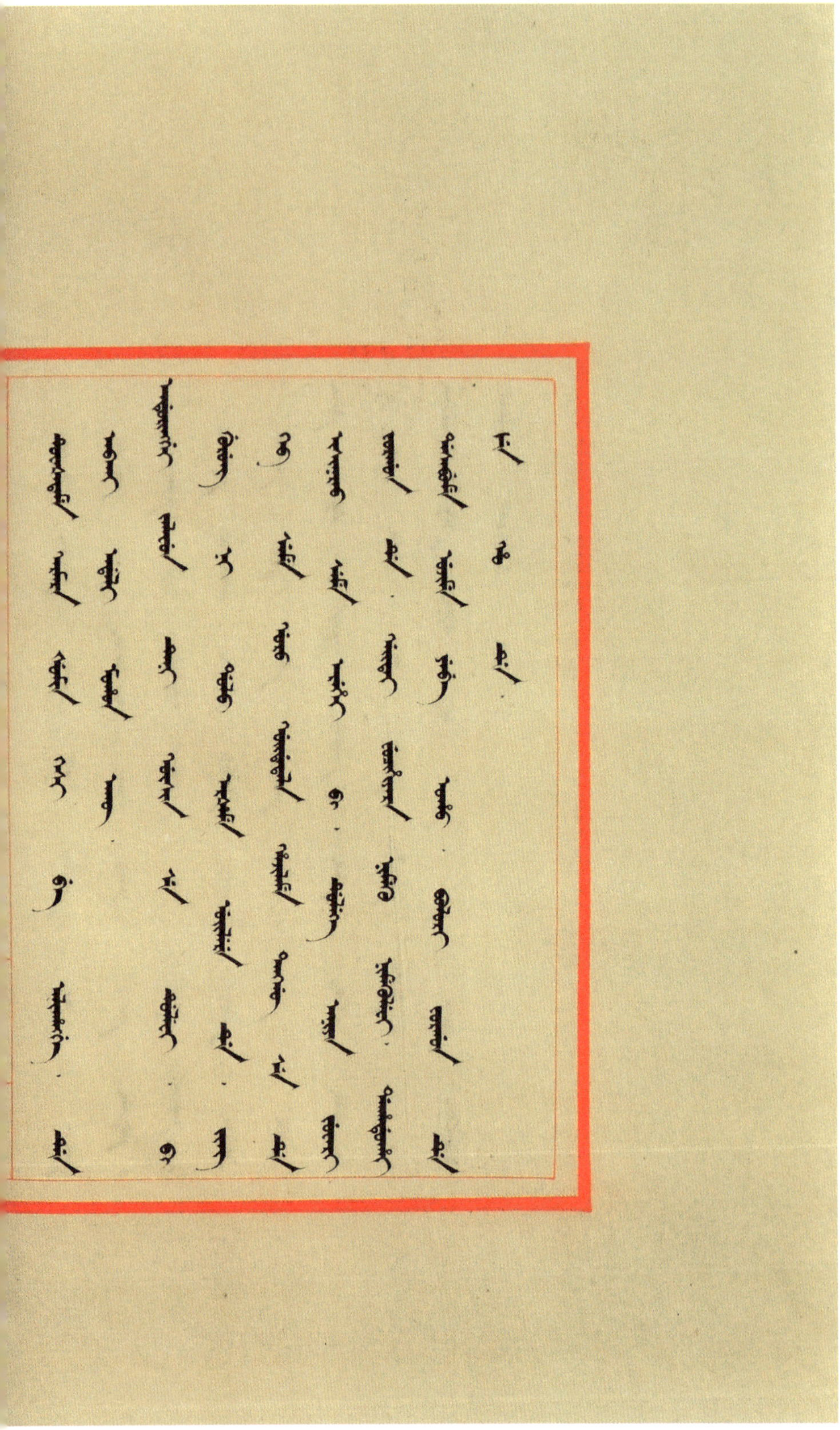

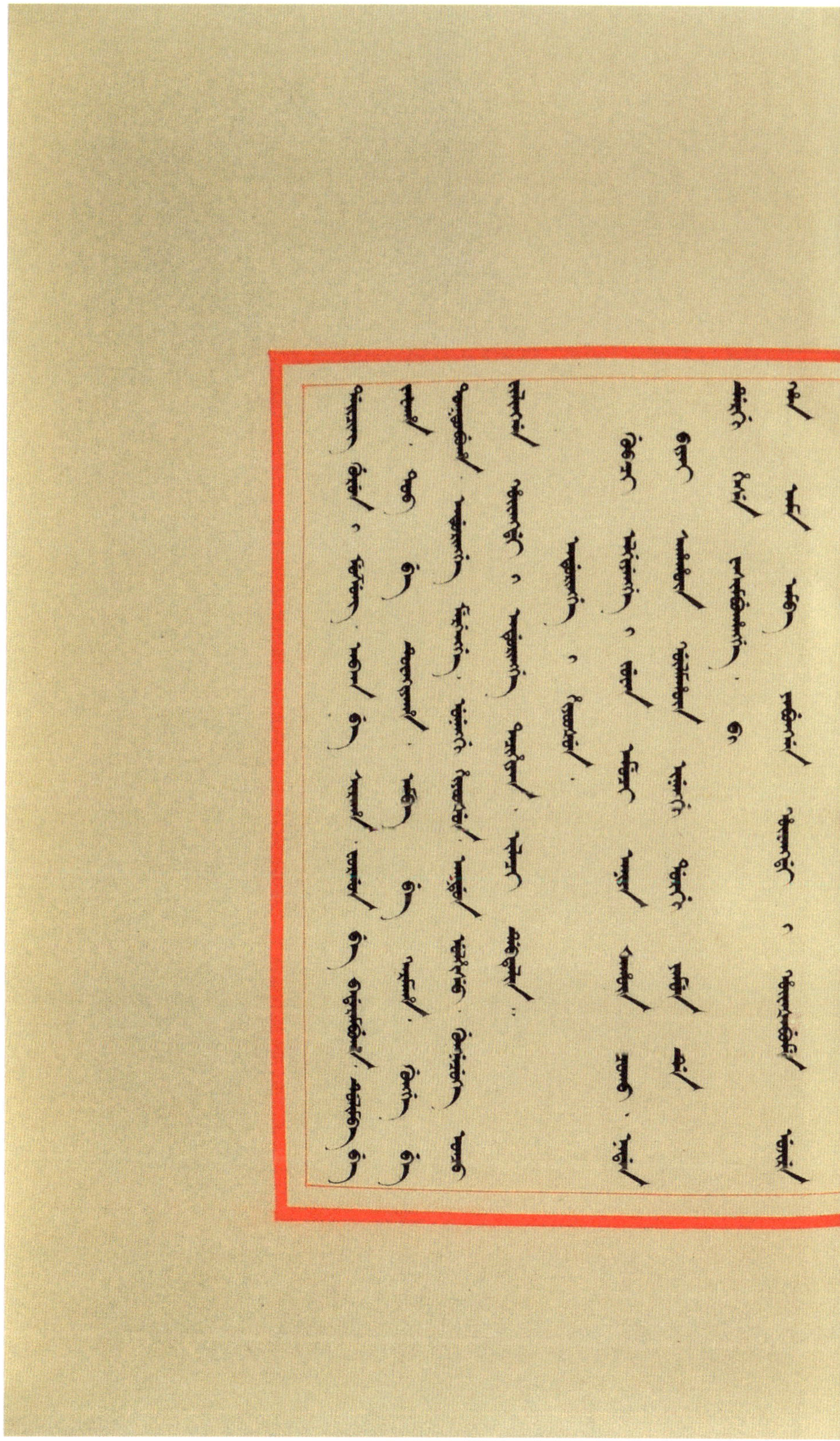

12245 大清穆宗毅皇帝聖訓一百六十卷 清光緒六年（1880）内府寫本

蝴蝶裝。開本高43.6厘米，廣28.2厘米。匡高26.3厘米，廣18.9厘米。遼寧省檔案館藏。

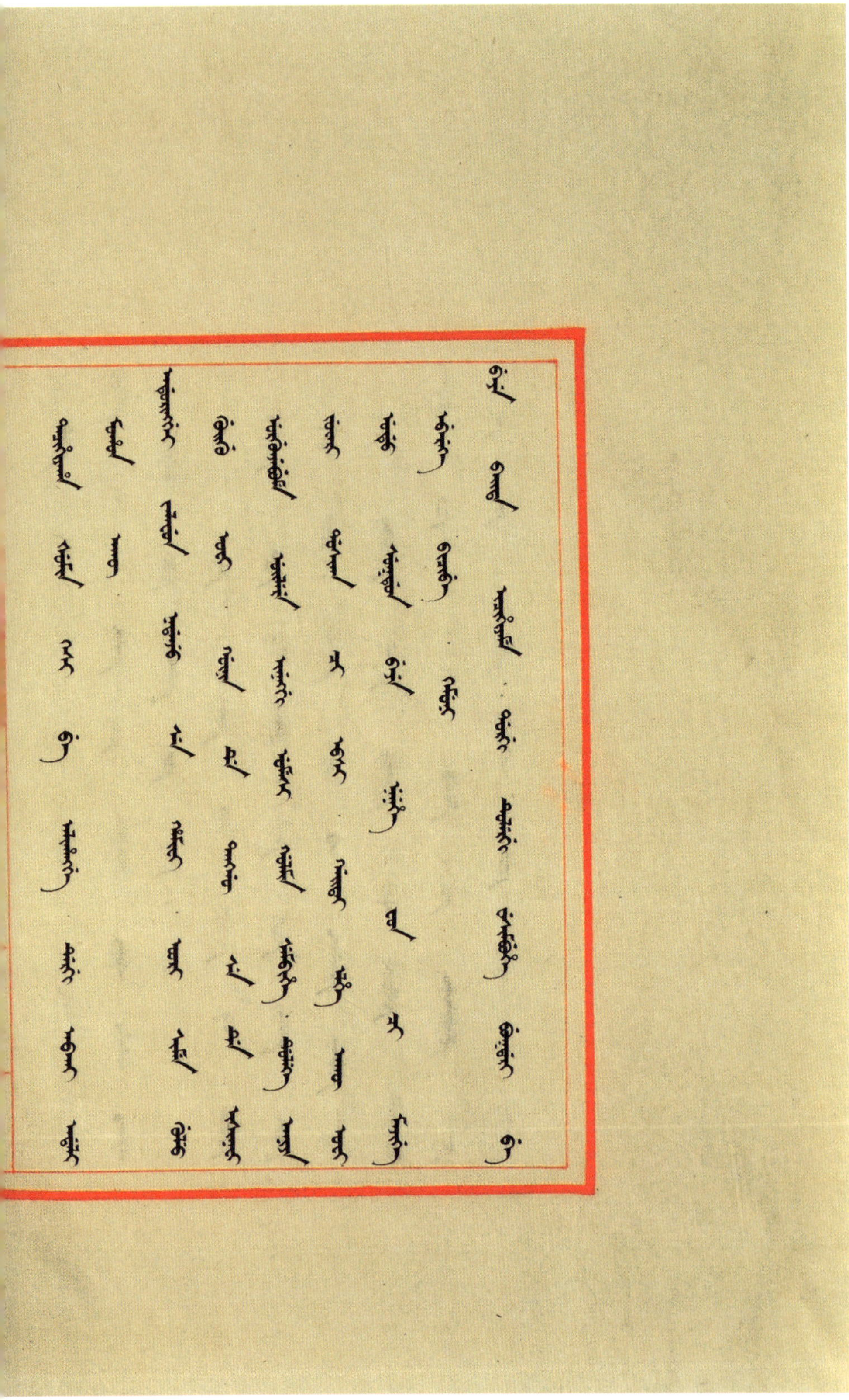

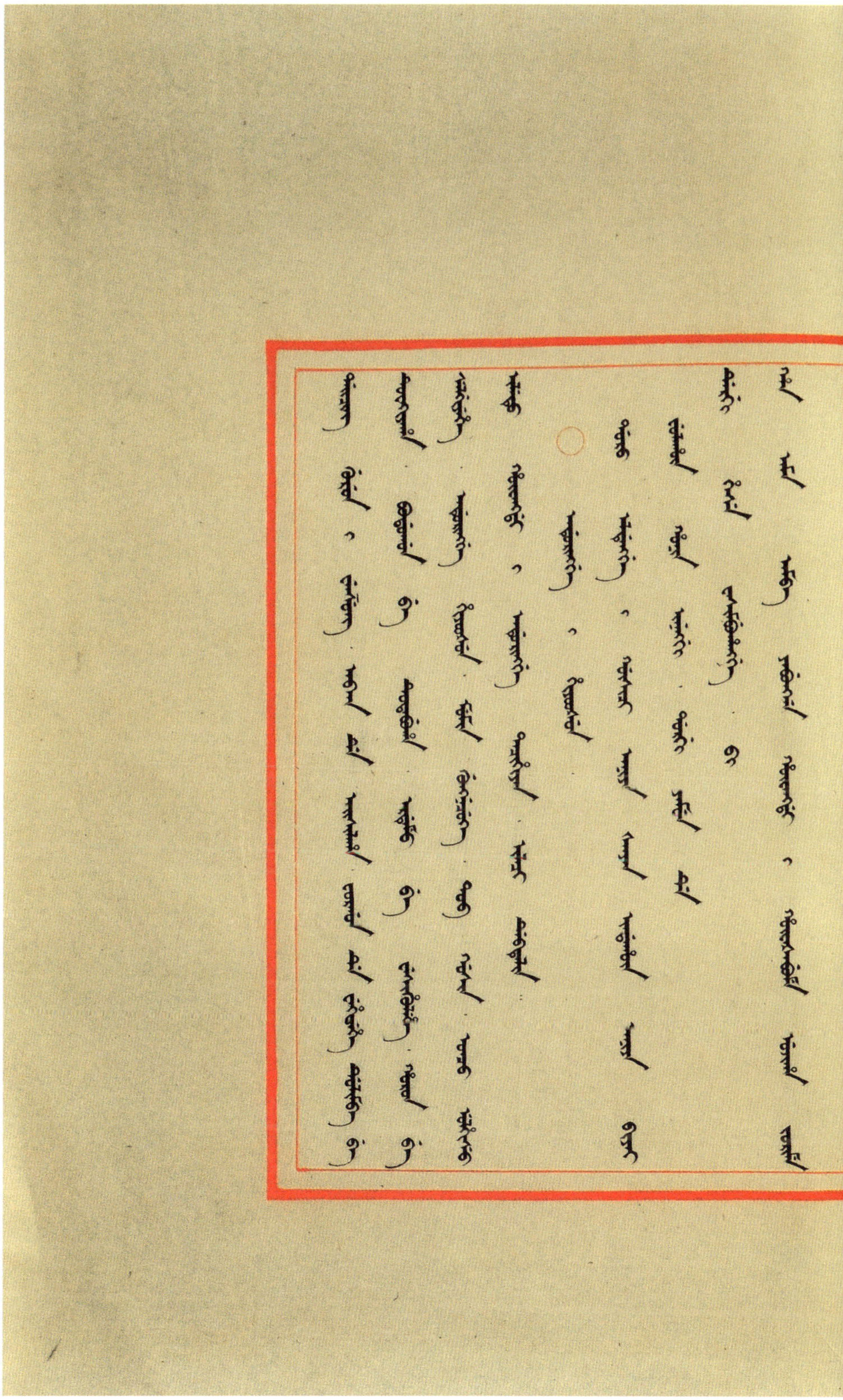

12244 大清文宗顯皇帝聖訓一百十卷 清同治五年（1866）内府寫本

蝴蝶裝。開本高44.4厘米，廣29.9厘米。匡高26.4厘米，廣19.2厘米。遼寧省檔案館藏。

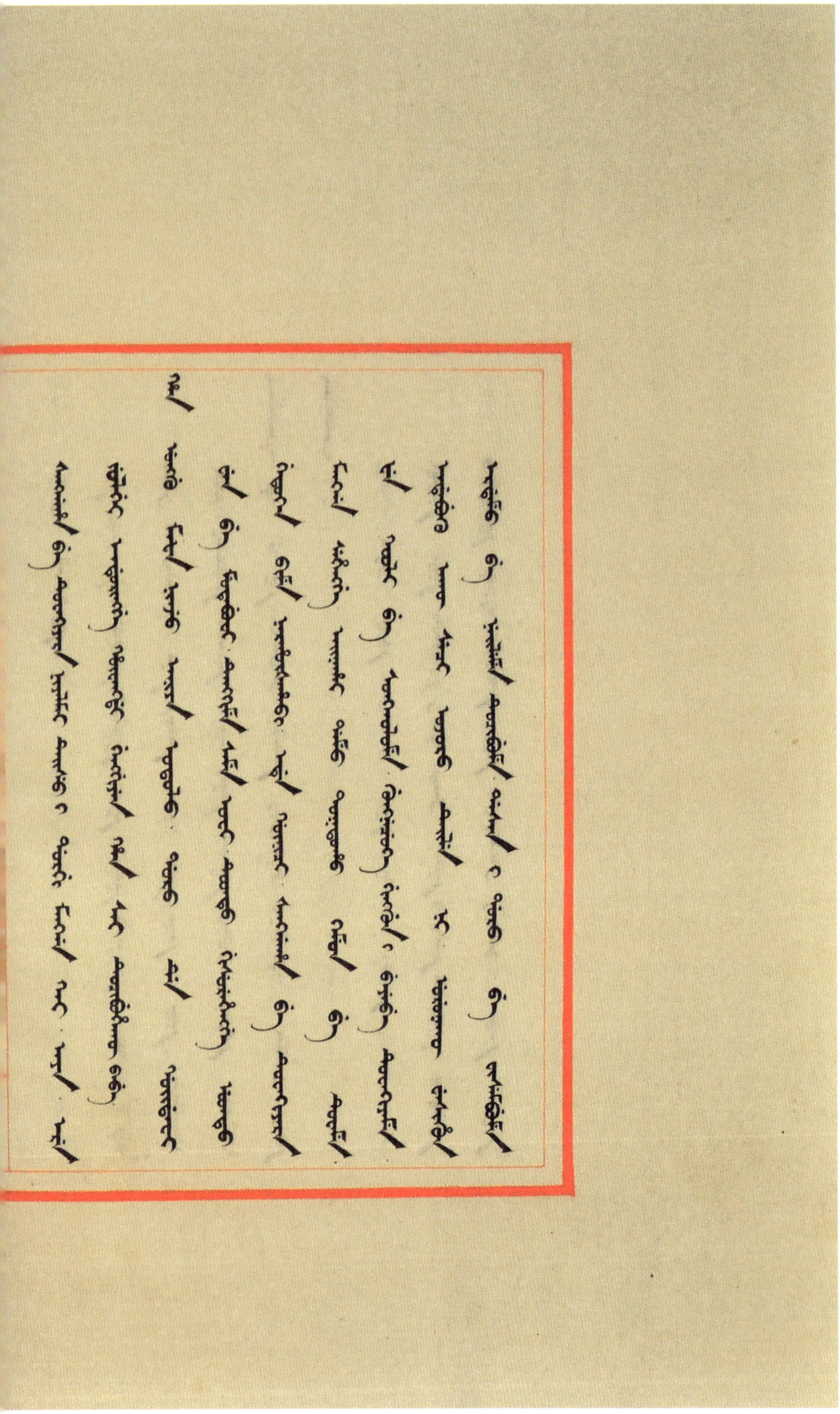

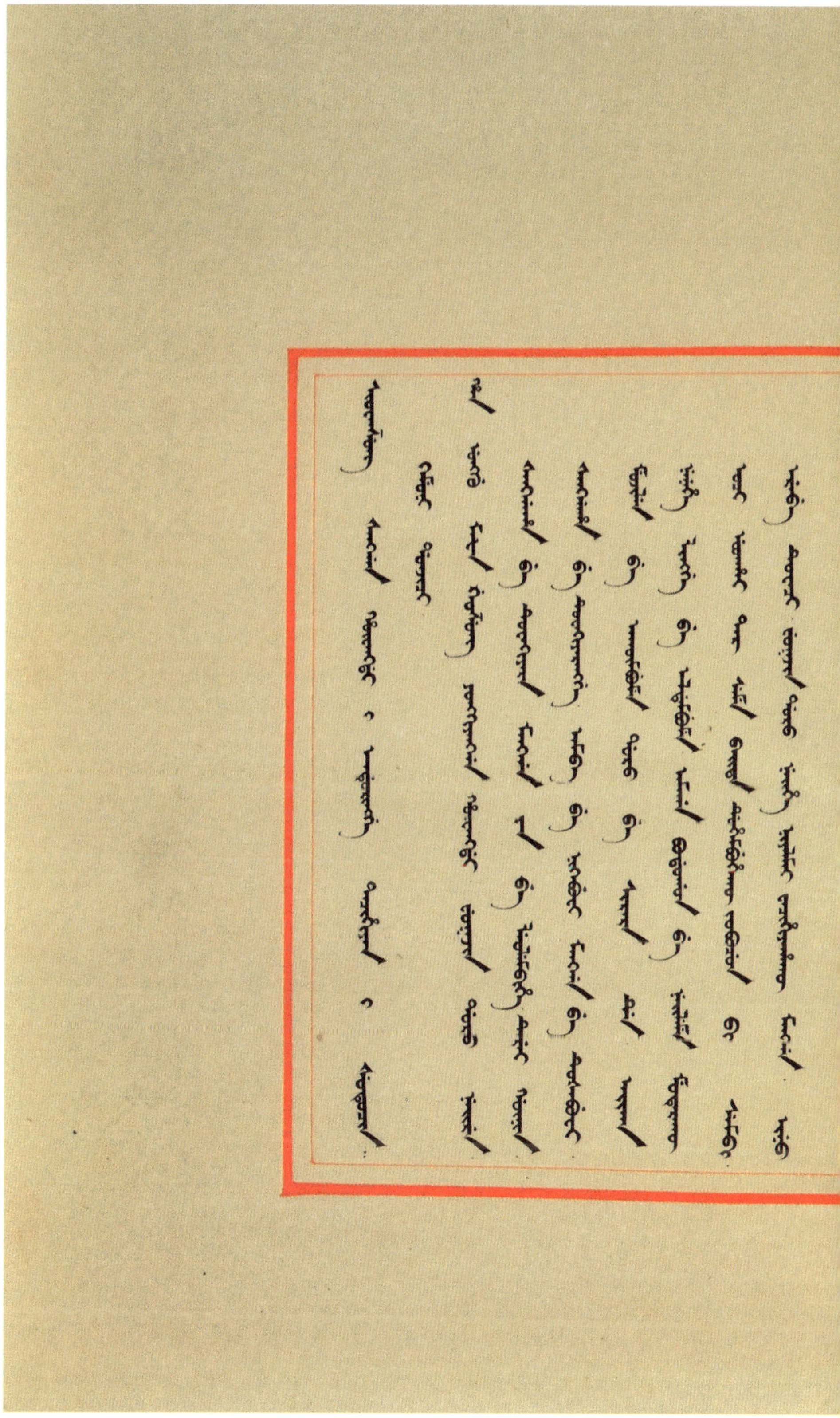

12243 大清宣宗成皇帝聖訓一百三十卷 清咸豐六年（1856）内府寫本

蝴蝶裝。開本高43.7厘米，廣28.1厘米。匡高26.9厘米，廣19.5厘米。遼寧省檔案館藏。

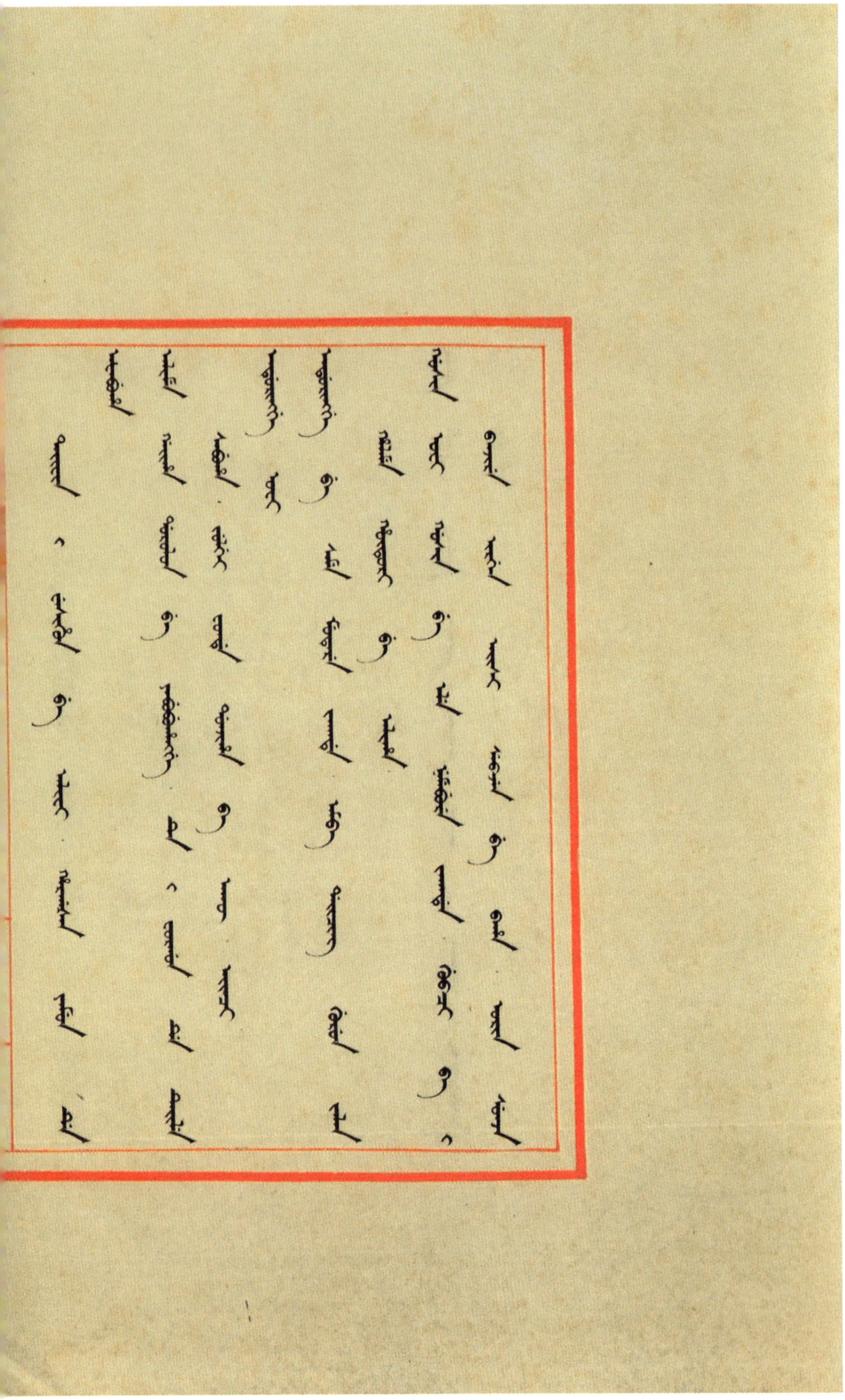

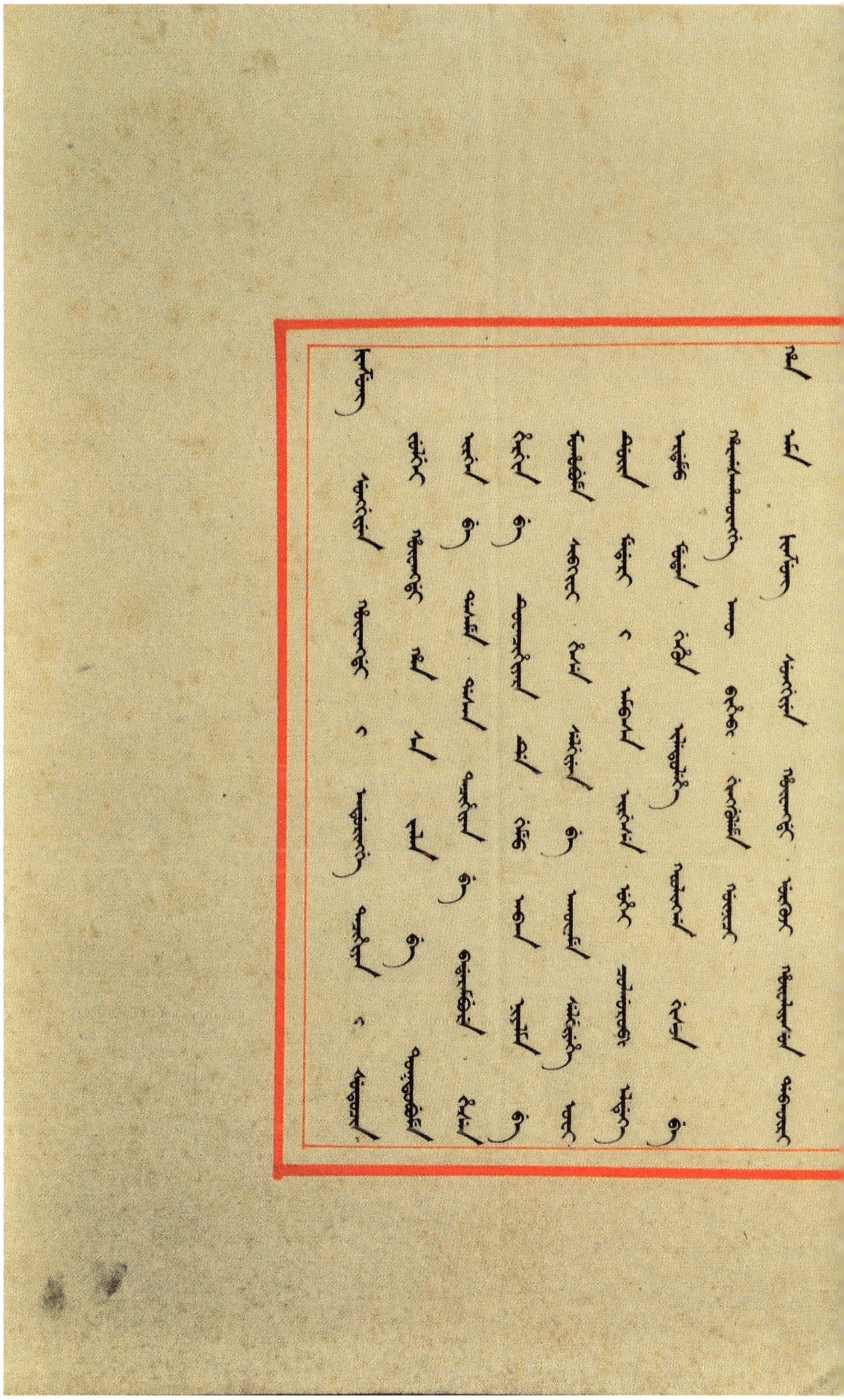

12242 大清仁宗睿皇帝聖訓一百十卷 清道光四年（1824）內府寫本

蝴蝶裝。開本高44.5厘米，廣28.7厘米。匡高27.1厘米，廣19.7厘米。遼寧省檔案館藏。

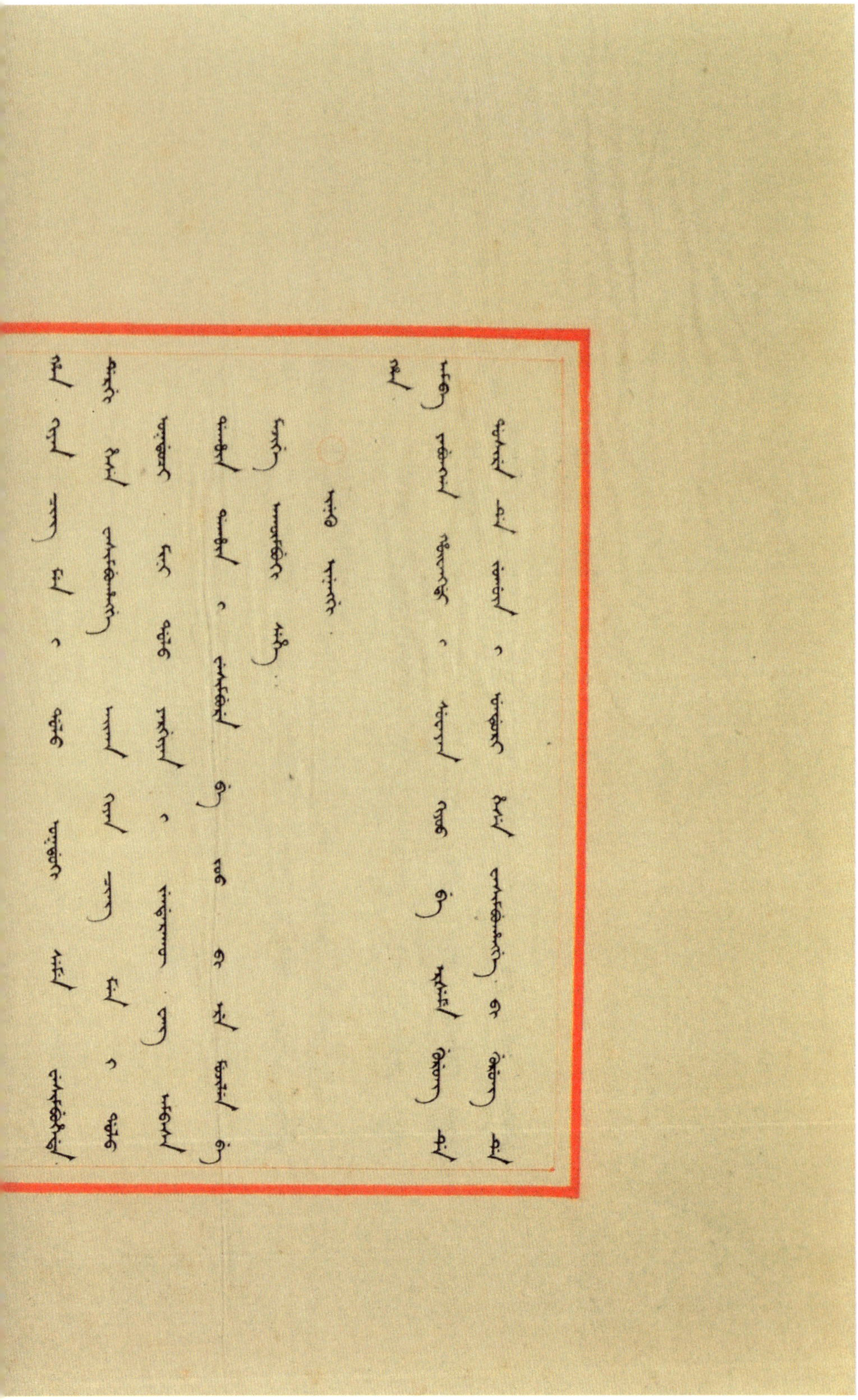

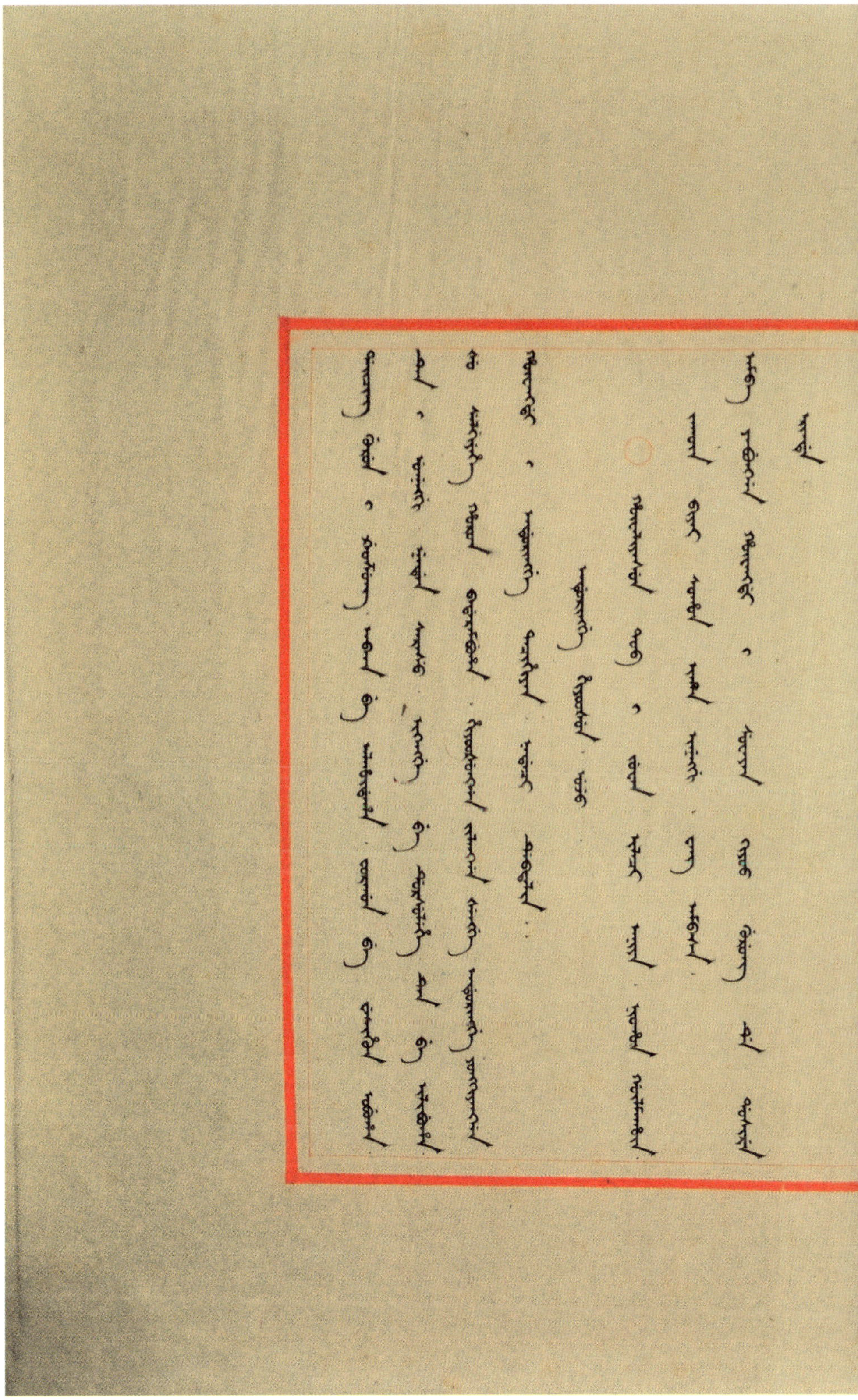

12241 大清高宗純皇帝聖訓三百卷 清嘉慶十二年（1807）内府寫本

蝴蝶裝。開本高44.5厘米，廣28.8厘米。匡高27.1厘米，廣19.7厘米。遼寧省檔案館藏。

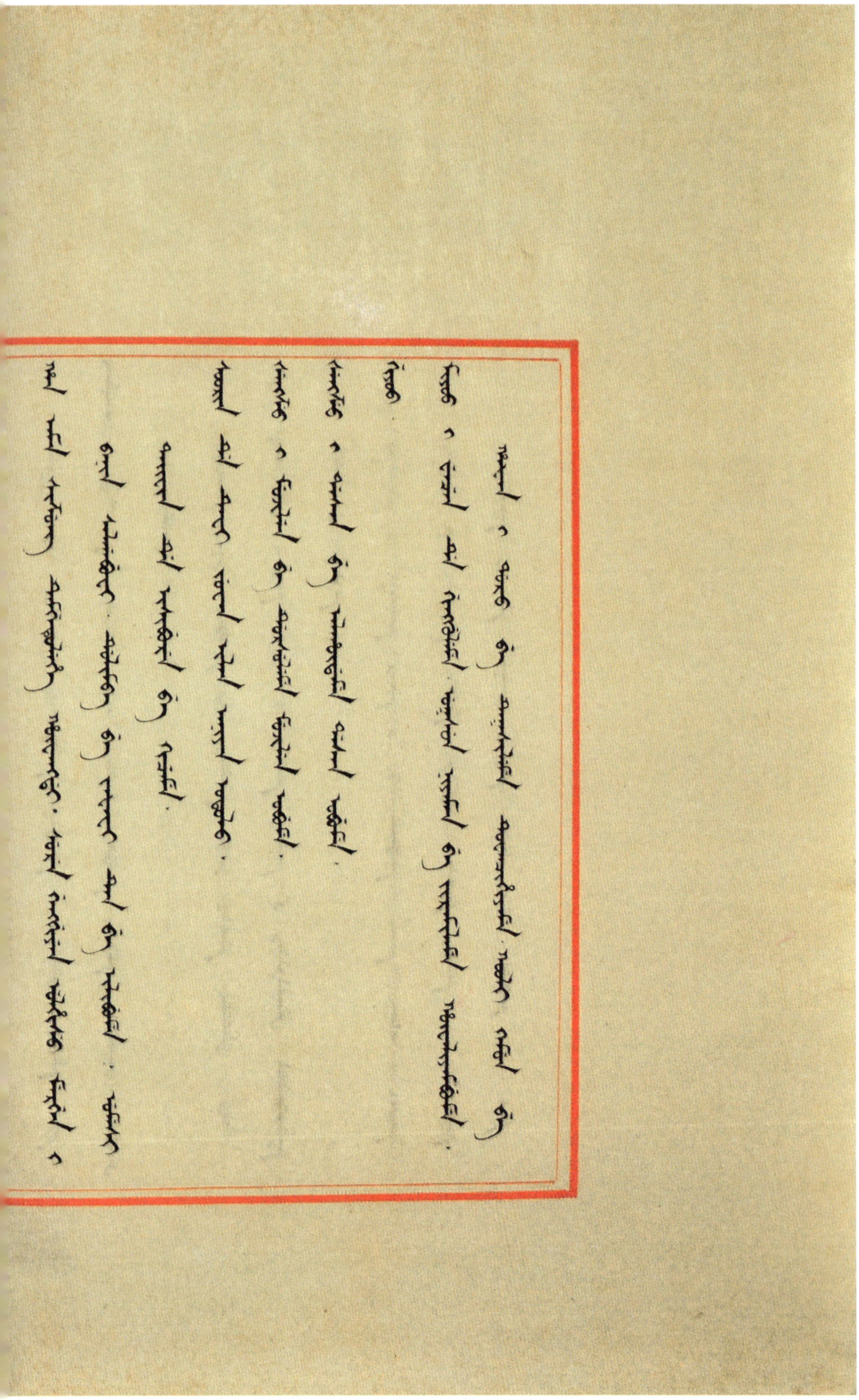

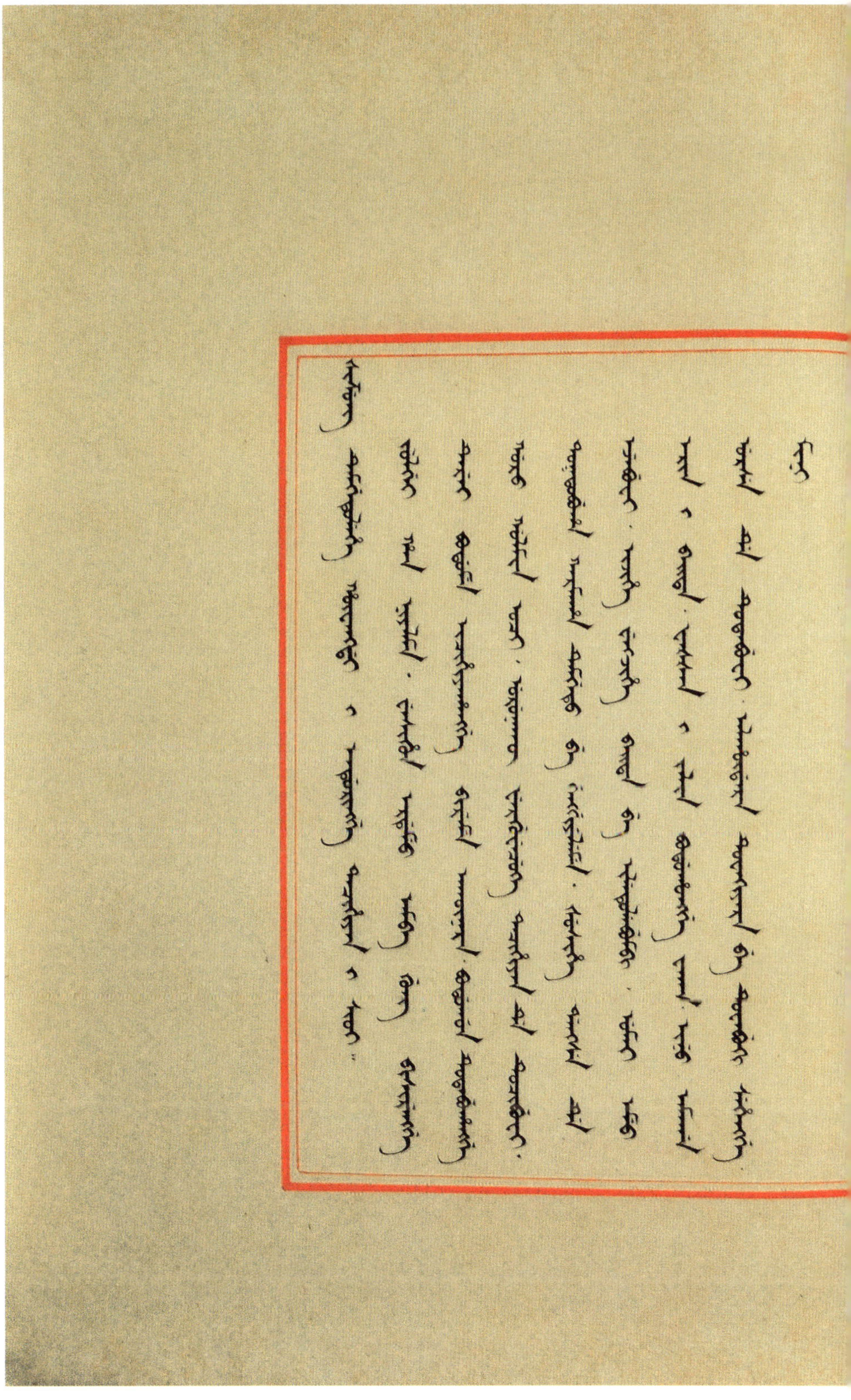

12240 大清世宗憲皇帝聖訓三十六卷 清乾隆十一年（1746）内府寫本

蝴蝶裝。開本高44.5厘米，廣29.5厘米。匡高27厘米，廣19.5厘米。遼寧省檔案館藏。

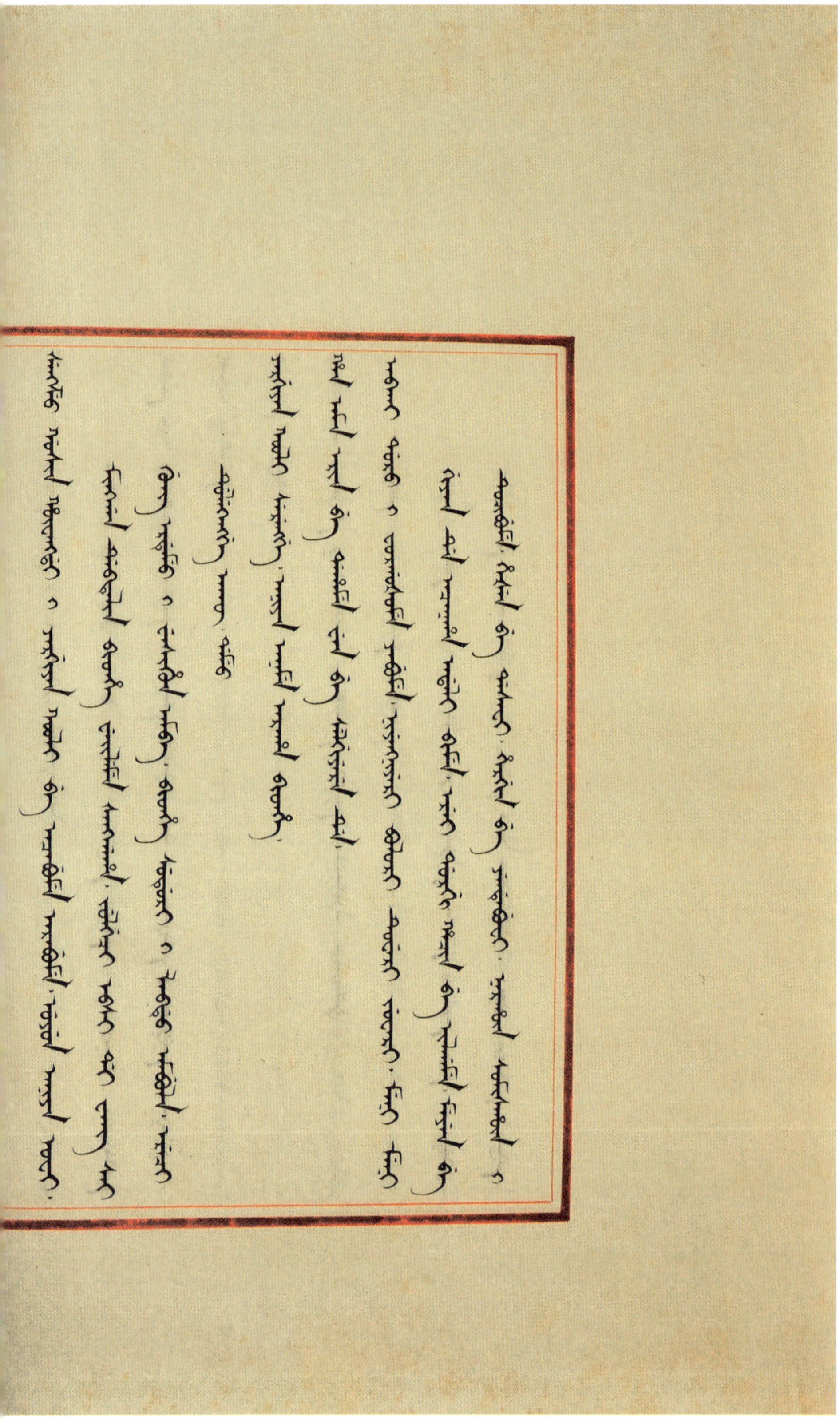

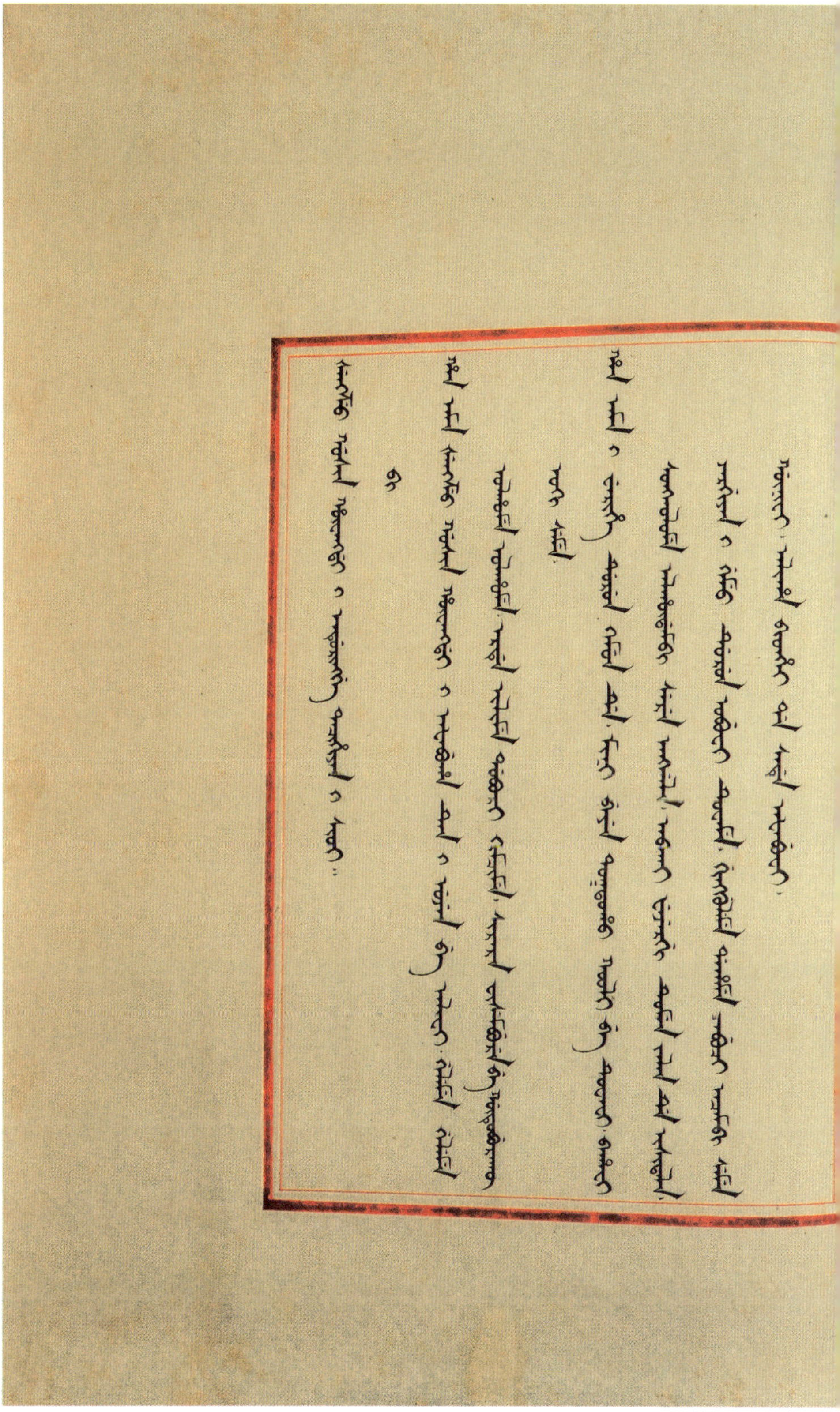

12239 大清聖祖仁皇帝聖訓六十卷 清乾隆十一年（1746）内府寫本

蝴蝶裝。開本高44.5厘米，廣29.5厘米。匡高27厘米，廣19.5厘米。遼寧省檔案館藏。

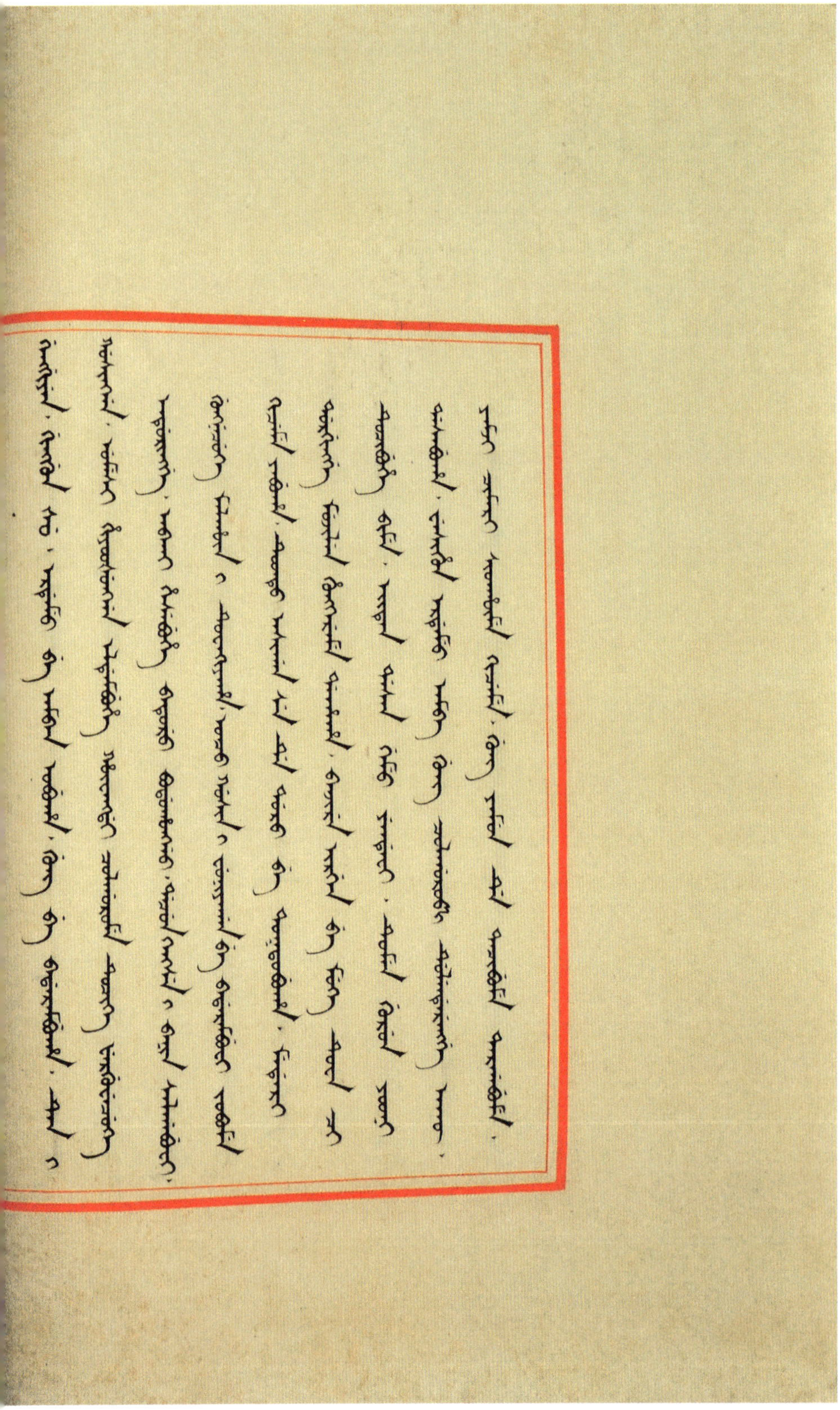

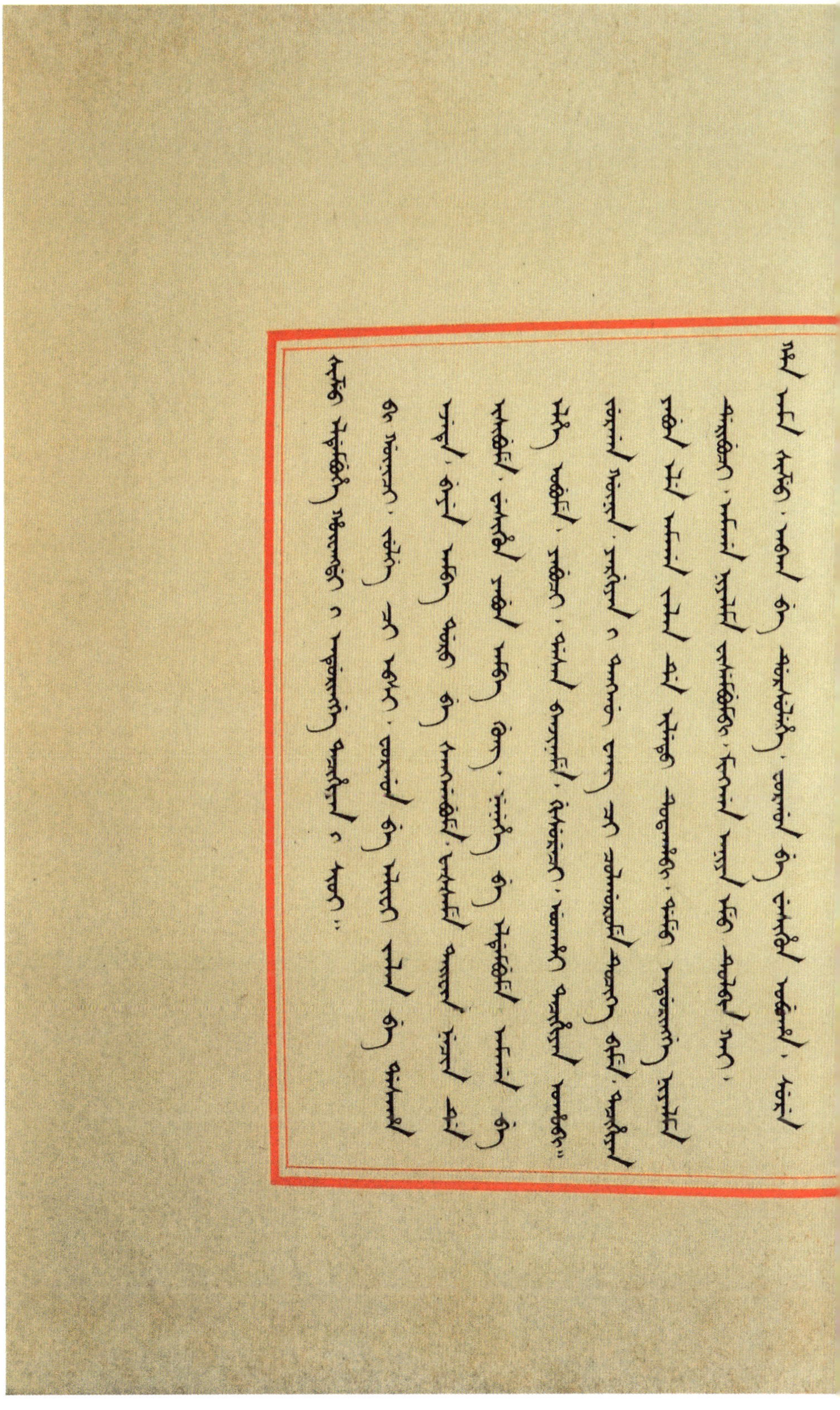

12238 大清世祖章皇帝聖訓六卷 清乾隆十一年（1746）内府寫本

蝴蝶裝。開本高44.5厘米，廣29.5厘米。匡高27厘米，廣19.5厘米。遼寧省檔案館藏。

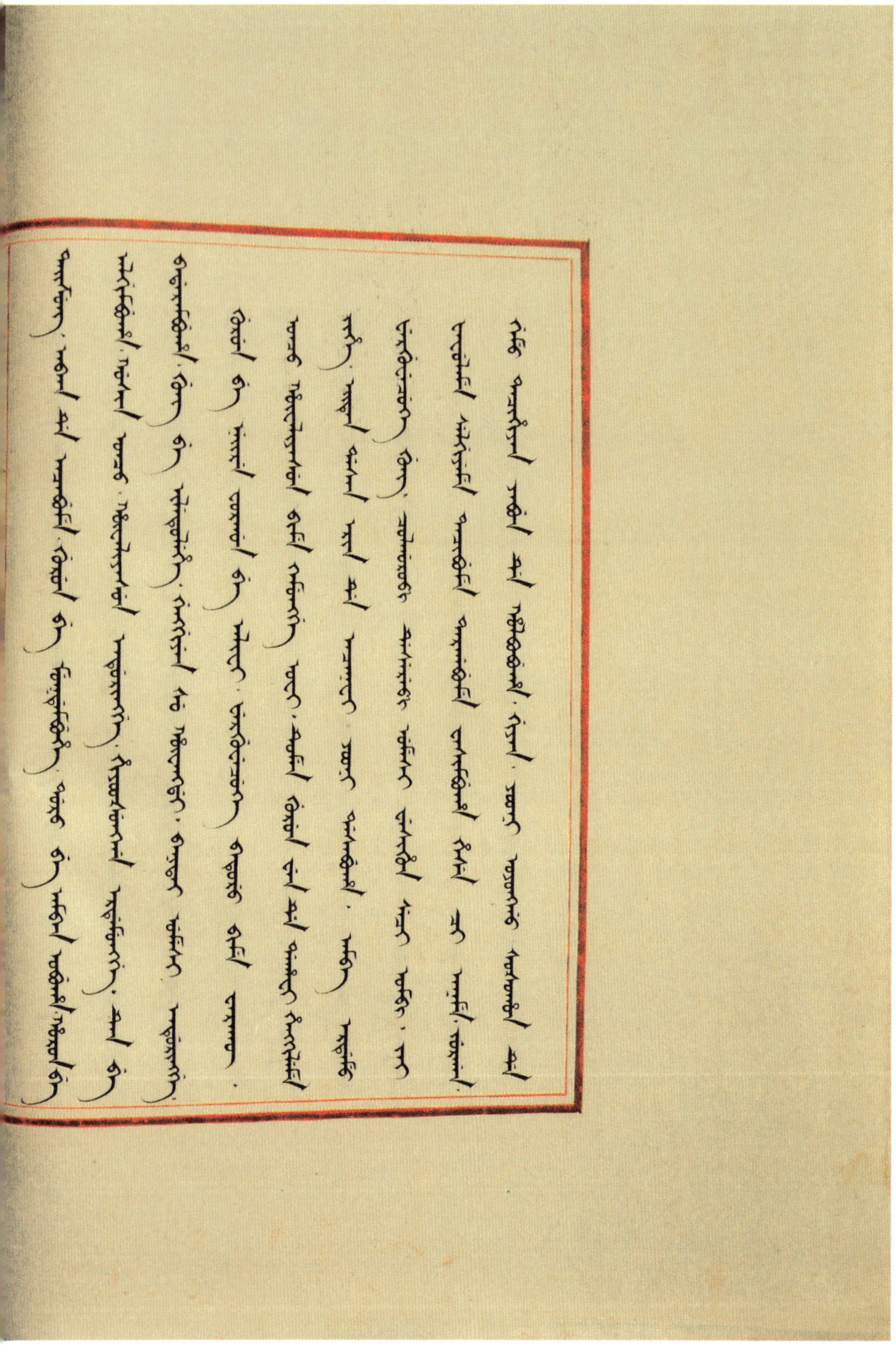

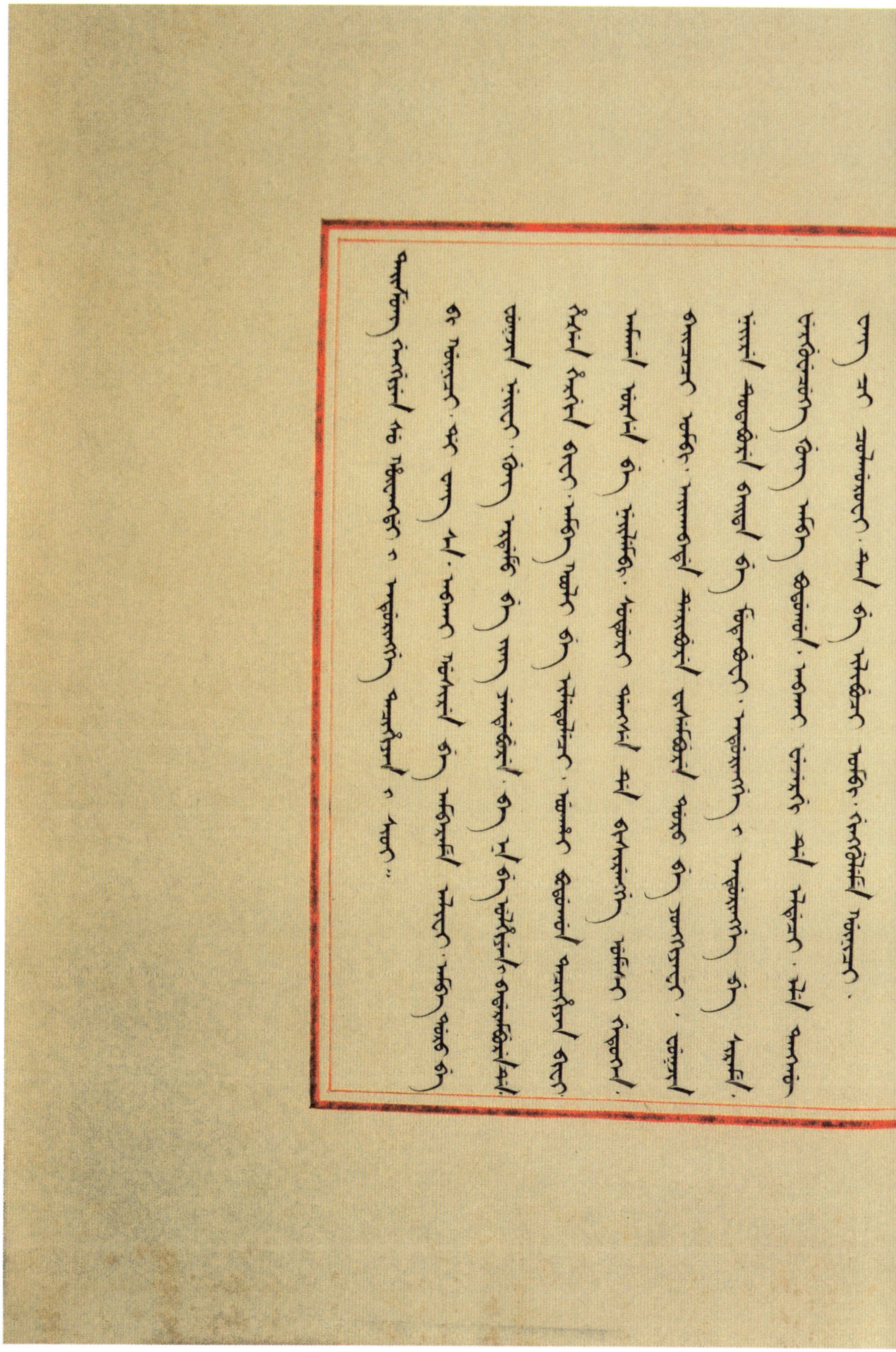

12237 大清太宗文皇帝聖訓六卷 清乾隆十一年（1746）内府寫本

蝴蝶裝。開本高44.5厘米，廣29.5厘米。匡高27厘米，廣19.5厘米。遼寧省檔案館藏。

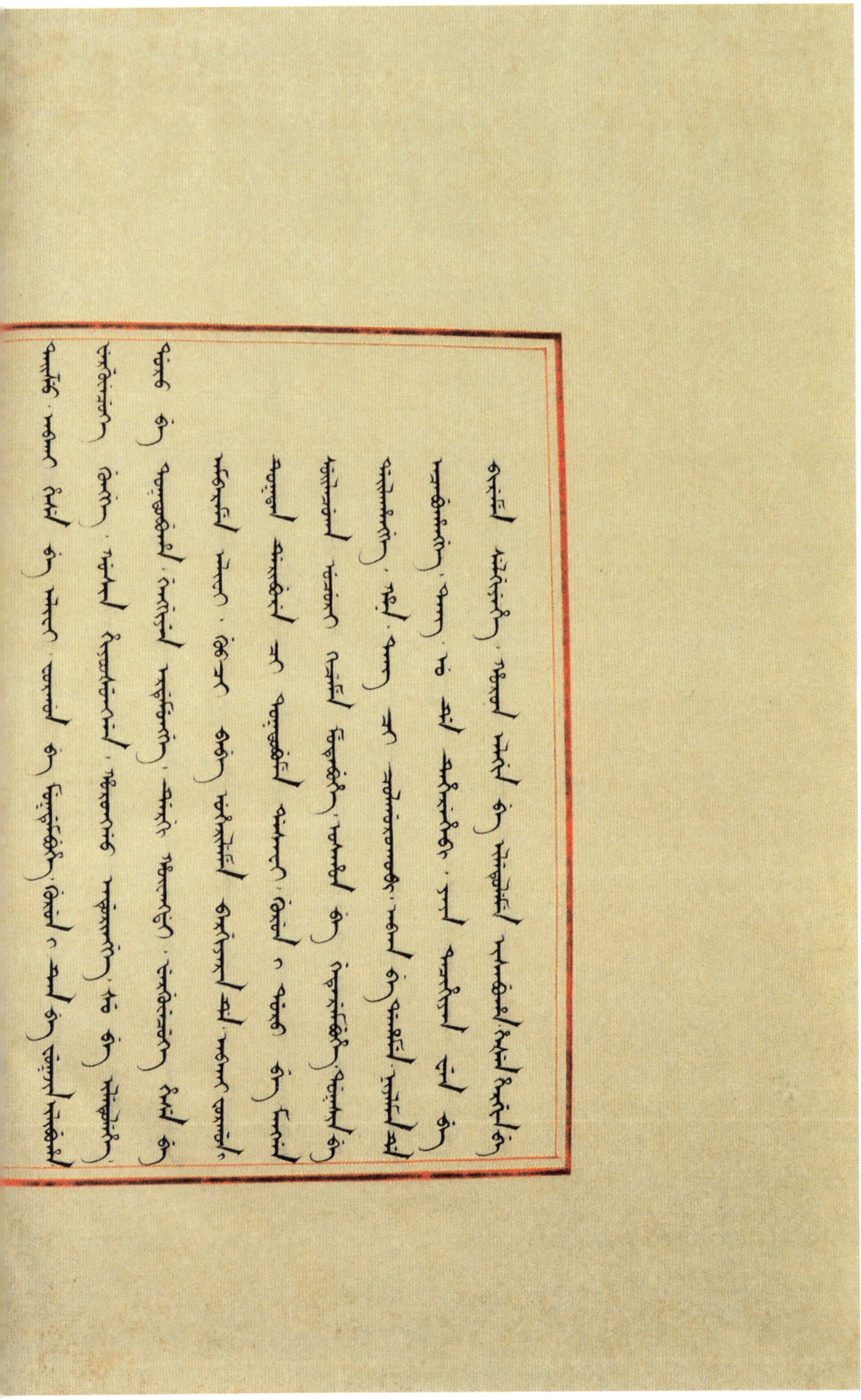

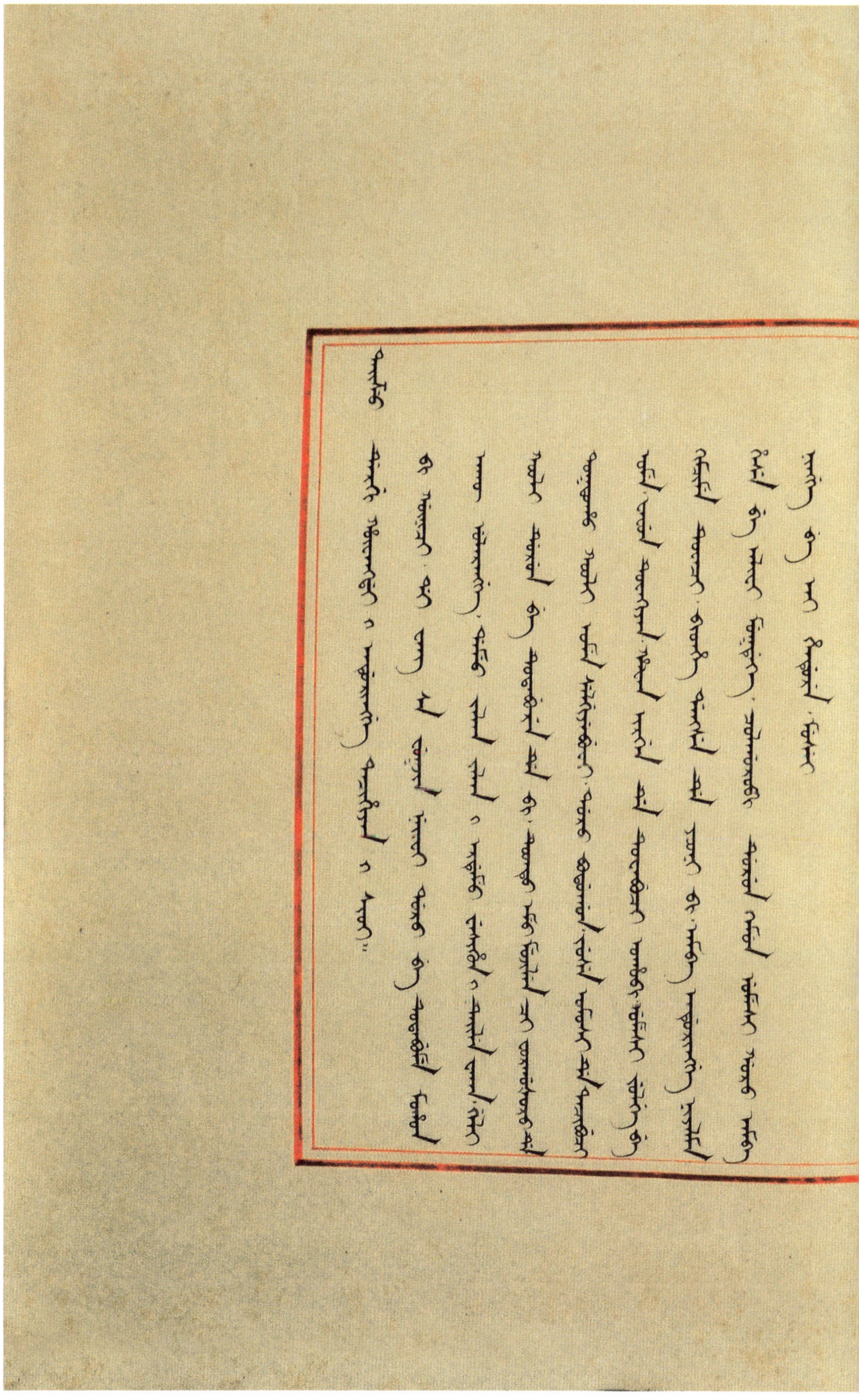

12236 大清太祖高皇帝聖訓四卷 清乾隆十一年（1746）内府寫本

蝴蝶裝。開本高44.5厘米，廣29.5厘米。匡高27厘米，廣19.5厘米。遼寧省檔案館藏。

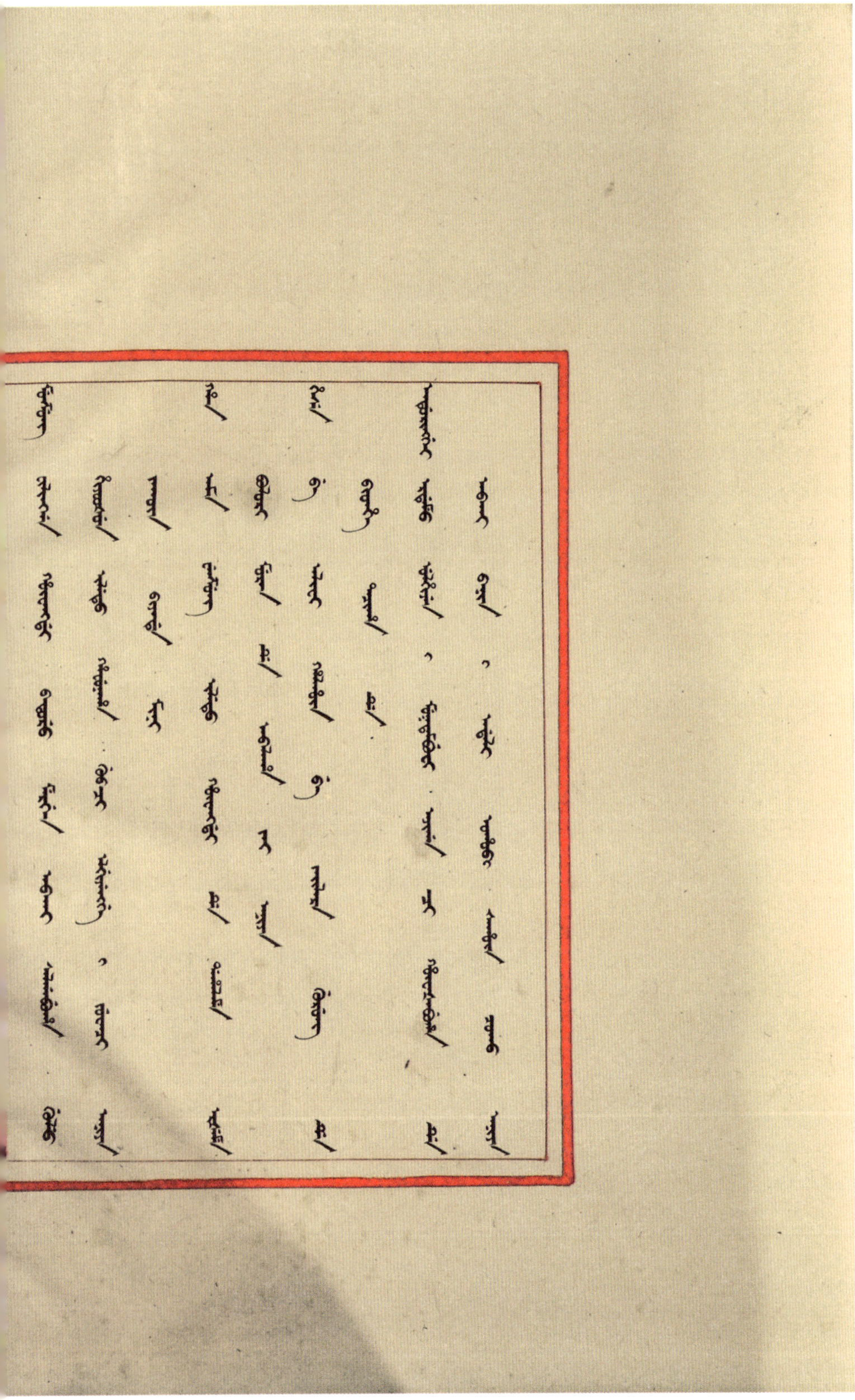

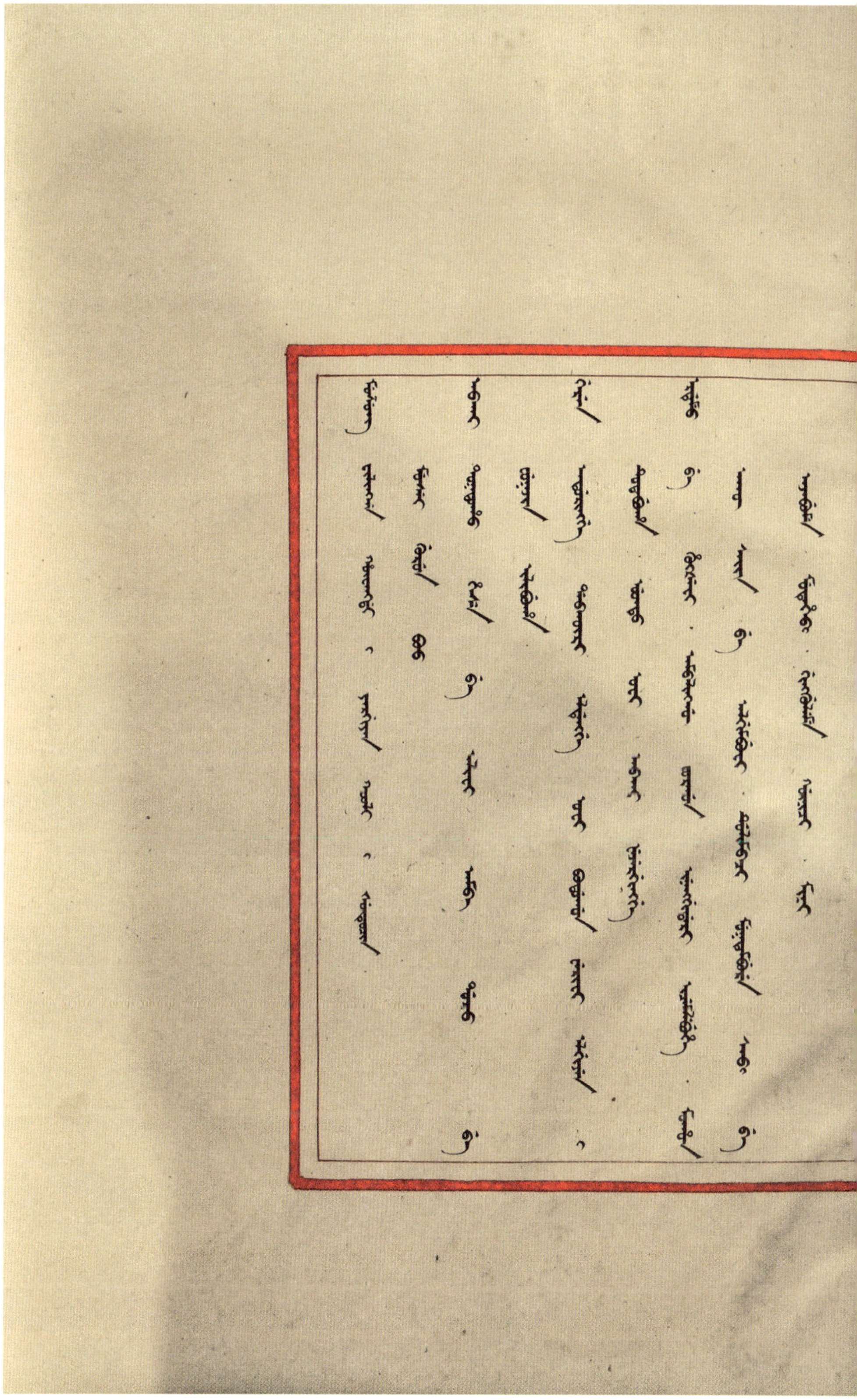

12235 大清穆宗毅皇帝實録三百七十四卷首四卷 （清）寶鋆 沈桂芬等纂修 清光緒六年（1880）内府寫本

蝴蝶裝。開本高44.5厘米，廣29.5厘米。匡高27厘米，廣19.5厘米。遼寧省檔案館藏，缺二卷。

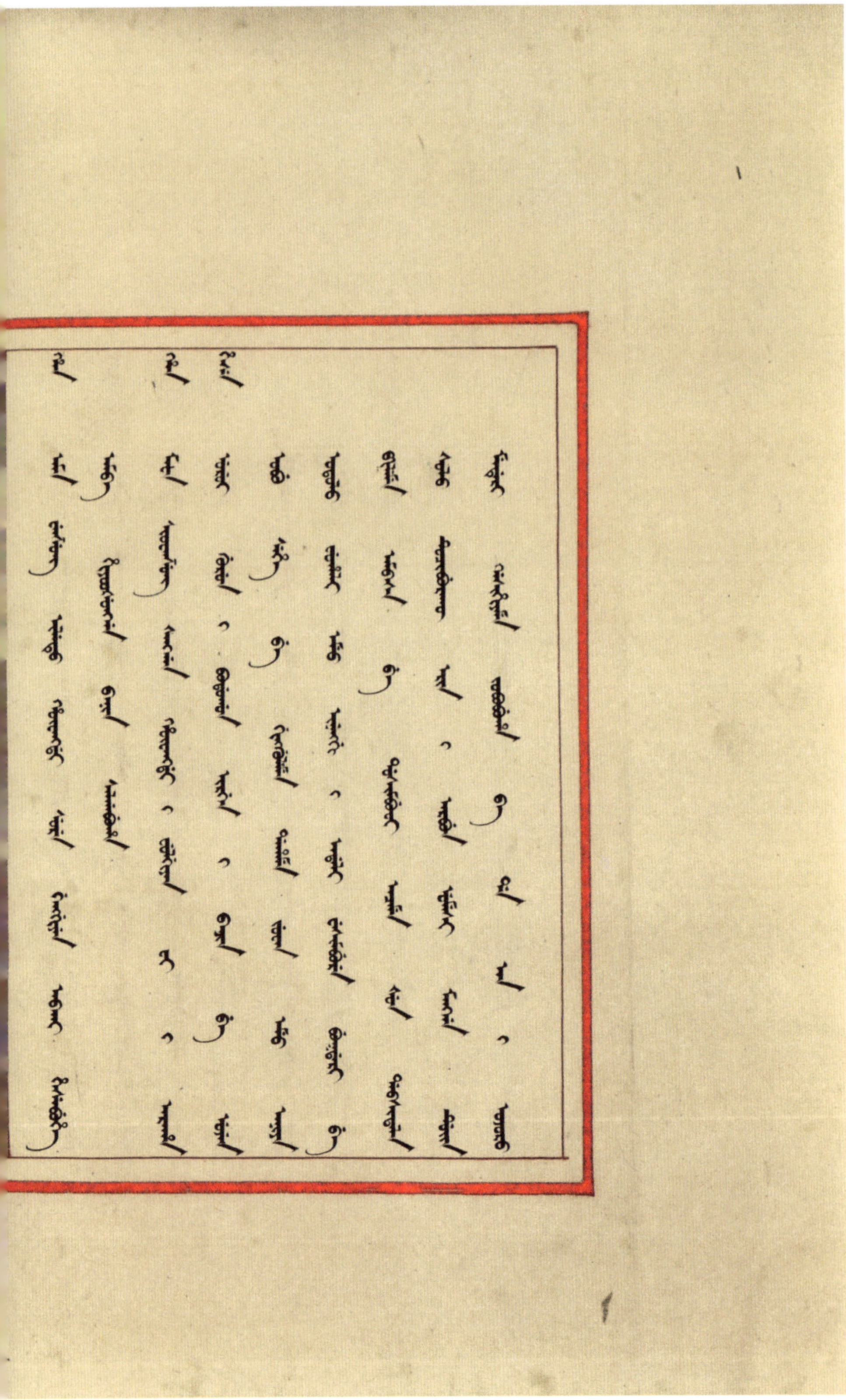

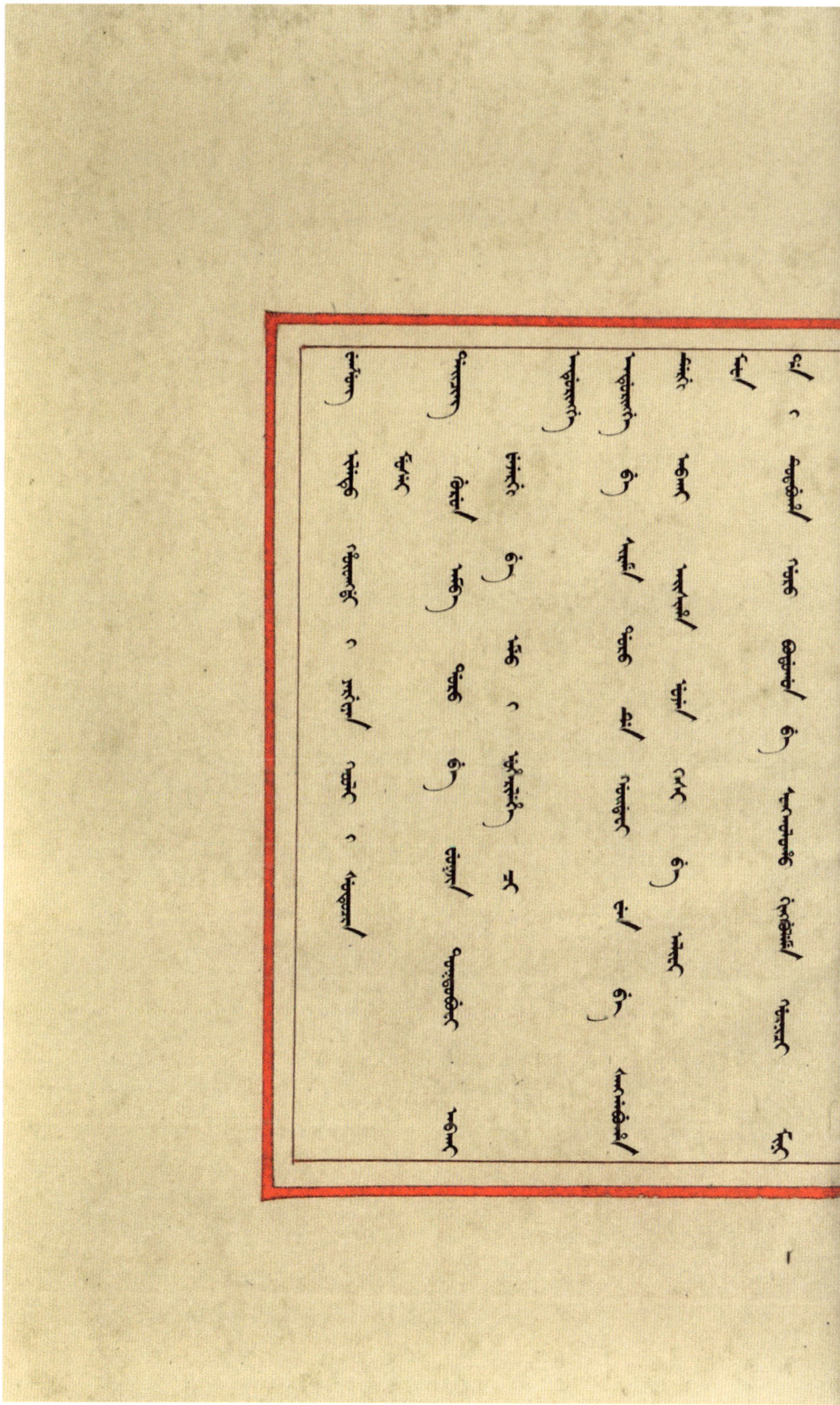

12234 大清文宗顯皇帝實録三百五十六卷首四卷 （清）賈楨　周祖培等纂修　清同治五年（1866）内府寫本

蝴蝶裝。開本高44.5厘米，廣29.5厘米。匡高27厘米，廣19.5厘米。遼寧省檔案館藏，缺二卷。

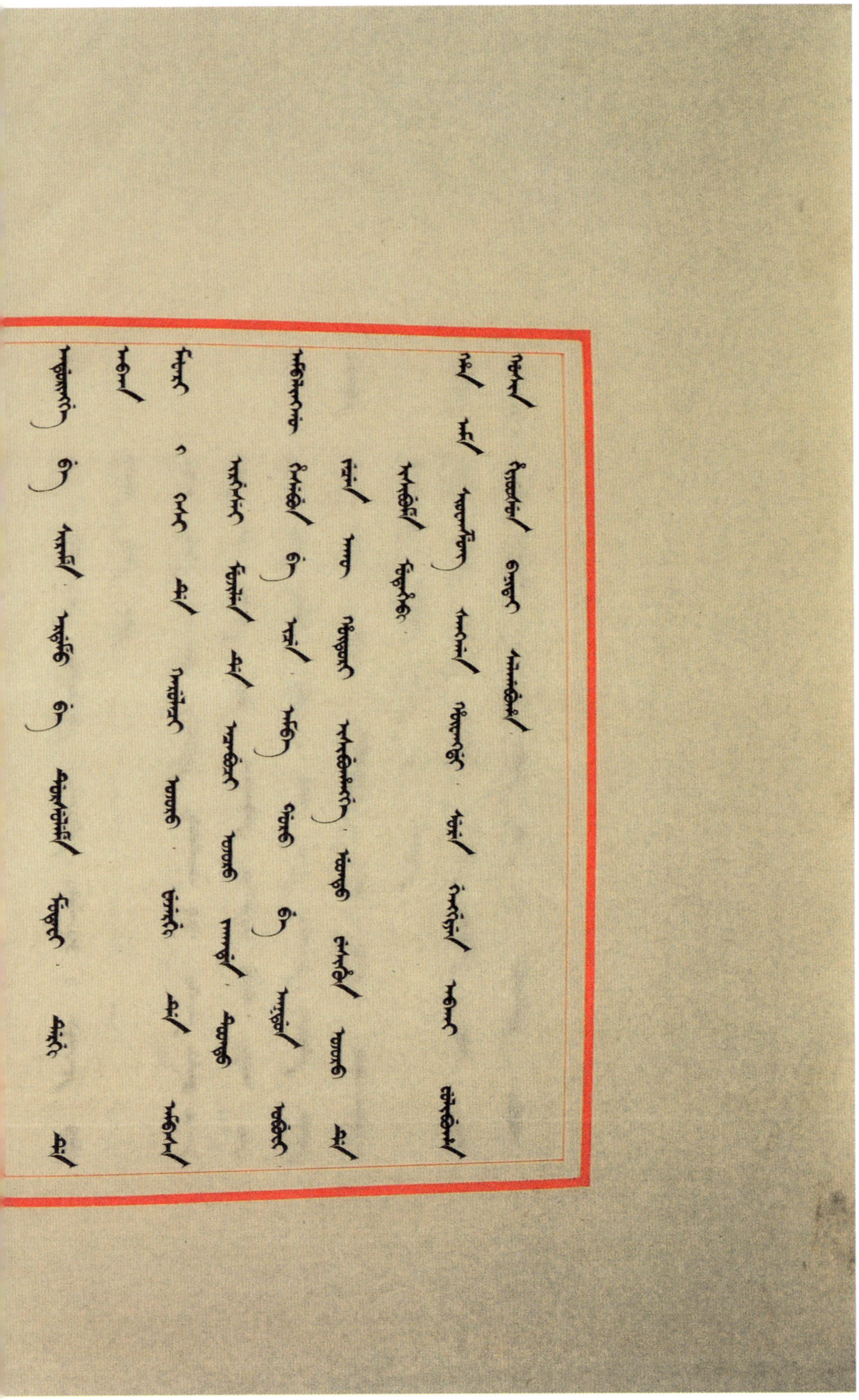

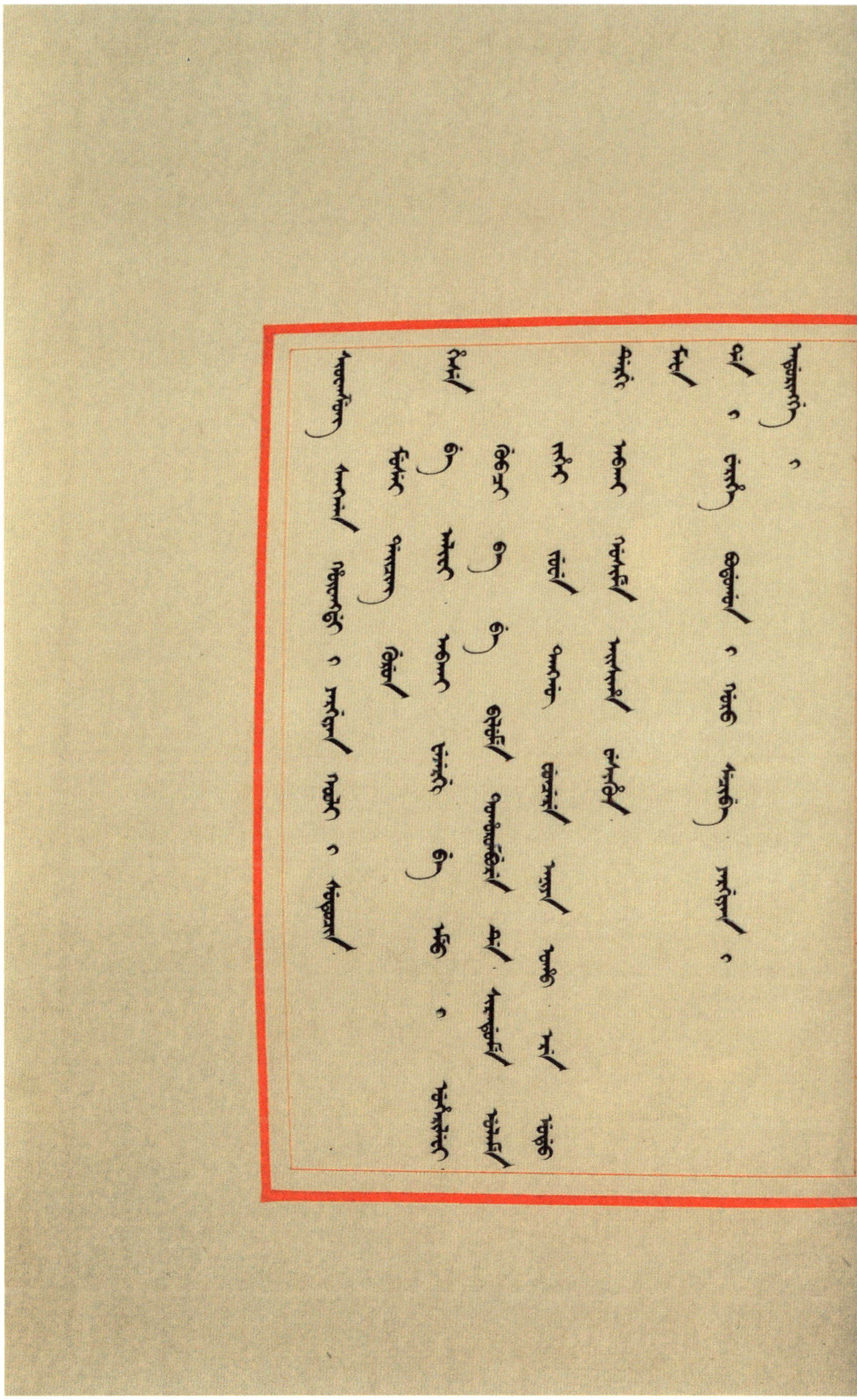

12233 大清宣宗成皇帝實録四百七十六卷首四卷 （清）文慶　花沙納等纂修　清咸豐六年（1856）内府寫本

蝴蝶裝。開本高44.5厘米，廣29.5厘米。匡高27厘米，廣19.5厘米。遼寧省檔案館藏。

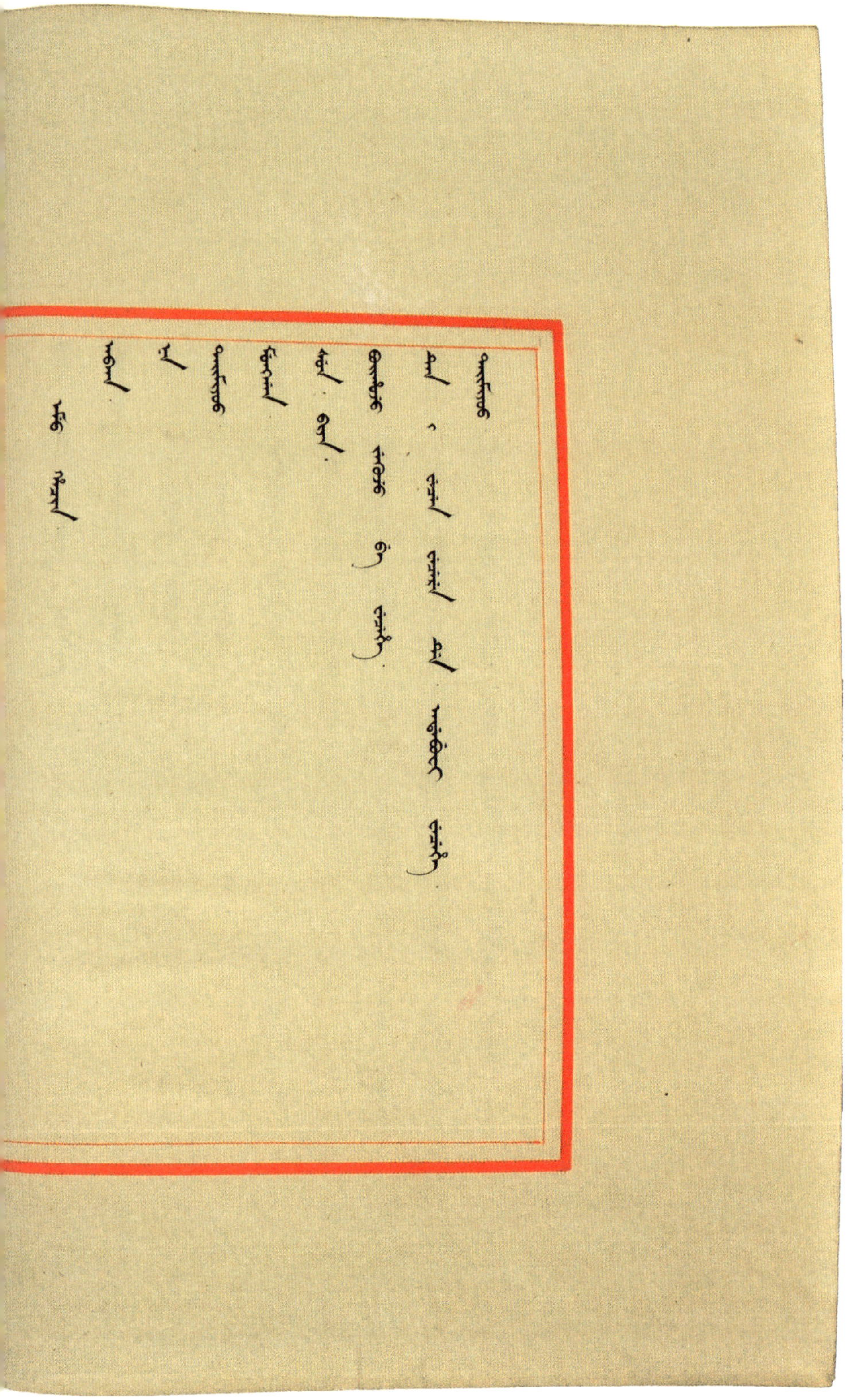

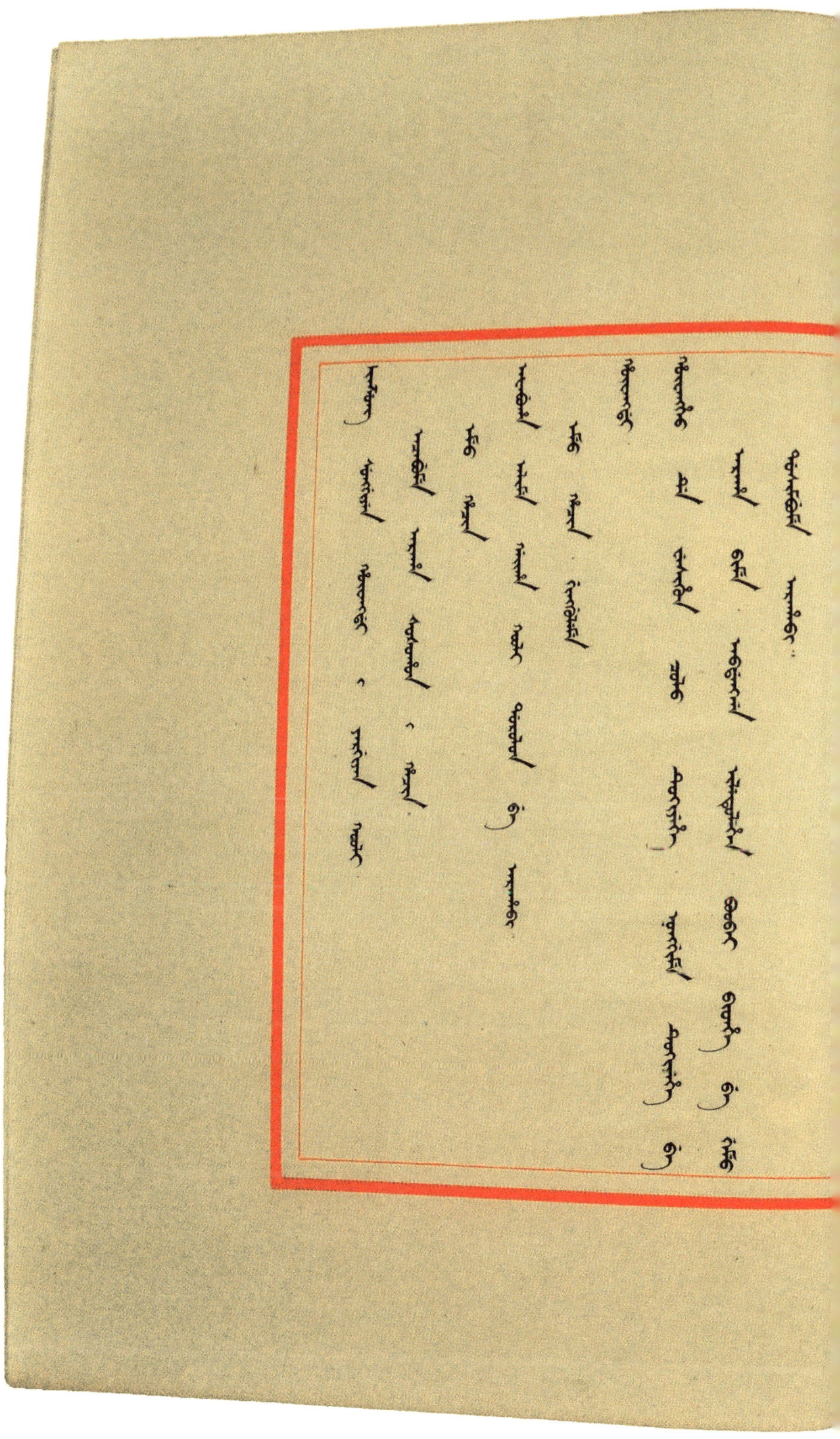

12232 大清仁宗睿皇帝實録三百七十四卷首四卷 （清）曹振鏞 戴均元等纂修 清道光四年（1824）内府寫本

蝴蝶裝。開本高44.5厘米，廣29.5厘米。匡高27厘米，廣19.5厘米。遼寧省檔案館藏。

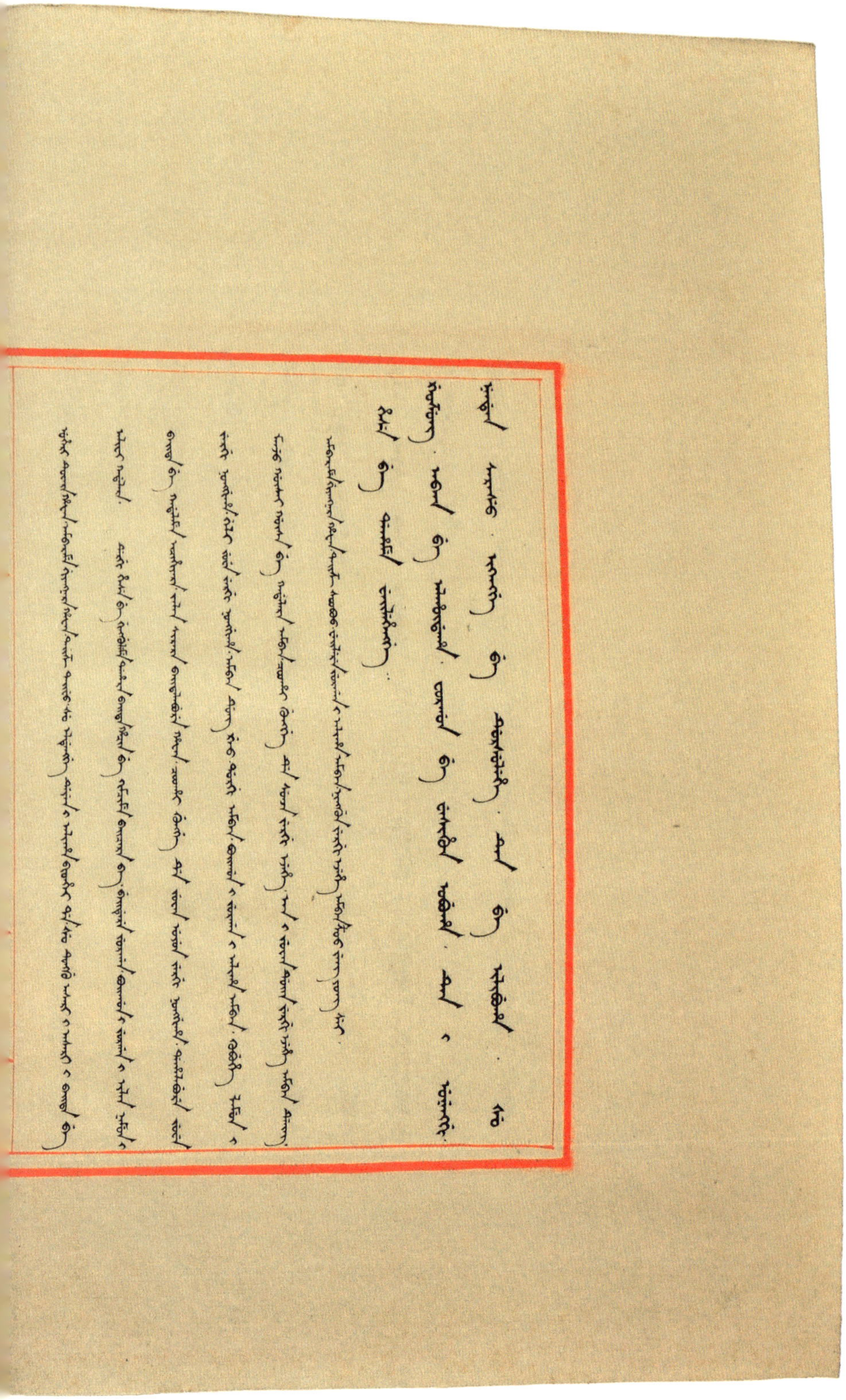

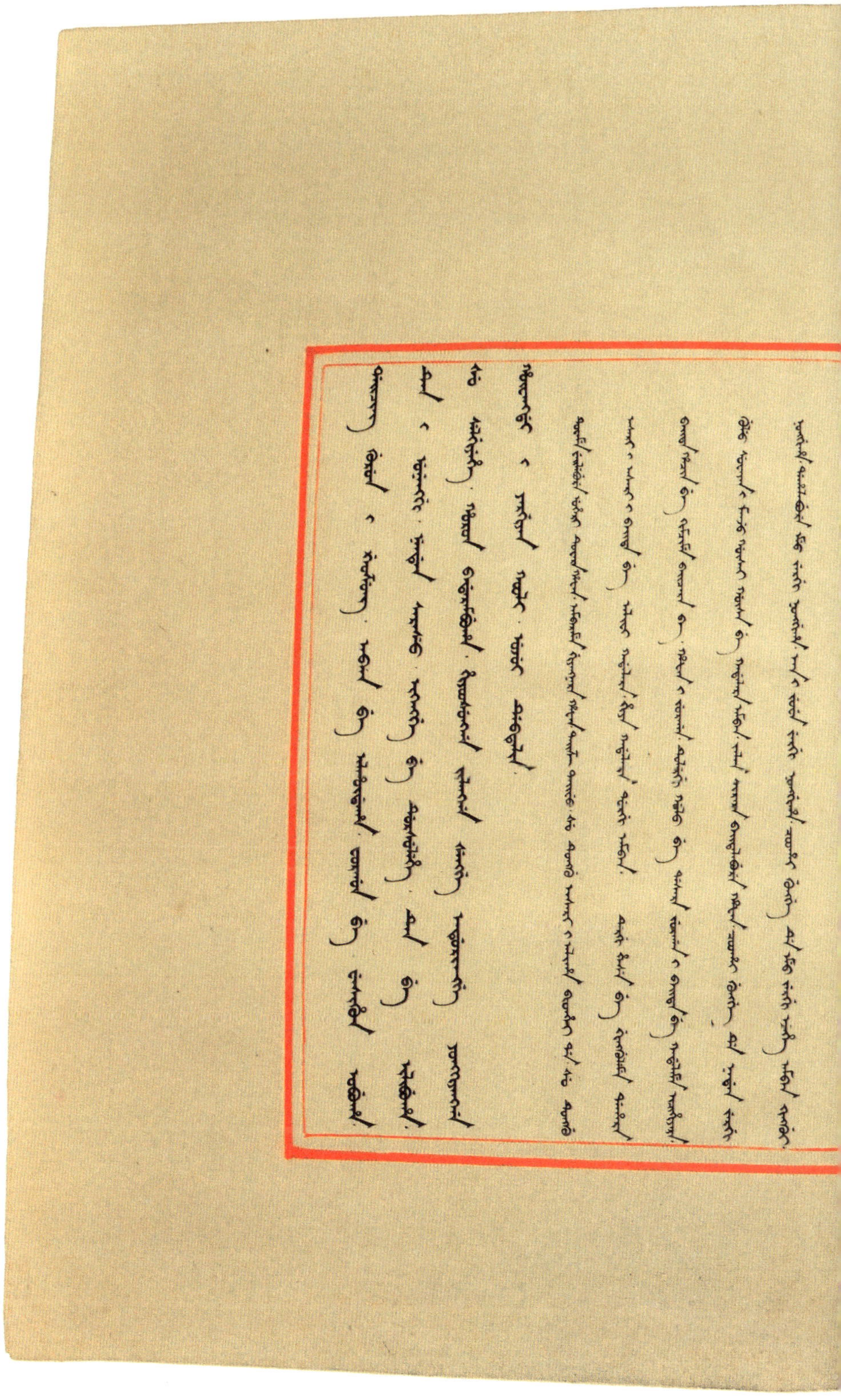

12231 大清高宗純皇帝實録一千五百卷首五卷　（清）慶桂　董誥等纂修　清嘉慶十二年（1807）内府寫本

蝴蝶裝。開本高44.5厘米，廣29.5厘米。匡高27厘米，廣19.5厘米。遼寧省檔案館藏，缺一卷。

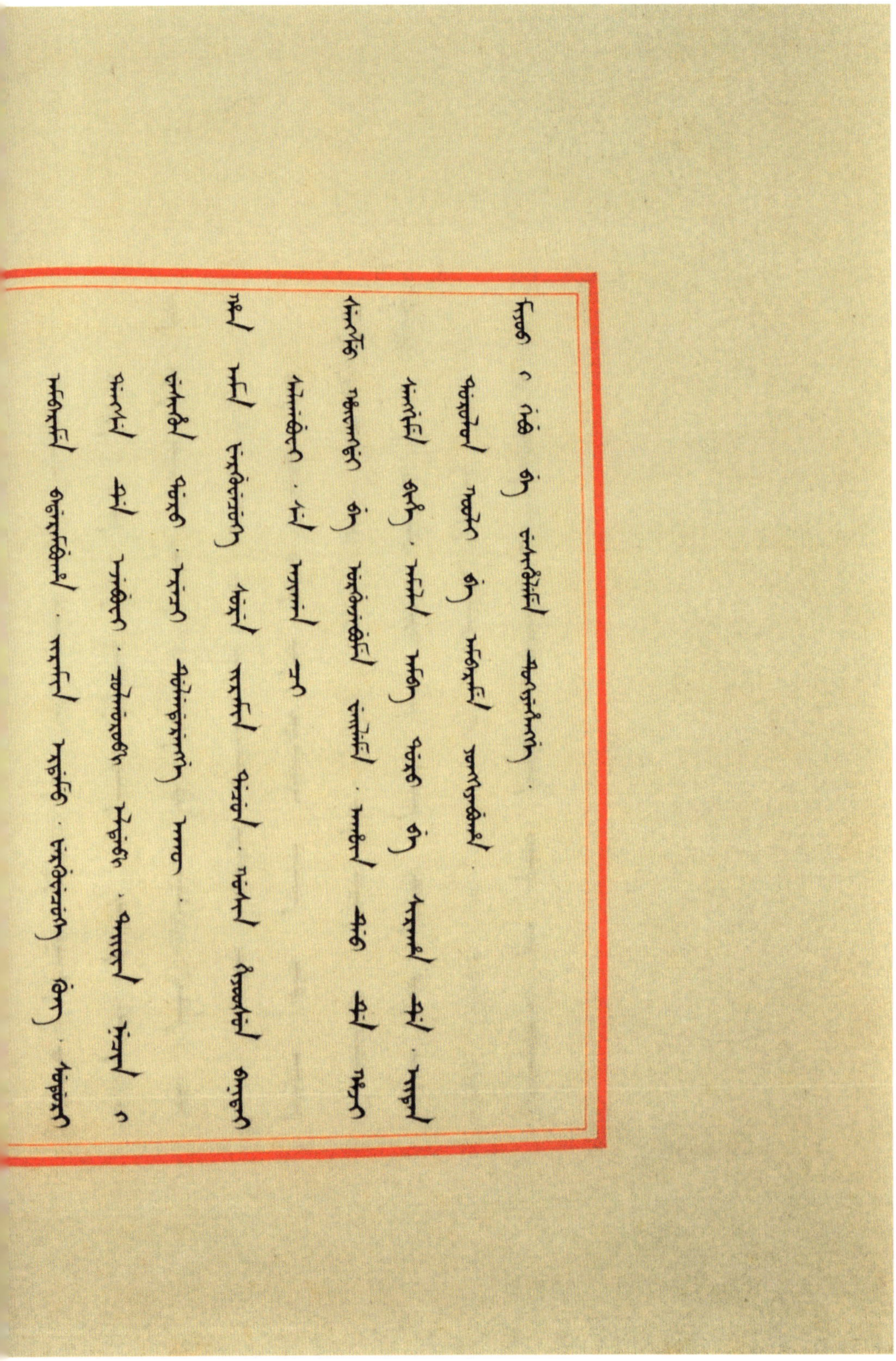

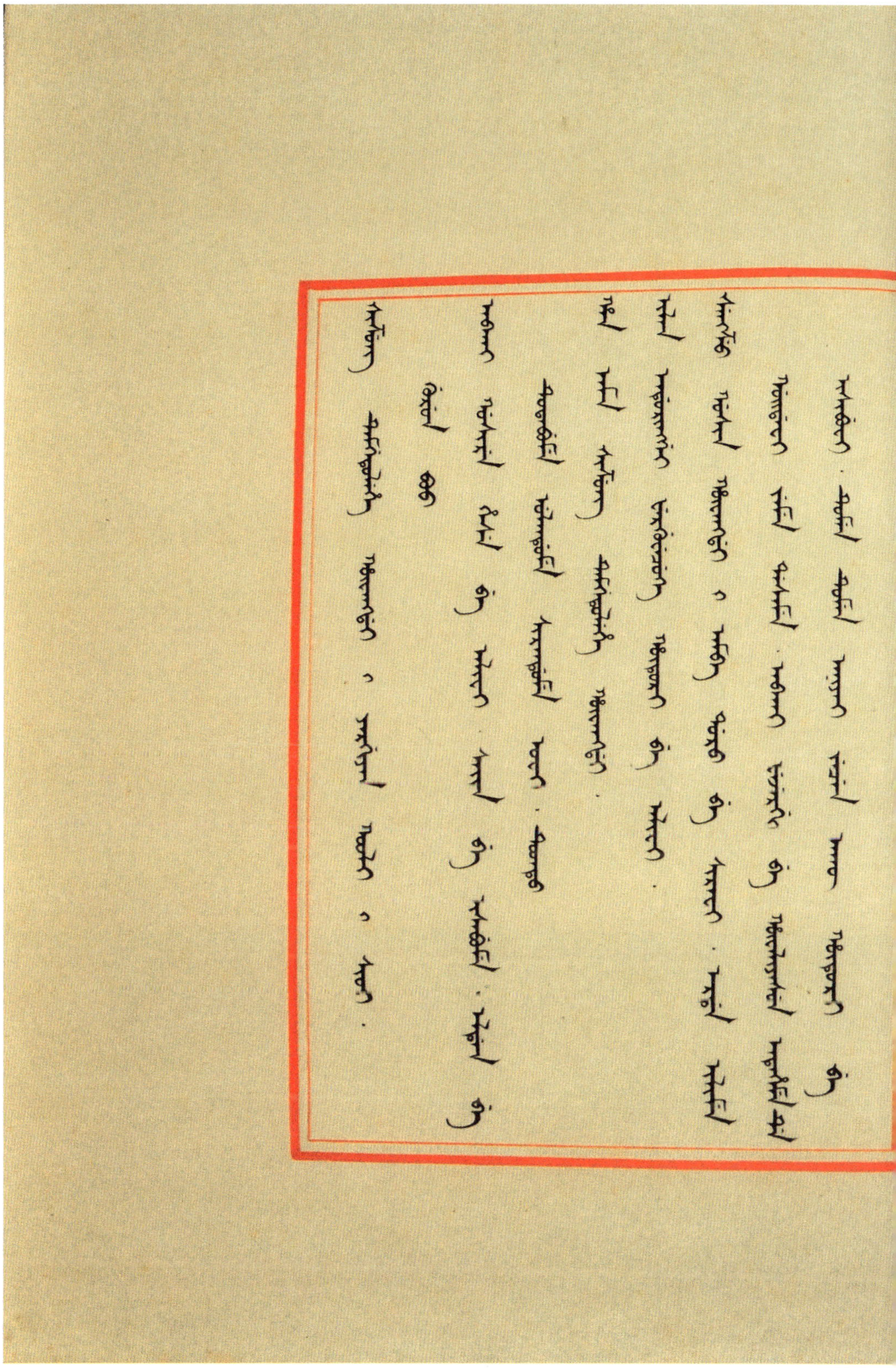

12230 大清世宗憲皇帝實録一百五十九卷首三卷 （清）鄂爾泰　張廷玉等纂修　清乾隆十一年（1746）内府寫本

蝴蝶裝。開本高44.5厘米，廣29.5厘米。匡高27厘米，廣19.5厘米。遼寧省檔案館藏。

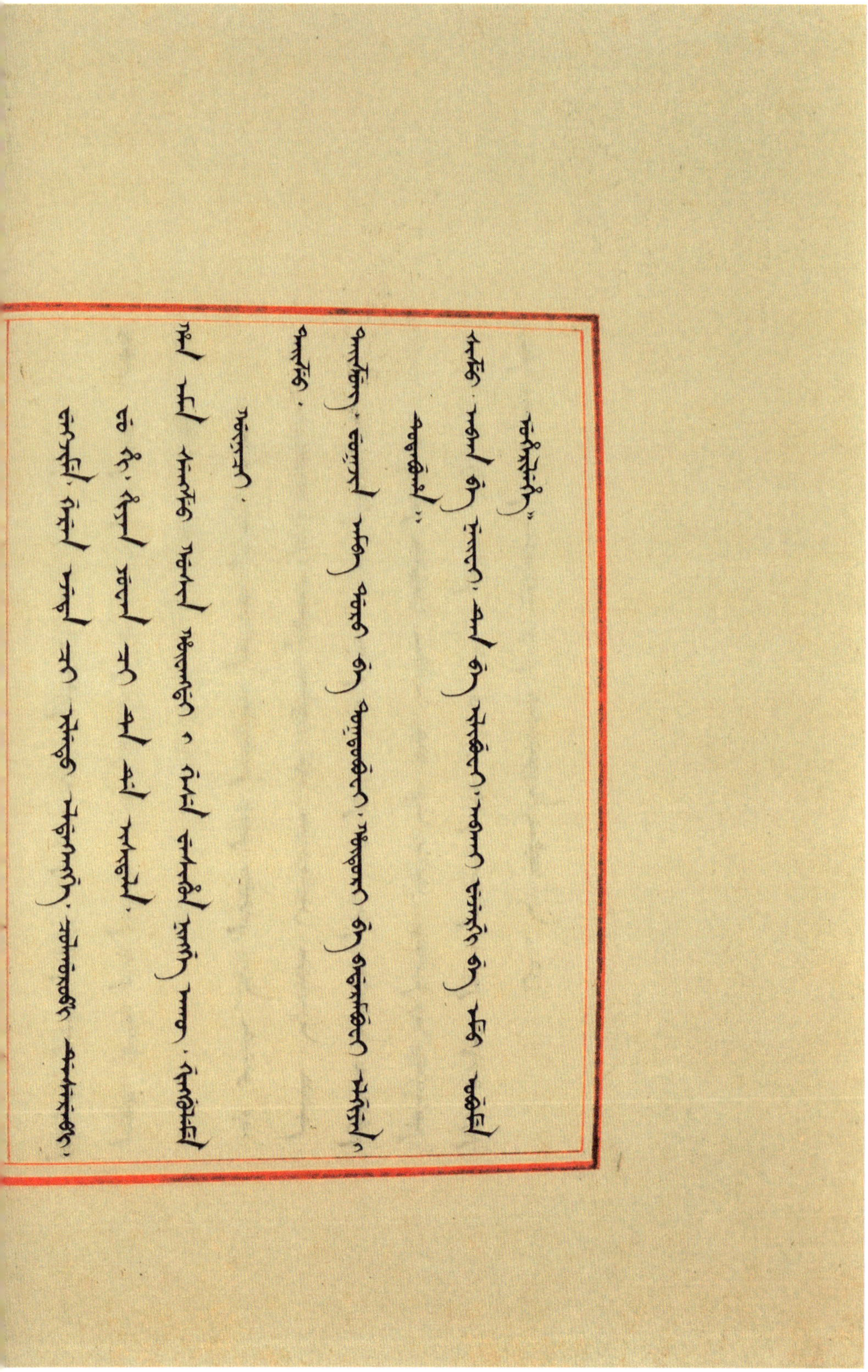

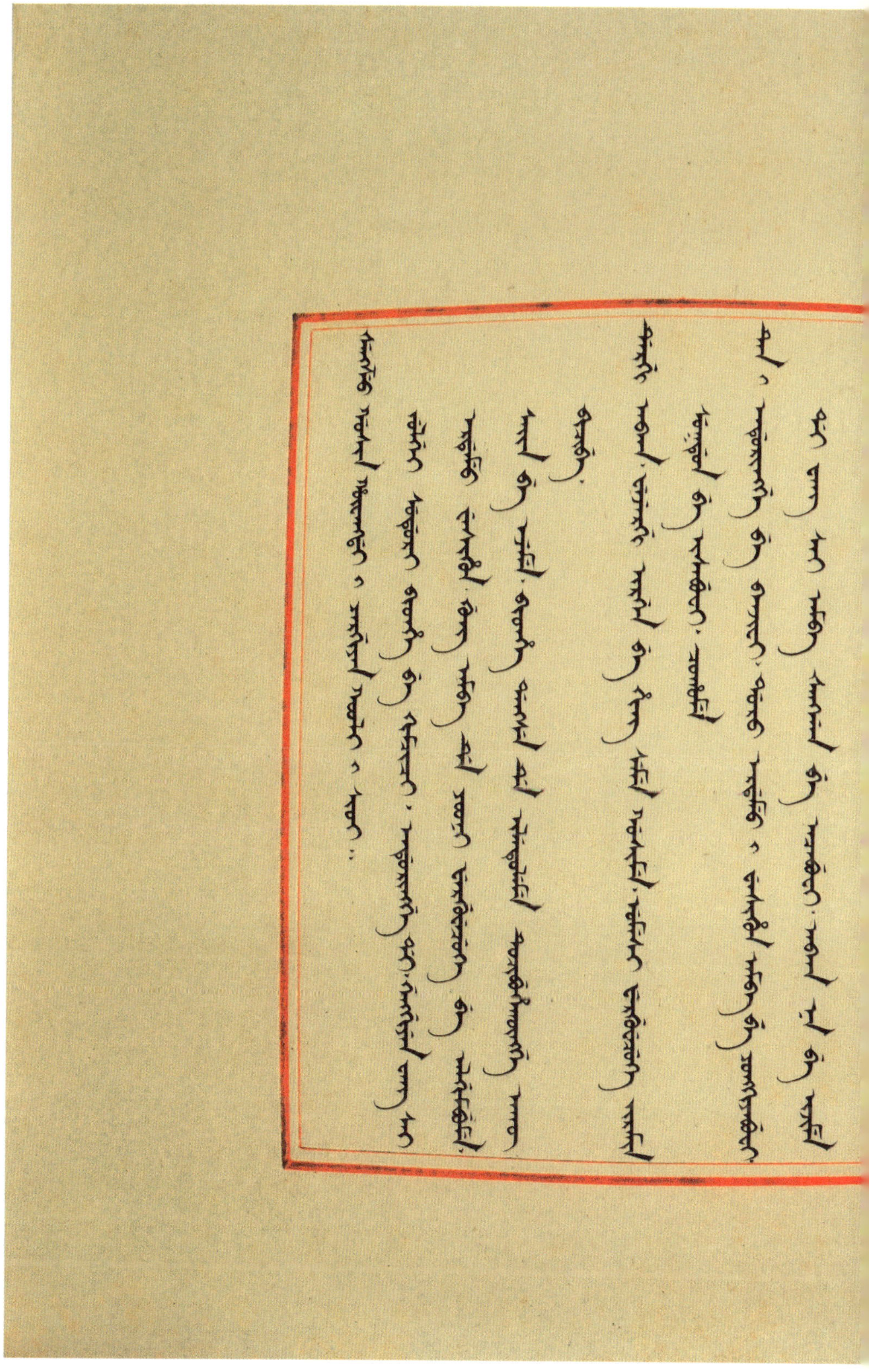

12229 大清聖祖仁皇帝實録三百卷首三卷 （清）馬齊　朱軾等纂修　清乾隆十一年（1746）内府寫本

蝴蝶裝。開本高44.5厘米，廣29.5厘米。匡高27厘米，廣19.5厘米。遼寧省檔案館藏。

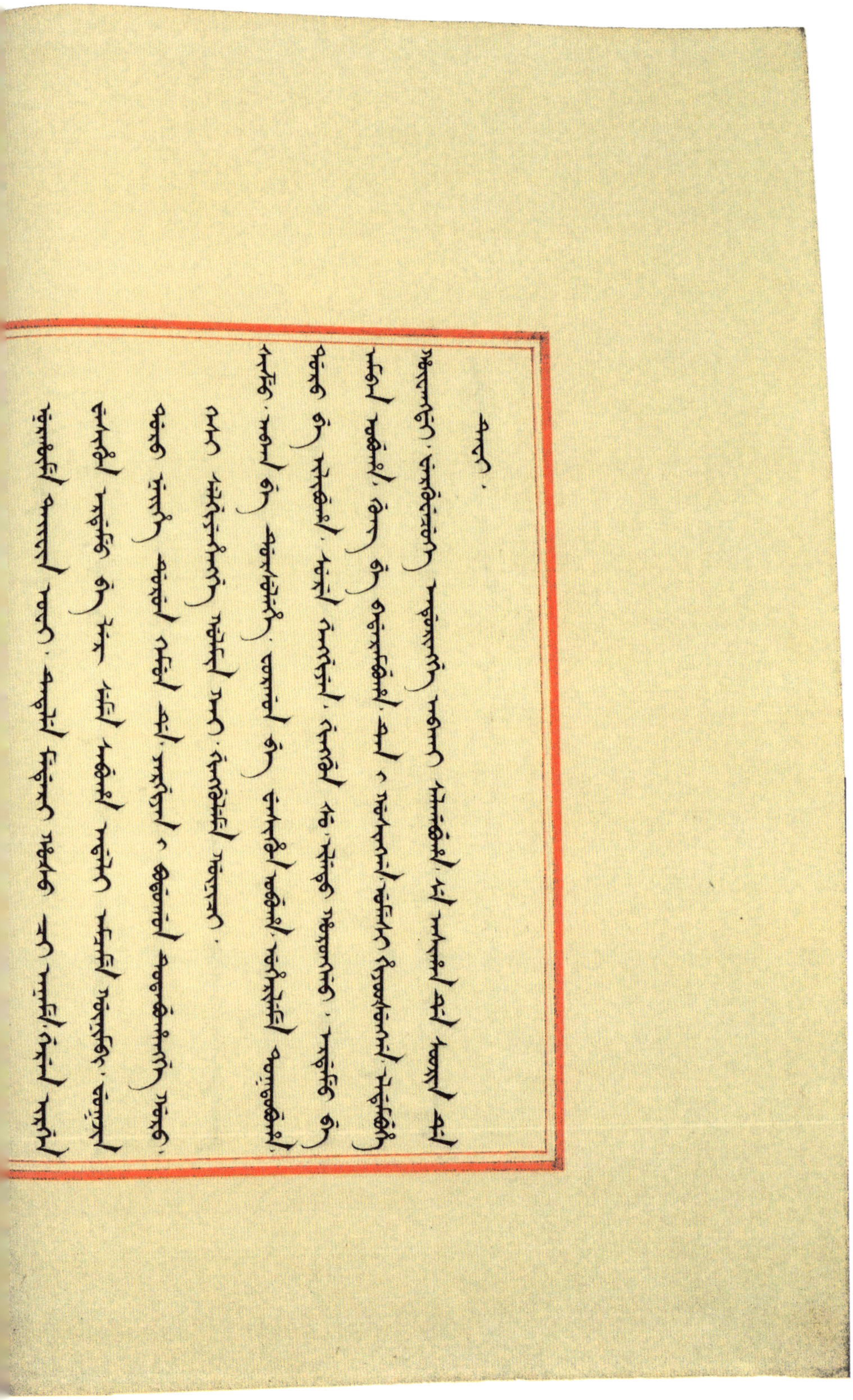

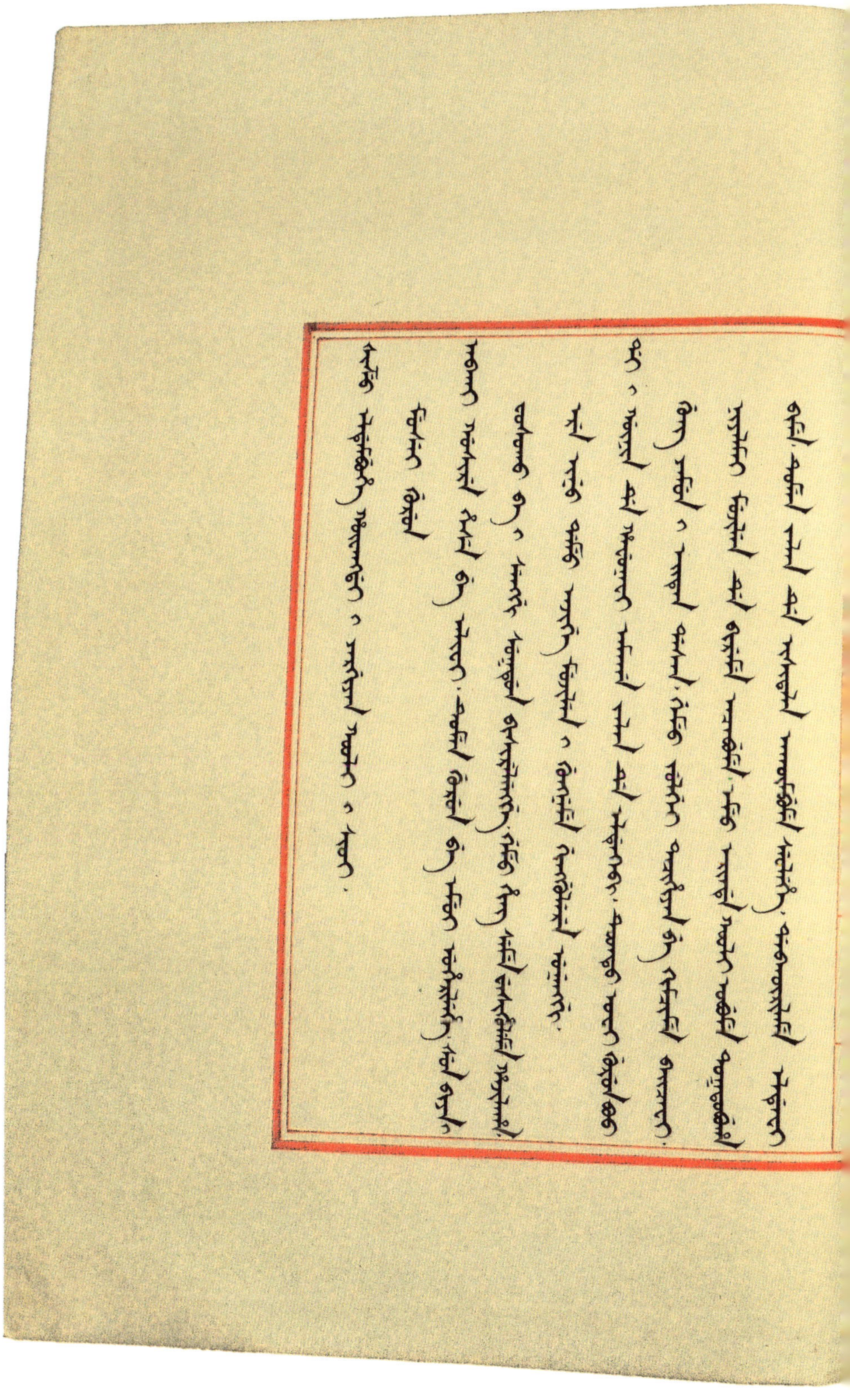

12228 大清世祖章皇帝實録一百四十四卷首三卷 （清）巴泰　圖海等纂修　清乾隆十一年（1746）内府寫本

蝴蝶裝。開本高44.5厘米，廣29.5厘米。匡高27厘米，廣19.5厘米。遼寧省檔案館藏。

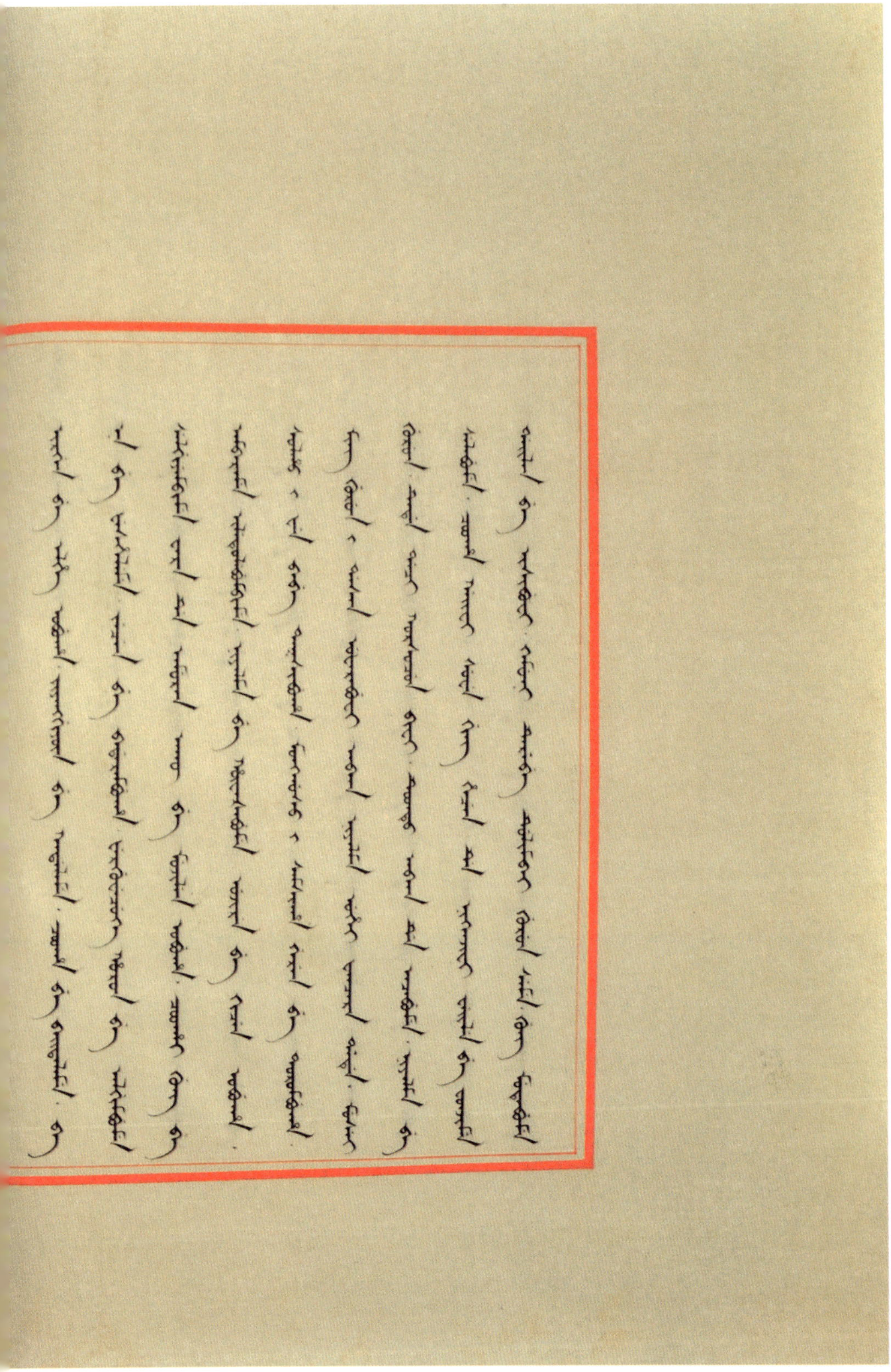

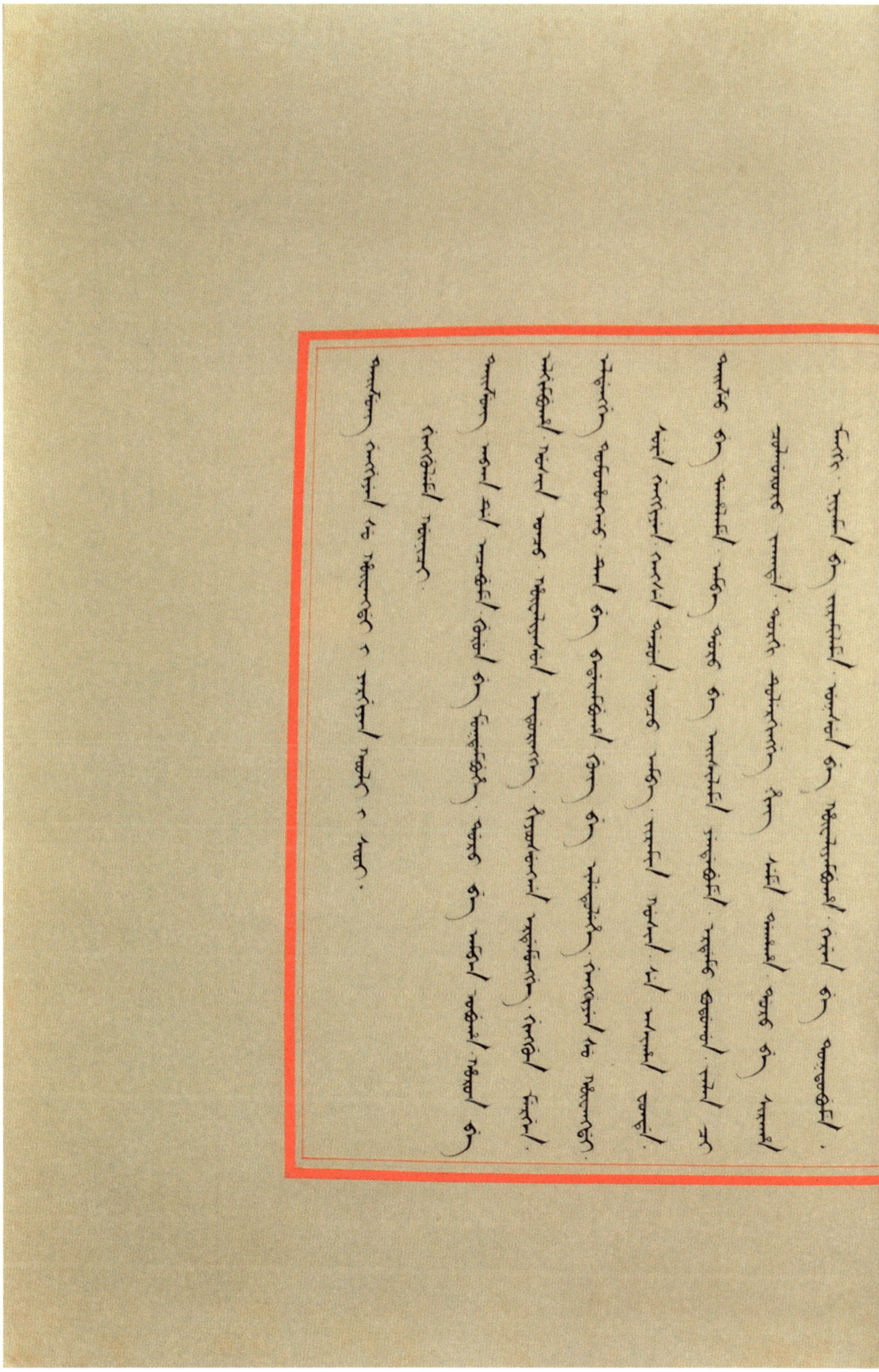

12227 大清太宗文皇帝實録六十五卷首三卷 （清）圖海　勒德洪等纂修　清乾隆十一年（1746）内府寫本

蝴蝶裝。開本高44.5厘米，廣29.5厘米。匡高27厘米，廣19.5厘米。遼寧省檔案館藏。

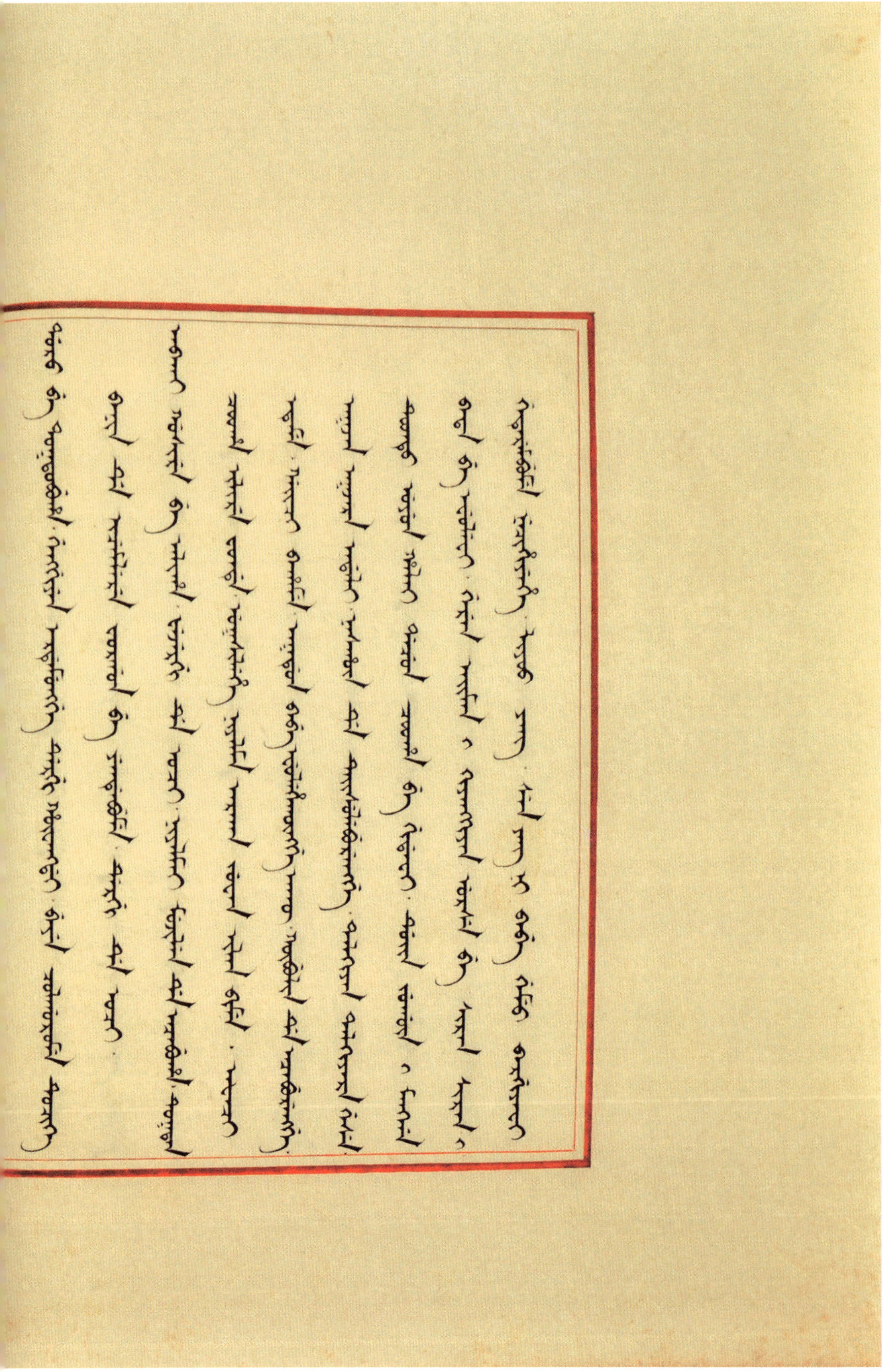

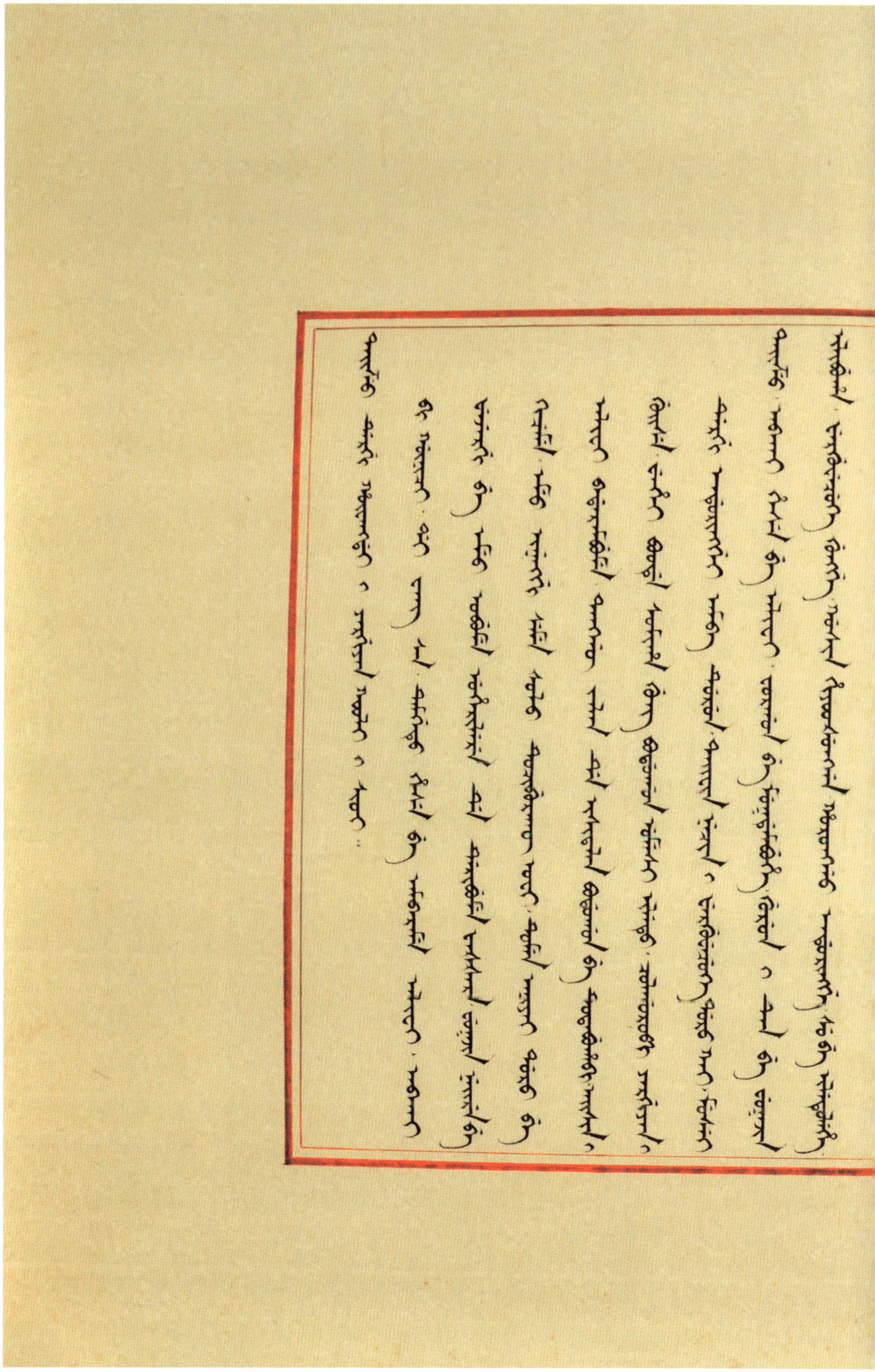

12226 大清太祖高皇帝實録十卷首三卷 （清）勒德洪　明珠等纂修

清乾隆十一年（1746）内府寫本

蝴蝶裝。開本高44.5厘米，廣29.5厘米。匡高27厘米，廣19.5厘米。遼寧省檔案館藏。

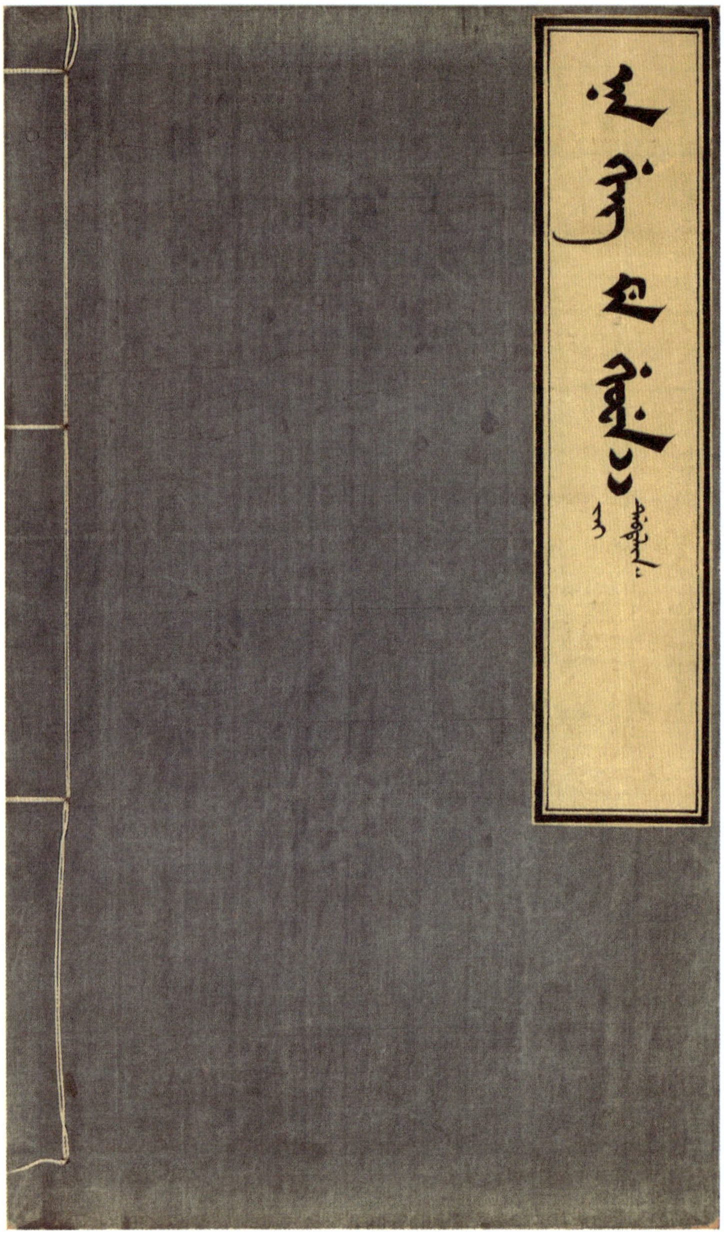

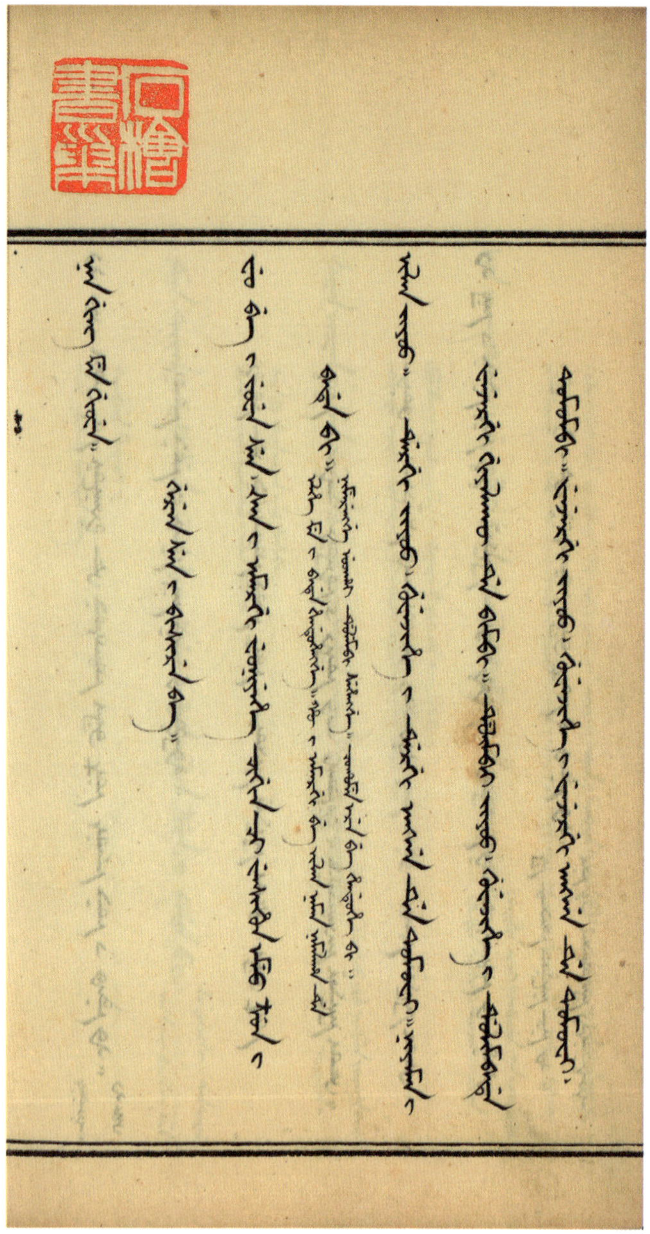

12225 難經脈訣四卷 清抄本

綫裝。開本高29.2厘米，廣17.9厘米。國家圖書館藏。

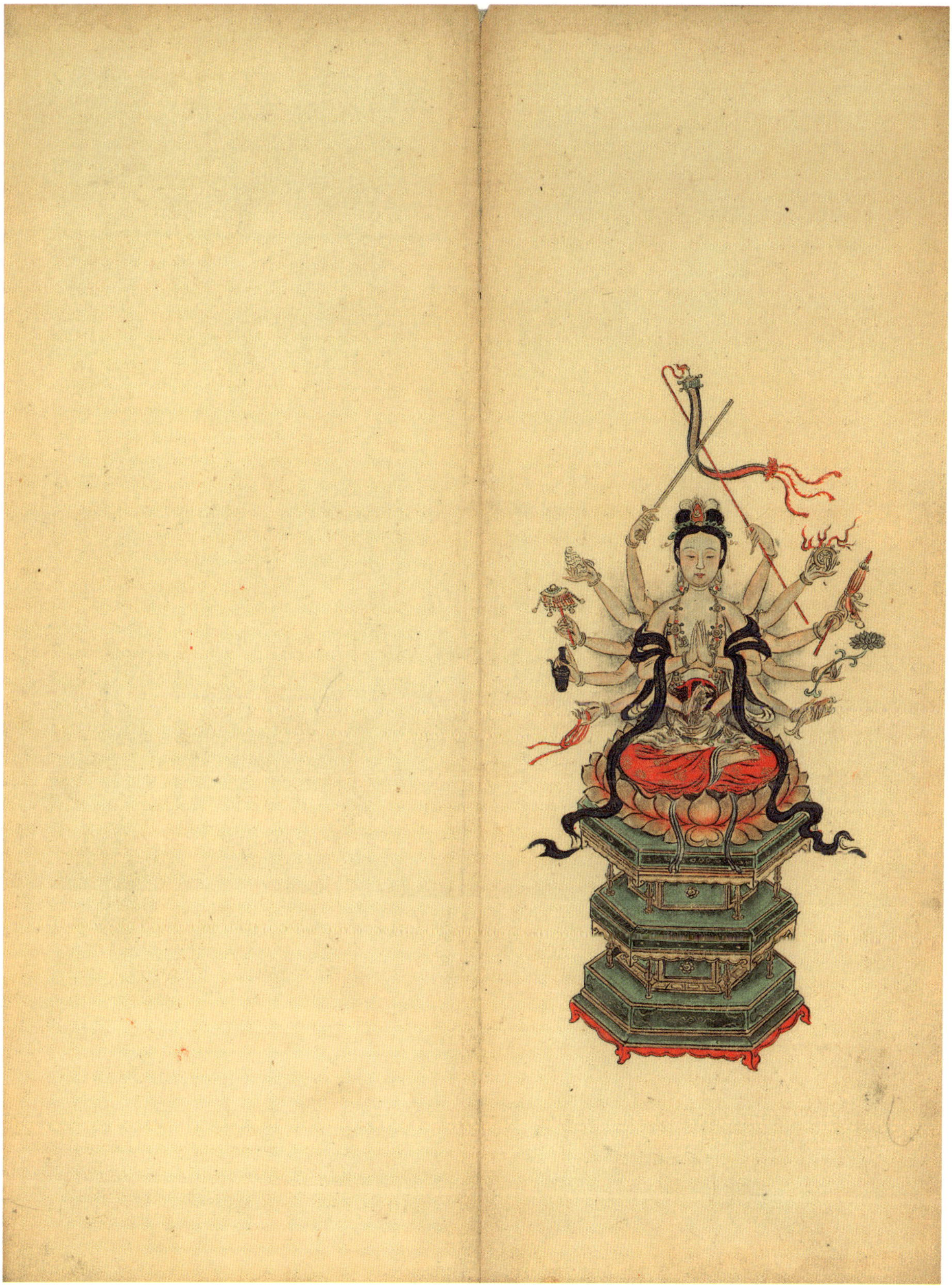

12224 大悲神咒

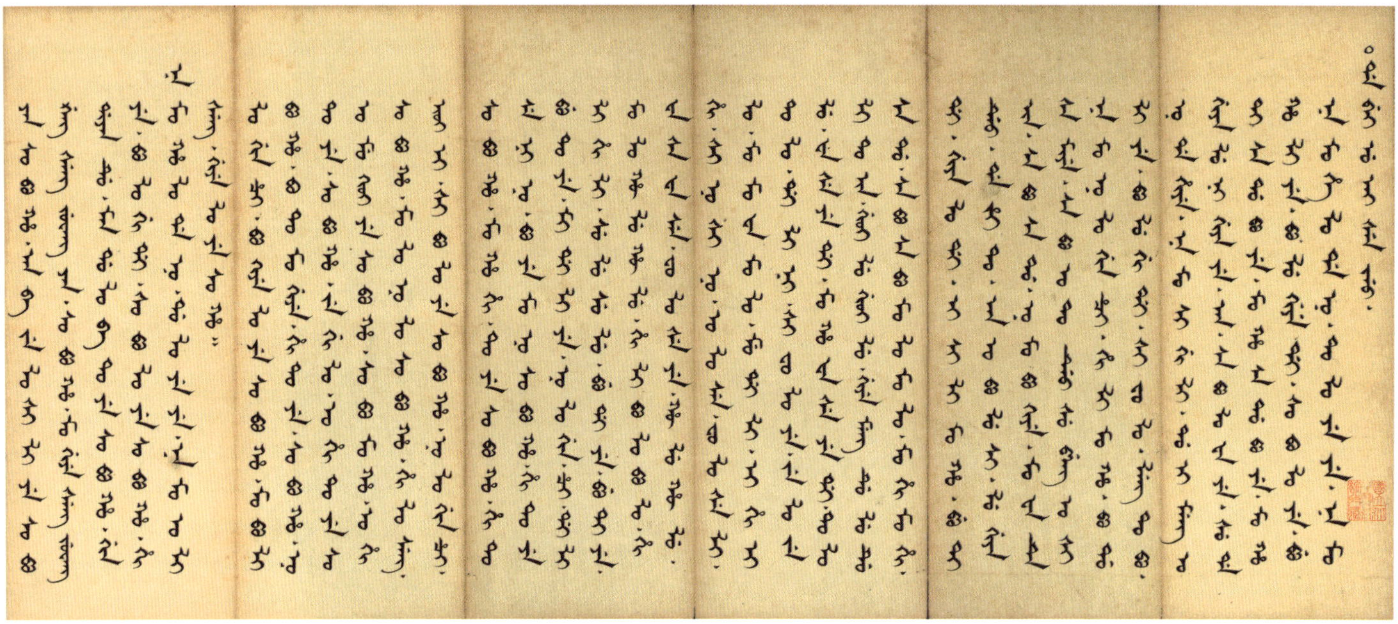

12224 大悲神咒 清抄本

經折裝。開本高30.5厘米，廣12厘米。國家圖書館藏。

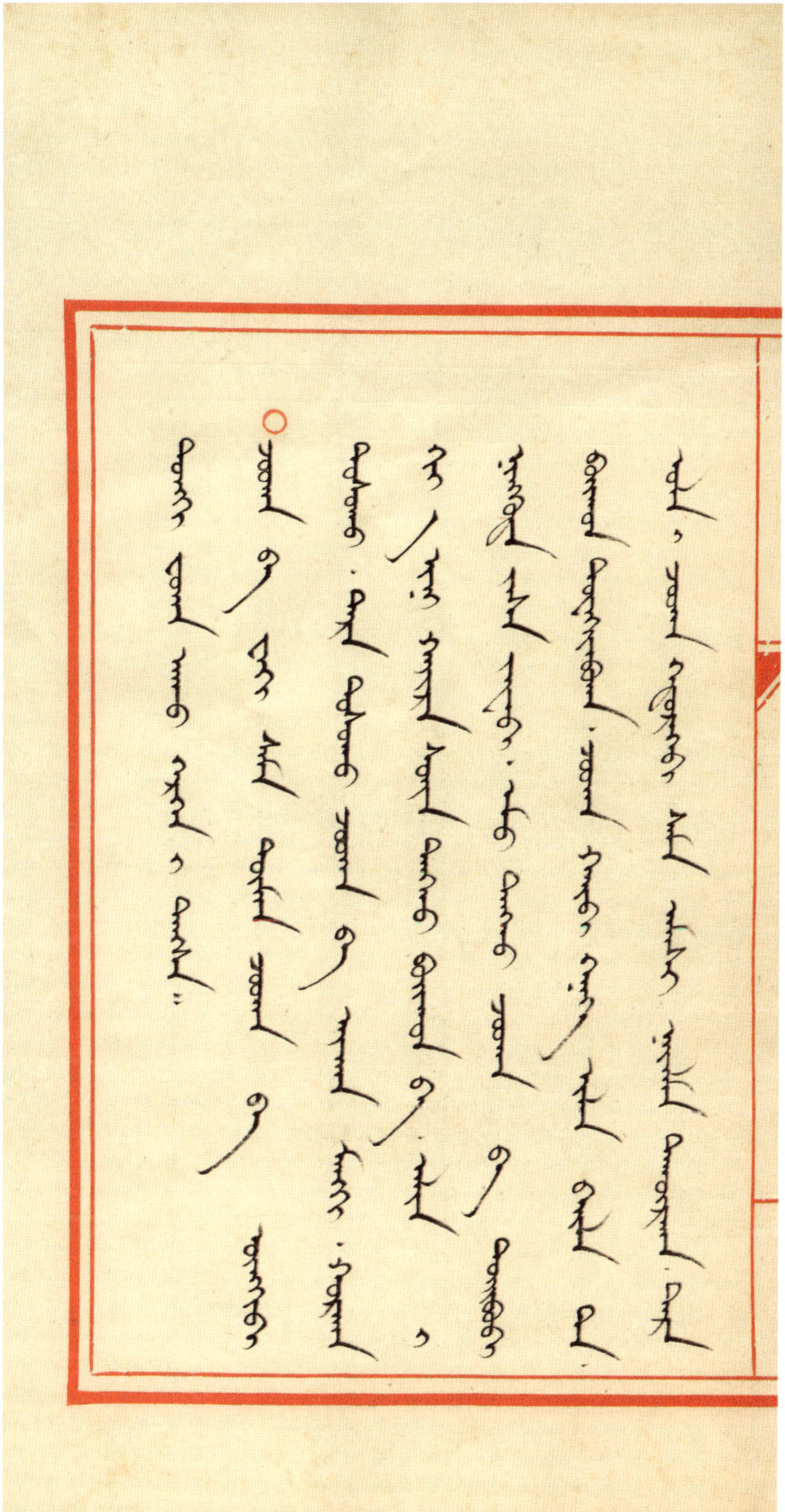

12223 無圈點字檔一百八十卷 清乾隆四十三年（1778）抄本

蝴蝶裝。開本高33.7厘米，廣19.8厘米。遼寧省檔案館藏。

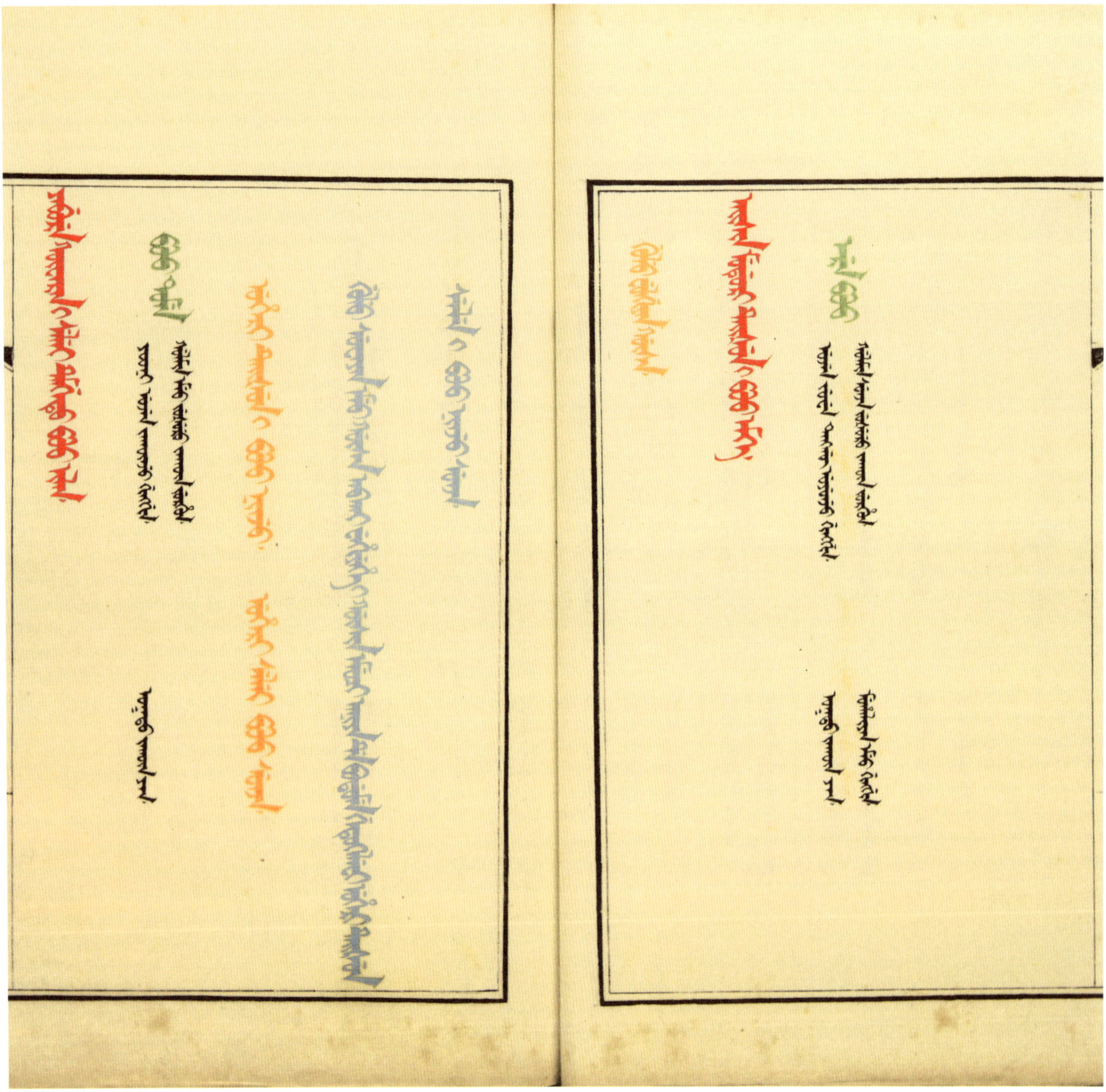

12222 清漢八旗炮位册不分卷 清五色套印本

綫裝。匡高21.2厘米，廣13.8厘米。半葉五行，白口，四周雙邊。大連圖書館藏。

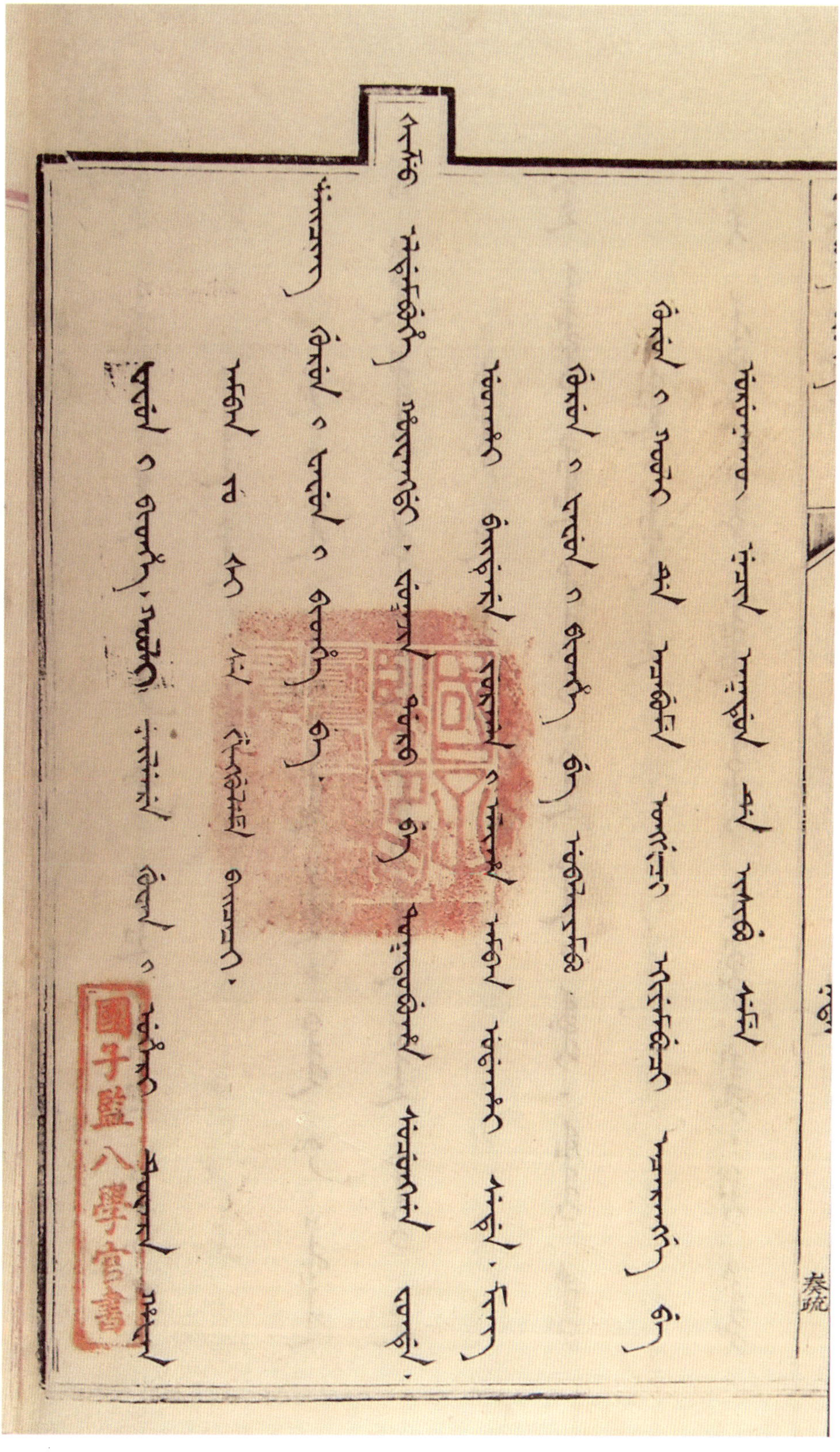

12221 大清律集解附例　（清）朱軾等撰　清雍正三年（1725）刻本

綫裝。匡高30.5厘米，廣21厘米。半葉八行，白口，四周雙邊。中國民族圖書館藏。

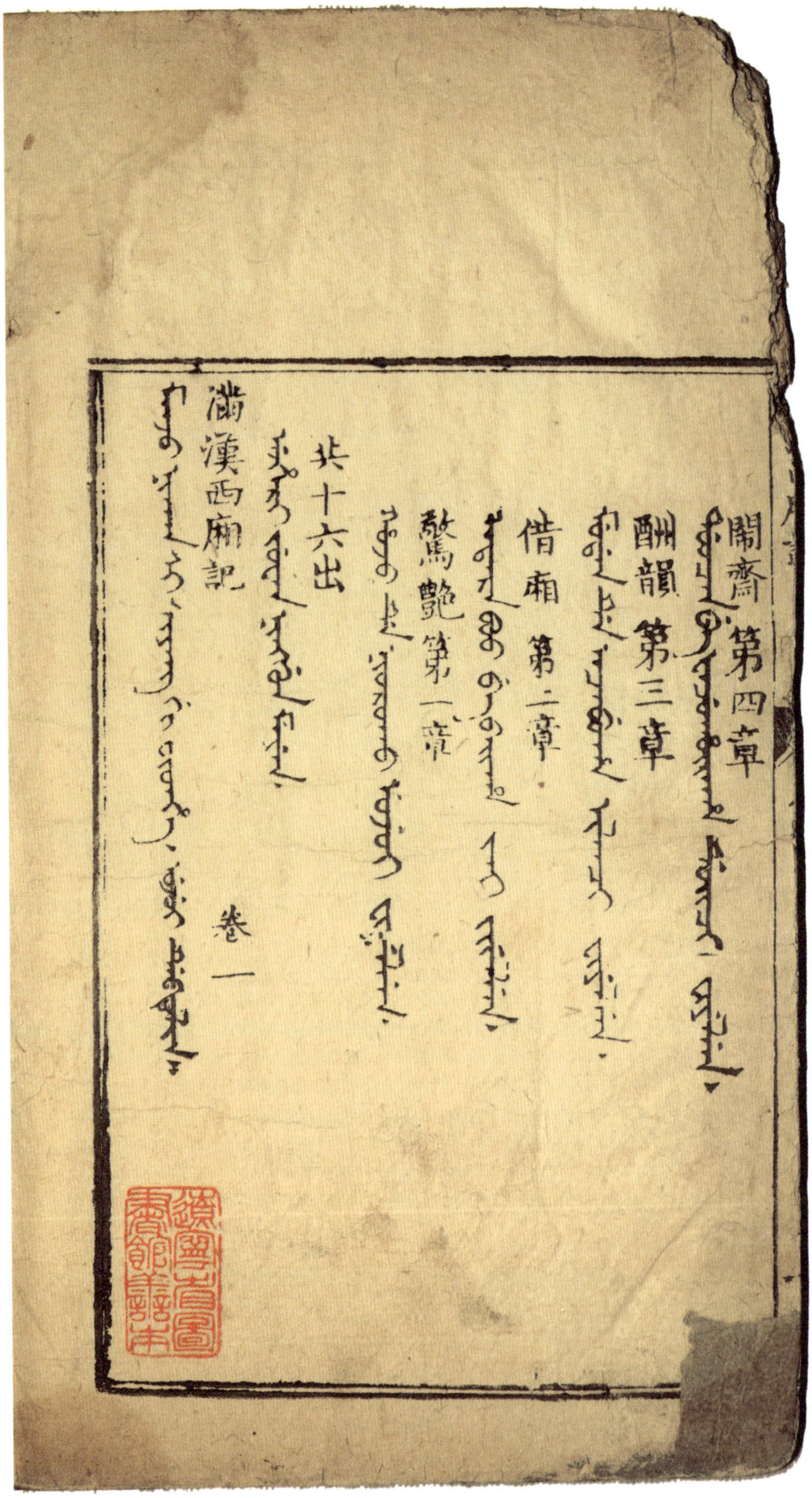

12220 滿漢西廂記四卷　（元）王德信撰　清康熙四十九年（1710）刻本

綫裝。匡高16.8厘米，廣12厘米。半葉大字十二行，小字二十四行，白口，四周雙邊。遼寧省圖書館藏。

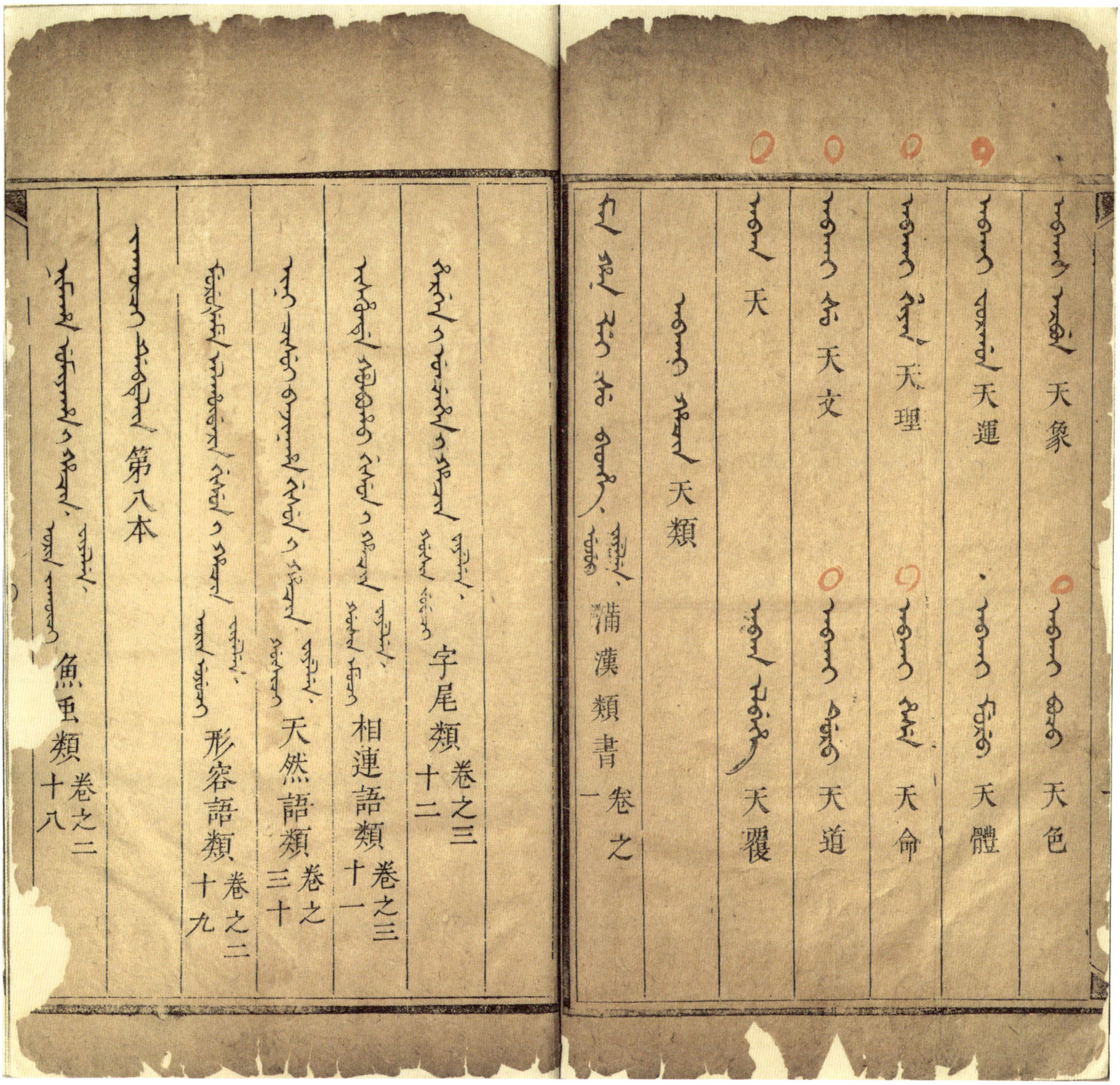

12219 滿漢類書三十二卷 （清）桑額輯 清康熙四十五年（1706）天繪閣書坊刻本

綫裝。匡高20.5厘米，廣13.4厘米。半葉七行，白口，四周雙邊。遼寧省圖書館藏。

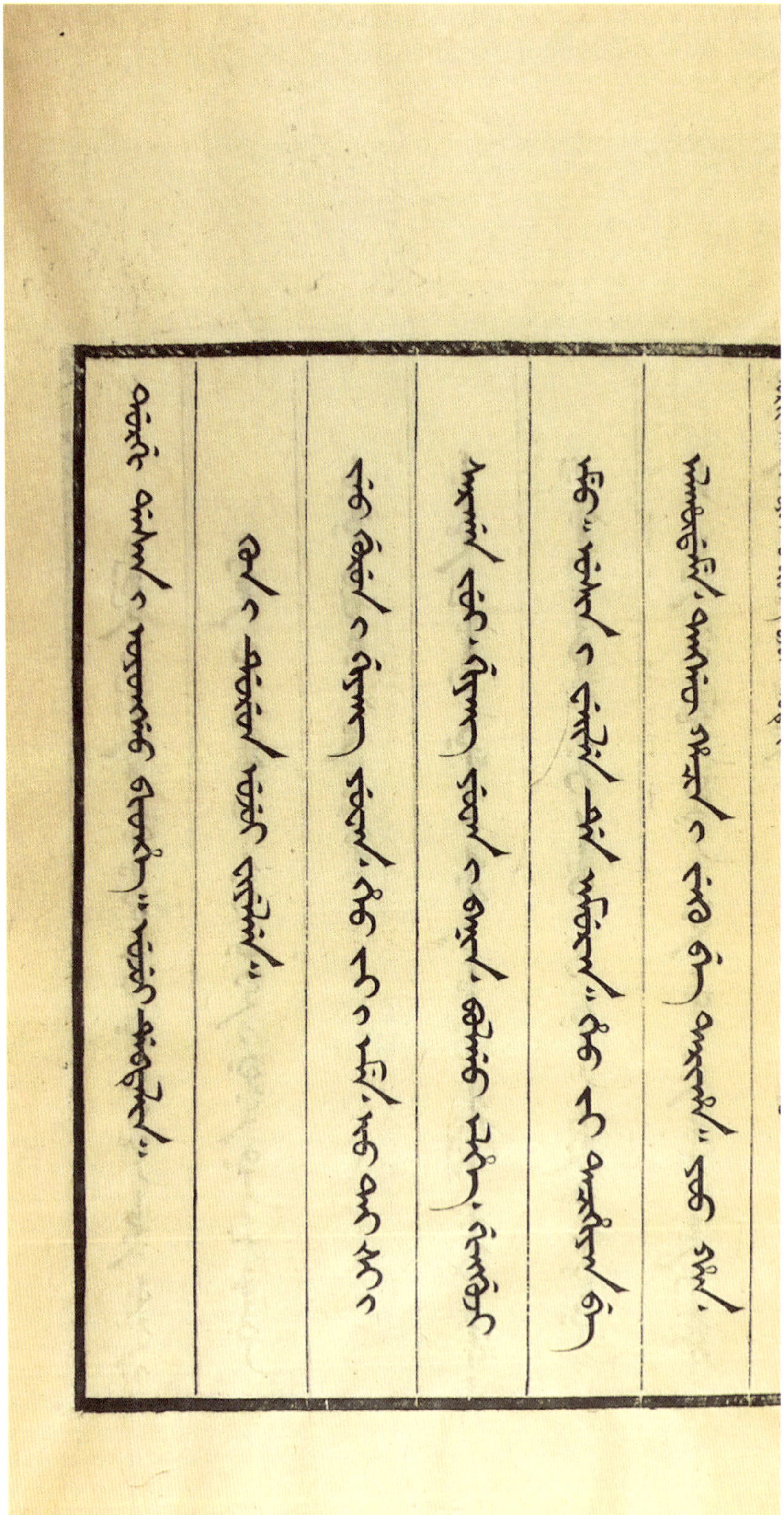

12218 内政輯要二卷 （清）世祖福臨輯 清順治十五年（1658）刻本

綫裝。匡高25厘米，廣14.2厘米。半葉六行，白口，四周單邊。中國民族圖書館藏。

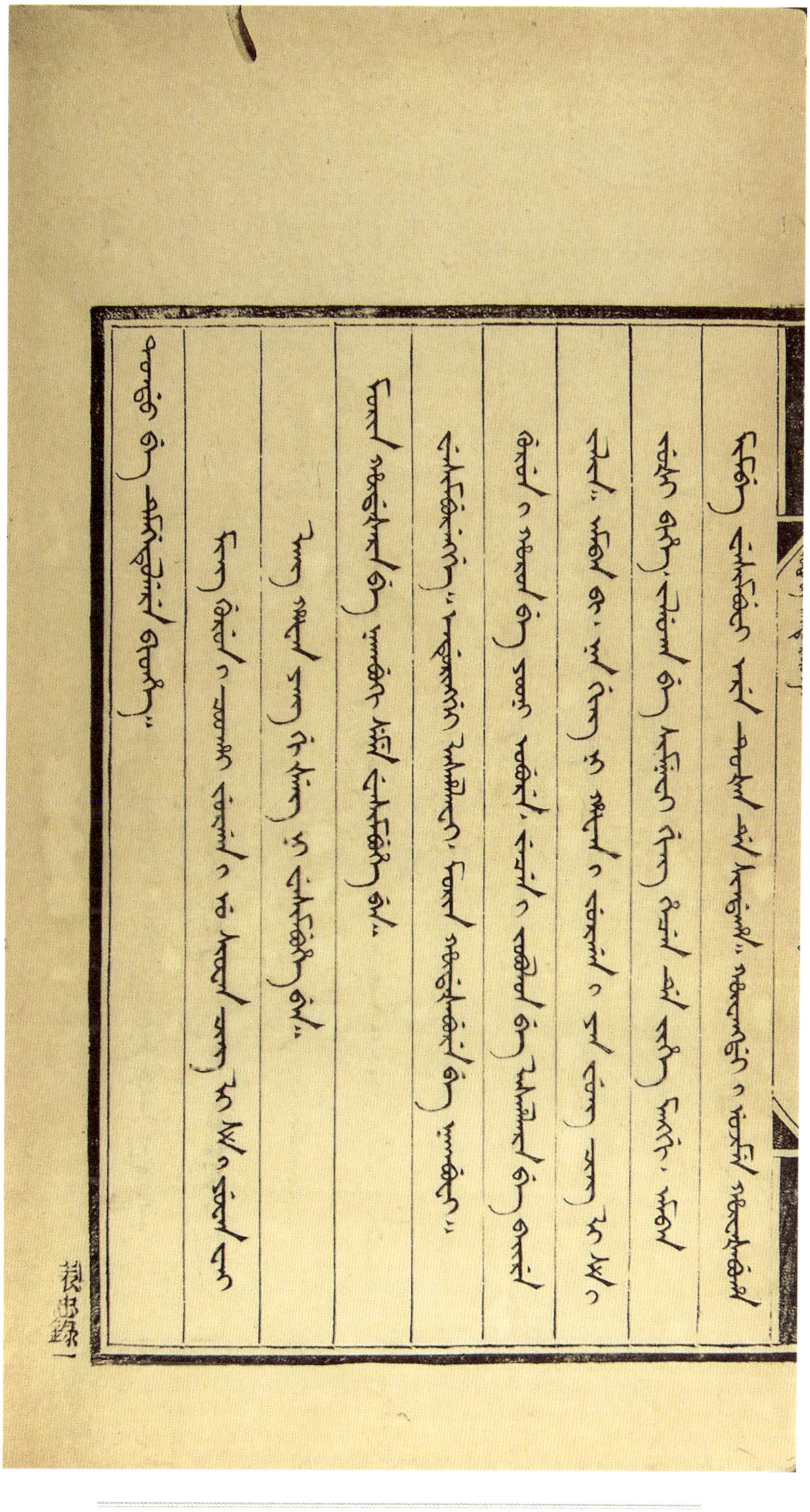
表忠錄 一

12217 御製表忠録 （清）世祖福臨輯 清順治十三年（1656）刻本

綫裝。匡高24厘米，廣17厘米。半葉九行，黑口，四周雙邊。中國民族圖書館藏。

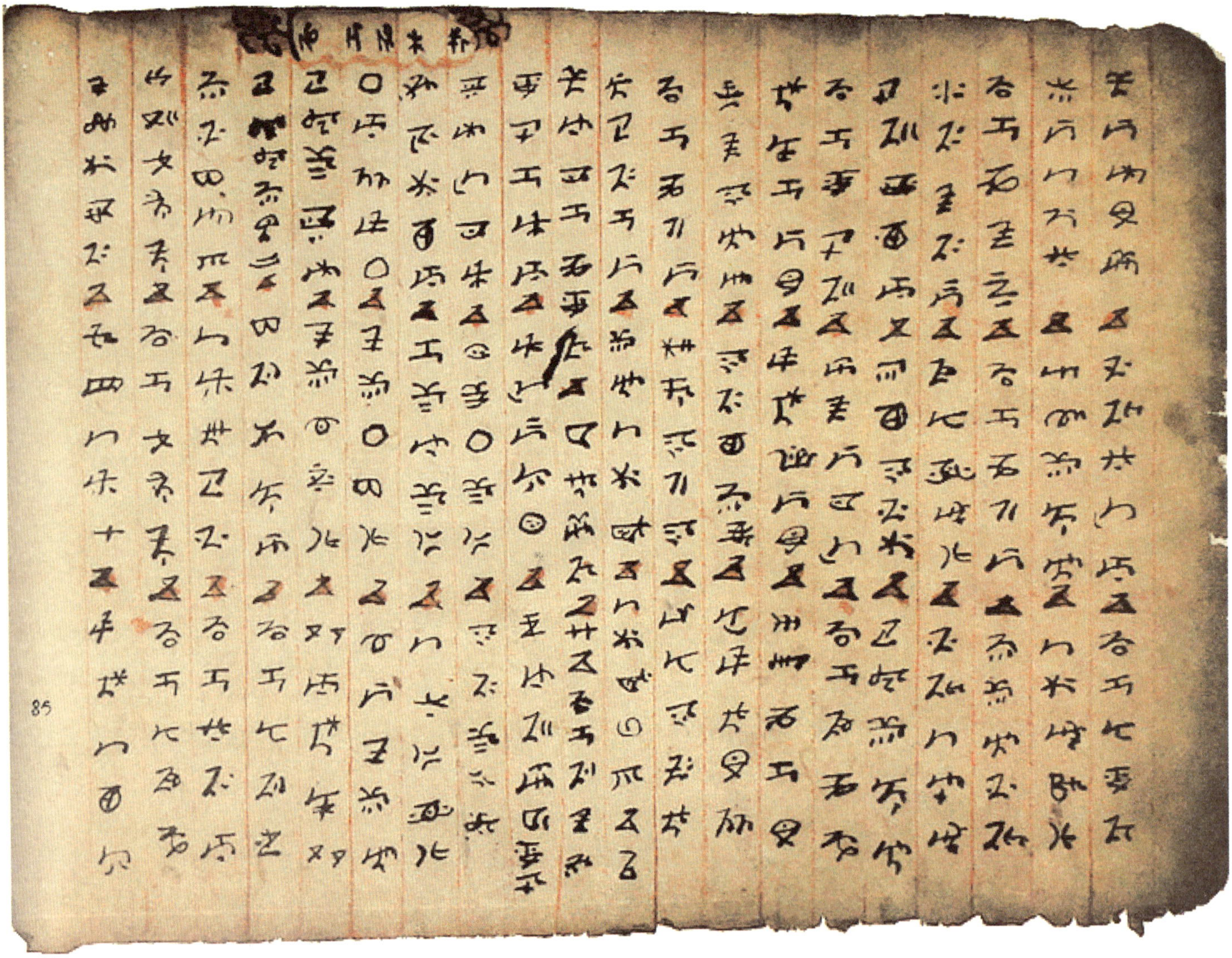

12216 唐王書 清抄本

綫裝。開本高32厘米，廣36厘米。楚雄彝族文化研究院藏。

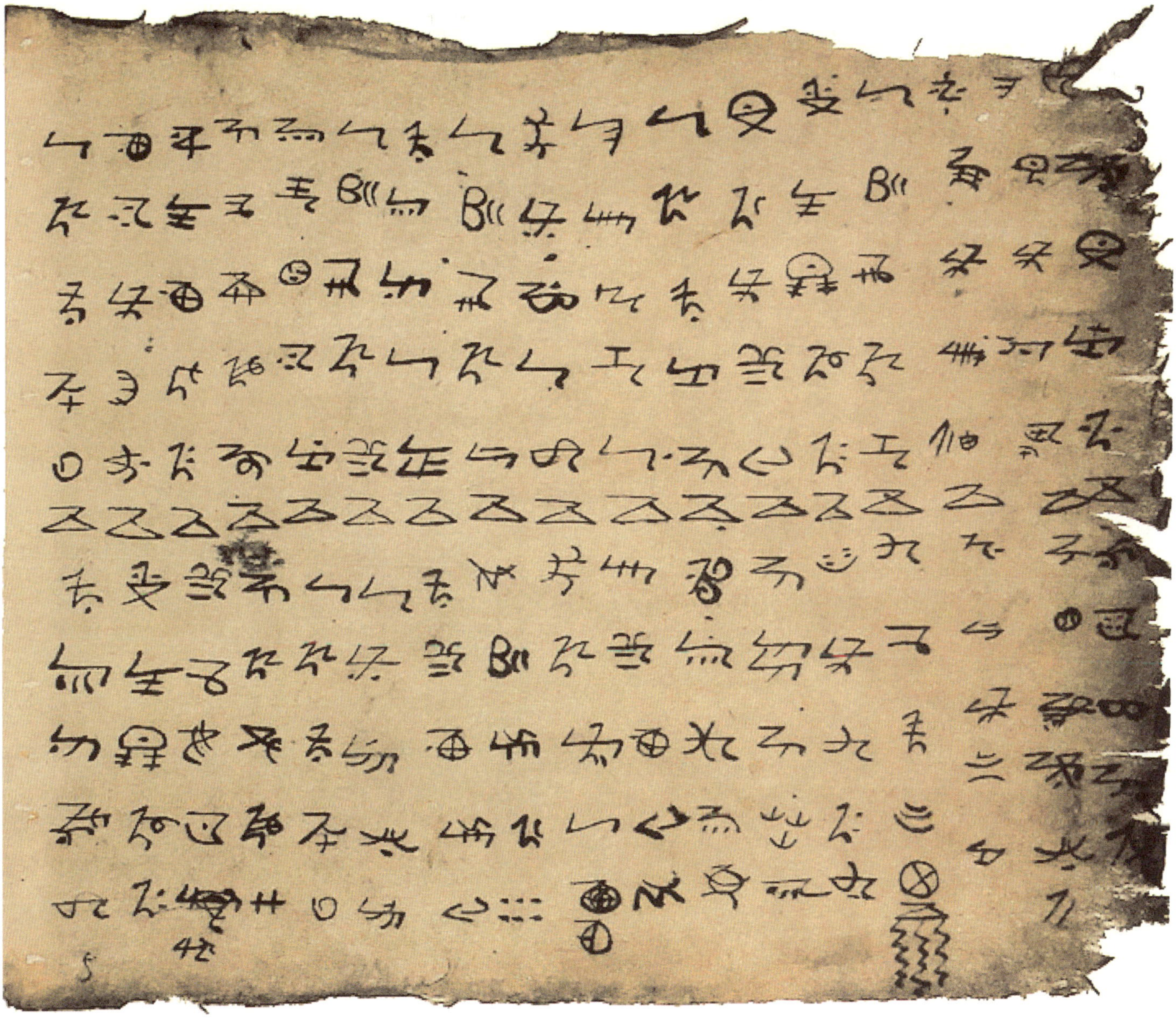

12215 姑娘哭嫁調 清抄本

綫裝。楚雄彝族文化研究院藏。

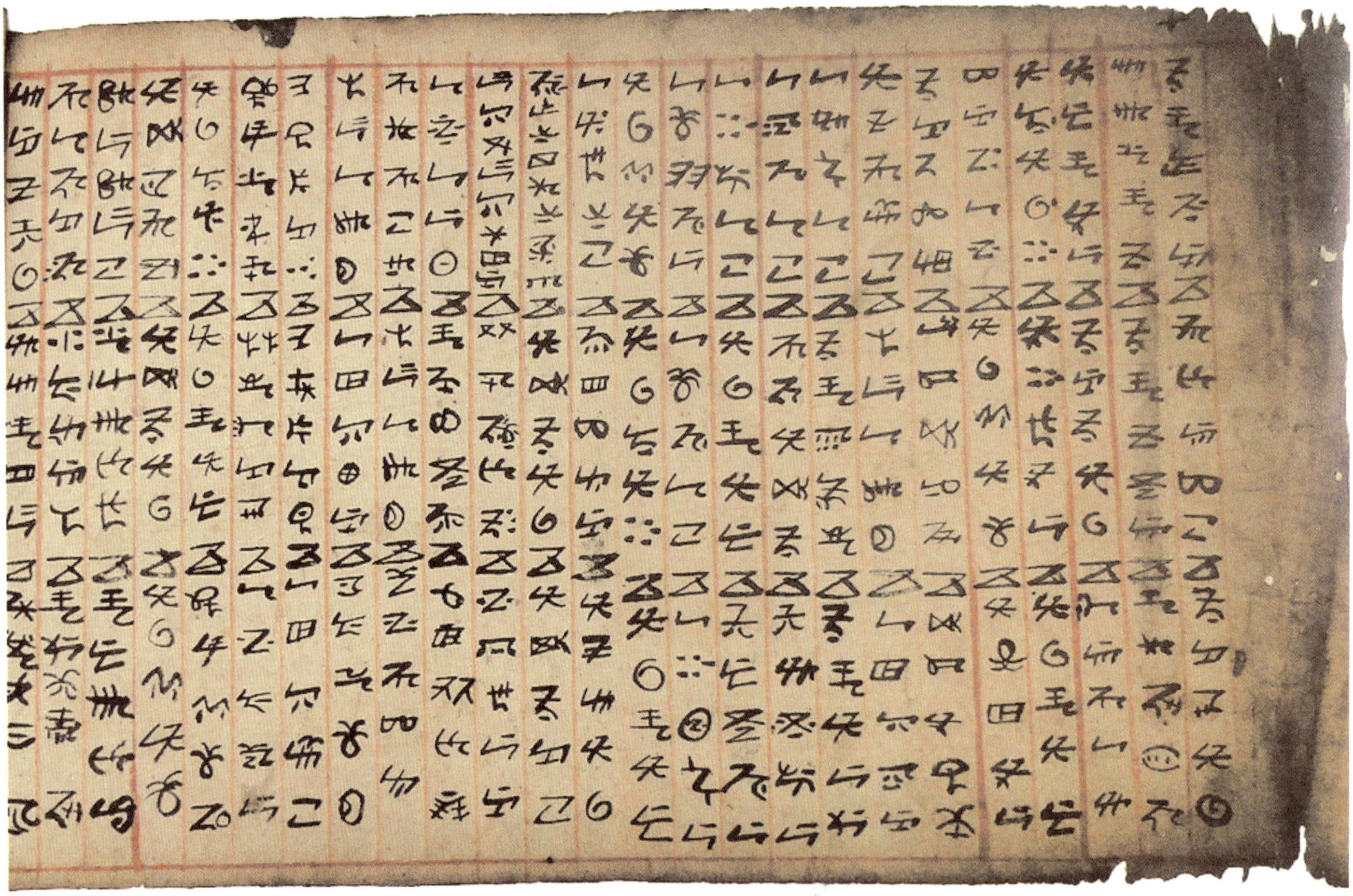

12214 唄三小夥和嘰紅賽姑娘的故事 清抄本

綫裝。開本高21.2厘米，廣25.1厘米。楚雄彝族文化研究院藏。

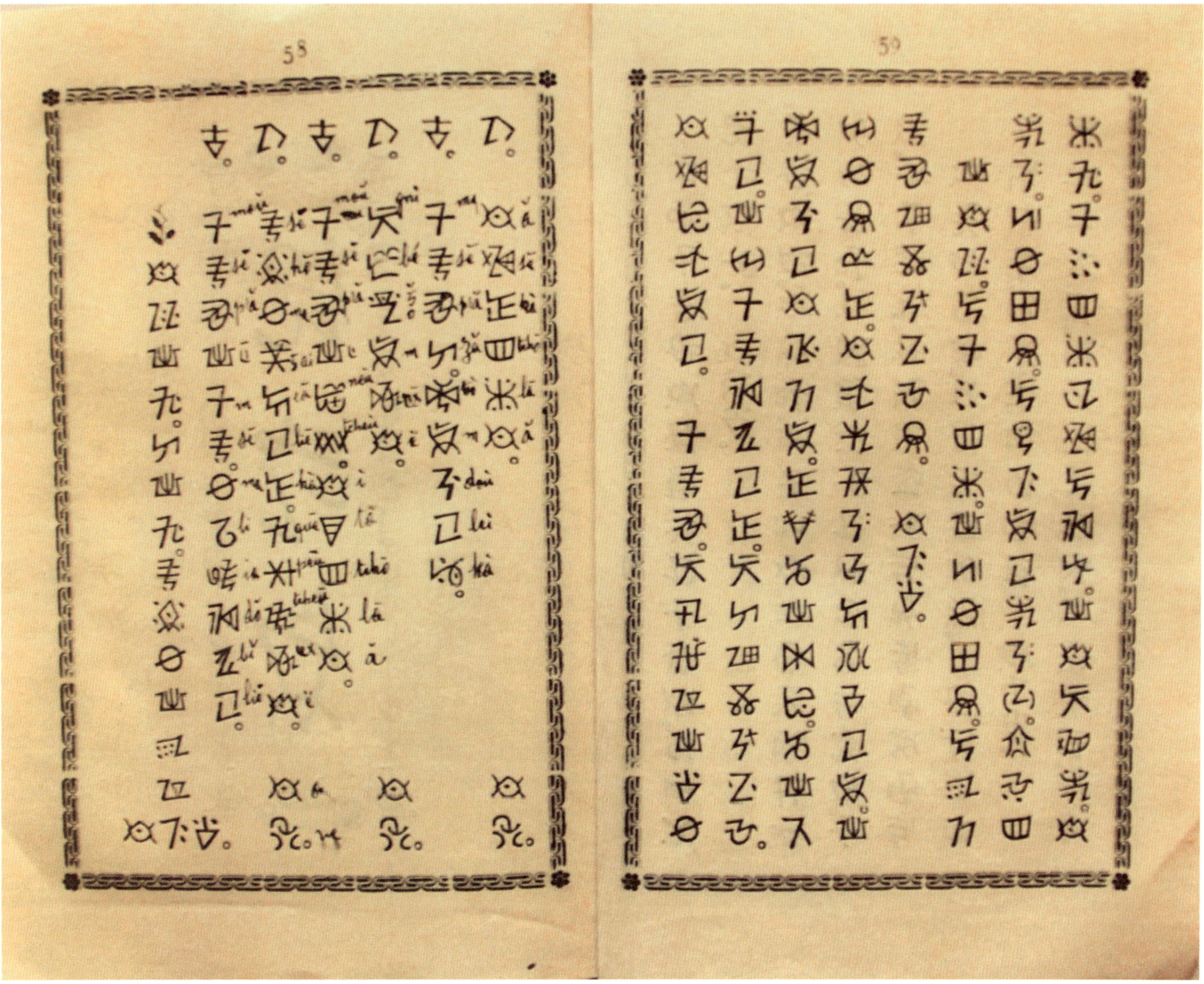

12213 納多庫瑟（聖經問答） （法國）保禄·維亞爾譯　清宣統元年（1909）香港鉛印本

綫裝。開本高13.8厘米，廣9.4厘米。匡高11.1厘米，廣7.1厘米。半葉八行，行十七字。雲南省石林彝族自治縣民族圖書館藏。

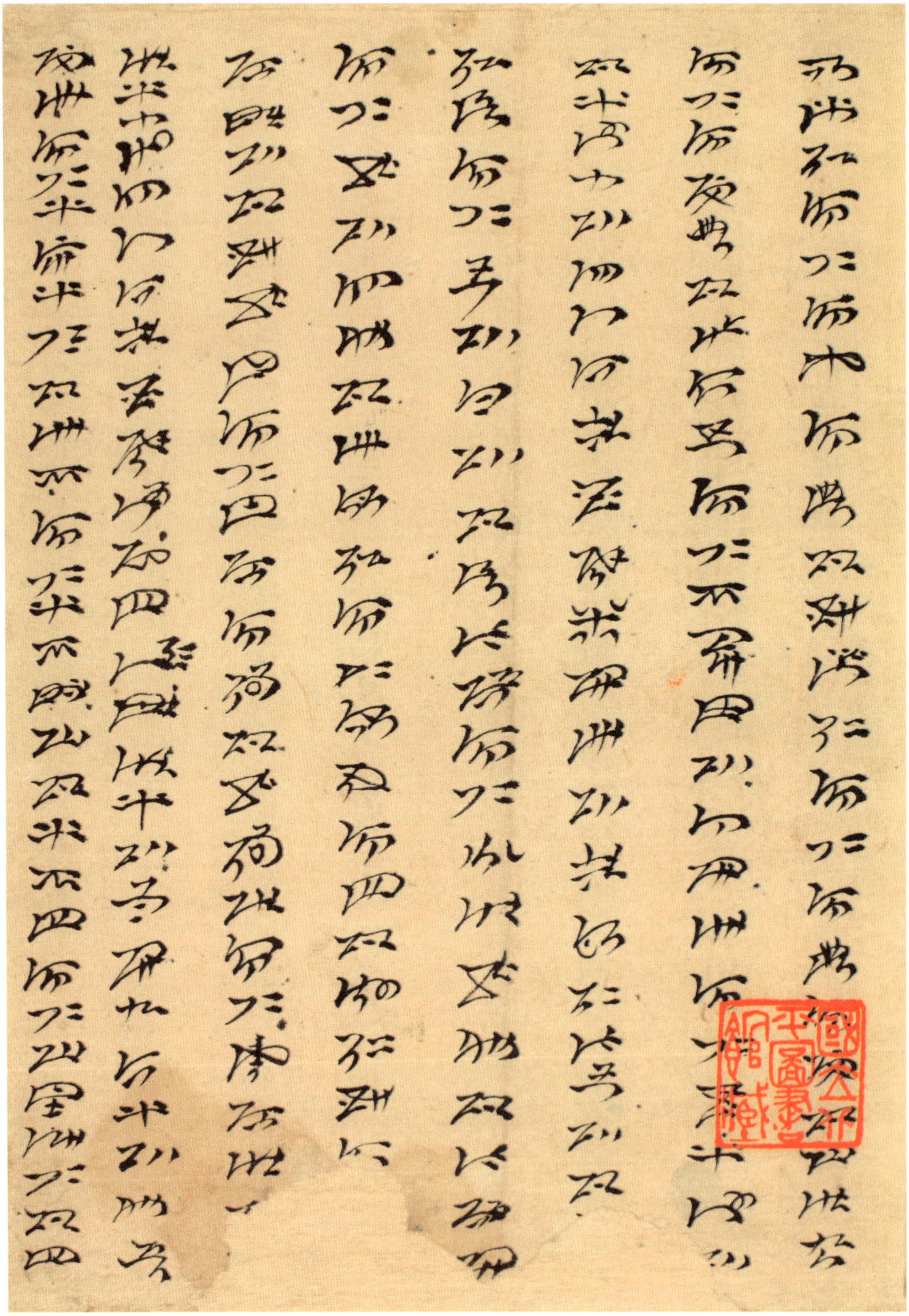

12212 羅婺姻親史 清光緒十五年（1889）抄本

綫裝。開本高26.5厘米，廣21.2厘米。國家圖書館藏。

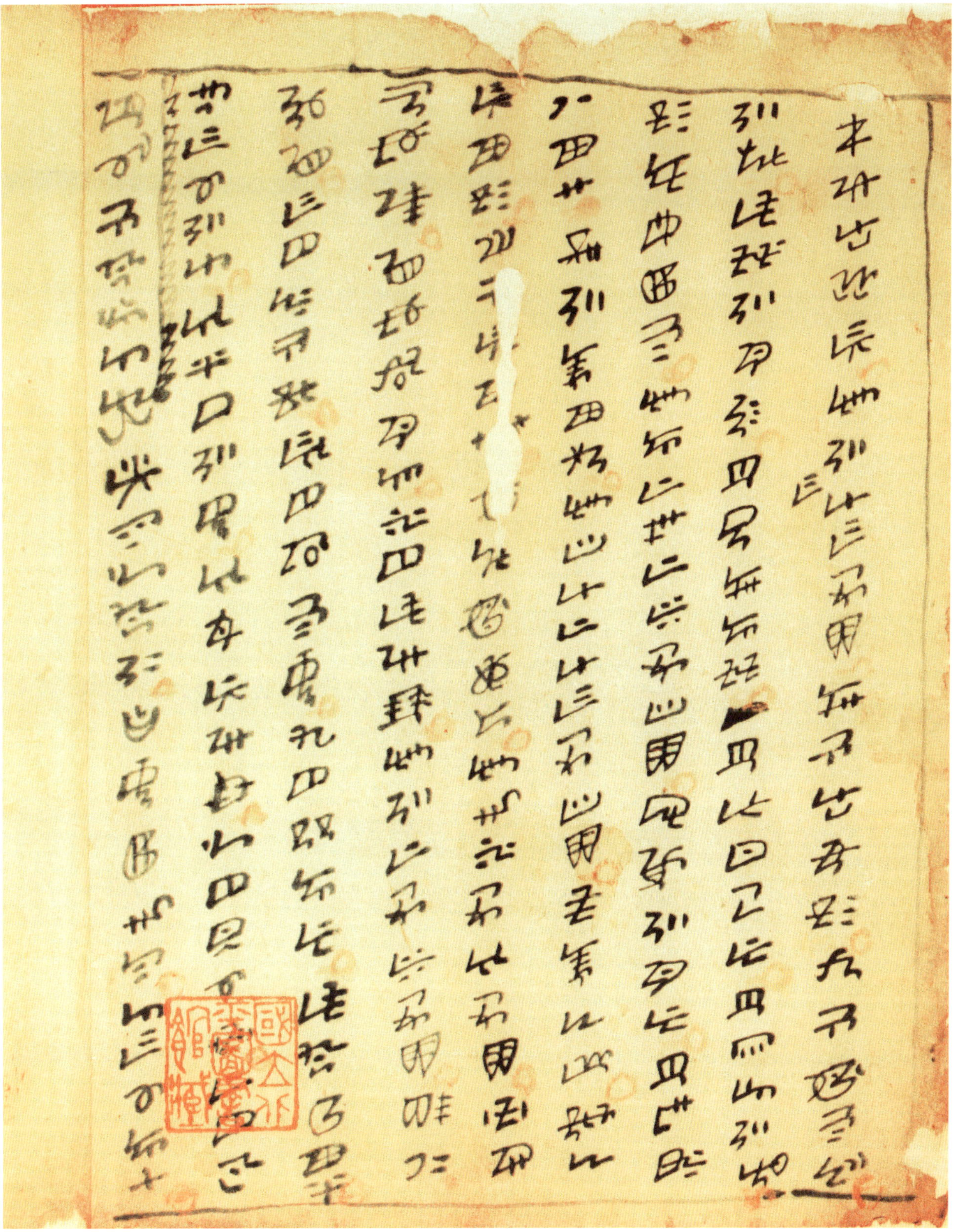

12211 彝漢天地 清道光二十六年（1846）抄本

綫裝。開本高26.5厘米，廣21.5厘米。國家圖書館藏。

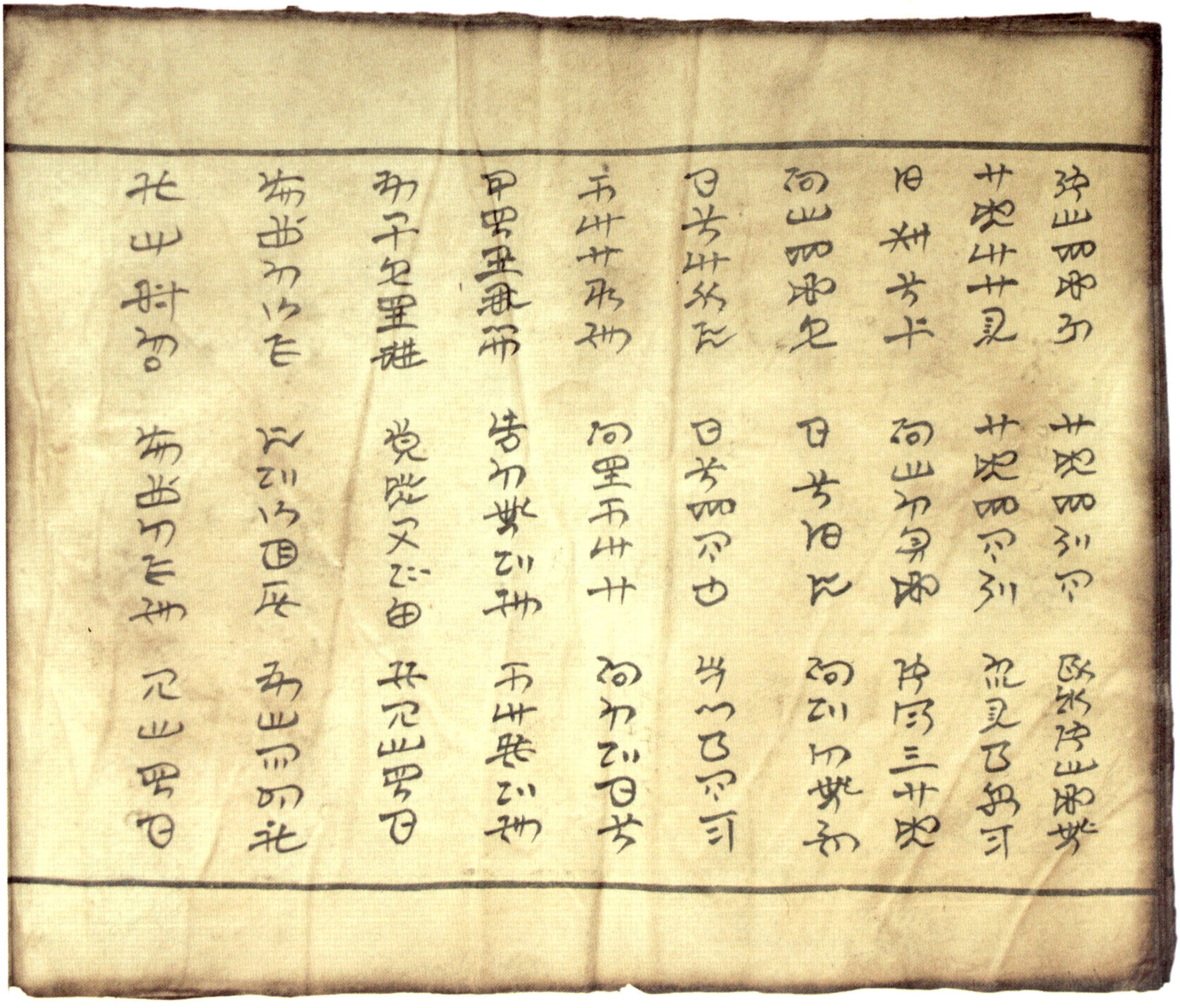

12210 水西制度 清嘉慶五年（1800）抄本

綫裝。貴州省民族古籍整理辦公室藏。

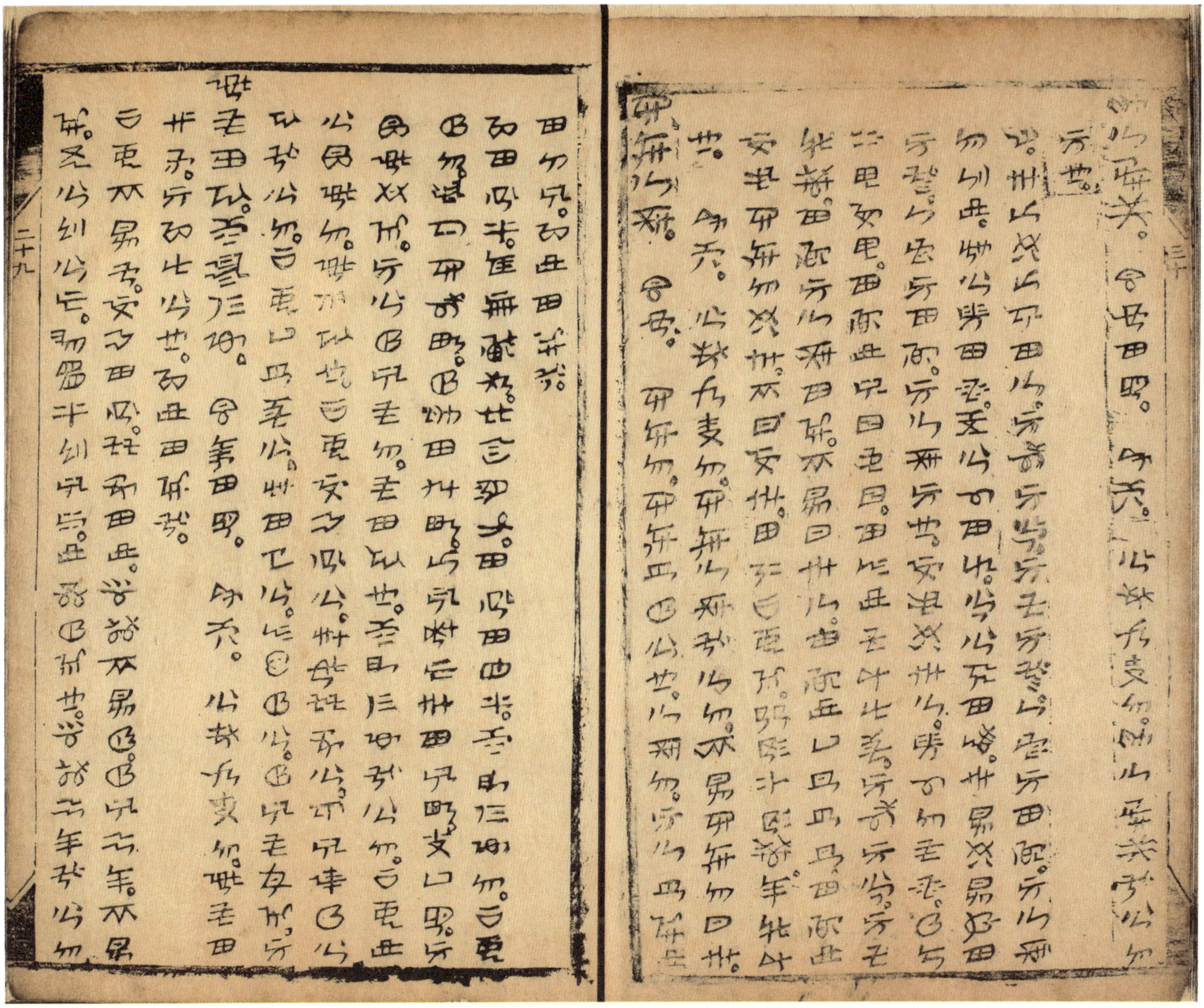

12209 勸善經 明刻本

綫裝。開本高26.3厘米，廣16.4厘米。匡高22.7厘米，廣14.8厘米。半葉十行，行字不等。國家圖書館藏。

12208 艾格拉孜提比亞（醫學目的） 穆拉特伯克·艾利伯克撰 清毛拉·沙木沙克拉帕提抄本

冊葉裝。開本高22.5厘米，廣17厘米。新疆維吾爾醫學專科學校維吾爾醫藥古籍文獻研究所藏。

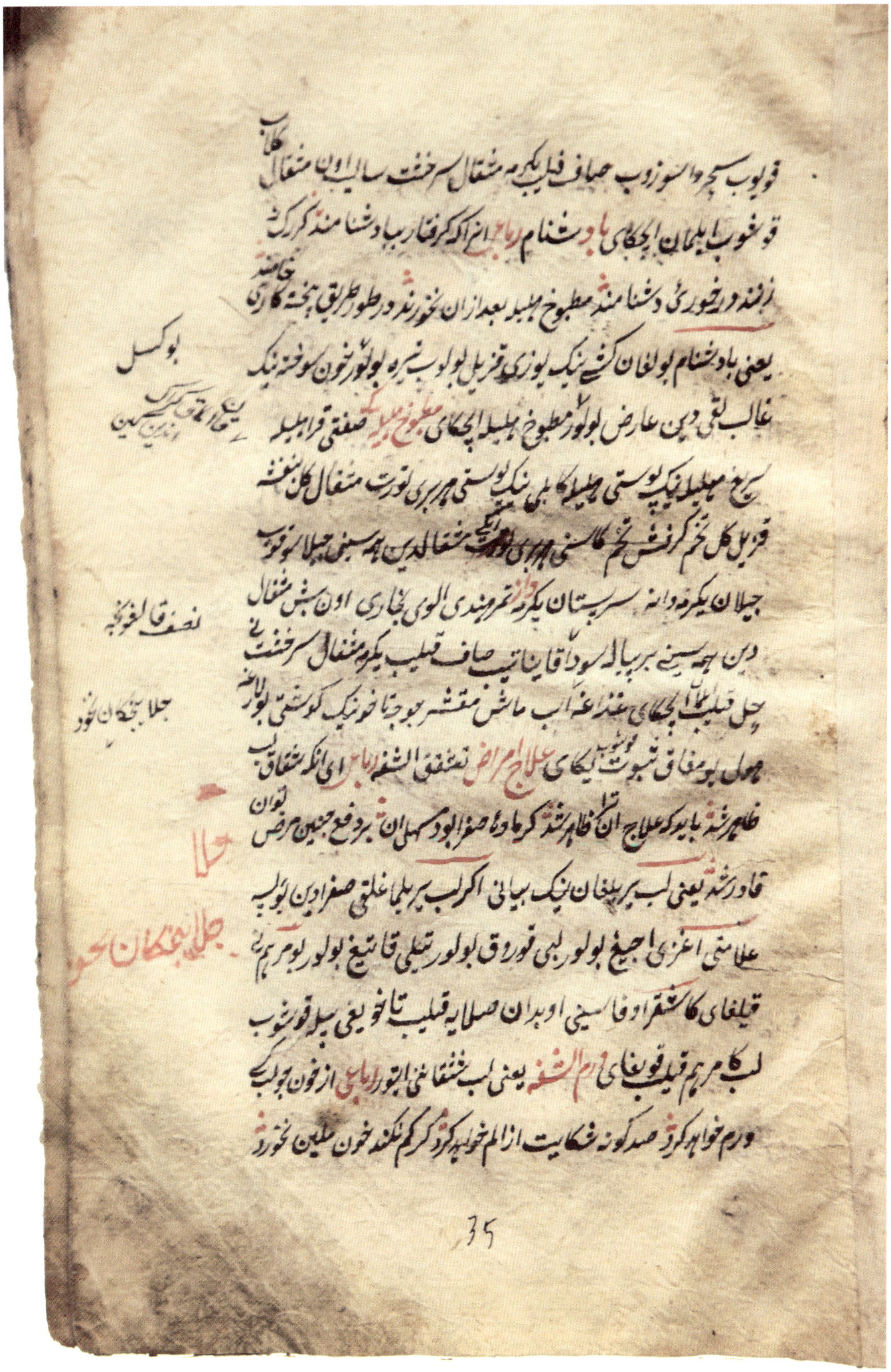

12207 提比玉素甫（玉素甫醫學書） 清抄本

册葉裝。開本高29.8厘米，廣18厘米。新疆維吾爾自治區圖書館藏。

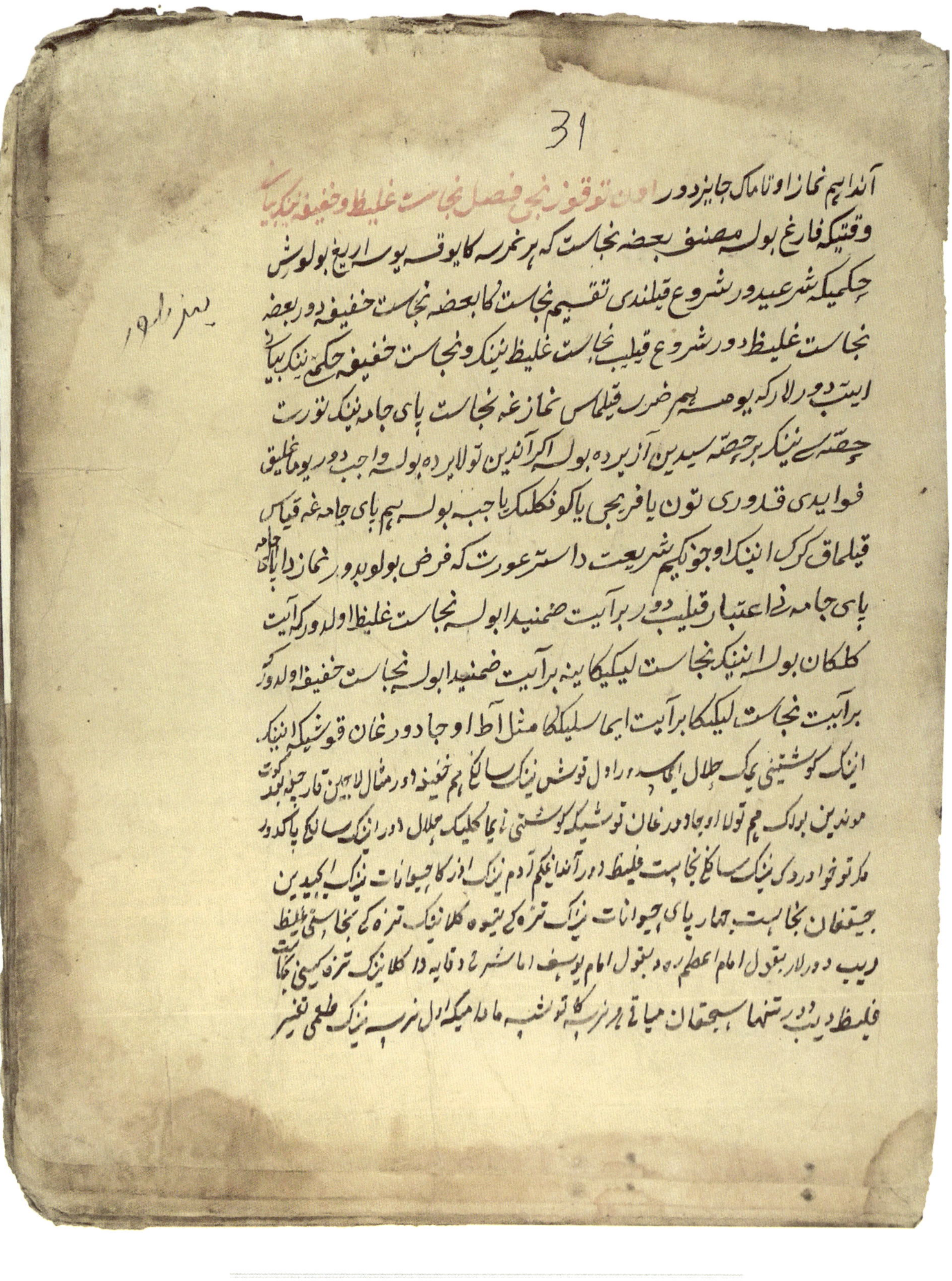

12206 伊斯蘭倫理百科 清抄本

册葉裝。開本高30厘米，廣24.5厘米。中國民族圖書館藏。

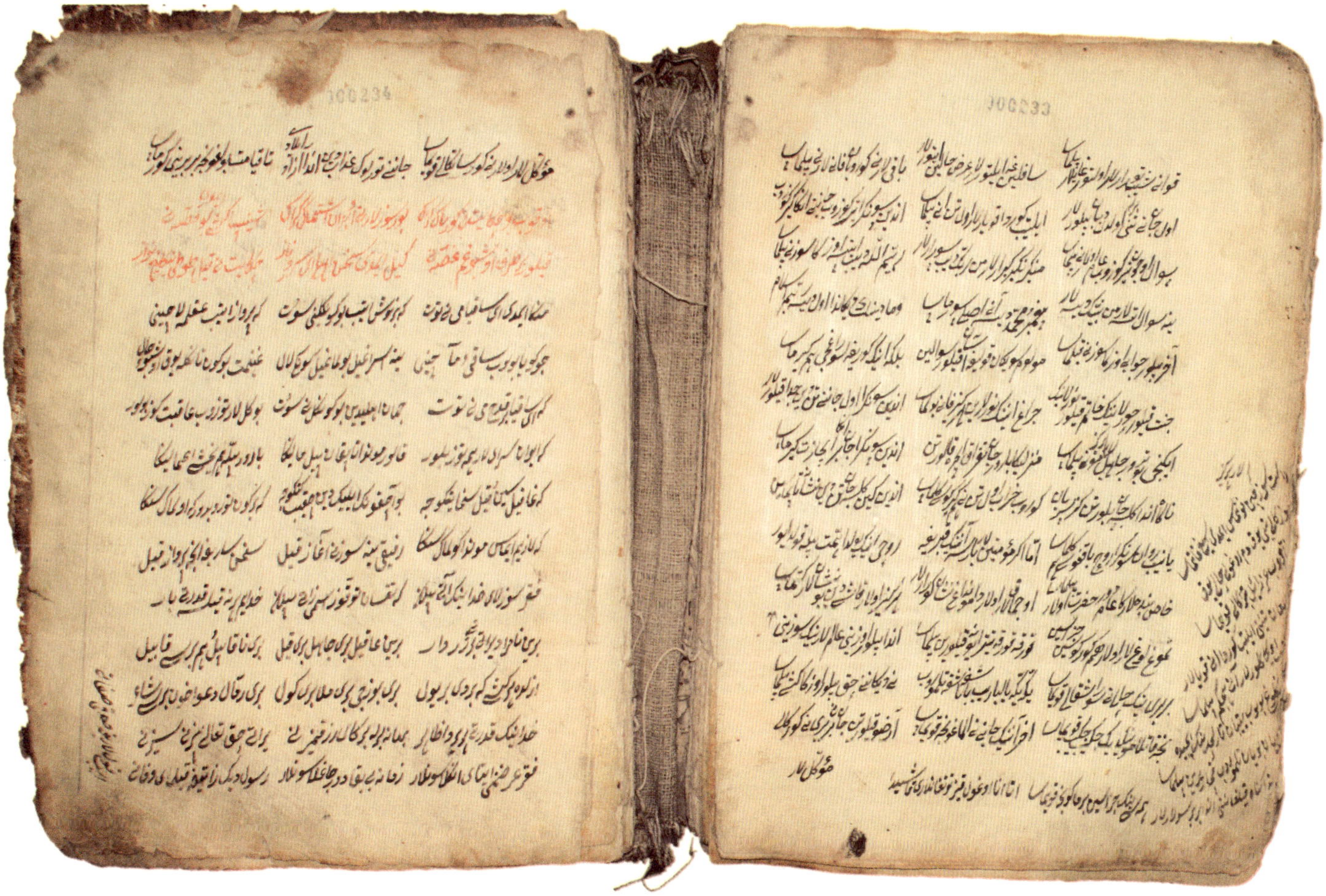

12205 毛拉·薩里詩集　（清）毛拉·薩里撰　清抄本

册葉裝。開本高28厘米，廣21厘米。新疆維吾爾自治區少數民族古籍搜集整理出版規劃領導小組辦公室藏。

٢١

بول هر آدم نی سن آدم دیمه | هر کشینی شبلی ادهم دیمه
اوشبو صورت لار عجایب بر خطر | دین مذهب ملت ایمان کتار
تاکه بولمای سن بو صورتدین یراق | کچه کوندوز قیلماغونکدور طمطراق
ای خراباتی بو سوزنی انکلاغل | قیلمه هر صورت کا هرگیز بند دل

نعت نبی

مصطفی اول باده نی نوش ایلاکان | اوشبو عالم نی فراموش ایلاکان
عالی وصلیغه پرواز ایلاکان | نی انی رازیدین آغاز ایلاکان
اوزگالار بو قطره می برتولدوروب | نوش قیلغاچ رازینی ایدی ترب
ختمه قیلغاچ سر ایله الله نی | کوردی معراجیده وجه الله نی
حق انکا هر نه عنایت ایلادی | اندین اول خلق نی دلالت ایلادی
روح کیم بول اندین با خبر | تاه دور بیمانه سنیغ آنقدر
ای اوغول جان برله کونکلونک ابرماغیل | قال جامی دور انینک ده می جو حال
نمی دین پرهیز امرین تیز قیل | صدق سوز درد عشق آمیز قیل

تا بولور

٢٢

تا بولور اندین مست جامی می | هم رباب جنک قانون برله نی
قیلنک امر وصف ذاتینی خلاف | اورم دم من اقتضی ویب لاف لاف
معنی غه حاجت ایمستور کوش کر | کوشنی سرنی بر کیل آل کوش دیکر
کوش آگر بی معنی دور ای کوش کر | بخشراق دور کوش کردین کوزی بخر
باده پنهان بیاله آشکار | بارچه جان بار صوراسرافیل کوزار
بول خراباتی ازل دین می پرست | یادیده اول باده نی شب روز مست

بو فصل ده باده عشق نی ایتورلار

پادشاها عشق بر عاشق بولای | هم صفا و صدق بر صادق بولای
بر صفا شمع نی من جان کویدورای | جور کولوب پروانه لار دیک آدر کولای
قطره عشق بحر بیدین بر سنک مکا | یوز تمی جانیم فدا ایلای سکا
بر ینه سندیک نکاریم قیده بار | دوزخ جنت قراریم قیده بار
یاغه هر تیری بلا هر هجر بر | من قلمای جانیم نی اوقل تیر غه بر
آلسنکیز تیر مهرینک قاشی ابرور | یتکان هر بکان مکا بولدا نشن ابرور

12204 哈拉巴提詩集 （清）穆罕默德·本·阿布都拉·哈拉巴提撰 清抄本 册葉裝。開本高22厘米，廣14厘米。新疆大學圖書館藏。

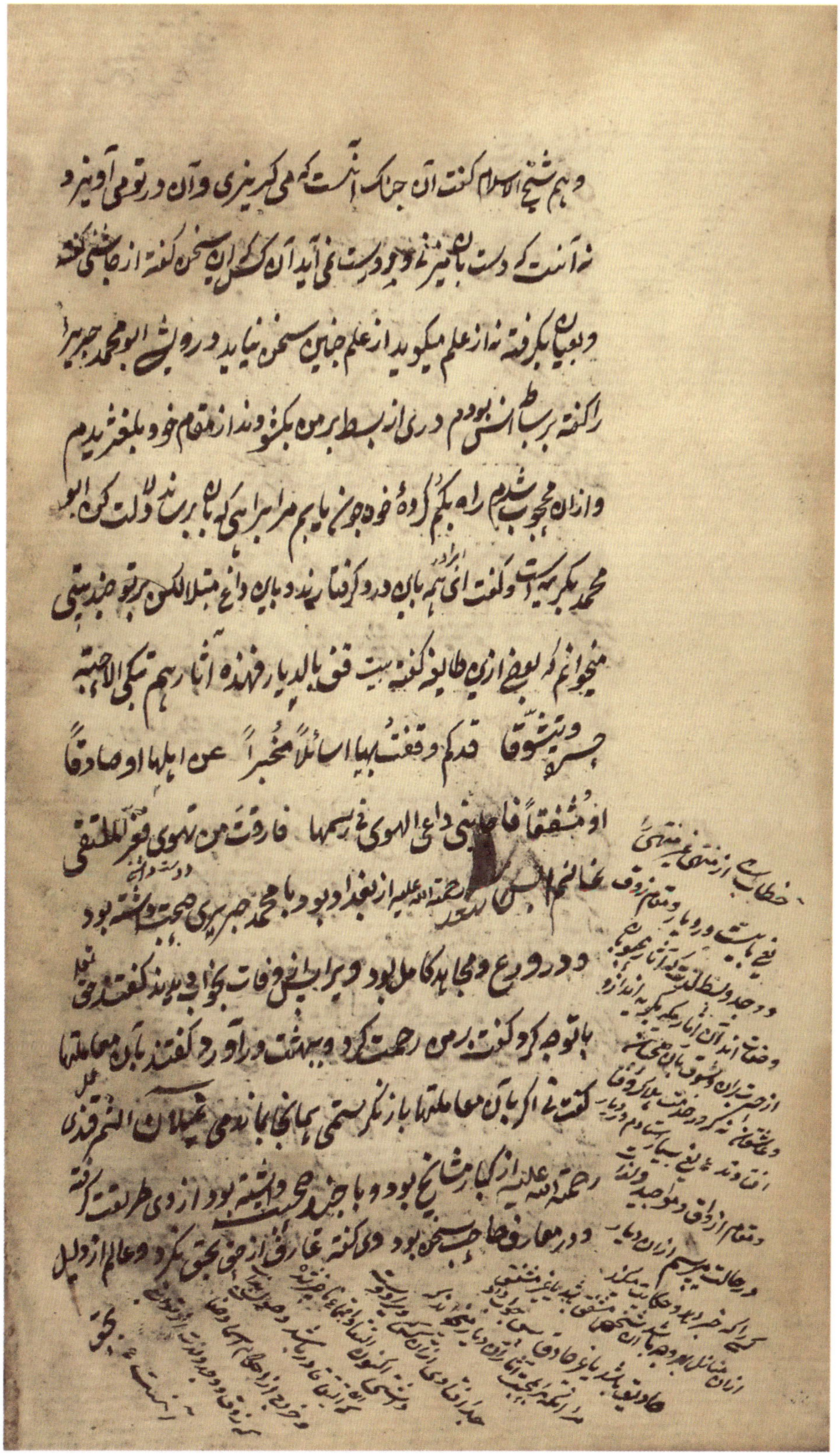

12203 和卓傳　（清）穆罕默德·薩迪克·喀什噶里撰　清抄本

册葉裝。開本高25.5厘米，廣15.5厘米。中國民族圖書館藏。

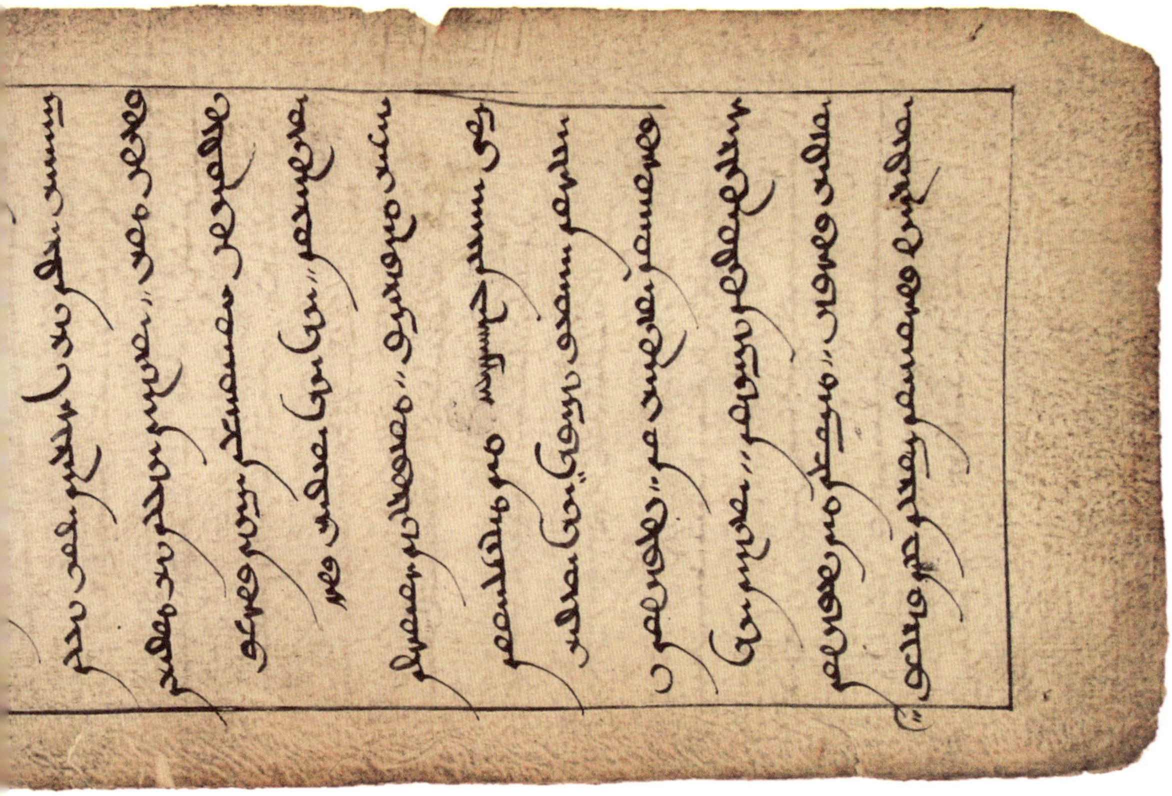

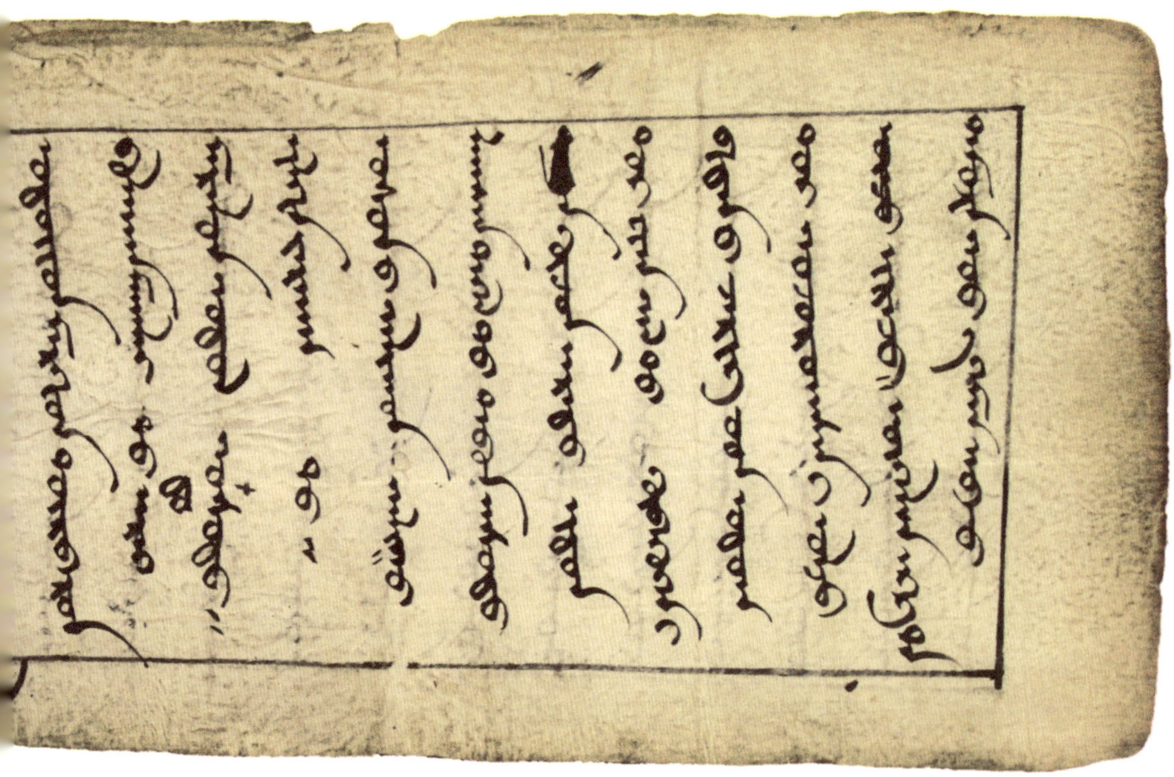

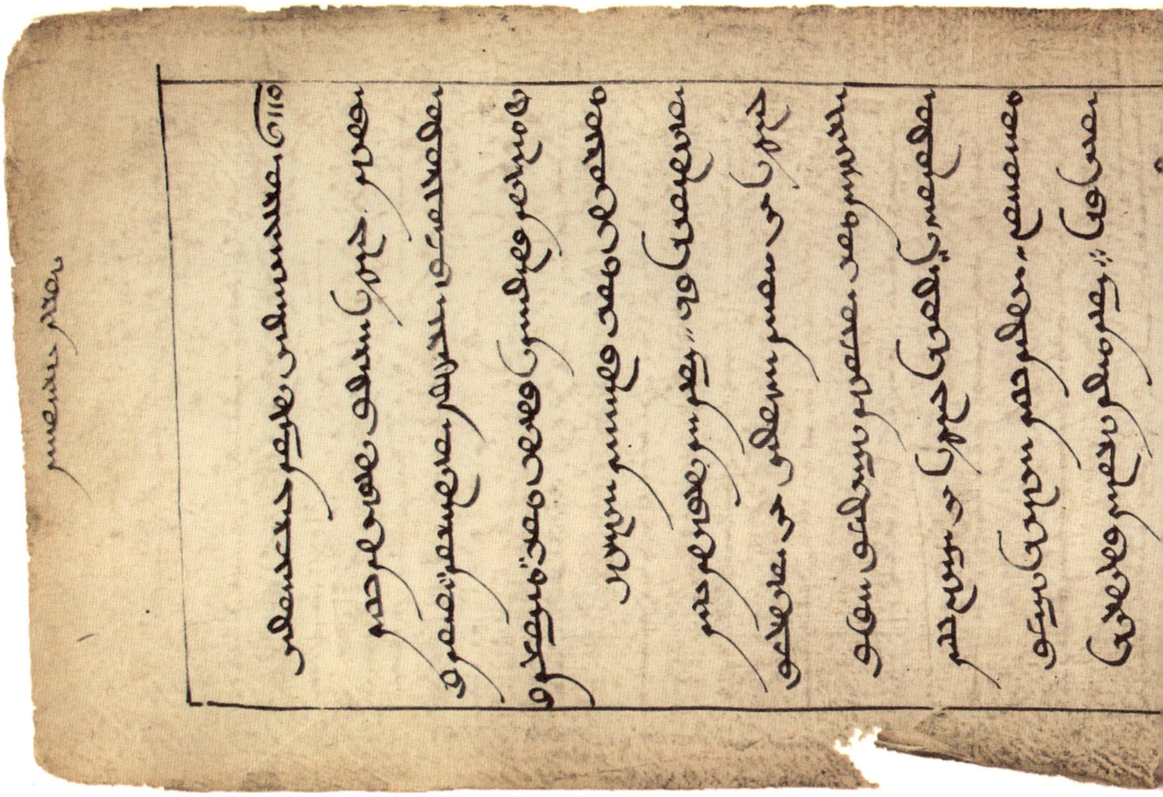

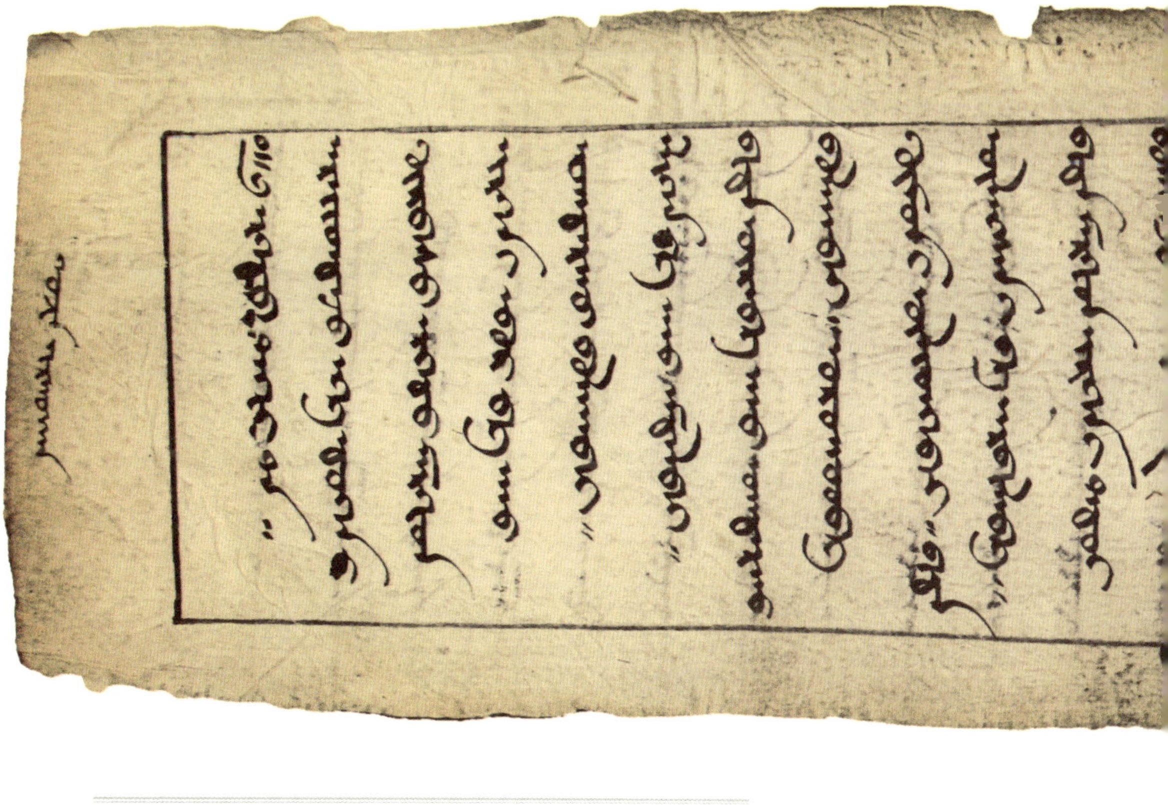

12202 蒙古秘史 清抄本

梵夾裝。開本高11厘米，廣33厘米。西藏自治區札達縣托林寺藏。

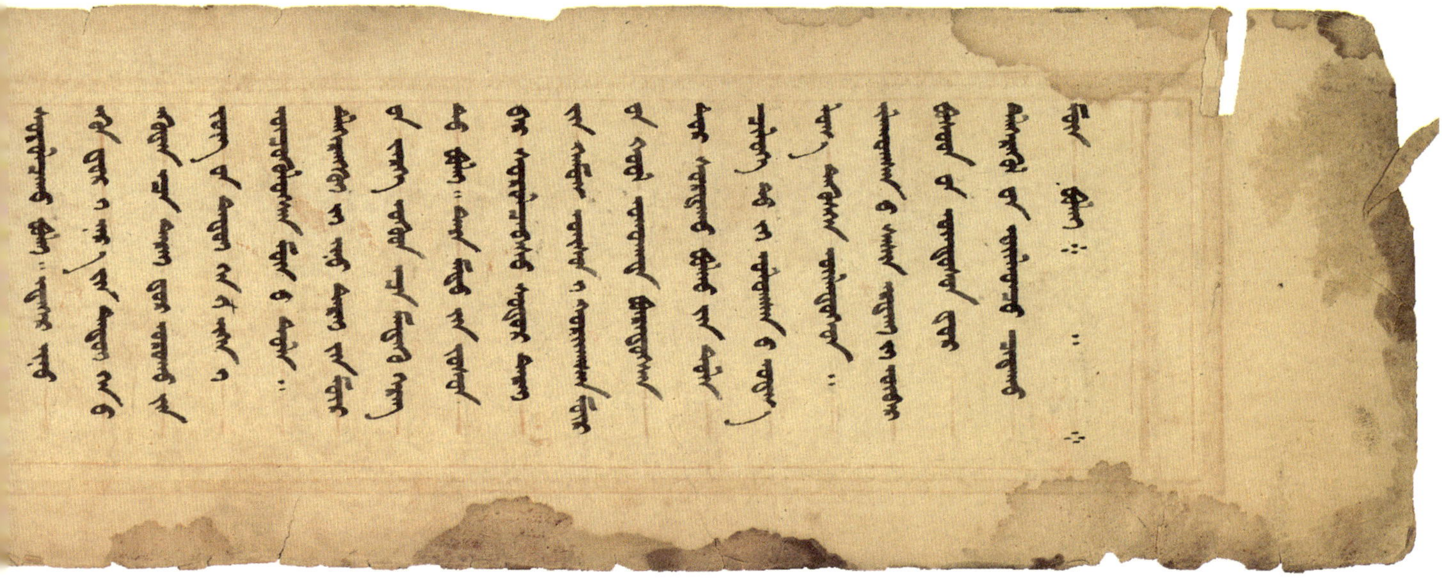

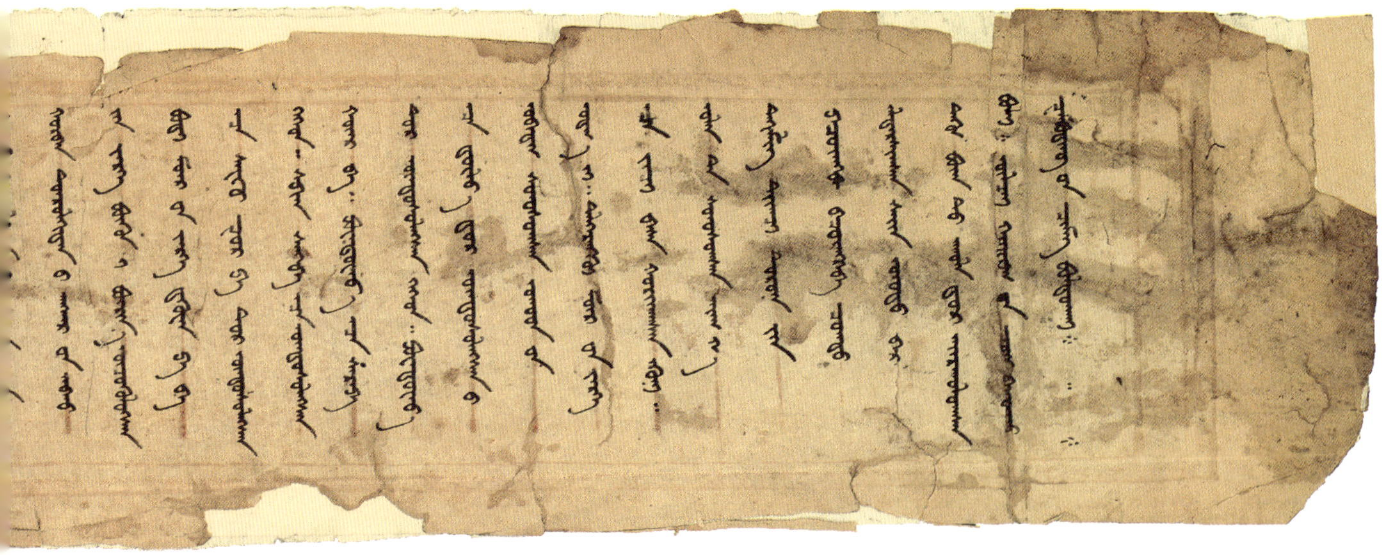

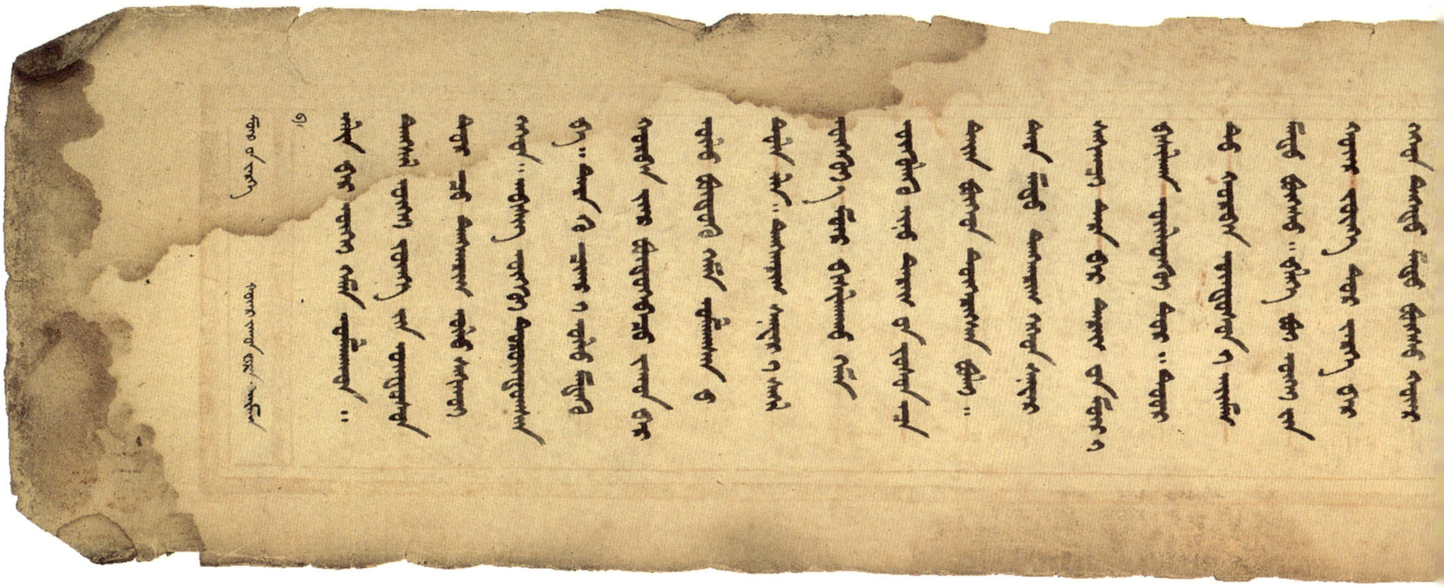

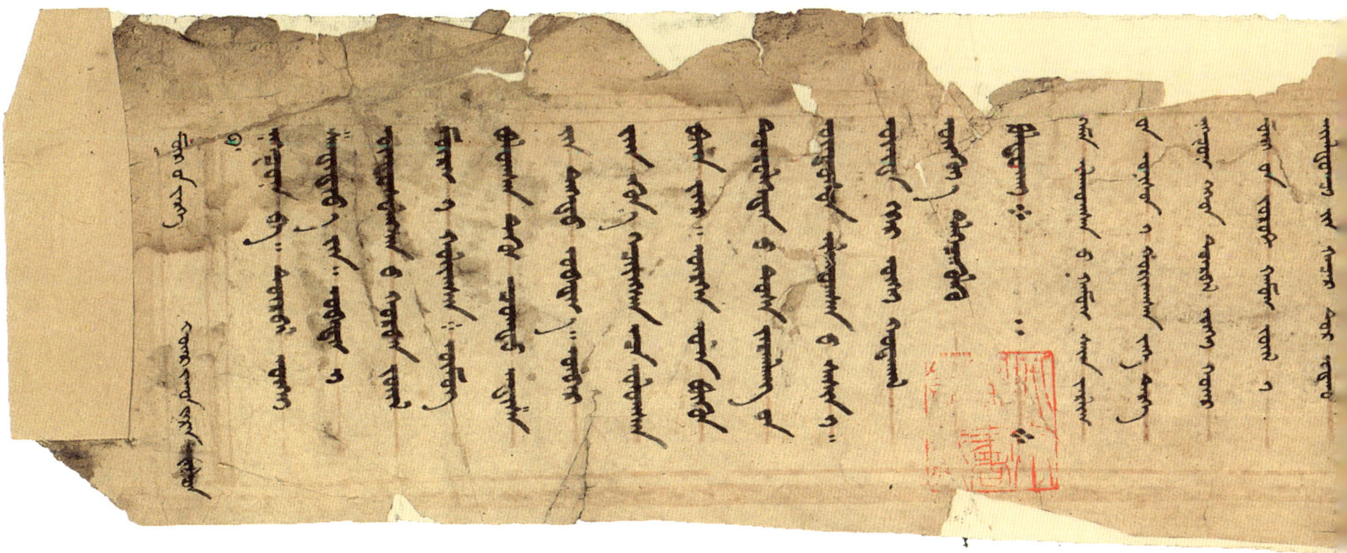

12201 菩提道次第略論 （明）宗喀巴撰　清抄本

梵夾裝。開本高10.9厘米，廣59厘米。國家圖書館藏。

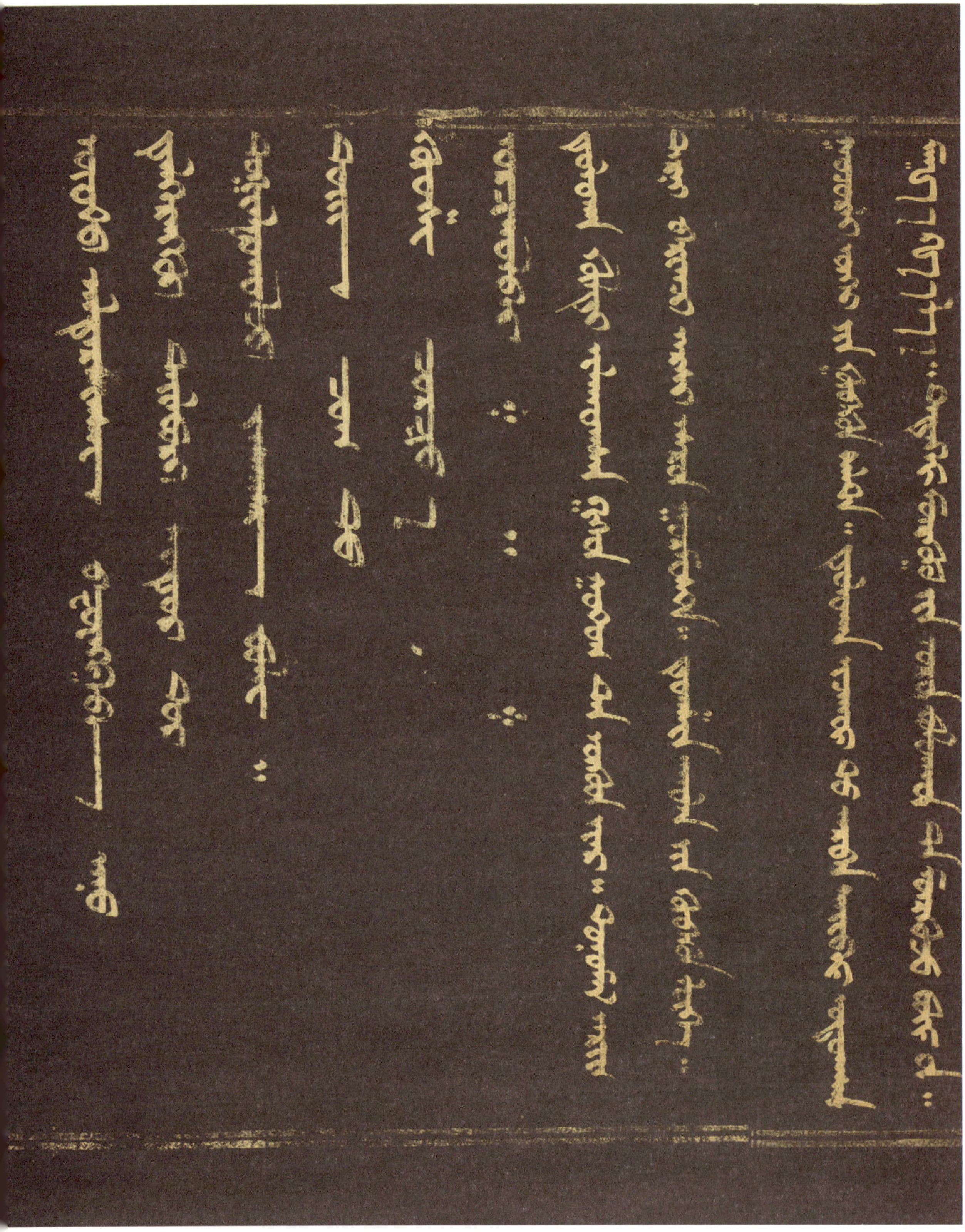

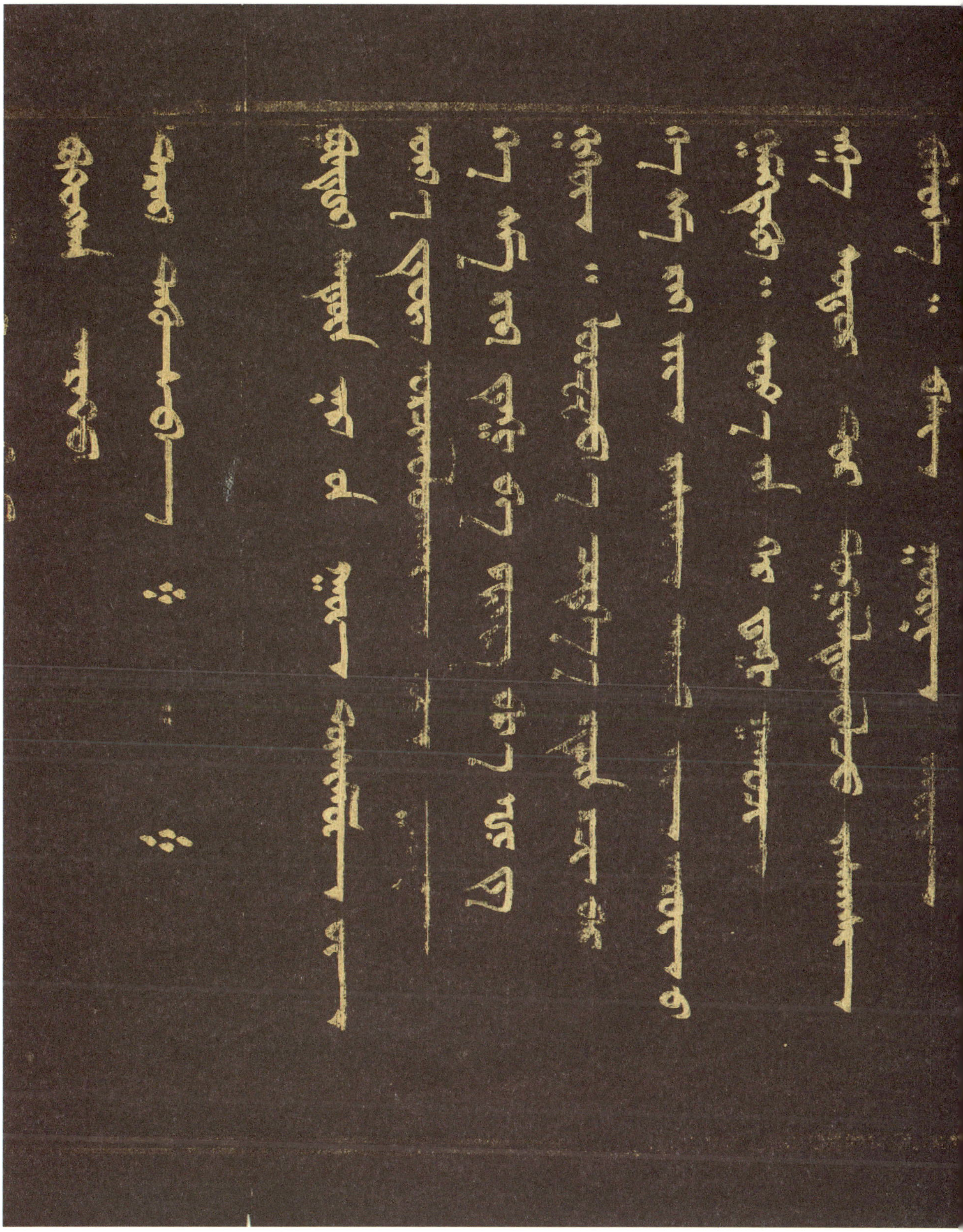

12200 佛頂大白傘蓋陀羅尼經 （明）固什朝爾濟譯　清金字寫本

經折裝。開本高20厘米，廣12.2厘米。國家圖書館藏。

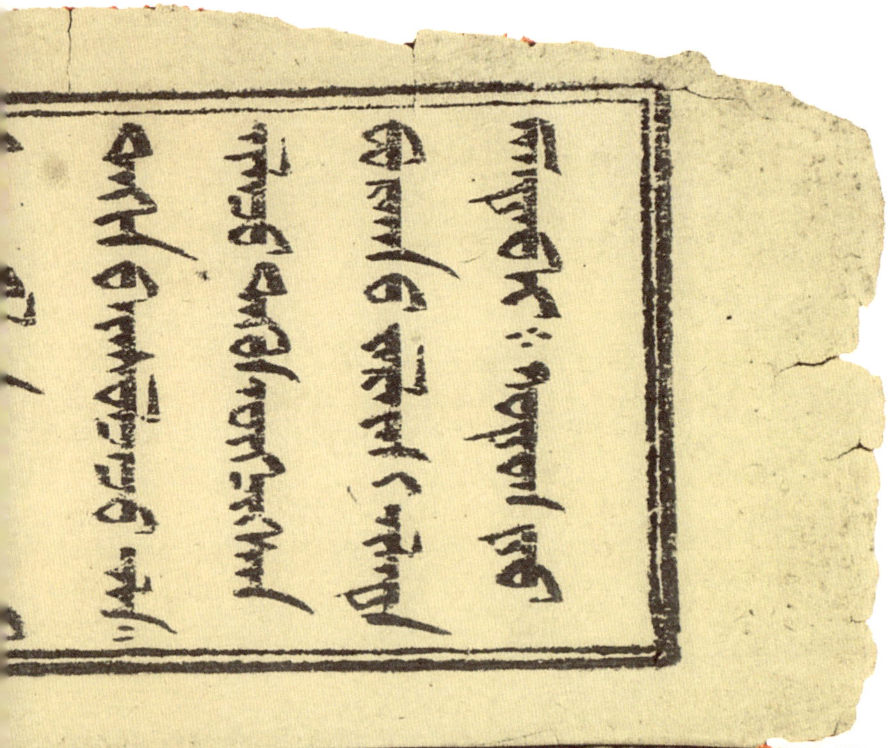

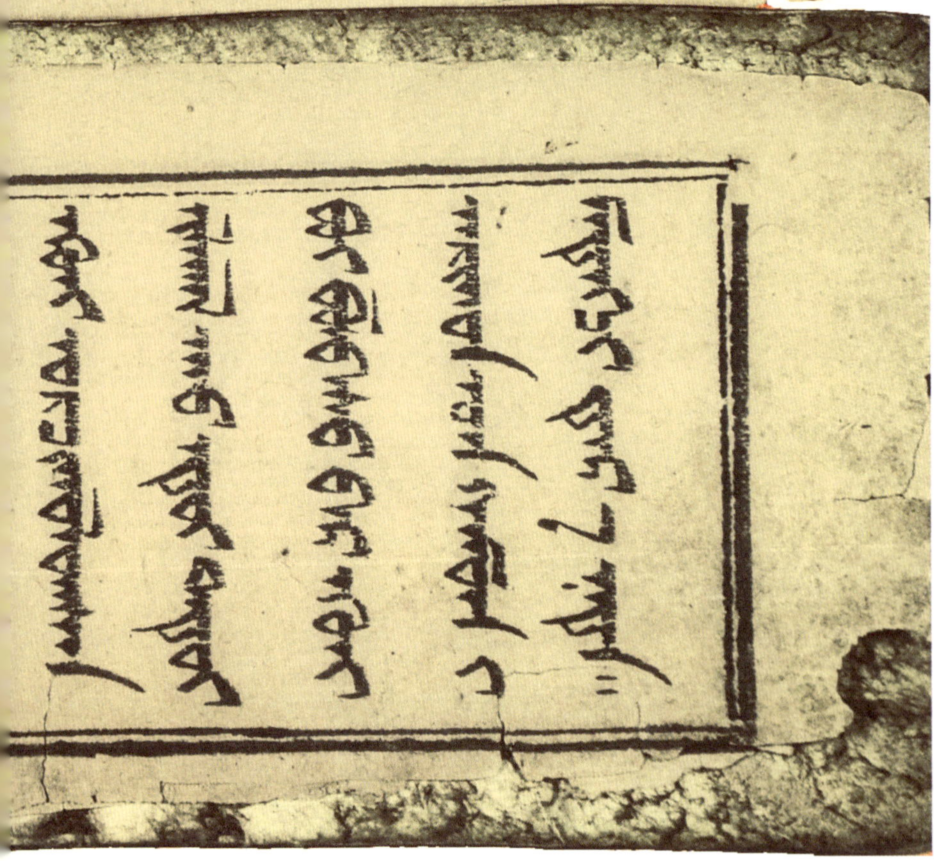

12199 聖者無量壽智大乘經 清刻本

梵夾裝。開本高6.8厘米，廣17.2厘米。匡高5.1厘米，廣12.7厘米。半葉九行，四周雙邊。中國民族圖書館藏。

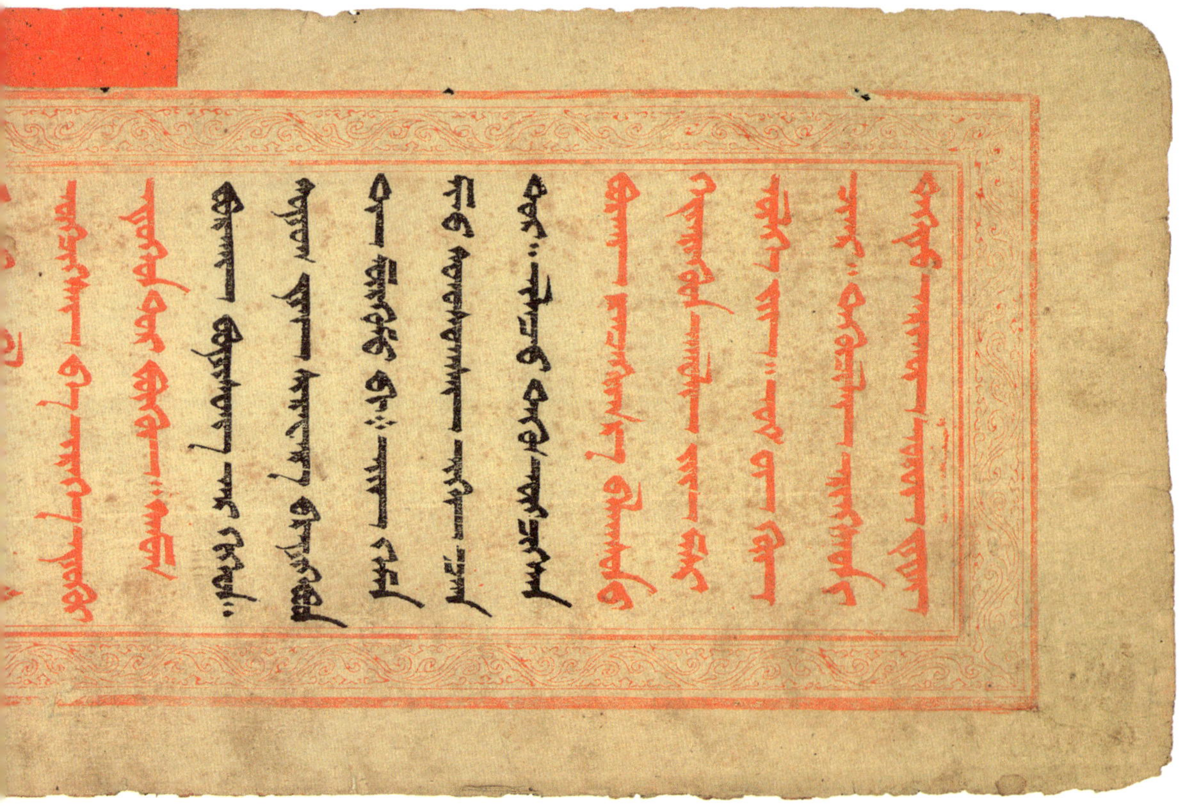

12198 金光明最勝王經　（元）希儒僧格譯　清康熙四年（1665）刻本

梵夾裝。開本高17.4厘米，廣54厘米。匡高13.5厘米，廣48.3厘米。行字不等，四周雙邊。國家圖書館藏。

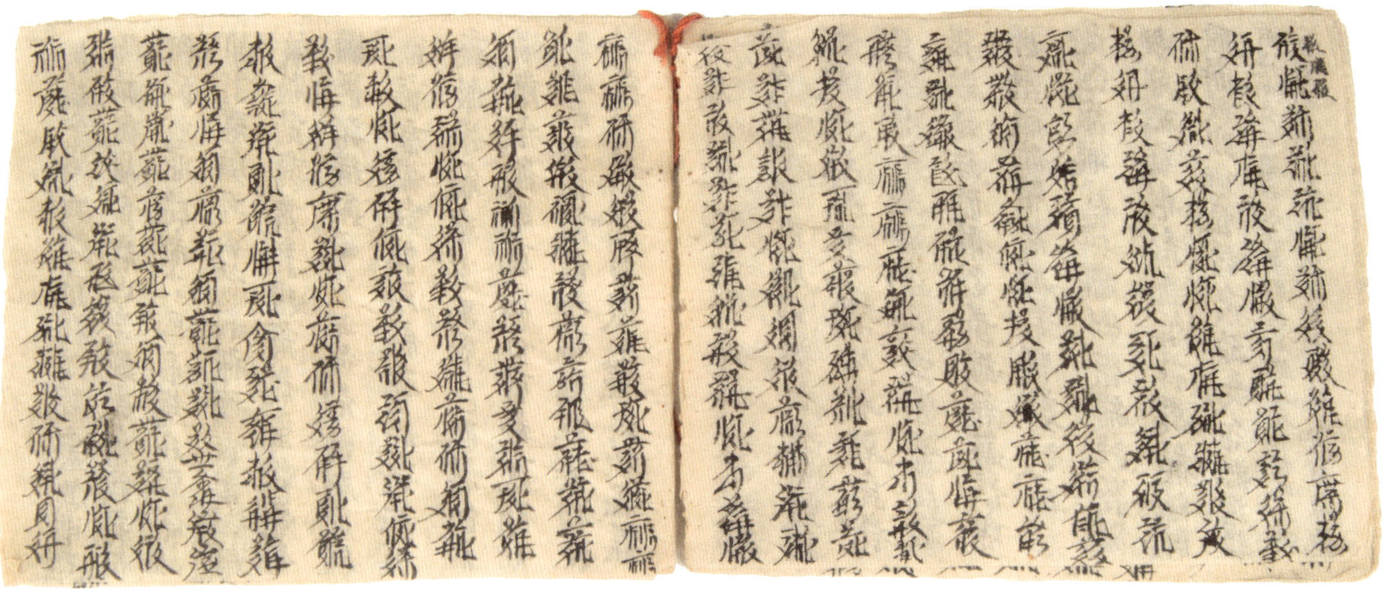

12197 佛頂放無垢光明入普門觀察一切如來心陀羅尼經 西夏寫本

毛裝。開本高14厘米，廣17.2厘米。半葉十一行，行十三字。内蒙古博物院藏。

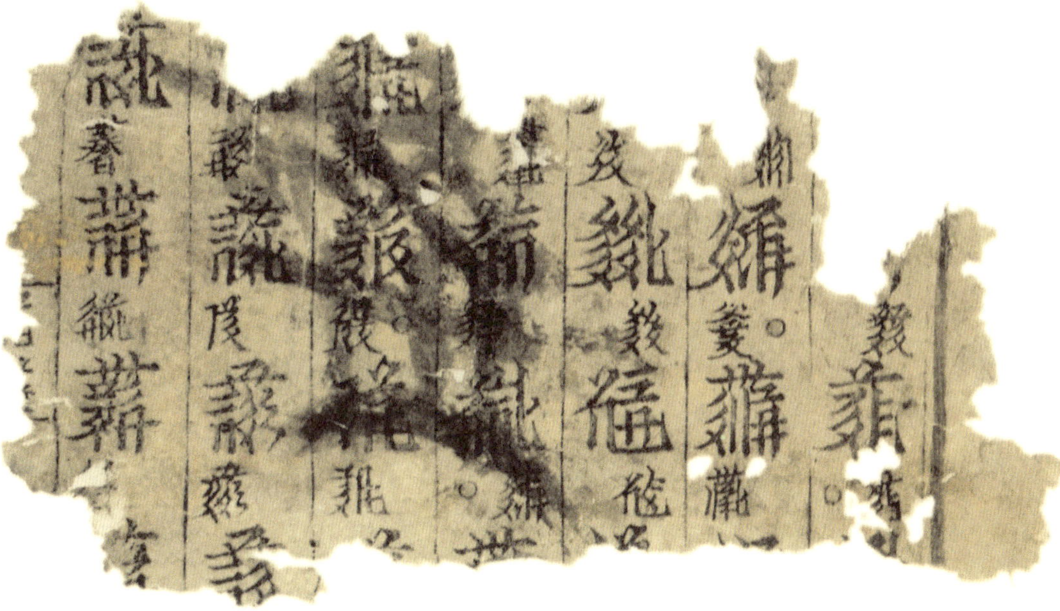

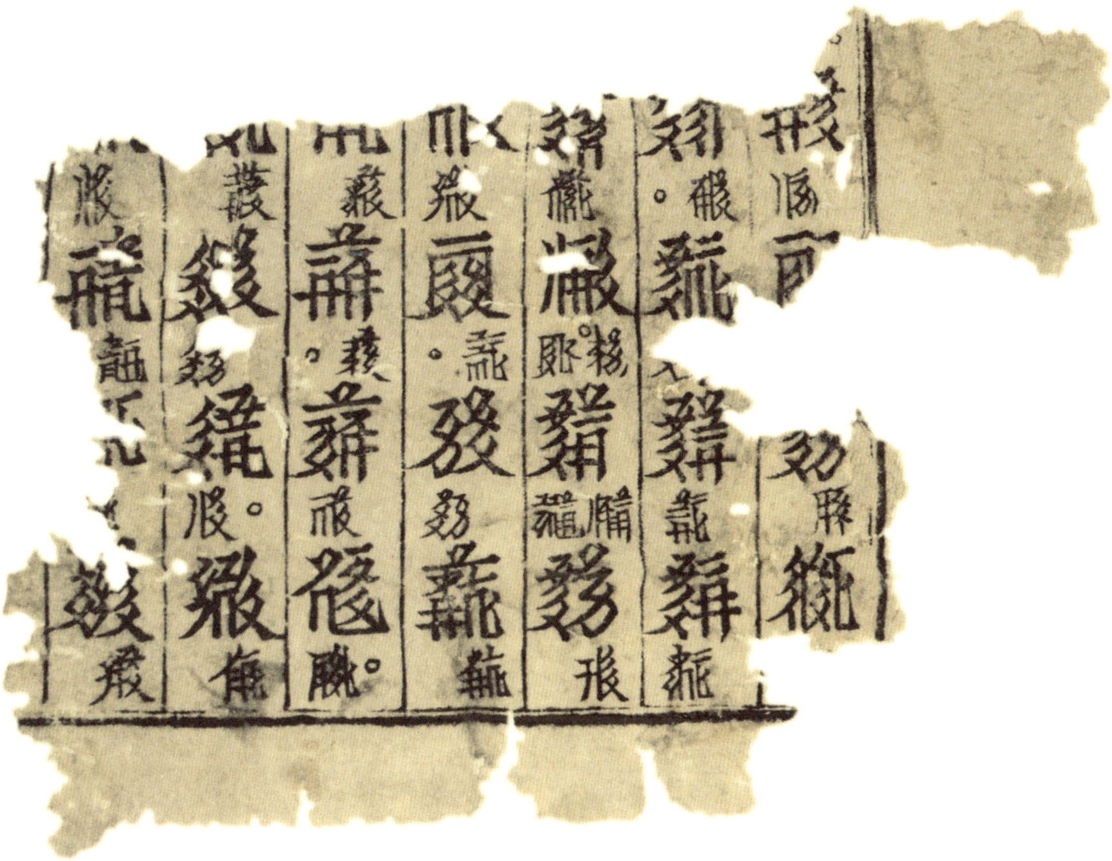

12196 音同 西夏刻本

殘葉。内蒙古自治區文物考古研究所藏，存二十五葉。

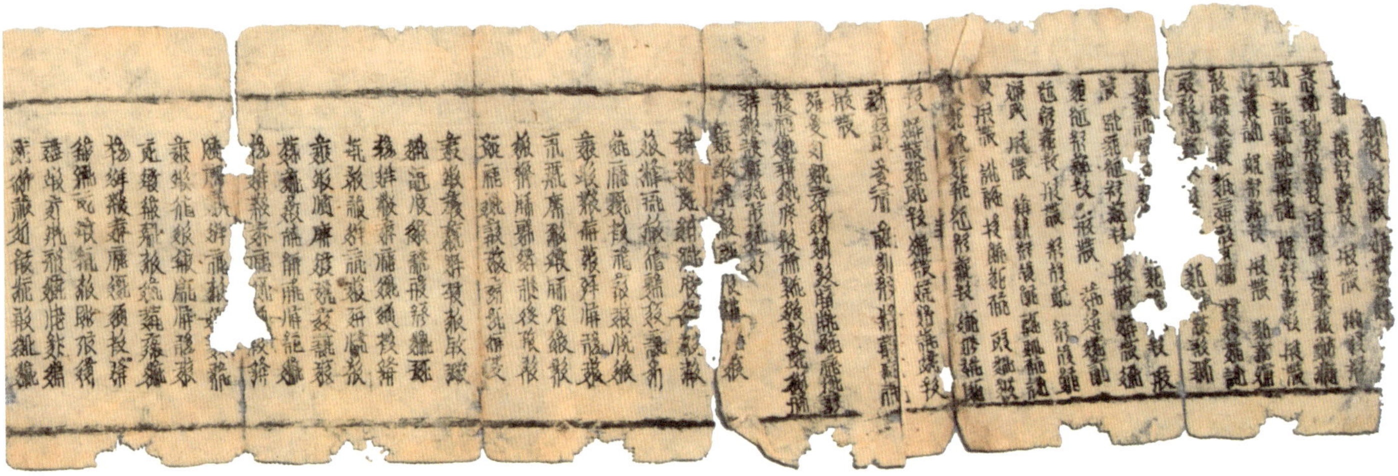

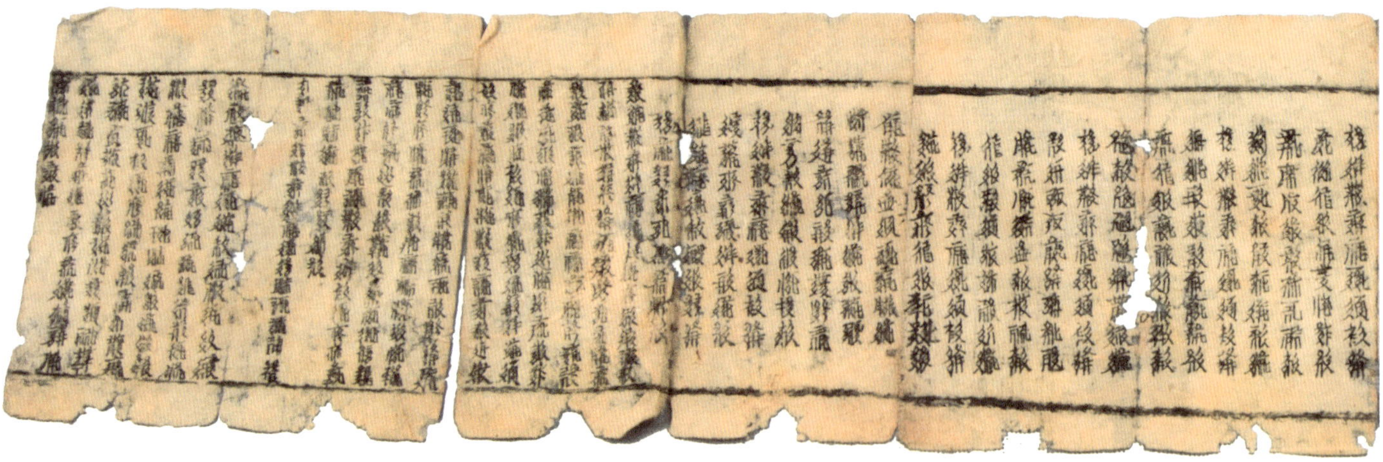

12195 聖觀自在大悲心總持依經録 西夏刻本

經折裝。半葉七行，行九字，上下單邊。内蒙古博物院藏。

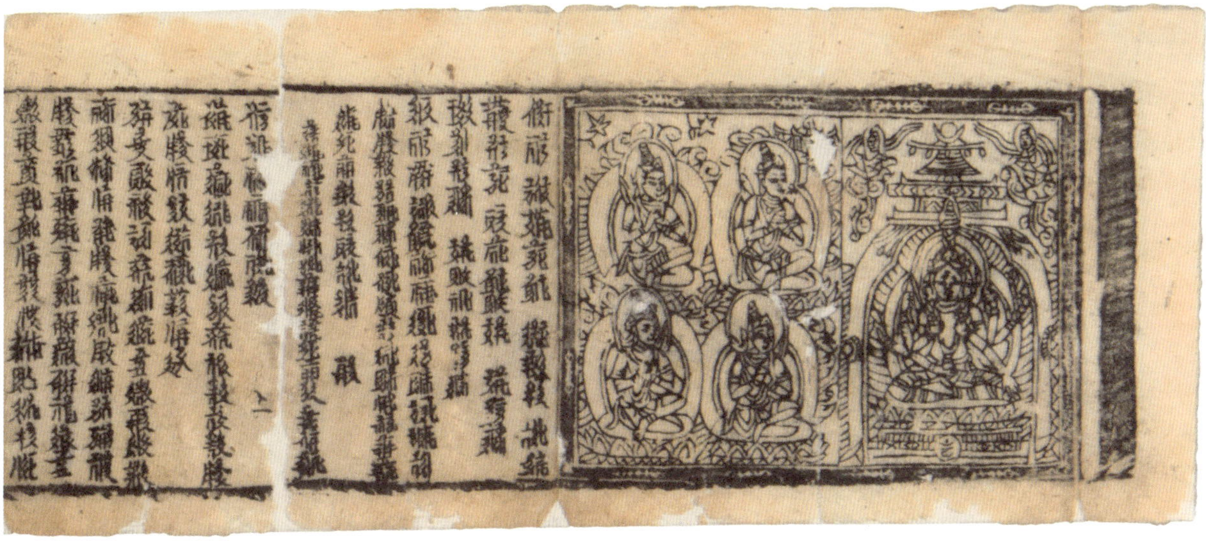

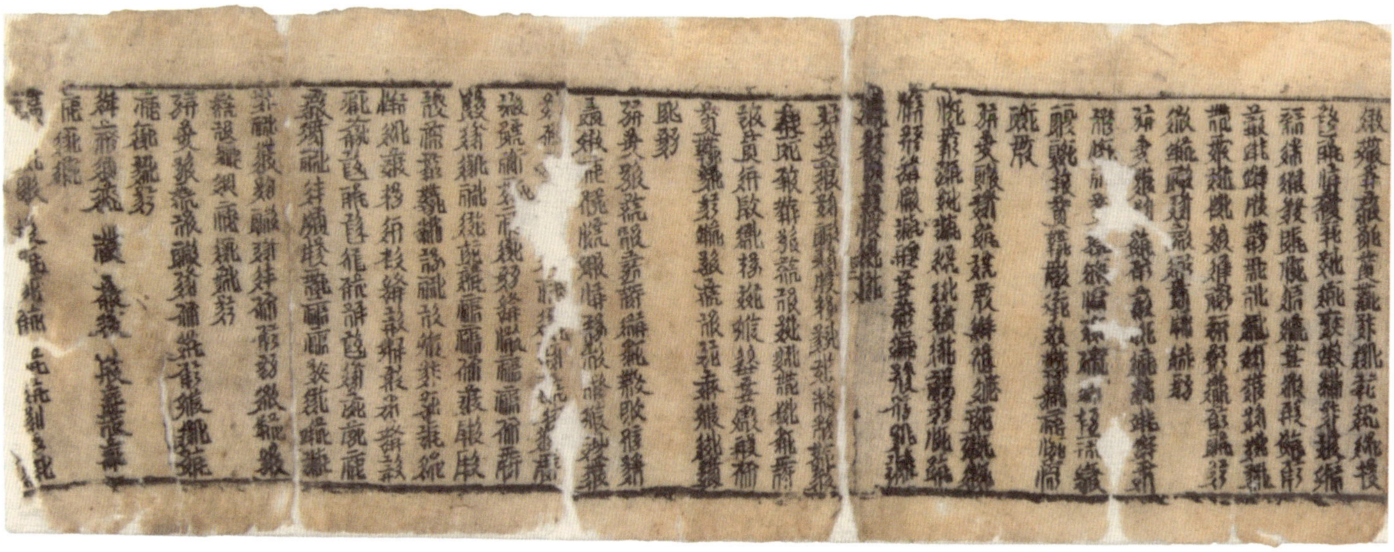

12194 勝相頂尊總持功德依經録 西夏刻本

經折裝。半葉七行，行十三字，上下單邊。内蒙古博物院藏，存六面。

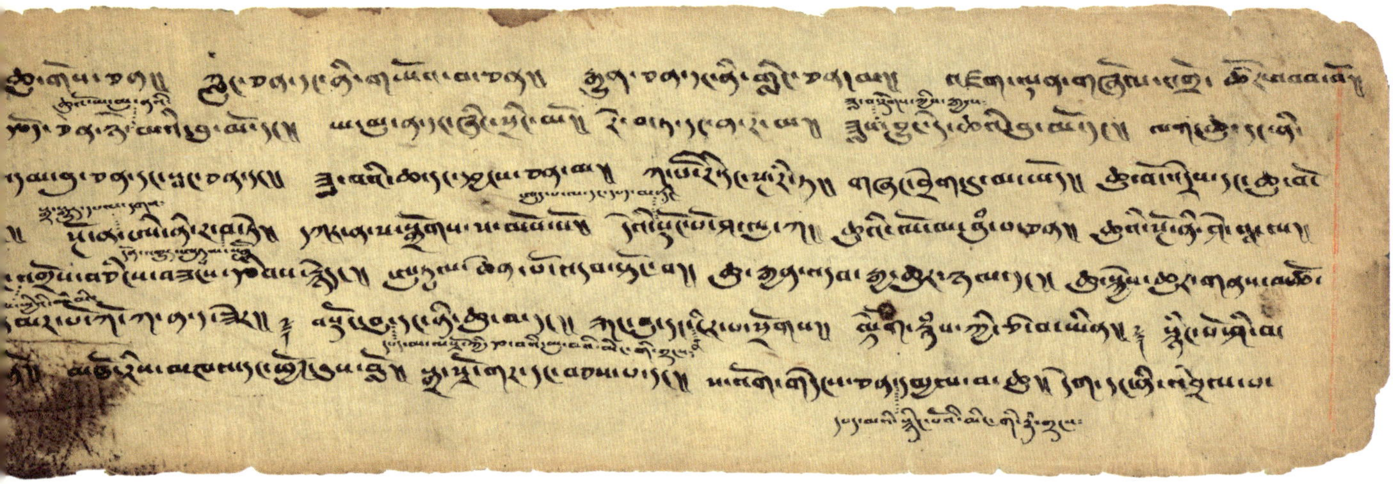

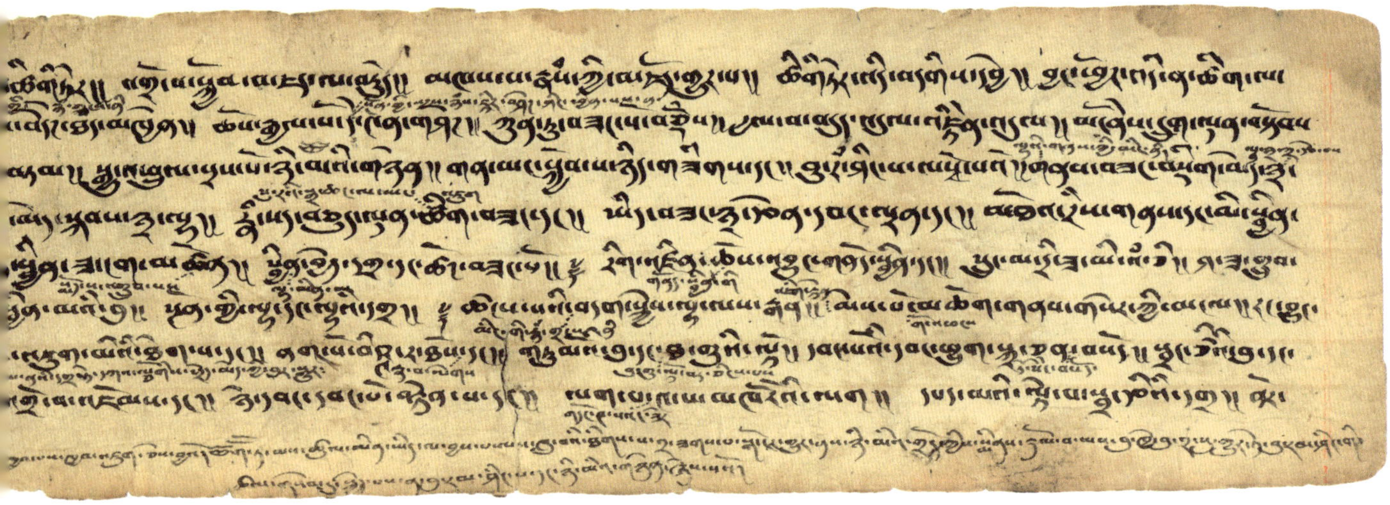

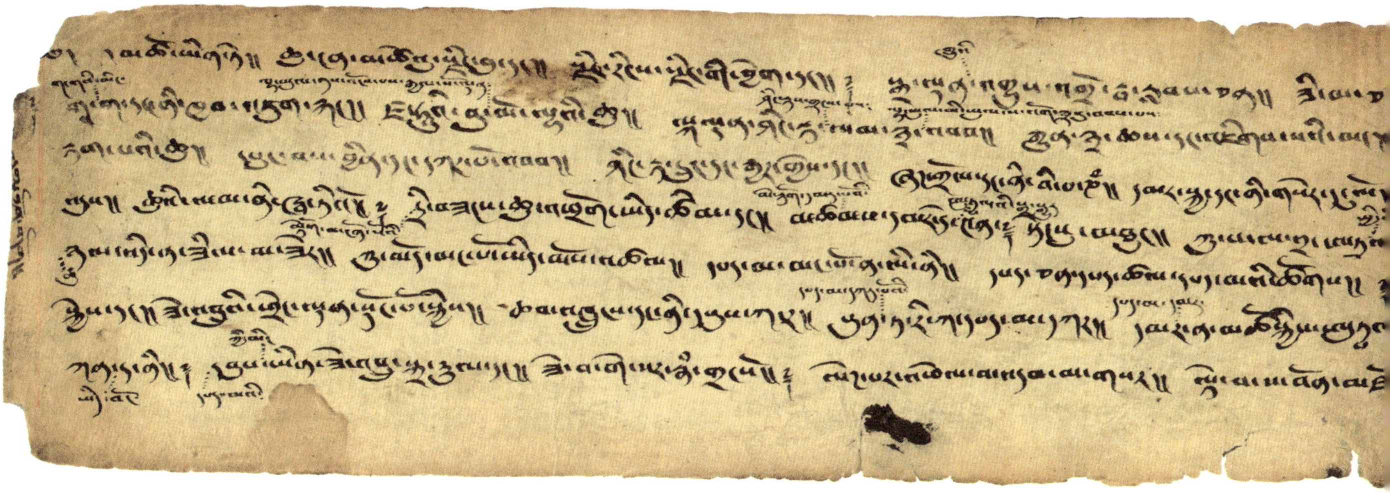

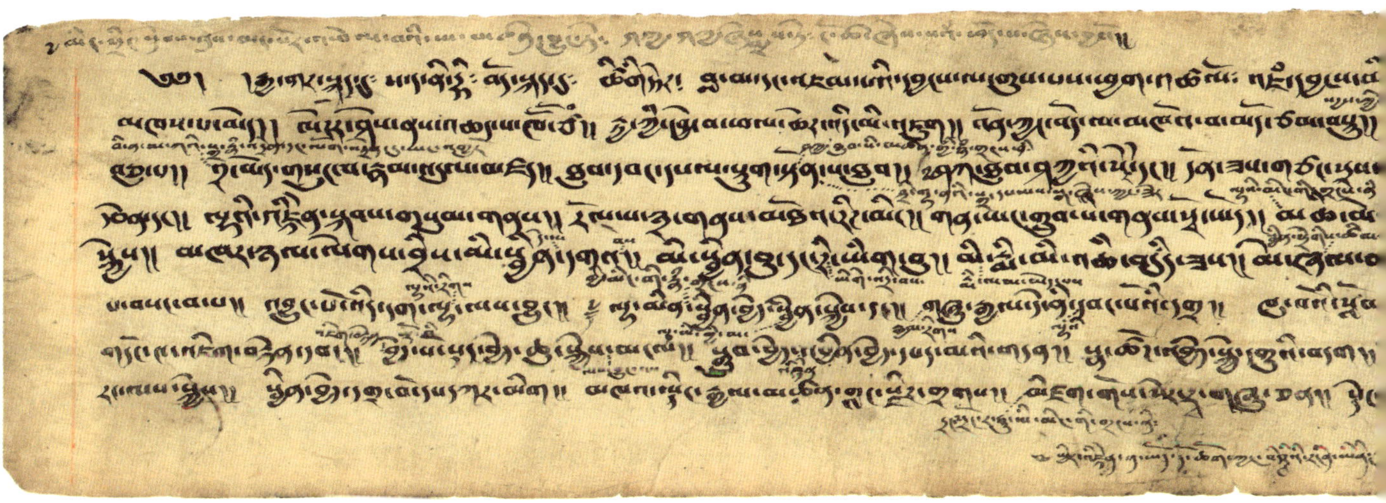

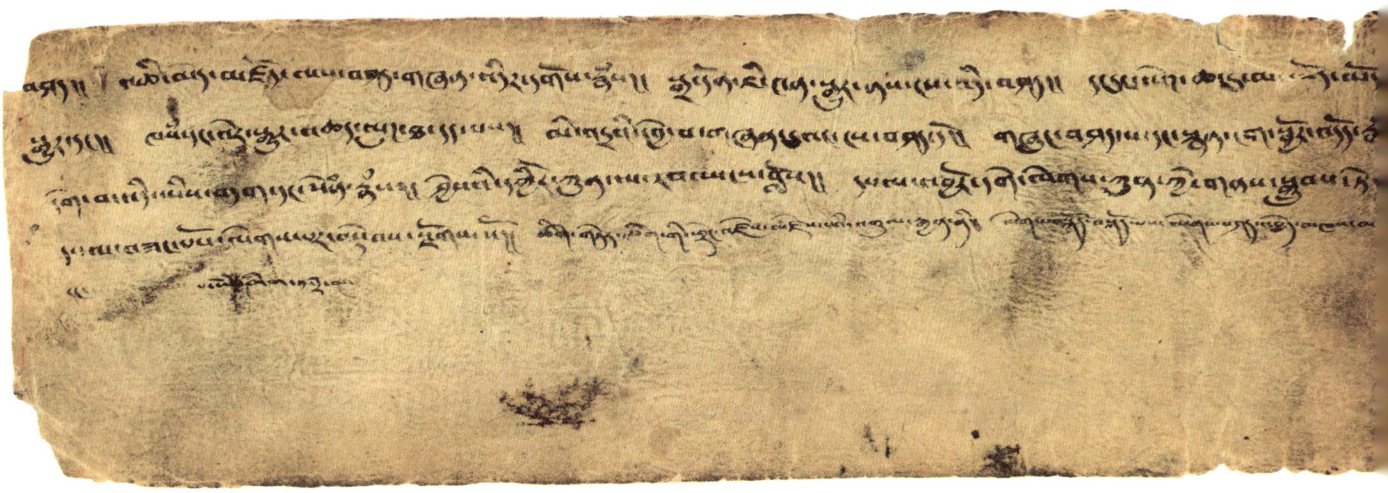

12193 詞藏論 薩迦 · 貢嘎堅贊撰 清抄本

梵夾裝。開本高8厘米，廣46.2厘米。西藏圖書館藏。

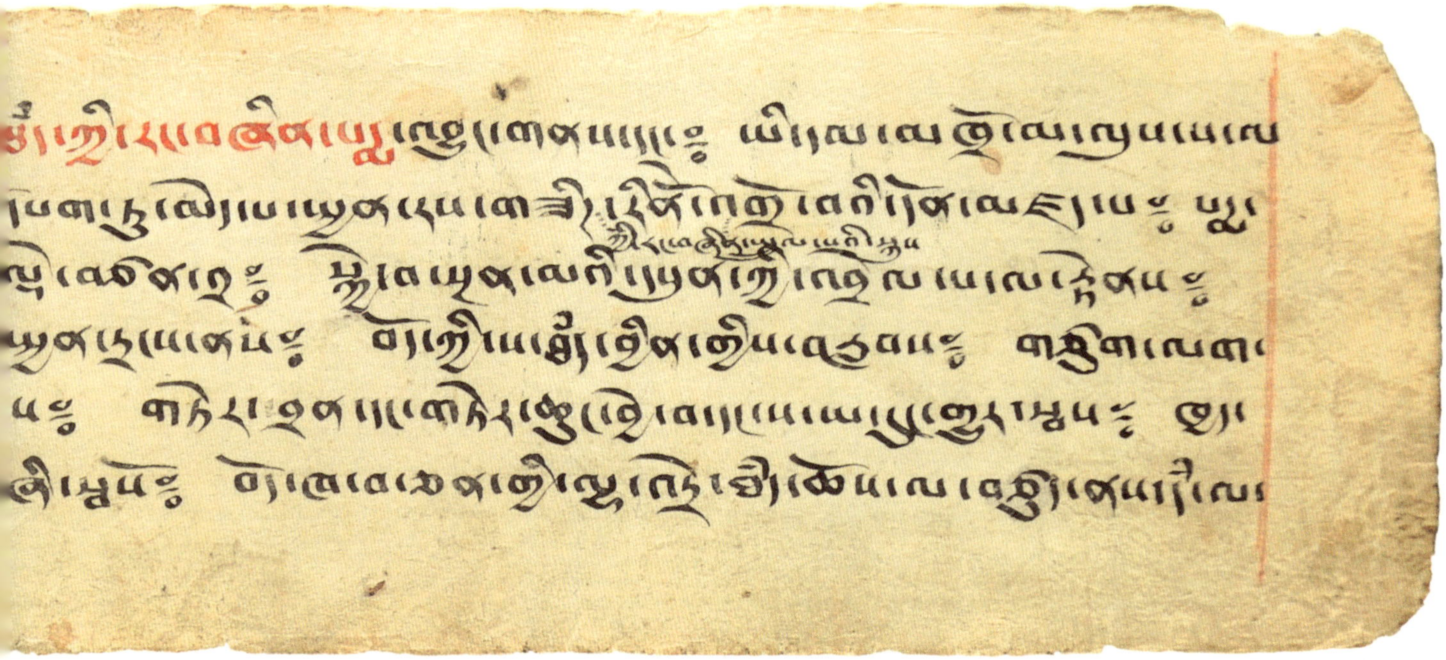

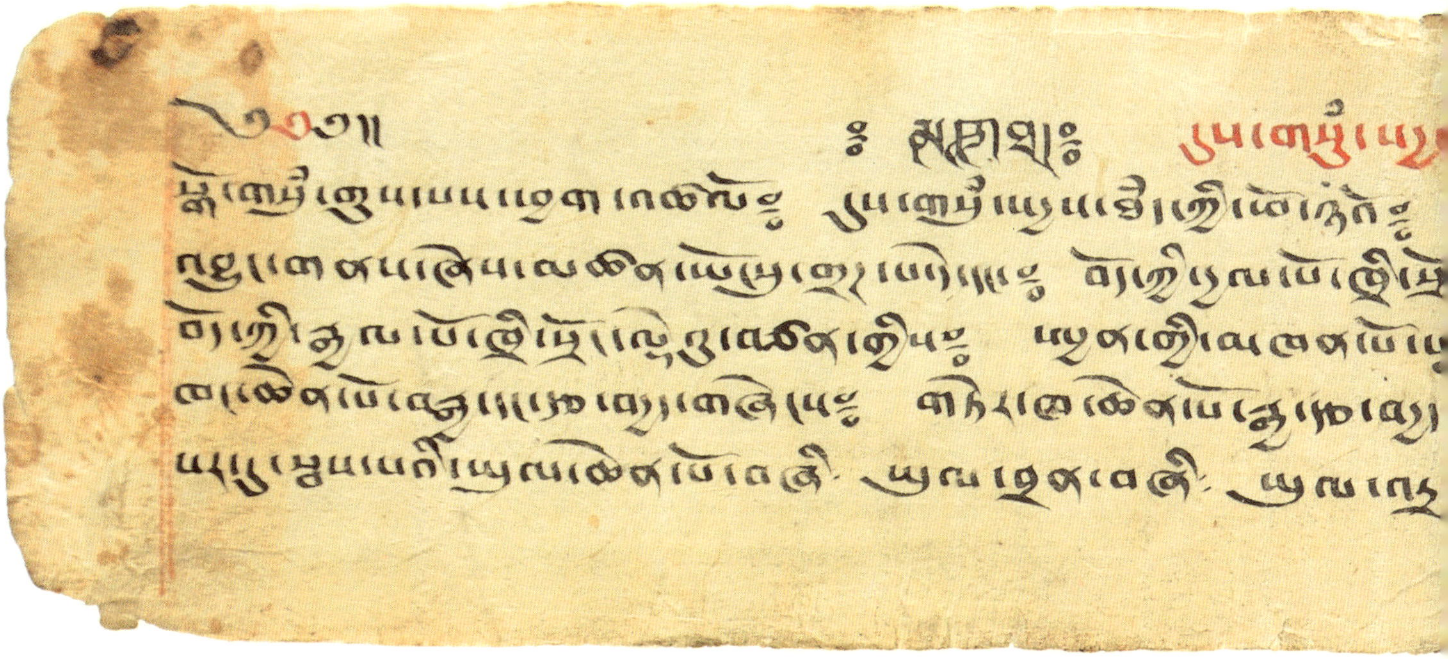

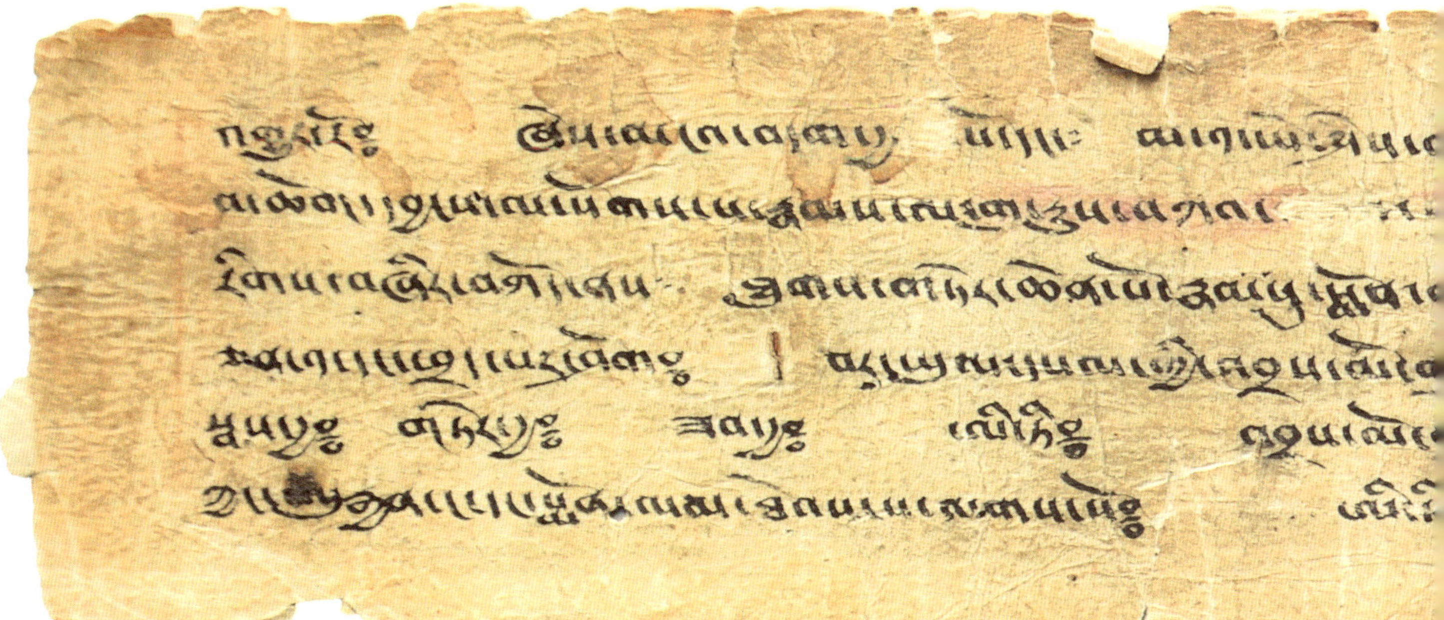

12192 哲木雄聖跡指南 清抄本

梵夾裝。開本高8厘米，廣34厘米。西藏圖書館藏。

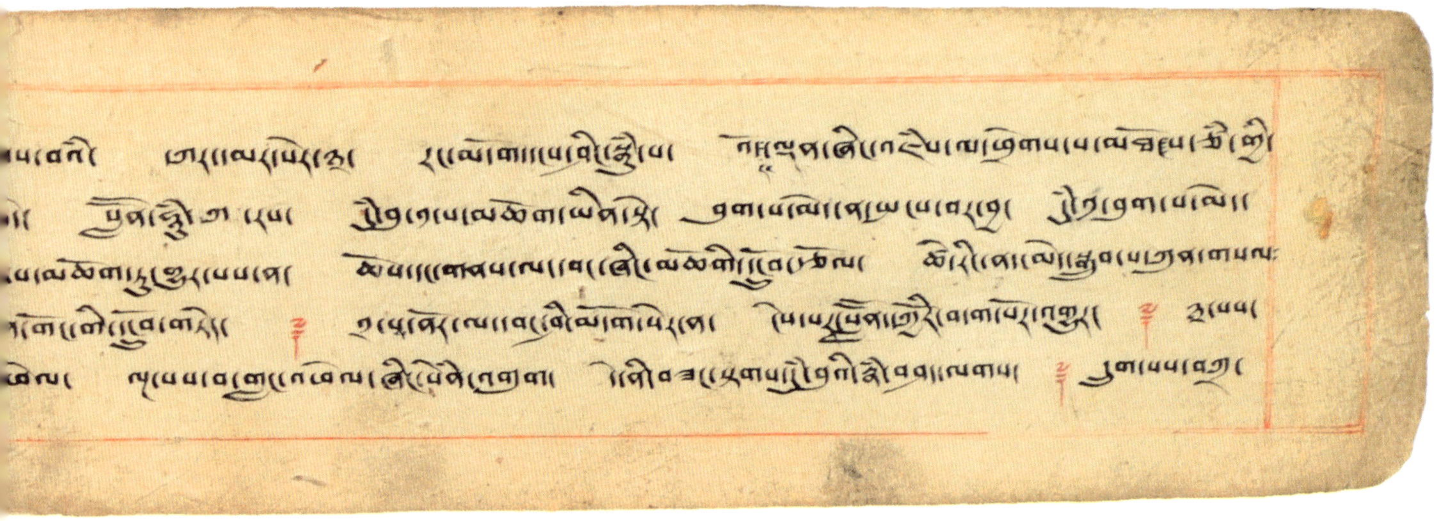

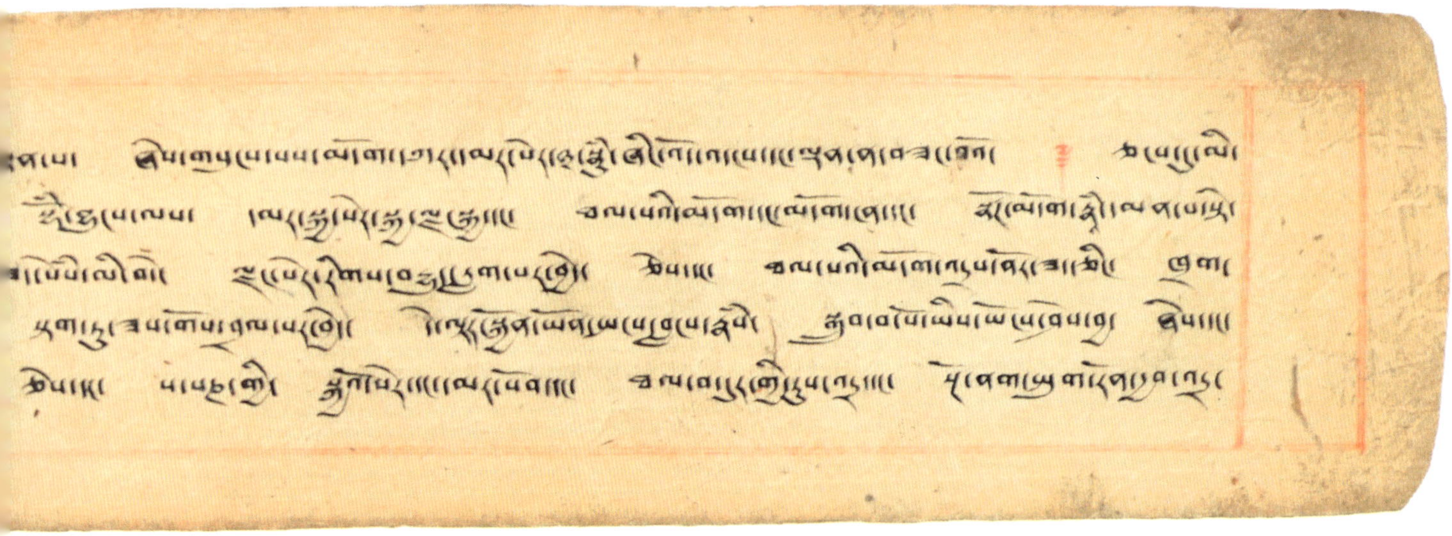

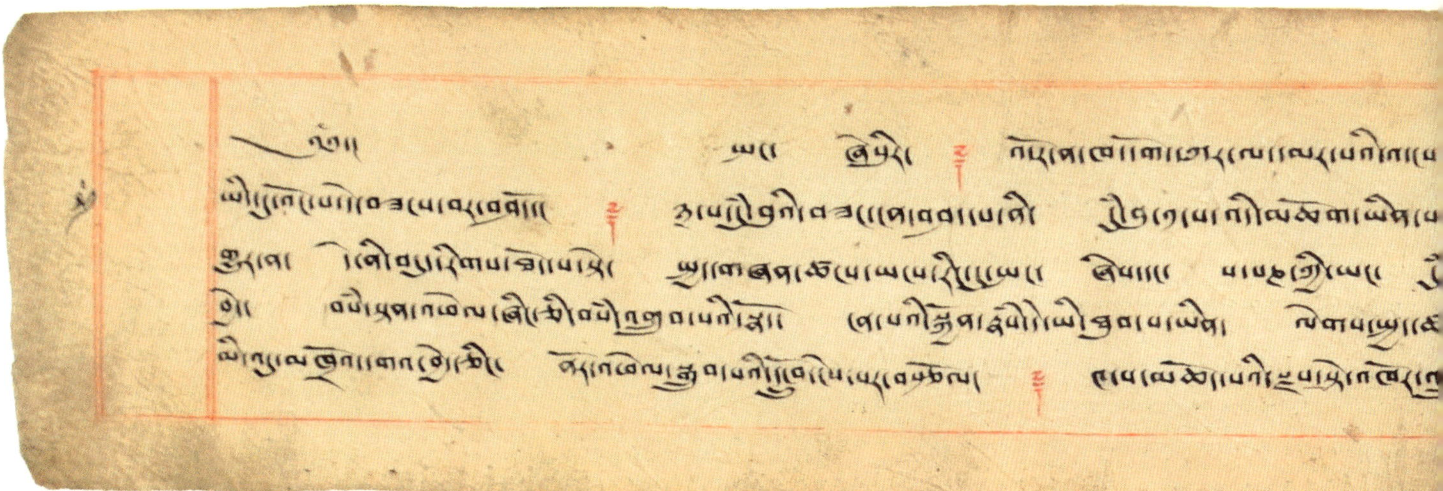

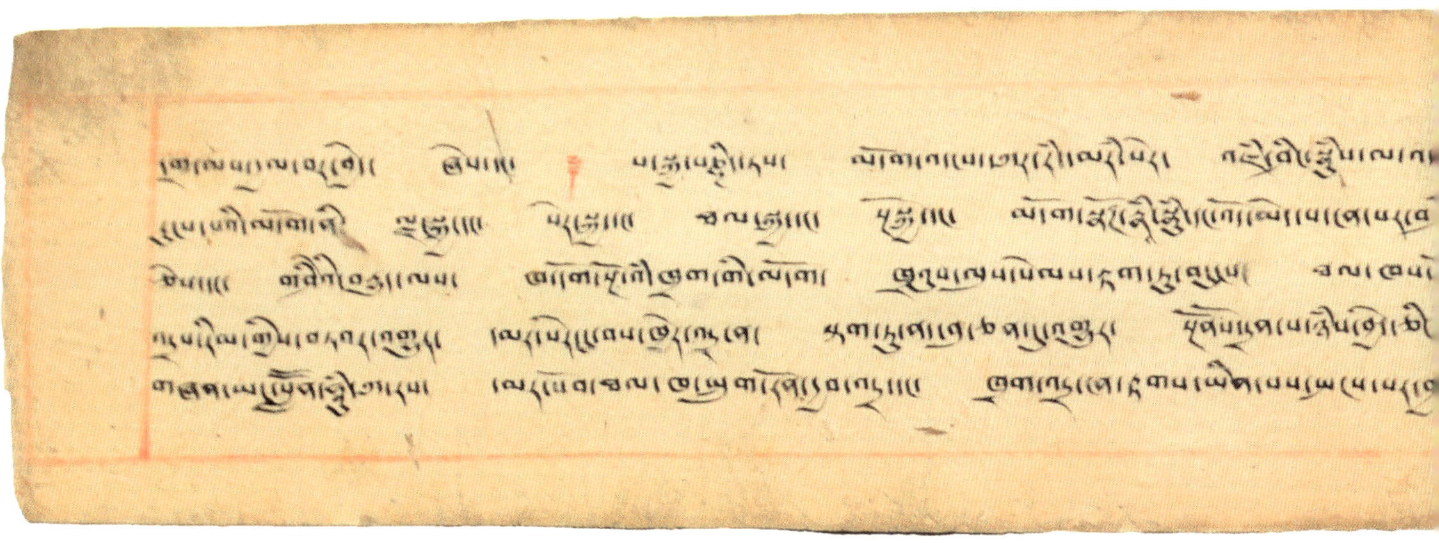

12191 嘎巴拉注釋明燈 藏寧黑如噶 · 桑杰堅贊撰 清抄本

梵夾裝。開本高7.5厘米，廣46.5厘米。西藏圖書館藏。

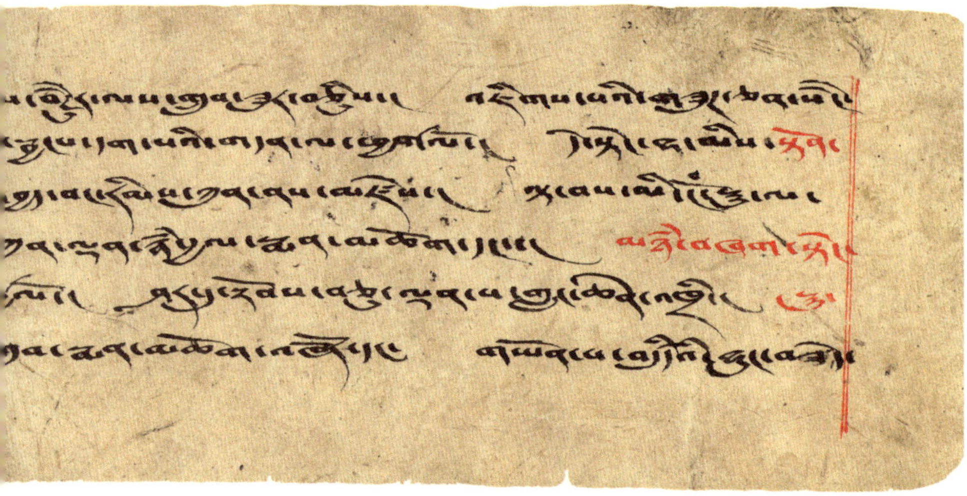

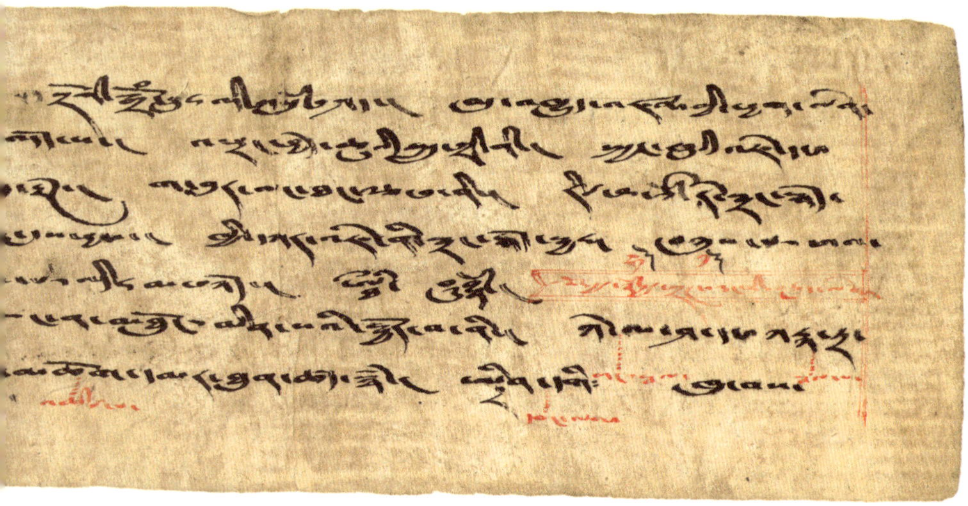

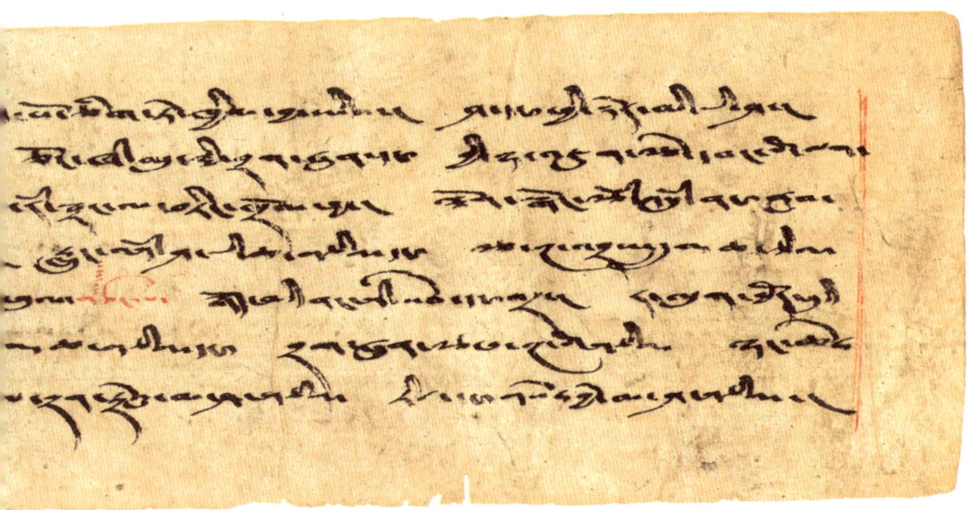

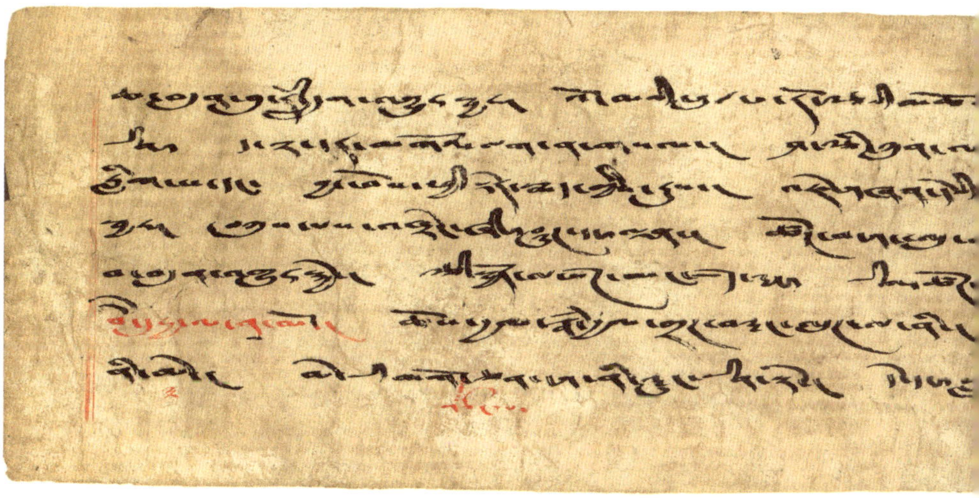

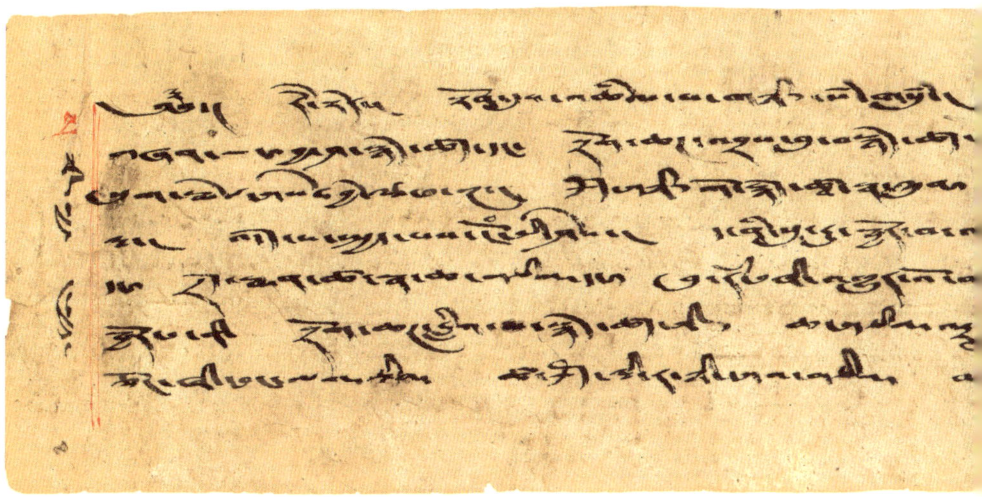

12190 實踐寶鬘集要 恰多貢布撰 清抄本

梵夾裝。開本高8厘米，廣35.2厘米。西藏自治區藏醫院藏。

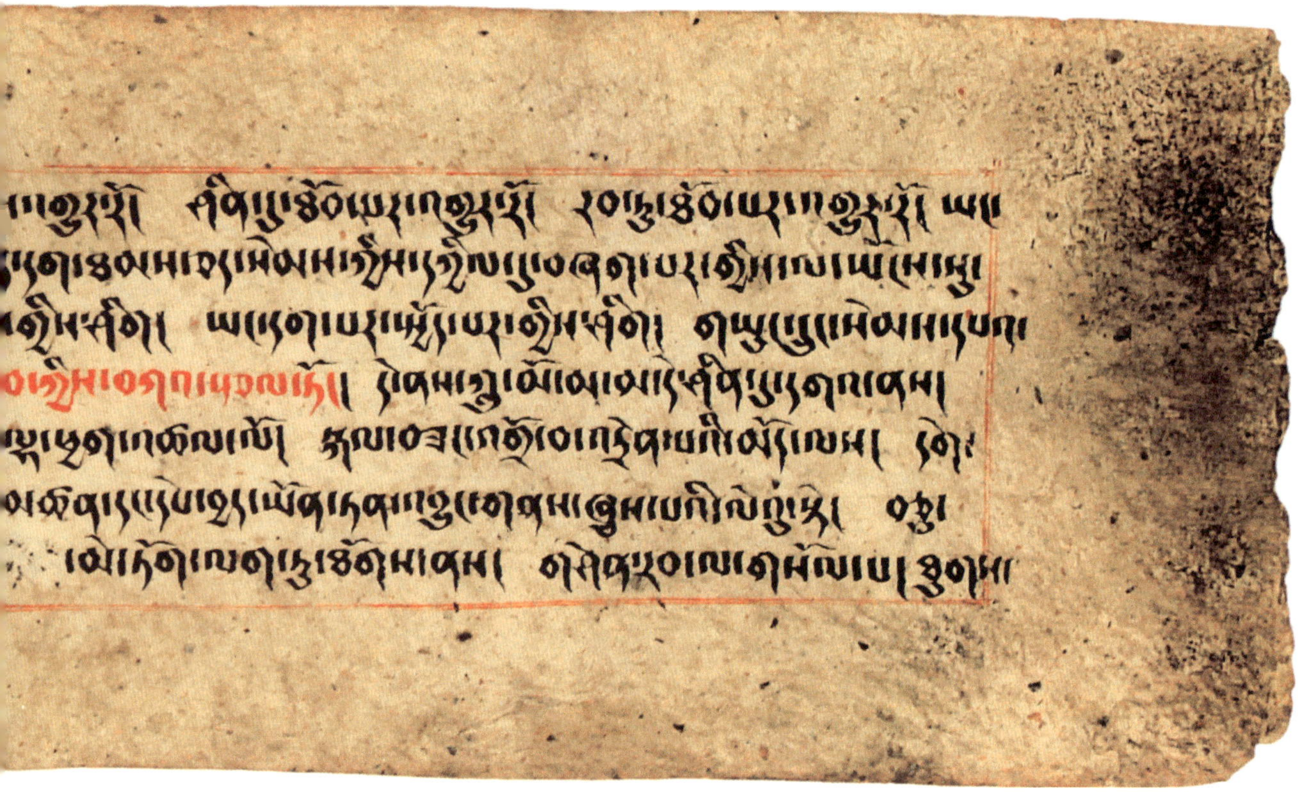

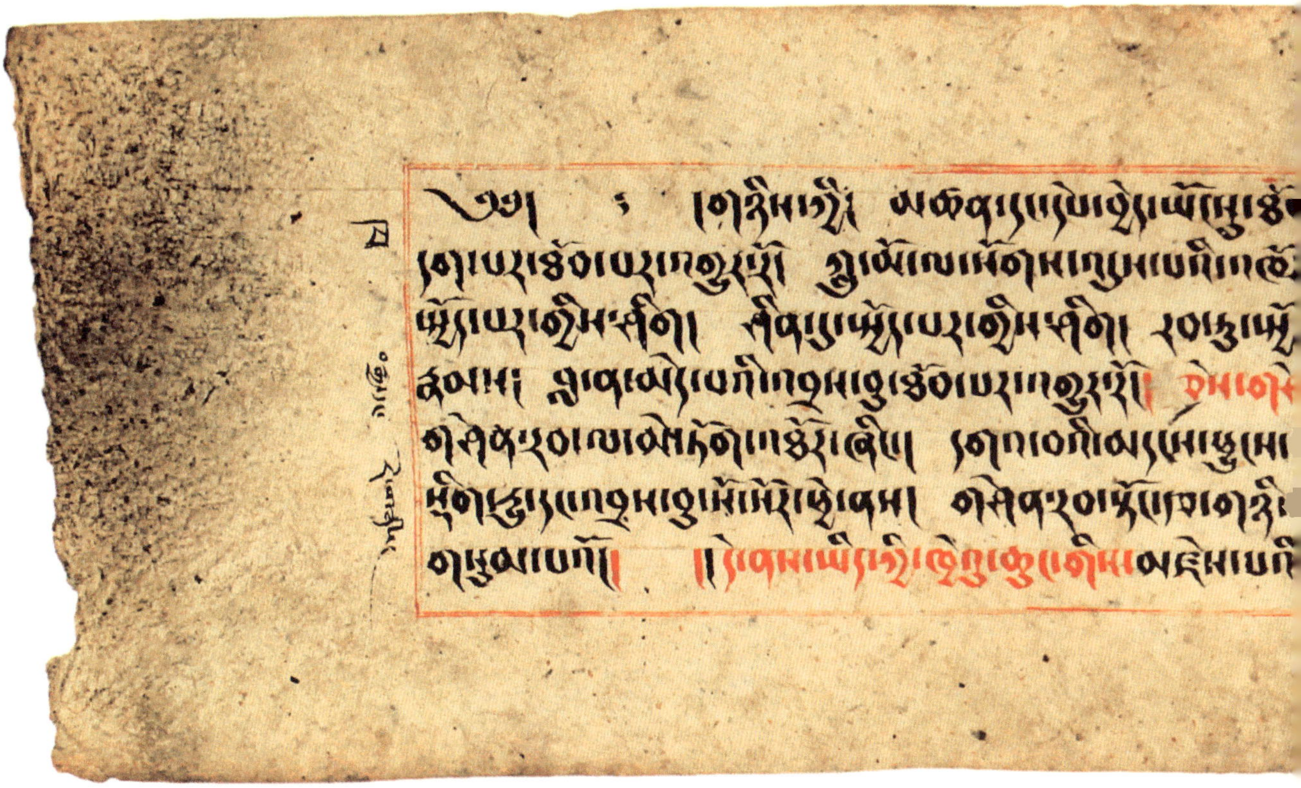

12189 苯教雍仲定修法本　辛繞米吾其述　清抄本

梵夾裝。開本高8.5厘米，廣25.5厘米。西藏自治區丁青縣米杰拉章寺藏。

12188 納若巴、瑪爾巴、米拉日巴師徒傳 清初銀字寫本

梵夾裝。開本高10厘米，廣32厘米。西藏圖書館藏。

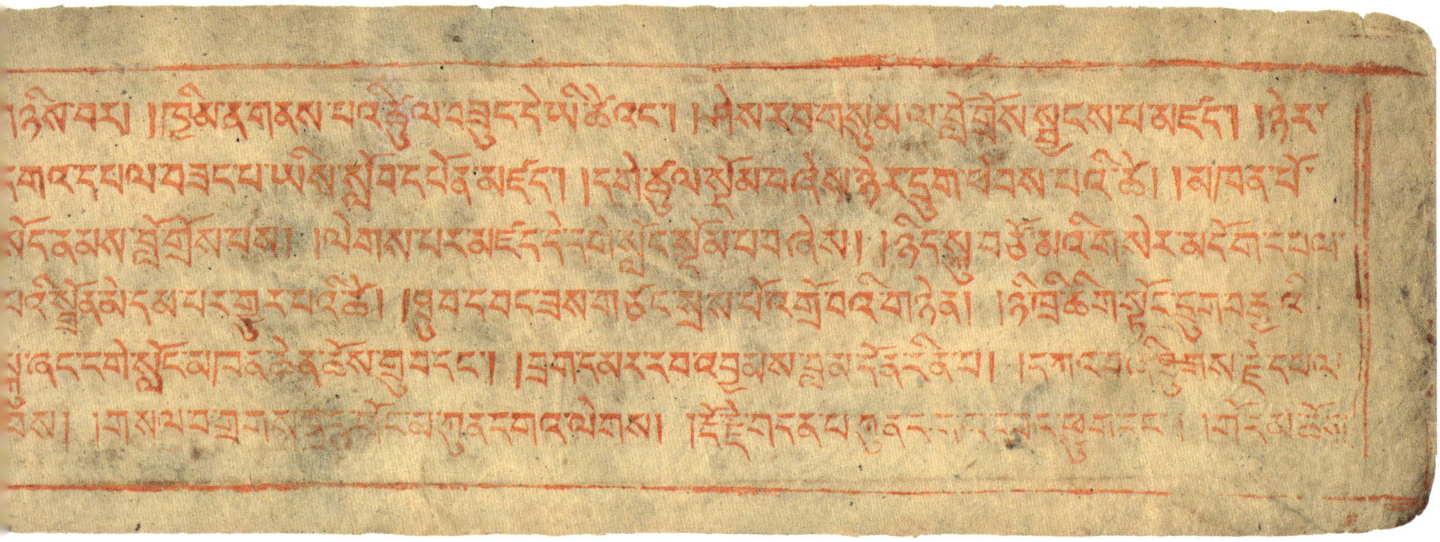

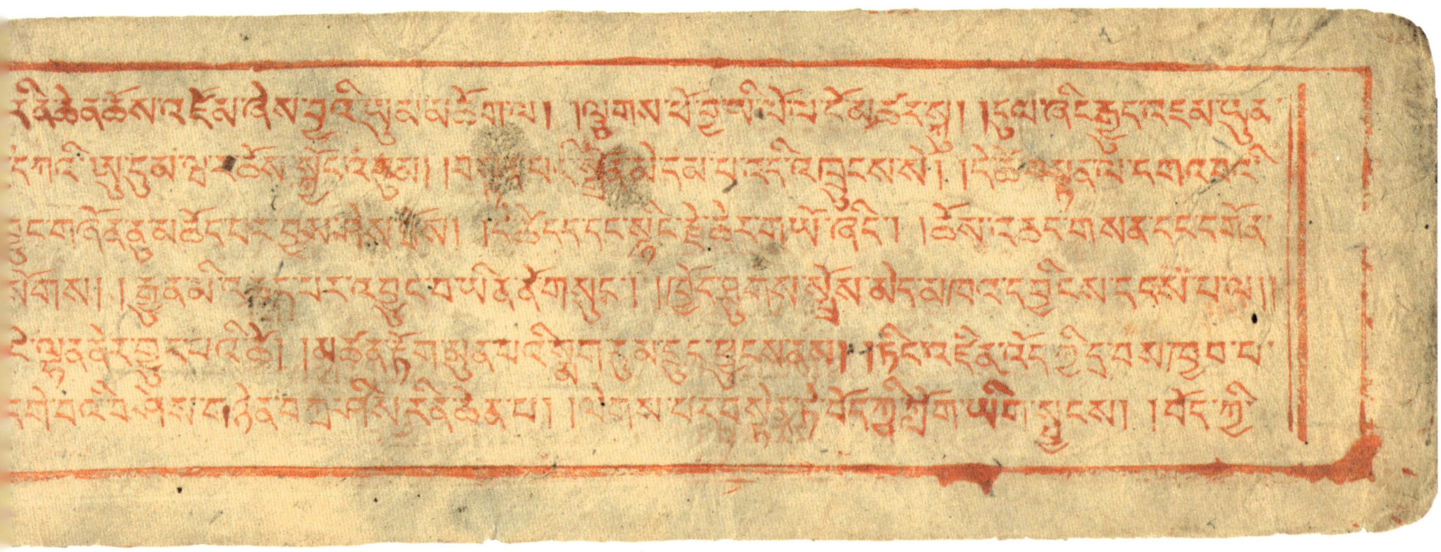

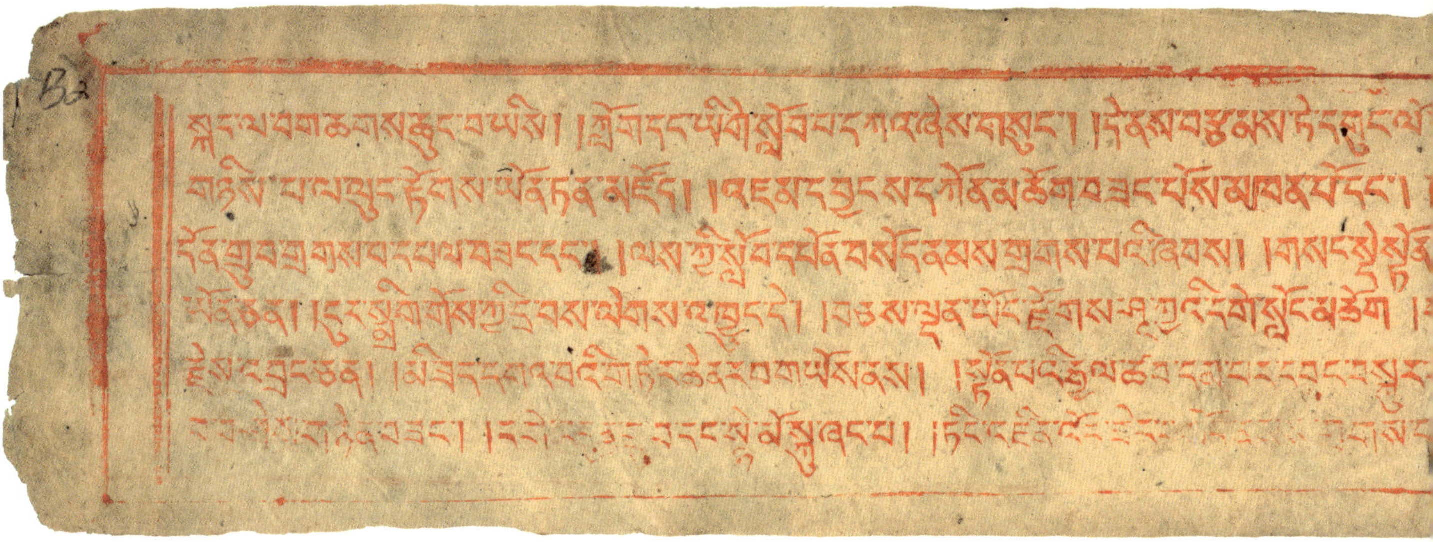

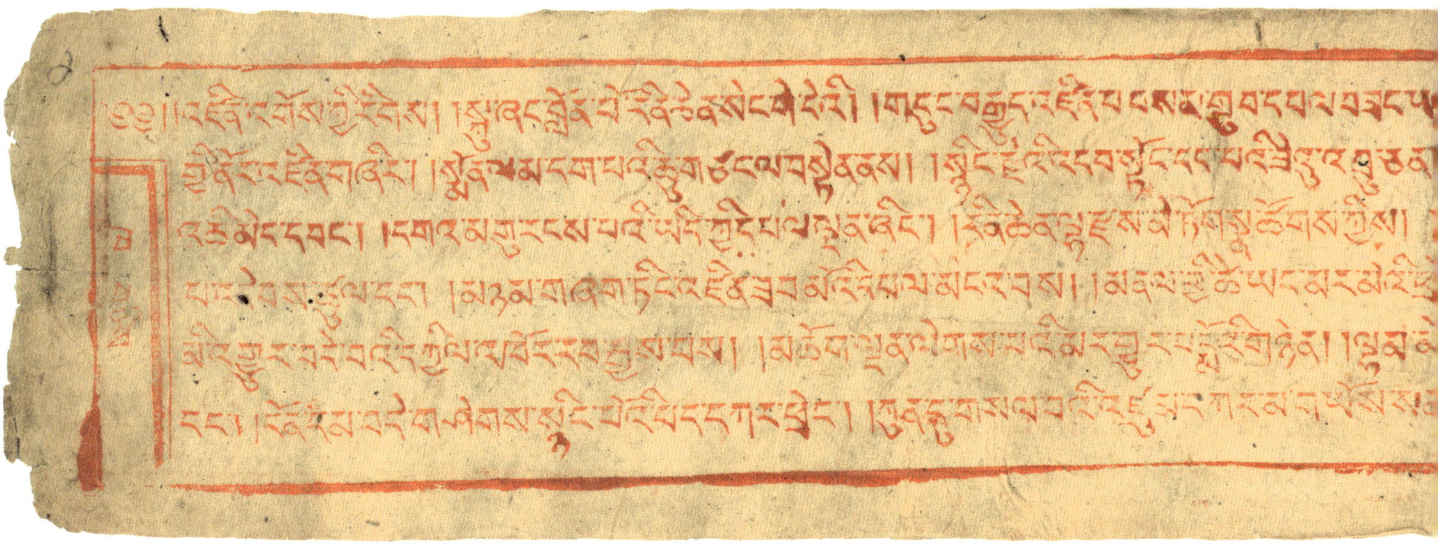

12187 夏魯大譯師卻迥桑波傳 仁欽桑波撰 清扎塘寺朱印本

梵夾裝。開本高8.5厘米，廣50厘米。匡高7.5厘米，廣47厘米。每葉六行，四周單邊。西藏圖書館藏。

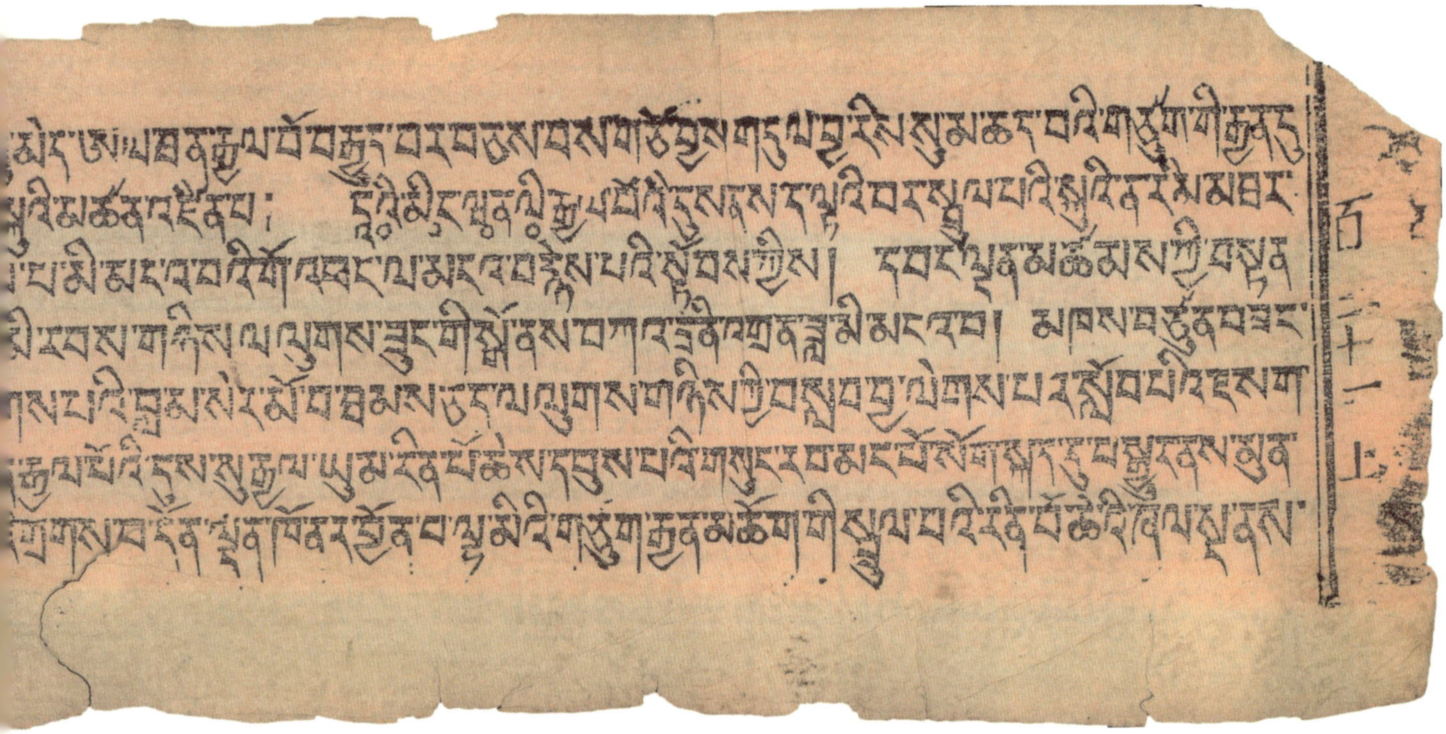

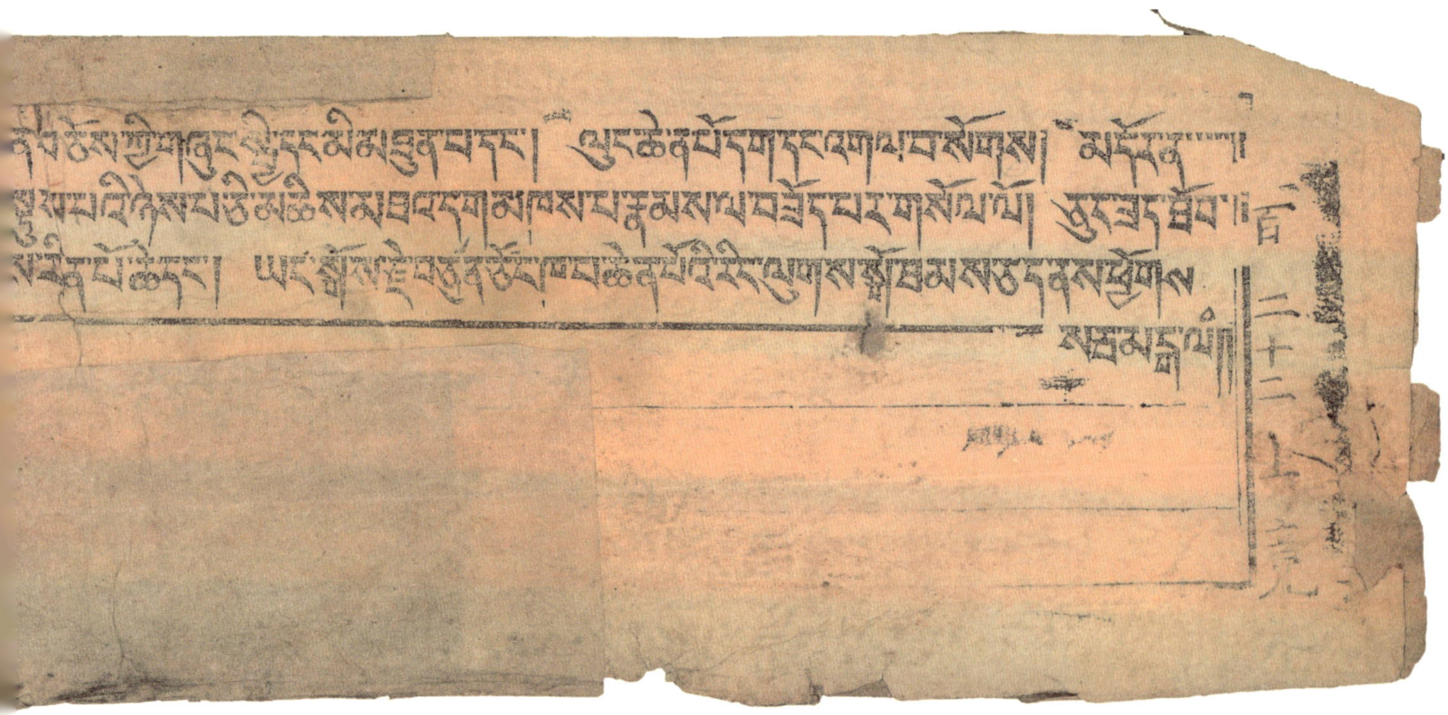

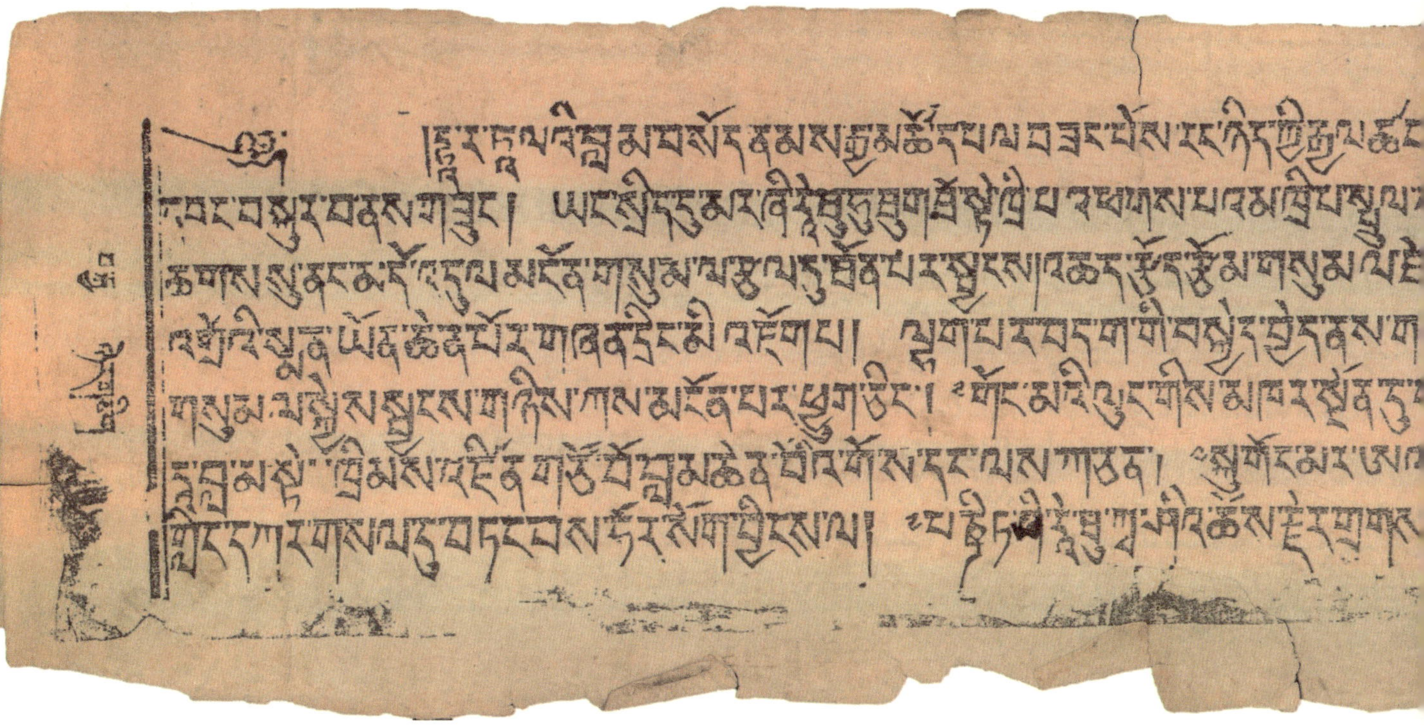

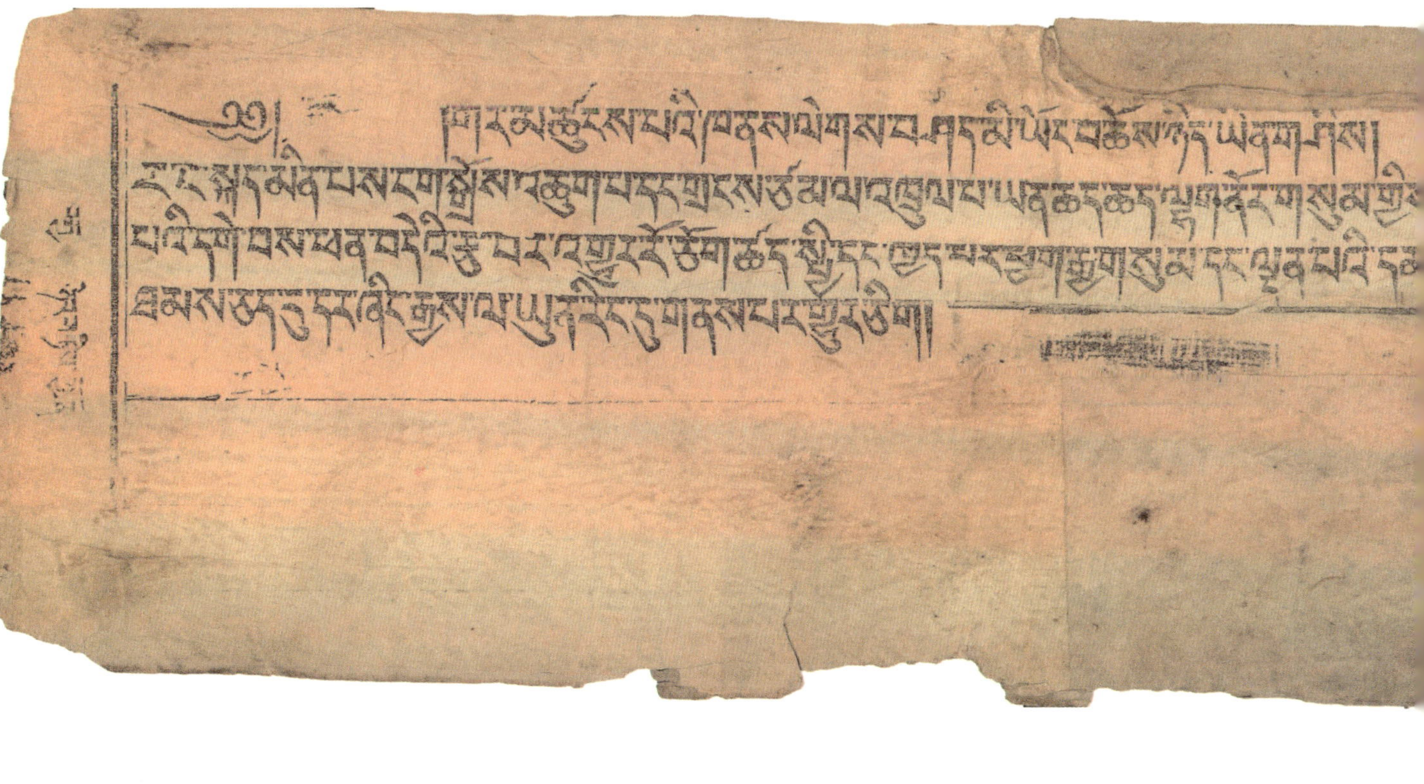

12186 漢地佛教源流 貢布加撰 清刻本

梵夾裝。開本高10.5厘米，廣45.3厘米。每葉七行。中國民族圖書館藏。

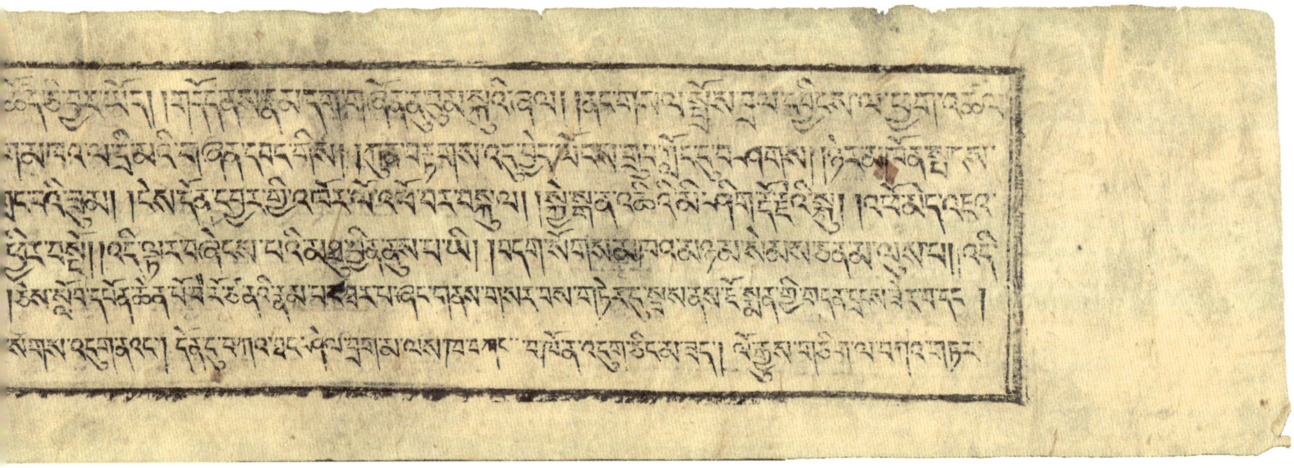

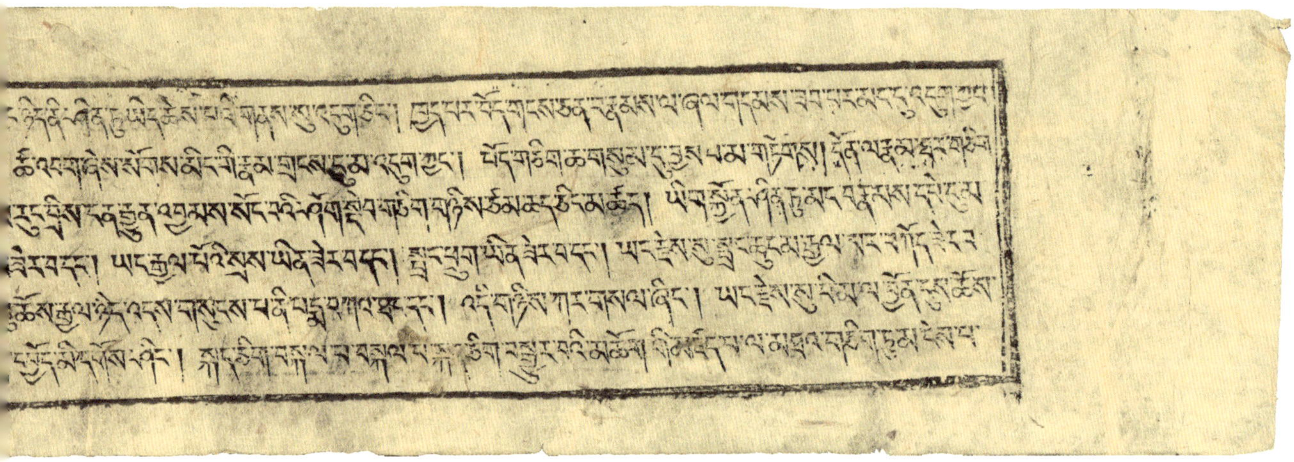

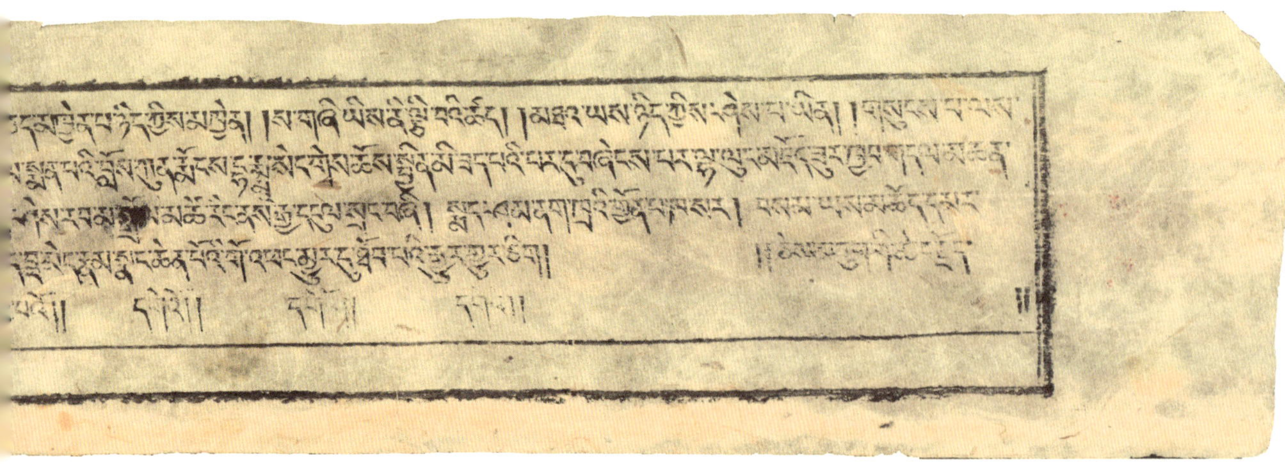

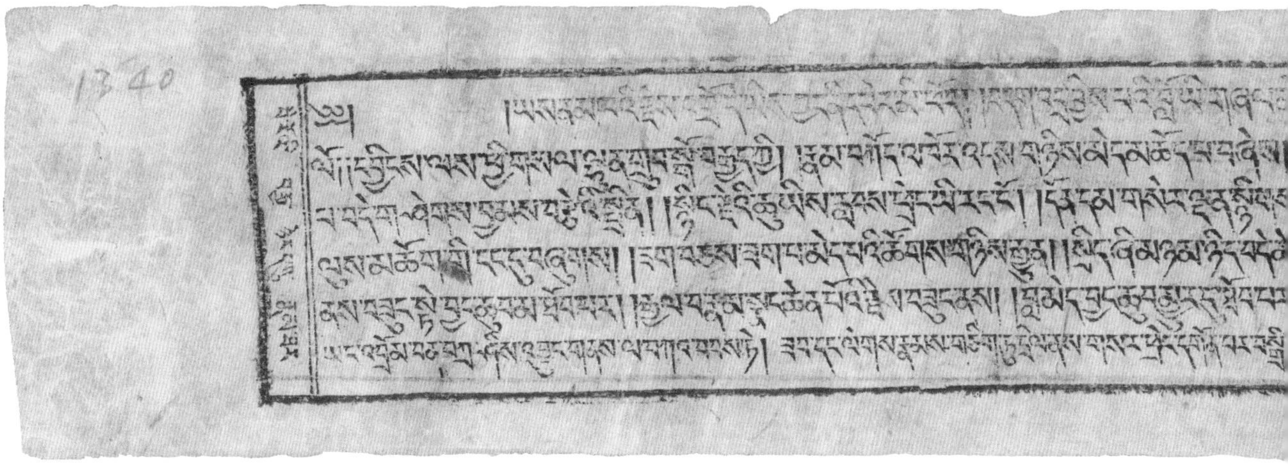

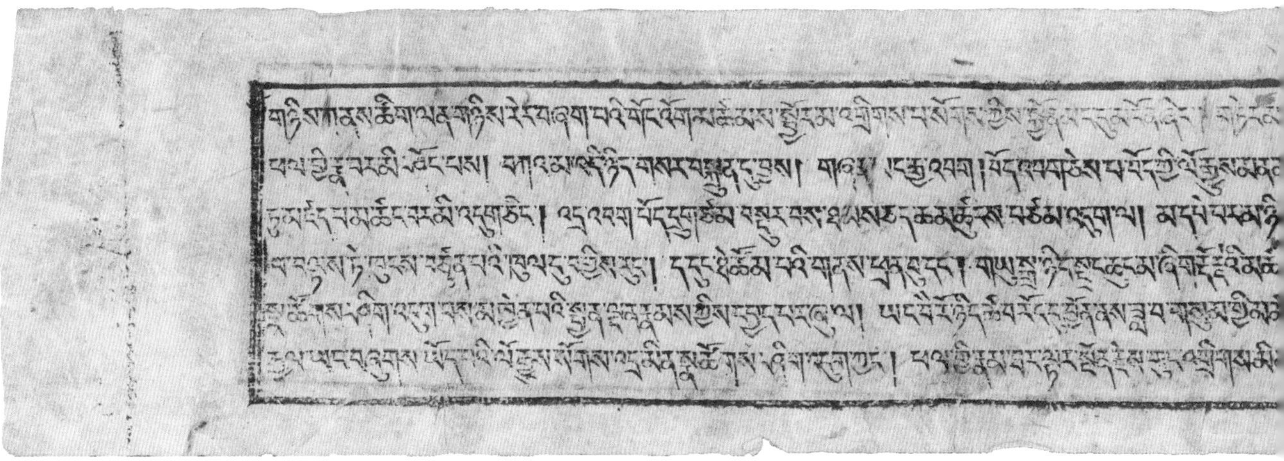

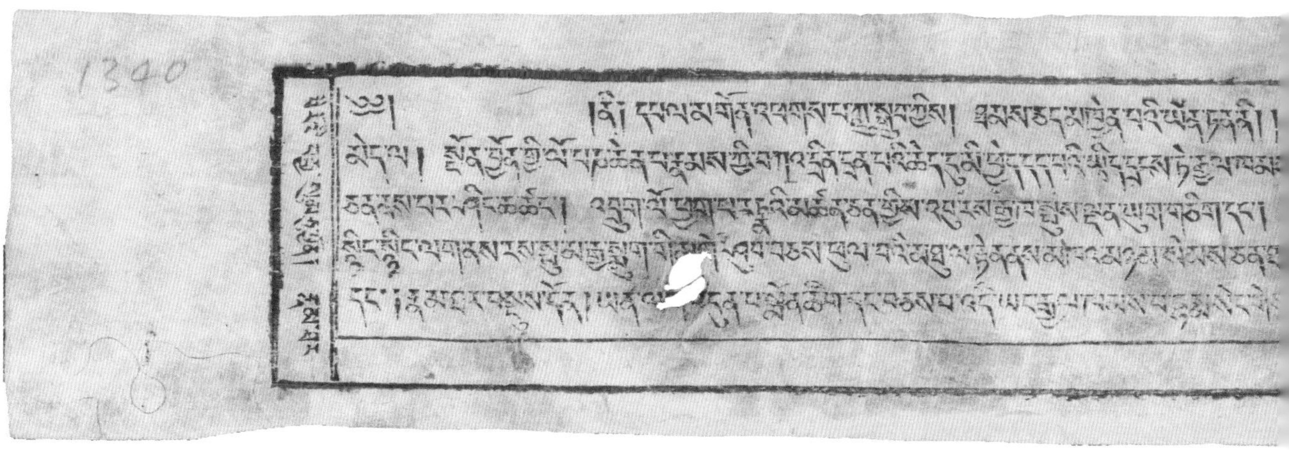

12185 白若譯師傳 準班扎西迥乃輯 清刻本

梵夾裝。開本高9厘米，廣54厘米。匡高5.6厘米，廣43.5厘米。每葉六行，四周單邊。中國民族圖書館藏。

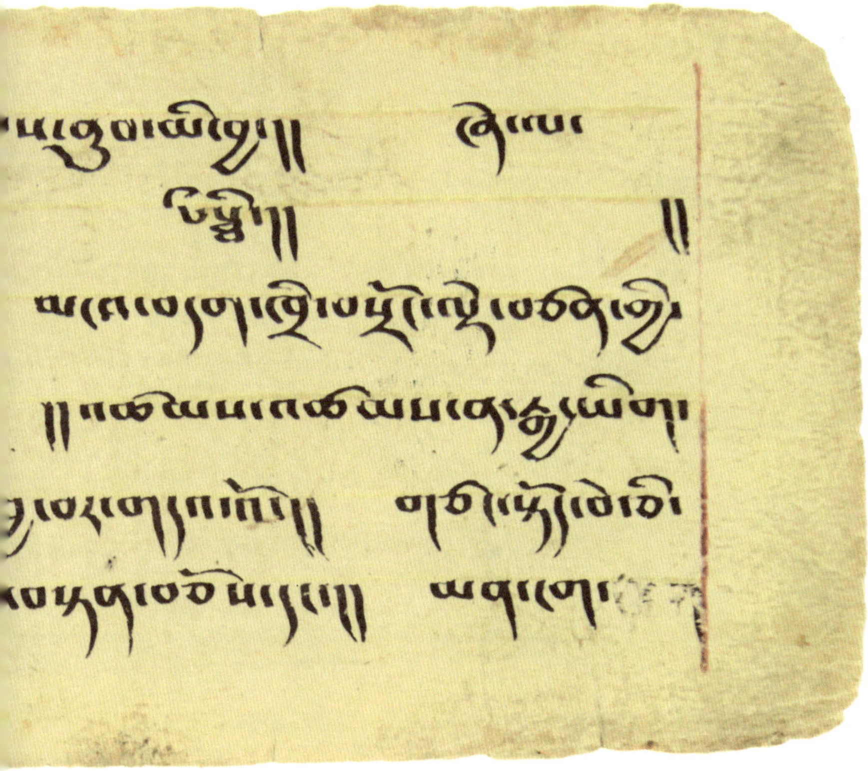

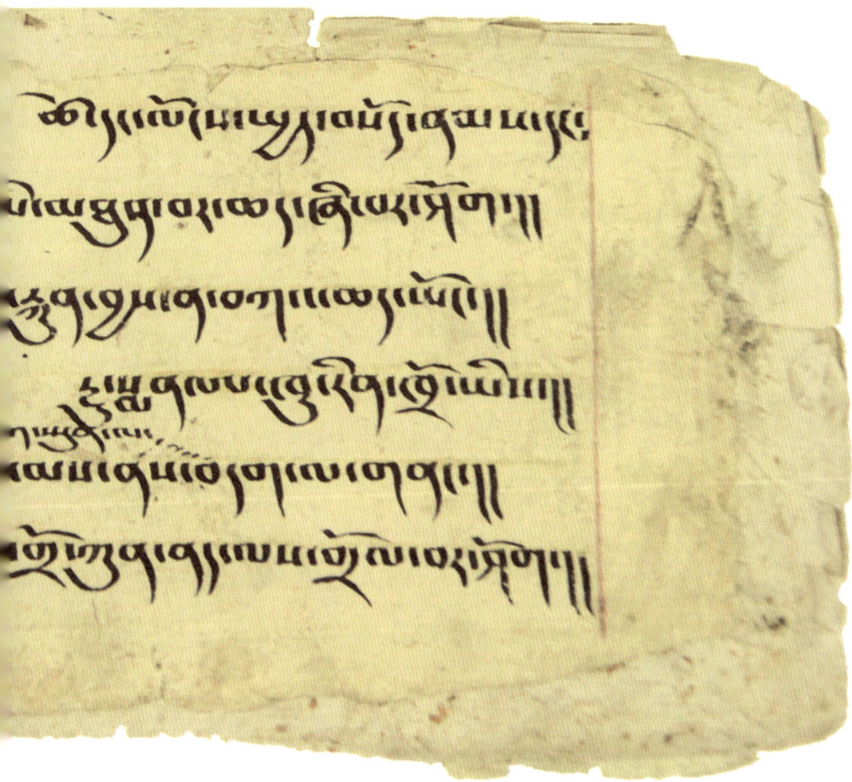

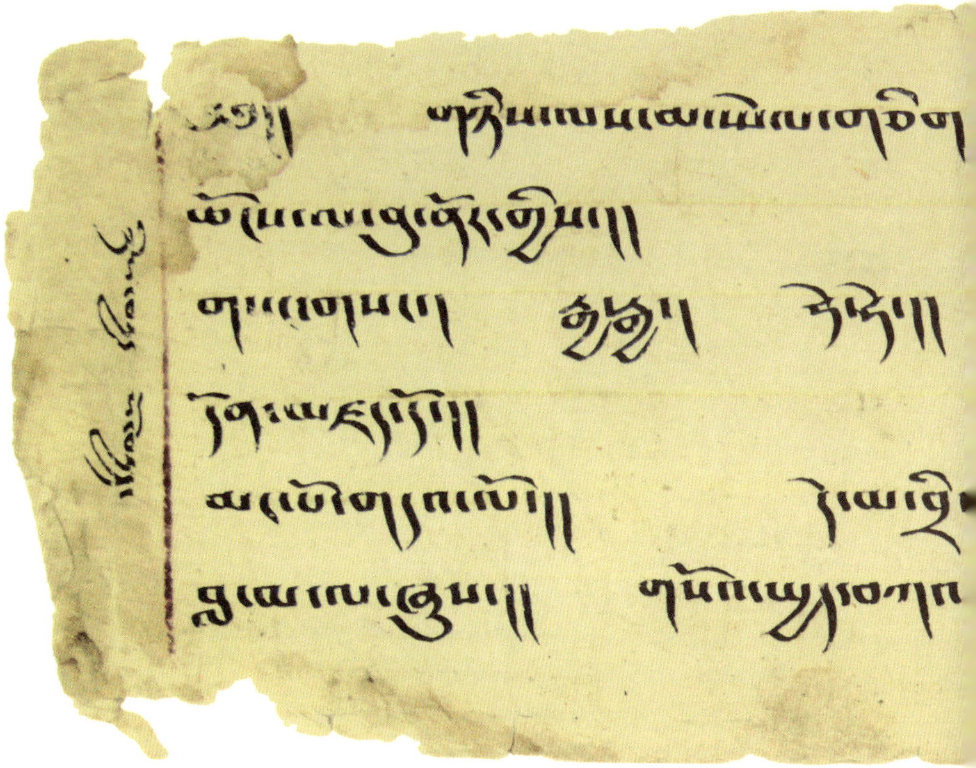

12184 昆吉黄色卷 贊巴西拉哈編 明抄本

梵夾裝。開本高7.9厘米，廣20厘米。西藏自治區藏醫院藏。

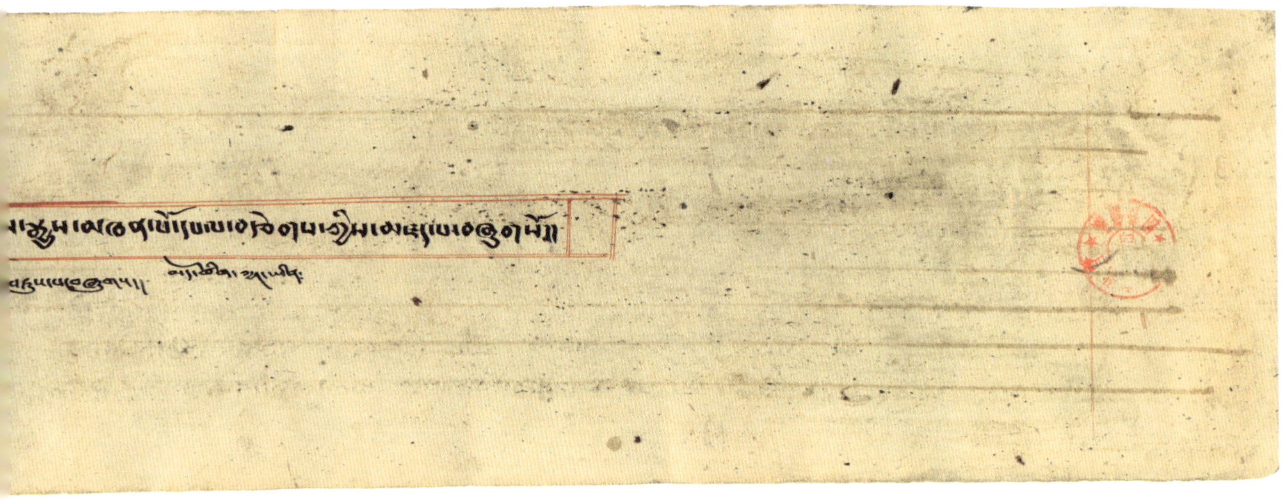

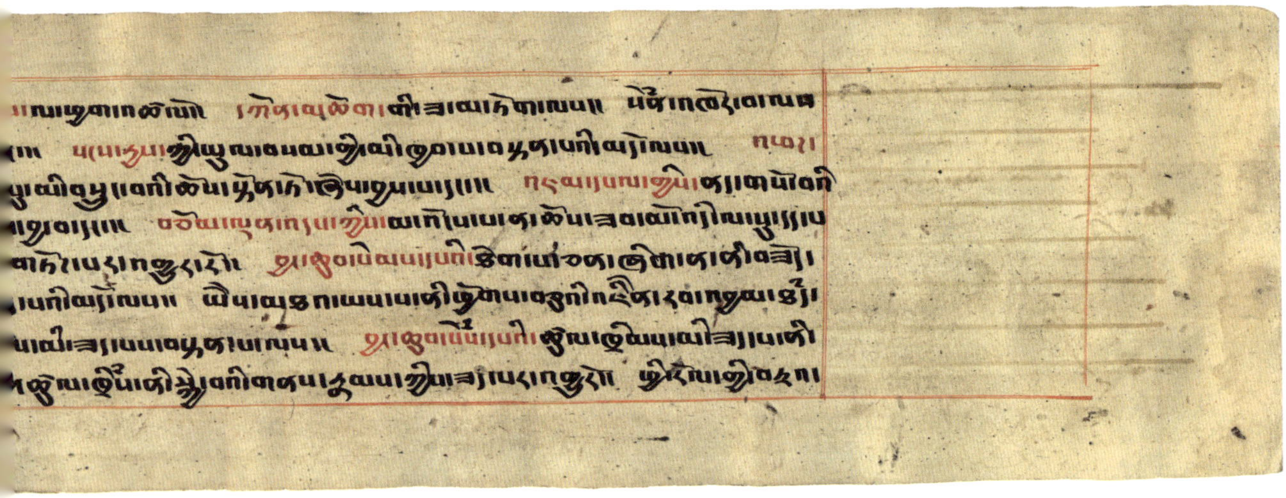

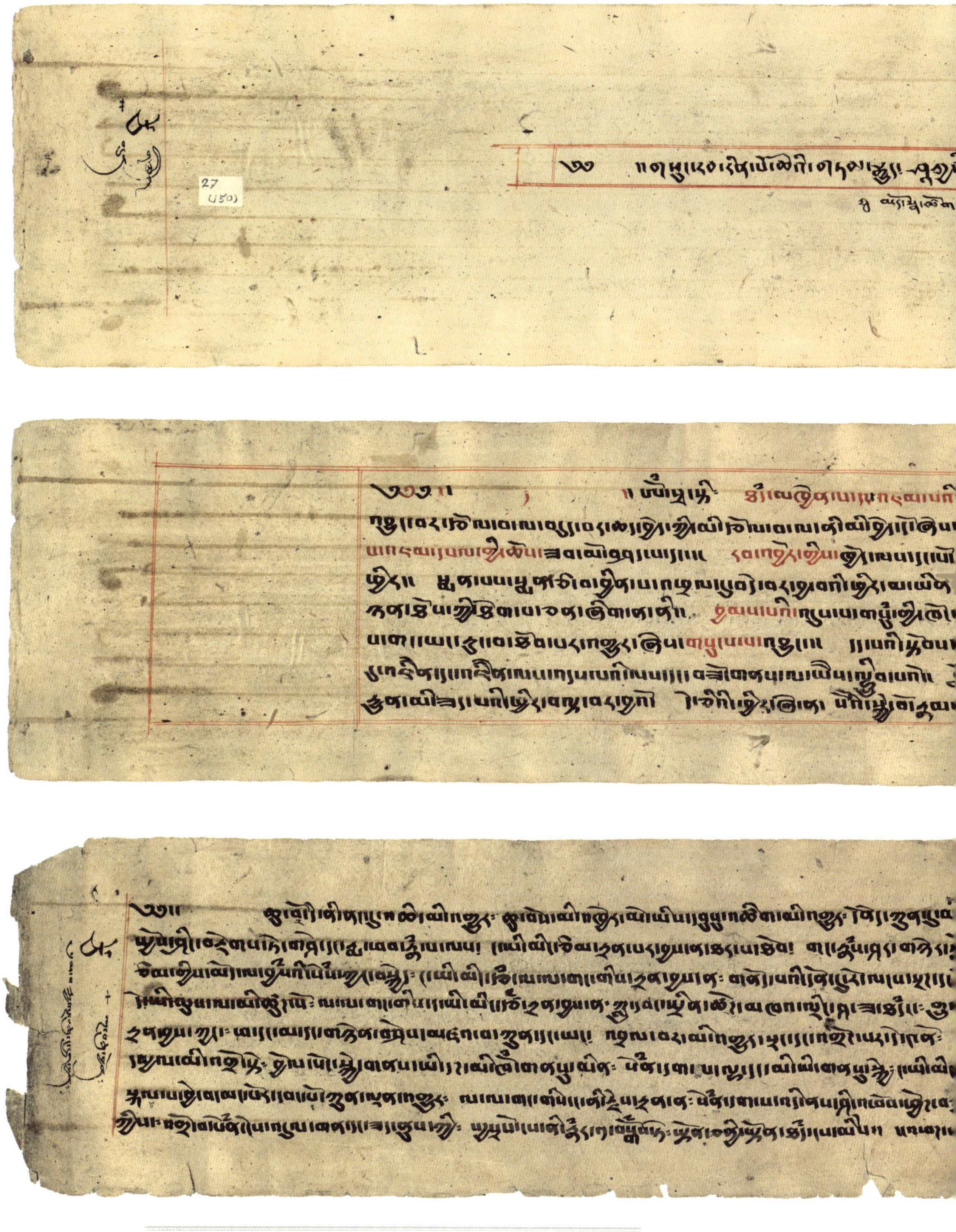

12183 經典源流及釋迦世系 噶瓦白則撰 明抄本

梵夾裝。開本高8.5厘米，廣66厘米。西藏圖書館藏。

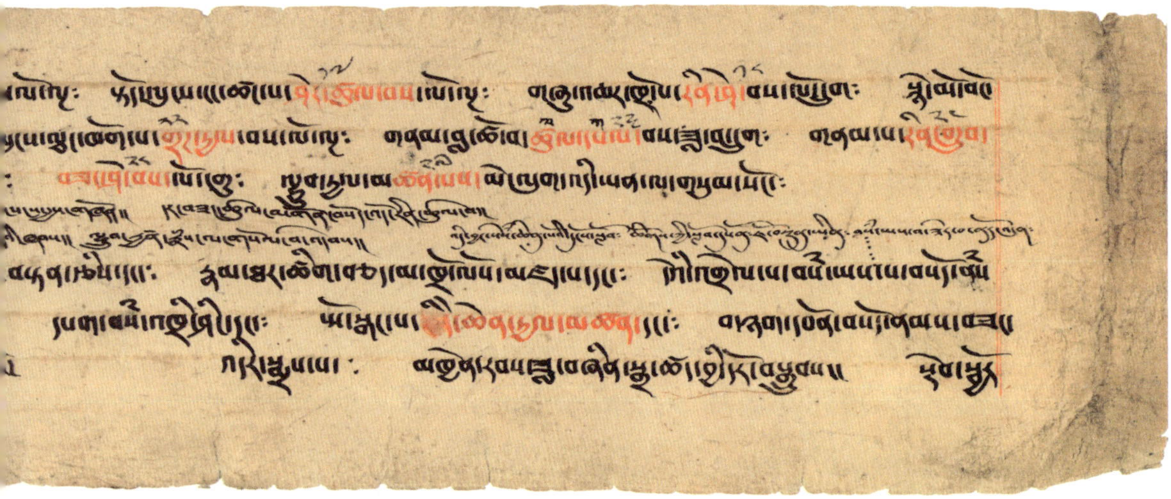

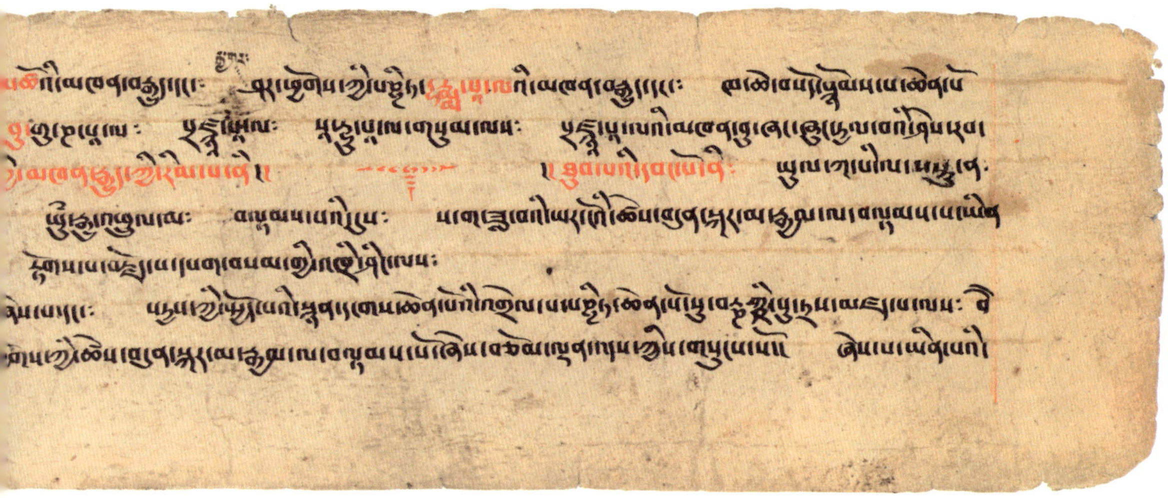

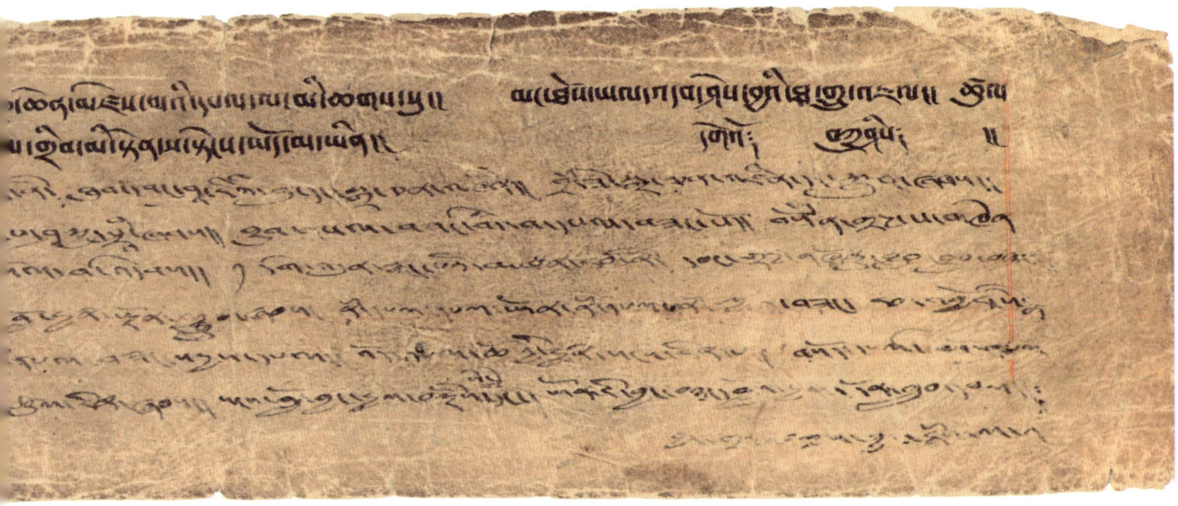

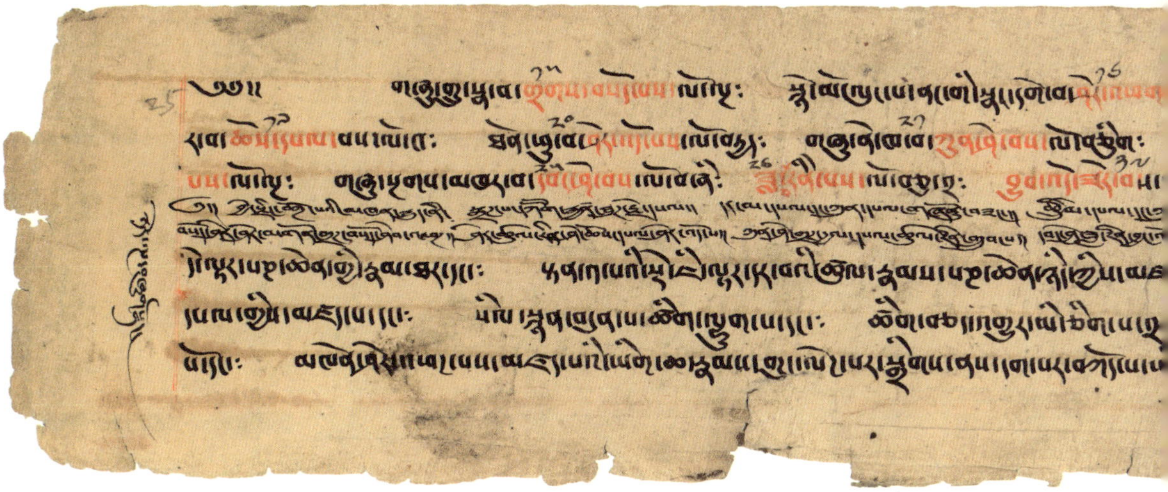

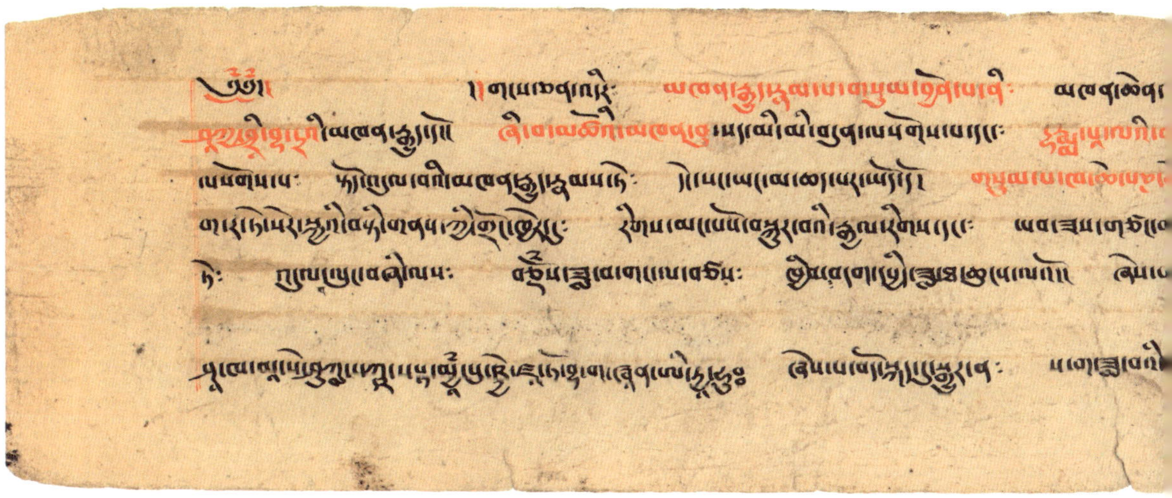

12182 藏傳佛教三大堪布傳承體系史 明抄本

梵夾裝。開本高8.3厘米，廣42厘米。西藏博物館藏。

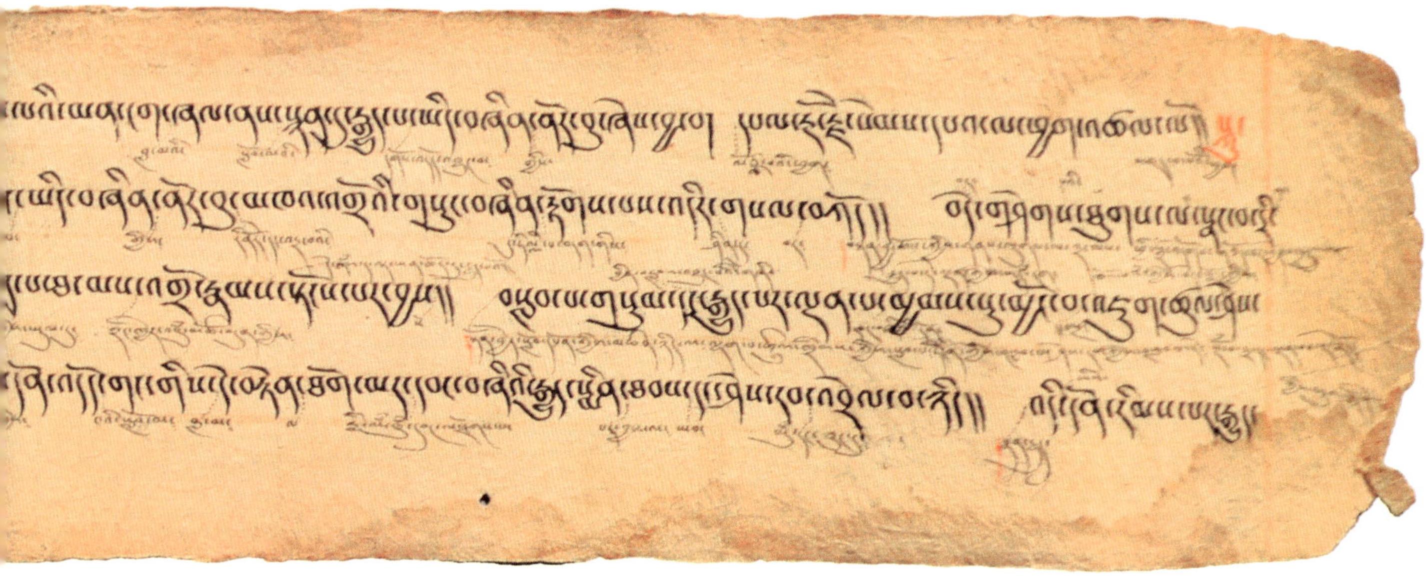

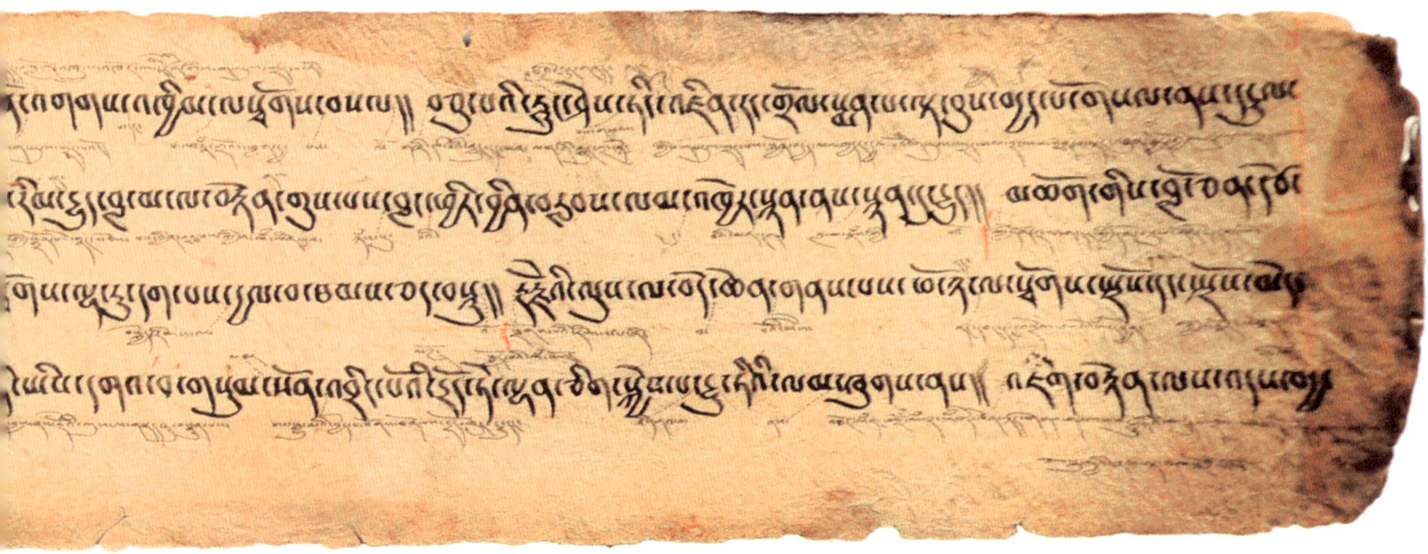

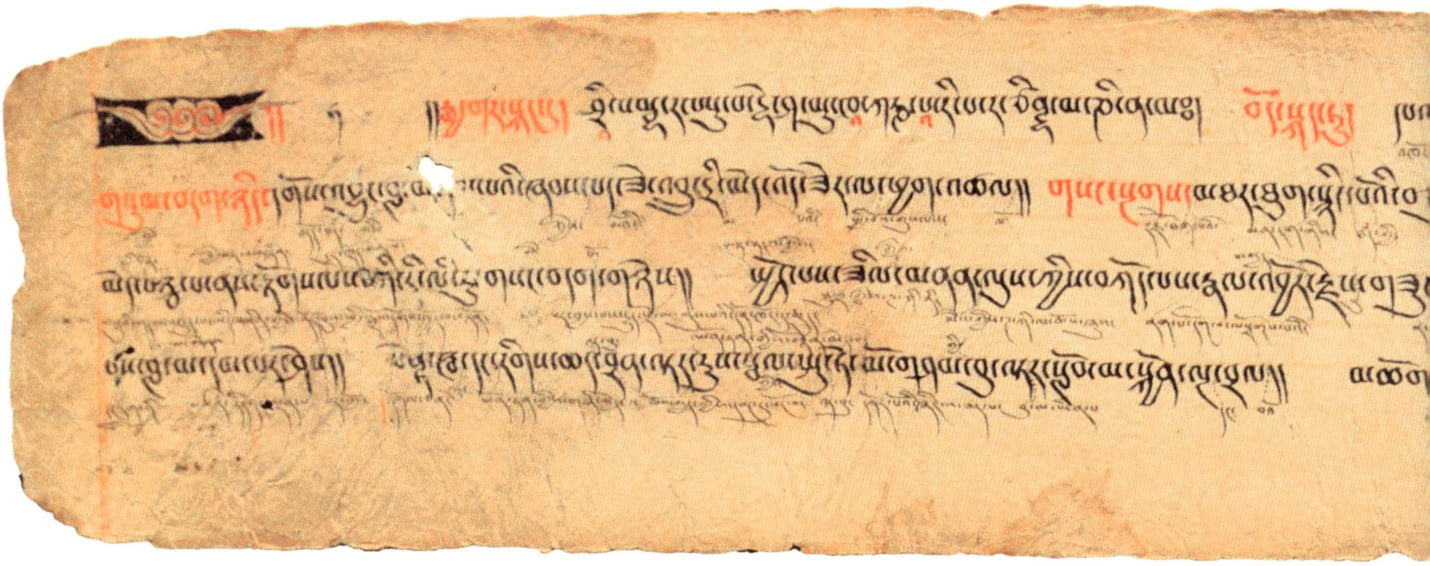

12181 勝樂金剛訣竅耳傳如意寶 （印度）納若大師撰　瑪爾巴卻吉洛追譯　明抄本

梵夾裝。開本高8.2厘米，廣47.2厘米。西藏自治區曲水縣珠寺藏。

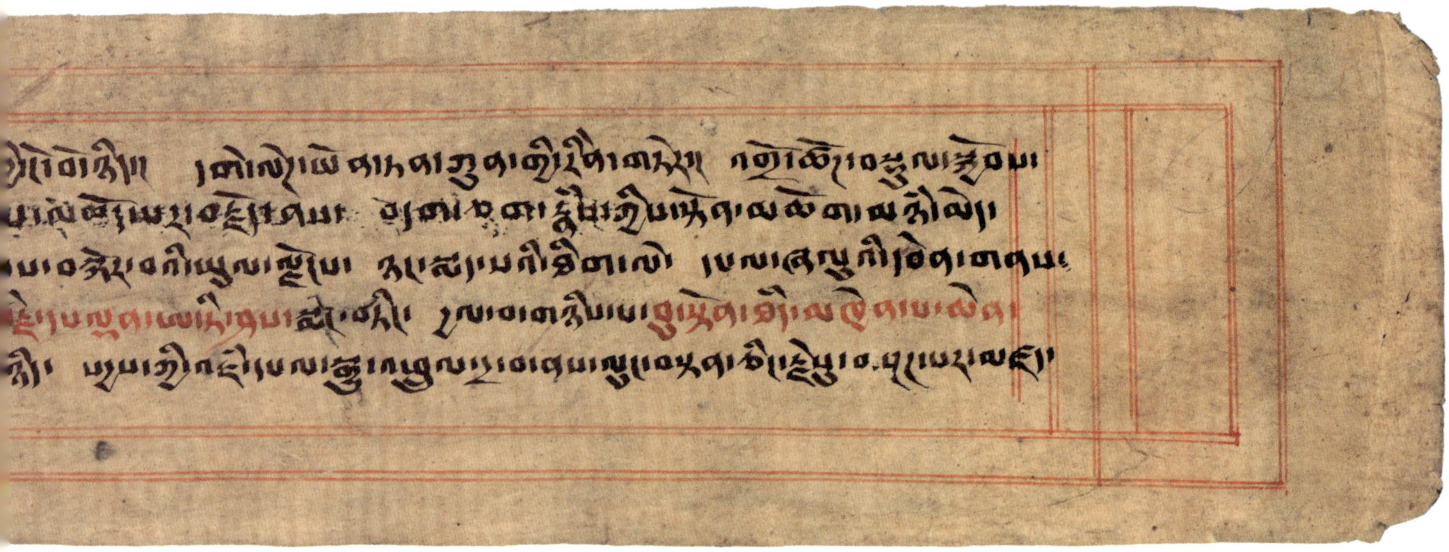

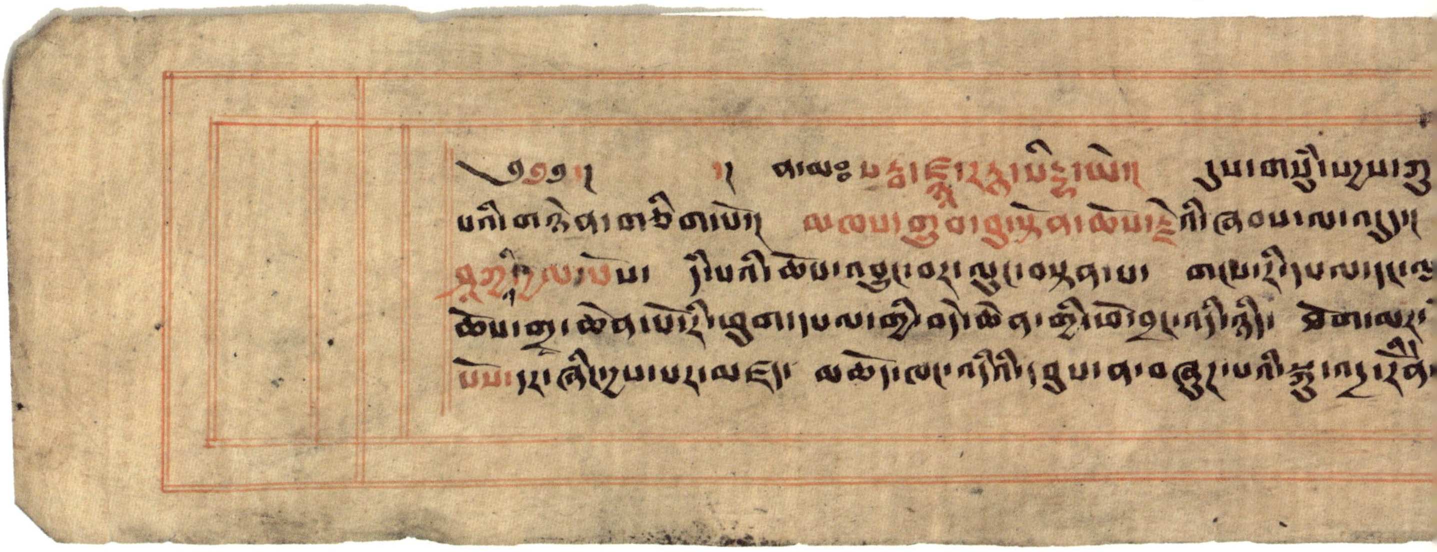

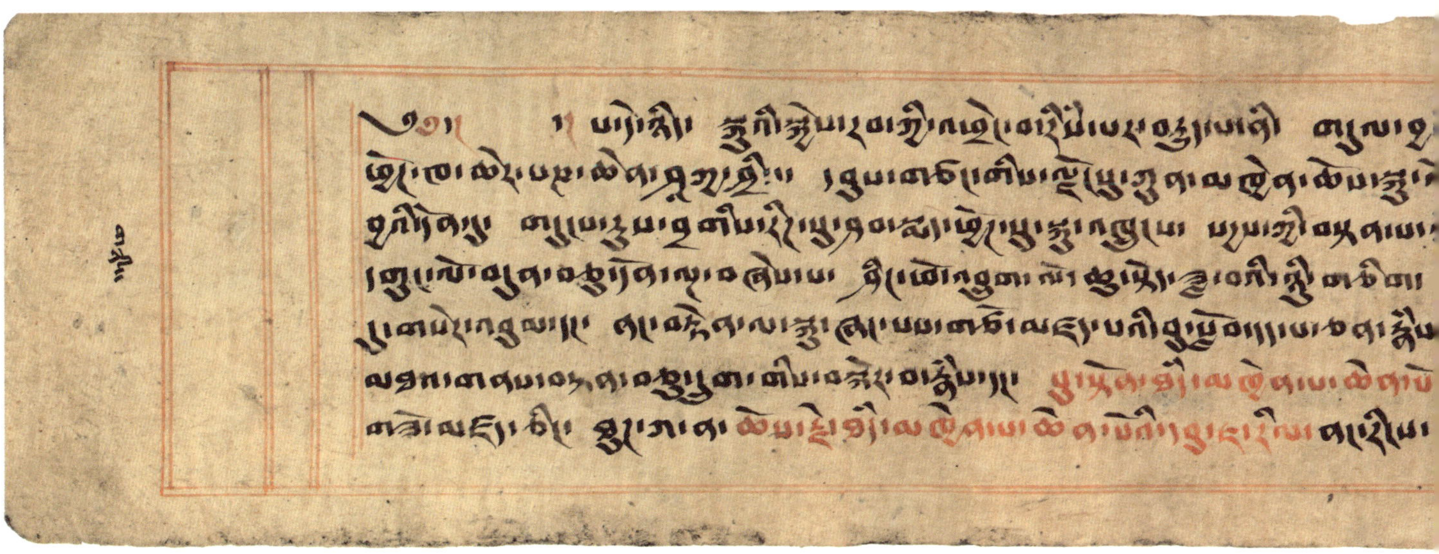

12180 夏魯日普寺法臺造像志 明抄本

梵夾裝。開本高7.8厘米，廣50厘米。西藏圖書館藏。

670

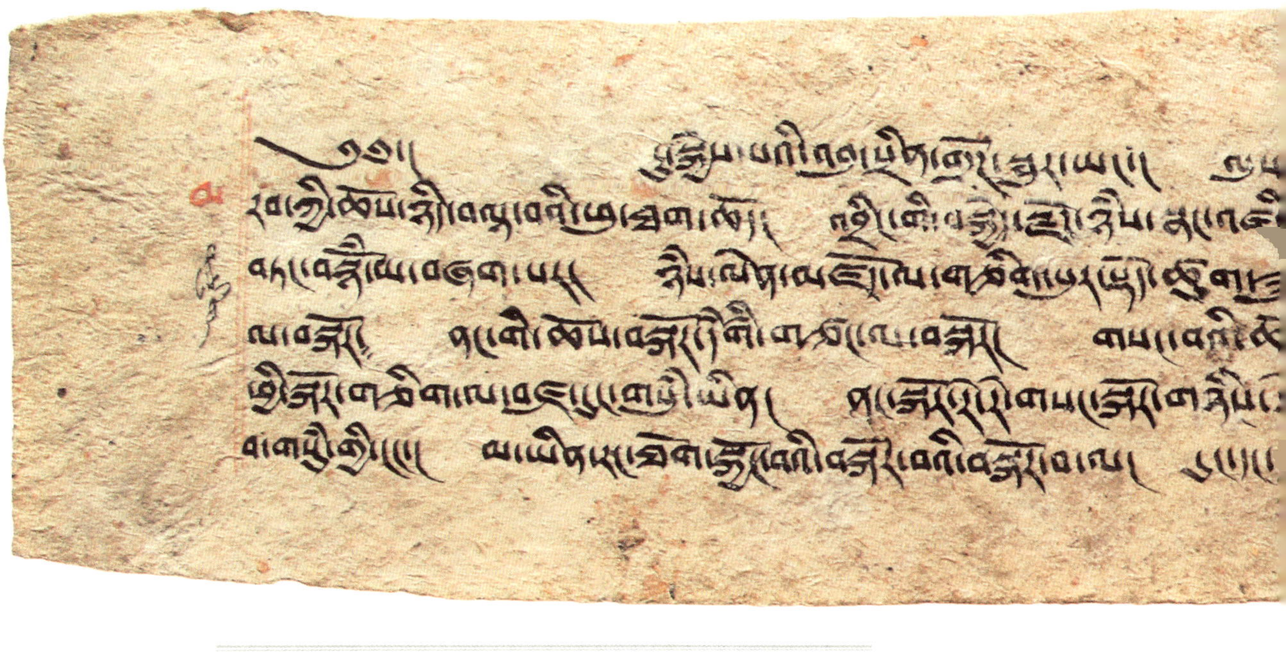

12179 扎西炯寺志 明抄本

梵夾裝。開本高16.5厘米，廣68.3厘米。西藏自治區索縣扎西炯寺藏。

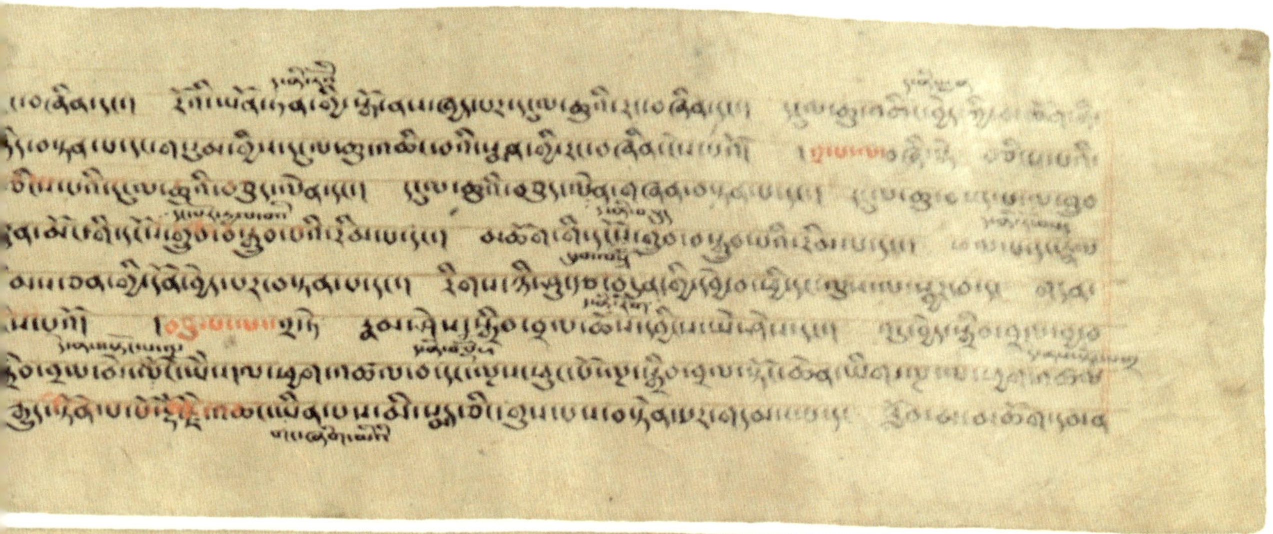

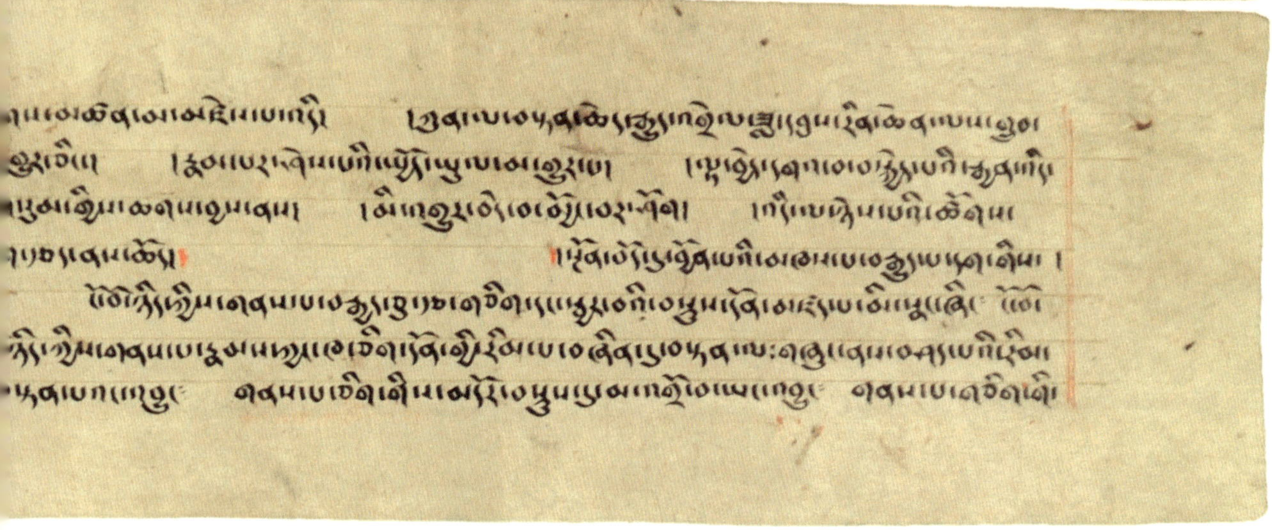

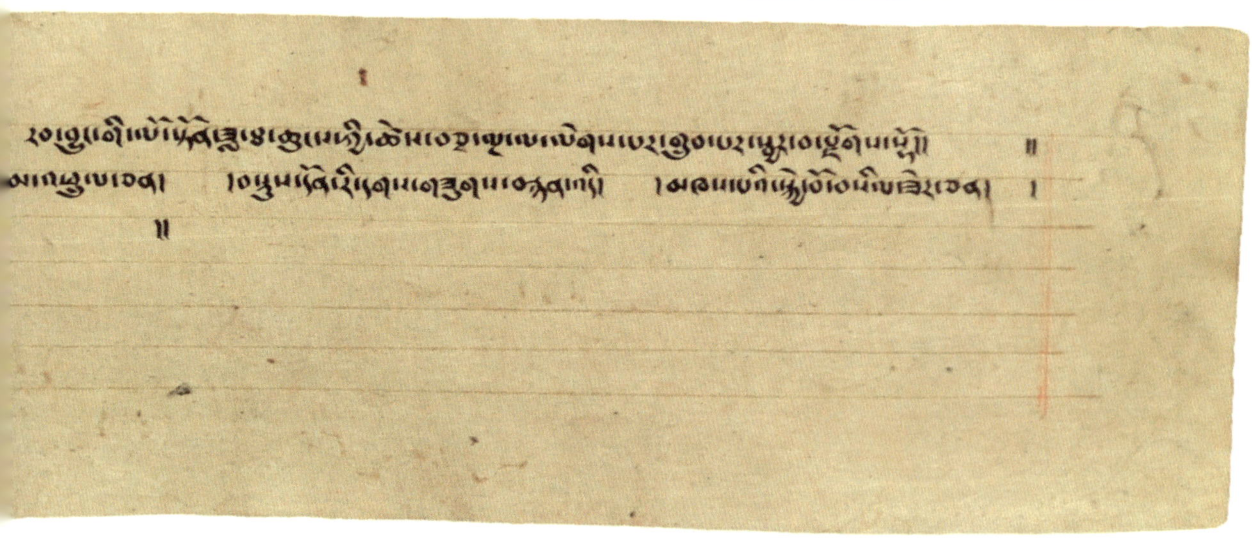

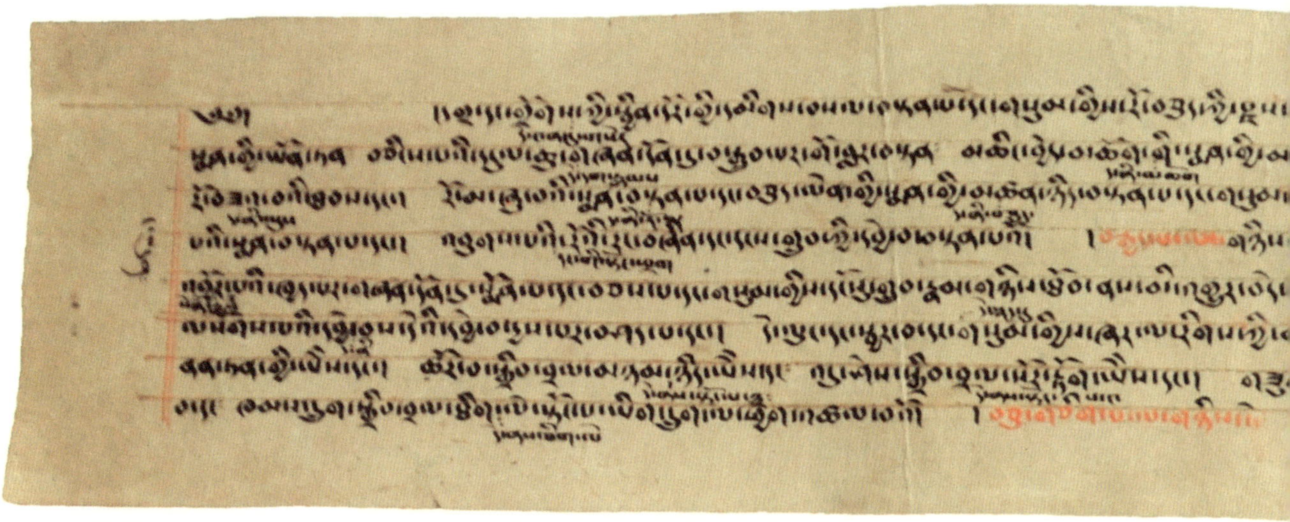

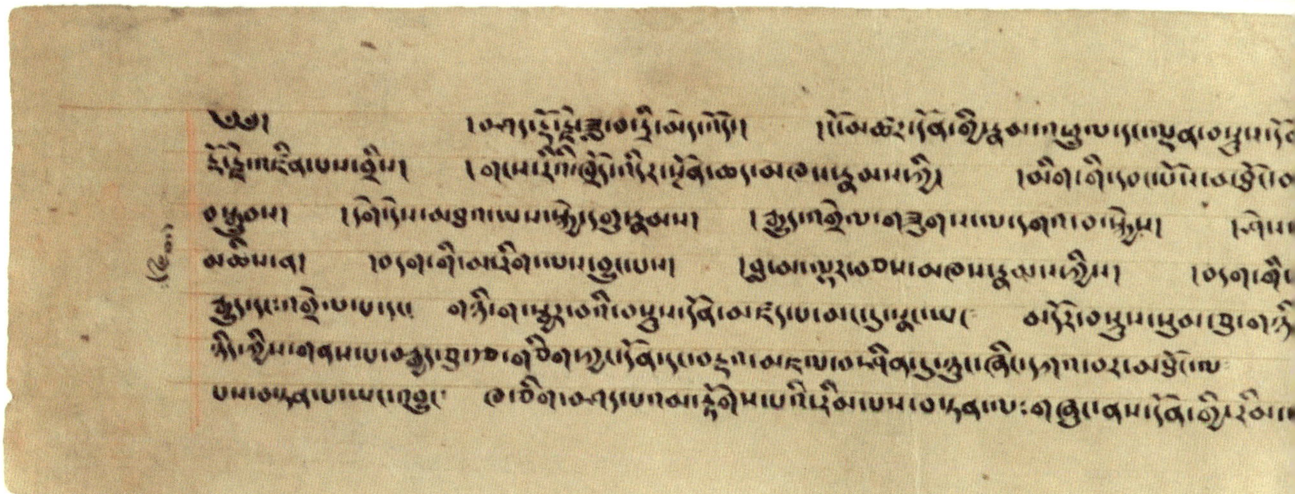

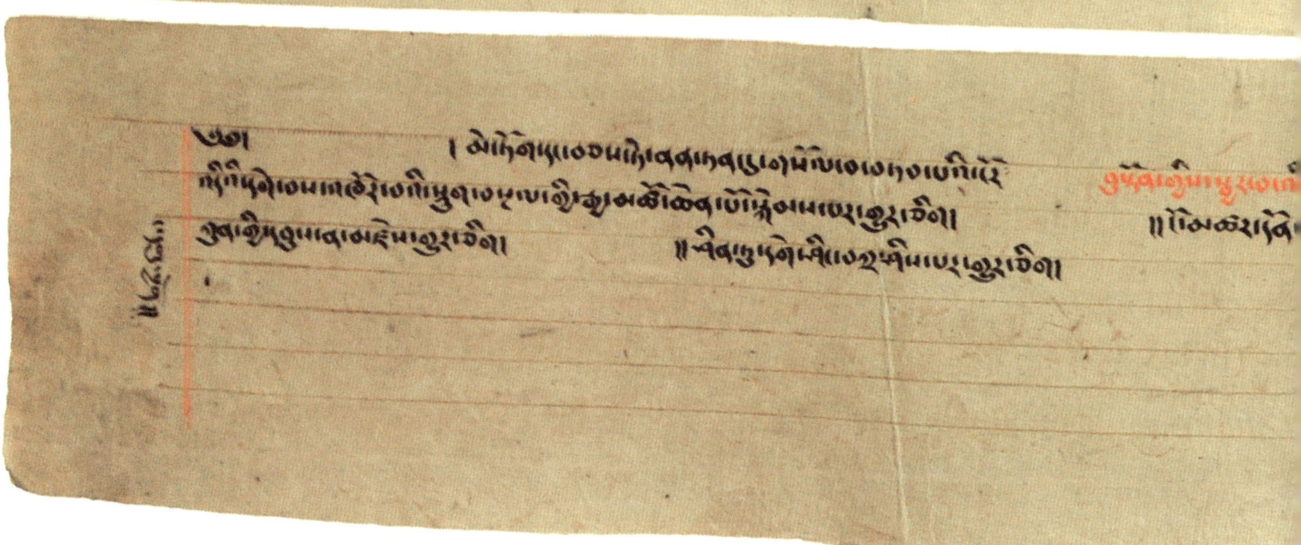

12178 時輪續部無垢光釋注疏　（元）布頓 · 仁欽珠撰　明抄本

梵夾裝。開本高9.8厘米，廣50厘米。西藏自治區日喀則市夏魯寺藏。

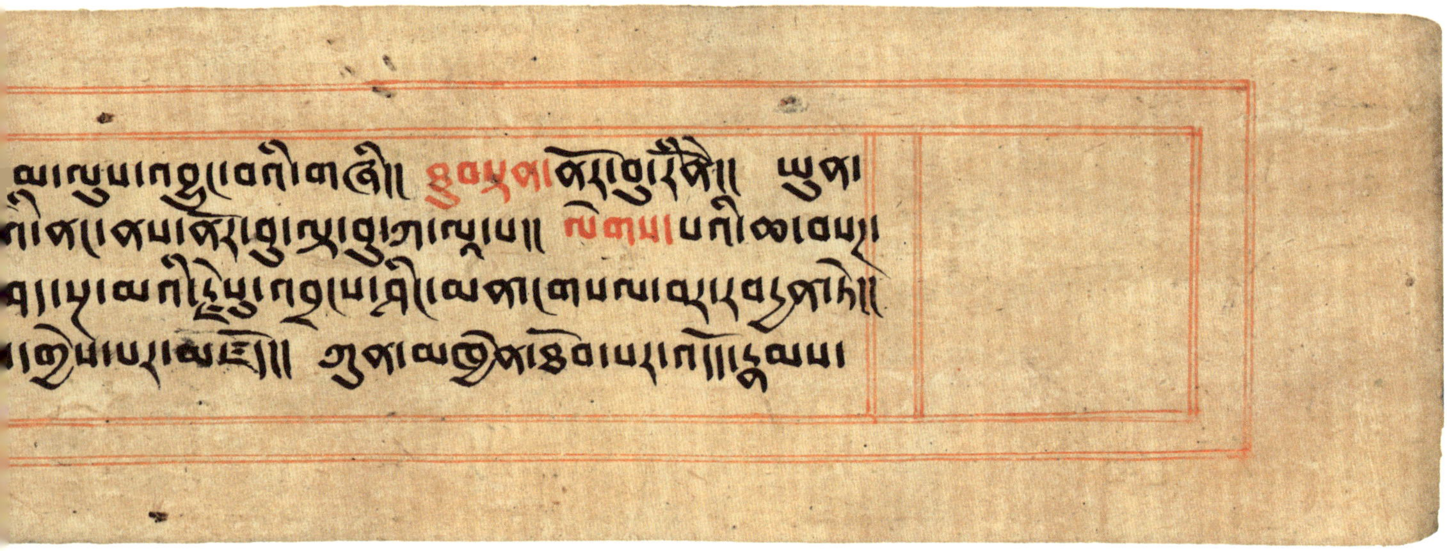

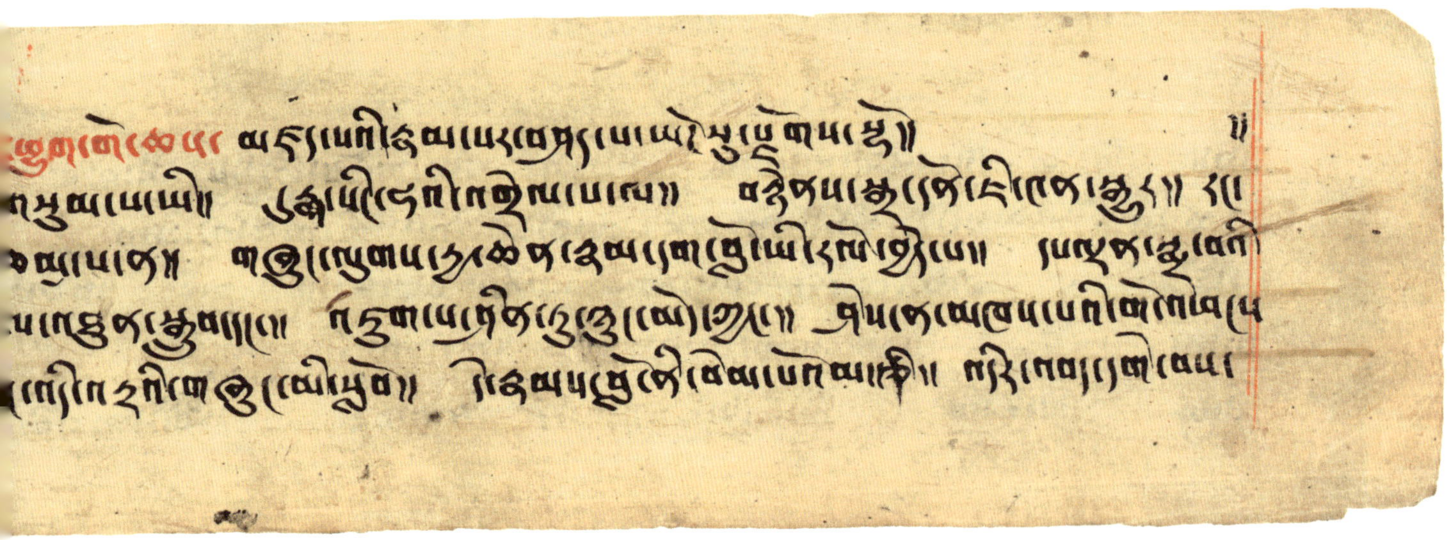

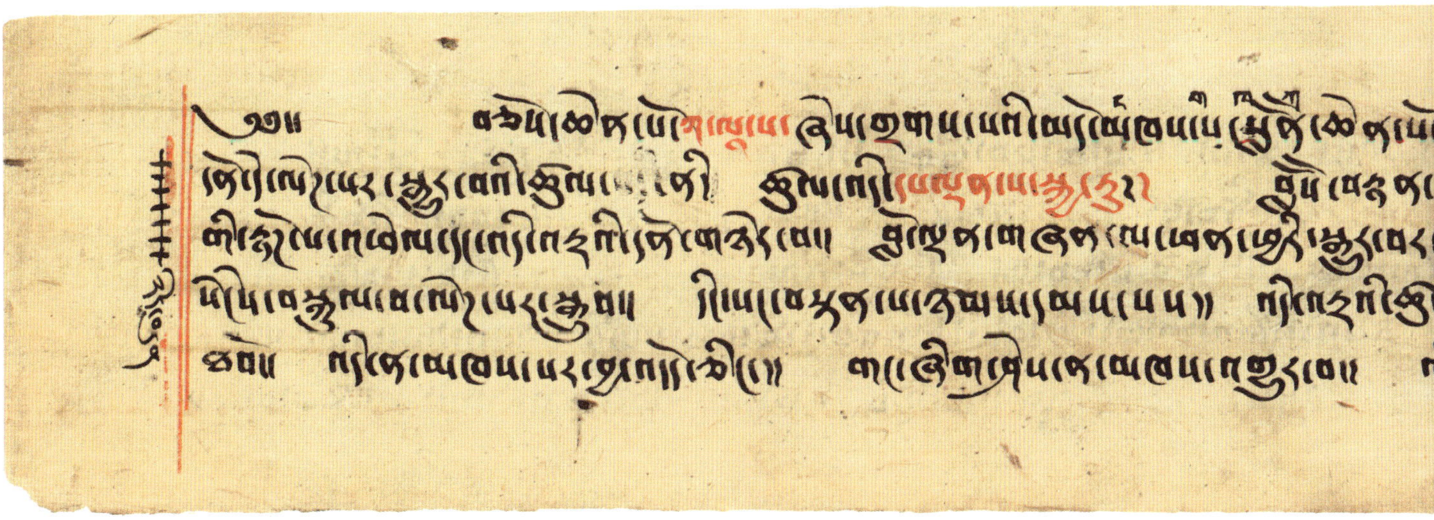

12177 聲明學積分論注釋明鑒 （元）薩桑 · 洛智堅贊撰　明抄本

梵夾裝。開本高5.5厘米，廣35厘米。西藏圖書館藏。

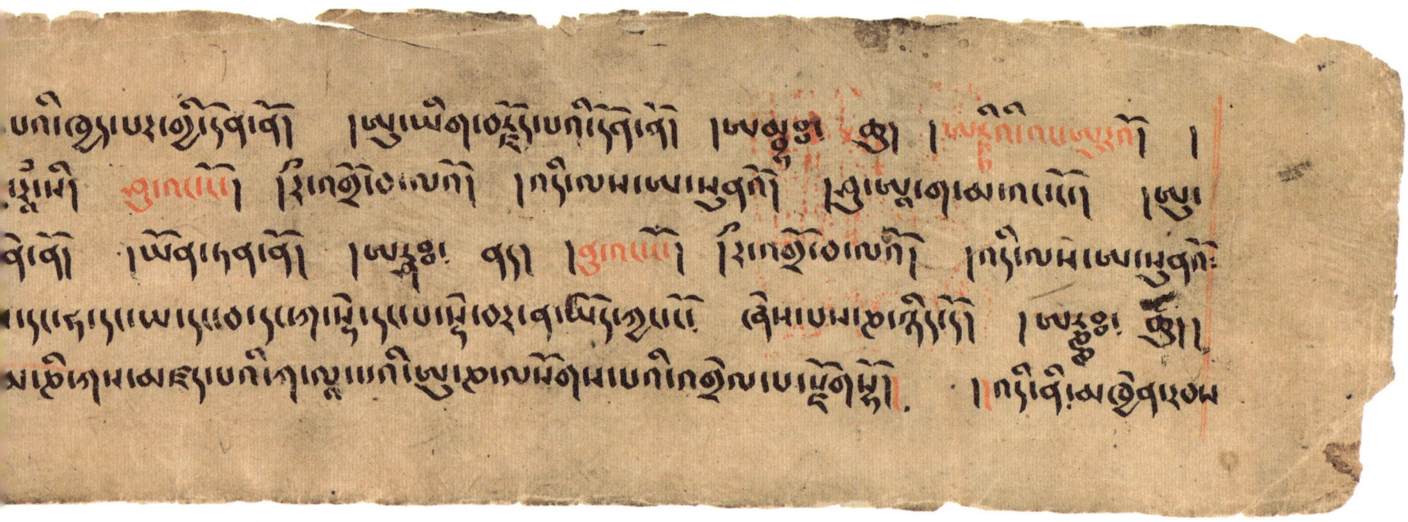

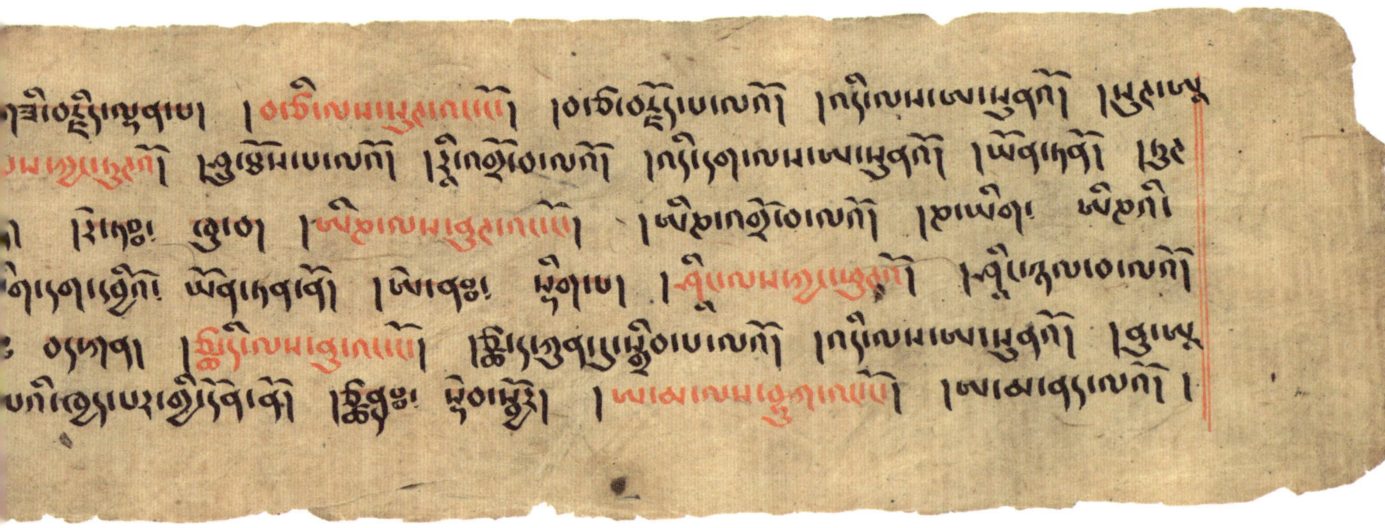

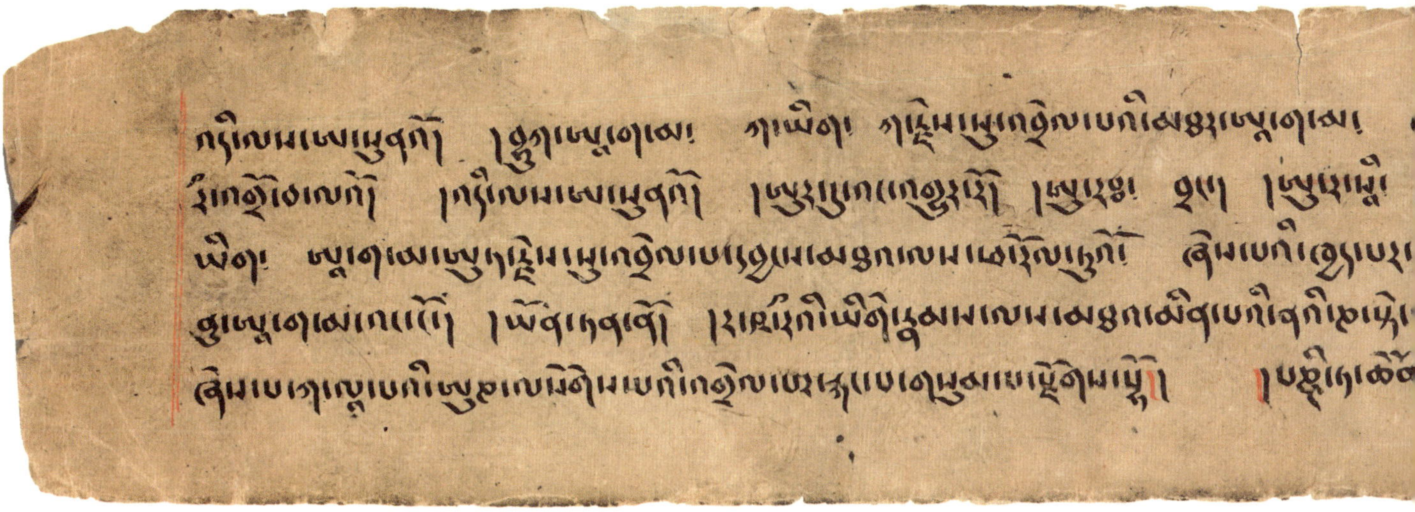

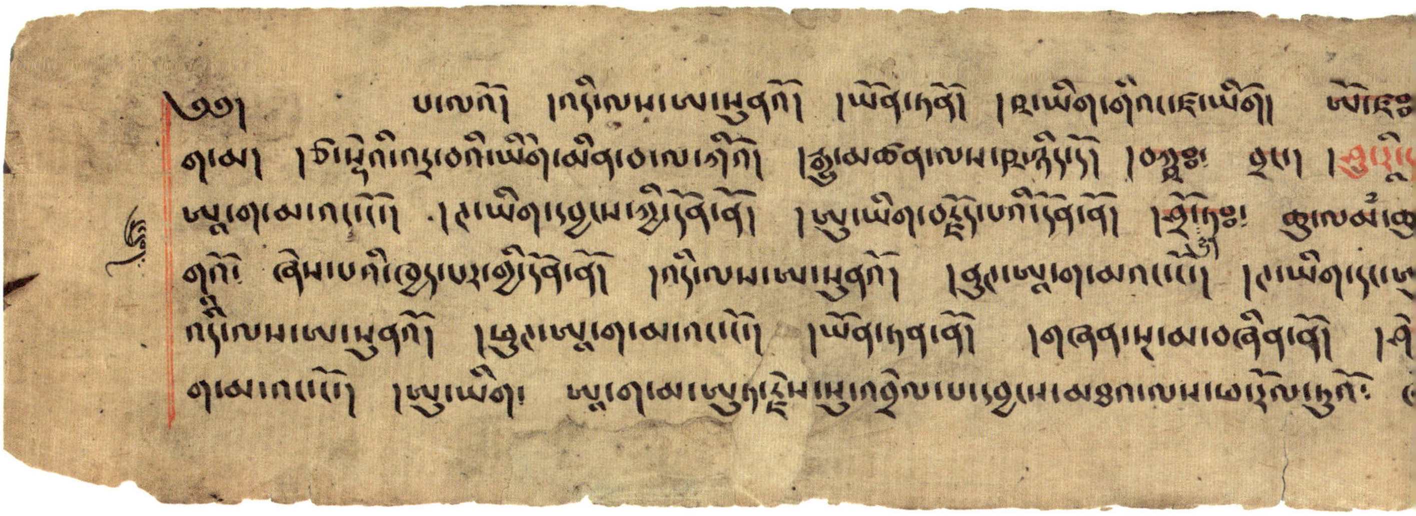

12176 聲明積分論述 （元）薩桑·洛智堅贊撰 明抄本

梵夾裝。開本高7厘米，廣41厘米。西藏圖書館藏。

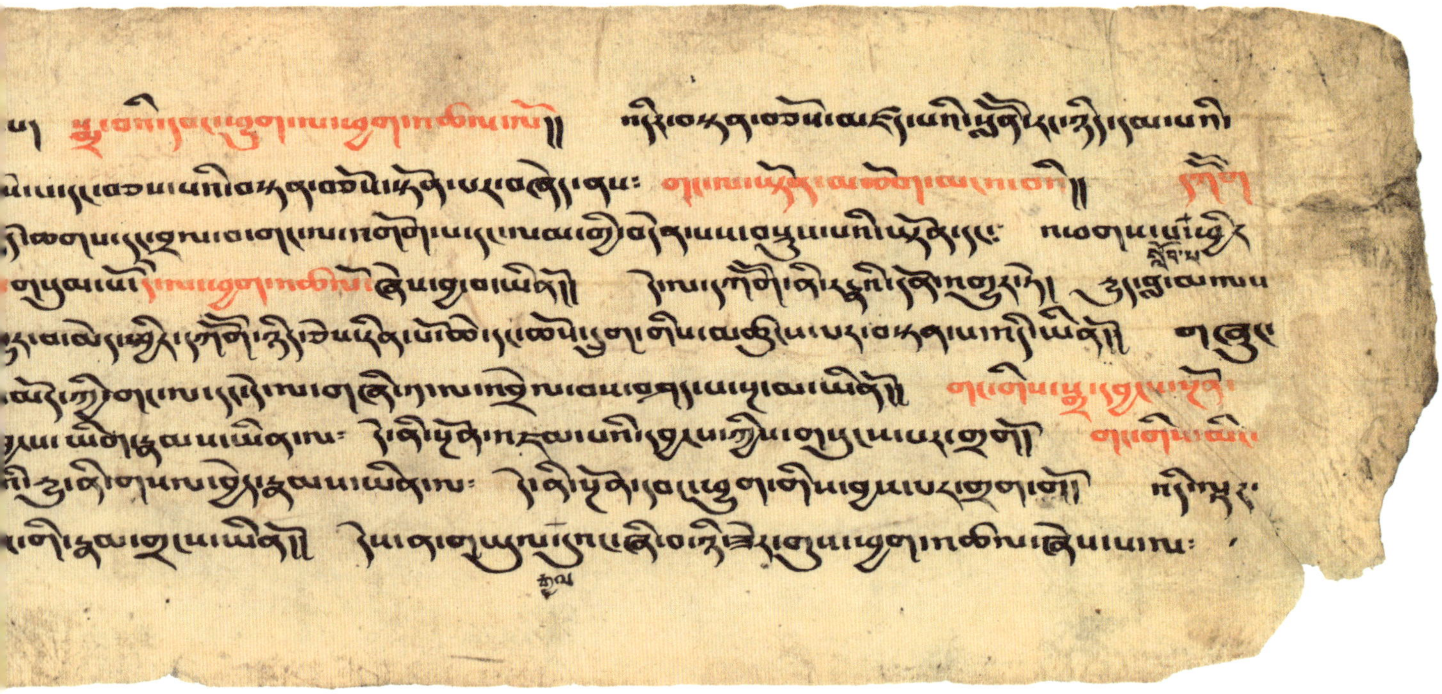

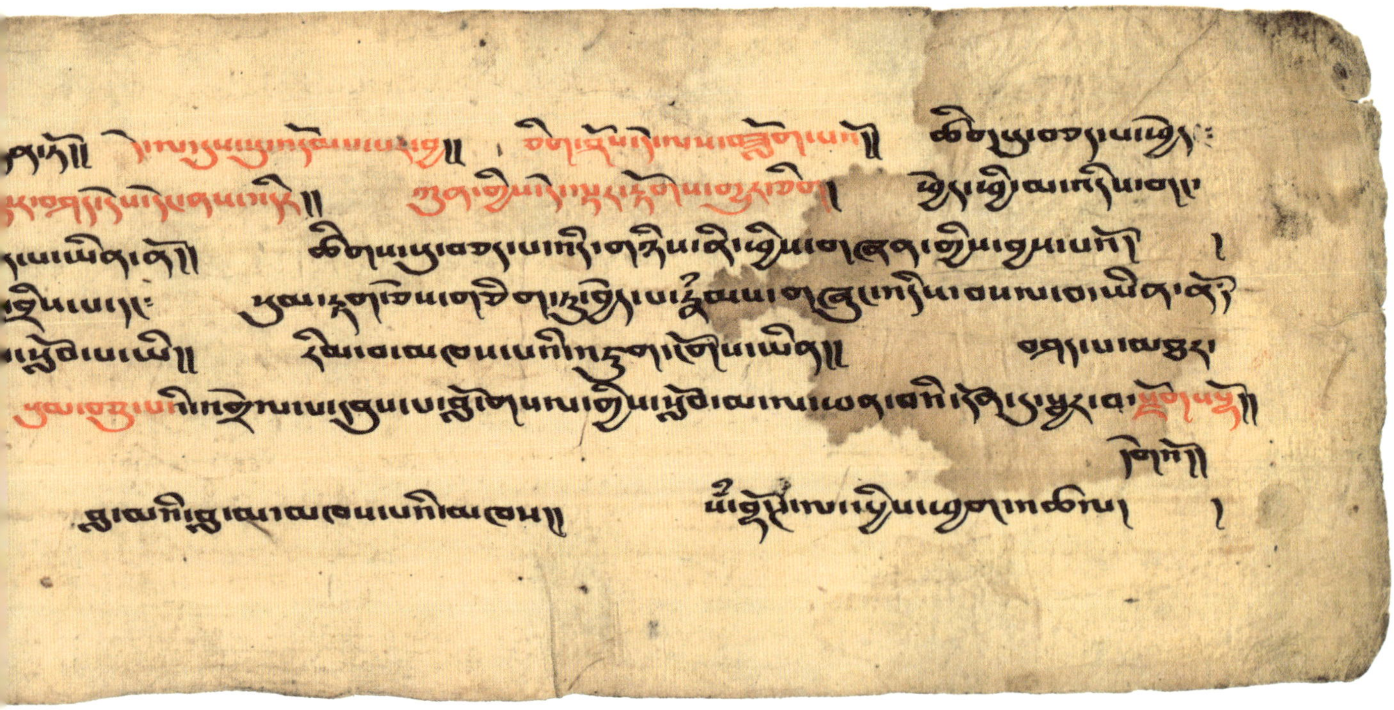

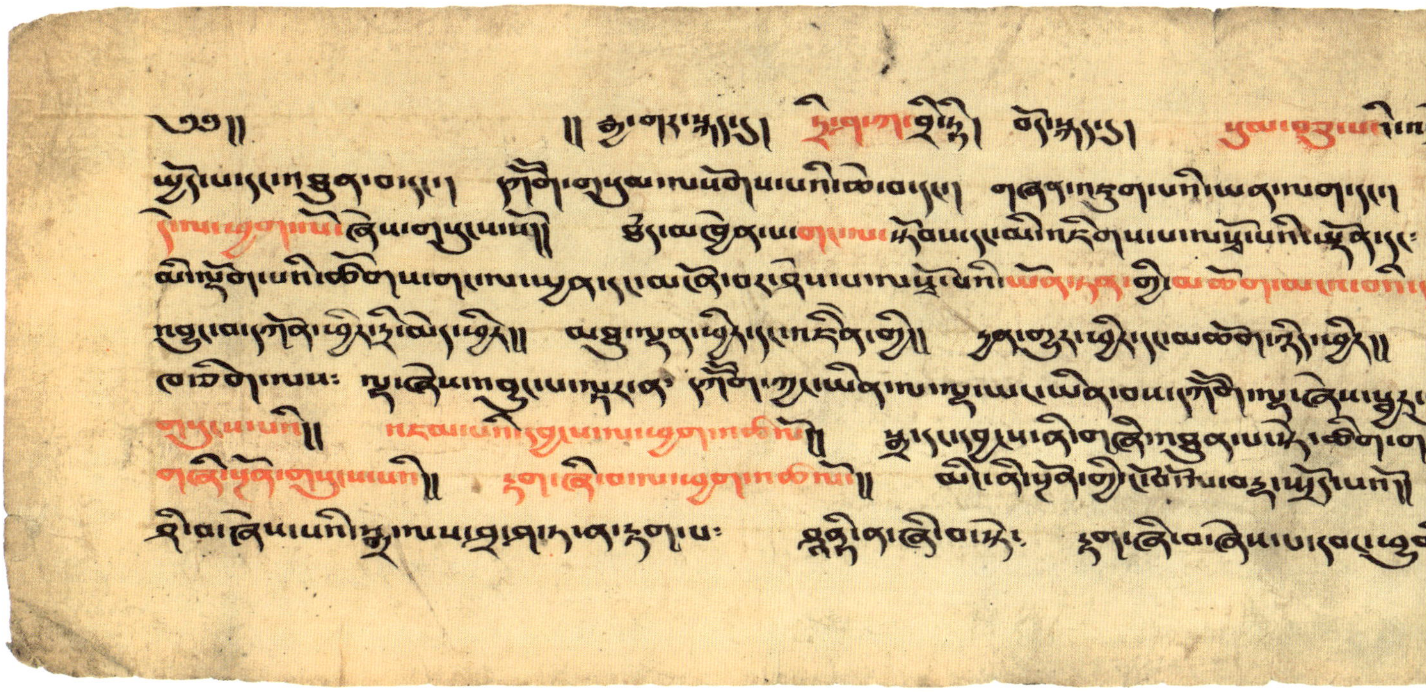

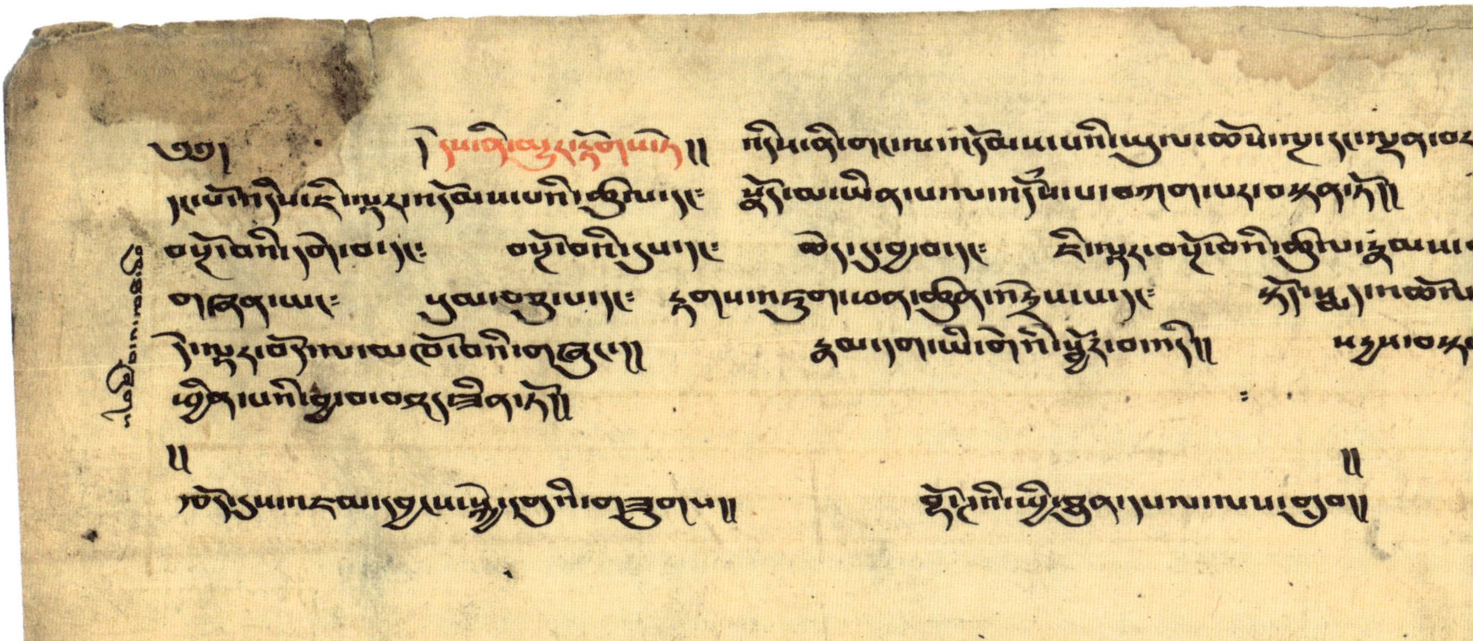

12175 三十頌疏 衛巴 · 羅色强秋益西撰 明抄本

梵夾裝。開本高8厘米，廣34厘米。西藏博物館藏。

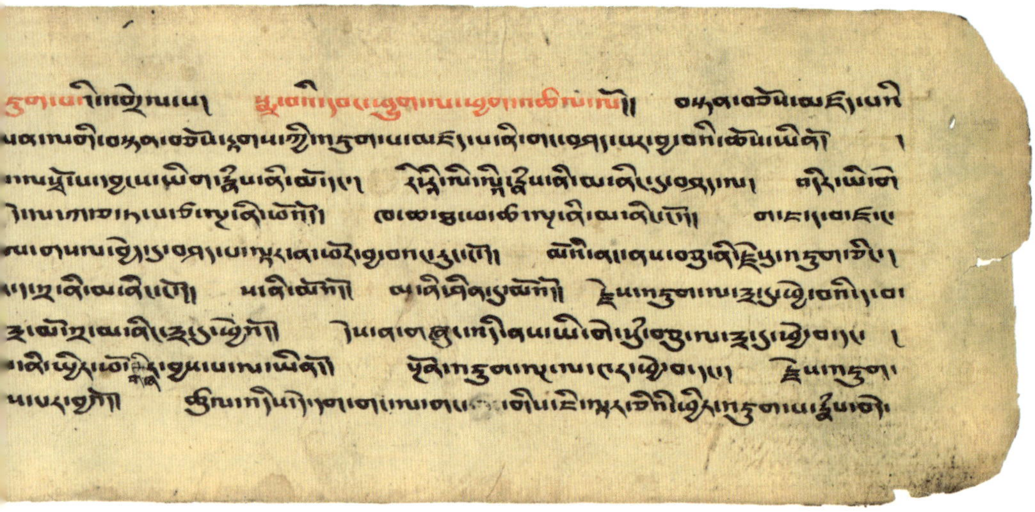

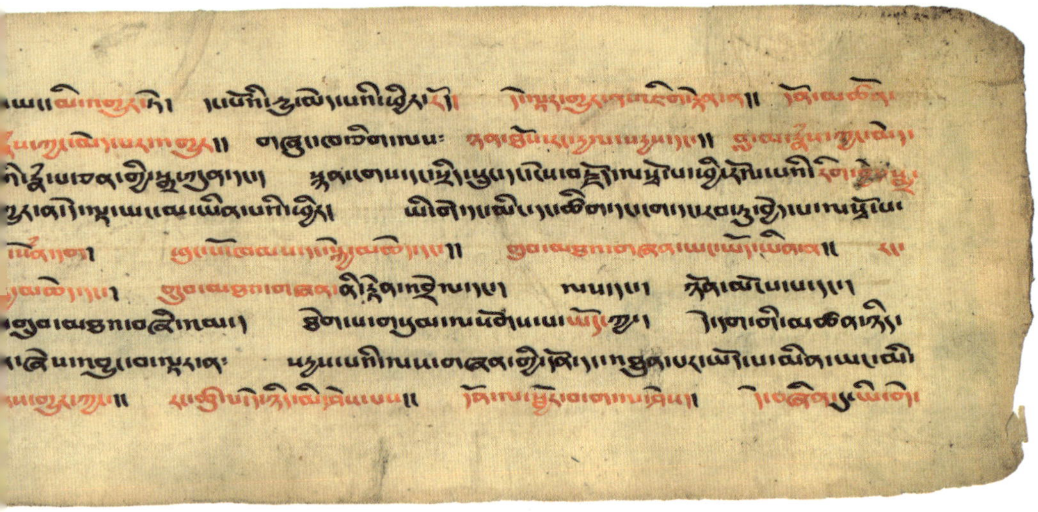

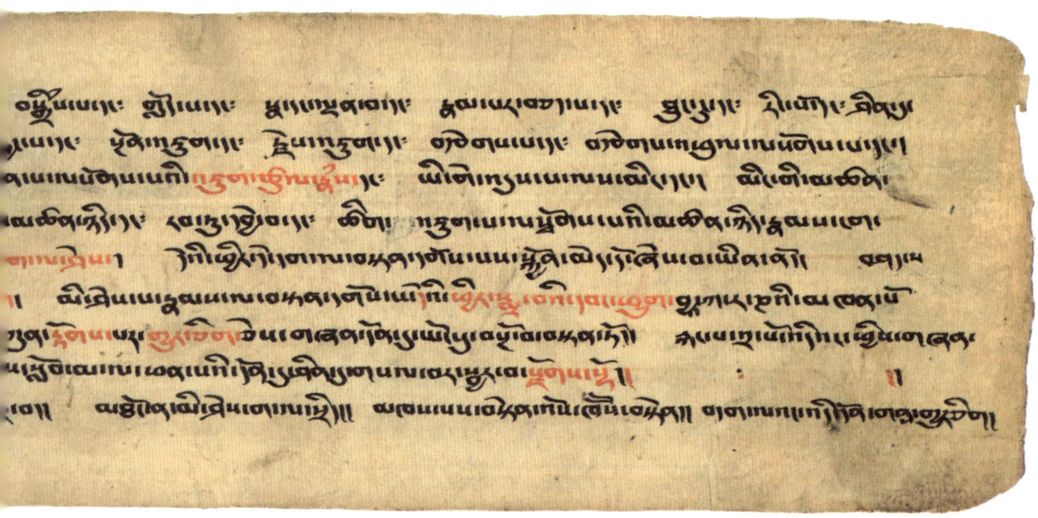

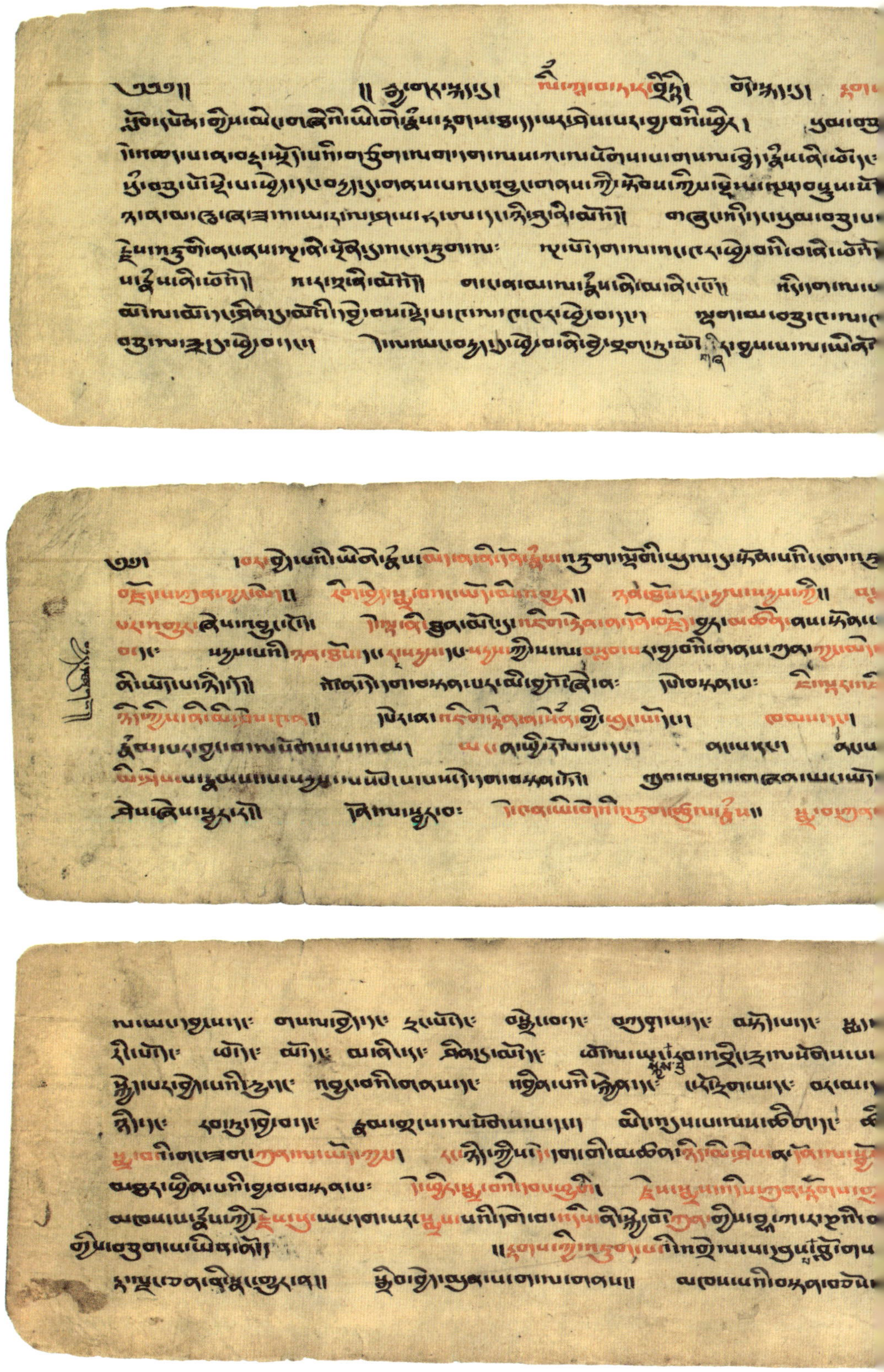

12174 音勢論廣疏 衛巴·羅色强秋益西撰 明抄本

梵夾裝。開本高8厘米，廣34厘米。西藏博物館藏。

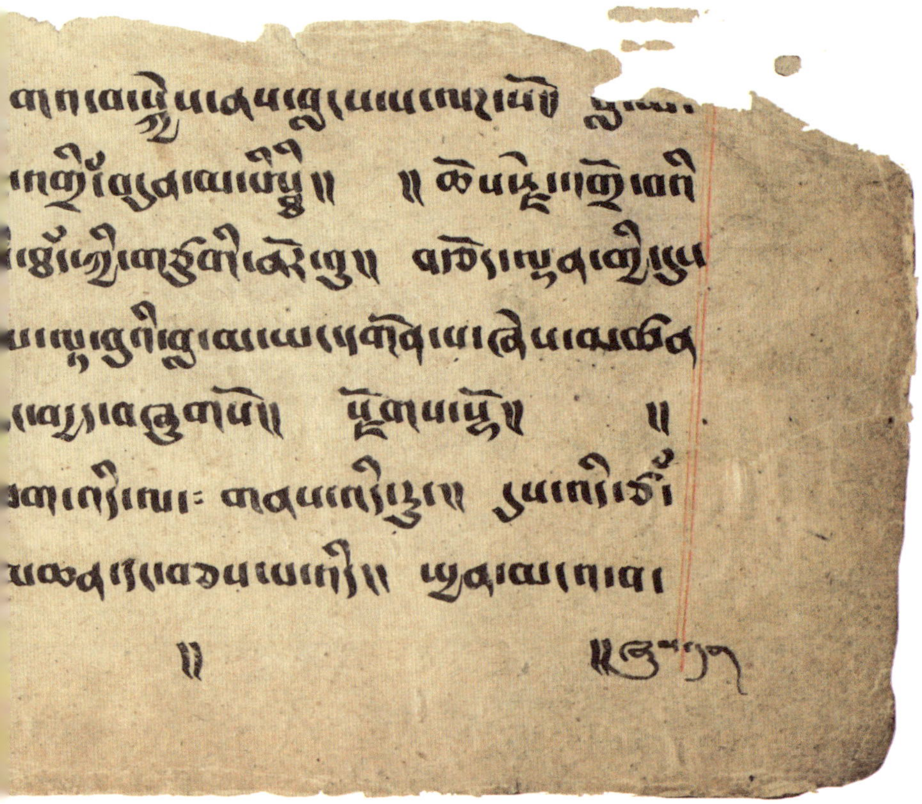

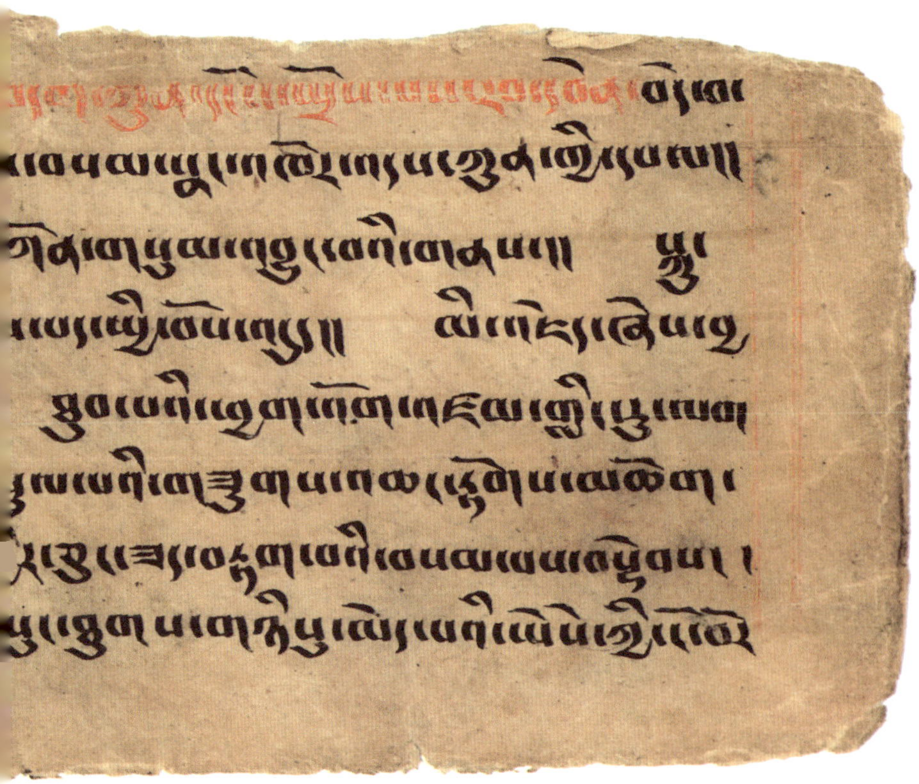

12173 央茺巴道歌集 堅阿·雲旦仁青丹編 明抄本

梵夾裝。開本高7厘米，廣17厘米。西藏博物館藏。

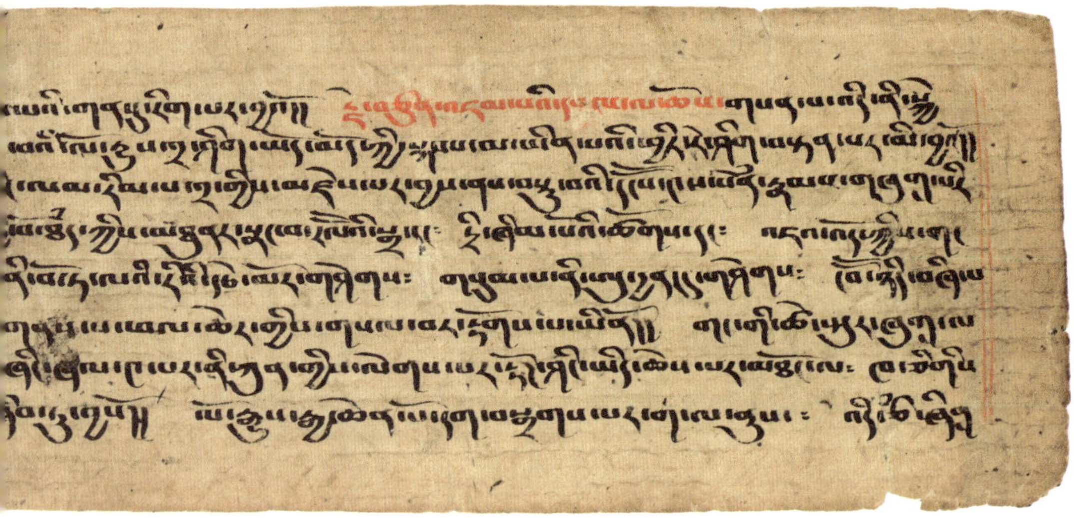

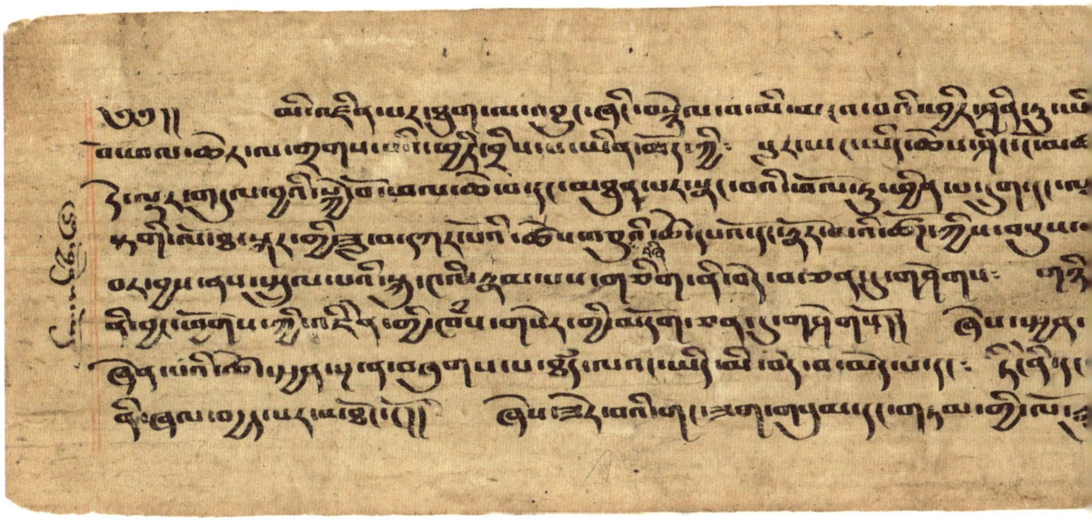

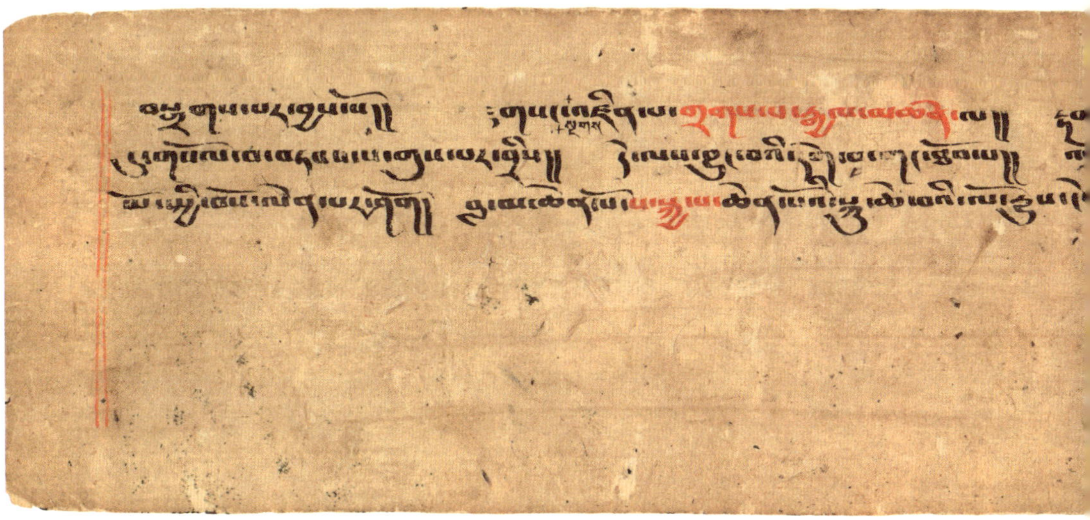

12172 薩迦扎巴堅贊傳 强秋協繞撰　明抄本

梵夾裝。開本高7.5厘米，廣34.6厘米。西藏博物館藏。

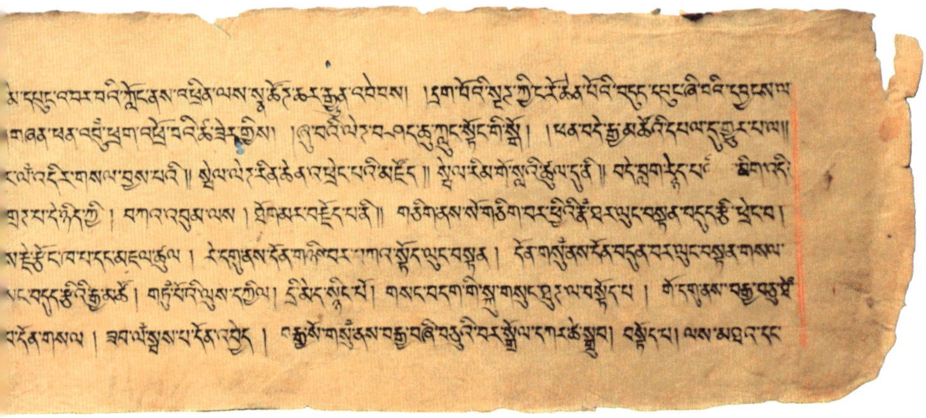

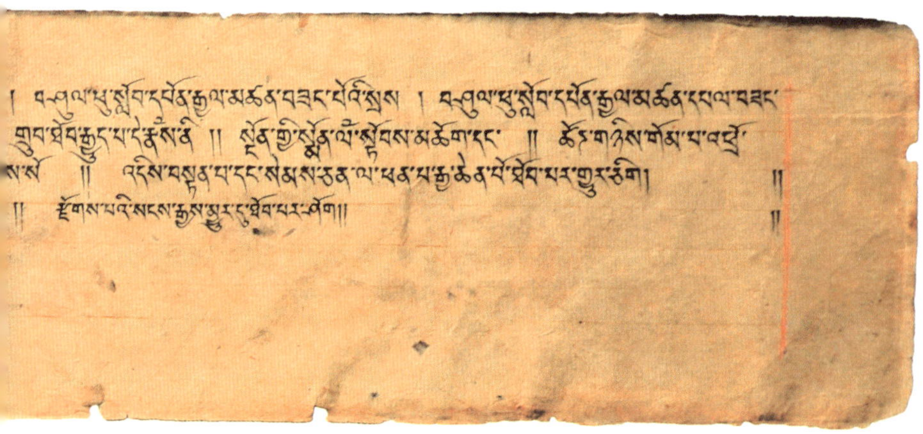

12171 洛扎執金剛傳記 明抄本

梵夾裝。開本高12.6厘米，廣60厘米。西藏自治區措美縣古堆鄉拉沃寺藏。

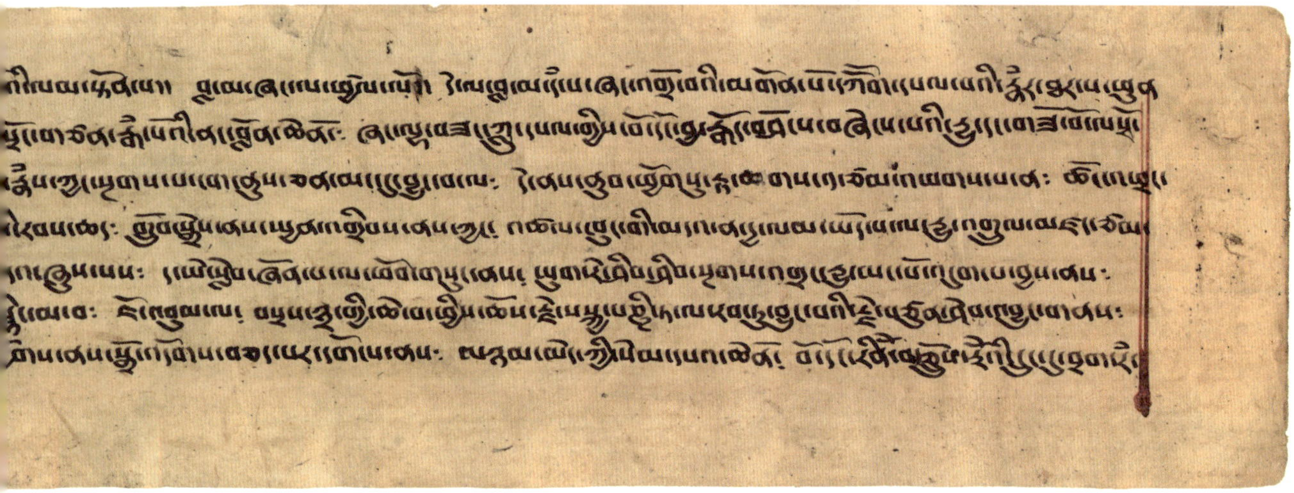

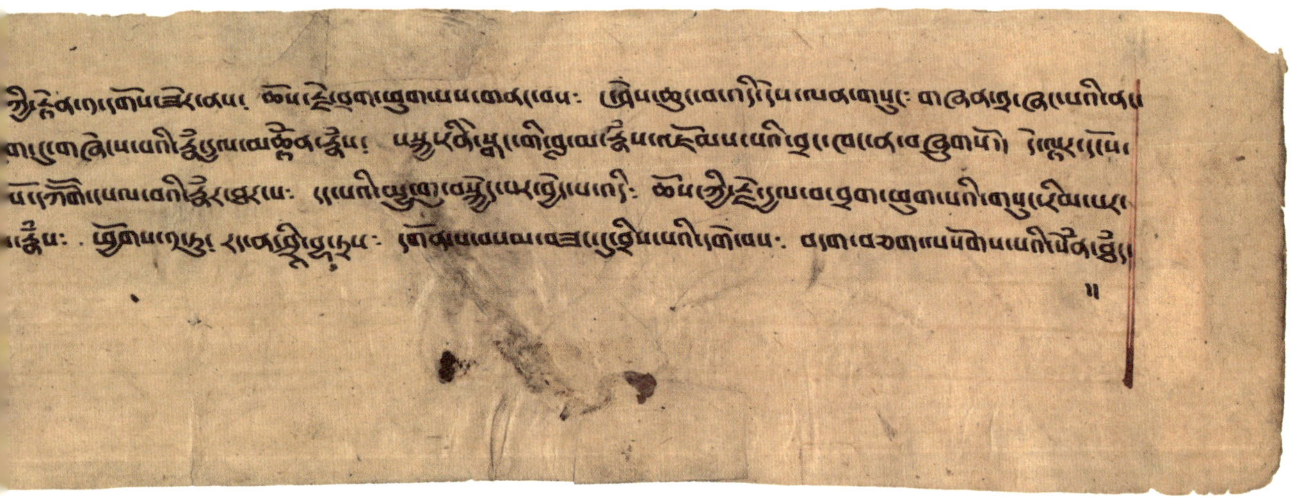

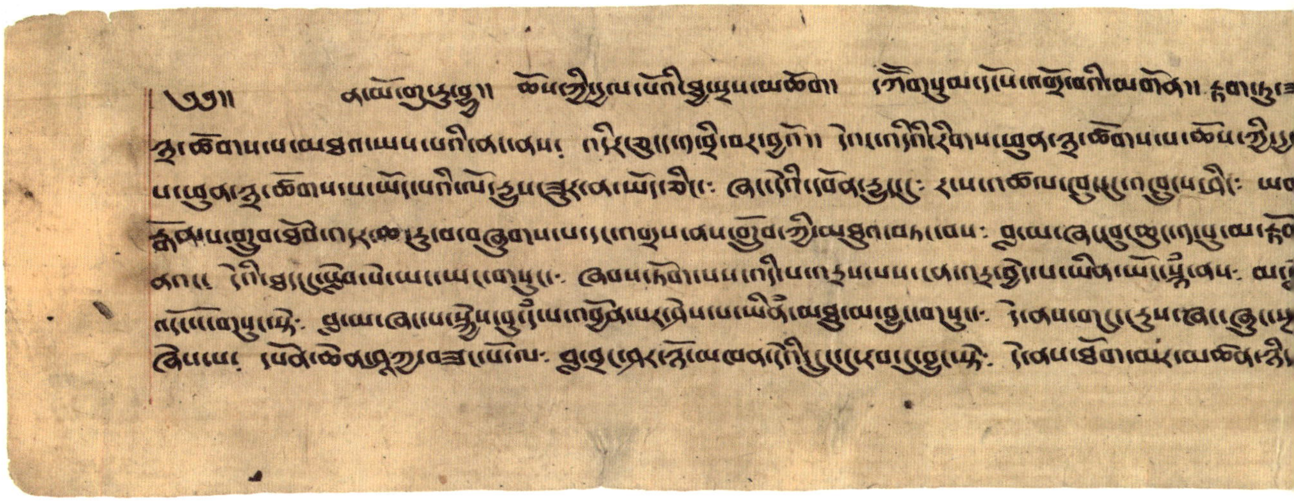

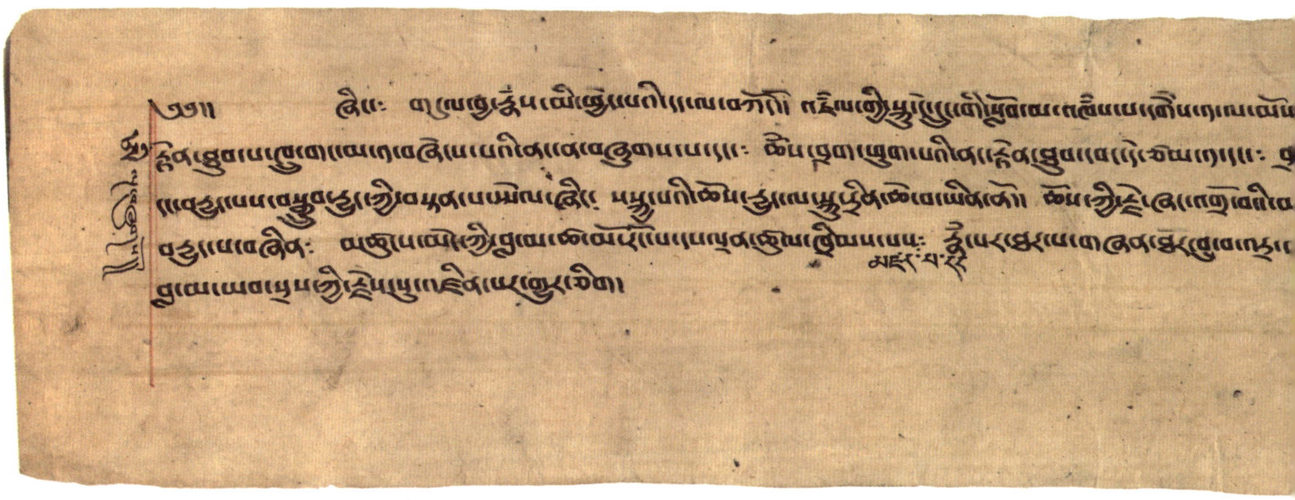

12170 響·卓衛貢布傳 涅阿·熱納西日巴扎撰 明抄本

梵夾裝。開本高8.6厘米，廣49.5厘米。西藏博物館藏。

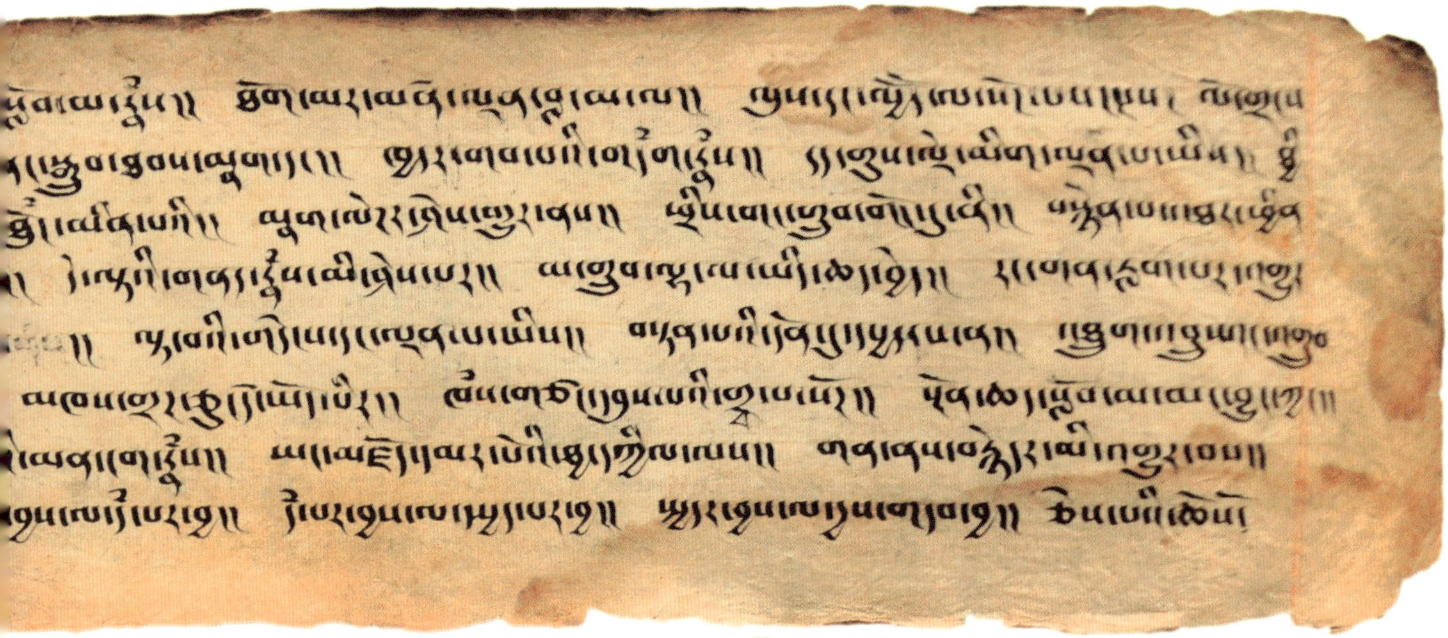

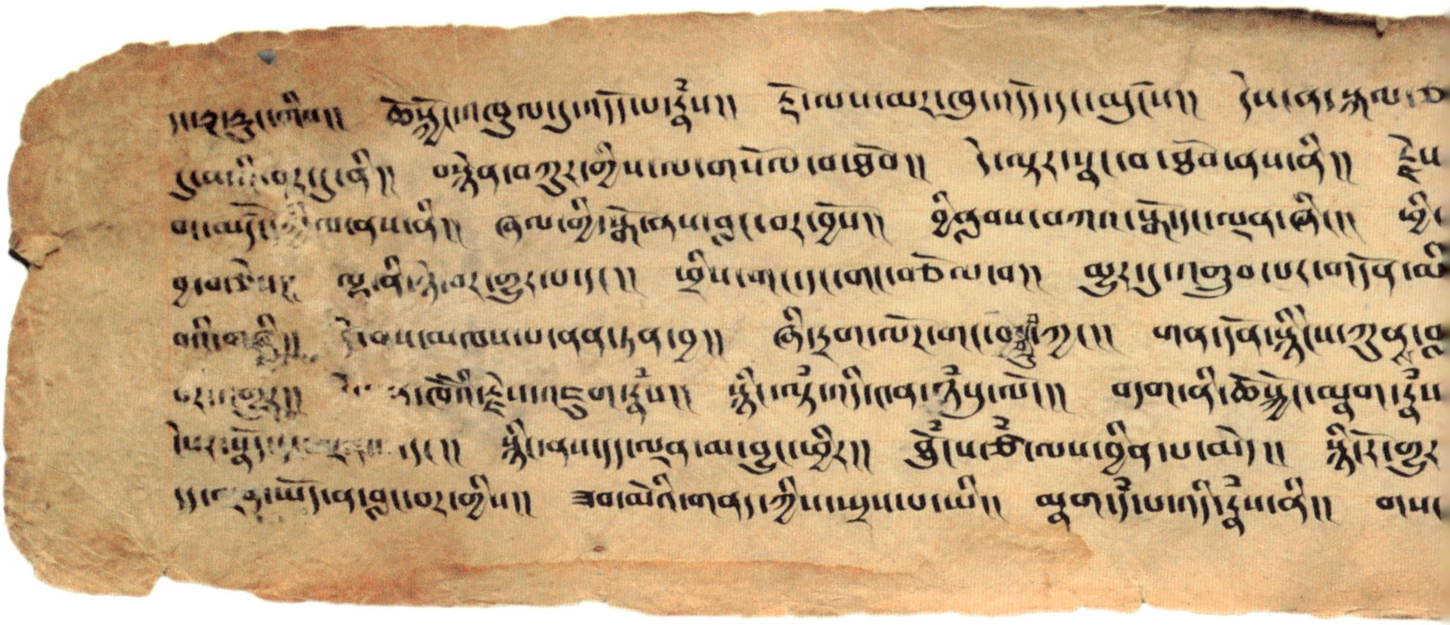

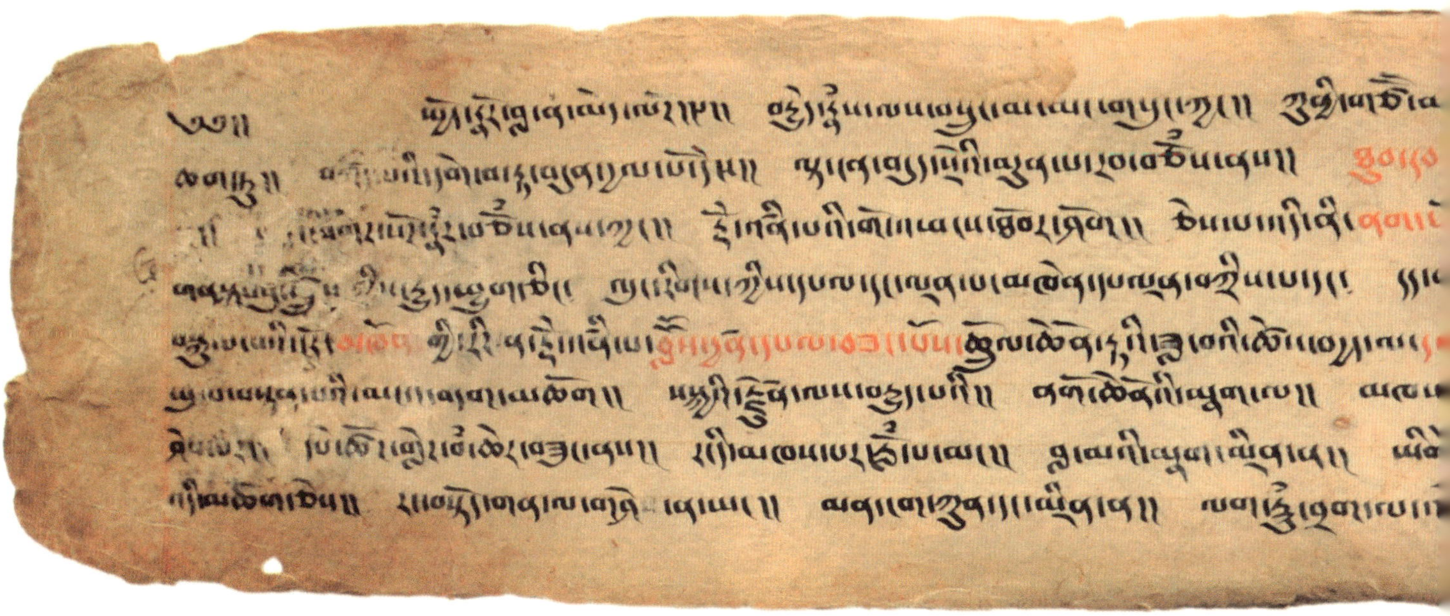

12169 黑金剛寶帳怙主訣竅法録　（元）八思巴 · 洛追堅贊撰　明抄本

梵夾裝。開本高8.7厘米，廣45厘米。西藏自治區曲水縣珠寺藏。

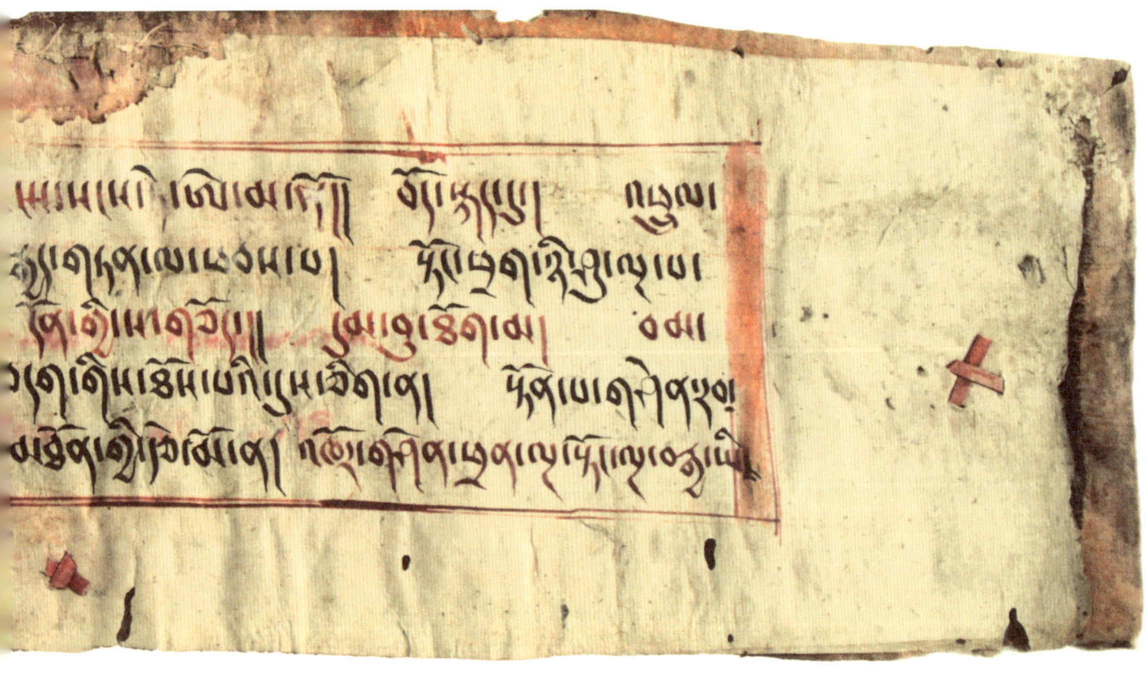

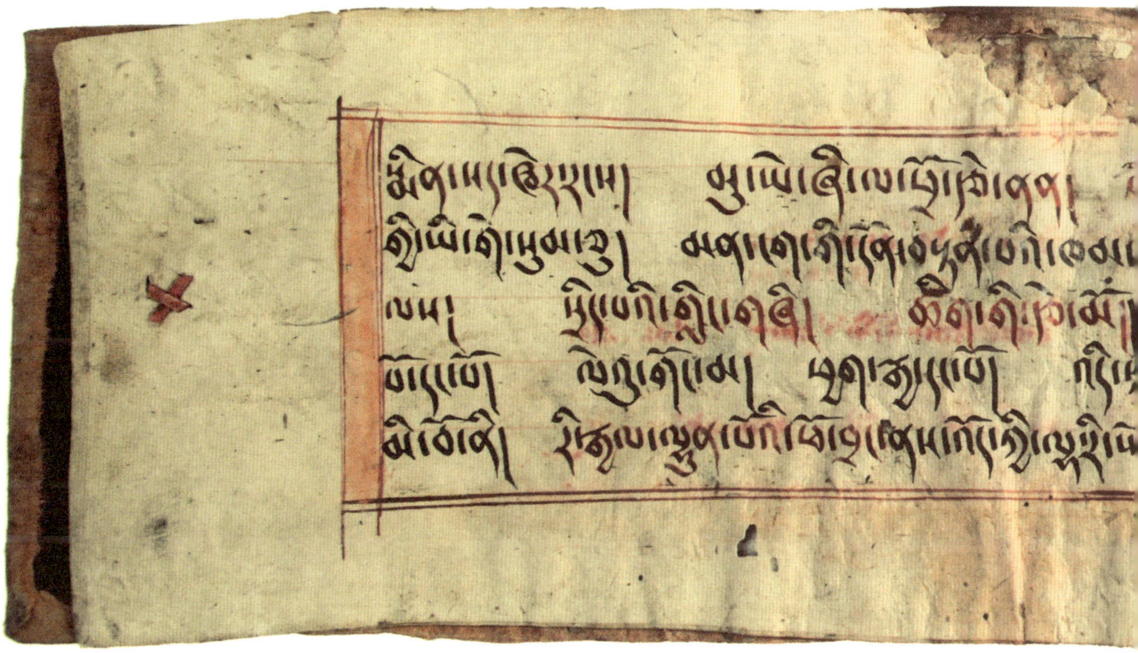

12168 苯教甘珠爾 明抄本

梵夾裝。開本高13.4厘米，廣51厘米。西藏自治區巴青縣布拉寺藏，存七十五函。

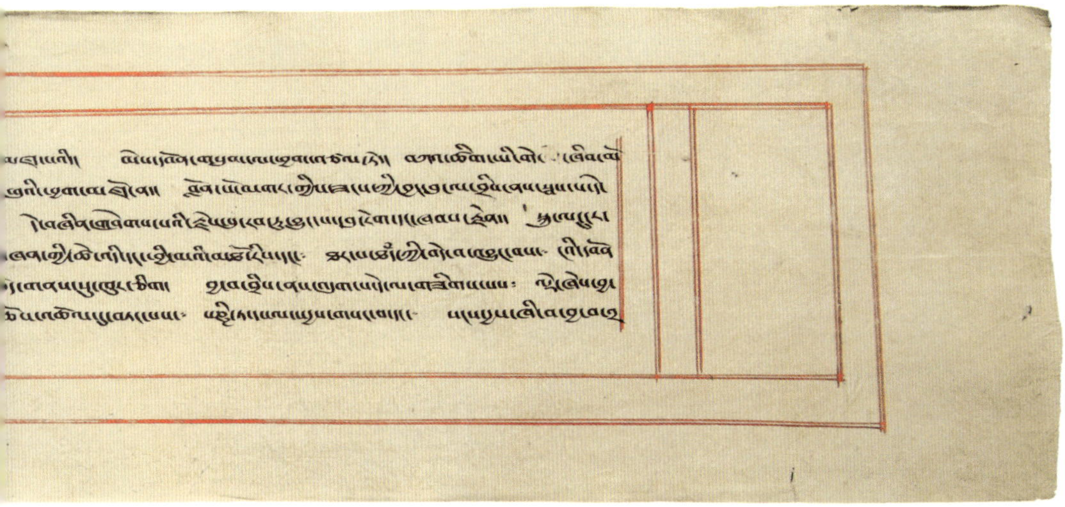

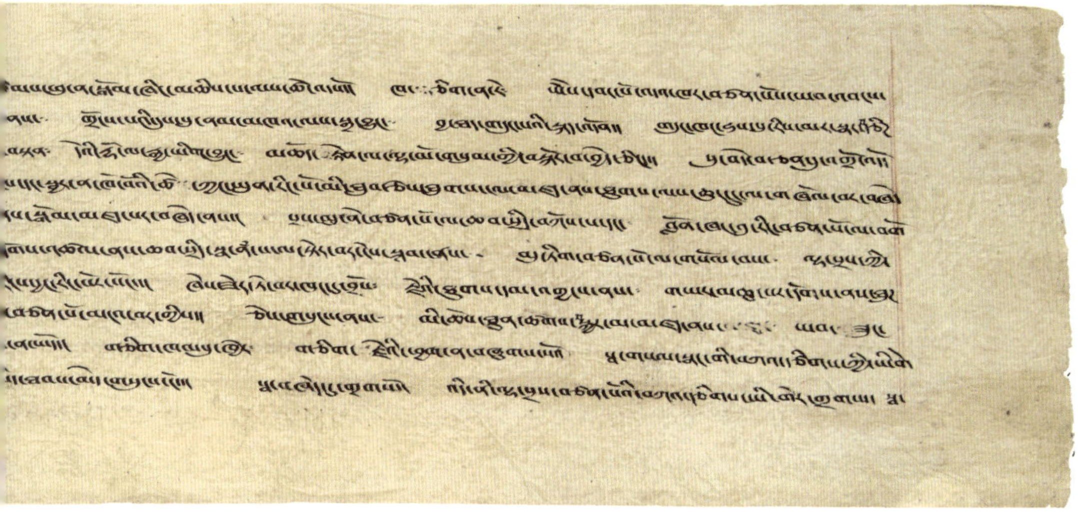

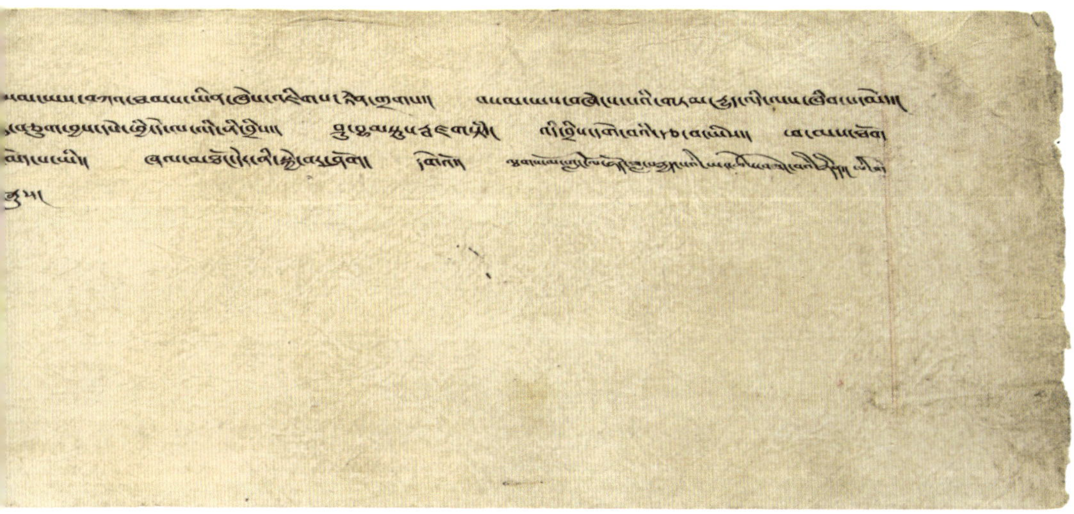

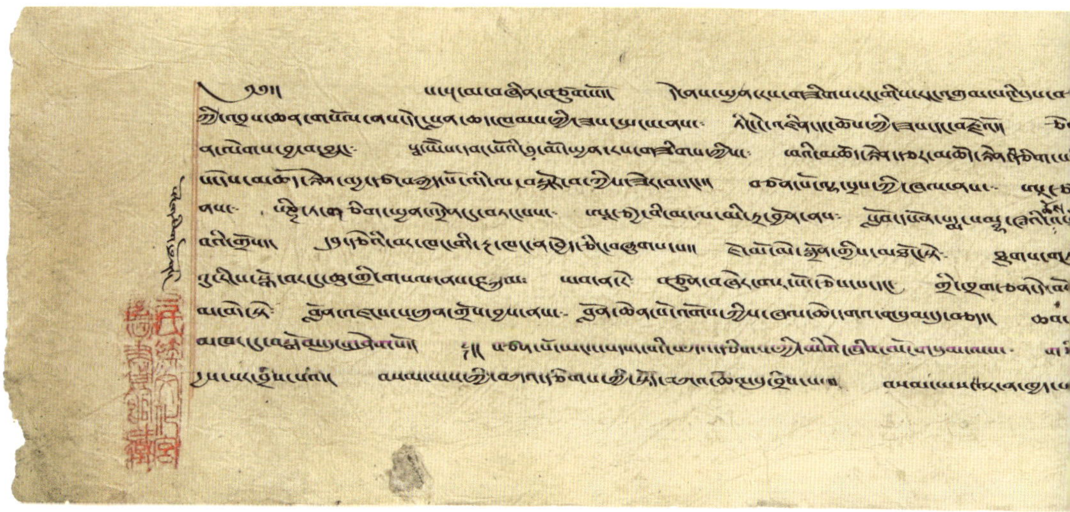

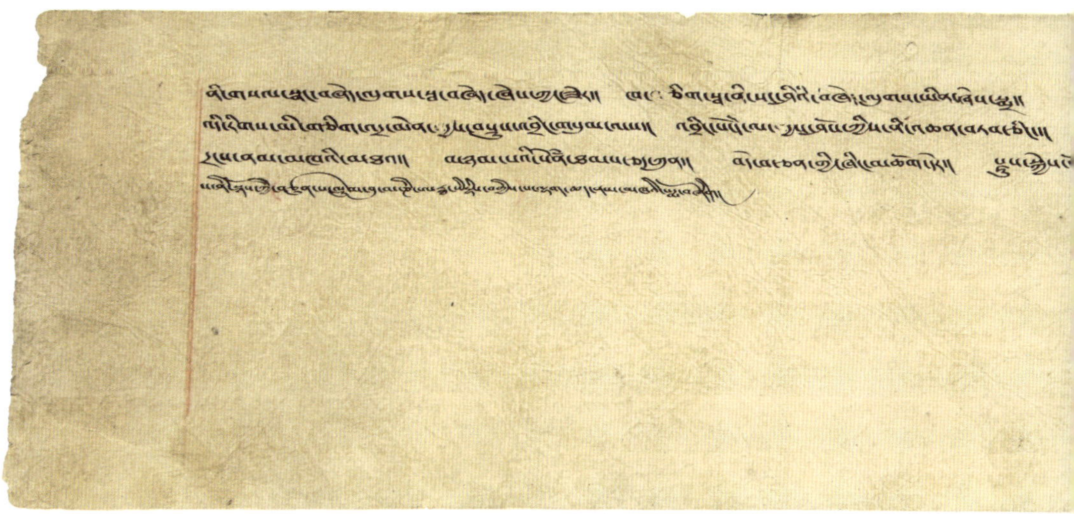

12167 巴協　巴・賽囊撰　明抄本

梵夾裝。開本高10厘米，廣44.5厘米。西藏博物館藏。

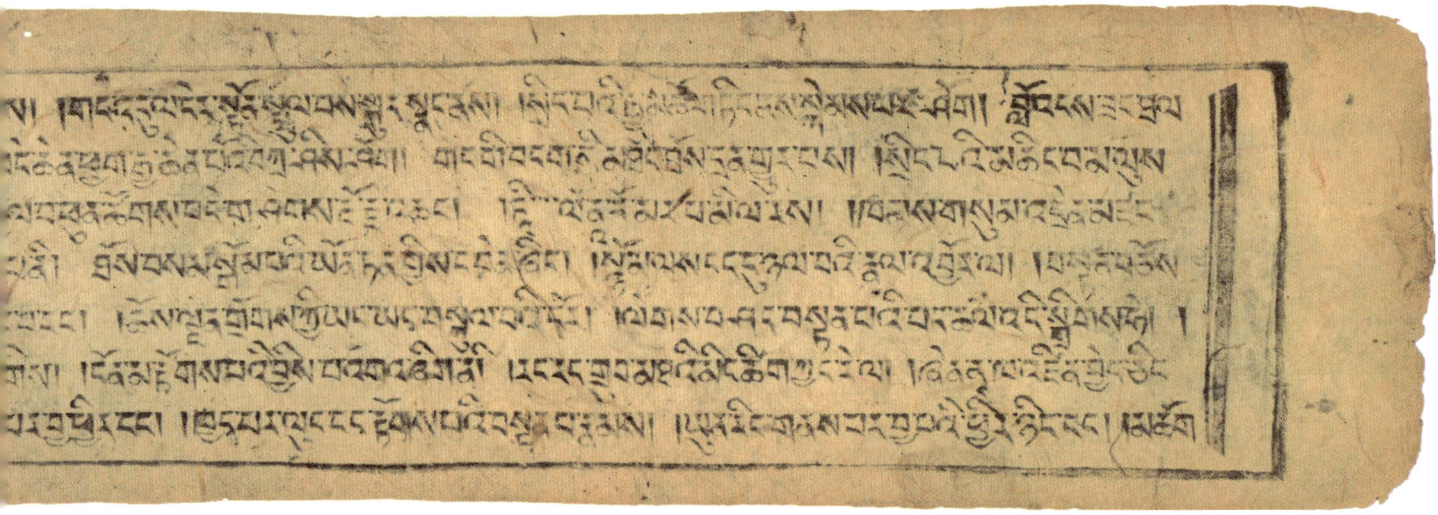

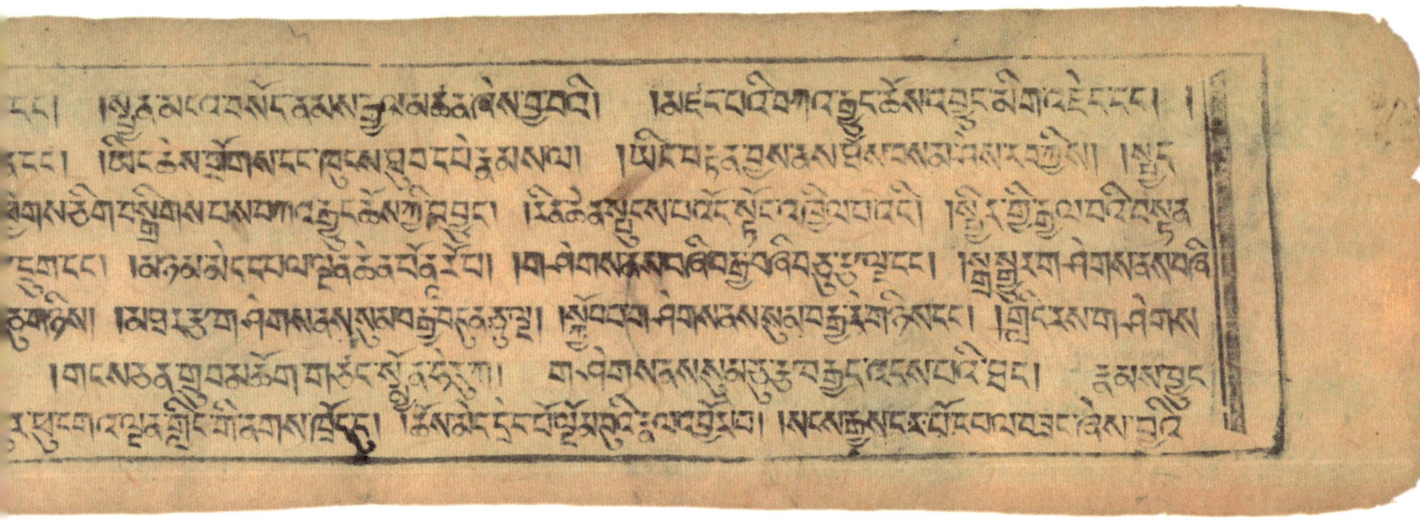

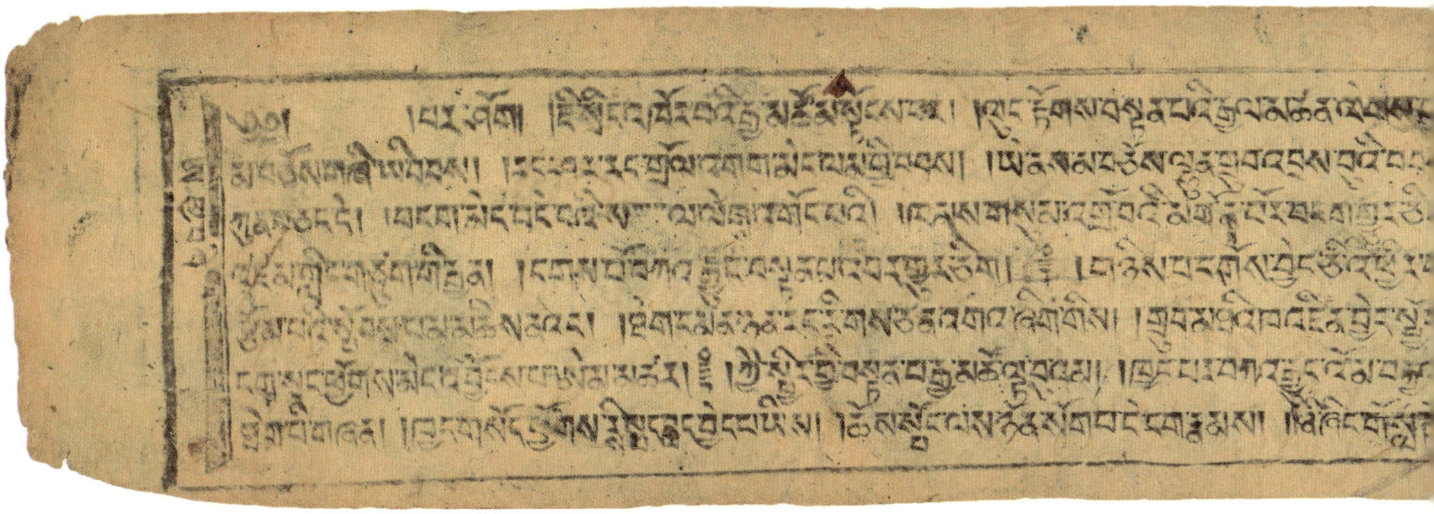

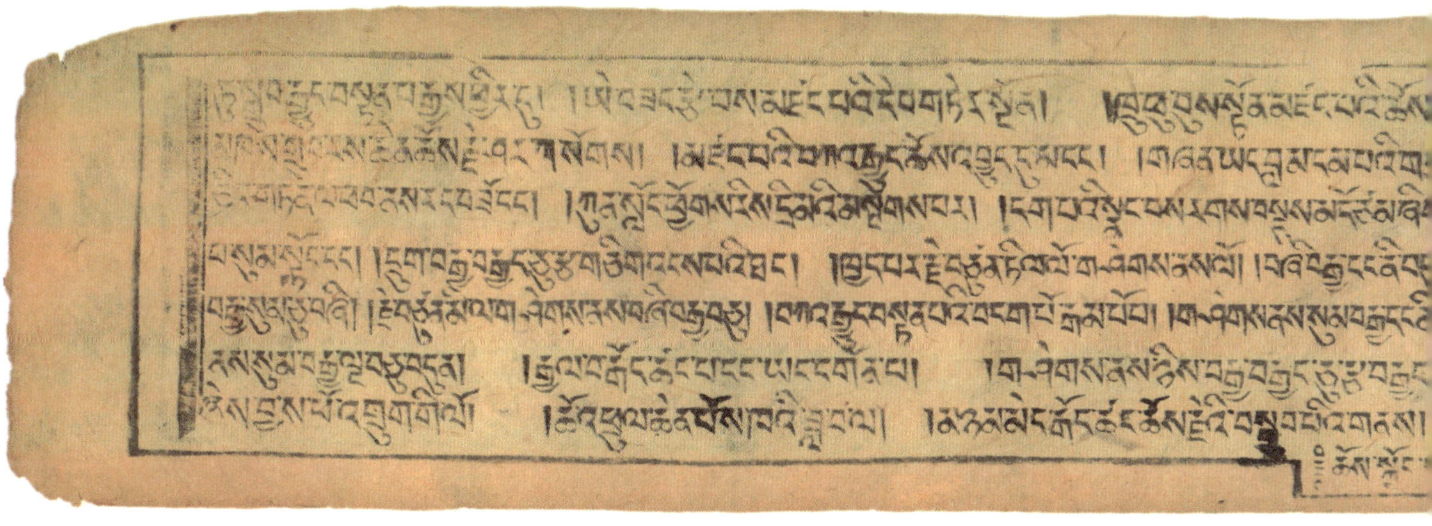

12166 噶舉派教法史 （明）桑杰阿波貝桑撰　明刻本

梵夾裝。開本高8厘米，廣48.5厘米。匡高6.5厘米，廣44.3厘米。每葉七行，四周單邊。中國民族圖書館藏。

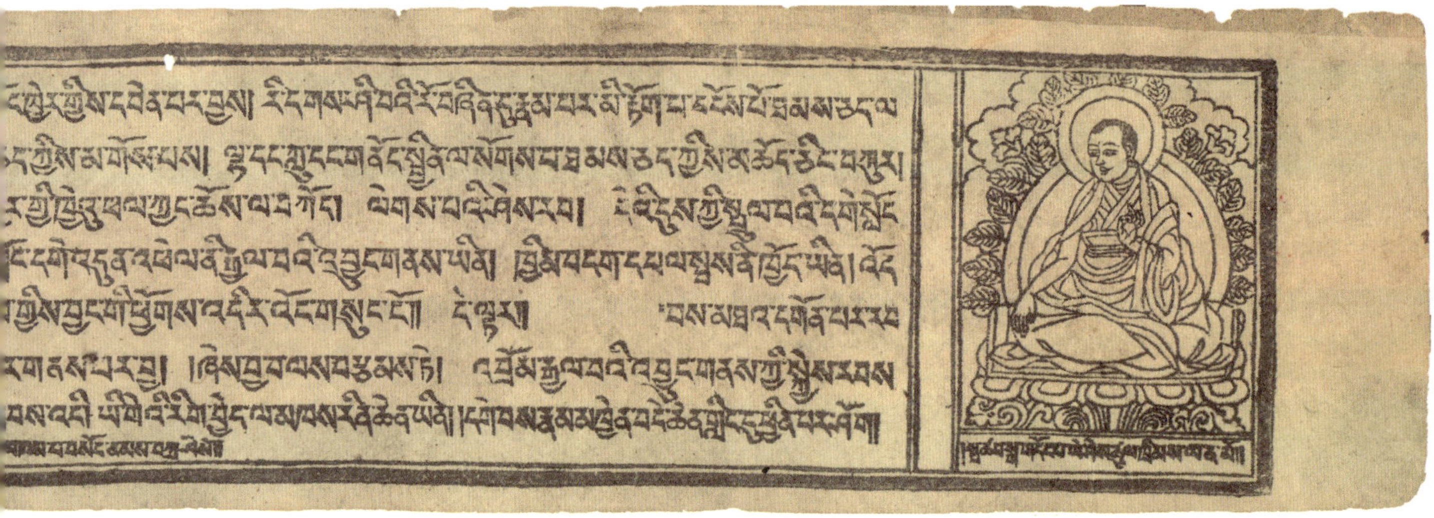

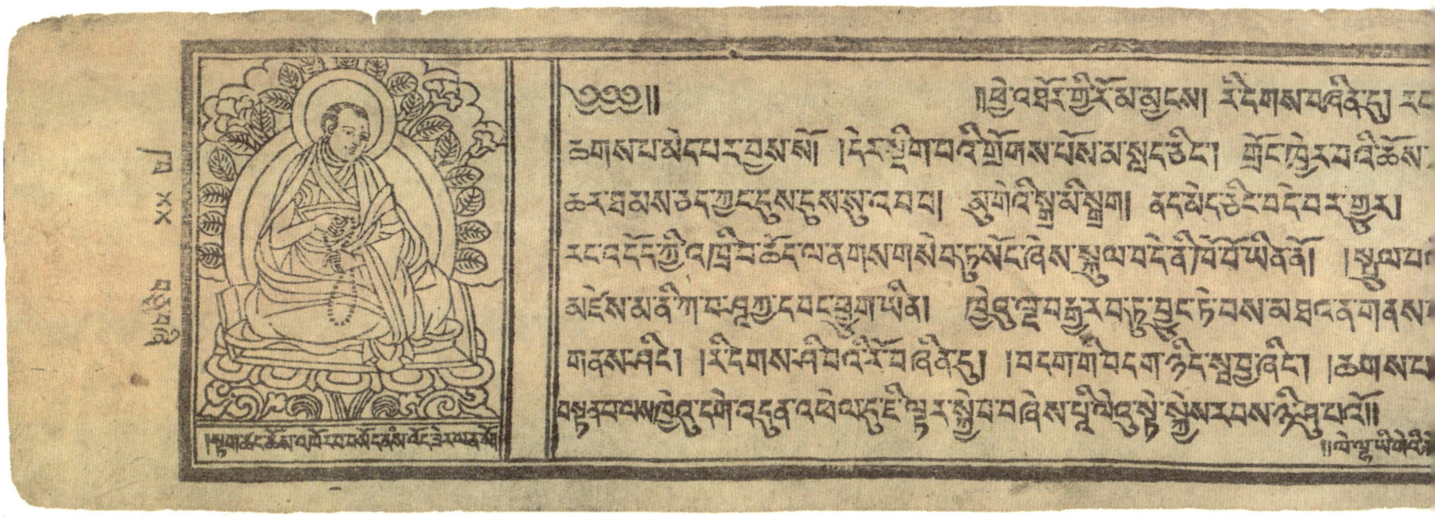

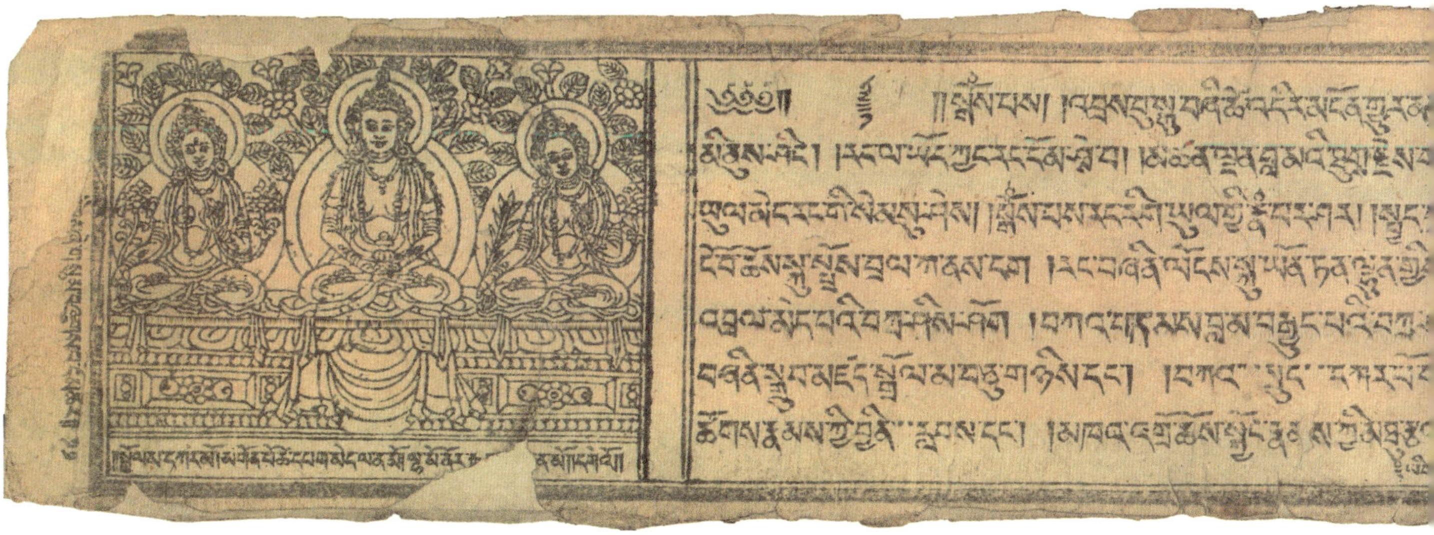

12165 仲敦巴本生傳·弟子問道語録 鄂·勒巴協若輯 明刻本

梵夾裝。開本高8.5厘米，廣49.5厘米。匡高6.7厘米，廣44.6厘米。每葉七行，四周雙邊。中國民族圖書館藏。

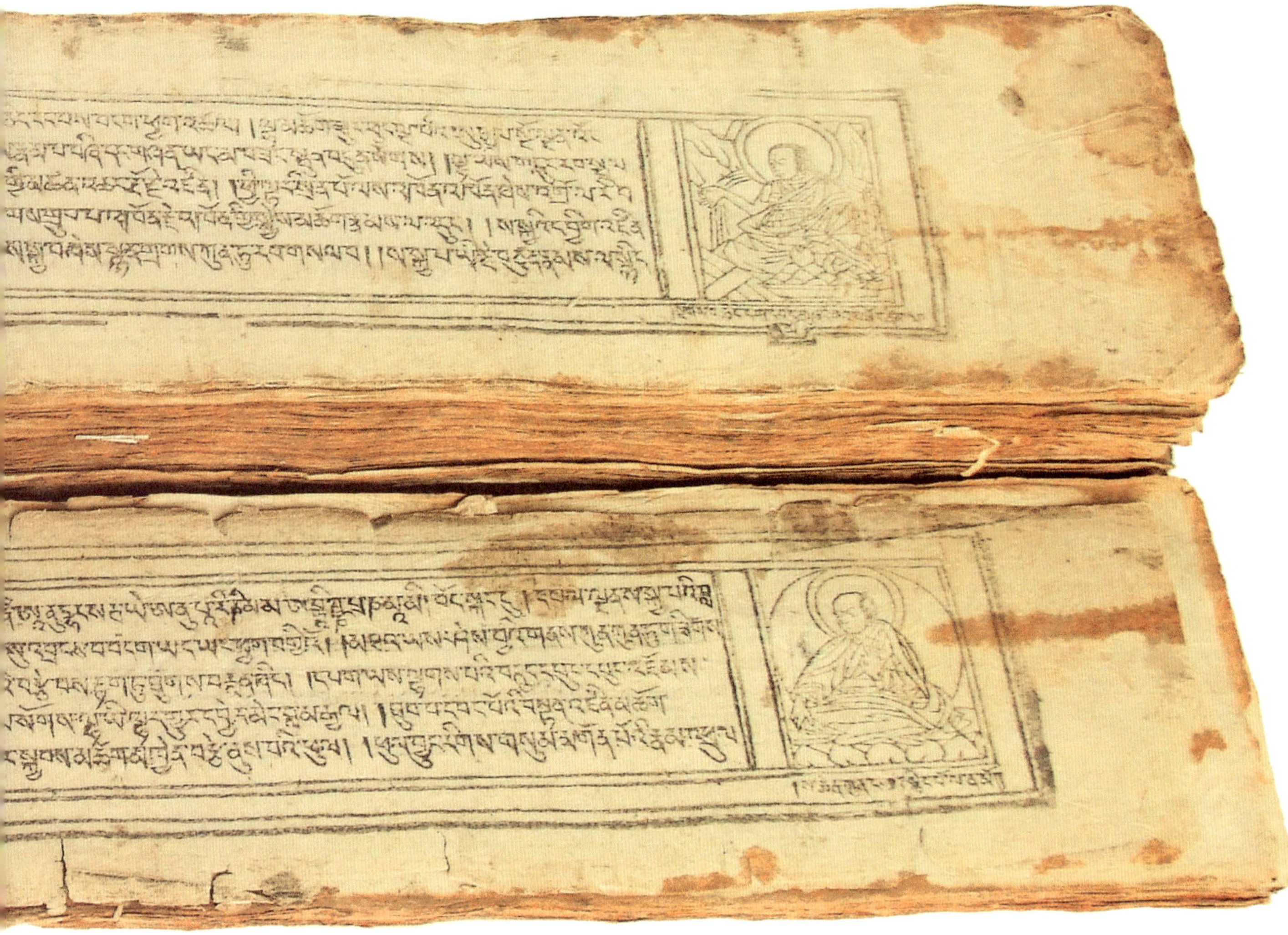

12164 薩迦世系 （明）阿旺·貢嘎索南撰 明刻本

梵夾裝。開本高10厘米，廣56.5厘米。匡高7厘米，廣49.5厘米。西北民族大學圖書館藏。

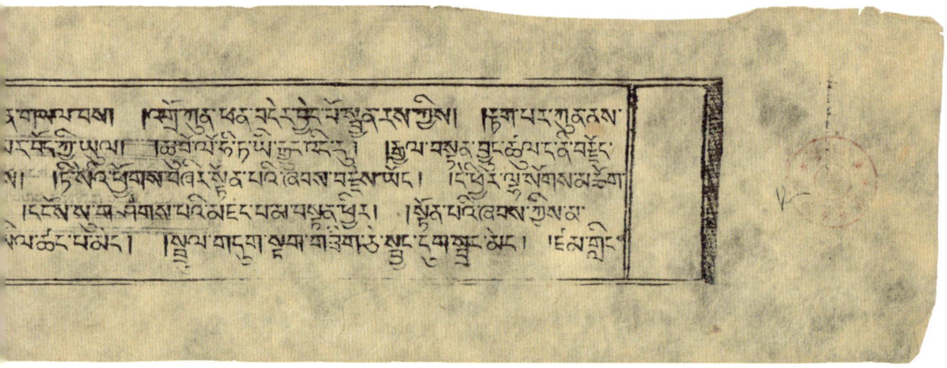

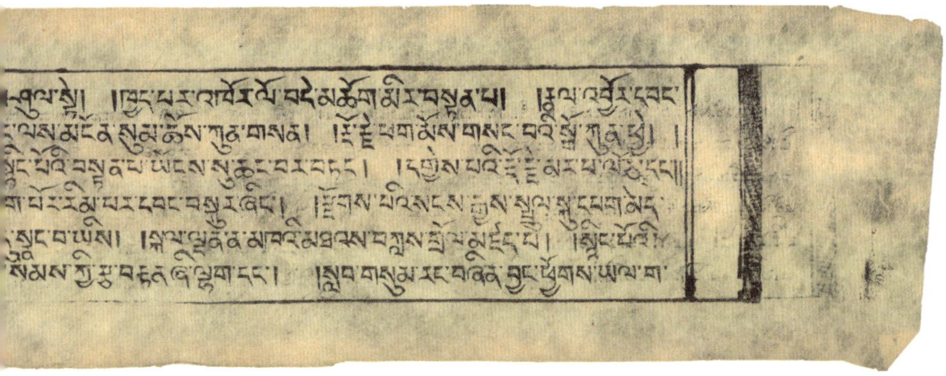

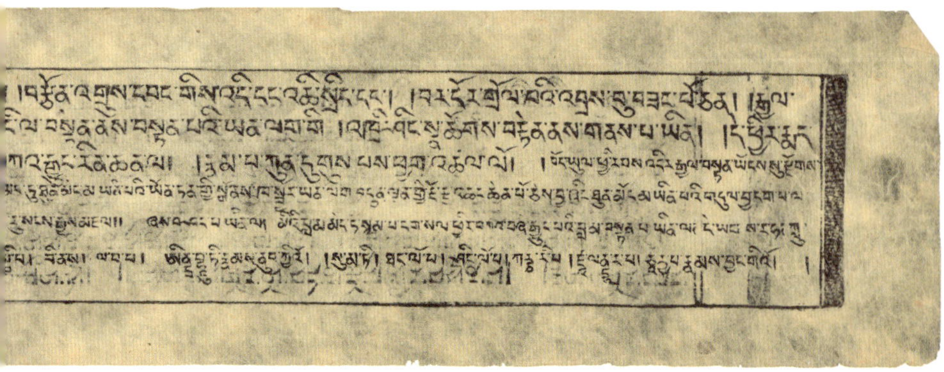

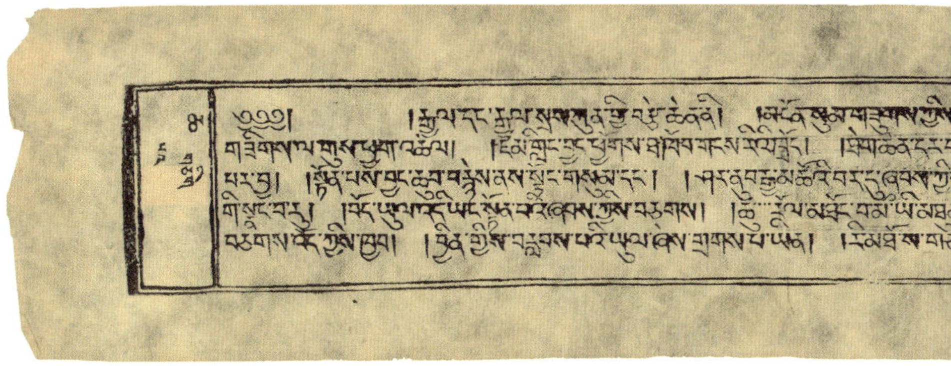

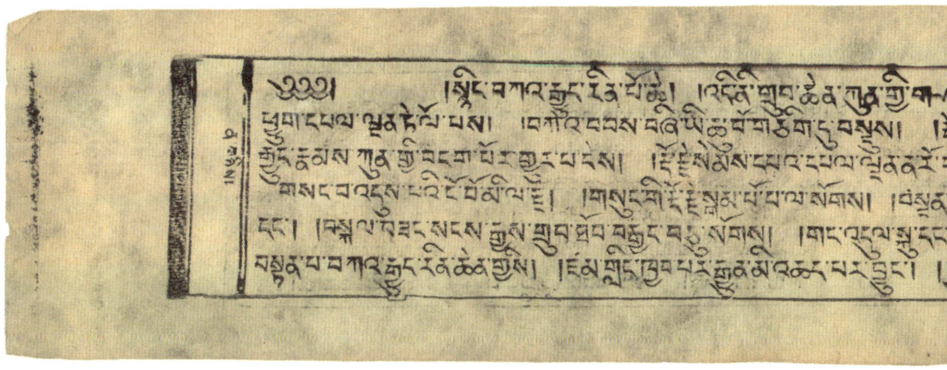

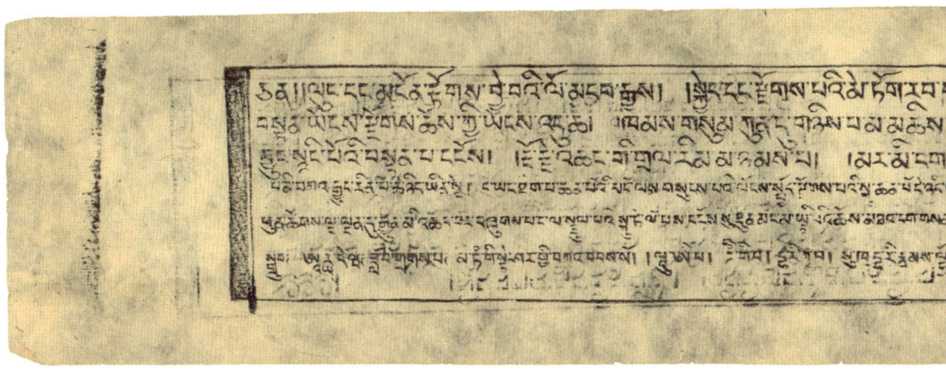

12163 賢者喜宴　（明）巴沃·祖拉陳瓦撰　明刻本

梵夾裝。開本高9.5厘米，廣52.5厘米。匡高6.5厘米，廣46.1厘米。中國民族圖書館藏。

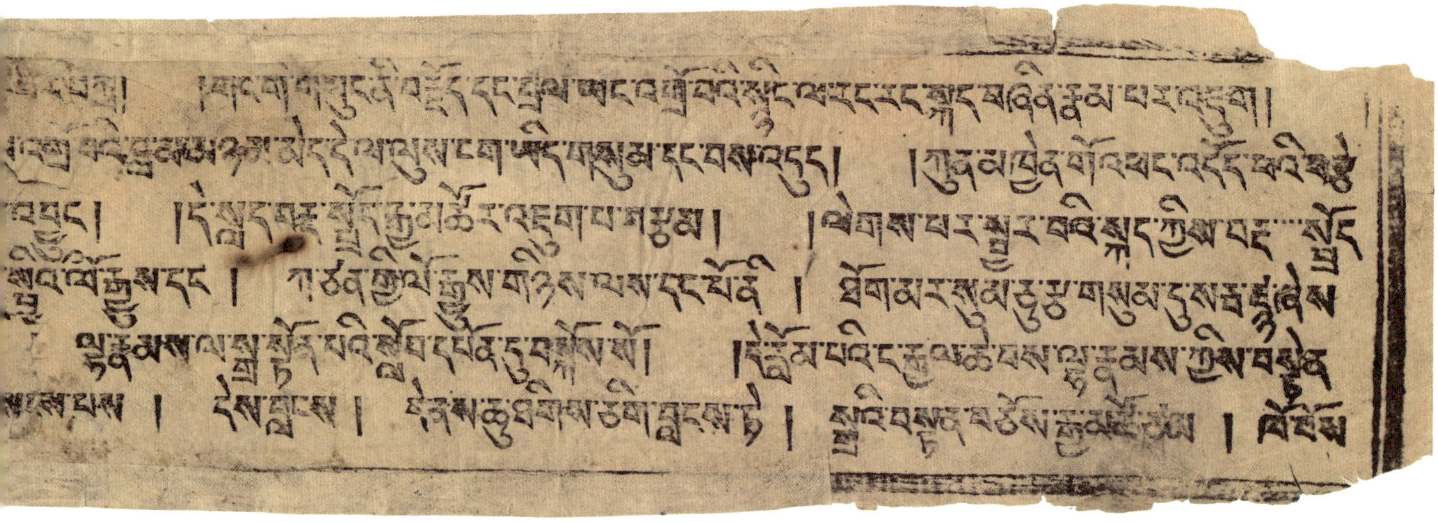

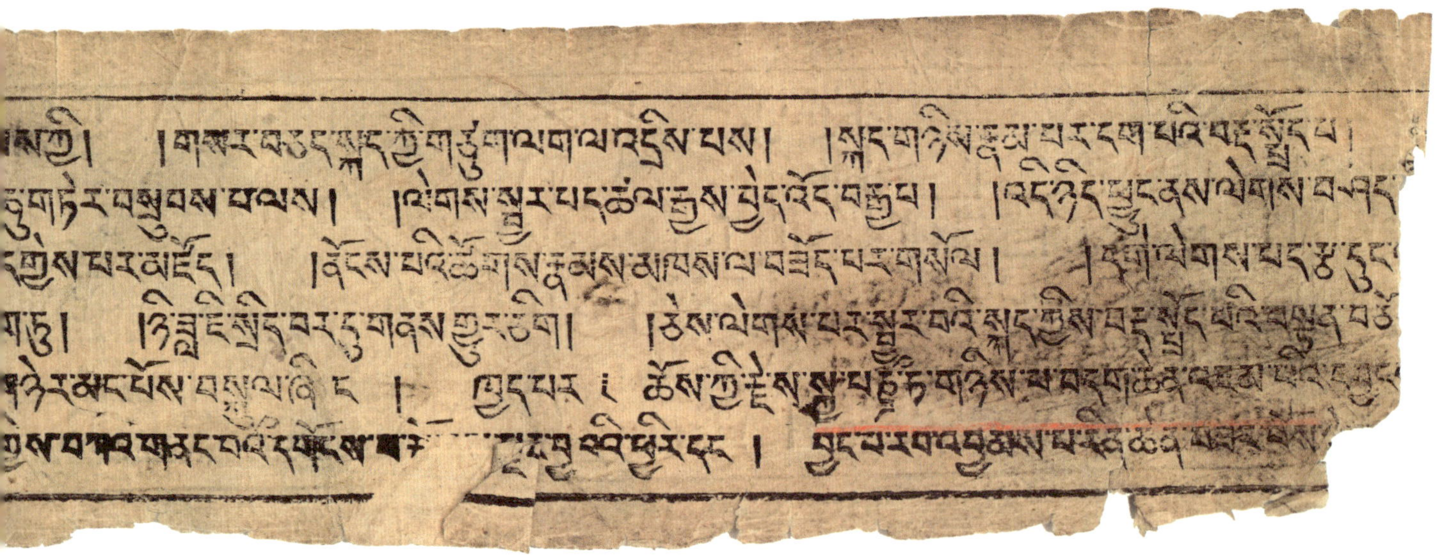

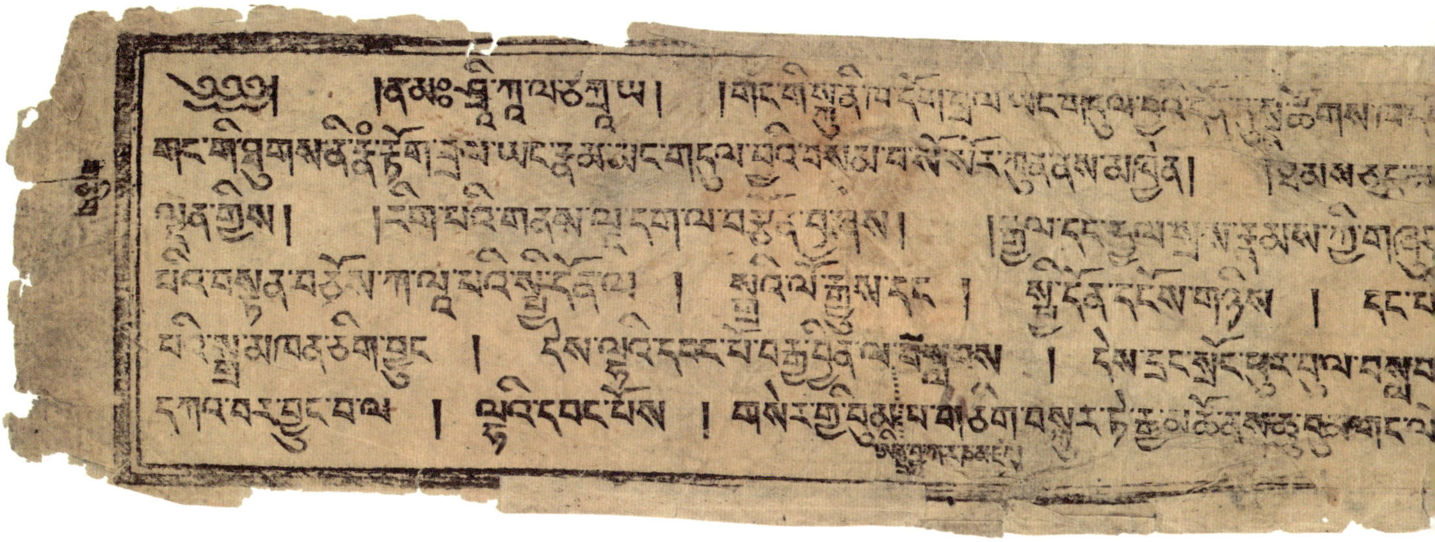

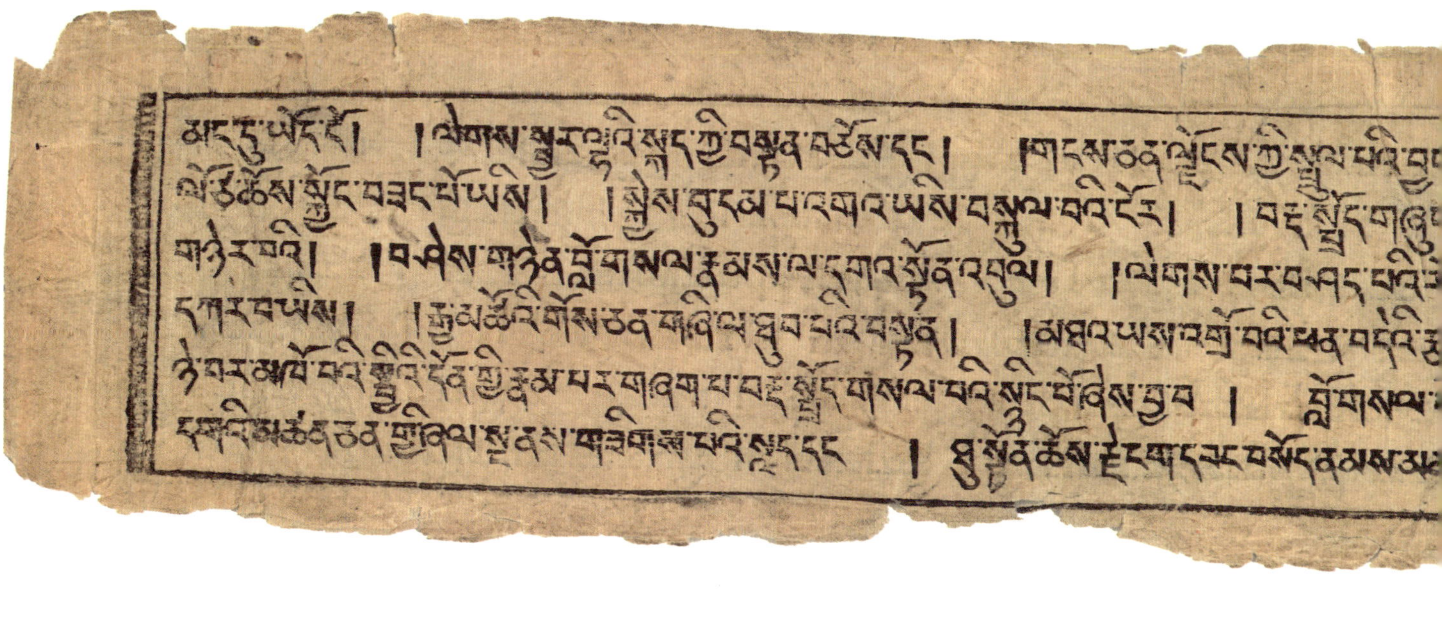

12162 梵文嘎拉巴總義 夏魯 · 卻迥桑布撰 明刻本

梵夾裝。開本高8.2厘米，廣50厘米。匡高6厘米，廣46厘米。每葉六行。西藏圖書館藏。

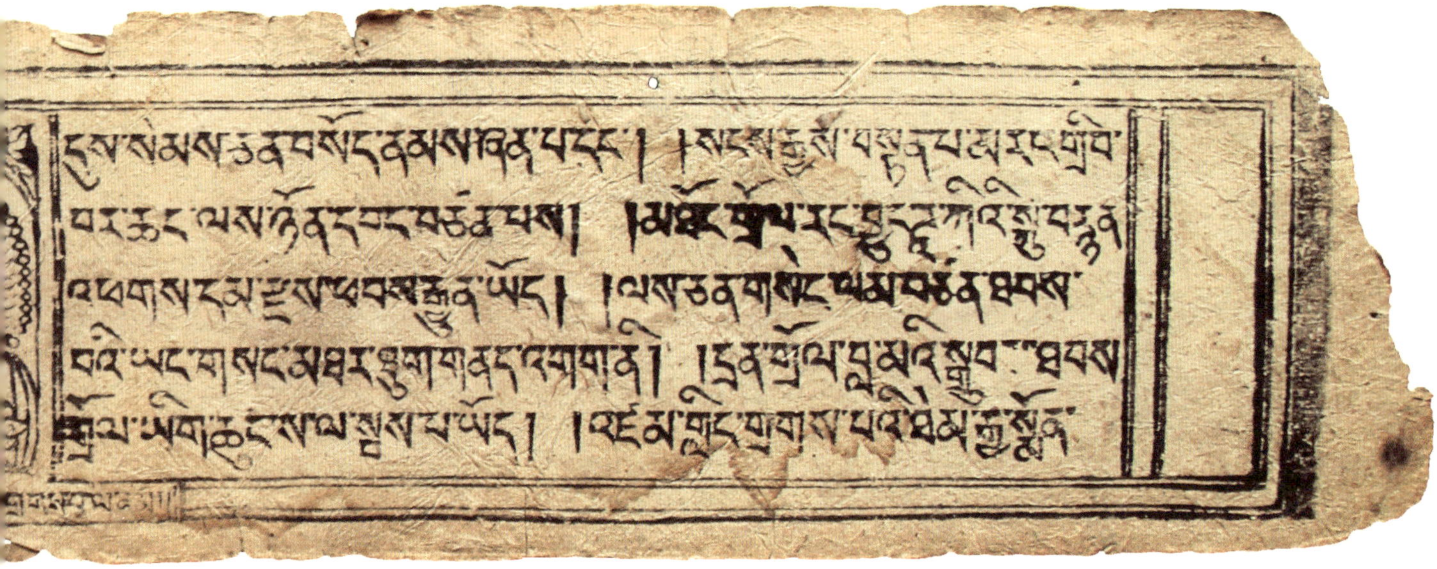

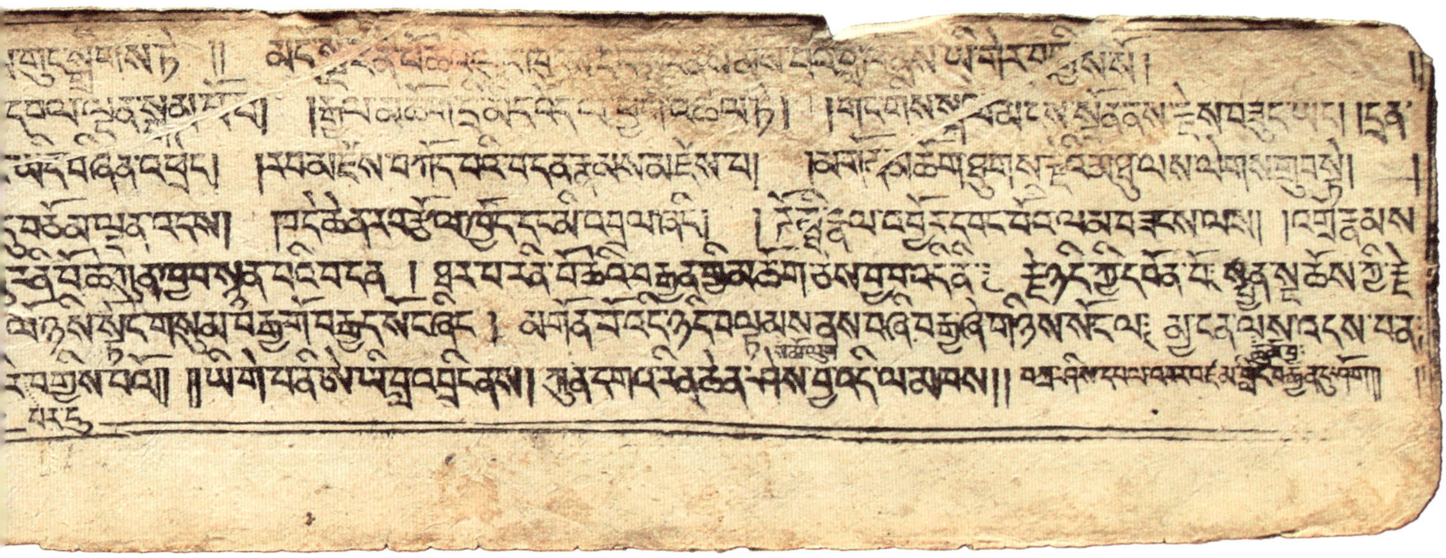

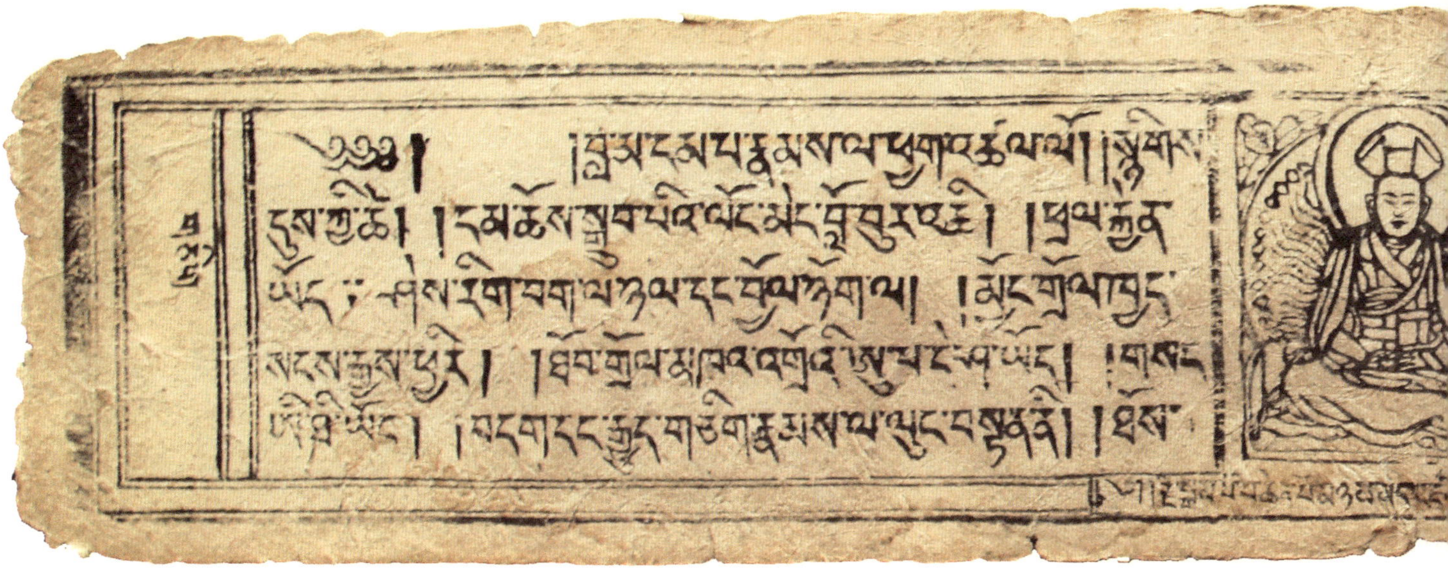

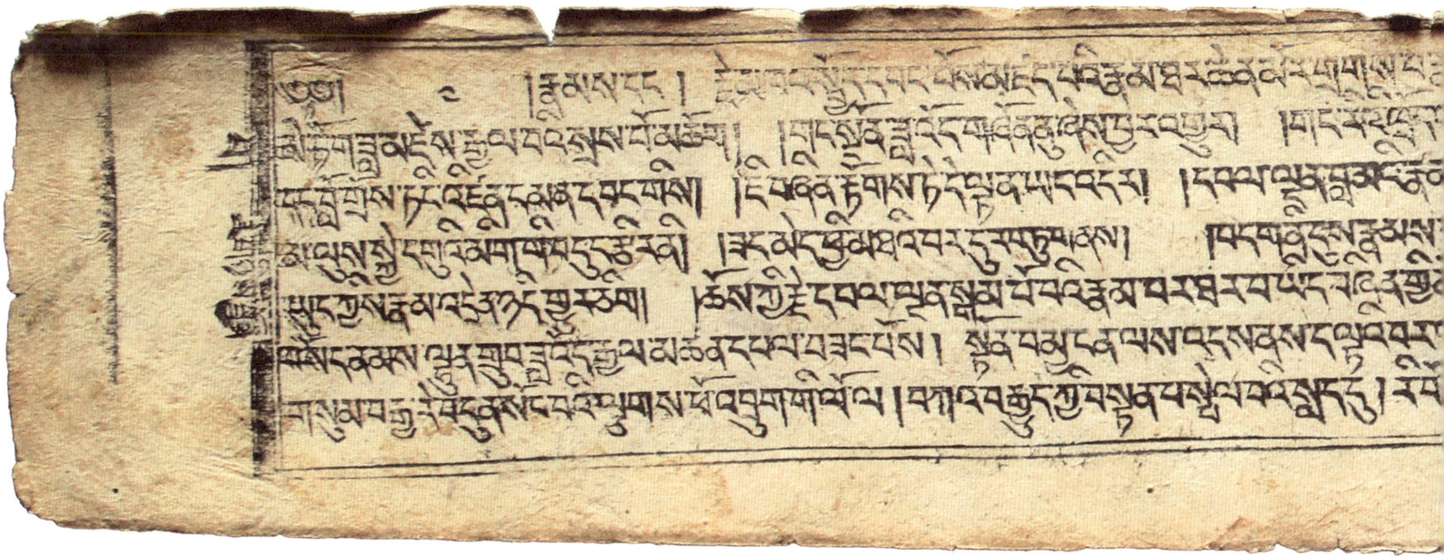

12161 達布拉杰教誨 明山南加查達布拉鼎刻本

梵夾裝。開本高20厘米，廣68.3厘米。匡高16.5厘米，廣52厘米。每葉七行。西藏自治區索縣扎西炯寺藏。

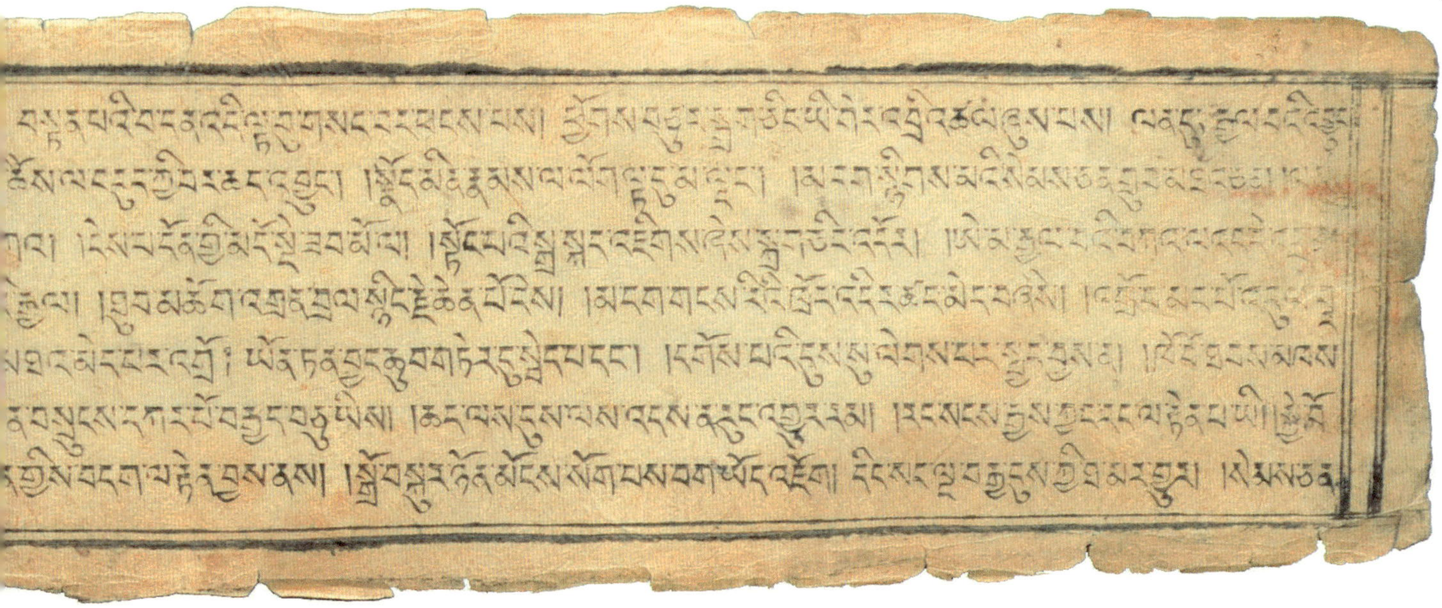

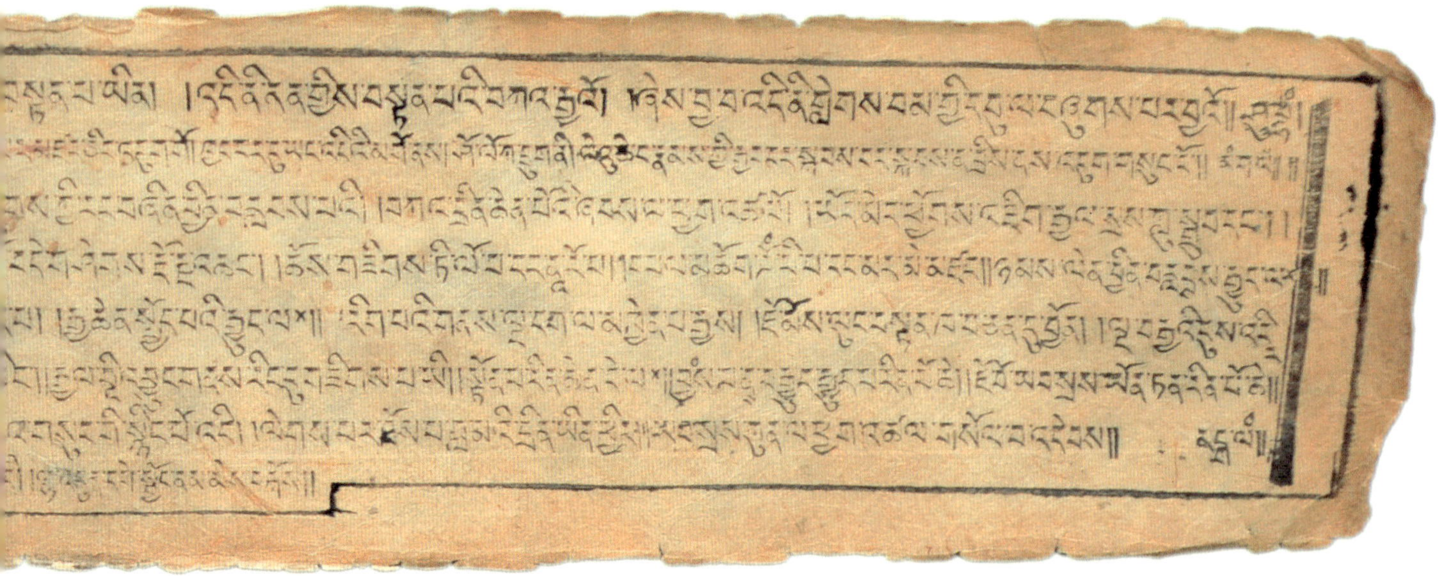

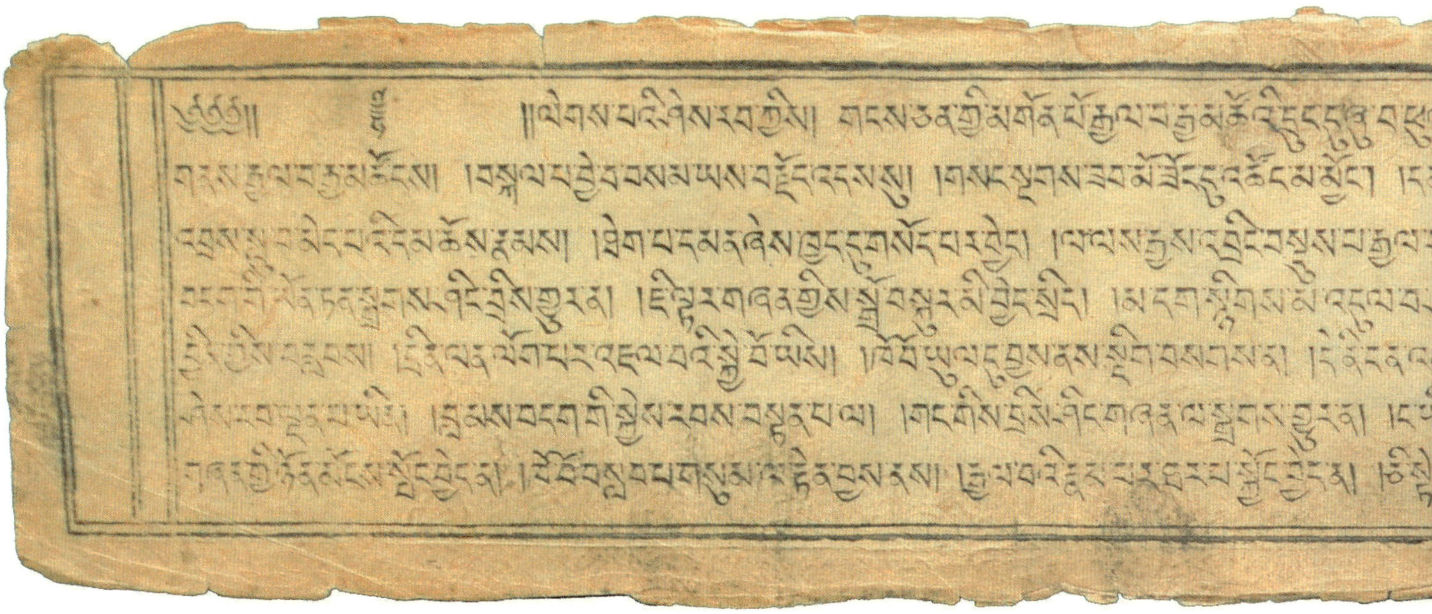

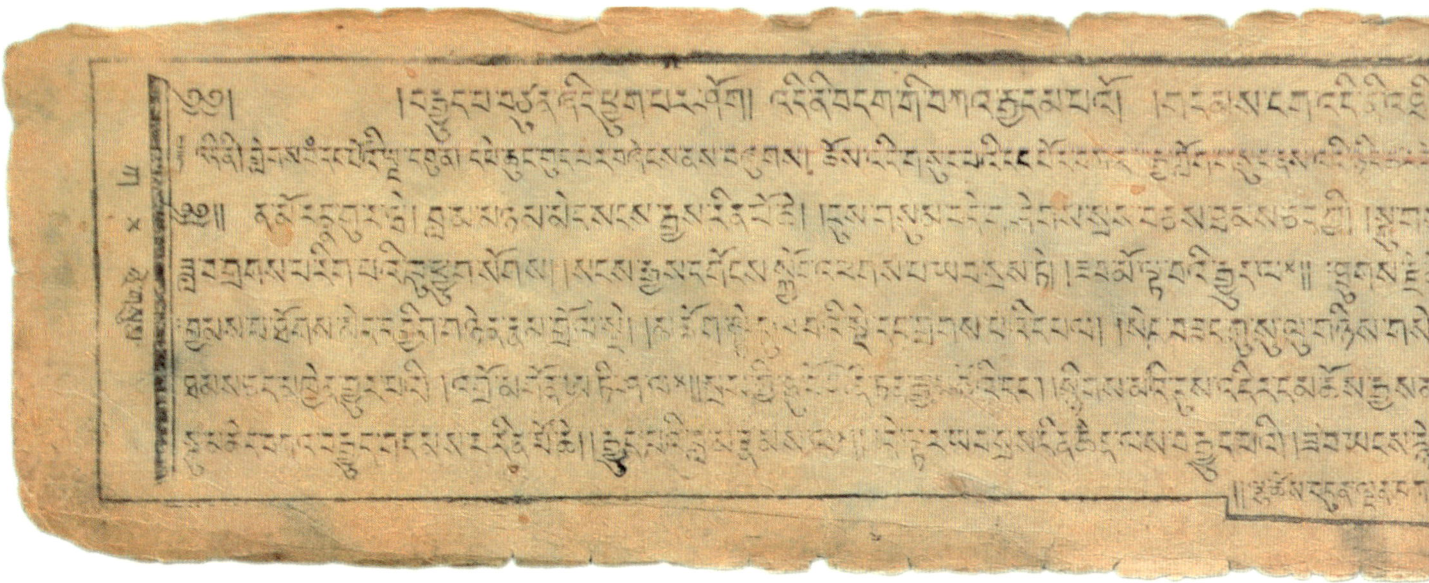

12160 仲敦巴大師秘笈 仲敦巴 · 杰瓦瓊乃撰 明貢塘刻本

梵夾裝。開本高8厘米，廣45厘米。匡高6厘米，廣44厘米。每葉七行。西藏圖書館藏。

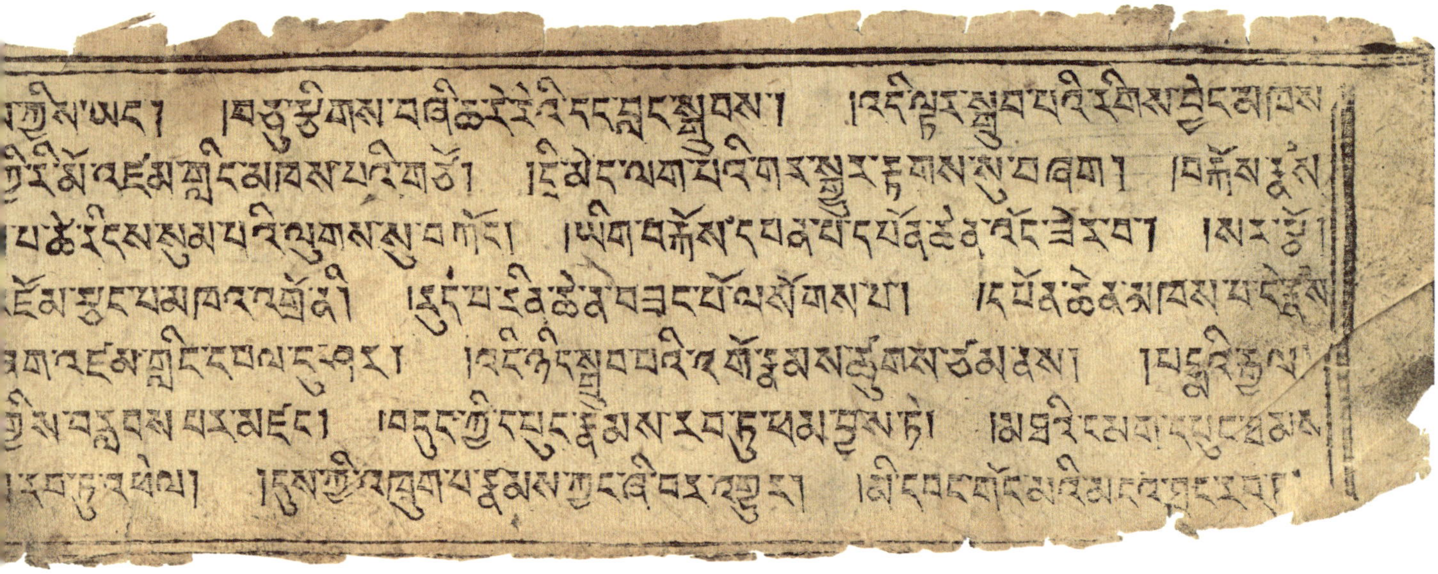

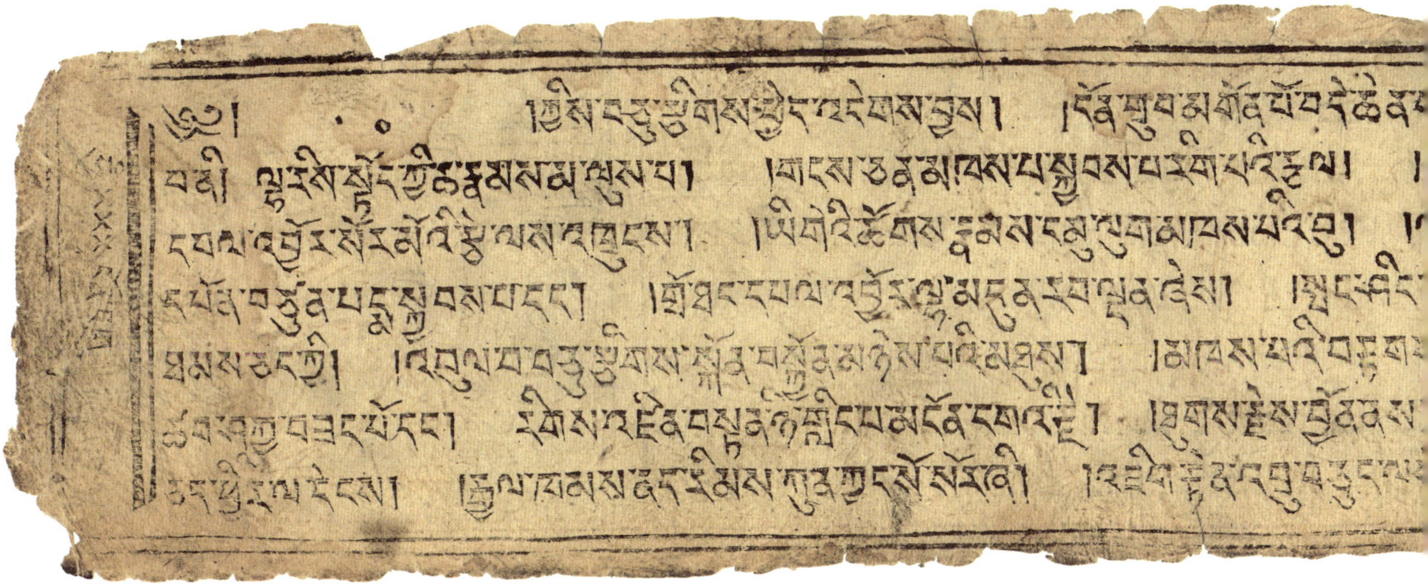

12159 蓮花生傳記 明貢塘刻本

梵夾裝。開本高8.5厘米，廣47厘米。匡高7.5厘米，廣45厘米。每葉七行。西藏圖書館藏。

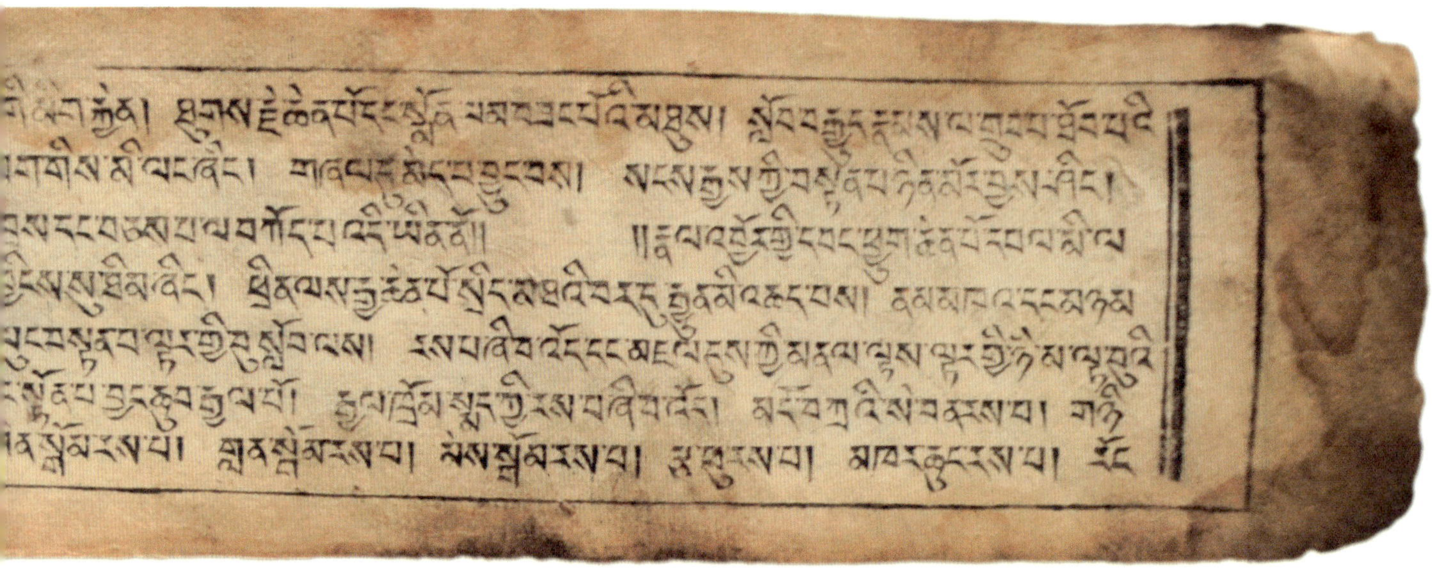

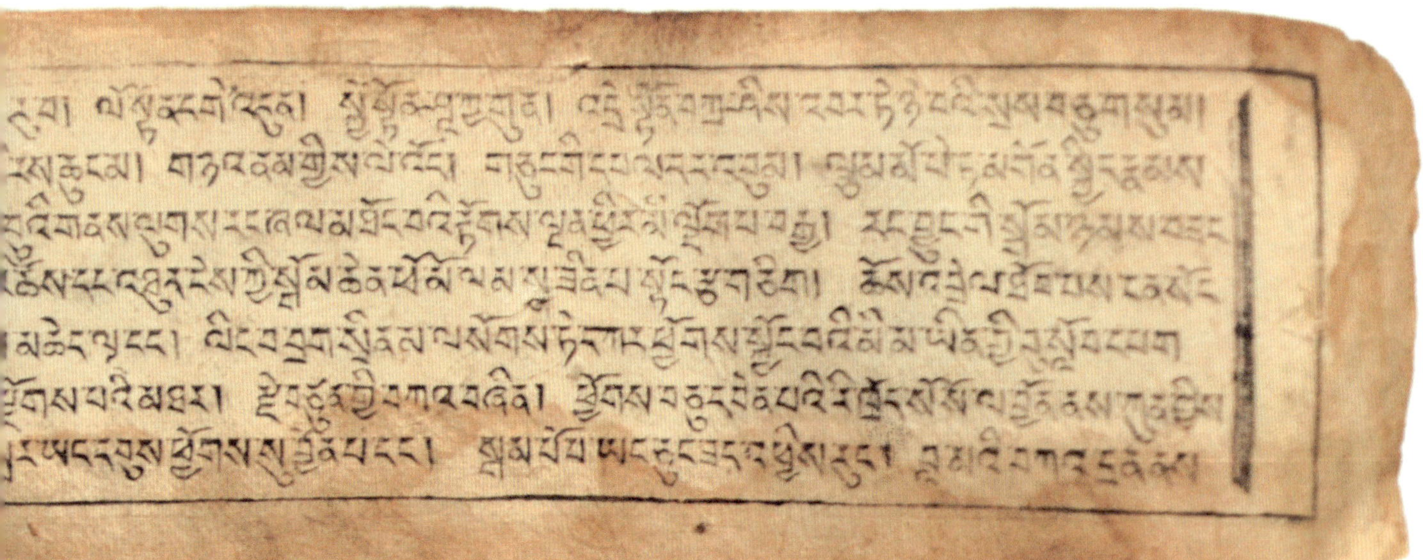

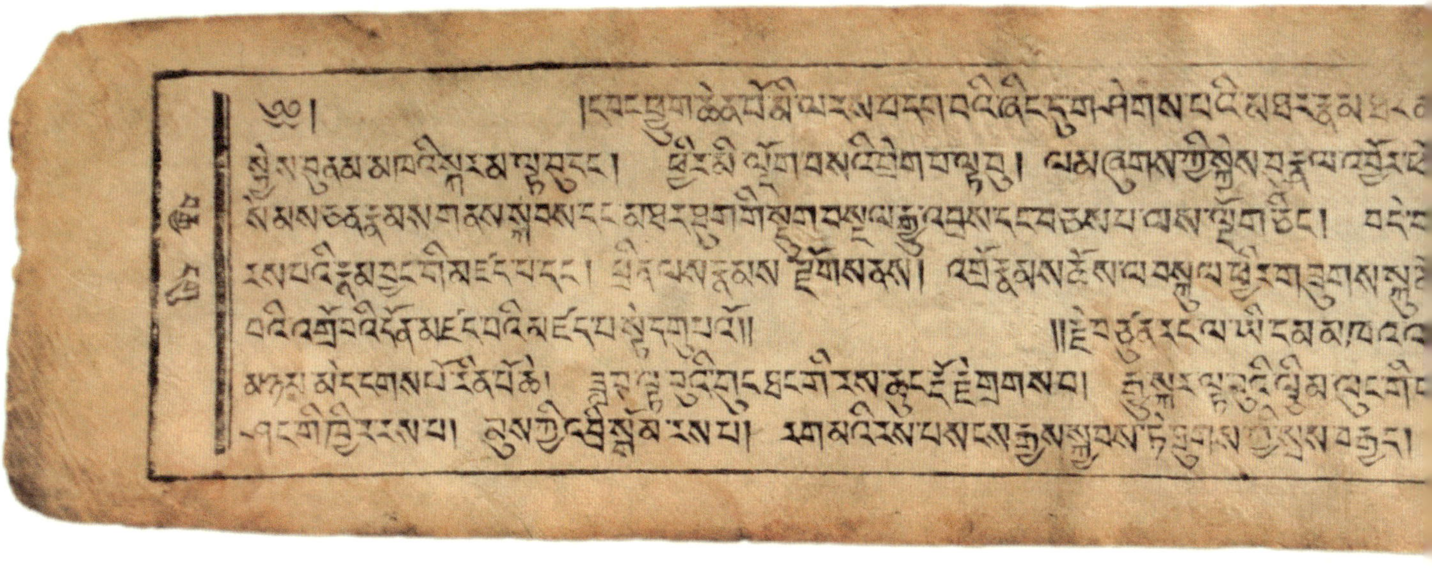

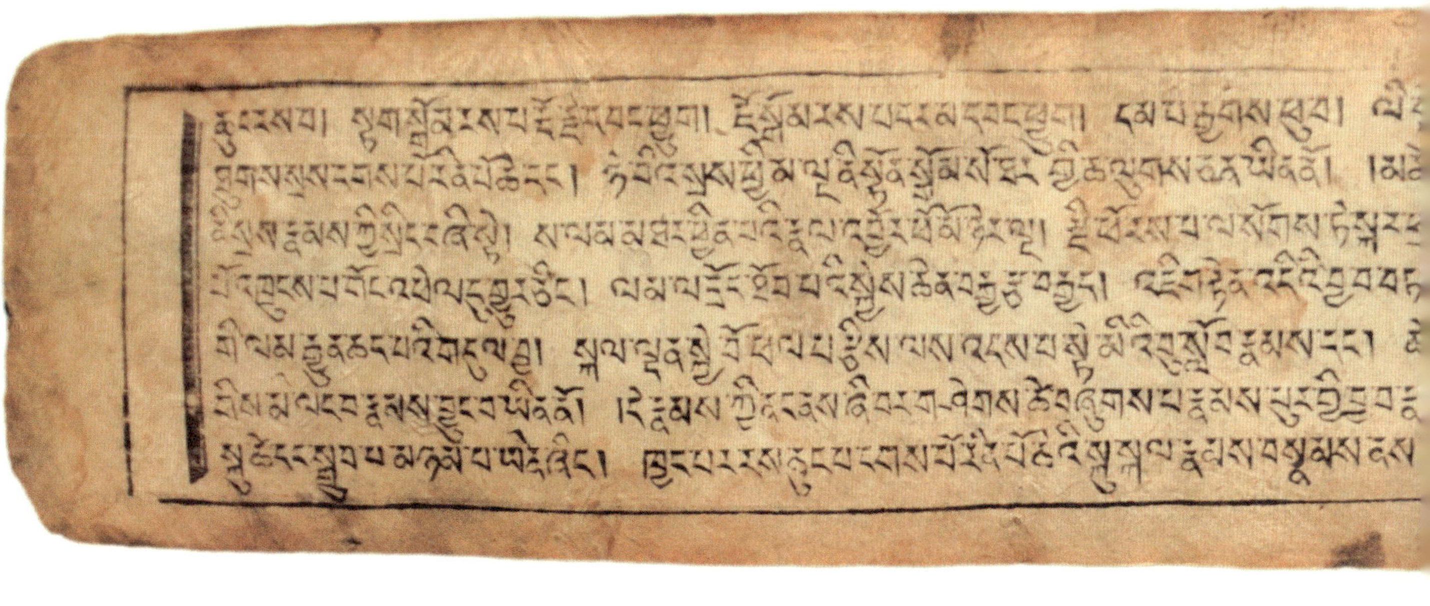

12158 米拉日巴廣傳及道歌 藏年赫如嘎 · 茹白堅見撰 明貢塘刻本

梵夾裝。開本高8.6厘米，廣47.5厘米。匡高6.5厘米，廣42厘米。每葉七行，四周單邊。西藏自治區曲水縣珠寺藏。

12157 瑪尼遺教 明貢塘刻本

梵夾裝。開本高8厘米，廣46厘米。匡高5.7厘米，廣42.5厘米。每葉五行。西藏自治區札達縣白東坡倫珠曲德寺藏。

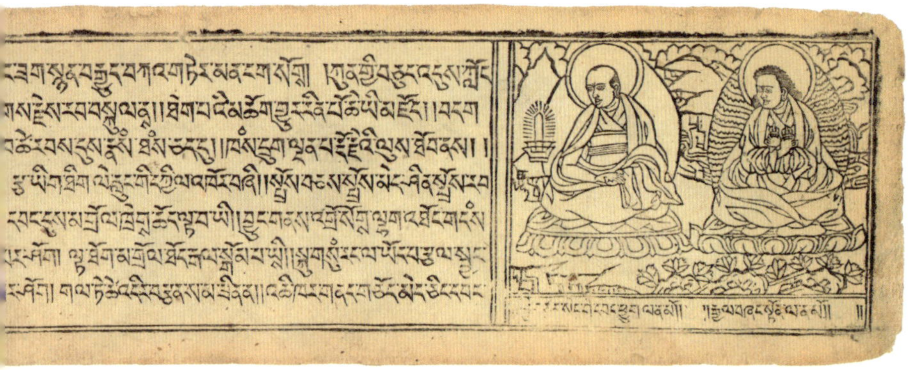

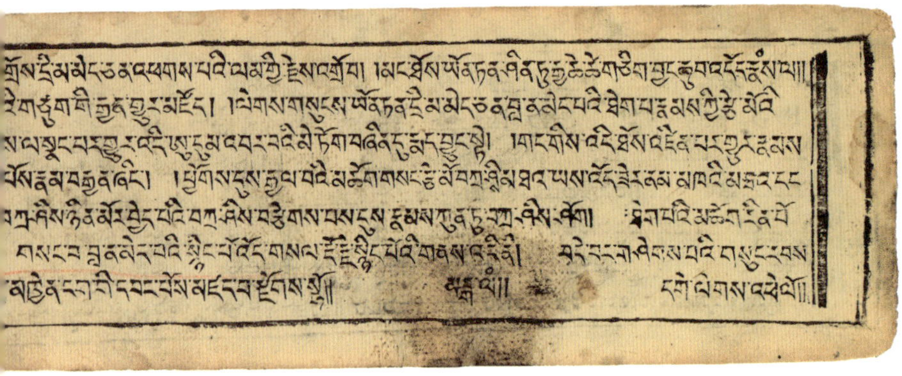

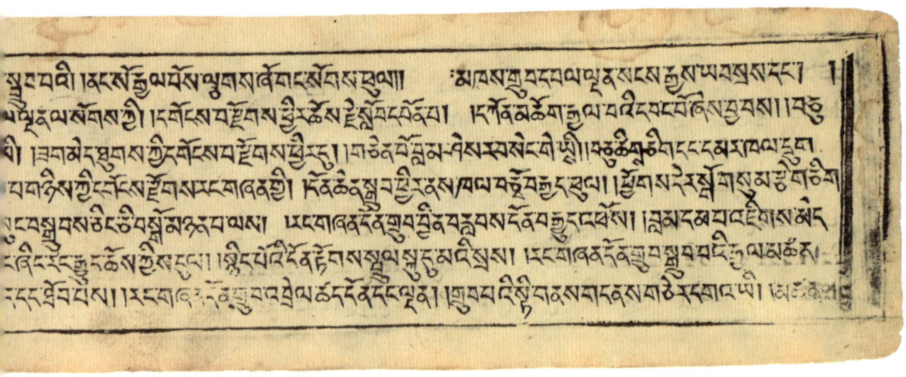

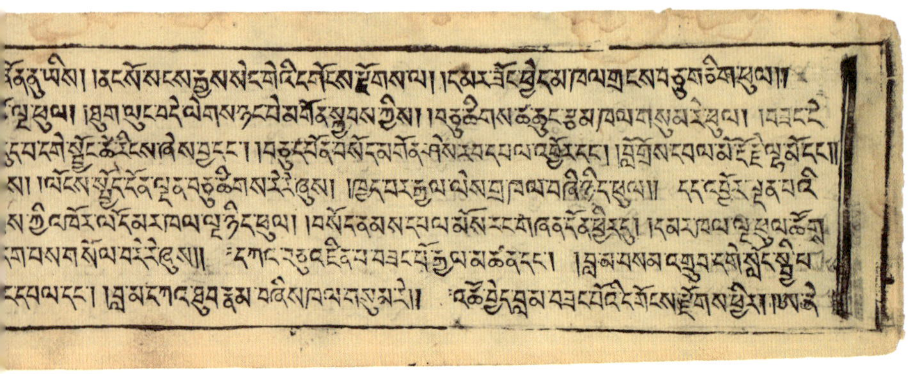

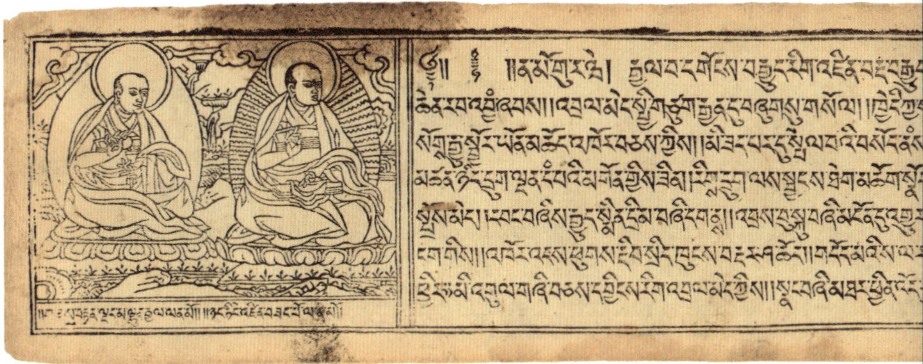

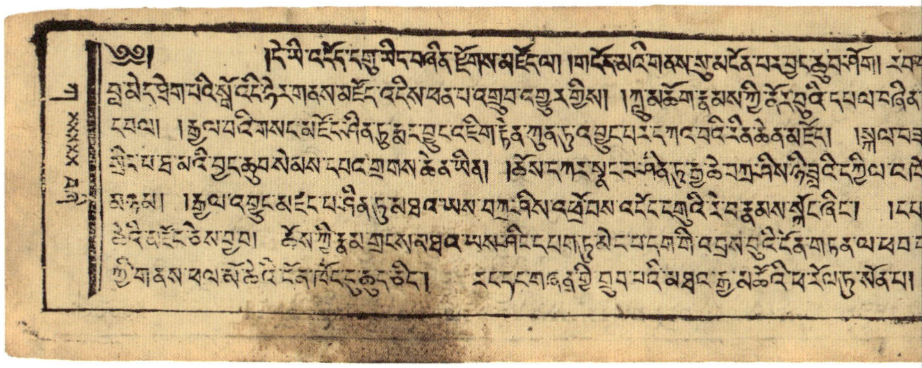

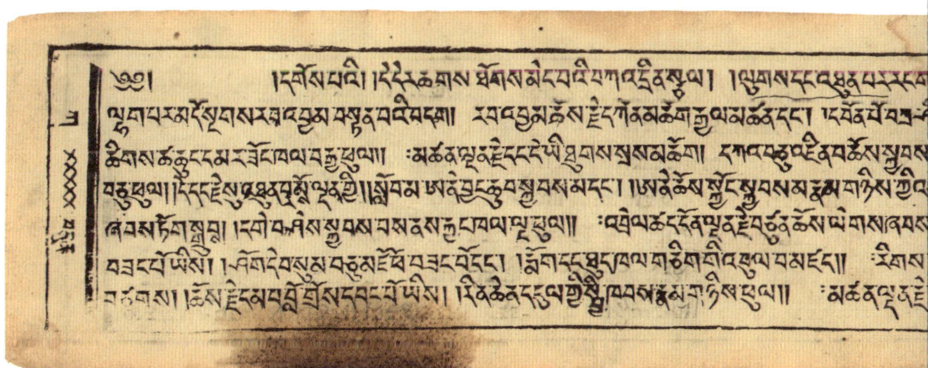

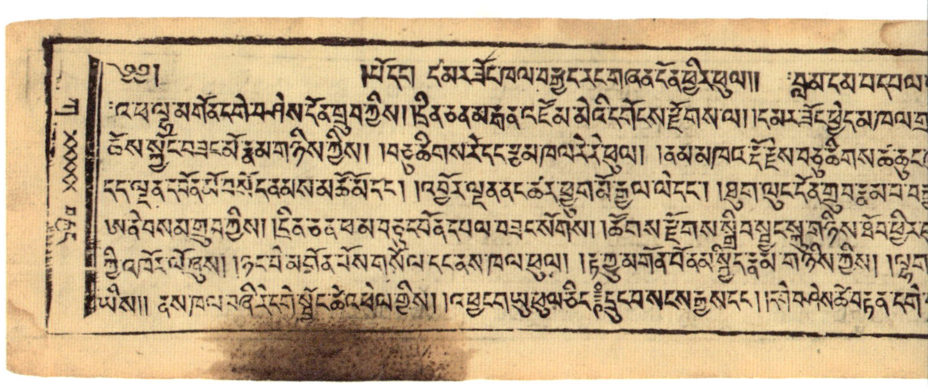

12156 大乘寶藏論 隆欽・崔成洛追撰 明貢塘刻本

梵夾裝。開本高8.4厘米，廣46厘米。匡高6.5厘米，廣44厘米。每葉七行，四周單邊。西藏圖書館藏。

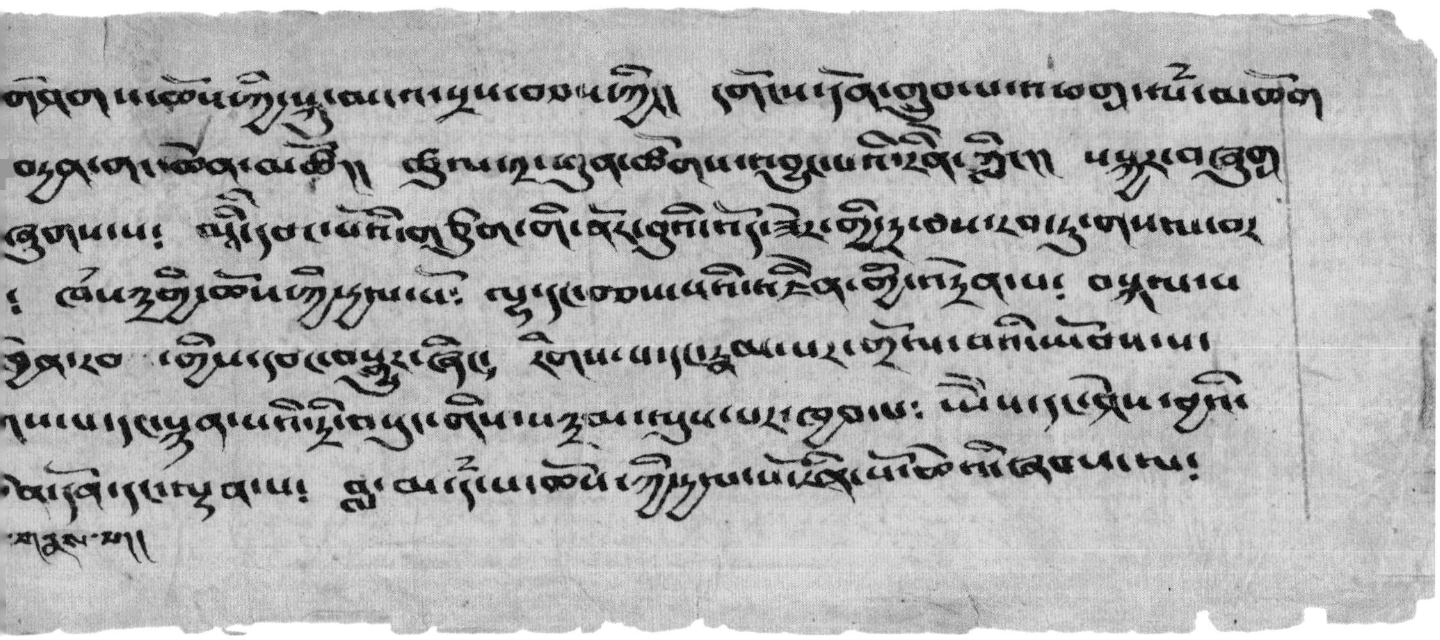

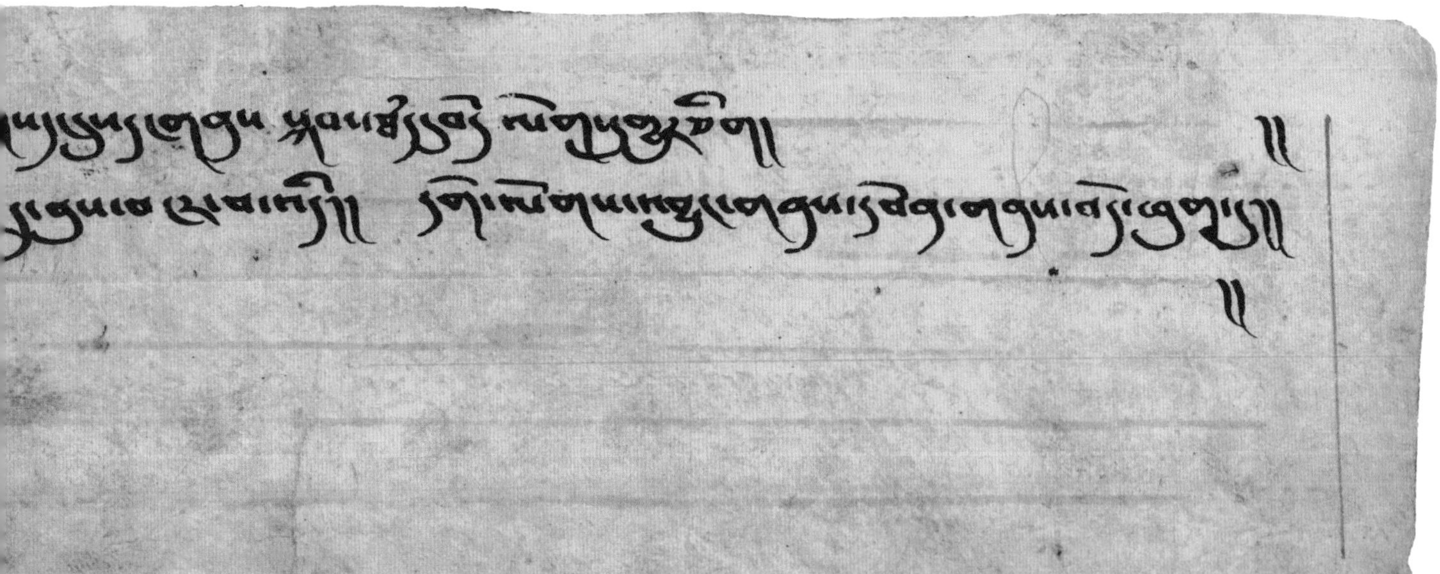

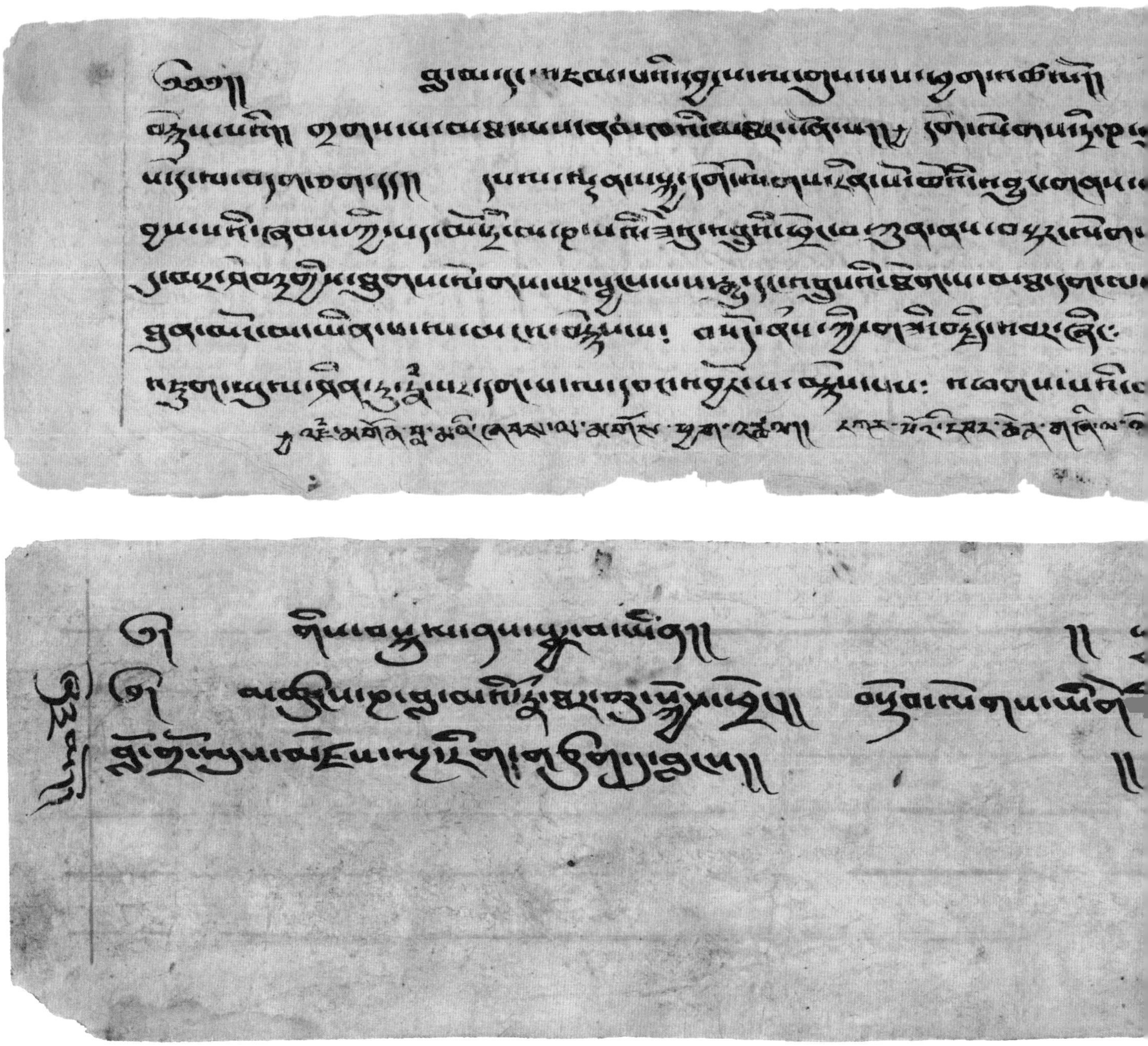

12155 八思巴傳 比丘强熏撰 元末寫本

梵夾裝。開本高6.7厘米，廣31.6厘米。西藏博物館藏。

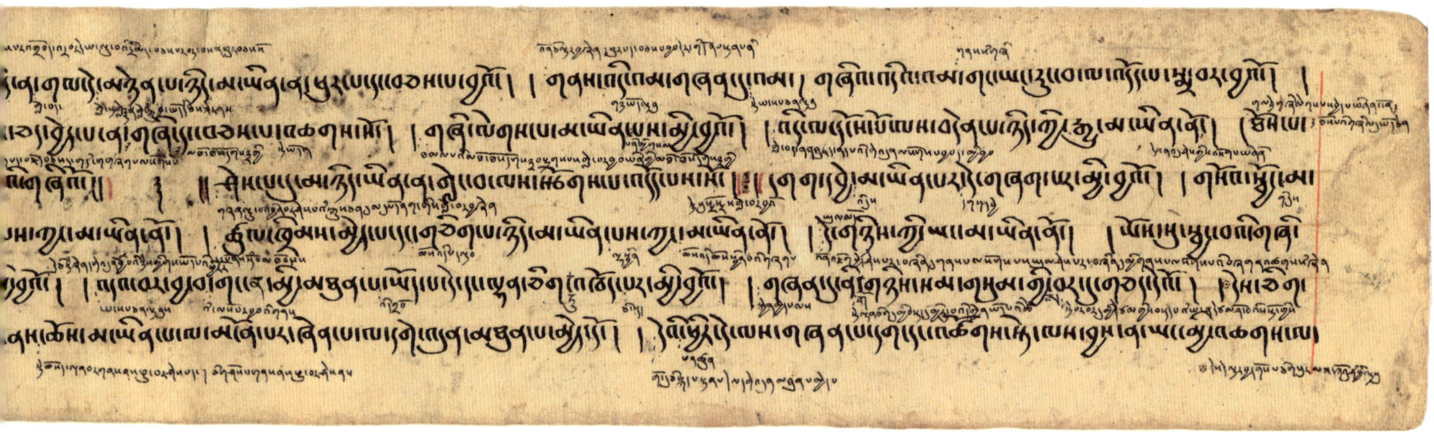

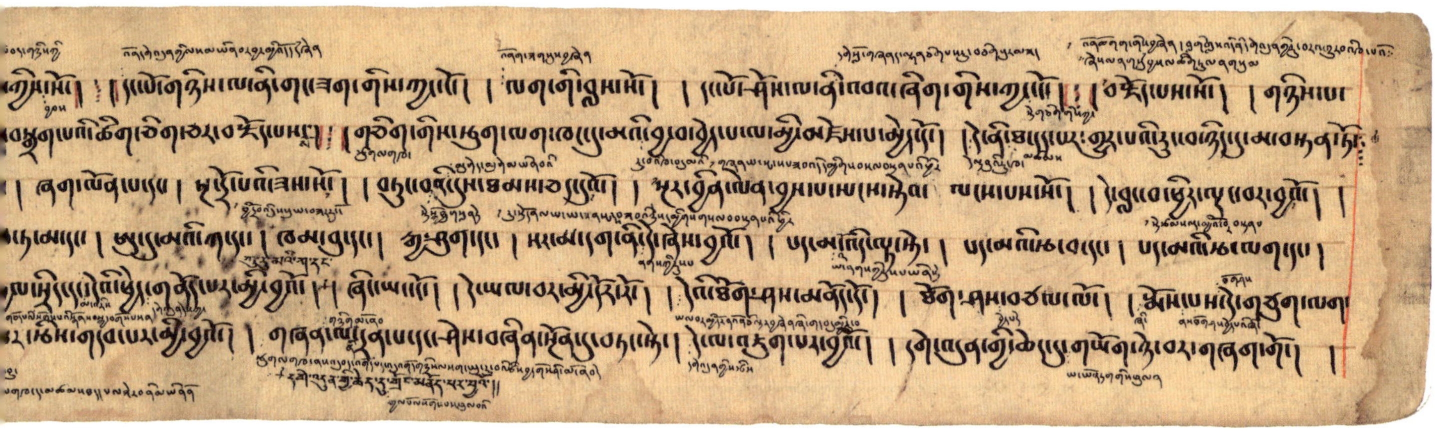

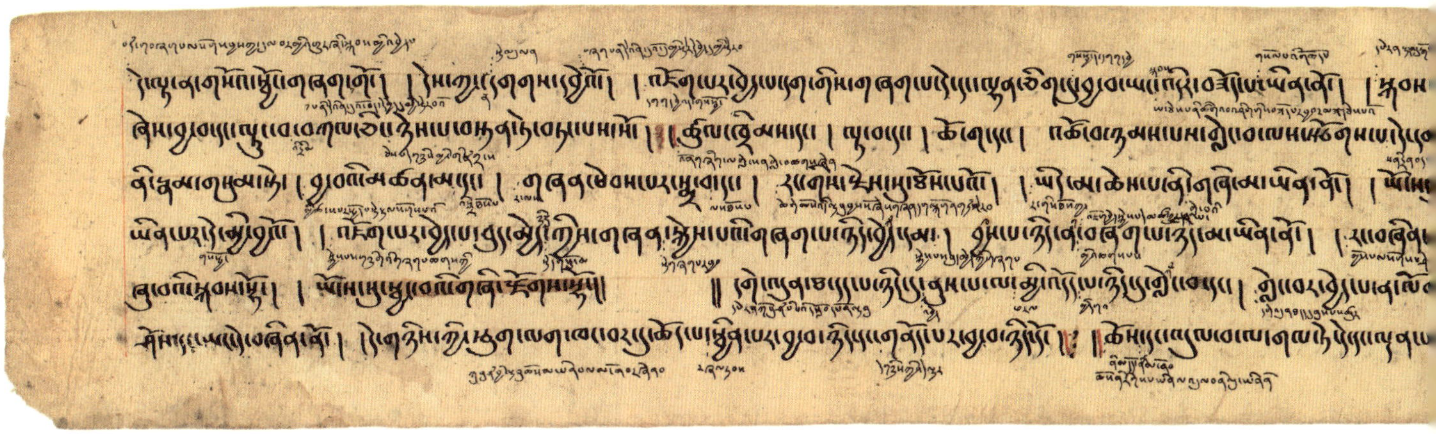

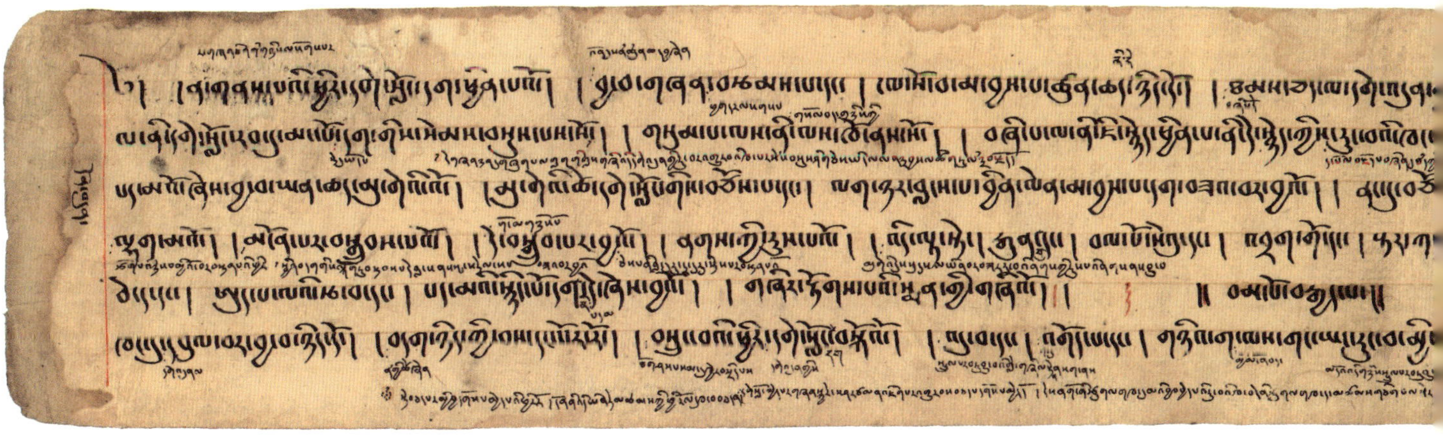

12154 律經根本律　（印度）功德光撰　元寫本

梵夾裝。開本高19厘米，廣66厘米。西藏自治區普蘭縣科迦寺藏。

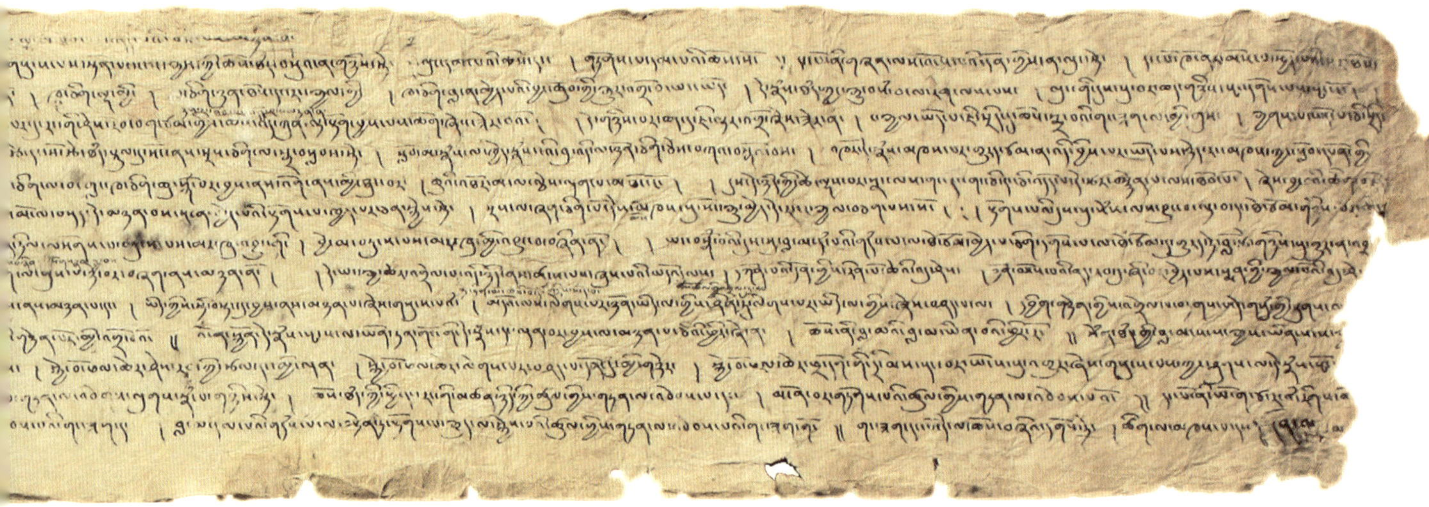

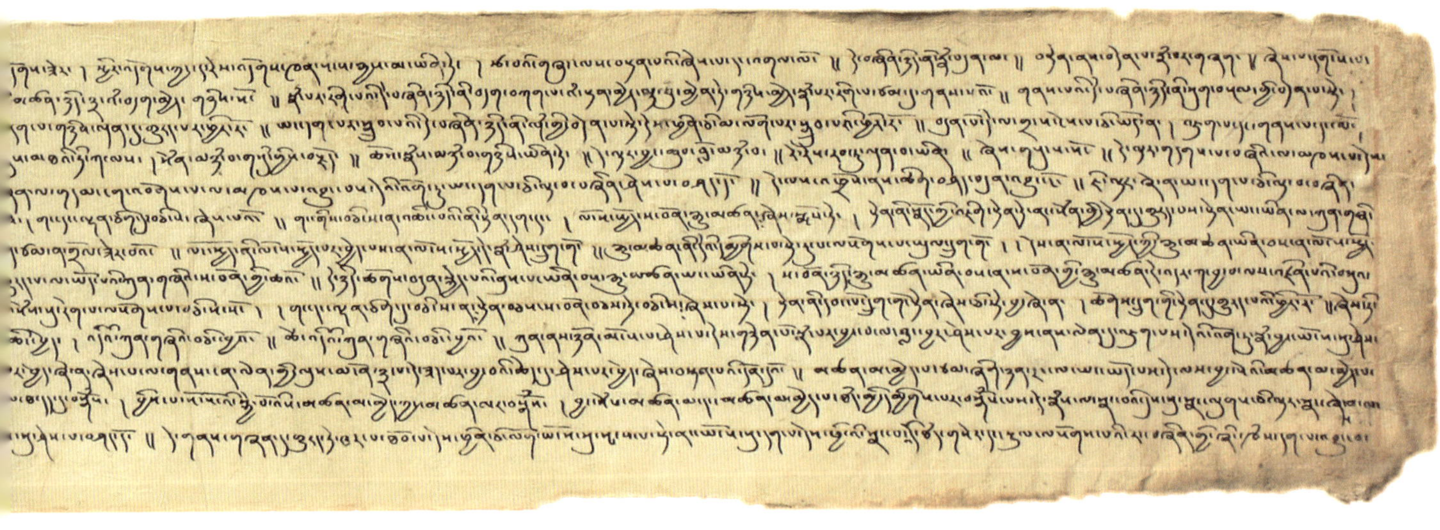

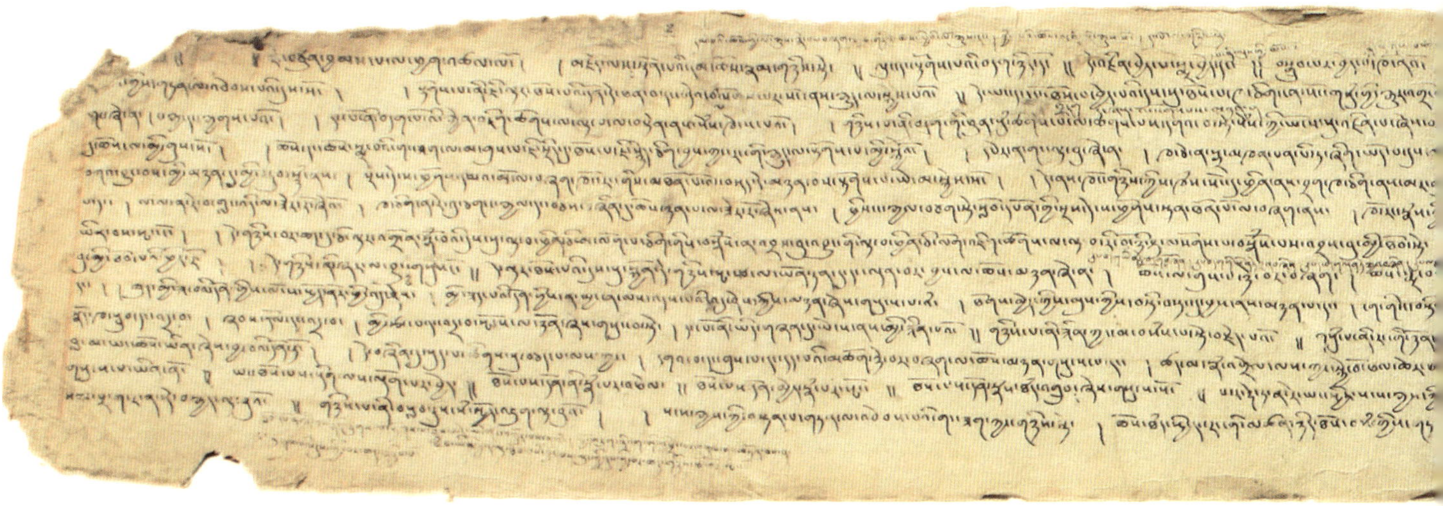

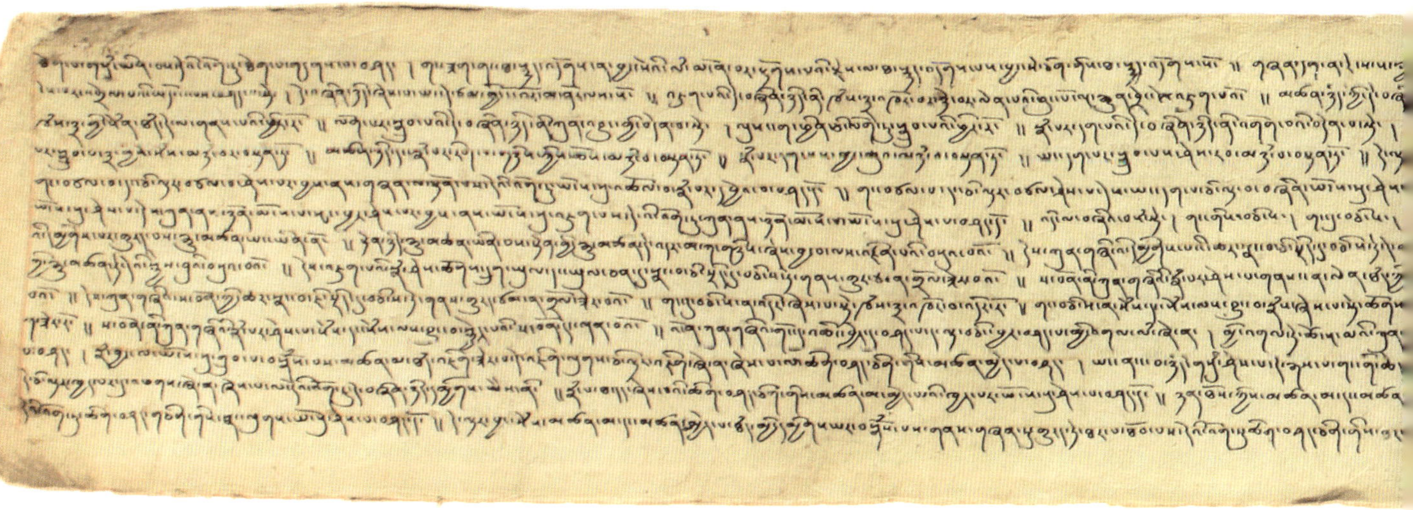

12153 因明學論著 元寫本

梵夾裝。開本高8.5厘米，廣60.5厘米。西藏自治區普蘭縣科迦寺藏。

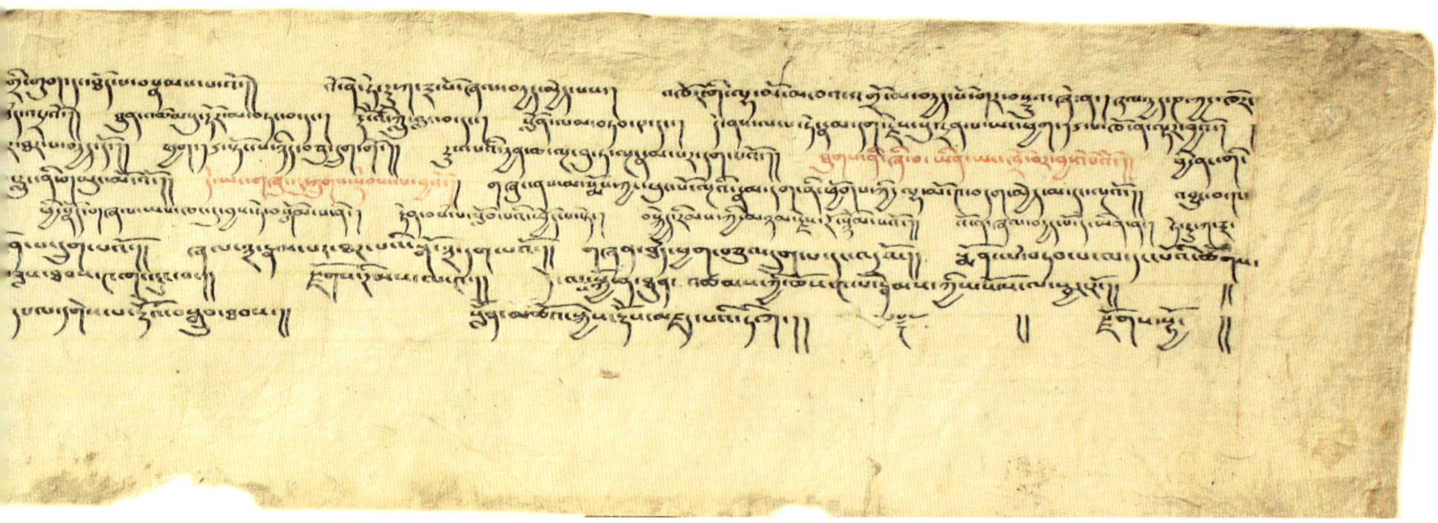

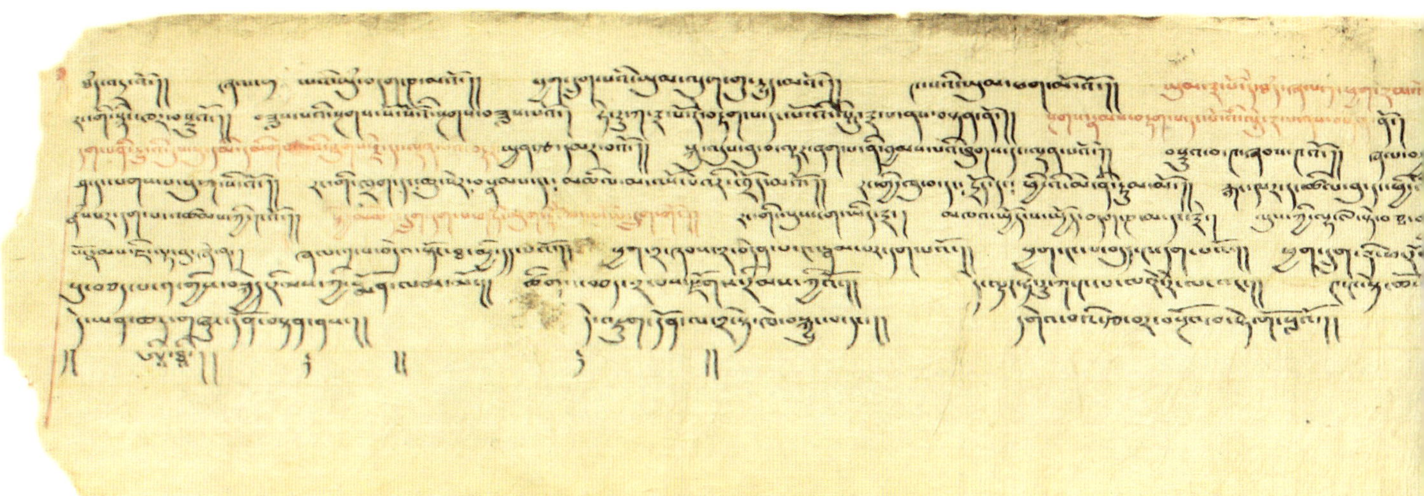

12152 喜金剛修法 措吉多吉撰　元寫本

梵夾裝。開本高19厘米，廣66厘米。西藏自治區普蘭縣科迦寺藏。

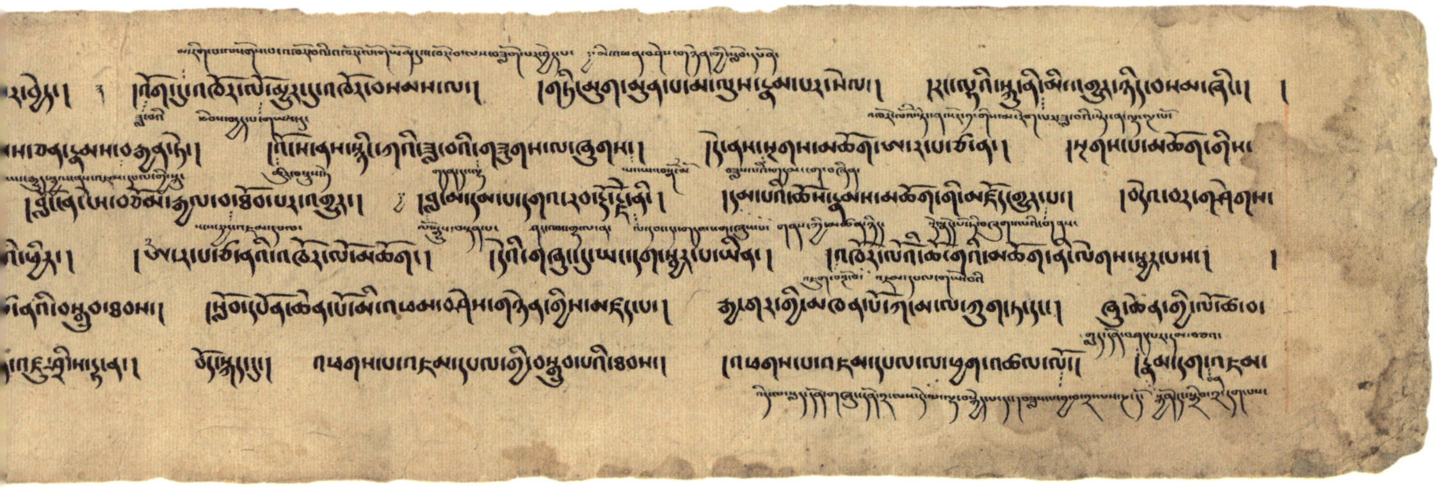

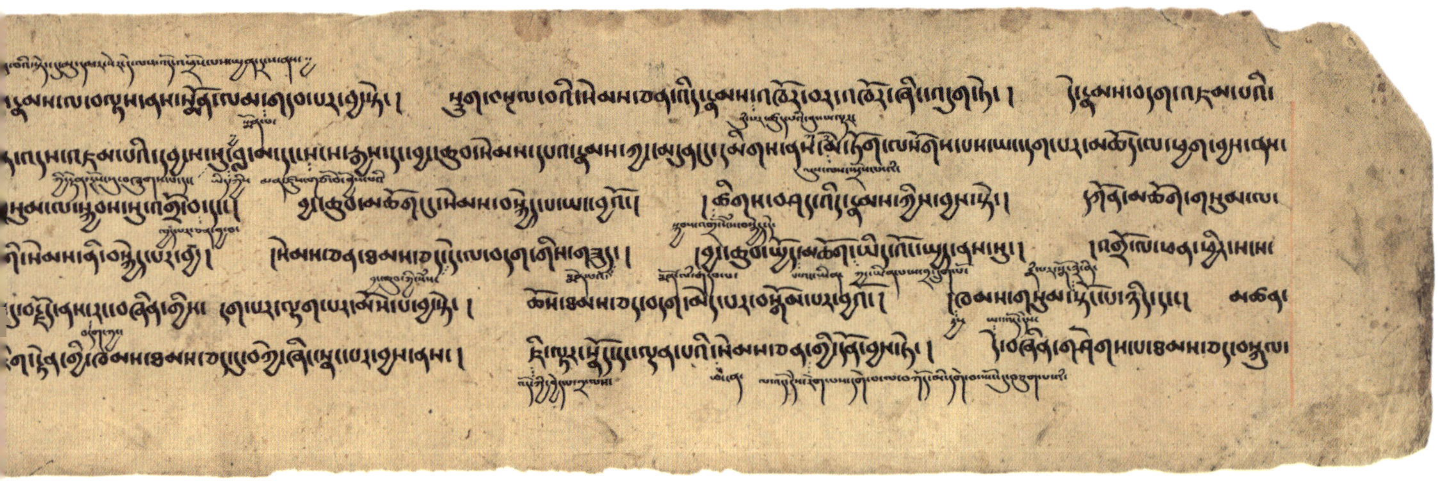

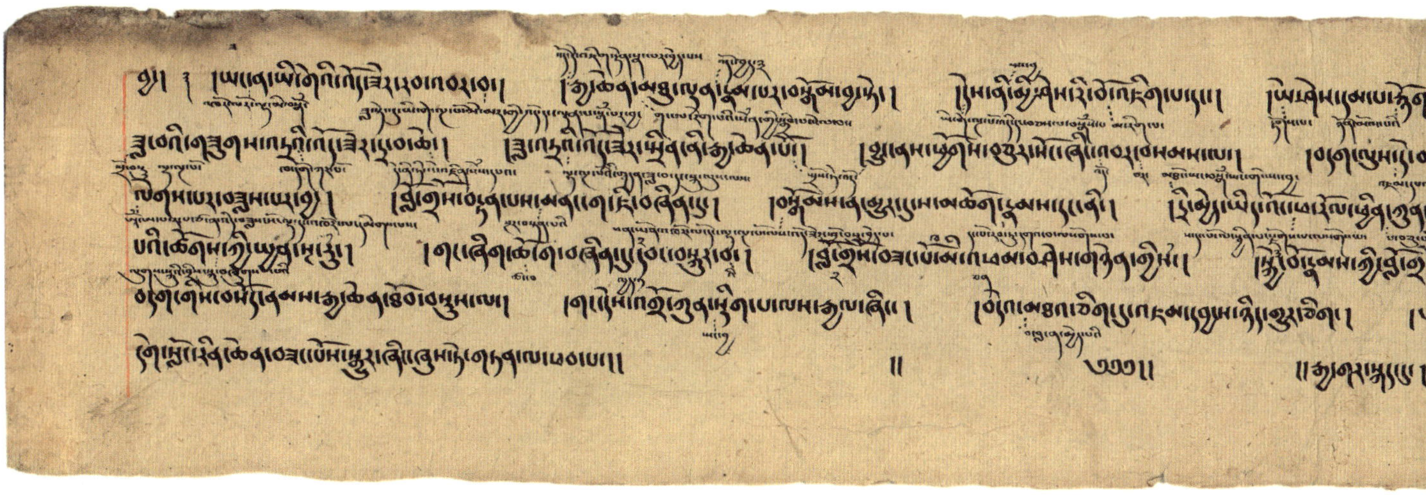

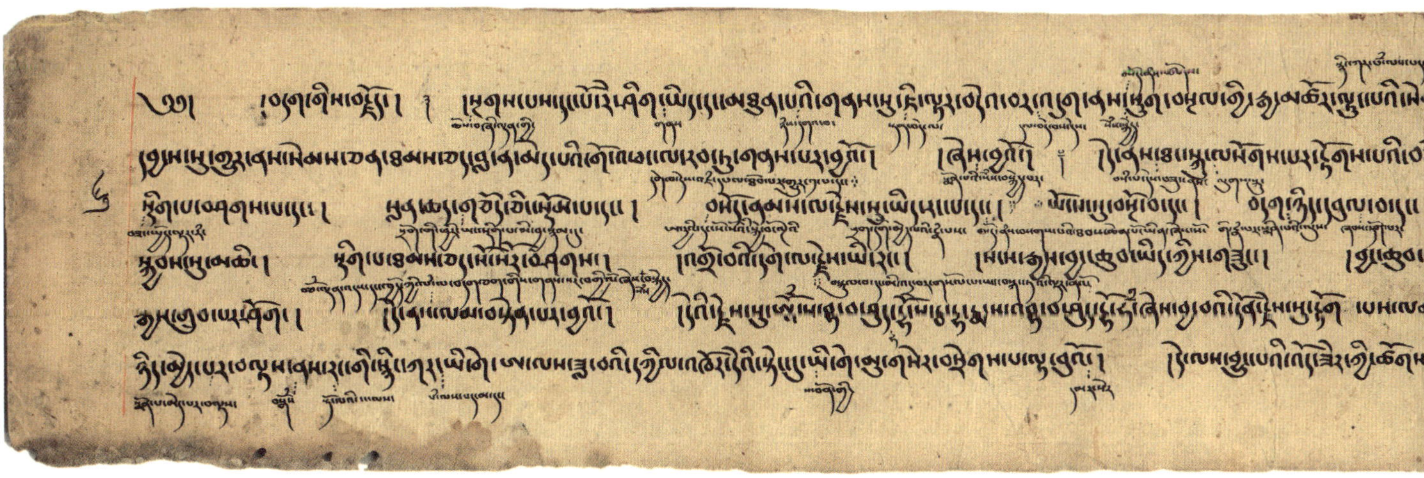

12151 文殊修法 元寫本

梵夾裝。開本高19厘米，廣66厘米。西藏自治區普蘭縣科迦寺藏。

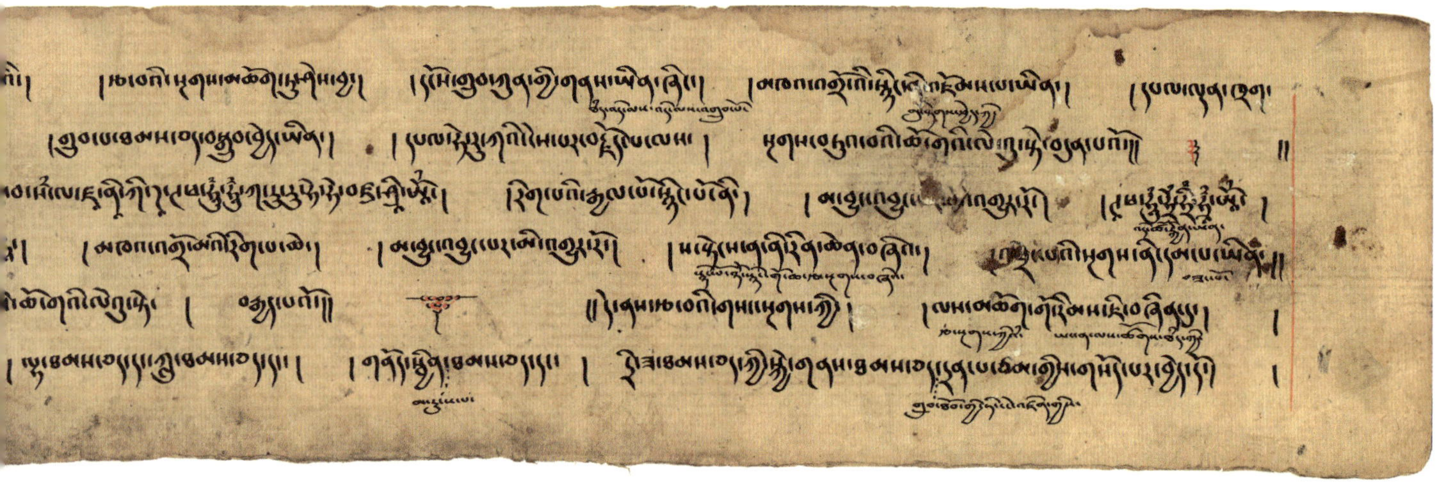

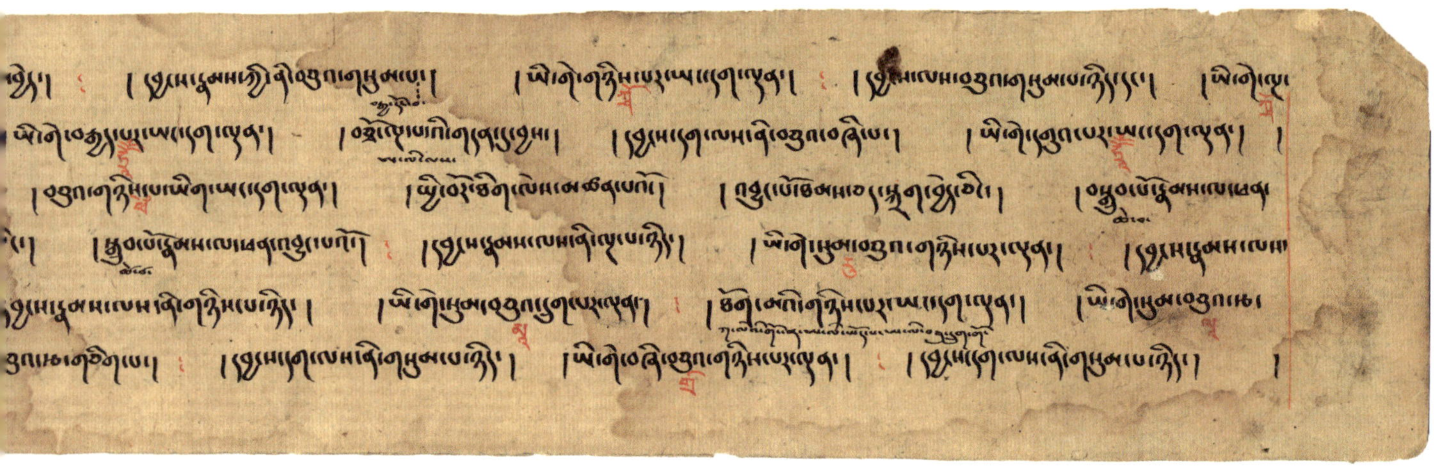

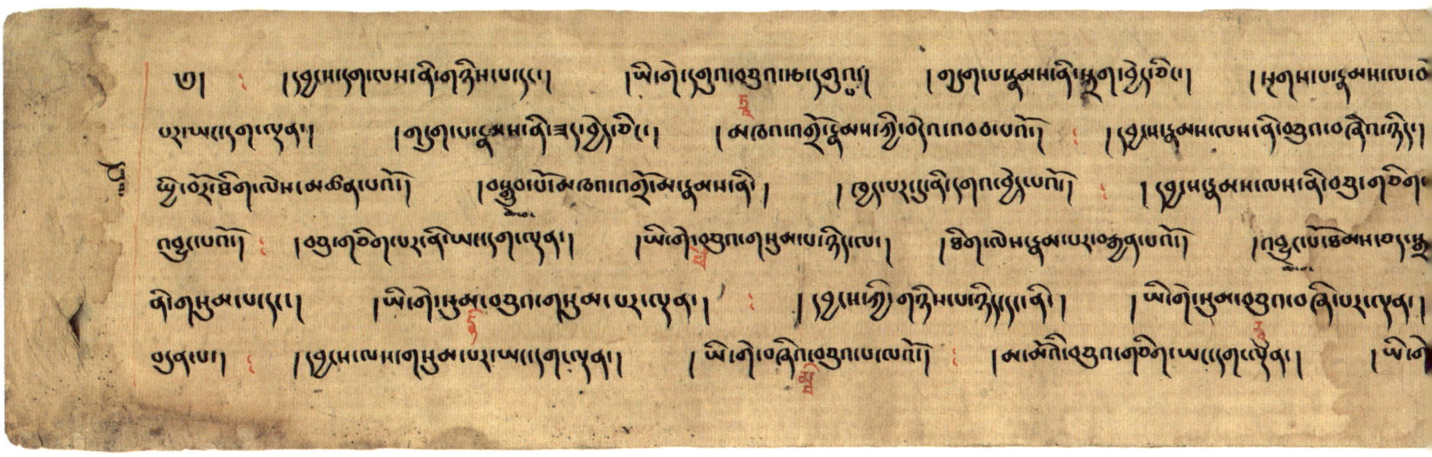

12150 勝樂金剛密集儀軌 元寫本

梵夾裝。開本高19厘米，廣66厘米。西藏自治區普蘭縣科迦寺藏。

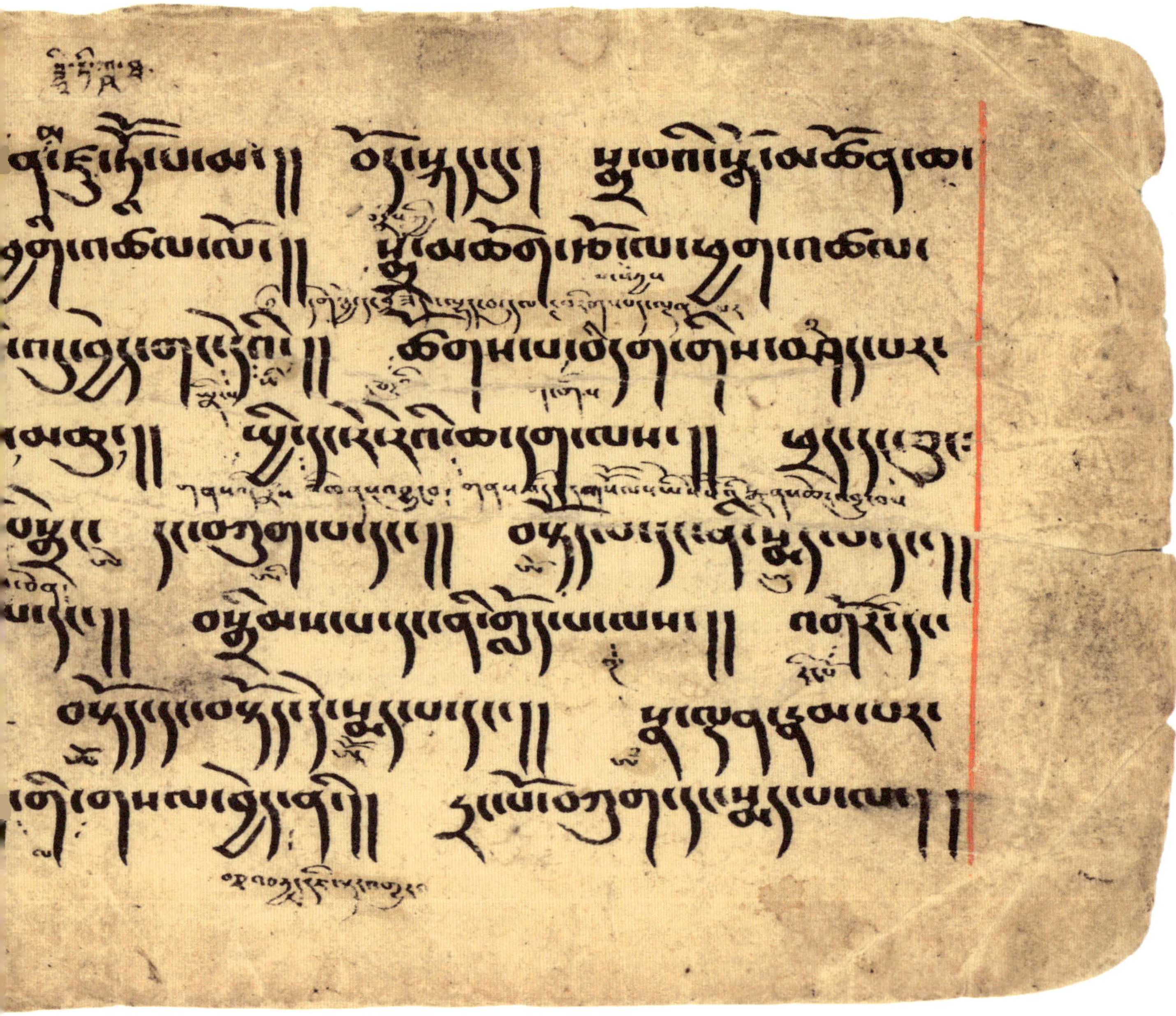

12149 藏文文法口劍之論 （印度）密底佳那撰　扎巴堅贊注釋　元寫本

梵夾裝。開本高8.5厘米，廣21厘米。西藏圖書館藏。

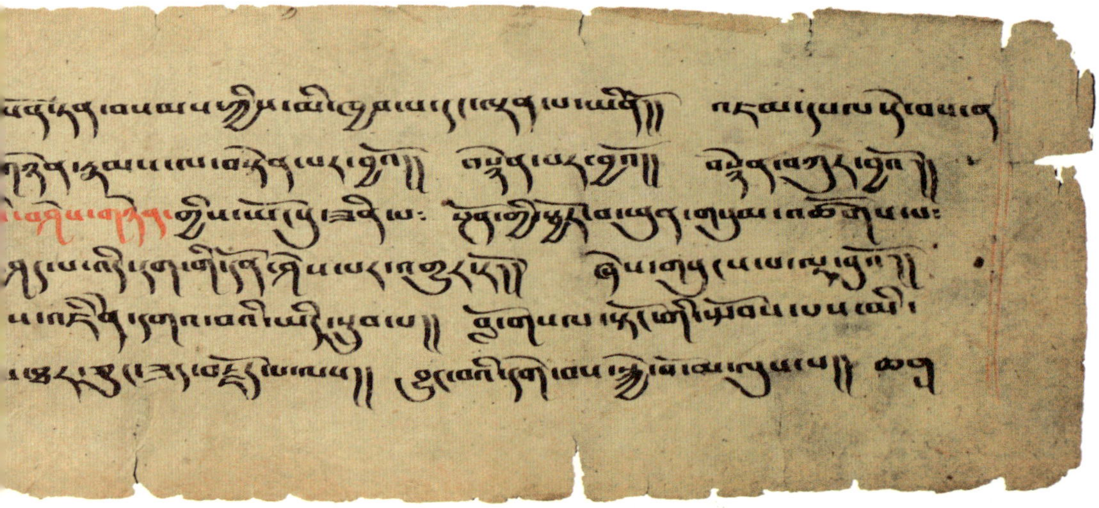

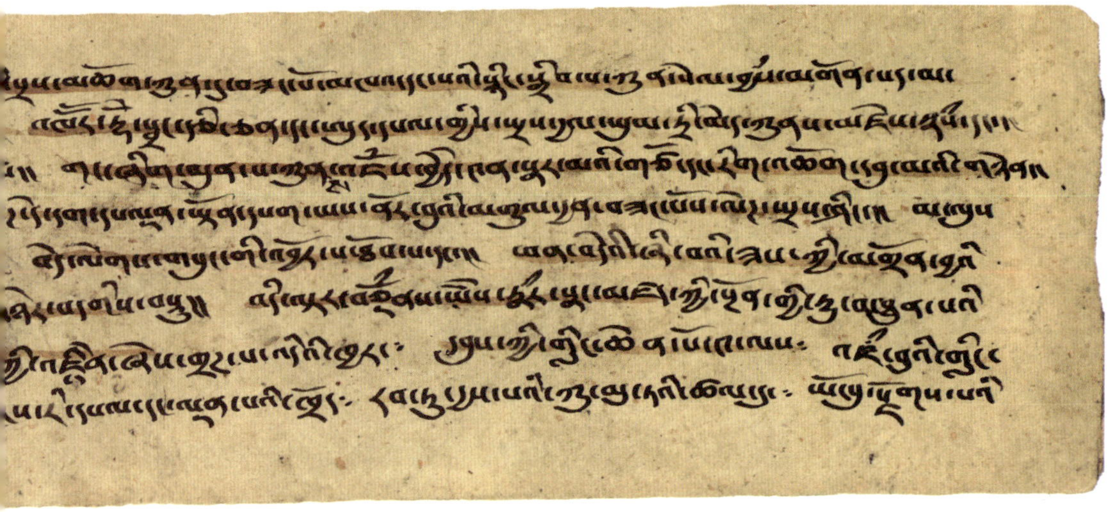

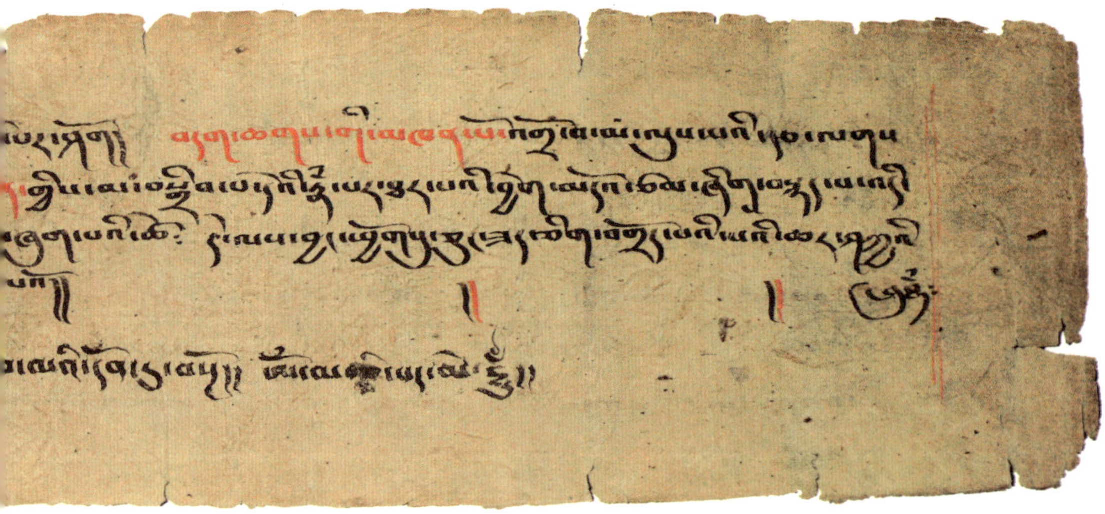

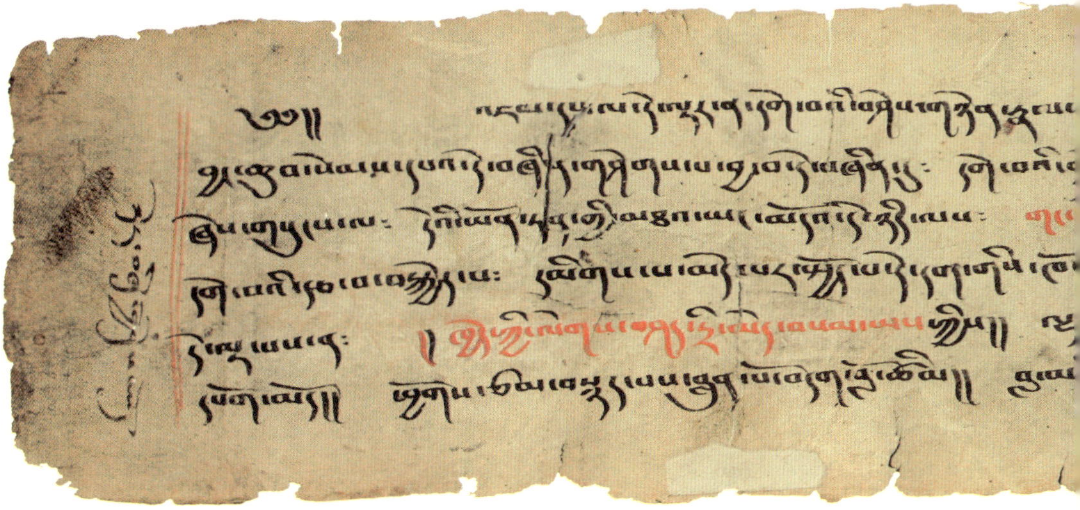

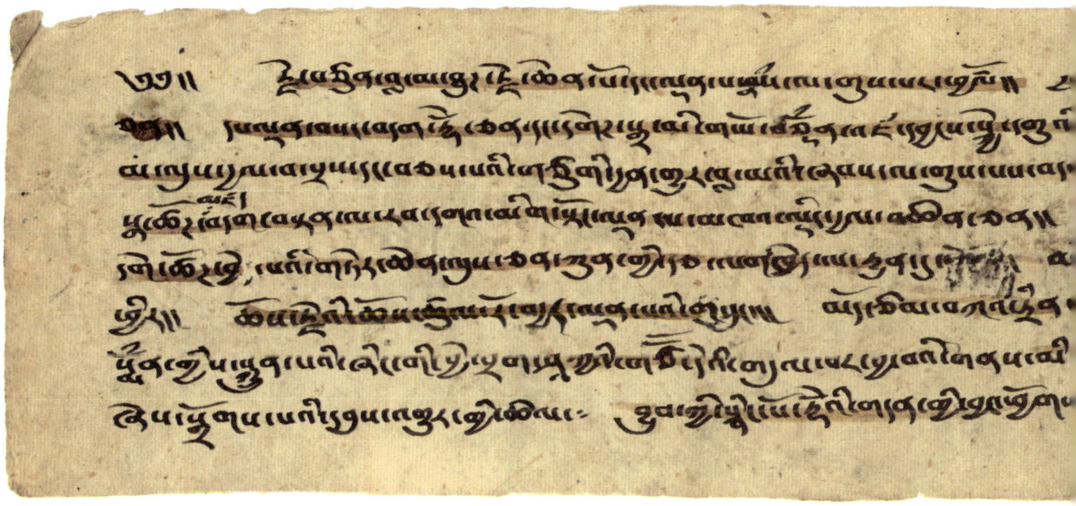

12148 仁青白記薩迦·貢嘎堅贊傳記及聞法録 尊巴·仁青白撰　元

寫本

梵夾裝。開本高6.8厘米，廣31.5厘米。西藏博物館藏。

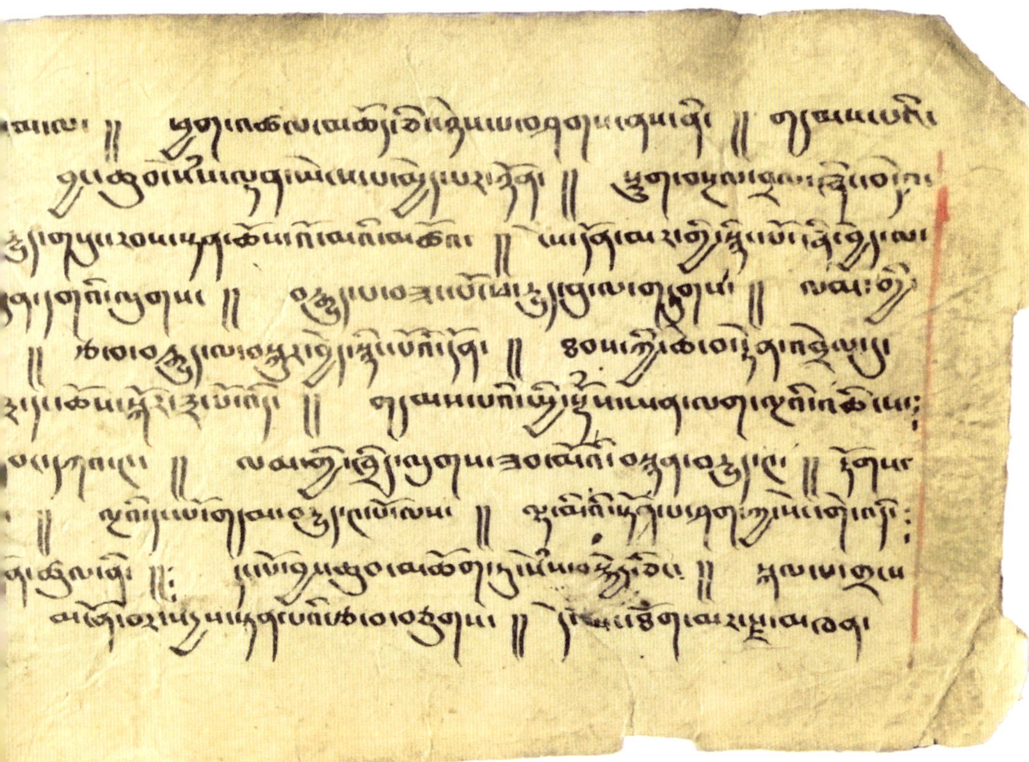

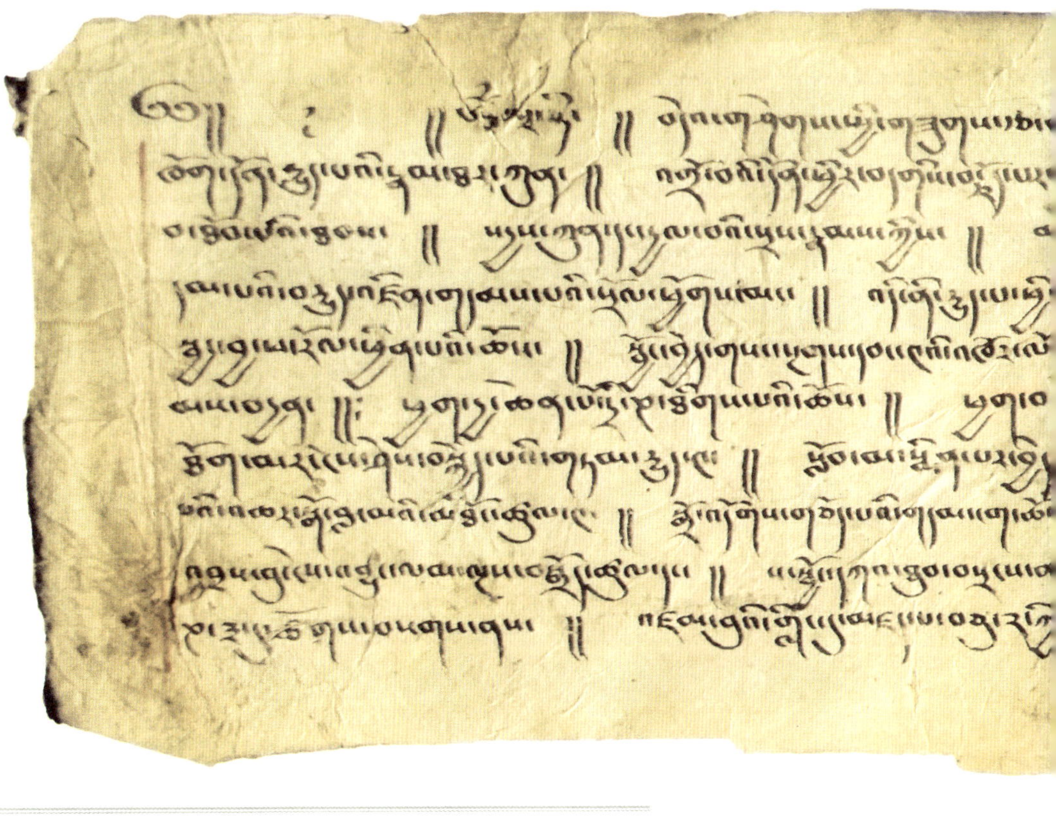

12147 希杰傳承志 元寫本

梵夾裝。開本高17.6厘米，廣42.5厘米。西藏自治區革吉縣直熱寺藏。

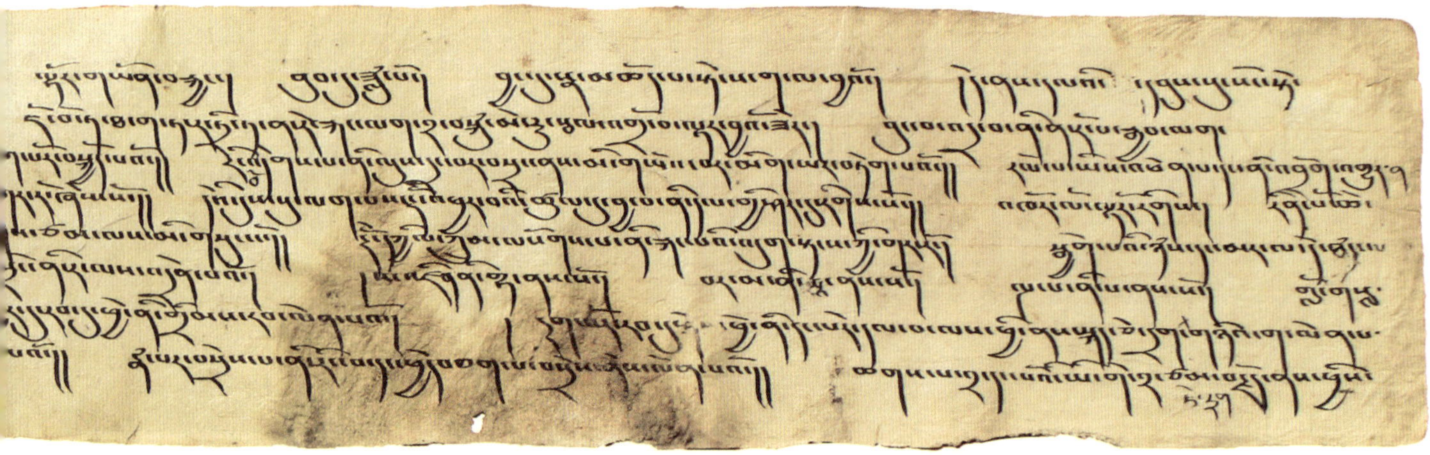

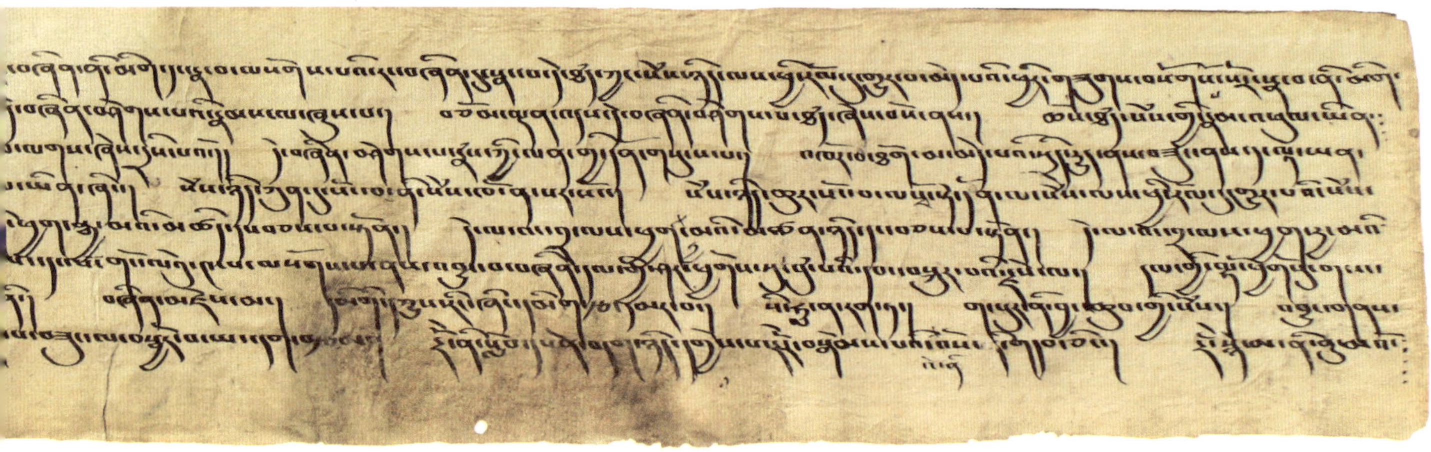

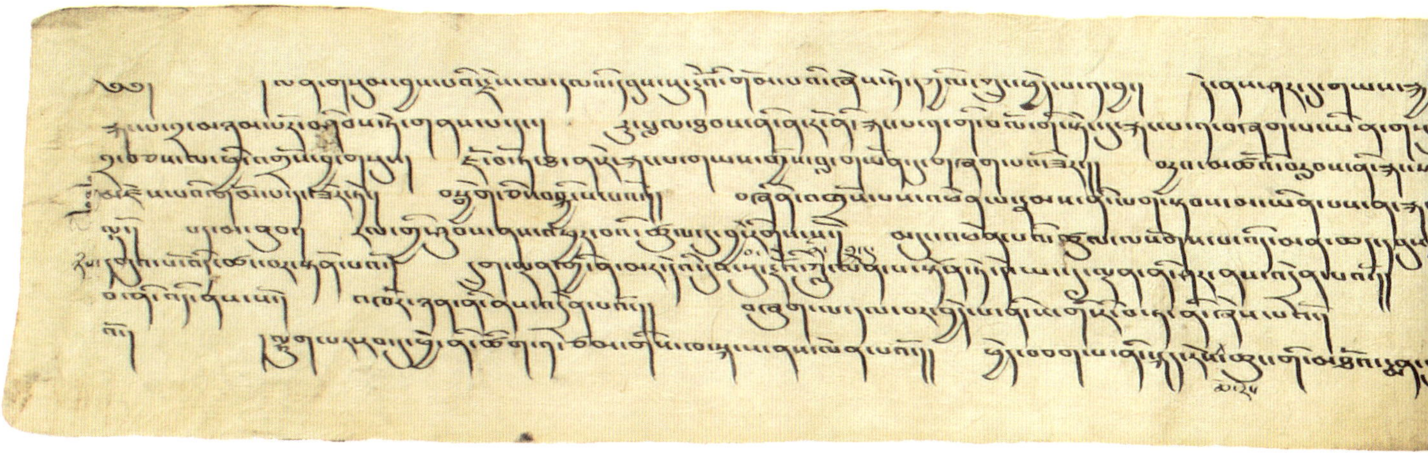

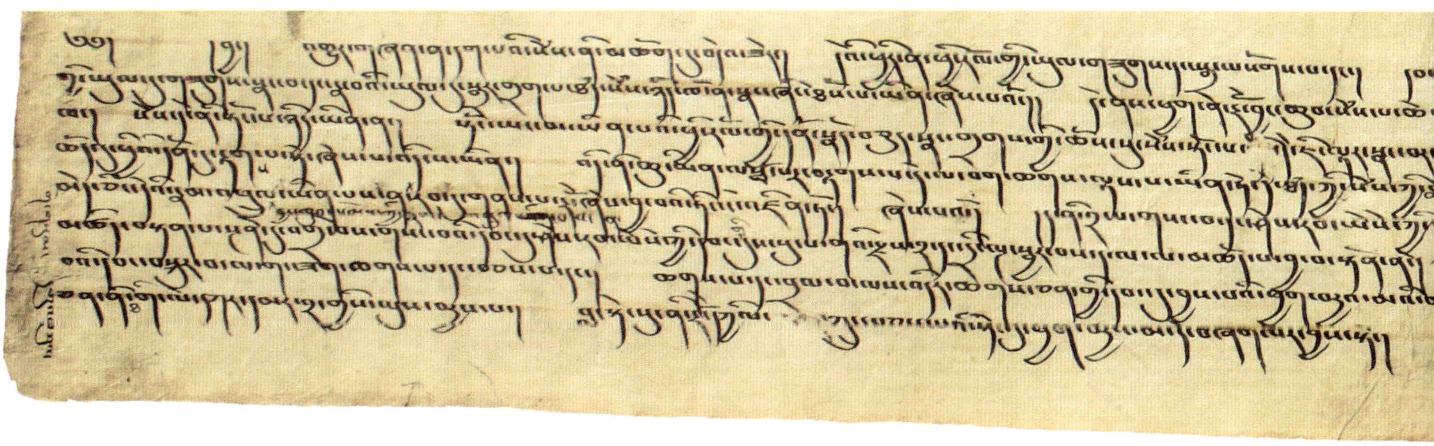

12146 空行母寶帳概論 元寫本

梵夾裝。開本高19厘米，廣66厘米。西藏自治區普蘭縣科迦寺藏。

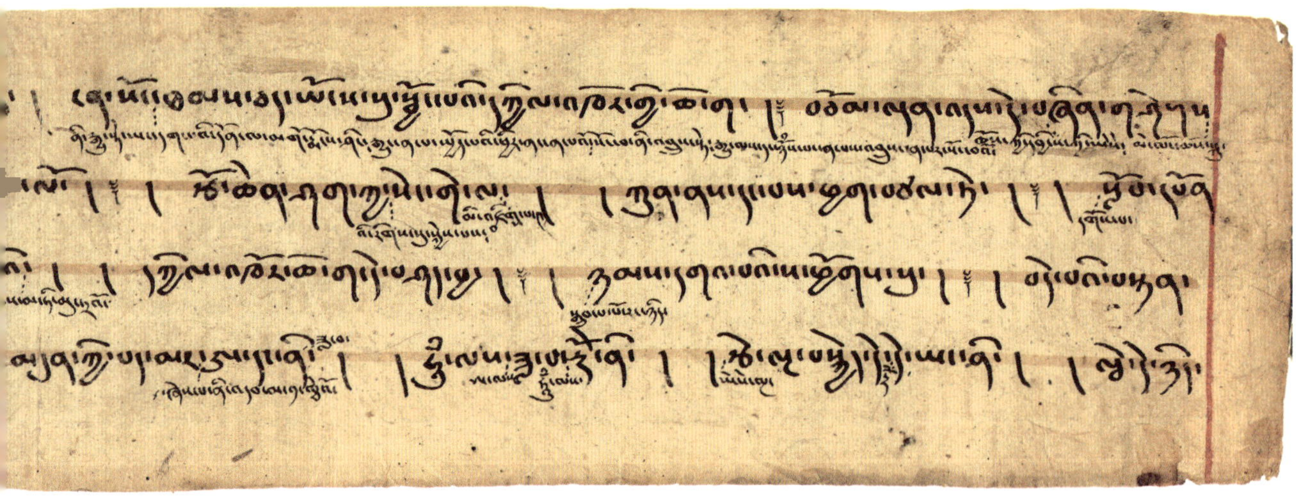

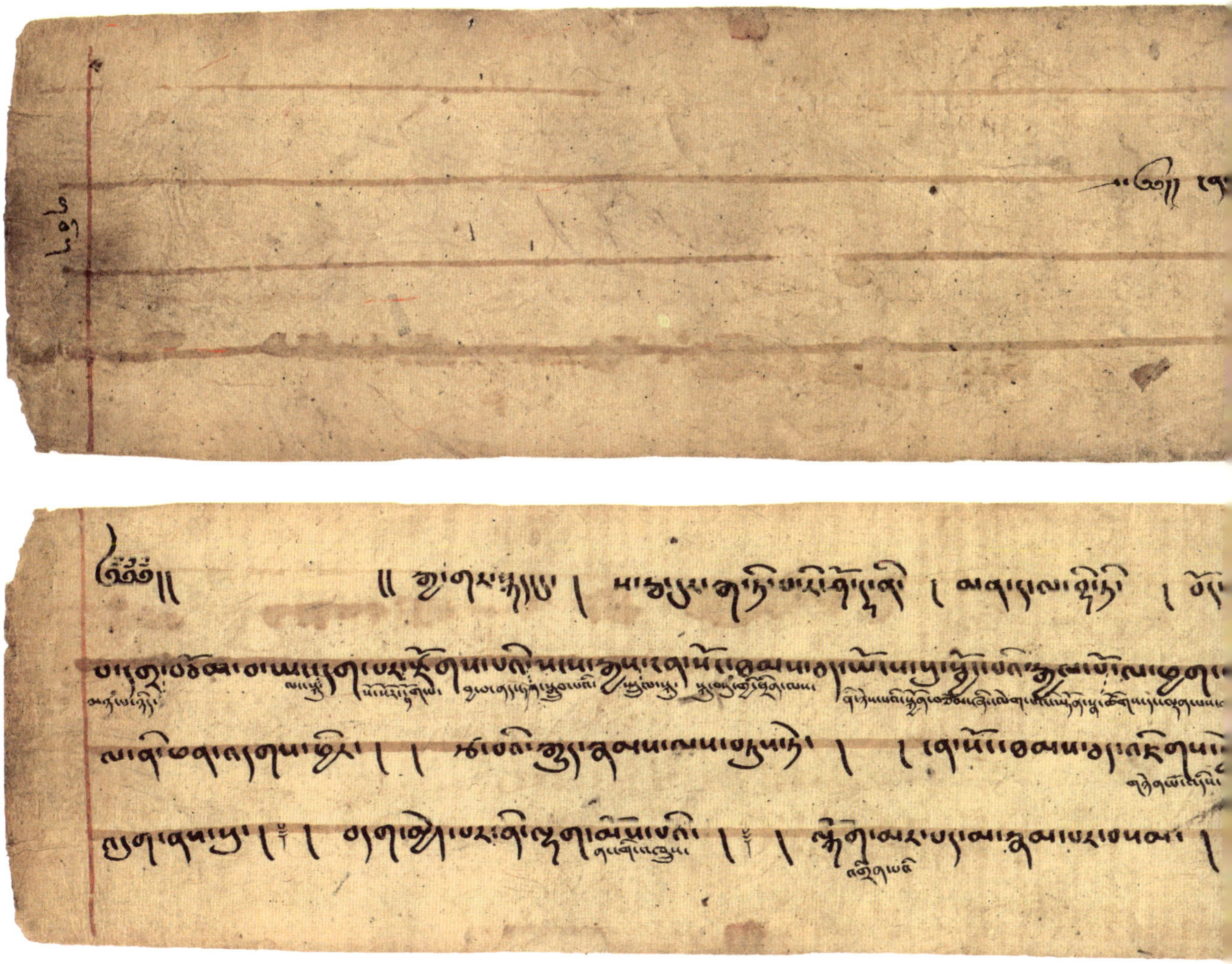

12145 淨惡道壇城儀軌 元寫本

梵夾裝。西藏自治區普蘭縣科迦寺藏。

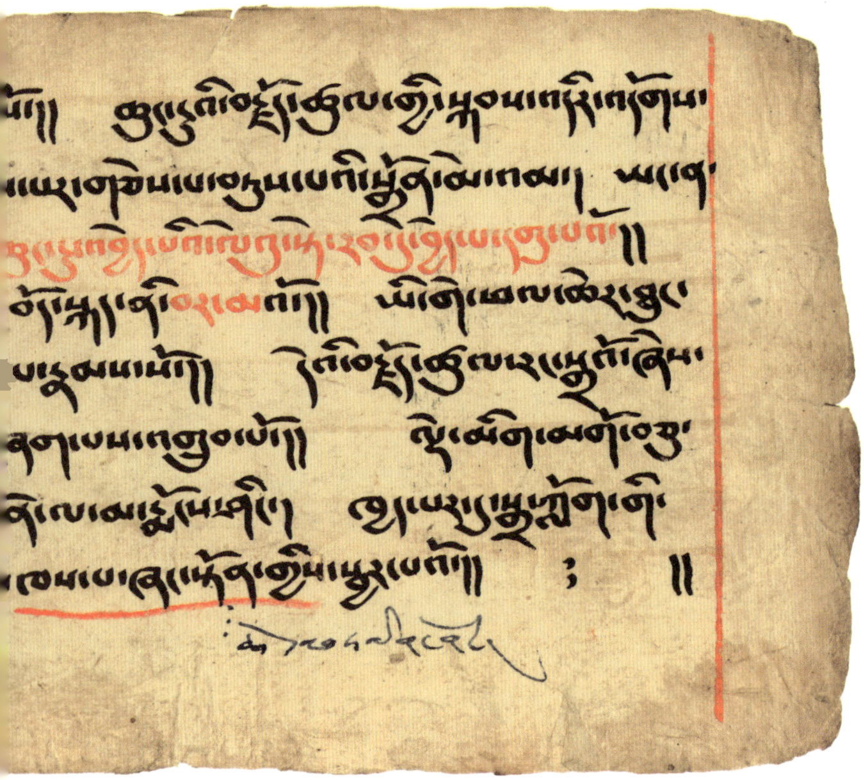

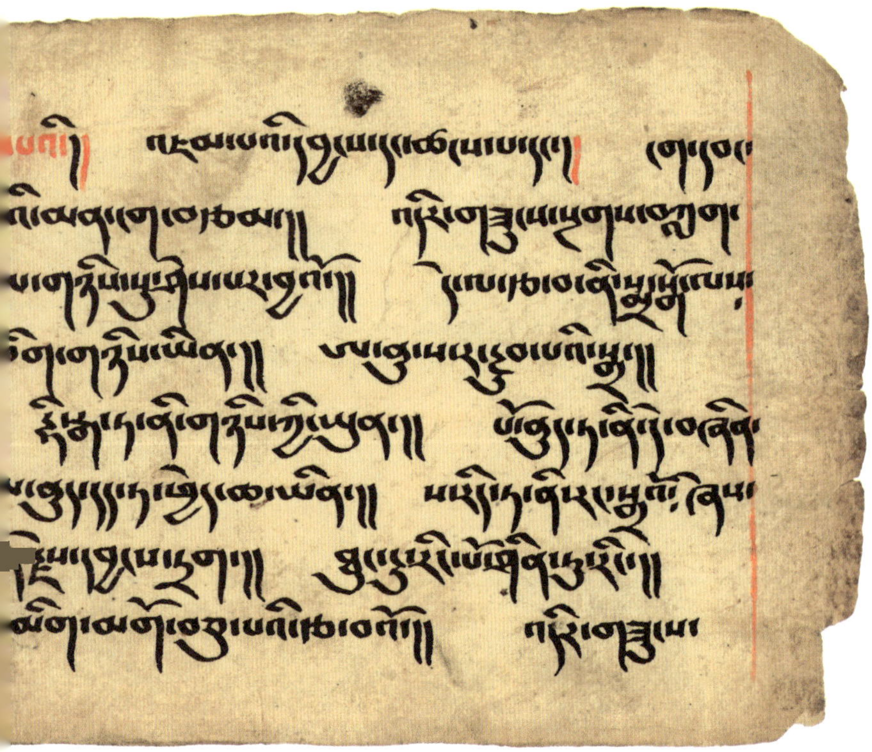

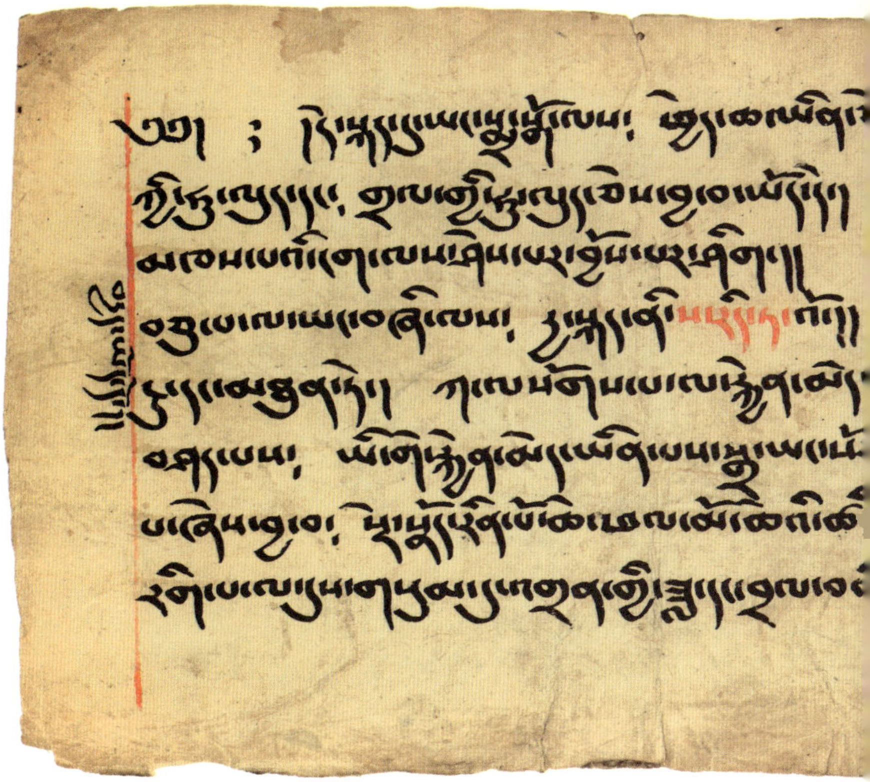

12144 梵文拼讀論　香敦曲蚌撰　元寫本

梵夾裝。開本高8.5厘米，廣21厘米。西藏圖書館藏。

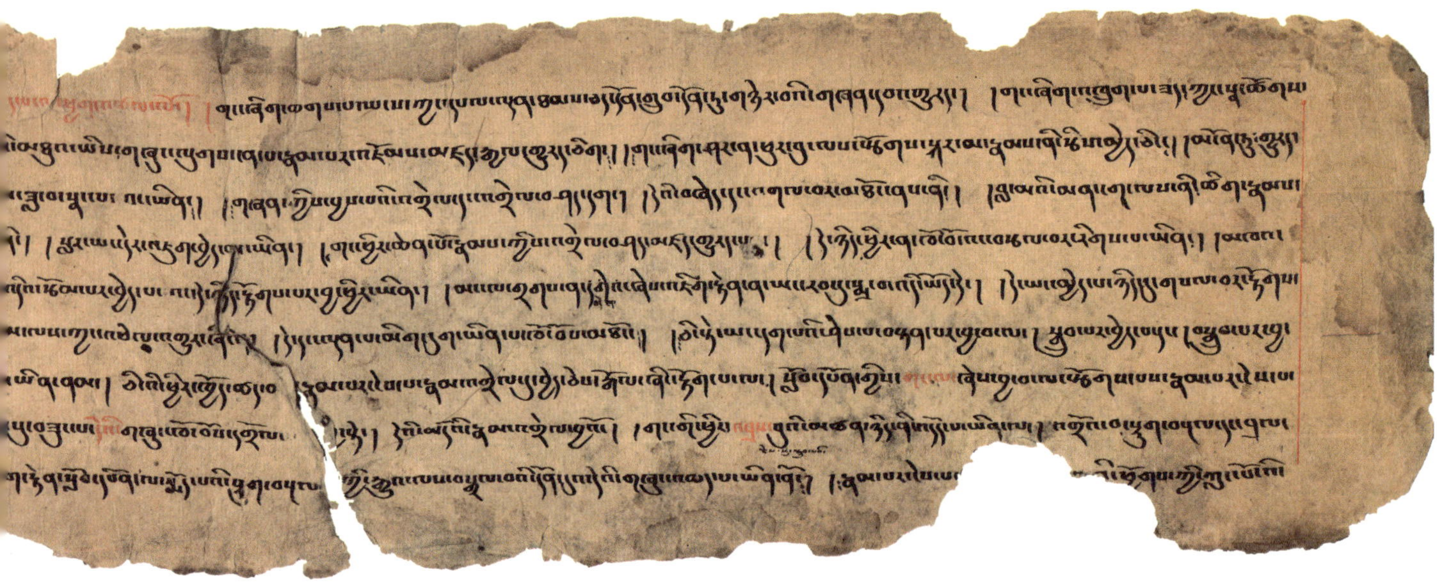

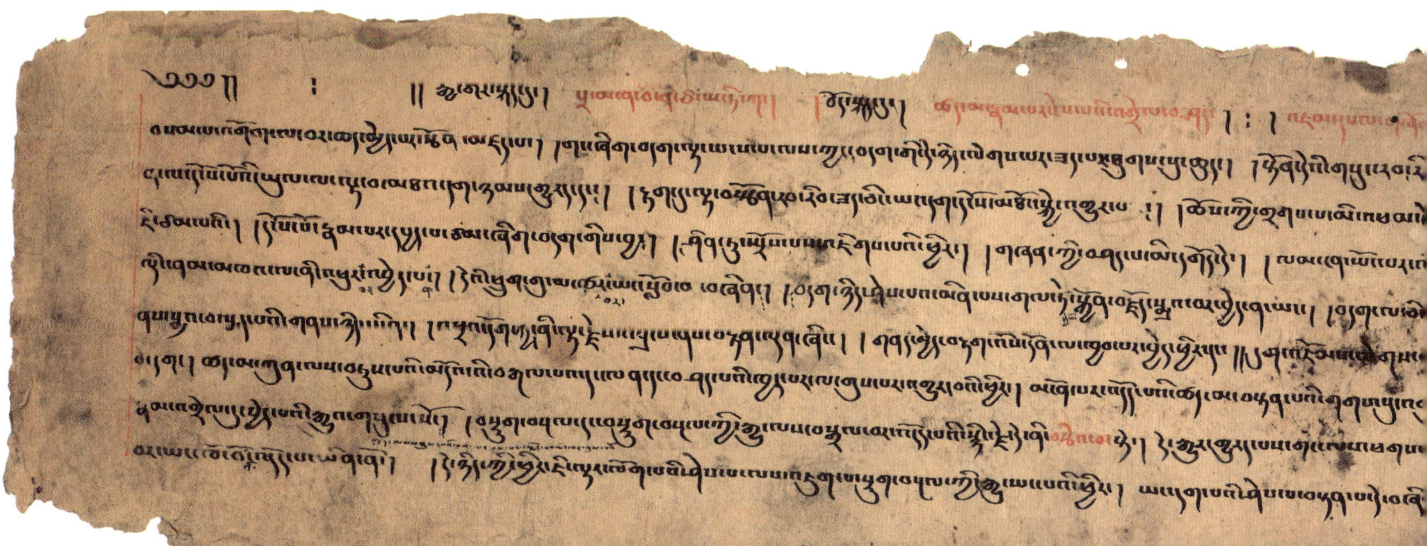

12143 定量論疏 （印度）法勝撰 元寫本

梵夾裝。開本高19厘米，廣66厘米。西藏自治區普蘭縣科迦寺藏。

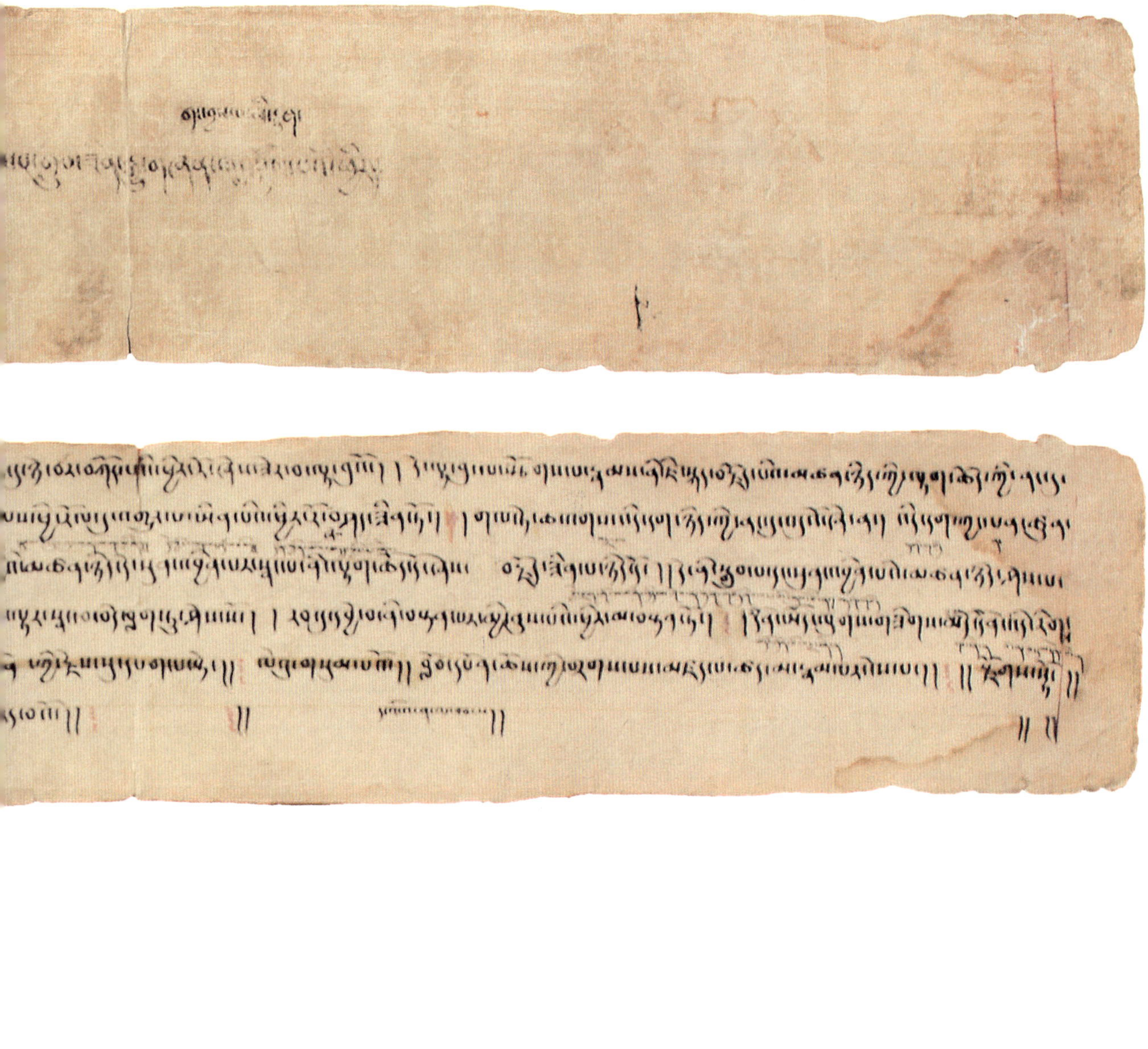

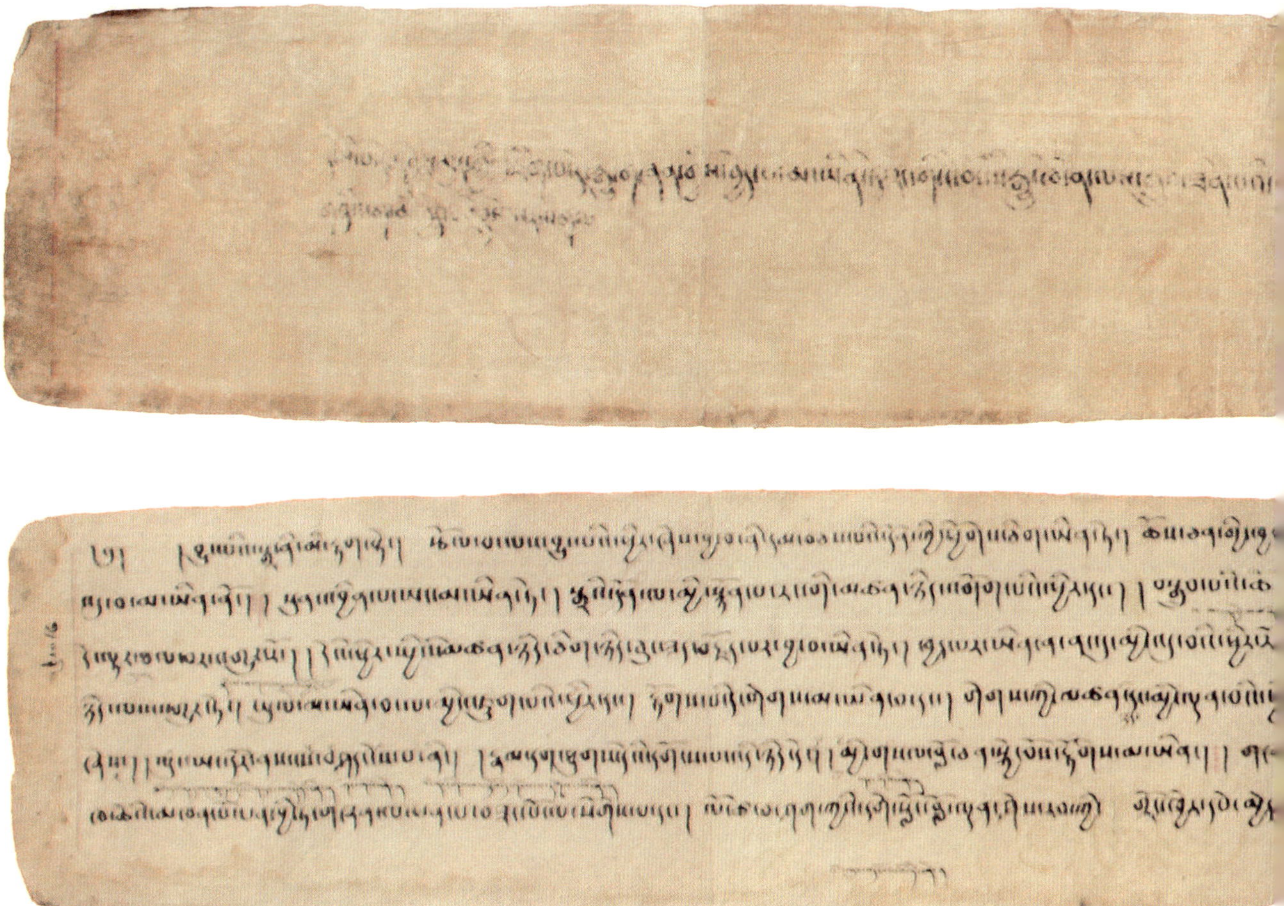

12142 定量論 （印度）法稱撰　元寫本

梵夾裝。開本高19厘米，廣66厘米。西藏自治區普蘭縣科迦寺藏。

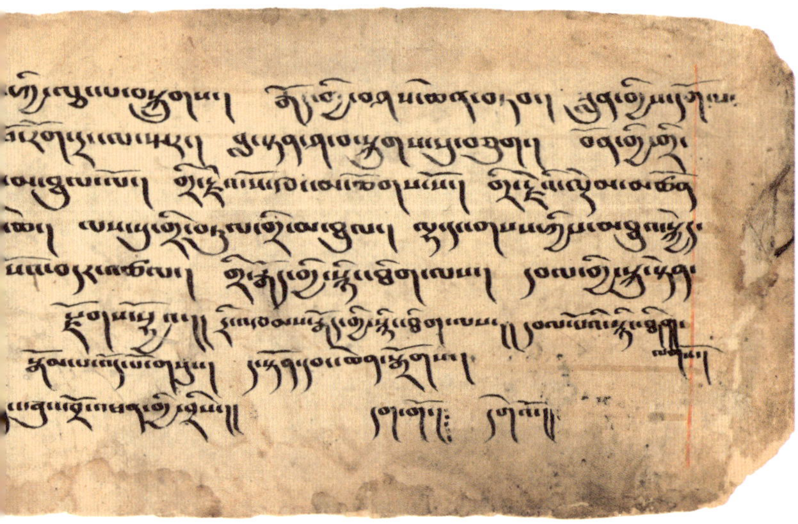

12141 苯教觀點集 象雄綽潘撰　元寫本

梵夾裝。開本高8厘米，廣34.4厘米。西藏圖書館藏。

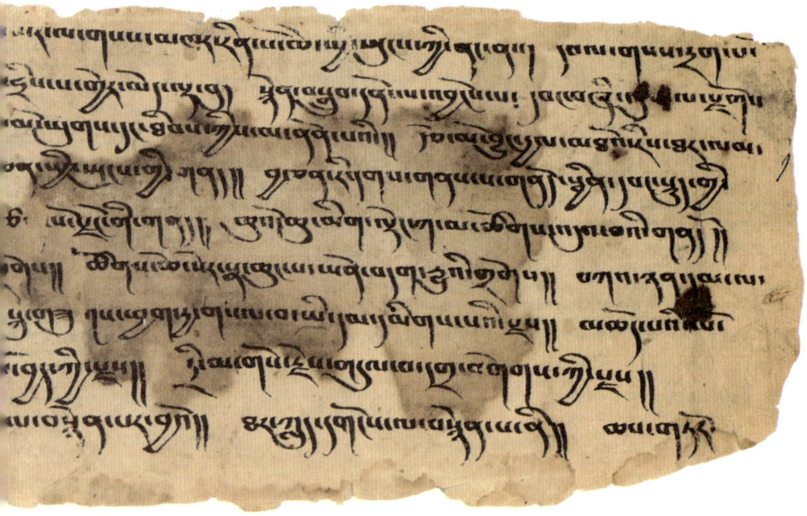

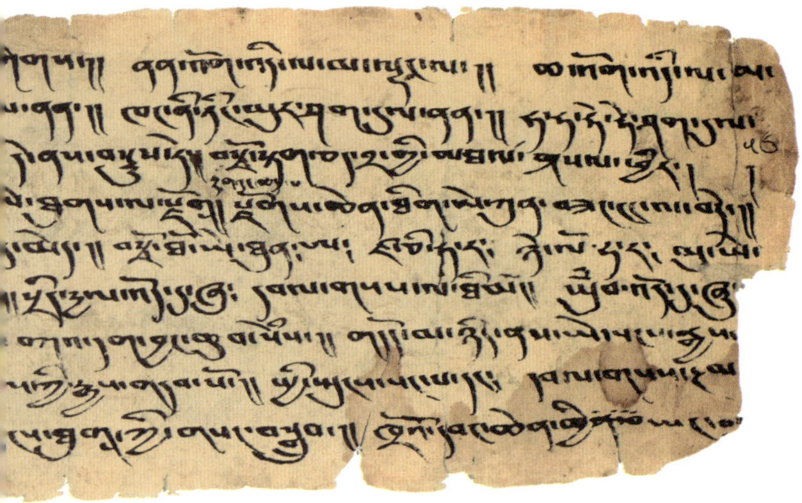

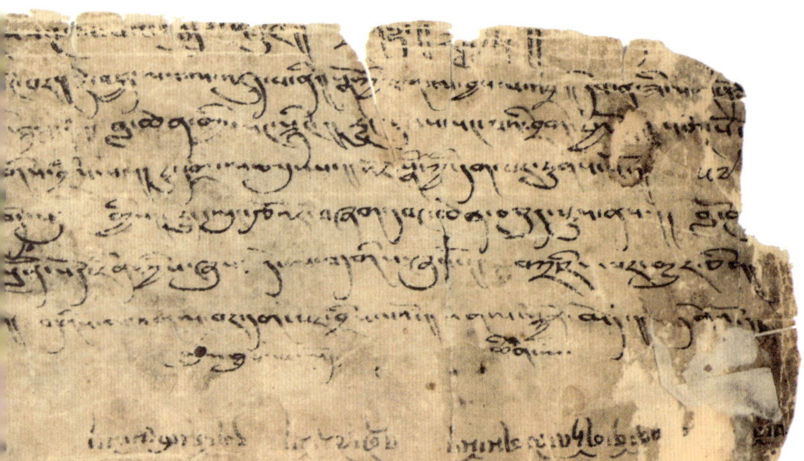

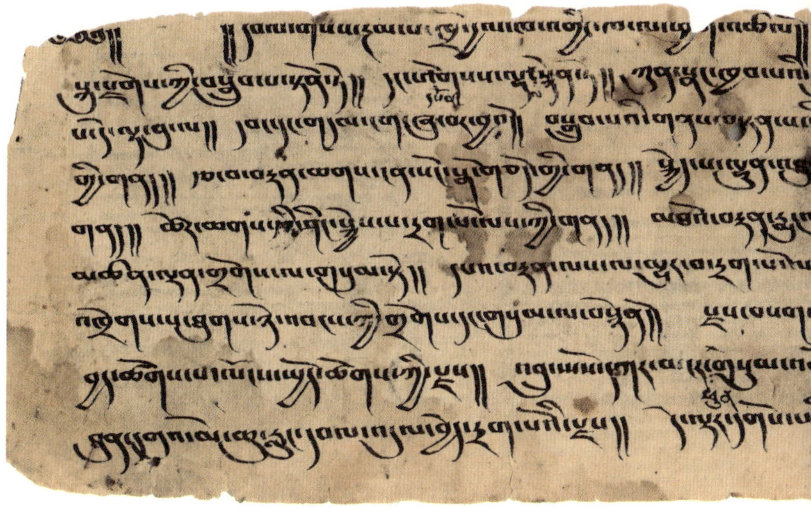

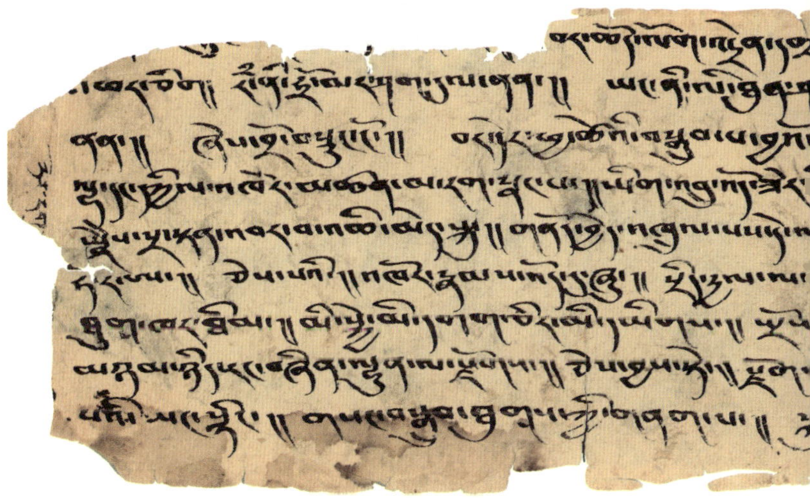

12140 苯教瓦塞儀軌 元寫本

梵夾裝。開本高9厘米，廣32.2厘米。西藏圖書館藏。

12139 大般若波羅蜜多經 元寫本

梵夾裝。開本高24厘米，廣68厘米。西藏自治區札達縣益日寺藏。

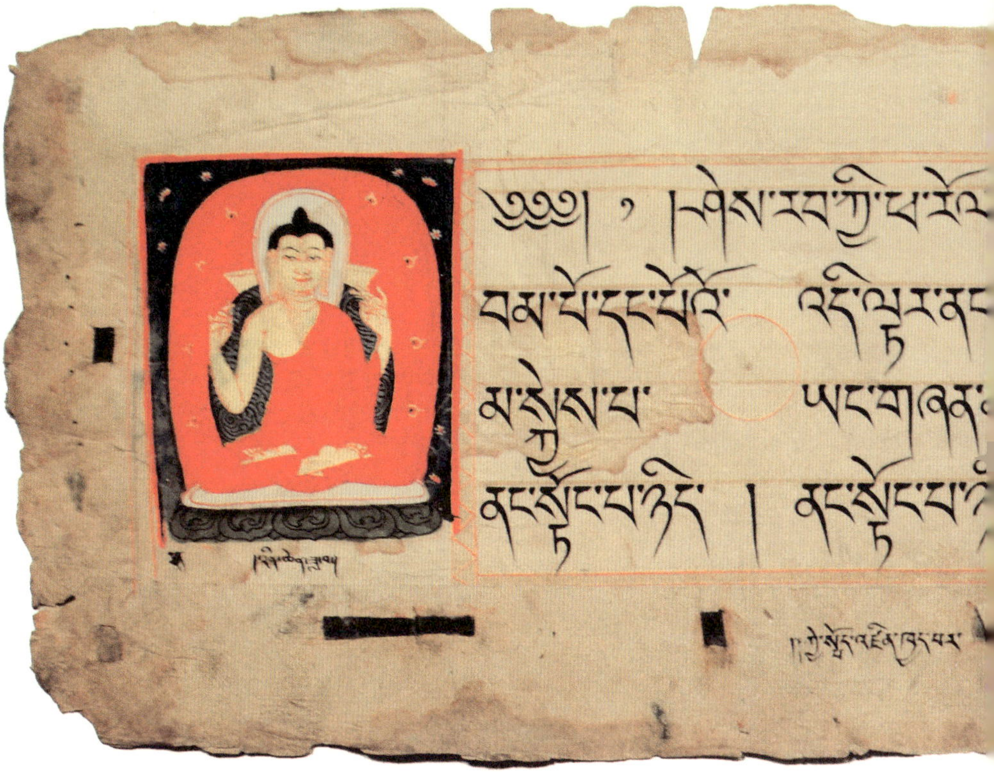

12138 般若波羅蜜多八十萬頌 元寫本

梵夾裝。西藏自治區尼木縣瑪江卡曲寺藏。

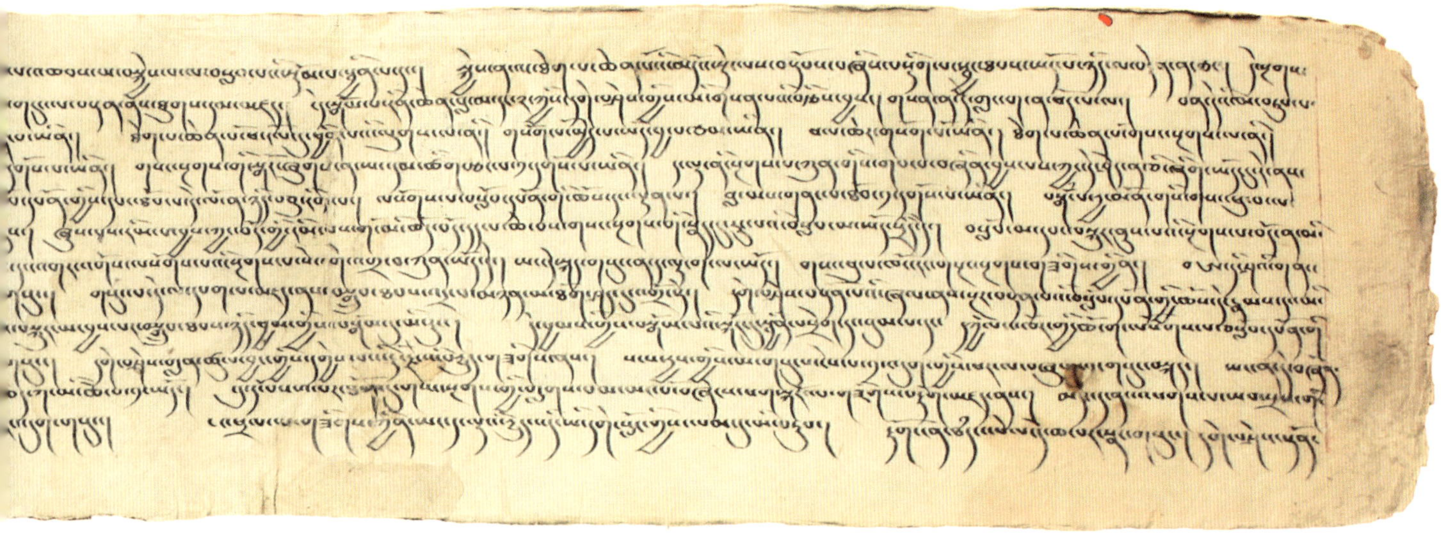

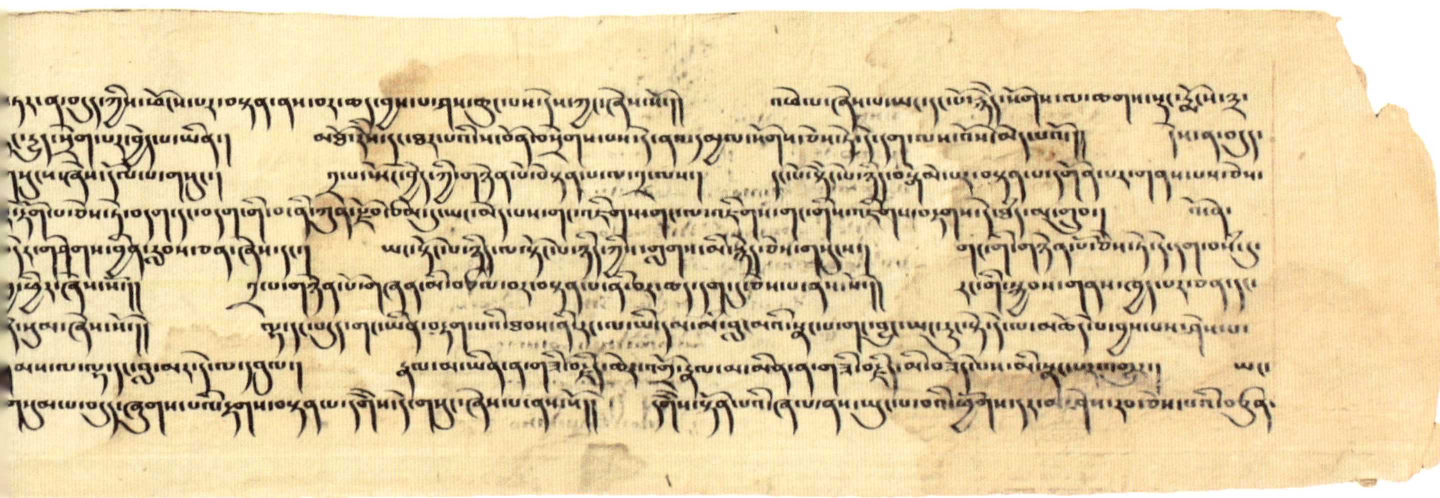

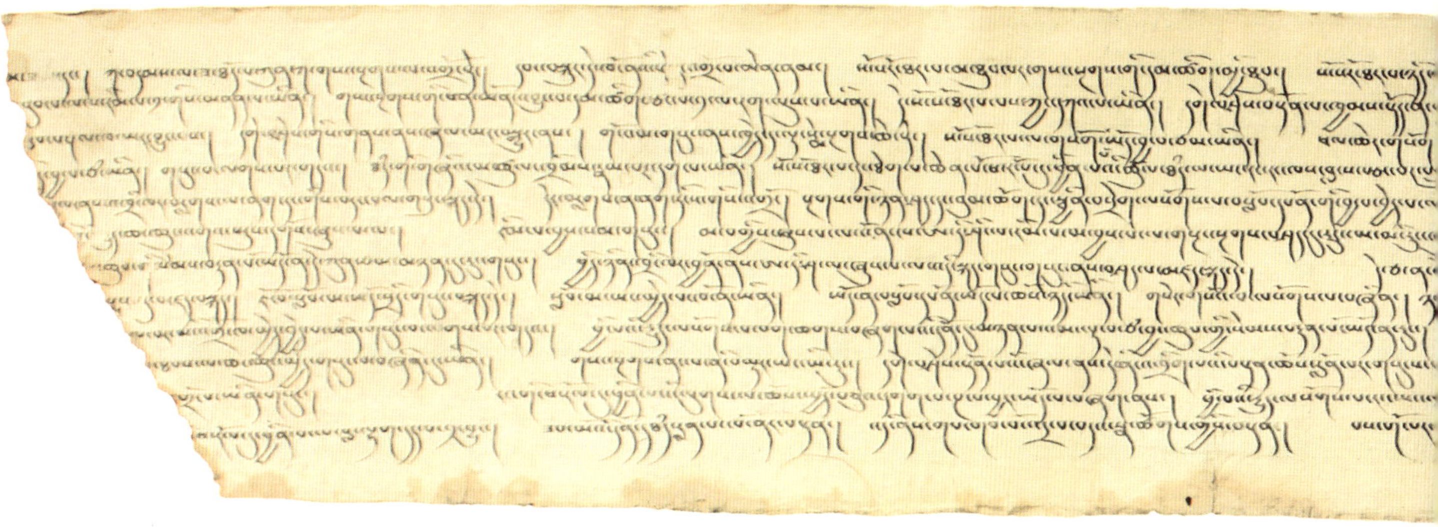

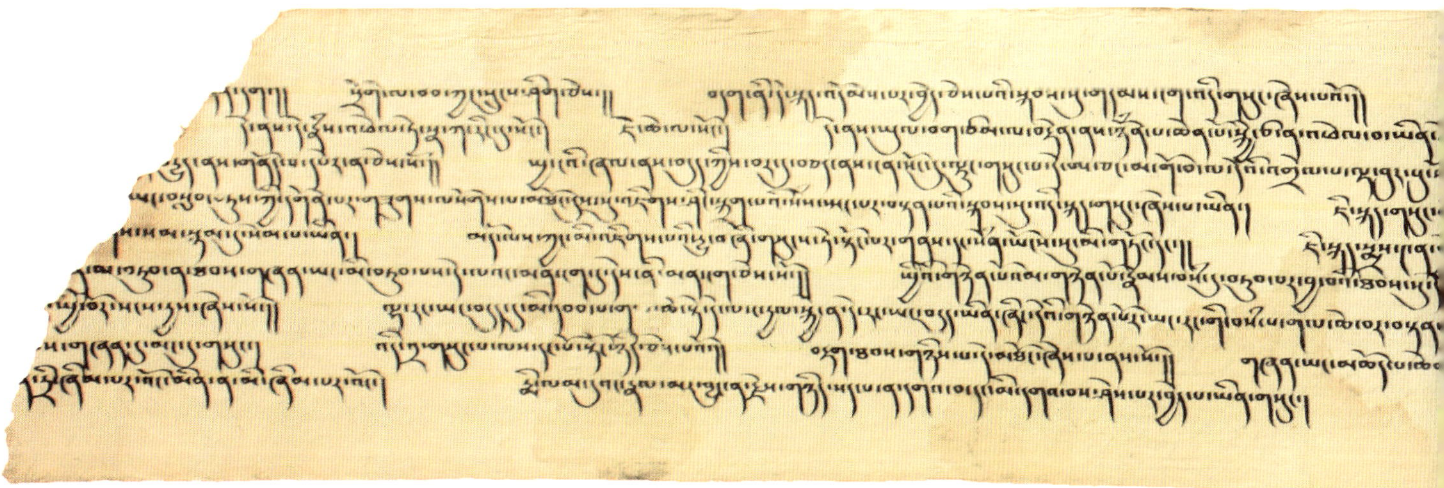

12137 阿底峽傳 元寫本

梵夾裝。開本高19厘米，廣66厘米。西藏自治區普蘭縣科迦寺藏。

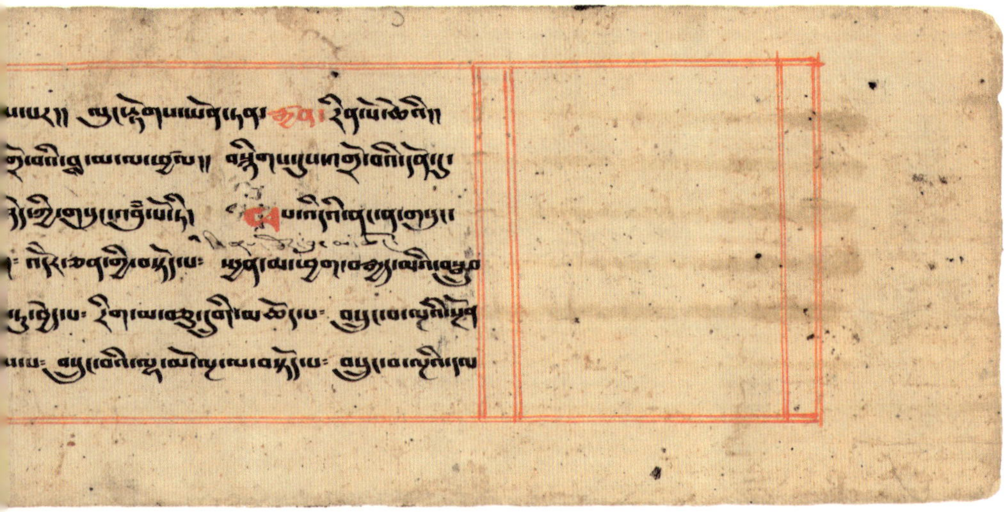

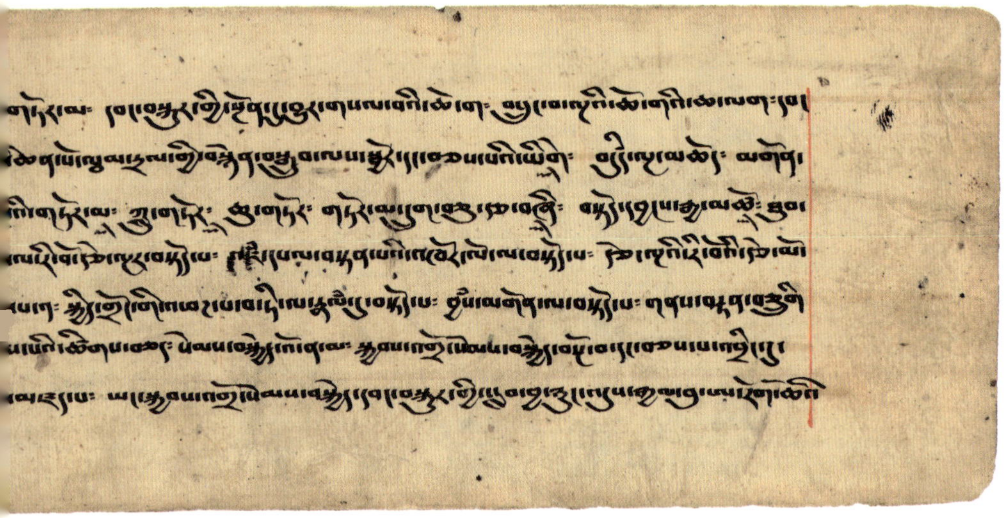

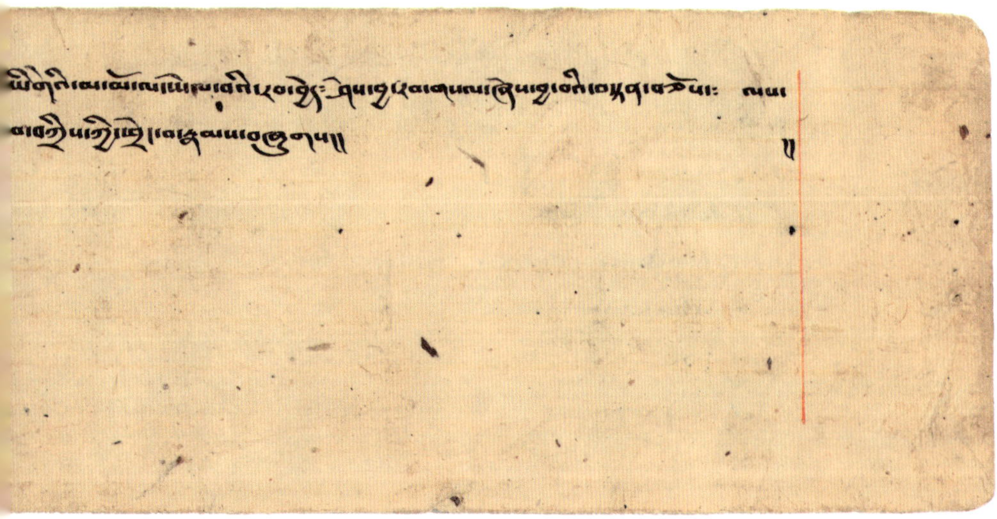

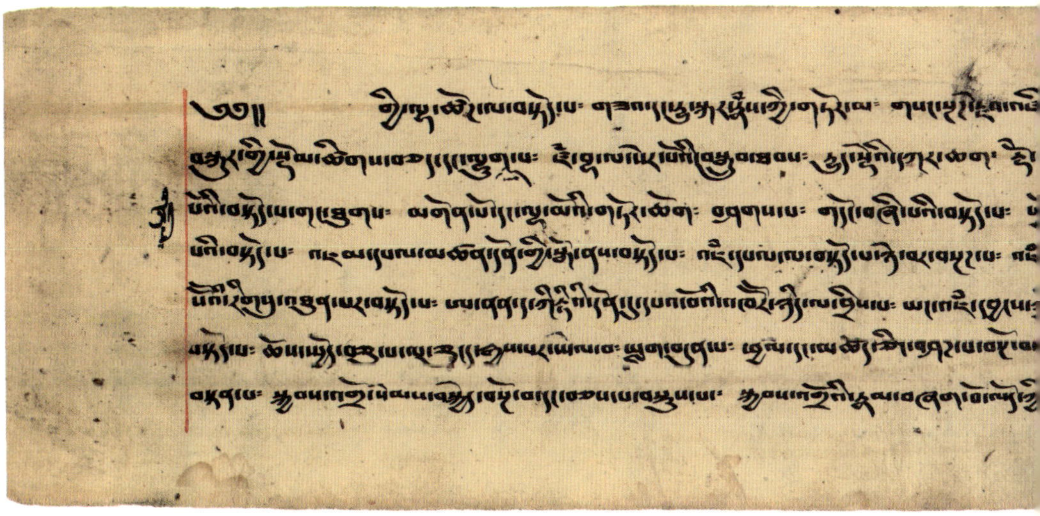

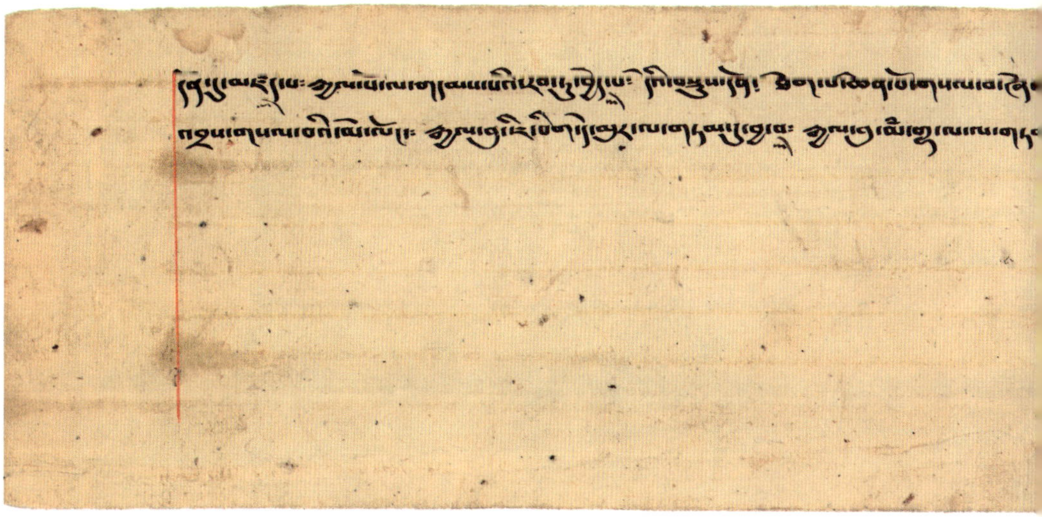

12136 八思巴文集　（元）八思巴 · 洛追堅贊撰　元寫本

梵夾裝。開本高8.2厘米，廣34.5厘米。西藏博物館藏。

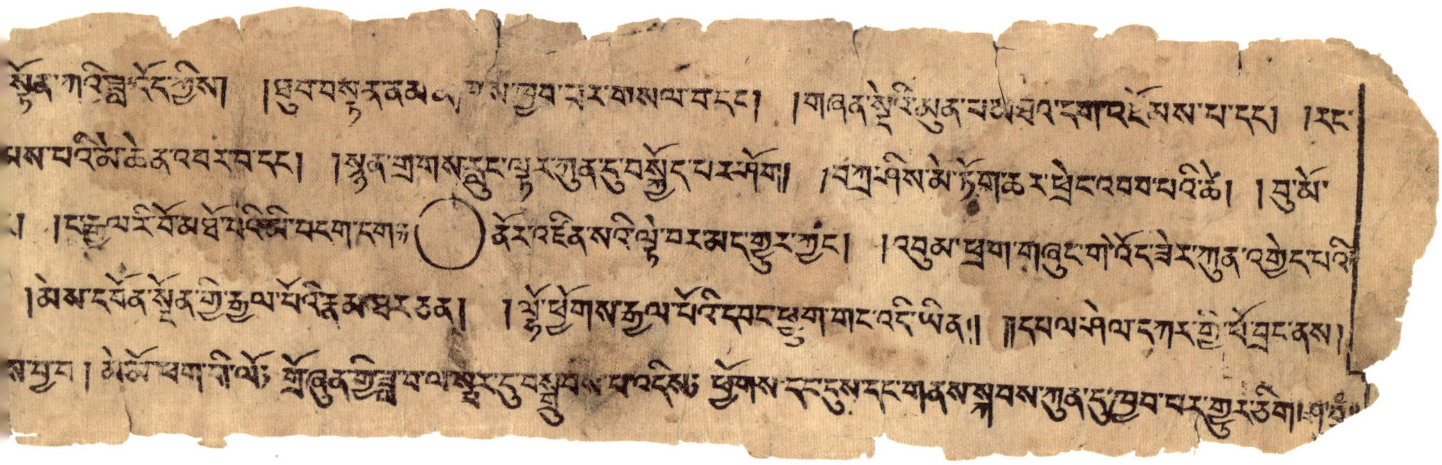

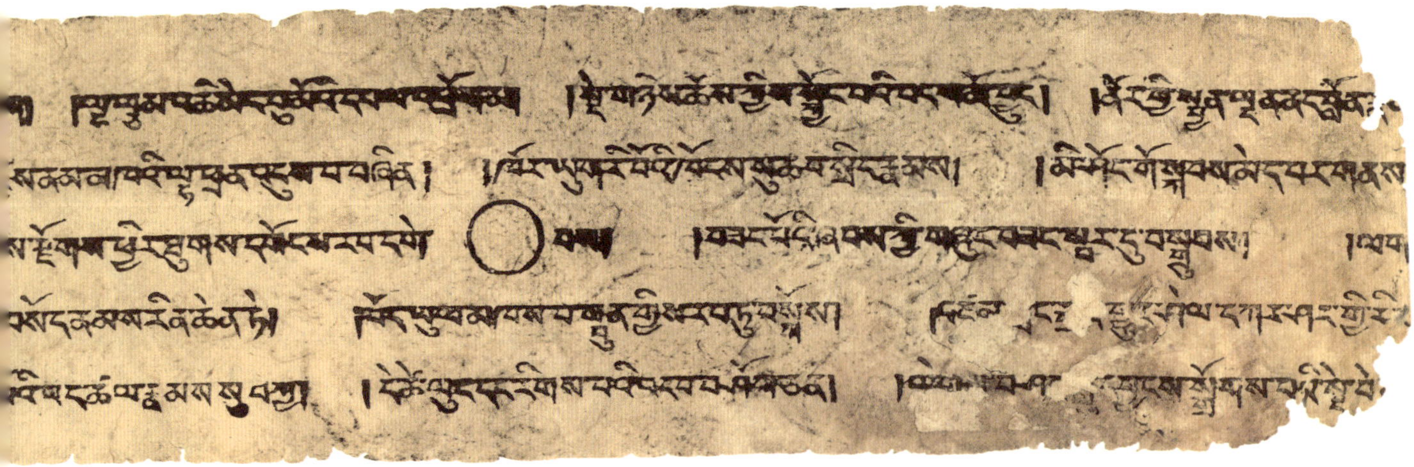

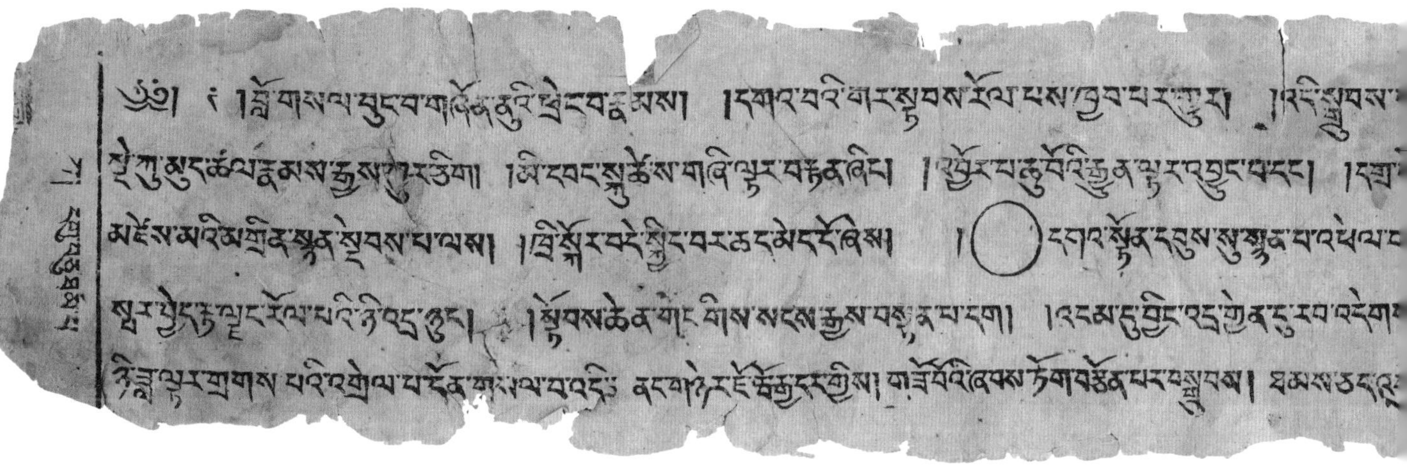

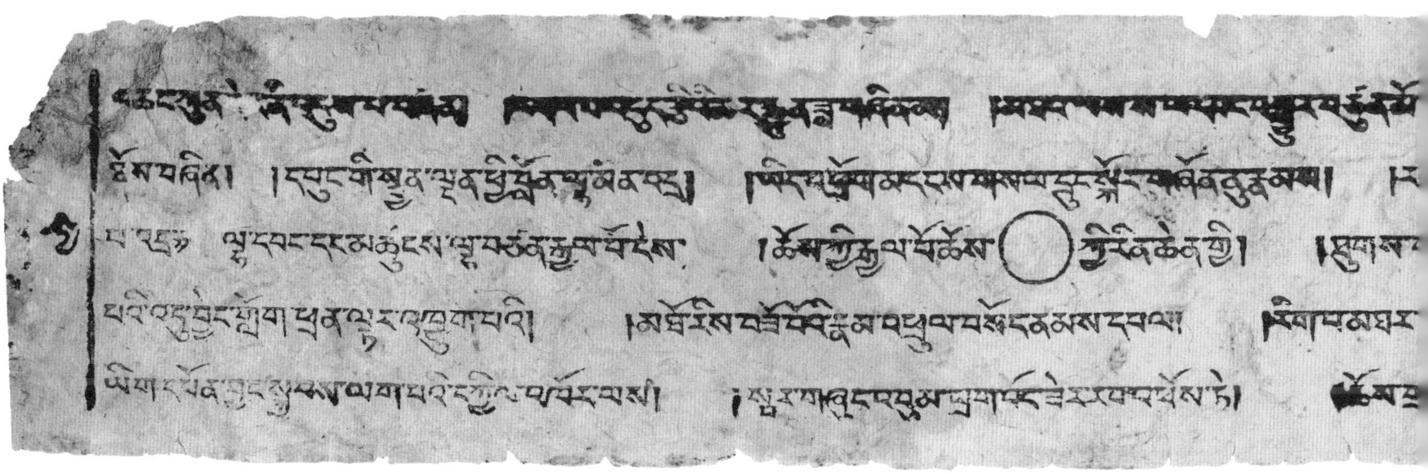

12135 現觀莊嚴論名義釋 （印度）獅子賢撰 元刻本

梵夾裝。開本高7.3厘米，廣67厘米。每葉五行。西藏自治區尼木縣切卡曲德寺藏。

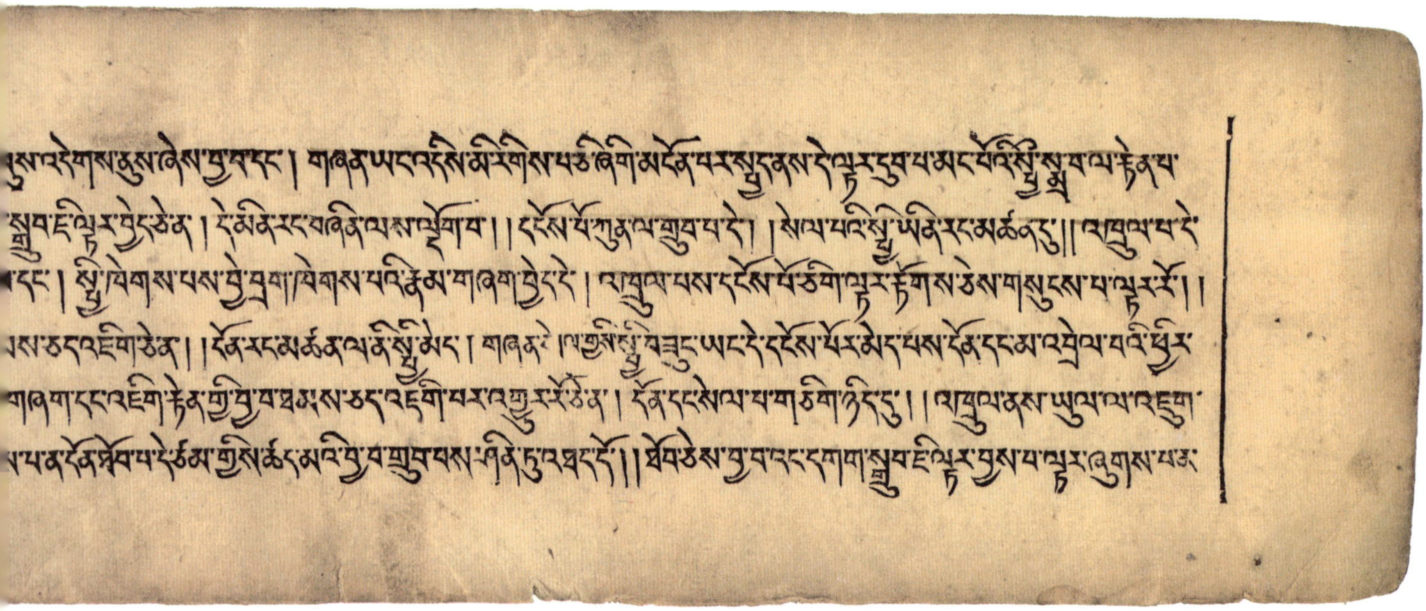

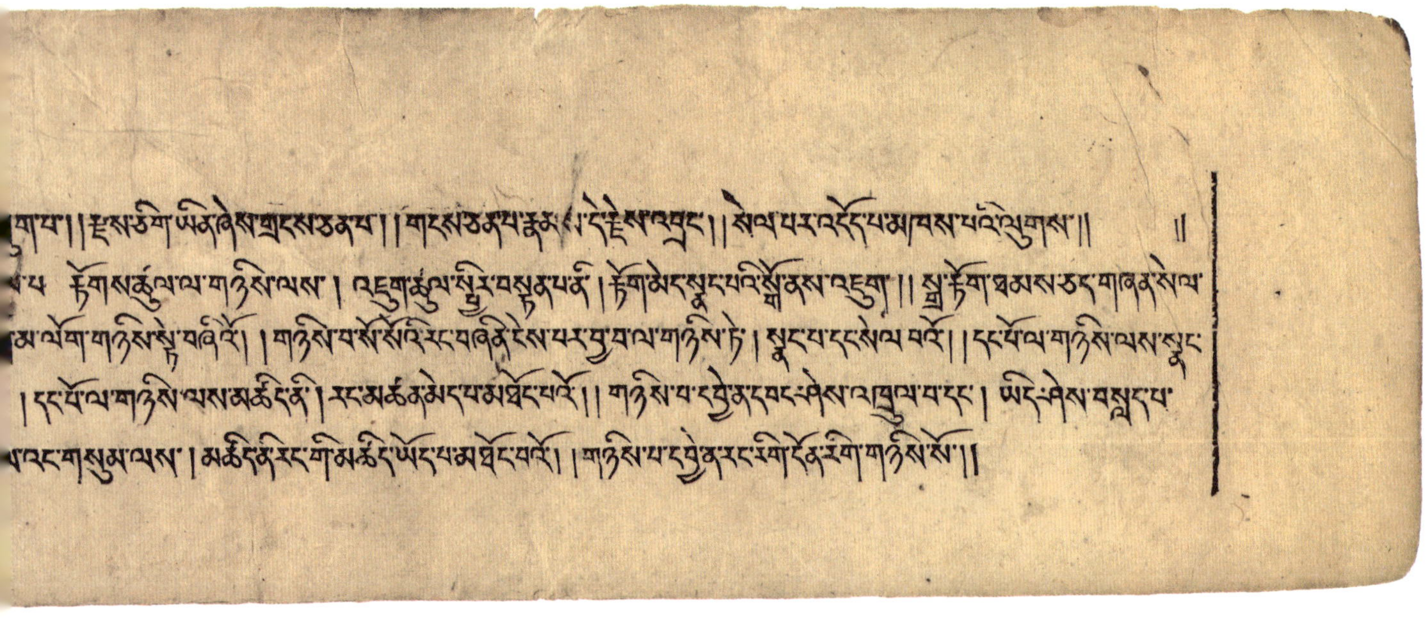

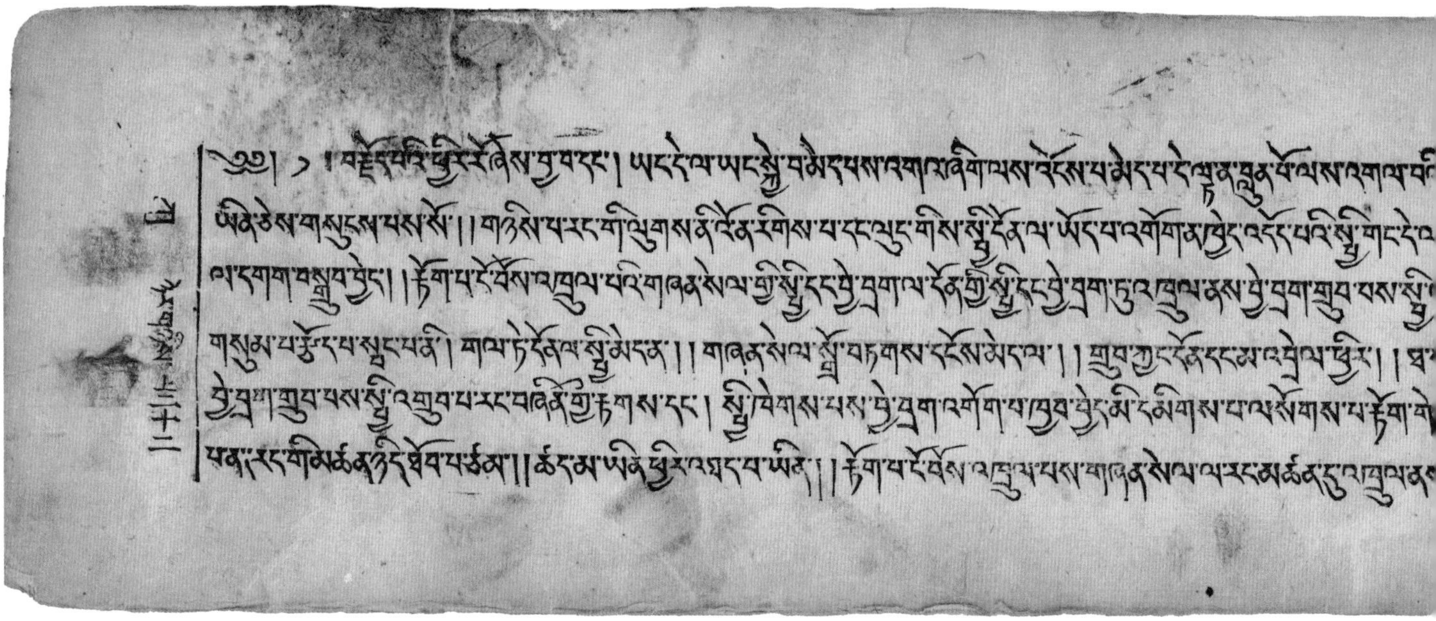

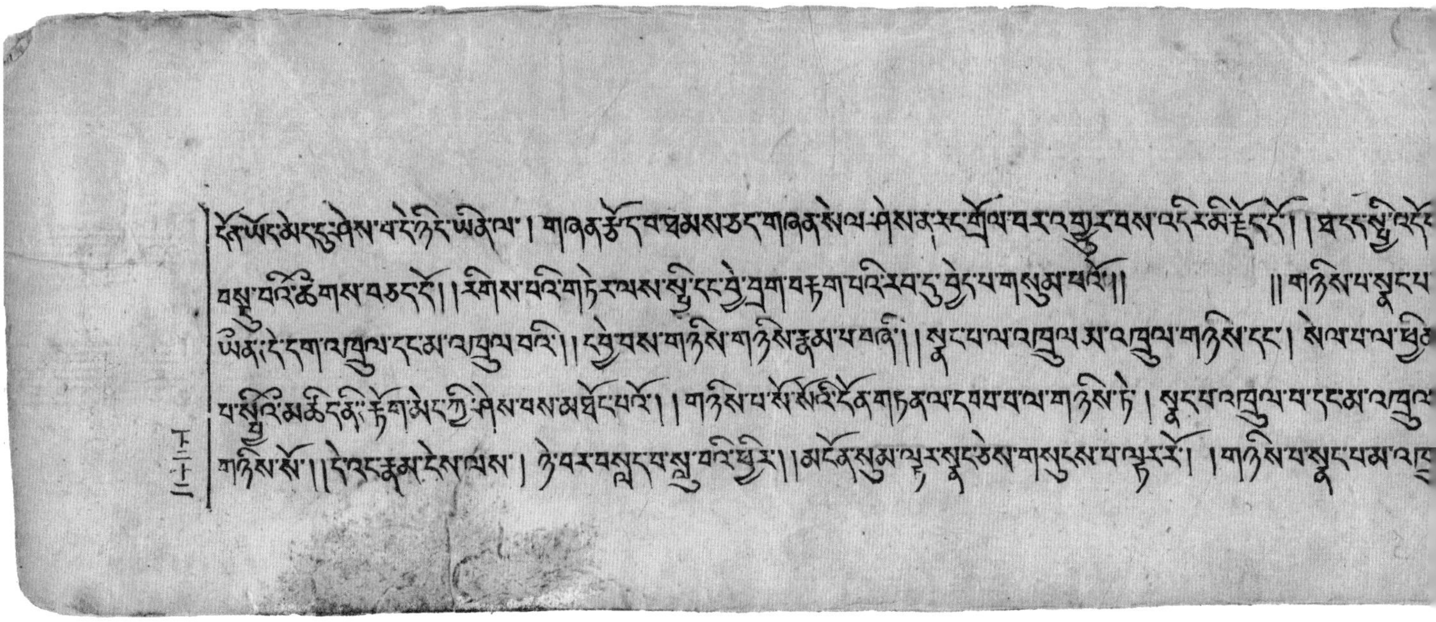

12134 量理寶藏詮釋 薩迦 · 貢嘎堅贊撰　元大都刻本

梵夾裝。開本高12.7厘米，廣65.2厘米。西藏自治區尼木縣切卡曲德寺藏。

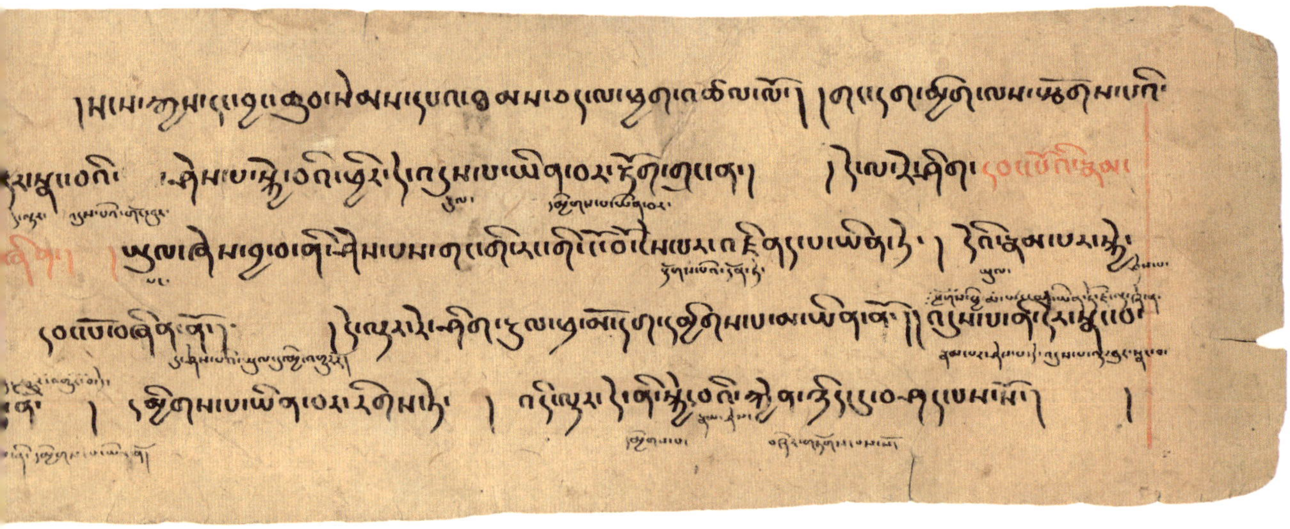

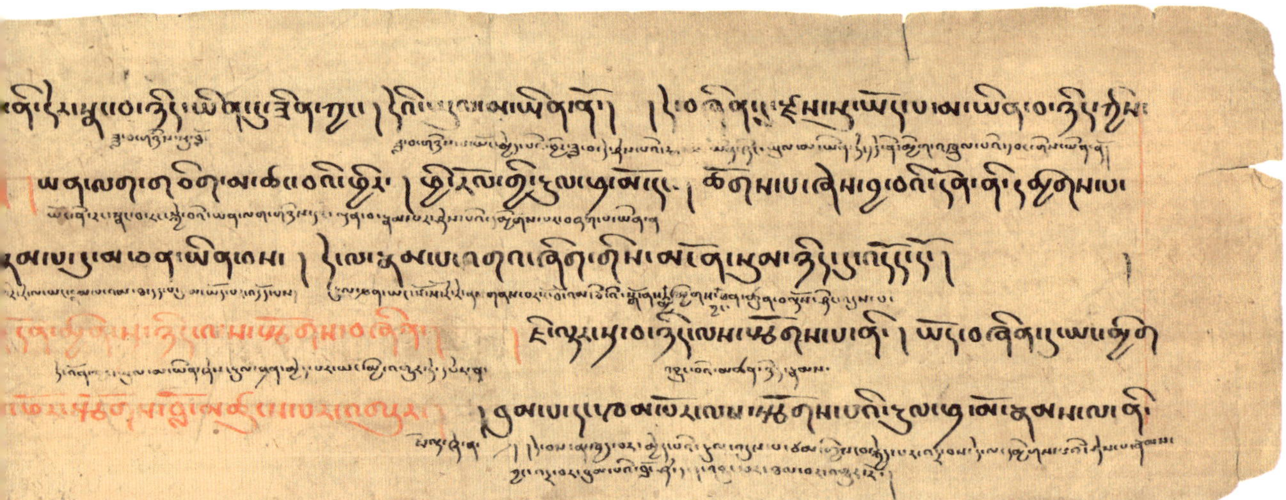

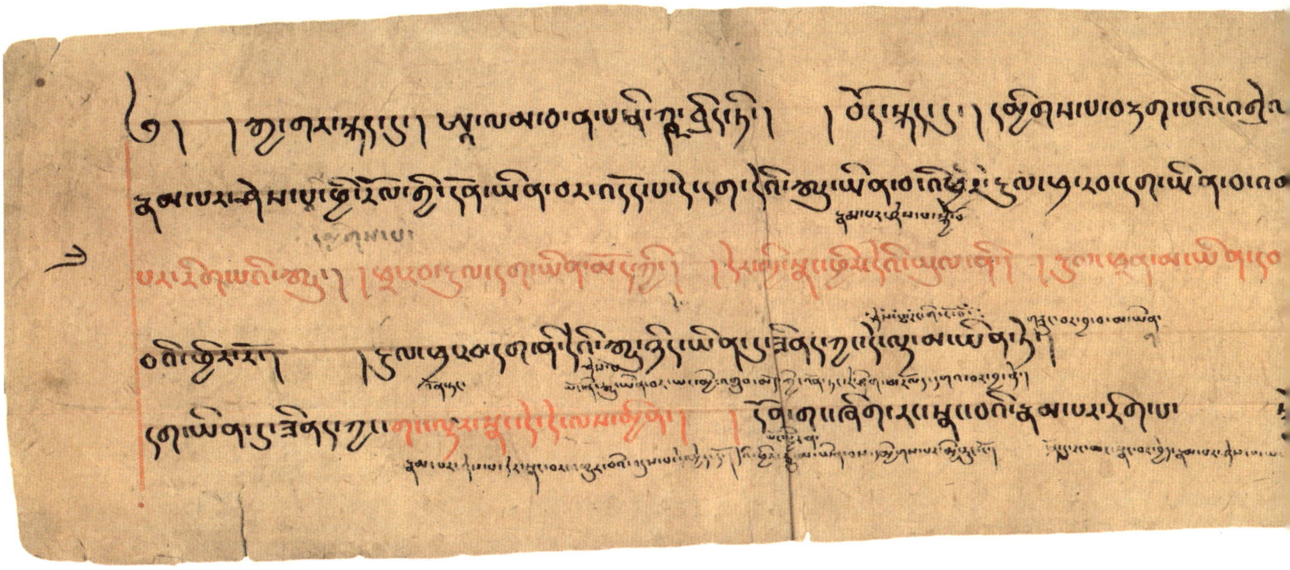

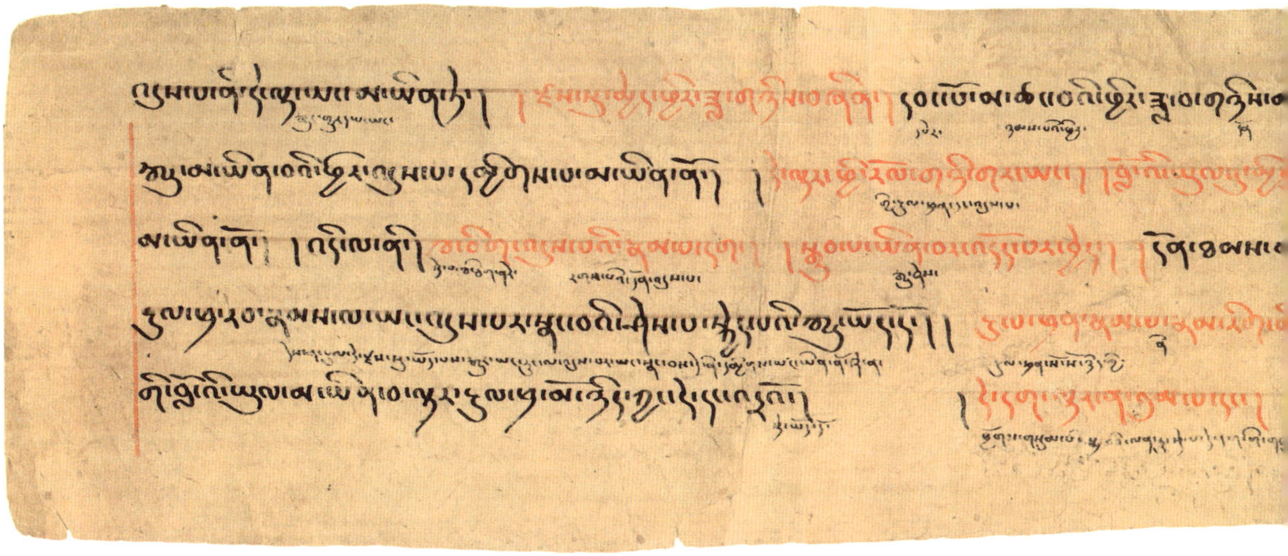

12133 觀所緣論釋　（印度）陳那撰　噶瓦白則譯　十二世紀寫本

梵夾裝。西藏自治區普蘭縣科迦寺藏。

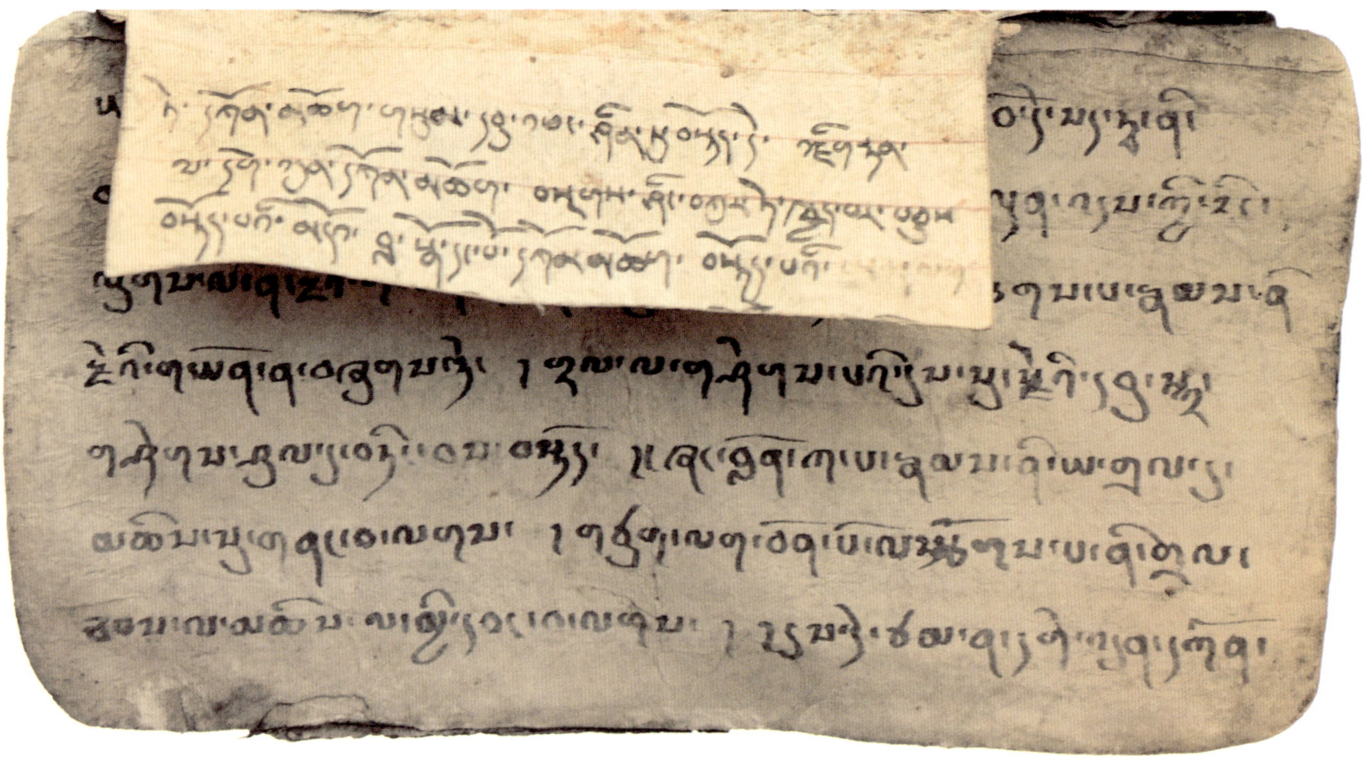

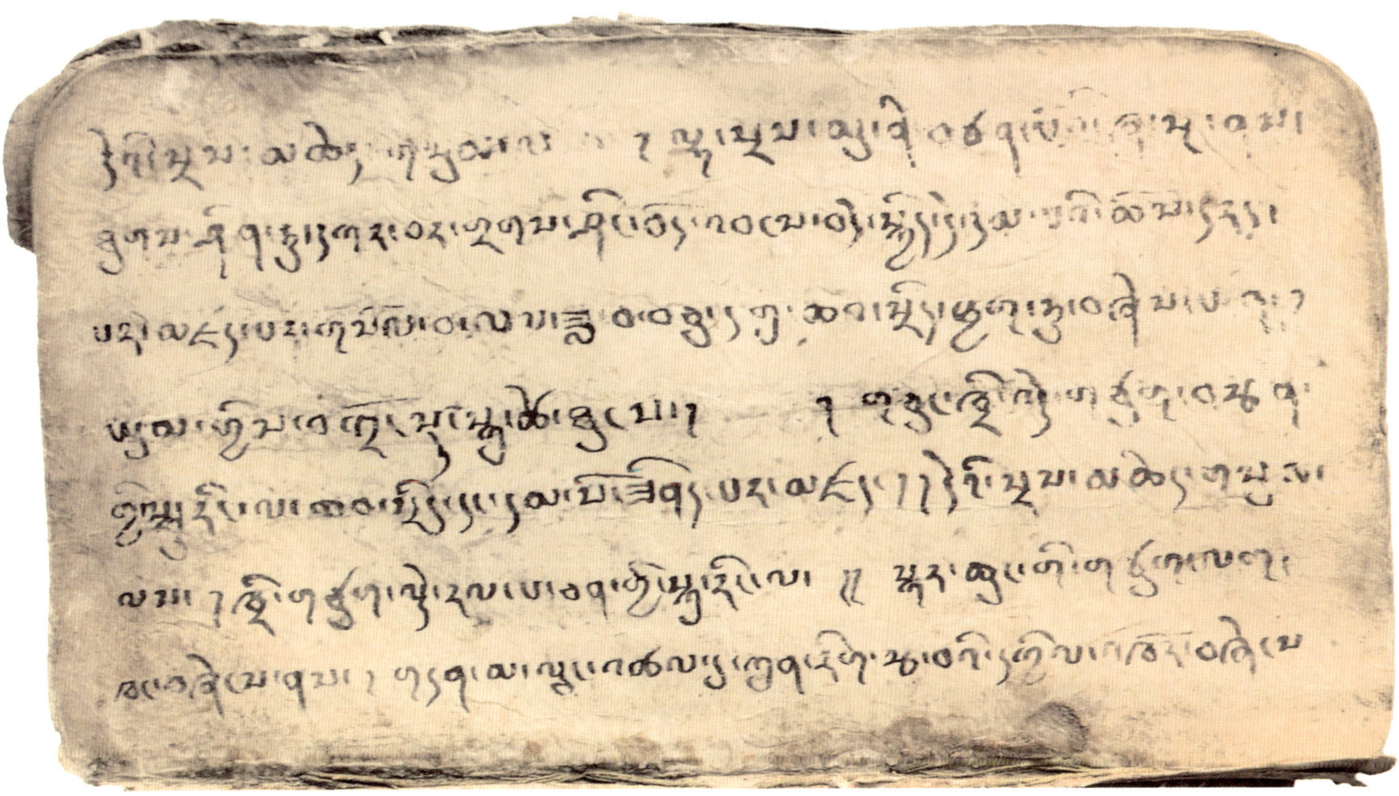

12132 古格王統史 十二世紀寫本

縫繢裝。開本高8.5厘米，廣16厘米。西藏自治區札達縣托林寺藏。

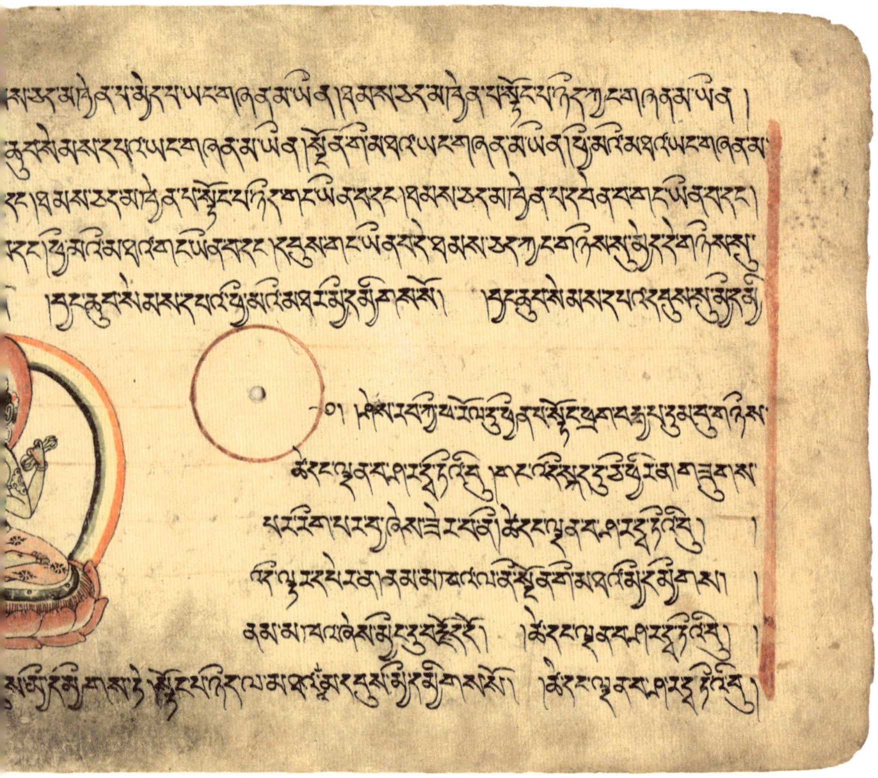

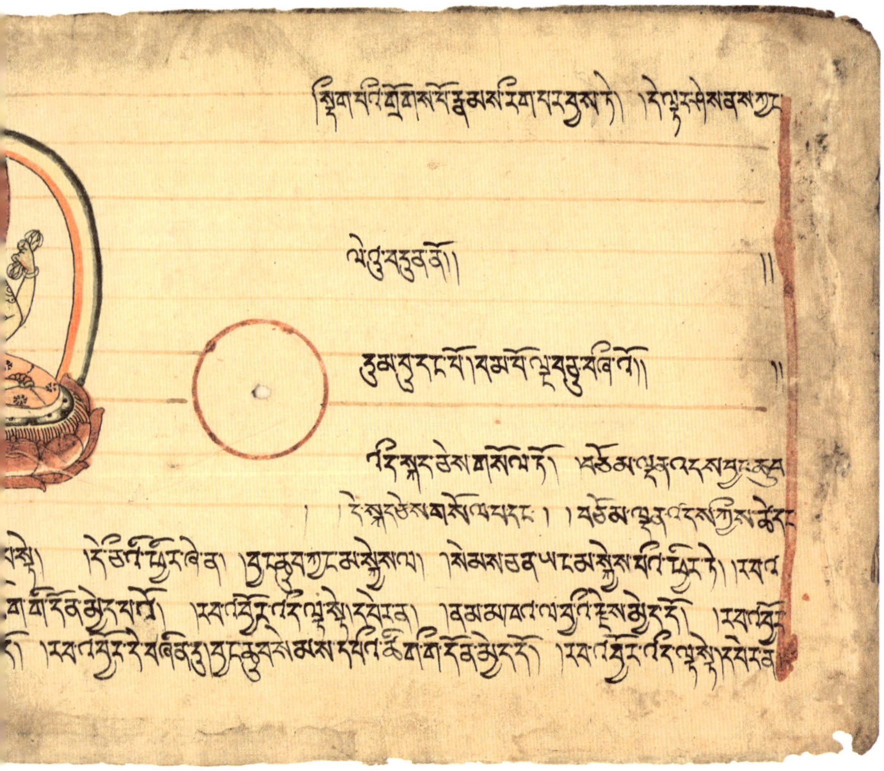

12131 般若波羅蜜多十萬頌 十二世紀寫本

梵夾裝。開本高27厘米，廣64厘米。西藏自治區曲水縣聶唐卓瑪拉康藏。

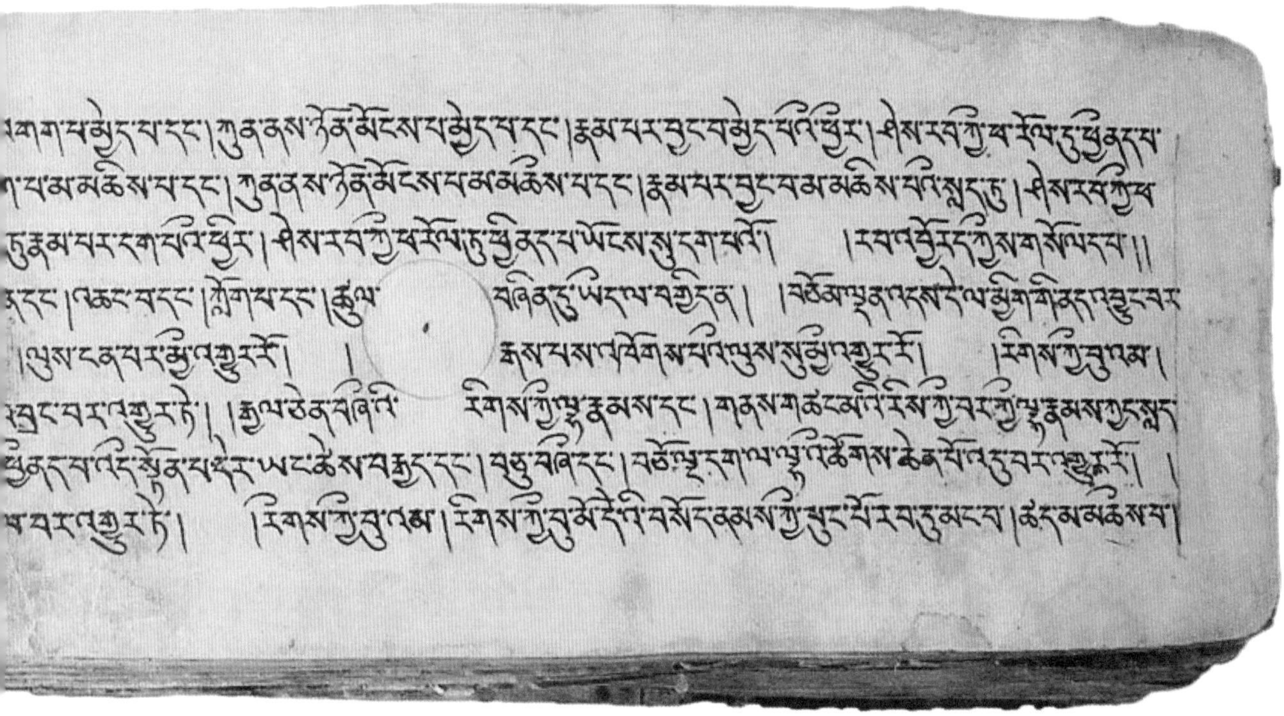

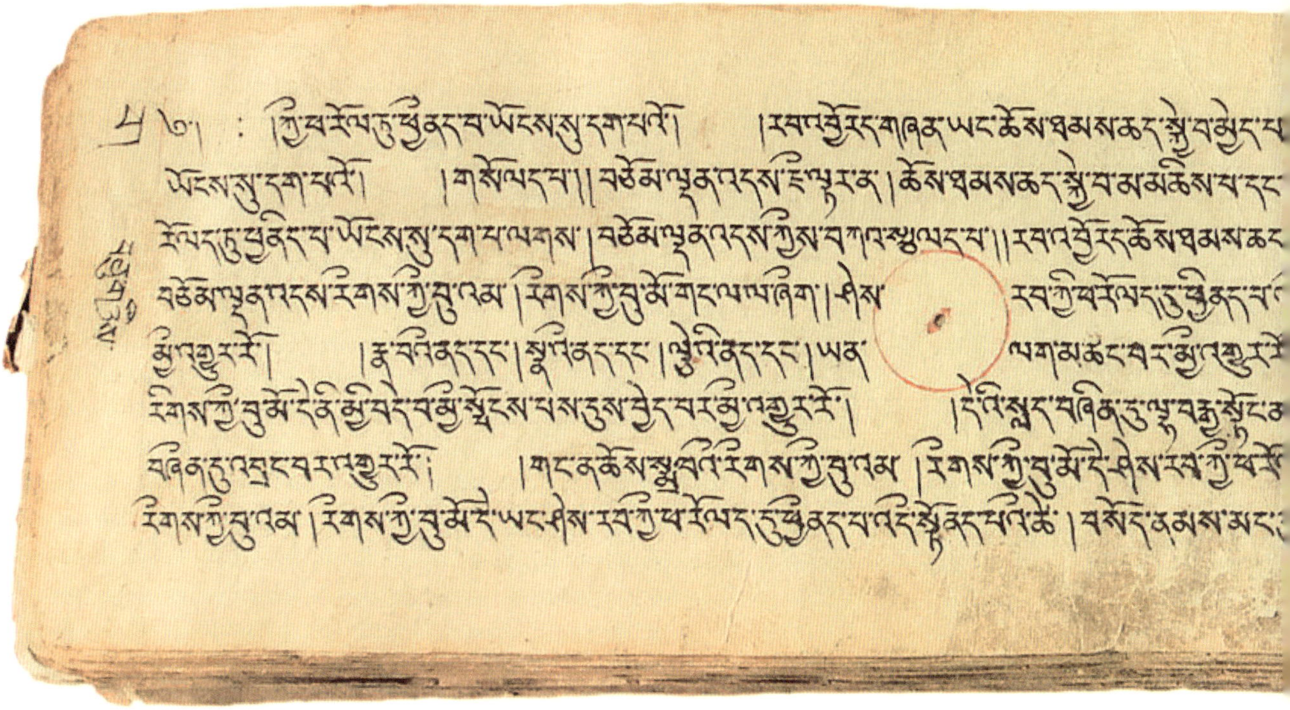

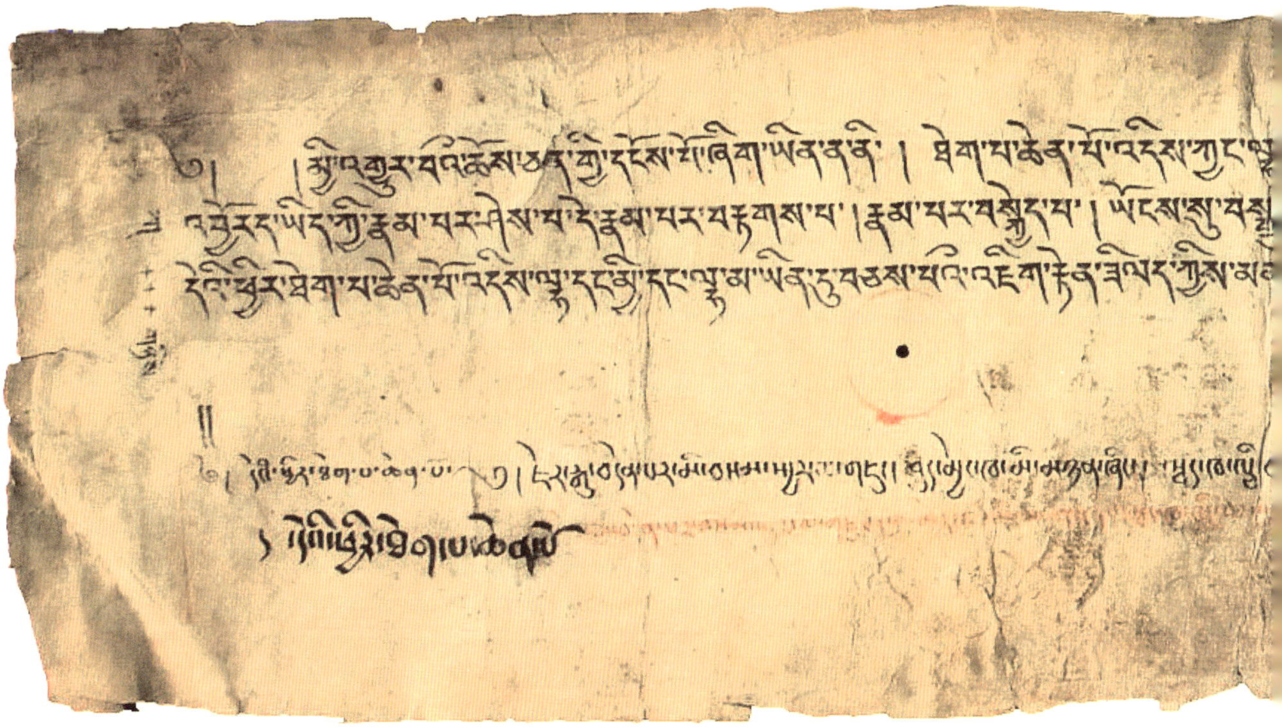

12130 般若波羅蜜多兩萬五千頌

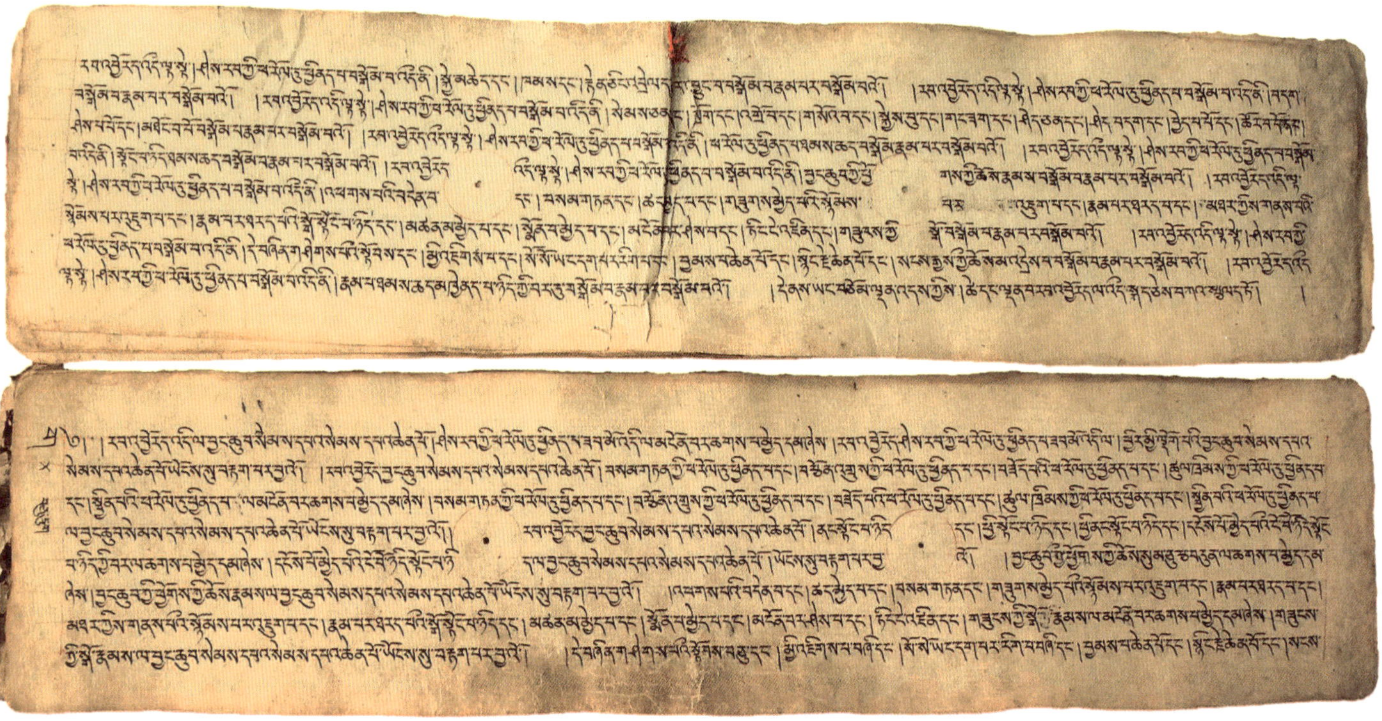

12130 般若波羅蜜多兩萬五千頌 十世紀寫本

梵夾裝。開本高15.2厘米，廣63.2厘米。西藏大學圖書館藏。

第五批國家珍貴古籍名録圖録

少數民族文字珍貴古籍

第六册目録

第五批國家珍貴古籍名録圖録

第六册

中國國家圖書館
中國國家古籍保護中心 編

國家圖書館出版社

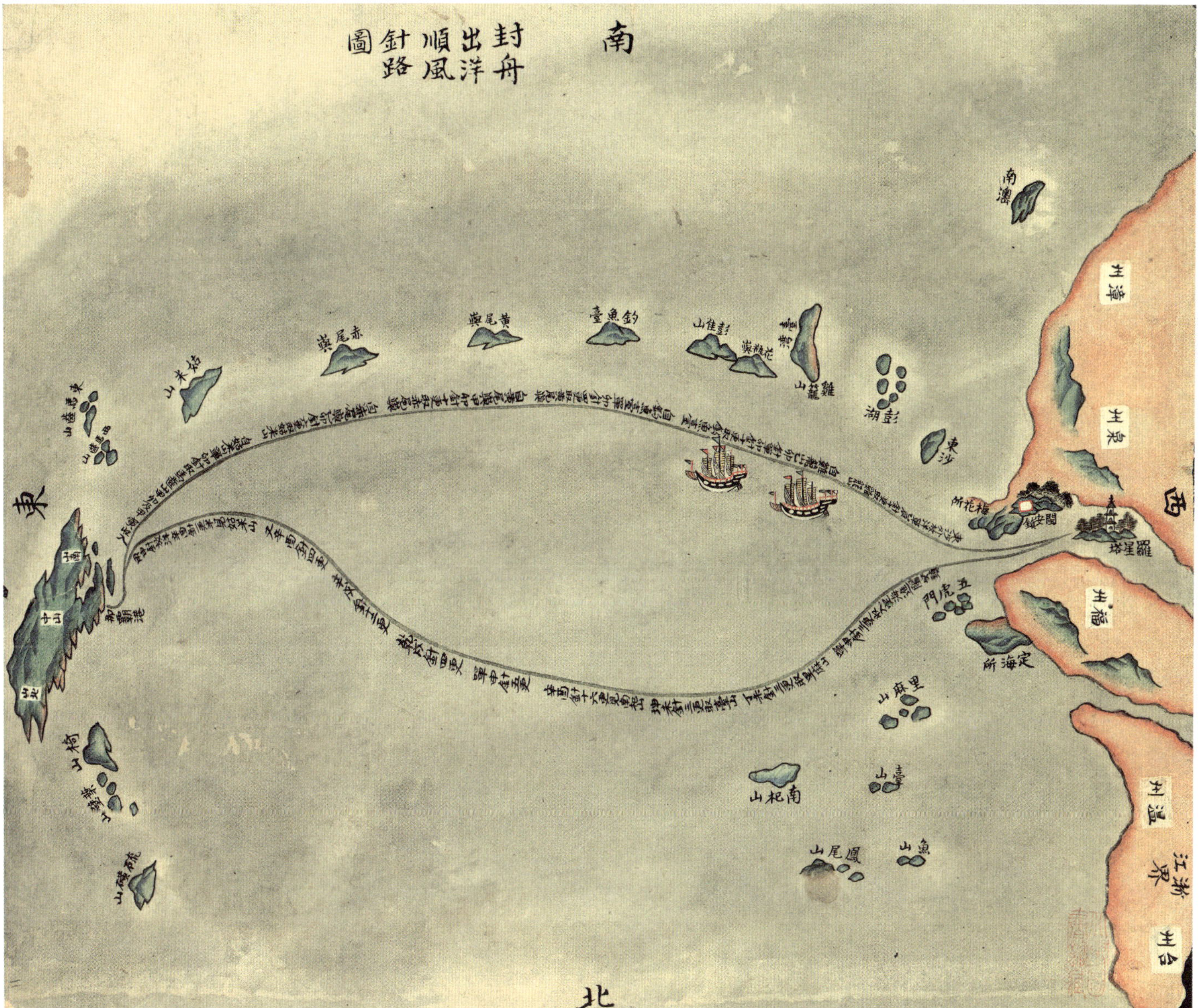

12129 封舟出洋順風針路圖 清乾隆絹地繪本

高27厘米，廣32厘米。國家圖書館藏。

七星樹
小武當

12128 [均州附近名勝圖] 清中期絹地繪本

卷軸裝。高36厘米，廣633厘米。國家圖書館藏。

碣石旱路至甲子七十里
碣石城
甲子所城
甲子旱路至惠來七十里
東宮
沙
蘇公汛
甲汛
湖東汛
金廂至遮浪淺一百二十里
碣石港至遮浪一百四十里
湖東港
沙甲子港
甲子至碣石八十里內有沙礁難以出道
西甘汛
惠來縣
龍江口
神泉港
靖海城
赤澳至神泉七十里
碣石中左分界
東左營
西中營

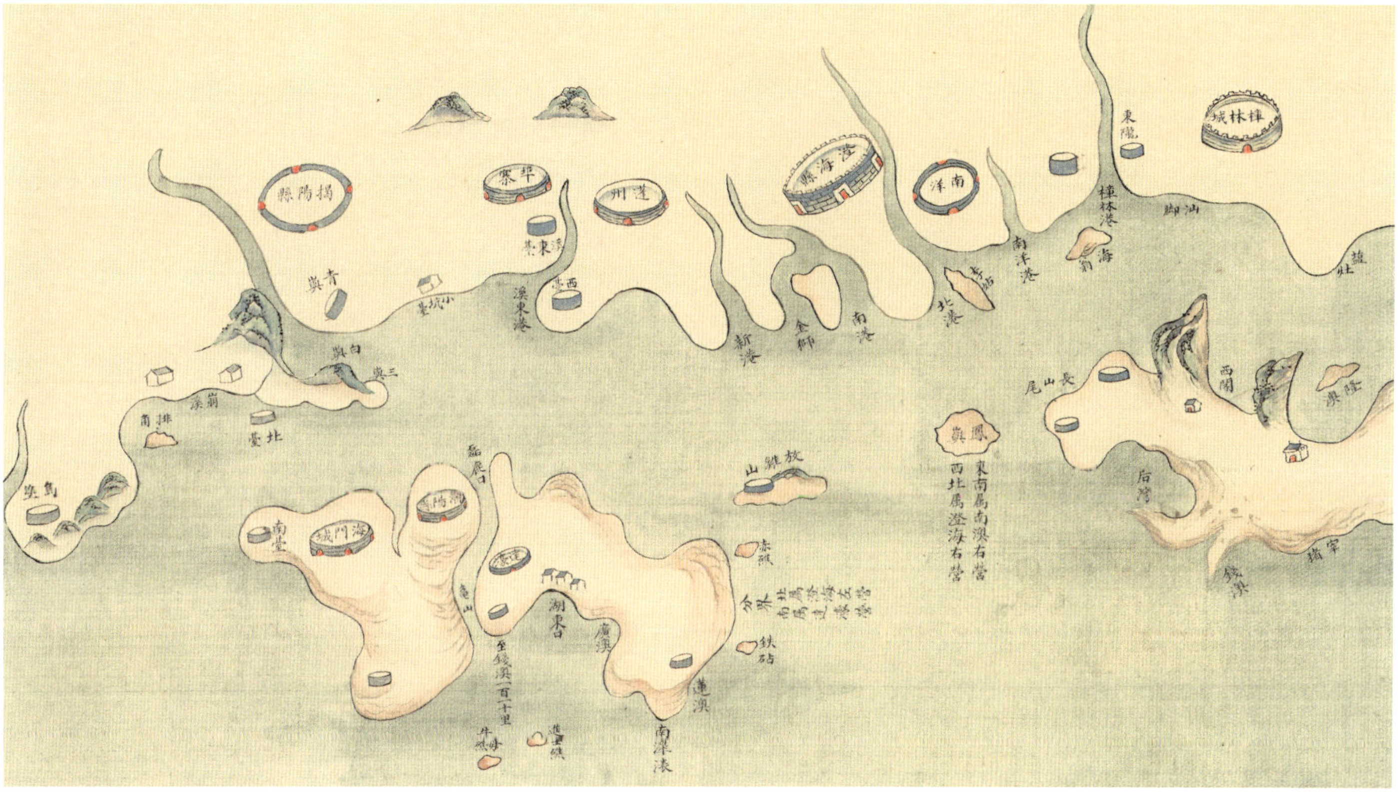

12127 廣東沿海圖 清乾隆絹地繪本

卷軸裝。高29厘米，廣640厘米。國家圖書館藏。

12126 福建沿海圖 清初期絹地繪本

卷軸裝。高36厘米，廣558厘米。國家圖書館藏。

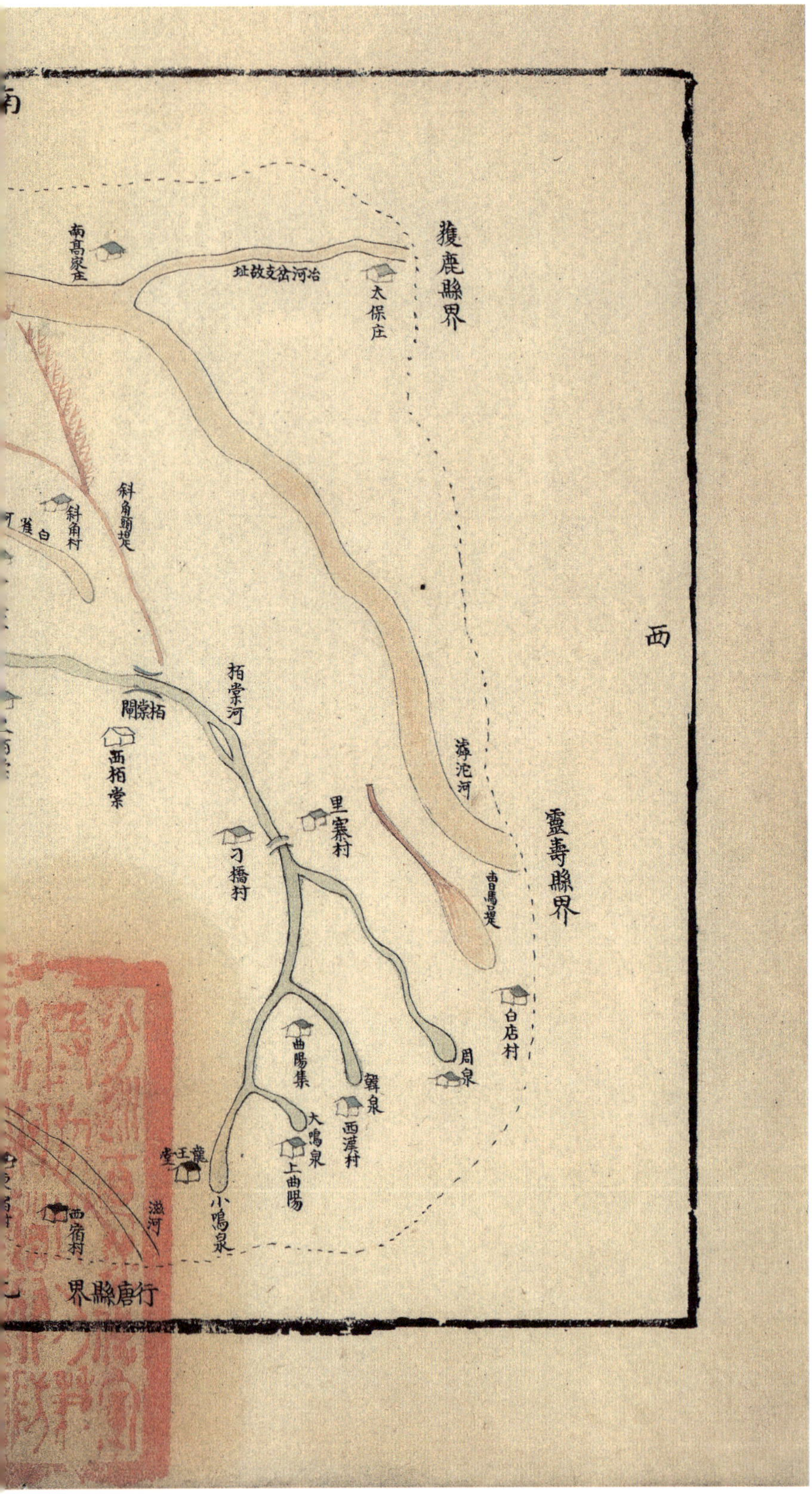
獲鹿縣界
太保庄
冶河岔支故址
南高家庄
斜角村
滹沱河
靈壽縣界
西
拓棠河
拓棠閘
西拓棠
里寨村
刁橋村
白店村
周泉
曲陽集
西濟村
大鳴泉
上曲陽
小鳴泉
西宿村
滋河
行唐縣界

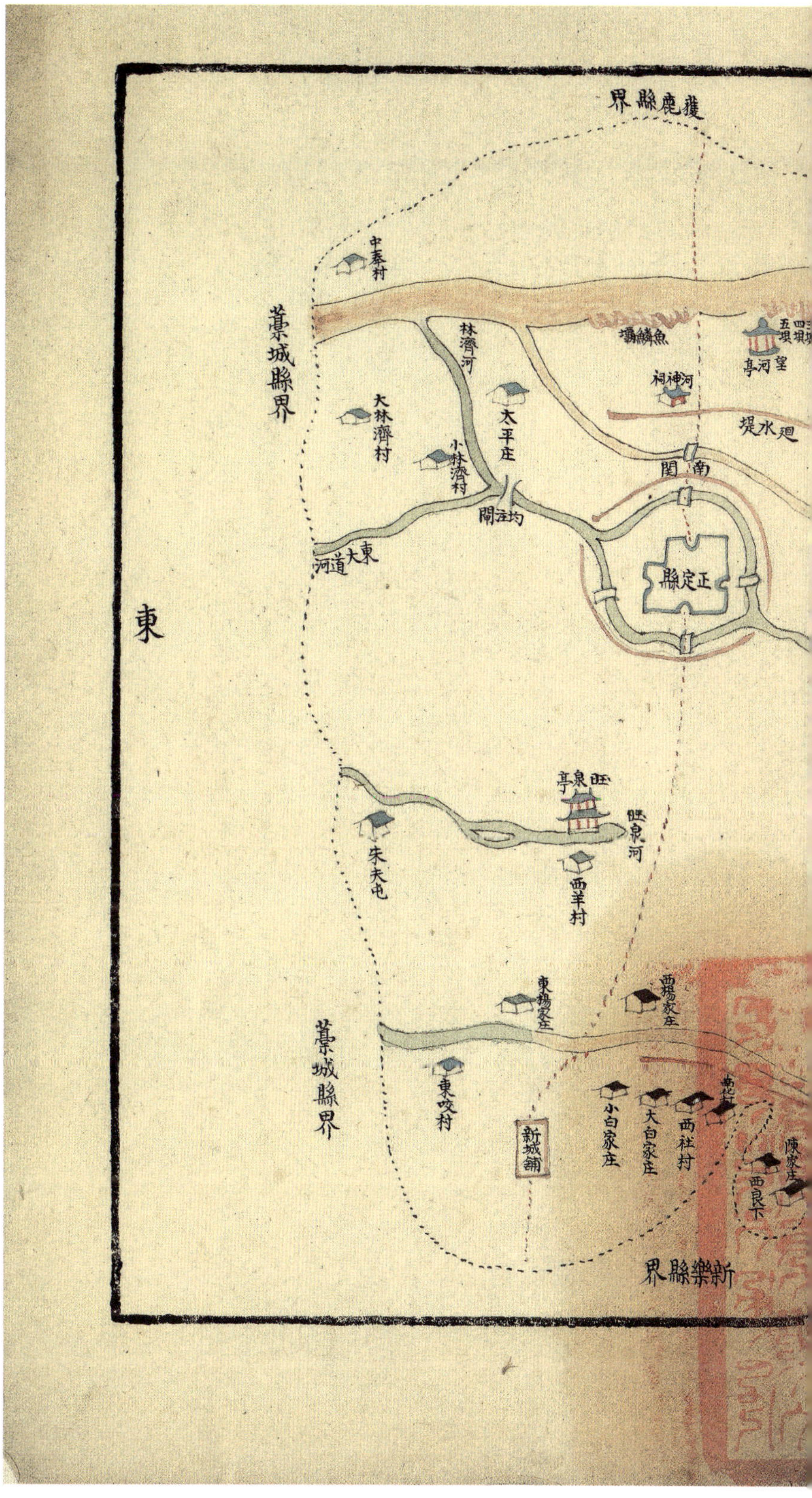

12125 直隸分巡清河道屬河道工程圖册 清乾隆末年繪本

高30厘米，廣18厘米。國家圖書館藏。

撫建河
教場
順化
江西省城
進賢
絕金塔
永和
德勝
章江
廣潤
惠民
滕王閣
洋子洲
新洲
贛河
絹鋪
沙井
進京陸路

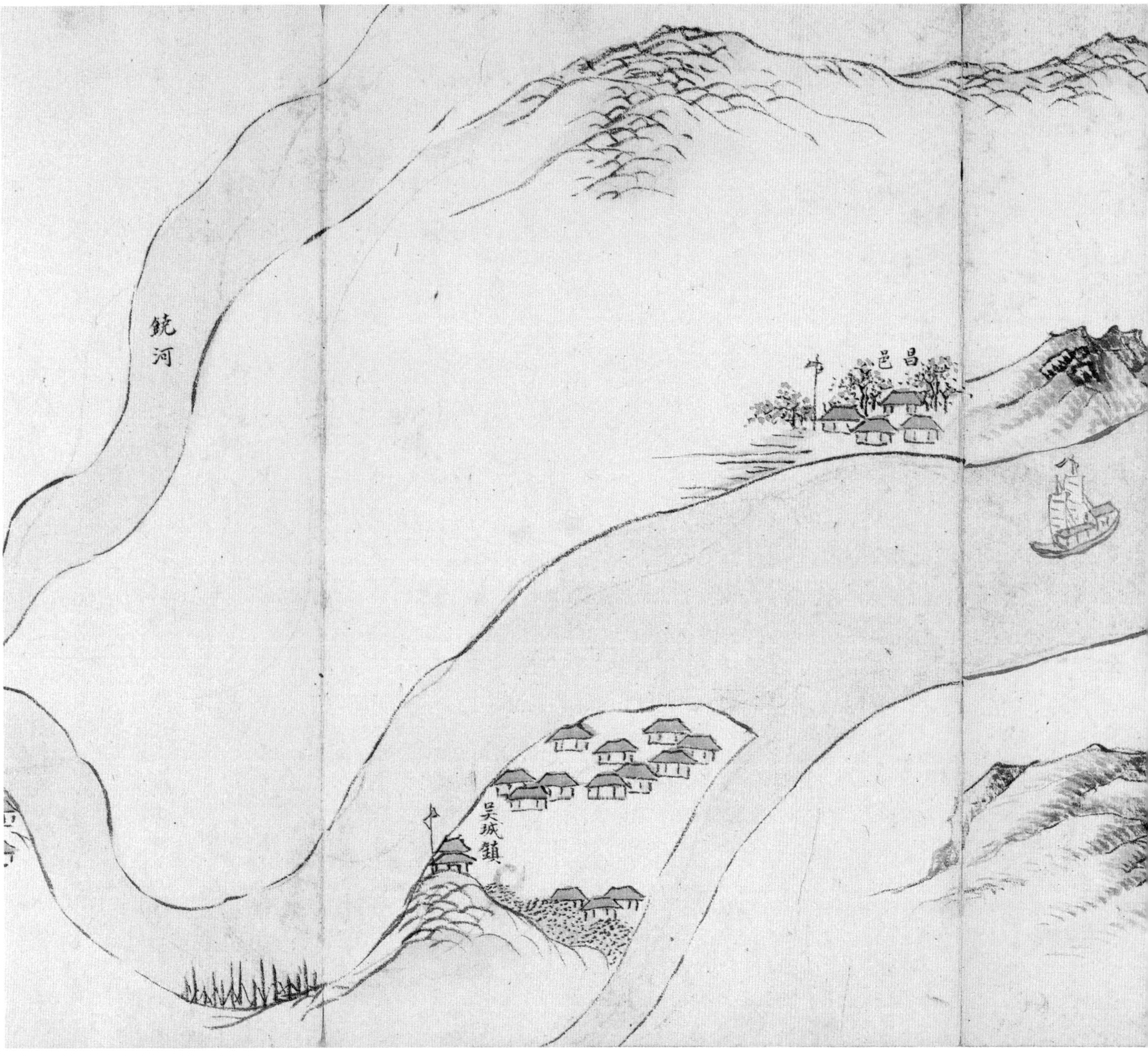

12124 [漕河挽運圖] 清乾隆繪本

经折裝。高26厘米，廣1391厘米。朱啟鈐題記。國家圖書館藏。

12123 [運河圖] 清中期絹地彩繪本

卷軸裝。高33厘米，廣661厘米。國家圖書館藏。

平茶司
石耶司
營房外俱苗寨
駱沱盖營房
木里盖營房
司門前盖營房
香爐山
長平盖

12122 [湘西營盤苗寨民莊輿地圖] 清康熙雍正年間繪本

高96厘米，廣152厘米。國家圖書館藏。

12121 九邊圖 明末彩繪本

卷軸裝。高51.5厘米，廣148厘米。首都圖書館藏，存九軸。

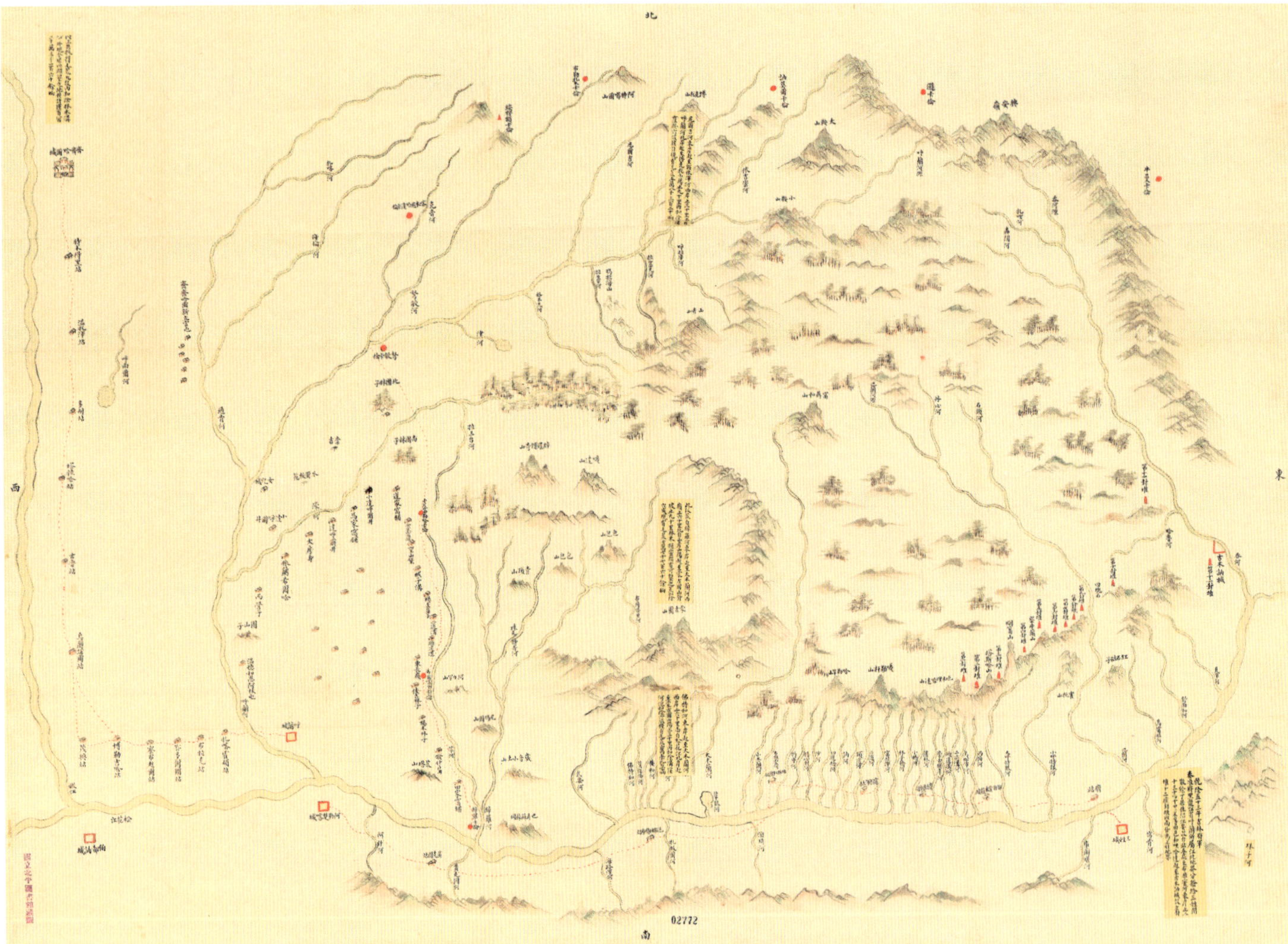

12120 黑龍江東部屯墾圖 清乾隆末年繪本

高57厘米，廣79厘米。國家圖書館藏。

12119 黑圖阿拉城陵圖 清初期彩繪本

卷軸裝，二軸。高84厘米，廣204厘米。國家圖書館藏。

12118 [山西太原大同潞安三府輿地圖] 清雍正初年絹地繪本

卷軸裝，三軸。高43厘米，廣126厘米。國家圖書館藏。

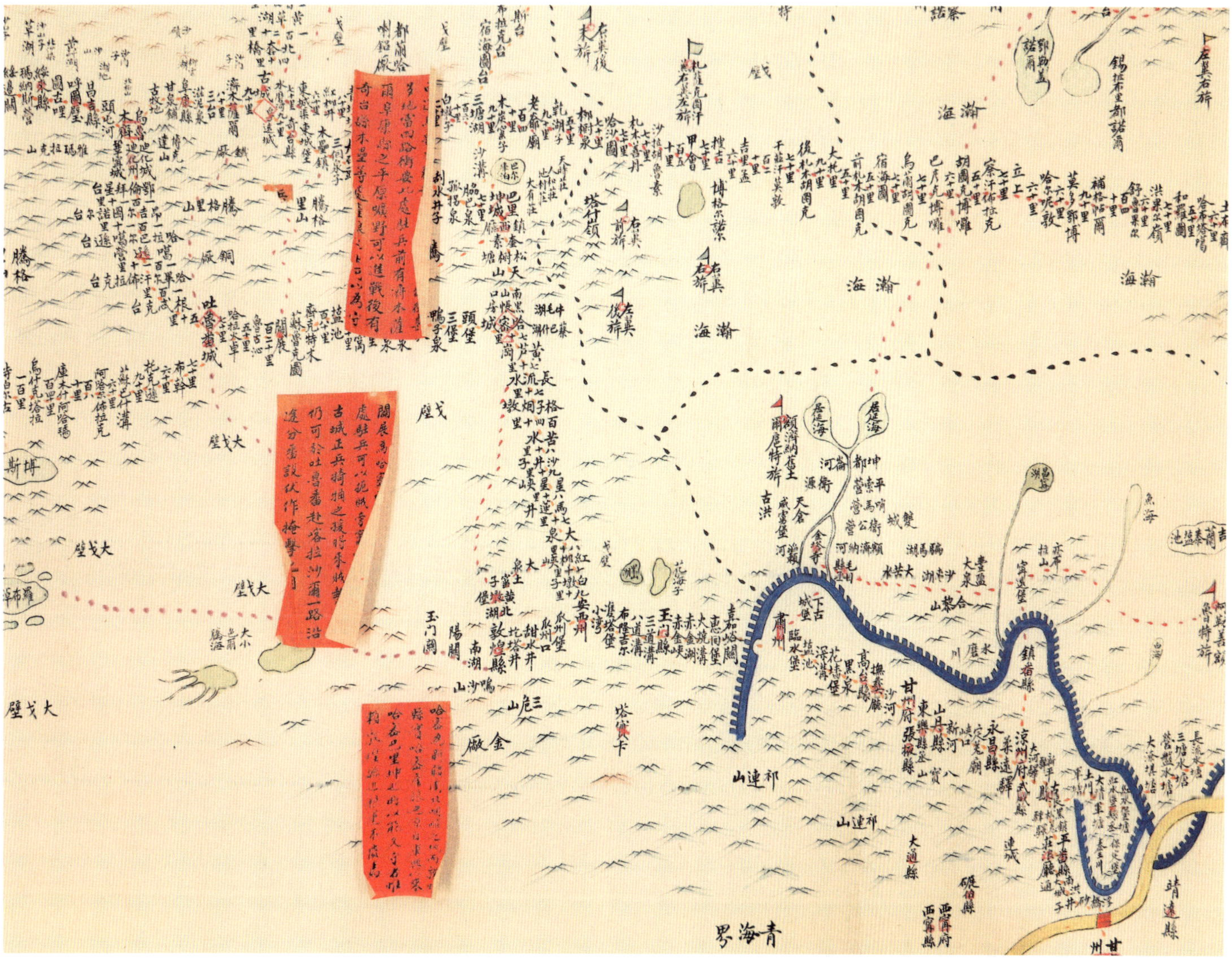

12117 新疆西北各城輿圖附說明

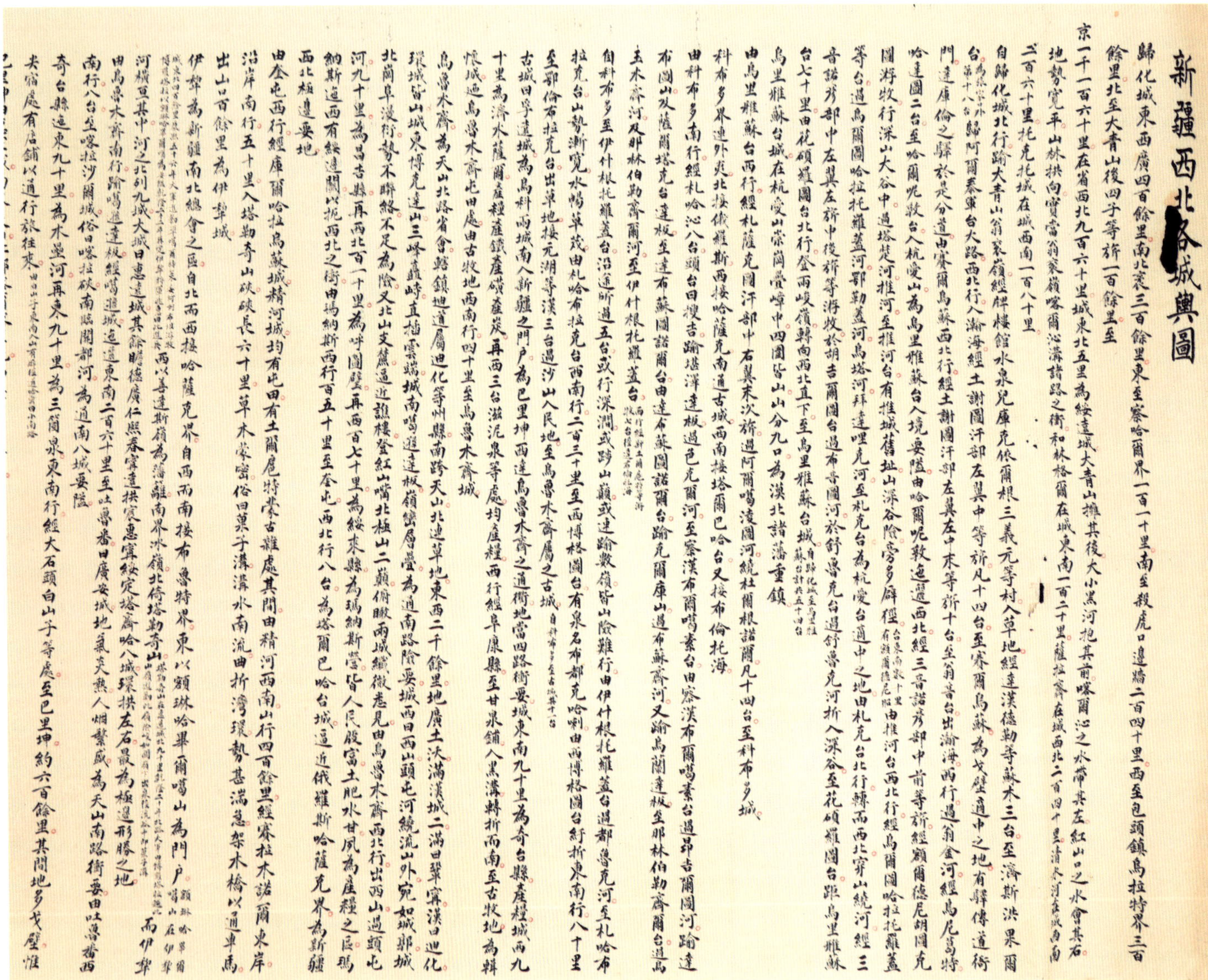

新疆西北各城輿圖

歸化城東西廣四百餘里南北袤三百餘里東至察哈爾界一百一十里南至殺虎口邊牆二百四十里西至包頭鎮烏拉特界三百餘里北至大青山後四子等旂一百餘里至
京一千一百六十里在省西北九百六十里城東北五里為綏遠城大青山擁其後大小黑河抱其前喉爾沁之水帶其左紅山口之水會其右地勢寬平山林拱向實當翁家嶺喀爾沁溝諸路之衝和林格爾在城東南一百二十里薩拉齊在城西北二百四十里清水河在城南二百六十里托克托城在城西南一百八十里

12117 新疆西北各城輿圖附說明 （清）長庚繪　清同治十年（1871）

彩繪本

卷軸裝。高62厘米，廣333厘米。清華大學圖書館藏。

12116 新疆總圖 清乾隆繪本

高60厘米，廣112厘米。國家圖書館藏。

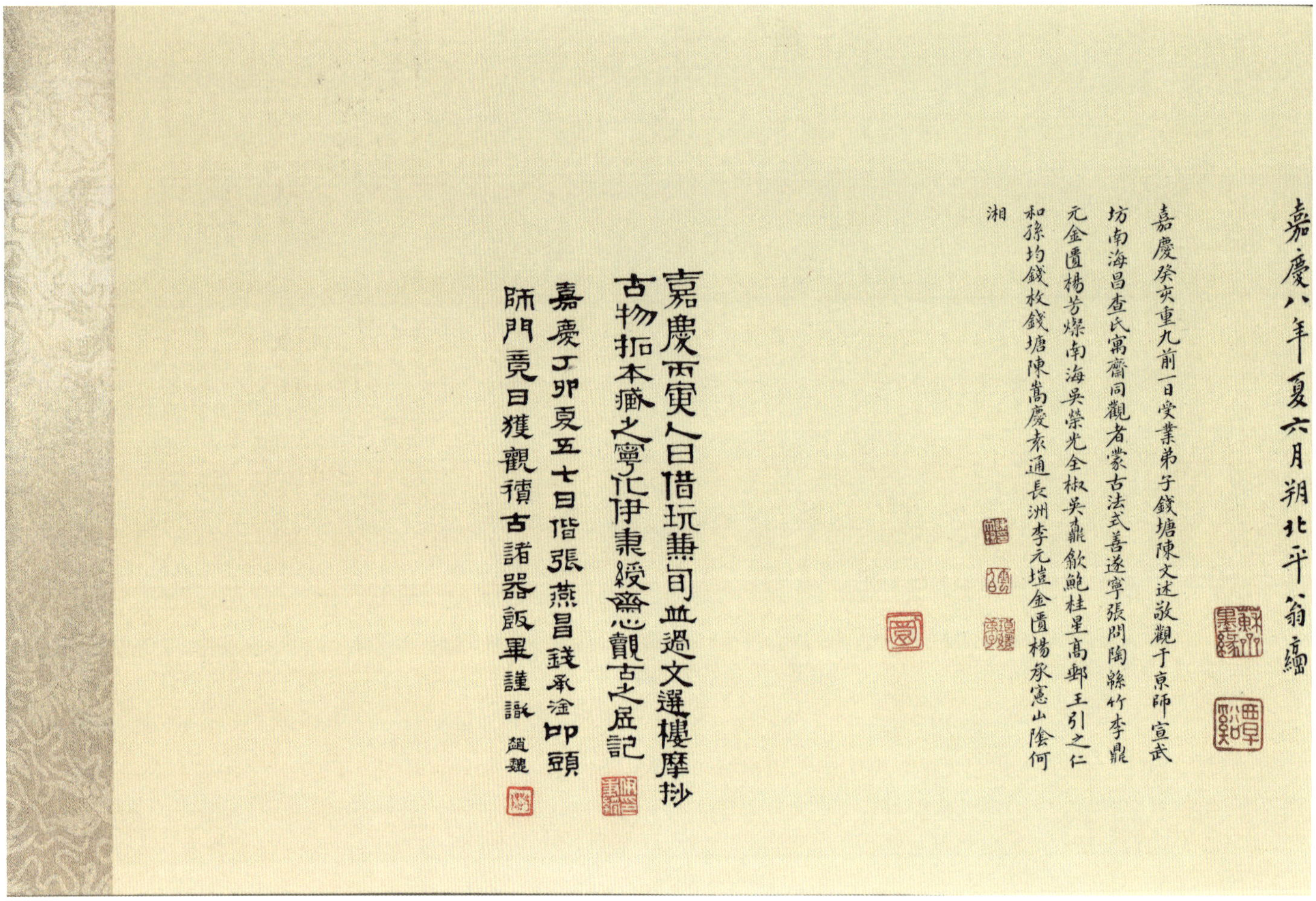

嘉慶八年夏六月朔北平翁方綱

嘉慶癸亥重九前一日受業弟子錢塘陳文述敬觀于京師宣武坊南海昌查氏寓齋同觀者蒙古法式善遂寧張問陶絲竹李鼎元金匱楊芳燦南海吴榮光全椒吴鼒歙鮑桂星高郵王引之仁和孫均錢枚錢塘陳嵩慶袁通長洲李元塏金匱楊承憲山陰何湘

嘉慶丙寅人日借玩兼司並過文選樓摩抄古物拓本藏之寧化伊秉綬齋心觀古之居記

嘉慶丁卯夏五七日偕張燕昌錢承淦叩頭師門竟日獲觀積古諸器飯畢謹識 趙魏

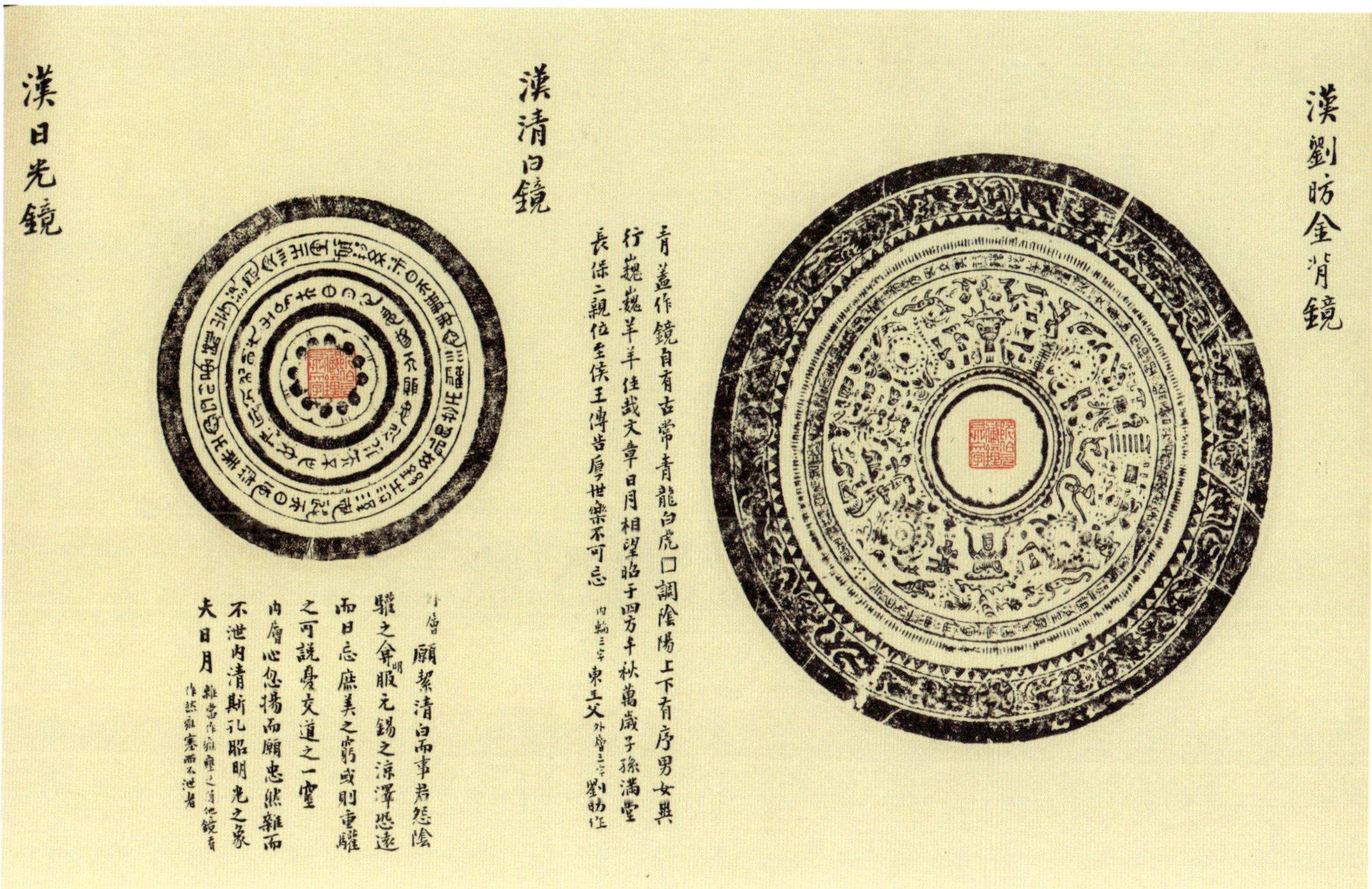
漢劉昉金背鏡
青蓋作鏡自有古常青龍白虎口調陰陽上下有序男女異
行巍巍羊羊佳哉文章日月相望昭于四方千秋萬歲子孫滿堂
長保二親位至侯王傳告后世樂不可忘
漢清白鏡
漢日光鏡

12115 積古圖

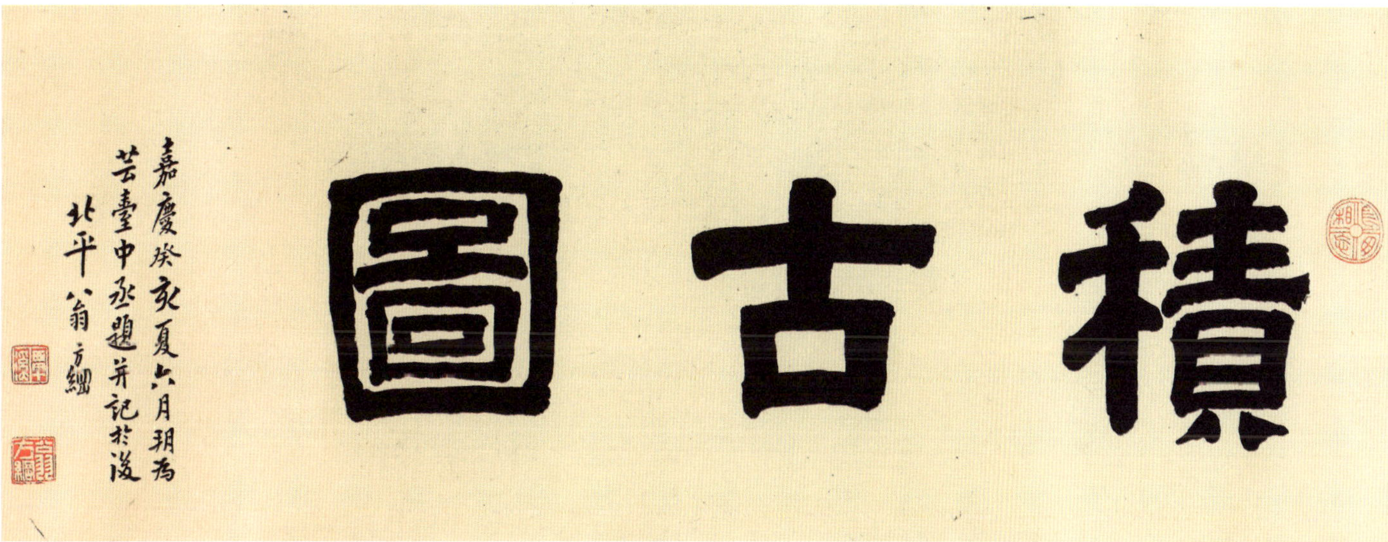

12115 積古圖　（清）阮元輯　清嘉慶八年（1803）金石集拓本

卷軸裝。高38厘米，廣2640厘米。有“蘇齋墨緣”“伊印秉綬”等印。翁方綱題端，阮元、伊秉綬、趙魏跋。周瓚繪圖。國家圖書館藏。

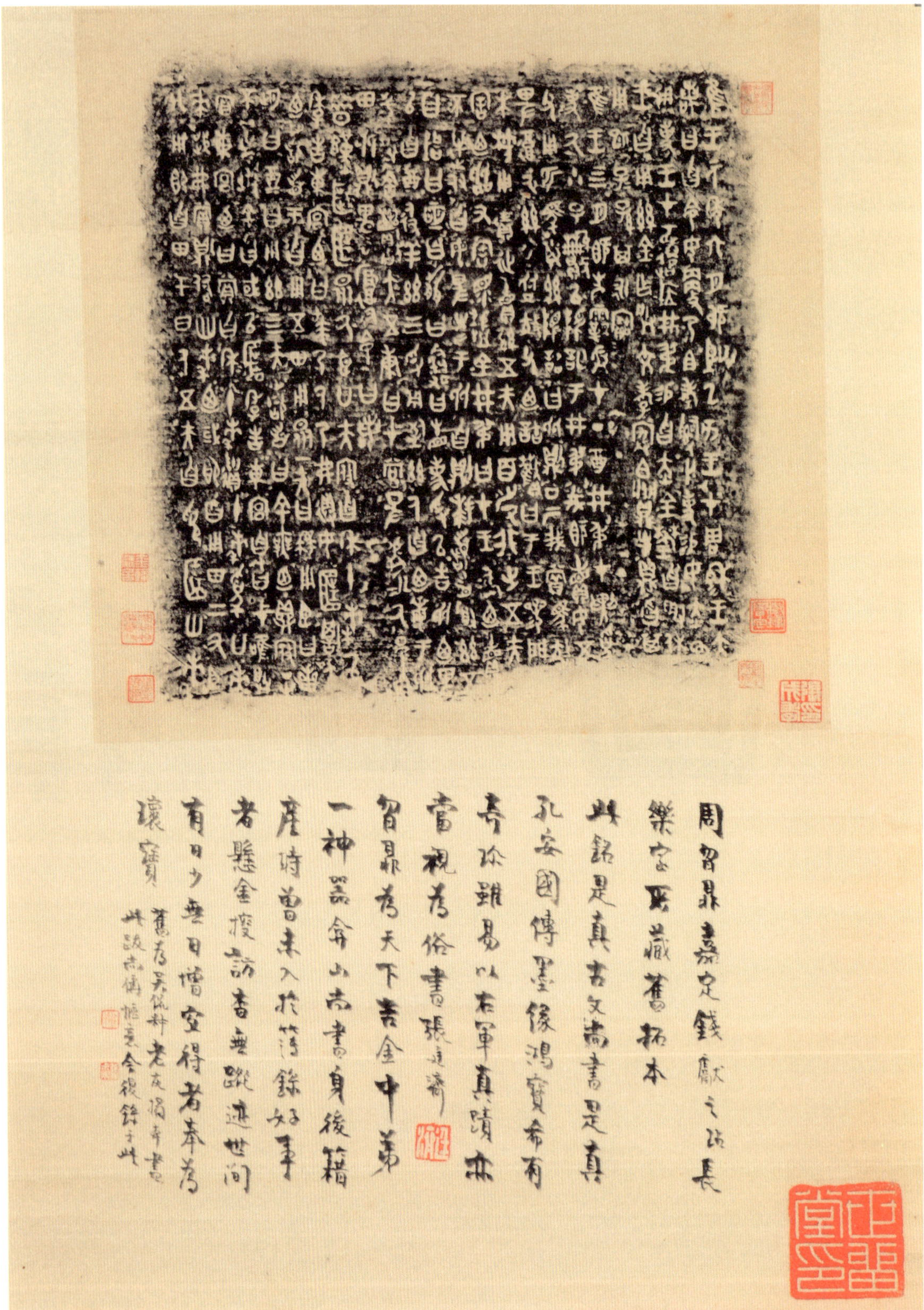

12114 曶鼎銘文 西周曶作器 清拓原器未剔本

整幅本。高66厘米，廣41厘米。有“沈氏吉金樂石”“樹鏞審定”“獻之所拓”等印。張廷濟跋。四川博物院藏。

12113 蘭亭圖

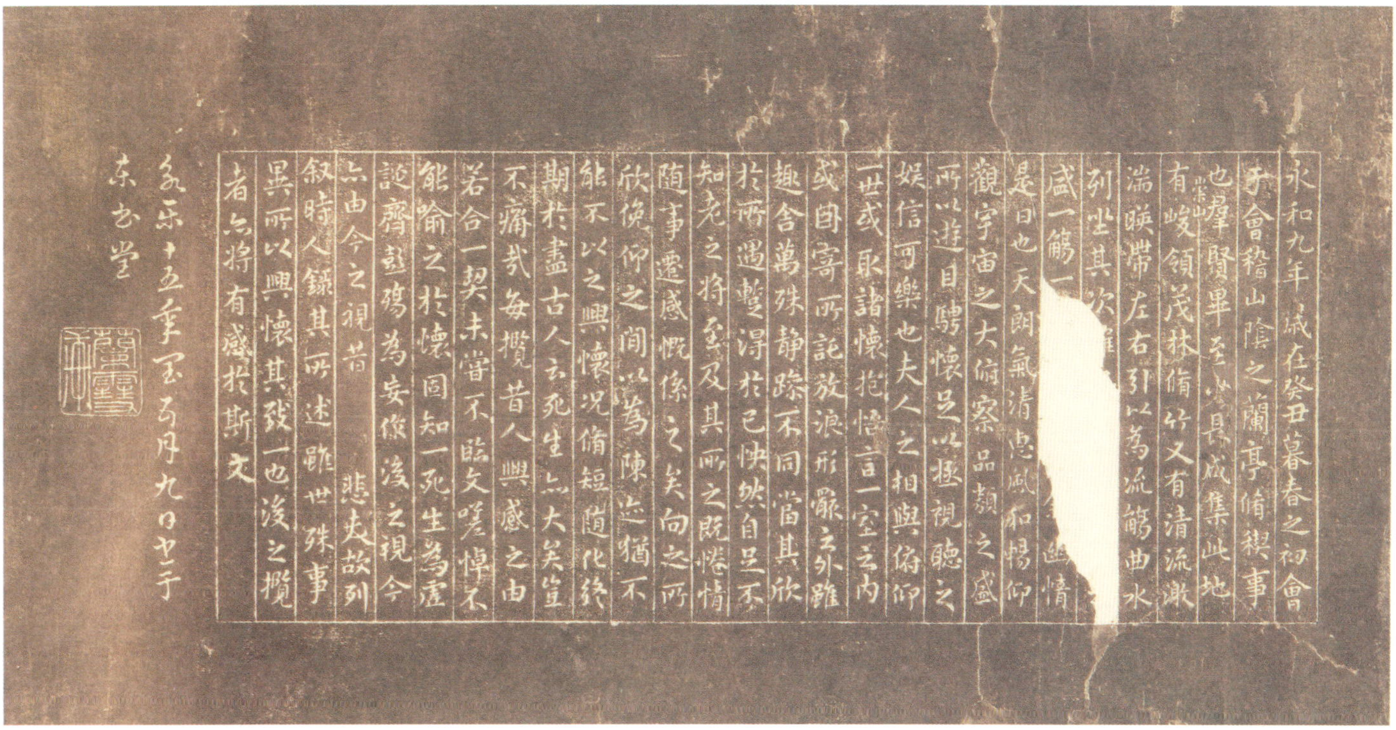
永和九年歲在癸丑暮春之初會
于會稽山陰之蘭亭脩禊事
也羣賢畢至少長咸集此地
有崇山峻領茂林脩竹又有清流激
湍暎帶左右引以為流觴曲水
列坐其次雖[illegible]
盛一觴一[illegible]幽情
是日也天朗氣清惠風和暢仰
觀宇宙之大俯察品類之盛
所以遊目騁懷足以極視聽之
娛信可樂也夫人之相與俯仰
一世或取諸懷抱悟言一室之內
或因寄所託放浪形骸之外雖
趣舍萬殊靜躁不同當其欣
於所遇蹔得於已快然自足不
知老之將至及其所之既惓情
隨事遷感慨係之矣向之所
欣俛仰之間以為陳迹猶不
能不以之興懷況脩短隨化終
期於盡古人云死生亦大矣豈
不痛哉每攬昔人興感之由
若合一契未嘗不臨文嗟悼不
能喻之於懷固知一死生為虛
誕齊彭殤為妄作後之視今
亦由今之視昔　悲夫故列
敘時人錄其所述雖世殊事
異所以興懷其致一也後之攬
者亦將有感於斯文
永樂十五年丁酉五月九日書于
東書堂

12113 蘭亭圖　傳（宋）李公麟繪　（明）朱有燉摹　明永樂十五年（1417）刻石　明拓本

卷軸裝。高22厘米，廣490厘米。端甫舊藏並題簽，朱有燉跋並録何子楚跋。國家圖書館藏。

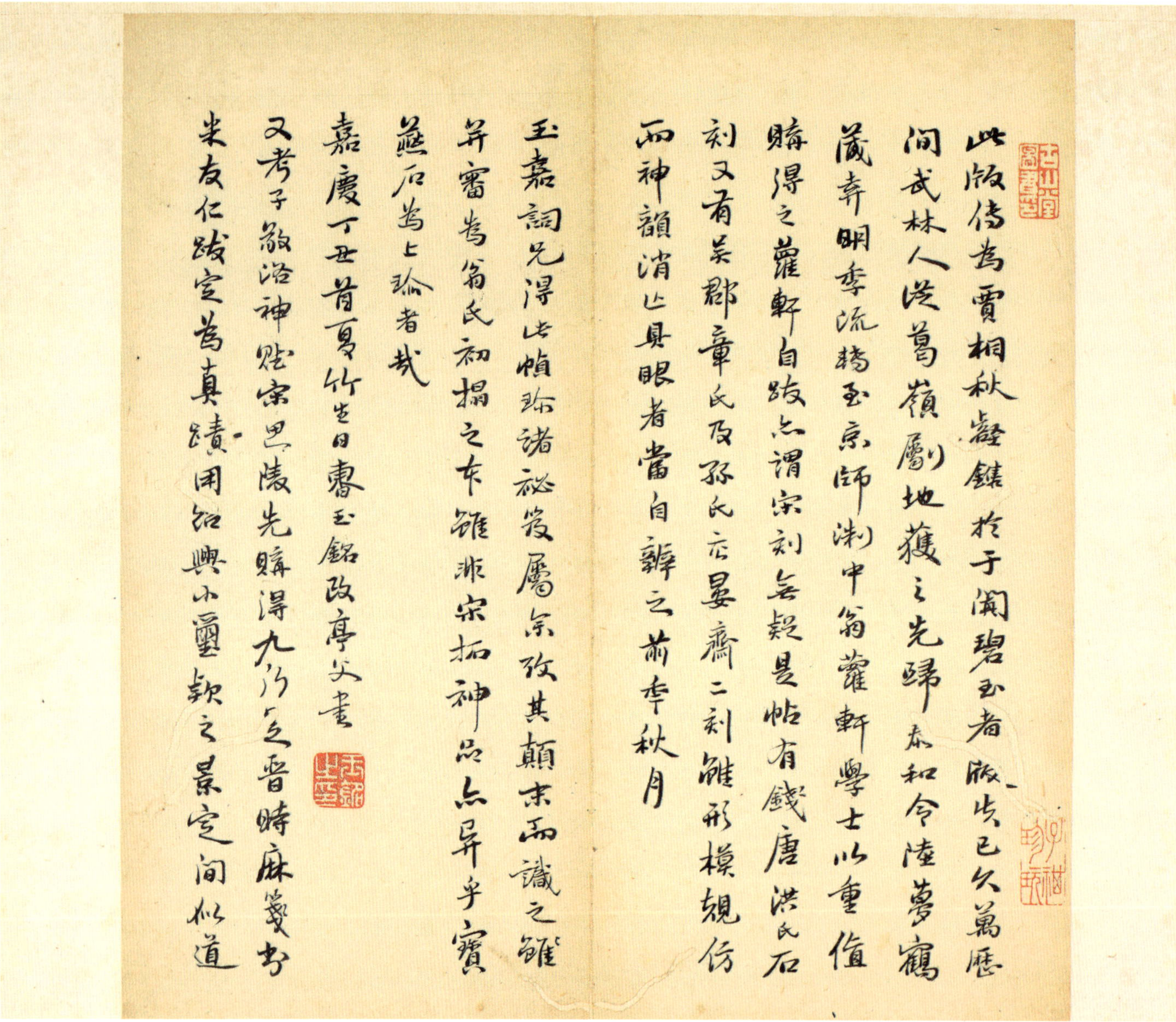

此版傳為賈相秋壑鐫於于闐碧玉者版失已久萬歷
間武林人從葛嶺斸地獲之先歸泰和令陸夢鶴
藏棄明季流轉至京師淛中翁蘿軒學士以重值
購得之蘿軒自跋亦謂宋刻無疑是帖有錢唐洪氏石
刻又有吳郡章氏及孫氏亦晏齋二刻雖形模規仿
而神韻消亡具眼者當自辨之前年秋月
玉嘉詞兄得此幀珍諸秘笈屬余攷其顛末而識之雖
并審為翁氏初搨之本雖非宋拓神品亦異乎寶
燕石為上珍者哉
嘉慶丁丑首夏竹生日書玉銘改亭父書
又考子敬洛神賦宋思陵先購得九行亦晉時麻箋書
米友仁跋定為真蹟閱紹興小璽款之景定間似道

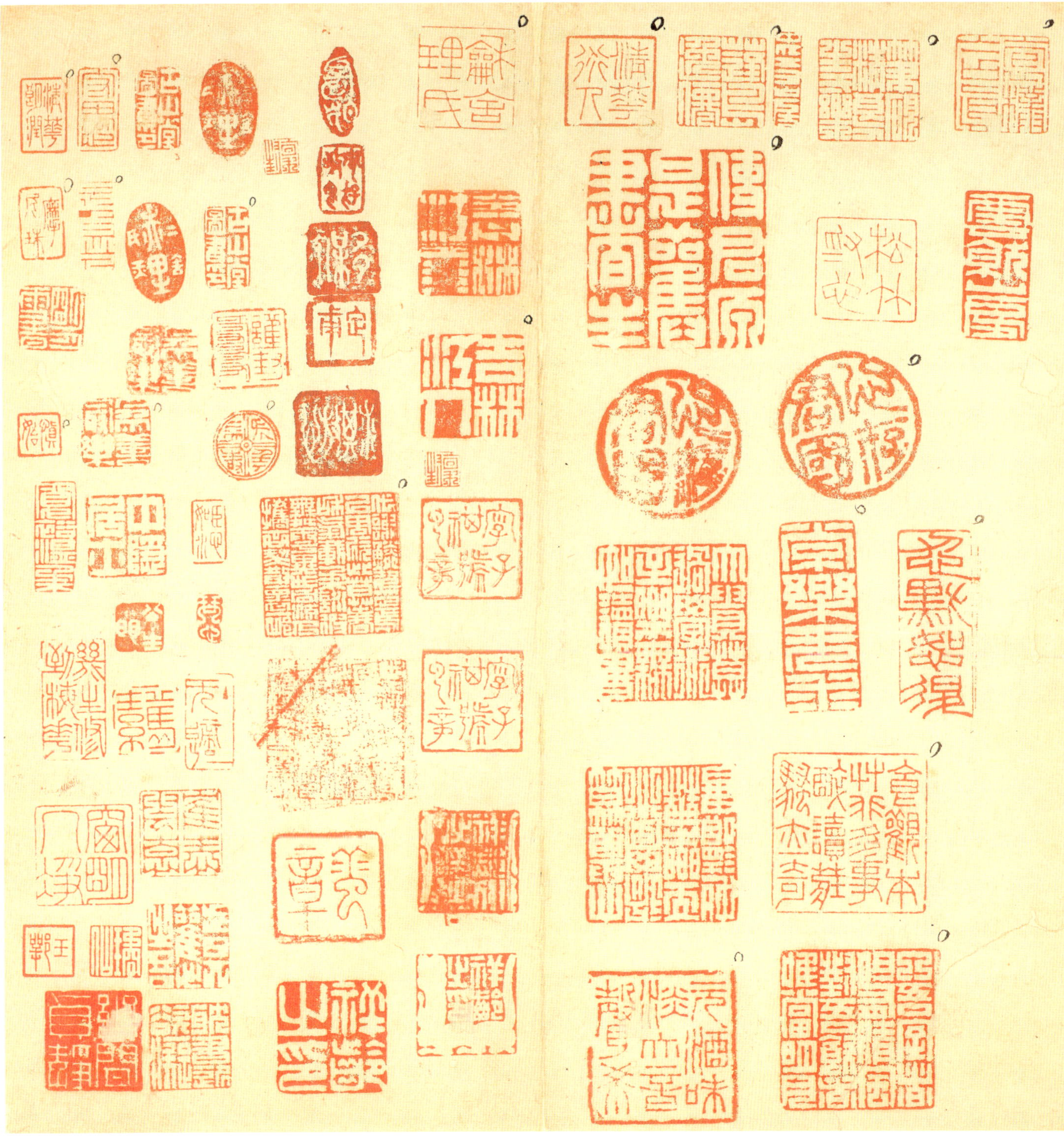

12112 洛神賦十三行

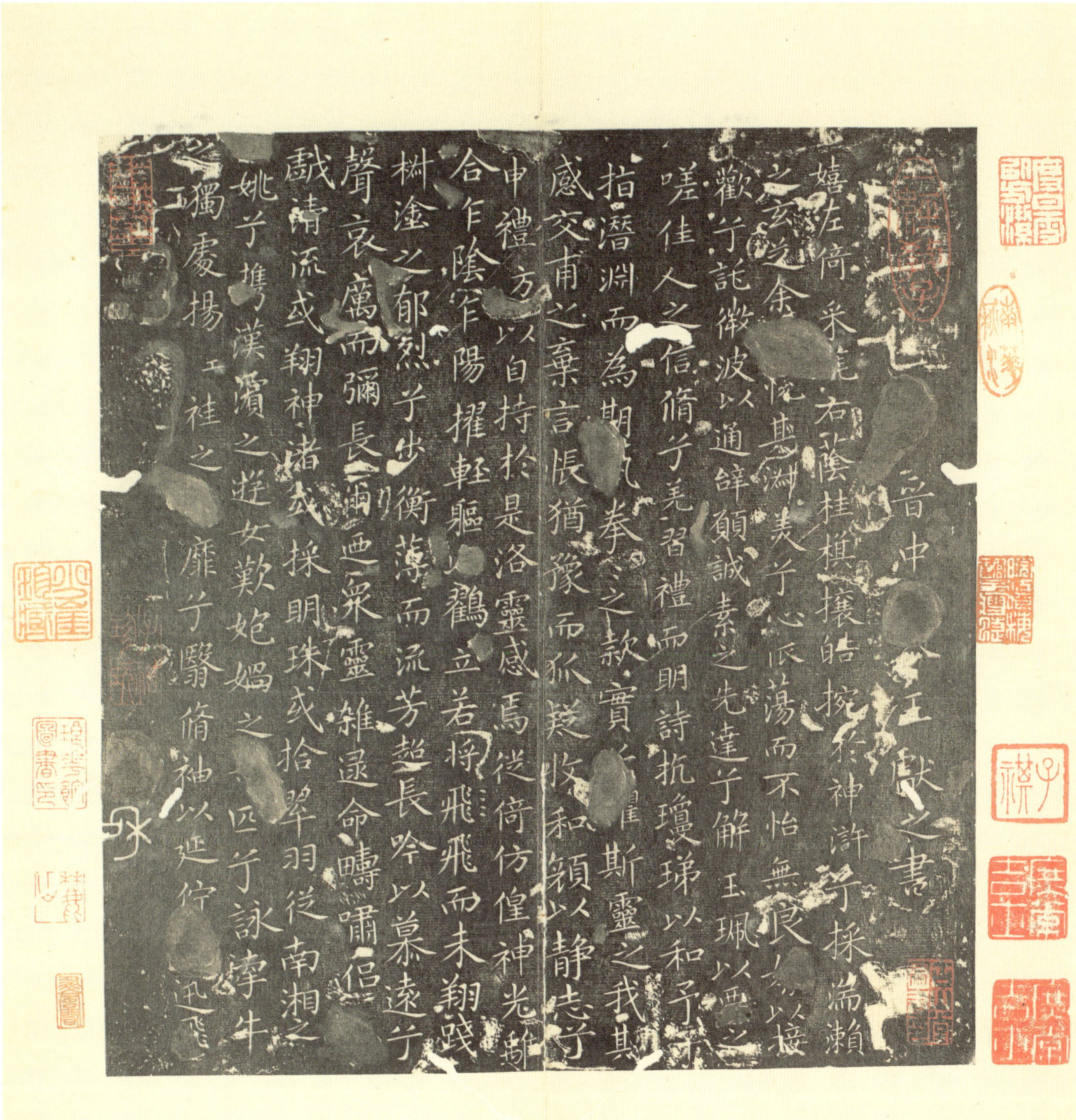
晉中 王獻之書
嬉左倚采旄右蔭桂旗攘皓腕於神滸兮採湍瀨
之玄芝余情悅其淑美兮心振蕩而不怡無良媒以接
歡兮託微波以通辭願誠素之先達兮解玉珮以要之
嗟佳人之信脩兮羌習禮而明詩抗瓊珶以和予兮
指潛淵而為期執眷眷之款實兮懼斯靈之我欺
感交甫之棄言兮悵猶豫而狐疑收和顏以靜志兮
申禮防以自持於是洛靈感焉徙倚彷徨神光離
合乍陰乍陽擢輕軀以鶴立若將飛而未翔踐
椒塗之郁烈步蘅薄而流芳超長吟以慕遠兮
聲哀厲而彌長爾迺眾靈雜遝命儔嘯侶
戲清流或翔神渚或採明珠或拾翠羽從南湘之
二妃携漢濱之遊女歎匏瓜之無匹兮詠牽牛
之獨處揚輕袿之猗靡兮翳脩袖以延佇體迅飛

12112 洛神賦十三行 （三國魏）曹植撰 （晉）王獻之書 宋刻石 明拓本

拓本一開，題跋二開，鈐印二開。墨本高34厘米，廣16.3厘米。徐漢蒼觀款，曹玉銘跋。北京市文物局圖書資料中心藏。

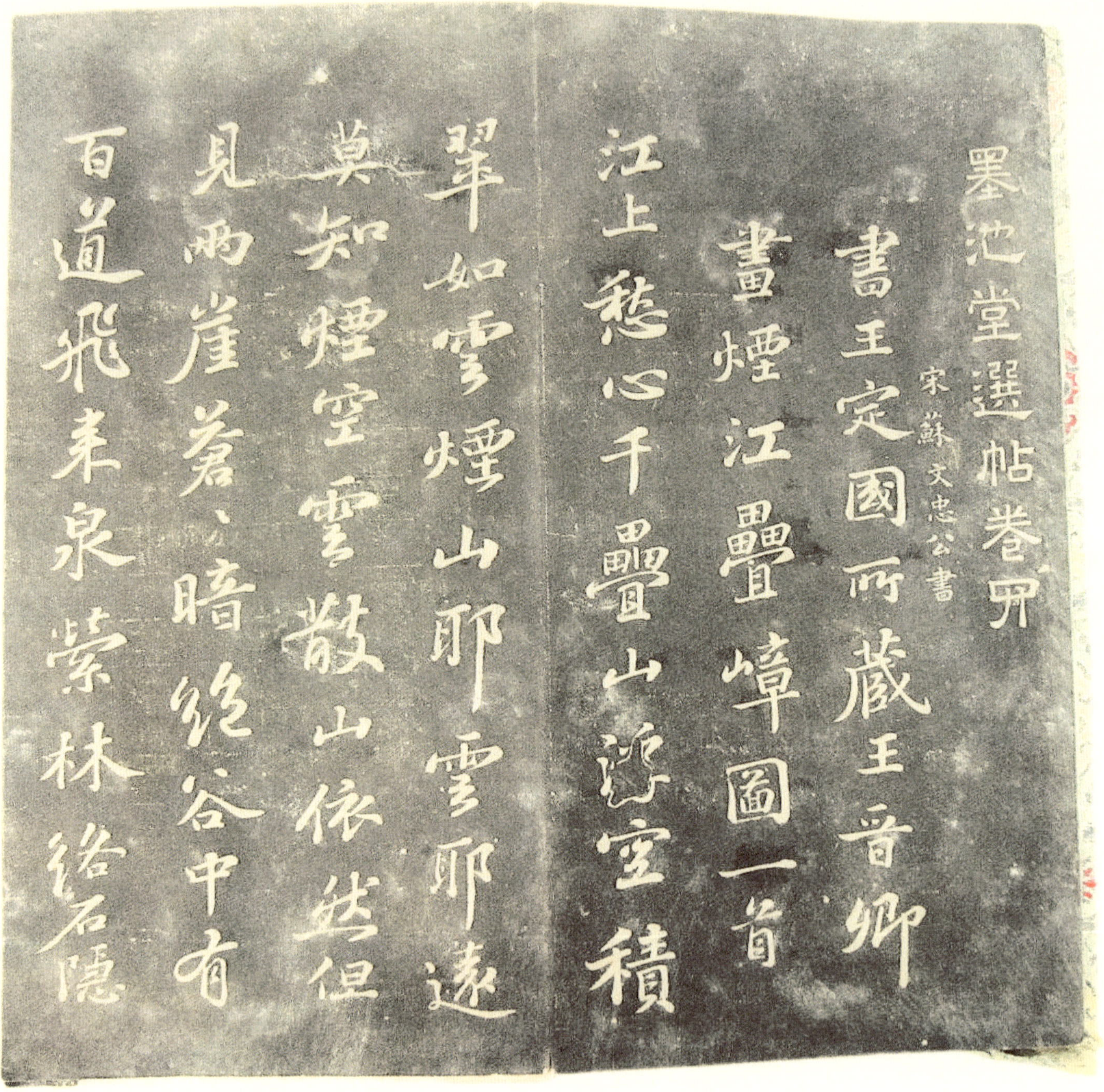

墨池堂選帖卷四

書王定國所藏王晉卿

宋蘇文忠公書

畫煙江疊嶂圖一首

江上愁心千疊山浮空積翠如雲煙山耶雲耶遠莫知煙空雲散山依然但見兩崖蒼蒼暗絕谷中有百道飛來泉縈林絡石隱

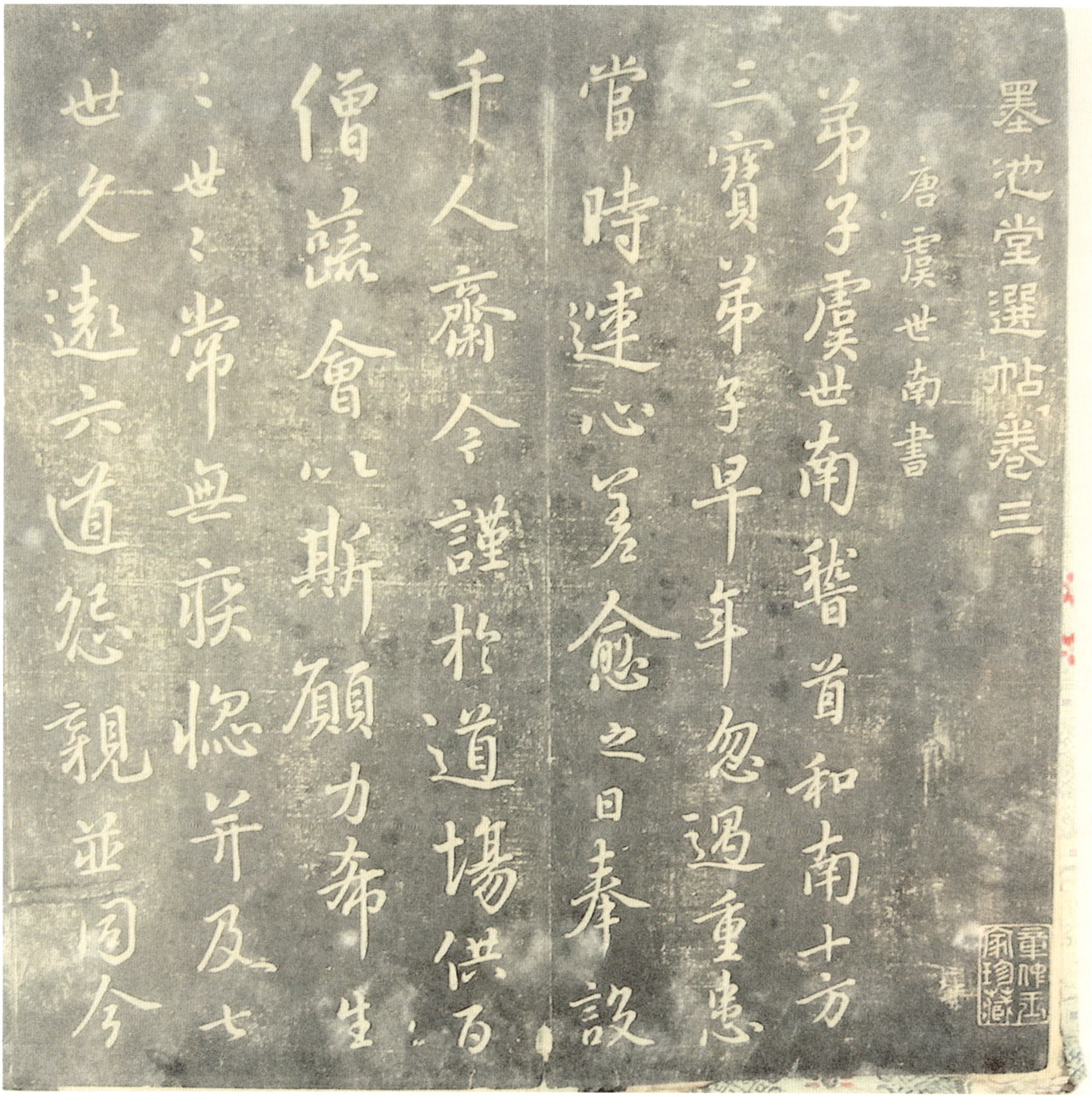

12111 墨池堂帖五卷

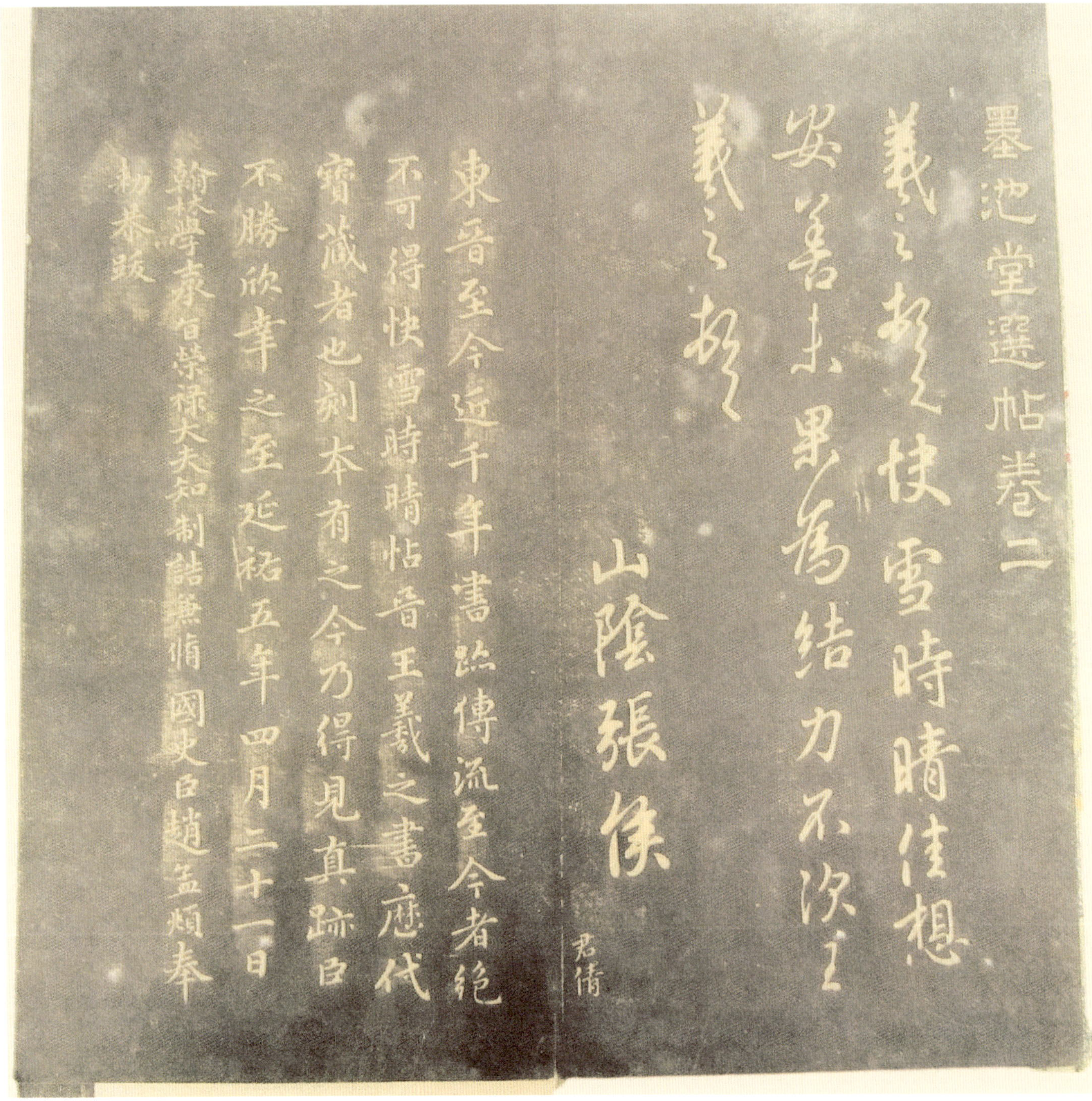
墨池堂選帖卷二

羲之頓首快雪時晴佳想安善未果為結力不次王羲之頓首

山陰張侯

君倩

東晉至今近千年書跡傳流至今者絕不可得快雪時晴帖晉王羲之書歷代寶藏者也刻本有之今乃得見真跡臣不勝欣幸之至延祐五年四月二十一日

翰林學士承旨榮祿大夫知制誥兼修國史臣趙孟頫奉

勅恭跋

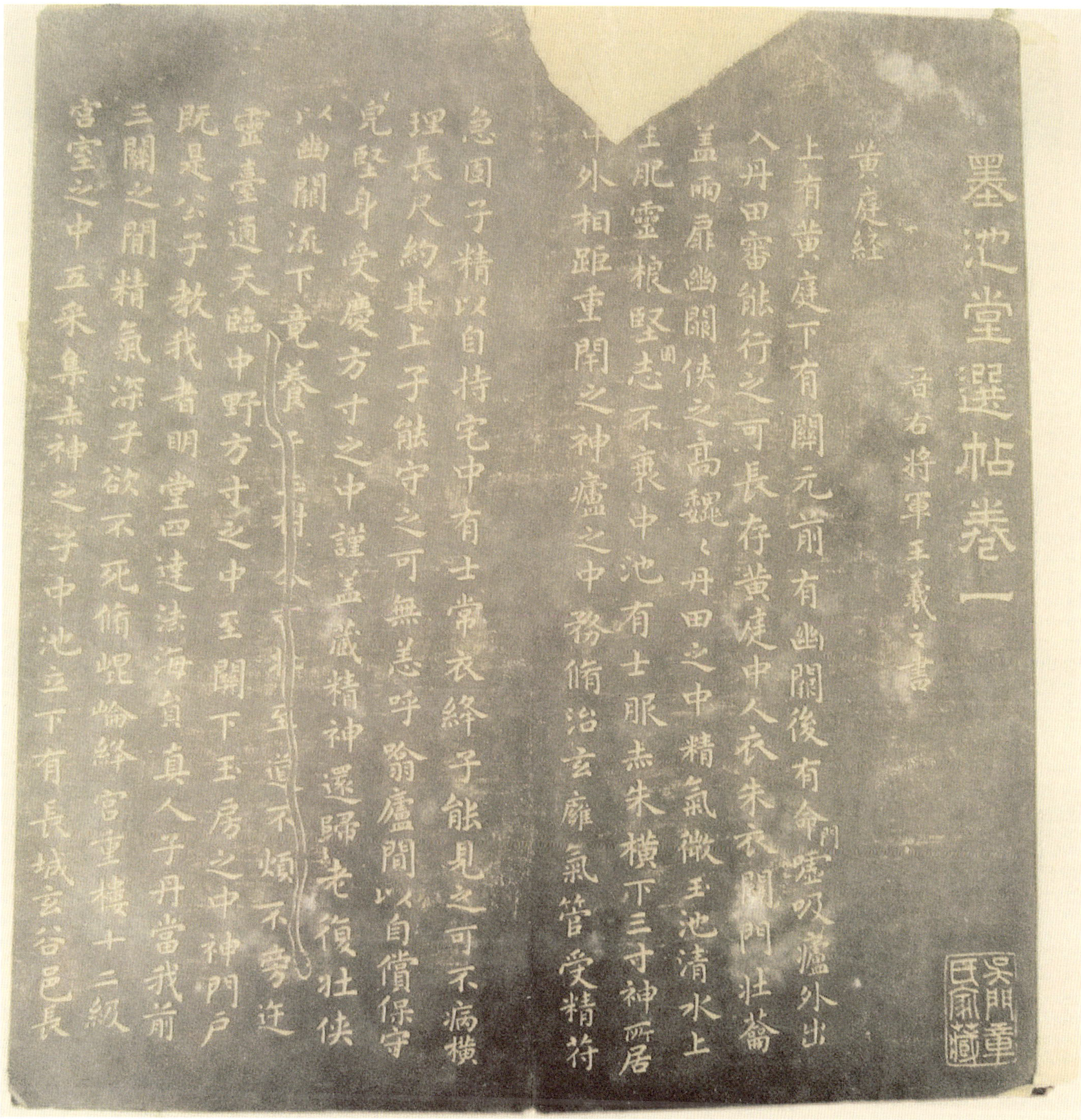

12111 墨池堂帖五卷

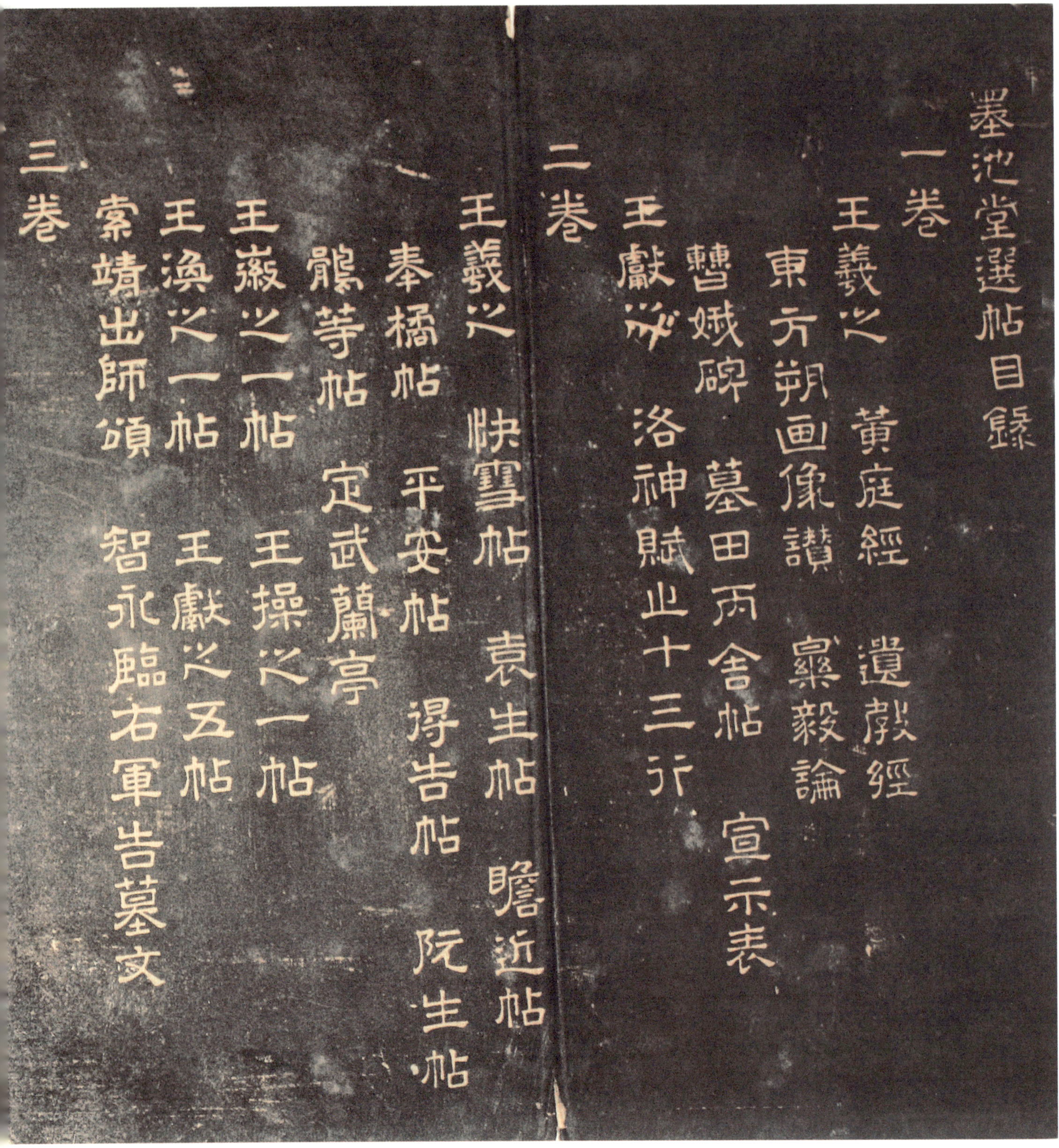

墨池堂選帖目録

一卷

王羲之 黄庭經 遺教經

東方朔画像讃 樂毅論

曹娥碑 墓田丙舍帖 宣示表

王獻之 洛神賦止十三行

二卷

王羲之 快雪帖 袁生帖 瞻近帖

奉橘帖 平安帖 得告帖 阮生帖

鶻等帖 定武蘭亭

王徽之一帖 王操之一帖

王涣之一帖 王獻之五帖

索靖出師頌 智永臨右軍告墓文

三卷

虞丗南子之墓誌　汝南公主志銘
褚遂良蘭亭
柳公權一帖　無名氏晉朝詮　情坐帖
李靖上西嶽書　歐陽詢化度寺碑
心經　薛稷一帖　顏真卿一帖
賀知章一帖　衛夫人飛白帖
徐浩寶林寺詩
四卷
蘇東坡煙江疊嶂歌　畫記　陶詮二首
黃山谷石耳長句　米元章蕪湖學記
蔡襄三帖　薛紹彭一帖
五卷
趙子昂道德經　小蘭亭　陰符經
洛神賦行書

12111 墨池堂帖五卷　（明）章藻摹刻　明萬曆三十至三十八年（1602-1610）

刻石　明拓本

拓本二百十二開半。墨本高28.6厘米，廣13.6厘米。程明超題簽。江蘇省海安縣圖書館藏，存四卷。

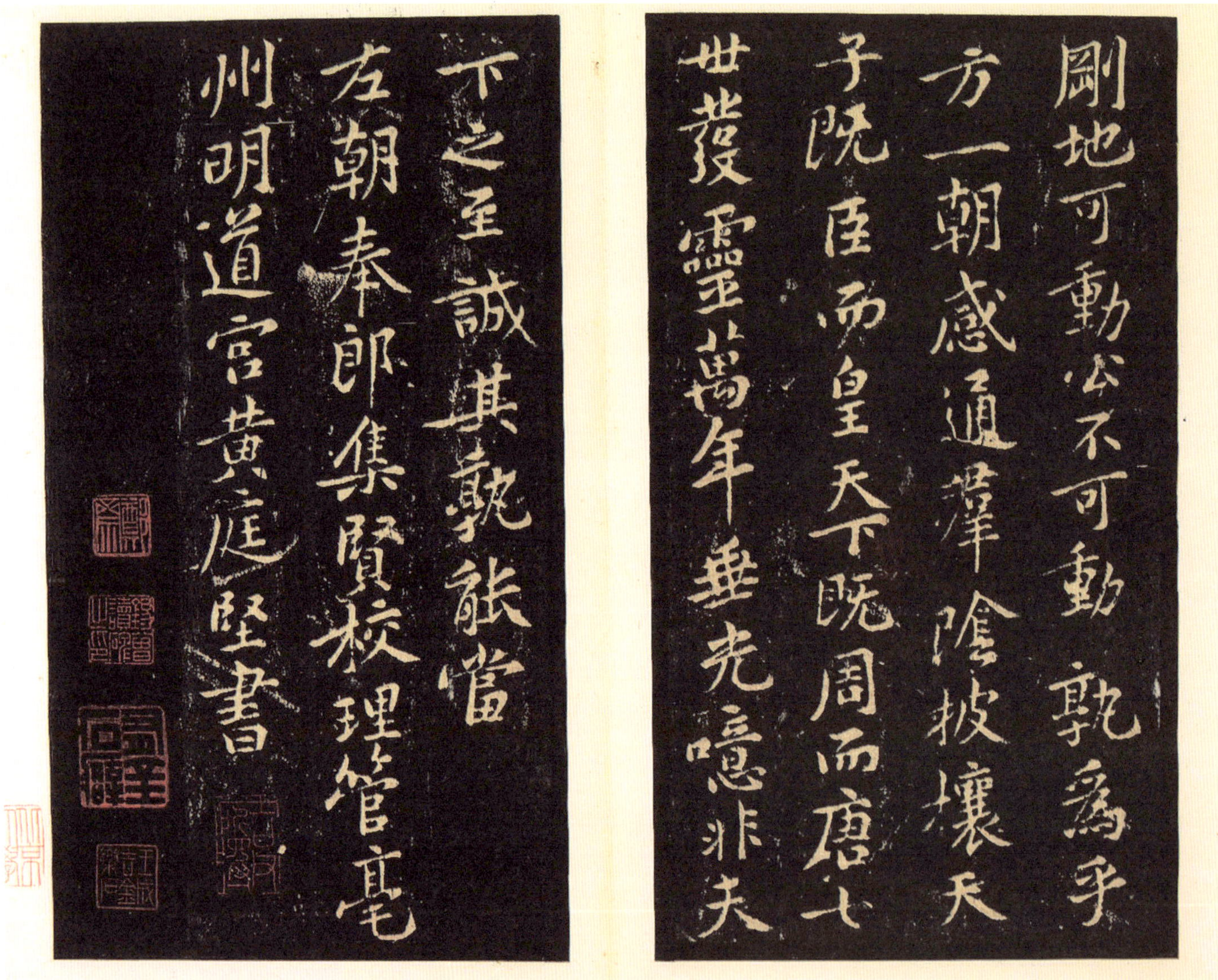
剛地可動公不可動孰爲爭
方一朝感通澤陰披壤天
子既臣而皇天下既周而唐七
世發靈萬年垂光噫非夫
下之至誠其孰能當
左朝奉郎集賢校理管亳
州明道宮黃庭堅書

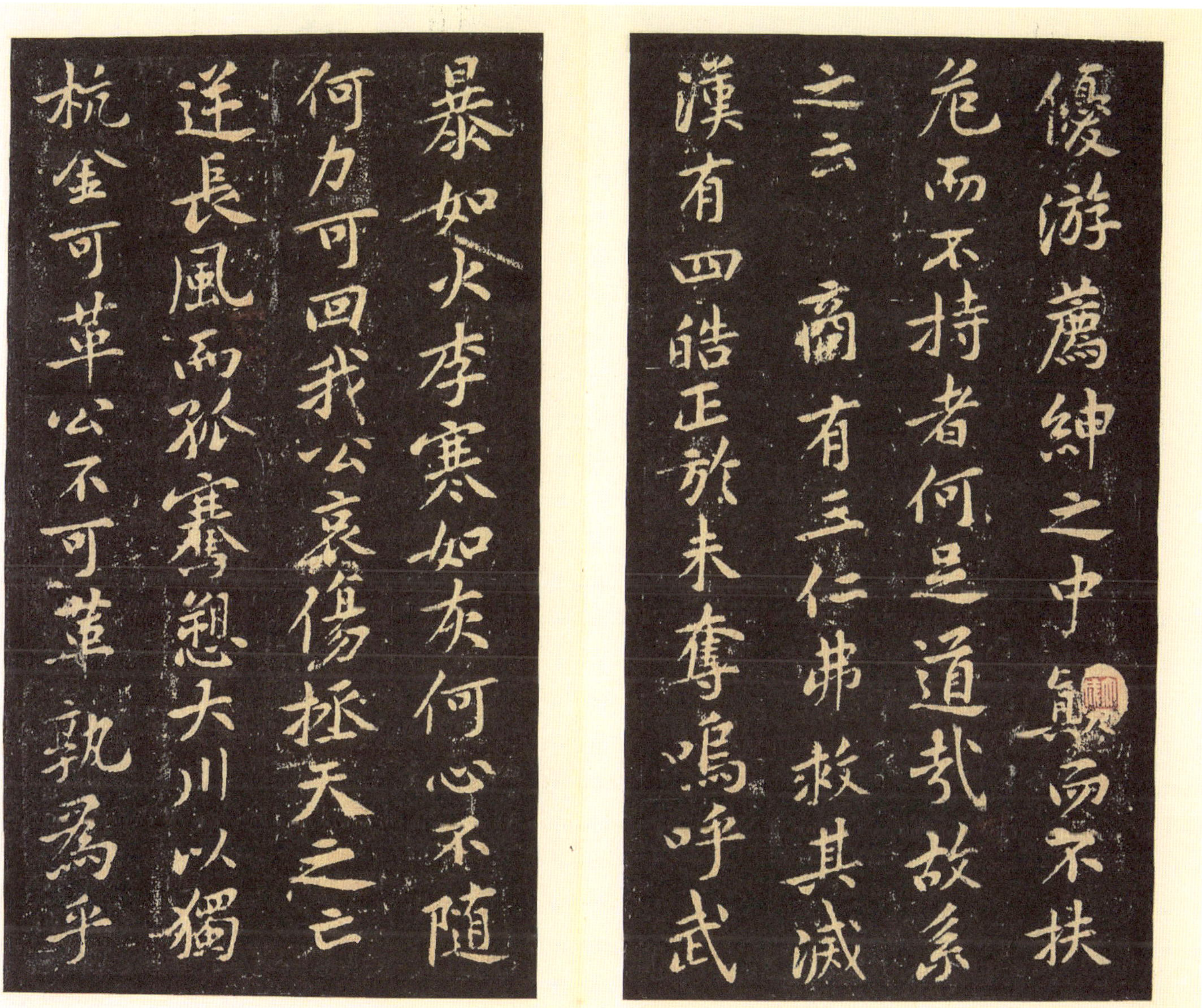
優游薦紳之中顛而不扶危而不持者何足道哉故系之云　商有三仁弗救其滅漢有四皓正於未奪嗚呼武暴如火李寒如灰何心不隨何力可回我公哀傷拯天之亡逆長風而孤騫遡大川以獨杭金可革公不可革孰爲乎

12110 狄梁公碑

偉歟公諱仁傑字懷英太原
人也祖宗高烈本傳在矣公為
子極于孝為臣極于忠忠孝
之休揭若日月者敢歌于廟

中公嘗赴并州掾過太行山
反瞻河陽見白雲孤飛曰吾
親在其下久而不能去左右
為之感動詩有陟岵陟屺

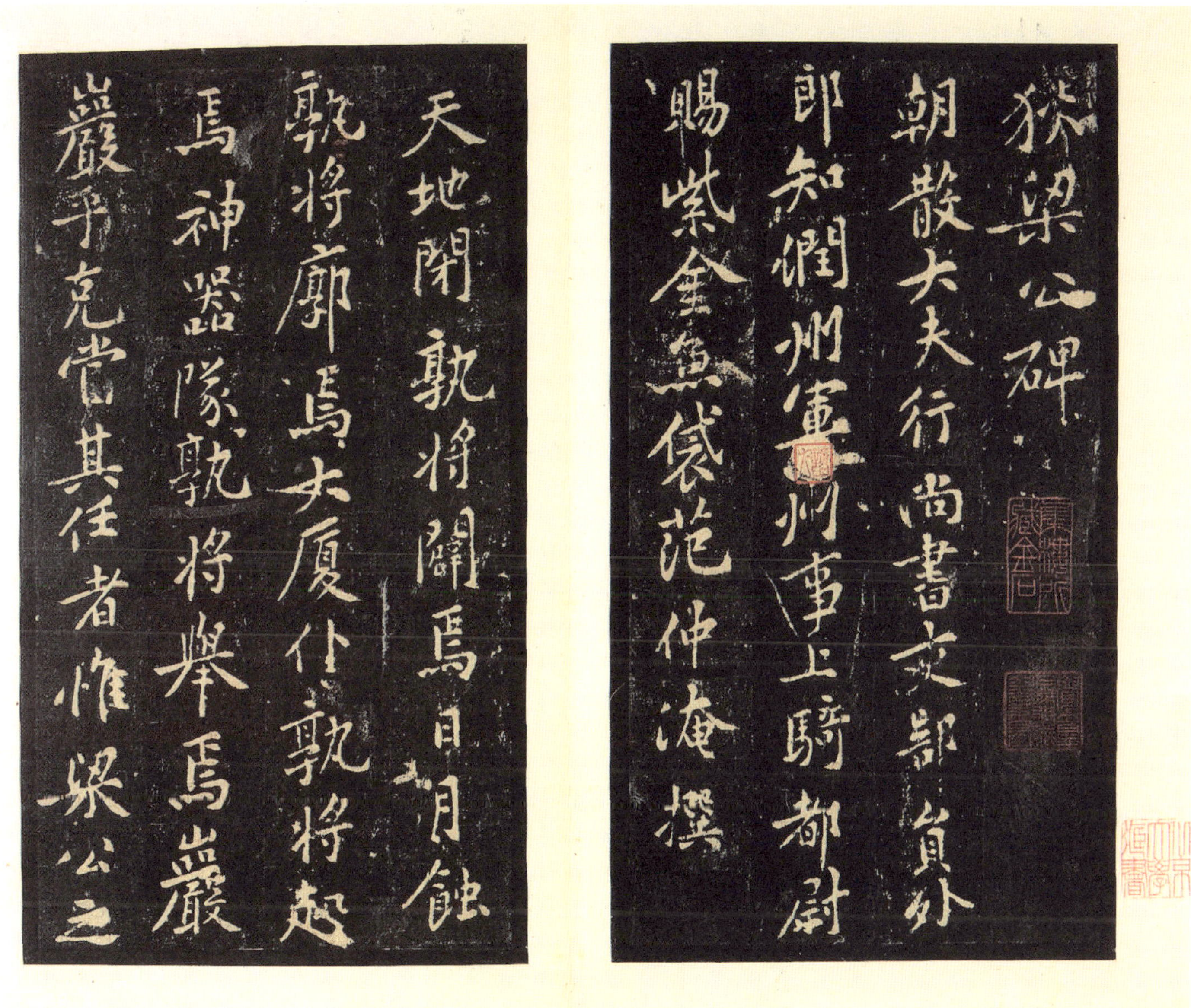
狄梁公碑
朝散大夫行尚書吏部員外
郎知潤州軍州事上騎都尉
賜紫金魚袋范仲淹撰
天地閉孰將闢焉日月蝕
孰將廓焉大厦仆孰將起
焉神器隊孰將舉焉巖巖
巖乎克當其任者惟梁公之

12110 狄梁公碑 （宋）范仲淹撰 （宋）黄庭堅書 元刻石 明初拓本

拓本二十二開。墨本高23厘米，廣12.8厘米。有“劉喜海”“集樓所藏金石”“王大成印”等印。集樓題簽。北京大學圖書館藏。

世之評文敏書者咸謂其得法於蘭亭或云專力於雲麾而不知
其自宣示戎輅力命等表入手也文敏哀鮮于伯幾詞固已自道之
矣書是誌時年才三十已沉著渊厚至此蓋其從元常樹基而後
問津於山陰父子旁參南宫北海偉成一代大家者然則論公書者殆
未嘗溯其源而學公書者亦匯皃似而已近惟劉文清可謂得其
神髓矣昔年為唯自勉齋主人臨補缺文今裝成出示因記于册末

甲戌十一月十日古華山農沈吾敬書於吴門客邸

子初墓在錢唐縣西次孤山之原足補西湖志冢墓類佚又案盛彪書
後云其嗣樞年五十有三不可待是年為大德戊戌後四年而伯幾卒
年實五十有七蓋生於宋淳祐六年丙午也而海鹽吴修續疑年録
云生元憲宗七年丁巳卒大德六年壬寅年四十六得此足正傳録之謬

是日吾又記

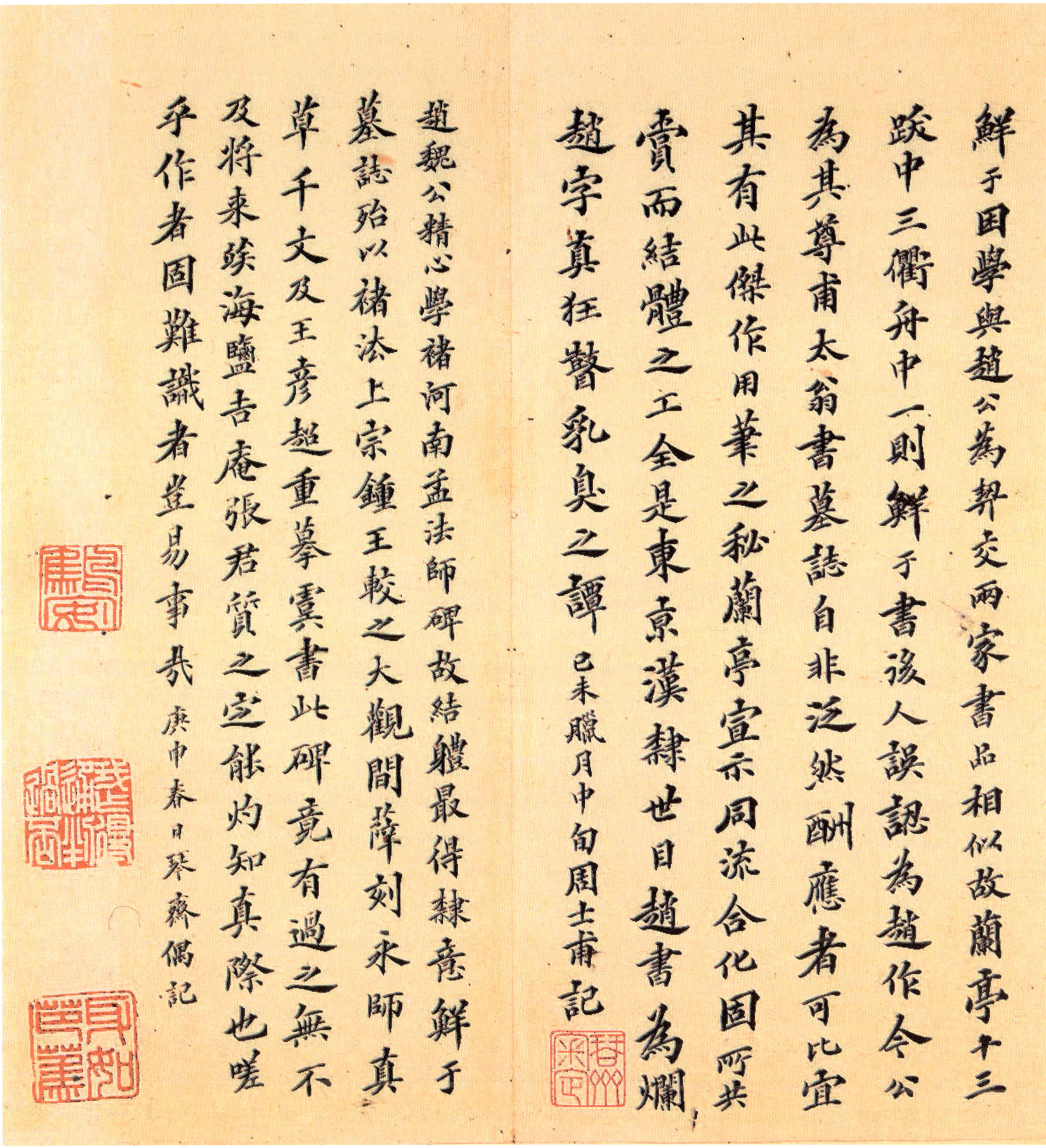
鮮于困學與趙公為契交兩家書品相似故蘭亭十三跋中三衢舟中一則鮮于書後人誤認為趙作令公為其尊甫太翁書墓誌自非泛然酬應者可比宜其有此傑作用筆之秘蘭亭宣示同流合化固所共賞而結體之工全是東京漢隸世目趙書為爛趙字真狂瞽乳臭之譚 己未臘月中旬周士甫記

趙魏公精心學褚河南孟法師碑故結體最得隸意鮮于墓誌殆以褚法上宗鍾王較之大觀閣薛刻永師真草千文及王彥超重摹寘書此碑竟有過之無不及將來竢海鹽吉庵張君質之定能灼知真際也嗟乎作者固難識者豈易事哉 庚申春日琴齋偶記

12109 鮮于光祖墓誌

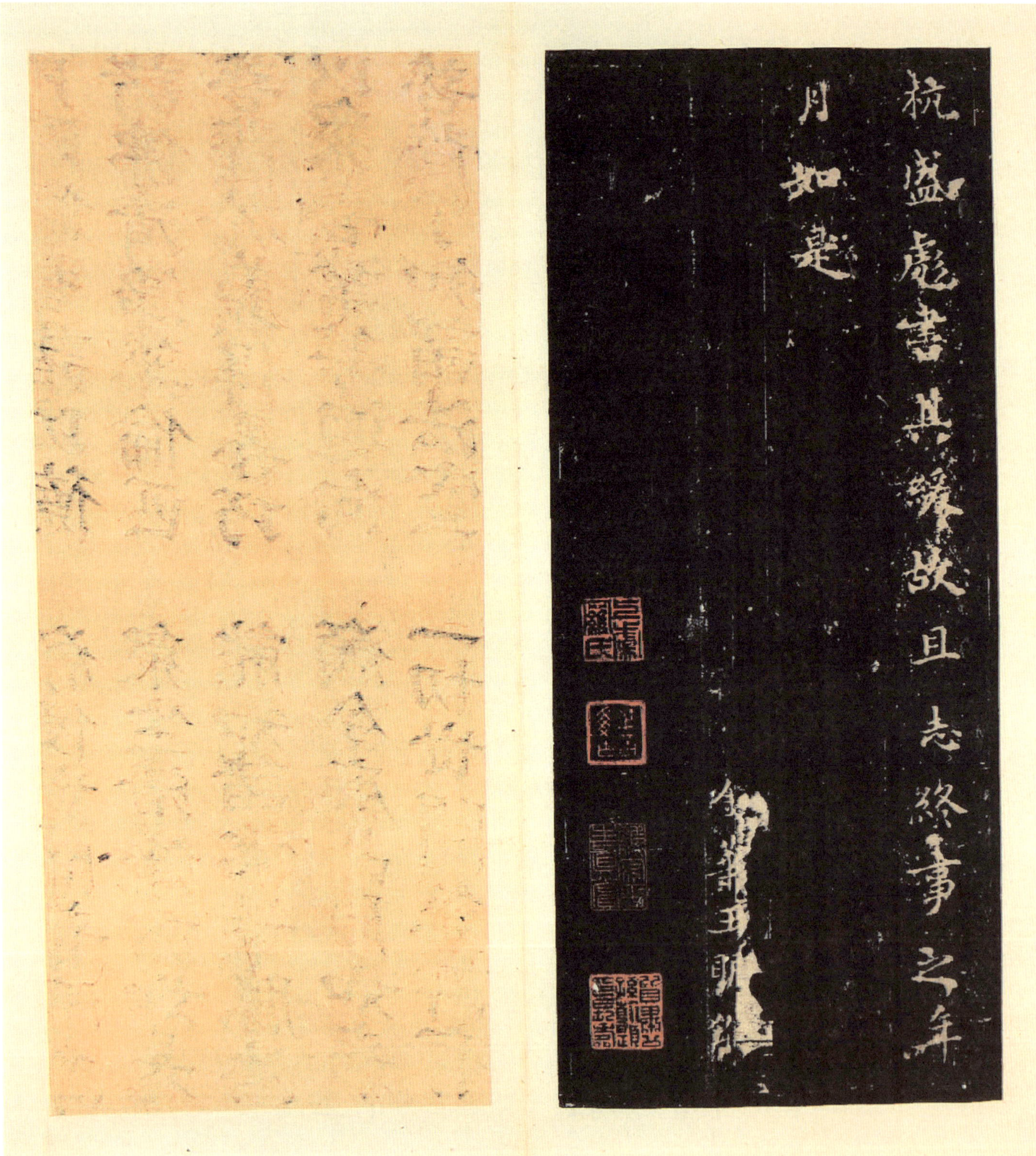
杭盛處書其緣故且志終事之年
月如是

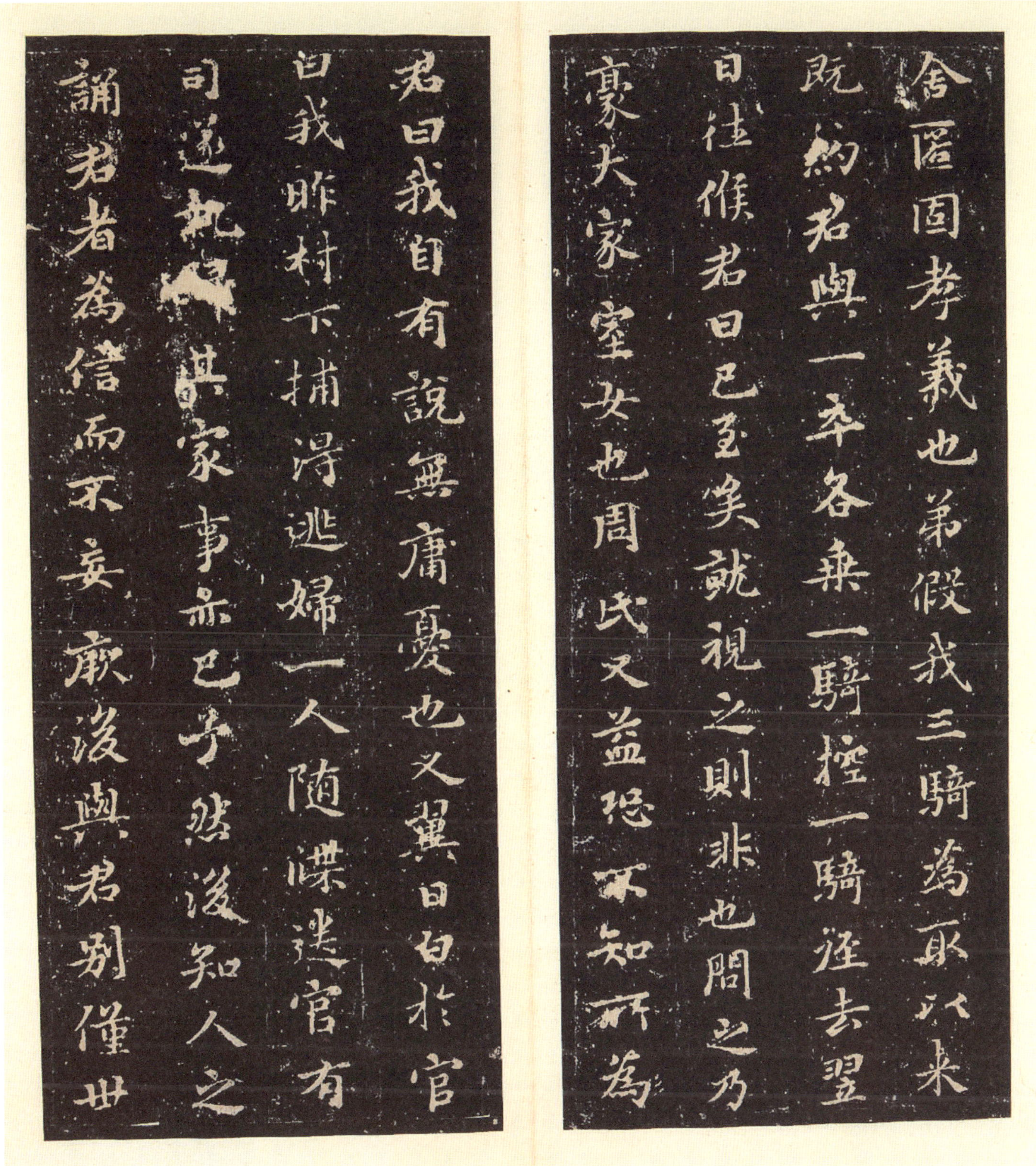
舍匿固孝義也弟假我三騎為取以来既約君與一卒各乘一騎控一騎徑去翌日往候君曰已至矣就視之則非也問之乃豪大家室女也周氏又益恐不知所為君曰我自有說無庸憂也又翼日白於官曰我昨村下捕得逃婦一人隨牒送官有司遂執[illegible]其家事亦已于然後知人之誦君者為信而不妄厥後與君別僅卅

12109 鮮于光祖墓誌

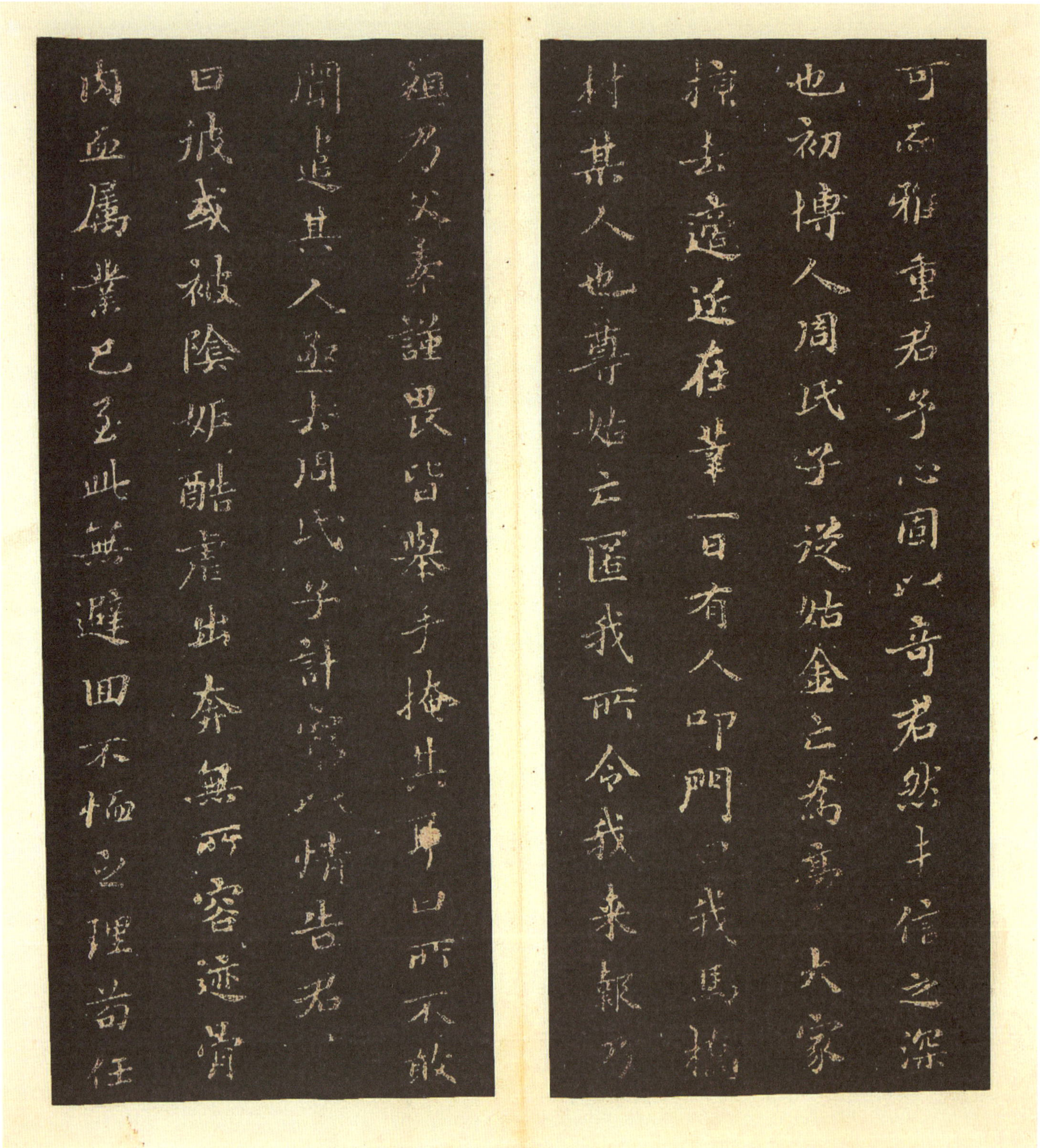
可而雅重君子心固以奇君然未信之深
也初博人周氏子從姑金之爲婁大家
撩去遠近在輩一日有人叩門以我馬擕
材其人也尊姑之匿我所令我来報乃
祖乃父素謹畏皆舉手掩其耳曰所不敢
聞追其人至去周氏子計窮以情告君
曰彼或被陰姬酷虐出奔無所容逃耳
肉血屬業已至此無避田不恤也理當任

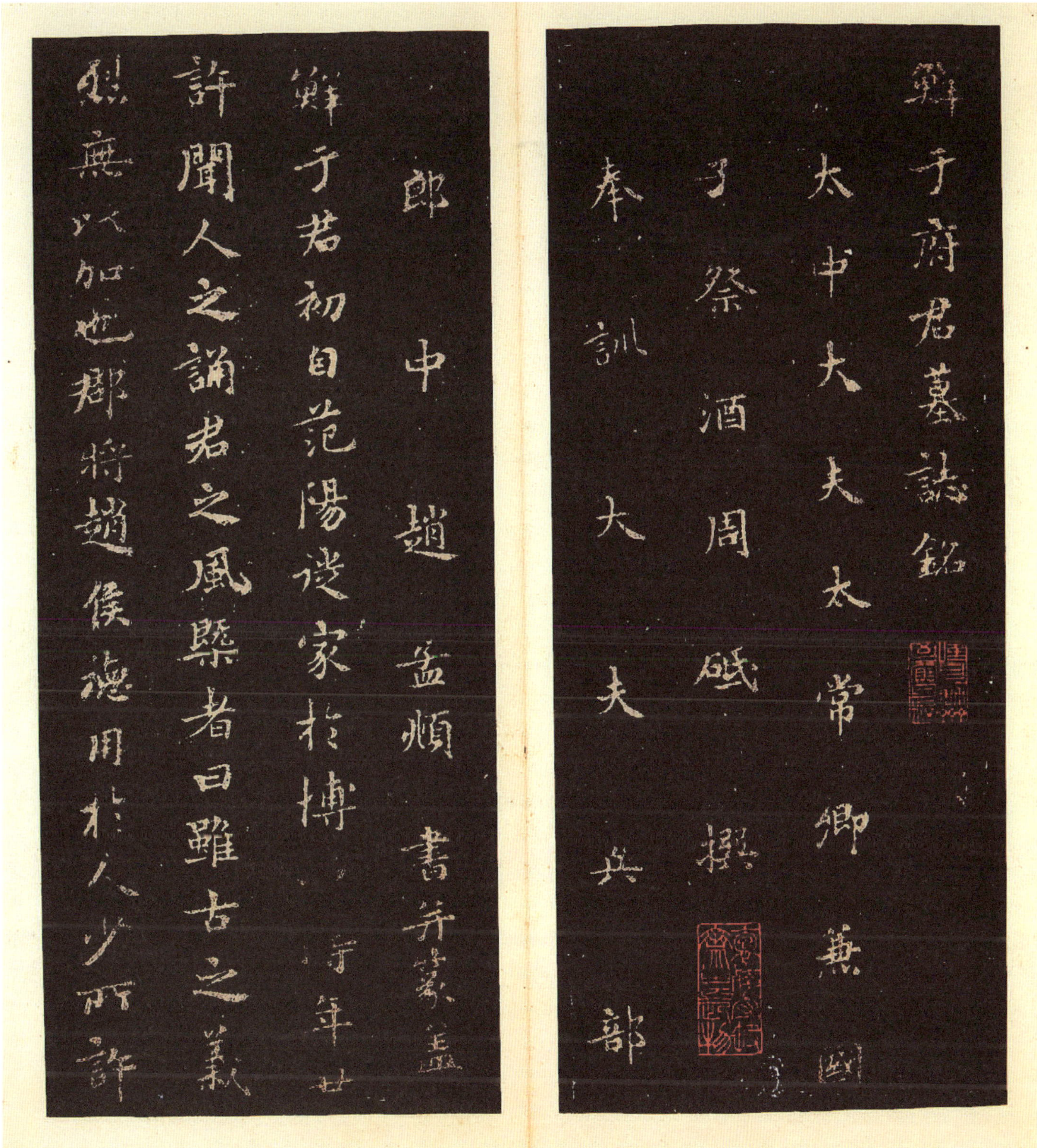

12109 鮮于光祖墓誌　（元）周砥撰　（元）趙孟頫書並篆蓋　（元）盛彪撰後記　（元）王明鐫　元大德二年（1298）刻石　明拓本

拓本十三開半，沈吾抄補墓誌缺文三開，題跋六開。墨本高23.3厘米，廣9.8厘米。有"唐翰題""鷦安平生真賞""琴齋審定""沈吾印"等印。唐翰題題簽題記並録陳子文跋，沈樹鏞跋並録周士甫題記，沈吾抄補志文並跋，劉鶚題記。北京大學圖書館藏。

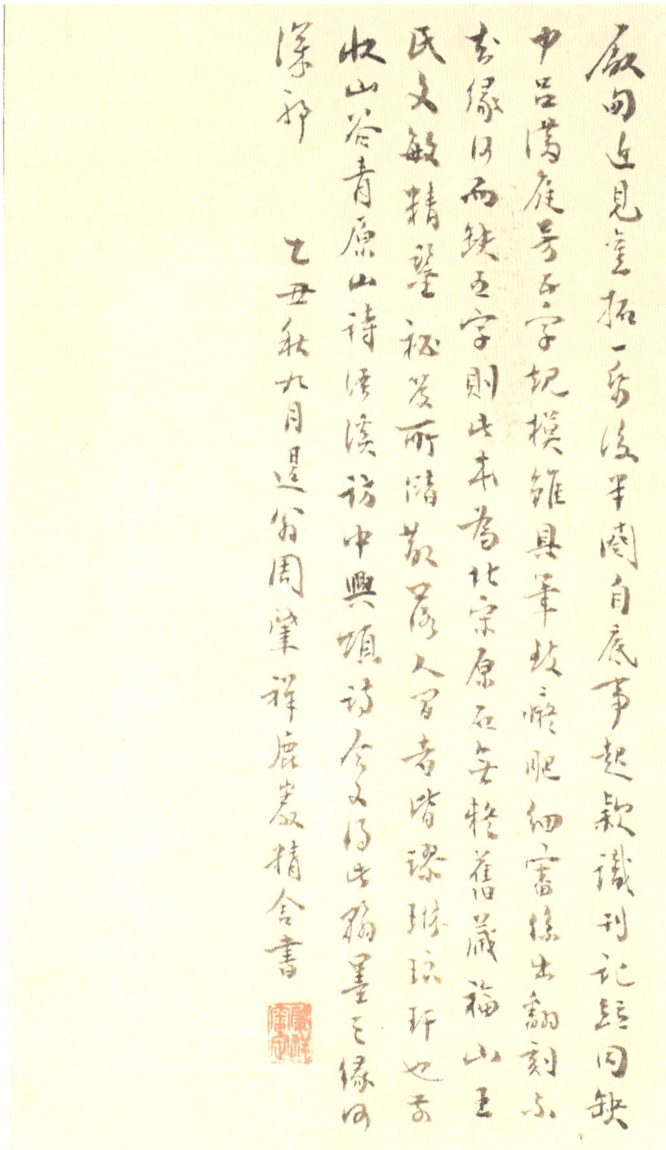

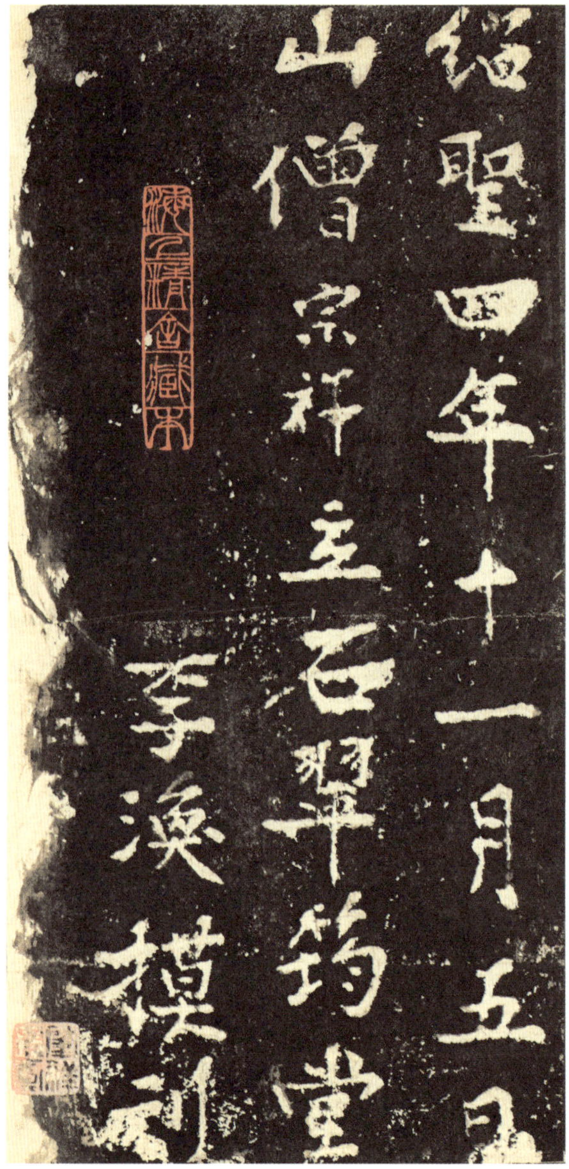
紹聖四年十一月五日
山僧宗祥立石翠筠堂
李渙模刻

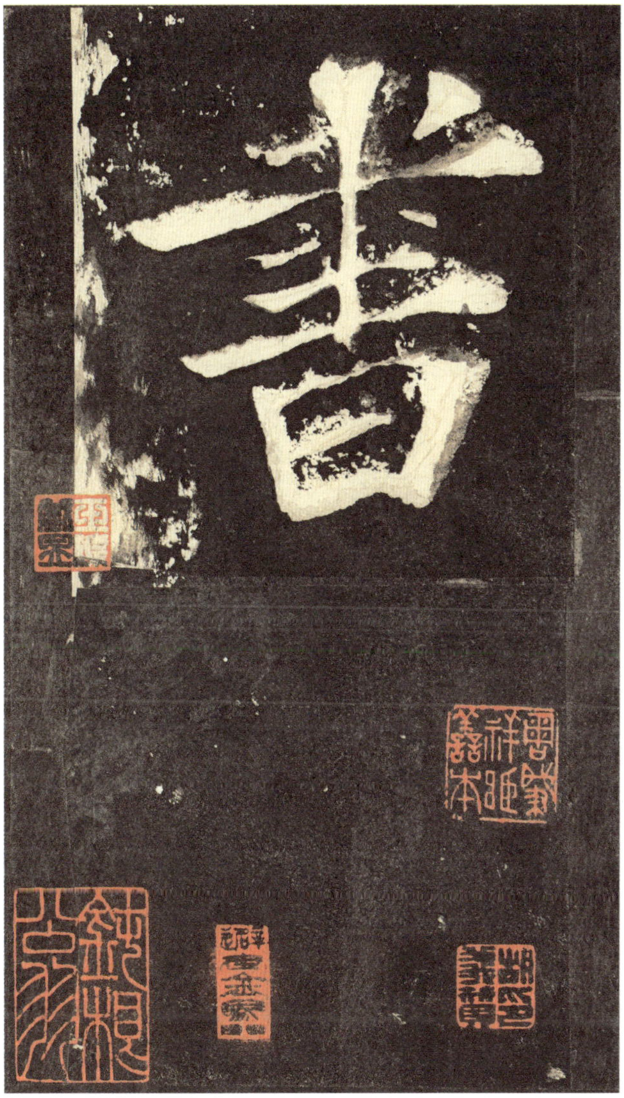

12108 東坡雪堂詞刻中吕滿庭芳詞

12108 東坡雪堂詞刻中吕滿庭芳詞　(宋)蘇軾撰並書　北宋紹聖四年(1097)刻石　明拓本

拓本二十九開半，題跋一開。墨本高23厘米，廣13.5厘米。周筆祥、邵章跋。北京市文物局圖書資料中心藏。

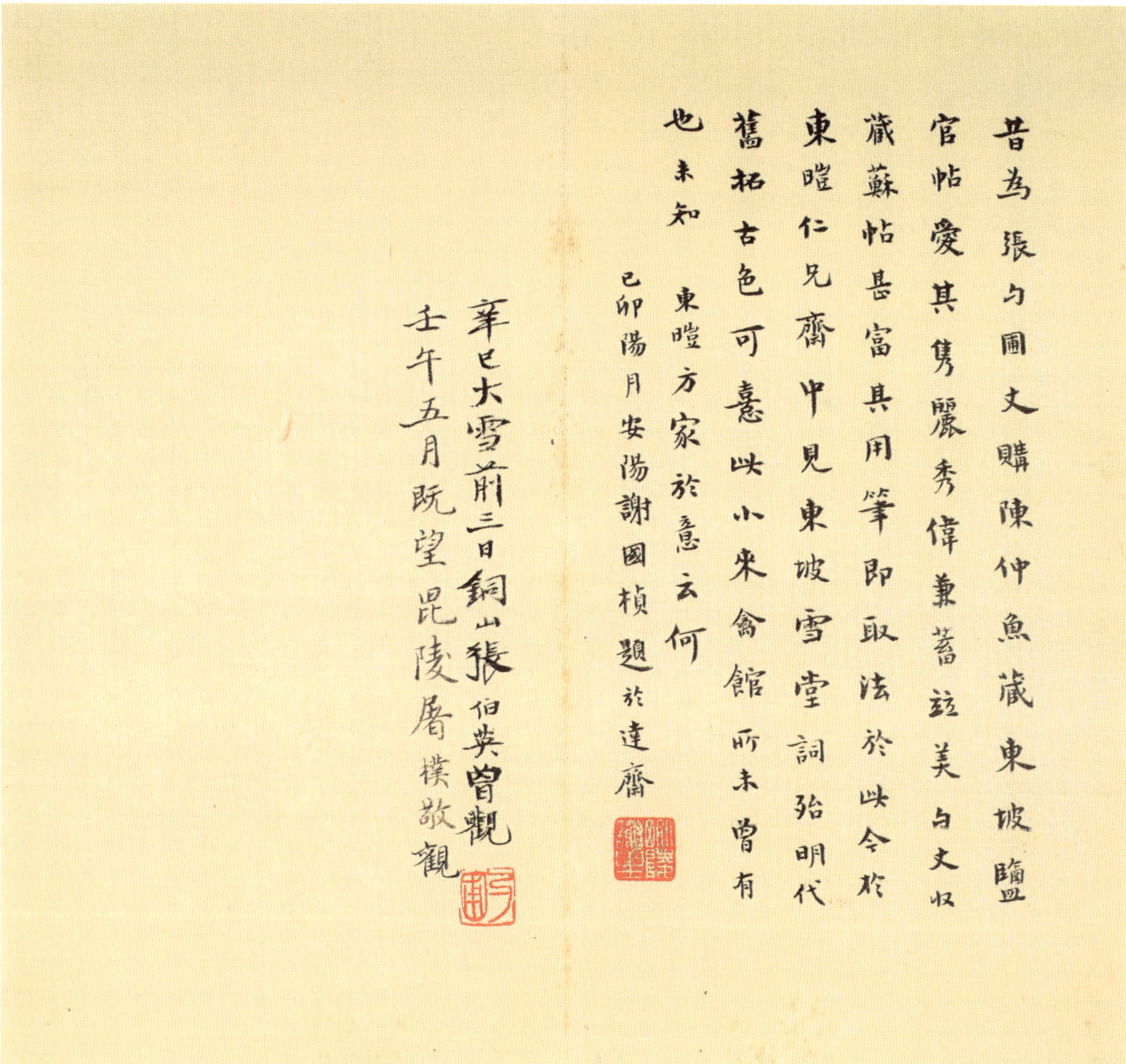
昔為張匀圃丈購陳仲魚藏東坡臨官帖愛其雋麗秀偉兼蓄兹美与丈收藏蘇帖甚富其用筆即取法於此今於東暟仁兄齋中見東坡雪堂詞殆明代舊拓古色可憙此小米翁館所未曾有也未知 東暟方家於意云何

己卯陽月安陽謝國楨題於達齋

辛巳大雪前三日銅山張伯英曾觀

壬午五月既望昆陵屠樸敬觀

12107 東坡雪堂詞刻行香子詞

12107 東坡雪堂詞刻行香子詞

12107 東坡雪堂詞刻行香子詞　（宋）蘇軾撰並書　北宋紹聖二年（1095）

刻石　明拓本

拓本十六開，題跋三開。墨本高21厘米，廣10厘米。有“石枏欣遇”等印。張伯英觀款，許石楠、謝國楨、周肇祥、邵章等跋。北京市文物局圖書資料中心藏。

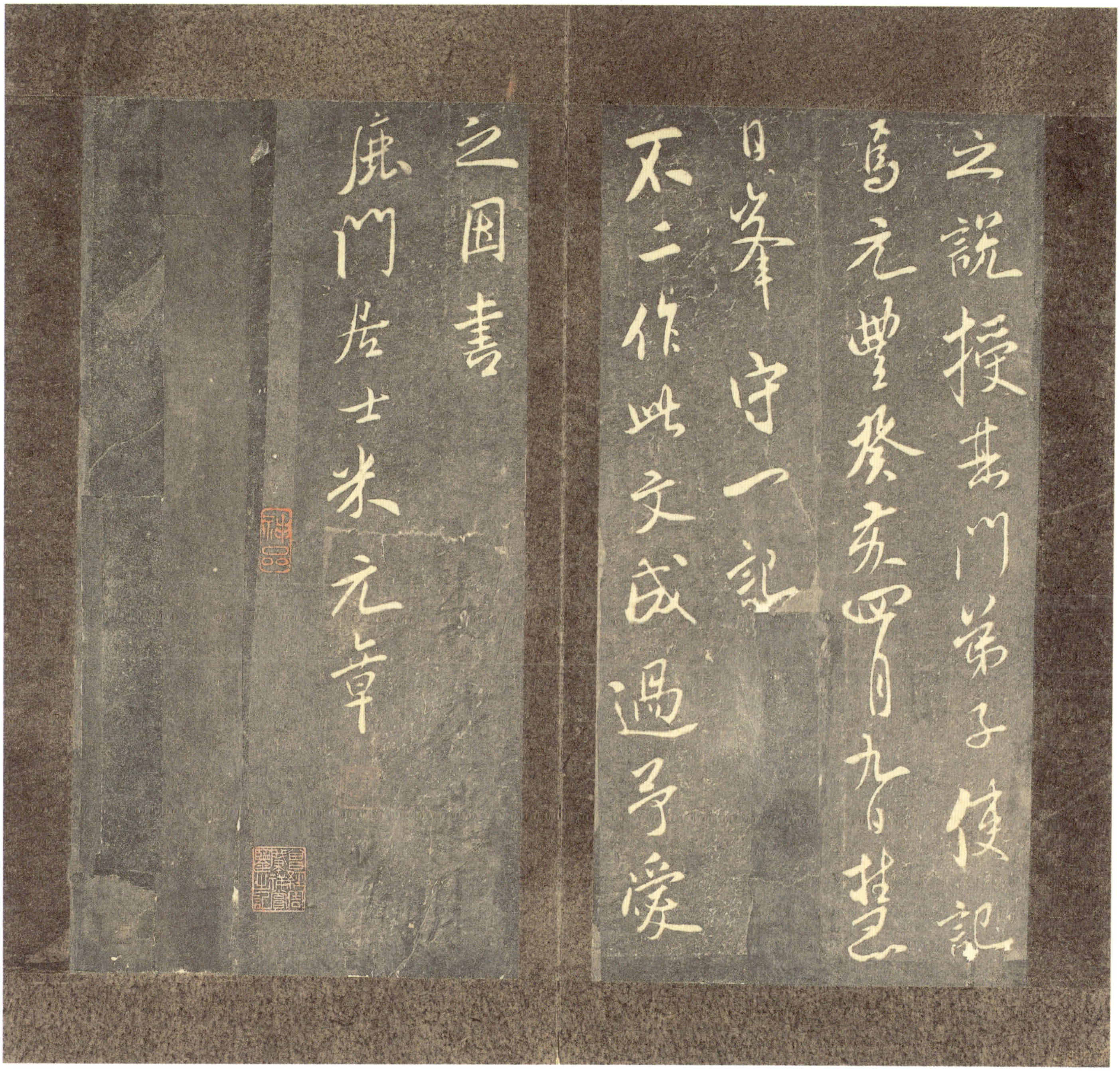

之說授其門弟子使記焉元豐癸亥四月九日慧日峯守一記不二作此文成過予愛之因書

鹿門居士米元章

12106 杭州龍井山方圓庵記

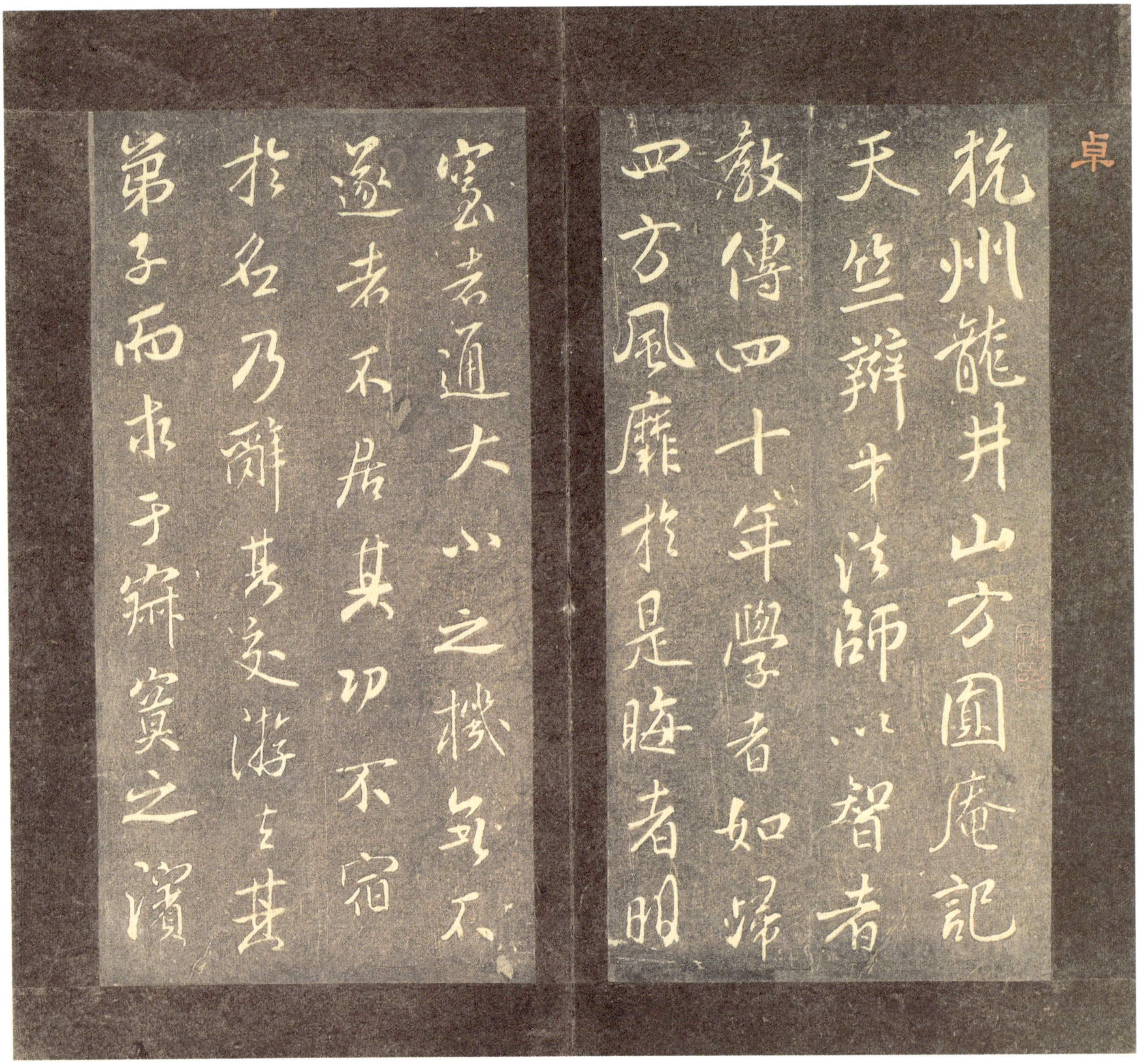

12106 杭州龍井山方圓庵記 （宋）釋守一撰　（宋）米芾書　北宋元豐六年（1083）刻石　明拓本

拓本十一開，題跋一開半。墨本高25.2厘米，廣13.1厘米。有“曾經周肇祥賞鑒之記”等印。周肇祥、高毓浵跋。北京市文物局圖書資料中心藏。

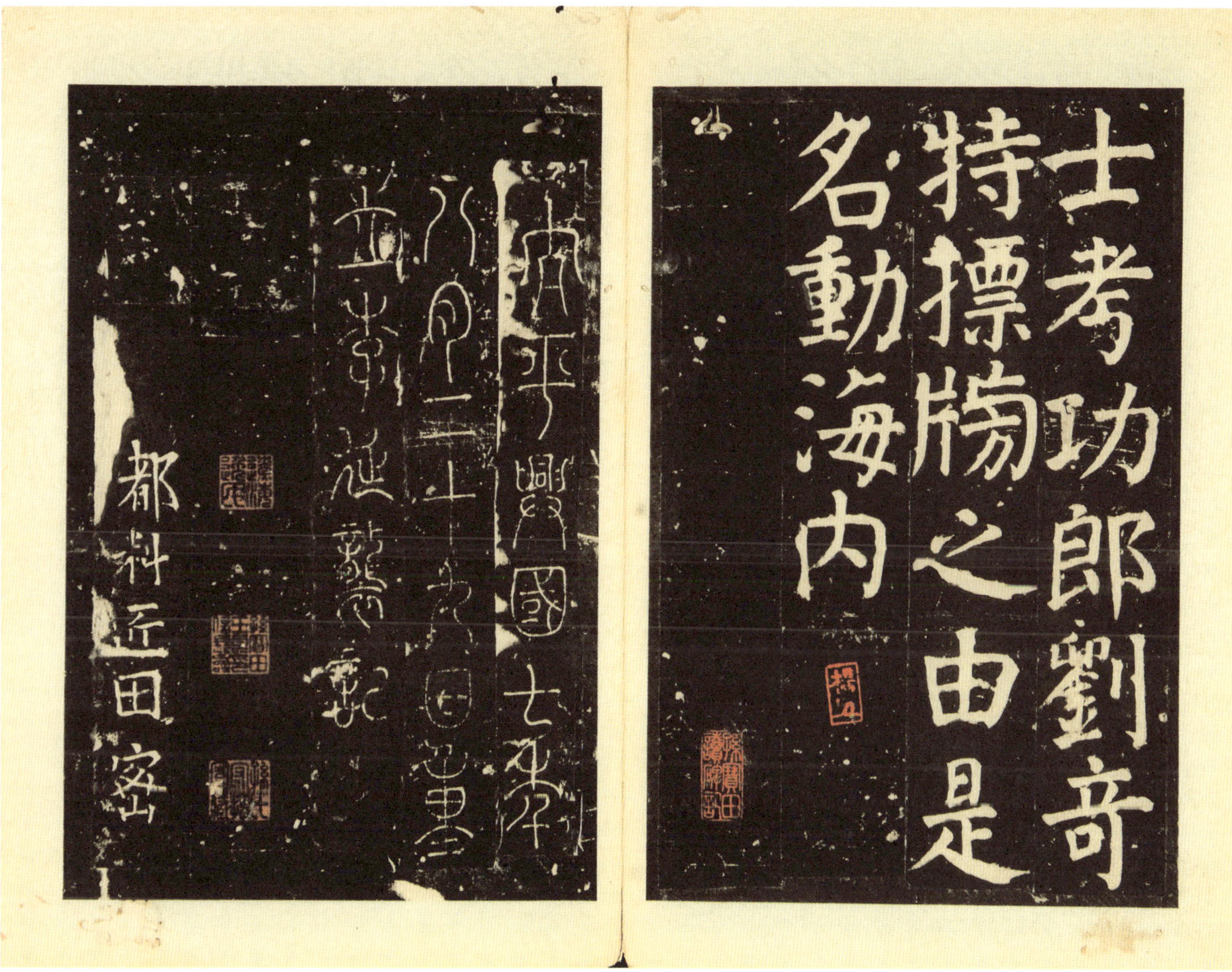

12105 顔氏家廟碑

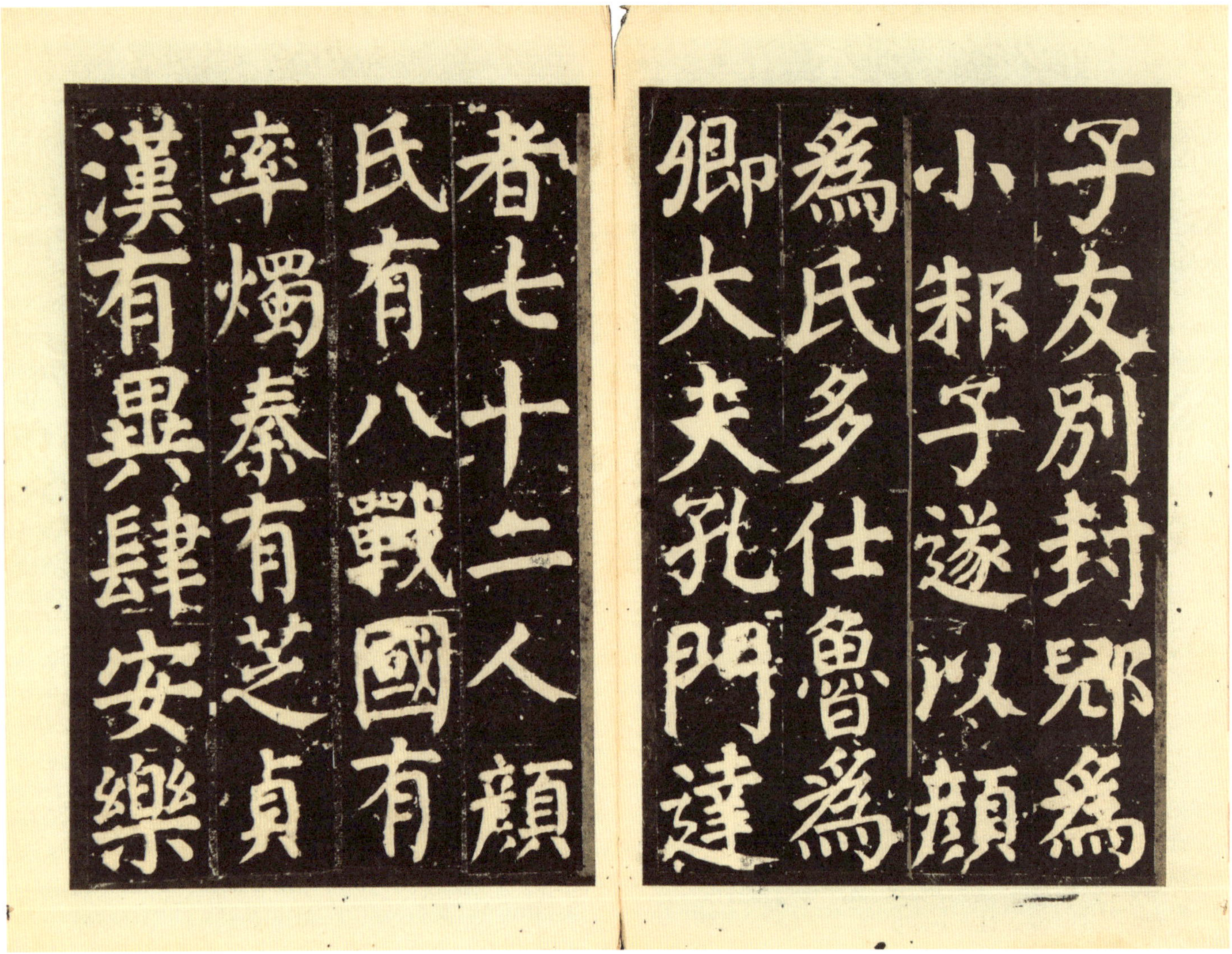

子友別封郳為小邾子遂以顏為氏多仕魯為卿大夫孔門達者七十二人顏氏有八戰國有率燭秦有芝貞漢有異肆安樂

12105 顏氏家廟碑　（唐）顏真卿撰並書　（唐）李陽冰篆額　唐建中元年（780）刻石　明拓本

拓本四十八開，題跋二開。墨本高31.6厘米，廣20.6厘米。有“孫寶田讀碑記”等印。陳雲詰、羅繼祖跋。旅順博物館藏。

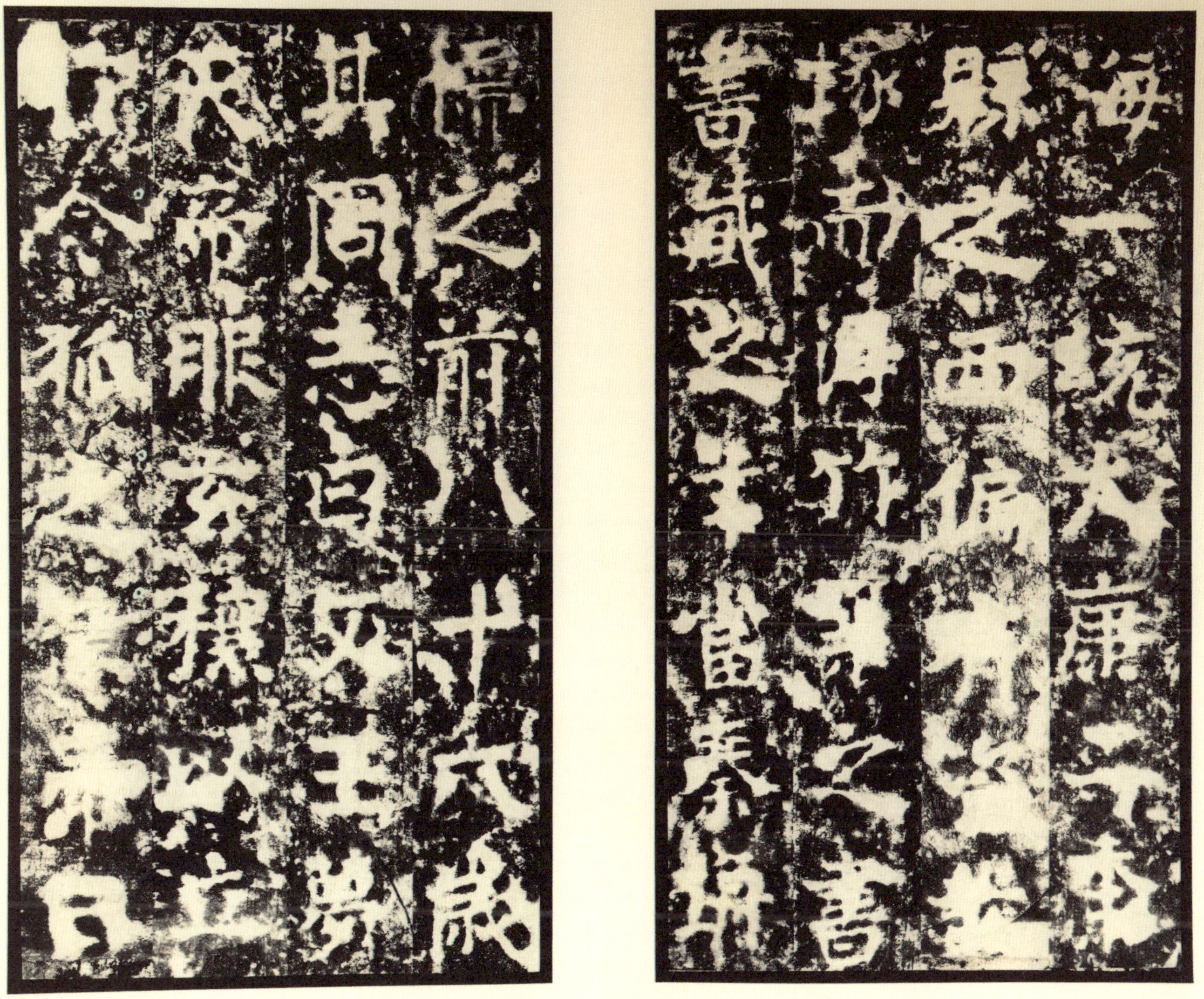

12104 修太公祠碑

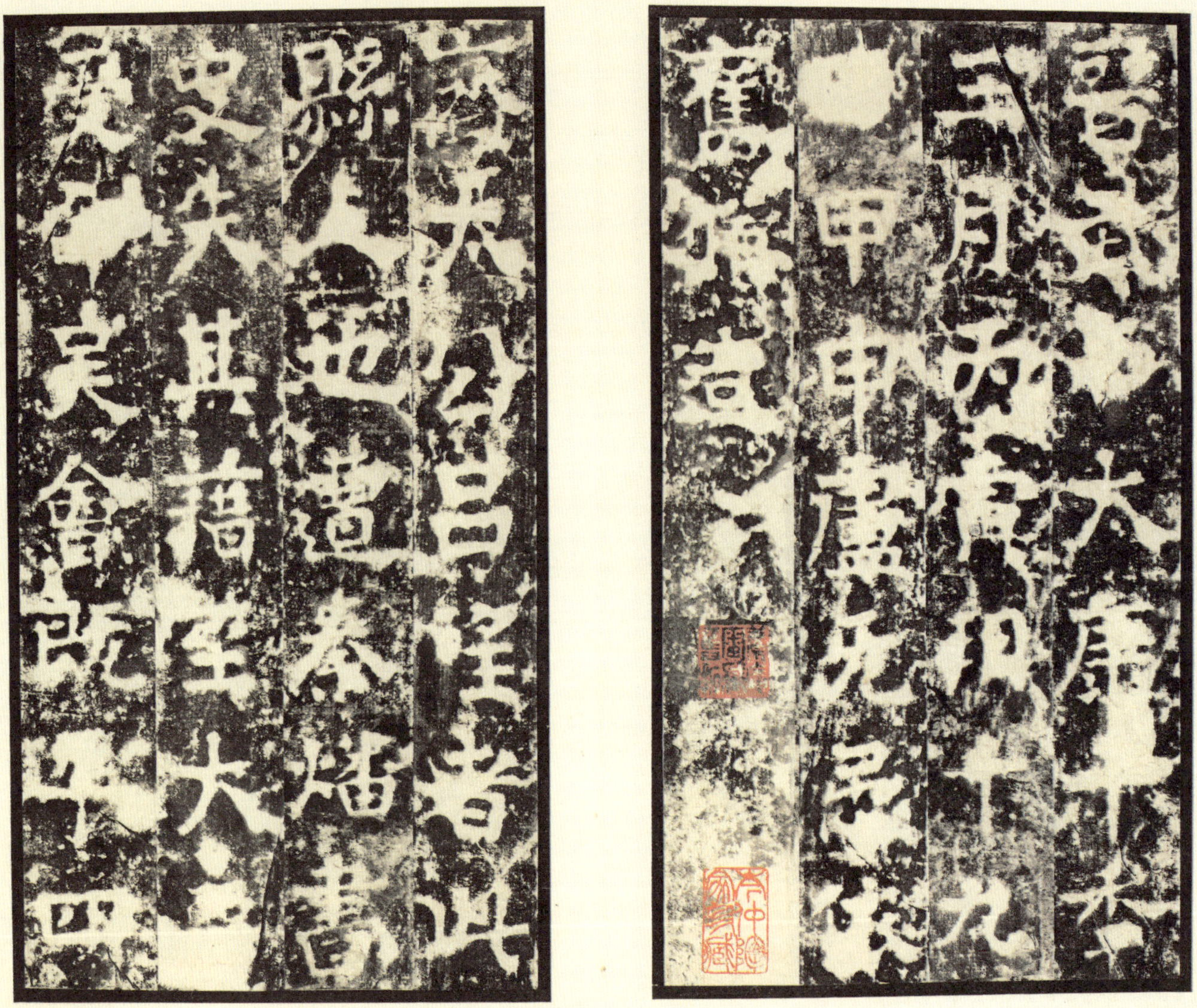

12104 修太公祠碑　（北魏）穆子容撰　東魏武定八年（550）四月刻石

碑陽明拓本　碑陰清康熙拓本

拓本二十八開，題跋二開。墨本高24.4厘米，廣13.8厘米。有“岑仲陶家珍藏”等印。周肇祥題簽並跋，邵章跋。北京市文物局圖書資料中心藏。

12103 尹宙碑

君諱宙字
周南其先
出自有殷
西遷于周

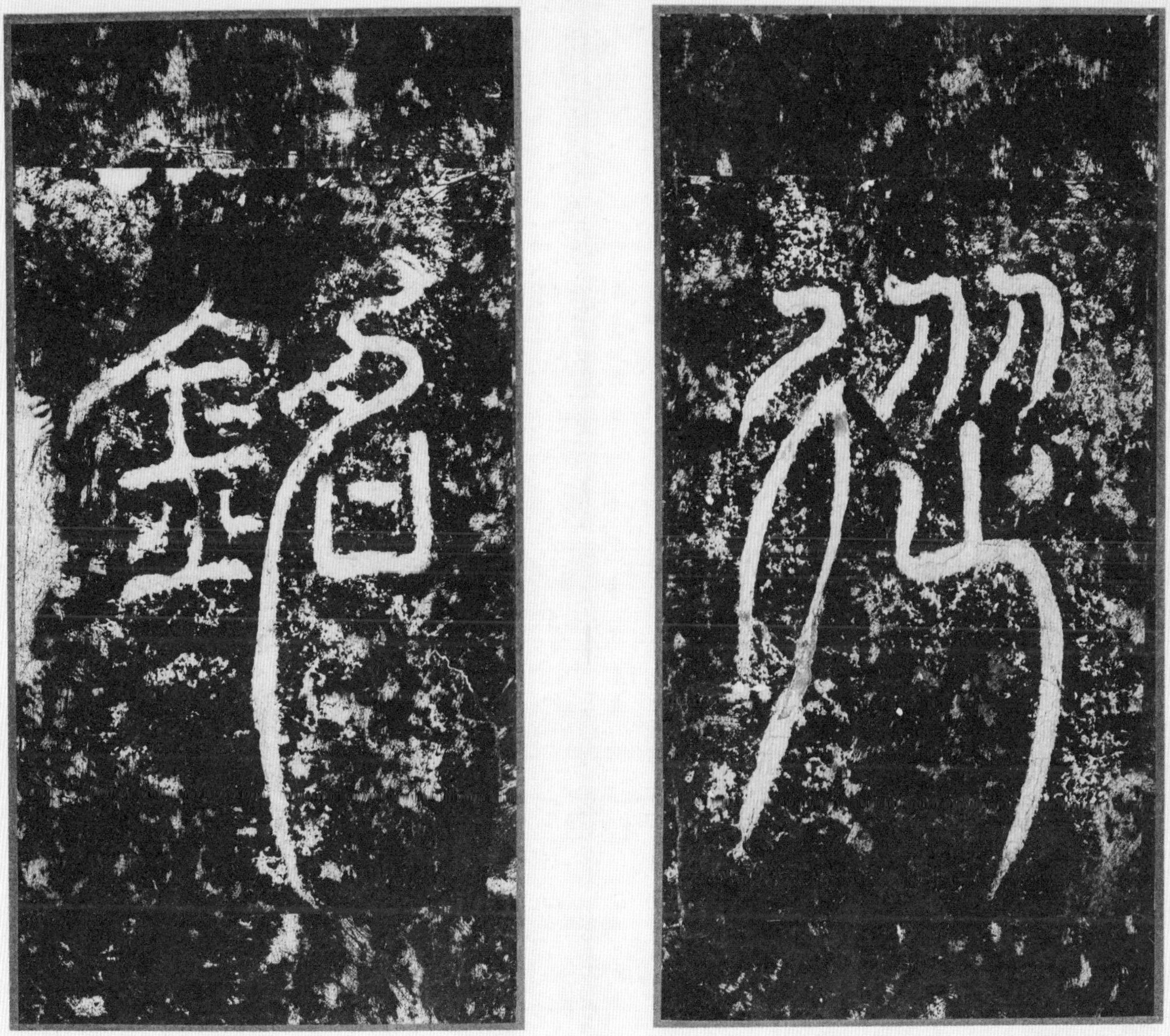

12103 尹宙碑 東漢熹平六年（177）四月刻石 明拓本

拓本二十四開半，題跋半開。墨本高25.4厘米，廣13.3厘米。有“汲古閣藏”“東府楊氏書畫記”等印。高毓浵跋。北京市文物局圖書資料中心藏。

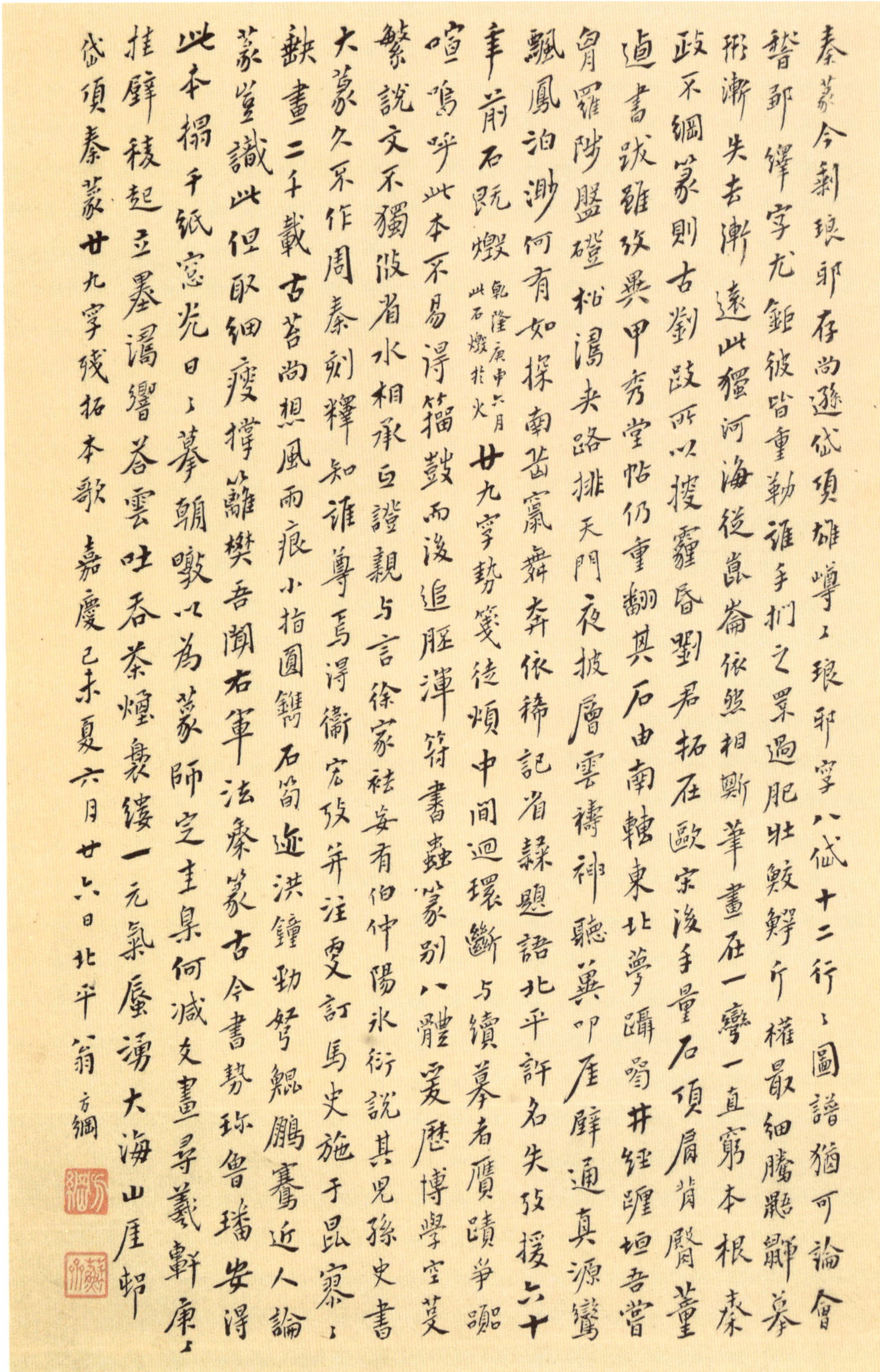

秦篆今剩琅邪存尚遜岱頂雄嶀々琅邪字八岱十二行々圖譜猶可論會
稽鄒嶧字尤鉅彼皆重勒誰手捫之罘過肥壯鮫鮮介權最細騰懸辭摹
彤漸失去漸遠此獵河海從崑崙依約相斷筆畫在一彎一直窮本根秦
政不綱篆則古劉跋所以搜羅昏劉君拓在歐宋後手量石頂肩背臀董
逌書跋雖殊異甲秀堂帖仍重翻其石由南轉東北夢躡蜀井經躔垣吾嘗
身羅陟鑒磴松濕夾路排天門夜披層雲禱祁聽萬叩崖壁通真源鸞
飄鳳泊渺何有如探南酉贏舞奔依稀記省隸題語北平許名失效援六十
年前石既燬乾隆庚申六月此石燬於火廿九字勢箋徒煩中間迴環斷與續摹者贗蹟爭蹁
喧嗚呼此本不易得籀鼓而後追脛滹符書蟲篆別八體爰歷博學空芟
繁說文不獨微省水相承互證親與言徐家祛妄有伯仲陽冰衍說其兒孫史書
大篆久不作周秦刻釋知誰尊焉得衛宏效弁注雯訂馬史施于昆察々
歎畫二千載古篆尚想風雨痕小指圓鑴石篆迹洪鐘勁弩鯤鵬騫近人論
篆豈識此但取細瘦撐籬樊吾聞右軍法秦篆古今書勢弥魯璠安得
此本搨千紙窗光日々摹朝暾以為篆師定圭臬何減支畫尋羲軒庚々
挂壁積起丑墨瀋響蒼雲吐吞荼煙裊裊縷一元氣蜃湧大海山崖帊
岱頂秦篆廿九字殘拓本歌　嘉慶己未夏六月廿六日北平翁方綱

12102 泰山刻石

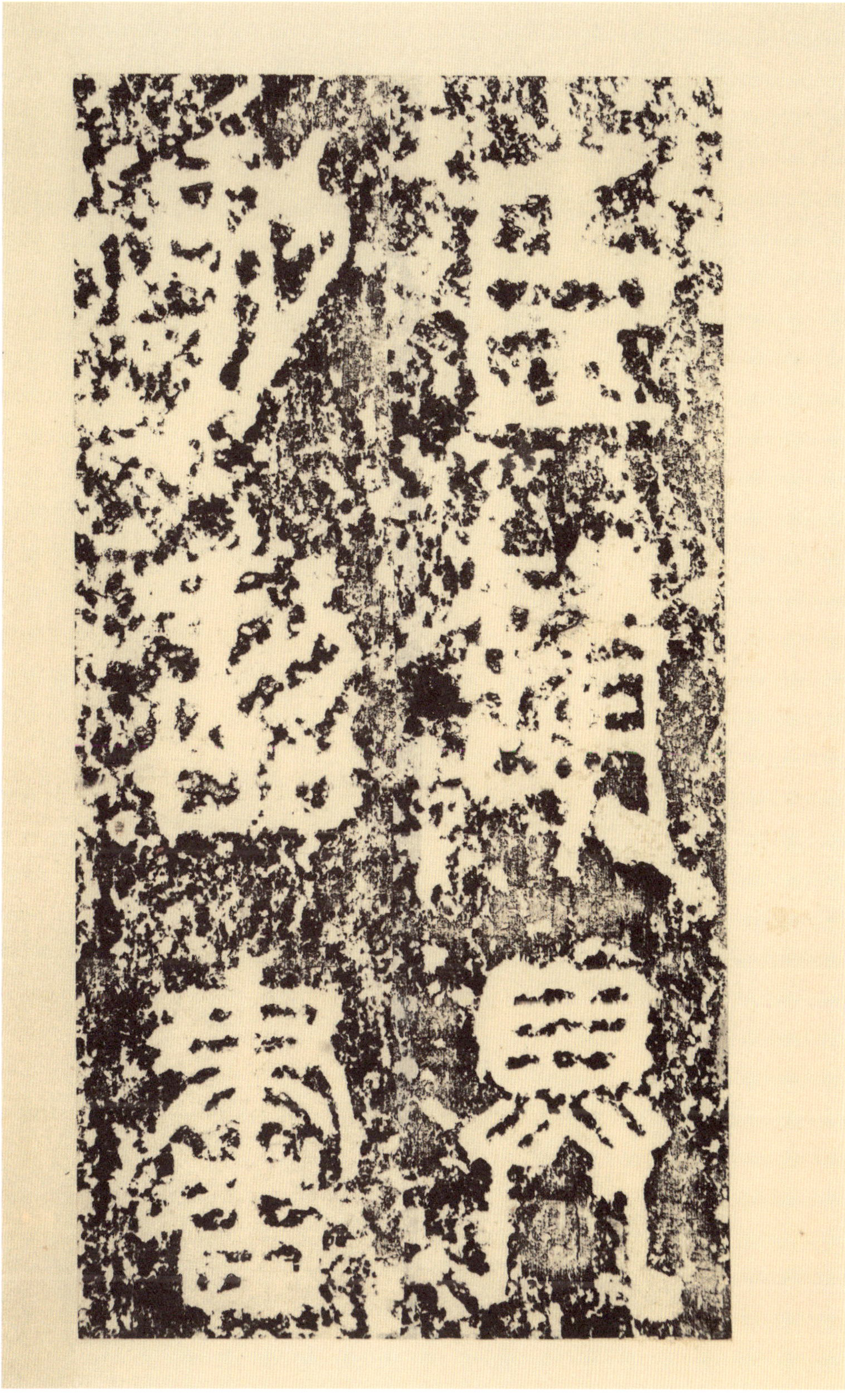

12102 泰山刻石

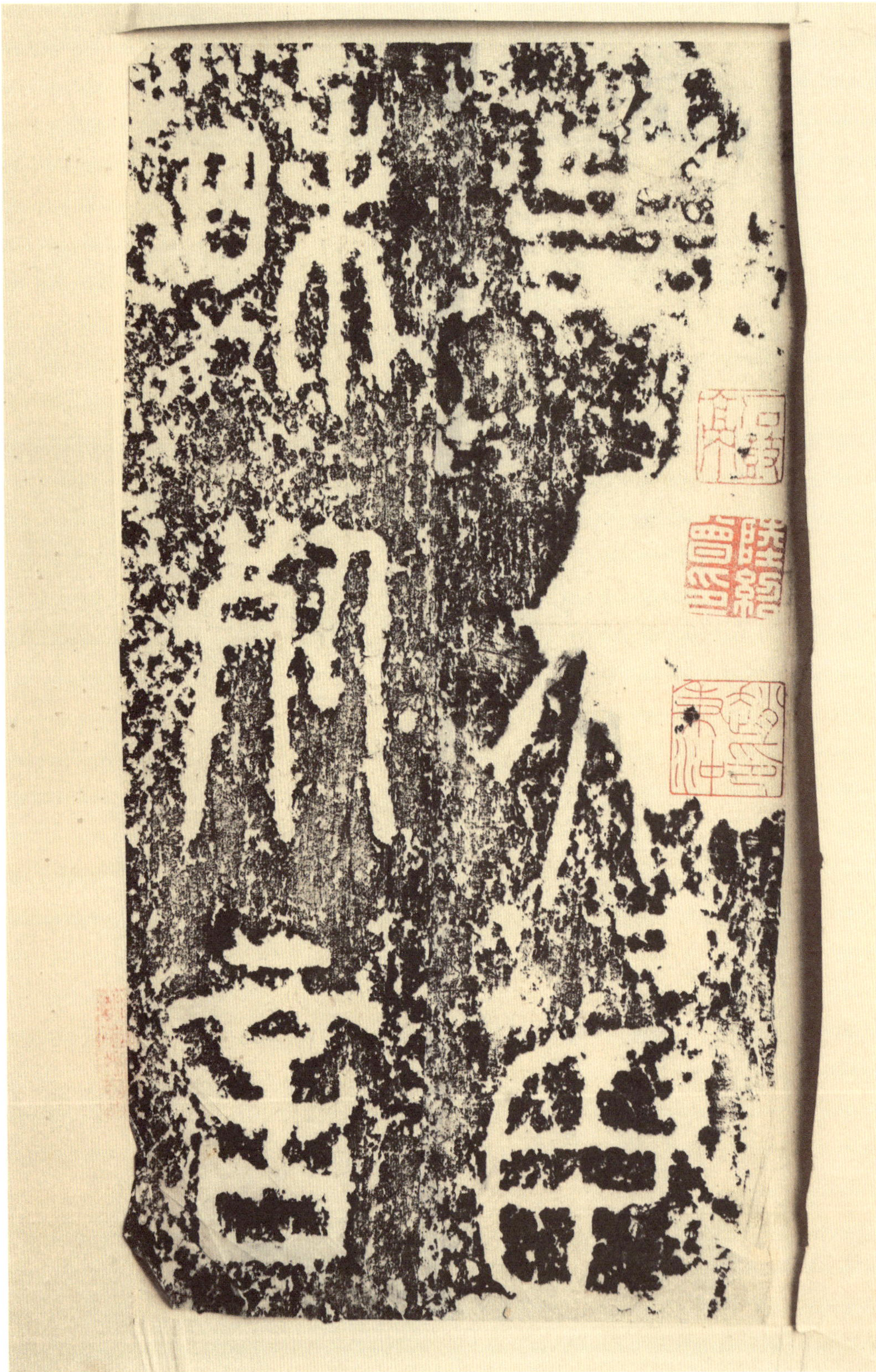

12102 泰山刻石 傳（秦）李斯書 秦始皇二十八年（前219）刻石 明拓本

拓本三開半，題跋二開半。墨本高26.8厘米，廣14.1厘米。有“翁方綱嘗觀”“廷濟”“徐同柏印”“之謙印信”“沈封鏞印”等印。趙之謙題簽，翁方綱、趙魏、沈樹鏞跋，張燕昌録錢大昕跋。青島市博物館藏。

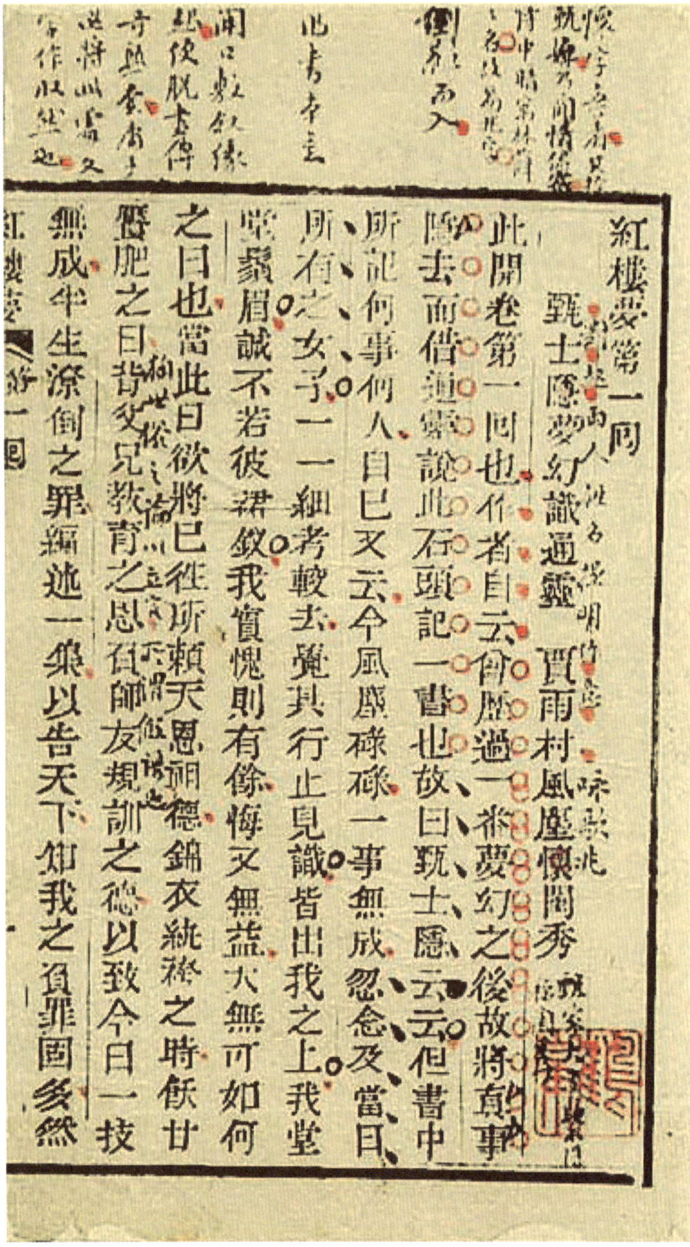

紅樓夢第一回
甄士隱夢幻識通靈　賈雨村風塵懷閨秀
此開卷第一回也作者自云曾歷過一番夢幻之後故將真事
隱去而借通靈說此石頭記一書也故曰甄士隱云云但書中
所記何事何人自已又云今風塵碌碌一事無成忽念及當日
所有之女子一一細考較去覺其行止見識皆出我之上我堂
堂鬚眉誠不若彼裙釵我實愧則有餘悔又無益大無可如何
之日也當此日欲將已往所賴天恩祖德錦衣紈袴之時飫甘
饜肥之日背父兄教育之恩負師友規訓之德以致今日一技
無成半生潦倒之罪編述一集以告天下知我之負罪固多然

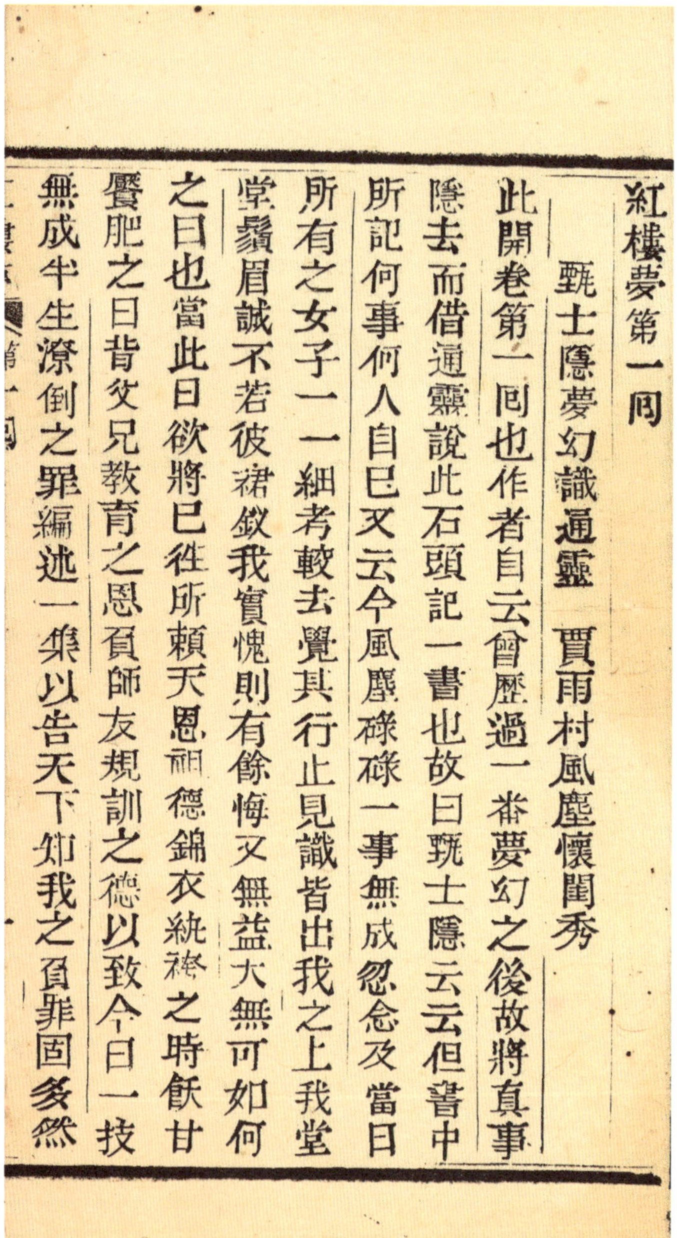

紅樓夢第一回
甄士隱夢幻識通靈　賈雨村風塵懷閨秀
此開卷第一回也作者自云曾歷過一番夢幻之後故將真事
隱去而借通靈說此石頭記一書也故曰甄士隱云云但書中
所記何事何人自已又云今風塵碌碌一事無成忽念及當日
所有之女子一一細考較去覺其行止見識皆出我之上我堂
堂鬚眉誠不若彼裙釵我實愧則有餘悔又無益大無可如何
之日也當此日欲將已往所賴天恩祖德錦衣紈袴之時飫甘
饜肥之日背父兄教育之恩負師友規訓之德以致今日一技
無成半生潦倒之罪編述一集以告天下知我之負罪固多然

12100、12101 紅樓夢一百二十回（程乙本）　（清）曹霑撰　（清）高鶚增訂　清乾隆五十七年（1792）萃文書屋活字印本

匡高17厘米，廣11.7厘米。半葉十行，行二十四字，白口，四周雙邊。中國書店藏，有“錢有序印”“恕堂”等印；杭州圖書館藏，有“其泰”“桐花凤阁”等印，陳其泰批校並跋。

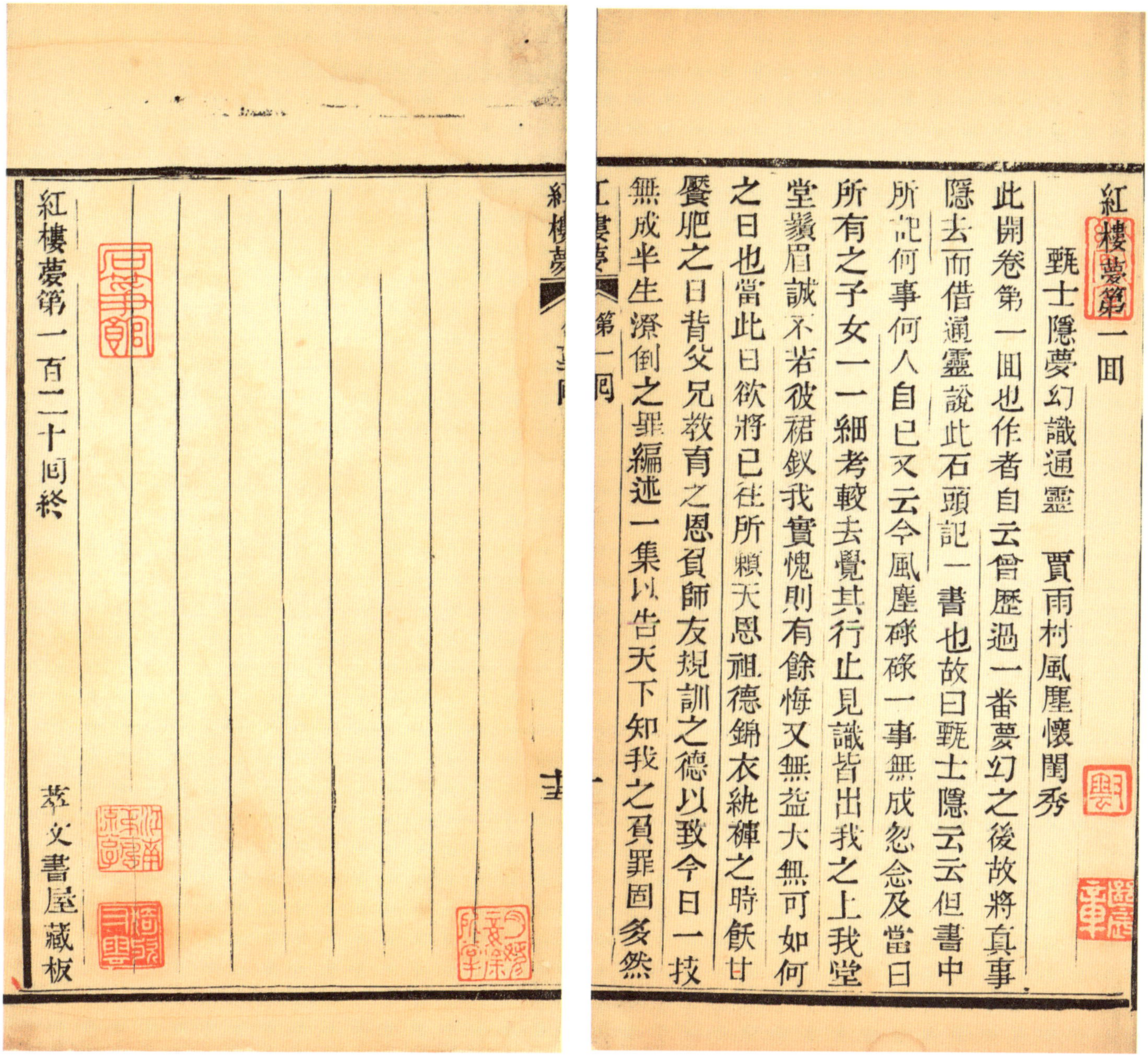
紅樓夢第一回
甄士隱夢幻識通靈　賈雨村風塵懷閨秀
此開卷第一回也作者自云曾歷過一番夢幻之後故將真事
隱去而借通靈說此石頭記一書也故曰甄士隱云云但書中
所記何事何人自已又云今風塵碌碌一事無成忽念及當日
所有之女子一一細考較去覺其行止見識皆出我之上我堂
堂鬚眉誠不若彼裙釵我實愧則有餘悔又無益大無可如何
之日也當此日欲將已往所賴天恩祖德錦衣紈袴之時飫甘
饜肥之日背父兄教育之恩負師友規訓之德以致今日一技
無成半生潦倒之罪編述一集以告天下知我之負罪固多然

紅樓夢　第一回

紅樓夢第一百二十回終
萃文書屋藏板

12099 紅樓夢一百二十回（程甲本）　（清）曹霑撰　（清）高鶚增訂　清乾隆五十六年（1791）萃文書屋活字印本

匡高17.2厘米，廣11.7厘米。半葉十行，行二十四字，白口，四周雙邊。有“繼振章”“江南第一風流公子”等印。中國書店藏。

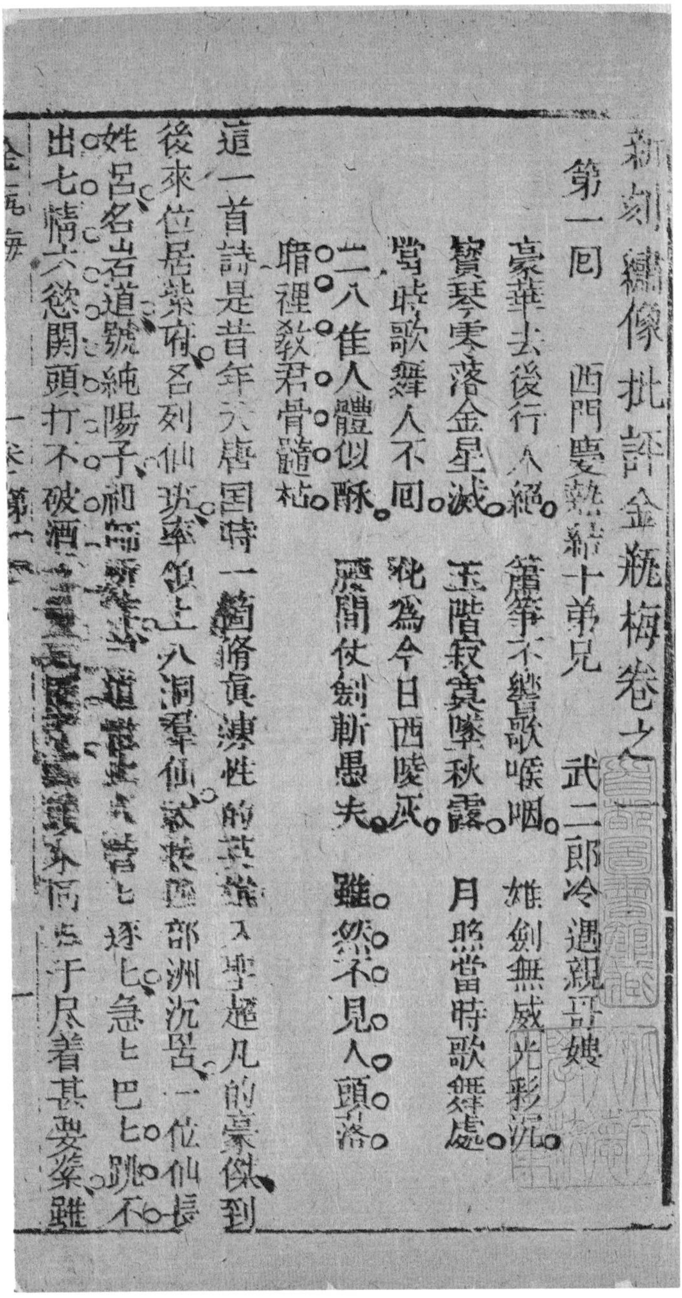
新刻繡像批評金瓶梅卷之一
第一回　西門慶熱結十弟兄　武二郎冷遇親哥嫂
豪華去後行人絕，簫箏不響歌喉咽。雄劍無威光彩沉，
寶琴零落金星滅。玉階寂寞墜秋露，月照當時歌舞處。
當時歌舞人不回，化爲今日西陵灰。
二八佳人體似酥，腰間仗劍斬愚夫。雖然不見人頭落，
暗裏教君骨髓枯。
這一首詩是昔年大唐國時一箇修真煉性的英雄入聖超凡的豪傑到
後來位居紫府名列仙班率領上八洞羣仙救拔四部洲沉苦一位仙長
姓呂名岩道號純陽子祖師所作單道世上人營營逐逐急急巴巴跳不
出七情六慾關頭打不破酒色財氣圈子到頭來同歸于盡着甚要緊雖

12098 新刻繡像批評金瓶梅二十卷　（明）蘭陵笑笑生撰　明末刻本

匡高19.9厘米，廣12.2厘米。半葉十一行，行二十八字，白口，四周單邊。有“北平孔德學校之章”等印。首都圖書館藏。

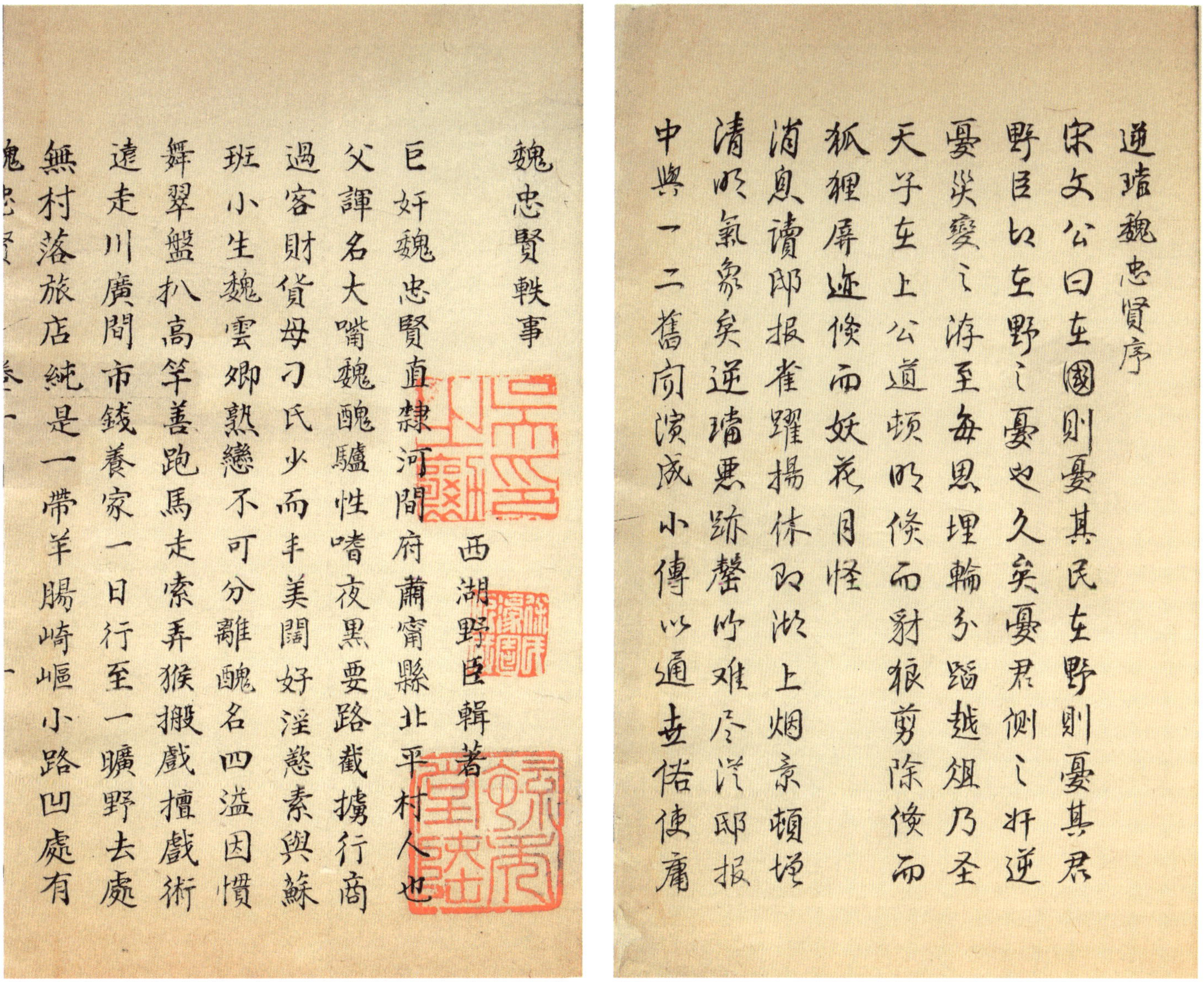

逆璫魏忠賢序

宋文公曰在國則憂其民在野則憂其君野臣以在野之憂也久矣憂君側之奸逆憂災變之游至每思埋輪分蹈越俎乃至天子左上公道頓所倏而豺狼剪除倏而狐狸屏迹倏而妖孽目怪消息讀邸報雀躍揚休政淤上烟京頓燈清明氣象矣逆璫惡跡罄竹难尽從邸報中與一二舊简演成小傳以通世俗使庸

魏忠賢軼事

西湖野臣輯著

巨奸魏忠賢直隷河間府肅寧縣北平村人也父諱名大嘴魏醜驢性嗜夜黑要路截擄行商過客財貨母刁氏少而丰美闊好淫慾素與蘇班小生魏雲卿熟戀不可分離醜名四溢因慣舞翠盤扒高竿善跑馬走索弄猴搬戲擅戲術遠走川廣閭市錢養家一日行至一曠野去處無村落旅店純是一帶羊腸崎嶇小路凹處有

12097 魏忠賢軼事四卷四十八回　（明）樂舜日撰　明崇禎抄本

半葉九行，行十八字。有“吳印之勳”“徐氏濠園所藏”“毓秀堂陸”等印。吉林省圖書館藏。

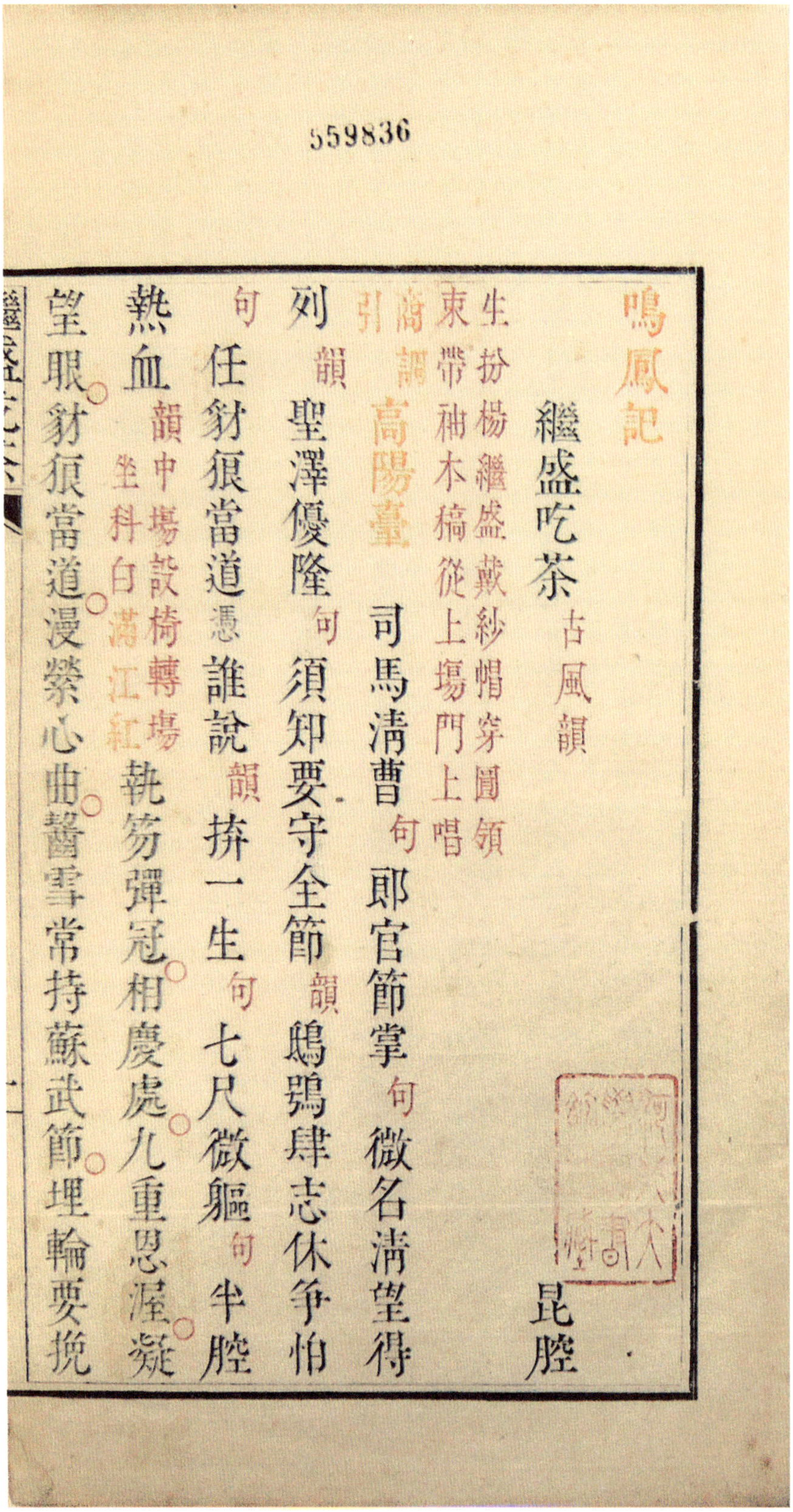
559836
鳴鳳記
繼盛吃茶 古風韻 崑腔
生扮楊繼盛戴紗帽穿圓領束帶袖本稿從上場門上唱
引商調高陽臺 司馬清曹句郎官節掌句徽名清望得列韻聖澤優隆句須知要守全節韻鵰鶚肆志休爭怕句任豺狠當道憑誰説韻拚一生句七尺微軀句半腔熱血韻
中場設椅轉場坐科白滿江紅
執笏彈冠相慶處九重恩渥凝望眼豺狠當道漫縈心曲醬雪常持蘇武節埋輪要挽

12096 崑弋腔選曲不分卷 清四色抄本

匡高21.5厘米，廣13.7厘米。半葉八行，行二十一字，小字雙行同，白口，四周雙邊。河北大學圖書館藏。

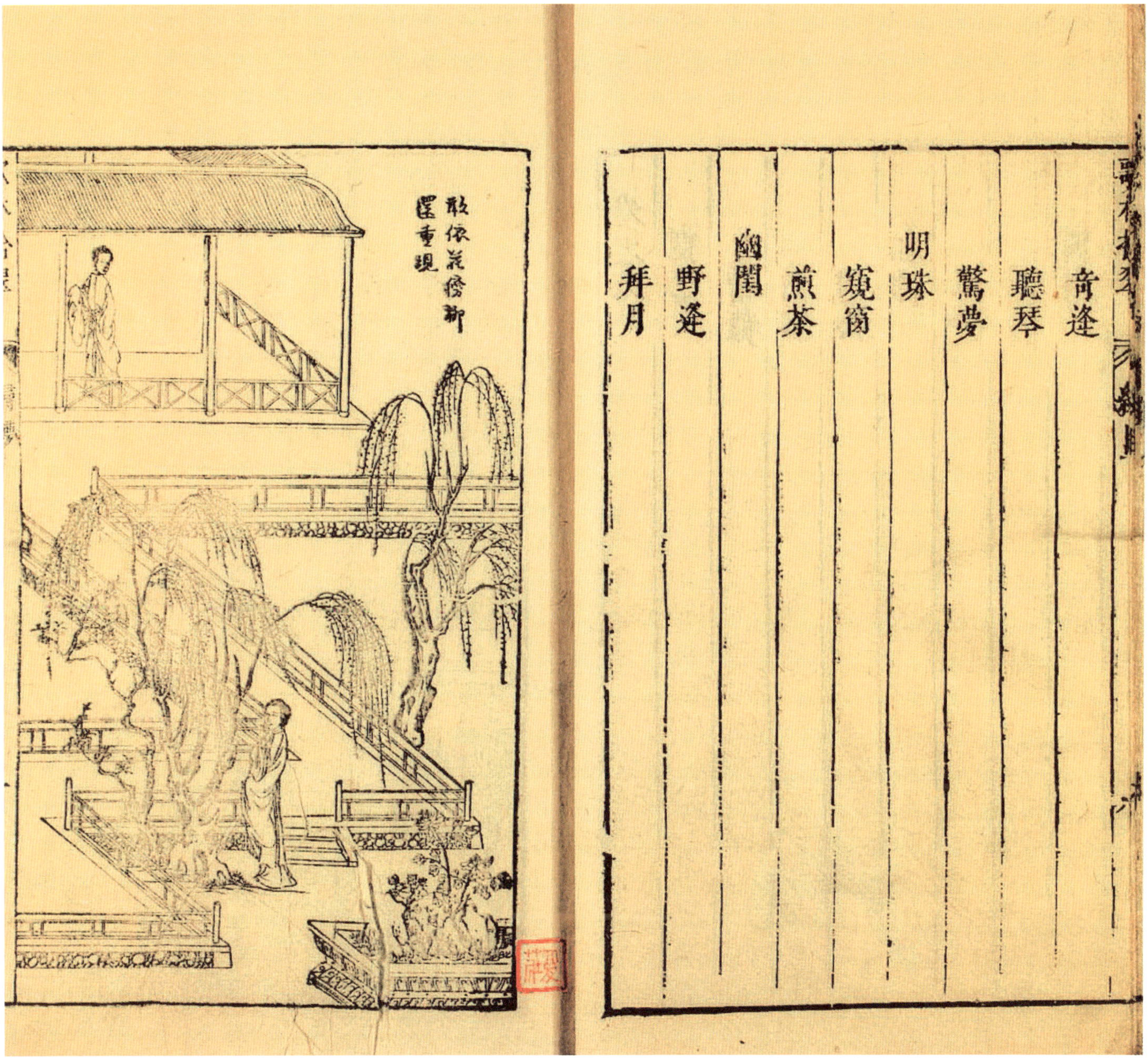

12095 新鐫歌林拾翠六卷

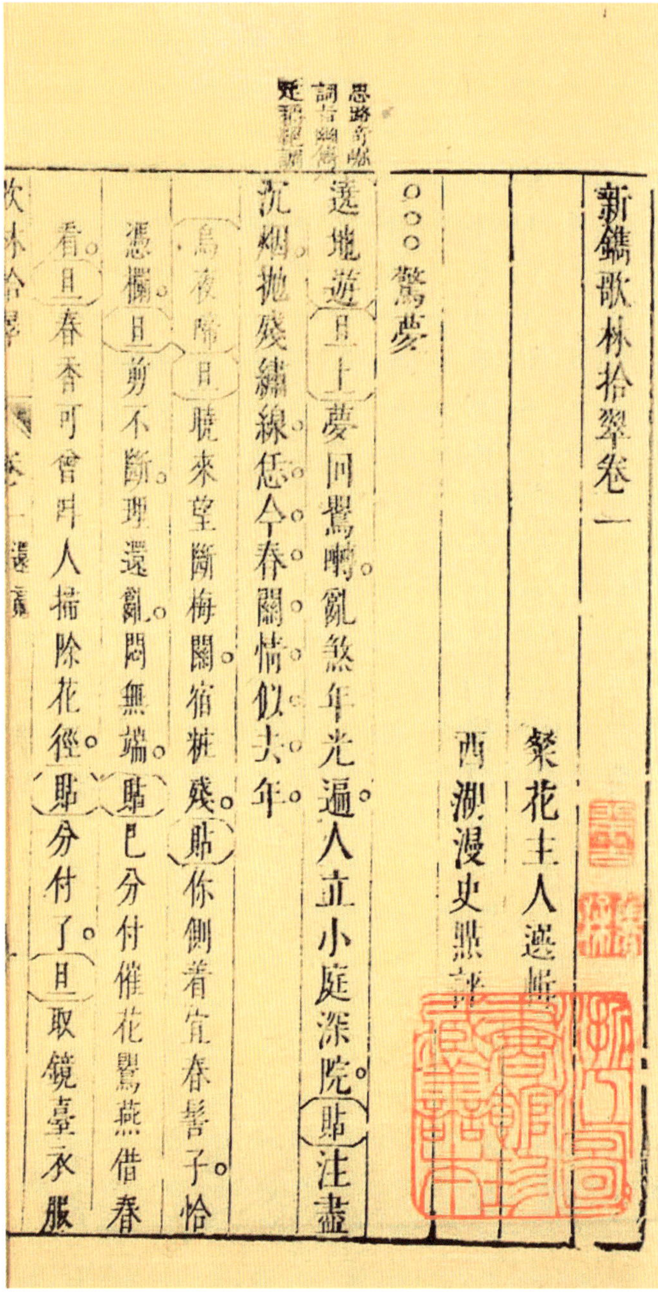

12095 新鐫歌林拾翠六卷 題粲花主人輯 西湖漫史點評 明崇禎刻本

匡高19.9厘米，廣12.6厘米。半葉九行，行二十三字，白口，四周單邊。浙江圖書館藏。

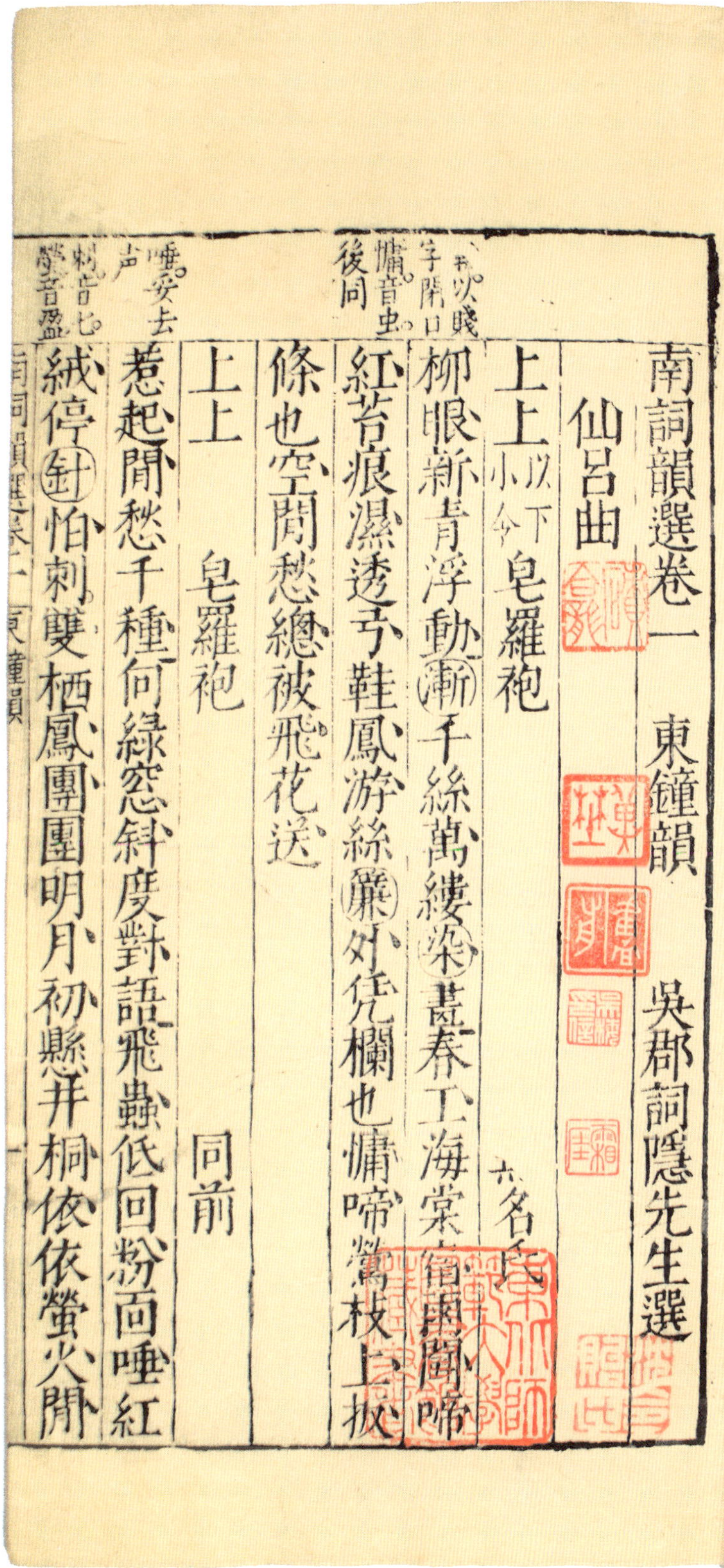

12094 南詞韻選十九卷　（明）沈璟輯　明萬曆刻本

匡高21.5厘米，廣12.9厘米。半葉九行，行二十一字，白口，四周單邊。有“吴梅印信”“霜厓”等印。東北師範大學圖書館藏，存十七卷。

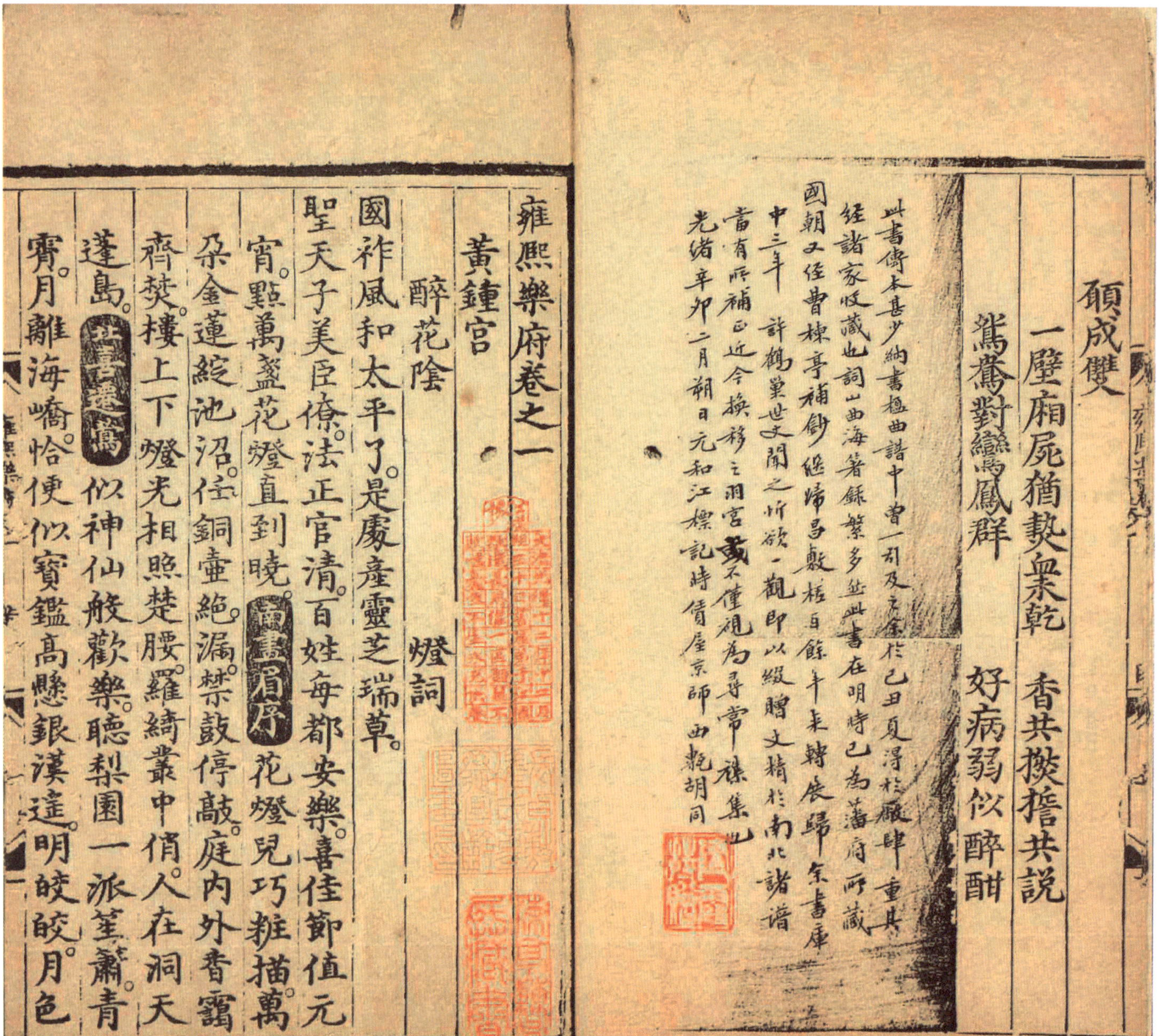

12093 雍熙樂府二十卷　（明）郭勛輯　明嘉靖十年（1531）刻本（卷二、十、十二配清抄本）

匡高20.6厘米，廣13.6厘米。半葉十行，行二十一字，白口，四周雙邊。有“楝亭曹氏藏書”“長白敷槎氏堇齋昌齡圖書印”等印。江標跋。南京圖書館藏。

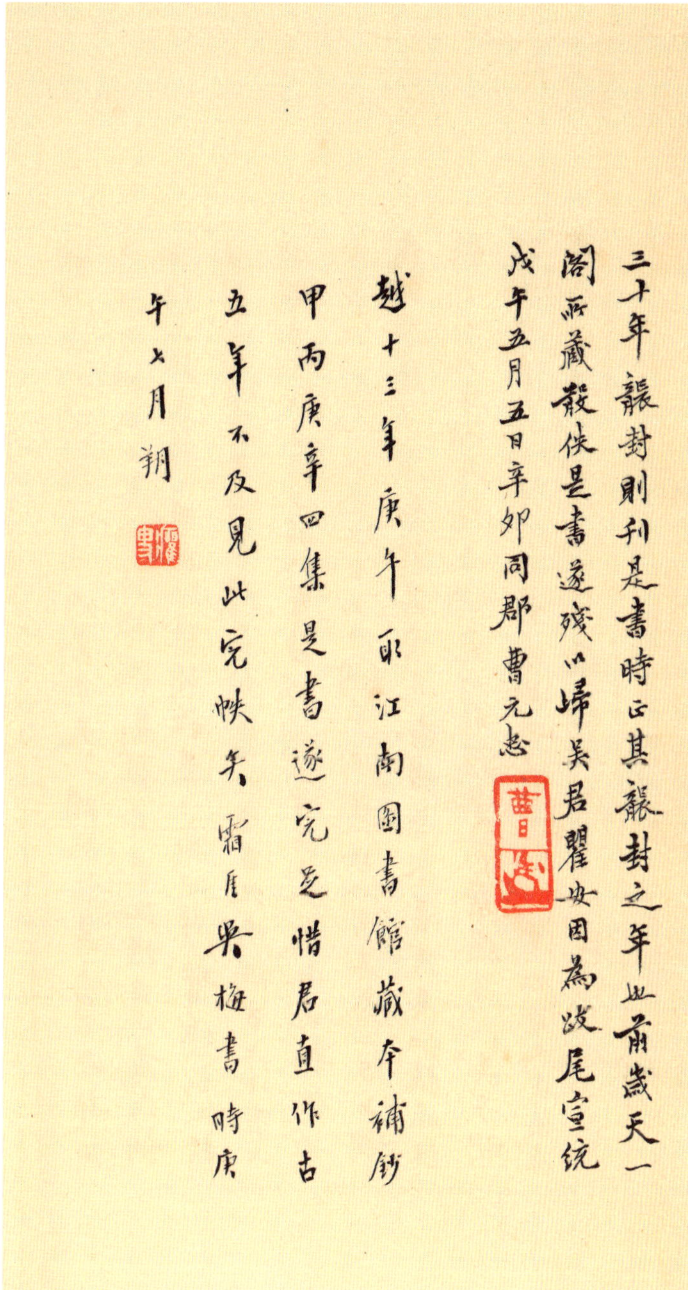
三十年襲封則刊是書時正其襲封之年也前歲天一閣所藏散佚是書遂殘以歸吳君瞿安因為跋尾宣統戊午五月五日辛卯同郡曹元忠

越十三年庚午取江南圖書館藏本補鈔甲丙庚辛四集是書遂完足惜君直作古五年不及見此完帙矣霜厓吳梅書時庚午七月朔

12092 詞林摘艷十卷

南九宮

目録終

詞林摘艶卷之二　南九宮　乙集

吴江張禄詳校刊行

○越調山坡紅　題情　無名氏散套

暗思金屋配合春嬌。是那一點花星照。也向這歡娛中深埋了禍根苗。我一從見了那箇妖嬈。他便和咱燕鶯期鳳鸞交鴛鴦侶只引的蜂蝶兒鬧也恨不的折損柔條誰承望五陵人可早先能勾了小蠻腰。

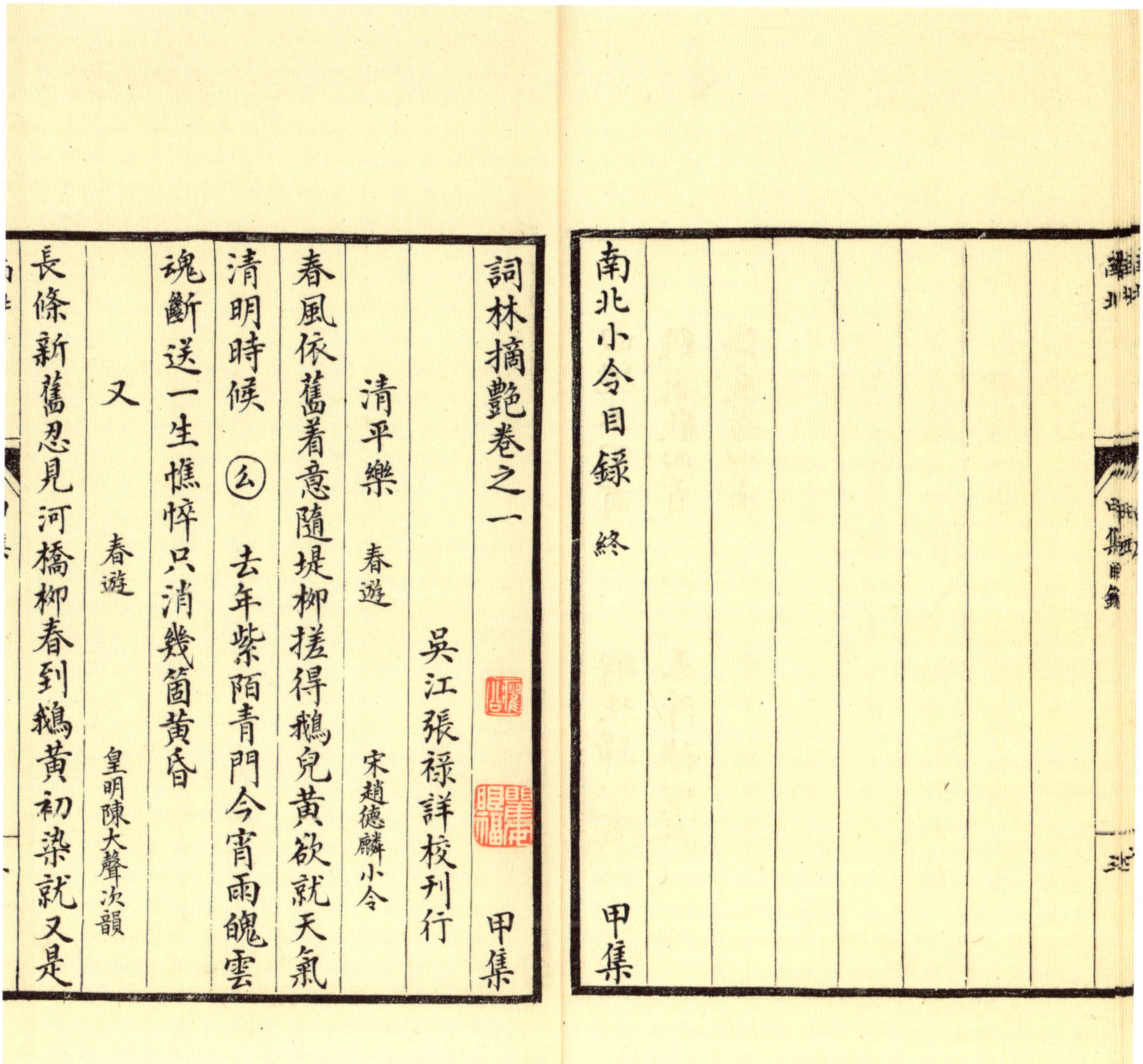

南北小令目録　終　甲集

詞林摘艷卷之一　甲集
吳江張祿詳校刊行
清平樂　春遊　宋趙德麟小令
春風依舊着意隨堤柳搓得鵝兒黃欲就天氣
清明時候（幺）去年紫陌青門今宵雨魄雲
魂斷送一生憔悴只消幾箇黃昏
又　春遊　皇明陳大聲次韻
長條新舊忍見河橋柳春到鵝黃初染就又是

12092 詞林摘艷十卷　（明）張禄輯　明嘉靖三十年（1551）徽藩刻本（甲集、丙集、庚集、辛集抄配）

匡高19.5厘米，廣14.4厘米。半葉八行，行十八字，白口，四周單邊。有“瞿安眼福”等印。曹元忠、吴梅跋。國家圖書館藏。

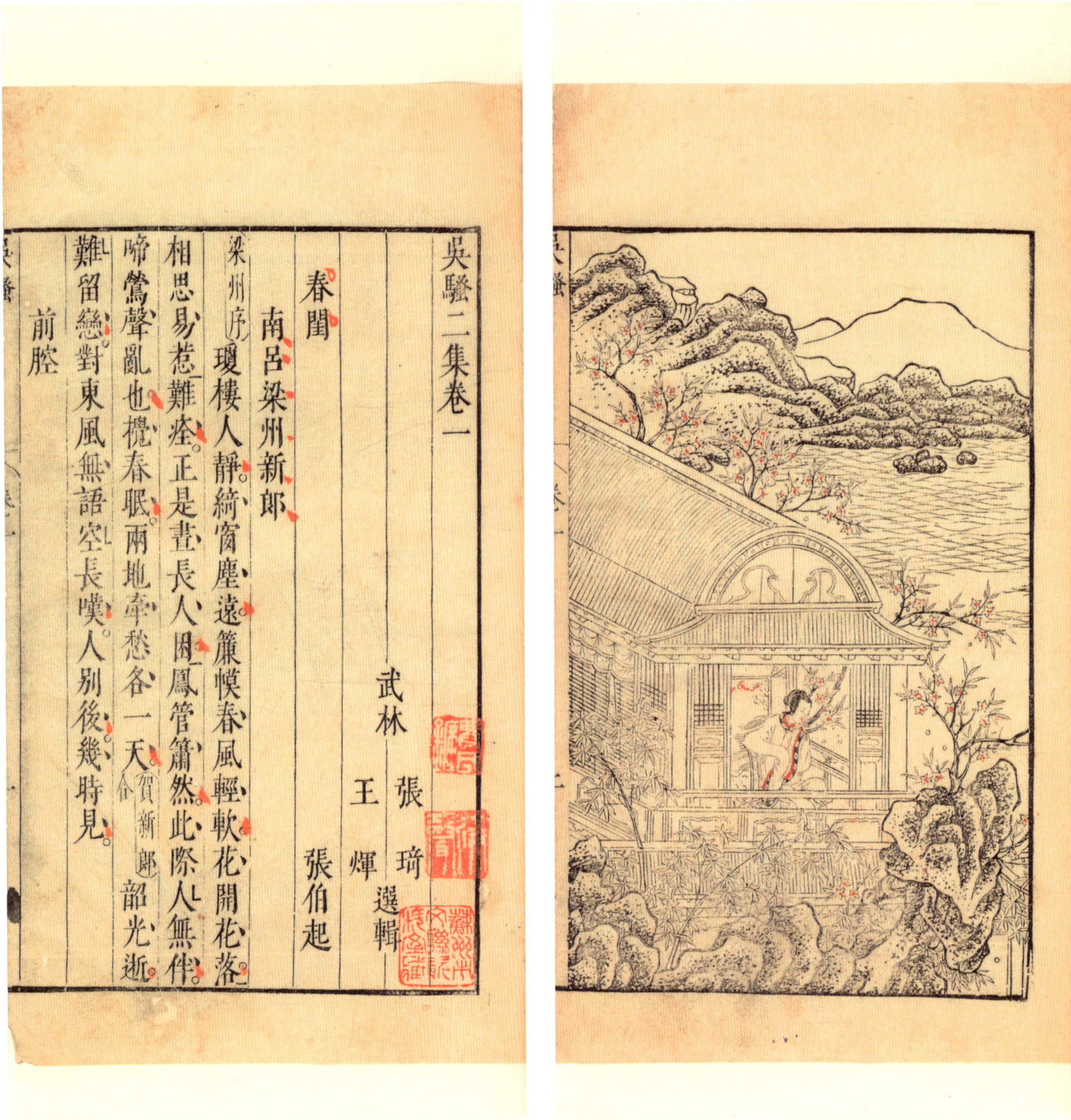
吳騷二集卷一

武林 張琦 選輯
王煇

春閨 張伯起

南呂梁州新郎

梁州序 瓊樓人靜。綺窗塵遠。簾幙春風輕軟。花開花落。相思易惹難痊。正是晝長人困。鳳管簫然。此際人無伴。啼鶯聲亂也攪春眠。兩地牽愁各一天。賀新郎 韶光逝難留戀。對東風無語空長嘆。人別後幾時見。

前腔

12091 吳騷二集四卷 （明）張琦　王煇輯　明萬曆刻本

匡高20.1厘米，廣13.1厘米。半葉十行，行二十一字，小字雙行同，白口，四周單邊。蘇州圖書館藏。

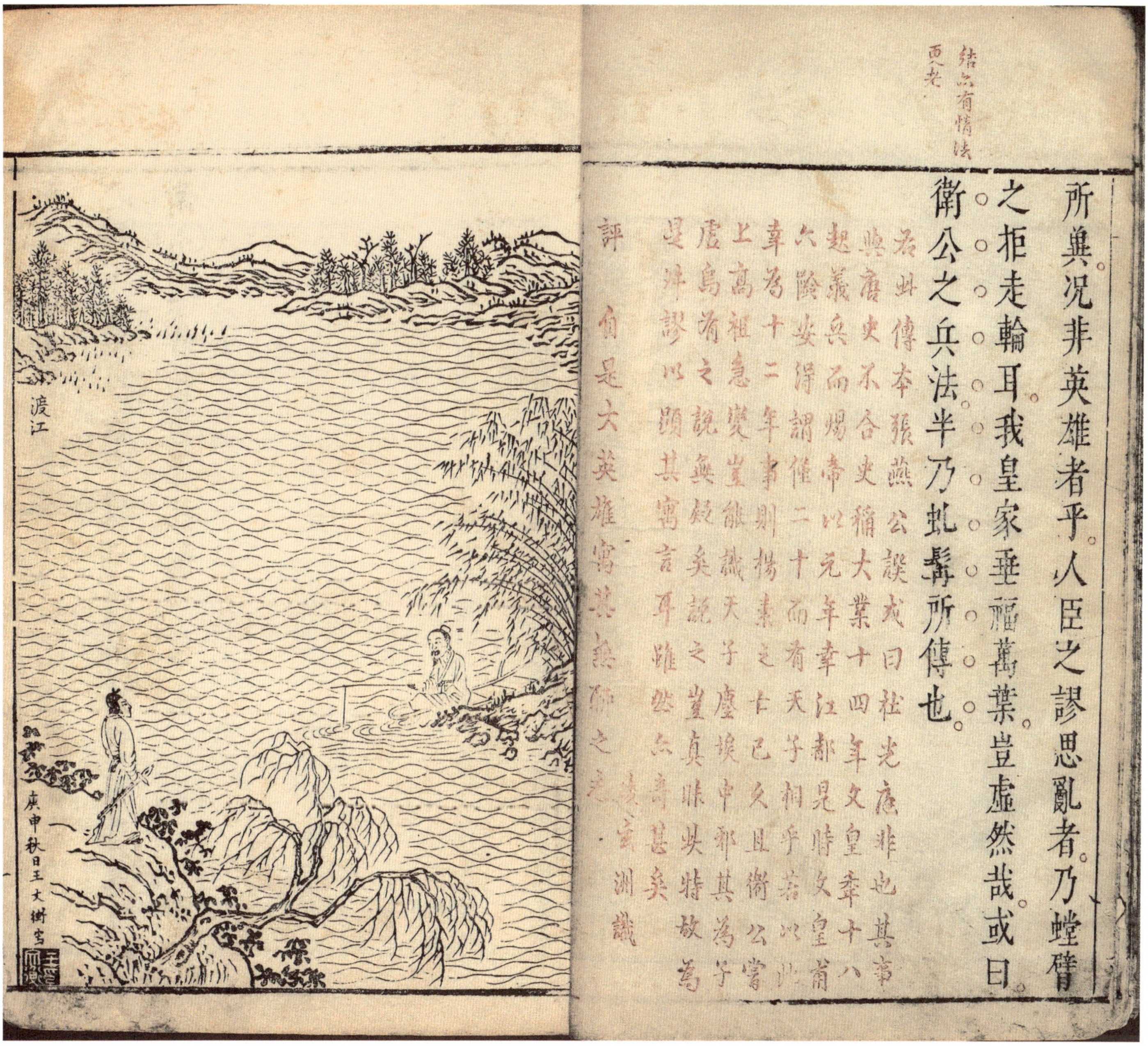

所與況非英雄者乎。人臣之謬思亂者。乃螳臂之拒走輪耳我皇家垂福萬葉豈虛然哉或曰。衛公之兵法半乃虬髯所傳也。

右此傳本張燕公說戊曰杜光庭非也其事與唐史不合史稱大業十四年文皇年十八起義兵而煬帝以元年幸江都是時文皇甫六歲安得謂僅二十而有天子相乎若以此幸為十二年事則楊素之亡已久且衛公嘗上高祖急變豈能識天子塵埃中邪其為子虛烏有之說無疑矣說之豈真昧此特故為是非謬以顯其寓言耳雖然亦奇甚矣

評 自是大英雄寓其經術之意 凌玄洲識

12090 紅拂記四卷

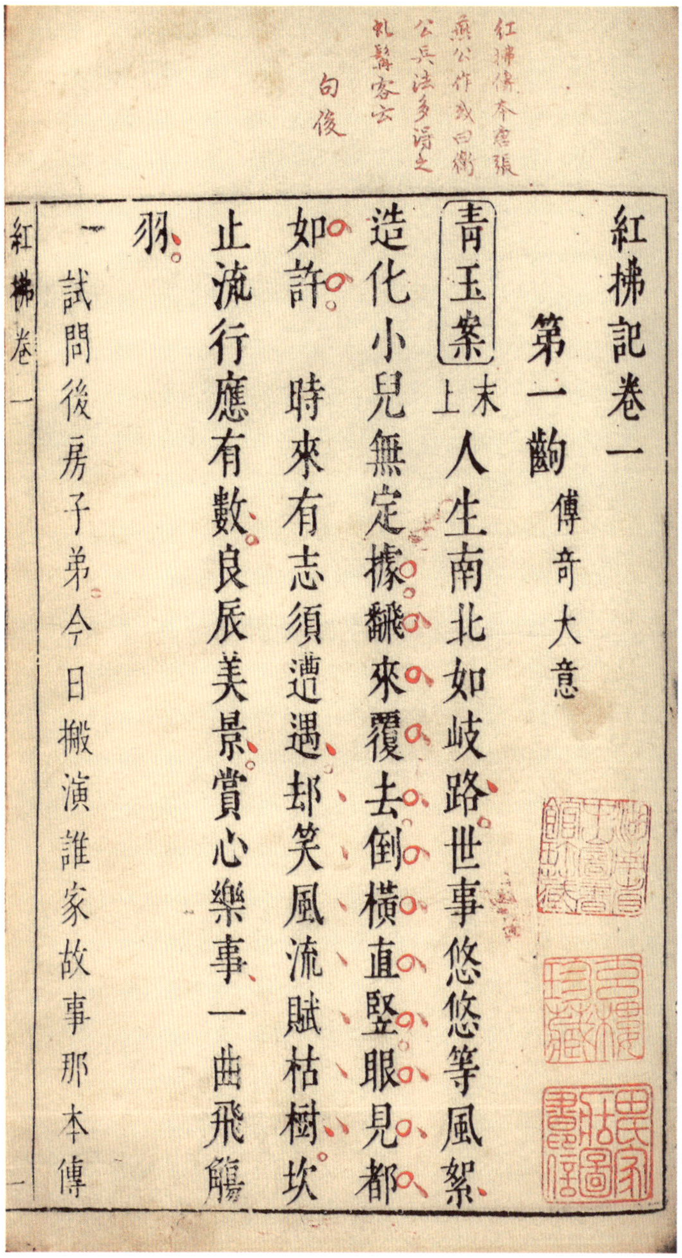

紅拂傳本唐張燕公作或曰衛公兵法多謂之虯髯客云

句後

紅拂記卷一

第一齣 傳奇大意

【青玉案】末上 人生南北如岐路世事悠悠等風絮造化小兒無定據翻來覆去倒橫直竪眼見都如許 時來有志須遭遇却笑風流賦枯樹坎止流行應有數良辰美景賞心樂事一曲飛觴羽

一 試問後房子弟今日搬演誰家故事那本傳

紅拂記卷一 一

12090 紅拂記四卷 （明）張鳳翼撰 （明）湯顯祖評 明凌玄洲刻朱墨套印本

匡高21厘米，廣14.7厘米。半葉八行，行十八字，小字雙行同，白口，四周單邊。有“玄樓珍藏”“田氏家藏圖書印信”等印。湖南圖書館藏。

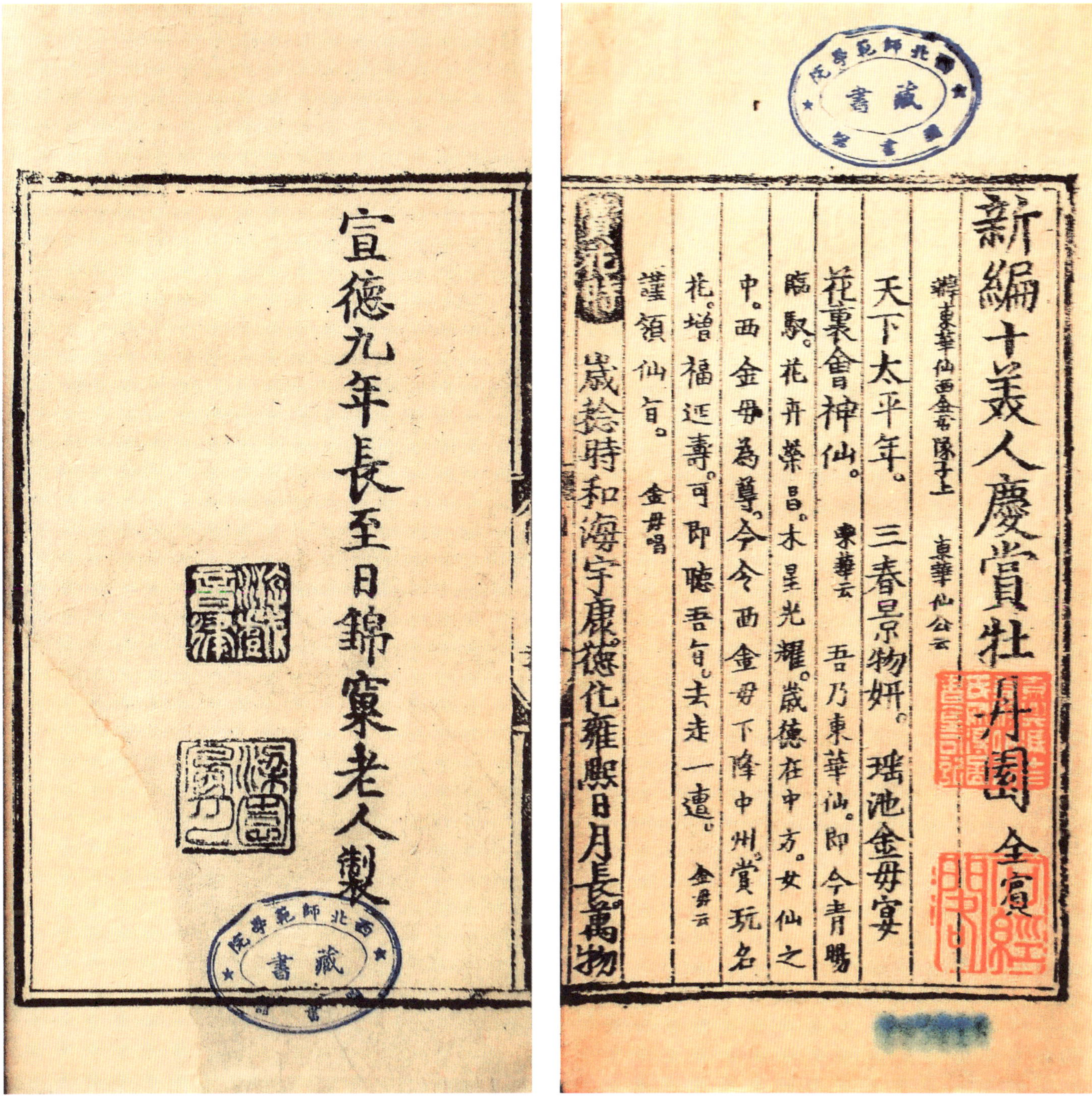
宣德九年長至日錦窠老人製

新編十美人慶賞牡丹園　全賓
扮東華仙西金母隊子上　東華仙公云
天下太平年。三春景物妍。瑤池金母宴
花裏會神仙。東華云　吾乃東華仙。即今青暘
臨馭。花卉榮昌。木星光耀。歲德在中方。女仙之
中。西金母為尊。今令西金母下降中州。賞玩名
花。增福延壽。可即聽吾旨。去走一遭。金母云
謹領仙旨。金母唱
歲稔時和海宇康。德化雍熙日月長。萬物

12089 新編洛陽風月牡丹仙一卷新編十美人慶賞牡丹園一卷新編天香圃牡丹品一卷　（明）朱有燉撰　明宣德刻本

匡高18.1厘米，廣11.5厘米。半葉十一行，行二十一字，黑口，四周雙邊。有“嘉興馮十三登府伯云氏所得圖書金石記”等印。西北師範大學圖書館藏。

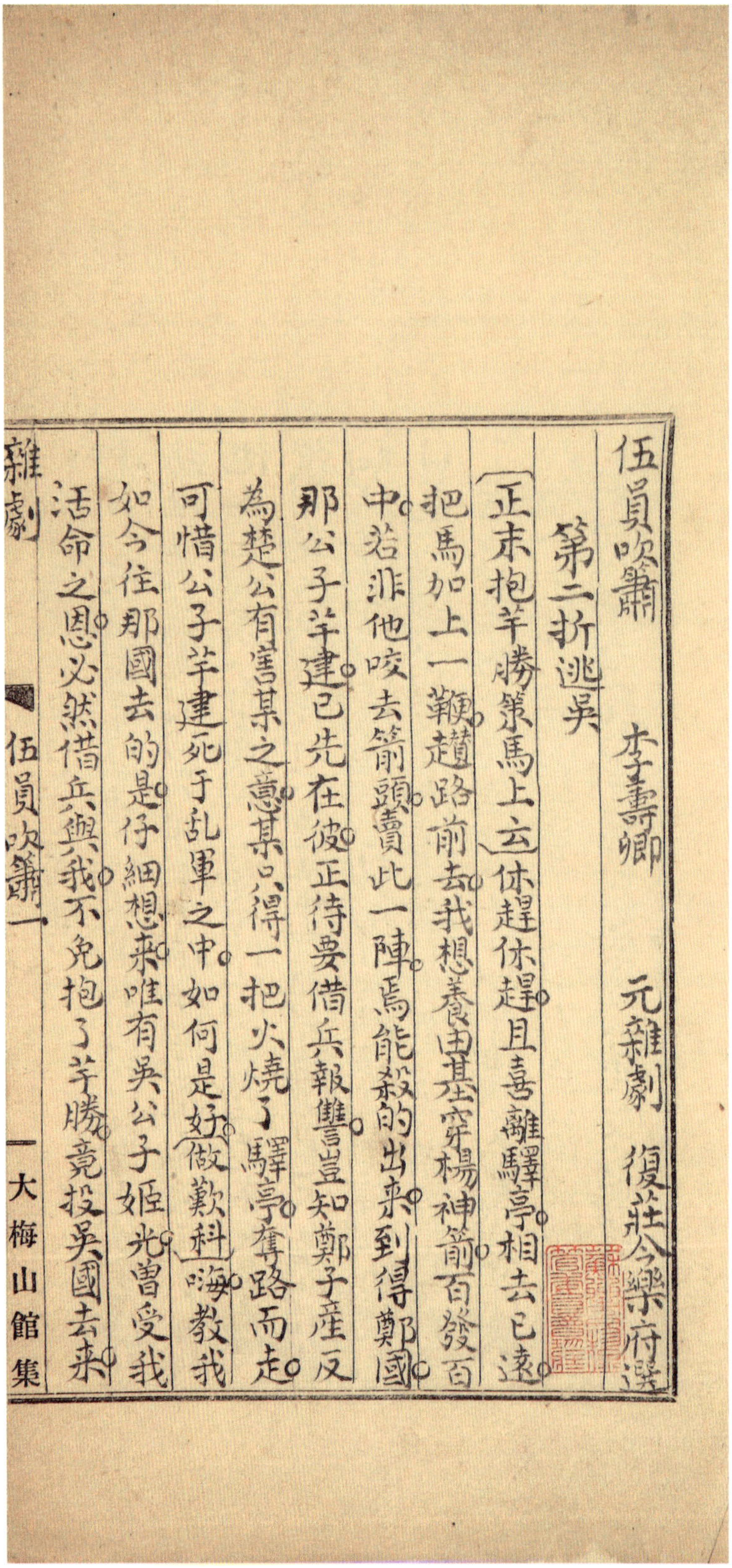
伍員吹簫　李壽卿　元雜劇　復莊今樂府選
第二折　逃吳
〔正末抱芉勝策馬上云〕休趕休趕且喜離驛亭相去已遠
把馬加上一鞭趲路前去我想養由基穿楊神箭百發百
中若非他咬去箭頭賣此一陣焉能殺的出來到得鄭國
那公子芉建已先在彼正待要借兵報讐豈知鄭子產反
為楚公有害某之意某只得一把火燒了驛亭奪路而走
可惜公子芉建死于亂軍之中如何是好〔做歎科〕晦教我
如今往那國去的是仔細想來唯有吳公子姬光曾受我
活命之恩必然借兵與我不免抱了芉勝竟投吳國去來
雜劇　伍員吹簫一　一　大梅山館集

12088 復莊今樂府選□□種□□卷　（清）姚燮編　謄清稿本

匡高18.2厘米，廣12.9厘米。半葉十行，行二十三字，白口，四周雙邊。蘇州博物館藏，存十九卷。

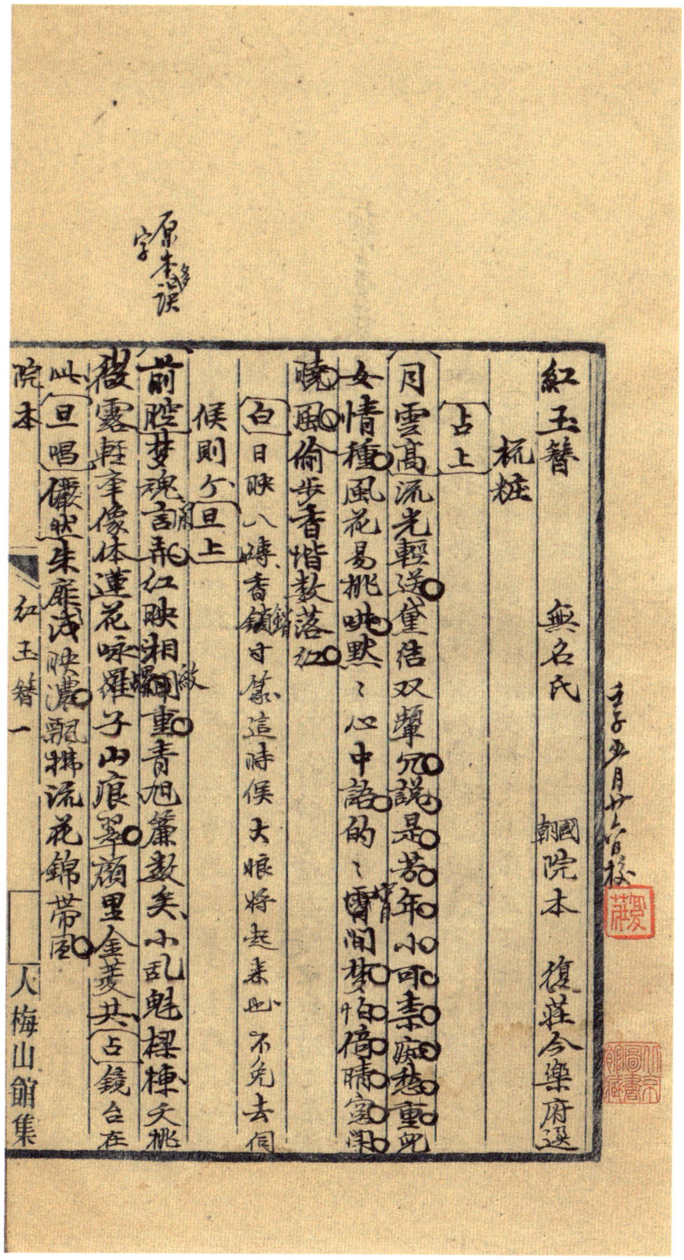

12085-12087 復莊今樂府選□□種□□卷

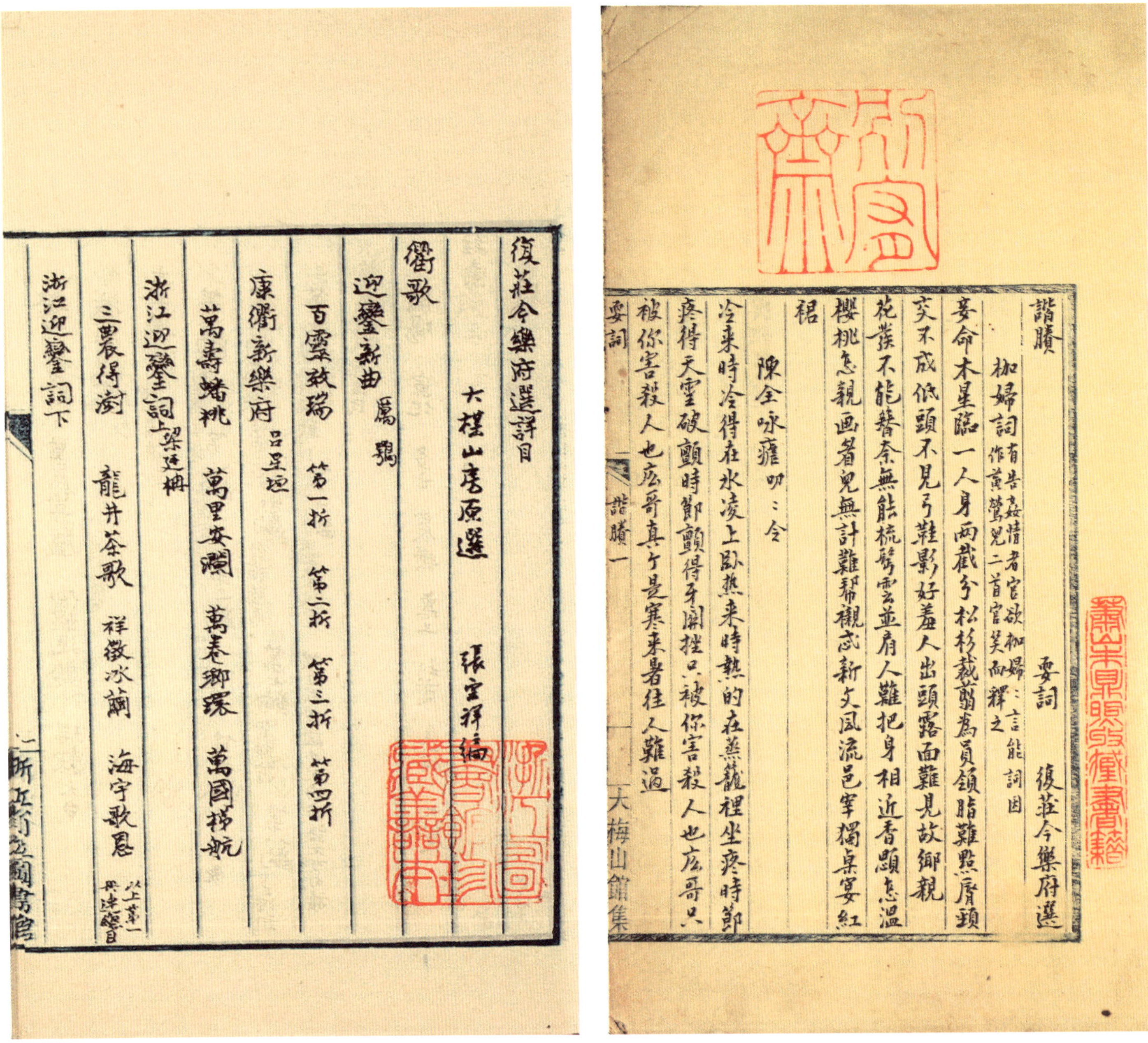

12085-12087 復莊今樂府選□□種□□卷　（清）姚燮編　稿本

匡高18.1厘米，廣13.3厘米。半葉十一行，行字不等，白口，左右雙邊。浙江圖書館藏，有總目一卷，存四百七卷，姚燮、張宗祥批校並跋，姚蘷校並跋；寧波市天一閣博物館藏，總目一卷爲光緒三十年馮辰元抄配，存二百二十七卷，姚燮批校並跋，姚蘷校並跋，無我相居士、□文山農跋；國家圖書館藏，存五卷，姚燮校並跋。

雕蟲館校定
元人百種曲
博古堂藏板

12084 元曲選十集一百卷 （明）臧懋循編 **論曲一卷** （明）陶宗儀等撰

元曲選 圖
㑳梅香騙翰林風月
元曲選 圖
岳陽樓自進仙家酒

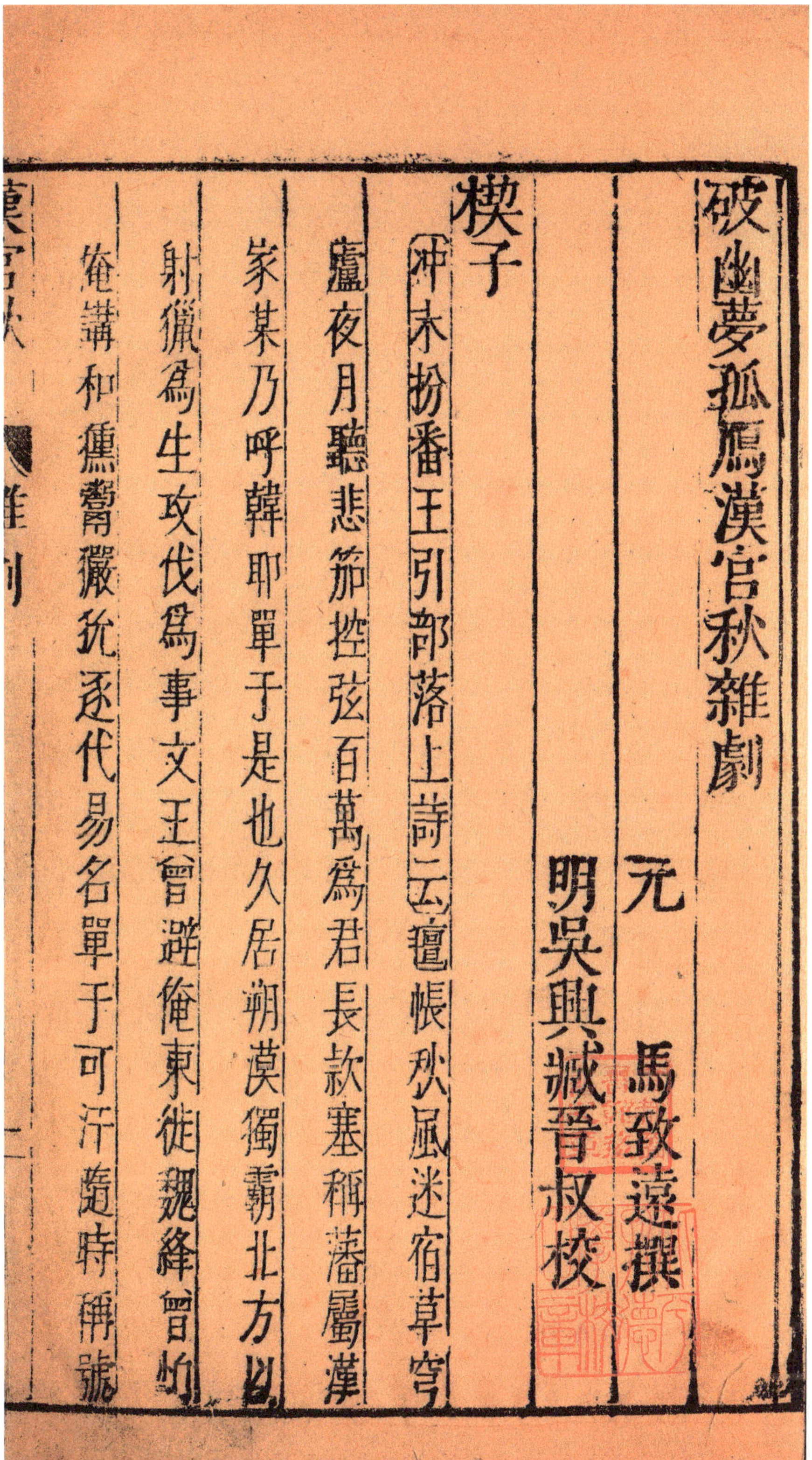

破幽夢孤鴈漢宫秋雜劇

元　馬致遠撰

明吳興臧晉叔校

楔子

（沖末扮番王引部落上詩云）氈帳秋風迷宿草穹廬夜月聽悲笳控弦百萬爲君長款塞稱藩屬漢家某乃呼韓耶單于是也久居朔漠獨霸北方以射獵爲生攻伐爲事文王曾避俺東徙魏絳曾怕俺講和獯鬻玁狁逐代易名單于可汗隨時稱號

漢宫秋雜劇　一

12084 元曲選十集一百卷 （明）臧懋循編 **論曲一卷** （明）陶宗儀等撰　明萬曆刻博古堂印本

匡高20.7厘米，廣13.7厘米。半葉九行，行二十字，白口，左右雙邊。有“北平孔德學校之章”等印。首都圖書館藏。

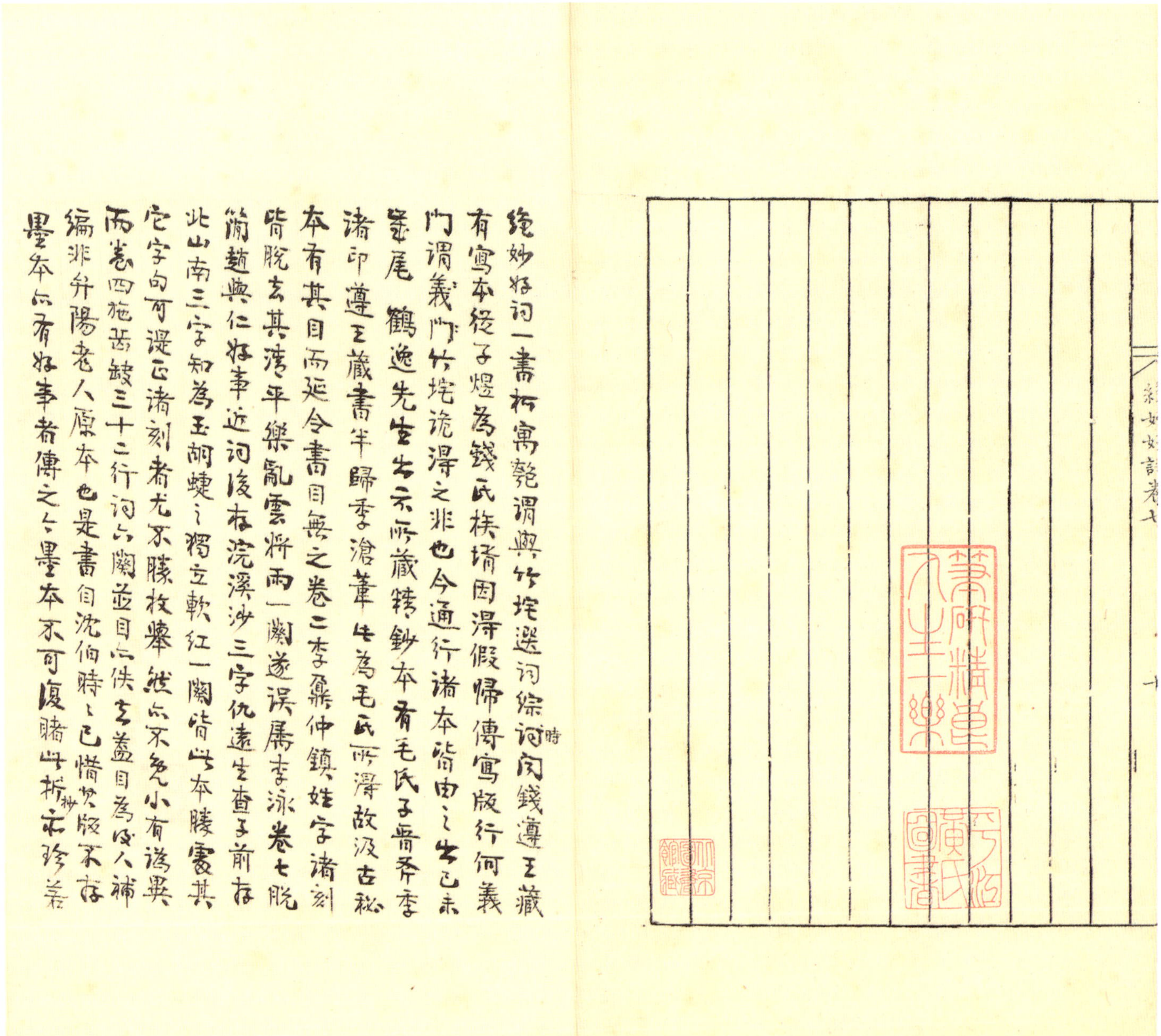
絶妙好詞一書柯寓匏謂與竹垞選詞綜時閲錢遵王藏
有寫本從子煜為錢氏族婿因得假歸傳寫版行何義
門謂義門竹垞詭得之非也今通行諸本皆由之出己未
歲尾 鶴逸先生出示所藏精鈔本有毛氏子晉斧季
諸印遵王藏書半歸季滄葦此為毛氏所得故汲古秘
本有其目而延令書目無之卷二李彞仲鎮姓字諸刻
皆脱去其清平樂亂雲將雨一闋遂誤屬李泳卷七脱
簡趙與仁好事近詞後有浣溪沙三字仇遠生查子前存
北山南三字知為玉胴蜨之獨立軟紅一闋皆此本勝處其
它字句可譔正諸刻者尤不勝枚舉然亦不免小有譌異
而卷四施岳鼓三十二行詞亦闕並目亦佚去蓋自為後人補
編非弁陽老人原本也是書自沈伯時已惜其版不存
墨本亦有好事者傳之今墨本不可復睹此析抄示珍善

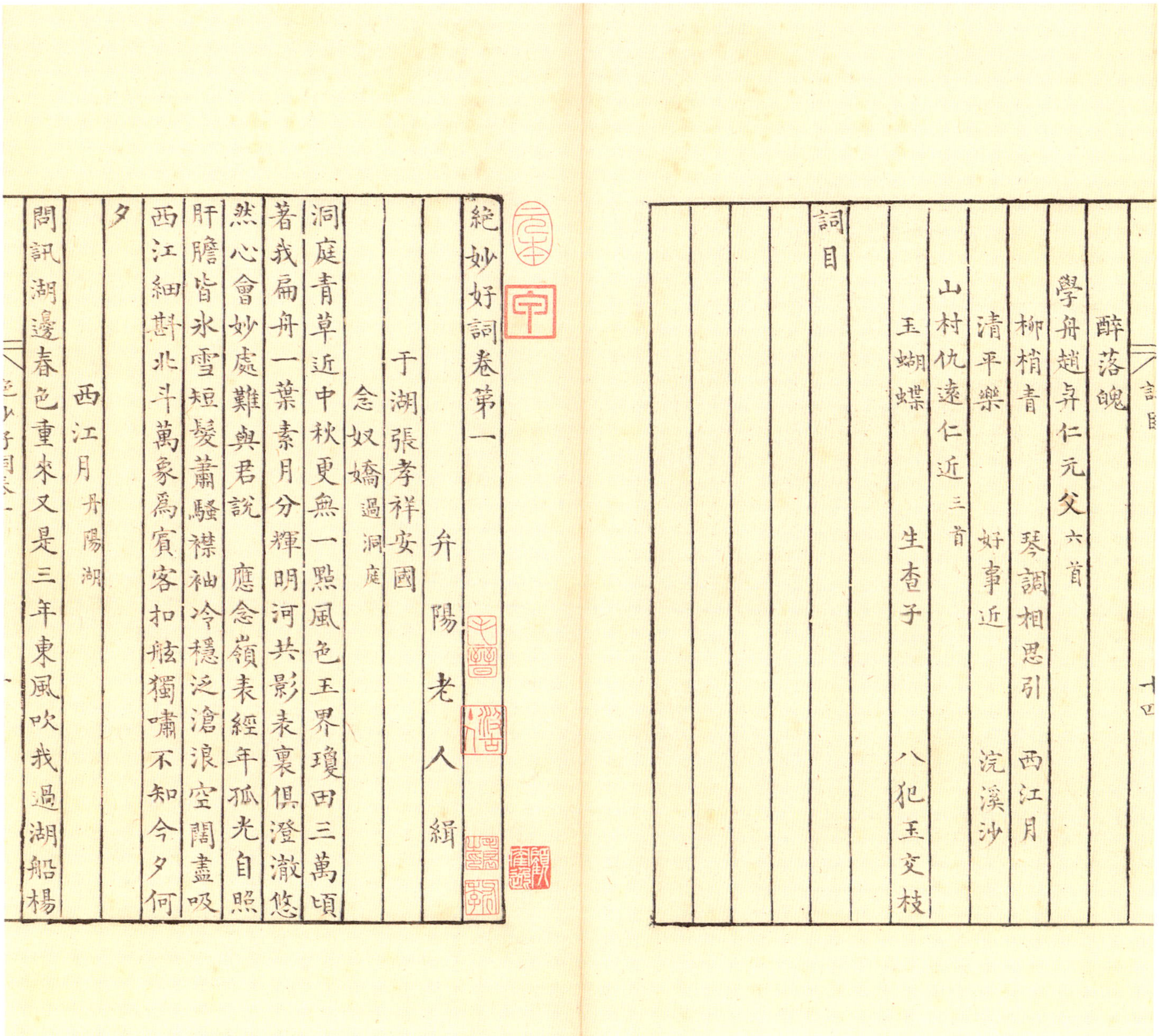
詞目 十四
醉落魄
學舟趙与仁元父 六首
柳梢青 琴調相思引 西江月
清平樂 好事近 浣溪沙
山村仇遠仁近 三首
玉蝴蝶 生查子 八犯玉交枝
詞目

絕妙好詞卷第一
弁陽老人緝
于湖張孝祥安國
念奴嬌 過洞庭
洞庭青草近中秋更無一點風色玉界瓊田三萬頃
著我扁舟一葉素月分輝明河共影表裏俱澄澈悠
然心會妙處難與君說 應念嶺表經年孤光自照
肝膽皆氷雪短髮蕭騷襟袖冷穩泛滄浪空闊盡吸
西江細斟北斗萬象爲賓客扣舷獨嘯不知今夕何
夕
西江月 丹陽湖
問訊湖邊春色重來又是三年東風吹我過湖船楊

12083 絕妙好詞七卷 （宋）周密輯 清初毛氏汲古閣抄本

匡高22厘米，廣14.5厘米。半葉十二行，行二十字，白口，四周單邊。有“毛晉”“毛扆之印”“士礼居藏”“顧鶴逸”“長州章珏祕笈”等印。朱祖謀跋。國家圖書館藏。

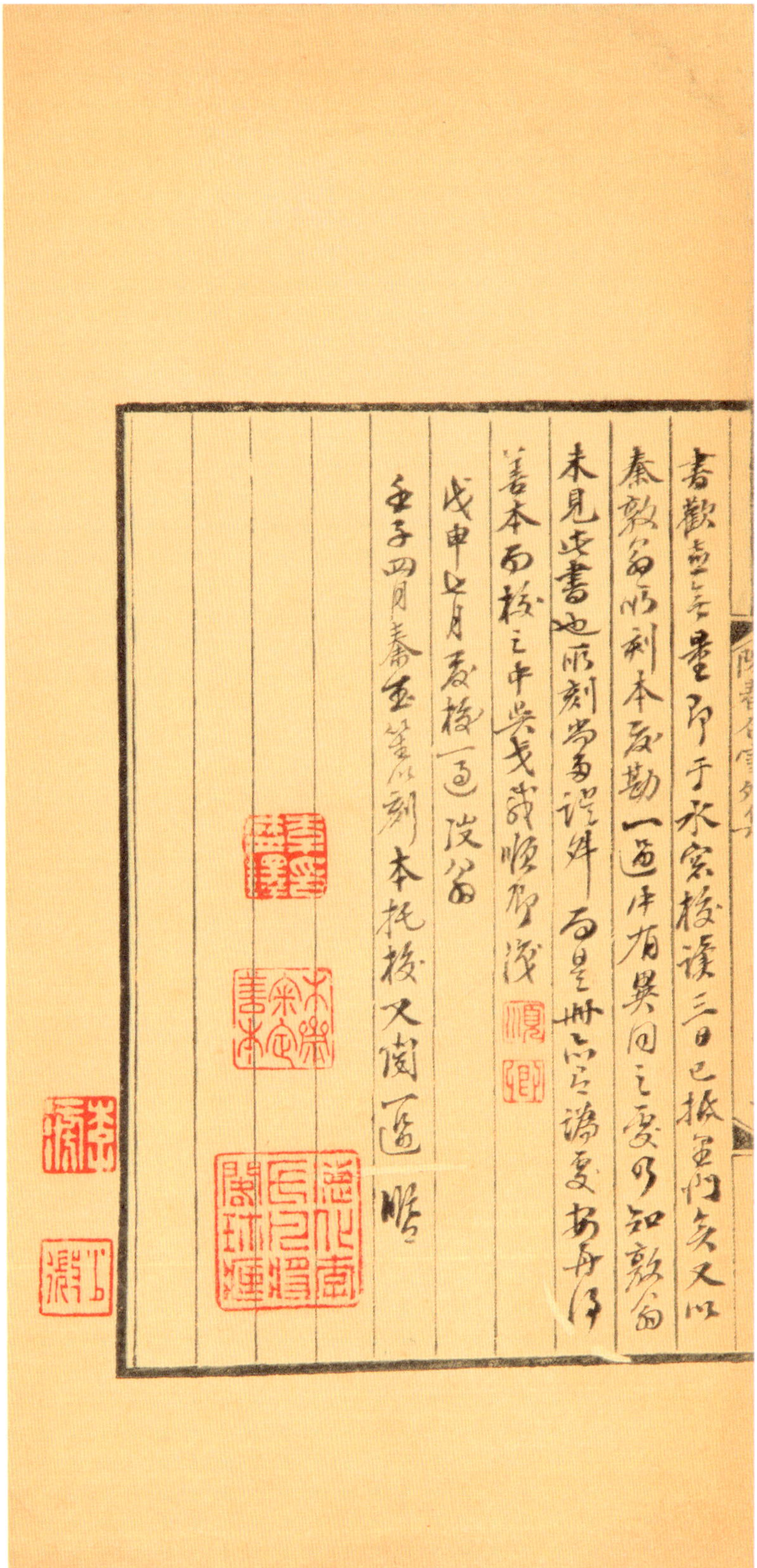

書歡喜無量即于水窗校讀三日已振衣門外矣又以
秦敦翁所刻本覆勘一過中有異同之處可知敦翁
未見此書也所刻尚有誤字而是册亦已譌變安得
善本而校之中吳戈載順卿識
戊申七月覆校一過跋翁
壬子四月秦玉笙從刻本托校又閲一過順

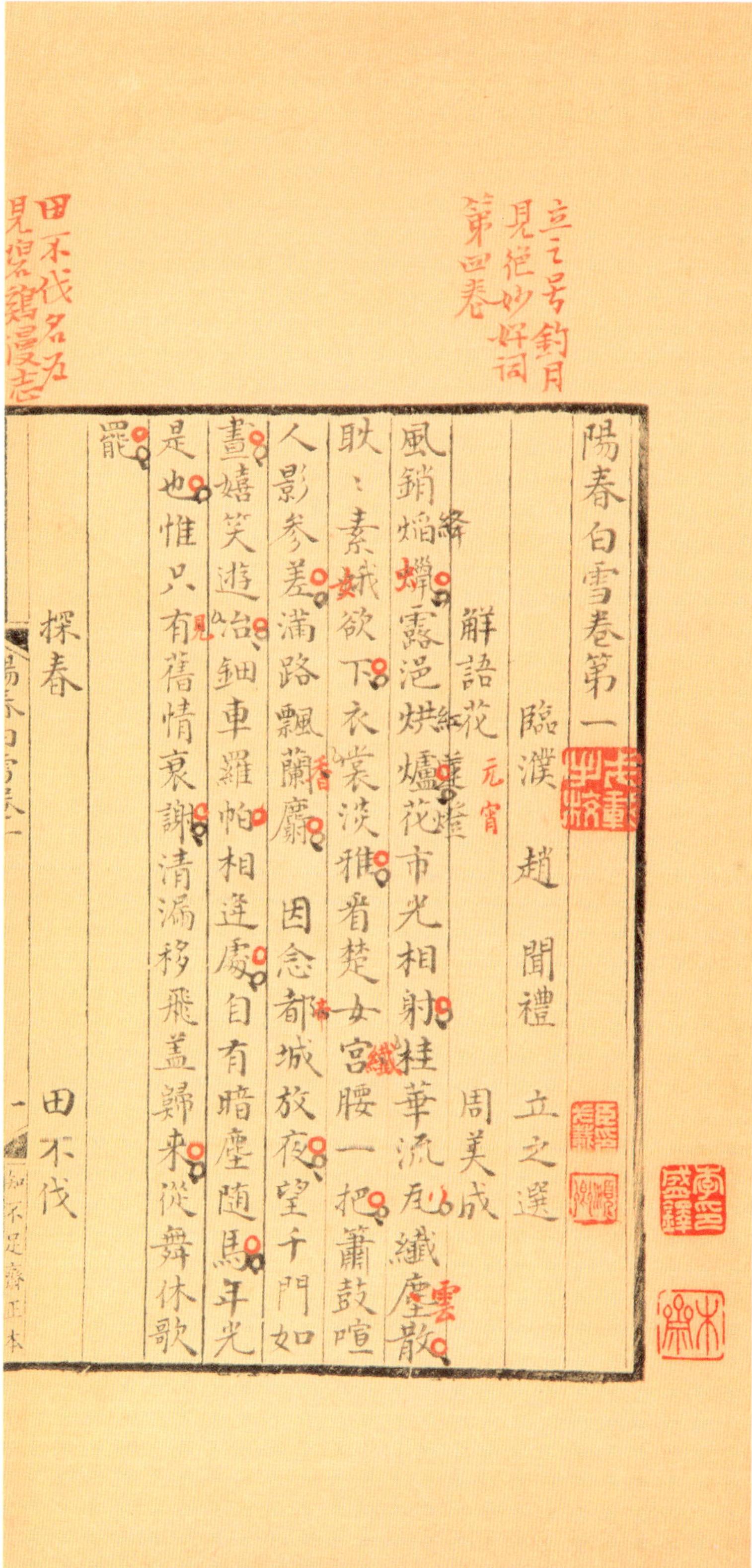
陽春白雪卷第一
臨濮 趙聞禮 立之選
解語花 周美成
風銷焰蠟露浥烘爐花市光相射桂華流瓦纖塵散耿耿素娥欲下衣裳淡雅看楚女宮腰一把簫鼓喧人影參差滿路飄蘭麝 因念都城放夜望千門如晝嬉笑遊冶鈿車羅帕相逢處自有暗塵隨馬年光是也惟只有舊情衰謝清漏移飛蓋歸來從舞休歌罷
採春 田不伐

12082 陽春白雪八卷外集一卷 （宋）趙聞禮輯 清鮑氏知不足齋抄本

半葉十行，行二十字，黑口，左右雙邊。有“戈載手校”“德化李氏凡將閣珍藏”“李印盛鐸”等印。鮑廷博校，戈載校並跋。上海圖書館藏。

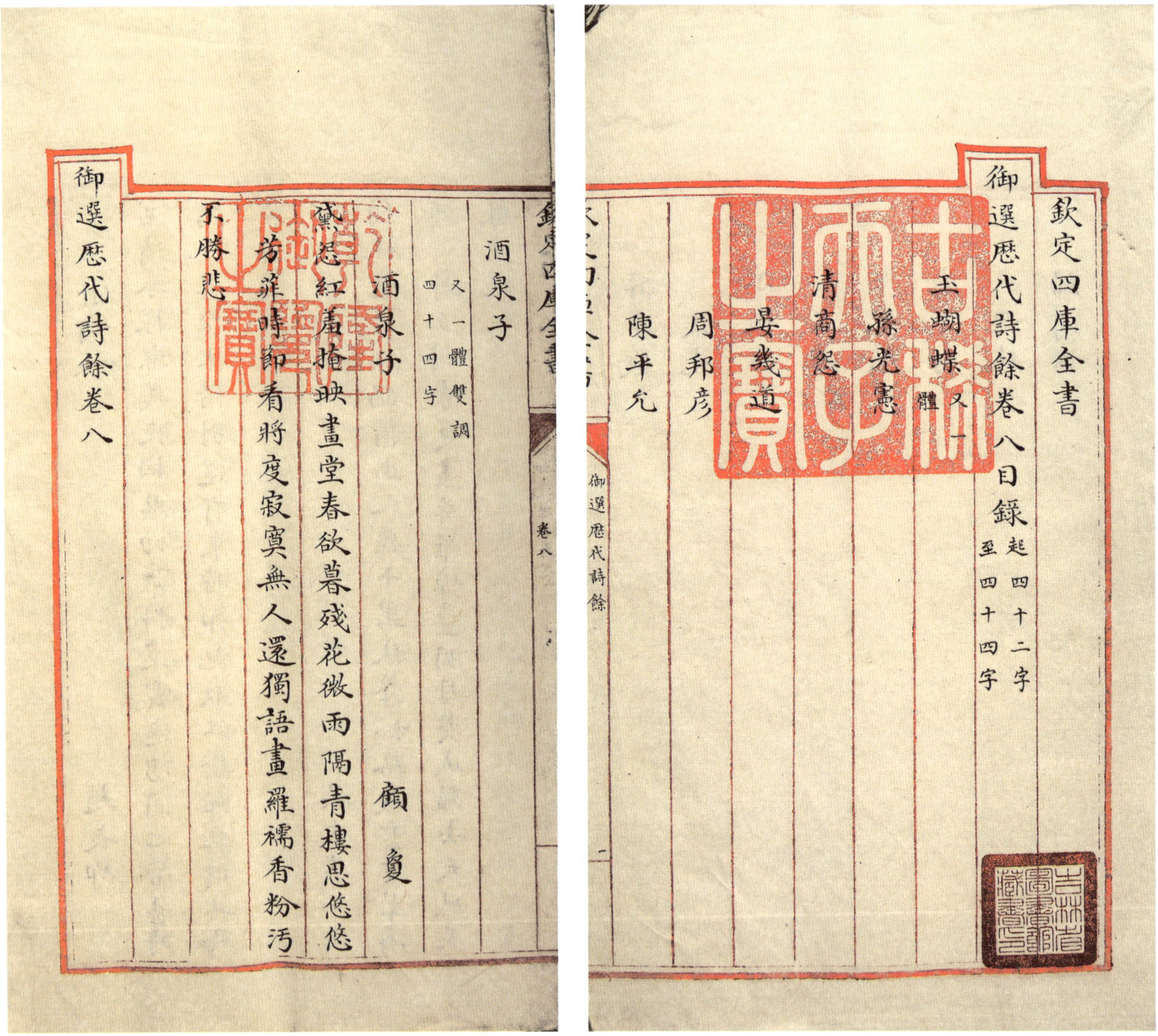

欽定四庫全書
御選歷代詩餘卷八目録 起四十二字至四十四字
玉蝴蝶 又一體
孫光憲
清商怨
晏幾道
周邦彦
陳平允

御選歷代詩餘卷八
酒泉子 又一體雙調四十四字
酒泉子 顧夐
黛怨紅羞掩映畫堂春欲暮殘花微雨隔青樓思悠悠
芳菲時節看將度寂寞無人還獨語畫羅襦香粉汚
不勝悲

12081 御選歷代詩餘一百二十卷 （清）沈辰垣 王奕清等編纂 清乾隆内府寫南三閣四庫全書本

匡高21厘米，廣13厘米。半葉八行，行二十一字，白口，四周雙邊。有“古稀天子之寶”等印。吉林省圖書館藏，存一卷。

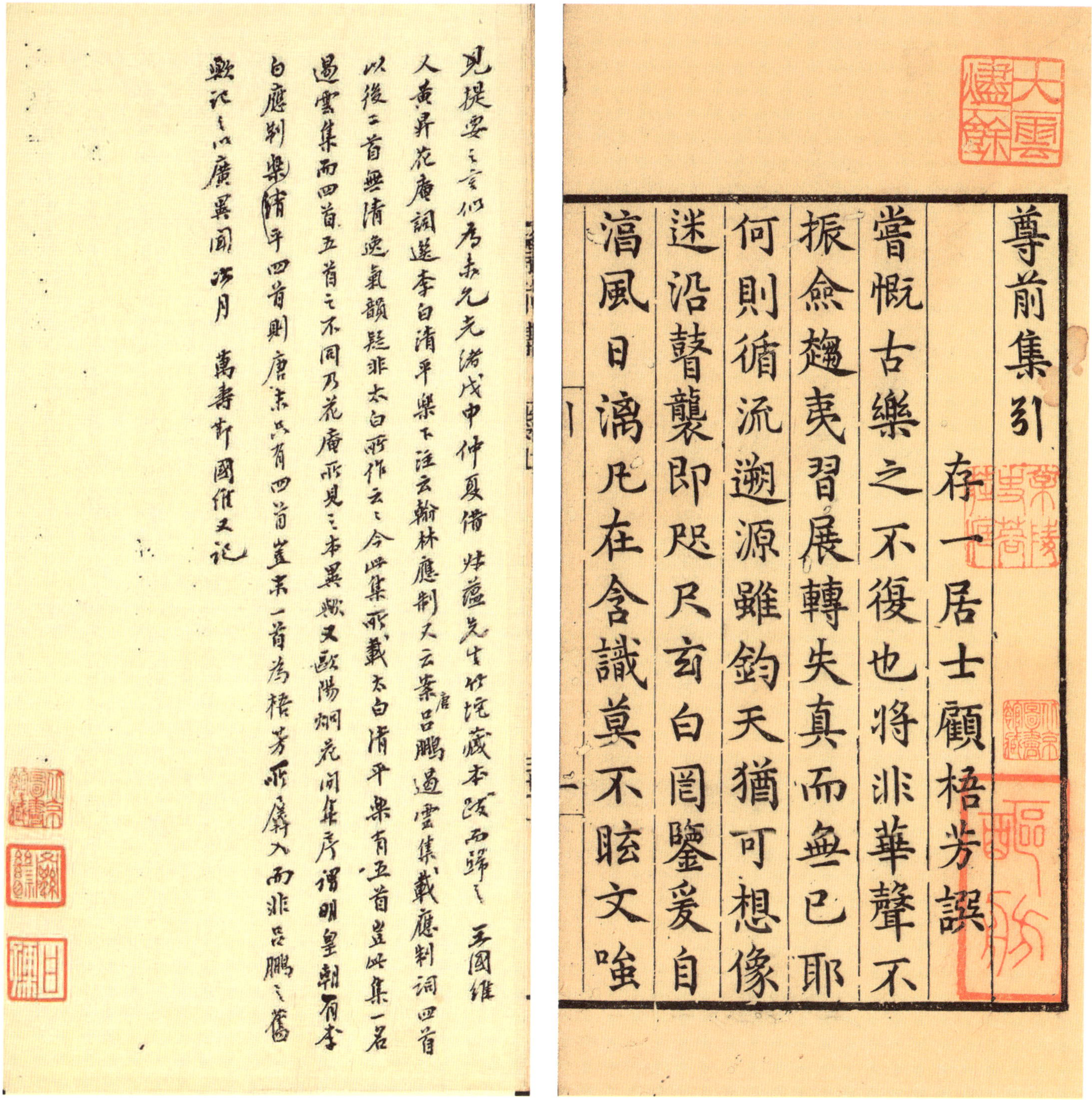

尊前集引

存一居士顧梧芳譔

嘗慨古樂之不復也將非華聲不振僉趨夷習展轉失真而無已耶何則循流遡源雖鈞天猶可想像迷沿瞽襲即咫尺玄白罔鑒爰自湆風日澆凡在含識莫不眩文嗤

見提要之言似為未允光緒戊申仲夏借炷蘊先生竹垞藏本校而歸之 王國維

人黃昇花庵詞選李白清平樂下注云翰林應制又云案唐呂鵬遏雲集載應制詞四首以後二首無清逸氣韻疑非太白所作云云今此集所載太白清平樂有五首豈此集一名遏雲集而四首五首之不同乃花庵所見之本異歟又歐陽炯花間集序謂明皇朝有李白應制清平樂四首則唐末只有四首蓋末一首為梧芳所羼入而非呂鵬之舊歟記之以廣異聞 此月 萬壽節 國維又記

12080 尊前集二卷

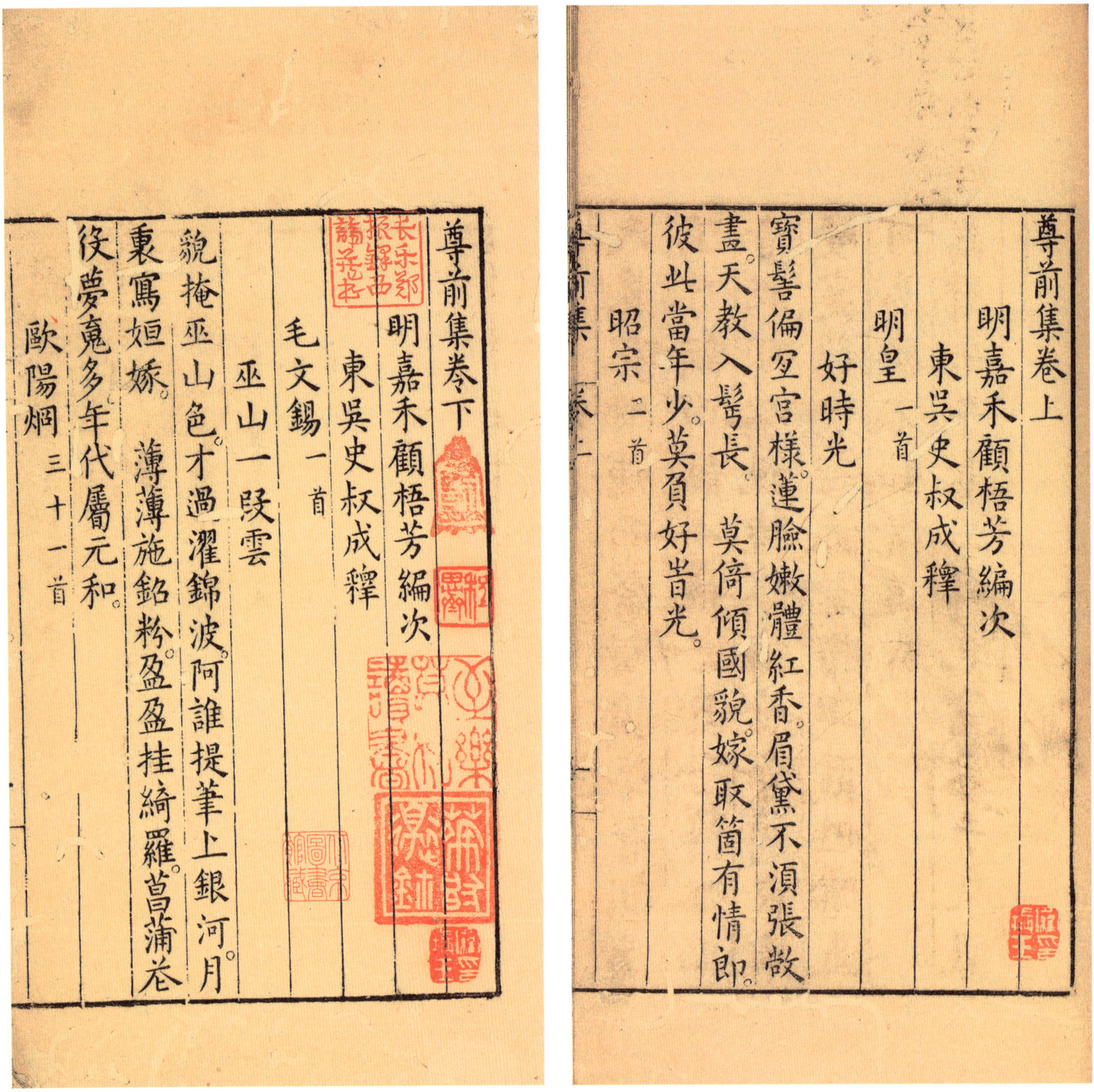

尊前集卷上
明嘉禾顧梧芳編次
東吳史叔成釋
明皇 一首
好時光
寶髻偏宜宮樣。蓮臉嫩體紅香。眉黛不須張敞
畫。天教入鬢長。 莫倚傾國貌。嫁取箇有情郎。
彼此當年少。莫負好時光。
昭宗 二首

尊前集卷下
明嘉禾顧梧芳編次
東吳史叔成釋
毛文錫 一首
巫山一段雲
貌掩巫山色。才過濯錦波。阿誰提筆上銀河。月
裹寫姮娥。 薄薄施鉛粉。盈盈挂綺羅。菖蒲花
役夢寃多。年代屬元和。
歐陽炯 三十一首

12080 尊前集二卷 明刻本

匡高17.8厘米，廣11.7厘米。半葉九行，行十八字，白口，四周單邊。有“羅振玉印”“長乐郑振鐸西諦藏书”等印。王國維跋。國家圖書館藏。

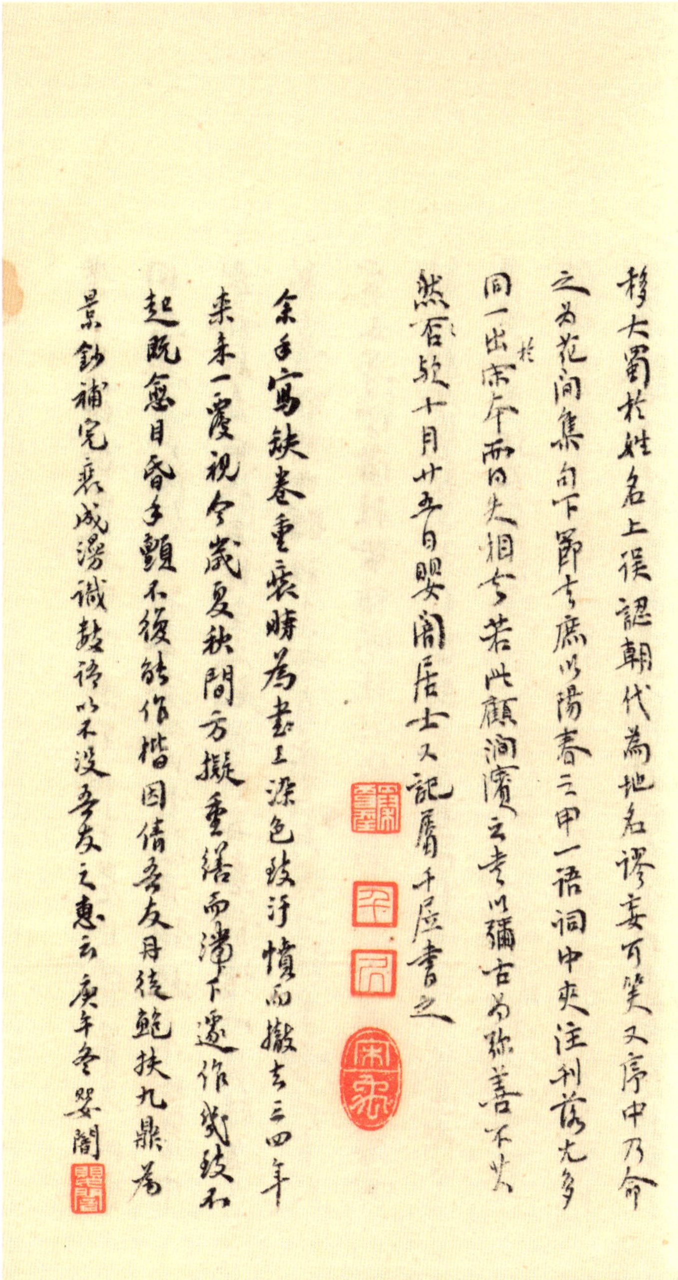

移大蜀於姓名上誤認朝代爲地名謬妄可笑又序中乃命之爲花間集句下節去庶以陽春之甲一語詞中夾注刊落尤多同一出宋本而得失相去若此顧澗蘋云書以彌古爲彌善不其然歟 [illegible]十月廿五日嬰闇居士又記[illegible]

余手寫缺卷重裝時爲[illegible]深色疏汙憤而撤去三四年來未一覆視今歲夏秋間方擬重繕而[illegible]遽作疑跋不起既愈目昏手顫不復能作楷因倩吾友丹後鮑扶九鼎爲景鈔補完衰成湯識鼓語以不没吾友之惠云 庚午冬嬰闇

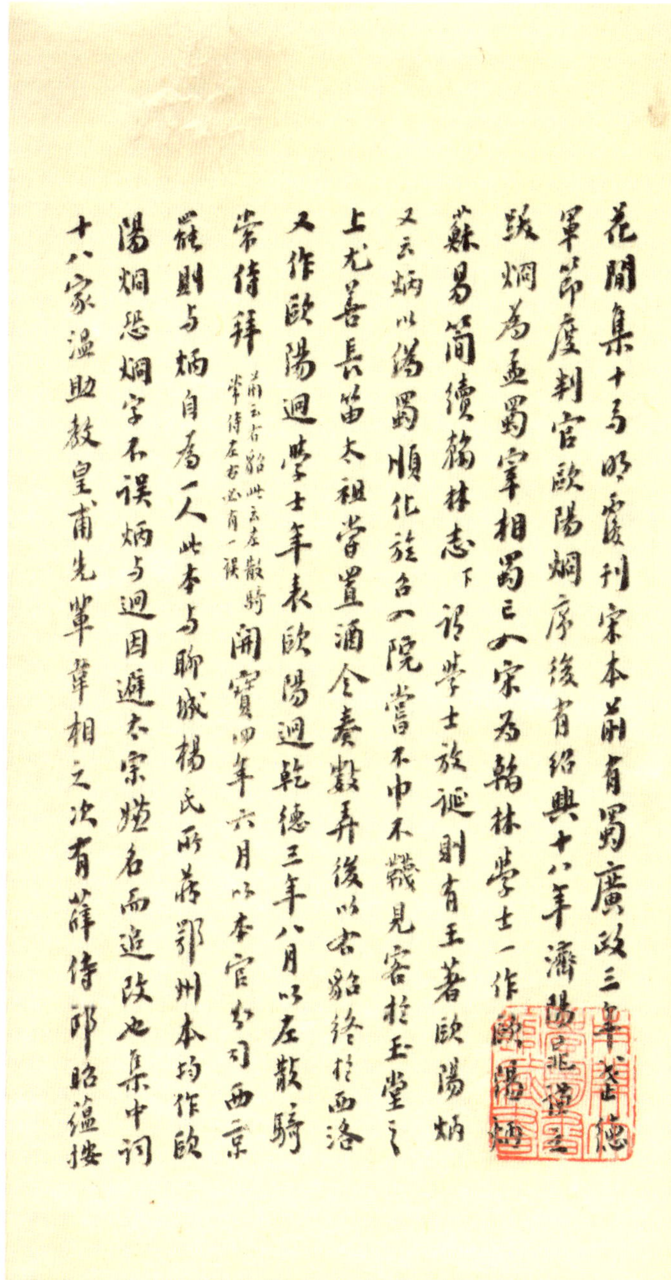

花間集十卷明覆刊宋本前有蜀廣政三年[illegible]單節度判官歐陽炯序後有紹興十八年濟陽晁謙之跋炯爲孟蜀宰相蜀亡入宋爲翰林學士一作歐陽迥蘇易簡續翰林志下稱學士放誕則有王著歐陽炯又云炯以僞蜀順化旋召入院嘗不中不櫳見客於玉堂之上尤善長笛太祖嘗置酒令奏數弄後以左貂終於西洛又作歐陽迥學士年表歐陽迥乾德三年八月以左散騎常侍拜（前云右貂此云左散騎常侍左右必有一誤）開寶四年六月以本官分司西京蘇則與炯自爲一人此本與聊城楊氏所藏鄂州本均作歐陽炯恐炯字不誤炯與迥因避太宗諱名而追改也集中詞十八家溫助教皇甫先輩韋相之次有薛侍郎昭蘊據

12079 花間集十卷

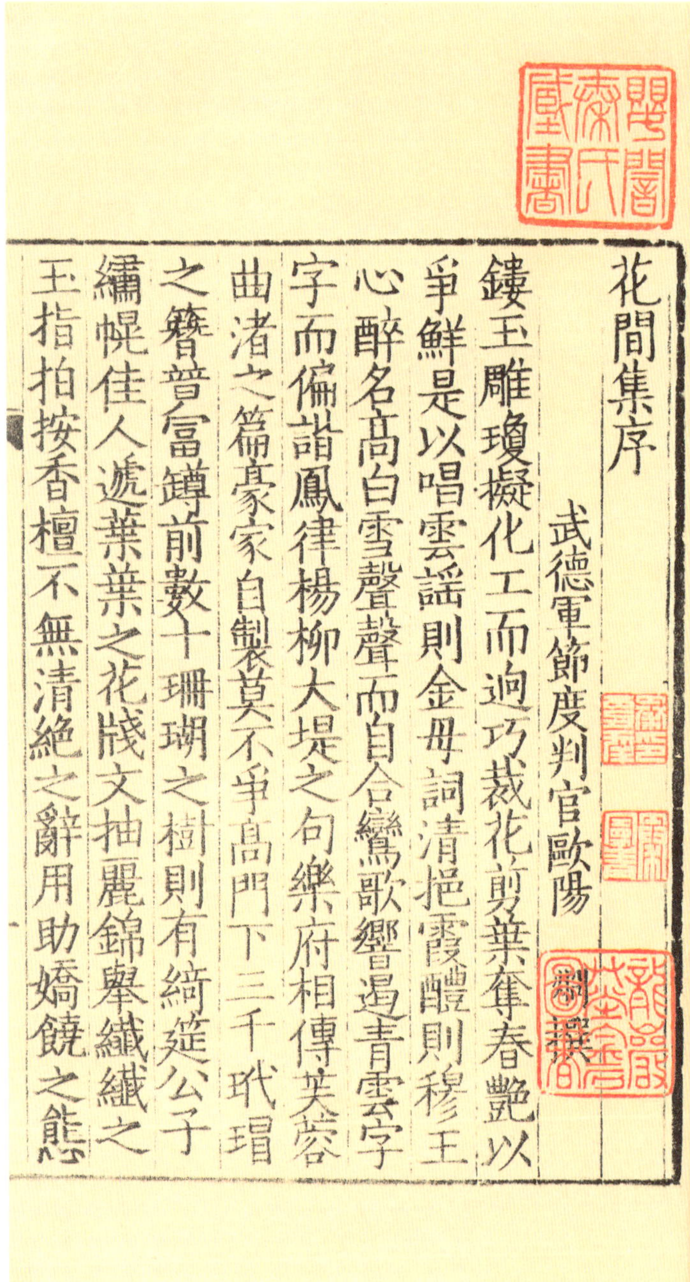

花間集序

武德軍節度判官歐陽炯撰

鏤玉雕瓊擬化工而逈巧裁花剪葉奪春艷以爭鮮是以唱雲謡則金母詞清挹霞醴則穆王心醉名高白雪聲聲而自合鸞歌響遏青雲字字而偏諧鳳律楊柳大堤之句樂府相傳芙蓉曲渚之篇豪家自製莫不爭高門下三千玳瑁之簪競富樽前數十珊瑚之樹則有綺筵公子繡幌佳人遞葉葉之花牋文抽麗錦舉纖纖之玉指拍按香檀不無清絶之辭用助嬌饒之態

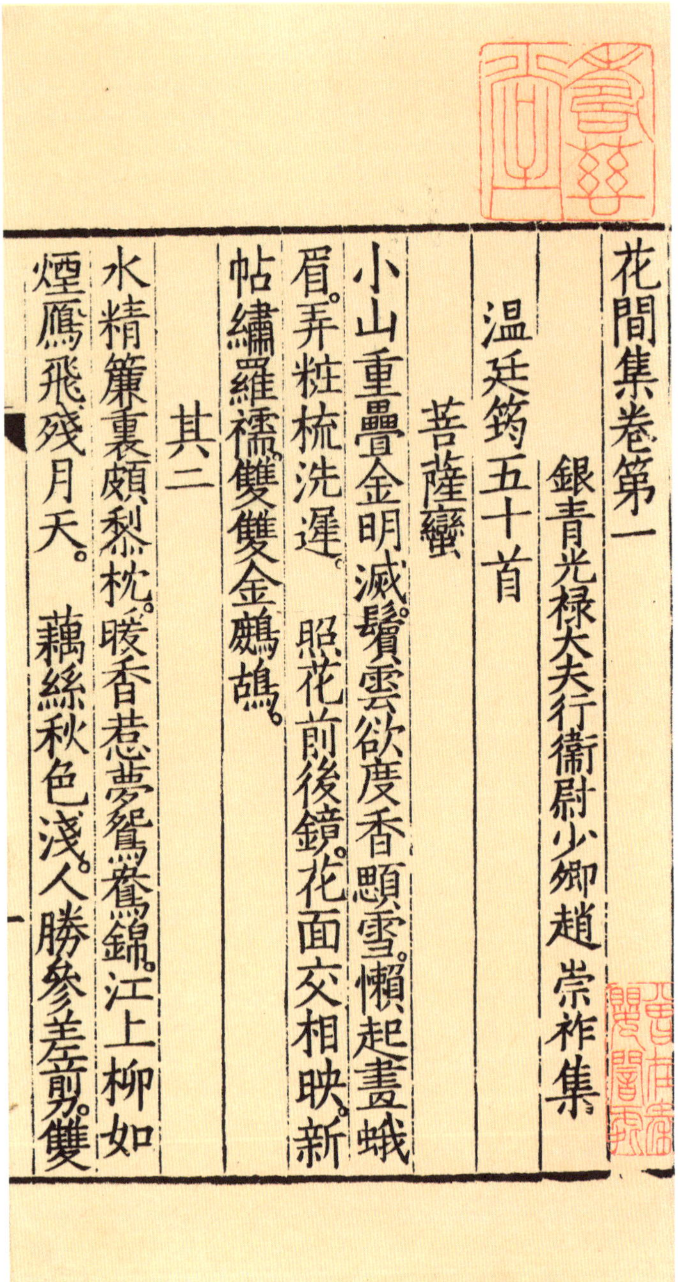

花間集卷第一

銀青光禄大夫行衛尉少卿趙崇祚集

温庭筠五十首

菩薩蠻

小山重疊金明滅。鬢雲欲度香顋雪。懶起畫蛾眉。弄粧梳洗遲。照花前後鏡。花面交相映。新帖繡羅襦。雙雙金鷓鴣。

其二

水精簾裏頗黎枕。暖香惹夢鴛鴦錦。江上柳如煙。鴈飛殘月天。藕絲秋色淺。人勝參差剪。雙

12079 花間集十卷　（後蜀）趙崇祚輯　明正德十六年（1521）陸元大刻本（卷九至十抄配）

匡高17.3厘米，廣12.7厘米。半葉十行，行十八字，白口，左右雙邊。有“龍巖草堂金石圖書”“城南草堂鑒賞圖書印”“嘗喜堂”“王國維”“曾在秦嬰闇處”等印。秦更年題識並跋。南開大學圖書館藏。

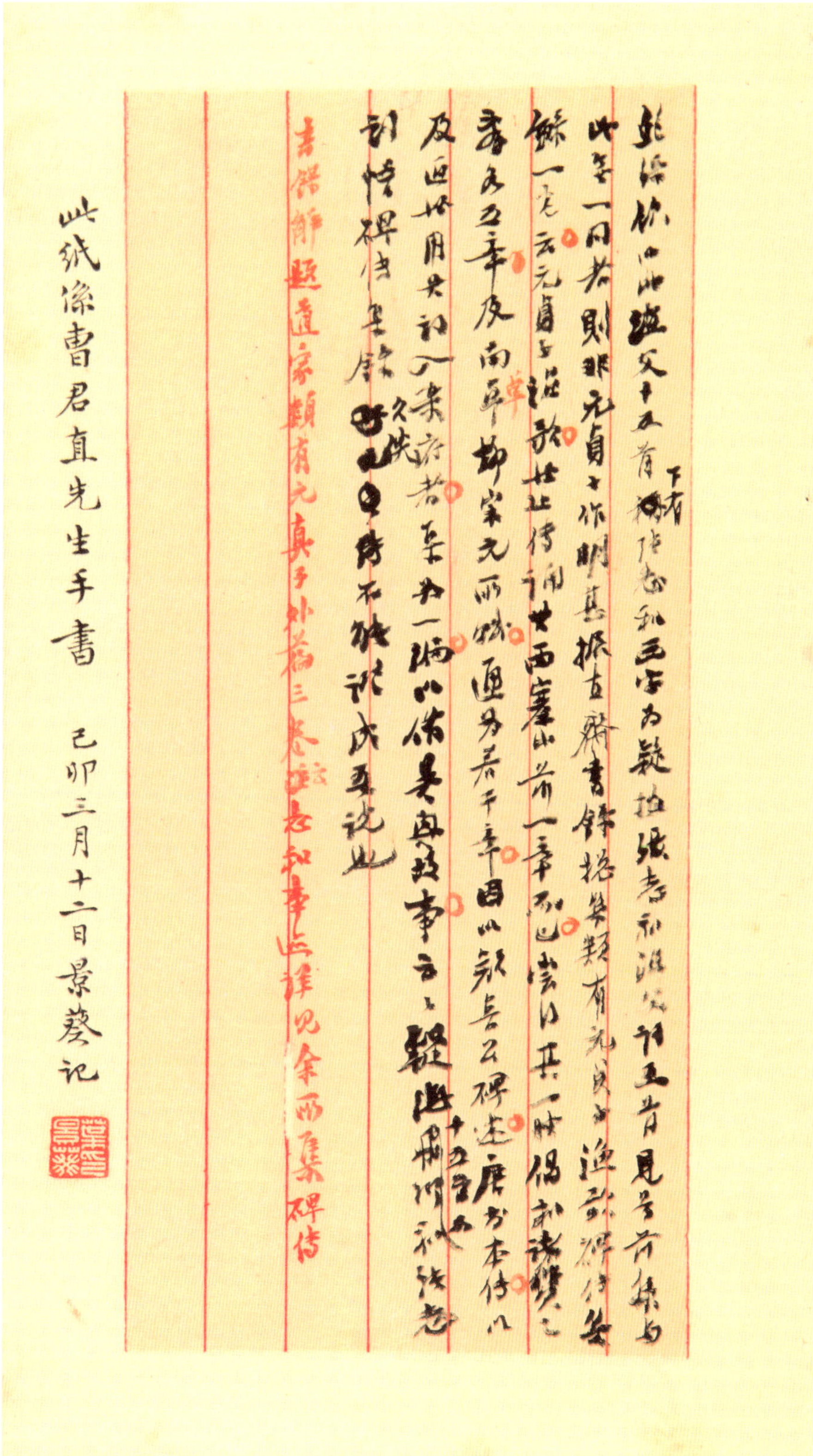

此紙係曹君直先生手書

己卯三月十二日景葵記

12078 金奩集一卷

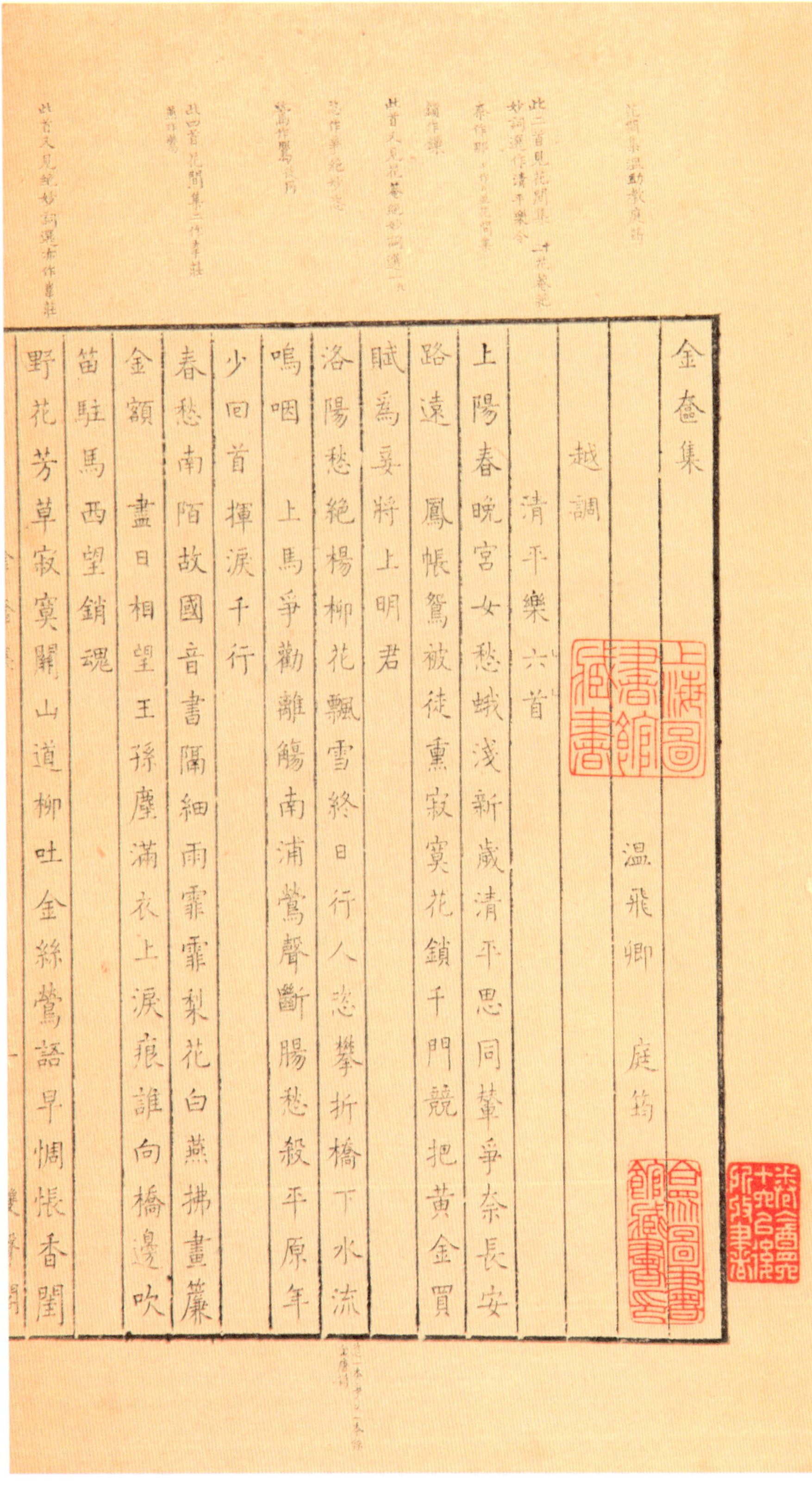

12078 金奩集一卷　（唐）温庭筠撰　清勞權抄本

半葉十四行，行二十字。有“葉印景葵”等印。勞權校，曹元忠跋。上海圖書館藏。

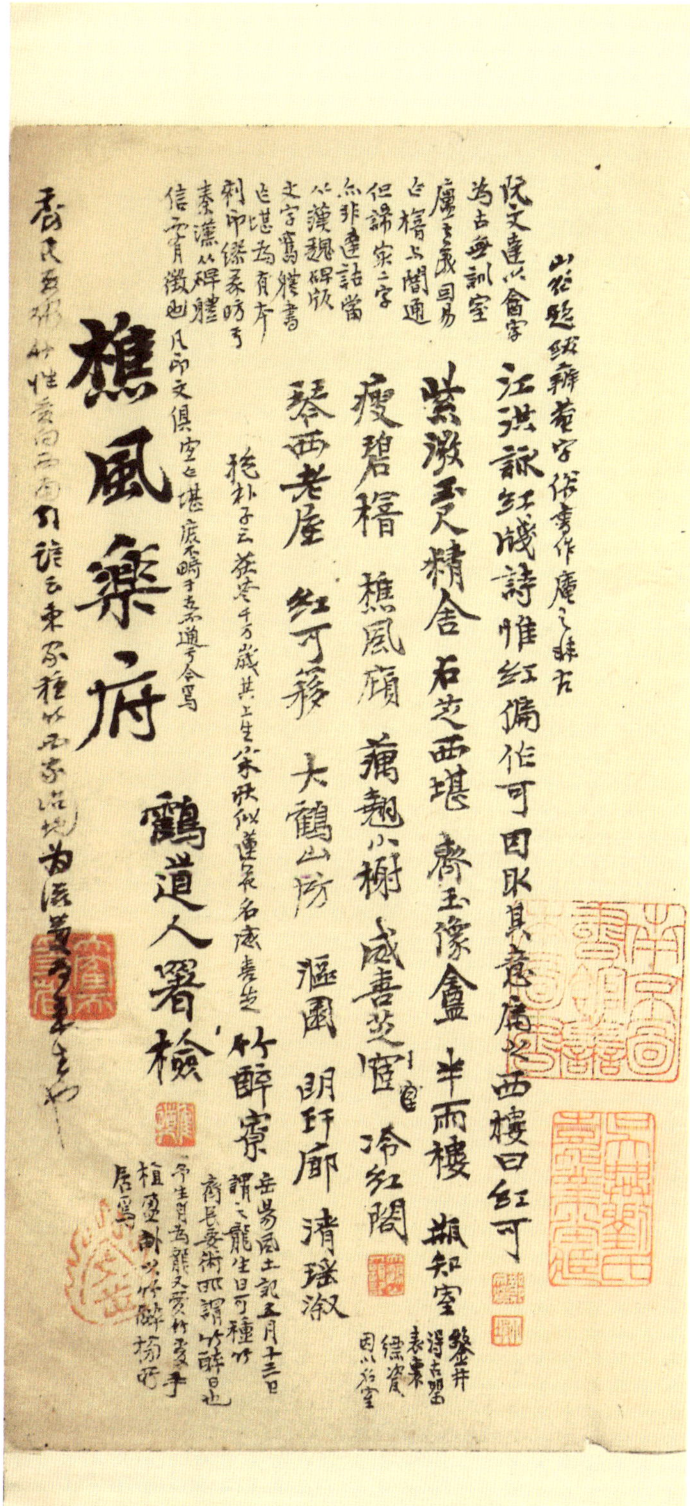

12077 樵風樂府不分卷

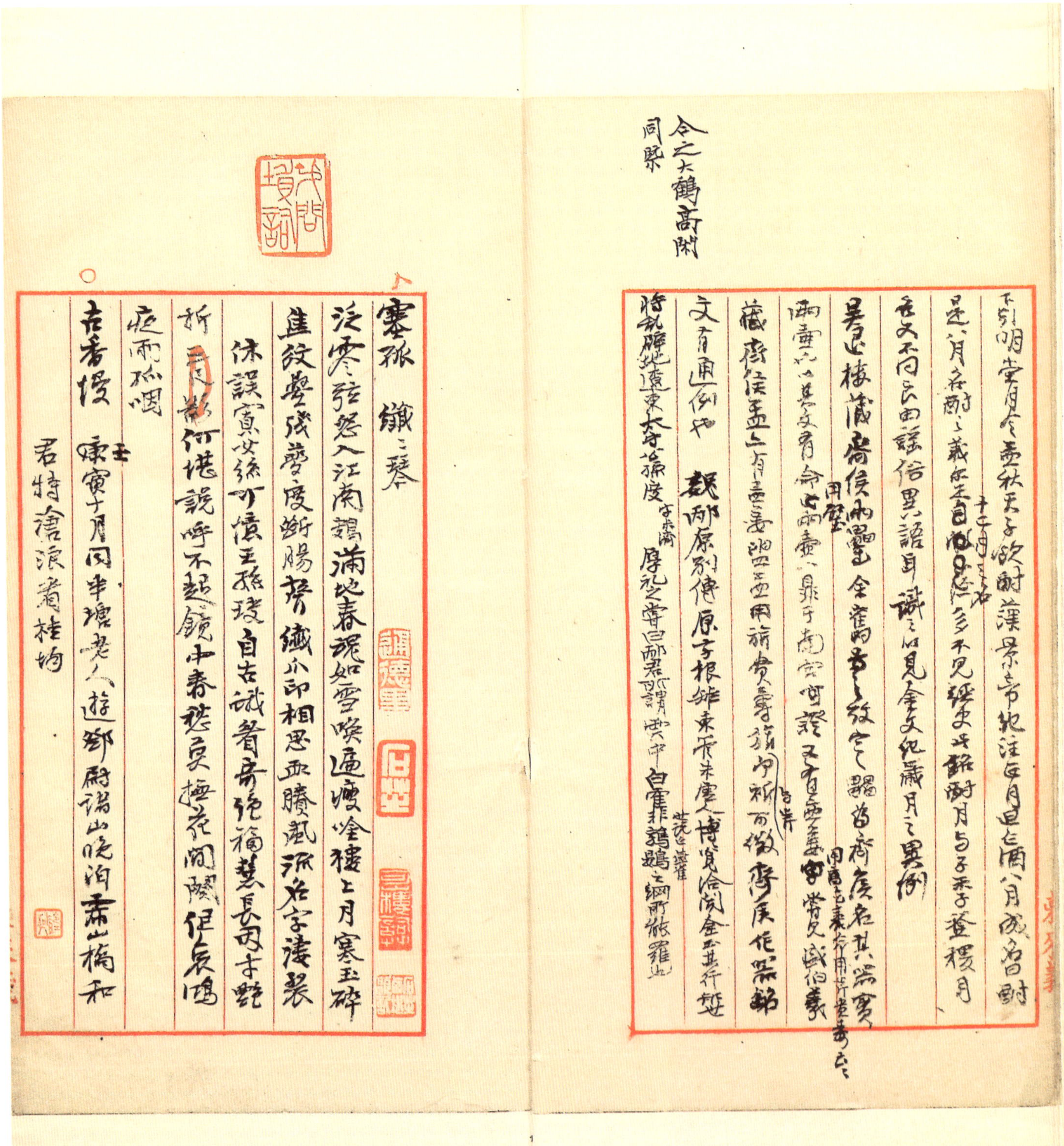

12077 樵風樂府不分卷 鄭文焯撰　稿本

匡高17厘米，廣10厘米。半葉八行，行字不等，白口，四周單邊。有“吳興劉氏嘉業堂藏”等印。南京圖書館藏。

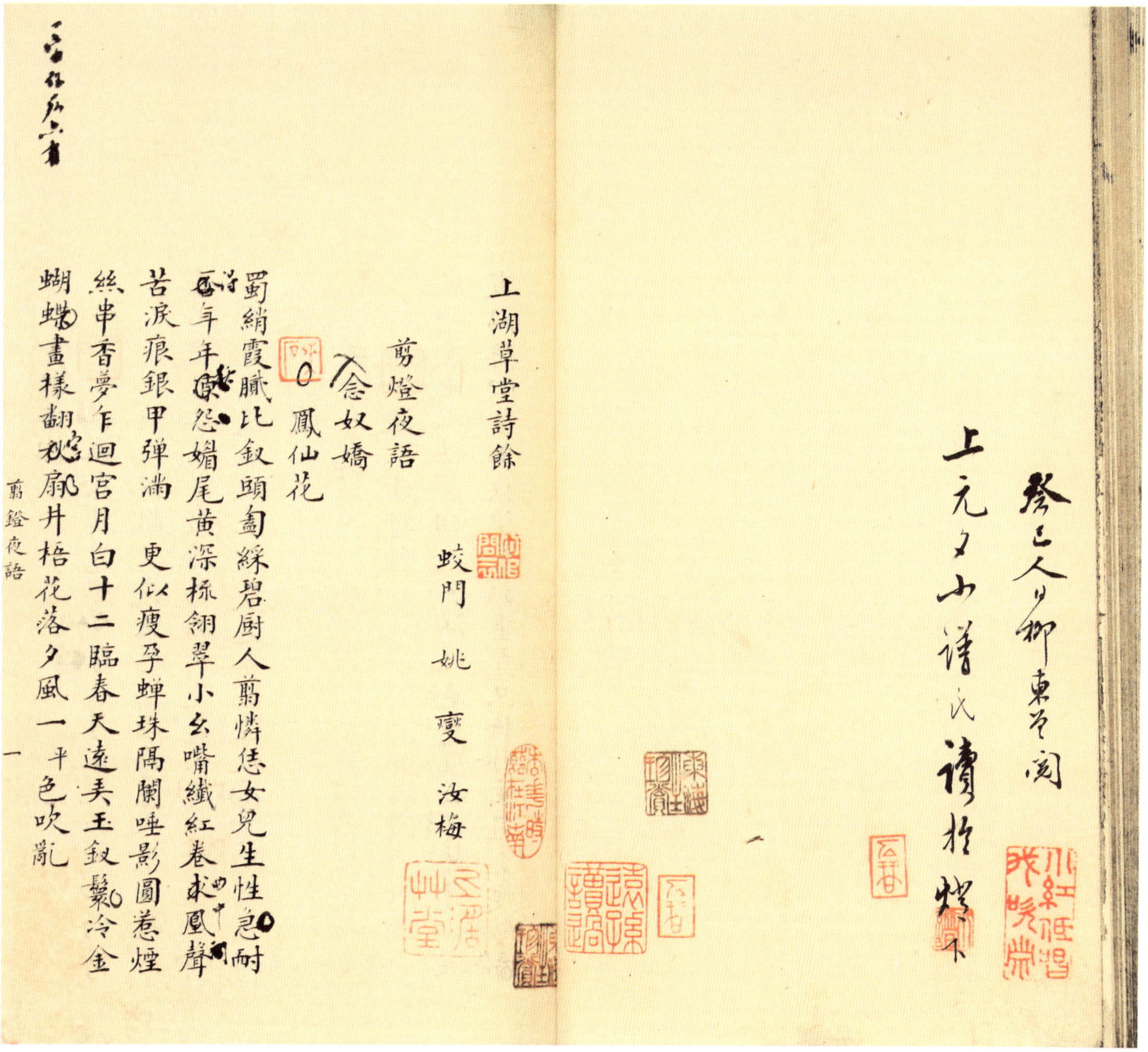

12076 疎影樓詞二卷

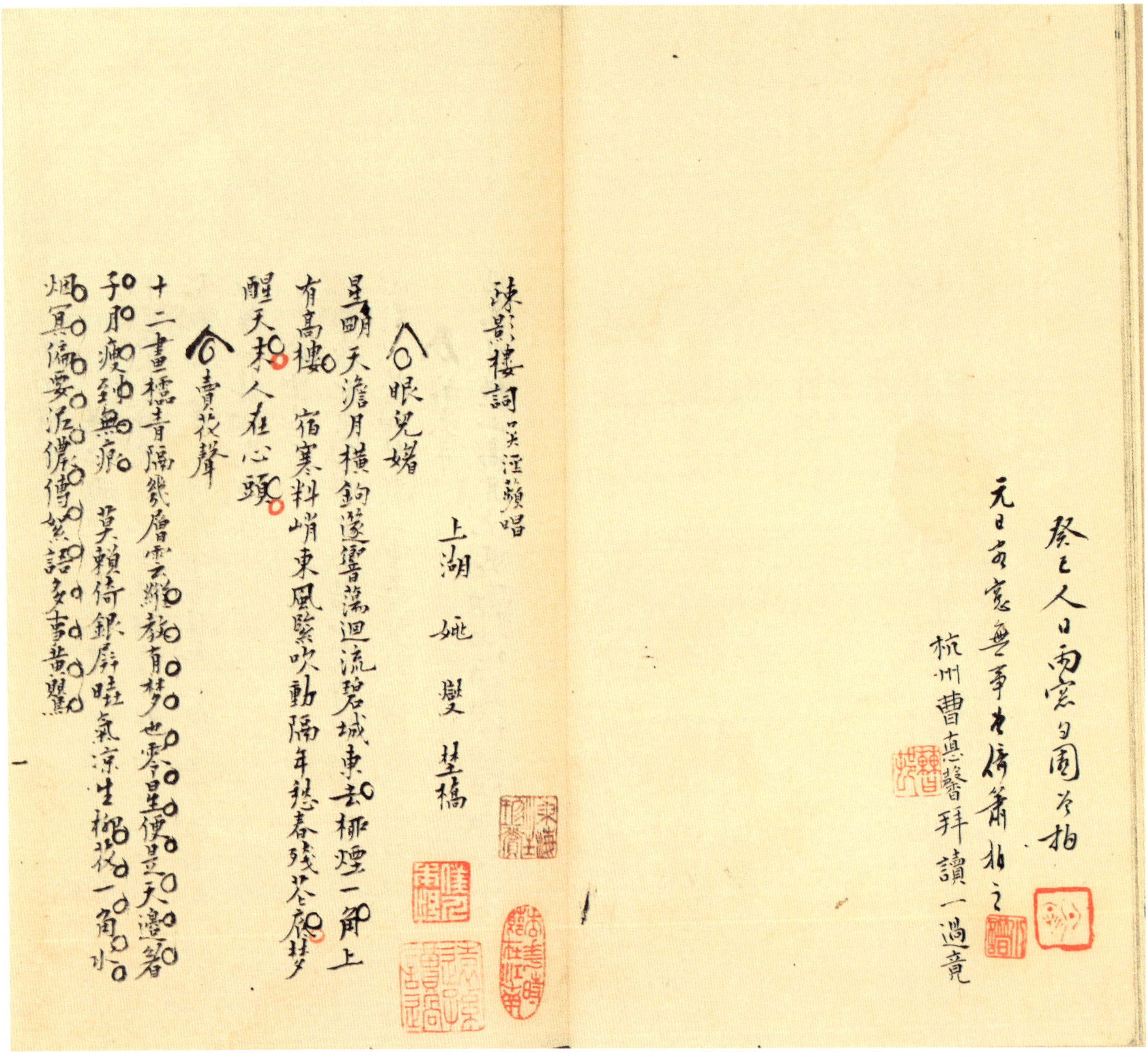

12076 疎影樓詞二卷　（清）姚燮撰　稿本

半葉十行，行二十一字。有“姚儒俠”“葉元璧印”“遠孫讀過”等印。姚儒俠跋。寧波市天一閣博物館藏。

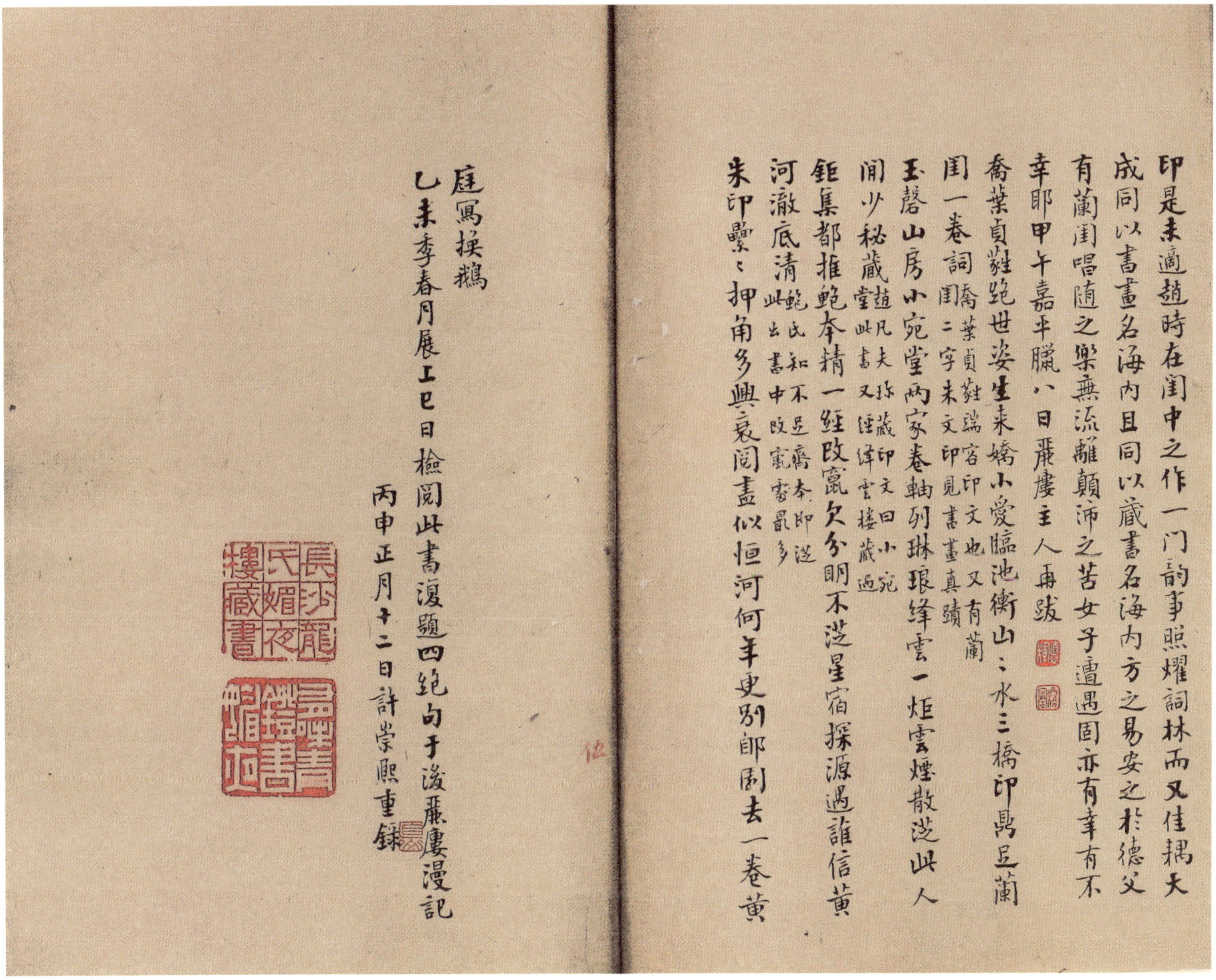

印是未適趙時在閨中之作一門韵事照耀詞林而又佳耦天成同以書畫名海內且同以藏書名海內方之易安之於德父有蘭閨唱隨之樂無流離顛沛之苦女子遭遇固亦有幸有不幸耶 甲午嘉平臘八日嚴慶主人再跋

喬葉貞難絕世姿生來嬌小愛臨池衡山山水三橋印罨足蘭閨一卷詞（喬葉貞難端容印文也又有蘭閨二字朱文印見書畫真蹟）

玉磬山房小宛堂兩家卷軸列琳琅絳雲一炬雲煙散從此人間少秘藏（趙凡夫孫藏印文曰小宛堂此書又經絳雲樓藏過）

鉅集都推鮑本精一經改竄欠分明不從星宿探源過誰信黃河澈底清（鮑氏知不足齋本即從此出書中改竄實多）

朱印纍纍押角多興衰閱盡似恒河何年更別郋園去一卷黃

庭寫換鵝

乙未季春月展上巳日檢閱此書復題四絕句于後嚴慶漫記

丙申正月十二日許崇熙重錄

12075 玉笥山人詞集一卷

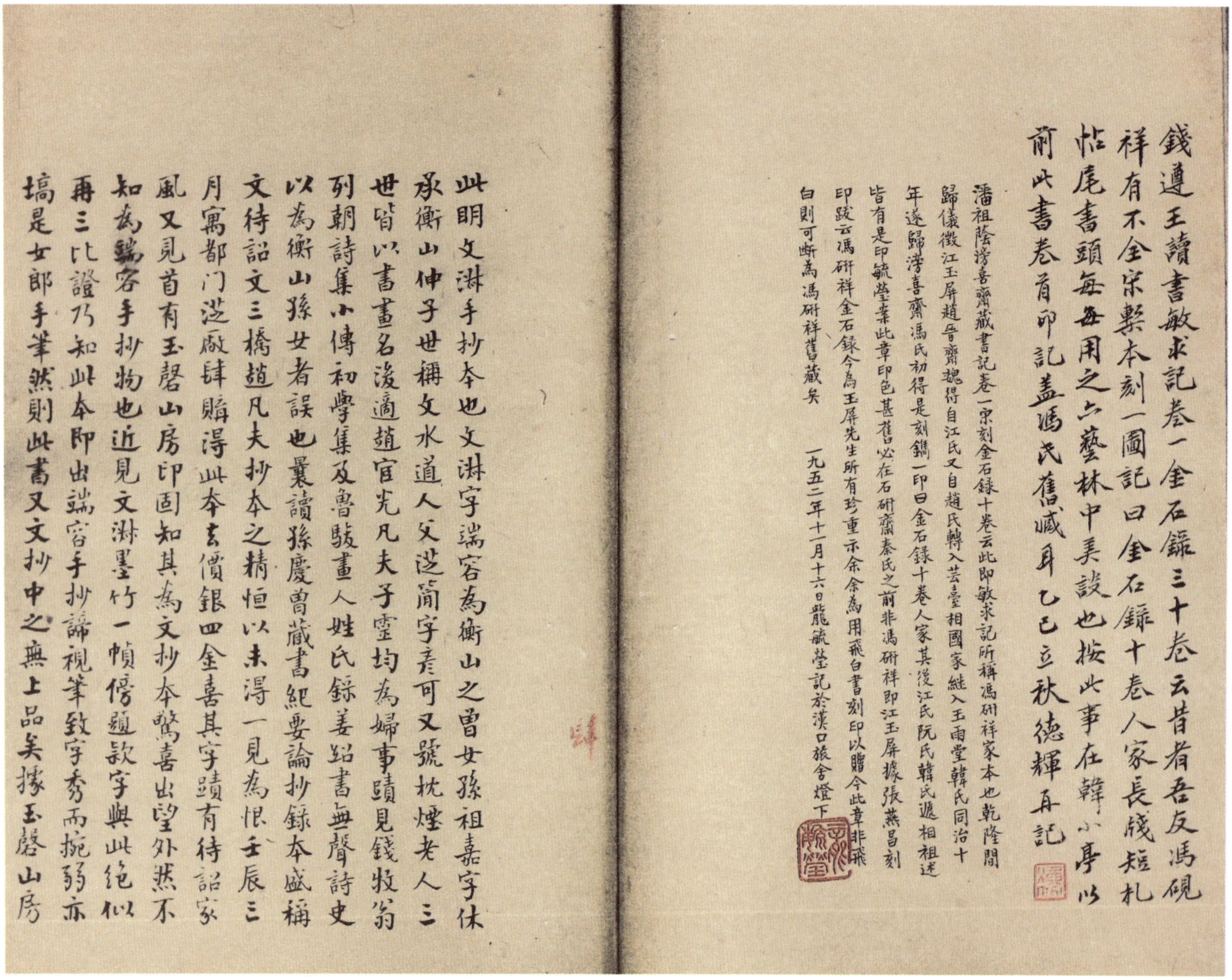

錢遵王讀書敏求記卷一金石錄三十卷云昔者吾友馮硯祥有不全宋槧本刻一圖記曰金石錄十卷人家長箋短札帖尾書頭每每用之亦藝林中美談也按此事在韓小亭以前此書卷首印記蓋馮氏舊藏耳乙巳立秋德輝再記

潘祖蔭滂喜齋藏書記卷一宋刻金石錄十卷云此即敏求記所稱馮研祥家本也乾隆間歸儀徵江玉屏趙晉齋魏得自江氏又自趙氏轉入芸臺相國家繼入玉雨堂韓氏同治十年遂歸滂喜齋馮氏初得是刻鐫一印曰金石錄十卷人家其後江氏阮氏韓氏遞相祖述皆有是印毓瑩案此章印色甚舊必在石研齋秦氏之前非馮研祥即江玉屏據張燕昌刻印跋云馮研祥金石錄今為玉屏先生所有珍重示余余為用飛白書刻印以贈今此章非飛白則可斷為馮研祥舊藏矣

一九五二年十一月十六日龍毓瑩記於漢口旅舍燈下

此明文俶手抄本也文俶字端容為衡山之曾女孫祖嘉字休承衡山仲子世稱文水道人父從簡字彥可又號枕煙老人三世皆以書畫名後適趙宦光凡夫子靈均為婦事蹟見錢牧翁列朝詩集小傳初學集及魯駿畫人姓氏錄姜紹書無聲詩史以為衡山孫女者誤也曩讀孫慶曾藏書紀要論抄錄本盛稱文待詔文三橋趙凡夫抄本之精恒以未得一見為恨壬辰三月寓都門從廠肆購得此本去價銀四金喜其字蹟有待詔家風又見首有玉磬山房印固知其為文抄本驚喜出望外然不知為端容手抄物也近見文俶墨竹一幀傍題款字與此絕似再三比證乃知此本即出端容手抄諦視筆致字秀而腕弱亦塙是女郎手筆然則此書又文抄中之無上品矣據玉磬山房

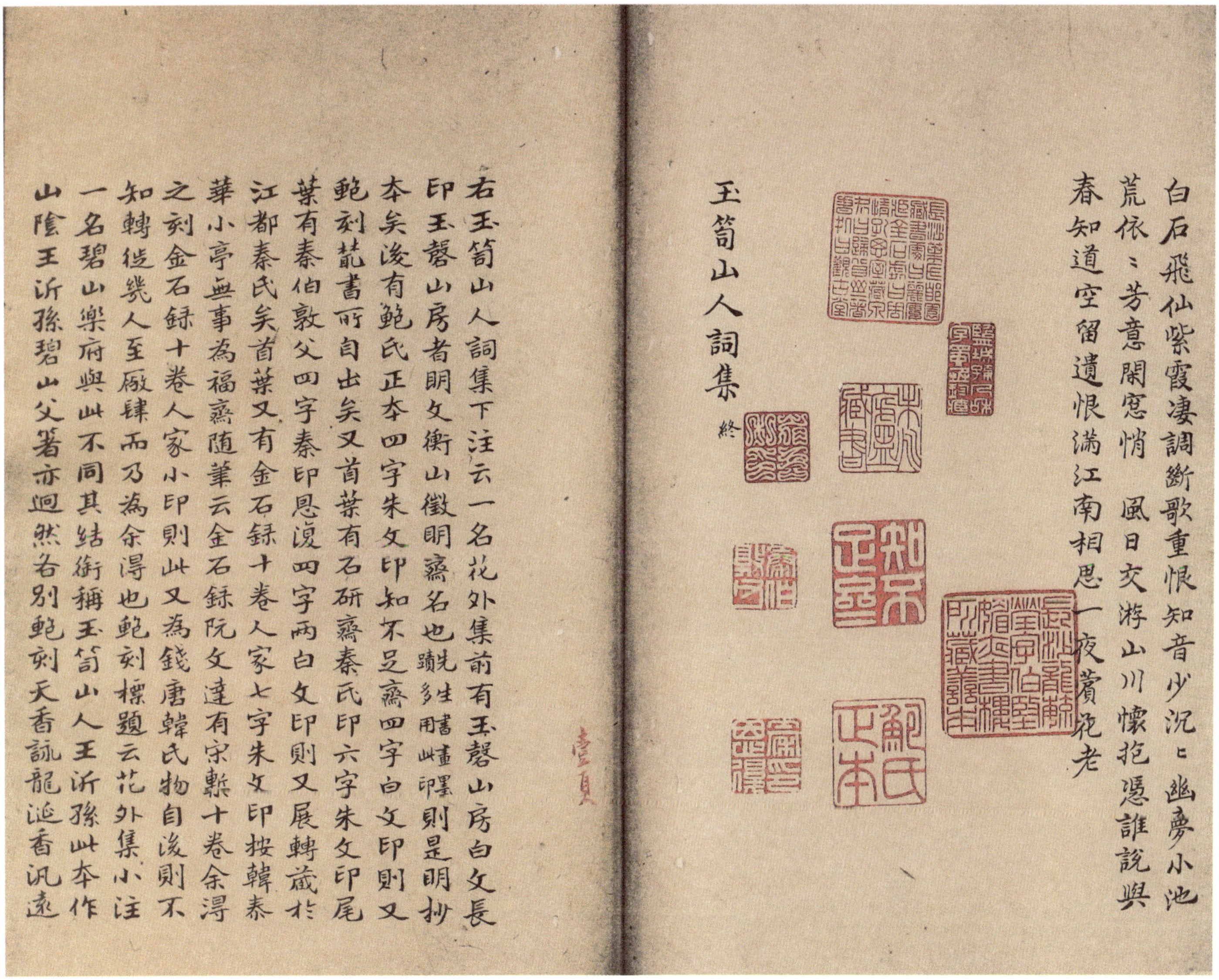
白石飛仙紫霞淒調斷歌重恨知音少沉〻幽夢小池荒依〻芳意閑窓悄　風日交游山川懷抱憑誰說與春知道空留遺恨滿江南相思一夜蘋花老

玉笥山人詞集　終

右玉笥山人詞集下注云一名花外集前有玉磬山房白文長印玉磬山房者明文衡山徵明齋名也（先生書畫墨蹟多用此印）則是明抄本矣後有鮑氏正本四字朱文印知不足齋四字白文印則又鮑刻藏書所自出矣又首葉有石研齋秦氏印六字朱文印尾葉有秦伯敦父四字秦印恩復四字兩白文印則又展轉藏於江都秦氏矣首葉又有金石録十卷人家七字朱文印按韓泰華小亭無事為福齋隨筆云金石録阮文達有宋槧十卷余得之刻金石録十卷人家小印則此又為錢唐韓氏物自後則不知轉徙幾人至厰肆而乃為余得也鮑刻標題云花外集小注一名碧山樂府與此不同其結銜稱玉笥山人王沂孫此本作山陰王沂孫碧山父著亦迥然各別鮑刻天香詠龍涎香汎遠

壹頁

12075 玉笥山人詞集一卷

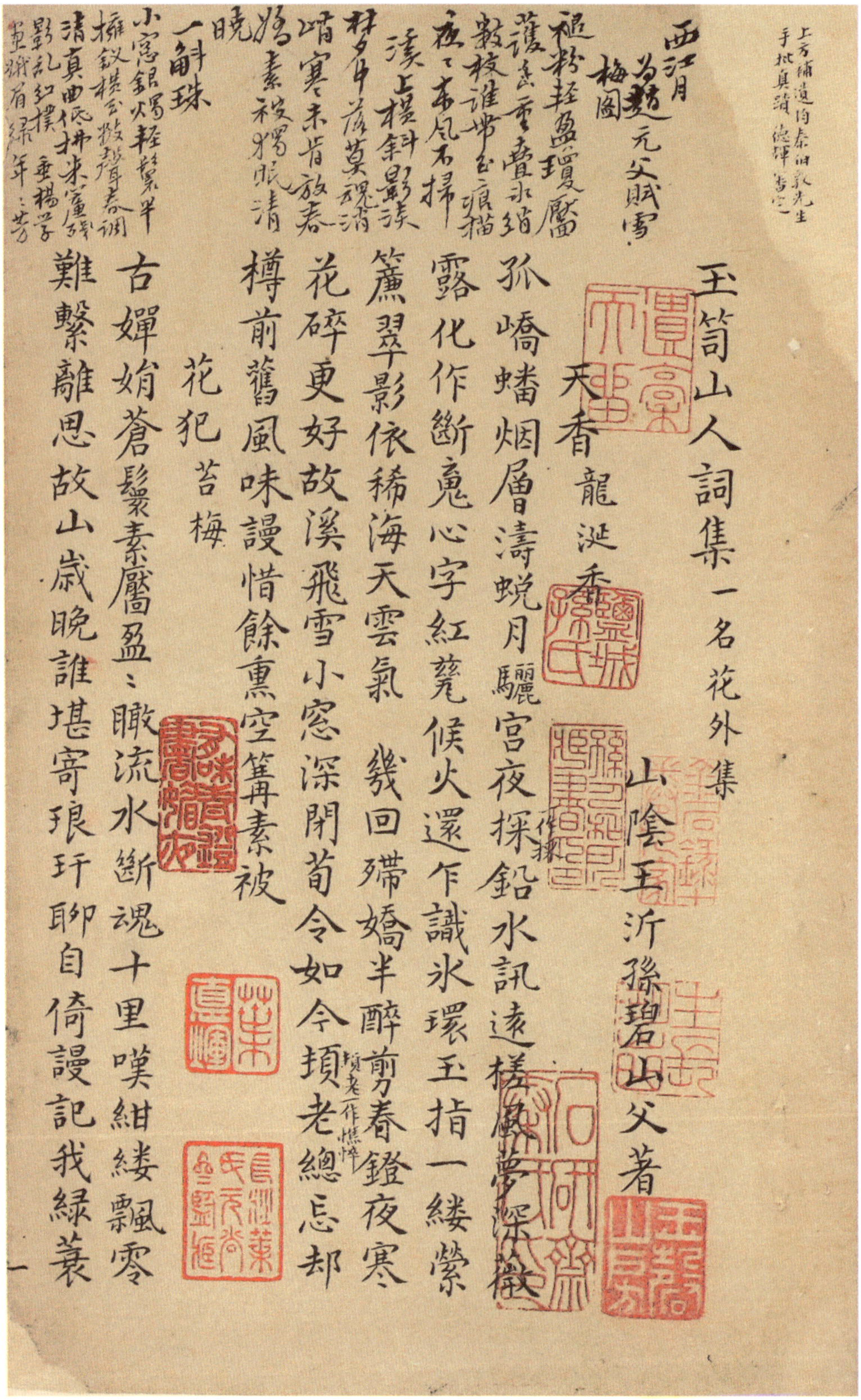

12075 玉笥山人詞集一卷 （宋）王沂孫撰　明文淑抄本

匡高25.1厘米，廣16厘米。半葉十一行，行二十一字，白口。有“玉磬山房”“石研齋秦氏印”“鮑氏正本”“葉德輝”“長沙龍毓瑩媚夜樓藏書”“鹽城孫氏”等印。葉德輝、葉啟勳、龍毓瑩跋。湖南圖書館藏。

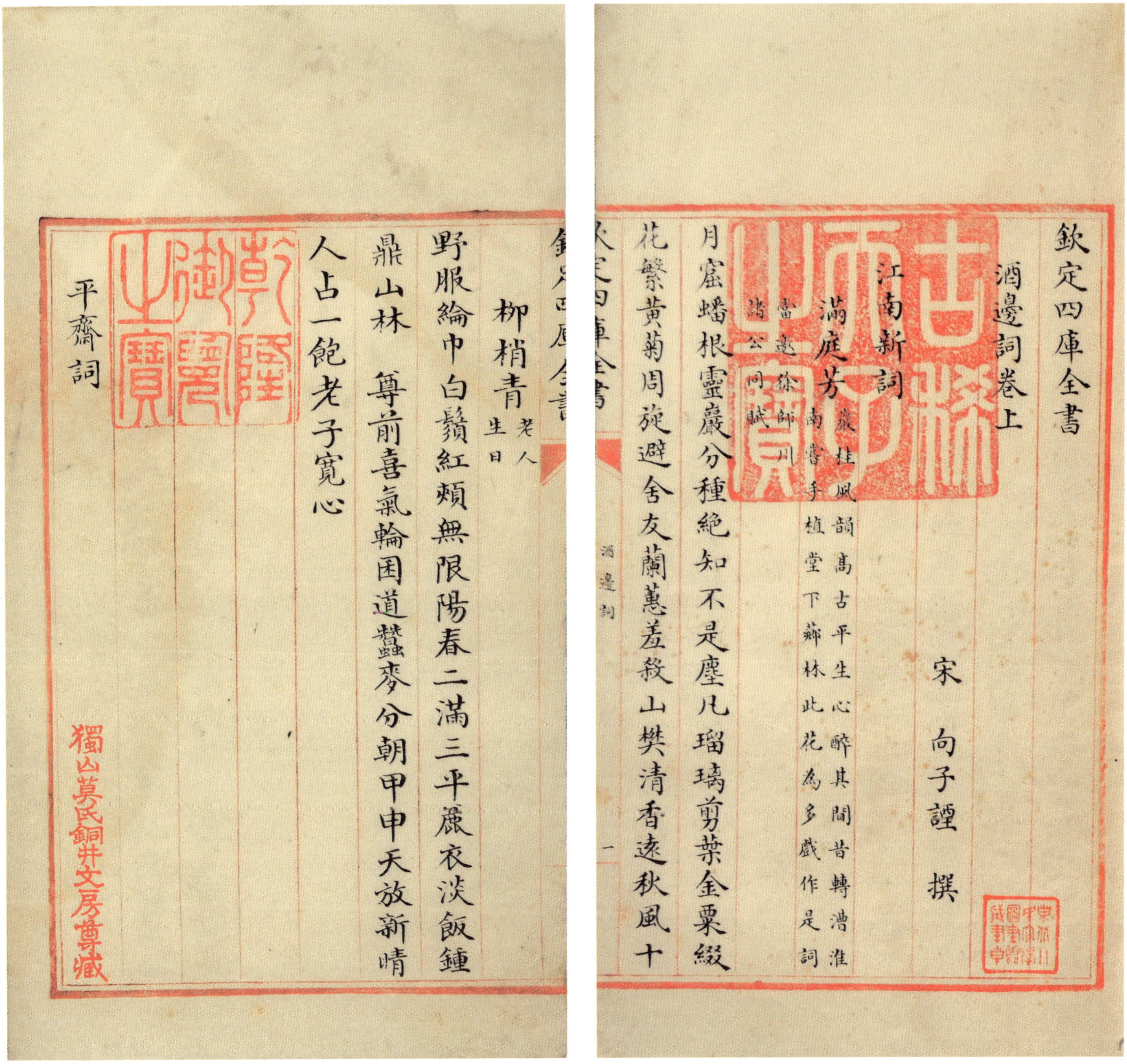
欽定四庫全書
酒邊詞卷上
宋 向子諲 撰
江南新詞
滿庭芳 巖桂風韻高古平生心醉其間昔轉漕淮南嘗手植堂下薌林此花為多戲作是詞當邀徐師川諸公同賦
月窟蟠根靈巖分種絕知不是塵凡瑠璃剪葉金粟綴
花繁黃菊周旋避舍友蘭蕙羞殺山樊清香遠秋風十
欽定四庫全書
酒邊詞
一
柳梢青 老人生日
野服綸巾白髮紅頰無限陽春二滿三平麤衣淡飯鍾
鼎山林 尊前喜氣輪囷道蠶麥分朝甲申天放新晴
人占一飽老子寬心
平齋詞
獨山莫氏銅井文房尊藏

12074 酒邊詞二卷 （宋）向子諲撰 **平齋詞一卷** （宋）洪咨夔撰 清乾隆内府寫南三閣四庫全書本

匡高20.2厘米，廣13.8厘米。半葉八行，行二十一字，小字雙行同，白口，四周雙邊。有“古稀天子之寶”“獨山莫氏銅井文房尊藏”等印。吉林大學圖書館藏。

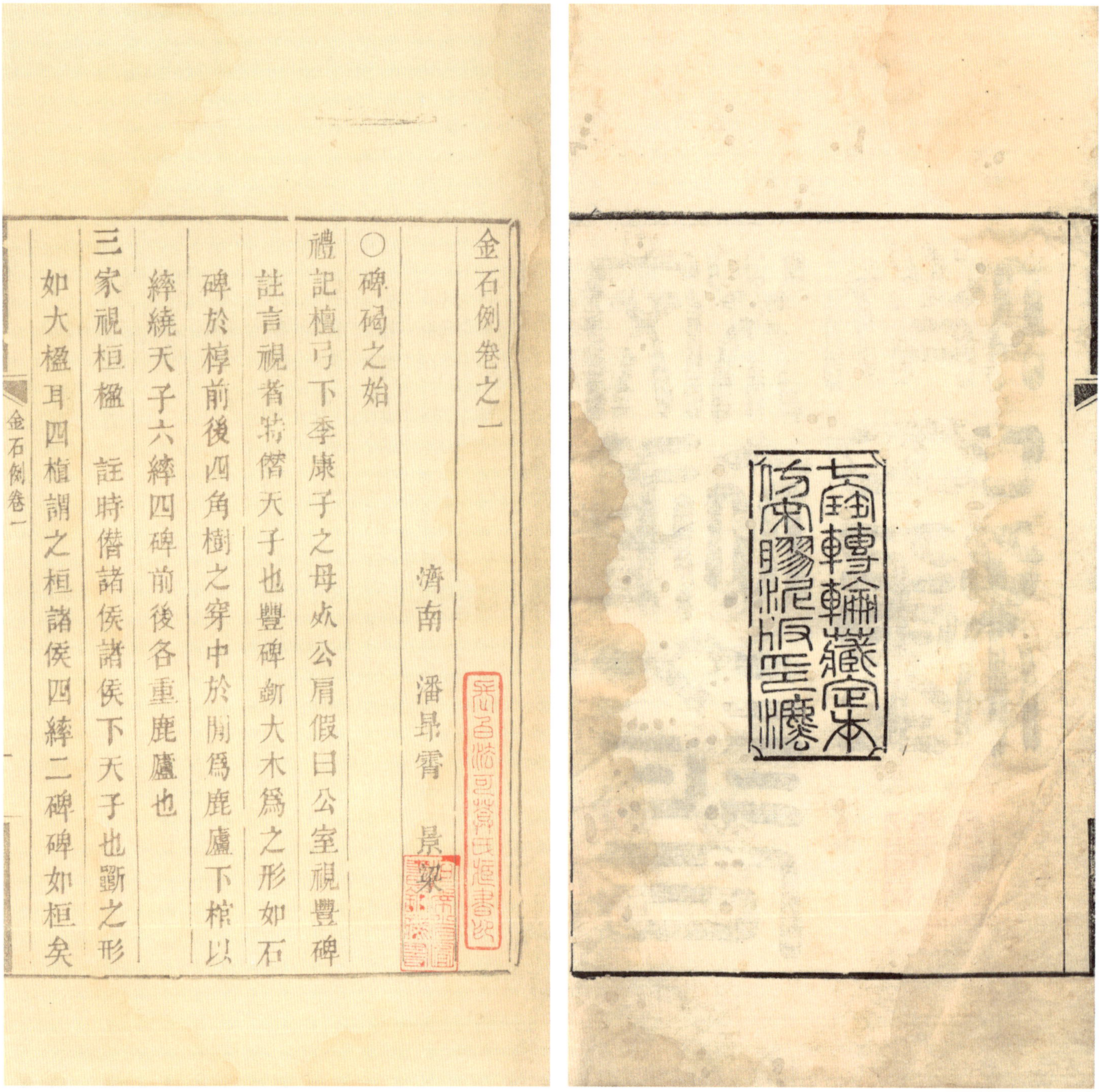

12073 校補金石例四種十七卷　（清）李瑤編　清道光十二年（1832）李瑤泥活字印本

匡高21.1厘米，廣15厘米。半葉九行，行二十字，黑口，左右雙邊。有“七寶轉輪藏定本仿宋膠泥版印法”牌記。有“長白法可荞氏藏書印”等印。河南省圖書館藏。

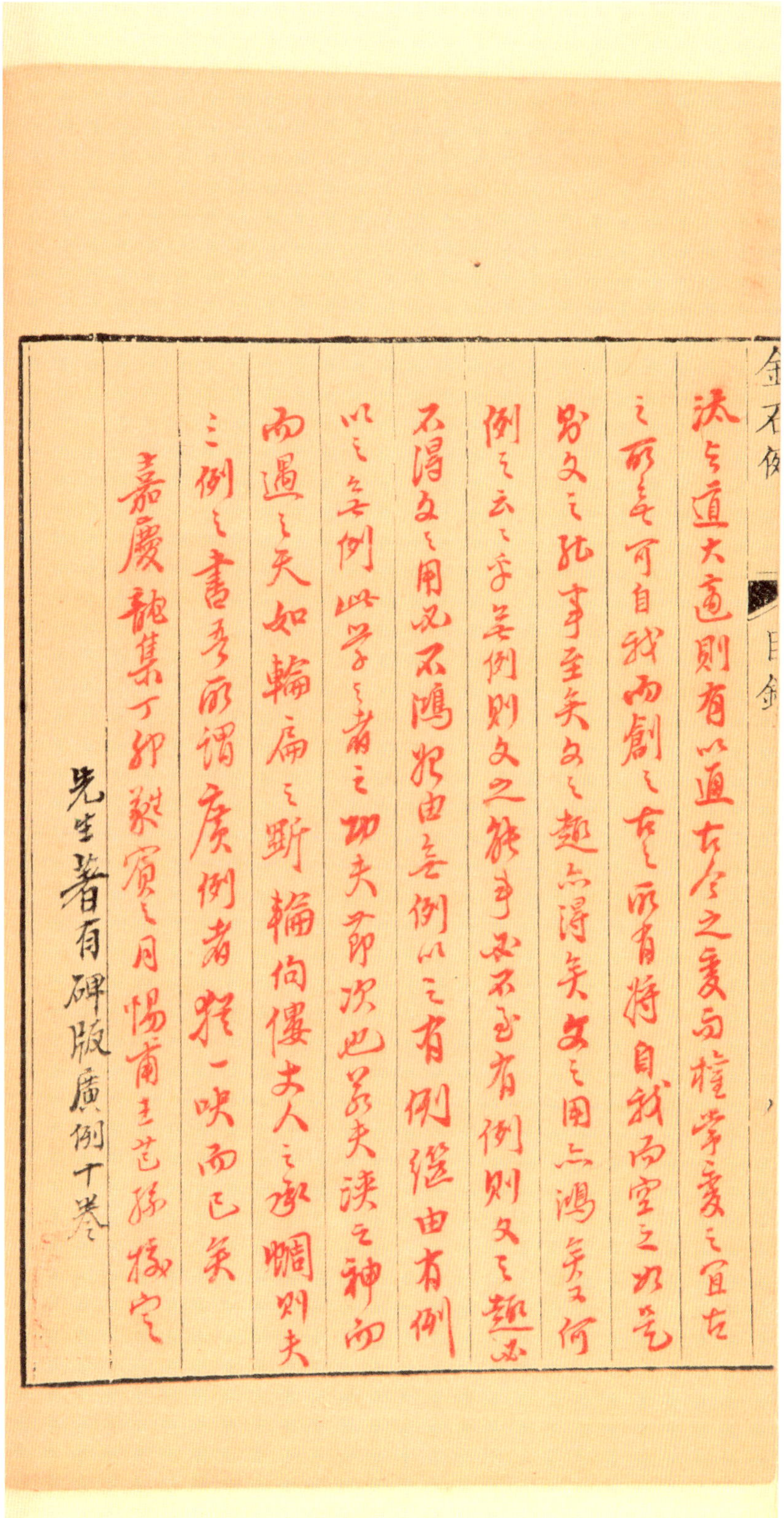
金石例 目録
法之道大旨則有以通古今之變而權常變之宜古
之所無可自我而創之古之所有將自我而窒之物皆
易文之能事至矣文之趣亦得矣文之用亦鴻矣何
例之云乎無例則文之能事不至有例則文之趣必
不得文之用必不鴻於由無例以至有例經由有例
以至無例此學之者之功夫節次也若夫淡之神而
而通之矣如輪扁之斲輪佝僂丈人之承蜩則夫
三例之書吾所謂廣例者猶一吷而已矣
嘉慶龍集丁卯蕤賓之月惕甫王芑孫[illegible]
先生著有碑版廣例十卷

12072 金石三例十五卷

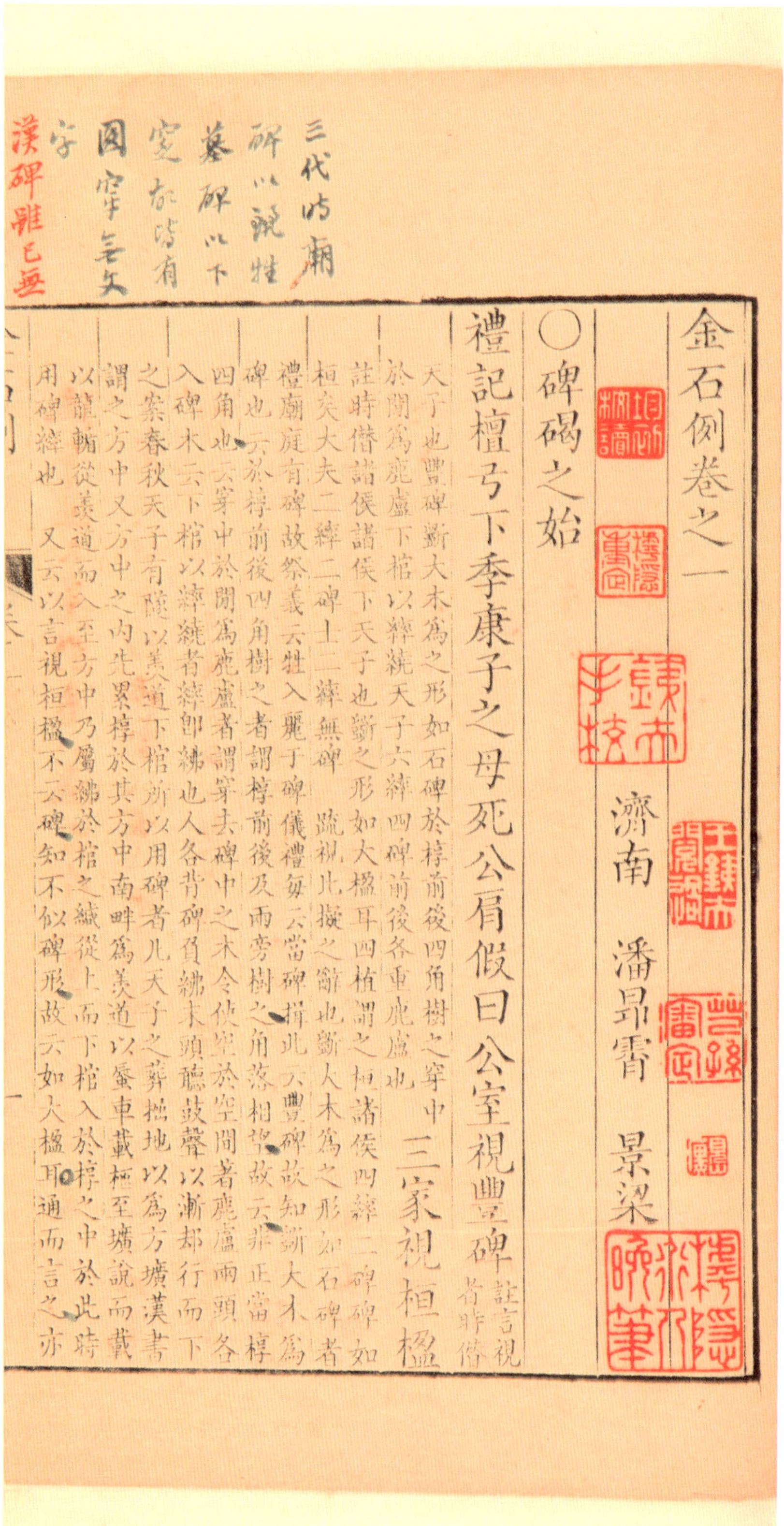

12072 金石三例十五卷 （清）盧見曾編　清乾隆二十年（1755）盧見曾刻本

匡高20.9厘米，廣15.4厘米。半葉十行，行二十二字，小字雙行三十三字，白口，左右雙邊。有“芑孫審定”“渭仁審定”“袁克文之印”“陶度”等印。王芑孫批校並跋。上海圖書館藏。

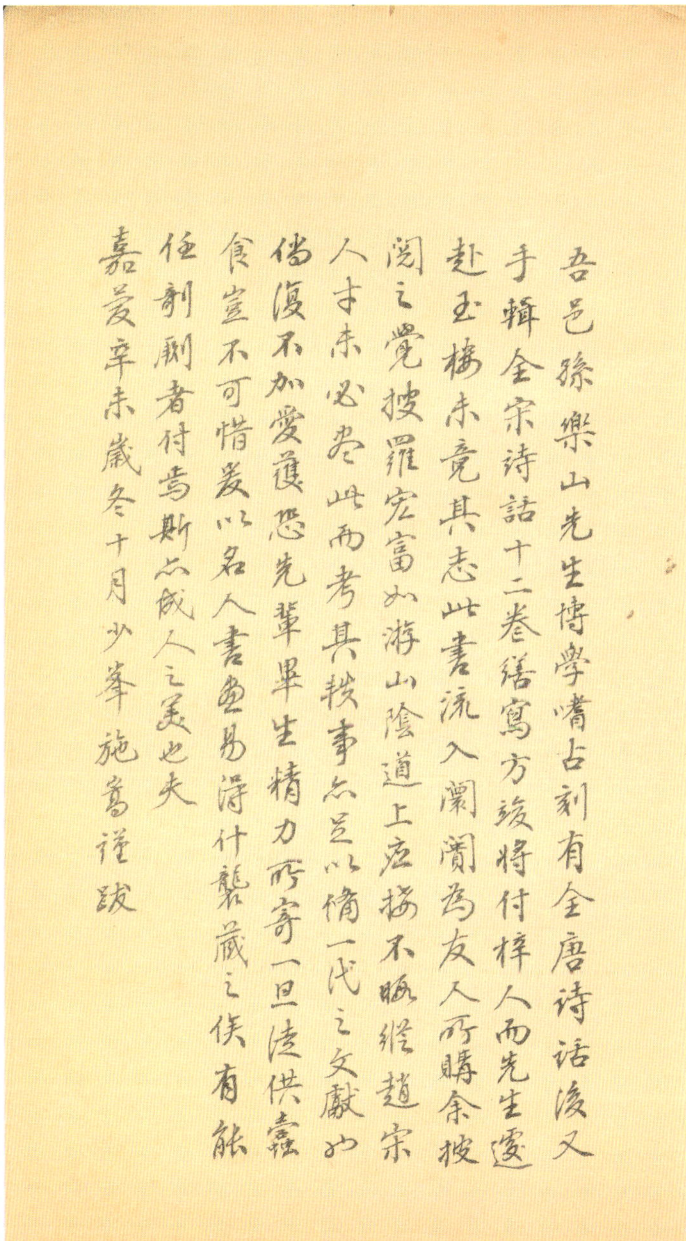

吾邑孫樂山先生博學嗜古刻有全唐詩話後又
手輯全宋詩話十二卷繕寫方竣將付梓人而先生遽
赴玉樓未竟其志此書流入闤闠為友人所購余披
閱之覺披羅宏富如游山陰道上應接不暇從趙宋
人才未必悉此而考其軼事亦足以備一代之文獻如
倘復不加愛護恐先輩畢生精力所寄一旦徒供蠹
食豈不可惜哉以名人書畫易得什襲藏之俟有能
任剞劂者付諸斯亦餘人之美也夫
嘉慶辛未歲冬十月少峯施爲謹跋

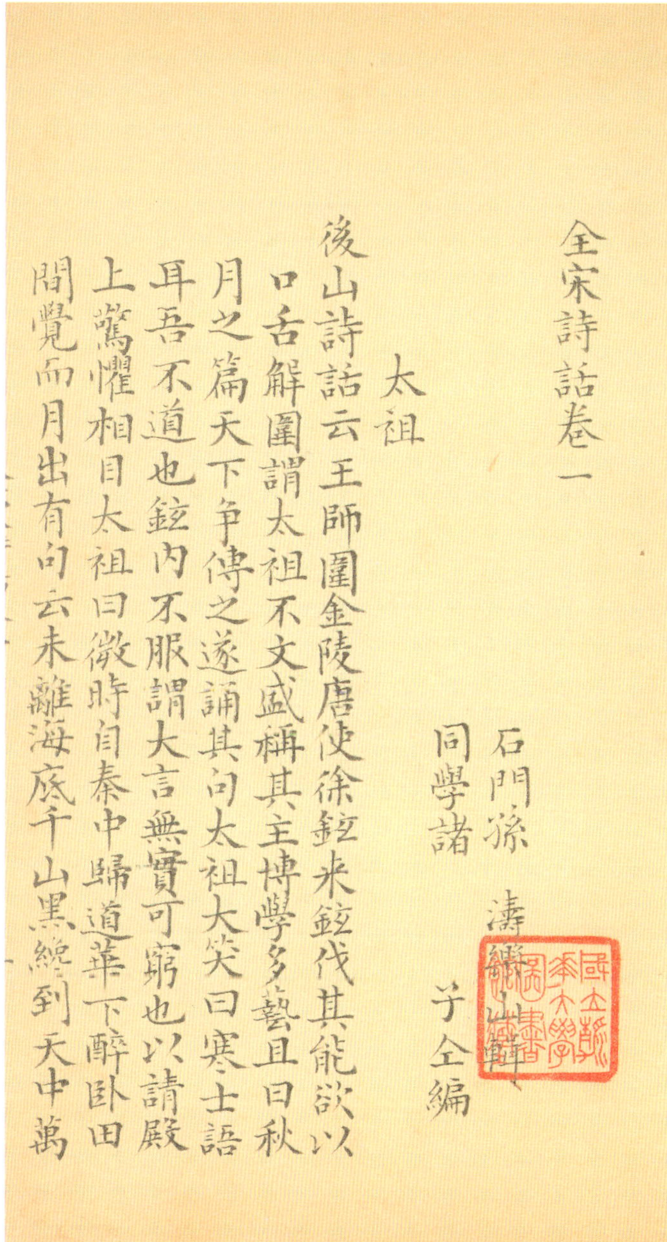

全宋詩話卷一
石門孫　濤
同學諸　子仝編
太祖
後山詩話云王師圍金陵唐使徐鉉來鉉伐其能欲以
口舌解圍謂太祖不文盛稱其主博學多藝且曰秋
月之篇天下爭傳之遂誦其句太祖大笑曰寒士語
耳吾不道也鉉內不服謂大言無實可窮也以請殿
上驚懼相目太祖曰微時自秦中歸道華下醉卧田
間覺而月出有句云未離海底千山黑纔到天中萬

12071 全宋詩話十二卷　（清）孫濤輯　清抄本

半葉十行，行二十一字，小字雙行同。有“馮云伯氏”“登府”等印。馮登府校並跋。清華大學圖書館藏。

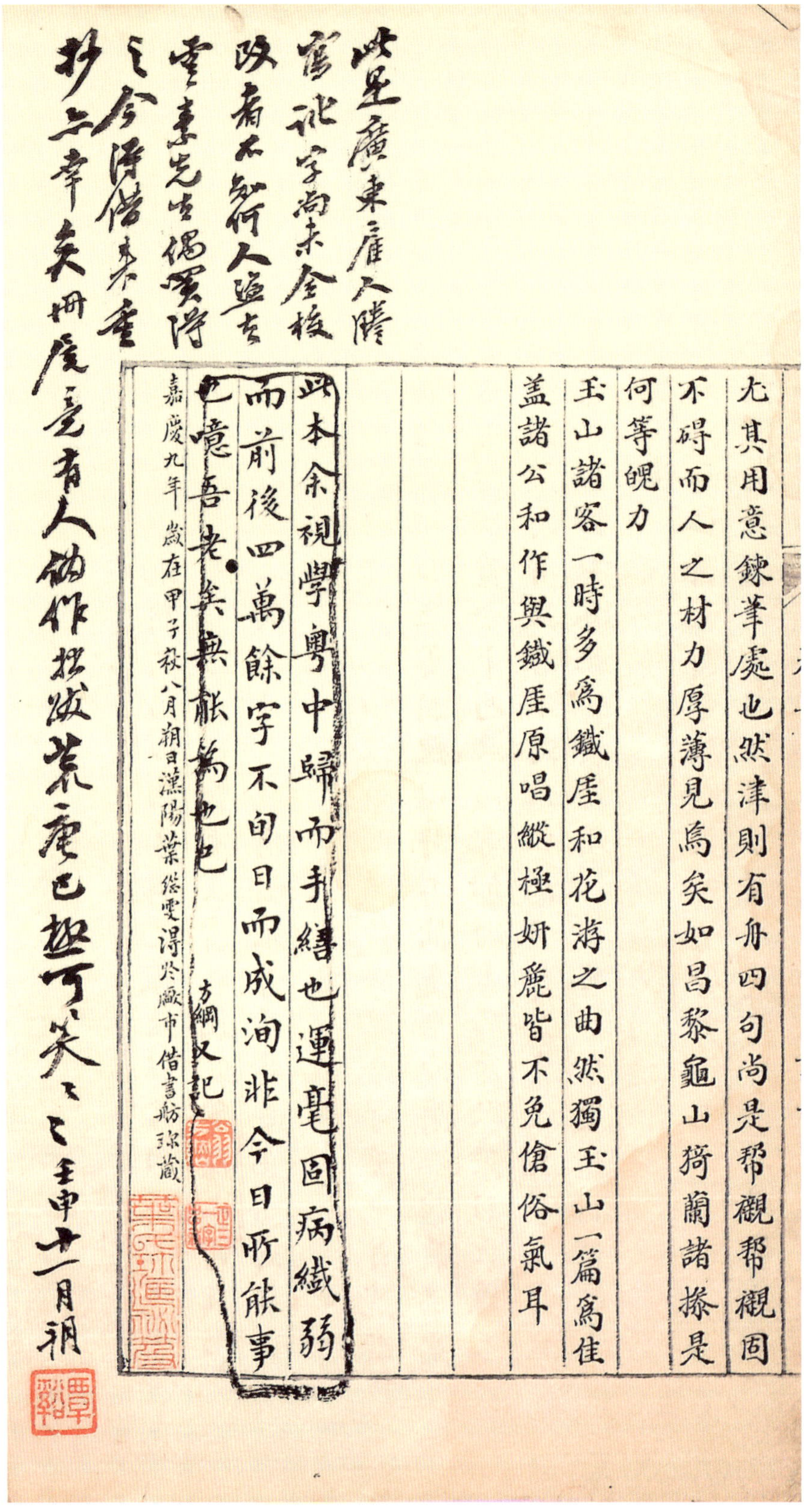
尤其用意鍊筆處也然津則有舟四句尚是帮襯帮襯固
不碍而人之材力厚薄見焉矣如昌黎龜山猗蘭諸操是
何等魄力
玉山諸客一時多爲鐵厓和花游之曲然獨玉山一篇爲佳
蓋諸公和作與鐵厓原唱纖極妍麗皆不免傖俗氣耳

此本余視學粵中歸而手繕也運毫固病纖弱而前後四萬餘字不旬日而成洵非今日所能事也噫吾老矣無能爲也已
方綱又記

嘉慶九年歲在甲子秋八月朔日漢陽葉繼雯得於廠市借書軒珍藏

此是廣東雇人謄寫訛字尚未全校改者不知何人遺去雲棗先生偶買得之今得借來重抄亦幸矣丹崖是有人物作拙跋棠庵已杳可笑之壬申十一月朔

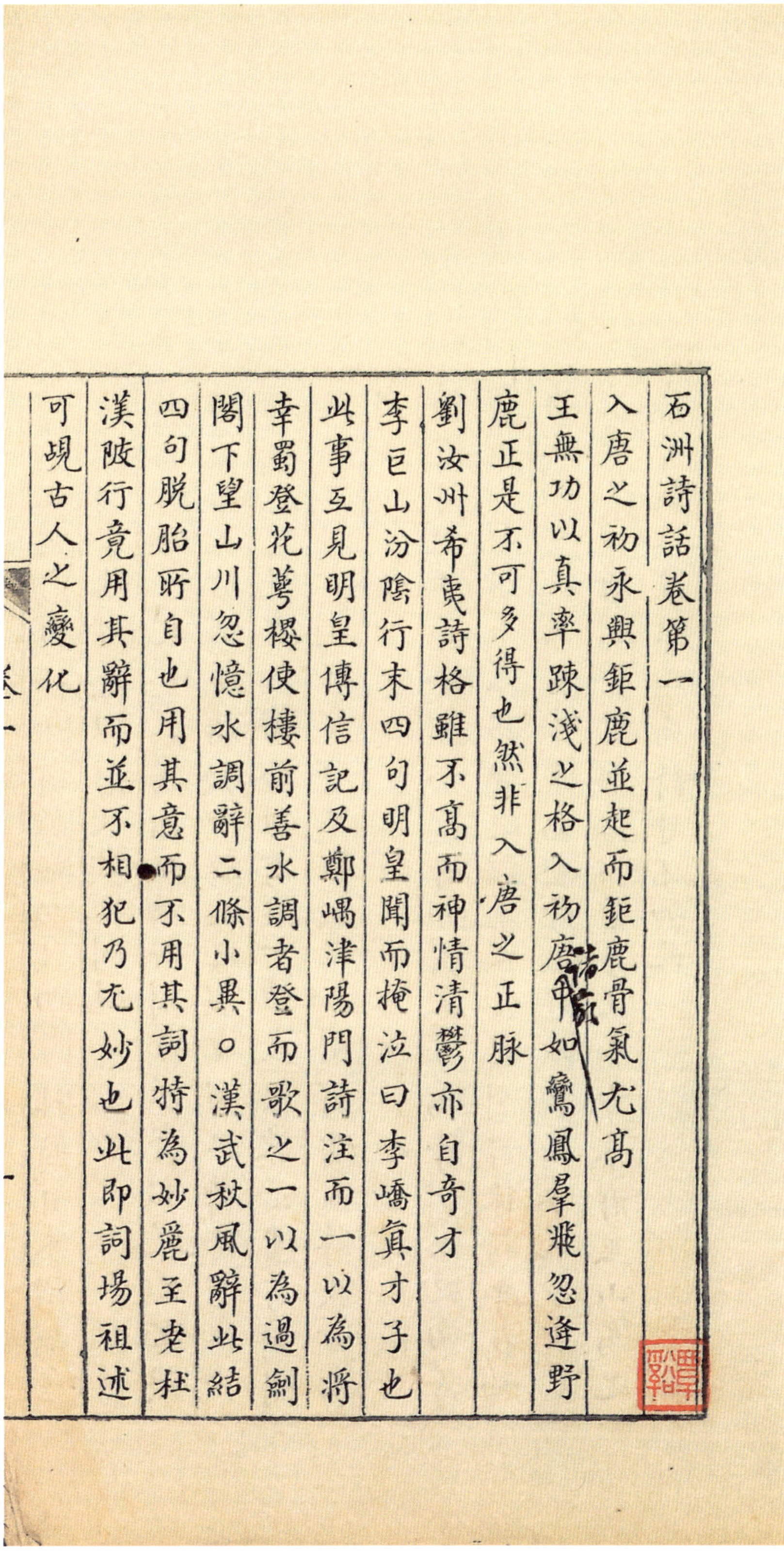

石洲詩話卷第一
入唐之初永興鉅鹿並起而鉅鹿骨氣尤高
王無功以真率疎淺之格入初唐諸家中如鸞鳳羣飛忽逢野
鹿正是不可多得也然非入唐之正脉
劉汝州希夷詩格雖不高而神情清鬱亦自奇才
李巨山汾陰行末四句明皇聞而掩泣曰李嶠眞才子也
此事互見明皇傳信記及鄭嵎津陽門詩注而一以為將
幸蜀登花蕚樓使樓前善水調者登而歌之一以為過劍
閣下望山川忽憶水調辭二條小異。漢武秋風辭此結
四句脱胎所自也用其意而不用其詞特為妙麗至老杜
漢陂行竟用其辭而並不相犯乃尤妙也此即詞場祖述
可覘古人之變化

12070 石洲詩話五卷　（清）翁方綱撰　稿本

匡高19厘米，廣13.2厘米。半葉十二行，行二十二字，白口，左右雙邊。有“覃谿”等印。翁方綱、葉繼雯跋。南京圖書館藏。

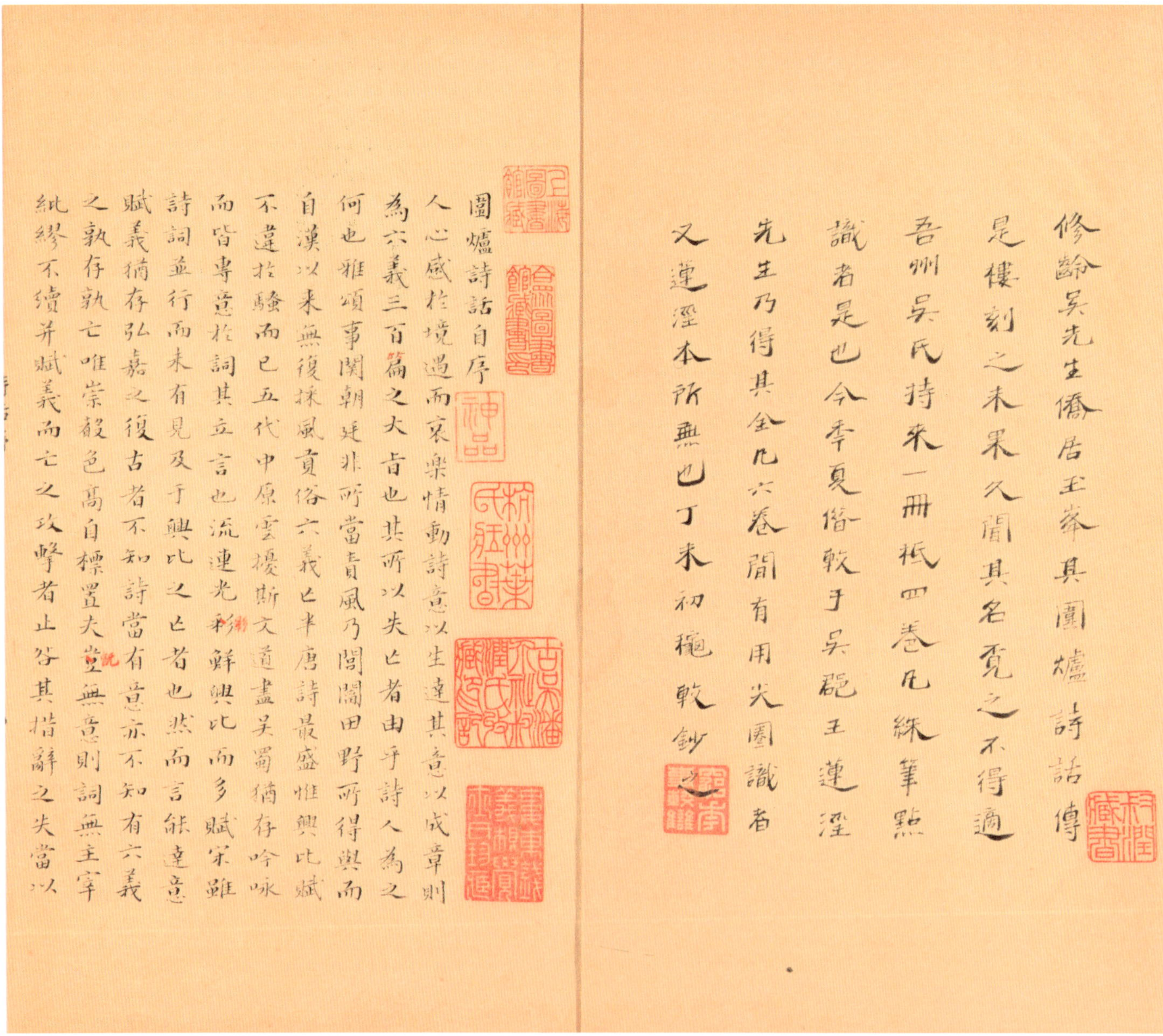

修齡吴先生僑居玉峯其圍爐詩話傳是樓刻之未果久聞其名覓之不得適吾州吴氏持來一冊祇四卷凡絲筆點識者是也今季夏偕較于吴砚王蓮涇先生乃得其全凡六卷間有用尖圈識者又蓮涇本所無也丁未初秋乾鈔之

圍爐詩話自序

人心感於境遇而哀樂情動詩意以生達其意以成章則為六義三百篇之大旨也其所以失亡者由乎詩人為之何也雅頌事關朝廷非所當貴風乃閭閻田野所得與而自漢以來無復採風貢俗六義亡半唐詩最盛惟興比賦不違於騷而已五代中原雲擾斯文道盡吴蜀猶存吟咏而皆專意於詞其立言也流連光彩鮮興比而多賦宋雖詩詞並行而未有見及于興比之亡者也然而言能達意賦義猶存弘嘉之復古者不知詩當有意亦不知有六義之孰存孰亡唯崇聲色高自標置大堂無意則詞無主宰紕繆不續并賦義而亡之攻擊者止咎其措辭之失當以

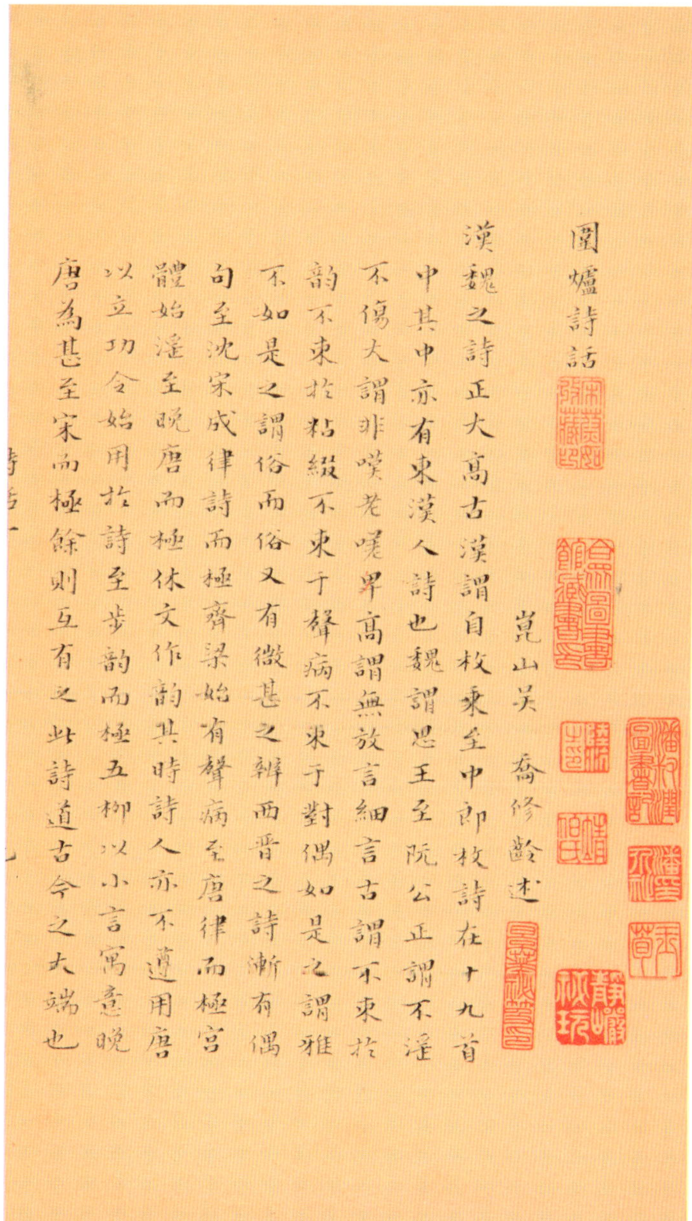
圍爐詩話
崑山吳　喬修齡述
漢魏之詩正大高古漢謂自枚乘至中郎枚詩在十九首
中其中亦有東漢人詩也魏謂思王至阮公正謂不淫
不傷大謂非嘆老嗟卑高謂無放言細言古謂不束於
韵不束於粘綴不束于聲病不束于對偶如是之謂雅
不如是之謂俗而俗又有微甚之辨西晋之詩漸有偶
句至沈宋成律詩而極齊梁始有聲病至唐律而極宮
體始淫至晚唐而極休文作韵其時詩人亦不遵用唐
以立功令始用於詩至步韵而極五柳以小言寓意晚
唐爲甚至宋而極餘則互有之此詩道古今之大端也

12069 圍爐詩話六卷　（清）吳喬撰　清初抄本

半葉十一行，行二十二字。有“宋蔚如收藏印”“潘印介祉”等印。宋賓王校並跋。上海圖書館藏。

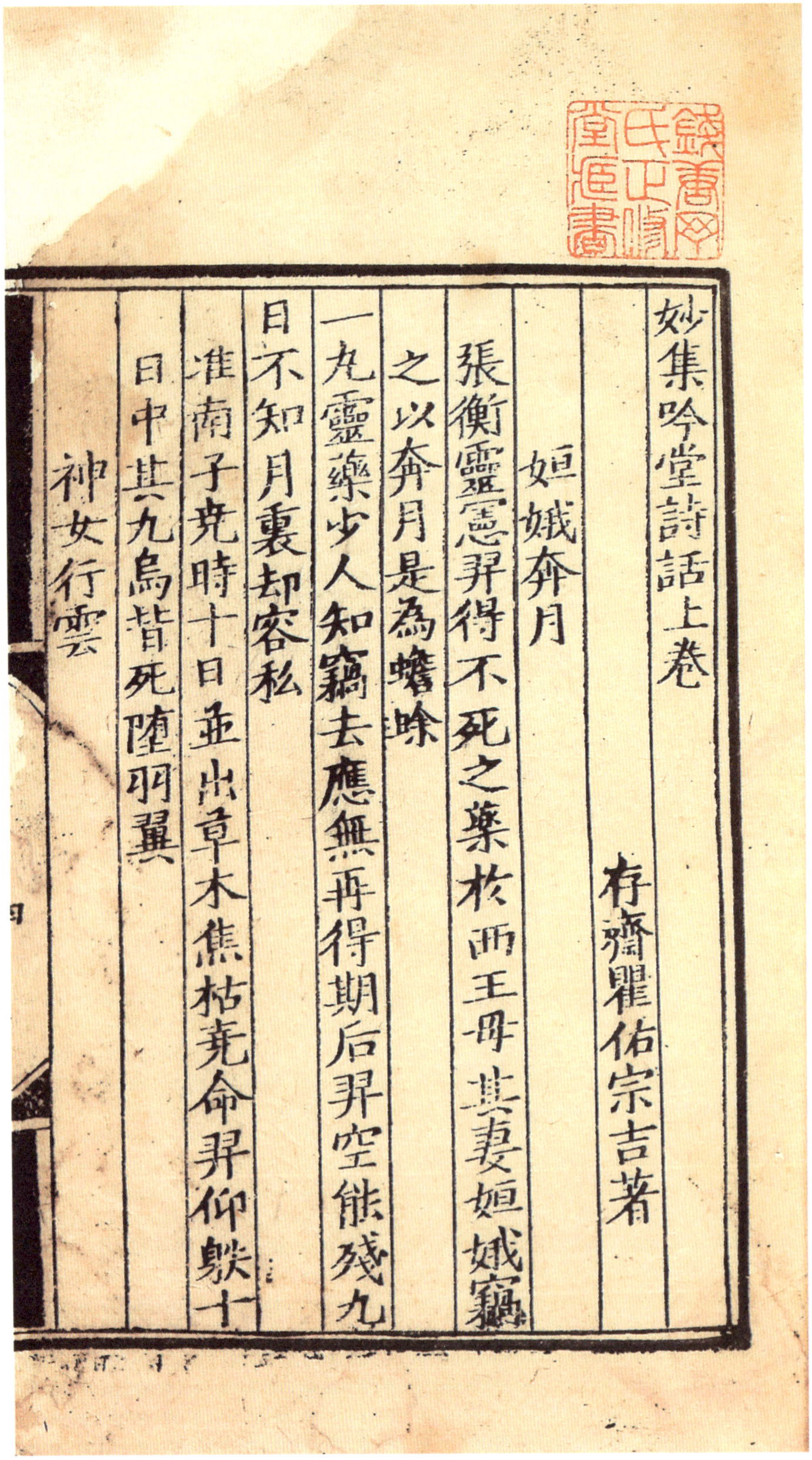

妙集吟堂詩話上卷

存齋瞿佑宗吉著

姮娥奔月

張衡靈憲羿得不死之藥於西王母其妻姮娥竊之以奔月是為蟾蜍

一丸靈藥少人知竊去應無再得期后羿空能殘九日不知月裏却容私

准南子堯時十日並出草木焦枯堯命羿仰射十日中其九烏皆死墮羽翼

神女行雲

12068 妙集吟堂詩話三卷 （明）瞿佑撰　明初刻本

匡高18.9厘米，廣13.3厘米。半葉十行，行二十字，黑口，四周雙邊。有“錢塘丁氏正修堂藏書”等印。南京圖書館藏。

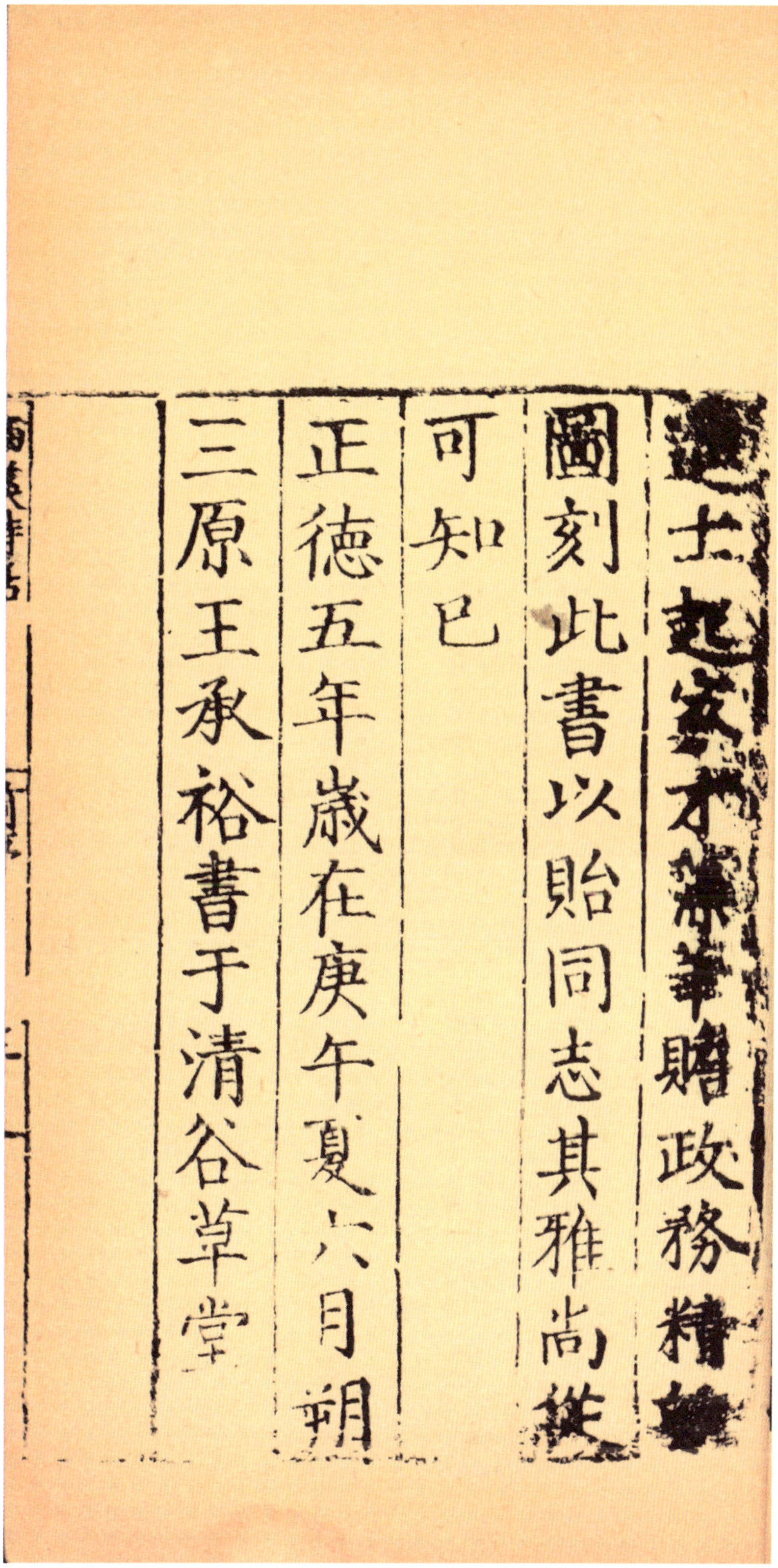
進士起家才兼華贍政務精[illegible]
圖刻此書以貽同志其雅尚從
可知已
正德五年歲在庚午夏六月朔
三原王承裕書于清谷草堂

12067 南溪筆録羣賢詩話前集一卷後集一卷續集一卷

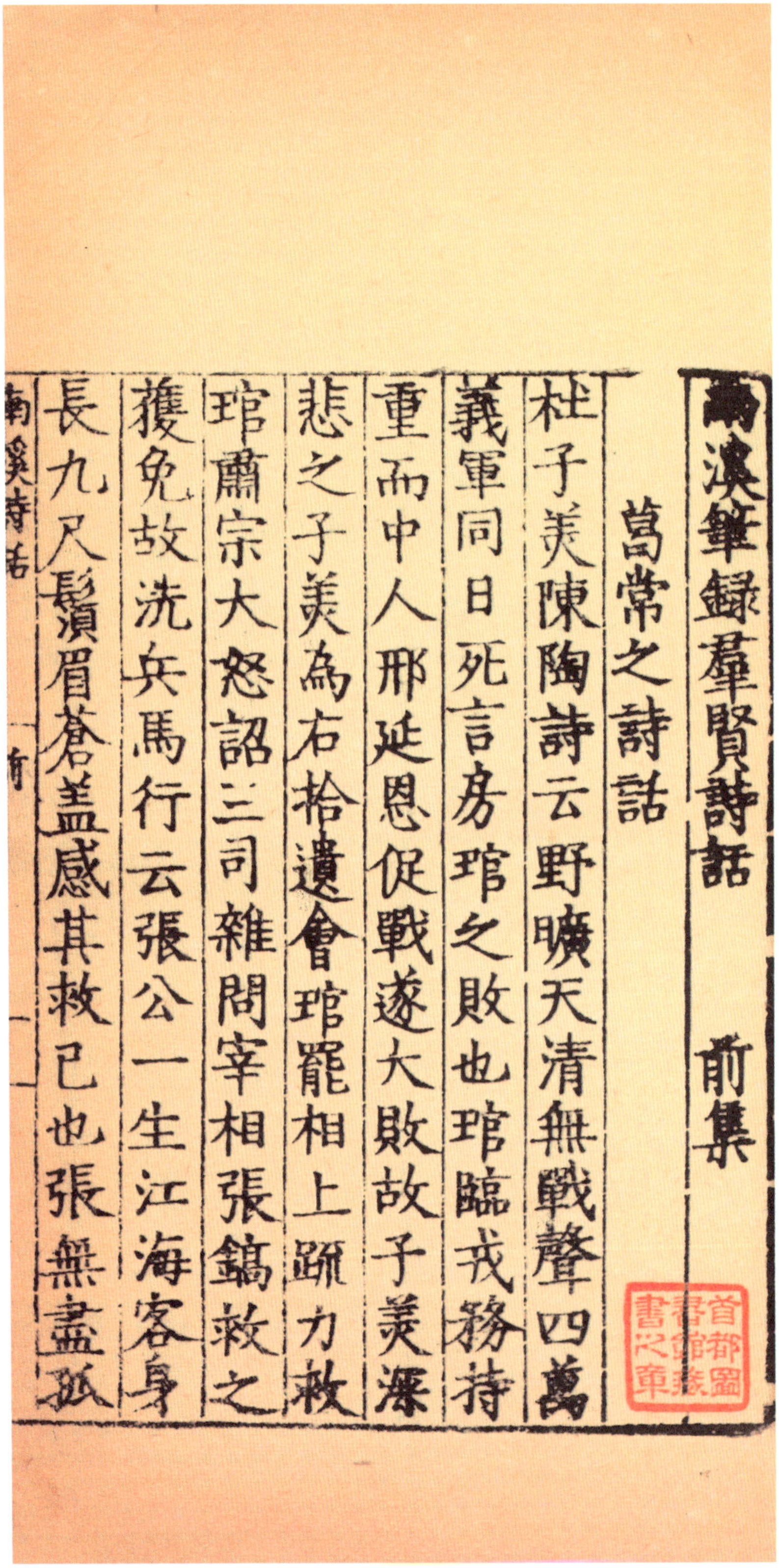

南溪筆録羣賢詩話　前集

葛常之詩話

杜子美陳陶詩云野曠天清無戰聲四萬義軍同日死言房琯之敗也琯臨戎務持重而中人邢延恩促戰遂大敗故子美深悲之子美爲右拾遺會琯罷相上疏力救琯肅宗大怒詔三司雜問宰相張鎬救之獲免故洗兵馬行云張公一生江海客身長九尺鬚眉蒼盖感其救己也張無盡孤

南溪詩話　前　一

12067 南溪筆録羣賢詩話前集一卷後集一卷續集一卷 明正德五年（1510）程啓充刻本

匡高16.7厘米，廣12.4厘米。半葉九行，行十六字，白口，四周單邊。首都圖書館藏。

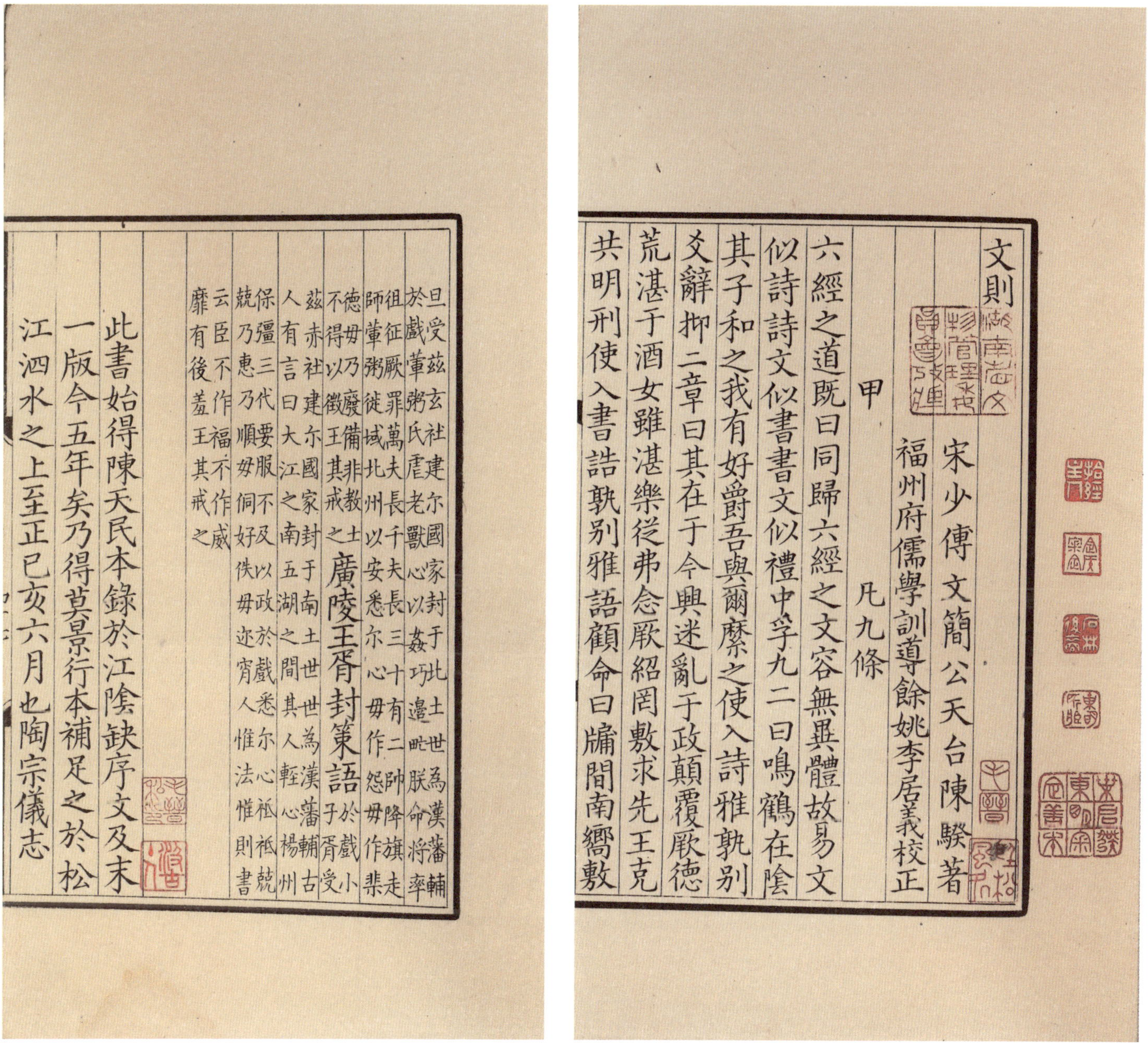

文則
宋少傅文簡公天台陳騤著
福州府儒學訓導餘姚李居義校正
甲　凡九條
六經之道既曰同歸六經之文容無異體故易文
似詩詩文似書書文似禮中孚九二曰鳴鶴在陰
其子和之我有好爵吾與爾縻之使入詩雅孰別
爻辭抑二章曰其在于今興迷亂于政顛覆厥德
荒湛于酒女雖湛樂從弗念厥紹罔敷求先王克
共明刑使入書誥孰別雅語顧命曰牖間南嚮敷

旦受茲玄社建尒國家封于北土世為漢藩輔於戲葷粥氏虐老獸心以姦巧邊甿朕命將率
徂征厥罪萬夫長千夫長三十有二帥降旗走師葷粥徙域北州以安悉尒心毋作怨毋作棐
德毋乃廢備非教士不得以徵王其戒之 廣陵王胥封策語 於戲小子胥受
茲赤社建尒國家封于南土世世為漢藩輔古人有言曰大江之南五湖之間其人輕心楊州
保彊三代要服不及以政於戲悉尒心祗祗兢兢乃惠乃順毋侗好佚毋迩宵人惟法惟則書
云臣不作福不作威靡有後羞王其戒之

此書始得陳天民本錄於江陰缺序文及末
一版今五年矣乃得葛景行本補足之於松
江泗水之上至正己亥六月也陶宗儀志

12066 文則一卷　（宋）陳騤撰　明末毛氏汲古閣影元抄本

匡高19.3厘米，廣13.1厘米。半葉十行，行十九字，小字雙行同，黑口，四周雙邊。有“毛晉私印”等印。葉啟發、葉啟勳跋。湖南圖書館藏。

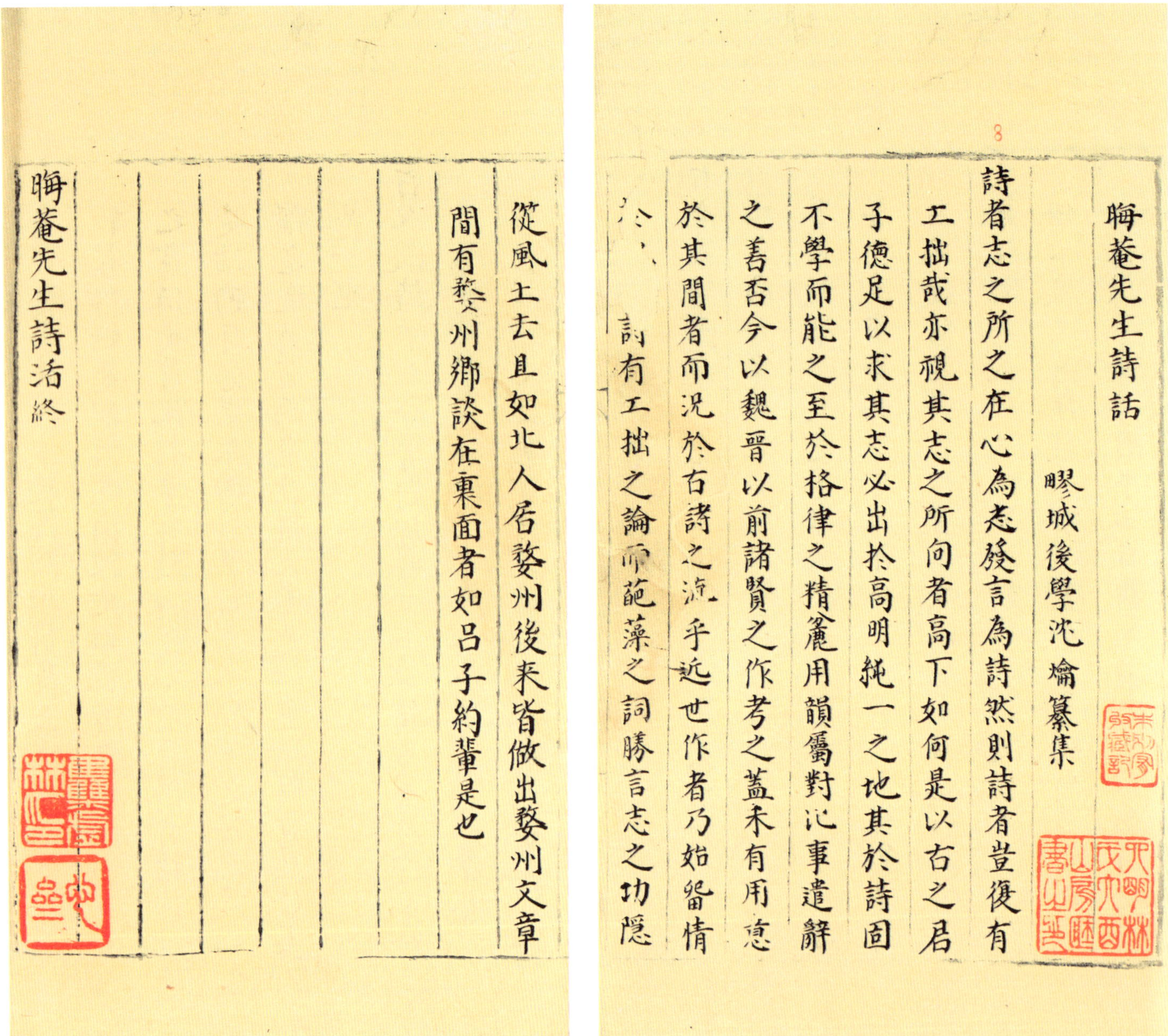

12065 晦菴先生詩話一卷 （宋）朱熹撰　（明）沈爚輯　明抄本

匡高20.4厘米，廣14.8厘米。半葉九行，行二十一字，白口，四周單邊。有“四明林氏大酉山房藏書之印”等印。寧波市天一閣博物館藏。

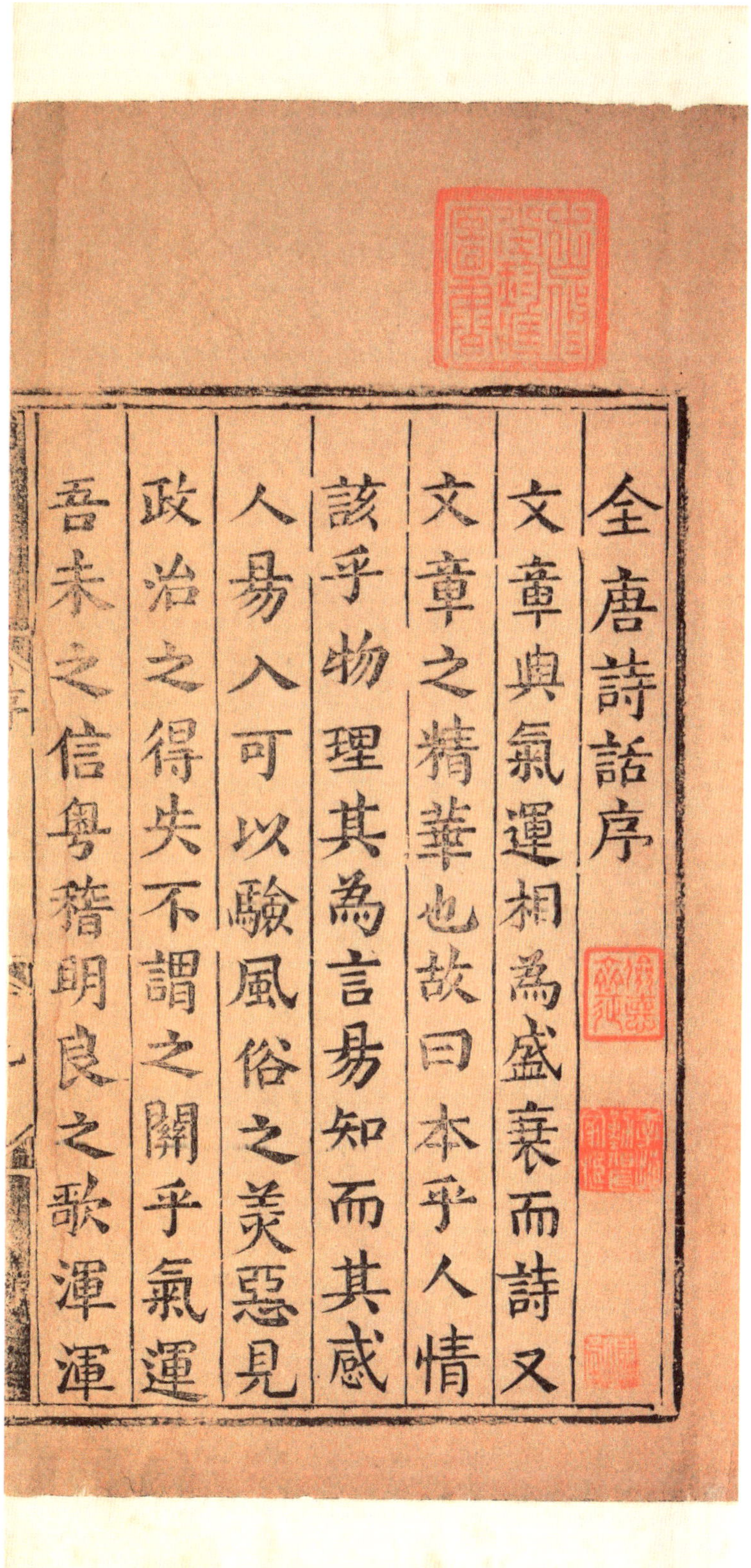

全唐詩話序

文章與氣運相為盛衰而詩又文章之精華也故曰本乎人情該乎物理其為言易知而其感人易入可以驗風俗之美惡見政治之得失不謂之關乎氣運吾未之信粤稽明良之歌渾渾

12064 全唐詩話三卷

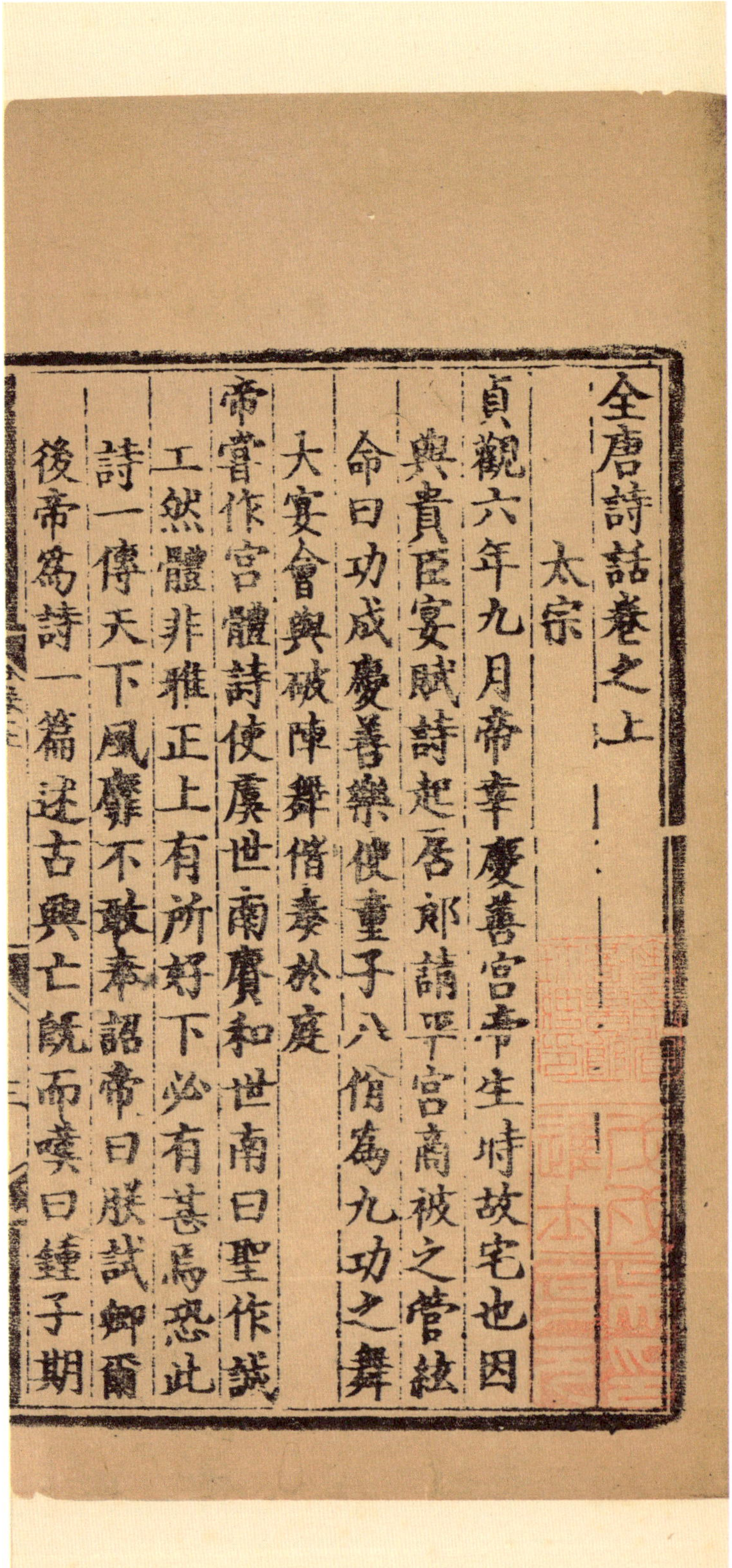

12064 全唐詩話三卷 題（宋）尤袤撰 明正德十二年（1517）鮑繼文教養堂刻本

匡高19.6厘米，廣12.7厘米。半葉十行，行十八字，黑口，四周雙邊。有"古修堂珍藏圖書"等印。雲南省圖書館藏。

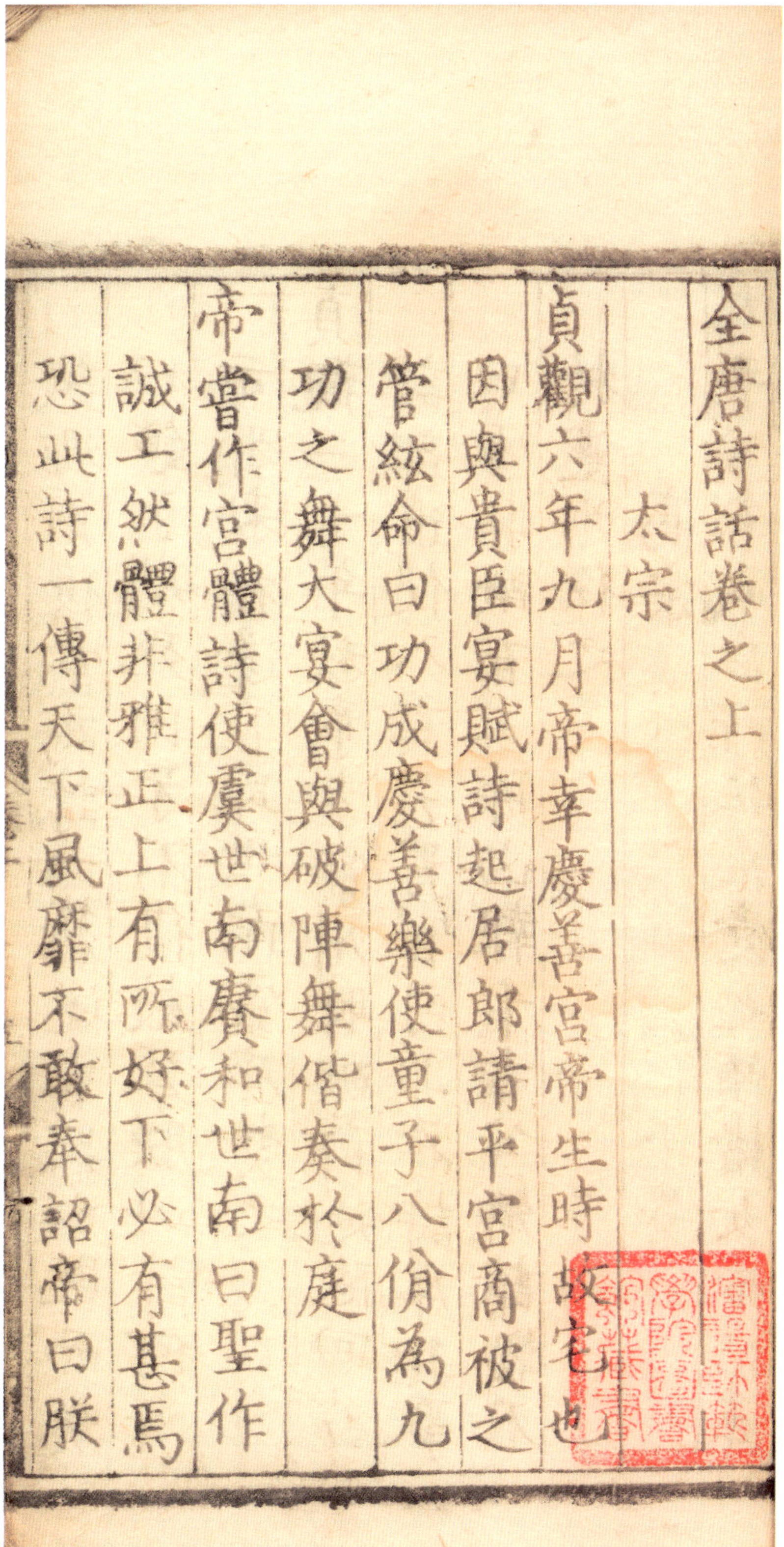

全唐詩話卷之上

太宗

貞觀六年九月帝幸慶善宮帝生時故宅也
因與貴臣宴賦詩起居郎請平宮商被之
管絃命曰功成慶善樂使童子八佾爲九
功之舞大宴會與破陣舞偕奏於庭
帝嘗作宮體詩使虞世南賡和世南曰聖作
誠工然體非雅正上有所好下必有甚焉
恐此詩一傳天下風靡不敢奉詔帝曰朕

12063 全唐詩話三卷 題（宋）尤袤撰　明正德二年（1507）秦昂刻本

匡高20.7厘米，廣13.5厘米。半葉九行，行十七字，黑口，四周雙邊。遼寧大學圖書館藏。

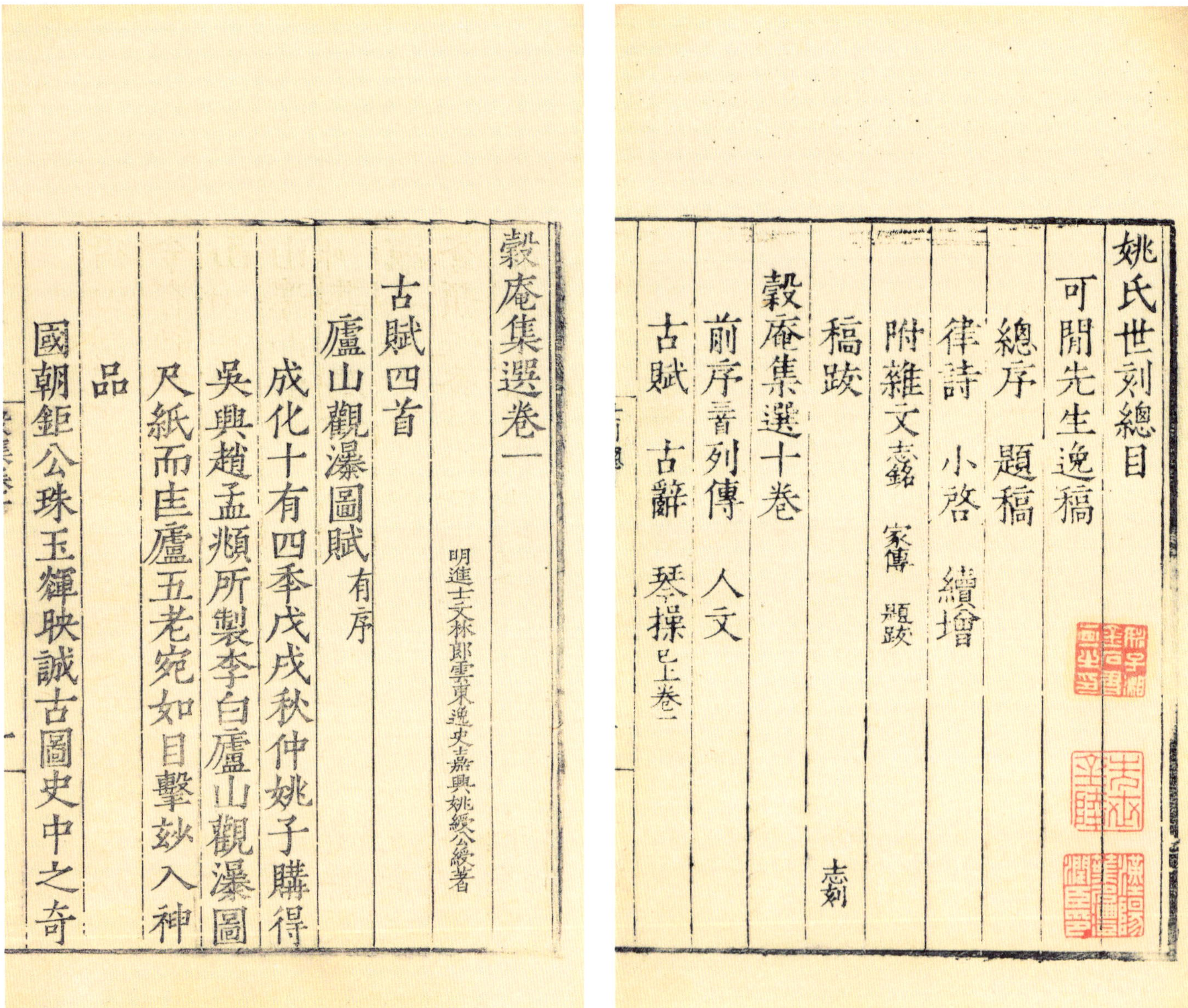

12062 姚氏世刻十五卷 （明）姚堦輯　明嘉靖三十五至三十六年（1556-1557）

姚堦刻本

匡高18厘米，廣14.5厘米。半葉九行，行十七字，黑口，左右雙邊。有“漢陽葉名澧潤臣印”“先世金陵”“姚子湘金石書画之印”等印。北京大學圖書館藏。

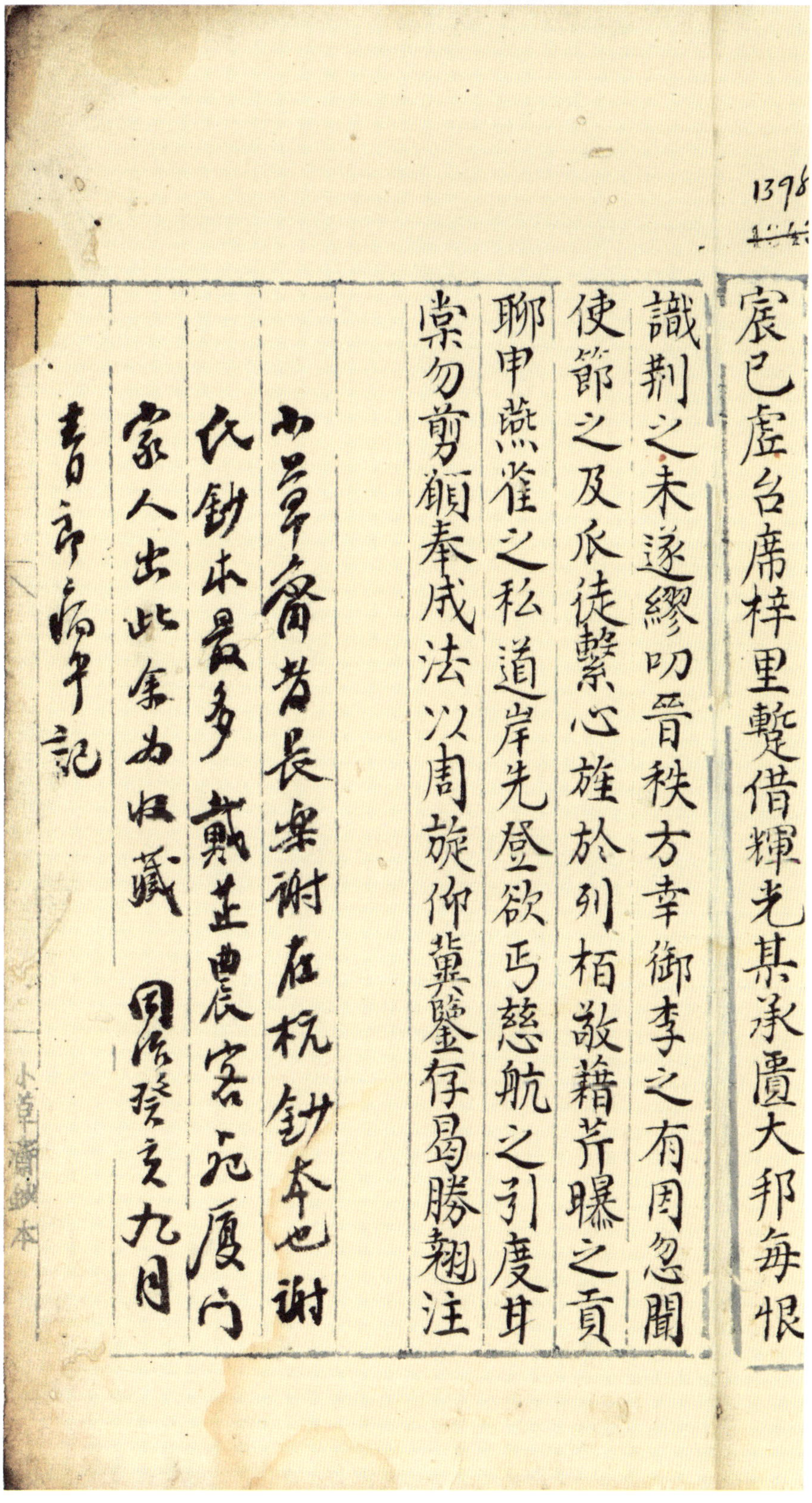
宸已虛台席梓里甓借輝光某承匱大邦每恨
識荊之未遂繆叨晉秩方幸御李之有周忽聞
使節之及瓜徒縶心旌於列栢敬籍芹曝之貢
聊申燕雀之私道岸先登欲丐慈航之引度芔
崇勿剪頫奉成法以周旋仰冀鑒存曷勝翹注

小草齋者長樂謝在杭鈔本也謝
氏鈔本最多　戴芷農客死廈門
家人出此余為收藏　同治癸亥九月
青帝病中記

小草齋鈔本

12061 滇文不分卷

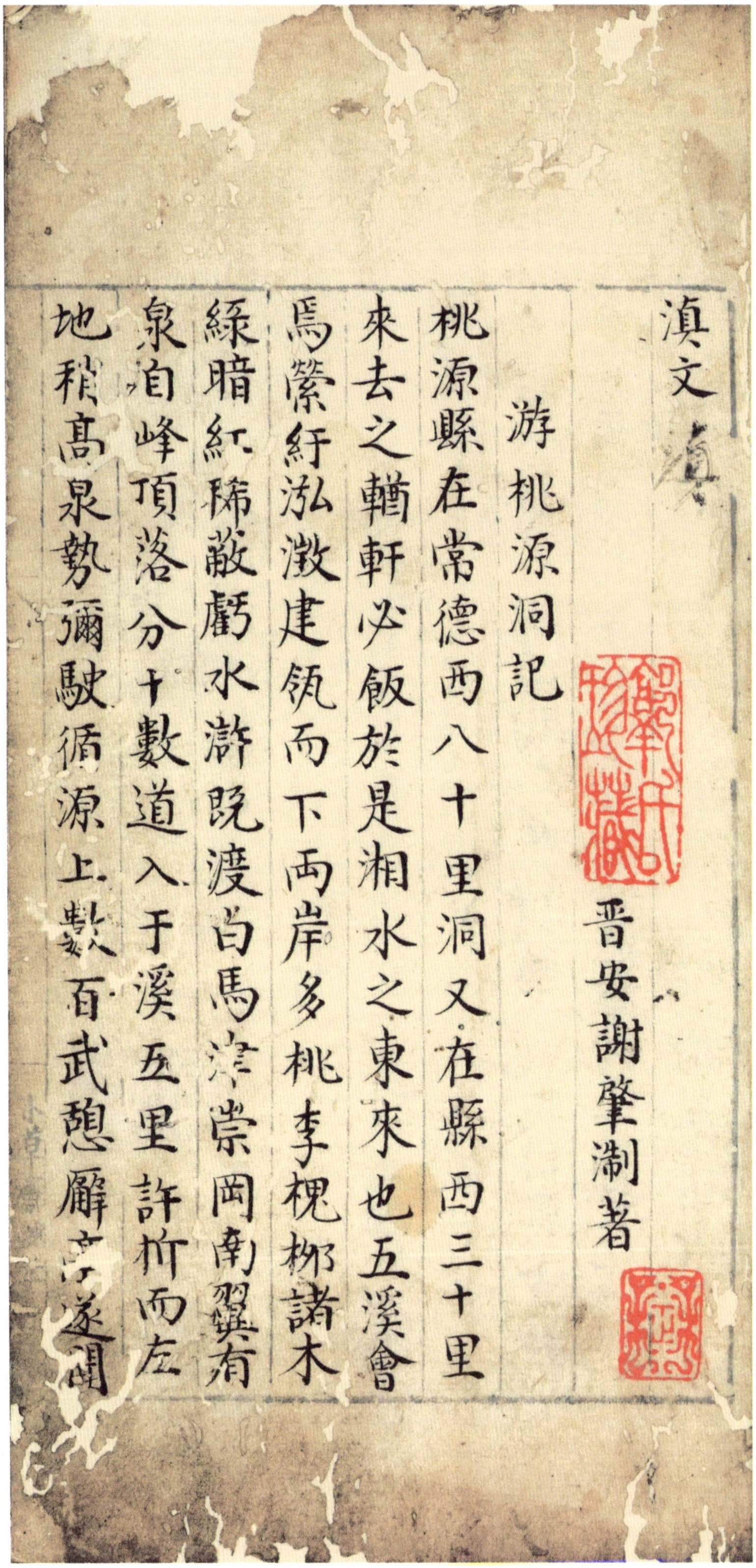
滇文

游桃源洞記

晉安謝肇淛著

桃源縣在常德西八十里洞又在縣西三十里來去之輶軒必飯於是湘水之東來也五溪會焉縈紆泓澂建瓴而下兩岸多桃李榿椰諸木緑暗紅稀蔽虧水滸既渡白馬渡崇岡南翼有泉自峰頂落分十數道入于溪五里許折而左地稍高泉勢彌駛循源上數百武憩廨亭遂聞

12061 滇文不分卷　（明）謝肇淛輯　明謝氏小草齋抄本

匡高19.5厘米，廣13.4厘米。半葉九行，行十八字，白口，四周單邊。有“郭氏珍藏”等印。郭柏蒼題識。福建省圖書館藏。

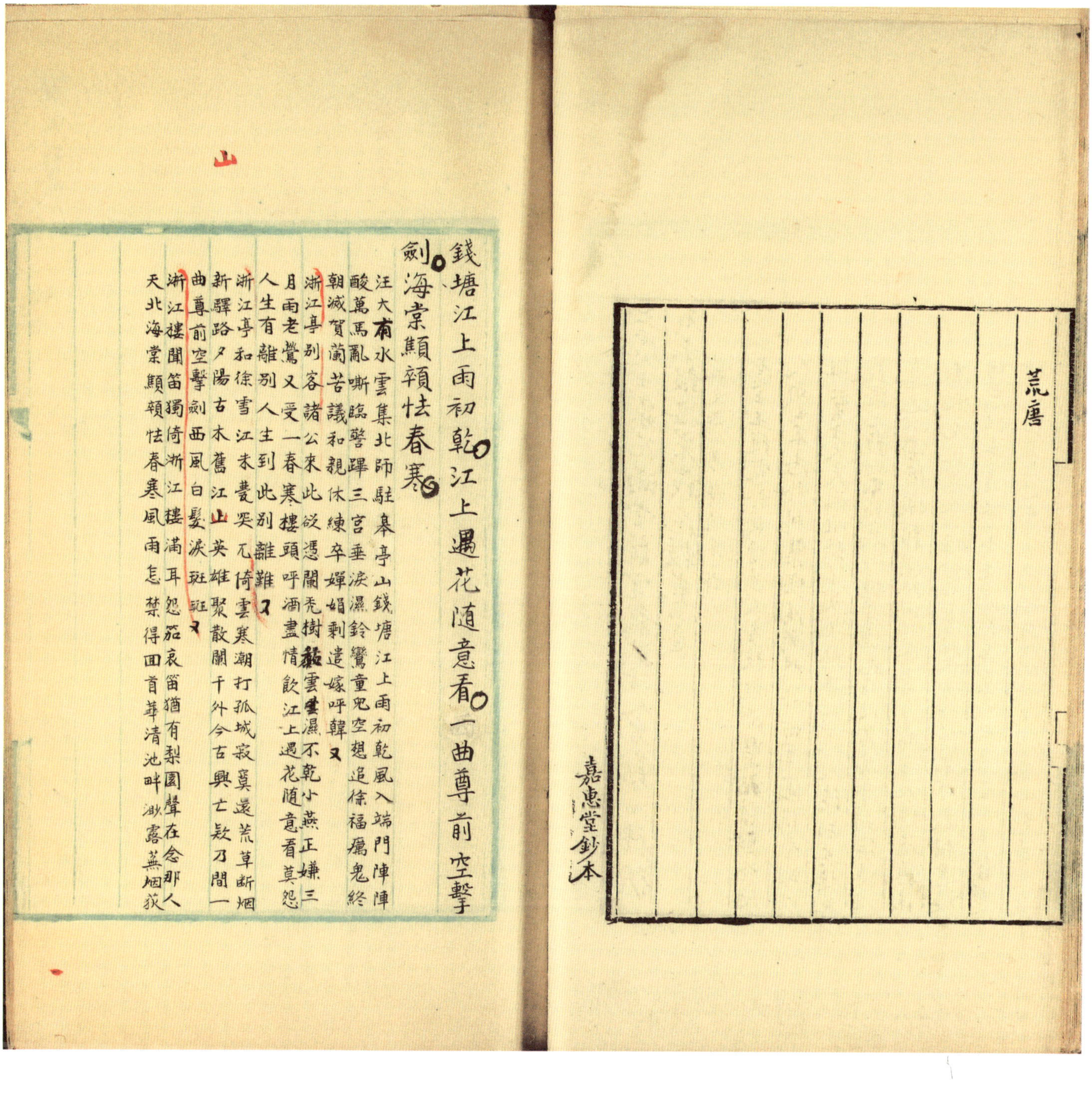

山

錢塘江上雨初乾江上遇花隨意看一曲尊前空擊
劍海棠顛頓怯春寒
汪大有水雲集北師駐皋亭山錢塘江上雨初乾風入端門陣陣
酸萬馬亂嘶臨警蹕三宮垂淚濕鈴鸞童兒空想追徐福癘鬼終
朝滅賀蘭若議和親休練卒嬋娟剩遣嫁呼韓 又
浙江亭別客諸公來此設憑闌禿樹蔽雲黑濕不乾小燕正嫌三
月雨老鶯又受一春寒樓頭呼酒盡情飲江上遇花隨意看莫怨
人生有離別人生到此別離難 又
浙江亭和徐雪江未晝哭兀倚雲寒潮打孤城寂寞還荒草斷烟
新驛路夕陽古木舊江山英雄聚散闌干外今古興亡敖刀間一
曲尊前空擊劍西風白髮淚斑斑 又
浙江樓聞笛獨倚浙江樓滿耳怨笳哀笛猶有梨園聲在念那人
天北海棠顛頓怯春寒風雨怎禁得回首華清池畔溅露蕪烟荻

荒唐

嘉惠堂鈔本

12060 江干雜詠不分卷

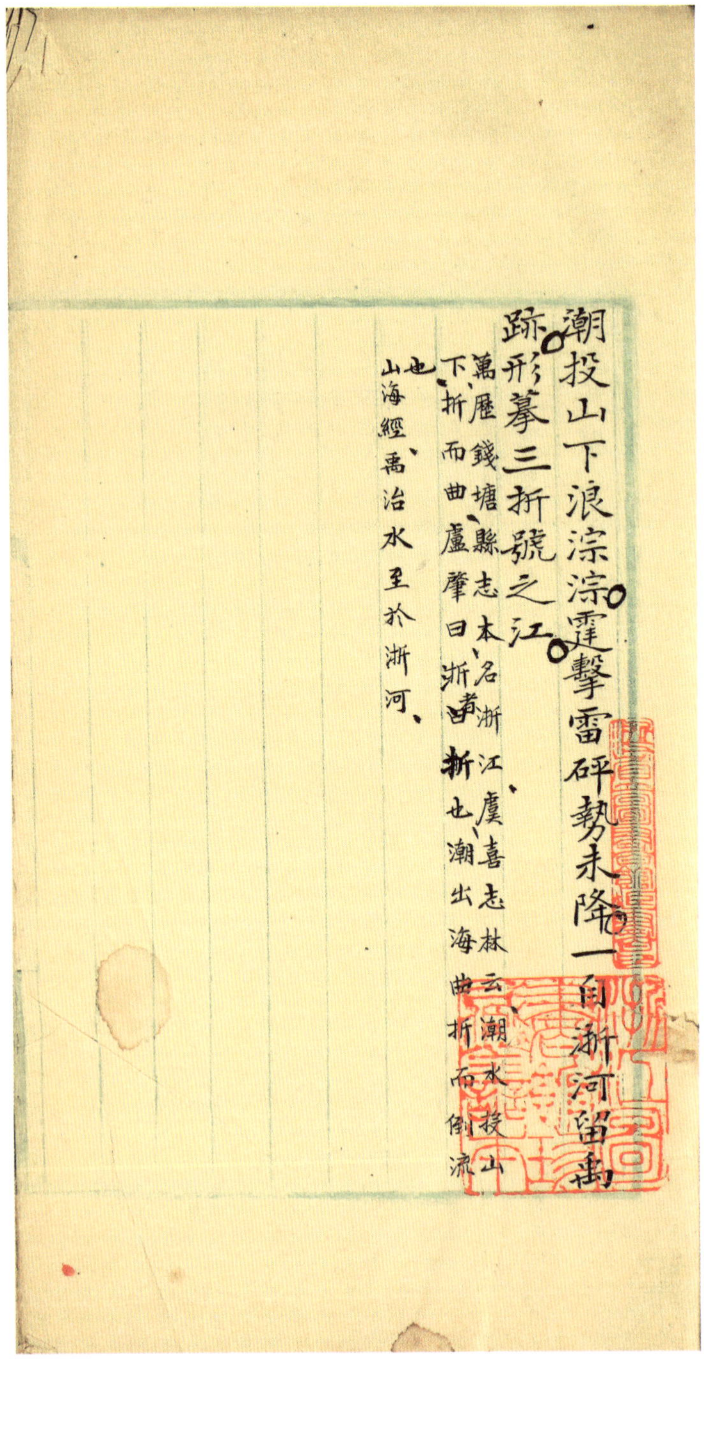

潮投山下浪淙淙霆擊雷砰勢未降一自浙河留禹跡形摹三折號之江萬曆錢塘縣志本名浙江虞喜志林云潮水投山下折而曲盧肇曰浙者折也潮出海曲折而倒流也山海經禹治水至於浙河

12060 江干雜詠不分卷　（清）丁丙輯　稿本

匡高17.3厘米，廣12.6厘米。半葉十行，行二十字，小字雙行同，黑口，左右雙邊。吳士鎬題記。浙江圖書館藏。

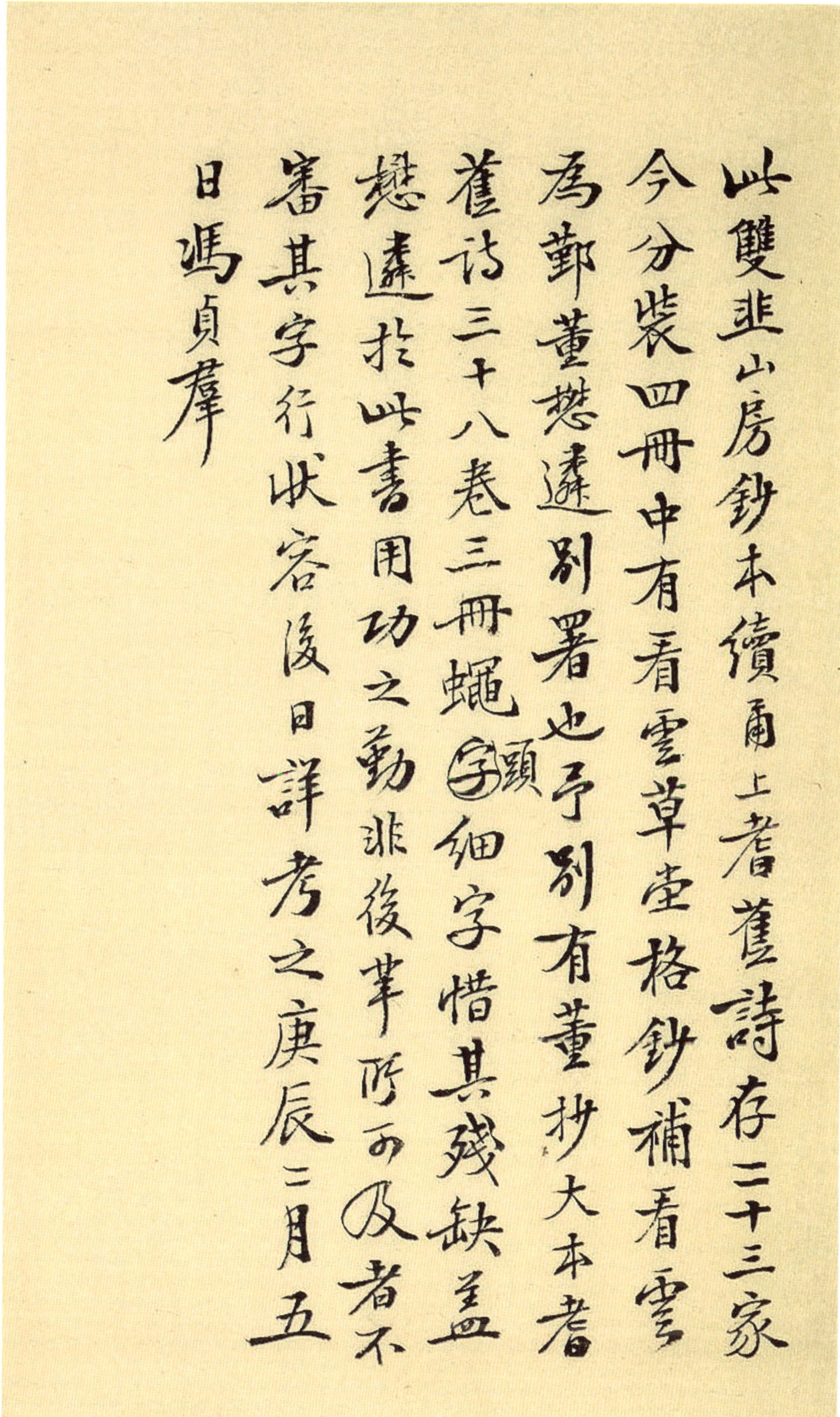

此雙韭山房鈔本續甬上耆舊詩存二十三家今分裝四冊中有看雲草堂格鈔補看雲為鄭董懋遠別署也予別有董抄大本耆舊詩三十八卷三冊蠅頭細字惜其殘缺蓋懋遠於此書用功之勤非後輩所可及者不審其字行狀容後日詳考之庚辰二月五日馮貞羣

12059 續甬上耆舊詩不分卷

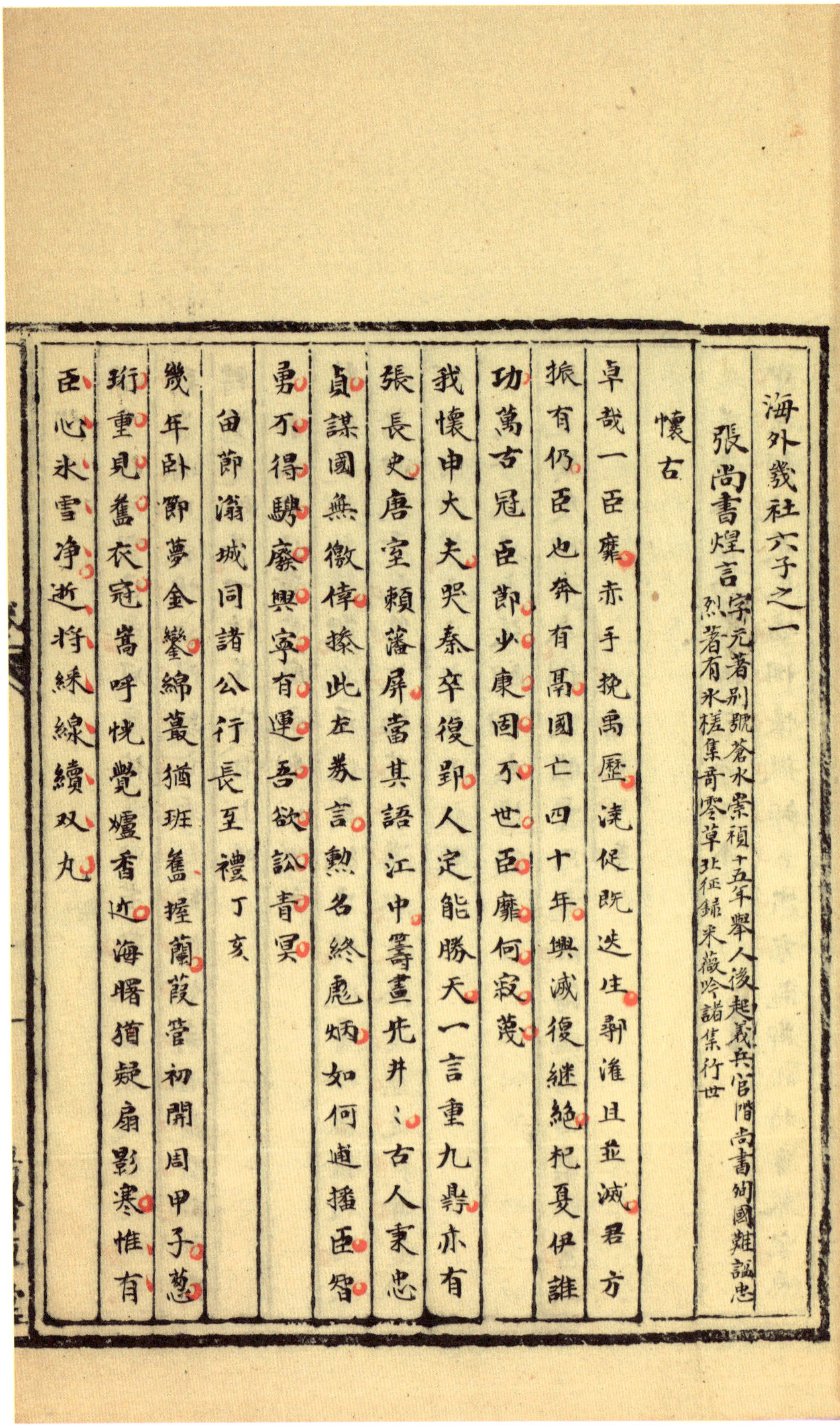
海外幾社六子之一
張尚書煌言字元著別號蒼水崇禎十五年舉人後起義兵官階尚書殉國難謚忠烈著有氷槎集奇零草北征録采薇吟諸集行世
懷古
卓哉一臣靡赤手挽禹歷澆促既迭生鄩淮且並滅君方振有仍臣也奔有鬲國亡四十年興滅復繼絶杞夏伊誰功萬古冠臣節少康固不世臣靡何寂蔑
我懷申大夫哭秦卒復郢人定能勝天一言重九鼎亦有張長史唐室賴藩屏當其語江中籌畫先井井古人秉忠貞謀國無徼倖掾此左券言勲名終炳炳如何遘播臣智勇不得騁靡興寧有運吾欲訟青冥
留節瀚城同諸公行長至禮丁亥
幾年卧節夢金鑾綿蕞猶班舊握蘭葭管初開周甲子葱珩重見舊衣冠嵩呼恍覺爐香近海曙猶疑扇影寒惟有臣心氷雪淨逝將綵線續双丸

12059 續甬上耆舊詩不分卷　（清）全祖望輯　清全氏雙韭山房抄本

匡高18.4厘米，廣14.7厘米。半葉十二行，行二十二字，白口，四周雙邊。馮貞群跋。浙江圖書館藏。

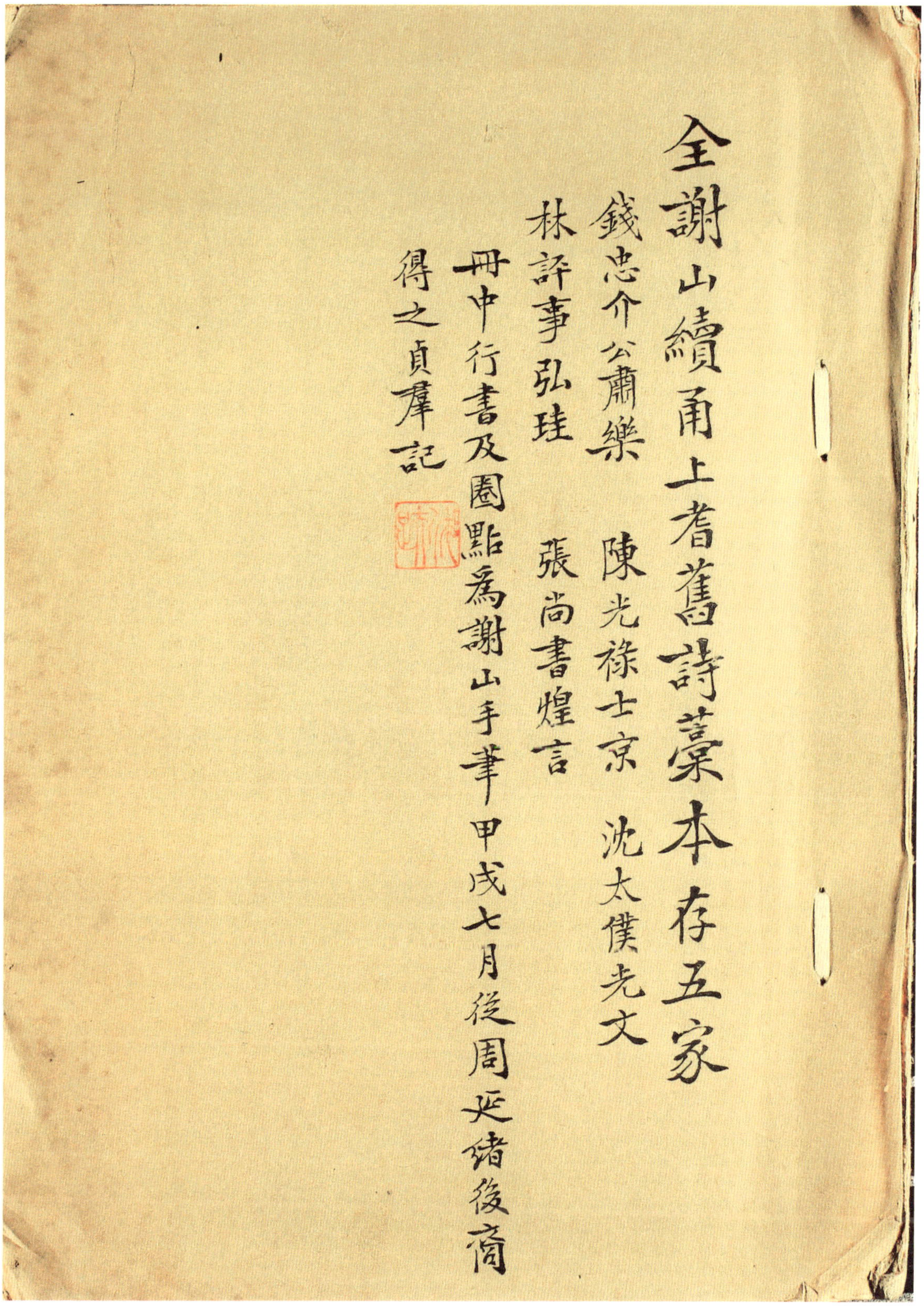

全謝山續甬上耆舊詩藁本存五家

錢忠介公肅樂　陳光祿士京　沈太僕光文

林評事弘珪　張尚書煌言

冊中行書及圈點爲謝山手筆甲戌七月從周延緒後裔

得之貞犀記

12058 續甬上耆舊詩不分卷

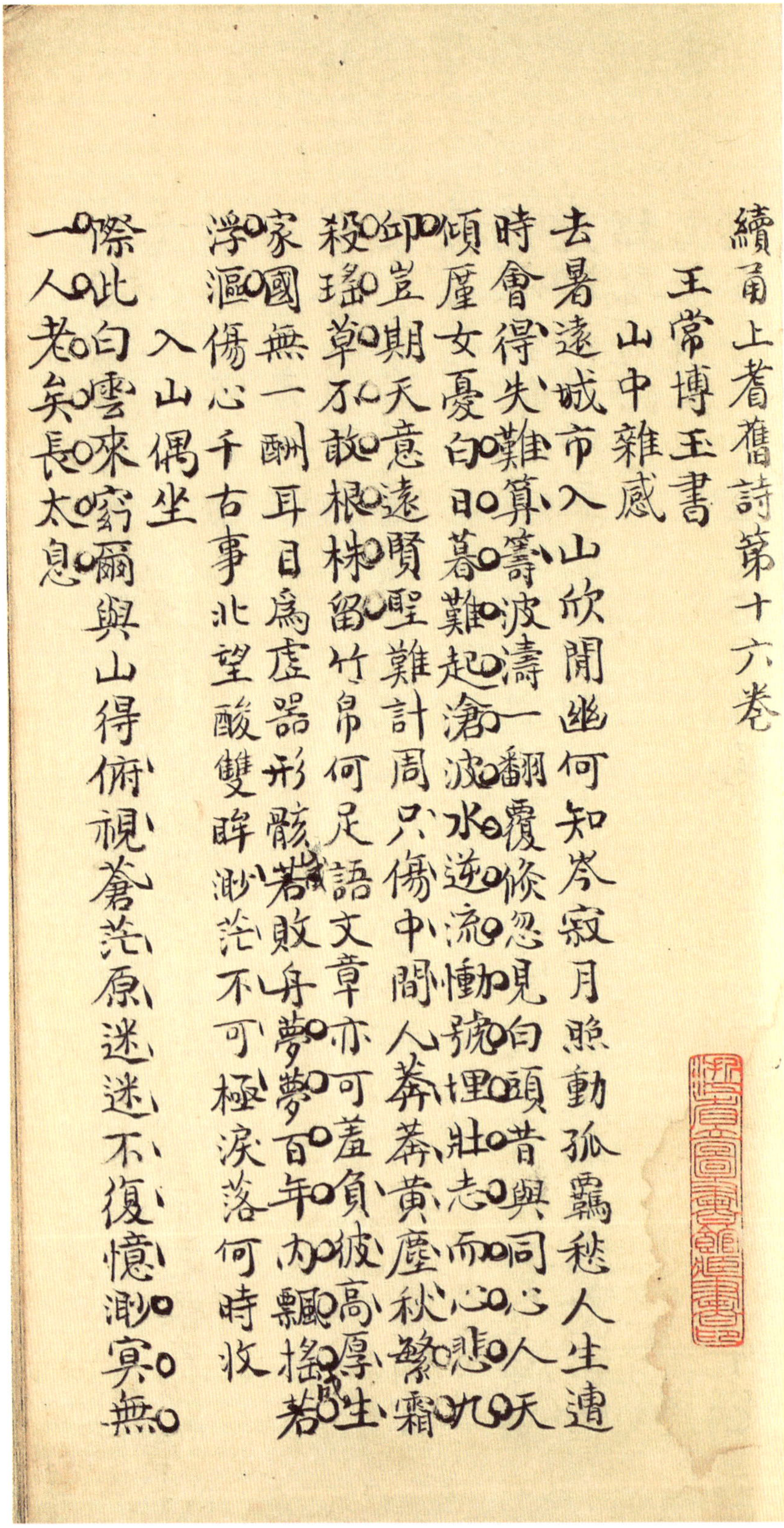

續甬上耆舊詩第十六卷

王常博玉書

山中雜感

去暑遠城市入山欣閒幽何知岑寂月照動孤羈愁人生遭
時會得失難算籌波濤一翻覆倏忽見白頭昔與同心人天
傾厘女憂白日暮難起滄流水逆流慟號埋壯志而心悲九
卯豈期天意遠賢聖難計周只傷中閒人莽莽黃塵秋繁霜
殺瑤草不敢根株留竹帛何足語文章亦可羞負彼高厚生
家國無一酬耳目爲虛器形骸若敗舟夢夢百年內飄搖若
浮漚傷心千古事北望酸雙眸渺茫不可極淚落何時收

入山偶坐

際此白雲來谽谺與山得俯視蒼茫原迷迷不復憶渺冥無
一人老矣長太息

12058 續甬上耆舊詩不分卷　（清）全祖望輯　稿本

馮貞群跋。浙江圖書館藏。

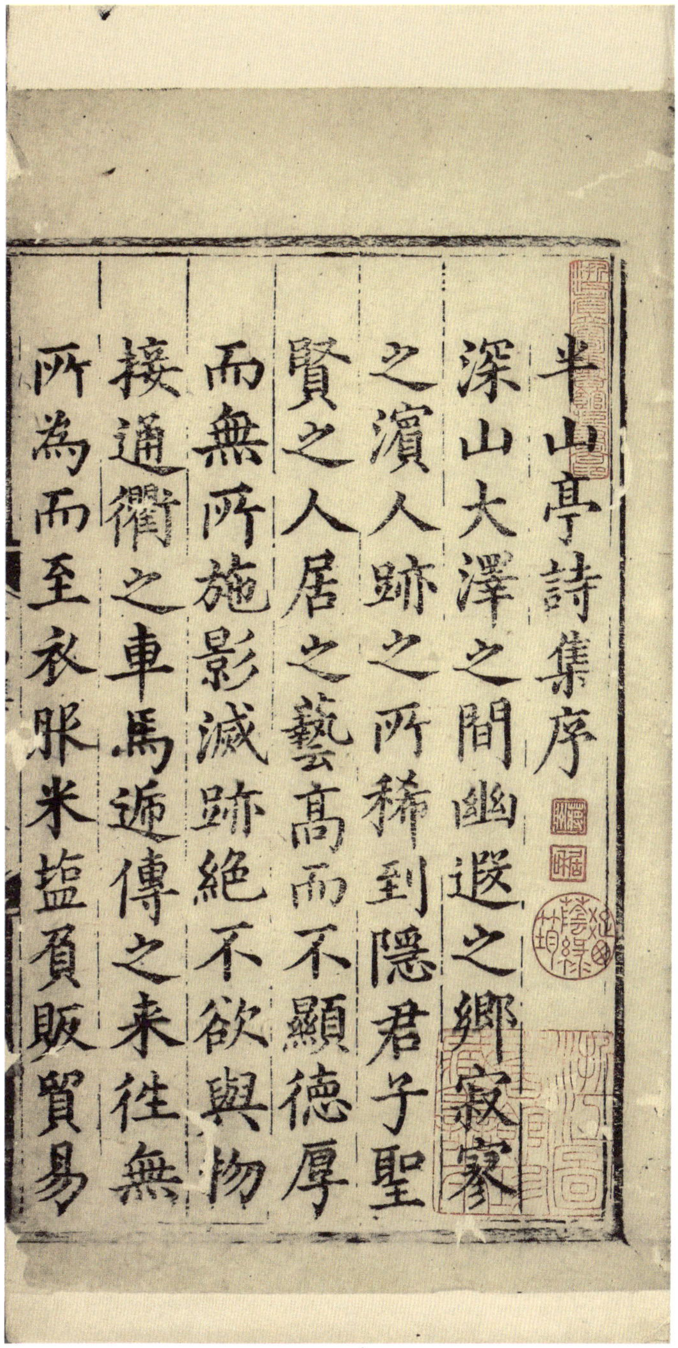
半山亭詩集序
深山大澤之間幽遐之鄉寂家之濵人跡之所稀到隱君子聖賢之人居之藝高而不顯德厚而無所施影滅跡絶不欲與物接通衢之車馬遞傳之来往無所為而至衣脉米塩負販貿易

12057 半山亭詩集不分卷

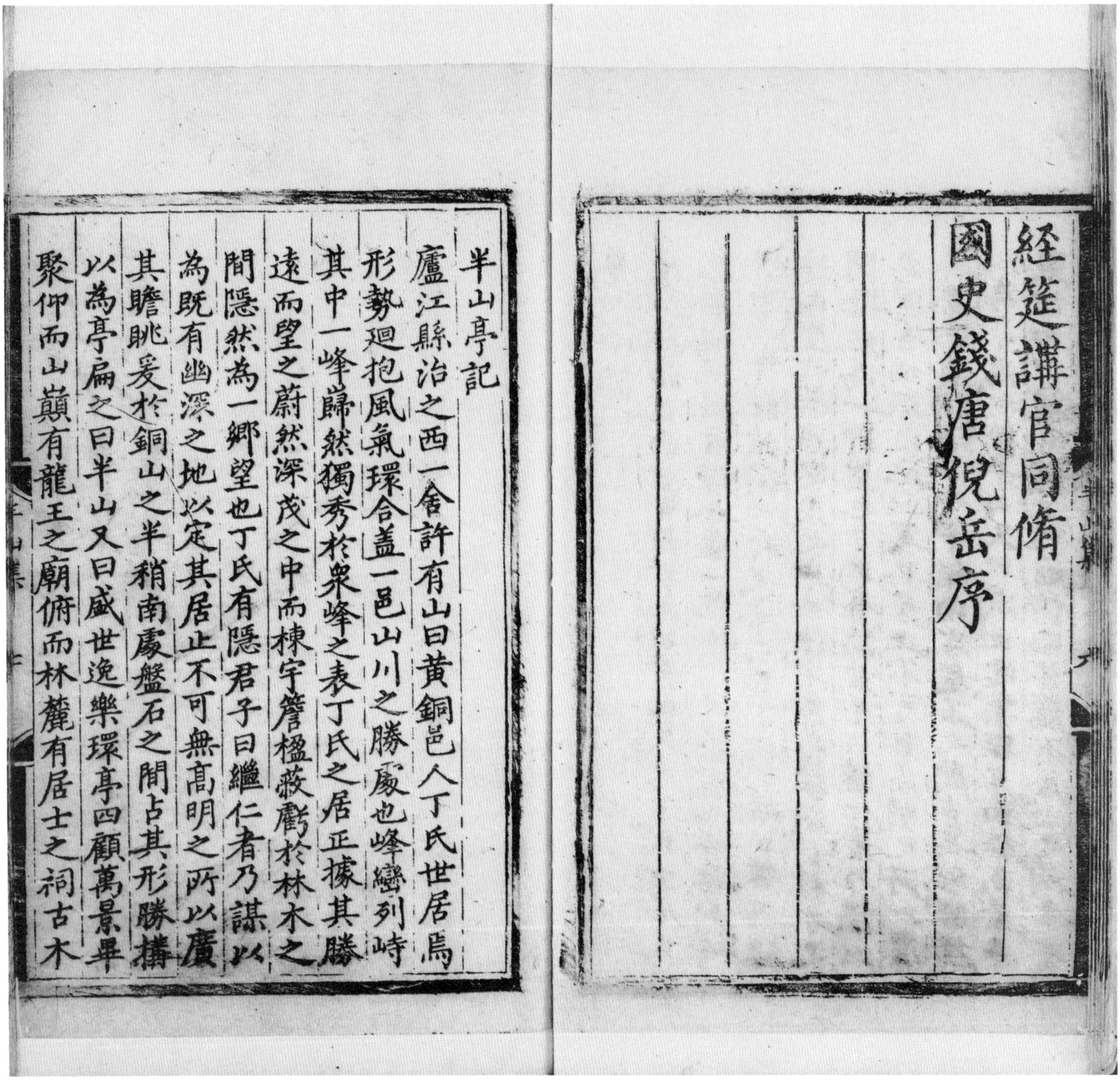

12057 半山亭詩集不分卷 （明）丁鉷輯　明弘治元年（1488）刻本

匡高22.2厘米，廣14.4厘米。半葉十行，行二十二字，黑口，四周雙邊。有“疏窗蔭緑筠”“居和”“蔣洲”等印。浙江圖書館藏。

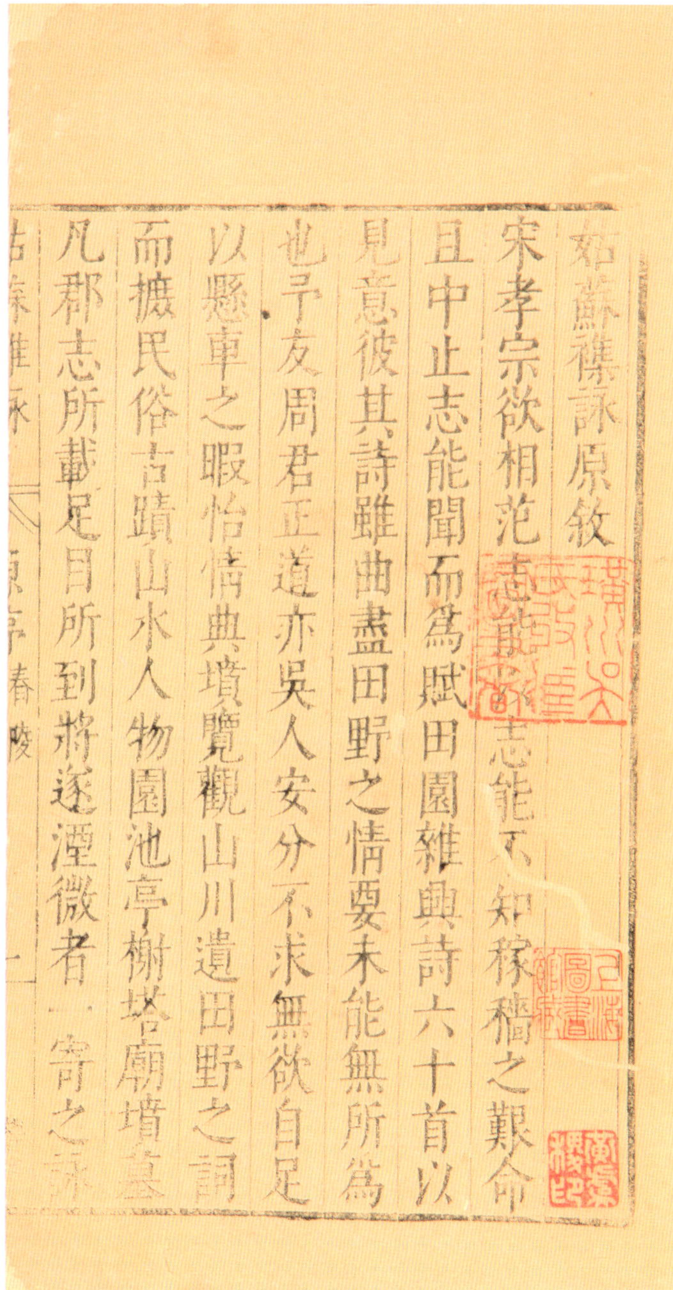

姑蘇襍詠原敘

宋孝宗欲相范志能不知稼穡之艱命
且中止志能聞而爲賦田園雜興詩六十首以
見意彼其詩雖曲盡田野之情要未能無所爲
也予友周君正道亦吳人安分不求無欲自足
以懸車之暇怡情典墳覽觀山川遺田野之詞
而摭民俗古蹟山水人物園池亭榭塔廟墳墓
凡郡志所載足目所到將遂湮微者一寄之詠

姑蘇雜詠　原序　春陵　一

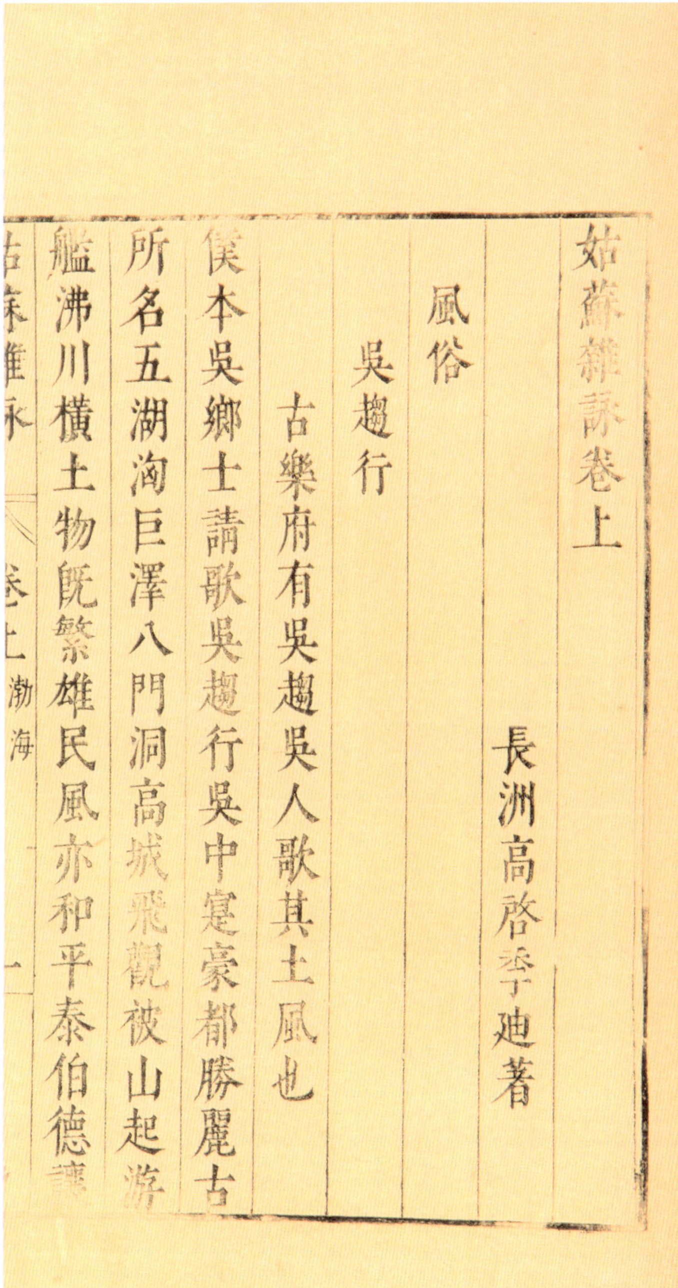

姑蘇雜詠卷上

長洲高啓季迪著

風俗

吳趨行

古樂府有吳趨吳人歌其土風也
僕本吳鄉士請歌吳趨行吳中寔豪都勝麗古
所名五湖洶巨澤八門洞高城飛觀被山起游
艦沸川橫土物既繁雄民風亦和平泰伯德讓

姑蘇雜詠　卷上　渤海　一

12056 姑蘇雜詠合刻四卷　（明）周希夔輯　明萬曆四十六年（1618）刻本

匡高20.1厘米，廣13.5厘米。半葉八行，行十八字，白口，左右雙邊。有“黄虞稷印”“晉江黄氏付梓藏書”“璜川吳氏收藏圖書”等印。黄丕烈校，潘承弼跋。上海圖書館藏。

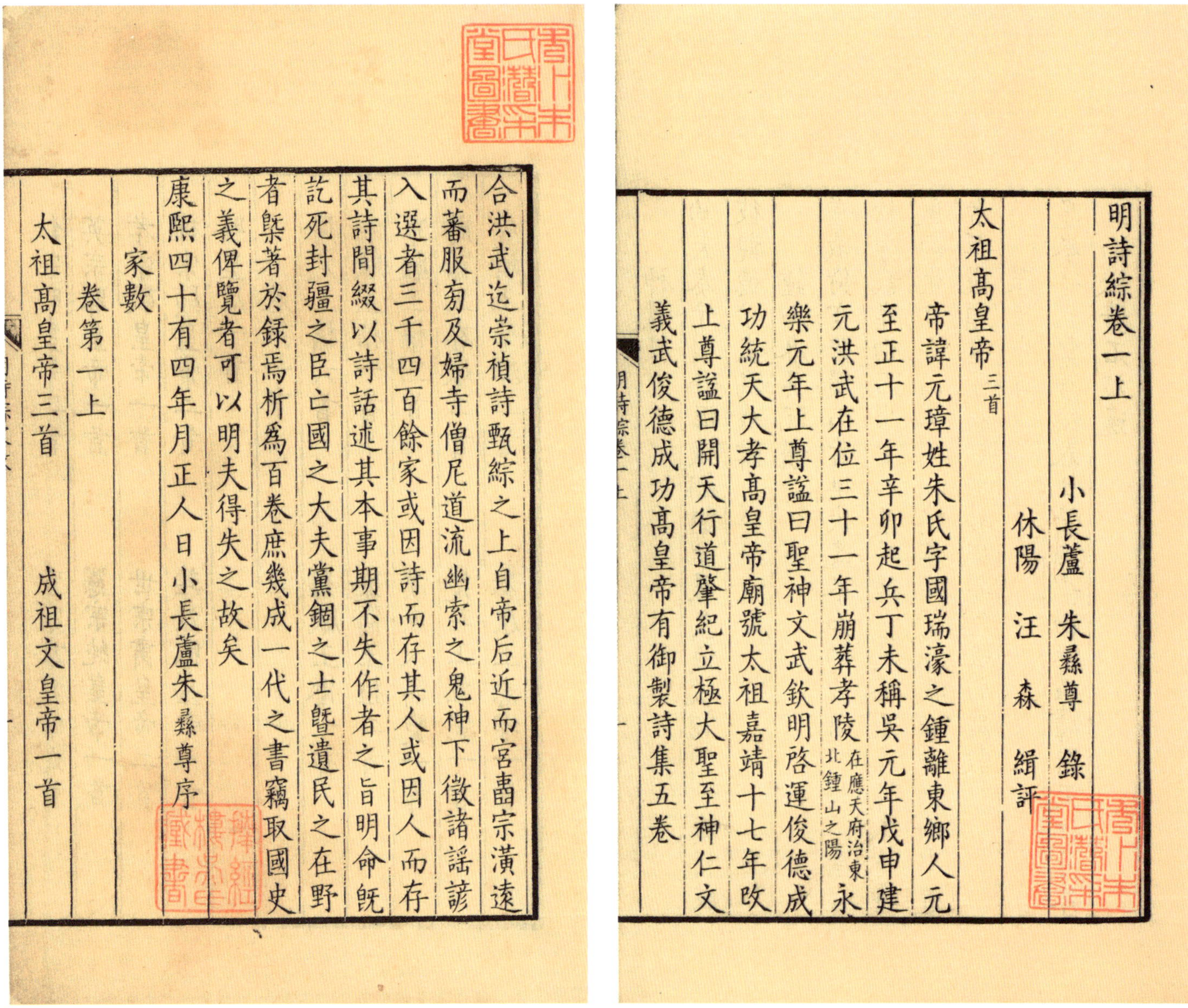

12055 明詩綜一百卷 （清）朱彝尊輯 清康熙刻本

匡高19厘米，廣14.5厘米。半葉十一行，行二十一字，小字雙行三十一字，白口，左右雙邊。有“秀水朱氏潛采堂圖書”“拜經樓吳氏藏書”等印。吳騫跋。杭州圖書館藏。

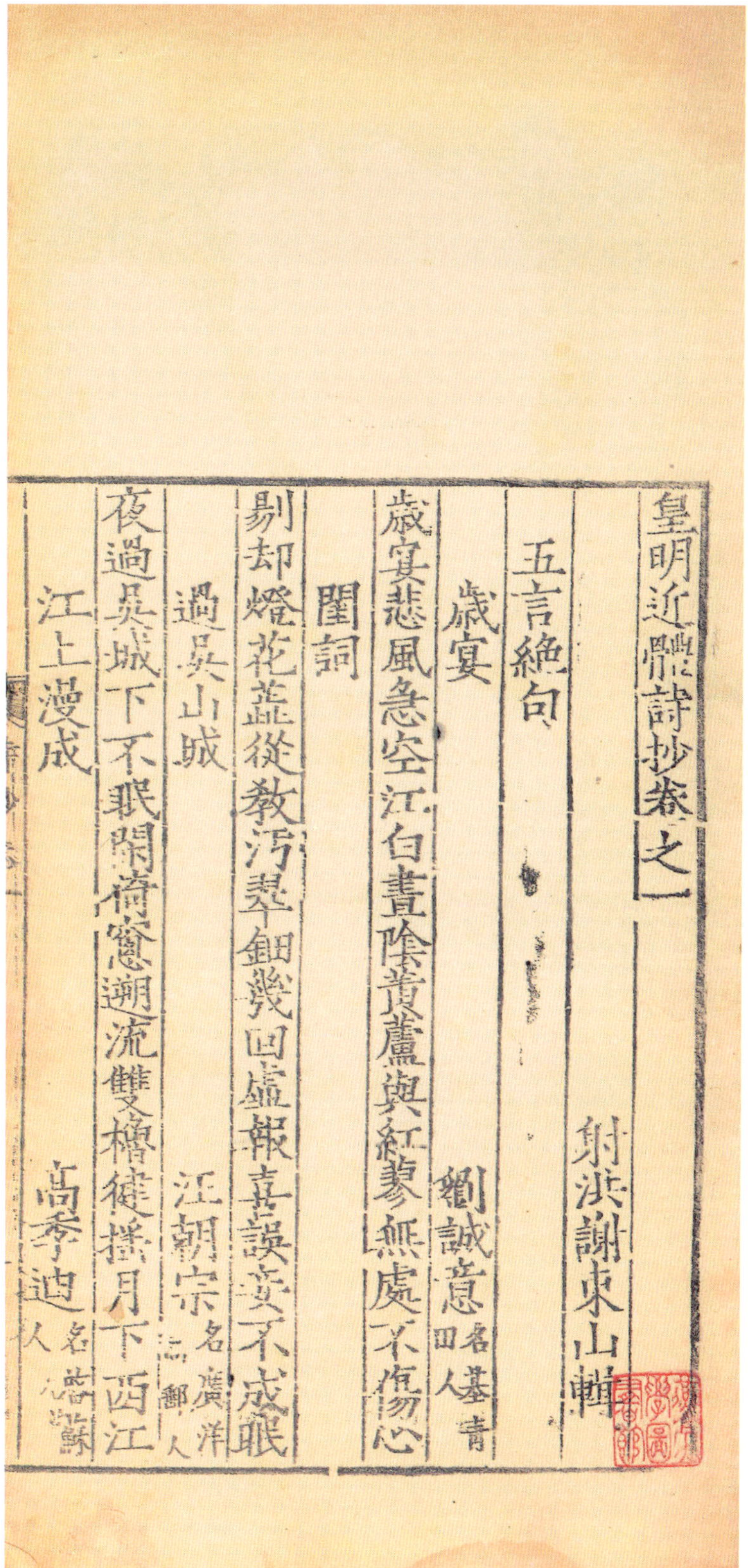

皇明近體詩抄卷之一

射洪謝東山輯

五言絶句

歲宴　劉誠意 名基青田人

歲宴悲風急空江白晝陰黄蘆與紅蓼無處不傷心

閨詞

剔却燈花蕊從教污翠鈿幾回虛報喜誤妾不成眠

過吳山城　汪朝宗 名廣洋高郵人

夜過吳城下不眠聞倚窻遡流雙櫓健搖月下西江

江上漫成　高季迪 名啓蘇人

12054 皇明近體詩抄二十三卷　（明）謝東山輯　明嘉靖四十五（1566）刻本

匡高18.3厘米，廣13.5厘米。半葉十行，行二十字，白口，四周單邊。有“辜劉氏惟吉”“无竟先生獨志堂物”等印。北京大學圖書館藏。

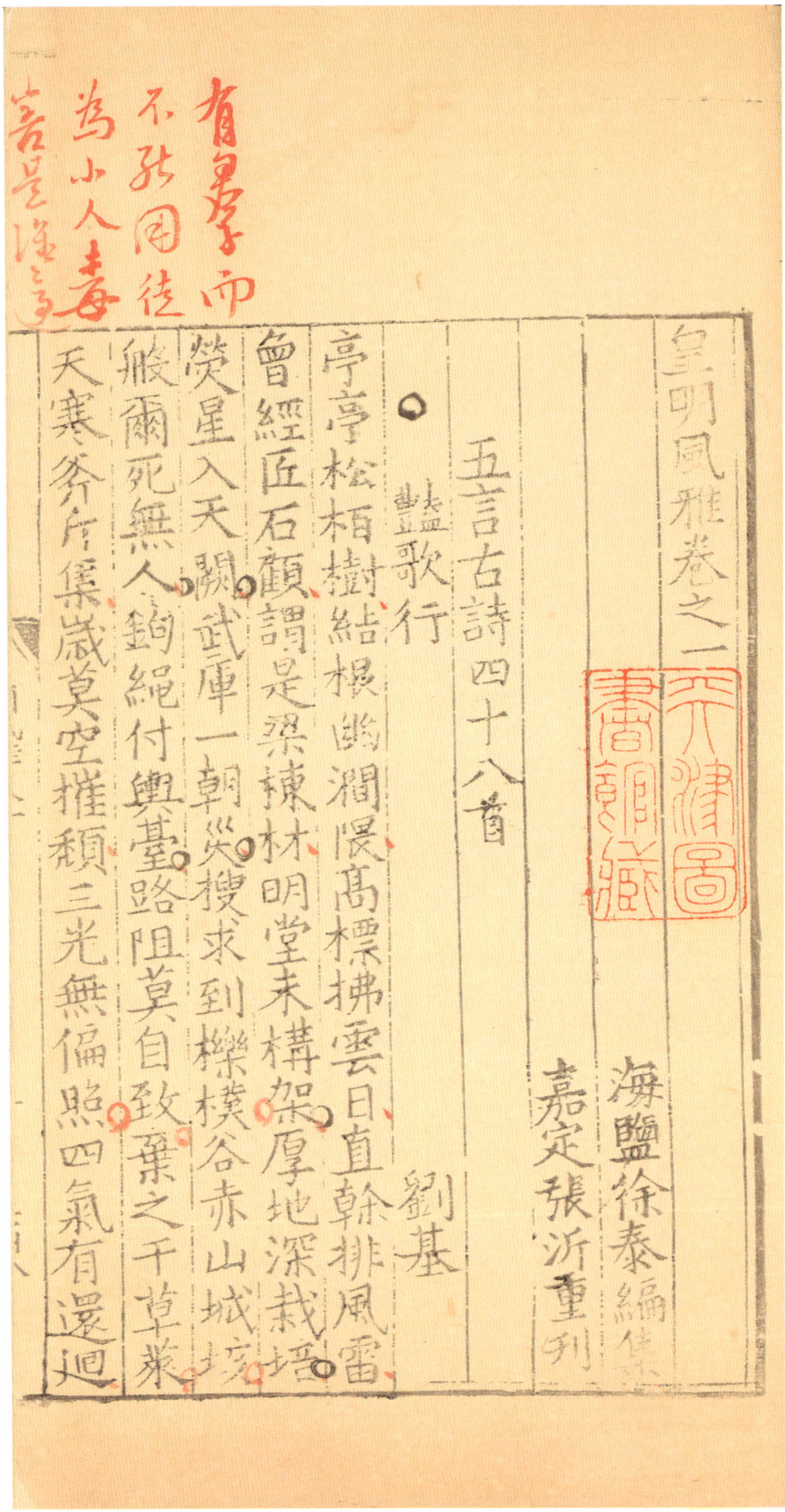
皇明風雅卷之一
海鹽徐泰編集
嘉定張沂重刊
五言古詩四十八首
豔歌行　劉基
亭亭松柏樹結根幽澗隈高標拂雲日直榦排風雷
曾經匠石顧謂是梁棟材明堂未構架厚地深栽培
熒星入天關武庫一朝災搜求到櫟樸谷赤山城埃
艘爾死無人鈎繩付輿臺路阻莫自致棄之千草萊
天寒斧斤集歲莫空摧頹三光無偏照四氣有還迴

12053 皇明風雅四十卷　（明）徐泰輯　明嘉靖十二年（1533）張沂刻本

匡高19.7厘米，廣13.8厘米。半葉十行，行二十字，白口，左右雙邊。天津圖書館藏。

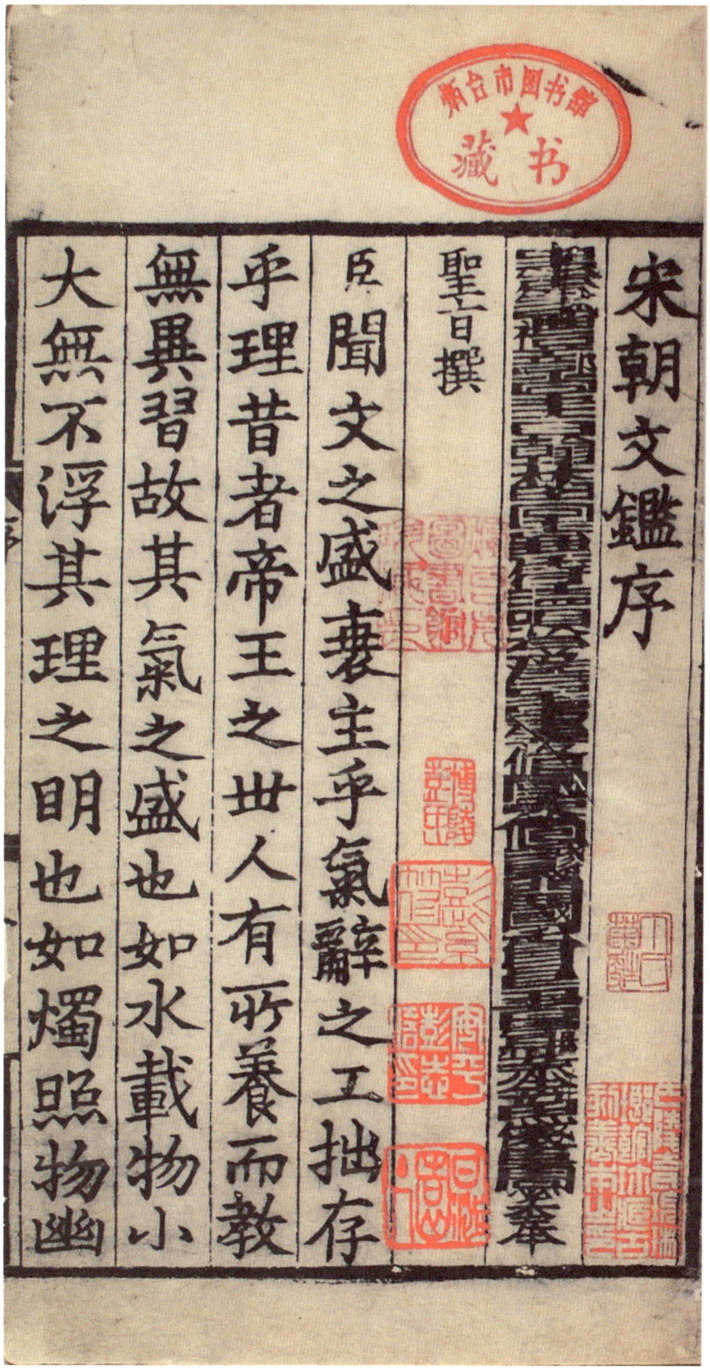
宋朝文鑑序
[illegible]奉
聖旨撰
臣聞文之盛衰主乎氣辭之工拙存
乎理昔者帝王之世人有所養而教
無異習故其氣之盛也如水載物小
大無不浮其理之明也如燭照物幽

12052 新雕宋朝文鑑一百五十卷目録三卷

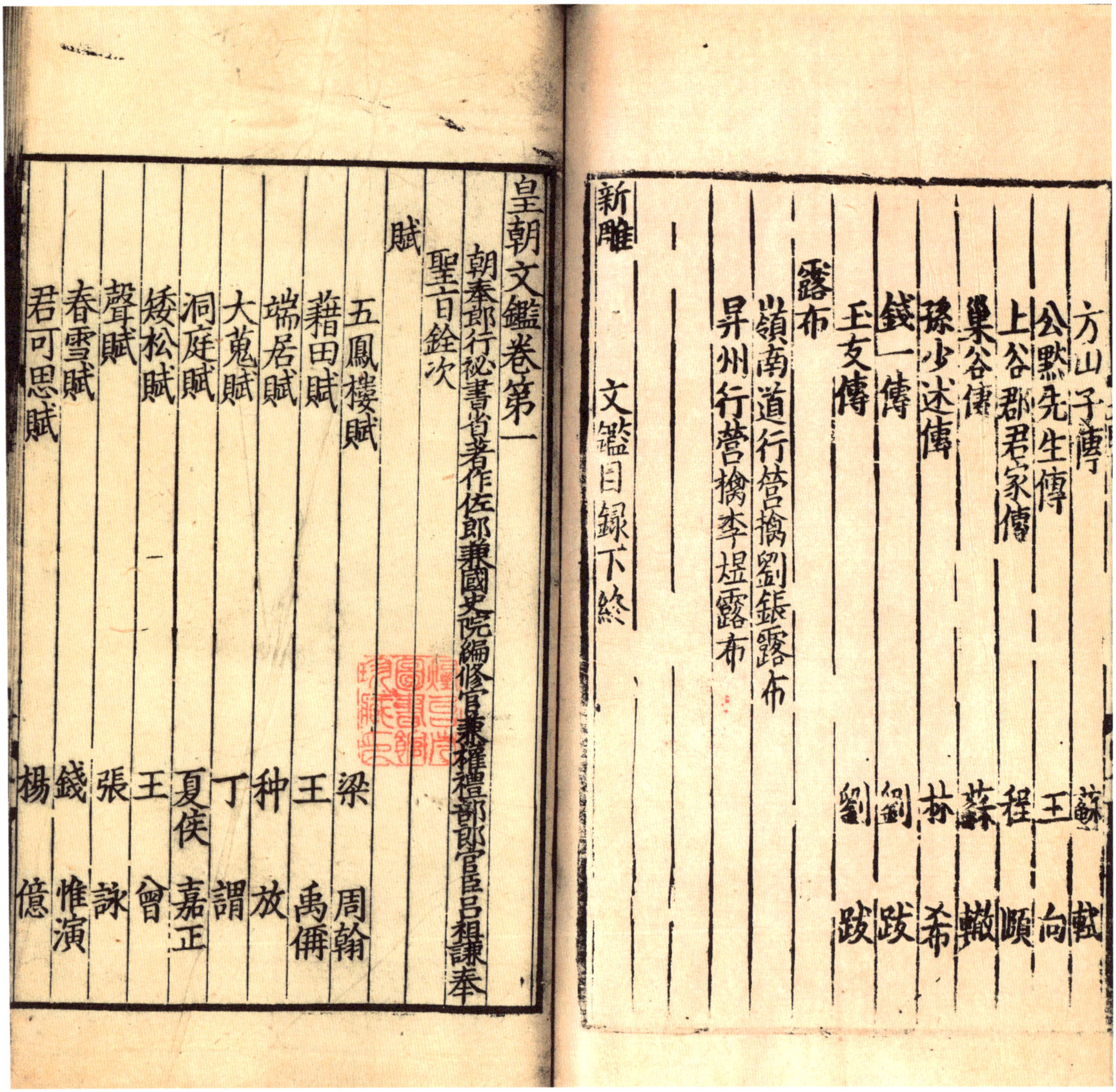

12052 新雕宋朝文鑑一百五十卷目録三卷 （宋）吕祖謙輯　明天順八年（1464）嚴州府刻弘治十七年（1504）胡韶重修本

匡高19.2厘米，廣12.8厘米。半葉十三行，行二十一字，黑口，左右雙邊。有“巴陵方氏碧琳琅館珍藏古刻善本之印”等印。煙臺圖書館藏。

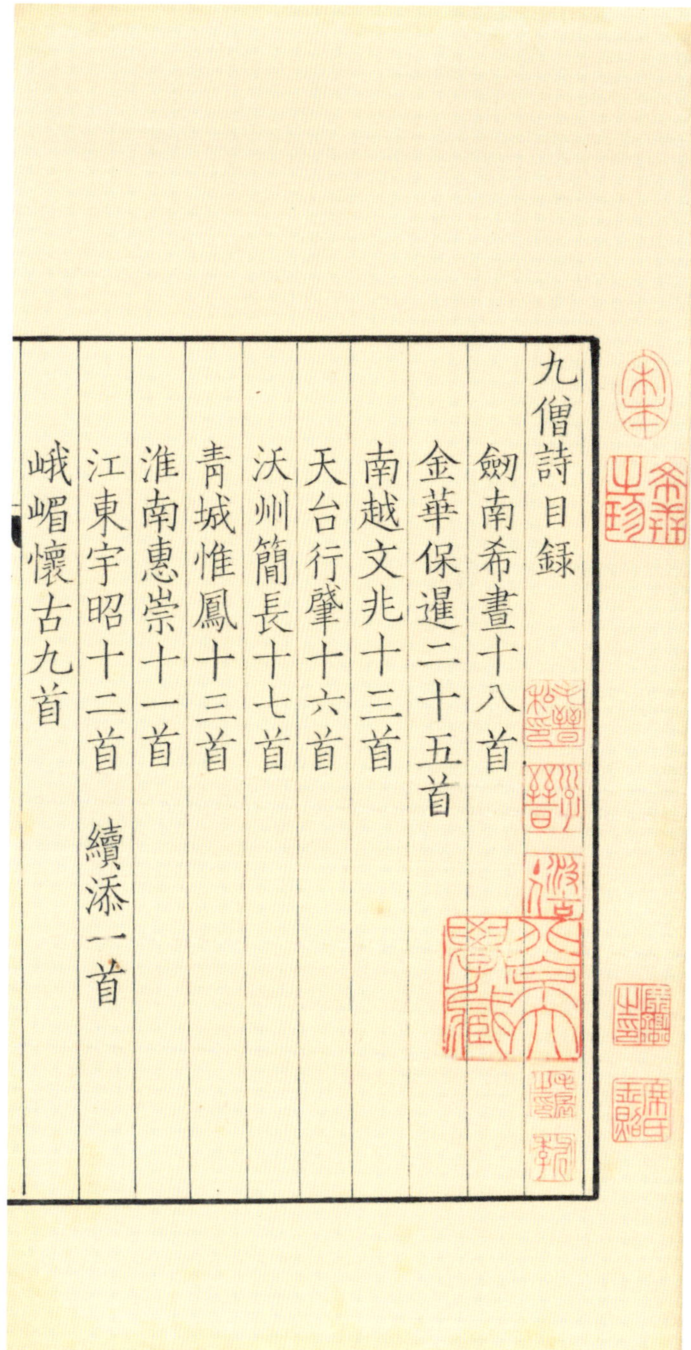

九僧詩目錄
劒南希晝十八首
金華保暹二十五首
南越文兆十三首
天台行肇十六首
沃州簡長十七首
青城惟鳳十三首
淮南惠崇十一首
江東宇昭十二首　續添一首
峨嵋懷古九首

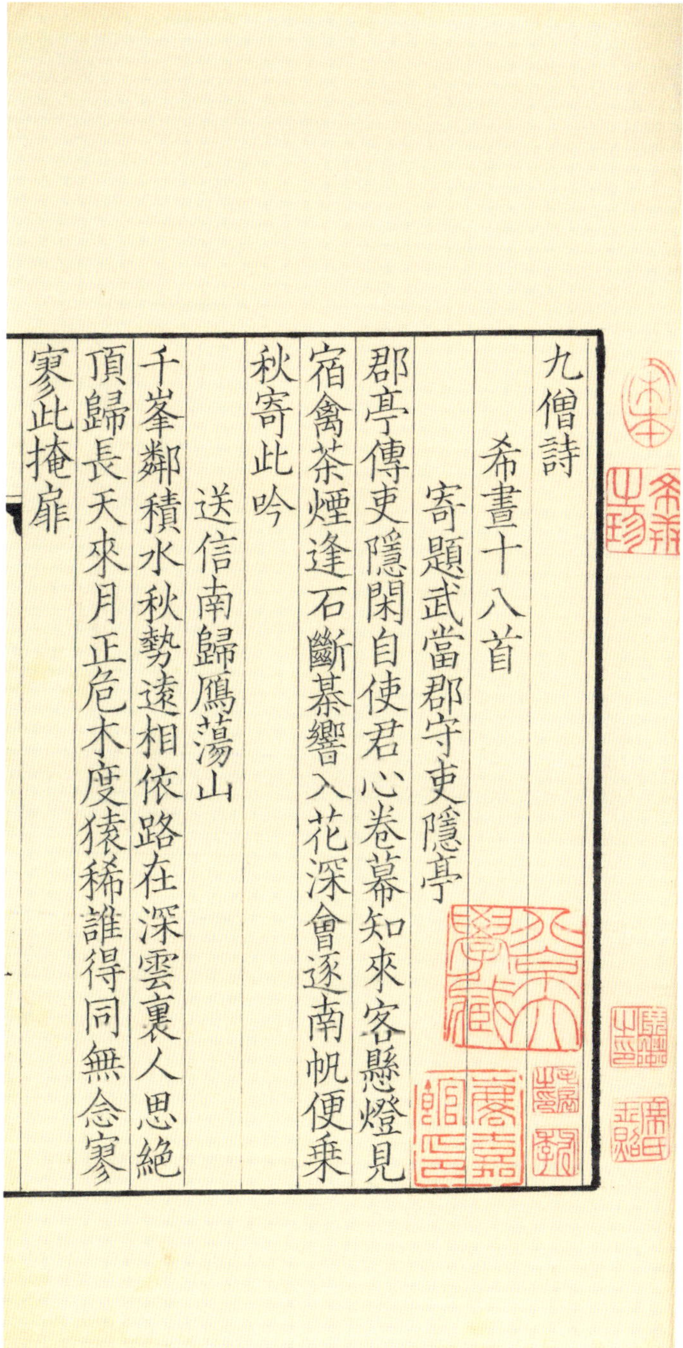

九僧詩
希晝十八首
寄題武當郡守吏隱亭
郡亭傳吏隱閑自使君心卷幕知來客懸燈見宿禽茶煙逢石斷棊響入花深會逐南帆便乘秋寄此吟
送信南歸鴈蕩山
千峯鄰積水秋勢遠相依路在深雲裏人思絕頂歸長天來月正危木度猿稀誰得同無念寥寥此掩扉

12051 九僧詩一卷　（宋）釋希晝等撰　清初毛氏汲古閣影宋抄本

匡高17.8厘米，廣13厘米。半葉十行，行十八字，白口，左右雙邊。有“毛晉私印”“席鑑之印”等印。毛扆、袁克文跋。北京大學圖書館藏。

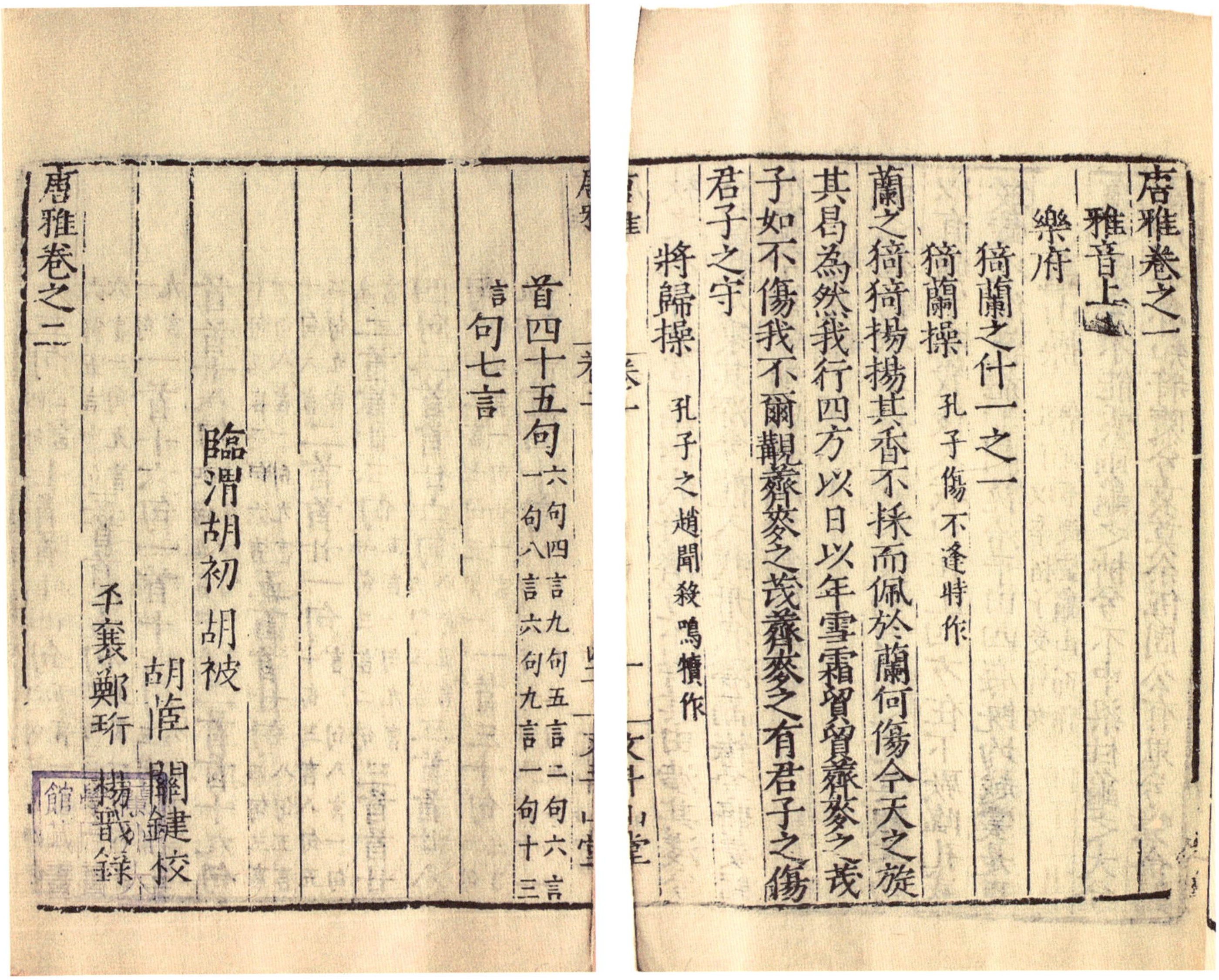

唐雅卷之一

雅音上

樂府

猗蘭之什一之一

猗蘭操　孔子傷不逢時作

蘭之猗猗揚揚其香不採而佩於蘭何傷今天之旋其昌為然我行四方以日以年雪霜貿貿薺麥之茂子如不傷我不爾覯薺麥之茂薺麥之有君子之傷君子之守

將歸操　孔子之趙聞殺鳴犢作

首四十五句　六句四言九句五言二句六言一句八言六句九言一句十三言

言句七言

臨渭胡初　胡被

胡侹　關鍵校

平襄鄭玕　楊戩録

唐雅卷之二

12050 唐雅八卷　（明）胡纘宗輯　明嘉靖二十八年（1549）文斗山堂刻本

匡高18.2厘米，廣14.5厘米。半葉十行，行二十字，白口，四周單邊。蘭州大學圖書館藏。

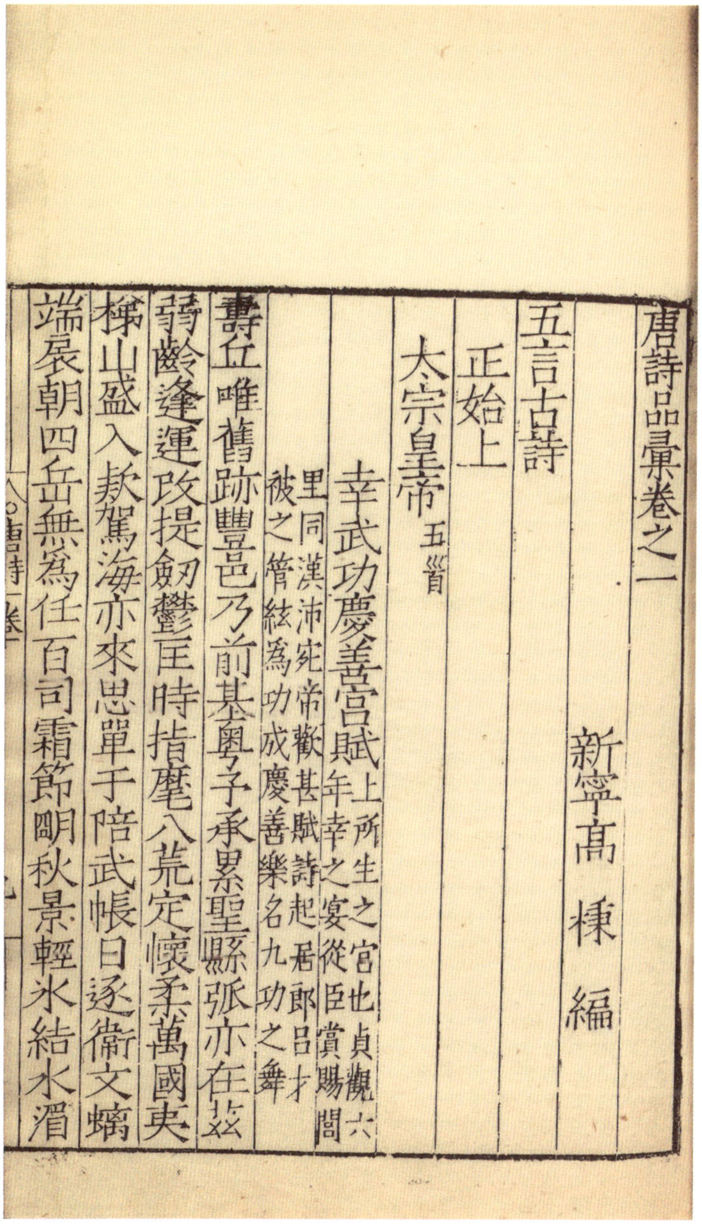
唐詩品彙卷之一
新寧高棅編
五言古詩
正始上
太宗皇帝 五首
幸武功慶善宮 賦上所生之宮也貞觀六年幸之宴從臣賞賜閭里同漢沛宛帝歡甚賦詩起居郎呂才被之管絃爲功成慶善樂名九功之舞
壽丘唯舊跡豐邑乃前基粤予承累聖懸弧亦在茲弱齡逢運改提劍鬱匡時指麾八荒定懷柔萬國夷梯山盛入款駕海亦來思單于陪武帳日逐衛文螭端扆朝四岳無爲任百司霜節明秋景輕冰結水湄

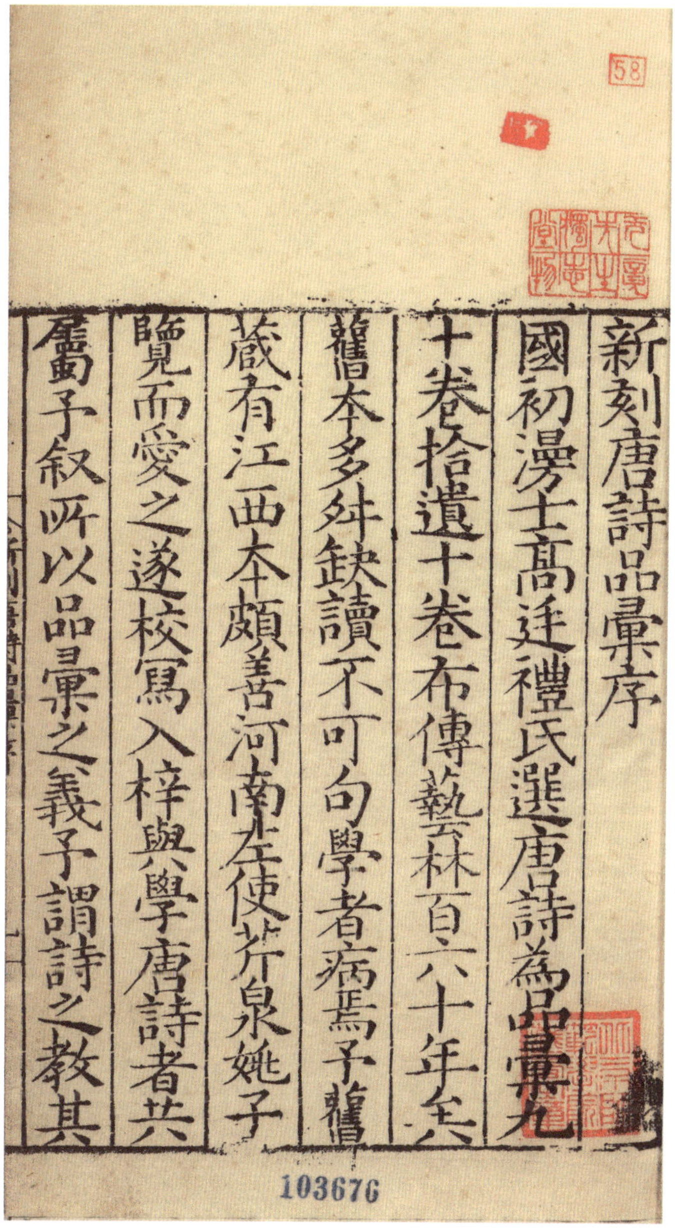
新刻唐詩品彙序
國初漫士高廷禮氏選唐詩爲品彙九十卷拾遺十卷布傳藝林百六十年矣舊本多舛缺讀不可句學者病焉予舊藏有江西本頗善河南左使芹泉姚子覽而愛之遂校寫入梓與學唐詩者共屬予叙所以品彙之義予謂詩之教其

12049 唐詩品彙九十卷拾遺十卷首一卷 （明）高棅輯 明嘉靖十六年（1537）姚芹泉刻本

匡高17厘米，廣13.7厘米。半葉十一行，行二十字，白口，四周單邊。有“无竟先生獨志堂物”等印。首都師範大學圖書館藏。

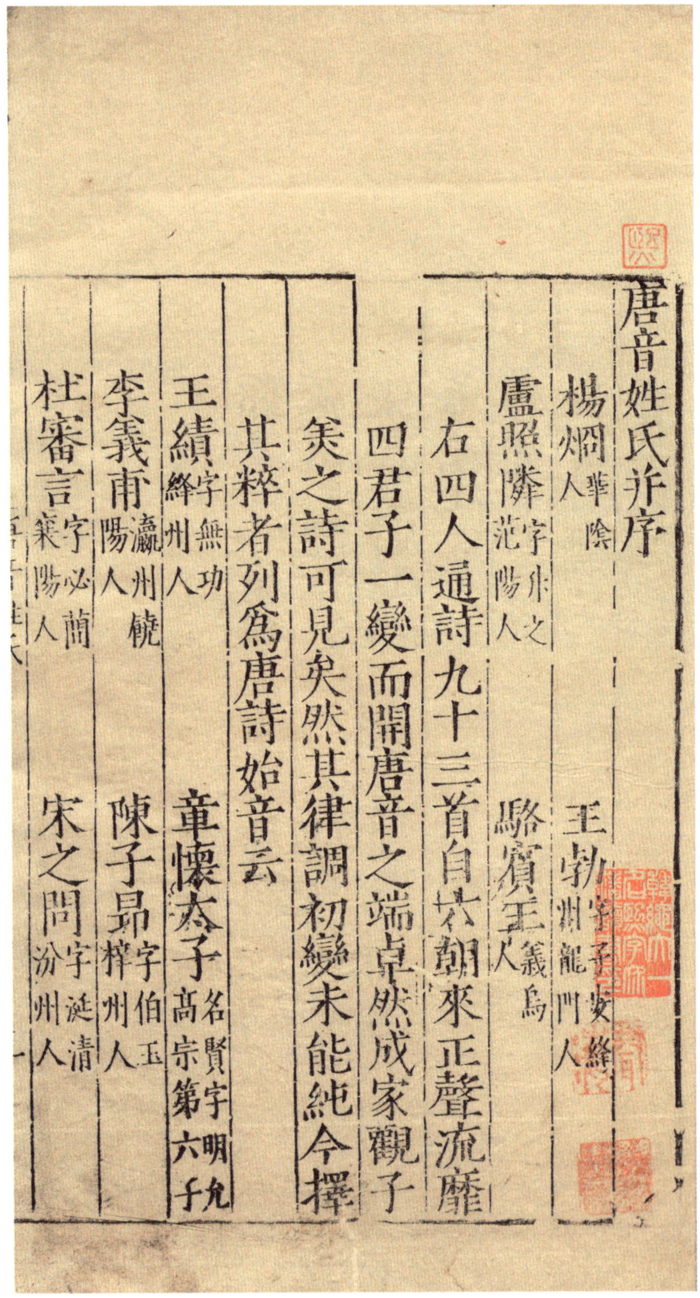

唐音姓氏并序

楊烱 華陰人　王勃 字子安絳州龍門人

盧照鄰 字升之范陽人　駱賓王 義烏人

右四人通詩九十三首自六朝來正聲流靡四君子一變而開唐音之端卓然成家觀子昂之詩可見矣然其律調初變未能純今擇其粹者列爲唐詩始音云

王績 字無功絳州人　章懷太子 名賢字明允高宗第六子

李義甫 瀛州饒陽人　陳子昂 字伯玉梓州人

杜審言 字必簡襄陽人　宋之問 字延清汾州人

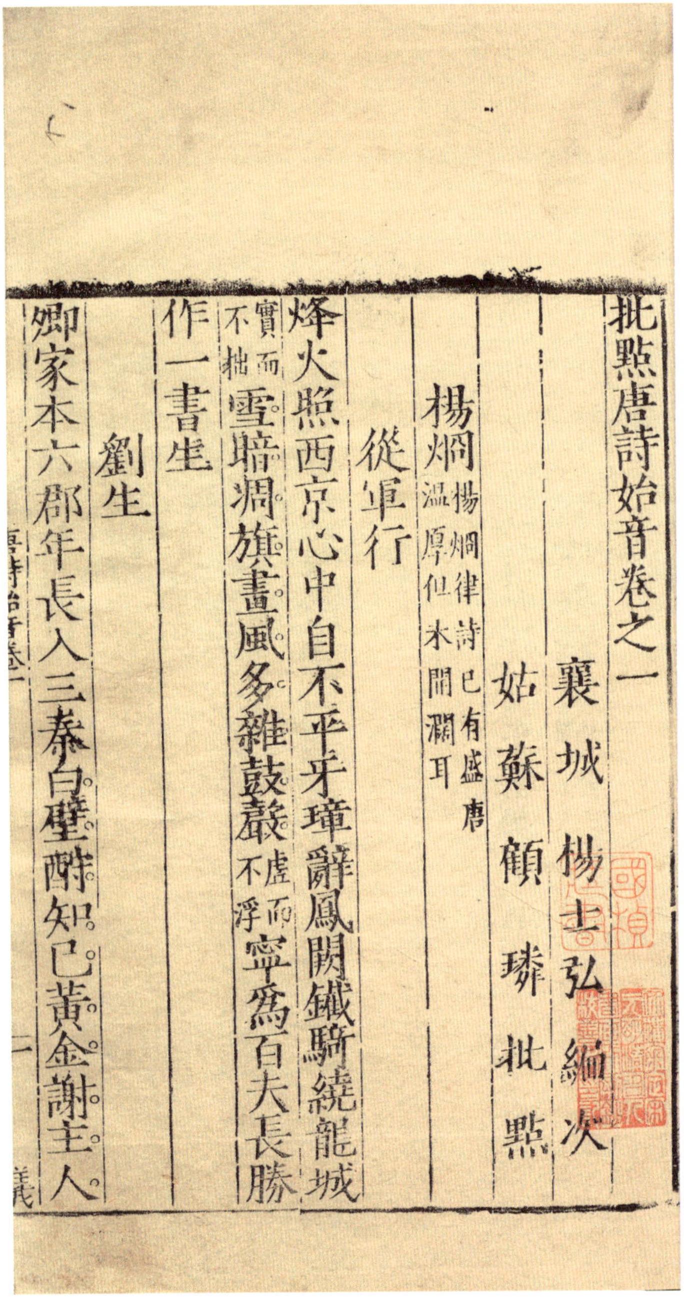

批點唐詩始音卷之一

襄城　楊士弘　編次

姑蘇　顧璘　批點

楊烱 楊烱律詩已有盛唐溫厚但未開濶耳

從軍行

烽火照西京心中自不平牙璋辭鳳闕鐵騎繞龍城實而不拙雪暗凋旗畫風多雜鼓聲虛而不浮寧爲百夫長勝作一書生

劉生

卿家本六郡年長入三秦白璧酬知己黃金謝主人

12048 批點唐音十五卷　（元）楊士弘輯　（明）顧璘批點　明嘉靖四十年（1561）顧履祥刻四十四年（1565）李蓘重修本

匡高20.1厘米，廣14.8厘米。半葉十行，行二十字，白口，四周單邊。有“國楨藏書”等印。首都師範大學圖書館藏。

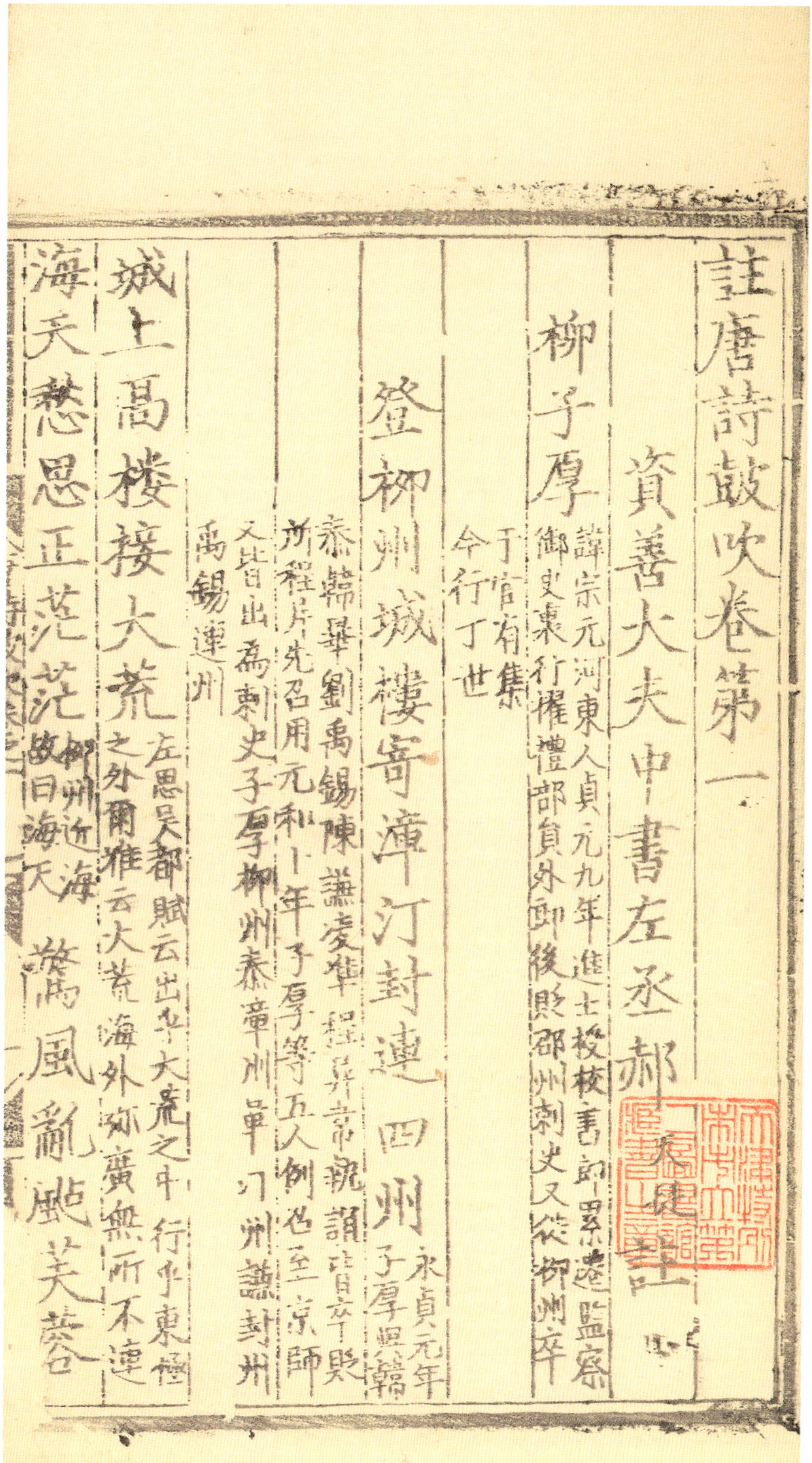

註唐詩鼓吹卷第一

資善大夫中書左丞郝天挺註

柳子厚 諱宗元河東人貞元九年進士授校書郎累遷監察御史裏行權禮部員外郎後貶邵州刺史又從柳州卒于官有集今行于世

登柳州城樓寄漳汀封連四州 永貞元年子厚與韓泰韓曄劉禹錫陳諫凌準程异韋執誼皆卒貶所程异先召用元和十年子厚等五人例召至京師又皆出爲刺史子厚柳州泰漳州曄汀州諫封州禹錫連州

城上高樓接大荒 左思吳都賦云出乎大荒之中行乎東極之外爾雅云大荒海外弥廣無所不通

海天愁思正茫茫 柳州近海故曰海天 驚風亂颭芙蓉

12047 註唐詩鼓吹十卷 （金）元好問輯　（元）郝天挺注　明刻本

匡高20.3厘米，廣14厘米。半葉九行，行十六字，黑口，四周雙邊。天津圖書館藏。

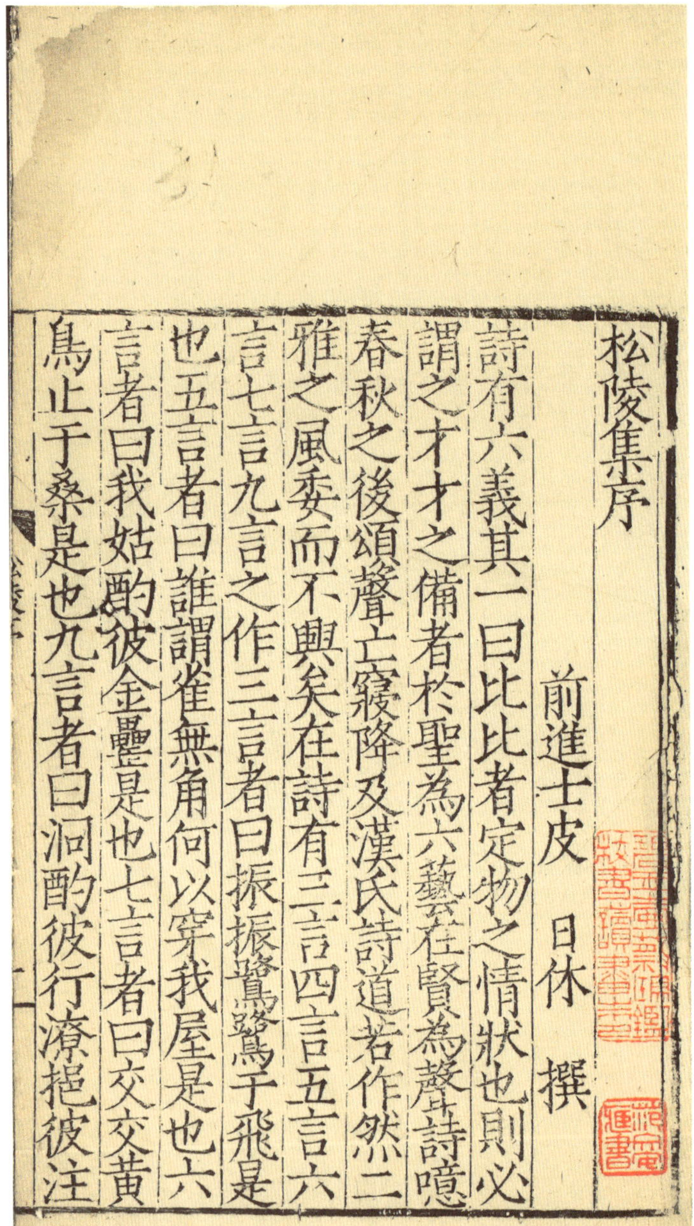
松陵集序
前進士皮　日休　撰
詩有六義其一曰比比者定物之情狀也則必
謂之才才之備者於聖為六藝在賢為聲詩噫
春秋之後頌聲亡寢降及漢氏詩道若作然二
雅之風委而不興矣在詩有三言四言五言六
言七言九言之作三言者曰振振鷺鷺于飛是
也五言者曰誰謂雀無角何以穿我屋是也六
言者曰我姑酌彼金罍是也七言者曰交交黃
鳥止于桑是也九言者曰洞酌彼行潦挹彼注

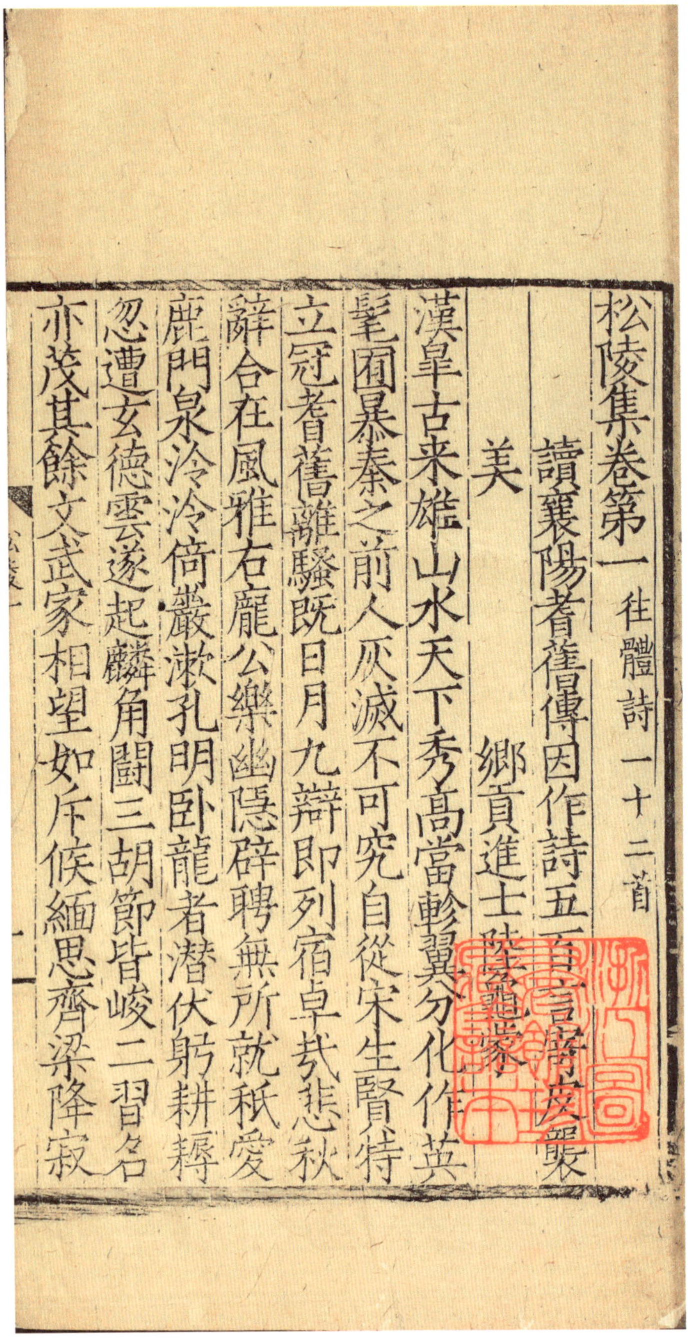
松陵集卷第一　往體詩一十二首
讀襄陽耆舊傳因作詩五百言寄皮襲
美　　鄉貢進士陸龜蒙
漢皋古來雄山水天下秀高當軫翼分化作英
髦囿暴秦之前人亡滅不可究自從宋生賢特
立冠耆舊離騷既日月九辯即列宿卓哉悲秋
辭合在風雅右龎公樂幽隱辟聘無所就衹愛
鹿門泉泠泠倚巖漱孔明臥龍者潛伏躬耕耨
忽遭玄德雲遂起鱗角鬬三胡節皆峻二習名
亦茂其餘文武家相望如斥候緬思齊梁降寂

12046 松陵集十卷　（唐）皮日休　陸龜蒙撰　明弘治十五年（1502）劉濟民刻本

匡高18.7厘米，廣14.3厘米。半葉十行，行十八字，黑口，左右雙邊。有“碧玉壺蔡鴻鑑校書讀畫之印”等印。蔡鴻鑑題簽並題記。浙江圖書館藏。

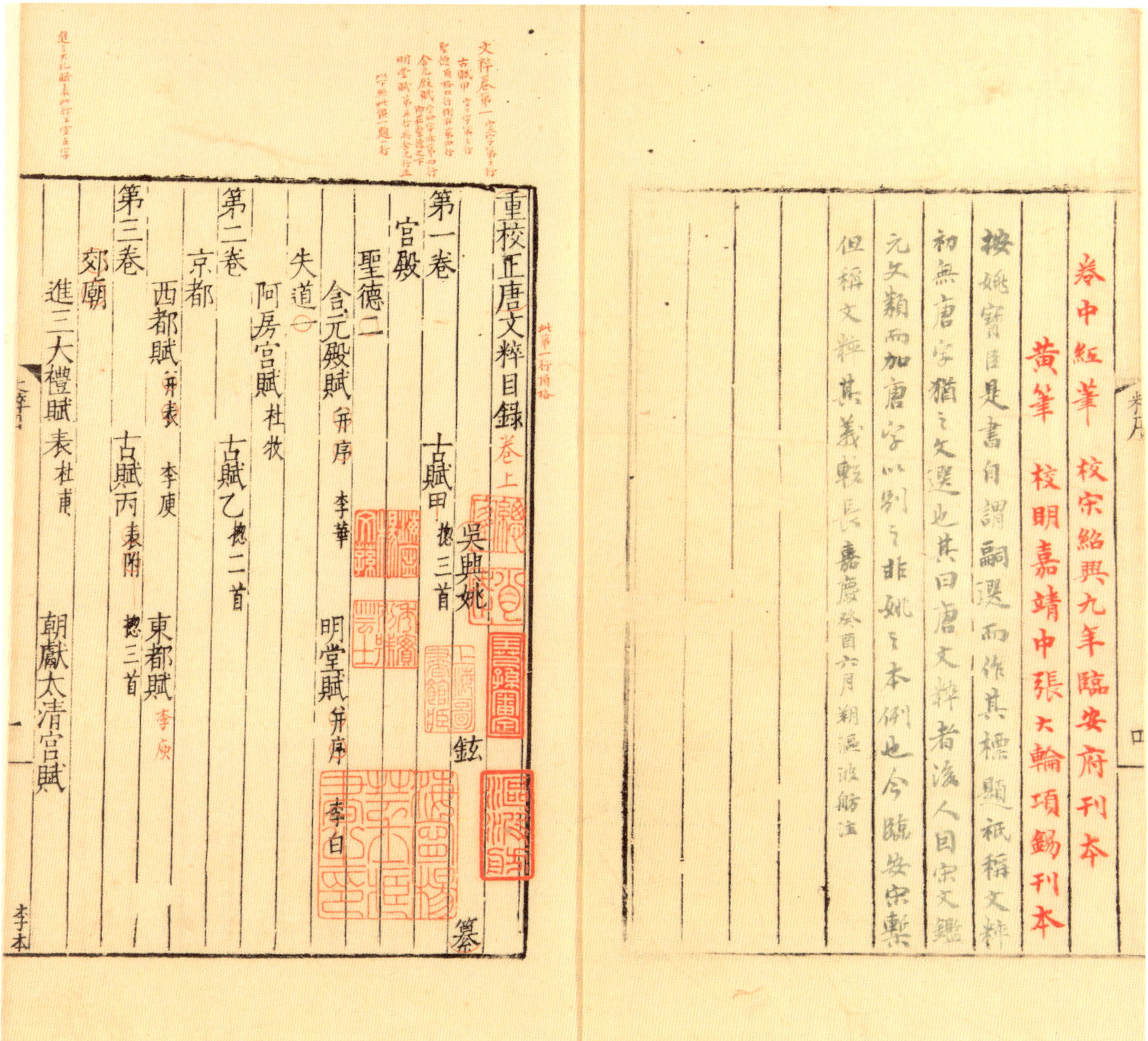

12045 重校正唐文粹一百卷

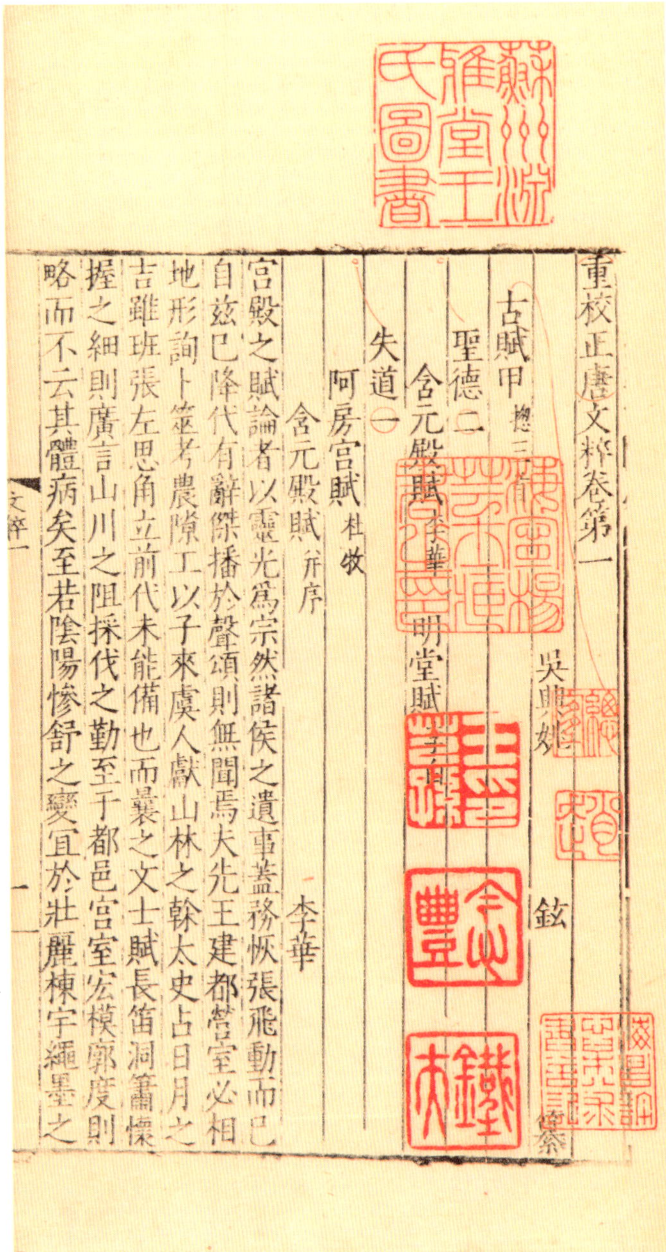

12045 重校正唐文粹一百卷 （宋）姚鉉輯　明嘉靖三年（1524）徐焴刻本

匡高20.1厘米，廣14.4厘米。半葉十四行，行二十五字，白口，左右雙邊。有“王印芑孫”“海寧楊芸士藏書之印”等印。王芑孫跋，江沅校並跋。上海圖書館藏。

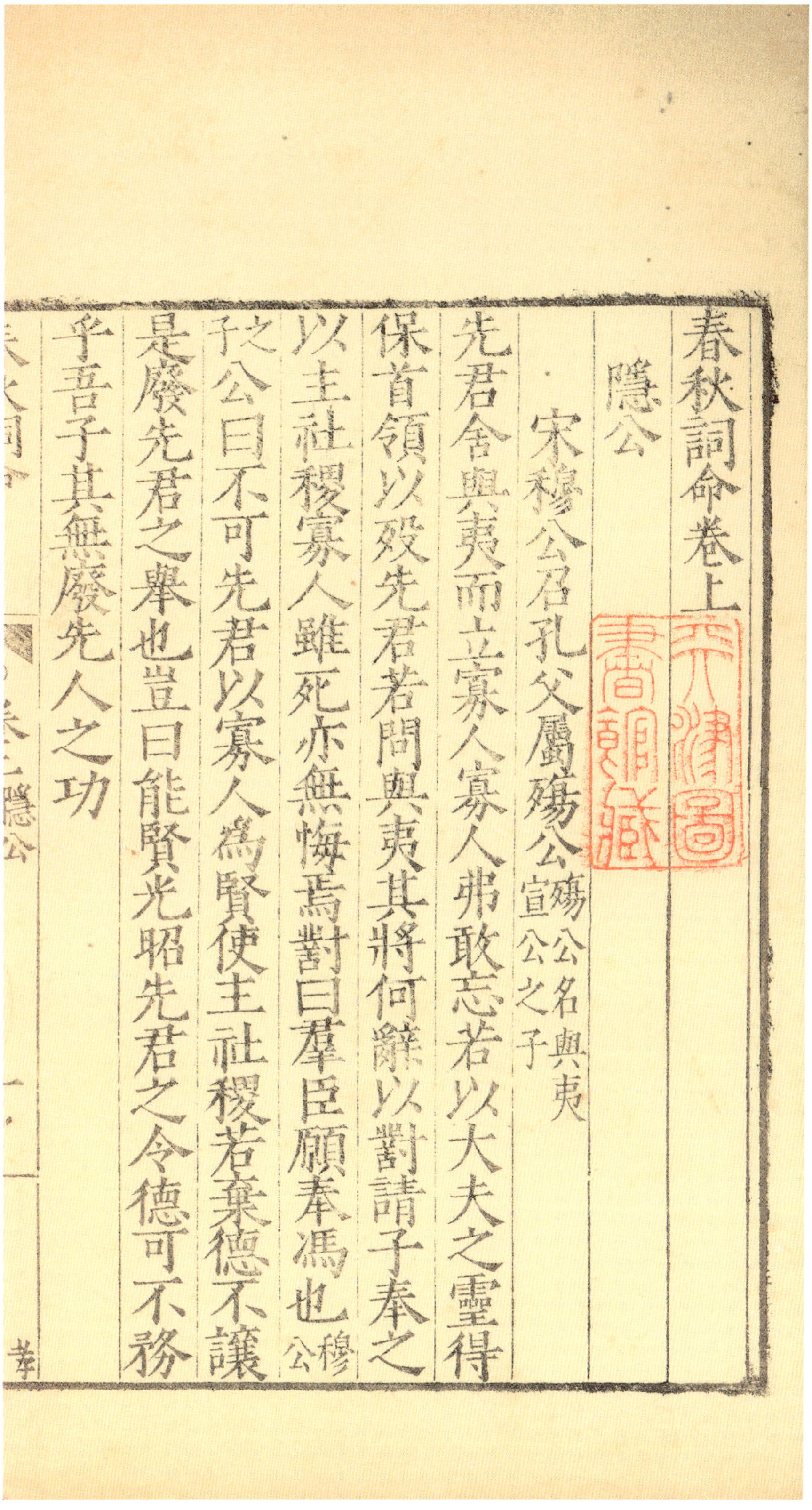

12044 春秋詞命三卷 （明）王鏊輯 明正德刻本

匡高19.7厘米，廣14.4厘米。半葉九行，行二十一字，白口，左右雙邊。天津圖書館藏。

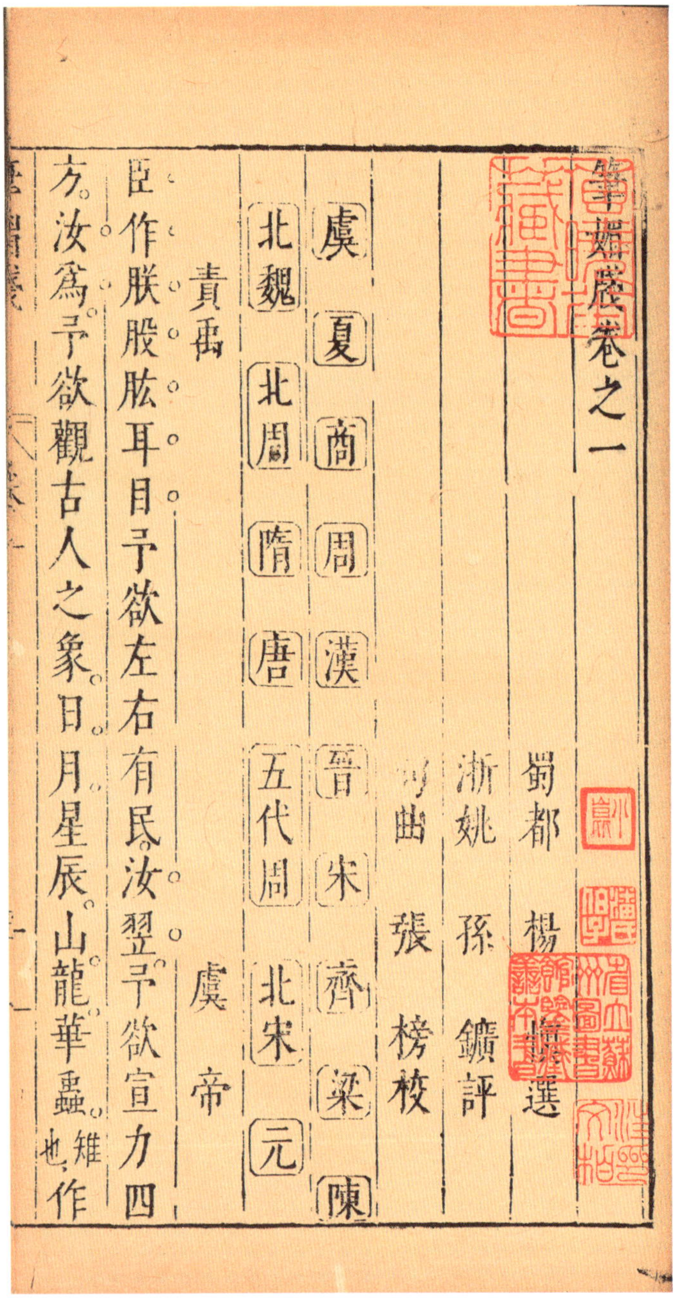
筆媚牋卷之一
蜀都 楊 慎 選
浙姚 孫 鑛 評
[illegible]曲 張 榜 校
虞 夏 商 周 漢 晉 宋 齊 梁 陳
北魏 北周 隋 唐 五代周 北宋 元
責禹 虞 帝
臣作朕股肱耳目予欲左右有民汝翼予欲宣力四
方汝爲予欲觀古人之象日月星辰山龍華蟲也雉作

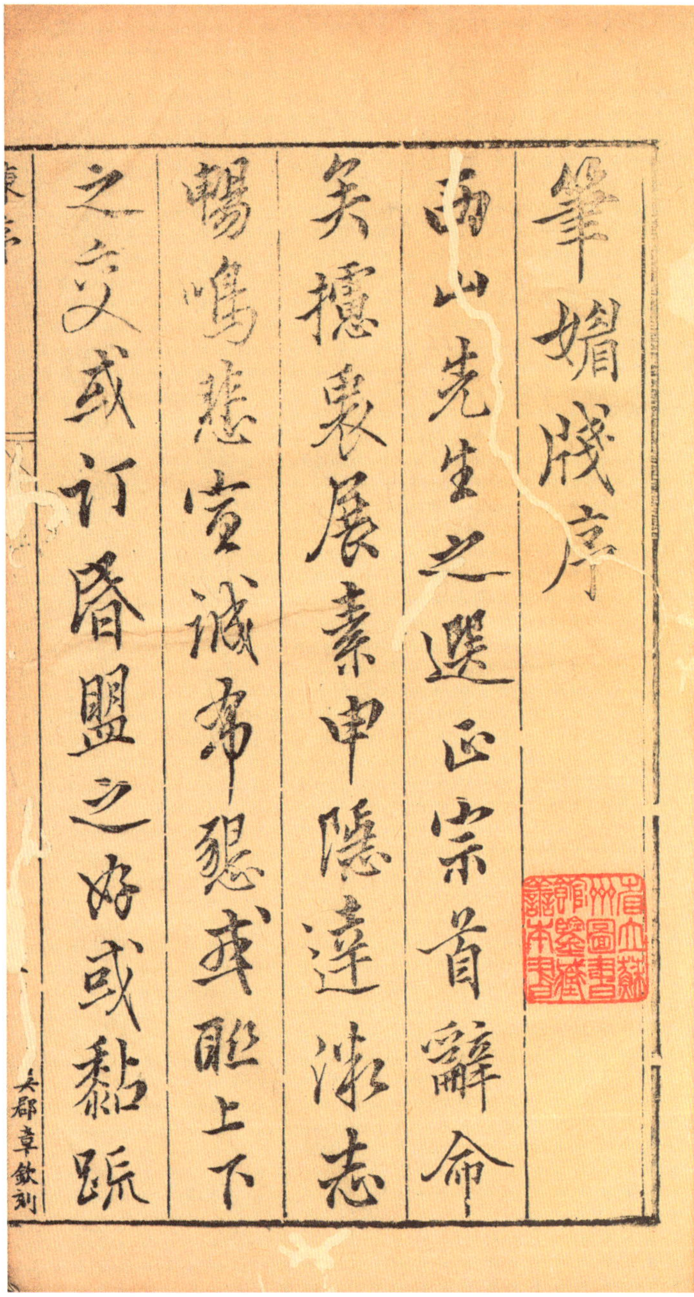
筆媚牋序
西山先生之選正宗首辭命
矣穩裒展素申隱達微志
暢鳴悲宣誠寫懇衷恥上下
之交或訂盟之好或黏蹠
吳郡章欽刻

12043 筆媚牋十二卷 （明）楊慎輯 （明）孫鑛評 明崇禎刻本

匡高22.3厘米，廣13.1厘米。半葉九行，行二十字，白口，左右雙邊。有“汪印文柏”等印。蘇州圖書館藏。

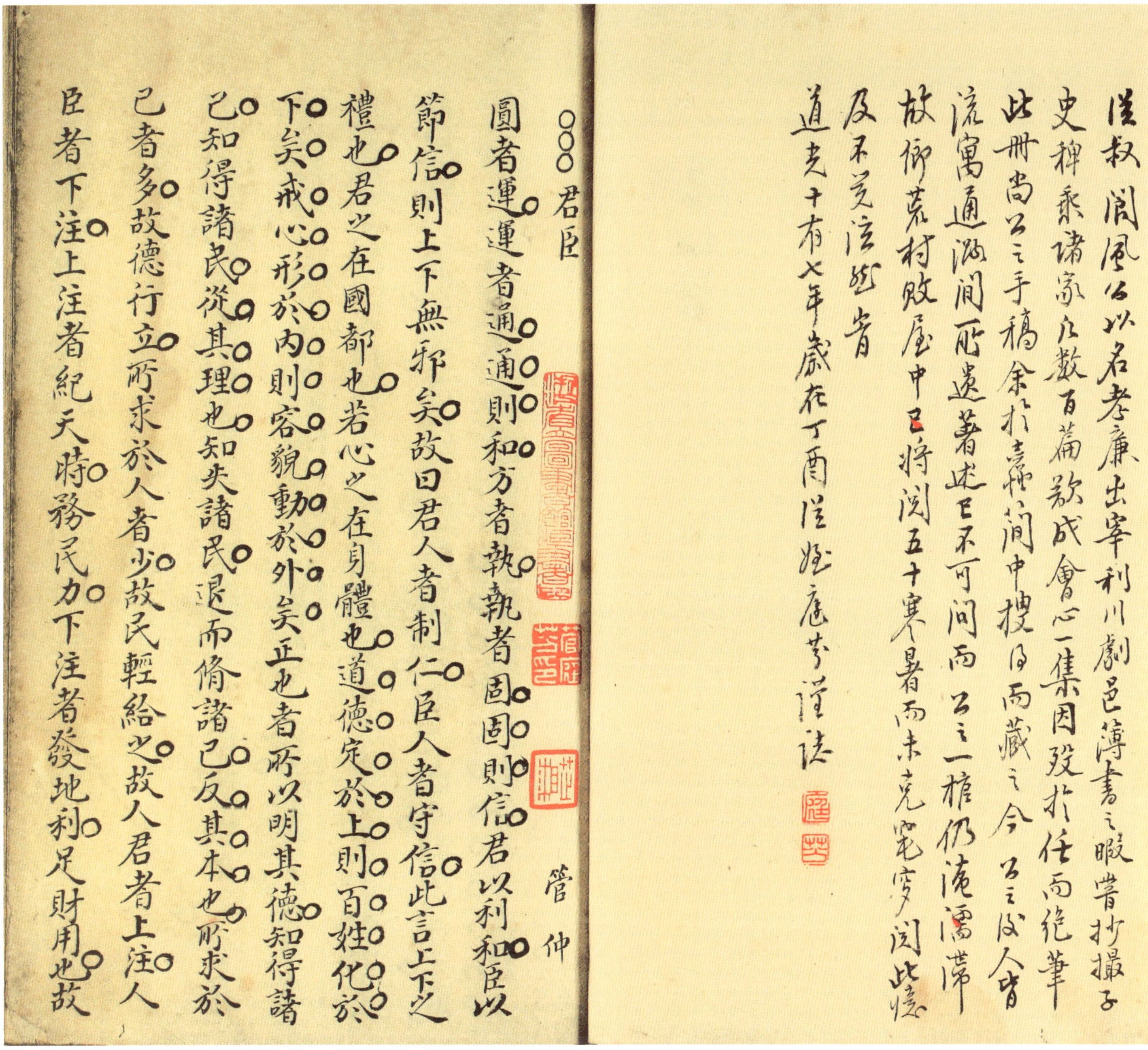

12042 會心集不分卷 （清）管應祥輯　稿本

半葉八行，行字不等。有"管庭芬印"等印。管庭芬跋。浙江圖書館藏。

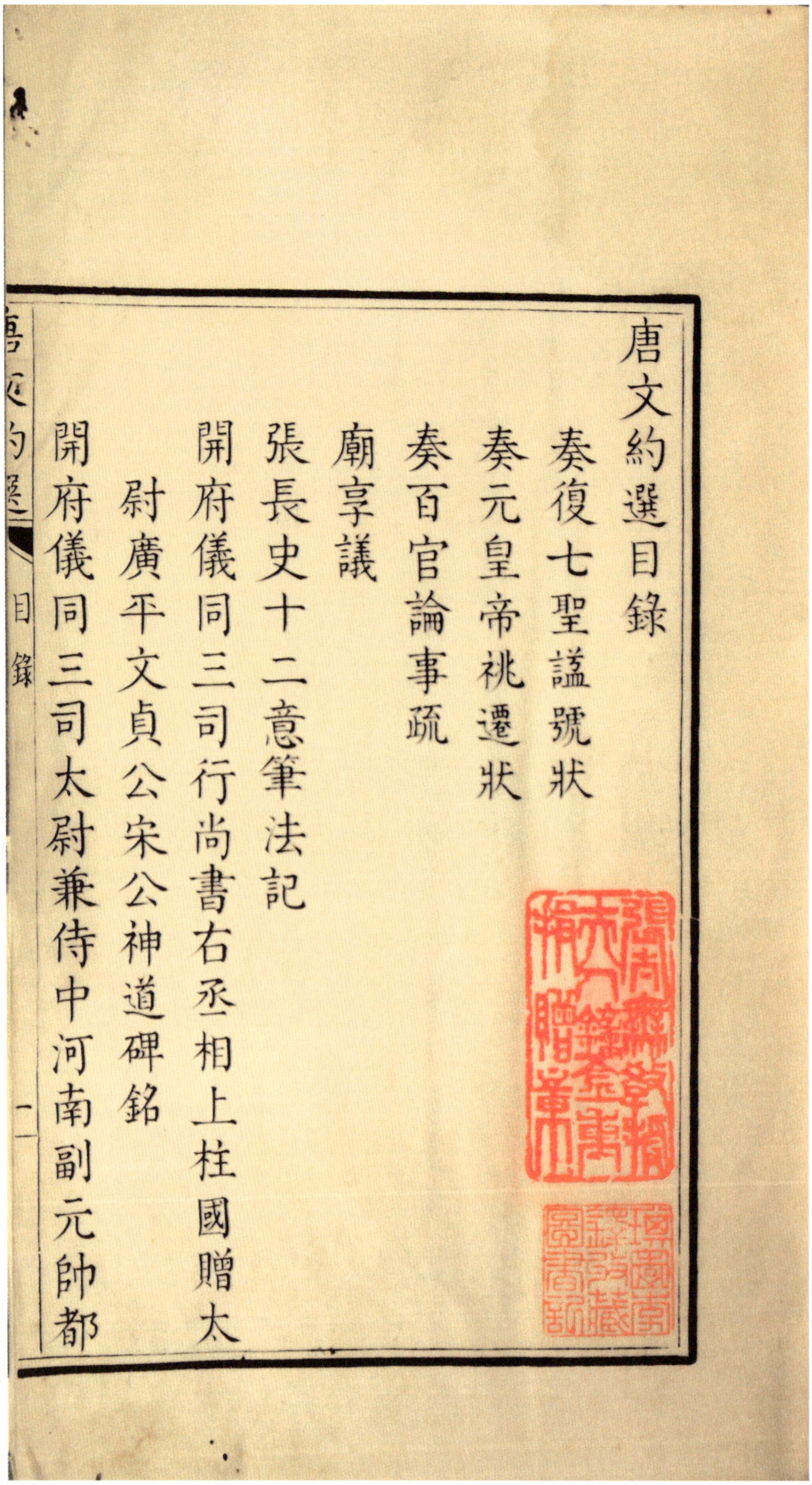

唐文約選目録

奏復七聖謚號狀

奏元皇帝祧遷狀

奏百官論事疏

廟享議

張長史十二意筆法記

開府儀同三司行尚書右丞相上柱國贈太

尉廣平文貞公宋公神道碑銘

開府儀同三司太尉兼侍中河南副元帥都

唐文約選　目録　二

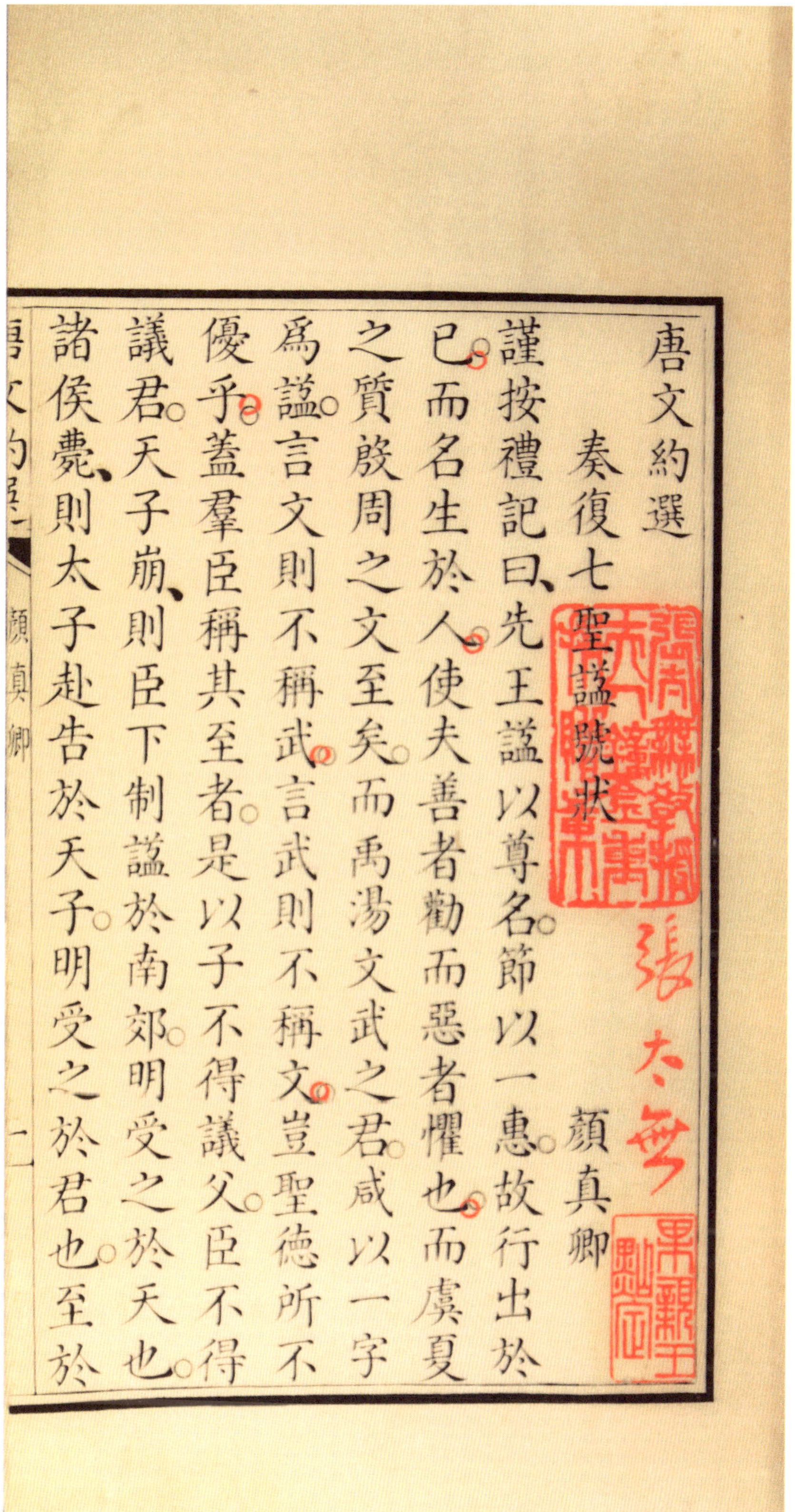
唐文約選
奏復七聖謚號狀　顏真卿
謹按禮記曰先王謚以尊名節以一惠故行出於
已而名生於人使夫善者勸而惡者懼也而虞夏
之質殷周之文至矣而禹湯文武之君咸以一字
爲謚言文則不稱武言武則不稱文豈聖德所不
優乎蓋羣臣稱其至者是以子不得議父臣不得
議君天子崩則臣下制謚於南郊明受之於天也
諸侯薨則太子赴告於天子明受之於君也至於

唐文約選　顏真卿　二

12041 唐文約選不分卷宋文約選不分卷元文約選不分卷 清雍正果親王府抄本

匡高21.2厘米，廣14厘米。半葉九行，行十九字，白口，四周雙邊。有“果親王點定”“琪園李鐸收藏圖書記”等印。深圳圖書館藏。

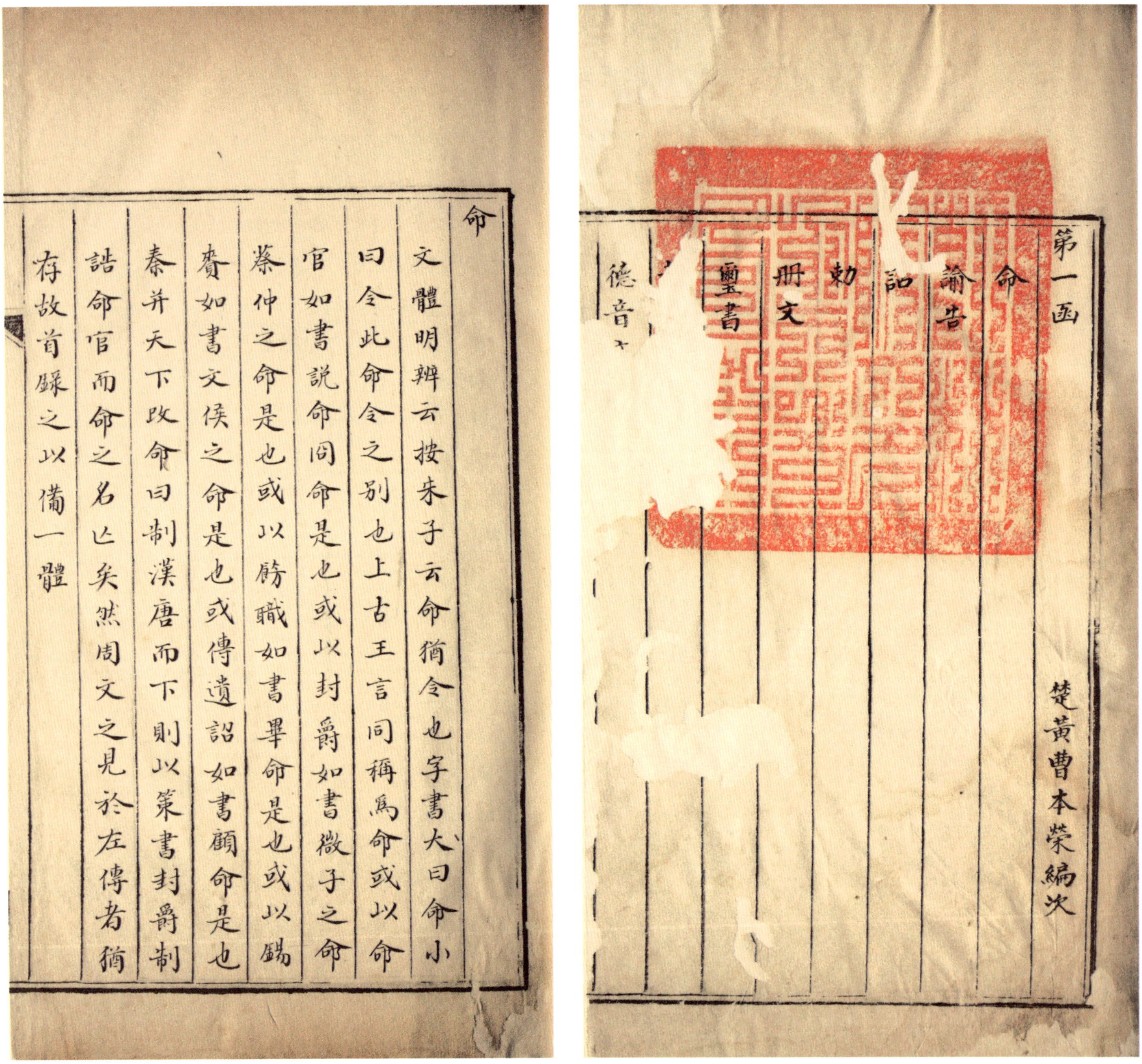

第一函

命

諭告

誥

勅

冊文

璽書

德音

楚黄曹本榮編次

命

文體明辨云按朱子云命猶令也字書大曰命小曰令此命令之别也上古王言同稱爲命或以命官如書説命冏命是也或以封爵如書微子之命蔡仲之命是也或以飭職如書畢命是也或以錫賚如書文侯之命是也或傳遺詔如書顧命是也秦并天下改命曰制漢唐而下則以策書封爵制誥命官而命之名亡矣然周文之見於左傳者猶存故首録之以備一體

12040 古文輯略不分卷　（清）曹本榮輯　清抄本

匡高20.8厘米，廣13.9厘米。半葉九行，行二十字，黑口，四周雙邊。有“翰林院印”。江西省圖書館藏。

12039 釋文紀四十五卷 （明）梅鼎祚編　清乾隆内府寫南三閣四庫全書本

匡高21厘米，廣13厘米。半葉八行，行二十一字，白口，四周雙邊。有“古稀天子之寶”“蟫隱廬秘籍印”“津門王鳳岡風篁館收藏印”等印。吉林省圖書館藏，存二卷。

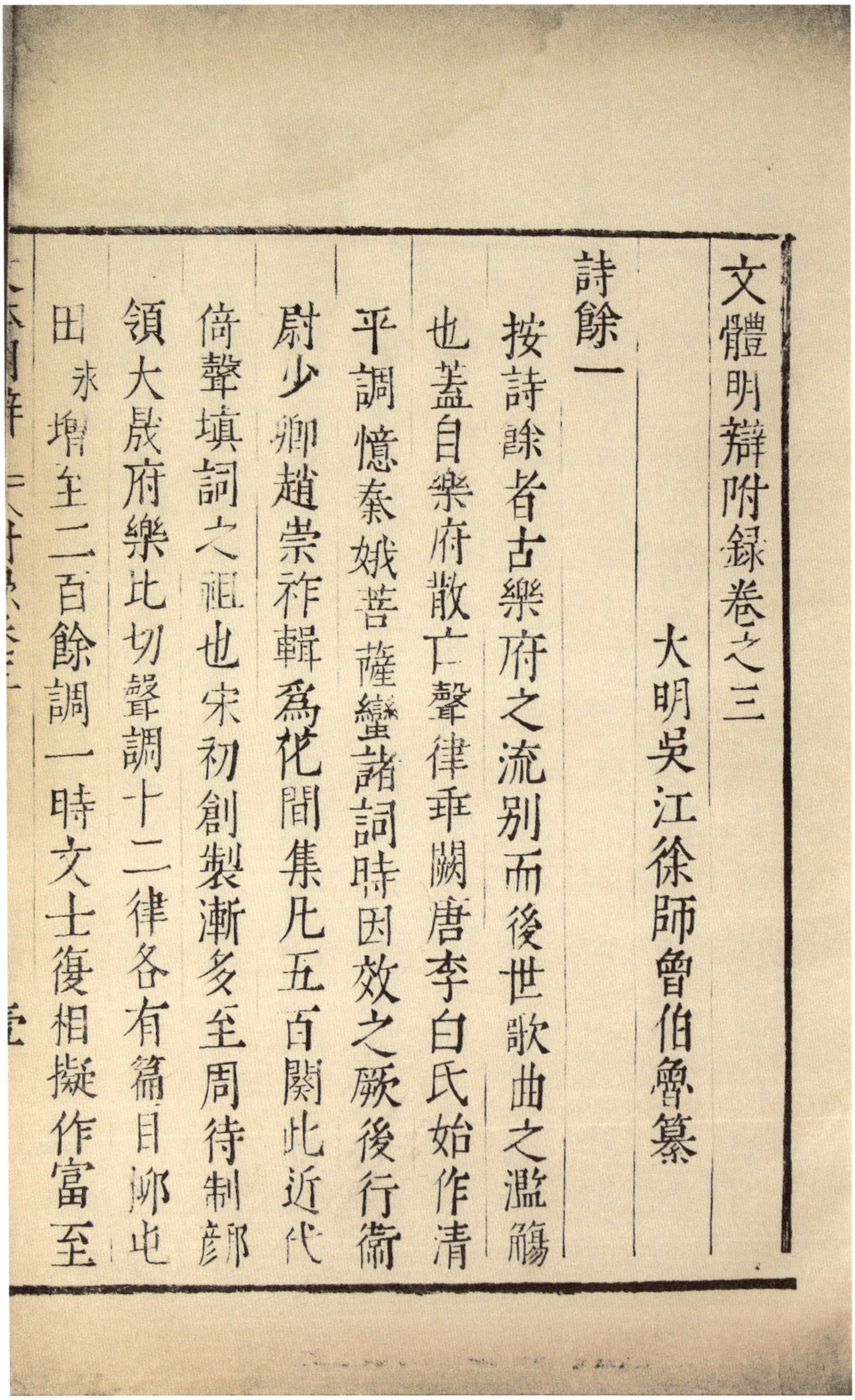
文體明辯附録卷之三
大明吴江徐師曾伯魯纂
詩餘一
按詩餘者古樂府之流别而後世歌曲之濫觴
也蓋自樂府散亡聲律乖闕唐李白氏始作清
平調憶秦娥菩薩蠻諸詞時因效之厥後行衛
尉少卿趙崇祚輯爲花間集凡五百闋此近代
倚聲填詞之祖也宋初創製漸多至周待制邦
領大晟府樂比切聲調十二律各有篇目柳屯
田永增至二百餘調一時文士復相擬作富至

12038 文體明辯六十一卷首一卷目録六卷附録十四卷附録目録二卷　（明）徐師曾輯　明萬曆游榕銅活字印本

匡高19厘米，廣14.6厘米。半葉十行，行十九字，白口，四周單邊。湖南圖書館藏，存十一卷。

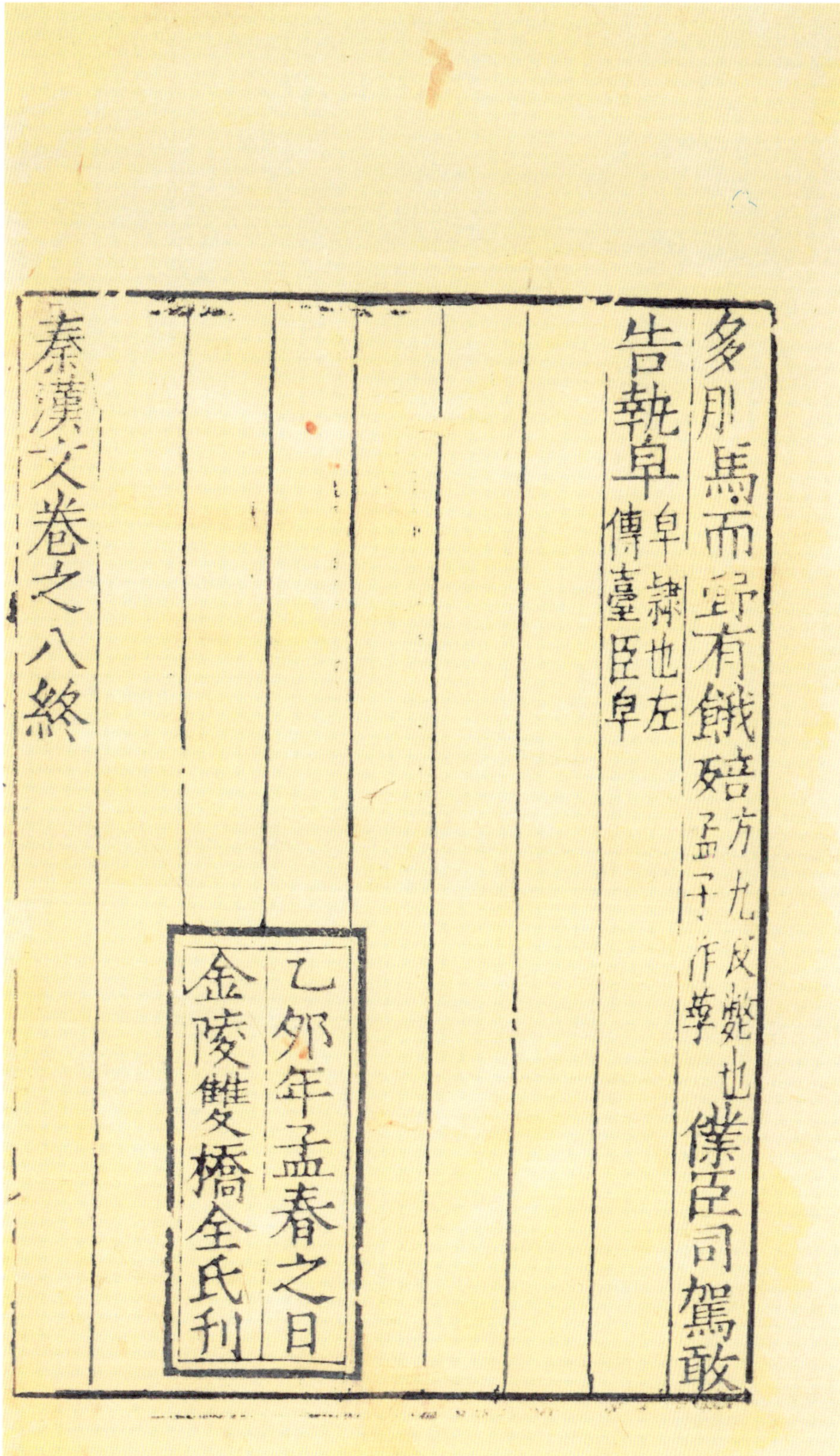
多用馬而野有餓殍方九反斃也孟子作莩僕臣司駕敢
告執皁皁隸也左傳臺臣皁
秦漢文卷之八終
乙卯年孟春之日
金陵雙橋全氏刊

12037 秦漢文八卷

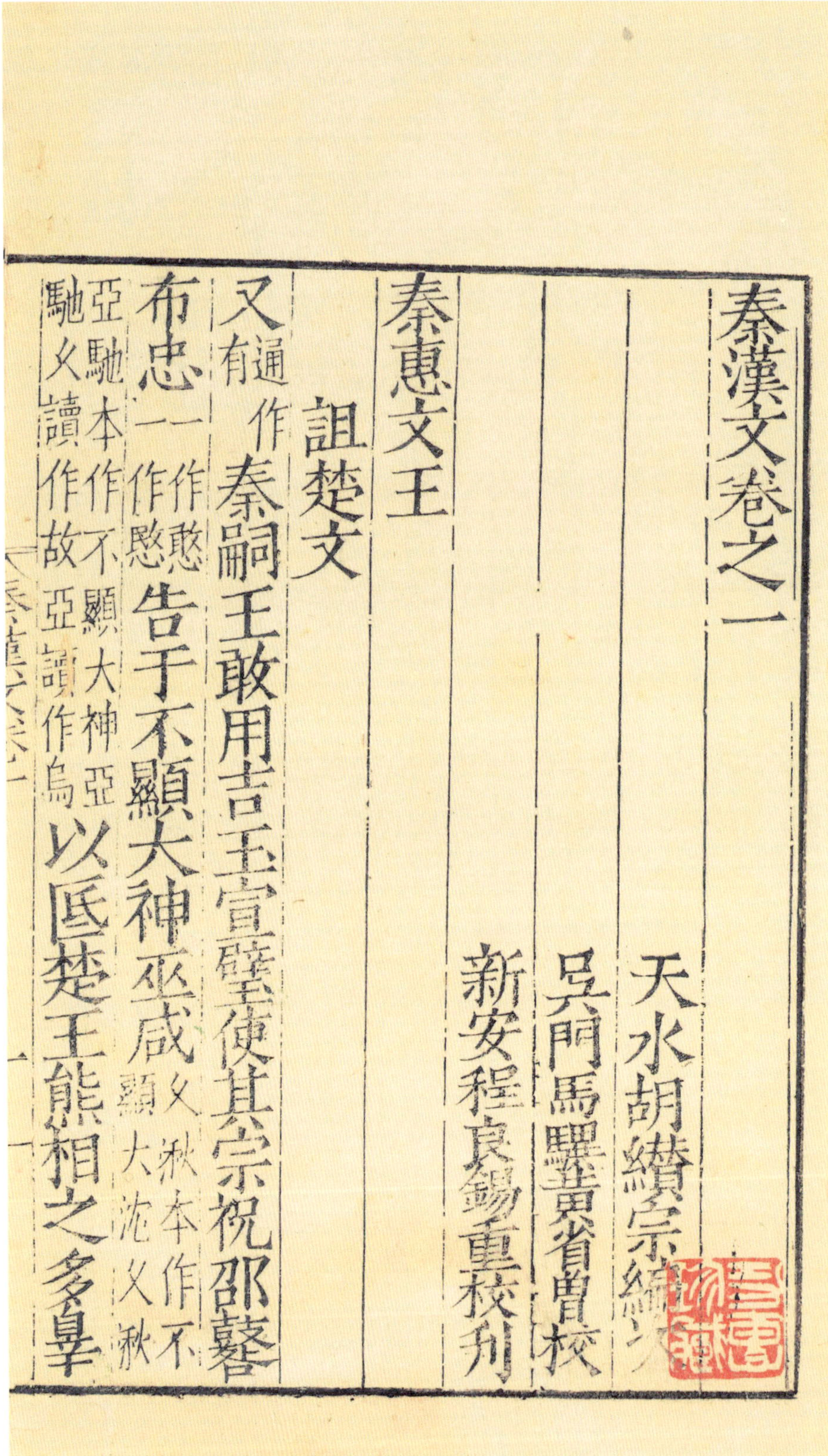
秦漢文卷之一
天水胡纘宗編次
吳門馬驛黃省曾校
新安程良錫重校刊
秦惠文王
詛楚文
又通作有秦嗣王敢用吉玉宣璧使其宗祝邵鼛布忠一作愍一作愍告于不顯大神巫咸文湫本作不顯大沈文湫亞馳本作不顯大神亞馳文讀作故亞讀作烏以底楚王熊相之多辠

12037 秦漢文八卷 （明）胡纘宗輯 明嘉靖三十四年（1555）金陵雙橋全氏刻本

匡高18.8厘米，廣14厘米。半葉九行，行十八字，白口，左右雙邊。有“乙卯年孟春之日金陵雙橋全氏刊”牌記。有“功惠珍藏”等印。北京大學圖書館藏。

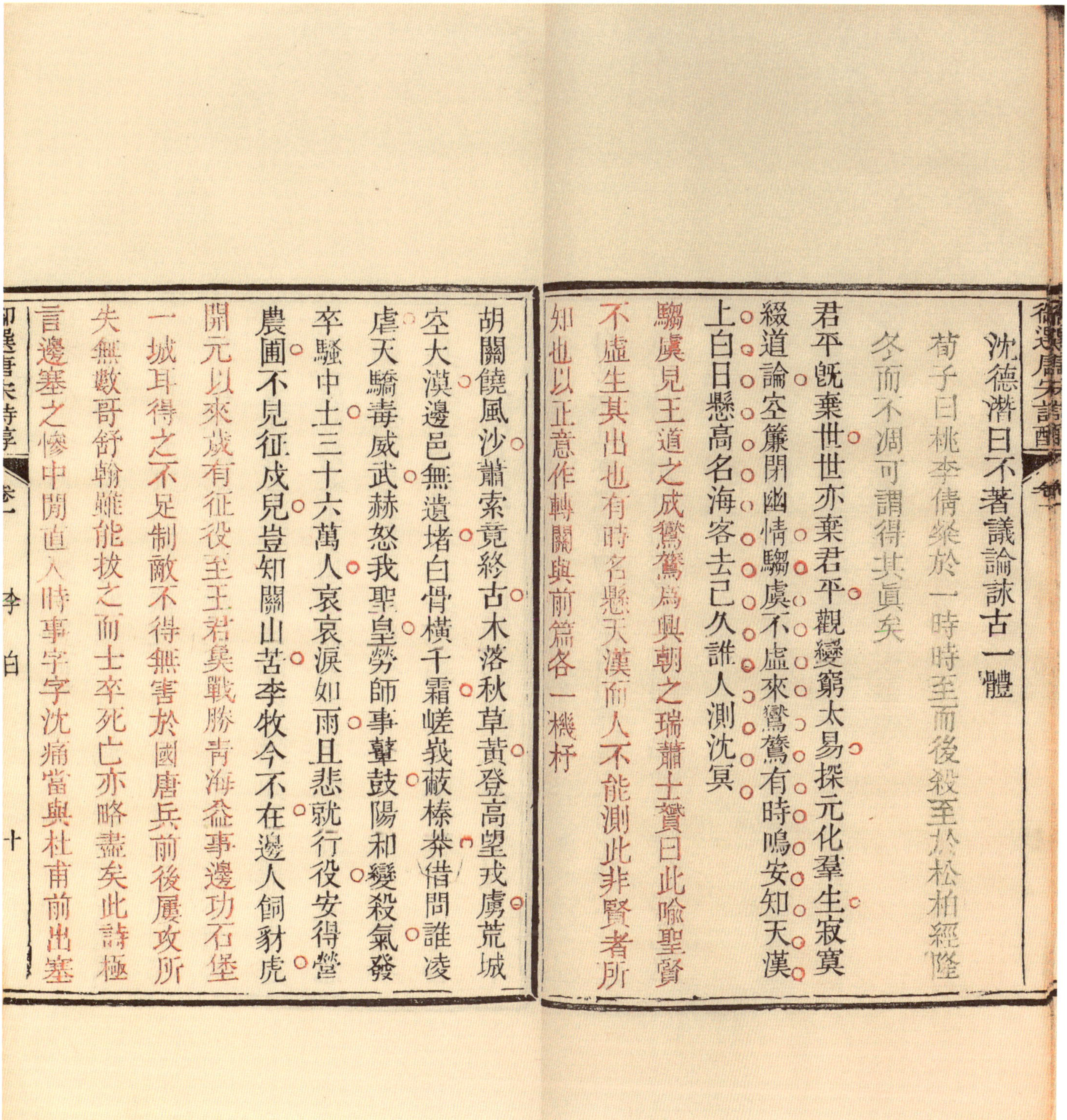
御選唐宋詩醇　卷一

沈德潛曰不著議論詠古一體
荀子曰桃李倩粲於一時時至而後殺至於松柏經隆
冬而不凋可謂得其眞矣
君平既棄世世亦棄君平觀變窮太易探元化羣生寂寞
綴道論空簾閉幽情騶虞不虛來鸑鷟有時鳴安知天漢
上白日懸高名海客去已久誰人測沈冥
騶虞見王道之成鸑鷟爲興朝之瑞蕭士贇曰此喻聖賢
不虛生其出也有時名懸天漢而人不能測此非賢者所
知也以正意作轉關與前篇各一機杼

胡關饒風沙蕭索竟終古木落秋草黃登高望戎虜荒城
空大漠邊邑無遺堵白骨橫千霜嵯峨蔽榛莽借問誰凌
虐天驕毒威武赫怒我聖皇勞師事鼙鼓陽和變殺氣發
卒騷中土三十六萬人哀哀淚如雨且悲就行役安得營
農圃不見征戍兒豈知關山苦李牧今不在邊人飼豺虎
開元以來戍有征役至王君㚟戰勝青海益事邊功石堡
一城耳得之不足制敵不得無害於國唐兵前後屢攻所
失無數哥舒翰雖能拔之而士卒死亡亦略盡矣此詩極
言邊塞之慘中閒直入時事字字沈痛當與杜甫前出塞

御選唐宋詩醇　卷一　李白　十

12036 御選唐宋詩醇四十七卷

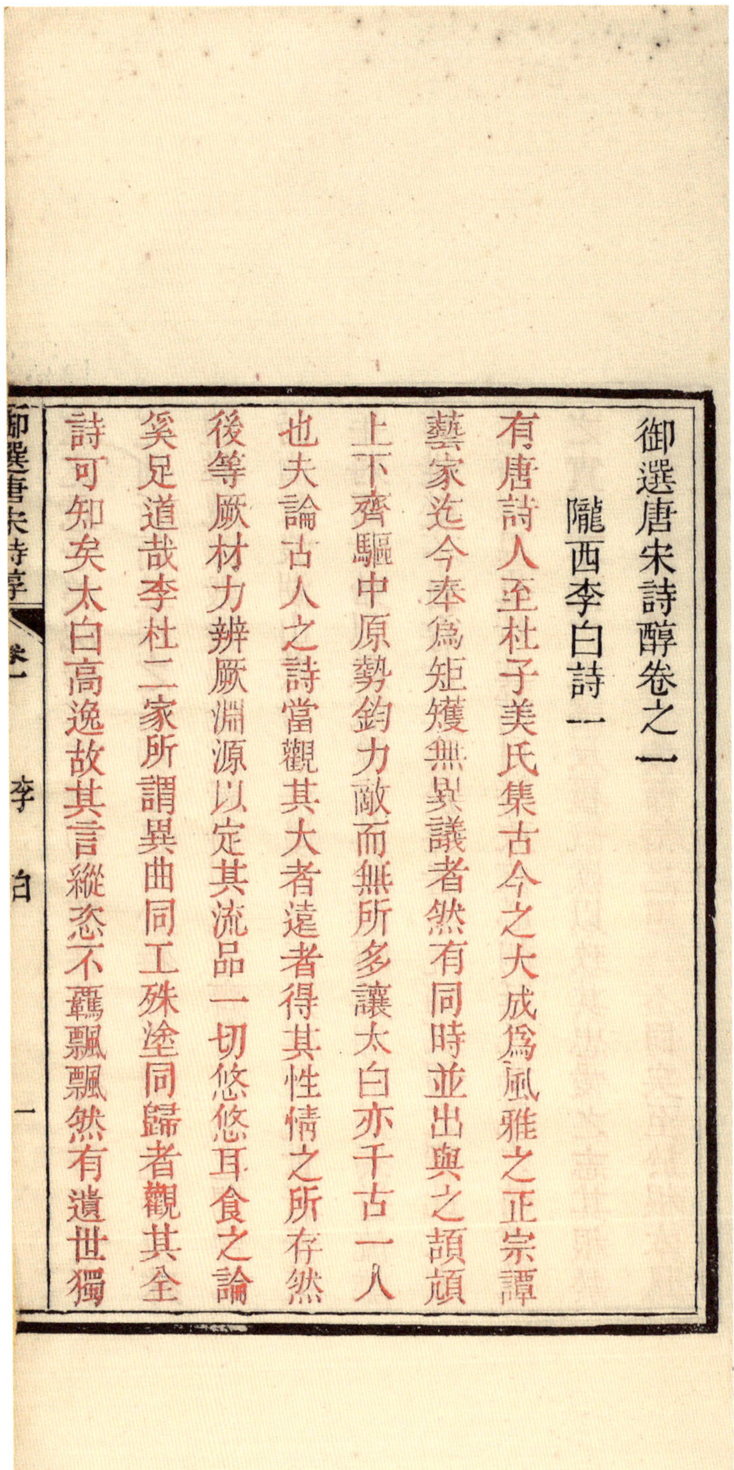
御選唐宋詩醇卷之一
隴西李白詩一
有唐詩人至杜子美氏集古今之大成爲風雅之正宗譚
藝家迄今奉爲矩矱無異議者然有同時並出與之頡頏
上下齊驅中原勢均力敵而無所多讓太白亦千古一人
也夫論古人之詩當觀其大者遠者得其性情之所存然
後等厥材力辨厥淵源以定其流品一切悠悠耳食之論
奚足道哉李杜二家所謂異曲同工殊塗同歸者觀其全
詩可知矣太白高逸故其言縱恣不羈飄飄然有遺世獨
御選唐宋詩醇　卷一　李白　一

12036 御選唐宋詩醇四十七卷　（清）高宗弘曆輯　清咸豐謝氏活字四色套印本

匡高19.2厘米，廣14.9厘米。半葉九行，行二十二字，白口，四周雙邊。曾國藩題識。湖南圖書館藏。

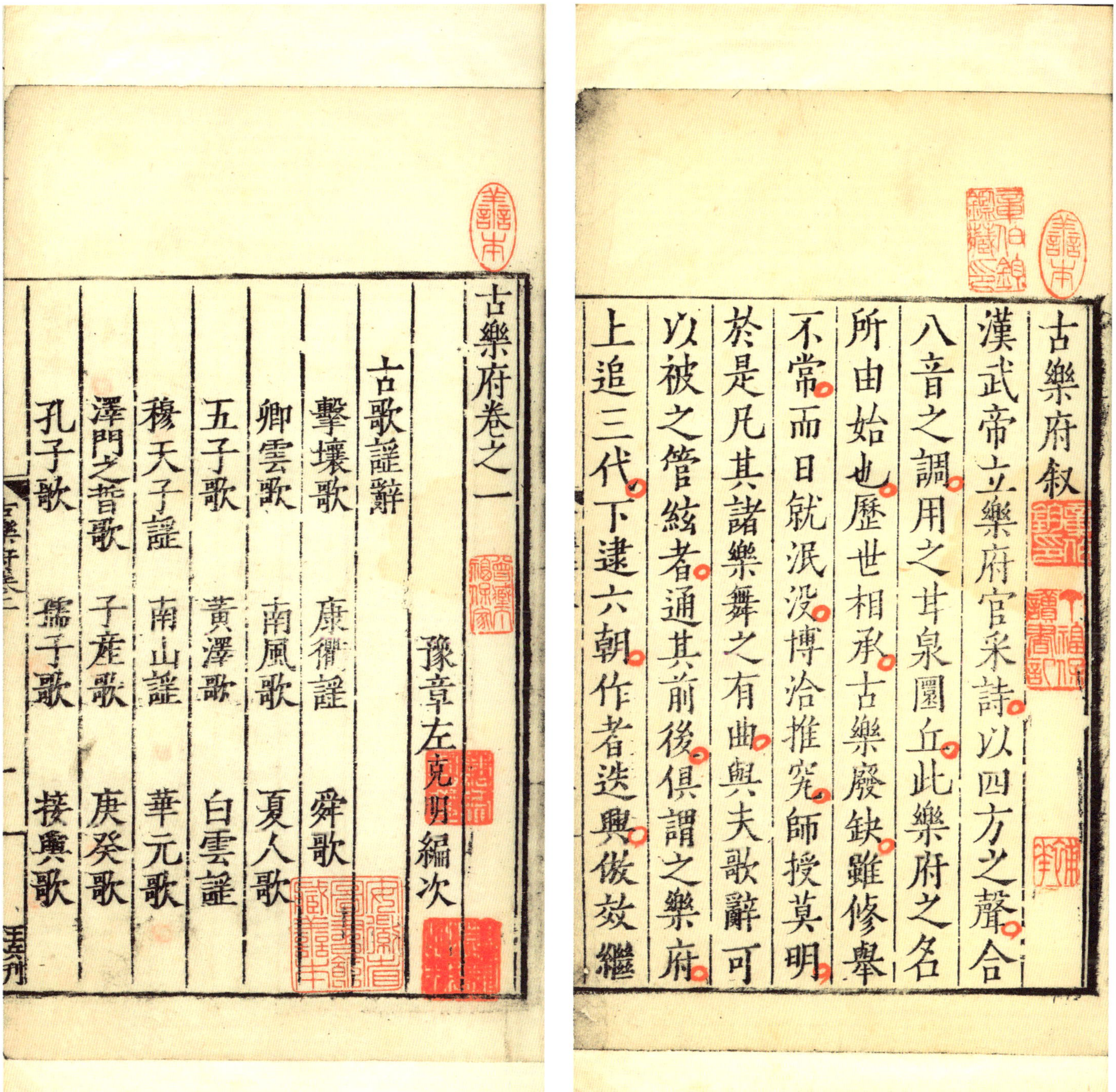

古樂府叙

漢武帝立樂府官采詩以四方之聲合八音之調用之甘泉圜丘此樂府之名所由始也歷世相承古樂廢缺雖修舉不常而日就泯没博洽推究師授莫明於是凡其諸樂舞之有曲與夫歌辭可以被之管絃者通其前後俱謂之樂府上追三代下逮六朝作者迭興倣效繼

古樂府卷之一

豫章左克明編次

古歌謡辭

擊壤歌 康衢謡 舜歌

卿雲歌 南風歌 夏人歌

五子歌 黄澤歌 白雲謡

穆天子謡 南山謡 華元歌

澤門之晳歌 子産歌 庚癸歌

孔子歌 孺子歌 接輿歌

12035 古樂府十卷 （元）左克明編次 明嘉靖二十三年（1544）蕭一中刻本

匡高20厘米，廣15.1厘米。半葉九行，行十八字，白口，左右雙邊。有“曾藏丁福保家”“章伯鈞印”等印。丁福保跋。安徽省圖書館藏。

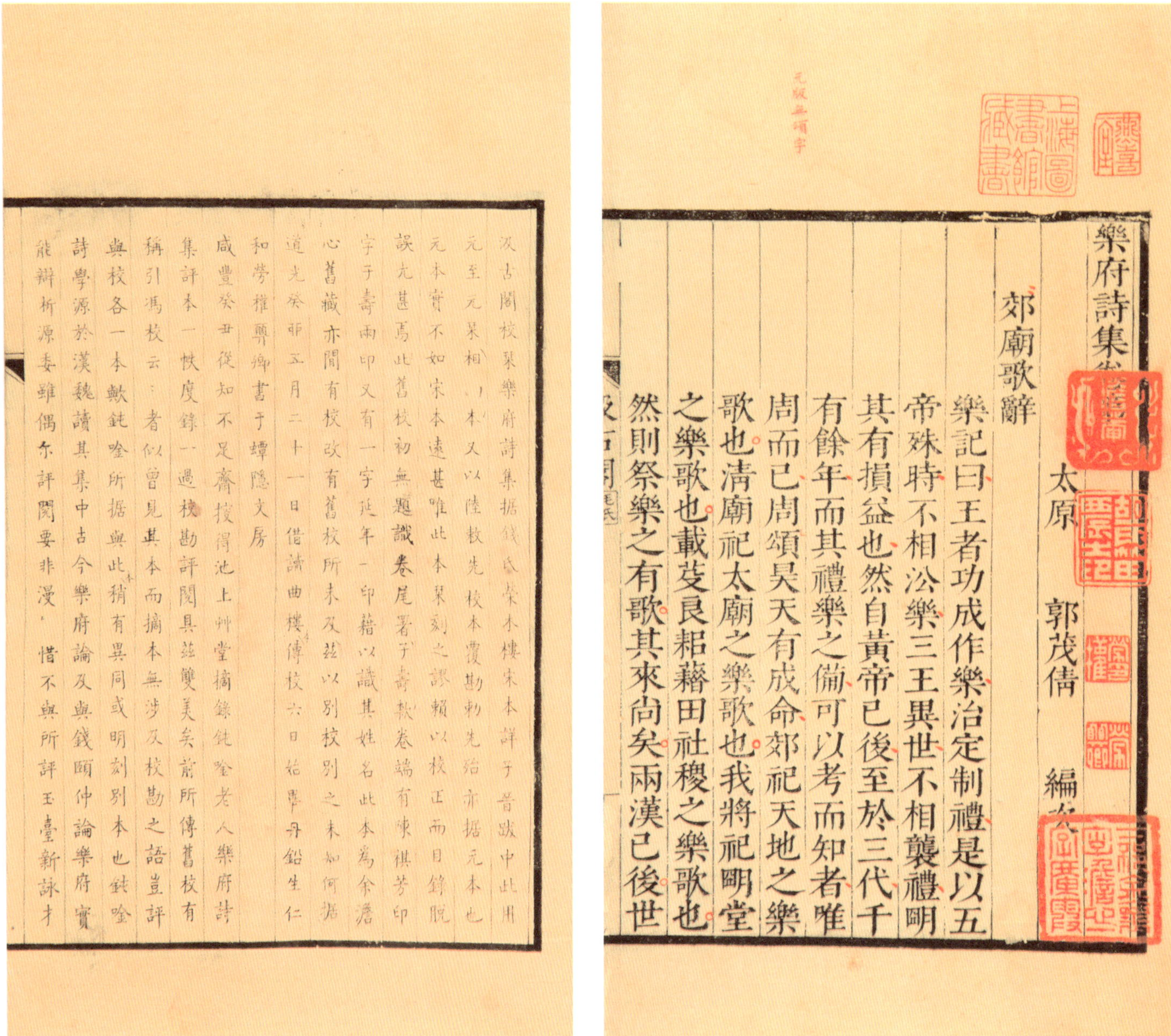

12034 樂府詩集一百卷目録二卷 （宋）郭茂倩輯 明末毛氏汲古閣刻本

匡高19.3厘米，廣14.3厘米。半葉十一行，行二十一字，黑口，左右雙邊。有“下邳余懷字澹心一字廣霞”“勞印權”等印。勞權校並跋。上海圖書館藏。

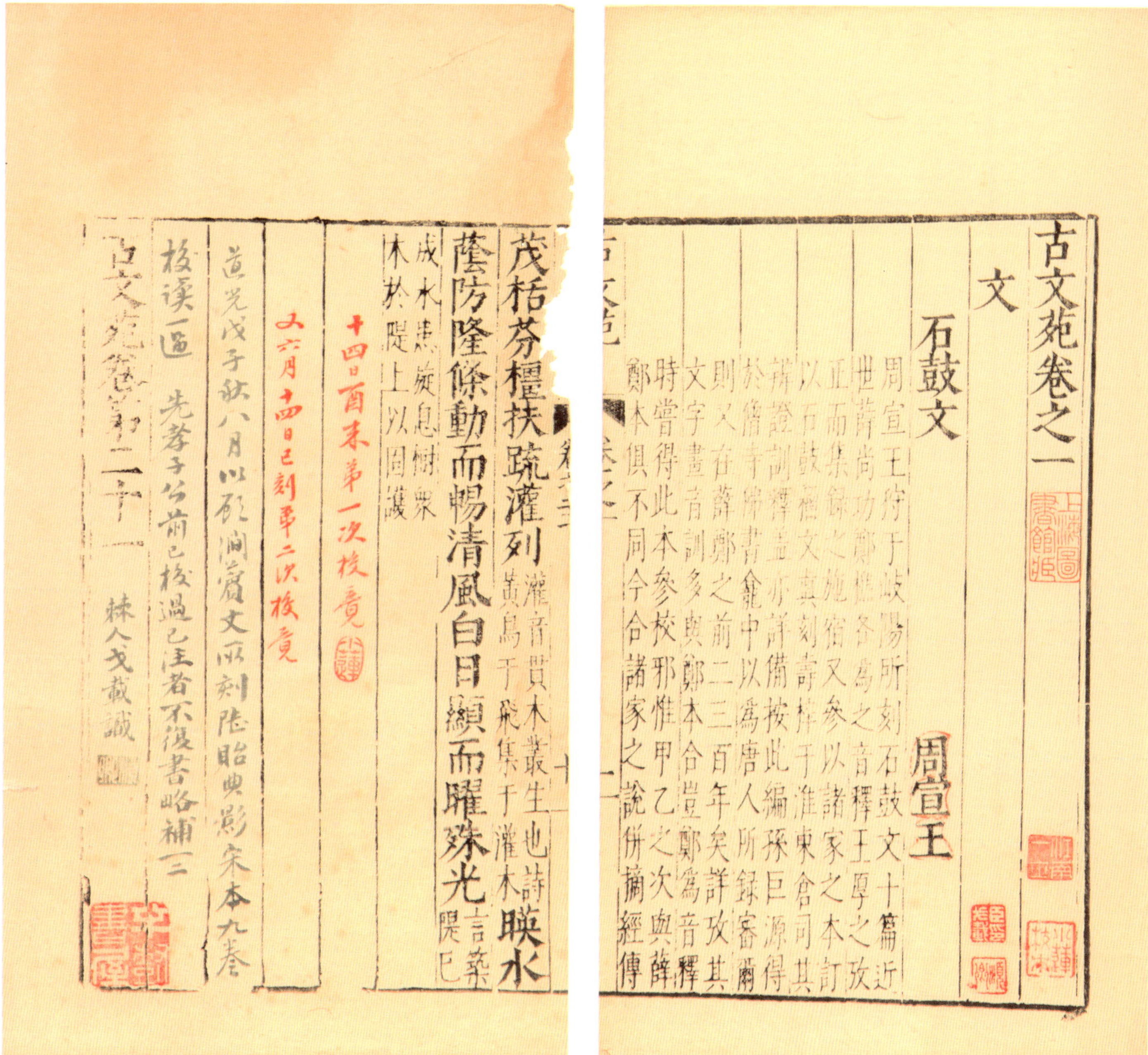

12033 古文苑二十一卷 （宋）章樵注　明萬曆張象賢刻本

匡高20.2厘米，廣13.2厘米。半葉八行，行十八字，白口，左右雙邊。有"小蓮校本""臣印戈載"等印。戈宙襄校，戈載校並跋。上海圖書館藏。

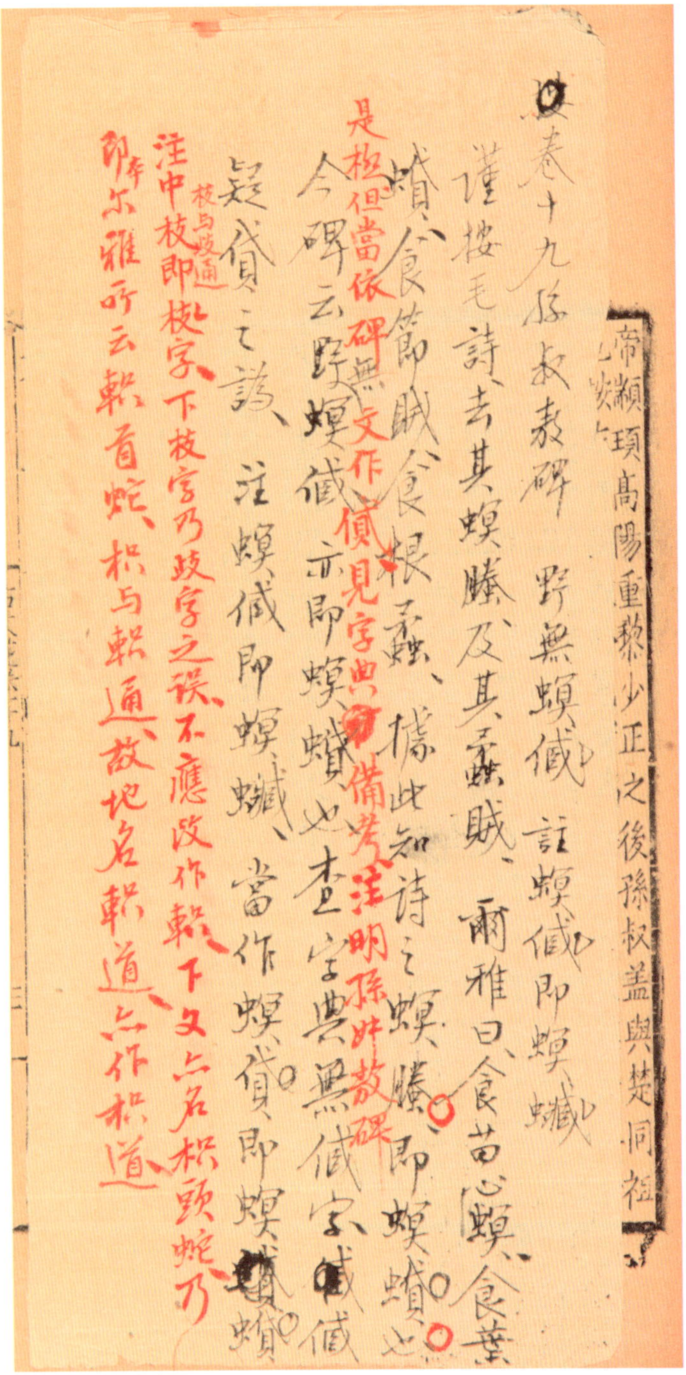

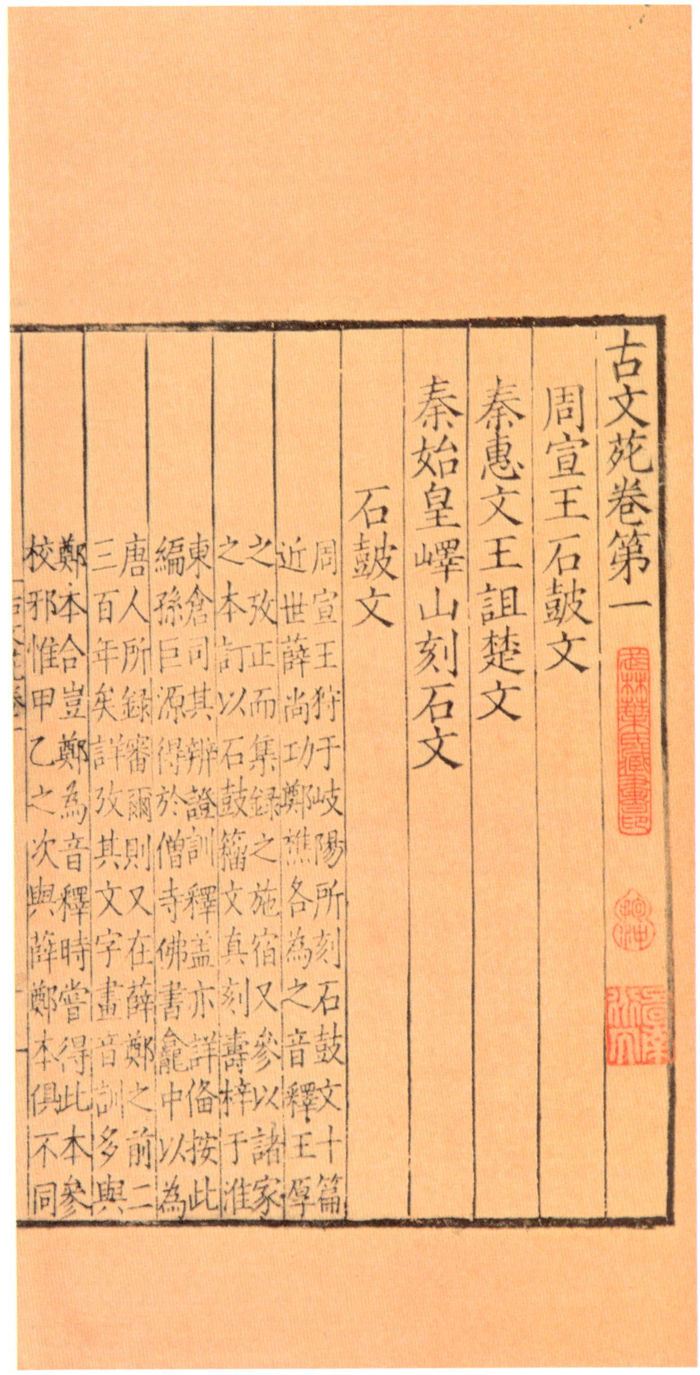

12032 古文苑二十一卷 （宋）章樵注　明刻本

匡高20厘米，廣15厘米。半葉十行，行十八字，白口，四周單邊。有“圖南道人”“抱沖”“武林葉氏藏書印”等印。顧之逵校，孫毓修題識。上海圖書館藏。

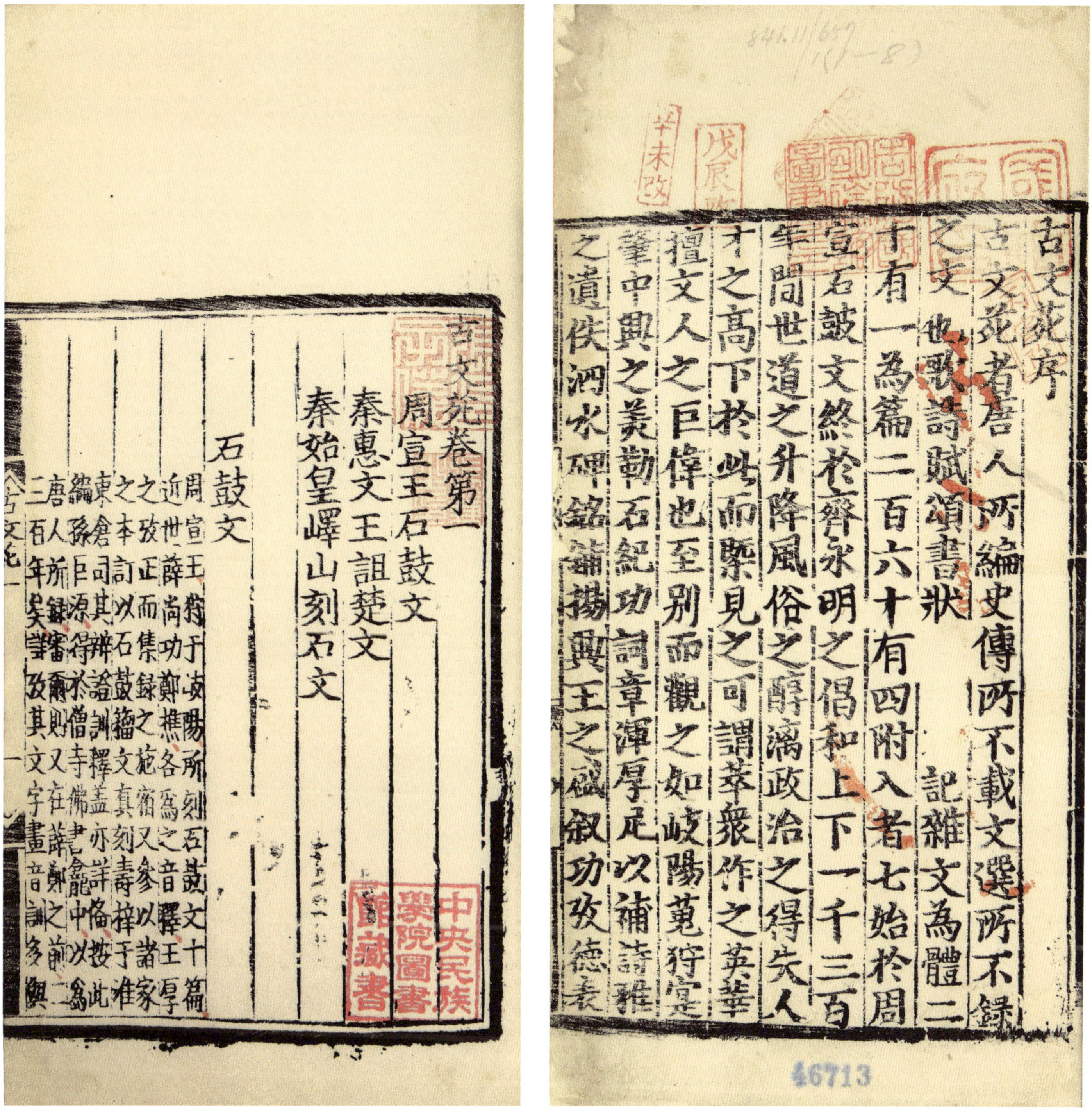

12031 古文苑二十一卷 （宋）章樵注　明成化十八年（1482）張世用刻本

匡高20.7厘米，廣14厘米。半葉十行，行十八字，黑口，四周雙邊。有"張印子儀""張兼之印"等印。中央民族大學圖書館藏。

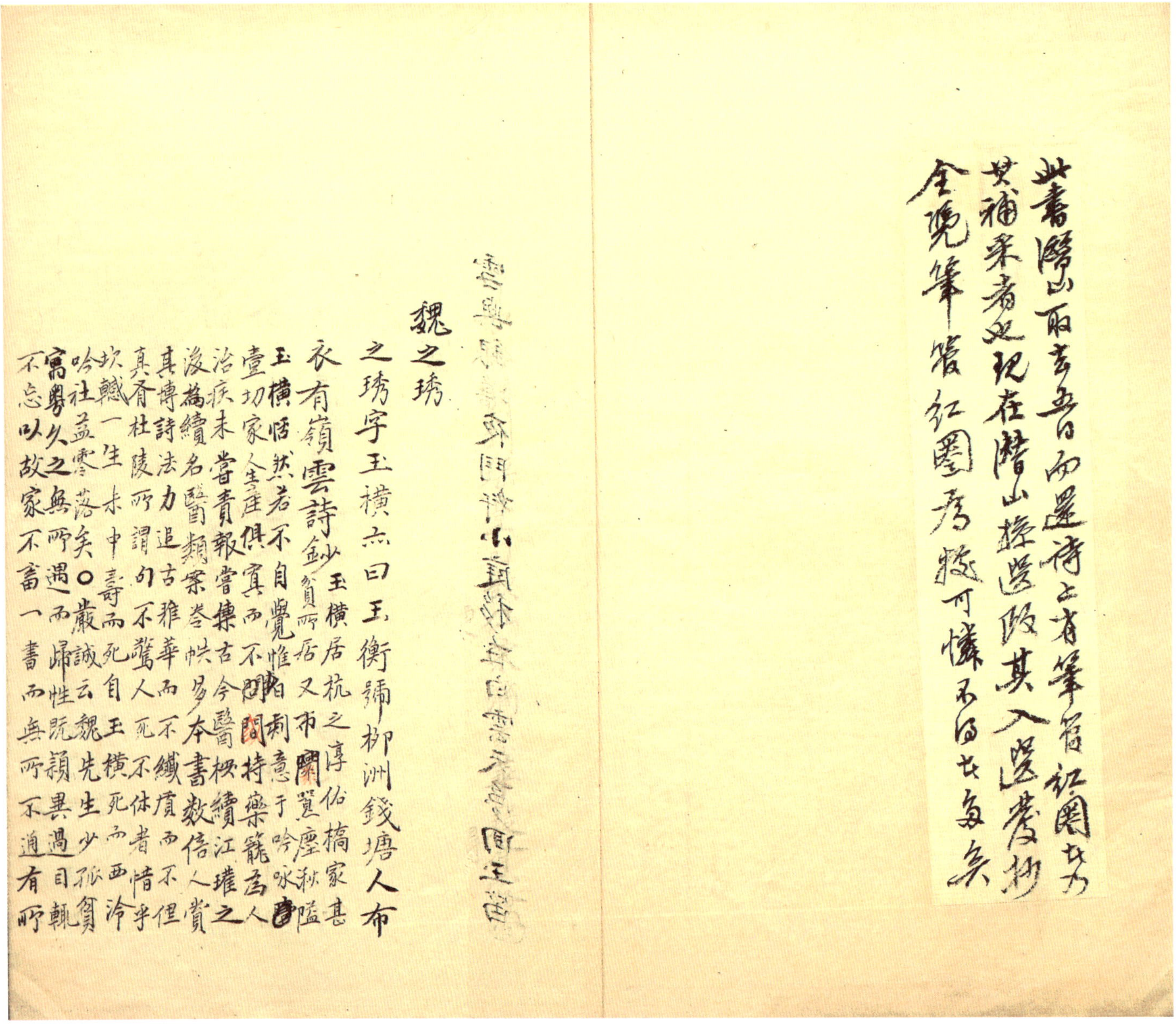

此書係山雨吾亦自選詩之有筆箇紅圈者乃
其補采者也現在潛山接選段其入選處抄
全覽筆發紅圈為擬可憐不自知多矣

魏之琇
之琇字玉横亦曰玉衡號柳洲錢塘人布
衣有嶺雲詩鈔玉横居杭之淳佑橋家甚
貧所居又市闤囂塵湫隘
玉横恬然若不自覺惟刺意于吟咏書
壹切家人生産俱置而不問閉門持藥籠為人
治疾未嘗責報嘗集古今醫按續江瓘之
後為續名醫類案卷帙多本書數倍人賞
其博詩法力追古雅華而不纖質而不俚
真香杜陵所謂句不驚人死不休者惜乎
坎𡒄一生未中壽而死自玉横死而西泠
吟社益零落矣○嚴誠云魏先生少孤貧
寓粵久之無所遇而歸性既穎異過目輒
不忘以故家不畜一書而無所不通有所

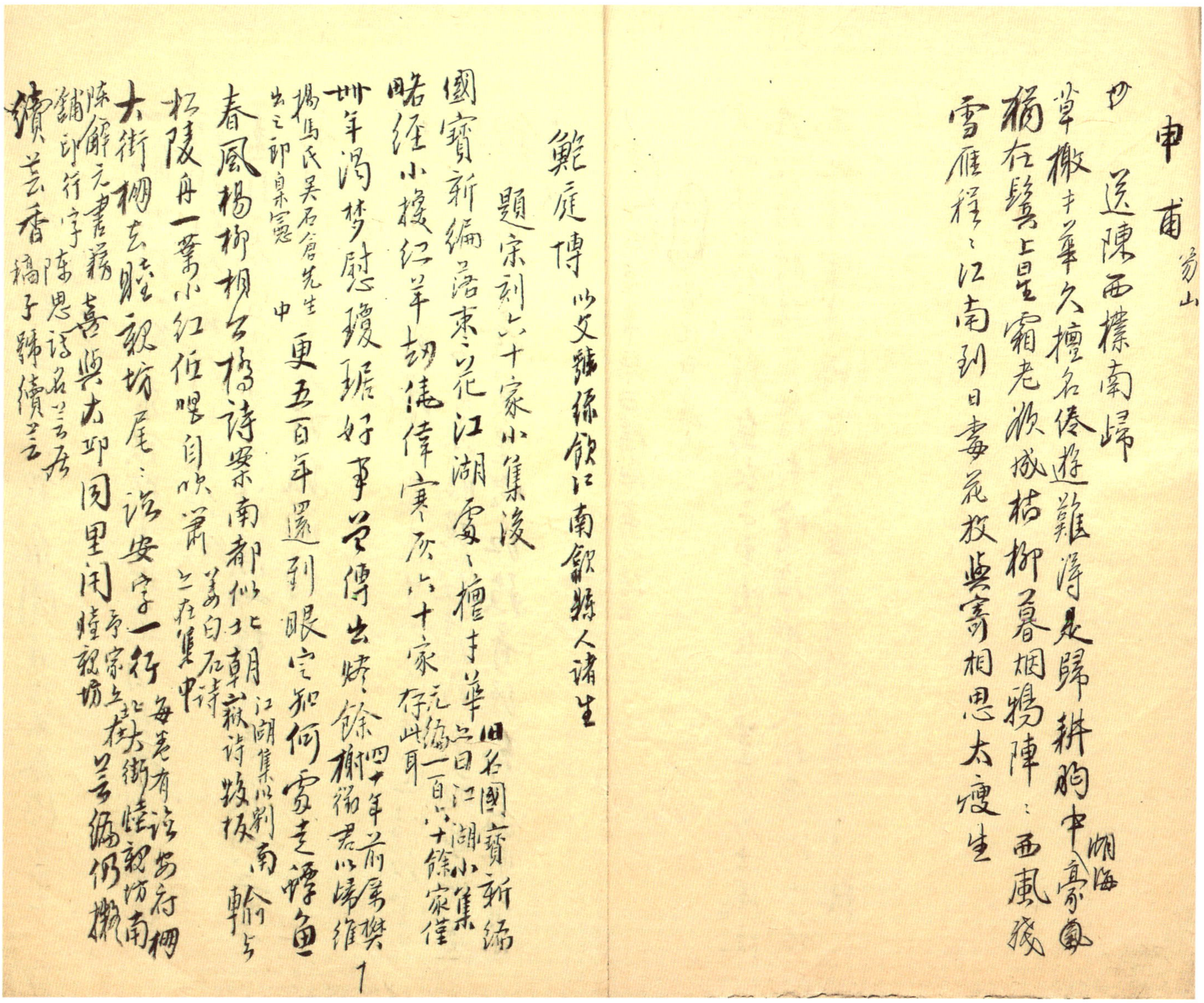

12030 巾箱集四卷

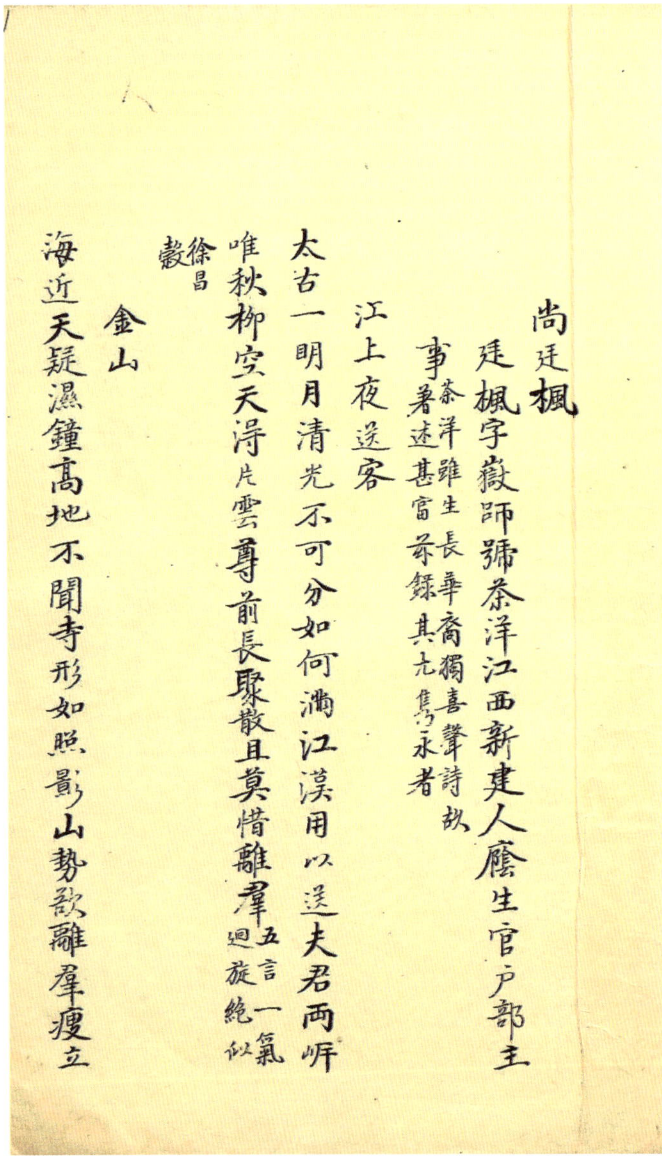
尚廷楓
廷楓字嶶師號茶洋江西新建人廕生官户部主
事茶洋雖生長華裔獨喜聲詩故著述甚富爲錄其尤雋永者
江上夜送客
太古一明月清光不可分如何濁江漢用以送夫君兩岍
唯秋柳空天浮片雲尊前長聚散且莫惜離羣五言一氣迴旋絶似徐昌穀
金山
海近天疑濕鐘高地不聞寺形如照影山勢欲離羣瘦立

12030 巾箱集四卷　（清）吴騫輯　稿本

吴騫題識。南京圖書館藏。

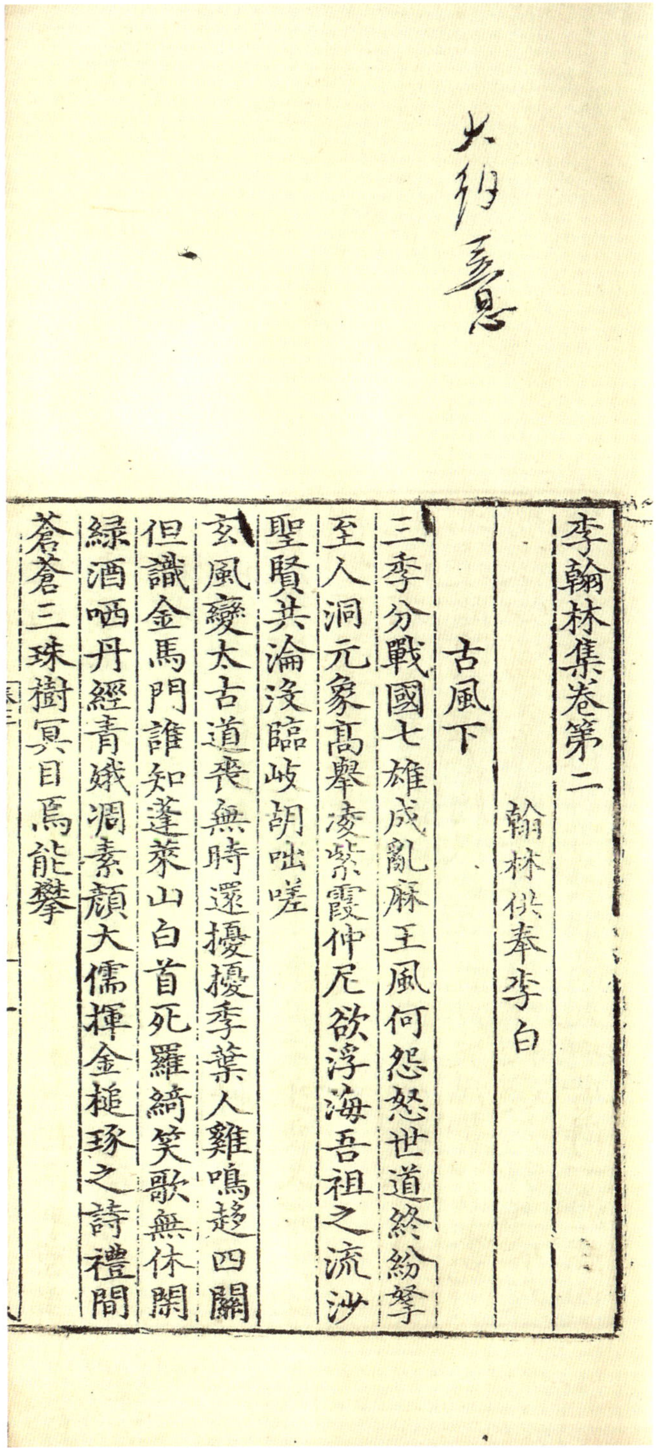
李翰林集卷第二

翰林供奉李白

古風下

三季分戰國七雄成亂麻王風何怨怒世道終紛拏
至人洞元象高舉凌紫霞仲尼欲浮海吾祖之流沙
聖賢共淪沒臨岐胡咄嗟
玄風變太古道喪無時還擾擾季葉人雞鳴趍四關
但識金馬門誰知蓬萊山白首死羅綺笑歌無休閑
緑酒哂丹經青娥凋素顏大儒揮金椎琢之詩禮間
蒼蒼三珠樹冥目焉能攀

12029 李杜全集八十四卷

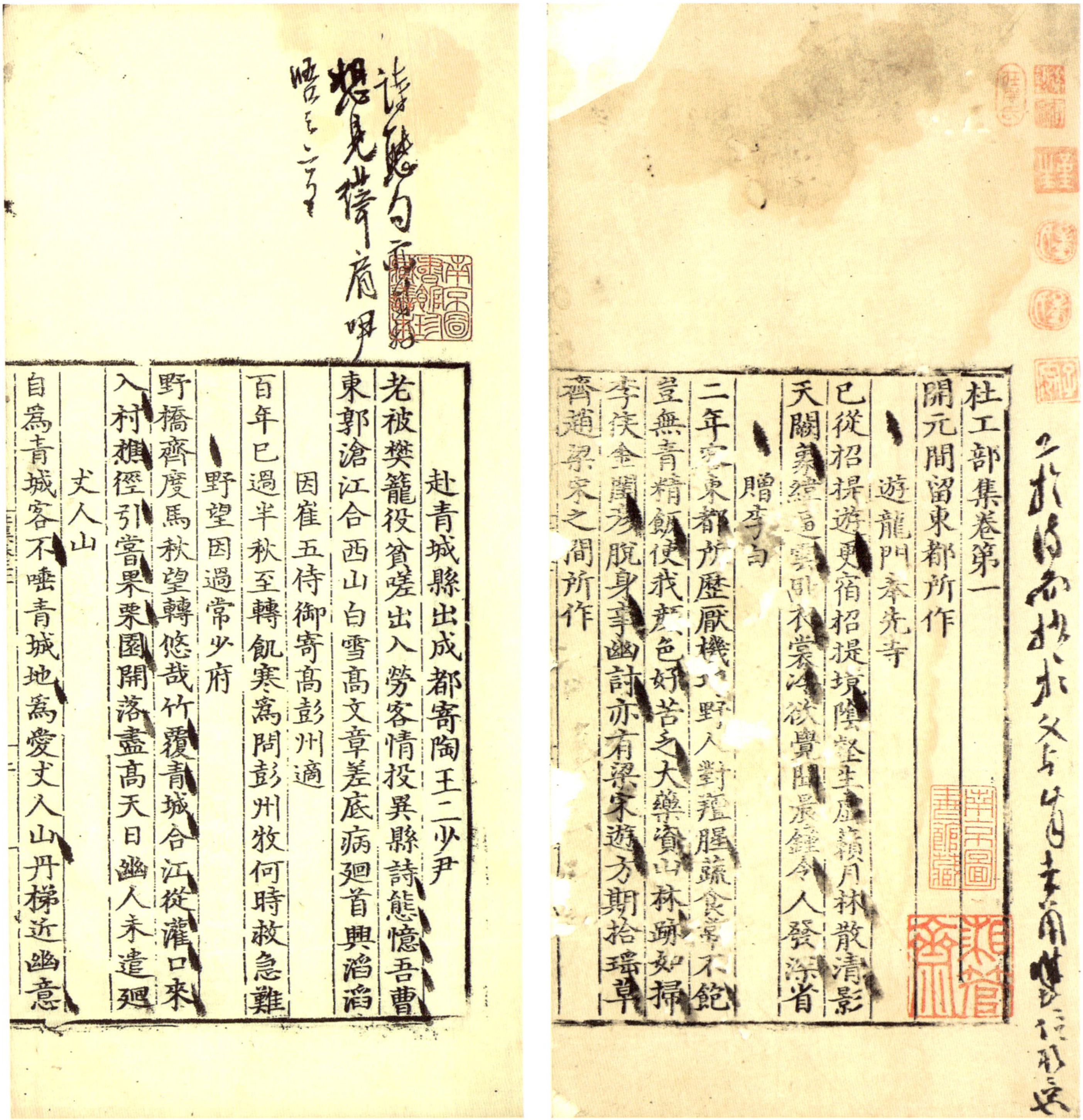

12029 李杜全集八十四卷 （明）鮑松編　明正德八年（1513）自刻本

匡高18.3厘米，廣13.5厘米。半葉十行，行二十字，白口，四周單邊。有“湘管齋”等印。徐渭批。南京圖書館藏，存三十四卷。

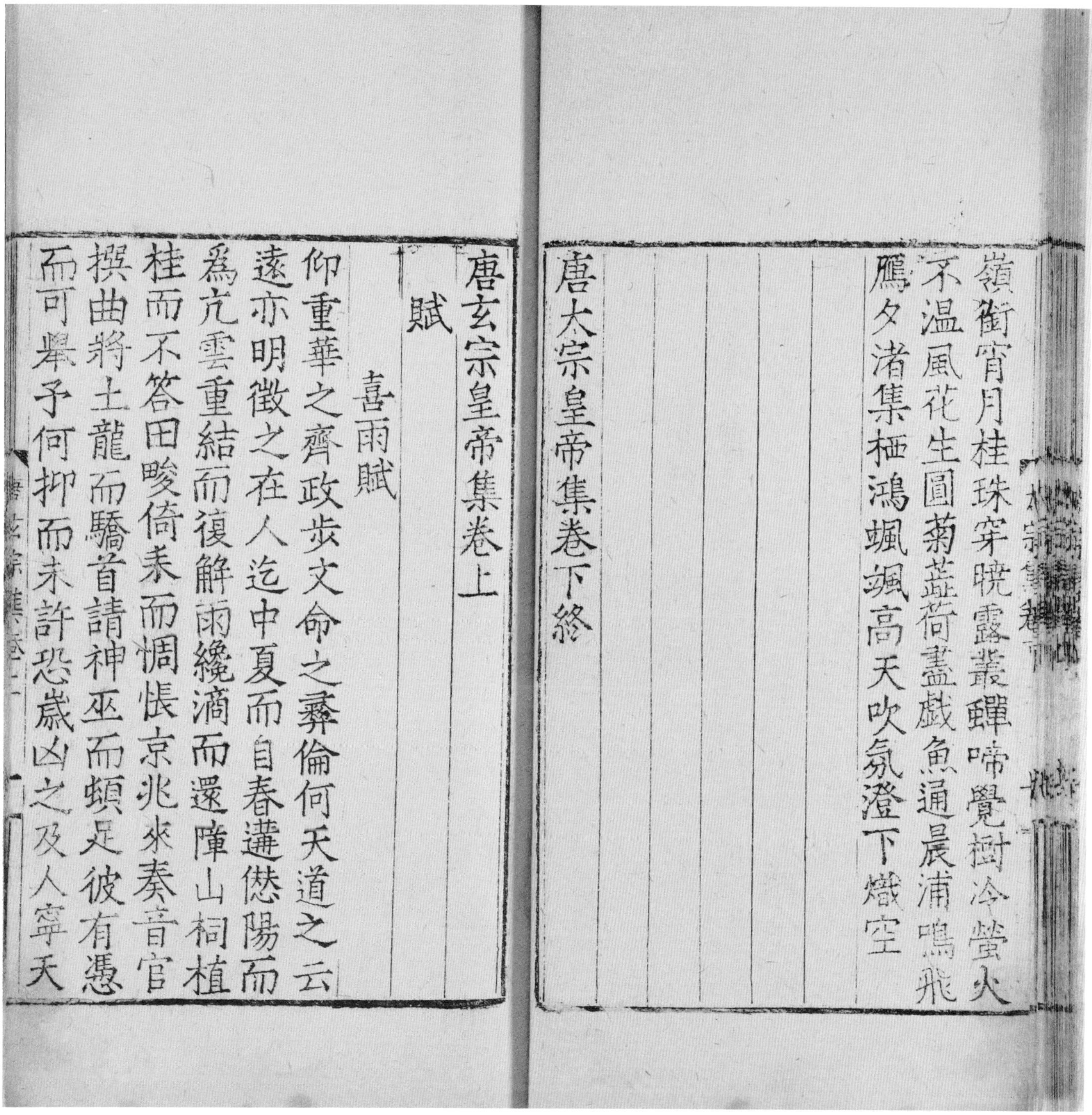
嶺銜宵月桂珠穿曉露叢蟬啼覺樹冷螢火
不溫風花生圓菊蘁荷蓋戲魚通晨浦鳴飛
鴈夕渚集栖鴻颯颯高天吹氛澄下熾空
唐太宗皇帝集卷下終

唐玄宗皇帝集卷上
賦
喜雨賦
仰重華之齊政步文命之彝倫何天道之云
遠亦明徵之在人迄中夏而自春遘愆陽而
為亢雲重結而復解雨纔滴而還障山祠植
桂而不答田畯倚耒而惆悵京兆來奏音官
撰曲將土龍而驕首請神巫而頓足彼有憑
而可舉予何抑而未許恐歲凶之及人寧天

12028 唐人集□□種□□卷

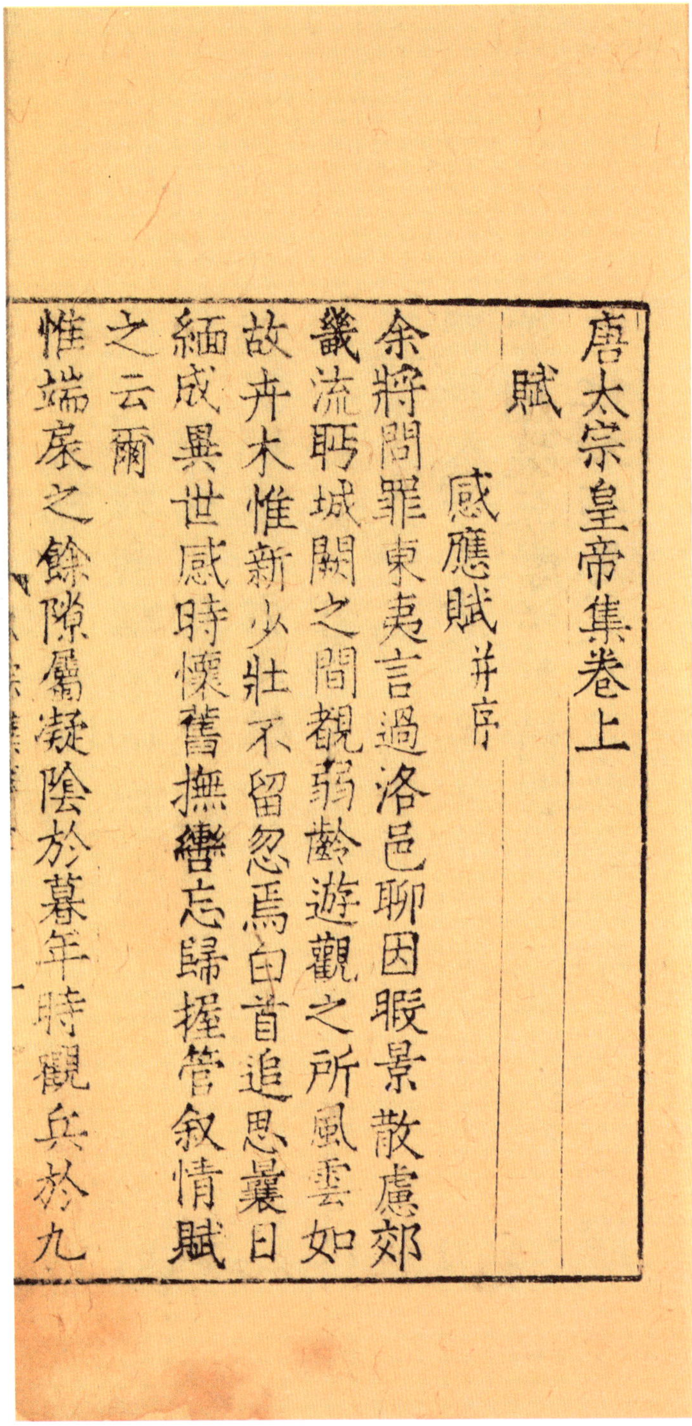
唐太宗皇帝集卷上
賦
感應賦并序
余將問罪東夷言過洛邑聊因暇景散慮郊
畿流眄城闕之間覩弱齡遊觀之所風雲如
故卉木惟新少壯不留忽焉白首追思曩日
緬成異世感時懷舊撫轡忘歸握管敘情賦
之云爾
惟端扆之餘隙屬凝陰於暮年時覩兵於九

12028 唐人集□□種□□卷 明銅活字印本

匡高19.1厘米，廣12.8厘米。半葉九行，行十七字，白口，四周單邊。寧波市天一閣博物館藏，存一百十七卷。

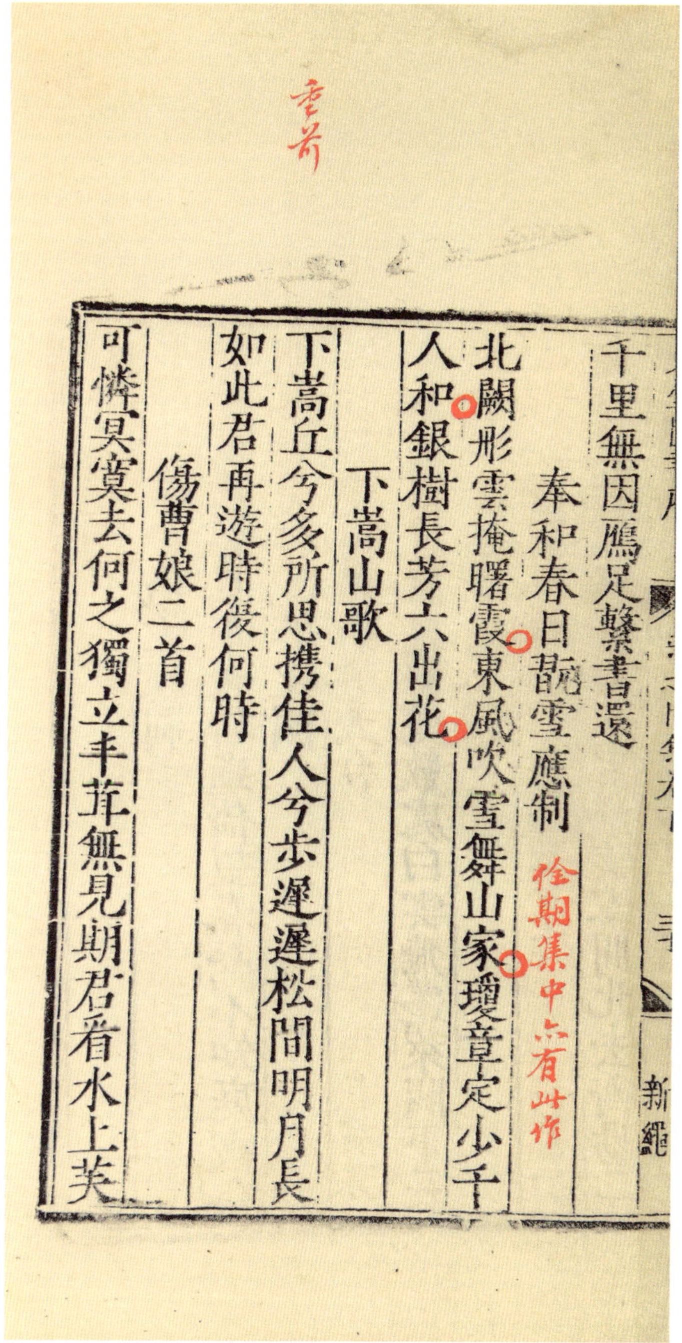

千里無因鴈足繫書還

奉和春日翫雪應制

北闕彤雲掩曙霞東風吹雪舞山家瓊章定少千人和銀樹長芳六出花

佺期集中亦有此作

下嵩山歌

下嵩丘兮多所思携佳人兮步遲遲松間明月長如此君再遊時復何時

傷曹娘二首

可憐冥寞去何之獨立丰茸無見期君看水上芙

12027 十二家唐詩二十四卷

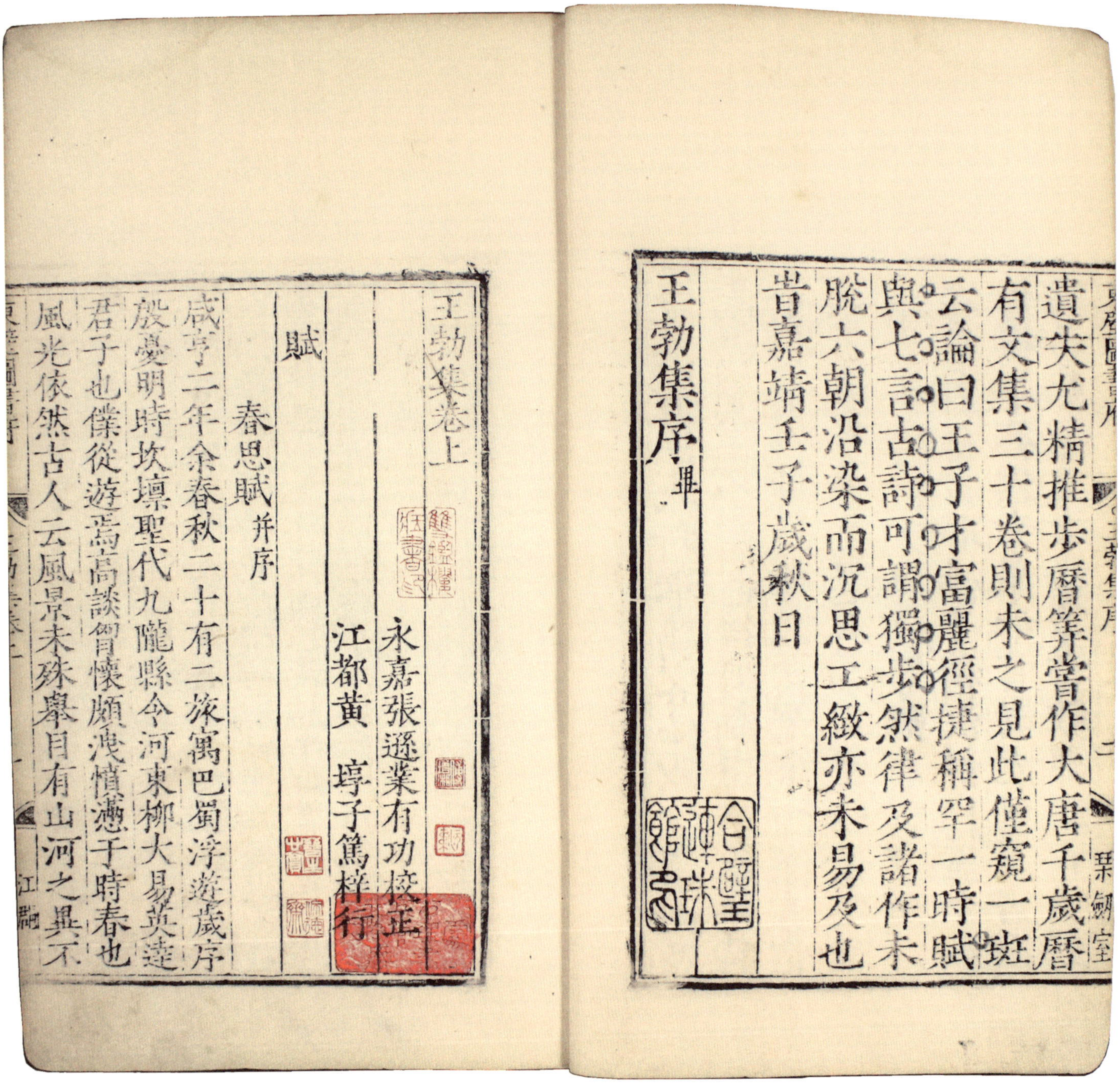

12027 十二家唐詩二十四卷 （明）張遜業編　明嘉靖三十一年（1552）黄埻刻本

匡高18.4厘米，廣12.9厘米。半葉九行，行十九字，白口，四周雙邊。有“雙鑑樓藏書印”等印。傅增湘批注。山西博物院藏。

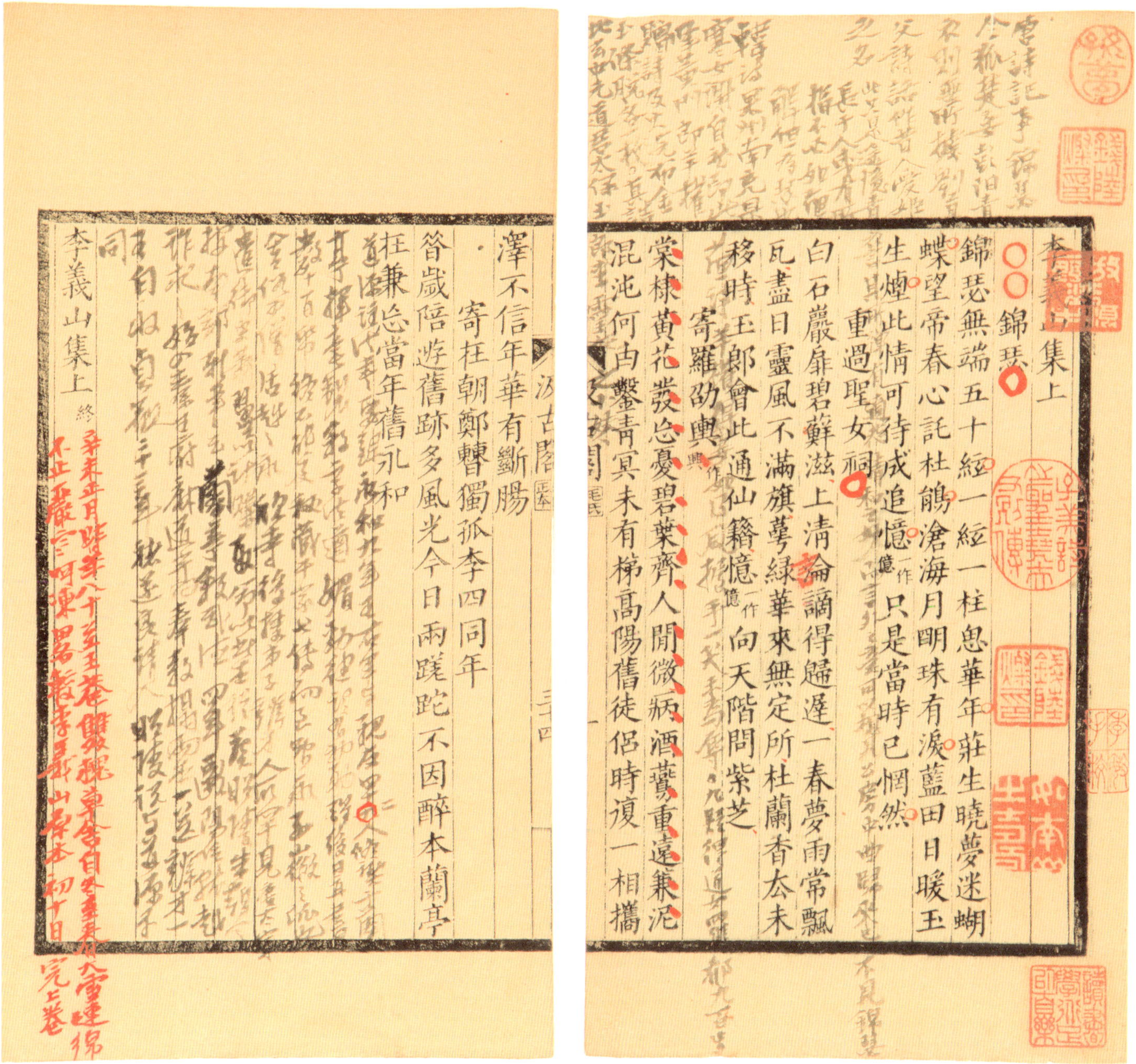

12026 唐人八家詩四十二卷　（明）毛晉編　明崇禎十二年（1639）毛氏汲古閣刻本

匡高19.3厘米，廣13.8厘米。半葉十二行，行二十字，白口，左右雙邊。有“錢陸燦印”“讀書學道足以自樂”等印。錢陸燦批。上海圖書館藏。

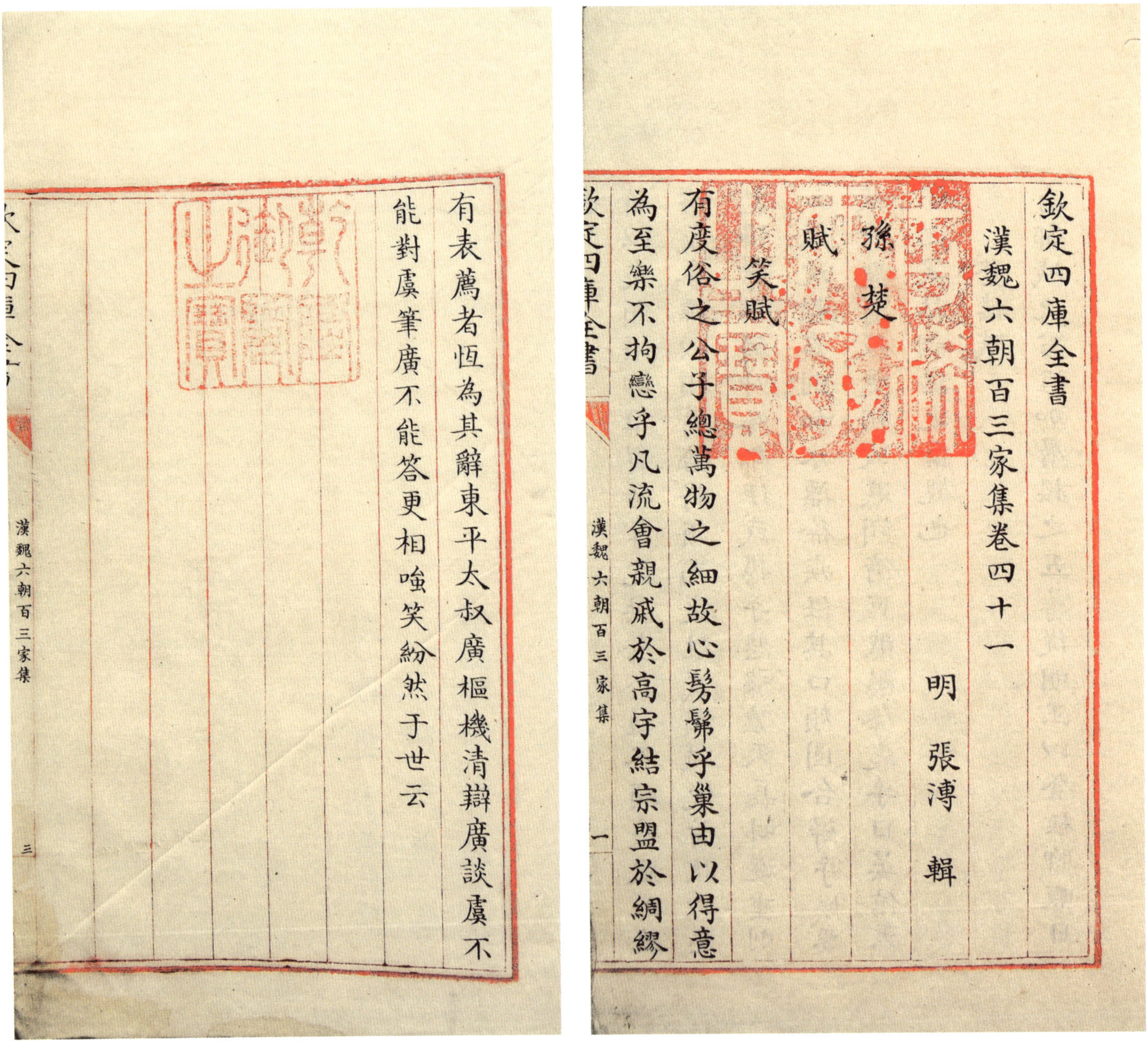
欽定四庫全書
漢魏六朝百三家集卷四十一
明 張溥 輯
孫楚
賦
笑賦
有度俗之公子總萬物之細故心髣髴乎巢由以得意
為至樂不拘戀乎凡流會親戚於高宇結宗盟於綢繆
欽定四庫全書　漢魏六朝百三家集　一

有表薦者恆為其辭東平太叔廣樞機清辯廣談虞不
能對虞筆廣不能答更相嗤笑紛然于世云
欽定四庫全書　漢魏六朝百三家集　三

12025 漢魏六朝百三家集一百十八卷 （明）張溥編 （清）楊夢符校 清乾隆内府寫南三閣四庫全書本

匡高20.8厘米，廣13厘米。半葉八行，行二十一字，白口，四周雙邊。有“古稀天子之寶”等印。吉林省圖書館藏，存二卷。

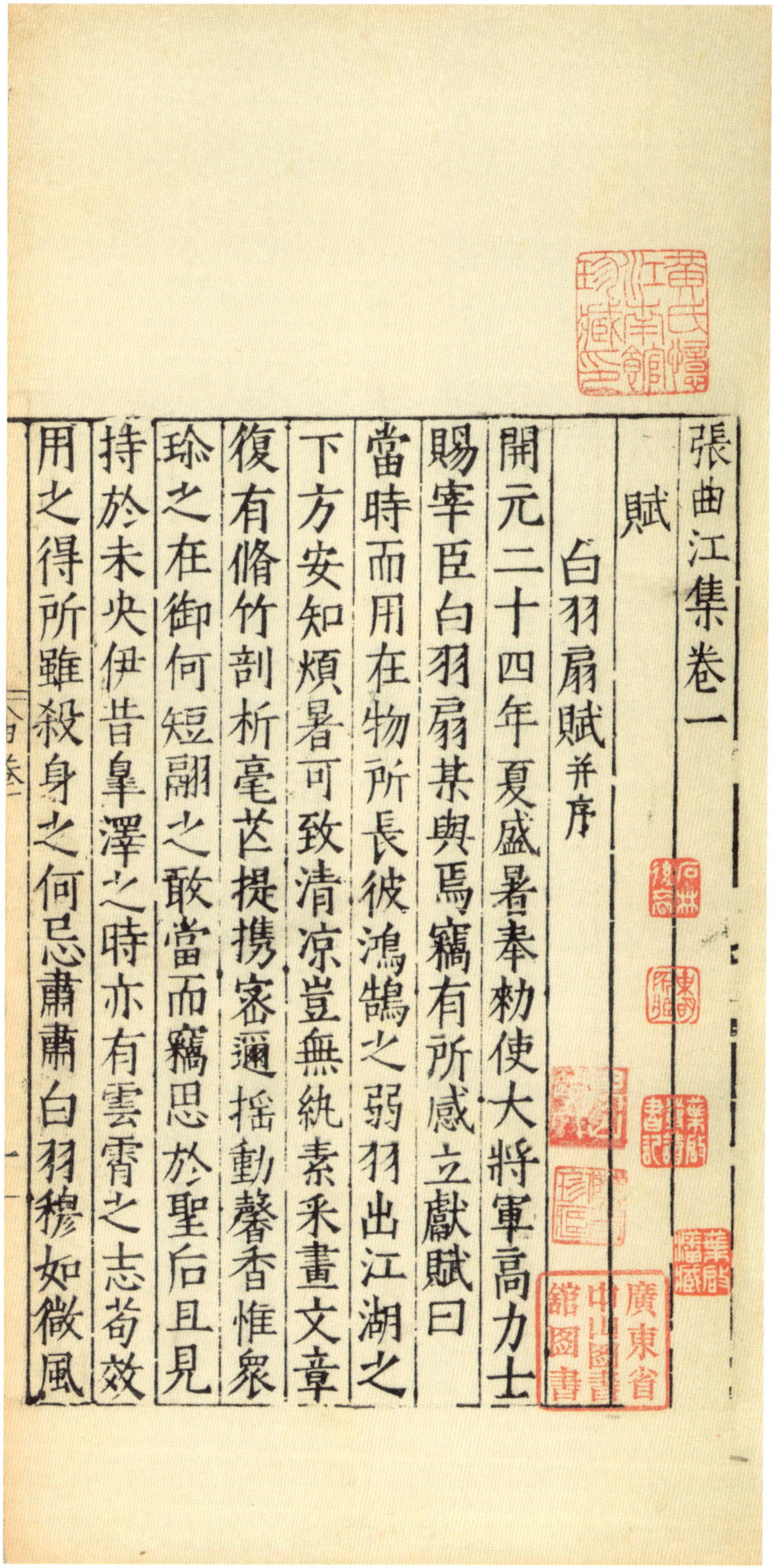
張曲江集卷一
賦
白羽扇賦并序
開元二十四年夏盛暑奉勑使大將軍高力士
賜宰臣白羽扇某與焉竊有所感立獻賦曰
當時而用在物所長彼鴻鵠之弱羽出江湖之
下方安知煩暑可致清涼豈無紈素采畫文章
復有脩竹剖析毫芒提攜密邇搖動馨香惟衆
珍之在御何短翮之敢當而竊恩於聖后且見
持於未央伊昔皐澤之時亦有雲霄之志苟效
用之得所雖殺身之何忌肅肅白羽穆如微風

12024 二張集四卷 （唐）張九齡　張説撰　（明）高叔嗣編　明刻本

匡高17.8厘米，廣13.7厘米。半葉十一行，行十八字，白口，四周單邊。有“東明所藏”“石林後裔”等印。廣東省立中山圖書館藏，存二卷。

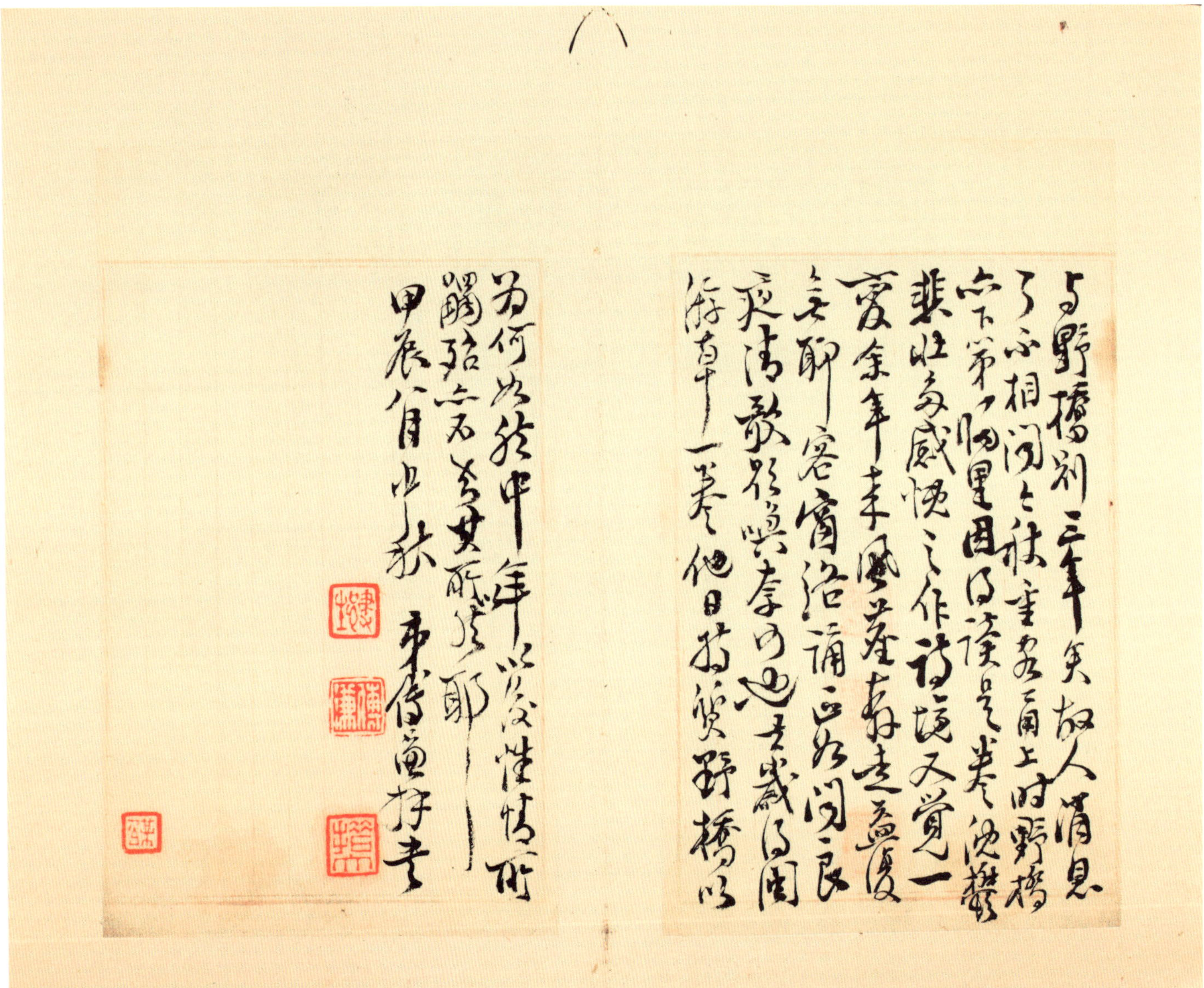

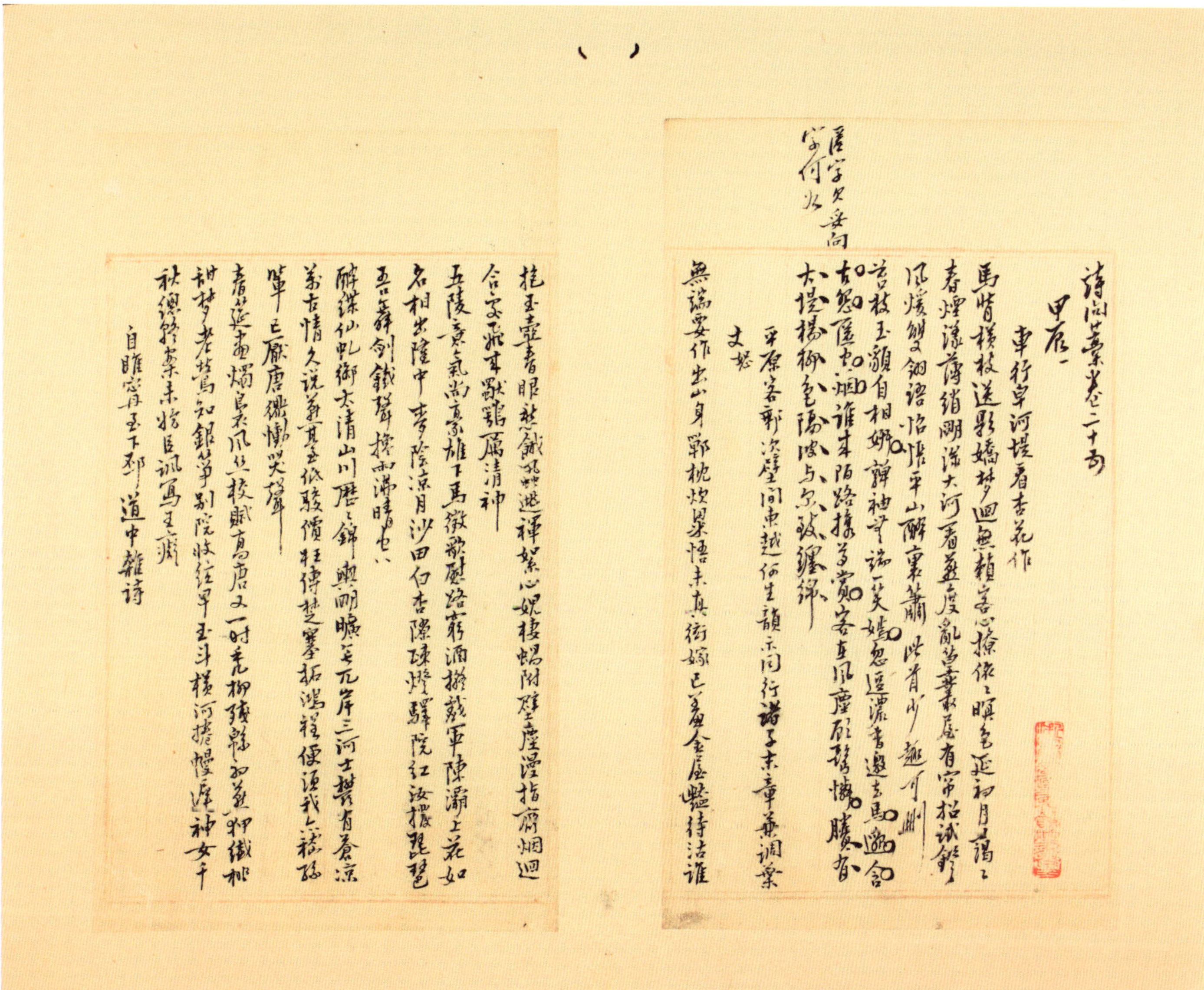

12023 詩問藁一卷　（清）姚燮撰　稿本

匡高20.1厘米，廣14.5厘米。半葉十二行，行字不等，白口，四周雙邊。有“傅溓”等印。傅溓題簽並批校，葉廷枚跋。浙江圖書館藏。

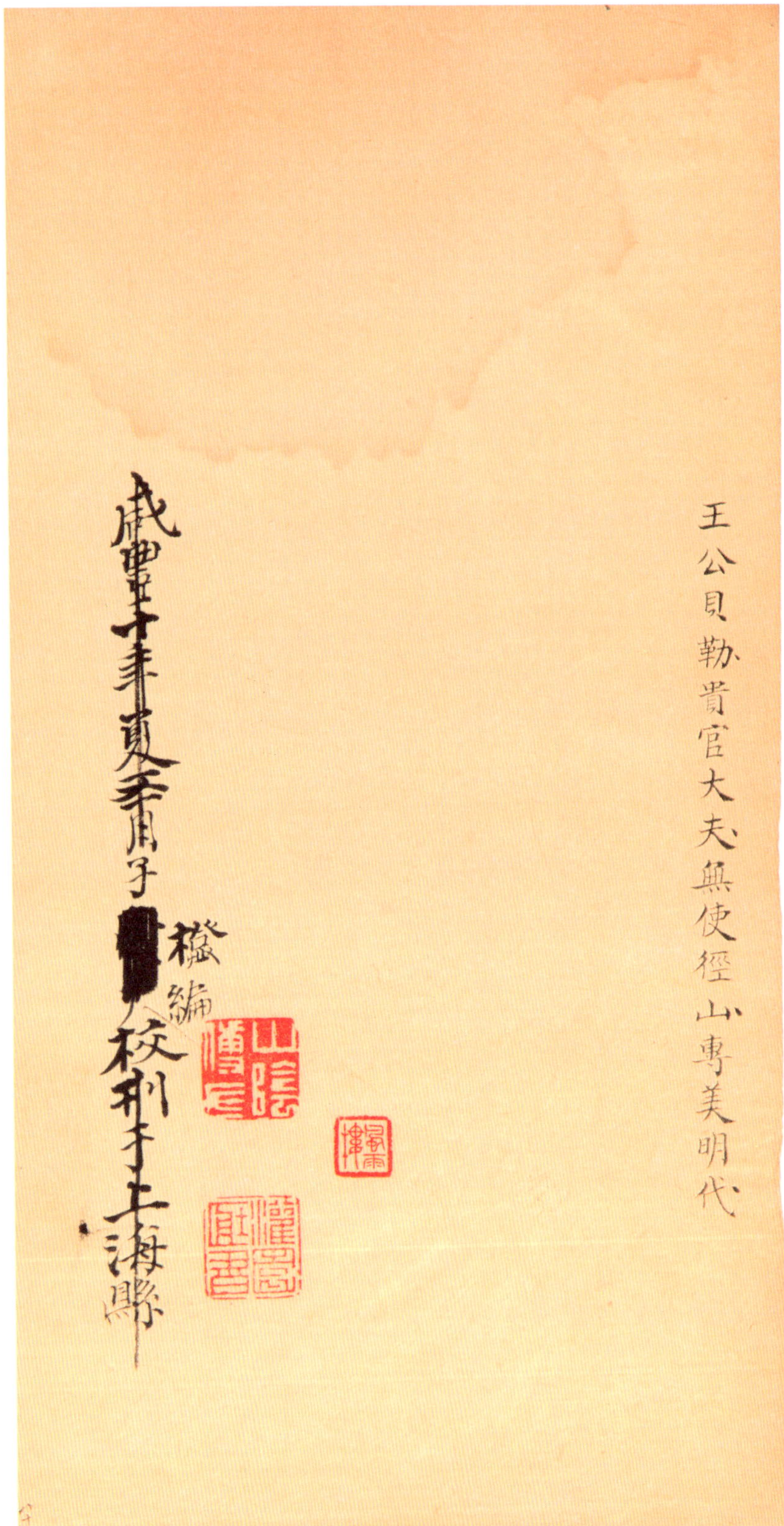

王公貝勒貴官大夫無使經山專美明代

咸豐十年夏季周子[illegible]纂編

校刊于上海縣

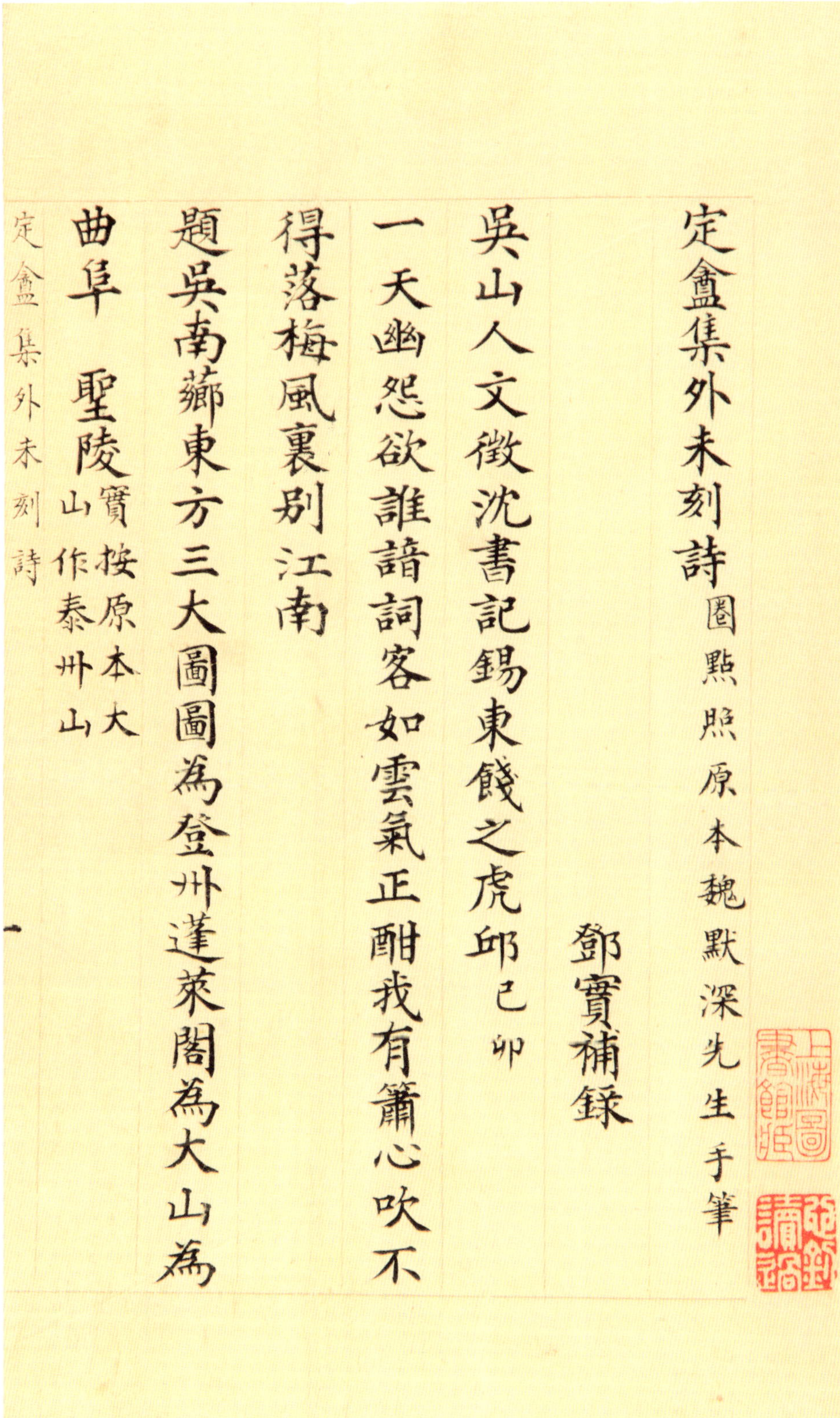
定盦集外未刻詩　圈點照原本魏默深先生手筆
鄧實補録
吳山人文徵沈書記錫東餞之虎邱　己卯
一天幽怨欲誰諳詞客如雲氣正酣我有簫心吹不
得落梅風裏别江南
題吳南薌東方三大圖圖為登州蓬萊閣為大山為
曲阜　聖陵　實按原本大山作泰州山

定盦集外未刻詩

12022 定盦文集□□卷　（清）龔自珍撰　（清）魏源　龔橙輯　**定盦集外未刻詩一卷詞一卷**　鄧實輯　**定盦詩集定本一卷**　（清）龔橙輯

欲墮又還黏鬓醒醒海棠邊慰他涼靚 右詠玉簪

減蘭

闌干斜倚碧琉璃様輕花綴慘緑糢糊瑟瑟涼痕欲暈初　秋期此度秋星滻到無尋處宿露休搓恐是天孫別淚多 右詠牽牛

露華

一痕輕輭變盡目沈沈禪榻香滿別様瓏鬆小擘露華猶泫斜排玉柱停勻握處兜羅難辨幽佳地龍涎龍燒銀葉微暖　空空妙手親按是金粟如來好相看現祇樹天花一種莊嚴誰見想因特地拈花悟出

滂同口𡨴小汀夢月

真如不染維摩室茶甌經卷且伴 右詠佛手

長白云小汀

湘月 朱純子留宿釣魚村三日歸後代柬萬乞梅花

句留幾日把六朝俊語取次聽熟只說西研清怨極誰分者般穠福北海琴尊東山絃管小部泠泠曲昨宵夢裏畫屏猶是銀燭　別後小有清吟都無狂醉冷儭閒官閣看取蕭蕭鸞尾戢翠袖天寒同宿銕笛吹殘瑤箋譜賸料得憐幽獨一枝贈我安排早有金屋

浣溪沙

春倦如雲不自持起書花葉畏人知斜陽傍安繡簾

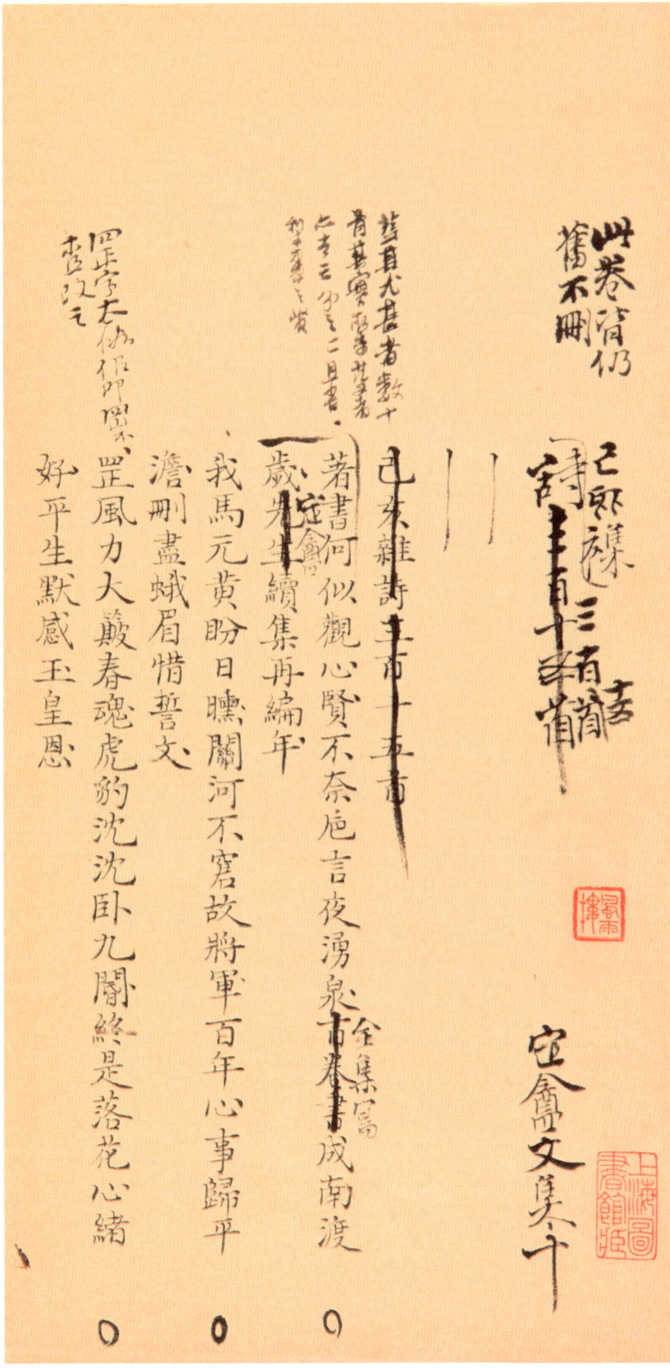

定盦文集十

著書何似觀心賢不奈卮言夜湧泉百卷書成南渡歲先生續集再編年

我馬元黃盼日曛關河不窘故將軍百年心事歸平澹刪盡蛾眉惜誓文

罡風力大簸春魂虎豹沈沈卧九閽終是落花心緒好平生默感玉皇恩

12022 定盦文集□□卷 （清）龔自珍撰 （清）魏源 龔橙輯 稿本 **定盦集外未刻詩一卷詞一卷** 鄧實輯 **定盦詩集定本一卷** （清）龔橙輯 民國龔氏瞻麓齋抄本

半葉十行，行二十字。有“心釗讀過”“乙未詞臣”等印。龔心釗跋。上海圖書館藏，存八卷。

僊屏書屋初集

涇翟西園
泥字排印

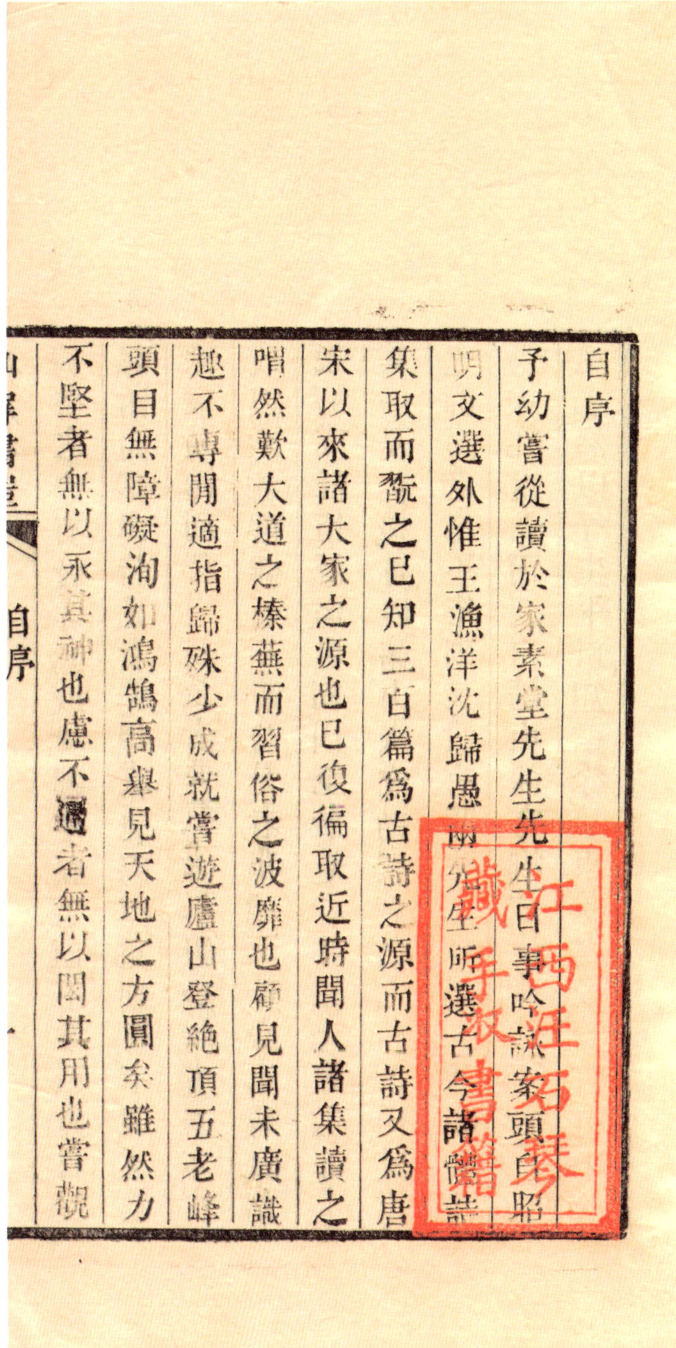
自序
予幼嘗從讀於家素堂先生先生日事吟詠案頭自昭
明文選外惟王漁洋沈歸愚兩先生所選古今諸體詩
集取而翫之已知三百篇爲古詩之源而古詩又爲唐
宋以來諸大家之源也已復徧取近時聞人諸集讀之
喟然歎大道之榛蕪而習俗之波靡也爾見聞未廣識
趣不專閒適指歸殊少成就嘗遊廬山登絶頂五老峰
頭目無障礙洵如鴻鵠高舉見天地之方圓矣雖然力
不堅者無以承其神也慮不遠者無以周其用也嘗觀

仙屏書屋　自序

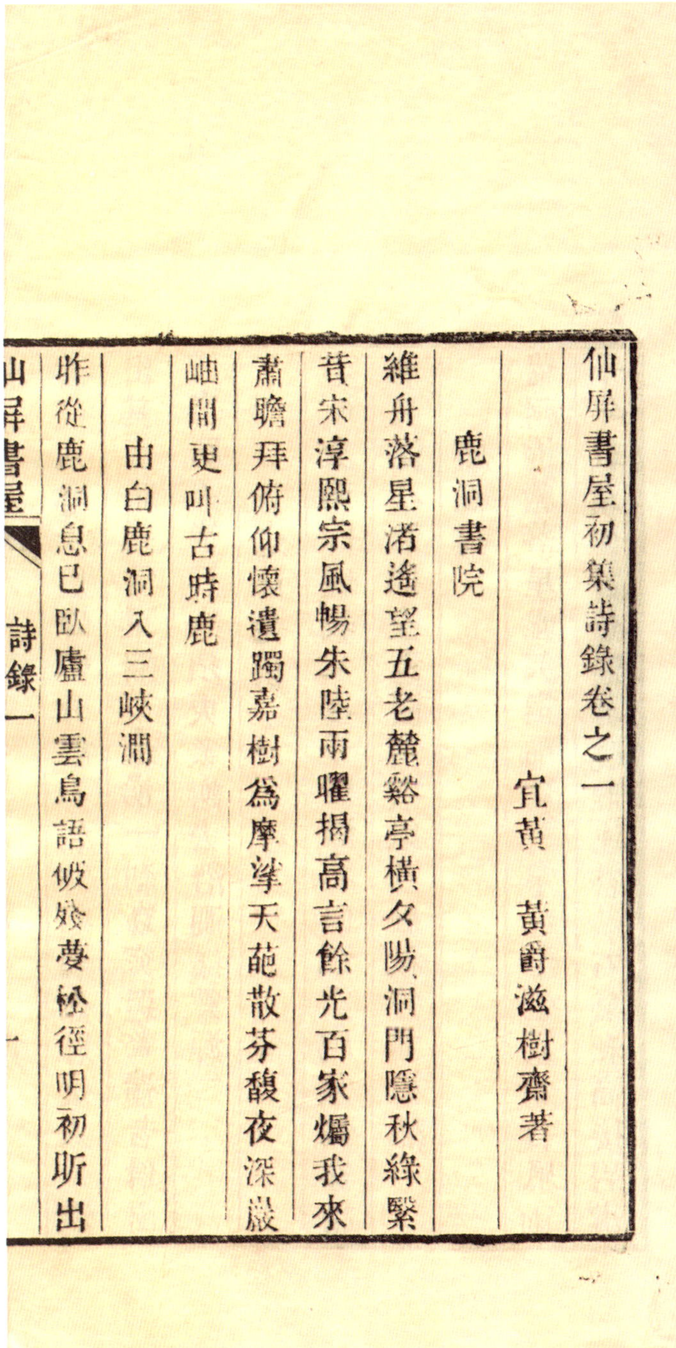
仙屏書屋初集詩錄卷之一
宜黃　黃爵滋樹齋著
鹿洞書院
維舟落星渚遙望五老巔谿亭横夕陽洞門隱秋緑緊
昔宋淳熙宗風暢朱陸兩曜揭高言餘光百家燭我來
肅瞻拜俯仰懷遺躅嘉樹爲摩挲天葩散芬馥夜深巖
岫閒更叫古時鹿
由白鹿洞入三峽澗
昨從鹿洞息已臥廬山雲鳥語攸娭夢秘徑明初晰出

仙屏書屋　詩錄一　一

12021 仙屏書屋初集詩録十六卷後録二卷　（清）黄爵滋撰　清道光二十七年（1847）翟金生泥活字印本

匡高17.5厘米，廣12.5厘米。半葉九行，行二十一字，白口，左右雙邊。有“江西汪石琴藏手收書籍”等印。江西省黎川縣圖書館藏。

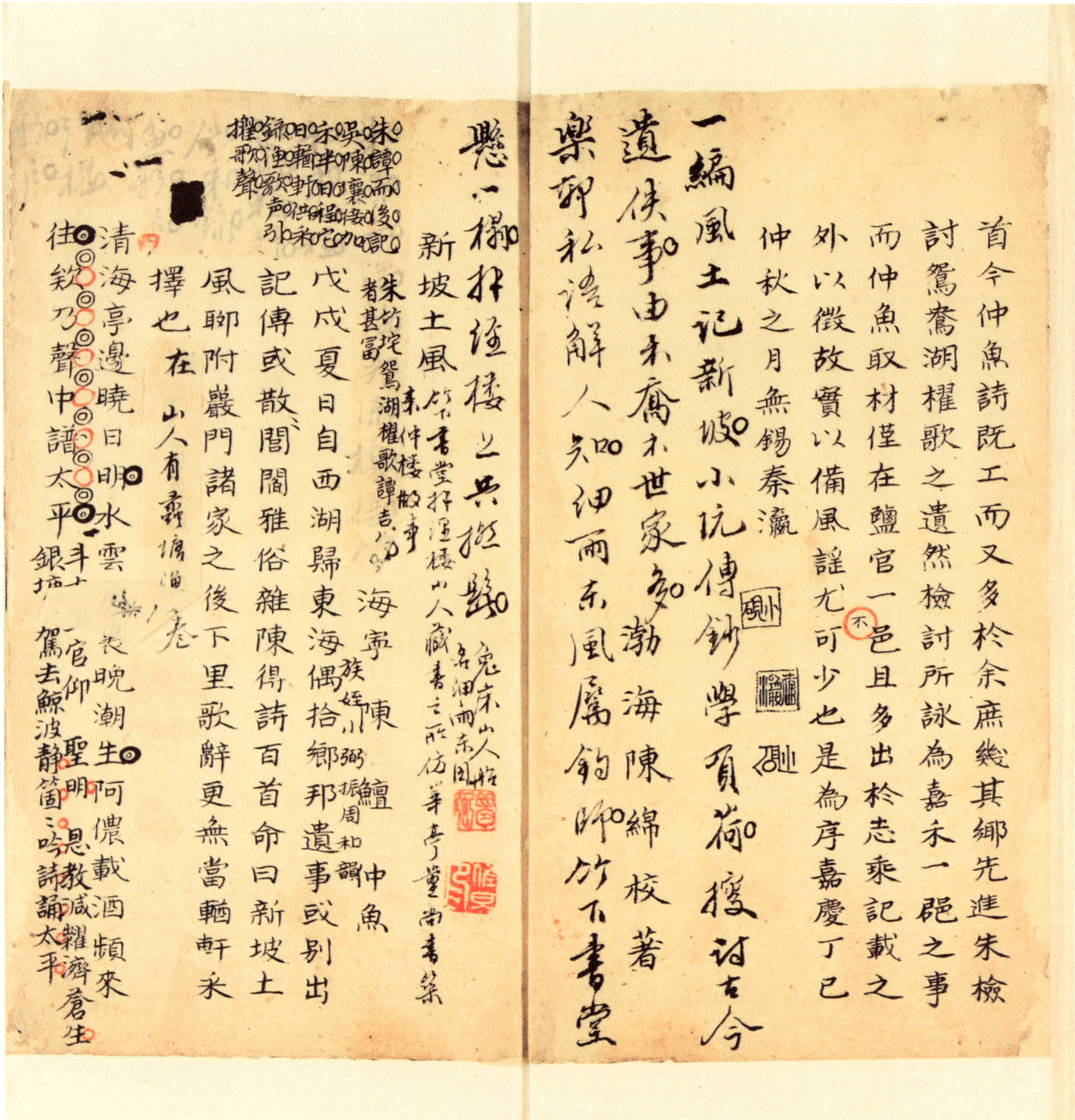

首令仲魚詩既工而又多於余庶幾其鄉先進朱檢
討鴛鴦湖櫂歌之遺然檢討所詠為嘉禾一邑之事
而仲魚取材僅在鹽官一邑且多出於志乘記載之
外以徵故實以備風謠尤不可少也是為序嘉慶丁巳
仲秋之月無錫秦瀛

新坡土風

海寧陳鱣仲魚

戊戌夏日自西湖歸東海偶拾鄉邦遺事或別出記傳或散閭閻雅俗雜陳得詩百首命曰新坡土風聊附巖門諸家之後下里歌辭更無當輶軒采擇也

清海亭邊曉日明水雲

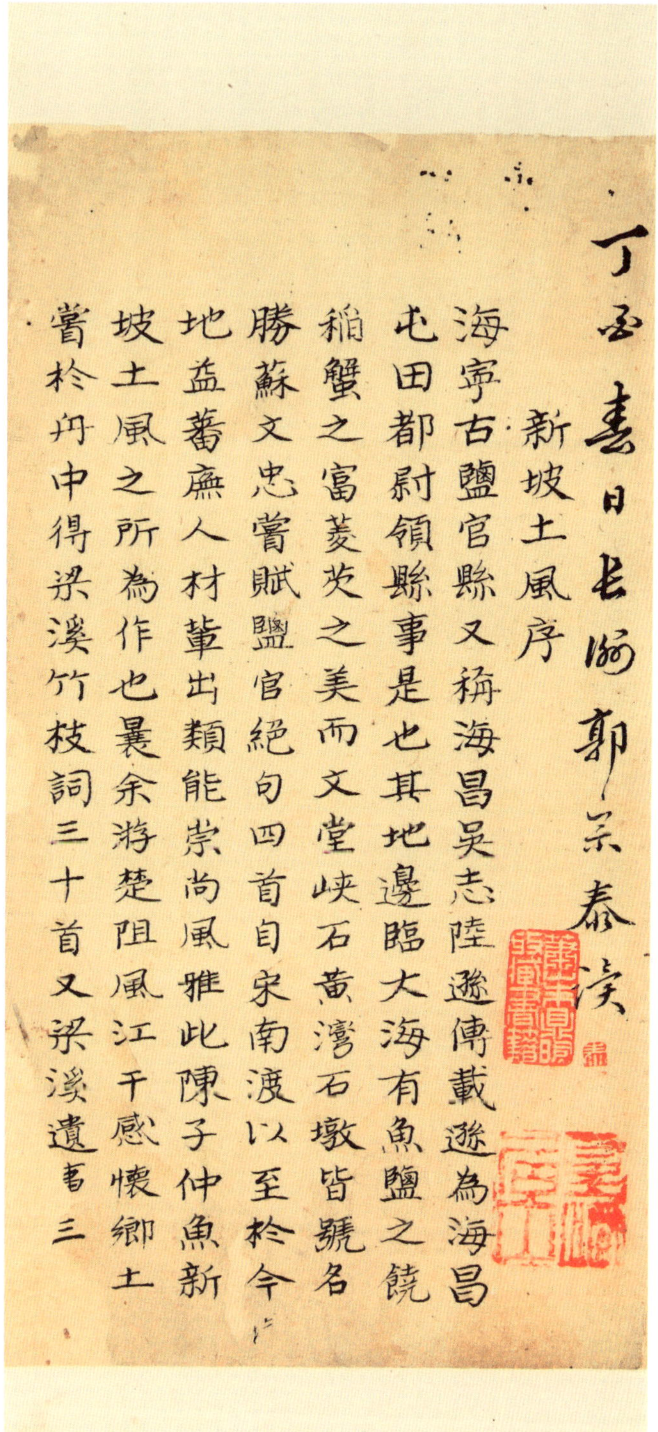

丁丑春日長洲郭宗泰讀

新坡土風序

海寧古鹽官縣又稱海昌吳志陸遜傳載遜為海昌屯田都尉領縣事是也其地邊臨大海有魚鹽之饒稻蟹之富菱芡之美而文堂峽石黃灣石墩皆號名勝蘇文忠嘗賦鹽官絕句四首自宋南渡以至於今地益蕃廡人材輩出類能崇尚風雅此陳子仲魚新坡土風之所為作也曩余游楚阻風江干感懷鄉土嘗於舟中得梁溪竹枝詞三十首又梁溪遺書三

12020 新坡土風一卷 （清）陳鱣撰　稿本

半葉八行，行十九字。有“蕭山朱鼎煦收藏書籍”等印。長洲郭宗泰題記，鄒驌題字，王朝題封。寧波市天一閣博物館藏。

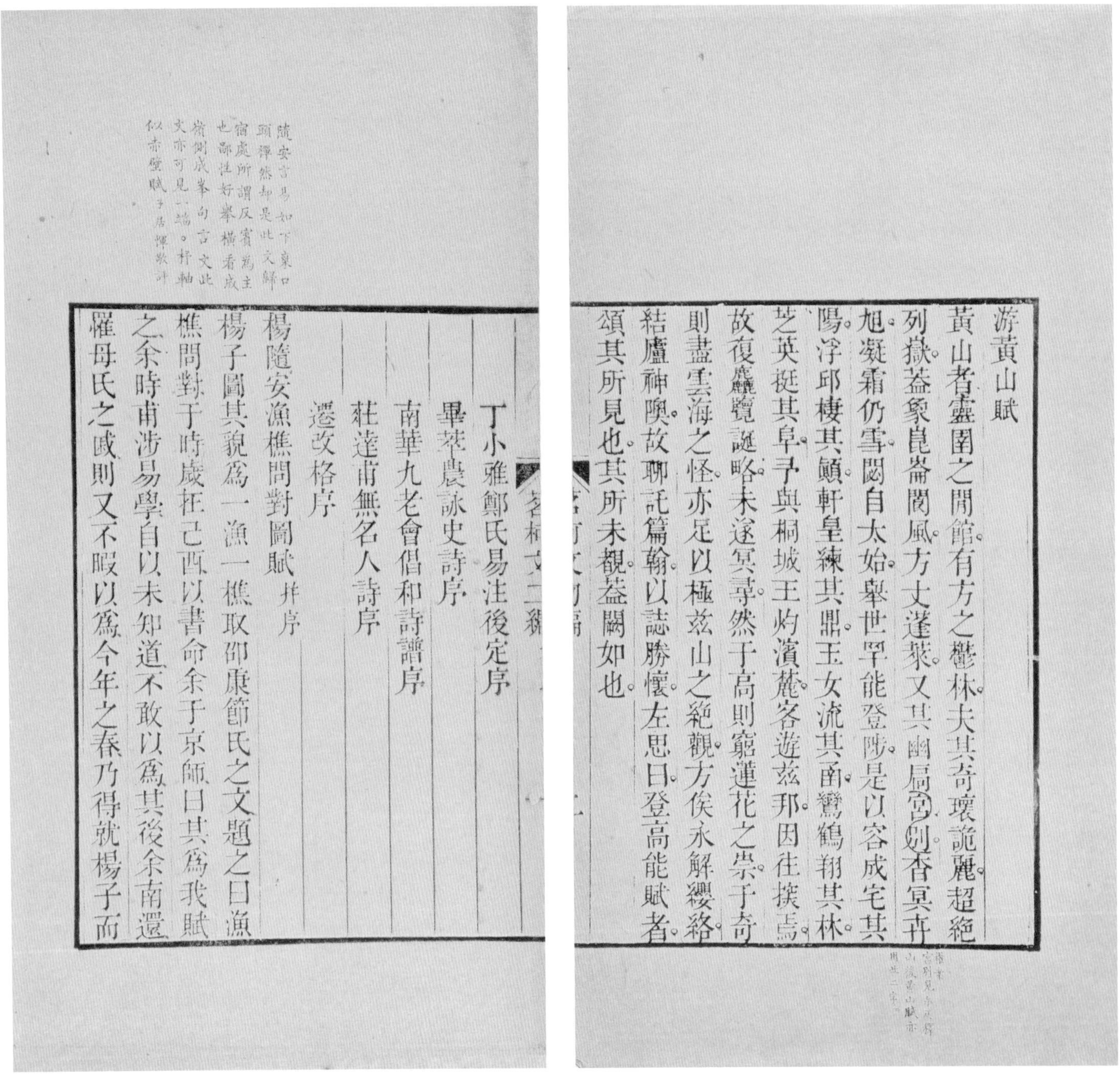
游黄山賦
黃山者靈囿之間館有方之鬱林夫其奇瓌詭麗超絕列嶽蓋象崑崙閬風方丈蓬萊又其幽扃窅窱杳冥卉旭凝霜仍雪閟自太始舉世罕能登陟是以容成宅其陽浮邱棲其顛軒皇鍊其鼎玉女流其盆鸞鶴翔其林芝英挺其阜予與桐城王灼濱麓客遊茲邦因往探焉故復麤覽謎略未遂冥尋然于高則窺蓮花之崇于奇則盡雲海之怪亦足以極茲山之絕觀方侯永解纓絡結廬神隩故聊託篇翰以誌勝懷左思曰登高能賦者頌其所見也其所未覩蓋闕如也

丁小雅鄭氏易注後定序
畢莘農詠史詩序
南華九老會倡和詩譜序
莊達甫無名人詩序
遷改格序
楊隨安漁樵問對圖賦 并序
楊子圖其貌爲一漁一樵取邵康節氏之文題之曰漁樵問對于時歲在己酉以書命余于京師曰其爲我賦之余時甫涉易學自以未知道不敢以爲其後余南還羅母氏之戚則又不暇以爲今年之春乃得就楊子而

12019 茗柯文初編一卷二編二卷三編一卷四編一卷 （清）張惠言撰 清嘉慶十四年（1809）刻本

匡高17.9厘米，廣13.3厘米。半葉十行，行二十一字，白口，左右雙邊。有"勞權""丁福保印"等印。勞權校。上海圖書館藏。

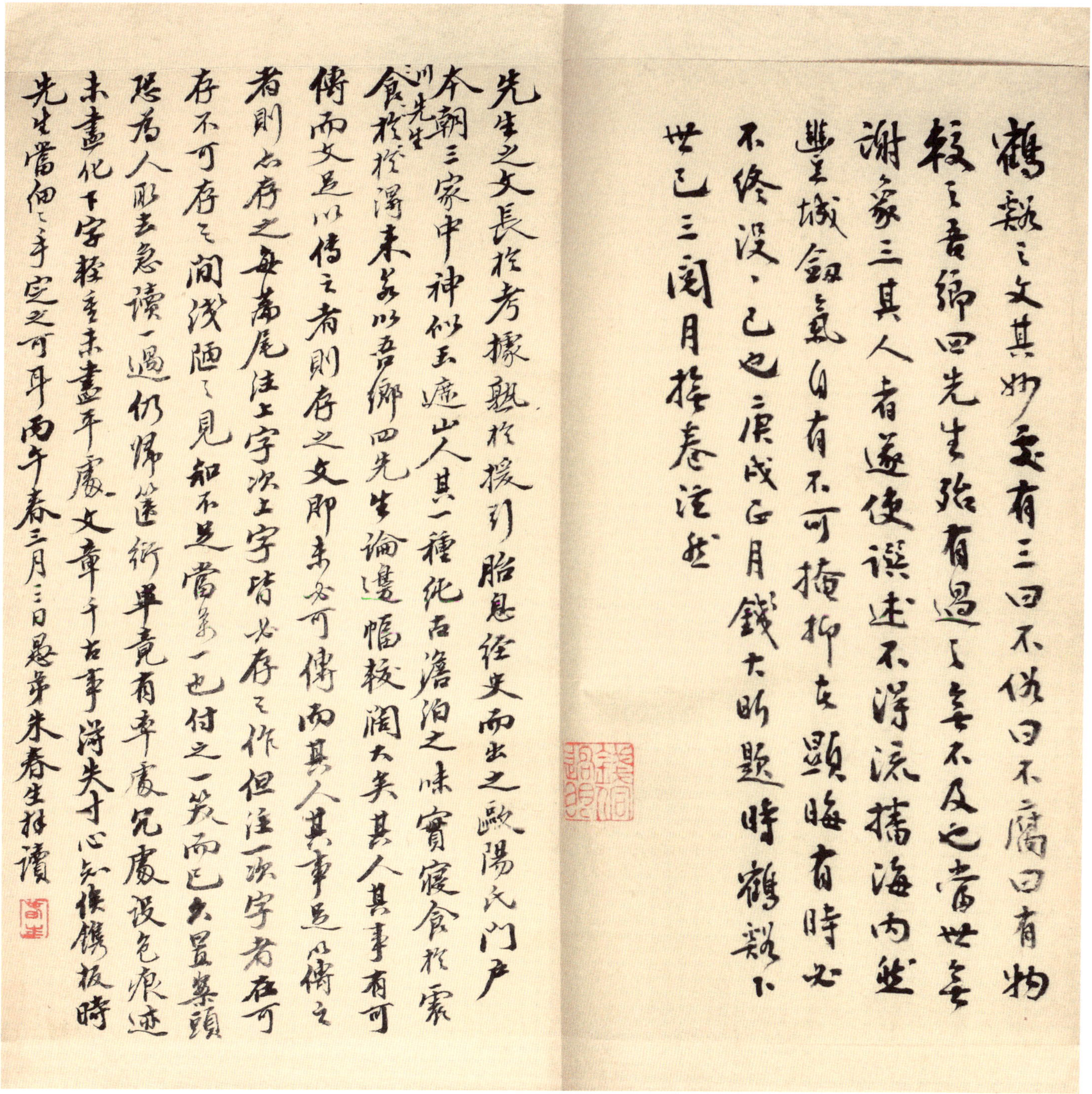

鶴谿之文其妙處有三曰不佻曰不腐曰有物
叔子音節回先生殆有過之無不及也當世無
謝家三其人者遂使誤述不得流播海內然
豐城劍氣自有不可掩抑在顯晦有時也
不終沒沒已也庚戌正月錢大昕題時鶴谿下
世已三閱月拜春注然

先生之文長於考據熟於援引胎息經史而出之歐陽氏門户
本朝三家中神似玉遮山人其一種純古澹泊之味實寢食於震川先生
食於於溪求之以吾鄉四先生論邊幅校閣大失其人其事有可
傳而文足以傳之者則存之文即未必可傳而其人其事足以傳之
者則亦存之每篇尾注上字次上字皆必存之作但注一次字者在可
存不可存之間淺陋之見知不足當萬一也付之一笑而已大置案頭
恐為人取去急讀一過仍歸篋衍畢竟有其處究處設色痕迹
未盡化下字粗重未盡平處文章千古事得失寸心知慎謹板時
先生當細細手定之可耳丙午春三月三日愚弟朱春生拜讀

12018 鶴谿文稿不分卷

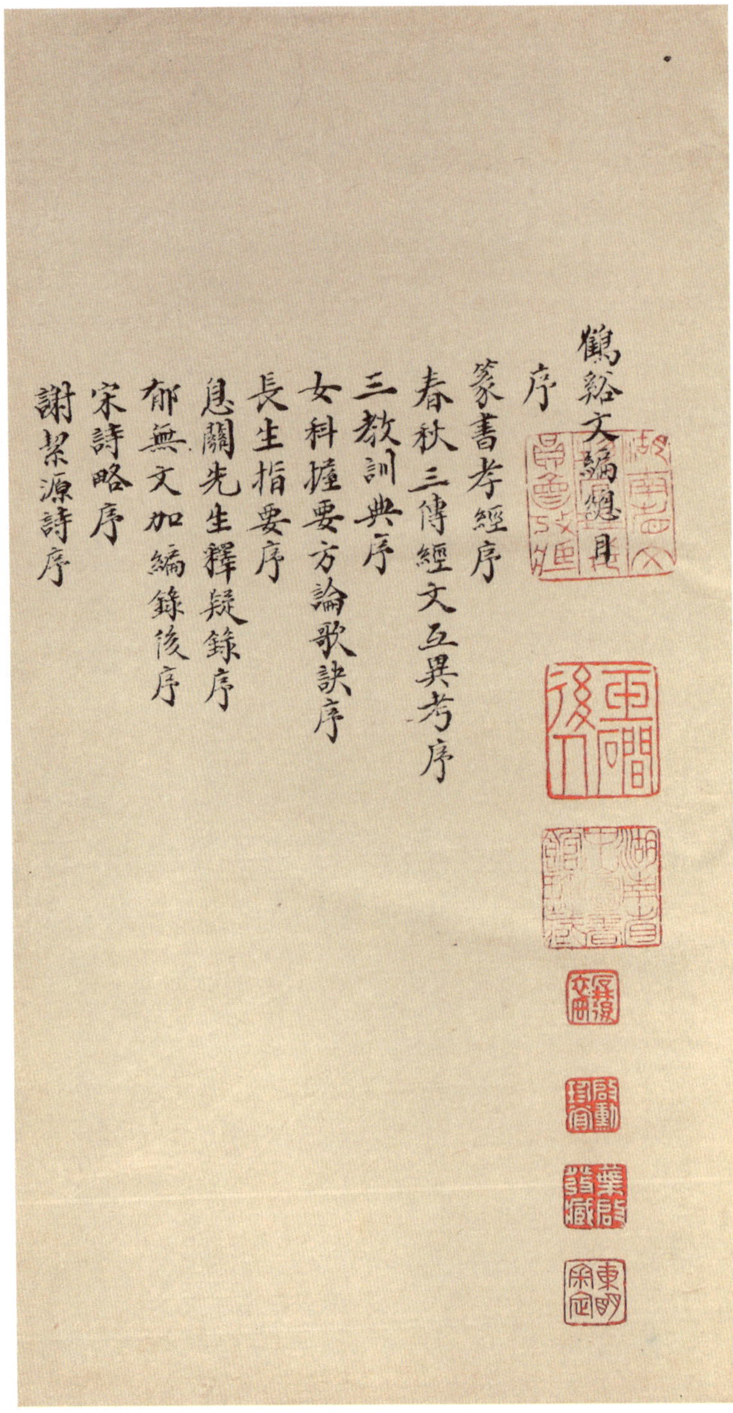

鶴谿文編總目
序
篆書考經序
春秋三傳經文互異考序
三教訓典序
女科撮要方論歌訣序
長生指要序
息關先生釋疑錄序
郁無文加編錄後序
宋詩略序
謝絜源詩序

12018 鶴谿文稿不分卷　（清）王鳴韶撰　稿本

匡高18.9厘米，廣13.7厘米。有“錢侗過眼”“王印鳴韶”“鶴溪”“逸野堂主人”等印。王昶批校，錢大昕、朱春生、汪照、葉德輝、葉啟勳跋。湖南圖書館藏。

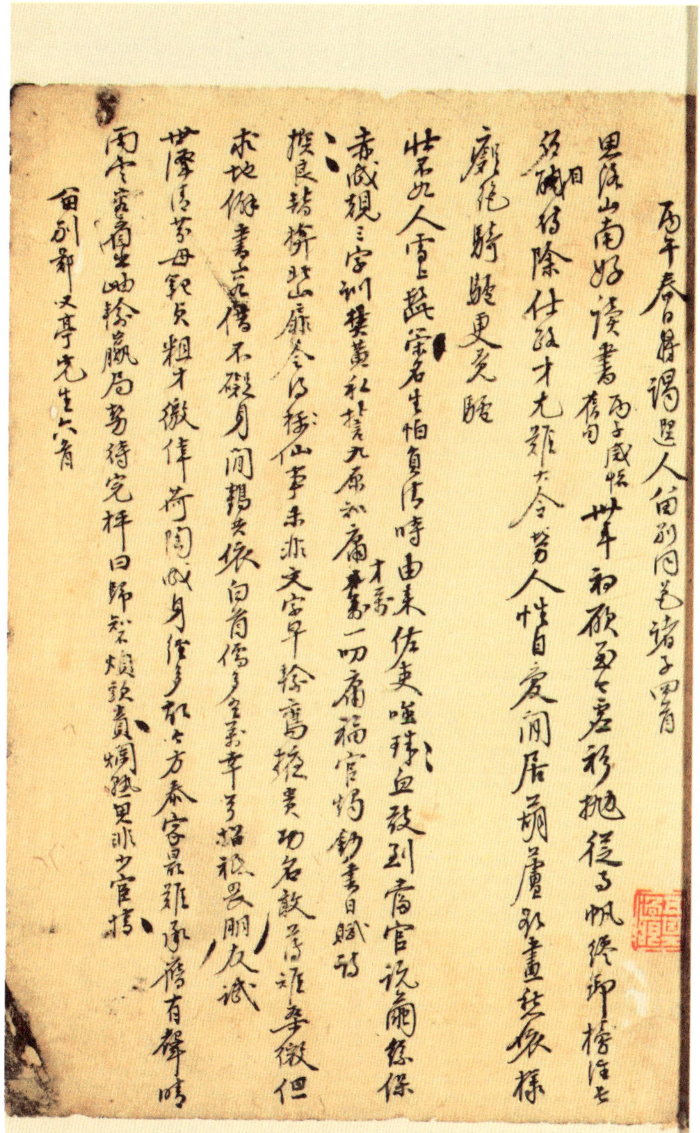

12017 龍莊先生詩稿不分卷

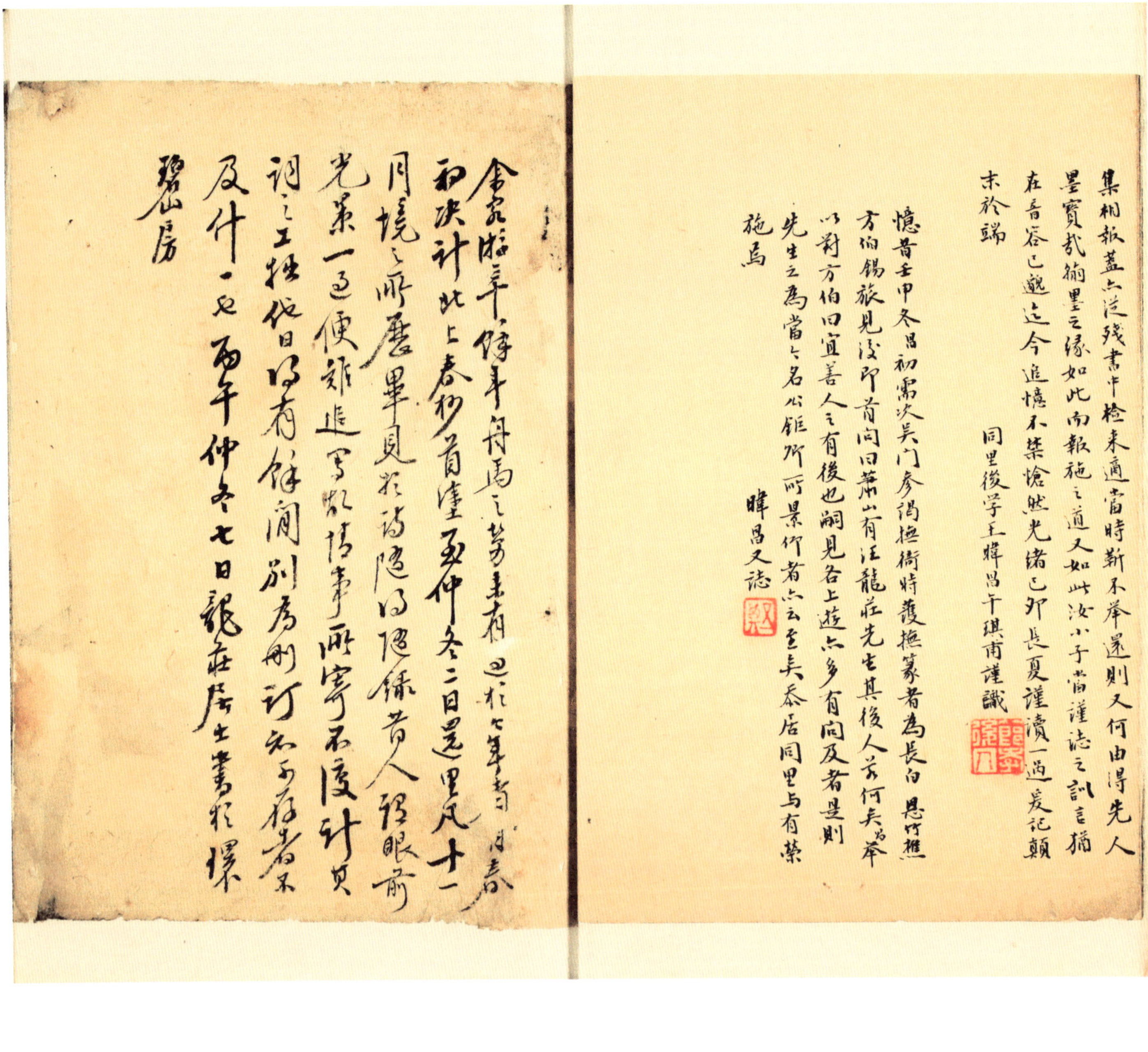

12017 龍莊先生詩稿不分卷 （清）汪輝祖撰　稿本

半葉十一至十二行，行字不等。有“五其過眼”等印。王暐昌跋。浙江圖書館藏。

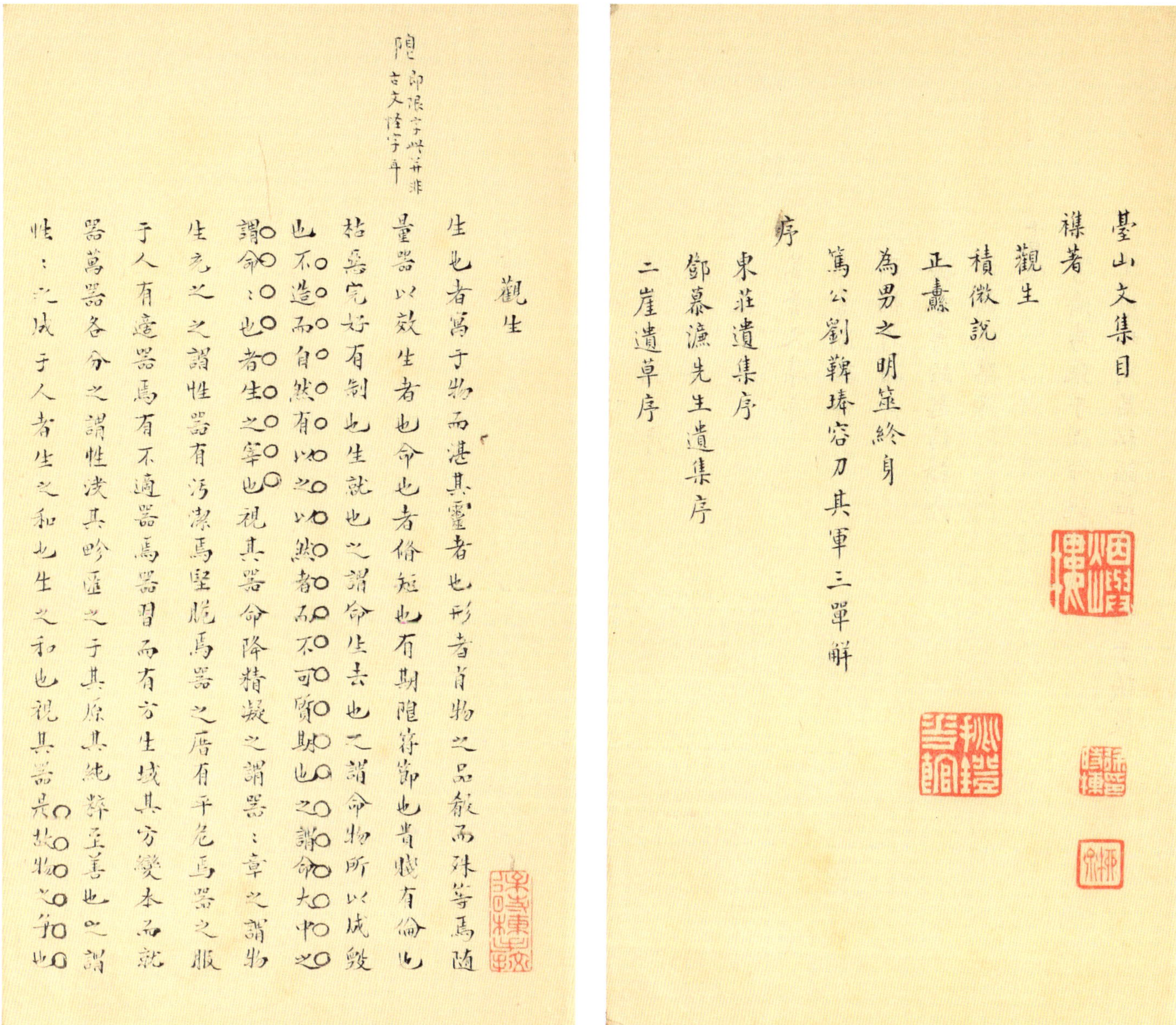

臺山文集目

襍著

觀生

積微說

正蠹

為男之明筮終身

篤公劉鞞琫容刀其軍三單解

序

東莊遺集序

鄧慕濂先生遺集序

二崖遺草序

限印很字此并非古文隆字平

觀生

生也者寓于物而湛其靈者也形者百物之品敘而殊等焉隨量器以效生者也命也者脩短也有期限容節也貴賤有倫也枯異完好有制也生就也之謂命生去也之謂命物所以成毀也不造而自然有以之以然都而不可質耿也之謂命知之謂命：也者生之宰也視其器命降精凝之謂器：章之謂物生充之之謂性器有污潔焉堅脆焉器之厝有平危焉器之服于人有適器焉有不適器焉器習而有方生域其方變本而就器萬器各命之謂性洩其畛畦之于其原其純粹至善也之謂性：之成于人者生之和也生之和也視其器異故物之知也

12016 臺山文集不分卷 （清）羅有高撰　清抄本

半葉十行，行二十四字。有“徐時棟印”“徐時棟手校”“烟嶼樓”等印。徐時棟校並跋。南京大學圖書館藏。

春皃残稿

題汪司馬小有天園畬。

移却蓬壺到眼前。人間那有此山川。怪來咫尺超塵世。不負園名小有天。

割取西湖緑半分。青山朶朶障如雲。天家會作園林主。仍把園林付與君。

溪山另闢一層天。幽谿泉聲落礀邊。一自翠華巡幸過。春游人到便如仙。

欲訪煙霞夢裡親。水邊白石自磷磷。洞中不是留人住。流出桃

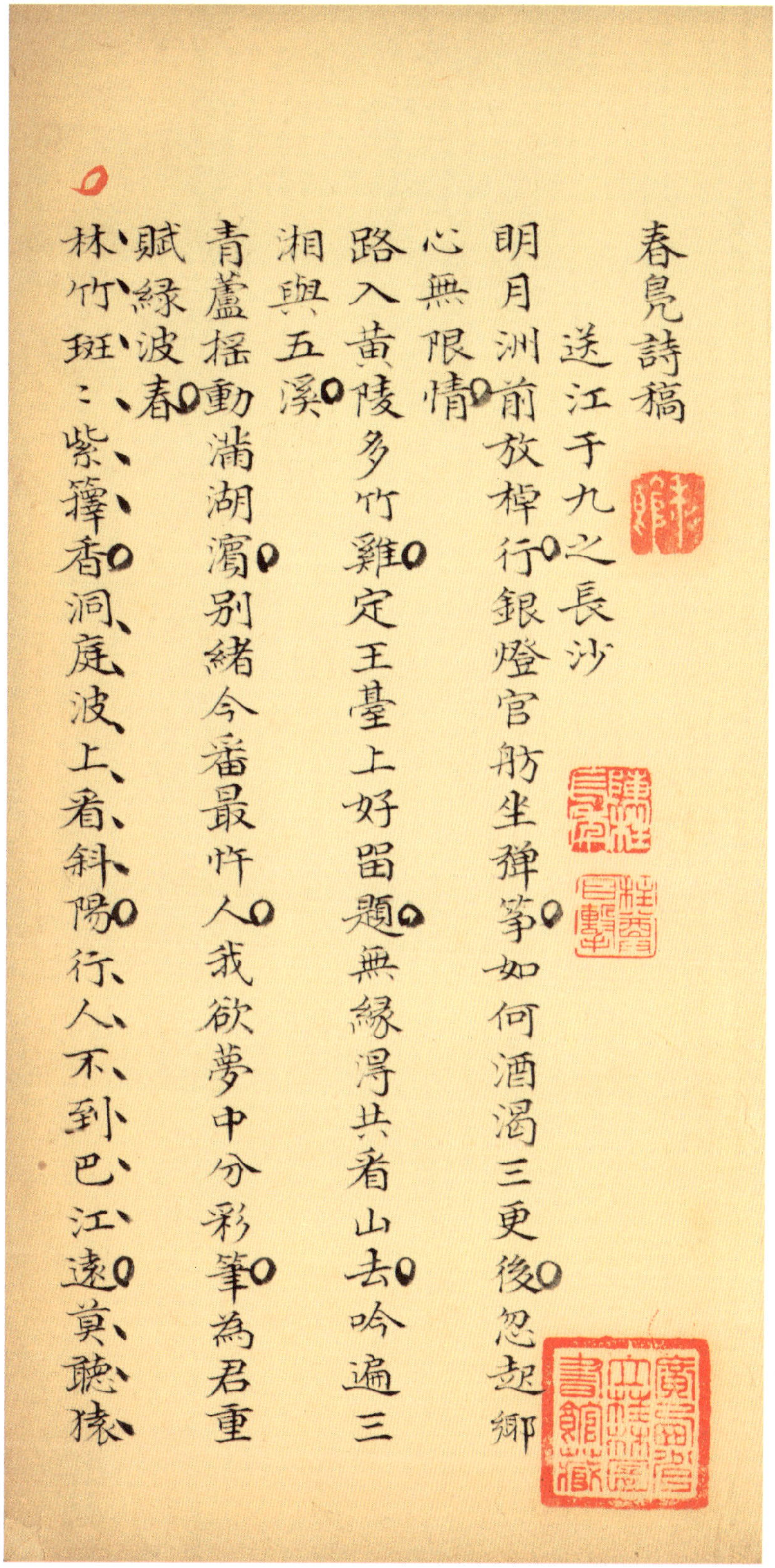
春覔詩稿
送江于九之長沙
明月洲前放棹行銀燈官舫坐彈箏如何酒渴三更後忽起鄉
心無限情
路入黄陵多竹雞定王臺上好留題無緣得共看山去吟遍三
湘與五溪
青蘆摇動滿湖濱別緒今番最忤人我欲夢中分彩筆為君重
賦綠波春
林竹斑斑紫籜香洞庭波上看斜陽行人不到巴江遠莫聽猿

12015 春覔詩稿不分卷春覔殘稿一卷 （清）符曾撰　稿本

半葉九行，行二十四字。有“曾印”“陳柱長年”“柱尊目擊”等印。黄雨齋批。廣西壯族自治區桂林圖書館藏。

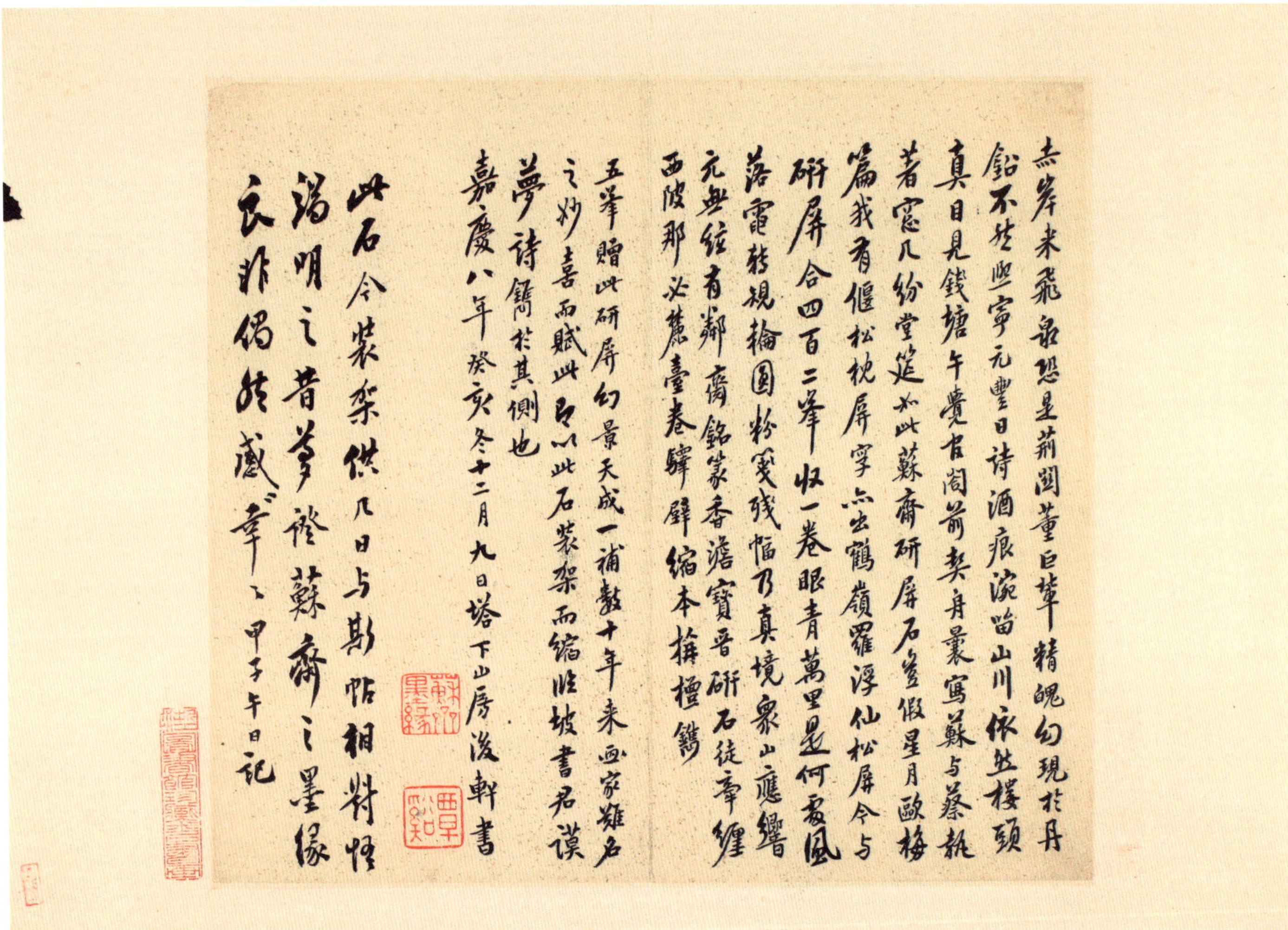

赤岸來飛島恐是荊關董巨筆精魄幻現於丹
鉛不然安得元豐日詩酒痕流留山川依然樓頭
真目見錢塘午覺古閣前契舟囊寫蘇與蔡執
著窗几紛堂筵如此蘇齋研屏石豈假星月歐梅
篇我有偃松枕屏字亦出鶴嶺羅浮仙松屏今與
研屏合四百二峯收一卷眼青萬里是何處風
落雷轟視輪囷粉箋殘幅乃真境衆山應響
元無經有鄰齋銘篆香潑寶晉研石徒牽纏
西陂那必麓臺卷肆辟縮本摹擅鐫
五峯贈此研屏幻景天成一補數十年來畫家難名
之妙喜而賦此言以此石裝架而縮臨坡書君謨
夢詩鐫於其側也
嘉慶八年癸亥冬十二月九日塔下山房後軒書
此石今裝架供几日與斯帖相對怪
瑞明之昔夢證蘇齋之墨緣
良非偶然感章又甲子午日記

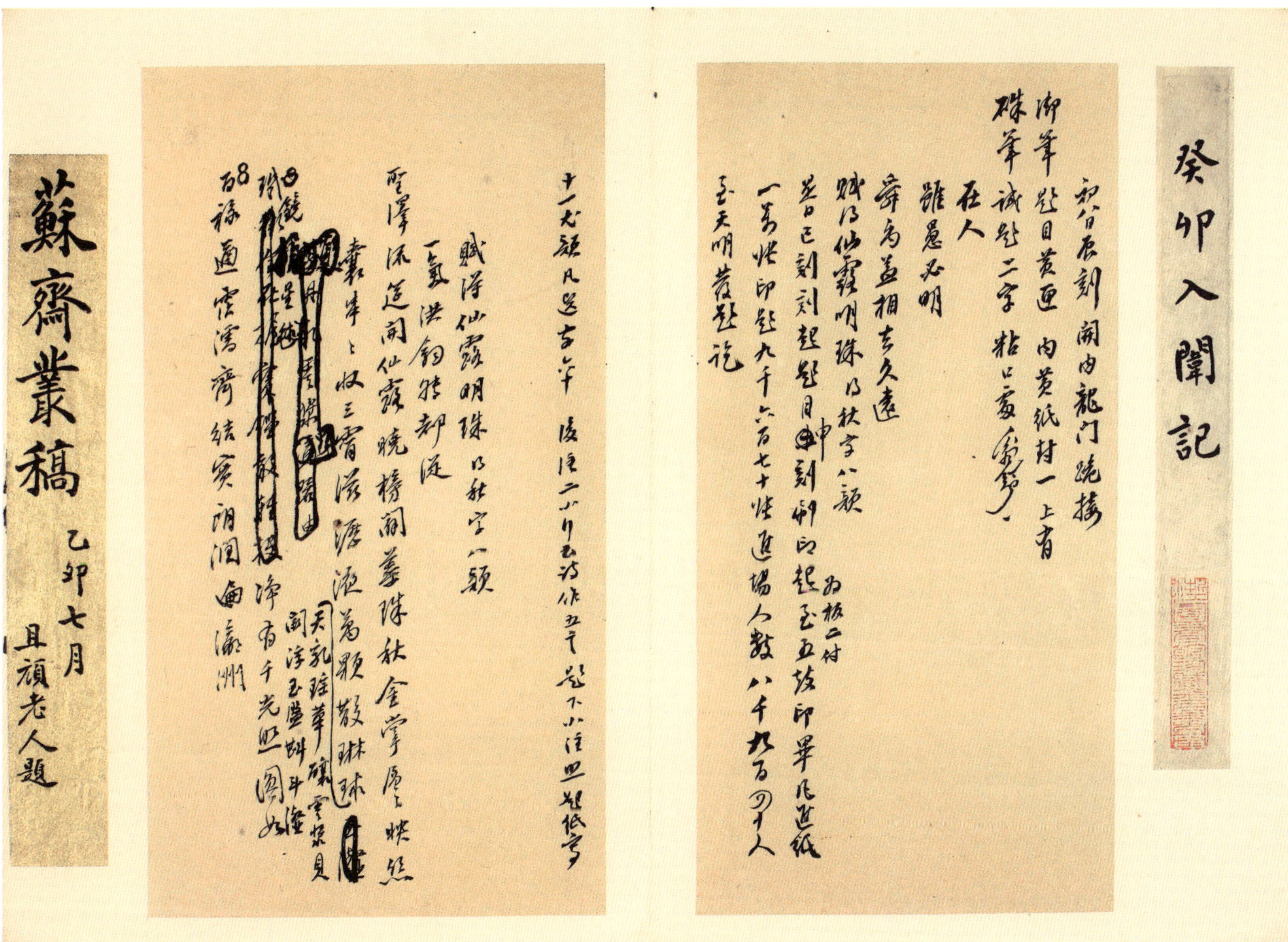

12014 癸卯入闈記一卷附書畫詩夢石研屏歌 （清）翁方綱撰　手稿本

有“覃谿”等印。李平書題簽，佚名題簽並跋。浙江圖書館藏。

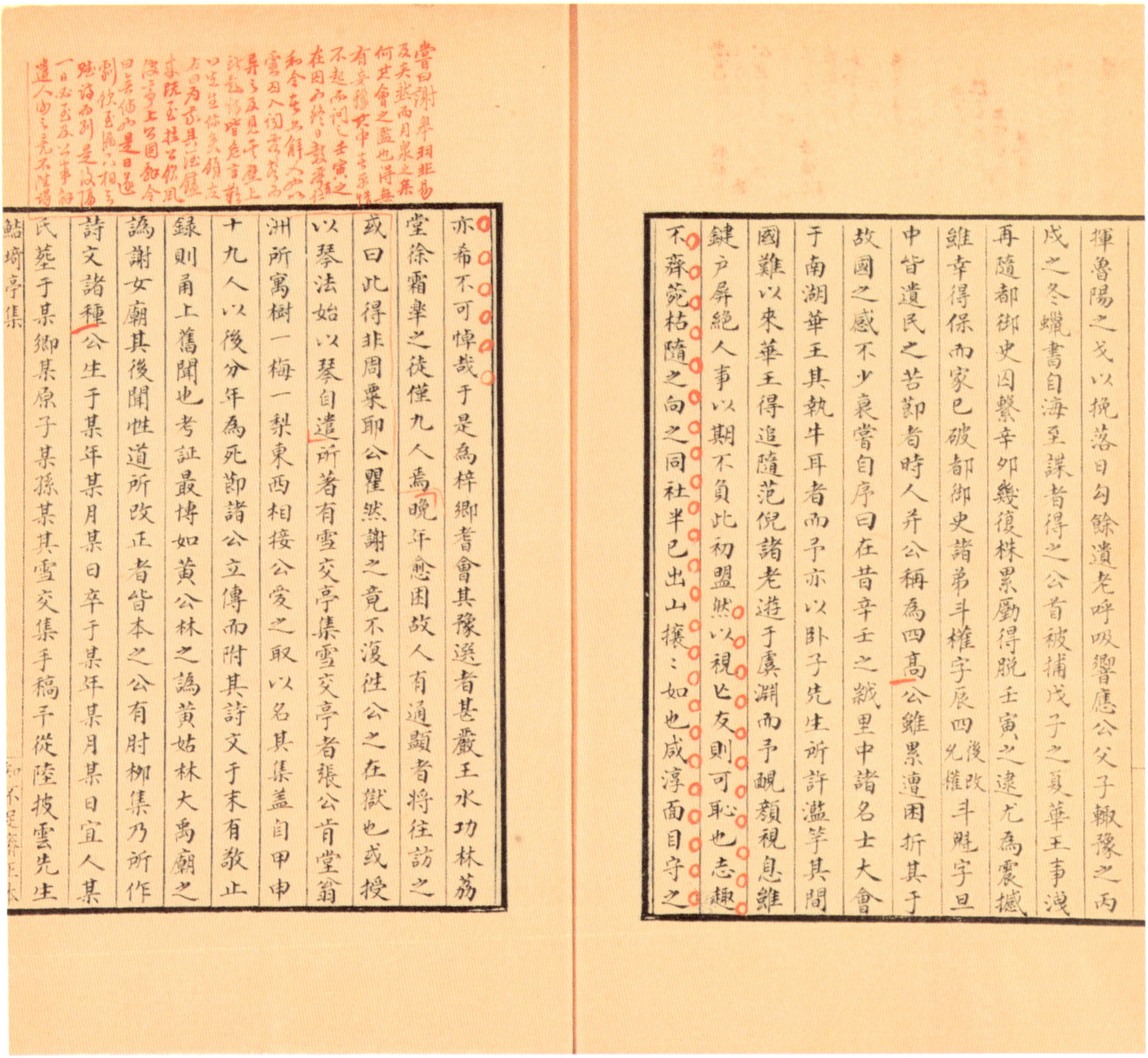

揮魯陽之戈以挽落日勾餘遺老呼吸響應公父子輒豫之丙戌之冬蠟書自海至諜者得之公首被捕戊子之夏華王事洩再隨都御史因繫辛卯幾復株累勵得脫壬寅之逮尤為震撼雖幸得保而家已破都御史諸弟斗樞字辰四後改斗魁字旦中皆遺民之苦節者時人并公稱為四高公雖累遭困折其于故國之感不少衰嘗自序曰在昔辛壬之戕里中諸名士大會于南湖華王其執牛耳者而予亦以卧子先生所許濫竽其間國難以來華王得追隨范倪諸老遊于虞淵而予靦顔視息雖鍵户屏絶人事以期不負此初盟然以視亡友則可恥也志趣不彝菀枯隨之向之同社半已出山擾擾如也咸淳面目守之

亦希不可悼哉于是為梓鄉耆會其豫選者甚嚴王水功林荔堂徐霜皋之徒僅九人焉晚年愈困故人有通顯者將往訪之或曰此得非周粟耶公瞿然謝之竟不復往公之在獄也或授以琴法始以琴自遣所著有雪交亭集雪交亭者張公肯堂翁洲所寓樹一梅一梨東西相接公愛之取以名其集蓋自甲申十九人以後分年為死節諸公立傳而附其詩文于末有敘止録則甬上舊聞也考証最博如黃公林之謁黃姑林大禹廟之謁謝女廟其後聞性道所改正者皆本之公有肘柳集乃所作詩文諸種公生于某年某月某日卒于某年某月某日宜人某氏塋于某鄉某原子某孫某其雪交集手稿予從陸拔雲先生

鮚埼亭集　　知不足齋正本

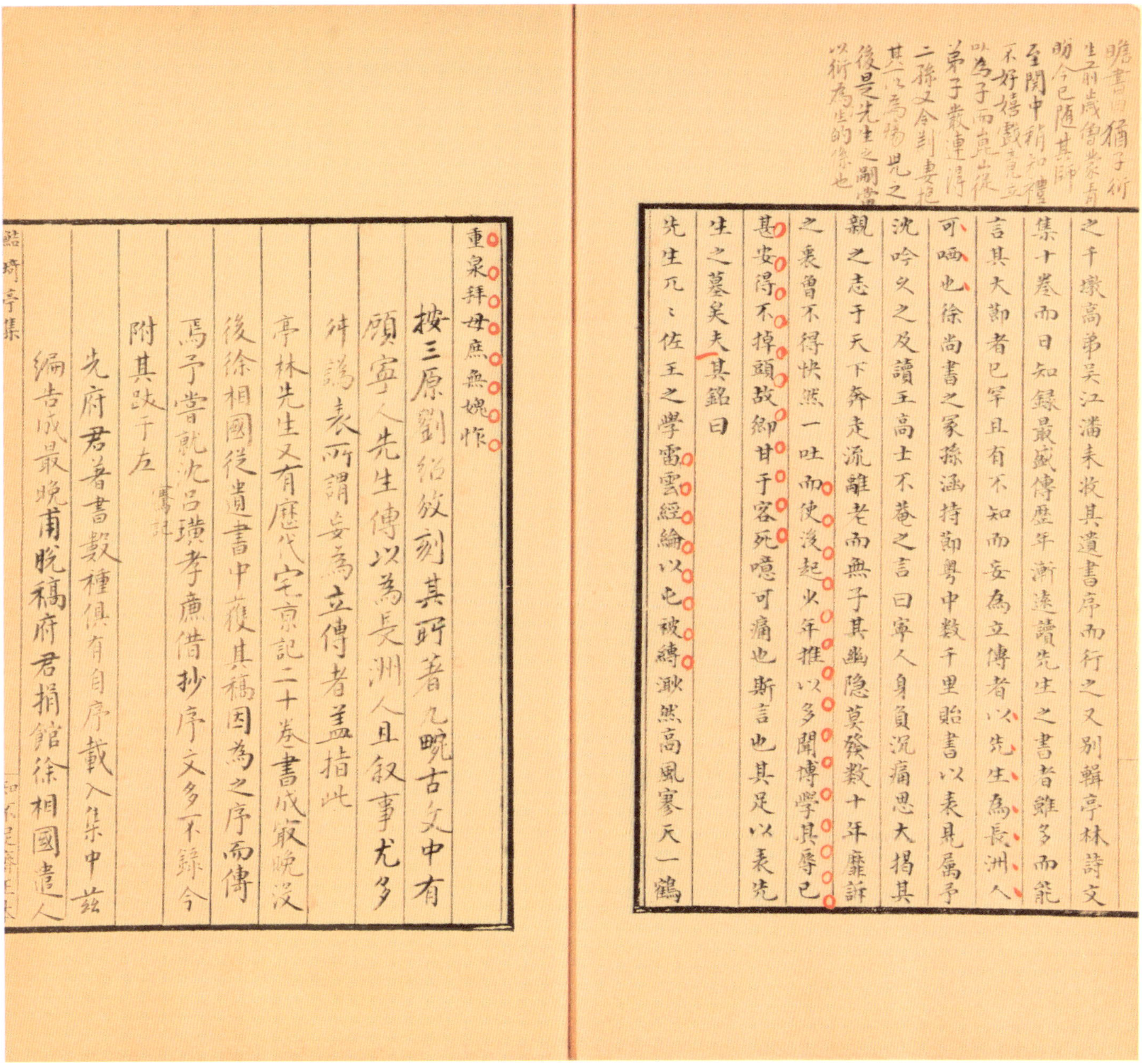

之千墩高第吴江潘耒收其遺書序而行之又别輯亭林詩文
集十卷而日知録最盛傳歷年漸遠讀先生之書者雖多而能
言其大節者已罕且有不知而妄為立傳者以先生為長洲人
可哂也徐尚書之家孫涵持節粵中數千里貽書以表見屬予
沈吟久之及讀王高士不菴之言曰寧人身負沉痛思大揭其
親之志于天下奔走流離老而無子其幽隱莫發數十年靡訴
之哀曾不得快然一吐而使後起少年推以多聞博學其辱已
甚安得不掉頭故鄉甘于客死噫可痛也斯言也其足以表先
生之墓矣夫其銘曰
先生兀兀佐王之學雷雲經綸以屯被縛湫然高風寥天一鶴

重泉拜母庶無媿怍
按三原劉紹攽刻其所著九畹古文中有
顧寧人先生傳以為長洲人且叙事尤多
舛譌表所謂妄為立傳者蓋指此
亭林先生又有歷代宅京記二十卷書成寂晚沒
後徐相國從遺書中獲其稿因為之序而傳
焉予嘗就沈呂瓚孝廉借抄序文多不錄今
附其跋于左 鶚記
先府君著書數種俱有自序載入集中茲
編告成最晚甫脫稿府君捐館徐相國遣人

鮚埼亭集

知不足齋正本

12013 鮚埼亭集三十七卷

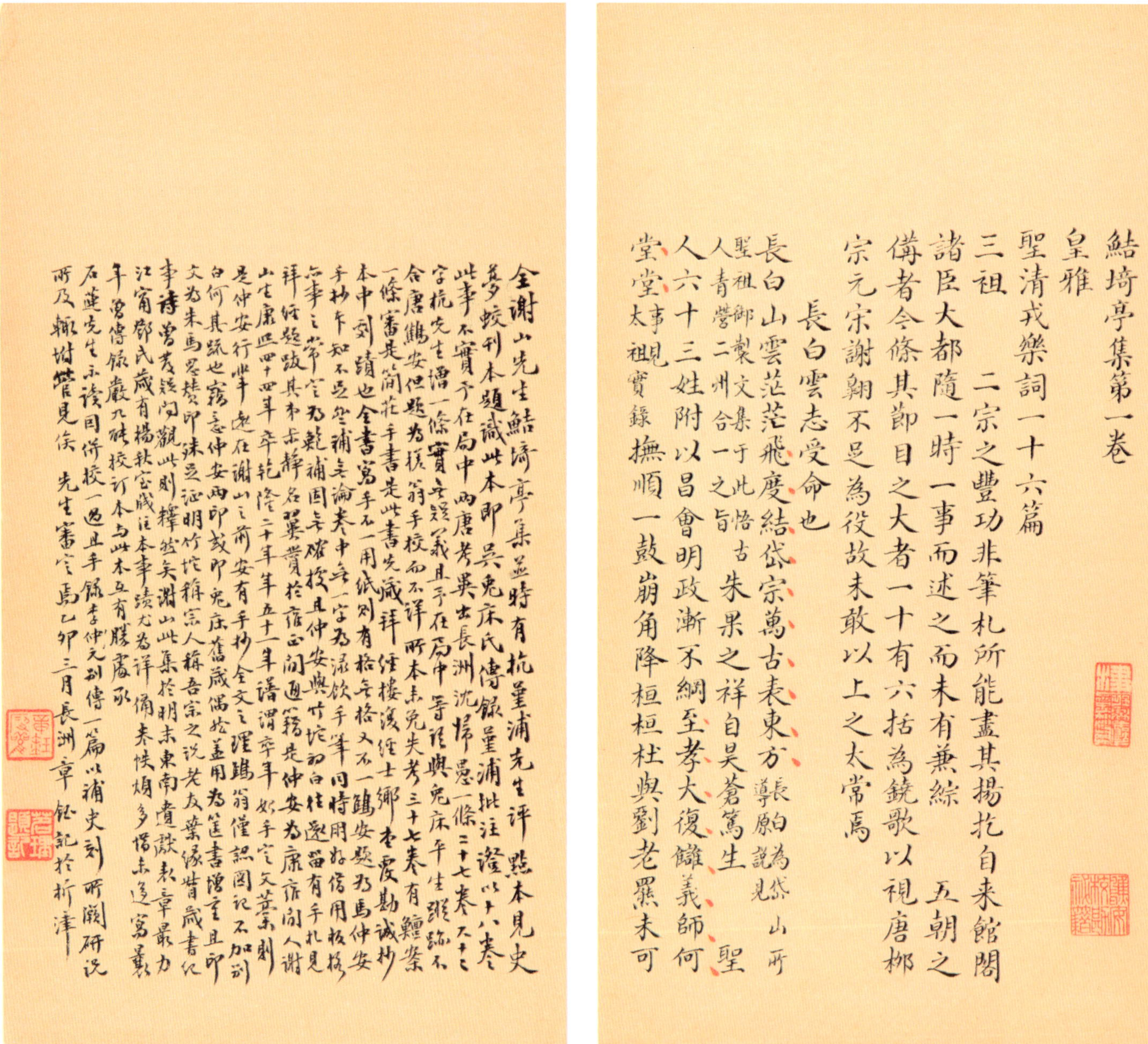
鮚埼亭集第一卷

皇雅

聖清戎樂詞一十六篇

三祖 二宗之豐功非筆札所能盡其揚扢自来館閣

諸臣大都隨一時一事而述之而未有兼綜 五朝之

備者今條其節目之大者一十有六括為鐃歌以視唐郴

宗元宋謝翶不足為役故未敢以上之太常焉

長白雲志受命也

長白山雲茫茫飛度結岱宗萬古表東方長白為岱山所導脉說見

聖祖御製文集于此悟古朱果之祥自昊蒼篤生 聖

人青營二州合一之旨

人六十三姓附以呂會明政漸不綱至孝大復讎義師何

堂堂太祖實録事見撫順一鼓崩角降桓桓杜與劉老罴未可

全謝山先生鮚埼亭集並時有杭堇浦先生評點本見史
夢蛟刊本題識此本即吳免床氏傳録堇浦批注證以十八卷
此事不實予在局中兩唐考異出長洲沈歸愚一條二十七卷大十二
字杭先生譚一條實無疑義且予在局中等語與免床平生蹤跡不
合唐鶴安但題為槎翁手校而不詳所本未免失考三十七卷有鱣棨
一條審是簡莊手書是此書先藏拜經樓後經士鄉查雯勘誠抄
本中刻績也全書寫手不一用紙則有格無格又不一鶴安題為馬仲安
手抄亦知不盡然補無論卷中無一字為淥飲手筆同時用格信用格
亦事之常宜為乾補因無確據且仲安與竹垞初白往還留有手札見謝
拜經題跋其弟亦靜名翼賞於雍正間通籍是仲安為康雍間人謝
山生康熙四十四年卒乾隆二十年年五十一年譜謂卒年始手定文稿刻
是仲安行輩遠在謝山之前安有手抄全文之理鶴翁僅知圖記不加別
白何其疏也竊意仲安兩印或即免床舊藏偶然蓋用為笺書隨意且印
文為朱馬合體即殊無證明竹垞稱宗人稱吾宗之説老友葉緣督藏書紀
事詩嘗考疑問觀此則釋然矣謝山此集於明末東南遺獻表章最力
江甯鄧氏藏有楊秋室藏注本事績尤為詳備卷帙煩多惜未迻寫叢
年曾傳録嚴九能校訂本與此本互有勝處耶
石蓮先生示讀因併校一過且手録李仲約列傳一篇以補史刻所闕研説
所及輙附譬見俟 先生審定焉乙卯三月長洲章鈺記於析津

12013 鮚埼亭集三十七卷 （清）全祖望撰 清吴氏拜經樓抄本

半葉十二行，行二十二字。有“鶴安校勘秘籍”“茗理題記”“章鈺校讀”等印。吴騫批校並録杭世駿批注，陳鱣校，唐翰題、章鈺跋，吴重熹校並題識。上海圖書館藏。

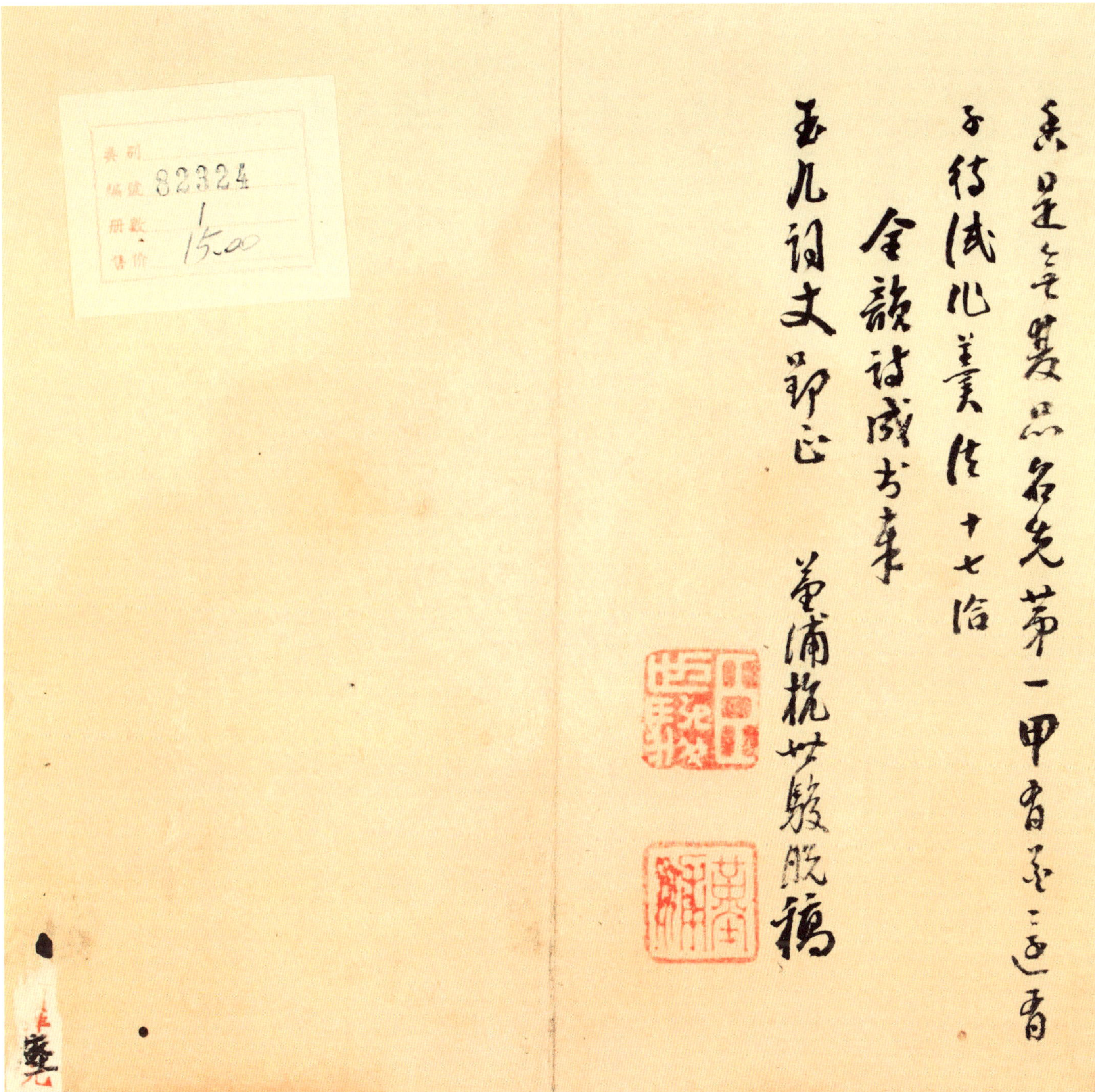

12012 全韻梅花詩一卷

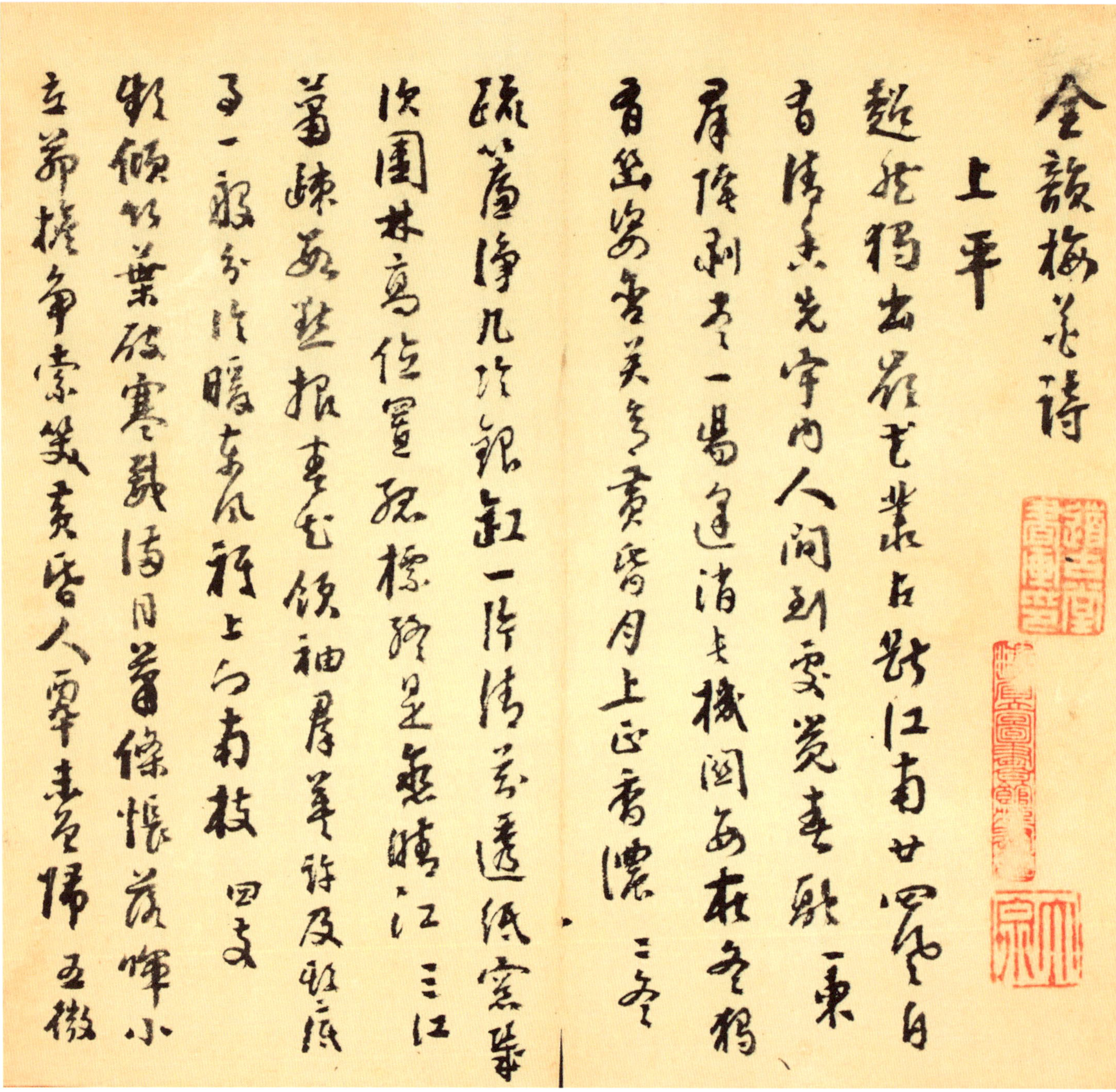
全韻梅花詩

上平

12012 全韻梅花詩一卷 （清）杭世駿撰　稿本

半葉六行，行字不等。有“道古堂書畫印”“臣世駿”等印。浙江圖書館藏。

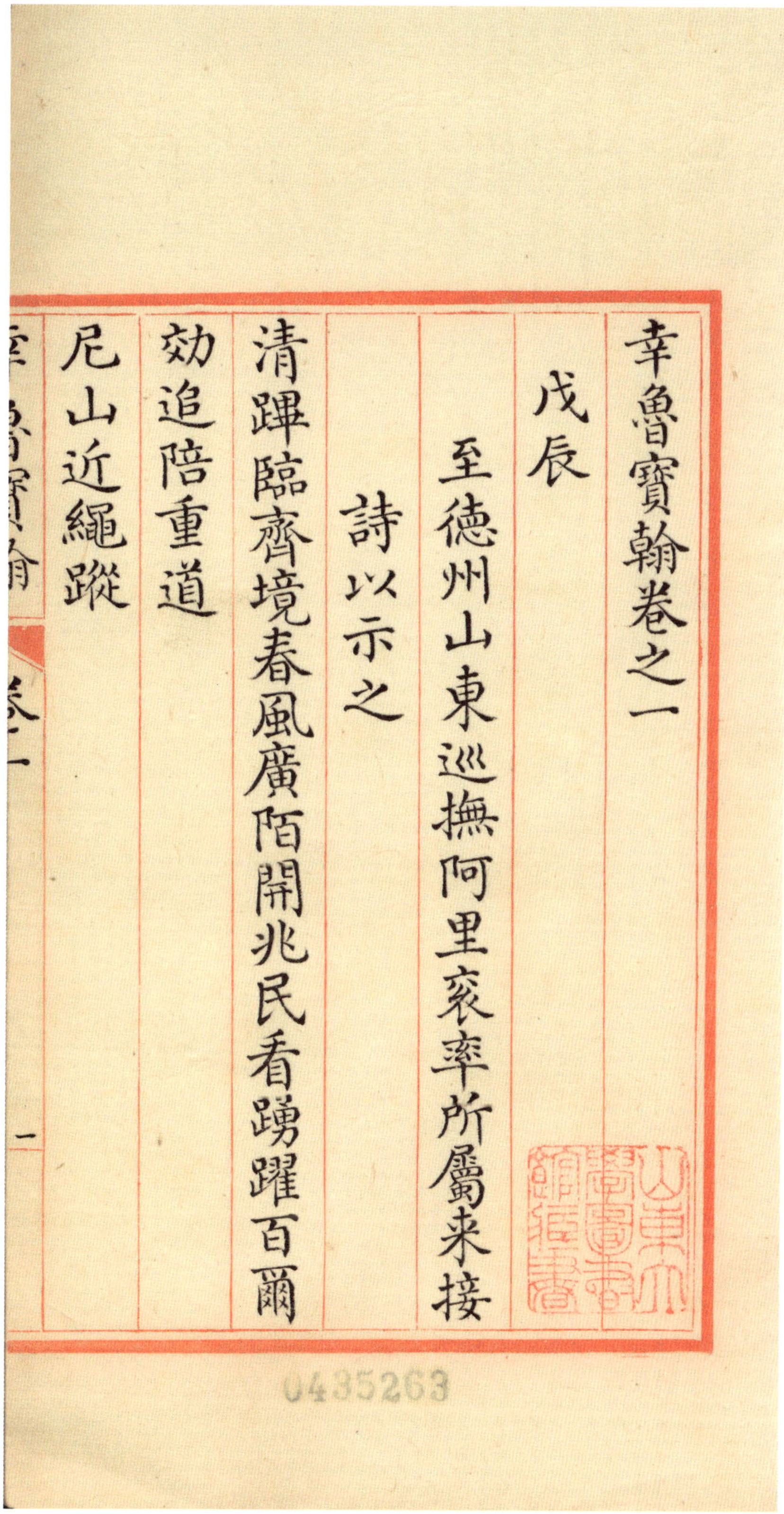

幸魯寶翰卷之一

戊辰

至德州山東巡撫阿里衮率所屬来接

詩以示之

清蹕臨齊境春風廣陌開兆民看踴躍百爾

効追陪重道

尼山近繩蹤

幸魯寶翰 卷之一 一

12011 幸魯寶翰九卷 （清）高宗弘曆撰　清乾隆内府寫本

匡高17.8厘米，廣12.2厘米。半葉七行，行十七字，白口，四周雙邊。山東大學圖書館藏。

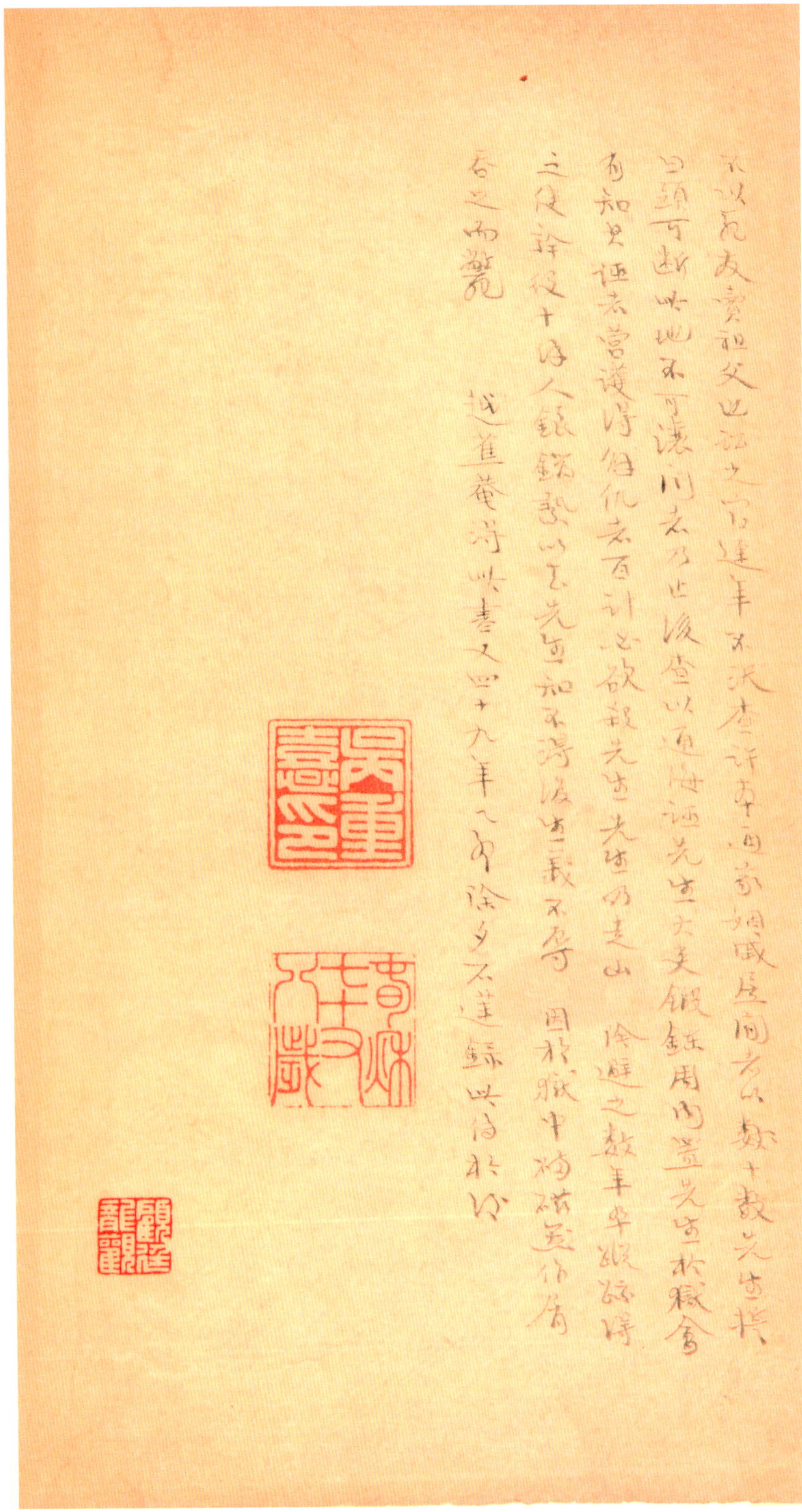

不以兒友賣祖父也鄙之官達年不沃查許其十四家姻戚臣間者以數十數先生撰
曰頭可斷此地不可讓同志乃止後查以道出誣先生大受鍛鍊周內羞先生於獄會
有知其誣者營護得免仇者百計必欲殺先生先生乃走山陰避之數年卒以跡得
之復拚後十四人鋃鐺就獄以先生知不得活出獄不爭 因於獄中消磁遂作肴
吞之而斃
越進菴得此書又四十九年乙酉除夕不達錄此倚於行

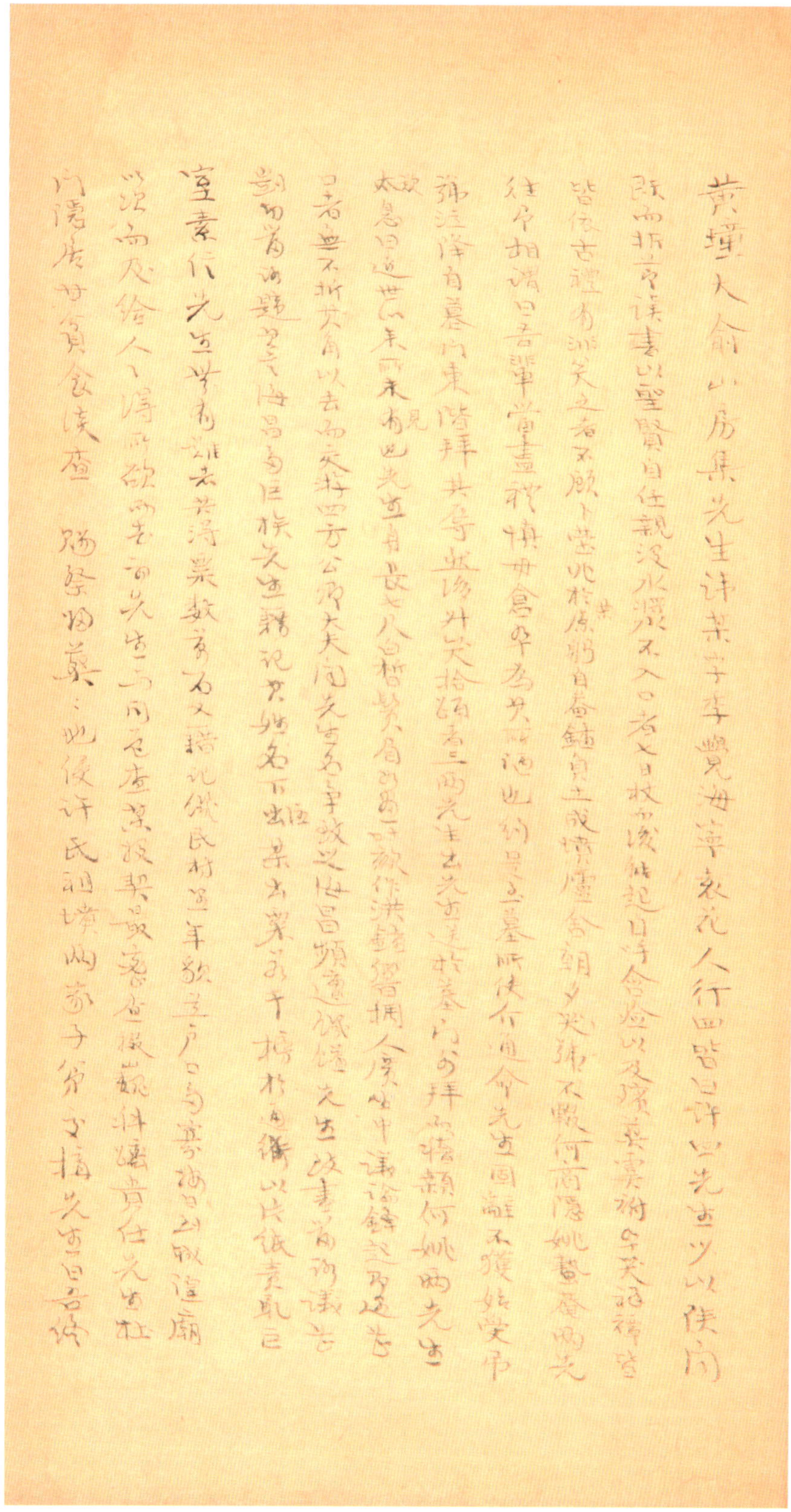

12010 罔極録前編四卷後編四卷附觀化雜詠一卷

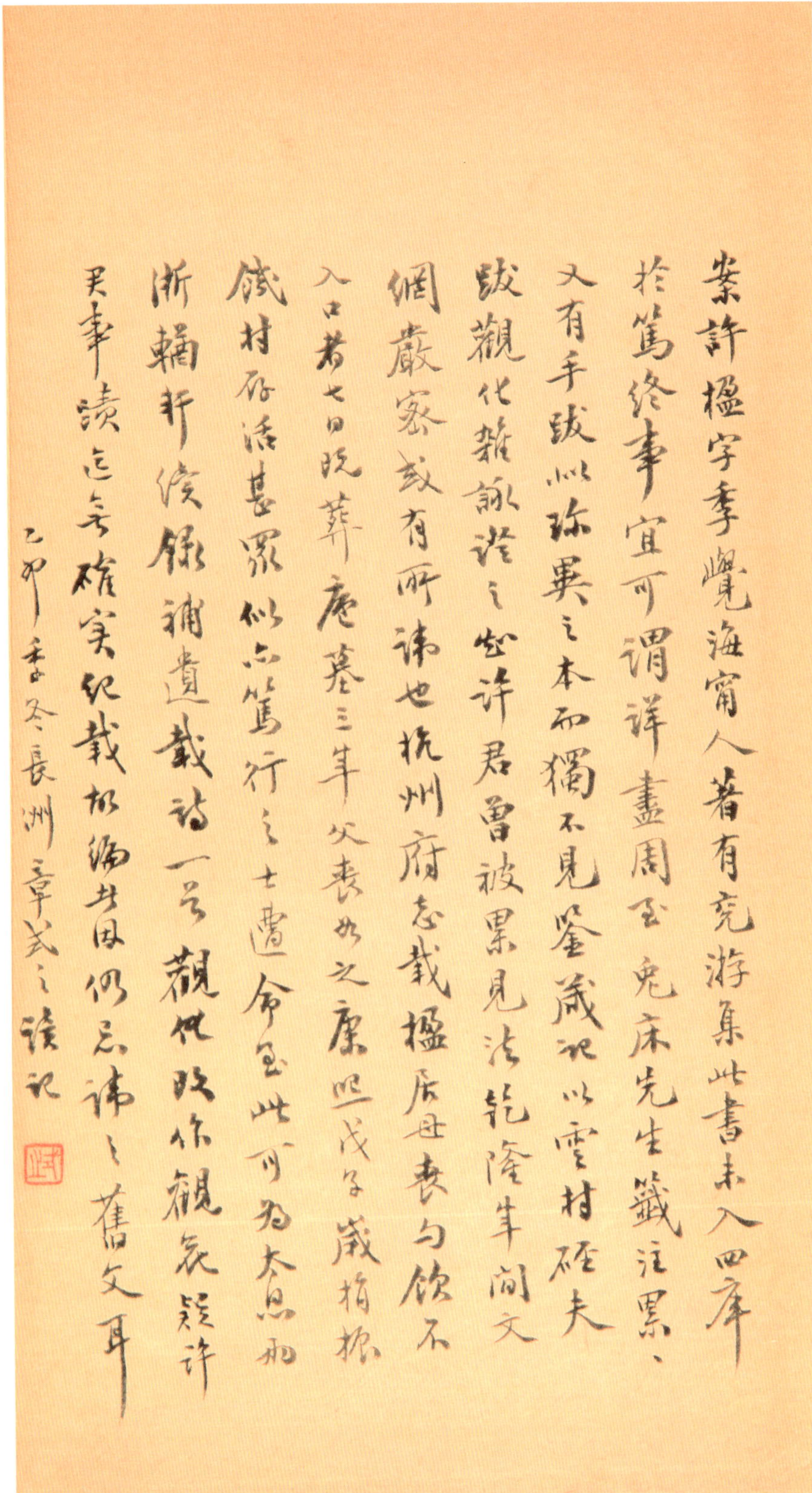
案許極字季覺海甯人著有竟游集此書未入四庫
於篤終事宜可謂詳盡周玉鳧先生籤注累累
又有手跋以珍異之本而獨不見鑒藏印以雪村硜夫
跋觀化雜詠證之必許君曾被罪見法乾隆年間文
網嚴密或有所諱也杭州府志載極居母喪勺飲不
入口者七日既葬廬墓三年父喪如之康熙戊子歲指振
饑村落活甚眾似亦篤行之士遺命毋此可為太息爾
浙輶軒續錄補遺載詩一首觀此跋亦頗疑許
君事蹟迄無確實紀載故編者因仍忌諱之舊文耳
乙卯季冬長洲章式之讀記

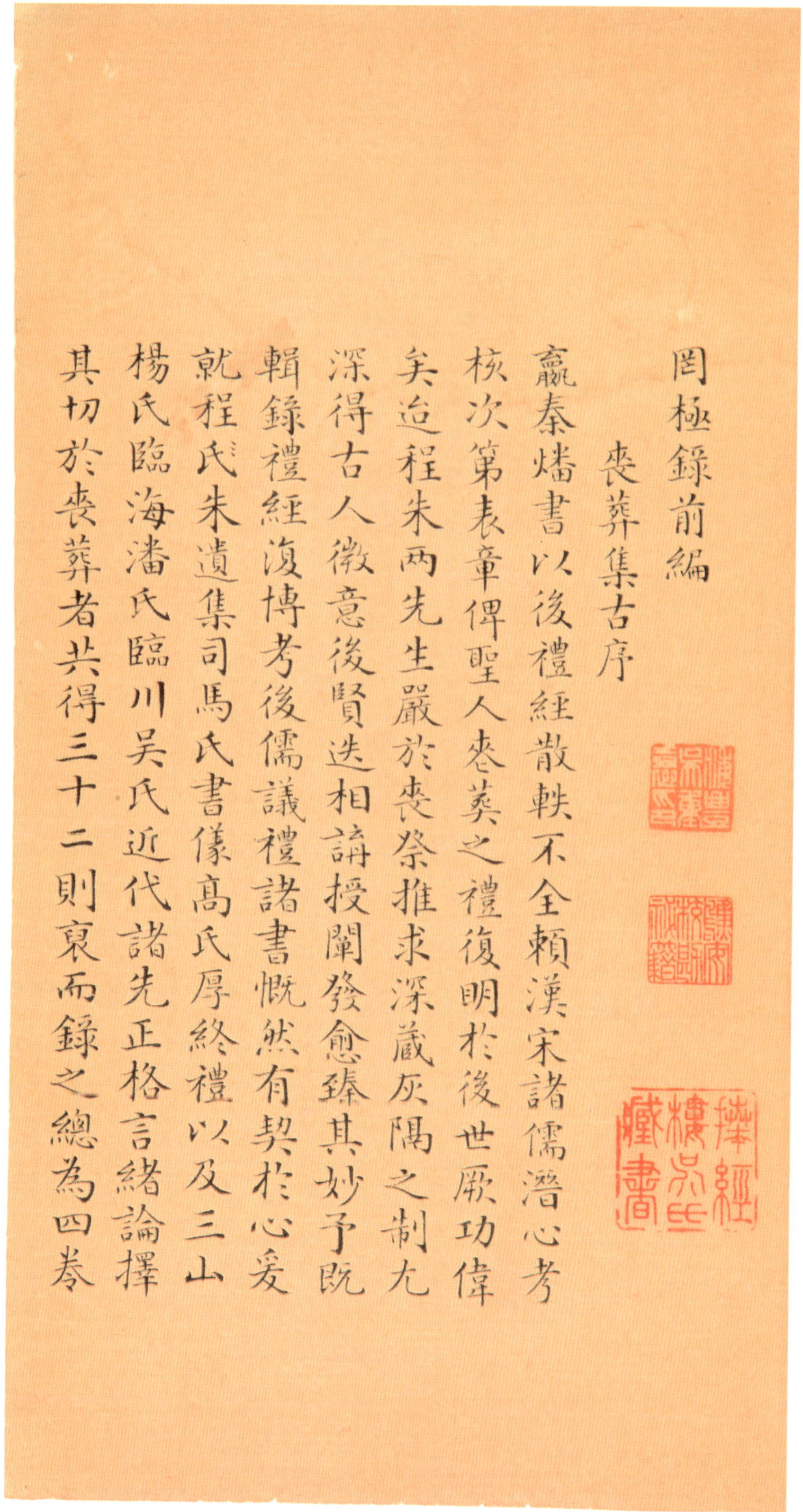

罔極錄前編

喪葬集古序

嬴秦燔書以後禮經散軼不全賴漢宋諸儒潛心考校次第表章俾聖人喪葬之禮復明於後世厥功偉矣迨程朱兩先生嚴於喪祭推求深藏灰隔之制尤深得古人微意後賢迭相講授闡發愈臻其妙予既輯錄禮經復博考後儒議禮諸書慨然有契於心爰就程氏朱遺集司馬氏書儀高氏厚終禮以及三山楊氏臨海潘氏臨川吳氏近代諸先正格言緒論擇其切於喪葬者共得三十二則裒而錄之總為四卷

12010 罔極録前編四卷後編四卷附觀化雜詠一卷 （清）許楹撰　清乾隆吳氏拜經樓抄本

半葉十行，行二十字。有“拜經樓吳氏藏書”“鷦安校勘秘籍”“海豐吳重熹印”“式之”等印。吳騫校並跋，唐翰題、吳重熹、章鈺跋。上海圖書館藏。

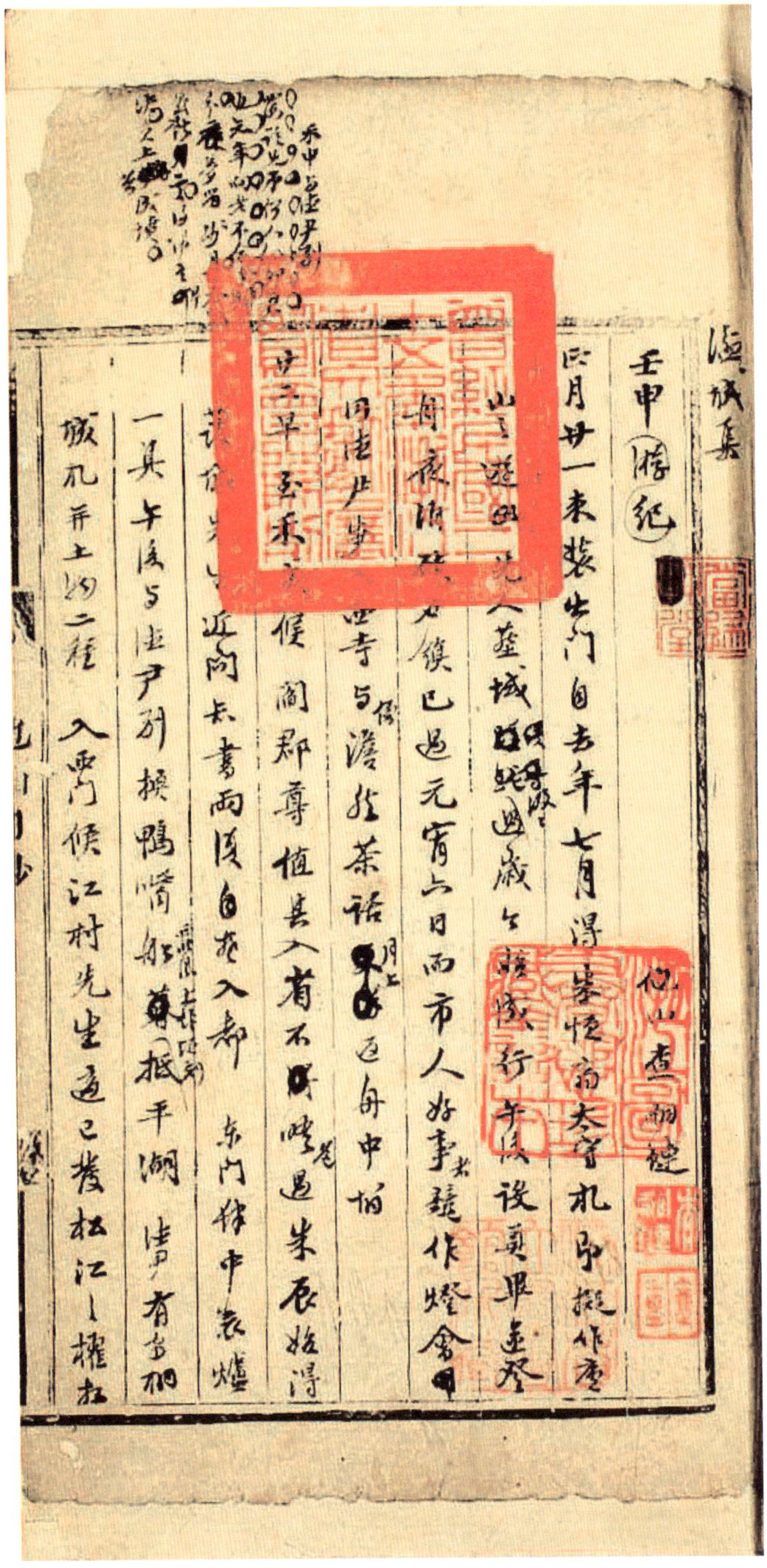

12009 壬申紀游一卷　（清）查慎行撰　手稿本

匡高21.8厘米，廣14.2厘米。半葉九行，行字不等，黑口，四周雙邊。有"查嗣璉""八千卷樓"等印。浙江圖書館藏。

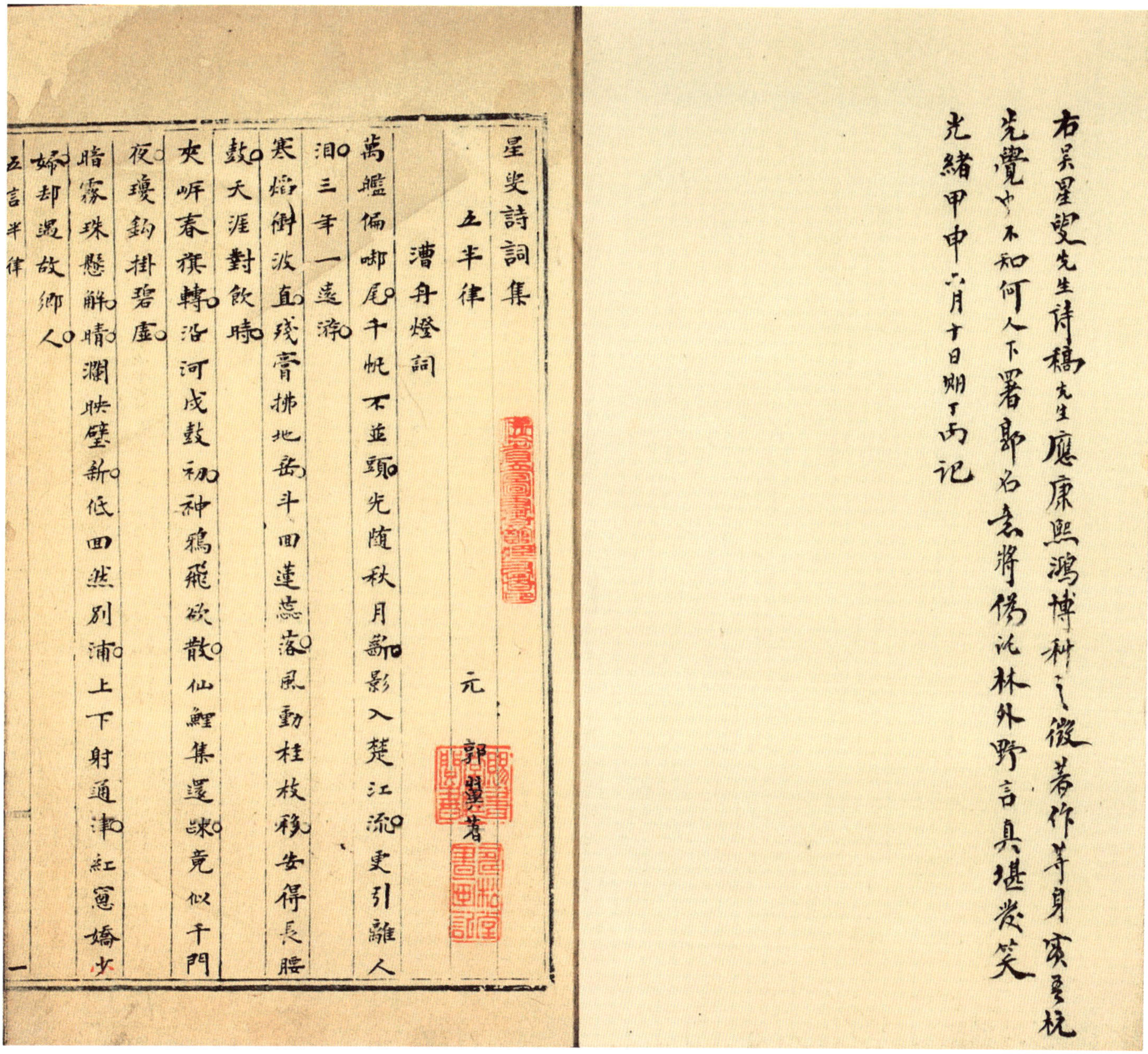

12008 梧園詩文集不分卷

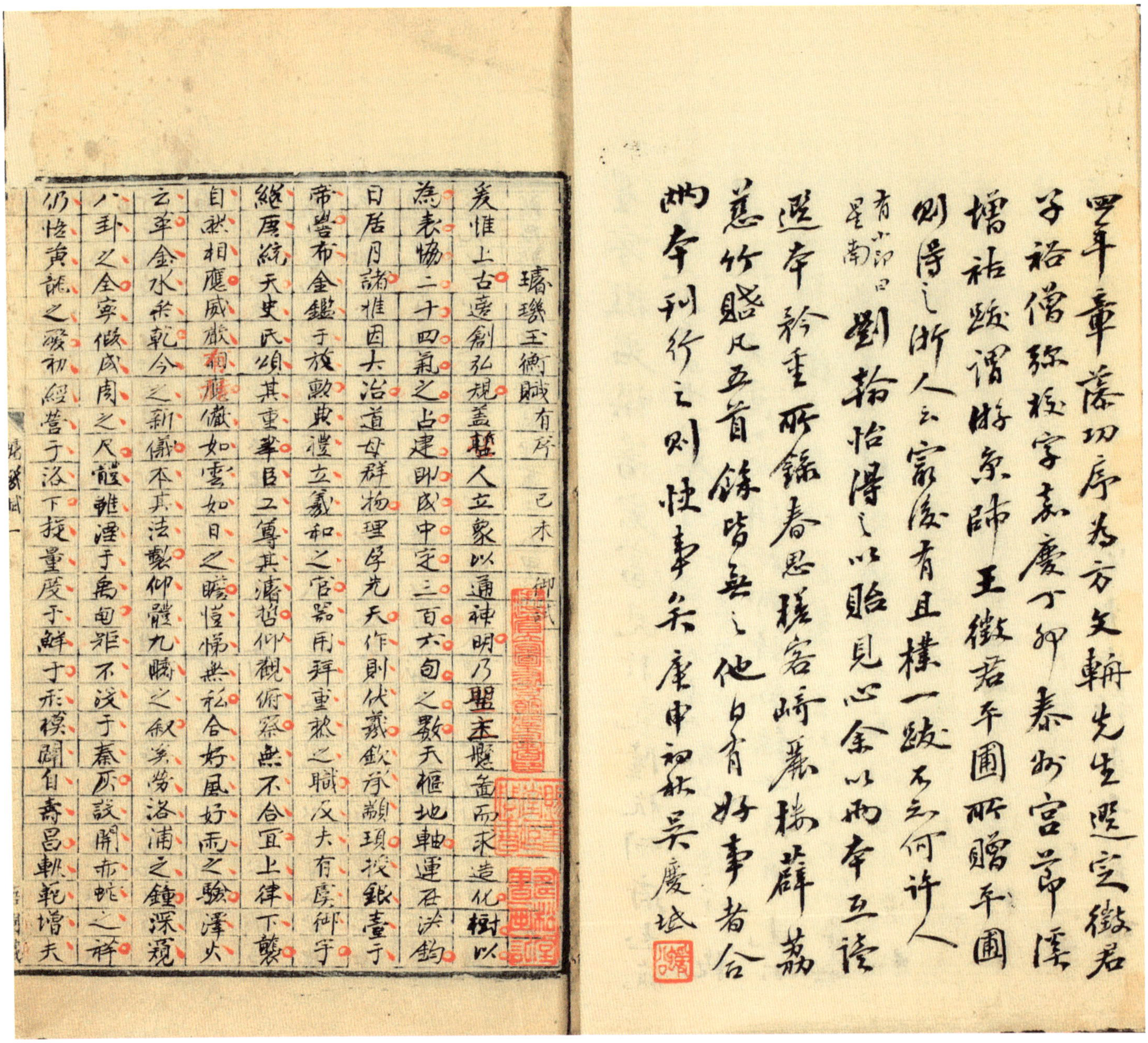
璿璣玉衡賦有序　己未　御試
爰惟上古遠創弘規蓋聖人立象以通神明乃聖主璣衡而求造化樹以
為表協二十四氣之占建卯成中定三百六旬之數天樞地軸運在洪鈞
日居月諸推因大冶道母群物理孕先天作則伏羲欽承顓頊授銀臺于
帝嚳布金鑑于放勳典禮立羲和之官器用拜重黎之職及夫有虞御宇
綜厥綂天史氏頌其重華臣工尊其濬哲仰觀俯察無不合宜上律下襲
自然相應咸有儀如雲如日之瞻愷悌無私合好風好雨之驗澤火
云革金水乘乾今之新儀本其法製仰體九疇之叙美勞洛浦之鐘深窺
八卦之全寧做成周之尺體雖湮于禹甸距不泯于秦灰設開赤蛇之祥
仍恪黄龍之殿初經營于洛下捉量度于鮮于飛模闢自壽昌軌範增夫

四年章藻功序爲方文輈先生選定徵君
手稿僧彌校字嘉慶丁卯泰州宮節溪
增祜跋謂將梓其師王徵君梧園所贈梧園
則得之浙人云家後有且樸一跋不知何許人
有小印曰星南
劉拾怡得之以貽見心余以兩本互讀
選本於集所録春恩楼客崎麗楊薛荔
慈竹賦凡五首餘皆無之他日有好事者合
兩本刊行之則快事矣　庚申初秋吳慶坻

12008 梧園詩文集不分卷　（清）吳農祥撰　稿本

匡高21.1厘米，廣15.4厘米。有“壽松堂書畫記”“賜書堂藏閱書”“八千卷樓珍藏善本”等印。丁丙、吳慶坻跋。浙江圖書館藏。

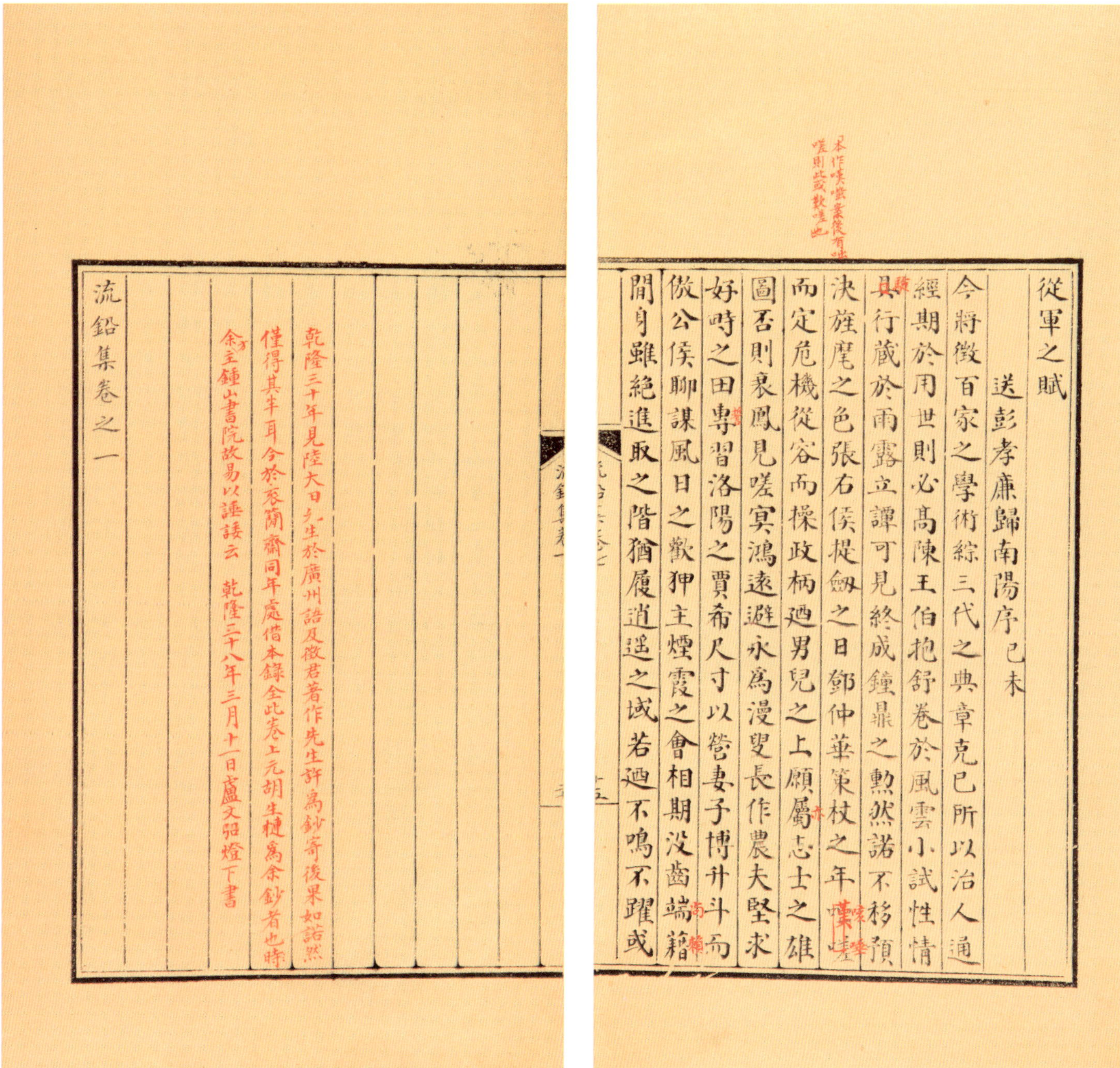

12007 流鉛集十六卷

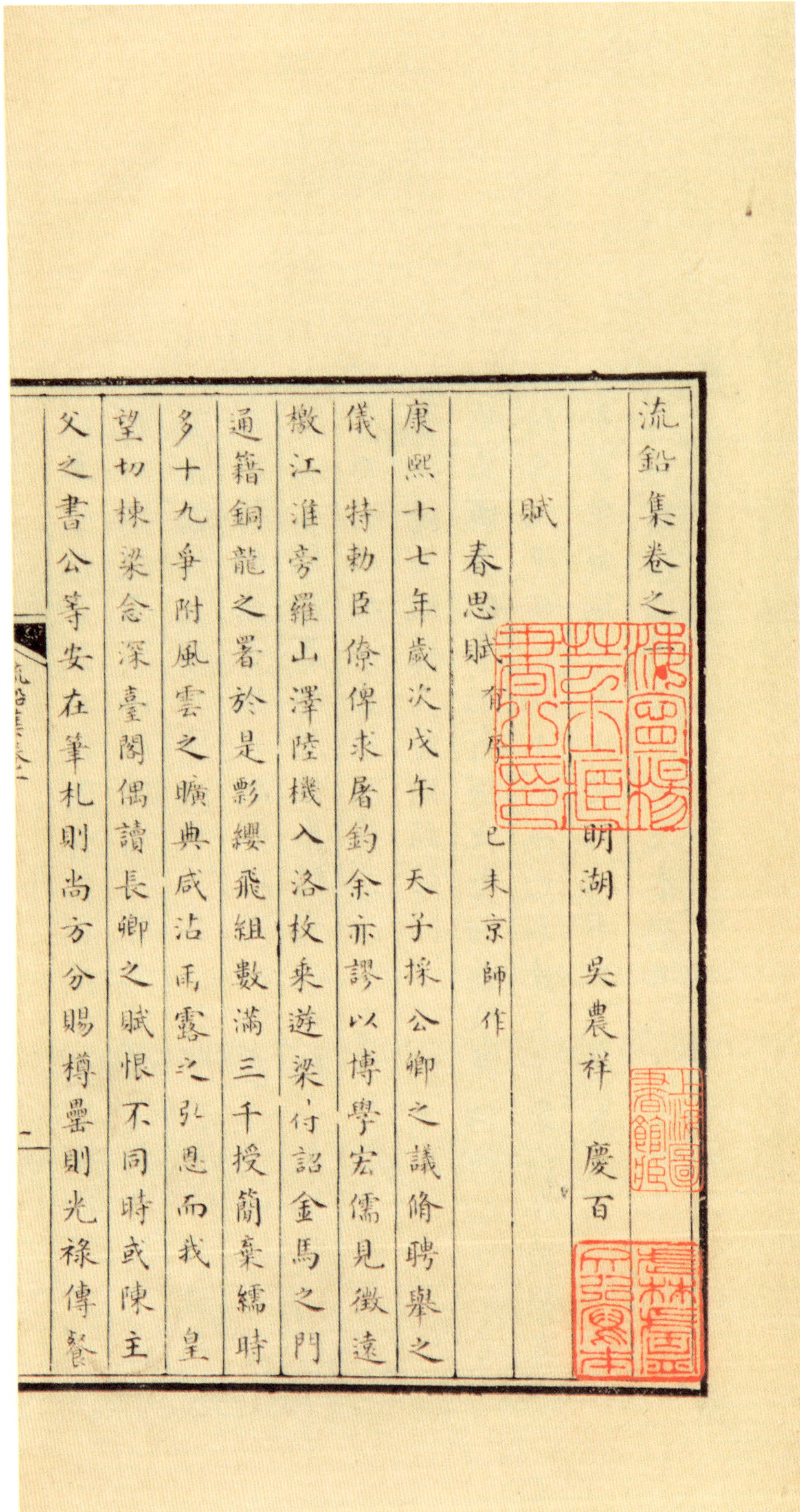

流鉛集卷之

明湖　吳農祥　慶百

賦

春思賦有序　己未京師作

康熙十七年歲次戊午　天子採公卿之議脩聘舉之儀特勅臣僚俾求屠釣余亦謬以博學宏儒見徵遠檄江淮旁羅山澤陸機入洛枚乘遊梁付詔金馬之門通籍銅龍之署於是影纓飛組數滿三千授簡棄繻時多十九爭附風雲之曠典咸沾雨露之弘恩而我　皇望切棟梁念深臺閣偶讀長卿之賦恨不同時或陳主父之書公等安在筆札則尚方分賜樽罍則光祿傳餐

12007 流鉛集十六卷　（清）吴農祥撰　清盧氏抱經堂抄本

半葉十一行，行二十一字，白口，四周雙邊。有“武林盧文弨寫本”“海寧楊芸士藏書之印”等印。盧文弨校並跋。上海圖書館藏，存十卷。

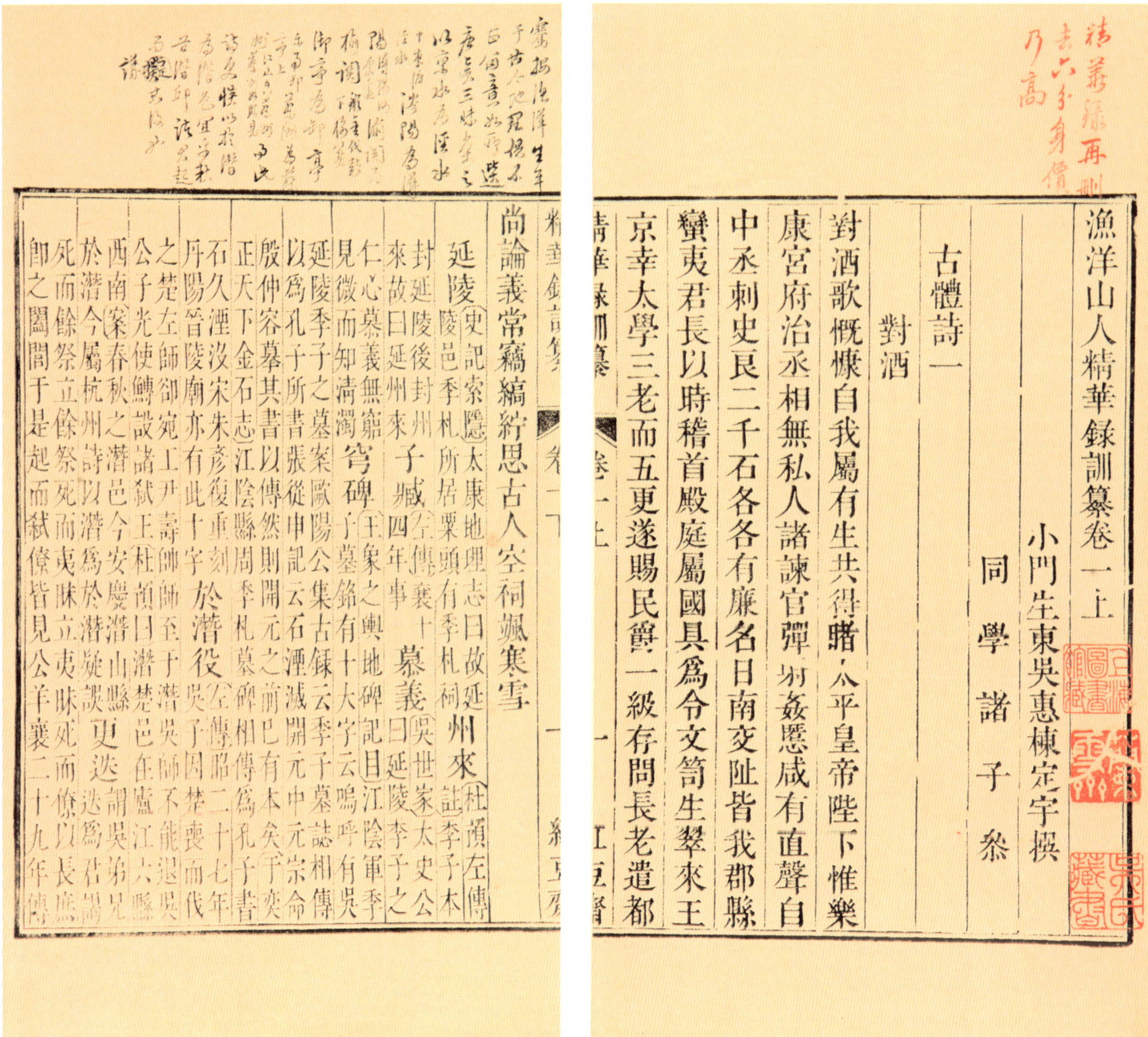

漁洋山人精華錄訓纂卷一上

小門生東吳惠棟定宇撰

同學諸子參

古體詩一

對酒

對酒歌慨慷自我屬有生共得睹公平皇帝陛下惟樂康宫府治丞相無私人諸諫官彈劾姦慝咸有直聲自中丞刺史艮二千石各各有廉名日南交阯皆我郡縣蠻夷君長以時稽首殿庭屬國具爲令文箭生犂來王京幸太學三老而五更遂賜民爵一級存問長老遺都

精華錄訓纂　卷一上　一　紅豆齋

尚論義常竊縞紵思古人空祠颯寒雪

延陵〔史記索隱〕太康地理志曰故延陵邑季札所居粟頭有季札祠州來〔杜預左傳註〕李子本封延陵後封州來故曰延州來子臧〔左傳〕襄十四年事慕義〔吳世家〕太史公曰延陵季子之仁心慕義無窮見微而知清濁穹碑〔王象之輿地碑記目〕江陰軍季子墓銘有十大字云嗚呼有吳延陵季子之墓案歐陽公集古錄云季子墓誌相傳以爲孔子所書張從申記云石湮滅開元中元宗命殷仲容摹其書以傳然則開元之前已有本矣于奕正天下金石志〕江陰縣周季札墓碑相傳爲孔子書石久湮沒宋朱彥復重刻於潛役〔左傳〕昭二十七年吳子因楚喪而伐之楚左師卻宛工尹壽帥師至于潛吳師不能退吳公子光使鱄設諸弒王〔杜預曰〕潛楚邑在廬江六縣西南〔案〕春秋之潛邑今安慶潛山縣於潛今屬杭州詩以潛爲於潛疑誤更迭謂吳弟兄迭爲君謁死而餘祭立餘祭死而夷眛立夷眛死而僚以長庶即之闔閭于是起而弒僚皆見公羊襄二十九年傳

精華錄訓纂　卷一下　一　紅豆齋

12006 漁洋山人精華錄訓纂十卷　（清）王士禛撰　（清）惠棟注　**年譜註補二卷金氏精華録箋註辯訛一卷**　（清）惠棟撰　清惠氏紅豆齋刻本

匡高19.7厘米，廣14.8厘米。半葉十行，行二十一字，白口，四周雙邊。有“吳氏藏書”“拜經樓”等印。吳騫批校。上海圖書館藏。

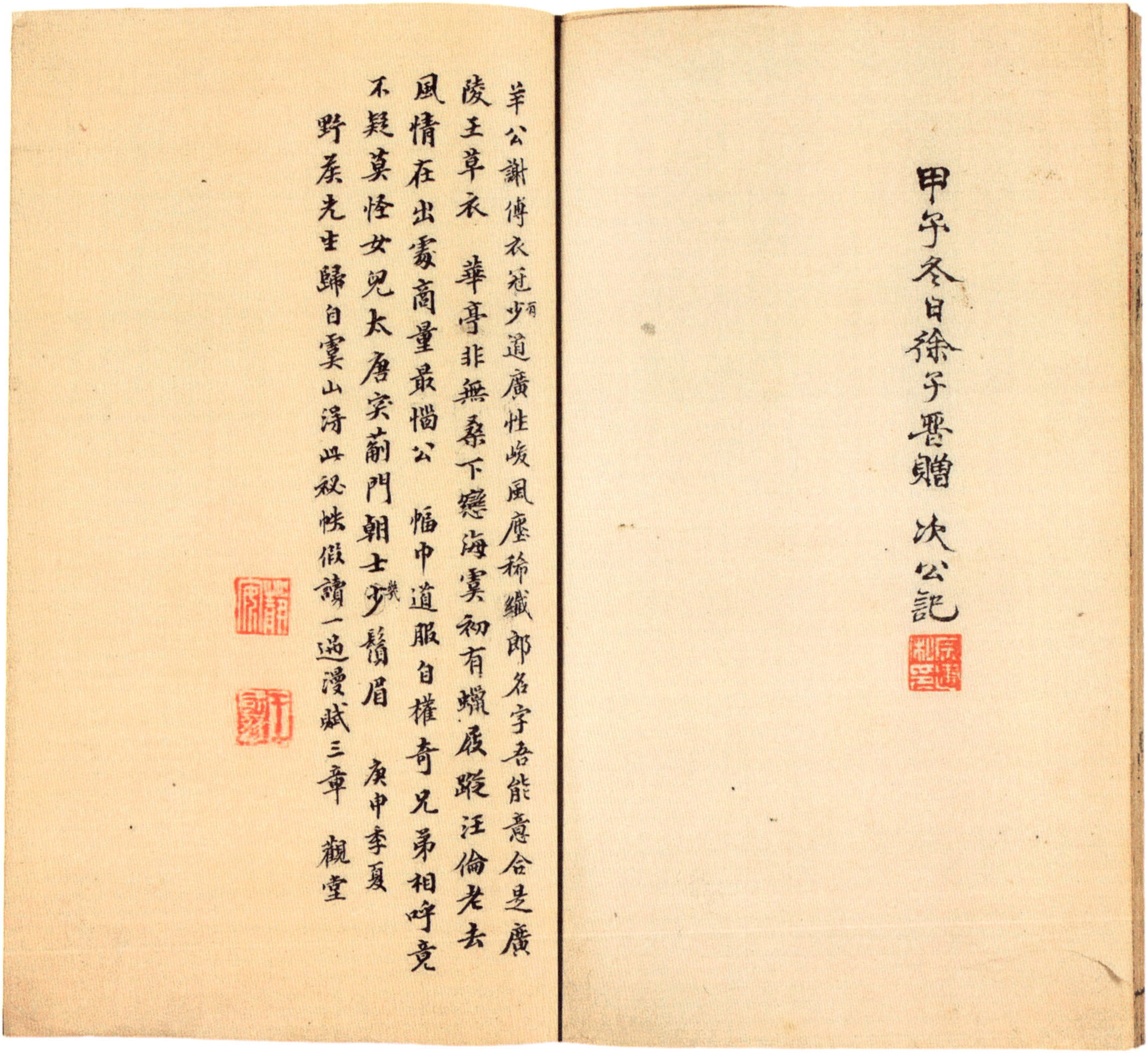

華公謝傅衣冠少有道廣性峻風塵稱纖郎名字吾能意合是廣
陵王草衣　華亭非無桑下戀海虞初有蠟屐蹤汪倫老去
風情在出處商量最惱公　幅巾道服自權奇兄弟相呼竟
不疑莫怪女兒太唐突薊門朝士少幾鬚眉　庚申季夏
野奚先生歸自虞山得此秘帙假讀一過漫賦三章　覲堂

甲子冬日徐子晉贈　次公記

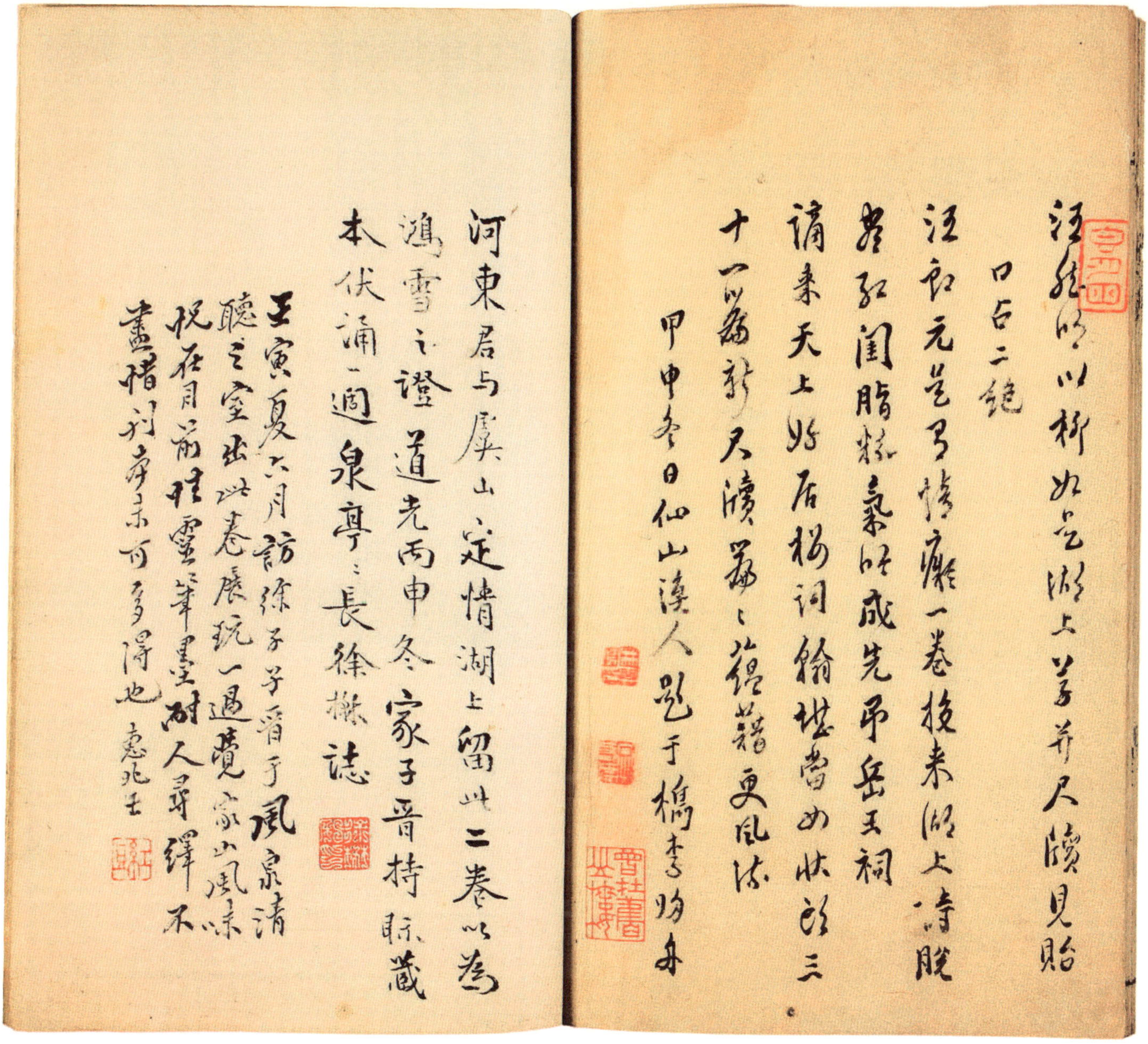

12005 尺牘一卷湖上草一卷

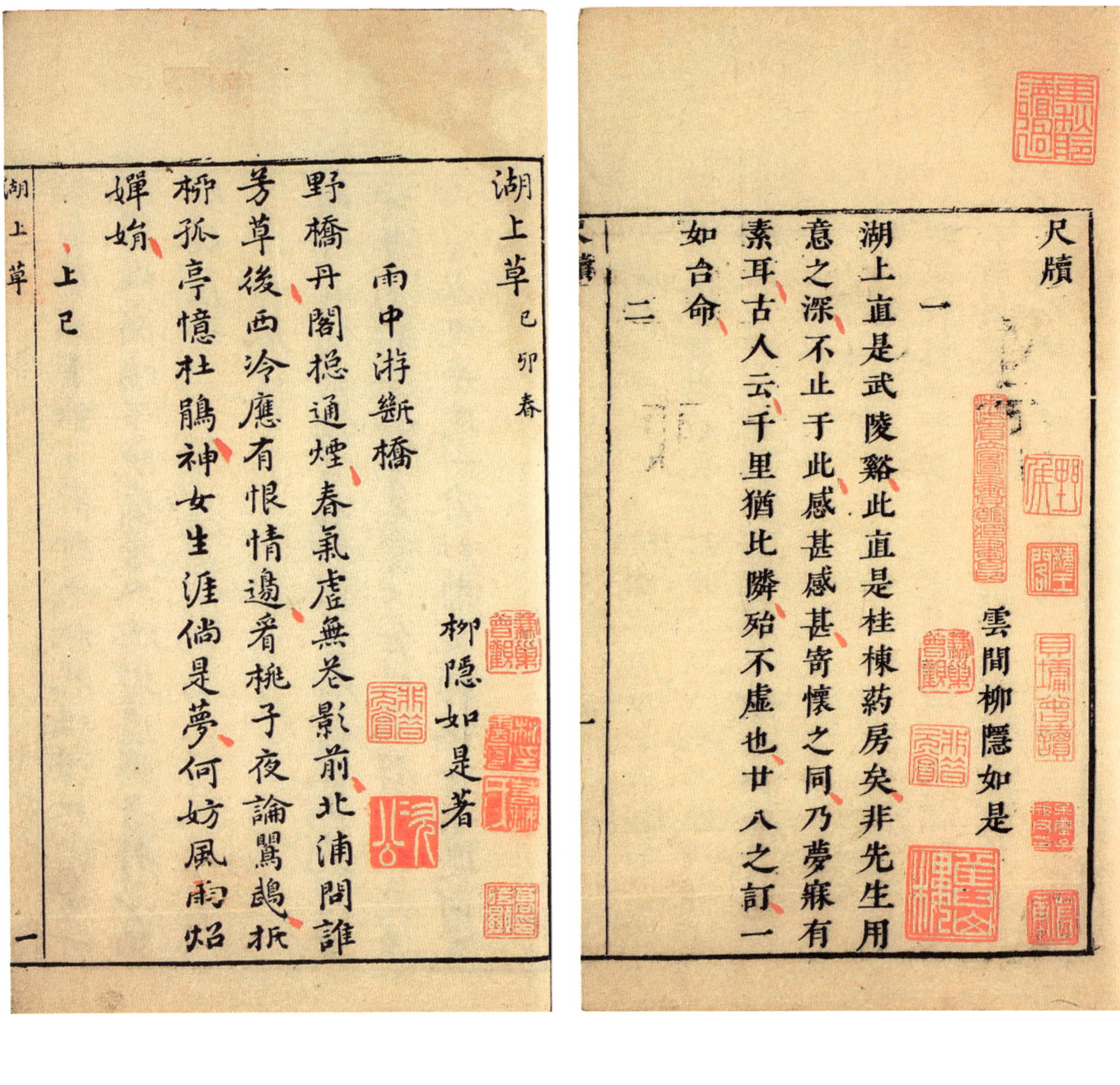

尺牘

雲間柳隱如是

一

湖上直是武陵谿此直是桂棟藥房矣非先生用
意之深不止于此感甚感甚寄懷之同乃夢寐有
素耳古人云千里猶比隣殆不虛也廿八之訂一
如合命

二

湖上草　己卯春

柳隱如是著

雨中游斷橋

野橋丹閣總通煙春氣虛無卷影前北浦問誰
芳草後西泠應有恨情邊看桃子夜論鸎鵡折
柳孤亭憶杜鵑神女生涯倘是夢何妨風雨炤
嬋娟

上巳

12005 尺牘一卷湖上草一卷　（清）柳是撰　明汪然明刻本

匡高19.1厘米，廣13.5厘米。半葉八行，行十八至十九字，白口，四周單邊。有“絳雲樓書畫印”“余集子戍父印”“貝墉曾讀”“林印雲鳳”“徐楙私印”“紅豆”“舊山樓”“王國維”“仁耦詩詞”“高印時顯”等印。趙宗建題簽並題記，徐楙、惠兆壬跋，林雲鳳、王國維題詩，王仁偶題詩並跋。浙江圖書館藏。

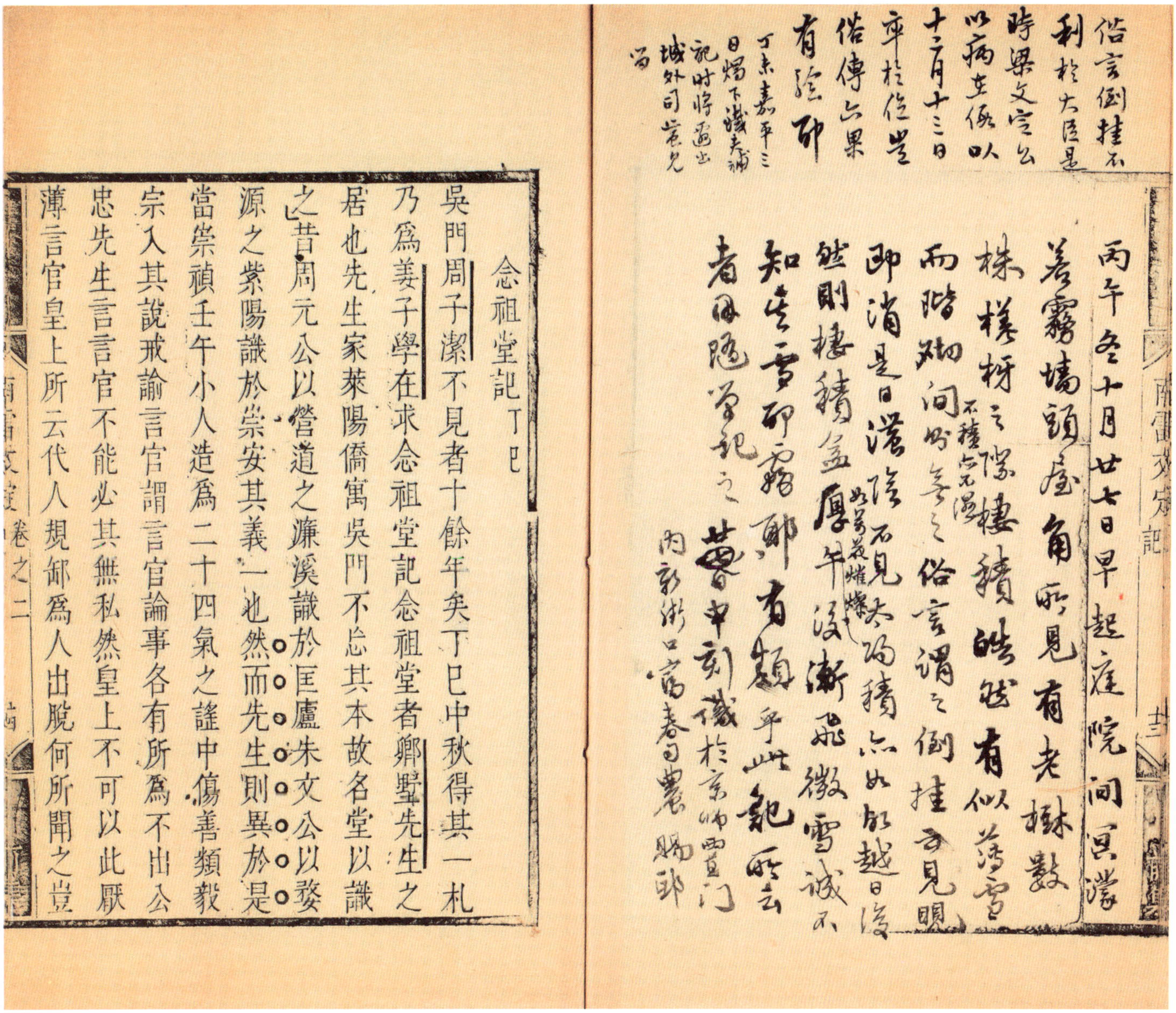
念祖堂記 丁巳
吳門周子潔不見者十餘年矣丁巳中秋得其一札乃爲姜子學在求念祖堂記念祖堂者鄉賢先生之居也先生家萊陽僑寓吳門不忘其本故名堂以識之昔周元公以營道之濂溪識於匡廬朱文公以婺源之紫陽識於崇安其義一也然而先生則異於是當崇禎壬午小人造爲二十四氣之謠中傷善類教宗入其說戒諭言官謂言官論事各有所爲不出公忠先生言言官不能必其無私然皇上不可以此厭薄言官皇上所云代人規卸爲人出脫何所聞之豈

12004 **南雷文定十一卷後集四卷** （清）黄宗羲撰 **附録一卷**

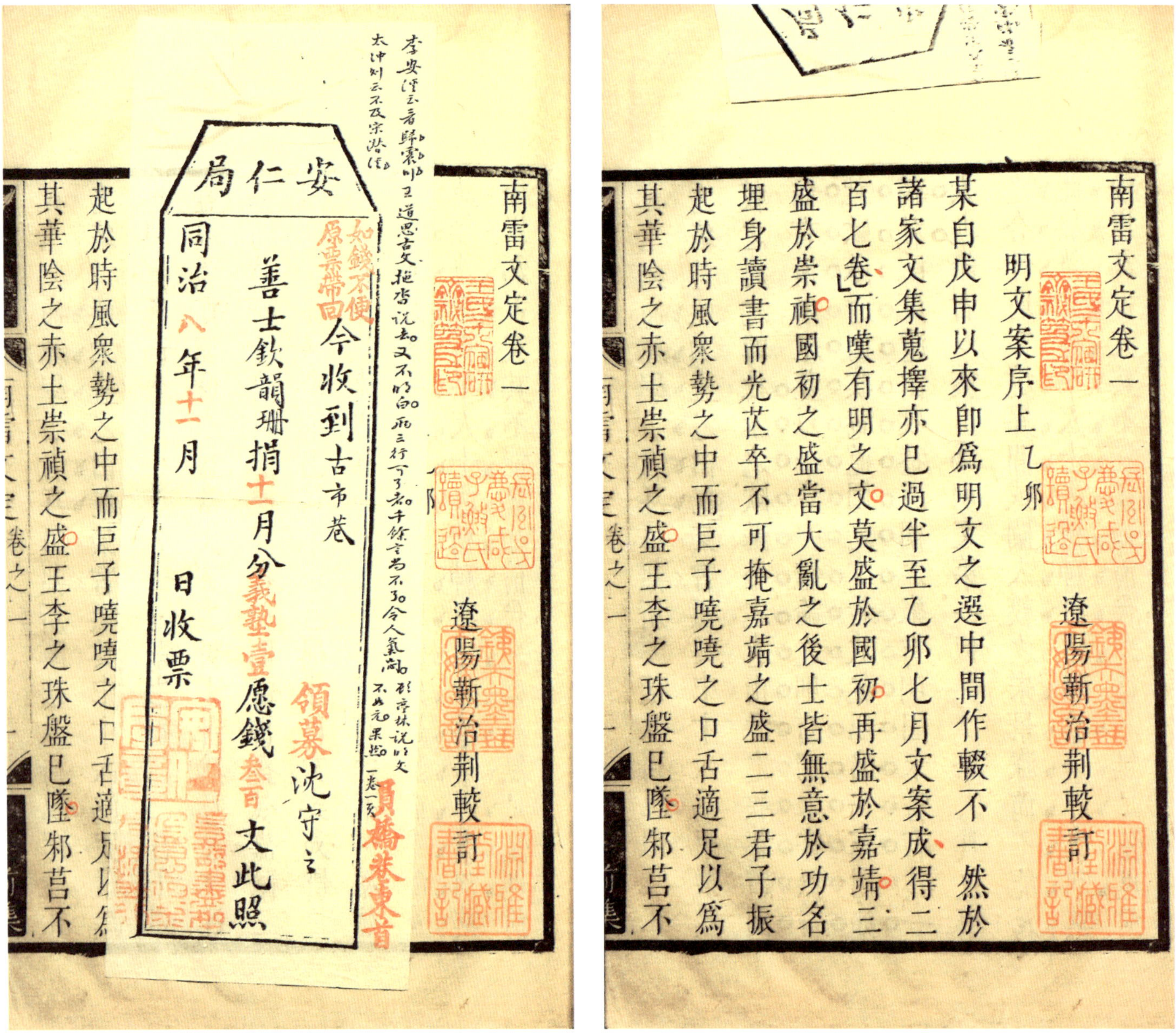

12004 南雷文定十一卷後集四卷 （清）黄宗羲撰 **附録一卷** 清康熙二十七年（1688）靳治荆刻本

匡高19.3厘米，廣14.1厘米。半葉十行，行二十字，黑口，四周單邊。有“淵雅堂藏書記”等印。王芑孫批並跋。南京圖書館藏。

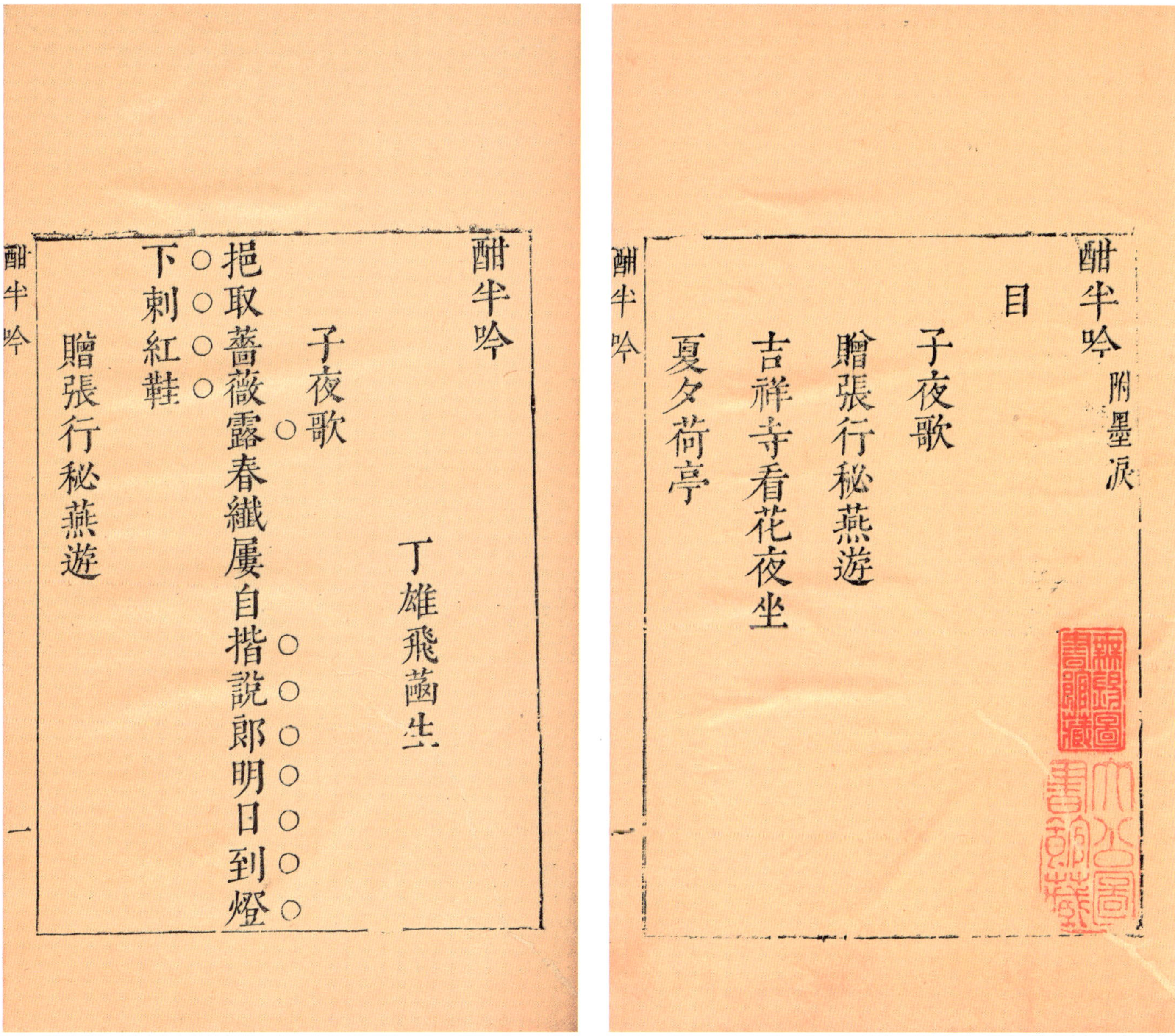
酣半吟 附墨淚
目
子夜歌
贈張行秘燕遊
吉祥寺看花夜坐
夏夕荷亭
酣半吟

酣半吟
丁雄飛菡生
子夜歌
挹取薔薇露春纖屢自揩說郎明日到燈
下刺紅鞋
贈張行秘燕遊
酣半吟 一

12003 酣半吟一卷 （清）丁雄飛撰　明末刻本

匡高17.3厘米，廣13.4厘米。半葉六行，行十六字，白口，四周單邊。無錫市圖書館藏。

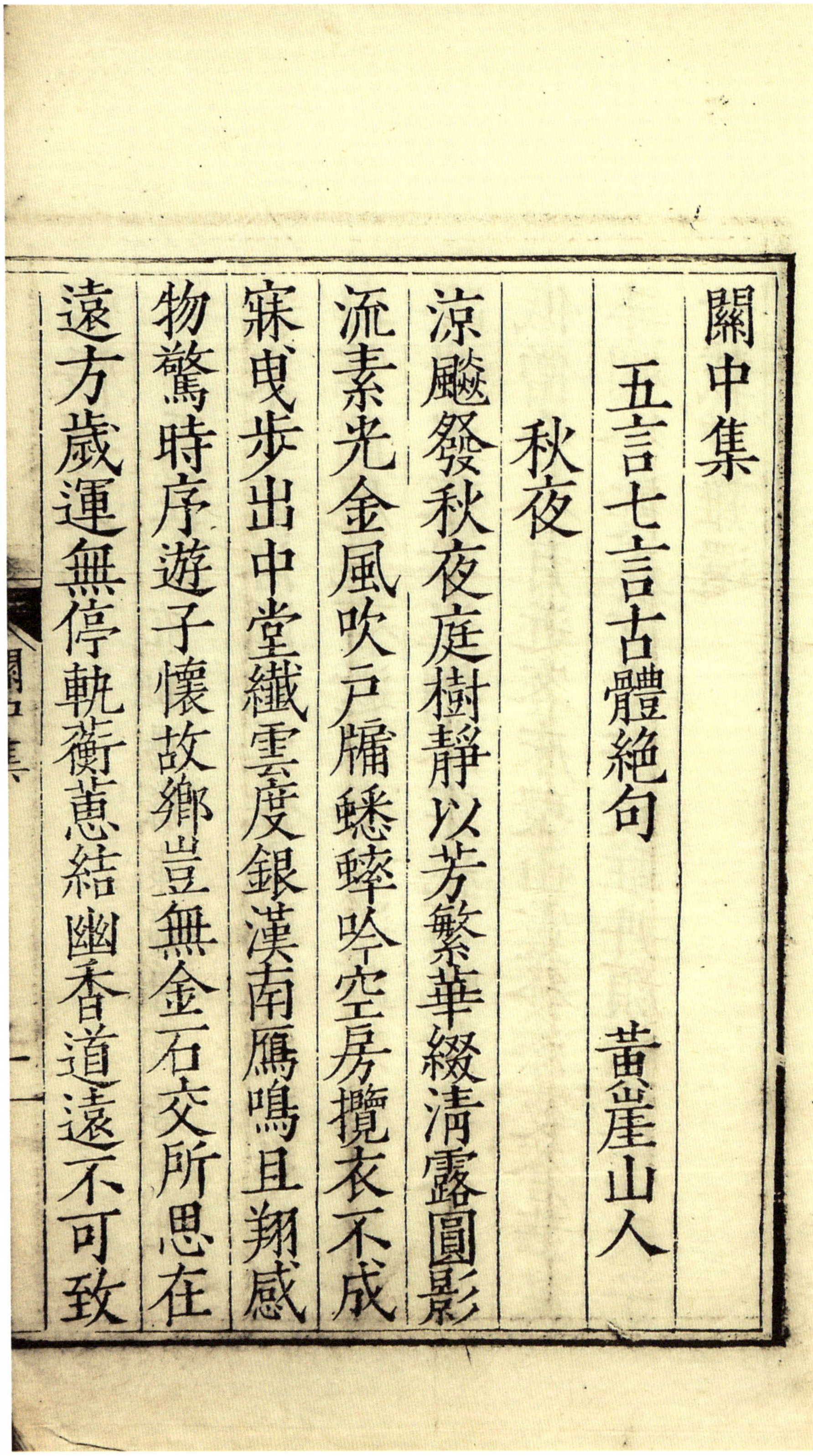
關中集
五言七言古體絶句　　黄厓山人
秋夜
涼飇發秋夜庭樹靜以芳繁華綴淸露圓影
流素光金風吹戶牖蟋蟀吟空房攬衣不成
寐曳步出中堂纖雲度銀漢南鴈鳴且翔感
物驚時序遊子懷故鄉豈無金石交所思在
遠方歲運無停軌蘅蕙結幽香道遠不可致

12002 關中集一卷　（明）李延康撰　明嘉靖三十七年（1558）李乾齋刻本

匡高19.5厘米，廣14.5厘米。半葉八行，行十七字，白口，四周雙邊。南京圖書館藏。

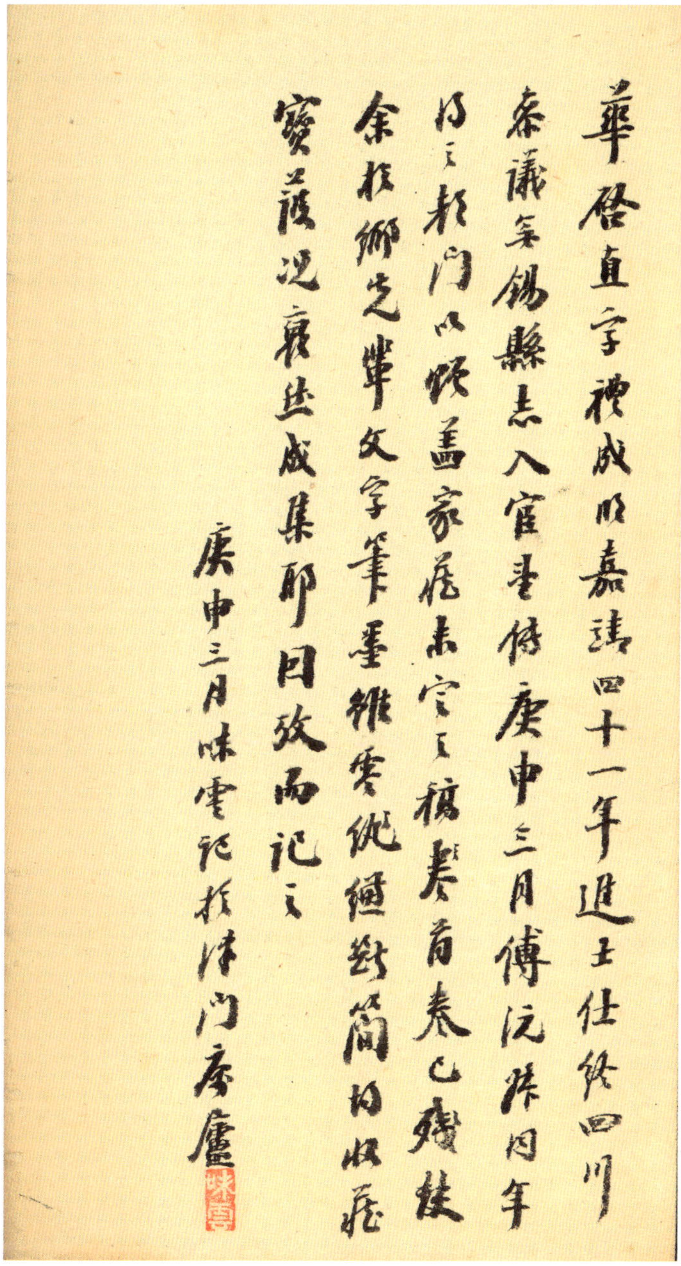
華啓直字褆成明嘉靖四十一年進士仕終四川
參議無錫縣志入宦望傳庚申三月傅沅叔同年
得之於門以贈蓋家藏未定之稿卷首冬已殘缺
余於鄉先輩文字筆墨雖零縑斷簡均收藏
寶護況裒然成集耶因攷而記之
庚申三月味雲記於津門寓廬

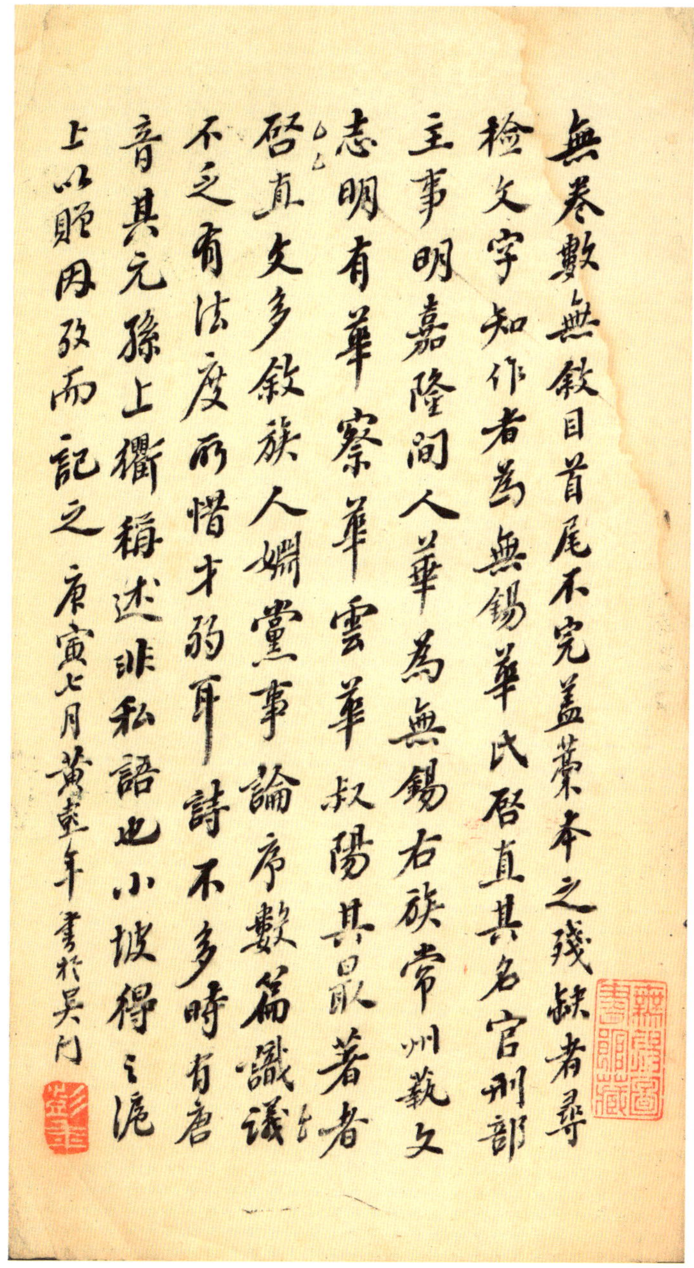
無卷數無敘目首尾不完蓋稾本之殘缺者尋
檢文字知作者爲無錫華氏啓直其名官刑部
主事明嘉隆間人華爲無錫右族常州藝文
志明有華察華雲華叔陽其最著者
啓直文多敘族人媚黨事論序數篇識議古
不乏有法度所惜才弱耳詩不多時有唐
音其元孫上衢稱述非私語也小坡得之浼
上以貽因敘而記之
庚寅七月黃彭年書於吳門

12001 華啓直詩文集不分卷

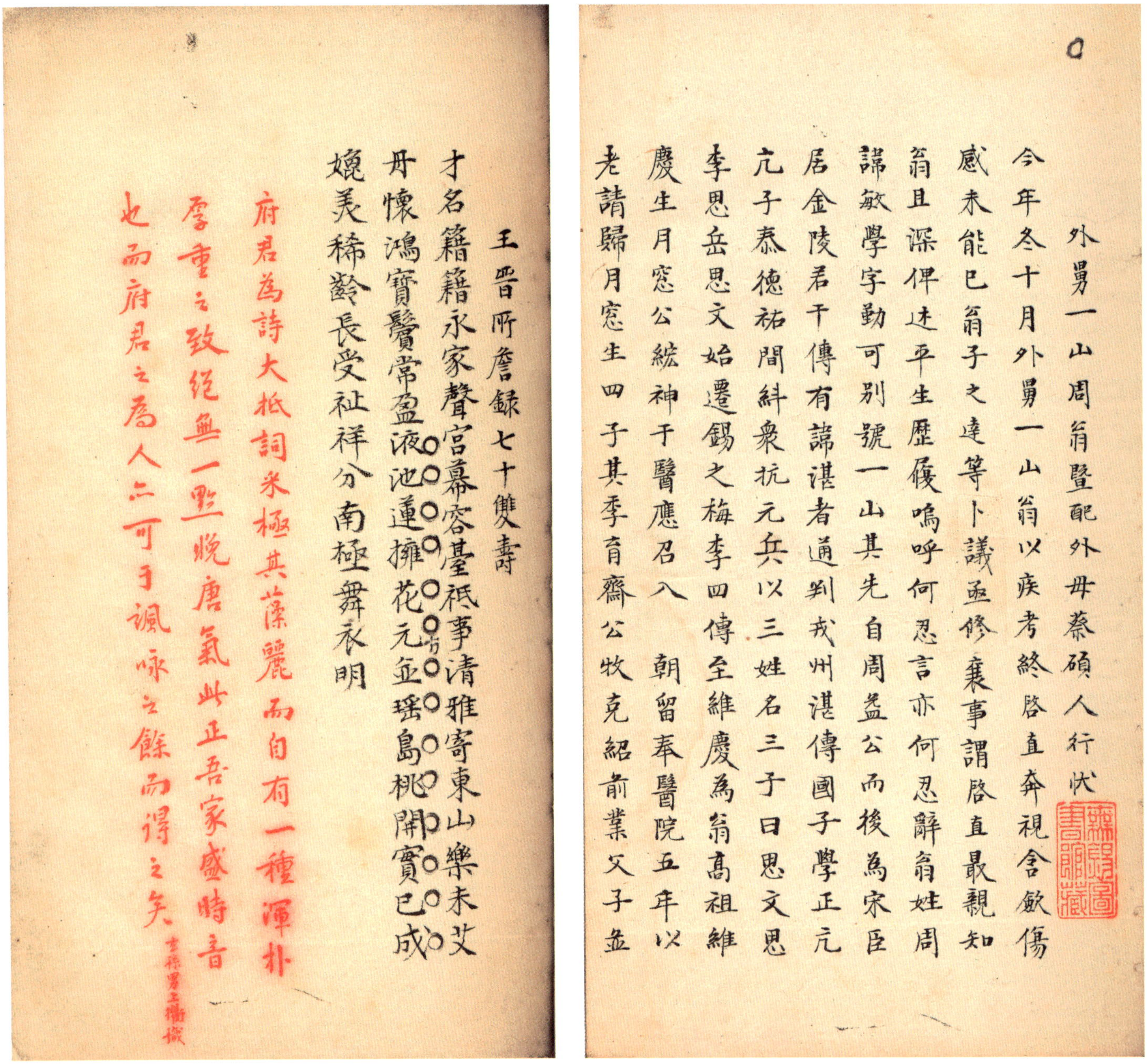

12001 華啓直詩文集不分卷 （明）華啓直撰 稿本

半葉十行，行二十一字。有“彭年”“味雲”等印。華上衢批，黄彭年、楊壽柟跋。無錫市圖書館藏。

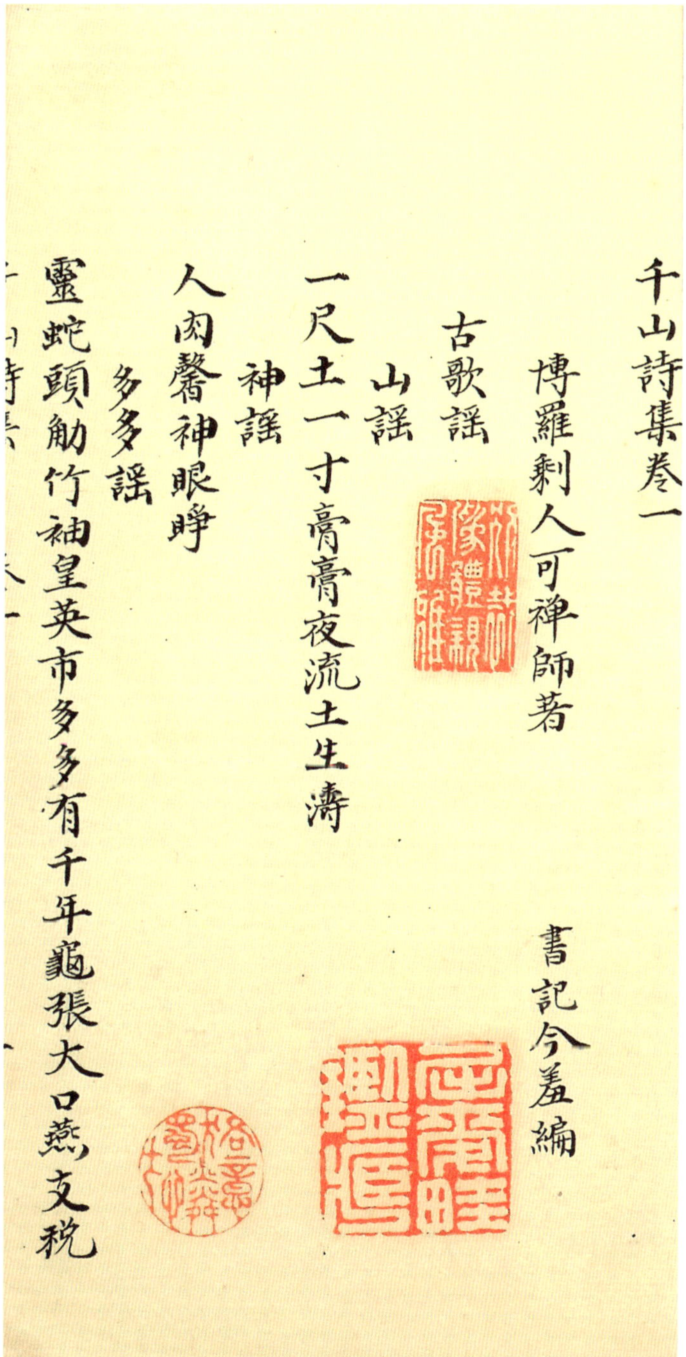

千山詩集卷一

博羅剩人可禅師著

書記今羞編

古歌謠

山謠

一尺土一寸膏膏夜流土生濤

神謠

人肉馨神眼睁

多多謠

靈蛇頭舫竹袖皇英市多多有千年龜張大口燕文稅

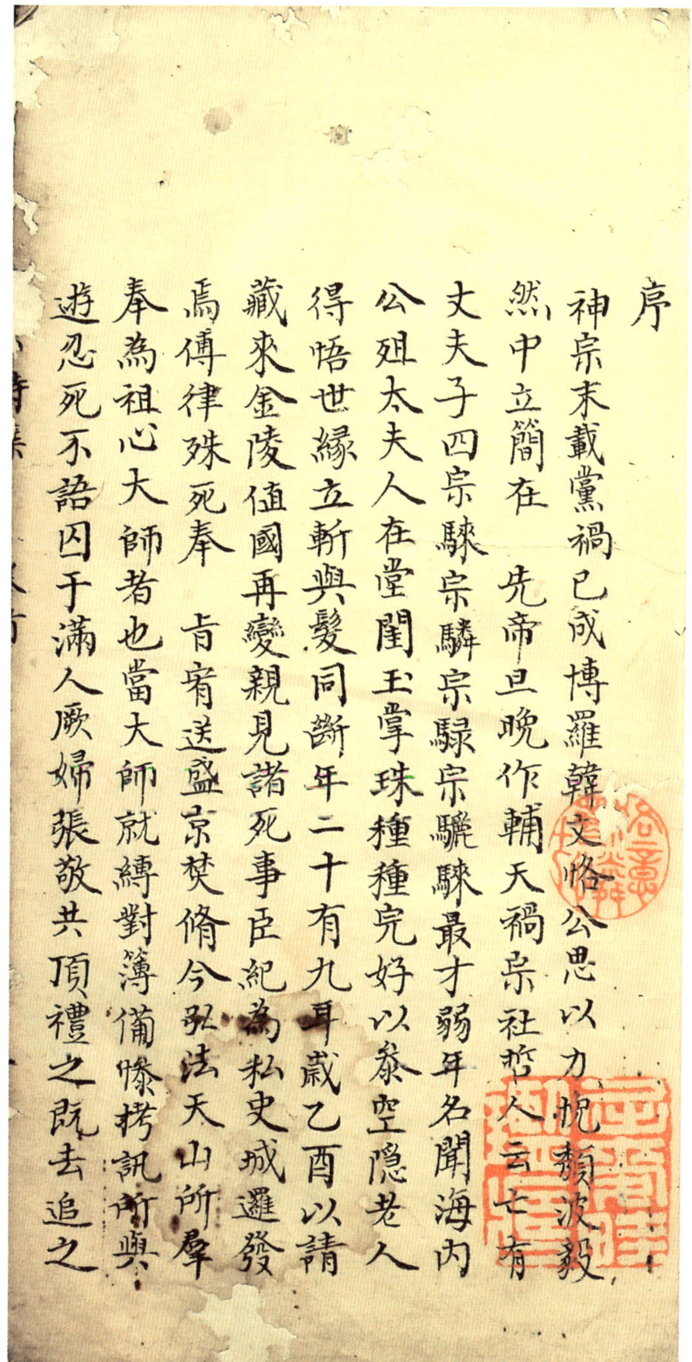

序

神宗末載黨禍已成博羅韓文恪公思以力挽頹波毅
然中立簡在　先帝旦晚作輔天禍宗社哲人云亡有
丈夫子四宗駿宗驎宗騄宗驪騄最才弱年名聞海內
公姐太夫人在堂閨玉掌珠種種究好以參空隱老人
得悟世緣立斬與髮同斷年二十有九歲乙酉以請
藏來金陵值國再變親見諸死事臣紀為私史城邏發
焉傳律殊死奉　旨宥送盛京焚脩今弘法天山所舉
奉為祖心大師者也當大師就縛對簿備慘拷訊所與
遊忍死不語因于滿人厥婦張敬共頂禮之既去追之

12000 千山詩集二十卷首一卷補遺一卷　（明）釋函可撰　清抄本

半葉十行，行二十一字，小字雙行同。南京圖書館藏。

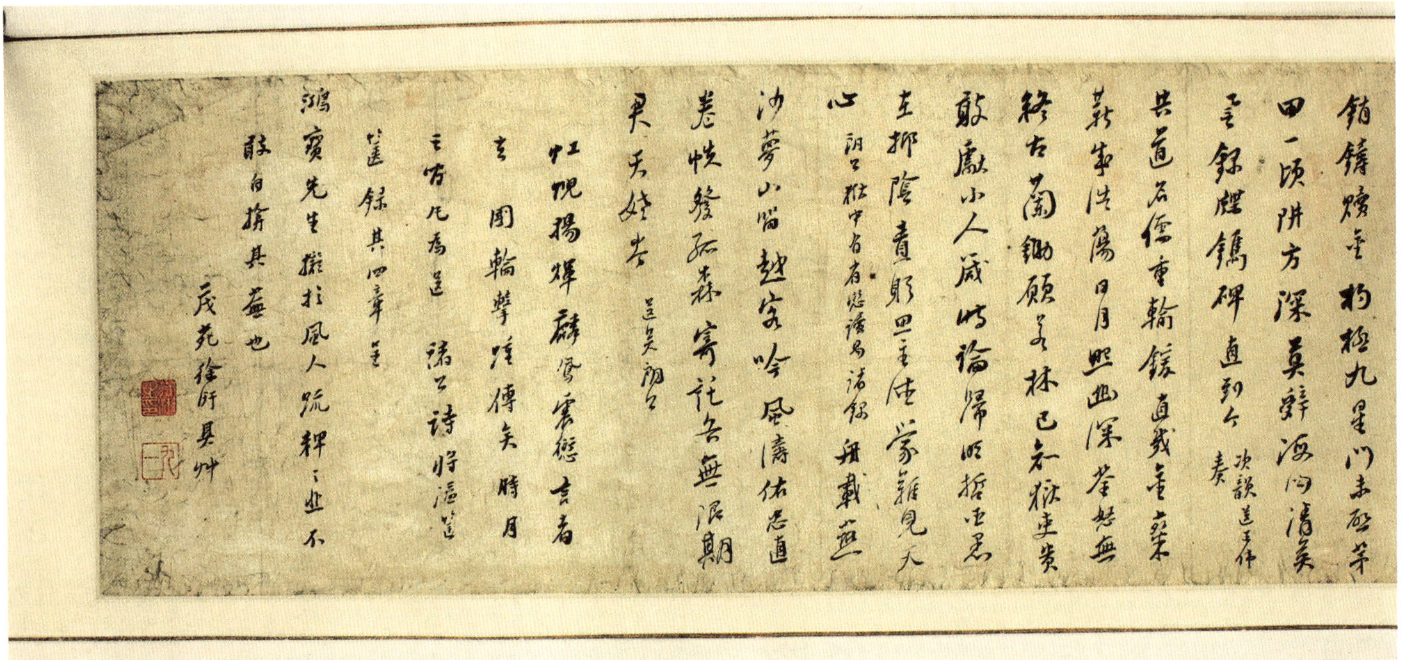

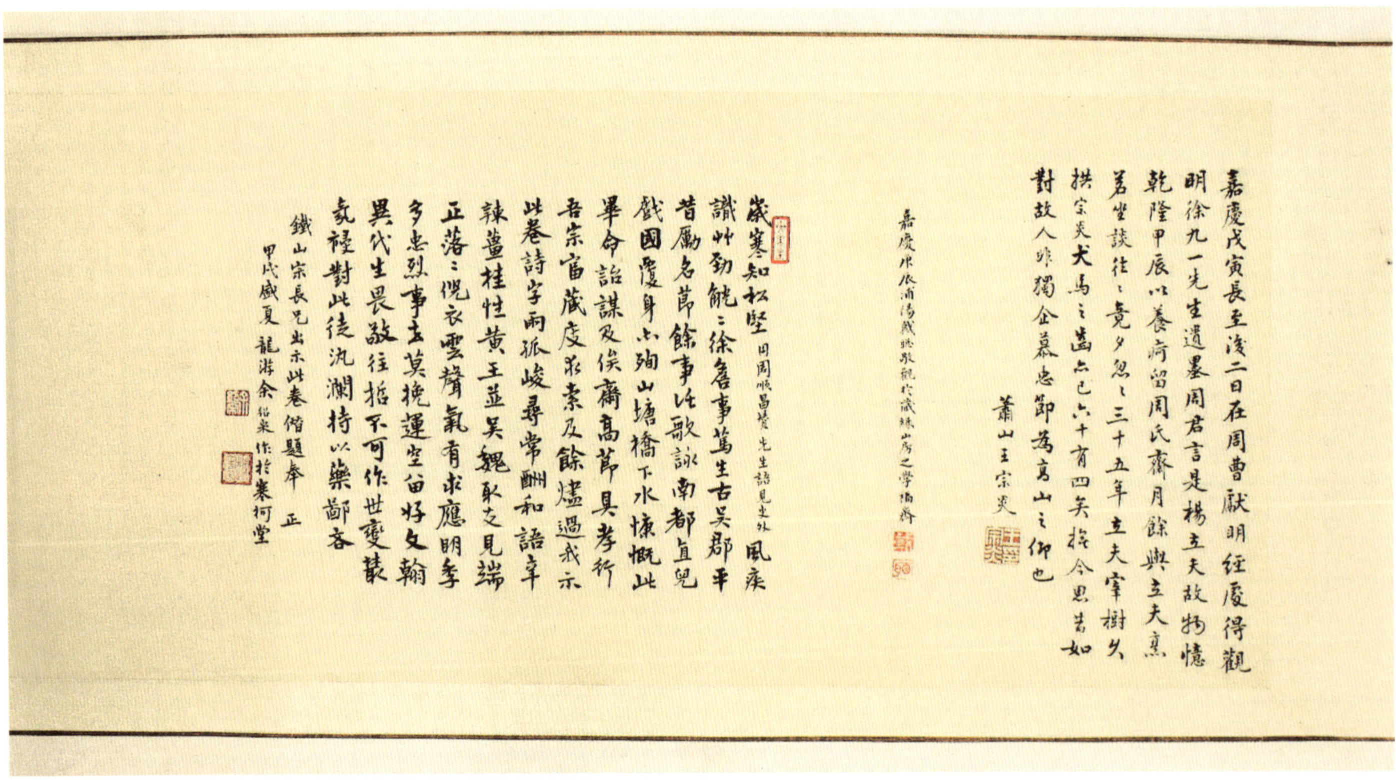

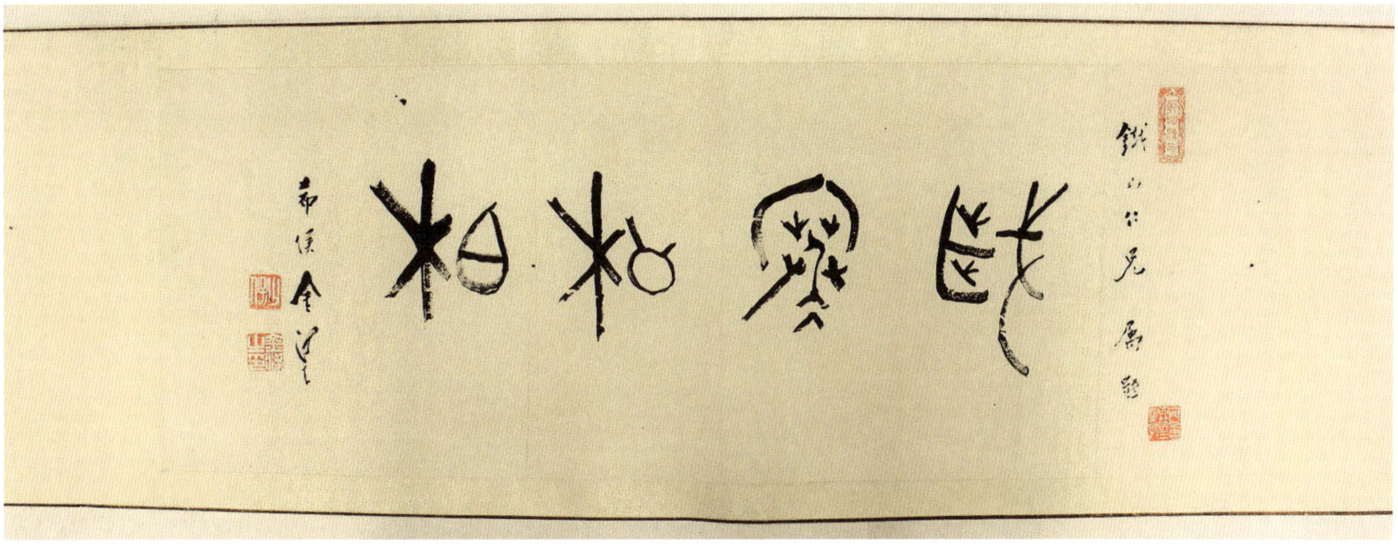

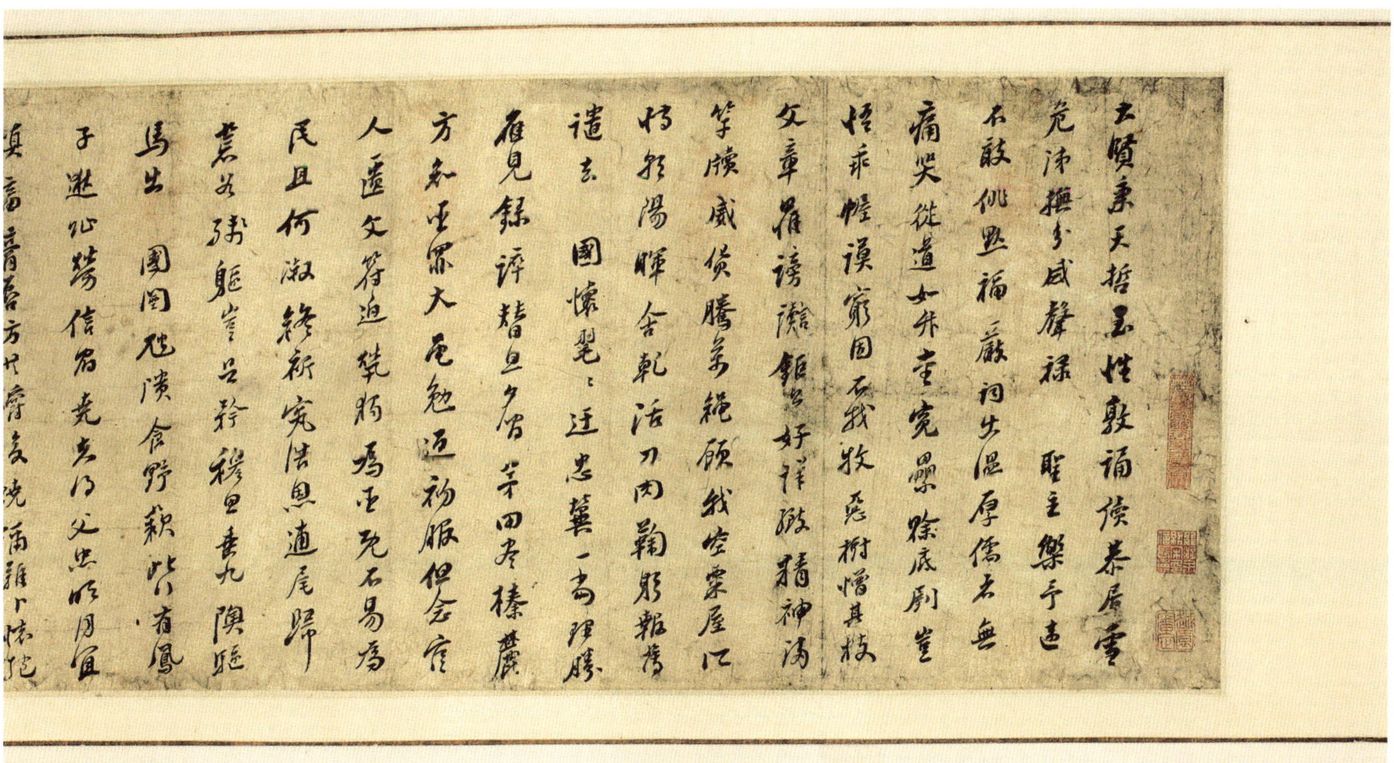

11999 明徐勿齋自書贈倪鴻寶詩一卷　（明）徐汧撰　手稿本

卷軸裝。有“徐汧之印”“王印宗炎”“金梁之印”“余紹宋”等印。王宗炎、余紹宋跋，金梁引首。浙江圖書館藏。

孟頫詩畫不拘格律惟書學祝京兆而更瘦勁殁後
遠近皆傳以為仙此數十首纂要之作字跡飛舞軒
昂與余家藏山水小幅長題印證脗合則仙筆真可
寶貴已乾隆甲午夏五後學王昶跋

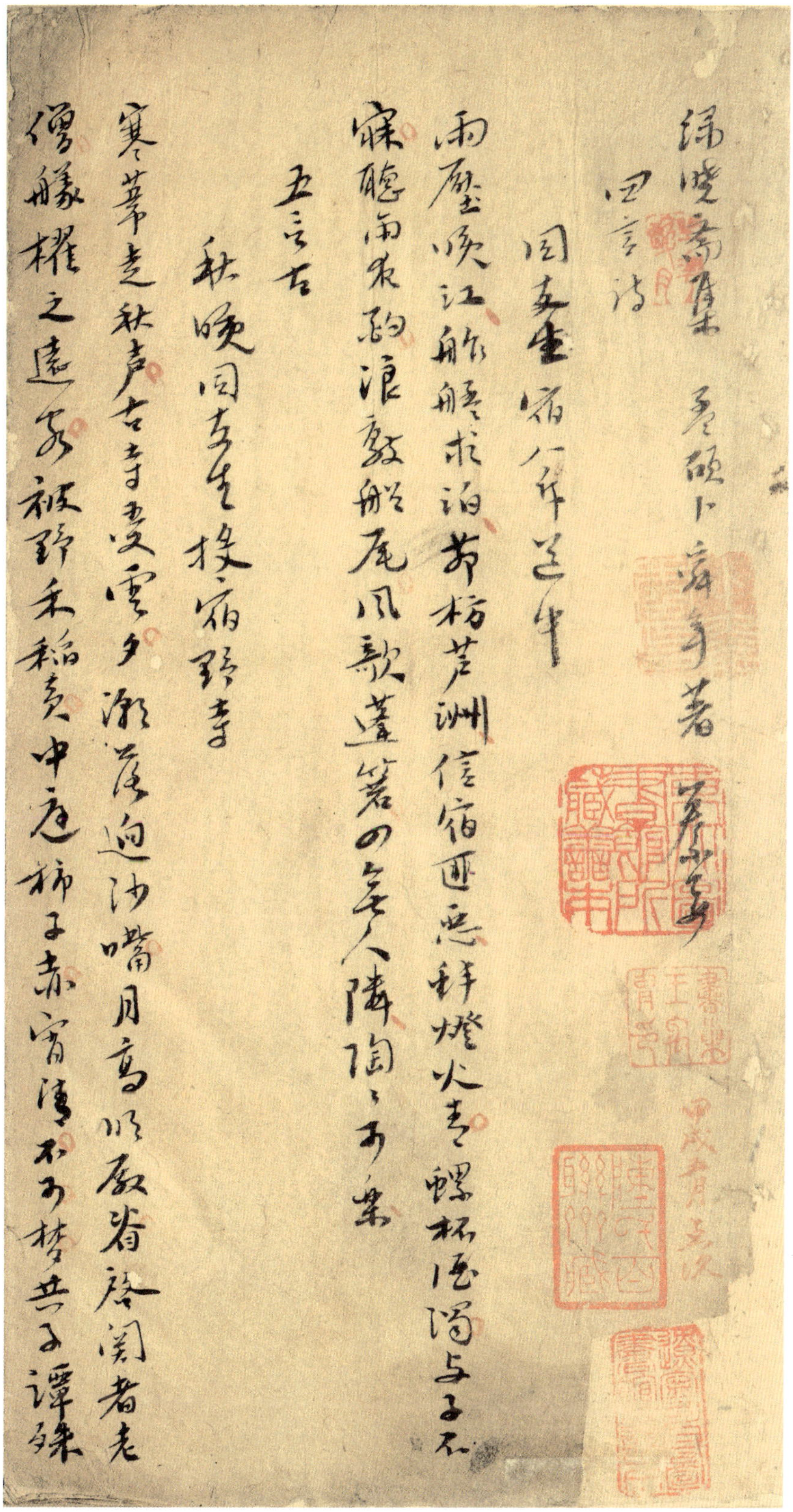

11998 緑曉齋集一卷 （明）卜舜年撰　稿本　**詩來一卷附録一卷**

（明）卜舜年輯　明末抄本

半葉九行，行字不等。王祁跋。遼寧省圖書館藏。

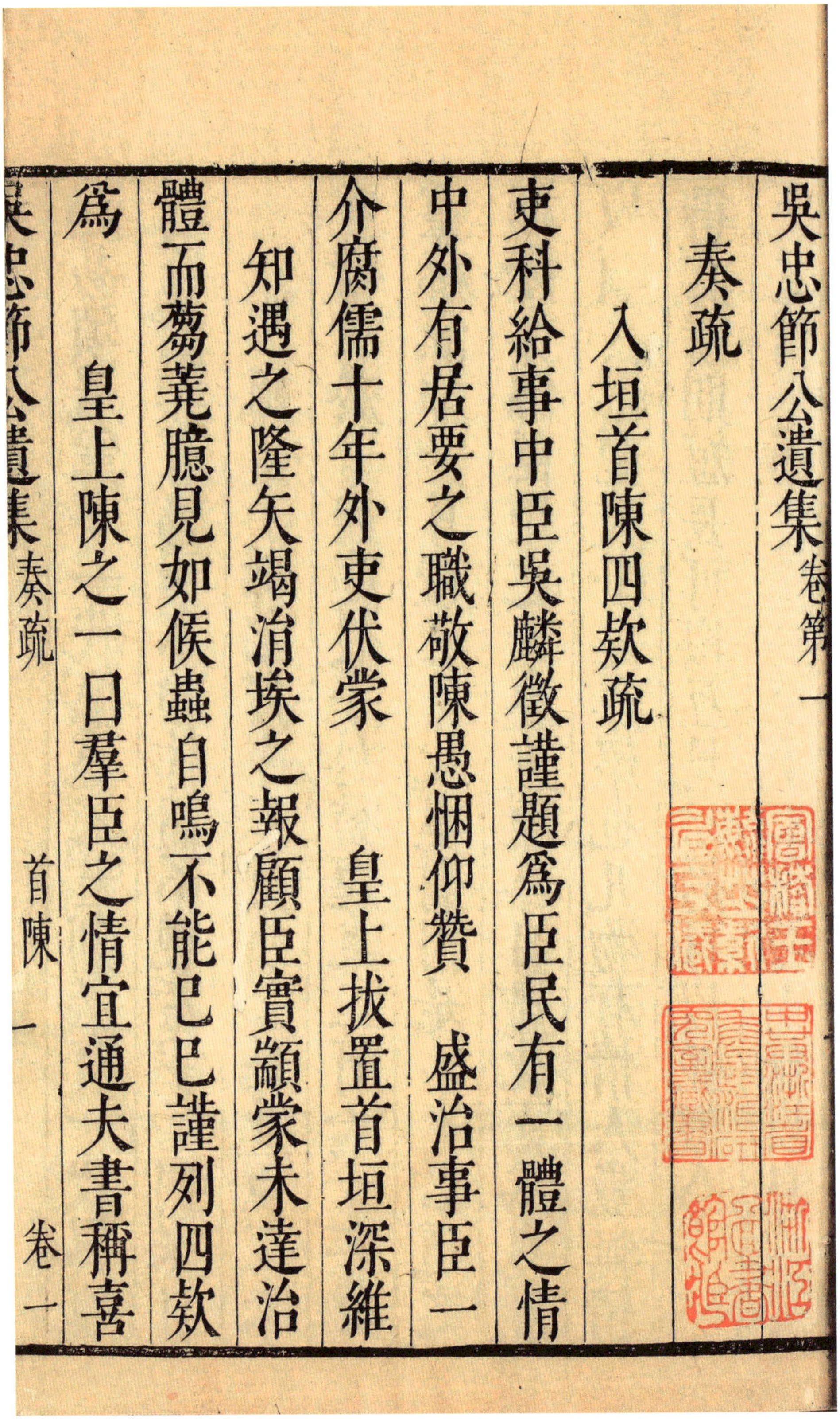
吳忠節公遺集卷第一
奏疏
入垣首陳四欵疏
吏科給事中臣吳麟徵謹題爲臣民有一體之情
中外有居要之職敬陳愚悃仰贊　盛治事臣一
介腐儒十年外吏伏蒙　皇上拔置首垣深維
知遇之隆矢竭涓埃之報顧臣實顓蒙未達治
體而蒭蕘臆見如候蟲自鳴不能已已謹列四欵
爲　皇上陳之一曰羣臣之情宜通夫書稱喜
吳忠節公遺集　奏疏　首陳　卷一

11997 吳忠節公遺集四卷　（明）吳麟徵撰　南明弘光刻本

匡高19.5厘米，廣14.4厘米。半葉九行，行十九字，小字雙行同，白口，左右雙邊。有“會稽王毓芝紫眉父藏”等印。浙江圖書館藏。

第五册目録

第五批國家珍貴古籍名録圖録

第五册

中國國家圖書館
中國國家古籍保護中心 編

國家圖書館出版社